卷一

史记

[西汉] 司马迁 著
萧枫 主编

吉林出版集团有限责任公司

图书在版编目（CIP）数据

史记 /（西汉）司马迁著 ；萧枫主编. -- 长春 ：吉林出版集团有限责任公司，2011.7
ISBN 978-7-5463-5912-0

Ⅰ. ①史… Ⅱ. ①司… ②萧… Ⅲ. ①中国历史：古代史－纪传体 Ⅳ. ①K204.2

中国版本图书馆CIP数据核字(2011)第139229号

史　记

著　　者：［西汉］司马迁
主　　编：萧　枫
出 版 人：周殿富
责任编辑：耿　宏　冯　雪
书装设计：张立娟
出版发行：吉林出版集团有限责任公司
电　　话：0431-86012613
印　　刷：三河市文通印刷包装有限公司
开　　本：850mm×1168mm　1/16
字　　数：1940千字
印　　张：65.75
版　　次：2011年7月第1版
印　　次：2011年7月第1次印刷
书　　号：ISBN 978-7-5463-5912-0
定　　价：395.00元（古典函套线装 全四册）

前　言

汉朝司马迁作的《史记》是中国两千多年来最伟大的历史名著，其中有许多文学名篇。因为司马迁具有丰富的社会实践经验、比较进步的历史观点和高度的文学修养，所以他能够审择史料，创设体例，刻画人物，把先秦以来多方面的史实和他当代社会各阶层的形形色色的动态如实地反映出来，写成这样一部完整丰富的"通史"。更因这部书有缜密的体例，可以妥帖地安排多方面的史实，于是就被那些由汉朝到清朝的许多史学家所接受和取法，无形中便规定了他们写历史的范式。另一方面，又因这书的内容丰富灿烂，生动地塑造了各种类型的人物形象，反映了社会的复杂生活，于是又被后来历代的文学家奉为典范，在中国文学史上发生了莫大的影响。《史记》像一颗不落的星辰，永远照耀在历史的长河上；《史记》像一座山，永远矗立在中华民族和全世界的文化之林。

一

司马迁，字子长，左冯翊夏阳县龙门（在今陕西省韩城市南）人。大约出生于公元前145年（汉景帝中元五年），公元前90年（汉武帝征和三年）以后去世。六七岁的时候，他的父亲司马谈任太史令，他就随父进京（长安），住在茂陵地方（在今陕西省兴平县东北）开始学习。到十岁时，便能诵读古书，后来跟随著名的经学家董仲舒、孔安国研究《春秋公羊传》和《古文尚书》，深刻了解了先秦和汉代诸子百家的学术思想及其斗争的历史，他还具有相当广博的天文历数知识。

二十岁时，他开始到祖国各地做长途旅行。他说："南游江、淮，上会稽，探禹穴，窥九嶷，浮于沅、湘；北涉汶、泗，讲业齐、鲁之都，观孔子之遗风，乡射邹、峄；厄困于鄱、薛、彭城，过梁、楚以归。"经过这次长途旅行，他广泛地考察了社会生活，了解了民情风俗，探寻了许多历史传说的遗迹，搜集了许多历史人物的传闻逸事。接着，他担任了汉武帝的侍卫官——郎中，开始了做官的生涯。三十五岁时，他曾经"奉使西征巴、蜀以南，南略邛、笮、昆明"，参加了平定西南夷的斗争，得以了解了西南地区少数民族的山川形势和风俗习惯，进一步增长了自己的见闻。从《史记》的许多篇"论赞"中他自己报道的行踪看，除了今福建、广东一带没有到过外，长城以南各省的地域他差不多都到过；尤其是江淮下游一带，他往来经过的次数更多。因此，他对当时各地区的社会状态有深入的了解和深刻的认识。

公元前110年（汉武帝刘彻元封元年），司马谈死于周南（今河南洛阳市）。过了三年，司马迁继任太史令，开始搜集史料，准备写作《史记》，那时他三十八岁。他一方面把国家图书馆保藏下来的古籍进行编排和修订；另一方面访问交游朋好，或亲自实地调查，对史料加以订正或补充。经过这样的积累加工，到公元前104年（太初元年）他四十二岁时，在主持制定《太初历》的工作以后，他开始正式着手写作前无古人的《史记》了。

司马迁四十八岁的时候，因为替投降匈奴的李陵辩护，触怒了汉武帝，认为他有意诽谤李广利，替李陵开脱，便把他下在牢里并处以宫刑。这在精神上给他造成了不可弥补的巨大创伤，但却更加激发了他奋发写作、出色完成《史记》这部鸿篇巨制的决心和毅力，促使他在狱中坚持不懈地写作。到公元前96年（汉武帝刘彻太始元年），他被赦出狱，刘彻又任命他为中书令。中书令是皇帝亲近的秘书，地位比太史令更高，可是那时大都用宦者来充任，为此，司马迁感觉受到侮辱，所以每每自伤，以为"身为闺阁之臣"，很是痛愤。但为了要完成著作，把想法变成现实，他只得"隐忍苟活"，"故且从俗浮沉，与时俯仰"，坚持写作了五六年，直至公元前91年（征和二年），全书方才完成，其时他五十五岁，就在这一年的冬季，他写下了《报任安书》。那是《史记》千载不绝的余音，也是《史记》的祝捷凯歌。从此以后，史籍中就再没有关于司马迁的活动记载了。

二

"史记"本来是古代史书的通名，司马迁称他自己的这部著作为《太史公书》，班固把它记录在《汉书·艺文志》里，其中直写"《太史公》百三十篇"。就是后汉时应劭的《风俗通义》和荀悦的《汉纪》提到这部书也只称它为"太史公记"，还没有把"史记"的名词专门隶属给司马迁。直到唐朝编撰《隋书》，才正式把"《史记》一百三十卷"列为"史部"中的头一部，下注"目录一卷，汉中书令司马迁撰"。于是"史记"之名便由通名演化为专名，而"太史公"三字也就跟司马迁的名字结合起来，三者之间便成为不可分割的一体了。

《史记》的记事，上起轩辕，下至汉武帝太初年间，是一部纪传体通史。它包括本纪、表、书、世家、列传五个部分，共一百三十篇，五十二万字，是一部博大精深、前无古人的历史著作，也是我国文学史上最伟大的文学著作之一。

《史记》在史学上的成就，首先表现在司马迁创设了一种全新的并有无穷影响力的记事体例。在司马迁之前，中国的历史著作已经很多。到现在还流传通行的，有以年代为次的"编年史"如《春秋》，以地域为限的"国别史"如《国语》、《国策》，以文告档卷形式保存下来的"政治史"如《尚书》等。但在当时，还没有人能够科学地编排整理，产生一部完整的"中国史"。司马迁在写史时，首先掌握了他那时代里所认可的历史上的政治中心人物，所以他把黄帝以下一直到他当代的帝王，编成《五帝本纪》等十二篇。这些"本纪"在详载帝王事迹的同时，把同一时代社会上发生的重大变化也有计划地编排进去，贯穿起来，基本上成为有系统的编年大事记。其次把"并时异世，年差不明"的事迹，仿周代史官谱牒的体制，编成《三代世表》等十篇。于是历代相传的世系，列国间交涉纠纷的关系，主要职官的更迭等繁复混杂的事项都给这纵横交织的表格排列得头绪分明，眉目清疏了。再次，创立《礼书》、《乐书》、《律书》、《历书》、《天官书》、《封禅书》、《河渠书》、《平准书》等八篇。这些"书"，不仅仅是"朝章国典"，还包括天文、地理、政治、经济、风俗、艺术等种种知识。还有，创编了"世家"三十篇。把春秋、战国和汉初主要王侯、外戚的传世本末写成了各个不同的国别史。最后是《伯夷列传》等人物传记七十篇，总称"列传"。列传基本上是描写各个人物生活的"专传"，但对于那些业绩相连、彼此相关的人物，写成了叙述多人的"合传"。还有些人，或者行事的作风相类似，或者品质的气味差不多，便"以类相从"地作成了若干篇"类传"。此外对于当时的外国或者国内的少数民族，也适当地安排在有关的各篇列传的前后，说明他们同汉民族打交道、发生关系的始末情由。每篇末了，又大都附有“论赞”。

综观《史记》各体，“纪”是年代的标准，“传”是人物的动态，“世家”是纪传合体的国别史，“表”和“书”是贯穿事迹演化的总线索。它们之间互相联系、互相补充，而以“本纪”和“列传”作为经纬线，由此贯穿分别组织安排，“拾遗补阙艺，成一家之言，厥协《六经》异传，整齐百家杂语”，《史记》这样一部空前的大著作，成为封建时代修史的范式，一直被历代史学家所推崇。接踵而起的《汉书》，一直到《明史》大体都遵循《史记》的成规。

《史记》在史学上的成就还表现在司马迁朴素的唯物思想和进步的历史观，他勇敢的求实精神，敢怒敢言，敢于揭露黑暗面，敢于批判现实政治的豪迈气魄。

在《史记》中，司马迁批判了当时充斥整个社会的天人感应、君权神授的谰言，揭穿了那些阴阳五行家、那些方士们所编造的种种欺人之谈。这对战国末期以来迷漫人世的那种鬼神迷信的妖雾，无疑有种廓清的作用。司马迁历史观的进步性，是我国古代历史学家中少有的。他重视经济的作用，重视经济发展状况对国家兴衰的决定作用。司马迁写《平准书》，写《货殖列传》，第一次把经济问题载入了百科全书。司马迁重视人民群众的力量，他写了游侠、刺客、商人、医生、日者等等，称道他们的品质才能，认为他们功不可没。尤其是他对陈涉那种首创精神的高度评价，对他那种英雄气概的无比赞扬，更表现了司马迁非凡的眼力。司马迁反对民族压迫，主张民族和睦，他认为不论汉人、匈奴人、东越南越人、西南夷人，是平等的，是兄弟。他激烈地谴责那些制造民族纠纷，以至挑起战争，给人民带来苦难的人。这对先秦典籍中那种“戎狄是膺，荆蛮是惩”，以及什么“尊王攘夷”的狭隘论调，无疑是一种大颠覆，它反映了统一的大汉帝国的宏伟气魄。司马迁在这里所表现的民族观点的进步性实在超群，两千年来，《史记》在巩固中华民族的团结统一上，一直起着重要作用。

《史记》是一部反映我国古代三千年社会发展的通史，是我国先秦文化的集大成者，司马迁在研究总结先秦文化方面作出了巨大贡献。但是，司马迁更伟大更重要的贡献在于他对秦汉之际和对西汉社会前期的研究。他在研究和写作中对一切失真的把戏，始终作无情的斗争。如本纪，基本上是记载帝王发号施令的。他看到秦亡汉兴的五年风雨，实际上领导当时各支起义力量来推翻暴秦王朝的是项羽，司马迁便在《秦始皇本纪》和《高祖本纪》之间创立了《项羽本纪》。他又看到刘邦死后，他的儿子刘盈继承了帝位，但一切实权都由刘邦的妻子吕雉掌握，刘盈只拥有一个虚名，司马迁便立了个《吕太后本纪》。他这样做，明明是“不以成败论人”，不肯屈辱了为领导起义斗争而失败的英雄；因为不轻视妇女，所以不指责女主临朝，反而说“商后以女主称制，政不出房户，天下晏然，刑罚罕用，罪人是希，民务稼穑，衣食滋殖！”同时，他对于当时统治阶级的丑恶也秉笔直书，毫不留情地尽情揭露。帝王如刘彻的迷信求仙和贪功生事；将相大臣如公孙弘等人的巧诈逢迎；张汤、杜周等人的贪污残酷，窦婴、田蚡等人的倾轧陷害；王室子孙如燕王国和齐厉王次景等人的荒淫乱伦，都给以深刻的讥讽和谴责。与此相对应，他客观地肯定了秦王朝的历史功绩，肯定了在汉王朝酷吏政治压迫下所爆发的农民起义的合理性。如果说一位历史学家具有进步的历史观是可贵的，那么，具有这种勇敢求实的精神就更难能可贵了，因为这要冒着生命的危险，要付出血的代价。也正是因为《史记》具有这种突出的成就，所以才会被后人称为“不虚美，不隐恶”的“实录”，才使它高标独树于我国古代诸史之林。

《史记》的文学成就主要表现在对人物形象的塑造上。《史记》是我国文学史上最早以描写人物为中心的文学著作，司马迁在写作人物时很注意选择那些最足以表现人物性格特征的典型事件，而毫不犹豫地略去其他过程，或者将那些不可略去的东西转入其他篇。同时，他还注意细节的描写，因此，凡是经他笔端塑造的人物，都成了有血有肉，充分表现个性的活人。如《项羽本纪》中会稽起义的项梁；巨鹿大战的项羽；鸿门闯宴的樊哙；《陈丞相世家》中去楚奔汉和还金辞汉的陈平；《刺客列传》中的专诸、豫让、荆轲等的不同形象；《淮阴侯列传》中的韩信，等等，具有不同经历和个性的人物，在文中都表现得活灵活现。

《史记》的文学成就还表现在它的语言水平上。司马迁能够打破当时文坛上的陈腐俗套，吸收人民口边的新鲜活泼的语言，充实自己的写作技巧，他大胆地把古籍中“佶屈聱牙”的文句改为平直易解的词句，跟各地的方言土语并列起来供他驱遣，并且有意扬弃了当时流行极盛的辞赋之流的骈偶形式，扩大了长短相错的散文领域，在继承《左传》、《国语》、《国策》以及先秦诸子散文已有成就的基础上，创造了干净利落、优美独特的风格，形成通达的散文体裁，使我国古代散文达到了顶峰。他擅长叙事言物，又擅长用描摩人物的口吻，展现其心理特征。他的文章有感情，有气势，波澜壮阔。明代方孝孺曾说《史记》“如决江河而注之海，不劳余力，顺流直趋，终焉万里。势之所触，裂山转石，襄陵荡壑，鼓之如雷霆，蒸之如烟云，澄之如太空，攒之如绮鄃，四旋曲折，抑扬喷伏，而不见艰难辛苦之态，必至于极而后止”。这种评价反映了司马迁散文的风格。司马迁的文章对后世影响甚大，唐代的韩愈、柳宗元，宋代的欧阳修、苏轼搞“古文运动”，就是以司马迁这种文章为楷模的。再后如明七子和清朝的桐城、阳湖诸派的所谓古文以及蒲松龄《聊斋志异》那样类型的“笔记小说”也都接受了《史记》的影响，是对《史记》的继承和发展，尽管他们在文章的某些方面还没有超过司马迁的水平。

《史记》的文学成就还表现为它具有强烈的抒情性。《史记》写的是历史，但它不是简单地叙述历史事实，而是通过对历史人物和历史事件的描述，表达了作者的社会理想和对黑暗现实的愤怒批判。同时，由于作者自身的悲惨遭遇，所以他的笔端时常流露出一种愤激之情，一种沉郁之气。有的通篇是借古人行事来抒发自己的愤世之态；有的是夹叙夹议，火花四射，喷泄着慷慨之音；有的是联系较为松散的飞来之笔，凭空插入一段淋漓尽致的悲悼憾叹。那种对佞儒、酷吏们的尖刻讥讽，那种对刺客、游侠们的倾心赞颂，那种对失意英雄、含愤志士们的无限同情，等等，都明显表现出司马迁强烈的主观色彩，从而使整部《史记》成为一首爱的颂歌、恨的诅曲，成为一首用整个生命谱写成的饱含着司马迁全部血泪的悲愤诗。故此，鲁迅曾称赞《史记》为“史家之绝唱，无韵之《离骚》”。

“物有本末，事有终始，知所先后，则近道矣！”洙泗遗训，务本知先；中国是文化悠久的民族，垂统五千年，就因为有深厚的根本，固能承前启后，传之久远。《史记》的博大精深和它在史学与文学上的伟大成就使我国历史的本源再现。今天我们翻看《史记》更时时为中国文化传统的深厚而振奋，被中华民族艰苦创业的历史所感动。可是，在学习研究古籍《史记》时又往往为它那晦涩难懂的语言所阻隔，难以深入，这也是盘古女娲没有亚当夏娃的形象，鸿门盛宴故事没有木马屠城普及，白雪公主比夸父逐日家喻户晓的症结所在。因此，克服语言的障碍，易古为今是铺架联系古今桥梁的砖石，在吸收继承已往译作的基础上，我们重新注译了《史记》，用以帮助中国人通过对《史记》的认识，找出中国人真正的根。

报任安书

原著　司马迁
译释　萧　枫

司马迁受腐刑之后，担任了中书令，这是个很受皇帝信任的职位。他的朋友益州刺史任安写信给司马迁，叫他利用中书令的地位“推贤进士”。司马迁当时忙于著述《史记》，没有立即回信，后来任安因对太子杀江充的态度不明确而被汉武帝定罪，在他被杀之前，司马迁写了这封自传体长信答复他，把自己的遭遇和心情，以及隐忍苟活的原因，都详尽告诉了任安。

毛泽东在多次讲话中引用过这封信里的名言警句。1944年9月8日，他在中共中央直属机关追悼张思德同志的会议上所作的《为人民服务》的讲演中说：“人总是要死的，但死的意义有不同。中国古时候有个文学家叫做司马迁的说过：‘人固有一死，或重于泰山，或轻于鸿毛’，为人民利益而死，就比泰山还重；替法西斯卖力，替剥削人民和压迫人民的人去死，就比鸿毛还轻。”1957年，毛泽东与吴冷西谈“五不怕”（不怕撤职、开除党籍、离婚、坐牢、杀头）时，曾说：一个共产党员要经得起受到错误处分，可能这样对自己反而有益处。屈原被放逐而后有《离骚》，司马迁受腐刑乃发愤著《史记》，我自己也有这个体会。并说，王明路线时期，自己曾被解除指挥中央红军的职务，利用空闲看了不少书籍，包括列宁的《国家与革命》和《孙子兵法》等。1962年1月30日，毛泽东在扩大的中央工作会议的讲话中说：“一个人为什么只能上升不能下降呢？为什么只能做这个地方的工作而不能调到别的地方去呢？我认为这种下降和调动，不论正确与否，都是有益处的，可以锻炼革命意志，可以调查研究许多新情况，增加有益的知识。我自己就有这一方面的经验，得到很大的益处。不信，你们不妨试试看。司马迁说过：‘文王拘而演周易，仲尼厄而作春秋。屈原放逐，乃赋离骚。左丘失明，厥有国语。孙子膑脚，兵法修列。不韦迁蜀，世传吕览。韩非囚秦，说难孤愤。诗三百篇，大底圣贤发愤之所为作也。’”1964年8月18日，毛泽东在北戴河同哲学工作者谈话时又说：司马迁对《诗经》评价很高，说是三百篇皆古圣发愤之所为作也。大部分是风诗，是老百姓的民歌。老百姓也是圣贤。“发愤之所为作”，心里没有气，他写诗？毛泽东多次提到《报任安书》关于圣贤发愤著书的话，用以激励大家在逆境中奋起。

太史公牛马走司马迁再拜言。少卿足下：曩者辱赐书，教以慎于接物，推贤进士为务。意气勤勤恳恳，若望仆不相师用，而流俗人之言。仆非敢如是也。虽罢驽，亦侧闻长者遗风矣。顾自以为身残处秽，动而见尤，欲益反损，是以抑郁而无谁语。谚曰：“谁为为之？孰令听之？”盖钟子期死，伯牙终身不复鼓琴。何则？士为知己者用，女为悦己者容。若仆大质已亏缺矣，虽才怀随和，行若由夷，终不可以为荣，适足以发笑而自点耳。书辞宜答，会东从上来，又迫贱事，相见日浅，卒卒无须臾之闲，得竭指意。今少卿抱不测之罪，涉旬月，迫季冬，仆又薄从上上雍，恐卒然不可讳。是仆终已不得舒愤懑以晓左右，则长逝者魂魄私恨无穷。请略陈固陋。阙然久不报，幸勿过。

像牛马一样被人驱使的仆役太史公司马迁向您敬拜并叙说。少卿先生：此前先生曾屈尊写信给我，教导我努力谨慎地待人接物，推荐举拔贤能之人。从先生殷殷之情、切切之语可以看出，好像是怨我不按照老师的教导去做，而让俗人的言语左右了自己的志向。我是不敢这样做的。我虽然像驽马一样愚钝，但也曾经从侧面听说过长者遗风。只是我身残处秽受着感情的折磨，且动辄得咎，本想做好事反而会把事情搞坏。所以即使精神抑郁也不想跟别人诉说什么。谚语说："谁为作之，谁令听之？"钟子期死后，俞伯牙终身不再弹琴，这是为什么？这是因为士为知己者死，女为悦己者容。像我这样的身心已受到很大亏损的人，就算才能跟随侯珠、和氏璧一样美好，德行跟许由、伯夷一样，但却最终得不到荣耀，只能是徒然被人嘲笑而使自己受到玷污而已。本来早就应写信回应你的责难，不巧遇到我随皇上从东方归来，又被烦琐的事务所缠绕，与你相见的时间太短暂，匆忙之间难以向你畅叙胸怀，以尽心意。现在少卿先生遭到不测之罪罚，再过一个月，到冬季就要赴刑了。而我又临近随皇上到雍地去祭祀的日期了，恐怕很快就要与您诀别而难以再见面了。如果这样，我就终究不能把我的忧愤烦恼向接近我的人抒发了，而与我永别者的魂魄将怀着无尽的怨恨而责怪我。所以，请求您允许我在此陈述我的浅陋看法吧。虽然我的回信拖延至今，但所幸还来得及补上。

仆闻之：修身者，智之府也；爱施者，仁之端也；取予者，义之符也；耻辱者，勇之决也；立名者，行之极也。士有此五者，然后可以托于世，列于君子之林矣。故祸莫憯于欲利，悲莫痛于伤心，行莫丑于辱先，诟莫大于宫刑。刑余之人，无所比数，非一世也，所从来远矣。昔卫灵公与雍渠同载，孔子适陈；商鞅因景监见，赵良寒心；同子参乘，爰丝变色：自古而耻之。夫以中材之人，事关于宦竖，莫不伤气，况慷慨之士乎？如今朝廷虽乏人，奈何令刀锯之余，荐天下之豪俊哉！仆赖先人绪业，得待罪辇毂下，二十余年矣。所以自惟，上之不能纳忠效信，有奇策才力之誉，自结明主；次之又不能拾遗补阙，招贤进能，显岩穴之士；外之不能备行伍，攻城野战，有斩将搴旗之功；下之不能日积累劳，取尊官厚禄，以为宗族交游光宠。四者无一遂，苟合取容，无所短长之效，可见于此矣。向者仆亦尝厕下大夫之列，陪外廷末议，不以此时引维纲，尽思索，今以亏形为扫除之隶，在阘茸之中，乃欲卬首伸眉，论列是非，不亦轻朝廷羞当世之士邪？嗟乎？嗟乎？如仆尚何言哉！

我听说，修身是智慧的聚集之所；喜欢施舍是仁的开端，收受和给予；要以义为标准；懂得耻辱是勇敢的基础；得到名誉的人，其品行一定达到很高的境界。士人具备了以上五种德行，然后就可以立身于社会，而被列入君子之列了。所以就灾祸来说没有比追求利欲熏心更大的了，就悲伤来说没有比心灵的痛创更使人痛苦了，就行为来说没有比侮辱祖先更丑恶的人，而就耻辱来说没有比受宫刑更大的了。在宫刑之后苟活的人，无以数计，并不是一个时代是这样，而是自古就有了。以前卫灵公与宦官雍渠同车，孔子因此离开卫国去了陈国；商鞅是靠着秦孝公宠信的宦官景监的引荐而得官的，秦国的赵良却为之感到寒心；汉文帝和宦官赵谈同乘一辆车，中郎袁丝却变脸阻谏说：自古以来帝王以与宦官同乘而耻辱。中等才能的人，对与宦官相关的事，都感到伤心气恼，更何况慷慨之士呢？现在朝廷虽然缺乏人才，怎么可以让刑余之人来代替天下的英豪俊杰呢！我有赖于承继先人的事业，得以待罪于皇上的身边做官，到现在已经二十多年了。所以我私下思量：首先，我不能尽忠效信，得到献奇策、出大力的赞誉，不能以忠诚来取得皇帝的信任；其次，我不能替皇帝拾取遗漏、补正缺失、招贤进能，使隐居岩穴的贤士得以显露；就朝廷之外说，我不能作为军队的一员，去攻城野战，建立斩将夺旗的战功；就最低要求说，我也不能积日累劳以取得高官厚禄，来为宗族结交达官显贵。以上四件我没有一件能做到，我只是言行苟且以符合皇帝心意，来取得皇帝的容纳，而在各方面都没有建树和贡献，所能看到的仅此而已。过去我也曾厕身于士大夫之列，陪着外廷的官员发表微不足道的议论。我没有在那时为引进维纲护纪之人竭尽我的思虑，现在我以残损的身体而担任卑微的职务，处于猥贱的人当中，如果这时我妄想昂首舒眉来论是道非，这不是太轻视朝廷、侮辱当今的士大夫了吗！可悲呀，可悲！像我这样的人还有何话可说啊！

且事本末未易明也。仆少负不羁之才，长无乡曲之誉。主上幸以先人之故，使得奉薄技，

出入周卫之中。仆以为戴盆何以望天，故绝宾客之知，忘室家之业，日夜思竭其不肖之才力，务一心营职，以求亲媚于主上，而事乃有大谬不然者！夫仆与李陵，俱居门下，素非能善也。趣舍异路，未尝衔杯酒接殷勤之余欢。然仆观其为人自奇士，事亲孝，与士信，临财廉，取予义，分别有让，恭俭下人，常思奋不顾身，以殉国家之急。其素所畜积也，仆以为有国士之风。夫人臣出万死不顾一生之计，赴公家之难，斯已奇矣。今举事一不当，而全躯保妻子之臣，随而媒其短，仆诚私心痛之。且李陵提步卒不满五千，深践戎马之地，足历王庭，垂饵虎口，横挑强胡，印亿万之师，与单于连战十余日，所杀过当。虏救死扶伤不给，旃裘之君长咸震怖。乃悉征左右贤王，举引弓之民，一国共攻而围之。转斗千里，矢尽道穷，救兵不至，士卒死伤如积。然陵一呼劳军，士无不起躬流涕，沫血饮泣，张空弮，冒白刃，北首争死敌。陵未没时，使有来报，汉公卿王侯皆奉觞上寿。后数日，陵败书闻，主上为之食不甘味，听朝不怡，大臣忧惧，不知所出。仆窃不自料其卑贱，见主上凄惨怛悼，诚欲效其款款之愚，以为李陵素与士大夫绝甘分少，能得人之死力，虽古之名将不过也。身虽陷败，彼观其意，且欲得其当而报汉。事已无可奈何，其所摧败，功亦足以暴于天下。仆怀欲陈之，而未有路，适会召问，即以此指，推言陵功。欲以广主上之意，塞睚眦之辞。未能尽明，明主不深晓，以为仆沮贰师，而为李陵游说，遂下于理。拳拳之忠，终不能自列，因为诬上，卒从吏议。家贫，财赂不足以自赎；交游莫救，左右亲近不为一言。身非木石，独与法吏为伍，深幽囹圄之中，谁可告愬者！此真少卿所亲见，仆行事岂不然邪？李陵既生降，隤其家声，而仆又茸以蚕室，重为天下观笑。悲夫！悲夫！事未易一二为俗人言也。

而且事情的本末原本不易辩明。我少年之时也曾恃才傲物，长大后并没有得到乡里人的称赞，皇上因我先人的功劳而宠幸我，使我得以凭浅薄的才学，出入于防卫周密的宫廷之中。我以为既然自己一心营职，就无暇再管闲事了，所以我断绝了和宾客之间的往来，忘掉了家室的生计事业，日夜思虑尽心竭力贡献自己的微薄才智，以讨得皇上的欢心。但事情却完全违背了主观愿望。我与李陵都在朝廷供职，向来并非关系密切，兴趣爱好也各不相同，从未有过举杯劝酒殷勤款待的欢聚。但是我观察他的为人，认为他是个无可争议的奇士。他侍奉长辈遵循孝道，与士人相交以信为本，轻财重义，接受和给予都以义为标准，待人接物能分别尊卑长幼，在生活上谦恭自约，甘居人后，常怀奋不顾身之志，以赴国家社稷的危急。这些高尚的品德都是他平素所积累起来的。所以我认为他有国士之风。他能以人臣之职而冒万死一生的危险，赴国家之难，这已经很了不起了。如今不得已而办了一件不妥当的事情，而那些为了保全自己身家性命的臣子们紧跟着就牵连生事造谣中伤，把李陵的过失酿成大罪，我从心里为李陵感到不平。而且李陵率领的步兵不到五千人，深入到匈奴的腹地，足迹还达到匈奴的王庭，垂饵虎口，纵横驰骋向胡人挑战，而对匈奴数万之师，与单于连续作战十多天。就李陵军队的人数而言，斩杀的敌人远远超过了汉军的数量，匈奴连救死扶伤都顾不上，君王和官长十分惊恐，就征集左右贤王属部，征发能骑马射箭的全部百姓，倾一国之力共同围攻李陵。李陵转战千里，最后矢尽道绝，又无援救之兵，士卒伤亡成堆。但是只要李陵一声呼唤，疲劳的士兵无不奋起，他们直起身子流着眼泪，抚着流血的伤口暗自饮泣，拉开没有上箭的弓，冒着白刃，奋死与敌战斗。李陵还没失败之前，有使者回来报捷，满朝文武无不举杯祝贺。几天后，李陵战败的消息传来，皇上为之食不甘味，上朝时郁闷不乐。大臣们忧愁恐惧，不知计从何出。我却不自量力，不避卑微，见皇上惨切悲恸，真心希望用我忠诚的愚陋报效皇上。我认为李陵平素间与士大夫相处能同甘共苦，所以深得将士之心为其效命，即便是古代的名将也超不过他。他虽然失败被俘，但看他的意图，是想得到机会而报效汉朝。事情既已至此，但他所摧毁打败敌人的业绩和所立的功劳也足以显露于天下了。我心里怀着这种想法想上陈皇上，但一直没有机会。正逢皇上召问，我便向皇上陈述了我的看法，列举了李陵的功劳，想以此开扩皇上的思路，堵塞小怨小愤引起的幸灾乐祸之辞。我还没有完全说清楚我的看法，皇上也并没有理解我的意图，就认为我是存心诋毁贰师将军李广利而为李陵游说，于是就把我下发给司法官审问。我的拳拳之心终究不能自己陈述。狱吏因而定我为诬上之罪，皇上最后同意了狱吏的判决。我家里贫穷，所有钱财不足以赎身，朋友们也没有来救援的，左右亲近的人都不肯为我说一句话。我的身体不是石木，而独自与狱吏为伍，身陷囹圄之中，我又向谁去诉说我满腹的怨恨和心酸呢？这些事都是您少卿先生亲眼见到的，我的行为难道不对吗？李陵后来又投降了匈奴，这既败坏了他家族的名声，而我又被罪加一等而居李陵之次，被打入像蚕室一样的牢房，再次为天下人所耻笑。太可悲了！太可悲了！如果把我的心里话全说出来，就更不为俗人所理解了。

仆之先人，非有剖符丹书之功；文史星历，近乎卜祝之间，固主上所戏弄，倡优畜之，流俗之所轻也。假令仆伏法受诛，若九牛亡一毛，与蝼蚁何异？而世又不与能死节者比，特以为智穷罪极，不能自免，卒就死耳。何也？素所自树立使然。人固有一死，死，有重于泰山，或轻于鸿毛，用之所趋异也。太上不辱先，其次不辱身，其次不辱理色，其次不辱辞令，其次诎体受辱，其次易服受辱，其次关木索、被箠楚受辱，其次鬄毛发、婴金铁受辱，其次毁肌肤、断支体受辱，最下腐刑极矣！传曰："刑不上大夫。"此言士节不可不厉也。猛虎处深山，百兽震恐，及其在穿槛之中，摇尾而求食，积威约之渐也。故士有画地为牢，势不入，削木为吏，议不对，定计于鲜也。今交手足，受木索，暴肌肤，受榜箠，幽于圜墙之中。当此之时，见狱吏则头枪地，视徒隶则心惕息。何者？积威约之势也。及已至此，言不辱者，所谓强颜耳，曷足贵乎？且西伯，伯也，拘牖里；李斯，相也，具五刑；淮阴，王也，受械于陈；彭越、张敖，南面称孤，系狱具罪；绛侯诛诸吕，权倾五伯，囚于请室；魏其，大将也，衣赭，关三木；季布为朱家钳奴；灌夫受辱居室。此人皆身至王侯将相，声闻邻国，及罪至罔加，不能引决自裁，在尘埃之中。古今一体，安在其不辱也？此言之，勇怯，势也；强弱，形也。审矣，曷足怪乎？且人不能蚤自财绳墨之外，已稍陵夷，至于鞭箠之间，乃欲引节，斯不亦远乎！古人所以重施刑于大夫者，殆为此也。夫人情莫不贪生恶死，念亲戚，顾妻子。至激于义理者不然，乃有不得已也。今仆不幸，蚤失父母，无兄弟之亲，独身孤立，少卿视仆于妻子何如哉？且勇者不必死节，怯夫慕义，何处不勉焉？仆虽怯懦欲苟活，亦颇识去就之分矣，何至自沉溺累绁之辱哉！且夫臧获婢妾，犹能引决，况若仆之不得已乎？所以隐忍苟活，函粪土之中而不辞者，恨私心有所不尽，鄙没世而文采不表于后也。

我的先人没有剖符丹书的功勋来为后世子孙免罪，所做的只是掌管文史星历的史官，地位与卜人巫祝相近，只是供主上所戏弄，当着优伶一样蓄养罢了，所以我素来并不被社会所重视。如果我被诛杀，就像九牛失去一毛，和蝼蚁有什么区别呢？而且世上的人又不会把我列入死节之列，而会认为我是智穷罪极，难以自免，只好就死罢了。那么，我为什么没有去死，这是我平素的志向所造成的。人本来就有一死，或重于泰山，或轻于鸿毛，不同的选择便有不同的意义。最好的是不辱没先人，其次是不辱没自己的身份，其次不辱没义理名分，其次不辱没辞令，其次是受捆缚之辱，其次是穿罪犯囚衣之辱，其次是受枷绳杖击之辱，其次是受剃去毛发打上金印之辱，其次是毁坏肌肤折断肢体之辱，最下等的侮辱是腐刑，这就到了极点了！《礼记》上说："刑不上大夫。"这是说士人的气节不可不磨砺以求上进。猛虎在深山，百兽震恐，而一旦落入陷阱之中，就只能摇尾乞食，这是因为它的威风渐渐被人压制屈服了。所以士大夫都知道，即便是在地上划个范围作为监牢也绝不能进入，即使刻个木头人做狱吏，众人议论时也不能面对他，可见监狱之可怖，狱吏之凶残。我当时只想不等到遇刑就自杀，以免受侮辱。后来我的手足被交叉捆缚，受木枷绞索之刑，暴露肌肤，受杖打鞭抽之苦，被幽禁在牢狱之中。在这种情况下，我见到狱吏就以头撞地，看到狱卒就心惊胆战，这是为什么呢？是因为长期受狱吏的压制而渐渐地被权势所制伏了。到了这般境地，如果说话时还不感到羞耻，只能是厚着脸皮而已，哪里还谈得上尊贵呢？而且，西伯周文王是一方诸侯之长，却被拘禁在羑里监狱；李斯是秦国的丞相，却受到了五刑的处罚；淮阴侯韩信，是王，却在陈地被带上手铐脚镣；彭越、张敖曾南面称孤，也因人诬告谋反被囚禁；绛侯周勃诛杀了吕氏诸亲属，权倾一时，结果也被囚在关押有罪官吏的牢狱之中；魏其侯窦婴曾为大将，却穿上了罪犯的衣服，颈、手、足都上了枷锁；楚贤季布被卖给鲁国大侠朱家为奴;灌夫曾官至太仆,却因得罪丞相田蚡而被拘禁在居室。这些人都是身为王侯将相的达官显贵,其名望也远播于邻国,但当法网加身之时,也难以下决心自杀,而忍辱处于尘埃粪土之中。古今都是一样的,难道他们没有感觉到侮辱吗?由此看来,勇敢和怯懦,是人所处的环境和地位所决定的;强与弱,是在具体情况中表现出来的。明白了这个道理,就不会感到有什么奇怪的了。人不能提前自杀于受刑辱之前,及至意志被逐渐摧残,受到鞭抽杖打时才想到自杀以殉节,这不是太晚了吗?古人之所以难以对士大夫施刑,大概就是这个原因吧。就人情来说,没有不贪生怕死、思念亲戚、眷恋妻子儿女的,而被义理所激发的人却不是这样,这种人必有其不得不活下去的道理。我是不幸的,早年就失去了双亲,又无兄弟间的亲情,孤身独处,少卿先生把我当做您最亲近的人怎么样呢?而且勇敢的人未必都要为殉节而死,怯懦的人也会倾慕义理,没有什么地方不能以义理来激励自己的。我虽然怯懦想苟且偷生,却也很明白偷生苟活与舍生取义的区别,我为什么非得沉陷于牢狱的耻辱之中而不能自拔呢?而且就连奴婢侍妾也能引咎自裁,更何况像我这种处于不得已境地的人呢?我之所以隐忍苟活,被淹没在粪土之中而不避污秽,是因为恨我的心愿没有实现,是不愿意我的文采被淹没而不能传扬给后人。

古者富贵而名摩灭,不可胜记,唯倜傥非常之人称焉。盖文王拘而演《周易》,仲尼厄而作《春秋》;屈原放逐,乃赋《离骚》;左丘失明,厥有《国语》;孙子膑脚,《兵法》修列;不韦迁蜀,世传《吕览》;韩非囚秦,《说难》、《孤愤》;《诗》三百篇,大氐圣贤发愤之所为作也。此人皆意有所郁结,不得通其道,故述往事,思来者。及如左丘无目,孙子断足,终不可用,退论书策,以舒其愤,思垂空文以自见。仆窃不逊,近自托于无能之辞,网罗天下放失旧闻,考之行事,综其终始,稽其成败兴坏之理,上计轩辕,下至于兹,为十表,本纪十二,书八章,世家三十,列传七十,凡百三十篇。亦欲以究天人之际,通古今之变,成一家之言。草创未就,适会此祸。惜其不成,是以就极刑而无愠色。仆诚已著此书,藏之名山,传之其人,通邑大都,则仆偿前辱之责,虽万被戮,岂有悔哉!然此可为智者道,难为俗人言也!

自古以来虽然可得到富贵而名字被世人遗忘的人不计其数,只有卓越特出的人才能得以显身扬名。大概说来,西伯文王被拘禁在羑里,他却推演八卦为《周易》;孔子仲尼虽屡遭困厄却编著了《春秋》;屈原被楚怀王放逐而赋了《离骚》;左丘明失去视力而写作了《国语》;孙子的腿受了膑刑却著有《兵法》八十九篇;吕不韦被贬谪到蜀地,世间却流传了他的《吕览》;韩非被秦国所囚,他就写了《说难》、《孤愤》;《诗经》的三百篇,大都是圣贤的发愤之作。以上这些都是因为这些人的思想有所郁结之处,弄不通其中的道理,所以才叙述往事,思考未来,想让后来的人知道自己的志向。就像左丘明没有了眼睛,孙膑被断了脚,终究得不到任用,只好退而求其次以著书立说来抒发自己的悲愤,想留下文章以自明。我自认为还不太愚陋,向来以没有才气的文辞自托,搜集天下的逸闻旧事,考证事实,探寻成败兴衰的道理,总共著成一百三十篇,想以此探究天与人之间的关系,通述古今的变迁,形成自己的看法。当著作草创未完成之时,不幸遭遇了这场灾祸,可惜这项工作还没有完成,因此我毫无愠色地接受了极刑。我著成此书之后,要把它藏在名山,流传给能在通都大邑扬播的人,那么,我就能够补偿受辱所遭到的责难了,这样就算被杀戮一万次,难道还有什么后悔的呢?然而,我的这些话,只可以向有智慧的人陈述,而难以给世俗之人言说。

且负下未易居,下流多谤议。仆以口语遇遭此祸,重为乡党戮笑,污辱先人,亦何面目复上父母之丘墓乎?虽累百世,垢弥甚耳!是以肠一日而九回,居则忽忽若有所亡,出则不知所往。每念斯耻,汗未尝不发背沾衣也!身直为闺阁之臣,宁得自引深藏于岩穴邪?故且从俗浮沉,与时俯仰,通其狂惑。今少卿乃教以推贤进士,无乃与仆之私指谬乎?今虽欲自雕琢,曼辞以自解,无益,于俗不信,祗取辱耳。要之,死日然后是非乃定。书不能尽意,故略陈固陋。谨再拜。

况且遭受侮辱的人不容易安居，地位愈低而遭到的诽谤愈多。我因为说话不慎而惨遭宫刑之祸，再一次受到乡党的讥笑和指责，羞辱了我的先人，我还有什么脸面再到父母的坟墓上去呢？即使在百世之后，而我给先人造成的污垢只会越积越厚！所以，我肠一日而九回，在家里坐着就感到飘飘忽忽若有所失，出门则不知道自己要到什么地方去。一想到自己的这一奇耻大辱，汗就不自禁地从背上冒出而浸湿衣服。自己虽为皇上的内廷之臣，但我宁可退下来深藏到山岩洞穴中去呵！因此我暂且随俗浮沉，与时俯仰，以此来疏通我的万分困惑。现在少卿先生教导我要推贤进士，不是与我的心情完全相违的吗？今天我即使想雕琢自饰，用华丽的辞藻来自我解嘲，然而这于我又有什么益处呢？世人不会相信我的辩解，我不过是徒然取辱罢了。总之，只有到我死的那天是非才能清楚。书不尽意，我只是粗略陈述一下我浅陋的看法。谨此再拜。

目　　录

第一册

第二册

第 三 册

第四册

史记第一卷

五帝本纪第一

黄帝者，少典之子，姓公孙，名曰轩辕。生而神灵，弱而能言，幼而徇齐，长而敦敏，成而聪明。

黄帝，少典族的子孙，姓公孙，名叫轩辕。生下来就显出神灵，七十天内就能讲话，年小的时候就心智周遍而且口才敏捷，长大后就敦厚机敏，二十岁成年时就见多识广对事明辩了。

轩辕之时，神农氏世衰。诸侯相侵伐，暴虐百姓，而神农氏弗能征。于是轩辕乃习用干戈，以征不享。诸侯咸来宾从。而蚩尤最为暴，莫能伐。炎帝欲侵陵诸侯，诸侯咸归轩辕。轩辕乃修德振兵，治五气，艺五种，抚万民，度四方，教熊罴貔貅貙虎，以与炎帝战于阪泉之野。三战，然后得其志。蚩尤作乱，不用帝命。于是黄帝乃征师诸侯，与蚩尤战于涿鹿之野，遂禽杀蚩尤。而诸侯咸尊轩辕为天子，代神农氏，是为黄帝。天下有不顺者，黄帝从而征之，平者去之。

轩辕之时，神农氏的子孙后代道德衰薄，各地方的诸侯互相侵犯攻伐，祸害黎民，可是神农氏没有能力征讨他们。在这种情况下轩辕就时常动用军事力量，去征讨诸侯中不来朝享的人，四方诸侯都来称臣归顺。但是蚩尤最残暴，还没有谁能去讨伐他。炎帝想侵犯凌辱诸侯，四方诸侯都来归复轩辕。轩辕就修治德政，整肃军旅，顺应四时五方的自然气象，种植黍、稷、菽、麦、稻等农作物，抚慰千千万万的民众，丈量四方的土地使他们安居，教导以熊、罴、貔、貅、貙、虎为图腾的氏族习武，来和炎帝在阪泉的郊野作战，经过几番战斗，黄帝实现了征服炎帝的愿望。蚩尤发动叛乱，不服从黄帝的命令。于是黄帝就向四方诸侯征调军队，和蚩尤在涿鹿的郊野进行战斗，终于捕获并杀死了蚩尤。这样四方诸侯都尊崇轩辕做天子，代替神农氏，这就是黄帝。天下有不顺从的势力，黄帝就前去讨伐他们。平定了以后就离开这个地方。

披山通道，未尝宁居。东至于海，登丸山，及岱宗。西至于空桐，登鸡头。南至于江，登熊、湘。北逐荤粥，合符釜山，而邑于涿鹿之阿。迁徙往来无常处，以师兵为营卫。官名皆以云命，为云师。置左右大监，监于万国。万国和，而鬼神山川封禅与为多焉。获宝鼎，迎日推策。举风后、力牧、常先、大鸿以治民。顺天地之纪，幽明之占，死生之说，存亡之难。时播百谷草木，淳化鸟兽虫蛾，旁罗日月星辰，水波土石金玉，劳勤心力耳目，节用水火材物。有土德之瑞，故号黄帝。

披斩山林草木开通道路行进，从来都没有在什么地方安宁地居住过。往东到达了海滨，登过丸山，并到过泰山。往西到达了崆峒，登上了鸡头山。往南到达了江水流域，登上了熊山、湘山。往北驱逐过少数民族荤粥，和四方诸侯在釜山验合过符契圭瑞，然后把都邑建筑在涿鹿山下广阔的平地上。迁移往来没有固定的地点，住地总是环绕军队建立营房以自卫。官职都用云瑞来命名，设立以云瑞命名的军队。设立左右大监，监察万国。万国和同，因此对鬼神山川封禅祭祀的事情，从古至今的帝王中推许黄帝时候的规模最大。获得了宝鼎，运用神蓍草来推算历数就可以预知未来的节气日辰。推举风后、力牧、常先、大鸿来治理民众。顺应天地四时的规则，预知阴阳五行的变化，创制表现人们死生的仪制礼则，研究国家安危存亡的规律。依照时节播种百谷草木，驯化各种鸟兽昆虫，黄帝的德政广泛传布，也使天（日、月、星辰）不异灾，土无别害，水少波浪，山出珍宝，烦扰勤苦自己的身心，教导民众对江湖陂泽山林的出产物都要按照时令收采禁捕，利用起来要有节制。由于有“土德”这样的祥瑞，所以就号称“黄帝”。

黄帝二十五子，其得姓者十四人。

黄帝有二十五个儿子，他们中建立了姓氏的有十四人。

黄帝居轩辕之丘，而娶于西陵之女，是为嫘祖。嫘祖为黄帝正妃，生二子，其后皆有天下。其一

曰玄嚣，是为青阳，青阳降居江水；其二曰昌意，降居若水。昌意娶蜀山氏女，曰昌仆，生高阳，高阳有圣德焉。黄帝崩，葬桥山。其孙昌意之子高阳立，是为帝颛顼也。

黄帝居住在轩辕之丘，并娶了西陵国的女子为妻，即嫘祖。嫘祖是黄帝的正妃，生了两个儿子，这两个人的后代都掌握过整个天下：其中第一子叫玄嚣，这就是青阳，青阳下封到地方居住在江水之滨；其中第二子叫昌意，下封到地方居住在若水。昌意娶了蜀山氏的女子为妻，她叫昌仆，生了儿子高阳，高阳是很有圣德的。黄帝去逝后，安葬在桥山。他的孙子、昌意的儿子高阳即位，这就是帝颛顼。

帝颛顼高阳者，黄帝之孙而昌意之子也。静渊以有谋，疏通而知事；养材以任地，载时以象天，依鬼神以制义，治气以教化，絜诚以祭祀。北至于幽陵，南至于交阯，西至于流沙，东至于蟠木。动静之物，大小之神，日月所照，莫不砥属。

帝颛顼高阳，是黄帝的孙子，也即是昌意的儿子。宁静渊博因而很有智慧，疏旷通达因而知道各种道理，掌养财物以便发挥土地的作用，依照四时决定行动以便效法自然，依据对鬼神的尽心敬事来制定尊卑的义理，治理四时五行之气来教化民众，诚心诚意来进行祭祀。权力所及北边到了幽陵，南边到了交阯，西边到了流沙，东边到了蟠木。动如鸟兽静如草木等的物类，大如五岳四渎小如丘陵坟衍等的神灵，凡是日月的光芒所能照射到的地方，没有不因屈服而来归属的。

帝颛顼生子曰穷蝉。颛顼崩，而玄嚣之孙高辛立，是为帝喾。

帝颛顼生了个儿子叫穷蝉。颛顼去逝后，由玄嚣的孙子高辛即位，也就是帝喾。

帝喾高辛者，黄帝之曾孙也。高辛父曰蟜极，蟜极父曰玄嚣，玄嚣父曰黄帝。自玄嚣与蟜极皆不得在位，至高辛即帝位。高辛于颛顼为族子。

帝喾高辛，是黄帝的曾孙。高辛的父亲叫蟜极，蟜极的父亲叫玄嚣，玄嚣的父亲名叫黄帝。玄嚣和蟜极都没有在位当政，到了高辛才继帝位。高辛对于颛顼来说是堂侄。

黄帝像，出自明·佚名绘《历代古人像赞》。

高辛生而神灵，自言其名。普施利物，不于其身。聪以知远，明以察微。顺天之义，知民之急。仁而威，惠而信，修身而天下服。取地之材而节用之，抚教万民而利诲之，历日月而迎送之，明鬼神而敬事之。其色郁郁，其德嶷嶷，其动也时，其服也士。帝喾溉执中而遍天下。日月所照，风雨所至，莫不从服。

高辛生下来就很神灵，能够说出自己的名字。普遍布施利于他人的恩德，却不及于自己本身。聪明辨析能知悉遥远，明白事理能深察隐微。顺从上天的义理，知晓民众的苦难。仁爱又有威严，仁慈又很笃实，修善自身而使天下诚服。收取土地的财物又能依时节加以利用，抚慰教导万民又能以利训导他们，观察日月修订历法而合理地迎送弦、望、晦、朔，明了鬼神并恭敬地侍奉他们。他的神态郁郁然非常庄严，他的道德嶷嶷然特别高尚。他的举动总是顺应天时，但他的衣着总是好像一般的士人。帝喾治理天下，像水灌溉农田一样，平等而公正地遍及天下，日月所能照射到的地方，风雨所能吹淋到的境地，没有不来臣服的。

帝喾娶陈锋氏女，生放勋；娶娵訾氏女，生挚。帝喾崩，而挚代立。帝挚立，不善，而弟放勋立，是为帝尧。

帝喾娶了陈锋氏的女儿，生了个儿子放勋。娶了娵訾氏的女儿，生了个儿子挚。帝喾逝世，由挚继帝位。帝挚即位，政治衰弱不盛，由弟弟放勋即位，也就是帝尧。

帝尧者，放勋。其仁如天，其知如神。就之如日，望之如云。富而不骄，贵而不舒。黄收纯衣，彤车乘白马。能明驯德，以亲九族。九族既睦，便章百姓。百姓昭明，合和万国。

帝尧，就是放勋。他的仁爱如天之涵养，他的智慧如神之微妙。人们依附他就像葵藿一般的倾心向日，人们仰望他就像百谷一般的期求泽云。富有而不骄，高贵而不惰。头着质素色黄的冕，身穿士人的祭服，坐上朱红色的车，驾乘白颜色的马。能够宣明恭顺的德行，而且能亲密地团结九族。九族既已团结和睦，就能明确地划分百官的职责。百官政绩昭明卓著，万邦诸侯融洽和睦。

乃命羲、和，敬顺昊天，数法日月星辰，敬授民时。分命羲仲，居郁夷，曰旸谷。敬道日出，便程东作。日中，星鸟，以殷中春。其民析，鸟兽字微。申命羲叔，居南交。便程南为，敬致。日永，星火，以正中夏。其民因，鸟兽希革。申命和仲，居西土，曰昧谷。敬道日入，便程西成。夜中，星虚，以正中秋。其民夷易，鸟兽毛毨。申命和叔，居北方，曰幽都。便在伏物。日短，星昴，以正中冬。其民燠，鸟兽氄毛。岁三百六十六日，以闰月正四时。信饬百官，众功皆兴。

于是就任命羲氏、和氏，勤勉地顺应昊大的天象，推算日月星辰的运行来制定历法，很慎重地将一岁的节令告诉民众。分别任命羲仲，居住在东方郁夷，那个地方叫阳明之谷。虔诚地迎接日出，管理监督春耕事务。春分日，昼夜长短相等，黄昏时鸟星（朱雀七宿）出现在正南方，用以确定仲春的气节。这时候春事既已开始，民众中老壮就要分散劳作，鸟兽开始乳化交尾。再任命羲叔，居住在南交。管理督导夏季劝农的事务，敬行教化，致达事功。夏至日，白昼最长，苍龙七宿中的大火（心宿）黄昏时出现在正南方，用以确定仲夏的气节。这时候民众尽力助耕，鸟兽换上了稀疏的羽毛。再任命和仲，居守在西方，那个地方名叫昧谷。恭敬地送太阳落山，管理监督秋收事务。秋分日，昼夜长短相等，玄武七宿中的虚宿黄昏时出现在正南方，用以正定仲秋的气节。这时候民众欢乐祥和，鸟兽的羽毛更生。再任命和叔，居住在北方，名叫幽都。管理督导冬藏物畜。冬至日，白昼最短，白虎七宿中的虚宿黄昏时出现在正南方，用以正定仲冬的气节。这时民众进入室内居处，鸟兽都生出氄毳细毛来增强自身的温暖。一年三百六十六日，置设闰月来正定各年的四时。切实地整饬百官，各种事业都兴办起来了。

尧曰："谁可顺此事？"放齐曰："嗣子丹朱开明。"尧曰："吁！顽凶，不用。"尧又曰："谁可者？"讙兜曰："共工旁聚布功，可用。"尧曰："共工善言，其用僻，似恭漫天，不可。"尧又曰："嗟，四岳！汤汤洪水滔天，浩浩怀山襄陵。下民其忧，有能使治者？"皆曰："鲧可。"尧曰："鲧负命毁族，不可。"岳曰："异哉！试不可用而已。"尧于是听岳用鲧。九岁，功用不成。

尧说："哪个人可以顺应天时来继承帝位？"放齐说："您嗣子丹朱开通明达。"尧说："哼！丹朱心既愚顽又喜欢争功，他不可用。"尧又说："哪一个是可用的人？"讙兜说："共工在广泛聚集人力方面已遍见功绩，可以用。"尧说："共工善于言辞，但他的用意邪僻，貌似恭敬却罪恶漫天，不能用。"尧又说："啊，四方诸侯，荡荡的洪水浊浪接天，浩浩然包围了山冈淹上了丘陵，下方的民众都非常忧愁，有哪一个能派去治理洪水的？"都说鲧可以。尧说："鲧的性格怪戾，违背教命，毁败善类，不可用。"诸侯们说："不是这样吧，试一试不可以用就算了。"尧于是听从诸侯们的意见任用鲧。经过九年，治水没有成功。

尧曰："嗟！四岳！朕在位七十载，汝能庸命，践朕位？"岳应曰："鄙德，忝帝位。"尧曰："悉举贵戚及疏远隐匿者。"众皆言于尧曰："有矜在民间，曰虞舜。"尧曰："然，朕闻之。其何如？"岳曰："盲者子。父顽，母嚚，弟傲，能和以孝，烝烝治，不至奸。"尧曰："吾其试哉！"于是尧妻之二女，观其德于二女。舜饬下二女于妫汭，如妇礼。尧善之，乃使舜慎和五典，五典能从；乃遍入百官，百官时序；宾于四门，四门穆穆，诸侯远方宾客皆敬。尧使舜入山林川泽，暴风雷雨，舜行不迷。尧以为圣，召舜曰："女谋事至而言可绩，三年矣。女登帝位。"舜让于德不怿。正月上日，舜受终于文祖。文祖者，尧太祖也。

尧说："啊！四方诸侯：我在帝位七十年，你们中有谁能够顺应天命，来接任我的帝位?"诸侯们应答说："我们鄙俚缺乏道德，假若来执行天子的事情，是会辱没帝位的。"尧说："你们都来推荐贵族亲戚中的和被疏远而隐藏起来的人才。"大家都对尧说："有个还没有妻子的人在民间，名叫虞舜。"尧说："对，我也听说了，他怎样?"诸侯们说："他是一个盲人的儿子。他父亲不效法德义，母亲不讲忠信，弟弟狂傲无理，舜都能用孝义来亲和他们，使他们上进从善，不至于奸恶。"尧说："我就来试试他吧！"于是尧把自己的两个女儿嫁给舜做妻，通过这两个女儿来观察他的德行。舜告诫尧的两个女儿迁居在妫水的河边，让她们在虞家行妇人之礼。尧认为舜做得很好，就让舜担任司徒的职务来谨慎地和谐父子、君臣、夫妇、兄弟、朋友间的五常教导，人们就都能遵从这五常之教。就又让舜普遍参与百官事务，百官事务处理得适时并井井有条。让舜在明堂四门迎接来朝的宾客，四门的接待表现肃穆，诸侯及远方宾客都很恭敬。尧派遣舜进入山林川泽，遇到暴风雷雨，舜往前行从不迷向误事。尧认为舜有圣智，召来舜说："你谋划事务能达到目的并且说过的话都有实绩可以考察，已经三年了。你来登帝位。"舜认为自己德望不堪胜任因而心意感到不愉悦而予以推让。正月朔日，舜在文祖庙接受了尧禅让的帝位。文祖，就是尧的太祖。

于是，帝尧老，命舜摄行天子之政，以观天命。舜乃在璇玑玉衡，以齐七政。遂类于上帝，禋于六宗，望于山川，辩于群神。揖五瑞，择吉月日，见四岳诸牧，班瑞。岁二月，东巡狩，至于岱宗，祡，望秩于山川。遂见东方君长，合时月，正日，同律度量衡，修五礼、五玉、三帛、二生、一死为挚，如五器，卒乃复。五月，南巡狩；八月，西巡狩；十一月，北巡狩：皆如初。归，至于祖祢庙，用特牛礼。五岁一巡狩，群后四朝。遍告以言，明试以功，车服以庸。肇十有二州，决川。象以典刑，流宥五刑，鞭作官刑，扑作教刑，金作赎刑。眚灾过，赦；怙终贼，刑。钦哉，钦哉，唯刑之静哉。

于是帝尧告老回家，命令舜代行天子的政事，来观察上天的意志。舜就利用运转的璇玑和窥望的玉衡进行观测，来定准日月五星的实际位置及其运行。接着类祭上帝，禋祭天地四时，望祭名山大川，又普遍地祭祀各路神祇。收集五等圭璧，选择吉利的日子，接受四方诸侯君长的朝见，向他们颁发应该执掌的瑞信。每年的二月，到东方去巡回视察，一直到达了泰山，在这里进行了祡祭，又分别等级望祭东方诸侯国境内的名山大川。借这个时机会见东方各地诸侯国的君王，协正四时气节和月份大小，校正日的甲乙，统一音律和度量衡，修正吉、凶、宾、军、嘉五种礼仪，规定在进见时公、侯、伯、子、男五等诸侯所执的瑞玉，和三种用来垫玉的赤黑白缯物，卿所执活羔羊和大夫所执雁的两种生物，士所执的是一只死野鸡；如果是诸侯所执的五种瑞信物，礼仪结束后就归还。五月，到南方去巡回视察；八月，到西方去巡回视察；十一月，到北方去巡回视察：所做的事情都和开始去东方视察的时候完全一样。巡回视察归来，先到祖庙和父庙去祭祀，用一头公牛作祭品。每五年进行一次巡回视察。其间四年四方诸侯分别到京师来朝见。舜向他们普遍告诫治国的方法，并要明确考察各地诸侯的政绩，对有功的赏赐车辆服饰来进行表彰。开始将全国划分成十二个州，疏浚各地的江河。把常用的刑律刻画在器物上，用流放的方法处置符合宽赦犯有墨、劓、刵、宫、大辟五种刑罚的人，官府处罚触犯法律的人运用鞭刑，在学校有犯法的生徒就用木棍扑打，金钱可以用作赎减刑罚。因为过失造成灾害的可以赦免；有所凭恃终不悔改的就严施刑罚。谨慎啊，谨慎啊，执行刑罚要特别慎重！

讙兜进言共工，尧曰"不可"，而试之工师，共工果淫辟。四岳举鲧治鸿水，尧以为不可，岳强请试之，试之而无功，故百姓不便。三苗在江淮、荆州数为乱。于是舜归而言于帝，请流共工于幽陵，以变北狄；放讙兜于崇山，以变南蛮；迁三苗于三危，以变西戎；殛鲧于羽山，以变东夷。四罪而天下咸服。

讙兜引荐共工，尧说："不可以。"而讙兜仍然试着让他去做工师，共工果然淫恶邪僻。四方诸侯推举鲧治理洪水，尧认为不能胜任，四方诸侯勉强请求尧试用，试用的结果就是没有成功，所以百官感到不适宜。三苗氏族在江淮、荆州地方几次作乱。依据这些情况，舜回到京师向帝尧进言，请求流放共工到幽陵去，来改变北狄的习俗；流放讙兜到崇山去，来改变南蛮的习俗；迁徙三苗到三危去，来改变西戎的习俗；流放鲧到羽山去，来改变东夷的习俗：结果是四个人受到了处罚而使天下人都心悦诚服。

尧立七十年得舜；二十年而老，令舜摄行天子之政，荐之于天。尧辟位凡二十八年而崩。百姓悲哀，如丧父母。三年，四方莫举乐，以思尧。尧知子丹朱之不肖，不足授天下，于是乃权授舜。授舜，则天下得其利而丹朱病；授丹朱，则天下病而丹朱得其利。尧曰："终不以天下之病而利一人。"而卒授舜以天下。尧崩，三年之丧毕，舜让辟丹朱于南河之南。诸侯朝觐者不之丹朱而之舜，狱讼者不之丹朱而之舜，讴歌者不讴歌丹朱而讴歌舜。舜曰："天也！"夫而后之中国践天子位焉，是为帝舜。

《二十一史通俗演义》版画之尧舜揖让图

尧即帝位七十年才得到舜，又经过二十年就称老回家，命令舜代行天子的政事，这样也就把舜推荐给上天来进行考验。尧禅让帝位总共二十八年就去世了。百姓非常悲哀，好像自己的父母丧亡一样。三年内，全国各地都没有举奏音乐，用这种方式表达对尧的思念。尧知道儿子丹朱是不贤能的，不值得把管理天下的权力授给他，于是就采取权变措施把帝位授给舜。授给舜，那么天下的人们可以得到好处而丹朱会受到损害；授给丹朱，那么天下的人们会受到损害而丹朱就得到了好处。尧说："终归不能拿损害天下的人们来使一人得利。"最终还是把管理天下的大权授给了舜。尧逝世，三年的丧期结束，舜辞让并回避丹朱而到南河的南边去。诸侯朝觐的人们不到丹朱的住地反而来到舜的去处，有争执诉讼事情的人们不去上告给丹朱反而要去上告给舜，政绩歌颂的人们不歌颂丹朱反而来歌颂舜。舜说："这是上天的意思罢！"然后才回到京都登上了天子之位，这就是帝舜。

虞舜者，名曰重华。重华父曰瞽叟，瞽叟父曰桥牛，桥牛父曰句望，句望父曰敬康，敬康父曰穷蝉，穷蝉父曰帝颛顼，颛顼父曰昌意，以至舜七世矣。自从穷蝉以至帝舜，皆微为庶人。

虞舜，名叫重华。重华的父亲叫瞽叟，瞽叟的父亲叫桥牛，桥牛的父亲叫句望，句望的父亲叫敬康，敬康的父亲叫穷蝉，穷蝉的父亲叫帝颛顼，颛顼的父亲叫昌意。从昌意到舜有七代了。从穷蝉开始一直到帝舜，都是地位低微的普通百姓。

舜父瞽叟盲，而舜母死。瞽叟更娶妻而生象，象傲。瞽叟爱后妻子，常欲杀舜，舜避逃；及有小过，则受罪。顺事父及后母与弟，日以笃谨，匪有解。

舜的父亲瞽叟是个盲人，而且舜的生母早已去世，瞽叟又娶了妻子生下了象，象很奢侈傲慢。瞽叟偏爱后妻所生的儿子，常想杀掉舜，舜总是躲避逃过了；倘若有小的过错，就要受到罪罚。舜孝顺地奉养父亲和后母连同弟弟，一日比一日忠厚恭谨，没有丝毫怠慢。

舜，冀州之人也。舜耕历山，渔雷泽，陶河滨，作什器于寿丘，就时于负夏。舜父瞽叟顽，母嚚，弟象傲，皆欲杀舜。舜顺适不失子道，兄弟孝慈。欲杀，不可得；即求，尝在侧。

舜，是冀州地方的人。舜在历山耕种过，在雷泽捕过鱼，在黄河边上做过瓦器，在寿丘做过各种家用器具，在负夏乘时逐利做过生意。舜的父亲瞽叟不讲德义，母亲丝毫不讲信义，弟弟象狂傲，都想杀舜。舜孝顺适从一点不违背做儿子的道义，想杀掉他，也找不到机会；如果有事要寻找舜，他又常常在父母身边。

舜年二十以孝闻。三十而帝尧问可用者，四岳咸荐虞舜，曰可。于是尧乃以二女妻舜以观其内，使九男与处以观其外。舜居妫汭，内行弥谨，尧二女不敢以贵骄事舜亲戚，甚有妇道。尧九男皆益笃。舜耕历山，历山之人皆让畔；渔雷泽，雷泽上人皆让居；陶河滨，河滨器皆不苦窳。一年而所居成聚，二年成邑，三年成都。尧乃赐舜絺衣与琴，为筑仓廪，予牛羊。瞽叟尚复欲杀之，使舜上涂廪，瞽叟从下纵火焚廪。舜乃以两笠自扞而下，去，得不死。后瞽叟又使舜穿井，舜穿井为匿空，旁出；舜既入深，瞽叟与象共下土实井，舜从匿空出，去。瞽叟、象喜，以舜为已死。象曰："本谋者象。"象与其父母分，于是曰："舜妻尧二女与琴，象取之。牛羊、仓廪予父母。"象乃止舜宫居，鼓其琴。舜往见之。象鄂不怿，曰："我思舜正郁陶。"舜曰："然，尔其庶矣！"舜复事瞽叟爱弟弥谨。于是尧乃试舜五典、百官，皆治。

舜年纪二十岁时就因为孝顺父母而出名。三十岁时就碰上尧帝询问有没有可以做天子的人，四方诸侯都推荐虞舜，说他可以。在这样的情况下尧就把两个女儿嫁给舜来观察他内在的德行，并派九个男子和他相处来观察他的外在表现。舜居住在妫河的水涯边，自身的修养更谨慎。尧的两个女儿从不敢拿高贵骄慢的态度来对待舜的父母弟妹，特别讲究妇人之道。尧的九个男子侍奉舜也都更加忠实谨敬。舜在历山耕种，历山的农人都互让田畔；在雷泽捕鱼，雷泽上的渔人都让居处；在黄河水滨做瓦器，黄河水滨出产的瓦器都不粗制滥造。一年内舜所居处的地方变成村落，二年成了乡邑，三年成了都会。尧于是赐给舜细葛布衣和琴，替舜构筑仓廪，给他一些牛、羊。瞽叟又想杀害他，让舜爬上去涂抹廪房，瞽叟从下面放火焚烧廪房。舜就用两顶斗笠护住身体跳下，逃离了火境，得以不死。后来瞽叟又让舜去挖井，舜挖井时设了一个暗道可以从旁边的井口出去。舜挖井已经很深了，瞽叟和象同时往井下填土，舜就从暗道中逃出，脱离了险境。瞽叟、象非常高兴，认为舜在井中已死。象说："最先出这个主意的是我象。"象和父母分割舜的家室财物，于是说："舜妻尧的两个女儿，和一把琴，由象分得；牛、羊、仓库分给父母。"象就停留在舜原来的屋室居住，敲着分得的那把琴。舜回来见象。象惊愕不快，就假意说："我思念哥哥舜，正在非常忧郁不乐！"舜说："是，你的兄弟间的友谊情义可说得上是很深厚的了！"舜重新侍奉瞽叟和爱护弟弟就更加恭谨。于是尧就用推行五种伦理和担任各种官职来考察舜，舜把各方面都治理得很好。

昔高阳氏有才子八人，世得其利，谓之"八恺"。高辛氏有才子八人，世谓之"八元"。此十六族者，世济其美，不陨其名。至于尧，尧未能举。舜举八恺，使主后土，以揆百事，莫不时序。举八元，使布五教于四方，父义，母慈，兄友，弟恭，子孝，内平外成。

过去高阳氏有才子八个人，社会上得到了他们辅佐的利益，称他们叫"八恺"。高辛氏有才子八人，社会上称他们叫"八元"。这十六个才子的后代，世世代代成就他们的美德，不使他们的名声降低。到了尧的时代，尧没有能够举用他们的后代。舜举用八恺的后代，让他们主持有关土地方面的事务，以此他们所总管的百方事务，没有不是完成得顺时并很有顺序。举用八元的后代，让他们在四方布施教诲，使得父亲们都仁义，母亲们都慈爱，做兄的都友善，做弟的都恭谨，做儿子的都孝顺，中原的各个部族都很安定，边远地区的部族一心向往中原的教化。

昔帝鸿氏有不才子，掩义隐贼，好行凶慝，天下谓之"浑沌"。少皞氏有不才子，毁信恶忠，崇饰恶言，天下谓之"穷奇"。颛顼氏有不才子，不可教训，不知话言，天下谓之"梼杌"。此三族世忧之。至于尧，尧未能去。缙云氏有不才子，贪于饮食，冒于货贿，天下谓之"饕餮"。天下恶之，比之三凶。舜宾于四门，乃流四凶族，迁于四裔，以御螭魅，于是四门辟，言毋凶人也。

过去帝鸿氏有个不才之子，湮没仁义，阴为贼害，好行凶恶之事，天下人称呼他叫浑沌。少皞氏有个不才之子，毁败信义，憎恶忠直，用心饰用恶毒的言语，天下的人称呼他叫穷奇。颛顼氏有个不才之子，凶顽不可教训，不知道话语好坏，天下的人称呼他叫梼杌。这三个家族世世代代人们都对他们感到忧惧。到了尧的时代，尧没有能除去他们的忧患。缙云氏有个不才之子，贪恋酒食，图求财货，天下的人称呼他叫饕餮。天下的人们憎恶他，把他比作三家凶族。舜掌管四方之门的迎宾事务，就流放四家凶族，将他们迁到四方边远地带，并用他们来抗御更加邪恶谄媚的人，这样做了以后四方之门通达，称得上是没有凶恶的人了。

舜入于大麓，烈风雷雨不迷，尧乃知舜之足授天下。尧老，使舜摄行天子政，巡狩。舜得举用事二十年，而尧使摄政。摄政八年而尧崩。三年丧毕，让丹朱，天下归舜。而禹、皋陶、契、后稷、伯夷、夔、龙、倕、益、彭祖，自尧时而皆举用，未有分职。于是舜乃至于文祖，谋于四岳，辟四门，明通四方耳目，命十二牧论帝德，行厚德，远佞人，则蛮夷率服。舜谓四岳曰："有能奋庸美尧之事者，使居官相事?"皆曰："伯禹为司空，可美帝功。"舜曰："嗟，然！禹，汝平水土，维是勉哉!"禹拜稽首，让于稷、契与皋陶。舜曰："然，往矣!"舜曰："弃，黎民始饥，汝后稷播时百谷。"舜曰："契，百姓不亲，五品不驯，汝为司徒，而敬敷五教，在宽。"舜曰："皋陶，蛮夷猾夏，寇贼奸轨，汝作士。五刑有服，五服三就；五流有度，五度三居。维明能信。"舜曰："谁能驯予工?"皆曰垂可。于是以垂为共工。舜曰："谁能驯予上下草木鸟兽?"皆曰益可。于是以益为朕虞。益拜稽首，让于诸臣朱虎、熊罴。舜曰："往矣，汝谐。"遂以朱虎、熊罴为佐。舜曰："嗟！四岳，有能典朕三礼?"皆曰伯夷可。舜曰："嗟！伯夷，以汝为秩宗。夙夜维敬，直哉维静絜。"伯夷让夔、龙。舜曰："然。以夔为典乐，教稚子，直而温，宽而栗，刚而毋虐，简而毋傲；诗言意，歌长言，声依永，律和声，八音能谐，毋相夺伦，神人以和。"夔曰："于！予击石拊石，百兽率舞。"舜曰："龙，朕畏忌谗说殄伪，振惊朕众。命汝为纳言，夙夜出入朕命，惟信。"舜曰："嗟！女二十有二人敬哉。惟时相天事。"三岁一考功，三考绌陟，远近众功咸兴。分北三苗。

舜进入高大的山麓，遇到强烈的雷暴风雨也不迷向误事，尧就知道舜是值得把整个天下传授给他。尧称老归家，让舜代行天子的政事，并到全国各地巡回视察。舜受到推举任用有二十年，然后尧才让他代行政事，代行政事八年尧就去世了。三年丧礼结束，让给丹朱，但是天下的人归服于舜。禹、皋陶、契、后稷、伯夷、夔、龙、倕、益、彭祖等人从尧帝的时代开始就都被推举任用，却没有分配给他们主管的职务。于是舜就来到文祖庙，召集四方诸侯进行谋划，开放四方门庭，明白通晓全国所反映的意见，命令十二位地方长官讲论尧帝的功德，了解只要推行敦厚的道德，使民众远离邪佞的人，能这样做就会使蛮夷从服。舜对四方诸侯说："有谁是能奋力光大尧帝事业的人，可以让他总领官位辅佐我的政事?"都说："伯禹做司空，可以发扬光大尧帝的功业。"舜说："嗯，是！禹，你去平定水土。希望你努力完成这项任务啊。"伯禹跪拜叩头，推让给后稷、契和皋陶。舜说："就这样，去罢。"舜说："弃，民众中开始出现饥饿，你去做负责农事的官员，组织他们播种各类谷物。"舜说："契，百姓之间不亲和，五常的伦理不顺，你去做司徒，去谨敬地布施五常的教导，主旨在于宽厚。"舜说："皋陶，蛮夷各族扰乱中原，抢劫杀人内外为患，你去做狱官之长，五种刑罚裁量要轻重适中，执行五种刑罚要在郊野、市、朝三个不同的地方；五种流放要有一定的尺度，要根据不同的远近建立三处居所：要求明察公允能使人信服。"舜说："哪个能够训治我的各种工匠?"都说垂可以。于是让垂做共工，统领工匠事务。舜说："哪个能够替我掌管山林水泽中的草木鸟兽?"都说益可以。于是就任命益做掌管山泽的虞官。益跪拜叩头，推让给其他的大臣如朱虎、熊罴。舜说："去吧，你们一起合作。"就让朱虎、熊罴做益的助手。舜说："唉！四方诸侯，有谁能够协助我掌管天、地、人三事的礼仪?"都说伯夷可以。舜说："喂，伯夷！任命你做秩宗，从早到晚一定要虔敬，掌礼施教都要正直而且肃静、清洁。"伯夷推让给夔、龙。舜说："好。任命夔做典乐官，用歌诗舞蹈教导国子，你要正直而且温和，宽厚而且严厉，刚毅而又不肆虐，简廉而又不傲诗的内容表现了人的情志，歌是拉长了音调咏叹诗中的意义，五声曲折要按照歌的需要，律吕音气相符五声配合自然美妙，金、石、丝、竹、匏、土、革、木八音能够谐调一致，不互相错夺侵扰，这样通过音乐神与人之间就能达到欢悦和谐。"夔说："哦！我拊击石磬，百兽为音乐所感发就会相率起舞。"舜说："龙，我畏恶忌讳利口谗说灭绝德行肆行诈伪的人，恐怕他们惊动我的众多臣民，任命你做纳言的官，早晚传递我的旨命，一定要追求诚信。"舜说："喂！你们二十二人，各自要谨慎地行使你们的职责，希望顺应时势辅佐我完成上天交给的天下大事。"每过三年考察一次政绩，三次考察来决定官员的升降，这样做了不管远近的各类事情就都兴盛起来。再次分别处理了流放在北部边境的三苗氏部族。

此二十二人咸成厥功：皋陶为大理，平，民各伏得其实；伯夷主礼，上下咸让；垂主工师，百工致功；益主虞，山泽辟；弃主稷，百谷时茂；契主司徒，百姓亲和；龙主宾客，远人至，十二牧行而九州莫

敢辟违；唯禹之功为大，披九山，通九泽，决九河，定九州，各以其职来贡，不失厥宜。方五千里，至于荒服。南抚交阯、北发，西戎、析枝、渠廋、氐、羌，北山戎、发、息慎，东长、乌夷，四海之内咸戴帝舜之功。于是禹乃兴《九招》之乐，致异物，凤皇来翔。天下明德皆自虞帝始。

这些被任命的二十二人都成就了他们的事业。皋陶做管刑狱的大理，持法公平，民众从各方面都顺服他的判决能准确切实。伯夷主管礼仪，上上下下都表现谦让。垂主掌百工，各种制作都达到了应有的成效。益主掌虞官，山林水泽都得到很好的开发。弃主掌农官，各种谷物都顺应天时长得非常喜人。契主掌司徒，贵族百姓都亲近和睦。龙主掌接待宾客，远方的诸侯和外族都欣然来朝。十二个地方官的政令推行，那么九州范围内的民众没有谁敢逃避违背。只有禹的功劳算是最大，开通了九座大山，疏浚了九处湖泽，决导了九条河流，划定了九州方界，使九州的君长各自按照相应的职分来贡奉物产，不失掉他应有的规范。国土开拓纵横五千里，一直到达荒服的遥远地带。南边抚有交阯、北发，西边抚有戎、析枝、渠廋、氐、羌，北边抚有山戎、发、息慎，东边抚有长、乌夷：四海之内，都感激帝舜的功劳。在这样的背景下，禹就创作了歌颂帝尧的名叫《九招》的乐曲，招来了各方的奇珍异物，凤凰也飞来飞舞。普天之下清明的德政都是从虞帝时开始的。

舜年二十以孝闻，年三十尧举之，年五十摄行天子事，年五十八尧崩，年六十一代尧践帝位；践帝位三十九年，南巡狩，崩于苍梧之野。葬于江南九嶷，是为零陵。

舜二十岁的时候以孝顺闻名，三十岁的时候尧提拔他，五十岁的时候代行天子的政事，五十八岁的时候尧去世，六十一岁的时候接替尧登上帝位。登上帝位三十九年，到南方去巡回视察的时候，在苍梧的郊野去世。安葬在长江南部的九嶷山，此地就是零陵。

舜之践帝位，载天子旗，往朝父瞽叟，夔夔唯谨，如子道。封弟象为诸侯。舜子商均亦不肖，舜乃豫荐禹于天。十七年而崩。三年丧毕，禹亦乃让舜子，如舜让尧子。诸侯归之，然后禹践天子位。尧子丹朱，舜子商均，皆有疆土，以奉先祀。服其服，礼乐如之。以客见天子；天子弗臣，示不敢专也。

帝舜像，出自明·佚名绘《历代古人像赞》。

舜登上帝位以后，用车载着天子的旌旗，回去朝拜父亲瞽叟，夔夔然特别恭谨，仍然履行做儿子的孝道。封弟弟象做有鼻地方的诸侯。舜的儿子商均也不贤能，舜因此预先告知上天要推荐禹代行政事。十七年以后就逝世了。三年的丧礼完毕，禹就推让给舜的儿子，和当初舜让尧的儿子一样。诸侯们都归附他，此后禹才登上了天子之位。尧的儿子丹朱，舜的儿子商均，都封有疆土，来供奉先祖的祭祀。他们仍然穿戴祖传的服饰，所用礼乐也和原先的一样。用宾客的礼仪朝见天子，天子不把他们作臣下看待，表示不敢专有天子的威严。

自黄帝至舜、禹，皆同姓而异其国号，以章明德。故黄帝为有熊，帝颛顼为高阳，帝喾为高辛，帝尧为陶唐，帝舜为有虞。帝禹为夏后而别氏，姓姒氏。契为商，姓子氏。弃为周，姓姬氏。

从黄帝至舜、禹，都出自同姓，但他们立国以后的称号却不相同，以便显示各自的光明德行。所以黄帝的号是有熊，颛顼帝的号是高阳，喾帝的号是高辛，尧帝的号是陶唐，舜帝的号是有虞。禹帝的号是夏后，却另有姓氏，姓姒。契是商的始祖，姓子。弃是周的始祖，姓姬。

太史公曰：学者多称五帝，尚矣。然《尚书》独载尧以来；而百家言黄帝，其文不雅驯，荐绅先生难言之。孔子所传宰予问《五帝德》及《帝系姓》，儒者或不传。余尝西至空桐，北过涿鹿，东渐于海，南浮江淮矣；至，长老皆各往往称黄帝、尧、舜之处，风教固殊焉。总之，不离古文者近是。予观《春秋》、《国语》，其发明《五帝德》、《帝系姓》章矣，顾弟弗深考，其所表见皆不虚。《书》缺有间矣，其轶乃时时见于他说。非好学深思，心知其意，固难为浅见寡闻道也。余并论次，择其言尤雅者，故著为本纪书首。

太史公说：学者们有很多人称说五帝，但五帝的时代已经很久远了。然而《尚书》只记载尧以来的政事史料，而百家所叙说的黄帝，他们的文字都不是典雅的训释，缙绅先生们是很难照着说清楚的。孔子所记述的宰予问《五帝德》和《帝系姓》二篇，儒生们认为不是圣人的言论所以大多都不传习。我曾经西边到过崆峒山，北边经过涿鹿，向东渐进到达大海，往南驾舟浮渡过长江、淮河，到那些被长老们都各自常常称说是黄帝、尧、舜遗迹的地方，知道风俗教化本来有所不同，总的来说还是没有背离古文记载的说法，比较接近正确。我研读《春秋》、《国语》，其中内容有阐发《五帝德》、《帝系姓》的地方是很显著的，只是人们没有深加考察就是了，其实，它们的记述都不虚妄。《尚书》缺失，有许多内容早已遗漏了，它所散佚的就常常在其他的记述中可以看到。不是喜好学习，深加思考，心知其中的用意，这类事本来就很难对那些识见浅薄孤陋寡闻的人去说清楚的。我一并依据搜集的各种文献论说，选择其中记述得特别典雅的，以此编著成《五帝本纪》作为全书的首篇。

史记第二卷

夏本纪第二

夏禹，名曰文命。禹之父曰鲧，鲧之父曰帝颛顼，颛顼之父曰昌意，昌意之父曰黄帝。禹者，黄帝之玄孙而帝颛顼之孙也。禹之曾大父昌意及父鲧皆不得在帝位，为人臣。

夏禹，名叫文命。禹的父亲叫鲧，鲧的父亲叫帝颛顼，颛顼的父亲叫昌意，昌意的父亲叫黄帝。禹，是黄帝的玄孙也就是颛顼帝的孙。禹的曾祖父昌意和父亲鲧都没有登临帝位，只做了天子下面的臣民。

当帝尧之时，鸿水滔天，浩浩怀山襄陵，下民其忧。尧求能治水者，群臣四岳皆曰："鲧可。"尧曰："鲧为人负命毁族，不可。"四岳曰："等之，未有贤于鲧者，愿帝试之。"于是尧听四岳，用鲧治水。九年而水不息，功用不成。于是帝尧乃求人。更得舜。舜登用，摄行天子之政。巡狩，行视鲧之治水无状，乃殛鲧于羽山以死。天下皆以舜之诛为是。于是舜举鲧子禹，而使续鲧之业。

帝尧时，大水成灾浊浪滔天，浩浩荡荡包围了山冈淹上了丘陵，下边的民众非常忧惧。尧求能够治理洪水的人，各个大臣和四方诸侯都说鲧可以。尧说："鲧的为人是违背教化命令毁败同族，不可用。"四方诸侯说："比较起来没有比鲧更贤能的，希望帝试试他。"于是尧听从四方诸侯，任用鲧治理洪水。经过九年，洪水仍然没有平息，治水事业没有成功。这时尧帝去寻求继承帝位的人，才得到了舜。舜受到任用，代行天子的政事，到全国各地去巡回视察。在巡视行进途中看到了鲧治理洪水没有成功，就把鲧杀死在羽山。天下的人都认为舜的惩罚是正确的。于是舜提拔鲧的儿子禹，来让他继续鲧的治水事业。

尧崩，帝舜问四岳曰："有能成美尧之事者，使居官？"皆曰："伯禹为司空，可成美尧之功。"舜曰："嗟，然。"命禹："女平水土，维是勉之。"禹拜稽首，让于契、后稷、皋陶。舜曰："女其往视尔事矣。"

尧逝世，帝舜问四方诸侯说："有谁能够成就完成尧的事业，可让他担任官职的呢？"都说："伯禹做司空，可以成就完成尧的事业。"舜说："嗯，对！"命令禹："你去平定水土，希望你勤勉地办好这

夏禹像，出自明·佚名绘《历代古人像赞》。

件事。”禹跪拜叩头，推让给契、后稷、皋陶。舜说：“你还是快去处理你负责的事情吧！”

禹为人敏给克勤，其德不违，其仁可亲，其言可信；声为律，身为度，称以出，亹亹穆穆，为纲为纪。

禹为人机敏快捷能够吃苦：他守道德不违背社会准则，他具仁心能够使人们亲和，他的言谈可以使大家信服；说话的声音适合音律，自身的行动成为法度，衡量好了再处理官事，勤勉不倦端庄恭敬，成为百官们的典范。

禹乃遂与益、后稷奉帝命，命诸侯百姓兴人徒以傅士，行山表木，定高山大川。禹伤先人父鲧功之不成受诛，乃劳身焦思，居外十三年，过家门不敢入。薄衣食，致孝于鬼神；卑宫室，致费于沟淢。陆行乘车，水行乘船，泥行乘橇，山行乘檋。左准绳，右规矩，载四时，以开九州，通九道，陂九泽，度九山，令益予众庶稻，可种卑湿。命后稷予众庶难得之食。食少，调有余相给，以均诸侯。禹乃行，相地宜所有以贡，及山川之便利。

禹于是就和益、后稷承奉舜帝的旨命，命令诸侯和贵族百姓调动人众徒奴动土治水。他攀行山岭用木作出标记，确定高山大川治理的规划。禹伤感父亲鲧因为治水没有成功受到处治，就劳苦身躯焦心思虑，居住在外面十三年，经过家门也不进去休息。微薄自己的衣服饮食，却致力用丰洁祭品来孝敬鬼神；卑陋自己的居室器用，却致力将大量费用来修筑渠道。他陆地行进时坐着车，水路行进的时候驾着船，泥滩上行进的时候乘着橇，山地里行进时穿着檋。为测量地形，时而运用准绳，时而运用规矩，依靠仪器充分利用春夏秋冬的时节，来开发九州土地，疏通九条河道，陂塞九处湖泽，测量九大山系。命令益把稻种分发给民众，让他们可以在卑湿的低地耕种。命令后稷分发给民众非常缺乏的食品。食物量少，从有多余的地方调剂来互相补给，以便让各诸侯国享受均衡的好处。禹在巡行中观察各地的特色来确定它们所能进贡的物产，以及把贡品运到京都去所经山川的便利路线。

禹行自冀州始。冀州：既载壶口，治梁及岐。既修太原，至于岳阳。覃怀致功，至于衡漳。其土白壤。赋上上错，田中中。常、卫既从，大陆既为。乌夷皮服。夹右碣石，入于海。

禹的巡行治水从冀州开始。冀州：先治理完壶口山，又治理梁山和岐山。已经修治了太原地区的大片高原，一直修治到了太岳山的南边。治理覃怀收到了功效，又一直治理到了流入黄河的漳水经过的地方。冀州属白色而细软松柔的土壤地带，田赋属于上上等级有时错杂出上中等级，田的等级在全国算中中。常水、卫水已经疏通得顺从了，大陆水湖也被整治好了。冀州东北的乌夷部族进贡皮服。他们运往京城的贡赋从渤海绕过西边的碣石山，然后进入黄河。

济、河维兖州：九河既道，雷夏既泽，雍、沮会同，桑土既蚕，于是民得下丘居土。其土黑坟，草繇木条。田中下，赋贞，作十有三年乃同。其贡漆丝，其篚织文。浮于济、漯，通于河。

济水和黄河之间是兖州：兖州境内黄河下游的九条河道已经疏通，雷夏已经修筑堤防形成水泽，雍、沮两条河水就会合流入这个湖泊，种有桑树的土地上已经能够养蚕，民众就从山丘上搬来居住在平地上。兖州属于黑色肥厚的土壤地带，花草茂盛树木高大。田土属于中下等级，田赋的等级也就相当，兖州整治了十三年才和其他八州收到相同的功效。它的贡赋是漆、丝，以及用圆形竹器盛着的有花纹的丝织品。运往京城的贡赋乘船先经济水、漯水，然后到达黄河。

海、岱维青州：堣夷既略，潍、淄其道。其土白坟，海滨广潟，厥田斥卤。田上下，赋中上。厥贡盐、絺，海物维错，岱畎丝、枲、铅、松、怪石；莱夷为牧；其篚酓丝。浮于汶，通于济。

大海和泰山之间是青州：堣夷地区既已经略，潍水、淄水已疏导。青州的土质属白色肥厚一类，海滨一带却是宽广又含盐质，这里的田土是盐碱地。田地属上下等级，田赋属中上等级。青州的贡赋是盐和细葛布，有时也进贡一些海产品，还有泰山深谷的丝、大麻、矿石、松木、怪石，莱夷地区的牧产品，和用圆形竹器盛着可用来作琴弦的柞蚕丝。贡赋运往京城是乘船先入汶水，再达到济水。

海岱及淮维徐州：淮、沂其治，蒙、羽其蓺。大野既都，东原底平。其土赤埴坟，草木渐包。其田上中，赋中中。贡维土五色。羽畎夏狄，峄阳孤桐，泗滨浮磬，淮夷玭珠暨鱼，其篚玄纤，缟。浮于淮、泗，通于河。

大海、泰山和淮河之间是徐州：淮河、沂水得到了治理，蒙山、羽山可以种植。大野泽整治后已经能够蓄水，东原一带地区在水去平复后可以耕种。青州的土质属红色黏性肥厚的一类，草木也生长得密集茂盛。这里的田地属上中等级，田赋属中中等级。贡品是供天子分封诸侯时赐茅土之用的青、赤、白、黑、黄五色土，羽山深谷的彩色野鸡，峄山南边作琴瑟用的独生桐，泗水边浮石制的磬，淮水边上夷族聚居地产的珠蚌和鱼，以及用圆形竹器盛着的黑细丝绸。贡赋运往京城是乘船经过淮水、泗水，再进入黄河。

淮海维扬州：彭蠡既都，阳鸟所居。三江既入，震泽致定。竹箭既布。其草惟夭，其木惟乔。其土涂泥。田下下，赋下上上杂。贡金三品，瑶、琨、竹箭，齿、革、羽、旄，岛夷卉服，其篚织贝，其包橘、柚锡贡。均江、海，通淮、泗。

淮河以南和大海以西的大片地区是扬州：彭蠡泽（江西鄱阳湖古名）已经治好蓄水，大雁冬天就来这里停居。松江、钱塘江、浦阳江都已疏通入海，震泽地区就获得了安定。箭竹已经遍地生长。这里长的草鲜美柔嫩，这里长的树木非常高大。土质湿润。田地属下下等级，田赋属下上等级有时杂出升到中下等级。贡品有三种金属，美玉、宝石、箭竹，象牙、兽皮、鸟的彩色羽毛、旄牛尾，海岛上夷民用草织的衣服，用圆形竹器盛着的五色染丝织成的贝锦，还有是有时根据命令要进贡的包着的橘子和柚子。贡赋运往京城是先沿江或沿海向北，再进入淮河、泗水。

荆及衡阳维荆州：江、汉朝宗于海，九江甚中。沱、涔已道，云土、梦为治。其土涂泥。田下中，赋上下。贡羽，旄，齿，革，金三品，杶、榦、栝、柏，砺、砥、砮、丹，维箘簬、楛，三国致贡其名，包匭菁茅，其篚玄纁玑组，九江入赐大龟。浮于江、沱、涔、江，逾于雒，至于南河。

北起荆山、南到衡山之南的地区是荆州：江水、汉水奔腾向前流入大海。有无数条支流汇入长江正好处在全州中部，沱水、涔水已经疏导，云土泽、梦泽治理好了。荆州的土质湿润。田地属下中等级，田赋是上下等级。贡品是彩色羽毛、旄牛尾、象牙、兽皮，三种金属，椿木、柘木、桧木、柏木，质地粗糙或柔细的磨刀石、可作箭镞的石头、丹砂，可作箭杆的箘竹、簬竹、楛木，是荆州地区三个诸侯国致送贡品中的著名特产。还有用绳缠绕包裹起来用于宗庙祭祀时滤酒的菁茅，用圆形竹器盛着的黑色或浅绛色的绸布及用丝带穿起来的珍珠，有时根据命令要进贡的九江中产的大龟。贡赋运往京城是先乘船经过长江、沱水、涔水、汉水，再经过陆路输送到洛水，到达南河。

荆、河惟豫州：伊、雒、瀍、涧，既入于河，荥播既都，道菏泽，被明都。其土壤，下土坟垆。田中上，赋杂上中。贡漆、丝、絺、纻，其篚纤絮。锡贡磬错。浮于雒，达于河。

荆山以北、黄河以南的地区是豫州：伊水、洛水、瀍水、涧水，都已疏通流入黄河，荥播泽经过整治已经蓄水，疏导了菏泽，然后治理到孟猪泽。豫州的土质柔细松软，低洼地是肥厚色黑。田地属中上等级，田赋属上中等级有时杂出升到上上等级。贡品是漆、丝、细葛布、苎麻，用圆形竹器盛着的细丝绵，有时候按命令进贡磨磬的错石。贡赋运往京城是先乘船经过洛水，然后到达黄河。

华阳、黑水惟梁州：汶、嶓既蓺，沱、涔既道，蔡、蒙旅平，和夷厎绩。其土青骊。田下上，赋下中三错。贡璆、铁、银、镂、砮、磬，熊、罴、狐、狸、织皮。西倾因桓是来；浮于潜，逾于沔，入于渭，乱于河。

东到华山之南、西到黑水之滨的地区是梁州：岷山、嶓冢山经过整治可以种植，沱江、涔水已经疏导，蔡山、蒙山都已平治完毕，和夷地区的民众收到了治理的效果。梁州的土质是青黑色。田地属下上等级，田赋属下中等级有时错杂下上等级或下下等级。贡品有璆玉、铁、银、钢铁、砮石、磬，熊、罴、狐、狸四种野兽。西戎织皮族和西倾山的贡物沿桓水运来，其他的贡赋运往京城是先乘船进入潜水，经过陆地转输再进入沔水，到达渭水，最后横渡黄河。

黑水、西河惟雍州：弱水既西，泾属渭汭。漆、沮既从，沣水所同。荆、岐已旅，终南、敦物至于鸟鼠。原隰厎绩，至于都野。三危既度，三苗大序。其土黄壤。田上上，赋中下。贡璆、琳、琅玕。浮于积石，至于龙门西河，会于渭汭；织皮昆仑、析支、渠搜，西戎即序。

西到黑水、东到冀州西界的黄河是雍州：弱水已经疏导西流，泾水从北岸流入渭水，漆水、沮水已经疏浚通畅，沣水也会流入渭水。荆山、岐山都已经治理，也包括终南山、敦物山一直到鸟鼠山。治理高原和低洼地所取得的效果，一直伸延到了都野泽。三危山一带经过整治已经能够让人定居，三苗族也就非常遵守秩序了。雍州是黄色细柔松软的土质。田地属上上等级，田赋属中下等级。贡品有璆玉、琳玉、宝石琅玕。贡赋运往京城是乘船经过积石山附近的黄河，到达龙门地段的西河，再运到渭水和黄河的汇合处。织皮族的民众居住在昆仑、析支、渠搜三座山下，西方各族也就安定服从了。

道九山：汧及岐至于荆山，逾于河；壶口、雷首至于太岳；砥柱、析城至于王屋；太行、常山至于碣石，入于海；西倾、朱圉、鸟鼠至于太华；熊耳、外方、桐柏至于负尾；道嶓冢，至于荆山；内方至于大别；汶山之阳至衡山，过九江，至于敷浅原。

开通九条山脉的道路：汧山及岐山直到荆山，越过了黄河；壶口山、雷首山直到太岳山；砥柱山、析城山直到王屋山；太行山、常山直到碣石山，从这里进入大海；西倾山、朱圉山、鸟鼠山直到太华山；熊耳山、外方山、桐伯山直到负尾山；开通嶓冢山，直到荆山；内方山直到大别山；岷山的南面直到衡山，跨过九江，到达敷浅原。

《二十一史通俗演义》版画之夏禹治水图

道九川：弱水至于合黎，余波入于流沙；道黑水，至于三危，入于南海；道河积石，至于龙门，南至华阴，东至砥柱，又东至于盟津，东过雒汭，至于大邳，北过降水，至于大陆，北播为九河，同为逆河，入于海；嶓冢道漾，东流为汉，又东为苍浪之水，过三澨，入于大别，南入于江，东汇泽为彭蠡，东为北江，入于海；汶山道江，东别为沱，又东至于醴，过九江，至于东陵，东迆北会于汇，东为中江，入于海；道沇水，东为济，入于河，泆为荥，东出陶丘北，又东至于菏，又东北会于汶，又东北入于海；道淮自桐柏，东会于泗、沂，东入于海；道渭自鸟鼠同穴，东会于沣，又东北至于泾，东过漆、沮，入于河；道雒自熊耳，东北会于涧、瀍，又东会于伊，东北入于河。

疏导了九条河流：疏导弱水流过合黎山，使弱水的下游注入了流沙；疏导黑水，流过三危山，再进入南海；从积石山开始疏导黄河，一直流过龙门，往南流到华山北面，又向东流过砥柱山，再向东流过盟津，还向东经过洛水注入黄河的一段，直到大邳山，往北经过降水，进入大陆泽，再往北分散为九条河道，又汇合成为逆河，最后流入大海；从嶓冢山开始疏导漾水，向东流去就叫汉水，又往东流叫做苍浪水，经过汇合三澨水，进入大别山，往南流入长江，再向东流汇合江水形成彭蠡泽，还往东流就叫北江，最后流入大海；从岷山开始疏导江水，往东流分出另外一条支流沱水，又往东流到达澧水，经过九江，到达东陵，向东偏北流去和彭蠡泽水汇合，再往东流叫中江，最后流入大海；疏导沇水，向东流叫做济水，流入黄河，再向前潴留形成荥泽，然后向东流经过陶丘的北部，又向东流到达菏泽，又向东北流汇合汶水，又向北转向东流入大海；从桐柏山开始疏导淮河，向东流汇合泗水、沂水，再往东流入大海；从鸟鼠同穴山开始疏导渭水，往东流汇合沣水，又往东北流和泾水相汇，往东流过漆水、沮水，流入黄河；从熊耳山开始疏导洛水，往东北流汇合涧水、瀍水，向东流汇合伊水，最后向东北汇入黄河。

于是九州攸同，四奥既居，九山刊旅，九川涤原，九泽既陂。四海会同，六府甚修。众土交正，致慎财赋；咸则三壤成赋。中国赐土姓："祗台德先，不距朕行。"

于是九州之内政令教化就统一了，四方边远地区已经可以安居，九条山脉都开出了道路，九条河流的水源都疏通了，九片大泽各自筑起了堤防。四海之内进贡的道路都畅通无阻了，包括金、木、水、火、土、谷在内叫做六府的各种物资都特别得到了开发。各个区域的土地相继核定了它们的等级，要按照规定认真交纳赋税；而且按照上、中、下九等划分的土地级别制定好了赋税的标准。在中原地区封置诸侯颁赐土地和姓氏的时候告诫说："恭敬祥和，把道德摆在首位，不要违背我所推行的政令。"

令天子之国以外五百里甸服：百里赋纳总，二百里纳铚，三百里纳秸服，四百里粟，五百里米。甸服外五百里侯服：百里采，二百里任国，三百里诸侯。侯服外五百里绥服：三百里揆文教，二百里奋武卫。绥服外五百里要服：三百里夷，二百里蔡。要服外五百里荒服：三百里蛮，二百里流。

规定天子直接统辖的国都范围以外的五百里区域叫做甸服：靠近国都一百里地区的田赋中要交纳用作马饲料的禾稿，一百里以外二百里以内地区要交纳用镰刀割下的谷穗，二百里以外，三百里以内地区要交纳带稃的谷，三百里以外四百里以内地区交粗米，四百里以外五百里以内地区交精米。甸服往外的五百里区域叫做侯服：一百里地区用作卿大夫的采邑，往外二百里以内地区置立给天子任事的小国，再往外二百里地区分别封给可以抵御外侮的诸侯国。侯服往外的五百里区域叫做绥服：头三百里地区可以根据实际情况推行中央的政令教化，后二百里地区要振奋武力保卫天子。绥服往外的五百里区域叫做要服：头三百里地区要遵守教化并且和平相处，后二百里地区要求能遵守王法。要服再往外五百里区域就是荒服了：头三百里地区礼简怠慢，那里的居民来去不加限制。

东渐于海，西被于流沙，朔、南暨声教，讫于四海。于是，帝锡禹玄圭，以告成功于天下。天下于是太平治。

后东边濒临大海，西边至于沙漠，北方、南方都达到了最遥远的地方：天子的声威教化传播到了全国乃至四方荒远的边陲。于是舜帝赏赐给禹一块黑色圭玉，借以告知天下治水已经取得成功。天下于是非常安定且得到了特别好的治理。

皋陶作士以理民。帝舜朝，禹、伯夷、皋陶相与语帝前。皋陶述其谋曰："信其道德，谋明辅和。"禹曰："然。如何？"皋陶曰："於！慎其身修，思长，敦序九族，众明高翼，近可远在已。"禹拜美言，曰："然。"皋陶曰："於！在知人，在安民。"禹曰："吁！皆若是，惟帝其难之。知人则智，能官人；能安民则惠，黎民怀之。能知能惠，何忧乎驩兜？何迁乎有苗？何畏乎巧言善色佞人？"皋陶曰："然，於！亦行有九德，亦言其有德。"乃言曰："始事事，宽而栗，柔而立，愿而共，治而敬，扰而毅，直而温，简而廉，刚而实，强而义，章其有常，吉哉。日宣三德，蚤夜翊明有家。日严振敬六德，亮采有国。翕受普施，九德咸事，俊乂在官，百吏肃谨。毋教邪淫奇谋。非其人居其官，是谓乱天事。天讨有罪，五刑五用哉。吾言厎可行乎？"禹曰："女言致可绩行。"皋陶曰："余未有知，思赞道哉。"

皋陶通过负责刑狱事务来治理天下的民众。舜帝上朝，禹、伯夷和皋陶一块儿在舜帝面前交谈。皋陶申述他的谋议说："果真能按照道德行事，谋划就会高明，辅佐的大臣就会和谐。"禹说："好啊。怎样去做呢？"皋陶说："哦！要谨慎自身的修养，要有长久的打算，要使九族亲厚顺从，使许多贤人努力辅佐，政令由近及远，完全在于自身的德行。"禹听了这番美好的言论拜谢说："对啊。"皋陶说："哦！还在于理解臣下，安定民心。"禹说："哎呀！都要如此去做，只怕尧帝也很难办到。理解臣下就会明智，能够任命合适的人做官；能够安定民心就对人有恩惠，民众都会怀念他。能够明智和对人有恩惠，还忧患什么讙兜，还迁徙什么有苗，还害怕什么花言巧语善于察言观色和谄佞不正的人呢？”皋陶说：“对，是这样。只是行事需要有几方面的品德，即使是言论也要有品德的依据。”他接着说道：“察验一个人的品德是需要从他所做的事情开始，性格宽厚而又威严，柔和而能独立行事，忠厚诚实而且恭敬，办事有条理而且认真，性情柔顺而且刚毅，正直而且温和，简约而不草率，坚强果决而作风踏实，任事勇敢而合乎义理，经常修正这九种品德，那就很好哩。大夫们能每天修明其中的三方面品德，早晚庄敬努力，就会保有他们的统治领地。诸侯们能每天庄严振奋恭敬修明其中的六方面品德，并认真办理事务，就会保有他们的封国。天子可以集中起来普遍推行，把九方面的品德都付诸行动，有才能的人处在官位，各种官吏都会严肃谨慎。不要教人们去做一些邪恶淫乱的事和设计一些不正当的计谋。不合适的人占住重要官位，这就叫扰乱天下大事。上天要讨罚有罪的人，设立五种刑罚用来惩处五种罪人。我的言论可以得到实行吗？”禹说：“你的言论加以施行就能够取得成绩。”皋陶说：“我没有什么才智，只是想帮助实施治理天下的大道呀。”

帝舜谓禹曰：“女亦昌言。”禹拜曰：“於，予何言！予思日孳孳。”皋陶难禹曰：“何谓孳孳？”禹曰：“鸿水滔天，浩浩怀山襄陵，下民皆服于水。予陆行乘车，水行乘舟，泥行乘橇，山行乘檋，行山刊木。与益予众庶稻鲜食。以决九川致四海，浚畎浍致之川。与稷予众庶难得之食。食少，调有余补不足，徙居。众民乃定，万国为治。”皋陶曰：“然，此而美也。”

舜帝对禹说：“你也发表一下高明的言论。”禹拜谢说：“哦，我有什么可说的！我只想整天努力不懈地办事。”皋陶难问禹说：“怎么才叫努力不懈？”禹说：“洪水浊浪滔天，浩浩荡荡包围了山冈淹上了丘陵，下面的民众都在从事治水的行动。我在陆地上行进的时候坐着车，水道上行进时驾着船，泥滩上行进时乘着橇，山路上行进时穿着檋，攀行山岭用木刊出标记。同益一起送给民众稻粮和新鲜的肉食。来疏导九条河道流通到四海，疏浚田间大小沟渠流通到江河。同稷一起发给民众欠缺的口粮。粮食少了，从有余的地方调拨出来补充不足的地方，或把民众从粮食不足的地方迁徙出去。万千的民众这样才安定，各诸侯国也都得到了治理。”皋陶说：“是啊，这就是你的美德。”

禹曰：“於，帝！慎乃在位，安尔止，辅德，天下大应。清意以昭待上帝命，天其重命用休。”帝曰：“吁，臣哉，臣哉！臣作朕股肱耳目。予欲左右有民，女辅之；余欲观古人之象，日月星辰，作文绣服色，女明之；予欲闻六律五声八音，来始滑，以出入五言，女听。予即辟，女匡拂予。女无面谀，退而谤予。敬四辅臣。诸众谗嬖臣，君德诚施皆清矣。”禹曰：“然。帝即不时，布同善恶则毋功。”

禹说：“哦，帝！谨慎你的在位大臣，冷静地设计你的举止，用有德行的大臣辅佐你，天下就会非常顺应你。清新你的意志，用光明的德行来对待帝的命令，上天将会再三地赐福给你。”帝说：“啊，臣子呀，臣子呀！臣子要做我的像大腿手臂和耳朵眼睛一样的得力帮手，我想帮助民众，你们来辅佐我；我想仿效古人衣服上的图案，按照日月星辰等天象来制作绣上花纹色彩的服装，你们应该明确服装的等级；我想听六种乐律、五种声音、八类乐器的演奏，观察诸侯中勤于或荒怠政事的情况，以便选择来自东西南北中五个方面的言论，你们要认真听取并帮助作出判断。我如果有邪僻行为，你们要匡正并辅助我。你们不要当面阿谀逢迎，退到背后反而诽谤我。我敬重身边左右的大臣。各种各样谗害宠嬖的小臣，只要君主的德行真正贯彻实施了就都会被清除的。”禹说：“对。帝如果不这样实施德行，好人坏人一起任用就会没有功绩。”

帝曰：“毋若丹朱傲，维慢游是好，毋水行舟，朋淫于家，用绝其世。予不能顺是。”禹曰：“予娶涂山，辛壬癸甲，生启予不子，以故能成水土功。辅成五服，至于五千里，州十二师，外薄四海，咸建五长，各道有功。苗顽不即功。帝其念哉！”帝曰：“道吾德，乃女功序之也。”

帝说：“不要像丹朱一样怠傲，只是喜好懒惰游玩，在没有水的陆地上行船，一群人在家中干淫乱的事，因此要断绝他通过父子相继来登帝位。我不能顺从丹朱这种情况。”禹说：“我娶涂山国女子为妻，辛日娶妻壬癸二日在家甲日就离家去治水，生下儿子启我不能抚养他，因此能够完成平治水土的事绩。辅佐形成甸、侯、绥、要、荒五服制度，国土的宽广达到了五千里，每州动用了十二个师的人力，一直开辟到了四方最遥远的地方，建立了五个诸侯国选一方伯的五长制度，各自的首领遵循职守建有事功。三苗部族凶顽不能成就事功，舜帝您恐怕要为这件事忧虑呀！”舜帝说：“用我的教化去开导他们，要靠你的工作来使他们顺从。”

皋陶于是敬禹之德，令民皆则禹。不如言，刑从之。舜德大明。

皋陶于是就敬重禹的功德，下令让民众都效法禹。不按照命令中的话来做，就用刑处罚。舜帝的德教因此而大加发扬。

于是夔行乐，祖考至，群后相让，鸟兽翔舞；《箫韶》九成，凤皇来仪，百兽率舞，百官信谐。帝用此作歌，曰：“陟天之命，维时维幾。”乃歌曰：“股肱喜哉！元首起哉！百工熙哉！”皋陶拜手稽首扬言曰：“念哉！率为兴事，慎乃宪。敬哉！”乃更为歌曰：“元首明哉，股肱良哉，万事康哉！”又歌曰：“元首丛脞哉，股肱惰哉，万事堕哉！”帝拜曰：“然，往钦哉！”于是天下皆宗禹之明度数声乐，为山川神主。

于是夔奏起乐曲，祖先的神灵因此降临，各方的诸侯相互礼让，鸟飞翔兽跳舞，《箫韶》演奏九遍，凤凰被召来了，百兽也都跳起舞来，百官也都忠诚和谐。舜帝因为看到这样的热烈场面就作歌说：“遵奉上天的命令来治理民众，只在于要顺应时势，只在于要谨慎行事。”就歌唱说：“辅助的大臣喜乐尽忠呀，君王的治功于是兴起呀，百官的事业都会兴旺发达呀！”皋陶跪拜伸手叩头继续宣布说：“大家要记住天子的教诫呀，统领臣下兴盛起事业，谨慎地遵守法度，履行自己的职责呀！”就进一步歌唱说：“君王英明呀，辅助之臣都贤良呀，各种事业都会兴旺呀！”又歌唱说：“君王如果细碎无大略呀，辅助之臣就会怠惰呀，各项事业就会毁败呀！”舜帝拜答说：“对，以后大家都努力做吧！”于是天下的人都遵奉禹能够宣明法度历法声音乐律，推崇他做山川神灵的主宰。

帝舜荐禹于天，为嗣。十七年而帝舜崩。三年丧毕，禹辞，辟舜之子商均于阳城。天下诸侯皆去商均而朝禹，禹于是遂即天子位，南面朝天下，国号曰夏后，姓姒氏。

舜帝向上天举荐禹，做天子的继承人。经过十七年舜帝就逝世了。三年的丧礼结束，禹辞让回避舜的儿子商均而居处在阳城。天下的诸侯都离开商均而去朝见禹。禹于是就登上天子之位，面南背北接受诸侯的朝拜，国号叫做夏后，姓姒。

帝禹立而举皋陶荐之，且授政焉，而皋陶卒。封皋陶之后于英、六，或在许。而后举益，任之政。

禹帝登上天子位就提拔皋陶并推荐他做继承人，将要授给他处理大政的权力，但是皋陶没有上任却去世了。分封皋陶的后代在英、六地方，有的封在许地。然后提拔益，任用他管理政事。

十年，帝禹东巡狩，至于会稽而崩。以天下授益。三年之丧毕，益让帝禹之子启，而辟居箕山之阳。禹子启贤，天下属意焉。及禹崩，虽授益，益之佐禹日浅，天下未洽。故诸侯皆去益而朝启，曰：“吾君帝禹之子也。”于是启遂即天子之位，是为夏后帝启。

经过十年，禹帝到东部地区去巡行视察，到达会稽却逝世了。把天下传授给益。三年的丧礼结束，益辞让给禹帝的儿子启，就回避居住在箕山的南面。禹的儿子启贤能，天下归心于他。等到禹逝世，虽把权力授给益，但益辅佐禹的时间很短，天下的人还不能信任他。所以诸侯都离开益而去朝拜启，说：“他是我们君主禹帝的儿子啊。”于是启就登上了天子之位，这就是夏后国的启帝。

夏后帝启，禹之子，其母涂山氏之女也。

夏后国的启帝，是禹的儿子，他的母亲是涂山国的女子。

有扈氏不服，启伐之，大战于甘。将战，作《甘誓》。乃召六卿申之。启曰：“嗟！六事之人，予誓告女：有扈氏威侮五行，怠弃三正，天用剿绝其命。今予维共行天之罚。左不攻于左，右不攻于右，女不共命；御非其马之政，女不共命。用命，赏于祖；不用命，僇于社，予则帑僇女。”遂灭有扈氏，天下咸朝。

有扈这个国家不顺服，启去讨伐它，在甘地进行大战。将要开战，先作了一篇誓词叫《甘誓》，召来六军的将领加以申诫发布。启说：“喂！统率六军的人们，我发布誓词告诫你们！有扈氏轻慢金、木、水、火、土五行的运行秩序，废弃天、地、人三者之间关系的正道，上天因此要断绝它的国运。现在我只是来恭敬地执行上天的惩罚。车左的兵士不奋力用箭射击敌人，车右的兵士不奋力用戈矛刺杀敌人，你们就是不服从命令。驾车的兵士不能正确指挥他的马左右进退，你们也是不服从命令。服从命令，就在祖先的牌位面前赏赐你们；不服从命令，就在社神的牌位面前，将你们斩杀，或者将你们降为奴隶。”就灭掉了有扈这个国家。天下诸侯都来朝贺。

夏后帝启崩，子帝太康立。帝太康失国，昆弟五人，须于洛汭，作《五子之歌》。

夏后国的启帝逝世，儿子太康帝即位。太康帝因为沉溺在游乐和田猎当中不理国政被羿驱逐失去帝位，五个弟弟，在洛水北岸等他回国没有等到，就写了《五子之歌》。

太康崩，弟中康立，是为帝中康。帝中康时，羲和湎淫，废时乱日；胤往征之，作《胤征》。

太康逝世，弟弟仲康登位，这就是仲康帝。仲康帝的时候，负责制定历法的羲氏和氏过度好酒贪杯，搞错了四时节令。仲康的大臣胤奉命前去征伐他，为了记载这件战事就写作了《胤征》。

中康崩，子帝相立。帝相崩，子帝少康立。帝少康崩，子帝予立。帝予崩，子帝槐立。帝槐崩，子帝芒立。帝芒崩，子帝泄立。帝泄崩，子帝不降立。帝不降崩，弟帝扃立。帝扃崩，子帝廑立。帝廑崩，立帝不降之子孔甲，是为帝孔甲。帝孔甲立，好方鬼神，事淫乱。夏后氏德衰，诸侯畔之。天降龙二，有雌雄，孔甲不能食，未得豢龙氏。陶唐既衰，其后有刘累，学扰龙于豢龙氏，以事孔甲。孔甲赐之姓曰御龙氏，受豕韦之后。龙一雌死，以食夏后；夏后使求，惧而迁去。

仲康逝世，儿子相帝登位。相帝逝世，儿子少康帝登位。少康帝逝世，儿子予帝登位。予帝逝世，儿子槐帝登位。槐帝逝世，儿子芒帝登位。芒帝逝世，儿子泄帝登位。泄帝逝世，儿子不降帝登位。不降帝逝世，弟弟扃帝登位。扃帝逝世，儿子廑帝登位。廑帝逝世，让不降帝的儿子孔甲登位，这就是孔甲帝。孔甲帝登位，喜好祭祀鬼神，从事淫乱的事情。夏后氏的威德衰薄，诸侯背叛它。从天上降下两条龙，一雌一雄，孔甲不能饲养它们，也没有找到具备养龙技术的人。陶唐氏已经衰落，它们的后代有个刘累，从豢龙氏部落那里学到了饲养龙的技术，来侍奉孔甲。孔甲赐给他姓叫做御龙氏，并让他来接受豕韦氏后代的封地。一条雌龙死去，刘累暗中做成肉酱献给孔甲吃了。孔甲吃了以后，要刘累再拿来肉酱，刘累由于惧怕就迁走了。

孔甲崩，子帝皋立。帝皋崩，子帝发立。帝发崩，子帝履癸立，是为桀。帝桀之时，自孔甲以来而诸侯多畔夏，桀不务德而武伤百姓，百姓弗堪。乃召汤而囚之夏台，已而释之。汤修德，诸侯皆归汤，汤遂率兵以伐夏桀。桀走鸣条，遂放而死。桀谓人曰："吾悔不遂杀汤于夏台，使至此。"汤乃践天子位，代夏朝天下。汤封夏之后；至周，封于杞也。

孔甲逝世，儿子皋帝登位。皋帝逝世，儿子发帝登位。发帝逝世，儿子履癸帝登位，这就是桀。桀帝的时候，自从孔甲即位以来诸侯大多数都背叛夏朝，桀不去致力建立德政却用暴力残害百官贵族，贵族们都承受不了。桀又召来汤并把他囚禁在夏台，不久又释放了汤。汤修治自己的德政，诸侯都归附到汤的名下，汤就领兵来讨伐夏桀。桀奔逃到鸣条，失败被放逐以后死去。桀曾对人说："我后悔当初没有就地把汤杀死在夏台，以致使我落到这种地步。"汤就登临天子之位，代替夏来接受天下的朝拜。汤封土地给夏的后代；到了周朝，夏的后代是被封在杞这个地方。

太史公曰：禹为姒姓，其后分封，用国为姓，故有夏后氏、有扈氏、有男氏、斟寻氏、彤城氏、褒氏、费氏、杞氏、缯氏、辛氏、冥氏、斟戈氏。孔子正夏时，学者多传《夏小正》云。自虞、夏时，贡赋备矣。或言禹会诸侯江南，计功而崩，因葬焉，命曰会稽。会稽者，会计也。

太史公说：禹是姒姓，它的后代分别受封，就各自用国名为姓，所以有夏后氏、有扈氏、有男氏、斟寻氏、彤城氏、褒氏、费氏、杞氏、缯氏、辛氏、冥氏、斟戈氏等的不同。孔子曾校正过夏朝的历书，学者中就有很多人传授《夏小正》。自从虞、夏的时代开始，贡赋制度就已经完备了。有人说禹是在江南会聚诸侯首领、考核他们功劳时逝世的，所以就安葬在那里，把安葬的地方命名叫做会稽。会稽，是会集诸侯首领考核功劳的意思。

史记第三卷

殷本纪第三

殷契，母曰简狄，有娀氏之女，为帝喾次妃。三人行浴，见玄鸟堕其卵，简狄取吞之，因孕生契。

契长而佐禹治水有功。帝舜乃命契曰:“百姓不亲,五品不训,汝为司徒而敬敷五教。五教在宽。”封于商,赐姓子氏。契兴于唐、虞、大禹之际,功业著于百姓。百姓以平。

殷家的始祖契,母亲名叫简狄,是有娀氏部落的女子,当了喾帝的第二个妃子。简狄等三个人有一次到河川中去洗浴,看见燕子掉下一个蛋,简狄拣起来吞食了,就这样她怀了孕而生下契。契长大以后辅佐夏禹治水立下了功勋。舜帝就命令契说:“百官贵族不和睦,父子、君臣、夫妇、长幼、朋友之间的五伦关系不顺畅,你去做司徒的官,要恭敬地传播五伦的教诲,五伦教诲的中心在于宽厚。”把契封在商这个地方,赐给契姓子。契在唐尧、虞舜、大禹当政时期兴起,他的功绩在教导百官贵族方面显现出来,百官贵族从此也就安定。

殷契像,出自明·天然撰《历代古人像赞》。

契卒,子昭明立。昭明卒,子相土立。相土卒,子昌若立。昌若卒,子曹圉立。曹圉卒,子冥立。冥卒,子振立。振卒,子微立。微卒,子报丁立。报丁卒,子报乙立。报乙卒,子报丙立。报丙卒,子主壬立。主壬卒,子主癸立。主癸卒,子天乙立,是为成汤。

契去世,儿子昭明即位。昭明去世,儿子相土即位。相土去世,儿子昌若即位。昌若去世,儿子曹圉即位。曹圉去世,儿子冥即位。冥去世,儿子振即位。振去世,儿子微即位。微去世,儿子报丁即位。报丁去世,儿子报乙即位。报乙去世,儿子报丙即位。报丙去世,儿子主壬即位。主壬去世,儿子主癸即位,主癸去世,儿子天乙即位,这就是成汤。

成汤,自契至汤八迁。汤始居亳,从先王居,作《帝诰》。

成汤,从契到汤经过十四代有八次迁徙国都。汤开始就定居在南亳,这是追忆先王帝喾曾把这里做过国都才迁来的,为向帝喾报告来定居这件事,成汤就写了《帝诰》。

汤征诸侯。葛伯不祀,汤始伐之。汤曰:“予有言:人视水见形,视民知治不。”伊尹曰:“明哉!言能听,道乃进。君国子民,为善者皆在王官。勉哉,勉哉!”汤曰:“汝不能敬命,予大罚殛之,无有攸赦。”作《汤征》。

汤是夏代的方伯可以征伐诸侯。葛伯不奉行祭祀,汤一开始就去征伐葛伯。汤说:“我说过:人照水面看见了自己的形貌,观察民众的状况会知道治理得好不好。”伊尹说:“英明呀!进谏的言语能够听从,治国的办法就会推进。做国家的君主爱护百姓,凡是有善良品行的人都会在王府任官。努力吧,努力吧!”汤对葛伯说:“你不能恭敬地顺从天命,我就要严加惩罚你们,绝不会有半点宽恕。”就写作了《汤征》。

伊尹名阿衡。阿衡欲奸汤而无由,乃为有莘氏媵臣,负鼎俎,以滋味说汤,致于王道。或曰:伊尹处士,汤使人聘迎之,五反然后肯往从汤,言素王及九主之事。汤举任以国政。伊尹去汤适夏。既丑有夏,复归于亳。入自北门,遇女鸠,女房,作《女鸠》、《女房》。

伊尹名叫阿衡。阿衡想求见汤而没有合适的办法,就去做有莘氏部落女子的陪嫁男仆,背负着炊事用具鼎俎来见汤,用烹饪中的滋味说汤,让汤致力于实施王道政治。又有人说:伊尹是个隐居的处士,汤派人去聘迎他,经过五个来回以后才肯出山任职而依从汤,并进说远古帝王和九类国君不同政治状况方面的事情。汤举拔伊尹并任用他负责管理国家政务。伊尹曾离开汤去到夏。由于看到夏桀的政治丑恶，重新回到了南亳。从北门进入亳都，遇见了汤的贤臣女鸠、女房，为了说明他归来的意思就写了《女鸠》、《女房》。

汤出，见野张网四面，祝曰："自天下四方皆入吾网。"汤曰："嘻，尽之矣！"乃去其三面，祝曰："欲左，左；欲右，右；不用命，乃入吾网。"诸侯闻之，曰："汤德至矣，及禽兽。"

汤出门，看见野外捕猎的人张开四面大网，捕猎人祝祷说："从天上地下四方来的都希望进入我的网中。"汤说："唉，会捕尽了呀！"就让去掉捕网的三面，并让捕猎人祝祷说："想从左面逃的，就从左边逃去。想从右面逃走的，就从右边逃去。不按照我的想法逃离的，就进入我的网中。"四方诸侯们听到这件事，说："汤的仁德达到了顶点，竟把恩惠扩散到了禽兽身上。"

当是时，夏桀为虐政淫荒，而诸侯昆吾氏为乱。汤乃兴师率诸侯，伊尹从汤，汤自把钺以伐昆吾，遂伐桀。汤曰："格女众庶，来，女悉听朕言。匪台小子，敢行举乱；有夏多罪。予维闻女众言，夏氏有罪，予畏上帝，不敢不正。今夏多罪，天命殛之。今女有众，女曰：'我君不恤我众，舍我啬事而割政。'女其曰：'有罪，其奈何？'夏王率止众力，率夺夏国。有众率怠不和，曰：'是日何时丧？予与女皆亡！'夏德若兹，今朕必往。尔尚及予一人致天之罚，予其大理女。女毋不信，朕不食言。女不从誓言，予则帑僇女，无有攸赦。"以告令师，作《汤誓》。于是汤曰："吾甚武。"号曰武王。

正当这个时候，夏桀施行的暴虐政治荒淫无道，而诸侯国昆吾氏也举行叛乱。汤就发兵并率领四方诸侯，伊尹跟从汤，汤亲自把着大钺指挥，先讨伐昆吾，进而也就讨伐桀。汤说："告诉你们大家，到我这里来，你们都仔细听着我说话。不是我敢于举行叛乱，是因为夏桀有许多罪恶，我虽然听到你们大家对出兵有怨言，但夏氏是有罪啊。我畏惧上天，不敢不进行讨伐。现在夏桀罪恶极多，上天命令要惩罚他。现在你们大家说：'我们的君主不怜恤我们大家，放弃了我们的农事时节而来举行大力征伐。'你们还会问：'夏桀有罪，究竟是怎么样？'夏王耗用尽了民众的力量，掠夺光了夏国的资财，民众怠惰同他不合作，说：'这个太阳什么时候丧败，我宁愿跟他一起灭亡！'夏桀的德行已经堕落到这样，现在我一定要前去讨伐。你们如果和我一起去执行上天的惩罚，我将大力赏赐你们。你们不要不相信，我说话算数。你们如果不实行誓言，我就要惩罚你们，绝不会加以赦免。"商汤把这些话告诉传令的长官，就写作了《汤誓》。于是汤就说："我特别勇武"，称号叫做武王。

桀败于有娀之虚，桀奔于鸣条，夏师败绩。汤遂伐三朡，俘厥宝玉，义伯、仲伯作《典宝》。汤既胜夏，欲迁其社，不可，作《夏社》。伊尹报。于是诸侯毕服，汤乃践天子位，平定海内。

桀在有娀部族的旧墟被打败，桀逃奔到了鸣条，夏桀的军队溃败。汤就去讨伐忠于桀的诸侯国三朡，缴获这个国家的宝玉，记载这件事，义伯、仲伯二臣就写了《典宝》。汤已经战胜夏桀，想迁徙它的社神，但认为社神后有平水土之功谁也不可替代就停止了，写了《夏社》。伊尹向诸侯通报了政治发展情况，于是四方诸侯全都归服，汤便登上天子之位，平定天下。

汤归至于泰卷陶，中䖒作诰。既绌夏命，还亳，作《汤诰》："维三月，王自至于东郊。告诸侯群后：'毋不有功于民，勤力乃事，予乃大罚殛女，毋予怨。'曰：'古禹、皋陶久劳于外，其有功乎民，民乃有安。东为江，北为济，西为河，南为淮，四渎已修，万民乃有居。后稷降播，农殖百谷。三公咸有功于民，故后有立。昔蚩尤与其大夫作乱百姓，帝乃弗予，有状。先王言不可不勉'。曰：'不道，毋之在国，女毋我怨。'"以令诸侯。伊尹作《咸有一德》，咎单作《明居》。

汤返回途中到达了泰卷，仲䖒制作了诰命。已经废除了夏所承受的天命，回到亳，写作了《汤诰》："三月，王征伐夏桀归来到达了京都的东郊。告示四方诸侯和各地方的首领：'谁要是不去建立对民众有益的功业，勤奋努力地对待你们的事务，我就要重重惩罚你们，谁也不要埋怨我。'说：'古代的禹、皋陶长久地在外面辛劳，这样就对民众建立有功业，民众因此有了平安。东边修治了长江，北边修治了济水，西边修治了黄河，南边修治了淮河，四条大河都已得到治理，千百万民众才有了安居之处。后稷降下播种的教诲，农地就种植了百谷。禹、皋陶、后稷这三公都对民众建有功绩，所以他们的后代能够建国立业。从前蚩尤和他的大夫们扰乱百姓，上帝就不给帮助，有这样的先例在。先王的言论不可以不用来自勉。'又说：'如果干了违背道义的事情，不允许前往你们所在的国家再做诸侯，你们谁也不要怨恨我。'"用这样的言辞来告诫诸侯。伊尹也写作了《咸有一德》，咎单写作了《明居》。

汤乃改正朔，易服色，上白，朝会以昼。

汤于是改变了岁首月份，更换了服饰等器物所崇尚的颜色，改为崇尚白色，规定在白天举行朝会。

汤崩，太子太丁未立而卒，于是乃立太丁之弟外丙，是为帝外丙。帝外丙即位三年，崩，立外丙之弟中壬，是为帝中壬。帝中壬即位四年，崩，伊尹乃立太丁之子太甲。太甲，成汤适长孙也，是为帝太甲。帝太甲元年，伊尹作《伊训》，作《肆命》，作《徂后》。

汤逝世，太子太丁没有来得及即位早去世了，于是就让太丁的弟弟外丙即位，就是外丙帝。外丙帝就帝位三年，逝世，让外丙的弟弟仲壬即位，这就是仲壬帝。仲壬帝在位四年，逝世，伊尹就让太丁的儿子太甲即位。太甲，是成汤的嫡长孙，这就是太甲帝。太甲帝元年，伊尹写了《伊训》，写了《肆命》，写了《徂后》。

帝太甲既立三年，不明，暴虐，不遵汤法，乱德，于是伊尹放之于桐宫。三年，伊尹摄行政当国，以朝诸侯。

太甲帝即位已经三年，政治不贤明，暴虐，不遵守汤的法，背乱德义，于是伊尹把他流放到汤的葬地桐宫。三年内，伊尹代理行使政治权力主持国家政务，以便接受诸侯朝见。

帝太甲居桐宫三年，悔过自责，反善。于是伊尹乃迎帝太甲而授之政。帝太甲修德，诸侯咸归殷，百姓以宁。伊尹嘉之，乃作《太甲训》三篇，褒帝太甲，称太宗。

太甲帝居住在桐宫经历三年，悔悟罪过，自我责备，反归到了善道，于是伊尹就迎回太甲帝并重新把政权交还给他。太甲帝修治德政，四方诸侯又都归顺于殷，百姓于是得到安宁。伊尹赞美他，就写作了《太甲训》三篇，褒奖太甲帝，称他叫太宗。

太宗崩，子沃丁立。帝沃丁之时，伊尹卒。既葬伊尹于亳，咎单遂训伊尹事，作《沃丁》。

太宗逝世，儿子沃丁即位。沃丁帝的时候，伊尹去世。在已经把伊尹安葬到亳地以后，咎单为了以伊尹的事迹训诲后人，就撰写了《沃丁》。

沃丁崩，弟太庚立，是为帝太庚。帝太庚崩，子帝小甲立，帝小甲崩，弟雍己立，是为帝雍己。殷道衰，诸侯或不至。

沃丁逝世，弟弟太庚即位，这就是太庚帝。太庚帝逝世，儿子小甲帝即位。小甲帝逝世，弟弟雍己即位，这就是雍己帝。殷室政治上日渐衰败，有的诸侯国就不来朝贺。

帝雍己崩，弟太戊立，是为帝太戊。帝太戊立，伊陟为相。亳有祥桑穀共生于朝，一暮大拱。帝太戊惧，问伊陟。伊陟曰："臣闻妖不胜德。帝之政其有阙与？帝其修德。"太戊从之，而祥桑枯死而去。伊陟赞言于巫咸。巫咸治王家有成，作《咸艾》，作《太戊》。帝太戊赞伊陟于庙，言弗臣，伊陟让，作《原命》。殷复兴，诸侯归之，故称中宗。

雍己帝逝世，弟弟太戊即位，这就是太戊帝。太戊帝即位，伊陟作辅相。亳有一棵显示吉凶征兆的桑树和楮树共生在朝廷院子里，一天时间从晨到暮就长成有两手相合那么大。太戊帝恐惧，就问伊陟。伊陟说："臣听说妖异不能战胜德行。帝，您的政治难道有缺陷吗？帝还是应该修明德政。"太戊听从伊陟的话，那棵预示吉凶的桑树枯死后怪异也就消失。伊陟把这件事告诉了巫

成汤像，出自明·佚名绘《历代古人像赞》。

咸。巫咸治理王家的政事有成效，为记载这件事就写了《咸艾》，又写了《太戊》。太戊帝在太庙中称赞了伊陟，说不把伊陟当臣下看待，伊陟谦让，就写作了《原命》。殷朝重新兴盛，四方诸侯又来归顺，所以称太戊帝叫中宗。

中宗崩，子帝中丁立，帝中丁迁于隞。河亶甲居相。祖乙迁于邢。帝中丁崩，弟外壬立，是为帝外壬。《仲丁》书阙不具。帝外壬崩，弟河亶甲立，是为帝河亶甲。河亶甲时，殷复衰。

中宗逝世，儿子中丁帝即位，中丁帝把京都迁徙到隞地。河亶甲的时候京都设在相。祖乙又把京都迁徙到了邢。中丁帝逝世，弟弟外壬即位，这就是外壬帝。记载这些事的《仲丁》已经遗失不存了。外壬帝逝世，弟弟河亶甲即位，这就是河亶甲帝。河亶甲在位的时候，殷朝再次衰败。

河亶甲崩，子帝祖乙立。帝祖乙立，殷复兴。巫贤任职。

河亶甲逝世，儿子祖乙帝即位。祖乙帝即位，殷家重新兴盛起来。巫贤在朝廷担任了重要职务。

祖乙崩，子帝祖辛立。帝祖辛崩，弟沃甲立，是为帝沃甲。帝沃甲崩，立沃甲兄祖辛之子祖丁，是为帝祖丁。帝祖丁崩，立弟沃甲之子南庚，是为帝南庚。帝南庚崩，立帝祖丁之子阳甲，是为帝阳甲。帝阳甲之时，殷衰。

祖乙逝世，儿子祖辛帝即位。祖辛帝逝世，弟弟沃甲即位，这就是沃甲帝。沃甲帝逝世，让沃甲哥哥祖辛的儿子祖丁即位，这就是祖丁帝。祖丁帝逝世，让弟弟沃甲的儿子南庚即位，这就是南庚帝。南庚帝逝世，让祖丁帝的儿子阳甲即位，就是阳甲帝。阳甲帝在位的时候，殷朝又衰败。

自中丁以来，废適而更立诸弟子，弟子或争相代立，比九世乱，于是诸侯莫朝。

从中丁在位以来，废立嫡子更替让其他弟兄或弟兄的儿子即位，他们为即位就互相争斗，连续九代朝政混乱，于是四方诸侯不来朝拜。

帝阳甲崩，弟盘庚立，是为帝盘庚。帝盘庚之时，殷已都河北，盘庚渡河南，复居成汤之故居，乃五迁，无定处。殷民咨，胥皆怨，不欲徙。盘庚乃告谕诸侯大臣曰："昔高后成汤与尔之先祖俱定天下，法则可修。舍而弗勉，何以成德！"乃遂涉河南，治亳，行汤之政，然后百姓由宁，殷道复兴。诸侯来朝，以其遵成汤之德也。

阳甲帝逝世，弟弟盘庚即位，这就是盘庚帝。盘庚帝在位时，殷原先已经建都在黄河以北，盘庚渡过黄河往南，重新定居在成汤原来所处的地方，从汤到盘庚经过五次迁都，没有一个固定的处所。殷家的百姓相互忧叹都有怨言，不想再迁了。盘庚于是谕告四方诸侯和大臣说："从前高明的君王成汤和你们的祖先共同平定了天下，这种合作成事的先例可以很好地借鉴。舍弃这样的先例而不勤奋地去实施，怎么可以成全德政！"于是就渡过黄河向南，营建亳都，施行成汤时代的政治规范。从此以后百官贵族因此就宁静了，殷家的政治威德重新兴盛。四方诸侯也都前来朝拜，因为盘庚是遵循了成汤的德政。

帝盘庚崩，弟小辛立，是为帝小辛。帝小辛立，殷复衰。百姓思盘庚，乃作《盘庚》三篇。帝小辛崩，弟小乙立，是为帝小乙。

盘庚帝逝世，弟弟小辛即位，这就是小辛帝。小辛帝即位，殷室再次衰败。百官贵族们怀念盘庚，就写下了《盘庚》上、中、下三篇。小辛帝逝世，弟弟小乙即位，就是小乙帝。

帝小乙崩，子帝武丁立。帝武丁即位，思复兴殷，而未得其佐。三年不言，政事决定于冢宰，以观国风。武丁夜梦得圣人，名曰说。以梦所见视群臣百吏，皆非也。于是乃使百工营求之野，得说于傅险中。是时，说为胥靡，筑于傅险。见于武丁，武丁曰："是也。"得而与之语，果圣人。举以为相，殷国大治。故遂以傅险姓之，号曰傅说。

小乙帝逝世，儿子武丁即位。武丁帝登上王位，思念着要再次振兴殷朝，但是没有得到合适的辅佐人物。三年时间武丁不发表意见，一切的政治大事都由冢宰大臣来决定，以便从旁观察国家的政治风尚。武丁夜里梦见得到一位圣贤的人，名字叫说。拿梦中所见到的说的相貌来看看群臣中是不是有这个人，结果都不是。于是就派百官设法到民间去寻找，在傅险地方找到了说。这个时候说作为一个犯法服役的人，在傅险建筑道路。官员引来说和武丁相见，武丁说正是这个人。这样就通过和说的交谈，发现说果然是个圣贤的人，选拔他做朝廷的辅相，殷室的国政得到了非常好的治理。就拿傅险这个地名作他的姓,称号就叫傅说。

帝武丁祭成汤,明日,有飞雉登鼎耳而呴。武丁惧。祖己曰:"王勿忧,先修政事。"祖己乃训王曰:"惟天监下,典厥义。降年有永有不永,非天夭民,中绝其命。民有不若德,不听罪,天既附命正厥德,乃曰:'其奈何?'呜呼!王嗣敬民,罔非天继;常祀毋礼于弃道。"武丁修政行德,天下咸欢,殷道复兴。

武丁帝祭祀成汤,第二天,有一只飞来的野鸡降落到大鼎的耳上鸣叫,武丁恐惧。贤臣祖己说:"君王勿须忧虑,先下手修明政治事务。"祖己就开导武丁说:"上天监视下民是遵守他们的义理标准,降给人的年岁有长的有不长的,不是上天要夭折人的年岁,在中途断绝人们的寿命。百姓中有些人不遵守道德,不承认自己的罪行,上天已经发出命令警告他要纠正不好的德行,他才说这该怎么办。哎呀!大王接任王位,尽力办好民众的事,便是继承上天的旨意,要举行常规祭祀,对于抛弃了的邪道不要施用任何礼仪。"武丁修明政治厉行德行,天下都欢欣鼓舞,殷室的政治威德重新兴盛起来。

帝武丁崩,子帝祖庚立。祖己嘉武丁之以祥雉为德,立其庙为高宗,遂作《高宗肜日》及《训》。

武丁帝逝世,儿子祖庚帝即位。祖己嘉美武丁由于预示吉凶的野鸡出现而修明德行,建立他的神庙并称作高宗,就写作了《高宗肜日》和《高宗之训》。

帝祖庚崩,帝祖甲立,是为帝甲,帝甲淫乱,殷复衰。

祖庚帝逝世,弟弟祖甲即位,这就是甲帝。甲帝荒淫无道,殷家再次衰败。

帝甲崩,子帝廪辛立。帝廪辛崩,弟庚丁立,是为帝庚丁。帝庚丁崩,子帝武乙立。殷复去亳,徙河北。

甲帝逝世,儿子廪辛帝即位。廪辛帝逝世,弟弟庚丁即位,这就是庚丁帝。庚丁帝逝世,儿子武乙帝即位,殷家再次离开亳都,迁移到了黄河以北。

帝武乙无道,为偶人,谓之天神。与之博,令人为行。天神不胜,乃僇辱之。为革囊,盛血,印而射之,命曰"射天"。武乙猎于河,渭之间,暴雷,武乙震死。子帝太丁立。帝太丁崩,子帝乙立。帝乙立,殷益衰。

武乙帝无道,做了一个木偶人,把它叫做天神。和木偶人博戏,让人做裁判。天神没有取胜,就砍杀羞辱它。还用皮革做了一个囊,里面盛上血,仰头用箭射皮囊,取个名称叫做"射天"。武乙在黄河和渭水之间打猎,出现暴雷,武乙被雷震死。儿子太丁帝即位。太丁帝去逝,儿子乙帝即位。乙帝即位,殷朝更加衰败。

帝乙长子曰微子启,启母贱,不得嗣。少子辛,辛母正后,辛为嗣。帝乙崩,子辛立,是为帝辛,天下谓之纣。

乙帝的长子名叫微子启,启的生母卑贱,启不能继承帝位。小儿子是辛,辛的生母是乙帝的正后,辛成为了帝位继承人。乙帝逝世,子辛即位,这就是辛帝,天下人把他叫做纣。

帝纣资辨捷疾,闻见甚敏;材力过人,手格猛兽;知足以距谏,言足以饰非;矜人臣以能,高天下以声,以为皆出己之下。好酒淫乐,嬖于妇人。爱妲己,妲己之言是从。于是使师涓作新淫声,北里之舞,靡靡之乐。厚赋税以实鹿台之钱而盈钜桥之粟。益收狗马奇物,充仞宫室。益广沙丘苑台,多取野兽蜚鸟置其中。慢于鬼神。大冣乐戏于沙丘,以酒为池,县肉为林,使男女倮相逐其间,为长夜之饮。

纣帝资质机智口才快疾,所闻所见非常敏博;身材力量超过常人,空手能够格杀猛兽;智慧能够拒绝纳谏,言语能够粉饰过错;在臣子面前炫耀才能,在整个天下吹嘘声名,认为所有人的本领都出于自己之下。贪好饮酒淫于逸乐,对于妇女尤其宠爱。喜爱妲己,只要是妲己的话完全听从。于是让师涓创作新的淫乱声调,名称叫北里的放荡舞曲,颓废乐歌。加重赋税来充实鹿台的钱财,并堆满钜桥仓的积粟。大量搜收狗马等类的奇兽异物,充满了整个宫廷。大肆扩建别墅区沙丘这个养禽种花的游乐场所,多多捕取野兽飞鸟放置其中。慢待鬼神。大规模聚集戏乐到沙丘,用酒来作池水,悬挂肉形成树状,让男男女女都裸体在酒池肉林中嬉戏追逐,进行通宵的宴饮。

百姓怨望而诸侯有畔者,于是纣乃重刑辟,有炮格之法。以西伯昌、九侯、鄂侯为三公。九侯有

好女，入之纣。九侯女不憙淫，纣怒，杀之，而醢九侯。鄂侯争之强，辨之疾，并脯鄂侯。西伯昌闻之，窃叹。崇侯虎知之，以告纣，纣囚西伯羑里。西伯之臣闳夭之徒，求美女、奇物、善马以献纣，纣乃赦西伯。西伯出而献洛西之地，以请除炮格之刑。纣乃许之，赐弓矢斧钺，使得征伐，为西伯。而用费中为政。费中善谀，好利，殷人弗亲。纣又用恶来。恶来善毁谗，诸侯以此益疏。

百官贵族怨恨而四方诸侯中已经有背叛的国家了，于是纣就加重刑罚，以致有炮烙的残酷刑法。纣任用西伯昌、九侯、鄂侯做辅助天子掌握军政大权的三公。九侯有个美丽的女儿，把她进送给了纣。九侯的女儿不喜欢淫乱，纣发怒，把她杀死，还把九侯剁成肉酱（醢刑）。鄂侯为这件事谏争得非常坚决，辩论得非常激烈，连同也把鄂侯斩杀以后熏成了干肉。西伯昌听说了，暗中感叹。崇侯虎知道了，把这件事报告给纣，纣就把西伯关押在羑里。西伯的臣僚闳夭等一些人，求得了美丽的女子、奇异的物品、精良的马匹来献给纣，纣就赦免了西伯。西伯从狱中释放出来就献出了洛水西岸的大片土地，来请求废除炮烙的残酷刑罚。纣就答应了他，赐给他弓矢斧钺，让他能够对其他诸侯进行征讨，他就成了西部诸侯的首领。纣还用费仲主持政事。费仲善于阿谀逢承，贪图货利，殷地的人们都不亲近他。纣又用了恶来，恶来善于以谗言损毁别人，四方诸侯因此与殷室更加疏远了。

西伯归，乃阴修德行善。诸侯多叛纣而往归西伯，西伯滋大，纣由是稍失权重。王子比干谏，弗听。商容贤者，百姓爱之，纣废之。及西伯伐饥国，灭之，纣之臣祖伊闻之而咎周；恐，奔告纣曰："天既讫我殷命，假人元龟，无敢知吉。非先王不相我后人，维王淫虐用自绝，故天弃我。不有安食。不虞知天性，不迪率典，今我民罔不欲丧，曰：'天曷不降威，大命胡不至？'今王其奈何？"纣曰："我生不有命在天乎"祖伊反，曰："纣不可谏矣。"西伯既卒，周武王之东伐，至盟津，诸侯叛殷会周者八百。诸侯皆曰："纣可伐矣。"武王曰："尔未知天命。"乃复归。

西伯回来，就暗中修养德行遍做好事，四方诸侯大多都背叛纣而去归顺西伯。西伯势力更加发展，纣因此逐渐失掉了威严权势。王子比干进谏，纣不听从。商容是位贤能的人，百官贵族都喜爱他，纣却抛弃了他。等到西伯去讨伐饥国，灭掉了这个忠于纣的小诸侯国，纣的大臣祖伊听到这件事就仇恨周，恐惧，急忙跑去报告纣说："上天已经要终结我们殷代的国运，借助预算吉凶人的预测，通过大龟占卜，都不能知道有什么好征兆，不是先王不帮助我们这些后代人，只是大王您淫乱暴虐因此而自寻灭亡，所以上天要抛弃我们，使得大家不能安心饮食，你既不度量了解上天的用意，又不遵用国家的常法。现在我们百姓没有不想丧国的，说：'上天为什么还不降下威严，要灭亡纣王的命令为什么还不到达？'现在大王您将要如何办呢？"纣说："我生为天子不是有命在上天可以得到保护吗！"祖伊返回，说："纣无法劝谏了。"西伯已经去世，周武王向东部进行讨伐，军队抵达到盟津，四方诸侯背叛殷朝和周会合的有八百多个。四方诸侯都说："纣可以讨伐了。"武王说："你们还不知道上天的用意。"就都重新回去了。

纣愈淫乱不止。微子数谏不听，乃与太师、少师谋，遂去。比干曰："为人臣者，不得不以死争。"乃强谏纣。纣怒曰："吾闻圣人心有七窍。"剖比干，观其心。箕子惧，乃详狂为奴，纣又囚之。殷之太师，少师乃持其祭乐器奔周。周武王于是遂率诸侯伐纣。纣亦发兵距之牧野。甲子日，纣兵败。纣走，入登鹿台，衣其宝玉衣，赴火而死。周武王遂斩纣头，县之大白旗。杀妲己。释箕子之囚，封比干之墓，表商容之闾。封纣子武庚禄父，以续殷祀，令修行盘庚之政。殷民大说。于是周武王为天子。其后世贬帝号，号为王。而封殷后为诸侯，属周。

纣更加淫虐暴乱永无休止。微子多次进谏还是无用，于是和太师、少师一起谋划，就离去了。比干说："做一个国王的臣子，不能不用死来谏争。"就极力去向纣进谏。纣发怒说："我听说圣贤的人心脏有七个孔。"就剖开比干的胸部，挖出心脏来看看。箕子恐惧，于是假装癫狂做奴隶，纣又把他囚起来。殷的太师、少师就抱着他们所用的祭器和乐器逃奔到了周。周武王在这种形势下便率领四方诸侯讨伐纣。纣也发动军队在牧野进行抵抗。甲子这一天，纣的军队失败。纣逃跑进入王宫，登上鹿台，穿上用宝玉装饰缝制的衣服，跳到火中自焚而死。周武王就斩下纣王的头，把它悬挂在大白旗杆上。杀死妲己。把箕子释放出来，聚土重筑比干的坟墓，在商容居住过的里巷对他进行表彰。分封纣的儿子武庚禄父，来继续殷家的祭祀，令他们执行盘庚时代的政令规范。殷地的百姓非常喜悦。于是周武王就做了天子。由于后世贬低帝的称号,改变称号叫做王。封殷的后代为诸侯国,隶属于周。

周武王崩,武庚与管叔、蔡叔作乱。成王命周公诛之,而立微子于宋,以续殷后焉。

周武王逝世,武庚和武王的弟弟管叔、蔡叔一起举行叛乱,成王命令周公把他们诛杀,再在宋地立微子的家族,来延续殷家的后代。

太史公曰:余以《颂》次契之事,自成汤以来,采于《书》、《诗》。契为子姓,其后分封,以国为姓,有殷氏、来氏、宋氏、空桐氏、稚氏、北殷氏、目夷氏。孔子曰:"殷路车为善。"而色尚白。

太史公说:"我根据《诗经》中《颂》部分的文献依次记叙契的事情,从成汤以后,材料就是采自《尚书》、《诗经》。契是子姓,他的后代分封,用封地的国名作姓,这就有殷氏、来氏、宋氏、空桐氏、稚氏、北殷氏、目夷氏。孔子说过,殷人的路车最好,但殷人崇尚白色。

史记第四卷

周本纪第四

周后稷,名弃。其母有邰氏女,曰姜原。姜原为帝喾元妃。姜原出野,见巨人迹,心忻然说,欲践之,践之而身动如孕者。居期而生子,以为不祥,弃之隘巷,马牛过者皆辟不践;徙置之林中,适会山林多人;迁之而弃渠中冰上,飞鸟以其翼覆荐之。姜原以为神,遂收养长之。初欲弃之,因名曰弃。

周的始祖后稷,名叫弃。他的母亲是有邰氏的女儿,叫姜原。姜原是喾帝的嫡妻。姜原出门到野外,看见一只巨人的足迹,心里欣欣然特别喜悦,想用脚践踏巨人足迹,一践踏巨人足迹就身子震动似乎怀孕了一样。经过怀孕期就生下了儿子,认为不吉利,把儿子抛弃在狭小的巷子里,所有路过的马、牛都避开不践踏他;又把他移徙放置在树林中,正好碰上山林里有很多人,就迁开去;再把他弃在水渠中所积的冰上,飞翔的鸟群用它们的羽翼来为他覆盖和铺垫。这样姜原认为他很神,就收回来抚养他直到长大。最初想抛弃他,因此名字叫做弃。

弃为儿时,屹如巨人之志。其游戏,好种树麻、菽,麻、菽美。及为成人,遂好耕农,相地之宜,宜谷者稼穑焉,民皆法则之。帝尧闻之,举弃为农师,天下得其利,有功。帝舜曰:"弃,黎民始饥,尔后稷播时百谷。"封弃于邰,号曰后稷,别姓姬氏。后稷之兴,在陶唐、虞、夏之际,皆有令德。

弃在儿童时代,高远坚定有像大人物一样的志向。他做游戏,喜欢种植苎麻、豆类,苎麻、豆类长得都很美好。等他到了成年,就喜好耕种农作物,观察土地干什么合适,宜于种植五谷的就进行这方面的农业生产,百姓都效法他。尧帝听说了,推举弃做负责农业生产的农师,整个天下得到了他工作的益处,有功绩。舜帝说:"弃,广大民众开始有了饥荒的时候,你作为农师,带领他们依照时令播种了百谷。"把弃封在邰这个地方,称号叫做后稷,和原来的部落有别,另姓姬。后稷事业的兴起,在陶唐、虞、夏之间的时期,这一族都有美好的德行。

后稷卒,子不窋立。不窋末年,夏后氏政衰,去稷不务,不窋以失其官而奔戎狄之间。不窋卒,子鞠立。鞠卒,子公刘立。公刘虽在戎狄之间,复修后稷之业,务耕种,行地宜,自漆、沮度渭,取材用。行者有资,居者有畜积,民赖其庆。百姓怀之,多徙而保归焉。周道之兴自此始,故诗人歌乐思其德。公刘卒,子庆节立,国于豳。

后稷去世,儿子不窋即位。不窋在位的最后几年,夏后氏政治衰败,废弃农事官不再致力于耕种,不窋因为失却了他的世官就奔逃到西方戎狄部族中去了。不窋去世,儿子鞠即位。鞠去世,儿子公刘即位。公刘虽然处在西方戎狄部族中间,重新修治后稷的事业,致力于耕种,根据土地的实际状况便宜行事，从漆水、沮水下流再通过渭水，到终南山取材加以利用，出行在外的人有财，居守在家的人有储蓄积聚，民众都依赖他的作为获得了福庆。各族的人都感怀他的恩惠，大都迁徙过来表现出顺服拥护。周家政治德业的兴隆从此开始，所以诗人作歌配上乐曲思念他的德行。公刘去世，儿子庆节即位，在豳邑建立国都。

庆节卒，子皇仆立。皇仆卒，子差弗立。差弗卒，子毁隃立。毁隃卒，子公非立。公非卒，子高圉立。高圉卒，子亚圉立。亚圉卒，子公叔祖类立。公叔祖类卒，子古公亶父立。

庆节去世，儿子皇仆即位。皇仆去世，儿子差弗即位。差弗去世，儿子毁隃即位。毁隃去世，儿子公非即位。公非去世，儿子高圉即位。高圉去世，儿子亚圉即位。亚圉去世，儿子公叔祖类即位。公叔祖类去世，儿子古公亶父即位。

古公亶父复修后稷、公刘之业，积德行义，国人皆戴之。薰育戎狄攻之，欲得财物，予之。已复攻，欲得地与民。民皆怒，欲战。古公曰："有民立君，将以利之。今戎狄所为攻战，以吾地与民。民之在我，与其在彼，何异？民欲以我故战，杀人父子而君之，予不忍为。"乃与私属遂去豳，度漆、沮，逾梁山，止于岐下。豳人举国扶老携弱，尽复归古公于岐下。及他旁国，闻古公仁，亦多归之。于是古公乃贬戎狄之俗，而营筑城郭室屋，而邑别居之。作五官有司。民皆歌乐之，颂其德。

古公亶父重新修治后稷、公刘的事业，积聚德政推行仁义，国内的人民都拥护他。薰育这个北方戎狄部族来进攻，想得到财产物品，就把财物赐给他们。过了不久薰育再来进攻，想得到土地和民众。民众都很愤恨，想和薰育开战。古公说："民众拥护建立君主，是因为会对他们有利。现在戎狄部族之所以进行攻伐战争，是想获得我们的土地和民众。民众在我这里，和在他们那里，有什么两样？民众想因为我的缘故开战，等于杀死人家的父亲、儿子而来做君主，我不忍心这样做。"于是带着私家的徒属就离开豳，渡过漆水、沮水，越过梁山，在岐下定居下来。豳地的人们全部都搀扶老人携带弱小，全都重新到岐下来归服古公。以至其他旁近的国家听说古公仁爱，也大多来归服于他。于是古公就废除戎狄部族的风俗习惯，开始营建城廓宫室房屋，并分别组成邑落安排居住。建立了司徒、司马、司空、司士、司寇五种官府机构并设置了负责官员。民众都作歌制乐，颂扬他的德行。

古公有长子曰太伯，次曰虞仲。太姜生少子季历，季历娶太任，皆贤妇人；生昌，有圣瑞。古公曰："我世当有兴者，其在昌乎？"长子太伯、虞仲知古公欲立季历以传昌，乃二人亡如荆蛮，文身断发，以让季历。

古公有长子名叫太伯，有次子名叫虞仲。古公的妃子太姜生了他的小儿子季历，季历娶了太任做妻，太姜、太任都是有贤德的妇女，太任生下昌，有圣贤的祥瑞。古公说："我们的家世当会有兴隆它的人出现，难道是在昌吗？"长子太伯、次子虞仲知道古公想让季历即位以便传给昌，于是二人逃跑到了当时称作荆蛮的吴越地区，在身上刻画纹路削短头发，用这种方法把王位让给季历。

古公卒，季历立，是为公季。公季修古公遗道，笃于行义，诸侯顺之。

古公去世，季历即位，这就是公季。公季修治古公遗留的理政办法，笃诚地施行仁义，四方诸侯归服他。

公季卒，子昌立，是为西伯。西伯曰文王。遵后稷、公刘之业，则古公、公季之法，笃仁，敬老，慈少。礼下贤者，日中不暇食以待士，士以此多归之。伯夷、叔齐在孤竹，闻西伯善养老，盍往归之。太颠、闳夭、散宜生、鬻子、辛甲大夫之徒皆往归之。

公季去世，儿子昌即位，就是西伯。西伯就是后来的文王。他遵循后稷、公刘的事业，仿效古公、公季的办法，厚重仁义，尊敬老人，慈爱少辈。很有礼貌并自己表示卑下地来对待贤能的人，日头正午了仍不敢抽出时间去进食还是要接待士人，士人因此大多数人都归服他。伯夷、叔齐隐居在孤竹，听说西伯善于奉养老人，一同前往归服他。太颠、闳夭、散宜生、鬻子、辛甲大夫等一类贤人都前往归顺他。

崇侯虎谮西伯于殷纣曰："西伯积善累德，诸侯皆向之，将不利于帝。"帝纣乃囚西伯于羑里。闳夭之徒患之，乃求有莘氏美女，骊戎之文马，有熊九驷，他奇怪物，因殷嬖臣费仲而献之纣。纣大说，曰："此一物足以释西伯，况其多乎？"乃赦西伯，赐之弓矢斧钺，使西伯得征伐。曰："谮西伯者，

崇侯虎也。”西伯乃献洛西之地，以请纣去炮格之刑。纣许之。

崇侯虎在殷纣面前谗毁西伯说：“西伯积累善德，四方诸侯都向往他，对于您将会很不利。”纣帝于是把西伯囚禁在羑里。闳夭一辈人忧虑这件事，于是搜求到有莘氏部族的美女，骊戎国赤鬣缟身的骏马，有熊部族九辆驷车共三十六匹马，其他稀奇古怪的物品，通过殷王的宠嬖臣子费仲献给纣。纣非常高兴，说：“这一个美女就足以释放西伯，何况还有更多的物品呢！”于是赦免西伯，赐给他弓箭斧钺，让西伯能够有权征讨。说：“谗毁西伯的，是崇侯虎。”西伯于是献出洛水西岸的大片土地，用来请求纣废除炮烙的残酷刑罚。纣答应了。

西伯阴行善，诸侯皆来决平。于是，虞、芮之人，有狱不能决，乃如周。入界，耕者皆让畔，民俗皆让长。虞、芮之人未见西伯，皆惭相谓曰：“吾所争，周人所耻，何往为？只取辱耳。”遂还，俱让而去。诸侯闻之，曰：“西伯盖受命之君。”

西伯暗中推行善德，四方诸侯都来请他对有争执的事作出公平裁决。在这个时候虞、芮两地的人之间有件争执的事不能裁决，于是来到周地。进入周的地界，看见耕作的人都互让田畔，民间习俗都帮助长者。虞、芮两地的人还没有见到西伯，就都感到惭愧，彼此和对方说：“我们所争执的，正是周人所感到羞耻的，哪里还值得去找西伯，那只会自取耻辱呀。”就返回，都退让而离开了。四方诸侯听说这件事，说“西伯大概会是承受天命的君主”。

明年，伐犬戎。明年，伐密须。明年，败耆国。殷之祖伊闻之，惧，以告帝纣。纣曰：“不有天命乎？是何能为？”明年，伐邘。明年，伐崇侯虎，而作丰邑。自岐下而徙都丰。明年，西伯崩。太子发立，是为武王。

第二年，征伐犬戎部族。下一年，征伐密须部族。又下年，打败耆国。殷室的祖伊听说这种情况，很害怕，因此去报告纣帝。纣说：“不是有天命吗？这样他又能有什么作为？”下一年，征伐邘国。又下年，讨伐崇侯虎，并且营造了丰邑。从岐下把国都迁往丰。下一年，西伯逝世，太子发即位，他就是武王。

西伯盖即位五十年。其囚羑里，盖益《易》之八卦为六十四卦。诗人道西伯。盖受命之年称王而断虞芮之讼。后十年而崩，谥为文王。改法度，制正朔矣。追尊古公为太王，公季为王季：盖王瑞自太王兴。

西伯大约就王位有五十年。他被囚禁在羑里，大约是把《易》的八卦增衍成了六十四卦。诗人们称道西伯，说他大约承受天命的那年就由诸侯们拥护而称为王，因此他权威性地裁断了虞、芮人的争讼。称王十年以后就逝世了，谥号叫做文王。但是他已经改变了殷的法令制度，制定了周室的历法正朔。追称尊崇古公叫做太王，公季叫做王季：大概因为称王的祥瑞是太王的时代兴起的。

武王即位，太公望为师，周公旦为辅，召公、毕公之徒左右王，师修文王绪业。

武王就王位，太公望做太师，周公旦做宰辅，召公、毕公一班人在左右佐助王，师法修治文王开创的业绩。

九年，武王上祭于毕，东观兵，至于盟津。为文王木主，载以车，中军；武王自称太子发。言奉文王以伐，不敢自专。乃告司马、司徒、司空，诸节：“齐栗，信哉！予无知，以先祖有德，臣小子受先功。毕立赏罚，以定其功。”遂兴师。师尚父号曰：“总尔众庶，与尔舟楫，后至者斩。”武王渡河，中流，白鱼跃入王舟中，武王俯取以祭。既渡，有火自上覆于下，至于王屋，流为乌，其色赤，其声魄云。是时，诸侯不期而会盟津者八百诸侯。诸侯皆曰：“纣可伐矣。”武王曰：“女未知天命，未可也。”乃还师归。

九年，武王在墓地毕给文王进献祭礼。然后往东方去检阅军队，到达了盟津。做了一副文王的牌位，用车载着，行进时供在中军帐内。武王自己称呼叫太子发，说是奉行文王的旨意来讨伐，不敢自专。于是告令司马、司徒、司空、各位接受了符节的官员：“要庄敬戒惧，切实努力呀！我本是无知的，因为先代祖宗是有着德行的藩臣，我就能够继承先祖的功业。现在普遍建立了赏罚制度，以便确保完成祖先的功业。”于是起兵。师尚父发布号令说：“集合你们的兵众，把好你们的船只桨楫，迟到的要斩首。”武王渡黄河，到达河流中间，有条白色的鱼跳进了武王所坐的船舱内，武王弯下腰拾起来用以祭祀上天。已经渡过黄河，有一团天火从上覆盖而下，一直到达武王所住的屋顶上，然后变成为乌鸦，它的颜色是红赤的，它的叫声魄魄然象征着安定。这个时候，四方诸侯没有经过相约就自然相会来到盟津的有八百多个。诸侯们都说："纣可以讨伐了。"武王说："你们不知道上天的旨意，尚不能讨伐。"于是调还军队各自回去了。

居二年，闻纣昏乱暴虐滋甚，杀王子比干，囚箕子。太师疵、少师强抱其乐器而奔周。于是武王遍告诸侯曰："殷有重罪，不可以不毕伐。"乃遵文王，遂率戎车三百乘，虎贲三千人，甲士四万五千人，以东伐纣。十一年十二月戊午，师毕渡盟津，诸侯咸会。曰："孳孳无怠！"武王乃作《太誓》，告于众庶："今殷王纣乃用其妇人之言，自绝于天，毁坏其三正，离逷其王父母弟；乃断弃其先祖之乐，乃为淫声，用变乱正声，怡说妇人。故今予发维共行天罚。勉哉夫子！不可再，不可三！"

过了两年，听说纣昏乱暴虐更加严重，杀死王子比干，囚禁箕子。太师疵、少师强抱着他们的乐器奔逃到了周。在这种情况下武王普遍告令四方诸侯说："殷室有非常重的罪行，不能够不去完成对它的讨伐。"于是遵照文王的旨意，就率领兵车三百乘，勇武的军士三千人，穿戴盔甲的军士四万五千人，往东去讨伐纣。十一年十二月戊午这一天，军队尽都渡过盟津，四方诸侯都会聚了。说："要奋进不止不要懈怠！"武王于是就写了《太誓》，训告大家："现在殷王纣听用他宠妇的言论，自绝于上天，毁灭败坏天地人三方面关系的正道，疏远他祖父母以下的亲族，抛弃他先祖创制的乐曲，谱写一些淫乱的声乐，用这种变乱雅正音声的办法，取得他宠妇的喜欢。所以现在我姬发要恭敬地执行上天的惩罚。努力呀各位诸侯，这样的讨伐不可以再次举行，不能有第三次！"

二月甲子昧爽，武王朝至于商郊牧野，乃誓。武王左杖黄钺，右秉白旄，以麾。曰："远矣，西土之人！"武王曰："嗟！我有国冢君，司徒、司马、司空、亚旅、师氏、千夫长、百夫长，及庸、蜀、羌、髳、微、纑、彭、濮人，称尔戈，比尔干，立尔矛，予其誓。"王曰："古人有言：'牝鸡无晨。牝鸡之晨，惟家之索。'今殷王纣维妇人言是用，自弃其先祖肆祀不答，昏弃其家国；遗其王父母弟不用，乃维四方之多罪逋逃是崇是长，是信是使，俾暴虐于百姓，以奸轨于商国。今予发维共行天之罚。今日之事，不过六步七步，乃止齐焉，夫子勉哉！不过于四伐五伐六伐七伐，乃止齐焉，勉哉夫子！尚桓桓，如虎如罴，如豺如离；于商郊，不御克奔，以役西土，勉哉夫子！尔所不勉，其于尔身有戮。"誓已，诸侯兵会者车四千乘，陈师牧野。

二月甲子日天刚亮，武王就在这样的清晨来到了商都郊外的原野，举行誓师。武王左手把着黄钺，右手秉执白色装饰有牦牛尾的大旗，用来指挥。说："从远方辛勤来到的西部地区的人们！"表示慰问后武王接着说："我的掌有土地的诸侯国大君，司徒、司马、司空、亚旅（次于卿的众大夫）、师氏（领兵的大夫）、千夫长、百夫长，以及庸、蜀、羌、髳、微、纑、彭、濮各地部族的人们，举起你们的戈，排列好你们的盾牌，立好你们的矛，我将要宣誓了。"武王说："古代人有过这样的言语：'母鸡不打啼报晓。母鸡如果打啼报晓，这一家就要彻底毁亡。'现在殷王纣只采用妇人的意见，自动废弃对他先祖所进行的肆祭而不闻不问，惑乱毁弃国家政事；遗弃他祖父母以下的亲族不加任用，反而只是推崇、尊重、信任、使用因为有重大罪恶从四面八方逃亡到商地来的人，让他们对百官贵族施加暴虐，借以在商的国土犯法作乱。现在我姬发只有恭敬地执行上天的惩罚。今日进行的征讨战事中，不要超过六步七步，大家都要停下来整齐队伍再继续前进，努力呀各位诸侯！不要超过四次刺击五次刺击六次刺击七次刺击，大家都要停下来整顿队伍再继续前进，努力呀夫子们！希望大家英武战斗，勇猛得要像虎像罴，像豺狼像螭龙；在商都郊外，不能强暴地杀害来奔的殷纣士兵，让他们到我们西部土地上去服役，努力呀夫子们！你们如果不加努力，将要对你们自身进行惩处以至杀戮。"宣誓完毕，四方诸侯军队会集的有车四千乘，军队在牧野展开了阵势。

帝纣闻武王来，亦发兵七十万人距武王。武王使师尚父与百夫致师，以大卒驰帝纣师。纣师虽众，皆无战之心。心欲武王亟入，纣师皆倒兵以战，以开武王。武王驰之，纣兵皆崩，畔纣。纣走，反入登于鹿台之上，蒙衣其殊玉，自燔于火而死。武王持大白旗以麾诸侯，诸侯毕拜武王；武王乃揖诸侯，诸侯毕从。武王至商国，商国百姓咸待于郊。于是武王使群臣告语商百姓曰："上天降休。"商人皆再拜稽首，武王亦答拜。遂入，至纣死所。武王自射之，三发而后下车，以轻剑击之，以黄钺斩纣头，县大白之旗。已而至纣之嬖妾二女，二女皆经自杀。武王又射三发，击以剑，斩以玄钺，县其头小白之旗。武王已乃出复军。

纣帝听说武王来了，也发兵七十万人抗拒武王。武王派师尚父和少数勇士先冲入敌阵挑战，再用大部队奔驰向前攻击纣帝的军队。纣的军队人数虽然众多，但是都没有参战之意。心中只希望武王赶快进来，纣的军队都倒转兵器进行战斗，来为武王开路。武王奔驰进攻，纣兵就都溃散，背叛纣王。纣逃跑，返回城来登上鹿台，用特别珍贵的美玉所镶制的衣服包裹起身体，自己跳到火中焚烧而死。武王手持大白旗来指挥四方诸侯，诸侯们都拜贺武王；武王于是拱手作揖回谢诸侯，诸侯们全都归顺。武王来到商的国都，商国都的百官贵族都迎接等待在郊外。在这个时候武王让群臣告诉商的百官贵族说："上天降下了幸福。"商地的人们都再次跪拜叩头，武王也给了答谢回拜。就进入都城，到达纣死亡的地方。武王自己用箭射他，射了三发箭以后下车，再拿轻吕宝剑击打纣的尸体，然后拿黄钺斩下纣的头颅，悬挂在大白旗的旗杆上。接着来到纣宠幸的两个嬖妾的住所，两个嬖妾都已上吊自杀。武王又对她们射了三支箭，用剑击打她们的尸体，拿铁制的黑色大斧砍下她们的头，将它们悬挂在小白旗的旗杆上。武王做完这些事以后就走出城去返回军中。

其明日，除道，修社及商纣宫。及期，百夫荷罕旗以先驱。武王弟叔振铎奉陈常车，周公旦把大钺，毕公把小钺，以夹武王。散宜生、太颠、闳夭皆执剑以卫武王。既入，立于社南大卒之左，左右毕从。毛叔郑奉明水，卫康叔封布兹，召公奭赞采，师尚父牵牲。尹佚策祝曰："殷之末孙季纣，殄废先王明德，侮蔑神祇不祀，昏暴商邑百姓，其章显闻于天皇上帝。"于是武王再拜稽首，曰："膺更大命，革殷，受天明命。"武王又再拜稽首，乃出。

第二天，清除道路，修缮社庙和商纣的王宫。到了规定的日期，一百名兵士扛着上有九条飘带的云罕旗作为仪仗队走在前面。武王的弟弟叔振铎护着已经陈列好插有太常旗显示王者威严的仪仗车，周公旦拿着大斧，毕公拿着小斧，在左右夹辅着武王。散宜生、太颠、闳夭都执着剑护卫着武王。进了城，站立在社坛南面大部队的左边，左右辅卫的人全都跟从。毛叔郑捧着当做玄酒用的在月光下取得的露水，卫康叔在地下铺上用公明草编成的籍席，召公奭进献彩帛，师尚父牵着祭祀用的牲畜，尹佚宣读策书祝文说："殷家的末代孙季纣，断绝废弃先王的英明德政，污辱蔑视天地神不给祭祀，惑乱残暴商家都邑的百官贵族，他昭彰显著的罪恶，已经被天皇上帝闻知了。"于是武王再次跪拜叩头，说："我承受着更改朝代的天命，接管殷室政权，接受上天圣明的旨意。"武王又再次跪拜叩头，就走出去。

封商纣子禄父殷之余民。武王为殷初定未集，乃使其弟管叔鲜、蔡叔度相禄父治殷。已而命召公释箕子之囚；命毕公释百姓之囚，表商容之闾；命南宫括散鹿台之财，发钜桥之粟，以振贫弱萌隶；命南宫括、史佚展九鼎保玉；命闳夭封比干之墓；命宗祝享祠于军。乃罢兵西归。行狩，记政事，作《武成》。封诸侯，班赐宗彝，作《分殷之器物》。武王追思先圣王，乃褒封神农之后于焦，黄帝之后于祝，帝尧之后于蓟，帝舜之后于陈，大禹之后于杞。于是封功臣谋士，而师尚父为首封。封尚父于营丘，曰齐；封弟周公旦于曲阜，曰鲁；封召公奭于燕；封弟叔鲜于管；弟叔度于蔡。余各以次受封。

封商纣的儿子禄父让他仍统辖殷家的余留民众。武王由于殷地刚刚平定还没有安定，于是派他的弟弟管叔鲜、蔡叔度辅助禄父治理殷。接着命令召公去释放被关押的箕子，命令毕公去释放被关押的百官贵族，到商容居住过的里巷去表彰他。命令南宫括去散发鹿台的钱财，分发钜桥的积粟，来赈济贫弱的普通民众。命令南宫括、史佚展出九鼎和宝玉。命令闳夭对比干的坟地增填墓土划定疆界。命令宗祝官员负责在军中举行祭祀奠吊阵亡将士。于是罢兵回到西部去。行进中巡视，记叙政事，就写了《武成》。分封诸侯，颁赐用于宗庙祭祀的宝器，写作了《分殷之器物》。武王追思先代的圣王，于是用嘉奖的规格封神农的后代在焦地，黄帝的后代在祝地，尧帝的后代在蓟地，舜帝的后代在陈地，大禹的后代在杞地。于是又分封功臣谋士，把师尚父作为第一个受封的人。封尚父在营丘，国号叫齐。封弟弟周公旦在曲阜，国号叫鲁。封召公奭在燕国。封弟弟叔鲜在管国，弟弟叔度在蔡国。其余的人依次也受了封。

武王征九牧之君，登豳之阜，以望商邑。武王至于周，自夜不寐。周公旦即王所，曰："曷为不寐？"王曰："告女：维天不飨殷，自发未生于今六十年，麋鹿在牧，蜚鸿满野。天不享殷，乃今有成。维天建殷，其登名民三百六十夫，不显亦不宾灭，以至今。我未定天保，何暇寐？"王曰："定天保，依天室。悉求夫恶，贬从殷王受。日夜劳来，定我西土，我维显服，及德方明。自洛汭延于伊汭，居易毋固，

其有夏之居。我南望三涂，北望岳鄙，顾詹有河，粤詹雒、伊，毋远天室。”营周居于雒邑而后去。纵马于华山之阳，放牛于桃林之虚，偃干戈，振兵释旅：示天下不复用也。

武王征召负责管理九州的各州君长，登上豳地的山阜，来遥望商邑。武王回到周都镐京，入夜睡不着觉。周公旦来到武王的住处，问：“为什么睡不着觉?”武王说：“告诉你：因为上天不肯享用殷室的祭祀，从姬发我未出生到现在这六十年，珍贵的麋鹿放在荒牧（比喻贤人被逐小人在朝），有害的蝗虫漫山遍野（比喻灾害严重民不聊生）。上天不保佑殷室，于是我们周室现在才能成就王业。上天扶建殷室的时候，他们登记任用名贤三百六十人，致使殷室的事业虽不甚昭显但也没有一下子就灭亡，一直到现在。我们周室还没有确定能够获得上天的保佑，哪里还有闲工夫睡觉!”武王接着说：“确定上天的保佑，让民众依从天子的朝廷，都要搜求出哪些不顺从天命的坏人，要跟殷王受一样地惩罚他们。日日夜夜辛苦操劳招徕贤人，以便安定我们西部地区，我只有办理好各种事情，直到使德教施与四方并放射出光明。从洛水河湾一直延伸到伊水河湾，居地平安没有险固，那是夏代旧的居住地。我南边望到三涂，北边望到太行山、恒山的边鄙都邑，回过头瞻望到黄河，审视出洛水、伊水两岸，觉得它并不远离天子的居室，是建都的好地方。”在洛邑规划了营建周家的陪都然后离去。把马匹纵放在华山的南面，把牛放牧在桃林塞的旧墟一带；让军队放下干戈等兵器，经过整顿后解散：向天下昭示不再用武了。

武王已克殷，后二年，问箕子殷所以亡。箕子不忍言殷恶，以存亡国宜告。武王亦丑，故问以天道。

武王已经战胜殷室，这以后过了两年，问箕子殷室灭亡的原因何在。箕子不忍叙说殷室的坏处，拿兴存或灭亡国家的道理告诉武王。武王也感到难为情，因而就询问了一些天地间自然规律的事。

箕子像，出自清·顾沅辑《古圣贤像传略》。

武王病。天下未集，群公惧，穆卜，周公乃祓斋，自为质，欲代武王，武王有瘳。后而崩，太子诵代立，是为成王。

武王生了病。天下还没有完全安定，辅佐的诸公感到害怕，就恭敬虔诚地进行占卜，周公斋戒沐浴举行消灾除邪的仪式，愿以自身作抵押，去代替武王生病，武王的病情好转。后来还是逝世了，太子诵继承了王位，这就是成王。

成王少，周初定天下，周公恐诸侯畔周，公乃摄行政当国。管叔、蔡叔群弟疑周公，与武庚作乱，畔周。周公奉成王命，伐诛武庚、管叔，放蔡叔。以微子开代殷后，国于宋。颇收殷余民，以封武王少弟封为卫康叔。晋唐叔得嘉谷，献之成王，成王以归周公于兵所。周公受禾东土，鲁天子之命。初，管、蔡畔周，周公讨之，三年而毕定，故初作《大诰》，次作《微子之命》，次《归禾》，次《嘉禾》，次《康诰》、《酒诰》、《梓材》。其事在周公之篇。周公行政七年，成王长，周公反政成王，北面就群臣之位。

成王年纪小，周室刚刚安定天下，周公恐怕四方诸侯背叛周朝，自己于是代行政治权力主持国事。管叔、蔡叔等弟兄怀疑周公有野心，就和武庚一起作乱，背叛周朝。周公奉成王的命令，进行讨伐，诛杀了武庚、管叔，流放了蔡叔。用微子开接续殷室后代，封国在宋。尽量召集殷室余留的民众，把他们封给武王的小弟名叫封的，封他为卫康叔。晋唐叔得到两株苗合长一穗的吉祥谷物，把它献给成王，成王把它运到出兵征伐地转送给周公，周公在东部土地上接受嘉祥禾苗，颂扬了天子的圣命。当初，管叔、蔡叔背叛周朝，周公去讨伐他们，经过三年终于全部平定，所以最初写作了《大诰》，其次写作了《微子之命》，其次是《归禾》，其次是《嘉禾》，其次是《康诰》、《酒诰》、《梓材》，说明写作的事情经过记在有关于周公的篇章内。周公掌管政权经过七年，成王长大了，周公把行政权力交回给成王，面朝北站在群臣的位置上。

成王在丰，使召公复营洛邑，如武王之意。周公复卜，申视，卒营筑，居九鼎焉。曰："此天下之中，四方入贡道里均。"作《召诰》、《洛诰》。成王既迁殷遗民，周公以王命告，作《多士》、《无佚》。召公为保，周公为师，东伐淮夷，残奄，迁其君薄姑。成王自奄归，在宗周，作《多方》。既绌殷命，袭淮夷，归在丰，作《周官》。兴正礼乐，度制于是改，而民和睦，颂声兴。成王既伐东夷，息慎来贺，王赐荣伯，作《贿息慎之命》。

成王住在丰邑，派遣召公再次营建洛邑，顺遂武王的遗旨。周公经过多次占卜并反复进行了视察，最终完成了营建工程，便在这里安放下九鼎的传国大宝。说："这里处在天下的正中，从四面八方运送贡品来的道路里数都是一样长。"就写作了《召诰》、《洛诰》。成王又把殷室遗留的旧民迁移到洛邑附近的成周，周公拿成王的命令告诫他们，因而就写作了《多士》、《无佚》。召公担任太保，周公担任太师，向东去征伐淮夷民族，灭亡了奄国，把它的封君迁徙到薄姑。成王从奄国归来，住在宗周，写作了《多方》。已经废灭了殷室的王命，袭击了淮夷，回归到王都丰，写作了《周官》。重新正定了礼乐，各种制度同时都进行修改，因而百姓们和睦，颂扬太平的歌声兴起。成王已经讨伐了东部的夷族，息慎部族就来庆贺，成王赏赐财物，并指令荣伯写作了《贿息慎之命》。

成王将崩，惧太子钊之不任，乃命召公、毕公率诸侯以相太子而立之。成王既崩，二公率诸侯，以太子钊见于先王庙，申告以文王、武王之所以为王业之不易，务在节俭，毋多欲，以笃信临之，作《顾命》。太子钊遂立，是为康王。康王即位，遍告诸侯，宣告以文武之业以申之，作《康诰》。故成康之际，天下安宁，刑错四十余年不用。康王命作策毕公分居里，成周郊，作《毕命》。

成王将要逝世，恐怕太子钊不能胜任王位，于是命令召公、毕公率领诸侯来辅助太子才让他即位。成王已经逝世，召公、毕公率领诸侯，带着太子钊去瞻仰先王祖庙，拿文王、武王能够成就帝业的不容易，来申诫训告太子钊要致力于节俭，不要有无穷的欲望，要用笃厚诚信的态度登临王位，这样就写了《顾命》。太子钊登位，这就是康王。康王登上王位，遍告四方诸侯，宣告了要用文王、武王的业绩来劝勉他们，写作了《康诰》。所以成王、康王的时代，天下非常安宁，刑罚弃置有四十多年都没有动用。康王命令写作策书的毕公，迁出成周的一部分民众另行分居成新的里社，形成可以起保护作用的成周郊区，撰写了《毕命》。

康王卒，子昭王瑕立。昭王之时，王道微缺。昭王南巡狩不返，卒于江上。其卒不赴告，讳之也。立昭王子满，是为穆王。穆王即位，春秋已五十矣。王道衰微，穆王闵文武之道缺，乃命伯冏申诫太仆国之政，作《冏命》。复宁。

康王去世，儿子昭王瑕即位。昭王的时候，文王、武王以来形成的周天子治理国家的优良政治方略也就是所谓王道已经衰微了。昭王到南方去视察一直不返回，结果死在江河水中。他死亡后没有向四方诸侯发讣告，是隐盖他的丑恶行为。让昭王的儿子满即位，这就是穆王。穆王登上王位的时候，年龄已经五十岁了。王道衰微，穆王闵惜文王、武王的治国方略残缺，于是命令伯冏担任管理周王生活和传达命令的太仆正，告诫他要管理好国家的政事，这样就写下了《冏命》。国家重新获得了安宁。

穆王将征犬戎，祭公谋父谏曰："不可。先王耀德不观兵。夫兵戢而时动，动则威；观则玩，玩则无震。是故周文公之颂曰：'载戢干戈，载櫜弓矢，我求懿德，肆于时夏，允王保之。'先王之于民也，茂正其德而厚其性，阜其财求而利其器用，明利害之乡，以文修之，使之务利而辟害，怀德而畏威，故能保世以滋大。昔我先王世后稷，以服事虞、夏。及夏之衰也，弃稷不务，我先王不窋用失其官，而自窜于戎狄之间。不敢怠业，时序其德，遵修其绪，修其训典，朝夕恪勤，守以敦笃，奉以忠信。奕世

载德，不忝前人。至于文王、武王，昭前之光明而加之以慈和，事神保民，无不欣喜。商王帝辛大恶于民，庶民不忍，䜣载武王，以致戎于商牧。是故先王非务武也，勤恤民隐而除其害也。夫先王之制，邦内甸服，邦外侯服，侯卫宾服，夷蛮要服，戎翟荒服。甸服者祭，侯服者祀，宾服者享，要服者贡，荒服者王。日祭，月祀，时享，岁贡，终王。先王之顺祀也，有不祭则修意，有不祀则修言。有不享则修文，有不贡则修名，有不王则修德，序成而有不至则修刑。于是有刑不祭，伐不祀，征不享，让不贡，告不王。于是有刑罚之辟，有攻伐之兵，有征讨之备，有威让之命，有文告之辞。布令陈辞而有不至，则增修于德，无勤民于远。是以近无不听，远无不服。今自大毕、伯士之终也，犬戎氏以其职来王。天子曰：'予必以不享征之。且观之兵。'无乃废先王之训，而王几顿乎！吾闻犬戎树敦，率旧德而守终纯固，其有以御我矣。"王遂征之，得四白狼、四白鹿以归。自是荒服者不至。

穆王将要征伐犬戎。大臣祭公谋父进谏说："不可以去征伐。先王们只显示德行却不炫耀武力。凡是兵器平常是收藏着只有适宜的时候才会动用，一动用就会显示威严，有意地加以显示就会形成玩忽，玩忽地动用武力就不会使人感到惧怕。所以歌颂周文公（周公旦谥文公）的诗说：'收起你的干戈，藏好弓与箭，我所求的是美德，华夏都传遍，定用王道保天下。'先王对于民众，努力端正他的品德，温厚他的性情，丰富他的财物，充实他的器具，让他们明白利害的方向，用礼法来教育他们，让他们致力于兴利避害，心怀德政而畏惧惩罚，所以先王才能保有世代业绩并更加发展壮大。从前我家先王世代担任农官，在虞、夏两朝奔走效劳。及到夏代衰微，放弃农业不致力于生产，我家先王不窋因此失掉了管理农事的官职，就自行逃窜到了戎狄民族地区，不敢荒怠自己的职业，经常维护先王的德行，遵循修治先王开创的事业，研习先王制定的训示典章，每天都恭谨勤勉，用敦厚笃敬的态度严格遵守，用忠信的精神时刻奉行。一代接一代继承德政，不辱没前代先王。到了文王、武王的时期，发扬前代的光明美德，再加上慈爱祥和的措施，敬事鬼神安定百姓，没有人不是高高兴兴。商王帝辛对百姓犯有重大罪行，普通百姓都不能忍耐，都高兴拥护武王，以致用兵于商郊牧野。所以先王不是想要专意用武，用武是恭勤地怜恤百姓遭受的隐患而为他们除去灾害。先王的制度，天子邦畿中的内五百里实行甸服，邦畿中的外五百里实行侯服，侯服以外起武卫作用的地区实行宾服，野蛮民族地区实行要服，再外的戎翟民族地区实行荒服（五服参见《夏本纪》）。甸服区的诸侯参与祭奠天子的父亲和祖父，侯服区的诸侯参与祭奠天子的曾祖和高祖，宾服区的诸侯献上祭品，要服区的诸侯负责纳贡，荒区的少数民族首领要承认周的正统表示臣服。甸服是每日参与祭祀，侯服是每月参与祭祀，宾服是每季贡献祭品，要服是每年进行纳贡，荒服是终身遵奉周王。先王推行这样的祭祀制度，有诸侯不来参与日祭的就要先行修治志意以改进自己，有不来参与月祀的就要修治号令，有不来奉送享献的就要修治法典，有不来进贡的就要修治尊卑职贡的名号，有不来表示臣服的就要修治仁义礼乐制度等的文德，依次序修治成功了以上五个方面还有不来的就要整顿刑罚。于是就有惩治不来参与日祭的，攻伐不来参与月祀的，亲自出兵征讨不来进献时享的，责备不来按年纳贡的，晓谕不来表示臣服的。于是就有刑罚的法规，有攻伐的兵员，有征讨的武备，有用威严责备的命令，有文字告示的晓谕言辞。发布命令陈说言辞还有不到的，那还是自己在德行方面增强修养，不要勤劳百姓让他们去到远方。所以近地的诸侯没有不听从的，远方的民族没有不臣服的。现在自从犬戎氏的两位君主大毕、伯士终亡以后，犬戎氏的君主还是按照荒服的职分来表示臣服，天子您却说'我一定要按照不来依季进献祭品的要求去征讨他，并且要向他炫耀武力'，这岂不是废弃了先王的遗训，而先王的制度差不多都要停顿破坏吗？我听说犬戎民族树立了敦厚的风尚，遵循祖先遗留下的传统道德，而信守原则自始至终都很纯真坚定，他们已经有着可以抗御我们的条件和基础了。"穆王还是出兵去征伐了，得到犬戎本来可以职贡的四只白狼、四只白鹿回来了。从这以后荒服地区的民族再也不来服从了。

诸侯有不睦者，甫侯言于王，作修刑辟。王曰："吁，来！有国有土，告汝祥刑。在今尔安百姓，何择非其人，何敬非其刑，何居非其宜与？两造具备，师听五辞。五辞简信，正于五刑。五刑不简，正于五罚。五罚不服，正于五过。五过之疵，官狱内狱。阅实其罪，惟钧其过。五刑之疑有赦，五罚之疑有赦，其审克之。简信有众，惟讯有稽。无简不疑，共严天威。黥辟疑赦，其罚百率，阅实其罪。劓辟疑赦，其罚倍洒，阅实其罪。膑辟疑赦，其罚倍差，阅实其罪。宫辟疑赦，其罚五百率，阅实其

罪。大辟疑赦，其罚千率，阅实其罪。墨罚之属千，劓罚之属千，膑罚之属五百，宫罚之属三百，大辟之罚其属二百：五刑之属三千。”命曰《甫刑》。

诸侯中间有不和睦的，辅相甫侯对穆王说，要修订刑法。穆王说：“嗯，来！有封国有土地的臣民，告诉你们好的刑罚。在如今你们安定百姓，选择什么呢，不就是道德高尚的贤人吗？严肃对待什么呢，不就是五刑吗？平稳时考虑什么呢？不就是量刑轻重要适宜吗？原告被告都到齐了，狱官就要通过观察辞、色、气、耳、目五方面审理案件。五方面的审理检查核实取得了验证，就要按照墨、劓、膑、宫、大辟五种刑律进行处罚。不能检查核实不当用五种刑律，就要根据罪行的轻重处以五等罚金。处以罚金不能使被处人心服，就要按照五类过失来判决。五类过失这样的弊病，即倚仗官势，图报恩怨，通过受宠女人接受说情，索贿受贿、徇私枉法等，都要察考核实，如果拿五过来出入人罪，就和犯人相当。判处五刑如果有怀疑之处可按五罚处治，判处五罚如果有可疑之处可按五过处治，加以认真考核就能得到其中的事理。调查核实准确取证一定要有众多的途径，审理案件的时候一定要有共同办案的人。没有核实取证不要按疑问定案，严敬天威不要轻易判决。判处黥刑有可疑的地方就从轻处治，处以百锾（黄铜，重六两）的罚金，一定要调查核实这个人所犯的罪才收取罚金。判处劓刑有可疑的地方就从轻处罚，处以二百锾的罚金，一定要调查核实这个人所犯的罚行。判处膑刑有可疑的地方就从轻处治，处以五百锾的罚金，一定要检查核实这个人所犯的罪行。判处宫刑有可疑的地方就从轻处理，处以六百锾的罚金，一定要检查核实这个人所犯的罪行。判处死刑有可疑的地方就从轻处理，处以一千锾的罚金，一定要调查核对这个人所犯的罪行。处以墨（黥）刑这一类的犯罪条目是一千，处以劓刑这一类的犯罪条目是一千，处以膑刑这一类的犯罪条目是五百，处以宫刑这一类的犯罪条目是三百，判处死刑这一类的犯罪条目是二百：判处五种刑罚的条目总共是三千。”命名叫做《甫刑》。

八骏巡游图。选自明·张居正《帝鉴图说》，讲述周穆王驾车巡游、不思返朝、荒废朝政之事。

穆王立五十五年，崩，子共王繄扈立。共王游于泾上，密康公从，有三女奔之。其母曰：“必致之王。夫兽三为群，人三为众，女三为粲。王田不取群，公行不下众，王御不参一族。夫粲，美之物也。众以美物归女，而何德以堪之？王犹不堪，况尔之小丑乎？小丑备物，终必亡。”康公不献。一年，共王灭密。共王崩，子懿王囏立。懿王之时，王室遂衰，诗人作刺。

穆王在位五十五年，逝世。儿子共王繄扈即位。共王在泾水上游玩，密国诸侯康公跟随他，有三个女子私自投奔到他这里，密康公的母亲说：“一定要把她们送给共王。三只兽就成群，三个人就成众，三个女子就成粲。国王打猎不获取成群的野兽，诸侯行进不使众人下车致敬，国王娶嫔妃不取同一家的三名女子。三人都是美丽的女儿。大家把美丽的女儿送给你，你有什么样的德行能够接受？国王还不能承受，更何况你这种小人物呢！小人物拥有这些宝物，国家最终定会灭亡。”康公不把三名美女献出。过了一年，共王灭掉了密国。共王逝世，儿子懿王囏即位。懿王的时候，周家王室就开始衰败，诗人作诗进行讥笑。

懿王崩，共王弟辟方立，是为孝王。孝王崩，诸侯复立懿王太子燮，是为夷王。

懿王逝世，共王的弟弟辟方即位，这就是孝王。孝王逝世，四方诸侯重新扶立懿王的太子燮，这就是夷王。

夷王崩，子厉王胡立。厉王即位三十年，好利，近荣夷公。大夫芮良夫谏厉王曰："王室其将卑乎？夫荣公好专利而不知大难。夫利，百物之所生也，天地之所载也，而有专之，其害多矣。天地百物皆将取焉，何可专也？所怒甚多，而不备大难。以是教王，王其能久乎？夫王人者，将导利而布之上下者也。使神人百物无不得极，犹日怵惕，惧怨之来也。故《颂》曰：'思文后稷，克配彼天，立我蒸民，莫匪尔极。'《大雅》曰'陈锡载周。'是不布利而惧难乎？故能载周以至于今。今王学专利，其可乎？匹夫专利，犹谓之盗，王而行之，其归鲜矣。荣公若用，周必败也。"厉王不听，卒以荣公为卿士，用事。

夷王逝世，儿子厉王胡即位。厉王登上王位三十年，贪财，亲近荣夷公。大夫芮良夫向厉王进谏说："王室难道将要卑弱吗？那个荣公只好独占财物却不了解会有大难。财物，是各种各样的物品所产生出来的，是天地间到处所自然充有的，而想一个人独占，这样做祸害就无穷了。天地间各种各样的财物人人都将取得它的，怎么可以独占呢？独占的后果所招来的怨恨非常多，又不防备大的祸难。拿这种独占财的思想教导您国王，国王您在位还能长久吗？当天下人的国王，是要能够引导人们获得财利并把它均匀地分布给全国上下所有的人才好。让神、人以及各种各样物品无不得到最适中的处理，还每日都胆战心惊，害怕怨恨会到来哩。所以《颂》诗说：'具有文德的后稷，能够相配天老爷，使我众人立足生，莫不以您做准则。'《大雅》上说："普遍赐福成就周家。这不是让人人得到财利而害怕大难吗？所以先王能够创建周家的天下一直到现在。如今国王您去学独占财利，难道行吗？普通民众独占财，还把他叫做强盗，国王您也照着去做，来归顺您的人就会很少了。荣公假使被任用，周家一定会衰亡。"厉王不听从芮良夫的劝谏，最终还是任命荣公做卿士，让他掌权。

王行暴虐侈傲，国人谤王。召公谏曰："民不堪命矣！"王怒，得卫巫，使监谤者，以告则杀之。其谤鲜矣，诸侯不朝。三十四年，王益严，国人莫敢言，道路以目。厉王喜，告召公曰："吾能弭谤矣，乃不敢言。"召公曰："是障之也。防民之口，甚于防水。水壅而溃，伤人必多；民亦如之。是故为水者决之使导，为民者宣之使言。故天子听政，使公卿至于列士献诗，瞽献曲，史献书，师箴，瞍赋，矇诵，百工谏，庶人传语，近臣尽规，亲戚补察，瞽史教诲，耆艾修之，而后王斟酌焉，是以事行而不悖。民之有口也，犹土之有山川也，财用于是乎出；犹其有原隰衍沃也，衣食于是乎生。口之宣言也，善败于是乎兴。行善而备败，所以产财用衣食者也。夫民虑之于心而宣之于口，成而行之。若壅其口，其与能几何？"王不听。于是国莫敢出言，三年，乃相与畔，袭厉王。厉王出奔于彘。

厉王行为暴虐过分傲慢，国内的百姓到处议论厉王。卿士召公（即穆公虎）进谏说："百姓承受不了您的暴虐政令啦。"厉王恼怒，找来卫国的一名巫士，让他去监视那些议论的人，只要发现了来报告，就都杀死他们。这样议论的人是少了，但四方诸侯也就不来朝拜了。三十四年，厉王更加严酷了，国内的百姓没有谁敢发表意见，道路上相见也只用目光会意。厉王高兴，告诉召公说："我能禁止议论了，人们于是不敢说三道四了。"召公说："这是堵塞了言路。防范百姓的言论，超过了防范水患。水流被堵塞如果崩溃，灾难一定会更多，百姓也像这样。所以治理水害的人采取的措施是决通让它疏导，治理百姓的人应采取的办法是宣泄使言路畅通。所以天子处理政事，让三公九卿直到一般官员都献上诗篇讽刺政治，盲人乐官献上乐曲，史官献上史书，乐师进献箴戒的言辞，没有眸子的盲人朗诵三公九卿和一般官员献上的诗篇，有眸子而失明的人诵读箴戒劝导的语言，百官进谏，低贱的民众向上间接传达他们的意见，近侍的臣子尽规劝的职责，内外亲属大臣补救王的过失监督王的行动，太师太史施加教诲，朝中的耆，艾老臣帮助修治，这以后再由王自己斟酌决定，所以各项政事都能顺利施行而不悖乱。百姓能有口说话，就好比大地有山河，财利货用从这里产生出来；又好比大地有高原、低湿地、平原、灌溉地，衣材食物从这里生长出来。口能够畅通发表意见，趋善去败的主张从这里兴起来。行善政并防备败坏，就是产生财利货用衣材食物的重要途径。百姓在心中思考又从口中宣泄出来，是考虑成熟了以后才流露出来的。假若堵住他们的嘴，拥护您的人还能有几个？”厉王不听谏言。于是国内谁也不敢发表评论，经过三年，就相互勾结发动叛乱，袭击厉王。厉王出亡逃奔到彘地。

厉王太子静匿召公之家，国人闻之，乃围之。召公曰：“昔吾骤谏王，王不从，以及此难也。今杀王太子，王其以我为仇而怼怒乎？夫事居者，险而不仇怼，怨而不怒，况事王乎！”乃以其子代王太子，太子竟得脱。

厉王的太子名叫静匿藏在召公的家中，国中的百姓听说了，就围住他。召公说：“过去我曾经多次劝谏国王，国王不依从，以至于有了这次劫难。现在杀了国王的太子，国王将会认为我把他当作仇敌而发泄怨恨吧？一个侍奉君主的人，即使是处在危险之中也不仇视怨恨，受到责备也不动怒，更何况是侍奉天子呢！”于是用他自己的儿子来代替国王的太子，太子终于脱掉了重围。

召公、周公二相行政，号曰“共和”。共和十四年，厉王死于彘。太子静长于召公家，二相乃共立之为王，是为宣王。宣王即位，二相辅之，修政，法文、武、成、康之遗风，诸侯复宗周。十二年，鲁武公来朝。

召公、周公两位辅相负责处理政事，这期间的名号叫做“共和”。共和的十四年，厉王死在彘地。太子静在召公的家中成长起来，二位辅相于是共同决定立他做国王，这就是宣王。宣王登临王位，二相辅佐他，修治政事，效法文王、武王、成王、康王的优秀传统，四方诸侯重新朝拜周家王室。十二年，鲁国武公前来朝拜。

宣王不修籍于千亩，虢文公谏曰：“不可。”王弗听。三十九年，战于千亩，王师败绩于姜氏之戎。

宣王不采取重视农业的态度不到千亩地方去耕种籍田，虢国的文公进谏说：“不可以不去耕种籍田。”宣王不听。三十九年，在千亩之地交战，宣王的军队被姜氏的一支戎族打败而全部溃散了。

宣王既亡南国之师，乃料民于太原。仲山甫谏曰：“民不可料也。”宣王不听，卒料民。

宣王既然丢失了被姜戎打败的处在江、汉之间的军队，于是在太原地区统计民众数字准备征兵。大臣仲山甫进谏说：“民众是不可以计点而征兵的。”宣王不听谏言，结果还是统计了民众数量以便征兵。

四十六年，宣王崩，子幽王宫湦立。幽王二年，西周三川皆震。伯阳甫曰：“周将亡矣。夫天地之气，不失其序；若过其序，民乱之也。阳伏而不能出，阴迫而不能蒸，于是有地震。今三川实震，是阳失其所而填阴也。阳失而在阴，原必塞；原塞，国必亡。夫水土演而民用也。土无所演，民乏财用，不亡何待？昔伊、洛竭而夏亡，河竭而商亡。今周德若二代之季矣，其川原又塞，塞必竭。夫国必依山川，山崩川竭，亡国之征也。川竭必山崩。若国亡不过十年，数之纪也。天之所弃，不过其纪。”是岁也，三川竭，岐山崩。

召公像，出自清·顾沅辑《古圣贤像传略》。

四十六年，宣王逝世，儿子幽王宫涅即位。幽王二年，西周都城附近的渭水、泾水、洛水三条河流的区域内都发生了地震。大夫伯阳甫说：“周家将要灭亡了。天地的自然之气，不会违背它的运行秩序；假若违背了它的运行秩序，那是有人扰乱了它。阳气伏在下面不能排出，受到阴气的逼迫不能上升，在这样的情况下就会有地震发生。现在三条河流区域内确实发生了地震，这是因为阳气失掉了它在上的位置而被阴气所镇压。如此河流的源泉一定会被堵塞；河流的源泉堵塞关系到立国的气运，国家必定灭亡。水土气息通畅湿润可以生长作物来供民众应用。土气不能通畅湿润，民众就会缺乏财物，不灭亡还等待什么？从前伊水、洛水枯竭夏代就亡，黄河枯竭商代就亡。现在周家的气运就像夏、商二代的末年了，他国家河流的上源又被堵塞，堵塞水流一定会枯竭。一个国家的气数必须依靠山川，山陵崩塌河流枯竭，这就是亡国的兆头。河流枯竭一定会引起山陵崩塌。如果国家灭亡不会超过十年，这是数起于一终于十至十又另起头决定的。上天要抛弃哪个国家，它的灭亡就不会超过一纪（十年）。”正是这一年，渭水、泾水、洛水三条河流枯竭，岐山崩塌。

三年，幽王嬖爱褒姒。褒姒生子伯服，幽王欲废太子。太子母申侯女，而为后。后幽王得褒姒，爱之，欲废申后，并去太子宜臼，以褒姒为后，以伯服为太子。周太史伯阳读史记曰：“周亡矣。”昔自夏后氏之衰也，有二神龙止于夏帝庭而言曰：“余，褒之二君。”夏帝卜：杀之，与去之，与止之，莫吉。卜请其漦而藏之，乃吉。于是布币而策告之，龙亡而漦在，椟而去之。夏亡，传此器殷。殷亡，又传此器周。比三代，莫敢发之。至厉王之末，发而观之。漦流于庭，不可除。厉王使妇人裸而噪之，漦化为玄鼋，以入王后宫。后宫之童妾既龀而遭之，既笄而孕，无夫而生子，惧而弃之。宣王之时童女谣曰：“檿弧箕服，实亡周国。”于是宣王闻之，有夫妇卖是器者，宣王使执而戮之。逃于道，而见乡者后宫童妾所弃妖子出于路者，闻其夜啼，哀而收之。夫妇遂亡，奔于褒。褒人有罪，请入童妾所弃女子者于王以赎罪。弃女子出于褒，是为褒姒。当幽王三年，王之后宫，见而爱之，生子伯服。竟废申后及太子，以褒姒为后，伯服为太子。太史伯阳曰：“祸成矣，无可奈何！”

三年，幽王宠爱褒姒。褒姒生了儿子伯服，幽王就想废掉太子。太子的母亲是申国诸侯的女儿，成了幽王的王后。后来幽王得到了褒姒，非常喜欢她，就想废掉申后，同时除去太子宜臼，再立褒姒做王后，让伯服做太子。周朝的太史伯阳甫读了有关历史记载的书籍以后说：“周家要亡国了。”从前在夏后氏衰败的时候，有两条神龙降落在夏帝宫庭内自己说：“我们，是褒国的两位先君。”夏帝占卜：杀掉它们，和赶走它们，和把它们留在宫庭内，三种情况都不吉利。再占卜，请求将它们的唾液留下收集起来，就吉祥了。于是陈列祭品并宣读策文告诉神龙，神龙飞去而它们的唾液留下来了，用匣子藏起唾液并擦去它的痕迹。夏代灭亡，藏唾液的匣子传给了殷家。殷代灭亡，又把这只匣子传给了周家。经过连续三代，谁也不敢打开这只匣子。到了厉王的末年，打开匣子来观看当中贮存的唾液。唾液完全流落于宫庭的地面上，不能除掉。厉王让妇人们光着身子大声吵嚷，流在地上的唾液就变化成了一只黑色的类似蜥蜴的动物，因而进入了厉王的后宫。后宫一个已满七岁的童妾遭遇上这只动物，结果这个小女婢到了插簪子的成年时期，没有丈夫就生下了小孩，她害怕就把小孩扔弃了。宣王的时期小女孩们唱歌谣说：“山桑做的箭弓箕木做的箭袋，实际是它们会亡掉周的国家。”于是宣王听说了，有一对夫妇正是出卖这种箭弓箭袋的人，宣王派人要把他们抓起来杀掉。这对夫妇就在道路上逃跑，正好遇见了从前后宫那个小女婢所弃的妖孽孩子出现在道路上，听到这个妖子夜晚啼哭，由于可怜就把她收养下来。这对夫妇就跑掉了，奔逃到了褒国。褒国人有罪过，请求献上这个小女婢所生下又抛弃了的女子给周王以赎免罪过。这个被抛弃的女子出自褒国，这就是褒姒。幽王三年时，幽王去到后宫，看见了褒姒就宠幸她，生下了儿子伯服。终于废除了申后和太子，让褒姒做皇后，伯服做太子。太史伯阳甫就说：“祸患形成了，已经是无可奈何了！”

褒姒不好笑，幽王欲其笑万方，故不笑。幽王为烽燧、大鼓，有寇至则举烽火。诸侯悉至，至而无寇，褒姒乃大笑。幽王说之，为数举烽火。其后不信，诸侯益亦不至。

褒姒不喜欢笑，幽王想尽了各种办法想让她笑，不管怎么做还是不笑。幽王在边境上高筑了烽火台和大的鼓风箱，如有敌寇到达就点起烽火。四方诸侯们见到烽火都带兵来到，到了一看并没有敌寇，褒姒却大笑。这个做法能让褒姒大笑幽王就非常高兴，所以就多次点燃烽火。这样以后失掉了信义，四方诸侯后来也就更不带兵来到了。

幽王以虢石父为卿，用事，国人皆怨。石父为人佞巧，善谀好利，王用之。又废申后，去太子也。申侯怒，与缯、西夷犬戎攻幽王。幽王举烽火征兵，兵莫至。遂杀幽王骊山下，虏褒姒，尽取周赂而去。于是诸侯乃即申侯而共立故幽王太子宜臼，是为平王，以奉周祀。

幽王任命虢石父做卿士，执掌政治权力，国内的百姓都很憎恨。虢石父为人谄佞巧诈，善于奉承贪财，幽王却信用他。他又废掉了申后，除去了太子。申侯愤怒，联合缯国、西方夷族犬戎来进攻幽王。幽王点燃烽火征求诸侯救兵，诸侯救兵没有来到。就把幽王杀死在骊山脚下，捕获了褒姒，将周朝的财物全部收取回到西方去了。于是四方诸侯就按照申侯的愿望共同扶立幽王的太子宜臼，他就是平王，来供奉周家的祭祀。

平王立，东迁于雒邑，辟戎寇。平王之时，周室衰微，诸侯强并弱，齐、楚、秦、晋始大，政由方伯。

《东周列国志》版画之周幽王烽火戏诸侯图

平王即位，把京城往东迁徙到洛邑，避免西方戎族的侵扰。平王时，周朝王室衰败微弱，诸侯互相之间强国兼并弱国，齐国、楚国、秦国、晋国开始强大，政治形势由四方诸侯中的首领所左右。

四十九年，鲁隐公即位。

四十九年，鲁国的隐公就君主之位。

五十一年，平王崩，太子洩父蚤死，立其子林，是为桓王。桓王，平王孙也。

五十一年，平王逝世，太子洩父早亡。让太子的儿子林即位，这就是桓王。桓王，是平王的孙子。

桓王三年，郑庄公朝，桓王不礼。五年，郑怨，与鲁易许田。许田，天子之用事太山田也。八年，鲁杀隐公，立桓公。十三年，伐郑，郑射伤桓王，桓王去归。

桓王三年，郑国的庄公来朝拜，桓王不以应有的礼仪相待。五年，郑国怨恨，不经过周天子许可就用祊田斠换鲁国的许田。许田（应为“祊田”），是周王赐给郑国的在天子去祭祀泰山的时候用作郑国协助天子祭祀的邑田。八年，鲁国人杀了隐公，立了桓公。十三年，讨伐郑国，郑国将领用箭射伤桓王，桓王离开郑国回来。

二十三年，桓王崩，子庄王佗立。庄王四年，周公黑肩欲杀庄王而立王子克。辛伯告王，王杀周公。王子克奔燕。

二十三年，桓王逝世，儿子庄王佗即位。庄王四年，周公黑肩想杀死庄王让王子克（庄王的弟弟）即位。大夫辛伯报告给庄王，庄王杀了周公。王子克奔逃到了燕国。

十五年，庄王崩，子釐王胡齐立。釐王三年，齐桓公始霸。

十五年，庄王逝世，儿子釐王胡齐即位。釐王三年，齐桓公于是称霸。

五年，釐王崩，子惠王阆立。惠王二年，初，庄王嬖姬姚，生子颓，颓有宠。及惠王即位，夺其大臣园以为囿。故大夫边伯等五人作乱，谋召燕、卫师，伐惠王。惠王奔温，已居郑之栎。立釐王弟颓

为王。乐及遍舞。郑、虢君怒。四年，郑与虢君伐杀王颓，复入惠王。惠王十年，赐齐桓公为伯。

五年，釐王逝世，儿子惠王阆即位。惠王二年。当初，庄王的宠姬姚姓女子，生了儿子名叫颓，颓受到宠爱。等到惠王就位，强夺了他大臣蔿国的园地用作自己饲养动物的苑地。所以大夫边伯等五个人一起作乱，计划召来燕国、卫国的军队，攻打惠王。惠王逃跑到温地，不久又居住在郑国的栎地。边伯等扶立釐王的弟弟颓做国王。他们娱乐用尽了各种音乐舞蹈。郑国、虢国的国君知道了都很愤恨。四年，郑国和虢国的国君攻打杀死了周王颓，重新送回惠王。惠王十年，颁布策令赐齐桓公做诸侯的首领。

二十五年，惠王崩，子襄王郑立。襄王母蚤死，后母曰惠后。惠后生叔带，有宠于惠王，襄王畏之。三年，叔带与戎、翟谋伐襄王，襄王欲诛叔带，叔带奔齐。齐桓公使管仲平戎于周，使隰朋平戎于晋。王以上卿礼管仲。管仲辞曰："臣贱有司也。有天子之二守国、高在，若节春秋来承王命，何以礼焉？陪臣敢辞。"王曰："舅氏，余嘉乃勋，毋逆朕命。"管仲卒受下卿之礼而还。九年，齐桓公卒。十二年，叔带复归于周。

二十五年，惠王逝世，儿子襄王名叫郑的即位。襄王的母亲早已死去，后母叫惠后。惠后生了儿子叔带，受到惠王的宠爱，襄王害怕他。三年，叔带和戎族、翟族谋划攻打襄王，襄王就想诛杀叔带，叔带奔逃到了齐国。齐桓公派管仲到周去平定戎族，派隰朋到晋国叫他们讨伐戎族来救援周家朝廷。襄王用对待上卿的礼节款待管仲。管仲推托说："臣下是个低贱的小官，还有天子任命的齐国守臣国氏、高氏两位上卿存在。如果他们按照春秋朝聘的时节来承奉您的命令，您还能用什么礼节接待他们呢？我作为是您臣子齐侯的臣下冒昧地请求辞却。"王说："你是我舅父家的使者，我嘉奖你的勋劳，不要违背我的命令。"管仲最终受到下卿的礼仪款待回国了。九年，齐桓公去世。十二年，叔带重新回到周家。

十三年，郑伐滑。王使游孙，伯服请滑，郑人囚之。郑文公怨惠王之入不与厉公爵，又怨襄王之与卫滑，故囚伯服。王怒，将以翟伐郑。富辰谏曰："凡我周之东徙，晋、郑焉依。子颓之乱，又郑之由定。今以小怨弃之！"王不听。十五年，王降翟师以伐郑。王德翟人，将以其女为后。富辰谏曰："平、桓、庄、惠皆受郑劳，王弃亲亲翟，不可从。"王不听。十六年，王绌翟后，翟人来诛，杀谭伯。富辰曰："吾数谏不从，如是不出，王以我为怼乎？"乃以其属死之。

十三年，郑国攻打小国滑国。襄王派大夫游孙、伯服去替滑国讲情，郑国人把他俩囚禁起来。郑文公憎恨周惠王进入郑国巡狩而没有把玉制酒杯送给郑厉公，又怨恨周襄王偏向卫国和滑国，所以把伯服禁闭了起来。襄王发怒，准备利用翟族讨伐郑国。大夫富辰上谏说："大凡我们周家向东迁都，依靠的是晋国、郑国。子颓作乱，又是由郑国平定的，现在能因为一点小怨就扔弃它吗？"王不听从。十五年，惠王派翟族军队来攻打郑国。王感激翟族人，将要娶翟族女子做王后。富辰进谏说："平王、桓王、庄王、惠王都受过郑国对王室的勤劳，王抛弃亲族，亲近翟族，不可这么做。"王不采纳。十六年，王罢免了翟族王后，翟族人前来征讨，杀了大夫谭伯。富辰说："我多次劝谏不听从，如果这个时候不挺身而出，王会认为我在怨恨他吧？"于是就让他的部属去和翟族人进行拚死搏斗。

初，惠后欲立王子带，故以党开翟人，翟人遂入周。襄王出奔郑，郑居王于氾。子带立为王，取襄王所绌翟后，与居温。十七年，襄王告急于晋，晋文公纳王而诛叔带。襄王乃赐晋文公珪、鬯、弓矢，为伯，以河内地与晋。二十年，晋文公召襄王，襄王会之河阳、践土，诸侯毕朝。书讳曰："天王狩于河阳。"

当初，惠王王后想让王子叔带即位，所以用她的心腹去为翟族人开路，翟族人就进入周家境地。襄王出逃跑到郑国，郑国安置襄王居住在氾地。子带立为国王，把襄王所贬黜的翟族王后娶过来和她一起居住在温地。十七年，襄王向晋国报告情况紧急请求援救，晋文公出兵送襄王回周并杀死叔带。襄王于是给晋文公颁赐了用作凭信的玉器圭、祭祀用的香酒鬯、射箭用的弓矢，策命他为四方诸侯的首领，把河内地区让给晋国。二十年，晋文公召见襄王，襄王和晋文公在河阳、践土相会，四方诸侯前来朝拜，由于避忌以臣召君这样的事实所以在文字书写时只是说"周天子在河阳巡视"。

二十四年，晋文公卒。

二十四年，晋文公去世。

三十一年，秦缪公卒。

三十一年，秦缪公去世。

三十二年，襄王崩，子顷王壬臣立。顷王六年，崩，子匡王班立。匡王六年，崩，弟瑜立，是为定王。

三十二年，襄王逝世，儿子顷王壬臣即位。顷王六年，逝世，儿子匡王班即位。匡王六年，逝世，弟弟瑜即位，他就是定王。

定王元年，楚庄王伐陆浑之戎，次洛，使人问九鼎。王使王孙满应设以辞，楚兵乃去。十年，楚庄王围郑，郑伯降，已而复之。十六年，楚庄王卒。

定王元年，楚庄王讨伐陆浑地区的戎族，过路的时候驻扎在洛地，由于有取代周王朝的野心就派人询问传国宝九鼎的情形。定王派大夫王孙满设法用言辞去应付，楚国的军队于是就离去了。十年，楚庄王围攻郑国，郑国国君投降，不久又恢复了郑国。十六年，楚庄王逝世。

二十一年，定王崩，子简王夷立。简王十三年，晋杀其君厉公，迎子周于周，立为悼公。

二十一年，定王逝世，儿子简王夷即位。简王十三年，晋国杀死了他们的国君厉公，从周迎来了子周，立他做国君，就是悼公。

十四年，简王崩，子灵王泄心立。灵王二十四年，齐崔杼弑其君庄公。

十四年，简王逝世，儿子灵王泄心即位。灵王二十四年，齐国的崔杼弑杀他们的国君庄公。

二十七年，灵王崩，子景王贵立。景王十八年，后太子圣而蚤卒。二十年，景王爱子朝，欲立之。会崩，子丐之党与争立。国人立长子猛为王，子朝攻杀猛。猛为悼王。晋人攻子朝而立丐，是为敬王。

二十七年，灵王逝世，儿子景王贵即位。景王十八年，王后所生的太子圣而过早去世。二十年，景王喜爱子朝，想立他做国君，正碰上自己逝世，子丐和他的亲信同子朝争做国君。国内的百姓扶立长子猛做国君，子朝就进攻杀死了猛。猛即位不久又被杀所以称做悼王。晋国人又攻打子朝而让丐即位，这就是敬王。

敬王元年，晋人入敬王；子朝自立，敬王不得入，居泽。四年，晋率诸侯入敬王于周，子朝为臣。诸侯城周。十六年，子朝之徒复作乱，敬王奔于晋。十七年，晋定公遂入敬王于周。

敬王元年，晋国人要把敬王送进来，子朝已经自立为王，敬王不能送进来，居住在泽地。四年，晋国带领诸侯国送敬王回到周，子朝降做臣子，诸侯国替周修筑都城。十六年，子朝和他的亲信们再次作乱，敬王逃奔到晋国。十七年，晋定公又把敬王送回周。

三十九年，齐田常杀其君简公。

三十九年，齐国田常杀死他的国君简公。

四十一年，楚灭陈。孔子卒。

四十一年，楚国灭掉陈国。孔子去世。

四十二年，敬王崩，子元王仁立。元王八年，崩，子定王介立。

四十二年，敬王逝世，儿子元王仁即位。元王八年，逝世，儿子定王介即位。

定王十六年，三晋灭智伯，分有其地。

孔子像，出自明·天然撰《历代古人像赞》。

二十八年，定王崩，长子去疾立，是为哀王。哀王立三月，弟叔袭杀哀王而自立，是为思王。思王立五月，少弟嵬攻杀思王而自立，是为考王。此三王皆定王之子。

定王十六年，晋国韩、赵、魏三家灭掉了智伯，各自分有智伯原有的土地。二十八年，定王驾崩，长子去疾即位，这就是哀王。哀王即位三个月，弟弟叔攻打杀死哀王而自己即位，这就是思王。思王即位五个月，少弟嵬进攻杀害思王而自立即位，这就是考王。哀王、思王、考王这三个王均是定王的儿子。

考王十五年，崩，子威烈王午立。

考王十五年，逝世，儿子威烈王午即位。

考王封其弟于河南，是为桓公，以续周公之官职。桓公卒，子威公代立。威公卒，子惠公代立，乃封其少子于巩以奉王，号东周惠公。

考王分封他的弟弟在河南成周，这就是封邑号西周的桓公，用他来接续黑肩被杀以后便空缺了的周公的官职。桓公去世，儿子威公依传代而即位。威公去世，儿子惠公依传代而即位，于是封他的少子在巩地来奉承周王，称号叫东周惠公。

威烈王二十三年，九鼎震。命韩、魏、赵为诸侯。

威烈王二十三年，九鼎受到震动。策命韩、魏、赵做独立的诸侯国。

二十四年，崩，子安王骄立。是岁，盗杀楚声王。

二十四年，逝世，儿子安王骄即位。这一年，盗贼杀死了楚声王。

安王立二十六年，崩，子烈王喜立。烈王二年，周太史儋见秦献公曰："始周与秦国合而别，别五百载复合，合十七岁而霸王者出焉"。

安王即位二十六年，去世，儿子烈王喜即位。烈王二年，周的太史儋见到秦献公说："开始周是和秦国合在一起，而后来秦国由于被周平王封为诸侯就分别了，分别以后五百年要重新合在一起，合并在一起以后十七年成为霸王的人要出现了。"

十年，烈王崩，弟扁立，是为显王。显王五年，贺秦献公，献公称伯。九年，致文武胙于秦孝公。二十五年，秦会诸侯于周。二十六年，周致伯于秦孝公。三十三年，贺秦惠王。三十五年，致文武胙于秦惠王。四十四年，秦惠王称王。其后诸侯皆为王。

十年，烈王逝世，弟弟扁即位，这就是显王。显王五年，向秦献公表示道贺，献公在诸侯中称做方伯。九年，把祭祀周文王、武王的祭肉送给秦孝公。二十五年，秦在周的中心地区会见四方诸侯。二十六年，周把方伯的称号送给秦孝公。三十三年，向秦惠王表示祝贺。三十五年，把祭祀周文王、武王的祭肉送给秦惠王。四十四年，秦惠王自称王号。从此以后诸侯就都称王号。

四十八年，显王崩，子慎靓王定立。慎靓王立六年，崩，子赧王延立。王赧时，东西周分治。王赧徙都西周。

四十八年，显王逝世，儿子慎靓王定即位。慎靓王即位六年，逝世，儿子赧王延即位。周王赧的时候，东周公、西周公各自为政。周王赧把首府从成周迁至西周的王城。

西周武公之共太子死，有五庶子，毋適立。司马翦谓楚王曰："不如以地资公子咎，为请太子。"左成曰："不可。周不听，是公之知困而交疏于周也。不如请周君孰欲立，以微告翦，翦请令楚资之以地。"果立公子咎为太子。

西周武公名共的太子死去，有五个庶子，没有嫡子可立。司马翦对楚王说："不如用地资助公子咎，替他请求立为太子。"左成说："不能这样做。周如果不听从，这就使您的智谋受到困惑而和周的交往会更加疏远。不如请求周君想立哪个儿子做太子，以暗示的方法告诉司马翦，司马翦再请求让楚国用土地来资助他。"果然立了公子咎做了太子。

八年，秦攻宜阳，楚救之。而楚以周为秦故，将伐之。苏代为周说楚王曰："何以周为秦之祸也？言周之为秦甚于楚者，欲令周入秦也，故谓'周秦'也。周知其不可解，必入于秦，此为秦取周之精者也。为王计者，周于秦因善之，不于秦亦言善之，以疏之于秦。周绝于秦，必入于郢矣。"

八年，秦国进攻韩国宜阳，楚国救援宜阳。楚又由周也出兵怀疑他是帮助秦国的缘故，将要攻伐周。著名谋士苏代替周游说楚王说："为什么把周帮助秦国当作一种祸患呢？说周帮助秦国超过了辅助楚国的，是想让周纳入秦国的势力，所以称做'周秦'。周知道他不能解脱，一定会纳入秦国，这是帮助秦国取得周的最绝妙的计策。替王您计划的话，周帮助秦国因而善待他，不帮助秦国也同样待他好，来让他和秦国疏远。周和秦国断绝交往，一定会纳入楚国了。"

秦借道两周之间，将以伐韩。周恐借之畏于韩，不借畏于秦。史厌谓周君曰："何不令人谓韩公叔曰：'秦之敢绝周而伐韩者，信东周也。公何不与周地，发质使之楚？秦必疑楚，不信周，是韩不伐也。'又谓秦曰：'韩强与周地，将以疑周于秦也。周不敢不受。'秦必无辞而令周不受，是受地于韩而听于秦。"

秦国借用西周与东周之间的道路，将要去攻伐韩国，周感到恐惧。借给秦国，畏怕韩国；不借，又害怕秦国。谋士史厌对周君说："何必不派人去对韩公叔说'秦国之所以敢于穿过周来攻伐韩国，是相信东周的缘故。您何必不给予周一些土地，派出可以做人质保证的使者去到楚国'，秦一定怀疑楚，不相信周，这样韩国就不会受到攻打了。又对秦国说'韩国勉强给了周一些土地，便是让秦国来怀疑周，周不敢不接受'。秦国一定没有什么托词而让周不接受，这样就能够从韩国得到土地而又听从秦国。"

秦召西周君，西周君恶往，故令人谓韩王曰："秦召西周君，将以使攻王之南阳也，王何不出兵于南阳？周君将以为辞于秦。周君不入秦，秦必不敢逾河而攻南阳矣。"

秦国召唤西周君，西周君害怕前往，所以派人对韩王说："秦国召唤西周君，将要让他派兵攻打您王的南阳，您王何必不出兵到南阳？周君将可以用您的出兵作为托词对付秦国。周君不进入秦国，秦国也肯定不敢越过黄河来攻打南阳了。"

东周与西周战，韩救西周。或为东周说韩王曰："西周故天子之国，多名器重宝。王案兵毋出，可以德东周，而西周之宝必可以尽矣。"

东周和西周之间开战，韩国救援西周。有人替东周游说韩王说："西周是过去的天子的国家，有很多著名器物贵重宝玉。王您按兵不动，而施恩惠给东周，西周的宝物必定会尽归韩国了。"

王赧谓成君。楚围雍氏，韩征甲与粟于东周。东周君恐，召苏代而告之。代曰："君何患于是？臣能使韩毋征甲与粟于周，又能为君得高都。"周君曰："子苟能，请以国听子。"代见韩相国曰："楚围雍氏，期三月也。今五月不能拔，是楚病也。今相国乃征甲与粟于周，是告楚病也。"韩相国曰："善。"使者已行矣，代曰："何不与周高都？"韩相国大怒曰："吾毋征甲与粟于周亦已多矣，何故与周高都也？"代曰："与周高都，是周折而入于韩也。秦闻之必大怒忿周，即不通周使，是以弊高都得完周也。曷为不与？"相国曰："善。"果与周高都。

王赧称作名义上的周王。（此以下疑有脱漏。）楚国包围韩国的雍氏，韩国向东周征取甲兵和粟粮，东周君恐惧，召来苏代告诉他这种情况。苏代说："这件事有什么可忧虑的！臣下我能够让韩国不来征取周的甲兵和粟粮，又能够替您得到韩国的高都。"周君说："您如果能做到，我将让整个国家都听您的。"苏代去见韩国的相国说："楚国包围雍氏，预期三个月攻下来，现在五个月了攻不下来，这是因为楚国已经疲敝了。现在相国还去东周征取甲兵和粟粮，这是告诉楚国韩国感到疲敝了。"韩相国说："很好。但是派去的使者已经出发了。"苏代说："何不把高都给周？"韩相国非常愤怒说："我们不去东周征取甲兵和粟粮也算已经足够了，为什么还要把高都给周？"苏代说："把高都给周，这是周反过来又投靠到韩国来了，秦国听说了必定会对周特别不满，就不会和周通使往来，这是拿损失高都却得到了一个完整的周国，为什么不给？"相国说："很好。"果真把高都给了周。

三十四年，苏厉谓周君曰："秦破韩魏，扑师武，北取赵蔺、离石者，皆白起也。是善用兵，又有天命。今又将兵出塞攻梁，梁破则周危矣。君何不令人说白起乎？曰：'楚有养由基者，善射者也。去柳叶百步而射之，百发而百中之。左右观者数千人，皆曰善射。有一夫立其旁，曰："善，可教射矣！"养由基怒，释弓搤剑，曰："客安能教我射乎？"客曰："非吾能教子支左诎右也。夫去柳叶百步而射之，百发而百中之，不以善息，少焉气衰力倦，弓拨矢钩，一发不中者，百发尽息。"今破韩、魏，扑师武，北取赵蔺、离石者，公之功多矣。今又将兵出塞，过两周，倍韩，攻梁，一举不得，前功尽弃。公不如称病而无出。'"

三十四年，苏厉对周君说："秦国攻破了韩国、魏国，打败了魏国将领师武，北边取得了赵国的蔺

养由基像，春秋时期楚国人，以射箭技艺精湛而著称。

邑、离石的人，都是白起。这是他善于用兵，又有天命的帮助。现在他又带着兵出了伊阙塞攻打梁国，梁国被攻破那么周就危险了。您何不派人游说白起呢？说‘楚国有个养由基，是善于射箭之人。距离杨柳叶片一百步来用箭射，能够百发百中。左右两边观看的有数千人，都说他善于射箭。有一老夫出现在他身边，说：“很好，可以教你射箭的技术了。”养由基发怒，放开弓握住箭，说：“客人怎么能够教我射箭呢？”客人说：“不是我能够教您支撑左手弯曲右手这样的射箭姿势。要说的是距离杨柳叶片百步远而来射它，百发百中射中了它，不是看到射好了就尽快停手，过一阵子气息衰弱力量疲倦，弓不正箭不直，射出一箭如果不中的话，百发百中的前功尽弃了。”现在打败韩国、魏国，打败魏国将领师武，北边取得赵国的蔺邑、离石，您的功劳已经很高了。现在又带着兵出伊阙塞，越过东周西周，背对着韩国，攻打梁国，一次出战不能成功，以前的功劳就全都没有了。您不如称说有病而不带兵出征’。”

四十二年，秦破华阳约。马犯谓周君曰：“请令梁城周。”乃谓梁王曰：“周王病若死，则犯必死矣。犯请以九鼎自入于王，王受九鼎而图犯。”梁王曰：“善。”遂与之卒，言戍周。因谓秦王曰：“梁非戍周也，将伐周也。王试出兵境以观之。”秦果出兵。又谓梁王曰：“周王病甚矣，犯请后可而复之。今王使卒之周，诸侯皆生心，后举事且不信。不若令卒为周城，以匿事端。”梁王曰：“善。”遂使城周。

四十二年，秦国破坏了和魏国订立的条约在华阳袭击了魏国将领芒卯。马犯对周君说：“请让我去叫梁国来周的国都筑城。”于是对梁王说：“周王忧惧秦国进攻等于身犯重病，假若死去，我马犯作为周王的臣子必定也会死的。马犯请求把九鼎宝器通过我纳给您，您王受到九鼎应当想办法救援马犯。”梁王说：“很好。”因为相信马犯就给了他士兵，说是去戍守西周都城。因此去对秦王说：“梁国并不是要戍守西周都城，是将要攻伐周室而取九鼎宝器的，您如果不信就试着出兵到边境来观望梁王的变化吧。”秦国果然出兵。又对梁王说：“周王病得更严重了，马犯请求以后有可以办的时候再把九鼎宝器交给王。现在您让士卒到了周国，诸侯各国都产生了疑心，以后您要因为事将不会相信。不如让这些士卒替周筑城，来隐瞒平息事端。”梁王说：“很好。”就让这些梁国士兵在周的国都筑城。

四十五年，周君之秦，客谓周冣曰：“公不若誉秦王之孝，因以应为太后养地。秦王必喜。是公有秦交。交善，周君必以为公功；交恶，劝周君入秦者必有罪矣。”秦攻周，而周冣谓秦王曰：“为王计者不攻周。攻周，实不足以利，声畏天下。天下以声畏秦，必东合于齐。兵弊于周，合天下于齐，则秦不王矣。天下欲弊秦，劝王攻周。秦与天下弊，则令不行矣。”

四十五年，周君到了秦国，客人对周的公子周冣说：“您不如称誉秦王的孝心，因而用周的应地作为秦王母亲宣太后的保养地，秦王一定会高兴，这样您就有了秦国的交往。交往好了，周君一定认为是您的功劳。交往很坏，劝导周君进入秦国的人必定会有罪过了。”秦国进攻周，而周冣对秦王说：“替王您出主意的话是不进攻周。进攻周，周的地方狭小实在是不能得到利益，在名声上由于是攻打天子之国却让天下害怕。天下由于在名声上害怕秦国，一定向东去和齐国联合。军队由于进攻周而疲惫，又让天下和齐国联合，那么秦国就不能称霸天下了。天下的人想疲惫秦国，就劝您进攻周。如果秦国和诸侯都疲乏了，那么您的教令就不能在诸侯之间施行了。”

五十八年，三晋距秦。周令其相国之秦；以秦之轻也，还其行。客谓相国曰：“秦之轻重未可知也。秦欲知三国之情，公不如急见秦王曰：‘请为王听东方之变。’秦王必重公。重公，是秦重周，周以取秦也；齐重，则固有周聚以收齐；是周常不失重国之交也。”秦信周，发兵攻三晋。

五十八年，韩国、赵国、魏国抗拒秦国。周让它的相国到秦国去，因为秦国轻视周的相国，他中途而返。客人对相国说：“秦国是轻视是重视相国还不能知道。秦国想了解韩、赵、魏三国的形势。您不如赶快去见秦王说‘请求把东方的变化讲给王听’，秦王一定会重视您。重视您，这就是秦国重视周，周由于您取得了秦国的重视；齐国重视周，那本来就有周聚在和好齐国，这样周就能够经常不失掉强国的交往。”秦国相信周，发兵进攻韩、赵、魏。

五十九年，秦取韩阳城、负黍。西周恐，倍秦，与诸侯约从，将天下锐师出伊阙攻秦，令秦无得通阳城。秦昭王怒，使将军摎攻西周。西周君奔秦，顿首受罪，尽献其邑三十六，口三万。秦受其献，归其君于周。

五十九年，秦国攻取韩国的阳城、负黍，西周恐惧，背离秦，和东方诸侯国相约合纵，率领天下的锐利军队出伊阙塞攻打秦国。让秦国不能够通到阳城。秦昭王恼怒，派遣姓摎的将军进攻西周。西周君奔走到秦国，叩头接受处罚，完全献出它的土地三十六邑，人口三万。秦国接受它的贡地和人口，归还它的国君回周。

周(君)王赧卒，周民遂东亡。秦取九鼎宝器，而迁西周公于𢠸狐。后七岁，秦庄襄王灭东周。东西周皆入于秦，周既不祀。

周君、王赧去世，周家百姓就向东逃亡。秦国收回九鼎宝器，把西周公迁移到𢠸狐地方。这以后的七年，秦国的庄襄王灭亡了东、西周。东、西周的土地都归入秦国，周朝的国运已经再无人主管祭祀了。

太史公曰：学者皆称周伐纣，居洛邑，综其实不然。武王营之，成王使召公卜居，居九鼎焉，而周复都丰、镐。至犬戎败幽王，周乃东徙于洛邑。所谓“周公葬于毕”，毕在镐东南杜中。秦灭周。汉兴九十有余载，天子将封泰山，东巡狩至河南，求周苗裔，封其后嘉三十里地，号曰：“周子南君”，比列侯，以奉其先祭祀。

太史公说：学者们都说周讨伐纣以后，就把京城设置在洛邑。综合考察它的实际情况不是这样。武王营造洛邑，成王让召公占卜是否可以设置京城，结果只把九鼎安放在这里，而周王室重新设都城在丰、镐。到了犬戎族打败了幽王，周王室于是迁到洛邑。所说的周公“安葬在我们京都的毕地”，毕地就在镐都东南的杜地当中。秦国灭亡了周。汉家兴起九十多年以后，天子将要到泰山封禅，往东方去视察到河南，寻求周家的后裔，封给它的后代姬嘉三十里地，称号叫周子南君，地位等同列侯，以便供奉他先祖的祭祀。

史记第五卷

秦本纪第五

秦之先，帝颛顼之苗裔孙曰女脩。女脩织，玄鸟陨卵，女脩吞之，生子大业。大业取少典之子，曰女华。女华生大费，与禹平水土。已成，帝锡玄圭。禹受曰：“非予能成，亦大费为辅。”帝舜曰：“咨！尔费，赞禹功，其赐尔皂游。尔后嗣将大出。”乃妻之姚姓之玉女。大费拜受，佐舜调驯鸟兽，

鸟兽多驯服，是为柏翳。舜赐姓嬴氏。

秦国的祖先，是颛顼帝的后代孙女，名叫女脩。女脩在纺织的时候，有一只燕子掉下一颗蛋，女脩把这颗蛋吞吃了，因而生下了儿子大业。大业娶了少典部族的女子，名叫女华。女华生下大费，大费曾与大禹一起治理过水患。治水成功之后，舜帝给大禹颁赐了玄圭作为奖赏。大禹在接受奖赏的时候说："不是我一个人能够做成这件事，也是由于有大费做助手。"舜帝说："喂，你大费，赞助禹治水成功，为此赏赐给你下边有黑色悬垂饰物的旌旗。你的后代子孙将会有盛大的功业。"于是舜把一个姚姓的美女嫁给他。大费行礼接受，辅佐舜调理驯服鸟兽，鸟兽大多被驯服。这就是柏翳。舜帝赐他姓嬴。

大费生子二人：一曰大廉，实鸟俗氏；二曰若木，实费氏。其玄孙曰费昌，子孙或在中国，或在夷狄。费昌当夏桀之时，去夏归商，为汤御，以败桀于鸣条。大廉玄孙曰孟戏、中衍，鸟身人言。帝太戊闻而卜之使御，吉，遂致使御而妻之。自太戊以下，中衍之后，遂世有功，以佐殷国，故嬴姓多显，遂为诸侯。

大费生有两个儿子：一个名叫大廉，就是鸟俗氏；另一个名叫若木，就是费氏。他的玄孙名叫费昌。子孙们有些人居住在中原各国，有些人居住在夷狄地区。费昌正生活在夏桀的时候，他离开夏去归顺商族，做了替商汤驾车的御者，因而帮助商汤在鸣条打败了夏桀。大廉的玄孙名叫孟戏、中衍，中衍身体像鸟能说人话。太戊帝听说后进行占卜看任用他做御者是否吉祥，结果是吉，就将他招来驾车，并且给他娶了妻子。从太戊以后，中衍的后代子孙，就每代都有立功的人，来辅佐殷国，所以嬴姓在商朝大多很显贵，最终成为了诸侯。

其玄孙曰中潏，在西戎，保西垂。生蜚廉。蜚廉生恶来。恶来有力，蜚廉善走，父子俱以材力事殷纣。周武王之伐纣，并杀恶来。是时蜚廉为纣石北方，还，无所报，为坛霍太山而报，得石棺，铭曰："帝令处父不与殷乱，赐尔石棺以华氏。"死，遂葬于霍太山。蜚廉复有子曰季胜。季胜生孟增。孟增幸于周成王，是为宅皋狼。皋狼生衡父。衡父生造父。造父以善御幸于周缪王。得骥、温骊、骅骝、騄耳之驷，西巡狩，乐而忘归。徐偃王作乱，造父为缪王御，长驱归周，一日千里以救乱。缪王以赵城封造父，造父族由此为赵氏。自蜚廉生季胜已下五世至造父，别居赵，赵衰其后也。恶来革者，蜚廉子也，蚤死，有子曰女防。女防生旁皋，旁皋生太几，太几生大骆，大骆生非子。以造父之宠，皆蒙赵城，姓赵氏。

中衍的玄孙名叫中潏，居住在西戎，保卫西垂疆域，他生了儿子蜚廉。蜚廉生子恶来。恶来有气力，蜚廉善长奔跑，父子都凭才能力气侍奉殷纣王。周武王伐纣的时候，一并杀了恶来。这时候蜚廉正在北方替纣王制作石椁，他回来以后，因为商纣王已死而没有地方报告，就在霍太山筑坛祭奠纣王向他报告，在筑坛的时候得到一具石棺，上面有刻凿的文字说："上帝诏令处父（蜚廉的别号）不要参与殷人的叛乱，赐给你石棺来光大你的氏族。"蜚廉死后，就安葬在霍太山。蜚廉还有一个儿子名叫季胜。季胜

颛帝像，出自明·天然撰《历代古人像赞》。

生了孟增。孟增受到周成王的宠爱，这就是宅皋狼。皋狼生了衡父，衡父生了造父。造父因为善于驾车得到周穆王的宠爱，能够套上赤骥、温骊、骅骝、騄耳四匹良马，载着周穆王到西方去巡回视察，使得穆王欢乐得忘却了应该返回。徐偃王作乱时，造父替穆王驾车，长途疾驰返回周国来阻止叛乱。穆王把赵城封给造父，造父一家从此就姓赵。从蜚廉生了季胜以后，经过五代到造父，才另外分开居住在赵城。赵衰就是他们的后代。恶来革，是蜚廉的儿子，早已去世。他留有一个儿子名叫女防。女防生了旁皋，旁皋生了太几，太几生了大骆，大骆生了非子。他们由于造父受到周朝的宠信，都蒙恩居住在赵城，姓赵。

非子居犬丘，好马及畜，善养息之。犬丘人言之周孝王，孝王召使主马于汧渭之间。马大蕃息。孝王欲以为大骆適嗣。申侯之女为大骆妻，生子成为適。申侯乃言孝王曰："昔我先郦山之女，为戎胥轩妻，生中潏，以亲故归周，保西垂，西垂以其故和睦。今我复与大骆妻，生適子成。申骆重婚，西戎皆服，所以为王。王其图之。"于是孝王曰："昔柏翳为舜主畜，畜多息，故有土，赐姓嬴。今其后世亦为朕息马，朕其分土为附庸。"邑之秦，使复续嬴氏祀，号曰秦嬴。亦不废申侯之女子为骆適者，以和西戎。

非子居住在犬丘，喜好马匹和其他牲畜，并善于将它们畜养繁殖。犬丘人把这件事告知周孝王，孝王召他到汧水、渭水之间的地区去负责养马，马匹得到了大量繁殖。孝王想要把非子作为大骆的嫡传后代。申侯的女儿是大骆的妻子，生下了儿子成已经是大骆的嫡子。因此申侯对孝王说："以前我的祖先娶郦山氏生有一女，嫁给中衍的曾孙戎胥轩作为妻室，生下了中潏，因为和周相亲的缘故而归附于周，保卫周的西方边境，西方边境因为这样的缘故得到了和睦安宁。如今我又将女儿嫁给大骆做妻，生有嫡子成。申、骆再次发展婚姻关系，西戎都来归服，因此大王才得称王。大王要慎重考虑这件事。"孝王说："从前柏翳替舜主管畜牧，牲畜繁殖得很盛，因此就得到裂土封侯，被赏赐姓嬴。如今他的后代也替我繁畜马匹，我将分出土地封他做附庸。"在秦地建立城邑，使非子接续嬴氏的庙祀，称号叫秦嬴。也不废除申侯的女儿为大骆所生的那个儿子的嫡子地位，来安抚西戎。

秦嬴生秦侯。秦侯立十年，卒。生公伯。公伯立三年，卒。生秦仲。

秦嬴生了秦侯。秦侯在位十年，去世。秦侯生了公伯。公伯在位三年，去世。公伯生了秦仲。

秦仲立三年，周厉王无道，诸侯或叛之。西戎反王室，灭犬丘大骆之族。周宣王即位，乃以秦仲为大夫，诛西戎。西戎杀秦仲。秦仲立二十三年死于戎。有子五人，其长者曰庄公。周宣王乃召庄公昆弟五人，与兵七千人，使伐西戎，破之。于是复予秦仲后，及其先大骆地犬丘并有之，为西垂大夫。

秦仲在位三年，周厉王暴虐无道，有些诸侯反叛周王。西戎也反叛周王室。灭亡了犬丘、大骆的家族。周宣王即位，就任用秦仲做大夫，征西戎，西戎杀死了秦仲。秦仲在位二十三年，死在西戎。他有五个儿子，他们中最年长的一个名叫庄公。周宣王就召来庄公和他的兄弟五人，给他们七千士兵，让他们去讨伐西戎，打败了西戎。于是周宣王再次赏赐秦仲的后代，包括他们先人大骆受封的犬丘之地合并起来都归了他们所有，并命他们做西垂大夫。

庄公居其故西犬丘，生子三人，其长男世父。世父曰："戎杀我大父仲，我非杀戎王则不敢入邑。"遂将击戎，让其弟襄公。襄公为太子。庄公立四十四年，卒，太子襄公代立。襄公元年，以女弟缪嬴为丰王妻。襄公二年，戎围犬丘，世父击之，为戎人所虏。岁余，复归世父。七年春，周幽王用褒姒废太子，立褒姒子为適，数欺诸侯，诸侯叛之。西戎犬戎与申侯伐周，杀幽王郦山下。而秦襄公将兵救周，战甚力，有功。周避犬戎难，东徙雒邑，襄公以兵送周平王。平王封襄公为诸侯，赐之岐以西之地。曰："戎无道，侵夺我岐、丰之地，秦能攻逐戎，即有其地。"与誓，封爵之。襄公于是始国，与诸侯通使聘享之礼。乃用駵驹、黄牛、羝羊各三，祠上帝西畤。十二年，伐戎而至岐，卒。生文公。

庄公居住在西犬丘故地，生了三个儿子，其中长子名世父。世父说："西戎杀害了我的祖父仲，我要不杀死戎王就不再进城来。"于是带领士兵去攻打西戎，把嗣立之位让给他的弟弟襄公，襄公成了太子。庄公在位四十四年，去世，太子襄公即位。襄公元年，把他的妹妹缪嬴嫁给丰王做妻子。襄公二年，西戎兵围犬丘，世父领兵反击敌人，被西戎人俘获。过了一年多，又把世父放了回来。七年春天，周幽王信用褒姒而废除太子，立褒姒的儿子做嫡子，屡次欺辱诸侯，致使诸侯反叛他。西戎部族的犬戎和申侯联合讨伐周室，在郦山下杀死了周幽王。而秦襄公统率军队援救周室，作战很努力，立有战功。周室为了避开犬戎的骚扰，把京都向东迁至洛邑，襄公派兵护送周平王向东迁移。平王封襄公做诸侯，把岐山以西的土地赏赐给他。平王对襄公说："西戎无道，抢夺我岐山、丰水的土地，秦国如果能攻打并驱逐戎人，就可以得到这片土地。"并和襄公盟誓，赐给他封地和爵位。襄公因此开始使秦国成为了诸侯国，和其他诸侯国互通使者、行用聘享的礼节，又用骝驹、黄牛、羝羊各三只，在西畤祭祀上天。十二年，襄公讨伐戎族到达了岐山，去世。他生下了文公。

文公元年，居西垂宫。三年，文公以兵七百人东猎。四年，至汧渭之会。曰："昔周邑我先秦嬴于此，后卒获为诸侯。"乃卜居之，占曰吉，即营邑之。十年，初为鄜畤，用三牢。十三年，初有史以纪事，民多化者。十六年，文公以兵伐戎，戎败走。于是文公遂收周余民有之，地至岐，岐以东献之周。十九年，得陈宝。二十年，法初有三族之罪。二十七年，伐南山大梓，丰大特。四十八年，文公太子卒，赐谥为竫公。竫公之长子为太子，是文公孙也。五十年，文公卒，葬西山。竫公子立，是为宁公。

文公元年，居住在西垂宫。三年，文公领兵七百人向东狩猎。四年，来到了汧水和渭水的交会处，文公说："过去周王曾经帮我的祖先秦嬴在这里建立城邑，后来终于获得赏赐成了诸侯。"于是占卜此处是否宜于居住，占卜的结果是吉利，就在这里营造城邑。十年，首次在鄜县建立畤坛，用牛、羊、猪各三头祭祀天地。十三年，初次设置史官按时序记载史事，民众中有很多人被教化了。十六年，文公兴兵征讨西戎，西戎战败逃走。于是文公就聚集周族的遗民而拥有他们，他的国王扩延到了岐山。把岐山以东的地方献给了周王。十九年，获得了陈仓的宝石。二十年，开始设立诛灭三族之罪的刑法。二十七年，砍伐南山的大梓树，丰水中有大怪兽出没。四十八年，文公的太子去世，赐给谥号为竫公。竫公的长子被立为太子，这是文公的孙子。五十年，文公去世，安葬在西山。竫公的儿子即位，这就是宁公。

宁公二年，公徙居平阳。遣兵伐荡社。三年，与亳战，亳王奔戎，遂灭荡社。四年，鲁公子翚弑其君隐公。十二年，伐荡氏，取之。宁公生十岁立，立十二年卒，葬西山。生子三人：长男武公为太子；武公弟德公，同母；鲁姬子生出子。宁公卒，大庶长弗忌、威垒、三父废太子而立出子为君。出子六年，三父等复共令人贼杀出子。出子生五岁立，立六年卒。三父等乃复立故太子武公。

宁公二年，宁公迁居到平阳。派遣军队攻伐西戎之君亳王的城邑荡社。三年，和亳王的军队交战，亳王逃奔到戎地，于是平灭了荡社。四年，鲁国的公子翚杀死他的国君鲁隐公。十二年，秦国攻伐荡氏，夺取了它。宁公降生后十岁时被立为国君，在位十二年，去世，安葬在西山。生有三个儿子，长子武公被立为太子。武公和弟弟德公是同母兄弟，都是鲁姬的儿子。另外生了一个儿子名出子。宁公去世，大庶长弗忌、威垒、三父共同废掉太子而立出子作为国君。出子六年，三父等人又共同派人暗杀出子。出子降生后五岁被立为国君，在位六年而去世。三父等人于是重新拥立原来是太子的武公做国君。

武公元年，伐彭戏氏，至于华山下，居平阳封宫。三年，诛三父等而夷三族，以其杀出子也。郑高渠眯杀其君昭公。十年，伐邽、冀戎，初县之。十一年，初县杜、郑。灭小虢。

武公元年，攻打彭戏氏，到达了华山脚下，武公住在平阳城内的封宫。三年，诛杀三父等人，并夷灭了他们的三族，这是因为他们犯有暗杀出子的罪行。郑国的高渠眯杀掉了他的国君昭公。十年，攻伐邽、冀戎，初次在这些地方设立县制。十一年，初次在杜、郑地区设县。灭掉了小虢。

十三年，齐人管至父、连称等杀其君襄公，而立公孙无知。晋灭霍、魏、耿。齐雍廪杀无知、管至父等而立齐桓公。齐、晋为强国。

十三年，齐国人管至父、连称等人杀害他们的国君齐襄公拥立公孙无知做国君。晋国灭亡了霍、魏、耿三国。齐国人雍廪杀死无知、管至父等人拥立齐桓公。齐国、晋国变成强国。

十九年，晋曲沃始为晋侯。齐桓公伯于鄄。

十九年，晋国的曲沃武公开始成为占有晋国全境的诸侯。齐桓公在鄄地称霸。

二十年，武公卒，葬雍平阳。初以人从死，从死者六十六人。有子一人，名曰白。白不立，封平阳。立其弟德公。

二十年，武公去世，葬在雍邑的平阳。这时开始用活人殉葬，这次用来殉葬的有六十六人。武公有一个儿子，名叫白。白没有被立为国君，被封在平阳。扶立了武公的弟弟德公。

德公元年，初居雍城大郑宫。以牺三百牢祠鄜畤。卜居雍：后子孙饮马于河。梁伯、芮伯来朝。二年，初伏，以狗御蛊。德公生三十三岁而立，立二年卒。生子三人：长子宣公，中子成公，少子穆公。长子宣公立。

德公元年，开始居住在雍城的大郑宫。用牛、羊、猪各三百头在鄜畤祭祀天地。占卜就居住在雍城是否合宜，结果说是后世子孙可向东发展到达黄河边上去牧马。梁伯、芮伯前来朝见。二年，开始确定有三伏的节气，在城邑四门磔裂狗体来祛除热毒邪气。德公出生三十三岁才被立为国君，在位二年去世。他生有三个儿子：长子宣公，中子成公，少子穆公。他死后长子宣公即位。

宣公元年，卫、燕伐周，出惠王，立王子颓；三年，郑伯、虢叔杀子颓而入惠王。四年，作密畤。与晋战河阳，胜之。十二年，宣公卒。生子九人，莫立，立其弟成公。

宣公元年，卫国、燕国攻伐周王室，迫使周惠王出奔，拥立了王子颓。三年，郑伯、虢叔杀死了颓而迎请惠王回朝。四年，秦建造了密畤。和晋国在河阳交战，战胜了晋国。十二年，宣公去世。宣公生有九个儿子，没有一人被立为国君，立了他的弟弟成公。

成公元年，梁伯、芮伯来朝。齐桓公伐山戎，次于孤竹。成公立四年卒。子七人，莫立，立其弟缪公。

成公元年，梁伯、芮伯前来朝贺。齐桓公攻伐山戎，驻军在孤竹。成公在位四年去世。他有儿子七人，没有一人被立为国君，立了他的弟弟穆公。

缪公任好元年，自将伐茅津，胜之。四年，迎妇于晋，晋太子申生姊也。其岁，齐桓公伐楚，至邵陵。

穆公任好元年，亲自率领军队攻伐茅津，取得了胜利。四年，到晋国迎娶夫人，夫人是晋国太子申生的姐姐。同年，齐桓公攻伐楚国，到了邵陵。

五年，晋献公灭虞、虢，虏虞君与其大夫百里傒，以璧马赂于虞故也。既虏百里傒，以为秦缪公夫人媵于秦。百里傒亡秦走宛，楚鄙人执之。缪公闻百里傒贤，欲重赎之，恐楚人不与，乃使人谓楚曰："吾媵臣百里傒在焉，请以五羖羊皮赎之。"楚人遂许，与之。当是时，百里傒年已七十余。缪公释其囚，与语国事。谢曰："臣亡国之臣，何足问！"缪公曰："虞君不用子，故亡。非子罪也。"固问。语三日，缪公大说，授之国政，号曰五羖大夫。百里傒让曰："臣不及臣友蹇叔，蹇叔贤而世莫知。臣常游，困于齐，而乞食铚人，蹇叔收臣。臣因而欲事齐君无知，蹇叔止臣，臣得脱齐难；遂之周，周王子颓好牛，臣以养牛干之，及颓欲用臣，蹇叔止臣，臣去，得不诛；事虞君，蹇叔止臣，臣知虞君不用臣，臣诚私利禄爵，且留。再用其言，得脱；一不用，及虞君难。是以知其贤。"于是缪公使人厚币迎蹇叔，以为上大夫。

五年，晋献公灭亡了虞国、虢国，俘虏了虞国国君和他的大夫百里傒，这是由于用璧玉、宝马贿赂虞国而取得的结果。百里傒被俘虏以后，作为秦缪公夫人陪嫁的仆役来到秦国。百里傒从秦国逃走跑到宛，楚国边境的人捉到了他。穆公听说百里傒贤能，想要拿重金赎回他。恐怕楚国人反而不应予，就派人对楚国说："我国的陪嫁奴仆百里傒如今已在楚国，我们请求用五张黑色公羊皮赎回他。"楚国人就答应了这一要求而把百里傒交给秦国。在这个时候，百里傒年纪已经有七十多岁了。穆公亲自从牢房中把他释放出来，和他谈论治国的事。百里傒辞谢说："我是亡国之臣，哪里还值得询问！"穆公说："虞国国君不能重用你，因而亡国，亡国不是你的罪过。"穆公坚决地向他请教，两人谈论了三天，穆公非常高兴，授给他掌管国家大政的权力，号称叫五羖大夫。百里傒推辞说："我的才能比不上我的朋友蹇叔，蹇叔贤能而不为世人所知。我在游历齐国的时候曾经困窘得向铚地人讨饭吃，是蹇叔收留了我。我因此就想在齐国追随齐君无知，是蹇叔阻止了我的这一企图，使我能够避免卷入齐国内乱的灾难，于是到了周朝。周王子颓喜好牛，我就借养牛来接近他。到颓想要重用我，是蹇叔劝阻了我，使我离去，才免于被诛杀。我奉事虞君，蹇叔又劝阻我，我虽然知道虞君不能重用我，但我私下确实是为了贪图功名利禄，暂时留下来。我两次采纳他的意见，都得免于灾难，一旦不听从他的意见，就遭到了虞君亡国的灾难。由此我知道蹇叔的贤能。"于是穆公派人用贵重

《东周列国志》版画之会葵丘义戴周天子图，讲齐桓公于葵丘大会诸侯，拥戴周天子之事。

的礼物迎请蹇叔，任用他作上大夫。

秋，缪公自将伐晋，战于河曲。晋骊姬作乱，太子申生死新城，重耳、夷吾出奔。

秋天，穆公亲自率领军队攻打晋国，在河曲地区展开了激战。晋国骊姬正在国内为乱，太子申生死在新城，公子重耳、夷吾从晋国逃亡而出。

九年，齐桓公会诸侯于葵丘。

九年，齐桓公在葵丘会集诸侯而成为盟主。

晋献公卒。立骊姬子奚齐，其臣里克杀奚齐。荀息立卓子，克又杀卓子及荀息。夷吾使人请秦，求入晋。于是缪公许之，使百里傒将兵送夷吾。夷吾谓曰："诚得立，请割晋之河西八城与秦。"及至，已立，而使丕郑谢秦，背约不与河西城，而杀里克。丕郑闻之，恐，因与缪公谋曰："晋人不欲夷吾，实欲重耳。今背秦约而杀里克，皆吕甥、郤芮之计也。愿君以利急召吕、郤，吕、郤至，则更入重耳便。"缪公许之，使人与丕郑归，召吕、郤。吕、郤等疑丕郑有间，乃言夷吾杀丕郑。丕郑子丕豹奔秦，说缪公曰："晋君无道，百姓不亲，可伐也。"缪公曰："百姓苟不便，何故能诛其大臣？能诛其大臣，此其调也。"不听，而阴用豹。

晋献公去世。立骊姬的儿子奚齐做国君，晋国的大臣里克杀死了奚齐。荀息另立卓子做国君，里克又杀掉了卓子和荀息。夷吾派人到秦国请求援助，要求秦国帮助他回到晋国。于是穆公答应了他的请求，派百里傒带着军队护送夷吾回晋国。夷吾对秦国人说："假如我真的能够被立为晋国国君，就将割出晋国河西的八座城邑献给秦国。"等到他到达晋国，被拥立为晋君以后，却派丕郑到秦国去推脱，违背前约而不给秦国河西的城邑，并杀了里克。丕郑听了这件事，很害怕，因而和秦缪公一起策划说："晋国人不愿夷吾做国君，事实上是希望重耳回国做国君。如今夷吾违背了和秦国订立的盟约并杀死里克，都是吕甥、郤芮的计谋。希望您用重利把吕甥、郤芮马上召来，吕甥、郤芮一旦来到秦国，那么再护送重耳回晋国就方便了。"穆公答应了他的要求，派人和丕郑回归晋国，召唤吕甥、郤芮。吕甥、郤芮等人怀疑丕郑有阴谋，于是告诉夷吾杀了丕郑。丕郑的儿子丕豹逃到秦国，劝说穆公说："晋国国君无道，百姓不服从他，可以因此去攻打晋国。"穆公说："如果晋国百姓真是认为晋君不适合做国君，那么他为什么还能诛杀他的大臣呢？能够诛杀他的大臣，这正说明他能够适应民望。"秦缪公不听他的建议，而暗中却重用丕豹。

十二年，齐管仲、隰朋死。

十二年，齐国管仲、隰朋去世。

晋旱，来请粟。丕豹说缪公勿与，因其饥而伐之。缪公问公孙支，支曰："饥穰更事耳，不可不与。"问百里傒，傒曰："夷吾得罪于君，其百姓何罪？"于是用百里傒、公孙支言，卒与之粟。以船漕车转，自雍相望至绛。

晋国遭遇旱灾，到秦国请求借粮度灾。丕豹对穆公说不要给晋国粮食，趁着它发生饥荒去攻伐晋国。穆公问大夫公孙支，公孙支说："饥灾和丰收是变化无常的事，不能不借给它。"又问百里傒，百里傒说："夷吾得罪了您，晋国的百姓又有什么罪？"于是穆公采用百里傒、公孙支的建议，最终把粮食借给晋国。用船载漕运和车载陆运，从雍城到绛城运粮的车船络绎不绝。

十四年，秦饥，请粟于晋。晋君谋之群臣。虢射曰："因其饥伐之，可有大功。"晋君从之。十五年，兴兵将攻秦。缪公发兵，使丕豹将，自往击之。九月壬戌，与晋惠公夷吾合战于韩地。晋君弃其军，与秦争利，还而马騺。缪公与麾下驰追之，不能得晋君，反为晋军所围。晋击缪公，缪公伤。于是岐下食善马者三百人驰冒晋军，晋军解围，遂脱缪公而反生得晋君。初，缪公亡善马，岐下野人共得而食之者三百余人，吏逐得，欲法之。缪公曰："君子不以畜产害人。吾闻食善马肉不饮酒，伤人。"乃皆赐酒而赦之。三百人者闻秦击晋，皆求从。从而见缪公窘，亦皆推锋争死，以报食马之德。于是缪公虏晋君以归，令于国："齐宿，吾将以晋君祠上帝。"周天子闻之，曰"晋我同姓"，为请晋君。夷吾姊亦为缪公夫人，夫人闻之，乃衰绖跣，曰："妾兄弟不能相救，以辱君命。"缪公曰："我得晋君以为功，今天子为请，夫人是忧。"乃与晋君盟，许归之，更舍上舍，而馈之七牢。十一月，归晋君夷吾，夷吾献其河西地，使太子圉为质于秦。秦妻子圉以宗女。是时，秦地东至河。

十四年，秦国发生饥荒，到晋国去请求借粮。晋国国君和群臣商量这件事。虢射说："趁着秦国正闹饥荒去攻打它，会取得很大的成功。"晋君听从了他的建议。十五年，晋国发动军队准备攻打秦国。穆公也发动军队，委派丕豹做将军，亲自领兵前往反击晋军。九月壬戌日，和晋惠公夷吾在韩原展开大会战。晋君脱离主力部队，和秦军争夺战利，在归途中因为马陷入泥中而行动缓慢。秦缪公率领麾下军士急追晋惠公，不仅没有能捉住晋君，反而被晋军所包围。晋军攻打穆公，穆公受伤。就在这个时候，曾经偷吃过秦缪公好马的三百名岐下人冒死驰入晋军，迫使晋军解围，结果使穆公得以解脱，反而又活捉了晋君。当初，穆公丢失了好马，住在岐下的三百名野人共同捕得并把它杀死吃了，官吏逮捕他们，要依法惩治他们。穆公说："君子是不会因为牲畜而伤害人的。我听说吃了好马的肉而不饮酒，会伤人身体。"于是都赏赐酒给他们喝，并赦免了他们的罪过。这三百人听说秦军反击晋军，都要求从军，因而在军中看见穆公处境艰难，也都不避刀枪，争先死战，来报答吃马不被惩罚的恩德。于是穆公俘虏了晋君回到秦国，在国中发布命令："大家都斋戒独宿，我要用晋君祭祀上帝。"周天子听说这件事，说"晋侯是我的同姓"，替晋君说情。夷吾的姐姐也是穆公的夫人，夫人听到这件事，就身穿丧服、光着脚对穆公说："我不能拯救自己的兄弟，又着丧服而玷污了君上的命令。"穆公说："我捉住晋君本来认为是一件大功，如今却是天子为他来求情，夫人为这件事而苦恼。"就和晋君订立盟约，答应放了晋君，又把晋君的住所另行安排到上等官驿，并馈赠他牛、羊、猪各七头作为食品。十一月，放回晋君夷吾，夷吾把晋国河西的土地献给秦国，让太子圉到秦国去做人质。秦把宗室中的女子嫁给太子圉做妻。这时，秦国的领地向东发展到了黄河。

十八年，齐桓公卒。二十年，秦灭梁、芮。

十八年，齐桓公去世。二十年，秦国吞灭梁国、芮国。

二十二年，晋公子圉闻晋君病，曰："梁，我母家也，而秦灭之。我兄弟多，即君百岁后，秦必留我，而晋轻，亦更立他子。"子圉乃亡归晋。二十三年，晋惠公卒，子圉立为君。秦怨圉亡去，乃迎晋公子重耳于楚，而妻以故子圉妻。重耳初谢，后乃受。缪公益礼，厚遇之。二十四年春，秦使人告晋大臣，欲入重耳。晋许之，于是使人送重耳。二月，重耳立为晋君，是为文公。文公使人杀子圉，子圉是为怀公。

二十二年，晋国的公子圉听说晋君生病，说："梁国是我母亲的家乡，而它被秦国吞灭了。我的兄弟很多，如果国君去世以后，秦国定会要留我，那么晋国会不重用我，也就会另立君王的其他儿子。"子圉于是逃回晋国。二十三年，晋惠公逝世，子圉被立为国君。秦国怨恨子圉从秦国逃亡而去，就从楚国迎请晋国的公子重耳，而把过去子圉的妻子再嫁给重耳做妻。起初重耳推辞，后来才接受。穆公更加用厚礼款待他。二十四年春天，秦国派人去告诉晋国的大臣，秦国想让重耳入主晋国。晋国答应了秦国的要求，于是秦国派人护送重耳回国。二月，重耳被拥立为晋国国君，这就是晋文公。文公派人杀死了子圉。子圉就是晋怀公。

其秋，周襄王弟带以翟伐王，王出居郑。二十五年，周王使人告难于晋、秦。秦缪公将兵助晋文公入襄王，杀王弟带。二十八年，晋文公败楚于城濮。三十年，缪公助晋文公围郑。郑使人言缪公

曰:“亡郑厚晋,于晋而得矣,而秦未有利。晋之强,秦之忧也。”缪公乃罢兵归。晋亦罢。三十二年冬,晋文公卒。

这一年秋天,周襄王的弟弟带借翟国的武力攻打周王,周王被迫出到郑国。二十五年,周王派人到晋国、秦国,通报祸患情况。秦缪公率领军队协助晋文公用军队护送襄王回国,杀了周王的弟弟带。二十八年,晋文公在城濮打败了楚军。三十年,缪公帮助晋文公围困郑国。郑国派人对缪公说:“灭亡郑国而加强了晋国,对晋国有好处,而秦国不能得到什么好处。晋国的强大,就是秦国的忧患啊。”缪公于是罢兵回国,晋国也罢兵了。三十二年冬天,晋文公去世。

郑人有卖郑于秦曰:“我主其城门,郑可袭也。”缪公问蹇叔、百里傒,对曰:“径数国千里而袭人,希有得利者。且人卖郑,庸知我国人不有以我情告郑者乎?不可。”缪公曰:“子不知也,吾已决矣。”遂发兵,使百里傒子孟明视、蹇叔子西乞术及白乙丙将兵。行日,百里傒、蹇叔二人哭之。缪公闻,怒曰:“孤发兵,而子沮哭吾军,何也?”二老曰:“臣非敢沮君军。军行,臣子与往,臣老,迟还恐不相见,故哭耳。”二老退,谓其子曰:“汝军即败,必于殽阨矣。”三十三年春,秦兵遂东,更晋地,过周北门。周王孙满曰:“秦师无礼,不败何待!”兵至滑,郑贩卖贾人弦高,持十二牛将卖之周,见秦兵,恐死虏,因献其牛,曰:“闻大国将诛郑,郑君谨修守御备,使臣以牛十二劳军士。”秦三将军相谓曰:“将袭郑,郑今已觉之,往无及已。”灭滑。滑,晋之边邑也。

郑国有人向秦国出卖郑国说:“我把守着郑国的城门,秦国可以来袭击郑国。”缪公就此事问蹇叔、百里傒,他们回答说:“途经好几个国家行程千里去奇袭别人,是很少能成功的。既然有人出卖郑国,又怎么知道我国没有人把我们的举动告诉郑国呢?这件事不能做。”缪公说:“你不知道中间的奥妙,这件事我已经决定了。”于是发兵,派百里傒的儿子孟明视、蹇叔的儿子西乞术及白乙丙率领秦军。起程这一天,百里傒、蹇叔二人对着他们痛哭。缪公听说这件事,怒道:“我发兵而你们哭丧我军,这是什么目的?”二位老人说:“臣子不敢沮丧您的军队。军队出发,臣子的儿子一同前往;臣子年老,恐怕他们回来迟了而无法相见,因此哭泣。”二位老人退下,暗地对他们的儿子说:“你们的军队如果失败,必然是在殽山险要地区。”三十三年春,秦国的军队就向东行进,越过晋国领土,经过周室北门。周室的王孙满说:“秦国军队的行动无礼,不失败还能有什么别的结果!”军队行进到滑地,郑国从事倒卖的商人弦高,带着十二头牛正准备到周室去出卖,见到了秦国军队,恐怕被抓住杀掉,趁机把牛献给秦军。他说:“听说大国将要讨伐郑国,郑国国君正认真谨慎地准备防御,派臣子送十二头牛来慰劳您的军士。”秦国的三位将军相互商量说:“我们准备奇袭郑国,如今郑国已经得知我们的行动,等到我们赶到郑国以后时机已经错过了。”于是秦军灭掉了滑城。滑城,是晋国边疆的城邑。

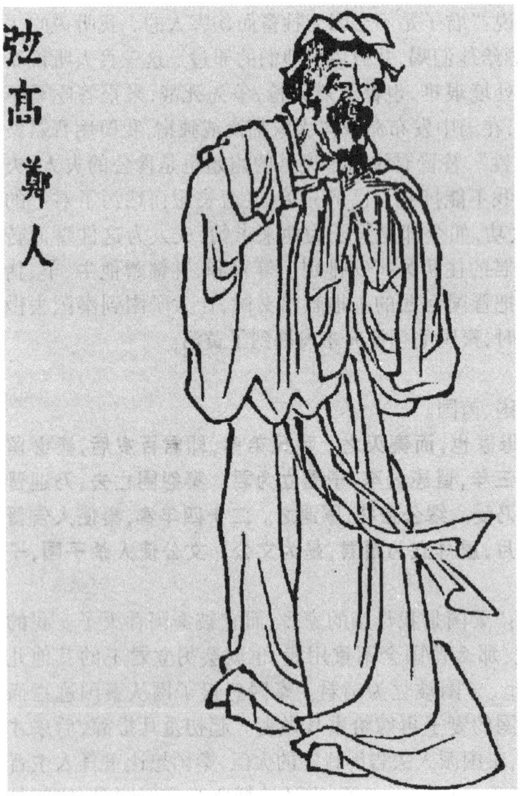

弦高像。弦高,春秋时期,郑国爱国商人,在秦国准备偷袭郑国时,以犒师为名,使秦国误以为郑国已有准备,遂退兵。

当是时,晋文公丧尚未葬。太子襄公怒曰:“秦侮我孤,因丧破我滑。”遂墨衰绖,发

兵遮秦兵于殽，击之，大破秦军，无一人得脱者。虏秦三将以归。文公夫人，秦女也。为秦三囚将请曰："缪公之怨此三人入于骨髓，愿令此三人归，令我君得自快烹之。"晋君许之，归秦三将。三将至，缪公素服郊迎，向三人哭曰："孤以不用百里傒、蹇叔言，以辱三子，三子何罪乎？子其悉心雪耻，毋怠。"遂复三人官秩如故，愈益厚之。

这时，晋文公死了还没有安葬。太子襄公十分愤怒地说："秦国欺侮我丧父，趁着我办理丧事攻取了我国的滑邑。"于是他身披黑色孝服，发动军队在殽山埋伏截住秦军，攻击秦军，秦军被打败，没有一个人能够逃掉。晋军俘虏了秦国三位将军后回师。晋文公的夫人，是秦缪公的女儿，为被俘虏的秦国三位将军讲情说："缪公对这三个人恨之入骨，希望你能让这三个人回去，好让我国国君亲自痛快地杀死他们。"晋国国君答应了她的请求，放回了秦国的三位将军。三位将军回到国中，秦缪公身穿素服在郊外迎接他们，对着三位将军哭着说："我因为没有采用百里傒、蹇叔的建议而让三位将军受到侮辱，你们三位有什么罪呢？你们用心准备，不要懈怠。"于是恢复三人以前的官职俸禄，对他们更加厚待。

三十四年，楚太子商臣弑其父成王代立。缪公于是复使孟明视等将兵伐晋，战于彭衙，秦不利，引兵归。

三十四年，楚国太子商臣杀害他的父亲成王而自立为王。缪公在这时候又派孟明视等人率军攻打晋国，在彭衙地区大战。秦国军队没有取胜，退兵回国。

戎王使由余于秦。由余，其先晋人也，亡入戎，能晋言。闻缪公贤，故使由余观秦。秦缪公示以宫室、积聚。由余曰："使鬼为之，则劳神矣；使人为之，亦苦民矣。"缪公怪之，问曰："中国以诗书礼乐法度为政，然尚时乱，今戎夷无此，何以为治？不亦难乎！"由余笑曰："此乃中国所以乱也。夫自上圣黄帝作为礼乐法度，身以先之，仅以小治。及其后世，日以骄淫。阻法度之威，以责督于下，下罢极则以仁义怨望于上，上下交争怨而相篡弑，至于灭宗，皆以此类也。夫戎夷不然。上含淳德以遇其下，下怀忠信以事其上，一国之政犹一身之治，不知所以治，此真圣人之治也。"于是缪公退而问内史廖曰："孤闻邻国有圣人，敌国之忧也。今由余贤，寡人之害，将奈之何？"内史廖曰："戎王处辟匿，未闻中国之声。君试遗其女乐，以夺其志；为由余请，以疏其间；留而莫遣，以失其期。戎王怪之，必疑由余。君臣有间，乃可虏也。且戎王好乐，必怠于政。"缪公曰："善。"因与由余曲席而坐，传器而食，问其地形与其兵势，尽察。而后令内史廖以女乐二八遗戎王。戎王受而说之，终年不还。于是秦乃归由余。由余数谏不听，缪公又数使人间要由余，由余遂去，降秦。缪公以客礼礼之，问伐戎之形。

戎王派遣由余出使秦国。由余，他的祖先是晋国人，后逃亡到戎地，所以他仍能讲晋国的方言。戎王听说秦缪公贤德，所以派遣由余作为使者前往秦国观察。秦缪公向他展示了宫室和积聚的豪华与富足。由余看后说："这些若使鬼神去做，则太劳神了。若使人力去做，也太劳苦民众了。"缪公对他的说法感到很奇怪，问道："中原各国用诗书礼乐法度作为执政的方法，像这样有时还出现变乱，如今戎夷没有中原国家的诗书礼乐法度，靠什么来治理国家？不是会更困难吗？"由余笑着说："这些正是使中原国家发生变乱的原因。自从上古圣人黄帝制作礼乐法度，他就以身作则而率先奉行，也仅仅能达到小治。等到后世君王，一天比一天更加骄逸，依靠着法度的威严，来监督责求臣民，臣民疲惫已极就怨恨居上位者不行仁义，上下相争积怨加深就会相互篡杀，导致诛灭宗族，所有的变异都是因为这一类缘故。而戎夷不是这样。在上位的人对待在下者饱含着大德，在下位者侍奉居上位者心怀忠信，治理一国的政事就像治理自己的一身，他们不知道治理国家还要有什么其他的凭借，这才是真正圣人的治国方法。"于是缪公私下向内史廖询问说："我听说邻国有圣人，这是对立国家的忧患。现在由余是一位贤才，是寡人的祸害，将如何对待他呢？"内史廖说："戎王居处在偏僻闭塞的地方，还没有听到过中原国家的声乐之美。您不妨送给他女色声乐，来改变他的心志；替由余向戎王请求延期返戎，借以疏远他们之间的关系；扣留由余而不遣送他回国，借此耽误他的归期。戎王对他感到难以琢磨，必然会怀疑由余。君臣之间有嫌隙，就可以把他俘获。而且戎王嗜好音乐，定会懈怠国事。"缪公说："很好。"于是缪公和由余接席而坐，互递杯盏而一同进食，询问他戎国的地形和兵力态势，清楚了戎国所有的情况，而后命令内史廖把由十六名女子组成的乐队赠送给戎王。戎王接受秦国的馈赠后非常喜欢她们，过了一整年后仍不送还。到这时秦国才放回由

《东周列国志》版画之秦缪公济河焚舟图，讲秦国欲与晋国交战，渡过黄河后焚毁所乘之舟，以示三军有进无退的必胜信心。

余。由余多次劝谏而戎王不听从，缪公又多次派人暗中邀降由余，由余就离开戎国而去秦国投降。缪公用对待客人的礼节对待他，询问他采用什么方式攻伐戎国。

三十六年，缪公复益厚孟明等，使将兵伐晋，渡河焚船，大败晋人，取王官及鄗，以报殽之役。晋人皆城守不敢出。于是缪公乃自茅津渡河，封殽中尸，为发丧，哭之三日。乃誓于军曰：“嗟，士卒！听无哗，余誓告汝。古之人谋黄发番番，则无所过。”以申思不用蹇叔、百里傒之谋，故作此誓，令后世以记余过。君子闻之，皆为垂涕，曰：“嗟乎！秦缪公之与人周也，卒得孟明之庆。”

三十六年，缪公又更加厚待孟明等人，派他们率领秦军攻打晋国，渡过黄河以后把船焚烧了，结果打得晋军大败，攻取了王官城和鄗地，用来报复殽山之役秦国被晋国打败的仇恨。晋国人都在城中困守不敢出战。这样缪公才从茅津渡过黄河，为在殽山战役中牺牲的军士筑坟，为他们发丧，为他们致哀三日。于是对军队发表誓诫说：“啊，士卒们！听我说，不要喧哗，我有誓言要告诉你们。古时候人们有事要向白发老人请教商量，这样就不会有什么过失。如今为了追思当初不用蹇叔、百里傒的谋略，所以才作出这次誓言，使后世能够记住我的错误。”君子们听说了这件事，都为此而垂泪，他们说：“唉！秦缪公在为人上非常周全，最终能够获得孟明等贤士拥护。”

三十七年，秦用由余谋伐戎王，益国十二，开地千里，遂霸西戎。天子使召公过贺缪公以金鼓。三十九年，缪公卒，葬雍。从死者百七十七人，秦之良臣子舆氏三人，名曰奄息、仲行、铖虎，亦在从死之中。秦人哀之，为作歌《黄鸟》之诗。君子曰：“秦缪公广地益国，东服强晋，西霸戎夷，然不为诸侯盟主，亦宜哉！死而弃民，收其良臣而从死。且先王崩，尚犹遗德垂法，况夺之善人良臣百姓所哀者乎？是以知秦不能复东征也。”缪公子四十人，其太子罃代立，是为康公。

三十七年，秦国采纳由余的谋略而攻打戎王，增加了十二个属国，拓展了千里领地，最终在西戎称霸。天子派召公过带着金鼓去向秦缪公祝贺。三十九年，秦缪公去世，葬在雍地。陪葬的有一百七十七人，其中有秦国的良臣子舆氏三人，他们名叫奄息、仲行、铖虎，也都在陪葬之列。秦国人为他们感到哀悼，为他们作了一首名叫《黄鸟》的诗歌。君子评论说：“秦缪公扩展领土、使国家强大，在东方征服了强大的晋国，在西方称霸于戎夷地区，像他具有这样的功劳而没有成为诸侯国的盟主，也是应该如此。他死后弃民不顾，要把他的良臣带走随从他殉葬。即使先王崩逝，尚且能遗留下他们的美德和典范，更何况是夺去了好人、良臣，百姓所敬爱哀怜之人的性命去殉葬呢？由这件事可以知道秦国不能再次东征。”缪公有儿子四十人，他的太子罃即位，这就是秦康公。

康公元年。往岁，缪公之卒，晋襄公亦卒。襄公之弟名雍，秦出也，在秦。晋赵盾欲立之，使随会来迎雍，秦以兵送至令狐。晋立襄公子，而反击秦师，秦师败，随会来奔。二年，秦伐晋，取武城，报令狐之役。四年，晋伐秦，取少梁。六年，秦伐晋，取羁马。战于河曲，大败晋军。晋人患随会在秦为乱，乃使魏雠余详反，合谋会，诈而得会，会遂归晋。康公立十二年卒，子共公立。

秦康公元年。去年秦缪公去世时，晋襄公也去世；襄公的弟弟名叫雍，是秦国宗室之女所生，所以住在秦国。晋国的赵盾想要立他为国君，派随会前来迎请公子雍，秦派兵护送他到令狐城。晋国扶立襄公的儿子为国君后反过来攻击秦军，秦军战败，随会又去投奔秦国。二年，秦国攻伐晋国，夺取了武城，回报秦军在令狐战役失败的仇恨。四年，晋军攻打秦国，攻取了少梁城。六年，秦军攻打晋国，取得了羁马城。在河曲地区交战，大败了晋国。晋国人担心随会在秦国会给晋国带来祸害，就派魏雠余假装反叛，来和随会合谋，蒙骗并得到了随会，随会因而就返回了晋国。康公在位十二年去世，儿子共公即位。

共公二年，晋赵穿弑其君灵公。三年，楚庄王强，北兵至雒，问周鼎。共公立五年卒，子桓公立。桓公三年，晋败我一将。十年，楚庄王服郑，北败晋兵于河上。当是之时，楚霸，为会盟合诸侯。二十四年，晋厉公初立，与秦桓公夹河而盟。归而秦倍盟，与翟合谋击晋。二十六年，晋率诸侯伐秦，秦军败走，追至泾而还。桓公立二十七年卒，子景公立。

共公二年，晋国人赵穿弑杀了他的国君灵公。三年，楚庄王势力强大，率军向北到达洛京，问询周朝传国之宝九鼎的大小轻重。共公在位五年而去世，儿子桓公即位。桓公三年，晋军打败了我国的一位将军。十年，楚庄王征服郑国，在黄河岸边打败了北方的晋国。在这个时候，楚国称霸，举行会盟而聚集诸侯。二十四年，晋厉公刚刚即位为晋君，就和秦桓公订立了以黄河为界的盟约。桓公回国后就背弃盟约，和翟人合谋进攻晋国。二十六年，晋国率领诸侯联合征讨秦国，秦国军队战败而逃，诸侯国军队追至泾水才收兵回师。桓公在位二十七年去世，儿子景公继立为国君。

景公四年，晋栾书弑其君厉公。十五年，救郑，败晋兵于栎。是时，晋悼公为盟主。十八年，晋悼公强，数会诸侯，率以伐秦，败秦军。秦军走，晋兵追之，遂渡泾，至棫林而还。二十七年，景公如晋，与平公盟，已而背之。三十六年，楚公子围弑其君而自立，是为灵王。景公母弟后子鍼有宠，景公母弟富，或谮之，恐诛，乃奔晋，车重千乘。晋平公曰："后子富如此，何以自亡？"对曰："秦公无道，畏诛，欲待其后世乃归。"三十九年，楚灵王强，会诸侯于申，为盟主，杀齐庆封。景公立四十年卒。子哀公立。后子复来归秦。

景公四年，晋国的栾书弑杀了他的国君厉公。十五年，秦国的军队援助郑国，在栎城打败了晋国。这个时候晋悼公成为各诸侯的盟主。十八年，晋悼公国势强大，多次会聚诸侯，率领他们去攻打秦国，打败了秦国的军队。秦国的军队败退，晋国的军队追击他们，结果晋国的军队渡过泾水，直追至棫林城才回还。二十七年，景公到了晋国，和晋平公订立了盟约，不久秦国又背约。三十六年，楚国的公子围弑杀了他的国君自立为王，这就是楚灵王。景公的同母弟后子鍼很得景公宠幸，景公的母弟又拥有大量财富，有人向景公诬陷他，他害怕被诛杀，就逃亡到晋国，随身带着一千辆车的资财。晋平公对他说："后子，像你这样富足的人，为何自己要逃亡？"他回答说："秦公无道，我害怕被杀，我逃亡是想等到他去世以后再回秦国。"三十九年，楚灵王国势强盛，在申城地区会聚诸侯，他成为盟主，杀死了齐国的大臣庆封。景公在位四十年去世，儿子哀公即位。后子鍼又回到秦国。

哀公八年，楚公子弃疾弑灵王而自立，是为平王。十一年，楚平王来求秦女为太子建妻。至国，女好而自娶之。十五年，楚平王欲诛建，建亡；伍子胥奔吴。晋公室卑而六卿强，欲内相攻，是以久秦晋不相攻。三十一年，吴王阖闾与伍子胥伐楚，楚王亡奔随，吴遂入郢。楚大夫申包胥来告急，七日不食，日夜哭泣。于是秦乃发五百乘救楚，败吴师。吴师归，楚昭王乃得复入郢。哀公立三十六年卒。太子夷公，夷公蚤死，不得立，立夷公子，是为惠公。

哀公八年，楚国的公子弃疾弑杀了灵王而自立为王，这就是楚平王。十一年，楚平王向秦国请求娶宗室女做太子建的妻子。秦女来到楚国，平王见秦女容貌美好就自己娶了他作为妻子。十五年，楚平王想要诛杀太子建，太子建逃跑。伍子胥投奔吴国。晋国公室卑弱而六卿之臣势力强大，他们相互间准备内战，因此秦国和晋国很久没有相互攻打。三十一年，吴王阖闾和伍子胥攻伐楚国，楚王逃亡到随国，吴国的军队于是进入了郢都。楚国大夫申包胥来到秦国告急求援，他七天不吃饭，日夜哭泣。因此秦国才发动五百乘军车的队伍去解救楚国的危难，打败了吴国的军队。吴国的军队撤回后，楚昭王才能够重新回到郢都。哀公在位三十六年去世。太子是夷公，但夷公早死，不可能被立为秦君，夷公的儿子被立为国君，这就是秦惠公。

惠公元年，孔子行鲁相事。五年，晋卿中行、范氏反晋，晋使智氏、赵简子攻之，范、中行氏亡奔齐。惠公立十年卒，子悼公立。

秦惠公元年，孔子代理鲁国国相的职务。五年，晋国六卿中的中行氏、范氏反叛晋国宗室，晋宗室派智氏、赵简子攻打他们，范氏、中行氏逃到齐国。惠公在位十年去世，儿子悼公即位。

悼公二年，齐臣田乞弑其君孺子，立其兄阳生，是为悼公。六年，吴败齐师。齐人弑悼公，立其子简公。九年，晋定公与吴王夫差盟，争长于黄池，卒先吴。吴强，陵中国。十二年，齐田常弑简公，立其弟平公，常相之。十三年，楚灭陈。秦悼公立十四年卒，子厉共公立。孔子以悼公十二年卒。

秦悼公二年，齐国的大臣田乞杀害他的国君孺子，扶立了孺子的哥哥阳生作为齐君，这就是齐悼公。六年，吴国打败了齐国。齐国人杀死了齐悼公，扶立了他的儿子简公为国君。九年，晋定公和吴王夫差会盟，在黄池城争当盟主，最终吴王争先作了盟主。吴国强盛，欺凌中原各国。十二年，齐国人田常杀害了齐简公，扶立简公的弟弟平公为国君，田常为国相辅佐他。十三年，楚国吞并陈国。秦悼公在位十四年去世，儿子厉共公被立为国君。孔子在秦悼公十二年逝世。

厉共公二年，蜀人来赂。十六年，堑河旁。以兵二万伐大荔，取其王城。二十一年，初县频阳。晋取武成。二十四年，晋乱，杀智伯，分其国与赵、韩、魏。二十五年，智开与邑人来奔。三十三年，伐义渠，虏其王。三十四年，日食。厉共公卒，子躁公立。

厉共公二年，蜀人前来进献财物。十六年，在黄河旁挖掘壕沟。派遣二万军卒征伐大荔国，夺取了大荔国的国都王城。二十一年，开始设置频阳县。晋国攻克了武成。二十四年，晋国发生内混，智伯被杀，他的国土被分给赵、魏、韩。二十五年，智开和他的邑人逃奔来到秦国。三十三年，秦军攻打义渠国，俘虏了义渠国国王。三十四年，有日食发生。厉共公去世，儿子躁公即位。

躁公二年，南郑反。十三年，义渠来伐，至渭南。十四年，躁公卒，立其弟怀公。

躁公二年，南郑城造反。十三年，义渠国前来侵伐秦国，到达渭南。十四年，躁公去世，扶立他的弟弟怀公为国君。

《东周列国志》版画之杀三兄楚平王即位图，讲述楚平王杀死三位兄长即位之事。

怀公四年，庶长晁与大臣围怀公，怀公自杀。怀公太子曰昭子，蚤死，大臣乃立太子昭子之子，是为灵公。灵公，怀公孙也。

怀公四年，庶长晁和大臣们围攻怀公，怀公自杀。怀公的太子名叫昭子，早死，大臣们就扶立太子昭子的儿子为国君，即秦灵公。灵公，是怀公的孙子。

灵公六年，晋城少梁，秦击之。十三年，城籍姑。灵公卒，子献公不得立，立灵公季父悼子，是为简公。简公，昭子之弟而怀公子也。

灵公六年，晋国在少梁建筑城池，秦国的军队袭击了他们。十三年，建筑籍姑城。灵公去世，他的儿子献公没有能够被立为国君，确立灵公的叔父悼子为国君，这就是秦简公。简公，是昭子的弟弟，并且是怀公的儿子。

简公六年，令吏初带剑。堑洛。城重泉。十六年卒，子惠公立。

简公六年，开始颁布官吏可以带剑的法令。在洛水挖掘壕沟。建筑重泉城。十六年，简公去世，儿子惠公即位。

惠公十二年，子出子生。十三年，伐蜀，

取南郑。惠公卒，出子立。出子二年，庶长改迎灵公之子献公于河西而立之。杀出子及其母，沉之渊旁。秦以往者数易君，君臣乖乱，故晋复强，夺秦河西地。

惠公十二年，他的儿子出子降生。十三年，秦国征伐蜀地，攻取了南郑城。惠公去世，出子即位。出子二年，庶长改从河西迎请灵公的儿子献公而扶立他作秦国国君。杀死出子和他的母亲，把他们沉入深渊。秦国由于以往屡次更换国君，君臣次序混乱，所以晋国又再次强大起来，夺得了秦国的河西地区。

献公元年，止从死。二年，城栎阳。四年正月庚寅，孝公生。十一年，周太史儋见献公曰："周故与秦国合而别，别五百岁复合，合十七岁而霸王出。"十六年，桃冬花。十八年，雨金栎阳。二十一年，与晋战于石门，斩首六万，天子贺以黼黻。二十三年，与魏晋战少梁，虏其将公孙痤。二十四年，献公卒，子孝公立，年已二十一岁矣。

献公元年，废止殉葬制度。二年，建筑栎阳城。四年正月庚寅日，孝公降生。十一年，周朝太史儋拜见献公说："周以前和秦国合为一家到分别有两次，分别了五百年后又要重新合并，合并十七年后会有霸王出世。"十六年，桃树冬季开花。十八年，栎阳降下金雨。二十一年，秦国的军队和晋国的军队在石门山地区交战，斩杀了晋军首级六万，天子赠了绣有花纹的礼服表示祝贺。二十三年，秦国的军队与魏国和晋国的军队在少梁交战，俘虏了敌将公孙痤。二十四年，献公去世，儿子孝公即位，孝公当时已经二十一岁了。

孝公元年，河山以东强国六，与齐威、楚宣、魏惠、燕悼、韩哀、赵成侯并。淮泗之间小国十余。楚、魏与秦接界。魏筑长城，自郑滨洛以北有上郡。楚自汉中，南有巴、黔中。周室微，诸侯力政，争相并。秦僻在雍州，不与中国诸侯之会盟，夷翟遇之。孝公于是布惠，振孤寡，招战士，明功赏。下令国中曰："昔我缪公自岐雍之间，修德行武。东平晋乱，以河为界；西霸戎翟，广地千里。天子致伯，诸侯毕贺，为后世开业，甚光美。会往者厉、躁、简公、出子之不宁，国家内忧，未遑外事，三晋攻夺我先君河西地，诸侯卑秦，丑莫大焉。献公即位，镇抚边境，徙治栎阳，且欲东伐，复缪公之故地，修缪公之政令。寡人思念先君之意，常痛于心。宾客群臣有能出奇计强秦者，吾且尊官，与之分土。"于是乃出兵东围陕城，西斩戎之獂王。

孝公元年，在黄河和崤山以东有六个强国。秦孝公和齐威王、楚宣王、魏惠王、燕悼侯、韩哀侯、赵成侯并立，在淮水和泗水一带，存有十多个小国。楚国、魏国和秦国地界相连接。魏国修筑长城，从郑县沿洛水向北，拥有上郡。楚国从汉中向南拥有巴、黔中地区。周室势力微弱，诸侯依靠各自实力进行征伐，争相兼并。秦国在偏僻的雍州，不能参与中原诸侯国的会盟，诸侯们把秦国当作夷翟来看。孝公根据这种形势而广泛施行恩惠，救助孤寡，安抚战士，明定立功奖赏。他在国中下令说："以前我的祖先穆公从前在岐山和雍邑地区的时候，修行德政和振兴武力，向东平定了晋国的内乱，使领土扩展到以黄河为界，在西方称霸于戎翟地区，扩展了千里疆土，天子致赠封号为伯，诸侯们都来表示祝贺，为后世开创了基业，很荣耀。适逢以前遇到厉公、躁公、简公、出子时期的动乱不宁，国家出现内忧，无暇顾及国外事务，使三晋攻夺了我先君开拓的河西地区，诸侯们卑视秦国，再没有什么比这更加耻辱了。献公即位后，镇抚了边境，迁都到栎阳，并且准备向东征讨，恢复穆公时候秦国故有的疆土，重整穆公时的政治法令。寡人缅怀先君的遗志，内心常感悲痛。宾客群臣中如果有人能够出奇计使秦国强盛，我将尊崇他而给予高官，和他一起分享国土。"于是就出兵向东围困陕城，进兵西方斩杀了戎人的獂王。

卫鞅闻是令下，西入秦，因景监求见孝公。

卫鞅听到秦孝公发布的这一命令，向西进入秦国，借助景监的引见而求见孝公。

二年，天子致胙。

二年，周天子赐赠祭肉。

三年，卫鞅说孝公变法修刑，内务耕稼，外劝战死之赏罚，孝公善之。甘龙、杜挚等弗然，相与争之。卒用鞅法，百姓苦之；居三年，百姓便之。乃拜鞅为左庶长。其事在《商君》语中。

三年，卫鞅劝说孝公变更法治、整治刑法，内政致力农耕，明确规定在对外征战中的赏罚而鼓励力战效死，孝公非常欣赏他的建议。甘龙、杜挚等人却有不同的看法，和卫鞅争论。最终采纳了卫鞅的新法，百姓对新法感到痛苦；三年以后，百姓觉得新法很方便。于是拜任卫鞅为左庶长。他的事迹记载在《商君列传》中。

七年，与魏惠王会杜平。八年，与魏战元里，有功。十年，卫鞅为大良造，将兵围魏安邑，降之。十二年，作为咸阳，筑冀阙，秦徙都之。并诸小乡聚，集为大县，县一令，四十一县。为田开阡陌。东地渡洛。十四年，初为赋。十九年，天子致伯。二十年，诸侯毕贺。秦使公子少官率师会诸侯逢泽，朝天子。

七年，孝公和魏惠王在杜平城会盟。八年，秦军和魏国军队在元里城打战，取得胜利。十年，卫鞅任大良造，率领军队围困魏国的安邑城，逼迫他们投降。十二年，建造咸阳城，修筑了宫廷高大的门阙，秦国就把国都迁到这里，又把各个较小的乡、村落等合并到一处，汇集成大县，每县设置一名县令，共有四十一个县。扩展耕地、削平阡陌。在东方的领土已经跨过洛水。十四年，开始施行赋税制度。十九年，天子封孝公为诸侯伯长。二十年，诸侯都表示祝贺。秦国派公子少官率领军队在逢泽地区会集诸侯，朝见周天子。

二十一年，齐败魏马陵。

二十一年，齐国军队在马陵地区打败了魏国的军队。

二十二年，卫鞅击魏。虏魏公子卬。封鞅为列侯，号商君。

二十二年，卫鞅率领军队进攻魏国，俘虏了魏国公子卬。孝公封卫鞅为列侯，赐给名号为商君。

二十四年，与晋战雁门，虏其将魏错。

二十四年，和晋国在雁门地区交战，俘虏了魏国的将军魏错。

孝公卒，子惠文君立。是岁，诛卫鞅。鞅之初为秦施法，法不行，太子犯禁。鞅曰："法之不行，自于贵戚。君必欲行法，先于太子。太子不可黥，黥其傅师。"于是法大用，秦人治。及孝公卒，太子立，宗室多怨鞅，鞅亡，因以为反，而卒车裂以徇秦国。

孝公去世，儿子惠文君即位，这一年，诛杀了卫鞅。卫鞅在秦国施行新法的开始阶段，法令得不到执行，太子触犯了法禁，卫鞅对孝公说："法令之所以不能推行，原因是由于贵戚们的抵制。您如果非要推行新法，应当先从太子开始施行。太子不能受黥刑，应黥太子的傅和师。"因此新法得到广泛推行，秦国人得到了治理。等到孝公去世，太子被立为国君，秦国宗室中有很多人对卫鞅不满，卫鞅逃走，所以被认定是谋反，最终遭受车裂的刑罚而在秦国被当众处死。

惠文君元年，楚、韩、赵、蜀人来朝。二年，天子贺。三年，王冠。四年，天子致文武胙。齐、魏为王。

惠文君元年，楚、韩、赵、蜀人前来朝见。二年，周天子给予祝贺。三年，秦王举行冠礼。四年，周天子赐赠祭祀文王、武王的祭肉。齐国和魏国的君主称王（齐威王、魏惠王）。

五年，阴晋人犀首为大良造。六年，魏纳阴晋，阴晋更名宁秦。七年，公子卬与魏战，虏其将龙贾，斩首八万。八年，魏纳河西地。九年，渡河，取汾阴、皮氏。与魏王会应。围焦，降之。十年，张仪相秦。魏纳上郡十五县。十一年，县义渠。归魏焦、曲沃。义渠君为臣。更名少梁曰夏阳。十二年，初腊。十三年四月戊午，魏君为王，韩亦为王。使张仪伐取陕，出其人与魏。

五年，阴晋人犀首被任命为大良造。六年，魏国把阴晋地区献给了秦国，阴晋被改名为宁秦。七年，公子卬率军和魏国的军队交战，俘虏了敌将龙贾，斩杀了敌人首级八万。八年，魏国奉献河西地区。九年，秦军渡过了黄河，攻克了汾阴城、皮氏城。秦王和魏王在应城会盟。围困焦城，迫使焦城投降秦国。十年，张仪被任为秦相。魏国献了上郡十五县给秦国。十一年，在义渠地区设县。归还了魏国的焦城和曲沃。义渠国君成为秦国的臣子。把少梁改名叫夏阳。十二年，开始实行腊月祭祀。十三年四月戊午日，魏国国君称王，韩国国君也称王。秦国派张仪攻取了陕州，把陕州地区的老百姓驱赶到魏国。

十四年，更为元年。二年，张仪与齐、楚大臣会齧桑。三年，韩、魏太子来朝。张仪相魏。五年，王游至北河。七年，乐池相秦。韩、赵、魏、燕、齐帅匈奴共攻秦。秦使庶长疾与战修鱼，虏其将申差，败赵公子渴、韩太子奂，斩首八万二千。八年，张仪复相秦。九年，司马错伐蜀，灭之。伐取赵中都、西阳。十年，韩太子苍来质。伐取韩石章。伐败赵将泥。伐取义渠二十五城。十一年，樗里疾攻魏焦，

降之；败韩岸门，斩首万，其将犀首走。公子通封于蜀。燕君让其臣子之。十二年，王与梁王会临晋。庶长疾攻赵，虏赵将庄。张仪相楚。十三年，庶长章击楚于丹阳，虏其将屈匄，斩首八万；又攻楚汉中，取地六百里，置汉中郡。楚围雍氏，秦使庶长疾助韩而东攻齐，到满助魏攻燕。十四年，伐楚，取召陵。丹、犁臣，蜀相壮杀蜀侯来降。

张仪像，选自《鬼谷四友志》。

十四年，又更改为元年。二年，张仪和齐国、楚国的大臣在啮桑地区会盟。三年，韩国、魏国的太子来到秦国朝见。张仪担任魏国国相。五年，惠文王巡游到达北河地区。七年，乐池担任秦国国相。韩国、赵国、魏国、燕国、齐国的军队率领着匈奴的军队联合攻打秦国。秦国派庶长疾在修鱼城和各国联军作战，俘获了他们的将领申差，打败了赵公子渴、韩太子奂，歼灭了敌军首级八万二千。八年，张仪再次担任秦国国相。九年，司马错征讨蜀国，平灭了蜀国。秦军攻取了赵国的中都城和西阳。十年，韩国太子苍作为质子来到秦国。秦国攻占了韩国的石章，打败了赵国的将军泥，讨伐并占领了义渠国的二十五座城池。十一年，樗里疾攻打魏国的焦城，迫使焦城投降。又在岸门城打败了韩国的军队，斩杀了一万名韩国士兵，韩国的将军犀首逃走。惠文王封公子通为蜀侯。燕国国君哙把君位让给了他的大臣子之。十二年，王与梁王会见于临晋。庶长樗里疾攻打赵国，俘虏了赵将赵庄。张仪到楚国为相。十三年，庶长魏章打败楚军于丹阳，俘虏楚将屈匄，斩首八万；又攻打楚的汉中郡，占领的土地方圆六百里，设置汉中郡。楚包围雍氏，秦派庶长樗里疾帮助韩东进攻打齐国，到满帮助魏攻打燕国。十四年，伐楚，占领召陵。丹、犁称臣，蜀相壮杀蜀侯来降。

惠王卒，子武王立。韩、魏、齐、楚、越皆宾从。

惠王去世，儿子武王即位。韩国、魏国、齐国、楚国、越国都服从秦国。

武王元年，与魏惠王会临晋。诛蜀相壮。张仪、魏章皆东出之魏。伐义渠、丹、犁。二年，初置丞相，樗里疾、甘茂为左右丞相。张仪死于魏。三年，与韩襄王会临晋外。南公揭卒，樗里疾相韩。武王谓甘茂曰："寡人欲容车通三川，窥周室，死不恨矣。"其秋，使甘茂、庶长封伐宜阳。四年，拔宜阳，斩首六万。涉河，城武遂。魏太子来朝。武王有力好戏。力士任鄙、乌获、孟说皆至大官。王与孟说举鼎，绝膑。八月，武王死，族孟说。武王取魏女为后，无子。立异母弟，是为昭襄王。昭襄母楚人，姓芈氏，号宣太后。武王死时，昭襄王为质于燕，燕人送归，得立。

武王元年，和魏惠王在临晋会盟。诛杀了蜀相壮。张仪、魏章都离开秦国到达东方的魏国。征伐义渠、丹、犁各国。二年，开始设置丞相的职位，樗里疾、甘茂担任左右丞相。张仪死在魏国。三年，和韩襄王在临晋城外会盟。南公揭去世，樗里疾担任韩国的国相。武王对甘茂说："寡人想要乘着彩车经过三川郡去窥视周室，假如能够实现，我就是死去也没有什么遗憾的了。"这一年秋天，派甘茂和庶长封去征伐宜阳郡。四年，攻克宜阳，歼灭敌人六万。渡过黄河，在武遂筑城。魏国太子前来朝见。武王有气力，喜好游戏，所以力士任鄙、乌获、孟说都做到了高官。武王和孟说举鼎较力，结果折断了膝盖骨。八月，武王去世。孟说的全族都被杀尽了。武王娶魏国宗室女作为王后，王后没有生育儿子。因此扶立武王的异母弟作为秦王，这就是昭襄王。昭襄王的母亲是楚国人，姓芈，尊号为宣太后。武王去世时，昭襄王作为人质正在燕国，燕国人把他送回秦国，被立为王。

昭襄王元年，严君疾为相。甘茂出之魏。二年，彗星见。庶长壮与大臣、诸侯、公子为逆，皆诛，及惠文后皆不得良死，悼武王后出归魏。三年，王冠。与楚王会黄棘，与楚上庸。四年，取蒲阪。彗星见。五年，魏王来朝应亭，复与魏蒲阪。六年，蜀侯煇反，司马错定蜀。庶长奂伐楚，斩首二万。泾阳君质于齐。日食，昼晦。七年，拔新城。樗里子卒。八年，使将军芈戎攻楚，取新市。齐使章子，魏使公孙喜，韩使暴鸢，共攻楚方城，取唐昧。赵破中山，其君亡，竟死齐。魏公子劲、韩公子长为诸侯。九年，孟尝君薛文来相秦。奂攻楚，取八城，杀其将景快。十年，楚怀王入朝秦，秦留之。薛文以金受免。楼缓为丞相。十一年，齐、韩、魏、赵、宋、中山五国共攻秦，至盐氏而还。秦与韩、魏河北及封陵以和。彗星见。楚怀王走之赵，赵不受，还之秦，即死，归葬。十二年，楼缓免，穰侯魏冉为相。予楚粟五万石。

昭襄王元年，严君疾任丞相。甘茂离开秦国到魏国。二年，有彗星出现。庶长壮和大臣、诸侯、公子谋反作乱，都被诛杀，以及惠文后也都没能得到善终。悼武王后离开秦国回到魏国。三年，昭襄王举行冠礼，和楚王在黄棘城联盟，把上庸县还给了楚国。四年，秦国占领了蒲阪城。有彗星出现。五年，魏王来到应亭朝见昭襄王，又把蒲阪还给了魏国。六年，蜀侯煇造反，司马错平定了蜀地。庶长奂征讨楚国，斩杀了敌军首级二万。泾阳君到齐国去做人质。有日食发生，以至白天昏暗。七年，秦军攻克新城。樗里子去世。八年，派遣将军芈戎去攻打楚国，占领新市。齐国派遣章子，魏国派遣公孙喜，韩国派遣暴鸢，率领军队共同进攻楚国的方城，杀死了楚将唐昧。赵国攻破中山国，中山国君逃亡，最终死在齐国。魏公子劲、韩公子长被封为诸侯。九年，孟尝君薛文来到秦国担任丞相。庶长奂攻打楚国，夺取了八座城邑，杀死楚国将军景快。十年，楚怀王来到秦国朝见秦王，秦国扣留他。薛文因为金受的诋毁而被免掉了丞相的官职，楼缓担任了丞相。十一年，齐、韩、魏、赵、宋、中山(此时属赵)五国共同出兵攻打秦国，他们的军队到达盐氏县后，就撤回了。秦国把黄河以北及封陵城交给韩国、魏国来请求讲和。有彗星出现。楚怀王逃亡到了赵国，赵国不敢收留他，他又回到了秦国，不久死去，归葬楚国。十二年，楼缓被罢免，穰侯魏冉被任命为丞相。秦国送给楚国五万石粟。

十三年，向寿伐韩，取武始。左更白起攻新城。五大夫礼出亡奔魏。任鄙为汉中守。十四年，左更白起攻韩、魏于伊阙，斩首二十四万，虏公孙喜，拔五城。十五年，大良造白起攻魏，取垣，复予之。攻楚，取宛。十六年，左更错取轵及邓。冉免。封公子市宛，公子悝邓，魏冉陶，为诸侯。十七年，城阳君入朝，及东周君来朝。秦以垣为蒲阪、皮氏。王之宜阳。十八年，错攻垣、河雍，决桥取之。十九年，王为西帝，齐为东帝，皆复去之。吕礼来，自归。齐破宋，宋王在魏，死温。任鄙卒。二十年，王之汉中，又之上郡、北河。二十一年，错攻魏河内。魏献安邑，秦出其人，募徙河东赐爵，赦罪人迁之。泾阳君封宛。二十二年，蒙武伐齐。河东为九县。与楚王会宛。与赵王会中阳。二十三年，尉斯离与三晋、燕伐齐，破之济西。王与魏王会宜阳，与韩王会新城。二十四年，与楚王会鄢，又会穰。秦取魏安城，至大梁，燕、赵救之，秦军去。魏冉免相。二十五年，拔赵二城。与韩王会新城，与魏王会新明邑。二十六年，赦罪人迁之穰。侯冉复相。二十七年，错攻楚。赦罪人迁之南阳。白起攻赵，取代光狼城。又使司马错发陇西，因蜀攻楚黔中，拔之。二十八年，大良造白起攻楚，取鄢、邓，赦罪人迁之。二十九年，大良造白起攻楚，取郢为南郡，楚王走。周君来。王与楚王会襄陵。白起为武安君。三十年，蜀守若伐楚，取巫郡及江南，为黔中郡。

十三年，向寿征伐韩国，占领了武始。左更白起攻打新城郡。五大夫吕礼逃出秦国投奔了魏国。任鄙担任了汉中郡守。十四年，左更白起在伊阙地区攻打韩国和魏国的军队，斩杀了敌军首级二十四万，俘获了公孙喜，攻克了五座城邑。十五年，大良造白起攻打魏国，攻克了垣城，又还给了魏国。进攻楚国，攻克了宛城。十六年，左更司马错攻占了轵城和邓邑。魏冉被罢免。秦王把宛城封给了公子市。把邓邑封给了公子悝，把陶城封给了魏冉，他们成为了诸侯。十七年，城阳君来到秦国朝见，以及东周君也前来朝见秦王。秦国把垣改为蒲阪和皮氏。昭襄王前往宜阳。十八年，司马错攻打垣、河雍，断决了桥梁才攻克了它们。十九年，昭襄王称为西帝，齐王称为东帝，又都削去帝号而称王。吕礼自愿前来归顺。齐国攻破了宋国,宋王逃到魏国,死在温地。任鄙去世。二十年,昭襄王到汉中,又到上郡、北河。二十一年,司马错进攻魏国的河内郡,魏国把安邑奉献给秦国。秦国把安邑的民众驱逐出去,从河东地区用赏赐爵位作为利惠而招募民众迁到安邑,又赦免罪人迁往此处。泾阳君被封在宛城。二十二年,蒙武征伐齐国。河东郡分为九个县。和楚王在宛地会盟。和赵王在中阳城会盟。二十三年,尉斯离和三晋及燕国的军队征讨齐国,在济水西岸打败了齐国的军队。昭襄王和魏王在宜阳会盟,和韩王在新城会盟。二十四年,和楚王在鄢城会盟,又在穰城会盟。秦国的军队占领了魏国的安城,到达了大梁城下,燕国和赵国的军队前来解救魏国,秦国的军队退去。魏冉被免掉相职。二十五年,秦军攻占了赵国的两座城邑。昭襄王和韩王在新城会盟,又和魏王在新明邑会盟。二十六年,赦免了一批罪人而把他们迁往穰地,穰侯魏冉再次担任丞相。二十七年,司马错攻打楚国。赦免了一批犯人而把他们迁往南阳。白起进攻赵国,攻占了代郡的光狼城。秦又派司马错从陇西郡出发,经由蜀郡而攻打楚国的黔中,攻克了黔中。二十八年,大良造白起进攻楚国,攻取了鄢城、邓城,秦赦免了一批犯人而把他们迁到这里。二十九年,大良造白起攻打楚国,攻占了郢都并在此设立南郡,楚王逃走。周君来到秦国。昭襄王和楚王在襄陵城会盟。白起被封为武安君。三十年,蜀郡守张若征讨楚国,攻取了巫郡,以及长江以南的地区,设置为黔中郡。

三十一年,白起伐魏,取两城。楚人反我江南。三十二年,相穰侯攻魏,至大梁,破暴鸢,斩首四万,鸢走,魏入三县请和。三十三年,客卿胡阳攻魏卷、蔡阳、长社,取之。击芒卯华阳,破之,斩首十五万。魏入南阳以和。三十四年,秦与魏、韩,上庸地为一郡,南阳免臣迁居之。三十五年,佐韩、魏、楚伐燕。初置南阳郡。三十六年,客卿灶攻齐,取刚、寿,予穰侯。三十八年,中更胡阳攻赵阏与,不能取。四十年,悼太子死魏,归葬芷阳。

三十一年,白起攻伐魏国,攻克两座城邑。楚国人在江南地区反叛秦国。三十二年,丞相穰侯进攻魏国,军队到达大梁,打败了暴鸢,斩杀敌军首级四万,暴鸢逃跑,魏国献三个县来请求和解。三十三年,客卿胡阳攻打魏国的卷城、蔡阳城、长社城,攻占了这些城邑。在华阳袭取了芒卯的军队,歼灭敌军十五万。魏国割让南阳请求和解。三十四年,秦国在和魏国、韩国所共有的上庸地区设为一个郡,把魏国割让的南阳地区的被免职的臣民迁居到上庸郡。三十五年,秦国的军队帮韩国、魏国、楚国的军队征伐燕国。开始设置了南阳郡。三十六年,客卿灶进攻国,夺取了刚城、寿城,把这些地区赐给了穰侯。三十八年,中更胡阳进攻赵国的阏与城,没有能攻下。四十年,悼太子死在魏国,归葬在芷阳。

四十一年夏,攻魏,取邢丘、怀。四十二年,安国君为太子。十月,宣太后薨,葬芷阳郦山。九月,穰侯出之陶。四十三年,武安君白起攻韩,拔九城,斩首五万。四十四年,攻韩南阳,取之。四十五年,五大夫贲攻韩,取十城。叶阳君悝出之国,未至而死。四十七年,秦攻韩上党,上党降赵,秦因攻赵,赵发兵击秦,相距。秦使武安君白起击,大破赵于长平,四十余万尽杀之。四十八年十月,韩献垣雍。秦军分为三军。武安君归。王龁将,伐赵、武安、皮牢,拔之。司马梗北定太原,尽有韩上党。正月,兵罢,复守上党。其十月,五大夫陵攻赵邯郸。四十九年正月,益发卒佐陵。陵战不善,免,王龁代将。其十月,将军张唐攻魏,为蔡尉捐弗守,还斩之。五十年十月,武安君白起有罪,为士伍,迁阴密。张唐攻郑,拔之。十二月,益发卒军汾城旁。武安君白起有罪,死。龁攻邯郸,不拔,去,还奔汾军;二月余,攻晋军,斩首六千,晋、楚流死河二万人。攻汾城,即从唐拔宁新中,宁新中更名安阳。初作河桥。

四十一年夏天,秦国进攻魏国,占领了邢丘和怀地。四十二年,安国君被立为太子。十月,宣太后去世,葬在芷阳的郦山。九月,穰侯离开秦国都城回到封地陶居住。四十三年,武安君白起进攻韩国,攻克了九座城邑,斩杀敌军首级五万。四十四年,又进攻韩国的南郡,攻占了这个郡。四十五年,五大夫贲进攻韩国,夺取了十座城邑。叶阳君悝离开国都前往他的封国,还没有到达就死了。四十七年,秦国攻打韩国的上党郡,上党郡投降赵国,秦国因此攻打赵国,赵国发动军队攻击秦军,双方相持不下。秦国派武安君白起攻打赵军,在长平彻底打败了赵国的军队,四十多万赵军全部被歼灭。四十八年十月,韩国进献垣雍城。秦军分成三支军队。武安君回国。王龁率领秦军征伐赵国的武安城、皮牢城,攻占了二城。司马梗率军在北方作战而平定了太原,占领了韩国上党郡的全境。正月,停止用兵,又据守上党郡。这一年的十月,五大夫王陵攻打赵国的邯郸。四十九年正月,秦增派军卒援助王陵,王陵战绩不佳,被免去官职,由王龁代替他统率这支军队。这一年的十月,将军张唐攻击魏国,因为蔡尉放弃职务而不据守阵地,张唐回军斩杀了他。五十年十月,武安君白起犯有罪过,被贬为士伍,迁往阴密。张唐进攻郑城,郑城被攻克。十二月,增加士兵屯驻在汾城旁。武安君白起有罪,自杀身亡。王龁进攻邯郸,没有攻克,退兵,回奔汾城。驻军两个多月后,又进攻晋军,斩杀敌人首级六千,晋兵逃跑到河水中而被淹死的大约有二万人。攻打汾城,接着随从张唐攻占了宁新中城,把宁新中改名为安阳。首次建造黄河大桥。

五十一年,将军摎攻韩,取阳城、负黍,斩首四万。攻赵,取二十余县,首虏九万。西周君背秦,与诸侯约从,将天下锐兵出伊阙攻秦,令秦毋得通阳城。于是秦使将军摎攻西周。西周君走来自归,顿首受罪,尽献其邑三十六城,口三万。秦王受献,归其君于周。五十二年,周民东亡,其器九鼎入秦。周初亡。

五十一年,将军摎攻打韩国,夺取了阳城、负黍,斩杀了敌军首级四万。又进攻赵国,攻占了二十多个县,斩首及俘获敌军九万人,西周君周武公背弃秦国,和诸侯联合,率领天下的精锐军兵从伊阙出发攻击秦国,使秦国不能够和阴城互相通往来。因此秦国派遣将军摎进攻西周。西周君败逃而又自行到秦归降,顿首承认罪,把他所有的三十六座城邑、三万人口,全部献给秦国。秦王接受了西周君的贡品,把西周君送还西周。五十二年,西周人向东逃亡,西周的宝器九鼎归给秦国。周朝开始灭亡。

五十三年,天下来宾。魏后,秦使摎伐魏,取吴城。韩王入朝,魏委国听令。五十四年,王郊见上帝于雍。五十六年秋,昭襄王卒,子孝文王立。尊唐八子为唐太后,而合其葬于先王。韩王衰绖入吊祠,诸侯皆使其将相来吊祠,视丧事。

《东周列国志》版画之秦王灭周迁九鼎图,讲述秦灭东周,迁象征社稷的九鼎入秦之事。

五十三年,天下诸侯都来归服秦国。魏国来得最晚,秦王派摎攻伐魏国,占领了吴城。韩王入秦朝拜见秦王,魏国把所有国政都委属给秦国并完全听从秦国的命令。五十四年,秦王在雍城郊祭谒见上天。五十六年秋天,昭襄王去世,儿子孝文王即位。遵奉他的母亲唐八子为唐太后,而将她和昭襄王合葬。韩王身着孝服吊祭昭襄王,诸侯都派遣他们的将相来秦国祭吊,参与丧事。

孝文王元年,赦罪人,修先王功臣,褒厚亲戚,弛苑囿。孝文王除丧,十月己亥即位,三日辛丑卒。子庄襄王立。

孝文王元年,赦免罪人,重新重用先王的功臣,厚赐亲戚,削减苑囿游猎。孝文王除掉丧服,十月己亥日即位,三天后辛丑日去世,儿子庄襄王即位。

庄襄王元年,大赦罪人,修先王功臣,施德厚骨肉而布惠于民。东周君与诸侯谋秦,秦使相国吕不韦诛之,尽入其国。秦不绝其祀,以阳人地赐周君,奉其祭祀。使蒙骜伐韩,韩献成皋、巩。秦界至大梁,初置三川郡。二年,使蒙骜攻赵,定太原。三年,蒙骜攻魏高都、汲,拔之。攻赵榆次、新城、狼孟,取三十七城。四月日食。王龁攻上党,初置太原郡。魏将无忌率五国兵击秦,秦却于河

外，蒙骜败，解而去。五月丙午，庄襄王卒，子政立，是为秦始皇帝。

庄襄王元年，大赦犯人，善用先王的功臣，施加恩德来加深骨肉情谊，并且对于平民百姓施加恩惠。东周君和诸侯图谋攻打秦国，秦国派相国吕不韦诛杀了东周君，把他的国土全部纳入秦国的版图。秦国没有灭绝周朝的祠祀，把阳人地区赐给继立的周君，使他能够奉祭周朝的先君。派蒙骜征伐韩国，韩国贡献成皋、巩地。秦国的疆界到达了大梁城，开始设置了三川郡。二年，派遣蒙骜攻打赵国，平定了太原。三年，蒙骜进攻魏国的高都、汲城，攻占了这些地方。攻打赵国的榆次、新城、狼孟，攻克了三十七座城邑。四月，发生日食。王龁攻打上党。开始设置了太原郡。魏国将军无忌率领五国联军攻打秦国，秦国退到黄河以外。蒙骜战败，五国联军解散离去。五月丙午日，庄襄王去世，儿子政即位，即秦始皇帝。

秦王政立二十六年，初并天下，为三十六郡，号为始皇帝。始皇帝五十一年而崩，子胡亥立，是为二世皇帝。三年，诸侯并起叛秦，赵高杀二世，立子婴。子婴立月余，诸侯诛之，遂灭秦。其语在《始皇本纪》中。

秦王政即位二十六年，首次统一了天下，把天下分为三十六个郡，号称为始皇帝。始皇帝五十一岁时逝世，儿子胡亥即立，这就是秦二世皇帝。二世皇帝三年，诸侯共同起来反抗秦帝，赵高杀死了二世皇帝，扶立子婴为秦王。子婴继立一个多月，就被诸侯诛杀，于是灭亡了秦朝。这些事迹详细记载在《始皇本纪》中。

太史公曰：秦之先为嬴姓。其后分封，以国为姓，有徐氏、郯氏、莒氏、终黎氏、运奄氏、菟裘氏、将梁氏、黄氏、江氏、脩鱼氏、白冥氏、蜚廉氏、秦氏；然秦以其先造父封赵城，为赵氏。

太史公说：秦的祖先是姓嬴。后来被分封到各地，便各自以封国为姓，有徐氏、郯氏、莒氏、终黎氏、运奄氏、菟裘氏、将梁氏、黄氏、江氏、脩鱼氏、白冥氏、蜚廉氏、秦氏。但秦国宗族因为他们的先人造父被封在赵城，所以是姓赵。

史记第六卷

秦始皇本纪第六

秦始皇帝者，秦庄襄王子也。庄襄王为秦质子于赵，见吕不韦姬，悦而取之，生始皇。以秦昭王四十八年正月生于邯郸。及生，名为政，姓赵氏。年十三岁，庄襄王死，政代立为秦王。当是之时，秦地已并巴、蜀、汉中，越宛有郢，置南郡矣；北收上郡以东，有河东、太原、上党郡；东至荥阳，灭二周，置三川郡。吕不韦为相，封十万户，号曰文信侯。招致宾客游士，欲以并天下。李斯为舍人。蒙骜、王齮、麃公等为将军。王年少，初即位，委国事大臣。

秦始皇帝，是秦国庄襄王的儿子。当庄襄王在赵国做秦国质子的时候，曾经见到了吕不韦的姬妾，十分喜欢，便娶了她，生下了始皇帝。始皇帝是在秦昭王四十八年正月在邯郸出生的。等到降生的时候，他被取名叫政，姓赵。年纪十三岁时，庄襄王去世，政即位为秦王。在这个时候，秦国的疆域已经兼并了巴、蜀、汉中，并且越过了宛而占有了郢，已经在此设置了南郡；在北方已收取了上郡以东地区，占有河东、太原、上党郡；东面侵占到荥阳，消灭了东西二周，在此设置了三川郡。吕不韦担任丞相，被封给食邑十万户，封号叫文信侯。招揽宾客游士，想依靠他们吞并天下。李斯担任舍人。蒙骜、王齮、麃公等人担任将军。秦王年纪小，又刚即位，国家大事便委托给大臣们处理。

晋阳反，元年，将军蒙骜击定之。二年，麃公将卒攻卷，斩首三万。三年，蒙骜攻韩，取十三城。王齮死。十月，将军蒙骜攻魏氏畼、有诡。岁大饥。四年，拔畼、有诡。三月，军罢。秦质子归自赵，赵太子出归国。十月庚寅，蝗虫从东方来，蔽天。天下疫。百姓内粟千石，拜爵一级。五年，将军骜

攻魏，定酸枣、燕、虚、长平、雍丘、山阳城，皆拔之，取二十城。初置东郡。冬雷。六年，韩、魏、赵、卫、楚共击秦，取寿陵。秦出兵，五国兵罢。拔卫，迫东郡，其君角率其支属徙居野王，阻其山以保魏之河内。七年，彗星先出东方，见北方，五月见西方。将军骜死。以攻龙、孤、庆都，还兵攻汲。彗星复见西方十六日。夏太后死。八年，王弟长安君成蟜将军击赵，反，死屯留，军吏皆斩死，迁其民于临洮。将军壁死，卒屯留、蒲鶮反，戮其尸。河鱼大上，轻车重马东就食。

晋阳县发生了反叛。元年，将军蒙骜平定了叛乱。二年，麃公率领军队攻打魏国的卷城，砍下敌军首级三万。三年，蒙骜进攻韩国，攻取了十三座城邑。这一年王齮去世了。十月，将军蒙骜进攻魏国的畼、有诡。这一年有严重的饥荒。四年，攻克了畼、有诡。三月，停止进军。秦国的质子从赵国回来，赵国的太子离开秦国回归本国。十月庚寅日，蝗虫灾害从东方袭来，遮天蔽日。瘟疫流行。平民百姓只要能够向政府捐纳一千石粟，就可封拜一级爵位。五年，将军蒙骜进攻魏国，平定了酸枣、燕、虚、长平、雍丘、山阳城等地，都被攻克了，共取得二十座城邑。秦国首次设置东郡。冬天，出现打雷的异常现象。六年，韩、魏、赵、卫、楚五国联合攻击秦国，夺取了寿陵。秦国出兵反击，五国联军解散。秦军攻克了卫国，进逼东郡，卫国国君角率领着他的宗族迁往野王，凭借着山势险阻而保卫坚守在魏国的河内地区。七年，有彗星先出现在东方，后出现在北方，五月又出现在西方。将军蒙骜去世。既而就出动军队去攻打龙、孤、庆都等城，回兵时又去攻打汲地。这时候彗星再次出现在西方，长达十六日。夏太后去世。八年，秦王的弟弟长安君成蟜率领军队攻打赵国，他谋反叛秦，死在了屯留城，随从反叛的军吏都被处死，把该地的百姓迁往临洮安置。前来讨伐成蟜的将军壁死了，屯留、蒲鶮二地的士卒又造反，鞭戮了他的尸首。黄河泛滥河里的鱼大量流上岸，致使很多人赶着车马向东逃荒而另寻生计。

嫪毐封为长信侯。予之山阳地，令毐居之。宫室、车马、衣服、苑囿、驰猎恣毐。事无小大皆决于毐。又以河西、太原郡更为毐国。九年，彗星见，或竟天。攻魏垣、蒲阳。四月，上宿雍。己酉，王冠，带剑。长信侯毐作乱而觉，矫王御玺及太后玺以发县卒及卫卒、官骑、戎翟君公、舍人，将欲攻蕲年宫为乱。王知之，令相国昌平君、昌文君发卒攻毐。战咸阳，斩首数百，皆拜爵，及宦者皆在战中，亦拜爵一级。毐等败走。即令国中：有生得毐，赐钱百万；杀之，五十万。尽得毐等。卫尉竭、内史肆、佐弋竭、中大夫令齐等二十人皆枭首。车裂以徇，灭其宗。及其舍人，轻者为鬼薪。及夺爵迁蜀四千余家，家房陵。是月寒冻，有死者。杨端和攻衍氏。彗星见西方，又见北方，从斗以南八十日。十年，相国吕不韦坐嫪毐免。桓齮为将军。齐、赵来，置酒。齐人茅焦说秦王曰："秦方以天下为事，而大王有迁母太后之名，恐诸侯闻之，由此倍秦也。"秦王乃迎太后于雍而入咸阳，复居甘泉宫 。

嫪毐被封为长信侯。把山阳地区赐给他作为封地，让他居住在这里。所有宫室、车马、衣服、苑囿、畋猎场等，一概任凭嫪毐放纵使用。凡事无论大小，都由嫪毐来决定。又把河西太原郡改为毐国。九年，彗星出现，有时光芒横贯长空。秦军进攻魏国的垣城和蒲阳。四月，秦王留宿在雍城。己酉日，秦王举行成年加冠的典礼，佩带刀剑。长信侯嫪毐密谋叛乱而被查觉，他假造秦王的御玺及太后玺印，调动县里的军队及侍卫兵卒、官骑、戎翟君公、舍人，将要进攻蕲年宫，发动叛乱。秦王知道了这件事，命令相国、昌平君、昌文君调集军队攻打嫪毐。双方在咸阳开战，砍下叛军首级好几百。平叛的功臣都授予了爵位，以及那些参加作战的宦者，也拜升一级官爵。嫪毐等人战败逃走。于是在全国下令通缉：有人能够生擒嫪毐的，赏钱一百万；有人能够杀死他的，赏钱五十万。结果嫪毐等人全部被捕捉。卫尉竭、内史肆、佐弋竭、中大夫令齐等二十人全被悬首、车裂以示众，并且杀尽了他们的家族。他们的那些门客，罪轻的罚劳役三年。至于那些被剥夺爵位而流放到蜀地的四千多家，都被安置在房陵居住。这个月冷，有被冻死的人。秦将杨端和攻打衍氏邑。有彗星出现在西方，又出现在北方，再从北斗附近转向南方，共持续了八十天。十年，相国吕不韦因受嫪毐案件的牵连而被免除相职。桓齮被任命为将军。齐、赵二国有使臣前来，受到秦王酒宴款待。齐国人茅焦游说秦王说："秦国正处在以经略天下为大业的时候，而大王却有了流放母太后的罪名，恐怕各国诸侯听到这样的事，会因此而背叛秦国呢。"于是秦王就把太后从雍城迎回咸阳，还让她居住在甘泉宫中。

大索，逐客。李斯上书说，乃止逐客令。李斯因说秦王，请先取韩以恐他国，于是使斯下韩。韩王患之，与韩非谋弱秦。大梁人尉缭来，说秦王曰："以秦之强，诸侯譬如郡县之君，臣但恐诸侯合

从，翕而出不意，此乃智伯、夫差、湣王之所以亡也。愿大王毋爱财物，赂其豪臣，以乱其谋，不过亡三十万金，则诸侯可尽”。秦王从其计，见尉缭亢礼，衣服食饮与缭同。缭曰：“秦王为人，蜂准，长目，挚鸟膺，豺声，少恩而虎狼心，居约易出人下，得志亦轻食人。我布衣，然见我常身自下我。诚使秦王得志于天下，天下皆为虏矣。不可与久游。”乃亡去。秦王觉，固止，以为秦国尉，卒用其计策。而李斯用事。

全国进行广泛的搜查，驱逐从各国来任职的宾客。李斯上书陈说利弊，才使逐客的命令废止。李斯进而游说秦王，请求先攻打韩国，用这样的办法来震慑其他的诸侯国家，因此秦王派李斯攻打韩国。韩王对此非常忧虑，和韩非研究削弱秦国的计策。大梁人尉缭来到秦国，向秦王建议说：“凭借着秦国的强盛，其他诸侯犹如郡县的首长一般，臣怕的就是诸侯们联合起来，出其不意地联合进攻，这也就是智伯、夫差、湣王所以失败的原因。希望大王不要吝惜财物，拿去贿赂各国有权势的大臣，以此打乱他们的合谋计划，这不过损失三十万金，就可使各国诸侯全部被吞并。”秦王听取了他的计策，用相互平等的礼节召见他，自己的衣服、饮食也和尉缭同等。尉缭说：“秦王的相貌：高高的鼻子，细长的眼睛，鸷鸟般的胸脯、豺狼般的声音，这个人缺德而有虎狼心肠，处在不得志的时候很容易对人表示谦卑，得志的时候也就会很轻意地伤害别人。我只是个平民百姓，可是他见到我时常常显出谦躬的样子。如果真使秦王实现得到天下的志向，天下人都将成为他的俘虏了。这种人是不能和他长久共事的。”于是他就准备逃走。秦王发觉了，执意劝止，任命他为秦国尉，最终采纳了他的计策。这时李斯主持秦国的政事。

十一年，王翦、桓齮、杨端和攻邺，取九城。王翦攻阏与、橑杨，皆并为一军。翦将十八日，军归斗食以下，什推二人从军。取邺、安阳，桓齮将。十二年，文信侯不韦死。窃葬。其舍人临者，晋人也逐出之；秦人六百石以上夺爵，迁；五百石以下不临，迁，勿夺爵。自今以来，操国事不道如嫪毐、不韦者籍其门，视此。秋，复嫪毐舍人迁蜀者。当是之时，天下大旱，六月至八月乃雨。

十一年，王翦、桓齮、杨端和攻打邺城，夺取了九座城邑。王翦进攻阏与、橑杨，秦军数路合成一军，由王翦统一指挥了丨八天。军队撤回，军中俸禄在斗食以下的，十人中推选二人从军。攻下邺、安阳，由桓齮担任主将。十二年，文信侯吕不韦死，他的门客暗地里把他埋葬了。门客中那些临丧哀哭的，如果是三晋地区的人，也被驱赶出境；如果是秦国人而俸禄在六百石以上的，就削夺官爵并迁徙；俸禄在五百石以下而没有临丧哭吊的，也要迁徙，但不削夺官爵。从今往后，执掌国家大政而行事不遵循正道，像嫪毐、吕不韦那样的人，就要取消他全家人的户籍而充做奴隶，都要参照这种办法论处。秋天，赦免了被迁移到蜀地去的嫪毐的门客。在这个时期，天下遭遇大旱灾害，从六月份一直无雨，到八月份才得降雨。

十三年，桓齮攻赵平阳，杀赵将扈辄，斩首十万。王之河南。正月，彗星见东方。十月，桓齮攻赵。十四年，攻赵军于平阳，取宜安，破之，杀其将军。桓齮定平阳、武城。韩非使秦，秦用李斯谋，留非，非死云阳。韩王请为臣。

十三年，桓齮攻打赵国平阳，杀死赵国将军扈辄，斩杀敌军首级十万。秦王亲赴河南。正月，彗星出现在东方。十月，桓齮进攻赵国。十四年，在平阳攻打赵国军队，占领了宜安，打败了赵军，杀死了赵将。桓齮平定了平阳、武城。韩非出使秦国，秦国听从李斯的计谋，扣留了韩非，韩非死在云阳。韩王请求成为秦国的藩臣。

十五年，大兴兵，一军至邺，一军至太原，取狼孟。地动。十六年九月，发卒受地韩南阳，假守腾。初令男子书年。魏献地于秦。秦置丽邑。十七年，内史腾攻韩，得韩王安，尽纳其地，以其地为郡，命曰颍川。地动。华阳太后卒。民大饥。

十五年，秦国大举出兵，一路军队攻至邺县，一路军队攻至太原，夺取了狼孟。同年发生地震。十六年九月，派遣军队接收韩国所献的南阳地区，委任腾代理南阳郡守。开始下令男子要呈报年龄。魏国向秦国奉献土地。秦国设置了丽邑。十七年，内史腾攻打韩国，俘获韩王安，全部收纳了韩国的土地，在这个地区设置了郡，定名为颍川郡。同年发生地震。华阳太后去世。百姓遭到严重的饥荒。

十八年，大兴兵攻赵，王翦将上地，下井陉。端和将河内，羌瘣伐赵，端和围邯郸城。十九年，王

秦始皇像，选自明万历刻本《三才会图》。

翦、羌瘣尽定取赵地东阳，得赵王。引兵欲攻燕，屯中山。秦王之邯郸，诸尝与王生赵时母家有仇怨，皆坑之。秦王还，从太原、上郡归。始皇帝母太后崩。赵公子嘉率其宗数百人之代，自立为代王，东与燕合兵，军上谷。大饥。

十八年，大举进攻赵国，王翦统率上地军队攻下井陉，杨端和率领河内的军队，羌瘣攻打赵国，杨端和包围邯郸城。十九年，王翦、羌瘣完全战胜，夺取赵国的土地到达了平阳，俘掳了赵王。他们又率兵准备攻打燕国，在中山地区屯驻。秦王来到了邯郸，那些曾经和秦王出生地赵国的母家有仇的人，都被活埋了。秦王返还，经由太原、上郡回国。始皇帝的母亲皇太后逝世。赵国的公子嘉率领着他的宗族几百人逃到代地，自立为代王，和东方的燕国会合兵力，驻扎在上谷郡。同年又发生了严重的饥荒。

二十年，燕太子丹患秦兵至国，恐，使荆轲刺秦王。秦王觉之，体解轲以徇，而使王翦、辛胜攻燕。燕、代发兵击秦军，秦军破燕易水之西。二十一年，王贲攻荆。乃益发卒诣王翦军，遂破燕太子军，取燕蓟城，得太子丹之首。燕王东收辽东而王之。王翦谢病老归。新郑反。昌平君徙于郢。大雨雪，深二尺五寸。

二十年，燕国的太子丹担心秦国军队进逼国境，非常恐惧，派遣荆轲去行刺秦王。秦王发觉了荆轲的阴谋，肢解了荆轲的身体示众，然后就派王翦、辛胜进攻燕国。燕国、代国出兵迎击秦军，秦军在易水的西边击溃了燕军。二十一年，王贲攻打荆地。秦国调迁了更多的士卒前往王翦的军中，消灭了燕国太子的军队，攻占了燕都蓟城，获得了燕国太子丹的首级。燕王向东收拾辽东地区，并在此称王。王翦借口年老辞官回乡。新郑反叛。昌平君迁居郢地。天降大雪，积雪深二尺五寸。

二十二年，王贲攻魏，引河沟灌大梁，大梁城坏，其王请降，尽取其地。

二十二年，王贲攻打魏国，挖沟引黄河水灌淹大梁城，大梁城的墙被水冲坏，魏王请求投降，秦国彻底占领了魏国的土地。

二十三年，秦王复召王翦，强起之，使将击荆。取陈以南至平舆，虏荆王。秦王游至郢陈。荆将项燕立昌平君为荆王，反秦于淮南。二十四年，王翦、蒙武攻荆，破荆军，昌平君死。项燕遂自杀。

二十三年，秦王再度征召王翦，强行起用他出任官职，派他带兵攻打楚国。王翦占领了陈县以南一直到平舆地区，俘虏了楚王。秦王巡游到达郢都和陈县。楚国的将军项燕扶立昌平君为楚王，在淮南地区起兵反秦。二十四年，王翦、蒙武攻打楚国，大败楚军，昌平君战死，项燕也因此而自杀。

二十五年，大兴兵，使王贲将，攻燕辽东，得燕王喜。还攻代，虏代王嘉。王翦遂定荆江南地；降越君，置会稽郡。五月，天下大酺。

二十五年，秦国大规模地发动军队，派王贲统率，在辽东地区攻打燕国，俘虏了燕王喜。回军攻打代国，俘获了代王嘉。王翦也最终平定了楚国的江南地区；制服了越君，设置会稽郡。五月，下令天下举行宴饮庆贺。

二十六年，齐王建与其相后胜发兵守其西界，不通秦。秦使将军王贲从燕南攻齐，得齐王建。

二十六年，齐王建和他的丞相后胜发动军队防卫齐国的西界，不和秦国交往。秦国派将军王贲从燕地向南进攻齐国，俘获齐王建。

秦初并天下，令丞相、御史曰："异日韩王纳地效玺，请为藩臣，已而倍约，与赵、魏合从畔秦，故兴兵诛之，虏其王。寡人以为善，庶几息兵革。赵王使其相李牧来约盟，故归其质子。已而倍盟，反我太原，故兴兵诛之，得其王。赵公子嘉乃自立为代王，故举兵击灭之。魏王始约服入秦，已而与韩、赵谋袭秦，秦兵吏诛，遂破之。荆王献青阳以西，已而畔约，击我南郡，故发兵诛，得其王，遂定其荆地。燕王昏乱，其太子丹乃阴令荆轲为贼，兵吏诛，灭其国。齐王用后胜计，绝秦使，欲为乱，兵吏诛，虏其王，平齐地。寡人以眇眇之身，兴兵诛暴乱，赖宗庙之灵，六王咸伏其辜，天下大定。今名号不更，无以称成功，传后世。其议帝号。"丞相绾、御史大夫劫、廷尉斯等皆曰："昔者五帝地方千里，其外侯服、夷服，诸侯或朝或否，天子不能制。今陛下兴义兵，诛残贼，平定天下，海内为郡县，法令由一统，自上古以来未尝有，五帝所不及。臣等谨与博士议曰：'古有天皇，有地皇，有泰皇，泰皇最贵。'臣等昧死上尊号，王为'泰皇'。命为'制'，令为'诏'，天子自称曰'朕'。"王曰："去'泰'著'皇'，采上古'帝'位号，号曰'皇帝'。他如议。"制曰："可。"追尊庄襄王为太上皇。制曰："朕闻太古有号毋谥，中古有号，死而以行为谥。如此，则子议父，臣议君也，甚无谓，朕弗取焉。自今以来，除谥法。朕为始皇帝，后世以计数，二世三世至于万世，传之无穷。"

秦刚刚统一天下，秦王对丞相、御史命令说："前些日子韩王奉纳土地和进献国玺，请求作为藩臣，不久就违背了盟约，和赵国、魏国联合背叛秦国，所以兴兵攻打韩国，俘获了它的国王。寡人认为这样做该很圆满了，大概可以停止战争了。赵王派他的丞相李牧前来订立盟约，因此归还了他们的质子。不久他们就背弃了盟约，在太原反叛我国，所以兴兵讨伐他们，俘获赵国国王。赵国公子嘉又自立为代王，所以又举兵消灭了他。魏王起初订立盟约表示臣服秦国，不久就和韩国、赵国联合袭击秦国，秦军官兵进行诛伐，于是打垮了他们。楚王奉献青阳以西的土地，不久就违背盟约，袭击我国的南郡，因此发兵进行讨伐，俘获它的国王，于是就平定了楚地。燕王昏庸乱政，他的太子丹才能够暗地里命荆轲到秦国来行刺，秦国的官兵们进行讨伐，灭亡了他的国家。齐王采用后胜的计策，断绝了和秦国的通使往来，想要作乱，官兵们前去进行诛伐，俘获了那个国王，平定了齐地。寡人以眇小的身躯，兴兵诛伐暴乱，仰赖宗庙祖先的威灵，六国的国王全都称臣认罪，天下完全得到安定。如今若不更改名号，就无法弘扬我所取得的功业，使它流传给后世。你们讨论一下帝王的称号。"承相王绾、御史大夫冯劫、廷尉李斯等人都说："以前五帝的疆土纵横千里，在这以外的侯服、夷服地区的诸侯们，有的朝贡天子，有的不朝贡，天子不能加以控制。如今陛下发动正义的军队，消灭了残暴的贼子，平定了天下，海内设立郡县，法令因而统一，这是自上古以来不曾有过的功绩，是五帝所不能达到的。臣等谨慎地讨论的结果是：'古代有天皇，有地皇，有泰皇，泰皇最为尊贵。'臣等冒死呈上尊号，王应称为'泰皇'。天子之命称为'制'，天子之令称为'诏'，天子自称叫做'朕'。"秦王说："除去'泰'字，留用'皇'字，再次采用上古'帝'位的称号，尊号叫做'皇帝'。其他就依照你们的建议。"于是天子下令说："可。"追加尊号称庄襄王为太上皇。又下达制书说："朕听说在上古时候有号而没有谥，中古时有号，死后又按照他的行为定立谥的称谓。就这样，就是儿子评论父亲、臣子评论君主了，这样做很没有好处，朕不能采取这种做法。从此以后，废除谥法。朕称始皇帝，后世以数字表达，从二世、三世直到万世，让它的传递无穷无尽。"

始皇推终始五德之传，以为周得火德，秦代周德，从所不胜。方今水德之始，改年始，朝贺皆自十月朔。衣服旄旌节旗皆上黑。数以六为纪，符、法冠皆六寸，而舆六尺，六尺为步，乘六马。更名河曰德水，以为水德之始。刚毅戾深，事皆决于法，刻削毋仁恩和义，然后合五德之数。于是急法，久者不赦。

始皇帝推算金、木、水、火、土五德始终循环相生相克的原理，认为周朝得到火德，秦代替周的火德而兴盛，就必须推从周德所不能胜过的水德。现在应该是水德开始，就要更改每年的起始月，朝臣们元旦入朝庆贺都从十月初一日开始。衣服、旄旗、符节的色彩都崇尚黑色。数目以六为基数，符信、法冠都是六寸，而车舆的宽度为六尺，六尺作为一步，每乘车拉车的马定为六匹。把黄河改名叫德水，由于开始运行水德。以刚毅狠戾刻薄作为施政的手段，凡事都依法办理，苛刻而没有仁慈恩惠和道义，认为这样做了以后才能符合五德运行的原则。于是施行残酷的刑法，犯罪的人很长时间得不到赦免。

丞相绾等言："诸侯初破，燕、齐、荆地远，不为置王，毋以填之。请立诸子，唯上幸许。"始皇下其议于群臣，群臣皆以为便。廷尉李斯议曰："周文武所封子弟同姓甚众，然后属疏远，相攻击如仇雠，诸侯更相诛伐，周天子弗能禁止。今海内赖陛下神灵一统，皆为郡县，诸子功臣以公赋税重赏赐之，甚足易制。天下无异意，则安宁之术也。置诸侯不便。"始皇曰："天下共苦战斗不休，以有侯王。赖宗庙，天下初定，又复立国，是树兵也，而求其宁息，岂不难哉！廷尉议是。"

丞相王绾等人上奏说："诸侯刚被消灭，燕、齐、楚地区偏远，若不设置王国，就无法镇守这些地区。请求封立各位皇子作为王，希望皇上能够允许。"始皇帝把这个建议下发给群臣们讨论，群臣们都认为这样做更便于治理。廷尉李斯建议说："周朝文王、武王所分封的子弟及同姓诸侯很多，但是后来宗属关系疏远，他们相互攻击如同仇人一般，诸侯们接连不断地相互征讨杀伐，周天子不能制止。如今海内仰赖陛下的神灵而成为统一的天下，各地都设立了郡县，各个子弟和功臣用国家的赋税收入重赏他们，这样做就很容易控制。使天下没有二心，这样才是安定国家的策略。设置诸侯不便于治理国家。"始皇帝说："天下的人都饱受了战争苦难，就是由于有诸侯王的存在。仰赖宗庙先祖的神威，天下刚刚安定，又要重新设立王国，这是在种下战争的祸根，而想求得天下安定发展，岂不是很困难吗！廷尉的意见是对的。"

分天下以为三十六郡，郡置守、尉、监。更名民曰"黔首"。大酺。收天下兵，聚之咸阳，销以为钟鐻，金人十二，重各千石，置廷宫中。一法度衡石丈尺。车同轨。书同文字。地东至海暨朝鲜，西至临洮、羌中，南至北向户，北据河为塞，并阴山至辽东。徙天下豪富于咸阳十二万户。诸庙及章台，上林皆在渭南。秦每破诸侯，写放其宫室，作之咸阳北阪上，南临渭，自雍门以东至泾、渭，殿屋、复道、周阁相属。所得诸侯美人、钟鼓，以充入之。

全国分为三十六郡，郡中设置郡守、郡尉、监御史等官职。把百姓改称为"黔首"。赏赐天下的人宴饮共同庆贺统一。收集天下的兵器，聚集到咸阳，熔化铸成大钟，又铸造了十二个铜人，各重千石，放在宫廷中。统一法律和度量衡。统一车辆的规格。统一书写的文字。秦朝的版图东边到达大海及朝鲜，西边到达临洮、羌中，南边到达北向户，北方据守黄河作为关塞，并连及阴山直达辽东。把天下十二万户豪富迁徙到咸阳。各代先祖的陵庙以及章台宫和上林苑都设置在渭水南岸地区。秦每灭亡一个诸侯国，都描绘出这个侯国宫室的图形，在咸阳北阪地区仿建，南面滨临渭水，从雍门向东直达泾水、渭水的会合处，殿屋之间有天桥和环行的长廊相互连接。把从诸侯国所搜集到的美人、钟鼓，都安置在这些宫殿中。

二十七年，始皇巡陇西、北地，出鸡头山，过回中。焉作信宫渭南，已更命信宫为极庙，象天极。自极庙道通郦山，作甘泉前殿。筑甬道，自咸阳属之。是岁，赐爵一级。治驰道。

二十七年，始皇帝巡视陇西、北地郡，越过鸡头山，经过回中宫。在渭水的南面建造长信宫，不久又改信宫名为极庙，象征天极。从极庙修筑道路直通郦山，建造甘泉宫前殿。又在驰道两旁筑造垣墙，从咸阳贯通到这里。这一年，普遍赏赐一级爵位，又增修供皇帝巡行各地的大道。

二十八年，始皇东行郡县，上邹峄山。立石，与鲁诸儒生议，刻石颂秦德，议封禅望祭山川之事。乃遂上泰山，立石，封，祠祀。下，风雨暴至，休于树下，因封其树为五大夫。禅梁父。刻所立石，其辞曰：

二十八年，始皇帝向东巡视郡县，登上邹地的峄山。树立了石碑，和鲁地的各位儒生商讨碑文，刻石歌颂秦朝的功德，并且议论了封禅、望祭名山大川的事宜。于是就登上泰山，建立石碑，筑土坛立祠祭祀天神。下山时，狂风暴雨骤至，在树下避雨休息，因此封这棵大树为五大夫。在梁父山修整地面而举行祭祀。立石刻碑，碑文内容是：

皇帝临位，作制明法，臣下修饬。二十有六年，初并天下，罔不宾服。亲巡远方黎民，登兹泰山，周览东极。从臣思迹，本原事业，祗诵功德。治道运行，诸产得宜，皆有法式。大义休明，垂于后世，顺承勿革。皇帝躬圣，既平天下，不懈于治。夙兴夜寐，建设长利，专隆教诲。训经宣达，远近毕理，咸承圣志。贵贱分明，男女礼顺，慎遵职事。昭隔内外，靡不清净，施于后嗣。化及无穷，遵奉遗诏，永承重戒。

皇帝登临大位，制定昌明法规，臣下克谨奉行。时在二十六年，首次统一天下，无不降服称臣。

亲自视察远方，登上这座泰山，遍览东土边极。随臣追思业绩，推求创业本源，恭敬歌颂功德。治国主张畅行，各种产业适合，一切都有法规。大义美好昌明，足以垂教后世，顺承而不变更。皇帝圣明勤勉，已经平定天下，治国仍不懈怠。每日早起晚睡，创造长久福利，专意推重教诲。训解经义通达，远近都加治理，全遵圣人意志。贵贱等级分明，男女依礼行事，人人慎遵职守。光明通照内外，到处安泰清明，功绩流传后世。教化无穷无尽，遵奉先皇遗诏，永受重大警戒。

于是乃并勃海以东，过黄、腄，穷成山，登之罘，立石颂秦德焉而去。

于是就沿着渤海向东行进，经过黄县、腄县，越过成山峰顶，登上之罘山，树立石碑歌颂秦的功德，然后离去。

南登琅邪，大乐之，留三月。乃徙黔首三万户琅邪台下，复十二岁。作琅邪台，立石刻，颂秦德，明得意。曰：维二十八年，皇帝作始。端平法度，万物之纪。以明人事，合同父子。圣智仁义，显白道理。东抚东土，以省卒士。事已大毕，乃临于海。皇帝之功，勤劳本事。上农除末，黔首是富。普天之下，抟心揖志。器械一量，同书文字。日月所照，舟舆所载。皆终其命，莫不得意。应时动事，是维皇帝。匡饬异俗，陵水经地。忧恤黔首，朝夕不懈。除疑定法，咸知所辟。方伯分职，诸治经易。举错必当，莫不如画。皇帝之明，临察四方。尊卑贵贱，不逾次行。奸邪不容，皆务贞良。细大尽力，莫敢怠荒。远迩辟隐，专务肃庄。端直敦忠，事业有常。皇帝之德，存定四极。诛乱除害，兴利致福。节事以时，诸产繁殖。黔首安宁，不用兵革。六亲相保，终无寇贼。欢欣奉教，尽知法式。六合之内，皇帝之土。西涉流沙，南尽北户。东有东海，北过大夏。人迹所至，无不臣者。功盖五帝，泽及牛马。莫不受德，各安其宇。

向南登临琅邪山，举行大型娱乐活动，在这里逗留了三个月。于是迁徙三万户百姓居住在琅邪台下，免除了他们十二年的赋税徭役。建造琅邪台，立起石碑，刻写碑文颂扬秦朝的功德，表明他踌躇满志的心意。碑文写道：时在二十八年，始皇开始称帝。法度端正公平，万物有了纲纪。彰明人事之道，父子亲爱和合。皇帝仁义圣智，宣明各种道理。亲至东方安抚，同时慰劳士卒。大业已经完成，于是亲临海滨。皇帝功勋卓越，操劳根本大事。重农抑制工商，百姓因此富足。普天之下团结，专心实现帝志。器物统一度量，统一书写文字。日月所照之处，舟车行驶之地，彻底执行王命，无不称心如意。顺应天时地利，决策全由皇帝。匡正不良习俗，规划山川大地。优恤民众疾苦，日夜不敢懈怠。除疑制定法律，都知遵守法纪。地方官长尽职，治理规范平易。措施必定得当，无不处理完善。皇帝非常圣明，亲临察视四方。无论尊卑贵贱，不越等级列行。奸邪无处容身，致力纯贞善良。大小事务尽力，无人敢于怠慢。无论远近偏僻，专求肃敬端庄。正直敦厚忠实，事业才能久长。皇帝浩大功德，存恤安定四方。平乱除去祸害，兴利致福无疆。按照时节兴事，百业繁荣增长。民众因此安宁，不需动用兵革。六亲相互连保，终无寇乱盗贼。欢欣遵奉教化，全都知晓法度。天地四方之内，都是皇帝疆土。西方跨过流沙，南方到达北户，东方拥有东海，北方超过大夏。人迹所到之处，无不归顺称臣。功业盖过五帝，泽惠施及牛马。无不受其恩德，人人安居乐业。

维秦王兼有天下，立名为皇帝，乃抚东土，至于琅邪。列侯武城侯王离、列侯通武侯王贲、伦侯建成侯赵亥、伦侯昌武侯成、伦侯武信侯冯毋择、丞相隗林、丞相王绾、卿李斯、卿王戊、五大夫赵婴、五大夫杨樛从，与议于海上。曰："古之帝者，地不过千里，诸侯各守其封域，或朝或否，相侵暴乱，残伐不止，犹刻金石，以自为纪。古之五帝三王，知教不同，法度不明，假威鬼神，以欺远方，实不称名，故不久长。其身未殁，诸侯倍叛，法令不行。今皇帝并一海内，以为郡县，天下和平。昭明宗庙，体道行德，尊号大成。群臣相与诵皇帝功德，刻于金石，以为表经。"

秦王兼并诸侯而拥有天下，建立名号称为皇帝。于是来抚慰东方地区，到达了琅邪。列侯武城侯王离、列侯通武侯王贲、伦侯建成侯赵亥、伦侯昌武侯成、伦侯武信侯冯毋择、丞相隗状（原文为"隗林"，误）、丞相王绾、卿李斯、卿王戊、五大夫赵婴、五大夫杨樛跟随巡视，皇帝和他们在海上共同商讨。说："古代的帝王们，拥有的国土不过方圆千里，诸侯们各自固守所受封土，或来朝或不来，相互侵扰作乱，残杀征伐不停。他们还刻金石，来记自己功业。古时候的五帝三王，知识教化不同，法令制度不明，借助鬼神威力，欺骗远方民众，实和名号不称，所以不能长久。自身还没亡殁，诸侯已经背叛，法令无法施行。如今皇帝统一海内，分为直辖郡县，天下和睦清平。显扬祖先宗庙，行大道施德政，尊号大称功业。群臣们共同称颂皇帝的功德，刻在金石上面，作为永久典范。

既已，齐人徐市等上书，言海中有三神山，名曰蓬莱、方丈、瀛洲，仙人居之。请得斋戒，与童男女求之。于是遣徐市发童男女数千人，入海求仙人。

这件事完成以后，齐地人徐市等呈上奏书，说海中有三座神山，名叫蓬莱、方丈、瀛州，有仙人居住在那里。请求斋戒沐浴，率领童男童女前往寻觅仙人。因此派遣徐市率领几千名童男童女，进入海中去寻求仙人。

始皇还，过彭城，斋戒祷祠，欲出周鼎泗水。使千人没水求之，弗得。乃西南渡淮水，之衡山、南郡。浮江，至湘山祠。逢大风，几不得渡。上问博士曰："湘君何神?"博士对曰："闻之，尧女，舜之妻，而葬此。"于是始皇大怒，使刑徒三千人皆伐湘山树，赭其山。上自南郡由武关归。

始皇帝从东方返回，经过彭城，亲自斋戒祈祷祭祀，想要把当年掉落在泗水中的周鼎打捞上来。派遣一千人潜入水中搜寻，没有得到。于是向西南渡过淮水，前往衡山、南郡。坐船在湘江中行进，到达湘山祠。遇到大风，几乎无法渡江。皇帝问博士说："湘君是什么神?"博士回答说："据传说，尧的女儿，舜的妻子，葬在这里。"因此始皇帝大怒，派遣三千名服刑的罪犯把湘山的树木全部砍光，使这座山现出红土成了光秃秃的。皇帝从南郡经由武关回到都城。

二十九年，始皇东游。至阳武博狼沙中，为盗所惊。求弗得，乃令天下大索十日。

二十九年，始皇帝到东方去出游。到达阳武县博狼沙地方，被刺客所惊扰。没有抓到这个刺客，于是命令全国进行十天的大搜捕。

登之罘，刻石。其辞曰：维二十九年，时在中春，阳和方起。皇帝东游，巡登之罘，临照于海。从臣嘉观，原念休烈，追诵本始。大圣作治，建定法度，显箸纲纪。外教诸侯，光施文惠，明以义理。六国回辟，贪戾无厌，虐杀不已。皇帝哀众，遂发讨师，奋扬武德。义诛信行，威燀旁达，莫不宾服。烹灭强暴，振救黔首，周定四极。普施明法，经纬天下，永为仪则。大矣哉！宇县之中，承顺圣意。群臣诵功，请刻于石，表垂于常式。

始皇帝登上之罘山，立碑刻石，碑文内容是：时在二十九年，正当仲春季节，阳和气息刚起。皇帝东行游览，巡视登上之罘，亲临观赏大海。随臣称赞美景，想起伟业根源，追颂建功之本。大圣始创治道，建立确定法度，彰明大纲大纪。对外教化诸侯，布施文治恩德，晓明大义之理。六国回避教化，贪婪狠戾无已，暴虐杀伐不止。皇帝哀怜众生，出动军队讨伐，奋扬威武功德。仗义诛讨示信，神威慑服远方，无人敢不臣服。消灭强暴势力，振救无辜百姓，平定远近四方。广施英明法度，主宰治理天下，成为永世典范。多么伟大啊！宇宙神州之中，顺从遵循圣意。群臣称颂功德，请求刻之于石，流传后世作常法。

其东观曰：维二十九年，皇帝春游，览省远方。逮于海隅，遂登之罘，昭临朝阳。观望广丽，从臣咸念，原道至明。圣法初兴，清理疆内，外诛暴强。武威旁畅，振动四极，禽灭六王。阐并天下，灾害绝息，永偃戎兵。皇帝明德，经理宇内，视听不怠。作立大义，昭设备器，咸有章旗。职臣遵分，各知所行，事无嫌疑。黔首改化，远迩同度，临古绝尤。常职既定，后嗣循业，长承圣治。群臣嘉德，祗诵圣烈，请刻之罘。

在东观刻石的颂辞是：时在二十九年，皇帝春天巡游，观览视察远方。一直来到海边，于是登临之罘，欣赏初升朝阳。遥望广丽山川，随臣全都追念，立道极为英明。圣人法令初创，清理疆内异端，对外讨伐暴强。武威弘扬畅达，震惊远近四方，擒灭六国之王。开拓一统天下，根除灾难祸害，永远停息战乱。皇帝英明圣德，经略治理天下，视听处事不怠。谋划树立大义，设置各种器械，都有明显标志。臣子尽职守分，各自明确权限，政事都无嫌疑。民众移风易俗，远近同一法度，终身从无过错。常职已经确定，后代遵循先业，永远继承圣治。群臣赞美功德，称颂圣人伟绩，请求刻石之罘。事后不久，就前往琅邪，经过上党回到京城。

三十年，无事。

三十年，没有特别的事情。

三十一年，十二月，更名腊曰"嘉平"。赐黔首里六石米，二羊。始皇为微行咸阳，与武士四人俱，夜出逢盗兰池，见窘，武士击杀盗，关中大索二十日。米石千六百。

三十一年十二月，把腊月的名称改为“嘉平”。赏赐给民众每一百户六石米、二只羊。始皇帝穿着便装在咸阳暗中巡视，和四名武士一起，夜里出来，在兰池宫遇到盗贼行刺，被置于危险的窘迫境地，武士击杀了盗贼，在关中地区进行了二十天的大搜捕。米价涨到一千六百钱一石。

三十二年，始皇之碣石，使燕人卢生求羡门、高誓。刻碣石门。坏城郭，决通堤防。其辞曰：遂兴师旅，诛戮无道，为逆灭息。武殄暴逆，文复无，庶心咸服惠论功劳，赏及牛马，恩肥土域。皇帝奋威，德并诸侯，初一泰平。堕坏城郭，决通川防，夷去险阻。地势既定，黎庶无繇，天下咸抚。男乐其畴，女修其业，事各有序。惠被诸产，久并来田，莫不安所。群臣诵烈，请刻此石，垂著仪矩。

三十二年，始皇帝前往碣石，派遣燕人卢生寻求仙人羡门、高誓。在碣石城门刻立碑石。拆毁了内外城墙，挖通了堤防。刻石的碑文是：皇帝发动军队，诛伐无道君王，为了平息叛逆。武力消除暴逆，文治平复无罪，民心全都顺服。按功颁行赏赐，德泽遍及牛马，皇恩肥育国土。皇帝奋起神威，以德兼并诸侯，开始一统太平。拆除关东城郭，挖通河川堤防，铲平四方险阻。地势既已荡定，百姓没有徭役，天下全都太平。男子乐于田作，妇人修治女红，事事都有秩序。恩泽广覆各业，合力勤奋种田，无不安居乐业。群臣诵称功绩，请求刻立此石，永垂后世楷模。

因使韩终、侯公、石生求仙人不死之药。始皇巡北边，从上郡入。燕人卢生使入海还，以鬼神事，因奏录图书，曰“亡秦者胡也”。始皇乃使将军蒙恬发兵三十万人北击胡，略取河南地。

因而派遣韩终、侯公、石生去觅求仙人不死的奇药。始皇帝巡视北方边地，从上郡进入都城。派遣到海中寻求仙人的燕人卢生返回，为了鬼神的事，因而呈奏他所抄录的图谶书籍，书上说：“灭亡秦的是胡。”始皇帝于是派遣将军蒙恬率领三十万军队向北攻击胡人，攻克了河南地区。

三十三年，发诸尝逋亡人、赘婿、贾人略取陆梁地，为桂林、象郡、南海，以適遣戍。西北斥逐匈奴。自榆中并河以东，属之阴山，以为四十四县，城河上为塞。又使蒙恬渡河取高阙、阳山、北假中，筑亭障以逐戎人。徙谪，实之初县。禁不得祠。明星出西方。三十四年，適治狱吏不直者，筑长城及南越地。

三十三年，征发那些曾经逃亡的罪犯、典押给别人家做奴隶的人、商贩，去攻取陆梁地区，设置了桂林、象郡、南海三个郡，派遣受贬谪的人去防守。在西北地区驱逐了匈奴。自榆中沿黄河向东，一直连接到阴山，设置了三十四个县，在黄河岸边筑城作关塞。又派遣蒙恬渡过黄河攻克高阙、阳山、北假一带地方，修筑亭台屏障等来驱逐戎狄。迁徙被贬谪的人，充实到新设置的县。发布禁令不能祭祀。有彗星出现在西方。三十四年，贬谪那些不秉公办理讼狱的人，去修筑长城及戍守南越地区。

始皇置酒咸阳宫，博士七十人前为寿。仆射周青臣进颂曰：“他时秦地不过千里，赖陛下神灵明圣，平定海内，放逐蛮夷，日月所照，莫不宾服。以诸侯为郡县，人人自安乐，无战争之患，传之万世。自上古不及陛下威德。”始皇悦。博士齐人淳于越进曰：“臣闻殷周之王千余岁，封子弟功臣，自为枝辅。今陛下有海内，而子弟为匹夫，卒有田常、六卿之臣，无辅拂，何以相救哉？事不师古而能长久者，非所闻也。今青臣又面谀以重陛下之过，非忠臣。”始皇下其议。丞相李斯曰：“五帝不相复，三代不相袭，各以治，非其相反，时变异也。今陛下创大业，建万世之功，固非愚儒所知。且越言乃三代之事，何足法也？异时诸侯并争，厚招游学。今天下已定，法令出一，百姓当家则力农工，士则学习法令辟禁。今诸生不师今而学古，以非当世，惑乱黔首。丞相臣斯昧死言：古者天下散乱，莫之能一，是以诸侯并作，语皆道古以害今，饰虚言以乱实，人善其所私学，以非上之所建立。今皇帝并有天下，别黑白而定一尊。私学而相与非法教，人闻令下，则各以其学议之，入则心非，出则巷议，夸主以为名，异取以为高，率群下以造谤。如此弗禁，则主势降乎上，党与成乎下。禁之便。臣请史官非秦记皆烧之。非博士官所职，天下敢有藏《诗》、《书》、百家语者，悉诣守、尉杂烧之。有敢偶语《诗》、《书》者弃市。以古非今者族。吏见知不举者与同罪。令下三十日不烧，黥为城旦。所不去者，医药卜筮种树之书。若欲有学法令，以吏为师。”制曰：“可。”

始皇帝在咸阳宫设置酒宴，有七十位博士上前祝酒。仆射周青臣上前称说：“从前秦国的土地不超过千里，仰赖陛下的神灵圣明，平定了海内，驱逐了蛮夷部族，使日月所能照到的地方，无人不称臣顺服。把诸侯封国改成了郡县，让每个人都安居乐业，没有战争的灾难，这个伟大的功业流传万世，从上古以来没有人能赶得上陛下的神威和功德。”始皇帝非常高兴。博士齐地人淳于越进言说：“我听说殷、周统治天下一千多年，分封子弟和功臣，来作为自己的枝叶和辅佐。如今陛下拥有海内，而您的子弟却是匹夫，一旦突然出现了像田常、六卿一样的乱臣，没有藩辅，将用什么来相互帮助呢？凡事不师法古制而能长久的，我闻所未闻。如今周青臣又当面奉承而使陛下加重过失，他不是忠臣。”始皇帝把这件事下发给群臣讨论。丞相李斯说：“五帝的政治措施不相重复，三代的国家制度不相因袭，各自根据当时的需要来进行治理，他们不是有意相反，而是时势变异的结果。如今陛下创建了伟大的功业，建立了流传万世的功勋，根本就不是愚儒所能理解的。而且淳于越所说的是三代时候的事，又有什么值得取法的？从前是因为诸侯并立而互争短长，所以才用优厚待遇招揽游学之士。如今天下已经平定，法令出于一统，百姓居家就应该努力从事农工生产，士人就应该学习法令刑禁。如今那些儒生不效法当今而要学习古代，用来诽谤当今，搞乱百姓的思想。丞相李斯冒死进言：古时候天下分散混乱，没有人能够统一，所以使得诸侯并起，有所论说都是称引古代而损害当今，用虚言加以粉饰来搅乱事实，人们只认为他们自己私下所学是正确的，而指责皇上所建立的制度。如今皇帝拥有一统的天下，明辨了是非黑白并规定了一切决抉于至尊。而那些私家之学相互勾结，非议法令教化，这些人一听到政令发布，就各自用他们所学的主张加以评论，上朝时内心指责，出来后就在街巷议论，在君主面前他们夸耀自己所主张的学说来博取名声，用有不同于当今的观点来表示高明，率领着一群追逐者对政府造谣。这样的情况不加以禁止，就能使在上的君主威势下降，在下的臣子结成朋党。我认为禁止这种风气是对的。我请求命令史官把除《秦记》以外的史书都焚毁。不是博士官的职务需要，天下若有人敢于隐藏《诗》、《书》、百家典籍的，都必须将这些典籍交到守、尉等地方官府一同烧毁。如果有人敢相聚论说《诗》、《书》的就要被当众处死。用古事来非议当今的人要被诛灭全族。官吏中若有知道和看见而不揭发的人和他们同罪。命令下达后三十天内仍不烧书的人，要被处以黥刑后发配到边疆去修筑长城。所不烧的书籍，是有关医药、卜筮和种植一类的书籍。如果想要学习法令，就应拜官吏为师。”皇帝下达制书说：“可以。”

三十五年，除道，道九原抵云阳，堑山堙谷，直通之。于是始皇以为咸阳人多，先王之宫廷小，吾闻周文王都丰，武王都镐，丰镐之间，帝王之都也。乃营作朝宫渭南上林苑中。先作前殿阿房，东西五百步，南北五十丈，上可以坐万人，下可以建五丈旗。周驰为阁道，自殿下直抵南山。表南山之颠以为阙。为复道，自阿房渡渭，属之咸阳，以象天极阁道绝汉抵营室也。阿房宫未成；成，欲更择令名名之。作宫阿房，故天下谓之阿房宫。隐宫徒刑者七十余万人，乃分作阿房宫，或作丽山。发北山石椁，乃写蜀、荆地材皆至。关中计宫三百，关外四百余。于是立石东海上朐界中，以为秦东门。因徙三万家骊邑，五万家云阳，皆复不事十岁。

三十五年，修筑大道，经过九原郡抵达云阳，挖山填谷，径直相通。这时候始皇帝认为咸阳人口太多，先王的宫廷又太小，我听说周文王定都在丰，武王定都在镐，丰、镐两城一带，才是帝王定都的地方。于是在渭水南面的上林苑中建造朝会的宫殿。首先建筑了前殿阿房宫，这座宫殿东西宽五百步，南北长五十丈，宫内可以坐下万人，下面可以竖起五丈高的大旗。周围环绕着回廊通道，从殿下一直通到南山。在南山的峰顶建造宫阙。又修造天桥，从阿房宫跨过渭水，连接到咸阳，来象征天空中的阁道星横跨银河抵达营室星。阿房宫还未建成，建成以后将要另外选择一个美好的名字来称呼它。由于这座宫建筑在阿房，所以天下的人把它叫作阿房宫。受过宫刑和判徒刑的七十多万人，被分别派去建造阿房宫，或是修筑骊山墓。在北山开采石料制作石椁，把蜀地、楚地的木材都砍伐运来。关中地区的宫殿总计建有三百座，关外建有四百多座。这时候在东海边上的朐县界内竖立石碑，用它作为秦国的东大门。因而迁徙民众三万户到骊邑，五万家到云阳，都免除他们十年的赋税和徭役。

卢生说始皇曰：“臣等求芝、奇药、仙者常弗遇，类物有害之者。方中，人主时为微行以辟恶鬼，恶鬼辟，真人至。人主所居而人臣知之，则害于神。真人者，入水不濡，入火不爇，陵云气，与天地久长。今上治天下，未能恬倓。愿上所居宫毋令人知，然后不死之药殆可得也。”于是始皇曰：“吾慕真人，自谓‘真人’，不称‘朕’。”乃令咸阳之旁二百里内宫观二百七十复通甬道相连，帷帐钟鼓美人充之，各案署不移徙。行所幸，有言其处者，罪死。始皇帝幸梁山宫，从山上见丞相车骑众，弗善也。

中人或告丞相，丞相后损车骑。始皇怒曰："此中人泄吾语。"案问莫服。当是时，诏捕诸时在旁者，皆杀之。自是后莫知行之所在。听事，群臣受决事，悉于咸阳宫。

卢生劝导始皇帝说："我们这些臣子去寻求灵芝奇药和仙人，常常是找不到，好像有什么东西伤害了他们。方术要和君主相合的时候，君主应该隐瞒行踪来远离恶鬼，远离了恶鬼，真人才能来临。君主所在的地方让臣子们知道了，就会伤害神灵。作为真人，是进入水中不会粘湿，闯入火中不会烧伤，凌驾在云气之上，和天地共长久的。如今陛下治理天下，还不能做到清静安宁。希望您所居处的宫殿不要让别人知晓，做到这样以后才或许可能求得不死之药。"于是始皇帝说："我仰慕真人。"就称自己叫"真人"，不再称"朕"。于是下令将咸阳周围二百里以内的二百七十座宫观，用空中的复道和有围墙的甬道互相连接起来，把帷帐、钟鼓、美女安置在其中，并分别登记在册而不准移动。皇帝有所临幸，如果有人透露出他所在地方，就要被处死。始皇帝幸临梁山宫，从山上看到丞相拥有庞大的车骑卫队，很不满意。宫中有人将这件事告诉丞相，丞相以后就减省了随从车骑。始皇帝知道后大怒道："这一定是宫中有人将我的话泄露出去了。"立案审问而没有人肯供认。在这个时候，始皇帝就下诏逮捕当时在他身旁侍从的所有宫人，把他们全部处死。从此以后再没有人知道始皇帝的行踪。听取群臣们上奏国事，和群臣领受始皇帝的决策，都在咸阳宫中举行。

侯生、卢生相与谋曰："始皇为人，天性刚戾自用，起诸侯，并天下，意得欲从，以为自古莫及己。专任狱吏，狱吏得亲幸。博士虽七十人，特备员弗用。丞相诸大臣皆受成事，倚辨于上。上乐以刑杀为威，天下畏罪持禄，莫敢尽忠。上不闻过而日骄，下慑伏谩欺以取容。秦法，不得兼方，不验，辄死。然候星气者至三百人，皆良士，畏忌讳谀，不敢端言其过。天下之事无小大皆决于上，上至以衡石量书，日夜有呈，不中呈不得休息。贪于权势至如此，未可为求仙药。"于是乃亡去。始皇闻亡，乃大怒曰："吾前收天下书不中用者尽去之。悉召文学方术士甚众，欲以兴太平，方士欲练以求奇药。今闻韩众去不报，徐市等费以巨万计，终不得药，徒奸利相告日闻。卢生等吾尊赐之甚厚，今乃诽谤我，以重吾不德也。诸生在咸阳者，吾使人廉问，或为訞言以乱黔首。"于是使御史悉案问诸生，诸生传相告引，乃自除。犯禁者四百六十余人，皆坑之咸阳，使天下知之，以惩后。益发谪徙边。始皇长子扶苏谏曰："天下初定，远方黔首未集，诸生皆诵法孔子，今上皆重法绳之，臣恐天下不安。唯上察之。"始皇怒，使扶苏北监蒙恬于上郡。

侯生和卢生相互谋划说："始皇帝的为人，是天性刚烈狠毒而且自以为是，从一个诸侯起家，兼并了天下，他的心志得到了满足、行动也为所欲为，认为自古以来的帝王没有能够胜过他自己的。他专门任用治狱的官吏，使治狱的官吏能够得到皇帝的亲近和宠幸。博士官虽有七十人，但只是备员充数而得不到任用。丞相和各位大臣都只是领受皇帝的成命，一切政务都要靠皇上来决策办理。皇上欢喜用刑法杀戮的方法来建立他的帝王威权，天下之人都害怕获罪而只想保持住自己的俸禄，没有谁敢于尽忠。皇上不能听到自己的过失而日益骄横放纵，臣下被皇上的威严所慑服而用说谎、欺瞒的方法来取得皇上对自己的宽容。秦法中规定，一种方术不能施用两次，如果没有应验，就会被处死。然而占候星象云气的虽多到三百人，他们都是良士，却因为畏惧皇帝的忌讳而拍马，不敢直言始皇帝的过失。天下的事无论大小都由皇上决定，以至于皇上每天批阅的上奏文书要用秤量，白天黑夜都有奏呈，不批阅完规定数量的奏文就不能休息。贪恋权势到了这种地步，我们不应该替他寻求仙药。"因此他们二人就逃跑了。始皇帝听说他们逃跑的事，就愤怒地说："前些时候我收集天下不合实用的书籍全都销毁了，广泛地召求了许多文学、方术人士，希望通过他们谋求太平，方士想要炼丹来求得奇药，如今听说韩众离去而不再还报，徐市等人花费的钱要用万来计算，最终没有能得到仙药，每日只是相继听到报告他们为奸牟利的消息。卢生等人，我对他们既很尊重又给予了很多的赏赐，如今他们却诽谤我，是夸大我的失德。各个方士儒生在咸阳的，我派人去调查了，有的人在制造妖言来惑众。"因此派御史全面查究审问那些方士儒生，那些方士儒生相互牵连告发，就从中查出触犯禁令的有四百六十多人，把他们全部活埋在咸阳，使天下的人知晓这件事，借以警告后人。又增派更多的流放人员迁往边境戍守。始皇帝的长子扶苏劝谏说："天下刚刚平定，远方的民众还没有归附，那些儒生都诵读诗书效法孔子，如今皇上一律运用重刑制裁他们，臣子担心天下不会太平安宁，希望皇上考虑这件事。"始皇听后大怒，派遣扶苏到北方的上郡去监督蒙恬的军队。

三十六年，荧惑守心。有坠星下东郡，至地为石，黔首或刻其石曰“始皇帝死而地分”。始皇闻之，遣御史逐问，莫服，尽取石旁居人诛之，因燔销其石。始皇不乐，使博士为《仙真人诗》，及行所游天下，传令乐人歌弦之。秋，使者从关东夜过华阴平舒道，有人持璧遮使者曰：“为吾遗滈池君。”因言曰：“今年祖龙死。”使者问其故，因忽不见，置其璧去。使者奉璧具以闻。始皇默然良久，曰：“山鬼固不过知一岁事也。”退言曰：“祖龙者，人之先也。”使御府视璧，乃二十八年行渡江所沉璧也。于是始皇卜之，卦得游徙吉。迁北河榆中三万家。拜爵一级。

三十六年，火星扰乱了应有的行次，侵入了心宿三星。有一颗流星坠落在东郡，落到地面成了一块陨石。民众中有人在这块石上刻下文字说“始皇帝死后国土就要分裂”。始皇帝得知这件事，派遣御史逐一查问，没有人供服，就把在这块陨石旁居住的民众全部抓来杀掉，接着又把这块陨石焚烧销毁。始皇帝闷闷不乐，命令博士写作《仙真人诗》，等到他出游天下的时候，就传令乐工演奏歌唱。秋天，使者在晚间从关东路过华阴平舒的道路，有一个人手里拿着一块玉璧拦住使者说：“替我把这块璧送给滈池君。”接着又说：“今年祖龙将会死去。”使者询问其中的原因，那个人忽然就不见了，把他的那块玉璧放下后离去了。使者奉献了玉璧并将这件事详细报告给始皇帝。始皇帝听后沉默了许久，说：“山鬼本来只不过是知道一年以内的事。”退朝以后又说：“祖龙，是人类的祖先。”命令御府察检这块璧，原来是二十八年出外巡行渡过长江时所沉下的那块玉璧。因此始皇帝占卜这件事，卦辞显示的是巡游迁徙才会吉祥。迁徙三万家民户到北河榆中定居。赏赐每户一级爵位。

三十七年十月癸丑，始皇出游。左丞相斯从，右丞相去疾守。少子胡亥爱慕请从，上许之。十一月，行至云梦，望祀虞舜于九疑山。浮江下，观籍柯，渡海渚。过丹阳，至钱唐。临浙江，水波恶，乃西百二十里从狭中渡。上会稽，祭大禹，望于南海，而立石刻颂秦德。其文曰：皇帝休烈，平一宇内，德惠修长。三十有七年，亲巡天下，周览远方。遂登会稽，宣省习俗，黔首斋庄。群臣诵功，本原事迹，追首高明。秦圣临国，始定刑名，显陈旧章。初平法式，审别职任，以立恒常。六王专倍，贪戾慠猛，率众自强。暴虐恣行，负力而骄，数动甲兵。阴通间使，以事合从，行为辟方。内饰诈谋，外来侵边，遂起祸殃。义威诛之，殄熄暴悖，乱贼灭亡。圣德广密，六合之中，被泽无疆。皇帝并宇，兼听万事，远近毕清。运理群物，考验事实，名载其名。贵贱并通，善否陈前，靡有隐情。饰省宣义，有子而嫁，倍死不贞。防隔内外，禁止淫泆，男女絜诚。夫为寄豭，杀之无罪，男秉义程。妻为逃嫁，子不得母，咸化廉清。大治濯俗，天下承风，蒙被休经。皆遵度轨，和安敦勉，莫不顺令。黔首修絜，人乐同则，嘉保太平。后敬奉法，常治无极，舆舟不倾。从臣诵烈，请刻此石，光垂休铭。

三十七年十月癸丑日，始皇帝出游。左丞相李斯随行，右丞相冯去疾留守都城。幼子胡亥因为羡慕出游而请求跟随，皇上准许了他的请求。十一月，巡行到云梦，在九疑山望祭虞舜。坐船顺江漂浮而下，观览籍柯，渡过海渚，经过丹阳县，到达钱塘县。来到浙江边上时，因水波汹涌，就向西行进了一百二十里，从江水最狭窄的地区渡江。登上会稽山，祭祀大禹，遥望南海，立石碑刻字而歌颂秦德。石刻的碑文是：皇帝功业伟大，平定统一天下，德泽恩惠悠长。时在三十七年，亲自巡视天下，周游浏览远方。于是登临会稽，视察当地风俗，民众恭敬端庄。群臣称颂功德，寻求事迹本原，追叙道术高明。秦圣君临天下，始定刑名法度，发扬旧有规章。初定法规程式，审别百官职任，建立永久纪纲。六王专横背叛，贪婪狂傲凶猛，率众自行逞强。恣意施行暴虐，依恃武力骄纵，屡次挑起战争。暗地派遣间谍，从而奉行合纵，行为卑鄙猖獗。内心修饰诈谋，对外派兵侵边，导至兴起祸殃。扶义振威诛伐，铲除强暴背乱，乱臣贼子灭亡。圣德广布深密，天地四方之中，被受恩泽无疆。皇帝统一宇内，同时治理万事，远近尽都清明。调协掌理国务，考察验正事实，各使符合名分。贵贱都能通达，善恶陈说在前，没有分毫隐情。省过宣达大义，有子而又改嫁，视为叛夫不贞。内外分隔防犯，禁止放荡淫乱，男女贞洁信诚。丈夫淫于他室，杀他没有罪过，男子应守规程。妻子逃走另嫁，子不认她为母，都受教化廉洁。盛世洁澄风俗，天下承受新风，广被美好常经。都能遵循法度，和睦安泰敦勉，无不顺从命令。民众美善清洁，人们乐于守法，天下永保太平。后世敬业奉法，永保盛世无极，国家不会覆倾。随臣称颂伟业，请求刻立此石，永远垂示美铭。

还过吴，从江乘渡。并海上，北至琅邪。方士徐市等入海求神药，数岁不得，费多，恐谴，乃诈

曰:"蓬莱药可得,然常为大鲛鱼所苦,故不得至,愿请善射与俱,见则以连弩射之。"始皇梦与海神战,如人状。问占梦,博士曰:"水神不可见,以大鱼蛟龙为候。今上祷祠备谨,而有此恶神,当除去,而善神可致。"乃令入海者赍捕巨鱼具,而自以连弩候大鱼出射之。自琅邪北至荣成山,弗见。至之罘,见巨鱼,射杀一鱼。遂并海西。

回程经过吴县,从江乘县渡过长江,沿着海岸北上,到达琅邪。方士徐市等人入海寻求神药,好几年还没得到,花费很多,害怕受到谴责,于是他诈称:"蓬莱仙药可以得到,但是由于经常被大鲛鱼所袭击,所以不能到达。我希望皇帝派遣善于射箭的人和我们一同去寻找,如果见到大鲛鱼就用连发的弓弩射杀它。"始皇帝梦见和海神交战,海神的形状如同人一般。询问圆梦的博士,博士说:"水神不能看见,是因为有大鱼蛟龙在它的周围守候。如今皇上祈祷祭祀都很严谨,还出现这类恶神,应当把它除掉,这样善神就可以光临。"就命令入海求仙的人携带捕捉大鱼的用具,而始皇帝自己出海也装备了连弩等候见到大鱼出现的时候射杀它。从琅邪向北航行到荣成山,没有见到大鱼。再航行到之罘山,其间见到了巨大的鱼,射杀了一条。就沿着海岸向西走。

至平原津而病。始皇恶言死,群臣莫敢言死事。上病益甚,乃为玺书赐公子扶苏曰:"与丧会咸阳而葬。"书已封,在中车府令赵高行符玺事所,未授使者。七月丙寅,始皇崩于沙丘平台。丞相斯为上崩在外,恐诸公子及天下有变,乃秘之,不发丧。棺载辒辌车中,故幸宦者参乘,所至上食。百官奏事如故,宦者辄从辒凉车中可其奏事。独子胡亥、赵高及所幸宦者五六人知上死。赵高故尝教胡亥书及狱律令法事,胡亥私幸之。高乃与公子胡亥、丞相斯阴谋破去始皇所封书赐公子扶苏者,而更诈为丞相斯受始皇遗诏沙丘,立子胡亥为太子。更为书赐公子扶苏、蒙恬,数以罪,赐死。语具在《李斯传》中。行,遂从井陉抵九原。会暑,上辒车臭,乃诏从官令车载一石鲍鱼,以乱其臭。

始皇帝到达平原津染上了疾病。始皇帝讨厌提到死,群臣没有人敢说死的事。皇上的病情更重,才写了一封加盖御印的书信赐给公子扶苏,上写:"到咸阳来参加治办我的丧事而把我安葬。"书信已经封好,存放在中车府令赵高处加盖符玺,还没有授给使者传送。七月丙寅日,始皇帝在沙丘平台驾崩。丞相李斯因为皇上在都城外崩逝,恐怕各个公子及天下人会搞政变,所以封闭这件事,不发布丧事。始皇帝的尸体装进棺材而用既密闭又通风的辒凉车运载。由以前皇帝宠幸的宦官们陪乘驾车,所到之处如同以往一样进献食物。百官们也如同以往一样奏事,宦官就在辒凉车中批准他们所奏的事务。只有始皇帝的儿子胡亥、赵高及平时所宠信的宦官总共五六个人知道皇帝已死。赵高以前曾教胡亥读书和学习刑法律令等事,胡亥私下很宠幸他。赵高就和公子胡亥、丞相李斯阴谋打开始皇帝所签封的赐给公子扶苏的书信,而更换成诈称李斯在沙丘亲自接受始皇帝的遗诏,立儿子胡亥为太子。又另外写了一封赐给公子扶苏和蒙恬的书信,其中列举了他们的"罪状",赐他们一死。这些事的详细内容写在《李斯列传》中。他们起程回咸阳,就从井陉抵达九原。恰逢暑热时期,皇上所居的辒辌车散发出臭气,于是诏令随从的官吏在车中载上一石鲍鱼,用这个办法掩饰始皇帝尸体的臭气。

行从直道至咸阳,发丧。太子胡亥袭位,为二世皇帝。九月,葬始皇郦山。始皇初即位,穿治郦山,及并天下,天下徒送诣七十余万人,穿三泉,下铜而致椁,宫观、百官、奇器、珍怪,徙臧满之。令匠作机弩矢,有所穿近者辄射之。以水银为百川江河大海,机相灌输,上具天文,下具地理。以人鱼膏为烛,度不灭者久之。二世曰:"先帝后宫非有子者,出焉不宜。"皆令从死,死者甚众。葬既已下,或言工匠为机,臧皆知之,臧重即泄。大事毕,已臧,闭中羡,下外羡门,尽闭工匠臧者,无复出者。树草木以象山。

一行人从直道赶回咸阳,发布治丧的公告。太子胡亥承袭皇位,成为了二世皇帝。九月,把始皇帝安葬在郦山。始皇帝刚即位的时候,就开凿了郦山而建造坟墓。等到统一了天下以后,又从全国各地送来七十多万徒隶,开挖三重泉水的深度,用铜水浇铸堵塞隙缝后再把外棺放进去,又把宫殿和所设的百官位次,以及奇器珍怪等宝物拿来满满地藏在其中。命令工匠制作带有机关的弩,假若有人盗墓穿凿进去就会被射杀。用水银模拟成百川江河大海,利用机关使它相互灌输流动,冢的顶壁上依据天文图案进行装饰,冢的下部依据地理图形加以布置。用娃娃鱼的脂肪做蜡烛,估计它能燃烧很久而不熄灭。二世皇帝说:"先帝的后宫中那些没有生子的妃嫔不宜出宫。"都命令她们陪从皇帝而死，被赐死的人很多。灵柩下葬以后，有人说工匠们制造机关，对所藏宝物都十分了解，如此贵重的宝藏旦夕间就会被他们泄露。所以安葬大事结束，珍贵宝物已经埋藏，就封闭了墓道中门。又把墓道的外门放下来，把工匠和负责填放宝物的人全部封在里边，没有能出来的人。在墓冢上种植草木而使它成为一座山的形状。

二世皇帝元年，年二十一。赵高为郎中令，任用事。二世下诏，增始皇寝庙牺牲及山川百祀之礼。令群臣议尊始皇庙。群臣皆顿首言曰："古者天子七庙，诸侯五，大夫三，虽万世世不轶毁。今始皇为极庙，四海之内皆献贡职，增牺牲，礼咸备，毋以加。先王庙或在西雍，或在咸阳。天子仪当独奉酌祠始皇庙。自襄公以下轶毁。所置凡七庙。群臣以礼进祠，以尊始皇庙为帝者祖庙。皇帝复自称'朕'。"

二世皇帝元年，胡亥二十一岁。赵高担任郎中令，他受到二世皇帝的信任而专权用事。二世皇帝下诏，增加始皇帝寝庙祭祀时候的牺牲等贡品及祭祀山川百祀典礼的贡物。又命令群臣们讨论推尊始皇帝庙的事。群臣们都跪在地上叩头说："古时候天子的祖庙是七庙，诸侯五庙，大夫三庙，虽经万世这个礼制仍然没有被废。如今始皇帝庙是极度尊贵而无以伦比的，四海之内都要按职阶贡献祭品，又增加了牛、羊、猪等祭牲数量，祭祀的礼仪都已完备，其他庙祭的各项标准没有比它还高的。先王的庙宇有的在西雍，有的在咸阳。天子所遵行的礼仪应当是只到始皇帝庙去亲自祭祀。从襄公以下的庙加以废毁，所建造祭祀先王的庙共七座。由群臣按照礼法前去祭祀，就把始皇帝庙遵奉为秦皇帝的祖庙。皇帝仍旧自称为'朕'。"

二世与赵高谋曰："朕年少，初即位，黔首未集附。先帝巡行郡县，以示强，威服海内。今晏然不巡行，即见弱，毋以臣畜天下。"春，二世东行郡县，李斯从。到碣石，并海，南至会稽，而尽刻始皇所立刻石，石旁著大臣从者名，以章先帝成功盛德焉：皇帝曰："金石刻尽始皇帝所为也。今袭号而金石刻辞不称始皇帝，其于久远也如后嗣为之者，不称成功盛德。"丞相臣斯、臣去疾、御史大夫臣德昧死言："臣请具刻诏书刻石，因明白矣。臣昧死请。"制曰："可。"遂至辽东而还。

秦二世和赵高相谋划说："朕年纪轻，又刚刚登位，民众还没有归附。先帝到各郡县去巡察，来显示强大，以便用威权震服海内。我如今静享安然而不去巡视，就会被人看成软弱无能，这样就无法统治天下。"春天，二世到东方巡视郡县，李斯随从。到达碣石山，又沿海南下，到达会稽，并且在始皇帝以前所竖立的刻石上都又刻上文字，石碑边旁著录刻上从行大臣的姓名，借以表彰先帝的伟大功业和盛德：皇帝说："金石碑刻全是始皇帝所竖立的。如今我袭号称皇帝，而金石刻辞中不称始皇帝，这样时代久远了以后，就好像是后世皇帝所竖立的，以致不能称扬始皇帝的功业和盛德。"丞相臣李斯、臣冯去疾、御史大夫臣德冒死上奏说："臣等请求把这份诏书全部刻在石碑上，这样就变得明白了。臣子冒死请求。"二世皇帝下达制书说："可以。"结果巡行到辽东然后返回。

于是二世乃遵用赵高，申法令。乃阴与赵高谋曰："大臣不服，官吏尚强，及诸公子必与我争，为之奈何？"高曰："臣固愿言而未敢也。先帝之大臣，皆天下累世名贵人也，积功劳世以相传久矣。今高素小贱，陛下幸称举，令在上位，管中事。大臣鞅鞅，特以貌从臣，其心实不服。今上出，不因此时案郡县守尉有罪者诛之，上以振威天下，下以除去上生平所不可者。今时不师文而决于武力，愿陛下遂从时毋疑，即群臣不及谋。明主收举余民，贱者贵之，贫者富之，远者近之，则上下集而国安矣。"二世曰："善。"乃行诛大臣及诸公子，以罪过连逮少近官三郎，无得立者，而六公子戮死于杜。公子将闾昆弟三人囚于内宫，议其罪独后。二世使使令将闾曰："公子不臣，罪当死，吏致法焉。"将闾曰："阙廷之礼，吾未尝敢不从宾赞也；廊庙之位，吾未尝敢失节也；受命应对，吾未尝敢失辞也。何谓不臣？愿闻罪而死。"使者曰："臣不得与谋，奉书从事。"将闾乃仰天大呼天者三，曰："天乎！吾无罪！"昆弟三人皆流涕拔剑自杀。宗室振恐。群臣谏者以为诽谤，大吏持禄取容，黔首振恐。

这时候二世皇帝就遵从采用赵高的策划，申明法令。他私下和赵高商议说："大臣们不顺服，官吏的势力还很强大，再加上各位公子必然要和我争夺帝位，对这些又该如何处理呢？"赵高说："臣子本来很愿意说，但是不敢说。先帝的大臣，都是在天下人中具有世代功名的贵人。为国家积累功业世代辛苦已经相传很久了。如今我赵高平素就是一位无功的贱人，幸而得到陛下的抬举，让我官居高位，掌管宫禁中的事务。大臣们对这个安排都怏怏不乐，只是表面上顺从我，其实他们心里不服气。如今皇上出巡，还不赶快借这个时机清查出那些有罪的郡县守尉而把他们杀掉，这样在上可以振威天下，在下可以除去那些皇上平时所不满的人。如今这个时候不提倡效法文治而一切应该取决于武力，希望陛下依据时势当机立断不要迟疑，抓住群臣还来不及合谋反叛的时机采取行动。圣明的君主收揽重用前朝遗留下来的民众，对于地位卑贱的人，使他变得高贵，对于贫困的人，使他变得富足，对于前朝被疏远的人，给予亲近宠信，这样就能实现上下团结而使国家安定。”二世皇帝说：“这个办法很好。”于是对大臣和各个公子进行诛杀，还假借罪名牵连逮捕了一些职位较低的近侍官中郎、外郎和散郎，没有一人能够免除罪责，并且还把始皇帝的六个皇子杀死在杜县。公子将闾等兄弟三人被囚禁在内宫中，因为等待议定他们的罪名被单独拖延在后。二世皇帝派使者传令将闾说：“公子不臣服君上，你的罪过应当处死，官吏将要执行法令了。”将闾说：“宫廷的礼法，我从来不敢不顺从赞礼官员的引导去做；朝廷上的位次，我从来不敢失节错乱；领受皇帝的命令回答提问，我从来不敢失言错答。凭什么说我不服？我希望能够清楚地知道我所犯的罪过以后再接受死罪。”使者说：“我不可能参加谋议，只是奉诏书行事。”将闾于是仰天大呼上天三声，他叫道：“天啊！我没有罪！”兄弟三人都流着眼泪拔剑自杀。宗室的人惊恐万分。群臣当中有人劝谏的就认定是诽谤朝政，大官吏们为保持他们的禄位而阿谀取容，民众震惊恐惧。

四月，二世还至咸阳，曰：“先帝为咸阳朝廷小，故营阿房宫为室堂。未就，会上崩，罢其作者，复土郦山。郦山事大毕，今释阿房宫弗就，则是章先帝举事过也。”复作阿房宫。外抚四夷，如始皇计。尽征其材士五万人为屯卫咸阳，令教射狗马禽兽。当食者多，度不足，下调郡县转输菽粟刍藁，皆令自赍粮食，咸阳三百里内不得食其谷。用法益刻深。

四月，二世皇帝回到咸阳，说：“先皇帝因为咸阳朝廷太狭小，所以才营造了阿房宫。室堂还未建成，正遇到皇上崩逝，就命令那些营造的人停止建筑，去到骊山陵上增培坟土。骊山的事彻底结束了，如今如果放下阿房宫营造的事不去完成，那就是有意显示先帝兴办事业的过错。”又重新修建阿房宫。同时派兵安抚四夷，一切遵行始皇帝时的方针。又广泛地搜集了五万精壮兵丁守卫咸阳，让他们学习射箭和饲养供宫中玩赏的禽兽。咸阳附近应当消费粮食的人很多，估算粮食不足，所以向下调集各郡县的粮食和草料，并且命令运送粮草的人都要自带干粮，在咸阳三百里以内的地区不允许取用这些粮食。法令的施行更加严厉。

七月，戍卒陈胜等反故荆地，为“张楚”。胜自立为楚王，居陈，遣诸将徇地。山东郡县少年苦秦吏，皆杀其守尉令丞反，以应陈涉，相立为侯王，合从西乡，名为伐秦，不可胜数也。谒者使东方来，以反者闻二世。二世怒，下吏。后使者至，上问，对曰：“群盗，郡守尉方逐捕，今尽得，不足忧。”上悦。武臣自立为赵王，魏咎为魏王，田儋为齐王。沛公起沛。项梁举兵会稽郡。

七月，戍卒陈胜等人在以前的楚地造反，国号为“张楚”。陈胜自立为楚王，据守在陈县，派遣各路将领去攻占土地。崤山以东各郡县中的青年人因受秦朝官吏迫害之苦，都把郡守郡尉县丞县令等官吏杀死后起来造反，来响应陈涉，他们相互扶立成为侯王，联合起来西进，打着讨伐秦朝的旗号，造反的人数多得数也数不清。谒者出使东方归来，把各地造反的情况报告给二世皇帝。二世皇帝听后大怒，把他关进了监狱。后来又有使者到来，皇上询问东方的形势，使者回答说：“是一群土匪强盗，郡中的守、尉正在追捕他们，如今已经全部抓获，不值得担忧。”皇上听后十分高兴。武臣立自己为赵王，魏咎立为魏王，田儋立为齐王。沛公在沛县起义。项梁在会稽郡起兵反秦。

二年冬，陈涉所遣周章等将西至戏，兵数十万。二世大惊，与群臣谋曰：“奈何？”少府章邯曰：“盗已至，众强，今发近县不及矣。骊山徒多，请赦之，授兵以击之。”二世乃大赦天下，使章邯将，击破周章军而走，遂杀章曹阳。二世益遣长史司马欣、董翳佐章邯击盗，杀陈涉城父，破项梁定陶，灭魏咎临济。楚地盗名将已死，章邯乃北渡河，击赵王歇等于钜鹿。

二年冬天，陈涉所派遣的周章等人率领的军队向西攻到戏水，拥有兵卒几十万人。二世皇帝非常惊恐，和群臣商量说：“这该怎么办？”少府章邯说：“盗贼已经兵临城下，而且人多势强，如今要调发附近郡县的军队都已经来不及了。骊山的徒隶人数众多，请皇上赦免他们的罪过，发给他们武器来攻打盗贼。”于是二世皇帝大赦天下，委派章邯统率他们，打败周章的军队使他们溃逃，结果在曹阳杀死了周章。二世皇帝增派长史司马欣、董翳领兵协助章邯攻打盗贼，在城父县杀死了陈涉，在定陶县打垮了项梁的军队，在临济城消灭了魏咎。在原楚国地区有名的贼盗将领都被杀死以后，章邯于是向北渡过黄河，在钜鹿攻打赵王歇等人。

赵高说二世曰："先帝临制天下久，故群臣不敢为非，进邪说。今陛下富于春秋，初即位，奈何与公卿廷决事？事即有误，示群臣短也。天子称朕，固不闻声。"于是二世常居禁中，与高决诸事。其后公卿希得朝见，盗贼益多，而关中卒发东击盗者毋已。右丞相去疾、左丞相斯、将军冯劫进谏曰："关东群盗并起，秦发兵诛击，所杀亡甚众，然犹不止。盗多，皆以戍漕转作事苦，赋税大也。请且止阿房宫作者，减省四边戍转。"二世曰："吾闻之韩子曰：'尧舜采椽不刮，茅茨不翦，饭土熘，啜土形，虽监门之养，不觳于此。禹凿龙门，通大夏，决河亭水，放之海，身自持筑臿，胫毋毛，臣虏之劳不烈于此矣。'凡所为贵有天下者，得肆意极欲，主重明法，下不敢为非，以制御海内矣。夫虞、夏之主，贵为天子，亲处穷苦之实，以徇百姓，尚何于法？朕尊万乘，毋其实，吾欲造千乘之驾，万乘之属，充吾号名。且先帝起诸侯，兼天下，天下已定，外攘四夷以安边竟，作宫室以章得意，而君观先帝功业有绪。今朕即位二年之间，群盗并起，君不能禁，又欲罢先帝之所为，是上毋以报先帝，次不为朕尽忠力，何以在位？"下去疾、斯、劫吏，案责他罪。去疾、劫曰："将相不辱。"自杀。斯卒囚，就五刑。

赵高劝谏二世皇帝说："先皇帝君临天下统治了很长时间，所以群臣们不敢为非作歹进上奸邪的言论。如今陛下青春年少，又是刚刚即位，怎么能在朝廷上和公卿们决策国事呢？如果所决定的事一旦出现差错，就是把自己的短处暴露在群臣面前。天子处在万人之上而称朕，本来就不能让他们直接听见皇帝的声音。"因此二世皇帝经常住在宫禁中，和赵高决策各项政事。这以后公卿们很少能够朝见皇帝。盗贼越来越多，而且不停地调遣关中地区的士卒到东方去征伐盗贼。右丞相冯去疾，左丞相李斯、将军冯劫上言劝谏说："关东地区成群的盗贼同时兴起，秦朝派军队去诛伐他们，杀死的盗贼非常多，但是这样仍然不能阻止住他们。盗贼众多的原因，都是因为戍守、漕陆运输和各种差役大多太苦，以及赋税太重。请求暂且停止修建阿房宫，减省四边的屯戍和物资转运。"二世皇帝说："我听韩非子说过：'尧、舜建居室采用原木作椽子而不加刮削，用茅草盖铺屋顶而不加剪裁，用土簋煮饭，用土瓯喝水，即便是今日看门士卒的待遇，也不过这样。大禹凿通龙门，通达大夏，决通黄河壅塞的洪水，让它导入大海，他亲自手持挖土的杵和铁锹，泥水泡得他小腿都没有汗毛了，即使是臣仆奴隶的劳苦也不比他这样做更加剧烈。'凡是那些拥有天下而居于高贵地位的人，应该是随心所欲而为所欲为，君主威重而明布法令，在下的臣民们就不敢胡作非为，这样就能驾御海内了。至于说虞、夏的君主，高贵成为天子，还亲身处在穷苦劳作的生活中，来为百姓作出牺牲，那样做还怎么可以效法呢？朕尊贵为万乘君王，却没能享有万乘君王的实际。我想要建造千乘的车驾，组建万乘的徒属，以此来使我的名称得到切实的体现。而且先帝从诸侯起家，兼并了天下，天下已经安定，又对外抵御四方的夷狄而使边境得到安宁，建筑宫室来表示他已完成丰功伟绩的得意，你们看到了先帝的功业有了好的开头。如今在朕即位的二年间，成群的盗贼联合兴起作乱。你们不能禁止他们，又想要废止先帝所要做的事业，这样做首先是没有什么可以报答先帝，其次是不能为朕尽忠竭力，你们有什么资格居处高位？"把冯去疾、李斯、冯劫囚入监狱，立案责问他们别的罪过。冯去疾、冯劫说："将相不能受侮辱。"他们自杀。结果李斯被囚禁，遭受五刑。

三年，章邯等将其卒围钜鹿，楚上将军项羽将楚卒往救钜鹿。冬，赵高为丞相，竟案李斯杀之。夏，章邯等战数却，二世使人让邯，邯恐，使长史欣请事。赵高弗见，又弗信。欣恐，亡去，高使人捕追不及。欣见邯曰："赵高用事于中，将军有功亦诛，无功亦诛。"项羽急击秦军，虏王离，邯等遂以兵降诸侯。八月己亥，赵高欲为乱，恐群臣不听，乃先设验，持鹿献于二世，曰："马也。"二世笑曰："丞相误邪？谓鹿为马。"问左右，左右或默，或言马以阿顺赵高，或言鹿。高因阴中诸言鹿者以法。后群臣皆畏高。

三年，章邯等人率领他们的军队包围了钜鹿，楚国上将军项羽率领楚军前往救援钜鹿，冬天，赵高担任丞相，终于判决了李斯的罪行而将他杀死。夏天，章邯等人作战屡屡失利，二世皇帝派人责问章邯，章邯恐惧，就派长史欣到朝中请求指示。赵高不肯接见他，又对他不信任。司马欣恐惧，逃出了咸阳，赵高派人捕捉他，没有追到。司马欣见到章邯说："赵高在朝中总揽大权，将军有功也要被诛杀，无功也要受诛杀。"项羽加紧攻打秦军，俘虏了王离，章邯等人就率领军队投降了诸侯。八月己亥日，赵高想要作乱，恐怕群臣不听从他的号令，就预先设法进行测验，他牵着一匹鹿献给二世皇帝，说："这是一匹马。"二世皇帝笑着说："丞相看错了吧？把鹿称作马。"又询问左右大臣，左右大臣有的人默不作声，有的人说是马而阿谀顺从赵高，也有人说是鹿。赵高因此暗地将说是鹿的人借用法律加害。以后群臣都很畏惧赵高。

高前数言"关东盗毋能为也"，及项羽虏秦将王离等钜鹿下而前，章邯等军数却，上书请益助，燕、赵、齐、楚、韩、魏皆立为王，自关以东，大氐尽畔秦吏应诸侯，诸侯咸率其众西乡。沛公将数万人已屠武关，使人私于高，高恐二世怒，诛及其身，乃谢病不朝见。二世梦白虎啮其左骖马，杀之，心不乐，怪问占梦。卜曰："泾水为祟。"二世乃斋于望夷宫，欲祠泾，沉四白马。使使责让高以盗贼事。高惧，乃阴与其婿咸阳令阎乐、其弟赵成谋曰："上不听谏，今事急，欲归祸于吾宗。吾欲易置上，更立公子婴。子婴仁俭，百姓皆载其言。"使郎中令为内应，诈为有大贼，令乐召吏发卒，追劫乐母置高舍。遣乐将吏卒千余人至望夷宫殿门，缚卫令仆射，曰："贼入此，何不止？"卫令曰："周庐设卒甚谨，安得贼敢入宫？"乐遂斩卫令，直将吏入，行射，郎宦者大惊，或走或格，格者辄死，死者数十人。郎中令与乐俱入，射上幄坐帏。二世怒，召左右，左右皆惶扰不斗。旁有宦者一人，侍不敢去。二世入内，谓曰："公何不蚤告我？乃至于此！"宦者曰："臣不敢言，故得全。使臣蚤言，皆已诛，安得至今？"阎乐前即二世数曰："足下骄恣，诛杀无道，天下共畔足下，足下其自为计。"二世曰："丞相可得见否？"乐曰："不可。"二世曰："吾愿得一郡为王。"弗许。又曰："愿为万户侯。"弗许。曰："愿与妻子为黔首，比诸公子。"阎乐曰："臣受命于丞相，为天下诛足下，足下虽多言，臣不敢报。"麾其兵进。二世自杀。

赵高以前曾屡次说："关东地区的盗贼是不会有什么作为的"，等到项羽在钜鹿城下俘获了秦将王离等人而继续前进，章邯等人的军队多次败退，上书请求增援，燕、赵、齐、楚、韩、魏都拥立了自己的君王，自函谷关以东的地区，大多都已反叛了秦朝官吏的统治而响应诸侯，诸侯们都率领着他们各自的兵众向西进攻。沛公率领几万人已经攻下了武关，派人暗地里和赵高联络。赵高怕二世皇帝发怒，祸及自身，就以生病为由推辞而不朝见。二世皇帝梦见一只白虎咬了他车驾的左骖马，他杀死了这只白虎。二世皇帝心中不乐，感到很奇怪而去询问占梦的人。占梦的人卜卦说："泾水的水神在作怪。"二世皇帝就在望夷宫斋戒，准备祭祀泾水神，把四匹白马沉入水中。派遣使者去责问赵高关于关东盗贼的事。赵高害怕，就私下和他的女婿咸阳令阎乐、他的弟弟赵成商议说："皇上不听劝谏，如今事态严重，就想把罪过推给我们家。我想更换另置皇帝，改立公子婴。子婴为人仁厚谦卑，百姓们都拥护他。"派郎中合作内应，谎称有大盗，命令阎乐召集官吏出动军队追击，又劫持阎乐的母亲安置在赵高府中做人质。派遣阎乐率领官兵一千多人来到望夷宫殿门，抓起了卫令仆射，说："盗贼从这里进去了，为什么不加阻止？"卫令说："宫殿四周设有士卒守卫，非常严谨，怎么会有盗贼敢进入宫殿？"阎乐就斩杀了卫令，率领官兵径直进入宫殿，边走边射箭，郎官宦者十分惊骇，有人逃跑有人格斗，格斗的人就被杀死，被杀的有几十个人。郎中令和阎乐一同进入宫殿，箭射到了皇上落座的帷幄上。二世皇帝愤怒，召令左右的侍者，左右侍臣都惶恐混乱不敢挺身格斗。二世身旁有一个宦官，伺候他而不敢离去。二世进入内宫，对他说："你为什么不早告诉我？以至于走到这个地步！"宦官说："臣子不敢说，所以才能保全。假如臣子早就说了，都已经被诛杀了，怎么还能活到今日？"阎乐上前指着二世历数他的罪恶说："足下生性骄横，任意诛杀不遵天道，天下的人共同背叛足下，足下还是自己考虑该着办吧！"二世说："我是否能见丞相？"阎乐说："不可以。"二世说："我愿意得到一郡的地方作一个王。"没有得到允许。二世又说："我情愿作一个万户侯。"仍没有得到应允。二世又说："我情愿和妻儿在一起作平民百姓，如同各个公子一样。"阎乐说："臣子接受丞相的命令，为了天下的人诛杀足下，足下说了许多话，臣子不敢回报。"他指挥的士卒拥上前来。二世自杀。

阎乐归报赵高，赵高乃悉召诸大臣公子，告以诛二世之状。曰："秦故王国，始皇君天下，故称帝。今六国复自立，秦地益小，乃以空名为帝，不可。宜为王如故，便。"立二世之兄子公子婴为秦王。以黔首葬二世杜南宜春苑中。令子婴斋，当庙见，受王玺。斋五日，子婴与其子二人谋曰："丞相高杀二世望夷宫，恐群臣诛之，乃详以义立我。我闻赵高乃与楚约，灭秦宗室而王关中。今使我

斋见庙，此欲因庙中杀我。我称病不行，丞相必自来，来则杀之。”高使人请子婴数辈，子婴不行，高果自往，曰：“宗庙重事，王奈何不行？”子婴遂刺杀高于斋宫，三族高家以徇咸阳。子婴为秦王四十六日，楚将沛公破秦军入武关，遂至霸上，使人约降子婴。子婴即系颈以组，白马素车，奉天子玺符，降轵道旁。沛公遂入咸阳，封宫室府库，还军霸上。居月余，诸侯兵至，项籍为从长，杀子婴及秦诸公子宗族。遂屠咸阳，烧其宫室，虏其子女，收其珍宝货财，诸侯共分之。灭秦之后，各分其地为三，名曰雍王、塞王、翟王，号曰三秦。项羽为西楚霸王，主命分天下王诸侯，秦竟灭矣。后五年，天下定于汉。

阎乐回去向赵高报告，赵高就召集所有的大臣、公子，给他们通报了诛杀二世的情况。他说：“秦过去是一个王国，始皇帝能够君临天下，所以才称帝。如今六国自己又重新拥立了国王，秦所控制的地区变得更小了，依然沿用空名而称帝，是不行的。应该像以前那样称王，如此更为便利。”拥立二世兄长的儿子公子婴作为秦王。按照平民百姓的礼仪在杜南宜春苑中埋葬了二世皇帝。又让子婴斋戒，到宗庙中去拜见祖先，接受国王的印玺。斋戒了五日，子婴和他的两个儿子商议说：“丞相赵高在望夷宫杀害了二世皇帝，恐怕群臣诛杀他，才假装伸张大义来扶立我。我听说赵高已和楚国订立盟约，灭亡掉秦的宗室以后他在关中称王。如今让我斋戒后去朝见宗庙，这是想要借朝见宗庙来杀害我。我如果宣称有病而不去，丞相一定亲自前来，来了就杀死他。”赵高多次派人来请子婴，子婴都不启行，赵高果真亲自前往，他说：“宗庙朝见这样重大的事，王怎么不去呢？”子婴就在斋宫中刺杀了赵高，在咸阳当众杀了赵高的三族人。子婴做了四十六天秦王，楚国将领沛公攻克秦军进入武关，就来到了霸上，派人去招降子婴。子婴自己用绳子拴着脖颈，坐着白马素车，捧着天子的印玺信符，在轵道亭旁请降。沛公就进入咸阳，封藏了宫室府库，退兵到霸上。过了一个多月，诸侯的军队赶到，项羽是各路诸侯的盟主，诛杀了子婴和秦王室的各个公子以及宗室所有的人。就在咸阳大肆屠杀，烧毁秦国的宫室，抓走其中的宫女，没收秦国的珍宝和钱财，由诸侯们共同分享。灭亡了秦国以后，就把它的领土分割成三个王国，名叫雍王、塞王、翟王，号称三秦。项羽为西楚霸王，主持国命分割天下赐封诸侯王，秦朝最终被灭亡了。这以后五年，天下安定一尊于汉。

太史公曰：秦之先伯翳，尝有勋于唐虞之际，受土赐姓。及殷夏之间微散。至周之衰，秦兴，邑于西垂。自缪公以来，稍蚕食诸侯，竟成始皇。始皇自以为功过五帝，地广三王，而羞与之侔。善哉乎贾生推言之也！曰：秦并兼诸侯山东三十余郡，缮津关，据险塞，修甲兵而守之。然陈涉以戍卒散乱之众数百，奋臂大呼，不用弓戟之兵，鉏櫌白梃，望屋而食，横行天下。秦人阻险不守，关梁不阖，长戟不刺，强弩不射。楚师深入，战于鸿门，曾无藩篱之艰。于是山东大扰，诸侯并起，豪俊相立。秦使章邯将而东征，章邯因以三军之众要市于外，以谋其上。群臣之不信，可见于此矣。子婴立，遂不寤。藉使子婴有庸主之材，仅得中佐，山东虽乱，秦之地可全而有，宗庙之祀未当绝也。

太史公说：秦国的祖先伯翳，曾在唐尧、舜虞的时代建立了功勋，获得了封土和被赐予姓氏。等到了夏朝和商朝的时代他们就衰微散落了。又到周朝衰落以后，秦国兴起，在西垂建立城邑。从穆公以来，逐渐像蚕吃桑叶般的吞食诸侯，终于成就了始皇帝。始皇帝自以为他的功德超过了五帝，他拥有的国土比较夏、商、周三朝之王更为广大，而羞耻和他们处在同等行列。贾谊对于秦代兴衰的评论说得很好啊！他说：秦兼并了崤山以东地区诸侯的三十多郡，修整河津关塞，据守险要，整顿军队而把守这些重地。但是陈涉率领着由戍卒组成的几百名散乱之众，徒手挥臂大呼，不用弓箭戈戟等锋利的兵器，只是拿着锄柄和木棍，看到有人居住的房屋就能索取粮食，却横行天下。秦国占据着阻险地势而不能守御，占据着关隘山梁而不能封锁阻挡，拥有长戟而无锐利的攻击力，拥有强弩而不能射杀敌人。楚国的军队曾经孤军深入，在鸿门交战，而没有遇到防范和阻挡的艰险。因此殽山以东地区大乱，诸侯们纷纷兴起叛乱，豪杰人士彼此互立为王。秦派章邯率兵向东征讨，章邯借机凭着他所统率庞大的三军在外订立契约和诸侯进行交易，来图谋他的君王。群臣们不能执守信义，在这里可以看出来了。子婴继立，仍然不知省悟。如果子婴具有一般君主的才能，仅仅得到中等才能的大臣辅佐，崤山以东地区虽然混乱，秦国原有的领地仍然可以保全拥有，宗庙的祭祀也不会断绝。

秦地被山带河以为固，四塞之国也。自缪公以来，至于秦王，二十余君，常为诸侯雄。岂世世贤

哉？其势居然也。且天下尝同心并力而攻秦矣。当此之世，贤智并列。良将行其师，贤相通其谋，然困于阻险而不能进，秦乃延入战而为之开关，百万之徒逃北而遂坏。岂勇力智慧不足哉？形不利，势不便也。秦小邑并大城，守险塞而军，高垒毋战，闭关据阨，荷戟而守之。诸侯起于匹夫，以利合，非有素王之行也。其交未亲，其下未附，名为亡秦，其实利之也。彼见秦阻之难犯也，必退师。安土息民，以待其敝，收弱扶罢，以令大国之君，不患不得意于海内。贵为天子，富有天下，而身为禽者，其救败非也。

秦国的疆土环绕着山水而非常险固，是一个四面都有天然屏障的国家。从缪公以来，直到秦王，有二十多位君主，经常成为诸侯中有实力的伯长。难道他们代代都是贤圣吗？是因为有利的地形时势使他们能够这样呀！而且天下诸侯曾经同心协力攻打过秦国。在那个时代，贤智的人都会聚在一起，有良将统率他们的军队，有贤相磋商的计谋，可是由于地势险阻的困扰而不能前进，于是秦国为了能够在秦地和他们交战而开放关隘，使六国的百万兵众被打败后逃走，他们的联合也就瓦解了。这难道是因为他们的勇力和智慧不足吗？是因为地形不便，时势不利啊。秦国由一个小邑兼并成一个大城市，在险要关塞屯聚守军。建筑高大的堡垒而不肯出战，关闭起关隘而占据险扼，肩扛着长戟进行把守。诸侯们出身于平民之辈，是为了利益联合起来，不具备有德无位而实际可以为王的人的美德和操守。他们的交往还不亲密，他们的部下还没有亲附，名义上是要灭亡秦国，实际上是图谋各自的利益。他们见到秦国防守险阻而难于进犯，必然会退兵。秦王如果是安定本土而休养人民，以此等待他们疲敝衰落，收恤残弱、扶助疲困，以此来对大国的君王发号施令，无须担心不能在海内称心如意。秦君身为高贵的天子，拥有天下富厚的人力物力，而自身终被人所擒获，那是因为他在挽救危局方面的措施是不好的啊！

秦王足己不问，遂过而不变。二世受之，因而不改，暴虐以重祸。子婴孤立无亲，危弱无辅。三主惑而终身不悟，亡，不亦宜乎？当此时也，世非无深虑知化之士也，然所以不敢尽忠拂过者，秦俗多忌讳之禁，忠言未卒于口而身为戮没矣。故使天下之士，倾耳而听，重足而立，拑口而不言。是以三主失道，忠臣不敢谏，智士不敢谋，天下已乱，奸不上闻，岂不哀哉！先王知雍蔽之伤国也，故置公卿大夫士，以饰法设刑，而天下治。其强也，禁暴诛乱而天下服。其弱也，五伯征而诸侯从。其削也，内守外附而社稷存。故秦之盛也，繁法严刑而天下振；及其衰也，百姓怨望而海内畔矣。故周五序得其道，而千余岁不绝。秦本末并失，故不长久。由此观之，安危之统相去远矣。野谚曰："前事不忘，后事之师也。"是以君子为国，观之上古，验之当世，参以人事，察盛衰之理，审权势之宜，去就有序，变化有时，故旷日长久而社稷安矣。

秦王自我陶醉而不审察政治得失，把过错贯彻到底而不加变通。二世皇帝接续这种政治，因袭而不予改正，残暴苛虐而加重了祸患。子婴势力孤单而没有亲附的大臣，在危弱处境中得不到辅佐。秦国的三位君主终生迷惑而不觉悟，秦国的灭亡，不也是应该的吗？正当这个时候，世间不是没有深谋远虑而知道应该怎么改革的士人，但是他们不敢竭尽忠诚来纠正主上错误的原因，是由于秦国的习俗中有太多忌讳的禁令，忠谏的言语还没有说完进言人他自身就已被杀戮了。因此使天下的士人，只能侧着耳朵细听，双脚并拢站立，闭上嘴巴而不敢说话。因此三位君主背离了大道，忠臣不敢劝谏，智士不敢出谋划策，天下已经大乱，奸贼背叛的实情皇上还不知道，这难道不是太悲哀了么！先王们知道阻塞视听是会受到蒙蔽而对治理国家有严重的危害，所以才设置了公卿大夫士等职，来整饬法规设立刑律，而天下就得到了大治。国势强盛的时候，可以禁止残暴诛伐乱贼而使天下威服。当国势衰弱的时候，也会出现五伯之长遵奉天子征伐不道而使诸侯顺从。当国势削减的时候，可以自守内政外附强宗而使社稷保全。因此在秦国兴盛的时候，施用繁多的法律和严厉的刑罚而使天下顺服；等到它衰弱的时候，就使得百姓们埋怨而海内民众起来叛乱了。所以周朝设有公、侯、伯、子、男五个等次的爵位而得到了治国的大道，国家延续了一千多年没有消灭。秦国的施政方针和救危措施全都失误，所以才不会长久。从这里看来，安定和危乱的政治纲纪是彼此相差太远了。俗语说"不忘记以前的经验教训，就会对以后办事具有借鉴的作用"。因此君子治理国家，要观察上古的得失，考察当今的形势，参考人情事理，观察盛衰的规律，审定出权谋形势是否适宜，一切行为的具有章法，举措变化讲求必要的时机，所以才会使统治保持下去而国家安定。

秦孝公据殽、函之固，拥雍州之地，君臣固守而窥周室，有席卷天下，包举宇内，囊括四海之意，并吞八荒之心。当是时，商君佐之，内立法度，务耕织，修守战之备，外连衡而斗诸侯，于是秦人拱手而取西河之外。

秦孝公占据殽山和函谷关的坚固，拥有雍州的土地，君臣们固守领土而企图伺机夺取周室，有席卷天下、包揽宇内、囊括四海的志向，并吞八荒的雄心。在这个时候，商君（鞅）辅佐他，在国中建立法度，致力于农耕女织，整修防御和进攻的武备，在外交上采用连横的方法引起诸侯之间的争斗，因此秦国人易如反掌就夺取了西河以外的一片土地。

孝公既殁，惠王、武王蒙故业，因遗册，南兼汉中，西举巴、蜀，东割膏腴之地，收要害之郡。诸侯恐惧，会盟而谋弱秦，不爱珍器重宝肥美之地，以致天下之士，合从缔交，相与为一。当是时，齐有孟尝，赵有平原，楚有春申，魏有信陵。此四君者，皆明智而忠信，宽厚而爱人，尊贤重士，约从离衡，并韩、魏、燕、楚、齐、赵、宋、卫、中山之众。于是六国之士有宁越、徐尚、苏秦、杜赫之属为之谋，齐明、周最、陈轸、昭滑、楼缓、翟景、苏厉、乐毅之徒通其意，吴起、孙膑、带佗、兒良、王廖、田忌、廉颇、赵奢之朋制其兵。常以十倍之地，百万之众，叩关而攻秦。秦人开关延敌，九国之师逡巡遁逃而不敢进。秦无亡矢遗镞之费，而天下诸侯已困矣。于是从散约解，争割地而奉秦。秦有余力而制其敝，追亡逐北，伏尸百万，流血漂卤。因利乘便，宰割天下，分裂河山，强国请服，弱国入朝。延及孝文王、庄襄王，享国日浅，国家无事。

孝公去世以后，惠文王、武王继承故祖的基业。按照先王遗留下的计划，向南兼并了汉中，向西攻取巴、蜀，向东分割去了肥沃的土地，占据了险要的郡县。诸侯们害怕，会约结盟而共谋削弱秦国，他们不可惜珍器重宝和肥美的土地，用来招纳天下的谋士，联合起来缔结邦交，相互联合为一体。在这个时候，齐国有孟尝君，赵国有平原君，楚国有春申君，魏国有信陵君。这四位君子，都是通达事理富有才智而且忠信，为人宽厚而且爱惜民力，尊重贤士，使六国相约合纵而瓦解与秦国的连横，集合韩、魏、燕、楚、齐、赵、宋、卫、中山等国的人众。在这时六国士人中有宁越、徐尚、苏秦、杜赫等人为他们出谋划策，有齐明、周最、陈轸、昭滑、楼缓、翟景、苏厉、乐毅等一类人贯彻他们的意图，有吴起、孙膑、带佗、兒良、王廖、田忌、廉颇、赵奢等一辈人统率他们的军队。他们常常依靠比秦国多十倍的土地，用百万大军，去攻击函谷关而进击秦国。秦人开放关隘而诱敌深入，使得九国联军犹豫、畏惧而最终瓦解逃跑而不敢前进。秦国没有亡失一箭一镞的耗费，而天下诸侯却已经疲困不堪了。因此联合解散而盟约解除，争着割让自己的土地而献给秦国。秦国有充足的力量利用各国的疲惫降服他们，追击败逃的联军，杀死敌军上百万，使尸体遍地，血流成河而可把盾牌漂起。趁着便利的形势，任意宰割天下，强行分裂诸侯国的山河，迫使强国臣服，弱国进贡。延续到孝文王、庄襄王，因为他们在位的时间很短，国家没有什么大事。

及至秦王，续六世之余烈，振长策而御宇内，吞二周而亡诸侯，履至尊而制六合，执棰拊以鞭笞天下，威振四海。南取百越之地，以为桂林、象郡，百越之君俯首系颈，委命下吏。乃使蒙恬北筑长城而守藩篱，却匈奴七百余里，胡人不敢南下而牧马，士不敢弯弓而报怨。于是废先王之道，焚百家之言，以愚黔首。堕名城，杀豪俊，收天下之兵聚之咸阳，销锋铸鐻，以为金人十二，以弱黔首之民。然后斩华为城，因河为津，据亿丈之城，临不测之谿以为固。良将劲弩守要害之处，信臣精卒陈利兵而谁何，天下以定。秦王之心，自以为关中之固，金城千里，子孙帝王万世之业也。

等到秦王嬴政的时候，他继承和发扬了六世先王遗留下的功业，挥动着长鞭而驾御宇内，吞灭了东西二周而灭亡了诸侯，登上至尊地位而控制天地四方，执行刑罚来统治天下，声威震动四海。南方攻取了百越土地，建立了桂林、象郡二郡，百越的君长低着头，脖子上系着绳子，把自己的命运交给了秦国的官吏。又派蒙恬在北方修筑长城而作为守卫疆土的屏障，把匈奴人赶出七百多里以外，使胡人不敢南下来放牧牛马，匈奴的军士不敢弯弓来报泄怨仇。因此废除先王的治国法规，焚烧百家的藏书，来愚弄百姓。拆除了有名的大城，屠杀豪俊，收缴天下的兵器聚集到咸阳，把锋利的武器熔铸成大钟，以及做成十二尊铜人，来削弱百姓的反抗力量。然后倚恃华山的阻险作为城墙，借着黄河环绕而作为护城河，据守着万丈的高城，临靠着深不可测的溪水，以此作为十分坚固的屏障。在要害处又派遣良将装备了劲弩来把守，有忠信的佐臣和精干的军兵以及陈列着锐利的兵器而谁敢奈何，天下因而安定。秦王的心理，是自以为关中地区的稳定，如同千里的铜城，可以形成他后代子孙作为帝王的万世基业。

秦王既殁，余威振于殊俗。陈涉，瓮牖绳枢之子，甿隶之人，而迁徙之徒，才能不及中人，非有仲尼、墨翟之贤，陶朱、猗顿之富，蹑足行伍之间，而崛起什伯之中，率罢散之卒，将数百之众，而转攻秦。斩木为兵，揭竿为旗，天下云集响应，赢粮而景从，山东豪俊遂并起而亡秦族矣。

秦王嬴政去世以后，他留在人世间的威慑力量仍然远震四方不同习俗的夷人。陈涉，一个破瓮做窗户，用绳索闩门枢的贫困家庭的孩子，一个被人雇用地位低下的粗人，而作为一个被迁徙的徒隶，他的才能赶不上一个中等人，没有仲尼、墨翟的贤明，陶朱、猗顿的富足，活动在行伍中间，从十夫之长或百夫之长的基础上崛起，带领疲惫涣散的士卒，统率着几百人的徒众，而转过身来攻打秦国。削尖了木头作兵器，举起竹竿作战旗，天下响应的人像彩云一样聚集，担负着粮食如影子一般地追随他，山东地区的豪俊就一同兴起而灭亡了秦族。

且夫天下非小弱也，雍州之地，殽函之固自若也。陈涉之位，非尊于齐、楚、燕、赵、韩、魏、宋、卫、中山之君；锄櫌棘矜，非铦于勾戟长铩也；适戍之众，非抗于九国之师；深谋远虑，行军用兵之道，非及乡时之士也。然而成败异变，功业相反也。试使山东之国与陈涉度长絜大，比权量力，则不可同年而语矣。然秦以区区之地，千乘之权，招八州而朝同列，百有余年矣。然后以六合为家，殽函为宫，一夫作难而七庙堕，身死人手，为天下笑者，何也？仁义不施而攻守之势异也。

再说秦朝的国土威势并非是削减衰弱的，雍州的地势，崤山、函谷关的险固还像以前一样。陈涉的地位，不比齐、楚、燕、赵、韩、魏、宋、卫、中山等国的君王高贵，他们所用的锄柄和尖木棍等武器，也不如钩戟长矛锋利；一群被罚迁徙守边的士卒，不能和九国联合的军队相抗衡；深谋远虑和行军用兵的策略，也不如以前六国合纵时候的谋士。然而他们各自的成败结果却有异常的变化，功业成就也是完全不同的。假若以山东地区的诸国和陈涉等人相互比较大小长短，权衡他们各自的力量，那是实在不能相提并论了。然而秦国凭借区区一国的地区，战车千乘的诸侯权力，招来了八州的诸侯，而让这些原来和自己处在同等地位上的君王朝拜称臣，经历了一百多年。然后以天地四方为家，以崤山、函谷关作为宫殿，却因一个匹夫起兵发难就使得秦国的七世宗庙被毁坏，君主自身也死在他人之手，让天下人所耻笑，这是为什么呢？是由于秦王不施行仁义而致使攻取天下和守住天下的形势完全不同了。

遣使求仙图。讲述秦始皇想长生不老，派徐福带童男童女入海寻找仙山，求长生不老药之事。

秦并海内，兼诸侯，南面称帝，以养四海，天下之士斐然乡风，若是者何也？曰：近古之无王者久矣。周室卑微，五霸既殁，令不行于天下，是以诸侯力政，强侵弱，众暴寡，兵革不休，士民罢敝。今秦南面而王天下，是上有天子也。既元元之民冀得安其性命，莫不虚心而仰上，当此之时，守威定功，安危之本在于此矣。

秦国统一海内，兼并了诸侯，面南而称帝，以供四海，天下的士人欣服地慕风而向，像这种局面是何原因造成的？这可说是：近古以来没有统一天下的帝王已经很久了。周朝王室卑弱衰微，五霸死了以后，天子的法令无法在天下执行，因此诸侯们各自以武力相诛伐，强大的侵凌弱小的，人多的欺凌人少的，战争无止无休，士民们被摧残得很疲惫。现在秦君南面称帝而统治了天下，这就是在上有了天子啊。即使是普通的百姓也希望依靠他能够保全性命安居乐业，没有人不虚心诚服而恭仰皇上。在这个时候，守住天子的神威，稳定住已有的功业，安定危亡的根本就在此了。

秦王怀贪鄙之心，行自奋之智，不信功臣，不亲士民，废王道，立私权，禁文书而酷刑法，先诈力而后仁义，以暴虐为天下始。夫并兼者高诈力，安定者贵顺权，此言取与守不同术也。秦离战国而王天下，其道不易，其政不改，是其所以取之守之者无异也。孤独而有之，故其亡可立而待。借使秦王计上世之事，并殷周之迹，以制御其政，后虽有淫骄之主而未有倾危之患也。故三王之建天下，名号显美，功业长久。

秦王怀抱着贪婪卑劣的心意，执行他自我奋发的才智，不信任功臣，不亲爱士民，废弃施仁政的王道，树立起私人的权威，禁止读书习文而主张实行残酷的刑法，凡事崇尚诡诈暴力而轻视仁爱德义，以施行暴力来治理天下。兼并天下的时候需要崇尚诡诈的谋略和强大的武力，安定天下的时候就需要顺应时势而权衡变化，这就是说夺取天下和守卫江山的方法是不同的。秦国已结束摆脱了战国时期的纷争而统治了全天下，但他的建国方略不加变更，他的政治措施没有变，这就是他夺取天下和守卫天下在方法上没有什么不同的原因。只有皇帝独自一人绝无辅佐而拥有天下，所以他的灭亡就很快来了。如果秦王考虑前代的史事，兼取殷周二朝治国的经验，来制定治国的政策，后代尽管会出现骄淫的君王，也不会有倾覆灭亡的危险。所以夏禹、商汤、周文王和周武王建立了良好的国家制度，他们拥有卓越美好的名号，他们开创的功业也就可以长久。

今秦二世立，天下莫不引领而观其政。夫寒者利裋褐而饥者甘糟糠，天下之嗷嗷，新主之资也。此言劳民之易为仁也。乡使二世有庸主之行，而任忠贤，臣主一心而忧海内之患，缟素而正先帝之过，裂地分民以封功臣之后，建国立君以礼天下，虚囹圄而免刑戮，除去收帑污秽之罪，使各反其乡里，发仓廪，散财币，以振孤独穷困之士，轻赋少事，以佐百姓之急，约法省刑以持其后，使天下之人皆得自新，更节修行，各慎其身，塞万民之望，而以威德与天下，天下集矣。即四海之内，皆欢然各自安乐其处，唯恐有变，虽有狡猾之民，无离上之心，则不轨之臣无以饰其智，而暴乱之奸止矣。二世不行此术，而重之以无道，坏宗庙与民，更始作阿房宫，繁刑严诛，吏治刻深，赏罚不当，赋敛无度，天下多事，吏弗能纪，百姓困穷而主弗收恤。然后奸伪并起，而上下相遁，蒙罪者众，刑戮相望于道，而天下苦之。自君卿以下至于众庶，人怀自危之心，亲处穷苦之实，咸不安其位，故易动也。是以陈涉不用汤武之贤，不借公侯之尊，奋臂于大泽而天下响应者，其民危也。故先王见始终之变，知存亡之机，是以牧民之道，务在安之而已。天下虽有逆行之臣，必无响应之助矣。故曰"安民可与行义，而危民易与为非"，此之谓也。贵为天子，富有天下，身不免于戮杀者，正倾非也。是二世之过也。

如今秦二世即位，天下的人没有不伸长脖子在观看他的新政。要知道寒冷的人能够穿上一件狭小粗衣就会感到很满意，而饥饿的人能吃上一顿糟糠食物就会觉得很香甜了，天下的人嗷嗷地叫苦，正是新即位君主建立功业的好条件。这就是说对劳苦的人民是很容易给予仁爱的。那时候如果二世皇帝具有一般君主的德行，并且使用忠实贤能的人，君臣团结一心而为海内的祸患操劳，早在身着孝服的时候就立即纠正先帝的过错，分割土地和人民封给功臣的后代，建立各个王国、扶立王国的君主来礼遇天下，使监狱空虚而免除暴刑杀戮，废除没收犯罪人的妻子儿女为官家奴婢之类的杂乱刑罚，让这些人各自返回他们的乡里，打开仓库，散发钱财，用来赈济孤独穷困的士人，减轻赋税和差役，用来救助百姓的危急，简省法律减少刑罚来使他们事后有悔改的机会，使天下的人都能够自己重新做人，改变立身的准则修正品行，各自谨慎地对待自身，满足万民的期望，而以权威和恩德对待天下的人，天下人就会归附了。这样四海之内的人们，都很快乐地各自安居其处，唯恐发生变乱，尽管会出现狡猾的臣民，但没有背离君上的民意，那些图谋不轨的人就不能伪饰他们的诡计，而暴乱的奸邪就会被消除了。二世皇帝不施行这种办法，却比始皇时更加凶残无道，毁坏宗庙和残害民众，重新开始建筑阿房宫，施行繁重的刑法及严酷的诛杀，以吏治民苛刻狠毒，赏罚不当，赋税搜括没有限度，天下事务繁忙。官吏们不能有效治理，百姓们穷困而君主不加以抚恤。从此之后才使奸伪群起，而上下相互欺骗，蒙受罪责的人众多，服刑受戮的人在道路上前后相望，而天下的人都被这状况所苦。从君卿以下直至黎民百姓，人人都怀着自危的心理，亲身处在穷苦的现实中，全都不安于他们所处的地位，所以才容易造成动荡。因此陈涉不需具有像商汤和周武王那样的贤才，不必凭借着公侯般尊贵的地位，只在大泽乡奋臂一呼而能使天下人响应的原因，是由于人民处在危难的处境中。所以先王们洞察事物由开始到结束的变化，知道存亡的关键，因此治理人民的办法，就在致力于使人民得到安定罢了。天下虽然有反叛的臣子，一定不会有人响应来助他作乱了。所以说“处在安定中的民众可以与他们一道施行仁义，而处在危乱中的民众容易与他们一起为非作歹”，就是说的这种情况。高贵成为天子，富足保有天下，自身不免于被杀戮的原因，是由于扶正倾危局势的政策错误。这就是二世皇帝的过错。

襄公立，享国十二年。初为西畤。葬西垂。生文公。

秦襄公即位，在位十二年。开始建造西畤。葬在西垂。生了儿子文公。

文公立，居西垂宫。五十年死，葬西垂。生静公。静公不享国而死。生宪公。宪公享国十二年，居西新邑。死，葬衙。生武公、德公、出子。出子享国六年，居西陵。庶长弗忌、威累、参父三人，率贼贼出子鄙衍，葬衙。武公立。武公享国二十年，居平阳封宫。葬宣阳聚东南。三庶长伏其罪。德公立。德公享国二年。居雍大郑宫。生宣公、成公、缪公。葬阳。初伏，以御蛊。宣公享国十二年。居阳宫。葬阳。初志闰月。成公享国四年，居雍之宫。葬阳。齐伐山戎、孤竹。缪公享国三十九年。天子致霸。葬雍。缪公学著人。生康公。康公享国十二年。居雍高寝。葬竘社。生共公。共公享国五年。居雍高寝。葬康公南。生桓公。桓公享国二十七年。居雍太寝。葬义里丘北。生景公。景公享国四十年。居雍高寝。葬丘里南。生毕公。毕公享国三十六年。葬车里北。生夷公。夷公不享国。死，葬左宫。生惠公。惠公享国十年。葬车里，景康。生悼公。悼公享国十五年。葬僖公西。城雍。生剌龚公。剌龚公享国三十四年。葬入里。生躁公、怀公。其十年，彗星见。躁公享国十四年。居受寝。葬悼公南。其元年，彗星见。怀公从晋来。享国四年。葬栎圉氏。生灵公。诸臣围怀公，怀公自杀。肃灵公，昭子子也。居泾阳。享国十年。葬悼公西。生简公。简公从晋来。享国十五年。葬僖公西。生惠公。其七年，百姓初带剑。惠公享国十三年。葬陵圉。生出公。出公享国二年。出公自杀，葬雍。献公享国二十三年。葬嚣圉。生孝公。孝公享国二十四年。葬弟圉。生惠文王。其十三年，始都咸阳。惠文王享国二十七年。葬公陵。生悼武王。悼武王享国四年，葬永陵。昭襄王享国五十六年。葬茝阳。生孝文王。孝文王享国一年。葬寿陵。生庄襄王。庄襄王享国三年。葬茝阳。生始皇帝。吕不韦相。

文公即位，居住在西垂宫，在位五十年去世，葬在西垂。生了儿子静公。静公没有即位就死去了。生了儿子宪公。宪公在位十二年，居住在西新邑，死后葬在衙县。生了儿子武公、德公、出子。出子在位六年，居住在西陵。庶长弗忌、威累、参父三个人，率领贼人在鄙衍暗杀了出子，葬在衙县。武公即位，武公在位二十年，居住在平阳封宫。葬在宣阳聚的东南。这期间三庶长因罪伏法被诛。德公即位。德公在位二年。住在雍地大郑宫。生了儿子宣公、成公、穆公。葬在阳地。开始颁定伏日节气，以防御热毒邪气。宣公在位十二年，住在阳宫。葬在阳地。开始记载闰月。成公在位四年，居住在雍地的宫中。葬在阳地。齐国攻伐山戎和孤竹。穆公在位三十九年。周天子确认他为诸侯之长。葬在雍邑。穆公曾向宫殿的侍卫学习。生了儿子康公。康公在位十二年，居住在雍邑高寝。葬在竘社。生了儿子共公。共公在位五年，居住在雍地高寝。葬在康公墓南。生了儿子桓公。桓公在位二十七年，居住在雍地的太寝。葬在义里丘的北面。生了儿子景公。景公在位四十年，居住在雍邑的高寝，葬在丘里的南面。生了儿子毕公。毕公在位三十六年。葬在车里的北方。生了儿子夷公。夷公没有即位为君，死后葬在左宫。生了儿子惠公。惠公在位十年。葬在车里。车里位于康公、景公二墓之间。生了儿子悼公。悼公在位十五年。葬在僖公墓的西边。在雍邑修筑城墙。生了儿子剌龚公。剌龚公在位三十四年。葬在入里。生了儿子躁公和怀公。他在位的第十年，有彗星出现。躁公在位十四年，居住在受寝。葬在悼公墓的南面。他在位的第一年，有彗星出现。怀公是从晋国回来作国君的，他在位四年。葬在栎圉氏。生了儿子灵公（据《秦本纪》载，怀公的太子名叫昭子，早夭，大臣们就拥立昭子的儿子为君。据此而推，灵公应是怀公的孙子）。各个大臣围攻怀公，怀公被迫自杀。肃灵公，是昭子的儿子，居住在泾阳。他在位十年。葬在悼公墓的西边。生了儿子简公。简公是从晋国回来即位的。他在位十五年。葬在僖公墓的西边。生了儿子惠公。他在位的第七年，开始允许百姓佩带刀剑。惠公在位十三年。葬在陵圉。生了儿子出公。出公在位二年。出公自杀，葬在雍邑。献公在位二十三年。葬在嚣圉。生了儿子孝公。孝公在位二十四年。葬在弟圉。生了儿子惠文王。他在位的第十三年，开始建都咸阳。惠文王在位二十七年。葬在公陵。生了儿子悼武王。悼武王在位四年。葬在永陵。昭襄王在位五十六年。葬在茝阳。生了儿子孝文王。孝文王在位一年。葬在寿陵。生了儿子庄襄王。庄襄王在位三年。葬在茝阳。生了儿子始皇帝。吕不韦为丞相。

献公立七年，初行为市。十年，为户籍相伍。孝公立十六年。时桃李冬华。惠文王生十九年而立。立二年，初行钱。有新生婴儿曰："秦且王。"悼武王生十九年而立。立三年，渭水赤三日。昭襄王生十九年而立。立四年，初为田开阡陌。孝文王生五十三年而立。庄襄王生三十二年而立。立二年，取太原地。庄襄王元年，大赦，修先王功臣，施德厚骨肉，布惠于民。东周与诸侯谋秦，秦使相国不韦诛之，尽入其国。秦不绝其祀，以阳人地赐周君，奉其祭祀。始皇享国三十七年。葬郦邑。生二世皇帝。始皇生十三年而立。二世皇帝享国三年。葬宜春。赵高为丞相安武侯。二世生十二年而立。右秦襄公至二世，六百一十岁。

献公在位的第七年，秦国开始设置集市。第十年，编制户籍及实行五家为邻的连坐制度。孝公在位的第十六年，冬季时桃树、李树开花。惠文王十九岁时即位为君。在位的第二年，开始实行用钱币。有一个刚刚降生的婴儿居然能说"秦国将要称王"。悼武王十九岁时即位为国君。在位的第三年，渭河水红赤三日。昭襄王十九岁而即位为国君。在位的第四年，开始开辟田间的阡陌。孝文王五十三岁而即位为国君。庄襄王三十二而即位为国君。在位的第二年，攻克了太原地区。庄襄王元年，大赦天下，表彰先王的功臣，对于骨肉至亲厚施恩德，对人民布施恩惠。东周和诸侯国谋划攻伐秦国，秦国派遣相国吕不韦讨伐它，占领了它整个的国土。秦国没有灭绝它的祭祀，把阳人地方赐给周君，让他能够举行对周朝先王的祭祀。始皇帝在位三十七年。葬在郦邑。生了儿子二世皇帝。始皇帝十三岁而即位为秦王。二世皇帝在位三年。葬在宜春。赵高被任命为丞相并封为安武侯。二世皇帝十二岁而即位为帝(《本纪》载二世元年，皇帝二十一岁)。右列从秦襄公至二世皇帝，共计六百一十年。

孝明皇帝十七年十月十五日乙丑，曰：周历已移，仁不代母。秦直其位，吕政残虐。然以诸侯十三，并兼天下，极情纵欲，养育宗亲。三十七年，兵无所不加，制作政令，施于后王。盖得圣人之威，河神授图，据狼、狐，蹈参、伐，佐政驱除，距之称始皇。

孝明皇帝十七年十月十五日乙丑，班固说：周朝历数已经过去了，按照仁义来说子不能代替母(周为木德，汉为火德，木生火，所以周德为汉德之母。因此汉不应接替周朝)。秦朝正处在中间的位置，吕政残暴凶虐。然而他以一个十三岁的诸侯，而兼并天下，极其情志放纵私欲，却又养育着宗室亲族。在位三十七年间，军队无处不征伐，制作法律政令，传留给后代帝王。这大概是他得到圣人的神威，和河神授予的具备帝王象征的图箓，依据着主弓矢的狼、狐星的气魄，蹈践着主斩杀的参、伐星的威严，帮助秦王政驱除天下诸侯，一直到使他能够自称始皇帝。

始皇既殁，胡亥极愚，郦山未毕，复作阿房，以遂前策。云"凡所为贵有天下者，肆意极欲，大臣至欲罢先君所为"。诛斯、去疾，任用赵高。痛哉言乎！人头畜鸣。不威不伐恶，不笃不虚亡，距之不得留，残虐以促期，虽居形便之国，犹不得存。

始皇帝死后，胡亥非常愚蠢，骊山大墓尚未完工，又重新开始建筑阿房宫，以便完成从前的计划。还说"凡是那些作为尊贵的君王而拥有天下的人，可以放纵意志极情享乐，大臣们竟然想要废弃先王所想干的事情"。杀了李斯、冯去疾，任用赵高。二世的这番话听起来让人多么痛心啊！如同长着人头而说出禽兽般的声音。如果不是帝王逞威，就不会让人们讨伐他，假若不是罪恶深重，他就不会身败灭亡，等到他大好的河山保留不住，残暴凶虐又加速了他灭亡的期限，尽管他所据守的是易守难攻山川形势便利的王国，仍然不可能得到保存。

子婴度次得嗣，冠玉冠，佩华绂，车黄屋，从百司，谒七庙。小人乘非位，莫不怳忽失守，偷安日

日，独能长念却虑，父子作权，近取于户牖之间，竟诛猾臣，为君讨贼。高死之后，宾婚未得尽相劳，餐未及下咽，酒未及濡唇，楚兵已屠关中，真人翔霸上，素车婴组，奉其符玺，以归帝者。郑伯茅旌鸾刀，严王退舍。河决不可复壅，鱼烂不可复全。贾谊、司马迁曰："向使婴有庸主之材，仅得中佐，山东虽乱，秦之地可全而有，宗庙之祀未当绝也。"秦之积衰，天下土崩瓦解，虽有周旦之材，无所复陈其巧，而以责一日之孤，误哉！俗传秦始皇起罪恶，故亥极，得其理矣。复责小子，云秦地可全，所谓不通时变者也。纪季以酅，《春秋》不名。吾读《秦纪》，至于子婴车裂赵高，未尝不健其决，怜其志。婴死生之义备矣。

子婴越分得到了王位，戴着玉饰的王冠，佩着系有华美的丝带的御玺，乘坐着裹涂黄色的帝王车驾，由百司官吏扈从着，拜谒先代七世祖庙。一位小人登临不合他身份的地位，没有不是神思不定心中无主，整天苟且偷安。只是他能够图谋长远排除顾虑，父子一起计议策划，就近在室中捕获赵高，终诛杀了奸臣，为被害死的二世皇帝诛伐了贼逆。赵高被处死以后，亲戚宾客还没有来得及慰劳完，饮食还没有来得及下咽，酒还没来得及沾唇，楚国的军队已屠戮了关中，上天的真命天子已飞临霸上。于是子婴只得坐着素车和脖颈上系着绳子，捧着皇帝的符信御玺，来投降于应该称帝的人，如同当年郑伯手持茅旌和鸾刀投降一样，楚庄王撤退一舍（一舍为七里）。河堤溃决不可能重新堵上，鱼已烂了不可能再度复原。贾谊、司马迁说："假如当时子婴有一般君主的才干，仅得到中等才能臣子的辅佐，尽管山东地区大乱，秦国原有的土地也可能保全，宗庙的祭祀也不应该断绝。"秦国的衰败是一代代积累造成，天下就像土崩瓦解一般，即使有像周公旦一样的才能，也还是没有机会施展他的才干，因为秦国投降灭亡而责怪即位才几天的子婴，这是一个错误啊！世俗人传说是秦始皇兴起的罪恶，是胡亥将这种罪恶发展到顶点，这话是很合乎道理的。贾谊、司马迁又责备子婴无能，说秦国原有的土地可以保全，这就是所谓不通时变的话了。纪季把纪国的酅邑送给齐国来换取附庸的地位而能保存宗庙社稷，《春秋》赞美他而不直书其名。我读《秦纪》，读至子婴车裂赵高的时候，没有一次不佩服他的果断，怜惜他的心志。可以说子婴具备了讨逆报仇、死而殉国的死生大义。

史记第七卷

项羽本纪第七

项籍者，下相人也，字羽。初起时，年二十四。其季父项梁，梁父即楚将项燕，为秦将王翦所戮者也。项氏世世为楚将，封于项，故姓项氏。

项籍，是下相人，字子羽。他开始创业的时候，年纪才二十四岁。他的叔父名叫项梁，项梁的父亲就是楚国的将军项燕，就是被秦国将军王离所杀的那位楚国将军。项氏世代任楚国的将军，所以被封在项城县，因此而姓项。

项籍少时，学书不成，去，学剑，又不成。项梁怒之。籍曰："书足以记名姓而已。剑一人敌，不足学，学万人敌。"于是项梁乃教籍兵法，籍大喜，略知其意，又不肯竟学。项梁尝有栎阳逮，乃请蕲狱掾曹咎书抵栎阳狱掾司马欣，以故事得已。项梁杀人，与籍避仇于吴中。吴中贤士大夫皆出项梁下。每吴中有大繇役及丧，项梁常为主办，阴以兵法部勒宾客及子弟，以是知其能。秦始皇帝游会稽，渡浙江，梁与籍俱观。籍曰："彼可取而代也。"梁掩其口，曰："毋妄言，族矣！"梁以此奇籍。籍长八尺余，力能扛鼎，才气过人，虽吴中子弟皆已惮籍矣。

项籍少年时代，学习认字写字没有什么成就，于是放弃了而去学习剑术，又没有学成。项梁对他发怒。项籍说："认字写字不过书写姓名罢了。学好剑术也只能抵抗得住一个人，所以不值得学，

项羽像，出自明·天然撰《历代古人像赞》。

我要学能够打败万人的本领。”因此项梁就教授项籍学习用兵打仗的策略，项籍非常喜欢，略懂得其中的大意后，又不肯完成学业。项梁曾经因犯罪受牵连在栎阳被捕入狱，于是就请蕲县狱掾曹咎写一封讲情的信给栎阳狱掾司马欣，所以犯罪的事能得到解脱。项梁又杀了人，就和项籍逃到吴中地区躲避仇家的报复。吴中地区的贤士大夫都推崇他。吴中地区每遇有大的徭役和丧葬的事，项梁经常是做主办人。他暗中用兵法部署组织客人和青年，因此吴中地区的人知道他的才能。秦始皇帝到会稽去巡视，在他渡过浙江的时候，项梁和项籍一起去观看。项籍说：“那个人我可以取而代之。”项梁掩住了他的嘴，说：“不要胡说，会被灭族的！”项梁因此认为项籍是一个不凡的奇人。项籍身高八尺有余，他的力气能够扛起大鼎，才气过人，尽管吴中青年刚烈好斗，但都很畏惧项籍了。

秦二世元年七月，陈涉等起大泽中。其九月，会稽守通谓梁曰：“江西皆反，此亦天亡秦之时也，吾闻先即制人，后则为人所制。吾欲发兵，使公及桓楚将。”是时桓楚亡在泽中。梁曰：“桓楚亡，人莫知其处，独籍知之耳。”梁乃出，诫籍持剑居外待。梁复入，与守坐，曰：“请召籍，使受命召桓楚。”守曰：“诺。”梁召籍入。须臾，梁眴籍曰：“可行矣！”于是籍遂拔剑斩守头，项梁持守头，佩其印绶。门下大惊，扰乱，籍所击杀数十百人。一府中皆慑伏，莫敢起。梁乃召故所知豪吏，谕以所为起大事，遂举吴中兵。使人收下县，得精兵八千人。梁部署吴中豪杰为校尉、候、司马。有一人不得用，自言于梁。梁曰：“前时某丧使公主某事，不能办，以此不任用公。”众乃皆伏。于是梁为会稽守，籍为裨将，徇下县。

秦二世元年七月，陈涉等人在大泽乡起义。这一年九月，会稽郡守殷通对项梁说：“长江以西地区都造反了，这也就是上天要灭亡秦国的时机。我听人说领先行动就可以控制别人，落后行动就要受别人控制。我准备发兵抗秦，派您和桓楚作为将军。”这时桓楚逃亡在草泽中。项梁说：“桓楚现在逃亡在外，没有人知道他在何处，只有项籍知道他所隐藏的地方。”于是项梁出来，命令项籍随身带着宝剑在屋外等候。项梁再次进入屋内，和郡守同坐，他说：“请您召见项籍，使他接受您的命令去召来桓楚。”郡守说：“好吧。”项梁把项籍叫了进来。过了一会儿，项梁示意项籍说：“可以动手了！”因此项籍就拔出宝剑斩下了郡守的头。项梁手持着郡守的头，佩带着郡守的印。郡守的部下见状大惊，一时大乱，被项籍所杀伤的有几十近百人。府中所有的人都惊恐地拜伏在地上，没有一人敢起来反抗。于是项梁召集以前和他相交的豪吏，告诉他们他要起义成就大事业。就出动吴中地区的军队，派人率领他们去收取郡内的属县，共收得精兵八千人。项梁任命吴中地区的豪杰们作为这支军队的校尉、候、司马等职。其中有一个人没有被任用，他自己到项梁跟前去问。项梁说：“在前些时候某家丧葬时我派您去主办一件事，您没有能完成，因此我不能任用您。”因此众人对于项梁的知人善任都很佩服。在这种情况下，项梁就做了会稽郡守，项籍被任用为裨将，率军攻取所辖各县。

广陵人召平于是为陈王徇广陵，未能下。闻陈王败走，秦兵又且至，乃渡江矫陈王命，拜梁为楚王上柱国。曰：“江东已定，急引兵西击秦。”项梁乃以八千人渡江而西。闻陈婴已下东阳，使使欲与连和俱西。陈婴者，故东阳令史，居县中，素信谨，称为长者。东阳少年杀其令，相聚数千人，欲置长，无适用，乃请陈婴。婴谢不能，遂强立婴为长，县中从者得二万人。少年欲立婴便为王，异军苍

头特起。陈婴母谓婴曰："自我为汝家妇，未尝闻汝先古之有贵者。今暴得大名，不祥。不如有所属，事成犹得封侯，事败易以亡，非世所指名也。"婴乃不敢为王。谓其军吏曰："项氏世世将家，有名于楚。今欲举大事，将非其人，不可。我倚名族，亡秦必矣。"于是众从其言，以兵属项梁。项梁渡淮，黥布、蒲将军亦以兵属焉。凡六七万人，军下邳。

广陵人召平这时候正为陈王攻打广陵，还没有能攻下，听说陈王战败逃走，而且秦国的军队又要到来，就渡过长江假托奉陈王的命令，封拜项梁为楚王的上柱国。他说："江东地区平定以后，要赶快率军向西攻打秦。"项梁就率领着八千军队渡过长江向西进攻。听说陈婴已经取得了东阳，就派去使臣想和他联合一起向西进攻。陈婴，原任东阳令史，住在县城中，平素信诚严谨，被尊为长者。东阳县的年轻人杀死了他们的县令，聚集了数千人，想要推举一位首领，但无合适的人选，就请陈婴担任这个职务。陈婴推说自己没有这个能力，结果被强行拥立为首领。县中随从起义的有二万人，少年们便准备立陈婴为王，并用黑头巾包头来和其他军队相区别。陈婴的母亲对陈婴说："自从我成为你们陈家的媳妇以来，从没有听说过你的先辈中有过贵人。如今你突然得到如此大的名分，不祥。不如有所归属，事业成功仍然能够封侯，事业失败也易于逃跑，因为你不是被世人注意的人。"因此陈婴不敢称王。对他的军官们说："项氏家族世世代代担任将军，是楚国的名门。如今要创建大业。若非项氏领导不能成功。我们依靠着名门望族，秦国一定会灭亡。"于是众人听从了他的意见，把军队附从于项梁。项梁渡过淮河，黥布、蒲将军也率领着各自的军队前来归顺。项梁所统领的军队共有六七万人，驻扎在下邳。

当是时，秦嘉已立景驹为楚王，军彭城东，欲距项梁。项梁谓军吏曰："陈王先首事，战不利，未闻所在。今秦嘉倍陈王而立景驹，逆无道。"乃进兵击秦嘉。秦嘉军败走，追之至胡陵。嘉还战一日，嘉死，军降。景驹走死梁地。项梁已并秦嘉军，军胡陵，将引军而西。章邯军至栗，项梁使别将朱鸡石、馀樊君与战。馀樊君死。朱鸡石军败，亡走胡陵。项梁乃引兵入薛，诛鸡石。项梁前使项羽别攻襄城，襄城坚守不下。已拔，皆坑之。还报项梁。项梁闻陈王定死，召诸别将会薛计事。此时沛公亦起沛，往焉。

在这个时候，秦嘉已经拥立景驹作为楚王，驻军在彭城以东，准备抵拒项梁。项梁对军中的官吏们说："陈王首先起事，作战不利，如今不知道他在何方。现在秦嘉背叛陈王而扶立景驹，这是大逆不道。"于是就进兵攻打秦嘉。秦嘉的军队战败逃走，项梁的军队追击他到达胡陵，秦嘉回军和项梁军交战了一天，秦嘉被杀，他的军队投降。景驹逃走死在梁地。项梁兼并了秦嘉的军队以后，驻军胡陵，将率军向西进攻。章邯的军队到达了栗县，项梁派遣别将朱鸡石、馀樊君和秦军交战。馀樊君战死，朱鸡石的军队被打败，他逃亡到胡陵。项梁于是率军进入薛县，杀了朱鸡石。在这以前项梁派遣项羽另率一路军队进攻襄城，襄城坚守而一时不能攻克。襄城被攻破以后，项羽把俘虏全部活埋了，回军向项梁复命。项梁听说陈王确已死去，召集诸位别将在薛县开会商计大事。这时候沛公也从沛县起兵前往。

居鄛人范增，年七十，素居家，好奇计，往说项梁曰："陈胜败固当。夫秦灭六国，楚最无罪。自怀王入秦不反，楚人怜之至今，故楚南公曰：'楚虽三户，亡秦必楚'也。今陈胜首事，不立楚后而自立，其势不长。今君起江东，楚蜂午之将皆争附君者，以君世世楚将，为能复立楚之后也。"于是项梁然其言，乃求楚怀王孙心民间，为人牧羊，立以为楚怀王，从民所望也。陈婴为楚上柱国，封五县，与怀王都盱台。项梁自号为武信君。

居鄛人范增，七十岁，平素在家居住，擅长计谋，前往薛县劝导项梁说："陈胜的失败是理所当然的事。秦国灭亡了六国，其中楚国是最没有得罪秦国而被吞灭的一个。自从楚怀王进入秦国而被扣留不能返回，楚国人直至今日还同情怀念他，因此楚南公说：'楚国即使剩下三户人家，灭亡秦国的人一定是楚国人。'如今陈胜首先起事，不扶立楚王的后代而自立为王，他的势运必定不会长久。现在您起自江东，楚国各地的将领都蜂拥而至争先归附您，是因为您家世世代代做过楚国大将，是因为您能够扶立楚王的后代。"因此项梁相信了他的话，就在民间寻求到楚怀王的孙子熊心，当时熊心已落破到为人放羊的窘境，项梁扶立他仍称为楚怀王，这是为了顺从楚国民众的心愿。陈婴担任楚国的上柱国，得到五个县的封地，和怀王一同居住在都城盱台。项梁自己号称武信君。

居数月，引兵攻亢父，与齐田荣、司马龙且军救东阿，大破秦军于东阿。田荣即引兵归，逐其王假，假亡走楚。假相田角亡走赵。角弟田间故齐将，居赵不敢归。田荣立田儋子市为齐王。项梁已破东阿下军，遂追秦军。数使使趣齐兵，欲与俱西。田荣曰："楚杀田假，赵杀田角、田间，乃发兵。"项梁曰："田假为与国之王，穷来从我，不忍杀之。"赵亦不杀田角、田间以市于齐。齐遂不肯发兵助楚。项梁使沛公及项羽别攻城阳，屠之。西破秦军濮阳东，秦兵收入濮阳。沛公、项羽乃攻定陶。定陶未下，去，西略地至雍丘，大破秦军，斩李由。还攻外黄，外黄未下。

停住几个月以后，项梁领兵进攻亢父，和齐国的田荣、司马龙且率领的军队援救东阿，在东阿打垮了秦军。田荣马上领军回到齐地，驱逐了齐王假。齐王假逃亡到楚国，齐王假的国相田角逃亡到赵国。田角的弟弟田间原来是齐国将领，住在赵国而不敢回国。田荣扶立田儋的儿子田市作为齐王。项梁攻破了东阿城下的秦军以后，接着就追击秦军。数次派遣使者去催促齐国出兵，想和齐军一同向西进攻。田荣说："如果楚国杀死田假，赵国杀死田角和田间，齐国才能发兵。"项梁说："田假是我们盟国的国王，穷途末路来投奔我，我不忍心杀害他。"赵国也没有杀死田角和田间而想用他们来和齐国作交易。于是齐国就不肯发兵帮助楚国。项梁派沛公和项羽另率一支军队攻打城阳，杀了城阳的守军。又向西进攻，在濮阳东部地区打垮了秦军，秦军收兵退入濮阳城。于是沛公、项羽就进攻定陶。定陶没有能攻下，撤离，又向西攻取城邑到达雍丘，大败秦军，杀死了李由。回师进攻外黄，外黄没有能攻克。

项梁起东阿，西，比至定陶，再破秦军，项羽等又斩李由，益轻秦，有骄色。宋义乃谏项梁曰："战胜而将骄卒惰者败。今卒少惰矣，秦兵日益，臣为君畏之。"项梁弗听。乃使宋义使于齐。道遇齐使者高陵君显，曰："公将见武信君乎？"曰："然。"曰："臣论武信君军必败。公徐行即免死，疾行则及祸。"秦果悉起兵益章邯，击楚军，大破之定陶，项梁死。沛公、项羽去外黄攻陈留，陈留坚守不能下。沛公、项羽相与谋曰："今项梁军破，士卒恐。"乃与吕臣军俱引兵而东。吕臣军彭城东，项羽军彭城西，沛公军砀。

项梁从东阿西北起兵，来到定陶，再次打败秦军，这时项羽等人又斩杀了李由，因此楚军更加轻视秦国，出现了骄傲情绪。于是宋义劝谏项梁说："取得了战斗的胜利而将领们骄傲、士兵们懒惰的军队必然会失败。如今士卒们有点怠慢，而秦兵一天天地增强，我替您感到害怕。"项梁不采纳他的意见。于是派宋义出使到齐国。宋义在行途中遇见齐国的使者高陵君显，说："您将要去会见武信君吗？"高陵君说："是这样。"他又说："我断定武信君的军队必然会大败。您如果慢慢行进就可避免被杀死，如急速行进就会碰上灾祸。"秦国果然发动倾国的兵员增加章邯军队的实力，向楚军进攻，在定陶打垮了楚军，项梁战死。沛公、项羽撤离外黄转攻陈留，陈留坚守而不能攻下。沛公和项羽商议说："如今项梁的军队被打败了，士卒们很惊恐。"于是他们和吕臣的军队一同向东退兵。吕臣的军队驻扎在彭城东面，项羽的军队驻扎在彭城西面，沛公的军队驻扎在砀。

章邯已破项梁军，则以为楚地兵不足忧，乃渡河击赵，大破之。当此时，赵歇为王，陈馀为将，张耳为相，皆走入钜鹿城。章邯令王离、涉间围钜鹿，章邯军其南，筑甬道而输之粟。陈馀为将，将卒数万人而军钜鹿之北，此所谓河北之军也。

章邯打败了项梁的军队以后，就认为楚国的军队不足为忧，于是渡过黄河攻打赵国，打垮了赵军。在这个时候，赵歇为赵王，陈馀担任将军，张耳担任国相，他们都逃入钜鹿城中。章邯命令王离、涉间包围钜鹿城，章邯在他们的南面驻军，并修筑两边有高墙的甬道来输送军粮。陈馀作为将领，统率着几万名士卒而在钜鹿的北面驻扎，这是所谓的河北军。

楚兵已破于定陶，怀王恐，从盱台之彭城，并项羽、吕臣军自将之。以吕臣为司徒，以其父吕青为令尹。以沛公为砀郡长，封为武安侯，将砀郡兵。

楚军已经在定陶被攻破，怀王惊恐，从盱台来到彭城，把项羽和吕臣的军队合起来由他亲自指挥。任命吕臣任司图，任命他的父亲吕青担任令尹。任命沛公任砀郡长，并封为武安侯，统领砀郡的军队。

初，宋义所遇齐使者高陵君显在楚军，见楚王曰："宋义论武信君之军必败，居数日，军果败。兵未战而先见败征，此可谓知兵矣。"王召宋义与计事而大说之，因置以为上将军；项羽为鲁公，为次

将，范增为末将，救赵。诸别将皆属宋义，号为卿子冠军。行至安阳，留四十六日不进。项羽曰："吾闻秦军围赵王钜鹿，疾引兵渡河，楚击其外，赵应其内，破秦军必矣。"宋义曰："不然。夫搏牛之虻不可以破虮虱。今秦攻赵，战胜则兵罢，我承其敝；不胜，则我引兵鼓行而西，必举秦矣。故不如先斗秦赵。夫被坚执锐，义不如公；坐而运策，公不如义。"因下令军中曰："猛如虎，很如羊，贪如狼，强不可使者，皆斩之。"乃遣其子宋襄相齐，身送之至无盐，饮酒高会，天寒大雨，士卒冻饥。项羽曰："将戮力而攻秦，久留不行。今岁饥民贫，士卒食芋菽，军无见粮，乃饮酒高会，不引兵渡河因赵食，与赵并力攻秦，乃曰'承其敝'。夫以秦之强，攻新造之赵，其势必举赵。赵举而秦强，何敝之承！且国兵新破，王坐不安席，埽境内而专属于将军，国家安危，在此一举。今不恤士卒而徇其私，非社稷之臣。"项羽晨朝上将军宋义，即其帐中斩宋义头，出令军中曰："宋义与齐谋反楚，楚王阴令羽诛之。"当是时，诸将皆慑服，莫敢枝梧。皆曰："首立楚者，将军家也。今将军诛乱。"乃相与共立羽为假上将军。使人追宋义子，及之齐，杀之。使桓楚报命于怀王。怀王因使项羽为上将军，当阳君、蒲将军皆属项羽。

当初宋义所遇到的那位齐国的使者高陵君显正在楚军中，见到楚王后说："宋义断定武信君的军队必然失败，几天之后，军队果真失败。军队还未作战而能先行预见有失败的征兆，这个人可以称得上是知道用兵的人了。"楚王召见宋义共商大计而很喜欢他，因而他被任命为上将军；项羽封为鲁公，被任命为次将军；范增被任命为末将军；他们一同率军救援赵国。此外其他各路军队都归宋义指挥，他的称号为卿子冠军。大军行进到安阳，停留了四十六日不再前进。项羽说："我听说秦军把赵王围困在钜鹿，应立刻率军渡过黄河，楚军在外围攻击秦军，赵军在城内配合向外攻击，定能攻破秦军。"宋义说："不是这样。要去拍死牛背上的大虻虫就不可能顾及到会杀死牛身上的虮虱。如今秦军攻打赵军，秦军战胜了军队就会疲惫不堪，我们的军队可以趁着它疲惫攻击他们；假若秦军不胜，我们就可以声势浩大地率领军队向西进攻，一定会消灭秦军。因此不如先让秦、赵互相厮杀。若是身披坚固的铠甲，手持着锐利的武器上阵杀敌，我宋义不如你，若是坐下来运筹策划，你不如我宋义。"因此他在军中下令说："那些凶猛如虎、狠戾如羊、贪婪如狼、强悍而不能听从差遣的人，都要把他们斩杀了。"于是派遣他的儿子宋襄到齐国去作国相，亲自送他到无盐，饮酒大会宾客。天寒，大雨，士卒忍饥受冻。项羽说："在将要奋力而进攻秦军的时候，却久留不行。今年遇到饥荒灾害而百姓贫困，士卒们吃的是掺半的野菜和豆子，军中没有存粮，却饮酒宴会宾客，而不率军渡过黄河依靠赵国提供的粮食，去和赵国合力攻打秦军，却说'等秦军疲惫了再攻打'。以秦军的强大，攻打新建立的赵国，他们势必会消灭赵国。赵国若被平灭而秦军反而强大，有什么疲乏的机会可以利用！况我国军队刚被攻破，国王坐立不安，倾尽国内的军队全部归属将军指挥，国家的安危，在此一举。如今不抚恤士卒却徇私情，他不是安定社稷的贤良之臣。"项羽早晨拜见上将军宋义的时候，就在他的帐中斩了宋义的头，出来在军中发布命令说："宋义和齐国人阴谋反叛楚国，楚王密令我项羽杀了他。"在这个时候，诸位将领都畏服项羽，没有人敢抗拒，都说："首先扶立楚王的，是将军家族的人，现在将军又诛杀了叛乱之臣。"于是一起立项羽担任代理上将军的职务。派人追赶宋义的儿子，到了齐国境内才把他追上，杀死了他。又派桓楚向楚王报告。怀王因此任命项羽当了上将军，当阳君和蒲将军都属项羽指挥。

项羽已杀卿子冠军，威震楚国，名闻诸侯。乃遣当阳君、蒲将军将卒二万渡河，救钜鹿。战少利，陈馀复请兵。项羽乃悉引兵渡河，皆沉船，破釜甑，烧庐舍，持三日粮，以示士卒必死，无一还心。于是至则围王离，与秦军遇，九战，绝其甬道，大破之，杀苏角，虏王离。涉间不降楚，自烧杀。当是时，楚兵冠诸侯，诸侯军救钜鹿下者十余壁，莫敢纵兵。及楚击秦，诸将皆从壁上观。楚战士无不一以当十，楚兵呼声动天，诸侯军无不人人惴恐。于是已破秦军，项羽召见诸侯将，入辕门，无不膝行而前，莫敢仰视。项羽由是始为诸侯上将军，诸侯皆属焉。

项羽杀了卿子冠军宋义以后，威震楚国，名闻诸侯。于是他派遣当阳君、蒲将军率领二万士兵渡过漳水，救援钜鹿。经过交战未能取得胜利，陈馀再次请求出兵。于是项羽就率领全部人马渡过漳河，把所有的渡船都沉入水底，把做饭的锅碗等炊具砸烂了，把住的房屋也全部烧毁，随身带着三天的口粮，以此向士卒表明一定要决死战斗，没有丝毫的退却之意。因此楚军到达钜鹿就把王离的军队包围了，和秦军遭遇，经过多次激战，断了秦军的粮道，打垮了秦军，杀死了苏角，俘获了王离。涉间不投降楚军，自焚而死。在这个时候，楚国的军队在诸侯军队中最强大。在钜鹿城下援救赵国的诸侯军队有十多路，没有人敢出兵。等到楚军进攻秦军时，诸将都在壁垒上观望。楚军战士无不以一当十，楚军士兵的呼声震天动地，诸侯的军队无不人人心怀畏惧。因此楚军攻破秦军以后，项羽召见诸侯将领，他们进入辕门以后，无不跪在地上用膝盖前行，没有人敢仰视。项羽从此成为了诸侯们的上将军，诸侯们都佩服他。

章邯军棘原，项羽军漳南，相持未战。秦军数却，二世使人让章邯。章邯恐，使长使欣请事。至咸阳，留司马门三日，赵高不见，有不信之心。长史欣恐，还走其军，不敢出故道，赵高果使人追之，不及。欣至军，报曰："赵高用事于中，下无可为者。今战能胜，高必疾妒吾功；战不能胜，不免于死。愿将军孰计之。"陈馀亦遗章邯书曰："白起为秦将，南征鄢郢，北坑马服，攻城略地，不可胜计，而竟赐死。蒙恬为秦将，北逐戎人，开榆中地数千里，竟斩阳周。何者？功多，秦不能尽封，因以法诛之。今将军为秦将三岁矣，所亡失以十万数，而诸侯并起滋益多。彼赵高素谀日久，今事急，亦恐二世诛之，故欲以法诛将军以塞责，使人更代将军以脱其祸。夫将军居外久，多内郤，有功亦诛，无功亦诛。且天之亡秦，无愚智皆知之。今将军内不能直谏，外为亡国将，孤特独立而欲常存，岂不哀哉！将军何不还兵与诸侯为从，约共攻秦，分王其地，南面称孤；此孰与身伏𫓧质，妻子为僇乎？"章邯狐疑，阴使候始成使项羽，欲约。约未成，项羽使蒲将军日夜引兵度三户，军漳南，与秦战，再破之。项羽悉引兵击秦军汙水上，大破之。

章邯驻军在棘原，项羽驻军在漳河南，相互对峙没有交战。秦军屡次退却，二世皇帝派人责问章邯。章邯惊恐万状，派长史司马欣到咸阳请求指示。司马欣来到咸阳以后，在宫外司马门滞留了三天，赵高拒不接见，有不信任的意思。长史司马欣恐惧，回归棘原军中，不敢走他来时的路。赵高果真派人追来，但没有追上。司马欣到达军中，回报说："赵高在朝中专权，下面的人没有什么作为。现在和楚军交战能够取胜，赵高一定要嫉妒我们的功劳；假如交战不能取胜，就不能免于死罪。希望将军仔细考虑这件事。"陈馀也给章邯写信说："白起是秦国的大将，南征鄢郢，在北方活埋了赵括的军队。他为秦国攻克的城邑和占领的土地，不可胜计，而最终却被赐死。蒙恬是秦国的将军，在北方驱逐了戎人，开拓了榆中地区的数千里疆土，最终在阳周被杀。是何原因？是因为他们功劳太大，秦国不能完全按照他们的功劳给予封地，因此就借用法律将他们诛杀了。如今将军担任秦国的将军已三年了，士卒伤亡损失以十万计，而各地有更多的诸侯蜂拥而起。那位赵高平素阿谀而把军情隐瞒了很久，如今事态紧急，他也害怕二世皇帝杀他，所以才想以法诛杀将军您来弥补他隐瞒不报的罪责，派遣别人代替您担任将军来逃脱他的祸患。将军您在朝外时间长了，和朝内的人有许多分歧和矛盾，您有功被杀，无功被杀。而且上天要灭亡秦国，无论是愚人或智者都知道这种情况。如今将军您在朝内不能直言进谏，在朝外已成为亡国的将军，孤立无助而想要维持长久，这种幻想难道不值得悲哀吗？将军您何不退兵和诸侯们相联合，相约共同攻秦，分割一片土地而成为国王，面南而称孤；这与自身被杀，妻儿被杀哪样更好呢？"章邯开始动摇，暗地里派遣军候始成出使项羽军中，想要订立和约。和约没有达成，项羽就派蒲将军日夜不停地率军渡过三户津，驻军在漳河南边，和秦军交战，再次攻破秦军。项羽率领全军在汙水上进攻秦军，把秦军打得大败。

章邯使人见项羽，欲约。项羽召军吏谋曰："粮少，欲听其约。"军吏皆曰："善。"项羽乃与期洹水南殷虚上。已盟，章邯见项羽而流涕，为言赵高。项羽乃立章邯为雍王，置楚军中。使长史欣为上将军，将秦军为前行。

章邯派人求见项羽，希望订立和约。项羽召集军中官吏商议说："我们的军粮少，我准备接受章邯的和约。"军吏们都说："这样做很好。"于是项羽和章邯约定时间在洹水南的殷虚会晤。结盟以后，章邯见到项羽流下了眼泪，诉说赵高专权害人的事。项羽于是就立章邯为雍王，安置在楚军之中。任命长史司马欣担任上将军，率领秦军担当先头部队。

到新安。诸侯吏卒异时故繇使屯戍过秦中，秦中吏卒遇之多无状，及秦军降诸侯，诸侯吏卒乘胜多奴虏使之，轻折辱秦吏卒。秦吏卒多窃言曰："章将军等诈吾属降诸侯，今能入关破秦，大善；即不能，诸侯虏吾属而东，秦必尽诛吾父母妻子。"诸将微闻其计，以告项羽。项羽乃召黥布、蒲将军计

曰："秦吏卒尚众，其心不服，至关中不听，事必危，不如击杀之，而独与章邯、长史欣、都尉翳入秦。"于是楚军夜击坑秦卒二十余万人新安城南。

大军行进到新安。诸侯军中的一些军官和士卒过去曾因服徭役或屯戍而途经秦中地区，秦中地区的官兵们对待他们大多十分苛虐，等到秦军投降于诸侯，诸侯军中的官兵们大多乘胜奴役使唤他们，轻视凌辱秦军的官兵。秦军的许多官兵私下说："章将军等人欺骗我们向诸侯投降，如今如果能够入关攻破秦军，当然很好；如果不能取胜，诸侯们将威迫我们退回关东，秦国人一定要把我们的父母妻儿统统杀死。"诸侯的将领们听到了一些有关他们相谋的事，就报告给项羽。项羽于是召见黥布、蒲将军商量说："秦军官兵人数还很多，他们内心不顺从，若到达关中，秦军的这些降兵不听指挥，我们的大事一定会受到威胁，不如先把他们消灭掉，只单独带章邯、长史司马欣、都尉董翳进入秦境。"因此楚军在夜间袭击秦营，把二十余万秦军活埋在新安城南。

行略定秦地。函谷关有兵守关，不得入。又闻沛公已破咸阳，项羽大怒，使当阳君等击关。项羽遂入，至于戏西。沛公军霸上，未得与项羽相见。沛公左司马曹无伤使人言于项羽曰："沛公欲王关中，使子婴为相，珍宝尽有之。"项羽大怒，曰："旦日飨士卒，为击破沛公军！"当是时，项羽兵四十万，在新丰鸿门，沛公兵十万，在霸上。范增说项羽曰："沛公居山东时，贪于财货，好美姬。今入关，财物无所取，妇女无所幸，此其志不在小。吾令人望其气，皆为龙虎，成五采，此天子气也。急击勿失。"

然后向西行攻取秦国的土地。函谷关有军队把守，没有能够进入。又听说沛公已经攻破咸阳城，项羽大怒，派当阳君等人率领军队攻打函谷关。于是项羽进入关中，到达戏水西边。沛公驻军在霸上，还没有和项羽相见。沛公的左司马曹无伤派人对项羽说："沛公想要在关中称王，让秦王子婴为相，秦国的所有珍宝都归他所有。"项羽听后大怒，他说："明天一早用酒食好好慰劳士卒，给我打败沛公的军队！"在这个时候，项羽拥有四十万军队，屯驻在新丰鸿门，沛公拥有十万军队，屯驻在霸上。范增开导项羽说："沛公在山东地区的时候，贪于财货，喜好美丽的妇人。现在入关以后，没有索取财物，没有接近妇女，这说明他的志向很大。我派人去观望他那边的云气，总是呈现出龙虎气，五彩斑斓，这是天子的瑞气啊。要立即向他进攻而不要失掉良机。"

楚左尹项伯者，项羽季父也，素善留侯张良。张良是时从沛公，项伯乃夜驰之沛公军，私见张良，具告以事，欲呼张良与俱去。曰："毋从俱死也。"张良曰："臣为韩王送沛公，沛公今事有急，亡去不义，不可不语。"良乃入，具告沛公。沛公大惊，曰："为之奈何？"张良曰："谁为大王为此计者？"曰："鲰生说我曰'距关，毋内诸侯，秦地可尽王也'。故听之。"良曰："料大王士卒足以当项王乎？"沛公默然，曰："固不如也，且为之奈何？"张良曰："请往谓项伯，言沛公不敢背项王也。"沛公曰："君安与项伯有故？"张良曰："秦时与臣游，项伯杀人，臣活之。今事有急，故幸来告良。"沛公曰："孰与君少长？"良曰："长于臣。"沛公曰："君为我呼入，吾得兄事之。"张良出，要项伯。项伯即入见沛公。沛公奉卮酒为寿，约为婚姻，曰："吾入关，秋豪不敢有所近，籍吏民，封府库，而待将军。所以遣将守关者，备他盗之出入与非常也。日夜望将军至，岂敢反乎！愿伯具言臣之不敢倍德也。"项伯许诺。谓沛公曰："旦日不可不蚤自来谢项王。"沛公曰："诺。"于是项伯复夜去，至军中，具以沛公言报项王。因言曰："沛公不先破关中，公岂敢入乎？今人有大功而击之，不义也，不如因善遇之。"项王许诺。

楚国的左尹项伯，是项羽的叔父，平素和张良友善。张良这时跟随沛公，项伯于是在当夜疾驰到达沛公军中，私下见到张良，把事情详细告诉了张良，想要叫张良和他一同离去。他说："不要跟着刘邦一同送死。"张良说："我是代表韩王来送沛公的，如今沛公有困难，我假若逃走就是不仁不义，应该告诉他。"于是张良就进入军帐，把项伯的话全都告诉沛公，沛公听后很吃惊，他说："这该如何办？"张良说："是谁替大王出主意而派兵把守函谷关？"刘邦说："有一位鄙陋小人劝我说'把守住函谷关，不让诸侯进入关中，秦国的土地可以完全归您所有'，因此我才听信了他的计策。"张良说："试想大王的士卒能够敌得过项王的军队吗？"沛公沉默下来，过了一会儿说："确实不如，那么现在该怎办呢？"张良说："请让我前去告诉项伯，说沛公您不敢背叛项王。"沛公说："您怎么会和项伯有旧交？"张良说："秦朝的时候项伯和我交游，项伯杀了人，是我救活了他。如今有急难，因此幸好他前来告诉我。”沛公说：“他和您谁年纪大？”张良说：“他比我年纪大。”沛公说：“请您替我把项伯叫进来，我要用对待兄长的礼节会见他。”张良出来，邀请项伯。项伯立刻进去见沛公。沛公捧着酒杯向项伯祝寿，又订立了儿女婚约，沛公说：“我入关以后，对于秦室的财富秋毫不敢动，清查了吏民，封藏了库府，只等待项羽将军到来。派遣军队把守函谷关的原因，是防备有其他的盗贼和意外的事变发生。我日夜盼望着项羽将军的到来，又怎么敢反叛呢！希望项伯对项羽将军详细说明我不敢背德反叛。”项伯答应。他对沛公说：“明天应该早早亲自前来向项王认错。”沛公说：“是。”于是项伯又连夜离去，回到军中，把沛公所说的话完完整整地报告了项羽。接着他说道：“假若沛公不先攻破关中，您又怎么敢进入关中呢？如今别人立有大功却要打击他，这是不仁义的举动，不如趁此时机善待他。”项王答应了他的请求。

沛公旦日从百余骑来见项王，至鸿门，谢曰：“臣与将军戮力而攻秦，将军战河北，臣战河南，然不自意能先入关破秦，得复见将军于此。今者有小人之言，令将军与臣有郤。”项王曰：“此沛公左司马曹无伤言之；不然，籍何以至此。”项王即日因留沛公与饮。项王、项伯东向坐，亚父南向坐。亚父者，范增也。沛公北向坐，张良西向侍。范增数目项王，举所佩玉玦以示之者三，项王默然不应。范增起，出召项庄，谓曰：“君王为人不忍，若入前为寿，寿毕，请以剑舞。因击沛公于坐，杀之。不者，若属皆且为所虏。”庄则入为寿。寿毕，曰：“君王与沛公饮，军中无以为乐，请以剑舞。”项王曰：“诺。”项庄拔剑起舞，项伯亦拔剑起舞，常以身翼蔽沛公，庄不得击。于是张良至军门，见樊哙。樊哙曰：“今日之事何如？”良曰：“甚急。今者项庄拔剑舞，其意常在沛公也。”哙曰：“此迫矣，臣请入，与之同命。”哙即带剑拥盾入军门。交戟之卫士欲止不内，樊哙侧其盾以撞，卫士仆地，哙遂入，披帷西向立，瞋目视项王，头发上指，目眦尽裂。项王按剑而跽曰：“客何为者？”张良曰：“沛公之参乘樊哙者也。”项王曰：“壮士，赐之卮酒。”则与斗卮酒。哙拜谢，起，立而饮之。项王曰：“赐之彘肩。”则与一生彘肩。樊哙覆其盾于地，加彘肩上，拔剑切而啖之。项王曰：“壮士，能复饮乎？”樊哙曰：“臣死且不避，卮酒安足辞！夫秦王有虎狼之心，杀人如不能举，刑人如恐不胜，天下皆叛之。怀王与诸将约曰：‘先破秦入咸阳者王之’。今沛公先破秦入咸阳，毫毛不敢有所近，封闭宫室，还军霸上，以待大王来。故遣将守关者，备他盗出入与非常也。劳苦而功高如此，未有封侯之赏，而听细说，欲诛有功之人。此亡秦之续耳，窃为大王不取也。”项王未有以应，曰：“坐。”樊哙从良坐。坐须臾，沛公起如厕，因招樊哙出。

第二天清早，沛公带着百余名随从前来会见项王。到达了鸿门，沛公对项王赔罪说：“我和将军一起努力攻打秦军，将军在河北作战，我在河南作战，但是没有想到我能够先入关攻破秦，才能够在这里和将军再次相见。现在有小人传坏话，使将军和我之间产生了隔阂。”项王说：“那是沛公左司马曹无伤说的；不然，我项籍怎么会产生这样的疑心？”项王当天就留请沛公一同饮酒。项王、项伯面东而坐，亚父面南而坐。亚父，就是范增。沛公面北而坐，张良面向西侧而陪侍。席间范增多次给项王使眼色，三次举起身上所佩饰的玉玦示意项王当机立断杀掉刘邦，项王默然不应。范增起身，出来招唤项庄，对他说：“君王为人不忍下手，你进去上前敬酒祝寿，祝寿完毕，请求用剑起舞，趁机在沛公坐着时刺他，杀死他。若不这样做，将来你们这些人都要被他所俘获。”项庄就进入敬酒祝寿。祝寿完毕，他说：“君王和沛公饮酒，军中没有什么可以助乐，请以剑舞助兴。”项王说：“好吧。”项庄拔剑起舞，项伯也拔剑起舞，常常用自己的身体掩护沛公，项庄不能击杀沛公。在这种情形下，张良来到军门，见到了樊哙。樊哙说：“现在事态如何？”张良说：“十分紧急。现在项庄拔剑起舞，他的用意一直放在沛公身上。”樊哙说：“如此说来已经很紧迫了，请让我进去，我要和沛公共命运。”樊哙立刻带着宝剑拥着盾牌闯入军门。交戟侍立的卫士想阻止他而不让进入，樊哙侧过他手中的盾牌来撞击他们，卫士们被他撞倒在地，樊哙就进入了军门内，樊哙分开帷帐面西而立，瞪着眼睛注视着项王，头发向上直立，眼眶都要瞪裂。项王按着宝剑直起上身说：“来客是什么人？”张良说：“这是为沛公驾车的御手樊哙。”项王说：“这是一位壮士，赐给他一杯酒。”就给了他一大杯酒。樊哙拜谢，起身站着饮了这杯酒。项王说：“赐给他一只猪肘。”就给了他一只生猪肘。樊哙把他手中的盾牌平放在地上，把猪肘放在盾上，拔出宝剑边切边吃了下去。项王说：“壮士，还能再饮酒吗？”樊哙说：“臣死尚且不回避，一杯酒何足推辞！秦王有虎狼之心，杀人唯恐不能尽，给人用刑唯恐不重，天下的人都背弃了他。怀王和诸侯相约说：'首先攻破秦军而进入咸阳的人将被封为关中王。'现在沛公首先攻破秦而进入咸阳，对于秦室的财富一点都不敢接近，封藏了宫室，退出军队而驻扎在霸上，以便等待大王来临。沛公遣派将领把守函谷关的原因，是为了防备其他的盗贼和意外事件的发生。像沛公这样劳苦功高，没有得到封侯的奖赏，而你听信了小人的谗言，想诛杀有功的人。这样做是亡秦的继续，我个人认为大王是不会采取这种做法的。"项王竟无话以对，只是说："请坐。"樊哙于是随张良就座。坐了一会儿，沛公起身去厕所，顺便把樊哙叫了出来。

沛公已出，项王使都尉陈平召沛公。沛公曰："今者出，未辞也，为之奈何？"樊哙曰："大行不顾细谨，大礼不辞小让。如今人方为刀俎，我为鱼肉，何辞为。"于是遂去。乃令张良留谢。良问曰："大王来何操？"曰："我持白璧一双，欲献项王，玉斗一双，欲与亚父，会其怒，不敢献。公为我献之。"张良曰："谨诺。"当是时，项王军在鸿门下，沛公军在霸上，相去四十里。沛公则置车骑，脱身独骑，与樊哙、夏侯婴、靳强、纪信等四人持剑盾步走，从骊山下，道芷阳间行。沛公谓张良曰："从此道至吾军，不过二十里耳。度我至军中，公乃入。"沛公已去，间至军中，张良入谢，曰："沛公不胜杯杓，不能辞。谨使臣良奉白璧一双，再拜献大王足下；玉斗一双，再拜奉大将军足下。"项王曰："沛公安在？"良曰："闻大王有意督过之，脱身独去，已至军矣。"项王则受璧，置之坐上。亚父受玉斗，置之地，拔剑撞而破之，曰："唉！竖子不足与谋。夺项王天下者，必沛公也，吾属今为之虏矣。"沛公至军，立诛杀曹无伤。

沛公已经出来，项王派都尉陈平去召沛公。沛公说："现在我出来了，没有告辞，这将怎么办？"樊哙说："举行大事不应顾及细谨的小节，讲求大礼就不必在乎小的责难。现在人家正是快刀、砧板，我们是人家宰割的鱼肉，还告辞干什么！"于是就离去了，因而命令张良留下致谢。张良问："大王来时带了什么礼物？"沛公说："我带来了一双白璧，想要奉献给项王，玉斗一双，准备送给亚父，恰逢他们发怒，没敢献。您替我献给他们。"张良说："谨遵王命。"在这时，项王驻军在鸿门一带，沛公驻军在霸上，相距四十里。沛公就放弃了车骑，脱身逃离，一人骑马，樊哙和夏侯婴、靳强、纪信等四人手持剑、盾跟着徒步奔跑，从骊山而下，经过芷阳抄小道行进。沛公对张良说："从这条道路到达我们军中，不过二十里。估计我到达了军中以后，你再回到军帐中告辞。"沛公已经离去，从小道回到军中。张良入帐辞谢，他说："沛公不胜酒力，不能亲自告辞。委派臣下谨奉白璧一双，再拜献给大王足下；玉斗一双，再拜奉给大将军足下。"项王说："沛公现在什么地方？"张良说："沛公听说大王有意责怪他的过错，脱身独自回去，已经到达军中了。"项王听后就接受了玉璧，把它放在座位上。亚父接过玉斗，把它弃置到地上，拔剑砍击打破了它，说："唉！项应这班无知的小子不能够和他们共同图谋大事。夺取项王天下的人，一定是沛公。我们这些人将要被他俘虏了。"沛公到达军中，立刻杀了曹无伤。

居数日，项羽引兵西屠咸阳，杀秦降王子婴，烧秦宫室，火三月不灭；收其货宝妇女而东。人或说项王曰："关中阻山河四塞，地肥饶，可都以霸。"项王见秦宫室皆以烧残破，又心怀思欲东归，曰："富贵不归故乡，如衣绣夜行，谁知之者！"说者曰："人言楚人沐猴而冠耳，果然。"项王闻之，烹说者。

过了几天，项羽率领军队向西屠戮咸阳，杀死了秦降王子婴，烧毁了秦宫室，大火烧了三个月都没有熄灭；收集藏在宫中的宝货、妇女往东去。有人劝导项王说："关中地区有山河阻塞四方，土地富饶，可以在这里建立都城而称霸天下。"项王看见秦的宫室都已经被大火烧得残破，又加上心里怀念故土而想归东，所以他说："富贵不归故乡，如同穿着锦绣衣裳在夜间行走一样，有谁能知道我的荣华富贵呢！"那个劝说项王的人说："人们说楚国人像是沐猴戴了人的帽子，果是这样。"项王听说这话，就把那个说者烹杀了。

项王使人致命怀王。怀王曰："如约。"乃尊怀王为义帝。项王欲自王，先王诸将相。谓曰："天下初发难时，假立诸侯后以伐秦。然身被坚执锐首事，暴露于野三年，灭秦定天下者，皆将相诸君与籍之力也。义帝虽无功，故当分其地而王之。"诸将皆曰："善。"乃分天下，立诸将为侯王。项王、范增疑沛公之有天下，业已讲解，又恶负约，恐诸侯叛之，乃阴谋曰："巴、蜀道险，秦之迁人皆居蜀。"乃曰："巴、蜀亦关中地也。"故立沛公为汉王，王巴、蜀、汉中，都南郑。而三分关中，王秦降将以距

塞汉王。项王乃立章邯为雍王，王咸阳以西，都废丘。长史欣者，故为栎阳狱掾，尝有德于项梁；都尉董翳者，本劝章邯降楚。故立司马欣为塞王，王咸阳以东至河，都栎阳；立董翳为翟王，王上郡，都高奴。徙魏王豹为西魏王，王河东，都平阳。瑕丘申阳者，张耳嬖臣也，先下河南，迎楚河上，故立申阳为河南王，都雒阳。韩王成因故都，都阳翟。赵将司马卬定河内，数有功，故立卬为殷王，王河内，都朝歌。徙赵王歇为代王。赵相张耳素贤，又从入关，故立耳为常山王，王赵地，都襄国。当阳君黥布为楚将，常冠军，故立布为九江王，都六。鄱君吴芮率百越佐诸侯，又从入关，故立芮为衡山王，都邾。义帝柱国共敖将兵击南郡，功多，因立敖为临江王，都江陵。徙燕王韩广为辽东王。燕将臧荼从楚救赵，因从入关，故立荼为燕王，都蓟。徙齐王田市为胶东王。齐将田都从共救赵，因从入关，故立都为齐王，都临淄。故秦所灭齐王建孙田安，项羽方渡河救赵，田安下济北数城，引其兵降项羽，故立安为济北王，都博阳。田荣者，数负项梁，又不肯将兵从楚击秦，以故不封。成安君陈馀弃将印去，不从入关，然素闻其贤，有功于赵，闻其在南皮，故因环封三县。番君将梅鋗功多，故封十万户侯。项王自立为西楚霸王，王九郡，都彭城。

项王派人向怀王报告入关破秦的情况。怀王说："按照先前的盟约行事。"于是尊怀王为义帝。项王想要自立为王，先立手下的将相们为王。他对各位将相说："天下刚开始发难的时候，借助立诸侯的后代来伐灭秦国。但是亲身披挂着铠甲、手持锐利的兵器，首先起义反秦，暴露在野外作战三年，灭亡了秦朝而平定天下，都是靠诸位将相和我项籍的力量。义帝虽然没有功绩，但分给他一片土地让他做王，本来也是应该的。"各位将领们都说："好。"于是分割天下，立诸位将相为侯王。项王、范增担心沛公会据有天下，但是已经通过鸿门相会说解而讲和，又厌恶落有负约的名声，恐怕诸侯们反叛他们，所以他们二人私下商议说："巴、蜀地区道路险阻，秦被迁贬的人都居住在蜀地。"于是他们说："巴、蜀也是属于关中地区。"因此立沛公为汉王，统治巴、蜀、汉中地区，定都南郑。而把关中地区一分为三，立秦的降将为王来阻隔汉王。项王于是立章邯为雍王，统治咸阳以西地区，把废丘作为都城。长史司马欣，即过去担任栎阳狱掾的司马欣，曾经对项梁施有恩德；都尉董翳，是劝章邯投降楚国的人。因此立司马欣为塞王，统治咸阳以东到黄河的地区，把栎阳作为都城；立董翳为翟王，统治上郡地区，把高奴作为都城。迁徙魏王豹为西魏王，统治河东地区，以平阳为都城。瑕丘县公申阳，原是张耳的亲信部属，曾经首先攻下河南郡，在黄河岸上迎接楚国军队，因此立申阳为河南王，把洛阳作为都城。韩王成仍然把过去韩国的都城作为都城，即以阳翟为都城。赵将司马卬平定了河内地区，屡次立下战功，因此立卬为殷王，统治河内地区，以朝歌为都城。迁赵王歇为代王。赵相张耳平素贤能，又随从楚军进入关中，因此立张耳为常山王，统治赵地，以襄国为都城。当阳君黥布担任楚军大将，经常担任楚军的先锋，因此立黥布为九江王，以六城作为都城。鄱君吴芮曾率百越的军队帮助诸侯攻打秦国，又随从楚军进入关中地区，因此立吴芮为衡山王，以邾城作为都城。义帝的柱国共敖，率军进攻南郡，功劳很多，因此立共敖为临江王，以江陵为都城。迁徙燕王韩广为辽东王、燕国的将领臧荼跟从楚军救援赵国，接着又率军跟从楚军进攻关中地区，因此立臧荼为燕王，以蓟城为都城。迁徙齐王田市为胶东王。齐国的将领田都随从楚军共同救援赵国，接着又随从楚军进攻关中地区，因此立田都为齐王，以临淄为都城。以前由秦所吞灭的齐国国王建的孙子田安，在项羽刚刚渡河救援赵国时，他攻占了济北的几座城池，率领他的军队投降了项羽，因此立田安为济北王，以博阳作为都城。田荣，因屡次背弃项梁，又不肯率军随从楚军进攻秦军，因此不封他为王。成安君陈馀放弃将印而离去，不跟从楚军入关攻秦，可是他平素以贤能闻名，对于赵国立有功劳，听说他居住在南皮，因此把南皮周围三个县的地方封给了他。番君的将领梅鋗功劳很多，所以封为十万户侯。项王自立为西楚霸王，统治九个郡，以彭城作为都城。

汉之元年四月，诸侯罢戏下，各就国。项王出之国，使人徙义帝，曰："古之帝者地方千里，必居上游。"乃使使徙义帝长沙郴县。趣义帝行，其群臣稍稍背叛之，乃阴令衡山、临江王击杀之江中。韩王成无军功，项王不使之国，与俱至彭城，废以为侯，已又杀之。臧荼之国，因逐韩广之辽东，广弗听，荼击杀广无终，并王其地。

汉元年四月，诸侯在戏下散去，各自到封国就位。项王出关前往封国，派人迁徙义帝，说："古时候帝王拥有方圆千里的土地，而且一定要居于水域的上游。"于是就派人把义帝迁到长沙郴县。他们催促义帝起程,义帝的群臣们稍稍有背叛项羽的意向,项羽就密令衡山王和临江王把义帝和他的群臣们杀死在大江之中。韩王成没有功绩,项王不让他前往自己的封国,与他一同到彭城,把他废置成诸侯,不久又杀死了他。臧荼前往封国,接着就要把韩广驱赶到辽东,韩广不听他的摆布,臧荼就在无终把他杀死,兼并了辽东王的领地。

田荣闻项羽徙齐王市胶东,而立齐将田都为齐王,乃大怒,不肯遣齐王之胶东,因以齐反,迎击田都。田都走楚。齐王市畏项王,乃亡之胶东就国。田荣怒,追击杀之即墨。荣因自立为齐王,而西击杀济北王田安,并王三齐。荣与彭越将军印,令反梁地。陈馀阴使张同、夏说说齐王田荣曰:"项羽为天下宰,不平。今尽王故王于丑地,而王其群臣诸将善地,逐其故主赵王,乃北居代,馀以为不可。闻大王起兵,且不听不义,愿大王资馀兵,请以击常山,以复赵王,请以国为扞蔽。"齐王许之,因遣兵之赵。陈馀悉发三县兵,与齐并力击常山,大破之。张耳走归汉。陈馀迎故赵王歇于代,反之赵。赵王因立陈馀为代王。

田荣听说项羽把齐王田市迁徙为胶东王,而立齐将田都为齐王,于是大怒,不肯把齐王送到胶东,因而以齐国的力量反叛项羽,迎击田都。田都败逃到楚国。齐王田市畏惧项王,于是就逃亡到胶东接受封国。田荣得知后大怒,追击齐王,并在即墨城把他杀死了。田荣从此自立为齐王,而后向西进攻并杀死了济北王田安,兼并了三齐的国土。田荣授给彭越将军印符,命令他在梁地反击项王。陈馀也暗地里派遣张同、夏说劝导齐王田荣说:"项羽身为天下的主宰,处事不公。现在把不好的贫瘠土地全都分给以前的诸侯王,而把好地封给他的群臣诸将作为他们各自王国的领地,把原有的诸侯王从封地驱逐出去。赵王就被迁到北方的代地。我认为这样做是不可以的。听说大王发动军队反击楚军,并且不听不义的行为,我希望大王能资助我陈馀一部分军队,让我去攻打常山,来恢复赵王原有的封地,我愿意用我们的国土作为齐国的藩屏。"齐王答应了陈馀的请求,因而派遣军队去赵国。陈馀发动了他封地内三个县的军队,和齐国的军队合力进攻常山,打败了常山国的守军,张耳逃归汉王。陈馀从代地迎回原来的赵王歇,返回赵地。赵王因而立陈馀为代王。

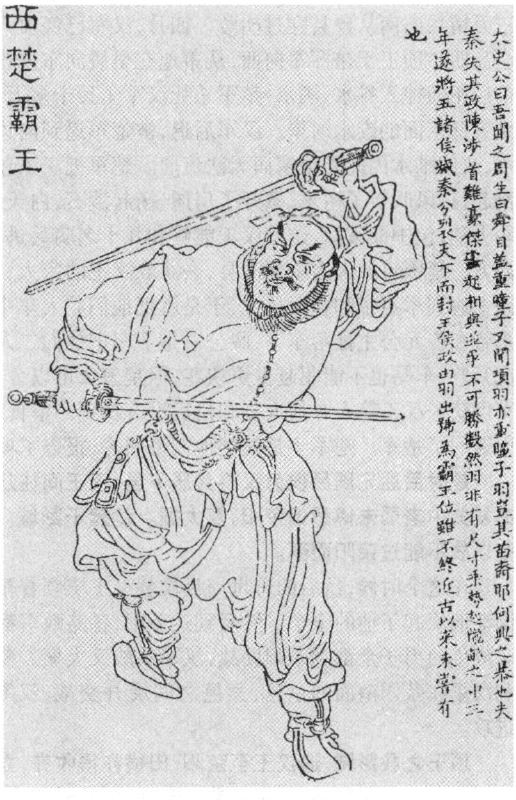

西楚霸王项羽像,出自清·上官周绘《晚笑堂画传》。

是时,汉还定三秦。项羽闻汉王皆已并关中,且东,齐、赵叛之,大怒。乃以故吴令郑昌为韩王,以拒汉。令萧公角等击彭越。彭越败萧公角等。汉使张良徇韩,乃遗项王书曰:"汉王失职,欲得关中,如约即止,不敢东。"又以齐、梁反,书遗项王曰:"齐欲与赵并灭楚。"楚以此故无西意,而北击齐。征兵九江王布。布称疾不往,使将将数千人行。项王由此怨布也。汉之二年冬,项羽遂北至城阳,田荣亦将兵会战。田荣不胜,走至平原,平原民杀之。遂北烧夷齐城郭室屋,皆坑田荣降卒,系虏其老弱妇女。徇齐至北海,多所残灭。齐人相聚而叛之。于是田荣弟田横收齐亡卒得数万人,反城阳。项王因留,连战未能下。

这时候,汉军回军平定三秦。项羽听说汉王已经把关中所有地区都兼并了,并且东方的齐国和赵国也反叛他,非常愤怒。于是他封原来的吴令郑昌为韩王,拿韩国来抗拒汉军。又命令萧公角等人进攻彭越。彭越打败了萧公角等人。汉王派遣张良攻取韩地,因此给项王送去书信说:“汉王所得的封地本不是他应该得到的地区,他想要得到关中地区,假若能履行先入关中即为关中王的前约就立即停止攻打,汉王不会向东继续前进。”又把齐国和梁国背叛的书信交给项王说:“齐国想要和赵国联合起来一同灭掉楚国。”楚国因此没有向西进攻汉王的意图,而向北进攻齐国。项王向九江王黥布抽调军队,黥布拿有病作借口不肯亲自前往,只派部将率领几千人前去。项王因此愤恨黥布。汉王二年冬天,项羽就向北进攻到城阳,田荣也率军前来会战。田荣的军队没有能战胜楚军,他逃到了平原,平原人杀死了他。于是楚军向北进军而烧掉了齐国的屋室、夷平了齐国的城池,把田荣所部降兵全部活埋了,俘获了齐国的老弱妇女。在齐国境内攻打到北海,残毁破坏了许多城邑,齐国人相聚而反叛楚军。在这个时候,田荣的弟弟田横收集了几万名齐国散亡的军卒,在城阳反抗楚国。项王因而停留在城阳,接连不断地和田横军交战而未能攻占城阳。

春,汉王部五诸侯兵,凡五十六万人,东伐楚。项王闻之,即令诸将击齐,而自以精兵三万人南从鲁出胡陵。四月,汉皆已入彭城,收其货宝美人,日置酒高会。项王乃西从萧,晨击汉军而东,至彭城,日中,大破汉军。汉军皆走,相随入谷、泗水,杀汉卒十余万人。汉卒皆南走山,楚又追击至灵壁东睢水上。汉军却,为楚所挤,多杀,汉卒十余万人皆入睢水,睢水为之不流。围汉王三匝。于是大风从西北而起,折木发屋,扬沙石,窈冥昼晦,逢迎楚军。楚军大乱,坏散,而汉王乃得与数十骑遁去。欲过沛,收家室而西;楚亦使人追之沛,取汉王家;家皆亡,不与汉王相见。汉王道逢得孝惠、鲁元,乃载行。楚骑追汉王,汉王急,推堕孝惠、鲁元车下,滕公常下收载之。如是者三。曰:“虽急不可以驱,奈何弃之?”于是遂得脱。求太公、吕后不相遇。审食其从太公、吕后间行,求汉王,反遇楚军。楚军遂与归,报项王,项王常置军中。

春天,汉王统率五路诸侯(即常山王张耳、河南王申阳、韩王郑昌、魏王豹和殷王印)的军队,共计五十六万人,向东进军讨伐楚国。项王听到这个消息,就命令诸将继续攻打齐国,而他亲自率领三万精兵向南从鲁县穿过胡陵。四月,汉军已经攻入彭城,收取了楚国的财物和美女,每日置酒宴会高朋。项王于是挥军向西,从萧地在早晨向东进攻汉军,中午到达彭城,大破汉军。汉军都逃了,前后相随掉入谷水、泗水,楚军杀死汉军士兵十多万人。汉军士卒全部向南逃往山地,楚军又追杀到灵壁东面的睢水河岸。汉军后退,被楚军逼到河边,许多士卒被杀,十余万汉军士卒全都掉入睢水,致使睢水因此受堵塞而无法流通。楚军把汉王包围了三层。就在这个时候有大风从西北方向刮起,狂风吹折了树木、掀开了房屋,扬起沙石,白天被刮得天昏地暗,大风恰好迎面袭击楚军。楚军大乱,包围圈破散,这使汉王能够和几十名骑兵逃离包围。汉王想要经过沛县,收集家室而迁往西方。楚国也派人追杀到沛县,去获取汉王的家人;家人都四散逃亡,没能和汉王相见。汉王在道路上遇到孝惠帝和鲁元公主,于是就把他们载入车中行走。楚国的骑兵追杀汉王,汉王危急,把孝惠帝和鲁元公主推落车下,滕公总是下车把他们二人拾起载入车中,像这样有三次。他说:“虽然情况紧急,车马也不能驱赶得更快些,但是怎么可以舍弃他们呢?”因此他们姐弟二人才能够摆脱被楚军俘获。汉王等人寻找太公和吕后没有找到。审食其护从着太公和吕后走小道,也在寻求汉王,反而遇到了楚军。楚军于是就把他们带回去,报告了项王,项王把他们经常留置在军中。

是时吕后兄周吕侯为汉将兵居下邑,汉王间往从之,稍稍收其士卒。至荥阳,诸败军皆会,萧何亦发关中老弱未傅悉诣荥阳,复大振。楚起于彭城。常乘胜逐北,与汉战荥阳南京、索间,汉败楚,楚以故不能过荥阳而西。

在这个时候,吕后的哥哥周吕侯替汉王统领着军队驻扎在下邑,汉王从小道捷径前往投奔他,渐渐地聚起了他的士卒。然后到达荥阳,各路败军都到这里聚会,萧何也发动了关中地区的老弱和未成年的男子全都到荥阳助战,汉军兵威又大振。楚军从彭城出发,一路上乘胜追击败亡的汉军,和汉军在荥阳南面的京邑、索邑之间展开交战,汉军打败了楚军,楚军因此不能越过荥阳再向西进攻。

项王之救彭城,追汉王至荥阳,田横亦得收齐,立田荣子广为齐王。汉王之败彭城,诸侯皆复与楚而背汉。汉军荥阳,筑甬道属之河,以取敖仓粟。汉之三年,项王数侵夺汉甬道,汉王食乏,恐,请和,割荥阳以西为汉。

项王援救彭城，追击汉王到荥阳，这使田横也能够收取齐国的土地，扶立田荣的儿子田广为齐王。汉王在彭城战败这件事，使诸侯又全都重新归顺楚国而背叛汉国。汉军驻扎在荥阳，修筑了连到黄河岸边的甬道，用以获得敖仓的粮食。汉王三年，项王屡次侵入甬道而夺取汉军的粮食，汉王军粮困乏，非常害怕，请求与楚国和解，割取荥阳以西地区作为汉国的封土。

项王欲听之。历阳侯范增曰："汉易与耳，今释弗取，后必悔之。"项王乃与范增急围荥阳。汉王患之，乃用陈平计间项王。项王使者来，为太牢具，举欲进之。见使者，详惊愕曰："吾以为亚父使者，乃反项王使者。"更持去，以恶食食项王使者。使者归报项王，项王乃疑范增与汉有私，稍夺之权。范增大怒，曰："天下事大定矣，君王自为之。愿赐骸骨归卒伍。"项王许之，行未至彭城，疽发背而死。

项王准备同意这个和约。历阳侯范增说："汉军很容易打败，现在如果放手而不攻下荥阳，这件事以后一定要后悔。"项王于是和范增马上包围了荥阳。汉王对此感到担心，就采用陈平的奇计来离间范增和项王的关系。项王的使者前来，汉王置办了有猪、牛、羊在内的丰盛筵席，端过来准备进献的时候，看见了使者，假装惊奇地说："我以为是亚父的使者，怎么反而是项王的使者。"接着便端走更换，用粗劣的饭菜让项王的使者食用。使者回去后报告项王，项王于是就怀疑范增和汉王有私交，剥夺了他的一些权力。范增大怒，他说："天下的大局已定，君王您自己治理天下吧。希望您把我这副老骨头赏赐给我，让我回乡。"项王答应了他的请求。范增起程，还没有到达彭城，背上的毒痈恶化而死亡。

汉将纪信说汉王曰："事已急矣，请为王诳楚为王，王可以间出。"于是汉王夜出女子荥阳东门被甲二千人，楚兵四面击之。纪信乘黄屋车，傅左纛，曰："城中食尽，汉王降。"楚军皆呼万岁。汉王亦与数十骑从城西门出，走成皋。项王见纪信，问："汉王安在？"信曰："汉王已出矣。"项王烧杀纪信。

汉军将领纪信劝汉王说："事态已经很危急了，请求大王允许我假装成大王替您去诓骗楚兵，大王可以趁机逃出城去。"于是汉王在夜间从荥阳东门放出二千名披甲的女子，楚兵从四面围攻他们。纪信坐着汉王的黄屋车，车的左首饰有羽毛。他说："城中粮食已尽，汉王请降。"楚军听了这话都呼万岁。汉王也和几十名骑兵从荥阳西门出城，逃到成皋。项王见到纪信，问道："汉王在何处？"纪信说："汉王已经出城了。"项王就把纪信烧死。

汉王使御史大夫周苛、枞公、魏豹守荥阳。周苛、枞公谋曰："反国之王，难与守城。"乃共杀魏豹。楚下荥阳城，生得周苛。项王谓周苛曰："为我将，我以公为上将军，封三万户。"周苛骂曰："若不趣降汉，汉今虏若，若非汉敌也。"项王怒，烹周苛，并杀枞公。

汉王委派御史大夫周苛、枞公、魏豹留守荥阳。周苛和枞公相谋说："魏豹是投降过楚国的一个封王，我们很难和他一起守城。"于是他们一起杀了魏豹。楚军攻下荥阳城后，活捉了周苛。项王对周苛说："你做我的将领，我任用你为上将军，封你当三万户侯。"周苛骂道："你不快投降汉王，汉王就要俘虏你们，你不是汉王的敌手。"项王听后很生气，就把周苛烹杀了，又杀了枞公。

汉王之出荥阳，南走宛、叶，得九江王布，行收兵。复入保成皋。汉之四年，项王进兵围成皋。汉王逃，独与滕公出成皋北门，渡河走修武，从张耳、韩信军。诸将稍稍得出成皋，从汉王。楚遂拔成皋，欲西。汉使兵距之巩，令其不得西。

汉王出了荥阳城，又南逃到宛县、叶县，得到九江王黥布的支援，行进途中收聚散亡的汉军，重新进入成皋防守。汉王四年，项王进兵围困成皋。汉王逃走，只和滕公出成皋北门，渡过黄河而逃向修武，来到张耳、韩信的军中，有较少的一部分将领能够突围逃出成皋，跟从汉王。于是楚军攻克了成皋，准备向西进攻。汉国派军队在巩县阻挡楚军，使他们不能向西进犯。

是时，彭越渡河击楚东阿，杀楚将军薛公。项王乃自东击彭越。汉王得淮阴侯兵，欲渡河南。郑忠说汉王，乃止壁河内。使刘贾将兵佐彭越，烧楚积聚。项王东击破之，走彭越。汉王则引兵渡河，复取成皋，军广武，就敖仓食。项王已定东海来，西，与汉俱临广武而军，相守数月。

这个时候，彭越率军渡过黄河进攻楚国的东阿，杀死楚国将军薛公。于是项王就亲自东进攻击彭越的军队。汉王得到淮阴侯的军队，准备渡过黄河向南。郑忠劝止汉王，于是停止向南而在黄河北岸修筑壁垒拒守。汉王派刘贾率军帮助彭越，烧了楚军积聚的物资。项王向东打败了刘贾，赶走了彭越。汉王就率军渡过黄河，重新攻取了成皋，驻军在广武，就近取得敖仓的粮食。项王平定了东海以后又回来向西攻打，和汉王同在广武驻军，两军相持据守了好几个月。

当此时，彭越数反梁地，绝楚粮食，项王患之。为高俎，置太公其上，告汉王曰："今不急下，吾烹太公。"汉王曰："吾与项羽俱北面受命怀王，曰'约为兄弟'，吾翁即若翁，必欲烹而翁，则幸分我一杯羹。"项王怒，欲杀之。项伯曰："天下事未可知，且为天下者不顾家，虽杀之无益，只益祸耳。"项王从之。

就在这个时候，彭越几次往返梁地，断楚国的粮食，项王对此很是担心。项羽制作了一个高大的案板，把太公放置在上面，告诉汉王说："现在你如果不赶快投降，我就要烹杀你的父亲太公。"汉王说："我和项羽一同作为臣子接受怀王的命令，曾说'相约结为兄弟'，我的父亲也就是你的父亲，你一定要烹杀你的父亲，则请你分给我一杯肉汤。"项王大怒，想要杀死太公。项伯说："天下事还不可知，并且要夺取天下的人是不会顾及家人的，尽管杀了他也没有什么好处，只是增添了祸患。"项王听了项伯的建议。

楚汉久相持未决，丁壮苦军旅，老弱罢转漕。项王谓汉王曰："天下匈匈数岁者，徒以吾两人耳，愿与汉王挑战决雌雄，毋徒苦天下之民父子为也。"汉王笑谢曰："吾宁斗智，不能斗力。"项王令壮士出挑战。汉有善骑射者楼烦，楚挑战三合，楼烦辄射杀之。项王大怒，乃自被甲持戟挑战。楼烦欲射之，项王瞋目叱之，楼烦目不敢视，手不敢发，遂走还入壁，不敢复出。汉王使人间问之，乃项王也。汉王大惊。于是项王乃即汉王相与临广武间而语。汉王数之，项王怒，欲一战。汉王不听，项王伏弩射中汉王。汉王伤，走入成皋。

楚、汉相持了很长时间还没有决出胜负，壮年男子苦于军旅生涯，老弱疲于粮草的运输。项王对汉王说："天下好几年兴兵动武的原因，只是由于你我二人相争罢了，我希望能和汉王单独挑战，一决雌雄，不要让天下百姓父子们白白受苦。"汉王笑着推辞说："我宁愿斗智，不能斗力。"项王命令壮士出阵挑战。汉军中有一位擅长骑射的人名叫楼烦，楚军挑战过好几次，楼烦每次都把他们射杀了。项王见此大怒，就亲自被甲持戟挑战。楼烦想要射杀项王，项王就瞪着眼向他怒吼，楼烦被吓得不敢正视，手不敢发射，就转身逃回了营垒，不敢再出来。汉王派人打听，才知道是项王。汉王听说后大惊。于是项王就靠近汉王而在广武之间东西两边相互对话。汉王列举了项王的罪过，项王听后大怒，要求决一死战。汉王不同意，项王就埋伏下弓弩射中了汉王。汉王受伤，逃进成皋城中。

项王闻淮阴侯已举河北，破齐、赵，且欲击楚，乃使龙且往击之。淮阴侯与战，骑将灌婴击之，大破楚军，杀龙且。韩信因自立为齐王。项王闻龙且军破，则恐，使盱台人武涉往说淮阴侯。淮阴侯弗听。是时，彭越复反，下梁地，绝楚粮。项王乃谓海春侯大司马曹咎等曰："谨守成皋，则汉欲挑战，慎勿与战，毋令得东而已。我十五日必诛彭越，定梁地，复从将军。"乃东，行击陈留、外黄。

项王听说淮阴侯已经攻下河北地区，打败了齐国和赵国，并且准备进攻楚国，就派龙且前往迎击。淮阴侯和龙且作战，骑将灌婴进击龙且的军队，大破楚军，杀死龙且。因此韩信自立为齐王。项王听说龙且军队被打败，就很惊恐，派遣盱台人武涉前往劝导淮阴侯。淮阴侯不听。这时候，彭越再次反击，攻下梁地，绝楚军的粮道。项王就对海春侯大司马曹咎等人说："在成皋城中严谨地防守，如果汉军前来挑战，绝不能和他们交战，只要不让汉军向东进攻就可以了。我在十五日内一定要诛杀彭越，稳定梁地的局势，再重新来和将军们会合。"于是项王率军向东进攻陈留和外黄。

外黄不下。数日，已降，项王怒，悉令男子年十五已上诣城东，欲坑之。外黄令舍人儿年十三，往说项王曰："彭越强劫外黄，外黄恐，故且降，待大王。大王至，又皆坑之，百姓岂有归心？从此以东，梁地十余城皆恐，莫肯下矣。"项王然其言，乃赦外黄当坑者。东至睢阳，闻之皆争下项王。

外黄城坚守不降。过了几天后投降，项王愤怒，命令城中所有十五岁以上的男子全都到城东集合，准备把他们活埋。外黄县令舍人的十三岁小儿，前去劝说项王说："彭越强迫外黄，外黄人很怕，所以才暂且投降彭越，以便等待大王前来。大王来临，却又把所有的丁壮活埋杀害，百姓们怎么会真心诚意地归附您？而且从这里往东，梁国地区十余座城邑中的民众都会畏惧大王，再没有人肯投降您了。”项王同意他的话，就赦免了应当被活埋的外黄人。项王向东到达睢阳，听说这件事的人们争着归附项王。

汉果数挑楚军战，楚军不出。使人辱之，五六日，大司马怒，渡兵汜水。士卒半渡，汉击之，大破楚军，尽得楚国货赂。大司马咎、长史翳、塞王欣皆自刭汜水上。大司马咎者，故蕲狱掾，长史欣亦故栎阳狱吏，两人尝有德于项梁，是以项王信任之。当是时，项王在睢阳，闻海春侯军败，则引兵还。汉军方围钟离眛于荥阳东，项王至，汉军畏楚，尽走险阻。

汉军果然向楚军挑战，楚军不出城应战。汉王派人侮辱楚军，持续了五六日，大司马被激怒，率军渡过汜水。在楚军士卒们渡到一半的时候，汉军向他们发起进攻，大破楚军，获取了楚国所有的宝物财货。大司马曹咎，长史董翳、塞王司马欣都在汜水岸上自杀身亡。大司马曹咎这个人，就是原来的蕲县狱掾，长史司马欣也就是原来的栎阳狱吏，两人曾对项梁有恩，因此项王信任他们。在这个时候，项王在睢阳，听说海春侯的军队失败，就率兵回还。汉军正在荥阳的东面围困钟离眛，项王来临，汉军害怕楚军，全都走了险阻的山地。

是时，汉兵盛食多，项王兵罢食绝。汉遣陆贾说项王，请太公，项王弗听。汉王复使侯公往说项王，项王乃与汉约，中分天下，割鸿沟以西者为汉，鸿沟而东者为楚。项王许之，即归汉王父母妻子。军皆呼万岁。汉王乃封侯公为平国君。匿弗肯复见。曰："此天下辩士，所居倾国，故号为平国君。"项王已约，乃引兵解而东归。

这时候，汉王的军队多，粮食充足，而项王的军队疲惫，粮食断绝。汉王派陆贾劝说项王，请求归还太公，项王不依。汉王又派遣侯公前去劝说项王，项王就和汉王定约，平分天下，割让鸿沟以西的土地划归汉，鸿沟以东的地区划归楚。项王同意了这个条件，立刻放回汉王的父母妻子。军队的士卒们因停止战争都高呼万岁。于是汉王封侯公为平国君。但侯公却隐匿起来不愿再见。汉王说："这个人是天下有名的辩士，他居住在哪里就可以倾动哪个国家的大政，所以才封给他平国君的封号。"项王授受了盟约以后，就率军解除对汉军的威胁而回到东方去了。

汉欲西归，张良、陈平说曰："汉有天下太半，而诸侯皆附之。楚兵罢食尽，此天亡楚之时也，不如因其机而遂取之。今释弗击，此所谓'养虎自遗患'也。"汉王听之。汉五年，汉王乃追项王至阳夏南，止军，与淮阴侯韩信、建成侯彭越期会而击楚军。至固陵，而信、越之兵不会。楚击汉军，大破之。汉王复入壁，深堑而自守。谓张子房曰："诸侯不从约，为之奈何?"对曰："楚兵且破，信、越未有分地，其不至固宜。君王能与共分天下，今可立致也。即不能，事未可知也。君王能自陈以东傅海，尽与韩信；睢阳以北至谷城，以与彭越：使各自为战，则楚易败也。"汉王曰："善。"于是乃发使者告韩信、彭越曰："并力击楚。楚破，自陈以东傅海与齐王，睢阳以北至谷城与彭相国。"使者至，韩信、彭越皆报曰："请今进兵。"韩信乃从齐往，刘贾军从寿春并行，屠城父，至垓下。大司马周殷叛楚，以舒屠六，举九江兵，随刘贾、彭越皆会垓下，诣项王。

汉王也准备西归，张良和陈平说："汉已拥有大半天下，而且诸侯又都附从汉国。楚军疲惫而粮食已尽，这是上天要灭亡楚国的良好时机，不如趁此机会而消灭楚国。如今释放了楚军而不攻击它，这就是'豢养了一只老虎而给自己遗留下祸患'啊。"汉王听取了他们的意见。汉王五年，汉王于是追击项羽到阳夏南面，军队停止追击，和淮阴侯韩信、建成侯彭越约订日期联合攻打楚军。汉军到达固陵，而韩信、彭越的军队没有前来会合。楚军攻打汉军，大破汉军。汉王又再逃回营垒，深挖壕沟自行坚守。汉王对张子房说："诸侯们不遵守盟约联合，这该怎么办?"张良回答说："楚军将要被消灭，韩信和彭越却还没有得到分封的地盘，他们不来也是应该的。君王您假若能和他们共分天下，他们很快就可以到达。如果不能，那么天下的事势也就难预料了。君王如果能把从陈县以东到海滨一带的土地，全部封给韩信；从睢阳以北到谷城的土地，划给彭越；使他们各自对楚军作战，那么楚国就很容易被打败了。"汉王说："很好。"于是就派使者通报韩信和彭越说："如果能够合力攻打楚国，楚国被消灭以后，从陈县以东至海滨一带的土地给予齐王，从睢阳以北到谷城的土地给予彭相国。"使者到达后，韩信和彭越都回报说："请求现在就进兵攻打楚军。"于是韩信从齐地前往，刘贾的军队从寿春也一同进兵，屠杀了城父，到达了垓下。大司马周殷反叛楚国，从舒城起兵屠杀了六地，发动九江王国的军队，随从刘贾、彭越都到垓下会合，进逼项王。

虞姬像，出自清·上官周绘《晚笑堂画传》。

项王军壁垓下，兵少食尽，汉军及诸侯兵围之数重。夜闻汉军四面皆楚歌，项王乃大惊曰："汉皆已得楚乎？是何楚人之多也！"项王则夜起，饮帐中。有美人名虞，常幸从；骏马名骓，常骑之。于是项王乃悲歌慷慨，自为诗曰："力拔山兮气盖世，时不利兮骓不逝。骓不逝兮可奈何，虞兮虞兮奈若何！"歌数阕，美人和之。项王泣数行下，左右皆泣，莫能仰视。

项王在垓下筑壁垒驻扎军队，士兵少军粮已尽，汉军和诸侯的军队把他们包围了好几重。夜晚听到汉军营中四面都唱楚地的民歌，项王于是非常惊奇地说："汉军难道把楚国都占领了？为何有这么多的楚国人呢！"项王就在夜中起来，在帐中饮酒。有一位名叫虞姬的美人，常得到项王的宠幸而随从项王；项王有一匹名叫骓的骏马，经常骑着它征战。因此项王就慷慨悲歌，自己作诗说："力拔山兮气盖世，时不利兮骓不逝。骓不逝兮可奈何，虞兮虞兮奈若何！"项王唱了好几遍，美人作诗应和（据《楚汉春秋》虞姬所和诗是："汉兵已略地，四方楚歌声。大王意气尽，贱妾何聊生！"）。项王哭泣，流下一行行热泪，左右人都跟着哭泣，没有人敢仰视项王。

于是项王乃上马骑，麾下壮士骑从者八百余人，直夜溃围南出，驰走。平明，汉军乃觉之，令骑将灌婴以五千骑追之。项王渡淮，骑能属者百余人耳。项王至阴陵，迷失道，问一田父，田父绐曰"左"。左，乃陷大泽中。以故汉追及之。项王乃复引兵而东，至东城，乃有二十八骑。汉骑追者数千人。项王自度不得脱。谓其骑曰："吾起兵至今八岁矣，身七十余战，所当者破，所击者服，未尝败北，遂霸有天下。然今卒困于此，此天之亡我，非战之罪也。今日固决死，愿为诸君快战，必三胜之，为诸君溃围，斩将，刈旗，令诸君知天亡我，非战之罪也。"乃分其骑以为四队，四向。汉军围之数重。项王谓其骑曰："吾为公取彼一将。"令四面骑驰下，期山东为三处。于是项王大呼驰下，汉军皆披靡，遂斩汉一将。是时，赤泉侯为骑将，追项王，项王瞋目而叱之，赤泉侯人马俱惊，辟易数里。与其骑会为三处。汉军不知项王所在，乃分军为三，复围之。项王乃驰，复斩汉一都尉，杀数十百人，复聚其骑。亡其两骑耳。乃谓其骑曰："何如？"骑皆伏曰："如大王言。"

于是项王就跨上战马，在他帅旗的引领下跟从着八百多名壮士组成的骑兵队，趁着夜色向南突出重围，疾驰逃跑。天快亮的时候，汉军才发现，汉王命令骑兵将领灌婴率领五千骑兵追击他们。项王渡过淮河，能够跟上的骑兵只有百余人了。项王到达阴陵，迷失了道路，问一位田间老翁，这个老翁骗他说："向左。"项王向左，于是陷入大沼泽地中，因此汉军追上了他。项王又率军向东，到达东城，身边仅有二十八个骑兵。汉军追击的骑兵有几千人。项王估计自己不能摆脱困境，对他身边的骑兵说："我自起兵到现在已经有八年了，亲身经历过七十多次战斗，所有阻挡我的军队都被我消灭，所有进攻我的人都被我征服，未曾打过败仗，于是就称霸而拥有天下。可是现在我却被困在这里，这是上天要灭亡我，不是由于我作战的过失造成的。如今固然非决战而死不可，我希望为各位痛快决战，一定要连胜汉军三次，为诸位能够突出重围，斩杀敌将，砍断汉军的军旗，好让各位知道是上天要灭亡我项羽，不是我作战的过失造成的。”然后项王把他的骑兵划分成四队，分别向四个方向突围。汉军把他们包围了好几层。项王对他的骑兵说：“我为你取汉军一将。”他命令骑士向四方奔驰而下，约定冲到山的东边分三个地点会合。于是项王大声呼喊着奔驰而下，汉军被杀得散乱后退，就斩杀了一员汉将。这个时候，赤泉侯杨喜作为骑兵将领，追击项王，项王瞪着眼睛向他怒吼，赤泉侯连人带马都受了惊吓，躲避出好几里。项王就和他的骑士会聚成三处，汉军不知项王所在之处，于是就兵分三路，重又包围了楚军。项王就奔驰在汉军中，又斩杀了汉军的一名都尉，杀死了几十近百名汉军士卒，又聚集起他的骑士，仅损失了两名骑兵。于是对他的骑士们说：“你们看怎么样？”骑士们都敬服地说：“果真像大王说的那样。”

于是项王乃欲东渡乌江。乌江亭长舣船待，谓项王曰：“江东虽小，地方千里，众数十万人，亦足王也。愿大王急渡。今独臣有船，汉军至，无以渡。”项王笑曰：“天之亡我，我何渡为！且籍与江东子弟八千人渡江而西，今无一人还，纵江东父兄怜而王我，我何面目见之？纵彼不言，籍独不愧于心乎？”乃谓亭长曰：“吾知公长者。吾骑此马五岁，所当无敌，尝一日行千里，不忍杀之，以赐公。”乃令骑皆下马步行，持短兵接战。独籍所杀汉军数百人。项王亦身被十余创。顾见汉骑司马吕马童，曰：“若非吾故人乎？”马童面之，指王翳曰：“此项王也。”项王乃曰：“吾闻汉购我头千金，邑万户，吾为若德。”乃自刎而死。王翳取其头，余骑相蹂践争项王，相杀者数十人。最其后，郎中骑杨喜，骑司马吕马童，郎中吕胜、杨武各得其一体。五人共会其体，皆是。故分其地为五：封吕马童为中水侯，封王翳为杜衍侯，封杨喜为赤泉侯，封杨武为吴防侯，封吕胜为涅阳侯。

于是项王就想要向东渡过乌江。乌江亭长把船划靠到岸边等候项王，对项王说：“江东地区虽然小，土地纵横有千里，民众有几十万，也够得上成为一个王国了。希望大王能够立即渡江。现在只有我有渡船，汉军到达，没有船可以渡过去。”项王大笑说道：“是上天要使我灭亡。我为什么还要渡江呢！而且我项籍曾和江东八千名子弟兵渡江向西，如今没有一人能回还，就是江东父兄可怜我而拥立我为王，我又有什么脸面去见他们？纵使他们不说什么，难道我项籍就不在心中惭愧吗？”于是对亭长说：“我知道您是一位长者。我骑着这匹马有五年了，所向无敌，曾经日行千里，我不忍心杀死它，就把它赏赐给您吧。”于是下令骑士全都下马步行，手持短小的兵器和汉军交战。项籍一个人独自杀死的汉军士卒有几百人。项王身上也有十几处伤，他回头看见汉军骑兵中的司马吕马童，说：“你难道不是我的旧人吗？”吕马童审视他，指着他对王翳说：“这个人就是项王。”项王就说：“我听说汉王为购求我的人头而出资千金，悬赏封万户侯，我把这个好处恩施给你吧。”于是项羽就自杀而死。王翳割取了项羽的头，其余的汉军骑士相互厮杀争夺项王的尸身，自相残杀的有几十人。最终的结果是：郎中骑杨喜，骑司马吕马童，郎中吕胜、杨武各自夺得项王的一部分尸身。五个人把所得的尸身合在一处，正好是项羽的全身。因此把悬赏的封地划分为五份：封吕马童为中水侯，封王翳为杜衍侯，封杨喜为赤泉侯，封杨武为吴防侯，封吕胜为涅阳侯。

项王已死，楚地皆降汉，独鲁不下。汉乃引天下兵欲屠之，为其守礼义，为主死节，乃持项王头视鲁，鲁父兄乃降。始，楚怀王初封项籍为鲁公，及其死，鲁最后下，故以鲁公礼葬项王谷城。汉王为发哀，泣之而去。

项王死后，楚地全部归降汉王，只有鲁地不降。汉王于是率领天下的军队准备平灭鲁地，因为这个地区的人恪守礼义，为君王誓死守节，于是就拿来项王的头让鲁地人观看，鲁地的百姓才投降汉王。最初，楚怀王初次封项籍为鲁公，等他死后，鲁地又是最后投降，所以用鲁公的名义和葬礼把项王埋葬在谷城。汉王为他发丧致哀，哭祭一番然后离去。

诸项氏枝属，汉王皆不诛。乃封项伯为射阳侯。桃侯、平皋侯、玄武侯皆项氏，赐姓刘。

项氏宗族各支属的人，汉王都没有诛杀。于是封项伯为射阳侯。桃侯、平皋侯、玄武侯，都是项氏的族人，汉王赐他们姓刘。

太史公曰：吾闻之周生曰，“舜目盖重瞳子”，又闻项羽亦重瞳子。羽岂其苗裔邪？何兴之暴也！夫秦失其政，陈涉首难，豪杰蜂起，相与并争，不可胜数。然羽非有尺寸乘势。起陇亩之中，三年，遂将五诸侯灭秦，分裂天下，而封王侯，政由羽出，号为“霸王”，位虽不终，近古以来未尝有也。及羽背关怀楚，放逐义帝而自立，怨王侯叛己，难矣。自矜功伐，奋其私智而不师古，谓霸王之业，欲

以力征经营天下,五年卒亡其国,身死东城,尚不觉寤而不自责,过矣。乃引“天亡我,非用兵之罪也”,岂不谬哉!

太史公说:我从周生那里听说“舜的眼睛是重瞳子”,又听说项羽也是重瞳子。难道项羽是舜的后代吗?不然为何发迹得这样突然呢!秦朝失却了能治国的政道,陈涉首先起义,豪杰们蜂拥而起,相互之间争夺天下,数也数不清。可是项羽没有尺寸的封地,乘势兴起于田间陇亩中,经过三年的时间,结果率领五路诸侯的军队灭亡了秦朝,分割天下,而封王封侯,一切大政由项羽制定,号称为“霸王”,他的职位虽然没有好结果,但在近古以来也是未曾有过的。等到项羽离开关中而怀思楚地,放逐义帝而自立为王,又恨王侯们背叛自己,这样想成就大事就难了。他自己凭借着功劳而骄矜,按照他个人的想法办事而不效法古代,认为霸王的功业,要靠武力来治理天下。五年后终于使他的国家灭亡了,身死东城,仍然不能觉醒不能自责,这实在是极大的失误。他却用“上天要灭亡我,不是我用兵的过失造成的”作为借口,难道这不是很荒谬吗!

史记第八卷

高祖本纪第八

高祖,沛丰邑中阳里人,姓刘氏,字季。父曰太公,母曰刘媪。其先,刘媪尝息大泽之陂,梦与神遇。是时雷电晦冥,太公往视,则见蛟龙于其上。已而有身,遂产高祖。

高祖,是沛县丰邑中阳里人,姓刘,字季。他的父亲名叫太公,母亲名叫刘媪。在高祖出生以前,刘媪曾在大泽的堤岸上休息小睡,梦见和神相交合。当时雷鸣电闪天色阴暗,太公前来寻视,就看见有一条蛟龙卧在刘媪身上。不久刘媪怀有身孕,就生下了高祖。

高祖为人,隆准而龙颜,美须髯,左股有七十二黑子。仁而爱人,喜施,意豁如也。常有大度,不事家人生产作业。及壮,试为吏,为泗水亭长,廷中吏无所不狎侮。好酒及色。常从王媪、武负贳酒,醉卧,武负、王媪见其上常有龙,怪之。高祖每酤留饮,酒雠数倍。及见怪,岁竟,此两家常折券弃责。

高祖的状貌,是高鼻梁而脸面有龙相,胡须很美,左腿上生有七十二颗黑痣。他的性情仁厚爱人,喜好对人施舍,心胸豁达。常常表现出大度宽宏的心志,不干平常人家生产和经营的事。等到他成年以后,曾试着去做官,当了泗水亭长,对官府中的官吏没有不加以轻侮的。他喜欢饮酒和好女色,经常从王媪和武负二家的酒店中赊酒。他醉了以后,武负和王媪经常看见在他的上面有龙出现,他们感到奇怪。高祖每次买酒留在酒店中畅饮,他们都以高出几倍的价格出售。等看到高祖醉卧出现的奇怪现象以后,到年底算账的时候,这两家酒店经常折断赊账的竹简而放弃高祖所欠的酒钱。

高祖常繇咸阳,纵观,观秦皇帝,喟然太息曰:“嗟乎,大丈夫当如此也!”

高祖曾到咸阳服徭役,眼界大开,看到了秦始皇,他非常感慨地叹息说:“唉,大丈夫就应当像这样!”

单父人吕公善沛令,避仇从之客,因家沛焉。沛中豪桀吏闻令有重客,皆往贺。萧何为主吏,主进,令诸大夫曰:“进不满千钱,坐之堂下。”高祖为亭长,素易诸吏,乃绐为谒曰“贺钱万”,实不持一钱。谒入,吕公大惊,起,迎之门。吕公者,好相人,见高祖状貌,因重敬之,引入坐。萧何曰:“刘季固多大言,少成事。”高祖因狎侮诸客,遂坐上坐,无所诎。酒阑,吕公因目固留高祖。高祖竟酒,后。吕公曰:“臣少好相人,相人多矣,无如季相,愿季自爱。臣有息女,愿为季箕帚妾。”酒罢,吕媪怒吕公曰:“公始常欲奇此女,与贵人,沛令善公,求之不与,何自妄许与刘季?”吕公曰:“此非儿女子所

知也。”卒与刘季。吕公女乃吕后也，生孝惠帝、鲁元公主。

单父人吕公，和沛县令相好友善，他为了避开仇人而跟从沛县令到沛县客居，因而在沛县安家定居。沛县地区的豪杰和官吏们听说县令有贵客来，全都前去祝贺。萧何作为县令的属官，负责收受贺礼的事，他对各位宾客说：“送贺礼不足千钱的人，在堂下就座。”高祖作为亭长，平素看不起县中官吏，于是写了一张礼单假称“贺钱一万”，其实他没有带来一文钱。他入门拜谒，吕公见到他就非常惊奇，起身，在门前迎接他。吕公这个人，喜好为人相面，看到高祖的相貌，就很尊重他，引他入座。萧何说：“刘季常说大话，能够做成的事很少。”高祖因受吕公的敬重而随便轻侮各位客人，就坐在上座，不谦让。酒宴喝到尽兴时，吕公以目示意肯请高祖留下来。高祖喝完了酒，留到最后。吕公说：“我从小喜好给人看相，让我看相的人已有很多了，还没有人能比得上你刘季的相貌，我希望你能够好自为之。我生有一个女儿，我愿把她嫁给你作为你执箕持帚的妻子。”酒宴后，吕媪对吕公发怒说：“你平时一直认为这个女儿奇特不寻常，要把她嫁给贵人为妻。沛令和你相交友善，他来求婚你都没有把女儿给他，为什么你自己盲目地把女儿许嫁给刘季呢？”吕公说：“这件事不是你们女人家所能知道的。”最终把女儿嫁给刘季。吕公的女儿就是吕后，她生了孝惠帝和鲁元公主。

高祖为亭长时，常告归之田。吕后与两子居田中耨，有一老父过请饮，吕后因餔之。老父相吕氏曰：“夫人天下贵人。”令相两子，见孝惠，曰：“夫人所以贵者，乃此男也。”相鲁元，亦皆贵。老父已去，高祖适从旁舍来，吕后具言客有过，相我子母皆大贵。高祖问，曰：“未远。”乃追及，问老父。老父曰：“乡者夫人、婴儿皆似君，君相贵不可言。”高祖乃谢曰：“诚如父言，不敢忘德。”及高祖贵，遂不知老父处。

高祖在当亭长的时候，有一次请假回家处理农事。吕后和两个孩子在田中除草。有一位老父在田间路过来讨水喝，吕后顺便还给了他一些饭吃。老父仔细审视了吕后的相貌后说：“夫人是天下的贵人。”吕后让他替两个孩子相面，老父看着孝惠帝说：“夫人所以能成为贵人，正是因为这个男孩子。”又为鲁元公主看相，也都是贵人相。老父走了以后，恰巧高祖从一旁的田舍走来，吕后对他详细地讲了有一位路过的人，为我们母子看相认为我们都是大贵人。高祖问这个人现在在哪里，吕后回答说：“还没有走远。”于是高祖追上了这个人，向老父询问面相的话。老父说：“刚才我看过的夫人和孩子都和你的面相相似，你的相貌高贵得不能用语言来表达。”高祖感激地说：“若真像老父您所预言，我不会忘记您的恩德。”等到高祖成为高贵的天子以后，却不知道这位老人住在什么地方。

高祖为亭长，乃以竹皮为冠，令求盗之薛治之，时时冠之。及贵常冠，所谓“刘氏冠”乃是也。

高祖担任亭长，就用竹皮做成帽子戴，让担任求盗的人到薛地去找人制作，他时时戴着这种竹皮冠，等到后来显贵了还常戴着，后来被人们称作“刘氏冠”的就是这种帽子。

高祖以亭长为县送徒骊山，徒多道亡。自度比至皆亡之。到丰西泽中，止饮，夜乃解纵所送徒。曰：“公等皆去，吾亦从此逝矣！”徒中壮士愿从者十余人。高祖被酒，夜径泽中，令一人行前。行前者还报曰：“前有大蛇当径，愿还。”高祖醉，曰：“壮士行，何畏！”乃前，拔剑击斩蛇。蛇遂分为两，径开。行数里，醉，因卧。后人来至蛇所，有一老妪夜哭。人问何哭，妪曰：“人杀吾子，故哭之。”人曰：“妪子何为见杀？”妪曰：“吾子，白帝子也，化为蛇，当道，今为赤帝子斩之，故哭。”人乃以妪为不诚，欲告之，妪因忽不见。后人至，高祖觉。后人告高祖，高祖乃心独喜，自负。诸从者日益畏之。

高祖以亭长的身份负责遣送本县去修骊山墓的徒隶，徒隶们有许多在道途中逃亡。高祖估计自己等到了骊山这些徒隶也就全逃光了，他们到达丰西的大泽中，停下来饮酒，夜间就把遣送的徒隶们都放了。他说：“你们都逃走吧，我也从此而远走高飞了！”徒隶中有十余位壮士愿意跟从高祖。高祖喝了酒，夜间在草泽中的小道行走，他命令一个人在前面开道。在前面行走的人跑回来报告说：“前面有一条大蛇挡在道路当中，请求退回去。”高祖醉了，他说：“壮士前行，有什么值得害怕的！”就继续向前走，拔出宝剑斩杀了这条大蛇。大蛇就被砍为两段，小路也就通畅了。又走了几里，酒醉得厉害，因而卧倒在地。后面的人来到有蛇的地方，看见有一位老妇人在深夜中哭泣。来人问她为什么要哭，老妇人说：“别人杀了我的儿子，所以我在哭他。”来人又说：“老妇人您的儿子为什么被杀？”老妇人说：“我的儿子，是白帝的儿子，变成了一条蛇，挡在道路当中，现在他被赤帝的儿子斩杀，我因此痛哭。”来人听后认为老妇人说的话不诚实，准备打她，老妇人忽然不见了踪影。后来的人到达了高祖醉卧的地方，高祖酒醒，后来的人把这件事告诉高祖，高祖就在心中独自欢喜，自认为是赤帝的儿子。那些跟从他的壮士逐渐对他敬畏起来。

秦始皇帝常曰，“东南有天子气”，于是因东游以厌之。高祖即自疑，亡匿，隐于芒、砀山泽岩石之间。吕后与人俱求，常得之。高祖怪问之。吕后曰：“季所居上常有云气，故从往，常得季。”高祖心喜。沛中子弟或闻之，多欲附者矣。

秦始皇帝经常说“东南地区有象征天子的云气”，因此他向东巡视以镇压。高祖自己怀疑始皇的行动是冲着他来的，于是他逃亡隐匿起来，藏身在芒山、砀山一带的山泽岩石之间。吕后和别人一同找寻高祖，经常能够找到他。高祖很惊讶地问他们为什么能找到。吕后说：“在刘季所居处的地方，上面经常有云气环绕，因此我追随着云气寻找，经常能够找到刘季。”高祖听后心中欢喜。沛县地区的一些青年们听到这件事，有很多人都愿意跟从他。

秦二世元年秋，陈胜等起蕲，至陈而王，号为“张楚”。诸郡县皆多杀其长吏以应陈涉。沛令恐，欲以沛应涉。掾、主吏萧何、曹参乃曰：“君为秦吏，今欲背之，率沛子弟，恐不听。愿君召诸亡在外者，可得数百人，因劫众，众不敢不听”。乃令樊哙召刘季。刘季之众已数十百人矣。

秦二世元年秋天，陈胜等人在蕲县起义，行进到陈地自称为王，定称号为“张楚”。有许多郡县的人全都把他们的官长杀死来响应陈涉。沛县县令非常害怕，也想在沛县反秦而响应陈涉。狱掾曹参和主使萧何因此而对他说：“您作为秦廷的官吏，现在却想要背叛秦，率领沛县的子弟起义，恐怕沛县子弟们不会听从您的命令。希望您能召集那些逃亡在外的人，能够得到几百人，用他们来强行驱使众人，众人定会听从命令。”于是命令樊哙招求刘季。这时候刘季的部众已发展到几十近百人了。

于是樊哙从刘季来。沛令后悔，恐其有变，乃闭城城守，欲诛萧、曹。萧、曹恐，逾城保刘季。刘季乃书帛射城上，谓沛父老曰：“天下苦秦久矣。今父老虽为沛令守，诸侯并起，今屠沛。沛今共诛令，择子弟可立者立之，以应诸侯，则家室完。不然，父子俱屠，无为也。”父老乃率子弟共杀沛令，开城门迎刘季，欲以为沛令。刘季曰：“天下方扰，诸侯并起，今置将不善，一败涂地。吾非敢自爱，恐能薄，不能完父兄子弟。此大事，愿更相推择可者。”萧、曹等皆文吏，自爱，恐事不就，后秦种族其家，尽让刘季。诸父老皆曰：“平生所闻刘季诸珍怪，当贵；且卜筮之，莫如刘季最吉。”于是刘季数让。众莫敢为，乃立季为沛公。祠黄帝，祭蚩尤于沛庭，而衅鼓旗。帜皆赤，由所杀蛇白帝子，杀者赤帝子，故上赤。于是少年豪吏如萧、曹、樊哙等皆为收沛子弟二三千人，攻胡陵、方与，还守丰。

于是樊哙陪同刘季前来。沛县县令后悔，恐怕刘季来了会发生变故，就关闭了城门据守城池，准备诛杀萧何和曹参。萧何和曹参惊恐，越过城池来辅保刘季。刘季于是写了一封帛书射到城上，对沛县的父老们宣称说：“天下的人受到秦统治的痛苦已经很久了。如今父老们虽然替县令守城，但是诸侯们一同反秦，现在就要屠戮到沛县。如果沛县的人共同诛杀了县令，从子弟当中选择可以扶立的人而拥立他，以此来响应诸侯，那样就可以保护家室完整。如果不这样，父子们都要被屠杀，就不会有什么作为了。”于是父老就率领子弟们共同杀死了沛县县令，打开城门迎接刘季，准备要把他选为沛县县令。刘季说：“天下正在大乱时候，诸侯们一同兴起，如今选择首领若不妥当，将会一败涂地。我不敢爱惜自身，而是担心我的能力浅薄，不能保全沛县的父兄子弟们。这是一件大事，我希望你们重新推举能够担当这项重任的人。”萧何、曹参等人都是文官，而且他们顾惜自身，恐怕事业不成，以后会被秦国诛灭全家，所以他们全都推让给刘季。各位父老们都说：“平时我们听说过有关刘季的一些超凡奇迹，刘季必当显贵，而且我们占卜过，没有人能够比刘季更吉利。”在这种情况下刘季多次推让。但是众人没有谁敢出任首领，于是就扶立刘季任沛公。刘季祠祀黄帝，又在沛县公庭中祭祀了蚩尤，而且举行了把血涂在旗上并且祭祀旗鼓的典礼。旗帜都做成红色，这是因为他所杀的那条蛇是白帝的儿子，而杀死这条蛇的人是赤帝的儿子，所以才以赤色作为尊贵的颜色。于是沛公收集了如萧何、曹参、樊哙等少年豪吏在内的沛县子弟二三千人，进攻胡陵、方与等地，退回后据守在丰邑。

秦二世二年，陈涉之将周章军西至戏而还。燕、赵、齐、魏皆自立为王。项氏起吴。秦泗川监平

将兵围丰，二日，出与战，破之。命雍齿守丰，引兵之薛。泗川守壮败于薛，走至戚，沛公左司马得泗川守壮，杀之。沛公还军亢父，至方与，未战。陈王使魏人周市略地。周市使人谓雍齿曰："丰，故梁徙也。今魏地已定者数十城。齿今下魏，魏以齿为侯守丰。不下，且屠丰。"雍齿雅不欲属沛公，及魏招之，即反为魏守丰。沛公引兵攻丰，不能取。沛公病，还之沛。沛公怨雍齿与丰子弟叛之，闻东阳宁君、秦嘉立景驹为假王，在留，乃往从之，欲请兵以攻丰。是时秦将章邯从陈，别将司马尼将兵北定楚地，屠相，至砀。东阳宁君、沛公引兵西，与战萧西，不利。还收兵聚留，引兵攻砀，三日乃取砀。因收砀兵，得五六千人。攻下邑，拔之。还军丰。闻项梁在薛，从骑百余往见之。项梁益沛公卒五千人、五大夫将十人。沛公还，引兵攻丰。

秦二世二年，陈涉的将领周章率军向西攻到戏水后退回。燕、赵、齐、魏等地的豪杰都自立为王。项氏在吴起兵。秦国泗川郡监名叫平的率领秦军包围了丰邑，两天后，沛公率众出城和平率领的军队交战，打败了秦军。沛公命雍齿守卫丰邑，他率军去薛地。泗川郡守壮在薛地被沛公打败，逃到了戚县，沛公的左司马捕得泗川郡守壮并诛杀了他。沛公回师驻军亢父，到达了方与。周市也前来攻打方与，还未交战。陈王派遣魏地人周市攻取土地。周市派人对雍齿说："丰邑，原来是梁惠王孙假在被秦所灭后迁徙的地方。如今魏地已经有几十座城邑被平定了。雍齿你如果现在归降魏国，魏国将封雍齿作为诸侯而让继续驻守在丰邑。如果不投降魏国，我们将要屠戮丰邑。"雍齿原来就不愿意附属于沛公，等到魏国来招降他，他就立刻反叛沛公而替魏国据守丰邑。沛公率军攻打丰邑，没有能攻下。沛公生病，军队退回到沛县。沛公怨恨雍齿和丰邑的子弟们背叛他，他听说东阳宁君、秦嘉扶立了景驹作为代理王，驻军在留城，就前往跟他们，想要得到他们出军攻打丰邑。这时候秦国的将领章邯从陈地向其他地区进攻，他的部将司马尼另率一支军队向北平定楚地，屠戮了相城据守的军民，到达砀郡。东阳宁君和沛公率领军队向西方进攻，和司马尼的军队在萧县的西面交战，作战不利。就退回来收兵在留城，又率军攻打砀郡，经过三日激战而夺取了砀郡。因此收集了砀地的兵卒，得到五六千人。他们又进攻下邑，攻克了它。回师到达丰邑。听说项梁在薛地，就带着一百多名随从骑兵前往见项梁，项梁给了沛公五千兵卒，五大夫级别的将领十名。沛公回来后，率领着军队进攻丰邑。

从项梁月余，项羽已拔襄城还。项梁尽召别将居薛。闻陈王定死，因立楚后怀王孙心为楚王，治盱台。项梁号武信君。居数月，北攻亢父，救东阿，破秦军。齐军归，楚独追北，使沛公、项羽别攻城阳，屠之。军濮阳之东，与秦军战，破之。

沛公附从项梁一个多月后，项羽已经攻克襄城而回军。项梁把所有在外统兵的将领召集到薛城。他听说陈王肯定死了，就扶立楚王后代怀王的孙子名叫熊心的作为楚王，把盱台作为都城。项梁号为武信君。过了几个月，向北进攻亢父，援救东阿，打败了秦军。齐国的军队回归齐地，楚军独自追击逃跑的敌人，派遣沛公和项羽另外率军攻打城阳，屠戮了城阳的守军。在濮阳的东面驻军，和秦军交战，打败了秦军。

秦军复振，守濮阳，环水。楚军去而攻定陶，定陶未下。沛公与项羽西略地至雍丘之下，与秦军战，大破之，斩李由。还攻外黄，外黄未下。

秦军又重新整顿军队，据守濮阳城，决开河堤放水环卫全城。楚军离开濮阳去攻取定陶，定陶没有攻下。沛公和项羽向西攻占土地到达雍丘城下，和秦军作战，大败秦军，杀了李由。他们回师攻打外黄，外黄没有攻下。

项梁再破秦军，有骄色。宋义谏，不听。秦益章邯兵，夜衔枚击项梁，大破之定陶，项梁死。沛公与项羽方攻陈留，闻项梁死，引兵与吕将军俱东。吕臣军彭城东，项羽军彭城西，沛公军砀。

项梁第二次打败了秦军，产生了骄傲的情绪。宋义劝谏说骄兵必败，项梁不听。秦国增派了章邯的军队，趁着夜幕口中衔着枚来偷袭项梁的军队，在定陶打败了楚军，项梁战死。沛公和项羽正在攻打陈留，听说项梁战死，就率军和吕将军一同向东撤退。吕臣驻军在彭城东边，项羽驻军在彭城西边，沛公驻军在砀县。

章邯已破项梁军，则以为楚地兵不足忧，乃渡河，北击赵，大破之。当是之时，赵歇为王，秦将王离围之钜鹿城，此所谓"河北之军"也。

章邯打败了项梁的军队后，便认为楚国地区的义军不足以为患，就渡过了黄河，向北进攻赵国，大败赵国的军队。在这个时候，赵歇立为赵王，秦将王离的军队把他的军队包围在钜鹿城中，在钜鹿的军队就是所谓的河北军。

秦二世三年，楚怀王见项梁军破，恐，徙盱台，都彭城，并吕臣、项羽军自将之。以沛公为砀郡长，封为武安侯，将砀郡兵。封项羽为长安侯，号为鲁公。吕臣为司徒，其父吕青为令尹。

秦二世三年，楚怀王见到项梁的军队被打败，害怕了，就把都城从盱台迁到了彭城，把吕臣和项羽的军队合并一处亲自率领他们。任命沛公担任砀郡长，封为武安侯，统率砀郡的军队。封项羽为长安侯，封号为鲁公。吕臣担任司徒，他的父亲吕青担任令尹。

赵数请救，怀王乃以宋义为上将军，项羽为次将，范增为末将，北救赵。令沛公西略地入关。与诸将约，先入定关中者王之。

赵国多次请求楚军救援，怀王就任命宋义作为上将军，项羽作为次将军，范增作为末将军，率军向北援救赵国。命令沛公向西攻克土地进入关中地区。和各个将领订下盟约，先进入关中的就可以在这个地区封为王。

当是时，秦兵强，常乘胜逐北，诸将莫利先入关。独项羽怨秦破项梁军，奋，愿与沛公西入关。怀王诸老将皆曰："项羽为人僄悍猾贼。项羽尝攻襄城，襄城无遗类，皆坑之，诸所过无不残灭。且楚数进取，前陈王、项梁皆败。不如更遣长者扶义而西，告谕秦父兄。秦父兄苦其主久矣，今诚得长者往，毋侵暴，宜可下。今项羽僄悍，今不可遣；独沛公素宽大长者，可遣。"卒不许项羽，而遣沛公西略地，收陈王、项梁散卒。乃道砀至咸阳，与杠里秦军夹壁，破秦二军。楚军出兵击王离，大破之。

在这个时候，秦国的军队很强盛，经常是乘胜追击败退的诸侯国的军队，各个将领没有人认为首先进入关中地区去攻打秦军是件有利的事情。唯独项羽为痛恨秦军打败了项梁的军队，很愤怒，要和沛公一同向西进军攻入关中。怀王的一些老将领们都对怀王说："项羽为人急躁凶悍而好兴祸端。项羽曾攻打襄城，攻下后襄城没有任何一个人能够活下来，全城人都被活埋了，他经过的各地没有一处不受到残酷地毁灭。而且楚军多次进兵要夺取关中地区，前有陈王和项梁的西进，他们都失败了。不如改派一位宽厚仁义的长者采用实行仁义的方式向西进攻，向秦国的父老兄弟讲明道理。秦国的父老兄弟因为他们的君主残暴而受苦已经很久了，如今如果能得到一位宽厚长者前往，不用侵伐残暴的手段，秦地应该是能被攻下来的。如今项羽暴躁凶悍，现在不能派他去。只有沛公是一位平素宽大的长者，可以派遣他前去。"最终没有答应项羽的请求，而派遣了沛公向西进军攻取土地。沛公收集原属于陈王、项梁而被秦军打散的士卒。就道经砀城到达咸阳，和杠里的秦军对垒，消灭了秦二军。这时楚军在河北出兵攻击王离的军队，把这支秦军打得大败。

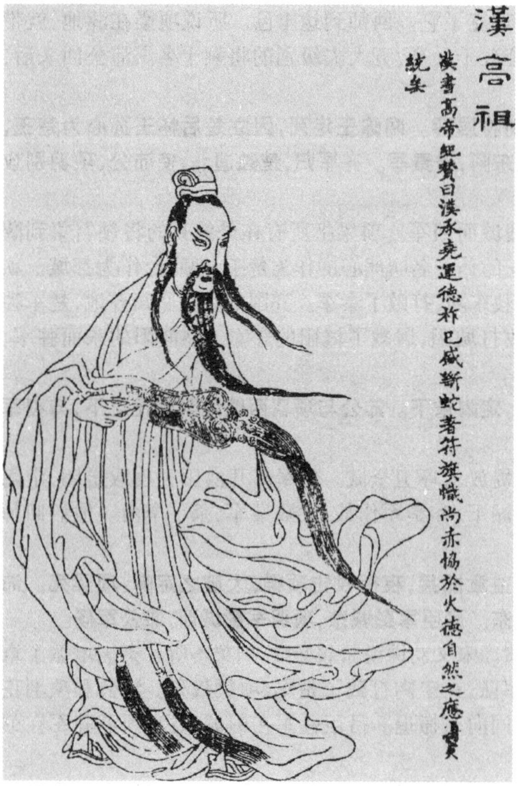

汉高祖刘邦像，出自清・上官周绘《晚笑堂画传》。

沛公引兵西，遇彭越昌邑，因与俱攻秦军，战不利。还至栗，遇刚武侯，夺其军，可四千余人，并之。与魏将皇欣、魏申徒武蒲之军并攻昌邑，昌邑未拔。西过高阳。郦食

其为监门，曰："诸将过此者多，吾视沛公大人长者。"乃求见说沛公。沛公方踞床，使两女子洗足。郦生不拜，长揖，曰："足下必欲诛无道秦，不宜踞见长者。"于是沛公起，摄衣谢之，延上坐。食其说沛公袭陈留，得秦积粟。乃以郦食其为广野君，郦商为将，将陈留兵，与偕攻开封，开封未拔。西与秦将杨熊战白马，又战曲遇东，大破之。杨熊走之荥阳，二世使使者斩以徇。南攻颍阳，屠之。因张良遂略韩地轘辕。

沛公率军继续西进，在昌邑县遇到了彭越，因而和彭越的军队共同向秦军进攻，战斗没有取得胜利，他们回军到达栗县，又遇到刚武侯，夺取了刚武侯的军队，获得了大约四千多人，合并到一处。和魏将皇欣、魏国申徒武蒲的军队共同进攻昌邑，昌邑没有攻下。又向西路过高阳。高阳人郦食其对把守城门的官吏说："各个将领经过这里的很多，我看只有沛公是一位心胸宽大的长者。"于是他求见并开导沛公。沛公正坐在床边，命令两个女子为他洗脚。郦食其入见而没有行拜礼，只是作了一个揖，他说："足下若是想要诛伐无道的暴秦，不应该坐着接见年长的人。"因此沛公起身，穿好衣服而向他道歉，延请他坐在上座。郦食其劝导沛公袭击陈留，以获得秦积存在陈留的粮食。攻克陈留后沛公就封郦食其为广野君，任命郦商担任将军，率领着陈留的军队，和沛公的军队一同进攻开封，开封没有攻下。又率军向西和秦将杨熊在白马交战，又在曲遇东面交战，彻底打垮了秦军。杨熊逃到了荥阳，秦二世派使者把战败的杨熊斩杀了示众。沛公向南进攻颍阳，屠杀了坚守不降的军队。又借助张良的力量占领了韩地轘辕。

当是时，赵别将司马卬方欲渡河入关，沛公乃北攻平阴，绝河津。南，战雒阳东，军不利，还至阳城，收军中马骑，与南阳守齮战犨东，破之。略南阳郡，南阳守齮走，保城守宛。沛公引兵过而西。张良谏曰："沛公虽欲急入关，秦兵尚众，距险。今不下宛，宛从后击，强秦在前，此危道也。"于是沛公乃夜引兵从他道还，更旗帜，黎明，围宛城三匝。南阳守欲自刭。其舍人陈恢曰："死未晚也。"乃逾城见沛公，曰："臣闻足下约，先入咸阳者王之。今足下留守宛。宛，大郡之都也，连城数十，人民众，积蓄多，吏人自以为降必死，故皆坚守乘城。今足下尽日止攻，士死伤者必多；引兵去宛，宛必随足下后：足下前则失咸阳之约，后又有强宛之患。为足下计，莫若约降，封其守，因使止守，引其甲卒与之西。诸城未下者，闻声争开门而待，足下通行无所累。"沛公曰："善。"乃以宛守为殷侯，封陈恢千户。引兵西，无不下者。至丹水，高武侯鳃、襄侯王陵降西陵。还攻胡阳，遇番君别将梅销，与皆，降析、郦。遣魏人宁昌使秦，使者未来。是时章邯已以军降项羽于赵矣。

在这个时候，赵国的别将司马卬正在准备渡过黄河进入关中，沛公就向北攻打平阴，断了司马卬渡河所要经过的黄河渡口。又向南进军，在洛阳东面和秦军交战，军队没有取胜，回军到达阳城，收整军中的战马车骑，和南阳郡守吕犨地东面交战，打败了秦军。占领了南阳郡，南阳太守吕齮逃跑，在宛城中坚守不战。沛公率军放过宛城继续向西进攻。张良劝阻说："沛公您虽然急切地想要攻入关中，但是秦军还很多，而且他们又凭借着险关拒守。现在如果不攻克宛城，那么宛城的秦军从我军后方攻击，强大的秦军主力又挡在前面，这是一条危险的道路。"因此沛公就率领军队从其他道路趁着夜幕返回，变换了旗帜，在黎明时分，把宛城包围了三重。南阳郡守想要自杀，他的舍人陈恢说："现在离死还早呢。"于是他越过城墙来见沛公，说："我听说您和各个将领订立了盟约，谁先进入咸阳谁就可以在关中称王。如今足下停留下来围守着宛城。宛城，是大郡的都城，连接的城市有几十座，人民众多，聚集的物品也很多，官吏们自己认为投降一定会被杀死，所以都决心据城坚守。如今足下整日留在这里攻城，士卒死伤的人一定很多；率军离开宛城，宛城的军队一定会尾随足下身后追击，这样，足下在前面已失去了先入咸阳的盟约，后面又有强大的宛城军队的威胁。为了足下着想，不如订立盟约而招降宛城，封赏它的郡守，因而让他留下来守住南阳，率领他的军队一同向西进攻。那些还没有被占领的城邑，听到足下招降的消息就会争着打开城门而等待您的军队来临，这样就会使足下畅通无阻地向咸阳行进。"沛公说："很好。"就封宛城的南阳郡守为殷侯，封陈恢为千户侯。领兵向西进军，没有不归顺的城邑。到达丹水，高武侯戚鳃和襄侯王陵都在西陵投降。回师进攻胡阳，遇到番君的别将梅销，便和他联合作战，招抚了析城和郦城。派遣魏人宁昌出使秦国，在使者还没有回来的时候，章邯已经在赵地率秦军投降了项羽。

初，项羽与宋义北救赵，及项羽杀宋义，代为上将军，诸将黥布皆属；破秦将王离军，降章邯，诸

入关约法图，选自明·张居正《帝鉴图说》。公元前206年，刘邦带兵攻入咸阳，约法三章：杀人者死，伤人及盗抵罪。其余秦朝苛法，尽皆废除。

侯皆附。及赵高已杀二世，使人来，欲约分王关中。沛公以为诈，乃用张良计，使郦生、陆贾往说秦将，啖以利，因袭攻武关，破之。又与秦军战于蓝田南，益张疑兵旗帜，诸所过毋得掠卤，秦人憙，秦军解，因大破之。又战其北，大破之。乘胜，遂破之。

起初，项羽和宋义向北进军援救赵国，等到项羽杀了宋义，代替他作为楚军的上将军，黥布等各位将领都归属项羽指挥，打垮了秦将王离的军队，收降了章邯，诸侯都收附项羽。等到赵高杀死秦二世以后，派人前来，想要和沛公订立盟约分割关中的土地而各自为王。沛公认为这是诡诈的阴谋，就采纳张良的计策，派遣郦食其、陆贾前去劝降秦国的将领，以利引诱他们，沛公趁机攻打武关，打败了守关的秦军。又和秦军在蓝田南面交战，设置了许多旗帜来疑惑秦军用来表示沛公军队众多，所经过的地方不准掳掠，秦国的人十分高兴，秦军瓦解，因而打败了他们。又在蓝田北面和秦军交战，又打败了秦军，乘胜追击，就彻底打败了秦军。

汉元年十月，沛公兵遂先诸侯至霸上。秦王子婴素车白马，系颈以组，封皇帝玺符节，降轵道旁。诸将或言诛秦王。沛公曰："始怀王遣我，固以能宽容；且人已服降，又杀之，不祥。"乃以秦王属吏，遂西入咸阳。欲止宫休舍，樊哙、张良谏，乃封秦重宝财物府库，还军霸上。召诸县父老豪杰曰："父老苦秦苛法久矣，诽谤者族，偶语者弃市。吾与诸侯约，先入关者王之，吾当王关中。与父老约，法三章耳：杀人者死，伤人及盗抵罪。余悉除去秦法。诸吏人皆案堵如故。凡吾所以来，为父老除害，非有所侵暴，无恐！且吾所以还军霸上，待诸侯至而定约束耳。"乃使人与秦吏行县乡邑，告谕之。秦人大喜，争持牛羊酒食献飨军士。沛公又让不受，曰："仓粟多，非乏，不欲费人。"人又益喜，唯恐沛公不为秦王。

汉王元年十月，沛公的军队就比诸侯们的军队先到达霸上。秦王子婴坐着白马拉着的素车，用绳子套在脖颈上，封存了皇帝的玺印符节，在轵道旁向沛公投降。各个将领中有人提出应诛杀秦王。沛公说："起初怀王派遣我向西进军入关，最根本的原因是因为我能够宽容待人；而且人家屈服投降，再要谋杀他，这样做不吉利。"就把秦王交给官吏们看守，接着向西进入咸阳。沛公想要住进秦国的宫室中休息，由于樊哙和张良的劝阻，才封了秦国的重宝财物府库，退到霸上驻军。沛公召来各县的父老豪杰们说："父老们受到暴秦苛法的苦难已经很久了，人们若是说一些和朝廷不一致的话就会被定为诽谤之罪而遭到灭族，人们相互私语就要被诛杀而在街市中示众。我和诸侯们订立了盟约，先进关的就在关中地区称王，因此我应当在关中称王。我和各位父老们订立盟约，只定下三章法律：杀人者处死刑，伤人和盗抢他人财物的人要各当其罪。其余的秦朝法律全部废除。各级官吏都像以前一样恪守其职。我之所以前来伐秦，目的是为了替父老们除去祸害，不是要对你们进行侵凌施暴，大家不要怕！而且我退兵驻在霸上的原因，是等候诸侯们到来共同制定一个约法。"就派人和秦朝官吏到各县乡城邑巡行，把变化的情况告诉他们。秦国人很高兴，争着把牛羊酒食等物拿来犒劳沛公的军士。沛公又谦让而不接受这些礼物,说:“仓库中粮食很多,我们不缺少这些东西,我不想让大家破费。”人们又更加高兴,唯恐沛公不在关中做秦王。

或说沛公曰:“秦富十倍天下,地形强。今闻章邯降项羽,项羽乃号为雍王,王关中。今则来,沛公恐不得有此。可急使兵守函谷关,无内诸侯军,稍征关中兵以自益,距之。”沛公然其计,从之。十一月中,项羽果率诸侯兵西,欲入关,关门闭。闻沛公已定关中,大怒,使黥布等攻破函谷关。十二月中,遂至戏。沛公左司马曹无伤闻项王怒,欲攻沛公,使人言项羽曰:“沛公欲王关中,令子婴为相,珍宝尽有之。”欲以求封。亚父劝项羽击沛公。方飨士,旦日合战。是时项羽兵四十万,号百万。沛公兵十万,号二十万,力不敌。会项伯欲活张良,夜往见良,因以文谕项羽,项羽乃止。沛公从百余骑,驱之鸿门,见谢项羽。项羽曰:“此沛公左司马曹无伤言之。不然,籍何以生此!”沛公以樊哙、张良故,得解归。归,立诛曹无伤。

有人劝沛公说:“秦国比全天下富有十倍,地理条件又占有强大的优势。现在听说章邯投降了项羽,项羽给他的封号是雍王,让他在关中称王。如今他们若来到关中,恐怕沛公您不能拥有关中地区。应该立刻派遣军队把守函谷关,不要让诸侯的军队进入,在关中地区征集一些士卒来加强自己的军力,抗拒他们。”沛公认为这个计谋有道理,就按计行事。十一月中旬,项羽果真率领诸侯的军队向西进军,在准备进入函谷关的时候,关门却关闭了。他听说沛公已经平定了关中地区,大怒,派遣黥布等人攻克了函谷关。十二月中旬,就到达了戏地。沛公的左司马曹无伤听说项王大怒,准备攻打沛公,他就派人对项羽说:“沛公准备在关中称王,用子婴担任丞相,秦国所有的珍宝都归他所有。”他希望以此来求得项羽封给官爵。亚父范增劝项羽攻打沛公。当时让士卒饱餐,准备到早晨日出时和沛公军队作战。这时候项羽拥有军队四十万人,号称百万。沛公拥有十万军队,号称二十万人,力量敌不过项羽的军队。正赶上项伯想要救张良一命,在夜间前往霸上见张良,因而项伯对项羽讲说道理,项羽停止了向沛公的进攻。沛公带着随从的一百多名骑兵,驱马来到了鸿门,见到了项羽并向他道歉,项羽说:“这是沛公的左司马曹无伤对我说起的,不然,我项籍为什么会生此疑心呢!”沛公因为有樊哙和张良勇智相助的缘故,才能够摆脱危险而回归军中。沛公回来以后,立即杀掉了曹无伤。

项羽遂西,屠烧咸阳秦宫室,所过无不残破。秦人大失望,然恐,不敢不服耳。

项羽就向西进军,屠戮和焚烧了咸阳城内的秦宫室,他们所到过的地方没有不遭到摧残和毁灭的。秦地人大失所望,但却因为害怕,不敢不服从项羽罢了。

项羽使人还报怀王。怀王曰:“如约。”项羽怨怀王不肯令与沛公俱西入关,而北救赵,后天下约。乃曰:“怀王者,吾家项梁所立耳,非有功伐,何以得主约!本定天下,诸将及籍也。”乃详尊怀王为义帝,实不用其命。

项羽派人回去向怀王报告请示。怀王说:“按照原先的约定行事。”项羽痛恨怀王不肯派遣他和沛公一同向西进军入关,却让他向北进军救援赵国,所以才在天下人争取谁先进入关中而称王的盟约中落后。项羽因此说:“怀王这个人,是我家项梁所扶立的,他没有可资为王的功劳,凭什么主持订立盟约!实际上平定天下的人,是诸位将军和我项籍。”就假义遵奉怀王为义帝,其实不执行他的命令。

正月,项羽自立为西楚霸王,王梁、楚地九郡,都彭城。负约,更立沛公为汉王,王巴、蜀、汉中,都南郑。三分关中,立秦三将:章邯为雍王,都废丘;司马欣为塞王,都栎阳;董翳为翟王,都高奴。楚将瑕丘申阳为河南王,都洛阳。赵将司马卬为殷王,都朝歌。赵王歇徙王代。赵相张耳为常山王,都襄国。当阳君黥布为九江王,都六。怀王柱国共敖为临江王,都江陵。番君吴芮为衡山王,都邾。燕将臧荼为燕王,都蓟。故燕王韩广徙王辽东。广不听,臧荼攻杀之无终。封成安君陈馀河间三县,居南皮。封梅鋗十万户。

正月,项羽立自己为西楚霸王,统治梁、楚地区的九个郡,把彭城作为都城。他背叛了前约,另立沛公为汉王,统治巴、蜀、汉中地区,以南郑作为国都。把关中地区一分为三,立秦国的三位降将为王:章邯为雍王,以废丘为都城;司马欣为塞王,以栎阳为都城;董翳为翟王,以高奴为都城。楚国的将军瑕丘申阳被封为河南王,以洛阳为国都。赵国的将军司马卬被封为殷王,以朝歌作为都城。

赵王歇被迁徙为代王。赵相张耳被封为常山王，以襄国为都城。当阳君黥布被封为九江王，以六城为都城。怀王的柱国共敖被封为临江王，以江陵为都城。番君吴芮被封为衡山王，以邾为都城。燕国的将军臧荼被封为燕王，以蓟城为都城。原燕王韩广被迁到辽东为王。韩广不从，臧荼攻打他并在无终地区把他杀掉。把河间地区的三个县分封给成安君陈馀，他居住在南皮。封梅鋗为十万户侯。

四月，兵罢戏下，诸侯各就国。汉王之国，项王使卒三万人从，楚与诸侯之慕从者数万人，从杜南入蚀中。去辄烧绝栈道，以备诸侯盗兵袭之，亦示项羽无东意。至南郑，诸将及士卒多道亡归，士卒皆歌思东归。韩信说汉王曰："项羽王诸将之有功者，而王独居南郑，是迁也。军吏士卒皆山东之人也，日夜跂而望归，及其锋而用之，可以有大功。天下已定，人皆自宁，不可复用。不如决策东乡，争权天下。"

四月，各路诸侯的军队在戏下解散，诸侯们各自回归封国。汉王前往封国，项王分派三万士卒跟从汉王，楚军和诸侯军队中仰慕汉王而自愿跟从他的有几万人。汉王的军队道经杜县南进入名叫蚀的谷道。他们过去以后就焚烧了栈道而切断道路，以此来防备诸侯军队来袭击他们，同时也是向项羽表示汉王没有向东进攻之意。到达了南郑，已有很多将官及士卒在道途中逃亡回家，没有逃走的士卒都唱着想要东归回老家的歌曲。韩信劝导汉王说："项羽分封立有功劳的各位将军为王，而唯独大王您却被封在南郑，这是对您的贬黜。军官和士兵们都是太行山以东地区的人，他们日夜盼望着东回故乡，利用他们热烈盼望回乡的急切心情，能够建立大功。如果是在天下安定以后，人人都在乐享安宁，那时候将没有什么便利的形势可以利用，不如现在决策向东发展，争夺天下。"

项羽出关，使人徙义帝。曰："古之帝者地方千里，必居上游。"乃使使徙义帝长沙郴县，趣义帝行，群臣稍倍叛之，乃阴令衡山王、临江王击之，杀义帝江南。项羽怨田荣，立齐将田都为齐王。田荣怒，因自立为齐王，杀田都而反楚；予彭越将军印，令反梁地。楚令萧公角击彭越，彭越大破之。陈馀怨项羽之弗王己也，令夏说说田荣，请兵击张耳。齐予陈馀兵，击破常山王张耳，张耳亡归汉。迎赵王歇于代，复立为赵王。赵王因立陈馀为代王。项羽大怒，北击齐。

项羽出了函谷关，就派人迁徙义帝。他说："古代的帝王拥有方圆千里的土地，一定要居住在江河的上游。"于是他就派遣使者把义帝迁徙到长沙郴县，催义帝起程。义帝的群臣稍微有背叛项羽的行动，项羽就暗地里命令衡山王、临江王袭击他们，在江南杀死了义帝。项羽怨恨田荣曾不出兵援助项梁，所以立齐将田都为齐王。田荣对此愤怒，因此自立为齐王，杀死了田都而背叛楚国；授给彭越将军的印信，命令他在梁地造反。楚国命令萧公角进攻彭越，彭越打垮了他们的军队。陈馀怨恨项羽没有封自己为王，就命令夏说去游说田荣，请求他调遣军队由陈馀率领进攻张耳。齐国调拨了军队给陈馀，打败了常山王张耳，张耳逃跑归附了汉王。陈馀从代地把赵王歇迎请回来，重新拥立他作为赵王。赵王于是封立陈馀为代王。项羽得知这件事后大怒，向北进军攻打齐国。

八月，汉王用韩信之计，从故道还，袭雍王章邯。邯迎击汉陈仓，雍兵败，还走；止战好畤，又复败，走废丘。汉王遂定雍地。东至咸阳，引兵围雍王废丘，而遣诸将略定陇西、北地、上郡。令将军薛欧、王吸出武关，因王陵兵南阳，以迎太公、吕后于沛。楚闻之，发兵距之阳夏，不得前。令故吴令郑昌为韩王，距汉兵。

八月，汉王采用韩信的计策，从原先来到汉中时所走过的故道还师关中，袭击了雍王章邯。章邯在陈仓迎击汉军，雍国的军队战败，退兵逃走，在好畤县停止败逃和汉军交战，又一次失败，逃到了废丘。于是汉王就平定了雍地。向东进军到达咸阳，率领军队把雍王围困在废丘，而又派遣诸位将领攻克平定陇西、北地、上郡。命令将军薛欧和王吸率军出武关，借助王陵在南阳的军队，来到沛县去迎接太公和吕后。楚国听到这件事，发动军队在阳夏阻击他们，让他们不能前行。又封原吴令郑昌为韩王，在韩地抵挡汉王的军队。

二年，汉王东略地，塞王欣、翟王翳、河南王申阳皆降。韩王昌不听，使韩信击破之。于是置陇西、北地、上郡、渭南、河上、中地郡；关外置河南郡。更立韩太尉信为韩王。诸将以万人若以一郡降者，封万户。缮治河上塞。诸故秦苑囿园池，皆令人得田之。正月，虏雍王弟章平，大赦罪人。

二年，汉王向东进军攻占土地，塞王司马欣、翟王董翳、河南王申阳都投降了汉王。韩王郑昌不服从汉王，汉王派遣韩信向他进攻并打败了他。就在这时设置了陇西、北地、上郡、渭南、河上、中地等郡。在关外设置了河南郡。改立韩国太尉信为韩王。各个将领如果是率领一万军或以一郡的地方投降的，就被封为万户侯。修筑河上郡的要塞。那些原来秦国所拥有的苑囿园地，都允许人们取得作为田地耕种。正月，俘获了雍王的弟弟章平。大赦天下罪犯。

汉王之出关至陕，抚关外父老，还，张耳来见，汉王厚遇之。

汉王出函谷关而来到陕县，安抚关外的父老。回来以后，张耳前来拜见，汉王很优厚地接待了他。

二月，令除秦社稷，更立汉社稷。

二月，下令除去秦朝的社稷，改立汉朝的社稷。

三月，汉王从临晋渡，魏王豹将兵从。下河内，虏殷王，置河内郡。南渡平阴津，至雒阳。新城三老董公遮说汉王以义帝死故。汉王闻之，袒而大哭。遂为义帝发丧，临三日。发使者告诸侯曰："天下共立义帝，北面事之。今项羽放杀义帝于江南，大逆无道。寡人亲为发丧，诸侯皆缟素。悉发关内兵，收三河士，南浮江汉以下，愿从诸侯王击楚之杀义帝者。"

三月，汉王从临晋县渡过黄河，魏王豹率军随从，占领了河内地区，俘获了殷王，设置了河内郡。又向南渡过平阳津，到达洛阳。由于义帝被杀的缘故，新城的三老董公拦阻汉王的车驾而向汉王叙说。汉王听说了这件事，袒露着左臂大哭。于是就为义帝发丧，亲自举办了为期三天的丧礼。汉王派遣使者告诉诸侯们说："天下人共同拥立义帝，我们都作为臣子而臣服于他。如今项羽把义帝流放到江南并杀了他，这是大逆不道。寡人亲自为义帝置办丧事，诸侯们都应该身着素白的孝衣。寡人将要出动关内所有的军队，会集河南、河东、河内三郡的士兵，坐着战船顺汉江漂浮南下，希望和诸侯王一同征伐杀害义帝的人。"

是时项王北击齐，田荣与战城阳。田荣败，走平原，平原民杀之。齐皆降楚。楚因焚烧其城郭，系虏其子女。齐人叛之。田荣弟横立荣子广为齐王，齐王反楚城阳。项羽虽闻汉东，既已连齐兵，欲遂破之而击汉。汉王以故得劫五诸侯兵，遂入彭城。项羽闻之，乃引兵去齐，从鲁出胡陵，至萧，与汉大战彭城灵壁东睢水上，大破汉军，多杀士卒，睢水为之不流。乃取汉王父母妻子于沛，置之军中以为质。当是时，诸侯见楚强汉败，还皆去汉复为楚。塞王欣亡入楚。

这时候项王正在向北进攻齐国，田荣和项王在城阳展开激战。田荣被打败，逃到平原。平原人杀死了田荣。齐国各地都投降了楚国。楚国因此焚烧了齐国的城邑，掳掠了他们的子女。齐国的人们又反抗楚国。田荣的弟弟田横立田荣的儿子田广作为齐王，齐王在城阳反击楚军。项羽虽然听说汉军向东方进兵，既然已经和齐国的军队交战，就打算打垮了齐军以后再去反击汉军。汉王因此能够驱使五路诸侯的军队，结果攻入了彭城。项羽听到这件事，就率军离开齐国，从鲁地出发而道经胡陵，到达萧县，和汉军在彭城灵壁东面的睢水岸上展开了激战，打败了汉军，杀死了汉军许多士卒，睢水因为有众多被杀死士卒的尸首堵住而不能畅流。而后又在沛县抓到了沛公的父母妻子，把他们安置在军中做人质。在那个时候，诸侯们看到楚国强大而汉军失败，反而都背叛了汉国而重又归顺楚国。塞王司马欣逃到

汉高祖刘邦像，出自明·天然撰《历代古人像赞》。

了楚国。

吕后兄周吕侯为汉将兵，居下邑。汉王从之，稍收士卒，军砀。汉王乃西过梁地，至虞。使谒者随何之九江王布所，曰："公能令布举兵叛楚，项羽必留击之。得留数月，吾取天下必矣。"随何往说九江王布，布果背楚。楚使龙且往击之。

吕后的兄长周吕侯为汉王统率军队，驻守在下邑。汉王战败后逃往这里，逐渐收集了一些溃逃的士卒，军队驻守在砀地。汉王就向西经过梁地，到达虞县。派遣使者随何前往九江王住地，对随何说："您假若能够让黥布举兵反叛楚国，项羽一定会留下来进攻他。项羽假若能被拖几个月，我争取天下的大业就一定能成功了。"随何前往劝说九江王黥布，黥布果真背叛楚国。楚国派龙且前往征伐黥布。

汉王之败彭城而西，行使人求家室，家室亦亡，不相得。败后乃独得孝惠，六月，立为太子，大赦罪人。令太子守栎阳，诸侯子在关中者皆集栎阳为卫。引水灌废丘，废丘降，章邯自杀。更名废丘为槐里。于是令祀官祀天地、四方、上帝、山川，以时祀之。兴关内卒乘塞。

汉王在彭城战败以后而向西逃跑的时候，在行进途中派人寻求自己的家室；他的家室也纷纷出逃，没有能够相互遇到。彭城战事失败后只得到了孝惠。六月，立孝惠为太子，大赦天下罪犯。命令太子守栎阳，凡是在关中地区的诸侯王的儿子都汇集到栎阳充当太子的侍卫。汉军决引河水灌淹废丘，废丘城中的守军投降，章邯自杀。废丘更名为槐里。于是下令负责祭祀的官员祭祀天地四方上帝山川，按照时令举行祭祀。发动关内地区的士卒坚守要塞。

是时九江王布与龙且战，不胜，与随何间行归汉。汉王稍收士卒，与诸将及关中卒益出，是以兵大振荥阳，破楚京、索间。

这时候，九江王黥布和龙且作战，没有取得胜利，他就和随何抄小路归附汉王。汉王逐渐聚集了一些溃散的士卒和各路将领，等到关中出动增援来的士卒，因此在荥阳的汉军势力大振，在京、索地区打败了楚军。

三年，魏王豹谒归视亲疾，至，即绝河津，反为楚。汉王使郦生说豹，豹不听。汉王遣将军韩信击，大破之，虏豹。遂定魏地，置三郡，曰河东、太原、上党。汉王乃令张耳与韩信遂东下井陉击赵，斩陈馀、赵王歇。其明年，立张耳为赵王。

三年，魏王豹向汉王请假归家探视父母的疾病，当他到达了魏地以后就立刻断绝了河津的要道，反叛汉王而附属于楚国。汉王派遣郦食其去劝说魏王豹，豹不听从。汉王派遣将军韩信袭击他，彻底打垮了他的军队，俘虏了魏王豹。于是就平定了魏地，在这里设置了三个郡，它们的名称是河东郡、太原郡、上党郡。汉王于是命令张耳和韩信接着向东进军占领了井陉而进攻赵国，斩杀了陈馀及赵王歇。第二年，汉王封张耳为赵王。

汉王军荥阳南，筑甬道属之河，以取敖仓。与项羽相距岁余。项羽数侵夺汉甬道，汉军乏食，遂围汉王。汉王请和，割荥阳以西者为汉。项王不听。汉王患之，乃用陈平之计，予陈平金四万斤，以间疏楚君臣。于是项羽乃疑亚父。亚父是时劝项羽遂下荥阳，及其见疑，乃怒，辞老，愿赐骸骨归卒伍，未至彭城而死。

汉王驻军在荥阳南面，修筑了连接到黄河岸边带有围墙的甬道，以此来获取敖仓的粮食。汉王和项羽相互对峙了一年多。项羽多次侵夺汉军运粮的甬道，汉军缺乏粮食，于是楚军把汉王的军队包围了。汉王请求和解，要求把荥阳以西的地区划割给汉国。项羽没有接受这个条件。汉王对此感到担心，就采用了陈平的计策，调给陈平四万斤黄金，用它来离间楚国的君臣。因此项羽就开始怀疑亚父范增。亚父当时劝项羽趁势攻克荥阳，等到他被项羽猜疑后，就很愤怒，以年老为由而辞职，希望项羽能赐给他一副年老身躯回去做平民百姓，他还没有到达彭城就病死了。

汉军绝食，乃夜出女子东门二千余人，被甲，楚因四面击之。将军纪信乃乘王驾，诈为汉王，诳楚，楚皆呼"万岁"，之城东观，以故汉王得与数十骑出西门遁。令御史大夫周苛、魏豹、枞公守荥阳。诸将卒不能从者，尽在城中。周苛、枞公相谓曰："反国之王，难与守城。"因杀魏豹。

汉军的粮食断绝，于是在夜间使二千多名女子身披铠甲冒充军士而从荥阳城的东门出城，楚军因此向这支队伍四面进攻，将军纪信就乘坐着汉王的车驾，假扮成汉王，欺骗了楚军。楚国的军士误认为俘获了汉王而高兴地都喊万岁,来到东城观看俘获汉王的盛景,因此才使汉王能够带着几十名骑士出西门而逃出困境。汉王临走时下令由御史大夫周苛、魏豹、枞公守卫荥阳。那些不能作为汉王随从的将领和士卒,留在城中。周苛和枞公互相商议说:“叛国的国王,很难和他一起守卫城池。”因此他们杀了魏豹。

汉王之出荥阳入关,收兵欲复东。袁生说汉王曰:“汉与楚相距荥阳数岁,汉常困。愿君王出武关,项羽必引兵南走,王深壁,令荥阳、成皋间且得休。使韩信等辑河北赵地,连燕、齐,君王乃复走荥阳,未晚也。如此,则楚所备者多,力分,汉得休,复与之战,破楚必矣。”汉王从其计,出军宛、叶间,与黥布行收兵。

汉王出了荥阳城而进入关中,他收聚军队而准备重新向东进攻。袁生劝导汉王说:“汉和楚在荥阳对抗了几年,汉军经常受困。希望君王您出兵武关,项羽一定要率领荥阳的楚军向南转移,君王您深挖濠沟、高筑壁垒来据守不战而拖住楚军,使荥阳和成皋地区的汉军得到间息休整。派遣韩信等人去安抚黄河以北的赵地,联合燕国和齐国,那时君王再重新进军荥阳,也不为晚。这样,就会使楚国所要防备的地区增多,力量分散,而汉军得到休整,再重新和楚军交战,一定能够打垮楚军。”汉王听了他的计策,出动军队驻守在宛城和叶城地区,和黥布在行途中收聚散亡的军队。

项羽闻汉王在宛,果引兵南。汉王坚壁不与战。是时彭越渡睢水,与项声、薛公战下邳,彭越大破楚军。项羽乃引兵东击彭越。汉王亦引兵北军成皋。项羽已破走彭越,闻汉王复军成皋,乃复引兵西,拔荥阳,诛周苛、枞公,而虏韩王信,遂围成皋。

项羽听说汉王在宛城,果真率军向南进兵。汉王坚守壁垒而不和楚军交战。这时彭越的军队渡过了睢水,和项声、薛公在下邳交战,彭越的军队打败楚军。项羽就率军向东进攻彭越。汉王也率领军队向北而驻扎在成皋。项羽打败了彭越的军队而使他逃走以后,又得知汉王重新驻军在成皋,于是重新率领军队向西进军,攻克了荥阳,诛杀了周苛、枞公,而俘虏了韩王信,趁势包围了成皋。

汉王跳,独与滕公共车出成皋玉门,北渡河,驰宿修武。自称使者,晨驰入张耳、韩信壁,而夺之军。乃使张耳北益收兵赵地,使韩信东击齐。汉王得韩信军,则复振。引兵临河南飨,军小修武南,欲复战。郎中郑忠乃说止汉王,使高垒深堑,勿与战。汉王听其计,使卢绾、刘贾将卒二万人,骑数百,渡白马津,入楚地,与彭越复击破楚军燕郭西,遂复下梁地十余城。

汉王冲出围困而长驱远走,单独和滕公夏侯婴共乘一车逃出成皋城北边的玉门,向并渡过黄河,奔驰到夜晚而在修武住宿。汉王自称是使者,在早晨驰进张耳和韩信的营垒中,而强行收回了他们的军队。就派遣张耳向北在赵地去大量收集士卒,派韩信向东攻击齐国。汉王得到了原属于韩信的军队,就又重新振作起来。领兵来到达黄河边,向南进军而在小修武城的南面犒劳军队,准备重新和楚军交战。郎中郑忠就劝止汉王让他高筑壁垒且深挖壕沟,坚守而不要和楚军交战。汉王听从了他的计策,派遣卢绾和刘贾率领步兵二万人、骑兵几百人,渡过白马津,进入楚地,和彭越的军队在燕县外城再度进攻并打败了楚军,结果重新收复了梁地十几座城。

淮阴已受命东,未渡平原。汉王使郦生往说齐王田广,广叛楚,与汉和,共击项羽。韩信用蒯通计,遂袭破齐。齐王烹郦生,东走高密。项羽闻韩信已举河北兵破齐、赵,且欲击楚,则使龙且、周兰往击之。韩信与战,骑将灌婴击,大破楚军,杀龙且。齐王广奔彭越。当此时,彭越将兵居梁地,往来苦楚兵,绝其粮食。

淮阴侯韩信受命向东攻打齐国以后,还没有渡过平原城的时候,汉王派遣郦食其前往游说齐王田广,田广反叛楚国,和汉订立和约,联合进攻项羽。韩信采用蒯通的计策,趁机袭击而打败了齐军。齐王烹杀了郦食其,向东逃到高密县。项羽听说韩信已经发动黄河以北的军队攻破齐国和赵国,并且准备向楚国进攻,就派遣龙且和周兰率领军队前去攻击韩信。韩信和他们交战,他部下的骑兵将军灌婴攻击楚军打垮了楚军,杀死了龙且。齐王田广投奔了彭越。在这个时候,彭越率领军队居住在梁地,往来转战使楚国的军队很疲惫,并且断绝了项羽军队的粮道。

四年,项羽乃谓海春侯大司马曹咎曰:“谨守成皋。若汉挑战,慎勿与战,无令得东而已。我十五日必定梁地,复从将军。”乃行,击陈留、外黄、睢阳,下之。汉果数挑楚军,楚军不出,使人辱之五六日,大司马怒,度兵汜水。士卒半渡,汉击之,大破楚军,尽得楚国金玉货赂。大司马咎、长史欣皆

自到汜水上。项羽至睢阳，闻海春侯破，乃引兵还。汉军方围钟离昧于荥阳东，项羽至，尽走险阻。

四年，项羽就对海春侯大司马曹咎说："你要谨慎地守住成皋。如果汉军前来挑战，千万不要和他们交战，只要不让他们能够向东发展就可以了。我在十五日内一定能平定梁地，那时再来和将军会合。"于是项羽率军在行进中进攻陈留、外黄、睢阳，攻占了它们。汉军果然多次向楚军挑战，楚军坚守不出，派人羞辱他们五六日，大司马被激怒，率军渡过了汜水。当楚国士卒渡河刚渡了一半的时候，汉军向他们发动了进攻，打败了楚军，获得楚国所有的金玉财货。大司马咎和长史欣都在汜水岸边自杀。项羽到达了睢阳，得知海春侯的军队被打败，就率军回师。汉军正在荥阳的东面围攻钟离昧，项羽来到，汉军全都奔走遁散到险阻地带。

韩信已破齐，使人言曰："齐边楚，权轻，不为假王，恐不能安齐。"汉王欲攻之，留侯曰："不如因而立之，使自为守。"乃遣张良操印绶立韩信为齐王。

韩信打垮了齐国以后，派人对汉王说："齐国是靠近楚国的边远地区，我的权力轻，假若不立为代理齐王，恐怕我不能安定齐国。"汉王想要攻打他，留侯张良对汉王说："不如顺其意而立他为王，使他能够为自己的利益而守卫齐地。"就派遣张良拿着印绶去封韩信为齐王。

项羽闻龙且军破，则恐，使盱台人武涉往说韩信。韩信不听。

项羽听说龙且的军队被韩信消灭，就很惊恐，派遣盱台人武涉前去劝说韩信。韩信没有听从。

楚汉久相持未决，丁壮苦军旅，老弱罢转饷。汉王项羽相与临广武之间而语。项羽欲与汉王独身挑战。汉王数项羽曰："始与项羽俱受命怀王，曰先入定关中者王之，项羽负约，王我于蜀汉，罪一。项羽矫杀卿子冠军而自尊，罪二。项羽已救赵，当还报，而擅劫诸侯兵入关，罪三。怀王约入秦无暴掠，项羽烧秦宫室，掘始皇帝冢，私收其财物，罪四。又强杀秦降王子婴，罪五。诈坑秦子弟新安二十万，王其将，罪六。项羽皆王诸将善地，而徙逐故主，令臣下争叛逆，罪七。项羽出逐义帝彭城，自都之，夺韩王地，并王梁、楚，多自予，罪八。项羽使人阴弑义帝江南，罪九。夫为人臣而弑其主，杀已降，为政不平，主约不信，天下所不容，大逆无道，罪十也。吾以义兵从诸侯诛残贼，使刑余罪人击杀项羽，何苦乃与公挑战！"项羽大怒，伏弩射中汉王。汉王伤匈，乃扪足曰："虏中吾指！"汉王病创卧，张良强请汉王起行劳军，以安士卒，毋令楚乘胜于汉。汉王出行军，病甚，因驰入成皋。

楚、汉相互对峙了很久而没有决出胜负，壮年男子苦于军旅兵役，老弱疲于转运军粮，汉王和项羽在广武之间对话。项羽想要和汉王单独挑战。汉王历数项羽的罪恶说："当初我和项羽一同接受怀王的命令，说首先进入并平定关中地区的人就被封为关中的王，项羽负约，封我为蜀汉地区的王，这是第一条罪状。项羽假称诏令杀害卿子冠军宋义而提升自己为上将军，这是第二条罪状。项羽已经解救了赵国的围困，本应回师述职，却擅自强迫诸侯率军入关，这是第三条罪状。怀王约定进入秦地后不许施暴掳掠，项羽烧毁了秦国的宫室，挖掘了始皇帝的坟墓，将秦国的财富据为己有，这是第四条罪状。逞强杀害了秦国投降的国王子婴，这是第五条罪状。使用欺诈的手段在新安活埋杀害了秦国子弟二十万人，却封他们的将领为王，这是第六条罪状。项羽把他的部将们都封在条件好的地区为王，而迁贬驱逐这些地区原有的君主，使他们的臣下为争王位而成为叛逆的人，这是第七条罪状。项羽把义帝驱逐出彭城，把这里作为自己的都城，剥夺了韩王的国土，把梁、楚的地方合并在一起占有，多分给自己封土，这是第八条罪状。项羽派人在江南暗杀义帝，这是第九条罪状。总之你身为人臣而屠杀君主，诛杀已经投降的人，处理政事不公，主持盟约不守信用，这是天下人所不能容忍的，是大逆不道，这是你的第十条罪状。我用扶持正义的军队而联合诸侯诛杀残暴的贼子，驱使犯罪服刑的人击杀项羽，何苦要和你单身独战！"项羽听后非常愤怒，埋伏下弓弩射中了汉王。汉王胸部受伤，却用手捂着脚，说："贼虏射中了我的脚趾！"汉王因受创伤而卧床养病，张良坚决请求汉王起床去慰劳军队，以此来安稳士卒的情绪，不使楚军占胜利的威势压倒汉军。汉王出来到军中巡视，汉王的病伤更重了，因此疾驰进入成皋城中。

病愈，西入关，至栎阳，存问父老，置酒，枭故塞王欣头栎阳市。留四日，复如军，军广武。关中兵益出。

汉王的伤病痊愈了以后，向西进入函谷关，来到了栎阳，慰问父老，设酒宴款待他们，在栎阳市中砍下了原塞王司马欣的头挂在木杆上来示众。逗留了四天，又重新回到军中，驻军在广武。关中地区增派出更多军队。

当此时，彭越将兵居梁地，往来苦楚兵，绝其粮食。田横往从之。项羽数击彭越等，齐王信又进击楚。项羽恐，乃与汉王约，中分天下，割鸿沟而西者为汉，鸿沟而东者为楚。项王归汉王父母妻子，军中皆呼万岁，乃归而别去。

在这个时期，彭越率领着他的军队在梁地往来转战，使楚军饱受往反奔波的困苦，断绝了楚军粮食的供应。田横前往跟从他一起作战。项羽多次前去攻击彭越等人，齐王韩信又进军攻击楚军。项羽害怕，就和汉王订立和约，中分天下，把鸿沟以西的地区划归汉，鸿沟以东的地区划归给楚。项王放回汉王的父母妻子，军队的官兵们都高呼万岁，就回师而分别离去。

项羽解而东归。汉王欲引而西归，用留侯、陈平计，乃进兵追项羽，至阳夏南止军，与齐王信、建成侯彭越期会而击楚军。至固陵，不会。楚击汉军，大破之。汉王复入壁，深堑而守之。用张良计，于是韩信、彭越皆往。及刘贾入楚地，围寿春，汉王败固陵，乃使使者召大司马周殷举九江兵而迎武王，行屠城父，随刘贾、齐梁诸侯皆大会垓下。立武王布为淮南王。

项羽退兵而回到东方。汉王也想率领军队向西回归，又用了留侯张良和陈平的计策就进兵追击项羽，到达阳夏南面军队停止了追击，和齐王韩信及建成侯彭越约定了会合的时间而一起攻打楚军。汉军到达固陵，韩信和彭越没有按约前来会合，楚军攻击汉军，打败了汉军。汉王重新进入营垒中，挖掘深沟进行据守。采用了张良的计谋，因此韩信、彭越都率军前往。等到刘贾进入楚地，围攻寿春，汉王在固陵失败以后，就派遣使者召大司马周殷出动九江地区的军队迎接武王黥布，在行军途中屠杀了城父城中的守军，随刘贾及齐、梁诸侯的军队都到垓下大会师。汉王封武王黥布为淮南王。

五年，高祖与诸侯兵共击楚军，与项羽决胜垓下。淮阴侯将三十万自当之，孔将军居左，费将军居右，皇帝在后，绛侯、柴将军在皇帝后。项羽之卒可十万。淮阴先合，不利，却。孔将军、费将军纵，楚兵不利，淮阴侯复乘之，大败垓下。项羽卒闻汉军之楚歌，以为汉尽得楚地，项羽乃败而走，是以兵大败。使骑将灌婴追杀项羽东城，斩首八万，遂略定楚地。鲁为楚坚守不下。汉王引诸侯兵北，示鲁父老项羽头，鲁乃降。遂以鲁公号葬项羽谷城。还至定陶，驰入齐王壁，夺其军。

五年，高祖和诸侯的军队共同向楚军发动进攻，和项羽在垓下展开了大决战。淮阴侯率领三十万士卒独当一面，孔将军熙在左边，费将军陈贺在右边，皇帝刘邦领兵在后，绛侯周勃和柴将军在皇帝的后面。项羽的士卒大概有十万人。淮阴侯先和楚军交战，战斗不利，军队后撤。孔将军和费将军纵兵交战，楚兵形势不利，淮阴侯再度乘势进攻，在垓下打败了楚军。项羽听到汉军唱起楚地的歌谣，认为汉军已经把楚地全都占领了，项羽就败退而逃，因此楚军大败。汉王派遣骑将灌婴追到东城逼死了项羽，杀死敌军八万人，就占领并平定了楚地。鲁城为了忠于楚国而坚守不肯投降。汉王率领诸侯的军队向北进军，向鲁城的父老们展示项羽的头，鲁城人才肯投降。就用鲁公的名号把项羽葬在鲁城。汉王回师到达定陶，疾驰进人齐王的军营中，夺走了齐王所率领的军队。

正月，诸侯及将相相与共请尊汉王为皇帝。汉王曰："吾闻帝贤者有也，空言虚语，非所守也，吾不敢当帝位。"群臣皆曰："大王起微细，诛暴逆，平定四海，有功者辄裂地而封为王侯。大王不尊号，皆疑不信。臣等以死守之。"汉王三让，不得已，曰："诸君必以为便，便国家。"〔二月〕甲午，乃即皇帝位汜水之阳。

正月，诸侯和将相们聚在一起共同请求遵奉汉王为皇帝。汉王说："我听说皇帝的称号具有贤德的人才能拥有，没有贤德而徒具空言虚语的人，是不可以据守的，我不敢担当帝位。"群臣们都说："大王从平民起事，诛除暴逆，平定了四海，对于有功的人就分割给土地而封为王侯。大王如果不接受皇帝的尊号，那么功臣们对大王的封赏就会怀疑而不信。我们这些大臣誓死坚持要您接受皇帝的尊号。"汉王推让了再三，不得已，说："诸君假定肯定地认为我作为皇帝有利，为了有利于国家，我就接受这个尊号吧。"甲午日，汉王就在汜水的北岸登上了皇帝位。

皇帝曰："义帝无后。齐王韩信习楚风俗，徙为楚王，都下邳。"立建成侯彭越为梁王，都定陶。故韩王信为韩王，都阳翟。徙衡山王吴芮为长沙王，都临湘。番君之将梅铜有功，从入武关，故德番君。淮南王布、燕王臧荼、赵王敖皆如故。"

皇帝说义帝没有后代子嗣，齐王韩信熟习楚地的风俗，迁徙他作为楚王，以下邳作他的都城。

立建成侯彭越作为梁王，以定陶作为他的都城。原来的韩王信仍作韩王，以阳翟作为他的都城。迁徙衡山王吴芮为长沙王，以临湘作为他的都城。番君的将军梅铜立有战功，跟从我攻入武关，因此感激番君。淮南王黥布、燕王臧荼、赵王敖都仍旧为王。

天下大定。高祖都雒阳，诸侯皆臣属。故临江王骓为项羽叛汉，令卢绾、刘贾围之，不下。数月而降，杀之雒阳。

天下全都平定了，高祖定都洛阳，诸侯都称臣归属于他。以前的临江王骓，为了表示对项羽效忠而反叛汉朝，高祖命令卢绾和刘贾率军围攻他，当时没有能攻下。几个月后他投降，高祖把他诛杀在洛阳。

五月，兵皆罢归家。诸侯子在关中者复之十二岁，其归者复之六岁，食之一岁。

五月，士兵们都解甲回家。诸侯的儿子住在关中的免去十二年的赋税徭役，回到封国的免去他们六年的赋税徭役，国家供养他们一年。

高祖置酒雒阳南宫。高祖曰："列侯诸将无敢隐朕，皆言其情。吾所以有天下者何？项氏之所以失天下者何？"高起、王陵对曰："陛下慢而侮人，项羽仁而爱人。然陛下使人攻城略地，所降下者因以予之，与天下同利也。项羽妒贤嫉能，有功者害之，贤者疑之，战胜而不予人功，得地而不与人利，此所以失天下也。"高祖曰："公知其一，未知其二。夫运筹策帷帐之中，决胜于千里之外，吾不如子房；镇国家，抚百姓，给馈饷，不绝粮道，吾不如萧何；连百万之军，战必胜，攻必取，吾不如韩信。此三者，皆人杰也，吾能用之，此吾所以取天下也。项羽有一范增而不能用，此其所以为我擒也。"

高祖在洛阳南宫摆酒设宴。高祖说："列侯和各位将领们不要对朕隐瞒，都要直言真情。我能取得天下的原因是什么？项氏失去天下的原因是什么？"高起和王陵回答说："陛下为人傲慢而好轻视戏侮别人，项羽为人仁厚而爱护别人。然而陛下派别人去攻城略地，就把所攻克降服的地区封给他们，这是陛下能和天下人共享其利的美德。项羽妒贤嫉能，立有功劳的人就设法加害，有贤才的人就对他们猜忌，作战取得了胜利不给他们援功，取得了土地不给予别人利益，这就是他失去天下的原因。"高祖说："你们只知其一，未知其二。在帷帐当中运筹谋划而能够决定千里以外的战争取得胜利这方面，我不如张子房。在镇守国家，安抚百姓，供给粮食，保证军粮运输不断这方面，我不如萧何。在率领百万大军，作战必胜，攻城必取这方面，我不如韩信。这三位，都是人中豪杰，我能够任用他们，这就是我之所以能够取得天下的原因。项羽有一位范增却不能重用，这就是他项羽被我擒获的原因。"

高祖欲长都雒阳，齐人刘敬说，及留侯劝上入都关中，高祖是日驾，入都关中。六月，大赦天下。

高祖想要长久地把洛阳作为都城，齐人刘敬劝说高祖，等到留侯张良劝说皇上进入函谷关而在关中定都的时候，高祖就在当日起驾，进入函谷关而在关中定都。六月，大赦天下。

十月，燕王臧荼反，攻下代地。高祖自将击之，得燕王臧荼。即立太尉卢绾为燕王。使丞相哙将兵攻代。

十月，燕王臧荼造反，攻下了代地。高祖亲自率军攻击他，俘获了燕王臧荼。当即封太尉卢绾为燕王，命令丞相樊哙率领军队攻取代地。

其秋，利几反，高祖自将兵击之，利几走。利几者，项氏之将。项氏败，利几为陈公，不随项羽，亡降高祖，高祖侯之颍川。高祖至雒阳，举通侯籍召之，而利几恐，故反。

在这一年的秋天，利几谋反，高祖亲自率领军队讨伐他，利几逃走。利几这个人，是项羽的将军。项羽失败以后，利几担任陈县县令，没有追随项羽，却逃走投降了高祖，高祖封他在颍川为侯。高祖来到洛阳，按照所有诸侯的名籍征召他，而利几担心会有不测，因此而谋反。

六年，高祖五日一朝太公，如家人父子礼。太公家令说太公曰："天无二日，土无二王。今高祖虽子，人主也；太公虽父，人臣也。奈何令人主拜人臣！如此，则威重不行。"后高祖朝，太公拥篲迎门却行。高祖大惊，下扶太公。太公曰："帝，人主也，奈何以我乱天下法！"于是高祖乃尊太公为太上皇。心善家令言，赐金五百斤。

六年，高祖每五日朝见一次太公，如同一般人家那样行父子相见的礼节。太公家令劝说太公说："天上没有两个太阳，地下也不应有两个君王。如今高祖皇帝虽然是您的儿子，但却是君主；太公您虽然作为父亲，却是臣子。为何要让君主拜见臣子！若像这样，就会使皇帝的尊贵和威严得不到施行。”以后高祖再来朝见，太公抱着扫帚，在大门口迎接，倒退着行走。高祖见状大惊，忙下车扶住太公。太公说：“皇帝是君主，为什么要因为我而乱了天下的法度！”于是高祖就遵奉太公作为太上皇。心中认为太公家令的话说得好，就赏赐给他五百斤黄金。

十二月，人有上变事告楚王信谋反，上问左右，左右争欲击之。用陈平计，乃伪游云梦，会诸侯于陈，楚王信迎，即因执之。是日，大赦天下。田肯贺，因说高祖曰：“陛下得韩信，又治秦中。秦，形胜之国，带河山之险，县隔千里，持戟百万，秦得百二焉。地势便利，其以下兵于诸侯，譬犹居高屋之上建瓴水也。夫齐，东有琅邪、即墨之饶，南有泰山之固，西有浊河之限，北有勃海之利。地方二千里，持戟百万，县隔千里之外，齐得十二焉。故此东西秦也。非亲子弟，莫可使王齐矣。”高祖曰：“善。”赐黄金五百斤。

十二月，有人上书举报楚王韩信谋反，皇上询问左右，左右大臣们争着想要去讨伐韩信。采用了陈平的计策，就假称到云梦泽去巡游，在陈地会集诸侯，楚王韩信前来迎接，就在这时捕了韩信。这一天，下令大赦天下。田肯前来祝贺，并劝导高祖说：“陛下擒得了韩信，又统治着关中秦地。秦，是一个山川形势便利的国家，它具有由河山所形成的险阻，又和其他地区相距千里。如果关东拥有百万持戟的士卒前来攻击，秦只用二万的兵力就可抵挡住。这是因为它的地势便利，它的军队在和诸侯们交战时可以采用由山上向下进攻的形势，好比从高屋上而往下倒水一般势不可当。再如齐地，东方有琅邪、即墨的富饶，南方有泰山的险固，西方有黄河作为阻隔，北方有渤海的地利，土地纵横二千里。若有持戟百万的军队，从隔绝千里以外的地区前来进攻，齐国只用二十万的兵力就可以抵挡。因此齐秦二地实际上是东西二秦，如果不是陛下的亲属子弟，就不能派他去作齐王。”高祖说：“很好。”赏赐给他黄金五百斤。

后十余日，封韩信为淮阴侯，分其地为二国。高祖曰：“将军刘贾数有功，以为荆王，王淮东。弟交为楚王，王淮西。子肥为齐王，王七十余城，民能齐言者皆属齐。”乃论功，与诸列侯剖符行封。徙韩王信太原。

十几天以后，高祖封韩信为淮阴侯，把他原有的王国领土分割成两个王国。高祖说将军刘贾屡立战功，封他为荆王，统治淮东地区。封皇弟刘交为楚王，统治淮西地区。封皇子刘肥为齐王，统治齐地七十多个县城，凡是讲齐地方言的百姓都归属齐国。于是就评定功绩，分封功臣为列侯并各赐予分封的信符凭证。把韩王信迁到太原。

七年，匈奴攻韩王信马邑，信因与谋反太原。白土曼丘臣、王黄立故赵将赵利为王以反。高祖自往击之。会天寒，士卒堕指者什二三，遂至平城。匈奴围我平城，七日而后罢去。令樊哙止定代地。立兄刘仲为代王。

七年，匈奴人进攻韩王信所辖的马邑城，韩王信因此和匈奴人勾结在太原谋反。白土县人曼丘臣和王黄扶立原来的赵将赵利为王而谋反，高祖亲自率军前往攻打他们。恰逢天气寒冷，士卒中有十分之二三的人的手指被冻掉，结果就只到达了平城。匈奴人把我军围困在平城，十天以后才撤军离去。高祖命令樊哙留在代地平定叛乱。立兄长刘仲为代王。

二月，高祖自平城过赵、雒阳，至长安。长乐宫成，丞相已下徙治长安。

二月，高祖从平城经过赵地、洛阳，来到长安。长乐宫建城，丞相以下的官吏都迁居长安治理政务。

八年，高祖东击韩王信余反寇于东垣。

八年，高祖率军向东在东垣攻打跟从韩王信叛乱的余党。

萧丞相营作未央宫，立东阙、北阙、前殿、武库、太仓。高祖还，见宫阙壮甚，怒谓萧何曰：“天下匈匈苦战数岁，成败未可知，是何治宫室过度也？”萧何曰：“天下方未定，故可因遂就宫室。且夫天子以四海为家，非壮丽无以重威，且无令后世有以加也。”高祖乃说。

萧何丞相主持建造未央宫，建筑有东阙、北阙、前殿、武库和太仓。高祖回来后，看到宫阙非常壮丽，很生气地对萧何说：“天下战火纷纷苦战好多年，成败还不可确知，你为什么建造如此过分豪华的宫室？”萧何说：“就是因为现在天下还没有安定，所以才能够趁此时机建成宫室。而且天子是以四海为家，假若不建筑得壮丽就无法显示天子地位的尊贵和威严，并且这样可以不使后世再行修建时超过前代。”高祖听后才变得高兴。

高祖之东垣，过柏人，赵相贯高等谋弑高祖，高祖心动，因不留。代王刘仲弃国亡，自归雒阳，废以为合阳侯。

高祖在率军到东垣去时，路过柏人城，赵国国相贯高等人阴谋要杀害高祖，高祖当时心有所动，因而没有在这里留宿。代王刘仲放弃了封国而逃亡，没有皇帝的允许就自己回到了洛阳，皇帝取消了他的王爵而贬封他作为合阳侯。

九年，赵相贯高等事发觉，夷三族。废赵王敖为宣平侯。是岁，徙贵族楚昭、屈、景、怀、齐田氏关中。

九年，赵相贯高等人阴谋杀害高祖的事被发觉，被夷灭了三族。废除了赵王张敖的王爵而贬封他为宣平侯。这一年，把楚国的昭氏、屈氏、景氏、怀氏和齐国的田氏等贵族迁徙到了关中地区。

未央宫成。高祖大朝诸侯群臣，置酒未央前殿。高祖奉玉卮，起，为太上皇寿，曰：“始大人常以臣无赖，不能治产业，不如仲力。今某之业所就孰与仲多？”殿上群臣皆呼万岁，大笑为乐。

未央宫建成。高祖在这里召集诸侯群臣举行盛大的朝会，在未央宫前殿摆设了酒宴。高祖捧着玉杯，起身向太上皇祝酒，说：“当初大人经常认为我无所依恃，不能置产业，不如刘仲用力。如今我所成就的产业和刘仲相比谁多？”殿上的群臣们听后都高呼万岁，大笑取乐。

十年十月，淮南王黥布、梁王彭越、燕王卢绾、荆王刘贾、楚王刘交、齐王刘肥、长沙王吴芮皆来朝长乐宫。春夏无事。

十年十月，淮南王黥布、梁王彭越、燕王卢绾、荆王刘贾、楚王刘交、齐王刘肥、长沙王吴芮都来到长乐宫朝见皇帝。春天、夏天国家都太平无事。

七月，太上皇崩栎阳宫。楚王、梁王皆来送葬。赦栎阳囚。更命郦邑曰新丰。

七月，太上皇在栎阳宫中逝世。楚王和梁王都前来送葬。赦免了栎阳的囚徒。把郦邑的名称更改为新丰。

八月，赵相国陈豨反代地。上曰：“豨尝为吾使，甚有信。代地吾所急也，故封豨为列侯，以相国守代，今乃与王黄等劫掠代地！代地吏民非有罪也，其赦代吏民。”九月，上自东往击之。至邯郸，上喜曰：“豨不南据邯郸而阻漳水，吾知其无能为也。”闻豨将皆故贾人也，上曰：“吾知所以与之。”乃多以金啖豨将，豨将多降者。

八月，赵相国陈豨在代地造反。皇上说：“陈豨曾经跟从我办事，很有信用。代地是我急需平定的地区，所以我封陈豨为列侯，以相国的职位而派他守代地，如今却和王黄等人劫代地！代地的官吏百姓没有罪，对此应赦免代地官吏百姓。”九月，皇上亲自前去征伐他们。来到邯郸后，皇上高兴地说：“陈豨不向南据守邯郸而借漳水进行阻挡，我知道他不会有什么作为了。”又听说陈豨的部将原先都是商贾之人，皇上说：“我知道该用什么方法对付他们了。”就用许多黄金去引诱陈豨的部将，陈豨的部将有很多人投降。

十一年，高祖在邯郸诛豨等未毕，豨将侯敞将万余人游行，王黄军曲逆，张春渡河击聊城。汉使将军郭蒙与齐将击，大破之。太尉周勃道太原入，定代地。至马邑，马邑不下，即攻残之。

十一年，高祖在邯郸诛杀陈豨等人的事务尚未结束，陈豨的部将侯敞率领一万多人流窜到各地，王黄驻军在曲逆，张春渡过黄河攻打聊城。汉朝派遣将军郭蒙和齐国的将领攻击他们，把他们打得大败。太尉周勃途经太原率军进入平定了代地。到达马邑，马邑坚守不降，就被汉军攻破城邑而消灭了他们。

豨将赵利守东垣，高祖攻之，不下。月余，卒骂高祖，高祖怒。城降，令出骂者斩之，不骂者原之。于是乃分赵山北，立子恒以为代王，都晋阳。

陈豨的部将赵利据守东垣，高祖率军攻打他，当时没有攻克。过了一个多月，有士卒骂高祖，高祖被激怒。等到东垣城投降，高祖命令找出骂高祖的人斩杀了他们，没有跟着骂的人宽恕了他们。在这时就把赵山北地区分割出来，立皇子刘恒为代王，定都晋阳。

春，淮阴侯韩信谋反关中，夷三族。

春天，淮阴侯韩信在关中谋反，被灭三族。

夏，梁王彭越谋反，废迁蜀；复欲反，遂夷三族。立子恢为梁王，子友为淮阳王。

夏天，梁王彭越谋反，被废除了王爵而迁贬到蜀地；他又想再次谋反，结果被夷灭三族。立皇子刘恢为梁王，皇子刘友为淮阳王。

秋七月，淮南王黥布反，东并荆王刘贾地，北渡淮，楚王交走入薛。高祖自往击之。立子长为淮南王。

秋天七月，淮南王黥布反叛，向东侵并了荆王刘贾的国土，向北渡过了淮河，楚王刘交逃到薛城。高祖亲自前往征伐黥布，立皇子刘长为淮南王。

十二年十月，高祖已击布军会甄，布走，令别将追之。

十二年，十月，高祖在会甄攻打黥布的军队以后，黥布逃走，就命令其他的将军追击黥布。

刘邦平定英布叛乱，班师途经沛县，召家乡父老会饮，于酒席之上唱《大风歌》。

高祖还归，过沛，留。置酒沛宫，悉召故人父老子弟纵酒，发沛中儿得百二十人，教之歌。酒酣，高祖击筑，自为歌诗曰："大风起兮云飞扬，威加海内兮归故乡，安得猛士兮守四方！"令儿皆和习之。高祖乃起舞，慷慨伤怀，泣数行下。谓沛父兄曰："游子悲故乡。吾虽都关中，万岁后吾魂魄犹乐思沛。且朕自沛公以诛暴逆，遂有天下，其以沛为朕汤沐邑，复其民，世世无有所与。"沛父兄诸母故人日乐饮极欢，道旧故为笑乐。十余日，高祖欲去，沛父兄固请留高祖。高祖曰："吾人众多，父兄不能给。"乃去。沛中空县皆之邑西献。高祖复留止，张饮三日。沛父兄皆顿首曰："沛幸得复，丰未复，唯陛下哀怜之。"高祖曰："丰吾所生长，极不忘耳，吾特为其以雍齿故反我为魏。"沛父兄固请，乃并复丰，比沛。于是拜沛侯刘濞为吴王。

高祖回归关中，路过沛县，停留下来。在沛宫中摆设酒宴，召来所有的故人父老子弟尽情畅饮，征集到沛地一百二十个少儿，教他们唱歌。酒酣的时候，高祖亲自击鼓奏乐，自己作诗歌唱道："大风起兮云飞扬，威加海内兮归故乡，安得猛士兮守四方！"命令那些唱歌的少儿们练习和唱这支歌。高祖就在少儿们的唱和中起舞，慷慨伤怀，洒下了行行热泪。高祖对沛地的父兄们说："在外的游子一想到故乡就感到悲伤。我虽然定都在关中，但将来死后我的魂魄还会喜欢思念沛地。而且朕是以沛公的职位来诛除暴逆，才拥有了天下，因此要把沛地作为我的汤沐邑，免除沛县百姓的赋税徭役，世世代代不必交税服役。"沛县的父兄及长辈妇女和故交友们每日高兴痛饮极尽欢宴，讲述过去的旧事取笑作乐。十几天以后，高祖准备离去，沛县的父兄们肯请挽留高祖。高祖说："我带的人很多，父兄们不能承担起他们的供给。"于是离去。沛县人们把县中所有的东西都拿了出来到县进献。高祖又停留下来，就在城外设置了帷帐而和他们饮酒三日。沛县的父兄们都叩首向高祖请求说："沛县有幸能免除赋税徭役，但是丰邑还没有能免除赋税徭役，请陛下可怜可怜他们吧。"高祖说："丰邑是我所生长的地方，是我最不能忘却的，我只是由于他们随从雍齿反叛我而归于魏的原故才不予免除。"沛地父兄们坚持肯请，丰邑才一同免除了赋税徭役，一切比照沛县。于是封沛侯刘濞为吴王。

汉将别击布军洮水南北，皆大破之，追得斩布鄱阳。

汉将领兵在洮水南北攻击黥布军队，都把黥布的军队打得大败，追到了黥布，并在鄱阳把他斩杀。

樊哙别将兵定代，斩陈豨当城。

樊哙另外率领军队平定了代地，在当城斩杀了陈豨。

十一月，高祖自布军至长安。十二月，高祖曰："秦始皇帝、楚隐王陈涉、魏安釐王、齐缗王、赵悼襄王皆绝无后，予守冢各十家，秦皇帝二十家，魏公子无忌五家。"赦代地吏民为陈豨、赵利所劫掠者，皆赦之。陈豨降将言豨反时，燕王卢绾使人之豨所，与阴谋。上使辟阳侯迎绾，绾称病。辟阳侯归，具言绾反有端矣。二月，使樊哙、周勃将兵击燕王绾。赦燕吏民与反者。立皇子建为燕王。

十一月，高祖从征伐黥布的军中回到了长安。十二月，高祖说："秦始皇帝、楚隐王陈涉、魏安釐王、齐缗王、赵悼襄王都断绝了后代，赐予他们各十家人负责为他们守护冢墓，其中秦皇帝增为二十家，魏公子无忌减为五家。"赦免代地那些被陈豨和赵利所劫持强迫跟随他们谋反的官吏和平民，都不追究他们的罪过。投降于汉军的陈豨部将说陈豨谋反的时候，燕王卢绾派人到陈豨的住地，和他暗中一起谋划。皇上派辟阳侯审食其迎请卢绾，卢绾称病不肯前来。辟阳侯回到长安，详细地说明卢绾造反的事确有些头绪。二月，派遣樊哙和周勃率领军队攻打燕王卢绾。赦免燕国参与谋反的官吏和平民。立皇子刘建为燕王。

高祖击布时，为流矢所中，行道病。病甚，吕后迎良医。医入见，高祖问医。医曰："病可治。"于是高祖嫚骂之曰："吾以布衣提三尺剑取天下，此非天命乎？命乃在天，虽扁鹊何益！"遂不使治病，赐金五十斤罢之。已而吕后问："陛下百岁后，萧相国即死，令谁代之？"上曰："曹参可。"问其次，上曰："王陵可。然陵少戆，陈平可以助之。陈平智有余，然难以独任。周勃重厚少文，然安刘氏者必勃也，可令为太尉。"吕后复问其次，上曰："此后亦非而所知也。"

高祖在攻打黥布的时候，曾被流矢击中，在行军途中伤口发作，病得很重，吕后请来一位好医生。医生入宫进见，高祖问医生病情。医生说："您的病能够治愈。"因此高祖辱骂医生说："我以一个布衣平民的身份拿着三尺宝剑取得了天下，难道这不是由于有天命吗？我的命运既然是上天决定的，即使是扁鹊来临对我的命运又有什么好处呢！"于是就不让他治病，赏赐了他五十斤黄金了事。事后吕后问高祖："陛下百年之后，假使萧相国也死了，让谁代替他做相国呢？"皇上说："曹参可以。"吕后又问曹参以后的事，皇帝说："王陵可以，然而王陵过于耿直，陈平能够协助他。陈平的智略有余，然而他却难以单独胜任。周勃为人稳重仁厚而缺乏文化素养，但是能够使刘氏天下得到安定的人定是周勃，可以任命他担任太尉。"吕后再问以后的事，皇上说："这以后的事也不是你所能知道的了。"

卢绾与数千骑居塞下候伺，幸上病愈自入谢。

卢绾和几千名骑士停留在塞下等候时机，希望皇上病愈以后亲自入朝谢罪。

四月甲辰，高祖崩长乐宫。四日不发丧。吕后与审食其谋曰："诸将与帝为编户民，今北面为臣，此常怏怏，今乃事少主，非尽族是，天下不安。"人或闻之，语郦将军。郦将军往见审食其，曰："吾闻帝已崩，四日不发丧，欲诛诸将。诚如此，天下危矣。陈平、灌婴将十万守荥阳，樊哙、周勃将二十万定燕、代，此闻帝崩，诸将皆诛，必连兵还乡以攻关中。大臣内叛，诸侯外反，亡可翘足而待也。"审食其入言之，乃以丁未发丧，大赦天下。

四月甲辰日，高祖在长乐宫逝世。经过了四天仍然不发丧。吕后和审食其谋划说："那些将军们曾和皇帝同为编入户籍册的平民，如今他们北面为臣，这使得他们经常闷闷不乐，如今却要奉事年少的君王，如果不把他们全部诛杀灭族，天下将不会安定。"有人听说这件事，就告诉了将军郦商。将军郦商前去拜见审食其，说："我听说皇帝已经崩逝，经过了四天仍不发布丧事，准备诛杀各位将军。如真是这样，天下可就危险了。陈平、灌婴率领十万军队守卫荥阳，樊哙、周勃率领二十万军队平定燕、代。他们听说皇帝逝世，各个将领都将被诛杀，一定会联合军队调转方向来进攻关中。那时大臣在朝内叛乱，诸侯在外造反，天下灭亡之速可以翘首以待了。"审食其入宫向吕后述及这些事情，才在丁未日发丧，大赦天下。

卢绾闻高祖崩，遂亡入匈奴。

卢绾听说高祖已经逝世，就逃亡到匈奴去了。

丙寅，葬。己巳，立太子，至太上皇庙。群臣皆曰："高祖起微细，拨乱世反之正，平定天下，为汉太祖，功最高。"上尊号为高皇帝。太子袭号为皇帝，孝惠帝也。令郡国诸侯各立高祖庙，以岁时祠。

丙寅日，安葬了高祖。己巳日，立太子刘盈为皇帝，前往太上皇庙。群臣们都说："高祖起事于微细的平民，却能治乱世使之返归正道，平定了天下，成为汉朝的太祖，功业最高。"奉上尊号称为高皇帝。太子承袭皇帝称号，就是孝惠帝。下令在各个郡国诸侯都分别建立高祖庙，每年按照时令举行祭祀。

及孝惠五年，思高祖之悲乐沛，以沛宫为高祖原庙。高祖所教歌儿百二十人，皆令为吹乐，后有缺，辄补之。

等到孝惠帝五年，孝惠帝想到高祖生前在沛县的悲乐情事，就把沛宫作为高祖的原庙。高祖所教歌唱相和的一百二十个少儿，都命令他们在原庙吹奏乐歌，以后假若有缺员，就给以补足。

高帝八男：长庶齐悼惠王肥；次孝惠，吕后子；次戚夫人子赵隐王如意；次代王恒，已立为孝文帝，薄太后子；次梁王恢，吕太后时徙为赵共王；次淮阳王友，吕太后时徙为赵幽王；次淮南厉王长；次燕王建。

高帝有八个儿子：长子为庶出，是齐悼惠王刘肥；次子孝惠帝，是吕后的儿子；第三子是戚夫人所生的儿子赵隐王刘如意；第四子是代王刘恒，后来被立为孝文帝，是薄太后所生的儿子；第五子是梁王刘恢，吕太后的时候被迁徙为赵共王；第六子是淮阳王刘友，吕太后的时候被迁为赵幽王；第七子是淮南厉王刘长；第八子是燕王刘建。

太史公曰：夏之政忠。忠之敝，小人以野，故殷人承之以敬。敬之敝，小人以鬼，故周人承之以文。文之敝，小人以僿，故救僿莫若以忠。三王之道若循环，终而复始。周、秦之间，可谓文敝矣。秦政不改，反酷刑法，岂不缪乎？故汉兴，承敝易变，使人不倦，得天统矣。朝以十月。车服黄屋左纛。葬长陵。

太史公说：夏朝的政治奉行忠厚。忠厚的弊端，是使百姓粗野缺乏礼节，所以殷朝承续夏政而奉行恭敬。恭敬的弊端，是使百姓相信鬼神，所以周朝承续殷政而奉行礼仪。礼仪的弊病，是使百姓讲究文饰而情薄不信，所以解救不诚信的弊端不若奉行忠厚。三王的治国之道如同循环往复，终而复始。在周秦交替之际，可以说已经是处于不诚信的弊端中了。秦国政治措施对这点不加更改，反而施行残酷的刑法，这难道不是错误吗？所以汉朝兴起，基于这样的政治弊端却能加以改变，使人们毫不怠倦，这正是得到了天道循环的道理。汉朝把十月定为朝会的岁首，规定皇帝乘坐的车驾要用黄缎子把车厢装饰得像黄屋一般，并在车前横木的左上方要插上牛尾或野鸡尾做成羽旗。高祖葬在长陵。

史记第九卷

吕太后本纪第九

吕太后者，高祖微时妃也，生孝惠帝、女鲁元太后。及高祖为汉王，得定陶戚姬，爱幸，生赵隐王如意。孝惠为人仁弱，高祖以为不类我，常欲废太子，立戚姬子如意，如意类我。戚姬幸，常从上之关东，日夜啼泣，欲立其子代太子。吕后年长，常留守，希见上，益疏。如意立为赵王后，几代太子者数矣，赖大臣争之，及留侯策，太子得毋废。

吕太后，是高祖还没有显贵时候娶的妻子，她生有孝惠帝刘盈，女儿鲁元太后。等到高祖做了汉王，又娶得定陶人戚姬，特别宠爱，她生有赵隐王刘如意。孝惠帝为人仁厚柔弱，高祖认为他的性格不像他，常想要废掉太子，而立戚姬的儿子如意，认为如意的性格像 他。戚姬受到高祖的宠幸，经常跟随皇上到关东去，她日夜在高祖面前啼哭，想要立她的儿子替代太子。吕后年纪较大，经常留在关中，很少能和皇上相见，就更加疏远了。如意被立为赵王以后，曾经有好多次几乎要替代刘盈做太子。由于大臣们的力争，再加上留侯的计谋，太子才没有被废掉。

吕后为人刚毅，佐高祖定天下，所诛大臣多吕后力。吕后兄二人，皆为将。长兄周吕侯死事，封其子吕台为郦侯，子产为交侯；次兄吕释之为建成侯。

吕后为人性格刚强，辅佐高祖平定天下，高祖诛杀大臣也多是由吕后出力献策。吕后有两个哥哥，都做了将军。大哥周吕侯死于征战，高祖封他的儿子吕台为郦侯，儿子吕产为交侯。二哥吕释之被封为建成侯。

高祖十二年四月甲辰，崩长乐宫，太子袭号为帝。是时高祖八子：长男肥，孝惠兄也，异母，肥为齐王；余皆孝惠弟，戚姬子如意为赵王，薄夫人子恒为代王，诸姬子恢为梁王，子友为淮阳王，子长为淮南王，子建为燕王。高祖弟交为楚王，兄子濞为吴王。非刘氏功臣番君吴芮子臣为长沙王。

高祖在十二年四月甲辰日，逝世于长乐宫，太子刘盈承袭尊号做了皇帝。这个时候高祖有八个儿子：长子刘肥，是惠帝的兄长，他们是异母兄弟，刘肥被封为齐王；其余的都是惠帝的弟弟，戚姬的儿子如意被封为赵王，薄夫人的儿子刘恒被封为代王，其他姬妾所生的儿子，刘恢被封为梁王，刘友被封为淮阳王，刘长被封为淮南王，刘建被封为燕王。高祖的弟弟刘交被封为楚王，高祖兄长的儿子刘濞被封为吴王。不是刘氏而被封王的有功之臣番君吴芮的儿子吴臣被封为长沙王。

吕后最怨戚夫人及其子赵王，乃令永巷囚戚夫人，而召赵王。使者三反，赵相建平侯周昌谓使者曰："高帝属臣赵王，赵王年少。窃闻太后怨戚夫人，欲召赵王并诛之，臣不敢遣王。王且亦病，不能奉诏。"吕后大怒，乃使人召赵相。赵相征至长安，乃使人复召赵王。王来，未到。孝惠帝慈仁，知太后怒，自迎赵王霸上，与入宫，自挟与赵王起居饮食。太后欲杀之，不得间。孝惠元年十二月，帝晨出射。赵王少，不能蚤起，太后闻其独居，使人持鸩饮之。黎明，孝惠还，赵王已死。于是乃徙淮阳王友为赵王。夏，诏赐郦侯父追谥为令武侯。太后遂断戚夫人手足，去眼，煇耳，饮瘖药，使居厕中，命曰"人彘"。居数日，乃召孝惠帝观人彘。孝惠见，问，乃知其戚夫人，乃大哭，因病，岁余不能起。使人请太后曰："此非人所为。臣为太后子，终不能治天下。"孝惠以此日饮为淫乐，不听政，故有病也。

吕后最痛恨戚夫人和她的儿子赵王，就下令把戚夫人囚禁在永巷宫，并派人去召来赵王。使者去了好几次，赵王的丞相建平侯周昌对使者说："高帝把赵王托付给我，赵王年少。我暗里听说太后怨恨戚夫人，想把赵王召去一起诛杀他们，我不敢送赵王前去。而且赵王也正在生病，不能遵奉诏命。"吕后非常恼怒，就派人召来赵王的丞相。赵王的丞相被召到长安，就又派人再去召赵王。赵王前来，还没有到达京城。孝惠帝仁慈，知道太后对赵王发怒了，就亲自到霸上把赵王迎回来，和他一同进宫，亲自守护着赵王和他一同起居饮食。太后想要杀害赵王，却没有能得到机会。惠帝元年十二月，皇帝早晨出宫射猎。赵王年幼，不能早起随往。太后听说他一人独自在家，就派人拿着毒酒给他喝了。黎明时分，惠帝回来，赵王已死了。于是吕后就迁徙淮阳王刘友为赵王。这一年的夏天，下诏赐给谥号追封郦侯的父亲为令武侯。太后就砍断戚夫人的手足，挖去她的双眼，震聋她的耳朵，灌她喝下哑药，让她住在猪圈里面，把她称作"人猪"。过了几天，就召唤惠帝去观看人猪。惠帝看见以后，问是什么，才知道这是戚夫人，于是就大哭，因而病倒了，一年多都无法起床。惠帝派人对太后请求说："这件事不是人能干出来的，我是太后的生子，最终不能治理天下了。"惠帝从此整天饮酒淫乐，不理政事，因此就使他患有疾病。

二年，楚元王、齐悼惠王皆来朝。十月，孝惠与齐王燕饮太后前，孝惠以为齐王兄，置上坐，如家人之礼。太后怒，乃令酌两卮鸩，置前，令齐王起为寿。齐王起，孝惠亦起，取卮欲俱为寿。太后乃恐，自起泛孝惠卮。齐王怪之，因不敢饮，详醉去。问，知其鸩，齐王恐，自以为不得脱长安，忧。齐内史士说王曰："太后独有孝惠与鲁元公主。今王有七十余城，而公主乃食数城。王诚以一郡上太

后，为公主汤沐邑，太后必喜，王必无忧。”于是齐王乃上城阳之郡，尊公主为王太后。吕后喜，许之。乃置酒齐邸，乐饮，罢，归齐王。三年，方筑长安城，四年就半，五年六年城就。诸侯来会。十月朝贺。

二年，楚元王、齐悼惠王都来朝见。十月，惠帝和齐王在太后面前宴饮，惠帝认为齐王是兄长，就让他坐在上座，一切都按照家人的礼节。太后被激怒，就令人斟两杯毒酒，摆在齐王面前，命令齐王站起来，为她祝福。齐王起身，惠帝也起身，取过杯子准备和齐王一同饮酒祝福。太后这才感到很害怕，亲自起身碰洒了惠帝的酒。齐王觉得很奇巧，因而就不敢再饮，假装酒醉而离开。齐王一打听，知道原来是毒酒，就很害怕，自己认为不能够逃离长安，非常担心。齐国的内史名叫士的开导齐王说：“太后只生有惠帝和鲁元公主。如今大王拥有七十多座城邑的封地，而公主却只有几座城邑作为食邑。大王如果用一个郡的封地献给太后，作为公主的汤沐邑，太后必然高兴，您就一定不会有什么可担忧的事了。”于是齐王就把城阳郡献给太后，并尊公主为王太后。吕后欢喜，答应了他的请求。于是太后就在齐王府第设酒宴，高兴地尽情狂饮。就不再追究齐王的过错，放他回国去了。三年，开始修筑长安城，四年完成了一半，五年、六年长安城修成。诸侯们前来朝会。十月，诸侯们入朝向皇帝表示祝贺。

七年秋八月戊寅，孝惠帝崩。发丧，太后哭，泣不下。留侯子张辟彊为侍中，年十五，谓丞相曰：“太后独有孝惠，今崩，哭不悲，君知其解乎？”丞相曰：“何解？”辟彊曰：“帝毋壮子，太后畏君等。君今请拜吕台、吕产、吕禄为将，将兵居南北军，及诸吕皆入宫，居中用事，如此则太后心安，君等幸得脱祸矣。”丞相乃如辟彊计。太后说，其哭乃哀。吕氏权由此起。乃大赦天下。九月辛丑，葬。太子即位为帝，谒高庙。元年，号令一出太后。

七年秋天八月戊寅日，惠帝逝世。发布丧事，太后只是干哭，却没有眼泪。留侯张良的儿子张辟彊担任侍中，当时年纪才十五岁，对丞相陈平说：“太后只生了一个儿子惠帝，如今惠帝逝世了，她虽哭但不悲痛，您知道这其中的缘故吗？”丞相说：“这是什么原因？”张辟彊说：“皇帝没有成年的儿子，太后害怕你们这些大臣将军们。您现在请求拜任吕台、吕产、吕禄为将，统领南北军队，以及让那些吕家的人都进入宫廷，在宫廷中掌权，假若能这样就会使太后心安，你们这些人就可以侥幸摆脱祸患了。”丞相于是就按照张辟彊的计策行事。太后很高兴，她哭惠帝才很哀痛。吕家的人在朝廷掌权就由此开始。接着就大赦天下。九月辛丑日，安葬了惠帝。太子即位做了皇帝，朝拜了高祖庙。元年，朝廷所有的号令一概出自吕太后。

太后称制，议欲立诸吕为王，问右丞相王陵。王陵曰：“高帝刑白马盟曰：‘非刘氏而王，天下共击之。’今王吕氏，非约也。”太后不说。问左丞相陈平、绛侯周勃。勃等对曰：“高帝定天下，王子弟，今太后称制，王昆弟诸吕，无所不可。”太后喜，罢朝。王陵让陈平、绛侯曰：“始与高帝啑血盟，诸君不在邪？今高帝崩，太后女主，欲王吕氏，诸君从欲阿意背约，何面目见高帝地下！”陈平、绛侯曰：“于今面折廷争，臣不如君；夫全社稷，定刘氏之后，君亦不如臣。”王陵无以应之。十一月，太后欲废王陵，乃拜为帝太傅，夺之相权。王陵遂病免归。乃以左丞相平为右丞相，以辟阳侯审食其为左丞相。左丞相不治事，令监宫中，如郎中令。食其故得幸太后，常用事，公卿因而决事。乃追尊郦侯父为悼武王，欲以王诸吕为渐。

太后行使皇帝大权处理政事，就商议准备立那些吕家子弟为王，询问右丞相王陵。王陵说：“高帝曾斩杀白马订下盟誓说：‘不是刘氏的子弟而称王的，天下的人可以一起征伐他。’现在要封吕家的人为王，违背了高祖的盟约。”太后听了不高兴。又问左丞相陈平和绛侯周勃。周勃等人回答说：“高帝平定了天下，封自己的子弟为王；如今太后行使皇帝职权治理天下，封自己的兄弟等那些吕家的人为王，没有什么不行的。”太后听了很高兴。罢朝后，王陵责怪陈平和绛侯周勃说：“当初和高帝喋血订立盟约，难道你们各位不在场吗？现在高帝逝世，太后为女主，想要封那些吕氏子弟为王，你们各位纵容太后的私欲迎合她的心愿违背盟约，将来还有何脸面到地下去见高帝？”陈平和绛侯说：“像今天这样能够当面抗拒，在朝廷上极力谏争，我们不如您；至于说保全社稷，安定刘氏后代的基业，您也不如我们。”王陵听后无话可说。十一月，太后要罢免王陵，就拜封他为皇帝的太傅，剥夺了他的相权。王陵就托病免职回家，于是任命左丞相陈平为右丞相，任命辟阳侯审食其为左丞相。

左丞相不处理政务，只监管宫中事务，像郎中令一样。审食其因而就能很方便地获得太后的宠幸，经常掌握决策政务的权柄，公卿们都得通过他来对某些事务作出决定。接着就追尊郦侯的父亲为悼武王，想以此作为准备封诸吕为王的过渡。

四月，太后欲侯诸吕，乃先封高祖之功臣郎中令无择为博城侯。鲁元公主薨，赐谥为鲁元太后。子偃为鲁王。鲁王父，宣平侯张敖也。封齐悼惠王子章为朱虚侯，以吕禄女妻之。齐丞相寿为平定侯。少府延为梧侯。乃封吕种为沛侯，吕平为扶柳侯，张买为南宫侯。

四月，太后想要封那些吕家的人为侯，就先封高祖的功臣郎中令冯无择为博城侯。鲁元公主去世，赐谥号为鲁元太后。封她的儿子张偃为鲁王。鲁王的父亲，是宣平侯张敖。封齐悼王的儿子刘章为朱虚侯，把吕禄的女儿嫁给他作妻子。封齐王的丞相齐寿为平定侯。封少府阳城延为梧侯。接着就封吕种为沛侯，吕平为扶柳侯，张买为南宫侯。

太后欲王吕氏，先立孝惠后宫子强为淮阳王，子不疑为常山王，子山为襄城侯，子朝为轵侯，子武为壶关侯。太后风大臣，大臣请立郦侯吕台为吕王，太后许之。建成康侯释之卒，嗣子有罪，废，立其弟吕禄为胡陵侯，续康侯后。二年，常山王薨，以其弟襄城侯山为常山王，更名义。十一月，吕王台薨，谥为肃王，太子嘉代立为王。三年，无事。四年，封吕媭为临光侯，吕他为俞侯，吕更始为赘其侯，吕忿为吕城侯，及诸侯丞相五人。

太后想要封吕氏为王，先封惠帝后宫妃嫔所生的儿子刘强为淮阳王，儿子刘不疑为常山王，儿子刘山为襄城侯，儿子刘朝为轵侯，儿子刘武为壶关侯。太后向大臣们暗示，大臣们就请求封郦侯吕台为吕王，太后答应了大臣们的请求。建成康侯吕释之去世，他的即位儿子犯了罪，被废除，就改封他的弟弟吕禄为胡陵侯，作为接续康侯的后代。二年，常山王去世，封他的弟弟襄城侯刘山为常山王，把它的名字改为刘义。十一月，吕王吕台去世，谥封为肃王，他的太子吕嘉连续即位为王。三年，没什么值得记述的事。四年，封吕媭为临光侯，吕他为俞侯，吕更始为赘其侯，吕忿为吕城侯，又封了五位诸侯王的丞相为侯。

宣平侯女为孝惠皇后时，无子，详为有身，取美人子名之，杀其母，立所名子为太子。孝惠崩，太子立为帝。帝壮，或闻其母死，非真皇后子，乃出言曰："后安能杀吾母而名我？我未壮，壮即为变。"太后闻而患之，恐其为乱，乃幽之永巷中，言帝病甚，左右莫得见。太后曰："凡有天下治为万民命者，盖之如天，容之如地，上有欢心以安百姓，百姓欣然以事其上，欢欣交通而天下治。今皇帝病久不已，乃失惑惛乱，不能继嗣奉宗庙祭祀，不可属天下，其代之。"群臣皆顿首言："皇太后为天下齐民计所以安宗庙社稷甚深，群臣顿首奉诏。"帝废位，太后幽杀之。五月丙辰，立常山王义为帝，更名曰弘。不称元年者，以太后制天下事也。以轵侯朝为常山王。置太尉官，绛侯勃为太尉。五年八月，淮阳王薨，以弟壶关侯武为淮阳王。六年十月，太后曰吕王嘉居处骄恣，废之，以肃王台弟吕产为吕王。夏，赦天下。封齐悼惠王子兴居为东牟侯。

宣平侯的女儿作惠帝皇后的时候，没有生育儿子，就假装怀有身孕，把后宫美人所生的儿子夺过来充当自己的儿子，杀了他的生母，立这个冒充的生子为太子。孝惠帝逝世，太子被立为皇帝。幼小的皇帝逐渐长大，听人说他的生母已被杀死，他不是皇后真正的儿子，于是就发出怨言说："皇后怎能杀害我的生母而又让我当她的儿子？我还没有成年，成年以后就要报复她。"太后听到后对他很担心，怕他作乱，就把他囚禁在永巷中，对外宣称皇帝病得很厉害，左右侍臣也不能和他相见。太后说："凡是拥有天下而治理万民的人，要像天一样覆盖庇护他们，要向地一样收容保养他们，君上有欢乐之心来安定百姓，百姓欣然来侍奉君上，上下欢欣才能使天下得到大治。现在皇帝病了很久而没有好转，其结果是失于迷惑昏乱，不能担当继嗣为帝而奉宗庙祭祀的责任，不能把天下交给他，应该换人代替他。"群臣们听后都顿首说："皇太后为天下平民百姓着想，因此对于安定宗庙社稷的谋虑很深，我们群臣顿首遵奉诏旨。"皇帝被废除了皇位，太后就私下把少帝杀了。五月丙辰日，立常山王刘义为帝，改名叫刘弘。但不改称元年的原因，是因为太后一直在治理天下。封轵侯刘朝为常山王。设置太尉一职任命绛侯周勃为太尉。五年八月，淮阳王逝世，就把他的弟弟壶关侯刘武封为淮阳王。六年十月，太后说吕王嘉行为骄横，便废除了他，把肃王吕台的弟弟吕产封为吕王。这年夏季，大赦天下。封齐悼王的儿子刘兴居为东牟侯。

七年正月，太后召赵王友。友以诸吕女为后，弗爱，爱他姬，诸吕女妒，怒去，谗之于太后，诬以罪过，曰"吕氏安得王！太后百岁后，吾必击之。"太后怒，以故召赵王。赵王至，置邸不见，令卫围守之，弗与食。其群臣或窃馈，辄捕论之。赵王饿，乃歌曰："诸吕用事兮刘氏危，迫胁王侯兮强授我妃。我妃既妒兮诬我以恶，谗女乱国兮上曾不寤。我无忠臣兮何故弃国？自决中野兮苍天举直！于嗟不可悔兮宁蚤自财。为王而饿死兮谁者怜之！吕氏绝理兮托天报仇。"丁丑，赵王幽死，以民礼葬之长安民冢次。

七年正月，太后召赵王刘友回京。刘友因为太后把吕氏的女子作为他的王后，他不喜爱，却喜爱其他的姬妾，那个作王后的吕氏女子嫉妒，愤怒地离去，在太后面前说赵王的坏话，诬告他犯有罪过，她说赵王曾经说过："姓吕的人怎么能够被封王呢！太后百年以后，我一定要攻伐他们"。太后听后很不高兴，因此就召赵王来京。赵王来到长安，被安置在王邸而不予接见，派遣侍卫包围王邸而困守他，不给他饭吃。他的群臣有人偷偷给他食物吃，就被逮捕判罪。赵王饥饿，就作歌唱道："那些姓吕的人当权持政，刘氏江山有危险。威胁强迫王侯，强行授给我嫔妃。我的妃子由于嫉妒，诬告我有罪恶。进谗言的女人祸乱国家啊，君上不曾醒悟。我没有忠臣，为什么失去了封国？我在野外之中自决，苍天为我伸张冤屈。唉呀我没有什么可以悔悟的，宁愿及早自裁。作为国王而被饿死，有谁来可怜我！吕家的人断绝天理，我要托付上天来报仇。"丁丑日，赵王在囚禁中死去，用平民的丧礼把他埋葬在长安平民百姓的坟墓旁边。

己丑，日食，昼晦。太后恶之，心不乐，乃谓左右曰："此为我也。"

己丑日，出现日食，白日昏暗。太后怨恨这件事，心中不高兴，就对左右侍者说："这是因为我的缘故。"

二月，徙梁王恢为赵王。吕王产徙为梁王，梁王不之国，为帝太傅。立皇子平昌侯太为吕王。更名梁曰吕，吕曰济川。太后女弟吕媭有女为营陵侯刘泽妻，泽为大将军。太后王诸吕，恐即崩后刘将军为害，乃以刘泽为琅邪王，以慰其心。

二月，将梁王刘恢改封为赵王。吕王吕产改封为梁王，梁王没有到封国去，被任命为皇帝的太傅。封皇子平昌侯刘太为吕王，又把梁国改名叫吕国，吕国改名叫济川国。太后的妹妹吕媭有一个女儿是营陵侯刘泽的妻子，刘泽是大将军。太后封各个吕家的人为王，害怕她将来逝世以后刘泽将军对吕氏有危害，就封刘泽为琅邪王，来安抚他。

梁王恢之徙王赵，心怀不乐。太后以吕产女为赵王后。王后从官皆诸吕，擅权，微伺赵王，赵王不得自恣。王有所爱姬，王后使人鸩杀之。王乃为歌诗四章，令乐人歌之。王悲，六月即自杀。太后闻之，以为王用妇人弃宗庙礼，废其嗣。

梁王刘恢被迁为赵王以后，心怀不乐。太后就将吕产的女儿嫁给他做王后。赵王后的扈从官吏都是那些吕家的人，他们在赵国把持权柄，偷偷监视赵王，赵王不能随意行动。赵王有一位受他宠爱的姬妾，王后就派人将她毒死。赵王于是作诗歌四章，令乐工歌唱它。赵王悲伤，在六月间自杀了。太后听到这件事，认为赵王是依恋妇人而舍弃宗庙礼法，废除了他后代继承王位的权利。

宣平侯张敖卒，以子偃为鲁王，敖赐谥为鲁元王。秋，太后使使告代王，欲徙王赵。代王谢，愿守代边。

宣平侯张敖去世，就封他的儿子张偃为鲁王，赐给张敖鲁元王的谥号。秋天，太后派遣使者告知代王，说想要把他改封为赵王。代王辞谢，表示愿意继续在代国镇守边城。

太傅产、丞相平等言，武信侯吕禄上侯，位次第一，请立为赵王。太后许之，追尊禄父康侯为赵昭王。九月，燕灵王建薨，有美人子，太后使人杀之，无后，国除。八年十月，立吕肃王子东平侯吕通为燕王，封通弟吕庄为东平侯。

太傅吕产、丞相陈平等人说："武信侯吕禄在列侯中功劳之大属上等，位次排在第一，允许封他为赵王。"太后答应了他们的请求，追尊吕禄的父亲康侯为赵昭王。九月，燕灵王刘建去世，有个美人所生下的儿子，太后派人去杀了他，因此燕灵王绝嗣无后，封国被废除了。八年十月，封吕肃王的儿子东平侯吕通为燕王，封吕通的弟弟吕庄为东平侯。

三月中，吕后祓，还过轵道，见物如苍犬，据高后掖，忽弗复见。卜之，云赵王如意为祟。高后遂病掖伤。

三月中旬，太后举行除灾求福的祭礼，归途中经过轵道，看见一个如同苍犬一样的怪物，钻入自己的掖下，忽然之间就再也不见了。命人占卜，说是赵王如意的鬼魂在作怪。高后因此就患掖下伤痛。

高后为外孙鲁元王偃年少，蚤失父母，孤弱，乃封张敖前姬两子，侈为新都侯，寿为乐昌侯，以辅鲁元王偃。及封中大谒者张释为建陵侯，吕荣为祝兹侯。诸中宦者令丞皆为关内侯，食邑五百户。

高后由于外孙鲁元王张偃年少，很早就没有了父母，孤弱无依，就封张敖前妻所生的两个儿子，张侈为新都侯，张寿为乐昌侯，借以辅护鲁元王张偃。接着又封中大谒者张释为建陵侯，吕荣为祝兹侯。那些在宫中担任令、丞等官职的宦官都被封为关内侯，赐给食邑五百户。

七月中，高后病甚，乃令赵王吕禄为上将军，军北军；吕王产居南军。吕太后诫产、禄曰："高帝已定天下，与大臣约，曰'非刘氏王者，天下共击之'。今吕氏王，大臣弗平。我即崩，帝年少，大臣恐为变。必据兵卫宫，慎毋送丧，毋为人所制。"辛巳，高后崩，遗诏赐诸侯王各千金，将、相、列侯、郎、吏皆以秩赐金。大赦天下。以吕王产为相国，以吕禄女为帝后。

七月中旬，高后病势加剧，就任命赵王吕禄为上将军，统领北军；吕王吕产率领南军。吕太后告诫吕产、吕禄说："高帝平定天下以后，和大臣们订立盟约，誓约说'不是刘氏子弟被封为王的，天下的人共同去讨伐他'。现今吕家的人被封为王，大臣们心怀不满。我如果逝世，皇帝年少，恐怕大臣们要作乱叛乱。你们一定要掌握住军队而守卫皇宫，要谨慎小心而不要轻意给我送丧，不要被他人所控制。"辛巳日，高后去世，遗诏赏赐诸侯王每人黄金一千斤，将相列侯郎吏等人都按照品级赏赐黄金。并大赦天下。又任命吕王吕产为相国，以吕禄的女儿作为皇后。

高后已葬，以左丞相审食其为帝太傅。

高后被安葬以后，由左丞相审食其担任皇帝的太傅。

朱虚侯刘章有气力，东牟侯兴居其弟也，皆齐哀王弟，居长安。当是时，诸吕用事擅权，欲为乱，畏高帝故大臣绛、灌等，未敢发。朱虚侯妇，吕禄女，阴知其谋。恐见诛，乃阴令人告其兄齐王，欲令发兵西，诛诸吕而立。朱虚侯欲从中与大臣为应。齐王欲发兵，其相弗听。八月丙午，齐王欲使人诛相，相召平乃反，举兵欲围王，王因杀其相，遂发兵东，诈夺琅邪王兵，并将之而西。语在《齐王》语中。

朱虚侯刘章有气概勇力，东牟侯刘兴居是他的弟弟，他俩都是齐哀王的弟弟，居住在长安。在这个时候，那些吕氏族人专权理事，准备作乱，由于畏惧以前高帝时候的大臣绛侯周勃、灌婴等人，一直不敢动手。朱虚侯刘章的妻子，是吕禄的女儿，暗中知晓了他们的阴谋，害怕事败受牵连而自己也被诛杀，就暗中派人把这件事告知他的哥哥齐哀王，想让齐王发兵向西进攻，杀死那些吕家人以后而自立为帝。朱虚侯准备和大臣们在朝中作内应。齐王想要发兵，他的国相不听他的命令。八月丙午日，齐王准备派人去诛杀齐相，齐相召平因此造反，调动军队准备围困齐王。齐王因此而杀了他的国相，就发动军队向东进攻，诈夺了琅邪王的军队，一并统领着两国军队而向西进发。具体事实记载在《齐悼惠王世家》中。

齐王乃遗诸侯王书曰："高帝平定天下，王诸子弟，悼惠王王齐。悼惠王薨，孝惠帝使留侯良立臣为齐王。孝惠崩，高后用事，春秋高，听诸吕，擅废帝更立，又比杀三赵王，灭梁、赵、燕以王诸吕，分齐为四。忠臣进谏，上惑乱弗听。今高后崩，而帝春秋富，未能治天下，固恃大臣诸侯。而诸吕又擅自尊官，聚兵严威，劫列侯忠臣，矫制以令天下，宗庙所以危。寡人率兵入诛不当为王者。"汉闻之，相国吕产等乃遣颍阴侯灌婴将兵击之。灌婴至荥阳，乃谋曰："诸吕权兵关中，欲危刘氏而自立。今我破齐还报，此益吕氏之资也。"乃留屯荥阳，使使谕齐王及诸侯，与连和，以待吕氏变，共诛之。齐王闻之，乃还兵西界待约。

齐哀王于是对各诸侯王下书说："高皇帝平定了天下，封自己的各个子弟为王，悼惠王被封在齐国。悼惠王去世，孝惠帝派留侯张良来立我为齐王。孝惠帝逝世，高皇后掌管政务，她年事已高，听任那些吕家的人发号施令，擅自废除少帝而另立他人，又接连杀害了三任赵王，把梁、赵、燕各封国从刘氏封王中减去，而用他们的土地封那些吕家的人为王，把齐国一分为四。忠臣们进言劝止，君上迷惑昏乱而不听从。现在高后逝世，而皇帝还很幼小，不能管理天下，本来应该依靠大臣和诸侯。可是那些吕家人又擅自居于尊贵的官职，握着庞大的军队以逞威严，强迫列侯和忠君们屈服，假冒诏令号令天下，刘氏宗庙社稷因此而受到危害。寡人率领军队入朝来诛杀那些不该称王的人。”汉朝廷听说了，相国吕产等人就派遣颍阴侯灌婴率领军队去迎击齐王。灌婴到达荥阳后，就说：“那些吕家人掌握着关中地区的军权，想要危及刘氏社稷而自行即位。如今我假如攻破了齐军去回报，这样就会更增加吕家的实力。”于是屯军在荥阳而停止向前，派遣使者告谕齐王和各个诸侯，与他们联合，以此等待吕氏的变乱，然后共同讨伐他们。齐王听说后，撤回了军队驻扎守在齐国的西界而等待相约的时机。

吕禄、吕产欲发乱关中，内惮绛侯、朱虚等，外畏齐、楚兵，又恐灌婴畔之，欲待灌婴兵与齐合而发，犹豫未决。当是时，济川王太、淮阳王武、常山王朝名为少帝弟，及鲁元王吕后外孙，皆年少未之国，居长安。赵王禄、梁王产各将兵居南北军，皆吕氏之人。列侯群臣莫自坚其命。

吕禄、吕产想要在关中发动叛乱，在朝内畏惧绛侯周勃、朱虚侯刘章等人，在朝外又畏惧齐、楚王国的军队，又恐怕灌婴反叛他们，想要等待灌婴的军队和齐国交战以后再发动暴乱，处于犹豫不定当中。在这个时候，名义上是少帝弟弟的济川王刘太、淮阳王刘武、常山王刘朝，以及是吕后外孙的鲁元王张偃，因为年少都没有前往封国，住在长安。赵王吕禄、梁王吕产各自在南北军中统领军队，他们都是吕家的人。列侯和群臣都认为自己的命运无保障。

太尉绛侯勃不得入军中主兵。曲周侯郦商老病，其子寄与吕禄善。绛侯乃与丞相陈平谋，使人劫郦商，令其子寄往绐说吕禄曰：“高帝与吕后共定天下，刘氏所立九王，吕氏所立三王，皆大臣之议，事已布告诸侯，诸侯皆以为宜。今太后崩，帝少，而足下佩赵王印，不急之国守藩，乃为上将，将兵留此，为大臣诸侯所疑。足下何不归将印，以兵属太尉？请梁王归相国印，与大臣盟而之国，齐兵必罢，大臣得安，足下高枕而王千里，此万世之利也。”吕禄信然其计，欲归将印，以兵属太尉。使人报吕产及诸吕老人，或以为便，或曰不便，计犹豫未有所决。吕禄信郦寄，时与出游猎。过其姑吕媭，媭大怒，曰：“若为将军而弃军，吕氏今无处矣。”乃悉出珠玉宝器散堂下，曰：“毋为他人守也。”

太尉绛侯周勃不能够进入军中统领军队。曲周侯郦商年老有病，他的儿子郦寄和吕禄相交友善。绛侯周勃于是和丞相陈平相谋，派人劫持郦商，让他的儿子郦寄前去欺骗吕禄说：“高皇帝和吕后共同平定了天下，刘氏的人被封立了九位国王，吕氏的人被封立了三位国王，这都是经过和大臣们相商后决定的，这件事已告诸侯，诸侯们都认为适宜妥当，现今太后逝世，皇帝年幼，而足下佩戴着赵王印，却不迅速前往封国去镇守藩地，仍然做上将军，统领军队驻扎长安，这样会被大臣诸侯们所怀疑。足下何不归还将军的卒印，把军队交给太尉？请求梁王归还相国的印信，和大臣们订立盟约而前往封国，这样齐国的军队必然会撤回，大臣们能够心安，足下就可以高枕无忧地统治方圆千里的王国，这是子孙万世长久的好处啊。”吕禄相信了他的计谋，准备奉还将军的印信，把军队交给太尉。他派人向吕产及那些吕家的长辈们通报，有人认为他这样做便利，有人说他这样做不便利，计策还在犹豫中而没有最后决定。吕禄信任郦寄，时常和他一同外出游玩打猎。当他去看望姑母吕媭的时候，吕媭很恼怒地说：“你身为将军却离开军队，吕家的人现在已经没有安身立命之处了。”于是就把她所有的珠玉宝器散在堂下，说：“我不替别人保存它们了。”

左丞相食其免。

左丞相审食其被免官。

八月庚申旦，平阳侯窋行御史大夫事，见相国产计事。郎中令贾寿使从齐来，因数产曰：“王不蚤之国，今虽欲行，尚可得邪？”具以灌婴与齐楚合从，欲诛诸吕告产，乃趣产急入宫。平阳侯颇闻其语，乃驰告丞相、太尉。太尉欲入北军，不得入。襄平侯通尚符节，乃令持节矫内太尉北军。太尉复令郦寄与典客刘揭先说吕禄曰：“帝使太尉守北军，欲足下之国，急归将印辞去，不然，祸且起。”吕禄以为郦兄不欺己，遂解印属典客，而以兵授太尉。太尉将之入军门，行令军中曰：“为吕氏右襢，为刘氏左襢。”军中皆左襢为刘氏。太尉行至，将军吕禄亦已解上将印去，太尉遂将北军。

八月庚申日早晨，平阳侯曹窋代行处理御史大夫的职事，去会见相国吕产商议政务。郎中令贾寿从齐国出使回来，因此指责吕产说：“大王不早早前往封国，现在你虽然想去，还有可能吗？”就把灌婴和齐、楚联合结盟，准备诛杀那些吕家人的事详细地告诉了吕产，就催促吕产快进宫。平阳侯听到了他们的这些谈话，就疾驰告知丞相和太尉。太尉想闯入北军，但未能进入。襄平侯纪通主管皇帝的符节印信，就让他拿着皇帝的符节佯称奉诏要使太尉进入北军。太尉又命令郦寄和典客刘揭先去劝导吕禄说："皇帝派遣太尉统领北军，想要足下回归封国，立刻归还将印而辞职离去。如果不这样做，大祸将要降临了。"吕禄以为郦兄不会欺骗自己，就解下将印交给典客，而把军权授给太尉。太尉佩带将印进入军门，在军中发布命令说："替吕氏效忠的人露出右胸，替刘氏效忠的人露出左胸。"军中士卒都露出左胸表示要替刘氏效忠。太尉来到的时候，将军吕禄也已经解下上将军印离开了军营，太尉于是就统领了北军。

然尚有南军。平阳侯闻之，以吕产谋告丞相平，丞相平乃召朱虚侯佐太尉。太尉令朱虚侯监军门，令平阳侯告卫尉："毋入相国产殿门。"吕产不知吕禄已去北军，乃入未央宫，欲为乱，殿门弗得入，裴回往来。平阳侯恐弗胜，驰语太尉。太尉尚恐不胜诸吕，未敢讼言诛之，乃遣朱虚侯谓曰："急入宫卫帝。"朱虚侯请卒，太尉予卒千余人。入未央宫门，遂见产廷中。日铺时，遂击产。产走。天风大起，以故其从官乱，莫敢斗。逐产，杀之郎中府吏厕中。

但是还有南军在吕家人掌握中。平阳侯曹窋听说这种情况，就把吕产的阴谋告诉了丞相陈平，丞相陈平就召朱虚侯刘章协助太尉。太尉命令朱虚侯监守军门，命令平阳侯告诉卫尉说："不要让相国吕产进入殿门。"吕产不知道吕禄已经离开北军，仍然进入未央宫，想要作乱。他不能进入殿门，在殿门前徘徊往来。平阳侯恐怕不能取胜，疾驰飞报太尉。太尉还是怕不能战胜那些吕家的人，未敢公开地说要诛杀吕产，就派遣朱虚侯前去，并对他说："立刻进宫去保卫皇帝。"朱虚侯请兵，太尉调给他千余名士卒。朱虚侯进入未央宫门，就在宫中遇见吕产。日落时分，就攻击吕产。吕产逃跑。这时天空中狂风大起，因此吕产的随从官吏大乱，没有人敢抵抗。追逐吕产，在郎中府的吏厕中把他杀死了。

朱虚侯已杀产，帝命谒者持节劳朱虚侯。朱虚侯欲夺节信，谒者不肯，朱虚侯则从与载，因节信驰走，斩长乐卫尉吕更始。还，驰入北军，报太尉。太尉起，拜贺朱虚侯曰："所患独吕产，今已诛，天下定矣。"遂遣人分部悉捕诸吕男女，无少长皆斩之。辛酉，捕斩吕禄，而笞杀吕媭。使人诛燕王吕通，而废鲁王偃。壬戌，以帝太傅食其复为左丞相。戊辰，徙济川王王梁，立赵幽王子遂为赵王。遣朱虚侯章以诛诸吕事告齐王，令罢兵。灌婴兵亦罢荥阳而归。

朱虚侯杀死吕产以后，皇帝命令谒者持节慰劳朱虚侯。朱虚侯想要夺取皇帝的符节印信，谒者不肯交给他，朱虚侯就和谒者共坐一车，依靠持有皇帝的节信而飞驰，处死了长乐宫卫尉吕更始。回来后又飞驰进入北军，向太尉报告。太尉起身，向朱虚侯行礼祝贺说："我所担心的只有吕产，现在他已经被诛杀，天下就可以安定了。"就派人分别把那些吕家的人男女都逮捕起来，无论老少都把他们处死。辛酉日，逮捕并杀了吕禄，而把吕媭鞭笞杀死。派人去诛杀了燕王吕通，而废除了鲁王偃的王爵。壬戌日，任用皇帝的太傅审食其重新做左丞相。戊辰日，迁徙济川王为梁王，立赵幽王的儿子刘遂为赵王。派遣朱虚侯刘章把诛杀那些吕家人的情况告诉齐王，命令他撤退。灌婴的军队也从荥阳撤回京来。

诸大臣相与阴谋曰："少帝及梁、淮阳、常山王，皆非真孝惠子也。吕后以计诈名他人子，杀其母，养后宫，令孝惠子之，立以为后，及诸王，以强吕氏。今皆已夷灭诸吕，而置所立，即长用事，吾属无类矣。不如视诸王最贤者立之。"或言"齐悼惠王高帝长子，今其适子为齐王，推本言之，高帝适长孙，可立也。"大臣皆曰："吕氏以外家恶而几危宗庙，乱功臣。今齐王母家驷，驷钧，恶人也，即立齐王，则复为吕氏。"欲立淮南王，以为少，母家又恶。乃曰："代王方今高帝见子，最长，仁孝宽厚。太后家薄氏谨良。且立长故顺，以仁孝闻于天下，便。"乃相与共阴使人召代王。代王使人辞谢。再反，然后乘六乘传。后九月，晦日己酉，至长安，舍代邸。大臣皆往谒，奉天子玺上代王，共尊立为天子。代王数让，群臣固请，然后听。

朝廷中各位大臣们暗地里共同商议说："少帝和梁王、淮阳王、常山王，都不是惠帝真正的儿子。吕后用欺骗的手段用别人的儿子假冒，杀害了他们的生母，在后宫中抚养他们，让惠帝认他们作儿子，立他们作继承人，或是封为诸侯王，借以增强吕家的势力。如今已经把各个吕家的势力都消灭了，但对于吕家所立的人置之不理，他们若长大成人而掌握政权，我们这些人就都会灭种亡族了。最好从各个封王中选出一位最贤明的立他为皇帝。”有人说：“齐悼惠王是高皇帝的长子，现在他的嫡子为齐王，从血统本源上说，他是高皇帝的嫡长孙，可以扶立他为皇帝。”大臣们都说：“吕氏因为是皇帝外家的人就作恶而几乎毁灭了宗庙社稷，杀尽了名将功臣。现在齐王母家是姓驷的，有个驷钧，是一个恶人。如果扶立齐王，就等于重新造出一个吕家叛乱。”大家想要立淮南王刘长，由于刘长年幼，他母家的人也是凶恶的，就说：“代王是当今健在的高帝的儿子，是年最长的一位宗室王，为人仁孝宽厚。太后娘家薄氏严谨善良。而且立长本来就和礼制相顺，代王又以仁孝闻名于天下，立他为帝合适。”于是共同商定暗地里派人去召来代王，代王派人入朝推辞。使者再次去迎请，然后代王乘坐六辆传车，在闰九月己酉日抵达长安，住在代王驻京的府邸。大臣们都前去拜见，把天子的玺印奉献给代王，共同尊立他为天子。代王多次推让，群臣坚持请求，最后才答应了。

朱牟侯兴居曰：“诛吕氏吾无功，请得除宫。”乃与太仆汝阴侯滕公入宫，前谓少帝曰：“足下非刘氏，不当立。”乃顾麾左右执戟者掊兵罢去。有数人不肯去兵，宦者令张泽谕告，亦去兵。滕公乃召乘舆车载少帝出。少帝曰：“欲将我安之乎？”滕公曰：“出就舍。”舍少府。乃奉天子法驾，迎代王于邸。报曰：“宫谨除。”代王即夕入未央宫。有谒者十人持戟卫端门，曰：“天子在也，足下何为者而入？”代王乃谓太尉。太尉往谕，谒者十人皆掊兵而去。代王遂入而听政。夜，有司分部诛灭梁、淮阳、常山王及少帝于邸。

东牟侯刘兴居说：“诛杀吕氏的时候我没有建立功劳，请允许我去清理皇宫。”就和太仆汝阴侯滕公夏侯婴进入皇宫，上前对少帝说：“足下不是刘氏的后代，不应立为皇帝。”说完就挥手示意在少帝左右持戟护卫的兵士们放下兵器离去。有几个人不肯放下武器，宦者令张泽告谕他们，也就放下了武器。滕公于是召来乘舆，用车载着少帝出了皇宫。少帝说：“你准备把我拉到哪去呢？”滕公说：“出宫到私舍去住。”少帝被安置住在少府。于是就奉天子法驾，到代王府邸迎请代王。向代王报告说：“我们已经谨慎地清理了皇宫。”代王就在当天傍晚进入未央宫。有十位谒者手执着戟保卫端门，他们说：“天子还在，足下为什么要进宫？”代王就对太尉说了，太尉前往晓谕他们，这十位谒者全都放下兵器而离去。代王就进入宫中开始执政。当夜，主管部门就分别在他们的府邸杀了梁王、淮阳王、常山王以及少帝。

代王立为天子。二十三年崩，谥为孝文皇帝。

代工即位为天子。二十三年以后崩逝，谥号叫孝文皇帝。

太史公曰：孝惠皇帝、高后之时，黎民得离战国之苦，君臣俱欲休息乎无为，故惠帝垂拱，高后女主称制，政不出房户，天下晏然。刑罚罕用，罪人是希。民务稼穑，衣食滋殖。

太史公说：孝惠皇帝及高后统治时期，黎民百姓摆脱了战国以来的痛苦，君臣们都希望休养生息而太平无事，所以惠帝垂手拱让，由高太后女主代行皇帝权力治理天下，颁行政令却不出居室门户，天下太平安然。极少施用刑罚，而犯罪的人因而很稀少。民众致力从事农业，衣食之物丰足繁盛了。

史记第十卷

孝文本纪第十

孝文皇帝，高祖中子也。高祖十一年春，已破陈豨军，定代地，立为代王，都中都。太后薄氏子，即位十七年，高后八年七月，高后崩。九月，诸吕吕产等欲为乱，以危刘氏，大臣共诛之，谋召立代王，事在《吕后》语中。

孝文皇帝，是高祖的排行中间的儿子。高祖十一年春天，攻破了陈豨的叛军以后，平定了代地，

汉文帝像，出自明·天然撰《历代古人像赞》。

立刘恒为代王，王国的都城在中都。他是太后薄氏所生的儿子。登代王位十七年时，在高后八年七月，高后逝世。九月，吕氏家族的人以吕产为首企图发动叛乱，来夺取刘氏社稷，大臣们共同诛杀了他们，谋划召代王入长安立他为皇帝。这些史事记载在《吕太后本纪》中。

丞相陈平、太尉周勃等使人迎代王。代王问左右郎中令张武等。张武等议曰："汉大臣皆故高帝时大将，习兵，多谋诈，此其属意非止此也，特畏高帝、吕太后威耳。今已诛诸吕，新喋血京师，此以迎大王为名，实不可信。愿大王称疾毋往，以观其变。"中尉宋昌进曰："群臣之议皆非也。夫秦失其政，诸侯豪桀并起，人人自以为得之者以万数，然卒践天子之位者，刘氏也，天下绝望，一矣。高帝封王子弟，地犬牙相制，此所谓盘石之宗也，天下服其强，二矣。汉兴，除秦苛政，约法令，施德惠，人人自安，难动摇，三矣。夫以吕太后之严，立诸吕为三王，擅权专制，然而太尉以一节入北军，一呼士皆左袒，为刘氏，叛诸吕，卒以灭之。此乃天授，非人力也。今大臣虽欲为变，百姓弗为使，其党宁能专一邪？方今内有朱虚、东牟之亲，外畏吴、楚、淮南、琅邪、齐、代之强。方今高帝子独淮南王与大王，大王又长，贤圣仁孝，闻于天下，故大臣因天下之心而欲迎立大王，大王勿疑也。"代王报太后计之，犹与未定。卜之龟，卦兆得大横。占曰："大横庚庚，余为天王，夏启以光。"代王曰："寡人固已为王矣，又何王？"卜人曰："所谓天王者乃天子。"于是代王乃遣太后弟薄昭往见绛侯，绛侯等具为昭言所以迎立王意。薄昭还报曰："信矣，毋可疑者。"代王乃笑谓宋昌曰："果如公言。"乃命宋昌参乘，张武等六人乘传诣长安。至高陵休止，而使宋昌先驰之长安观变。

丞相陈平和太尉周勃等人派人去迎请代王。代王问左右侍从的郎中令张武等人，张武等人商议说："朝廷大臣都是高帝在世时的大将，熟习军事，多有谋略，他们的企图决不止于仅做大臣，只是因为畏惧高帝和吕太后的权威罢了。现在他们已经诛杀了那些吕氏族人，刚刚血洗了京都，现在这么做只是在名义上说迎请大王，实际的用意却不可信。希望大王称病而不要去，来观察事态的变化。"中尉宋昌进言说："群臣们的建议都不对。要知道秦朝政治失道，诸侯豪杰们一同起义，自以为能够得到天下的人多得可以数以万计，然而最终登上天子位置的人，是刘氏。这使天下的诸侯豪杰们消除了幻想，这是其一。高帝分封子弟为王，使各王国和郡县的土地犬牙相错而相互制约，这就是所谓稳如盘石一般的宗族根基，天下的人都信服刘氏的强大，这是其二。汉朝兴起以后，除去了秦朝的苛政，简化法令，施行恩惠德政，使人们感到平安，人心很难动摇，这是其三。至于说以吕太后的威严，立那些吕家的人为三王，他们把持政权，独断专行，然而太尉仅仅持一信节进入北军，一声呼唤士卒都左袒其胸，表示为刘氏效忠，背叛吕氏，最后把吕氏消灭了。这是上天的授意，不是人力所能做到的。如今大臣们尽管想要发动变乱，百姓们也不会被他们驱使，他们的党羽难道能自始至终地追随而不变吗？现在在朝内有朱虚侯和东牟侯这样的宗亲，在朝外他们又畏惧吴、楚、淮南、琅邪、齐、代等王国的强大。如今高帝的儿子只有淮南王和大王，大王又是长兄，为人贤德圣明仁爱孝顺，美名传遍了整个天下，所以大臣们顺应天下的人心而想要迎请大王拥立为帝，大王不要再怀疑了。"代王把此事报告给薄太后进行计议，犹豫不决。于是用龟甲占卜，卦的兆象是一大条横向裂纹。卜辞说："大横裂纹意味着要变更地位，我将成为天王，像夏启一样继承父爵而光大先代的基业。”代王说：“寡人本来已经是王了，还做什么王？”占卜的人说：“所谓天王就是天子。”于是代王就派太后的弟弟薄昭前去会见绛侯周勃，绛侯等人详细地对薄昭讲述了他们为什么迎请代王的用意。薄昭回来报告说：“可以相信了，没有什么可怀疑的。”代王于是就笑着对宋昌说：“果真像你所说。”就命令宋昌陪他乘一辆车，张武等六人也乘坐传驿之车一同前往长安。到达了高陵县后就暂停下来，而派宋昌先驾快车进入长安观察事态。

昌至渭桥，丞相以下皆迎。宋昌还报。代王驰至渭桥，群臣拜谒称臣。代王下车拜。太尉勃进曰：“愿请间言。”宋昌曰：“所言公，公言之。所言私，王者不受私。”太尉乃跪上天子玺符。代王谢曰：“至代邸而议之。”遂驰入代邸。群臣从至。丞相陈平、太尉周勃、大将军陈武、御史大夫张苍、宗正刘郢、朱虚侯刘章、东牟侯刘兴居、典客刘揭皆再拜言曰：“子弘等皆非孝惠帝子，不当奉宗庙。臣谨请阴安侯、列侯顷王后与琅邪王、宗室、大臣、列侯、吏二千石议曰：‘大王高帝长子，宜为高帝嗣。’愿大王即天子位。”代王曰：“奉高帝宗庙，重事也。寡人不佞，不足以称宗庙。愿请楚王计宜者，寡人不敢当。”群臣皆伏固请。代王西乡让者三，南乡让者再。丞相平等皆曰：“臣伏计之，大王奉高帝宗庙最宜称，虽天下诸侯万民以为宜。臣等为宗庙社稷计，不敢忽。愿大王幸听臣等。臣谨奉天子玺符再拜上。”代王曰：“宗室将相王列侯以为莫宜寡人，寡人不敢辞。”遂即天子位。

宋昌到达了长安城西北的渭桥，自丞相以下的大臣都来迎接。宋昌回去向代王报告，代王就驾快车来到渭桥，群臣们拜见称臣。代王下车向群臣答礼。太尉周勃进言说：“请求能够单独进言。”宋昌说：“您要谈的是公事，您就公开说吧。如果要谈的是私事，做王的人不接受私言。”太尉就跪在地上奉献天子的玺印符节。代王推说：“到了代王邸以后再商定此事。”就驱车驰入代王府邸。群臣们跟从着他到达王邸。丞相陈平、太尉周勃、大将军陈武、御史大夫张苍、宗正刘郢、朱虚侯刘章、东牟侯刘兴居、典客刘揭等人都再次参拜说道：“皇子刘弘等人都不是孝惠帝的儿子，不该承奉宗庙社稷。臣等慎重地请求阴安侯、列侯顷王后和琅邪王、宗室、大臣、列侯、俸禄在二千石以上的官吏们商议说：‘大王是高帝的长子，应当成为高帝的继承人。’希望大王登临天子位。”代王说：“承奉高帝的宗庙社稷，是关系重大的事。寡人没有才智，不足以担当承奉宗庙的大任。希望你们另请楚王商议一个合适的人，寡人不敢承当。”群臣们都跪伏在地上坚决恳请。代王面西对着群臣谦让了三次，又面南对着群臣谦让了两次。丞相陈平等人都说：“我们仔细考虑这件事，由大王奉继高帝宗庙，是最合适的，即使是天下的诸侯和万民也都认为是合适的。我们为了宗庙社稷筹划，不敢有所疏忽。希望大王能够答应我们的请求。我恭谨地再次跪拜奉献上天子玺印符节。”代王说：“宗室、将、相、王、列侯都认为没有比寡人更合适的人选，寡人不敢再推辞。”于是就登上了天子位。群臣们按照朝廷的礼仪依次排列侍从皇帝。

群臣以礼次侍。乃使太仆婴与东牟侯兴居清宫，奉天子法驾，迎于代邸。皇帝即日夕入未央宫。乃夜拜宋昌为卫将军，镇抚南北军。以张武为郎中令，行殿中。还坐前殿。于是夜下诏书曰：“间者诸吕用事擅权，谋为大逆，欲以危刘氏宗庙，赖将相、列侯、宗室、大臣诛之，皆伏其辜。朕初即位，其赦天下，赐民爵一级，女子百户牛酒，酺五日。”

于是派遣太仆夏侯婴与东牟侯刘兴居前去清理皇宫，奉献天子的法驾，到代王府邸迎接皇帝。皇帝就在当晚入主未央宫。就在当夜任命宋昌为卫将军，镇守抚慰南北军。任命张武为郎中令，负责宫殿内的巡行警卫。皇帝又回到前殿坐朝。就在当天夜里颁布诏书说：“近来吕氏家族的人专权执政，图谋大逆不道的事，要动摇刘氏的宗庙社稷，全靠将相、列侯及宗室大臣们一起诛杀了他们，他们全部受到了应有的处罚。朕刚刚登上帝位，宣布大赦天下，恩赐民户家长每人一级爵位，赏赐给女子每百户一头牛和十石酒，允许民众聚会欢饮五日。”

孝文皇帝元年十月庚戌，徙立故琅邪王泽为燕王。

孝文皇帝元年十月庚戌日，改封原琅邪王刘泽为燕王。

辛亥，皇帝即阼，谒高庙。右丞相平徙为左丞相，太尉勃为右丞相，大将军灌婴为太尉。诸吕所夺齐、楚故地，皆复与之。

辛亥日，皇帝正式即位，拜谒高帝庙。右丞相陈平迁为左丞相，太尉周勃升为右丞相，大将军灌婴升任太尉。被吕氏族人所篡夺的原属于齐国和楚国的封地，又都重新归还给了原主。

壬子，遣车骑将军薄昭迎皇太后于代。皇帝曰：“吕产自置为相国，吕禄为上将军，擅矫遣灌将军婴将兵击齐，欲代刘氏，婴留荥阳弗击，与诸侯合谋以诛吕氏。吕产欲为不善，丞相陈平与太尉周勃谋夺吕产等军。朱虚侯刘章首先捕吕产等。太尉身率襄平侯通持节承诏入北军。典客刘揭身夺赵王吕禄印。益封太尉勃万户，赐金五千斤。丞相陈平、灌将军婴邑各三千户，金二千斤。朱虚侯刘章、襄平侯通、东牟侯兴居邑各二千户，金千斤。封典客揭为阳信侯，赐金千斤。”

壬子日，差遣车骑将军薄昭到代国迎请皇太后。皇帝说：“吕产自任命他自己为相国，吕禄为上将军，他们擅自冒称皇帝的诏令派遣灌婴统率军队攻打齐国，企图代替刘氏，灌婴屯留在荥阳而没有出击，和诸侯们联合谋划诛杀吕氏。吕产企图作乱，丞相陈平和太尉周勃智取了吕产等人的军权。朱虚侯刘章首先追捕吕产等人。太尉亲率着襄平侯刘通持着符节承受诏令进入北军。典客刘揭亲自夺得赵王吕禄的印信。加封太尉周勃一万户，赐给黄金五千斤；丞相陈平、灌婴将军增加食邑各三千户，赏赐黄金二千斤；朱虚侯刘章、襄平侯刘通、东牟侯刘兴居增加食邑各二千户，赏赐黄金一千斤。封典客刘揭为阳信侯，赏赐黄金一千斤。”

十二月，上曰：“法者，治之正也，所以禁暴而率善人也。今犯法已论，而使毋罪之父母妻子同产坐之，及为收帑，朕甚不取。其议之。”有司皆曰：“民不能自治，故为法以禁之。相坐坐收，所以累其心，使重犯法，所从来远矣。如故便。”上曰：“朕闻法正则民悫，罪当则民从。且夫牧民而导之善者，吏也。其既不能导，又以不正之法罪之，是反害于民为暴者也。何以禁之？朕未见其便，其孰计之。”有司皆曰：“陛下加大惠，德甚盛，非臣等所及也。请奉诏书，除收帑诸相坐律令。”

十二月，皇上说：“公正的法律，是为了禁止暴乱而能引导人们向善的工具。现在有人触犯了法律已经被定罪受到惩罚，还要使他无罪的父母、妻子、儿女和兄弟们受牵连而坐罪，以致被收为奴婢。朕很不赞成这种做法，你们应该商议一下。”负责的官员们都说：“平民百姓们不能自律，所以才制定法律来禁止。施行亲人相互连坐而被牵连治罪，目的是让想犯罪的人在心中顾及到他们的亲属的命运，使他们不敢轻意犯法，这种做法是从很久以前就施行的，还是如同过去那样便利。”皇帝说：“朕听说法律正那么民众就会诚实，治罪恰当那么民众就会受法律的约束。况且统治民众而引导他们从善，这是官吏的责任。官吏们如果既不能教导民众向善，又以不当的法律去惩罚他们，这反而是坑害了民众，而让他们去行凶暴虐。又凭借什么来禁止他们犯罪呢？朕没有发现这样有什么便利，你们再仔细考虑一下。”负责的官吏们都说：“陛下对民众施加恩惠，功德非常宏大，不是我们所能设想到的。我们请求奉皇帝的诏书，废除收没罪犯家人为奴隶等相连坐的法律。”

正月，有司言曰：“蚤建太子，所以尊宗庙。请立太子。”上曰：“朕既不德，上帝神明未歆享，天下人民未有嗛志。今纵不能博求天下贤圣有德之人而禅天下焉，而曰豫建太子，是重吾不德也。谓天下何？其安之。”有司曰：“豫建太子，所以重宗庙社稷，不忘天下也。”上曰：“楚王，季父也，春秋高，阅天下之义理多矣，明于国家之大体；吴王于朕，兄也，惠仁以好德；淮南王，弟也，秉德以陪朕。岂为不豫哉！诸侯王宗室昆弟有功臣，多贤及有德义者，若举有德以陪朕之不能终，是社稷之灵，天下之福也。今不选举焉，而曰必子，人其以朕为忘贤有德者而专于子，非所以忧天下也。朕甚不取也。”有司皆固请曰：“古者殷周有国，治安皆千余岁，古之有天下者莫长焉，用此道也。立嗣必子，所从来远矣。高帝亲率士大夫，始平天下，建诸侯，为帝者太祖。诸侯王及列侯始受国者皆亦为其国祖。子孙继嗣，世世弗绝，天下之大义也，故高帝设之以抚海内。今释宜建而更选于诸侯及宗室，非高帝之志也。更议不宜。子某最长，纯厚慈仁，请建以为太子。”上乃许之。因赐天下民当代父后者爵各一级。封将军薄昭为轵侯。

正月，负责的官吏进言说：“及早确立太子，是为了使宗庙得到遵奉的重大措施。请求皇上确立太子。”皇上说：“朕既是德行菲薄，上帝神明还没有接受我祭祀的歆享，天下的民众也还没有感到满意。现在我即使不能广泛征求天下贤圣有德的人而把天下禅让给他，却说要预先确立太子，这是加重我的失德。让我怎么向天下人交代？还是暂缓决定这事吧。”负责的官吏说：“预先确立太子，是为了尊重宗庙社稷，表示不会忘记天下。”皇上说：“楚王，是我的叔父。他年纪大了，阅历天下的义理很多，知晓国家的大政体要。吴王和我的关系，是兄长。他为人仁惠而且好施恩德。淮南王，是我的弟弟，秉持才德来辅佐我。难道不能传给他们帝位吗！那些王侯宗室兄弟及有功之臣，其中很多人是有德义的贤人，如果能举荐有德的人来继承我不能完成的事业，那是社稷神明的有灵，天下的福气。现在你们不选举他们，却说一定要传位给我的儿子，人们将要认为我忘记了贤能有德的人专意于自己的儿子，这不是在为天下而着想。我认为，这种做法很不可取。”负责的官吏们都坚决请求说：“古时候殷、周建立了国家，统治权力都平安地持续了一千多年，古时候拥有天下的没有哪一个比这两朝更长久，殷、周就是因为采用了早立太子的方法。确立继承人一定是儿子，这由来已久了。高帝亲自率领士大夫们，最先平定了天下，封建诸侯，成为后世皇帝的太祖。诸侯王和列侯最初接受封国的人也都成为这个封国的始祖。子孙相继承位，代代都不断绝，这是天下的大义，所以高帝建设此种制度以便用来安定海内。现在放弃应该确立的人而改从诸侯和宗室中选取，这不是高帝的愿望。改议封立他人是不合适的。皇帝的某位儿子年纪最大，为人淳厚慈仁，请求陛下确立他为太子。”皇上于是应允了他们的建议。因此恩赐全天下民众中每位应当接替他父亲做后继的人一级爵位。封将军薄昭为轵侯。

三月，有司请立皇后。薄太后曰：“诸侯皆同姓，立太子母为皇后。”皇后姓窦氏。上为立后故，赐天下鳏寡孤独穷困及年八十已上、孤儿九岁已下布帛米肉各有数。上从代来，初即位，施德惠天下，填抚诸侯四夷皆洽欢，乃循从代来功臣。上曰：“方大臣之诛诸吕迎朕，朕狐疑，皆止朕，唯中尉宋昌劝朕，朕以得保奉宗庙。已尊昌为卫将军，其封昌为壮武侯。诸从朕六人，官皆至九卿。”

三月，官吏请求皇帝封立皇后。薄太后说：“诸侯们都是同姓，立太子的生母为皇后。”皇后姓窦。皇上因为封立皇后的缘故，赐赏全天下的鳏寡孤独穷困的人和年纪在八十岁以上的老人九岁以下的孤儿们各有一定数额的布帛和米肉。皇上从代国前来，刚刚即位，普施恩德，天下得到安抚，诸侯及四方部族都和洽欢乐，于是封赏随从他从代国前来的功臣。皇上说：“在大臣们诛杀那些吕家人而迎请我时，我有疑虑，臣下都劝阻我不要前来，只有中尉宋昌劝我前来，使我才能保有权力奉事宗庙。已经提升宋昌为将军，应当封宋昌为壮武侯。另外随从我前来的六人，官职都升至九卿。”

上曰：“列侯从高帝入蜀、汉中者六十八人皆益封各三百户，故吏二千石以上从高帝颍川守尊等十人食邑六百户，淮阳守申徒嘉等十人五百户，卫尉定等十人四百户。封淮南王舅父赵兼为周阳侯，齐王舅父驷钧为清郭侯。”秋，封故常山丞相蔡兼为樊侯。

皇上说：“凡是跟从高皇帝进入蜀、汉中地区的列侯共有六十八人，都再加封各三百户。凡是跟从高皇帝的原官职在二千石以上的，颍川郡守刘尊等十人，各加封食邑六百户；淮阳郡守申徒嘉等十人，各加封食邑五百户；卫尉定等十四人，各加封四百户。封淮南王的舅父赵兼为周阳侯，封齐王的舅父驷钧为清郭侯。”本年秋天，封原常山国丞相蔡兼为樊侯。

人或说右丞相曰：“君本诛诸吕，迎代王，今又矜其功，受上赏，处尊位，祸且及身。”右丞相勃乃谢病免罢，左丞相平专为丞相。

有人劝导右丞相周勃说：“您本来是诛杀诸吕、迎请代王为帝的主要策动者，现在又凭借着这份功劳，受到最高的恩赏，处于尊贵的职位，大祸将要降临到您身上。”右丞相周勃听后就以身体有病为由请求免去职务。左丞相陈平独任丞相之职。

二年十月，丞相平卒，复以绛侯勃为丞相。上曰：“朕闻古者诸侯建国千余，各守其地，以时入贡，民不劳苦，上下欢欣，靡有遗德。今列侯多居长安，邑远，吏卒给输费苦，而列侯亦无由教驯其民。其令列侯之国，为吏及诏所止者，遣太子。”

二年十月，丞相陈平去世，又以绛侯周勃为丞相。皇上说：“朕听说古时候建置诸侯国有一千多个，他们各自守护封地，按照时节进贡；民众没有苦难，上下欢欣，没有缺德的地方。如今列侯多住在长安，离食邑遥远，他们国中的吏卒运送给养所需费用既多而且辛苦，而列侯们也没有机会教导和管理他们国中的百姓。应命令列侯往封国，在朝中任官吏和有诏书命令留下的诸侯，应派遣他的太子回归封国。”

十一月晦，日有食之。十二月望，日又食。上曰：“朕闻之，天生蒸民，为之置君以养治之。人主不德，布政不均，则天示之以灾，以诫不治。乃十一月晦，日有食之，適见于天，灾孰大焉！朕获保宗庙，以微眇之身托于兆民君王之上，天下治乱，在朕一人，唯二三执政犹吾股肱也。朕下不能理育群生，上以累三光之明，其不德大矣。令至，其悉思朕之过失，及知见思之所不及，丐以告朕。及举贤

良方正能直言极谏者，以匡朕之不逮。因各饬其任职，务省繇费以便民。朕既不能远德，故憪然念外人之有非，是以设备未息。今纵不能罢边屯戍，而又饬兵厚卫，其罢卫将军军。太仆见马遗财足，余皆以给传置。”

十一月晦日，有日食发生。十二月望日，又发生日食。皇上说：“我听说，天生万民，为他们设置了君王来养育治理他们。君主如果缺乏德义，施行政令不公平，上天就会用灾异以示警戒，警告君王没有治理好。因此在十一月晦日，发生了日食，谴责出现在上天，灾异哪还有比这次更大的呢！朕获得保全宗庙的职任，用一个微眇身躯而依托在万民和诸侯之上，天下的治乱，都在朕一人身上，二三位掌握国政的大臣们犹如我的手足。我对下不能治理养育好众生，对上又损害了日、月、星辰的光辉，我的失德实在是太严重了。诏令到达后，你们全都要考虑我的过失，以及我所知、所见、所思的不到处，请求你们把想法告诉我。并且举荐贤良方正和能够直言劝谏的人，来匡正我能力所做不到的地方。因此官吏们要各自整顿你们的职任，务必减省徭役费用来便利民众。我既然不能远施恩德，所以忧虑外族人会有侵犯行为，因此国境防备未能停息。现在即使是不能撤除在边疆屯驻军队，又怎么能命令军队来加强对我的保卫，应当把卫将军统领的军队裁撤。太仆所管现有的马匹留下够用就可以了，其余的马匹都交给驿站使用。”

正月，上曰：“农，天下之本，其开籍田，朕亲率耕，以给宗庙粢盛。”

正月，皇上说：“农业，是天下的根本，应当开辟籍田，我要亲自率先耕作，以供给宗庙祭祀所用的黍稷。”

却千里马图。选自明·张居正《帝鉴图说》。讲述汉文帝时，有人进献千里马，汉文帝认为千里马非皇帝所宜用，拒而不受之事。

三月，有司请立皇子为诸侯王。上曰：“赵幽王幽死，朕甚怜之，已立其长子遂为赵王。遂弟辟强及齐悼惠王子朱虚侯章、东牟侯兴居有功，可王。”乃立赵幽王少子辟强为河间王，以齐剧郡立朱虚侯为城阳王，立东牟侯为济北王，皇子武为代王，子参为太原王，子揖为梁王。”

三月，有关的官吏请求皇帝封立皇子为诸侯王。皇上说：“赵幽王被幽禁而死，我非常怜悯他，已经封立他的长子刘遂为赵王。刘遂的弟弟刘辟强和齐悼惠王的儿子朱虚侯刘章、东牟侯刘兴居对国家有功劳，可以封他们为王。”就封立赵幽王的小儿子刘辟强为河间王，把齐国的几个大郡分出而封立朱虚侯为城阳王，立东牟侯为济北王，皇子刘武为代王，皇子刘参为太原王，皇子刘揖为梁王。

上曰：“古之治天下，朝有进善之旌，诽谤之木，所以通治道而来谏者。今法有诽谤妖言之罪，是使众臣不敢尽情，而上无由闻过失也。将何以来远方之贤良？其除之。民或祝诅上以相约结而后相谩，吏以为大逆，其有他言，而吏又以为诽谤。此细民之愚无知抵死，朕甚不取。自今以来，有犯此者勿听治。”

皇上说：“古人治理天下，在朝廷设有旌旗可以使百姓站在它下面进献善言，设有可以刻写对朝政批评意见的诽谤木，这些设置是为了通达治道而招来劝谏的臣民。如今法律中有诽谤和妖言的罪名，这就使众臣不能尽情直言，而君上无法听到过失。将如何招来远方的贤良？应该废除这些法律条文。臣民中有人相约结誓诅咒君上而后又相互攻击告发，官吏们认为这是大逆不道，如果臣民还有其他怨言，而官吏们又认为是诽谤朝廷。这只是小民们由于愚笨无知而致犯下死罪。我认为很不可取，从今以后，有人如果触犯了这条法令就不需治罪。"

九月，初与郡国守相为铜虎符、竹使符。

九月，初次发放铜虎符和竹使符给郡守国相作为发兵和出入征发的凭证。

三年十月丁酉晦，日有食之。十一月，上曰："前日诏遣列侯之国，或辞未行。丞相朕之所重，其为朕率列侯之国。"绛侯勃免丞相就国，以太尉颍阴侯婴为丞相。罢太尉官，属丞相。四月，城阳王章薨。淮南王长与从者魏敬杀辟阳侯审食其。

三年十月丁酉晦日，有日食发生。十一月，皇上说："前些时候下诏派列侯前往封国，有些人推辞还没有成行。丞相是我所尊重的大臣，请他替我率领列侯们前往封国。"绛侯周勃免去了丞相之职回到了封地。任命太尉颍阴侯灌婴为丞相。废除太尉这一官职，把它的事务交给丞相处理。四月，城阳王刘章去世。淮南王刘长和他的随从魏敬杀死了辟阳侯审食其。

五月，匈奴入北地，居河南为寇。帝初幸甘泉。六月，帝曰："汉与匈奴约为昆弟，毋使害边境，所以输遗匈奴甚厚。今右贤王离其国，将众居河南降地，非常故，往来近塞，捕杀吏卒，驱保塞蛮夷，令不得居其故，陵轹边吏，入盗，甚敖无道，非约也。其发边吏骑八万五千诣高奴，遣丞相颍阴侯灌婴击匈奴。"匈奴去，发中尉材官属卫将军，军长安。

五月，匈奴侵入北地郡，他们滞留在黄河以南的地区为害。文帝初次驾临甘泉。六月，文帝说："汉朝曾经和匈奴联盟为兄弟，让他们不要在边境为害，因此运送赠给匈奴的财物相当丰厚。如今，右贤王离开他的国土，率领着他的部众，留居黄河以南早已归属汉家朝廷的地区，不是什么平常的变故，他们往来出入在靠近边塞的地区，捕杀吏卒，驱逐保卫边塞的蛮夷部族，让这些部族不能在原地居住，恣意凌辱我边塞的官吏，侵夺财物，非常傲慢无道，这不符合盟约。应发动边地官吏所统率的八万五千名骑士前往高奴，派遣丞相颍阴侯灌婴率领他们攻伐匈奴。"匈奴人离去，调发中尉部下精通骑射的士卒归属卫将军统领而屯驻长安。

辛卯，帝自甘泉之高奴，因幸太原，见故群臣，皆赐之。举功行赏，诸民里赐牛酒。复晋阳、中都民三岁。留游太原十余日。

辛卯日，皇帝从甘泉前往高奴，因此而临幸太原，召见以前为代王时的群臣，都给予了赏赐。按照各自的功劳给予奖赏，各个民众乡里都赐给牛和酒。免除晋阳和中都地区的民众三年的赋税。文帝在太原逗留巡游了十几日。

济北王兴居闻帝之代，欲往击胡，乃反，发兵欲袭荥阳。于是诏罢丞相兵，遣棘蒲侯陈武为大将军，将十万往击之。祁侯贺为将军，军荥阳。七月辛亥，帝自太原至长安。乃诏有司曰："济北王背德反上，诖误吏民，为大逆。济北吏民兵未至先自定，及以军地邑降者，皆赦之，复官爵。与王兴居去来，亦赦之。"八月，破济北军，虏其王。赦济北诸吏民与王反者。

济北王刘兴居听说文帝前往代地，准备前去攻打匈奴人，就背叛朝廷，发动军队打算袭击荥阳。皇帝于是下诏撤回由丞相率领去对匈奴作战的军队，派棘蒲侯陈武为大将军，率领十万士卒前去讨伐济北王。祁侯缯贺被任命为将军，驻守荥阳。七月辛亥日，皇帝从太原回到长安后，就下诏给有关的官吏们说："济北王违背德义背叛皇上，拖累了官吏和百姓，是大逆不道。济北国的官吏、百姓和军队的士兵们若在汉军还没有到达以前自行反正的，以及把他们率领的军队和据守的城邑投降汉军的人，全都赦免他们随从谋反的罪过，恢复他们原有的官职。离开济北王刘兴居而来投降朝廷的人，也赦免他们的罪责。"八月，打垮了济北王的军队，俘虏了济北王。赦免了济北王国那些跟随济北王反叛的官吏和百姓。

六年，有司言淮南王长废先帝法，不听天子诏，居处毋度，出入拟于天子，擅为法令，与棘蒲侯太子奇谋反，遣人使闽越及匈奴，发其兵，欲以危宗庙社稷。群臣议，皆曰"长当弃市"。帝不忍致法于王，赦其罪，废勿王。群臣请处王蜀严道、邛都，帝许之。长未到处所，行病死，上怜之。后十六

年，追尊淮南王长谥为厉王，立其子三人为淮南王、衡山王、庐江王。

六年，有关的官吏报告说："淮南王刘长废弃了先帝的成法，不听天子的诏令，居处不符合法度，出入仿效天子的礼仪，擅自颁行法令和棘蒲侯的太子缯奇谋反，派遣人出使闽越和匈奴地区，发动他们的军队，企图以此来危害宗庙社稷。"群臣们商议，都说："刘长的罪应当处以弃市。"文帝不忍心用刑法惩办淮南王，赦免了他的罪状，废除了他的爵位而不再为王。群臣们请求把刘长安置到蜀郡严道和邛都一带，文帝同意了。刘长还没有到达地方，在行途中病死。皇上很怜悯他。十六年以后，皇帝追尊淮南王刘长谥号为厉王，封他的三个儿子为淮南王、衡山王、庐江王。

十三年夏，上曰："盖闻天道祸自怨起而福繇德兴。百官之非，宜由朕躬。今秘祝之官移过于下，以彰吾之不德，朕甚不取。其除之。"

十三年夏天，皇上说："我听说天之大道，祸患起自怨恨，福泽兴于德义。百官的不对之处，应当由我负责。如今负责秘祝的官吏把这些过错推移给臣下，更加显扬出我缺乏仁德，朕非常不赞成，应当取消这种做法。"

五月，齐太仓令淳于公有罪当刑，诏狱逮徙系长安。太仓公无男，有女五人。太仓公将行会逮，骂其女曰："生子不生男，有缓急非有益也！"其少女缇萦自伤泣，乃随其父至长安，上书曰："妾父为吏，齐中皆称其廉平，今坐法当刑。妾伤夫死者不可复生，刑者不可复属，虽复欲改过自新，其道无由也。妾愿没入为官婢，赎父刑罪，使得自新。"书奏天子，天子怜悲其意，乃下诏曰："盖闻有虞氏之时，画衣冠异章服以为僇，而民不犯。何则？至治也。今法有肉刑三，而奸不止，其咎安在？非乃朕德薄而教不明欤？吾甚自愧。故夫驯道不纯而愚民陷焉。诗曰：'恺悌君子，民之父母。'今人有过，教未施而刑加焉，或欲改行为善而道毋由也。朕甚怜之。夫刑至断支体，刻肌肤，终身不息，何其楚痛而不德也，岂称为民父母之意哉！其除肉刑。"

五月，齐国太仓令淳于公犯罪应当受刑，诏令朝廷掌管牢狱的官吏把他逮捕押送到长安。太仓令没有儿子，生有五个女儿。太仓令将要被逮捕的时候，骂他的女儿们说："生孩子若不生男儿，一旦遇有危难就没有任何用处！"他的小女儿缇萦伤心自己不是男儿而哭泣，就随她的父亲来到长安，上书说："我的父亲作为官吏，齐中地区的人们都称赞他廉洁公允，现在犯法应当受刑。我为那些死了的人不能复生，受刑罚的人不能再有完整的肢体而悲哀，即使他们想要改过自新，也没有他们可以走的道路。我情愿被取消名籍而成为官府的女奴，抵赎父亲应当受刑的罪行，使他能够有机会自新。"这份上奏呈给天子，天子同情她的心意，就下诏说："我听说在有虞氏的时候，用穿戴图画有特别花纹和颜色的衣帽的方法来区分罪徒，来显示耻辱，而民众就能不犯法。这是为什么？是因为有了最好的政治局面。如今刑法列有黥面、劓鼻、刖足三种肉刑，而奸邪不能被禁止，这其中的原因在哪里？岂不是我的德行浅薄而教化不明吗？我自己非常惭愧。所以训导的方法不正就会使民众愚昧并陷入犯罪的境地。《诗经》说'平易近人的君子，是保护养育人民的父母'，如今有人犯有错误，还没有进行教化却对他们施加刑罚，若有人想要改行善道也就无路可走了。我非常怜悯他们。刑罚竟达到断人肢体、毁坏肌肤、使人终生不能复原，这是多么痛楚而不讲恩德的做法，这怎么能符合为民父母的主旨呢！应当废除肉刑。"

上曰："农，天下之本，务莫大焉。今勤身从事而有租税之赋，是为本末者毋以异，其于劝农之道未备。其除田之租税。"

皇上说："农业，是天下最根本的大业，一切政务都没有比它更重要的。如今农民们勤苦地从事农业还要负担赋税，这是把从事农业和从事经商的人不加以区别，这对于鼓励人们务农的政策来说是不完整的举措。应当免去田地的租税。"

十四年冬，匈奴谋入边为寇，攻朝那塞，杀北地都尉卬。上乃遣三将军军陇西、北地、上郡，中尉周舍为卫将军，郎中令张武为车骑将军，军渭北，车千乘，骑卒十万。帝亲自劳军，勒兵申教令，赐军吏卒。帝欲自将击匈奴，群臣谏，皆不听。皇太后固要帝，帝乃止。于是以东阳侯张相如为大将军，成侯赤为内史，栾布为将军，击匈奴，匈奴遁走。

十四年冬天，匈奴人图谋侵入边地进行掳掠，攻打朝那塞，杀死了北地郡都尉孙卬。皇上因此就派遣三位将军驻在陇西、北地和上郡，任命中尉周舍为卫将军，郎中令张武为车骑将军，驻军在渭水以北地区，聚集了千辆战车和十万骑兵。文帝亲自慰劳军队，检阅军队而申明教令，赏赐了军中的官吏和士卒。文帝要亲自率军征伐匈奴，群臣们劝谏，都不听允。皇太后坚持要求皇帝留下，文帝才没有去。于是拜任东阳侯张相如为大将军，成侯董赤为内史，栾布为将军，反击匈奴，匈奴逃走。

春，上曰："朕获执牺牲珪币以事上帝宗庙，十四年于今，历日绵长，以不敏不明而久抚临天下，朕甚自愧。其广增诸祀墠场珪币。昔先王远施不求其报，望祀不祈其福，右贤左戚，先民后己，至明之极也。今吾闻祠官祝厘，皆归福朕躬，不为百姓，朕甚愧之。夫以朕不德，而躬享独美其福，百姓不与焉，是重吾不德。其令祠官致敬，毋有所祈。"

春天，皇上说："我登临帝位得以手持牺牲和圭帛而奉祭上帝和宗庙，到现在已经十四年了，经过漫长的时间，以我的不聪敏和不贤明而抚临天下这么长久，我感到非常惭愧。应该广泛地增加用来祭祀的坛场和圭帛。从前先王远施恩泽而不求报答，举行望祭而祈求神灵降福，尊重贤能而不重亲戚，先考虑民众而后想到自己，英明到了极点。现在我听说祭祀的官吏祈求福泽，都把福泽祈求到我一人身上，不为百姓们祈祷，我感到非常惭愧，以我这样失德，却亲身独自享受这种美意福泽，使百姓不能和我共享，这样做是在加重我的失德。应命令负责祀祭的官吏只向神灵表达敬意，不要有所祈求。"

是时北平侯张苍为丞相，方明律历。鲁人公孙臣上书陈终始传五德事，言方今土德时，土德应黄龙见，当改正朔服色制度。天子下其事与丞相议。丞相推以为今水德，始明正十月上黑事，以为其言非是，请罢之。

这时候北平侯张苍担任丞相，刚刚开始明定律历。鲁地人公孙臣上书陈说五德相终始的运转来解释朝代兴衰的事，他说当今正处于土德，土德运行将有黄龙出现来作为应验，应当改正朔，变服色制度。天子把这件事发下来交给丞相讨论。丞相推算认为当今是水德运行，应该明定十月作为每年的正月并崇尚黑色，认为公孙臣的意见不对，请求皇帝否决这个建议。

十五年，黄龙见成纪，天子乃复召鲁公孙臣，以为博士，申明土德事。于是上乃下诏曰："有异物之神见于成纪，无害于民，岁以有年。朕亲郊祀上帝诸神。礼官议，毋讳以劳朕。"有司礼官皆曰："古者天子夏躬亲礼祀上帝于郊，故曰郊。"于是天子始幸雍，郊见五帝，以孟夏四月答礼焉。赵人新垣平以望气见，因说上设立渭阳五庙。欲出周鼎，当有玉英见。

十五年，在成纪县果然出现黄龙，天子就又重新召求鲁人公孙臣，任用他为博士官，来申明当今土德运行的说法。于是皇上就颁下诏书说："在成纪县出现有怪异的神物，对百姓们没有造成危害，这一年因此而得到大丰收，我要亲自举行郊祭奉祀上帝和各神灵。礼官们讨论这件事，不要因为怕我辛苦而有所隐讳。"负责官员和礼官们都说："古时候天子在夏天亲自到郊外举行祭祀上帝的礼仪，因此才称为郊祭。"于是天子才临幸辟雍，郊祭五帝，在孟夏四月举行谢上天恩德的祭礼。赵地人新垣平凭借着望气的方术得到皇帝的召见，因而劝说皇帝在渭阳设立五帝庙，想要引出周鼎，还应当有精美的宝玉出现。

十六年，上亲郊见渭阳五帝庙，亦以夏答礼而尚赤。

十六年，皇上亲自到渭阳五帝庙郊祭谒见，也在夏天举行答礼而崇尚赤色。

十七年，得玉杯，刻曰"人主延寿"。于是天子始更为元年，令天下大酺。其岁，新垣平事觉，夷三族。

十七年，获得一个玉杯，上面有刻文"人主延寿"四个字。因此天子才更改纪元而以这年为元年，下令允许天下民众可以聚会宴饮。就在这一年，新垣平欺瞒诡骗的事被发觉，被夷灭三族。

后二年，上曰："朕既不明，不能远德，是以使方外之国或不宁息。夫四荒之外不安其生，封畿之内勤劳不处，二者之咎，皆自于朕之德薄而不能远达也。间者累年，匈奴并暴边境，多杀吏民，边臣兵吏又不能谕吾内志，以重吾不德也。夫久结难连兵，中外之国将何以自宁？今朕夙兴夜寐，勤劳天下，忧苦万民，为之怛惕不安，未尝一日忘于心，故遣使者冠盖相望，结轶于道，以谕朕意于单于。今单于反古之道，计社稷之安，便万民之利，亲与朕俱弃细过，偕之大道，结兄弟之义，以全天下元元之民。和亲已定，始于今年。"

后元二年，皇上说："我既不英明，又不能远施恩德，所以使一些中原以外的国家不能平安。使四荒之外的国家不安其生，封畿以内的人勤劳而不能安居，这两重失误，都是因为我的德化浅薄而不能到达远方。近几年来，匈奴接连在边境施暴为害，杀死了许多官吏和民众，派到边境地区的大臣、士兵和官吏们又不能明白我的内心意志，因此加重了我的失德。很长时间的结难连兵，中外各国怎么能自保安宁呢？现在我早起晚睡，为天下而勤劳，为万民而忧苦，为此而心里不安，心中未曾有一日忘记，所以派遣的使者所乘的车辆在道路上前后相望，使者的车辆往还以至道路上车辙交错，以此向单于告谕我的心意。现在单于重归过去的和亲策略，考虑社稷的安危，筹计万民的便利，亲自和我共同抛弃细微的过失不再计较，共同迈向和平大道，结成兄弟般的关系，以此保全天下百姓。和亲已经确定，从今年开始。"

后六年冬，匈奴三万人入上郡，三万人入云中。以中大夫令勉为车骑将军，军飞狐；故楚相苏意为将军，军句注；将军张武屯北地；河内守周亚夫为将军，居细柳；宗正刘礼为将军，居霸上；祝兹侯军棘门：以备胡。数月，胡人去，亦罢。

后元六年冬天，匈奴三万人侵入上郡，三万人侵入云中郡。任命中大夫令勉为车骑将军，驻军在飞狐要塞；原楚国丞相苏意为将军，驻军在句注；将军张武屯军在北地；河内郡守周亚夫为将军，驻军在细柳；宗正刘礼为将军，驻军在霸上；祝兹侯驻军在棘门：以此防御匈奴。几个月以后，匈奴兵离去，汉军也撤回来了。

天下旱，蝗。帝加惠：令诸侯毋入贡，弛山泽，减诸服御狗马，损郎吏员，发仓庾以振贫民，民得卖爵。

天下大旱，遭遇蝗虫灾害。皇帝施加恩惠下令诸侯不要向朝廷入贡，放松山泽的禁令以便利民众。皇帝减省各种服饰、车驾和狗马，减少郎吏官员的名额，散发仓库的粮食来救济贫民，允许平民可以出粮买爵位。

孝文帝从代来，即位二十三年，宫室苑囿狗马服御无所增益，有不便，辄弛以利民。尝欲作露台，召匠计之，直百金。上曰："百金中民十家之产，吾奉先帝宫室，常恐羞之，何以台为！"上常衣绨衣，所幸慎夫人，令衣不得曳地，帏帐不得文绣，以示敦朴，为天下先。治霸陵皆以瓦器，不得以金银铜锡为饰，不治坟，欲为省，毋烦民。南越王尉佗自立为武帝，然上召贵尉佗兄弟，以德报之，佗遂去帝称臣。与匈奴和亲，匈奴背约入盗，然令边备守，不发兵深入，恶烦苦百姓。吴王诈病不朝，就赐几杖。群臣如袁盎等称说虽切，常假借用之。群臣如张武等受赂遗金钱，觉，上乃发御府金钱赐之，以愧其心，弗下吏。专务以德化民，是以海内殷富，兴于礼义。

孝文帝从代国前来，登临帝位二十三年，宫室、苑囿、狗马、衣服、车驾没有增加，若遇有不便，就放开法禁来为民谋利。他曾经要建筑露台，召来工匠们做预算，所需费用价值百斤黄金。皇上说："百斤黄金相当于十家中等水准平民的家产，我奉守先帝遗留下来的宫室，常常害怕玷污了它们，建筑露台做什么！"文帝经常身穿粗厚的衣服，所宠幸的慎夫人，令她不能穿拖到地面的衣服，帏帐不能用带有绣花图案的，以显示敦厚俭朴，做天下人的榜样。治办霸陵的随葬品都用瓦器，不允许用黄金、白银、铜、锡来用作装饰，不建高大的墓冢，就是想节省，不要扰民。南越王尉佗自立为武帝，但是皇上却召来尉佗兄弟而使他们尊贵，用恩德回报他，尉佗于是就取消帝号而称臣。与匈奴和亲，匈奴人都背约而侵入盗掠，但皇帝却命令边境地区的军队警备防守，不发兵深入，怕因此而烦忧辛苦百姓。吴王刘濞假称有病不入朝，皇帝就因此赐给他几杖。在群臣中像袁盎等人的谏说虽然很尖锐切直，皇帝常常能够听取他们的意见。在群臣当中如张武等人接受别人贿赂的财，事情被发现以后，皇上就把御府的金钱拿出来赏赐给他来使他内心惭愧，而不把他交给执法的官吏去治罪。皇帝专门致力于用恩德教化民众，所以海内殷富，礼义盛行。

后七年六月己亥，帝崩于未央宫。遗诏曰："朕闻盖天下万物之萌生，靡不有死。死者天地之理，物之自然者，奚可甚哀！当今之时，世咸嘉生而恶死，厚葬以破业，重服以伤生。吾甚不取。且朕既不德，无以佐百姓；今崩，又使重服久临，以离寒暑之数，哀人之父子，伤长幼之志，损其饮食，绝鬼神之祭祀，以重吾不德也，谓天下何！朕获保宗庙，以眇眇之身托于天下君王之上，二十有余年矣。赖天地之灵，社稷之福，方内安宁，靡有兵革。朕既不敏，常畏过行，以羞先帝之遗德；维年之久长，惧于不终。今乃幸以天年，得复供养于高庙，朕之不明与嘉之，其奚哀悲之有！其令天下吏民，

令到出临三日，皆释服，毋禁取妇、嫁女、祠祀、饮酒、食肉者。自当给丧事服临者，皆无践。绖带无过三寸，毋布车及兵器，毋发民男女哭临宫殿。宫殿中当临者，皆以旦夕各十五举声，礼毕罢。非旦夕临时，禁毋得擅哭。已下，服大红十五日，小红十四日，纤七日，释服。佗不在令中者，皆以此令比率从事。布告天下，使明知朕意。霸陵山川因其故，毋有所改。归夫人以下至少使。”令中尉亚夫为车骑将军，属国悍为将屯将军，郎中令武为复土将军，发近县见卒万六千人，发内史卒万五千人，藏郭穿复土属将军武。

露台惜费图。选自明·张居正《帝鉴图说》，讲述汉文帝想在骊山上建一个露天的高台，让工匠计算费用。工匠计算后汇报说应当用百金，汉文帝觉得过于奢侈，于是取消了建台的动议。

后元七年六月己亥日，皇帝在未央宫逝世。留下遗诏说：“我听说凡是天下万物若有萌出，没有哪一种不死亡的。死是天地间的规律，物质的自然属性，有什么值得那么悲哀呢？当今这个时代，世人都喜欢生而厌恶死，厚葬死者以致使生者家业破亡，注重丧事而伤害生计，我很不赞成这么做。而且我既然没有施行恩德，没有什么可以用来帮助百姓，如今逝世，又要使百姓服丧很长时间，因为丧期而背离寒暑的节律，使民众父子为我而哀，有伤长幼的意愿，减少了他们的饮食，中断了对鬼神的祭祀，因此而加重了我的失德，对天下人如何交代！我获得保奉宗庙的职责，以我这微眇的身躯寄托在天下诸侯之上，已经二十多年了。依赖天地间神灵的保佑，社稷的福泽，使中外安宁，没有战争。我既然不聪敏，常常害怕有过失，而羞辱了先帝所遗存的美德；只是我在位的时间很长了，惧怕不能终守我的志向。现在才有幸享尽天年，又能够被供养在高皇帝庙中，以我这样不英明而得到嘉善的结果，又有什么可以悲哀的呢！应当对天下官吏、平民发布命令，令到以后只用三日为我举行丧礼，全都免除其余的服孝规定。不要禁止民间娶妻嫁女、举行各种祭祀活动和饮酒食肉。凡是应当参加丧礼的人，都不要光着脚。示孝的绖带不要超过三寸，不要陈列车队和手持兵器仪仗，不要聚集男女百姓到宫殿去哭丧。宫中应当临丧的人，都只要在早晚各自放声哭哀十五声，礼毕就停止。不是在早晚应当致哀的时间，应禁止他们，不要擅自哭丧。安葬以后，大功只服丧十五日，小功只服丧十四日，缌麻只服丧七日，此后就除去丧服。其他没有被列在诏令中的，都根据这份诏令比照行事。告天下，使天下人都明白我的心愿。霸陵一带的山水保持它的原貌，不要有所改变。后宫中把夫人以下至少使全都遣送回家。”任命中尉周亚夫为车骑将军，属国徐悍为将屯将军，郎中令张武为复土将军，调集附近各县中服现役的士兵一万六千人，调集京城的士兵一万五千人，这些军卒负责护送棺椁、疏通墓穴和覆土成冢的事务，由张武指挥。

乙巳，群臣皆顿首上尊号曰“孝文皇帝”。太子即位于高庙。丁未，袭号曰“皇帝”。

乙巳日，群臣都叩首奉上尊号叫做孝文皇帝。太子刘启在高祖庙中即位。丁未日，承帝号称为皇帝。

孝景皇帝元年十月，制诏御史：“盖闻古者祖有功而宗有德，制礼乐各有由。闻歌者，所以发德也；舞者，所以明功也。高庙酎，奏《武德》、《文始》、《五行》之舞。孝惠庙酎，奏《文始》、《五行》之

舞。孝文皇帝临天下，通关梁，不异远方。除诽谤，去肉刑，赏赐长老，收恤孤独，以育群生。减嗜欲，不受献，不私其利也。罪人不帑，不诛无罪。除宫刑，出美人，重绝人之世。朕既不敏，不能识。此皆上古之所不及，而孝文皇帝亲行之。德厚侔天地，利泽施四海，靡不获福焉。明象乎日月，而庙乐不称，朕甚惧焉。其为孝文皇帝庙为《昭德》之舞，以明休德。然后祖宗之功德著于竹帛，施于万世，永永无穷，朕甚嘉之。其与丞相、列侯、中二千石、礼官具为礼仪奏。"丞相臣嘉等言："陛下永思孝道，立《昭德》之舞以明孝文皇帝之盛德，皆臣嘉等愚所不及。臣谨议：世功莫大于高皇帝，德莫盛于孝文皇帝，高皇庙宜为帝者太祖之庙，孝文皇帝庙宜为帝者太宗之庙。天子宜世世献祖宗之庙。郡国诸侯宜各为孝文皇帝立太宗之庙。诸侯王列侯使者侍祠天子，岁献祖宗之庙，请著之竹帛，宣布天下。"制曰："可。"

孝景帝元年十月，下诏书给御史："听说古时候称为祖是建有功业而称为宗是施有德泽，制作礼乐都各有原因。我又听说歌唱是为了颂扬德行，舞蹈是为了表彰功绩。在高祖庙中举行奉献醇酒的礼仪上，要演奏《武德》、《文始》、《五行》等乐曲和舞蹈。孝惠帝庙举行奉献醇酒的礼仪时，演奏《文始》、《五行》乐舞。孝文皇帝君临天下，疏通关隘桥梁，远近没有区别歧视。废除诽谤之罪，取缔割毁肢体肌肤的肉刑，赏赐年长的老人，收养抚恤孤独，以此养育众生，他抑制自己的嗜好和私欲，不接受臣子的贡献，不私自谋求利益。犯罪人的妻子不受牵连，不滥杀无故。取消宫刑，放出后宫的美人，慎重地对待割绝人情伦理及父子相继的事。朕既然不够聪敏，也就不能很好地认识到先帝的英明。这些德业都是在上古时代所不能做到的，而孝文帝能够亲自施行，他恩德的厚重与天地同高，他谋利的泽惠施加于四海，民众没有谁不获得他的福泽。他如日月一般光明，而在庙中祭祀时却没有和他的德业相称的乐舞，我感到惶恐不安。应为孝文皇帝庙制作《昭德》之舞，来显扬他的美德。然后祖宗的功德能够记载在史册上，使它们传于万世，永远无所穷尽，朕非常满意这样做。你们和丞相、列侯、品秩达到二千石的大臣及礼官们一同制作出祭祀文帝的礼仪舞乐后上奏。"丞相申屠嘉等人进言："陛下总是念及孝道，建立《昭德》的舞乐来昭明孝文皇帝的盛大德业，这些都是臣子申屠嘉等愚钝的人所想不到的事。臣子们谨慎地商议认为：若论万世的功业，没有人能比高皇帝所建立的更加巨大；若论德泽，没有人能比孝文皇帝所施行的更为盛大。高皇帝庙应当作本朝帝室的太祖庙，孝文帝庙应当作为本朝帝室的太宗庙。后世的天子应当世世代代地向太祖太宗庙贡奉祭祀。各郡、各诸侯国应各自为孝文皇帝建立太宗庙。诸侯王、列侯要派使者侍从天子祭祀，每年都要向太祖太宗庙献祭。请求皇帝把这些规定写进法典明文，向天下宣布。"皇帝颁下制书说："可以。"

太史公曰：孔子言"必世然后仁。善人之治国百年，亦可以胜残去杀"。诚哉是言！汉兴，至孝文四十有余载，德至盛也。廪廪乡改正服封禅矣，谦让未成于今。呜呼，岂不仁哉！

太史公说：孔子说过"一定要经过三十年以后仁政才能有成效。善人治理国家经过百年，也就能够清除残暴，废弃刑杀。"这话是对极了！汉朝兴起，到孝文皇帝已经历了四十多年，是德政最盛的时期。他非常谨慎地改正朔、易服色、行封禅，但是他谦让的德政在今天还没有最后完成。唉！这难道不正是仁吗！

史记第十一卷

孝景本纪第十一

孝景皇帝者，孝文之中子也。母窦太后。孝文在代时，前后有三男，及窦太后得幸，前后死，及三子更死，故孝景得立。

孝景皇帝（刘启），是孝文皇帝的排行中间的儿子。母亲是窦太后。孝文帝在代地为王的时侯，先前的王后生有三个儿子。等到窦太后得到宠幸时，先前的王后已经死去，接着她所生的三个儿子也先后去世。所以孝景皇帝即位。

元年四月乙卯，赦天下。乙巳，赐民爵一级。五月，除田半租。为孝文立太宗庙。令群臣无朝贺。匈奴入代，与约和亲。

前元元年四月乙卯日，大赦天下。乙巳日，赏赐平民每户一级爵位。五月，削减田租的一半数额。为孝文皇帝建立太宗庙。下令群臣不要上朝道贺。匈奴侵入代郡，朝廷与匈奴约定和亲。

二年春，封故相国萧何孙系为武陵侯。男子二十而得傅。四月壬午，孝文太后崩。广川、长沙王皆之国。丞相申屠嘉卒。八月，以御史大夫开封侯陶青为丞相。彗星出东北。秋，衡山雨雹，大者五寸，深者二尺。荧惑逆行，守北辰。月出北辰间。岁星逆行天廷中。置南陵及内史、祋祤为县。

二年春天，封前相国萧何的孙子萧系为武陵侯。规定男子年满二十岁便得服兵役。四月壬午日，孝文皇帝的母亲逝世。广川王、长沙王都前往封国。丞相申屠嘉去世。八月，任命御史大夫开封侯陶青为丞相。彗星在东北天空出现。秋天，衡山地区天降冰雹，最大的雹子直径有五寸，冰雹聚积最深的达二尺。火星倒转运行，留守在北极星附近。月亮出现在北极星区间。木星在太微垣中间倒转逆行。设置了南陵县及内史、祋祤县。

三年正月乙巳，赦天下。长星出西方。天火燔雒阳东宫大殿城室。吴王濞、楚王戊、赵王遂、胶西王卬、济南王辟光、淄川王贤、胶东王雄渠反，发兵西向。天子为诛晁错，遣袁盎谕告，不止，遂西围梁。上乃遣大将军窦婴、太尉周亚夫将兵诛之。六月乙亥，赦亡军及楚元王子艺等与谋反者。封大将军窦婴为魏其侯。立楚元王子平陆侯礼为楚王。立皇子端为胶西王，子胜为中山王。徙济北王志为淄川王，淮阳王馀为鲁王，汝南王非为江都王。齐王将庐、燕王嘉皆薨。

三年正月乙巳日，大赦天下。流星出现在西方。洛阳东宫大殿和城楼被天火烧毁。吴王刘濞、楚王刘戊、赵王刘遂、胶西王刘卬、济南王刘辟光、淄川王刘贤、胶东王刘雄渠造反，发动军队向西进攻。天子因此诛杀了晁错，派遣袁盎告谕他们，仍不能制止他们，于是他们就向西进军围攻梁国都城睢阳。皇帝就派遣大将军窦婴、太尉周亚夫率领军队去讨伐他们。六月乙亥日，赦免被打败而逃亡的七国军队和楚元王的儿子刘艺等参加谋反的人。封大将军窦婴为魏其侯，立楚元王的儿子平陆侯刘礼为楚王，立皇子刘端为胶西王，皇子刘胜为中山王，迁徙济北王刘志为淄川王，淮阳王刘馀为鲁王，汝南王刘非为江都王。齐王刘将庐、燕王刘嘉都去世了。

四年夏，立太子。立皇子彻为胶东王。六月甲戌，赦天下。后九月，更以弋阳为阳陵。复置津关，用传出入。冬，以赵国为邯郸郡。

四年夏天，立皇太子。立皇子刘彻为胶东王。六月甲戌日，大赦天下。闰九月，把弋阳改名叫阳陵。重新设置水陆要冲的关卡渡口，采用“传”出入关口。冬季，把赵国改为邯郸郡。

五年三月，作阳陵、渭桥。五月，募徙阳陵，予钱二十万。江都大暴风从西方来，坏城十二丈。丁卯，封长公主子蟜为隆虑侯。徙广川王为赵王。

五年三月，建造阳陵和渭水桥梁。五月，招募平民迁居阳陵，发给迁居的人共计二十万钱安家费。在江都县有大风暴从西方袭来，毁坏了十二丈城墙。丁卯日，景帝

汉景帝像，出自明·天然撰《历代古人像赞》。

封姐姐长公主的儿子陈蟜为隆虑侯。迁徙广川王为赵王。

六年春，封中尉绾为建陵侯，江都丞相嘉为建平侯，陇西太守浑邪为平曲侯，赵丞相嘉为江陵侯，故将军布为鄃侯。梁楚二王皆薨。后九月，伐驰道树，殖兰池。

六年春天，封中尉卫绾为建陵侯，江都国丞相程嘉为建平侯，陇西郡太守公孙浑邪为平曲侯，赵国丞相苏嘉为江陵侯，前将军栾布为鄃侯。梁、楚二王都去世。闰九月，砍伐驰道两旁的树木，来填平兰池。

七年冬，废栗太子为临江王。十一月晦，日有食之。春，免徒隶作阳陵者。丞相青免。二月乙巳，以太尉条侯周亚夫为丞相。四月乙巳，立胶东王太后为皇后。丁巳，立胶东王为太子。名彻。

七年冬天，把栗姬所生的太子废黜为临江王。十一月晦日，发生了日食。春天，免除和释放参加修筑阳陵的罪犯和奴隶。陶青被免除丞相的职务。二月乙巳日，任用太尉条侯周亚夫为丞相。四月乙巳日，立胶东王的母亲为皇后。丁巳日，立胶东王为太子，太子名叫彻。

中元年，封故御史大夫周苛孙平为绳侯，故御史大夫周昌孙左车为安阳侯。四月乙巳，赦天下，赐爵一级。除禁锢。地动。衡山、原都雨雹，大者尺八寸。

中元元年，封前御史大夫周苛的孙子周平为绳侯，前御史大夫周昌的孙子周左军为安阳侯。四月乙巳日，大赦天下，赐赏平民每户一级爵位。废除原来的不准商人、上门女婿做官和不准犯过罪的官吏重新做官的法令。有地震发生。衡山、原都地区降下冰雹，最大的雹子直径有一尺八寸。

中二年二月，匈奴入燕，遂不和亲。三月，召临江王来，即死中尉府中。夏，立皇子越为广川王，子寄为胶东王。封四侯。九月甲戌，日食。

中元二年二月，匈奴侵入燕国，于是和匈奴断绝和亲。三月，召临江王来京，因为有罪他就自杀在中尉府中。夏天，立皇子刘越为广川王，皇子刘寄为胶东王。赐封四人为列侯（即封楚相张尚的儿子张当居为山阳侯，太傅赵夷吾的儿子赵周为商陵侯，赵相建德的儿子横为遽侯、内史王悍的儿子王弃为新市侯）。九月甲戌日，有日食发生。

中三年冬，罢诸侯御史中丞。春，匈奴王二人率其徒来降，皆封为列侯。立皇子方乘为清河王。三月，彗星出西北。丞相周亚夫免，以御史大夫桃侯刘舍为丞相。四月，地动。九月戊戌晦，日食。军东都门外。

中元三年冬天，撤掉诸侯国中的御史中丞一职。春天，有两位匈奴王率领他们的部众前来投降，都被封为列侯。立皇子刘方乘为清河王。三月，有彗星在西北天空出现。丞相周亚夫被免职，任用御史大夫桃侯刘舍为丞相。四月，有地震发生。九月戊戌晦日，有日食发生。在京城东北外城的东城门外集军队。

中四年三月，置德阳宫。大蝗。秋，赦徒作阳陵者。

中元四年三月，建筑德阳宫。遭受严重的蝗灾。秋天，赦免建筑阳陵时服役的囚徒。

中五年夏，立皇子舜为常山王。封十侯。六月丁巳，赦天下，赐爵一级。天下大潦。更命诸侯丞相曰相。秋，地动。

中元五年夏天，立皇子刘舜为常山王。赐封十人为列侯（即平棘侯薛泽、塞侯陈始、节氏侯董赤、发类侯丁通、更侯赵明、临汝侯杨无害、阳平侯杜相夫、乘氏侯刘贾、桓邑侯刘明、盖侯王信）。六月丁巳日，大赦天下，赏赐平民每户一级爵位。天下遭受严重涝灾。把诸侯王国的丞相改称为相。秋天，发生地震。

中六年二月己卯，行幸雍，郊见五帝。三月，雨雹。四月，梁孝王、城阳共王、汝南王皆薨。立梁孝王子明为济川王，子彭离为济东王，子定为山阳王，子不识为济阴王。梁分为五。封四侯。更命廷尉为大理，将作少府为将作大匠，主爵中尉为都尉，长信詹事为长信少府，将行为大长秋，大行为行人，奉常为太常，典客为大行，治粟内史为大农。以大内为二千石，置左右内官，属大内。七月辛亥，日食。八月，匈奴入上郡。

中元六年二月己卯日，皇帝出行临章雍地，举行郊祭谒见五帝。三月，降了冰雹。四月，梁孝王、城阳共王、汝南王都去世了。立梁孝王的儿子刘明为济川王，王子刘彭离为济东王，王子刘定为山阳王，王子刘不识为济阴王。把梁国分为五个王国。又封了四个侯国。命令将廷尉改称为大理，将作少府改称为将作大匠，主爵中尉改称为都尉，长信詹事改称为长信少府，将行改为大长秋，大行改为行人，奉常改称为太常，典客改称为大行，治粟内史改称为大农。把主管京城仓库的大内官职定为二千石的品秩，设置左右内官，隶属于大内。七月辛亥日，有日食发生。八月，匈奴入侵上郡。

后元年冬，更命中大夫令为卫尉。三月丁酉，赦天下，赐爵一级，中二千石、诸侯相爵右庶长。四月，大酺。五月丙戌，地动，其蚤食时复动。上庸地动二十二日，坏城垣。七月乙巳，日食。丞相刘舍免。八月壬辰，以御史大夫绾为丞相。封为建陵侯。

后元元年冬天，命令将中大夫令改称卫尉，三月丁酉日，大赦天下，赏赐平民每户一级爵位，品秩满二千石的官吏、诸侯王国相的爵位定为右庶长。四月，准许民众聚会饮酒欢宴。五月丙戌日，发生地震，在当天吃早饭时再次发生地震。上庸县地震持续了二十二天，城墙被震坏。七月乙巳日，有日食发生。丞相刘舍被罢免，八月壬辰日，任用御史大夫卫绾为丞相，封为建陵侯。

后二年正月，地一日三动。郅将军击匈奴，酺五日。令内史、郡不得食马粟，没入县官。令徒隶衣七緵布。止马舂。为岁不登，禁天下食不造岁。省列侯，遣之国。三月，匈奴入雁门。十月，租长陵田。大旱。衡山国、河东、云中郡民疫。

后元二年正月，曾有过在一天之内连续发生三次地震。郅都将军率领军队反击匈奴。准许民众聚会饮酒欢宴五日。下令内史和各郡不能用粮食喂马，否则就要把马匹没收给官府，下令服劳役的罪犯和奴隶穿七緵布做的衣服。禁止用马来舂粟。因为收成不好，禁止天下贪食不加节约而使粮食不能供给到收获时节。为节省财力而遣送列侯前往自己的封国。三月，匈奴侵入雁门郡。十月，把长陵地区的官田出租给民众耕种。发生严重的旱灾。衡山国、河东郡和云中郡的民众遭了瘟疫。

后三年十月，日月皆赤五日。十二月晦，雷。日如紫。五星逆行守太微。月贯天廷中。正月甲寅，皇太子冠。甲子，孝景皇帝崩。遗诏赐诸侯王以下至民为父后爵一级，天下户百钱。出宫人归其家，复无所与。太子即位，是为孝武皇帝。三月，封皇太后弟蚡为武安侯，弟胜为周阳侯。置阳陵。

后元三年十月，出现了太阳、月亮连续在天空红赤五日。十二月三十日，有霹雷发生。太阳颜色如同紫色。金、木、水、火、土五星都逆转运行而留守太微垣。月亮贯穿太微垣。正月甲寅日，皇太子举行冠礼。甲子日，孝景皇帝去世。留下遗诏赏赐诸侯王以下至平民凡是应继承父业的男子每人一级爵位，赏赐天下百姓每户一百钱。放出后宫宫人让他们各自回家，免除她们终身负担和义务。太子即位，他就是孝武皇帝。三月，封皇太后的弟弟田蚡为武安侯，弟弟田胜为周阳侯。设置景帝的墓园阳陵。

太史公曰：汉兴，孝文施大德，天下怀安。至孝景，不复忧异姓，而晁错刻削诸侯，遂使七国俱起，合从而西向，以诸侯太盛，而错为之不以渐也。及主父偃言之，而诸侯以弱，卒以安。安危之机，岂不以谋哉？

太史公说：汉朝建立，孝文皇帝施行大德，使天下人心怀安定。到了孝景帝的时候，不再为异姓诸侯王的反叛而忧虑了，而晁错强行削夺诸侯王的势力，于是激起了七个王国一同起来造反，联合向西进攻。因为诸侯的势力还太强盛，而晁错采取的处置办法却又不是循序渐进地施行。等到主父偃提出“推恩”而分封王侯诸子的建议以后，才使诸侯的势力因此受到削弱，终于使国家获得安定。使国家安定或沦为战乱境地的关键，莫非不是在于运用谋略吗！

史记第十二卷

孝武本纪第十二

孝武皇帝者，孝景中子也。母曰王太后。孝景四年，以皇子为胶东王。孝景七年，栗太子废为

汉武帝像，选自《大汉三合明珠宝剑全传》。

临江王，以胶东王为太子。孝景十六年崩，太子即位，为孝武皇帝。孝武皇帝初即位，尤敬鬼神之祀。

孝武皇帝，是孝景帝排行中间的儿子。生母是王太后。景帝四年，以皇帝儿子的身分被封为胶东王。景帝七年，栗太子被废成了临江王，就用胶东王做太子。景帝在位十六年后去世，太子登位，就是孝武皇帝。孝武皇帝刚刚就位，尤其敬重对鬼神的祭祀。

元年，汉兴已六十余岁矣，天下乂安，荐绅之属皆望天子封禅改正度也。而上乡儒术，招贤良，赵绾、王臧等以文学为公卿，欲议古立明堂城南，以朝诸侯。草巡狩封禅改历服色事未就。会窦太后治黄老言，不好儒术，使人微得赵绾等奸利事，召案绾、臧，绾、臧自杀，诸所兴为者皆废。

武帝元年，汉家兴起已经有六十多年了，天下太平，在绅带间挺着朝笏的官员们都企望天子举行封禅大典和更改正朔和服色等制度。但是，皇上心向儒家经术，招集贤良人士，赵绾、王臧等由于具备文化学术方面的才能做了公卿，想计议依照古代制度在长安城南门外建立明堂，来接受诸侯们的朝拜。草拟巡行视察、举行封禅典礼、改革律历和服饰颜色等事项还没有完成，碰上窦太后奉行黄、老道家言论，不喜欢儒家学说，派人暗中窥测到赵绾等人用不正当手段谋求私利的事实，召来并处罚赵绾、王臧，赵绾、王臧在监狱中自杀，他们所兴办的事暂时都被废除了。

后六年，窦太后崩。其明年，上征文学之士公孙弘等。

这以后的第六年，窦太后逝世。第二年，皇上征召擅长文化学术的士人公孙弘等人。

明年，上初至雍，郊见五畤。后常三岁一郊。是时上求神君，舍之上林中蹄氏观。神君者，长陵女子，以子死悲哀故，见神于先后宛若。宛若祠之其室，民多往祠。平原君往祠，其后子孙以尊显。及武帝即位，则厚礼置祠之内中，闻其言，不见其人云。

第二年，皇上初次到达雍县，用郊祭参见鄜畤、密畤、吴阳上畤、吴阳下畤、北畤五畤。以后经常是三年一次郊祭。这个时候皇上求到了一位神君，把她安置在上林苑中的蹄氏观。神君，原来是一位长陵女子，由于儿子死亡而悲痛哀伤死去，在妯娌宛若面前显她的神灵。宛若在自己的家中对她供奉祭祀，百姓中很多人也前往祭祀。武帝的外祖母平原君前去祭祀过，从那以后她的子孙就因此而尊贵显荣。等到武帝即位，就用丰厚的礼品把她安置在宫中内廷供奉祭祀。祭祀时听见她的话语，但没有见到她的神灵形象。

是时而李少君亦以祠灶、谷道、却老方见上，上尊之。少君者，故深泽侯入以主方。匿其年及所生长，常自谓七十，能使物，却老。其游以方遍诸侯。无妻子。人闻其能使物及不死，更馈遗之，常馀金钱帛衣食。人皆以为不治产业而饶给，又不知其何所人，愈信，争事之。少君资好方，善为巧发奇中。尝从武安侯饮，坐中有年九十馀老人，少君乃言与其大父游射处，老人为儿时从其大父行，识其处，一坐尽惊。少君见上，上有故铜器，问少君。少君曰："此器齐桓公十年陈于柏寝。"已而案其刻，果齐桓公器。一宫尽骇，以少君为神，数百岁人也。

这个时候李少君也因为会祭祀灶神求福、种谷得金之道、却退衰老而长生等方术被皇上接见，皇上尊敬他。李少君，是从前深泽侯赵将夕请入家中来负责方术、医药事务的。隐瞒他的年龄、籍贯和生平经历，常常自称是七十岁，能驱逐鬼神，使用药物，让人退却衰老。他的游历因为会方术而遍及诸侯各国。没有妻妾、子女。人们听说他能驱逐鬼神、使用药物和让人长生不死，更把财物赠送给他，他常常有富余的金钱、衣服、食物。人们都认为他是不从事生产作业就能富饶丰足，又不知道他究竟是个什么样的人，更加相信，争着去侍奉他。少君禀性喜好方术，善于取巧性地发表意见而又常常奇迹般的被他所言中。曾经陪从武安侯田蚡宴饮，宴座中有一位九十多岁的老人，少君就说起和老人的祖父游玩射猎过的处所，老人在小孩的时候跟从他的祖父出行，认识这个地方，整个宴座上的人全都感到吃惊。少君被皇上召见，皇上有一件古旧铜器，就拿出它来问少君。少君说："这件铜器在齐桓公十年陈列在柏寝台。"随即考察铜器上的刻字，果然是齐桓公时候的器具。整个宫廷中的人都惊呆了，认为少君是个神，有几百岁的人了。

少君言于上曰："祠灶则致物，致物而丹沙可化为黄金，黄金成以为饮食器则益寿，益寿而海中蓬莱仙者可见，见之以封禅则不死，黄帝是也。臣尝游海上，见安期生，食臣枣，大如瓜。安期生仙者，通蓬莱中，合则见人，不合则隐。"于是天子始亲祠灶，而遣方士入海求蓬莱安期生之属，而事化丹沙诸药齐为黄金矣。

少君告诉皇帝说："祭祀灶神就会召来神异之物，召来神异之物丹砂就可以熔化成黄金。黄金炼出把它做成盛放饮食的器具就会延年益寿，延年益寿那么海中蓬莱的仙者可以见到，见到了蓬莱仙者因而进行封禅活动就可以不死，黄帝就是这样的人。我曾经在海上游览，见到了安期生，吃过他给我的巨大枣子，枣子大得像瓜。安期生是位仙者，能和蓬莱岛中交往，奉行的道和他相合，他就可以见你，不相合他就会隐匿起来。"于是天子开始亲自祭祀灶神，而派遣方士进入海域寻求蓬莱安期生等一类仙人，并从事把丹砂和各种药剂熔化成黄金的活动了。

居久之，李少君病死。天子以为化去不死也，而使黄锤史宽舒受其方。求蓬莱安期生莫能得，而海上燕齐怪迂之方士多相效，更言神事矣。

过了很久，李少君病死了。天子认为他是和形体分化升天而去灵魂并没有死，就派在黄、锤二县掌管文书的小吏宽舒去继承他的方术。寻求蓬莱仙人和安期生的，谁也没有得到，但是在沿海原属燕国、齐国地方的怪诞迂阔的方士们很多人互相效仿，愈加来宣说神仙的情事了。

亳人薄谬忌奏祠泰一方，曰："天神贵者泰一，泰一佐曰五帝。古者天子以春秋祭泰一东南郊，用太牢具，七日，为坛开八通之鬼道。"于是天子令太祝立其祠长安东南郊，常奉祠如忌方。其后人有上书，言"古者天子三年一用太牢具祠神三一：天一，地一，泰一"。天子许之，令太祝领祠之忌泰一坛上，如其方。后人复有上书，言"古者天子常以春秋解祠，祠黄帝用一枭破镜；冥羊用羊；祠马行用一青牡马；泰一、皋山山君、地长用牛；武夷君用干鱼；阴阳使者以一牛"。令祠官领之如其方，而祠于忌泰一坛旁。

亳地人谬忌上奏祭祀太一神的方术，说："天神中最尊贵的是太一神，太一的配祭是五位天帝。古时候在春秋季节到东南郊祭祀太一，祭品用牛、羊、猪三牲的太牢祭礼，祭祀七天，建造祭坛的时候设有通向八方的鬼道。"于是天子命令太祝官在长安东南郊建立这样的祠坛，经常按照谬忌上奏的方术供奉祭祀。这以后有人上书，说"古时候天子每三年一次用牛、羊、猪三牲的太牢祭礼祭祀神灵三一：天一、地一、太一"。天子答应了，命令太祝统领在谬忌的太一坛上祭祀三一，依照谬忌上奏的方术去做。后来再次有人上书，说"古时候天子常常在春季为了解除殃祸求福祥而举行祭祀，祭祀黄帝时祭品用一只恶鸟枭和一头恶兽破镜(獍)；冥羊神用羊祭祀；马行神用一匹青色公马；太一、皋山山君、地长三神用牛；武夷君一神用干鱼；阴阳使者一神用一头牛。"命令祠官按照上书人的方术统领办理，而在谬忌的太一坛近旁祭祀。

其后，天子苑有白鹿，以其皮为币，以发瑞应，造白金焉。

这以后，天子游乐射猎的上林苑中养有白鹿，用它的皮造成皮币，为了揭示祥瑞符应，铸造银锡成白金三品。

其明年，郊雍，获一角兽，若麃然。有司曰："陛下肃祗郊祀，上帝报享，锡一角兽，盖麟云。"于是以荐五畤，畤加一牛以燎。赐诸侯白金，以风符应合于天地。

第二年，到雍县郊祭，捕获到只有一角的野兽，像麃一样。官府的人员说：“陛下穆肃虔诚地进行郊祭，上帝为了酬报供享，赐给一只角的兽，大概就是麒麟了。”于是拿它进献给五畤，每畤加一头牛的祭品并焚烧祭祀天帝。赐给诸侯们银锡白金，暗示所揭示的符应是合乎天意的。

于是济北王以为天子且封禅，乃上书献泰山及其旁邑。天子受之，更以他县偿之。常山王有罪，迁，天子封其弟于真定，以续先王祀，而以常山为郡。然后五岳皆在天子之郡。

于是济北王认为天子将要举行封禅大典，就上书献出泰山和他的近旁城邑，天子用其他县的土地赏还给他。常山王犯了罪，被迁徙，天子封他的弟弟在真定为王，来继续对先王的祭祀，而将常山国设作郡，这样做了以后，五岳地区都在天子直接管辖的郡内了。

其明年，齐人少翁以鬼神方见上。上有所幸王夫人，夫人卒，少翁以方术盖夜致王夫人及灶鬼之貌云，天子自帷中望见焉。于是乃拜少翁为文成将军，赏赐甚多，以客礼礼之。文成言曰：“上即欲与神通，宫室被服不象神，神物不至。”乃作画云气车，及各以胜日驾车辟恶鬼。又作甘泉宫，中为台室，画天、地、泰一诸神，而置祭具以致天神。居岁余，其方益衰，神不至。乃为帛书以饭牛，详弗知也，言此牛腹中有奇。杀而视之，得书，书言甚怪，天子疑之。有识其手书，问之人，果伪书。于是诛文成将军而隐之。

第二年，原来的齐地人少翁由于有会招引鬼神的方术被皇上召见。皇上有一位特别宠爱的王夫人，夫人去世，少翁用方术大约在夜晚能将王夫人和灶鬼的容貌招来，天子从帷帐中望见了。于是就赐封少翁为文成将军，给他的赏赐特别多，还用宾客之礼接待他。文成将军对皇上说：“皇上如果想和神灵交通，住的宫室披挂的服饰不像神仙用的，神仙就不会来到。”因此制造出图画上云气车，以及分别依干支五行相胜之日驾着车驱赶恶鬼。又建造甘泉宫，中间是台室，图画出天、地、太一等各种神，并安置些祭祀器具以便招来天神。过了一年多，文成的方术更加衰败，神灵没有来到。就在帛上写些字让牛吞下，假装着不知道，说这条牛的腹中有奇怪的东西。杀掉牛一看，得到了帛书，上面内容非常奇怪，天子怀疑这件事。有人认识这个写字人的笔迹，询问这个写字人，果然是模仿的字书。于是诛杀文成将军隐瞒起这件事。

女巫出入图。选自明·张居正《帝鉴图说》，讲述汉武帝喜好神仙之道，致使女巫出入宫中。

其后则又作柏梁、铜柱承露仙人掌之属矣。

这以后就又兴造起柏梁、铜柱、承露仙人掌一类的建筑物了。

文成死明年，天子病鼎湖甚，巫医无所不致，不愈。游水发根乃言曰：“上郡有巫，病而鬼下之。”上召置祠之甘泉。及病，使人问神君。神君言曰：“天子毋忧病。病少愈，强与我会甘泉。”于是病愈，遂幸甘泉，病良已。大赦天下，置寿宫神君。神君最贵者太一，其佐曰大禁、司命之属，皆从之。非可得见，闻其音，与人言等。时去时来，来则风肃然也。居室帷中。时昼言，然常以夜。天子祓，然后入。因巫为主人，关饮食。所欲者言行下。又置寿宫、北宫，张羽旗，设供具，以礼神君。神君所言，上使人受书其言，

命之曰“画法”。其所语，世俗之所知也，毋绝殊者，而天子独喜。其事秘，世莫知也。

文成被杀死的第二年，天子在鼎湖宫病得很厉害，巫医能治的办法没有不用上的，没有好转。因此游水发根发话说：“上郡有个巫神，病了却使鬼怪降服于他。”皇帝把他召来安置在甘泉宫给予祭祀。等到病了，派人去问这个神君。神君告诉说：“天子不要忧愁生病。病略为好转，就勉强支持来和我在甘泉相会。”于是病好些了，就前往甘泉，病果然好得特别彻底。大赦天下，把神君迁置在寿宫。神君最尊贵的是太一神，太一的辅佐叫大禁、司命一类，都跟从着太一神。众神仙不是能够看见的，听到了他们说话的声音，和人说话是一样的。有时候离去有时候来临，来临的时候有风吹动肃肃然。居处在宫室帷幕里面。有时候白天说话，然而常常还是在夜里说。天子举行了除灾求福的仪式，然后进入寿宫。就把巫师作为主人，向他领取饮食。众神所想的什么事说出来，也由巫师传达下来。又建筑寿宫、北宫，张挂用羽毛装饰的旗帜，陈设供奉器具，来礼祭神君。神君所说的话，皇帝派人听受并把它记下来，取个名叫“画法”。他说出的言语，都是人世上习俗所知道的，没有什么特别的不同，但是天子心里独自喜欢。他的事是保守秘密的，社会上无人会知道。

其后三年，有司言元宜以天瑞命，不宜以一二数。一元曰“建元”，二元以长星曰“元光”，三元以郊得一角兽曰“元狩”云。

这以后第三年，官府说纪元应该用天的祥瑞来命名，不应该只是按一二去记数。第一个纪元叫做建元，第二个纪元因为彗星出现叫做元光，第三个纪元因为在郊外捕得一只角的奇兽叫做元狩。

其明年冬，天子郊雍，议曰：“今上帝朕亲郊，而后土毋祀，则礼不答也。”有司与太史公、祠官宽舒等议：“天地牲角茧栗。今陛下亲祀后土，后土宜于泽中圜丘为五坛，坛一黄犊太牢具，已祠尽瘗，而从祠衣上黄。”于是天子遂东，始立后土祠汾阴脽上，如宽舒等议。上亲望拜，如上帝礼。礼毕，天子遂至荥阳而还。过雒阳，下诏曰：“三代邈绝，远矣难存。其以三十里地封周后为周子南君，以奉先王祀焉。”是岁，天子始巡郡县，侵寻于泰山矣。

第二年冬天，天子到雍县郊祭，计议说：“现在上帝由我亲临郊祭，但是对土地神没有祭祀，所以礼制是不完备的。”主管官府和太史公司马谈、祠官宽舒议定：“对大地的祭品贵在用牲角小得像茧栗一样的幼小牛犊。如今陛下亲临祭祀后土神，后土应该在水泽中建五个外形圆而高如小丘的坛来祭祀，每坛用一头小黄牛的太牢祭品，祭祀完毕以后全都埋葬掉，而陪祭人所穿的衣服崇尚黄色。”于是天子就向东去，开始在汾阴治所脽地山丘上建筑后土神庙，实施宽舒等人的议论。皇上亲临巡望跪拜，跟祭祀上帝的礼仪完全一样。祭礼完毕，天子顺路到了荥阳才回来。经过洛阳，下诏书说：“三代无限遥远，太久远了他们的后代难以留存。应该用方圆三十里的地方赐封周家后裔为周子南君，来供奉他先祖的祭祀。”这一年，天子开始巡视郡县，逐渐接近泰山一带了。

其春，乐成侯上书言栾大。栾大，胶东宫人，故尝与文成将军同师，已而为胶东王尚方。而乐成侯姊为康王后，毋子。康王死，他姬子立为王。而康后有淫行，与王不相中，相危以法。康后闻文成已死，而欲自媚于上，乃遣栾大因乐成侯求见言方。天子既诛文成，后悔恨其早死，惜其方不尽，及见栾大，大悦。大为人长美，言多方略，而敢为大言，处之不疑。大言曰：“臣尝往来海中，见安期、羡门之属。顾以为臣贱，不信臣。又以为康王诸侯耳，不足予方。臣数言康王，康王又不用臣。臣之师曰：‘黄金可成，而河决可塞，不死之药可得，仙人可致也。’臣恐效文成，则方士皆掩口，恶敢言方哉！”上曰：“文成食马肝死耳。子诚能修其方，我何爱乎！”大曰：“臣师非有求人，人者求之。陛下必欲致之，则贵其使者，令有亲属，以客礼待之，勿卑，使各佩其信印，乃可使通言于神人。神人尚肯邪不邪。致尊其使，然后可致也。”于是上使先验小方，斗旗，旗自相触击。

这年春天，乐成侯丁义上书进言栾大。栾大，是替胶东王刘寄管理宫中日常生活事务的宫人，从前曾经和文成将军同时向一个老师学艺，不久就做了替胶东王掌管配制药物的尚方。乐成侯的姐姐是康王（胶东王后来谥为康王）的王后，没有生儿子。康王死了，其他妾姬的儿子即位做了王。康王王后有淫乱行为，和康王不投合，相互间用些法术进行残害。康王王后听说文成将军已经被杀，就想向皇帝讨好，于是派遣栾大通过乐成侯请求召见而进献方术。天子已经杀了文成将军，后悔他死得太早，可惜他掌握的方术没有用尽，等到召见栾大，非常高兴。栾大人长得又高又漂亮，言谈中有很多计谋策略，而且敢说大话，撒起谎来毫不疑惧。说大话称：“我来来去去到过海域之中，看见了安期生、羡门高一类仙人。但是由于我出身卑贱，他们都不相信我。又认为康王只是个诸侯王，不值得给他神方。我多次对康王说过，康王又不用我。我的老师说：'黄金可以炼成，而黄河的决口可以堵塞，长生不死的药物可以得到，仙人可以招来。'然而我恐怕得到文成将军一样的后果，那样方士们都会掩着嘴巴，哪里还敢进言方术哩！"皇帝说："文成将军是吃马肝死的。你确能修炼出他那样的方术，我还吝惜什么金宝和禄位呢！"栾大说："我的老师并不是有求于人，是人们去求他。陛下一定想招来神仙，就要尊重他的使者，让他有亲属，并受到宾客之礼的款待，不要卑视他，还要让他佩带各种印信，才可以使他同神仙交通话语。神仙是肯见或是不肯见还不一定。只有特别尊贵神仙的使者，然后才可以招来神仙。"于是皇上先让他实验一下小的方术，表演斗棋，棋子就自动相互抵触撞击。

是时上方忧河决，而黄金不就，乃拜大为五利将军。居月余，得四金印，佩天士将军、地士将军、大通将军、天道将军印。制诏御史："昔禹疏九江，决四渎。间者河溢皋陆，堤繇不息。朕临天下二十有八年，天若遗朕士而大通焉。《乾》称'蜚龙'，'鸿渐于般'，意庶几与焉。其以二千户封地士将军大为乐通侯。"赐列侯甲第，僮千人。乘舆斥车马帷帐器物以充其家。又以卫长公主妻之，赍金万斤，更名其邑曰当利公主。天子亲如五利之第。使者存问所给，连属于道。自大主将相以下，皆置酒其家，献遗之。于是天子又刻玉印曰"天道将军"，使使衣羽衣，夜立白茅上，五利将军亦衣羽衣，立白茅上受印，以示弗臣也。而佩"天道"者，且为天子道天神也。于是五利常夜祠其家，欲以下神。神未至而百鬼集矣，然颇能使之。其后治装行，东入海，求其师云。大见数月，佩六印，贵振天下，而海上燕齐之间，莫不搤捥而自言有禁方，能神仙矣。

这个时候皇上正忧虑黄河决口，而炼丹砂铅锡成黄金又不能得手，就授予栾大做五利将军。过了一个多月，栾大又得到四方金印，佩带上天士将军、地士将军、大通将军、天道将军的印信。天子下诏给御史："从前大禹疏浚九江，决通四渎。近来黄河泛滥到岸边广阔的平地，修筑堤防的劳役没有停止。我登临天下二十八年，上天好像要送给我一名贤士而栾大正是能通天意的呢。如《周易·乾卦》说的那样，'有飞龙游弋在天'，《渐卦》说'似鸿鸟飞临高岸边'，能够得到栾大，我的意志差不多是得到上天赞许的。应当用二千户地方封地士将军栾大为乐通侯。"赏赐列侯等级的上等宅第，僮仆一千人。按帝王标准用车马、帐幕、器械、百物来充满他的家室。又把卫皇后的长女嫁给他，赠送黄金万斤，更改她封号命名叫当利公主。天子亲自驾临五利将军的住宅。派出问候和负责供应的使臣，在道路上连接不断。从武帝姑母大长公主和将相以下，都在他家中备设酒宴，进献赠送给他钱财。于是天子还刻制了玉印叫"天道将军"，派使者穿上用羽毛缝制的衣服，夜晚站立在白茅上，五利将军穿上用羽毛缝制的衣服，站立在白茅上接受玉印，以表示不把他当臣子看待。而佩带"天道"的意思，是将要替天子导引出天神。于是五利将军常常夜晚在自家进行祭祀，想借此让神降下。神没有来到却有百鬼聚集了，但他还是很能指使他们。从这以后他整理行装外出，往东进入海域，寻求他的仙师去了。栾大被引见几个月，就佩带着六方大印，贵宠震动了天下，由此沿海一带原来属燕国、齐国境界之内的方士，没有谁不是握紧手腕振奋地说自己也有秘方，能够招来神仙了。

其夏六月中，汾阴巫锦为民祠魏脽后土营旁，见地如钩状，掊视得鼎。鼎大异于众鼎，文缕毋款识，怪之，言吏。吏告河东太守胜，胜以闻。天子使使验问巫锦得鼎无奸诈，乃以礼祠，迎鼎至甘泉，从行，上荐之。至中山，晏温，有黄云盖焉。有麃过，上自射之，因以祭云。至长安，公卿大夫皆议请尊宝鼎。天子曰："间者河溢，岁数不登，故巡祭后土，祈为百姓育谷。今年丰庑未有报，鼎曷为出哉？"有司皆曰："闻昔大帝兴神鼎一，一者一统，天地万物所系终也。黄帝作宝鼎三，象天地人也。禹收九牧之金，铸九鼎，皆尝亨鬺上帝鬼神。遭圣则兴，迁于夏商。周德衰，宋之社亡，鼎乃沦伏而不见。《颂》云'自堂徂基，自羊徂牛；鼐鼎及鼒。不虞不骜，胡考之休'。今鼎至甘泉，光润龙变，承休无疆。合兹中山，有黄白云降盖，若兽为符，路弓乘矢，集获坛下，报祠大飨。惟受命而帝者心知其意而合德焉。鼎宜见于祖祢，藏于帝廷，以合明应。"制曰："可。"

这年夏季六月中，汾阴的巫者叫锦的在魏脽的后土神庙地界旁边替民众祈祷祭祀，看见地面突起像钩的形状，用手扒开土一看得到了一座鼎。鼎大得和其他的鼎都不一样，雕刻有花纹但没有文字表记，感到奇怪，告诉当地官吏。官吏报告给河东太守名叫胜的，胜上书禀知皇上。天子派遣使者考察讯问巫者获得鼎的情况没有奸伪欺诈，于是用礼加以祭祀，把鼎迎接到甘泉宫，是随从皇上同行的，皇上把它祭献给上天。途中走到中山，天气晴朗温和，上空有黄色云彩覆盖哩。恰巧有只麃子经过，皇上亲自射中，因而用来祭祀。到了长安，公卿大夫等官员都上议请求尊崇宝鼎。天子说："最近黄河泛滥，几年来收成不好，所以在巡视中祭祀后土神，祈祷它替百姓们繁育谷苗。今年还没有丰收，鼎为什么要出土呢？"官员们都说："听说从前太帝（黄帝前的太昊伏羲氏）铸造神鼎一座，一就是大一统，是天地万物所系属的最后旨归。黄帝制作宝鼎三座，象征着天地人。大禹收集九州出产的金属，铸成九鼎，都曾经用它烹煮牲畜来祭祀上帝鬼神。遇到盛世它们就会出现，这样传到了夏代、商代。周家德行衰败，宋国的社庙覆亡，鼎于是沦落淹没，隐藏起来不见了。《诗经》的《周颂》中说：'从庙堂到门槛外，有献羊的有献牛；大鼎（鼐）中鼎和小鼎（鼒），不喧哗来不傲慢，保佑大家都长寿。'现在宝鼎到了甘泉，光辉润泽龙游变化，庆承福惠无边无疆。在这里和中山降下的黄白祥云相合，祥云就如嘉兽象征瑞应，加上陛下用大弓四箭射获麃子，吉兆都会集到坛下，形成酬报天地鬼神的盛大典礼。只有承受天命称帝的人才能心知其中的深意而合应符德的。宝鼎应该进献给高祖庙，藏在甘泉宫天帝殿廷，以便契合上天降赐的神明符应。"皇上下诏说："可以。"

入海求蓬莱者言蓬莱不远，而不能至者，殆不见其气。上乃遣望气佐候其气云。

进入大海寻找蓬莱三神山的人，说蓬莱仙岛离岸不很远，但是不能到达的原因，也许是没有见到它放射的瑞气。皇上于是派遣望气的官员来辅佐征候蓬莱岛的瑞气。

其秋，上幸雍，且郊。或曰"五帝，泰一之佐也，宜立泰一而上亲郊之"。上疑未定。齐人公孙卿曰："今年得宝鼎，其冬辛巳朔旦冬至，与黄帝时等。"卿有札书曰："黄帝得宝鼎宛朐，问于鬼臾区。区对曰：'帝得宝鼎神策，是岁己酉朔旦冬至，得天之纪，终而复始。'于是黄帝迎日推策，后率二十岁得朔旦冬至，凡二十推，三百八十年，黄帝仙登于天。"卿因所忠欲奏之。所忠视其书不经，疑其妄书，谢曰："宝鼎事已决矣，尚何以为！"卿因嬖人奏之。上大说，召问卿。对曰："受此书申功，申功已死。"上曰："申功何人也？"卿曰："申功，齐人也。与安期生通，受黄帝言，无书，独有此鼎书。曰'汉兴复当黄帝之时，汉之圣者在高祖之孙且曾孙也。宝鼎出而与神通，封禅。封禅七十二王，唯黄帝得上泰山封'。申功曰：'汉主亦当上封，上封则能仙登天矣。黄帝时万诸侯，而神灵之封居七千。天下名山八，而三在蛮夷，五在中国。中国华山、首山、太室、泰山、东莱，此五山黄帝之所常游，与神会。黄帝且战且学仙。患百姓非其道，乃断斩非鬼神者。百余岁然后得与神通。黄帝郊雍上帝，宿三月。鬼臾区号大鸿，死葬雍，故鸿冢是也。其后黄帝接万灵明廷。明廷者，甘泉也。所谓寒门者，谷口也。黄帝采首山铜，铸鼎于荆山下。鼎既成，有龙垂胡髯下迎黄帝。黄帝上骑，群臣后宫从上龙七十余人，龙乃上去。馀小臣不得上，乃悉持龙髯，龙髯拔，堕黄帝之弓。百姓仰望黄帝既上天，乃抱其弓与龙胡髯号，故后世因名其处曰鼎湖，其弓曰乌号。'"于是天子曰："嗟乎！吾诚得如黄帝，吾视去妻子如脱屣耳。"乃拜卿为郎，东使候神于太室。

这年秋天，皇帝临幸雍县，将要进行郊祭。有人说"五色之帝，是太一帝的陪祭，应该建立太一坛由皇上亲临祭祀它"。皇上犹豫不决。原来齐地人公孙卿说："今年得了宝鼎，而冬季辛巳朔日晨旦是冬至到达时刻，和黄帝时代正好相同。"公孙卿还有进言议事的书札说："黄帝在宛朐地方获得宝鼎，就问臣子鬼臾区。鬼臾区回答说：'帝得到宝鼎和用于占卜的神蓍草，这一年己酉朔日晨旦是冬至时刻，合乎天的历数，就这样终而复始地循环。'于是黄帝预测日月朔望以推算历法，后来大约每过二十年再值朔日晨旦冬至，总计二十次推算，合三百八十年，黄帝就成了仙登临上天去了。"公孙卿想通过武帝的近臣所忠上奏，所忠一看他书札中的议论不合常理，怀疑他是胡乱地写作，就拒绝说："祭宝鼎的事已经决定了，还能做什么！"公孙卿通过武帝宠爱的人奏上。皇上看了特别高兴，就召来公孙卿询问。回答说："从申功那里接受到这些内容，申功已经死亡。"皇上说："申功是个什么样的人？"公孙卿说："申功，齐国地方人。和仙人安期生通往过，听过黄帝的言论，没有写成文字，唯独只有这份铸在鼎上的文字。说'汉家兴盛会重新相当黄帝得鼎的时节。汉家帝王的贤圣人是在高祖的孙辈以至曾孙辈。宝鼎出土并与神灵交通，就举行封禅典礼。自古举行过封禅的有七十二位君王，只有黄帝能够上到泰山举行封礼'。申功说：'汉家君主也应该上到泰山举行封礼，上到泰山举行了封礼就能成为神仙登天了。黄帝时代有万家诸侯,能够主持名山大川神灵祭祀而得到封地的有七千家。天下的名山有八座,三座在边远部落地区,五座在中原各国。中原各国有华山、首山、太室山、泰山、东莱山,这五座山是黄帝经常去游览,与神灵相会的地方。黄帝一边作战一边学习仙道。愤恨百姓中有人反对他的仙道,并处斩了那些诋毁鬼神的人。这样一百多年以后才能够和神灵交通。黄帝到雍地郊祭上帝,停宿三个月。鬼臾区别号大鸿,死后葬在雍地,就是从前的鸿冢。这以后黄帝在明堂接见万般神灵。所说的明堂,就是现在的甘泉宫。所说的寒门,就是现在的谷口。黄帝开采首山的铜,在荆山脚下铸成鼎。鼎已铸成,有条飞龙垂着胡须往下来迎接皇帝。黄帝骑上龙背,他的群臣和后宫的一些人跟着骑上去的有七十多人,龙于是飞上天去。其余的小臣子不能骑上龙背,就都抓住龙的胡须,龙的胡须被拔出来了,黄帝的一把弓也掉落下来了。百姓们仰望着黄帝已经飞上天去,就抱着他的弓和龙的胡须号哭,所以后代就此把黄帝上天的地方取名叫鼎湖,把他掉落的弓取名叫乌号。'"听了以后于是天子就说:"哎呀!我真的能够像黄帝那样,我看待和抛弃人世间的妻妾子女就会像仍掉鞋子一样容易了。"就委任公孙卿做郎官,派他去东方在太室山恭候神灵。

上遂郊雍,至陇西,西登空桐,幸甘泉。令祠官宽舒等具泰一祠坛,坛放薄忌泰一坛,坛三垓。五帝坛环居其下,各如其方,黄帝西南,除八通鬼道。泰一所用,如雍一畤物,而加醴枣脯之属,杀一牦牛以为俎豆牢具。而五帝独有俎豆醴进。其下四方地,为餟食群神从者及北斗云。已祠,胙馀皆燎之。其牛色白,鹿居其中,彘在鹿中,水而洎之。祭日以牛,祭月以羊彘特。泰一祝宰则衣紫及绣。五帝各如其色,日赤,月白。

皇上于是到雍县郊祭,接着到了陇西,往西登上了空桐山,幸临甘泉宫。命令祠官宽舒等筹建太一神的祭祀坛,祭祀坛仿照亳人谬忌所说的太一坛模式,坛筑成三层。五色帝的坛围在它下面的四周,分别安置在各自所主的一方,黄色帝安置在西南方,清理出通向八方的鬼道。太一坛所用的祭品,和雍县一座畤的祭物相当,而另加上醴酒枣脯一类,还杀一头牦牛作盛在俎豆等祭具里的一套完备的祭品,而五色帝的祭品只有通常俎豆所盛的和醴酒进献。在它们下面的四方地,就是些绕着坛设置并互相联缀的给群神随从者及北斗星神供奉歆食的祭座。祭祀完毕,胙肉和余品被火焚化。祭品牛用白色,鹿放在牛的体腔中,猪放在鹿的体腔中,然后用水浸泡。祭日神用牛,祭月神用一头羊或是猪。太一坛的祭祀主管官员穿紫色绣花的祭服。祭祀五色帝穿的祭服颜色和所祭的帝神一样,祭日神穿赤色衣,祭月神穿白色衣。

十一月辛巳朔旦冬至,昧爽,天子始郊拜泰一。朝朝日,夕夕月,则揖;而见泰一如雍礼。其赞飨曰:"天始以宝鼎神策授皇帝,朔而又朔,终而复始,皇帝敬拜见焉。"而衣上黄。其祠列火满坛,坛旁烹炊具。有司云"祠上有光焉"。公卿言"皇帝始郊见泰一云阳,有司奉瑄玉嘉牲荐飨。是夜有美光,及昼,黄气上属天"。太史公、祠官宽舒等曰:"神灵之休,祐福兆祥,宜因此地光域立泰畤坛以明应。令太祝领,秋及腊间祠。三岁天子一郊见。"

十一月辛巳朔日晨旦冬至时刻到来,天刚亮,皇帝开始到郊外拜祭太一神。早晨祭日神,傍晚祭月神,就用拱手行揖礼;而参见太一神用的是雍县郊祭礼。祭祀官员宣读祝词说:"上天最初把宝鼎和占卜用的神蓍草授给皇帝,经过了一个朔旦又一个朔旦,终而复始地循环,皇帝在这里恭敬地拜祭。"而穿的祭服崇尚黄色。这个祭祀形式是满坛列置火光,坛的旁边摆着烹饪用的器具。主管官员就说是"祭坛上方有光彩显现"。公卿们说"皇帝当初在云阳宫郊祭拜见太一神,祭祀的官员手捧六寸大的玉璧,以及将养了五年有二千斤重的牲牛进献。祭祀这天晚上天空有美丽的光芒,直到次日天明,黄气还从地面上连着天顶"。太史公司马谈、祠官宽舒等说:"神灵显出的美好景象,预示着福佑吉祥,应该依据这个美光出现的地域建筑太畤坛来宣明瑞应。令太祝官负责,在秋季和腊月间进行祭祀。三年天子来参加一次郊祭进献。"

其秋,为伐南越,告祷泰一,以牡荆画幡日月北斗登龙,以象天一三星,为泰一锋,名曰"灵旗"。为兵祷,则太史奉以指所伐国。而五利将军使不敢入海,之泰山祠。上使人微随验,实无所见。五利妄言见其师,其方尽,多不雠。上乃诛五利。

这年秋天,为了攻伐南越,祷告太一神,用牡荆做竿张着画有日月、北斗和登龙的长条形旗帜,来象征天一三星，作为祭祀太一神的前导旗帜，命名叫“灵旗”。替战事祈祷时，就由太史捧着它用来指向所攻伐的国家。而五利将军受派遣求仙不敢进入海域，就到泰山去祭祀。皇上派出人员暗中跟随检验，实在没有见到任何神仙。五利将军却妄说见到了他的仙师。他的方术用尽了，多数不能应验。皇上于是杀五利将军。

其冬，公孙卿候神河南，见仙人迹缑氏城上，有物若雉，往来城上。天子亲幸缑氏城视迹。问卿：“得毋效文成、五利乎？”卿曰：“仙者非有求人主，人主求之。其道非少宽假，神不来。言神事，事如迂诞，积以岁乃可致。”于是郡国各除道，缮治宫观名山神祠所，以望幸矣。

第二年冬天，公孙卿在河南恭候神灵，在缑氏城上看见了仙人的踪迹，有神物像野鸡，在城上飞来飞去。天子亲自临幸缑氏城视察仙人踪迹。询问公孙卿：“不是效法文成将军、五利将军进行欺诈吧？”公孙卿说：“仙人不是有求于人间君主，人间做君主的人在求他。求仙之法，如果不稍为宽限时日等待，神仙就不会来。说起求神仙的事，事情好像迂阔荒诞，只有积以年月才可以招来它的。”于是郡县封国分别整修道路，修缮建筑宫观名山神仙祠庙的屋宇，以企望皇上驾临呢。

其年，既灭南越，上有嬖臣李延年以好音见。上善之，下公卿议，曰：“民间祠尚有鼓舞之乐，今郊祀而无乐，岂称乎？”公卿曰：“古者祀天地皆有乐，而神祇可得而礼。”或曰：“泰帝使素女鼓五十弦瑟，悲，帝禁不止，故破其瑟为二十五弦。于是塞南越，祷祠泰一、后土，始用乐舞，益召歌儿，作二十五弦及箜篌瑟自此起。

这年，已经灭亡了南越。皇上有个宠爱的臣子李延年因为善于音乐被召见。皇上很赞赏他，下令公卿们进行计议，说：“民间祭祀的时候尚且还有击鼓舞蹈的音乐，现在进行郊野祭祀反倒没有音乐，难道是相称配吗？”公卿们说：“古时候祭祀天地都有音乐，那样天地神灵才能够歆享祭祀。”有人说：“太昊伏羲氏让素女弹奏有五十弦的瑟，非常悲戚，太昊帝要她停住，她却不能自止，所以剖析她的瑟改制成二十五弦。”于是在为灭亡南越酬神报功，祷告祭祀太一、后土神时，第一次采用有音乐伴奏的舞蹈，增加一些歌手，制作流行二十五弦的瑟以及箜篌瑟就是从此时开始的。

其来年冬，上议曰：“古者先振兵泽旅，然后封禅。”乃遂北巡朔方，勒兵十余万，还祭黄帝冢桥山，泽兵须如。上曰：“吾闻黄帝不死，今有冢，何也？”或对曰：“黄帝已仙上天，群臣葬其衣冠。”既至甘泉，为且用事泰山，先类祠泰一。

第二年冬天，皇上提议说：“古时候先整顿兵员解散军队，然后才举行封禅典礼。”于是就去北边巡视朔方，统率兵众十多万，回程中在桥山祭奠黄帝冢，到了须如就解散了所统率的兵众。皇上问：“我听说黄帝长生不老，现在有了冢墓，这是为什么？”有人回答说：“黄帝已经成仙上了天，群臣就在这里安葬了他的衣冠。”已经到了甘泉宫，为着将要到泰山封禅，先行用祭天的仪式祭祀太一神。

自得宝鼎，上与公卿诸生议封禅。封禅用希旷绝，莫知其仪礼，而群儒采封禅《尚书》、《周官》、《王制》之望祀射牛事。齐人丁公年九十余，曰：“封者，合不死之名也。秦皇帝不得上封。陛下必欲上，稍上即无风雨，遂上封矣。”上于是乃令诸儒习射牛，草封禅仪。数年，至且行。天子既闻公孙卿及方士之言，黄帝以上封禅，皆致怪物与神通，欲放黄帝以尝接神仙人蓬莱士，高世比德于九皇，而颇采儒术以文之。群儒既以不能辩明封禅事，又牵拘于《诗》、《书》古文而不敢骋。上为封祠器示群儒，群儒或曰“不与古同”，徐偃又曰“太常诸生行礼不如鲁善”，周霸属图封事，于是上绌偃、霸，尽罢诸儒弗用。

自从得了宝鼎，皇上就和公卿以及各位儒生们计议举行封禅大典。举行过封禅大典的历史上很少，长久以来断绝了，没有谁知道它的具体礼仪，儒生们就从《尚书》、《周官》、《王制》中采集望祀和天子射牛的情事，纳入有关封禅的祭典。原来的齐国地方人丁公年纪有九十多岁，说：“行封礼，是和永垂不朽的盛名结合起来的。秦始皇中途遇到风雨不能上泰山行封礼。陛下一定要上泰山，略为上去一段路如果没有风雨，坚持下去就能上山行封礼了。”皇帝于是就下令各个儒生演习射牛，草拟封禅的仪式。经过几年，到了时间将要前行。天子又听到了公孙卿和方士的言论，黄帝以上时代举行封禅，都招来了怪物并与神仙相遇，就想仿效黄帝来尝试接近神仙的使者蓬莱方士，高出世俗要和上古九皇比量德行，而又广泛地采取儒术加以文饰。可是儒生们既然已经不能辩论清楚封禅事宜，又受到了《诗》、《书》古文的拘泥而不能自由发挥。皇上制作出封礼的祭器向儒生们展示，儒子们有的说“和古制不相同”，博士徐偃又说“太常祠官下属的各个生员所行的礼仪不如鲁国的好”，周霸又聚集儒子策划封礼事宜，于是皇帝就贬黜徐偃、周霸，并将各个儒生尽都罢免不再任用。

三月，遂东幸缑氏，礼登中岳太室。从官在山下闻若有言“万岁”云。问上，上不言；问下，下不言。于是以三百户封太室奉祠，命曰崇高邑。东上泰山，山之草木叶未生，乃令人上石立之泰山颠。

三月，于是往东幸临缑氏县，登上中岳太室山行祭礼。随从官员在山下听到好像有喊“万岁”的声音。询问山上，山上的人说没有呼喊；询问山下，山下的人也说没有呼喊。于是将三百户封给太室山用作供奉祭祀，命名叫崇高邑。往东登上泰山，泰山上草和树木的叶子还没有长出来，就命令人抬上石碑立在泰山顶上。

上遂东巡海上，行礼祠八神。齐人之上疏言神怪奇方者以万数，然无验者。乃益发船，令言海中神山者数千人求蓬莱神人。公孙卿持节常先行候名山，至东莱，言夜见一人，长数丈，就之则不见，见其迹甚大，类禽兽云。群臣有言见一老父牵狗，言“吾欲见巨公”，已忽不见。上既见大迹，未信，及群臣有言老父，则大以为仙人也。宿留海上，与方士传车及间使求仙人以千数。

皇帝于是往东巡视海上，举行典礼祭祀天主、地主、兵主、阴主、阳主、月主、日主、四时主等八神。原来齐国地方人上奏讲神怪奇方的人数以万计，但是没有一个能验证的。就更多的发出船只，让那些说海中有神山的数千人去寻找蓬莱仙人。公孙卿持着符节常常是先行在名山侍候神仙，到了东莱，说夜晚见到了一个人，有几丈高，走近他就不见了。看到他的足迹特别大，类似飞禽走兽的足迹。群臣中有人说见一位年老的人牵条狗，说“我想见巨公”，一会儿忽然就不见了。皇上走近去看见了巨大的足迹，还是不相信，等到群臣中间有人说到那位年老的人，就特别认为是仙人了。就在海上留宿，给予方士们官府载人的传车以及间常派使者去寻求仙人的人数以千计。

四月，还至奉高。上念诸儒及方士言封禅人人殊，不经，难施行。天子至梁父，礼祠地主。乙卯，令侍中儒者皮弁荐绅，射牛行事。封泰山下东方，如郊祠泰一之礼。封广丈二尺，高九尺，其下则有玉牒书，书秘。礼毕，天子独与侍中奉车子侯上泰山，亦有封。其事皆禁。明日，下阴道。丙辰，禅泰山下址东北肃然山，如祭后土礼。天子皆亲拜见，衣上黄而尽用乐焉。江淮间一茅三脊为神藉。五色土益杂封。纵远方奇兽蜚禽及白雉诸物，颇以加祠。兕旄牛犀象之属弗用。皆至泰山然后去。封禅祠，其夜若有光，昼有白云起封中。

四月，返回到达奉高县。皇帝念叨各个儒子和方士们所说的封禅事一人一个样，不合常理，难以施行。天子到达梁父山，用礼祭祀地神。乙卯日，命令侍中和儒生戴上用白鹿皮制作的礼帽，穿着在腰间插笏的官服，行天子射牛以示亲祭的礼仪。到泰山顶下的东面举行封礼，采用像郊祭太一神的礼仪。举行封礼的坛是宽一丈二尺，高九尺，它的下面放有用玉装饰的简牒祭文，祭文的内容是保密的。封礼完毕，天子单独和侍中、掌管皇帝车马的奉车都尉霍子侯（霍去病儿子霍嬗）登上泰山，也举行了封礼。这件事的具体情节都禁止外传。第二天，从北边道路下山。丙辰日，到泰山脚下东北的肃然山举行禅祭，用像祭后土神一样的礼仪。天子都是亲临跪拜参见，穿的祭服崇尚黄色并且全都用了音乐。长江、淮河之间出产的一种一根茅草有三条棱脊的灵茅被用作神灵的垫席。五种颜色的土增厚错杂在封坛上。释放从边远地方捕获来的奇兽飞鸟和白色野鸡等各种动物，特别加重了礼仪的隆盛。但兕牛、旄牛、犀牛、大象一类的动物都不采用。天子一行都又回到了泰山然后才离开。举行封禅祭祀时，当天夜晚就好像有彩光闪现，白天有白云从封坛上升起。

天子从封禅还，坐明堂，群臣更上寿。于是制诏御史：“朕以眇眇之身承至尊，兢兢焉惧弗任。维德菲薄，不明于礼乐。修祀泰一，若有象景光，屑如有望，依依震于怪物，欲止不敢，遂登封泰山，至于梁父，而后禅肃然。自新，嘉与士大夫更始，赐民百户牛一酒十石，加年八十孤寡布帛二匹。复博、奉高、蛇丘、历城，毋出今年租税。其赦天下，如乙卯赦令。行所过毋有复作。事在二年前，皆勿听治。”又下诏曰：“古者天子五载一巡狩，用事泰山，诸侯有朝宿地。其令诸侯各治邸泰山下。”

天子从举行封禅典礼的坛场回来，坐在泰山东北脚下的明堂上，群臣接连前来祝福。于是天子下达诏令告诉御史：“我用卑微的身躯承续天子的至尊之位，谨慎小心地唯恐不能胜任。只因为德行菲薄，不能明习礼乐制度。在祭祀太一神时，天上像是有吉祥气象的美光，我内心不安仿佛望见了什么，被这奇异景象所深深震憾，想要中途停止下来又不敢，就登临泰山举行封礼，到达了梁父，然后在肃然山举行禅礼。我应当修德以求新生，吉庆地愿意和士大夫们重新开始创造新局面。特赐给民众每一百户一条牛十石酒，给年纪满八十岁的老人和孤儿寡妇每人加赐布帛二匹。豁免博县、奉高、蛇丘、历城四县徭役，不要交纳今年的租税。应该对天下实行大赦，像乙卯年赦令规定的那样。行幸所经过的地方不要再有劳役。犯罪情事出现在两年前的，都不要再惩治了。”又下达诏书说：“古时候天子每五年进行一次巡行视察，到泰山举行封禅典礼，诸侯建有参加朝拜的住所。特令诸侯各在泰山下建筑住宿的府第。

天子既已封禅泰山，无风雨灾，而方士更言蓬莱诸神山若将可得，于是上欣然庶几遇之，乃复东至海上望，冀遇蓬莱焉。奉车子侯暴病，一日死，上乃遂去，并海上，北至碣石，巡自辽西，历北边至九原。五月，返至甘泉。有司言宝鼎出为元鼎，以今年为元封元年。

蒲轮征贤图。选自明·张居正《帝鉴图说》，讲述汉武帝喜好儒术、任用名儒之事。

皇帝既然已经在泰山举行了封禅典礼，没有遇上风雨灾害，而方士们就进一步说蓬莱岛等各个神山似乎将会找得到，于是皇帝高兴地想也许能够遇到它，就重新往东来到海上遥望，希望遇见蓬莱仙岛哩。奉东都尉霍子侯发了暴病，一日内就死去了。皇上于是就离去，依着海岸上行，往北到达碣石，再从辽西开始巡行，经北部边境到达九原县。五月，返回甘泉宫。主管官员们说宝鼎出土的那年纪元称作元鼎，应该定今年的纪元称作元封元年。

其秋，有星茀于东井。后十余日，有星茀于三能。望气王朔言：“候独见其星出如瓠，食顷复入焉。”有司言曰：“陛下建汉家封禅，天其报德星云。”

这年秋天，有彗星出现在井宿。后十几日，又有彗星出现在三台天区。望气佐王朔说：“我在观测的时候只见一枚旗星出现时像瓜那么大，吃顿饭这会儿的工夫就又隐没了。”主管官员们都说：“陛下创建了汉家的封禅大典，上天给予酬报就出现了德星呀。”

其来年冬，郊雍五帝，还，拜祝祠泰一。赞飨曰：“德星昭衍，厥维休祥。寿星仍出，渊耀光明。信星昭见，皇帝敬拜泰祝之飨。”

第二年冬天，郊祭雍县五色帝。返回，拜祭太一神并加祝词。祝词说：“德星光明硕大，显示出美好吉祥。寿星接着出现，光明远耀。信星昭明显现，皇帝敬拜太祝官所祭祀的各位神灵。”

其春，公孙卿言见神人东莱山，若云“见天子”。天子于是幸缑氏城，拜卿为中大夫。遂至东莱，宿留之数日，毋所见，见大人迹。复遣方士求神怪采芝药以千数。是岁旱。于是天子既出毋名，乃祷万里沙，过祠泰山。还至瓠子，自临塞决河，留二日，沉祠而去。使二卿将卒塞决河，河徙二渠，复禹之故迹焉。

这年春天，公孙卿说在东莱山见到了神仙，好像听神仙说要“见见天子”。皇上于是幸临缑氏城，任命公孙卿做中大夫。因而来到东莱，住宿了好几天，没有能见到神仙，只见到了巨人的足迹。

重新派遣方士去寻求神怪采集灵芝药物的人数以千计。这一年出现大旱。于是天子既已出游但没有正当名目，就到万里沙地方的神庙中祈雨，经过时祭祀泰山。回程中到达瓠子口，自己亲临部署堵塞黄河决口，停留两天，把白马和玉璧的祭品沉入河中就离开。派汲仁、郭昌二卿带领士卒堵塞黄河決口，改变黄河故道另外疏浚两条支流引它入海，恢复了大禹治水时的原貌。

是时既灭南越，越人勇之乃言"越人俗信鬼，而其祠皆见鬼，数有效。昔东瓯王敬鬼，寿至百六十岁。后世谩怠，故衰耗"。乃令越巫立越祝祠，安台无坛，亦祠天神上帝百鬼，而以鸡卜。上信之，越祠鸡卜始用焉。

这时候已经灭亡了南越。越地人勇之就说"越地人习俗相信鬼，因此他们祭祀的时候都能见到鬼，多次都有验证。从前东瓯王敬重鬼，长寿到一百六十岁。后世子孙怠慢了鬼，因此就衰败"。于是下令越地的巫师建立越式祝祷的祠庙，安设上庙台却没有坛，也用来祭祀天神上帝和百鬼，并采用鸡骨进行占卜。皇上相信这些事，越式祠庙和用鸡骨占卜就开始流传。

公孙卿曰："仙人可见，而上往常遽，以故不见。今陛下可为观，如缑氏城，置脯枣，神人宜可致。且仙人好楼居。"于是上令长安则作蜚廉桂观，甘泉则作益延寿观，使卿持节设具而候神人。乃作通天台，置祠具其下，将招来神仙之属。于是甘泉更置前殿，始广诸宫室。夏，有芝生殿防内中。天子为塞河，兴通天台，若有光云，乃下诏曰："甘泉防生芝九茎，赦天下，毋有复作。"

公孙卿说："仙人可以见到，但是皇上前往常常很匆忙，所以没能见着。现在陛下可以在京城建造一座宫观，像缑氏城那样，设置一些果脯枣干，神应该可以招来的。而且仙人喜好有楼的居处。"于是皇上命令按照要求建造飞廉观、桂观，甘泉按照要求建造益延寿观，派公孙卿持着符节设置供品来恭候神仙。接着建造通天台，在它的下面摆设供品，企盼招来神仙一类灵物。于是甘泉宫重新建造了前殿，开始扩充各个宫室的建筑。夏天，有芝草生长在殿房里面。天子因为堵塞住了黄河决口，兴造了通天台，天上好像显现出有神光的瑞气，因此下达诏令："甘泉宫殿房里面生长出有九茎的芝草，于是大赦天下，免除复作的监外劳役。"

其明年，伐朝鲜。夏，旱。公孙卿曰："黄帝时封则天旱，干封三年。"上乃下诏曰："天旱，意干封乎？其令天下尊祠灵星焉。"

第二年，攻伐朝鲜。夏季，天旱。公孙卿说："黄帝的时候举行封礼就天旱，暴晒封坛的土三年。"皇上于是下达诏令说："天旱，意测是要暴晒封坛的土吧？特别命令天下尊崇地祭祀主管农事的灵星。"

其明年，上郊雍，通回中道，巡之。春，至鸣泽，从西河归。

第二年，皇上到雍县郊祭，通过回中谷道的时候，一路进行了巡察。春天，到达鸣泽，从西河郡回京。

其明年冬，上巡南郡，至江陵而东。登礼灊之天柱山，号曰南岳。浮江，自寻阳出枞阳，过彭蠡。祀其名山川。北至琅邪，并海上。四月中，至奉高修封焉。

第二年冬天，皇上巡视南郡，到达江陵后再往东行。登临并且用礼祭祀灊县南部的天柱山，称这座山叫南岳。在长江上乘船而下，从寻阳县出发抵达枞阳县，渡过彭蠡泽（鄱阳湖），用礼祭祀沿途的有名山川。往北到达琅邪郡，再靠着海岸上行。四月中旬，到达奉高县举行了封礼。

初，天子封泰山，泰山东北址古时有明堂处，处险不敞。上欲治明堂奉高旁，未晓其制度。济南人公玉带上黄帝时明堂图。明堂图中有一殿，四面无壁，以茅盖，通水，圜宫垣为复道，上有楼，从西南入，命曰昆仑，天子从之入，以拜祠上帝焉。于是上令奉高作明堂汶上，如带图。及五年修封，则祠泰一、五帝于明堂上坐，令高皇帝祠坐对之。祠后土于下房，以二十太牢。天子从昆仑道入，始拜明堂如郊礼。礼毕，燎堂下。而上又上泰山，有秘祠其颠。而泰山下祠五帝，各如其方，黄帝并赤帝，而有司侍祠焉。泰山上举火，下悉应之。

当初，天子封祭泰山，泰山东北山脚下古时候有一处地方建有明堂，这个地方险峻但不宽敞明亮。皇帝就想在奉高的旁边另建一座明堂，不明白关于明堂的形制规模。济南地方人公玉带奏上黄帝时代的明堂图。明堂图上在正中有一座殿，四面没有墙壁，顶上用茅草覆盖，四面通有水沟，围绕着宫垣筑成架空通道，上面有走楼，从西南角伸入殿堂名叫昆仑，天子从这里进入，来拜祭上帝。

因此皇帝下令在奉高县的汶水旁像公玉带的图那样建造明堂。等到五年后来举行封礼时，就把太一神、五色帝的祠主安置在明堂的上座，让高皇帝的灵位安置在它们对面，后土神的祠主安置在下房，用二十头牛作祭牲。皇上从昆仑通道进入，开始像行郊祭礼一样拜祭明堂。祭礼完毕，在堂下焚柴祭祀。而皇上接着又登上泰山，自有一套秘密的办法在山顶上祭祀。而在泰山下祭祀五色帝，各在和它们同色的方位，只有黄帝和赤帝并在一处，这些都由负责官员侍奉祭祀哩。祭祀时泰山上举火，山下就都响应也举火。

其后二岁，十一月甲子朔旦冬至，推历者以本统。天子亲至泰山，以十一月甲子朔旦冬至日祠上帝明堂，每修封禅。其赞飨曰："天增授皇帝泰元神策，周而复始。皇帝敬拜泰一。"东至海上，考入海及方士求神者，莫验，然益遣，冀遇之。

这以后的第二年，十一月甲子朔日晨旦是冬至时刻，推算历法的人认为是正统(历法周期的起点)。天子亲自到泰山，用十一月甲子朔日晨旦是冬至这一天在明堂祭祀上帝，没有采用封禅的礼仪。祭祀时候的祝祠说："上天增授皇帝太古时代上皇创制历法时的泰元称号和神蓍草，周而复始地循环。皇帝恭敬拜祭太一神。"向东到达海上，考察进入海域求神的人和寻求神仙的方士，谁也没有得到验证，然而还是更多地遣发人员，总是希望能够遇到神仙。

十一月乙酉，柏梁灾。十二月甲午朔，上亲禅高里，祠后土。临渤海，将以望祠蓬莱之属，冀至殊庭焉。

十一月乙酉日，柏梁台发生火灾。十二月甲午朔日，皇上亲临泰山下的高里山举行禅礼，祭祀后土神。又驾临渤海，对蓬莱一类仙岛山的众神举行望祀，希望能够到达蓬莱岛中的仙人之庭哩。

上还，以柏梁灾故，朝受计甘泉。公孙卿曰："黄帝就青灵台，十二日烧，黄帝乃治明庭。明庭，甘泉也。"方士多言古帝王有都甘泉者。其后天子又朝诸侯甘泉，甘泉作诸侯邸。勇之乃曰："越俗有火灾，复起屋必以大，用胜服之。"于是作建章宫，度为千门万户。前殿度高未央。其东则凤阙，高二十余丈。其西则唐中，数十里虎圈。其北治大池，渐台高二十余丈，名曰泰液池，中有蓬莱、方丈、瀛洲、壶梁，象海中神山龟鱼之属。其南有玉堂、璧门、大鸟之属。乃立神明台、井干楼，度五十余丈，辇道相属焉。

皇上归来，由于柏梁发生火灾，改在甘泉宫坐朝接受郡国所呈上的包括户口在内的年终会计簿册。公孙卿说："黄帝建成青灵台，十二天就被火烧掉了，黄帝于是建筑明庭。所谓明庭，就是甘泉宫。"方士中很多人说古代的帝王有建都在甘泉的。那以后天子又在甘泉接受诸侯的朝拜，甘泉建造了诸侯国的王侯府第。勇之于是说："越地习俗发生了火灾，重新建起的房屋一定比以前还要大，用胜过的办法来制服灾祸。"于是兴造建章宫，规模为千门万户。前殿的高度要超过未央宫。它的东边就是上面有铜凤凰的凤阙，高达二十多丈。它的西边就是唐中池，有周围几十里的虎圈。它的北边兴建有大池，大池中间建有为水所浸的渐台高达二十多丈，命名叫太液池。池中还建有蓬莱、方丈、瀛洲、壶梁四座仙山，象征着海中的神山龟鱼一类境界。它的南边有玉堂宫、建章宫的正门璧门、大鸟象一类的建筑物。

汉武帝像，选自明万历刻本《三才会图》。

还造起神明台、井干楼，高有五十丈，上面有可供皇帝乘坐的辇车通行的天桥互相连接起来呢。

夏，汉改历，以正月为岁首，而色上黄，官名更印章以五字，因为太初元年。是岁，西伐大宛。蝗大起。丁夫人、雒阳虞初等以方祠诅匈奴、大宛焉。

夏天，汉家更改历法，用正月作一年的首月，车马服饰崇尚黄色，凡官名印章都改用五个字，因而纪元上这年成了太初元年。同年，往西去攻伐大宛。发生了严重蝗灾。方士丁夫人、洛阳的虞初等都用方术诅咒匈奴、大宛。

其明年，有司言雍五畤无牢熟具，芬芳不备。乃命祠官进畤犊牢具，五色食所胜，而以木禺马代驹焉。独五帝用驹，行亲郊用驹。及诸名山川用驹者，悉以木禺马代。行过，乃用驹。他礼如故。

第二年，主管官吏上书说雍县五畤没有熟牲做祭品，芬芳的香气不具备。于是命令祠官用熟牛犊作祭品进献五畤，按五行相克的原则选择符合各畤颜色的牲畜供神灵享用，而用木偶马代替驹（两岁以下的幼马或少壮马）。只有祭祀五色帝用驹，和皇上亲临郊祭的时候用驹，以及各个有名山川要用驹作祭品的，都用木偶马代替。皇上经过的时候祭祀，才能用驹作祭品。其他的礼仪一如往常。

其明年，东巡海上，考神仙之属，未有验者。方士有言"黄帝时为五城十二楼，以候神人于执期，命曰迎年"。上许作之如方，名曰明年，上亲礼祀上帝，衣上黄焉。

第二年，往东巡游海上，考察求访神仙一类的事，没有能验证了的。方士们有话说"黄帝时候建造了五城十二座楼，建在执期地方来恭候神人，命名叫迎年祠"。皇帝答应建造同样的城和楼，命名叫明年祠。皇上驾临用礼祭祀上帝，衣服崇尚黄色。

公玉带曰："黄帝时虽封泰山，然风后、封巨、岐伯令黄帝封东泰山，禅凡山合符，然后不死焉。"天子既令设祠具，至东泰山，东泰山卑小，不称其声，乃令祠官礼之，而不封禅焉。其后令带奉祠候神物。夏，遂还泰山，修五年之礼如前，而加禅祠石闾。石闾者，在泰山下址南方，方士多言此仙人之闾也，故上亲禅焉。

公玉带说："黄帝时候虽然封祭泰山，然而黄帝的臣子风后、封巨、岐伯让黄帝到东泰山去行封礼，到凡山去行禅礼来契合神灵降赐的符应，然后就长生不死了。"皇上下令准备祭祀，到了东泰山，东泰山矮小，和它的声誉不相称，就下令祠官用礼祭祀，而不举行封禅大典了。这之后命令公玉带供奉祭祀来恭候神灵。夏天，就回到了泰山，和从前一样举行五年一次的封禅大典，再加上一次禅祭石闾山。所谓石闾，在泰山山脚下的南面，方士们多人说这是仙人的住处，因此皇上亲临举行禅礼。

其后五年，复至泰山修封，还过祭常山。

这以后的第五年，重新来到泰山举行封禅典礼，回程路过的时候祭祀了常山。

今天子所兴祠，泰一、后土，三年亲郊祠，建汉家封禅，五年一修封。薄忌泰一及三一、冥羊、马行、赤星，五，宽舒之祠官以岁时致礼。凡六祠，皆太祝领之。至如八神诸神，明年、凡山他名祠，行过则祀，去则已。方士所兴祠，各自主，其人终则已，祠官弗主。他祠皆如其故。今上封禅，其后十二岁而还，遍于五岳、四渎矣。而方士之候祠神人，入海求蓬莱，终无有验。而公孙卿之候神者，犹以大人迹为解，无其效。天子益怠厌方士之怪迂语矣，然终羁縻弗绝，冀遇其真。自此之后，方士言祠神者弥众，然其效可睹矣。

当今天子所兴起的祭祀，太一、后土，每三年亲临郊外祭祀，创建汉家的封禅大典，每五年一次举行祭祀。薄忌建议设立的太一祠以及三一、冥羊、马行、赤星等五处神祠，并由祠官宽舒负责掌管，每年按时致办祭礼。以上总共六处的祭祀，都由太祝官统领。至于象八神中的各种神仙，明年、凡山等其他有名的神祠，皇帝出行经过时就给祭祀，出行离开以后就停止。方士们所兴起的祭祀，由各自主管，兴起的人去世就停止，祠官不再负责主持。其他种类的祭祀都像往常一样办理。现今皇上举行过封禅大典，这以后的第十二年来回顾，祭祀就已经遍及五岳、四渎了。而方士们恭候祭祀神仙，进入大海寻求蓬莱仙岛，最终还是没有应验。而公孙卿的恭候神人，仍然拿大人的足迹作借口，也没有效应。天子更加倦怠厌恶方士们怪诞迂阔的言论了，然而最终联络他们的办法仍然不断，总是希望遇见真正的神仙。从这以后，方士们谈论神仙祭祀的人更多了，然而它的效果是可以想象。

太史公曰：余从巡祭天地诸神名山川而封禅焉。入寿宫侍祠神语，究观方士祠官之言，于是退而论次自古以来用事于鬼神者，具见其表里。后有君子，得以览焉。至若俎豆珪币之详，献酬之礼，则有司存焉。

太史公说：我跟随巡行祭祀天地间各种神到过有名的山川并参加了封禅大典。进入寿宫旁听了祭神的祝词，研究考察方士和祠官们的言论，于是坐下来依次论述从古以来对鬼神进行祭祀的情状，完备地表现出它的外部形式和内中缘由。以后如有君子，是能够借此进行考察。至于象俎豆玉帛等祭品的详细内容，献飨酬报的各种礼仪，那在官府的档案中有保存的。

史记第十三卷

三代世表第一

太史公曰：五帝、三代之记，尚矣。自殷以前诸侯不可得而谱，周以来乃颇可著。孔子因史文次《春秋》，纪元年，正时日月，盖其详哉。至于序《尚书》则略无年月；或颇有，然多阙，不可录。故疑则传疑，盖其慎也。

太史公说：五帝和三代，很久远了。殷以前诸侯国的史事，无法编列出来，周以来的史事才略微可以著录。孔子按照文史资料编次了《春秋》，开始系以鲁公的纪元年数，矫正了时间日月，是十分详尽的了。至于依次序编写《尚书》却简略得无年月；有的虽然稍有年月，但多半缺漏，不可著录。因此，他这种有疑就传疑的态度，是很慎重的啊！

余读谍记，黄帝以来皆有年数。稽其历谱谍终始五德之传，古文咸不同，乖异。夫子之弗论次其年月，岂虚哉！于是以《五帝系谍》、《尚书》集世纪黄帝以来讫共和为《世表》。

我阅读牒记，黄帝以来都记有年数。考证那些年历谱牒和五德转次相承的情况，古文的记载都不相同，甚至乖谬差异。孔夫子没有论列那些年月，难道是没有原因的吗？于是，我按照《五帝系谍》、《尚书》所记录的黄帝以来到共和时代的世系，写成《三代世表》。

张夫子问褚先生曰："《诗》言契、后稷皆无父而生。今案诸传记咸言有父，父皆黄帝子也，得无与《诗》谬乎？"

张夫子问褚先生说："《诗经》上说契、后稷他们都没有父亲便生下来了。如今考察一下传记，都说他们有父亲，他们的父亲就是黄帝的子孙。这种说法和《诗经》的记载不相违背吗？"

褚先生曰："不然。《诗》言契生于卵，后稷人迹者，欲见其有天命精诚之意耳。鬼神不能自成，须人而生，奈何无父而生乎！一言有父，一言无父，信以传信，疑以传疑，故两言之。尧知契、稷皆贤人，天之所生，故封之契七十里，后十余世至汤，王天下。尧知后稷子孙之后王也，故益封之百里，其后世且千岁，至文王而有天下。《诗传》曰：'汤之先为契，无父而生。契母与姊妹浴于玄丘水，有燕衔卵堕之，契母得，故含之，误吞之，即生契。契生而贤，尧立为司徒，姓之曰子氏。子者兹；兹，益大也。诗人美而颂之曰："殷社芒芒，天命玄鸟，降而生商"。商者质，殷号也。文王之先为后稷，后稷亦无父而生。后稷母为姜嫄，出见大人迹而履践之，知于身，则生后稷。姜嫄以为无父，贱而弃之道中，牛羊避不践也。抱之山中，山者养之。又捐之大泽，鸟覆席食之。姜嫄怪之，于是知其天子，乃取长之。尧知其贤才，立以为大农，姓之曰姬氏。姬者，本也。诗人美而颂之曰"厥初生民"，深修益成，而道后稷之始也。'孔子曰：'昔者尧命契为子氏，为有汤也。命后稷为姬氏，为有文王也。大王命季历，明天瑞也。太伯之吴，遂生源也。'天命难言，非圣人莫能见。舜、禹、契、后稷皆黄帝子孙也。黄帝策天命而治天下，德泽深后世，故其子孙皆复立为天子，是天之报有德也。人不知，以为泛

从布衣匹夫起耳。夫布衣匹夫安能无故而起王天下乎？其有天命然。”

褚先生说：“不然。《诗经》上说，契出生于卵，后稷是由人迹而生，这是要证明他们体现了天命精诚的意思。鬼和神不能自己形成，必须由人来产生。怎能说契、后稷没父亲便生下来了呢？一种说法认为他们有父亲，而另一种说法认为他们没有父亲。信的因而传信，疑的因而传疑，因此出现了两种说法。尧知道契、后稷都是贤明的人，是上天生出了他们，因此封给契七十里的封地，契以后经历了十多代传到汤，终于君临天下。尧知道后稷的子孙以后要成就帝业，因此增加后稷的封地到一百里，他的后代经历了将近千年，到周文王的时候便据有了天下。《诗传》上说：‘汤的祖先是契，契没有父亲便生下来了。契的母亲和她的姐妹们在玄丘水洗澡，有一只燕子嘴里含着的卵落了下来，契的母亲得到卵，本是含着，却误吞了它，便生下了契。契生下来就很贤良，尧任命他做司徒，赐给他姓子氏。子，就是“兹”；兹是日益强大的意思。诗人赞美而称颂他说：“殷的土地很广阔啊！上天命玄鸟降下来而产生了商。”商就是“质”，质是殷的美号。周文王的祖先是后稷，后稷也是没有父亲便生下来了。后稷的母亲姜嫄，出门看见巨人的足迹，踏在上面，便觉得怀了孕，因此生下了后稷。姜嫄认为儿子没有父亲，对他很轻视，把他抛弃在路上，牛羊都避开不去践踏他。姜嫄又把他抛到山里，山里的人喂养着他。姜嫄再次把他遗弃在大泽里面，鸟却覆盖着他，铺垫着他，将他喂养。姜嫄觉得十分奇怪，根据这些情况判断他是上天之子，便将他取回来抚养成人。尧知道他是位贤才，任命他做大农，赐给他姓姬氏。姬，是“本”的意思。诗人赞美嫄称颂他说“其初有生民以来”，充分修炼而更加有所成就，称道了后稷的开始。’孔子说：‘以前尧命契为子氏，是为的有汤。赐命后稷为姬氏，是为的有文王。大王任命季历做了自己的继承者，表明上天降下了祥瑞。太伯到了吴，因此周文王、周武王才得了天下，因此产生周王朝代代流衍的源本。’上天的意旨是难以知晓的，不是圣人不能得知。舜、禹、契、后稷都是黄帝的子孙。黄帝接受上天的任命而治理天下，他的德泽深远地流传到后世。所以，他的子孙又都被立为天子，这是上天报答有德行的人。人们不明白这个道理，以为帝王大都是从普通的人兴起来的。普通的人哪能无故兴起而君临天下呢？他们是获得上天的意旨才能这样的。”

“黄帝后世何王天下之久远邪？”

“黄帝的后世怎么能君临天下这样久远呢？”

曰：“《传》云天下之君王为万夫之黔首请赎民之命者帝，有福万世。黄帝是也。五政明则修礼义，因天时举兵征伐而利者王，有福千世。蜀王，黄帝后世也，至今在汉西南五千里，常来朝降，输献于汉，非以其先之有德，泽流后世邪？行道德岂可以忽乎哉！人君王者举而观之。汉大将军霍子孟名光者，亦黄帝后世也。此可为博闻远见者言，固难为浅闻者说也。何以言之？古诸侯以国为姓。霍者，国名也。武王封弟叔处于霍，后世晋献公灭霍公，后世为庶民，往来居平阳。平阳在河东，河东晋地，分为卫国。以《诗》言之，亦可为周世。周起后稷，后稷无父而生。以三代世传言之，后稷有父名高辛；高辛，黄帝曾孙。《黄帝终始传》曰：“汉兴百有余年，有人不短不长，出白燕之乡，持天下之政，时有婴儿主，却行车。”霍将军者，本居平阳白燕。臣为郎时，与方士考功会旗亭下，为臣言。岂不伟哉！”

褚先生回答说：“《经传》上说：天下的君主是万民的元首，他们是请求上天延续人民生命的人，他们称帝，有福泽流传万代。黄帝便是这样的人。五政修明，兴修礼义，按着天时举兵征伐而获得胜利的，便可称王，有福泽流传到千代。蜀王，是黄帝的后代，至今在汉西南五千里外的地方，却经常来朝见汉天子，输献贡物给汉朝。这难道不是因为他的祖先有德行，德泽流传到后世吗？修行道德哪能够忽视呢？君主、王者都要拿这点来省察自己。汉大将军霍子孟，名光，也是黄帝的后代。这件事只可以和那些博闻远见的人说，本来就无法跟那些浅陋的人讲。为何这么说呢？古代的诸侯以国作为姓氏。霍是国家的名称。周武王曾把他的弟弟叔处分封在霍。传到后世，晋献公灭掉了霍公。霍公的后代成了平民，往来居住在平阳一带。平阳在河东地区，河东属于晋国的地盘，后来析分为卫国。按《诗经》所说，也能说是周的子孙。周起自后稷，后稷没有父亲便生下来了。按着三代世传来说，后稷有父亲名叫高辛；高辛是黄帝的曾孙。《黄帝终始传》说：“汉朝兴起一百多年，有一个人不高不矮，出自白燕之乡，他主持天下的政事。当时有一个幼小的皇帝，这个人能使幼主的辇车退却行走。”霍将军这个人,原本居住在平阳的白燕乡。臣做郎官的时候,曾和方士们考功时在旗亭下相会,方士跟我谈起霍将军的这些情况。难道他不是很伟大吗?”[表略]

史记第十四卷

十二诸侯年表第二

太史公读《春秋历谱谍》,至周厉王,未尝不废书而叹也。曰:呜呼,师挚见之矣!纣为象箸而箕子唏,周道缺,诗人本之衽席,《关雎》作。仁义陵迟,《鹿鸣》刺焉。及至厉王,以恶闻其过,公卿惧诛而祸作,厉王遂奔于彘,乱自京师始,而共和行政焉。是后或力政,强乘弱,兴师不请天子。然挟王室之义,以讨伐为会盟主,政由五伯,诸侯恣行,淫侈不轨,贼臣篡子滋起矣。齐、晋、秦、楚其在成周微甚,封或百里或五十里。晋阻三河,齐负东海,楚介江、淮,秦因雍州之固,四海迭兴,更为伯主,文武所褒大封,皆威而服焉。是以孔子明王道,干七十余君,莫能用,故西观周室,论史记旧闻,兴于鲁而次《春秋》,上记隐,下至哀之获麟,约其辞文,去其烦重,以制义法,王道备,人事浃。七十子之徒口授其传指,为有所刺讥褒讳挹损之文辞不可以书见也。鲁君子左丘明惧弟子人人异端,各安其意,失其真,故因孔子史记具论其语,成《左氏春秋》。铎椒为楚威王傅,为王不能尽观《春秋》,采取成败,卒四十章,为《铎氏微》。赵孝成王时,其相虞卿上采《春秋》,下观近势,亦著八篇,为《虞氏春秋》。吕不韦者,秦庄襄王相,亦上观尚古,删拾《春秋》,集六国时事,以为八览、六论、十二纪,为《吕氏春秋》。及如荀卿、孟子、公孙固、韩非之徒,各往往捃摭《春秋》之文以著书,不可胜纪。汉相张苍历谱五德,上大夫董仲舒推《春秋》义,颇著文焉。

太史公读《春秋历谱谍》,读到周厉王事迹的时候,每每放下书而发出叹息。说:唉!鲁国的太师挚可以说是有真知灼见了。商纣王做象牙筷子,而箕子就因其奢侈而悲叹。周朝的政治有亏缺,诗人以衽席的私生活为本,写出了《关雎》篇。仁义堕落衰败,诗人便写出《鹿鸣》诗进行讽喻。及至周厉王,由于讨厌听别人说他的过失,当时的公卿唯恐遭到杀害,不敢直谏,因而祸乱发生,厉王因此逃奔到彘,大乱从京师开始,因此朝廷由周公、召公联合执政。从此以后,各诸侯国使用武力互相征伐,强大的国家欺凌弱小的国家,出兵也不向周天子请示。然而这些诸侯国假借朝廷的名义讨伐别国,争当盟会的盟主,政令都由五霸操纵,诸侯恣意横行,淫乱奢侈,不遵法度,作乱篡权的臣子纷纷兴起了。齐、晋、秦、楚这些国家在西周时是很弱小的,他们的封地有的百里,有的五十里。晋国倚仗三河,齐国背负东海,楚国以长江、淮河为界,秦国凭借雍州的险固,这四个国家接连兴起,相继成为霸主。文王、武王所褒封的大国,都被他们的声威压服了。所以孔子为了阐明帝王之道,曾干求过七十多个国君,但都没有受到信用。孔子因此往西去观览周室的图籍,论列历史的记录和旧日的传闻,从鲁国的史记出发而编成《春秋》,上起鲁隐公元年,下到鲁哀公时期获麟之年。他简约史籍的文辞,删去烦琐重复的地方,以制定义理与法度,从而使得王道完备,人事通彻。孔子的七十多个弟子接受了他亲口传授的意指,由于其中有批评、规劝、褒扬、隐讳、贬抑、损伤的文辞,不可以在书面上表现出来。鲁国的君子左丘明担心孔子的弟子们各持异端,各执己见,失去《春秋》的本来面目,所以他根据孔子编的史记,详细地论述他的言论,写成了《左氏春秋》。铎椒是楚威王的老师,由于楚王不能阅读全部《春秋》,他便采取了其中所记述的成败的经验教训,写成了四十章,定名为《铎氏微》。赵孝成王时,他的宰辅虞卿,上采《春秋》的记录,下观近世的形势,写成也八篇著作,定名为《虞氏春秋》。吕不韦这人是秦庄襄王的丞相,他阅览了远古的史迹,删减或采取《春秋》的内容,收集了六国的时事,写成了八览、六论、十二纪,定名为《吕氏春秋》。至于像荀卿、孟子、公孙固、韩非这些人,也常常各自拾取《春秋》的文义以著书立说,这种情况简直不可能完全记述下来。汉初丞相张苍根据五德始终编排历法,上大夫董仲舒推演《春秋》的微言大义,也颇有所著文。

太史公曰:儒者断其义,驰说者骋其辞,不务综其终始;历人取其年月,数家隆于神运,谱谍独记世谥,其辞略,欲一观诸要难。于是谱十二诸侯,自共和讫孔子,表见《春秋》、《国语》学者所讥盛衰大指著于篇,为成学治古文者要删焉。

太史公说:儒者对于《春秋》只是断章取义,游说家对于《春秋》只是发挥它的辞令,而不注重综合它的始终。研究历法的人只采取《春秋》的年月,术数家只重视《春秋》的神运,治谱牒的学者只记录《春秋》的世系,他们的言辞都很简略,我们想要看一下《春秋》的要旨是十分困难的。于是我把春秋时期的十二个诸侯国编列成谱,起自共和,下至孔子,以年表的方式将研究《春秋》《国语》的学者所探究的盛衰大旨,著述在本篇之内,为成学治古文的人提举了纲要,删去了繁复之处。[表略]

史记第十五卷

六国年表第三

太史公读《秦记》,至犬戎败幽王,周东徙洛邑,秦襄公始封为诸侯,作西畤用事上帝,僭端见矣。《礼》曰:"天子祭天地,诸侯祭其域内名山大川。"今秦杂戎翟之俗,先暴戾,后仁义,位在藩臣而胪于郊祀,君子惧焉。及文公逾陇,攘夷狄,尊陈宝,营岐、雍之间,而穆公修政,东竟至河,则与齐桓、晋文中国侯伯侔矣。是后陪臣执政,大夫世禄,六卿擅晋权,征伐会盟,威重于诸侯。及田常杀简公而相齐国,诸侯晏然弗讨,海内争于战功矣。三国终之卒分晋,田和亦灭齐而有之,六国之盛自此始。务在强兵并敌,谋诈用而从横短长之说起。矫称蜂出,誓盟不信,虽置质剖符犹不能约束也。秦始小国僻远,诸夏宾之,比于戎翟,至献公之后常雄诸侯。论秦之德义不如鲁卫之暴戾者,量秦之兵不如三晋之强也,然卒并天下,非必险固便形势利也,盖若天所助焉。

太史公读秦国的历史记载,读到犬戎打败周幽王,周平王被迫东迁洛邑,秦襄公由于护送平王东迁有功开始被封为诸侯,建造西畤以侍奉上帝,便觉得那种越位犯上的迹象暴露出来了。《礼记》说:"天子祭祀天地,诸侯只祭祀他们封域内的名山大川"。当时,秦国混杂着戎狄的风俗,它把暴戾当作主要手段,而把仁义作为末节,尽管处在藩臣的地位,却陈列天子的郊祭。这使得那些有识之士开始觉得忧惧。到秦文公,他越过陇坂东进,驱除了夷狄,遵奉陈宝为神物,在岐、雍之间营建基业。穆公修明政治,秦的东境因而扩展到了黄河,便和中原的霸主齐桓公、晋文公并驾齐驱了。从此以后,陪臣们执掌国政,大夫们世代享受俸禄;六卿独揽了晋国的政权,征伐会盟,权势压倒了其他诸侯。到了田常杀死齐简公,辅佐齐国,诸侯们对这件事都漠然置之,不去讨伐,因此海内都争着忙于战功了。韩、赵、魏三国到后来终于瓜分了晋国,田和也灭掉了齐国而占有了它,六国的兴盛从这时开始。各诸侯国专以加强自己的军事力量,兼并敌国为目的,阴谋诡计无所不用,纵横短长的议论纷纷兴起。假托奉行王命的诸侯蜂拥而出,对盟誓不守信用,尽管各国都置人质、剖析符契,还不能起到约束的作用。秦国开始是个小国,地处僻远,中原诸侯国都把它排斥在会盟之外,甚至把它同西方的戎翟同等看待。到献公之后,秦却时常称雄于诸侯。实际讲起来,秦国最有德义的行为,也不如鲁卫最暴戾的行为合乎德义,估量秦国的兵力不如三晋强大,可秦国最终兼并了天下,这未必是因为秦国的地理位置险固,形势便利,而好像是上天对它帮助。

或曰"东方物所始生,西方物之成孰"。夫作事者必于东南,收功实者常于西北。故禹兴于西羌,汤起于亳,周之王也以丰镐伐殷,秦之帝用雍州兴,汉之兴自蜀汉。

有人说:"东方是一切事物开始发生的地方,西方是一切事物成熟的地方。"首先发难的人兴起必在东南,而收到实际效果都在西北。所以,大禹在西羌兴起,商汤在亳兴起,周朝完成王业是凭借丰镐之地讨伐殷纣，秦国完成帝业是倚仗雍州，汉朝的勃兴起由蜀汉。

秦既得意，烧天下《诗》《书》，诸侯史记尤甚，为其有所刺讥也。《诗》《书》所以复见者，多藏人家，而史记独藏周室，以故灭。惜哉，惜哉！独有《秦记》，又不载日月，其文略不具。然战国之权变亦有可颇采者，何必上古。秦取天下多暴，然世异变，成功大。传曰"法后王"，何也？以其近己而俗变相类，议卑而易行也。学者牵于所闻，见秦在帝位日浅，不察其终始，因举而笑之，不敢道，此与以耳食无异。悲夫！

秦国兼并天下以后，焚烧了天下的《诗》《书》，对诸侯国的史记焚烧得尤其厉害，这是由于这些诸侯国的史书里有讽刺秦国的话。《诗》《书》所以还能再看到，是由于这些书大多数藏在私人家里，唯独有关历史记载的典籍储藏在周室，所以全被焚烧了。真是可惜啊！真是可惜啊！当时只有《秦记》保存了下来，可《秦记》里又没有记载日月，文辞也简略不全。然而战国时代，通权达变的办法也有很多可以采用的地方，何必一切都遵循上古呢？秦取得天下大多采用了残暴凶狠的手段，然而社会不断变化，秦朝能随着时代的变迁而变法创新，因而成就很大。经传上说"要效法后王"。为什么呢？因为后王的办法与我们这个时代接近，而风俗的演变又和我们相类似，他们的议论尽管卑下，但易实行。一般学者拘泥于自己的见闻，只看到秦朝在帝位的时间不长，不去详审它的终始，因此都讥笑它，不敢对秦朝有所称道，这与用耳食有什么两样呢？真是可悲呀！

余于是因《秦记》，踵《春秋》之后，起周元王，表六国时事，讫二世，凡二百七十年，著诸所闻兴坏之端。后有君子，以览观焉。

我于是按着《秦记》的记载，紧接孔子的《春秋》之后，从周元王开始，表列六国的时事，记到秦二世，共二百七十年，把我所听到的有关治乱兴废的缘由都述写出来，以供后代有识之士阅览。［表略］

史记第十六卷

秦楚之际月表第四

太史公读秦楚之际，曰：初作难，发于陈涉；虐戾灭秦，自项氏；拨乱诛暴，平定海内，卒践帝祚，成于汉家。五年之间，号令三嬗，自生民以来，未始有受命若斯之亟也。

太史公读到秦楚之际的历史，认为：首先发难反秦起义的是陈涉；用残暴的手段推翻秦朝的统治的是项羽；拨乱反正，剪除强暴，平定天下，最终登上帝位，这项功业却完成于汉家。五年的时间，发号司令者变了三次，自有人类以来，从没有接受上天的任命像这样急剧的。

昔虞、夏之兴，积善累功数十年，德洽百姓，摄行政事，考之于天，然后在位。汤、武之王，乃由契、后稷修仁行义十余世，不期而会孟津八百诸侯，犹以为未可，其后乃放弑。秦起襄公，章于文、缪，献、孝之后，稍以蚕食六国，百有余载，至始皇乃能并冠带之伦。以德若彼，用力如此，盖一统若斯之难也。

过去虞、夏两朝的兴起，首创帝业的君主都积善累功好几十年，他们的恩德润泽百姓。他们先代理执政，接受上天的验证，然后才正式登上帝位。商汤和周武王能称王，就是由于从他们的祖先契和后稷开始，修仁行义达十多代。武王伐纣时八百诸侯没有邀约便会盟于孟津，但武王还以为灭商的条件不够成熟。其时机成熟后商汤才流放了夏桀，周武王才诛杀了商纣。秦国兴起于襄公，文公、穆公时期逐渐显名，到了献公、孝公以后，才逐渐蚕食关东六国，经过一百多年，秦始皇才能兼并六国。像虞、夏、商、周那样以恩德润泽百姓，像秦国这样用强力兼并诸侯，都经历了长期努力才告一统。原来统一天下是这样艰难啊！

秦既称帝，患兵革不休，以有诸侯也，于是无尺土之封，堕坏名城。销锋镝，钼豪杰，维万世之

安。然王迹之兴，起于闾巷，合从讨伐，轶于三代，乡秦之禁，适足以资贤者为驱除难耳。故愤发其所为天下雄，安在无土不王。此乃传之所谓大圣乎？岂非天哉，岂非天哉！非大圣孰能当此受命而帝者乎？

秦始皇称帝以后，担心战乱不能休止，是由于有诸侯存在。因此，他没有分封他的亲族和功臣一尺土地；还毁坏了著名的城池；销毁了天下的兵器；剪除了天下的豪强。他希望用这些办法达到长治久安。然而王业的勃兴却起于民间，各地豪杰联合攻秦，其声势的浩大超过了夏、商、周三代。过去秦朝不封诸侯、销毁兵器、毁坏名城等制度措施恰恰帮助了贤者为他们扫除了灭秦的困难。所以，高祖以一个普通平民愤发而起，做了天下的雄略之主，怎么能说“没有封土便不能为王呢”？他不就是书传上所称道的大圣人么？这难道不是天意吗！难道不是天意吗！倘若不是大圣人，怎能够在这豪杰并争的时候承受天命做皇帝呢？［表略］

史记第十七卷

汉兴以来诸侯王年表第五

太史公曰：殷以前尚矣。周封五等：公、侯、伯、子、男。然封伯禽、康叔于鲁、卫，地各四百里，亲亲之义，褒有德也；太公于齐，兼五侯地，尊勤劳也。武王、成、康所封数百，而同姓五十五，地上不过百里，下三十里，以辅卫王室。管、蔡、康叔、曹、郑，或过或损。厉、幽之后，王室缺，侯伯强国兴焉，天子微，弗能正。非德不纯，形势弱也。

太史公说：殷朝以前的历史是很久远的了。周朝的封爵有五个等级：公、侯、伯、子、男。然而分封伯禽于鲁、康叔于卫，封地各四百里，那是表示亲近亲属的情谊，褒扬有功德的人；分封太公吕望于齐，让他兼有五个诸侯的地域，那是表示尊重他对国家的功劳。周武王、成王、康王时所分封的诸侯有数百个，而其中同姓诸侯有五十五个，他们的封地上不超过百里，下不超过三十里，靠着他们来辅佐和捍卫王室。后来，管、蔡、康叔、曹、郑各诸侯的封地，有的超出了规定，有的减削了。厉王、幽王之后，王室亏缺，侯、伯中强国兴起，但周天子的势力微弱，无力讨伐。这并不是周室的道德不好，主要是因为势力已经衰败。

汉兴，序二等。高祖末年，非刘氏而王者，若无功上所不置而侯者，天下共诛之。高祖子弟同姓为王者九国，唯独长沙异姓，而功臣侯者百有余人。自雁门、太原以东至辽阳，为燕、代国；常山以南，太行左转，度河、济，阿、甄以东薄海，为齐、赵国；自陈以西，南至九疑，东带江、淮、谷、泗，薄会稽，为梁、楚、淮南、长沙国：皆外接于胡、越。而内地北距山以东尽诸侯地，大者或五六郡，连城数十，置百官宫观，僭于天子。汉独有三河、东郡、颍川、南阳，自江陵以西至蜀，北自云中至陇西，与内史凡十五郡，而公主列侯颇食邑其中。何者？天下初定，骨肉同姓少，故广强庶孽，以镇抚四海，用承卫天子也。

汉朝兴起后，分为两等封爵，功大的封王，小的封侯。高祖末年，曾立下誓约，不是刘氏宗室而为王的，或者没有功劳、不是皇帝所封置而为侯的，天下的臣民都可以讨伐他们。那时高祖的子弟和同姓宗室为王的有九个封国，只有长沙王是异姓，而有功之臣封为侯的有一百多位。自雁门、太原以东至辽阳是燕国、代国；常山以南，由太行山向东，渡黄河、济水，从东阿、鄄城以东一直到海边，是齐国、赵国；自陈县以西，南至九疑山，往东长江、淮河、谷水、泗水一带，临近会稽山，是梁国、楚国、淮南、长沙国，这些诸侯国都外接匈奴和越族。而内地往北到崤山以东，都是诸侯的封地，大诸侯有的拥有五六个郡，几十个城市相连，他们自己设置百官宫观，超过规定，几乎与天子一样。当时，政府仅仅占有三河、东郡、颍川、南阳，自江陵以西至蜀郡，北从云中至陇西，再加上内史，共十五郡。而公主列侯的食邑多数都在这些地区。为什么呢？天下刚刚平定，能为王为侯的同姓人少，因此要普遍加强汉室庶孽的力量，以镇定抚恤天下，辅佐和捍卫汉朝廷。

汉定百年之间，亲属益疏，诸侯或骄奢，忕邪臣计谋为淫乱，大者叛逆，小者不轨于法，以危其命，殒身亡国。天子观于上古，然后加惠，使诸侯得推恩分子弟国邑，故齐分为七，赵分为六，梁分为五，淮南分三，及天子支庶子为王，王子支庶为侯，百有余焉。吴楚时，前后诸侯或以適削地，是以燕、代无北边郡，吴、淮南、长沙无南边郡，齐、赵、梁、楚支郡名山陂海咸纳于汉。诸侯稍微，大国不过十余城，小侯不过数十里，上足以奉贡职，下足以供养祭祀，以蕃辅京师。而汉郡八九十，形错诸侯间，犬牙相临，秉其厄塞地利，强本干，弱枝叶之势，尊卑明而万事各得其所矣。

汉朝平定天下百年之间，亲属日益疏远，有些诸侯骄逸奢侈，习惯于奸佞之臣的诱惑，阴谋策划叛乱的行动。大的成为叛逆，小的不遵循国家的法度，因而危及到自身的生命，以至身死国亡。天子考察了上古的政治得失，便采取了增加诸侯恩惠的办法，使他们能够把自己的恩泽推广，将国邑分给自己的子弟，因此，齐分为七国，赵分为六国，梁分为五国，淮南分为三国，以至天子的旁支庶子封为王、王子的旁支庶子封为侯的，有一百多个。吴楚之乱时，前后诸侯有的因为受到谪罚减削了封地，因此燕、代没有北部边郡，吴、淮南、长沙没有南部边郡，齐、赵、梁、楚的支郡和名山池海都交付汉中央政府直接管辖。诸侯们逐渐削弱，大的封国不过拥有十几个城，小侯不过占有几十里地，使他们上足以进献贡赋，下足以供奉祭祀，以屏障辅卫京师。而汉中央政府所设置的郡共八、九十个，错杂在诸侯国之间，就像犬牙一样相互交错衔接，朝廷掌握着险要的关塞和有利的地势，从而加强了中央政府的力量，削弱了诸侯国的势力，尊卑的关系明确了，万事也就各得其所。

臣迁谨记高祖以来至太初诸侯，谱其下益损之时，令后世得览，形势虽强，要之以仁义为本。

我司马迁慎重地记录了高祖以来至太初时期各诸侯国的史实，写下了他们后来加强和削弱的情况，使后人得以阅览，并从中取得教训：形势即使强盛，但主要仍应以仁义作为治国之本。［表略］

史记第十八卷

高祖功臣侯者年表第六

太史公曰：古者人臣功有五品，以德立宗庙定社稷曰勋，以言曰劳，用力曰功，明其等曰伐，积日曰阅。封爵之誓曰："使河如带，泰山若厉。国以永宁，爰及苗裔"。始未尝不欲固其根本，而枝叶稍陵夷衰微也。

太史公说：古代人臣的功勋有五等，凭德行创建基业，安定国家的，称作"勋"；凭进言立功的，称作"劳"；凭武力立功的，称作"功"；表明功劳等级的，称作"伐"；计算他们资历长短的，称作"阅"。汉初封爵的誓词上说："即使黄河细得像衣带，泰山小得像砺石，朝廷也要使功臣们的封国永远安宁，恩泽延及子孙后代。"当开始封爵的时候，朝廷未尝不想巩固它的根本，但到后来，它的枝叶却逐渐衰颓下去。

余读高祖侯功臣，察其首封，所以失之者，曰：异哉所闻！《书》曰："协和万国"，迁于夏商，或数千岁。盖周封八百，幽厉之后，见于《春秋》。《尚书》有唐虞之侯伯，历三代千有余载，自全以蕃卫天子，岂非笃于仁义，奉上法哉？汉兴，功臣受封者百有余人。天下初定，故大城名都散亡，户口可得而数者十二三，是以大侯不过万家，小者五六百户。后数世，民咸归乡里，户益息，萧、曹、绛、灌之属或至四万，小侯自倍，富厚如之。子孙骄溢，忘其先，淫嬖。至太初百年之间，见侯五，余皆坐法陨命亡国，秏矣。罔亦少密焉，然皆身无兢兢于当世之禁云。

我读了高祖分封列侯功臣的记载，考察开始分封的爵位之所以丧失，觉得实际情况与传闻截然不同！《尚书·尧典》上说"要使万国的诸侯亲睦协调"。这"万国"变迁到夏、商，有几千年之久。周初曾分封了八百诸侯，幽王、厉王之后的诸侯的史迹，见于《春秋》。《尚书》所记载的唐尧、虞舜封的侯伯，经历了夏、商、周三代，已有一千多年，他们还能保全自己的封爵，并作为屏藩护卫着周天子，这难道不是因为他们能坚守仁义，遵从周天子的法规吗？汉朝建立之后，功臣受封的有一百多人。当时，天下刚刚安定，大城名都的人口都散亡在外，留存下来的仅有十分之二三。因此，大侯的封邑不过万户，小的只有五六百户。过了几代以后，老百姓又都返回乡里，户口日益繁衍，萧何、曹参、周勃、灌婴这班人的后嗣，有的封邑竟能达到四万户，小侯的封户甚至成倍增长，他们的财富也以同样的速度聚集起来。然而，他们的子孙却因此而骄傲自满，忘记了祖先创业的艰难，专干些邪恶放荡的事情。到武帝太初之时，百年之间，保存侯爵的仅五个，其余的因犯法而丧命亡国，全都完了！国家的法网日益严密是个原因，但也由于他们没有能够兢兢业业地对待当世的禁令。

居今之世，志古之道，所以自镜也，未必尽同。帝王者各殊礼而异务，要以成功为统纪，岂可绲乎？观所以得尊宠及所以废辱，亦当世得失之林也，何必旧闻？于是谨其终始，表其文，颇有所不尽本末；著其明，疑者阙之。后有君子，欲推而列之，得以览焉。

生活在当今的社会，要记住古人处世之道，是因为可以引为借鉴。当然，古今的做法未必尽同。帝王各自有不同的礼法和政略，最重要的是应以成功的经验为准则，哪能要求完全一致呢？分析诸侯王得到尊重宠幸或受到废弃屈辱的原因，也是当世取得成功或遭到失败的道理所在，何必专门去寻求古代的传闻呢？于是，我便仔细地考察了诸侯王废立的始末，用表格列出说明文字，但其中也有一些未能详尽地记录下来。我只记述那些清楚明确的材料，疑问之处便缺而不录。如果后世有人想推究和阐述高祖分封功臣的原委，这个表可以提供阅览之便。［表略］

史记第十九卷

惠景间侯者年表第七

太史公读列封至便侯，曰：有以也夫！长沙王者，著令甲，称其忠焉。昔高祖定天下，功臣非同姓疆土而王者八国。至孝惠时，唯独长沙全，禅五世，以无嗣绝，竟无过，为藩守职，信矣。故其泽流枝庶，毋功而侯者数人。及孝惠讫孝景间五十载，追修高祖时遗功臣，及从代来，吴楚之劳，诸侯子弟若肺腑，外国归义，封者九十有余。咸表始终，当世仁义成功之著者也。

太史公读到分封诸侯至便侯时，认为这里有缘故的啊！长沙王吴芮的名字著录在令甲之上，朝廷称颂他的忠诚。当初，汉高祖平定天下，功臣不与高祖同姓的分得领地被封为王的，有八个国家。到惠帝时，唯独长沙王保全了侯国，传了五代，最后因为没有后嗣才断绝了。他们始终没有过失，作为朝廷的藩臣，尽忠职守，可谓忠诚了！所以，长沙王的恩泽流传到旁支庶孽，甚至连无功而被封为侯的也有好几个人。从惠帝到景帝的五十年之间，追述高祖时遗留下来的功臣，以及跟随文帝从代国来的有功之臣，还有平定吴楚之乱立下功劳的人，诸侯子弟如同树皮附木，外国也降顺内附。这时，受到分封的共九十多人。这里都一一列表记述他们的始终。他们都是当世以仁义而成功的最著名的人物。［表略］

史记第二十卷

建元以来侯者年表第八

太史公曰：匈奴绝和亲，攻当路塞；闽越擅伐，东瓯请降。二夷交侵，当盛汉之隆，以此知功臣受封侔于祖考矣。何者？自《诗》《书》称三代"戎狄是膺，荆荼是征"，齐桓越燕伐山戎，武灵王以区区赵服单于，秦缪公用百里霸西戎，吴楚之君以诸侯役百越。况乃以中国一统，明天子在上，兼文武，席卷四海，内辑亿万之众，岂以晏然不为边境征伐哉！自是后，遂出师北讨强胡，南诛劲越，将卒以次封矣。

太史公说：匈奴断绝了与汉朝的和亲后，攻打边境上的要路关塞；闽越擅自讨伐东瓯，因而东瓯请求内附。匈奴和闽越交错侵扰之际，正当强大的汉王朝兴隆之时，由此可知，这时的功臣受封可以和他们的祖、父辈相比。为什么呢？自《诗经》《尚书》称颂夏、商、周三代"打击戎、狄，惩罚荆、舒"以来，春秋时齐桓公越过燕境讨伐山戎，武灵王以小小的赵国征服单于，秦缪公任用百里傒称霸西戎，吴国、楚国的国君以诸侯的身份役使百越。何况现代正当中国统一，圣明的天子在上。兼有文武的才略，包罗全国，内部和谐亿万民众，难道就因为国内太平而不为边境受到侵扰进行征伐吗？从此以后，便出兵往北攻打强大的匈奴，向南征讨骁悍的越族。那些出征作战的将帅，都依次受到分封。［表略］

后进好事儒者褚先生曰：太史公记事尽于孝武之事，故复修记孝昭以来功臣侯者，编于左方，令后好事者得览观成败长短绝世之适，得以自戒焉。当世之君子，行权合变，度时施宜，希世用事，以建功有土封侯，立名当世，岂不盛哉！观其持满守成之道，皆不谦让，骄蹇争权，喜扬声誉，知进不知退，终以杀身灭国。以三得之，及身失之，不能传功于后世，令恩德流子孙，岂不悲哉！夫龙雒侯曾为前将军，世俗顺善，退重谨信，不与政事，退让爱人。其先起于晋六卿之世。有土君国以来，为王侯，子孙相承不绝，历年经世，以至于今，凡百余岁，岂可与功臣及身失之者同日而语之哉？悲夫，后世其诫之！

后进好事的儒者褚先生说：太史公记事到孝武帝之世为止，所以我又撰记孝昭帝以后功臣封侯的情况，编于左方，目的在于使后世的好事者能从中看到功臣们功业成败，享国长短，侯位有的传世有的绝封的必然之理，吸取教训，引以为戒。当世的君子或者能不守常规而随机应变，或者能审察时世的变化而采取适宜的措施，或者能迎合世俗得到重用，从而建立功业，受封侯爵，拥有封地，难道不是十分兴旺，令人羡慕吗？然而看他们用来保全功业的举动，又都不谦虚谨慎，全是骄傲自满，争权夺利，喜欢招摇扬名，只知前进，不知应该留有退路，终于都犯罪被杀，封国随之灭绝。依靠上述三种途径得到的侯位，在自己这一辈子就失掉了，不能把功业传给后代，使子孙们也能享受恩德，这难道不是十分可悲的吗？那龙雒侯曾经担任前将军这一官职，他能够顺应世俗，行善积德，为人忠厚诚信，不干预政事，遇事退让，处处爱护他人。他的祖先本是春秋时晋国六卿之一。自从拥有国土成为诸侯以来，为王为侯，子孙代代相传，从未断绝，经历了许多年岁和世代，直至如今，算起来已有一百多年了，这又哪里能与自身在世之时就失去爵位的功臣们同日而语呢？真是可悲啊，后世的人们要引以为戒啊！

史记第二十一卷

建元以来王子侯者年表第九

制诏御史:"诸侯王或欲推私恩分子弟邑者,令各条上,朕且临定其号名。"

皇帝命令御史:"诸侯王如因自己所爱而把自己的食邑分给子弟,命令他们各自分条上奏。我将亲自制定这此食邑的封号名称。"

太史公曰:"盛哉,天子之德! 一人有庆,天下赖之。"

太史公说:"天子的恩德,真盛大啊! 一人有善事,天下的人民都得到利益。"[表略]

史记第二十三卷

礼书第一

太史公曰:洋洋美德乎! 宰制万物,役使群众,岂人力也哉? 余至大行礼官,观三代损益,乃知缘人情而制礼,依人性而作仪,其所由来尚矣。

太史公说:伟大崇高是礼的美德啊! 主宰制约天地万物,役使民众,难道只是人的力量吗? 我到过主管礼仪的大行官署,考察夏、商、周三代礼制减少或增加的情况,才知道根据人情来制定礼节,依据人性来制定仪式,这种情形由来已久了。

人道经纬万端,规矩无所不贯,诱进以仁义,束缚以刑罚,故德厚者位尊,禄重者宠荣,所以总一海内而整齐万民也。人体安驾乘,为之金舆错衡以繁其饰;目好五色,为之黼黻文章以表其能;耳乐钟磬,为之调谐八音以荡其心;口甘五味,为之庶羞酸咸以致其美;情好珍善,为之琢磨圭璧以通其意。故大路越席,皮弁布裳,朱弦洞越,大羹玄酒,所以防其淫侈,救其雕敝。是以君臣朝廷尊卑贵贱之序,下及黎庶车舆衣服宫室饮食嫁娶丧祭之分,事有宜适,物有节文。仲尼曰:"禘自既灌而往者,吾不欲观之矣!"

做人的道理驾驭着人们千头万绪的行为,礼仪规矩没有一处是不通存在的。用仁义来诱导人们上进,用刑罚来限制人们越轨,因此,道德修养高的人地位尊贵,俸禄优厚的人备受荣耀恩宠,这是统一四海,使万众步调一致的方法呀。人的身体以安然地坐乘车马为舒适,就因此在车子上装饰黄金,在横木上绘画彩纹,用来增加繁多饰物;人的眼睛喜欢五彩缤纷的颜色,为此在服装上刺绣花纹和图案,用来满足视觉功能;人的耳朵爱听钟磬的音响,为此调和金石丝竹匏土革木八种音响,用来激励追求的心愿;人的口爱好五味,为此调制甜辣酸咸各种滋味,用来达到美食的目的;人的常情喜好珍贵美好的东西,为此雕琢打磨圭璧等玉器,用来疏通自己的旨意。所以,古代帝王祭天用大路车蒲草席,戴鹿皮帽穿布衣裳,演奏用底部有孔的红弦瑟,祭祀用清肉汤、淡水酒,这是因为要防止淫滥奢侈,挽救过于讲求雕饰排场的弊病。因此上至朝廷君臣的礼仪,尊卑贵贱的秩序,下至贫民百姓的车马、衣服、住房、饮食、嫁娶、丧祭的等级区分,万事都有恰当的分寸,万物都有节制条文。孔子说:"鲁国的禘祭礼,从第一项献酒往下,我就不想看它啦。"

周衰,礼废乐坏,大小相逾,管仲之家,兼备三归。循法守正者见侮于世,奢溢僭差者谓之显荣。

自子夏，门人之高弟也，犹云："出见纷华盛丽而说，入闻夫子之道而乐，二者心战，未能自决"，而况中庸以下，渐渍于失教，被服于成俗乎？孔子曰："必也正名。"于卫所居不合。仲尼没后，受业之徒沉湮而不举，或适齐、楚，或入河、海，岂不痛哉！

周朝衰落以后，礼仪被荒废，乐制遭破坏，大小等级互相超越，管仲大夫家，更是富贵兼备，娶了三姓妇女为妻。循规蹈矩守法正派的人在社会上被欺侮，奢侈过分越级悬殊的人被说成是显贵荣耀。从子夏起，这位孔子门下的高才生，还说"出门看到许多美丽的事物就十分快乐，回来听先生教授道理也十分高兴，这两种快乐在内心斗争，不能自己判定取舍"，何况那些中等以下的普通人，逐渐失去教化，天长日久被世俗所浸染呢？孔子说"一定要正名"，是因为他在卫国居住看到了许多不合礼仪的事。孔子死后，那些接受礼乐教育的学生们没有作为，大多湮没不能振作。有的人逃到齐国、楚国，有的人入居黄河、东海之滨，难道不伤心吗！

至秦有天下，悉内六国礼仪，采择其善，虽不合圣制，其尊君抑臣，朝廷济济，依古以来。至于高祖，光有四海，叔孙通颇有所增益减损，大抵皆袭秦故。自天子称号下至佐僚及宫室官名，少所变改。孝文即位，有司议欲定仪礼。孝文好道家之学，以为繁礼饰貌，无益于治，躬化谓何耳，故罢去之。孝景时，御史大夫晁错明于世务刑名，数干谏孝景曰："诸侯藩辅，臣子一例，古今之制也。今大国专治异政，不禀京师，恐不可传后。"孝景用其计，而六国畔逆，以错首名，天子诛错以解难。事在《袁盎》语中。是后官者养交安禄而已，莫敢复议。

到秦代独占有天下以后，全部接受六国礼仪，采纳选择其中好的施用，虽然不合乎圣人的规则，但是它尊贵君主，抑制臣僚，朝廷上下很有秩序，还是依照古代沿袭下来的礼仪。到了汉高祖，光复而拥有天下以后，叔孙通对礼仪颇有些增加或删减，大体上都是沿袭秦代原来的礼制。从皇帝称号下到辅佐的官僚以及宫室官府名称，很少有改动的地方。孝文帝登上皇位，主管部门建议要重新制定礼仪，孝文帝爱好道家清静无为的学说，认为用烦琐的礼仪装饰外表，对治国安民没有益处，身体力行进行节俭教导又如何解释呀，因此停止讨论这事。孝景帝时，御史大夫晁错明白社会政务精通刑名的学问，多次求谏孝景帝说："诸侯是国君的屏障和辅佐，与臣僚属于同列，这是从古到今的制度。现在大的诸侯国专权治理，施行和朝廷不统一的政治，有事也不禀告京城，恐怕不可以让它传给后代吧。"孝景帝采用晁错的削藩计策，六国借口反叛朝廷，名义上是要诛杀晁错，皇上就杀死晁错来解除危难。这件事详细记在《袁盎晁错列传》的文字里。从这以后，当官的人都只培养交情，安享俸禄罢了。没有谁敢再议论礼制的事了。

今上即位，招致儒术之士，令共定仪，十余年不就。或言古者太平，万民和喜，瑞应辨至，乃采风俗，定制作。上闻之，制诏御史曰："盖受命而王，各有所由兴，殊路而同归，谓因民而作，追俗为制也。议者咸称太古，百姓何望？汉亦一家之事，典法不传，谓子孙何？化隆者闳博，治浅者褊狭，可不勉与！"乃以太初之元改正朔，易服色，封太山，定宗庙百官之仪，以为典常，垂之于后云。

现今皇上登临帝位，招来通晓儒学的人士，下令共同制定礼仪，十多年没有成绩。有的人说，古时太平盛世，万众和睦安乐，吉祥兆头纷纷出现，于是采集各地风情民俗，确定礼仪制作。皇上听了这些话，颁发制书诏告御史说："凡是接受天命做帝王的人，各自都有兴盛的条件，不同的道路共同归到一个原则。那就是依据民众实际制定礼仪，追随民情风俗建立制度。讨论礼制的人都称道遥远的古代，今天的百姓还能看到什么呢？汉朝也是一家帝王事业，自己的典章法度不能流传下去，对我们的子孙又说什么呢？教化深远崇高的礼仪，气魄恢弘广博；治民目光浅薄的典仪，偏颇狭隘，可以不自勉吗？"因此从太初元年起，改用正月为一年的开始，改换服饰崇尚的颜色，封禅泰山，确定宗庙祭祀和百官的仪制，作为汉朝常用的典章制度，流传给后人。

礼由人起。人生有欲，欲而不得则不能无忿，忿而无度量则争，争则乱。先王恶其乱，故制礼义以养人之欲，给人之求，使欲不穷于物，物不屈于欲，二者相待而长，是礼之所起也。故礼者养也。稻粱五味，所以养口也；椒兰芬茝，所以养鼻也；钟鼓管弦，所以养耳也；刻镂文章，所以养目也；疏房床第几席，所以养体也：故礼者养也。

礼是由人产生的。人生来就有欲望，欲望得不到满足，那么不能没有怨恨，怨恨到没有分寸限度时就争斗，有争斗就混乱了。古代圣王厌恶这种混乱局面，因此制定礼仪用来调养人的欲望，满足人的要求，使人的欲望不在企图占有物质方面没有穷尽，物质也不因为满足欲望显得缺少，物质和欲望两者相互协调才能长久，这就是礼产生的原因。因此礼就是调养。稻米高粱等五味食品，是用来调养身体需要的东西；椒树兰花芬芳的香草，是用来调养鼻子需要的东西；钟鼓管弦音乐，是用来调养耳朵需要的东西；精雕细刻花纹图案，是用来调养眼睛需要的东西；大房子座椅几案卧席，是用来调养身体需要的东西。所以礼就是一种调养。

君子既得其养，又好其辨也。所谓辨者，贵贱有等，长少有差，贫富轻重皆有称也。故天子大路越席，所以养体也；侧载臭茝，所以养鼻也；前有错衡，所以养目也；和鸾之声，步中《武》、《象》，骤中《韶》、《濩》，所以养耳也；龙旗九斿，所以养信也；寝兕持虎，鲛韅弥龙，所以养威也。故大路之马，必信至教顺，然后乘之，所以养安也。孰知夫出死要节之所以养生也，孰知夫轻费用之所以养财也，孰知夫恭敬辞让之所以养安也，孰知夫礼义文理之所以养情也。

有道德修养的人已经得到了调养，又认为调养要有差异才好。所谓差异，是指高贵的和低贱的人应有等级，年长的和年幼的人要有差别，贫穷的富贵的，轻微的重要的都要与身份相当。所以天子乘大路车用蒲草席，这是用来调养身体的需要；车子两侧装载香草，这是用来调养鼻子嗅觉的需要；车子前面的横木画着交错的彩图，这是用来调养眼睛视觉的需要；和铃与鸾铃的丁当声，慢走时附合《武》、《象》音乐的节奏，快走时附合《韶》、《濩》音乐的节奏，这是用来调养耳朵听觉的需要；龙斿上绣着九条龙，这是用来培养天子诚信的需要；车轮和伏轼上装饰着伏卧的犀牛和猛虎，马肚带装饰着鲛鱼，车辕装饰成龙的样子，这是用来培养威严的需要。所以大路车的马匹，一定老实，达到驯良听话，然后才可以乘驾，这是用来提供天子安全的需要。谁能知道有志的人牺牲生命要求树立名声节操，就是为了养护生命的需要，谁能知道人轻视费用，就是为了养护财货的需要，谁能懂得对人恭敬辞让，就是为了养护自身安宁的需要，谁能懂得礼节仁义文章道理，就是为了教养性情的需要啊。

人苟生之为见，若者必死；苟利之为见，若者必害；怠惰之为安，若者必危；情胜之为安，若者必灭。故圣人一之于礼义，则两得之矣；一之于情性，则两失之矣。故儒者将使人两得之者也，墨者将使人两失之者也。是儒墨之分。

人假如只重视生命，像这样的人必定死亡；人假如只重视利益，像这样的人一定受害；人如果把怠惰看成安逸，像这样的人一定危险；人如果把任性视为安分，像这样的人一定毁灭。所以圣人用礼仪来统一一切，那么情和理两者都得到了。用性情来统一一切，那么情和理都失掉了。因此，儒家要使人两者都得到，墨家要使人两者都失掉。这便是儒、墨两家的区分。

治辨之极也，强固之本也，威行之道也，功名之总也。王公由之，所以一天下，臣诸侯也；弗由之，所以捐社稷也。故坚革利兵不足以为胜，高城深池不足以为固，严令繁刑不足以为威。由其道则行，不由其道则废。楚人鲛革犀兕，所以为甲，坚如金石；宛之钜铁施，钻如蜂虿，轻利剽遬，卒如熛风。然而兵殆于垂涉，唐昧死焉；庄蹻起，楚分而为四参。是岂无坚革利兵哉？其所以统之者非其道故也。汝、颍以为险，江、汉以为池，阻之以邓林，缘之以方城。然而秦师至，鄢郢举，若振槁。是岂无固塞险阻哉？其所以统之者非其道故也。纣剖比干，囚箕子，为炮格，刑杀无辜，时臣下懔然，莫必其命。然而周师至，而令不行乎下，不能用其民。是岂令不严，刑不陖哉？其所以统之者非其道故也。

礼是人际等级关系的最高准则，国家强盛巩固的基础，威严施行的途径，功业声名的总集。帝王三公遵循礼治才可以统一天下，使诸侯顺服；不遵循礼治，就要毁弃国家。所以说，坚硬的铠甲锋利的兵器不能完全保证胜利，高耸的城墙深深的护城河不能保证坚固不破，严苛的法令繁复的刑罚不能完全保证权威。遵循礼治的道理就通行，不遵循礼治的道理就失败。楚国人用鲛鱼皮、犀牛皮制作铠甲，坚硬得像铁和石头一样，用宛城的铁打制长矛，刺人像蜂蝎一样锋利迅速，士兵像疾风一样突然涌来。然而在垂涉楚怀王全军溃败，大将唐昧阵亡了。从庄蹻起兵叛乱，楚国分裂成四国来看，楚国难道没有坚硬的铠甲、锋利的武器吗？大概是它统治的手段不依照礼治的缘故吧。楚国凭汝水颍水作天险，岷江汉水作护城河，靠邓地山林阻挡敌人，凭着方城山作外围。然而秦国的军队到了鄢城郢都，攻打楚国就像摇动一片枯叶那样容易。这难道是没有坚固的要塞和险要的阻隘吗？

还是它统治的手段没有按照礼治的缘故吧。商纣王曾剖开比干的腹腔挖心,囚禁箕子,想出了炮烙肉刑的主意,严刑杀害无过错的人,当时大臣以下的人战战兢兢,没有谁一定能保全性命。但是,西周的大军一到,桀纣的命令在臣民下面就行不通了,群众再也不听他使用了。这难道是纣的政令不严,刑罚不重吗？也是他统治者的手段没有按照礼治的原因吧。

古者之兵,戈矛弓矢而已,然而敌国不待试而诎。城郭不集,沟池不掘,固塞不树,机变不张,然而国晏然不畏外而固者,无他故焉,明道而均分之,时使而诚爱之,则下应之如景响。有不由命者,然后俟之以刑,则民知罪矣。故刑一人而天下服。罪人不尤其上,知罪之在己也。是故刑罚省而威行如流,无他故焉,由其道故也。故由其道则行,不由其道则废。古者帝尧之治天下也,盖杀一人刑二人而天下治。传曰:"威厉而不试,刑措而不用。"

古代的兵器,只有铁戈、长矛、弯弓、羽箭罢了,但是,敌国不等使用任何武器时就投降屈服了。城郭不勤修,护城河也不挖掘加深,不建设坚固的要塞,机关巧变也不铺设,然而国家却平安无事不怕外敌人侵并且很坚固,没有其他原因啊,那就是因为能明白礼义的道理并且均衡地处理人际关系,按时间规定使用民力并且真心地爱护百姓,那么臣下百姓响应起来就像影子一样跟随着。有个别不服从政令的人,就用刑罚对待他,那么百姓便知晓罪过服刑了。所以处罚一个人,天下的人都顺服了。罪犯不责怪上级,知道受刑错在自己。因此,严刑处罚少,政令有权威,执行起来像水一样通畅,没有其他原因,乃是遵循礼治道理的缘故。所以遵循礼治道理就通行,不遵循礼治的道理就失败。古代尧帝治理天下,只是杀了一个鲧,处罚了共工和驩兜两个人,天下就管理得很好。古书传文讲"威严虽然厉害但是不轻易采用,刑罚尽管设置但是尽量少用"。

天地者,生之本也;先祖者,类之本也;君师者,治之本也。无天地,恶生？无先祖,恶出？无君师,恶治？三者偏亡,则无安人。故礼,上事天,下事地,尊先祖而隆君师,是礼之三本也。

天地是生命的根本,祖先是家族的本源,国君师长是治国的基础。没有天地怎么会有生命？没有先人祖宗怎么会有子孙后代？没有国君师长怎么会有国家的治理？这三条偏废,那么就没有什么可以让群众安居乐业的了。因此礼是上面敬奉天,下面敬奉地,尊敬先人祖宗并突出国君师长的地位,这是礼的三条根本原则。

故王者天太祖,诸侯不敢怀,大夫士有常宗,所以辨贵贱。贵贱治,得之本也。郊畴乎天子,社至乎诸侯,函及士大夫,所以辨尊者事尊,卑者事卑,宜巨者巨,宜小者小。故有天下者事七世,有一国者事五世,有五乘之地者事三世,有三乘之地者事二世,有特牲而食者不得立宗庙。所以辨积厚者流泽广,积薄者流泽狭也。

所以做君主的人把天和先人祖宗相配加以祭祀,诸侯不敢有这个想法,士大夫有一定的宗法,目的是分出高贵和卑贱的差异。高贵的人低贱的人不乱,这样便得到礼治的根本了。郊外祭天的仪式只有天子才有资格举行,诸侯只许进行社祭,社祭包括诸侯和士大夫,这种规定是为了区分尊贵的人应该敬奉尊贵的人,卑贱的人应该侍奉卑贱的人,适合做大事的做大事,适合做小事的做小事。所以占有天下的君主可以敬奉七代祖先,有一国的诸侯可以敬奉五代祖先,有五乘土地的大夫可以敬奉三代祖先,有三乘土地的士可以敬奉二代祖先,有大野兽食用的百姓不允许设立宗庙祭祀祖先,这种规定是用来区别品德修养积累深厚的人恩泽流布广阔,品德修养积累差的人恩泽流布狭窄。

大飨上玄尊俎上腥鱼,先大羹,贵食饮之本也。大飨上玄尊而用薄酒,食先黍稷而饭稻粱,祭哜先大羹而饱庶羞,贵本而亲用也。贵本之谓文,亲用之谓理,两者合而成文,以归太一,是谓大隆。故尊之上玄尊也,俎之上腥鱼也,豆之先大羹,一也。利爵弗啐也,成事俎弗尝也,三侑之弗食也,大昏之未废齐也,大庙之未内尸也,始绝之未小敛,一也。大路之素帱也,郊之麻绕,丧服之先散麻,一也。三年哭之不反也,《清庙》之歌一倡而三叹,县一钟尚拊膈,朱弦而通越,一也。

隆重的先王祭祖先,供上清水酒樽,俎上摆着生鱼,先奉不加佐料的骨肉汤,表示重视食物饮用的本源。隆重的祭祀供上清水樽同时也用淡酒祭祀近祖,食物用带皮的黍稷谷物,同时祭食也用稻米和高粱米饭,祭祀中虽然供上不加佐料的骨肉汤,但也供上各种美味的菜肴,表示既重视饮食的本源又兼顾到亲人的受用。重视饮食的本源称有思想,兼顾亲人享用叫做懂情理,这二者结合成礼仪规则,归结到天地自然,这才叫至高无上完美的祭典。因此尊敬地供上清水樽,俎上放着生鱼,瓦豆里盛着不加佐料的骨肉汤,道理是一样的。祷告完了,酒没有喝入口,祭礼完毕俎上的祭品不尝,祭享的过程中,先后有三个陪侍对接受祭享的代尸劝食,三劝之后,劝食人自己就不享用了。盛大的婚礼没举行仪式之前,或在太庙里代表受祭的尸没进去之前,亲人刚死没举行入棺仪式之前,人们的心情是一样庄重严肃的。帝王乘坐的大路车用白丝帷帐,郊外祭天戴麻帽子,吊丧服装不修饰,腰间散扎着麻带子,这简朴的道理是一样的。三年守孝哭吊亲人,哭声哀号,演唱《清庙》歌时,一个人领唱三个人跟着咏叹,不击悬挂的一口大钟,还是敲打钟格,发出深沉的声音,乐器用有红色丝弦的底下穿孔的瑟,演奏声音舒缓低沉,这道理也是一样的,要质朴本色才好。

凡礼,始乎脱,成乎文,终乎税。故至备,情文俱尽;其次,情文代胜;其下,复情以归太一。天地以合,日月以明,四时以序,星辰以行,江河以流,万物以昌,好恶以节,喜怒以当。以为下则顺,以为上则明。

一般地说,礼从简单开始,加上修饰完成,最后使人愿意接受。所以最完备的礼,应该是人情和形式都尽善尽美;其次是或重视情理或重视形式,再次是人情形式全没有,达到远古混沌的状态。天与地依礼协调,太阳和月亮依礼明亮,四季依礼有顺序,星辰依礼运行,江河依礼奔流,万物依礼昌盛,喜好厌恶依礼得到节制,高兴恼怒依礼处置恰当。下面百姓依礼相待就和顺,上面帝王依礼行政就英明。

太史公曰:至矣哉!立隆以为极,而天下莫之能益损也。本末相顺,终始相应,至文有以辨,至察有以说。天下从之者治,不从者乱;从之者安,不从者危。小人不能则也。

太史公说:最高境界啊!建立盛大的礼仪,作为调和人际关系的最高准则,天下没有谁能增加或减少它了。礼的根本原则和形式相适合,结尾和开始相呼应,达到既有文饰又有等级差别,达到既明察事物又和悦。天下人服从礼治就太平,不服从礼治就混乱;服从礼治就安定,不服从礼治就危险,小人想不到这么做呀。

礼之貌诚深矣,坚白同异之察,入焉而弱;其貌诚大矣,擅作典制褊陋之说,入焉而望;其貌诚高矣,暴慢恣睢,轻俗以为高之属,入焉而队。故绳诚陈,则不可欺以曲直;衡诚县,则不可欺以轻重;规矩诚错,则不可欺以方员;君子审礼,则不可欺以诈伪。故绳者,直之至也;衡者,平之至也;规矩者,方员之至也;礼者,人道之极也。然而不法礼者不足礼,谓之无方之民;法礼足礼,谓之有方之士。礼之中,能思索,谓之能虑;能虑勿易,谓之能固。能虑能固,加好之焉,圣矣。天者,高之极也;地者,下之极也;日月者,明之极也;无穷者,广大之极也;圣人者,道之极也。

礼的内涵实在深奥啊,邹子"坚白同异"的明辨,进入礼的范围来讨论问题就显得软弱无力了。那礼的内涵非常丰富呀,擅自制作典章制度坚持褊狭浅陋理论的人,进入礼的范围来讨论问题就望而却步了。礼的内涵非常高远啊,粗暴、傲慢、任性、放纵、轻视礼俗自己认为了不起的人,进入礼的范围来比较就显得渺小卑微了。所以墨绳弹画以后,就不能进行欺骗说曲道直了;称锤挂平以后,就不能进行欺骗说轻论重了;圆规曲尺摆在那里,就不能进行欺骗说方论圆了;有道德修养的人小心地按礼办事,就不可能受欺诈虚伪的蒙骗。因此,墨绳是直的最高尺准,称是公平的最高标准,圆规曲尺是圆和方的最高标准,礼是做人处事的最高标准。然而那些不遵礼法的人不懂得满足礼仪的要求,叫做无道的流氓;遵循礼法懂得礼的要求,叫作有道的人士。切合礼义,能够思考探究,可以说能考虑问题了;能考虑问题又不轻易改变观点,可以说能固守信义了。能考虑问题又能固守信义,加上由衷的爱好,那就是圣人了。天是高的顶点,地是低的顶点,太阳月亮是光明的顶点,无边的宇宙是广大的顶点,圣人是遵行礼道的顶峰了。

以财物为用,以贵贱为文,以多少为异,以隆杀为要。文貌繁,情欲省,礼之隆也;文貌省,情欲繁,礼之杀也。文貌情欲相为内外表里,并行而杂,礼之中流也。君子上致其隆,下尽其杀,而中处其中。步骤驰骋广骛不外,是以君子之性守宫庭也。人域是域,士君子也;外是,民也;于是中焉,房皇周浃,曲得其次序,圣人也。故厚者,礼之积也;大者,礼之广也;高者,礼之隆也;明者,礼之尽也。

礼用钱财物质表现馈赠,用服饰文彩表现贵贱,用多少区别等级不同,用厚薄表示远近。仪文形式繁复,人情欲望收敛,这是礼隆重的表现;仪文内容简约,人情欲望繁多,这是礼薄的表现;仪文和人情互相作为里外的形式和内容，有机地结合起来，这便合乎礼仪的要求，就可不息了。有道德修养的人用大礼达到隆重，用小礼尽力简约微薄，用中礼又能合乎情理要求。轻重缓急都不超出礼仪的范围，所以有道德修养的人才能常守礼义呀。在普通人住的地方才能知道礼义的界限，这种人士就是有道德修养的人了。行为超出礼义的限制，就是一般的人了。在这样的普通人中间，徘徊周旋，对错都能依礼的程序去做，这就是圣人了。所以道德修养高深的人，是平时积累礼义的结果；伟大的人，是平时广施礼义的结果；崇高的人，是平时重视隆重礼义的结果；聪明精细的人，是平时对礼义尽心研究的结果。

史记第二十四卷

乐书第二

太史公曰：余每读《虞书》，至于君臣相敕，维是几安，而股肱不良，万事堕坏，未尝不流涕也。成王作《颂》，推己惩艾，悲彼家难，可不谓战战恐惧，善守善终哉？君子不为约则修德，满则弃礼，佚能思初，安能惟始，沐浴膏泽而歌咏勤苦，非大德谁能如斯！《传》曰“治定功成，礼乐乃兴”。海内人道益深，其德益至，所乐者益异。满而不损则溢，盈而不持则倾。凡作乐者，所以节乐。君子以谦退为礼，以损减为乐，乐其如此也。以为州异国殊，情习不同，故博采风俗，协比声律，以补短移化，助流政教。天子躬于明堂临观，而万民咸荡涤邪秽，斟酌饱满，以饰厥性。故云《雅》、《颂》之音理而民正，嘄噭之声兴而士奋，郑卫之曲动而心淫。及其调和谐合，鸟兽尽感，而况怀五常，含好恶，自然之势也！

太史公说：我每次读《虞书》，读到舜、禹、皋陶君臣互相告诫，只有往常想到天下安危，才接近平安；而左右的辅佐大臣不好，所有的事业都会垮台败坏的文字时，没有一次不流泪的。成王作《周颂·小毖》诗，检查自己谴责过错，为那家族的危难深深地感到悲哀，可以说这不是小心谨慎、担惊受怕、善始善终、守成家业的帝王吗？有道德修养的人不因穷困才修养德行，或志得意满就抛弃礼义，而在安逸的境遇中能思念当初创业的艰难，在安定的环境中能想到开始的不容易；生活在幸福当中，不忘歌唱吟咏辛勤劳作的诗篇，不是有崇高道德的人谁能像这样啊！古书传文上说：“统治安定大功告成，礼乐制度才能产生。”天下做人的道理越深刻，他的品德修养越高，他认为欢乐的事物越特殊。水满了不减少就流淌出来，充盈了而不能把握就会倾倒。一般来说，创作音乐的目的，是用来节制过分逸乐的。有道德修养的人把谦虚礼让作为礼的要求，把减损过

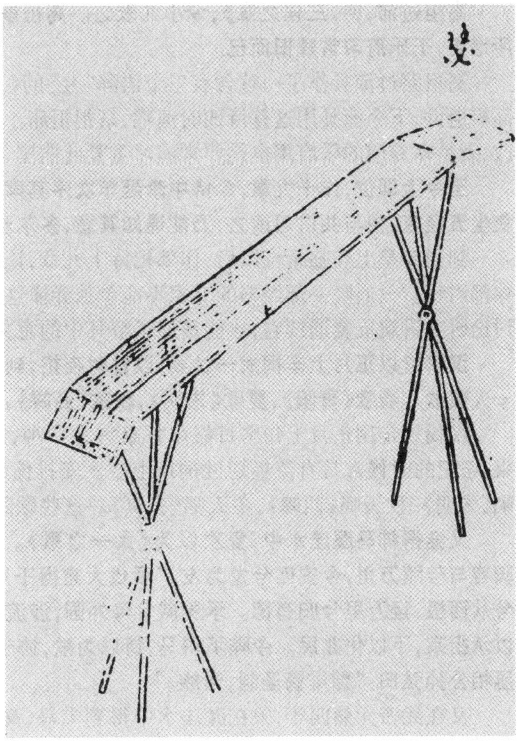

瑟，古代乐器，图选自《十二朝人物演义》。

高的欲望作为乐事，音乐的实质大概就是像这样的吧。认为州与州不同，国和国特殊，人的性情习俗不相同，因此广博地采集各地风俗人情，协调配备音律，用来弥补政治的短缺，移风易俗进行教化，帮助推行政治教育。天子亲自在明堂观看民歌演奏，可以使所有的百姓都除祛邪恶污秽，有选择地吸收音乐的精神，用来培养自己的性情。因此说整理好《雅》、《颂》的音乐，那么，百姓就走正道了，响亮高亢的音乐演奏起来，将士就振奋，郑国、卫国的靡婉小曲一演奏，人的心意就迷乱了。等到把音乐和谐协调以后演奏，飞鸟走兽也全会感动，何况心里装着五常人伦、具备爱憎情感的人呢，这是自然的情势吧？

治道亏缺而郑音兴起，封君世辟，名显邻州，争以相高。自仲尼不能与齐优遂容于鲁，虽退正乐以诱世，作五章以刺时，犹莫之化。陵迟以至六国，流沔沉佚，遂往不返，卒于丧身灭宗，并国于秦。

治民的规则破坏短缺，郑国的靡乱音乐就流行起来了，诸侯国君为了在邻近州郡显示声望，争着欣赏郑国的音乐互相比高低。自从孔子不能和齐国的歌女一起在鲁国并存以后，虽然退居整理音乐用来诱导世人，作五章诗歌来讥刺当时社会政治，还是没有办法使民风转化。逐渐衰败到六国时代，人们随波逐流，沉湎逸乐，于是一去不回头，最后丧失自身生命，宗族被消灭了，国家也被秦吞并了。

秦二世尤以为娱。丞相李斯进谏曰："放弃《诗》、《书》，极意声色，祖伊所以惧也；轻积细过，恣心长夜，纣所以亡也。"赵高曰："五帝、三王乐各殊名，示不相袭。上自朝廷，下至人民，得以接欢喜，合殷勤，非此和说不通，解泽不流，亦各一世之化，度时之乐，何必华山之騄耳而后行远乎？"二世然之。

秦二世更是把音乐作为娱乐。丞相李斯进言劝阻说："放弃《诗》、《书》不读，用尽心思去享受声色，殷商时的祖伊担心害怕的就是这个啊；轻视积累这些细小的过失，放纵心意整夜歌舞，这是纣王灭亡的原因啊。"赵高说："五帝、三王各自的音乐名称不同，表示不互相沿袭。上自朝廷君臣，下到人民百姓，就是要能交往欢欣喜悦，相处情意殷勤，除了这音乐和睦喜悦的情感就不能沟通，散播的恩泽不能流行，也就是说，一个时代有一个时代的风尚，考虑时代选择音乐，何必要有华山的騄耳马然后才走远路呢？"秦二世胡亥认为是这样的。

高祖过沛，诗《三侯之章》，令小儿歌之。高祖崩，令沛得以四时歌儛宗庙。孝惠、孝文、孝景无所增更，于乐府习常肄旧而已。

高祖路过沛县作了一首含有三个语辞"兮"的《三侯之章》（即《大风歌》），让儿童学唱这首诗。高祖逝世，下令沛县用这首诗四时演唱，祭祀祖庙。孝惠帝、孝文帝、孝景帝时代都没有任何增加更改，就是在专门的乐府里也是照常演习重复此曲罢了。

至今上即位，作十九章，令侍中李延年次序其声，拜为协律都尉。通一经之士不能独知其辞，皆集坐五经家，相与共讲习读之，乃能通知其意，多尔雅之文。

到当今皇上登临帝位以后，作郊祀诗十九章，让侍中李延年按顺序谱曲歌唱，任命李延年作协律都尉官。只通晓一部经书的专家不能单独弄懂这十九首歌辞的意思，全部通晓五经的专家，互相讨论研究讲解反复诵读它，才能贯通了解其中的意义，多数是雅正的文字。

汉家常以正月上辛祠太一甘泉，以昏时夜祀，到明而终。常有流星经于祠坛上。使僮男僮女七十人俱歌。春歌《青阳》，夏歌《朱明》，秋歌《西皞》，冬歌《玄冥》。世多有，故不论。

汉朝规定用正月上旬辛日祭祀甘泉宫太一神，从黄昏时起夜间开始祭祀，到第二天天明才结束，祭祀的时候常常有流星划过祠坛上空。安排僮男僮女七十人一起合唱。春天唱《青阳》，夏天唱《朱明》，秋天唱《西皞》，冬天唱《玄冥》。这些歌辞，社会上大多都有，因此不作论载。

又尝得神马渥洼水中，复次以为《太一之歌》。歌曲曰："太一贡兮天马下，沾赤汗兮沫流赭。骋容与兮跇万里，今安匹兮龙为友。"后伐大宛得千里马，马名蒲梢，次作以为歌。歌诗曰："天马来兮从西极，经万里兮归有德。承灵威兮降外国，涉流沙兮四夷服。"中尉汲黯进曰："凡王者作乐，上以承祖宗，下以化兆民。今陛下得马，诗以为歌，协于宗庙，先帝百姓岂能知其音邪？"上默然不说。丞相公孙弘曰："黯诽谤圣制，当族。"

又在武帝元鼎四年，曾在渥洼水中得到宝马，又再次编曲作成《太一之歌》。歌辞说："北极太一星的贡献啊，天马下到人间，浑身沾着血一样的汗水啊，嘴里吐着红色的泡沫。驰骋从容不迫啊，抬腿就越过一万里，现在什么能配得上啊，只有龙是它的伴友。"后来征伐大宛得到千里马，马名叫

"蒲梢",再次编写出一首歌。诗歌说:"天马来啊,从西面极远的地方,经历了万里路啊,服从有仁德的皇上。承受上天的神灵威严啊,降服外国,渡过流沙大漠啊,四夷都来降服。中尉汲黯进谏说:"一般称王的人制作音乐,上面用来承接祖宗的恩德,下面用来教化亿万百姓。如今陛下得到几匹马,作诗用来歌唱,还要协调用于祖庙祭祀,先帝和老百姓哪里能理解这种音乐的意思呢?"皇上沉默不高兴。丞相公孙弘说:"汲黯诽谤圣上的制作,应当诛灭全族。"

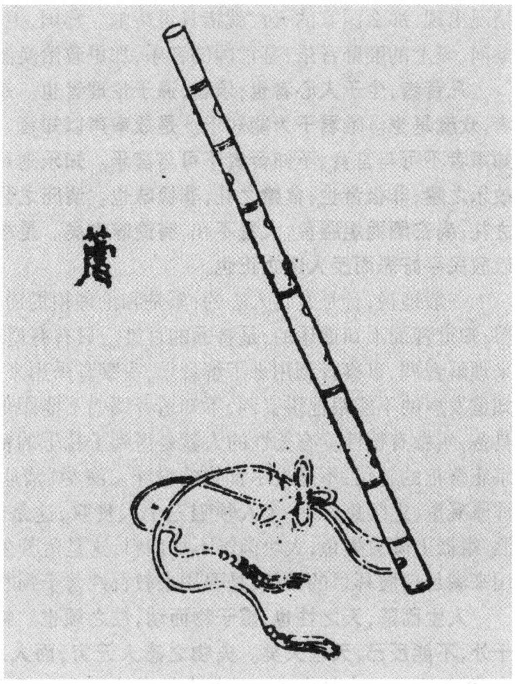

箫,图选自《十二朝人物演义》。

凡音之起,由人心生也。人心之动,物使之然也。感于物而动,故形于声;声相应,故生变;变成方,谓之音;比音而乐之,及干戚羽旄,谓之乐也。乐者,音之所由生也,其本在人心感于物也。是故其哀心感者,其声噍以杀;其乐心感者,其声啴以缓;其喜心感者,其声发以散;其怒心感者,其声粗以厉;其敬心感者,其声直以廉;其爱心感者,其声和以柔。六者非性也,感于物而后动,是故先王慎所以感之。故礼以导其志,乐以和其声,政以壹其行,刑以防其奸。礼乐刑政,其极一也,所以同民心而出治道也。

一般来说,音的起源是来自于人心受感动。人心受感动,是客观事物刺激的结果。人心受事物刺激而感动,因此表达出声音;声音互相应和,因此产生变化;变化成为交错规律,就叫音乐;编排声音组成曲调,加上盾牌、斧头、羽毛、牛尾表演就叫娱乐。娱乐是由音乐所产生的,它的根源在于人心受事物刺激而感动。所以人心感到悲哀,他发出的声音急促肃杀;人心感到愉快,他发出的声音悠扬缓慢;心中感到喜悦,他发出的声音轻松流畅;心中感到恼怒,他发出的声音粗犷暴戾,心中感到恭敬,他发出的声音刚直端方,心中感到爱慕,他发出的声音温顺柔和。这六种表现不是人的本性,是受外界事物激发然后萌动的,因此先王谨慎地处置能感动人心的事物。所以用礼义来引导人们的志趣,用音乐来调和人们的声音,用政令来统一人们的行为,用刑罚来防止人们奸诈。礼仪、音乐、刑罚、政令,他们的最终目标是一致的,都是用来使百姓的思想一致而使天下出现大治。

凡音者,生人心者也。情动于中,故形于声,声成文谓之音。是故治世之音安以乐,其正和;乱世之音怨以怒,其正乖;亡国之音哀以思,其民困。声音之道,与正通矣。宫为君,商为臣,角为民,徵为事,羽为物。五者不乱,则无怗懘之音矣。宫乱则荒,其君骄;商乱则搥,其臣坏;角乱则忧,其民怨;徵乱则哀,其事勤;羽乱则危,其财匮。五者皆乱,迭相陵,谓之慢。如此则国之灭亡无日矣。郑卫之音,乱世之音也,比于慢矣。桑间濮上之音,亡国之音也,其政散,其民流,诬上行私而不可止。

一般地说,音乐是人心产生的。感情萌发在内,因此表现出声的形式,声音协调成美的韵律就叫音乐。因此太平盛世的音乐安适快乐,社会政治一定清和;动乱社会的音乐怨恨而愤怒,社会政治一定乖僻;要灭亡国家的音乐悲哀忧愁,他的人民一定很困难痛苦。声音的表现,是和政治相通的。宫声尊重好比君主,商声刚硬好比臣子,角声高低适当好比百姓,徵声悠扬好比繁杂的事物,羽声清飘好比细小的物件,宫、商、角、徵、羽五声不乱,就没有阻滞不和畅的音调出现啦。宫声淆乱音调就放散,是国君骄纵的表现;商声淆乱音调就邪僻荒废,是臣下败坏的表现;角声淆乱音调就忧郁不振,是人民怨恨的反映;徵声淆乱音调就悲哀痛苦,是人民劳役勤苦的反映;羽声淆乱音调就高昂振颤,那是赋税沉重百姓贫困的反映。五声完全混乱失调,更替互相侵越,叫作漫无道理。像这种情况出现，那么国家的灭亡就指日可待啦。郑国、卫国的音乐，是乱世的音乐，接近亡国的慢音了。桑间、濮上的靡靡音乐，是亡国的音乐，那里政治涣散，百姓流亡，臣下欺骗皇上，舞弊不能制止。

凡音者，生于人心者也；乐者，通于伦理者也。是故知声而不知音者，禽兽是也；知音而不知乐者，众庶是也。唯君子为能知乐。是故审声以知音，审音以知乐，审乐以知政，而治道备矣。是故不知声者不可与言音，不知音者不可与言乐。知乐则几于礼矣。礼乐皆得，谓之有德。德者得也。是故乐之隆，非极音也；食飨之礼，非极味也。清庙之瑟，朱弦而疏越，一倡而三叹，有遗音者矣。大飨之礼，尚玄酒而俎腥鱼，大羹不和，有遗味者矣。是故先王之制礼乐也，非以极口腹耳目之欲也，将以教民平好恶而反人道之正也。

一般地说，音是发自人心的；乐是和伦理相贯通的。所以只知道发声而不知道调和音的，是禽兽；知道音而不知道乐的，是普通的百姓。只有有道德修养的人能了解和谐的乐。所以审察发声用来理解音调，审察音调用来了解音乐，审察音乐用来了解政治，这样治民的方法就齐备了。所以不知道发声的不能跟他讲音调，不知道音调的不能跟他讲音乐。了解音乐就接近于明礼了。礼乐都具备，叫做有德性。有德性的人就是得到了礼乐的精神。所以音乐的兴隆，不是极尽钟鼓的声音；宗庙祭祀的礼仪，不是极尽食物的滋味。演奏《清庙》曲的瑟，红色的丝弦，瑟底部穿孔，发出声音浑厚凝重，迟缓悠长，一个人领唱三个人赞叹，这是德音流传啊。盛大的祭祀礼仪，上面供着清水酒，俎器上陈放生鱼，大块肉汤不加调料，这是留芳久远有余味啊。所以古代帝王制定礼乐，并不是用来满足口腹耳目的欲望，是要用来教百姓善于判断好坏，让他们返回做人的正道。

人生而静，天之性也；感于物而动，性之颂也。物至知知，然后好恶形焉。好恶无节于内，知诱于外，不能反己，天理灭矣。夫物之感人无穷，而人之好恶无节，则是物至而人化物也。人化物也者，灭天理而穷人欲者也。于是有悖逆诈伪之心，有淫佚作乱之事。是故强者胁弱，众者暴寡，知者诈愚，勇者苦怯，疾病不养，老幼孤寡不得其所，此大乱之道也。是故先王制礼乐，人为之节：衰麻哭泣，所以节丧纪也；钟鼓干戚，所以和安乐也；婚姻冠笄，所以别男女也；射乡食飨，所以正交接也。礼节民心，乐和民声，政以行之，刑以防之。礼乐刑政四达而不悖，则王道备矣。

人初生时的情感本来是宁静的，这是自然的本性；受客观事物刺激而萌动，这是本性贪欲的表现。客观事物出现了，心中就有反应，然后喜好厌恶的情绪就会表现出来。喜欢厌恶在内心没有节制，心智被外界事物诱惑，不能回到自己平静的心态，先天的理性就泯灭了。那外界事物感动人是没有穷尽的，而人的喜好厌恶没有节制，那么就形成外界事物一来到，人就跟着受影响了。人跟着外界事物变化，便泯灭了先天的理性，满足人心的欲望了。这样就有了违背正道叛逆欺诈虚伪的思想，有了淫乱逸乐为非作歹的事。所以强大的胁迫弱小的，众多的欺负寡少的，聪明的欺骗愚昧的，勇敢的折磨怯懦的，有疾病的人得不到疗养，老年幼孩孤儿寡妇得不到应有的安置，这是天下大乱的道路啊。所以古代帝王制定礼乐，人们遵循它节制欲望。办丧事时服饰缞麻、哭泣的礼仪，是为了节制哀痛设置的；敲钟打鼓挥动盾牌、斧头的舞蹈，是为了调和安乐设置的；婚姻嫁娶男冠女笄，是为了区别男女而设置的；乡射礼、乡饮酒礼、宴会宾客礼，是为了正常交往待人接物而设立的。礼仪节制百姓的思想，音乐调和百姓的心声，政令推动礼乐的施行，刑罚防止礼乐绪乱。礼仪、音乐、刑罚、政令四项通达而不背乱，那么王者的治道就具备啦。

乐者为同，礼者为异。同则相亲，异则相敬。乐胜则流，礼胜则离。合情饰貌者，礼乐之事也。礼义立，则贵贱等矣；乐文同，则上下和矣；好恶著，则贤不肖别矣；刑禁暴，爵举贤，则政均矣。仁以爱之，义以正之，如此则民治行矣。

音乐是为了协同好恶的，礼仪是为了区别贵贱的。协同了好恶就会互相亲善，区别了贵贱等级就会互相尊敬。乐的作用超过礼就会随波逐流，礼的作用超过乐就会骨肉分离。调合人们的内心情感，修饰人们的外表行为，是礼乐共同的事情。礼义确立，那么贵贱等级便明确了；乐曲和谐，那么上下便协调欢畅了；喜好厌恶分明，那么好人坏人就区别开了；刑罚禁止强暴，封赏爵位推举贤能，那么政治就公正了。用仁慈的心爱护百姓，用理义来端正百姓，像这样做，那么百姓的治理就以利施行了。

乐由中出，礼自外作。乐由中出，故静；礼自外作，故文。大乐必易，大礼必简。乐至则无怨，礼

至则不争。揖让而治天下者，礼乐之谓也。暴民不作，诸侯宾服，兵革不试，五刑不用，百姓无患，天子不怒，如此则乐达矣。〔四海之内〕，合父子之亲，明长幼之序，以敬（四海之内），天子如此则礼行矣。

音乐从人们内心之中产生，礼仪从规范外在行为兴起。音乐从内心中产生，所以安心静气；礼仪从外在行为兴起，所以形式严肃。盛大的音乐一定要平易，盛大的礼仪一定要简约。音乐达到效果就没有仇恨，礼仪达到效果就没有斗争。作揖谦让而能治理天下的，是因为达到了礼乐的效果。强暴的百姓不作乱，诸侯诚心服从，兵刃铠甲不用，五种刑罚不行，百姓没有祸患，天子没有恼怒，像这样就达到乐的效果了。合乎父子的亲情，分明长幼的秩序，用这种亲情尊敬教化四海之内的人，天子能亲自这样做，那么礼仪就可以广泛地施行了。

大乐与天地同和，大礼与天地同节。和，故百物不失；节，故祀天祭地。明则有礼乐，幽则有鬼神，如此则四海之内合敬同爱矣。礼者，殊事合敬者也；乐者，异文合爱者也。礼乐之情同，故明王以相沿也。故事与时并，名与功偕。故钟鼓管磬羽籥干戚，乐之器也；诎信俯仰缀兆舒疾，乐之文也。簠簋俎豆制度文章，礼之器也；升降上下周旋裼袭，礼之文也。故知礼乐之情者能作，识礼乐之文者能术。作者之谓圣，术者之谓明。明圣者，术作之谓也。

盛大的音乐和天地阴阳调和协同，盛大的礼仪和天地高低有节度相合。能调和，所以万物不失生长繁殖的时机；有节度，所以才举行对天地的祭祀。形式上有礼仪音乐的教导，精神上有圣贤气质的约束，像这样，那么四海之内的人就和合互敬共同亲爱啦。礼是区别事物等级，教导人们和合互敬道理的；乐是谐和不同曲调，教导人们互相亲爱道理的。礼乐达到治理的情志相同，因此过去圣明的帝王将礼乐一直沿用下来。所以举事一定与时势相符合，乐名应该和功绩相协同。因此演奏用的钟、鼓、管弦、石磬，舞蹈用的羽毛、硁管、盾牌、斧头，这些都是乐器；表演中弯腰、伸腿、俯身、仰面的舞姿，组合、分散、缓慢、迅速的步伐，是音乐的文饰表现。方簠、圆簋、俎案、汤豆，规定的仪式，写下的条文章法，是礼器。升位下阶，时上时下，左右周旋，脱衣遮体的行为，是礼仪的文饰表现。所以只有了解礼乐内在情志的人才能作，只有懂得礼乐外在表现的人才能讲述礼乐的意义。制作礼乐的人称圣人，讲述礼乐旨义的人称圣明。明圣，就是指能讲述能制作的意思。

图为簋，古代礼器，用于祭祀。

乐者，天地之和也；礼者，天地之序也。和，故百物皆化；序，故群物皆别。乐由天作，礼以地制。过制则乱，过作则暴。明于天地，然后能兴礼乐也。论伦无患，乐之情也；欣喜欢爱，乐之官也。中正无邪，礼之质也；庄敬恭顺，礼之制也。若夫礼乐之施于金石，越于声音，用于宗庙社稷，事于山川鬼神，则此所以与民同也。

音乐，是表现天地和顺的；礼仪，是表现天地秩序的。和顺，所以万物都发展变化；有秩序，所以许多事物在一起都有区别。音乐是根据天体的运行变化制作出来的，礼是根据地形高低上下制作出来的。礼仪超过限度就混乱，音乐超过创作原则就粗暴不和。明白天的变化地的形势以后，才能提倡制作礼仪音乐。按类别没有互相侵害的祸患，这是音乐的精神作用；人们高兴喜悦亲爱，这是音乐的形式作用。中和端正没有邪僻，这是礼的本质；端庄恭敬顺从，这是礼的节制表现。至于像礼乐用钟磬演奏，发出和谐的声音，用作宗庙的祭祀、国家的庆典，以及对山川鬼神的侍奉，那么，这样做，都是按照当时百姓的要求定立的。

王者功成作乐，治定制礼。其功大者其乐备，其治辨者其礼具。干戚之舞，非备乐也；亨孰而祀，非达礼也。五帝殊时，不相沿乐；三王异世，不相袭礼。乐极则忧，礼粗则偏矣。及夫敦乐而无忧，礼备而不偏者，其唯大圣乎！天高地下，万物散殊，而礼制行也；流而不息，合同而化，而乐兴也。春作夏长，仁也；秋敛冬藏，义也。仁近于乐，义近于礼。乐者敦和，率神而从天；礼者辨宜，居鬼而从地。故圣人作乐以应天，作礼以配地。礼乐明备，天地官矣。

帝王功业建成，制作音乐来歌颂；国家安定，制作礼仪来统治。帝王的功业大，他的音乐就齐备，帝王的治绩遍布，他制作的礼仪就全面。只用盾牌、斧头为道具的乐舞，不是完备的乐典；只以煮熟的食品祭祀，也不是通达的礼仪。五帝生活在不同时代，不互相沿用乐曲；三王生活在不同社会，不互相沿袭礼仪。音乐发展到淫逸的程度就有忧患了，礼仪显示出粗略就会出现偏差了。达到敦厚的音乐而没有忧患，礼仪齐备而没有偏差的情形，大概只有伟大的圣人能做到吧！天高地矮，万物分散在天地中间各不相同，那么礼仪的节制就施行了。天地气息流动不停，符合正常的自然变化规律，这样用音乐协调万物便兴旺起来了。春天耕作，夏天长出花果，这是大自然的仁爱表现；秋天收获，冬天储藏，这是大自然严肃的表现。仁爱接近音乐，严肃接近礼仪。音乐要求敦厚和畅，遵循圣人的精神顺从天；礼仪区别等级差异是否合适，根据先贤的气质而顺从地。因此，圣人创作音乐应和天时，制作礼仪配合地利。礼仪音乐清楚完备，天地万物恪守职分了。

天尊地卑，君臣定矣。高卑已陈，贵贱位矣。动静有常，小大殊矣。方以类聚，物以群分，则性命不同矣。在天成象，在地成形，如此则礼者天地之别也。地气上隮，天气下降，阴阳相摩，天地相荡，鼓之以雷霆，奋之以风雨，动之以四时，暖之以日月，而百化兴焉，如此则乐者天地之和也。

天尊贵地卑贱明确以后，国君与臣属的关系就可以确定了。高低上下关系已经摆正，贵贱的等级位置也就有一定了。阴阳动静有一定常规，但是万物的形体各不相同。爬虫根据类别聚居在一起，万物根据群类加以区分，那么它们的生命长短就不同啊。在天上日月星辰构成景象，在地下山陵河川构成形体，像这样，礼仪是根据天地的差别情况制定的。地气上升，天气下降，阴阳二气互相摩擦，天地互相震荡，用雷霆鼓动生机，用风雨催促成长，用四季变化生命，用日月温暖，于是万物化育成长了，像这样，那么音乐是根据天地和谐的原理制定的。

化不时则不生，男女无别则乱登，此天地之情也。及夫礼乐之极乎天而蟠乎地，行乎阴阳而通乎鬼神，穷高极远而测深厚，乐著太始而礼居成物。著不息者天也，著不动者地也。一动一静者，天地之间也。故圣人曰"礼云乐云"。

天地变化不顺时，那么万物就不能生长，男女没有区别，那么就错乱成害，这是天地的自然情理。至于礼乐的作用上达到天而下接触地，随阴阳二气运行而和神鬼相沟通，穷尽最高处、极尽最远处而测量深厚的事物，音乐效法天，礼仪效法地。明显地不停运动的就是天，明显地不加移动的就是地。一动一静，是天地间万物的生性。所以圣人说"礼乐效法天地啊"。

昔者舜作五弦之琴，以歌《南风》；夔始作乐，以赏诸侯。故天子之为乐也，以赏诸侯之有德者也。德盛而教尊，五谷时孰，然后赏之以乐。故其治民劳者，其舞行缀远；其治民佚者，其舞行缀短。故观其舞而知其德，闻其谥而知其行。《大章》，章之也；《咸池》，备也；《韶》，继也；《夏》，大也；殷、周之乐尽也。

从前，虞舜作五弦琴，用来歌唱《南风》诗；夔开始制作音乐，用来赏给诸侯同享。所以天子制作音乐，用来赏赐诸侯中有德性的人。德性高教化就受到尊重，五谷按时成熟，然后赏赐给他音乐。所以诸侯治理的百姓劳动辛苦，参加舞蹈的人就少，排列队伍的距离远；诸侯治理的百姓安逸，参加舞蹈的人就多，排列的队伍距离短。所以观察诸侯国的舞蹈，就知道他的品德如何了，听到死后的谥号，就知道他生前的行事为人了。《大章》音乐，意思就是德性彰明啊；《咸池》音乐，意思就是普遍施德啊;《韶》乐就是继承美德呀;《夏》乐就是发扬光大呀;殷商、周代的音乐尽是歌颂人功业的。

天地之道,寒暑不时则疾,风雨不节则饥。教者,民之寒暑也,教不时则伤世。事者,民之风雨也,事不节则无功。然则先王之为乐也,以法治也,善则行象德矣。夫豢豕为酒,非以为祸也;而狱讼益烦,则酒之流生祸也。是故先王因为酒礼,一献之礼,宾主百拜,终日饮酒而不得醉焉,此先王之所以备酒祸也。故酒食者,所以合欢也。

天地变化有一定规律,寒暑不定时,老百姓就闹灾疫,风雨没有克制,老百姓就闹饥荒。音乐教化,就是老百姓的寒暑呀,音乐教化不定时就伤风败俗。礼仪的事,就是百姓的风雨,礼仪不节制就没有成功。但是,古代帝王制作音乐是用来效法治国的,治国好那么音乐就表现国君的美德啦。那养猪造酒,不是用来制造灾害的;但是诉讼的案子越来越多,那就是酒的饮用产生的灾祸呀。所以古代帝王根据这种情况制定喝酒的礼节,献一次酒的礼仪,宾主之间多次恭敬揖拜,这样整天都在饮酒的礼节中也不会喝醉了,这是古代帝王用来防备喝酒闹事的办法。所以说,喝酒饮食,是用来聚欢的。

乐者,所以象德也;礼者,所以闭淫也。是故先王有大事,必有礼以哀之;有大福,必有礼以乐之:哀乐之分,皆以礼终。

音乐,本意是用来表现美德的;礼仪,本意是用来杜绝淫乱的。因此古代帝王有死丧大事,一定有丧礼用来表示哀悼的情感;有大的庆典,一定有祭礼用来表示欢乐的情怀:哀悼、欢乐虽然有区分,但是都归到礼节。

乐也者,施也;礼也者,报也。乐,乐其所自生;而礼,反其所自始。乐章德,礼报情反始也。所谓大路者,天子之舆也;龙九旒,天子之旌也;青黑缘者,天子之葆龟也;从之以牛羊之群,则所以赠诸侯也。

音乐,是施舍给予;礼仪,是依礼往来回报。音乐,是抒发人们内心产生的欢乐;而礼仪,则回报那开始欢乐的原由。音乐表彰美德,礼仪回报人情反思开始。所说的"大路"车,是天子的车;绣着龙的旗子,边上镶着九条飘带,是天子的旌旗;黑绿色边的甲壳,是天子占卜用的宝龟;跟从在后面的牛群羊群,就是天子用来回赠诸侯的礼物。

乐也者,情之不可变者也;礼也者,理之不可易者也。乐统同,礼别异,礼乐之说贯乎人情矣。穷本知变,乐之情也;著诚去伪,礼之经也。礼乐顺天地之诚,达神明之德,降兴上下之神,而凝是精粗之体,领父子君臣之节。

音乐,表达平和的感情不可以改变;礼仪,判别公正的事理不可以更易。音乐统一人的和合情感,礼仪区别不同的事理,礼乐的理论在人情方面可以贯通了。探讨自然本性了解变化原因,这是音乐的性情;发扬忠诚品德除去虚伪劣习,这是礼仪的常规。礼乐顺从天地的诚意,通达神明的恩德,使天地神灵都降临人间,凝集成这些大小形体的乐章礼仪,用它统治父子君臣的礼节。

是故大人举礼乐,则天地将为昭焉。天地欣合,阴阳相得,煦妪覆育万物,然后草木茂,区萌达,羽翮奋,角觡生,蛰虫昭苏,羽者妪伏,毛者孕鬻,胎生者不殰而卵生者不殈,则乐之道归焉耳。

因此伟大的人举行礼仪演奏音乐,天地鬼神都帮助他彰明教化。天地两气蒸合,阴阳交会调和,和煦母爱似地抚育万物,然后草木茂盛,菽豆稻稷长出地面,鸟儿振翅高飞,带角的走兽也生息繁育,冬眠的昆虫又复苏了,母鸟在孵化,走兽在生育,胎生的不流产,卵生的不毁蛋,那么音乐调和阴阳的主旨就归结到这里了。

乐者,非谓黄钟大吕弦歌干扬也,乐之末节也,故童者舞之;布筵席,陈樽俎,列笾豆,以升降为礼者,礼之末节也,故有司掌之。乐师辩乎声诗,故北面而弦;宗祝辩乎宗庙之礼,故后尸;商祝辩乎丧礼,故后主人。是故德成而上,艺成而下;行成而先,事成而后。是故先王有上有下,有先有后,然后可以有制于天下也。

音乐,不是所说的黄钟大吕丝弦演唱舞弄盾钺,这是音乐的细枝末节,所以用儿童去表演;布置筵席,陈设酒樽俎器,排着笾豆食器,拿升台降阶揖让作为礼仪的,这是礼的细枝末节,所以专有部门主管。乐师只会分辨声音唱诗,所以面向北演奏;太祝等祭祀官员只会分辨宗庙祭祀的仪式,所以只能跟在代享尸的后面,熟习商礼的司仪只知道分辨下葬的仪式,所以跟在丧主的身后。所以德

孔子访乐苌弘图，讲述孔子向乐师苌弘请教有关音乐知识之事。

性有成就坐上面的尊位，技艺有成就坐在下面的卑位；行为有成就的走在先头，办事有成就走在后头。所以古代帝王规定有上下，有先后，然后可以用来制作礼乐统治天下了。

乐者，圣人之所乐也，而可以善民心，其感人深，其风移俗易，故先王著其教焉。

音乐，是圣人用来娱乐的，但是可以用来使百姓的思想善良。音乐感动人到至深的程度，社会风气就会改易，人情世俗就会变化，因此古代帝王明白音乐的教化作用。

夫人有血气心知之性，而无哀乐喜怒之常，应感起物而动，然后心术形焉。是故志微焦衰之音作，而民思忧；啴缓慢易繁文简节之音作，而民康乐；粗厉猛起奋末广贲之音作，而民刚毅；廉直经正庄诚之音作，而民肃敬；宽裕肉好顺成和动之音作，而民慈爱；流辟邪散狄成涤滥之音作，而民淫乱。

人具有血脉精气、思想智慧的本性，而没有喜怒哀乐的常规，人的本性受外物感应而起动，然后心意便有了形态。因此，情志细劣、短促衰弱的音乐流行，百姓就悲思忧愁；宽宏缓慢平易、曲调高亢节奏单纯的音乐流行，百姓就康壮和乐；粗犷刚劲、激烈振奋、气势广大的音乐流行，百姓就坚强刚毅；廉直法正、庄严诚恳的音乐流行，百姓就严肃恭敬；宽洪充实圆润、顺理成章和协的音乐流行，百姓就仁慈友爱；浮泛邪僻散漫放荡、快慢节奏混乱的音乐流行，百姓就淫乱。

是故先王本之情性，稽之度数，制之礼义，合生气之和，道五常之行，使之阳而不散，阴而不密，刚气不怒，柔气不慑，四畅交于中而发作于外，皆安其位而不相夺也。然后立之学等，广其节奏，省其文采，以绳德厚也。类小大之称，比终始之序，以象事行，使亲疏贵贱长幼男女之理皆形见于乐：故曰“乐观其深矣”。

所以古代帝王根据人的情感性格，考察天地度数，制作礼义，融会阴阳的调和，引导五行的转运，使阳气不散失，阴气不封闭，刚气不愤怒，柔气不恐惧，阴阳刚柔四气通畅在心中，发出音响表现在体外，都按着各自位置不互相侵犯，然后根据等级设立乐教，扩大音乐的深度和广度，体会音乐和谐的意境，用来效法德性修养深厚的人。分类比较乐器大小的名称，排对羽声结束、宫声开始的顺序，用五声十二律象征人事行为，使亲疏贵贱长幼男女的道理都用音乐的形式表现出来，所以说“音乐的观赏，内涵很深刻呀”。

土敝则草木不长，水烦则鱼鳖不大，气衰则生物不育，世乱则礼废而乐淫。是故其声哀而不庄，乐而不安，慢易以犯节，流湎以忘本。广则容奸，狭则思欲，感涤荡之气而灭平和之德，是以君子贱之也。

土地过度垦植，那么草木就不生长了，湖水过分搅扰，那么鱼鳖就长不大了，天气衰竭，那么生物就不繁殖成长，社会动乱，那么礼仪废弃同时音乐荒淫糜烂。所以这种音乐的声音哀伤而不庄严，有欢乐而不安定。傲慢轻佻触犯礼节，流连沉湎娱乐而忘了根本。声音和缓就含容奸伪，声音急促就思念利欲，感染淫荡邪僻的气质，使善人平和的德性泯灭，所以有修养有道德的人轻视这种音乐。

凡奸声感人而逆气应之，逆气成象而淫乐兴焉。正声感人而顺气应之，顺气成象而和乐兴焉。倡和有应，回邪曲直各归其分，而万物之理以类相动也。

凡是奸邪的声音感动人心，就有违逆不顺的气息与它应和，这种违逆不顺的气息人们学习成为习惯，于是淫靡的音乐就流行了。中正平和的声音感动人心，就有顺畅的气息与它附和，顺畅气息的人们学习渐渐习惯，调和的音乐就流行了。唱和都有感应，偏邪不直，平和中正，各自分别都有感应，天下万物善恶真伪的道理，也是根据类别而互相感动。

是故君子反情以和其志，比类以成其行。奸声乱色不留聪明，淫乐废礼不接于心术，惰慢邪辟之气不设于身体，使耳目鼻口心知百体皆由顺正，以行其义。然后发以声音，文以琴瑟，动以干戚，饰以羽旄，从以箫管，奋至德之光，动四气之和，以著万物之理。是故清明象天，广大象地，终始象四时，周旋象风雨；五色成文而不乱，八风从律而不奸，百度得数而有常；大小相成，终始相生，倡和清浊，代相为经。故乐行而伦清，耳目聪明，血气和平，移风易俗，天下皆宁。故曰“乐者乐也”。君子乐得其道，小人乐得其欲。以道制欲，则乐而不乱；以欲忘道，则惑而不乐。是故君子反情以和其志，广乐以成其教，乐行而民乡方，可以观德矣。

因此，有道德修养的人，本着性情来调和他的心志，选择正确的种类成就自己好的行为。奸邪的声音，杂乱不正的颜色不在耳朵眼睛里保留，淫靡的音乐，废坏的礼仪不在心意中接受，懒惰傲慢邪恶乖僻的习气不在身体内保留，使耳目鼻口心智各部分肢体都接受和顺正直的事物，用来施行仁义的美德。然后用声音表现出来，用琴瑟文饰美化，用盾牌、斧钺挥舞动，用羽毛、旄牛尾来装饰，用箫管来跟着应和，振奋崇高美德的光辉，鼓动阴阳刚柔四种气息加以调节，用来显示天下万物的道理。所以音乐清彻明亮，象征天的清朗，音乐雄浑深沉，象征地的厚实，乐章有始有终，象征四季的更替，周而复始象征风雨的回旋；五种颜色织成图案并不混乱，八种地方乐曲按音律拍节演奏并不走调，一百种刻度得到一定的序数就有常规；小月大月相辅相成，结束开始互相轮回产生，一唱一和声音清亮混浊，律吕互相更替变化有规律。所以好的音乐流行，人道伦理就澄清了，耳朵听得真切，眼睛看得明白，血脉气息调和平稳，改变风俗，天下就安宁了。所以说“音乐就是欢乐呀”。有道德修养的人喜欢获得道德的修养，奸邪的小人喜欢获得欲望的满足。用道德修养节制欲望的满足，那么欢乐但不淫乱；用满足欲望忘却道德修养，那么就惑乱并且不能安乐了。所以有道德修养的人本着性情来调和他的心志，推广音乐来促进教化，音乐流行使百姓向往道德修养，这样就可以观看了解他的品德了。

德者，性之端也；乐者，德之华也；金石丝竹，乐之器也。诗，言其志也；歌，咏其声也；舞，动其容也：三者本乎心，然后乐气从之。是故情深而文明，气盛而化神，和顺积中而英华发外，唯乐不可以为伪。

德性是人性的根本，音乐是德性的表现，金石丝竹是音乐的器材。诗章是表述人们的心志，歌唱是咏叹人们的声音，舞蹈是挥动人们的容颜。这志、声、容三种都根据人的内在心境表现出来，然后音乐的气息才跟着形成。所以情感深厚就表现出文采显现，气息盛大就显示天下都安宁，调和顺畅聚积在内心，而鲜艳花朵萌发在外面，只有音乐不能弄虚作假。

乐者，心之动也；声者，乐之象也；文采节奏，声之饰也。君子动其本，乐其象，然后治其饰。是故先鼓以警戒，三步以见方，再始以著往，复乱以饬归，奋疾而不拔，极幽而不隐。独乐其志，不厌其道；备举其道，不私其欲。是以情见而义立，乐终而德尊；君子以好善，小人以息过：故曰“生民之道，乐为大焉”。

音乐是人的心理活动，声音是音乐的形象，文采节奏是声音的修饰。有道德修养的人内心萌动感受时，用音乐来表现，然后整理音调节奏进行修饰。所以奏乐首先击鼓用来表示警戒，舞蹈先向前走三步用来表示将要表演，奏乐时重复二次开头用来显示过去武王伐纣再次兴师的情事，重新整队结束演奏用来表示凯旋，舞蹈动作矫健迅速但不倾倒，歌唱节奏非常幽细但不含混。自己这样娱乐心志，不满足他的德性；完全体会音乐的内涵，不会再图他的欲望了。所以人本来的性情表现出来以后，理义也就树立起来了，音乐演奏结束以后，所表现的德性便受到尊重；有道德修养的人因此更好多做善事,邪恶无德的小人由是就会改正过错:所以说“教养百姓的方法,音乐是最大的事”。

君子曰:礼乐不可以斯须去身。致乐以治心,则易直子谅之心油然生矣。易直子谅之心生则乐,乐则安,安则久,久则天,天则神。天则不言而信,神则不怒而威。致乐,以治心者也;致礼,以治躬者也。治躬则庄敬,庄敬则严威。心中斯须不和不乐,而鄙诈之心入之矣;外貌斯须不庄不敬,而慢易之心入之矣。故乐也者,动于内者也;礼也者,动于外者也。乐极和,礼极顺。内和而外顺,则民瞻其颜色而弗与争也,望其容貌而民不生易慢焉。德辉动乎内而民莫不承听,理发乎外而民莫不承顺,故曰“知礼乐之道,举而错之天下无难矣”。

有道德修养的人说“礼乐不能片刻离开自身”。致力学习音乐用来调治心性,那平易、正直、慈爱、诚实的思想就油然滋生了。平易、正直、慈爱、诚实的思想产生就欢乐,欢乐就安生,安生就长久,长久就天真,天真就神灵。天不说话但是诚信,神不恼怒但是威严。致力学习音乐,用来修养内在的心性;致力学习礼仪,用来约束自身的行为。约束自身的行为就庄重恭敬,庄重恭敬就严肃威仪。心中片刻不和畅不欢乐,卑鄙欺诈的思想就侵入;外貌片刻不庄重不恭敬,傲慢轻浮的思想就侵入啦。所以音乐,使人内心情志发生感动;礼仪,使人外貌上发生感动。音乐的最高境界是和悦,礼仪的最高境界是顺畅。内心和悦外表顺畅,那么百姓看到他的脸色就不跟他争执了,看见他的容貌就不对他产生轻浮怠慢的思想了。在内心受仁德光辉的感动,百姓没有谁不接受听从的,在外表有道义理性的表现,百姓没有不接受顺服的。所以说“懂得礼乐的道理,提出并施行到天下,就不难办了。

乐也者,动于内者也;礼也者,动于外者也。故礼主其谦,乐主其盈。礼谦而进,以进为文;乐盈而反,以反为文。礼谦而不进,则销;乐盈而不反,则放。故礼有报而乐有反。礼得其报则乐,乐得其反则安。礼之报,乐之反,其义一也。

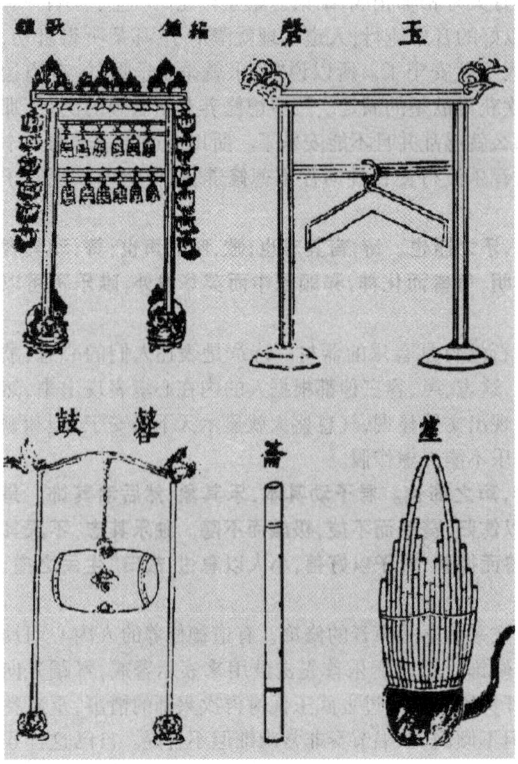

图为古代的乐器

音乐感动在人的内心,礼仪感动在人的外表。因此,礼仪的主旨是谦让,音乐的主旨是满足。礼仪谦让鼓励进取,用鼓励进取来达到尽善尽美;音乐满足就要节制,用节制来达到尽善尽美。礼仪谦让而不鼓励进取,就逐渐消失;音乐满足而不节制,就会放任淫乱。因此,礼有往来而音乐有节制。礼得到往来回报就欢乐,音乐得到有效节制就安乐。礼的往来回报,音乐的有效节制,它们的意义是一样的。

夫乐者乐也,人情之所不能免也。乐必发诸声音,形于动静,人道也。声音动静,性术之变,尽于此矣。故人不能无乐,乐不能无形。形而不为道,不能无乱。先王恶其乱,故制《雅》、《颂》之声以道之,使其声足以乐而不流,使其文足以纶而不息,使其曲直繁省廉肉节奏,足以感动人之善心而已矣,不使放心邪气得接焉,是先王立乐之方也。是故乐在宗庙之中,君臣上下同听之,则莫不和敬;在族长乡里之中,长幼同听之,则莫不和顺;在闺门之内,父子兄弟同听之,则莫不和亲。故乐者,审一以定和,比物以饰节,节奏合以成文,所以合和父子君臣,附亲万民也,是先王立乐之方也。故听其《雅》、《颂》之声,志意得广焉;执其干戚,习

其俯仰诎信，容貌得庄焉；行其缀兆，要其节奏，行列得正焉，进退得齐焉。故乐者天地之齐，中和之纪，人情之所不能免也。

音乐就是娱乐，是人的性情所不能避免的。娱乐需要发出各种声音，表现在运动和静止方面，这是人的常情。声音动静，性情心灵上的变化，全包含在里边了。所以人不能没有娱乐，娱乐不能忘记音响动静，音响动静不按规律，不能没有淫乱。古代帝王厌恶那种淫乱，所以制作《雅》、《颂》的歌声来引导百姓，使百姓的歌唱满足娱乐需要而不放纵，使歌辞足以涵蕴义理流传不息，使那乐曲婉转平直繁复简略的节奏，足以感动人向善的心性罢了，不让放纵的思想淫邪的气息接近，这是古代帝王建立音乐的道理。所以在宗庙里娱乐，国君大臣上下共同听音乐，没有谁不和睦恭敬；在同族乡里中间，长幼共同听音乐，没有谁不平和顺畅；在家里，父子兄弟共同听音乐，没有谁不和睦亲爱。所以说，音乐是审定人的歌唱来求得安定平和，接着乐器声音来修饰节奏，节奏调合用来构成乐章，这样用来调合父子君臣之间的和睦关系，使亿万百姓归附，这是古代帝王建立音乐的道理。所以听那《雅》、《颂》的声音，志向意气就得到扩大弘扬，拿着盾牌和斧头，练习俯仰屈伸的动作，容貌就会庄重了；走在表演舞蹈的行列中，按着音乐的节奏，在等级行列中也能摆正位置了，前进后退也能合乎整齐的步调了。所以说，音乐是天地的齐集，中和的总要，人情不能避免的东西。

夫乐者，先王之所以饰喜也；军旅铁钺者，先王之所以饰怒也。故先王之喜怒皆得其齐矣。喜则天下和之，怒则暴乱者畏之。先王之道礼乐可谓盛矣。

再说音乐，是古代帝王用来修饰内心喜悦的手段；军旅斧钺是古代帝王用来修饰心中恼怒的手段。所以古代帝王的欢乐和愤怒都能表现清楚。喜悦就使天下的人应和他，愤怒就使残暴作乱的人畏惧他。古代帝王运用礼乐可以说十分盛重了。

魏文侯问于子夏曰：“吾端冕而听古乐则唯恐卧，听郑卫之音则不知倦。敢问古乐之如彼，何也？新乐之如此，何也？”

魏文侯向子夏发问说：“我穿着黑色祭衣戴着黑色礼帽，听古代的音乐，就恐怕卧倒瞌睡，听郑国和卫国的音乐就忘了困倦。大胆地请问，古代的音乐那样令人厌倦，是什么原因？郑卫的新音乐如此吸引人，是什么原因呢？”

子夏答曰：“今夫古乐，进旅而退旅，和正以广，弦匏笙簧合守拊鼓，始奏以文，止乱以武，治乱以相，讯疾以雅。君子于是语，于是道古，修身及家，平均天下：此古乐之发也。今夫新乐，进俯退俯，奸声以滥，溺而不止，及优侏儒，獶杂子女，不知父子。乐终不可以语，不可以道古：此新乐之发也。今君之所问者乐也，所好者音也。夫乐之与音，相近而不同。”

子夏回答说：“现在先谈那古乐，大家步调进退一致，应和的声音纯正宽广，弦匏笙簧的演奏全听鼓声指挥，开始演奏击鼓，停止结束鸣金，调整杂乱的行列用乐器相，迅速前进用乐器雅。有道德涵养的人于是谈论，于是述说古代的事情，即修养自身整齐家室，平均天下的道理：这是古乐要表达的内容。今天的新乐，进退不齐，奸邪的声音使人淫乱，沉浸在里面不能自禁，加上小矮人的戏耍，像猴子一样男女混杂，不知道父子尊卑。乐曲演奏终了不能说出其中的道理，不可以讨论古代人的情理：这是新乐要表达的内容。今天您所问的是真正的音乐，但是所喜欢的却是铿锵的声音。那有节律的音乐和铿锵的声音，虽相接近但不相同啊。”

文侯曰：“敢问如何？”子夏答曰：“夫古者天地顺而四时当，民有德而五谷昌，疾疢不作而无祆祥，此之谓大当。然后圣人作为父子君臣以为之纪纲，纪纲既正，天下大定，天下大定，然后正六律，和五声，弦歌《诗·颂》，此之谓德音，德音之谓乐。《诗》曰：‘莫其德音，其德克明，克明克类，克长克君。王此大邦，克顺克俾。俾于文王，其德靡悔。既受帝祉，施于孙子。’此之谓也。今君之所好者，其溺音与？”

文侯问：“大胆请问为何不同？”子夏回答说：“那古代天地和顺而四季适当，人民具有德性而五谷也昌盛，天灾不流行而人祸也没有，这就叫十分适当的太平年头。然后圣人制作了父子君臣的等级关系作为纪律纲要，纪纲已经正常，天下非常安定，然后整理六律，协和五声，用丝弦等乐器歌唱《诗》中的《颂》，这就叫德音，德音才称得上音乐。《诗·大雅·皇矣》说：‘静修他的好德行，能够察明是与非，辨明真假与善恶，教诲不倦能赏刑。在这大国当国君，能够和顺能亲近。传到文王更贤良，具备美德无忏悔。已经承受帝王福，延及子孙万年长。’说的就是这个道理吧。现在您所喜欢的，大概是沉溺在靡靡的声音里面了吧？”

子夏像

文侯曰：“敢问溺音者何从出也？”子夏答曰：“郑音好滥淫志，宋音燕女溺志，卫音趣数烦志，齐音骜辟骄志，四者皆淫于色而害于德，是以祭祀不用也。《诗》曰：‘肃雍和鸣，先祖是听。’夫肃肃，敬也；雍雍，和也。夫敬以和，何事不行？为人君者，谨其所好恶而已矣。君好之则臣为之，上行之则民从之。《诗》曰‘诱民孔易’，此之谓也。然后圣人作为鞀鼓椌楬埙篪，此六者，德音之音也。然后钟磬竽瑟以和之，干戚旄狄以舞之。此所以祭先王之庙也，所以献酬酳酢也，所以官序贵贱各得其宜也，此所以示后世有尊卑长幼序也。钟声铿，铿以立号，号以立横，横以立武。君子听钟声则思武臣。石声硁，硁以立别，别以致死。君子听磬声则思死封疆之臣。丝声哀，哀以立廉，廉以立志。君子听琴瑟之声则思志义之臣。竹声滥，滥以立会，会以聚众。君子听竽笙箫管之声则思畜聚之臣。鼓鼙之声讙，讙以立动，动以进众。君子听鼓鼙之声则思将帅之臣。君子之听音，非听其铿锵而已也，彼亦有所合之也”。

文侯说：“大胆请问，沉溺的靡靡之音从哪里产生出来的呢？”子夏回答说：“郑国的音乐好听但糜烂，放纵奸声迷乱心志，宋国的音乐使你愉快，但柔细娇弱使人意志消沉，卫国的音乐急促多变，使人心志烦躁，齐国的音乐高傲孤僻，使人心志骄横。这四国的音乐都被色情淫乱了，同时伤害了德性，所以祭祀不使用它们。《诗》中说：‘肃穆雍容和谐鸣，先人祖宗喜欢听。’那肃穆的声音就是恭敬；那雍容的声音就是和谐。又恭敬又和谐，什么事不行呢？做百姓君主的人，只要谨慎自己的喜怒哀乐和言行就行啦。国君喜好它，那么臣子就去做这件事，皇上实行的事，那么百姓就跟从去干。《诗》中说‘诱民前进很容易’。说的就是这个道理吧。然后圣人制作了小鲶鼓、大鼓、木椌、楬、土埙、竹篪，这六种乐器，是演奏美德声音的音乐。然后用钟、磬、竽、瑟来调和演奏，用盾牌、斧头、牦牛尾、野鸡翎毛来舞蹈演出。这是用来祭祀祖先宗庙的音乐，这是用来宴饮宾客献礼酬谢的音乐，这是用来区分乐器排列顺序尊卑合适的音乐，这些都是用来晓示后代有尊卑长幼秩序的音乐。钟声响声音很高，声音高可以树立旗号警告群众，旗号可以树立气势，气势可以树立威武。有道德修养的人，听到钟声就想到了武将。石磬的声音清脆有力，清脆有力用来树立辨别礼义的是非观念，辨别礼义是非可以使人为守礼全义效死。有道德修养的人，听到磬声就思念那些为节操守卫边疆而死的臣子。丝弦的声音哀婉悠长，哀婉悠长可以树立廉洁的思想，廉正的思想用来树立伟大的人格志向。有道德修养的人，听到琴瑟的声音就思念立志躬行仁义的臣子。竹笛声浮泛可以和其他声音融合，声音融合可以用来树立会合的观念，会合的观念可以用来聚集群众。有道德修养的人听到竽笙箫管的声音，就思念能够养畜聚集百姓的臣子。鼓的声音欢快热烈，欢快热烈可以树立调动的观念，调动的观念可以用来鼓动群众进取。有道德修养的人，听到擂鼓的声音，就想起了做将帅的臣子。有道德修养的人听音乐，并不是听音乐的丁当声音，那是听音乐中有和自己心志相同的内容啊。”

宾牟贾侍坐于孔子，孔子与之言，及乐，曰："夫《武》之备戒之已久，何也？"

宾牟贾陪孔子坐，孔子和他谈话，谈到音乐，问："那周代的《武》乐，先打鼓表示警戒，那么长时间，为什么呢？"

答曰："病不得其众也。"

牟贾回答说："那是武王担心得不到群众的支持啊！"

"永叹之，淫液之，何也？"

"舞蹈以前，长时间歌唱，又那么迟缓悠长，这是为什么呢？"

答曰："恐不逮事也。"

牟贾回答说："将士们恐怕赶不上攻伐的战机。"

"发扬蹈厉之已蚤，何也？"

"表演开始时，举袂扬袖顿足踏地那么快，表现得非常猛烈又早有准备，这是为什么呢？"

答曰："及时事也。"

牟贾回答说："到时候，战事开始了。"

"《武》坐致右宪左，何也？"

"《武》舞中表演的坐式，右膝着地，左膝悬起来，为什么呢？"

答曰："非《武》坐也。"

牟贾回答说："那不是坐的姿式，《武》舞中不应该有坐的姿式。"

"声淫及商，何也？"

"歌声连绵不断，接近商调，这是为什么？"

答曰："非《武》音也。"

牟贾回答说："这不是《武》乐应有的歌声。"

子曰："若非《武》音，则何音也？"

孔子问："如果不是《武》乐中的歌声，那是什么歌声呢？"

答曰："有司失其传也。如非有司失其传，则武王之志荒矣。"

牟贾回答说："主管音乐的人失传了。如果不是主管音乐的人失传，就是武王年志衰老贪求商调了。"

子曰："唯丘之闻诸苌弘，亦若吾子之言是也。"

孔子说："我也听过苌弘的解释，也像您说的这样。"

宾牟贾起，免席而请曰："夫《武》之备戒之已久，则既闻命矣。敢问迟之迟而又久，何也？"

宾牟贾站起来，避席请教说："在《武》乐中，打鼓警戒群众已经很长时间，那么已经知道意思了，大胆地请问，迟缓地站在那里又那么长时间，这是为什么呢？"

子曰："居，吾语汝。夫乐者，象成者也。总干而山立，武王之事也；发扬蹈厉，太公之志也；《武》乱皆坐，周召之治也。且夫《武》，始而北出，再成而灭商，三成而南，四成而南国是疆，五成而分陕，周公左，召公右，六成复缀，以崇天子，夹振之而四伐，盛威于中国也。分夹而进，事蚤济也。久立于缀，以待诸侯之至也。且夫女独未闻牧野之语乎？武王克殷反商，未及下车，而封黄帝之后于蓟，封帝尧之后于祝，封帝舜之后于陈；下车而封夏后氏之后于杞，封殷之后于宋，封王子比干之墓，释箕子之囚，使之行商容而复其位。庶民弛政，庶士倍禄。济河而西，马散华山之阳而弗复乘；牛散桃林之野而不复服；车甲弢而藏之府库而弗复用；倒载干戈，苞之以虎皮；将率之士，使为诸侯，名之曰'建陆'：然后天下知武王之不复用兵也。散军而郊射，左射《狸首》，右射《驺虞》，而贯革之射息也；裨冕搢笏，而虎贲之士税剑也；祀乎明堂，而民知孝；朝觐，然后诸侯知所以臣；耕藉，然后诸侯知所以敬：五者天下之大教也。食三老五更于太学，天子袒而割牲，执酱而馈，执爵而酳，冕而总干，所以教诸侯之悌也。若此，则周道四达，礼乐交通，则夫《武》之迟久，不亦宜乎？"

孔子说："请坐，我告诉你。音乐是表现成功的。拿着盾牌像山一样站着不动，象征武王等待各路诸侯伐纣的事；舞蹈开始时扬手踏足猛烈，象征姜太公的意志；《武》舞尾声全坐下，象征周、召二公时的天下大治。而且那《武》乐，开始表演时舞人向北出场不动，象征孟津检阅军队，再出场表演就象征消灭殷商了，第三次出场表演回到南面，象征凯旋回镐京，第四次出场表演象征威服南国，扩大疆域，第五次表演分东西二队，表示分陕治理，周公治左，召公治右，第六次表演又回到原位不动，用来表示尊崇天子，二个人拿着铎铃，中间夹着一个人向四面刺击，表示武王和大将们在中原振奋武威。一组三个人共同前进，表示事业早日成功。长久地站在那里不动，表示等待诸侯到来。况且，你没听说过牧野战斗中的传说吗？武王打败殷纣，返到商的都城，还没等下车，就封黄帝的后代在蓟地，封尧帝的后代在祝地，封舜帝的后代在陈地；下车以后，封夏后氏的后代在杞地，封殷纣的后代在宋地，给王子比干的坟墓培土，释放囚禁的箕子，让他主持祭祀商容的礼乐并恢复他的职位。百姓解除苛政，一般士人增加一倍俸禄。渡过黄河向西回到镐京，战马散放在华山南麓不再驾乘；牛散放到桃林的野外不再服役；战车铠甲套起来藏到国库里不再动用；倒放干戈兵器，用虎皮包起来，率兵的将领，封他们成为诸侯，命名叫“建陆”：然后天下人都知道武王不再用兵了。解散军队士兵散置在郊外学宫教习射礼，在左边东郊教射礼演奏《狸首》，在右边西郊教射礼演奏《驺虞》，那贯穿皮革铠甲的劲射停息不用了；穿着整齐的衣服，戴着礼帽，腰间别着笏板，那些像虎一样的勇士也都放下刀剑；在明堂举行祭祖的仪式，百姓懂得什么是孝顺；设置朝拜的礼仪，然后诸侯懂得怎样做臣子；亲自耕种籍田，收获用来祭祀天地，随诸侯才知道如何恭敬；这五项是天下最重要的教育内容。在太学有供养三老五更的礼仪，天子光着膀子宰割牛羊，捧着肉酱热情招待，捧着爵漱口，戴着礼帽拿着盾牌舞蹈，这是用来教导诸侯敬老尊贤。这样做，周的政治主张四通八达了，礼乐在天下相互沟通，那《武》乐迟缓悠久，不也是很合适吗？”

子贡见师乙而问焉，曰：“赐闻声歌各有宜也，如赐者宜何歌也？”

子贡拜见师乙向他请教，问：“我听说声音歌唱，各人有各人的适应性，像我这样的人适宜唱什么样的歌曲呢？”

师乙曰：“乙，贱工也，何足以问所宜。请诵其所闻，而吾子自执焉。宽而静，柔而正者宜歌《颂》；广大而静，疏达而信者宜歌《大雅》；恭俭而好礼者宜歌《小雅》；正直清廉而谦者宜歌《风》；肆直而慈爱者宜歌《商》；温良而能断者宜歌《齐》。夫歌者，直己而陈德；动己而天地应焉，四时和焉，星辰理焉，万物育焉。故《商》者，五帝之遗声也，商人志之，故谓之《商》；《齐》者，三代之遗声也，齐人志之，故谓之《齐》。明乎《商》之诗者，临事而屡断；明乎《齐》之诗者，见利而让也。临事而屡断，勇也；见利而让，义也。有勇有义，非歌孰能保此？故歌者，上如抗，下如队，曲如折，止如槁木，居中矩，句中钩，累累乎殷如贯珠。故歌之为言也，长言之也。说之，故言之；言之不足，故长言之；长言之不足，故嗟叹之；嗟叹之不足，故不知手之舞之足之蹈之。”《子贡问乐》。

子贡像，选自清・陈洪绶《博古叶子》。子贡，孔子的弟子，复姓端木，名赐。

师乙说：“我师乙，是一个低贱的乐工，有什么资格回答你问适宜唱什么歌曲的问题呢？请允许我谈谈听到的意见吧，您自己拿主意吧。德性宽宏，性情文静，柔和正直的人适宜唱《颂》歌；德性广大，性情沉静，豁达诚实的人适宜唱《大雅》；德性恭敬节俭，性情喜好礼节的人适宜唱《小雅》；德性正派直爽，品质清廉，性情谦让的人适宜唱《国风》，情性开朗质朴，慈祥友爱的人，适宜唱《商》乐；性情温良能决断的人适宜唱《齐》乐。歌唱就是根据自己的情性表现美德；自己内心受感动而天地就应和，四季调和，星辰理顺，万物孕育。所以《商》乐，是五帝遗留的声音，商代人记录下来，所以叫《商》乐；《齐》乐是三代遗留下来的声音，齐国人记录下来，所以称《齐》乐。明白《商》乐诗的内容，遇到事情能很快作出决断，明白《齐》乐诗的内容，见利能退让。临事果断，是勇敢的美德；见利能退让，是仁义的美德。有勇有义，不是歌曲，什么能保持这种美德呢？所以歌声高昂向上像抗举，低沉向下像坠落，婉转像曲折，终止像枯木，转折合乎矩尺，大的转折符合弯钩的弧度，音节一串一串的像穿起来的珍珠。所以唱歌作为语言的表达，就是语言的延长。高兴了，所以用语言表达；语言表达不够，所以延长语言歌唱；歌唱还不够，所以就吁嗟感叹；吁嗟感叹还不够，所以就不自觉地手也挥舞起来了，脚也踏动起来了。"这些是《子贡问乐》中的记载。

凡音由于人心，天之与人有以相通，如景之象形，响之应声。故为善者天报之以福，为恶者天与之以殃，其自然者也。

凡是音乐都从人的内心产生，天和人有相沟通的地方，犹如影子跟着它的形体、回响应和所发出的声音一样。所以做的人，上天回报他幸福，作恶的人，上天给予他灾殃，这是自然的事。

故舜弹五弦之琴，歌《南风》之诗而天下治；纣为《朝歌》、《北鄙》之音，身死国亡。舜之道何弘也？纣之道何隘也？夫《南风》之诗者生长之音也，舜乐好之，乐与天地同意，得万国之欢心，故天下治也。夫"朝歌"者不时也，北者败也，鄙者陋也，纣乐好之，与万国殊心，诸侯不附，百姓不亲，天下畔之，故身死国亡。

所以虞舜弹五弦琴，唱《南风》诗篇，天下安定太平；商纣制作"朝歌"这个北方边镇地区的音乐，自身死了国家也被灭亡。虞舜治国人的道理多么宏大呀！商纣治国的道理多么狭隘呀！那《南风》诗是生长的音乐，虞舜非常喜欢他，欢乐和天地意思相近，得到天下万国人的欢心，所以天下太平。那"朝歌"就是早晨唱歌，它不顺时，北就是败的意思，鄙就是粗陋的意思，商纣爱好它，和万国的心意不同，诸侯不归附，百姓不亲近，天下人背叛他，所以自己死了，国家也就灭亡了。

而卫灵公之时，将之晋，至于濮水之上舍。夜半时闻鼓琴声，问左右，皆对曰"不闻"。乃召师涓曰："吾闻鼓琴音，问左右，皆不闻。其状似鬼神，为我听而写之。"师涓曰："诺。"因端坐援琴，听而写之。明日，曰："臣得之矣，然未习也，请宿习之。"灵公曰："可。"因复宿。明日，报曰："习矣。"即去之晋，见晋平公。平公置酒于施惠之台。酒酣，灵公曰："今者来，闻新声，请奏之。"平公曰："可。"即令师涓坐师旷旁，援琴鼓之。未终，师旷抚而止之曰："此亡国之声也，不可遂。"平公曰："何道出？"师旷曰："师延所作也。与纣为靡靡之乐，武王伐纣，师延东走，自投濮水之中，故闻此声必于濮水之上，先闻此声者国削。"平公曰："寡人所好者音也，愿遂闻之。"师涓鼓而终之。

卫灵公的时候，将要到晋国去，到濮水上游住下来。半夜时听到击鼓弹琴的声音，询问左右随从，都回答说"没听到"。于是叫来师涓说："我听到击鼓抚琴的声音，问左右身边的人，都说没听到。那样子好像是鬼神演奏，替我好好听着并且把曲子写出来。"师涓说："是。"就端庄地坐在那里，两手操琴，一边听一边写下来。第二天，说："我得到这曲子了，但是没演习，请允许我住一宿练习这个曲子。"灵公说："可以。"就又住一宿。第二天，回报说："练习好了。"就离开濮水到达晋国，见了晋平公。晋平公在施惠台设酒席招待。酒喝到高兴时，卫灵公说："今天来时，听到一曲新乐，请允许能演奏它。"晋平公说："可以。"就让师涓坐在师旷旁边，拿着琴弹奏那支曲子，没弹完，师旷按住琴制止师涓说："这是亡国的音乐，不能再弹了。"平公问："这话是根据什么道理说出来的？"师旷说："师延作的曲子。给殷纣享受的淫靡音乐，武王讨伐殷纣，师延向东逃跑，自己投进濮水河中，所以听到这声音一定在濮水之上，先听到这声音的国家要被削灭。"晋平公说："我喜欢的是音乐，希望演奏完，听听它。"师涓弹琴一直到完。

平公曰："音无此最悲乎？"师旷曰："有。"平公曰："可得闻乎？"师旷曰："君德义薄，不可以听之。"平公曰："寡人所好者音也，愿闻之。"师旷不得已，援琴而鼓之。一奏之，有玄鹤二八集乎廊门；再奏之，延颈而鸣，舒翼而舞。

晋平公说："音乐是没有比这支曲子更感动人的？"师旷说："有。"晋平公说："可以让我听听

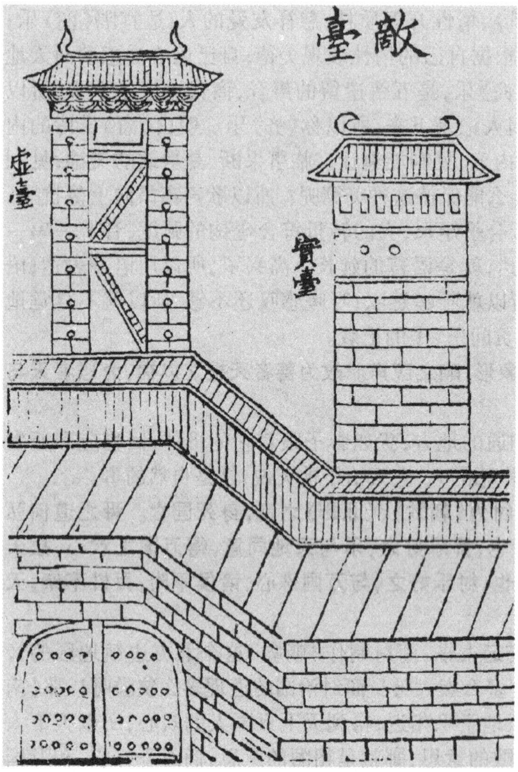

古代城墙上的敌台

吗?”师旷说:“您的德性仁义浅薄,不能听这种乐曲。”晋平公说:“我所喜好的是音乐,希望听听它。”师旷不得已,拿起琴演奏那乐曲。弹奏第一遍时,有黑鹤十六只落到回廊门前;弹奏第二遍时,黑鹤伸长了脖子鸣叫,舒展双翅跳起了舞。

平公大喜,起而为师旷寿。反坐,问曰:“音无此最悲乎?”师旷曰:“有。昔者黄帝以大合鬼神,今君德义薄,不足以听之,听之将败。”平公曰:“寡人老矣,所好者音也,愿遂闻之。”师旷不得已,援琴而鼓之。一奏之,有白云从西北起;再奏之,大风至而雨随之,飞廊瓦,左右皆奔走。平公恐惧,伏于廊屋之间。晋国大旱,赤地三年。

晋平公非常高兴,站起来给师旷敬酒。又返回座位,问师旷说:“音乐没有还比这个曲子更感动人的吗?”师旷说:“有。过去黄帝用那种音乐,大举合祭鬼神,现在您的德性仁义浅薄,不配听这种音乐,听了这种音乐将会灭亡。”晋平公说:“寡人年纪老了,所爱好的是音乐,希望实现心愿听听它。”师旷不得已,抚琴弹奏那支曲子,第一遍演奏时,有白云从西北涌起;第二遍演奏时,大风刮来并有雨随着下起来,掀飞回廊屋顶上的瓦片,左右的人都奔走逃命。晋平公恐惧,伏在回廊正屋中间的地面上。这件事以后,晋国大旱,光秃秃的土地,三年寸草不生。

听者或吉或凶。夫乐不可妄兴也。

听音乐,有的吉祥,有的灾凶。那音乐不是可以随便演奏的啊。

太史公曰:夫上古明王举乐者,非以娱心自乐,快意恣欲,将欲为治也。正教者皆始于音,音正而行正。故音乐者,所以动荡血脉,通流精神而和正心也。故宫动脾而和正圣,商动肺而和正义,角动肝而和正仁,徵动心而和正礼,羽动肾而和正智。故乐所以内辅正心而外异贵贱也;上以事宗庙,下以变化黎庶也。琴长八尺一寸,正度也。弦大者为宫,而居中央,君也。商张右傍,其余大小相次,不失其次序,则君臣之位正矣。故闻宫音,使人温舒而广大;闻商音,使人方正而好义;闻角音,使人恻隐而爱人;闻徵音,使人乐善而好施;闻羽音,使人整齐而好礼。夫礼由外入,乐自内出。故君子不可须臾离礼,须臾离礼则暴慢之行穷外;不可须臾离乐,须臾离乐则奸邪之行穷内。故乐音者,君子之所养义也。夫古者,天子诸侯听钟磬未尝离于庭,卿大夫听琴瑟之音未尝离于前,所以养行义而防淫佚也。夫淫佚生于无礼,故圣王使人耳闻《雅》、《颂》之音,目视威仪之礼,足行恭敬之容,口言仁义之道。故君子终日言而邪辟无由入也。

太史公说:那远古圣明的君王创作音乐的人,不是要使内心娱乐自己高兴、心情愉快欲望满足,而是想要用音乐帮助治理国家。正确的教化都从音乐开始,音乐正确,人的行为就正派。所以音乐是感动激荡血脉,流通精神而调和整理人心的东西。所以宫声感动脾并调和修正诚信,商声感动肺并调和修正道义,角声感动肝并调和修正仁德,徵声感动心并调和修正礼节,羽声感动肾并调和修正智慧。所以音乐是用来在内辅佐修正心意,对外区别尊贵卑贱的;上可以侍奉祭祀宗庙鬼神,下可以改变感化黎民百姓。琴长八尺一寸,是正规的尺度。弦粗大的发宫声,放在中央,象征君主。发商声的弦张设在右旁附近,其余大小乐器依次序排列,不破坏排列次序,那么君臣的位置就摆正啦。所以听宫音，使人温和舒畅，胸襟开阔；听商音，使人方正，喜欢义理；听角音，使人怜悯而慈爱人；听徵音，使人愿意行善而喜欢施舍；听羽音，使人整齐庄重崇尚礼节。那礼节从外面来约束人，音乐从内心产生影响。所以有道德修养的人，不能片刻离开礼仪，片刻离开礼仪，那么强暴傲慢的行为就在外表充分表现出来了；不可以片刻离开音乐，片刻离开音乐，那么奸邪的行为就在内心大量产生出来。所以说，音乐是有道德修养的人用来培养礼义的。在古代，天子诸侯听钟磬不曾离开庭院，卿大夫听琴瑟的音乐不曾离开堂前，用这种方式培养行为义理而预防淫乱逸乐。那淫乱逸乐产生于缺乏礼仪，因此圣王让人们耳朵听《雅》、《颂》的音乐，眼睛看威严的礼仪，脚下走路表现恭敬的姿态，嘴里讲着仁义的道理。所以，有道德修养的人整天讲话，奸邪乖僻也没有空子钻入。

史记第二十五卷

律书第三

王者制事立法，物度轨则，壹禀于六律，六律为万事根本焉。

帝王们掌握事态建立法纪，对物品进行度量，制定准则，一概要承受六律的控制，六律是万物的根本呀。

其于兵械尤所重，故云“望敌知吉凶，闻声效胜负”，百王不易之道也。

六律对于兵家尤其重要，所以说“两军相遇望见敌阵上的云气、日晕就可以知道出师的吉凶，军中的太师应用律听到军声就能够占验交战的胜负”，这是无论哪一个君王都不能改变的法则。

武王伐纣，吹律听声，推孟春以至于季冬，杀气相并，而音尚宫。同声相从，物之自然，何足怪哉！

周武王讨伐商纣王，吹动音律探听声气，从孟春一直推算到季冬，和纣王的暴虐酷急相应是兼有很重的杀气，在五音中武王是崇尚军中和谐士卒同心的宫声。同声的事物互相依从，这是万物的自然现象，有什么奇怪的呢？

兵者，圣人所以讨强暴，平乱世，夷险阻，救危殆。自含齿戴角之兽见犯则校，而况于人怀好恶喜怒之气？喜则爱心生，怒则毒螫加，情性之理也。

武装力量，是圣人用来讨伐强暴势力、平定混乱的社会局面、铲除艰难险阻、拯救国家危亡局面的。连口含利齿头带犄角的野兽受到侵犯都知道进行抵抗，更何况人还怀抱有好恶喜怒的意志呢？喜欢就会产生爱心，愤怒就会付诸暴力，这是情理中的自

夏桀像

然道理。

昔黄帝有涿鹿之战，以定火灾；颛顼有共工之陈，以平水害；成汤有南巢之伐，以殄夏乱。递兴递废，胜者用事，所受于天也。

从前黄帝发动了涿鹿地方的战斗，来平定五行中属火的灾难；颛顼摆布下对共工的战阵，来消除五行中属水的危害；成汤发动了使桀逃奔到南巢山去的攻伐，来灭绝夏代的叛乱。动用武力一个时期兴盛一个时期废弃，胜利的人掌管国家权力，他的权力是从上天那里接受下来的。

自是之后，名士迭兴，晋用咎犯，而齐用王子，吴用孙武，申明军约，赏罚必信，卒伯诸侯，兼列邦土，虽不及三代之诰誓；然身宠君尊，当世显扬，可不谓荣焉！岂与世儒暗于大较，不权轻重，猥云德化，不当用兵，大至君辱失守，小乃侵犯削弱，遂执不移等哉！故教笞不可废于家，刑罚不可捐于国，诛伐不可偃于天下，用之有巧拙，行之有逆顺耳。

从这以后，有名的武士更递兴起，晋国任用咎犯（狐偃，亦即胥臣），而齐国任用王子成父，吴国任用孙武，申明军事行动的规范，赏罚措施一定确实执行，终于称霸诸侯，兼并了列国的封土，虽说比不上三代时期由天子发布诰令誓命所给予的封赏，然而自身得到宠幸，国君受到尊敬，在当世名声显扬，能够不说是荣耀吗？难道和社会上的儒生不明大法大理，不权衡利害得失，苟且地宣传道德教化，说不应当动用武力，大至君主受辱国家失守，小则受到侵犯国家削弱，仍然是固执己见不加变通的情况能够等同吗！所以家庭不能够废掉教鞭，国家不能够放弃刑罚，天下不能够偃息诛伐，只是武力动用起来计谋上有巧妙笨拙，推行起来有顺从还是违反正义原则的不同罢了。

夏桀、殷纣手搏豺狼，足追四马，勇非微也；百战克胜，诸侯慑服，权非轻也。秦二世宿军无用之地，连兵于边陲，力非弱也；结怨匈奴，絓祸于越，势非寡也。及其威尽势极，闾巷之人为敌国。咎生穷武之不知足，甘得之心不息也。

夏桀王、殷纣王能够空手搏击豺狼，光脚追赶四匹马拉着的车，勇气是不小的；身经百战都能取得胜利，使得诸侯因为畏惧而屈服，权势是不轻的。秦二世把军队驻扎在不能发挥作用的地方，在边界上联结着大量兵员，力量是不弱的；和匈奴结有深怨，被于越的祸患所碍，势力是不寡的。等到他威权耗尽势力疲极，闾巷的平民都成了相当于自己敌对国家一样的势力。罪过就是产生于穷兵黩武不知满足，嗜好贪婪之心永不停息。

高祖有天下，三边外畔；大国之王虽称蕃辅，臣节未尽。会高祖厌苦军事，亦有萧、张之谋，故偃武一休息，羁縻不备。

高祖掌握了天下，三面边境都有外族侵犯；诸侯大国的封王虽然叫做朝廷的藩卫辅佐，但他们并没有尽到做臣属的礼节。正遇上高祖对军事行动已经感到厌倦苦恼，也有萧何、张良等人的计谋，所以决定停止武力征伐专心休养生息，采取笼络政策使他们没有异心而没有防备。

历至孝文即位，将军陈武等议曰："南越、朝鲜自全秦时内属为臣子，后且拥兵阻厄，选蠕观望。高祖时天下新定，人民小安，未可复兴兵。今陛下仁惠抚百姓，恩泽加海内，宜及士民乐用，征讨逆党，以一封疆。"孝文曰："朕能任衣冠，念不到此。会吕氏之乱，功臣宗室共不羞耻，误居正位，常战战栗栗，恐事之不终。且兵凶器，虽克所愿，动亦耗病，谓百姓远方何？又先帝知劳民不可烦，故不以为意。朕岂自谓能？今匈奴内侵，军吏无功，边民父子荷兵日久，朕常为动心伤痛，无日忘之。今未能销距，愿且坚边设候，结和通使，休宁北陲，为功多矣。且无议军"。故百姓无内外之繇，得息肩于田亩，天下殷富，粟至十余钱，鸣鸡吠狗，烟火万里，可谓和乐者乎！

经过一个时期到孝文帝登位，将军陈武等议论说："南越、朝鲜从秦朝时代开始就内属于中原作为臣子，后来又拥有军队据守在险要地带，时时想动身进取而密切观望。高祖的时候天下刚刚平定，人民才得到小小安乐，没有能再次兴兵去讨伐他们。现在陛下非常仁惠抚慰着百姓，恩泽及于整个天下，应该趁着士卒民众乐于被使用的时候，征讨叛逆的集团势力，来统一国家疆土。"孝文帝说："我能够承担天子的重任，原来是没有想到这一步。碰上吕氏的作乱，功臣宗室们共同认为让我登位不算是羞耻；我就错误地处在天子的正位，经常是战战栗栗特别不安，唯恐国事不能有个好的终结。而且军事装备是些凶恶的器械，虽然能够达到所设想的愿望，动用起来也是有耗费的弊病，对百姓和远方的人们又怎么说呢？又先帝知道劳苦的民众不可去烦扰，所以不能把动用军队作为一种意愿。我怎么可以自己逞强称能？现在匈奴向内地侵犯，军官士吏抵抗没有功劳，边境上民众中的父子们扛着武器守候日子已经很长，我常常替他们动心伤痛，没有一日忘怀。现在没有能够消除对峙状态，希望暂且坚守边界设立警候，缔结和约通使往来，让北边疆界上的战事停息下来求得安宁，这样做的功劳就是很多了。暂且不要再议论动用军队。”所以百姓们没有内外的徭役，能够在田亩中使肩头得到休息，天下特别富足，一石粟达到了只值十几个钱的价格，鸡鸣狗吠，飘着炊烟的家户延绵万里，可以称得上是一片和乐的景象呀！

太史公曰：文帝时，会天下新去汤火，人民乐业，因其欲然，能不扰乱，故百姓遂安。自年六七十翁亦未尝至市井，游敖嬉戏如小儿状。孔子所称有德君子者邪！

太史公说：文帝的时候，正碰上天下刚刚平息战乱，人民乐于从事自己的职业，可以根据各人的欲望去自主行动，能不受到战事扰乱，所以百姓们就都安定。即使是六七十岁的老翁也没有去过大的都市，游玩嬉戏起来就像小孩儿一般模样。这就是孔子所称道的有德君子那种人吧！

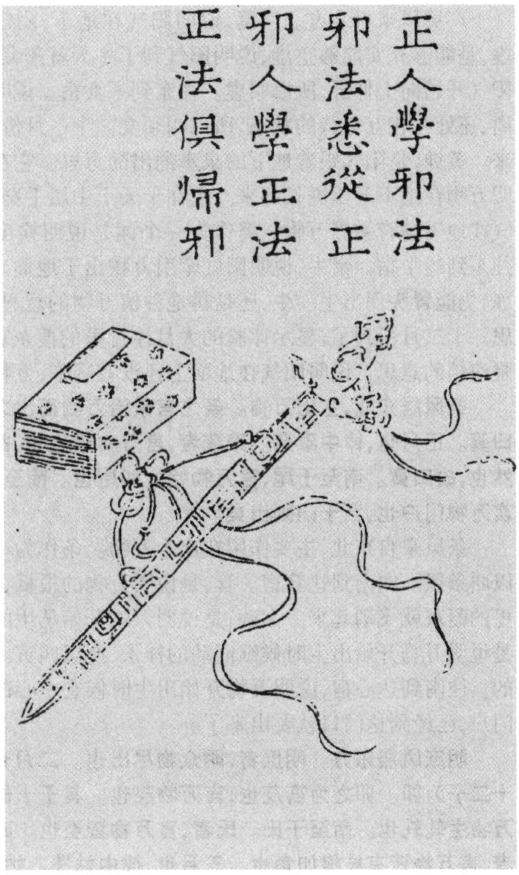

兵书与宝剑

《书》曰“七正”，二十八舍。律历，天所以通五行八正之气，天所以成孰万物也。舍者，日月所舍。舍者，舒气也。

典籍上说“日、月、五星合为七正”。日、月、五星在二十八宿中运行，形成律历，这是上天用来显示贯通五行八节风气的规律，自然界用来促使万物成熟的手段。舍，是日月在这一次所止留的意思。舍，又是舒张气息的意思。

不周风居西北，主杀生。东壁居不周风东，主辟生气而东之。至于营室。营室者，主营胎阳气而产之。东至于危。危，垝也。言阳气之垝，故曰危。十月也，律中应钟。应钟者，阳气之应，不用事也。其于十二子为亥。亥者，该也。言阳气藏于下，故该也。

不周风来自西北方，主要作用是肃杀生物。壁宿处在不周风的东面，主要作用是到东方去开拓生气。到达了营宿。营宿，主要作用是孕育阳气并把它产生出来。往东到达危宿。危，是毁坏的意思。说明阳气到了毁坏的程度，所以叫危宿。十月份到了，显示律征验的应钟律管里的葭灰就飞动起来。应钟，是阳气的应验，表示向下收藏暂时不发挥作用。它在十二地支中属亥。亥，是闭藏的意思。说明阳气藏于地下，所以是闭藏。

广莫风居北方。广莫者，言阳气在下，阴莫阳广大也，故曰广莫。东至于虚。虚者，能实能虚，言阳气冬则宛藏于虚。日冬至则一阴下藏，一阳上舒，故曰虚。东至于须女。言万物变动其所，阴阳气未相离，尚相胥如也，故曰须女。十一月也，律中黄钟。黄钟者，阳气踵黄泉而出也。其于十二子为子。子者，滋也；滋者，言万物滋于下也。其于十母为壬癸。壬之为言任也，言阳气任养万物于下也。癸之为言揆也，言万物可揆度，故曰癸。东至牵牛。牵牛者，言阳气牵引万物出之也。牛者，冒也，言地虽冻，能冒而生也。牛者，耕植种万物也。东至于建星。建星者，建诸生也。十二月也，律中大吕。大吕者。其于十二子为丑。

广莫风来自北方。广莫，说明阳气在地下，阴气宽广阳气广大，所以叫广莫。往东到达虚宿。虚，是能够充实能够空虚，说明阳气到了冬天就蕴藏在空虚的地方。冬至日起阴气开始向下收藏，阳气开始向上伸舒，所以叫虚。往东到了女宿。说明万物要变动它们的处境，阴阳气却没有相互分离，还处在相互等待的状态，所以叫须女。十一月份到了，显示律验的黄钟律管里的葭灰就飞动起来。黄钟，是阳气跟着地下的泉水涌出的意思。它在十二地支中属子。子，是滋生的意思；滋生，说明万物在地下开始滋长起来。它在十天干中属壬癸。壬作为一个词是说明孕育的意思，是说明阳气在地下孕育滋养万物。癸作为一个词是说明揆度的意思，说明万物可以揆量、测度，所以叫癸。往东到达牛宿。牵牛，说明阳气牵引万物出于地面。牛，是往上升的意思，是说明地面虽然还有冰冻，仍能冒头而出生。牛，还是耕地种植万物的意思。往东到达建星。建星，是形成各种生物的意思。十二月份到了，显示律验的大吕律管里的葭灰就飞动起来。大吕，它在十二地支中属丑。丑，是纽结的意思。说明阳气在地面上还没有降临，万物受到迫压扭结在一起还不敢冒出。

条风居东北，主出万物。条之言条治万物而出之，故曰条风。南至于箕。箕者，言万物根棋，故曰箕。正月也，律中泰蔟。泰蔟者，言万物蔟生也，故曰泰蔟。其于十二子为寅。寅言万物始生螾然也，故曰寅。南至于尾，言万物始生如尾也。南至于心，言万物始生有华心也。南至于房。房者，言万物门户也，至于门则出矣。

条风来自东北，主要作用在出生万物。条作为一个词是说明有次序地育养万物而让它出生，所以叫条风。向南到达箕宿。箕，是说明万物的根柢，所以叫箕。正月份到了，显示律验的太蔟律管里的葭灰就飞动起来。太蔟，是说明万物开始丛生的意思，所以叫太蔟。它在十二地支中属寅。寅是说明万物开始出生时候螾而动的样子，所以叫寅。往南到达尾宿，说明万物开始出生时候是弱小的。往南到达心宿，说明万物开始出生时候它中心部分有嫩芽。往南到达房宿。房，是说明万物的门户，已经到达门口就要出来了。

明庶风居东方。明庶者，明众物尽出也。二月也，律中夹钟。夹钟者，言阴阳相夹厕也。其于十二子为卯。卯之为言茂也，言万物茂也。其于十母为甲乙。甲者，言万物剖符甲而出也；乙者，言万物生轧轧也。南至于氐。氐者，言万物皆至也。南至于亢。亢者，言万物亢见也。南至于角。角者，言万物皆有枝格如角也。三月也，律中姑洗。姑洗者，言万物洗生。其于十二子为辰。辰者，言万物之蜄也。

明庶风来自东方。明庶，是表明众多的生物尽都要出来。二月份到了，显示律验的夹钟律管里的葭灰就飞动起来。夹钟，是说明阴阳二气夹持在侧旁。它在十二地支中属卯。卯作为一个词是说明茂盛的意思，说明万物长得繁茂。它在十天干中属甲乙。甲，是说明万物分裂蜕皮而现出；乙，是说明万物已经齐轧轧地出生了。往南到达氐宿。氐，是说明万物都出齐了。往南到达亢宿。亢，是说明万物高高地显现在地面上。往南到达角宿。角，是说明万物都有长长的枝条好像牛羊角一样。三月份到了，显示律验的姑洗律管里的葭灰就飞动起来。姑洗，是说明万物都去故就新没有不是生长出鲜明的面貌。它在十二地支中属辰。辰，是说明万物已经怀胎了。

清明风居东南维，主风吹万物而西之。至于轸。轸者，言万物益大而轸轸然。西至于翼。翼者，言万物皆有羽翼也。四月也，律中中吕。中吕者，言万物尽旅而西行也。其于十二子为巳。巳者，言阳气之已尽也。西至于七星。七星者，阳数成于七，故曰七星。西至于张。张者，言万物皆张也。西至于注。注者，言万物之始衰，阳气下注，故曰注。五月也，律中蕤宾。蕤宾者，言阴气幼少，故曰蕤；痿阳不用事，故曰宾。

清明风来自东南地角，主要作用是让风吹动万物，而使它往西到达轸宿。轸，是说明万物更加壮大旺盛生长的样子。往西到达翼宿。翼，是说明万物都有了羽毛翅膀。四月份到了，显示律验的中吕律管里的葭灰就飞动起来。中吕，是说明万物全都要旅行并往西行进的。它在十二地支中属巳。巳，是说明阳气已经用尽了。往西到达七星宿。七星，是由于阳数成于七，所以叫七星。往西到达张宿。张，是说明万物都已张扬。往西到达柳宿（即“注”）。注，是说明万物开始衰落，阳气向下输送，因此叫注。五月份到了，显示律验的蕤宾律管里的葭灰就飞动起来。蕤宾，是说明阴气还很幼小，所以叫蕤；痿谢的阳气不能发挥作用，所以叫宾。

景风居南方。景者，言阳气道竟，故曰景风。其于十二子为午。午者，阴阳交，故曰午。其于十母为丙丁。丙者，言阳道著明，故曰丙；丁者，言万物之丁壮也，故曰丁。西至于弧。弧者，言万物之吴落且就死也。西至于狼。狼者，言万物可度量，断万物，故曰狼。

景风来自南方。景，说明阳气的声势到了极限，所以叫景风。它在十二地支中属午。午，是阴阳二气相互交错，所以叫午。它在十天干中属丙丁。丙，说明阳气的声势还彰著显明，所以叫丙；丁，是说明万物已经强壮，所以叫丁。往西到达弧矢星团。弧，是说明万物凋落将要走向枯死。往西到达狼星。狼，说明万物可以尺度衡量，评断万物的最后生长状况，所以叫狼。

凉风居西南维，主地。地者，沉夺万物气也。六月也，律中林钟。林钟者，言万物就死气林林然。其于十二子为未。未者，言万物皆成，有滋味也。北至于罚。罚者，言万物气夺可伐也。北至于参。参言万物可参也，故曰参。七月也，律中夷则。夷则，言阴气之贼万物也。其于十二子为申。申者，言阴用事，申贼万物，故曰申。北至于濁。濁者，触也，言万物皆触死也，故曰濁。北至于留。留者，言阳气之稽留也，故曰留。八月也，律中南吕。南吕者，言阳气之旅入藏也。其于十二子为酉。酉者，万物之老也，故曰酉。

凉风来自西南地角，主要作用在地。地，是隐伏地吞夺万物的生气。六月份到了，显示律验的林钟律管里的葭灰就飞动起来。林钟，说明万物成熟以后走向死气是盛多的样子。它在十二地支中属未。未，是说明万物都已成熟，很有滋味。往北到达罚星。罚，说明万物生气已被吞夺可以砍伐。往北到达参宿。参，是说明万物可以参验，所以叫参。七月份到了，显示律验的夷则律管里的葭灰就飞动起来。夷则，是说明阴气在杀害万物。它在十二地支中属申。申，说明阴气在发挥作用，钳制和毁坏万物，所以叫申。往北到达毕宿（即“浊”）。浊，是触动的意思，是说明万物都将被触而死，所以叫浊。往北到达昴宿（即“留”）。留，说明阳气的稽滞停留，所以叫留。八月份到了，显示律验的南吕律管里的葭灰就飞动起来。南吕，是说明阳气进入了闭藏状态。它在十二地支中属酉。酉，是万物的衰老，所以叫酉。

阊阖风居西方。阊者，倡也；阖者，藏也。言阳气道万物，阖黄泉也。其于十母为庚辛。庚者，言阴气庚万物，故曰庚；辛者，言万物之辛生，故曰辛。北至于胃。胃者，言阳气就藏，皆胃胃也。北至于娄。娄者，呼万物且内之也。北至于奎。奎者，主毒螫杀万物也，奎而藏之。九月也，律中无射。无射者，阴气盛用事，阳气无余也，故曰无射。其于十二子为戌。戌者，言万物尽灭，故曰戌。

阊阖风来自西方。阊，是倡导的意思；阖，是闭藏的意思。是说明阳气导引万物，闭藏到黄泉中去。它在十天干中属庚辛。庚，说明阴气变更万物，所以叫庚；辛，说明万物新生，所以叫辛。往北到达胃宿。胃，是说明阳气走向闭藏，都在进入胃中。往北到达娄宿。娄，是呼唤着万物并且进行收纳。往北到达奎宿。奎，主要作用是用狠毒方式杀害万物，包容并加收藏。九月份到了，显示律验的无射律管里的葭灰就飞动起来。无射，是阴气强盛发挥作用，阳气被肃杀没有余留，所以叫无射。它在十二地支中属戌。戌，是说明万物尽都被杀灭，所以叫戌。

律数：九九八十一以为宫。三分去一，五十四以为徵。三分益一，七十二以为商。三分去一，四十八以为羽。三分益一，六十四以为角。

律管长度的数目：九乘九积八十一，用这种黄钟律管吹出来的音作为宫声。把八十一分长的律管减去三分之一，成为五十四分，用这种律管吹出来的音作为徵声。把五十四分长的律管增加三分之一，成为七十二分，用这种律管吹出来的音作为商声。把七十二分长的律管减去三分之一，成为四十八分，用这种律管吹出来的音作为羽声。把四十八分长的律管增加三分之一，成为六十四分，用这种律管吹出来的音作为角声。

黄钟长八寸（七）〔十〕分一，宫。大吕长七寸五分三分二。太蔟长七寸十分二，角。夹钟长六寸七分三分一。姑洗长六寸十分四，羽。仲吕长五寸九分三分二，徵。蕤宾长五寸六分三分二。林钟长五寸十分四，角。夷则长五寸三分二，商。南吕长四寸十分八，徵。无射长四寸四分三分二。应钟长四寸二分三分二，羽。

黄钟：长八寸又十分之一，宫声。大吕：长七寸五分又三分之二。太蔟：长七寸又十分之二，角声。夹钟：长六寸七分又三分之一。姑洗：长六寸又十分之四，羽声。仲吕：长五寸九分又三分之二,徵声。蕤宾:长五寸六分又三分之二。林钟:长五寸又十分之四,角声。夷则:长五寸又三分之二,商声。南吕:长四寸又十分之八,徵声。无射:长四寸四分又三分之二。应钟:长四寸二分又三分之二,羽声。

生钟分:子一分。丑三分二。寅九分八。卯二十七分十六。辰八十一分六十四。巳二百四十三分一百二十八。午七百二十九分五百一十二。未二千一百八十七分一千二十四。申六千五百六十一分四千九十六。酉一万九千六百八十三分八千一百九十二。戌五万九千四十九分三万二千七百六十八。亥十七万七千一百四十七分六万五千五百三十六。

兹录《史记会注考证》关于十二辰、十二律及其比例关系如下:十二辰　十二律　黄钟与其他各律的比例(按三分损益法求得)子　黄钟　1。丑　林钟　$1\times\frac{2}{3}=\frac{2}{3}$。寅　太蔟　$\frac{2}{3}\times\frac{4}{3}=\frac{8}{9}$。卯　南吕　$\frac{8}{9}\times\frac{2}{3}=\frac{16}{27}$。辰　姑洗　$\frac{16}{27}\times\frac{4}{3}=\frac{64}{81}$。巳　应钟　$\frac{64}{81}\times\frac{2}{3}=\frac{128}{243}$。午　蕤宾　$\frac{128}{243}\times\frac{4}{3}=\frac{512}{729}$。未　大吕　$\frac{512}{729}\times\frac{4}{3}=\frac{2048}{2187}$。申　夷则　$\frac{2048}{2187}\times\frac{2}{3}=\frac{4096}{6561}$。酉　夹钟　$\frac{4096}{6561}\times\frac{4}{3}=\frac{16384}{19683}$。戌　无射　$\frac{16384}{19683}\times\frac{2}{3}=\frac{32768}{59049}$。亥　仲吕　$\frac{32768}{59049}\times\frac{4}{3}=\frac{131072}{177147}$。计算音律比例的方法:子(指代黄钟):定基数为一。丑(指代林钟):是黄钟长度的三分之二。寅(指代太蔟):是黄钟长度的九分之八。卯(指代南吕):是黄钟长度的二十七分之十六。辰(指代姑洗):是黄钟长度的八十一分之六十四。巳(指代应钟):是黄钟长度的二百四十三分之一百二十八。午(指代蕤宾):是黄钟长度的七百二十九分之五百一十二。未(指代大吕):是黄钟长度的二千一百八十七分之一千零二十四(应是二千零四十八)。申(指代夷则):是黄钟长度的六千五百六十一分之四千零九十六。酉(指代夹钟):是黄钟长度的一万九千六百八十三分之八千一百九十二(应是一万六千三百八十四)。戌(指代无射):是黄钟长度的五万九千零四十九分之三万二千七百六十八。亥(指代仲吕):是黄钟长度的十七万七千一百四十七分之六万五千五百三十六(应是十三万一千零七十二)。

黄钟图,古代的音律产生于钟。

生黄钟术曰:以下生者,倍其实,三其法。以上生者,四其实,三其法。上九,商八,羽七,角六,宫五,徵九。置一而九三之以为法。实如法,得长一寸。凡得九寸,命曰“黄钟之宫”。故曰音始于宫,穷于角;数始于一,终于十,成于三;气始于冬至,周而复生。

产生十二律的方法即是:用下生(指一个律管减去三分之一的长度后产生的新律管)这种方法的,是先将原来的律管长度加倍,然后除以三。用上生(指一个律管增加三分之一的长度后产生的新律管)这种方法的，是先将原来的律管长度乘以四，然后除以三。最高的配数是九，商调的配数是八，羽调的配数是七，角调的配数是六，宫调的配数是五，徵调的配数是九。设置黄钟的长度比例是一并乘以九个三形成分母。作为律长的分子数和分母相等，分子数和分母数相约所得的数就是一。用十一个三累积相乘形成的分子，除以用九个三累积相乘形成的分母，就得出了九寸，把它命名叫“黄钟之宫”。所以说音开始于宫（宫下生徵，徵上生商，商下生羽，羽上生角），终结于角；数从一开始，到十终止（满十进位），生成万物在于三（一个太易生阴阳二气，二气激荡生和气就是三，三生万物）；一年的生气从冬至开始萌发，一年一个周期往复循环。

神生于无，形成于有，形然后数，形而成声，故曰神使气，气就形。形理如类有可类。或未形而未类，或同形而同类，类而可班，类而可识。圣人知天地识之别，故从有以至未有，以得细若气，微若声。然圣人因神而存之，虽妙必效情，核其华道者明矣。非有圣心以乘聪明，孰能存天地之神而成形之情哉？神者，物受之而不能知其去来，故圣人畏而欲存之。唯欲存之，神之亦存。其欲存之者，故莫贵焉。

精神从无形即天地还没有形成以前的太易气中产生，在有形的天地中形成并存在万物之中，在这以后天数形成并产生出宫、商、角、徵、羽五声，所以说精神支配元气，元气依附形体。万物的形状事理如果有可以类别的地方就能够将它们分类。或者是形状不同而有不同的种类，或者是形状相同而成为同一个种类，有种类就可以分辨，有种类就可以识别。圣人了解天地间万物的区别，所以认识万物的形质一直到天地没有形成以前的各种情状，因而捕捉到了轻细得像太易的气体，微小得像五声的声音。然而圣人根据精神理出它的形体追寻到达太易之气而掌握它的存在，人们虽然有微妙之性也必须呈现自己的情理，然后研核出其中的神妙之道的才能够辨明它的形体声音。不是有圣人之心并运用自己的聪明，谁又能够掌握天地间精神的存在并成为万物形质的情状呢？精神，万物接受它的神妙之气并不能知觉它去来的情况，所以圣人害怕神妙的义理难以认识就想让它经常存在。只有想让它经常存在，它的精神才能存在。平凡人想让精神保存下来的，所以也就不如把它的神妙看得很尊贵呢。

太史公曰：在旋玑玉衡以齐七政，即天地二十八宿。十母，十二子，钟律调自上古。建律运历造日度，可据而度也。合符节，通道德，即从斯之谓也。

太史公说：所以运用璇玑玉衡这样的天象仪器进行观察来辨方向，定季节，或确定天地二十八宿的位置。十天干为母，十二地支为子，十二律的调协起自上古。建立律制，运算历法，规定日行度数，可以依据它们进行测度。像验合符节一样准确没有差错，通晓事物的各种本质和规律，也就是所说的要依从上面的律则和制度。

史记第二十六卷

历书第四

昔自在古历，建正作于孟春。于时冰泮发蛰，百草奋兴，秭鳺滜先滜。物乃岁具，生于东，次顺四时，卒于冬分。时鸡三号，卒明。抚十二月节，卒于丑。日月成，故明也。明者孟也，幽者幼也，幽明者雌雄也。雌雄代兴，而顺至正之统也。日归于西，起明于东；月归于东，起明于西。正不率天，又不由人，则凡事易坏而难成矣。

过去，在远古的时候，使用正月安排在孟春的历法。正月时节，冰融河开，冬眠的蛰虫苏醒，大地上百草萌发，最早鸣叫的子规鸟发出鸣啼。万物生长一年一循环：从春季开始，依次经过夏季和秋季，结束在冬春之交。这个时候鸡叫三遍称作“明”，正月就是寅月的开始。经过十二个月，最后

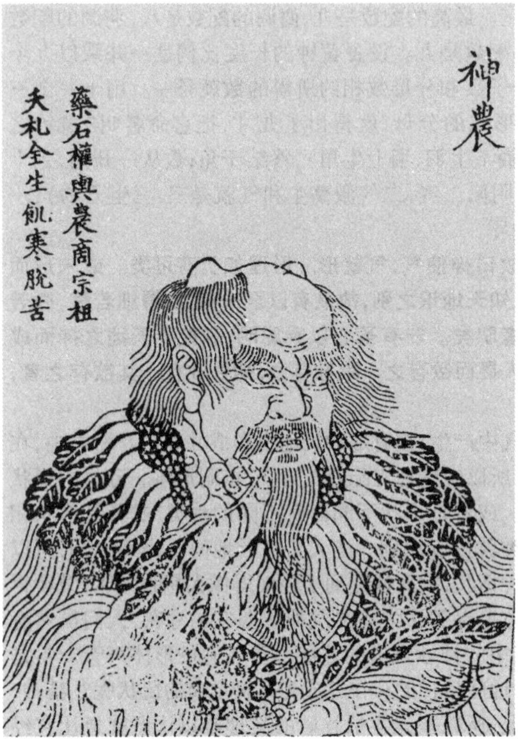

神农像,出自明·天然撰《历代古人像赞》。

一个月是丑月。年和月的概念很清楚,所以叫“明”。“明”有“孟”的意思,“幽”有孕育的意思,“幽明”合在一起为阴阳,阴阳交替,四季循环再回到正月是有规律的。日落在西方,升起在东方;残月逐渐消失在东方,新月初见在西方。当政的不按天时行事,又不顺应民心,就会把事办坏而不能巩固自己的地位。

王者易姓受命,必慎始初,改正朔,易服色,推本天元,顺承厥意。

君王改朝换代接受天命,必须谨慎地制定最初的政令,修改历法,改换朝服的颜色,推算历法的起始点历元,顺应天时,上承天意。

太史公曰:神农以前尚矣。盖黄帝考定星历,建立五行,起消息,正闰余,于是有天地神祇物类之官,是谓五官。各司其序,不相乱也。民是以能有信,神是以能有明德。民神异业,敬而不渎,故神降之嘉生,民以物享,灾祸不生,所求不匮。

太史公说:神农以前年代太久远的历法说不清楚了。自黄帝起,开始根据星体的运行制定历法,建立了表示五个时节五气运行的五行,季节气候交替作物消长的阴阳,确定用余分设置闰月的方法,于是依物质分五类命名官员,设立了天、地、神、祇、物五类官,叫做五官。他们各自掌理分属自己的事务,按照时节顺序不会相互混乱。民众因此而能够适时地从事生产活动,神明因此而能够不错过时日享受民众对他德泽的感激。民与神恪尽其职,民众对神礼敬而不亵渎,因此神明就赐给民众大好的收成,民众的生活有了物质保证,没有灾祸,不缺衣食。

少皞氏之衰也,九黎乱德,民神杂扰,不可放物,祸灾荐至,莫尽其气。颛顼受之,乃命南正重司天以属神,命火正黎司地以属民,使复旧常,无相侵渎。

少皞氏衰落,有九黎部族作乱,民与神都受惊扰,失去依托,灾祸接踵而到,神得不到祭祀,民无好的归宿。直到颛顼承受天命登临帝位,才任命重担任南正官职,负责历法和主管祭天的事宜,任命黎担任火正官职,负责历法和主管人民农作的事宜,使一切又恢复到原有的常规,不至于相互侵扰亵渎。

其后三苗服九黎之德,故二官咸废所职,而闰余乖次,孟陬殄灭,摄提无纪,历数失序。尧复遂重、黎之后不忘旧者,使复典之,而立羲、和之官。明时正度,则阴阳调,风雨节,茂气至,民无夭疫。年耆禅舜,申戒文祖,云“天之历数在尔躬”。舜亦以命禹。由是观之,王者所重也。

后来三苗部族又像九黎一样扰乱了历法,南正与火正二官都放弃了自己的职守,无人负责编算历表,也不置闰月,失闰造成各月太阳所在星次错位,正月不与节气相合,摄提星方位与月建也不一致,历法混乱,时序失顺。直到尧帝登位,又起用天文世家重黎后人中还能推算历法的人,让他们担任历官主管历法,设立羲氏、和氏官,推明时令,校正历度,使阴阳调和、风雨适时,农作丰收在望,民间没有瘟疫流行。当尧年事已高禅位给舜的时候,在祖庙告诫舜说:“按天体运行规律制定和颁行历法,是事关社稷的大事,这责任在你身上啊。”以后舜也以同样的话告诫禹,由此可见,历法是帝王所注重的大事。

夏正以正月,殷正以十二月,周正以十一月。盖三王之正若循环,穷则反本。天下有道,则不失

纪序;无道,则正朔不行于诸侯。

夏历有它自己的正月安排,殷历的正月在夏历的十二月,周历的正月在夏历的十一月。这三种不同正月安排的历法各自循环,至一岁而回归。天下有道的时候,有历可循,不失时序;天下无道,则统一的历法就不能在各诸侯国通用。

幽、厉之后,周室微,陪臣执政,史不记时,君不告朔,故畴人子弟分散,或在诸夏,或在夷狄,是以其禨祥废而不统。周襄王二十六年闰三月,而《春秋》非之。先王之正时也,履端于始,举正于中,归邪于终。履端于始,序则不愆;举正于中,民则不惑;归邪于终,事则不悖。

周幽王和周厉王以后,西周王朝衰微,大臣执掌国家大权,史官记事无年月日,君王因历法混乱不再于每月朔日举行告朔祭典,服务于周王朝的天文家、历算家纷纷离开周都分散到各诸侯国去谋求自己的发展,有的在中原,有的去了边远的夷狄地区,各自树立门派,没有统一的天文星占理论去占卜吉凶。周襄王二十六年闰月设在三月,《春秋》的作者认为不该设在三月。历史上一部好的历法,首先要确定好历元,以中气所在月而定月份名,积累到一月以内而无中气,就要置闰。确定好历法的起始点,时序有据而不乱;以中气命名月,百姓按月安排农事不会错过时节;该置闰时加入闰月,这样的历法就不违背天体运行的规律。

其后战国并争,在于强国禽敌,救急解纷而已,岂遑念斯哉!是时独有邹衍,明于五德之传,而散消息之分,以显诸侯。而亦因秦灭六国,兵戎极烦,又升至尊之日浅,未暇遑也。而亦颇推五胜,而自以为获水德之瑞,更名河曰"德水",而正以十月,色上黑。然历度闰余,未能睹其真也。

这以后,战国诸雄并争,他们只关心建立强国,战败敌国,或是替他们的盟友救急和解除纠纷,哪里会想天文历法的事情!当时只有邹衍潜心研究,创立五德循环学说,提出五行相胜,阴阳消长的理论,受到各诸侯国的重视。当强秦在征灭六国时,战事频繁,它建立统一的国家以后,也因建国时间还短,顾不上制定新的历法。但他们十分相信邹衍的理论,并按他的理论推断出秦国获得了水德的瑞兆,命名黄河为"德水",沿用以夏正十月为正月的历法,崇尚黑色。而他们历法的具体推算和闰月安排已经失传了。

汉兴,高祖曰"北畤待我而起",亦自以为获水德之瑞。虽明习历及张苍等,咸以为然。是时天下初定,方纲纪大基,高后女主,皆未遑,故袭秦正朔服色。

汉朝初兴,高祖刘邦就说"是北方黑帝助我夺得了天下",也自认为是获得了水德的瑞应。虽然大臣中有像张苍等学过天文历法的人,但他们都附和汉高祖的看法。当时天下初定,首要的任务是建立国家的基本规章制度和法令。不久吕后又当了政,都顾不上历法的事情,所以仍承袭秦的历法和朝服的颜色。

至孝文时,鲁人公孙臣以终始五德上书,言"汉得土德,宜更元,改正朔,易服色。当有瑞,瑞黄龙见。"事下丞相张苍,张苍亦学律历,以为非是,罢之。其后黄龙见成纪,张苍自黜,所欲论著不成。而新垣平以望气见,颇言正历服色事,贵幸,后作乱,故孝文帝废不复问。

到了汉孝文帝的时候,鲁地一个叫公孙臣的人按五德循环说向皇帝上书,他说:"按邹衍理论,汉得到的是土德而不是水德,所以应当更改历法的历元,制定新的历法,更换朝服的颜色。一定会有瑞应出现,那将是一条黄龙。"皇帝交丞相张苍研究这件事,学过律历的张苍认为不是土德,压了下去。后来有人说在成纪出现了黄龙,合了土德的瑞应,张苍不得已上书自请罢黜,他的论获水德瑞兆的著作也没有写成。另一个叫新垣平的说他已见到符应土德的瑞气,再次提出改历和更换服色的建议,受到皇上赏识,后来他造反作乱,孝文帝就再也不过问制历、改服色的事情了。

至今上即位,招致方士唐都,分其天部;而巴落下闳运算转历,然后日辰之度与夏正同。乃改元,更官号,封泰山。因诏御史曰:"乃者,有司言星度之未定也,广延宣问,以理星度,未能詹也。盖闻昔者黄帝合而不死,名察度验,定清浊,起五部,建气物分数。然盖尚矣。书缺乐弛,朕甚闵焉。朕唯未能循明也,细绩日分,率应水德之胜。今日顺夏至,黄钟为宫,林钟为徵,太蔟为商,南吕为羽,姑洗为角。自是以后,气复正,羽声复清,名复正变,以至子日当冬至,则阴阳离合之道行焉。十一月甲子朔旦冬至已詹,其更以七年为太初元年。年名'焉逢摄提格',月名'毕聚',日得甲子,夜半朔旦冬至。"

当今皇帝即位后，招聘方士唐都，负责观察天象预言吉凶的天部；招用来自巴郡的落下闳，负责运转浑天仪测天，推算日月星辰制历，得到太阳各月位置的度数及正月安排都与夏历类似的历法。于是就改元，更换官号，到泰山封禅。并诏告御史说："过去司天官吏就说星辰度数还没有测定，曾广泛征求能测定星度的人，可惜结果和实际天象不符。听说以前黄帝制历和季节相合而能循环无穷，用实际天象检验历法，审定音律清浊，起用五官分头负责时节，建立节气度数和对应物候。不过这已经是很久远的事了。因典籍缺失，乐理废弛，所用律历失传，我也深感遗憾，恐怕是不能搞清楚了。现在的历法经过周密的测量和运算，顺应了土德胜水德的学说，顺理成章地得到采用夏正的历法，黄钟为宫声，林钟为徵声，太簇为商声，南吕为羽声，姑洗为角声，从此以后，节气又正确了，音律又清明了，各种名称都和实际相符，以甲子日和冬至相合为历元，则阴阳交替有规律；十一月甲子日又恰逢朔日而节气交冬至，正是改历换元的好时机，于是决定改元封七年为太初元年。年名'焉逢摄提格'，月名'毕聚'，日期为甲子，夜半时是朔日的开始，节气交冬至。"

历术《甲子篇》

历术甲子篇。

太初元年，岁名"焉逢摄提格"，月名"毕聚"，日得甲子，夜半朔旦冬至。

大初元年，岁名："焉逢摄提格"，月名"毕聚"，日逢甲子，夜半月朔，冬至。

正北

十二——无大余，无小余；无大余，无小余——焉逢摄提格太初元年。

十二——大余五十四，小余三百四十八；大余五，小余八——端蒙单阏二年。

闰十三——大余四十八，小余六百九十六；大余十，小余十六——游兆执徐三年。

十二——大余十二，小余六百三；大余十五，小余二十四——强梧大荒落四年。

十二——大余七，小余十一；大余二十一，无小余——徒维敦牂天汉元年。

闰十三——大余一，小余三百五十九；大余二十六，小余八——祝犁协洽二年。

十二——大余二十五，小余二百六十六；大余三十一，小余十六——商横涒滩三年。

十二——大余十九，小余六百一十四；大余三十六，小余二十四——昭阳作鄂四年。

闰十三——大余十四，小余二十二；大余四十二，无小余——横艾淹茂太始元年。

十二——大余三十七，小余八百六十九；大余四十七，小余八——尚章大渊献二年。

闰十三——大余三十二，小余二百七十七；大余五十二，小余一十六——焉逢困敦三年。

十二——大余五十六，小余一百八十四；大余五十七，小余二十四——端蒙赤奋若四年。

十二——大余五十，小余五百三十二；大余三，无小余——游兆摄提格征和元年。

闰十三——大余四十四，小余八百八十；大余八，小余八——强梧单阏二年。

十二——大余八，小余七百八十七；大余十三，小余十六——徒维执徐三年。

十二——大余三，小余一百九十五；大余十八，小余二十四——祝犁大荒落四年。

闰十三——大余五十七，小余五百四十三；大余二十四，无小余——商横敦牂后元元年。

十二——大余二十一，小余四百五十；大余二十九，小余八——昭阳协洽二年。

闰十三——大余十五，小余七百九十八；大余三十四，小余十六——横艾涒滩始元元年。

日在正北，冬至在子时

本年平年十二个月

按照朔法推算，无剩余日数，无剩余分数；

按照至法推算，无剩余日数，无剩余分数；

太初元年甲寅岁（焉逢摄提格）。

本年十二个月

朔法推出剩余五十四日，三百四十八分；

至法推出剩余五日，八分；

太初二年乙卯岁（端蒙单阏）。

本年闰年十三个月

朔法推得剩余四十八日，六百九十六分；
至法推得剩余十日，十六分；
太初三年丙辰岁（游兆执徐）。
本年十二个月
朔法推得剩余十二日，六百零三分；
至法推得剩余十五日，二十四分；
太初四年丁巳岁（强梧大荒落）。
本年十二个月
朔法推得剩日七日，剩分十一分；
至法推得剩日二十一日，剩分为零；
天汉元年戊午岁（徒维敦牂）。
本年闰年十三个月
朔法推得剩日一日，剩分三百五十九分；
至法推得剩日二十六日；剩分八分；
天汉二年己未岁（祝犁协洽）。
本年十二个月
朔法推得剩日二十五日，剩分二百六十六分；
至法推得剩日三十一日，剩分十六分；
天汉三年庚申岁（商横涒滩）。
本年十二个月
朔法推得剩日十九日，剩分六百一十四分；
至法推得剩日三十六日，剩分二十四分；
天汉四年辛酉岁（昭阳作鄂）。
本年闰年十三个月
朔法推得剩日十四日，剩分二十二分；
至法推得剩日四十二日，剩分为零分；
太始元年壬戌岁（横艾淹茂）。
本年十二个月
朔法推得剩日三十七日，剩分八百六十九分；
至法推得剩日四十七日，剩分八分，
太始二年癸亥岁（尚章大渊献）。
本年闰年十三个月
朔法推得剩日三十二日，剩分二百七十七分；
至法推得剩日五十二日，剩分十六分；
太始三年甲子岁（焉逢困敦）。
本年十二个月
朔法推得剩日五十六日，剩分一百八十四分；
至法推得剩日五十七日，剩分二十四分；
太始四年乙丑岁。（端蒙赤奋若）。
本年十二个月
朔法推得剩日五十日，剩分五百三十二分；
至法推得剩日三日，剩分为零分；
征和元年丙寅岁（游兆摄提格）。
本年闰年十三个月
朔法推得剩日五十日，剩分八百八十分；

至法推得剩日八日，剩分八分；
征和二年丁卯岁（强梧单阏）。
本年十二个月
朔法推得剩日八日，剩分七百八十七分；
至法推得剩日十三日，剩分十六分；
征和三年戊辰岁（徒维执徐）。
本年十二个月
朔法推得剩日三日，剩分一百九十五分；
至法推得剩日十八日，剩分二十四分；
征和四年己巳岁（祝犁大荒落）。
本年闰年十三个月
朔法推得剩日五十七日，剩分五百四十三分；
至法推得剩日二十四日，剩分为零；
后元元年庚午岁（商横敦牂）。
本年十二个月
朔法推得剩日二十一日，剩分四百五十分；
至法推得剩日二十九日，剩分八分；
后元二年辛未岁（昭阳协洽）。
本年闰年十三个月
朔法推得剩日十五日，剩分七百九十八分；
至法推得剩日三十四日，剩分十六分；
始元元年壬申岁（横艾涒滩）。

正西

十二——大余三十九，小余七百五；大余三十九，小余二十四——尚章作噩二年。
十二——大余三十四，小余一百一十三；大余四十五，无小余——焉逢淹茂三年。
闰十三——大余二十八，小余四百六十一；大余五十，小余八——端蒙大渊献四年。
十二——大余五十二，小余三百六十八；大余五十五，小余十六——游兆困敦五年。
十二——大余四十六，小余七百一十六；无大余，小余二十四——强梧赤奋若六年。
闰十三——大余四十一，小余一百二十四；大余六，无小余——徒维摄提格元凤元年。
十二——大余五，小余三十一；大余十一，小余八——祝犁单阏二年。
十二——大余五十九，小余三百七十九；大余十六，小余十六——商横执徐三年。
闰十三——大余五十三，小余七百二十七；大余二十一，小余二十四——昭阳大荒落四年。
十二——大余十七，小余六百三十四；大余二十七，无小余——横艾敦牂五年。
闰十三——大余十二，小余四十二；大余三十二，小余八——尚章协洽六年。
十二——大余三十五，小余八百八十九；大余三十七，小余十六——焉逢涒滩元平元年。
十二——大余三十，小余二百九十七；大余四十二，小余二十四——端蒙作噩本始元年。
闰十三——大余二十四，小余六百四十五；大余四十八，无小余——游兆阉茂二年。
十二——大余四十八，小余五百五十二；大余五十三，小余八——强梧大渊献三年。
十二——大余四十二，小余九百；大余五十八，小余十六——徒维困敦四年。
闰十三——大余三十七，小余三百八；大余三，小余二十四——祝犁赤奋若地节元年。
十二——大余一，小余二百一十五；大余九，无小余——商横摄提格二年。
闰十三——大余五十五，小余五百六十三；大余十四，小余八——昭阳单阏三年。

日在正西，冬至在酉时；
本年十二个月
朔法推得剩日三十九日，剩分七百零五分；

至法推得剩日三十九日,剩分二十四分;
始元二年癸酉岁(尚章作噩)。
本年十二个月
朔法推得剩日三十四日,剩分一百一十三分;
至法推得剩日四十五日,剩分为零;
始元三年甲戌岁(焉逢淹茂)。
本年闰年十三个月
朔法推得剩日二十八日,剩分四百六十一分;
至法推得剩日五十日,剩分八分;
始元四年乙亥岁(端蒙大渊献)。
本年十二个月
朔法推得剩日五十二日,剩分三百六十八分;
至法推得剩日五十五日,剩分十六分;
始元五年丙子岁(游兆困敦)。
本年十二个月
朔法推得剩日四十六日,剩分七百一十六分;
至法推得剩日为零,剩分二十四分;
始元六年丁丑岁(强梧赤奋若)。
本年闰年十三个月
朔法推得剩日四十一日,剩分一百二十四分;
至法推得剩日六日,剩分为零;
元凤元年戊寅岁(徒维摄提格)。
本年十二个月
朔法推得剩日五日,剩分三十一分;
至法推得剩日十一日,剩分八分;
元凤二年己卯岁(祝犁单阏)。
本年十二个月
朔法推得剩日五十九日,剩分三百七十九分;
至法推得剩日十六日,剩分十六分;
元凤三年庚辰岁(商横执徐)。
本年闰年十三个月
朔法推得剩日五十三日,剩分七百二十七分;
至法推得剩日二十一日,剩分二十四分;
元凤四年辛巳岁(昭阳大荒落)。
本年十二个月
朔法推得剩日十七日,剩分六百三十四分;
至法推得剩日二十七日,剩分为零;
元凤五年壬午岁(横艾敦牂)。
本年闰年十三个月
朔法推得剩日十二日,剩分四十二分;
至法推得剩日三十二日,剩分八分;
元凤六年癸未岁(尚章协洽)。
本年十二个月
朔法推得剩日三十五日,剩分八百八十九分;
至法推得剩日三十七日,剩分十六分;

元平元年甲申岁（焉逢涒滩）。
本年十二个月
朔法推得剩日三十日，剩分二百九十七分；
至法推得剩日四十二日，剩分二十四分；
本始元年乙酉岁（端蒙作噩）。
本年闰年十三个月
朔法推得剩日二十四日，剩分六百四十五分；
至法推得剩日四十八日，剩分为零；
本始二年丙戌岁（游兆阉茂）。
本年十二个月
朔法推得剩日四十八日，剩分五百五十二分；
至法推得剩日五十三日，剩分八分；
本始三年丁亥岁（强梧大渊献）。
本年十二个月
朔法推得剩日四十二日，剩分九百分；
至法推得剩日五十八日，剩分十六分；
本始四年戊子岁（徒维困敦）。
本年闰年十三个月
朔法推得剩日三十七日，剩分三百零八分；
至法推得剩日为三日，剩分二十四分；
地节元年己丑岁（祝犁赤奋若）。
本年十二个月
朔法推得剩日一日，剩分二百一十五分；
至法推得剩日九日，剩分为零；
地节二年庚寅岁（商横摄提格）。
本年闰年十三个月
朔法推得剩日五十五日，剩分五百六十三分；
至法推得剩日十四日，剩分八分；
地节三年辛卯岁（昭阳单阏）。

正南

十二——大余十九，小余四百七十；大余十九，小余十六——横艾执徐四年。
十二——大余十三，小余八百一十八；大余二十四，小余二十四——尚章大荒落元康元年。
闰十三——大余八，小余二百二十六；大余三十，无小余——焉逢敦牂二年。
十二——大余三十二，小余一百三十三；大余三十五，小余八——端蒙协洽三年。
十二——大余二十六，小余四百八十一；大余四十，小余十六——游兆涒滩四年。
闰十三——大余二十，小余八百二十九；大余四十五，小余二十四——强梧作噩神雀元年。
十二——大余四十四，小余七百三十六；大余五十一，无小余——徒维淹茂二年。
十二——大余三十九，小余一百四十四；大余五十六，小余八——祝犁大渊献三年。
闰十三——大余三十三，小余四百九十二；大余一，小余十六——商横困敦四年。
十二——大余五十七，小余三百九十九；大余六，小余二十四——昭阳赤奋若五凤元年。
闰十三——大余五十一，小余七百四十七；大余十二，无小余——横艾摄提格二年。
十二——大余十五，小余六百五十四；大余十七，小余八——尚章单阏三年。
十二——大余十，小余六十二；大余二十二，小余十六——焉逢执徐四年。
闰十三——大余四，小余四百一十；大余二十七，小余二十四——端蒙大荒落甘露元年。
十二——大余二十八，小余三百一十七；大余三十三，无小余——游兆敦牂二年。

十二——大余二十二，小余六百六十五；大余三十八，小余八——强梧协洽三年。
闰十三——大余十七，小余七十三；大余四十三，小余十六——徒维涒滩四年。
十二——大余四十，小余九百二十；大余四十八，小余二十四——祝犁作噩黄龙元年。
闰十三——大余三十五，小余三百二十八；大余五十四，无小余——商横淹茂初元元年。
日在正南，冬至在午时；
本年十二个月
朔法推得剩日十九日，剩分四百七十分；
至法推得剩日十九日，剩分十六分；
地节四年壬辰岁（横艾执徐）。
本年十二个月
朔法推得剩日十三日，剩分八百一十八分；
至法推得剩日二十四日，剩分二十四分；
元康元年癸巳岁（尚章大荒落）。
本年闰年十三个月
朔法推得剩日八日，剩分二百二十六分；
至法推得剩日三十日，剩分为零；
元康二年甲午岁（焉逢敦牂）。
本年十二个月
朔法推得剩日三十二日，剩分一百三十三分；
至法推得剩日三十五日，剩分八分；
元康三年乙未岁（端蒙协洽）。
本年十二个月
朔法推得剩日二十六日，剩分四百八十　分；
至法推得剩日四十日，剩分十六分；
元康四年丙申岁（游兆涒滩）。
本年闰年十三个月
朔法推得剩日二十日，剩分八百二十九分；
至法推得剩日四十五日，剩分二十四分；
神雀元年丁酉岁（强梧作噩）。
本年十二个月
朔法推得剩日四十四日，剩分七百三十六分；
至法推得剩日五十一日，剩分为零；
神雀二年戊戌岁（徒维淹茂）。
本年十二个月
朔法推得剩日三十九日，剩分一百四十四分；
至法推得剩日五十六日，剩分八分；
神雀二年己亥岁（祝犁大渊献）。
本年闰年十三个月
朔法推得剩日三十三日，剩分四百九十二分；
至法推得剩日五十六日，剩分十六分；
神雀四年庚子岁（商横困敦）。
本年十二个月
朔法推得剩日五十七日，剩分三百九十九分；
至法推得剩日六日，剩分二十四分；
五凤元年辛丑岁（昭阳赤奋若）。

本年闰年十三个月
朔法推得剩日五十一日，剩分七百四十七分；
至法推得剩日十二日，剩分为零；
五凤二年壬寅岁（横艾摄提格）。
本年十二个月
朔法推得剩日十五日，剩分六百五十四分；
至法推得剩日十七日，剩分八分；
五凤三年癸卯岁（尚章单阏）。
本年十二个月
朔法推得剩日十日，剩分六十二分；
至法推得剩日二十二日，剩分十六分；
五凤四年甲辰岁（焉逢执徐）。
本年闰年十三个月
朔法推得剩日四日，剩分四百一十分；
至法推得剩日二十七日，剩分二十四分；
甘露元年乙巳岁（端蒙大荒落）。
本年十二个月
朔法推得剩日二十八日，剩分三百一十七分；
至法推得剩日三十三日，剩分为零；
甘露二年丙午岁（游兆敦牂）。
本年十二个月
朔法推得剩日二十二日，剩分六百六十五分；
至法推得剩日三十八日，剩分八分；
甘露三年丁未岁（强梧协洽）。
本年闰年十三个月
朔法推得剩日十七日，剩分七十三分；
至法推得剩日四十三日，剩分十六分；
甘露四年戊申岁（徒维涒滩）。
本年十二个月
朔法推得剩日四十日，剩分九百二十分；
至法推得剩日四十八日，剩分二十四分；
黄龙元年己酉岁（祝犁作噩）。
本年闰年十三个月
朔法推得剩日三十五日，剩分三百二十八分；
至法推得剩日五十四日，剩分为零；
初元元年庚戌岁（商横淹茂）。
正东
十二——大余五十九，小余二百三十五；大余五十九，小余八——昭阳大渊献二年。
十二——大余五十三，小余五百八十三；大余四，小余十六——横艾困敦三年。
闰十三——大余四十七，小余九百三十一；大余九，小余二十四——尚章赤奋若四年。
十二——大余十一，小余八百三十八；大余十五，无小余——焉逢摄提格五年。
十二——大余六，小余二百四十六；大余二十，小余八——端蒙单阏永光元年。
闰十三——无大余，小余五百九十四；大余二十五，小余十六——游兆执徐二年。
十二——大余二十四，小余五百一；大余三十，小余二十四——强梧大荒落三年。
十二——大余十八，小余八百四十九；大余三十六，无小余——徒维敦牂四年。

闰十三——大余十三，小余二百五十七；大余四十一，小余八——祝犁协洽五年。
十二——大余三十七，小余一百六十四；大余四十六，小余十六——商横涒滩建昭元年。
闰十三——大余三十一，小余五百一十二；大余五十一，小余二十四——昭阳作噩二年。
十二——大余五十五，小余四百一十九；大余五十七，无小余——横艾阉茂三年。
十二——大余四十九，小余七百六十七；大余二，小余八——尚章大渊献四年。
闰十三——大余四十四，小余一百七十五；大余七，小余十六——焉逢困敦五年。
十二——大余八，小余八十二；大余十二，小余二十四——端蒙赤奋若竟宁元年。
十二——大余二，小余四百三十；大余十八，无小余——游兆摄提格建始元年。
闰十三——大余五十六，小余七百七十八；大余二十三，小余八——强梧单阏二年。
十二——大余二十，小余六百八十五；大余二十八，小余十六——徒维执徐三年。
闰十三——大余十五，小余九十三；大余三十三，小余二十四——祝犁大荒落四年。
日在正东，冬至卯时；
本年十二个月
朔法推得剩日五十九日，剩分二百三十五分；
至法推得剩日五十九日，剩分八分；
初元二年辛亥岁（昭阳大渊献）。
本年十二个月
朔法推得剩日五十三日，剩分五百八十三分；
至法推得剩日四日，剩分十六分；
初元三年壬子岁（横艾困敦）。
本年闰年十三个月
朔法推得剩日四十七日，剩分九百三十一分；
至法推得剩日九日，剩分二十四分；
初元四年癸丑岁（尚章赤奋若）。
本年十二个月
朔法推得剩日十一日，剩分八百三十八分；
至法推得剩日十五日，剩分为零；
初元五年甲寅岁（焉逢摄提格）。
本年十二个月
朔法推得剩日六日，剩分二百四十六分；
至法推得剩日二十日，剩分八分；
永光元年乙卯岁（端蒙单阏）。
本年闰年十三个月
朔法推得剩日数为零，剩分五百九十四分；
至法推得剩日二十五日，剩分十六分；
永光二年丙辰岁（游兆执徐）。
本年十二个月
朔法推得剩日二十四日，剩分五百零一分；
至法推得剩日三十日，剩分二十四分；
永光三年丁巳岁（强梧大荒落）。
本年十二个月
朔法推得剩日十八日，剩分八百四十九分；
至法推得剩日三十六日，剩分为零；
永光四年戊午岁（徒维敦牂）。
本年闰年十三个月

朔法推得剩日十三日，剩分二百五十七分；
至法推得剩日四十一日，剩分八分；
永光五年己未岁（祝犁协洽）。
本年十二个月
朔法推得剩日三十七日，剩分一百六十四分；
至法推得剩日四十六日，剩分十六分；
建昭元年庚申岁（商横涒滩）。
本年闰年十三个月
朔法推得剩日三十一日，剩分五百一十二分；
至法推得剩日五十一日，剩分二十四分；
建昭二年辛酉岁（昭阳作噩）。
本年十二个月
朔法推得剩日五十五日，剩分四百一十九分；
至法推得剩日五十七日，剩分为零；
建昭三年壬戌岁（横艾阉茂）。
本年十二个月
朔法推得剩日四十九日，剩分七百六十七分；
至法推得剩日二日，剩分八分；
建昭四年癸亥岁（尚章大渊献）。
本年闰年十三个月
朔法推得剩日四十四日，剩分一百七十五分；
至法推得剩日七日，剩分十六分；
建昭五年甲子岁（焉逢困敦）。
本年十二个月
朔法推得剩日八日，剩分八十二分；
至法推得剩日十二日，剩分二十四分；
竟宁元年乙丑岁（端蒙赤奋若）。
本年十二个月
朔法推得剩日二日，剩分四百三十分；
至法推得剩日十八日，剩分为零；
建始元年丙寅岁（游兆摄提格）。
本年闰年十三个月
朔法推得剩日五十六日，剩分七百七十八分；
至法推得剩日二十三日，剩分八分；
建始二年丁卯岁（强梧单阏）。
本年十二个月
朔法推得剩日二十日，剩分六百八十五分；
至法推得剩日二十八日，剩分十六分；
建始三年戊辰岁（徒维执徐）。
本年闰年十三个月
朔法推得剩日十五日，剩分九十三分；
至法推得剩日三十三日，剩分二十四分；
建始四年己巳岁（祝犁大荒落）。

右《历书》：大余者，日也。小余者，月也。端蒙者，年名也。支：丑名赤奋若，寅名摄提格。干：丙名游兆。正北，冬至加子时；正西，加酉时；正南，加午时；正东，加卯时。

以上是《历书》。大余指剩余的日数(文中简写为剩日)。小余指剩余的分数(文中简写为剩分)。端蒙是年名。地支:与岁阴相当,丑叫赤奋若,寅叫摄提格。天干:例如丙叫游兆。正北,指太阳位于下中天子位,冬至在子时;正西,太阳在正西酉位,冬至在酉时;正南,太阳位于上中天午位,冬至在午时;正东,太阳在正东卯位,冬至在卯时。(以上四章章首为冬至点的位置。)

史记第二十七卷

天官书第五

中宫天极星,其一明者,太一常居也;旁三星三公,或曰子属。后句四星,末大星正妃,余三星后宫之属也。环之匡卫十二星,藩臣。皆曰紫宫。

中宫以天极星为中心,在中间明亮的那颗星,好像常居正北不动,名为太一,是天帝的意思。旁边三颗星名三公,或名太子、庶子,后面弯曲的四颗星中末尾较为明亮的星叫正妃,其余三颗星为后宫嫔妃之属。环绕守卫着中央的十二颗星,是护卫的藩臣,它们合起来就构成紫宫。

前列直斗口三星,随北端兑,若见若不,曰阴德,或曰天一。紫宫左三星曰天枪,右五星曰天棓,后六星绝汉抵营室,曰阁道。

挡在紫宫门口内的三星,呈向北尖锐的形态,尖端的那颗星若隐若现,称为阴德,或称天一。紫宫左前方有三颗星是天枪,右前方有五星是天棓,后面有六颗星越过银河可抵达营室的,就是阁道。

北斗七星,所谓"旋玑、玉衡以齐七政"。杓携龙角,衡殷南斗,魁枕参首。用昏建者杓;杓,自华以西南。夜半建者衡;衡,殷中州河、济之间。平旦建者魁;魁,海岱以东北也。斗为帝车,运于中央,临制四乡。分阴阳,建四时,均五行,移节度,定诸纪,皆系于斗。

北斗七星,即《尚书》说的"璇、玑、玉衡以齐七政"。斗杓延长线上的亮星是东宫苍龙的龙角叫大角星,玉衡和前后两星联线延伸向南可见南斗,斗魁四星顺着杓的方向向北延伸是参宿的头。用黄昏后斗杓所指十二辰方位名为该月月名的月建方法叫昏建;杓还可用于分野,斗杓指向为华山及其西南地域;以子夜玉衡所指为月建的叫夜半建,玉衡指向为中州黄河、济水之间的地域;以平旦斗魁所指为月建就是平旦建,魁的指向为东部及东北部地域。斗就像天帝乘坐的车子,运行于靠近天极的中央,它可主管四方地域分野,区分阴阳,分辨月建,配合五

星斗图

行匀分五个节气，计量节气度数，确定历法的章、蔀纪元，这些重大的事都要依靠斗。

斗魁戴匡六星曰文昌宫：一曰上将，二曰次将，三曰贵相，四曰司命，五曰司中，六曰司禄。在斗魁中，贵人之牢。魁下六星，两两相比者，名曰三能。三能色齐，君臣和；不齐，为乖戾。辅星明近，辅臣亲强；斥小，疏弱。

斗魁上方像一只筐的六颗星叫文昌宫，六星分别是：上将、次将、贵相、司命、司中和司禄。在斗魁内几乎看不见星，像是贵人的牢房。斗魁下方也有六星两两并肩，名叫三能。上、中、下三能颜色相似，意味着君臣和睦；三能颜色不一致，君臣关系紧张。北斗第六星开阳和它旁边的辅星相邻，辅星明亮并靠近开阳，是辅臣能力强并且尽职的吉兆；两星暗且相斥，辅臣和皇帝疏远并且力量微弱。

杓端有两星：一内为矛，招摇；一外为盾，天锋。有句圜十五星，属杓，曰贱人之牢。其牢中星实则囚多，虚则开出。

杓尾端有两颗星，靠近杓的为矛，叫招摇；远一点的为盾，叫天锋。有围成一个圆圈的十五颗星，也在杓尾方向，像是下层人的牢房。圆圈内看到的星清晰，表示囚犯多，圈内星模糊不清，表示囚犯已开脱。

天一、枪、棓、矛、盾动摇，角大，兵起。

天一、枪、棓、矛、盾这些星如果看上去好似在摇动，芒角显得很大，是发生战事的预兆。

东宫苍龙，房、心。心为明堂，大星天王，前后星子属。不欲直，直则天王失计。房为府，曰天驷。其阴，右骖。旁有两星曰衿；北一星曰舝。东北曲十二星曰旗。旗中四星曰天市；中六星曰市楼。市中星众者实；其虚则耗。房南众星曰骑官。

东宫整体形象似一条苍龙，中央是房宿和心宿。心宿像是天王的行政殿堂，其中最亮的一颗就是天王，上下各有一星是他的子辈。三颗星不在一条直线上，如果直了意味着天王政令失误。房宿是天府，叫天驷。它的北边为右骖星，它的旁边有两星名衿；衿北一星叫舝。房宿东北弯曲的十二颗星是旗，围在旗中的四颗星为天市；靠南居中的六颗星叫市楼。天市中看到的星多则国库充实，星少则国库空虚。房宿南边众星组成骑官。

左角，李；右角，将。大角者，天王帝廷。其两旁各有三星，鼎足句之，曰摄提。摄提者，直斗杓所指，以建时节，故曰"摄提格"。亢为疏庙，主疾。其南北两大星，曰南门。氐为天根，主疫。

角宿左边是李星，右边的星叫将。大角星很亮，像是天王的帝廷。它两旁各有三颗星，呈鼎足形排列，叫摄提。为什么起名摄提？它们正在斗杓所指的方向上，和斗一样有指示时节的作用，所以叫"摄提格"。亢宿外形像庙的屋顶，主管人间疾病。亢宿往南有一南一北两颗亮星，叫南门。氐宿比亢宿还要接近地平，所以说它是天根，主管瘟疫之类的传染病。

尾为九子，曰君臣；斥绝，不和。箕为敖客，曰口舌。

尾宿九星，也是君臣关系的表象；它们之间表现排斥，君臣不和。箕宿是说客，它是口舌是非的表象。

火犯守角，则有战。房、心，王者恶之也。

火星运行中接近或停留在角宿，是有战事的征兆。它若接近或停留在房宿或者心宿，更是不吉利的征兆，因此这是王者们所讨厌的天象。

南宫朱鸟，权、衡。衡，太微，三光之廷。匡卫十二星，藩臣：西，将；东，相；南四星，执法。中，端门；门左右，掖门。门内六星，诸侯。其内五星，五帝坐。后聚一十五星，蔚然，曰郎位；傍一大星，将位也。月、五星顺入，轨道，司其出，所守，天子所诛也。其逆入，若不轨道，以所犯命之；中坐，成形，皆群下从谋也。金、火尤甚。廷藩西有隋星五，曰少微，士大夫。权，轩辕。轩辕，黄龙体。前大星，女主象；旁小星，御者后宫属。月、五星守犯者，如衡占。

南宫整体形象是一只红色凤凰，称南宫朱鸟或朱雀，主体星官是权与衡。衡也就是太微，是日月和五星都要经过的天区。环绕太微的十二颗星都是藩臣：在西边的用将命名；在东边的用相命名；在南边的四颗星用执法命名；在中间的以端门命名；端门左右的星叫掖门。门内有六颗星，一名诸侯，另五颗叫五帝座。太微后面聚集着十五颗星，颇为明亮，它们合称郎位；其旁有一亮星是将位。月亮和五星自西向东运行，循顺行轨道进入太微，就要十分小心注意它们出太微和停留在那里的时间,因为它预示着天子可能会诛杀下臣。若月与五星自东向西循逆行轨道进入太微,它们接近什么星,相应官职的大臣就有危险;要是凌犯到五帝座,一定有灾祸,都是祸及下臣和谋士的。五星中金星和火星出现这种运行,危险就更大。太微廷外靠西边有从上垂下的五颗星,它们是少微和士大夫。权就是轩辕。轩辕的形态像一条黄龙。轩辕南边一颗很亮的星像天上的女主;旁边暗星为御者,属于后宫。月亮和五星在轩辕附近或者是停留在这里,作占的方法和太微廷相同。

东井为水事。其西曲星曰钺。钺北,北河;南,南河;两河、天阙间为关梁。舆鬼,鬼祠事;中白者为质。火守南、北河,兵起,谷不登。故德成衡,观成潢,伤成钺,祸成井,诛成质。

井宿主管有关水的事,在它西面弯曲的星官叫钺。钺北有北河,南有南河,两河和天阙星官之间是日月五星的通道。鬼宿主管供奉祭祀的事;鬼宿中间发白的一团叫做质。火星运行到南北河附近发生"留",可能有兵祸,五谷不登,收成不好。概括地说,帝王的德政可从太微廷看出表象,帝王出外巡幸可在天潢星区出现预兆,伤败的事表现于星官钺,灾祸的事表现于井宿,诛杀的事表现于鬼宿中间的质处。

柳为鸟注,主木草。七星,颈,为员官,主急事。张,素,为厨,主觞客。翼为羽翮,主远客。

柳宿是朱鸟的嘴,主管草木。星宿七星是朱鸟的颈,是员官,喉咙的意思,掌管紧急事务。张宿是朱鸟的嗉囊,为天厨,掌管宴请宾客。翼宿是朱鸟的羽翅,主管迎送远方来的宾客。

轸为车,主风。其旁有一小星,曰长沙,星星不欲明;明与四星等,若五星入轸中,兵大起。轸南众星曰天库、楼;库有五车。车星角,若益众,及不具,无处车马。

轸宿像一辆车,主管风。它的旁边有一颗暗星,名叫长沙,通常光微弱得看不见,它发亮时亮度和轸宿四星相当,如果五大行星中有进入轸宿的,可能发生很大的战事。轸宿南面的许多星属于天库楼星官;库楼中还有五车。看到车星芒角很多,或者看不清车星,那就会发生动乱,无处安顿车马。

西宫咸池,曰天五潢。五潢,五帝车舍。火入,旱;金,兵;水,水。中有三柱;柱不具,兵起。

西宫的中心在咸池,叫天五潢。五潢星为五方天帝的车舍。火星入五潢,有旱灾;金星入五潢,有兵灾;水星入五潢,有水灾。五潢中有三柱,柱星看不清楚,可能有战事发生。

奎曰封豕,为沟渎。娄为聚众。胃为天仓。其南众星曰廥积。

奎宿也叫封豕,像天上的沟渠。娄宿有聚众的意思,这里聚集着供祭祀用的牺牲。胃宿是天帝的粮仓。它南面的许多星叫廥积,意思为草料仓。

昴曰髦头,胡星也,为白衣会。毕曰罕车,为边兵,主弋猎。其大星旁小星为附耳。附耳摇动,有谗乱臣在侧。昴、毕间为天街。其阴,阴国;阳,阳国。

昴宿又叫髦头,看上去星周有光雾,所以说它是胡星,主管丧事。毕宿也叫罕车,是边防兵,主管狩猎。毕宿中最亮的星旁边的小星叫附耳。附耳星看上去摇动,是国君旁有进谗言的乱臣的征兆。昴宿和毕宿之间是天街星官。月和五星在天街北运行,对国家不利;在天街南运行,国家光明。

参为白虎。三星直者,是为衡石。下有三星,兑,曰罚,为斩艾事。其外四星,左右肩股也。小三星隅置,曰觜觿,为虎首,主葆旅事。其南有四星,曰天厕。厕下一星,曰天矢。矢黄则吉;青、白、黑,凶。其西有句曲九星,三处罗:一曰天旗,二曰天苑,三曰九游。其东有大星曰狼。狼角变色,多盗贼。下有四星曰弧,直狼。狼比地有大星,曰南极老人。老人见,治安;不见,兵起。常以秋分时候之于南郊。

参宿有白虎的形象。三颗排列成直线的星像一杆秤。下面的三颗星和它成一锐角的叫罚,主管斩杀的事。外边有四颗星,分别是参宿的左右肩和左右股。肩的上方略偏向一边的有三颗暗星成斜三角状,它们叫觜觿,是白虎的头,主管军需运输事务。参宿往南可见到四颗星,叫天厕。天厕星官往南的一颗星,叫天矢。天矢星发黄色是吉兆;如果发青、白、黑的颜色,就是凶兆。参宿西边弯曲排列着九颗星,有三处:一组是天旗,另一组是天苑,还有一组叫九游。参宿东边有一颗全天最亮的星叫狼星。狼星芒角变色,是盗贼多的表像。狼星下面的四颗星叫弧,正对着狼星。沿狼星向南靠近地平有一颗亮星,叫南极老人星。老人星可见,国家安定;老人星不可见,国家动乱有战事。通常是在秋分左右的晴夜观察,在城南郊等候老人星的出现。

附耳入毕中，兵起。

附耳星看上去像进到了毕宿里，是发生战争的征兆。

北宫玄武，虚、危。危为盖屋；虚为哭泣之事。

北宫整体的形象是龟蛇，所以称玄武，虚宿和危宿在北宫的中心。危宿像房屋的顶盖，虚宿掌管死丧哭泣的事。

其南有众星，曰羽林天军。军西为垒，或曰钺。旁有一大星为北落。北落若微亡，军星动角益希，及五星犯北落，入军，军起。火、金、水尤甚。火，军忧；水，水患；木、土，军吉。危东六星，两两相比，曰司空。

它们的南方星数很多，命名为羽林天军。羽林军西面的星官叫垒，或者叫钺。垒旁的一颗亮星名北落。如果北落暗弱得几乎看不见，羽林军星摇动而芒角稀少，有五星凌犯到北落，五星运行进入羽林军星官，都是发生战事的天象预兆。五星中尤其以火星、金星和水星的凌犯更受星占家的重视：若发生于火星，军队有忧患；发生于水星，有可能水灾；发生于木星或土星，反而对军事有利。危宿东边的六颗星，两两并列，名叫司空。

营室为清庙，曰离宫阁道。汉中四星，曰天驷。旁一星，曰王良。王良策马，车骑满野。旁有八星，绝汉，曰天潢。天潢旁，江星。江星动，人涉水。

营室宿像天上的清庙，有离宫、阁道等星官。在银河中有四颗星，叫天驷。旁边的一颗星，叫王良。王良赶着天马，车马就满在原野上奔驰。王良旁边有八颗星，横跨银河，为天潢。天潢旁边的星官是江星。江星看上去摇动的时候，人间可能发大水。

杵臼四星，在危南。匏瓜，有青黑星守之，鱼盐贵。

杵、臼星官有四星，危宿在它们的南边。匏瓜星入占，它旁边发现青黑色新星出现时，鱼盐欠丰而昂贵。

南斗为庙，其北建星。建星者，旗也。牵牛为牺牲。其北河鼓。河鼓大星，上将；左右，左右将。婺女，其北织女。织女，天女孙也。

斗宿为庙堂，它北边的星官叫建。建星是天旗。牛宿主管祭祀用牺牲。牛宿北有河鼓。河鼓是颗很亮的星，像天帝的大将；河鼓左右各有一颗较暗的星，为左右将。女宿，往北越过银河可见织女星。织女，她是天帝的孙女。

察日、月之行以揆岁星顺逆。曰东方木，主春，日甲、乙。义失者，罚出岁星。岁星赢缩，以其舍命国。所在国不可伐，可以罚人。其趋舍而前曰赢，退舍曰缩。赢，其国有兵不复；缩，其国有忧，将亡，国倾败。其所在，五星皆从而聚于一舍，其下之国可以义致天下。

观察日、月的运动，发现它们都是自西向东运行的，据此可以判断木星是顺行还是逆行：与日、月运动同方向为顺行；否则就是逆行。木星叫岁星，是东方之神，五行中属木，掌管春作，日期为甲乙。如果有失义的国家，从木星可以看出对他的惩罚的征兆。木星运行速度不是均匀的，表现为有赢缩：实际运行位置比平均位置超前就是赢；比平均位置落后叫做缩。通常用木星运行所在宿，对相应的分野国作占。木星所在宿相应的分野国不可以去征伐，但该国可以去征伐别的国家。木星运行超过推算位置而到达下一宿是赢，未达推算位置而落后一宿叫缩。当出现赢，木星超前到达那一宿的分野国即使遇到侵犯也不会覆灭，若出现缩，木星落在后一宿的分野国就令人担忧了，大将死亡，国家可能覆灭。分野国对应的天区，若出现五颗行星先后会聚于那一宿，这个国家能以义号召天下。

以摄提格岁：岁阴左行在寅，岁星右转居丑。正月，与斗、牵牛晨出东方，名曰监德。色苍苍有光。其失次，有应见柳。岁早，水；晚，旱。

摄提格岁就是寅年，和木星运行方向相反的假想点岁阴向左运行在寅位，木星向右运行而在丑位，以十二辰称呼的年名看岁阴运行的方位而决定。正月里，木星和斗宿、牛宿一道天亮前升起在东方，命名为监德。其光色青苍比较明亮。木星运行超前或者落后一个星次叫失次，失次的应验会出现在柳宿。木星超前了，有水灾；落后一个星次了，有旱灾。

岁星出，东行十二度，百日而止，反逆行；逆行八度，百日，复东行。岁行三十度十六分度之七，

率日行十二分度之一,十二岁而周天。出常东方,以晨;入于西方,用昏。

岁星初见,向东运行 12°,历时 100 天而停止。经过留以后向相反方向逆行,逆行运行 8°,用 100 天的时间,再向东运行。它一年运行 30°16′7″,,每天约运行 12′1″,经过 12 年在星空中运行一整周。初见总是先出在东方,就是晨星;消逝于阳光淹没之中,则在西方,表现为昏星。

单阏岁:岁阴在卯,星居子。以二月与婺女、虚、危晨出,曰降入。大有光。其失次,有应见张。其岁大水。

单阏岁就是卯年:岁阴从寅位左行到卯位,木星从丑位右转到子位。二月份木星和女宿、虚宿、危宿一道天亮前升起在东方,命名为降入。显得特别明亮。该月岁星失次,它的应验会在张宿见到,这一年会有大水灾。

执徐岁:岁阴在辰,星居亥。以三月与营室、东壁晨出,曰青章。青青甚章。其失次,有应见轸。岁早,旱;晚,水。

执徐岁即辰年:岁阴左行到辰位,岁星右转到亥位。三月份岁星和室宿、壁宿一齐在天亮前出于东方,命名为青章。光色青青而甚为明亮。若岁星失次,它的应验反映在轸宿。岁星超前进入前一宿,有旱灾;岁星落后一宿,有水灾。

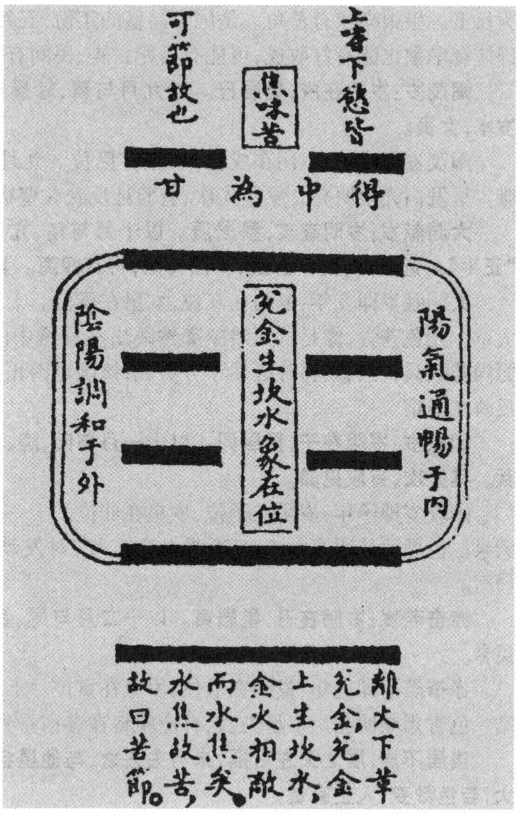

节气图,选自宋代佚名辑《周易图》。

大荒骆岁:岁阴在巳,星居戌。以四月与奎、娄晨出,曰跰踵。熊熊赤色,有光。其失次,有应见亢。

大荒骆岁即巳年:岁阴在巳位,岁星在戌行。四月里岁星清晨和奎、娄两宿出在东方,命名为跰踵。光色红而明亮。如果岁星失次,应验会在亢宿看到。

敦牂岁:岁阴在午,星居酉。以五月与胃、昴、毕晨出,曰开明。炎炎有光。偃兵;唯利公王,不利治兵。其失次,有应见房。岁早,旱;晚,水。

敦牂岁即午年:岁阴在午位,岁星在酉位。五月份岁星清晨和胃、昴、毕三宿出在东方,命名为开明。星光明亮。这一年没有战事,有利帝王推行政令,穷兵黩武则不利。岁星失次,应验反映在房宿。岁星超前,天旱;岁星落后,天涝。

叶洽岁:岁阴在未,星居申。以六月与觜觿、参晨出,曰长列。昭昭有光。利行兵。其失次,有应见箕。

叶洽岁即未年:岁阴在未位,岁星在申位。六月里岁星凌晨和觜、参两宿同出东方,命名为长列。星光灿烂。是有利于用兵的年份。若岁星失次,应验会在箕宿见到。

涒滩岁:岁阴在申,星居未。以七月与东井、舆鬼晨出,曰大音。昭昭白。其失次,有应见牵牛。

涒滩岁即申年:岁阴在申位,岁星在未位。七月里岁星天亮前和井宿、鬼宿同出东方,命名大音。星色白而光明。如果岁星失次,应验可以在牛宿看到。

作鄂岁:岁阴在酉,星居午。以八月与柳、七星、张晨出,曰长王。作作有芒。国其昌,熟谷。其失次,有应见危。有旱而昌,有女丧,民疾。

作鄂岁即酉年:岁阴在酉位,岁星在午位。八月份岁星天亮前和柳、星、张三宿同出东方,命名为长王。星很亮像有芒角。是国家昌盛的年份，五谷丰收。岁星失次，应验可以于危宿看见。本年即使有旱象也能有好收成，可能有后妃亡丧，民间有疾病的灾难。

阉茂岁：岁阴在戌，星居巳。以九月与翼、轸晨出，曰天睢。白色大明。其失次，有应见东壁。岁水，女丧。

阉茂岁即戌年：岁阴在戌位，岁星在巳位。九月里岁星清晨和翼、轸两宿出于东方，命名为天睢。星发白光很明亮。岁星失次，有验证反映在壁宿。本年涝，有后妃死。

大渊献岁：岁阴在亥，星居辰。以十月与角、亢晨出，曰大章。苍苍然，星若跃而阴出旦，是谓“正平”。起师旅，其率必武；其国有德，将有四海。其失次，有应见娄。

大渊献岁即亥年：岁阴在亥位，岁星在辰位。十月里岁星天亮前和角、亢二宿同出东方，命名为大章。光色苍青，像是从黑暗中突然跳出在晨曦中闪亮似的，所以叫“正平”。岁星所在对应的分野国若兴兵伐敌，其将帅必然十分勇武；该国也因正义有德而能臣服四海。岁星失次，它的验证将反映在娄宿。

困敦岁：岁阴在子，星居卯。以十一月与氐、房、心晨出，曰天泉。玄色甚明。江池其昌，不利起兵。其失次，有应见昴。

困敦岁即子年：岁阴在子位，岁星在卯位。十一月岁星清晨和氐、房、心三宿同出东方，命名为天泉。色黑而甚明亮。本年江湖水产丰收，对发动战争的国家不利。岁星失次，有验证出现在昴宿。

赤奋若岁：岁阴在丑，星居寅。以十二月与尾、箕晨出，曰天皓。黫然黑色甚明。其失次，有应见参。

赤奋若岁即丑年：岁阴在丑位，岁星在寅位。十二月岁星天亮前和尾、箕两宿同出东方，命名天皓。色青黑颇明亮。岁星失次，有应验将在参宿看到。

当居不居，居之又左右摇，未当去去之，与他星会，其国凶。所居久，国有德厚。其角动，乍小乍大，若色数变，人主有忧。

木星由顺行转到逆行或由逆行转到顺行的时候要经过留，按推算它该留某一宿而没有留，或留在那里又左右摇晃，或不该离开留的位置而离开了，运行到其他星附近，该宿相应的分野国有大灾难。留在那一宿的时间久，是因为该国的德政感应到了天上。它的光芒出现芒角，乍小乍大，好像颜色总在变化，是该国国君遇到麻烦的兆应。

其失次舍以下，进而东北，三月生天棓，长四丈，末兑。进而东南，三月生彗星，长二丈，类彗。退而西北，三月生天欃，长四丈，末兑。退而西南，三月生天枪，长数丈，两头兑。谨视其所见之国，不可举事用兵。其出如浮如沉，其国有土功；如沉如浮，其野亡。色赤而有角，其所居国昌。迎角而战者，不胜。星色赤黄而沉，所居野大穰。色青白而赤灰，所居野有忧。岁星入月，其野有逐相；与太白斗，其野有破军。

木星失次超过一宿，且向东北方向顺行，三个月以后会出现天棓星，看上去它长四丈，尖尾巴。若向东南方向顺行，三个月以后会生出彗星，看上去它约长两丈，和彗星的样子相同。若向西北方向逆行，三个月之后出现天欃，长四丈，尖尾巴。如果向西南方向逆行，三个月以后将出现天枪，看上去它有好几丈长，头尾都是尖的。这种情况下相应的分野国要十分注意木星的运行并慎重行事，一般来说不能采取军事行动。木星运行中看上去似要向北上浮，实际却沉向南方，分野国可能会扩张它的领土；若似要向南下沉实际却浮向北方，分野国可能会失去边境的土地。它看上去色红而有芒角，是分野国昌盛的兆应。和这个国家打仗，是打不赢的。它看去色橙红并且向南沉，分野国农业会大丰收。它发出青白而带赤灰的光色，是分野国有忧患的兆应。木星合月，分野国的宰相可能被罢黜；木星遇金星，分野国的军事行动会失败。

岁星一曰摄提，曰重华，曰应星，曰纪星。营室为清庙，岁星庙也。

岁星即木星也称摄提，又名重华、应星、纪星。前文说营室是天上的清庙，指的就是岁星的庙。

察刚气以处荧惑。曰南方火，主夏，日丙、丁。礼失，罚出荧惑，荧惑失行是也。出则有兵，入则兵散。以其舍命国。荧惑为勃乱，残贼、疾、丧、饥、兵。反道二舍以上，居之，三月有殃，五月受兵，

七月半亡地，九月太半亡地。因与俱出入，国绝祀。居之，殃还至，虽大当小；久而至，当小反大。其南为丈夫丧，北为女子丧。若角动绕环之，及乍前乍后，左右，殃益大。与他星斗，光相逮，为害；不相逮，不害。五星皆从而聚于一舍，其下国可以礼致天下。

火星就是荧惑，表现出一种刚正执法的气概。主管南方，五行中属火，执掌夏季，丙丁日期。有失礼的国家，对它惩罚的征兆从火星去看，看火星的不规则运行。火星出现在天空，可能有战争，火星消逝的时期，是和平的时期。通常以火星所在星宿占其分野国的吉凶。火星主管惩罚，所以它的出现意味着动乱、流寇、疾病、死丧、饥荒和战争。火星逆行超过两宿以上，留在某宿，留三个月分野国有祸殃，留五个月有敌国攻击，留七个月该国可能失去一半国土，留九个月会失去大半国土。要是九个月以后还在那一宿出出进进，那个国家就要灭亡了。火星留于某宿，所当分野国很快就发生了灾难，那么本该严重的灾情也会减小；如果灾祸迟迟才到，那么本不严重的灾情也会变成大灾难。若火星运行向南，男子的丧事多，火星运行往北，则丧事多为女子举办。看到火星芒角动得厉害，像是各个方向都闪动，一会儿在前一会儿在后，一会儿在左一会儿在右，相应的灾难就更大。火星运行中和它星相遇，如果接近到光芒都接触了就会有灾害；离得比较远就不会有灾害。五大行星相继会聚于一宿，其分野国就能以礼号召天下。

法，出东行十六舍而止；逆行二舍；六旬，复东行，自所止数十舍，十月而入西方；伏行五月，出东方。其出西方曰"反明"，主命者恶之。东行急，一日行一度半。

火星运行的规律是：从东方出现后向东顺行十六宿后停留下来，再逆行两宿；两个月后又向东顺行，从留到再向东顺行几十宿，十月份其位置日落前在西方；继续运行就消逝于阳光之中历时五个月，它再次从东方出现。如果它消逝后又在西方出现，就是"反明"，这是分野国最忌讳的天象。火星顺行时速度比较快，一天移动一度半。

其行东、西、南、北疾也。兵各聚其下；用战，顺之胜，逆之败。荧惑从太白，军忧；离之，军却。出太白阴，有分军；行其阳，有偏将战。当其行，太白逮之，破军杀将。其入守犯太微、轩辕、营室，主命恶之。心为明堂，荧惑庙也。谨候此。

火星在恒星间移动的轨迹是曲折的，所以它可以在东、西、南、北任何一个方向运行。战事发生在火星可见的时候，如果对与火星运行方向相同的分野国作战能取胜，对逆方向的分野国作战就会失败。火星紧随金星运行，战事不顺利；火星逐渐远离金星而运行，军队将撤退。它出现在金星北，有突袭的部队；它在金星南运行，有不大的战事。它运行时被从后面来的金星追上，可能发生溃军死将的败绩。火星在运行中到达或留在太微、轩辕、室宿，都是所当国最忌讳的事。心宿是行政殿堂，它就是火星执法的庙堂。以上谨撰关于火星的占候。

历斗之会以定填星之位。曰中央土，主季夏，日戊、己，黄帝，主德，女主象也。岁填一宿，其所居国吉。未当居而居，若已去而复还，还居之，其国得土，不，乃得女。若当居而不居，既已居之，又西东去，其国失土，不，乃失女，不可举事用兵。其居久，其国福厚；易，福薄。

填星即土星，以和斗宿的角距离判定它的位置。它主持中央，五行中属土，掌管夏末，戊、己日期，为中央黄帝，执掌德行，是女主像征。土星二十八年左右在恒星间运行一周，所以一年镇守一宿，该宿的分野国很吉利。未出现在预推位置而运行到下一宿，或者已离开某宿后又返回，并在那里留，所当分野国能获得领土，或者得到女子。如果没有按推算位置留在某宿，或刚留而又向西向东离开了那里，所当分野国可能失去一部分领土或者失去女子，那个国家不宜进行军事行动。土星在某一宿留的时间长，所当国福气大；留的时间短，该国福气薄。

其一名曰地侯，主岁。岁行十三度百十二分度之五，日行二十八分度之一，二十八岁周天。其所居，五星皆从而聚于一舍，其下之国可以重致天下。礼、德、义、杀、刑尽失，而填星乃为之动摇。

填星的另一个名字叫地侯，主年岁的丰歉。每年它在恒星间移动 $13\frac{5}{112}$，一天移行$\frac{1}{28}$，28 年运行一周。在它停留的地方，五颗行星都先后相随而聚于一宿，所当分野国会受到各国的尊重。如果礼、德、义、杀、刑等国家的道德法规丧失殆尽，土星将表现出动摇的征兆。

赢，为王不宁；其缩，有军不复。填星，其色黄，九芒，音曰黄钟宫。其失次上二三宿曰赢，有主

命不成，不，乃大水。失次下二三宿曰缩，有后戚，其岁不复，不，乃天裂若地动。

土星运行出现赢，作王的得不到安宁；出现缩，出征的军队没有希望返回。填星，它的颜色发黄，有九道芒角，音律是黄钟宫调。它失次超过两三宿就是赢，君主命令得不到执行，不然就会发大水。它失次落后两三宿就叫缩，分野国王后有悲戚之事，这一年收成不好，不然天裂地动也是大灾情。

斗为文太室，填星庙，天子之星也。

斗宿是天上的太室，也就是填星的庙堂，它是属于天子的星。

木星与土合，为内乱，饥，主勿用战，败；水则变谋而更事；火为旱；金为白衣会若水。金在南曰牝牡，年谷熟。金在北，岁偏无。火与水合为焠，与金合为铄，为丧，皆不可举事，用兵大败。土为忧，主孽卿；大饥，战败，为北军，军困，举事大败。土与水合，穰而拥阏，有覆军，其国不可举事。出，亡地；入，得地。金为疾，为内兵，亡地。三星若合，其宿地国外内有兵与丧，改立公王。四星合，兵丧并起，君子忧，小人流。五星合，是为易行，有德，受庆，改立大人，掩有四方，子孙蕃昌；无德，受殃若亡。五星皆大，其事亦大；皆小，事亦小。

木星和土星会合，将会发生内乱、饥荒，是不能诉诸武力的表征，否则一定会失败；和水星会合是政令有不妥的表征，应改变谋略和做法；和火星会合，有旱灾；木星和金星会合主丧亡、疾病和水灾。金星在木星南合叫"牝牡"，当年五谷丰登。金星在木星北合，则出现欠收年成。火星和水星合叫"焠"，和金星合叫"铄"，不吉利，国家不能有重大举措，发动军事行动以失败告终。火星和土星合有忧患，有作孽的公卿；国内饥荒，作战失利，不是败军就是部队被围困，作什么事都失败。土星和水星合，虽有丰收却流通受阻，有覆灭的军队，它的分野国不可有所举措。土星和水星相合且都在天空，所当国丧失领土；两星隐没在阳光之中，所当国可获得土地。土星和金星合，有疾疫流行，国内有造反的军队，会丧失领地。三颗行星在某宿相合，其分野国内有动乱外有入侵造成丧亡，改立君王。四颗行星合在一宿，兵祸丧乱同时发生，当权的忧虑，百姓流离失所。五颗行星合在一处，将引起命运的改变，对有德行的国家，会受到嘉庆，改立君主，受四方拥戴，子孙昌盛；对没有德行的国家，将遭受灾殃和灭亡的报应。五颗星个个明亮，所影响的事大；它们不太明亮，所影响的事也小。

蚤出者为赢，赢者为客。晚出者为缩，缩者为主人。必有天应见于杓星。同舍为合。相陵为斗，七寸以内必之矣。

行星早于推算时间出现为赢，好像来了客人。在推算时间之后出现为缩，像是主人送客在后。发生赢缩必定能在北斗斗杓看到应验。行星同在一宿叫做合，处于相邻两宿叫斗，相距达到七寸以内就一定会有应验出现。

五星色白圜，为丧旱；赤圜，则中不平，为兵；青圜，为忧水；黑圜，为疾，多死；黄圜，则吉。赤角犯我城，黄角地之争，白角哭泣之声，青角有兵忧，黑角则水。意行穷兵之所终。五星同色，天下偃兵，百姓宁昌。春风秋雨，冬寒夏暑。动摇常以此。

五颗行星看上去发白色且像呈圆形，有丧亡干旱的应验；颜色发红呈圆形的时候，内部不安定，有动乱；青色圆形，有水涝；黑色圆形，有疾病传染，死人多；黄色圆形，则是吉利的征兆。图像不圆而有红色芒角，有

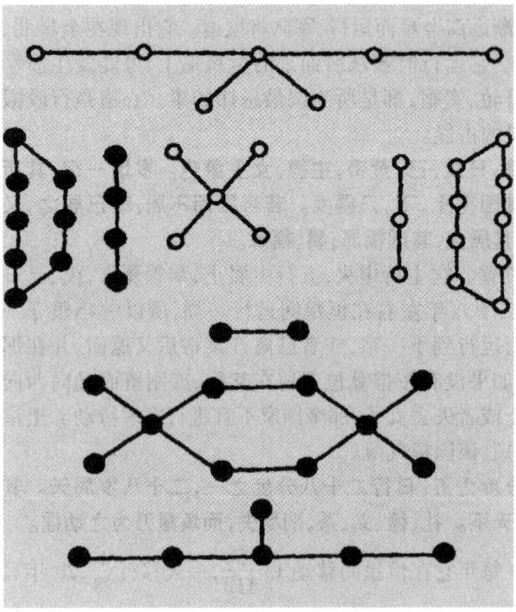

天地之数图，选自宋代刘牧《易数钩隐图》。表述了天地万物的运动与阴阳相互作用的关系。

敌侵犯，有黄色芒角应验领土之争，白色芒角应验哭泣之声，赤色芒角应验兵祸，黑色芒角应验水灾。它们的形状、颜色能应验军事行动的最终结果。五颗星发出同样的颜色，则天下和平无事，百姓安居乐业。春风秋雨，冬寒夏暑，变化常以此为应验。

填星出百二十日而逆西行，西行百二十日反东行。见三百三十日而入，入三十日复出东方。太岁在甲寅，镇星在东壁，故在营室。

土星出现顺行一百二十日以后逆行向西，向西运行一百二十日后又回头向东运行。出现在天空三百三十日后进入阳光之中伏行，伏行三十日后再次出现在东方天空。太岁在寅的甲寅年，土星在壁宿，前一年它在室宿。

察日行以处位太白。曰西方，秋，日庚、辛、主杀。杀失者，罚出太白。太白失行，以其舍命国。其出行十八舍二百四十日而入。入东方，伏行十一舍百三十日；其入西方，伏行三舍十六日而出。当出不出，当入不入，是谓失舍，不有破军，必有国君之篡。

金星总出现在太阳的左右，所以确定金星的位置要观察太阳的运行，金星叫太白，是西方掌秋季的神，庚辛日期，主管征杀。征杀失当，惩罚的征兆可从金星看到。金星运行失常，用它所在的位置占分野国的吉凶，金星出现后运行十八宿经二百四十日而消逝在阳光之中，在东方伏行十一宿经一百三十日；若消逝在日落前，在西方伏行三宿经十六日后又再次出现在天空。按推算该出现而未出现，或者该隐没于阳光之中而没有隐入，叫做失宿，出现失宿即使没有战败军溃，也会出现篡位的国君。

其纪《上元》，以摄提格之岁，与营室晨出东方，至角而入；与营室夕出西方，至角而入；与角晨出，入毕；与角夕出，入毕；与毕晨出，入箕；与毕夕出，入箕；与箕晨出，入柳；与箕夕出，入柳；与柳晨出，入营室；与柳夕出，入营室。凡出入东西各五，为八岁二百二十日，复与营室晨出东方。其大率，岁一周天。其始出东方，行迟，率日半度，一百二十日，必逆行一二舍；上极而反，东行，行日一度半，一百二十日入。其庳，近日，日明星，柔；高，远日，曰大器，刚。其始出西方，行疾，率日一度半，百二十日；上极而行迟，日半度，百二十日，旦入，必逆行一二舍而入。其庳，近日，曰大白，柔；高，远日，曰大相，刚。出以辰、戌，入以丑、未。

历法的上元即历法一个吉祥的起始点，它是摄提格岁甲寅年的历元，金星和室宿天亮前同出东方，一直运行到角宿才隐没；再同室宿傍晚同出西方，运行至角宿隐没；这之后它和角宿同时在天亮前出现，要运行到毕宿才隐没；再和毕宿早晨出现，运行到箕宿隐没；随后和箕宿同时见于早晨，运行至柳宿隐没；再和柳宿同时晨出，运行到室宿隐没；最后和柳宿同时在傍晚出现，直到运行中隐没于室宿。金星在这个从室宿出现直到至室宿隐没的运行过程中，五次从东方出现，五次从西方隐没，历五个会合周期，用时八年，共二千九百二十日（原书缺漏，写成二百二十日），又回到和室宿天亮前同出东方的状态。近似地说，金星运行一周天约需一年。它初出东方，运行较慢，约一日移行半度，经一百二十日，必逆行一二宿，到达极点又往回返，复向东行，日移行一度半，经一百二十日隐没。早晨它低得靠近太阳的时候，叫“明星”，显得明亮温柔；它位置高而远离太阳的时候，叫“大器”，在夜色背景上极亮而显得刚烈。它初出西方运行较快，日移行约一度半，经一百二十日，到达极点运行变慢，每日移行半度，经一百二十日，但在隐没以前，必定要逆行一二宿后才隐入落日的光辉之中。黄昏位置低而靠近太阳的时候，叫“大白”，在较亮的背景下显得温柔；它位置高而远离太阳的时候，叫“大相”，因背景较暗而显得亮得十分强烈。金星升出地平的方位在辰和戌，落入地平的方位在丑和未。

当出不出，未当入而入，天下偃兵，兵在外，入。未当出而出，当入而不入，天下起兵，有破国。其当期出也，其国昌。其出东为东，入东为北方；出西为西，入西为南方。所居久，其乡利；易，其乡凶。

如果金星当出现时未出现，或者不该隐没时已经隐没，形势平稳，在外的军队会调回来。金星不该出现的时候出现了，或者该隐没的时候没有隐没，有战争发生，有灭亡的国家。它在该出现的时候就出现，所以分野国昌盛。它该出现在东方就出在东方，并隐没在东偏北的地方；或者该出现在西方就出在西方，隐入在西偏南的方位。或者它在某一宿留的时间久，所以分野国吉利；反之，该国有凶险。

出西至东，正西国吉。出东至西，正东国吉。其出不经天；经天，天下革政。

金星出现在西方向东运行，正西方向的国家吉利。它出现在东方向西运行，正东方向的国家吉利。金星和太阳的距离总保持在一定的范围之内，所以它的运行不会历经周天出现在任意天区；如果是周天运行了，天下就要变迁政治了。

小以角动，兵起。始出大，后小，兵弱；出小，后大，兵强。出高，用兵深吉，浅凶；庳，浅吉，深凶。日方南金居其南，日方北金居其北，曰赢，侯王不宁，用兵进吉退凶。日方南金居其北，日方北金居其南，曰缩，侯王有忧，用兵退吉进凶。用兵象太白：太白行疾，疾行；迟，迟行。角，敢战。动摇躁，躁。圜以静，静。顺角所指，吉；反之，皆凶。出则出兵，入则入兵。赤角，有战；白角，有丧，黑圜角，忧，有水事；青圜小角，忧，有木事；黄圜和角，有土事，有年。其已出三日而复有微入，入三日乃复盛出，是谓耎，其下国有军败将北。其已入三日又复微出，出三日而复盛入，其下国有忧：师有粮食兵革，遗人用之；卒虽众，将为人虏。其出西失行，外国败；其出东失行，中国败。其色大圜黄滜，可为好事；其圜大赤，兵盛不战。

金星光暗并有芒角闪动，有战事发生。刚刚出现就很明亮，逐渐亮度减小，分野国军力弱小；刚出现时不太明亮，逐渐变得很亮，金星所在宿对应的分野国是军事强国。出现时地平位置较高，作战的部队可深入敌腹，正面交锋不利；出现时金星离地平近，正面进攻有利，深入敌腹危险。太阳在南金星位置还在太阳南，或者太阳在北金星位置还在太阳北，叫做赢，占侯君王不安宁，军事上进兵吉利，退守凶险。太阳在南金星在它的北面，或者太阳在北金星在它的南边，叫做缩，占君王有忧患，军事上宜退守而进军有凶险。用兵的必须善观金星的表象：太白运行速度快，叫疾行；速度慢，叫迟行。太白光有芒角，士兵勇敢善战。它抖动得厉害，叫躁。呈现稳定的圆形，叫静。顺着芒角方向用兵，吉利；反之，用兵凶险。太白出现则出兵作战，它隐入就收兵。出现红色芒角，有战事；白色芒角，有死丧；黑色芒角环绕着它，不吉利，有“水”方面的事；青色小芒角环绕它，不吉利，有和“木”相关的事发生；黄环上有黄色芒角，有和“土”相关的事，收成较好。如果它已经出现三日而又隐没，隐没时间很短，三天后再出现后时间较长，就叫做“耎”，所当分野国有率军失败的将领。如果它已经隐没三天而又出现一个短暂的时间，出现三天后再次隐入较长的时间，其分野国也不吉利；军队虽有粮草辎重，也都是给敌国准备的；士兵虽多，将领却被敌国俘虏。它从西边出现后运行失常，外国入侵者败；从东边出现后运行失常，本国军队败。太白亮圆而色黄润，会有好事发生；星亮圆而呈红色，虽有强兵而无战争。

太白白，比狼；赤，比心；黄，比参左肩；苍，比参右肩；黑，比奎大星。五星皆从太白而聚乎一舍，其下之国可以兵从天下。居实，有得也；居虚，无得也。行胜色，色胜位，有位胜无位，有色胜无色，行得尽胜之。出而留桑榆间，疾其下国。上而疾，未尽其日过参天，疾其对国。上复下，下复上，有反将。其入月，将僇。金、木星合，光，其下战不合，兵虽起而不斗；合相毁，野有破军。出西方，昏而出阴，阴兵强；暮食出，小弱；夜半出，中弱；鸡鸣出，大弱：是谓阴陷于阳。其在东方，乘明而出阳，阳兵之强；鸡鸣出，小弱；夜半出，中弱；昏出，大弱：是谓阳陷于阴。太白伏也，以出兵，兵有殃。其出卯南，南胜北方；出卯北，北胜南方；正在卯，东国利。出酉北，北胜南方；出酉南，南胜北方；正在酉，西国胜。

衡量太白的颜色用恒星作对比，和狼星相似为色白；和心宿相似为色赤；和参宿左肩的参宿四相似为色黄；和参宿右肩参宿五相似为色苍；和奎宿亮星相似为色黑。五颗行星都跟随太白聚在一宿，所当分野国可以用武力征服天下。太白所到位置和推算一致，该国能有所得；所到位置和推算不一致，该国无所获得。用太白运行作占的重要性胜过用星的颜色作占，用星的颜色作占其重要性又超过用星的位置作占，观察到位置比没有位置记录强，有星色记录比没有更有助于作占，最有效的是用太白运行作占。太白出现后留于树梢间迟迟不下落，分野国有害。上升很快，还没到一天运行已超过三分之一宿，和该宿相对位置的分野国有害。向上运行复而又向下，或向下运行复而又向上，分野国可能出叛将。月掩太白，大将遭宰杀。金星和木星合，合后光更亮，所当国的战事起不来，虽已起兵但不会打仗；合后金星掩木星光变暗，边境有败溃的军队。太白出现在西方，黄昏时位置偏北，北方兵强；暮食时间才出现，其兵稍弱，夜半时间才出现，其兵较弱；鸡鸣时才出现，其兵很弱；这就是所谓“阴陷于阳”。太白出在东方，黎明时位置偏南，南方的军队强；鸡鸣时星出，其兵稍弱；夜半时星出，其兵较弱；黄昏后才出，其兵极弱：即所谓“阳陷于阴”。看不见太白是它伏行的时候，出兵的一方将遭殃。金星如果在卯南升起，南方能战胜北方；如果在卯北升起，则北方能战胜南方；恰在卯位升起，有利于东方的国家。金星落于西北，北方能战胜南方；在西南下落，则南方能战胜北方；恰好在西位下落，西方的国家能打胜仗。

其与列星相犯，小战；五星，大战。其相犯，太白出其南，南国败；出其北，北国败。行疾，武；不行，文。色白五芒，出蚤为月蚀，晚为天夭及彗星，将发其国。出东为德，举事左之迎之，吉。出西为刑，举事右之背之，吉。反之皆凶。太白光见景，战胜。昼见而经天，是谓争明，强国弱，小国强，女主昌。

太白和诸恒星相遇，有小战事；和其他行星相遇，有大战争。相遇时，太白出现在它们的南边，南边的国家失败；出现在它们的北边，北边的国家败。它移行速度快，靠武力解决纠纷，它处在留的时候，协商就能解决问题。发白色光且芒角有五道，其出现早于推算时间，可能有月食，晚于推算时间出现，可能有天妖和彗星，将有应验发生在分野国。太白在东方出现为德，祭礼向东方迎接，吉利。太白在西方出现为刑，祭礼向西方躬送，吉利。反之都有凶险。太白发出的光能使物体投下影子，作战能取胜。白昼可见太白东升西落，就叫争明，兆应强国转化为弱国，小国转化为强国，女国君之国昌盛。

亢为疏庙，太白庙也。太白，大臣也，其号上公。其他名殷星、太正、营星、观星、宫星、明星、大衰、大泽、终星、大相、天浩、序星、月纬。大司马位谨候此。

亢宿是天上的外庙，就是太白星的庙。太白是大臣，它的号叫上公。它还有许多名字：殷星、太正、营星、观星、宫星、明星、大衰、大泽、终星、大相、天浩、序星、月纬等。关于太白谨候于上。

察日、辰之会，以治辰星之位。曰北方水，太阴之精，主冬，日壬、癸。刑失者，罚出辰星，以其宿命国。

水星和太阳的距离不超过一辰所以叫辰星，观察它和太阳的会合以确定辰星的位置。它属北方，五行中属水，是太阴之精，掌冬季，壬癸日期。刑政失当的国家，对其惩罚的征兆可以从辰星看出，看星所在宿的分野国。

是正四时：仲春春分，夕出郊奎、娄、胃东五舍，为齐；仲夏夏至，夕出郊东井、舆鬼、柳东七舍，为楚；仲秋秋分，夕出郊角、亢、氐、房东四舍，为汉；仲冬冬至，晨出郊东方，与尾、箕、斗、牵牛俱西，为中国。其出入常以辰、戌、丑、未。

辰星因为在太阳附近，所以它的位置可以用来确定四季：仲春春分，它黄昏出现在奎、娄、胃等太阳东边的五宿，分野为齐的地域；仲夏夏至，它黄昏出现在井、鬼、柳等太阳东边的七宿，分野为楚的地域；仲秋秋分，它黄昏出现在角、亢、氐、房等太阳东边四宿，分野为汉的地域；仲冬冬至，它早晨出现在东方，和尾、箕、斗、牛等宿都在太阳的西边，分野为中原。辰星出入的方位常在辰、戌、丑、未四个方向。

其蚤为月蚀，晚为彗星及天夭。其时宜效不效为失，追兵在外不战。一时不出，其时不和；四时不出，天下大饥。其当效而出也，色白为旱，黄为五谷熟，赤为兵，黑为水。出东方，大而白，有兵于外，解。常在东方，其赤，中国胜；其西而赤，外国利。无兵于外而赤，兵起。其与太白俱出东方，皆赤而角，外国大败，中国胜；其与太白俱出西方，皆赤而角，外国利。五星分天之中，积于东方，中国利；积于西方，外国用兵者利。五星皆从辰星而聚于一舍，其所舍之国可以法致天下。辰星不出，太白为客；其出，太白为主。出而与太白不相从，野虽有军，不战。出东方，太白出西方；若出西方，太白出东方，为格，野虽有兵，不战。失其时而出，为当寒反温，当温反寒。当出不出，是谓击卒，兵大起。其入太白中而上出，破军杀将，客军胜；下出，客亡地。辰星来抵太白，太白不去，将死。正旗上出，破军杀将，客胜；下出，客亡地。视旗所指，以命破军。其绕环太白，若与斗，大战，客胜。兔过太白，间可椷剑，小战，客胜。兔居太白前，军罢；出太白左，小战；摩太白，有数万人战，主人吏死；出太白右，去三尺，军急约战。青角，兵忧；黑角，水。赤行穷兵之所终。

晨星早于推算时间出现，是发生月食的征兆；晚于推算时间，是出现彗星及妖星的征兆。它应当出现时而没有出现就是失行，失行时追兵在外但无战事。一季不出现，该季天下不和平；四季一直没出现，天下就要发生大饥荒。它在应当出现的时候出现，如果出现时光色发白，有旱情，光色发黄五谷丰登，光色发红有兵祸，光色发黑有水灾。它出现在东方的时候，极明亮而颜色发白，虽然有兵在外，也可以和解。常在东方，它颜色发红，中原各国战胜敌国；如果在西方颜色发红，对外国有利。没有屯兵在外而辰星发红，仍会起兵作战。辰星和太白同时出于东方，都发红色且有芒角，中原以外的国家在战争中失败，中原各国获胜；它和太白同时出在西方，都发红色且有芒角，作战对中原以外的国家有利。以中天为准看五星分布，如五星都在东半天球，对中原各国有利；五星都在西半天球，对中原以外的国家用兵有利。如果其他行星都跟随辰星出现五星聚在一宿，该宿所当分野国能以法号召天下。辰星不出现时，太白是客；它出现后，太白是主。辰星出现后它的运行不是跟着太白走，边境有军队也不发生战事。辰星出现在东方，太白出现在西方，或者辰星出现在西，太白出现在东，叫"格"，边境有军也打不起来。辰星该出时未出，过了该出的时间才出现，天气该冷的时候不冷，该暖和的时候不暖和。该出现而不出现，叫做"击卒"，是烽烟四起的征兆。辰星凌掩太白后从太白上方出来，是军溃将亡，敌国取胜的征兆，从太白下方出来，是敌国失去领土的征兆。辰星运行和太白相并，太白没有离开，有主将死亡。有大的芒角从辰星上方出现，是军溃帅亡敌国取胜的征兆；从辰星下方出现，是敌国失去领土的征兆。指挥者应观察芒角指向，以决定出击方向。辰星环绕太白，好像在和太白斗，有大战，敌国胜。辰星也叫兔星，兔星运行中经过太白近旁，近到其间好像只容得一剑的空间，是小有战事，敌国胜利的征兆。兔星在太白前留，军队罢战；出在太白左方，有小战事；紧挨着太白相擦而过，有几万人参加的大战事，主军死丧将吏；出在太白右方，相距像有三尺远近，两军急于约战。兔星有青色芒角，有兵忧；有黑色芒角，有水害。颜色赤红而运行，是败兵末日来临的征兆。

兔七命，曰小正、辰星、天欃、安周星、细爽、能星、钩星。其色黄而小，出而易处，天下之文变而不善矣。兔五色，青圜忧，白圜丧，赤圜中不平，黑圜吉。赤角犯我城，黄角地之争，白角号泣之声。

兔星有七个名称，分别是：小正、辰星、天欃、安周星、细爽、能量、钩星。它如果发黄色而暗小，出现时改变了应在的位置，天下的制度将变革得不利于百姓了。兔星可以呈现五种颜色，青而圆有忧，白而圆有丧，红而圆国内不安定，黑而圆吉利。色红而有芒角敌犯我城，色黄而有芒角发生领土争斗，色白而有芒角将听到哀号的哭泣之声。

其出东方，行四舍四十八日，其数二十日而反，入于东方；其出西方，行四舍四十八日，其数二十日而反，入于西方。其一候之营室、角、毕、箕、柳。出房、心间，地动。

辰星在东方出现后，运行四宿历四十八日，或只需二十日，再反方向向东隐没；在西方出现，运行四宿历四十八日，或只需二十日，又反方向向西隐入。可在室、角、毕、箕、柳等宿在东方或在西方时观测辰星，它若是出在房宿和心宿的中间，将会发生地震。

辰星之色：春，青黄；夏，赤白；秋，青白，而岁熟；冬，黄而不明。即变其色，其时不昌。春不见，大风，秋则不实。夏不见，有六十日之旱，月蚀。秋不见，有兵，春则不生。冬不见，阴雨六十日，有流邑，夏则不长。

辰星的颜色：春季，青黄；夏季，赤白；秋季，发青白色，该年收成好；冬季，发黄色但不清亮。即使这一季节它改变了颜色，该季仍是万物萧条的季节。春季看不见它，有大风，秋季收成欠佳。夏季看不见它，有连续两个月的旱情，有月食。秋季看不见它，有兵祸，来春庄稼不生。冬季看不见它，连阴雨长达两个月，百姓流离，来夏庄稼不长。

角、亢、氐，兖州。房、心，豫州。尾、箕，幽州。斗，江、湖。牵牛、婺女，扬州。虚、危，青州。营室至东壁，并州。奎、娄、胃，徐州。昴、毕，翼州。觜觿、参，益州。东井、舆鬼，雍州。柳、七星、张，三河。翼、轸，荆州。

二十八宿有它们所当的地域分野：角、亢、氐三宿，分野在兖州。房、心两宿，分野在豫州。尾宿、箕宿，幽州。斗宿，江、湖之地。牛宿、女宿，扬州。虚宿、危宿，青州。室宿至壁宿，并州。奎、娄、胃三宿，徐州。昴宿、毕宿，冀州。觜、参两宿，益州。井宿、鬼宿，雍州。柳、星、张三宿，三河。

翼宿、轸宿，分野在荆州。

七星为员官，辰星庙，蛮夷星也。

星宿七星是天上的员官，它就是辰星的庙，是主管蛮夷的星宿。

两军相当，日晕；晕等，力钧；厚长大，有胜；薄短小，无胜。重、抱、大、破、无。抱为和，背为不和，为分离相去。直为自立，立侯王；破军杀将。负且戴，有喜。围在中，中胜；在外，外胜。青外赤中，以和相去；赤外青中，以恶相去。气晕先至而后去，居军胜；先至先去，前利后病；后至后去，前病后利；后至先去，前后皆病，居军不胜。见而去，其发疾，虽胜无功。见半日以上，功大。白虹屈短，上下兑，有者下大流血。日晕制胜，近期三十日，远期六十日。

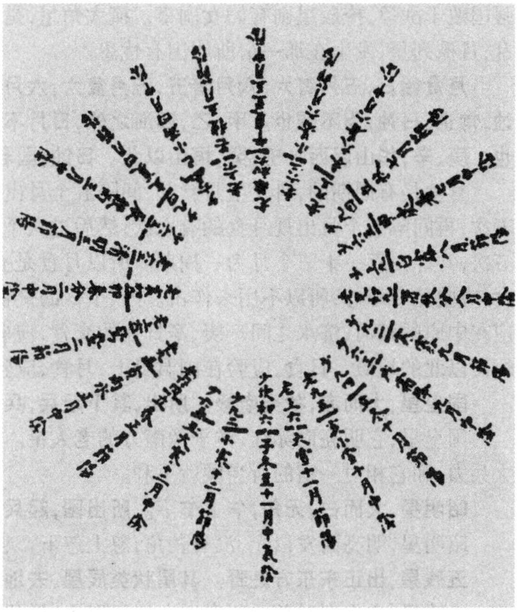

天道以节气相交图，选自宋代朱震《汉上易传·卦图》。

两军相对，当见日晕；日晕均匀，敌我势力相当；日晕厚而且长大，互有胜负；日晕薄而且短小，分不出胜负；光晕环抱弯曲向日有多重，有大败的军队，没有这样的日抱出现，两军修和。光晕看上去由日面向外叫日背，两军不能修和，但两军会脱离接触，相互离开。光晕看上去直立日上叫日直，有自立的侯王，发生军溃将帅死亡的战事。有光晕在日下方叫日负，在日上方叫日戴，太阳上下方都有光晕预示喜庆的事。日晕紧围，是被围困者取胜的征象，日晕在外边很远的地方围着，是围困者取胜的征兆。日晕外层色青，里层赤红，两方媾和撤军；外层色红，里层色青，两方虽撤军然而积怨更深。气晕先到慢慢消逝，守军胜。气晕先到很快消逝，开始有利，后来有害；气晕是后来出现的又慢慢消逝，开始有害，后来有利；气晕后出现而又很快消逝，前后受害，守军不能取胜。日晕从出现到消失，时间很短，即使有胜仗也无所建树。出现达到半日以上，取胜而有实际效益。日晕形似虹霓叫白虹，虽弯但很短，两端尖锐，是发生大流血事件的征兆。以日晕占候作战的胜败，只能占发生在近期三十天内或远到六十天内的事。

其食，食所不利；复生，生所利；而食益尽，为主位。以其直及日所宿，加以日时，用命其国也。

发生日食，所在宿分野国不吉利；日食结束时所在宿的分野国就是吉利的；食甚时太阳所在位置，为作占的主位。用太阳的方位及所在星宿，配合日期干支，占所当国的吉凶。

月行中道，安宁和平。阴间，多水，阴事。外北三尺，阴星。北三尺，太阴，大水，兵。阳间，骄恣。阳星，多暴狱。太阳，大旱丧也。角天门，十月为四月，十一月为五月，十二月为六月，水发，近三尺，远五尺。犯四辅，辅臣诛。行南、北河，以阴阳言，旱水兵丧。

月亮运行在黄道附近，安宁和平。运行在黄道北边，多水，多恶事。黄道北三尺，有阴星（天阴，在胃宿），阴星北三尺，为太阴道，月行在这里，有大水灾和兵祸。运行在黄道南，有骄傲的君主一意孤行。月亮运行在黄道南的阳星之间，是多冤狱的征兆。月亮愈是在黄道往南的地方运行，愈是有大旱和死丧的事。角宿的南面为天门，十月份月亮运行到角宿和天门的星区，灾害出现在来年四月，十一月在这里运行，灾害出现在来年五月，十二月运行到这里，来年六月有灾害，是大水灾，日期近一些水深三尺，日期远一些水深五尺。月亮运行到房宿，可能有辅臣被诛杀。月亮运行到南河和北河星官区域时，在北河附近，有水灾兵祸，在南河附近，有大旱和死丧的灾害。

月蚀岁星，其宿地，饥若亡。荧惑也乱，填星也下犯上，太白也强国以战败，辰星也女乱。蚀大角，主命者恶之；心，则为内贼乱也；列星，其宿地忧。

月掩岁星，所在宿的分野国在大饥荒中衰亡。月掩荧惑有动乱，月掩填星有造反的；掩太白时强国败于战争,掩辰星则有妇女闹事。掩大角星,是所当国君最忌讳的天象;掩心宿二星国内有叛乱;月掩列星,发生在那一宿所当国有忧患。

月食始日,五月者六,六月者五,五月复六,六月者一,而五月者五,凡百一十三月而复始。故月蚀,常也;日蚀,为不臧也。甲、乙,四海之外,日月不占。丙、丁,江、淮、海岱也。戊、己,中州、河、济也。庚、辛,华山以西。壬、癸,恒山以北。日蚀,国君;月蚀,将相当之。

月食是有周期的,自发生月食起,间隔五个月出现月食的有六次,再间隔六个月出现月食的有五次,再间隔五个月出现月食的有六次,然后过六个月发生一次月食,再间隔五个月发生月食的有五次,共计一百一十三个月为一周期。所以月食是有规律的;日食却是不吉祥的。甲、乙日发生交食,应验见于海外,所以不用来作占。丙、丁日的交食,兆应在江、淮、海岱等地。戊、己日的交食,兆应在中原的黄河、济水之间。庚、辛日期的交食,应验见于华山以西。壬、癸日期的交食,应验见于恒山以北的地域。日食,应验在国君身上;月食,应验在将相的身上。

国皇星,大而赤,状类南极。所出,其下起兵,兵强;其冲不利。

国皇星,它明亮而赤红,样子像南方的老人星。它出现在那一宿,它的分野国遇有战事能有强大兵力;和它相对一宿的所当国就不利。

昭明星,大而白,无角,乍上乍下。所出国,起兵,多变。

昭明星,明亮而发白光,没有芒角,忽上忽下。它出现处的分野国将发生战争,形势多变。

五残星,出正东东方之野。其星状类辰星,去地可六丈。

五残星,它出现时总在正东方向地平以上,形状类似于辰星,在地平以上约六丈的天空。

大贼星,出正南南方之野。星去地可六丈,大而赤,数动,有光。

大贼星,它出现于正南地平的上方,离地约高六丈,形大而发红颜色,移动好几次,很明亮。

司危星,出正西西方之野。星去地可六丈,大而白,类太白。

司危星,出现在正西方向地平的上方,离地约高六丈,极明亮而发白光,很像太白星。

狱汉星,出正北北方之野。星去地可六丈,大而赤,数动,察之中青。此四野星所出,出非其方,其下有兵,冲不利。

岳汉星,出现在正北方向地平的上方,离地约高六丈,明亮而颜色发红,移动好几次,看上去里边颜色发青。以上四个方向所出的星,如果出现在不该出现的方向上,它所在相应的分野国有战争,相冲位置对应的分野国也不顺利。

四填星,所出四隅,去地可四丈。

四填星,指出现在东北、东南、西南、西北四角的隅见星,它们离地平高约四丈。

地维咸光,亦出四隅,去地可三丈,若月始出。所见下,有乱乱者亡,有德者昌。

地维咸光,也出现于四角,离地平更近一些,约有三丈,它明亮得好像月亮初出。它出现之处所当分野国有动乱;作乱的将失败灭亡,有德行的将昌盛。

烛星,状如太白,其出也不行,见则灭。所烛者,城邑乱。

烛星,好像太白星似的,出现后并不移动。瞬息即逝。它照亮的地方所当分野国城市有乱。

如星非星,如云非云,命曰归邪。归邪出,必有归国者。

看上去像星而不是星,看上去像云而不是云,这种天体叫归邪。归邪出现,必定有归顺的国家。

星者,金之散气,其本曰火。星众,国吉;少则凶。

星,它由金的精气形成,在火中生成。星多,国家吉利;星少则国家凶险。

汉者,亦金之散气,其本曰水。汉,星多,多水,少则旱,其大经也。

银河,它也是来源于金的精气,本质为水。银河中星多,地上也多水,星少则地上旱,这是作占的一个原则。

天鼓,有音如雷非雷,音在地而下及地。其所往者,兵发其下。

天鼓,出现时发出雷鸣般的响声,但不是打雷,它的声音由地表直传到地下。它飞行下落的方向,正是战争的爆发地。

天狗,状如大奔星,有声,其下止地,类狗。所堕及,望之如火光炎炎冲天。其下圜如数顷田处,

上兑者则有黄色，千里破军杀将。

天狗，它的形状像一颗大流星，发出的声音可以传到地面，好像狗吠。它坠落的地方，远看像有火光炎炎直冲天上。它坠落的范围大到数顷，其末端尖锐的发出黄色光芒，兆应军队剽悍而锐不可挡，可奔袭千里破阵杀帅。

格泽星者，如炎火之状，黄白，起地而上，下大上兑。其见也，不种而获；不有土功，必有大害。

格泽星，看上去像远方着火的光焰。色黄白，从地平向上方延伸。下面大而上面逐渐尖锐。它若出现，即使付出的辛劳少也能获得大丰收；如果没有得到好收成，反而会出现大灾害。

蚩尤之旗，类彗而后曲，象旗。见则王者征伐四方。

蚩尤之旗，是彗星一类中尾巴弯曲的，像一面旗子。主战，出现时为王的发兵征伐四方。

旬始，出于北斗旁，状如雄鸡。其怒，青黑，象伏鳖。

旬始，出现在拱极区的北斗旁，好像一头雄鸡的样子，形态还在变化，变成发怒的样子，颜色青黑，像一只伏鳖。

枉矢，类大流星，蛇行而仓黑，望之如有毛羽然。

枉矢，类似于大流星，有时其轨迹像蛇行那样弯曲，颜色仓黑，看上去像有羽毛的样子。

长庚，如一匹布著天。此星见，兵起。

长庚，外形像一匹布横挂在天。它出现的时候有兵祸。

星坠至地，则石也。河、济之间，时有坠星。

陨星坠落在地面上，就是石头。黄河、济水之间，常有陨星坠落。

天精而见景星。景星者，德星也。其状无常，常出于有道之国。

清朗晴夜见到景星。景星，也叫德星，它的形状不定，常出现在德行高的国家相应的分野天区。

凡望云气，仰而望之，三四百里；平望，在桑榆上，千余二千里；登高而望之，下属地者三千里。云气有兽居上者，胜。

观察云气的时候，抬头仰望，可见二四百里；向树梢方向平望，可见一二千里；登上高处视野开阔，从上到下可望三千里。占云气的人，更注重云气上方像野兽形状的那种。

自华以南，气下黑上赤。嵩高、三河之郊，气正赤。恒山之北，气下黑上青。勃、碣、海、岱之间，气皆黑。江、淮之间，气皆白。

自华山以南，云气下黑上赤。嵩高、三河周围，云气正红赤。恒山的北边，云气下黑上青。勃、碣、海、岱一带，云气都为黑色。江淮一带，云气都是白色的。

徒气白。土功气黄。车气乍高乍下，往往而聚。骑气卑而布。卒气抟。前卑而后高者，疾；前方而后高者，兑；后兑而卑者，却。其气平者其行徐。前高而后卑者，不止而反。气相遇者，卑胜高，兑胜方。气来卑而循车通者，不过三四日，去之五六里见。气来高七八尺者，不过五六日，去之十余里见。气来高丈余二丈者，不过三四十日，去之五六十里见。

征调军队的气是白色的。修筑工事的气是黄色的。车战部队的气忽高忽低，常常聚集一处。骑兵的气低而四布。步兵的气转着聚集。云气前低而后高，军行迅速；云气前平而后高部队精锐；云气后面变细越来越低，军队败退。云气平平的军行缓慢。前面高而尾端低的云气，应着不停留而向回返的部队。代表双方的云气相遇，云气低的部队战胜云气高的部队，云气强锐的队伍胜过云气平整的队伍。云气来得低而且循着车辙行进，不超过三四天，距离也就五六里，可见到这股部队。云气来时高七八尺，不超过五六天，距离十来里，将看到这支队伍。云气过来时高达一丈多两丈，不超过三四十天，距离五六十里，就能见到这支部队了。

稍云精白者，其将悍，其士怯。其大根而前绝远者，当战。青白，其前低者，战胜；其前赤而仰者，战不胜。阵云如立垣。杼云类杼。轴云抟，两端兑。杓云如绳者，居前亘天，其半半天。其蛪者，类阙旗，故〔兑〕。钩云句曲。诸此云见，以五色合占。而泽抟密，其见动人，乃有占；兵必起，合斗其直。

飘拂洁白的云气叫“稍云”，表示那支军队有剽悍的将领和缺乏士气的士兵。云气底部庞大而前部极远，是有战争的气象。颜色青白，云气前部很低的一方是战胜方；前部色红而上翘的一方，作战不能取胜。“阵云”它的形态如城墙直立。“杼云”样子像织机上的梭子。“轴云”有转动而两头尖锐。“杓云”像绳子的形状,前面横列在天空很长,它的一半绵延竟达半个天空。其雌云则像城阙上飘动的旗帜。“钩云”弯曲如钩。以上几种云气,结合云气的颜色作占。只有云气中那些润泽、滚动、浓密的,出现时极引人注目的才入占;战争一定要发生时,相应双方的云气必呈现交斗情景。

王朔所候,决于日旁。日旁云气,人主象。皆如其形以占。

王朔占候的时候,取决于日旁云气。因为日旁的云气,是帝王的象征。都要按云气的形状作占。

故北夷之气如群畜穹闾,南夷之气类舟船幡旗。大水处,败军场,破国之虚,下有积钱金宝,之上皆有气,不可不察。海旁蜃气像楼台,广野气成宫阙然。云气各像其山川人民所聚积。

所以北方游牧民族的云气,就像畜群和毡篷,南方渔业民族的云气,就像舟船和幡旗。那些发生水灾的地方,有败军的战场,被征服灭亡国家的废墟,埋藏钱币、金银财宝的地方,都有相应的云气,占候者不可不察。海旁蜃气会出现楼台景象;空阔的旷野也能有宫阙图像浮于气上。可见云气能呈现各地山川和聚集人群风貌的表象。

故候息秏者,入国邑,视封疆田畴之正治,城郭室屋门户之润泽,次至车服畜产精华。实息者,吉;虚秏者,凶。

所以作云气占验的人,要亲自进入都邑,考察那里的疆域、农耕、风土人情,看其城墙,居室门户的新旧,以及车驾、服饰、农畜产品等重要事物。充实繁荣的,吉利;空虚消耗的,凶险。

若烟非烟,若云非云,郁郁纷纷,萧索轮囷,是谓卿云。卿云,喜气也。若雾非雾,衣冠而不濡,见则其域被甲而趋。

像烟而不是烟,像云而不是云,浓疏相间,纷纭缥缈,它就是“卿云”。卿云出现是喜气。像雾而不是雾,衣帽沾着它也湿不了,出现这样的气,这地方将有战事,人们已披甲以待了。

夫雷电、虾虹、辟历、夜明者,阳气之动者也,春夏则发,秋冬则藏,故候者无不司之。

雷电、虾虹、霹雳、夜明等现象,都是阳气运动的产物,春夏时出现,秋冬季节不见,占候的人都观察它们。

天开县物,地动坼绝。山崩及徙,川塞溪垘;水澹地长,泽竭见象。城郭门闾,闺臬槁枯;宫庙邸第,人民所次。谣俗车服,观民饮食。五谷草木,观其所属。仓府厩库,四通之路。六畜禽兽,所产去就;鱼鳖鸟鼠,观其所处。鬼哭若呼,其人逢俉。化言,诚然。

许多自然景象,如天裂开悬示物象,地震裂错、山崩及泥石徙移、河川壅塞,溪谷石流;水冒地长,湖井泽竭等都是兆应征象。人事中诸如城郭里巷门户,它门轴的润滑、枯涩、磨毁;宫庙官邸,平民住宅的对比。民间风俗,车辆服饰、饮食娱乐。庄稼草木生长的地方;粮仓、钱府、马棚、武库,道路交通、畜牲禽兽放牲畜养的场所;鱼鳖鸟鼠栖息藏匿的地方。鬼哭鬼叫,有人曾经遇上。谣言流语等也都是兆应征象。

凡候岁美恶,谨候岁始。岁始或冬至日,产气始萌;腊明日,人众卒岁,一会饮食,发阳气,故曰初岁;正月旦,王者岁首;立春日,四时之始也。四始者,候之日。

凡占候年成好坏,一定要谨慎地占候一年开始的岁首。岁首或者是冬至日,为一年生气开始的时候。年前腊月的腊明日,人们庆祝一年即将结束,在一起聚餐,这是阳气将发的时间,所以叫初岁。正月初一,是君主颁用历法的起始点;立春日,是四季的开始。冬至、腊明、正月初一、立春合为四始,都是占候的日子。

而汉魏鲜集腊明、正月旦决八风。风从南方来,大旱;西南,小旱;西方,有兵;西北,戎菽为,小雨,趣兵;北方,为中岁;东北,为上岁;东方,大水;东南,民有疾疫,岁恶。故八风各与其冲对,课多者为胜。多胜少,久胜亟,疾胜徐。旦至食,为麦;食至日昳,为稷;昳至餔,为黍;餔至下餔,为菽;下餔至日入,为麻。欲终日有云,有风,有日,日当其时者,深而多实;无云,有风日,当其时,浅而多实;有云风,无日,当其时,深而少实;有日,无云,不风,当其时者稼有败。如食顷,小败;熟五斗米顷,大败。则风复起,有云,其稼复起。各以其时用云色占种所宜。其雨雪若寒,岁恶。

汉代魏鲜总结出一种在腊明、正月初一观风的占卜方法叫决八风。在这两日里，风从南方来，有大旱；从西南来，小旱；从西方来，有战争；从西北来，大豆收成好，小有雨水，比较短的时间内将发生战争；从北方来，年成平平；从东北来，是好年成；从东方来，有洪涝水灾；从东南来，民间有疾病流行，年成坏。八面来风各有从相对方向来的风和它冲对或抵消，占候时以来风次数多的作决断。来风次数多的胜过次数少的，来风时间久的胜过时间短的，风速快的胜过风速缓的。占不同作物的收成看风来的时间，风来在旦时到食时，占麦类；风来在食时到日昳，占稷类；日昳到昳时，占黍类。晡时到下晡，占豆类；下晡到日入，占麻类。在这两日里，希望有云，有风，有太阳，两天中正是这样的天，农作物种植面积大结实多；两日里没有云而有风有太阳，这一年农作物种植面积小但结实多；有云有风而不晴天，农作面积虽大但果实少；有太阳，没云，无风，这一年庄稼歉收。无风只有一顿饭的工夫，庄稼小有损失；煮熟五斗米这么长时间都无风，庄稼就有大损失。这以后又起了风并且有云，形势可转变到对庄稼有利。决定种什么作物收成好，要看风来的时间并参考云的颜色作决定。如果该下雨时下了雪像冬天那么寒冷，这一年收成不好。

是日光明，听都邑人民之声。声宫，则岁善，吉；商，则有兵；徵，旱；羽，水；角，岁恶。

岁首这一天晴朗光明，可以用听都邑人民发出的声音作占。发出宫声调，兆应好年成，吉利；发商声调，有兵祸；发徵声调，有旱灾；发羽声调，有水灾；如果发出角声调，这一年就是坏年成。

或从正月旦比数雨。率日食一升，至七升而极；过之，不占。数至十二日，日直其月，占水旱。为其环域千里内占，则为天下候，竟正月。月所离列宿，日、风、云，占其国。然必察太岁所在。在金，穰；水，毁；木，饥；火，旱。此其大经也。

还有一种占候方法是从正月初一起计数连续下雨的日数，按一日雨相应有一升食物收成的比例计算收获，到七升为极限；起过七升就不占。简单作还可以将正月初一到十二日，当成本年的一月到十二月，用十二天各天雨量占本年各月的水旱。但对于疆域千里的范围，实际上也就是对天下的占候，就必须用前面所说的在整个正月计数的方法。若要对各个分野国作占候，就要看正月里月亮的位置在哪一宿，使用前述的太阳、风、云占候这个分野国本年的农业收成。然而所有这一切都必须注意太岁所在的方位。太岁在西，主丰收；在北，为歉收年；在东，有饥荒年；在南，主有旱灾。这就是占候风的一般原则。

正月上甲，风从东方，宜蚕；风从西方，若旦黄云，恶。

正月里的第一个甲日，风从东方来，是蚕桑好年成；风从西方来，日出时有黄云，则是歉收年。

冬至短极，县土炭，炭动，鹿解角，兰根出，泉水跃，略以知日至，要决晷景。岁星所在，五谷逢昌。其对为冲，岁乃有殃。

冬至日白昼最短，冬至前在天平一端悬土另一端悬炭使其平衡，冬至时阳气生，炭中水分挥发变轻而上升，鹿脱其角，兰花的根生长，泉水跃出，告诉人们冬至已临近，但是准确定出冬至日，就要依靠圭表测影来决定。岁星所在星宿，它的所当分野国五谷丰登。这一宿相对位置所当分野国，这一年则有灾殃。

太史公曰：自初生民以来，世主曷尝不历日月星辰？及至五家、三代，绍而明之，内冠带，外夷狄，分中国为十有二州，仰则观象于天，俯则法类于地。天则有日月，地则有阴阳。天有五星，地有五行。天则有列宿，地则有州域。三光者，阴阳之精，气本在地，而圣人统理之。

太史公说：自从人类社会形成以来，历代帝王有哪一个不重视观测日月星辰制定历法的？经过五帝、三代的继承发展，对其规律更加明了，内和华夏各族，外御夷狄等族，分中原各国为十二州。抬头则观察天给予的示象，低头则取法地上万物。天上有日月，地上分阴阳。天上有五星，地上有五行。天上划分出列宿，地上分封出州域。日月星这三光，是阴阳之精，精气的根源本来在地上，要靠圣明的帝王统领调理它们。

幽、厉以往，尚矣。所见天变，皆国殊窟穴，家占物怪，以合时应，其文图籍机祥不法。是以孔子论《六经》，纪异而说不书。至天道命，不传；传其人，不待告；告非其人，虽言不著。

周厉王、周幽王以前，已经比较远了。那时候所见到的天象变化，各国取的应验有各自的标准，记录下不同的奇异事、物怪变化，以符合各自国情，以致他们图文典籍中所记占候吉凶的方法全不统一，无法效仿。所以孔子编评六经的时候，只叙录他们记载的异象而不录他们解释的说法。至于天道、天命，则不轻易传授，即使传授给某个学生，也不给解释说明；因为给不合适的人传授解说，虽然给了解释，他也不明白。

昔之传天数者：高辛之前，重、黎；于唐、虞，羲、和；有夏，昆吾；殷商，巫咸；周室，史佚、苌弘；于宋，子韦；郑则裨灶；在齐，甘公；楚，唐眛，赵，尹皋，魏，石申。

过去传授天数的，在高辛氏以前，是重和黎；在唐尧、虞舜时代，是羲氏、和氏；夏代为昆吾；殷商为巫咸；到了周代，有史佚和苌弘；宋国有子韦；郑国有裨灶；齐国有甘公（甘德）；楚国有唐眛；赵国有尹皋；魏国有石申。

夫天运，三十岁一小变，百年中变，五百载大变；三大变一纪，三纪而大备：此其大数也。为国者必贵三五，上下各千岁，然后天人之际续备。

天道循环，三十年一小变，一百年一中变，五百年一大变；三大变的时间叫一纪，三纪就完成了整个的变化周期：这是它的大周期。主持国政的人一定要知道并重视这些周期。考察上下各一千年的变化，然后才能完备地了解天人之间的关系。

太史公推古天变，未有可考于今者。盖略以春秋二百四十二年之间，日蚀三十六，彗星三见，宋襄公时星陨如雨。天子微，诸侯力政，五伯代兴，更为主命。自是之后，众暴寡，大并小。秦、楚、吴、越，夷狄也，为强伯。田氏篡齐，三家分晋，并为战国。争于攻取，兵革更起，城邑数屠，因以饥馑疾疫焦苦，臣主共忧患，其察机祥候星气尤急。近世十二诸侯七国相王，言从衡者继踵，而皋、唐、甘、石因时务论其书传，故其占验凌杂米盐。

太史公推考古代以天象占候人间变化的，没有什么占候的原则能够应用于当今时代的。大概在春秋二百四十二年的时间里，有日食三十六次，三次彗星记录，和宋襄公时记录的流星雨。那时中央政权衰微，诸侯以武力征伐，五霸相继形成，各自为政。从此以后，势重的欺凌孤弱的，强大的兼并弱小的。秦、楚、吴、越原本属于夷狄，也因武力强大而成为霸主。田氏篡夺了齐国政权，韩、赵、魏三国瓜分了原来的晋国以后，揭开战国诸雄并争的新格局。它们互相争夺攻战，战争一场接着一场，许多城邑频遭屠掠，人民又遭受饥饿、疾病的困苦，各国当权的也都十分忧虑，在这种背景下以星象云气占候吉凶成为社会急需。近代这十二诸侯七国相继为王的时期，游说合纵连横的说客穿梭接踵频繁往来，而尹皋、唐眛、甘德、石申等天文星占家各自根据他们国君的需要而写出不同的占候著述，这就使他们的占验互相矛盾杂乱无章，琐碎得如同米和盐一般。

二十八舍主十二州，斗秉兼之，所从来久矣。秦之疆也，候在太白，占于狼、弧。吴、楚之疆，候在荧惑，占于鸟、衡。燕、齐之疆，候在辰星，占于虚、危。宋、郑之疆，候在岁星，占于房、心。晋之疆，亦候在辰星，占于参、罚。

太史公认为用二十八宿中的天象变化占候十二州域，同时考虑北斗斗柄指向，这种占验方法已经行用了很久，可作一般原则。秦国的疆域，候在金星，占验见于狼星、弧矢。吴、楚的疆域，候在火星，占验见于南宫和太微。燕、齐和疆域，候在水星，占验见于虚宿和危宿。宋、郑的疆域，候在木星，占验见于房宿和心宿。晋国的疆域，亦候在水星，占验见于参宿和罚所在的天区。

及秦并吞三晋、燕、代，自河山以南者中国。中国于四海内则在东南，为阳；阳则日、岁星、荧惑、填星；占于街南，毕主之。其西北则胡、貉、月氏诸衣旃裘引弓之民，为阴；阴则月、太白、辰星；占于街北，昴主之。故中国山川东北流，其维，首在陇、蜀，尾没于勃、碣。是以秦、晋好用兵，复占太白，太白主中国；而胡、貉数侵掠，独占辰星，辰星出入躁疾，常主夷狄：其大经也。此更为客、主人。荧惑为孛，外则理兵，内则理政。故曰"虽有明天子，必视荧惑所在"。诸侯更强，时灾异记，无可录者。

到秦国吞并三晋，燕、代以后，黄河、太行山以南属中原国家中心地域。中原国家地处四海之内的东南方向，属阳；用属阳的太阳、木星、火星、土星作占，占候在天街之南，以毕宿为主。西北方向居住的是胡、貉、月氏等穿兽皮弯弓打猎的民族，属阴；用属阴的月亮、金星、水星作占，占候在天街之北，以昴宿为主。由于中国的山川流向东北，主脉头在陇、蜀，末尾消失在勃、碣地方的海中，可见秦、晋地处主脉西北而和胡人同属阴，所以他们喜好征战，也占候于属阴的金星，于是金星占候的也是属于中原国家的事;但对于原来属阴的胡、貉民族的多次入侵,只能用水星作占,水星出没运行躁急快速,一般来说主要用于占候夷狄,这是一般的原则。金星和水星交替地处在主位或客位。火星为孛乱,用它对外占候军事,对内占候政令,所以过去有句话说:"虽有圣明的天子,也必须注意观察火星运行所在的位置。"至于诸侯之间势力强弱的变更,当时对这些灾异占候的记录众说纷纭,无法收录于书。

秦始皇之时,十五年彗星四见,久者八十日,长或竟天。其后秦遂以兵灭六王,并中国,外攘四夷,死人如乱麻,因以张楚并起,三十年之间兵相骀藉,不可胜数。自蚩尤以来,未尝若斯也。

秦始皇时期,十五年期间内四次出现彗星,时间长的八十天内均可看到,有的横贯天空。此后秦终于以武力征灭六国,并吞中国,并对外和四夷作战,在这个期间死的人不计其数,有如乱麻,后来张楚王和群雄都起兵造反,三十年间打仗次数多得无法计数。自从蚩尤以来,还没发生过死人如此之多的大战乱。

项羽救钜鹿,枉矢西流,山东遂合从诸侯,西坑秦人,诛屠咸阳。

项羽救钜鹿的时候,有流星从东向西划破长空,太行山以东的诸侯联合向西攻陷秦国,杀掠占领了咸阳。

汉之兴,五星聚于东井。平城之围,月晕参、毕七重。诸吕作乱,日蚀,昼晦。吴、楚七国叛逆,彗星数丈,天狗过梁野;及兵起,遂伏尸流血其下。元光、元狩,蚩尤之旗再见,长则半天。其后京师师四出,诛夷狄者数十年,而伐胡尤甚。越之亡,荧惑守斗;朝鲜之拔,星茀于河戍;兵征大宛,星絓招摇:此其荦荦大者。若至委曲小变,不可胜道。由是观之,未有不先形见而应随之者也。

汉朝建国,五大行星会聚于井宿。汉高祖平城被围,有月晕七重出现在参宿和毕宿。吕氏家族作乱,发生了日食和白昼晦暗不见太阳。吴、楚等七国叛乱,出现了长几丈的彗星,火流星越过梁的疆域,随后起兵作战,在那里发生了尸横血流的战事。元光、元狩年间,蚩尤旗样的彗星再次出现,尾长越过半个天空。此后由首都向四外发兵,和夷狄作战多年,尤其是征伐胡人,死伤更为严重。越国灭亡的时候,火星守在斗宿;攻取朝鲜,孛星出现在和它相应的天区北河与南河那里;出兵征讨大宛,孛星出现在抬摇附近;以上都是一些著名的天象应验。至于那些小一些的应验天象,则不胜枚举。由此可见,没有哪一件事不是先有征兆出现而随后被应验的。

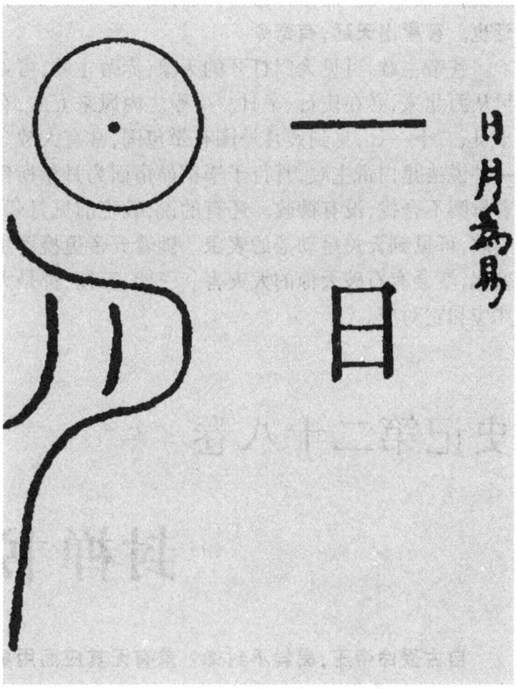

日月为易图,选自宋代佚名辑《周易图》。

夫自汉之为天数者,星则唐都,气则王朔,占岁则魏鲜。故甘、石历五星法,唯独荧惑有反逆行;逆行所守,及他星逆行,日月薄蚀,皆以为占。

汉代以来研究天数的,占候星象有唐都,占候云气有王朔,占候年岁收成的有魏鲜。从前甘德、石申使用五星作占,认为其中只有火星才会出现反方向运动的逆行;他们根据火星逆行停留所在位置、其他行星的逆行、日食月食,进行占卜。

余观史记,考行事,百年之中,五星无出而不反逆行,反逆行,尝盛大而变色;日月薄蚀,行南北有时:此其大度也。故紫宫、房心、权衡、咸池、虚危列宿部星,此天之五官坐位也,为经,不移徙,大小有差,阔狭有常。水、火、金、木、填星,此五星者,天之五佐,为纬,见伏有时,所过行赢缩有度。

但我读过的历史记载和我自己的观察

实践，证明近百年来，五颗行星没有不在出现后有逆行运动的，并且当出现逆行的时候，这些行星往往都比平常亮并改变颜色；日月接近的时候是否出现交食，和它们在南北方向的相对位置有关，这是一般的法则。占候时通常以紫宫、房宿和心宿、轩辕和太微、咸池、虚宿和危宿等列宿，作为五宫的固定位置，为经，不移动，各宿的东西方向大小不同，每宿的宽窄各有定数。水、火、金、木、土星，这五颗星是天帝的五个辅佐，为纬，在经向分布的列宿中间穿梭时出现和隐没都是有规律的，它运行的赢缩有一定的限度。

日变修德，月变省刑，星变结和。凡天变，过度乃占。国君强大有德者昌，弱小饰诈者亡。太上修德，其次修政，其次修救，其次修禳，正下无之。夫常星之变希见，而三光之占亟用。日月晕適，云风，此天之客气，其发见亦有大运。然其与政事俯仰，最近天人之符。此五者，天之感动。为天数者，必通三五，终始古今，深观时变，察其精粗，则天官备矣。

做君主的在发生日变时要行修德政，发生月变时要反省刑罚是否得当，发生星变时要对外睦邻对内人和。凡是发生天变，只有超出常规的才用来作占。国君强大而有德行，他的国家才能繁荣；国君虚弱而伪诈狡猾，他的国家会灭亡。一个国君提高自己的德行修养是最为重要的，其次是要制定和执行好的政策，不然也要能在发现错误的时候，提出及时的补救措施，再不然也要在出现灾害后，虔诚祈祷求上天结束和减轻灾害，最糟糕的就是不闻不问，无视出现的问题。人们罕见恒星的变化，日月五星因为它不停地运动变化而常常用于占候。日晕、月晕、日月交食、云气和风这五种现象不是天体自身的变化，对天来说都是过客，然而它们的出现和变化也是应当极为关注的，因为它们和国家政治有联系，是最能沟通天人之间关系的媒介。这五气都是天对人间政治行为反映的表象，所以研究天数的人，必须精通三光和五气的占候，要能纵观古今上下历史，深入了解当前时事的变化，考察其间的应验关系，这样才算掌握了天官这门学问。

苍帝行德，天门为之开。赤帝行德，天牢为之空。黄帝行德，天夭为之起。风从西北来，必以庚、辛。一秋中五至，大赦；三至，小赦。白帝行德。以正月二十日、二十一日，月晕围，常大赦。载，谓有太阳也。一曰：白帝行德，毕、昴为之围。围三暮，德乃成；不三暮及围不合，德不成。二曰：以辰围，不出其旬。黑帝行德，天关为之动。天行德，天子更立年；不德，风雨破石。三能、三衡者，天廷也。客星出天廷，有奇令。

苍帝主政，可见天门打开的天象，赤帝主政，可见天牢中无星。黄帝当政，可见到妖异天象。有风从西北来，必在庚日、辛日。一季之内风来五次，有大赦；来三次，有小赦。白帝主政，可在正月二十日、二十一日，见到残月外围有晕包围，常有大赦令出现，因为再过一会儿天亮就见到太阳了。另一种说法是白帝主政，月行于毕宿昴宿而为月晕所围，围三个晚上，政德人和；围不到三个晚上，或着晕圈不合拢，没有德政。还有的说，破晓前见月晕不能连续十日看到，也是无德政的兆头。黑帝主政，可见到天关星动摇的表象。随着五帝更换着主政，君主要更换他的年号；不顺应五帝主政的变化，就会有石破天惊的大灾害。三能、三衡，都是天王帝廷。若有客星在天廷出现，就会有奇异的兆应和它对应。

史记第二十八卷

封禅书第六

自古受命帝王，曷尝不封禅？盖有无其应而用事者矣，未有睹符瑞见而不臻乎泰山者也。虽受命而功不至，至梁父矣而德不洽，洽矣而日有不暇给，是以即事用希。《传》曰："三年不为礼，礼必废；三年不为乐，乐必坏。"每世之隆，则封禅答焉，及衰而息。厥旷远者千有余载，近者数百载，故其

仪阙然堙灭，其详不可得而记闻。

从古以来接受天命就位的帝王，哪个人曾经不是想要进行封禅活动？大概有由于没有相应的德行灵验而要去从事这种活动的，却没有是看到了符瑞显现而不奔赴梁父、泰山进行封禅的。虽然是接受了天命但自己的功迹没有达到应有的程度，功迹达到了但自己的恩泽在天下布施还不融洽，布施恩泽即使融洽了但是时日又没有空闲，所以真正能够去进行封禅活动的实在是很少。《传》中说："三年不采用礼制，礼制一定会废弃；三年不演奏乐曲，乐曲一定会毁坏。"每一个世代兴隆的时候，就会进行封禅典礼答谢天地，等到这个世代衰败了这种活动也自然停息下来。这些世代有长久的达到了一千多年，短些的也有几百年，所以进行封禅的礼仪因为残缺而遭到湮灭，有关它的详细情况不能加以记载并使之传闻。

《尚书》曰，舜在璇玑玉衡，以齐七政。遂类于上帝，禋于六宗，望山川，遍群神。辑五瑞，择吉月日，见四岳诸牧，还瑞。岁二月，东巡狩，至于岱宗。岱宗，泰山也。柴，望秩于山川。遂觐东后。东后者，诸侯也。合时月正日，同律度量衡，修五礼，五玉三帛二生一死贽。五月，巡狩至南岳。南岳，衡山也。八月，巡狩至西岳。西岳，华山也。十一月，巡狩至北岳。北岳，恒山也。皆如岱宗之礼。中岳，嵩高也。五载一巡狩。

《尚书》当中说，舜帝通过璇玑玉衡这样的天文仪器进行观测，来调整四时节气和历法。就对上帝进行类祭，对六宗进行禋祭，对山川之神进行望祭，并普遍祭祀各种神灵。验视五等诸侯所执作为符信用的瑞玉，选择吉祥的月日，会见分管四方和各州的长官，给诸侯发还瑞玉。每年二月，到东方去巡行视察，一直到达岱宗。岱宗，就是泰山。举行柴祭，按次序望祭山川之神。于是接受东后们的朝见。东后，就是诸侯。协调四时气节和月份大小，校正日的甲乙，统一音律和度量衡，修正吉、凶、宾、军、嘉五种礼仪，规定在进见时五等诸侯各自应执的瑞玉和三公所执荐玉的缯帛、卿和大夫所执的两种生物、士所执的一种死物等的礼品。五月，巡行视察到达南岳。南岳，就是衡山。八月，巡行视察到达西岳。西岳，就是华山。十一月，巡行视察到达北岳。北岳，就是恒山。都举行到达岱宗时候一样的礼仪。中岳，就是嵩山。每五年去进行一次巡行视察。

禹遵之。后十四世，至帝孔甲，淫德好神，神渎，二龙去之。其后三世，汤伐桀，欲迁夏社，不可，作《夏社》。后八世，至帝太戊，有桑榖生于廷，一暮大拱，惧。伊陟曰："妖不胜德。"太戊修德，桑榖死。伊陟赞巫咸，巫咸之兴自此始。后十四世，帝武丁得傅说为相，殷复兴焉，称高宗。有雉登鼎耳雊，武丁惧。祖己曰："修德。"武丁从之，位以永宁。后五世，帝武乙慢神而震死。后三世，帝纣淫乱，武王伐之。由此观之，始未尝不肃祗，后稍怠慢也。

禹遵循舜帝的做法。他以后的第十四世，到了孔甲帝在位时期，品德淫乱喜好鬼神，对天神怠慢不敬，天赐给他骑乘的两条龙就飞去了。孔甲以后的第三世，商汤讨伐夏桀，想迁移夏家的社神，后来认为不可以这么做，就写下了一篇文字叫《夏社》。以后的第八世，到了太戊帝在位的时期，有桑树和楮树合生在朝廷堂前，一天内从早到晚就长成两手合抱这么大，太戊帝惧怕。贤臣伊陟说："妖孽不会胜过德行。"太戊修善德行，桑树和楮树的合生树就死了。伊陟告诉太戊的另一个臣子巫咸，巫咸所主管的祈祷神灵消除灾祸这种事情的兴盛起来从这个时候就开始了。太戊以后的第十四世，武丁帝因为得到傅说做辅相，殷家重新兴盛起来了，号称高宗。有只野鸡飞来停在鼎器的耳子上鸣叫，武丁害怕。贤臣祖己劝谏说："修善德行。"武丁依着去做，他在帝位上因而得以长期安宁。以后的第五世，武乙帝因为怠慢天神被雷震死了。武乙以后的第三世，纣帝淫虐暴乱，武王去讨伐他。从这些事情看起来，开始的时候未尝不是肃敬恭谨，以后慢慢地就怠惰轻侮了。

《周官》曰，冬日至，祀天于南郊，迎长日之至；夏日至，祭地祇。皆用乐舞，而神乃可得而礼也。天子祭天下名山大川，五岳视三公，四渎视诸侯，诸侯祭其疆内名山大川。四渎者，江、河、淮、济也。天子曰明堂、辟雍，诸侯曰泮宫。

《周礼》中说，冬至日，在南郊祭祀天神，迎接白天慢慢加长时间的到来；夏至日，就祭祀地神。都要采用依照乐曲节拍而起舞的祭祀形式，神灵才能够接受敬奉献礼。天子祭祀天下的名山大川，祭祀五岳之神采用对待太师、太傅、太保三公等级的礼仪规格，祭祀四渎之神采用对待诸侯一般的礼仪规格，各地诸侯只能祭祀他封地疆土内的名山大川。四渎，是指长江、黄河、淮河、济水。天子

傅说像，出自明·天然撰《历代古人像赞》。

举行祭祀的地方叫明堂、辟雍，诸侯举行祭祀的地方叫泮宫。

周公既相成王，郊祀后稷以配天，宗祀文王于明堂以配上帝。自禹兴而修社祀，后稷稼穑，故有稷祠，郊社所从来尚矣。

周公已经辅佐成王，在郊外祭祀后稷来配飨于天神，在明堂祭祀祖先文王来配飨于上帝。自从禹兴起就设立了对社神的祭祀，后稷因为引导民众进行稼穑，所以有祭祀后稷之神的祠堂，郊祭社祭的由来已经很久远了。

自周克殷后十四世，世益衰，礼乐废，诸侯恣行，而幽王为犬戎所败，周东徙雒邑。秦襄公攻戎救周，始列为诸侯。秦襄公既侯，居西垂，自以为主少皞之神，作西畤，祠白帝，其牲用骝驹黄牛羝羊各一云。其后十六年，秦文公东猎汧渭之间，卜居之而吉。文公梦黄蛇自天下属地，其口止于鄜衍。文公问史敦，敦曰："此上帝之征，君其祠之。"于是作鄜畤，用三牲郊祭白帝焉。

自从在周家战胜殷家以后的第十四世，朝廷更加衰败，礼乐制度废弃，诸侯们恣意妄行，以致周幽王被犬戎部族所打败，周家把京城往东迁徙到洛邑。秦襄公攻击犬戎救助国家，开始进入受封的诸侯行列。秦襄公已被封侯，处在西部边陲，自己认为应该主祭少皞这一西方的天神，就建筑祭祀天地五帝坛址之一的西畤，来祭祀西方的天神白帝，祭祀用的牲畜是各为一条的赤身黑鬣的少壮马、黄牛和公羊。这以后的第十六年，秦文公往东发展到了汧水和渭水一带的地区进行狩猎活动，占卜问神是不是可以就此停居，得到的结果是吉利的。秦文公梦见有一条黄蛇从天上一直联结到地面，它的口停在鄜地低平的山坡上。秦文公去问太史名叫敦的，敦说："这是上帝出现的象征，您去祭祀它吧。"于是建造鄜畤，采用牛、羊、猪三种牲口作祭品在郊外来祭祀白帝了。

自未作鄜畤也，而雍旁故有吴阳武畤，雍东有好畤，皆废无祠。或曰："自古以雍州积高，神明之隩，故立畤郊上帝，诸神祠皆聚云。盖黄帝时尝用事，虽晚周亦郊焉。"其语不经见，缙绅者不道。

在没有建造鄜畤的时候，在雍邑近旁原来有吴阳地方祭地神的武畤，雍邑的东面还有祭天的好畤，都废弃没有祭祀了。有人说："自古以来因为雍州地势很高，在四方之中是神明可以留居的地域，所以建立畤坛用来郊祭上帝，各种神灵的祭祀也都集中在这里。大约在黄帝的时代曾经就祭祀过，虽然到了周代的末期也还进行了郊祭。"这样的话没有见于经典，缙绅先生们不加称道。

作鄜畤后九年，文公获若石云，于陈仓北阪城祠之。其神或岁不至，或岁数来，来也常以夜，光辉若流星，从东南来集于祠城，则若雄鸡，其声殷云，野鸡夜雊。以一牢祠，命曰陈宝。

建造鄜畤以后第九年，秦文公获得一块质地如玉的石头，在陈仓山北面斜坡上筑城来祭祀它。它的神灵有时一年也不来，有时一年来好几回，来的时候常常是夜晚，有像流星一样的光辉，从东南方向而来集合在这个祭祀城中，形状大若像只雄鸡，它的声音殷殷好像雷鸣，如野鸡夜中啼叫。用一套牛、羊、猪来祭祀它，取个名叫陈宝。

作鄜畤后七十八年，秦德公既立，卜居雍，后子孙饮马于河，遂都雍。雍之诸祠自此兴。用三百牢于鄜畤。作伏祠。磔狗邑四门，以御蛊灾。

建造鄜畤以后的第七十八年，秦德公已经即位，占卜认为吉利以后居住在雍邑，以后他的子孙发展了势力已能牵马到黄河岸边饮水的时候，就把国都建在雍邑。雍邑的各种神灵祭典从这个时侯兴起。因为崇尚白色就采用三百套白色的牛、羊、猪,在鄜畤祭天。建立伏日进行祭祀的祠庙。在城邑的四门分解狗的肢体来祭神,来防御厉鬼(受枭首和分解肢体酷刑者的鬼魂)的灾祸。

德公立二年卒。其后四年,秦宣公作密畤于渭南,祭青帝。

秦德公在位二年去世。这以后的第四年,秦宣公在渭水南岸建造了密畤,祭祀青帝这位东方天神。

其后十四年,秦缪公立,病卧五日不寤;寤,乃言梦见上帝,上帝命缪公平晋乱。史书而记藏之府。而后世皆曰秦缪公上天。

这以后的第十四年,秦缪公即位,因为生病卧床五天不醒来;醒来了,就说在梦中见到了上帝,上帝命令穆公平定晋国内乱。史官就记录下来把它收在藏图书的府库内。结果后世都说秦缪公上了天。

秦缪公即位九年,齐桓公既霸,会诸侯于葵丘,而欲封禅。管仲曰:"古者封泰山禅梁父者七十二家,而夷吾所记者十有二焉。昔无怀氏封泰山,禅云云;伏羲封泰山,禅云云;神农封泰山,禅云云;炎帝封泰山,禅云云;黄帝封泰山,禅亭亭;颛顼封泰山,禅云云;帝喾封泰山,禅云云;尧封泰山,禅云云;舜封泰山,禅云云;禹封泰山,禅会稽;汤封泰山,禅云云;周成王封泰山,禅社首:皆受命然后得封禅。"桓公曰:"寡人北伐山戎,过孤竹,西伐大夏,涉流沙,束马悬车,上卑耳之山;南伐至召陵,登熊耳山以望江、汉。兵车之会三,而乘车之会六,九合诸侯,一匡天下,诸侯莫违我。昔三代受命,亦何以异乎?"于是管仲睹桓公不可穷以辞,因设之以事,曰:"古之封禅,鄗上之黍,北里之禾,所以为盛;江、淮之间,一茅三脊,所以为藉也。东海致比目之鱼,西海致比翼之鸟,然后物有不召而自至者十有五焉。今凤皇麒麟不来,嘉谷不生,而蓬蒿藜莠茂,鸱枭数至,而欲封禅,毋乃不可乎?"于是桓公乃止。是岁。秦缪公内晋君夷吾。其后三置晋国之君,平其乱。缪公立三十九年而卒。

秦缪公就国君位的第九年,齐桓公已经称霸,在葵丘会见各国诸侯,这时他想举行封禅活动。管仲说:"古时候到泰山举行封礼到梁父山举行禅礼的君王有七十二家,而我夷吾所记下来的只有十二家。从前无怀氏到泰山行封礼,到云云山行禅礼;伏羲到泰山行封礼,到云云山行禅礼;神农到泰山行封礼,到云云山行禅礼;炎帝到泰山行封礼,到云云山行禅礼;黄帝到泰山行封礼,到亭亭山行禅礼;颛顼到泰山行封礼,到云云山行禅礼;喾帝到泰山行封礼,到云云山行禅礼;尧到泰山行封礼,到云云山行禅礼;舜到泰山行封礼,到云云山行禅礼;禹到泰山行封礼,到会稽山行禅礼;汤到泰山行封礼,到云云山行禅礼;周成王到泰山行封礼,到社首山行禅礼:都是接受天命登上帝王之位然后才能够举行封禅祭祀天地活动的。"桓公说:"我北边讨伐了山戎部族,经过了孤竹国;西边讨伐了大夏,经过了流沙,缠束马足钩牢车辆,登上了卑耳山;南边攻伐到了召陵,登上熊耳山来眺望长江、汉水。主持诸侯国之间兵车的会盟有三次,乘车的会盟有六次,总共九次会合诸侯,拯救了天下,诸侯各国没有人违背我的意志。从前夏、商、周三代接受天命,和我现在的情况又有什么差别呢?"于是管仲看到不可能用言辞来说服桓公,因

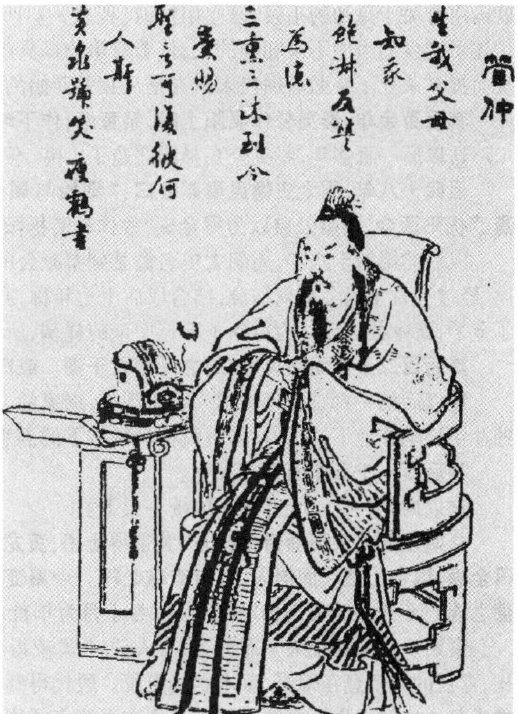

管仲像,春秋时期著名政治家。

而想想出一些不能得到的物品来困扰他，说："古代进行封禅，要用鄗上山出产的黍子，北里出产的粟，作为装进祭器的粮食祭品；用长江、淮河一带所出产的一种茅秆上有三条棱脊的灵茅，作为铺在地上的垫物。要有东方极远海域捕得送到的比目鱼，西方极远海域捕获送到的比翼鸟，然后还要有不加召集而自动到达的奇物十五种。现在凤凰、麒麟没有来到，嘉祥的谷物没有生长，反而蓬、蒿、藜、莠这些稗草茂盛，鸱、枭这样的恶鸟飞来了几次，还想去进行封禅，恐怕不能吧？"于是齐桓公就停止了封禅的计议。这一年，秦穆公把晋国国君夷吾送回晋国。这以后他接连三次安置了晋国的国君（惠公、怀公、文公），平定了晋国的内乱。秦缪公在位三十九年后去世。

其后百有余年，而孔子论述六艺，传略言易姓而王，封泰山禅乎梁父者七十余王矣，其俎豆之礼不章，盖难言之。或问禘之说，孔子曰："不知。知禘之说，其于天下也视其掌。"诗云纣在位，文王受命，政不及泰山。武王克殷二年，天下未宁而崩。爰周德之洽维成王，成王之封禅则近之矣。及后陪臣执政，季氏旅于泰山，仲尼讥之。

这以后的一百多年，就有孔子的论述《六经》，关于它经义阐述文字的简略记载里面谈到了改换姓氏而称王天下，到泰山去行封礼到达梁父山去行禅礼的有七十多个王了，封禅时候具体的俎豆等祭器陈设的礼仪没有彰明，大概是很难说明白的。有人问禘祭的奥秘，孔子说："不知道。知道禘祭神秘的人，天下的事对于他来说就像能够看见自己手掌上的物品一样那么的容易。"《诗》中说商纣王还在帝位，文王就是受了天命，但政治权力还达不到去泰山行封礼。武王战胜殷家以后两年，天下还没有安宁就去世了。于是周家恩德的融洽百姓只有是成王，成王去进行封禅活动那是接近了它的本来意义。等到以后诸侯的臣子们执掌各国的政事，鲁国的季孙氏到泰山去举行旅祭，孔子就讥刺他了。

是时苌弘以方事周灵王，诸侯莫朝周，周力少，苌弘乃明鬼神事，设射狸首。狸首者，诸侯之不来者。依物怪欲以致诸侯。诸侯不从，而晋人执杀苌弘。周人之言方怪者自苌弘。

这个时候苌弘用方术侍奉周灵王，诸侯国国君没有谁来朝拜周王，周家朝廷的力量弱小，苌弘就运用有关于鬼神的手段，设立用箭射《狸首》这个目标的诅咒活动。《狸首》这篇逸诗的内容，是记述了诸侯们当中不来朝拜的人，依着对事物怪异的诅咒想把诸侯们招来。诸侯们不听从，晋国人反而捉拿杀死了苌弘。周代人讲方是从苌弘开始的。

其后百余年，秦灵公作吴阳上畤，祭黄帝；作下畤，祭炎帝。

这以后一百多年，秦灵公在吴阳建造了上畤，祭祀黄帝；建造了下畤，祭祀炎帝。

后四十八年，周太史儋见秦献公曰："秦始与周合，合而离，五百岁当复合，合十七年而霸王出焉。"栎阳雨金，秦献公自以为得金瑞，故作畦畤栎阳而祀白帝。

以后的第四十八年，周朝太史名儋见到秦献公的时候说："秦当初是和周家结合，结合以后又分离，经过五百年当会重新结合，结合以后十七年称为霸王的人就要出现了。"栎阳地方像下雨一样下了金子，秦献公自己认为得到了五行中金的祥瑞，所以在栎阳建造了畦畤来祭祀白帝。

其后百二十岁而秦灭周，周之九鼎入于秦。或曰宋太丘社亡，而鼎没于泗水彭城下。

这以后的一百二十年秦国灭亡了周家，周家的九鼎转移给了秦国。有人说宋的右陵太丘社中的社主沦陷在地下，有一只鼎沉没在彭城城下的泗水河中。

其后百一十五年而秦并天下。

这以后的一百一十五年秦国统一天下。

秦始皇既并天下而帝，或曰："黄帝得土德，黄龙地螾见。夏得木德，青龙止于郊，草木畅茂。殷得金德，银自山溢。周得火德，有赤乌之符。今秦变周，水德之时。昔秦文公出猎，获黑龙，此其水德之瑞。"于是秦更命河曰"德水"，以冬十月为年首，色上黑，度以六为名，音上大吕，事统上法。

秦始皇已经一统天下而称帝，有人说："黄帝得到土德，黄色的龙特大蚯蚓显现。夏代得到木德，青色的龙栖息在郊野，草木宣畅繁茂。殷代得到金德，白银从山地溢出。周代得到火德，有形状像赤乌一样的天火下降这种符瑞。现在秦改变了周家的天命，正是属于水德的时候。从前秦文公外出狩猎，捕获一条黑龙，这就是水德的祥瑞。"于是秦朝把黄河改名叫"德水"，规定冬季十月作为岁首，崇尚黑的颜色，度制规定用六作为一些单位的名称，音律崇尚大吕，国家政事统统崇尚法治。

即帝位三年，东巡郡县，祠驺峄山，颂秦功业。于是征从齐、鲁之儒生博士七十人，至乎泰山下，诸儒生或议曰：“古者封禅为蒲车，恶伤山之土石草木；埽地而祭，席用葅秸，言其易遵也。”始皇闻此议各乖异，难施用，由此绌儒生。而遂除车道，上自泰山阳至巅，立石颂秦始皇帝德，明其得封也。从阴道下，禅于梁父。其礼颇采太祝之祀雍上帝所用，而封藏皆秘之，世不得而记也。

登上帝位的第三年，往东去巡察郡县，在驺峄山祭祀，称颂秦国的功业。于是从原先的齐国、鲁国地区，征集了信奉孔子学说的儒生和通晓古今的博士七十个人跟从着他，到达了泰山脚下，这些儒生中有人议论说：“古时候举行封禅活动使用的是用蒲草裹着车轮的车子，厌恶硬车轮会伤害山上的土石草木；扫干净地面就可以举行祭祀，只用枯草和农作物茎秆就可以做垫席，这样做是说容易遵循。”秦始皇听到这些议论各自背离不相协调，很难施行采用，从此就贬黜儒生。就决定修筑车行大道，从泰山的南面一直往上修到山顶，竖立石碑刻字歌颂秦始皇帝的德行，表明他是能够举行封礼的。从泰山北面下来，在梁父山举行禅礼。举行封禅的礼仪是大略采取太祝官在雍邑祭祀上帝时候所用过的一套形式，都封藏隐秘了起来，社会上不能够加以记载。

始皇之上泰山，中阪遇暴风雨，休于大树下。诸儒生既绌，不得与用于封事之礼，闻始皇遇风雨，则讥之。

始皇帝上泰山的时候，在山坡中途遇到了暴风雨，就休止在一棵大树下面。各位儒生已经被贬黜，就不能参加在泰山顶祭天的典礼，听到始皇帝遇到了风雨，就讥刺他。

于是始皇遂东游海上，行礼祠名山大川及八神，求仙人羡门之属。八神将自古而有之，或曰太公以来作之。齐所以为齐，以天齐也。其祀绝，莫知起时。八神：一曰天主，祠天齐。天齐渊水，居临淄南郊山下者。二曰地主，祠泰山梁父。盖天好阴，祠之必于高山之下，小山之上，命曰“畤”；地贵阳，祭之必于泽中圜丘云。三曰兵主，祠蚩尤。蚩尤在东平陆监乡，齐之西境也。四曰阴主，祠三山。五曰阳主，祠之罘。六曰月主，祠之莱山。皆在齐北，并勃海。七曰日主，祠成山。成山斗入海，最居齐东北隅，以迎日出云。八曰四时主，祠琅邪。琅邪在齐东方，盖岁之所始。皆各用一牢具祠，而巫祝所损益，珪币杂异焉。

于是始皇帝就继续往东在海面上游览，举行典礼祭祠名山大川和八神，寻求像羡门一类的仙人。八神名目自古以来就有的，有人说是太公望以来形成的。齐国称作齐的原因，就是因为它和天的中央等齐。对它的祭祀已经断绝，谁也不知道是什么时候开始的。八神的名称：第一位叫天主，在天齐祭祀它。天齐有五眼泉水一并流出，处在临淄城南郊山脚下的就是。第二位叫地主，在泰山地区的梁父山祭祀它。大约上天喜好阴，祭祀它一定要在高山的下面，小山的上头，取个名字叫做“畤”；下地贵重阳，祭祀它一定要在水泽当中的圆形丘陵上。第三位叫兵主，在蚩尤山祭祀它。蚩尤山在东平郡的陆监乡，是齐国的西部境地。第四位叫阴主，在参山祭祀它。第五位叫阳主，在芝罘山祭祀它。第六位叫月主，在莱山祭祀它。参山、之罘山、莱山都在齐国北部，靠近渤海。第七位叫日主，在成山祭祀它。成山陡峭进入了大海，处在齐国的最东北角，因而是最先迎接日出的地方。第八位叫四时主，在琅邪山祭祀它。琅邪山在齐国的东方，大约在时间上是显示一年开始的地方。八神都分别用一套盛在器皿中的牛、羊、猪来祭祀，但是各个祠庙中主持祭礼的人对祭品有些增减，祭祀用的玉和帛就各自混杂不同了。

自齐威、宣之时，驺子之徒论著终始五德之运，及秦帝而齐人奏之，故始皇采用之。而宋毋忌、正伯侨、充尚、羡门高最后，皆燕人，为方仙道，形解销化，依于鬼神之事。驺衍以阴阳主运显于诸侯，而燕齐海上之方士传其术不能通，然则怪迂阿谀苟合之徒自此兴，不可胜数也。

从齐国威王、宣王的时候起，驺衍这一类人论述著作金、木、水、火、土五德终始运行的学说，等到秦国称帝就有齐国人奏上这种学说，所以始皇帝就采用了。而宋毋忌、正伯侨、充尚、羡门高最终都是些燕国人，羡慕并且仿效古人的神仙之道，主张人老死精神可以解脱形体变化成神仙，所说的是倚仗于鬼神的一些情事。驺衍用阴阳交替可以主宰王朝命运的学说在诸侯各国显名，燕国、齐国一带近海地区的方术之士传授他的主张不能求得通达，可是这样一来怪态迂腐阿谀逢迎苟且投合的人们从此就兴盛起来，数也是数不清了。

自威、宣、燕昭使人入海求蓬莱、方丈、瀛洲。此三神山者，其傅在勃海中，去人不远，患且至，则

船风引而去。盖尝有至者，诸仙人及不死之药皆在焉。其物禽兽尽白，而黄金银为宫阙。未至，望之如云；及到，三神山反居水下。临之，风辄引去，终莫能至云。世主莫不甘心焉。及至秦始皇并天下，至海上，则方士言之不可胜数。始皇自以为至海上而恐不及矣，使人乃赍童男女入海求之。船交海中，皆以风为解，曰未能至，望见之焉。其明年，始皇复游海上，至琅邪，过恒山，从上党归。后三年，游碣石，考入海方士，从上郡归。后五年，始皇南至湘山，遂登会稽，并海上，冀遇海中三神山之奇药。不得，还至沙丘崩。

自从齐国威王、宣王、燕昭王开始，就不断派人到海上去寻找神仙居住的蓬莱、方丈、瀛洲三座山。这三座神山，据人们传说是在渤海当中，离开人的聚居地不太远，祸患将要到达这里，就会有风把来船牵引而去。大约曾经有人到过这里，各种仙人和使人长生不死的药物都在哩。这个地方的禽兽等生物都是白色，而它的宫室门阙都是用黄金白银建造的。还没有到达的时候，远远地望起来好像一簇云；等到人到达了，这三座神山反倒沉居在水面底下。快要临近这三座神山，风就会把你引开去，最终也没有谁能够到达。各国的国君没有谁甘心会不能到达。等到秦始皇统一了天下，巡视到了海上，就有方士来讲述这件事情的人多得不能尽数。始皇帝自己思量到了海上又恐怕不能抵达三座神山，派人只携带些童男童女进入海区去寻求。船开始进入大海当中，都以有风作为借口，说没有能够到达，只是望见了而已。第二年，始皇帝再次巡游海上，到了琅邪山，经过恒山以后，从上党郡回来。以后的第三年，巡游碣石山，察问了进入海区的方士，从上郡回来。以后的第五年，始皇帝南巡到了湘山，接着登上了会稽山，乘船靠着海岸北上，希望能够遇见海中的三座神山和得到这里所产奇妙的长生不死之药。没有能够得到，回来的途中到了沙丘地方，逝世了。

二世元年，东巡碣石，并海南，历泰山，至会稽，皆礼祠之，而刻勒始皇所立石书旁，以章始皇之功德。其秋，诸侯畔秦。三年而二世弑死。

秦二世元年，往东去巡视到了碣石山，靠着海岸往南，经过泰山，到了会稽山，都设了礼仪祭祀，又在秦始皇所立的石碑文字旁边进行刻写，来表彰秦始皇的功德。这年秋天，各地诸侯背叛秦朝。三年，秦二世被杀。

始皇封禅之后十二岁，秦亡。诸儒生疾秦焚《诗》、《书》，诛明文学，百姓怨其法，天下畔之，皆讹曰："始皇上泰山，为暴风雨所击，不得封禅。"此岂所谓无其德而用事者邪？

秦始皇进行封禅活动以后的第十二年，秦朝灭亡。各个儒生痛恨秦朝焚毁《诗》、《书》，诛文学之士，百姓们怨恨秦朝的酷法，天下就背叛它，都谣传说："秦始皇上泰山的时候，被暴风雨所袭击，没有能够举行封禅典礼。"这难道不是所说的没有相应的德行灵验而要去进行封禅的那种情况吗？

昔三代之居皆在河、洛之间，故嵩高为中岳，而四岳各如其方，四渎咸在山东。至秦称帝，都咸阳，则五岳、四渎皆并在东方。自五帝以至秦，轶兴轶衰，名山大川或在诸侯，或在天子，其礼损益世殊，不可胜记。及秦并天下，令祠官所常奉天地名山大川鬼神可得而序也。

从前夏、商、周三代居住的中心地带都在黄河、洛河一带，所以嵩高山成了中岳，而四岳各在它所说的方位，四条大河都在崤山以东。到了秦国称帝，建都在咸阳，那么五岳、四条大河就都一并在东方。从五帝以来一直到秦朝，时而兴时而衰，名山大川有时候在诸侯掌握中，有时候在天子控制下，对它们祭祀的礼仪有增有减各个时代都不相同，记也记不清。等到秦国兼并了天下，命令祠官所经常奉祭的天地名山大川鬼神才能够按次序加以叙述。

于是自崤以东，名山五，大川祠二。曰太室。太室，嵩高也。恒山，泰山，会稽，湘山。水曰济，曰淮。春以脯酒为岁祠，因泮冻，秋涸冻，冬塞祷祠。其牲用牛犊各一，牢具珪币各异。

于是从崤山往东，名山有五座，要祭祀的大川有两条。五座名山叫太室。太室，就是嵩高山；恒山，泰山，会稽山，湘山。两条大川叫济水、叫淮水。春季用干肉、酒为祈祷一年的农事收成进行祭祀，随即就解冻了，秋季又冰冻了，冬季为酬报神灵祈求保佑而进行祭祀。各个季节祭祀的时候宰杀牲畜是分别用一头小牛，其他盛在器皿中的牲畜和玉、帛就各自有所不同。

自华以西，名山七，名川四。曰华山，薄山。薄山者，衰山也。岳山，岐山，吴岳，鸿冢，渎山。渎山，蜀之汶山。水曰河，祠临晋；沔，祠汉中；湫渊，祠朝那；江水，祠蜀。亦春秋泮涸祷塞，如东方名山川；而牲牛犊牢具珪币各异。而四大冢鸿、岐、吴、岳，皆有尝禾。

从华山往西，名山有七座，名川有四条。名山叫做华山，薄山。薄山，就是衰山。岳山，岐山，吴岳，鸿冢，渎山。渎山，就是蜀郡的岷山。水道叫做黄河，在临晋祭祀；沔水，在汉中祭祀；湫渊，在朝那祭祀，长江，在蜀郡治所祭祀。也是在春秋季节解冻冰冻时候祭祀并在冬季酬报神灵祈求保佑，和祭祀东方的名山川是一样的；而杀牲用的小牛、盛在器皿中的牲畜、玉帛就各自有所不同。四座高大的山鸿冢、岐山、吴岳、岳山，都有用新谷作祭品的尝祭。

陈宝节来祠。其河加有尝醪。此皆在雍州之域，近天子之都，故加车一乘，駵驹四。

陈宝祠的神灵应节而来就祭祀。祭时对黄河另外加有用浊酒作祭品的尝祭。这两处都在雍州的地域范围内，接近天子所在的都城，所以祭品要加上一乘车，四匹赤身黑鬣的少壮马。

霸、产、长水、沣、涝、泾、渭皆非大川，以近咸阳，尽得比山川祠，而无诸加。

霸水、产水、长水、沣水、涝水、泾水、渭水都不属大川，因为它们接近咸阳，尽都要按照祭祀山川之神的规格祭祀，但是祭品中没有车马一类的附加。

汧、洛二渊，鸣泽、蒲山、岳嵋山之属，为小山川，亦皆岁祷塞泮涸祠，礼不必同。

汧、洛二水，鸣泽、蒲山、岳嵋山之类，是小的山川，也都有祈祷一年农事收成、酬报神灵、解冻冰冻等的祭祀，礼仪规格不一定相同。

而雍有日、月、参、辰、南北斗、荧惑、太白、岁星、填星、辰星、二十八宿、风伯、雨师、四海、九臣、十四臣、诸布、诸严、诸逑之属，百有余庙。西亦有数十祠。于湖有周天子祠。于下邽有天神。沣、鬰有昭明、天子辟池。于杜、亳有三杜主之祠、寿星祠；而雍菅庙亦有杜主。杜主，故周之右将军，其在秦中，最小鬼之神者。各以岁时奉祠。

而雍州有日、月、参宿、心宿、南斗北斗、火星荧惑、金星太白、木星岁星、土星填星、水星辰星、二十八宿、风神风伯、雨神雨师、四海之神、古代帝王九皇之臣、古代帝王六十四民之臣、各个祭星之处、各个严神、各个逑神之类，有一百多座庙。秦的旧都西县也有几十座祠庙。在京兆湖县有周天子祠。下邽县有天神庙。沣水、鬰水有火星昭明庙、天子辟池。在杜县、亳亭有三座杜主祠、寿星祠；雍州的茅草庙也有杜主。杜主，是从前周宣王的大夫杜伯右将军，他在秦中地区，是属于鬼虽小但却有神灵的一个。各个祠庙每年都按一定的时节奉行祭典。

唯雍四畤上帝为尊，其光景动人民唯陈宝。故雍四畤，春以为岁祷，因泮冻，秋涸冻，冬塞祠，五月尝驹，及四仲之月月祠，若陈宝节来一祠。春夏用骍，秋冬用駵。畤驹四匹，木禺龙栾车一驷，木禺车马一驷，各如其帝色。黄犊羔各四，珪币各有数，皆生瘗埋，无俎豆之具。三年一郊。秦以冬十月为岁首，故常以十月上宿郊见，通权火，拜于咸阳之旁，而衣上白，其用如经祠云。西畤、畦畤，祠如其故，上不亲往。

只有雍州用畤、密、吴阳上下四畤祭祀是因为上帝最尊贵，祭祀的光景能感动人民的只有陈宝。过去雍州四畤的祭祀，春季用来祈祷一年农事的收成，随即解冻了，秋天又冰冻了，冬季为酬报神灵祭祀，五月用少壮的马当祭品举行尝祭，以及四季的仲月举行月祭，至于陈宝应节前来祭祀一次。春夏季用赤色马祭祀，秋冬季用赤身黑鬣的马祭祀。四畤祭祀用少壮马四匹，四条木头雕的龙驾着的有铃车一辆，四条木头雕的马驾着的车一辆，各自采用和所祭祀的青、黄、赤、白四帝相同的颜色。黄色小牛小羊各四只，玉帛各有一定的数量，都用生埋的方式，没有俎豆等盛宴享祭品的器具。三年一次郊祭。秦朝用冬季十月作为一年的首月，所以常常用十月让皇上斋戒后出现在郊外，通举烽火，在咸阳城的旁边跪拜，所穿的衣着崇尚白色，所用的祭典仪式和常行的设有区别。西畤、畦畤，祭祀和过去一样，皇上不亲自前往。

诸此祠皆太祝常主，以岁时奉祠之。至如他名山川诸鬼及八神之属，上过则祠，去则已。郡县远方神祠者，民各自奉祠，不领于天子之祝官。祝官有秘祝，即有灾祥，辄祝祠移过于下。

诸多的这些祠庙都由太祝官平常负责主持，每年按时供奉祭祀它们。至于像其他的有名山川各种鬼物和八神之类，皇上经过的时候就加以祭祀，离去了就作罢。郡县边远地方的神要祭祀的，由当地民众各自供奉祭祀，不归属给天子的祝官负责。祝官中有秘祝官，如果出现了灾异，就替天子举行祈祷祭祀把过恶和灾祸转移给众多的官员和百姓。

汉兴，高祖之微时，尝杀大蛇。有物曰："蛇，白帝子也，而杀者赤帝子。"高祖初起，祷丰枌榆

汉高祖斩白蛇图

社。徇沛，为沛公，则祠蚩尤，衅鼓旗。遂以十月至灞上，与诸侯平咸阳，立为汉王。因以十月为年首，而色上赤。

汉代兴起，高祖在贫贱的时候，曾经斩杀过大蛇。有鬼物说："蛇，是白帝的儿子，而杀它的是赤帝的儿子。"高祖刚刚起事，祷告了丰邑枌榆乡的土地神。攻下沛地，成了沛公，就祭祀了蚩尤，杀牲涂血染了鼓旗。于是在十月到了灞上，和共同起事的诸侯平定了咸阳，被封为汉王。因此用十月作为一年的首月，而崇尚赤的颜色。

二年，东击项籍而还入关，问："故秦时上帝祠何帝也？"对曰："四帝，有白、青、黄、赤帝之祠。"高祖曰："吾闻天有五帝，而有四，何也？"莫知其说。于是高祖曰："吾知之矣，乃待我而具五也。"乃立黑帝祠，命曰北畤。有司进祠，上不亲往。悉召故秦祝官，复置太祝、太宰，如其故仪礼。因令县为公社。下诏曰："吾甚重祠而敬祭。今上帝之祭及山川诸神当祠者，各以其时礼祠之如故。"

二年，往东出击项羽在归还途中进入关中，就问："从前秦朝时候在上帝中是祭祀的什么帝？"回答说："四个帝，有白帝、青帝、黄帝、赤帝的祭祀。"高祖说："我听说上天有五帝，而祭祀的只有四个，为什么呢？"没有谁知道其中的道理。于是高祖就说："我明白了，是等待着我来使五帝完备。"于是建立起黑帝的祭祀坛，取名叫北畤。由负责官吏前去祭祀，皇上不亲自前往。把过去秦朝的祝官都召集起来，重新设置太祝、太宰的官员机构，采用像过去一样的仪式礼制。因而命令各县建立官府祭祀天地鬼神的公社。传下诏书说："我特别重视神祠并主张恭敬祭祀。现在对上帝的祭祀和山川各种神灵应当设祠的，要各依据它需要的时间跟过去一样用礼进行祭祀。"

后四岁，天下已定，诏御史，令丰谨治枌榆社，常以四时春以羊彘祠之。令祝官立蚩尤之祠于长安。长安置祠祝官、女巫。其梁巫，祠天、地、天社、天水、房中、堂上之属；晋巫，祠五帝、东君、云中君、司命、巫社、巫祠、族人、先炊之属；秦巫，祠杜主、巫保、族累之属；荆巫，祠堂下、巫先、司命、施糜之属；九天巫，祠九天；皆以岁时祠宫中。其河巫祠河于临晋，而南山巫祠南山秦中。秦中者，二世皇帝。各有时日。

这以后四年，天下已经平定，诏告御史，命令丰邑恭谨地养护枌榆社，四时常祭，春季要用羊、猪加以祭祀。命令祝官在长安设立对蚩尤的祭祀。长安设置负责祭祀的祝官、女巫。其中原来魏地的巫祝，负责祭祀天、地、天社、天水、房中、堂上一类的神灵；原来晋地的巫祝，负责祭祀五帝、东君、云中君、司命、巫社、巫祠、族人、先炊一类的神灵；原来秦地的巫祝，负责祭祀杜主、巫保、族累一类的神灵；原来荆地的巫祝，负责祭祀堂下、巫先、司命、施糜一类的神灵；名叫九天的巫祝，负责祭祀九天之神：都是每年按时在宫中祭祀。其中照管黄河的巫祝负责在临晋祭祀黄河，照管南山的巫祝负责祭祀南山的秦中。秦中，就是秦二世皇帝。各有规定的祭祀时日。

其后二岁，或曰周兴而邑邰，立后稷之祠，至今血食天下。于是高祖制诏御史："其令郡国县立灵星祠，常以岁时祠以牛。"

这以后的两年，有人说周家兴起就在邰地建造城邑，设立了对后稷的祭祀，直到现在杀牲祭祀他的现象仍然遍及天下。于是高祖颁制书诏告御史："你们要下令郡国各县建立灵星祠，经常性地每年按时用牛去祭祀后稷神。"

高祖十年春，有司请令县常以春二月及腊祠社稷以羊豕，民里社各自财以祠。制曰："可。"

高祖十年春天，有关官府请求下令各县经常性地在春季二月和腊月用羊、猪祭祀土地神和谷神，民间的社各自用自己可能的财物来祭祀。制书批复说："可以。"

其后十八年，孝文帝即位。即位十三年，下诏曰："今秘祝移过于下，朕甚不取。自今除之。"

这以后的第十八年，孝文帝就位。就位十三年，下达诏书说："现在秘祝官把灾异出现所表示的过错转移给臣民，朕特别不能采取这种做法。从今以后加以废除。"

始名山大川在诸侯，诸侯祝各自奉祠，天子官不领。及齐、淮南国废，令太祝尽以岁时致礼如故。

最初名山大川在诸侯各国境地，诸侯国的祝官各自负责供奉祭祀，没有归属给天子的太祝官。等到齐国、淮南国被废除，就命令太祝官全部负责每岁像从前一样按时举行祭礼。

是岁，制曰："朕即位十三年于今，赖宗庙之灵，社稷之福，方内艾安，民人靡疾。间者比年登，朕之不德，何以飨此？皆上帝诸神之赐也。盖闻古者飨其德必报其功，欲有增诸神祠。有司议增雍五畤路车各一乘，驾被具；西畤畦畤禺车各一乘，禺马四匹，驾被具；其河、湫、汉水加玉各二；及诸祠，各增广坛场，珪币俎豆以差加之。而祝釐者归福于朕，百姓不与焉。自今祝致敬，毋有所祈。"

这一年，颁制书说："朕就帝位十三年到现在，依赖宗庙的神灵，社稷的福佑，国境内太平无事，民众没有痛苦。最近时期来连年丰收，我没有好的德行，怎么能享受这样的福分呢？这都是上帝和各种神灵所赐给的。听说古代享受了人家的福德一定要报效人家的功业，就想要增加对各种神灵祭祀的祭品。有关的负责官府议定增加雍邑五畤各一乘路车，驾车披马的装饰全都完备。西畤、畦畤用木头雕的车各一乘，木头雕的马四匹，驾车披马的装饰全都完备；祭祀黄河、湫泉、汉水各加玉璧二枚；以及各种祠庙，分别拓宽它们的坛场，玉帛和祭品盛器俎豆等也以相应的差别增加。祈求福佑的都把福佑归给我，百姓们没有份。从现在起祝官只是表达对神灵的敬意，不要再有这样的祈求。"

鲁人公孙臣上书曰："始秦得水德，今汉受之，推终始传，则汉当土德，土德之应黄龙见。宜改正朔，易服色，色上黄。"是时丞相张苍好律历，以为汉乃水德之始，故河决金堤，其符也。年始冬十月，色外黑内赤，与德相应。如公孙臣言，非也。罢之。后三岁，黄龙见成纪。文帝乃召公孙臣，拜为博士，与诸生草改历服色事。其夏，下诏曰："异物之神见于成纪，无害于民，岁以有年。朕祈郊上帝诸神，礼官议，无讳以劳朕。"有司皆曰"古者天子夏亲郊，祀上帝于郊，故曰郊"。于是夏四月，文帝始郊见雍五畤祠，衣皆上赤。

从前属鲁国地方的人公孙臣上书说："当初秦朝得到水德，现在汉家仍然承受，推算五德终始的转换，那么汉家是承当土德，土德的应验是黄龙显现。应该改变一年第一天开始时间即正朔制度的规定，更换服装和饰物的颜色，颜色要追求黄色。"这个时候丞相张苍爱好律数历法，认为汉家是水德的开始，所以黄河在金堤决口，就是它的符应。一年从冬季十月开始，颜色是外黑内赤，和水德正好相应合。像公孙臣的说法，是不对的。罢除了这种土德主张。后来的第三年，黄龙显现在成纪。文帝就召见公孙臣，拜他做博士，让他和其他的儒生草拟改变历法和服饰崇尚颜色等事宜。这年夏天，下达诏令说："奇异动物的神灵在成纪显现，对民众没有危害，年岁因此有好的收成。朕在郊祭中祈祷上帝和各种神灵，礼官们要加以议论，不要隐讳来烦劳我。"官员们都说"古时候天子夏季亲自参加郊祭，在郊外祭祀上帝，所以叫做郊祭"。于是在夏季四月，文帝开始出现在郊野参加雍邑五畤的祭祀，衣着都崇尚赤色。

其明年，赵人新垣平以望气见上，言"长安东北有神气，成五采，若人冠绕焉。或曰东北神明之舍，西方神明之墓也。天瑞下，宜立祠上帝，以合符应"。于是作渭阳五帝庙，同宇，帝一殿，面各五门，各如其帝色。祠所用及仪亦如雍五畤。

第二年，原来赵地的人新垣平由于能够望气见到皇上，说"长安东北方有神灵之气，显示出五种色彩，好像人们戴的礼帽哩。有人说东北方是神明的居住地，西方是神明的坟墓。上天给的祥瑞降下了，应当建立祠庙供奉上帝，以便和符应相合”。于是建造渭阳五帝庙，在同一座屋宇下，每帝各设一殿，正面分别有五个门，各门和它所设帝主持的颜色是一样的。祭祀时所用祭品和采取的仪礼也和雍邑五畤完全相同。

夏四月，文帝亲拜灞、渭之会，以郊见渭阳五帝。五帝庙南临渭，北穿蒲池沟水，权火举而祠，若光辉然属天焉。于是贵平上大夫，赐累千金。而使博士诸生刺《六经》中作《王制》，谋议巡狩封禅事。

夏季四月，文帝亲自到灞、渭二水的会合处去拜神，用郊祭来参见渭阳庙的五帝。五帝庙南面依临渭水，北面有穿凿沟渠引渭水灌入的蒲池，烽火举明进行祭祀，就好像非常光辉一样的直接连着上天哩。于是使新垣平得到尊宠成为上大夫，赏赐累积起来达到了千金。就派博士中的各个儒生采取《六经》中的一些内容撰写成《王制》，计划议定巡行视察和举行封禅大典的事宜。

文帝出长门，若见五人于道北，遂因其直北立五帝坛，祠以五牢具。

文帝出宫到达长门，好像看见五个人在道路的北边，就依着他们值立的处所在北边建筑五帝坛，用完备的五套牛、羊、猪进行祭祀。

其明年，新垣平使人持玉杯，上书阙下献之。平言上曰：“阙下有宝玉气来者。”已视之，果有献玉杯者，刻曰：“人主延寿”。平又言“臣候日再中”。居顷之，日却复中。于是始更以十七年为元年，令天下大酺。

第二年，新垣平让人持看玉杯，在宫阙之下来进献。新垣平对皇上说：“宫阙之下有能显示宝玉气象的来人。”随即派人去观察，果然有位进献玉杯的人，玉杯上刻了四个字叫“人主延寿”。新垣平又说“臣子我等候着日头再次当午”。过了不多久，太阳退回去重新当午。于是开始将第十七年改称叫元年，命令天下举行盛大庆会欢饮。

平言曰：“周鼎亡在泗水中，今河溢通泗，臣望东北汾阴直有金宝气，意周鼎其出乎？兆见不迎则不至。”于是上使使治庙汾阴南，临河，欲祠出周鼎。

新垣平对文帝说：“周代的宝鼎沉没在泗水当中，现在黄河泛滥通到了泗水，臣子我遥望东北方向汾阴地的上空有金色宝气，意想周代宝鼎难道会出来吗？预兆显现不主动迎求是不会到达的。”于是皇上派遣使者在汾阴南面修建庙宇，依临黄河，想通过祭祀让周鼎显出。

人有上书告新垣平所言气神事皆诈也。下平吏治，诛夷新垣平。自是之后，文帝怠于改正朔服色神明之事，而渭阳、长门五帝使祠官领，以时致礼，不往焉。

有人上书控告新垣平所说气和神的事都是欺诈行为。下令把新垣平交给官府审理，结果诛杀了新垣平。从这以后，文帝对于更改岁正、服饰颜色等涉及神明一类的事感到倦怠，而渭阳、长门对五帝的祭祀就让祠官去管理，只按时送致奉献的礼品，不去亲自参加了。

明年，匈奴数入边，兴兵守御。后岁少不登。

第二年，匈奴多次侵入边境，就出动军队去守御。后来的年岁逐渐没有好收成了。

数年而孝景即位。十六年，祠官各以岁时祠如故，无有所兴，至今天子。今天子初即位，尤敬鬼神之祀。

过了几年孝景帝就位了。在位的十六年中，祠官分别在各年按时像从前一样进行祭祀，没有什么新的举动，一直到本朝天子的时候都是这样。当今的天子刚刚就位，就尤其敬重鬼神的祭祀。

元年，汉兴已六十余岁矣，天下艾安，搢绅之属皆望天子封禅改正度也，而上乡儒术，招贤良，赵绾、王臧等以文学为公卿，欲议古立明堂城南，以朝诸侯。草巡狩、封禅、改历服色事未就。会窦太后治黄老言，不好儒术，使人微伺得赵绾等奸利事，召案绾、臧，绾、臧自杀，诸所兴为皆废。

元年，汉家兴起已经有六十多年了，天下太平无事，挺笏在绅带之间的官员们都盼望天子进行封禅和更改正朔和服色等制度，但是皇上心向儒家经术，招集贤良人士，赵绾、王臧等因为有文化学术方面的才能做了公卿，想议论依照古代制度在长安城南门外建立明堂，来接受诸侯的朝拜。草拟巡行视察举行封禅典礼改变年历和服饰颜色等事项还没有完成。碰上窦太后奉行黄老道家言论，不喜欢儒家学说，派人暗中窥测到赵绾等人用不良手段谋求私利的事实，召来并处罪赵绾、王臧，赵缩、王臧在监狱中自杀身亡,他们所兴办的事就都被废除了。

后六年,窦太后崩。其明年,征文学之士公孙弘等。

以后六年,窦太后去世。第二年,征召擅长文化学术的士人公孙弘等人。

明年,今上初至雍,郊见五畤。后常三岁一郊。是时上求神君,舍之上林中蹏氏观。神君者,长陵女子,以子死,见神于先后宛若。宛若祠之其室,民多往祠。平原君往祠,其后子孙以尊显。及今上即位,则厚礼置祠之内中,闻其言,不见其人云。

第二年,当今皇上初次到雍县,用郊祭参见五畤。以后经常是三年一次郊祭。这个时候皇上求到了一位神君,把她安置在上林苑中的蹏氏观。神君,原来是一位长陵女子,因为儿子死亡而悲痛去世,仿佛显现她的神灵。仿佛在自己的家中对她供奉祭祀,民众中很多人也前往祭祀。武帝的外祖母平原君前去祭祀过,从那以后她的子孙就因此而尊贵显荣。等到当今皇上就帝位,就用很厚的礼品把她安置在宫中内廷供奉祭祀。听见她的话语,但没有见到她的神灵形象。

是时,李少君亦以祠灶、谷道、却老方见上,上尊之。少君者,故深泽侯舍人,主方。匿其年及其生长,常自谓七十,能使物,却老。其游以方遍诸侯。无妻子。人闻其能使物及不死,更馈遗之,常馀金钱衣食。人皆以为不治生业而饶给,又不知其何所人,愈信,争事之。少君资好方,善为巧发奇中。尝从武安侯饮,坐中有九十馀老人,少君乃言与其大父游射处,老人为儿时从其大父,识其处,一坐尽惊。少君见上,上有故铜器,问少君。少君曰:"此器齐桓公十年陈于柏寝。"已而案其刻,果齐桓公器。一宫尽骇,以为少君神,数百岁人也。

这个时候李少君也因为会祭祀灶神求福、种谷得金之道、却退衰老而长生等方术被皇上接见,皇上尊敬他。李少君,是从前深泽侯赵将夕的舍人,负责方术、医药事务。隐瞒他的年龄、籍贯和生平经历,常常自称是七十岁,能驱逐鬼神、使用药物,并能却退衰老,长生不死。他的游历因为会方术而遍及诸侯各国。没有妻妾子女。人们听说他能驱逐鬼神、使用药物和长生不死,更替把财物赠送给他,他常常余留有金钱衣服食物。人们都认为他是不从事生产作业就能富饶丰足,又不知道他究竟是个什么样的人,更加相信,争着去侍奉他。少君禀性喜好方术,善于取巧性地发表意见而又常常奇特般地被他所言中。曾经陪从武安侯田蚡宴饮,宴座中有一位九十多岁的老人,少君就说和老人的祖父游玩射猎过的处所,老人在小孩的时候跟从他的祖父,认识这个处所,整个宴座上的人全都感到吃惊。少君被皇上召见,皇上有一件古旧铜器,就拿它问少君。少君说:"这件铜器在齐桓公十年的时候曾经陈列在柏寝台。"随即考察铜器上的刻字,果然是齐桓公时候的器具。整个宫廷中的人都惊呆了,认为少君神灵,是有几百岁的人了。

少君言上曰:"祠灶则致物,致物而丹砂可化为黄金,黄金成以为饮食器则益寿,益寿而海中蓬莱仙者乃可见,见之以封禅则不死,黄帝是也。臣尝游海上,见安期生,安期生食巨枣,大如瓜。安期生仙者,通蓬莱中,合则见人,不合则隐。"于是天子始亲祠灶,遣方士入海求蓬莱安期生之属,而事化丹沙诸药齐为黄金矣。

少君对皇上说:"祭祀灶神就会召来神异之物,召来神异之物丹砂就可以熔化成黄金。黄金炼出做成器具用来盛饮食就会延年益寿,延年益寿那么海中蓬莱的仙者才能见到,见到了蓬莱仙者因而进行封禅活动就可以不死,黄帝就是这样的人。臣下我曾经在海上游览,见到了安期生,安期生吃过他给我的巨大枣子,枣子大得像瓜。安期生是位仙者,能和蓬莱中间交通,奉行的道和他相合他就可以见你,不相合他就会隐藏起来。"于是天子开始亲自祭祀灶神,派遣方士进入海域寻求蓬莱和安期生等一类仙人,并从事把丹砂和各种药剂熔化成黄金的活动了。

居久之,李少君病死。天子以为化去不死,而使黄锤史宽舒受其方。求蓬莱安期生莫能得,而海上燕、齐怪迂之方士多更来言神事矣。

过了很久,李少君得病去世了。天子认为他是和形体分化升天而去灵魂却没有死,就派在黄、锤二县掌管文书的小吏宽舒去继承他的方术。寻求蓬莱、安期生谁也没有能得到,但是在沿海原属燕国、齐国地方的怪诞迂阔的方士们很多人更替来说神仙的事了。

亳人谬忌奏祠太一方,曰:"天神贵者太一,太一佐曰五帝。古者天子以春秋祭太一东南郊,用太牢,七日,为坛开八通之鬼道。"于是天子令太祝立其祠长安东南郊,常奉祠如忌方。其后人有上

书，言“古者天子三年壹用太牢祠神三一：天一、地一、太一”。天子许之，令太祝领祠之于忌太一坛上，如其方。后人复有上书，言“古者天子常以春解祠，祠黄帝用一枭破镜；冥羊用羊祠；马行用一青牡马；太一、泽山君地长用牛；武夷君用干鱼；阴阳使者以一牛”。令祠官领之如其方，而祠于忌太一坛旁。

亳地人谬忌上奏祭祀太一神的方术，说：“天神中最尊贵的是太一神，太一的配祭是五位天帝。古时候在春秋季节到东南郊野祭祀太一，祭品用牛、羊、猪三牲的太牢祭礼，祭祀七天，建造祭坛的时候设有通向八方的鬼道。”于是天子命令太祝官在长安东南郊建立这样的祠坛，经常地按谬忌上奏的方术供奉祭祀。这以后有人上书，说“古时候天子每三年一次用牛、羊、猪三牲的太牢祭礼祭祀神灵三一：天一、地一、太一”。天子答应了，命令太祝统领在谬忌的太一坛上祭祀三一，按谬忌上奏的方术去做。后来再次有人上书，说“古时候天子常常在春季为了解除殃祸求福祥而举行祭祀，祭祀黄帝时祭品用一只恶鸟枭和一头恶兽破镜（獍）；冥羊神用羊祭祀；马行神用一匹青色公马；太一、泽山君地长二神用牛；武夷君一神用干鱼；阴阳使者一神用一头牛”。命令祠官按照上书人的方术统一办理，而在谬忌的太一坛近旁祭祀。

其后，天子苑有白鹿，以其皮为币，以发瑞应，造白金焉。

这以后，天子游乐射猎的上林苑中养有白鹿，用它的皮造成皮币，为了揭示祥瑞符应，铸造银锡成白金三品。

其明年，郊雍，获一角兽，若麃然。有司曰：“陛下肃祗郊祀，上帝报享，锡一角兽，盖麟云。”于是以荐五畤，畤加一牛以燎。锡诸侯白金，风符应合于天也。

第二年，到雍县郊祭，捕获到只有一角的野兽，像麃一样。官府的人员说：“陛下穆肃虔诚地去进行郊祀，上帝为酬报供享，赐给一只角的兽，大概就是麒麟了。”于是拿它进献给五畤，每畤增加一头牛的祭品并焚烧祭祀天帝。赐给诸侯们银锡白金，暗示所揭发的符应是合乎天意的。

于是济北王以为天子且封禅，乃上书献太山及其旁邑，天子以他县偿之。常山王有罪，迁，天子封其弟于真定，以续先王祀，而以常山为郡，然后五岳皆在天子之郡。

于是济北王认为天子将要举行封禅大典，就上书献出泰山和他的近旁城邑，天子用其他县的土地赏还给他。常山王犯了罪，被迁徙，天子封他的弟弟在真定为王，来继续对先王的祭祀，而将常山设作郡，这样做了以后五岳都在天子直接管辖的郡内了。

其明年，齐人少翁以鬼神方见上。上有所幸王夫人，夫人卒，少翁以方盖夜致王夫人及灶鬼之貌云，天子自帷中望见焉。于是乃拜少翁为文成将军，赏赐甚多，以客礼礼之。文成言曰：“上即欲与神通，宫室被服非象神，神物不至。”乃作画云气车，及各以胜日驾车辟恶鬼。又作甘泉宫，中为台室，画天、地、太一诸鬼神，而置祭具以致天神。居岁余，其方益衰，神不至。乃为帛书以饭牛，详不知，言曰此牛腹中有奇。杀视得书，书言甚怪。天子识其手书，问其人，果是伪书，于是诛文成将军，隐之。其后则又作柏梁、铜柱、承露仙人掌之属矣。

第二年，原来的齐地人少翁由于会鬼神的方术被皇上召见。皇上有一位特别幸爱的王夫人，夫人去世，少翁用方术大约在夜间能将王夫人和灶鬼的容貌招来，天子从帷帐中望见了哩。于是就授予少翁为文成将军，给他的赏赐特别多，还用宾客之礼接待他。文成将军对皇上说：“皇上假如想和神灵交通，住的宫室披挂的服饰不像神仙用的，神仙就不会来到。”于是制造出图画上云气的车，以及分别依干支五行相胜之日驾着车驱赶恶鬼。又建造甘泉宫，中间是台室，图画出天、地、太一等各种神，并安置些祭祀器具以便招来天神。经过一年多，文成的方术更见衰败，神灵没有来到。就在帛上写些字让牛吞下，假装不知道，就发话说这头牛的腹中有奇物。杀掉牛一看得到了帛书，上面写的内容非常奇怪，天子认识这个写字人的笔迹，询问这个写字人，果然是假造的字书，于是杀掉文成将军，隐瞒起这件事。这以后就又兴造起柏梁、铜柱、承露仙人掌一类的建筑物了。

文成死明年，天子病鼎湖甚，巫医无所不致，不愈。游水发根言上郡有巫，病而鬼神下之。上召置祠之甘泉。及病，使人问神君。神君言曰：“天子无忧病。病少愈，强与我会甘泉。”于是病愈，遂起，幸甘泉，病良已。大赦，置寿宫神君。寿宫神君最贵者太一，其佐曰大禁、司命之属，皆从之。非可得见，闻其言，言与人音等。时去时来，来则风肃然。居室帷中。时昼言，然常以夜。天子祓，然

后入。因巫为主人，关饮食。所以言，行下。又置寿宫、北宫，张羽旗，设供具，以礼神君。神君所言，上使人受书其言，命之曰“画法”。其所语，世俗之所知也，无绝殊者，而天子心独喜。其事秘，世莫知也。

文成被杀死的第二年，天子在鼎湖宫病得特别厉害，巫医能治的办法没有不用上的，没有治愈。游水发根说上郡有个巫神，病了却使鬼神降服于他。皇上召来把他安置在甘泉宫给予祭祀。等到病了，派人去问这个神君。神君告诉说：“天子不用忧愁生病。病略有好转，就勉强支持来和我在甘泉相会。”于是病好些了，就支起身，前往甘泉，病果真好得特别彻底。皇上实行大赦，把神君迁置在寿宫。寿宫神君中最尊贵的是太一神，他的辅佐叫大禁、司命一类，都跟从着他。众神仙不是能够看见的，听到了他们的话语，话语和人的声音是一样的。有时离去有时来临，来临的时候肃肃然，有风吹动。居处在宫室帷幕里面。有时是白天说话，但常常还是在夜里说。天子举行了除灾求福的仪式，然后才进去。依靠巫师作为主人，向他领取饮食。众神所说的话，皇上就替他推行下去。又设置寿宫、北宫，张挂用羽毛装饰的旗帜，陈设供奉器具，来礼祭神君。神君所说的话，皇上派人听受并把它记下，取个名叫“画法”。他所说的言语，都是人世上习俗所知道的，没有什么特别不同的，但是天子心里独自喜欢。他的事是保守秘密的，社会上没有人会知道。

其后三年，有司言元宜以天瑞命，不宜以一、二数。一元曰“建”，二元以长星曰“光”，三元以郊得一角兽曰“狩”云。

这以后第三年，官府说“纪元”应该用天的祥瑞来命名，不应该只是按一二去记数。第一个“纪元”叫做“建”，第二个“纪元”因为是彗星出现叫做“光”，第三个“纪元”因为郊祭时候获得过一只角的野兽叫做“狩”。

其明年冬，天子郊雍，议曰：“今上帝朕亲郊，而后土无祀，则礼不答也。”有司与太史公、祠官舒宽议：“天地牲角茧栗。今陛下亲祠后土，后土宜于泽中圜丘为五坛，坛一黄犊太牢具，已祠尽瘗，而从祠衣上黄。”于是天子遂东，始立后土祠汾阴脽丘，如宽舒等议。上亲望拜，如上帝礼。礼毕，天子遂至荥阳而还。过雒阳，下诏曰：“三代邈绝，远矣难存。其以二十里地封周后为周子南君，以奉其先祀焉。”是岁，天子始巡郡县，侵寻于泰山矣。

第二年冬天，天子到雍县郊祭，计议说：“现在上帝由我亲临郊祭，但是对土地神没有祭祀，那样礼制是不完备的。”主管官府和太史公、祠官宽舒议定：“对天地的祭品贵在用牲角小得像茧栗一样的幼小牛犊。现在陛下亲自祭祀后土（土地神），后土应该在水泽中建五个外形圆高如小丘的坛来祭祀，每坛用包括一头小黄牛的太牢祭品，祭祀完毕以后全都埋葬掉，而陪祭人所穿的衣服崇尚黄色。”于是天子就向东去，开始在汾阴治所脽地山丘上建筑后土神庙，实施宽舒等人的议论。皇上亲临巡望跪拜，跟祭祀上帝的礼仪完全一样。祭礼完毕，天子顺路到了荥阳才回来。经过洛阳，下达诏书说：“三代非常遥远，太久远了后代难以留存。应该用纵横三十里的地方赐封周家后裔为周子南君，来供奉他先祖的祭祀。”这一年，天子开始巡视郡县，逐渐接近于泰山一带了。

其春，乐成侯上书言栾大。栾大，胶东宫人，故尝与文成将军同师，已而为胶东王尚方。而乐成侯姊为康王后，无子。康王死，他姬子立为王。而康后有淫佚，与王不相中，相危以法。康后闻文成已死，而欲自媚于上，乃遣栾大因乐成侯求见言方。天子既诛文成，后悔其蚤死，惜其方不尽，及见栾大，大说。大为人长美，言多方略，而敢为大言，处之不疑。大言曰：“臣常往来海中，见安期、羡门之属。顾以臣为贱，不信臣。又以为康王诸侯耳，不足与方。臣数言康王，康王又不用臣。臣之师曰：‘黄金可成，而河决可塞，不死之药可得，仙人可致也。’然臣恐效文成，则方士皆奄口，恶敢言方哉！”上曰：“文成食马肝死耳。子诚能修其方，我何爱乎！”大曰：“臣师非有求人，人者求之。陛下必欲致之，则贵其使者，令有亲属，以客礼待之，勿卑，使各佩其信印，乃可使通言于神人。神人尚肯邪不邪。致尊其使，然后可致也。”于是上使验小方，斗棋，棋自相触击。

这年春天，乐成侯丁义上书进言栾大。栾大，是替胶东王刘寄管理宫中日常生活事务的宫人，从前曾经和文成将军同时向一个老师学艺，不久就做了替胶东王掌管配制药物的尚方。乐成侯的姐姐是康王（胶东王后来谥为康王）的王后，没有生儿子。康王死了，其他妾姬的儿子即位做了王。康王王后有淫乱行为，和王就不投合，相互间用些法术进行危害。康王王后听说文成将军已经被杀死，就想对皇上献媚，于是派遣栾大通过乐成侯请求召见进献方术。天子已经诛杀了文成将军，后悔他死得太早，可惜他掌握的方术没有用尽，等到召见栾大，非常高兴。栾大人长得高又漂亮，说出话来有很多计谋策略，而且敢说大话，撒谎时毫不疑惧。说大话称："我来来去去到过海域之中，看见了安期生、羡门高一类仙人。但是因为我卑贱，他们不相信我。又认为康王只是个诸侯王，不值得给他神方。我多次对康王说过，康王又不用我。我的老师说：'黄金可以炼成，而黄河的决口可以堵塞，长生不死的药物可以得到，仙人可以招来。'然而我恐怕得到文成将军一样的后果，那样方士们都会遮着嘴巴，哪里还敢进言方术哩！"皇上说："文成将军是吃马肝死的。你的确能修炼出他那样的方术，我还吝惜什么金宝和禄位呢？"栾大说："我的老师并不是有求于人，是人们去求的他。陛下一定想招来神仙，就要尊重他的使者，让他有亲属，都受到宾客之礼的款待，不要卑视他们，让他们佩带各神印信，就可以让他们同神人交通话语。神人是肯呢是不肯呢还不一定。只有特别尊贵神仙的使者，然后才可以招来神仙的。"于是皇上先让他实验一下小的方术，进行斗棋，棋子就自动相互抵触撞击。

是时上方忧河决，而黄金不就，乃拜大为五利将军。居月余，得四印，佩天士将军、地士将军、大通将军印。制诏御史："昔禹疏九江，决四渎。间者河溢皋陆，堤繇不息。朕临天下二十有八年，天若遗朕士而大通焉。《乾》称'蜚龙'，'鸿渐于般'，朕意庶几与焉。其以二千户封地士将军大为乐通侯。"赐列侯甲第，僮千人。乘舆斥车马帷幄器物以充其家。又以卫长公主妻之，赍金万斤，更命其邑曰当利公主。天子亲如五利之第。使者存问供给，相属于道。自大主将相以下，皆置酒其家，献遗之。于是天子又刻玉印曰"天道将军"，使使衣羽衣，夜立白茅上，五利将军亦衣羽衣，夜立白茅上受印，以示不臣也。而佩"天道"者，且为天子道天神也。于是五利常夜祠其家，欲以下神。神未至而百鬼集矣，然颇能使之。其后装治行，东入海，求其师云。大见数月，佩六印，贵震天下，而海上燕、齐之间，莫不搤捥而自言有禁方，能神仙矣。

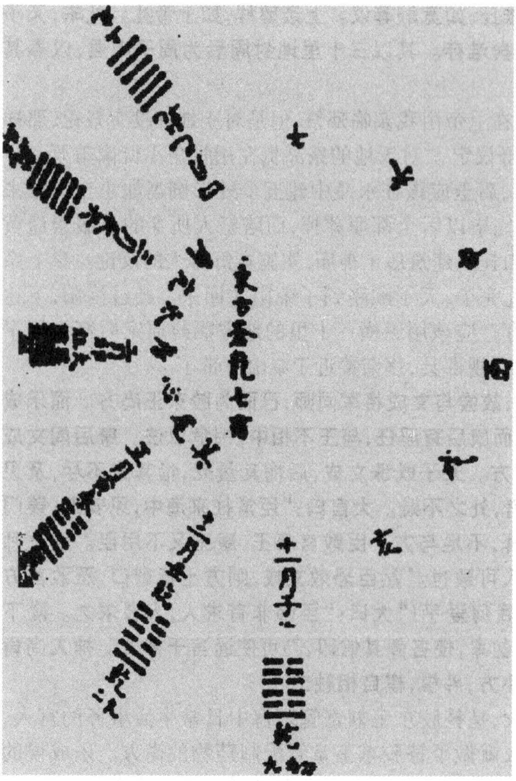

乾六爻图，选自宋·朱震《汉上易传·卦图》。

这个时候皇上恰好担忧黄河决口，而炼丹砂铅锡成黄金又不能得手，就授予栾大做五利将军。过了一个多月，栾大就得到四方印信，即再佩上天士将军、地士将军、大通将军的印信。天子下诏给御史："从前大禹疏浚九江，决通四渎。近来黄河泛滥到岸边广阔的平地，修筑堤防的劳役没有停息。我登临天下二十八年，上天好像要送给我一名贤士而栾大正是能通天意的呢。如《周易·乾卦》说的那样，'有飞龙游弋在天'，《渐卦》说'似鸿鸟飞临高岸边'，能够得到栾大，我的意志差不多是得到上天赞许了。应当用二千户地方封地士将军栾大为乐通侯。"赏赐列侯等级的上等住宅，僮仆一千人。按帝王的标准用车马、帐幕、器械、百物来充满他的家室。又把卫皇后的长女许配给他，赠送黄金万斤，改变她封号的命名叫当利公主。天子亲自驾临五利将军的住宅。派出问候和负责供应的使臣，在道路上连接不断。从武帝姑母大长公主和将相以下，都在他家中备设酒宴，进献赠送给他钱财。于是天子又刻置了玉印叫"天道将军"，派遣使者穿上用羽毛缝制的衣服，夜间站立在白茅上，五利将军也穿上羽毛缝制的衣服，夜晚站立在白茅上接受玉印，以表示不作臣子看待。而佩带“天道”的意思，是将要替天子引出天神。于是五利将军常夜晚在他家进行祭祀，想借此让神降下。神没有来到却有百鬼聚集了，但他还是很能指使它们。在这以后他整理行装外出，往东进入海域，寻求他的仙师去了。栾大被引见几个月，就佩带着六方大印，贵宠震动了天下，由此沿海一带原来属燕国、齐国境界之间的方士，没有谁不是握紧手腕振奋地说自己也有秘方，能够引来神仙了。

其夏六月中，汾阴巫锦为民祠魏脽后土营旁，见地如钩状，掊视得鼎。鼎大异于众鼎，文镂无款识，怪之，言吏。吏告河东太守胜，胜以闻。天子使使验问巫得鼎无奸诈，乃以礼祠，迎鼎至甘泉，从行，上荐之。至中山，曣嗢，有黄云盖焉。有麃过，上自射之，因以祭云。至长安，公卿大夫皆议请尊宝鼎。天子曰：“间者河溢，岁数不登，故巡祭后土，祈为百姓育谷。今岁丰庑未报，鼎曷为出哉？”有司皆曰：“闻昔泰帝兴神鼎一，一者壹统，天地万物所系终也。黄帝作宝鼎三，象天地人。禹收九牧之金，铸九鼎。皆尝亨鬺上帝鬼神。遭圣则兴，鼎迁于夏商。周德衰，宋之社亡，鼎乃沦没，伏而不见。《颂》云‘自堂徂基，自羊徂牛；鼐鼎及鼒，不吴不骜，胡考之休’。今鼎至甘泉，光润龙变，承休无疆。合兹中山，有黄白云降，盖若兽为符，路弓乘矢，集获坛下，报祠大享。唯受命而帝者心知其意而合德焉。鼎宜见于祖祢，藏于帝廷，以合明应。”制曰：“可。”

这年夏天六月中，汾阴的巫者叫锦的在魏脽的后土神庙地界旁边替民众祈祷祭祀，看见地面突起像钩的形状，用手扒开土一看得到了一座鼎。鼎大得和其他的鼎都不一样，雕刻有花纹但没有文字说明，感到奇怪，告诉当地官吏。官吏报告给河东太守名叫胜的，胜上书禀知皇上。天子派遣使者考察讯问巫者获得鼎的情状没有奸伪欺诈，于是用礼加以祭祀，把鼎迎接到甘泉宫，是随从皇上同行的，皇上将它祭献给上天。途中走到中山，天气晴朗温和，上空有黄色云彩覆盖哩。正好有只麃子经过，皇上亲自射中，因而用来祭祀。到了长安，公卿大夫等官员都上议请求尊崇宝鼎。天子说：“近来黄河泛滥，几年来没有好收成，所以在巡视中祭祀后土神，祈祷它替百姓们养育谷苗。今年丰收还没有见到酬报，鼎为什么要出土呢？”官员们都说：“听说从前泰帝铸造神鼎一座，一，就是大一统，是天地万物所系属的最后旨归。黄帝制作宝鼎三座，象征着天地人。大禹收集九州出产的金属，铸成九鼎，都曾经用它烹煮牲畜来祭祀上帝鬼神。遇到圣世它们就会出现，这样传到了夏代、商代。周家德行衰败，宋国的社庙覆亡，鼎于是沦落淹没，隐伏起来不见了。《诗经》的《周颂》中说：‘从庙堂到门槛外，有献羊的有献牛；大鼎中鼎和小鼎，不喧哗来不傲慢，保佑大家都长寿。’现在宝鼎到了甘泉，光辉润泽龙游变化，庆承福佑无边无疆。和这里中山降下的黄白祥云相会合，祥云就像嘉兽象征瑞应；加上陛下用大弓四箭射获麃子，祥兆都会集到坛下，形成酬报天地鬼神的盛大典礼。只有接受天命来称帝的人才能心知其中的深意而合应符德的。宝鼎应该进献给高祖庙，珍藏在甘泉宫天帝殿廷，以便契合上天降赐的神明符应。”皇上下诏说：“可以。”

入海求蓬莱者，言蓬莱不远，而不能至者，殆不见其气。上乃遣望气佐候其气云。

进入大海寻找蓬莱仙岛的人，说蓬莱仙岛离岸不很远，但是不能到达的原因，也许是没有见到它放射的瑞气。皇上于是派望气的官员来辅佐征候蓬莱岛的瑞气。

其秋，上幸雍，且郊。或曰“五帝，太一之佐也，宜立太一而上亲郊之”。上疑未定。齐人公孙卿曰：“今年得宝鼎，其冬辛巳朔旦冬至，与黄帝时等。”卿有札书曰：“黄帝得宝鼎宛朐，问于鬼臾区。鬼臾区对曰：‘帝得宝鼎神策，是岁己酉朔旦冬至，得天之纪，终而复始。’于是黄帝迎日推策，后率二十岁复朔旦冬至，凡二十推，三百八十年，黄帝仙登于天。”卿因所忠欲奏之。所忠视其书不经，疑其妄书，谢曰：‘宝鼎事已决矣，尚何以为！’卿因嬖人奏之。上大说，乃召问卿。对曰：“受此书申公，申公已死。”上曰：“申公何人也？”卿曰：“申公，齐人。与安期生通，受黄帝言，无书，独有此鼎书。曰‘汉兴复当黄帝之时’。曰‘汉之圣者在高祖之孙且曾孙也。宝鼎出而与神通，封禅。封禅七十二王，唯黄帝得上泰山封’。申公曰：‘汉主亦当上封，上封则能仙登天矣。黄帝时万诸侯，而神灵之封居七千。天下名山八，而三在蛮夷，五在中国。中国华山、首山、太室、泰山、东莱，此五山黄帝之所常游，与神会。黄帝且战且学仙。患百姓非其道者，乃断斩非鬼神者。百余岁然后得与神通。黄帝郊雍上帝，宿三月。鬼臾区号大鸿，死葬雍，故鸿冢是也。其后黄帝接万灵明廷。明廷者，甘泉也。所谓寒门者，谷口也。黄帝采首山铜，铸鼎于荆山下。鼎既成，有龙垂胡髯下迎黄帝。

嵩岳图。嵩山又称太室山，为五岳之一，也是古代天子封禅之地。

黄帝上骑，群臣后宫从上者七十余人，龙乃上去。余小臣不得上，乃悉持龙髯，龙髯拔，堕，堕黄帝之弓。百姓仰望黄帝既上天，乃抱其弓与胡髯号，故后世因名其处曰鼎湖，其弓曰乌号。'"于是天子曰："嗟乎！吾诚得如黄帝，吾视去妻子如脱纚耳。"乃拜卿为郎，东使候神于太室。

这年秋天，皇上临幸雍县，将要进行郊祭，有人说"五色之帝，是太一帝的陪祭，应该建立太一坛由皇上亲临郊祭它"。皇上犹豫不能决定。原来齐地人公孙卿说："今年得到宝鼎，而冬季辛巳朔日晨旦是冬至到达时刻，和黄帝时代正好相同。"公孙卿还有进言议事的书札说："黄帝在宛朐地方得到宝鼎，就问臣子鬼臾区。鬼臾区回答说：'帝得到宝鼎和用于占卜的神蓍草，这一年己酉朔日晨旦是冬至时刻，合乎天的历数，就这样终而复始地循环。'于是黄帝预测日月朔望以推算历法，后来大约每过二十年再值朔日晨旦冬至，总计二十次推算，合三百八十年，黄帝就成了仙登临上天去了。"公孙卿想通过武帝的近臣所忠上奏，所忠一看他书札中的议论不合常道，怀疑他是胡妄写成的，拒绝说："祭宝鼎的事已经决定了，还能做什么！"公孙卿通过武帝宠爱的人上奏。皇上看了特别高兴，就召来公孙卿询问。回答说："从申公那里接受到这些内容，申公已经死亡。"皇上说："申公是个什么样的人?"公孙卿说："申公，齐国地方人。和仙人安期生通往过，接受到黄帝的言论，没有写过文字，唯独只有这份铸在鼎上的文字。说'汉家兴盛会重新相当黄帝得鼎的时节'。说'汉家帝王的贤圣人是在高祖的孙辈以到曾孙辈。宝鼎出土并和神灵交通，就举行封禅典礼。自古举行过封禅的有七十二位王，只有黄帝能够上到泰山举行封礼。申公说：'汉家君主也应当上到泰山举行封礼，上到泰山举行了封礼就能成为神仙登天了。黄帝时代有万家诸侯，而能主持名山大川神灵祭祀的封国有七千家。天下的名山有八座，三座在边远部落地区，五座在中原各国。中原各国有华山、首山、太室山、泰山、东莱山，这五座山是黄帝所要经常去游览，和神灵相会的地方。黄帝一边作战一边学习仙道。憎恨百姓中有人反对他的仙道，并处斩那些诋毁鬼神的人。这样一百多年以后才能够和神灵交通。黄帝到雍地郊祭上帝，住宿三个月。鬼臾区别号大鸿，死后葬在雍地，就是从前的鸿冢。这以后黄帝在明堂接见万般神灵。明堂，就是现在的甘泉宫。所说的寒门，就是现在的谷口。黄帝开采首山的铜，在荆山下面铸成鼎。鼎已经铸成，有条飞龙垂着胡须往下来迎接黄帝。黄帝骑上龙背，他的群臣和后宫的一些人跟着骑上去的有七十多人，龙于是飞上天去。其余的小臣子不能骑上龙背，就都抓住龙的胡须，龙的胡须被拔出来了，掉落在地，也掉落了黄帝的一把弓。百姓们仰望着黄帝已经飞上天去，就抱着他的弓和龙的胡须号哭，所以后代就此把黄帝上天的地方取名叫鼎湖，把他掉落的弓取名叫乌号。'"听了以后于是天子就说："哎呀！我真的能够像黄帝那样，我看待丢掉人世间的妻妾子女就会像扔掉鞋子一样容易了。"就委任公孙卿做郎官，派他去东方在太室山恭候神灵。

上遂郊雍，至陇西，西登崆峒，幸甘泉。令祠官宽舒等具太一祠坛，祠坛放薄忌太一坛，坛三垓。五帝坛环居其下，各如其方，黄帝西南，除八通鬼道。太一，其所用如雍一畤物，而加醴枣脯之属，杀一狸牛以为俎豆牢具。而五帝独有俎豆醴进。其下四方地，为醊食群神从者及北斗云。已祠，胙馀

皆燎之。其牛色白，鹿居其中，彘在鹿中，水而洎之。祭日以牛，祭月以羊彘特。太一祝宰则衣紫及绣。五帝各如其色，日赤，月白。

皇上于是到雍县郊祭，接着到了陇西，往西登上了崆峒山，幸临甘泉宫。令祠官宽舒等筹建太一神的祭祀坛，祭祀坛仿照亳人谬忌所说的太一坛模式，坛筑成三层。五色帝的坛围在它下面的四周，分别安置在各自所主的一方，黄色帝安置在西南方，整理出通向八面的鬼道。太一坛祭品和雍县一座畤的祭物相当，而另外加上醴酒枣脯一类，还杀一头牦牛作为盛在俎豆等祭具里的一套完备的祭品。而五色帝的祭品只有通常俎豆所盛的和醴酒进献。在它们下面的四方地，就是些绕着坛设置并互相联缀的给群神跟从者及北斗星神供奉歆食的祭座。祭祀完毕，胙肉及余品都用火焚化来祭神。祭品中牛用白色，鹿放在牛的体腔中，猪放在鹿的体腔中，然后用水浸泡。祭日神用牛，祭月神用一头羊或者是猪。太一坛的祭祀主管官员穿紫色绣花的祭服。祭祀五色帝穿的祭服颜色和所祭的帝神一样，祭日神穿赤色衣，祭月神穿白色衣。

十一月辛巳朔旦冬至，昧爽，天子始郊拜太一。朝朝日，夕夕月，则揖；而见太一如雍郊礼。其赞飨曰："天始以宝鼎神策授皇帝，朔而又朔，终而复始，皇帝敬拜见焉。"而衣上黄。其祠列火满坛，坛旁亨炊具。有司云"祠上有光焉"。公卿言"皇帝始郊见太一云阳，有司奉瑄玉嘉牲荐飨。是夜有美光，及昼，黄气上属天"。太史公、祠官宽舒等曰："神灵之休，佑福兆祥，宜因此地光域立太畤坛以明应。令太祝领，秋及腊间祠。三岁天子一郊见。"

十一月辛巳朔日晨旦冬至时刻到来，天刚蒙蒙亮，天子开始到郊外拜祭太一神。早晨祭日神，傍晚祭月神，就用拱手行揖礼；而参见太一神用的是雍县郊祭礼。祭祀官员宣读祝词说："上天最初把宝鼎和占卜用的神蓍草授给皇帝，经过了一个朔旦又一个朔旦，终而复始地循环，皇帝在这里恭敬地拜祭参见哩。"而穿的祭服崇尚黄色。这个祭祀形式是满坛列置火光，坛的旁边摆着烹饪用的器具。主管官员就说是"祭坛上方有光彩显现"。公卿们说"皇上当初在云阳宫郊祭拜见太一神，祭祀的官员手捧六寸大的玉璧和将养了五年重二千斤的牲牛进献。祭祀这天晚上天空有美丽的光芒，到了次日白天，黄气还从地面上达到天空"。太史公司马谈、祠官宽舒等说："神灵显出的美好景象，预示着福佑吉祥，应该依据这个美光出现的地域建筑太畤坛来宣照瑞应。命令太祝官负责，在秋季和腊月间进行祭祀。三年天子来参加一次郊祭进献。"

其秋，为伐南越，告祷太一。以牡荆画幡日月北斗登龙，以象太一三星，为太一锋，命曰"灵旗"。为兵祷，则太史奉以指所伐国。而五利将军使不敢入海，之泰山祠。上使人随验，实毋所见。五利妄言见其师，其方尽，多不雠。上乃诛五利。

这年秋天，为了攻伐南越，祷告太一神。用牡荆做竿张着画有日月、北斗和登龙的长条形旗帜，来象征太一三星，作为祭祀太一神的前导旗帜，命名叫"灵旗"。替战事祈祷时，就由太史捧着它用来指向所攻伐的国家。而五利将军受派遣求仙不敢进入海域，就到泰山去祭祀。皇上派出人员暗中跟随检验，实际发现他们没有见到任何神仙。五利将军却妄说见到了他的仙师，他的方术用完了，大多不能应验，皇上于是诛杀五利将军。

其冬，公孙卿候神河南，言见仙人迹缑氏城上，有物如雉，往来城上。天子亲幸缑氏城视迹。问卿："得毋效文成、五利乎？"卿曰："仙者非有求人主，人主者求之。其道非少宽假，神不来。言神事，事如迂诞，积以岁乃可致也。"于是郡国各除道，缮治宫观名山神祠所，以望幸矣。

这年冬天，公孙卿在河南恭候神灵，说在缑氏城上看见了仙人的踪迹，有神物像野鸡，在城上飞来飞去。天子亲自临幸缑氏城视察仙人踪迹。询问公孙卿："不是效法文成将军、五利将军进行欺诈吧？"公孙卿说："仙人不是有求于人间君主，人间做君主的人在求他。求仙的办法，如果不稍为宽限时日等待，神仙就不会来。说起求神仙的事，事情好像迂阔荒诞，只有积以岁月才可以招来它的。"于是郡县封国分别整修道路，修缮建筑宫观名山神仙祠庙的屋宇，以盼望皇上临幸呢。

其春，既灭南越，上有嬖臣李延年以好音见。上善之，下公卿议，曰："民间祠尚有鼓舞乐，今郊祀而无乐，岂称乎？"公卿曰："古者祠天地皆有乐，而神祇可得而礼。"或曰："太帝使素女鼓五十弦瑟，悲，帝禁不止，故破其瑟为二十五弦。"于是塞南越，祷祠太一、后土，始用乐舞，益召歌儿，作二十五弦及空侯琴瑟自此起。

这年春天，已经灭亡了南越，皇上有个宠爱的臣子李延年由于善于音乐被召见。皇上很赞赏他，下令公卿们进行计议，说："民间祭祀的时候尚且还有击鼓舞蹈的音乐，现在进行郊野祭祀反倒没有音乐，难道是相称配吗？"公卿们说："古时候祭祀天地都有音乐，那样天地间的神灵才能够歆享祭祀。"有人说："太昊伏羲氏让素女弹奏有五十弦的瑟，非常悲戚，太昊帝让她停住，她却不能自止，所以剖析她的瑟改制成二十五弦。"于是在替灭亡南越酬神报功，祷告祭祀太一、后土神时，首次采用音乐舞蹈，增招一些歌手，制作流行二十五弦的瑟以及箜篌就是从这时开始的。

其来年冬，上议曰："古者先振兵泽旅，然后封禅。"乃遂北巡朔方，勒兵十余万，还祭黄帝冢桥山，释兵须如。上曰："吾闻黄帝不死，今有冢，何也？"或对曰："黄帝已仙上天，群臣葬其衣冠。"既至甘泉，为且用事泰山，先类祠太一。

第二年冬天，皇上提议说："古时候先整顿兵员解散军队，然后才举行封禅典礼。"于是就去北边巡视朔方，统率兵众十多万，回程中在桥山祭奠黄帝冢，到了须如就解散了所统率的兵众。皇上问："我听说黄帝长生不死，现在有了冢墓，是为什么？"有人回答说："黄帝已经成仙上了天，群臣就在这里安葬下他的衣冠。"已经到了甘泉宫，为了将要到泰山封禅，先行用祭天的仪式祭祀太一神。

自得宝鼎，上与公卿诸生议封禅。封禅用希旷绝，莫知其仪礼，而群儒采封禅《尚书》、《周官》、《王制》之望祀射牛事。齐人丁公年九十余，曰："封禅者，合不死之名也。秦皇帝不得上封。陛下必欲上，稍上即无风雨，遂上封矣。"上于是乃令诸儒习射牛，草封禅仪。数年，至且行。天子既闻公孙卿及方士之言，黄帝以上封禅，皆致怪物与神通，欲放黄帝以上接神仙人蓬莱士，高世比德于九皇，而颇采儒术以文之。群儒既已不能辨明封禅事，又牵拘于《诗》《书》古文而不能骋。上为封禅祠器示群儒，群儒或曰"不与古同"，徐偃又曰"太常诸生行礼不如鲁善"，周霸属图封禅事，于是上绌偃、霸，而尽罢诸儒不用。

自从得了宝鼎，皇上就和公卿以及各位儒生们计议举行封禅大典。举行过封禅大典的历史上很少，长久以来断绝了，没有谁知道它的具体礼仪，儒生们就从《尚书》、《周官》、《王制》中采集望祀和天子射牛的情事，纳入有关封神的祭典。原来的齐国地方人丁公年纪有九十多岁，说："封禅，是要和长生不死的名义结合起来的，秦始皇中途遇风雨不能够上泰山行封礼。陛下一定想上泰山，略为上去一段路如果没有风雨，坚持一下就能上去行封礼了。"皇上于是就下令各个儒生演习射牛，草拟封禅的仪式。经过几年，到了时间将要前行。天子又听到了公孙卿和方士的言论，黄帝以上时代举行封禅，都招来了怪物并和神灵交通，就想要仿效黄帝以上的时代交接神仙的使者蓬莱方士，高出世俗要和上古九皇比量德行，又广泛地采取儒术加以修饰。可是儒生们既然已经不能够辨别清楚封禅事宜，又受到《诗》、《书》古文的拘束而不能驰骋想象。皇上制作出封禅的祭器向儒生们展示，儒生中有人说"和古制不相同"，博士徐偃又说"太常祠官下属的各个生员所行的礼仪不如鲁国的好"，周霸又串连儒生计划封禅事宜，于是皇上就贬黜徐偃、周霸，并将各个儒生尽都罢免不加任用。

三月，遂东幸缑氏，礼登中岳太室。从官在山下闻若有言"万岁"云。问上，上不言；问下，下不言。于是以三百户封太室奉祠，命曰崇高邑。东上泰山，泰山之草木叶未生，乃令人上石立之泰山巅。

三月，于是往东幸临缑氏县，登上中岳太室山行祭礼。随从官员在山下好像听到有喊"万岁"的声音。询问山上，山上的人说没有呼喊；问山下，山下的人也说没有呼喊。于是将三百户封给太室山用作供奉祭祀，命名叫崇高邑。往东登上泰山，泰山上的草和树木的叶还未长出来，就令人抬上石碑立在泰山顶上。

上遂东巡海上，行礼祠八神。齐人之上疏言神怪奇方者以万数，然无验者。乃益发船，令言海中神山者数千人求蓬莱神人。公孙卿持节常先行候名山，至东莱，言夜见大人，长数丈，就之则不见，见其迹甚大，类禽兽云。群臣有言见一老父牵狗，言"吾欲见巨公"，已忽不见。上即见大迹，未信，及群臣有言老父，则大以为仙人也。宿留海上，予方士传车及间使求仙人以千数。

皇上于是往东巡视海上，举行典礼祭祀天主、地主、兵主、阴主、阳主、月主、日主、四时主八神。原来齐国地方人上疏讲神怪奇方的人以万计，然而没有一个能验证的。就更多地发出船只，让那说海中有神山的数千人去寻求蓬莱仙人。公孙卿持着符节常常是先行在名山恭候神仙，到了东莱，说夜晚见到一个高大的人，有几丈高，走近他就不见了，看到他的足迹特别大，类似飞禽走兽的足迹。群臣中有人说看见一位年老的人牵条狗，说“我想见巨公（意指武帝）”，一会儿忽然就不见了。皇上走近去看见了大人足迹，还是不信，等到群臣中间有人说到那位年老的人，就特别认为是仙人了。就在海上留驻，给予方士们官府载人的车以及偷偷派遣使者去寻求仙人的人数以千计。

四月，还至奉高。上念诸儒及方士言封禅人人殊，不经，难施行。天子至梁父，礼祠地主。乙卯，令侍中儒者皮弁荐绅，射牛行事。封泰山下东方，如郊祀太一之礼。封广丈二尺，高九尺，其下则有玉牒书，书秘。礼毕，天子独与侍中奉车子侯上泰山，亦有封。其事皆禁。明日，下阴道。丙辰，禅泰山下址东北肃然山，如祭后土礼。天子皆亲拜见，衣上黄而尽用乐焉。江淮间一茅三脊为神藉。五色土益杂封。纵远方奇兽蜚禽及白雉诸物，颇以加礼。兕牛犀象之属不用，皆至泰山祭后土。封禅祠；其夜若有光，昼有白云起封中。

四月，返回到达奉高县。皇上念叨各个儒生和方士们所说的封禅事一人一个样，不合常道，难以施行。天子到达梁父山，用礼祭祀地主神。乙卯日，命令侍中和儒生戴上用白鹿皮制作的礼帽，穿着在腰带间插着笏的官服，行天子射牛以示亲祭的礼仪。到泰山顶下的东面举行封礼，采用像郊祭太一神的礼仪。举行封礼的坛是宽一丈二尺，高九尺，它的下面放有用玉装饰的简牒祭文，祭文的内容是保密的。封礼完毕，天子单独和侍中、掌管皇帝车马的奉车都尉霍子侯（霍去病儿子霍嬗）登上泰山，也举行了封礼。这件事的具体情节都禁令不得外传。第二天，从北边道路下山。丙辰日，到泰山脚下东北的肃然山举行禅祭，用像祭后土神一样的礼仪。天子都是亲自跪拜参见，穿的祭服崇尚黄色并且全都用了音乐。长江、淮河之间出产的一种一根茅草有三条棱脊的灵茅用作神灵的垫席。五种颜色的土增厚错杂在封坛上。释放从边远地方捕获来的奇兽飞鸟和白色野鸡等各种动物，特别加重了礼仪的隆盛。但兕牛、旄牛、犀牛、大象一类的动物都不用。天子一行都又回到泰山去祭祀后土神。举行封禅祭祀时，当天夜晚就好像有彩光闪现，白天就有白云从封坛中升起。

天子从禅还，坐明堂，群臣更上寿。于是制诏御史：“朕以眇眇之身承至尊，兢兢焉惧不任。维德菲薄，不明于礼乐。修祠太一，若有象景光，屑如有望，震于怪物，欲止不敢，遂登封太山，至于梁父，而后禅肃然。自新，嘉与士大夫更始，赐民百户牛一酒十石，加年八十孤寡布帛二匹。复博、奉高、蛇丘、历城，无出今年租税。其大赦天下，如乙卯赦令。行所过毋有复作。事在二年前，皆勿听治。”又下诏曰：“古者天子五载一巡狩，用事泰山，诸侯有朝宿地。其令诸侯各治邸泰山下。”

天子从举行禅礼的坛场回来，坐在泰山东北脚下的明堂上，群臣更替祝福。于是天子下达诏令告诉御史：“我用卑微的身躯承续天子的至尊之位，兢兢业业地唯恐不能胜任。只因为德行菲薄，不能明习礼乐制度。修缮祭祀太一神时，天上像是有吉祥气象的美光，我内心不安仿佛望见了什么，被这奇异景象所深深震撼，想要中途停止下来又不敢，就登临泰山举行封礼，到达了梁父，然后在肃然山举行禅礼。我应当修德以求新生，

泰山图，古代天子常到泰山封禅。

吉庆地愿意和士大夫们重新开始创造新局面，特赐给民众每一百户一条牛十石酒，给年纪满八十岁的老人和孤子寡妇每人加赐布帛二匹。豁免博县、奉高、蛇丘、历城四县徭役，不要交纳今年的租税。应该对天下实行大赦，像乙卯年赦令规定的那样。行幸所经过的地方不要再有监外劳役。犯罪事实出在两年前的，都不要再处治了。”又下达诏书说：“古时候天子每五年进行一次巡行视察，到泰山举行封禅典礼，诸侯建有参加朝拜的住所。特令诸侯各自在泰山下建筑住宿的府第。”

天子既已封泰山，无风雨灾，而方士更言蓬莱诸神若将可得，于是上欣然庶几遇之，乃复东至海上望，冀遇蓬莱焉。奉车子侯暴病，一日死。上乃遂去，并海上，北至碣石，巡自辽西，历北边至九原。五月，反至甘泉。有司言宝鼎出为元鼎，以今年为元封元年。

天子既然已经封祭了泰山，没有遇上风雨灾害，而方士们就进一步说蓬莱岛的各个神仙似乎将会找得到，于是皇上高兴地想也许能够遇到它，就重新往东来到海上遥望，希望遇见蓬莱仙岛哩。奉车都尉霍子侯发了暴病，一日内就死去了。皇上于是就离去，依海岸上行，往北到达碣石，巡行从辽西开始，经历北部边境到达九原县。五月，返回到甘泉宫。主管官员们说宝鼎出土的那年纪元称作无鼎，应该定今年的纪元称作元封元年。

其秋，有星茀于东井。后十余日，有星茀于三能。望气王朔言：“候独见填星出如瓜，食顷复入焉。”有司皆曰：“陛下建汉家封禅，天其报德星云。”

这年秋天，有慧星出现在井宿。后十几日，又有彗星出现在三台天区。望气佐王朔说：“我在观测的时候只见一枚旗星出现时像瓜那么大，吃顿饭这会儿的工夫就又隐没了。”主管官员们都说：“陛下创建了汉家的封禅大典，上天给予酬报就出现了德星呀。”

其来年冬，郊雍五帝。还，拜祝祠太一。赞飨曰：“德星昭衍，厥维休祥。寿星仍出，渊耀光明。信星昭见，皇帝敬拜太祝之享。”

第二年冬天，在雍县郊祭五色帝。返回，拜祭太一神并加祝词。祝词说：“德星光明硕大，显示出美好吉祥。寿星接着出现，光明远耀。信星昭明显现，皇帝敬拜太祝官所祭祀的各位神灵。”

其春，公孙卿言见神人东莱山，若云“欲见天子”。天子于是幸缑氏城，拜卿为中大夫。遂至东莱，宿留之数日，无所见，见大人迹云。复遣方士求神怪采芝药以千数。是岁旱，于是天子既出无名，乃祷万里沙，过祠泰山。还至瓠子，自临塞决河，留二日，沉祠而去。使二卿将卒塞决河，徙二渠，复禹之故迹焉。

这年春天，公孙卿说在东莱山见到了神仙，他说“想见见天子”。天子于是幸临缑氏城，任命公孙卿做中大夫。因而来到东莱，留住了好几天，没有能见到神仙，据说见到了巨人的足迹。重新派方士去寻求神怪采集灵芝药物的人数以千计。这一年出现大旱。于是天子既已出游但没有正当名目，就到万里沙地方的神庙中祈雨，经过时祭祀泰山。回程中到达瓠子口，自己亲临部署堵塞黄河决口，停留两天，把白马和玉璧的祭品沉入河中就离去了。派汲仁、郭昌二卿带领士卒堵塞黄河决口，改变黄河河道，另外疏浚两条支流引它入海，恢复了大禹治水时的原貌。

是时既灭两越，越人勇之乃言“越人俗鬼，而其祠皆见鬼，数有效。昔东瓯王敬鬼，寿百六十岁。后世怠慢，故衰耗”。乃令越巫立越祝祠，安台无坛，亦祠天神上帝百鬼，而以鸡卜。上信之，越祠鸡卜始用。

这时候已经灭掉了南越、东越，越地人勇之就说“两越地方的人习俗相信鬼，因此他们祭祀的时候都能见到鬼，多次都有效验。从前东瓯王敬重鬼，长寿到一百六十岁。后来的世代怠慢了鬼，所以就衰败”。于是下令越地的巫师建立越式祝祷的祠庙，安设上庙台却没有坛，也用来祭祀天神上帝和百鬼，并采用鸡骨进行占卜。皇上相信这一套，越式祠庙和用鸡骨占卜就开始流传。

公孙卿曰：“仙人可见，而上往常遽，以故不见。今陛下可为观。如缑城，置脯枣，神人宜可致也。且仙人好楼居。”于是上令长安则作蜚廉、桂观，甘泉则作益延寿观，使卿持节设具而候神人。乃作通天茎台，置祠具其下，将招来仙神人之属。于是甘泉更置前殿，始广诸宫室。夏，有芝生殿房内中。天子为塞河，兴通天台，若见有光云，乃下诏：“甘泉房中生芝九茎，赦天下，毋有复作。”

公孙卿说：“仙人可以见到，但是皇上前往常常很匆忙，所以没能见到。现在陛下可以在京城建造一座宫观，像缑氏城那样，设置一些果脯枣干，神人应该可以招来的。而且仙人喜好有楼的居处。”于是皇上命令长安按照要求建造飞廉观、桂观，甘泉按照要求建造益寿观，派公孙卿持着符节设置供品来恭候神仙。接着建造通天台，在它的下面摆供品，以企求招来仙人、神人一类灵物。于是甘泉宫重新设置了前殿，开始扩充各个宫室的建筑。夏天，有芝草生长在殿房里面。天子因为堵塞住了黄河决口，兴造了通天台，好像显现出上天有神光的瑞应，于是下达诏令：“甘泉宫殿房里面生长出有九茎的芝草，为此大赦天下，免除复作的监外劳役。”

其明年，伐朝鲜。夏，旱。公孙卿曰：“黄帝时封则天旱，干封三年。”上乃下诏曰：“天旱，意干封乎？其令天下尊祠灵星焉。”

第二年，攻伐朝鲜。夏季，天旱。公孙卿说：“黄帝的时候举行封礼就天旱，暴晒封坛的土三年。”皇上于是下达诏令说：“天旱，意测是要暴晒封坛的土邑？特别命令天下尊崇地祭祀主管农事的灵星。”

其明年，上郊雍，通回中道，巡之。春，至鸣泽，从西河归。

第二年，皇上到雍县郊祭，通过回中谷道的时候，一路进行了巡视。春天，抵达鸣泽，从西河郡回京。

其明年冬，上巡南郡，至江陵而东。登礼灊之天柱山，号曰南岳。浮江，自寻阳出枞阳，过彭蠡，礼其名山川。北至琅邪，并海上。四月中，至奉高修封焉。

第二年冬天，皇上巡视南郡，到达江陵后再往东。登临并且以礼祭祀灊县南部的天柱山，称这座山号南岳。在长江上乘船而下，从寻阳县出发到达枞阳县，渡过彭蠡泽（鄱阳湖），以礼祭祀沿途的有名山川。往北到达琅邪郡，再靠着海岸上行。四月中旬，到达奉高县举行了封礼。

初，天子封泰山，泰山东北址古时有明堂处，处险不敞。上欲治明堂奉高旁，未晓其制度。济南人公王带上黄帝时明堂图。明堂图中有一殿，四面无壁，以茅盖，通水，圜宫垣为复道，上有楼，从西南入，命曰昆仑，天子从之入，以拜祠上帝焉。于是上令奉高作明堂汶上，如带图。及五年修封，则祠太一、五帝于明堂上坐，令高皇帝祠坐对之。祠后土于下房，以二十太牢。天子从昆仑道入，始拜明堂如郊礼。礼毕，燎堂下。而上又上泰山，自有秘祠其巅。而泰山下祠五帝，各如其方，黄帝并赤帝，而有司侍祠焉。山上举火，下悉应之。

当初，天子封祭泰山，泰山东北山脚下古时候有一处地方建有明堂，这个地方险峻但不宽敞开朗。皇上就想在奉高的旁边另建一座明堂，不明白关于明堂的形制规模。济南地方人公玉带奏上黄帝时代的明堂图。明堂图上在正中有一座殿，四面没有墙壁，顶上用茅草覆盖，四面通上水沟，环绕着宫垣筑成架空通道，上面有交楼，从西南角伸入殿堂，这条道名叫昆仑，天子从这里进入，来拜祭上帝。于是皇上下令在奉高县的汶水旁建造像公玉带图示那样的明堂。等到五年后来举行封礼时，就把太一神、五色帝的祠主安置在明堂的上座，让高皇帝的灵位安置在它们对面，后土神的祠主安置在下房，用十头牛作祭牲。天子从昆仑通道进入，开始像行郊祭礼一样拜祭明堂。祭礼完毕，在堂下烧柴祭祀。而皇上接着又登上泰山，自有一套秘密的办法在山顶上祭祀。而在泰山下祭祀五色帝，各在和它们同色的方位，只有黄帝和赤帝并在一处，这些都由负责官员侍奉祭祀哩。祭祀时山上举起火光，山下就都响应也举火。

其后二岁，十一月甲子朔旦冬至，推历者以本统。天子亲至泰山，以十一月甲子朔旦冬至日祠上帝明堂，毋修封禅。其赞飨曰：“天增授皇帝太元神策，周而复始。皇帝敬拜太一。”东至海上，考入海及方士求神者，莫验，然益遣，冀遇之。

这以后的第二年，十一月甲子朔日晨旦是冬至时刻，推算历法的人认为是正统（历法周期的起点）。天子亲自到泰山，用十一月甲子朔旦冬至这一天在明堂祭祀上帝，没有采用封禅的礼仪。祭祀时候的祝词说：“上天增授皇帝太古时代上皇创制历法时的泰元称号和神蓍草，周而复始地循环。皇帝尊敬拜祭太一神。”向东到达海上，考察进入海域求神的人和寻求神仙的方士，谁也没有得到应验，然而还更多地遣发人员，总是希望能够遇到神仙。

十一月乙酉，柏梁灾。十二月甲午朔，上亲禅高里，祠后土。临勃海，将以望祀蓬莱之属，冀至殊廷焉。

十一月乙酉日，柏梁台发生火灾。十二月甲午朔日，皇上亲临泰山下的高里山举行禅礼祭祀后土神。又驾临渤海，对蓬莱一类仙岛山的众神举行望祀，希望能够到达蓬莱岛中的仙人之廷哩。

上还，以柏梁灾故，朝受计甘泉。公孙卿曰："黄帝就青灵台，十二日烧，黄帝乃治明廷。明廷，甘泉也。"方士多言古帝王有都甘泉者。其后天子又朝诸侯甘泉，甘泉作诸侯邸。勇之乃曰："越俗有火灾，复起屋必以大，用胜服之。"于是作建章宫，度为千门万户。前殿度高未央。其东则凤阙，高二十余丈。其西则唐中，数十里虎圈。其北治大池，渐台高二十余丈，命曰太液池，中有蓬莱、方丈、瀛洲、壶梁，象海中神山龟鱼之属。其南有玉堂、璧门、大鸟之属。乃立神明台、井干楼，度五十丈，辇道相属焉。

皇上归来，由于柏梁发生火灾的缘故，改在甘泉宫坐朝接受郡国所呈上的包括户口在内的年终会计簿册。公孙卿说："黄帝建成青灵台，十二天就被火烧掉了。黄帝于是建筑明廷。所谓明廷，就是甘泉宫。"方士中很多人说古代的帝王有建都在甘泉的。那以后天子又在甘泉接受诸侯的朝拜。甘泉建造了诸侯国的府第。勇之于是说："越地习俗发生了火灾，重新建起的房屋一定比原先的还要大，用胜过的办法来压服灾祸。"于是兴造建章宫，规模为千门万户。前殿的高度要超过未央宫。它的东边就是上面有铜凤凰的凤阙，高达二十多丈。它的西边就是唐中池，有周围几十里的虎圈。它的北边兴筑有大池，大池中间建有为水所浸的渐台高达二十多丈，命名叫太液池，池中还建有蓬莱、方丈、瀛洲、壶梁四座仙山，象征海中的神山龟鱼一类境界。它的南边有玉堂宫、建章宫的正门璧门、大鸟像一类的建筑物。还造起神明台、井干楼，高有五十丈，上面有可供皇帝乘坐的辇车通行的天桥互相连接起来。

夏，汉改历，以正月为岁首，而色上黄，官名更印章以五字，为太初元年。是岁，西伐大宛。蝗大起。丁夫人、雒阳虞初等以方祠诅匈奴、大宛焉。

夏天，汉家更改历法，用正月作一年的首月，车马服饰崇尚黄的颜色，凡官名印章都改用五个字，纪元上这年成了太初元年。这一年，往西去攻伐大宛。发生严重的蝗灾。方士丁夫人、洛阳的虞初等都用方术诅咒匈奴、大宛。

其明年，有司上言雍五畤无牢熟具，芬芳不备。乃令祠官进畤犊牢具，色食所胜，而以木禺马代驹焉。独五月尝驹，行亲郊用驹。及诸名山川用驹者，悉以木禺马代。行过，乃用驹。他礼如故。

第二年，主管官府上书说雍县五畤没有熟牲做祭品，芬芳的香气不具备。于是命令祠官把熟牛犊作祭品进献五畤，按五行相克的原则选择符合各畤颜色的牲畜供神灵享用，而用木偶马代替驹（两岁以下的幼马或少壮骏马）。只有祭祀五色帝用驹，和皇上亲临郊祭的时候用驹。以及各个有名山川要用驹作祭品的，都用木偶马代替。皇上经过的时候祭祀，才能用驹作祭品。其他的礼仪一概如故。

其明年，东巡海上，考神仙之属，未有验者。方士有言"黄帝时为五城十二楼，以候神人于执期，命曰迎年"。上许作之如方，命曰明年。上亲礼祠上帝焉。

第二年，往东巡游海上，考察求访神仙一类的事，没有能验证了的。方士们有话说"黄帝时候建造了五城十二座楼，在执期地方来恭候神人，命名叫迎年祠"。皇帝答应建造同样的城和楼，命名叫明年祠。皇上亲临用礼祭祀上帝哩。

公玉带曰："黄帝时虽封泰山，然风后、封巨、岐伯令黄帝封东泰山，禅凡山，合符，然后不死焉。"天子既令设祠具，至东泰山，东泰山卑小，不称其声，乃令祠官礼之，而不封禅焉。其后令带奉祠候神物。夏，遂还泰山，修五年之礼如前，而加以禅祠石闾。石闾者，在泰山下址南方，方士多言此仙人之闾也，故上亲禅焉。

公玉带说："黄帝的时候虽然封祭泰山，然黄帝的臣子风后、封巨、岐伯让黄帝到东泰山去行封礼，到凡山去行禅礼，来契合神灵降赐的符应，然后就长生不死了。"天子下令准备祭礼，到达东泰山，东泰山矮小，和它的声誉不相称，就下令祠官以礼祭祀，而不举行封禅大典了。这以后令玉带供奉祭祀来恭候神物。夏天，就回到泰山，和从前一样，举行五年一次的封禅大典，再加上一次禅祭石闾山。石闾，在泰山山脚下的南面，方士们很多人说这是仙人的居住地，所以皇上亲临举行禅礼。

其后五年，复至泰山修封，还过祭恒山。

以后的第五年，重新来到泰山举行封禅典礼。回程路过的时候祭祀了恒山。

今天子所兴祠，太一、后土，三年亲郊祠，建汉家封禅，五年一修封。薄忌太一及三一、冥羊、马行、赤星，五，宽舒之祠官以岁时致礼。凡六祠，皆太祝领之。至如八神诸神，明年、凡山他名祠，行过则祠，行去则已。方士所兴祠，各自主，其人终则已，祠官不主。他祠皆如其故。今上封禅，其后十二岁而还，遍于五岳、四渎矣。而方士之候祠神人，入海求蓬莱，终无有验。而公孙卿之候神者，犹以大人之迹为解，无有效。天子益怠厌方士之怪迂语矣，然羁縻不绝，冀遇其真。自此之后，方士言祠神者弥众，然其效可睹矣。

当今天子所兴起的祭祀，太一、后土，每三年亲临郊外祭祀，创建的汉家封禅大典，每五年一次举行祭祀。薄忌建议设立的太一祠以及三一、冥羊、马行、赤星，五处神祠，并由祠官宽舒负责掌管，每年按时致办祭礼。以上总共六处的祭祀，都由太祝官统领。至于像八神中的各种神仙，明年、凡山等其他有名的神祠，皇上出行经过时就给祭祀，出行中离开以后就停止。方士们所兴起的祭祀，由各自主管，兴起的人去世就停止，祠官不再负责主持。其他种类的祭祀都像往常一样的办理。当今皇上举行过封禅大典，这以后的第十二年再来回顾，祭祀就已经遍及五岳、四渎了。而方士们恭候祭祀神仙，进入大海寻求蓬莱，最终还是没有应验。而公孙卿的恭候神人，还是得拿大人的足迹作借口，也没有效应。天子更加倦怠厌恶方士们怪诞迂阔的言论了，然而笼络他们的办法仍然不断，总是希望遇见真正的神仙。从这以后，方士们谈论神人祭祀的更多了，然而它的效果是可想而知了。

太史公曰：余从巡祭天地诸神、名山川而封禅焉。入寿宫侍祠神语，究观方士祠官之意，于是退而论次自古以来用事于鬼神者，具见其表里。后有君子，得以览焉。若至俎豆珪币之详，献酬之礼，则有司存。

太史公说：我随从巡行祭祀天地间各种神到过有名的山川并参加了封禅大典。进入寿宫旁听了祭神的祝词，考究观察方士和祠官们的用意，于是坐下来依次论述从古以来对鬼神进行祭祀的情状，完备地表现它的外部形式和内中缘由。以后如有君子，能够借此进行考察的。至于像俎豆玉帛等祭品的详细内容，献飨酬报的各种礼仪，那么官府的档案中是保存着的。

史记

卷二

[西汉] 司马迁 著
萧枫 主编

吉林出版集团有限责任公司

史記

史记第二十九卷

河渠书第七

《夏书》曰：禹抑洪水十三年，过家不入门。陆行载车，水行载舟，泥行蹈毳，山行即桥。以别九州，随山浚川，任土作贡。通九道，陂九泽，度九山。然河灾衍溢，害中国也尤甚。唯是为务。故道河自积石历龙门，南到华阴，东下砥柱，及孟津、雒汭，至于大邳。于是禹以为河所从来者高，水湍悍，难以行平地，数为败，乃厮二渠以引其河。北载之高地，过降水，至于大陆，播为九河，同为逆河，入于勃海。九州既疏，九流既洒，诸夏艾安，功施于三代。

《夏书》上说："大禹治理洪水十三年，路过家不进门。陆地上行走坐车，水中行走坐船，泥路上行走踏橇，山路中行走乘轿。从而划分九州疆界；随着山势疏通河流，根据土地实际决定贡赋级别；开通九州的道路，堵塞九州的沼泽，度量九州的山脉。然而黄河泛滥成灾，危害中原地区尤其严重。只有治理黄河这件事是当务之急。于是疏导黄河，从积石山开始，经过龙门，南到华阴县，东下砥柱山和洛州河阳县的孟津、雒汭，一直到大邳山。到达这里禹认为黄河的发源地地势很高，水势湍急迅猛，很难在平地通行，多次造成河堤败坏，就开凿两道河渠用来导引黄河。往北通过高地流去，经过降水，到达大陆泽，分拨成九条支流，又汇合成逆河，流入渤海。九州的河已经疏通，九州的湖已经清理，整个华夏地区安宁了，功绩延续到三代。

自是之后，荥阳下引河东南为鸿沟，以通宋、郑、陈、蔡、曹、卫，与济、汝、淮、泗会。于楚，西方则通渠汉水、云梦之野，东方则通沟江淮之间。于吴，则通渠三江、五湖。于齐，则通淄济之间。于蜀，蜀守冰凿离碓，辟沫水之害，穿二江成都之中。此渠皆可行舟，有余则用溉浸，百姓飨其利。至于所过，往往引其水益用溉田畴之渠，以万亿计，然莫足数也。

从大禹治水以后，又从荥阳城下引黄河水向东南流，形成鸿沟，水流通过宋、郑、陈、蔡、曹、卫各国，和济水、汝水、淮水、泗水会合。在楚地，西方有水渠连通汉水、云梦泽一带，东方有通沟连通江、淮之间。在吴地，开渠沟通三江、五湖。在齐地，则修渠连通淄水和济水。在蜀地，蜀郡守李冰凿穿离碓，避开了沫水的危害，在成都平原中开通二江。这些渠道都可以行船，有多余的水就用来灌溉田地，百姓都享受渠水的利益。至于渠水经过的地方，常常开支渠引水灌溉农田，流入田地中的水渠道要用万亿来计算，但是规模小不值得计数。

大禹像

西门豹引漳水溉邺，以富魏之河内。

西门豹引漳水灌溉邺县，因此使魏国的河内地区富饶起来了。

而韩闻秦之好兴事，欲罢之，毋令东伐，

郑国像，出自明·吕维祺《圣贤像赞》。郑国为战国时著名的水利专家，曾开凿郑国渠。

乃使水工郑国间说秦，令凿泾水自中山西邸瓠口为渠，并北山东注洛三百余里，欲以溉田。中作而觉，秦欲杀郑国。郑国曰："始臣为间，然渠成亦秦之利也。"秦以为然，卒使就渠。渠就，用注填阏之水，溉泽卤之地四万余顷，收皆亩一钟。于是关中为沃野，无凶年，秦以富强，卒并诸侯，因命曰郑国渠。

韩国听说秦国喜好兴造建设，想借此来消耗秦国的实力，不让它向东攻伐，于是派水利专家郑国找机会游说秦王，让秦国凿穿泾水从中山起西到瓠口，修一条水渠，沿着北山向东流入洛水，全长三百多里，要用它灌溉田地。工程建中，秦王察觉出韩国的计谋，秦王要杀郑国。郑国说："开始我作间谍，然而水渠修成也使秦国能获得利益呀。"秦王认为有道理，最终让郑国建成了开渠的工程。水渠开通以后，引来淤积混浊的泾河水，灌溉低洼的盐碱地四万多顷，收成都是每亩六石四斗。于是关中成了肥沃的良田，没有灾荒年头了，秦国因此富足强大了，终于吞并诸侯各国，就把这条水渠称作"郑国渠"。

汉兴三十九年，孝文时河决酸枣，东溃金堤，于是东郡大兴卒塞之。

汉朝建国后三十九年，孝文帝时，黄河在酸枣决口，东边的金堤冲垮了，于是东郡大规模发动士卒堵塞决口。

其后四十有余年，今天子元光之中，而河决于瓠子，东南注巨野，通于淮、泗。于是天子使汲黯、郑当时兴人徒塞之，辄复坏。是时武安侯田蚡为丞相，其奉邑食鄃。蚡居河北，河决而南则鄃无水灾，邑收多。蚡言于上曰："江河之决皆天事，未易以人力为强塞，塞之未必应天。"而望气用数者亦以为然。于是天子久之不事复塞也。

这以后四十多年，当今天子元光年间，那黄河又在瓠子决口，向东南流入巨野泽，与淮水、泗水相通。于是天子派汲黯、郑当时发动民夫、罪徒去堵塞决口，刚堵好又冲坏了，这时候武安侯田蚡担任丞相，供他俸禄的食邑是鄃县，鄃县处在黄河北边，黄河决口向南泛滥，北边的鄃县却没有水灾，他食邑的收成很多。田蚡对皇上说："长江、黄河决口都是上天的安排，不容易凭人力勉强堵塞。堵塞决口不一定应合天意。"那些看云气天象的和使用法术的方士也认为是这样的。于是天子很长时间不再处理堵塞决口的事。

是时郑当时为大农，言曰："异时关东漕粟从渭中上，度六月而罢，而漕水道九百余里，时有难处。引渭穿渠起长安，并南山下，至河三百余里，径，易漕，度可令三月罢；而渠下民田万余顷，又可得以溉田：此损漕省卒，而益肥关中之地，得谷。"天子以为然，令齐人水工徐伯表，悉发卒数万人穿漕渠，三岁而通。通，以漕，大便利。其后漕稍多，而渠下之民颇得以溉田矣。

这时候郑当时出任大司农官职，建议说："过去关东水上运粮从渭水中上来，估计六个月才完成，并且水运全程九百多里，时常有难走的地段。如果引渭水修渠从长安开始，沿着南山而去，到黄河才三百多里，路直，容易水运，估计可让它三个月运完；渠下有百姓田地一万多顷，又可以得到渠水灌溉：这样可以减少水运时间，节省人力，并且使关中土地更加肥沃，能获得谷物。"天子认为有道理，就派齐人水利专家徐伯测量标记，一下子发动几万民夫开凿水运渠道，三年就挖通了。漕渠开通，用来水上运输，十分方便有利。从这以后，水运就一点点多起来了，水渠一带的百姓颇能得到渠水灌溉田地了。

其后河东守番系言："漕从山东西，岁百余万石，更砥柱之限，败亡甚多，而亦烦费。穿渠引汾溉皮氏、汾阴下，引河溉汾阴、蒲坂下，度可得五千顷。五千顷故尽河壖弃地，民茭牧其中耳，今溉田之，度可得谷二百万石以上。谷从渭上，与关中无异，而砥柱之东可无复漕。"天子以为然，发卒数万人作渠田。数岁，河移徙，渠不利，则田者不能偿种。久之，河东渠田废，予越人，令少府以为稍入。

这以后，河东太守番系说："漕运从山东向西入关，一年有一百多万石，经过砥柱的险阻，损失太多，而且也麻烦耗费。如果挖河渠引导汾水灌溉皮氏、汾阴一带的土地，引导黄河水灌溉汾阴、蒲坂一带的土地，预测可以得到五千顷土地。五千顷土地原来都是河套荒地，百姓在那里打草放牧，现在灌溉成良田，估计可以得谷物二百万石以上。谷物从渭水供给长安，和直接从关中收获的没有区别，那么砥柱以东可以不用再行漕运了。"天子认为有道理，发动士卒几万人修渠造田。几年后黄河移动改道，渠水不足，种地的人连种子的费用也补偿不上，时间长了，河东的渠田荒废了，给了从越地迁来的百姓耕种，让少府从这里得到少量的赋税收入。

其后人有上书欲通褒斜道及漕事，下御史大夫张汤。汤问其事，因言："抵蜀从故道，故道多阪，回远。今穿褒斜道，少阪，近四百里；而褒水通沔，斜水通渭，皆可以行之船漕。漕从南阳上沔入褒，褒之绝水至斜，间百余里，以车转，从斜下下渭。如此，汉中之谷可致，山东从沔无限，便于砥柱之漕。且褒斜材木竹箭之饶，拟于巴蜀。"天子以为然，拜汤子卬为汉中守，发数万人作褒斜道五百余里。道果便近，而水湍石，不可漕。

这以后有人上书，是为了想要凿通褒斜道和便利漕运的事，天子交给御史大夫张汤处理。张汤询问这件事，因而说："到达蜀地从故道县走，故道县多斜坡，回环绕远。现在凿通褒斜道，少斜坡，路程缩短四百里；并且褒水和沔水沟通，斜水和渭水沟通，都可以走船运粮。水路运粮从南阳往上沿沔水进入褒水，不能再走褒水换陆路到斜水，其间有一百多里，用车转运，再从斜水往下进入渭水。像这样，汉中的谷物可以送到，山东从沔水运粮没有阻碍，比从经过砥柱水运便利。况且褒、斜两地木材竹箭非常多，可以和巴蜀相比。"天子认为有道理，任命张汤的儿子张卬作汉中太守，征发几万人修筑褒斜道有五百多里。这条新道果然既方便又近，但是水流湍急礁石多，不能水运粮食。

其后庄熊罴言："临晋民愿穿洛以溉重泉以东万余顷故卤地。诚得水，可令亩十石。"于是为发卒万余人穿渠，自征引洛水至商颜山下。岸善崩，乃凿井，深者四十余丈。往往为井，井下相通行水。水颓以绝商颜，东至山岭十余里间。井渠之生自此始。穿渠得龙骨，故名曰龙首渠。作之十余岁，渠颇通，犹未得其饶。

这以后庄熊罴说："临晋城的老百姓，愿意穿渠引洛水用来灌溉重泉城以东一万多顷过去的盐碱地。真的引来水，可以让每亩产十石谷物。"于是为这件事征发士卒一万多人开凿水渠，从征县引洛水到商颜山脚下。渠道容易崩塌，就打井，深的井有四十多丈。沿线到处打井，井下互相沟通流水。水在地下流，穿过商颜山，东到山岭十多里路中间。井渠的产生从这时开始。开凿井渠的时候发现了龙骨，因此这条水渠命名叫"龙首渠"。工程干了十多年，龙首渠颇畅通，但并没得到多大的利益。

自河决瓠子后二十余岁，岁因以数不登，而梁楚之地尤甚。天子既封禅，巡祭山川，其明年，旱，干封少雨。天子乃使汲仁、郭昌发卒数万人塞瓠子决。于是天子已用事万里沙，则还自临决河，沉白马玉璧于河，令群臣从官自将军已下皆负薪窴决河。是时东郡烧草，以故薪柴少，而下淇园之竹以为楗。

自从黄河在瓠子决口以后二十多年，每年都因为黄河泛滥没有好收成，梁地楚地这种情况更加严重。天子已经封禅巡礼祭祀山川，第二年，干旱，上天为了要暴晒泰山封坛的土就很少下雨。天子就派汲仁、郭昌征发几万士卒堵塞瓠子决口，于是天子在万里沙举行祭礼以后，就回来亲临黄河决口的地方，在黄河里沉下白马玉璧，诏令所有随从的大臣官吏从将军以下，都背柴薪来填塞黄河决口。这个时候东郡烧草，因此柴薪缺少，就砍下淇园的竹子来作堵决口的楗桩。

天子既临河决，悼功之不成，乃作歌曰："瓠子决兮将奈何？皓皓旰旰兮闾殚为河！殚为河兮地不得宁，功无已时兮吾山平。吾山平兮巨野溢，鱼沸郁兮柏冬日。延道弛兮离常流，蛟龙骋兮方远游。归旧川兮神哉沛，不封禅兮安知外！为我谓河伯兮何不仁，泛滥不止兮愁吾人！齧桑浮兮淮、泗满，久不反兮水维缓。"一曰："河汤汤兮激潺湲，北渡污兮浚流难。搴长茭兮沉美玉，河伯许兮薪不属。薪不属兮卫人罪，烧萧条兮噫乎何以御水！颓林竹兮楗石灾，宣房塞兮万福来。"于是卒塞瓠子，筑宫其上，名曰宣房宫。而道河北行二渠，复禹旧迹，而梁、楚之地复宁，无水灾。

天子已经亲临黄河决口的地方，伤心塞河的事没有成功，于是作歌吟唱道："瓠子决口啊，打算怎么办？浩浩荡荡啊，州闾全成了河！全成河了啊，大地不得安宁，决口还没堵住啊，吾山都挖平了。吾山挖平了啊，钜野湖又淌出来了，鱼儿遍地都是啊，水已迫近天边。黄河源道弛坏啊，离开了正常的水流，蛟龙因而驰骋啊，正准备远游。回归原来的河道吧，神啊要广泛保佑，不来巡行封禅啊，哪里知道外边的水害？替我告诉河伯啊，为什么这样不仁慈，泛滥不停止啊，愁死我们这些人！齧桑漂起来啊，淮水泗水都满了，长久不回正道啊，但愿水流变缓慢。"又有一首歌说："黄河浩浩荡荡啊，激起波涛，北渡迂远啊，流急难疏浚。放下竹索填石啊，沉祭美玉，河伯即使答应啊，柴薪也不够用。柴薪不够用啊，是卫人的罪过，柴薪被烧得没了啊，哎，用什么来防御水灾！砍下林中的竹子啊，打桩立石来填塞，宣房堵塞成功啊，万般幸福都来到。"就这样，终于堵塞了瓠子口，并在当地修筑一座宫殿，命名叫宣房宫。为引导黄河向北流又修了二条大水渠，恢复大禹时水道，梁、楚地方又重新安宁，没有水灾了。

自是之后，用事者争言水利。朔方、西河、河西、酒泉皆引河及川谷以溉田；而关中辅渠、灵轵引堵水；汝南、九江引淮；东海引巨定；泰山下引汶水；皆穿渠为溉田，各万余顷。佗小渠披山通道者，不可胜言。然其著者在宣房。

从这以后，掌权的人争着讲水利的事。朔方、西河、河西、酒泉都引黄河和川谷的水用来灌溉田地；关中辅渠、灵轵渠引堵水；汝南、九江引淮水；东海郡引巨定泽的水；泰山脚下引汶水：都开掘水渠用来灌溉田地，各一万多顷。其他小的水渠以及劈山凿通水道的，多得说不完。但最著名的工程还是在宣房。

太史公曰：余南登庐山，观禹疏九江，遂至于会稽太湟，上姑苏，望五湖；东窥洛汭、大邳、迎河，行淮、泗、济、漯、洛渠；西瞻蜀之岷山及离碓；北自龙门至于朔方。曰：甚哉，水之为利害也！余从负薪塞宣房，悲《瓠子》之诗，而作《河渠书》。

太史公说：我南行登上庐山，考察大禹疏导的九江，就走到了会稽太湟，登上姑苏山，远望五湖；向东行看到洛汭、大邳，迎着黄河而上，走过淮、泗、济、漯、洛各条河渠；向西行瞻望了蜀地的岷山和离碓；向北行从龙门到达朔方。很有感触：厉害呀，水可以得利，也可以受害呀！我随从天子出行中也参加了背柴薪堵塞宣房的黄河决口，感叹天子作的《瓠子》歌，因此写下了《河渠书》。

史记第三十卷

平准书第八

汉兴，接秦之弊，丈夫从军旅，老弱转粮饷，作业剧而财匮，自天子不能具钧驷，而将相或乘牛车，齐民无藏盖。于是为秦钱重难用，更令民铸钱，一黄金一斤，约法省禁。而不轨逐利之民，蓄积余业以稽市物，物踊腾粜，米至石万钱，马一匹则百金。

汉朝兴起，承接秦朝衰敝的局面，成年男子参军打仗，老弱也被征去转运粮饷，要干的事业繁多急剧但是财政匮乏，就是皇帝坐的车子也配不齐四匹相同颜色的马，将军、宰相有的人还要乘坐牛拉的车，平民百姓没有储存的粮食。当时因为秦朝铸的钱币重，流通使用比较困难，就改令百姓新铸榆荚钱，又规定一方寸黄金的重量为一斤，简约法律省减禁令。但是那些不守规矩、追逐财利的人，蓄积货物以考校市价贱买贵卖，以致物价粮价飞涨，一石米达到一万钱，一匹马就价高一百金。

天下已平，高祖乃令贾人不得衣丝乘车，重租税以困辱之。孝惠、高后时，为天下初定，复弛商贾之律，然市井之子孙亦不得仕宦为吏。量吏禄，度官用，以赋于民。而山川园池市井租税之入，自天子以至于封君汤沐邑，皆各为私奉养焉，不领于天下之经费。漕转山东粟，以给中都官，岁不过数十万石。

天下平定以后，高祖就下令商人不允许穿丝织的衣服不准乘车，并加重租税来逼迫羞辱他们。孝惠帝、高后执政的时候，因为天下刚刚安定，重新放松了抑制商人的条令，可是商人的子孙仍然不允许做官当公差。衡量官吏的俸禄，估计官府的费用，来向百姓征收赋税。山川、园池、街市上租税的收入，从天子到大小封君汤沐邑地区内的，都各自作为他们私家的供养费用，不归入国家的常年经费。水陆运送崤山以东的粮食，用来供给京师官府使用，每年不过几十万石。

至孝文时，荚钱益多，轻，乃更铸四铢钱，其文为“半两”，令民纵得自铸钱。故吴，诸侯也，以即山铸钱，富埒天子，其后卒以叛逆。邓通，大夫也，以铸钱财过王者。故吴、邓氏钱布天下，而铸钱之禁生焉。

到孝文帝时，榆荚钱越来越多了，但是分量很轻，就改铸为四铢钱，钱面上标着“半两”的字样。让百姓随便可以自己造钱。因此，吴国虽然只是一个诸侯国，因为靠近铜山采矿铸钱，富得可以和皇帝相比，后来终于凭仗富有造反了。邓通，是一个大夫，也靠铸铜钱发财胜过诸侯王。所以当时吴国，邓通铸的钱通行遍及全国，便产生了禁止私人铸钱的法令。

匈奴数侵盗北边，屯戍者多，边粟不足给食当食者。于是募民能输及转粟于边者拜爵，爵得至大庶长。

匈奴多次侵犯掠夺北部边境地区，汉朝驻扎在边境的士兵有许多，边境的粮食供应都不能满足食用的人的需要。于是，招募百姓凡能给边境驻军捐献和运送粮食的人授予爵位，最高的能达到大庶长爵位。

孝景时，上郡以西旱，亦复修卖爵令，而贱其价以招民；及徒复作得输粟县官以除罪。益造苑马以广用，而宫室列观舆马益增修矣。

孝景皇帝在位的时候，上郡以西的地区发生干旱，又重新修订了出卖爵位的法令，并且降低爵位价格用来吸引人们用钱买；以及囚犯和在监外劳作的人，可以通过向官府交纳粮谷赎罪。又增加修建牧场养马以便准备战争需用。同时，殿屋居室各种宫观建筑以及马拉的车舆等增加修造的也越来越多了。

至今上即位数岁，汉兴七十余年之间，国家无事，非遇水旱之灾，民则人给家足，都鄙廪庾皆满，而府库余货财。京师之钱累巨万，贯朽而不可校。太仓之粟陈陈相因，充溢露积于外，至腐败不可食。众庶街巷有马，阡陌之间成群，而乘字牝者傧而不得聚会。守闾阎者食粱肉，为吏者长子孙，居官者以为姓号。故人人自爱而重犯法，先行义而后绌耻辱焉。当此之时，网疏而民富，役财骄溢，或至兼并豪党之徒，以武断于乡曲；宗室有土公卿大夫以下，争于奢侈，室庐舆服僭于上，无限度。物盛而衰，固其变也。

到了现今皇上登位几年以后，汉朝建国以来的七十多年中间，国家没有战争太平无事，不是遇上水旱灾害，百姓就人人自给，家家富足，国都和边镇的粮仓都装满了粮食，国库也剩余大量钱财。京城国库的钱积累万万，穿钱的绳子都腐烂了使钱多得没法计数。国家粮仓的谷物年年堆积，粮库堆满装不下只得在露天堆积，达到腐烂不能吃的程度。普通百姓家大街小巷都养有马，田野中间牛马成群，有人骑母马做客被排斥，不允许到一起聚会。守大门的人都吃细粮肉食。做官吏的，儿子孙子都长大了还在继续做官，有的官吏就用官名作为自己的姓氏或称号了。因此，人人自爱，不轻易触犯法律，首先实行仁义做好事，而鄙弃去干那些耻辱的勾当。在这个时期，法网宽疏而百姓富有，倚仗钱财骄奢放纵，有的甚至达到兼并土地成为豪强恶党等一类人，倚仗势力在乡里横行。从皇帝宗亲到有封地的诸侯和公卿大夫以下，争着比奢侈，房室、车马、衣服的享受规格都超过上级，没有限度。事物达到鼎盛就衰败，这是必然的变化规律呀。

自是之后，严助、朱买臣等招来东瓯，事两越，江淮之间萧然烦费矣。唐蒙、司马相如开路西南夷，凿山通道千余里，以广巴、蜀，巴、蜀之民罢焉。彭吴贾灭朝鲜，置沧海之郡，则燕、齐之间靡然发动。及王恢设谋马邑，匈奴绝和亲，侵扰北边，兵连而不解，天下苦其劳。而干戈日滋，行者赍，居者送，中外骚扰而相奉，百姓抏弊以巧法，财赂衰耗而不赡。入物者补官，出货者除罪，选举陵迟，廉耻相冒，武力进用，法严令具。兴利之臣自此始也。

从这以后，严助、朱买臣等人招抚东瓯，发动会稽的军队向南越和闽越进军，江、淮一带一下就动荡耗费了。唐蒙、司马相如开拓西南夷，凿山通道一千多里，用来扩展巴、蜀的疆域，巴、蜀地区的百姓疲惫了。彭吴开道进入秽貊、朝鲜，设置了沧海郡，燕齐一带就纷纷然全部发动起来了。到王恢设计谋取马邑，匈奴拒绝和亲，侵犯扰乱北部边境，战事连续不能和解，普天下百姓对于它的繁重劳役感到痛苦，但是战争却在一天一天扩大。行军出征的人带着干粮，后方居住的人还要负责继续运送，中原内外骚动而不断供应军需，百姓贫穷疲敝只能弄虚作假进行逃避，国家的钱财货物被消耗衰竭也不能满足供应。这样，便实行捐献物资的就可以充补官额，能出钱的就可以免去刑罚，选拔用人的制度慢慢地名存实亡了，无耻的人冒充廉正，武力强暴的人被举荐任用，法条严苛，律令完备。倡导谋利的朝臣从此开始出现了。

其后汉将岁以数万骑出击胡，及车骑将军卫青取匈奴河南地，筑朔方。当是时，汉通西南夷道，作者数万人。千里负担馈粮，率十余钟致一石。散币于邛、僰以集之。数岁道不通，蛮夷因以数攻，吏发兵诛之，悉巴、蜀租赋不足以更之。乃募豪民田南夷，入粟县官，而内受钱于都内。东至沧海之郡，人徒之费拟于南夷。又兴十万余人筑卫朔方，转漕甚辽远，自山东咸被其劳，费数十百巨万，府库益虚。乃募民能入奴婢得以终身复，为郎增秩，及入羊为郎，始于此。

这以后，汉朝将领每年率领几万骑兵出关打击匈奴，直到车骑将军卫青夺回被匈奴强占的河南地区，才建筑了朔方郡城。正当这个时候，汉朝在开辟通西南夷的道路，参加劳动的有几万人，从千里以外挑着担子去运送粮食，大约是出发时十多钟的粮食运到时只剩下一石，于是，就散发钱币在邛、僰一带用来收集粮食。经过许多年往西南夷的道路还不通，蛮夷部族趁机多次发动进攻，当地官府发兵诛杀他们。全部拿出巴蜀的租赋收入也不够用来支付这些费用，就招集强豪的百姓去南夷屯田耕种，收获的粮食交给当地官府，而在内地向京都内府支取粮款。向东开拓到达沧海郡的道路，人工徒奴的劳务费用和南夷差不多。又发动十多万人修筑城池保卫朔方郡，车运水运十分遥远，从太行山以东都蒙受这种劳苦，耗费巨资，国库越来越空虚了。于是，招募百姓中能交奴婢的可以终身免去劳役，是郎官的交奴婢可以提高品级，以及交纳羊群的可以做郎官，都是从这时候开始的。

其后四年，而汉遣大将将六将军，军十余万，击右贤王，获首虏万五千级。明年，大将军将六将军仍再出击胡，得首虏万九千级。捕斩首虏之士受赐黄金二十余万斤，虏数万人皆得厚赏，衣食仰给县官；而汉军之士马死者十余万，兵甲之财，转漕之费，不与焉。于是大农陈藏钱经耗，赋税既竭，犹不足以奉战士。有司言："天子曰：'朕闻五帝之教不相复而治，禹汤之法不同道而王。所由殊路，而建德一也。北边未安，朕甚悼之。日者，大将军攻匈奴，斩首虏万九千级，留蹛无所食。议令民得买爵及赎禁锢免减罪。'请置赏官，命曰武功爵。级十七万，凡直三十余万金。诸买武功爵官首者试补吏，先除；千夫如五大夫；其有罪又减二等；爵得至乐卿：以显军功。"军功多用越等，大者封侯卿大夫，小者郎吏。吏道杂而多端，则官职耗废。

这以后四年，汉朝派大将军卫青率领六位将军，军卒十多万人，攻击匈奴右贤王，获得敌人首级和俘虏一万五千多。第二年，大将军卫青率领六位将军仍旧再次出关攻击匈奴，获得敌人首级和俘虏九千多，捕获俘虏和斩杀敌首的士兵受到赏赐的黄金共计二十多万斤，俘虏几万人也都得到优厚的赏赐，衣食全靠国家供给；汉朝军队的战士、马匹死亡的有十多万，兵器、盔甲的财用，车转水运的耗费还不算在内。于是，大司农报告，国库收藏的钱币已经消耗光了，赋税收入已经枯竭，还不够用来供应士兵的需要。主管官员建议说："天子说：'我听说五帝的教化不互相重复但是天下也都治理得很好，大禹、商汤的治国方法不是同一个主张却都能在天下称王，他们经过的道路不同，然而，建立的功德却都一样。北方边境没有安宁，我很伤痛这件事。以前，大将军攻打匈奴，斩首俘虏了一万九千级，富人屯积谷物，穷人没有粮食吃。建议百姓中出粮买爵位和花钱赎囚禁的人，免税减罪。'请允许设置一种赏官，称作'武功爵'。每级卖十七万，总共价值三十多万金。那些买武功爵第五级'官首'以上的，可以试用作候补官吏，优先授用；买第七级武功爵'千夫'的，相当于过去爵位制度的'五大夫'级别；他们有罪又可以减二等；爵位最高可买到'乐卿'：用这种方式来显扬从军立功的人。"实际上从军有功的人大多都是越级授予爵位了，功大的封侯或是卿大夫，功小的也当了郎官或其他官吏。从此，做官的途径多而且杂了，官职就荒废了。

自公孙弘以《春秋》之义绳臣下取汉相，张汤用峻文决理为廷尉，于是见知之法生，而废格沮诽穷治之狱用矣。其明年，淮南、衡山、江都王谋反迹见，而公卿寻端治之，竟其党与，而坐死者数万人，长吏益惨急而法令明察。

自从公孙弘用《春秋》的义理约束臣僚下属取得丞相职位，张汤使用严峻的法律条文判决处理案件当了廷尉，于是就产生了"见知不举报"的法律，因而依据违抗天子命令、沮败诽谤朝廷等的罪名所进行的追根究底的案子就多起来了。第二年，淮南、衡山、江都王阴谋造反的行迹被发现，公卿们寻找名目借端穷究这个案子，全部挖出同伙，判为有罪受牵连处死的有几万人，主管官吏更加残酷急苛，法令也就更加明确详察了。

当是之时，招尊方正贤良文学之士，或至公卿大夫。公孙弘以汉相，布被，食不重味，为天下先。然无益于俗，稍骛于功利矣。

正当这个时候，招集尊崇方正、贤良、文学等士人，有的被任命为公卿大夫。公孙弘身为汉朝宰相，盖着粗布被子，只食用一般的菜，想成为天下人的榜样。但是，对扭转奢侈的风气并没有什么用处，渐渐地却是致力于追求功利了。

其明年，骠骑仍再出击胡，获首四万。其秋，浑邪王率数万之众来降，于是汉发车二万乘迎之。既至，受赏，赐及有功之士。是岁费凡百余巨万。

第二年，骠骑将军霍去病仍旧又出塞抗击匈奴，获得四万首级。这年秋天，浑邪王率领几万人来投降，于是汉朝出动二万辆车迎接他们。已经来到首都长安以后，受到奖赏，赏赐遍及有功的将士。这一年，耗资总共一百多亿。

初，先是往十余岁河决观，梁楚之地，固已数困，而缘河之郡堤塞河，辄决坏，费不可胜计。其后番系欲省底柱之漕，穿汾、河渠以为溉田，作者数万人；郑当时为渭漕渠回远，凿直渠自长安至华阴，作者数万人；朔方亦穿渠，作者数万人：各历二三期，功未就，费亦各巨万十数。

当初，从这往前过去十多年，黄河在观县决口，梁、楚一带地区本来就已经多次遭受困迫，沿河一带郡县修堤坝堵塞河水，修好就又冲坏了，耗费钱财没法计算。这以后，番系要节省三门峡砥柱的水运费用，修通汾水和黄河的渠道用来灌溉田地，作这件事用几万人；郑当时认为渭水船运水渠曲折绕远，建议开凿一条直渠从长安到华阴，干这个工程有几万人；朔方也修水渠，动用劳

卫青钳徒论相图。卫青，西汉名将，曾七次出击匈奴，令匈奴闻风丧胆。

作的有几万人;各项工程经历二三年,还没成功,耗费也各达十多亿。

天子为伐胡,盛养马,马之来食长安者数万匹。卒牵掌者关中不足,乃调旁近郡。而胡降者皆衣食县官,县官不给,天子乃损膳,解乘舆驷,出御府禁藏以赡之。

天子为了讨伐匈奴,大力提倡养马,马带到长安来饲养的有几万匹,最后,关中的马卒不够用,就征调附近郡县的百姓。同时,匈奴来投降的人都由政府供给衣食,政府供应不上,天子就减少膳食费用,解下乘舆上的马匹,拿出皇宫的储蓄用来供养他们。

其明年,山东被水灾,民多饥乏。于是天子遣使者虚郡国仓廥,以振贫民。犹不足,又募豪富人相贷假。尚不能相救,乃徙贫民于关以西,及充朔方以南新秦中,七十余万口,衣食皆仰给县官。数岁,假予产业,使者分部护之,冠盖相望。其费以亿计,不可胜数。于是县官大空。

第二年,崤山以东地区遭受水灾。百姓大多贫困挨饿,于是天子派遣使者,掏空郡国仓库的粮食来赈济百姓。还不够用,又征募豪门富户人家的粮食,借给灾民。还是不能解救水灾饥民,于是迁移灾民到函谷关以西去居住,或者充实到朔方以南的新秦中地区,七十多万人口,衣服食物都靠政府供给。在头几年里,政府借给他们生产工具和土地耕种,派出使者分区编组管理他们,官吏一批接着一批往来不断。这种耗费用亿来计算,简直数不清了。这样国库就完全空虚了。

而富商大贾或蹛财役贫,转毂百数,废居居邑,封君皆低首仰给。冶铸煮盐,财或累万金,而不佐国家之急,黎民重困。于是天子与公卿议,更钱造币以赡用,而摧浮淫并兼之徒。是时禁苑有白鹿而少府多银锡。自孝文更造四铢钱,至是岁四十余年。从建元以来,用少,县官往往即多铜山而铸钱,民亦间盗铸钱,不可胜数。钱益多而轻,物益少而贵。有司言曰:"古者皮币,诸侯以聘享。金有三等,黄金为上,白金为中,赤金为下。今半两钱法重四铢,而奸或盗摩钱里取鋊,钱益轻薄而物贵,则远方用币烦费不省。"乃以白鹿皮方尺,缘以藻缋,为皮币,直四十万。王侯宗室朝觐聘享,必以皮币荐璧,然后得行。

但是,富裕的奸商大买卖人,有的趁机囤积钱物,操纵奴役穷苦的百姓,转运几百辆车买进卖出,乘时逐利贮贱待贵,受皇帝封赏的诸侯也要低头依靠他们供应。他们冶铜铸钱、烧水煮盐,钱财有的累积万金,但是不肯满足解决国家的急需,百姓更加困苦不堪了。于是天子与公卿们商议,改用新钱重造货币来满足需用,同时打击巧取豪夺吞并他人财物的商人。这个时候,皇上游猎的宫苑有白鹿,而且供应皇上日用的少府有许多银锡。自从孝文帝改造四铢钱,到这时已经四十多年了,从建元年间以来,用度不足,政府一般靠近多铜的矿山造钱,民间也乘机私自造钱,钱多得无法计算。钱越多就越贬值,东西越少就越贵。主管官员建议说:"古代的皮钱,诸侯在献给皇帝贡礼时使用。金有三个等级,黄金是上等的,白银是中等的,红铜是下等的。现在的半两钱法定重量是四铢,有些奸商却偷着打磨钱背,取铜屑再造钱,这样,钱就越来越轻越薄了,东西越来越贵了。并且远方使用铜币麻烦,耗费不经济。"于是用白鹿皮一尺见方,四边绣上水草图案,制成皮币,价值四十万。规定王侯宗室朝见天子敬送贡礼的时候,一定要用这种皮币垫着璧玉献上,然后礼仪才得以举行。

又造银锡为白金。以为天用莫如龙,地用莫如马,人用莫如龟,故白金三品:其一曰重八两,圜之,其文龙,名曰"白选",直三千;二曰以重差小,方之,其文马,直五百;三曰复小,撱之,其文龟,直三百。令县官销半两钱,更铸三铢钱,文如其重。盗铸诸金钱罪皆死,而吏民之盗铸白金者不可胜数。

又把银锡合在一起冶铸成"白金"。认为天上飞的没有什么能比得上龙,地上跑的没有什么比得上马,人间使用的东西没有什么比得上龟,因此白金分成三等:第一等重八两,圆形,上面的图案是龙,名叫"白选",每枚价值三千钱;第二等因为重量稍轻,做成方形,上面的图案是马,价值五百钱;第三等又小一些,做成椭圆形,上面的图案是龟,价值三百钱。下令官府销毁以前用的半两钱,改铸成三铢钱,面值和实际重量相等。规定私自偷造各种金钱的都是死罪,但是官吏和百姓中偷铸白金的人数也数不过来。

于是以东郭咸阳、孔仅为大农丞,领盐铁事;桑弘羊以计算用事,侍中。咸阳,齐之大煮盐,孔仅,南阳大冶,皆致生累千金,故郑当时进言之。弘羊,雒阳贾人子,以心计,年十三侍中。故三人言利事析秋豪矣。

于是任命东郭咸阳、孔仅做大农丞，主管盐铁方面的事务；桑弘羊凭着善于计算主管事务，被任命做侍中。东郭咸阳是齐地最大的煮盐商，孔仅是南阳最大的炼铁商，都因善于生财积累达到千金，所以郑当时向皇上推荐他们。桑弘羊，是雒阳商人的儿子，凭着心计，十三岁就做了侍中。所以这三个人谈论生财的事，分析得十分精细能够察见毫末了。

法既益严，吏多废免。兵革数动，民多买复及五大夫，征发之士益鲜。于是除千夫、五大夫为吏，不欲者出马；故吏皆适令伐棘上林，作昆明池。

法律已经更见严苛，官吏中许多人被废除免职。动用干戈的战争多次发动，百姓大多数人出钱买到五大夫爵位以便免除劳役，能征调的士卒越来越少了。于是授用千夫、五大夫爵位的人为吏，不愿意干的出马顶替；以前官吏都免除职务命令他们去上林苑里伐木除草，修建昆明池。

其明年，大将军、骠骑大出击胡，得首虏八九万级，赏赐五十万金，汉军马死者十余万匹，转漕车甲之费不与焉。是时财匮，战士颇不得禄矣。

第二年，大将军卫青、骠骑将军霍去病率军大规模出塞打击匈奴，获得匈奴首级和俘虏八九万，赏赐有功将士五十万金，汉朝军队光马匹就死了十多万匹，车转船运战车盔甲的费用还不算在内。当时国家财政匮乏，参军的将士常常得不到俸禄钱。

有司言三铢钱轻，易奸诈，乃更请诸郡国铸五铢钱，周郭其下，令不可磨取鋊焉。

主管货币的官员说三铢钱较轻，容易被奸商伪造，于是请求下令各郡国改铸五铢钱，钱的周围外沿有一道边，使人不可能磨取铜屑再重新造钱了。

大农上盐铁丞孔仅、咸阳言："山海，天地之藏也，皆宜属少府，陛下不私，以属大农佐赋。愿募民自给费，因官器作煮盐，官与牢盆。浮食奇民欲擅管山海之货，以致富羡，役利细民，其沮事之议，不可胜听。敢私铸铁器煮盐者，钛左趾，没入其器物。郡不出铁者，置小铁官，便属在所县。"使孔仅、东郭咸阳乘传举行天下盐铁，作官府，除故盐铁家富者为吏。吏道益杂，不选，而多贾人矣。

大农令呈上主管盐铁的孔仅、东郭咸阳的建议说："山海，是天地藏物的宝库，都应该归少府管辖以供皇帝私用，皇上不占为私有，把它交给大农用来补贴赋税收入。希望招募百姓自己出费用，借用公家的器具煮盐，由官府提供粮食和煮盐的盆。不劳而获的商人和诸侯贵族，企图擅自垄断山海出产货物，来达到富饶，役使平民百姓。他们阻止官营盐铁的议论，多得听都听不过来。胆敢私自铸造铁器煮盐的人，钳住左脚，没收他们的器具物品。各郡不出产铁的，设置小铁官炼废铁，归所在的县管理。"派孔仅、东郭咸阳乘着驿车，视察全国的盐铁生产业，设置官府，任用那些过去因经营盐铁生产家道富有的人当官。官场仕途就更杂了，不经过选拔，商人当官的多起来了。

商贾以币之变，多积货逐利。于是公卿言："郡国颇被灾害，贫民无产业者，募徙广饶之地。陛下损膳省用，出禁钱以振元元，宽贷赋，而民不齐出于南亩，商贾滋众。贫者畜积无有，皆仰县官。异时算轺车贾人缗钱皆有差，请算如故。诸贾人末作，贳贷卖买，居邑稽诸物，及商以取利者，虽无市籍，各以其物自占，率缗钱二千而一算。诸作有租及铸，率缗钱四千一算。非吏比者、三老、北边骑士，轺车以一算；商贾人轺车二算；船五丈以上一算。匿不自占，占不悉，戍边一岁，没入缗钱。有能告者，以其半畀之。贾人有市籍者，及其家属，皆无得籍名田，以便农。敢犯令，没入田僮。"

经商的买卖人趁着货币重铸的机会，囤积许多货物追逐暴利。于是公卿建议说："郡国常常遭受水灾，贫苦百姓没有产业的人，招募迁移他们到了广阔富饶的地方去生活。皇帝减少膳食标准，节省费用，拿出少府的积蓄用来赈济天下百姓，放宽放贷利率和赋税等级，但是百姓并不完全在向南的田亩里从事生产，经商作买卖的人一天比一天更多了。贫穷的人一点积蓄也没有，全部依靠政府供应。过去按轺车纳税，按商人的缗钱纳税都有比例等差，请允许照过去的规定计算征税。很多属于末作的从事赊贷买卖的，囤积各种货物待时而卖，和经商牟取利益的人，即使没有在市场上登记入册，各自根据他们的货物自己估计，一律按缗钱二千征收一算（一百二十文）。各种手工行业有租税和从事铸造业的，一律按缗钱四千征收一算。不能与官吏相比的三老、北方边境骑士，一辆轺车征收一算；经商做买卖的人一辆轺车征收二算；有船五丈以上的征收一算。隐瞒不自己估定申报或者申报不翔实的，一经发现，罚守边一年，没收资产。有能告发的人，拿出被告财产的一半奖给他。买卖人在市场登记注册的和他的家人亲属，都没有资格购买田产，以便有利于农民。谁敢违反

卜式像，选自清·顾沅辑《古圣贤像传略》。卜式，西汉河南人，畜牧主出身，屡以家财资助朝廷，汉武帝时任为中郎，后被封为关内侯。

"算缗令"，没收他的田产和僮仆。"

天子乃思卜式之言，召拜式为中郎，爵左庶长，赐田十顷，布告天下，使明知之。

天子又想到了卜式的建议，召来卜式，任命他做中郎，赐爵左庶长，赏赐良田十顷，颁布告谕天下，让人们都清楚地知道这事。

初，卜式者，河南人也，以田畜为事。亲死，式有少弟。弟壮，式脱身出分，独取畜羊百余，田宅财物尽予弟。式入山牧十余岁，羊致千余头，买田宅。而其弟尽破其业，式辄复分予弟者数矣。是时汉方数使将击匈奴，卜式上书，愿输家之半县官助边。天子使使问式："欲官乎？"式曰："臣少牧，不习仕宦，不愿也。"使问曰："家岂有冤，欲言事乎？"式曰："臣生与人无分争。式邑人贫者贷之，不善者教顺之，所居人皆从式，式何故见冤于人！无所欲言也。"使者曰："苟如此，子何欲而然？"式曰："天子诛匈奴，愚以为贤者宜死节于边，有财者宜输委，如此而匈奴可灭也。"使者具其言入以闻。天子以语丞相弘。弘曰："此非人情。不轨之臣，不可以为化而乱法，愿陛下勿许。"于是上久不报式，数岁，乃罢式。式归，复田牧。岁余，会军数出，浑邪王等降，县官费众，仓府空；其明年，贫民大徙，皆仰给县官，无以尽赡，卜式持钱二十万予河南守，以给徙民。河南上富人助贫人者籍，天子见卜式名，识之，曰"是固前而欲输其家半助边"，乃赐式外繇四百人。式又尽复予县官。是时富豪皆争匿财，唯式尤欲输之助费。天子于是以式终长者，故尊显以风百姓。

起初，卜式是河南人，以种田、畜牧作为自己的产业。父母亲去世后，卜式有一个小弟弟，弟弟成人后，卜式为脱出身来和弟弟分了家，只要养着的一百多头羊，田地住宅财物等全部给了弟弟。卜式进山放牧羊群十多年，羊达到一千多头，置买了田地住宅。但是他的弟弟全败坏了分得的家产，卜式就又再分给弟弟一些。这时候汉朝正屡次派兵出击匈奴，卜式给天子上书，希望允许拿出家产的一半给国家资助边防。天子派使者问卜式："你是想要当官吗？"卜式说："我从小牧羊，没有学习过做官，不想当官。"使者又问："你家难道有冤案，想要申诉吗？"卜式说："我生活在社会上和人们没有纠纷争斗。我乡邑的人，谁贫穷我就借贷给他，不善良的人我就教导他，使他和顺，我居住那地方的人都愿听从我的话，我卜式有什么理由被人冤屈呢？没有什么要申诉的。"使者又问："既然这样，您这样做是为什么呢？"卜式说："天子讨伐匈奴，我认为贤能的人应该在边疆尽忠效死，有钱的人应当捐献钱粮支援国家，都像你这样做那么匈奴就可以消灭了。"使者把卜式的话原原本本地带回朝廷讲给天子听。天子又把这些话对丞相公孙弘讲了。公孙弘说："这不合乎人的常理。他是不守本分越轨办事的人，不可以作为教化的榜样而扰乱了正常的法度，希望陛下不要准许他。"于是皇上很久不答复卜式的请求。几年以后，就让他离开京城。卜式回到家乡，继续耕种田地放牧牛羊。一年多，赶上军队多次出征，浑邪王等匈奴人来投降，国库耗费太多，粮仓钱库都空了。第二年，受灾的贫民大规模迁移，全靠政府供给，没有可能完全满足供应了。卜式拿出二十万钱给河南太守，用来供给移民费用。河南太守向朝廷报告富人资助贫民的名册，天子看到卜式的名字，还记得他，说："这就是从前要捐献他家一半财产资助边防的那个人。"就赏赐卜式四百人戍边的费用钱（每人三百钱）。卜式又把这些钱全部交给了政府。这个时候，富豪们都争着隐瞒藏匿财产，只有卜式一再捐献钱财帮助国家。天子于是认为卜式到底是个忠厚有德的长者，因此尊崇彰显他用作榜样来诱导百姓。

初，式不愿为郎。上曰："吾有羊上林中，欲令子牧之。"式乃拜为郎，布衣屩而牧羊。岁余，羊肥息。上过见其羊，善之。式曰："非独羊也，治民亦犹是也。以时起居；恶者辄斥去，毋令败群。"上以式为奇，拜为缑氏令试之，缑氏便之。迁为成皋令，将漕最。上以为式朴忠，拜为齐王太傅。

当初，卜式不愿意做郎官。皇上说："我有羊在上林苑里，想要你去放牧它们。"卜式这才上任做郎官，穿着麻布衣服草鞋放羊。一年多，羊长得又肥壮，繁殖得又多。皇上路过看见了他放的羊，夸奖他。卜式说："不单是牧羊，治理百姓也像牧羊这样。让他按时起居来劳作，按时休息；出现坏种就淘汰，不要让他败了一大群。"皇上认为卜式是奇人，任命他做缑氏县令考验他，结果缑氏县的人都感到他很有利。又调任成皋县令，管理那里的水运成绩最好。皇上认为卜式朴实忠厚，就任命他做齐王的太傅。

而孔仅之使天下铸作器，三年中拜为大农，列于九卿。而桑弘羊为大农丞，管诸会计事。稍稍置均输以通货物矣。

而孔仅倡导天下铸造铁器，三年中升为大农令，排位列于九卿。而桑弘羊作了大农丞，主管各种计算统计的事务，逐渐设置均输制度用来流通货物啦。

始令吏得入谷补官，郎至六百石。

开始下令已试为吏的可以通过交谷补授实官，补为郎官的交粮多到六百石。

自造白金五铢钱后五岁，赦吏民之坐盗铸金钱死者数十万人。其不发觉相杀者，不可胜计。赦自出者百余万人，然不能半自出。天下大抵无虑皆铸金钱矣。犯者众，吏不能尽诛取。于是遣博士褚大、徐偃等分曹循行郡国，举兼并之徒守相为利者。而御史大夫张汤方隆贵用事，减宣、杜周等为中丞，义纵、尹齐、王温舒等用惨急刻深为九卿，而直指夏兰之属始出矣。

自从造白金五铢钱以后五年，赦免官吏百姓因为私下偷铸金钱判为死罪的就有几十万人。天子没有发现而被杀死了的人，无法计算。经过赦免自首的罪犯有一百多万人。然而自己出来自首的还不够半数，天底下大体上人们都无忧地私铸金钱啦。犯罪的人多，官吏不可能把他们全部逮捕杀头，于是派博士褚大、徐偃等分别职司按权限到各郡国查办，检举揭发那些兼并他人财产和太守、国相中非法得利的人。而御史大夫张汤正处兴隆显贵时期职掌大权，减宣、杜周等人做御史中丞，义纵、尹齐、王温舒等人因为执法残酷严厉追究深刻被升为九卿，于是，专门纠察办案的"直指"像夏兰一伙人开始出现了。

而大农颜异诛。初，异为济南亭长，以廉直稍迁至九卿。上与张汤既造白鹿皮币，问异。异曰："今王侯朝贺以苍璧，直数千，而其皮荐反四十万，本末不相称。"天子不说，张汤又与异有郤，及有人告异以它议，事下张汤治异。异与客语，客语初令下有不便者，异不应，微反唇。汤奏当异九卿见令不便，不入言而腹诽，论死。自是之后，有腹诽之法比，而公卿大夫多谄谀取容矣。

大农官颜异被诛杀。起初，颜异任济南亭长，因为廉洁正直，逐渐升到九卿的位置。皇帝和张汤已经制造出白鹿皮货币，询问颜异的看法。颜异说："现在诸侯王朝见天子献礼用苍璧，价值只不过几千钱，但是璧下面垫着的皮币反而价值四十万，主要的和次要的不相称。"天子听了不高兴。张汤又和颜异有矛盾，等到有人由于其他问题告发颜异，案子交给张汤办理颜异。颜异跟客人谈话，客人说开始颁发的某一法令中有些不便利的地方，颜异不回答，稍微动了动嘴唇。张汤便上奏天子说，颜异身为九卿，发现法令有不妥的地方，不在朝廷上说，却在心里咒骂，应该判处死罪。从这以后，便有了可以比照执行的"腹诽"的刑法条文。公卿大夫们大多数开始阿谀奉承，讨取皇帝的欢欣。

天子既下缗钱令而尊卜式，百姓终莫分财佐县官，于是告缗钱纵矣。

天子已经颁布缗钱令并且尊崇卜式，百姓终究不能分出财产帮助政府，于是，告发商人隐瞒财产的所谓告缗案就盛行。

郡国多奸铸钱，钱多轻，而公卿请令京师铸钟官赤侧，一当五，赋官用非赤侧不得行。白金稍贱，民不宝用，县官以令禁之，无益。岁余，白金终废不行。

郡国大多数不依法令铸钱，钱的重量大多数很轻，公卿请求下令京都铸造钟官赤侧钱，一文赤侧钱相当于其他铜钱五文，交赋税的官署不允许使用赤侧钱以外的其他钱。白金的价格就比较贱，百姓不重视使用，政府用法令强制使用，也无济无事。一年多时间，白金终于废除不通行了。

是岁也，张汤死而民不思。

元鼎三年这一年，张汤死了，但是老百姓却都不思念他。

其后二岁，赤侧钱贱，民巧法用之，不便，又废。于是悉禁郡国无铸钱，专令上林三官铸。钱既多，而令天下非三官钱不得行，诸郡国所前铸钱皆废销之，输其铜三官。而民之铸钱益少，计其费不能相当，唯真工大奸乃盗为之。

这以后二年，赤侧钱也贬值了，百姓变着法地使用它，对国家无益，又作废不用了。于是全面禁止郡国，不得铸造钱币，专门命令上林苑所属的三官铸造钱币，钱已经造得多了，就颁布命令，在全国范围内不是三官所铸造的钱不能流通，那些郡国先前所铸造的钱币全部作废销毁它，把那些铜上交给上林苑的三官。百姓中铸造钱币的越来越少了，因为计算铸钱的费用不合算，只有真正善于铸钱的工匠大奸商才能私下制造这种钱。

卜式相齐，而杨可告缗遍天下，中家以上大抵皆遇告。杜周治之，狱少反者。乃分遣御史廷尉正监分曹往，即治郡国缗钱。得民财物以亿计，奴婢以千万数，田大县数百顷，小县百余顷，宅亦如之。于是商贾中家以上大率破，民偷甘食好衣，不事畜藏之产业。而县官有盐铁缗钱之故，用益饶矣。

卜式作齐相国的时候，杨可主持告发估算财产不真实的法令颁行于天下，中等财产以上的人家大部分都遭到告发。杜周审理这些案件，案子很少能翻过来的。于是又分别派遣御史廷尉正监分批去各地，就地处理各郡国的隐瞒财产缗钱案，获得百姓钱财物资用亿来计算，奴婢用千万来计算，田产较大的县几百顷，较小的县一百多顷，房子也像这样多。于是，经商作买卖的中等以上的人家基本上全部破产了。老百姓都开始苟且偷生了，吃好的穿好的，没有人再从事能够获得积蓄储藏的产业了，但是，政府因为有盐铁和算缗告缗收入的缘故，财用越来越富足了。

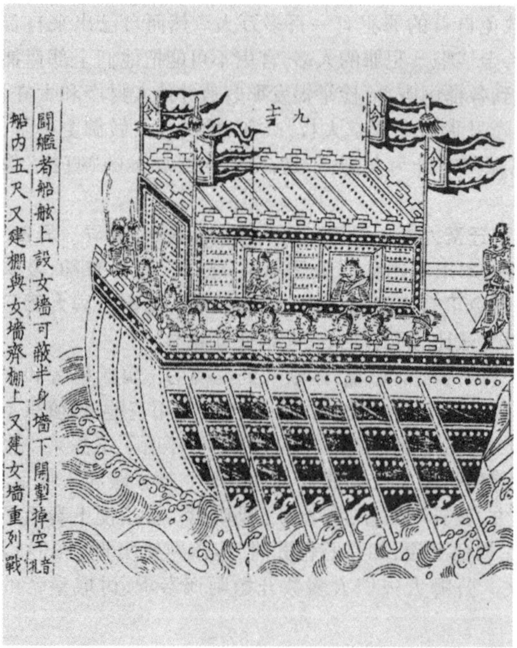

斗舰图，出自《武经总要》。西汉时因欲与越水战，造楼船，高余丈。

益广关，置左右辅。

元鼎三年，迁函谷关在新安东界以扩大关中地盘，设置了京都左右辅都尉。

初，大农管盐铁官布多，置水衡，欲以主盐铁。及杨可告缗钱，上林财物众，乃令水衡主上林。上林既充满，益广。是时越欲与汉用船战逐，乃大修昆明池，列观环之。治楼船，高十余丈，旗帜加其上，甚壮。于是天子感之，乃作柏梁台，高数十丈。宫室之修，由此日丽。

当时，大农主管的盐铁官分布有很多，就设置水衡都尉，要让它主管盐铁事务；等到杨可主持告缗钱的事件发生，上林的钱财物品就多了，于是下令水衡都尉主管上林。上林已经装满了，就要扩充规模。这时候南越要和汉朝用船进行水战角逐，于是扩大修建昆明池，一排排台观环列着。又制造楼船，高十多丈，各种旗帜插在船上，十分壮观。于是天子受到感染，就建造柏梁台，高几十丈。宫殿房室的修建，从这时起一天比一天华丽。

乃分缗钱诸官，而水衡、少府、大农、太仆各置农官，往往即郡县比没入田田之。其没入奴婢，分诸苑养狗马禽兽，及与诸官。诸官益杂置多，徒奴婢众，而下河漕度四百万石，及官自籴乃足。

于是又把缗钱分给各个官署，因而水衡、少府、大农、太仆都分别设置农官，经常让他们就地组织人到刚没收来的田土上去耕种。所没收来的奴婢，分派到皇家各园苑中去养狗、马、飞禽走兽，或分给各官署使用。各种官署越来越杂，设置的也越来越多，罪徒奴婢众多，而经由黄河水运来的粮食每年达四百万石，还需要各官署自己去采购粮食才够用。

所忠言："世家子弟富人或斗鸡走狗马，弋猎博戏，乱齐民。"乃征诸犯令，相引数千人，命曰"株送徒"。入财者得补郎，郎选衰矣。

所忠建议说："世代有俸禄家的子弟和富起来的人，有的斗鸡走狗跑马游玩，有的打猎赌博戏耍，扰乱了平民风俗。"于是征发各个触犯这方面法令的人，他们互相牵连供出总共有几千人，罪名称作"株送徒"。捐献钱财的人既得允许补做郎官，郎官的选拔就衰败了。

是时山东被河灾，及岁不登数年，人或相食，方一二千里。天子怜之，诏曰："江南火耕水耨，令饥民得流就食江淮间，欲留，留处。"遣使冠盖相属于道，护之，下巴、蜀粟以振之。

这时候崤山以东遭受黄河水害，一年到头没有收成已经好几年了，有的互相之间人吃人，这种情形发生在纵横一二千里范围内。天子很怜惜他们，下达诏令说："江南一带火烧野草种田，水灌田地耕作，让挨饿的百姓迁移到江淮一带就地取食谋生，想留在那里的人，就让他们住在那里。"派遣作为使者的官员沿途接连不断，护送贫民迁移，并运来巴蜀的粮食用来赈济灾民。

其明年，天子始巡郡国。东度河，河东守不意行至，不辨，自杀。行西逾陇，陇西守以行往卒，天子从官不得食，陇西守自杀。于是上北出萧关，从数万骑，猎新秦中，以勒边兵而归。新秦中或千里无亭徼，于是诛北地太守以下，而令民得畜牧边县，官假马母，三岁而归，及息什一，以除告缗，用充仞新秦中。

第二年，皇上开始巡视各个郡国。东行渡过黄河，河东太守没有预料到天子会来到，没有办好接待事务，自杀了。巡行西方越过陇山，陇西太守因为天子到来的仓促，皇上的随从官员吃不上饭，陇西太守也自杀了。于是皇上北出萧关，跟随着几万骑兵，在新秦中打猎，约束检阅了边防军队以后回京。新秦中有的地方千里之内没有岗亭哨塞关卡，因此杀了北地太守以下官吏，而且下令百姓可以在边境地区各县养畜放牧，公家借给母马，三年以后归还，等到繁殖生息十匹上交一匹。废除告缗令，用这种方法充实新秦中。

既得宝鼎，立后土、太一祠，公卿议封禅事，而天下郡国皆豫治道桥，缮故宫，及当驰道县，县治官储，设供具，而望以待幸。

已经获得宝鼎以后，元鼎四年，在汾水建立后土祠，五年建立太一祠，公卿商议封禅的事，因而天下各郡国都预先修道建桥，维修旧有的宫殿，以及正当是天子要路过的县，那些县就加紧准备官府需用储备的物资，置设供应天子使用的器具，而盼望等待着天子的有幸来临。

其明年，南越反，西羌侵边为桀。于是天子为山东不赡，赦天下囚，因南方楼船卒二十余万人击南越，数万人发三河以西骑击西羌，又数万人度河筑令居。初置张掖、酒泉郡，而上郡、朔方、西河、河西开田官，斥塞卒六十万人戍田之。中国缮道馈粮，远者三千，近者千余里，皆仰给大农。边兵不足，乃发武库工官兵器以赡之。车骑马乏绝，县官钱少，买马难得，乃著令，令封君以下至三百石以上吏，以差出牝马天下亭，亭有畜牸马，岁课息。

第二年，南越反叛，西羌侵犯边境造成了凶暴。于是皇上因为崤山以东闹灾荒收成不好，就大赦天下，凭借南方楼船军队二十多万人打击南越，发动几万人从三河向西用骑兵攻打西羌，又派几万人渡过黄河修建令居城。开始设置张掖郡、酒泉郡，而在上郡、朔方、西河、河西设立田官，在边境负责侦察警戒的斥塞卒六十万人在那里一边驻守一边种田。中原地区修筑道路运送军需粮饷，远的三千里，近的一千多里，全都依靠大农供给。边境武器不够用，就拿出国家武库中工兵打造的兵器用来满足需要。战车骑兵用马缺乏，国家钱少，买马很难办到，于是规定法令，规定从封君以下至三百石以上的官吏，按等级向天下乡亭缴纳母马，乡亭都有畜养的母马，每年按照马匹繁殖的情况考察成绩。

齐相卜式上书曰："臣闻主忧臣辱。南越反，臣愿父子与齐习船者往死之。"天子下诏曰："卜式虽躬耕牧，不以为利，有余辄助县官之用。今天下不幸有急，而式奋愿父子死之。虽未战，可谓义形于内。赐爵关内侯，金六十斤，田十顷。"布告天下，天下莫应。列侯以百数，皆莫求从军击羌、越。至酎，少府省金，而列侯坐酎金失侯者百余人。乃拜式为御史大夫。

齐相国卜式给天子上奏说："我听说主上有忧虑就是臣子的耻辱。南越反叛，我希望我们父子和齐地熟习驾船的人去南越与它决一死战。"皇上下诏令说："卜式虽然亲身种田放牧，不以此牟私利，有剩余就捐助给国家使用。现在天下不幸有了急难，而卜式发奋，父子自愿去决一死战，虽然没有参战，可以说内心的忠诚已经表现出来了。赏赐给他关内侯的爵位，黄金六十斤，良田十顷。"通告全国，全国人没有谁响应。诸侯多得要以百计数，全都没有谁要求参军出击西羌、南越的。等到九月诸侯朝见尝酎献酎金时，少府检查诸侯进贡的金子成色，因为进贡的酎金分量不足，失去侯爵的有一百多人。于是任命卜式做御史大夫。

式既在位，见郡国多不便县官作盐铁，铁器苦恶，贾贵，或强令民卖买之。而船有算，商者少，物贵。乃因孔仅言船算事。上由是不悦卜式。

卜式已经上任，发现郡国多数人认为政府制作盐铁不便利，百姓深受铁器质量不好的苦，卖的价格又贵，有的还强行命令百姓买卖。因为船有算赋，商人用船运货就少了，物价昂贵，就通过孔仅反映船征收算赋的事。皇上因此就不喜欢卜式了。

汉连兵三岁，诛羌，灭南越，番禺以西至蜀南者置初郡十七，且以其故俗治，毋赋税。南阳、汉中以往郡，各以地比给初郡吏卒奉食币物，传车马被具。而初郡时时小反，杀吏。汉发南方吏卒往诛之，间岁万余人，费皆仰给大农。大农以均输调盐铁助赋，故能赡之。然兵所过县，为以訾给毋乏而已，不敢言擅赋法矣。

汉朝连续出兵三年，打败了西羌，灭亡了南越，从番禺以西到蜀地南方一带设置新郡十七处，并且根据那里原来的风俗治理，不征收赋税。南阳、汉中以南各郡，各自根据地理位置，就近供给新郡官吏士卒的俸禄、粮食、货币、物资，以及驿传所用的车马和被物器具等。但新郡时常有小的反叛，杀害政府官吏，汉朝发动南方的吏卒去镇压叛乱，隔一年就得去一万多人，费用开支全仰大农供给。大农根据均输法调整盐铁收入补贴税收，因此能够供应这笔费用。然而军队所经过的各县，只能根据需要供给不缺少罢了，不敢说按常规税法办事啦。

其明年，元封元年，卜式贬秩为太子太傅。而桑弘羊为治粟都尉，领大农，尽代仅管天下盐铁。弘羊以诸官各自市，相与争，物故腾跃，而天下赋输或不偿其僦费，乃请置大农部丞数十人，分部主郡国，各往往县置均输、盐、铁官，令远方各以其物贵时商贾所转贩者为赋，而相灌输。置平准于京师，都受天下委输。召工官治车诸器，皆仰给大农。大农之诸官尽笼天下之货物，贵即卖之，贱则买之。如此，富商大贾无所牟大利则反本，而万物不得腾踊。故抑天下物，名曰"平准"。天子以为然，许之。于是天子北至朔方，东到太山，巡海上，并北边以归。所过赏赐，用帛百余万匹，钱金以巨万计，皆取足大农。

第二年，元封元年，卜式被贬低官位做太子太傅。而桑弘羊担任治粟都尉，主管大农事务，全权取代孔仅管理全国盐铁。桑弘羊因为诸多官府各自买卖，互相争利，物价于是飞涨，而各地送交的赋税物资有的还不够用来补偿运输的费用，于是奏请设置大农部丞几十人，分别主管各郡国的大农事务。大多数县又都设置了均输盐铁官。让偏僻地区的地方官，根据各自应缴的货物最贵时商人转运贩卖的价格来缴纳赋税，而由政府互相补充转运。在京城设置平准机构，统一管理全国各地输送来的物资。召集工官制造车子和各种器具，全靠大农供给费用。大农所属的各官署全部掌握着天下的货物，价格贵就卖它，价格贱就买它。这样，富商大买卖人就没有牟取暴利的机会了。促使他们回去务农，而所有物价便不再上涨了。由于抑制了天下物价，所以名叫"平准"。天子认为这样有道理，允许实行"平准法"。于是天子北到朔方，东到太山，巡行海上和北方边境以后回京。所路过地方的赏赐，用帛一百多万匹，钱币、黄金用万万来计算，全部可以从大农支取足够的费用。

弘羊又请令吏得入粟补官，及罪人赎罪。令民能入粟甘泉各有差，以复终身，不告缗。他郡各输急处，而诸农各致粟，山东漕益岁六百万石。一岁之中，太仓、甘泉仓满，边余谷；诸物均输，帛五百万匹。民不益赋而天下用饶。于是弘羊赐爵左庶长，黄金再百斤焉。

桑弘羊又奏请让官吏可以通过捐献粮食补官，以及犯罪的人交纳粮食可以抵罪。下令百姓能缴纳粮食到甘泉宫仓库的，按照各种等级差别，可以免除终身赋税徭役，不在告缗的范围内。其他郡各自运粮到急需的地方，而各个农业部门也各自送来粮食，崤山以东水船运粮增加到每年六百万石。一年当中，太仓、甘泉宫的粮仓就装满了。边境有了多余的粮谷和各种物资，均输存帛五百万匹。老百姓不增加赋税，天下就富饶起来了。于是赏赐给桑弘羊左庶长的爵位，黄金二百斤。

是岁小旱，上令官求雨。卜式言曰："县官当食租衣税而已，今弘羊令吏坐市列肆，贩物求利。亨弘羊，天乃雨。"

这一年稍有旱灾，皇上命令官员求雨。卜式建议说："国家官吏应当是吃穿租赋税收就罢了，现在桑弘羊让做官的人坐在集市的行列里，买卖货物谋求利润。烹了桑弘羊，天就会下雨。"

《二十一史通俗演义》版画之汤武征诛图

太史公曰：农工商交易之路通，而龟贝金钱刀布之币兴焉。所从来久远。自高辛氏之前尚矣，靡得而记云。故《书》道唐虞之际，《诗》述殷周之世，安宁则长庠序，先本绌末，以礼义防于利；事变多故而亦反是。是以物盛则衰，时极而转，一质一文，终始之变也。《禹贡》九州，各因其土地所宜，人民所多少，而纳职焉。汤武承弊易变，使民不倦，各兢兢所以为治，而稍陵迟衰微。齐桓公用管仲之谋，通轻重之权，徼山海之业，以朝诸侯，用区区之齐，显成霸名。魏用李克，尽地力，为强君。自是之后，天下争于战国，贵诈力而贱仁义，先富有而后推让。故庶人之富者或累巨万，而贫者或不厌糟糠；有国强者或并群小以臣诸侯，而弱国或绝祀而灭世。以至于秦，卒并海内。虞夏之币，金为三品，或黄，或白，或赤；或钱，或布，或刀，或龟贝。及至秦，中一国之币为二等，黄金以溢名，为上币；铜钱识曰"半两"，重如其文，为下币。而珠玉、龟贝、银锡之属为器饰宝藏，不为币。然各随时而轻重无常。于是外攘夷狄，内兴功业，海内之士力耕不足粮饷，女子纺绩不足衣服。古者尝竭天下之资财以奉其上，犹自以为不足也。无异故云，事势之流，相激使然，曷足怪焉！

太史公说：农工商互相交换贸易的道路沟通以后，那么龟、贝、金、钱、刀、布各种货币也就产生了。这种情况由来已经很久远了，自高辛氏以前年代太远，没有办法得到资料加以记述。所以《尚书》记载唐尧、虞舜的时代，《诗》叙述殷商、周代的社会情况，世道安定太平就会尊崇学校教育，提倡农业生产，排斥经商活动，用礼义防止人们去争利；因为社会上发生了很多的变乱事故，情况也就和原来相反了。所以事物兴盛以后就会走向衰败，时势发展到极限就要生变，一个质朴，一个文饰，始终循环变化。《禹贡》记载的九州，各自根据那里土地所适宜的出产、人民收入的多少交纳职分内的贡赋。商汤和周武王接着末世的衰败局面进行变革，致使百姓不疲敝倦乏，各自小心谨慎地把天下治理得很好，但还是慢慢地衰落微弱了。齐桓公采取管仲的谋划，通过物价贵贱的控制，开发山海资源物产，使得诸侯前来朝拜，凭着小小的齐国，显赫地成就了霸主的名声。魏国任用李悝，充分开发土地资源的效率，使魏文侯成为强有力的国君。从这以后，天下处于战国时代，互相争斗，尊崇欺诈和武力而轻视仁德，先考虑占有财富然后才讲究辞让。所以平民百姓中间富有的人有的累积上亿，而贫穷的人有的连糟糠都吃不饱；强大的诸侯国兼并那些小的诸侯，迫使他们称臣服从，而弱小的诸侯国有的断绝了祖宗的祭祀，国家也灭亡了。这样一直到秦代，终于统一了天下。虞舜和夏朝时的货币，金属类分为三等，有黄金、白银、红铜；此外还有钱、有布币、有刀币、有龟甲、贝壳。及至到了秦代，统一全国的货币分作二等，黄金用镒作单位，是一等货币；铜钱上的文字标记是“半两”，重量和写的字相同，是二等货币。珠玉、龟贝、银锡一类的东西，作为装饰的器物，珍藏着，不作为货币使用。尽管如此，各种货币随着时代的变迁而轻重没有一定。于是国外征伐夷狄，国内兴利建立功业，天下的男人努力耕作却不能满足粮食供应，女人纺线织布却不能满足衣服需要。古时候曾经全部拿出天下的物资钱财供奉皇帝，皇帝还认为不够用。没有别的原因，事物的发展和时势的变化，互相影响促使它形成这样的局面，有什么值得奇怪呢！

史记第三十一卷

吴太伯世家第一

吴太伯，太伯弟仲雍，皆周太王之子，而王季历之兄也。季历贤，而有圣子昌，太王欲立季历以及昌，于是太伯、仲雍二人乃奔荆蛮，文身断发，示不可用，以避季历。季历果立，是为王季，而昌为文王。太伯之奔荆蛮，自号句吴。荆蛮义之，从而归之千余家，立为吴太伯。

吴太伯、太伯的弟弟仲雍，都是周太王古公亶父的儿子，王季历的哥哥。季历贤明，而且又有一个圣德的儿子昌，太王想立季历为王，将来好传位给昌，于是太伯、仲雍二人逃到了荆蛮地区，把身上刺上花纹，剪短头发，表示不能继承王位，来避让季历。季历果然被立为王，这就是王季，昌因而即位成为周文王。太伯奔逃到荆蛮，自称句吴。荆蛮人认为他有贤德义行，从而归附他的有一千多家，拥立他为吴太伯。

太伯卒，无子，弟仲雍立，是为吴仲雍。仲雍卒，子季简立。季简卒，子叔达立。叔达卒，子周章立。是时周武王克殷，求太伯、仲雍之后，得周章。周章已君吴，因而封之。乃封周章弟虞仲于周之北故夏虚，是为虞仲，列为诸侯。

太伯去世，因为他没有儿子，弟弟仲雍即位，这就是吴仲雍。仲雍去世，儿子季简即位。季简去世，儿子叔达即位。叔达去世，儿子周章即位。此时周武王灭了殷朝，寻找太伯、仲雍的后代，找到了周章。周章已经做了吴国的君王，因而把吴地封给他。就封他弟弟虞仲在周室北边夏都的旧址，这就是虞仲，成了诸侯。

周章卒，子熊遂立。熊遂卒，子柯相立。柯相卒，子彊鸠夷立。彊鸠夷卒，子馀桥疑吾立。馀桥疑吾卒，子柯卢立。柯卢卒，子周繇立。周繇卒，子屈羽立。屈羽卒，子夷吾立。夷吾卒，子禽处立。禽处卒，子转立。转卒，子颇高立。颇高卒，子句卑立。是时晋献公灭周北虞公，以开晋伐虢也。句卑卒，子去齐立。去齐卒，子寿梦立。寿梦立而吴始益大，称王。

周章去世，儿子熊遂即位。熊遂去世，儿子柯相即位。柯相去世，儿子彊鸠夷即位。彊鸠夷去世，儿子馀桥疑吾即位。馀桥疑吾去世，儿子柯卢即位。柯卢去世，儿子周繇即位。周繇去世，儿子屈羽即位。屈羽去世，儿子夷吾即位。夷吾去世，儿子禽处即位。禽处去世，儿子转即位。转去世，儿子颇高即位。颇高去世，儿子句卑即位。这时候晋献公灭了周室北边的虞公，是因为虞公借道给晋国去侵伐虢国的缘故。句卑去世，儿子去齐即位。去齐去世，儿子寿梦即位。寿梦在位时期吴国开始逐渐强大，自称为吴王。

自太伯作吴，五世而武王克殷，封其后为二：其一虞，在中国；其一吴，在夷蛮。十二世而晋灭中国之虞。中国之虞灭二世，而夷蛮之吴兴。大凡从太伯至寿梦十九世。

自从太伯创建吴国，传五代，到周武王灭了殷朝，封他的后代为两个诸侯国：一个是虞国，在中原地区；一个是吴国，在蛮夷地区。传到十二代，晋国灭了中原的虞国。中原的虞国灭亡以后又传两代，蛮夷地区的吴国就强盛起来。总计从太伯到寿梦共传十九代。

王寿梦二年，楚之亡大夫申公巫臣怨楚将子反而奔晋，自晋使吴，教吴用兵乘车，令其子为吴行人，吴于是始通于中国。吴伐楚。十六年，楚共王伐吴，至衡山。

吴王寿梦二年，楚国逃亡在外的大夫申公巫臣，由于怨恨楚国将领子反而投奔晋国，又从晋国出使吴国，教吴国人用兵打仗和驾驶战车的技术，又让他儿子狐庸担任吴国主管接待国宾的行人官，吴国于是开始和中原各国相交往。吴国攻打楚国。十六年，楚共王举兵讨伐吴国，到达衡山。

二十五年，王寿梦卒。寿梦有子四人，长曰诸樊，次曰馀祭，次曰馀眜，次曰季札。季札贤，而寿梦欲立之，季札让不可，于是乃立长子诸樊，摄行事当国。

二十五年，吴王寿梦去世。寿梦有四个儿子，长子叫诸樊，次子叫馀祭，三子叫馀眜，四子叫季札。季札贤能，寿梦想传位给他，季札谦让不接受，于是就立了长子诸樊，代理日常政务，执掌国家权力。

王诸樊元年，诸樊已除丧，让位季札。季札谢曰："曹宣公之卒也，诸侯与曹人不义曹君，将立子臧，子臧去之，以成曹君，君子曰'能守节矣'。君义嗣，谁敢干君！有国，非吾节也。札虽不材，愿附于子臧之义。"吴人固立季札，季札弃其室而耕，乃舍之。秋，吴伐楚，楚败我师。四年，晋平公初立。

吴王诸樊元年，诸樊已经服丧期满除去丧服，让位给季札。季札辞让说："曹宣公死的时候，诸侯和曹国人认为曹君杀太子夺位不义，准备拥立子臧为曹君，子臧逃离曹国，以成全曹君继续在位，君子称赞子臧'能够严守节操'。你是合法的继承人，谁敢冒犯你！当国君，不是我的志节。我季札虽然没有什么才能，但愿意效法子臧严守节操。"吴国人坚决要立季札，季札舍弃了王室生活去种田，于是不再勉强他即位。秋天，吴国兴师讨伐楚国，楚军打败吴国军队。四年，晋平公初即位。

十三年，王诸樊卒。有命授弟馀祭，欲传以次，必致国于季札而止，以称先王寿梦之意，且嘉季札之义，兄弟皆欲致国，令以渐至焉。季札封于延陵，故号曰延陵季子。

十三年，吴王诸樊去世，遗言传位给弟弟馀祭。想依次往下传，一定要传国给季札才算完结，以满足父王寿梦的心愿，并且赞赏季札让国的节操，希望兄弟都能依次相传，逐渐把君位传给季札。季札被封在延陵，所以号称延陵季子。

泰伯像，选自明万历刻本《三才会图》。泰伯，即吴太伯。

王馀祭三年，齐相庆封有罪，自齐来奔吴。吴予庆封朱方之县，以为奉邑，以女妻

之，富于在齐。

吴王馀祭三年，齐相庆封犯罪，从齐国逃出来投奔吴国。吴王把朱方县封给庆封，作为俸邑，并把宗室的女儿嫁给他，使得他比在齐国还富有。

四年，吴使季札聘于鲁，请观周乐。为歌《周南》、《召南》。曰："美哉，始基之矣，犹未也。然勤而不怨。"歌《邶》、《鄘》、《卫》。曰："美哉，渊乎，忧而不困者也。吾闻卫康叔、武公之德如是，是其《卫风》乎？"歌《王》。曰："美哉，思而不惧，其周之东乎？"歌《郑》。曰："其细已甚，民不堪也，是其先亡乎？"歌《齐》。曰："美哉，泱泱乎大风也哉。表东海者，其太公乎？国未可量也。"歌《豳》。曰："美哉，荡荡乎，乐而不淫，其周公之东乎？"歌《秦》。曰："此之谓夏声。夫能夏则大，大之至也，其周之旧乎？"歌《魏》。曰："美哉，沨沨乎，大而宽，俭而易，行以德辅，此则盟主也。"歌《唐》。曰："思深哉，其有陶唐氏之遗风乎？不然，何忧之远也？非令德之后，谁能若是！"歌《陈》。曰："国无主，其能久乎？"自《郐》以下。无讥焉。歌《小雅》。曰："美哉，思而不贰，怨而不言，其周德之衰乎？犹有先王之遗民也。"歌《大雅》。曰："广哉，熙熙乎，曲而有直体，其文王之德乎？"歌《颂》。曰："至矣哉，直而不倨，曲而不诎，近而不偪，远而不携，迁而不淫，复而不厌，哀而不愁，乐而不荒，用而不匮，广而不宣，施而不费，取而不贪，处而不底，行而不流。五声和，八风平，节有度，守有序，盛德之所同也。"见舞《象箾》、《南籥》者，曰："美哉，犹有感。"见舞《大武》，曰："美哉，周之盛也其若此乎？"见舞《韶护》者，曰："圣人之弘也，犹有惭德，圣人之难也！"见舞《大夏》，曰："美哉，勤而不德！非禹其谁能及之？"见舞《招箾》，曰："德至矣哉，大矣，如天之无不焘也，如地之无不载也，虽甚盛德，无以加矣。观止矣，若有他乐，吾不敢观。"

四年，吴王派季札访问鲁国。季札请求观赏鲁国保存的周室礼乐。鲁国的乐师为他演唱《周南》、《召南》。他说："优美啊，开始奠定了牢固的基础，但尚未达到尽善尽美的程度，然而它唱出了百姓勤劳王事而无怨言的情绪。"演唱《邶风》、《鄘风》、《卫风》。他说："优美啊，乐调深沉，含有忧患意识但并不困惑。我听说卫康叔、武公的德行就像这样，这大概是《卫风》吧？"演唱《王风》。他说："优美啊，深思但并不恐惧，这大概是周王室东迁以后的乐曲吧？"演唱《郑风》。他说："情调过于细弱，反映百姓不堪忍受烦琐的政令，这可能是郑国首先要灭亡的预兆吧？"演唱《齐风》。他说："美好啊，气势恢弘啊，体现出大国的风度。它象征着宽阔的东海，大概是姜太公的遗风吧？这个国家的前途不可限量。"演唱《豳风》。他说："优美啊，气势坦荡宽宏，欢快而不过分，这大概是反映周公东征的乐曲吧？"演唱《秦风》。他说："这就是华夏的声音。能够华夏化的必然宏大，而且会宏大到极点，这大概是周王室旧地的乐曲吧？"演唱《魏风》。他说："美好啊，乐声抑扬婉转，洪大宽广，节约而易行，再用德教去辅助，这就是英明的君主了。"演唱《唐风》。他说："忧思深沉啊，这大概有陶唐氏的遗风吧？不然，为什么忧患感如此深远呢？不是盛德美名的先王后代，谁能像这样！"演唱《陈风》。他说："国家没有贤明的国君，这个国家还能长久存在吗？"从《郐风》以下，就没有评论和讥讽了。演唱《小雅》。他说："优美啊，有忧患思想而没有二心，有怨恨情绪但不敢直说，这可能是周德衰微的象征吧？但还有先王遗民的余留风俗存在呢。"演唱《大雅》。他说："宽广宏大，和谐，婉转柔缓而又正直刚强，这可能是周文王盛德的反映吧？"演唱《颂》。他说："美到极点了，旋律刚劲而不倨傲，婉转而不卑屈，紧密而不迫切，疏远而不散漫，变化多端而不混乱，反复往来而不厌烦，哀伤而不忧愁，欢乐而不荒唐，使用而不匮乏，广大而不张扬，施惠而不浪费，求取而不贪婪，音停而韵味仍在回荡，音行而不流荡泛滥。五声和谐，八音协调，节奏有法度，旋律有规则，这和先王的盛德是一致的。"观赏了跳《象箾》、《南籥》舞。他说："真美啊，但还有遗憾。"观赏了《大武》舞。他说："真美妙啊，周朝的盛德大概就像这样吧？"观赏了《韶护》舞。他说："以圣人的伟大，还为自己的德行惭愧，可见达到圣人的标准实在很难呀！"观赏了《大夏》舞。他说："真美妙啊，勤劳民事而不居功自傲，非大禹谁能做到这样呢？"观赏了《招箾》舞。他说："德行达到顶峰了，太伟大了，就像上天无所不覆盖，就像大地无所不承载，盛德已达到极点，再无以复加了。观赏礼乐心满意足了，即使有其他礼乐，我也不敢再请求观赏了。"

去鲁，遂使齐。说晏平仲曰："子速纳邑与政。无邑无政，乃免于难。齐国之政将有所归；未得所归，难未息也。"故晏子因陈桓子以纳政与邑，是以免于栾高之难。

季札离开鲁国，就去出使齐国。他劝晏平仲说："您赶快把封地和政权交出来。没有封地和政权，才能避免危难。齐国的政权将有所归属，没有得到归属以前，危难是不会终止的。"所以晏子通过陈桓子把封地和政权交了出来，因此在栾施、高强二人相攻中避免了灾难。

去齐，使于郑。见子产，如旧交。谓子产曰："郑之执政侈，难将至矣，政必及子。子为政，慎以礼。不然，郑国将败。"去郑，适卫。说蘧瑗、史狗、史鳅、公子荆、公叔发、公子朝曰："卫多君子，未有患也。"

季札离开齐国，出使到郑国。见了子产，就像老朋友重逢。对子产说："郑国的执政者荒淫奢侈，灾难将要到来了，政权必归于您。一旦您掌握了政权，要谨慎地以礼治国。不这样，郑国将要毁灭。"季札离开郑国，到达卫国。对蘧瑗、史狗、史鳅、公子荆、公叔发、公子朝说："卫国君子很多，不会有祸患的。"

自卫如晋，将舍于宿，闻钟声，曰："异哉！吾闻之，辩而不德，必加于戮。夫子获罪于君以在此，惧犹不足，而又可以畔乎？夫子之在此，犹燕之巢于幕也。君在殡而可以乐乎？"遂去之。文子闻之，终身不听琴瑟。

季札从卫国前往晋国，准备在宿地住下，听到钟声，说："奇怪啊！我听说，背叛而不修德行，必遭杀身之祸。孙文子得罪了君王(进攻并把卫献公赶到了齐国)还住在这里，害怕还来不及，还有心思敲钟奏乐吗？孙文子住在这里，就好比燕子在幕布上筑巢一样危险。君王的尸体还没有埋葬，难道这时可以敲钟奏乐吗？"便离开了那里。孙文子听了季札的话，终生再没有听弹奏琴瑟。

适晋，说赵文子、韩宣子、魏献子曰："晋国其萃于三家乎！"将去，谓叔向曰："吾子勉之！君侈而多良，大夫皆富，政将在三家。吾子直，必思自免于难。"

到达晋国。季札告诉赵文子、韩宣子、魏献子说："晋国的国政将要集权到三家吧！"将离开晋国时，对叔向说："你努力干吧！国君淫奢却有许多良臣，大夫们都很富，政权将归属于三家。您为人正直，一定要想办法使自己免遭祸难。"

季札之初使，北过徐君。徐君好季札剑，口弗敢言。季札心知之，为使上国，未献。还至徐，徐君已死，于是乃解其宝剑，系之徐君冢树而去。从者曰："徐君已死，尚谁予乎？"季子曰："不然。始吾心已许之，岂以死倍吾心哉！"

当季札开始出使的时候，北上途中拜访徐君。徐君很喜欢季札的宝剑，口中不敢说出来。季札心里知道他的想法，因为出使中原各国的需要，没有把宝剑献给他。返回时到达徐国，徐君已经死了，于是季札就取下自己的宝剑，把它挂在徐君墓旁的树上离去。随行的人说："徐君已经死了，宝剑还给谁呢？"季札说："这么说不对。当初我心里已经暗许把剑给他，难道只因他死了就违背我的心意吗！"

七年，楚公子围弑其王夹敖而代立，是为灵王。十年，楚灵王会诸侯而以伐吴之朱方，以诛齐庆封。吴亦攻楚，取三邑而去。十一年，楚伐吴，至雩娄。十二年，楚复来伐，次于乾溪，楚师败走。

七年，楚国公子围杀死楚王夹敖而取代了王位，这就是楚灵王。十年，楚灵王会合诸侯攻打吴国的朱方县，杀死了原来的齐相庆封。吴国也派兵攻打楚国，夺取了楚国的三座城池然后离去。十一年，楚国兴师讨伐吴国，一直打到雩娄。十二年，楚国再次讨伐吴国，驻军在乾溪，楚军打了败仗撤走。

十七年，王馀祭卒，弟馀眛立。王馀眛二年，楚公子弃疾弑其君灵王代立焉。

十七年，吴王馀祭去世，弟弟馀眛即位。吴王馀眛二年，楚国公子弃疾杀死楚灵王而立为楚王。

四年，王馀眛卒，欲授弟季札。季札让，逃去。于是吴人曰："先王有命，兄卒弟代立，必致季子。季子今逃位，则王馀眛后立。今卒，其子当代。"乃立王馀眛之子僚为王。

四年，吴王馀眛去世，想传位给弟弟季札。季札辞让，逃走了。这时吴国国人说："先王有遗嘱，哥哥去世，弟弟代立为王，一定要把王位传给季子。季子现在逃走辞让，那么馀眛是最后一个即位的君王。如今他去世了，他的儿子应该即王位。"于是立馀眛的儿子僚为吴王。

王僚二年，公子光伐楚，败而亡王舟。光惧，袭楚，复得王舟而还。

吴王僚二年，公子光征伐楚国，打了败仗，丢失了先王的乘船。公子光害怕，偷袭楚军，夺得了先王的乘船才回来。

五年，楚之亡臣伍子胥来奔，公子光客之。公子光者，王诸樊之子也。常以为“吾父兄弟四人，当传至季子。季子即不受国，光父先立。即不传季子，光当立。”阴纳贤士，欲以袭王僚。

五年，楚国外逃的臣子伍子胥来投奔吴国，公子光用对待宾客的礼节接待他。公子光，是吴王诸樊的儿子。他一直认为“我的父辈兄弟四人，王位应当传给季子。季子既然不愿接受执掌国政，我的父亲最先即位。如果不传季子，我应当继承王位。”他便暗中招纳贤能的人士，想找机会袭杀王僚。

八年，吴使公子光伐楚，败楚师，迎楚故太子建母于居巢以归。因北伐，败陈、蔡之师。九年，公子光伐楚，拔居巢、钟离。初，楚边邑卑梁氏之处女与吴边邑之女争桑，二女家怒相灭，两国边邑长闻之，怒而相攻，灭吴之边邑。吴王怒，故遂伐楚，取两都而去。

八年，吴国派公子光攻打楚国，打败了楚军，把楚国前太子建的母亲从居巢接回来。乘胜北伐，打败了陈国、蔡国的军队。九年，公子光讨伐楚国，占领了居巢、钟离。原先，楚国边邑卑梁氏的少女与吴国边邑的妇女因为采桑叶发生争执，两女的家里人发怒，相互仇杀，两国边邑的长官听说了这件事，一怒之下互相攻打，楚国吞并了吴国的边邑。吴王大怒，所以兴师攻打楚国，占领了这两个城邑然后离去。

伍子胥之初奔吴，说吴王僚以伐楚之利。公子光曰：“胥之父兄为僇于楚，欲自报其仇耳，未见其利。”于是伍员知光有他志，乃求勇士专诸，见之光。光喜，乃客伍子胥。子胥退而耕于野，以待专诸之事。

伍子胥刚投奔到吴国时，以攻打楚国的利益劝说吴王僚。公子光说：“伍子胥的父亲兄长被楚王杀害，他想借机报私仇罢了。看不到对吴国有什么好处。”于是伍子胥看出公子光别有企图，就找到勇士专诸，引荐他去见公子光。公子光很高兴，于是以礼接待伍子胥。伍子胥就隐退到郊野去耕作，来等待专诸的行动。

十二年冬，楚平王卒。十三年春，吴欲因楚丧而伐之，使公子盖馀、烛庸以兵围楚之六、灊。使季札于晋，以观诸侯之变。楚发兵绝吴兵后，吴兵不得还。于是吴公子光曰：“此时不可失也。”告专诸曰：“不索何获！我真王嗣，当立，吾欲求之。季子虽至，不吾废也。”专诸曰：“王僚可杀也。母老子弱，而两公子将兵攻楚，楚绝其路。方今吴外困于楚，而内空无骨鲠之臣，是无柰我何。”光曰：“我身，子之身也。”四月丙子，光伏甲士于窟室，而谒王僚饮，王僚使兵陈于道，自王宫至光之家，门阶户席，皆王僚之亲也，人夹持铍。公子光详为足疾，入于窟室，使专诸置匕首于炙鱼之中以进食，手匕首刺王僚，铍交于匈，遂弑王僚。公子光竟代立为王，是为吴王阖庐。阖庐乃以专诸子为卿。

十二年冬天，楚平王去世。十三年春天，吴国想借楚国办丧事攻打楚国，派公子盖馀、烛庸率军围攻楚国的六、灊两邑。派季札到晋国，注意诸侯国的反应。楚国发兵截断了吴兵的后路，吴兵不能退回。这时吴国公子光说：“良好的机会不能错过啊。”他对专诸说：“这时不动手何时才能得到！我是真正的王储，应该即位，我想趁机取得王位。即使季子回到国内，也不能废掉我的。”专诸说：“可以把王僚杀了。国内只有他的老母幼子，两公子率兵攻打楚国，楚兵已绝了他们的后路。现在吴国外被楚军围困，内无忠诚正直的臣子，对我们的行事无可奈何。”公子光说：“我的身体，就是你的身体。”四月丙子日，公子光在地下埋伏了士兵，邀请王僚宴饮。王僚派兵陈列在路途上，从王宫到公子光的家，外门、台阶、内门、坐位，都布满了王僚的亲兵，人人手持两刃短刀严阵以待。公子光假装脚疼，进入地下室，让专诸把匕首藏在熟鱼腹中去上菜。鱼端上来，专诸抽出匕首刺杀王僚，他也被王僚的亲兵用刀刺穿胸膛，还是杀了王僚。公子光终于取代了王位，这就是吴王阖庐。阖庐就命专诸的儿子为卿。

季子至，曰：“苟先君无废祀，民人无废主，社稷有奉，乃吾君也。吾敢谁怨乎？哀死事生以待天命。非我生乱，立者从之，先人之道也。”复命，哭僚墓，复位而待。吴公子烛庸、盖馀二人将兵遇围于楚者，闻公子光弑王僚自立，乃以其兵降楚，楚封之于舒。

季子回到吴国，说：“若先王的祭祀不废绝，人民不至于没有君主，社稷的神能得到供奉，那就是我的君王了。我还敢责怪谁呢？只有哀悼死去的，侍奉活着的，听从天命的安排。祸乱并不是我挑起的，谁立为君王我就顺从谁，这是先人的常规。”季子到王僚墓前报告出使晋国的情况，并哭祭王僚，随后回到自己的职位等待阖庐安排任务。吴公子烛庸、盖馀二人率兵被困在楚国，听说公子光杀了王僚自己夺得了王位，就率军投降了楚国，楚国把他们封在舒邑。

王阖庐元年，举伍子胥为行人而与谋国事。楚诛伯州犁，其孙伯嚭亡奔吴，吴以为大夫。

吴王阖庐元年，举拔伍子胥担任行人官并参与谋划国家大事。楚国杀了伯州犁，伯州犁的孙子伯嚭逃到吴国，吴国用他作大夫。

三年，吴王阖庐与子胥、伯嚭将兵伐楚，拔舒，杀吴亡将二公子。光谋欲入郢，将军孙武曰：“民劳，未可，待之。”四年，伐楚，取六与灊。五年，伐越，败之。六年，楚使子常囊瓦伐吴。迎而击之，大败楚军于豫章，取楚之居巢而还。

《东周列国志》版画之专诸进炙刺王僚图，讲述吴国公子光（即后来的吴王阖闾）派勇士专诸刺死吴王僚，自己当上吴国国王之事。

三年。吴王阖庐和伍子胥、伯嚭率军攻打楚国，攻占舒邑，杀死吴国的亡将两公子。公子光谋划趁机攻占郢都，将军孙武说：“百姓太疲劳，现在不行，等待机会吧。”四年，征伐楚国，攻占六和灊两邑。五年，征伐越国，打败了越军。六年，楚军派囊瓦（子常）攻打吴国，吴国派兵迎击，在豫章大败楚军，夺取了楚国的居巢然后回国。

九年，吴王阖庐请伍子胥、孙武曰：“始子之言郢未可入，今果如何？”二子对曰：“楚将子常贪，而唐、蔡皆怨之。王必欲大伐，必得唐、蔡乃可。”阖庐从之，悉兴师，与唐、蔡西伐楚，至于汉水。楚亦发兵拒吴，夹水陈。吴王阖庐弟夫槩欲战，阖庐弗许，夫槩曰：“王已属臣兵，兵以利为上，尚何待焉？”遂以其部五千人袭冒楚，楚兵大败，走。于是吴王遂纵兵追之。比至郢，五战，楚五败。楚昭王亡出郢，奔郧。郧公弟欲弑昭王，昭王与郧公奔随。而吴兵遂入郢。子胥、伯嚭鞭平王之尸以报父仇。

九年，吴王阖庐询问伍子胥、孙武说：“当时您们说郢都不可攻进去，如今果敢攻入怎么样呢？”两人回答说：“楚将子常贪婪，唐国、蔡国都非常怨恨他。君王一定要大举进攻楚国，必须得到唐国、蔡国的援助才行。”阖庐采纳他们的意见，调动全部军队，和唐国、蔡国的军队一齐向西攻打楚国，到达汉水边。楚国也发兵阻挡吴军，两军隔汉水列阵。吴王阖庐的弟弟夫槩想先发动进攻，阖庐不同意。夫槩说：“君王已经把军队交给我指挥，用兵以有利于取胜为上策，还等什么呢？”于是率领他的部下五千人突袭楚军，楚军大败，逃走了。于是吴王下令追击楚军。一直打到郢都，交战五次，楚军败了五次。楚昭王逃离郢都，投奔到郧县。郧县县令的弟弟想杀害昭王，昭王和郧县县令投奔随国。吴国的军队就进入了郢都。伍子胥、伯嚭挖出楚平王的尸体，用鞭子抽打，以报杀父之仇。

十年春，越闻吴王之在郢，国空，乃伐吴。吴使别兵击越。楚告急秦，秦遣兵救楚击吴，吴师败。阖庐弟夫槩见秦越交败吴，吴王留楚不去，夫槩亡归吴而自立为吴王。阖庐闻之，乃引兵归，攻夫槩。夫槩败奔楚。楚昭王乃得以九月复入郢，而封夫槩于堂溪，为堂溪氏。十一年，吴王使太子夫差伐楚，取番。楚恐而去郢徙鄀。

十年春天，越王听说吴王阖庐在郢都，国内空虚，就趁机进攻吴国。吴国另外派兵攻打越国。

楚国向秦国求援,秦国派军队援救楚国,攻击吴军,吴军战败。阖庐的弟弟夫槩见秦军、越军连败吴军,吴王仍留在楚国不走,夫槩就逃回吴国自立为王。阖庐听到后,才率军回国,攻打夫槩,夫槩战败投奔楚国。楚昭王才有机会在九月又回到郢都,把夫槩封在堂溪,称为堂溪氏。十一年,吴王阖庐派太子夫差攻打楚国,攻占番邑。楚国害怕,因而离开郢邑迁都到鄀邑。

十五年,孔子相鲁。

十五年,孔子担任鲁国的丞相。

十九年夏,吴伐越,越王句践迎击之槜李。越使死士挑战,三行造吴师,呼,自刭。吴师观之,越因伐吴,败之姑苏,伤吴王阖庐指,军却七里。吴王病伤而死。阖庐使立太子夫差,谓曰:"尔而忘句践杀汝父乎?"对曰:"不敢!"三年,乃报越。

十九年夏天,吴国讨伐越国,越王句践在槜李迎击吴军。越王遣敢死队挑战,敢死队排成三行冲向吴军,高声呼喊,自刎而死。吴军争看敢死队自杀的壮举,越军趁机攻打他们,在姑苏打败吴军,并击伤吴王阖庐的手指,吴军后退了七里。吴王阖庐因为创伤发作而死。阖庐临终,遣使立太子夫差为王,对他说:"你能忘了句践杀死你父亲吗?"夫差回答说:"不敢!"到了第三年,他就率军向句践报仇。

王夫差元年,以大夫伯嚭为太宰。习战射,常以报越为志。二年,吴王悉精兵以伐越,败之夫椒,报姑苏也。越王句践乃以甲兵五千人栖于会稽,使大夫种因吴太宰嚭而行成,请委国为臣妾。吴王将许之,伍子胥谏曰:"昔有过氏杀斟灌以伐斟寻,灭夏后帝相。帝相之妃后缗方娠,逃于有仍而生少康。少康为有仍牧正。有过又欲杀少康,少康奔有虞。有虞思夏德,于是妻之以二女而邑之于纶,有田一成,有众一旅。后遂收夏众,抚其官职。使人诱之,遂灭有过氏,复禹之绩,祀夏配天,不失旧物。今吴不如有过之强,而句践大于少康。今不因此而灭之,又将宽之,不亦难乎!且句践为人能辛苦,今不灭,后必悔之。"吴王不听,听太宰嚭,卒许越平,与盟而罢兵去。

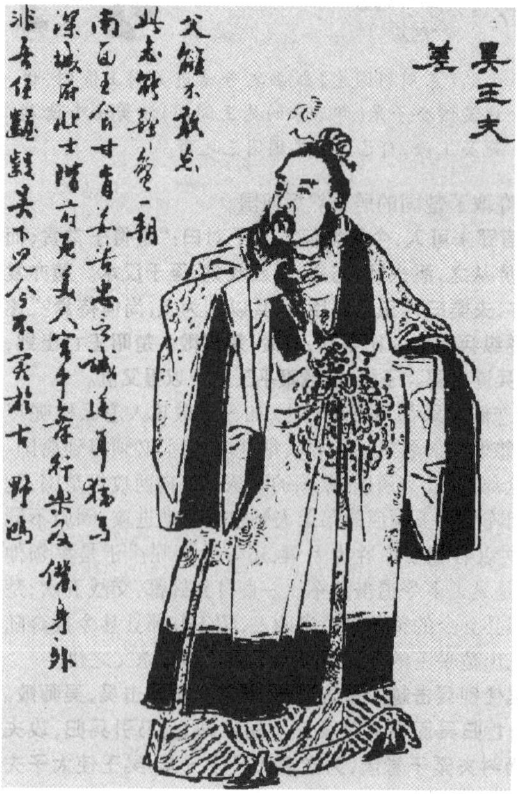

吴王夫差像

吴王夫差元年,任命大夫伯嚭为太宰。训练军队作战射箭,念念不忘向越国报仇的志向。二年,吴王夫差调动所有精兵征讨越国,在夫椒打败越军,报了姑苏战败的仇恨。越王句践带着甲兵五千人退守会稽,派大夫文种通过吴国的太宰伯嚭向吴国求和,请求把越国交给吴国,自己情愿作吴王的奴仆。吴王夫差准备答应他,伍子胥劝阻说:"以前有过氏杀了斟灌去攻打斟寻,灭了夏的君王相帝。相帝的妃子后缗有孕在身,逃到有仍国,生下少康。少康担任了有仍的牧正官。有过氏又想杀害少康,少康投奔到有虞国。有虞氏思念夏朝的恩德,于是把自己的两个女儿嫁给少康,封他在纶邑,据有方圆十里的土地,拥有五百口人。后来逐渐招集夏朝的遗民,整顿夏朝的官制。派人引诱有过氏,终于灭了有过氏,恢复了夏禹的业绩,继续以夏的祖先配享上天,没有失掉夏原有的河山。现在吴国不如有过氏强盛,而句践的势力却比少康强大。现在不趁此灭掉他,还要宽容他,不也是很难吗!况且句践这个人能够忍受艰辛苦难,现在不消灭了他,将来一定要后悔。"吴王不听,却听信太宰嚭的话，终于答应同越国讲和，与越国签订盟约后撤兵离去。

七年，吴王夫差闻齐景公死而大臣争宠，新君弱，乃兴师北伐齐。子胥谏曰：“越王句践食不重味，衣不重采，吊死问疾，且欲有所用其众。此人不死，必为吴患。今越在腹心疾而王不先，而务齐，不亦谬乎！”吴王不听，遂北伐齐，败齐师于艾陵。至缯，召鲁哀公而征百牢。季康子使子贡以周礼说太宰嚭，乃得止。因留略地于齐鲁之南。九年，为驺伐鲁，至，与鲁盟乃去。十年，因伐齐而归。十一年，复北伐齐。

七年，吴王夫差听说齐景公去世而大臣争权，新即位的国君幼弱，就兴师北伐齐国。伍子胥劝谏说：“越王句践吃饭不讲究味道，穿衣不讲究色彩，吊唁死人，慰问生病的人，是想用他的民众达到某种目的。这个人不死，必定成为吴国的祸患。现在越国是我们的心腹祸患，君王不先除掉他，反而致力于兴兵讨伐齐国，不是很荒谬吗！”吴王不听劝告，于是兴师北伐齐国，在艾陵打败齐国的军队。到达缯邑，召见鲁哀公要求提供牛、羊、猪祭品一百套。季康子派子贡以周朝的礼节劝说太宰伯嚭，才停止索求。吴王因而留在齐国、鲁国的南边略取土地。九年，为了驺国去攻伐鲁国，到达鲁国，和鲁国签订了盟约才离去。十年，顺便讨伐齐国而回师。十一年，再次派兵北伐齐国。

越王句践率其众以朝吴，厚献遗之，吴王喜。唯子胥惧，曰：“是弃吴也。”谏曰：“越在腹心，今得志于齐，犹石田，无所用。且《盘庚之诰》有颠越勿遗，商之以兴。”吴王不听，使子胥于齐，子胥属其子于齐鲍氏，还报吴王。吴王闻之，大怒，赐子胥属镂之剑以死。将死，曰：“树吾墓上以梓，令可为器。抉吾眼置之吴东门，以观越之灭吴也。”

越王句践率领他的部下朝见吴王，用丰厚的礼物奉献给他，吴王很高兴。只有伍子胥心怀忧惧，说：“这是丢弃吴国呢。”劝谏吴王说：“越国处在我国心腹大患的境地，现在即使在齐国实现了心愿，犹如得到石头田地一样，没有什么用途。而且《盘庚之诰》说对于悖逆的坏家伙不要留下残余，商朝就是这样兴盛起来的。”吴王不听劝告，派伍子胥出使齐国，伍子胥把他儿子托付给齐国的大夫鲍氏照顾，然后回国向吴王报告出使情况。吴王听说这件事后，勃然大怒，赐给伍子胥属镂宝剑叫他自杀。死前，伍子胥说：“在我的墓上种上梓树，长大后让它可以做棺材。挖出我的眼睛，放在吴国的东城门，让我观看越国来灭亡吴国呀。”

齐鲍氏弑齐悼公。吴王闻之，哭于军门外三日，乃从海上攻齐。齐人败吴，吴王乃引兵归。

齐国的鲍氏杀死齐悼公。吴王得到消息后，在军门外痛哭了三天，然后就取海道攻打齐国。齐军打败了吴军，吴王率领败军回国。

十三年，吴召鲁、卫之君会于橐皋。

十三年，吴王征召鲁国、卫国的国君在橐皋会盟。

十四年春，吴王北会诸侯于黄池，欲霸中国以全周室。六月丙子，越王句践伐吴。乙酉，越五千人与吴战。丙戌，虏吴太子友。丁亥，入吴。吴人告败于王夫差，夫差恶其闻也。或泄其语，吴王怒，斩七人于幕下。七月辛丑，吴王与晋定公争长。吴王曰：“于周室我为长。”晋定公曰：“于姬姓我为伯。”赵鞅怒，将伐吴，乃长晋定公。吴王已盟，与晋别，欲伐宋。太宰嚭曰：“可胜而不能居也。”乃引兵归国。国亡太子，内空，王居外久，士皆罢敝，于是乃使厚币以与越平。

十四年春天，吴王北上在黄池和诸侯会盟，想称霸中原保全周室。六月丙子日，越王句践攻打吴国。乙酉日，越军五千人和吴军交战。丙戌日，俘获了吴军太子友。丁亥日，攻进吴国的都城。吴人把战败的消息告诉了吴王夫差，夫差不愿意让诸侯知道这件事。偏偏有人走漏了消息，吴王大怒，把七个人杀死在军营幕下。七月辛丑日，吴王和晋定公争当盟主。吴王说：“以周室而言我祖先的辈分最大。”晋定公说：“以姬姓诸侯而言晋国当过霸主。”晋国的赵鞅怒不可遏，要发兵攻打吴军，就让晋定公当了盟主。吴王已经和诸侯签订盟约，与晋定公告辞，想去攻打宋国。太宰伯嚭说：“可以战胜宋国而不能占有它。”吴王这才率领军队回国。吴国太子被俘，国内空虚，吴王在外的时间很长，士兵都疲惫不堪，于是派遣使者携带重金与越国讲和。

十五年，齐田常杀简公。

十五年，齐国田常杀死齐简公。

十八年，越益强。越王句践率兵复伐败吴师于笠泽。楚灭陈。

十八年，越国更加强盛。越王句践率领军队在笠泽再次打败吴军。楚国灭了陈国。

二十年，越王句践复伐吴。二十一年，遂围吴。二十三年十一月丁卯，越败吴。越王句践欲迁吴王夫差于甬东，予百家居之。吴王曰："孤老矣，不能事君王也。吾悔不用子胥之言，自令陷此。"遂自刭死。越王灭吴，诛太宰嚭，以为不忠，而归。

二十年，越王句践再次讨伐吴国。二十一年，乘势围攻吴国的都城。二十三年十一月丁卯日，越军打败吴国。越王句践想把吴王夫差迁到甬东，给他一百户民家的地域居住在那里。吴王说："我年纪老了，不能侍奉君王了。我后悔当初没有听从伍子胥的劝告，使自己陷到如此的境地。"说完就自杀了。越王灭掉吴国，杀了吴太宰伯嚭，认为他不忠，然后率师回国。

太史公曰：孔子言"太伯可谓至德矣，三以天下让，民无得而称焉。"余读《春秋》古文，乃知中国之虞与荆蛮句吴兄弟也。延陵季子之仁心，慕义无穷，见微而知清浊。呜呼，又何其闳览博物君子也！

太史公说：孔子说"吴太伯可称得上达到了最高的德行，三次以君位相让，百姓简直不知道用什么言辞称赞他才好"。我读了《春秋》古文，才知道中原的虞国和荆蛮的吴国是兄弟之邦呢。延陵季子的仁爱心，仰慕道义无穷无尽，观察细微而能测知事物的清白与污浊。啊，他又是一位视野多么广阔，知识多么渊博的君子啊！

史记第三十二卷

齐太公世家第二

太公望吕尚者，东海上人。其先祖尝为四岳，佐禹平水土甚有功。虞夏之际封于吕，或封于申，姓姜氏。夏商之时，申、吕或封枝庶子孙，或为庶人，尚其后苗裔也。本姓姜氏，从其封姓，故曰吕尚。

太公望吕尚，是东海一带的人。他的祖先曾经做过四岳的官，佐夏禹治理水土，立有大功。在虞舜、夏禹时期被封在吕，有的被封在申，姓姜。夏、商时代，申、吕两地有的封给旁支子孙，有的变成了平民，吕尚就是他们远代的子孙。吕尚本姓姜，后以他的封地为姓，所以叫吕尚。

吕尚像。吕尚，即姜太公。周武王灭商后，封姜太公为齐地诸侯，是为齐国。

吕尚盖尝穷困，年老矣，以渔钓奸周西伯。西伯将出猎，卜之，曰"所获非龙非彲，非虎非罴，所获霸王之辅"。于是周西伯猎，果遇太公于渭之阳，与语大说，曰："自吾先君太公曰'当有圣人适周，周以兴'。子真是邪？吾太公望子久矣。"故号之曰"太公望"，载与俱归，立为师。

吕尚大约曾经穷困潦倒。年纪老了，因钓鱼而结识了周西伯。西伯将要出去打猎，卜了一卦，卦辞说："所获得的不是龙不是彲，不是虎不是罴；获得的是霸王的辅佐。"于是周西伯出去打猎，果然在渭水北面遇到太公，与他交谈后，非常高兴，说："自从我的先君太公说'当有圣人到周家来，周家因此就会兴盛’。先生果真就是所说的这个人吧？我的太公盼望先生很久啦。”所以称吕尚为“太公望”，西伯和他坐车一同回去，封他做军师。

或曰，太公博闻，尝事纣。纣无道，去之。游说诸侯，无所遇，而卒西归周西伯。或曰，吕尚处士，隐海滨。周西伯拘羑里，散宜生、闳夭素知而招吕尚。吕尚亦曰：“吾闻西伯贤，又善养老，盍往焉。”三人者为西伯求美女奇物，献之于纣，以赎西伯。西伯得以出，反国。言吕尚所以事周虽异，然要之为文武师。

有人说，太公博才多学，曾经侍奉过商纣王，纣王残酷无道，太公就离开了他。周游列国劝说诸侯，没有遇到知己的君王，最后向西去归附周西伯。有人说，吕尚是隐士，隐居在海滨。周西伯被纣王拘禁在羑里时，散宜生、闳夭平常知道吕尚而招请他出来。吕尚也说“我听说西伯贤明，又慈善地赡养老人，为什么不到他那里去呢”。他们三人合谋替西伯寻找美女和宝物，献给纣王，用以赎回西伯。西伯因此被释放，回到故国。记述吕尚归周的原因说法虽然不同，但重要的是都说他是周文王、周武王的军师。

周西伯昌之脱羑里归，与吕尚阴谋修德以倾商政，其事多兵权与奇计，故后世之言兵及周之阴权皆宗太公为本谋。周西伯政平，及断虞芮之讼，而诗人称西伯受命曰文王。伐崇、密须、犬夷，大作丰邑。天下三分，其二归周者，太公之谋计居多。

周西伯昌从羑里脱身归来，暗中和吕尚修行德政为推翻商朝做准备，其中大多是用兵的权谋和奇妙的计策，所以后世谈论兵策及周代的秘密权术都推崇太公为最初的谋划者。周西伯施政公平，和平解决了虞芮两国的争端以后，诗人称道西伯是受了天命的文王。他征伐崇国、密须、犬夷，大规模地兴建丰邑。当时天下三分之二的诸侯归顺周朝，多半出于太公的计谋。

文王崩，武王即位。九年，欲修文王业，东伐以观诸侯集否。师行，师尚父左杖黄钺，右把白旄以誓，曰：“苍兕苍兕，总尔众庶，与尔舟楫，后至者斩！”遂至盟津。诸侯不期而会者八百诸侯。诸侯皆曰：“纣可伐也。”武王曰：“未可。”还师，与太公作此《太誓》。

文王逝世，武王即位。九年，武王想修治文王的事业，东伐商纣王，试探诸侯是否响应。部队出发时，被尊为“师尚父”的吕尚左手持黄钺，右手持白旄誓师，说：“苍兕呀苍兕，率领你所有的民众和舟船桨楫，迟到的斩首！”于是到达盟津，诸侯不约而来会集的达到八百个。诸侯们都说：“纣王可以讨伐了。”武王说：“时机还不成熟。”率师回转，和太公写作了《泰誓》。

居二年，纣杀王子比干，囚箕子。武王将伐纣，卜龟兆，不吉，风雨暴至。群公尽惧，唯太公强之劝武王，武王于是遂行。十一年正月甲子，誓于牧野，伐商纣。纣师败绩。纣反走，登鹿台，遂追斩纣。明日，武王立于社，群公奉明水，卫康叔封布采席，师尚父牵牲，史佚策祝，以告神讨纣之罪。散鹿台之钱，发巨桥之粟，以振贫民。封比干墓，释箕子囚。迁九鼎，修周政，与天下更始。师尚父谋居多。

过了两年，纣王杀死王子比干，关起箕子。武王将要讨伐纣王，占卜时龟兆显示的卦象：不吉利，暴风雨将来临。公卿大臣都很害怕，只有太公态度坚决，极力劝说武王，武王于是出师讨伐。十一年正月甲子日，在牧野誓师，讨伐商纣王。纣王的军队溃败。纣王逃回，登上鹿台，于是武王的追兵斩杀纣王。次日，武王站在土地神社前，公卿大臣捧着清水，卫康叔铺上彩席，师尚父牵着祭祀用的牲畜，史佚诵读策文，禀告神祇讨伐纣王的罪恶。散发鹿台的存钱，发放巨桥的粮食，用来赈济贫民百姓。扩大比干的坟地并增培墓土，释放囚禁的箕子。迁移象征天子权力的九鼎，修治周朝的政治，与天下百姓一起开创新纪元。大多是师尚父的谋划。

于是武王已平商而王天下，封师尚父于齐营丘。东就国，道宿行迟。逆旅之人曰：“吾闻时难得而易失。客寝甚安，殆非就国者也。”太公闻之，夜衣而行，犁明至国。莱侯来伐，与之争营丘。营丘边莱。莱人，夷也，会纣之乱而周初定，未能集远方，是以与太公争国。

这时武王已经平定商朝而称王于天下，把师尚父封在齐国营丘。吕尚东行去封国，路上停宿行进迟缓。旅舍有人说：“我听说时机难得而易失。客人寝居非常安然，实在不像是到封国去就职的人。”太公听到这话，连夜穿衣起程，天亮到达封国。正遇上莱侯带兵来攻打，和太公争夺营丘。营丘位于莱国的边境，莱人是夷族，趁着商纣的混乱，而周朝刚刚建立，还没有安集远方各族，所以来和太公争夺国土。

磻溪垂钓图，选自清·马骀《百将传图》，讲述周文王访求姜太公之事。

太公至国，修政，因其俗，简其礼，通商工之业，便鱼盐之利，而人民多归齐，齐为大国。及周成王少时，管蔡作乱，淮夷畔周，乃使召康公命太公曰："东至海，西至河，南至穆陵，北至无棣。五侯九伯，实得征之。"齐由此得征伐，为大国。都营丘。

太公到了齐国，整顿政治，依据当地的习俗，简化礼仪，沟通工商各业，发展鱼盐生产，所以人民多投归于齐，齐变成了大国。等到周成王年少即位，管叔、蔡叔作乱，淮夷背叛周朝，于是派遣召康公策命太公说："东到大海，西到黄河，南到穆陵，北到无棣，五等诸侯，九州长官，你都可以征讨他们。"齐国因此能够举行征伐，成为大国，在营丘建都。

盖太公之卒百有余年，子丁公吕伋立。丁公卒，子乙公得立。乙公卒，子癸公慈母立。癸公卒，子哀公不辰立。

太公去世时大约有一百多岁，儿子丁公吕伋即位。丁公去世，儿子乙公得即位。乙公去世，儿子癸公慈母即位。癸公去世，儿子哀公不辰即位。

哀公时，纪侯谮之周，周烹哀公而立其弟静，是为胡公。胡公徙都薄姑，而当周夷王之时。

哀公的时候，纪侯在周王面前诽谤他，周王烹杀了哀公而立他弟弟静，这就是胡公。胡公迁都到薄姑，这件事出现在周夷王时期。

哀公之同母少弟山怨胡公，乃与其党率营丘人袭攻杀胡公而自立，是为献公。献公元年，尽逐胡公子，因徙薄姑都，治临淄。

哀公的同母小弟山怨恨胡公，就和他的党羽率领营丘人攻袭并杀死了胡公夺取君位，这就是献公。献公元年，把胡公的儿子都赶走，从薄姑迁出，定都临淄。

九年，献公卒，子武公寿立。武公九年，周厉王出奔，居彘。十年，王室乱，大臣行政，号曰"共和"。二十四年，周宣王初立。

九年，献公去世，儿子武公寿即位。武公九年，周厉王奔逃出境，住在彘地。十年，周家王室大乱，大臣代行政事，号称"共和"。二十四年，周宣王刚即位。

二十六年，武公卒，子厉公无忌立。厉公暴虐，故胡公子复入齐，齐人欲立之，乃与攻杀厉公。胡公子亦战死。齐人乃立厉公子赤为君，是为文公，而诛杀厉公者七十人。

二十六年，武公去世，儿子厉公无忌即位。厉公暴虐无道，所以胡公的儿子又进入齐国，齐国人想拥立胡公的儿子，就跟他一起攻杀厉公。胡公的儿子也在战斗中阵亡了。齐国人才拥立厉公的儿子赤为国君，就是文公。他即位后处死了参与诛杀厉公的七十个人。

文公十二年卒，子成公脱立。成公九年卒，子庄公购立。

文公在位十二年去世，儿子成公脱即位。成公在位九年去世，儿子庄公购即位。

庄公二十四年，犬戎杀幽王，周东徙雒。秦始列为诸侯。五十六年，晋弑其君昭侯。

庄公二十四年，犬戎攻杀周幽王，周室东迁，定都洛邑。秦国开始被封为诸侯。五十六年，晋国杀害了他们的国君昭侯。

六十四年，庄公卒，子釐公禄甫立。

六十四年，庄公去世，儿子釐公禄甫即位。

釐公九年，鲁隐公初立。十九年，鲁桓公弑其兄隐公而自立为君。

釐公九年，鲁隐公初登位。十九年，鲁桓公杀死他的哥哥隐公而自己夺取了君位。

二十五年，北戎伐齐。郑使太子忽来救齐，齐欲妻之。忽曰："郑小齐大，非我敌。"遂辞之。

二十五年，北戎攻打齐国。郑国派遣太子忽率兵来救助齐国，齐侯想把女儿嫁给他，忽说："郑国小齐国大，我匹配不上。"就婉言谢绝了齐侯的好意。

三十二年，釐公同母弟夷仲年死。其子曰公孙无知，釐公爱之，令其秩服奉养比太子。

三十二年，釐公的同母弟弟夷仲年去世。他的儿子叫公孙无知，釐公喜爱无知，让他享受和太子相同的礼秩服饰和俸禄。

三十三年，釐公卒，太子诸儿立，是为襄公。

三十三年，釐公去世，太子诸儿即位，这就是襄公。

襄公元年，始为太子时，尝与无知斗，及立，绌无知秩服，无知怨。

襄公元年。襄公还是太子的时候，曾经和无知争斗，等到即位后，降低了无知享有的礼秩服饰等级，无知心里怨恨。

四年，鲁桓公与夫人如齐，齐襄公故尝私通鲁夫人。鲁夫人者，襄公女弟也，自釐公时嫁为鲁桓公妇，及桓公来而襄公复通焉。鲁桓公知之，怒夫人，夫人以告齐襄公。齐襄公与鲁君饮，醉之，使力士彭生抱上鲁君车，因拉杀鲁桓公，桓公下车则死矣。鲁人以为让，而齐襄公杀彭生以谢鲁。

四年，鲁桓公和夫人到齐国。齐襄公过去曾经和鲁夫人通奸。鲁夫人，是襄公的妹妹，从釐公的时候起嫁给了鲁桓公为妻，等到鲁桓公携夫人来齐，襄公又和鲁夫人通奸。鲁桓公知道后，怒斥夫人，夫人告诉给齐襄公。齐襄公和鲁桓公宴饮，把鲁桓公灌醉，派力士彭生把他抱上车，趁机折断了鲁桓公的肋骨，桓公下车时就已经死了。鲁国人就这件事进行责备，襄公杀死彭生向鲁国道歉。

八年，伐纪，纪迁去其邑。

八年，征伐纪国，纪国迁徙它的都邑避难。

十二年，初，襄公使连称、管至父戍葵丘，瓜时而往，及瓜而代。往戍一岁，卒瓜时而公弗为发代。或为请代，公弗许。故此二人怒，因公孙无知谋作乱，连称有从妹在公宫，无宠，使之间襄公，曰："事成以女为无知夫人。"冬十二月，襄公游姑棼，遂猎沛丘，见彘，从者曰"彭生"。公怒，射之，彘人立而啼。公惧，坠车伤足，失屦。反而鞭主屦者茀三百。茀出宫。而无知、连称、管至父等闻公伤，乃遂率其众袭宫。逢主屦茀，茀曰："且无入惊宫，惊宫未易入也。"无知弗信，茀示之创，乃信之。待宫外，令茀先入。茀先入，即匿襄公户间。良久，无知等恐，遂入宫。茀反与宫中及公之幸臣攻无知等，不胜，皆死。无知入宫，求公不得。或见人足于户间，发视，乃襄公，遂弑之，而无知自立为齐君。

十二年。起初，襄公派连称、管至父戍守葵丘，约定瓜熟时前往，等到来年瓜熟时派人去接替他们。他们在葵丘戍守了一年，瓜熟时襄公没有派人接替他们。有人替他们向襄公请求替换，襄公仍不允许。所以二人很痛恨，就和公孙无知策划叛乱。连称有个堂妹是襄公的妃妾，不受宠爱，让她窥探谋杀襄公的机会，应许她"事成后，以你为无知的夫人"。冬天十二月，襄公到姑棼游玩，顺便在沛丘射猎。见到一头野猪，随从人说是"彭生"。襄公愤怒，拔箭射去，野猪突然站起来啼叫。襄公惊恐，从车上摔下来，跌伤了脚，把鞋也丢了。回来后他鞭打了管鞋的茀三百下。茀走出王宫，无知、连称、管至父等知道襄公受了伤，于是就率领他们的党徒袭击襄公的宫廷。正巧碰上管鞋的茀，茀说："不要进去惊动宫中的人员，惊动他们就无法进去了。"无知不相信他的话，茀露出身上的鞭痕，才相信了他。无知等在宫外，叫茀先进去。茀先进到王宫，马上把襄公藏匿在门后边。等了很久，无知等恐怕有变故，就闯进宫中。茀反而和宫中的卫士及襄公的幸臣攻打无知等，没有取胜，他们都被杀了，无知进宫后，找不到襄公。有人看到门后边有脚露出来，推开门一看，原来是襄公，就把他杀了，无知就立自己当了齐君。

桓公元年春，齐君无知游于雍林。雍林人尝有怨无知，及其往游，雍林人袭杀无知，告齐大夫曰："无知弑襄公自立，臣谨行诛。唯大夫更立公子之当立者，唯命是听。"

齐桓公元年春天，齐君无知到雍林游玩。雍林人曾经和无知有夙怨，趁着他前往游玩，雍林人袭杀无知，通告给齐国的大夫们说："无知杀害襄公自立为国君，我已郑重地把他杀了。希望大夫们另立公子中应当即位的人，我一定从命。"

初，襄公之醉杀鲁桓公，通其夫人，杀诛数不当，淫于妇人，数欺大臣，群弟恐祸及，故次弟纠奔鲁。其母鲁女也。管仲、召忽傅之。次弟小白奔莒，鲍叔傅之。小白母，卫女也，有宠于釐公。小白自少好善大夫高傒。及雍林人杀无知，议立君，高、国先阴召小白于莒。鲁闻无知死，亦发兵送公子纠，而使管仲别将兵遮莒道，射中小白带钩。小白详死，管仲使人驰报鲁。鲁送纠者行益迟，六日至齐，则小白已入，高傒立之，是为桓公。

当初，襄公用酒灌醉然后杀死鲁桓公，和桓公的夫人通奸，诛杀臣民往往不妥当，沉湎女色，多次欺侮大臣，他的弟弟们怕受灾祸的牵连，所以二弟纠逃到鲁国。纠的母亲是鲁国公主，管仲、召忽辅佐他。三弟小白逃到莒国，鲍叔辅佐他。小白的母亲是卫国公主，深受釐公的宠爱。小白从小跟大夫高傒就是至交。等雍林人杀死无知后，商议拥立新君。高、国两家暗中到莒国召小白回国。鲁国人听说无知已死，也发兵护送公子纠回国，并派管仲另外率兵拦截小白回齐国的道路，射中小白腰带上的钩子。小白装死，管仲派人奔驰鲁国报喜。鲁国护送公子纠的部队行动就更迟缓了，走了六天才到达齐国，这时小白已捷足先登，被高傒立为国君，这就是桓公。

桓公之中钩，详死以误管仲，已而载温车中驰行，亦有高、国内应，故得先入立，发兵距鲁。秋，与鲁战于乾时，鲁兵败走，齐兵掩绝鲁归道。齐遗鲁书曰："子纠兄弟，弗忍诛，请鲁自杀之。召忽、管仲仇也，请得而甘心醢之。不然，将围鲁。"鲁人患之，遂杀子纠于笙渎。召忽自杀，管仲请囚。桓公之立，发兵攻鲁，心欲杀管仲。鲍叔牙曰："臣幸得从君，君竟以立。君之尊，臣无以增君。君将治齐，即高傒与叔牙足也。君且欲霸王，非管夷吾不可。夷吾所居国国重，不可失也。"于是桓公从之。乃详为召管仲欲甘心，实欲用之。管仲知之，故请往。鲍叔牙迎受管仲，及堂阜而脱桎梏，斋祓而见桓公。桓公厚礼以为大夫，任政。

桓公被射中带钩，装死欺骗管仲，随即乘坐带帐幕的车子飞奔前进，加上高氏、国氏作内应，所以能先回国登位，发兵抵御鲁国护送公子纠的部队。秋天，和鲁国在乾时交战，鲁国的兵败退，齐军截断鲁军的归路。齐君给鲁君写信说："公子纠是我的兄弟，不忍心亲自杀他，请鲁国把他杀了吧。召忽、管仲是我的仇人，请把他们送回来让我将他们剁成肉酱以解心头大恨。不然，就要派兵围攻鲁国。"鲁国人害怕，就在笙渎杀害了公子纠。召忽自杀，管仲甘愿作囚犯被送回齐国。桓公登位以后，发兵进攻鲁国，本打算杀死管仲。鲍叔牙说："我荣幸地跟随您，您终于继承了君位。君王已经尊贵，我无力使您更加尊贵。君王将要治理齐国，靠高傒和我叔牙就够了。君王还打算称霸天下，非管夷吾辅佐不可。管夷吾在哪个国家哪个国家就强大，这个人不可失啊。"于是桓公听从了鲍叔牙的劝告。就假装召管仲剁成肉酱报仇雪恨，其实是想重用他。管仲明白桓公的意思，所以请求遣送回国。鲍叔牙迎接管仲，到堂阜就解除了管仲的脚镣手铐，沐浴更衣后去见桓公。桓公以隆重的礼仪接见管仲，任命他为大夫，执掌国家政务。

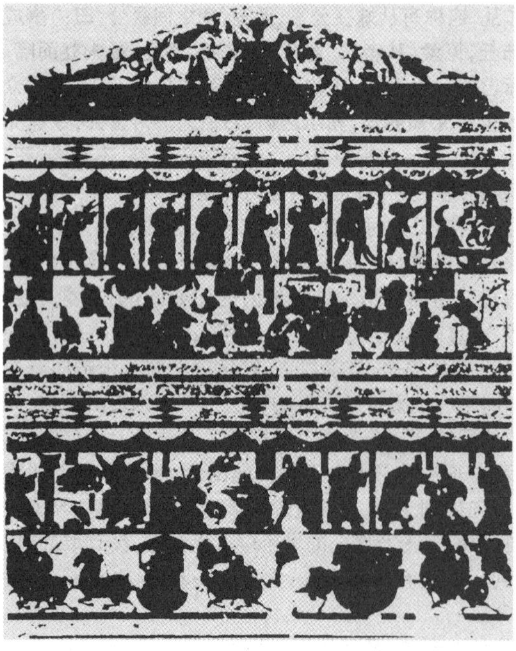

曹沫挟齐桓公画像石

桓公既得管仲，与鲍叔、隰朋、高傒修齐

国政，连五家之兵，设轻重鱼盐之利，以赡贫穷，禄贤能，齐人皆说。

桓公既得到了管仲，和鲍叔、隰朋、高傒一起整顿齐国的政治，推行以五家为基层单位的军事组织，发展商业流通，促进鱼盐生产，赈济贫穷百姓，选拔任用贤人能人，齐国人人高兴。

二年，伐灭郯，郯子奔莒。初，桓公亡时，过郯，郯无礼，故伐之。

二年，讨伐并灭了郯国，郯君逃到莒国。原先，桓公流亡时路经郯国，郯君对他无礼，所以来讨伐它。

五年，伐鲁，鲁将师败。鲁庄公请献遂邑以平，桓公许，与鲁会柯而盟。鲁将盟，曹沫以匕首劫桓公于坛上，曰："反鲁之侵地！"桓公许之。已而曹沫去匕首，北面就臣位。桓公后悔，欲无与鲁地而杀曹沫。管仲曰："夫劫许之而倍信杀之，愈一小快耳，而弃信于诸侯，失天下之援，不可。"于是遂与曹沫三败所亡地于鲁。诸侯闻之，皆信齐而欲附焉。七年，诸侯会桓公于甄，而桓公于是始霸焉。

五年，讨伐鲁国，鲁国的军队将战败。鲁庄公请求割让遂邑讲和，桓公同意了，和鲁国在柯地签订盟约。鲁君将要签约，曹沫拿匕首在坛上劫持桓公说："归还侵占的鲁国领土！"桓公答应了他。随后曹沫丢掉匕首，面朝北站在臣子的位置上。桓公后悔，想不退还鲁国的土地并杀死曹沫。管仲说："被劫持时许诺而现在背信杀他，想以微小的快意，而在诸侯面前显示出不讲信用，失掉天下的援助，不可以。"于是就把曹沫三次战败丧失的土地归还给鲁国。诸侯听说这件事，都信服齐国，想去归附它。七年，诸侯和齐桓公在甄地会盟，桓公从这时候开始称霸。

十四年，陈厉公子完，号敬仲，来奔齐。齐桓公欲以为卿，让；于是以为工正。田成子常之祖也。

十四年，陈厉公的儿子陈完，号敬仲，来投奔齐国。齐桓公想任命他为卿，陈完推辞，于是让他担任管理百工的工正。他就是田成子田常的祖先。

二十三年，山戎伐燕，燕告急于齐。齐桓公救燕，遂伐山戎，至于孤竹而还。燕庄公遂送桓公入齐境。桓公曰："非天子，诸侯相送不出境，吾不可以无礼于燕。"于是分沟割燕君所至与燕，命燕君复修召公之政，纳贡于周，如成康之时。诸侯闻之，皆从齐。

二十三年，山戎攻打燕国，燕君向齐国告急。齐桓公率军救援燕国，于是讨伐山戎，到达孤竹才回来。燕庄公远送桓公直到齐国境内。桓公说："不是天子，诸侯相送不出国境，我不可以对燕国无礼。"于是挖沟为界把燕君送他到达的地方全部割给燕国，让燕君重修召公时的德政，向周朝交纳贡品，就像周成王、康王时那样。诸侯听说后，都服从齐国。

二十七年，鲁湣公母曰哀姜，桓公女弟也。哀姜淫于鲁公子庆父，庆父弑湣公，哀姜欲立庆父，鲁人更立釐公。桓公召哀姜，杀之。

二十七年。鲁湣公的母亲叫哀姜，是齐桓公的妹妹。哀姜和鲁国公子庆父通奸，庆父杀害湣公，哀姜想立庆父为鲁君，鲁国人却拥立釐公。齐桓公把哀姜召回，把她杀了。

二十八年，卫文公有狄乱，告急于齐。齐率诸侯城楚丘而立卫君。

二十八年，卫文公遭到狄人的侵扰，向齐国告急。齐国率领诸侯在楚丘筑城安置卫君。

二十九年，桓公与夫人蔡姬戏船中。蔡姬习水，荡公，公惧，止之，不止，出船，怒，归蔡姬，弗绝。蔡亦怒，嫁其女。桓公闻而怒，兴师往伐。

二十九年，桓公和夫人蔡姬在船上戏耍，蔡姬熟习水性，故意晃荡船只，桓公害怕，制止蔡姬，蔡姬继续摇晃，下船后，桓公一怒之下，把她赶回蔡国，但并没有离婚。蔡君也很气愤，就把蔡姬改嫁给他人。桓公知道后大怒，发兵讨伐蔡国。

三十年春，齐桓公率诸侯伐蔡，蔡溃。遂伐楚。楚成王兴师问曰："何故涉吾地？"管仲对曰："昔召康公命我先君太公曰：'五侯九伯，若实征之，以夹辅周室。'赐我先君履，东至海，西至河，南至穆陵，北至无棣。楚贡包茅不入，王祭不具，是以来责。昭王南征不复，是以来问。"楚王曰："贡之不入，有之，寡人罪也，敢不共乎！昭王之出不复，君其问之水滨。"齐师进次于陉。夏，楚王使屈完将兵扞齐，齐师退次召陵。桓公矜屈完以其众。屈完曰："君以道则可；若不，则楚方城以为城，江、汉以为沟，君安能进乎？"乃与屈完盟而去。过陈，陈袁涛涂诈齐，令出东方，觉。秋，齐伐陈。是岁，晋杀太子申生。

三十年春天，齐桓公率领诸侯讨伐蔡国，蔡军溃败。乘势讨伐楚国。楚成王出兵御敌，问道："什么缘故涉足我的国土？"管仲回答说："从前召康公授命我先君太公说：'五等诸侯、九州长官，你都可以征伐他们，来辅佐周室。'赐给我先君的权力范围：东到大海，西到黄河，南到穆陵，北到无棣。楚国应进贡的包茅而不交纳，影响了周王的祭祀，所以特来责求。以前周昭王南巡没有返回，所以特来问罪。"楚王说："贡品没有进，有这件事，这是我的罪过，今后不敢不呈献！至于昭王南巡不归，你应该质问汉水岸边的国家。"齐军进驻陉地。夏天，楚王派屈完率军抵御齐军，齐军退到召陵。桓公向屈完矜夸炫耀齐军兵多将广。屈完说："你讲正道才行；不然，楚国以方城山为城堡，长江、汉水作沟壕，你岂能前进一步？"因此桓公和屈完签订盟约后离去。路过陈国，陈国袁涛涂欺骗齐军，叫他们从东方绕道走，齐军发觉。秋天，齐军讨伐陈国。这一年，晋国杀了太子申生。

三十五年夏，会诸侯于葵丘。周襄王使宰孔赐桓公文武胙、彤弓矢、大路，命无拜。桓公欲许之，管仲曰："不可。"乃下拜受赐。秋，复会诸侯于葵丘，益有骄色。周使宰孔会。诸侯颇有叛者。晋侯病，后，遇宰孔。宰孔曰："齐侯骄矣。弟无行。"从之。是岁，晋献公卒，里克杀奚齐、卓子，秦缪公以夫人入公子夷吾为晋君。桓公于是讨晋乱，至高梁，使隰朋立晋君，还。

三十五年夏天，在葵丘和诸侯会盟。周襄王派宰孔把祭文王、武王用的祭肉、红色的弓和箭、大辂车赐给桓公，还让他免除跪拜礼节。桓公想答应，管仲说："不行。"于是桓公下拜接受赏赐的物品。秋天。又在葵丘和诸侯会盟，更加显示出傲慢的神态。周王派宰孔赴会。诸侯中有人逐渐开始叛离桓公。晋国的国君因为病了，来得晚，半路遇见宰孔。宰孔说："齐侯骄傲，可以不必去了。"晋侯听取了他的话。这一年，晋献公去世，里克杀死奚齐、卓子，秦缪公送夫人的弟弟公子夷吾回晋国即位。桓公于是讨伐晋国的内乱，行至高梁，派遣隰朋去扶立晋君，然后归国。

是时周室微，唯齐、楚、秦、晋为强。晋初与会，献公死，国内乱。秦缪公辟远，不与中国会盟。楚成王初收荆蛮有之，夷狄自置。唯独齐为中国会盟，而桓公能宣其德，故诸侯宾会。于是桓公称曰："寡人南伐至召陵，望熊山；北伐山戎、离枝、孤竹；西伐大夏，涉流沙；束马悬车登太行，至卑耳山而还。诸侯莫违寡人。寡人兵车之会三，乘车之会六，九合诸侯，一匡天下。昔三代受命，有何以异于此乎？吾欲封泰山，禅梁父。"管仲固谏，不听；乃说桓公以远方珍怪物至乃得封，桓公乃止。

这时候周室微弱，只有齐国、楚国、秦国、晋国强盛。晋国刚刚参加会盟，随着献公去世，国内产生混乱。秦缪公地处偏远的西方，没有参与中原各国的会盟。楚成王刚刚征服荆蛮地区，自认是个夷狄国家。只有齐国主持中原的诸侯会盟，而桓公又能实施德政，所以诸侯响应赴会。于是桓公宣扬说："我南伐到达召陵，眺望熊山；北伐山戎、离枝、孤竹；西伐大夏，远涉流沙；约束马匹拴牢车子，登上太行山，直到卑耳山才回还。诸侯都不敢违抗我。我先后三次主持军事会盟，六次主持和平会盟，九次会合诸侯，一次安定周室。以前夏、商、周三代承受天命时，有什么地方超过我呢？我想封泰山祭天，禅梁父祭地。"管仲极力劝阻，桓公不听。于是他对桓公说得到远方的珍奇怪物才能封祭天地，桓公这才作罢。

三十八年，周襄王弟带与戎、翟合谋伐周，齐使管仲平戎于周。周欲以上卿礼管仲，管仲顿首曰："臣陪臣，安敢！"三让，乃受下卿礼以见。三十九年，周襄王弟带来奔齐。齐使仲孙请王，为带谢。襄王怒，弗听。

三十八年，周襄王的弟弟带与戎人、翟人合谋袭击周王，齐桓公派遣管仲到周平息戎翟的祸乱。周王想用上卿的礼仪接待管仲，管仲叩头拜谢说："我是诸侯的臣子，怎么敢当呢！"推让了再三，才勉强接受了用下卿的礼仪谒见周王。三十九年，周襄王的弟弟带来投奔齐国。齐桓公派仲孙到周请求周襄王宽恕，赦免带的罪过。襄王生气，不肯听从。

四十一年，秦缪公虏晋惠公，复归之。是岁，管仲、隰朋皆卒。管仲病，桓公问曰："群臣谁可相者？"管仲曰："知臣莫如君。"公曰："易牙如何？"对曰："杀子以适君，非人情，不可。"公曰："开方如何？"对曰："倍亲以适君，非人情，难近。"公曰："竖刀如何？"对曰："自宫以适君，非人情，难亲。"管仲死，而桓公不用管仲言，卒近用三子，三子专权。

四十一年，秦缪公俘获晋惠公，又释放了他。这一年，管仲、隰朋先后去世。管仲病时，桓公问他："众臣中谁可以任相职呢？"管仲说："了解臣下的没有人能比得上国君。"桓公说："易牙怎么样?”管仲说:“易牙杀了自己的儿子去迎合国君,不合人情,不可以任相职。”桓公说:“开方怎么样?”管仲说:“天方背叛自己的亲人迎合国君,不合人情,难以亲近。”桓公说:“竖刀怎么样?”管仲说:“竖刀阉割自己迎合国君,不合人情,难以亲信。”管仲去世,桓公置管仲的忠告于脑后,最终亲近重用了这三个人,他们三人包揽了齐国的大权。

四十二年,戎伐周,周告急于齐,齐令诸侯各发卒戍周。是岁,晋公子重耳来,桓公妻之。

四十二年,戎人攻打周室,周向齐国告急,齐桓公命令诸侯各自发兵戍守周室。这一年,晋公子重耳来到齐国,桓公把宗室的女儿嫁给了他。

四十三年。初,齐桓公之夫人三:曰王姬、徐姬、蔡姬,皆无子。桓公好内,多内宠,如夫人者六人,长卫姬,生无诡;少卫姬,生惠公元;郑姬,生孝公昭;葛嬴,生昭公潘;密姬,生懿公商人;宋华子,生公子雍。桓公与管仲属孝公于宋襄公,以为太子。雍巫有宠于卫共姬,因宦者竖刀以厚献于桓公,亦有宠,桓公许之立无诡。管仲卒,五公子皆求立。冬十月乙亥,齐桓公卒。易牙入,与竖刀因内宠杀群吏,而立公子无诡为君。太子昭奔宋。

四十三年。起初,齐桓公有三位夫人,叫王姬、徐姬、蔡姬,她们都没有儿子。桓公好色,有很多宠爱的姬妾,地位和夫人相当的有六位:长卫姬,生了无诡;少卫姬,生了惠公元;郑姬,生了孝公昭;葛嬴,生了昭公潘;密姬,生了懿公商人;宋华子,生了公子雍。桓公和管仲把孝公托付给宋襄公,立他为太子。雍巫(易牙)受到卫共姬(长卫姬)的宠爱,又通过宦官竖刀把厚礼献给桓公,也受到桓公宠爱,桓公又答应立无诡为太子。管仲去世后,五位公子都要求立为太子。冬天十月乙亥日,齐桓公去世。易牙进入宫中,与竖刀依靠宫中的宠臣,杀死许多不从的官吏,拥立公子无诡为国君,太子昭逃奔宋国。

桓公病,五公子各树党争立。及桓公卒,遂相攻,以故宫中空,莫敢棺。桓公尸在床上六十七日,尸虫出于户。十二月乙亥,无诡立,乃棺赴,辛巳夜,敛殡。

桓公生病的时候,五位公子各自拉帮结伙争立为太子。等到桓公去世,就互相攻打,致使宫中空虚,没有人敢装殓桓公。桓公的尸体在床上停放了六十七天,尸体的蛆虫爬到门外。十二月乙亥日,公子无诡即位,才入殓发布讣告。辛巳日夜晚,举行了装殓停柩的丧礼。

桓公十有余子,要其后立者五人:无诡立三月死,无谥;次孝公;次昭公;次懿公;次惠公。孝公元年三月,宋襄公率诸侯兵送齐太子昭而伐齐。齐人恐,杀其君无诡。齐人将立太子昭,四公子之徒攻太子,太子走宋,宋遂与齐人四公子战。五月,宋败齐四公子师而立太子昭,是为齐孝公。宋以桓公与管仲属之太子,故来征之。以乱故,八月乃葬齐桓公。

桓公有十多个儿子,总计后来立为国君的有五人:无诡即位三个月被杀死,没有谥号;其次是孝公;其次是昭公;其次是懿公;其次是惠公。孝公元年三月,宋襄公率领诸侯兵护送齐太子昭讨伐齐国。齐国人惊恐,杀了国君无诡。齐国人将要立太子昭为国君,四公子的党徒攻打太子,太子逃奔宋国,宋国就和齐四公子的军队交战。五月,宋打败四公子的军队而拥立太子昭,这就是齐孝公。宋国因为桓公和管仲将太子托付给它,所以来讨伐四公子。因为争位内乱,到八月才安葬了齐桓公。

六年春,齐伐宋,以其不同盟于齐也。夏,宋襄公卒。七年,晋文公立。

六年春天,齐国讨伐宋国,因为宋不到齐国参加会盟。夏天,宋襄公去世。七年,晋文公登位。

十年,孝公卒,孝公弟潘因卫公子开方杀孝公子而立潘,是为昭公。昭公,桓公子也,其母曰葛嬴。

十年,齐孝公去世,孝公的弟弟潘依靠卫公子开方的帮助杀死孝公的儿子夺取君位,这就是昭公。昭公,也是桓公的儿子,他的母亲叫葛嬴。

昭公元年,晋文公败楚于城濮,而会诸侯践土,朝周,天子使晋称伯。六年,翟侵齐。晋文公卒。秦兵败于殽。十二年,秦缪公卒。

昭公元年,晋文公在城濮打败楚国的军队,在践土会见诸侯,朝见周王,周天子让晋国当霸主。六年,翟人侵犯齐国。晋文公去世。秦军在殽山被晋军打败。十二年,秦缪公去世。

十九年五月,昭公卒,子舍立为齐君。舍之母无宠于昭公,国人莫畏。昭公之弟商人以桓公死

《东周列国志》版画之齐懿公竹池遇变图，讲述齐懿公在竹池遇刺身亡之事。

争立而不得，阴交贤士，附爱百姓，百姓说。及昭公卒，子舍立，孤弱，即与众十月即墓上弑齐君舍，而商人自立，是为懿公。懿公，桓公子也，其母曰密姬。

十九年五月，昭公去世，儿子舍即位。舍的母亲不受昭公宠爱，齐国人都不怕他。昭公的弟弟商人因为桓公死时争夺君位失败，暗中结交贤士，抚爱百姓，百姓高兴。等到昭公去世，儿子舍即位，势孤力薄，商人就和徒众在十月趁舍祭坟时把他杀死，商人自立为君，这就是懿公。懿公，也是桓公的儿子，他的母亲叫密姬。

懿公四年春，初，懿公为公子时，与丙戎之父猎，争获不胜，及即位，断丙戎父足，因使丙戎仆。庸职之妻好，公内之宫，使庸职骖乘。五月，懿公游于申池，二人浴，戏。职曰："断足子！"戎曰："夺妻者！"二人俱病此言，乃怨。谋与公游竹中，二人弑懿公车上，弃竹中而亡去。

懿公四年春天。原先，懿公还是公子时，和丙戎的父亲打猎，争夺猎物没有赢，等到即位后，砍断了丙戎父亲的脚，而让丙戎作他的仆人。庸职的妻子长得美丽，懿公把她收入内宫，让庸职陪同乘车。五月，懿公到申池游玩，丙戎和庸职一块洗澡，互相开玩笑。庸职说："断脚人的儿子！"丙戎回敬说："被抢走妻子的丈夫！"两个人都觉得击中了自己的痛处，集怨恨于懿公，便谋划和懿公到竹林里游玩，两人把懿公杀死在车上，弃尸于竹林而逃走。

懿公之立，骄，民不附。齐人废其子而迎公子元于卫，立之，是为惠公。惠公，桓公子也。其母卫女，曰少卫姬，避齐乱，故在卫。

懿公登位后，骄横，百姓不亲附。齐国人不立他的儿子而到卫国迎接公子元，立为国君，这就是惠公。惠公，也是桓公的儿子。他的母亲是卫国公主，叫少卫姬。因为躲避齐国内乱，所以住在卫国。

惠公二年，长翟来，王子城父攻杀之，埋之于北门。晋赵穿弑其君灵公。

惠公二年，长翟人来侵齐，大夫王子城父攻杀了他们的头领，把他的尸首埋在北门。晋国赵穿杀死他的国君灵公。

十年，惠公卒，子顷公无野立。初，崔杼有宠于惠公，惠公卒，高、国畏其逼也，逐之，崔杼奔卫。

十年，惠公去世，儿子顷公无野即位。起初，崔杼深受惠公宠幸，惠公去世，高氏、国氏怕受他的胁迫，就驱逐了他，崔杼逃到卫国。

顷公元年，楚庄王强，伐陈；二年，围郑，郑伯降，已复国郑伯。

顷公元年，楚庄王强大，讨伐陈国。二年，楚国围困郑国，郑伯投降。不久，又让郑伯恢复郑国。

六年春，晋使郤克于齐，齐使夫人帷中而观之。郤克上，夫人笑之。郤克曰："不是报，不复涉河！"归，请伐齐，晋侯弗许。齐使至晋，郤克执齐使者四人河内，杀之。八年，晋伐齐，齐以公子强质晋，晋兵去。十年春，齐伐鲁、卫。鲁、卫大夫如晋请师，皆因郤克。晋使郤克以车八百乘为中军将，士燮将上军，栾书将下军，以救鲁、卫，伐齐。六月壬申，与齐侯兵合靡笄下。癸酉，陈于鞍，逄丑父为齐顷公右。顷公曰："驰之，破晋军会食。"射伤郤克，流血至履。克欲还入壁，其御曰："我始入，

再伤，不敢言疾，恐惧士卒，愿子忍之。”遂复战。战，齐急，丑父恐齐侯得，乃易处，顷公为右，车絓于木而止。晋小将韩厥伏齐侯车前，曰：“寡君使臣救鲁、卫”，戏之。丑父使顷公下取饮，因得亡，脱去，入其军。晋郤克欲杀丑父。丑父曰：“代君死而见僇，后人臣无忠其君者矣。”克舍之，丑父遂得亡归齐。于是晋军追齐至马陵。齐侯请以宝器谢，不听；必得笑克者萧桐叔子，令齐东亩。对曰：“叔子，齐君母。齐君母亦犹晋君母，子安置之？且子以义伐而以暴为后，其可乎？”于是乃许，令反鲁、卫之侵地。

六年春天，晋国派郤克出使齐国，齐侯让母夫人在帷幕后观看。郤克走来，母夫人见他身残忍不住笑起来。郤克说：“不报此仇，誓不再渡黄河！”回国后，请求讨伐齐国，晋君不答应。齐国派遣使臣赴晋国。郤克在河内绑架齐国的四位使臣，把他们都杀了。八年，晋国征讨齐国，齐送公子强到晋国做人质，晋军退兵。十年春天，齐国讨伐鲁国、卫国，鲁国、卫国的大夫到晋国请求派军队援助，都通过郤克。晋国派郤克率领八百辆兵车为中军将领，士燮率领上军，栾书率领下军，来援救鲁国、卫国，讨伐齐国。六月壬申日，和齐侯的军队在靡笄山下相逢。癸酉日，两军在鞍地对阵。逢丑父是齐顷公的卫士站在戎车的右边。顷公说：“冲入敌阵，打败晋军后会餐庆功。”齐军射伤郤克，血流到鞋上。郤克想退回营垒，为他赶车的人说：“我刚上阵，就有两处受伤，不敢说疼痛，害怕的是士卒受惊影响士气，希望你也能忍耐点。”于是继续战斗。战斗中，齐军危急，逢丑父怕齐侯被晋军俘获，二人交换了位置，顷公站在车的右边，战车被树枝挂住不能前进。晋国的小将韩厥伏在齐侯车的前面，说：“寡君派臣来救鲁国、卫国。”嘲笑齐顷公。逢丑父故意叫顷公下车取水喝，顷公趁机逃脱，回到齐军。晋国郤克想杀逢丑父，逢丑父说：“能代替国君牺牲的反而被杀害，以后做臣子的就再没有忠于国君的人了。”郤克免了他，逢丑父因而逃回齐国。于是晋军追齐军到了马陵。齐顷公请求呈献宝器谢罪，晋不答应，一定要得到嘲笑郤克的萧桐叔的女儿，并要求齐国把田间的道路一律改为东西走向。齐国回答说：“叔子，是齐君的母亲。齐君的母亲犹如晋君的母亲，将军想怎么处置她呢？况且将军打的是正义旗号而最后却显示出暴行，这难道可以吗？”于是晋军就答应了，并令齐国归还侵占的鲁国、卫国的土地。

十一年，晋初置六卿，赏鞍之功。齐顷公朝晋，欲尊王晋景公，晋景公不敢受，乃归。归而顷公弛苑囿，薄赋敛，振孤问疾，虚积聚以救民，民亦大说。厚礼诸侯。竟顷公卒，百姓附，诸侯不犯。

十一年，晋国开始设置六卿，奖赏鞍地战役中有功的将士。齐顷公朝见晋君，想尊晋景公为王，晋景公不敢接受，于是扫兴而归。回国后，顷公开放国君的种花圃养兽园为农田，减轻赋税，赈济孤寡，慰问伤病人员，倾府库的积蓄救济百姓，百姓也非常高兴。还以厚礼对待诸侯。直到顷公去世，百姓亲附，诸侯不敢侵犯。

十七年，顷公卒，子灵公环立。

十七年，顷公去世，儿子灵公环即位。

灵公九年，晋栾书弑其君厉公。十年，晋悼公伐齐，齐令公子光质晋。十九年，立子光为太子，高厚傅之，令会诸侯盟于钟离。二十七年，晋使中行献子伐齐。齐师败，灵公走入临淄。晏婴止灵公，灵公弗从。曰：“君亦无勇矣！”晋兵遂围临淄，临淄城守不敢出，晋焚郭中而去。

灵公九年，晋国栾书杀害他的国君厉公。十年，晋悼公讨伐齐国，齐送公子光到晋国做人质。十九年，立公子光为太子，高厚辅佐他，并且让他到钟离与诸侯会盟。二十七年，晋国派中行献子征讨齐国。齐军被打败，灵公逃进临淄城。晏婴劝阻灵公，灵公不听。晏婴说：“你也没有勇气了！”晋军就围困临淄，临淄守军据城防御不敢出战，晋军焚烧外城然后撤离。

二十八年，初，灵公取鲁女，生子光，以为太子。仲姬，戎姬。戎姬嬖，仲姬生子牙，属之戎姬。戎姬请以为太子，公许之。仲姬曰：“不可。光之立，列于诸侯矣，今无故废之，君必悔之。”公曰：“在我耳。”遂东太子光，使高厚傅牙为太子。灵公疾，崔杼迎故太子光而立之，是为庄公。庄公杀戎姬。五月壬辰，灵公卒，庄公即位，执太子牙于句窦之丘，杀之。八月，崔杼杀高厚。晋闻齐乱，伐齐，至高唐。

二十八年。起初，齐灵公娶鲁国的公主为夫人，生了公子光，立为太子。灵公的夫人还有仲姬、戎姬。戎姬深受灵公宠爱，仲姬生了公子牙，托付给戎姬抚养。戎姬请求立公子牙为太子，灵公答应。仲姬说："不可以。公子光立为太子，已经参与诸侯会盟，现在无缘无故地废掉他，你以后一定会后悔的。"灵公说："由我决定。"于是把太子光放逐到东部边疆。让高厚辅佐公子牙为太子。灵公病，崔杼迎回故太子光拥立他为国君，这就是庄公。庄公杀掉戎姬。五月壬辰日，灵公去世，庄公即位，在句窦之丘捉住太子牙，杀死了他。八月，崔杼杀掉高厚。晋国听说齐国发生内乱，出兵攻齐，一直打到高唐。

庄公三年，晋大夫栾盈奔齐，庄公厚客待之。晏婴、田文子谏，公弗听。四年，齐庄公使栾盈间入晋曲沃为内应，以兵随之，上太行，入孟门。栾盈败，齐兵还，取朝歌。

庄公三年，晋国大夫栾盈投奔齐国，庄公以隆重的礼遇接待他。晏婴、田文子劝阻，庄公不听。四年，齐庄公让栾盈潜回晋国的曲沃作齐国的内应，齐军紧跟在后边，上太行山，进孟门关。栾盈战败，齐军退却顺便夺取了晋国的朝歌。

六年，初，棠公妻好，棠公死，崔杼取之。庄公通之，数如崔氏，以崔杼之冠赐人。侍者曰："不可。"崔杼怒，因其伐晋，欲与晋合谋袭齐而不得间。庄公尝笞宦者贾举，贾举复侍，为崔杼间公以报怨。五月，莒子朝齐，齐以甲戌飨之。崔杼称病不视事。乙亥，公问崔杼病，遂从崔杼妻。崔杼妻入室，与崔杼自闭户不出，公拥柱而歌。宦者贾举遮公从官而入，闭门，崔杼之徒持兵从中起。公登台而请解，不许；请盟，不许；请自杀于庙，不许。皆曰："君之臣杼疾病，不能听命。近于公宫。陪臣争趣有淫者，不知二命。"公逾墙，射中公股，公反坠，遂弑之。晏婴立崔杼门外，曰："君为社稷死则死之，为社稷亡则亡之。若为己死己亡，非其私昵，谁敢任之！"门开而入，枕公尸而哭，三踊而出。人谓崔杼："必杀之。"崔杼曰："民之望也，舍之得民。"

六年。当初，棠公的妻子很漂亮，棠公死后，崔杼娶了她。庄公和她通奸，多次到崔家，还拿崔杼的帽子送人。侍奉人说："不能这样。"崔杼很生气，想趁庄公讨伐晋国的时候，和晋国合谋偷袭齐国，但没有机会。庄公曾经鞭打宦官贾举，又让贾举重新侍候他，贾举暗中为崔杼窥探庄公的行踪伺机报复。五月，莒君朝见齐侯，齐侯在甲戌日设宴招待他。崔杼谎称有病不去上朝。乙亥日，庄公亲自去探视崔杼的病情，借机去找崔杼的妻子。崔杼妻走进屋里，和崔杼关上门不出去。庄公倚着屋柱唱起歌来。宦官贾举把庄公的随从拦在大门外，关上大门，崔杼的党徒拿着兵器一拥而上。庄公爬上高台请求和解，众人不答应；请求签订盟约，众人仍不答应；请求到祖庙里自杀，众人也不许。都说："你的臣子崔杼病重，不能亲自听从你的命令。这儿和宫廷临近。你臣子崔杼的臣属们只知道争着捉拿淫徒，不知道要服从其他人的命令。"庄公爬墙想逃，被射中大腿，庄公反身摔了下来，崔杼的党徒就杀死了他。晏婴站在崔杼的门外，说："国君为国家而死那么臣下应该随他死，为国家而流亡那么臣下应该随他流亡。如果为了私事或死或逃亡，除非他的亲信，谁愿意为他死呢！"大门打开，晏婴进去，枕在庄公尸体上痛哭，起来三次顿足表示哀痛而后走出崔家。有人对崔杼说："一定要杀掉他。"崔杼说："晏婴

《东周列国志》版画之弑齐光崔庆专权图，讲述齐国大臣崔杼弑其国君齐庄公，齐国由崔杼、庆封主政之事。

是众望所归的人，放了他能赢得民心。"

丁丑，崔杼立庄公异母弟杵臼，是为景公。景公母，鲁叔孙宣伯女也。景公立，以崔杼为右相，庆封为左相。二相恐乱起，乃与国人盟曰："不与崔庆者死！"晏子仰天曰："婴所不获唯忠于君利社稷者是从！"不肯盟。庆封欲杀晏子，崔杼曰："忠臣也，舍之。"齐太史书曰"崔杼弑庄公"，崔杼杀之。其弟复书，崔杼复杀之。少弟复书，崔杼乃舍之。

丁丑日，崔杼拥立庄公的异母弟弟杵臼为君，这就是景公。景公的母亲，是鲁国叔孙宣伯的女儿。景公即位，任命崔杼为右丞相，庆封为左丞相，左右二相害怕国人起来反抗，就和国人盟誓说："不和崔氏、庆氏合作的处死！"晏子仰天说"我晏婴怕得不到的是，只服从忠于君主和有利于国家的人！"不肯盟誓。庆封想杀了晏婴，崔杼说："这是个忠臣，放了他吧。"齐国太史写道："崔杼杀害国君庄公。"崔杼杀了他。太史的弟弟又照样写，崔杼又杀了他。太史的小弟弟再照样记述，崔杼就释放了他。

景公元年，初，崔杼生子成及强，其母死，取东郭女，生明。东郭女使其前夫子无咎与其弟偃相崔氏。成有罪，二相急治之，立明为太子。成请老于崔，崔杼许之，二相弗听，曰："崔，宗邑，不可。"成、强怒，告庆封。庆封与崔杼有郤，欲其败也。成、强杀无咎、偃于崔杼家，家皆奔亡。崔杼怒，无人，使一宦者御，见庆封。庆封曰："请为子诛之。"使崔杼仇卢蒲嫳攻崔氏，杀成、强，尽灭崔氏，崔杼妇自杀。崔杼毋归，亦自杀。庆封为相国，专权。

景公元年。起初，崔杼生了儿子崔成和崔强。他们的母亲去世后，崔杼娶了东郭家的女儿，又生了崔明。东郭女让她前夫的儿子无咎和她的弟弟偃辅佐崔氏。崔成犯了罪，无咎和偃迅速惩治，立崔明为太子。崔成请求允许终老于崔邑，崔杼答应，无咎和偃不从，说："崔邑，是祖庙所在地，不可以。"崔成、崔强愤怒，告诉庆封。庆封和崔杼之间本来有嫌隙，想要崔家败亡。崔成、崔强受庆封唆使回家杀死无咎和偃，家中人见乱都逃跑了。崔杼很愤怒，家里没有人，让一个宦官赶车，去见庆封。庆封说："让我替你杀掉他们。"就派崔杼的仇人卢蒲嫳攻打崔家，杀死崔成、崔强，全都杀灭崔氏家人，崔杼的妻子自杀。崔杼无家可归，也自杀了。庆封作了相国，独揽大权。

三年十月，庆封出猎。初，庆封已杀崔杼，益骄，嗜酒好猎，不听政令。庆舍用政，已有内郤。田文子谓桓子曰："乱将作。"田、鲍、高、栾氏相与谋庆氏。庆舍发甲围庆封宫，四家徒共击破之。庆封还，不得入，奔鲁。齐人让鲁，封奔吴。吴与之朱方，聚其族而居之，富于在齐。其秋，齐人徙葬庄公，僇崔杼尸于市以说众。

三年十月，庆封出去打猎。起初，庆封已经杀了崔杼，更加骄横，好喝酒好打猎，不处理政务。让他的儿子庆舍代行政务，父子间已产生嫌隙。田文子对桓子说："动乱将要发生了。"田氏、鲍氏、高氏、栾氏四家相互合谋对付庆封。庆舍发兵围攻庆封的官邸，四家的部众共同攻占了庆封的官邸。庆封回来，不能进门，逃到鲁国。齐国人谴责鲁国，庆封又逃到吴国。吴国把朱方封给庆封，并集他的族人住在那里，比在齐国时还富有。这年秋天，齐国人迁葬庄公，把崔杼的尸体摆在街市上来讨得百姓喜欢。

九年，景公使晏婴之晋，与叔向私语曰："齐政卒归田氏。田氏虽无大德，以公权私，有德于民，民爱之。"十二年，景公如晋，见平公。欲与伐燕。十八年，公复如晋，见昭公。二十六年，猎鲁郊，因入鲁，与晏婴俱问鲁礼。三十一年，鲁昭公辟季氏难，奔齐。齐欲以千社封之，子家止昭公，昭公乃请齐伐鲁，取郓以居昭公。

九年，景公派遣晏婴出使晋国，与叔向私下说："齐国的政权最终将归田氏所有。田氏虽然没有大的功德，但假公权行私惠，对百姓有恩德，人民爱戴他。"十二年，景公到晋国，谒见晋平公，想和晋国联合讨伐燕国。十八年，景公再次到晋国，谒见昭公。二十六年，景公到鲁国郊外打猎，顺便到鲁国的都城，和晏婴一块询问鲁国的礼制。三十一年，鲁昭公躲避季氏的叛乱，逃到齐国。齐想封给他二万五千户，子家劝阻昭公，昭公于是请求齐国讨伐鲁国，夺取了郓城给昭公居住。

三十二年，彗星见。景公坐柏寝，叹曰："堂堂！谁有此乎？"群臣皆泣，晏子笑，公怒。晏子曰："臣笑群臣谀甚。"景公曰："彗星出东北，当齐分野，寡人以为忧。"晏子曰："君高台深池，赋敛如弗得，刑罚恐弗胜，茀星将出，彗星何惧乎？"公曰："可禳否？"晏子曰："使神可祝而来，亦可禳而去也。

百姓苦怨以万数，而君令一人禳之，安能胜众口乎？”是时景公好治宫室，聚狗马，奢侈，厚赋重刑，故晏子以此谏之。

三十二年，彗星出现。景公坐在柏寝台上，叹息说：“富丽堂皇！谁能长久享有呢？”大臣们都伤心落泪，晏子却笑。景公动怒，晏子说：“我笑群臣阿谀奉承太过分了。”景公说：“彗星出现的东北方，正当齐国的地域，我为这件事而忧虑。”晏子说：“你身居高台深池，赋税唯恐收得少，刑罚唯恐不严厉，长此以往，彗星也将出现，彗星有什么害怕的呢？”景公说：“可以祈祷消除灾殃吗？”晏子说：“如果神可以祈祷而来，当然也是可以祈祷而去的。但是怨恨的百姓数以万计，而让你一个人祈祷，怎能胜过众口的咒骂呢？”这个时候景公喜好修建宫室，聚养狗马，生活奢侈，赋税繁重，刑法苛刻，所以晏子用这些话劝谏他。

四十二年，吴王阖闾伐楚，入郢。

四十二年，吴王阖闾讨伐楚国，攻进郢都。

四十七年，鲁阳虎攻其君，不胜，奔齐，请齐伐鲁。鲍子谏景公，乃囚阳虎。阳虎得亡，奔晋。

四十七年，鲁国阳虎攻打他的国君，战败，逃奔齐国，请求齐国出兵伐鲁。鲍子劝谏景公，于是把阳虎关进牢房。阳虎逃出来，投奔晋国。

四十八年，与鲁定公好会夹谷。犁钼曰：“孔丘知礼而怯，请令莱人为乐。因执鲁君，可得志。”景公害孔丘相鲁，惧其霸，故从犁钼之计。方会，进莱乐，孔子历阶上，使有司执莱人斩之，以礼让景公。景公惭，乃归鲁侵地以谢，而罢去。是岁，晏婴卒。

四十八年，和鲁定公在夹谷举行会盟。犁钼说：“孔丘懂礼法但胆子小，让莱人演奏乐曲，借机抓住鲁君，可以满足我们的要求。”景公忧虑孔丘担任鲁相，害怕鲁国称霸，因此听从了犁钼的计策。正会盟，进上莱人演奏的乐曲，孔子一级级地登上台，让执法官捉住莱人斩杀了。依据礼法责备景公。景公感到惭愧，就归还了从鲁国侵占的土地表示道歉，结束盟会离去。这一年，晏婴去世。

五十五年，范、中行反其君于晋，晋攻之急，来请粟。田乞欲为乱，树党于逆臣，说景公曰：“范、中行数有德于齐，不可不救。”乃使乞救而输之粟。

五十五年，范氏、中行氏在晋国反叛他们的国君，晋君反击十分猛烈，他们便来齐国请求借粮。田乞想叛乱，结交各国叛逆的臣子树立党派，就劝景公说：“范氏、中行氏多次对齐国有恩德，不可不救助。”于是让田乞前往援救并给他们运送粮食。

五十八年夏，景公夫人燕姬適子死。景公宠妾芮姬生子荼，荼少，其母贱，无行，诸大夫恐其为嗣，乃言愿择诸子长贤者为太子。景公老，恶言嗣事，又爱荼母，欲立之，惮发之口，乃谓诸大夫曰：“为乐耳，国何患无君乎？”秋，景公病，命国惠子、高昭子立少子荼为太子，逐群公子，迁之莱。景公卒，太子荼立，是为晏孺子。冬，未葬，而群公子畏诛，皆出亡。荼诸异母兄公子寿、驹、黔奔卫，公子驵、阳生奔鲁。莱人歌之曰：“景公死乎弗与埋，三军事乎弗与谋，师乎师乎，胡党之乎？”

五十八年夏天，景公夫人燕姬生的嫡子死了。景公的宠妾芮姬生了儿子荼，荼年幼，他的母亲微贱，行为又不端正。大夫们都怕荼继承君位，就说愿从诸子中选择年长而贤仁的立为太子。景公年老，忌讳说继承人的事，又宠爱荼的母亲，欲立荼为太子，但不想从自己口中说出来，就对大夫们说：“娱乐吧，国家还怕没有君主吗？”秋天，景公生病，命令国惠子、高昭子立小儿子荼为太子，把群公子驱逐出都城，迁徙到莱邑。景公去世，太子荼即位，这就是晏孺子。冬天，景公还没有下葬，群公子怕被杀害，都逃走，荼的异母哥哥公子寿、驹、黔投奔卫国，公子驵、阳生投奔鲁国。莱地人歌唱说：“景公死了不参加埋葬，三军大事不参与谋划，众公子的追随者呀，要到哪里去呢？”

晏孺子元年春，田乞伪事高、国者，每朝，乞骖乘，言曰：“子得君，大夫皆自危，欲谋作乱。”又谓诸大夫曰：“高昭子可畏，及未发，先之。”大夫从之。六月，田乞、鲍牧乃与大夫以兵入公宫，攻高昭子。昭子闻之，与国惠子救公。公师败，田乞之徒追之，国惠子奔莒，遂反杀高昭子。晏圉奔鲁。八月，齐秉意兹。田乞败二相，乃使人之鲁召公子阳生。阳生至齐，私匿田乞家。十月戊子，田乞请诸大夫曰：“常之母有鱼菽之祭，幸来会饮。”会饮，田乞盛阳生橐中，置坐中央，发橐出阳生，曰：“此乃齐君矣！”大夫皆伏谒。将与大夫盟而立之，鲍牧醉，乞诬大夫曰：“吾与鲍牧谋共立阳生。”鲍牧怒曰：“子忘景公之命乎？”诸大夫相视欲悔，阳生前，顿首曰：“可则立之，否则已。”鲍牧恐祸起，乃复

曰:“皆景公子也,何为不可!”乃与盟,立阳生,是为悼公。悼公入宫,使人迁晏孺子于骀,杀之幕下,而逐孺子母芮子。芮子故贱而孺子少,故无权,国人轻之。

晏孺子元年春天,田乞伪装服从高氏、国氏,每逢上朝,田乞总是陪乘侍奉,进言说:“您得到国君的信任,大夫们人人自危,想要谋划叛乱。”又对众大夫说:“高昭子是个可怕的人,趁他未动手,我们先下手吧。”大夫们都愿听他的意见。六月,田乞、鲍牧就和大夫们领兵闯入宫中,进攻高昭子。高昭子听说后,和国惠子一起营救晏孺子。晏孺子的军队战败,田乞的党徒紧追不舍,国惠子逃到莒国,田乞就回师把高昭子杀了。晏圉投奔鲁国。八月,齐国的秉意兹也逃到鲁国。田乞打败高、国二相后,就派人到鲁国去召回公子阳生。阳生回到齐国,隐藏在田乞家里。十月戊子日,田乞请求诸位大夫说:“我儿子田常的母亲举行只有鱼豆的菲薄祭礼,请各位赏脸到舍下共饮几杯。”聚会宴饮时,田乞将公子阳生装到袋了里,放在座位中央,解开袋子放出阳生,说:“这才是齐国的君主哩!”大夫们都伏地拜见。田乞准备和大夫盟誓立公子阳生,鲍牧已醉,田乞欺骗大夫们说:“我和鲍牧商议共同拥立阳生。”鲍牧愤恨地说:“你忘了景公的遗命吗?”大夫们面面相觑想反悔,阳生上前叩头说:“可以就立我,否则就算了。”鲍牧怕招来灾祸,又改口说:“都是景公的儿子,为什么不能立!”就参与盟誓,拥立公子阳生,这就是悼公。悼公进入宫中,派人把晏孺子迁往骀城,杀死在帐幕中,并且驱逐了晏孺子的母亲芮姬。芮姬出身卑贱而孺子年少,所以没有权威,齐国人都轻视他们母子。

弓箭,选自《十二朝人物演义》。

悼公元年,齐伐鲁,取讙、阐。初,阳生亡在鲁,季康子以其妹妻之。及归即位,使迎之。季姬与季鲂侯通,言其情,鲁弗敢与,故齐伐鲁,竟迎季姬。季姬嬖,齐复归鲁侵地。

悼公元年,齐国讨伐鲁国,攻占讙、阐两地。起初,公子阳生在鲁国避难,季康子把妹妹嫁给他。等到阳生回国即位,派人迎季姬。季姬曾和季鲂侯通奸,说出了内情,鲁国不敢把她送到齐国,所以齐国讨伐鲁国,终于接回了季姬。季姬受到宠幸,齐国把侵占的鲁国土地如数归还鲁国。

鲍子与悼公有郤,不善。四年,吴、鲁伐齐南方。鲍子弑悼公,赴于吴。吴王夫差哭于军门外三日,将从海入讨齐。齐人败之,吴师乃去。晋赵鞅伐齐,至赖而去。齐人共立悼公子壬,是为简公。

鲍子和悼公有嫌隙,不友善。四年,吴国、鲁国讨伐齐国的南部。鲍子杀害了悼公,讣告送到吴军。吴王夫差在军门外连哭三天,准备从海上讨伐齐国。齐国打败吴军,吴军撤退。晋国赵鞅讨伐齐国,到赖地撤军。齐国人共同拥立悼公的儿子壬,这就是简公。

简公四年春,初,简公与父阳生俱在鲁也,监止有宠焉。及即位,使为政。田成子惮之,骤顾于朝。御鞅言简公曰:“田、监不可并也,君其择焉。”弗听。子我夕,田逆杀人,逢之,遂捕以入。田氏方睦,使囚病而遗守囚者酒,醉而杀守者,得亡。子我盟诸田于陈宗。初,田豹欲为子我臣;使公孙言豹,豹有丧而止。后卒以为臣,幸于子我。子我谓曰:“吾尽逐田氏而立女,可乎?”对曰:“我远田

氏矣。且其违者不过数人，何尽逐焉！”遂告田氏。子行曰：“彼得君，弗先，必祸子。”子行舍于公宫。

简公四年春天。起初，简公和他父亲阳生都在鲁国避难时，监止很受宠信，等到简公即位后，让他执掌国政。田成子怕他对自己不利，上朝时屡次察言观色。御者田鞅对简公说：“田、监不能并用，你应该作出选择。”简公不听。子我（监止）晚上处理政务时，田逆杀人，被子我碰上，就把他逮捕入狱。田氏家族十分和睦，让囚犯田逆装病，家人借探视给狱卒酒喝，把狱卒灌醉杀死，田逆逃走。子我到田氏族长家和各位田氏盟誓讲和。原先，田豹想当子我的家臣，让公孙举荐，由于田豹遇上丧事而中止。以后田豹还是作了他的家臣，而且深受子我的宠幸。子我对田豹说：“我把田氏都驱逐走用你当族长，可以吗？”田豹回答说：“我是田氏的远裔子孙呢，而且违背你意志的不过只有几个人，何必都赶走呢！”田豹就把这一严重事态报告给田氏。子行（田逆）说：“监止得到国君的宠信，我们不先动手，他必定害您。”于是子行到宫里居住。

夏五月壬申，成子兄弟四乘如公。子我在幄，出迎之，遂入，闭门。宦者御之，子行杀宦者。公与妇人饮酒于檀台，成子迁诸寝。公执戈将击之，太史子余曰：“非不利也，将除害也。”成子出舍于库，闻公犹怒，将出，曰：“何所无君！”子行拔剑曰：“需，事之贼也。谁非田宗？所不杀子者有如田宗。”乃止。子我归，属徒攻闱与大门，皆弗胜，乃出。田氏追之。丰丘人执子我以告，杀之郭关。成子将杀大陆子方，田逆请而免之。以公命取车于道，出雍门。田豹与之车，弗受，曰：“逆为余请，豹与余车，余有私焉。事子我而有私于其仇，何以见鲁、卫之士？”

夏季五月壬申日，田成子（田常）兄弟乘坐四辆车到简公住处。子我正在帐幕中，出来迎接，他们走进去，关上宫门。宦官们奋力抵抗，子行杀死宦者。简公和妇人们正在檀台饮酒，田成子把他们迁移到寝宫。简公拿起戈要刺田成子，太史子余说：“不是对你不利，他们是为你除害的。”田成子出宫住进武器库，听说简公还在发怒，准备逃走，说：“哪里没有国王呢！”子行拔剑说：“迟疑，是成功的大敌。我们谁不是田氏宗族的子孙呢？你若逃走，不杀你，我就不姓田。”田成子只好留下来。子我回家，召集徒众攻打宫中的大门和小门，都不能胜利，就退出来了。田氏族人紧追不舍。丰丘人抓住子我来报告给田氏，在郭关把他杀死。田成子要杀大陆子方，在田逆请求下赦免了他。大陆子方以简公的名义在道上截了车，从雍门逃出。田豹要送他车辆，大陆子方不肯接受，说：“田逆已经为我求情，田豹再给我车辆，人家会说我跟你们有私交。我侍奉子我而竟然和他的仇人有私交，那还有什么脸面见鲁国、卫国的人士呢？”

庚辰，田常执简公于徐州。公曰：“余蚤从御鞅言，不及此。”甲午，田常弑简公于徐州。田常乃立简公弟骜，是为平公。平公即位，田常相之，专齐之政，割齐安平以东为田氏封邑。

庚辰日，田常在徐州逮住简公。简公说：“我早听从御者田鞅的话，不至于像现在这样。”甲午日，田常在徐州弑杀简公。田常拥立简公的弟弟骜，这就是平公。平公就国君位，田常辅佐他，而独揽齐国的大权，割占齐国安平以东的土地作为田氏的封邑。

平公八年，越灭吴。二十五年卒，子宣公积立。

平公八年，越国灭了吴国。二十五年，平公去世，儿子宣公积即位。

宣公五十一年卒，子康公贷立。田会反廪丘。

宣公在位五十一年去世，儿子康公贷即位。田会在廪丘反叛。

康公二年，韩、魏、赵始列为诸侯。十九年，田常曾孙田和始为诸侯，迁康公海滨。

康公二年，韩、魏、赵开始被封为诸侯。十九年，田常的曾孙田和开始成为诸侯，把康公迁移到海滨。

二十六年，康公卒，吕氏遂绝其祀。田氏卒有齐国，为齐威王，强于天下。

二十六年，康公去世，吕氏就断绝了祭祀。田氏终于夺取了齐国。齐威王时，齐成为天下的强国。

太史公曰：吾适齐，自泰山属之琅邪，北被于海，膏壤二千里，其民阔达多匿知，其天性也。以太公之圣，建国本，桓公之盛，修善政，以为诸侯会盟，称伯，不亦宜乎？洋洋哉，固大国之风也！

太史公说：我到齐国，沿着泰山山麓行至琅邪山，北到海边，肥沃的土地达二千里。那里的百姓胸怀豁达，深沉多智，这是他们的天性。靠太公的圣明，奠定了齐国的基础，桓公的强盛，推行德政，以此主持诸侯会盟，称霸天下，不也是顺理成章的吗？广阔博大，本来就是大国的风范啊！

史记第三十三卷

鲁周公世家第三

周公旦者，周武王弟也。自文王在时，旦为子孝，笃仁，异于群子。及武王即位，旦常辅翼武王，用事居多。武王九年，东伐至盟津，周公辅行。十一年，伐纣，至牧野，周公佐武王，作《牧誓》。破殷，入商宫。已杀纣，周公把大钺，召公把小钺，以夹武王，衅社，告纣之罪于天及殷民。释箕子之囚。封纣子武庚禄父，使管叔、蔡叔傅之，以续殷祀。遍封功臣同姓戚者。封周公旦于少昊之虚曲阜，是为鲁公。周公不就封，留佐武王。

周公旦，是周武王的弟弟。从文王还在世的时候起，旦作为儿子就以恭敬孝顺、忠厚仁慈，胜过别的儿子。等到武王即位，旦经常辅佐保护武王，处理的政事占据多数。武王九年，向东征伐到达盟津，周公辅佐随行。十一年，讨伐商纣王，到达牧野，周公辅佐武王，作了《牧誓》。攻占商都，占领商朝的王宫。杀死商纣王以后，周公手持大斧，召公手持小斧，左右保护武王，杀牲畜祭祀社神，把纣王的罪恶昭告上天及商朝的百姓。释放被囚禁的箕子。封纣王的儿子武庚禄父为君，派管叔、蔡叔辅佐他，以延续商朝的祭祀。普遍封赏功臣、同姓和亲戚。周公被封到少昊的旧址曲阜，这就是鲁公。但周公没有到封地去，留在京师辅佐武王。

武王克殷二年，天下未集，武王有疾，不豫，群臣惧，太公、召公乃缪卜。周公曰："未可以戚我先王。"周公于是乃自以为质，设三坛，周公北面立，戴璧秉圭，告于太王、王季、文王。史策祝曰："惟尔元孙王发，勤劳阻疾。若尔三王是有负子之责于天，以旦代王发之身。旦巧能，多材多艺，能事鬼神。乃王发不如旦多材多艺，不能事鬼神。乃命于帝庭，敷佑四方，用能定汝子孙于下地，四方之民罔不敬畏。无坠天之降葆命，我先王亦永有所依归。今我其即命于元龟，尔之许我，我以其璧与圭归，以俟尔命。尔不许我，我乃屏璧与圭。"周公已令史策告太王、王季、文王，欲代武王发，于是乃即三王而卜。卜人皆曰吉，发书视之，信吉。周公喜，开籥，乃见书遇吉。周公入贺武王曰："王其无害。旦新受命三王，维长终是图。兹道能念予一人。"周公藏其策金縢匮中，诫守者勿敢言。明日，武王有瘳。

周公旦像，出自明·天然撰《历代古人像赞》。

武王灭商两年后，天下仍没有安定。又遇上武王患病，不舒服，群臣都很害怕，太公、召公就去文王庙虔诚地占卜吉凶。周公说:“不可以使我们的先王担忧。”周公于是就用自己的生命担保,设立三坛,周公面向北站着,胸前挂着璧,手里拿着圭,向太王、王季、文王祈祷。史官为他宣读写在简上的祷告词说:“你们的长孙武王发,积劳成疾。如果你们三王在上天现在有助祭的职责,就让我旦顶替武王发的身子吧。旦我灵巧能干,多才多艺,能侍奉鬼神。你们的武王发不如旦我多才多艺,不会侍奉鬼神。他刚被上帝那儿任命,普遍保有四方,因而能够在世上安定你们的子孙,天下的百姓没有不敬仰和畏惧他的。不要毁坏上天赐给周家的宝贵使命,我们的先王也才能永远有所归依。现在我将听命于大龟,若你们答应我的请求,我就把这些璧和圭带回去,等待你们的命令。若你们不答应我的请求,我就把璧和圭收藏起来。”周公已经让史官把简册上的祝文告诉太王、王季、文王,要代替武王发死,于是就到三王神位前占卜。占卜的人都说吉利,打开占卜书一看,果然吉利。周公非常高兴,打开藏卜兆书的管子,所见卜辞也都吉利。周公进宫向武王道贺说:“王没有灾害。旦我刚领受了三王的命令,让你为周家作长久打算。这是上天让你很好地考虑天子的职责。”周公把策书藏在金属装饰的匣子里,密封好,告诫看守人不准张扬。第二天,武王的病就好了。

其后武王既崩,成王少,在强葆之中。周公恐天下闻武王崩而畔,周公乃践阼代成王摄行政当国。管叔及其群弟流言于国曰:“周公将不利于成王。”周公乃告太公望、召公奭曰:“我之所以弗辟而摄行政者,恐天下畔周,无以告我先王太王、王季、文王。三王之忧劳天下久矣,于今而后成。武王蚤终,成王少,将以成周,我所以为之若此。”于是卒相成王,而使其子伯禽代就封于鲁。周公戒伯禽曰:“我文王之子,武王之弟,成王之叔父,我于天下亦不贱矣。然我一沐三捉发,一饭三吐哺,起以待士,犹恐失天下之贤人。子之鲁,慎无以国骄人。”

这以后武王已经逝世,成王年幼,还处在襁褓生活中。周公恐怕天下知道武王逝世而叛乱,周公就登上王位暂替成王行使王权,主持国政。管叔和其他弟弟纷纷在国内散布流言飞语,说:“周公将对成王不利。”周公就告诉太公望、召公奭说:“我之所以不避嫌疑而代替成王行使王权,是怕天下的人背叛周朝,没法向我先王太王、王季、文王交代。三王为天下忧劳已经很久了,至今才算成功。武王去世早,成王年幼,为了完成周朝的大业,所以我才这样做。”于是终于辅佐成王,而让他的儿子伯禽代替到鲁国去就封。周公告诫伯禽说:“我是文王的儿子,武王的弟弟,成王的叔父,我在天下的地位也算不低了。然而我洗一次头三次握住头发,吃一顿饭三次吐出嘴里的食物,起身接待贤士,还怕失掉天下的贤人。你到了鲁国,千万不要因为是国君就骄傲看不起人。”

管、蔡、武庚等果率淮夷而反。周公乃奉成王命,兴师东伐,作《大诰》。遂诛管叔,杀武庚,放蔡叔。收殷馀民,以封康叔于卫,封微子于宋,以奉殷祀。宁淮夷东土,二年而毕定。诸侯咸服宗周。

管叔、蔡叔、武庚等果然率领淮夷反叛。周公便奉成王的命令,兴师东征,并作了《大诰》。于是诛杀了管叔,处死了武庚,流放了蔡叔。收伏殷代的遗民,进而把康叔封于卫地,把微子封于宋地,叫他接续殷商的祭祀,安抚东方的淮夷,经过两年东方都安定了下来。诸侯都朝拜周室,尊周王为宗主。

天降祉福,唐叔得禾,异母同颖,献之成王,成王命唐叔以馈周公于东土,作《馈禾》。周公既受命禾,嘉天子命,作《嘉禾》。东土以集,周公归报成王,乃为诗贻王,命之曰《鸱鸮》。王亦未敢训周公。

上天降下福祉,唐叔得到了奇异的禾苗,异株同穗,将它奉献给成王,成王命令唐叔送到东方去赠给周公,周公作了《馈禾》。周公既已接受天子赏赐的特异禾稻,赞扬天子的恩宠,作了《嘉禾》。东部地区已经安定,周公回京师向成王报告,就作了一首诗送给成王,题名叫《鸱鸮》。成王也不敢责问周公。

成王七年二月乙未,王朝步自周,至丰,使太保召公先之雒相土。其三月,周公往营成周雒邑,卜居焉,曰吉,遂国之。

成王七年二月乙未日,成王在镐京步行朝见武王庙后,到达丰京,派太保召公到洛邑考察地理环境。这年三月,周公前往洛邑规划建筑成周,占卜选择建都地点,卜辞说吉,于是便把洛邑定为国都。

成王长，能听政。于是周公乃还政于成王，成王临朝。周公之代成王治，南面倍依以朝诸侯。及七年后，还政成王，北面就臣位，匔匔如畏然。

成王长大，能够处理国政了。这时周公就把国政归还给成王，成王亲自临朝执政。周公代替成王主持国政时，背靠屏风，面向南方接受诸侯朝见。等到七年后，把执政大权归还给成王，面向北回到臣子的位置上，恭敬谨慎像有所畏惧的样子。

初，成王少时，病，周公乃自揃其蚤沉之河，以祝于神曰："王少未有识，奸神命者乃旦也。"亦藏其策于府。成王病有瘳。及成王用事，人或谮周公，周公奔楚。成王发府，见周公祷书，乃泣，反周公。

起初，成王年幼，得病，周公剪掉指甲丢到河里，对神祈祷说："成王年少不懂事，违反神命的人是我旦。"也把这份祈祷原文藏在内府。成王病愈。等到成王主持国政时，有人诬陷周公，周公逃到楚国避难。成王打开内府的档案，看到周公向神祈祷的原文，感动得哭泣，迎回了周公。

周公像，出自清·顾沅辑《古圣贤像传略》。

周公归，恐成王壮，治有所淫佚，乃作《多士》，作《毋逸》。《毋逸》称："为人父母，为业至长久，子孙骄奢忘之，以亡其家，为人子可不慎乎！故昔在殷王中宗，严恭敬畏天命，自度治民，震惧不敢荒宁，故中宗飨国七十五年。其在高宗，久劳于外，为与小人，作其即位，乃有亮闇，三年不言，言乃欢，不敢荒宁，密靖殷国，至于小大无怨，故高宗飨国五十五年。其在祖甲，不义惟王，久为小人于外，知小人之依，能保施小民，不侮鳏寡，故祖甲飨国三十三年。"《多士》称曰："自汤至于帝乙，无不率祀明德，帝无不配天者。在今后嗣王纣，诞淫厥佚，不顾天及民之从也。其民皆可诛。""文王日中昃不暇食，飨国五十年。"作此以诫成王。

周公回到朝中，恐怕成王年轻气盛，治国会出现荒淫放荡，于是作了《多士》，作了《毋逸》。《毋逸》篇说："做父母的，长时间创业，而子孙们骄纵奢侈，忘记了父母创业的辛苦，致使家业毁败，做儿子的可以不谨慎吗！所以从前殷王中宗，严谨恭顺地敬重畏惧天命，自己遵守法度，并以法治理百姓，兢兢业业不敢荒废国事贪图安逸，所以中宗当政长达七十五年。到了高宗，因为他曾长期在民间劳作，和百姓生活在一起，振起而即王位后，就有了丧事，三年不言语以行孝道，一旦说话天下的百姓都很拥戴，不敢荒废国事、贪图安逸，努力安定殷家，做到百姓贵族都没有怨恨，故高宗当政达五十五年。到了祖甲，他认为超越兄长做王不合道义，因此长期逃亡在民间，深知百姓的需要，所以能够保护并施恩于百姓，不欺侮鳏寡，所以祖甲当政达三十三年。"《多士》篇说："从商汤直到帝乙，殷代没有不虔诚地祭祀鬼神、修明德政的，各个帝王都没有违背天命的。到今日纣王即位，骄奢淫逸，不顾上天和百姓的愿望。纣的百姓们都认为他应该杀。""周文王勤劳国政，每天太阳偏西还没空吃午饭，所以当政达五十年。"周公用这些话劝诫成王。

成王在丰，天下已安，周之官政未次序，于是周公作《周官》，官别其宜。作《立政》，以便百姓。百姓说。

成王居住在丰京，天下已经安定，周朝的官制和政治组织还没有制度化，于是周公作了《周官》,指明各种官吏的职责范围。又作了《立政》,以便利百姓。百姓喜悦。

周公在丰,病,将没,曰:“必葬我成周,以明吾不敢离成王。”周公既卒,成王亦让,葬周公于毕,从文王,以明予小子不敢臣周公也。

周公在丰京,患病,在弥留之际说:“一定要把我葬在成周,表明我不敢离开成王。”周公已经死去,成王也很谦让,把周公葬在毕邑,随从文王埋葬,表明不敢把周公看作自己的臣子。

周公卒后,秋未获,暴风雷,禾尽偃,大木尽拔。周国大恐。成王与大夫朝服以开金縢书,王乃得周公所自以为功代武王之说。二公及王乃问史百执事,史百执事曰:“信有,昔周公命我勿敢言。”成王执书以泣,曰:“自今后其无缪卜乎!昔周公勤劳王家,惟予幼人弗及知。今天动威以彰周公之德,惟朕小子其迎,我国家礼亦宜之。”王出郊,天乃雨,反风,禾尽起。二公命国人,凡大木所偃,尽起而筑之。岁则大孰。于是成王乃命鲁得郊祭文王。鲁有天子礼乐者,以褒周公之德也。

周公去世后,秋天尚未收割,暴风雷雨突起,庄稼全部倒伏,大树连根拔起。周朝上下一片惊慌。成王和大夫们穿上朝服,打开金属装饰的密封匣子,成王才看到周公祈祷愿意代替武王死的简书。太公、召公和成王便询问当年跟随周公的史官和办事官员,史官和办事官员说:“确实有这件事,以前周公有命令不让我说。”成王手捧策书哭泣,说:“从今往后不必恭敬地占卜了!从前周公为王室辛苦操劳,因为我年幼不知道。现在上天显示威严,来表彰周公的恩德,我小子应该郊祭迎接天神,从我们国家的礼仪考虑也应该这样做。”成王到郊外祭天,天于是变晴,风向反过来刮,庄稼全部又立了起来。太公、召公命令百姓,凡被刮倒的大树,都扶起来培土。当年获得大丰收。于是成王特许鲁国可以郊祭上天和立庙祭文王。鲁国享用天子礼乐的原因,在于褒奖周公的大德。

周公卒,子伯禽固已前受封,是为鲁公。鲁公伯禽之初受封之鲁,三年而后报政周公。周公曰:“何迟也?”伯禽曰:“变其俗,革其礼,丧三年然后除之,故迟。”太公亦封于齐,五月而报政周公。周公曰:“何疾也?”曰:“吾简其君臣礼,从其俗为也。”及后闻伯禽报政迟,乃叹曰:“呜呼,鲁后世其北面事齐矣!夫政不简不易,民不有近;平易近民,民必归之。”

周公去世,儿子伯禽先前本来已经受封,这就是鲁公。鲁公伯禽当初受封到鲁国,经过三年以后才向周公报告治理鲁国的情况。周公说:“为什么这样迟缓呢?”伯禽说:“变更那里的风气,改革那里的礼仪,服丧三年才能够免除,所以迟了。”当时太公也受封到齐国,五个月就向周公汇报了治理齐国的情况。周公说:“为什么这样快呢?”太公说:“我简化了君臣间的礼仪,顺从当地的习俗办事。”等到后来听到伯禽汇报治理情况来得迟,就叹息说:“唉,鲁国后世的继承人将要面北来侍奉齐国了!为政不简化不平易,百姓就不会亲近;政令平易亲近百姓,百姓必然归顺。”

伯禽即位之后,有管、蔡等反也,淮夷、徐戎亦并兴反。于是伯禽率师伐之于肸,作《肸誓》,曰:“陈尔甲胄,无敢不善。无敢伤牿。马牛其风,臣妾逋逃,勿敢越逐,敬复之。无敢寇攘,逾墙垣。鲁人三郊三隧,峙尔刍茭、糗粮、桢干,无敢不逮。我甲戌筑而征徐戎,无敢不及,有大刑。”作此《肸誓》,遂平徐戎,定鲁。

伯禽就鲁国君位以后,曾有管叔、蔡叔等反叛,淮夷、徐戎也一起兴起反叛。当时伯禽率军在肸邑讨伐他们,作了《肸誓》,说:“准备你们的装甲头盔,不准马虎从事。不准毁坏畜圈。遇有从圈里跑出来的牛马,逃走的奴隶,不要离队追捕,得到他人的牛马和奴隶要恭恭敬敬地送还。不准偷盗和抢夺,不准翻越百姓的墙垣。鲁国北、西、南三面近郊和郊外的百姓,准备好刍草、干粮及木板,不准影响供应。我定于甲戌日筑工事讨伐徐戎,届时不准不到,违反者处死刑。”写了这篇《肸誓》,就讨平了徐戎,安定了鲁国。

鲁公伯禽卒,子考公酋立。考公四年卒,立弟熙,是谓炀公。炀公筑茅阙门。六年卒,子幽公宰立。幽公十四年,幽公弟溃杀幽公而自立,是为魏公。魏公五十年卒,子厉公擢立。厉公三十七年卒,鲁人立其弟具,是为献公。献公三十二年卒,子真公濞立。

鲁公伯禽去世,儿子考公酋即位。考公在位四年去世,让弟弟熙即位,这就是炀公。炀公建筑了茅阙门。他在位六年去世,儿子幽公宰即位。幽公十四年,幽公的弟弟溃杀幽公夺取君位,这就是魏公。魏公在位五十年去世,儿子厉公擢即位。厉公在位三十七年去世,鲁国人立他弟弟具,这就是献公。献公在位三十二年去世,儿子真公濞即位。

真公十四年，周厉王无道，出奔彘，共和行政。二十九年，周宣王即位。

真公十四年，周厉王暴虐无道，逃到彘地，出现了共和行政的局面。二十九年，周宣王即位。

三十年，真公卒，弟敖立，是为武公。

三十年，真公去世，弟弟敖即位，这就是武公。

武公九年春，武公与长子括，少子戏，西朝周宣王。宣王爱戏，欲立戏为鲁太子。周之樊仲山父谏宣王曰："废长立少，不顺；不顺，必犯王命；犯王命，必诛之：故出令不可不顺也。令之不行，政之不立；行而不顺，民将弃上。夫下事上，少事长，所以为顺。今天子建诸侯，立其少，是教民逆也。若鲁从之，诸侯效之，王命将有所壅；若弗从而诛之，是自诛王命也。诛之亦失，不诛亦失，王其图之。"宣王弗听，卒立戏为鲁太子。夏，武公归而卒，戏立，是为懿公。

武公九年春天，武公和长子括、少子戏西去朝见周宣王。宣王喜欢戏，想立戏为鲁国太子。周室大臣樊仲山父劝谏宣王说："废掉长子立少子，违反礼制；违背礼制，必然触犯王的命令；触犯王的命令，必然要诛杀他。所以发布命令不可以违背礼制。命令不能执行，政权的威信就不能建立。强迫百姓执行违背礼制的命令，百姓就会背离国君。下级服从上级，年幼的服从年长的，这才符合礼制。如今天子立诸侯的继承人，而立少子，这是教百姓作违反礼制的事。假如鲁国服从君命，诸侯纷纷仿效，则王的命令就会阻塞不行；假如鲁国不服从君命而惩罚它，等于是自己惩罚王的命令。惩罚它也失策，不惩罚它也失策，请王还是慎重考虑。"宣王不听劝谏，最终立戏为鲁国的太子，夏天，武公回国后去世，戏即位，这就是懿公。

懿公九年，懿公兄括之子伯御与鲁人攻弑懿公，而立伯御为君。伯御即位十一年，周宣王伐鲁，杀其君伯御，而问鲁公子能道顺诸侯者，以为鲁后。樊穆仲曰："鲁懿公弟称，肃恭明神，敬事耆老；赋事行刑，必问于遗训而咨于固实；不干所问，不犯所咨。"宣王曰："然，能训治其民矣。"乃立称于夷宫，是为孝公。自是后，诸侯多畔王命。

懿公九年，懿公哥哥括的儿子伯御和鲁国人联合攻打懿公，就立伯御作为国君。伯御即位十一年，周宣王讨伐鲁国，杀死它的国君伯御，而询问鲁国公子中能够引导诸侯的人，让他当鲁君。樊穆仲说："鲁懿公的弟弟称，庄重恭谨敬事鬼神，尽心敬事长老；处理事务和执行刑罚，必先咨询先王的遗训和成规；凡是请教过的绝不干犯，凡是咨询考察过的绝不违反。"宣王说："不错，这样的人一定能谨守和治理他的百姓。"因此在夷宫立称为鲁君，这就是孝公。自此以后，诸侯大多违抗周王的命令。

孝公二十五年，诸侯畔周，犬戎杀幽王。秦始列为诸侯。

孝公二十五年，诸侯背叛周王，犬戎杀死周幽王。秦国开始被封为诸侯。

二十七年，孝公卒，子弗湟立，是为惠公。

二十七年，孝公去世，儿子弗湟即位，这就是惠公。

惠公三十年，晋人弑其君昭侯。四十五年，晋人又弑其君孝侯。

三十年，晋国人杀死他们的国君昭侯。四十五年，晋国人又杀死他们的国君孝侯。

四十六年，惠公卒，长庶子息摄当国，行君事，是为隐公。初，惠公適夫人无子，公贱妾声子生子息。息长，为娶于宋。宋女至而好，惠公夺而自妻之。生子允。登宋女为夫人，以允为太子。及惠公卒，为允少故，鲁人共令息摄政，不言即位。

四十六年，惠公去世，长庶子息代行国家权力，行使国君政务，这就是隐公。原先，惠公的嫡夫人没有儿子，他的贱妾声子生了儿子息。息长大成人，给他娶了宋女。宋女来到鲁国，惠公见她相貌美丽，夺为己妻，生了儿子允，提升宋女为夫人，立允为太子。等到惠公去世，因为允年幼的缘故，鲁国人共同让息代理主持国政，不说他是即位。

隐公五年，观渔于棠。八年，与郑易天子之太山之邑祊及许田，君子讥之。

隐公五年，到棠邑观看捕鱼。八年，以许田交换郑君陪天子祭祀太山歇息的祊邑，君子讥笑这件事。

十一年冬，公子挥谄谓隐公曰："百姓便君，君其遂立。吾请为君杀子允，君以我为相。"隐公曰："有先君命。吾为允少，故摄代。今允长矣，吾方营菟裘之地而老焉，以授子允政。"挥惧子允闻

而反诛之，乃反谮隐公于子允曰："隐公欲遂立，去子，子其图之。请为子杀隐公。"子允许诺。十一月，隐公祭钟巫，齐于社圃，馆于芳氏，挥使人弑隐公于芳氏，而立子允为君，是为桓公。

十一年冬天，公子挥向隐公献媚说："百姓都拥戴你，你就正式即位吧。我请求帮你杀死太子允，你让我当相国。"隐公说："有先君的命令。我是因为允年幼，所以代行君权，掌握国政。现在允已长成，我正在菟裘营建居室准备养老，把政权交还给允。"挥害怕太子允知道后反而会杀他，就反过来对太子允诋毁隐公说："隐公想就此正式登位，除掉你，你应当谋划对策。请让我帮你杀了隐公。"太子允答应了。十一月，隐公祭祀钟巫神，在社圃里斋戒，住在芳氏家里。挥派人到芳氏家杀害隐公，拥立太子允为君，这就是桓公。

桓公元年，郑以璧易天子之许田。二年，以宋之赂鼎入于太庙，君子讥之。

桓公元年，郑国用璧玉交换天子赐给鲁国的许田。二年，把宋国贿赂的大鼎安放到太庙，君子讥笑这件事。

三年，使挥迎妇于齐为夫人。六年，夫人生子，与桓公同日，故名曰同。同长，为太子。

三年，派挥到齐国迎接齐女为夫人。六年，夫人生了儿子，生日和桓公相同，所以起名叫同。同长大，立为太子。

十六年，会于曹，伐郑，入厉公。

十六年，桓公和诸侯在曹国会盟，讨伐郑国，送郑厉公回国。

十八年春，公将有行，遂与夫人如齐。申繻谏止，公不听，遂如齐。齐襄公通桓公夫人。公怒夫人，夫人以告齐侯。夏四月丙子，齐襄公飨公，公醉，使公子彭生抱鲁桓公，因命彭生折其胁，公死于车。鲁人告于齐曰："寡君畏君之威，不敢宁居，来修好礼。礼成而不反，无所归咎，请得彭生以除丑于诸侯。"齐人杀彭生以说鲁。立太子同，是为庄公。庄公母夫人因留齐，不敢归鲁。

《东周列国志》版画之鲁桓公夫妇入齐图，讲述鲁桓公与其妻文姜归齐，而文姜与其兄齐襄公有染，齐襄公定计使彭生杀了鲁桓公之事。

十八年春天，桓公准备出国远行，就跟夫人一起往齐国去。申繻极力劝阻，桓公不听，于是到了齐国。齐襄公与桓公夫人通奸，桓公怒斥夫人，夫人告诉给齐襄公。夏四月丙子日，齐襄公宴请桓公，桓公醉，派公子彭生把鲁桓公抱上车，命令彭生乘机打断他的肋骨，桓公死在车上。鲁国人向齐襄公提出要求说："我们国君畏惧你的威势，不敢安居，远到贵国进行友好访问。礼仪成而人没有返，无法追究责任，请求得到彭生以便在诸侯之间消除这种丑闻。"齐国人杀了彭生，用以讨鲁国人的欢心。鲁立太子同为君，这就是庄公。庄公的母亲因而留在齐国，不敢返回鲁国。

庄公五年冬，伐卫，内卫惠公。

庄公五年冬天，参与讨伐卫国，送卫惠公回国。

八年，齐公子纠来奔。九年，鲁欲内子纠于齐，后桓公，桓公发兵击鲁，鲁急，杀子纠。召忽死。齐告鲁生致管仲。鲁人施伯曰："齐欲得管仲，非杀之也，将用之，用之则为鲁患。不如杀，以其尸与之。"庄公不听，遂囚管仲与齐。齐人相管仲。

八年，齐国公子纠投奔鲁国。九年，鲁国想把公子纠送回齐国即位。但齐桓公小白捷足先登，齐桓公发兵讨伐鲁国，鲁国危急，就杀了公子纠。召忽自杀。齐桓公告诉鲁国，把管仲活着送回。鲁国人施伯说："齐国想得到管仲，并不是想杀他，而是准备用他，一旦他被重用将是鲁国的祸害。不如杀了他，把他的尸体送给齐国。"庄公不听，于是囚禁管仲送给齐国。齐国任用管仲为相国。

十三年，鲁庄公与曹沫会齐桓公于柯，曹沫劫齐桓公，求鲁侵地，已盟而释桓公。桓公欲背约，管仲谏，卒归鲁侵地。十五年，齐桓公始霸。二十三年，庄公如齐观社。

十三年，鲁庄公和曹沫跟齐桓公在柯邑会盟，曹沫劫持齐桓公，要求归还侵占的鲁国土地。随即订立盟约后曹沫放了齐桓公，桓公想背弃盟约，管仲劝阻，终于归还了侵占的鲁国土地。十五年，齐桓公开始称霸。二十三年，庄公到齐国观看祭祀社神的活动。

三十二年，初，庄公筑台临党氏，见孟女，说而爱之，许立为夫人，割臂以盟。孟女生子斑。斑长，说梁氏女，往观。圉人荦自墙外与梁氏女戏。斑怒，鞭荦。庄公闻之，曰："荦有力焉，遂杀之，是未可鞭而置也。"斑未得杀。会庄公有疾。庄公有三弟，长曰庆父，次曰叔牙，次曰季友。庄公取齐女为夫人曰哀姜。哀姜无子，哀姜娣曰叔姜，生子开。庄公无適嗣，爱孟女，欲立其子斑。庄公病，而问嗣于弟叔牙。叔牙曰："一继一及，鲁之常也。庆父在，可为嗣，君何忧？"庄公患叔牙欲立庆父，退而问季友。季友曰："请以死立斑也。"庄公曰："曩者叔牙欲立庆父，奈何？"季友以庄公命命牙待于鍼巫氏，使鍼季劫饮叔牙以鸩，曰："饮此则有后奉祀；不然，死且无后。"牙遂饮鸩而死，鲁立其子为叔孙氏。八月癸亥，庄公卒，季友竟立子斑为君，如庄公命。侍丧，舍于党氏。

三十二年。起初，庄公筑台曾到党氏家，看见党氏的女儿孟任，从喜欢到爱慕，许愿娶她为夫人，孟任割破手臂与庄公盟誓。孟任生了儿子斑。斑长大后，喜爱梁氏的女儿，前去看望她。养马人荦从墙外和梁氏女戏耍。斑发怒，鞭打荦。庄公听说后，说："荦很有力气，应该就此杀掉他，不可以鞭打后还留着他。"斑没有来得及杀荦。正遇上庄公患病。庄公有三个弟弟，长弟叫庆父，次弟叫叔牙，三弟叫季友。庄公娶齐国女子为夫人，叫哀姜。哀姜没有儿子。哀姜的妹子叫叔姜，生了儿子开。庄公没有嫡子，宠信孟任，想立她的儿子斑为太子。庄公病重时，向二弟叔牙询问继承人的事。叔牙说："父死子继，兄终弟及，是鲁国的常理。庆父还在，可以即位，你有什么忧虑呢？"庄公害怕叔牙立庆父，叔牙退去后又问季友。季友说："请让我拼死拥立斑为国君。"庄公说："刚才叔牙要立庆父，怎么办？"季友便用庄公的名义叫叔牙等待在鍼巫氏家里，让鍼季强迫叔牙喝毒酒，并说："喝了此酒，还有后代为你祭祀；否则，你死了也会没有后代。"叔牙于是喝毒酒而死，鲁君立他的儿子为叔孙氏。八月癸亥日，庄公去世，季友最终立公子斑为鲁君，如了庄公所愿。守丧期，公子斑住在党氏家里。

先时庆父与哀姜私通，欲立哀姜娣子开。及庄公卒而季友立斑，十月己未，庆父使圉人荦杀鲁公子斑于党氏。季友奔陈，庆父竟立庄公子开，是为湣公。

先前庆父和哀姜通奸，想立哀姜妹妹的儿子公子开为君。等到庄公去世，季友立公子斑为君，十月己未日，庆父派养马人荦在党氏家杀死公子斑。季友逃到陈国。庆父终于立公子开为君，这就是湣公。

湣公二年，庆父与哀姜通益甚。哀姜与庆父谋杀湣公而立庆父。庆父使卜齮袭杀湣公于武闱。季友闻之，自陈与湣公弟申如邾，请鲁求内之。鲁人欲诛庆父。庆父恐，奔莒。于是季友奉子申入，立之，是为釐公。釐公亦庄公少子。哀姜恐，奔邾。季友以赂如莒求庆父，庆父归，使人杀庆父，庆父请奔，弗听，乃使大夫奚斯行哭而往。庆父闻奚斯音，乃自杀。齐桓公闻哀姜与庆父乱以危鲁，乃召之邾而杀之，以其尸归，戮之鲁。鲁釐公请而葬之。

湣公二年，庆父和哀姜通奸日益频繁。哀姜和庆父共谋杀湣公而立庆父为君。庆父派卜齮在武闱袭杀了湣公。季友听到后，从陈国和湣公的弟弟申到达邾国，要求鲁国把他们接回国。鲁国人想杀庆父。庆父惊慌，逃到莒国。于是季友拥戴公子申回到鲁国，立他为国君，这就是釐公。釐公也是庄公的小儿子。哀姜恐惧，逃到邾国。季友贿赂莒国要求引度庆父，庆父被遣送回国，季友派人去杀庆父，庆父请求让他出国流亡，不答应，就让大夫奚斯哭着前去答复。庆父听到奚斯的哭声，就自尽了。齐桓公听说哀姜和庆父通奸而危害鲁国的安宁，就从邾国把她召回杀死，把尸体送给鲁国示众。鲁釐公请求把她埋葬了。

季友母陈女，故亡在陈，陈故佐送季友及子申。季友之将生也，父鲁桓公使人卜之，曰："男也，其名曰'友'，间于两社，为公室辅。季友亡，则鲁不昌。"及生，有文在掌曰"友"，遂以名之，号为成季。其后为季氏，庆父后为孟氏也。

季友的母亲是陈国人，所以他逃到陈国，陈国因此帮助送季友和公子申回到鲁国。季友将出生时，父亲鲁桓公让人占卜，卜辞说："是男孩，他的名字叫'友'，将来会站在两社之间，成为公室的辅佐。季友亡去，鲁国就不可能昌盛。"等到他降生，手掌上有个"友"字，就用"友"作他的名，号为成季。他的后代称为季氏，庆父的后代称为孟氏。

釐公元年，以汶阳鄪封季友。季友为相。

釐公元年，把汶水北边的汶阳和鄪邑封给季友。任命季友为丞相。

九年，晋里克杀其君奚齐，卓子。齐桓公率釐公讨晋乱，至高梁而还，立晋惠公。十七年，齐桓公卒。二十四年，晋文公即位。

九年，晋国里克杀死他的国君奚齐、卓子。齐桓公率领釐公平息晋国的内乱，到达高梁才回师，扶立了晋惠公。十七年，齐桓公去世。二十四年，晋文公即位。

三十三年，釐公卒，子兴立，是为文公。

三十三年，釐公去世，儿子兴即位，这就是文公。

文公元年，楚太子商臣弑其父成王，代立。三年，文公朝晋襄公。

文公元年，楚国太子商臣杀死他的父亲成王夺取王位。三年，文公朝见晋襄公。

十一年十月甲午，鲁败翟于咸，获长翟乔如，富父终甥舂其喉以戈，杀之，埋其首于子驹之门，以命宣伯。

十一年十月甲午日，鲁国在咸地打败长翟，俘获长翟的首领乔如，富父终甥用戈冲着他的咽喉，将他杀死，把他的头埋在子驹门，叔孙得臣把自己的儿子宣伯改名乔如。

初，宋武公之世，鄋瞒伐宋，司徒皇父帅师御之，以败翟于长丘，获长翟缘斯。晋之灭路，获乔如弟棼如。齐惠公二年，鄋瞒伐齐，齐王子城父获其弟荣如，埋其首于北门。卫人获其季弟简如。鄋瞒由是遂亡。

当初，还在宋武公时期，长翟鄋瞒国攻打宋国，司徒皇父率军抵御，在长丘打败长翟，俘虏长翟的首领缘斯。晋国灭亡路国时，俘虏乔如的弟弟棼如。齐惠公二年，鄋瞒进攻齐国，齐国的王子城父俘获了乔如的弟弟荣如，把他的头埋在北门。卫国人俘虏了乔如的弟弟简如。鄋瞒从此就被消灭。

十五年，季文子使于晋。

十五年，季文子出使晋国。

十八年二月，文公卒。文公有二妃：长妃齐女为哀姜，生子恶及视；次妃敬嬴，嬖爱，生子俀。俀私事襄仲，襄仲欲立之，叔仲曰不可。襄仲请齐惠公，惠公新立，欲亲鲁，许之。冬十月，襄仲杀子恶及视而立俀，是为宣公。哀姜归齐，哭而过市，曰："天乎！襄仲为不道，杀適立庶！"市人皆哭，鲁人谓之"哀姜"。鲁由此公室卑，三桓强。

十八年二月，文公去世。文公有两个妃子：长妃是齐国人，名叫哀姜，生了儿子恶和视；次妃叫敬嬴，很受宠幸，生了儿子俀。俀私下亲近襄仲，襄仲想立他为君，叔仲说不可以。襄仲请求齐惠公帮助，惠公刚即位，想亲近鲁国，就答应了。冬天十月，襄仲攻杀公子恶和视，拥立公子俀为君，这就是宣公。哀姜回到齐国，哭着经过闹市，说："天啊！襄仲做事惨无人道，杀嫡子而立庶子！"街市上的人也都跟着痛哭起来，所以鲁国人称她为"哀姜"。鲁国从此公室衰微，三桓的势力强盛。

宣公俀十二年，楚庄王强，围郑。郑伯降，复国之。

宣公俀十二年，楚庄王强盛，围攻郑国。郑君投降，随后又恢复了他的国家。

十八年，宣公卒，子成公黑肱立，是为成公。季文子曰："使我杀適立庶失大援者，襄仲。"襄仲立宣公，公孙归父有宠。宣公欲去三桓，与晋谋伐三桓。会宣公卒，季文子怨之，归父奔齐。

十八年，宣公去世，儿子成公黑肱即位，这就是成公。季文子说："使我们鲁国杀嫡子立庶子，从而失去强大援助的罪人是襄仲。”襄仲拥立宣公，他的儿子公孙归父受宣公的宠信。宣公想除掉三桓的势力，和晋国谋划讨伐三桓。正巧宣公去世，季文子怨恨襄仲，归父逃到齐国。

成公二年春，齐伐取我隆。夏，公与晋郤克败齐顷公于鞍，齐复归我侵地。四年，成公如晋，晋景公不敬鲁。鲁欲背晋合于楚，或谏，乃不。十年，成公如晋。晋景公卒，因留成公送葬，鲁讳之。十五年，始与吴王寿梦会钟离。

成公二年春天，齐国攻伐占领了我国的隆邑。夏天，成公和晋国郤克在鞍地打败齐顷公，齐国再次归还侵占的我国土地。四年，成公去到晋国，晋景公不敬重鲁国。鲁国想背离晋国和楚国联合，有的臣子劝阻，才没有这样做。十年，成公去到晋国。晋景公去世，便留成公送葬，鲁国忌讳这件事。十五年，开始在钟离和吴王寿梦会盟。

十六年，宣伯告晋，欲诛季文子。文子有义，晋人弗许。

十六年，宣伯告诉晋国，准备杀死季文子。因为文子有道义，晋国不准许。

十八年，成公卒，子午立，是为襄公。是时襄公三岁也。

十八年，成公去世，儿子午即位，这就是襄公。这时襄公才三岁。

襄公元年，晋立悼公。往年冬，晋栾书弑其君厉公。四年，襄公朝晋。

襄公元年，晋国立悼公为君。去年冬天，晋国栾书弑杀他的国君厉公。四年，襄公朝见晋君。

五年，季文子卒。家无衣帛之妾，厩无食粟之马，府无金玉，以相三君。君子曰：“季文子廉忠矣。”

五年，季文子去世。家里没有穿丝绸的妻妾，马棚里没有吃粟粮的马匹，府中没有金玉，但他却是连续辅佐三位国君的丞相。君子说：“季文子廉洁忠诚啊！”

九年，与晋伐郑。晋悼公冠襄公于卫，季武子从，相行礼。

九年，和晋国联合攻伐郑国。晋悼公在卫国的祖庙中给襄公举行加冠礼，季武子随从襄公，辅助行礼。

十一年，三桓氏分为三军。

十一年，三桓氏把公室的军队分为三军。

十二年，朝晋。十六年，晋平公即位。二十一年，朝晋平公。

十二年，朝见晋君。十六年，晋平公即位。二十一年，朝见晋平公。

二十二年，孔丘生。

二十二年，孔丘出生。

二十五年，齐崔杼弑其君庄公，立其弟景公。

二十五年，齐国崔杼弑杀他的国君庄公，拥立庄公的弟弟景公。

二十九年，吴延陵季子使鲁，问周乐，尽知其意，鲁人敬焉。

二十九年，吴国延陵季子到鲁国访问，询问周室的礼乐，对深奥的意义全部了解，鲁国人对他很敬佩。

三十一年六月，襄公卒。其九月，太子卒。鲁人立齐归之子裯为君，是为昭公。

三十一年六月，襄公去世。这年九月，太子去世。鲁国人拥立从齐国回来的公子裯为国君，这就是昭公。

昭公年十九，犹有童心。穆叔不欲立，曰：“太子死，有母弟可立，不即立长。年钧择贤，义钧则卜之。今裯非適嗣，且又居丧意不在戚而有喜色，若果立，必为季氏忧。”季武子弗听，卒立之。比及葬，三易衰。君子曰：“是不终也。”

昭公当时十九岁，仍很幼稚。穆叔不想立他，说：“太子死了，有同母的弟弟可以拥立；如无同母的弟弟，就立庶子中的长子。如果年龄相同就选择贤能的，如果才能和仁德也相同就通过占卜决定。现在裯不是嫡子，而且守丧期间不仅没有一点哀伤心情，反而喜形于色，如果真的立他为君，必定成为季氏的祸害。”季武子不听，终于让他登上君位。等到安葬襄公时，他态度随便，竟然三次更换丧服。君子说：“他不能善终。”

昭公三年，朝晋至河，晋平公谢还之，鲁耻焉。四年，楚灵王会诸侯于申，昭公称病不往。七年，

《东周列国志》版画之楚灵王大合诸侯图，讲述春秋时期楚灵王召诸侯会盟之事。

季武子卒。八年，楚灵王就章华台，召昭公。昭公往贺，赐昭公宝器；已而悔，复诈取之。十二年，朝晋至河，晋平公谢还之。十三年，楚公子弃疾弑其君灵王，代立。十五年，朝晋，晋留之葬晋昭公，鲁耻之。二十年，齐景公与晏子狩竟，因入鲁问礼。二十一年，朝晋至河，晋谢还之。

昭公三年，朝见晋君到达黄河，遭晋平公谢绝而返回，鲁国人感到蒙受了耻辱。四年，楚灵王在申邑会见诸侯，昭公称病不去。七年，季武子去世。八年，楚灵王庆贺章华台建成，召见昭公。昭公前往祝贺，赐给昭公宝器；不久后悔，又骗回去。十二年，朝见晋君到达黄河，遭晋平公谢绝而返回。十三年，楚公子弃疾杀害他的国君灵王夺取王位。十五年，朝见晋君，晋国留鲁昭公为晋昭公送葬，鲁国人感到羞辱。二十年，齐景公和晏子到鲁国边境打猎，顺便到鲁国询问礼制。二十一年，朝见晋君到达黄河，遭晋君谢绝而返回。

二十五年春，鸜鹆来巢。师己曰："文成之世童谣曰：'鸜鹆来巢，公在乾侯。鸜鹆入处，公在外野。'"

二十五年春天，有鸜鹆鸟到鲁国筑巢。师己说："文公、成公时代童谣说'鸜鹆飞来筑巢，国君住在乾侯。鸜鹆定居下来，国君住在野外'。"

季氏与郈氏斗鸡，季氏芥鸡羽，郈氏金距。季平子怒而侵郈氏，郈昭伯亦怒平子。臧昭伯之弟会伪谗臧氏，匿季氏，臧昭伯囚季氏人。季平子怒。囚臧氏老。臧、郈氏以难告昭公。昭公九月戊戌伐季氏，遂入。平子登台请曰："君以谗不察臣罪，诛之，请迁沂上。"弗许。请囚于鄪，弗许。请以五乘亡，弗许。子家驹曰："君其许之。政自季氏久矣，为徒者众，众将合谋。"弗听。郈氏曰："必杀之。"叔孙氏之臣戾谓其众曰："无季氏与有，孰利？"皆曰："无季氏是无叔孙氏。"戾曰："然，救季氏！"遂败公师。孟懿子闻叔孙氏胜，亦杀郈昭伯。郈昭伯为公使，故孟氏得之。三家共伐公，公遂奔。己亥，公至于齐。齐景公曰："请致千社待君。"子家曰："弃周公之业而臣于齐，可乎？"乃止。子家曰："齐景公无信，不如早之晋。"弗从。叔孙见公还，见平子，平子顿首。初欲迎昭公，孟孙、季孙后悔，乃止。

季氏和郈氏斗鸡，季氏在鸡毛上撒了芥末，郈氏在鸡脚上裹了金属利爪。季平子一怒之下，侵占了郈氏的土地，郈昭伯也怨恨季平子。臧昭伯的弟弟臧会造假诬陷臧氏，后藏匿在季氏家里，臧昭伯因此囚禁季氏家里的人。季平子愤怒，囚禁了臧氏家里的大臣。臧氏、郈氏把祸难告诉给昭公。昭公在九月戊戌日讨伐季氏，就进入他的私邑。季平子登台请求说："君王听信谗言，没有细察我的罪过，就来杀我！"请求迁居到沂水边去，没有获得允许。请求把他囚禁在鄪邑，仍不允许。请求带五辆车子逃跑，仍不允许。子家驹说："君王应该答应他。政权出自季氏已经很久啦，他的党羽很多，众党徒必将联合对付你。"昭公不听。郈氏说："一定要杀了他。"叔孙氏的家臣戾对他的党羽说："没有季氏和有季氏，哪样对我们有利？"都说："没有季氏就等于没有叔孙氏。"戾说："对，我们去救季氏！"于是他们打败了昭公的军队。孟懿子听说叔孙氏战胜，也把郈昭伯杀了。郈昭伯是昭公为伐季氏派到孟氏家的，因此孟氏能把他杀了。三家联合攻打昭公，昭公于是逃走。己亥日，昭公到达齐国。齐景公说:“愿意送二万五千家侍奉你。”子家说:“放弃周公的王业而作齐国的臣子,行吗?”才没有接受。子家说:“齐景公不讲信誉,不如早点到晋国去。”昭公不听。叔孙到齐国会见昭公回来,会见季平子,季平子叩头。原来想把昭公接回来,因为孟孙、季孙后悔,就作罢了。

二十六年春,齐伐鲁,取郓而居昭公焉。夏,齐景公将内公,令无受鲁赂。申丰、汝贾许齐臣高龁、子将粟五千庾。子将言于齐侯曰:“群臣不能事鲁君,有异焉。宋元公为鲁如晋,求内之,道卒。叔孙昭子求内其君,无病而死。不知天弃鲁乎?抑鲁君有罪于鬼神也?愿君且待。”齐景公从之。

二十六年春天,齐国讨伐鲁国,攻占郓邑,把昭公安置在那里。夏天,齐景公打算把昭公送回国,下令不准接受鲁国的贿赂。鲁国大夫申丰、汝贾却暗中许给齐臣高龁、子将八万斗粟。子将对齐侯说:“鲁国群臣不能侍奉鲁君,又有些奇异的征兆。宋元公为了鲁国的事到晋国,谋划送他回国,结果半道死亡。叔孙昭子想接回昭公,结果无病死亡。不知道是上天要抛弃鲁国呢,还是鲁国的国君得罪了鬼神?希望你暂时等等看。”齐景公采纳了这项建议。

二十八年,昭公如晋,求入。季平子私于晋六卿,六卿受季氏赂,谏晋君,晋君乃止,居昭公乾侯。二十九年,昭公如郓。齐景公使人赐昭公书,自谓“主君”。昭公耻之,怒而去乾侯。三十一年,晋欲内昭公,召季平子。平子布衣跣行,因六卿谢罪。六卿为言曰:“晋欲内昭公,众不从。”晋人止。三十二年,昭公卒于乾侯。鲁人共立昭公弟宋为君,是为定公。

二十八年,昭公到晋国,请求送他回国。季平子暗中买通晋国的六卿,六卿接受了季氏的贿赂,谏阻晋君,晋君就作罢,让昭公居住在乾侯。二十九年,昭公又回到郓邑。齐景公派人给昭公送信,自称为“主君”。昭公感到耻辱,一怒之下又回到乾侯。三十一年,晋国想送昭公回国,召见季平子商量。季平子穿着布衣服,光着脚行走,通过晋国六卿向晋君谢罪。六卿替他对晋君说:“晋国想送回昭公,无奈鲁国的民众不听从。”晋国才作罢。三十二年,昭公在乾侯去世。鲁国人拥立昭公的弟弟宋为国君,这就是定公。

定公立,赵简子问史墨曰:“季氏亡乎?”史墨对曰:“不亡。季友有大功于鲁,受鄪为上卿,至于文子、武子,世增其业。鲁文公卒,东门遂杀適立庶,鲁君于是失国政。政在季氏,于今四君矣。民不知君,何以得国!是以为君慎器与名,不可以假人。”

定公登位,赵简子问史官蔡墨说:“季氏会灭亡吗?”蔡墨对答说:“不会灭亡。季友对鲁国有大功劳,被封在鄪邑,位上卿,直到文子、武子,世代扩充他们的基业。鲁文公去世,东门遂(襄仲)杀嫡子立庶子,鲁国国君于是丧失国家大权。执政大权落入季氏家中,到现在已经历了四位国君。百姓不知道国君,他怎么能够得到国家呢!因此当国君的要慎重掌握官职和爵号,不可轻易把它给别人。”

定公五年,季平子卒。阳虎私怒,囚季桓子,与盟,乃舍之。七年,齐伐我,取郓,以为鲁阳虎邑以从政。八年,阳虎欲尽杀三桓適,而更立其所善庶子以代之;载季桓子将杀之,桓子诈而得脱。三桓共攻阳虎,阳虎居阳关。九年,鲁伐阳虎,阳虎奔齐,已而奔晋赵氏。

定公五年,季平子去世。阳虎出于私愤,囚禁李桓子,季桓子和阳虎签订盟约,才放了他。七年,齐国讨伐我鲁国,鲁国夺取了郓邑,把郓邑作鲁国阳虎的封邑让他处理政务。八年,阳虎想把三桓的嫡子全部杀害,改立和他关系好的庶子取代嫡子;把季桓子载在车上想杀死,季桓子施计而逃脱。三桓联合攻打阳虎,阳虎占据阳关。九年,鲁国攻打阳虎,阳虎逃往齐国,不久投奔晋国赵氏。

十年,定公与齐景公会于夹谷,孔子行相事。齐欲袭鲁君,孔子以礼历阶,诛齐淫乐,齐侯惧,乃止,归鲁侵地而谢过。十二年,使仲由毁三桓城,收其甲兵。孟氏不肯堕城,伐之,不克而止。季桓子受齐女乐,孔子去。

十年,定公和齐景公在夹谷会盟,孔子代行相职。齐国想趁机袭击鲁国国君,孔子依据礼仪一阶阶地登上台,杀了齐国演奏淫乐的人,齐侯害怕,取消了袭击念头,归还了侵占的鲁国土地并表示因过错而道歉。十二年,派仲由捣毁三桓的城墙,没收他们的武器。孟氏抗拒毁城的命令,定公派兵讨伐他,没有取胜就停止了。季桓子接受齐国赠送的歌姬舞女,孔子气得离开鲁国。

十五年,定公卒,子将立,是为哀公。

十五年,定公去世,儿子将即位,这就是哀公。

哀公五年，齐景公卒。六年，齐田乞弑其君孺子。

哀公五年，齐景公去世。六年，齐国田乞杀害他的国君孺子。

七年，吴王夫差强，伐齐，至缯，征百牢于鲁，季康子使子贡说吴王及太宰嚭，以礼诎之。吴王曰："我文身，不足责礼。"乃止。

七年，吴王夫差国力强大，率兵讨伐齐国，到达缯地，向鲁国索要牛、羊、猪祭品一百套。季康子派子贡劝说吴王夫差和太宰伯嚭，用礼节道义使他们折服。吴王说："我身上是刺了花纹的蛮夷人，不应该用礼仪要求我。"但停止了索求。

八年，吴为邹伐鲁，至城下，盟而去。齐伐我，取三邑。十年，伐齐南边。十一年，齐伐鲁。季氏用冉有有功，思孔子，孔子自卫归鲁。

八年，吴国为邹国讨伐鲁国，到达都城下，签订盟约后撤离。齐国讨伐我鲁国，攻占三个城邑。十年，攻打齐国的南部边境。十一年，齐国讨伐鲁国，季氏因为用冉有建立了战功，因此思念孔子，孔子从卫国回到鲁国。

十四年，齐田常弑其君简公于徐州。孔子请伐之，哀公不听。十五年，使子服景伯、子贡为介，适齐，齐归我侵地。田常初相，欲亲诸侯。

十四年，齐国田常在徐州杀死他的国君简公。孔子请求讨伐齐国，哀公不听。十五年，派子服景伯、子贡作为使者，到达齐国，齐国归还了侵占的鲁国土地。田常刚刚担任齐相，想广结诸侯。

十六年，孔子卒。二十二年，越王句践灭吴王夫差。

十六年，孔子去世。二十二年，越王句践灭了吴王夫差。

二十七年春，季康子卒。夏，哀公患三桓，将欲因诸侯以劫之，三桓亦患公作难，故君臣多间。公游于陵阪，遇孟武伯于街，曰："请问余及死乎？"对曰："不知也。"公欲以越伐三桓。八月，哀公如陉氏。三桓攻公，公奔于卫，去如邹，遂如越。国人迎哀公复归，卒于有山氏。子宁立，是为悼公。

二十七年春天，季康子去世。夏天，哀公忧虑三桓作乱，想借诸侯的力量缴了他们的武装，三桓也怕哀公发难，所以君臣间的矛盾很深。哀公到陵阪游玩，在街衢上遇到孟武伯，说："请问我能不能善终？"孟武伯回答说："不知道。"哀公想利用越国攻打三桓。八月，哀公前往陉氏（有山氏）。三桓攻打哀公，哀公逃到卫国，又离开卫国，跑到邹国，最终到达越国。鲁国人迎接哀公，哀公重新回国时，死在有山氏家里。儿子宁即位，这就是悼公。

悼公之时，三桓胜，鲁如小侯，卑如三桓之家。

悼公的时候，三桓强盛，鲁君犹如一个很小的诸侯，势力比三桓之家弱。

十三年，三晋灭智伯，分其地有之。

十三年，晋国韩、赵、魏三家灭掉智伯，瓜分了他的土地各自占有。

三十七年，悼公卒。子嘉立，是为元公，元公二十一年卒，子显立，是为穆公。穆公三十三年卒，子奋立，是为共公。共公二十二年卒，子屯立，是为康公。康公九年卒，子匽立，是为景公。景公二十九年卒，子叔立，是为平公，是时六国皆称王。

三十七年，悼公去世，儿子嘉即位，这就是元公。元公在位二十一年去世，儿子显即位，这就是穆公。穆公在位三十三年去世，儿子奋即位，这就是共公。共公在位二十二年去世，儿子屯即位，这就是康公。康公在位九年去世，儿子匽即位，这就是景公。景公在位二十九年去世，儿子叔即位，这就是平公。这时候六国的国君都已称王。

平公十二年，秦惠王卒。二十年，平公卒，子贾立，是为文公。文公元年，楚怀王死于秦。二十三年，文公卒。子雠立，是为顷公。

平公十二年，秦惠王去世。二十二年，平公去世，儿子贾即位，这就是文公。文公元年，楚怀王死在秦国。二十三年，文公去世，儿子雠即位，这就是顷公。

顷公二年，秦拔楚之郢，楚顷王东徙于陈。十九年，楚伐我，取徐州。二十四年，楚考烈王伐灭鲁。顷公亡，迁于下邑，为家人，鲁绝祀。顷公卒于柯。

顷公二年，秦国攻占楚国的郢都，楚顷王往东迁徙到陈邑。十九年，楚国攻伐我鲁国，占领徐州。二十四年，楚考烈王灭掉鲁国。顷公逃跑，徙居在国外的小邑，成了平民百姓，鲁国宗庙的祭祀灭绝。顷公死在柯邑。

鲁起周公至顷公，凡三十四世。

鲁国从周公起，直到顷公，总共三十四代。

太史公曰：余闻孔子称曰“甚矣鲁道之衰也！洙泗之间龂龂如也”。观庆父及叔牙、闵公之际，何其乱也？隐、桓之事；襄仲杀適立庶；三家北面为臣，亲攻昭公，昭公以奔。至其揖让之礼则从矣，而行事何其戾也？

太史公说：我听说孔子曾说：“鲁国的道德风气衰败到了极点！但洙泗一带尚有谦让风气。”回顾庆父及叔牙、闵公这个时期，政治上多么混乱呀！隐公、桓公争夺继承的事；襄仲杀嫡子拥立庶子的事；三桓氏北面称臣，都亲自攻打昭公，昭公被迫出逃。至于那里揖让的礼节那是很从容的，但处理政事为什么如此暴戾呢！

史记第三十四卷

燕召公世家第四

召公奭与周同姓，姓姬氏。周武王之灭纣，封召公于北燕。

召公奭和周王族同姓，姓姬。周武王灭了商纣王以后，把召公封在北燕。

其在成王时，召公为三公：自陕以西，召公主之；自陕以东，周公主之。成王既幼，周公摄政，当国践祚，召公疑之，作《君奭》。《君奭》不说周公。周公乃称“汤时有伊尹，假于皇天；在太戊时，则有若伊陟、臣扈，假于上帝，巫咸治王家；在祖乙时，则有若巫贤；在武丁时，则有若甘般：率维兹有陈，保乂有殷”。于是召公乃说。

在周成王的时候，召公是三公之一。自陕县以西，归召公管理；自陕县以东，归周公管理。成王既然年幼，周公代替他处理朝政，登基行使王权。召公怀疑周公，周公写作了《君奭》。写作《君奭》是因为召公不满意周公。于是周公说：“商汤的时代，有伊尹，功德受到上帝嘉许；在太戊的时代，就有那个伊陟、臣扈，功德受到上帝嘉许，又有巫咸辅佐治理王室；在祖乙的时代，就有那个巫贤；在武丁的时代，就有那个甘般。凭借这些有道的贤臣，使殷朝得到安定和治理。”于是召公才高兴。

召公之治西方，甚得兆民和。召公巡行乡邑，有棠树，决狱政事其下，自侯伯至庶人各得其所，无失职者。召公卒，而民人思召公之政，怀棠树不敢伐，哥咏之，作《甘棠》之诗。

召公治理西部，深得广大百姓的爱戴。召公到乡邑巡视，有一棵棠梨树，就在树下审判官司、处理政事，从侯爵、伯爵到平民百姓都得到了适当安置，没有由于处理错误而失职的地方。召公去世后，民众思念召公的政绩，思念棠梨树，不敢砍伐，歌颂它，并编了叫《甘棠》的诗篇。

自召公已下九世至惠侯。燕惠侯当周厉王奔彘，共和之时。

自召公下传第九代到惠侯。燕惠侯正处在周厉王逃奔彘地，共和行政的时期。

惠侯卒，子釐侯立。是岁，周宣王初即位。釐侯二十一年，郑桓公初封于郑。三十六年，釐侯卒，子顷侯立。

惠侯去世，儿子釐侯即位。这一年，周宣王刚刚即位。釐侯二十一年，郑桓公开始封到郑国。三十六年，釐侯去世，儿子顷侯即位。

顷侯二十年，周幽王淫乱，为犬戎所弑。秦始列为诸侯。

燕顷侯二十年，周幽王淫乱，被犬戎部族杀死。秦国开始被封为诸侯。

二十四年，顷侯卒，子哀侯立。哀侯二年卒，子郑侯立。郑侯三十六年卒，子缪侯立。

二十四年，顷侯去世，儿子哀侯即位。哀侯在位二年去世，儿子郑侯即位。郑侯在位三十六年去世，儿子穆侯即位。

缪侯七年，而鲁隐公元年也。十八年卒，子宣侯立。宣侯十三年卒，子桓侯立。桓侯七年卒，子庄公立。

燕缪侯七年，正是鲁隐公元年。在位十八年去世，儿子宣侯即位。宣侯在位十三年去世，儿子桓侯即位。桓侯在位七年去世，儿子庄公即位。

庄公十二年，齐桓公始霸。十六年，与宋、卫共伐周惠王。惠王出奔温，立惠王弟颓为周王。十七年，郑执燕仲父而内惠王于周。二十七年，山戎来侵我，齐桓公救燕，遂北伐山戎而还。燕君送齐桓公出境，桓公因割燕所至地予燕，使燕共贡天子，如成周时职；使燕复修召公之法。三十三年卒，子襄公立。

燕庄公十二年，齐桓公开始称霸。十六年，和宋国、卫国一块攻打周惠王，惠王出逃奔往温地，三国拥立惠王的弟弟颓为周王。十七年，郑国拘捕燕仲父，送周惠王回京师。二十七年，山戎部族南下侵犯燕国，齐桓公率军救助燕国，于是北伐山戎而后回师。燕庄公感谢齐桓公，一直送他出了燕国边境，齐桓公便把燕庄公到达的地方割给燕国，让燕庄公一起向周王进贡，像周成王时那样履行职责；并让燕国重新修复召公时的法度。庄公在位三十三年去世，儿子襄公即位。

襄公二十六年，晋文公为践土之会，称伯。三十一年，秦师败于殽。三十七年，秦缪公卒。四十年，襄公卒，桓公立。

燕襄公二十六年，晋文公在践土主持会盟，成为霸主。三十一年，秦军在殽山被晋军打败。三十七年，秦缪公去世。四十年，襄公去世，桓公即位。

桓公十六年卒，宣公立。宣公十五年卒，昭公立。昭公十三年卒，武公立。是岁晋灭三郤大夫。

燕桓公在位十六年去世，宣公即位。宣公在位十五年去世，昭公即位。昭公在位十三年去世，武公即位。这一年，晋国灭了三郤大夫。

召公像，选自明万历刻本《三才会图》。

武公十九年卒，文公立。文公六年卒，懿公立。懿公元年，齐崔杼弑其君庄公。四年卒，子惠公立。

燕武公在位十九年去世，文公即位。文公在位六年去世，懿公即位。懿公元年，齐国崔杼杀害他的国君庄公。在位四年去世，儿了惠公即位。

惠公元年，齐高止来奔。六年，惠公多宠姬，公欲去诸大夫而立宠姬宋，大夫共诛姬宋，惠公惧，奔齐。四年，齐高偃如晋，请共伐燕，入其君。晋平公许，与齐伐燕，入惠公。惠公至燕而死。燕立悼公。

燕惠公元年，齐国高止逃亡来到燕国。六年，惠公有许多宠姬，他想除掉各位大夫而立名叫宋的宠姬，各位大夫先下手杀死名叫宋的宠姬，惠公害怕，逃到齐国。四年后，齐国派高偃到晋国，请求共同攻打燕国，送惠公回燕国。晋平公答应，和齐国一起攻打燕国，送燕惠公回国。惠公回到燕国就死了，燕国拥立悼公。

悼公七年卒，共公立。共公五年卒，平公立。晋公室卑，六卿始强大。平公十八

年，吴王阖闾破楚入郢。十九年卒，简公立。简公十二年卒，献公立。晋赵鞅围范、中行于朝歌。献公十二年，齐田常弑其君简公。十四年，孔子卒。二十八年，献公卒，孝公立。

燕悼公在位七年去世，共公即位。共公在位五年去世，平公即位。晋国公室卑弱，六卿开始强大。平公十八年，吴王阖闾打败楚国，攻进郢都。在位十九年去世，简公即位。简公在位十二年去世，献公即位。晋国赵鞅在朝歌围攻范氏、中行氏。献公十二年，齐国田常杀害他的国君简公。十四年，孔子去世。二十八年，献公去世，孝公即位。

孝公十二年，韩、魏、赵灭知伯，分其地，三晋强。

燕孝公十二年，晋国的韩、魏、赵灭了知伯，瓜分了他的土地，三晋从此强大起来。

十五年，孝公卒，成公立。成公十六年卒，湣公立。湣公三十一年卒，釐公立。是岁，三晋列为诸侯。

十五年，孝公去世，成公即位。成公在位十六年去世，湣公即位。湣公在位三十一年去世，釐公即位。这一年，韩、魏、赵三晋开始被封为诸侯。

釐公三十年，伐败齐于林营。釐公卒，桓公立。桓公十一年卒，文公立。是岁，秦献公卒。秦益强。

燕釐公三十年，在林营打败齐国。釐公去世，桓公即位。桓公在位十一年去世，文公即位。这一年，秦献公去世。秦国更加强大了。

文公十九年，齐威王卒。二十八年，苏秦始来见，说文公。文公予车马金帛以至赵，赵肃侯用之。因约六国，为从长。秦惠王以其女为燕太子妇。

燕文公十九年，齐威王去世。二十八年，苏秦初次来燕国拜见文公，向文公宣传他的主张。文公给他车马、黄金、布帛，让他到赵国去，赵肃侯重用了他。于是苏秦联合六国合纵，他当了纵长。秦惠王把他的女儿嫁给燕国的太子为妻。

二十九年，文公卒，太子立，是为易王。

二十九年，文公去世，太子即位，这就是易王。

易王初立，齐宣王因燕丧伐我，取十城；苏秦说齐，使复归燕十城。十年，燕君为王。苏秦与燕文公夫人私通，惧诛，乃说王使齐为反间，欲以乱齐。易王立十二年卒，子燕哙立。

燕易王刚登位，齐宣王趁燕国有丧事攻打我燕国，占领了十座城市；苏秦劝说齐宣王，让齐国归还了攻占燕国的十座城市。十年，燕君称王。苏秦同燕文公的夫人通奸，害怕被杀，就劝说易王派他到齐国去施行反间计，想用这个办法扰乱齐国。易王在位十二年去世，儿子燕王哙即位。

燕哙既立，齐人杀苏秦。苏秦之在燕，与其相子之为婚，而苏代与子之交。及苏秦死，而齐宣王复用苏代。燕哙三年，与楚、三晋攻秦，不胜而还。子之相燕，贵重，主断。苏代为齐使于燕，燕王问曰："齐王奚如？"对曰："必不霸。"燕王曰："何也？"对曰："不信其臣。"苏代欲以激燕王以尊子之也。于是燕王大信子之。子之因遗苏代百金，而听其所使。

燕王哙已经登位，齐国人杀死了苏秦。苏秦在燕国的时候，和燕相子之结为婚姻关系，因而他的弟弟苏代就和子之结交。等到苏秦死后，齐宣王又重用苏代。燕王哙三年，和楚、三晋攻伐秦国，无功而还。子之当燕国的丞相，位尊权重，独断专行。苏代受齐宣王派遣出使到燕国，燕王哙问道："齐王怎么样？"苏代回答说："肯定不能称霸。"燕王哙说："为什么？"苏代回答说："不信任他的臣子。"苏代想借此刺激燕王尊重子之。于是燕王非常信任子之。子之因此赠送给苏代一百镒黄金，任凭他使用。

鹿毛寿谓燕王："不如以国让相子之。人之谓尧贤者，以其让天下于许由，许由不受，有让天下之名而实不失天下。今王以国让于子之，子之必不敢受，是王与尧同行也。"燕王因属国于子之，子之大重。或曰："禹荐益，已而以启人为吏。及老，而以启人为不足任乎天下，传之于益。已而启与交党攻益，夺之。天下谓禹名传天下于益，已而实令启自取之。今王言属国于子之，而吏无非太子人者，是名属子之而实太子用事也。"王因收印自三百石吏已上而效之子之。子之南面行王事，而哙老不听政，顾为臣，国事皆决于子之。

鹿毛寿对燕王说："不如把国家让给丞相子之。人们都说尧是贤人，是由于他把天下让给了许由，许由不接受，尧有让天下的美名，而实际上并未失去天下。现在大王把国家让给子之，子之一定不敢接受，这样大王就具备了和尧相同的品行。”燕王因此把国家托付给子之，子之大为尊贵。有人说：“夏禹推荐益，不久任用启的臣属当官吏。等到年老时，认为启的臣属不能担当治理天下的大任，便把君位让给了益。不久启和他交结的党徒攻打益，夺取了天下。天下人说夏禹名义上把君位传给了益，不久实际上又让启自己夺回了君位。如今大王说把国家托付给子之，而官吏都是太子的亲信，这只是名义上托付给子之，实际上却是太子当权。”燕王因此把俸禄在三百石以上官吏的印信收回呈交给了子之。子之面朝南就君位，行使君王的权力，而燕王哙直到年老不能处理国政，反而成为臣子，国家大事一概由子之决定。

三年，国大乱，百姓恫恐。将军市被与太子平谋，将攻子之。诸将谓齐湣王曰：“因而赴之，破燕必矣。”齐王因令人谓燕太子平曰：“寡人闻太子之义，将废私而立公，饬君臣之义，明父子之位。寡人之国小，不足以为先后。虽然，则唯太子所以令之。”太子因要党聚众，将军市被围公宫，攻子之，不克。将军市被及百姓反攻太子平，将军市被死，以徇。因搆难数月，死者数万，众人恫恐，百姓离志。孟轲谓齐王曰：“今伐燕，此文、武之时，不可失也。”王因令章子将五都之兵，以因北地之众以伐燕。士卒不战，城门不闭，燕君哙死，齐大胜。燕子之亡二年，而燕人共立太子平，是为燕昭王。

经过三年，燕国大乱，百姓恐惧。将军市被和太子平共同谋划，准备攻打子之。齐国的诸位将领对齐湣王说：“趁燕国内乱赶快去进攻它，一定能攻破燕国。”齐王因此派人对燕太子平说：“我听说太子将有义举，准备废弃私情，树立公义，整顿君臣关系，明辨父子的地位。我的国家很小，不配跟随在你的左右，虽然如此，但愿意听从太子的调遣。”太子因此邀集党徒、聚合人众。将军市被围攻王宫，攻打子之，没有攻克。将军市被和百姓反而围攻太子平，将军市被战死殉难。因而造成几个月的动乱，死亡的人有几万，民众惧怕，百姓离心。孟轲对齐王说：“现在攻打燕国，正是周文王、周武王成就事业时一样的机遇，不可失去啊。”齐王因此让章子率领五都的军队，并依靠北部边境的部队讨伐燕国。燕国的军队不敢战斗，城门也不关闭，燕王哙死亡，齐国军队大胜。燕国子之死后二年，燕国人拥立太子平，这就是燕昭王。

燕昭王于破燕之后即位，卑身厚币以招贤者。谓郭隗曰：“齐因孤之国乱而袭破燕，孤极知燕小力少，不足以报。然诚得贤士以共国，以雪先王之耻，孤之愿也。先生视可者，得身事之。”郭隗曰：“王必欲致士，先从隗始。况贤于隗者，岂远千里哉！”于是昭王为隗改筑宫而师事之。乐毅自魏往，邹衍自齐往，剧辛自赵往，士争趋燕。燕王吊死问孤，与百姓同甘苦。

燕昭王在燕国被攻破以后登位，他卑身下士以优厚待遇来招揽贤人。对郭隗说：“齐国趁我的国家动乱而袭击攻破燕国，我非常清楚燕国小、力量薄弱，不能够报仇。然而如果能得到贤人共同治理国家，洗雪先王的耻辱，这是我的心愿。先生发现可以共同治国的贤人，我一定亲自侍奉他。”郭隗说：“大王一定要招揽贤人，就先从我郭隗开始。况且比我更贤的人，难道还会嫌千里远吗！”于是昭王替郭隗改建住室，并且把他当老师侍奉。于是乐毅从魏国前往，邹衍从齐国前往，剧辛从赵国前往，贤士争着奔赴燕国。燕昭王吊唁死者，慰问孤儿，与百姓同甘共苦。

二十八年，燕国殷富，士卒乐轶轻战，于是遂以乐毅为上将军，与秦、楚、三晋合谋以伐齐。齐兵败，湣王出亡于外。燕兵独追北，入至临淄，尽取齐宝，烧其宫室宗庙。齐城之不下者，独唯聊、莒、即墨，其余皆属燕，六岁。

二十八年，燕国殷实富裕，士卒快乐安逸，不怕战争。于是就任命乐毅为上将军，和秦国、楚国、韩国、赵国、魏国共同谋划来讨伐齐国。齐兵败退，齐湣王逃往外地。燕军单独追击败兵，攻占了齐国的都城临淄，夺取了齐国所有的宝物，放火焚烧齐国的王宫和宗庙。齐国未被燕军占领的城市，只剩下聊城、莒城、即墨，其余都归属于燕国，时间长达六年。

昭王三十三年卒，子惠王立。

燕昭王在位三十三年去世，儿子惠王即位。

惠王为太子时，与乐毅有隙；及即位，疑毅，使骑劫代将。乐毅亡走赵。齐田单以即墨击败燕军，骑劫死，燕兵引归，齐悉复得其故城。湣王死于莒，乃立其子为襄王。

燕惠王还是太子的时候，曾和乐毅有嫌隙；等到他即位，怀疑乐毅，所以派骑劫取代乐毅为将军。乐毅逃亡到赵国。齐国田单靠即墨的兵力击败了燕军，骑劫战死，燕军撤退回国，齐国完全收复了它原有的城池。齐湣王死在莒城，于是齐国人拥立湣王的儿子为襄王。

惠王七年卒。韩、魏、楚共伐燕。燕武成王立。

惠王在位七年去世，韩国、魏国、楚国共同讨伐燕国。燕武成王即位。

武成王七年，齐田单伐我，拔中阳。十三年，秦败赵于长平四十余万。十四年，武成王卒，子孝王立。

燕武成王七年，齐国田单征讨我燕国，攻占了中阳。十三年，秦国在长平打败赵国的四十多万大军。十四年，武成王去世，儿子孝王即位。

孝王元年，秦围邯郸者解去。三年卒，子今王喜立。

孝王元年，秦国围困邯郸的军队撤离而去。孝王在位三年去世，儿子当今的君王喜即位。

今王喜四年，秦昭王卒。燕王命相栗腹约欢赵，以五百金为赵王酒。还报燕王曰："赵王壮者皆死长平，其孤未壮，可伐也。"王召昌国君乐间问之。对曰："赵四战之国，其民习兵，不可伐。"王曰："吾以五而伐一。"对曰："不可。"燕王怒，群臣皆以为可。卒起二军，车二千乘，栗腹将而攻鄗，卿秦攻代。唯独大夫将渠谓燕王曰："与人通关约交，以五百金饮人之王，使者报而反攻之，不祥，兵无成功。"燕王不听，自将偏军随之。将渠引燕王绶止之曰："王必无自往，往无成功。"王蹵之以足。将渠泣曰："臣非以自为，为王也！"燕军至宋子，赵使廉颇将，击破栗腹于鄗。乐乘破卿秦于代。乐间奔赵。廉颇逐之五百余里，围其国。燕人请和，赵人不许，必令将渠处和。燕相将渠以处和。赵听将渠，解燕围。

当今的君王喜四年，秦昭王去世。燕王派丞相栗腹到赵国相约结欢，携带五百镒黄金为赵王祝寿。栗腹回来对燕王说："赵王国中的青壮年都死在了长平，剩下的孤儿还没有长大，可以趁机征伐他。"燕王召见昌国君乐间询问这件事。乐间回答说："赵国是能四方作战的国家，它的百姓熟习战事，不可以攻伐。"燕王说："我有五人去攻打一人的优势。"乐间说："那也不可以。"燕王发怒。群臣都认为可以讨伐。终于调遣两军，战车二千乘，由栗腹率领去攻打鄗邑，卿秦去攻打代地。只有大夫将渠对燕王说："跟人家开通关卡，签约交好，并用五百镒黄金为人家的国王祝寿，使者回报以后就反过来兴兵攻打人家，这种做法不吉利，进攻不会成功。"燕王不听，亲自统领偏军跟随。将渠拉住燕王的印带阻止说："大王一定不要亲自出征，去了不会成功。"燕王用脚踢开他。将渠哭泣说："臣子并不是为自己，为的是大王啊！"燕军到达宋子，赵国派廉颇为将军，在鄗邑击溃栗腹。乐乘在代地击败卿秦。乐间投奔赵国。廉颇追赶燕军达五百多里，包围了燕国的都城。燕国人求和，赵国人不答应，提出来一定要将渠出面和谈。燕王委任将渠为丞相，处理议和事务，赵国接受将渠的请求，解除了对燕国都城的包围。

燕昭王像，选自《剑锋春秋》。

六年，秦灭东周，置三川郡。七年，秦拔赵榆次三十七城，秦置大原郡。九年，秦王政初即位。十年，赵使廉颇将攻繁阳，拔之。赵孝成王卒，悼襄王立。使乐乘代廉颇，廉

颇不听，攻乐乘，乐乘走，廉颇奔大梁。十二年，赵使李牧攻燕，拔武遂、方城。剧辛故居赵，与庞煖善，已而亡走燕。燕见赵数困于秦，而廉颇去，令庞煖将也，欲因赵弊攻之。问剧辛，辛曰："庞煖易与耳。"燕使剧辛将击赵，赵使庞煖击之，取燕军二万，杀剧辛。秦拔魏二十城，置东郡。十九年，秦拔赵之邺九城。赵悼襄王卒。二十三年，太子丹质于秦，亡归燕。二十五年，秦虏灭韩王安，置颍川郡。二十七年，秦虏赵王迁，灭赵。赵公子嘉自立为代王。

六年，秦国灭掉东周，设置三川郡。七年，秦军攻占赵国的榆次等三十七城，秦国设置太原郡。九年，秦王嬴政刚即位。十年，赵国派遣廉颇领兵进攻繁阳，占领了它。赵孝成王去世，悼襄王即位。让乐乘取代廉颇，廉颇不服从，攻打乐乘，乐乘逃走，廉颇逃到魏国的大梁。十二年，赵国派李牧攻打燕国，占领了武遂、方城。剧辛原来在赵国居住，和庞煖的关系很好，后来逃到燕国。燕王见赵国屡次被秦国攻打，而廉颇已离去，让庞煖统领军队，就想趁赵国的困境进攻它。询问剧辛，剧辛说："庞煖容易对付。"燕王便让剧辛率军攻打赵国，赵国派庞煖迎战，消灭燕军二万人，攻杀剧辛。秦国攻占魏国的二十座城，设置东郡。十九年，秦军攻取赵国的邺城等九座城。赵悼襄王去世。二十三年，燕太子丹被送往秦国当人质，丹逃回燕国。二十五年，秦军俘虏韩王安，灭了韩国，设置颍川郡。二十七年，秦军俘获赵王迁，灭了赵国。赵国公子嘉自己立为代王。

燕见秦且灭六国，秦兵临易水，祸且至燕。太子丹阴养壮士二十人，使荆轲献督亢地图于秦，因袭刺秦王。秦王觉，杀轲，使将军王翦击燕。二十九年，秦攻拔我蓟，燕王亡，徙居辽东，斩丹以献秦。三十年，秦灭魏。

燕国眼看秦即将灭亡六国，秦军已经临近易水，灾祸即将降临燕国。太子丹暗中养着二十名壮士，他派荆轲到秦国献督亢地图，想趁机袭击并刺杀秦王。秦王发觉，杀死荆轲，派将军王翦率军攻击燕国。二十九年，秦军攻占燕的国都蓟城，燕王逃走，迁居辽东，斩杀太子丹，把他的头献给秦国。三十年，秦国灭掉魏国。

三十三年，秦拔辽东，虏燕王喜，卒灭燕。是岁，秦将王贲亦虏代王嘉。

三十三年，秦军攻占辽东，俘获燕王喜，终于灭了燕国。这一年，秦将王贲也俘获了代王嘉。

太史公曰：召公奭可谓仁矣！甘棠且思之，况其人乎？燕外迫蛮貉，内措齐、晋，崎岖强国之间，最为弱小，几灭者数矣。然社稷血食者八九百岁，于姬姓独后亡，岂非召公之烈邪！

太史公说：召公奭可以说是仁义的人了！棠梨树，百姓尚且怀念它，更何况召公本人呢？燕国外受蛮貉的逼迫，内受齐、晋大国的夹击，艰难地自立在强国之间，势力最为微弱，好多次几乎都要被灭亡了。然而国家存在有八九百年，在姬姓诸侯中最后灭亡，岂不是因为召公的业绩吗！

史记第三十五卷

管蔡世家第五

管叔鲜、蔡叔度者，周文王子而武王弟也。武王同母兄弟十人。母曰太姒，文王正妃也。其长子曰伯邑考，次曰武王发，次曰管叔鲜，次曰周公旦，次曰蔡叔度，次曰曹叔振铎，次曰成叔武，次曰霍叔处，次曰康叔封，次曰冉季载。冉季载最少。同母昆弟十人，唯发、旦贤，左右辅文王，故文王舍伯邑考而以发为太子。及文王崩而发立，是为武王。伯邑考既已前卒矣。

管叔鲜、蔡叔度，是周文王的儿子，周武王的弟弟。武王的同母兄弟有十个人。母亲叫太姒，是文王的正妻。她的大儿子叫伯邑考，第二个儿子是武王发，第三个儿子是管叔鲜，第四个儿子是周公旦，第五个儿子是蔡叔度，第六个儿子是曹叔振铎，第七个儿子是成叔武，第八个儿子是霍叔处，第九个儿子是康叔封，第十个儿子是冉季载。冉季载年纪最小。同母兄弟十个人，只有武王发和周公旦贤能，在文王左右进行辅佐，所以文王放弃伯邑考而立发为太子。等到文王逝世而太子发即位，这就是武王。伯邑考在这以前已经去世了。

武王已克殷纣，平天下，封功臣昆弟。于是封叔鲜于管，封叔度于蔡：二人相纣子武庚禄父，治殷遗民。封叔旦于鲁而相周，为周公。封叔振铎于曹，封叔武于成，封叔处于霍。康叔封、冉季载皆少，未得封。

武王已经灭了殷纣王，平定天下，分封功臣和兄弟。于是把叔鲜封在管，把叔度封在蔡。叫他们两个人辅佐纣王的儿子武庚禄父，治理殷代遗民。把叔旦封在鲁，但叫他留在京师辅佐周王，这就是周公。把叔振铎封在曹，把叔武封在成，把叔处封在霍。当时康叔封和冉季载年纪都还小，没有受封。

叔振铎像，出自《墩头曹氏宗谱》，清道光年间刻本。叔振铎，周文王之子，武王灭纣后封其于曹，为曹姓始祖。

武王既崩，成王少，周公旦专王室。管叔、蔡叔疑周公之为不利于成王，乃挟武庚以作乱。周公旦承成王命伐诛武庚，杀管叔，而放蔡叔，迁之，与车十乘，徒七十人从。而分殷余民为二：其一封微子启于宋，以续殷祀；其一封康叔为卫君，是为卫康叔。封季载于冉。冉季、康叔皆有驯行，于是周公举康叔为周司寇，冉季为周司空，以佐成王治，皆有令名于天下。

武王已经逝世，成王年幼，周公旦独揽王室大权。管叔、蔡叔怀疑周公的作为对成王不利，就挟持武庚发动叛乱。周公旦秉承成王的命令讨伐叛乱，诛灭武庚，杀害管叔，放逐了蔡叔，流放他时，给了十辆车，徒奴七十人随从。把殷代的遗民分成两部分：一部分封给微子启，建立宋国，来接续殷代的祭祀；一部分封给康叔作为卫国君，这就是卫康叔。把季载封在冉。冉季、康叔都有善良的品行，于是周公推荐康叔担任周朝的司寇，冉季担任周朝的司空，来辅佐周成王治理国家，他们都有好名流传于天下。

蔡叔度既迁而死。其子曰胡，胡乃改行，率德驯善。周公闻之，而举胡以为鲁卿士，鲁国治。于是周公言于成王，复封胡于蔡，以奉蔡叔之祀，是为蔡仲。余五叔皆就国，无为天子吏者。

蔡叔度已经在流放中去世。他的儿子叫胡，胡就一改他父亲的行为，遵循德训，顺从善行。周公听说这些情况，便推荐胡担任鲁国的卿士，鲁国治理得很好。于是周公向成王进言，又把胡封在蔡，来供奉蔡叔的祭祀，这就是蔡仲。其余的五叔都守在自己的封国，没有担任周天子官吏的了。

蔡仲卒，子蔡伯荒立。蔡伯荒卒，子宫侯立。宫侯卒，子厉侯立。厉侯卒，子武侯立。武侯之时，周厉王失国，奔彘，共和行政，诸侯多叛周。

蔡仲去世，儿子蔡伯荒即位。蔡伯荒去世，儿子宫侯即位。宫侯去世，儿子厉侯即位。厉侯去世，儿子武侯即位。武侯的时候，周厉王失掉国家，逃奔到彘地，周王朝出现了共和行政的局面，诸侯大多背叛了周室。

武侯卒，子夷侯立。夷侯十一年，周宣王即位。二十八年，夷侯卒，子釐侯所事立。

武侯去世，儿子夷侯即位。夷侯十一年，周宣王即位。二十八年，夷侯去世，儿子釐侯所事即位。

釐侯三十九年，周幽王为犬戎所杀，周室卑而东徙。秦始得列为诸侯。

蠡侯三十九年，周幽王被犬戎杀死，周室衰弱而将京城向东迁徙。秦国开始被封为诸侯。

四十八年，蠡侯卒，子共侯兴立。共侯二年卒，子戴侯立。戴侯十年卒，子宣侯措父立。

四十八年，蠡侯去世，儿子共侯兴即位。共侯在位二年去世，儿子戴侯即位。戴侯在位十年去世，儿子宣侯措父即位。

宣侯二十八年，鲁隐公初立。三十五年，宣侯卒，子桓侯封人立。桓侯三年，鲁弑其君隐公。二十年，桓侯卒，弟哀侯献舞立。

宣侯二十八年，鲁隐公刚登位。三十五年，宣侯去世，儿子桓侯封人即位。桓侯三年，鲁国杀害他的国君隐公。二十年，桓侯去世，弟弟哀侯献舞即位。

哀侯十一年，初，哀侯娶陈，息侯亦娶陈。息夫人将归，过蔡，蔡侯不敬。息侯怒，请楚文王："来伐我，我求救于蔡，蔡必来，楚因击之，可以有功。"楚文王从之，虏蔡哀侯以归。哀侯留九岁，死于楚。凡立二十年卒。蔡人立其子肸，是为缪侯。

哀侯十一年。当初，哀侯娶陈国女子为妻，息侯也娶陈国女子为妻。息夫人出嫁路过蔡国，蔡侯故意刁难很不礼貌。息侯大怒，请求楚文王说："你来攻打我国，我向蔡国求救，蔡国必来援救，楚军借机进攻它，可以取得胜利。"楚文王采纳他的建议，俘获蔡哀侯回国。哀侯被拘留九年，死在楚国。哀侯在位共二十年去世。蔡国人拥他的儿子肸即位，这就是穆侯。

缪侯以其女弟为齐桓公夫人。十八年，齐桓公与蔡女戏船中，夫人荡舟，桓公止之，不止，公怒，归蔡女而不绝也。蔡侯怒，嫁其弟。齐桓公怒，伐蔡；蔡溃，遂虏缪侯，南至楚邵陵。已而诸侯为蔡谢齐，齐侯归蔡侯。二十九年，缪侯卒，子庄侯甲午立。

穆侯把他妹妹嫁给齐桓公为夫人。十八年，齐桓公和蔡夫人在船上戏耍，夫人摇晃船只，桓公阻止，夫人继续摇晃，桓公发怒，把蔡夫人赶回蔡国，但并不断绝夫妻关系。蔡侯生气，就把妹妹另嫁了。齐桓公大怒，讨伐蔡国，蔡国的军队溃败，于是俘获了穆侯，齐桓公趁机向南到达了楚国的邵陵。不久，各国诸侯替蔡侯向齐桓公谢罪，齐桓公放蔡侯回国。二十九年，穆侯死去后，儿子庄侯甲午即位。

庄侯三年，齐桓公卒。十四年，晋文公败楚于城濮。二十年，楚太子商臣弑其父成王代立。二十五年，秦缪公卒。三十三年，楚庄王即位。三十四年，庄侯卒，子文侯申立。

庄侯三年，齐桓公去世。十四年，晋文公在城濮打败楚国。二十年，楚太子商臣杀了他的父亲成王夺取王位。二十五年，秦缪公去世。三十三年，楚庄王即位。三十四年，庄侯去世，儿子文侯申即位。

文侯十四年，楚庄王伐陈，杀夏徵舒。十五年，楚围郑，郑降楚，楚复醳之。二十年，文侯卒，子景侯固立。

文侯十四年，楚庄王讨伐陈国，杀害夏徵舒。十五年，楚军围攻郑国，郑君向楚国投降，楚王又释放了他。二十年，文侯死后，儿子景侯固即位。

景侯元年，楚庄王卒。四十九年，景侯为太子般娶妇于楚，而景侯通焉。太子弑景侯而自立，是为灵侯。

景侯元年，楚庄王去世。四十九年，景侯替太子般娶楚国女子为妻，而景侯与她通奸。太子般杀害景侯自己登位，这就是灵侯。

灵侯二年，楚公子围弑其王郏敖而自立，为灵王。九年，陈司徒招弑其君哀公。楚使公子弃疾灭陈而有之。十二年，楚灵王以灵侯弑其父，诱蔡灵侯于申，伏甲饮之，醉而杀之，刑其士卒七十人。令公子弃疾围蔡。十一月，灭蔡，使弃疾为蔡公。

灵侯二年，楚国公子围杀死他的国王郏敖自己登上王位，这就是楚灵王。九年，陈国司徒招杀害他的国君哀公，楚国派公子弃疾灭掉陈国并占有了陈地。十二年，楚灵王因为灵侯杀害自己的父亲，引诱蔡灵侯到达申地，埋伏士兵，设酒宴，把蔡灵侯灌醉杀死，并刑杀了他的随从士兵七十人。下令公子弃疾攻蔡国。十一月，灭了蔡国。任命公子弃疾为蔡公。

楚灭蔡三岁，楚公子弃疾弑其君灵王代立，为平王。平王乃求蔡景侯少子庐，立之，是为平侯。是年，楚亦复立陈。楚平王初立，欲亲诸侯，故复立陈、蔡后。

楚国灭掉蔡国三年以后，楚公子弃疾杀死他的国君灵王夺取王位，这就是平王。平王就寻求蔡景侯的小儿子庐，立为蔡君，这就是平侯。这一年，楚王也恢复了陈国。楚平王刚即位，想跟诸侯拉关系，所以又立了陈国、蔡国的后代。

平侯九年卒，灵侯般之孙东国攻平侯子而自立，是为悼侯。悼侯父曰隐太子友。隐太子友者，灵侯之太子，平侯立而杀隐太子，故平侯卒而隐太子之子东国攻平侯子而代立，是为悼侯。悼侯三年卒，弟昭侯申立。

平侯在位九年去世，灵侯般的孙子东国攻打平侯的儿子而自己登位，即是悼侯。悼侯的父亲名叫隐太子友。隐太子友，是灵侯的太子，平侯即位杀死隐太子，所以平侯去世而隐太子的儿子东国攻打平侯的儿子自己登位，即是悼侯。悼侯在位三年去世，弟弟昭侯申即位。

昭侯十年，朝楚昭王，持美裘二，献其一于昭王而自衣其一。楚相子常欲之，不与。子常谗蔡侯，留之楚三年。蔡侯知之，乃献其裘于子常；子常受之，乃言归蔡侯。蔡侯归而之晋，请与晋伐楚。

昭侯十年，朝见楚昭王，带着两件美丽贵重的裘皮衣，其中一件献给楚昭王，另一件昭侯自己穿着。楚国的丞相子常想拥有裘皮，昭侯没有给。子常就向楚昭王进谗言诬陷蔡侯，把蔡侯扣留在楚国达三年。蔡昭侯知道扣留他的原因后，就把他的裘皮衣献给子常；子常接受了裘皮衣，就向楚昭王进谏放蔡侯回国。蔡侯回国就前往晋国，请求和晋国共同攻打楚国。

十三年春，与卫灵公会邵陵。蔡侯私于周苌弘以求长于卫；卫使史鳝言康叔之功德，乃长卫。夏，为晋灭沈，楚怒，攻蔡。蔡昭侯使其子为质于吴，以共伐楚。冬，与吴王阖闾遂破楚入郢。蔡怨子常，子常恐，奔郑。十四年，吴去而楚昭王复国。十六年，楚令尹为其民泣以谋蔡，蔡昭侯惧。二十六年，孔子如蔡。楚昭王伐蔡，蔡恐，告急于吴。吴为蔡远，约迁以自近，易以相救；昭侯私许，不与大夫计。吴人来救蔡，因迁蔡于州来。二十八年，昭侯将朝于吴，大夫恐其复迁，乃令贼利杀昭侯；已而诛贼利以解过，而立昭侯子朔，是为成侯。

昭侯十三年春天，和卫灵公在邵陵会盟。蔡侯暗中收买周大夫苌弘，想使蔡国在盟约上的地位高出卫国；卫国派遣史官鳝申述卫国始祖康叔的功德，于是卫国的地位高于蔡国。夏天，替晋国灭了沈国，楚国发怒，攻伐蔡国。蔡昭侯把儿子送到吴国做人质，请寻求共同攻打楚国。冬天，和吴王阖闾终于击败了楚军，攻入郢都。蔡侯憎恨子常，子常恐惧，逃奔郑国。昭侯十四年，吴军撤出楚国，楚昭王恢复了国家。昭侯十六年，楚国令尹替他的民众遭受吴、蔡的杀戮哭泣，打算以武力报复蔡国，蔡昭侯畏惧。昭侯二十六年，孔子到达蔡国。楚昭王讨伐蔡国，蔡国恐惧，向吴国告急。吴王认为蔡国都城距离吴国太远，约定把都城迁到距离吴国近的地方，便于救援，昭侯私下答应，没有跟大夫们商量。吴军前来救援蔡国，趁机把蔡国的都城迁到州来。二十八年，蔡昭侯将要朝见吴王，大夫们怕他再次迁都，于是派贼寇名叫利的杀害昭侯；不久，大夫们杀了贼寇利来推卸罪责，然后拥立昭侯的儿子朔，这就是成侯。

《东周列国志》版画之楚灵王挟诈灭陈蔡图，讲述楚灵王使诈于席间设伏擒蔡侯、灭蔡国之事。

成侯四年，宋灭曹。十年，齐田常弑其君简公。十三年，楚灭陈。十九年，成侯卒，

子声侯产立。声侯十五年卒，子元侯立。元侯六年卒，子侯齐立。

成侯四年，宋国灭了曹国。十年，齐国田常杀死他的国君简公。十三年，楚国灭了陈国。十九年，成侯去世，儿子声侯产即位。声侯在位十五年死后，儿子元侯即位。元侯在位六年去世，儿子侯齐即位。

侯齐四年，楚惠王灭蔡，蔡侯齐亡，蔡遂绝祀。后陈灭三十三年。

蔡侯齐四年，楚惠王灭了蔡国，蔡侯齐逃亡，蔡国于是断绝了祭祀。蔡国比陈国晚灭亡三十三年。

伯邑考，其后不知所封。武王发，其后为周，有本纪言。管叔鲜作乱诛死，无后。周公旦，其后为鲁，有世家言。蔡叔度，其后为蔡，有世家言。曹叔振铎，其后为曹，有世家言。成叔武，其后世无所见。霍叔处，其后晋献公时灭霍。康叔封，其后为卫，有世家言。冉季载，其后世无所见。

伯邑考，他的后代不知道封在什么地方。武王发，他的后代是周王，有《周纪》记载。管叔鲜暴乱，被诛灭，没有后代。周公旦，他的后代是鲁侯，有《鲁周公世家》记载。蔡叔度，他的后代是蔡侯，有《管蔡世家》记载。曹叔振铎，他的后代是曹侯，有《管蔡世家》记载。成叔武，他的后代不见记载。霍叔处，他的后代是霍侯，在晋献公时代，灭了霍国。康叔封，他的后代是卫侯，有《卫康叔世家》记载。冉季载，他的后代不见记载。

太史公曰：管蔡作乱，无足载者。然周武王崩，成王少，天下既疑，赖同母之弟成叔、冉季之属十人为辅拂，是以诸侯卒宗周，故附之世家言。

太史公说：管叔、蔡叔叛乱，没有什么值得记载的。然而周武王逝世，成王年幼，引起天下百姓猜疑，依靠同母弟弟成叔、冉季等十人的辅佐，因此，诸侯最终尊崇周室，因此附在《世家》中加以记载。

曹叔振铎者，周武王弟也。武王已克殷纣，封叔振铎于曹。

曹叔振铎，是周武王的弟弟。武王已经灭掉殷纣王，把叔振铎封在曹地。

叔振铎卒，子太伯脾立。太伯卒，子仲君平立。仲君平卒，子宫伯侯立。宫伯侯卒，子孝伯云立。孝伯云卒，子夷伯喜立。

叔振铎去世，儿子太伯脾即位。太伯去世，儿子仲君平即位。仲君平去世，儿子宫伯侯即位。宫伯侯去世，儿子孝伯云即位。孝伯云去世，儿子夷伯喜即位。

夷伯二十三年，周厉王奔于彘。

夷伯二十三年，周厉王逃奔到彘地。

三十年卒，弟幽伯强立。幽伯九年，弟苏杀幽伯代立，是为戴伯。戴伯元年，周宣王已立三岁。三十年，戴伯卒，子惠伯兕立。

夷伯在位三十年去世，弟弟幽伯强即位。幽伯九年，弟弟苏杀死幽伯即位，这就是戴伯。戴伯元年，周宣王已经登位三年。三十年，戴伯死后，儿子惠伯兕即位。

惠伯二十五年，周幽王为犬戎所杀，因东徙，益卑，诸侯畔之。秦始列为诸侯。

惠伯二十五年，周幽王被犬戎杀害，因此东迁，王室的力量日益薄弱，诸侯背叛周室。秦国开始被封为诸侯。

三十六年，惠伯卒，子石甫立，其弟武杀之代立，是为缪公。缪公三年卒，子桓公终生立。

三十六年，惠伯去世，儿子石甫即位。他的弟弟杀害他夺取君位，这就是穆公。穆公在位三年死去，儿子桓公终生即位。

桓公三十五年，鲁隐公立。四十五年，鲁弑其君隐公。四十六年，宋华父督弑其君殇公，及孔父。五十五年，桓公卒，子庄公夕姑立。

桓公三十五年，鲁隐公登位。四十五年，鲁国人杀害了他的国君隐公。四十六年，宋国华父督杀了他的国君殇公和大夫孔父。五十五年，桓公去世，儿子庄公夕姑即位。

庄公二十三年，齐桓公始霸。

庄公二十三年，齐桓公开始称霸。

三十一年，庄公卒，子釐公夷立。釐公九年卒，子昭公班立。昭公六年，齐桓公败蔡，遂至楚召

陵。九年，昭公卒，子共公襄立。

三十一年，庄公去世，儿子釐公夷即位。釐公在位九年去世，儿子昭公班即位。昭公六年，齐桓公打败蔡国，顺便进到楚国的邵陵。九年，昭公去世，儿子共公襄即位。

共公十六年，初，晋公子重耳其亡过曹，曹君无礼，欲观其骈胁。禧负羁谏，不听，私善于重耳。二十一年，晋文公重耳伐曹，虏共公以归，令军毋入禧负羁之宗族闾。或说晋文公曰："昔齐桓公会诸侯，复异姓；今君囚曹君，灭同姓，何以令于诸侯？"晋乃复归共公。

共公十六年。当初，晋公子重耳在他逃亡的时候经过曹国，曹君对重耳无礼，想观看重耳连在一起的肋骨。禧负羁劝阻，曹君不听，于是禧负羁私下和重耳友好。二十一年，晋文公重耳征讨曹国，俘获曹共公回国，下令晋军不准进入禧负羁家族居住的乡里。有人对晋文公说："先前齐桓公和诸侯会盟，恢复异姓国家；现在您囚禁曹君，消灭同姓国家，怎么能向天下诸侯发号施令呢？"晋文公于是释放共公。

二十五年，晋文公卒。三十五年，共公卒，子文公寿立。文公二十三年卒，子宣公强立。宣公十七年卒，弟成公负刍立。

二十五年，晋文公去世。三十五年，共公去世，儿子文公寿即位。文公在位二十三年去世，儿子宣公强即位。宣公在位十七年去世，弟弟成公负刍即位。

成公三年，晋厉公伐曹，虏成公以归，已复释之。五年，晋栾书、中行偃使程滑弑其君厉公。二十三年，成公卒，子武公胜立。武公二十六年，楚公子弃疾弑其君灵王代立。二十七年，武公卒，子平公须立。平公四年卒，子悼公午立。是岁，宋、卫、陈、郑皆火。

成公三年，晋厉公征伐曹国，俘获成公回国，不久又把他释放了。五年，晋国栾书、中行偃派遣程滑杀死他的国君厉公。二十三年，成公去世，儿子武公胜即位。武公二十六年，楚公子弃疾杀死他的国君灵王取代了王位。二十七年，武公去世，儿子平公须即位。平公在位四年去世，儿子悼公午即位。这一年，宋国、卫国、陈国、郑国都发生了火灾。

悼公八年，宋景公立。九年，悼公朝于宋，宋囚之；曹立其弟野，是为声公。悼公死于宋，归葬。

悼公八年，宋景公登位。九年，悼公朝见宋景公，宋国囚禁了他；曹国人拥护他的弟弟野为国君，这就是声公。悼公死在宋国，尸体送回曹国安葬。

声公五年，平公弟通弑声公代立，是为隐公。隐公四年，声公弟露弑隐公代立，是为靖公。靖公四年卒，子伯阳立。

声公五年，平公的弟弟通杀害声公取代了君位，这就是隐公。隐公四年，声公的弟弟露杀死隐公取代了君位，这就是靖公。靖公在位四年去世，儿子伯阳即位。

伯阳三年，国人有梦众君子立于社宫，谋欲亡曹；曹叔振铎止之，请待公孙强，许之。旦，求之曹，无此人。梦者戒其子曰："我亡，尔闻公孙强为政，必去曹，无离曹祸。"及伯阳即位，好田弋之事。六年，曹野人公孙强亦好田弋，获白雁而献之，且言田弋之说，因访政事。伯阳大说之，有宠，使为司城以听政。梦者之子乃亡去。

伯阳三年，曹国有人梦见很多君子站在祭祀土地神的社宫里，商议将要灭亡曹国，曹叔振铎劝解他们，请求等待公孙强，君子们答应了。天亮，在全曹国寻找公孙强，不见这个人。做梦的人告诫他儿子说："我死后，你听到公孙强当政，一定离开曹国，免得遭受曹国灭亡的灾害。"等到伯阳登位，他喜爱打猎的事。六年，曹国一个乡下人名叫公孙强的也爱好打猎，猎获白雁献给了伯阳，并谈论打猎的学问经验，伯阳因此向他请教政事。伯阳非常高兴，公孙强受到宠信，让他担任了司城官，参与国家政务。做梦人的儿子就逃出了曹国。

公孙强言霸说于曹伯。十四年，曹伯从之，乃背晋干宋。宋景公伐之，晋人不救。十五年，宋灭曹，执曹伯阳及公孙强以归而杀之。曹遂绝其祀。

公孙强向曹伯陈述称霸的主张。十四年，曹伯听从他的话，于是叛离晋国，侵犯宋国。宋景公讨伐曹国，晋国不救援。十五年，宋国灭了曹国，俘获曹伯阳和公孙强回到宋国并把他们杀死了。曹国于是断绝了祭典，国家灭亡。

太史公曰：余寻曹共公之不用僖负羁，乃乘轩者三百人，知唯德之不建。及振铎之梦，岂不欲引

曹之祀者哉？如公孙强不修厥政，叔铎之祀忽诸。

太史公说：我寻找曹共公不用僖（禧）负羁的缘故，才知道他乘坐带帷幕车的美女就有三百人，知道他唯独不树立德政。等到发生振铎阻止君子谋划亡曹的梦，难道这不是想延长曹国的祭祀吗？假如公孙强不搞他的霸道政治，曹叔振铎的祭祀会突然绝灭吗？

史记第三十六卷

陈杞世家第六

陈胡公满者，虞帝舜之后也。昔舜为庶人时，尧妻之二女，居于妫汭，其后因为氏姓，姓妫氏。舜已崩，传禹天下，而舜子商均为封国。夏后之时，或失或续。至于周武王克殷纣，乃复求舜后，得妫满，封之于陈，以奉帝舜祀，是为胡公。

陈国的胡公满，是虞帝舜的后代。从前舜还是平民百姓的时候，尧帝把两个女儿嫁给他，居住在妫汭，他的子孙后代使用地名作姓氏，姓妫。舜死后，把天下传给了夏禹，舜的儿子商均被封为诸侯建立侯国。夏朝的时候，商均的封国时失时续。直到周武王灭了殷纣王，才再次寻找舜的后代，找到了妫满，把他封在陈地，来供奉舜帝的祭祀，这就是胡公。

胡公卒，子申公犀侯立。申公卒，弟相公皋羊立。相公卒，立申公子突，是为孝公。孝公卒，子慎公圉戎立。慎公当周厉王时。慎公卒，子幽公宁立。

胡公去世，儿子申公犀侯即位。申公去世，弟弟相公皋羊即位。相公去世，扶立申公的儿子突，这就是孝公。孝公去世，儿子慎公圉戎即位。慎公在位正当周厉王的时候。慎公去世，儿子幽公宁即位。

幽公十二年，周厉王奔于彘。

幽公十二年，周厉王逃奔到彘地。

二十三年，幽公卒，子釐公孝立。釐公六年，周宣王即位。三十六年，釐公卒，子武公灵立。武公十五年卒，子夷公说立。是岁，周幽王即位。夷公三年卒，弟平公燮立。平公七年，周幽王为犬戎所杀，周东徙。秦始列为诸侯。

二十三年，幽公去世，儿子釐公孝即位。釐公六年，周宣王登位。三十六年，釐公死后，儿子武公灵即位。武公在位十五年去世，儿子夷公说即位。这一年，周幽王登位。夷公在位三年去世，弟弟平公燮即位。平公七年，周幽王被犬戎杀死，周室东迁。秦国开始被封为诸侯。

二十三年，平公卒，子文公圉立。

二十三年，平公去世，儿子文公圉即位。

文公元年，取蔡女，生子佗。十年，文公卒，长子桓公鲍立。

文公元年，娶蔡国女子为妻，生了儿子叫佗。十年，文公去世，长子桓公鲍即位。

桓公二十三年，鲁隐公初立。二十六年，卫杀其君州吁。三十三年，鲁弑其君隐公。

桓公二十三年，鲁隐公刚登位。二十六年，卫国人杀害他的国君州吁。三十三年，鲁国人杀死他的国君隐公。

三十八年正月甲戌、己丑，桓公鲍卒。桓公弟佗，其母蔡女，故蔡人为佗杀五父及桓公太子免而立佗，是为厉公。桓公病而乱作，国人分散，故再赴。

三十八年，正月甲戌日或己丑日，桓公鲍去世。桓公的弟弟佗，母亲是蔡国人，所以蔡国人为了佗杀死五父和桓公的太子免而拥立佗，这就是厉公。桓公病重时，内乱就出现了，国人纷纷逃离，所以再次发布讣告。

厉公二年，生子敬仲完。周太史过陈，陈厉公使以《周易》筮之，卦得《观》之《否》："是为观国

之光，利用宾于王。此其代陈有国乎！不在此，其在异国。非此其身，在其子孙。若在异国，必姜姓。姜姓，太岳之后。物莫能两大，陈衰，此其昌乎！”

厉公二年，生了儿子敬仲完。周太史经过陈国，陈厉公叫他用《周易》为儿子算卦，得到的卦是从《观》变成《否》：“这将是有国家的祥兆，利于作天子的宾客。他将替代陈氏享有国家吧？但不在陈国，将会在其他的国家吧？不在他本身，在他的子孙后代。如果在其他国家，一定是姓姜的。姜姓，是太岳的后代。事物不能两强并立，陈国灭亡了，他才会强盛吧！”

厉公取蔡女，蔡女与蔡人乱，厉公数如蔡淫。七年，厉公所杀桓公太子免之三弟，长曰跃，中曰林，少曰杵臼，共令蔡人诱厉公以好女，与蔡人共杀厉公而立跃，是为利公。利公者，桓公子也。利公立五月卒，立中弟林，是为庄公。庄公七年卒，少弟杵臼立，是为宣公。

厉公娶蔡国女子为妻，蔡女和蔡国人淫乱，厉公也多次到蔡国跟别的女人淫乱。七年，被厉公杀死的桓公太子免的三个弟弟，大的名叫跃，中间的名叫林，小的名叫杵臼，合谋让蔡国人用美女引诱厉公到蔡国，然后和蔡国人共同杀死厉公，拥立跃为国君，这就是利公。利公，是桓公的儿子。利公在位五个月死去，拥护中弟林即位，这就是庄公。庄公在位七年去世，小弟杵臼即位，这就是宣公。

宣公三年，楚武王卒，楚始强。十七年，周惠王娶陈女为后。

宣公三年，楚武王去世，楚国开始强大。十七年，周惠王娶陈国女子为王后。

二十一年，宣公后有嬖姬生子款，欲立之，乃杀其太子御寇。御寇素爱厉公子完，完惧祸及己，乃奔齐。齐桓公欲使陈完为卿，完曰：“羁旅之臣，幸得免负檐，君之惠也，不敢当高位。”桓公使为工正。齐懿仲欲妻陈敬仲，卜之，占曰：“是谓凤皇于飞，和鸣锵锵。有妫之后，将育于姜。五世其昌，并于正卿。八世之后，莫之与京。”

二十一年，宣公后来有个宠妃，生了儿子名叫款，想立款为太子，因此杀死太子御寇。御寇向来喜爱厉公的儿子完，完害怕祸及自身，就逃奔到齐国。齐桓公想任命陈完为卿，完说：“我是个流亡的臣子，侥幸得免于劳役，是您的恩惠呀，我不敢居高位。”桓公就任命他当工正官。齐国的懿仲想把女儿嫁给陈敬仲，占卜，卜辞说：“这是凤凰鸟比翼双飞，和鸣的声音锵锵有力。妫姓的后代，将在姜姓的国家发育成长。五世将会昌盛，职位和正卿并列。八世以后，就没有人能和他相比了。”

三十七年，齐桓公伐蔡，蔡败；南侵楚，至邵陵，还过陈。陈大夫辕涛涂恶其过陈，诈齐令出东道。东道恶，桓公怒，执陈辕涛涂。是岁，晋献公杀其太子申生。

三十七年，齐桓公征讨蔡国，蔡军被击败；向南侵入楚国，到达邵陵，回来时，经过陈国。陈国大夫辕涛涂厌恶桓公从陈国路过，便骗齐兵走东边的道路。东边的道路很险恶，桓公发怒，把陈国的辕涛涂抓起来。这一年，晋献公杀害他的太子申生。

四十五年，宣公卒，子款立，是为穆公。穆公五年，齐桓公卒。十六年，晋文公败楚师于城濮。是岁，穆公卒，子共公朔立。共公六年，楚太子商臣弑其父成王代立，是为穆王。十一年，秦缪公卒。十八年，共公卒，子灵公平国立。

四十五年，宣公去世，儿子款即位，这就是穆公。穆公五年，齐桓公去世。十六年，晋文公在城濮击败了楚军。这一年，穆公去世，儿子共公朔即位。共公六年，楚太子商臣杀死他的父亲成王自己取代了王位，这就是穆王。十一年，秦缪公逝世。十八年，共公去世，儿子灵公平国即位。

灵公元年，楚庄王即位。六年，楚伐陈。十年，陈及楚平。

灵公元年，楚庄王登位。六年，楚国讨伐陈国。十年，陈国和楚国讲和。

十四年，灵公与其大夫孔宁、仪行父皆通于夏姬，衷其衣以戏于朝。泄冶谏曰：“君臣淫乱，民何效焉？”灵公以告二子，二子请杀泄冶，公弗禁，遂杀泄冶。十五年，灵公与二子饮于夏氏。公戏二子曰：“徵舒似汝。”二子曰：“亦似公。”徵舒怒。灵公罢酒出，徵舒伏弩厩门射杀灵公。孔宁、仪行父皆奔楚，灵公太子午奔晋。徵舒自立为陈侯。徵舒，故陈大夫也。夏姬，御叔之妻，舒之母也。

十四年，灵公和他的大夫孔宁、仪行父都跟夏姬通奸，而且穿着她的内衣在朝廷上炫耀嬉戏。泄冶劝谏说：“君主和大臣淫乱好色，百姓仿效谁呢？”灵公把这个情况告诉给孔宁、仪行父，二人请求杀死泄冶，灵公不加制止，于是杀害了泄冶。十五年，灵公和孔宁、仪行父在夏氏家饮乐，灵公对

《东周列国志》版画之陈灵公衵服戏朝图，讲述陈灵公君臣与夏姬淫乱之事。

孔宁、仪行父开玩笑说："徵舒像你们。"二人回敬说："也像你。"徵舒发怒。灵公喝完酒出来，徵舒在马房门口埋伏弓弩射杀灵公。孔宁、仪行父都逃奔到楚国，灵公的太子午投奔到晋国。徵舒自己立为陈侯。徵舒，原是陈国的大夫。夏姬是御叔的妻子，徵舒的母亲。

成公元年冬，楚庄王为夏徵舒杀灵公，率诸侯伐陈。谓陈曰："无惊！吾诛徵舒而已。"已诛徵舒，因县陈而有之，群臣毕贺。申叔时使于齐来还，独不贺。庄王问其故，对曰："鄙语有之，'牵牛径人田，田主夺之牛。径则有罪矣，夺之牛，不亦甚乎？'今王以徵舒为贼弑君，故征兵诸侯，以义伐之，已而取之，以利其地，则后何以令于天下！是以不贺。"庄王曰："善。"乃迎陈灵公太子午于晋而立之，复君陈如故，是为成公。孔子读史记至楚复陈，曰："贤哉，楚庄王！轻千乘之国而重一言。"

成公元年冬天，楚庄王因为夏徵舒杀害灵公，率领诸侯征讨陈国。对陈国人说："不要害怕，我只杀夏徵舒而已。"已经杀了夏徵舒，趁机把陈国改为县占领了它，群臣都来庆贺。申叔时从齐国出使回来，独自一人不表示祝贺。庄王问他是什么原因，申叔时回答说："俗话有这样的说法，牵牛踩踏人家的田地，田主就把牛牵走了。踩踏田地自然有罪，可田主夺走他的牛，不也太过分了吗？现在你因为夏徵舒是个贼臣杀害了君主，所以向诸侯征集军队，打着正义的旗号征讨他，随后攻占了陈国，因为贪图陈国的土地而据为己有，这样，今后怎么对天下发号施令呢！因此不祝贺。"庄王说："讲得很好。"于是从晋国把灵公的太子午迎回立为国君，又让他依旧治理陈国，这就是成公。孔子阅读史书看到楚国恢复陈国的史事说："贤明啊，楚庄王！看轻占有一个千乘的国家而重视申叔时的一番良言。"

八年，楚庄王卒。二十九年，陈倍楚盟。三十年，楚共王伐陈。是岁，成公卒，子哀公弱立。楚以陈丧，罢兵去。

八年，楚庄王去世。二十九年，陈国背叛了和楚国订立的盟约。三十年，楚共王讨伐陈国。这一年，成公去世，儿子哀公弱即位。楚国由于陈丧办丧事，撤军回国。

哀公三年，楚围陈，复释之。二十八年，楚公子围弑其君郏敖自立，为灵王。

哀公三年，楚军围攻陈国。又重新撤除了围攻。二十八年，楚国公子围杀死他的国君郏敖自己登上王位，这就是灵王。

三十四年，初，哀公娶郑，长姬生悼太子师，少姬生偃。二嬖妾，长妾生留，少妾生胜。留有宠哀公，哀公属之其弟司徒招。哀公病，三月，招杀悼太子，立留为太子。哀公怒，欲诛招，招发兵围守哀公，哀公自经杀。招卒立留为陈君。四月，陈使使赴楚。楚灵王闻陈乱，乃杀陈使者，使公子弃疾发兵伐陈，陈君留奔郑。九月，楚围陈。十一月，灭陈，使弃疾为陈公。

三十四年。当初，哀公娶了郑国女子为妻，长姬生了悼太子师，少姬生了儿子偃。哀公另有两个爱妾，长妾生了儿子留，少妾生了儿子胜。留受到哀公的宠爱，哀公把留托付给他的弟弟司徒招。哀公病重，三月，招杀害悼太子，拥立留为太子。哀公发怒，想杀死招，招发兵围困守住哀公，哀公自缢身死。招终于拥立留为陈国国君。四月，陈国派遣使者前往楚国报丧。楚灵王听说陈国内乱，就杀了陈国的使臣，派公子弃疾发兵攻打陈国，陈君留逃亡到郑国。九月，楚国围攻陈国。十一月，灭亡陈国。楚灵王任命公子弃疾为陈公。

招之杀悼太子也，太子之子名吴，出奔晋。晋平公问太史赵曰："陈遂亡乎？"对曰："陈，颛顼之族。陈氏得政于齐，乃卒亡。自幕至于瞽瞍，无违命。舜重之以明德。至于遂，世世守之。及胡公，周赐之姓，使祀虞帝。且盛德之后，必百世祀。虞之世未也，其在齐乎？"

招杀害悼太子的时候，悼太子的儿子吴，逃跑到晋国。晋平公询问太史赵说："陈国要灭亡了吗？"太史回答说："陈国是颛顼的后代。陈氏在齐国获得政权，才会最终灭亡。从幕一直传到瞽瞍，没有谁违抗天命。舜发扬光大以完美的德行为帝王。一直到遂，世世代代遵守德政。到胡公时，周朝赐给他姓氏，让他祭祀虞帝舜。而且盛德帝王的后代，一定能相传至百世。虞舜的世系还没有到末世，他会在齐国兴起吧？"

楚灵王灭陈五岁，楚公子弃疾弑灵王代立，是为平王。平王初立，欲得和诸侯，乃求故陈悼太子师之子吴，立为陈侯，是为惠公。惠公立，探续哀公卒时年而为元，空籍五岁矣。

楚灵王灭亡陈国五年以后，楚公子弃疾杀害灵王夺取王位，这就是平王。平王刚即位，想得到诸侯的支持，就找到原陈国悼太子师的儿子吴，立他做陈侯，这就是惠公。惠公即位，向前追溯接续哀公去世的这一年为元年，这时君位已经空缺五年了。

十年，陈火。十五年，吴王僚使公子光伐陈，取胡、沈而去。二十八年，吴王阖闾与子胥败楚入郢。是年，惠公卒，子怀公柳立。

惠公十年，陈国发生火灾。十五年，吴王僚派公子光讨伐陈国，攻占胡、沈二地离去。二十八年，吴王阖闾和伍子胥打败楚国，攻进郢都。这一年，惠公去世，儿子怀公柳即位。

怀公元年，吴破楚，在郢，召陈侯。陈侯欲往，大夫曰："吴新得意；楚王虽亡，与陈有故，不可倍。"怀公乃以疾谢吴。四年，吴复召怀公。怀公恐，如吴。吴怒其前不往，留之，因卒吴。陈乃立怀公之子越，是为湣公。

怀公元年，吴国打败楚国，吴王在郢都，召见陈侯。陈侯想前往，大夫说："吴王最近称心如意，楚王虽然逃亡，和陈国有旧交情，不能够背叛。"怀公于是谎称有病婉言谢绝吴王。四年，吴王再次召见怀公。怀公害怕，前往吴国。吴王恼怒怀公上次谢绝召见，扣留了他，因此死在吴国。陈国人拥立怀公的儿子越，这就是湣公。

湣公六年，孔子适陈。吴王夫差伐陈，取三邑而去。十三年，吴复来伐陈，陈告急楚，楚昭王来救，军于城父，吴师去。是年，楚昭王卒于城父。时孔子在陈。十五年，宋灭曹。十六年，吴王夫差伐齐，败之艾陵，使人召陈侯。陈侯恐，如吴。楚伐陈。二十一年，齐田常弑其君简公。二十三年，楚之白公胜杀令君子西、子綦，袭惠王。叶公攻败白公，白公自杀。

湣公六年，孔子到达陈国。吴王夫差征讨陈国，夺取了三座城邑离去。十三年，吴王再次来讨伐陈国，陈国向楚国告急，楚昭王发兵救援，驻军在城父，吴军撤退。这一年，楚昭王在城父去世。当时孔子在陈国。十五年，宋国灭了曹国。十六年，吴王夫差讨伐齐国，在艾陵打败齐军，派人召见陈侯。陈侯惧怕，到吴国去了。楚国讨伐陈国。二十一年，齐国田常杀害他的国君简公。二十三年，楚国的白公胜杀死令尹子西、子綦，袭击惠王。叶公进攻打败白公，白公自杀。

二十四年，楚惠王复国，以兵北伐，杀陈湣公，遂灭陈而有之。是岁，孔子卒。

二十四年，楚惠王复位，率兵北伐，杀死陈湣公，于是灭了陈国，吞并了陈国的国土。这一年，孔子去世。

杞东楼公者，夏后禹之后苗裔也。殷时或封或绝。周武王克殷纣，求禹之后，得东楼公，封之于杞，以奉夏后氏祀。

杞国东楼公，是夏禹的后代子孙。殷代时，禹的后代有时受封有时绝国。周武王灭殷纣王以后，寻找禹的后代，找到东楼公，把他封在杞，以便供奉夏后氏的祭祀。

东楼公生西楼公，西楼公生题公，题公生谋娶公。谋娶公当周厉王时。谋娶公生武公。武公立

四十七年卒，子靖公立。靖公二十三年卒，子共公立。共公八年卒，子德公立。德公十八年卒，弟桓公姑容立。桓公十七年卒，子孝公匄立。孝公十七年卒，弟文公益姑立。文公十四年卒，弟平公郁立。平公十八年卒，子悼公成立。悼公二十三年卒，子隐公乞立。七月，隐公弟遂弑隐公自立，是为釐公。釐公十九年卒，子湣公维立。湣公十五年，楚惠王灭陈。十六年，湣公弟阏路弑湣公代立，是为哀公。哀公立十年卒，湣公子敕立，是为出公。出公十二年卒，子简公春立。立一年，楚惠王之四十四年，灭杞。杞后陈亡三十四年。

东楼公生了西楼公，西楼公生了题公，题公生了谋娶公。谋娶公正当周厉王的时候。谋娶公生了武公。武公在位四十七年逝世，儿子靖公即位。靖公在位二十三年去世，儿子共公即位。共公在位八年去世，儿子德公即位。德公在位十八年去世，其弟桓公姑容即位。桓公在位十七年去世，儿子孝公匄即位。孝公在位十七年去世，弟弟文公益姑即位。文公在位十四年去世，弟弟平公郁即位。平公在位十八年去世，儿子悼公成即位。悼公在位十二年去世，其子隐公乞即位。七月，隐公的弟弟就杀死隐公夺取君位，这就是禧公。禧公在位十九年去世，儿子湣公维即位。湣公十五年，楚惠王灭掉陈国。十六年，湣公的弟弟阏路杀害湣公夺取君位，这就是哀公。哀公在位十年去世，湣公的儿子敕即位，这就是出公。出公在位十二年去世，儿子简公春即位。简公即位一年，楚惠王四十四年，楚国除掉杞国。杞国比陈国灭亡时间晚三十四年。

杞小微，其事不足称述。

杞国微小，它的事迹不值得称道记述。

舜之后，周武王封之陈，至楚惠王灭之，有世家言。禹之后，周武王封之杞，楚惠王灭之，有世家言。契之后为殷，殷有本纪言。殷破，周封其后于宋，齐湣王灭之，有世家言。后稷之后为周，秦昭王灭之，有本纪言。皋陶之后，或封英、六，楚穆王灭之，无谱。伯夷之后，至周武王复封于齐，曰太公望，陈氏灭之，有世家言。伯翳之后，至周平王时封为秦，项羽灭之，有本纪言。垂、益、夔、龙，其后不知所封，不见也。右十一人者，皆唐虞之际名有功德臣也；其五人之后皆至帝王，余乃为显诸侯。滕、薛、驺，夏、殷、周之间封也，小，不足齿列，弗论也。

孔子在陈当阨图。讲述孔子仕鲁，途中困于陈、蔡之事。

舜的后代，周武王把他们封在陈国，到楚惠王时灭了杞国，有《陈杞世家》记载。禹的后代，周武王把他们封在杞，楚惠王灭了杞国，有《陈杞世家》记载。契的后代是殷朝，殷朝有《殷本纪》记载。殷朝败亡，周封它的后代在宋国，齐滑王灭了宋国，有《宋微子世家》记载。后稷的后代是周朝，秦昭王灭了周朝，有《周本纪》记载。皋陶的后代，有的封在英地有的封在六地，楚穆王灭了它们，没有留下谱系记载。伯夷的后代，到周武王时再封到齐国，叫太公望，陈氏灭了齐国，有《齐太公世家》记载。伯翳的后代，到周平王时封为秦国，项羽灭了秦国，有《秦本纪》记载。垂、益、夔、龙，他们的后代不知道封在什么地方，不见记载。以上十一人，都是唐、虞时期有功的名臣；其中五人的后代都位至帝王，其余就是显赫的诸侯。滕、薛、驺，是夏朝、殷朝、周朝之间分封的，国家小，不足挂齿与诸侯国并论，不加论述了。

周武王时，侯伯尚千余人。及幽、厉之后，诸侯力攻相并。江、黄、胡、沈之属，不可胜数，故弗采著于传云。

周武王的时候，侯伯还有一千多人。等到幽王、厉王以后，诸侯尽力攻伐，互相兼并。江、黄、胡、沈这类小国，数不胜数，所以没有记述在传中。

太史公曰：舜之德可谓至矣！禅位于夏，而后世血食者历三代。及楚灭陈，而田常得政于齐，卒为建国，百世不绝，苗裔兹兹，有土者不乏焉。至禹，于周则杞，微甚，不足数也。楚惠王灭杞，其后越王句践兴。

太史公说：舜帝的品行，可以说达到极点了呵！把帝位禅让给夏禹，而后代享受祭祀历经了夏、商、周三代。等到楚国灭了陈国，田常在齐国取得政权，终于又建立了国家，百代没有断绝。子孙众多，拥有封土的不乏其人。至于夏禹的后代，在周朝有杞国，很微小，不值得计数。楚惠王灭掉杞国，夏禹的后代越王句践又兴盛起来了。

史记第三十七卷

卫康叔世家第七

卫康叔名封，周武王同母少弟也。其次尚有冉季，冉季最少。

卫国康叔名叫封，是周武王的同母小弟。康叔下边还有冉季，冉季最小。

武王已克殷纣，复以殷余民封纣子武庚禄父，比诸侯，以奉其先祀勿绝。为武庚未集，恐其有贼心，武王乃令其弟管叔、蔡叔傅相武庚禄父，以和其民。武王既崩，成王少。周公旦代成王治，当国。管叔、蔡叔疑周公，乃与武庚禄父作乱，欲攻成周。周公旦以成王命兴师伐殷，杀武庚禄父、管叔，放蔡叔，以武庚殷余民封康叔为卫君，居河、淇间故商墟。

周武王灭了殷纣王，重新把殷代的余民封给纣王的儿子武庚禄父，他的地位和诸侯相等，便于供奉他祖先的祭祀，世世代代不断绝。因为武庚尚未彻底归顺，恐怕他怀有异心，武王就让他弟弟管叔、蔡叔辅佐武庚禄父，来安抚他的百姓。武王已经逝世，成王年幼，周公旦代替成王治理，主持国家的政治。管叔、蔡叔怀疑周公，就联合武庚禄父发动暴乱，想攻打成周。周公奉成王的命令兴师讨伐殷国，诛杀武庚禄父、管叔，流放了蔡叔，把武庚禄父的殷代余民封给康叔做卫君，居住在黄河、淇水一带旧商朝的废墟上。

周公旦惧康叔齿少，乃申告康叔曰："必求殷之贤人君子长者，问其先殷所以兴，所以亡，而务爱民。"告以纣所以亡者以淫于酒，酒之失，妇人是用，故纣之乱自此始。为《梓材》，示君子可法则。故谓之《康诰》、《酒诰》、《梓材》以命之。康叔之国，即以此命，能和集其民，民大说。

周公旦担心康叔年纪小不能担负重任，于是告诫康叔说："一定要寻访殷地的贤人君子和德高望重的老年人，向他们了解殷代兴起的原因、灭亡的缘由，而要致力于爱护百姓。"告诉他纣所以灭亡是因为沉溺于酒，好酒贪杯造成的过失，导致宠信妇人，所以纣的乱亡是从饮酒开始的。又写了《梓材》，揭示君子施政可以效法的准则。所以称这些文告为《康诰》、《酒诰》、《梓材》，用来教育康叔。康叔到达封国，既有周公的教导，所以能安抚他的百姓，百姓非常高兴。

成王长，用事，举康叔为周司寇，赐卫宝祭器，以章有德。

成王长大后，亲自处理政治，周公推举康叔为周朝的司寇，成王赏给卫国很多宝器、祭器，以表彰康叔的功绩。

周公像。周武王去世后，其子成王年幼，由其弟周公旦代理国政。

康叔卒，子康伯代立。康伯卒，子考伯立。考伯卒，子嗣伯立。嗣伯卒，子庢伯立。庢伯卒，子靖伯立。靖伯卒，子贞伯立。贞伯卒，子顷侯立。

康叔死后，儿子康伯接续即位。康伯去世，儿子考伯即位。考伯去世，儿子嗣伯即位。嗣伯去世，儿子庢伯即位。庢伯去世，儿子靖伯即位。靖伯去世，儿子贞伯即位。贞伯去世，儿子顷侯即位。

顷侯厚赂周夷王，夷王命卫为侯。顷侯立十二年卒，子釐侯立。

顷侯用重金贿赂周夷王，夷王策命卫国为侯爵。顷侯在位十二年去世，儿子釐侯即位。

釐侯十三年，周厉王出奔于彘，共和行政焉。二十八年，周宣王立。

釐侯十三年，周厉王出奔到了彘地，共和行政的局面出现。二十八年，周宣王即位。

四十二年，釐侯卒，太子共伯馀立为君。共伯弟和有宠于釐侯，多予之赂；和以其赂赂士，以袭攻共伯于墓上，共伯入釐侯羡自杀。卫人因葬之釐侯旁，谥曰共伯，而立和为卫侯，是为武公。

四十二年，釐侯过逝，太子共伯馀登位为国君。共伯的弟弟和深得釐侯的宠爱，釐侯给了他很多财宝；和就用这些财宝贿赂武士，在釐侯的墓地袭击共伯，共伯跑进釐侯的墓道自杀。卫国人就把他埋在釐侯的墓旁，谥号叫共伯，而扶立和做卫侯，这就是武公。

武公即位，修康叔之政，百姓和集。四十二年，犬戎杀周幽王，武公将兵往佐周平戎，甚有功，周平王命武公为公。五十五年，卒，子庄公扬立。

武公就国君位，修复康叔时的政令，百姓和睦安宁。四十二年，犬戎杀死周幽王，武公率兵前往帮助周室平定戎乱，功劳很大，周平王策命武公为公爵。五十五年，武公去世，儿子庄公扬即位。

庄公五年，取齐女为夫人，好而无子。又取陈女为夫人，生子，蚤死。陈女女弟亦幸于庄公，而生子完。完母死，庄公令夫人齐女子之，立为太子。庄公有宠妾，生子州吁。十八年，州吁长，好兵，庄公使将。石碏谏庄公曰："庶子好兵，使将，乱自此起。"不听。二十三年，庄公卒，太子完立，是为桓公。

庄公五年，娶齐国女子为夫人，夫人长得很美却没有生儿子。又娶陈国女子为夫人，生了儿子，又夭折。陈夫人的妹妹也得幸于庄公，生了儿子完。完的母亲早死，庄公让夫人齐女抚养，立为太子。庄公另有宠妾，生了儿子州吁。十八年，州吁已长大，他爱好兵事，庄公任命他为将领。石碏劝谏庄公说："庶子喜好兵事，任命他为将领，祸乱将从这里兴起。"庄公不听。二十三年，庄公去世，太子完即位，这就是桓公。

桓公二年，弟州吁骄奢，桓公绌之，州吁出奔。十三年，郑伯弟段攻其兄，不胜，亡，而州吁求与之友。十六年，州吁收聚卫亡人以袭杀桓公，州吁自立为卫君。为郑伯弟段欲伐郑，请宋、陈、蔡与俱，三国皆许州吁。州吁新立，好兵，弑桓公，卫人皆不爱。石碏乃因桓公母家于陈，详为善州吁。至郑郊，石碏与陈侯共谋，使右宰丑进食，因杀州吁于濮，而迎桓公弟晋于邢而立之，是为宣公。

桓公二年，弟弟州吁骄横奢侈，桓公免去了他的职务，州吁外出逃亡。十三年，郑伯的弟弟段进攻他的哥哥，没有取胜，逃亡，州吁就要求和他结成朋友。十六年，州吁收集卫国的逃亡人员来袭杀桓公，州吁自立为卫国国君。为了郑伯的弟弟段，打算征讨郑国，请求宋国、陈国、蔡国和他一起行动，三国都答应了州吁。州吁刚登位，喜好兵事，袭杀桓公，卫国人都不爱戴他。石碏就借助桓公的母亲家是陈国人，假装跟州吁亲善。州吁到达郑国郊外，石碏和陈侯共同策划，派右宰名叫丑的给州吁进献食物，趁机在濮水杀死州吁，从邢国迎接桓公的弟弟晋而立他为国君，这就是宣公。

宣公七年，鲁弑其君隐公。九年，宋督弑其君殇公，及孔父。十年，晋曲沃庄伯弑其君哀侯。

宣公七年，鲁国杀死他的国君隐公。九年，宋国华父督杀死他的国君殇公及孔父。十年，晋国曲沃庄伯杀害他的国君哀侯。

十八年，初，宣公爱夫人夷姜，夷姜生子伋，以为太子，而令右公子傅之。右公子为太子取齐女，未入室，而宣公见所欲为太子妇者好，说而自取之，更为太子取他女。宣公得齐女，生子寿、子朔，令左公子傅之。太子伋母死，宣公正夫人与朔共谗恶太子伋。宣公自以其夺太子妻也，心恶太子，欲废之。及闻其恶，大怒，乃使太子伋于齐而令盗遮界上杀之，与太子白旄，而告界盗见持白旄者杀之。且行，子朔之兄寿，太子异母弟也，知朔之恶太子而君欲杀之，乃谓太子曰："界盗见太子白旄，即杀太子，太子可毋行！"太子曰："逆父命求生，不可。"遂行。寿见太子不止，乃盗其白旄而先驰至界。界盗见其验，即杀之。寿已死，而太子伋又至，谓盗曰："所当杀，乃我也。"盗并杀太子伋，以报宣公。宣公乃以子朔为太子。十九年，宣公卒，太子朔立，是为惠公。

十八年。当初，宣公宠爱夫人夷姜，夷姜生了儿子伋，就把他立为太子，让右公子辅导他。右公子替太子娶来齐国的女子，还未入室成亲，宣公看见这个将要作太子媳妇的齐国女子长得漂亮，很喜欢，就自己娶过来，而另外替太子娶了其他女子。宣公得到齐国女子，生了子寿、子朔，派左公子辅导他们。太子伋的母亲去世后，宣公的正夫人和朔共同诬陷迫害太子伋。宣公自己也因夺了太子妻，心里厌恶太子，想废掉他。等听到谗毁太子的坏话，大发脾气，于是派太子伋出使齐国，暗中令盗贼在国界拦截杀死太子伋。宣公给太子白旄标志的旗子，告诉在边界上等着的盗贼看见手持白旄的人就杀死。太子将出发，子朔的哥哥子寿，是太子的异母弟弟，知道子朔陷害太子而且宣公想杀太子，就对太子说："边界盗贼看见太子的白旄旗，就会杀太了，太了可亇万不要去。"太子说："违逆父亲的命令而求生存，不可以。"就起程了。寿见到太子不听劝告，就偷了他的白旄旗而先行奔驰到边界。边界上的盗贼看见持白旄旗的人到来，立即把他杀了。寿已经被杀死，太子伋又赶到，对盗贼说："应该杀的人是我呢。"盗贼又杀死了太子伋，去向宣公报告，宣公就把子朔立作太子。十九年，宣公去世，太子朔即位，这就是惠公。

左右公子不平朔之立也，惠公四年，左右公子怨惠公之谗杀前太子伋而代立，乃作乱，攻惠公，立太子伋之弟黔牟为君，惠公奔齐。

左、右公子对子朔的即位愤愤不平。惠公四年，左、右公子憎恨惠公谗杀原先的太子伋而取代了君位，就起兵作乱，攻打惠公，拥立太子伋的弟弟黔牟为君主，惠公逃奔齐国。

卫君黔牟立八年，齐襄公率诸侯奉王命共伐卫，纳卫惠公，诛左右公子。卫君黔牟奔于周，惠公复立。惠公立三年出亡，亡八年复入，与前通年凡十三年矣。

卫君黔牟即位八年，齐襄公率领诸侯奉周王的命令共同讨伐卫国，护送惠公回国，杀了左、右公子。卫君黔牟逃奔到周，惠公复位。惠公登位三年出国逃亡，流亡八年回国复位，前后通算共计十三年。

二十五年，惠公怨周之容舍黔牟，与燕伐周。周惠王奔温，卫、燕立惠王弟颓为王。二十九年，郑复纳惠王。三十一年，惠公卒，子懿公赤立。

二十五年，卫惠公怨恨周室容纳安置黔牟，和燕国联合攻伐周。周惠王逃奔到温地，卫国、燕国拥立惠王的弟颓为周王。二十九年，郑国又护送惠王回到周京。三十一年，卫惠公去世，儿子懿公赤即位。

懿公即位，好鹤，淫乐奢侈。九年，翟伐卫，卫懿公欲发兵，兵或畔。大臣言曰："君好鹤，鹤可令击翟。"翟于是遂入，杀懿公。

懿公登位后，喜好养鹤，荒淫无度，奢侈放荡。九年，翟人进攻卫国，卫懿公想发兵抵抗，有的士兵背叛。大臣们说："国君喜爱养鹤，鹤可以听令去抗击翟人！"翟人于是就攻占了卫都，杀死懿公。

懿公之立也，百姓大臣皆不服。自懿公父惠公朔之谗杀太子伋代立至于懿公，常欲败之，卒灭惠公之后而更立黔牟之弟昭伯顽之子申为君，是为戴公。

懿公登位，百姓、大臣都不服从。自从懿公的父亲惠公朔谗杀太子伋取代君位，传到懿公，百姓和大臣常常想推翻他们，终于灭了惠公的后代，改立黔牟的弟弟昭伯顽的儿子申为国君，这就是戴公。

戴公申元年卒。齐桓公以卫数乱，乃率诸侯伐翟，为卫筑楚丘，立戴公弟毁为卫君，是为文公。文公以乱故奔齐，齐人入之。

戴公申元年去世。齐桓公由于看到卫国多次发生变乱，就率领诸侯讨伐翟人，替卫国建筑楚丘城，拥立戴公的弟弟毁为卫君，这就是文公。文公由于内乱的缘故逃到了齐国，齐国人把他送回卫国。

初，翟杀懿公也，卫人怜之，思复立宣公前死太子伋之后，伋子又死，而代伋死者子寿又无子。太子伋同母弟二人：其一曰黔牟，黔牟尝代惠公为君，八年复去；其二曰昭伯。昭伯、黔牟皆已前死，故立昭伯子申为戴公。戴公卒，复立其弟毁为文公。

当初，翟人杀害懿公，卫国人可怜他，想要再立在宣公前死去的太子伋的后代，伋的儿子又已死亡，而代替伋去死的子寿又没有儿子。太子伋同母弟弟二人：一个是黔牟，黔牟曾经代替惠公为国君，八年后又失去君位；一个是昭伯。昭伯、黔牟都已在这以前死去了，所以立昭伯的儿子申为戴公。戴公去世，又立他的弟弟毁，就是文公。

文公初立，轻赋平罪，身自劳，与百姓同苦，以收卫民。

文公刚刚登位，减轻赋税，平断狱事，亲自参加劳作，和百姓共度艰苦，以此笼络卫国的民心。

十六年，晋公子重耳过，无礼。十七年，齐桓公卒。二十五年，文公卒，子成公郑立。

十六年，晋国公子重耳经过卫国，文公不以礼相待。十七年，齐桓公去世。二十五年，文公去世，儿子成公郑即位。

成公三年，晋欲假道于卫救宋，成公不许。晋更从南河度，救宋。征师于卫，卫大夫欲许，成公不肯。大夫元咺攻成公，成公出奔。晋文公重耳伐卫，分其地予宋，讨前过无礼及不救宋患也。卫成公遂出奔陈。二岁，如周求入，与晋文公会。晋使人鸩卫成公，成公私于周主鸩，令薄，得不死。已而周为请晋文公，卒入之卫，而诛元咺，卫君瑕出奔。七年，晋文公卒。十二年，成公朝晋襄公。十四年，秦缪公卒。二十六年，齐邴歜弑其君懿公。三十五年，成公卒，子穆公遬立。

成公三年，晋国想向卫国借道援救宋国，成公不允许。晋国改从南河渡过，前去救宋国。晋国向卫国征集军队，卫国的大夫想答应，成公不肯。大夫元咺起兵进攻成公，成公出国逃奔。晋文公重耳率兵讨伐卫国，把卫的部分土地划归宋国，报复以前经过卫国时的不礼貌及不救宋国的危难。卫成公于是出国逃亡到陈国。两年后，成公到周室请求护送回国，和晋文公会面。晋国派人用毒药杀卫成公，成公贿赂周室主管下毒的人，让毒性稀薄点，得以不死。不久，周室替他向晋文公提出请求，终于护送他回到卫国，杀死大夫元咺，卫君瑕逃奔出国。七年，晋文公去世。十二年，成公朝见晋襄公。十四年，秦缪公去世。二十六年，齐国邴歜杀害他的国君懿公。三十五年，成公逝世，儿子穆公遬即位。

穆公二年，楚庄王伐陈，杀夏徵舒。三年，楚庄王围郑，郑降，复释之。十一年，孙良夫救鲁伐齐，复得侵地。穆公卒，子定公臧立。定公十二年卒，子献公衎立。

穆公二年，楚庄王征讨陈国，杀死夏徵舒。三年，楚庄王围攻郑国，郑君投降，又释放了他。十一年，孙良夫援救鲁国征伐齐国，重新收回被齐国侵占的土地。穆公去世，儿子定公臧即位。定公在位十二年逝世，儿子献公衎即位。

献公十三年，公令师曹教宫妾鼓琴，妾不善，曹笞之。妾以幸恶曹于公，公亦笞曹三百。十八年，献公戒孙文子、宁惠子食，皆往。日旰不召，而去射鸿于囿。二子从之，公不释射服与之言。二子怒，如宿。孙文子子数侍公饮，使师曹歌《巧言》之卒章。师曹又怒公之尝笞三百，乃歌之，欲以怒孙文子，报卫献公。文子语蘧伯玉，伯玉曰："臣不知也。"遂攻出献公。献公奔齐，齐置卫献公于聚邑。孙文子、宁惠子共立定公弟秋为卫君，是为殇公。

献公十三年，献公让曹乐师教宫妾弹琴，妾琴弹得不好，曹乐师鞭笞她。妾倚仗献公宠爱她，在献公面前谗毁曹乐师，献公也鞭笞曹乐师三百下。十八年，献公告诉孙文子、宁惠子一块用餐，二人都前去等候。天色已晚，献公仍没有召请他们，却要到苑囿射雁。二人跟他到苑囿去，献公不脱射服就和他们谈话。二人发怒，前往宿邑。孙文子的儿子多次侍候献公宴饮，叫曹乐师歌唱《巧言》的末章。曹乐师又怨恨献公曾经鞭笞他三百下，于是唱了那章诗，想用来激怒孙文子，去报复献公。孙文子告诉蘧伯玉，伯玉说："我不知道。"孙文子就进攻并赶走了献公，献公奔逃到齐国，齐国把卫献公安置在聚邑。孙文子、宁惠子共同拥立定公的弟弟秋为卫君，这就是殇公。

殇公秋立，封孙文子林父于宿。十二年，宁喜与孙林父争宠相恶，殇公使宁喜攻孙林父。林父奔晋，复求入故卫献公。献公在齐，齐景公闻之，与卫献公如晋求入。晋为伐卫，诱与盟。卫殇公会晋平公，平公执殇公与宁喜而复入卫献公。献公亡在外十二年而入。

殇公秋登位后，把孙文子林父封在宿邑。十二年，宁喜和孙林父为争宠互相憎恶，殇公让宁喜攻打孙林父。林父逃往晋国，接着请求晋国护送原来的卫献公回国。献公住在齐国，齐景公听到这个消息，便和卫献公到晋国商量送献公回卫国。晋国为了讨伐卫国，诱骗卫国订立盟约。卫殇公前去会见晋平公，平公逮捕了卫殇公和宁喜而重新护送卫献公回国。献公在外流亡十二年后才回国。

献公后元年，诛宁喜。

献公后元年，杀害宁喜。

三年，吴延陵季子使过卫，见蘧伯玉、史鳍，曰："卫多君子，其国无故。"过宿，孙林父为击磬，曰："不乐，音大悲，使卫乱乃此矣。"是年，献公卒，子襄公恶立。

三年，吴国延陵季子出访路过卫国，见到蘧伯王、史鳍，说："卫国有很多君子，这个国家不会有大的变化。"经过宿邑，孙林父替他击磬，他说："不快乐，声音太悲伤凄凉，使卫国出乱子就在这里了。"这一年，献公逝世，儿子襄公恶即位。

襄公六年，楚灵王会诸侯，襄公称病不往。

襄公六年，楚灵王会见各国诸侯，襄公假称有病不去。

九年，襄公卒。初，襄公有贱妾，幸之，有身，梦有人谓曰："我康叔也，令若子必有卫，名而子曰'元'。"妾怪之，问孔成子。成子曰："康叔者，卫祖也。"及生子，男也，以告襄公。襄公曰："天所置也。"名之曰"元"。襄公夫人无子，于是乃立元为嗣，是为灵公。

九年，襄公去世。当初，襄公有个贱妾，宠爱她，怀了孕，梦见有人对她说："我是康叔，让你的儿子一定当卫的国君，命名你的儿子叫'元'。"妾感到奇怪，询问孔成子。孔成子说："康叔，是卫国的始祖。"等到生下孩子，是个男孩，就把做梦的事告诉襄公。襄公说："这是上天安排的。"就给孩子取名叫元。襄公夫人没有儿子，于是就立元为继承人，这就是灵公。

《东周列国志》版画之杀宁喜子鲜出奔图。讲述卫献公除掉宁喜，而宁喜是听从子鲜之语立卫献公，如今宁喜被卫献公所杀，子鲜认为宁喜不当获罪，拒不留在卫国，遂出奔晋国。

灵公五年，朝晋昭公。六年，楚公子弃疾弑灵王自立，为平王。十一年，火。

灵公五年，朝见晋昭公。六年，楚公子弃疾杀国君灵王夺取王位，就是平王。十一年，发生火灾。

三十八年，孔子来，禄之如鲁。后有隙，孔子去。后复来。

三十八年，孔子来到卫国，给他的俸禄和在鲁国时一样。后来有隔阂，孔子离开卫国。以后孔子再次来卫国。

三十九年，太子蒯聩与灵公夫人南子有恶，欲杀南子。蒯聩与其徒戏阳遬谋，朝，使杀夫人。戏阳后悔，不果。蒯聩数目之，夫人觉之，惧，呼曰："太子欲杀我！"灵公怒，太子蒯聩奔宋，已而之晋赵氏。

三十九年，太子蒯聩和灵公的夫人南子关系恶化，蒯聩想杀害南子。蒯聩和他的党徒戏阳遬谋划，趁上朝时，让戏阳遬杀死南子。戏阳遬后悔，没有动手。蒯聩屡次向他使眼色，被夫人发觉，夫人恐惧，大声呼叫："太子要杀我！"灵公发怒，太子蒯聩逃亡到宋国，不久又到了晋国投靠赵氏。

四十二年春，灵公游于郊，令子郢仆。郢，灵公少子也，字子南。灵公怨太子出奔，谓郢曰："我将立若为后。"郢对曰："郢不足以辱社稷，君更图之。"夏，灵公卒，夫人命子郢为太子，曰："此灵公命也。"郢曰："亡人太子蒯聩之子辄在也，不敢当。"于是卫乃以辄为君，是为出公。

四十二年春天，灵公到城郊游玩，让子郢赶车。郢，是灵公的小儿子，字子南。灵公怨恨太子蒯聩出国逃走，对郢说："我将要立你为太子。"郢回答说："我的才德不够，恐怕有损国家，君父另选他人吧。"夏天，灵公逝世，夫人命令立子郢为太子，说："这是灵公的命令。"郢说："逃亡人太子蒯聩的儿子辄在这里，我不敢担当太子之位。"于是卫国就立辄为国君，这就是出公。

六月乙酉，赵简子欲入蒯聩，乃令阳虎诈命卫十余人衰绖归，简子送蒯聩。卫人闻之，发兵击蒯聩。蒯聩不得入，入宿而保，卫人亦罢兵。

六月乙酉日，赵简子想护送蒯聩回卫国，就让阳虎找来十几个人扮成卫国人，身穿丧服，假装来迎接蒯聩，赵简子护送蒯聩回国。卫国人听说后，发兵阻击蒯聩。蒯聩没能进入卫国即位，退回宿邑自保，卫国人也罢兵。

出公辄四年，齐田乞弑其君孺子。八年，齐鲍子弑其君悼公。孔子自陈入卫。九年，孔文子问兵于仲尼，仲尼不对。其后，鲁迎仲尼，仲尼反鲁。

出公辄四年，齐国田乞杀死他的国君孺子。八年，齐国鲍子杀死他的国君悼公。孔子从陈国到卫国。九年，孔文子向仲尼询问兵事，仲尼不予回答。以后鲁国派人迎接仲尼，仲尼返回鲁国。

十二年，初，孔圉文子取太子蒯聩之姊，生悝。孔氏之竖浑良夫美好，孔文子卒，良夫通于悝母。太子在宿，悝母使良夫于太子。太子与良夫言曰："苟能入我国，报子以乘轩，免子三死，毋所与。"与之盟，许以悝母为妻。闰月，良夫与太子入，舍孔氏之外圃。昏，二人蒙衣而乘，宦者罗御，如孔氏。孔氏之老栾宁问之，称姻妾以告。遂入，适伯姬氏。既食，悝母杖戈而先，太子与五人介，舆猳从之。伯姬劫悝于厕，强盟之，遂劫以登台。栾宁将饮酒，炙未熟，闻乱，使告仲由。召护驾乘车，行爵食炙，奉出公辄奔鲁。

十二年。当初，孔圉文子娶了太子蒯聩的姐姐，生了儿子悝。孔氏家的仆人浑良夫生得漂亮英俊，孔文子去世后，浑良夫和孔悝的母亲通奸。太子蒯聩住在宿邑，孔悝的母亲派浑良夫到太子那里去。太子对浑良夫说："假如能设法使我回国即位，我将厚报，叫你乘坐大夫的车子，并免你三种死罪，把穿紫衣、袒裘、带剑从死罪中除去。"和他订立盟约，并答应把孔悝的母亲嫁给他为妻。闰月，浑良夫和太子蒯聩进入卫国，藏在孔氏家的外园。天黑，二人穿上妇女的衣服，用头巾蒙面，坐在车上，由宦官罗赶车，到孔氏家去。孔氏的家臣栾宁盘问他们，谎称是婚姻亲戚家的妾。就进了孔院，到达伯姬氏（孔悝的母亲）的住处。吃罢饭，孔悝的母亲手持戈矛先到孔悝住所，太子蒯聩和五人披甲，车上载着一头公猪跟随。伯姬把儿子孔悝逼到屋角，强迫他订立盟约，然后劫持他登上高台召集卫国群臣。栾宁准备喝酒，下酒的肉还没有烤熟，听说发生内乱，派人告诉孔家邑宰仲由。大夫召护驾着乘车，一路边喝酒边吃烤肉，奉送出公辄逃奔到鲁国。

仲由将入，遇子羔将出，曰："门已闭矣。"子路曰："吾姑至矣。"子羔曰："不及，莫践其难。"子路

曰:“食焉不辟其难。”子羔遂出。子路入,及门,公孙敢阖门,曰:“毋入为也!”子路曰:“是公孙也?求利而逃其难。由不然,利其禄,必救其患。”有使者出,子路乃得入。曰:“太子焉用孔悝?虽杀之,必或继之。”且曰:“太子无勇。若燔台,必舍孔叔。”太子闻之,惧,下石乞、孟黡敌子路,以戈击之,割缨。子路曰:“君子死,冠不免。”结缨而死。孔子闻卫乱,曰:“嗟乎!柴也其来乎?由也其死矣。”孔悝竟立太子蒯聩,是为庄公。

仲由即将进入,正遇上子羔将要出来,说:“门已经关闭了。”子路说:“我暂且到门前看看。”子羔说:“来不及啦,不要硬往灾祸里钻。”子路说:“拿人家的俸禄,就不能见难而躲避。”子羔就出去了。子路要进去,走到门前,公孙敢关上门,说:“不要进去做什么了。”子路说:“你是公孙先生吧?求得利禄而躲避灾难。我不这样,吃了人家的俸禄,一定要拯救他家的祸难。”有一个使者出来,子路才乘机进去。说:“太子逮住孔悝有什么用?就是把他杀了,一定会有人接续他反对太子。”并且说:“太子胆小。如果放火焚烧高台,一定会释放孔叔。”太子听到这话,很害怕,下令石乞、孟黡抵抗子路,二人用戈刺子路,削断了他的帽缨子。子路说:“君子死的时候,帽子不能落地。”捡起帽缨子联结好而死去。孔子听说卫国发生变乱,说:“唉!高柴也许他会回来吧?子路也许他殉难了。”孔悝终于拥立太子蒯聩为卫君,这就是庄公。

庄公蒯聩者,出公父也,居外,怨大夫莫迎立。元年即位,欲尽诛大臣,曰:“寡人居外久矣,子亦尝闻之乎?”群臣欲作乱,乃止。

庄公蒯聩,是出公的父亲,长期居住在国外,怨恨大夫们没有谁迎接他回国。元年即位,庄公想把大臣都杀了,说:“我居住在国外很久了,你们也曾听说过吧?”群臣想作乱,才停止。

二年,鲁孔丘卒。

二年,鲁国孔丘逝世。

三年,庄公上城,见戎州,曰:“戎虏何为是?”戎州病之。十月,戎州告赵简子,简子围卫。十一月,庄公出奔,卫人立公子斑师为卫君。齐伐卫,虏斑师,更立公子起为卫君。

三年,庄公登上城墙,望见戎州,说:“戎虏为什么建筑这座城?”戎州的戎人听了很害怕。十月,戎州人告诉赵简子,赵简子出兵围攻卫国。十一月,庄公再度逃亡,卫国人拥立公子斑师为君。齐国出兵攻伐卫国,俘虏斑师,改立公子起为卫君。

卫君起元年,卫石曼尃逐其君起,起奔齐。卫出公辄自齐复归立。初,出公立十二年亡,亡在外四年复入。出公后元年,赏从亡者。立二十一年卒,出公季父黔攻出公子而自立,是为悼公。

卫君起元年,卫国石曼尃驱逐他的君主起,起奔逃到齐国。卫出公辄从齐国回来再次即位。原先,出公即位十二年逃亡,逃亡在国外四年再返回。出公后元年,赏赐跟他逃亡的人。出公在位二十一年去世。出公的叔父黔攻打出公的儿子夺取君位,这就是悼公。

悼公五年卒,子敬公弗立。敬公十九年卒,子昭公纠立。是时三晋强,卫如小侯,属之。

悼公在位五年后逝世,儿子敬公弗即位。敬公在位十九年去世,儿子昭公纠即位。这个时候晋国的韩、赵、魏三家强盛,卫国像个小侯,从属于赵氏。

昭公六年,公子亹弑之代立,是为怀公。怀公十一年,公子颓弑怀公而代立,是为慎公。慎公父,公子适;适父,敬公也。慎公四十二年卒,子声公训立。声公十一年卒,子成侯遬立。

昭公六年,公子亹杀害昭公夺取君位,这就是怀公。怀公十一年,公子颓杀死怀公取代了君位,这就是慎公。慎公的父亲是公子适,适的父亲是敬公。慎公在位四十二年去世,儿子声公训即位。声公在位十一年去世,儿子成侯遬即位。

成侯十一年,公孙鞅入秦。十六年,卫更贬号曰侯。

成侯十一年,公孙鞅进入秦国。十六年,卫国又贬爵号称为侯。

二十九年,成侯卒,子平侯立。平侯八年卒,子嗣君立。

二十九年,成侯去世,儿子平侯即位。平侯在位八年去世,儿子嗣君即位。

嗣君五年,更贬号曰君,独有濮阳。

嗣君五年,再次贬爵号称君,仅据有濮阳了。

四十二年卒,子怀君立。怀君三十一年,朝魏,魏囚杀怀君。魏更立嗣君弟,是为元君。元君为

魏婿，故魏立之。元君十四年，秦拔魏东地，秦初置东郡，更徙卫野王县，而并濮阳为东郡。二十五年，元君卒，子君角立。

四十二年，嗣君逝世，儿子怀君即位。怀君三十一年，去魏国朝拜，魏国囚禁并杀死怀君。魏国改立嗣君的弟弟，即元君。元君是魏国的女婿，因此魏国拥立他。元君十四年，秦国攻占了魏国的东部地区，秦国开始设置东郡，同时把卫君迁到野王县，而把濮阳并入东郡。二十五年，元君去世，儿子君角即位。

君角九年，秦并天下，立为始皇帝。二十一年，二世废君角为庶人，卫绝祀。

君角九年，秦并吞天下，嬴政登位为始皇帝。二十一年，秦二世废君角的爵号贬为庶人，卫国断绝了祭祀。

太史公曰：余读世家言，至于宣公之太子以妇见诛，弟寿争死以相让，此与晋太子申生不敢明骊姬之过同，俱恶伤父之志。然卒死亡，何其悲也！或父子相杀，兄弟相灭，亦独何哉？

太史公说：我读《世家》的记载，读到卫宣公的太子因为女人被杀，弟弟子寿争着替哥哥去死，兄弟互相礼让，这和晋国太子申生不敢说出骊姬的过错一样，都是怕伤害了父亲的心志。然而终于死亡了，多么悲痛啊！有的父子互相残杀，兄弟互相攻灭，这到底是为什么呢？

史记第三十八卷

宋微子世家第八

微子开者，殷帝乙之首子而帝纣之庶兄也。纣既立，不明，淫乱于政，微子数谏，纣不听。及祖伊以周西伯昌之修德，灭阢国，惧祸至，以告纣。纣曰："我生不有命在天乎？是何能为！"于是微子度纣终不可谏，欲死之；及去，未能自决，乃问于太师、少师曰："殷不有治政，不治四方。我祖遂陈于上，纣沉湎于酒，妇人是用，乱败汤德于下。殷既小大好草窃奸宄，卿士师师非度，皆有罪辜，乃无维获，小民乃并兴，相为敌仇。今殷其典丧！若涉水无津涯。殷遂丧，越至于今。"曰："太师，少师，我其发出往？吾家保于丧？今女无故告予，颠跻，如之何其？"太师若曰："王子，天笃下灾亡殷国，乃毋畏畏，不用老长。今殷民乃陋淫神祇之祀。今诚得治国，国治身死不恨。为死，终不得治，不如去。"遂亡。

微子启（原著作"开"，避汉景帝刘启讳），是殷朝帝乙的长子，纣王的庶兄。纣已经登位，昏庸无能，荒淫无道，政治混乱，微子多次进谏，纣王不听。等到祖伊因为周西伯昌推行德政，灭了阢国，惧怕大祸临头，把这件事告诉纣王。纣王却说："我降生时不就有命在天吗？西伯能怎么样！"于是微子估计纣王至死也不会听从劝告，想以死解除烦恼，或者离开纣王，又犹豫不决，就去问太师、少师，说："殷朝没有清明的政治，不能治理四方的百姓。我们的祖先建立功业于上世，纣王沉湎于酒，听信妇人的话，败坏汤的盛德于后世。殷朝王室宗亲已经是大大小小都喜欢干抢劫、偷盗等违犯法律的事，官府的卿士也相互效法，违法乱纪，人人都有罪恶，他们的爵禄也就没法维持下去，于是百姓竞相兴起，互为仇敌。现在殷朝的国典制度将要丧亡！就好似渡河没有渡口和岸边一样。殷朝一定要灭亡，今天就到了。"又说："太师、少师，我是远走高飞呢，还是留下来保卫国家免遭灭亡呢？现在你们不指点我，如果我陷入不义的泥坑，那可怎么办呢？"太师这样说："王子，天把重灾降给殷朝，而纣王竟然不害怕天的惩罚，不听从长老的劝告。而今殷朝的百姓竟敢亵渎神祇的祭祀。现今如果能够使国家得到治理，国家太平，即使自己死了，也没有什么怨恨。如果殉死，国家仍旧得不到治理，倒不如离去。"微子就出国逃亡。

箕子者，纣亲戚也。纣始为象箸，箕子叹曰："彼为象箸，必为玉杯；为杯，则必思远方珍怪之物而御之矣。舆马宫室之渐自此始，不可振也。"纣为淫泆，箕子谏，不听。人或曰："可以去矣。"箕子

曰:"为人臣谏不听而去,是彰君之恶而自说于民,吾不忍为也。"乃被发详狂而为奴。遂隐而鼓琴以自悲,故传之曰《箕子操》。

箕子,是纣王的亲戚。纣王开始用象牙制作筷子时,箕子叹息说:"他既然用象牙制作筷子,一定会制作玉杯;制作玉杯,就必然想得到远方的珍奇异物供自己使用。车马宫室的逐渐豪华奢侈从此开了口子,再也没法振作了。"纣王荒淫放纵,箕子劝谏,他仍旧不听。有人说:"可以离开了。"箕子说:"作人臣子的因为谏争不听而离去,这是显扬君王的过错,而自己取悦于百姓,我不忍心这样做。"于是披头散发,假装疯子去当奴隶。从此隐居不出,借弹琴抒发心中的悲愤,所以后世把他流传下来的琴曲叫做《箕子操》。

王子比干者,亦纣之亲戚也。见箕子谏不听而为奴,则曰:"君有过而不以死争,则百姓何辜?"乃直言谏纣。纣怒曰:"吾闻圣人之心有七窍,信有诸乎?"乃遂杀王子比干,刳视其心。

王子比干,也是纣王的亲戚。他看到箕子谏争不听,去当奴隶,就说:"君王有过失而不拼死谏争,那么百姓有什么罪呀!"于是他对纣王直言进谏。纣王发怒,说:"我听说圣人的心有七个孔,果真如此?"于是就杀死王子比干,剖开他的胸腔,挖出心脏验证。

微子曰:"父子有骨肉,而臣主以义属。故父有过,子三谏不听,则随而号之;人臣三谏不听,则其义可以去矣。"于是太师、少师乃劝微子去,遂行。

微子说:"父子有骨肉亲情,君臣凭道义结合。所以父亲有过失,子女经过三次谏争仍然不听,就随之哀哭;臣子三谏而君王不听,从道义上讲就可以离去了。"于是太师、少师就劝微子离去,微子就走了。

周武王伐纣克殷,微子乃持其祭器造于军门,肉袒面缚,左牵羊,右把茅,膝行而前以告。于是武王乃释微子,复其位如故。

周武王征讨纣王,灭了殷朝,微子就拿着殷朝的祭器到周武王的营前,袒露臂膀,背捆双手,左边的随从人员牵着羊,右边的随从人员拿着茅,跪行求告周武王。于是周武王替微子解开绑绳,恢复了他原来的爵位。

武王封纣子武庚禄父以续殷祀,使管叔、蔡叔傅相之。

周武王封纣王的儿子武庚禄父,让他接续殷朝的祭祀,派管叔、蔡叔辅佐他。

武王既克殷,访问箕子。

周武王已经攻克殷朝,去访问箕子。

武王曰:"于乎! 维天阴定下民,相和其居,我不知其常伦所序。"

武王说:"唉! 上天默默地安定百姓,使他们和睦相处,我不知道上天安定百姓的常法伦理是什么。"

箕子对曰:"在昔鲧堙鸿水,汩陈其五行,帝乃震怒,不从鸿范九等,常伦所斁。鲧则殛死,禹乃嗣兴。天乃锡禹鸿范九等,常伦所序。"

箕子回答说:从前鲧堵塞洪水,把五行的顺序打乱了,于是天帝大怒,不给予他治理国家的大法九种,常法伦理由此败坏。鲧因此被处死,禹就继承他父亲的治水事业而兴起。天就赐给他大法九种,常法伦理从此有了次序。

微子像,出自清·顾沅辑《古圣贤像传略》。

“初一曰五行；二曰五事；三曰八政；四曰五纪；五曰皇极；六曰三德；七曰稽疑；八曰庶征；九曰向用五福，畏用六极。

第一叫五行；第二叫五事；第三叫八政；第四叫五纪；第五叫皇极；第六叫三德；第七叫稽疑；第八叫庶征；第九叫劝导用五福，劝诫用六极。

“五行：一曰水，二曰火，三曰木，四曰金，五曰土。水曰润下，火曰炎上，木曰曲直，金曰从革，土曰稼穑。润下作咸，炎上作苦，曲直作酸，从革作辛，稼穑作甘。

五行：一是水，二是火，三是木，四是金，五是土。水的性能是滋润万物，向下走，火的性能是燃烧，向上升，木的性质可曲可直，金属的性质可以伸展变形，土壤可以种五谷。水向下滋润呈现出咸味，火向上燃烧呈现出苦味，木可曲可直呈现出酸味，金属可以延伸呈现出辛辣味，土壤可以种五谷呈现出甜味。

“五事：一曰貌，二曰言，三曰视，四曰听，五曰思。貌曰恭，言曰从，视曰明，听曰聪，思曰睿。恭作肃，从作治，明作智，聪作谋，睿作圣。

五事：一是容貌仪态，二是言语，三是观察事物，四是倾听意见，五是思考问题。容貌仪态要庄严恭敬，言语要正确可以遵从，观察事物要明白深刻，倾听意见要明辨是非，思考问题要周到全面。容貌仪态恭敬，心就严肃，言语正确可以遵从，国家就可以得到治理，观察事物明白透彻，就可以区别真伪善恶，倾听意见能辨别是非，处理谋划就必然得当，思考问题周到全面，处理事物就会通达。

“八政：一曰食，二曰货，三曰祀，四曰司空，五曰司徒，六曰司寇，七曰宾，八曰师。

八政：一是抓农业生产，二是抓货物流通，三是祭祀山川鬼神，四是设司空掌管土木营建，五是设司徒掌管教育，六是设司寇掌管治安，七是设礼宾官掌管诸侯朝见，八是设军师掌管军队。

“五纪：一曰岁，二曰月，三曰日，四曰星辰，五曰历数。

五纪：一是年，二是月，三是日，四是星辰，五是历法。

“皇极：皇建其有极，敛时五福，用傅锡其庶民，维时其庶民于女极，锡女保极。凡厥庶民，毋有淫朋，人毋有比德，维皇作极。凡厥庶民，有猷有为有守，女则念之。不协于极，不离于咎，皇则受之。而安而色，曰予所好德，女则锡之福。时人斯其维皇之极。毋侮鳏寡而畏高明。人之有能有为，使羞其行，而国其昌。凡厥正人，既富方穀，女不能使有好于而家，时人斯其辜。于其毋好，女虽锡之福，其作女用咎。毋偏毋颇，遵王之义。毋有作好，遵王之道。毋有作恶，遵王之路。毋偏毋党，王道荡荡。毋党毋偏，王道平平。毋反毋侧，王道正直。会其有极，归其有极。曰王极之傅言，是夷是训，于帝其顺。凡厥庶民，极之傅言，是顺是行，以近天子之光。曰天子作民父母，以为天下王。

最高的原则：国君应该建立准则，集中五种幸福，用来广泛布施给你的百姓，百姓才拥护这些准则，君主也可以要求百姓贯彻准则。凡是属于你的百姓，不准结党营私，百姓不结党营私，都会把君主建立的准则视为至高无上。凡是属于你的百姓，有计谋，有作为，有操守，你要牢牢记住，以备录用。有时即使不太符合原则，但只要没有达到犯罪的程度，君主应该大度宽容他们。如果有人和颜悦色，说“我喜欢你的准则”，你就应该赐给他福泽。这样人们都会遵守你制定的准则。不要欺侮鳏寡弱民，不要畏惧豪强贵族。有能力、有作为的人，让他们贡献才能，国家就会兴盛。凡属正直的人，应当用爵禄让他们富贵。如果你不给正直的人替国家效力的机会，他们就会走上犯罪的歧途。对于那些不喜欢你的准则的人，你即使赐给他爵禄和幸福，他们的所作所为必然会使君主结怨于百姓。不要有偏颇，应该遵守先王的准则。不要有偏好，应该遵守先王的正道。不要作恶，应该遵守先王的正路。不偏私，不结党，君王的道路是宽广的。不结党，不偏私，君王的道路是平坦的。不反复，不偏邪，君王的道路是正直的。君主团结遵守准则的百姓，百姓就会归靠君主的准则。所以说，君主建立的准则，臣子要广泛宣传，用它来教导百姓，是符合天帝意愿的。凡属于你的百姓，都要按准则发表自己的看法，君主采纳实施，来增加天子的光彩。所以说，天子像百姓的父母一样，来做百姓拥戴的圣王。

“三德：一曰正直，二曰刚克，三曰柔克。平康正直，强不友刚克，内友柔克，沉渐刚克，高明柔克。维辟作福，维辟作威，维辟玉食。臣无有作福、作威、玉食。臣有作福、作威、玉食，其害于而家，

凶于而国，人用侧颇辟，民用僭忒。

三德：一是端正是非曲直，二是以刚强立事，三是以柔和取胜。世道平安，使邪曲变为正直，世道倔强不驯，用严法重刑治理，世道和顺，用温和的方法治理，对于阴邪狡猾的家伙，必须用刚强对付他们，对于高明的君子，用和柔安抚他们。只有国君有权赏赐爵禄，只有国君有权决定刑罚，只有国君有权享用美食。臣子无权授人爵禄，无权决定刑罚，无权享用美食。如果臣子越权享有授人爵禄、决定刑罚、享用美食，就会损害王室的家族，危害你的国家。臣子越权偏私邪僻，百姓就会越轨犯上。

“稽疑：择建立卜筮人，乃命卜筮，曰雨，曰济，曰涕，曰雾，曰克，曰贞，曰悔，凡七。卜五，占之用二，衍貣。立时人为卜筮，三人占则从二人之言。女则有大疑，谋及女心，谋及卿士，谋及庶人，谋及卜筮。女则从。龟从，筮从，卿士从，庶民从，是之谓大同，而身其康强，而子孙其逢吉。女则从，龟从，筮从，卿士逆，庶民逆，吉。卿士从，龟从，筮从，女则逆，庶民逆，吉。庶民从，龟从，筮从，女则逆，卿士逆，吉。女则从，龟从，筮逆，卿士逆，庶民逆，作内吉，作外凶。龟筮共违于人，用静吉，用作凶。

解决疑难问题的方法：选择任用精通卜筮的人，并建立机构。叫他们卜筮。龟兆有的像下雨，有的像雨后云气将散，有的像云气连绵，有的像雾气蒙蒙，有的像交错相互攻击，有的正正堂堂，有的隐晦不明，卦象总共七种。龟卜有五种，筮占有两种，推演变化以解决疑难。任用懂兆卦的人担任卜筮的官职，假如三个人占卜，就听从两个兆纹相同的。假如你有重大疑难问题，首先你要独自认真思考，其次和卿士商量，和百姓商量，最后用占卜决断。如果你赞同，龟卜赞同，占筮赞同，卿士赞同，百姓赞同，这就是大同，那么你一定强健安康，你的子孙也会兴旺，吉利。如果你赞同，龟卜赞同，占筮赞同，卿士反对，百姓反对，这就吉利。如果卿士赞同，龟卜赞同，占筮赞同，你反对，百姓反对，这也吉利。如果百姓赞同，龟卜赞同，占筮赞同，你反对，卿士反对，这还吉利。如果你赞同，龟卜赞同，占筮反对，卿士反对，百姓反对，在境内办事吉利，在境外办事凶险。如果龟卜、古筮都和人的谋划相违背，安静无所作为就吉利，有所举动就凶险。

“庶征：曰雨，曰阳，曰奥，曰寒，曰风，曰时。五者来备，各以其序，庶草繁庑。一极备，凶。一极亡，凶。曰休征：曰肃，时雨若；曰治，时旸若；曰知，时奥若；曰谋，时寒若；曰圣，时风若。曰咎征：曰狂，常雨若；曰僭，常旸若；曰舒，常奥若；曰急，常寒若；曰雾，常风若。王眚维岁，卿士维月，师尹维日。岁、月、日、时毋易，百谷用成，治用明，畯民用章，家用平康。日、月、岁、时既易，百谷用不成，治用昏不明，畯民用微，家用不宁。庶民维星，星有好风，星有好雨。日月之行，有冬有夏。月之从星，则以风雨。

各种征兆：或是下雨，或是天晴，或是暖和，或是寒冷，或是刮风，或是都合乎时令。如果五种自然气象完备，各按照它们的次序发生，各种植物就会茂盛。一种气象过多发生，就会发生凶灾。一种气象过缺，同样会发生凶灾。再说君王行善事的美好征验：君主恭敬严肃，雨水就会按时滋润万物；君主政治廉洁，阳光就会按时普照大地；君主明智，温暖就会适时到来；君主有谋略，气候就会寒冷适度；君主圣明，风就调和顺时。再说君主丑恶行为的征验：君主若狂妄，就会久雨不停；君主若僭越不轨，就会久晴不下雨；君主安于享乐，就会久热不散；君主行事急躁，就会常久寒冷；君主昏昧不明，就会刮风不止。君王决策有错误，就会影响一年；卿士管理有错误，就会影响一月；官吏办事有错误，就会影响一天。年、月、日的时令都正常不变，百谷就会丰收，政治就会光明，有才能的人就会被任用，国家就会太平安康。日、月、岁的时令颠倒错乱，百谷就会不收，政治就会昏暗不明，有才能的人就会被压制，国家就不会安宁。百姓就像天上的众星，有的星喜爱风，有的星喜好雨。日月按规律运行，有冬天，有夏天。月亮如果跟随众星运行，就会招致多风，多雨。

“五福：一曰寿，二曰富，三曰康宁，四曰攸好德，五曰考终命。六极：一曰凶、短、折，二曰疾，三曰忧，四曰贫，五曰恶，六曰弱。”

五种幸福的事：一是长寿，二是富有，三是健康安宁，四是德行好，五是长寿善终。六种灾祸：一是夭折，二是多病，三是忧愁，四是贫穷，五是丑陋，六是懦弱。

于是武王乃封箕子于朝鲜而不臣也。

于是武王就把箕子封在朝鲜，而不把他看作周室的臣子。

其后箕子朝周，过故殷虚，感宫室毁坏，生禾黍，箕子伤之，欲哭则不可，欲泣为其近妇人，乃作《麦秀》之诗以歌咏之。其诗曰："麦秀渐渐兮，禾黍油油。彼狡童兮，不与我好兮！"所谓狡童者，纣也。殷民闻之，皆为流涕。

以后箕子朝见周王，经过殷都的旧墟，有感于宫室毁坏，禾黍丛生，箕子内心伤感，想放声大哭有所顾及，想哭泣又觉得有点像妇女，于是作了《麦秀》之诗，借歌咏来抒发内心的伤感。这首诗说："麦芒尖尖啊，禾黍绿油油。那个狡诈的孩子呀，不跟我亲近啊！"所说的狡诈孩子，是指纣王。殷朝的遗民听到这首诗，无不为之感伤流泪。

武王崩，成王少，周公旦代行政当国。管蔡疑之，乃与武庚作乱，欲袭成王、周公。周公既承成王命诛武庚，杀管叔，放蔡叔，乃命微子开代殷后，奉其先祀，作《微子之命》以申之，国于宋。微子故能仁贤，乃代武庚，故殷之余民甚戴爱之。

周武王逝世，成王年幼，周公旦代行王权，掌管国家大事。管叔、蔡叔怀疑周公有二心，就联合武庚起兵叛乱，想袭击成王、周公。周公已经奉成王的命令诛武庚，杀管叔，流放蔡叔，于是命微子启代替武庚为殷朝的后嗣，供奉他祖先的祭祀，就写作了《微子之命》加以申述，在宋地建国。微子本来就仁义贤能，于是代替武庚，所以殷代的余民很爱戴他。

微子开卒，立其弟衍，是为微仲。微仲卒，子宋公稽立。宋公稽卒，子丁公申立。丁公申卒，子湣公共立。湣公共卒，弟炀公熙立。炀公即位，湣公子鲋祀弑炀公而自立，曰"我当立"，是为厉公。厉公卒，子釐公举立。

微子启去世，扶立他的弟弟衍，这就是微仲。微仲去世，儿子宋公稽即位。宋公稽去世，儿子丁公申即位。丁公申去世，儿子湣公共即位。湣公共去世，弟弟炀公熙即位。炀公即位，湣公的儿子鲋祀杀死炀公夺取君位，并说"我应当即位"，这就是厉公。厉公去世，儿子釐公举即位。

釐公十七年，周厉王出奔彘。

釐公十七年，周厉王逃出国奔到彘地。

二十八年，釐公卒，子惠公覸立。惠公四年，周宣王即位。三十年，惠公卒，子哀公立。哀公元年卒，子戴公立。

二十八年，釐公死去，儿子惠公覸即位。惠公四年，周宣王即位。三十年，惠公去世，儿子哀公即位。哀公元年死去，儿子戴公即位。

戴公二十九年，周幽王为犬戎所杀，秦始列为诸侯。

戴公二十九年，周幽王被犬戎杀害，秦国开始被封为诸侯。

三十四年，戴公卒，子武公司空立。武公生女为鲁惠公夫人，生鲁桓公。十八年，武公卒，子宣公力立。

三十四年，戴公去世，儿子武公司空即位。武公生的女儿嫁给鲁惠公为夫人，生了鲁桓公。十八年，武公去世，儿子宣公力即位。

宣公有太子与夷。十九年，宣公病，让其弟和，曰："父死子继，兄死弟及，天下通义也。我其立和。"和亦三让而受之。宣公卒，弟和立，是为穆公。

宣公有太子名叫与夷。十九年，宣公患病，把君位让与他的弟弟和，说："父亲死了儿子即位，哥哥死了弟弟即位，是天下的通义，我要立和为国君。"和经过三次推让，最后才接受。宣公去世，弟弟和即位，这就是穆公。

穆公九年，病，召大司马孔父谓曰："先君宣公舍太子与夷而立我，我不敢忘。我死，必立与夷也。"孔父曰："群臣皆愿立公子冯。"穆公曰："毋立冯，吾不可以负宣公。"于是穆公使冯出居于郑。八月庚辰，穆公卒，兄宣公子与夷立，是为殇公。君子闻之，曰："宋宣公可谓知人矣，立其弟以成义，然卒其子复享之。"

穆公九年，病重，召大司马孔父立遗嘱说："先君宣公舍弃太子与夷把君位传给我，我不敢忘记。我死后，一定要立与夷为国君。"孔父说："群臣都希望立公子冯。"穆公说："不要立冯，我不可以辜负宣公。"于是穆公让公子冯到郑国去居住。八月庚辰日，穆公逝世，他哥哥宣公的儿子与夷即位，这就是殇公。君子听到这件事，说："宋宣公可算是知人了，传位给他的弟弟成全了道义，然而他的儿子最终重新享有君位。"

殇公元年，卫公子州吁弑其君完自立，欲得诸侯，使告于宋曰："冯在郑，必为乱，可与我伐之。"宋许之，与伐郑，至东门而还。二年，郑伐宋，以报东门之役。其后诸侯数来侵伐。

殇公元年，卫公子州吁杀死他的国君完夺取君位，为了获得诸侯承认，遣使告诉宋国说："公子冯在郑国，定会作乱，可以和我国共同征讨他。"宋君答应了，便和卫国攻伐郑国，到达郑国东门而还师。二年，郑国攻打宋国，来报复东门战役。这以后诸侯多次来讨伐宁国。

九年，大司马孔父嘉妻好，出道遇太宰华督，督说，目而观之。督利孔父妻，乃使人宣言国中曰："殇公即位十年耳，而十一战，民苦不堪，皆孔父为之，我且杀孔父以宁民。"是岁，鲁弑其君隐公。十年，华督攻杀孔父，取其妻。殇公怒，遂弑殇公，而迎穆公子冯于郑而立之，是为庄公。

《东周列国志》版画之立新君华督行赂图，讲述宋国华督谋杀宋殇公，另立新君，为防诸侯干涉，行贿于各诸侯国之事。

九年。大司马孔父嘉漂亮的妻子外出，路上遇见太宰华督，华督喜爱她，目不转睛地看着她。华督想霸占孔父的妻子，因此派人在国中扬言说："殇公即位不过十年，却打了十一次战，百姓苦不堪言，这都是孔父造成的，我将杀死孔父来安抚百姓。"这一年，鲁国杀死他的国君隐公。十年，华督杀了孔父，夺取了他的妻子。殇公发怒，华督就又杀了殇公，从郑国迎回穆公的儿子冯立为国君，这就是庄公。

庄公元年，华督为相。九年，执郑之祭仲，要以立突为郑君。祭仲许，竟立突。十九年，庄公卒，子湣公捷立。

庄公元年，华督当了丞相。九年，逮捕郑国的祭仲，要挟他立突为郑国国君。祭仲答应，终于拥立突为君。十九年，庄公去世，儿子湣公捷即位。

湣公七年，齐桓公即位。九年，宋水，鲁使臧文仲往吊水。湣公自罪曰："寡人以不能事鬼神，政不修，故水。"臧文仲善此言。此言乃公子子鱼教湣公也。

湣公七年，齐桓公即位。九年，宋国发生水灾，鲁国派臧文仲前来慰问水灾。湣公自责说："因为我不能侍奉鬼神，政治不廉明，所以才发生水灾。"臧文仲很赞成他说的话。这些话其实是公子鱼教湣公说出来的。

十年夏，宋伐鲁，战于乘丘，鲁生虏宋南宫万。宋人请万，万归宋。十一年秋，湣公与南宫万猎，因博争行，湣公怒，辱之，曰："始吾敬若；今若，鲁虏也。"万有力，病此言，遂以局杀湣公于蒙泽。大夫仇牧闻之，以兵造公门。万搏牧，牧齿著门阖死。因杀太宰华督，乃更立公子游为君。诸公子奔萧，公子御说奔亳。万弟南宫牛将兵围亳。冬，萧及宋之诸公子共击杀南宫牛，杀宋新君游而立湣公弟御说，是为桓公。宋万奔陈。宋人请以赂陈，陈人使妇人饮之醇酒，以革裹之，归宋。宋人醢万也。

十年夏天，宋国攻打鲁国，在乘丘交战，鲁国活捉了宋国的南宫万。宋国请求鲁国释放南宫万，南宫万回到宋国。十一年秋天,湣公和南宫万一同狩猎,因为下棋争道,湣公动怒,侮辱南宫万说:"原来我敬重你,现今你不过是鲁国的俘虏。"南宫万有力气,对这句话很反感,于是在蒙泽抓起棋盘砸死湣公。大夫仇牧听到这件事,带着武器到湣公门,南宫万搏击仇牧,仇牧的牙齿撞在门扇上死了。南宫万于是又杀死太宰华督,改立公子游为国君。诸位公子投奔到萧邑,公子御说逃到亳邑。南宫万的弟弟南宫牛率兵围攻亳邑。冬天,萧邑大夫和宋国诸位公子共同攻杀南宫牛,并杀死宋君游而迎立湣公的弟弟御说,这就是桓公。南宫万逃到陈国。宋国以重金贿赂陈国。陈国派妇女用醇酒灌醉南宫万,用皮革把他包裹起来,送给宋国。宋国把南宫万砍成了肉酱。

桓公二年,诸侯伐宋,至郊而去。三年,齐桓公始霸。二十三年,迎卫公子毁于齐,立之,是为卫文公。文公女弟为桓公夫人。秦缪公即位。三十年,桓公病,太子兹甫让其庶兄目夷为嗣。桓公义太子意,竟不听。三十一年春,桓公卒,太子兹甫立,是为襄公。以其庶兄目夷为相。未葬,而齐桓公会诸侯于葵丘。襄公往会。

桓公二年,诸侯讨伐宋国,进攻到国都郊外才退走。三年,齐桓公开始称霸。二十三年,宋桓公从齐国迎卫公子毁立为卫君,这就是卫文公。文公的妹妹是宋桓公的夫人。秦缪公即位。三十年,桓公病重,太子兹甫让给他的庶兄目夷为继承人。桓公虽然认为太子的想法合乎道义,但最终不听从。三十一年春天,桓公去世,太子兹甫即位,这就是襄公。任命他的庶兄目夷为丞相。桓公尚未埋葬,齐桓公在葵丘会合诸侯,襄公前去赴会。

襄公七年,宋地霣星如雨,与雨偕下;六鶂退蜚,风疾也。

襄公七年,宋国流星似雨,和雨一块坠落;六只鶂鸟倒退飞行,是因为风力太大风速太快。

八年,齐桓公卒,宋欲为盟会。十二年春,宋襄公为鹿上之盟,以求诸侯于楚,楚人许之。公子目夷谏曰:"小国争盟,祸也。"不听。秋,诸侯会宋公盟于盂。目夷曰:"祸其在此乎?君欲已甚,何以堪之!"于是楚执宋襄公以伐宋。冬,会于亳,以释宋公。子鱼曰:"祸犹未也。"十三年夏,宋伐郑。子鱼曰:"祸在此矣。"秋,楚伐宋以救郑。襄公将战,子鱼谏曰:"天之弃商久矣,不可。"冬,十一月,襄公与楚成王战于泓。楚人未济,目夷曰:"彼众我寡,及其未济击之。"公不听。已济未陈,又曰:"可击。"公曰:"待其已陈。"陈成,宋人击之。宋师大败,襄公伤股。国人皆怨公。公曰:"君子不困人于厄,不鼓不成列。"子鱼曰:"兵以胜为功,何常言与!必如公言,即奴事之耳,又何战为?"

八年,齐桓公去世,宋襄公想召集诸侯会盟。十二年春天,宋襄公和齐、楚在鹿上会盟,请求楚国出面邀请更多的诸侯会盟,楚国答应。公子目夷进谏说:"小国与大国争当盟主,是祸患呀!"襄公不听。秋天,诸侯和宋襄公在盂地会盟。目夷说:"大祸将会在这里吧?君王的欲望太过分了,大国怎么能容你这么干!"于是楚国扣押宋襄公,起兵讨伐宋国。冬天,诸侯在亳地相会,楚国因此释放了宋襄公。子鱼说:"灾难还没有完结。"十三年夏天,宋国征讨郑国。子鱼说:"大祸就在这里。"秋天,楚国攻打宋国来援救郑国。宋襄公将要和楚军开战,子鱼进谏说:"上天抛弃殷朝已经很久了,绝对不可开战。"冬天十一月,宋襄公和楚成王在泓水交战。楚军还没渡完河,目夷说:"楚国军队多,我们军队少,可以趁楚军没有全部过河,我们先发起攻击。"襄公不听。楚军已经全部渡过河,还没有排好阵势,目夷又说:"现在可以攻击了。"襄公说:"等到他们排好阵势再打。"楚军的阵势已经排好,宋军发起进攻,结果宋军大败,襄公的大腿受伤。宋国人都埋怨襄公。襄公却说:"君子不乘人之危使人更窘迫,不攻击没有排好阵势的敌人。"子鱼说:"用兵打仗以取胜为功绩,何必墨守庸人的陈词滥调!一定像你说的,那就去当楚国的奴隶算了,又何必与楚国交战呢!"

楚成王已救郑,郑享之;去而取郑二姬以归。叔瞻曰:"成王无礼,其不没乎?为礼卒于无别,有以知其不遂霸也。"

楚成王已经救了郑国,郑君用礼宴款待他;走的时候,楚成王娶了郑君的两个女儿才回来。叔瞻说:"楚成王如此无礼,他将不得好死!接受礼宴,最终弄到男女无别的境地,由此可知他不能成就霸业了。"

是年,晋公子重耳过宋,襄公以伤于楚,欲得晋援,厚礼重耳以马二十乘。

这一年,晋公子重耳经过宋国,襄公因为被楚军打伤,想得到晋国的援助,所以厚礼款待重耳,送给他二十乘马。

十四年夏，襄公病伤于泓而竟卒，子成公王臣立。

十四年夏天，襄公因为在泓水受伤，终于发病去世，儿子成公王臣即位。

成公元年，晋文公即位。三年，倍楚盟亲晋，以有德于文公也。四年，楚成王伐宋，宋告急于晋。五年，晋文公救宋，楚兵去。九年晋文公卒。十一年，楚太子商臣弑其父成王代立。十六年，秦缪公卒。

成公元年，晋文公即位。三年，宋国背叛和楚国签订的盟约，亲近晋国，因为宋襄公对晋文公有恩。四年，楚成王讨伐宋国，宋国向晋国告急。五年，晋文公率兵援救宋国，楚军退走。九年，晋文公去世。十一年，楚太子商臣杀死他的父亲成王夺取王位。十六年，秦缪公去世。

十七年，成公卒。成公弟御杀太子及大司马公孙固而自立为君。宋人共杀君御而立成公少子杵臼，是为昭公。

十七年，成公去世。成公的弟弟御杀死太子和大司马公孙固夺取君位。宋国人共同杀死君御，拥立成公的少子杵臼，这就是昭公。

昭公四年，宋败长翟缘斯于长丘。七年，楚庄王即位。

昭公四年，宋国在长丘打败长翟缘斯。七年，楚庄王即位。

九年，昭公无道，国人不附。昭公弟鲍革贤而下士。先，襄公夫人欲通于公子鲍，不可，乃助之施于国，因大夫华元为右师。昭公出猎，夫人王姬使卫伯攻杀昭公杵臼。弟鲍革立，是为文公。

九年，昭公荒淫无道，国都内的贵族不拥护他。昭公的弟弟鲍革有才能，又礼贤下士。原先，襄公的夫人想跟公子鲍通奸，公子鲍拒绝，夫人为了讨好他就帮助他在国内广布恩惠，又借助大夫华元的关系举荐他作了右师。昭公出去狩猎，夫人王姬让卫伯刺杀昭公杵臼。弟弟鲍革即位，这就是文公。

文公元年，晋率诸侯伐宋，责以弑君。闻文公定立，乃去。二年，昭公子因文公母弟须与武、缪、戴、庄、桓之族为乱，文公尽诛之，出武、缪之族。

文公元年，晋国率领诸侯征讨宋国，责问宋国杀害昭公的事。听说文公已经正式即位，于是退兵。二年，昭公的儿子借助文公同母弟弟须的关系，联合武公、穆公、戴公、庄公、桓公家族的后代叛乱，文公把他们全部诛杀，赶走了武公、穆公的后代。

四年春，楚命郑伐宋。宋使华元将，郑败宋，囚华元。华元之将战，杀羊以食士，其御羊羹不及，故怨，驰入郑军，故宋师败，得囚华元。宋以兵车百乘、文马四百匹赎华元。未尽入，华元亡归宋。

四年，楚国让郑国讨伐宋国。宋国任命华元为统帅。郑国打败宋军。俘虏了华元。华元和郑军交战时，先杀羊犒劳士卒，他的赶车人没有吃上羊羹，所以怨恨，便赶着华元的指挥车冲到郑军阵地，所以宋军战败，华元被郑军俘虏。宋国用兵车一百乘、良马四百匹，赎回华元。兵车、良马还没有交完，华元逃回宋国。

十四年，楚庄王围郑。郑伯降楚，楚复释之。

十四年，楚庄王攻打郑国。郑伯投降楚国，楚国又释放了他。

十六年，楚使过宋，宋有前仇，执楚使。九月，楚庄王围宋。十七年，楚以围宋五月不解，宋城中急，无食，华元乃夜私见楚将子反。子反告庄王。王问："城中何如？"曰："析骨而炊，易子而食。"庄王曰："诚哉言！我军亦有二日粮。"以信故，遂罢兵去。

十六年，楚国的使臣路过宋国，宋国记恨前仇，逮捕楚国的使臣。九月，楚庄王围攻宋国。十七年，楚军围宋已经五个月仍没有解围，宋国城内危急，没有粮食，华元便趁夜私见楚将子反。子反告诉楚庄王，庄王问："城里的形势如何？"子反回答说："劈人骨头煮饭，交换子女杀着吃。"庄王说："多诚实的话呀！我们的军队也只有两天的粮食了。"楚军因为讲求信义的原因，就解围退走了。

二十二年，文公卒，子共公瑕立。始厚葬。君子讥华元不臣矣。

二十二年，文公去世，儿子共公瑕即位。宋国开始厚葬。君子讥笑华元认为他没有人臣的样子。

共公十年，华元善楚将子重，又善晋将栾书，两盟晋、楚。十三年，共公卒。华元为右师，鱼石为

左师。司马唐山攻杀太子肥，欲杀华元，华元奔晋，鱼石止之，至河乃还，诛唐山。乃立共公少子成，是为平公。

共公十年，华元和楚将子重的关系密切，又和晋将栾书的关系甚密，所以跟楚、晋两国都签订了盟约。十三年，共公去世。华元的官职是右师，鱼石的官职是左师。司马唐山攻杀太子肥，想杀华元，华元逃到晋国。鱼石阻击他，因此到达黄河边又返回来，杀了唐山。于是拥立共公的少子成，这就是平公。

平公三年，楚共王拔宋之彭城，以封宋左师鱼石。四年，诸侯共诛鱼石，而归彭城于宋。三十五年，楚公子围弑其君自立，为灵王。四十四年，平公卒，子元公佐立。

平公三年，楚共王攻占宋国的彭城，把它封给宋国的左师鱼石。四年，诸侯一起攻杀鱼石，把彭城归还给宋国。三十五年，楚公子围攻杀他的国君共王夺取王位，这就是灵王。四十四年，平公去世，儿子元公佐即位。

元公三年，楚公子弃疾弑灵王，自立为平王。八年，宋火。十年，元公毋信，诈杀诸公子，大夫华、向氏作乱。楚平王太子建来奔，见诸华氏相攻乱，建去如郑。十五年，元公为鲁昭公避季氏居外，为之求入鲁，行道卒，子景公头曼立。

元公三年，楚公子弃疾杀死灵王夺到王位，就是平王。八年，宋国发生火灾。十年，元公不守信用，用欺骗手段杀死诸位公子。大夫华氏、向氏起兵作乱。楚平王的太子建前来投奔，见华氏家族相互攻打，建又离开宋国，跑到郑国。

十五年，元公因为鲁昭公躲避季氏出居在外，为求得鲁昭公回国就四处逃跑，病死在路途，儿子景公头曼即位。

景公十六年，鲁阳虎来奔，已复去。二十五年，孔子过宋，宋司马桓魋恶之，欲杀孔子，孔子微服去。三十年，曹倍宋，又倍晋，宋伐曹，晋不救，遂灭曹有之。三十六年，齐田常弑简公。

景公十六年，鲁国阳虎前来投奔，不久又离去。二十五年，孔子经过宋国，宋国的司马桓魋憎恨孔子，想杀孔子，孔子改穿平民的服装逃离。三十年，曹国背叛和宋国的盟约，又背叛和晋国的盟约，宋国攻打曹国，晋国坐视不救，于是灭掉曹国占领了它的土地。三十六年，齐国田常杀死简公。

三十七年，楚惠王灭陈。荧惑守心。心，宋之分野也。景公忧之。司星子韦曰："可移于相。"景公曰："相，吾之股肱。"曰："可移于民。"景公曰："君者待民。"曰："可移于岁。"景公曰："岁饥民困，吾谁为君！"子韦曰："天高听卑。君有君人之言三，荧惑宜有动。"于是候之，果徙三度。

三十七年，楚惠王灭了陈国。火星占居心宿区，心宿属于宋国的分野，景公担忧。掌管星象的子韦说："可以把灾祸转移到丞相身上。"景公说："丞相，好比我的胳膊大腿。"子韦又说："可以转移给百姓。"景公说："国君要依靠的就是百姓。"子韦又说："可以转移到年成上。"景公说："年成欠收，百姓贫困，我依靠谁当国君！"子韦又说："上天高明能察知人间的细事。你有堪称国君的三句名言，火星应该移出宋国的分野了。"于是再观察，火星果然转移了三度。

六十四年，景公卒。宋公子特攻杀太子而自立，是为昭公。昭公者，元公之曾庶孙也。昭公父公孙纠，纠父公子褍秦，褍秦即元公少子也。景公杀昭公父纠，故昭公怨杀太子而自立。

六十四年，景公去世。宋公子特攻杀太子夺走君位，这就是昭公。昭公，是元公的曾庶孙。昭公的父亲是公孙纠，公孙纠的父亲是公子褍秦，褍秦就是元公的小儿子。景公杀死昭公的父亲公孙纠，所以昭公怀恨在心，杀死太子夺取君位。

昭公四十七年卒，子悼公购由立。悼公八年卒，子休公田立。休公田二十三年卒，子辟公辟兵立。辟公三年卒，子剔成立。剔成四十一年，剔成弟偃攻袭剔成，剔成败奔齐，偃自立为宋君。

昭公在位四十七年去世，儿子悼公购由即位。悼公在位八年去世，儿子休公田即位。休公在位二十三年去世，儿子辟公辟兵即位。辟公在位三年去世，儿子剔成即位。剔成四十一年，剔成的弟弟偃攻袭剔成，剔成战败，投奔齐国，偃自立为宋国国君。

君偃十一年，自立为王。东败齐，取五城；南败楚，取地三百里；西败魏军，乃与齐、魏为敌国。盛血以韦囊，县而射之，命曰"射天"。淫于酒、妇人。群臣谏者辄射之。于是诸侯皆曰"桀宋"。"宋其复为纣所为，不可不诛。"告齐伐宋。王偃立四十七年，齐湣王与魏、楚伐宋，杀王偃，遂灭宋

而三分其地。

君偃十一年，自己立为王。向东打败齐国，夺取五座城邑；向南打败楚国，攻占土地三百里；向西打败魏国。于是宋国与齐、魏成了敌国。他用皮袋装着血，高高悬挂起来用箭射击，取个名称叫“射天”。他沉溺酒色。群臣谁敢进谏他就把谁射死。于是诸侯都说：“出现了‘桀宋’。宋国又恢复了纣王的所作所为，不能不去攻伐。”诸侯要求齐国讨伐宋国。王偃在位四十七年，齐湣王和魏国、楚国讨伐宋国，杀死王偃，于是灭掉宋国，三国瓜分了宋地。

太史公曰：孔子称“微子去之，箕子为之奴，比干谏而死，殷有三仁焉”。《春秋》讥宋之乱自宣公废太子而立弟，国以不宁者十世。襄公之时，修行仁义，欲为盟主。其大夫正考父美之，故追道契、汤、高宗，殷所以兴，作《商颂》。襄公既败于泓，而君子或以为多，伤中国阙礼义，褒之也，宋襄之有礼让也。

太史公说：孔子说：“微子离去，箕子当了奴隶，比干进谏被杀，殷代有三位仁人。”《春秋》讥讽宋国的混乱从宣公废太子立他弟弟开始，故国家不安定长达十世。襄公的时候，修治推行仁义措施，想当盟主。他的大夫正考父为了赞扬他，就追述契、汤、高宗时期殷朝兴盛的原因，作成《商颂》。襄公已经在泓水战败，而君子仍认为他值得称道。这是由于他痛感中原地区国家的礼义沦丧，所以褒奖他，肯定宋襄公的礼让精神。

史记第三十九卷

晋世家第九

晋唐叔虞者，周武王子而成王弟。初，武王与叔虞母会时，梦天谓武王曰：“余命女生子，名虞，余与之唐。”及生子，文在其手曰“虞”，故遂因命之曰虞。

晋国的唐叔虞，是周武王的儿子，成王的弟弟。起初，武王和叔虞的母亲结合时，叔虞的母亲梦见天神对武王说：“我让你生个儿子，名叫虞，我把唐地赐给他。”等到生下儿子，有字在他的手心上果然就是“虞”，就因此给他起名叫虞。

武王崩，成王立，唐有乱，周公诛灭唐。成王与叔虞戏，削桐叶为珪以与叔虞，曰：“以此封若。”史佚因请择日立叔虞。成王曰：“吾与之戏耳。”史佚曰：“天子无戏言。言则史书之，礼成之，乐歌之。”于是遂封叔虞于唐。唐在河、汾之东，方百里，故曰唐叔虞。姓姬氏，字子于。

武王逝世，成王即位，唐地发生叛乱，周公率兵攻伐平定了唐地的叛乱。成王和叔虞开玩笑，把桐树叶削成珪的形状把它送给叔虞，说：“用这个封你。”史佚因而请求选择吉日封叔虞。成王说：“我是跟他开玩笑的。”史佚说：“天子没有开玩笑的话。话一出口史官就记载它，礼仪就完成它，乐章就歌唱它。”于是就把叔虞封在唐地。唐地在黄河、汾河的东边，纵横一百里，所以称为唐叔虞。姓姬，字子于。

唐叔子燮，是为晋侯。晋侯子宁族，是为武侯。武侯之子服人，是为成侯。成侯子福，是为厉侯。厉侯之子宜臼，是为靖侯。靖侯已来，年纪可推。自唐叔至靖侯五世，无其年数。

唐叔的儿子名燮，这就是晋侯。晋侯的儿子名宁族，这就是武侯。武侯的儿子名服人，这就是成侯。成侯的儿子名福，这就是厉侯。厉侯的儿子名宜臼，这就是靖侯。从靖侯以后，年代可以推算。从唐叔到靖侯经过五代，没有记载他们的在位年数。

靖侯十七年，周厉王迷惑暴虐，国人作乱，厉王出奔于彘，大臣行政，故曰“共和”。

靖侯十七年，周厉王迷惑暴虐，国都内的人纷纷叛乱，厉王出逃奔往彘地，大臣代理行使朝廷政事，所以叫“共和”。

十八年，靖侯卒，子釐侯司徒立。釐侯十四年，周宣王初立。十八年，釐侯卒，子献侯籍立。献侯十一年卒，子穆侯费王立。

十八年，靖侯去世，儿子釐侯司徒即位。釐侯十四年，周宣王刚刚即位。十八年，釐侯去世，儿子献侯籍即位。献侯在位十一年去世，儿子穆侯费王即位。

穆侯四年，取齐女姜氏为夫人。七年，伐条。生太子仇。十年，伐千亩，有功。生少子，名曰成师。晋人师服曰："异哉，君之命子也！太子曰仇，仇者雠也。少子曰成师，成师大号，成之者也。名，自命也；物，自定也。今適庶名反逆，此后晋其能毋乱乎！"

穆侯四年，娶齐国姜姓女为夫人。七年，讨伐条城。生太子取名叫仇。十年，讨伐千亩，有战绩。小儿子降生，取名叫成师。晋国的师服说："奇怪啊！君王给儿子起名，太子叫仇，仇就是仇敌的意思。小儿子叫成师，成师是大号，是有成就的意思。名号是自己命的，内容实质是自己的行为确定的。如今嫡子、庶子的名号相反相逆，这以后晋国难道能不出乱子吗？"

二十七年，穆侯卒，弟殇叔自立，太子仇出奔。殇叔三年，周宣王崩。四年，穆侯太子仇率其徒袭殇叔而立，是为文侯。

二十七年，穆侯去世，弟弟殇叔夺取君位，太子仇出国流亡。殇叔三年，周宣去世。四年，穆侯的太子仇率领他的党羽袭击殇叔夺回君位，这就是文侯。

文侯十年，周幽王无道，犬戎杀幽王，周东徙。而秦襄公始列为诸侯。

文侯十年，周幽王残暴无道，犬戎攻杀幽王，周室迁向东。秦襄公开始被封为诸侯。

三十五年，文侯仇卒，子昭侯伯立。

三十五年，文侯仇去世，儿子昭侯伯即位。

昭侯元年，封文侯弟成师于曲沃。曲沃邑大于翼。翼，晋君都邑也。成师封曲沃，号为桓叔。靖侯庶孙栾宾相桓叔。桓叔是年五十八矣，好德，晋国之众皆附焉。君子曰："晋之乱其在曲沃矣。末大于本而得民心，不乱何待？"

昭侯元年，把文侯的弟弟成师封在曲沃。曲沃城邑比翼城还大。翼城，是晋国的都城。成师封在曲沃，号称桓叔。靖侯的庶孙栾宾做桓叔的丞相。桓叔这时年纪五十八岁了，好修德行，晋国的民众都归顺于他。君子说："晋国的乱子将会出在曲沃了。末枝大于本干，而且深得民心，不乱还能等待什么呢？"

七年，晋大臣潘父弑其君昭侯而迎曲沃桓叔。桓叔欲入晋，晋人发兵攻桓叔。桓叔败，还归曲沃。晋人共立昭侯子平为君，是为孝侯。诛潘父。

七年，晋国的大臣潘父杀了他的国君昭侯，迎接曲沃桓叔。桓叔想入居晋国，但晋国人进兵讨伐桓叔。桓叔败退，转身回到曲沃。晋国人共同立昭侯的儿子平为国君，这就是孝侯；杀了潘父。

孝侯八年，曲沃桓叔卒，子鳝代桓叔，是为曲沃庄伯。孝侯十五年，曲沃庄伯弑其君晋孝侯于翼，晋人攻曲沃庄伯，庄伯复入曲沃。晋人复立孝侯子郄为君，是为鄂侯。

孝侯八年，曲沃桓叔去世，儿子鳝接替桓叔，这就是曲沃庄伯。孝侯十五年，曲沃庄伯在翼城杀死他的国君孝侯。晋国人进攻曲沃庄伯，庄伯重新回到曲沃。晋国人又扶立孝侯的儿子郄为国君，这就是鄂侯。

鄂侯二年，鲁隐公初立。

鄂侯二年，鲁国隐公刚刚即位。

鄂侯六年卒。曲沃庄伯闻晋鄂侯卒，乃兴兵伐晋。周平王使虢公将兵伐曲沃庄伯，庄伯走保曲沃。晋人共立鄂侯子光，是为哀侯。

鄂侯在位六年去世。曲沃庄伯听说晋鄂侯去世，就发兵讨伐晋国。周平王派虢公率兵讨伐曲沃庄伯，庄伯退保曲沃。晋国人共同扶立鄂侯的儿子光，这就是哀侯。

哀侯二年，曲沃庄伯卒，子称代庄伯立，是为曲沃武公。哀侯六年，鲁弑其君隐公。哀侯八年，晋侵陉廷。陉廷与曲沃武公谋，九年，伐晋于汾旁，虏哀侯。晋人乃立哀侯小子为君，是为小子侯。

哀侯二年，曲沃庄伯去世，儿子称接替庄伯即位，这就是曲沃武公。哀侯六年，鲁国杀死他的国君隐公。哀侯八年，晋国进攻陉廷。陉廷和曲沃武公合谋，九年，在汾水旁攻打晋国，俘虏了哀侯。

晋国人就立哀侯的儿子小子为国君，这就是小子侯。

小子元年，曲沃武公使韩万杀所虏晋哀侯。曲沃益强，晋无如之何。

小子元年，曲沃武公派韩万杀死俘获的晋哀侯。曲沃的势力越发强大，晋国对它无可奈何。

晋小子之四年，曲沃武公诱召晋小子杀之。周桓王使虢仲伐曲沃武公，武公入于曲沃，乃立晋哀侯弟缗为晋侯。

晋小子侯四年，曲沃武公诱骗晋国的小子侯，把他杀了。周桓王派虢仲率兵攻打曲沃武公，武公退回曲沃。就扶立晋哀侯的弟弟缗为晋侯。

晋侯缗四年，宋执郑祭仲而立突为郑君。晋侯十九年，齐人管至父弑其君襄公。

晋侯缗四年，宋国活捉郑国的祭仲要挟他立突做郑国国君。晋侯十九年，齐国人管至父杀死他的国君襄公。

晋侯二十八年，齐桓公始霸。曲沃武公伐晋侯缗，灭之，尽以其宝器赂献于周釐王。釐王命曲沃武公为晋君，列为诸侯，于是尽并晋地而有之。

晋侯二十八年，齐桓公开始称霸。曲沃武公攻打晋侯缗，灭了晋国，用晋国的全部珍宝器物贿赂周釐王。釐王命令曲沃武公为晋国国君，封他为诸侯，于是他把晋国的土地全部吞并，归为己有。

曲沃武公已即位三十七年矣，更号曰晋武公。晋武公始都晋国，前即位曲沃，通年三十八年。

曲沃武公已经即位三十七年了，更改名号为晋武公。晋武公开始把晋国的都城作为都城，以前在曲沃即位，总计在位的年数是三十八年。

武公称者，先晋穆侯曾孙也，曲沃桓叔孙也。桓叔者，始封曲沃。武公，庄伯子也。自桓叔初封曲沃以至武公灭晋也，凡六十七岁，而卒代晋为诸侯。武公伐晋二岁，卒。与曲沃通年，即位凡三十九年而卒。子献公诡诸立。

武公称，是从前晋穆侯的曾孙，曲沃桓叔的孙子。桓叔，开始封在曲沃。武公，是庄伯的儿子。自从桓叔开始封在曲沃，到武公灭掉晋国，共六十七年，最终取代晋国成为诸侯。武公取代晋以后二年去世。和在曲沃总计共在位三十九年去世。儿子献公诡诸即位。

献公元年，周惠王弟颓攻惠王，惠王出奔，居郑之栎邑。

献公元年，周惠王的弟弟颓攻打惠王，惠王出外奔逃，居住在郑国的栎邑。

五年，伐骊戎，得骊姬、骊姬弟，俱爱幸之。

五年，晋国讨伐骊戎，虏得骊姬、骊姬的妹妹，献公都宠爱她们。

八年，士蒍说公曰："故晋之群公子多，不诛，乱且起。"乃使尽杀诸公子，而城聚都之，命曰绛，始都绛。九年，晋群公子既亡奔虢，虢以其故再伐晋，弗克。十年，晋欲伐虢，士蒍曰："且待其乱。"

八年，士蒍劝谏献公说："原来晋国的一大群公子人数很多，不杀死他们，祸乱将会兴起。"于是派人把诸位公子全都杀死。在聚地筑城建立国都，起名叫绛，开始建都在绛。九年，晋国的一大群公子已经逃亡到虢国，虢国由于他们的缘故再次讨伐晋国，没有取胜。十年，晋国想讨伐虢国，士蒍说："暂且等待它发生内乱。"

十二年，骊姬生奚齐。献公有意废太子，乃曰："曲沃吾先祖宗庙所在，而蒲边秦，屈边翟，不使诸子居之，我惧焉。"于是使太子申生居曲沃，公子重耳居蒲，公子夷吾居屈。献公与骊姬子奚齐居绛。晋国以此知太子不立也。太子申生，其母齐桓公女也，曰齐姜，早死。申生同母女弟为秦缪公夫人。重耳母，翟之狐氏女也。夷吾母，重耳母女弟也。献公子八人，而太子申生、重耳、夷吾皆有贤行。及得骊姬，乃远此三子。

十二年，骊姬生了儿子奚齐。献公有意废掉太子，就说："曲沃是我祖先宗庙的所在地，蒲邑靠近秦国，屈邑靠近翟族，如若不派各位儿子在那里镇守，我很害怕出事。"于是派遣太子申生驻守曲沃，公子重耳驻守蒲邑，公子夷吾驻守屈邑。献公和骊姬的儿子奚齐驻守在绛城。晋国人因此知道太子将被废掉。太子申生，他母亲是齐桓公的女儿，名叫齐姜，死得早，与申生同母亲的妹妹是秦缪公的夫人。重耳的母亲，是翟族狐氏的女子。夷吾的母亲，是重耳母亲的妹妹。献公有八个儿子，太子申生、重耳、夷吾都有贤能德行。等到献公得到骊姬后，就与这三个儿子疏远了。

十六年，晋献公作二军。公将上军，太子申生将下军，赵夙御戎，毕万为右，伐灭霍，灭魏，灭耿。

还，为太子城曲沃，赐赵夙耿，赐毕万魏，以为大夫。士蒍曰："太子不得立矣。分之都城，而位以卿，先为之极，又安得立！不如逃之，无使罪至。为吴太伯，不亦可乎，犹有令名。"太子不从。卜偃曰："毕万之后必大。万，盈数也；魏，大名也。以是始赏，天开之矣。天子曰兆民，诸侯曰万民，今命之大，以从盈数，其必有众。"初，毕万卜仕于晋国，遇《屯》之《比》。辛廖占之曰："吉。屯固比入，吉孰大焉。其后必蕃昌。"

十六年，晋献公建立二军。献公自己统率上军，太子申生统率下军，赵夙驾驭公车，毕万担任护卫，灭掉霍、魏、耿三个小国。回师后，替太子建筑曲沃城，把耿地赐给赵夙，把魏地赐给毕万，任命他们为大夫官。士蒍说："太子不能够即位了。分给了先君的都城，安排了卿的地位，预先把禄位提到人臣的最高点，又怎么能即位！太子不如逃跑，不要等大罪降临。做吴太伯一样的人，不也可以吗，还落个好名声。"太子不听。卜偃说："毕万的后代一定会强大。万，是满数；魏，是大名称。把魏地赐给毕万，等于是天开通他的福祉了。天子有兆民，诸侯有万民，现在给他取个大名，又依从满数，他一定会拥有民众。"起初，毕万占卜，询问在晋国仕途的吉凶，遇到"屯卦"演成"比卦"。辛廖预测卦兆说："吉利。屯卦意谓着坚固，比卦意谓着深入，还有什么比这更吉利呢！他的后代必定会繁息昌盛。"

十七年，晋侯使太子申生伐东山。里克谏献公曰："太子奉冢祀社稷之粢盛，以朝夕视君膳者也，故曰冢子。君行则守，有守则从，从曰抚军，守曰监国，古之制也。夫率师，专行谋也；誓军旅，君与国政之所图也：非太子之事也。师在制命而已，禀命则不威，专命则不孝，故君之嗣適不可以帅师。君失其官，率师不威，将安用之？"公曰："寡人有子，未知其太子谁立？"里克不对而退。见太子，太子曰："吾其废乎？"里克曰："太子勉之！教以军旅，不共是惧，何故废乎？且子惧不孝，毋惧不得立。修己而不责人，则免于难。"太子帅师，公衣之偏衣，佩之金玦。里克谢病，不从太子。太子遂伐东山。

十七年，晋献公派太子申生征讨东山。里克劝谏献公说："太子是供奉宗庙祭祀、社稷大祭祭品，和早晚侍奉检验君王饮食的人，所以叫做冢子。君王出行，太子留守，有专人留守，太子就随从君王出行，随从叫做抚军，留守叫做监国，这是古代的制度。统率军队，就必须制定策略，对军队发号施令，这是国君和正卿的职责。这些都不是太子的事。统率军队在于控制命令而已，如要太子向国君报告请示，就没有威严，如果独断专行，就是不孝，所以国君的继承人不应该统率军队。国君让太子统率军队是错误的安排，而且太子统率军队也没有威严，怎么能打仗呢？"献公说："我有几个儿子，不知道该立谁为太子？"里克没有回答而退出，见太子，太子问："我将被废掉吧？"里克说："太子勉励吧！让你统率军队，只怕不能完成任务，为什么会被废除呢？而且做儿子的应该怕的是不孝，不应该怕不能立为国君。严格要求自己不要责怪他人，就可以免灾。"太子统率军队，献公给他穿上左右异色的偏衣，并佩戴金玦。里克假装有病，没有跟随太子出征。太子就去讨伐东山。

十九年，献公曰："始吾先君庄伯、武公之诛晋乱，而虢常助晋伐我，又匿晋亡公子，果为乱。弗诛，后遗子孙忧。"乃使荀息以屈产之乘假道于虞。虞假道，遂伐虢，取其下阳以归。

十九年，献公说："从前我的先君庄伯、武公平定晋乱的时候，虢国常常帮助晋国攻打我们，又藏匿晋国的逃亡公子，果真作乱，不去讨伐，以后会给子孙留下忧患。"于是派荀息用屈地产的名马去向虞国借道。虞君答应借给道路，晋国就发兵讨伐虢国，夺取虢国的下阳而归。

献公私谓骊姬曰："吾欲废太子，以奚齐代之。"骊姬泣曰："太子之立，诸侯皆已知之，而数将兵，百姓附之，奈何以贱妾之故废適立庶？君必行之，妾自杀也。"骊姬详誉太子，而阴令人谮恶太子，而欲立其子。

献公私下对骊姬说："我想废掉太子，用奚齐取代他。"骊姬哭泣着说："太子的确立，诸侯都已经知道了，而且太子多次率军征伐，百姓归附他，怎么能因为贱妾的缘故废嫡子立庶子呢？君王一定要这样做，妾就自杀了。"骊姬假装赞誉太子，而暗中叫人谗毁中伤太子，想立她的儿子奚齐为太子。

二十一年，骊姬谓太子曰："君梦见齐姜，太子速祭曲沃，归釐于君。"太子于是祭其母齐姜于曲沃，上其荐胙于献公。献公时出猎，置胙于宫中。骊姬使人置毒药胙中。居二日，献公从猎来还，宰

人上胙献公，献公欲飨之。骊姬从旁止之，曰："胙所从来远，宜试之。"祭地，地坟；与犬，犬死；与小臣，小臣死。骊姬泣曰："太子何忍也！其父而欲弑代之，况他人乎？且君老矣，旦暮之人，曾不能待而欲弑之！"谓献公曰："太子所以然者，不过以妾及奚齐之故。妾愿子母辟之他国，若早自杀，毋徒使母子为太子所鱼肉也。始君欲废之，妾犹恨之；至于今，妾殊自失于此。"太子闻之，奔新城。献公怒，乃诛其傅杜原款。或谓太子曰："为此药者乃骊姬也，太子何不自辞明之？"太子曰："吾君老矣，非骊姬，寝不安，食不甘。即辞之，君且怒之。不可。"或谓太子曰："可奔他国。"太子曰："被此恶名以出，人谁内我？我自杀耳。"十二月戊申，申生自杀于新城。

二十一年，骊姬对太子说："君王梦见齐姜，你快到曲沃齐姜庙祭祀，然后把祭肉送给君王。"于是太子在曲沃祭祀他的母亲齐姜，把荐享过的祭肉奉献给献公。献公当时外出打猎，把祭肉放在宫中。骊姬派人在祭肉里施了毒药。过了两天，献公打猎回来，厨师把祭肉呈给献公，献公将要食用，骊姬从旁制止，说："祭肉从远方而来，应该先试试。"把祭肉放在地上，地面隆起；给狗吃，狗当时死去；给小宦官吃，小宦官立即死亡。骊姬哭泣说："太子怎么忍心这样做，连他的父亲都想杀死取而代之，何况其他人呢？而且君王年纪已老，命在旦夕之间，竟然不能等待而要杀害你！"接着对献公说："太子之所以这样做，不过是因为我和奚齐的缘故。我愿意我们母子躲避到别的国家去，或者早点自杀，免得我们母子白白地被太子残害。当初君王想废掉太子，我还觉得遗憾；到如今，我觉得自己完全错了。"太子听到这件事后，逃奔到新城。献公发怒，就杀了太子的师傅杜原款。有人对太子说："放毒药的是骊姬，太子为什么不亲自去说明呢？"太子说："我父王的年纪老了，如果没有骊姬，睡觉不安，饮食不香。即使解释清楚，父王将会对骊姬发怒，不可以这样做。"有人对太子说："可以逃往别的国家。"太子说："带着这种恶名出逃，谁愿意收留我呀？我自杀算了。"十二月戊申日，申生在新城自杀。

此时重耳、夷吾来朝。人或告骊姬曰："二公子怨骊姬谮杀太子。"骊姬恐，因谮二公子："申生之药胙，二公子知之。"二子闻之，恐，重耳走蒲，夷吾走屈，保其城，自备守。初，献公使士蔿为二公子筑蒲、屈城，弗就。夷吾以告公，公怒士蔿。士蔿谢曰："边城少寇，安用之？"退而歌曰："狐裘蒙茸，一国三公，吾谁适从？"卒就城。及申生死，二子亦归保其城。

这个时候重耳、夷吾来朝见献公。有人告诉骊姬说："二位公子怨恨你进谗言害死太子。"骊姬害怕，因而谗毁二位公子说："太子申生往祭肉里放毒药，二位公子都知道这件事。"二位公子听到谗言，非常害怕，重耳逃往蒲邑，夷吾逃往屈邑，各据城邑，亲自布置防守。起初，献公派士蔿替二位公子建筑蒲城、屈城的城墙，没有修完。夷吾向献公反映修建状况，献公怒责士蔿。士蔿谢罪说："边境城邑很少有盗寇，建城墙干什么用呢？"离去，随口歌唱说："狐皮衣服的毛蓬蓬松松，一个国家有了三个主人翁，我究竟听谁的呀！"最后还是修完了城墙。等到太子申生死后，二位公子也就回来保守他们的城邑。

二十二年，献公怒二公子不辞而去，果有谋矣，乃使兵伐蒲。蒲人之宦者勃鞮命重耳促自杀。重耳逾垣，宦者追斩其衣袪。重耳遂奔翟。使人伐屈，屈城守，不可下。

二十二年，献公恼怒两位公子不辞而别，认为他们果真有谋反意图，就发兵讨伐蒲邑。蒲邑人宦官勃鞮催促重耳快点自尽，重耳越墙而逃，宦官紧追不舍，砍断了他的衣服袖子。重耳于是逃到翟国。献公派人讨伐屈邑，屈邑固守，攻克不下。

是岁也，晋复假道于虞以伐虢。虞之大夫宫之奇谏虞君曰："晋不可假道也，是且灭虞。"虞君曰："晋我同姓，不宜伐我。"宫之奇曰："太伯、虞仲，太王之子也，太伯亡去，是以不嗣。虢仲、虢叔，王季之子也，为文王卿士，其记勋在王室，藏于盟府。将虢是灭，何爱于虞？且虞之亲能亲于桓、庄之族乎？桓、庄之族何罪，尽灭之。虞之与虢，唇之与齿，唇亡则齿寒。"虞公不听，遂许晋。宫之奇以其族去虞。其冬，晋灭虢，虢公丑奔周。还，袭灭虞，虏虞公及其大夫井伯、百里奚以媵秦穆姬，而修虞祀。荀息牵曩所遗虞屈产之乘马奉之献公，献公笑曰："马则吾马，齿亦老矣！"

这一年，晋国再次向虞国借道来讨伐虢国。虞国的大夫宫之奇劝谏虞公说："不可以把道路借给晋国，借道给晋国将会使虞国灭亡。"虞君说："晋国跟我是同姓，不该讨伐我。"宫之奇说："太伯、虞仲，都是太王的儿子，太伯逃跑，因而没有继承君位。虢仲、虢叔，都是王季的儿子，是文王的卿士，他们的功勋记载在朝廷，收藏在保存盟书的府库。晋国竟然要灭掉虢国，怎么会爱惜虞国呢？而且虞国和晋国的关系，能比桓叔、庄伯的亲族更密切吗？桓叔、庄伯的家族有什么罪？献公把他们全都灭绝了。虞国和虢国，好比嘴唇和牙齿的关系，唇亡就会齿寒。”虞公不听，就答应了晋国。宫之奇率领他的家族离开虞国。这年冬天，晋国灭了虢国，虢公丑逃到周京。晋军回国时，顺便袭灭虞国，俘虏了虞公和大夫井伯、百里奚，献公把他们作为嫁给秦缪公做夫人的女儿的陪嫁人，而派人主持虞国境内山川之神的祭祀。荀息牵回以前贿赂虞公用的屈地产的名马，又奉还给献公，献公笑着说：“马还是我的马，就是齿龄老啦！”

二十三年，献公遂发贾华等伐屈，屈溃。夷吾将奔翟，冀芮曰：“不可，重耳已在矣，今往，晋必移兵伐翟，翟畏晋，祸且及。不如走梁，梁近于秦，秦强，吾君百岁后可以求入焉。”遂奔梁。二十五年，晋伐翟，翟以重耳故，亦击晋于啮桑，晋兵解而去。

二十三年，献公就派出贾华等讨伐屈邑，屈邑溃败。夷吾想逃往翟国。冀芮说：“不行，重耳已经在那里了，如今你再去，晋国一定移兵征讨翟国，翟国害怕晋国，灾难必然降临你身。你不如逃到梁国。梁国靠近秦国，秦国强大，我们的君王死了，可以请它帮助送你回国。”于是逃到梁国。二十五年，晋国讨伐翟国，翟国由于重耳的缘故，也在啮桑攻打晋国，晋兵停止讨伐离去。

当此时，晋强，西有河西，与秦接境，北边翟，东至河内。

就在这个时候，晋国强大，西边拥有河西，和秦国接壤，北边与翟国相邻，东边到达河内地区。

骊姬弟生悼子。

骊姬的妹妹生了悼子。

二十六年夏，齐桓公大会诸侯于葵丘。晋献公病，行后，未至，逢周之宰孔。宰孔曰：“齐桓公益骄，不务德而务远略，诸侯弗平。君弟毋会，毋如晋何。”献公亦病，复还归。病甚，乃谓荀息曰：“吾以奚齐为后，年少，诸大臣不服，恐乱起，子能立之乎？”荀息曰：“能”。献公曰：“何以为验？”对曰：“使死者复生，生者不惭，为之验。”于是遂属奚齐于荀息。荀息为相，主国政。秋九月，献公卒。里克、邳郑欲纳重耳，以三公子之徒作乱，谓荀息曰：“三怨将起，秦、晋辅之，子将何如？”荀息曰：“吾不可负先君言。”十月，里克杀奚齐于丧次，献公未葬也。荀息将死之，或曰：“不如立奚齐弟悼子而傅之。”荀息立悼子而葬献公。十一月，里克弑悼子于朝，荀息死之。君子曰：“《诗》所谓‘白珪之玷，犹可磨也；斯言之玷，不可为也’。其荀息之谓乎！不负其言。”初，献公将伐骊戎，卜曰“齿牙为祸”。及破骊戎，获骊姬，爱之，竟以乱晋。

二十六年夏天，齐桓公在葵丘大会诸侯。晋献公因为生病，动身晚了，还没有到达葵丘，遇上周王室的宰孔。宰孔说：“齐桓公日益骄傲，不致力修德，却尽力经略远方，诸侯们深感不安。君王还是不去会盟好，他不能把晋国怎么样。”献公的确有病，就又回去了。献公病重，就对荀息说：“我想立奚齐为继承人，他年少，诸位大臣不服从，恐怕发生叛乱，你能拥立他吗？”荀息说：“能”。献公说：“用什么来证明呢？”荀息回答说：“即使你死而复生，活着的我不会感到惭愧，就以这为证明。”于是就把奚齐托付荀息。荀息担任丞相，掌握国家的政治。秋天九月，献公去世。里克、邳郑想迎接重耳回国即位，利用三个公子的党徒作乱，就对荀息说：“三个怨家将要起来，外有秦国的帮助，内有晋国人辅佐，你将如何应付？”荀息说：“我不可以辜负先君的话。”十月，里克在守丧的地方杀了奚齐。献公还没有埋葬。荀息想自杀，有人说不如拥立奚齐的弟弟悼子而辅佐他，荀息立悼子为晋国国君，埋葬了献公。十一月，里克在朝中杀死悼子，荀息也死了。君子说：“《诗经》所说的‘白珪上的斑点，还可以磨去；话说错了，不可以挽救呀’，这话就好像是说的荀息呀！他没有违背自己的诺言。”起初，献公将要讨伐骊戎，占卜说“谗言会成为祸患。”等到攻破骊戎，得到骊姬，献公非常宠爱她，竟然因此扰乱了晋国。

里克等已杀奚齐、悼子，使人迎公子重耳于翟，欲立之。重耳谢曰：“负父之命出奔，父死不得修人子之礼侍丧，重耳何敢入！大夫其更立他子。”还报里克，里克使迎夷吾于梁。夷吾欲往，吕省、郤芮曰：“内犹有公子可立者而外求，难信。计非之秦，辅强国之威以入，恐危。”乃使郤芮厚赂秦，约曰：“即得入，请以晋河西之地与秦。”乃遗里克书曰：“诚得立，请遂封子于汾阳之邑。”秦缪公乃发兵送夷吾于晋。齐桓公闻晋内乱，亦率诸侯如晋。秦兵与夷吾亦至晋，齐乃使隰朋会秦俱入夷吾，

立为晋君，是为惠公。齐桓公至晋之高梁而还归。

里克等人已经杀死奚齐、悼子，派人到翟国迎接公子重耳，欲拥立他为国君。重耳谢绝说："辜负父亲的命令出奔国外，父亲死了，未能尽做儿子的礼仪守丧送葬，重耳我怎敢回国即位！大夫们还是改立别的公子吧。"使者回来告诉里克，里克遣使到梁国迎接夷吾。夷吾想回去，吕省、郤芮说："国内还有可以即位的公子，却到国外来寻找，实难让人相信。估计如果不借助秦国的力量回国，恐怕危险。"于是派郤芮用厚礼贿赂秦国，相约说："如果能回国即位，愿把晋国黄河西岸的土地割给秦国。"又致书里克说："如果我真能即位，愿把汾阳的城邑封给你。"秦缪公于是发兵护送夷吾回国。齐桓公听说晋国发生内乱，也率领诸侯前往晋国。秦国军队和夷吾也到达晋国，齐桓公派隰朋会合秦军一起把夷吾送回晋国，扶立为晋国国君，这就是惠公。齐桓公到达晋国的高梁就撤兵回国了。

惠公夷吾元年，使邳郑谢秦曰："始夷吾以河西地许君，今幸得入立。大臣曰：'地者先君之地，君亡在外，何以得擅许秦者？'寡人争之弗能得，故谢秦。"亦不与里克汾阳邑，而夺之权。四月，周襄王使周公忌父会齐、秦大夫共礼晋惠公。惠公以重耳在外，畏里克为变，赐里克死。谓曰："微里子寡人不得立。虽然，子亦杀二君一大夫，为子君者不亦难乎？"里克对曰："不有所废，君何以兴？欲诛之，其无辞乎？乃言为此！臣闻命矣。"遂伏剑而死。于是邳郑使谢秦未还，故不及难。

惠公夷吾元年，派邳郑答谢秦国说："开始夷吾我把黄河西岸的土地许给了君王，如今侥幸能够回国即位，大臣们说：'土地是先君的土地，君王流亡在外，怎么能擅自许让给秦国？'我虽然极力争执，仍得不到大臣们的支持，因此向秦国道歉。"也不给里克汾阳城邑，反而夺了他的权。四月，周襄王派周公忌父会合齐国、秦国的大夫，共同拜见晋惠公。惠公因为重耳流亡在外，害怕里克发动政变，赐里克自杀，对里克说："要是没有你里克，我不能即位。虽然这样，你也杀了两个国君和一个大夫，做你的国君的人不是也很为难吗？"里克回答说："没有被废弃的，国君你怎么兴起呢？想杀我，难道找不到借口了吗？竟然说出是这样的原因！我知道你的用意了。"于是拔剑自杀。这时，邳郑出使到秦国答谢还没有回来，所以没有责难。

晋君改葬恭太子申生。秋，狐突之下国，遇申生，申生与载而告之曰："夷吾无礼，余得请于帝，将以晋与秦，秦将祀余。"狐突对曰："臣闻神不食非其宗，君其祀毋乃绝乎？君其图之。"申生曰："诺，吾将复请帝。后十日，新城西偏将有巫者见我焉。"许之，遂不见。及期而往，复见，申生告之曰："帝许罚有罪矣，毙于韩。"儿乃谣曰："恭太子更葬矣，后十四年，晋亦不昌，昌乃在兄。"

晋君按礼仪重新改葬太子申生。秋天，狐突到曲沃，遇见申生的灵魂，申生让狐突上车告诉他说："夷吾无礼，我要请求天帝，将把晋国送给秦国，秦国将会祭祀我。"狐突回答说："我听说神不享用自己宗族以外的祭祀，这样你的祭祀不等于断绝了吗？你要认真考虑这件事。"申生说："是，我将重新请求天帝。十天以后，新城西侧将有个巫师显现我的灵魂。"狐突答应后，申生就不见了。等到狐突按期前往，又见到申生，申生告诉他说："天帝答应惩罚有罪的人，他会在韩原战败。"儿童于是传唱歌谣说："恭太子改葬了，过十四年，晋国也不会昌盛，昌盛会在他哥哥的时候。"

邳郑使秦，闻里克诛，乃说秦缪公曰："吕省、郤称、冀芮实为不从。若重赂与谋，出晋君，入重耳，事必就。"秦缪公许之，使人与归报晋，厚赂三子。三子曰："币厚言甘，此必邳郑卖我于秦。"遂杀邳郑及里克、邳郑之党七舆大夫。邳郑子豹奔秦，言伐晋，缪公弗听。

邳郑出使秦国，听说里克被杀，于是对秦缪公说："吕省、郤称、冀芮的确不肯把河西割给秦国。如果用重金贿赂，与他们商量，赶走晋君，护送重耳回国，事情一定会成功。"秦缪公答应邳郑，派人和他一块回晋国报告，用重金贿赂三人。三人说："财物众多，话语甜蜜，这一定是邳郑把我们出卖给秦国了。"于是三人杀死邳郑及里克、邳郑的党徒七舆大夫。邳郑的儿子邳豹投到秦国，请求讨伐晋国，秦缪公不听。

惠公之立，倍秦地及里克，诛七舆大夫，国人不附。二年，周使召公过礼晋惠公，惠公礼倨，召公讥之。

惠公即位后，违背割给秦国河西地及封里克汾阳城邑的诺言，又诛杀七舆大夫，所以晋国人不归附他。二年，周室派召公过拜访惠公，惠公傲慢无礼，召公讥笑他。

四年，晋饥，乞籴于秦。缪公问百里奚，百里奚曰：“天灾流行，国家代有，救灾恤邻，国之道也。与之。”邳郑子豹曰：“伐之。”缪公曰：“其君是恶，其民何罪！”卒与粟，自雍属绛。

四年，晋国发生饥荒，向秦国求购买粮食。秦缪公问百里奚，百里奚说：“天灾流行，是各国交替发生的事，救济灾荒，抚恤邻国，是国家应遵循的道路，卖给它吧。”邳郑的儿子邳豹说：“征讨它。”秦缪公说：“它的国君有过错，它的百姓有什么罪呢！”终于卖给晋国粮食，从秦国的雍地络绎不绝运到晋国的绛城。

五年，秦饥，请籴于晋，晋君谋之，庆郑曰：“以秦得立，已而倍其地约。晋饥而秦贷我，今秦饥请籴，与之。何疑而谋之！”虢射曰：“往年天以晋赐秦，秦弗知取而贷我。今天以秦赐晋，晋其可以逆天乎？遂伐之。”惠公用虢射谋，不与秦粟，而发兵且伐秦。秦大怒，亦发兵伐晋。

五年，秦国发生饥荒，请求购买晋国的粮食。晋君和群臣商量，庆郑说：“君王是靠秦国即位的，不久背叛了割地的诺言。晋国发生饥荒，秦国卖给我们粮食，现秦国发生饥荒，请求购买我们的粮食，应当给他们粮食。还有什么疑问而需要商量的呢？”虢射说：“往年上天把晋国赐给秦国，秦国不知道夺取，反而卖给我们粮食。如今上天把秦国赐给晋国，晋国难道可以违背天意吗？不如趁机攻打它。”惠公采纳虢射的计策，不卖给秦国粮食，反而发兵攻打秦国。秦国大怒，也发兵讨伐晋国。

六年春，秦缪公将兵伐晋。晋惠公谓庆郑曰：“秦师深矣，奈何？”郑曰：“秦内君，君倍其赂；晋饥秦输粟，秦饥而晋倍之，乃欲因其饥伐之；其深不亦宜乎！”晋卜御、右，庆郑皆吉。公曰：“郑不孙。”乃更令步阳御戎，家仆徒为右，进兵。九月壬戌，秦缪公、晋惠公合战韩原。惠公马鸷不行，秦兵至，公窘，召庆郑为御。郑曰：“不用卜，败不亦当乎！”遂去。更令梁繇靡御，虢射为右，辂秦缪公。缪公壮士冒败晋军，晋军败，遂失秦缪公，反获晋公以归。秦将以祀上帝。晋君姊为缪公夫人，衰绖涕泣。公曰：“得晋侯将以为乐，今乃如此。且吾闻箕子见唐叔之初封，曰‘其后必当大矣’，晋庸可灭乎！”乃与晋侯盟王城而许之归。晋侯亦使吕省等报国人曰：“孤虽得归，毋面目见社稷，卜日立子圉。”晋人闻之，皆哭。秦缪公问吕省：“晋国和乎？”对曰：“不和。小人惧失君亡亲，不惮立子圉，曰‘必报雠，宁事戎、狄’。其君子则爱君而知罪，以待秦命，曰‘必报德’。有此二故，不和。”于是秦缪公更舍晋惠公，馈之七牢。十一月，归晋侯。晋侯至国，诛庆郑，修政教。谋曰：“重耳在外，诸侯多利内之。”欲使人杀重耳于狄。重耳闻之，如齐。

秦缪公送晋公子重耳归国图。春秋时期，晋献公晚年宠信骊姬，骊姬要害太子申生，祸及诸公子，公子重耳出亡，在狄时，献公死，秦缪公派人去问丧，并劝重耳把握时机图取君位。

六年春天，秦缪公率领军队讨伐晋国。晋惠公对庆郑说：“秦国军队已经深入国境，怎么办？”庆郑说：“秦国送君王回国即位，君王背叛割地的诺言；晋国闹饥荒，秦国运粮救助我们，秦国闹饥荒而晋国辜负恩德，竟然想趁秦国饥荒发兵攻打它。秦军来深入国境，不也是应该的吗！”晋君占卜担任赶车与护卫的人，庆郑都吉利。惠公说：

“庆郑不恭。”于是改用步阳赶兵车，家仆徒为护卫，军队前进。九月壬戌日，秦缪公、晋惠公在韩原交战。晋惠公的马体很重，马蹄陷在泥里拔不出，秦兵追到，惠公害怕，召呼庆郑赶车。庆郑说：“不照占卜的去做，失败，不也是应该的吗！”就离去了。惠公改用梁繇靡赶车，虢射担任护卫，迎击秦缪公。秦缪公的壮士冒死打败晋军，晋军败退，就让秦缪公逃走了。秦军反而俘虏了晋惠公，带回秦国。秦国将要杀死晋惠公祭祀上帝。晋惠公的姐姐是秦缪公的夫人，她身穿丧服痛哭流涕。秦缪公说：“俘虏晋惠公，应该把这件事看作是好事，现在你却这样悲痛。并且我听说箕子见到唐叔刚被封时，说‘他的后代定会昌盛’，晋国岂能就此灭亡！”于是和晋惠公在王城订立盟约，答应放他回国。晋惠公也派吕省等告诉晋国人说：“我虽然能回国，但没有脸面重见社稷，占卜选个吉日让子圉即位。”晋国人听到惠公的话，都哭了。秦缪公问吕省：“晋国能和睦吗？”吕省回答说：“不和。百姓害怕失去国君引起内乱会牺牲双亲，不怕拥立公子圉，都说：‘必须报仇，宁肯归服戎狄而不归服秦国。’有些君子则爱护惠公，知道对秦国有罪，等待秦国释放惠公的命令，他们说：‘一定要报答秦国的恩德。’因为有这样两种主张，所以不会和睦。”于是秦缪公给晋惠公更换住的地方，并馈赠七牢（牛、羊、猪各一头为一牢）的礼食。十一月，放晋惠公回国。惠公回到晋国后，杀掉庆郑，重修政教。和大臣计划说：“重耳流亡在外，诸侯大多想送他回国而得利。”惠公想派人到狄国杀死重耳。重耳听到这个消息，逃到齐国。

八年，使太子圉质秦。初，惠公亡在梁，梁伯以其女妻之，生一男一女。梁伯卜之，男为人臣，女为人妾，故名男为圉，女为妾。

八年，派太子圉到秦国做人质。起初，惠公流亡在梁国，梁伯把自己的女儿嫁给他，生了一男一女。梁伯占卜他们的前途，说男孩将做人的臣仆，女孩将做人的妾，所以给男孩取名叫圉，女孩取名叫妾。

十年，秦灭梁。梁伯好土功，治城沟，民力罢，怨，其众数相惊，曰“秦寇至”，民恐惑，秦竟灭之。

十年，秦国灭了梁国。梁伯喜好土木建筑，修治城墙沟壕，百姓疲惫不堪，怨声载道，百姓多次互相侵扰，说：“秦国强盗来啦。”民众惶恐不安，秦国终于灭了梁国。

十三年，晋惠公病，内有数子。太子圉曰：“吾母家在梁，梁今秦灭之，我外轻于秦而内无援于国。君即不起，病大夫轻，更立他公子。”乃谋与其妻亡归。秦女曰：“子一国太子，辱在此。秦使婢子侍，以固子之心。子亡矣，我不从子，亦不敢言。”子圉遂亡归晋。十四年九月，惠公卒，太子圉立，是为怀公。

十三年，晋惠公生病，国内有好几个儿子。太子圉说：“我母亲家在梁国，梁国如今被秦灭了，我外被秦国蔑视，内无国人援助。国君如果病重不起，担心大夫们轻视我，立其他公子。”于是计划和他的妻子一块逃回晋国。秦女说：“你是一国的太子，困辱在这里。秦国让我这个婢女侍奉你，用来稳定你的心。你逃走，我不便跟你走，也不敢泄露出去。”太子圉于是逃回晋国。十四年九月，惠公去世，太子圉即位，这就是怀公。

子圉之亡，秦怨之，乃求公子重耳，欲内之。子圉之立，畏秦之伐也，乃令国中诸从重耳亡者与期，期尽不到者尽灭其家，狐突之子毛及偃从重耳在秦，弗肯召。怀公怒，囚狐突。突曰：“臣子事重耳有年数矣，今召之，是教之反君也，何以教之？”怀公卒杀狐突。秦缪公乃发兵送内重耳，使人告栾、郤之党为内应，杀怀公于高梁，入重耳。重耳立，是为文公。

太子圉逃亡，秦国怨恨他，于是寻找公子重耳，想护送他回国即位。太子圉即位后，担心秦国来讨伐，就命令国内所有跟随重耳流亡的人限期回国，到期不归的人，诛杀他的全家。狐突的儿子狐毛和狐偃跟随重耳在秦国，狐突不肯召他们回国。怀公发怒，囚禁狐突。狐突说：“臣的儿子侍奉重耳已经有好多年了，如今召唤他们，等于是教他们反叛君王啊，用什么道理说服他们呢？”怀公终于杀了狐突。秦缪公于是发兵护送重耳回国，派人告诉栾枝、郤縠的党徒做内应，在高梁杀了怀公，送重耳回国。重耳即位，即文公。

晋文公重耳，晋献公之子也。自少好士，年十七，有贤士五人：曰赵衰；狐偃咎犯，文公舅也；贾佗；先轸；魏武子。自献公为太子时，重耳固已成人矣。献公即位，重耳年二十一。献公十三年，以骊姬故，重耳备蒲城守秦。献公二十一年，献公杀太子申生，骊姬谗之，恐，不辞献公而守蒲城。献

《东周列国志》版画之齐姜氏乘醉遣夫图。重耳逃难至齐国，娶齐宗室女，怀安丧志。齐女与众谋士设计灌醉重耳，乘机使他离开齐国。

公二十二年，献公使宦者履鞮趣杀重耳。重耳逾垣，宦者逐斩其衣袪。重耳遂奔狄。狄，其母国也。是时重耳年四十三。从此五士，其余不名者数十人，至狄。

晋文公重耳，是晋献公的儿子。从小就喜爱结交贤人，十七岁时，就有贤士五人：赵衰；狐偃咎犯，是文公的舅舅；贾佗；先轸；魏武子。当献公还是太子时，重耳本就已经是成人了。献公即位时，重耳二十一岁。献公十三年，因为骊姬的原因，重耳被发落到蒲邑防备秦国。献公二十一年，献公杀死太子申生，骊姬谗毁他，重耳害怕，没有向献公告辞就逃到蒲城驻守。献公二十二年，献公派宦官履鞮速去蒲城杀重耳。重耳越墙逃跑，宦官紧追不舍砍断了他的衣袖。重耳于是逃到狄国。狄国，是他母亲的国家。当时重耳年四十三岁。随从他的就有这五位贤士，其余不知名的有几十人，一起到达狄国。

狄伐咎如，得二女：以长女妻重耳，生伯儵、叔刘；以少女妻赵衰，生盾。居狄五岁而晋献公卒，里克已杀奚齐、悼子，乃使人迎，欲立重耳。重耳畏杀，因固谢，不敢入。已而晋更迎其弟夷吾立之，是为惠公。惠公七年，畏重耳，乃使宦者履鞮与壮士欲杀重耳。重耳闻之，乃谋赵衰等曰："始吾奔狄，非以为可用与，以近易通，故且休足。休足久矣，固愿徙之大国。夫齐桓公好善，志在霸王，收恤诸侯。今闻管仲、隰朋死，此亦欲得贤佐，盍往乎？"于是遂行。重耳谓其妻曰："待我二十五年不来，乃嫁。"其妻笑曰："犁二十五年，吾冢上柏大矣。虽然，妾待子。"重耳居狄凡十二年而去。

狄国讨伐咎如，俘虏两位女子。把长女嫁给重耳，生下伯儵、叔刘；把次女嫁给赵衰，生下赵盾。重耳在狄国住了五年，晋献公去世，里克已经杀死奚齐、悼子，于是派人迎接重耳，想立他为晋君。重耳惧怕被杀，因此坚决拒绝，不敢回国。不久，晋国改迎他弟弟夷吾立为晋君，这就是惠公。惠公七年，畏惧重耳，于是派宦官履鞮和壮士想杀重耳。重耳听到这个消息，就和赵衰等谋划说："开始我逃奔到狄国，并不是认为狄国可以帮助即位，因为它邻近晋国，容易到达，所以暂且歇脚。歇脚已经很久了，本来希望迁移到大国去。齐桓公喜欢做善事，志在称霸，推行王道，收留抚恤诸侯。现今听说管仲、隰朋已死，此时也想获得贤人辅佐，何不前往呢？"于是就起程了。重耳对他妻子说："等我二十五年不回来，你就改嫁。"妻子说："等你二十五年，我坟上的柏树都会长大了。虽然这样，我愿意等待你。"重耳在狄国居住共十二年才离去。

过卫，卫文公不礼。去，过五鹿，饥而从野人乞食，野人盛土器中进之。重耳怒。赵衰曰："土者，有土也，君其拜受之。"

路过卫国，卫文公对他们不礼貌。离去，经过五鹿，饥饿而向乡野平民乞讨食物，乡野百姓把土块放在器皿里送给他。重耳发怒。赵衰说："土块，象征着拥有土地，你应该跪拜接受它。"

至齐，齐桓公厚礼，而以宗女妻之，有马二十乘，重耳安之。重耳至齐二岁而桓公卒，会竖刀等为内乱，齐孝公之立，诸侯兵数至。留齐凡五岁。重耳爱齐女，毋去心。赵衰、咎犯乃于桑下谋行。齐女侍者在桑上闻之，以告其主。其主乃杀侍者，劝重耳趣行。重耳曰："人生安乐，孰知其他！必死于此，不能去。"齐女曰："子一国公子，穷而来此，数士者以子为命。子不疾反国，报劳臣，而怀女

德，窃为子羞之。且不求，何时得功？”乃与赵衰等谋，醉重耳，载以行。行远而觉，重耳大怒，引戈欲杀咎犯。咎犯曰：“杀臣成子，偃之愿也。”重耳曰：“事不成，我食舅氏之肉。”咎犯曰：“事不成，犯肉腥臊，何足食！”乃止，遂行。

到达齐国，齐桓公厚礼相迎，把宗室的女儿嫁给重耳，并给他马二十乘。重耳安于这种生活。重耳到达齐国两年，齐桓公去世，遇上竖刀等发动内乱，齐孝公即位，诸侯多次领兵侵犯齐国。重耳留住齐国共五年。重耳因为宠爱齐女，没有离去的意思。赵衰、咎犯就在桑树下谋划回国的大计。齐女的侍者在桑树上听到这件事，把事情告诉她的主人。主人就杀死侍者，劝重耳赶快离开齐国。重耳说：“人生但求安乐，哪还管其他的事！我一定要老死在齐国，绝不离去。”齐女说：“你是一国的公子，穷困而来到这里，多位贤人把命运托在你身上。你不赶快回国，报答劳苦的贤臣，而留恋女色，我为你羞愧。而且不谋求回国，何时才能成功？”就和赵衰等谋划，灌醉重耳，用车载他离开齐国。走了很远，重耳酒醒，他大怒，举戈要杀咎犯。咎犯说：“杀了我，能成全你，是我狐偃咎犯的心愿。”重耳说：“如果大事不成，我就吃舅舅的肉。”咎犯说：“如果大事不成，我的肉有腥臊味，怎么能吃呢！”重耳无奈只好罢休。于是继续前行。

过曹，曹共公不礼，欲观重耳骈胁。曹大夫禧负羁曰：“晋公子贤，又同姓，穷来过我，奈何不礼！”共公不从其谋。负羁乃私遗重耳食，置璧其下。重耳受其食，还其璧。

路过曹国，曹共公对他不礼貌，想观看重耳并连的肋骨。曹国的大夫禧负羁说：“晋国的公子贤能，又是同姓，穷困前来经过我国，为什么不以礼相待？”共公不听禧负羁的规劝。禧负羁就私自给重耳送食物，在食物下暗放璧玉。重耳接受了食物，把璧玉退还禧负羁。

去，过宋。宋襄公新困兵于楚，伤于泓，闻重耳贤，乃以国礼礼于重耳。宋司马公孙固善于咎犯，曰：“宋小国新困，不足以求入，更之大国。”乃去。

离开曹国，经过宋国。宋襄公因为新近对楚国用兵受挫，在泓水负伤，听说重耳贤能，于是用接待君主的礼节接待重耳。宋国的司马公孙固和咎犯友善，说：“宋是小国，新近受挫于楚国，没有充足的力量护送你们回国，请改往大国去吧？”于是离去。

过郑，郑文公弗礼。郑叔瞻谏其君曰：“晋公子贤，而其从者皆国相，且又同姓。郑之出自厉王，而晋之出自武王。”郑君曰：“诸侯亡公子过此者众，安可尽礼！”叔瞻曰：“君不礼，不如杀之，且后为国患。”郑君不听。

经过郑国，郑文公不以礼相待。郑叔瞻规劝他的国君说：“晋国公子贤能，他的随从个个都是做丞相的人才，而且又是同姓，郑国的祖先是周厉王，晋国的祖先是周武王。”郑君说：“诸侯国流亡的公子经过这里很多，怎么能都以礼相待呢！”叔瞻说：“国君不以礼相待，不如把他杀了，以免将来成为国家的祸患。”郑君不听。重耳离去。

重耳去之楚，楚成王以適诸侯礼待之，重耳谢不敢当。赵衰曰：“子亡在外十余年，小国轻子，况大国乎？今楚大国而固遇子，子其毋让，此天开子也。”遂以客礼见之。成王厚遇重耳，重耳甚卑。成王曰：“子即反国，何以报寡人？”重耳曰：“羽毛齿角玉帛，君王所余，未知所以报。”王曰：“虽然，何以报不穀？”重耳曰：“即不得已，与君王以兵车会平原广泽，请辟王三舍。”楚将子玉怒曰：“王遇晋公子至厚，今重耳言不孙，请杀之。”成王曰：“晋公子贤而困于外久，从者皆国器，此天所置，庸可杀乎？且言何以易之！”居楚数月，而晋太子圉亡秦，秦怨之，闻重耳在楚，乃召之。成王曰：“楚远，更数国乃至晋。秦晋接境，子其勉行！”厚送重耳。

到达楚国，楚成王用相当于诸侯规格的礼节接待重耳，重耳推辞不敢领受。赵衰说：“你流亡在外十多年，小国轻视你，何况大国呢？如今楚是大国，一定要以礼相待，你还是不要推让，这是上天要你兴起了。”于是用客礼会见成王。成王用厚礼接待重耳，重耳非常谦恭。成王说：“你如果回国即位，用什么报答我呢？”重耳说：“珍禽异兽，玉器丝绸，都是君王多余的东西，不知道用什么报答。”成王说：“虽然这样，究竟以什么报答我呢？”重耳说：“如果不得已，万一与君王在平原湖泽地带以兵戎相见，愿避让君王三舍（古代行军一舍指三十里）。”楚将子玉发怒说：“君王接待晋国公子礼仪隆重，如今重耳出言不逊，请杀了他。”成王说：“晋国公子贤能，而且穷困在外很久，跟从他的人都是治理国家的栋梁大器，这是上天安排的，难道可以杀吗？再说他不这么说，究竟该怎么说呢?”在楚国住了几个月,这时晋国的太子圉从秦国逃走,秦国怨恨他;听说重耳在楚国,就召他到秦国来。成王说:“楚国遥远,要经过好几个国家才能到达晋国。秦国和晋国境界相连,秦国君主贤明,你自勉吧!”楚成王送给重耳很多礼物财宝。

重耳至秦,缪公以宗女五人妻重耳,故子圉妻与往。重耳不欲受,司空季子曰:“其国且伐,况其故妻乎?且受以结秦亲而求入,子乃拘小礼,忘大丑乎!”遂受。缪公大欢,与重耳饮。赵衰歌《黍苗》诗。缪公曰:“知子欲急反国矣。”赵衰与重耳下,再拜曰:“孤臣之仰君,如百谷之望时雨。”是时晋惠公十四年秋。惠公以九月卒,子圉立。十一月,葬惠公。十二月,晋国大夫栾、郤等闻重耳在秦,皆阴来劝重耳、赵衰等反国,为内应甚众。于是秦缪公乃发兵与重耳归晋。晋闻秦兵来,亦发兵拒之。然皆阴知公子重耳入也。唯惠公之故贵臣吕、郤之属不欲立重耳。重耳出亡凡十九岁而得入,时年六十二矣,晋人多附焉。

重耳到达秦国,秦缪公把宗室的五个女儿嫁给他,原来公子圉的妻子也在其中。重耳不想接受,司空季子说:“他的国家尚且将要攻伐,何况他原来的妻子啊!而且接受了可以和秦国结亲,有利于求助他送你回国,你何必拘泥小礼节,忘记大耻辱呀!”于是接受下来。秦缪公非常快乐,与重耳欢饮。赵衰朗读《黍苗》诗,秦缪公说:“知道你们想赶快返回晋国呢。”赵衰和重耳离开座位,再拜说:“孤臣仰仗君王,犹如百谷盼望及时雨一样。”当时是晋惠公十四年秋天。惠公在九月去世,太子圉即位。十一月,埋葬了惠公。十二月,晋国的大夫栾枝、郤縠等听说重耳在秦国,都暗劝重耳、赵衰等返回晋国,愿意做内应的人很多。于是秦缪公就发兵护送重耳回国。晋国听说秦兵来临,也发兵抵抗秦军。然而都暗中知道是公子重耳要回来了。只有惠公的故臣吕甥、郤芮等人,不想拥立重耳。重耳在外流亡共十九年才回国,这时他已经六十二岁了,晋国人大多归附于他。

文公元年春,秦送重耳至河。咎犯曰:“臣从君周旋天下,过亦多矣。臣犹知之,况于君乎?请从此去矣。”重耳曰:“若反国,所不与子犯共者,河伯视之!”乃投璧河中,以与子犯盟。是时介子推从,在船中,乃笑曰:“天实开公子,而子犯以为己功而要市于君,固足羞也。吾不忍与同位。”乃自隐渡河。秦兵围令狐,晋军于庐柳。二月辛丑,咎犯与秦、晋大夫盟于郇。壬寅,重耳入于晋师。丙午,入于曲沃。丁未,朝于武宫,即位为晋君,是为文公。群臣皆往。怀公圉奔高梁。戊申,使人杀怀公。

晋文公元年春天,秦兵护送重耳到黄河岸边。咎犯说:“我跟随国君奔走天下,犯的错误也很多了。我自己都知道,何况君王呢?我请求从此离去吧。”重耳说:“如果我回到晋国,有不和子犯同心共事之处,请河伯明察!”于是把璧玉投入河里,来和子犯盟誓。这时候介子推随从,同在船上,于是笑着说:“实在是上天开导使公子兴盛,而子犯都当成是自己的功劳和国君讨价,真可耻呀。我不愿和他同居官位共事。”于是自己悄悄隐蔽起来。渡过黄河,秦军围攻令狐,晋军驻扎在庐柳。二月辛丑日,咎犯和秦国、晋国的大夫在郇城会盟。壬寅日,重耳进入晋国军中。丙午日,到达曲沃。丁未日,到武宫庙朝拜,即位为晋君,这就是文公。群臣都到曲沃朝见。怀公圉逃到高梁。戊申日,派人杀死怀公。

怀公故大臣吕省、郤芮本不附文公,文公立,恐诛,乃欲与其徒谋烧公宫,杀文公。文公不知。始尝欲杀文公宦者履鞮知其谋,欲以告文公,解前罪,求见文公。文公不见,使人让曰:“蒲城之事,女斩予袪。其后我从狄君猎,女为惠公来求杀我。惠公与女期三日至,而女一日至,何速也?女其念之。”宦者曰:“臣刀锯之余,不敢以二心事君倍主,故得罪于君。君已反国,其毋蒲、翟乎?且管仲射钩,桓公以霸。今刑余之人以事告而君不见,祸又且及矣。”于是见之,遂以吕、郤等告文公。文公欲召吕、郤,吕、郤等党多,文公恐初入国,国人卖己,乃为微行,会秦缪公于王城,国人莫知。三月己丑,吕、郤等果反,焚公宫,不得文公。文公之卫徒与战,吕、郤等引兵欲奔,秦缪公诱吕、郤等,杀之河上,晋国复而文公得归。夏,迎夫人于秦,秦所与文公妻者卒为夫人。秦送三千人为卫,以备晋乱。

怀公旧时的大臣吕省、郤芮本来不亲附文公,文公即位,担心被杀,就想和他们的党徒谋划焚烧公宫,杀死文公。文公不知道。从前曾想杀害文公的宦官履鞮知道他们的计谋,想把这件事告诉文公,解脱以前的罪过,请求见文公。文公拒绝见他,派人责备说:“蒲城的事情,你砍断我的衣袖。以后我随从狄君打猎，你替惠公来追杀我。惠公给你三天的期限到达，而你一天就赶到了，为什么这样快呢？你还是想想吧。”宦官说：“我是刑余之人，不敢用二心侍奉君王背叛主上，所以得罪了君王。君王已经返国即位，难道以后就没有像蒲城、翟国那样的事了吗？而且管仲射中桓公的带钩，桓公靠管仲辅佐称霸诸侯。如今刑余之人有事报告，而君王竟然不见，灾祸又要降临了。”于是文公接见了他。他就把吕甥、郤芮等人的阴谋告诉文公。文公想传唤吕甥、郤芮，因为吕甥、郤芮等人党徒众多，文公怕刚刚回国，国都内的人可能出卖自己，于是就换了服装暗中出行，在王城会见秦缪公，国都内的人都不知道。三月己丑日，吕甥、郤芮等人果然反叛，焚烧公宫，却找不到文公。文公的卫士和他们作战，吕甥、郤芮等想带兵逃走，秦缪公引诱吕甥、郤芮等，把他们杀死在黄河边上，晋国恢复了平静，文公才得返回。夏天，到秦国迎接夫人，秦国嫁给文公的妻子终于成了夫人。秦国送给三千人作为文公的卫队，用以防备晋国叛乱。

文公修政，施惠百姓。赏从亡者及功臣，大者封邑，小者尊爵。未尽行赏，周襄王以弟带难出居郑地，来告急晋。晋初定，欲发兵，恐他乱起，是以赏从亡未至隐者介子推。推亦不言禄，禄亦不及。推曰：“献公子九人，唯君在矣。惠、怀无亲，外内弃之；天未绝晋，必将有主，主晋祀者，非君而谁？天实开之，二三子以为己力，不亦诬乎？窃人之财，犹曰是盗，况贪天之功以为己力乎？下冒其罪，上赏其奸，上下相蒙，难与处矣！”其母曰：“盍亦求之，以死谁怼？”推曰：“尤而效之，罪有甚焉。且出怨言，不食其禄。”母曰：“亦使知之，若何？”对曰：“言，身之文也；身欲隐，安用文之？文之，是求显也。”其母曰：“能如此乎？与女偕隐。”至死不复见。

文公修明政治，对百姓广施恩惠。犒劳跟随他流亡的人员和功臣，功劳大的封给城邑，功劳小的尊崇拜爵。行赏还没有结束，周襄王因为弟弟带发难逃出京城到郑国居住，来向晋国告急。晋国刚刚平定，想派兵去，担心再发生其他动乱，所以犒赏跟随出奔的贤臣，还没有轮到隐居起来的介子推。介子推也不求俸禄，也没有给他俸禄。介子推说：“献公的儿子共有九人，只有国君还在。惠公、怀公没有亲信，国内国外都抛弃了他们；上天不绝晋国，一定将有主宰人，主持晋国祭祀的，除了君王还有谁呢？实在是上天开导使你兴盛，可是跟随你的两三个人以为是自己的功劳，不也很荒谬吗？盗窃人家的财物，还说这个人是盗贼，何况是贪天之功以为己功呢？臣子掩饰他们的罪过，君王赏赐他们的狡诈，上下互相欺骗，我实在难和这些人共处了！”介子推的母亲说：“为什么不也要求赏赐，用死来怨恨谁呢？”介子推说：“明知道错误，自己还仿效他们，罪过就更加严重呀。况且已经说出了怨恨的话，绝不会再享受他的俸禄。”他母亲说：“也让他知道真相，怎么样？”介子推回答说：“语言，是人身外表的修饰；身体要隐藏，何必还去修饰呢？如果修饰，就是追求显贵了。”他母亲说：“果真这样吗？那我和你一起隐居吧。”母子二人到死再没有出现。

介子推从者怜之，乃悬书宫门曰：“龙欲上天，五蛇为辅。龙已升云，四蛇各入其宇；一蛇独怨，终不见处所。”文公出，见其书，曰：“此介子推也。吾方忧王室，未图其功。”使人召之，则亡。遂求所在，闻其入绵上山中，于是文公环绵上山中而封之，以为介推田，号曰介山，“以记吾过，且旌善人”。

介子推的随从可怜他，于是在宫门上悬挂一张条幅，上面写着“龙想上天，五条蛇辅佐。龙已经升入云霄，四条蛇各得其所，一条蛇独自怨苦，最终找不到它的处所。”文公出宫，看见条幅，说：“这是介子推，我正忧虑王室的事，还未来得及考虑他的功劳。”派人去寻找他，但他已经离开了。于是找他可能的栖身处，听说他已经进了绵上山中。于是文公把环绕绵上山的土地封给他，作为介子推的封地，给取名叫介山，“以此记载我的过错，并且表彰善人”。

从亡贱臣壶叔曰：“君行三赏，赏不及臣，敢请罪。”文公报曰：“夫导我以仁义，防我以德惠，此受上赏。辅我以行，卒以成立，此受次赏。矢石之难，汗马之劳，此复受次赏。若以力事我而无补吾缺者，此复受次赏。三赏之后，故且及子。”晋人闻之，皆说。

跟随重耳流亡的贱臣壶叔说：“君王三次行赏，都没有我的分，请问我有什么罪过？”文公回答说：“凡是用仁义来引导我，用德惠来规范我，这种人应该受上等赏赐。用善行来辅佐我，终于使我成就大业，这种人应该受次等赏赐。冒矢石冲锋陷阵，建立汗马功劳的，这种人应该受再次等的赏赐。如果仅靠力气侍奉我，而不能补救我的过错，这种人应该受更次等的赏赐。这就是三次赏赐以后，才轮到你的原因。”晋国人听到文公的话，都很高兴。

二年春，秦军河上，将入王。赵衰曰：“求霸莫如入王尊周。周、晋同姓，晋不先入王，后秦入之，毋以令于天下。方今尊王，晋之资也。”三月甲辰，晋乃发兵至阳樊，围温，入襄王于周。四月，杀王弟带。周襄王赐晋河内阳樊之地。

二年春天，秦军驻扎在黄河岸边，打算送周襄王回周京。赵衰说：“要想称霸诸侯，没有比送回周王，尊重周室更重要的了，周室和晋国是同姓，晋国不先护送周王回周京师，而落在秦国的后边去送回周王，就没有资格向诸侯发号施令。当今尊崇周王，是晋国称霸的资本。”三月甲辰日，晋国就发兵到阳樊，包围温邑，护送周襄王回周京。四月，杀害襄王的弟弟带。周襄王把河内的阳樊地区赏赐给晋国。

四年，楚成王及诸侯围宋，宋公孙固如晋告急。先轸曰：“报施定霸，于今在矣。”狐偃曰：“楚新得曹而初婚于卫，若伐曹、卫，楚必救之，则宋免矣。”于是晋作三军。赵衰举郤縠将中军，郤臻佐之；使狐偃将上军，狐毛佐之；命赵衰为卿；栾枝将下军，先轸佐之；荀林父御戎，魏犨为右：往伐。冬十二月，晋兵先下山东，而以原封赵衰。

四年，楚成王和诸侯围攻宋国，宋国的公孙固到晋国告急。先轸说：“报答赠马的恩惠，确立霸业，就在今天了。”狐偃说：“楚国新近和曹国结盟，又刚和卫国通婚，如果我们征讨曹国、卫国，楚国一定前去救援，这样宋国就可以解围了。”于是晋国开始建立三军。赵衰推举郤縠统率中军，郤臻辅佐他。派狐偃统率上军，狐毛辅佐他，任命赵衰为卿。栾枝统率下军，先轸辅佐他。荀林父驾驭文公的兵车，魏犨担任护卫。三军前往征讨。冬天十二月，晋军首先攻下崤山以东地区，把原邑封给赵衰。

五年春，晋文公欲伐曹，假道于卫，卫人弗许。还自河南度，侵曹，伐卫。正月，取五鹿。二月，晋侯、齐侯盟于敛盂。卫侯请盟晋，晋人不许。卫侯欲与楚，国人不欲，故出其君以说晋。卫侯居襄牛，公子买守卫。楚救卫，不卒。晋侯围曹。三月丙午，晋师入曹，数之，以其不用禧负羁言，而用美女乘轩者三百人也。令军毋入禧负羁宗家以报德。楚围宋，宋复告急晋。文公欲救则攻楚，为楚尝有德，不欲伐也；欲释宋，宋又尝有德于晋：患之。先轸曰：“执曹伯，分曹、卫地以与宋，楚急曹、卫，其势宜释宋。”于是文公从之，而楚成王乃引兵归。

《东周列国志》版画之晋文公伐卫破曹图

五年春天，晋文公想讨伐曹国，向卫国借道，卫国不允许，转回来从黄河南渡，攻击曹国，攻打卫国。正月，攻占卫国的五鹿。二月，晋侯和齐侯在敛盂会盟。卫侯请求和晋国结盟，晋国人不答应。卫侯想与楚国结盟，国都内的人不愿意，所以把国君驱逐出去，用来讨取晋侯的欢心。卫君住居在襄牛，公子买驻守卫国。楚国发兵援救卫国，没有结果，晋侯围攻曹国，三月丙午日，晋军进入曹国都城，数落曹君不听取禧负羁的话，却让三百名美女乘坐豪华的车子。文公下令晋军不准进入禧负羁宗族的住地，以报答当年的恩德。楚军围宋，宋国再次向晋国求援。晋文公想去救宋，这样就要攻打楚国，因为楚国曾经对文公有恩德，不想去征伐楚国；想放下宋国不管，宋国也曾对文公有恩德。文公左右为难。先轸说："逮捕曹伯，把曹国、卫国的土地分给宋国，楚国急于支援曹国、卫国，在这种状况下楚国定会解除对宋国的包围。"于是文公采纳，楚成王果真引兵回国。

楚将子玉曰："王遇晋至厚，今知楚急曹、卫而故伐之，是轻王。"王曰："晋侯亡在外十九年，困日久矣，果得反国，险厄尽知之，能用其民，天之所开，不可当。"子玉请曰："非敢必有功，愿以闲执谗慝之口也。"楚王怒，少与之兵。于是子玉使宛春告晋："请复卫侯而封曹，臣亦释宋。"咎犯曰："子玉无礼矣，君取一，臣取二，勿许。"先轸曰："定人之谓礼。楚一言而定三国，子一言而亡之，我则毋礼。不许楚，是弃宋也。不如私许曹、卫以诱之，执宛春以怒楚，既战而后图之。"晋侯乃囚宛春于卫，且私许复曹、卫。曹、卫告绝于楚。楚得臣怒，击晋师，晋师退。军吏曰："为何退？"文公曰："昔在楚，约退三舍，可倍乎？"楚师欲去，得臣不肯。四月戊辰，宋公、齐将、秦将与晋侯次城濮。己巳，与楚兵合战，楚兵败，得臣收余兵去。甲午，晋师还至衡雍，作王宫于践土。

楚将子玉说："君王对待晋侯非常优厚，现在他知道楚国急于救助曹国、卫国，而故意讨伐曹国、卫国，这是轻视君王。"楚王说："晋侯流亡在外十九年，过穷困日子的时间很久了，果真能够返回国家，他尝尽了人间的艰难，能使用他的民众，是上天的开导，不可以抵挡。"子玉请求说："不敢说必定成功，但愿意用行动封住善于进谗言人的嘴。"楚王发怒，拨给他少量军队。于是子玉派宛春告诉晋侯："请让卫侯恢复君位，保住曹国，交换条件是楚国放弃围攻宋国。"咎犯说："子玉太无礼了，君王得一分，臣子子玉却要得两分，不要答应他。"先轸说："安定百姓是合乎礼仪的行动。楚国一句话安定三国，你一句话灭亡它们，这是我们无礼。不满足楚国的要求，就是放弃宋国。不如私下答应恢复曹国、卫国来引诱它们，扣留宛春来激怒楚国，等交战以后再图良策。"晋侯就把宛春囚禁在卫国，并且私下准许恢复曹国、卫国。曹国、卫国宣告和楚国断绝关系。楚将得臣（子玉）发怒，攻击晋军，晋军后退。晋军官吏问："为什么后退？"文公回答说："以前我流亡在楚国，曾经答应退避三舍，可以违背吗？"楚军想撤退，得臣不肯。四月戊辰日，宋公、齐将、秦将和晋侯进驻城濮。己巳日，与楚军交战，楚军战败，得臣收集残兵离去。甲午日，晋军回到衡雍。在践土修建王宫。

初，郑助楚，楚败，惧，使人请盟晋侯。晋侯与郑伯盟。

当初，郑国支援楚国，楚国战败，郑国害怕，派人请求和晋国结盟。晋侯和郑伯签订盟约。

五月丁未，献楚俘于周，驷介百乘，徒兵千。天子使王子虎命晋侯为伯，赐大辂，彤弓矢百，玈弓矢千，秬鬯一卣，珪瓒，虎贲三百人。晋侯三辞，然后稽首受之。周作《晋文侯命》："王若曰：父义和，丕显文、武，能慎明德，昭登于上，布闻在下，维时上帝集厥命于文、武。恤朕身，继予一人永其在位。"于是晋文公称伯。癸亥，王子虎盟诸侯于王庭。

五月丁未日，晋侯把楚军战俘献给周王，有披甲驷马一百乘，步兵一千人。周王派王子虎宣布赐晋侯为霸主，赐给他大车，红色弓一副，红色箭一百支，黑色弓十副，黑色箭一千支，黑黍香酒一坛，玉器及三百名勇士。晋侯三次推辞，然后叩头收受了礼物。周王作了《晋文侯命》："王这样说：'你从道义使诸侯和睦，显扬文王、武王的功绩。文王、武王能够谨慎地修养美德，感动了上天，在百姓中广为传播，所以上天把帝王的职位交给文王、武王，德泽流传于子孙。你要关照我，使我继承祖业，永保王位。"于是晋文公称霸。癸亥日，王子虎在践土王宫和诸侯签订盟约。

晋焚楚军，火数日不息，文公叹。左右曰："胜楚而君犹忧，何？"文公曰："吾闻能战胜安者唯圣人，是以惧。且子玉犹在，庸可喜乎？"子玉之败而归，楚成王怒其不用其言，贪与晋战，让责子玉，子玉自杀。晋文公曰："我击其外，楚诛其内，内外相应。"于是乃喜。

晋军焚烧楚军的阵地，大火数日不灭。文公叹息。左右随从问道："战胜了楚军，君王还担心，为什么呢？"文公说："我听说战胜敌人而心情安定的只有圣人，因此担心。况且楚将子玉还在，怎么能够高兴呢？"子玉战败而归，楚成王恨他不听话，贪求与晋国交战，责备子玉，子玉自杀。晋文公说："我们从外攻击，楚王从内诛杀，内外相应。"于是文公才喜悦。

六月，晋人复入卫侯。壬午，晋侯度河北归国。行赏，狐偃为首。或曰："城濮之事，先轸之谋。"文公曰："城濮之事，偃说我毋失信。先轸曰'军事胜为右'，吾用之以胜。然此一时之说，偃言

万世之功,奈何以一时之利而加万世功乎? 是以先之。”

六月,晋国又恢复了卫侯的地位。壬午日,晋侯渡过黄河向北回国。赏赐有功的人员,狐偃得头功。有人说:“城濮之战,是先轸的谋略。”文公说:“城濮之战,狐偃劝我不要失信。先轸说‘用兵以打胜仗为上’,我用它获得胜利,可是这话只能有利于一时,狐偃的话却是千秋万世的功业,怎么能以一时的利益超越万世的功业呢? 因此给狐偃记头功。”

冬,晋侯会诸侯于温,欲率之朝周。力未能,恐其有畔者,乃使人言周襄王狩于河阳。壬申,遂率诸侯朝王于践土。孔子读史记至文公,曰“诸侯无召王”、“王狩河阳”者,《春秋》讳之也。

冬天,晋文公与诸侯在温地会盟,想率领诸侯朝见周王。担心力量不够,怕诸侯有反叛的,于是派人告诉周襄王到河阳巡狩。壬申日,就率领诸侯在践土朝见周王。孔子读史书读到对晋文公的记载,说“诸侯无权召唤周王相见”。“周王巡狩河阳”的记载,是《春秋》故意隐讳这件事。

丁丑,诸侯围许。曹伯臣或说晋侯曰:“齐桓公合诸侯而国异姓,今君为会而灭同姓。曹,叔振铎之后;晋,唐叔之后。合诸侯而灭兄弟,非礼。”晋侯说,复曹伯。

丁丑日,诸侯围攻许国。曹伯的大臣有人劝晋侯说:“齐桓公会合诸侯扶植异姓国家,如今君王会合诸侯却灭亡同姓国家。曹国,是叔振铎的后代;晋国,是唐叔的后代。会合诸侯而灭亡兄弟国家,不符合礼仪。”晋侯高兴,恢复了曹伯的封地。

于是晋始作三行。荀林父将中行,先縠将右行,先蔑将左行。

这时晋国开始建立三行军制。荀林父统率中行,先縠统率右行,先蔑统率左行。

七年,晋文公、秦缪公共围郑,以其无礼于文公亡过时,及城濮时郑助楚也。围郑,欲得叔瞻。叔瞻闻之,自杀。郑持叔瞻告晋。晋曰:“必得郑君而甘心焉。”郑恐,乃间令使谓秦缪公曰:“亡郑厚晋,于晋得矣,而秦未为利。君何不解郑,得为东道交?”秦伯说,罢兵。晋亦罢兵。

七年,晋文公、秦缪公共同围攻郑国,由于它在文公流亡路过时无礼,以及城濮之战时帮助过楚国。围攻郑国,想得到叔瞻。叔瞻听到这个消息后,自尽了。郑国带着叔瞻的尸首告诉晋君。晋君说:“一定要得到郑君才甘心。”郑君恐惧,于是暗中派人对秦缪公说:“灭亡郑国,加强晋国,对晋国来说颇有收获,而秦国却没有任何收获。君王为什么不放弃进攻郑国,保留一个东边路上的朋友呢?”秦缪公高兴,撤走军队。晋国也撤退军队。

九年冬,晋文公卒,子襄公欢立。是岁郑伯亦卒。

九年冬天,晋文公去世,儿子襄公欢即位。这一年,郑伯也去世了。

郑人或卖其国于秦,秦缪公发兵往袭郑。十二月,秦兵过我郊。襄公元年春,秦师过周,无礼,王孙满讥之。兵至滑,郑贾人弦高将市于周,遇之,以十二牛劳秦师。秦师惊而还,灭滑而去。

郑国有人把国家出卖给秦国,秦缪公派兵前往偷袭郑国。十二月,秦兵路过我晋国的郊野。襄公元年春天,秦军经过周京城,骄横无礼,王孙满讥讽他们。秦军行至滑国。郑国商人弦高正准备到周京城去做买卖,遇上他们,就用十二头牛慰劳秦军。秦军惊慌而退,灭掉滑国返回。

晋先轸曰:“秦伯不用蹇叔,反其众心,此可击。”栾枝曰:“未报先君施于秦,击之,不可。”先轸曰:“秦侮吾孤,伐吾同姓,何德之报?”遂击之。襄公墨衰绖。四月,败秦师于殽,虏秦三将孟明视、西乞秫、白乙丙以归。遂墨以葬文公。文公夫人秦女,谓襄公曰:“秦欲得其三将戮之。”公许,遣之。先轸闻之,谓襄公曰:“患生矣。”轸乃追秦将。秦将渡河,已在船中,顿首谢,卒不反。

晋国先轸说:“秦缪公不听蹇叔的话,违反他民众的心意,这可以攻击。”栾枝说:“还没有报答秦国对先君的恩德,就攻击它,不可以。”先轸说:“秦国欺负我们新君孤弱,讨伐我们的同姓国家,还有什么恩德可以图报?”于是进兵攻打秦军。晋襄公身穿黑色的丧服。四月,在殽山打败秦军,俘虏秦军的三个将领孟明视、西乞秫、白乙丙而归。于是襄公身穿黑色的丧服安葬了文公。文公的夫人是秦国女子,对襄公说:“秦国想得到他的三个将领杀死。”襄公答应,遣他们回国。先轸听到此消息,对襄公说:“灾难从此产生了。”先轸急去追赶秦将。秦将渡黄河,已经在船上,见先轸来叩头道谢,终于没有再回来。

后三年,秦果使孟明伐晋,报殽之败,取晋汪以归。四年,秦缪公大兴兵伐我,度河,取王官,封殽尸而去。晋恐,不敢出,遂城守。五年,晋伐秦,取新城,报王官役也。

三年以后，秦国果然派孟明视领军讨伐晋国，报复殽山战役时被打败，攻占晋国的汪邑以后撤退。四年，秦缪公调动大军讨伐我晋国，渡过黄河，夺取了王官，在殽山为秦国阵亡的将士建陵墓后离去。晋军害怕，不敢出战，就依城坚守。五年，晋军攻打秦国，夺取新城，报复王官战役。

六年，赵衰成子、栾贞子、咎季子犯、霍伯皆卒。赵盾代赵衰执政。

六年，赵衰成子、栾贞子、咎季子犯、霍伯都去世，赵盾代替赵衰执政。

七年八月，襄公卒。太子夷皋少。晋人以难故，欲立长君。赵盾曰："立襄公弟雍。好善而长，先君爱之；且近于秦，秦故好也。立善则固，事长则顺，奉爱则孝，结旧好则安。"贾季曰："不如其弟乐。辰嬴嬖于二君，立其子，民必安之。"赵盾曰："辰嬴贱，班在九人下，其子何震之有！且为二君嬖，淫也。为先君子，不能求大而出在小国，僻也。母淫子僻，无威；陈小而远，无援：将何可乎？"使士会如秦迎公子雍。贾季亦使人召公子乐于陈。赵盾废贾季，以其杀阳处父。十月，葬襄公。十一月，贾季奔翟。是岁，秦缪公亦卒。

《东周列国志》版画之弦高假命犒秦军图。春秋时期郑国爱国商人弦高，在秦国准备偷袭郑国时，以犒师为名，进入秦驻地使秦国误以为郑国已有准备，遂退兵。

七年八月，襄公去世。太子夷皋年幼，晋国人因为多次罹难的缘故，想立年长的为国君。赵盾说："立襄公的弟弟雍。他性好善良而且年长，先君又喜欢他；并且他和秦国亲近，秦国原本是友好的邻邦。立善良的人国家就稳固，服从年长的人就和顺，侍奉先君喜爱的人就是孝顺，结交旧好就安宁。"贾季说："不如立他的弟弟乐。辰嬴曾受到两位国君宠爱，拥立她的儿子，百姓一定安附。"赵盾说："辰嬴的地位低贱，顺序排在九个人以下，她的儿子有什么威望！况且受两位国君宠幸，这是淫乱。作为先君的儿子，不能投靠大国而出居在小国，这是孤立。母亲荒淫，儿子孤立，没有威望；陈国小而且距离远，没有后援。怎么可以呢？"派士会到秦国迎接公子雍。贾季也派人到陈国召回公子乐。赵盾罢了贾季的官，只因他曾杀死太傅阳处父。十月，安葬襄公。十一月，贾季逃到翟国。这一年，秦缪公也去世。

灵公元年四月，秦康公曰："昔文公之入也无卫，故有吕、郤之患。"乃多与公子雍卫。太子母缪嬴日夜抱太子以号泣于朝，曰："先君何罪？其嗣亦何罪？舍適而外求君，将安置此？"出朝，则抱以适赵盾所，顿首曰："先君奉此子而属之子，曰'此子材，吾受其赐；不材，吾怨子'。今君卒，言犹在耳，而弃之，若何？"赵盾与诸大夫皆患缪嬴，且畏诛，乃背所迎而立太子夷皋，是为灵公。发兵以距秦送公子雍者。赵盾为将，往击秦，败之令狐。先蔑、随会往奔秦。秋，齐、宋、卫、郑、曹、许君皆会赵盾，盟于扈，以灵公初立故也。

灵公元年四月，秦康公说："从前文公回国时没有护卫，所以发生了吕甥、郤芮的祸患。"于是给公子雍很多护卫人员。太子的母亲缪嬴抱着太子夜以继日地在朝廷哭诉，说："先君有什么罪？他的继承人有什么罪？舍弃嫡子而另到国外去找君王，将把太子置于何地？"从朝廷出来，又抱着太子到赵盾家里，叩头说："先君捧着这个孩子托付给你，说'这个孩子成才，我就是受了你的恩惠；不成才，我就会怪你'。如今先君去世，他的话还在耳边，而你抛弃托付，为什么？"赵盾和诸位大臣都顾忌缪嬴，并且害怕被诛杀，于是背叛所迎接的公子雍，拥立太子夷皋，这就是灵公。派兵抵抗秦国护送公子雍的军队。赵盾为将,前往阻击秦军,在令狐打败秦军。先蔑、随会逃亡奔往秦国。秋天,齐国、宋国、卫国、郑国、曹国、许国的国君,都和赵盾相会,在扈邑签订盟约,因为灵公刚刚即位的原因。

四年,伐秦,取少梁。秦亦取晋之殽。六年,秦康公伐晋,取羁马。晋侯怒,使赵盾、赵穿、郤缺击秦,大战河曲,赵穿最有功。七年,晋六卿患随会之在秦,常为晋乱,乃佯令魏寿馀反晋降秦。秦使随会之魏,因执会以归晋。

四年,讨伐秦国,夺取了少梁。秦国也夺取了晋国的殽邑。六年,秦康公讨伐晋国,夺取了羁马。晋侯大怒,派赵盾、赵穿、郤缺攻打秦军,在河曲大战,赵盾的功劳最大。七年,晋国的六卿担心随会在秦国,经常会给晋国制造乱子,于是假让魏寿馀背叛晋国投降秦国。秦国派随会和魏寿馀会面,因而抓住随会带回晋国。

八年,周顷王崩,公卿争权,故不赴。晋使赵盾以车八百乘平周乱而立匡王。是年,楚庄王初即位。十二年,齐人弑其君懿公。

八年,周顷王去世,公卿争权,所以不向诸侯报丧。晋国派赵盾率兵车八百乘平定周室内乱,拥立匡王。这一年,楚庄王刚即位。十二年,齐国人杀死他的国君懿公。

十四年,灵公壮,侈,厚敛以雕墙。从台上弹人,观其避丸也。宰夫胹熊蹯不熟,灵公怒,杀宰夫,使妇人持其尸出弃之,过朝。赵盾、随会前数谏,不听;已又见死人手,二人前谏。随会先谏,不听。灵公患之,使钽麑刺赵盾。盾闺门开,居处节,钽麑退,叹曰:"杀忠臣,弃君命,罪一也。"遂触树而死。

十四年,灵公已经成年,生活极其奢侈,大肆搜刮民财,用来雕绘宫墙,站在楼台上用弹弓射人,观看百姓躲避弹丸取乐。厨师炖熊掌不够熟,灵公动怒,杀死厨师,让妇女抬着他的尸体丢弃。经过朝廷,赵盾、随会先前多次劝谏,灵公不听,不久又看到死人的手,二人随即前去劝谏。随会先谏,灵公不听。灵公害怕他们,派钽麑去刺杀赵盾。赵盾家的门敞开着,居住节俭,钽麑退出来,叹息说:"杀死忠臣,违背君王的命令,罪过是一样的。"于是撞树死了。

初,盾常田首山,见桑下有饿人。饿人,示眯明也。盾与之食,食其半。问其故,曰:"宦三年,未知母之存不,愿遗母。"盾义之,益与之饭肉。已而为晋宰夫,赵盾弗复知也。九月,晋灵公欲饮赵盾酒,伏甲将攻盾。公宰示眯明知之,恐盾醉不能起,而进曰:"君赐臣,觞三行可以罢。"欲以去赵盾,令先,毋及难。盾既去,灵公伏士未会,先纵啮狗名敖。明为盾搏杀狗。盾曰:"弃人用狗,虽猛何为。"然不知明之为阴德也。已而灵公纵伏士出逐赵盾,示眯明反击灵公之伏士,伏士不能进,而竟脱盾。盾问其故,曰:"我桑下饿人。"问其名,弗告。明亦因亡去。

起初,赵盾常常到首山打猎,看见桑树下有一饿汉。饿汉,叫示眯明。赵盾给他食物,只吃了一半。赵盾问他原因,回答说:"在外宦游三年了,不知道母亲是否还在世,想留给母亲。"赵盾赞赏他的孝心,又添了一些饭和肉。不久,他做了晋灵公的厨师,赵盾不再知道。九月,晋灵公请赵盾饮酒,埋伏士卒,将刺杀赵盾。灵公的厨师示眯明知道此事,恐怕赵盾喝醉了不能起身,上前进言:"君王设宴赏赐大臣,干杯三次,就可以罢休了。"想让赵盾离开,赶在事发以前,不至于罹难。赵盾已经离去,灵公的伏兵还没有会合,先放出名叫敖的恶狗,咬赵盾,示眯明替赵盾击杀恶狗。赵盾说:"丢弃人而用狗,虽然凶猛,有什么用!"然而却不知道示眯明暗中报答他的恩情。不久,灵公指挥伏兵出外追赶赵盾,示眯明反击灵公的伏兵,伏兵不能前进,终于使赵盾脱险。赵盾问示眯明救他的原因,示眯明说:"我是桑树下的饿汉。"赵盾问他的姓名,他不告诉。示眯明也因此逃走了。

盾遂奔,未出晋境。乙丑,盾昆弟将军赵穿袭杀灵公于桃园而迎赵盾。赵盾素贵,得民和;灵公少,侈,民不附,故为弑易。盾复位。晋太史董狐书曰"赵盾弑其君",以视于朝。盾曰:"弑者赵穿,我无罪。"太史曰:"子为正卿,而亡不出境,反不诛国乱,非子而谁?"孔子闻之,曰:"董狐,古之良史也,书法不隐。宣子,良大夫也,为法受恶。惜也,出疆乃免。"

赵盾于是逃奔,尚没有离开晋国边境。乙丑日,赵盾的同族弟弟将军赵穿在桃园袭杀灵公,迎回赵盾。赵盾一向尊贵,颇得民心,灵公年少,奢侈无度,百姓不归附,故以杀他比较容易。赵盾官复了原职。晋国的太史董狐写道"赵盾杀了他的国君",在朝廷让大家传看。赵盾说:"杀死灵公的是赵穿，我没有罪。”太史说：“你是正卿，逃亡没有出国境，回来不诛杀乱国的人，不是你是谁?”孔子听到这件事，说：“董狐，是古代的好史官，记事笔法不隐瞒罪责。赵宣子，是个好大夫，为了遵守书法承受恶名。可惜啊，假如当时他逃出国境，就可以免除杀害国君的恶名了。”

赵盾使赵穿迎襄公弟黑臀于周而立之，是为成公。

赵盾派赵穿到周京城迎接襄公的弟弟黑臀，立为晋君，这就是成公。

成公者，文公少子，其母周女也。壬申，朝于武宫。

成公，是文公的小儿子，他母亲是周室的女儿。壬申日，到武宫朝拜。

成公元年，赐赵氏为公族。伐郑，郑倍晋故也。三年，郑伯初立，附晋而弃楚。楚怒，伐郑，晋往救之。

成公元年，赐赵氏为公族大夫。讨伐郑国，因为郑国背叛晋国的缘故。三年，郑伯刚即位，郑国归顺晋国背叛了楚国。楚王发怒，征讨郑国，晋国发兵前去救助。

六年，伐秦，虏秦将赤。

六年，讨伐秦国，俘虏了秦国的将军赤。

七年，成公与楚庄王争强，会诸侯于扈。陈畏楚，不会。晋使中行桓子伐陈，因救郑，与楚战，败楚师。是年，成公卒，子景公据立。

七年，成公和楚庄王争强，在扈邑会集诸侯。陈国害怕楚国，不敢赴会。晋国派中行桓子讨伐陈国，趁机援救郑国，和楚军交战，打败楚军。这一年，成公去世，儿子景公据即位。

景公元年春，陈大夫夏徵舒弑其君灵公。二年，楚庄王伐陈，诛徵舒。

景公元年春天，陈国大夫夏徵舒杀死他的国君灵公。二年，楚庄王讨伐陈国，杀死夏徵舒。

三年，楚庄王围郑，郑告急晋。晋使荀林父将中军，随会将上军，赵朔将下军，郤克、栾书、先縠、韩厥、巩朔佐之。六月，至河。闻楚已服郑，郑伯肉袒与盟而去，荀林父欲还。先縠曰：“凡来救郑，不至不可，将率离心。”卒度河。楚已服郑，欲饮马于河为名而去。楚与晋军大战。郑新附楚，畏之，反助楚攻晋。晋军败，走河，争度，船中人指甚众。楚虏我将智䓨。归而林父曰：“臣为督将，军败当诛，请死。”景公欲许之。随会曰：“昔文公之与楚战城濮，成王归杀子玉，而文公乃喜。今楚已败我师，又诛其将，是助楚杀仇也。”乃止。

三年，楚庄王围攻郑国，郑国向晋国告急求援。晋国派荀林父统率中军。随会统率上军，赵朔统率下军，郤克、栾书、先縠、韩厥、巩朔辅佐他们。六月，到达黄河，听说楚国已逼迫使郑国投降，郑君赤膊和楚庄王签订盟约，楚军已经退走，荀林父想领兵回国。先縠说：“总的目的是来解救郑国。不到达不行，以免将帅离心。”终于渡过黄河。楚国已经迫使郑国降服，想到黄河饮马以显示军威，而后撤军。楚军和晋军大战。郑国新近归附于楚国，害怕它，反而帮助楚军攻打晋军。晋军战败，奔走到黄河，争夺渡船，船上被砍掉的手指很多。楚军俘虏我晋国将领智䓨。回国后，荀林父说：“我是督军主将，军队战败，应当受惩罚，请求死罪。”景公想答应他。随会说：“以前文公和楚军在城濮交战，楚成王回国后杀子玉，文公才高兴。如今楚军打败我军，我又诛杀大将，是帮助楚国杀仇敌啊。”于是罢休。

四年，先縠以首计而败晋军河上，恐诛，乃奔翟，与翟谋伐晋。晋觉，乃族縠。縠，先轸子也。

四年，先縠因为首先建议而使晋军在黄河打了败仗，害怕被杀，就逃往翟国，和翟国计划攻打晋国。晋国发觉，就灭了先縠的宗族。先縠，是先轸的儿子。

五年，伐郑，为助楚故也。是时楚庄王强，以挫晋兵河上也。

五年，讨伐郑国，因为它帮助楚国的缘故。这时候楚庄王强盛，因此在黄河边挫败了晋军。

六年，楚伐宋，宋来告急晋，晋欲救之，伯宗谋曰：“楚，天方开之，不可当。”乃使解扬绐为救宋。郑人执与楚，楚厚赐，使反其言，令宋急下。解扬绐许之，卒致晋君言。楚欲杀之，或谏，乃归解扬。

六年，楚国讨伐宋国，宋国向晋国告急，晋国想援救它，伯宗谋划说：“楚国，上天正开拓它，不可阻挡。”于是派解扬诈称救宋，郑国人逮住解扬送给楚军，楚军重金贿赂他，叫他到宋国说反话，让宋国赶快投降。解扬假装许诺，终于传递了晋国的话。楚军想杀他，有人劝谏，楚军才放解扬回国。

七年，晋使随会灭赤狄。

七年，晋国派遣随会灭掉赤狄。

八年，使郤克于齐。齐顷公母从楼上观而笑之。所以然者，郤克偻，而鲁使蹇，卫使眇，故齐亦令人如之以导客。郤克怒，归至河上，曰："不报齐者，河伯视之！"至国，请君，欲伐齐。景公问知其故，曰："子之怨，安足以烦国！"弗听。魏文子请老休，辟郤克，克执政。

八年，派郤克出使齐国，齐顷公的母亲从楼上观看并讥笑他。所以发笑的原因，是郤克驼背，鲁国的使者是瘸子，卫国的使者一只眼，所以齐国也派同样是残疾的人引导客人。郤克发怒，回国到黄河边上发誓说："不向齐国雪耻，河神看得见！"回到晋国后，郤克向晋君请求，想讨伐齐国。景公问明原因，说："你个人的怨仇，怎么值得用来烦扰国家呢？"没有答应。魏文子年老请求退休，推荐郤克，郤克执掌了国家大政。

九年，楚庄王卒。晋伐齐，齐使太子彊为质于晋，晋兵罢。

九年，楚庄王去世。晋国讨伐齐国，齐国派太子强到晋国做人质，晋国罢兵。

十一年春，齐伐鲁，取隆。鲁告急卫，卫与鲁皆因郤克告急于晋。晋乃使郤克、栾书、韩厥以兵车八百乘与鲁、卫共伐齐。夏，与顷公战于鞍，伤困顷公。顷公乃与其右易位，下取饮，以得脱去。齐师败走，晋追北至齐。顷公献宝器以求平，不听。郤克曰："必得萧桐侄子为质。"齐使曰："萧桐侄子，顷公母；顷公母犹晋君母，奈何必得之？不义，请复战。"晋乃许与平而去。

十一年春天，齐国讨伐鲁国，夺取隆邑。鲁国向卫国告急，卫国和鲁国都通过郤克向晋君告急。晋国就派郤克、栾书、韩厥率兵车八百乘，和鲁国、卫国共同讨伐齐国。夏天，和齐顷公在鞍地交战，打伤并围困了顷公。顷公于是和他的卫士交换位置，下车去饮水，因此脱身逃走。齐军败退，晋军追败军直到齐国都城。齐顷公奉献国宝请求讲和，晋国不答应。郤克说："一定要得到萧桐叔子做人质。"齐国使臣说："萧桐叔子，是顷公的母亲，顷公的母亲如同晋君的母亲，怎么一定要得到她？你们太不讲道义了，请再次决战。"晋国才答应与齐国讲和，然后离开。

《东周列国志》版画之郑伯牵羊迎楚君图，讲述楚庄王围郑，楚军攻入城中，楚庄王下令不得掳掠，郑襄公肉袒牵羊迎接楚庄王并谢罪之事。

楚申公巫臣盗夏姬以奔晋，晋以巫臣为邢大夫。

楚申公巫臣盗娶夏姬逃到晋国，晋君封他为邢邑大夫。

十二年冬，齐顷公如晋，欲上尊晋景公为王，景公让不敢。晋始作六军，韩厥、巩朔、赵穿、荀骓、赵括、赵旃皆为卿。智罃自楚归。

十二年冬天，齐顷公到晋国来，想给晋景公上尊号为王，景公推辞不敢接受。晋国开始建立六军，韩厥、巩朔、赵穿、荀骓、赵括、赵旃都被封为卿。智罃从楚国回来。

十三年，鲁成公朝晋，晋弗敬，鲁怒去，倍晋。晋伐郑，取氾。

十三年，鲁成公朝拜晋君，晋君对他不尊敬，鲁成公发怒，离去，背叛了晋国。晋国讨伐郑国，攻占氾邑。

十四年，梁山崩。问伯宗，伯宗以为不足怪也。

十四年，梁山崩塌，晋景公询问伯宗，伯

宗认为不足为怪。

十六年，楚将子反怨巫臣，灭其族。巫臣怒，遗子反书曰："必令子罢于奔命！"乃请使吴，令其子为吴行人，教吴乘车用兵。吴晋始通，约伐楚。

十六年，楚将子反怨恨巫臣，诛灭了他的宗族。巫臣愤怒，给子反写信说："一定要让你疲于奔命！"于是请求出使吴国，让他儿子作吴国的行人，教吴军乘车打仗的方法。吴国和晋国开始交往，相约共同讨伐楚国。

十七年，诛赵同、赵括，族灭之。韩厥曰："赵衰、赵盾之功岂可忘乎？奈何绝祀！"乃复令赵庶子武为后，复与之邑。

十七年，诛杀赵同、赵括，灭了他们的宗族。韩厥说："赵衰、赵盾的功劳难道可以忘记吗？为什么绝他们的祭祀！"于是晋君又让赵氏的庶子赵武作为赵氏的后代，重新给他封邑。

十九年夏，景公病，立其太子寿曼为君，是为厉公。后月余，景公卒。

十九年夏天，景公病，立他的太子寿曼为国君，这就是厉公。一个多月后，景公去世。

厉公元年，初立，欲和诸侯，与秦桓公夹河而盟。归而秦倍盟，与翟谋伐晋。三年，使吕相让秦，因与诸侯伐秦。至泾，败秦于麻隧，虏其将成差。

厉公元年，刚即位，想与诸侯和好，与秦桓公夹着黄河会盟。回国，秦国背叛盟约，和翟国谋划讨伐晋国。三年，派吕相谴责秦国，因此和诸侯讨伐秦国，行至泾水，在麻隧打败秦军，俘虏它的将领成差。

五年，三郤谗伯宗，杀之。伯宗以好直谏得此祸，国人以是不附厉公。

五年，三郤谗毁伯宗，厉公杀伯宗。伯宗因为喜好直谏，遭此杀身大祸，国人因此不附厉公。

六年春，郑倍晋与楚盟，晋怒。栾书曰："不可以当吾世而失诸侯。"乃发兵。厉公自将，五月度河。闻楚兵来救，范文子请公欲还。郤至曰："发兵诛逆，见强辟之，无以令诸侯。"遂与战。癸巳，射中楚共王目，楚兵败于鄢陵。子反收余兵，拊循欲复战，晋患之。共王召子反，其侍者竖阳榖进酒，子反醉，不能见。王怒，让子反，子反死。王遂引兵归。晋由此威诸侯，欲以令天下求霸。

六年春天，郑国背叛晋国和楚国结盟，晋君动怒。栾书说："不能在我们这一代失掉诸侯。"于是发兵。厉公亲自率军，五月，渡过黄河。听说楚兵来救郑国，范文子请求厉公撤退。郤至说："发兵征讨叛逆，看见强敌就躲避，没办法对诸侯发号施令。"就和楚军交战。癸巳日，晋军射中楚共王的眼睛，楚军在鄢陵被打败。子反收拾残兵，安抚整顿，想再战，晋军忧虑。楚共王召唤子反，他的侍奉人竖阳榖进酒，子反喝醉，不能去拜见共王。共王发怒，责子反，子反自杀。楚共王就领军回去。晋国从此威震诸侯，想号令天下，企图做霸主。

厉公多外嬖姬，归，欲尽去群大夫而立诸姬兄弟。宠姬兄曰胥童，尝与郤至有怨，及栾书又怨郤至不用其计而遂败楚，乃使人间谢楚。楚来诈厉公曰："鄢陵之战，实至召楚，欲作乱，内子周立之。会与国不具，是以事不成。"厉公告栾书。栾书曰："其殆有矣！愿公试使人之周微考之。"果使郤至于周。栾书又使公子周见郤至，郤至不知见卖也。厉公验之，信然，遂怨郤至，欲杀之。八年，厉公猎，与姬饮，郤至杀豕奉进，宦者夺之。郤至射杀宦者。公怒，曰："季子欺予！"将诛三郤，未发也。锜欲攻公，曰："我虽死，公亦病矣。"郤至曰："信不反君，智不害民，勇不作乱。失此三者，谁与我？我死耳！"十二月壬午，公令胥童以兵八百人袭攻杀三郤。胥童因以劫栾书、中行偃于朝，曰："不杀二子，患必及公。"公曰："一旦杀三卿，寡人不忍益也。"对曰："人将忍君。"公弗听，谢栾书等以诛郤氏罪："大夫复位。"二子顿首曰："幸甚幸甚！"公使胥童为卿。闰月乙卯，厉公游匠骊氏，栾书、中行偃以其党袭捕厉公，囚之，杀胥童，而使人迎公子周于周而立之，是为悼公。

厉公有很多宠妾，回国后，想把所有的大夫免职，任用各个宠妾的兄弟。有个宠妾的哥哥叫胥童，曾和郤至有旧仇，等到栾书又抱怨郤至不采用他的计谋而竟然打败了楚军，就派人暗中向楚王谢罪。楚王派人来诈骗厉公说："鄢陵这一战，实际是郤至召楚国来的。他想作乱，接公子周回国即位，正好盟国没有到，所以事没有成功。"厉公把话告诉栾书，栾书说："大概有这个事吧！希望你派人到周京师暗访一下。"厉公果真派郤至到周京师。栾书又安排公子周会见郤至，郤至不知道是被人出卖。厉公悄悄考察他，信以为真，于是怨恨郤至，想杀死他。八年，厉公外出打猎，和姬妾饮酒，郤至杀猪奉献，被宦官孟张夺去，郤至射杀宦官孟张。厉公发怒，说："季子欺负我！"厉公将要杀三郤，还没有行动。郤锜想先攻厉公，说："我虽然也许会死，厉公也必然受到创伤。"郤至说："忠信者，不反叛君王；智慧者，不危害黎民；勇敢者，不发动叛乱。失掉这三项修养，谁肯随从我？我死了算啦！"十二月壬午日，厉公派胥童率领八百士兵偷袭，攻杀三郤。胥童因而趁机在朝廷劫持栾书、中行偃，说："不杀他们两个，灾难一定殃及你。"厉公说："一个早上杀掉三卿，我不忍心再杀人了。"胥童回答说："别人却忍心谋害你。"厉公不听，反而向栾书等道歉，并说明只是惩治郤氏的罪过："大夫恢复职位。"栾书、中行偃叩头谢说："庆幸啊！庆幸啊！"厉公任命胥童为卿。闰月乙卯日，厉公到匠骊氏家游玩，栾书、中行偃利用他们的党徒袭击捉捕厉公，囚禁起来，杀死胥童，派人到周京师迎接公子周回国，立为晋君，这就是悼公。

悼公元年正月庚申，栾书、中行偃弑厉公，葬之以一乘车。厉公囚六日死，死十日庚午，智罃迎公子周来，至绛，刑鸡与大夫盟而立之，是为悼公。辛巳，朝武宫。二月乙酉，即位。

悼公元年正月庚申日，栾书、中行偃杀死厉公，用一辆车埋葬他。厉公被囚禁六天，死后十天是庚午日。智罃迎接公子周回来，到绛城，杀鸡和大夫订盟拥立他，这就是悼公。辛巳日，公子周到武宫朝拜。二月乙酉日，正式即位。

悼公周者，其大父捷，晋襄公少子也，不得立，号为桓叔，桓叔最爱。桓叔生惠伯谈，谈生悼公周。周之立，年十四矣。悼公曰："大父、父皆不得立而辟难于周，客死焉。寡人自以疏远，毋几为君。今大夫不忘文、襄之意而惠立桓叔之后，赖宗庙、大夫之灵，得奉晋祀，岂敢不战战乎？大夫其亦佐寡人！"于是逐不臣者七人，修旧功，施德惠，收文公入时功臣后。秋，伐郑。郑师败，遂至陈。

悼公周，他祖父名捷，是晋襄公的小儿子，没有即位，号称桓叔，桓叔最受宠爱。桓叔生了惠伯谈，谈生了悼公周。周即位时，十四岁了。悼公说："祖父、父亲都没有能即君位，避难到周京师，客死在那里。我知道自己疏远，没有希望当国君。如今大夫们不忘文公、襄公的心意，施惠拥立桓叔的后代，幸赖宗庙和大夫们的威灵，得以承奉晋国的宗庙祭祀，怎敢不兢兢业业呢？大夫们也应该辅佐我！"于是赶走不尽臣职的七人，重修祖宗旧业，施恩惠于百姓，抚恤重用追随文公的功臣后代。秋天，讨伐郑国，郑军战败，就到达陈国。

三年，晋会诸侯。悼公问群臣可用者，祁傒举解狐。解狐，傒之仇。复问，举其子祁午。君子曰："祁傒可谓不党矣！外举不隐仇，内举不隐子。"方会诸侯，悼公弟杨干乱行，魏绛戮其仆。悼公怒，或谏公，公卒贤绛，任之政，使和戎，戎大亲附。十一年，悼公曰："自吾用魏绛，九合诸侯，和戎、翟，魏子之力也。"赐之乐，三让乃受之。冬，秦取我栎。

三年，晋国会合诸侯。悼公向群臣询问可以重用的人，祁傒推举解狐。解狐，是祁傒的仇人。悼公再问，祁傒推荐他的儿子祁午。君子说："祁傒可说是不偏不私了！推举外人不避弃仇敌，推举内亲不埋没儿子。"正当会集诸侯时，悼公的弟弟杨干扰乱了军阵，魏绛处死杨干的御仆。悼公动怒，有人劝说悼公，悼公终于认识到魏绛的贤能，任命他主持政务，派他去安抚戎族，戎族大大亲附。十一年，悼公说："自我任用魏绛，九次会合诸侯，安抚戎、翟两族，都是魏子出的力啊。"赏赐给他乐队，三次推让才接受下来。冬天，秦国夺取晋国的栎邑。

十四年，晋使六卿率诸侯伐秦，度泾，大败秦军，至棫林而去。

十四年，晋君派六卿率领诸侯征讨秦国，渡过泾水，大败秦军，一直打到棫林才撤回。

十五年，悼公问治国于师旷。师旷曰："惟仁义为本。"冬，悼公卒，子平公彪立。

十五年，悼公向师旷询问治国的道理。师旷说："只有仁义是根本。"冬天，悼公去世，儿子平公彪即位。

平公元年，伐齐，齐灵公与战靡下，齐师败走。晏婴曰："君亦毋勇，何不止战？"遂去。晋追，遂围临淄，尽烧屠其郭中。东至胶，南至沂，齐皆城守，晋乃引兵归。

平公元年，讨伐齐国，齐灵公和晋军在靡下交战，齐军败退。晏婴说："君王也没有勇气，为什么不留下继续战斗，就退走了！"晋军追击，就包围了齐国的都城临淄，放火全部烧毁外城的房屋，屠杀了外城的百姓。晋军东到胶水，南到沂水，齐国都据城把守，晋国才带领军队返回。

六年，鲁襄公朝晋。晋栾逞有罪，奔齐。八年，齐庄公微遣栾逞于曲沃，以兵随之。齐兵上太

行，栾逞从曲沃中反，袭入绛。绛不戒，平公欲自杀，范献子止公，以其徒击逞，逞败走曲沃。曲沃攻逞，逞死，遂灭栾氏宗。逞者，栾书孙也。其入绛，与魏氏谋。齐庄公闻逞败，乃还，取晋之朝歌去，以报临淄之役也。

六年，鲁襄公朝拜晋君。晋国的栾逞有罪，逃亡到齐国。八年，齐庄公暗中派栾逞回到曲沃，并派军队跟随他。齐军进至太行山，栾逞从曲沃内造反，偷袭绛城。绛城没有戒备，平公想自杀，范献子劝阻平公，率领自己的家兵袭击栾逞，栾逞败退逃到曲沃。曲沃的兵民围攻栾逞，栾逞败死，就灭了栾氏的家族。栾逞，是栾书的孙子。他进入绛城的时候，曾和魏氏谋划。齐庄公听说栾逞败死，就回转，夺取晋国的朝歌离去，用来报复临淄那次战役。

《东周列国志》版画之曲沃城栾盈（栾逞）灭族图，讲述晋国权臣栾逞在曲沃身死族灭之事。

十年，齐崔杼弑其君庄公。晋因齐乱，伐败齐于高唐去，报太行之役也。

十年，齐国崔杼杀害他的国君庄公。晋国趁齐国内乱，讨伐齐国，并在高唐打败齐国军队后离开，报复太行那次战役。

十四年，吴延陵季子来使，与赵文子、韩宣子、魏献子语："晋国之政，卒归此三家矣。"

十四年，吴国延陵季子出使来到晋国，和赵文子、韩宣子、魏献子交谈，说："晋国的政权，最终要归给这三家了。"

十九年，齐使晏婴如晋，与叔向语。叔向曰："晋，季世也。公厚赋为台池而不恤政，政在私门，其可久乎？"晏子然之。

十九年，齐国派晏婴到晋国，和叔向交谈。叔向说："晋国，现在到末世了。君王搜刮赋税，建筑楼台池塘而不顾国政，政治大权被私家把持，国家难道可以长久吗？"晏婴认为说得很对。

二十二年，伐燕。二十六年，平公卒，子昭公夷立。

二十二年，征讨燕国。二十六年，平公死去，儿子昭公夷即位。

昭公六年卒。六卿强，公室卑。子顷公去疾立。

昭公在位六年死去。这时六卿强大，晋国公室更加衰弱。昭公的儿子顷公去疾即位。

顷公六年，周景王崩，王子争立。晋六卿平王室乱，立敬王。

顷公六年，周景王逝世，王子争夺王位。晋国六卿平定周王室的内乱，拥立敬王。

九年，鲁季氏逐其君昭公，昭公居乾侯。十一年，卫、宋使使请晋纳鲁君。季平子私赂范献子，献子受之，乃谓晋君曰："季氏无罪。"不果入鲁君。。

九年，鲁国季氏驱逐他的国君昭公，昭公居住在晋国的乾侯。十一年，卫国、宋国派遣使臣请求晋国护送鲁昭公回国。季平子暗中贿赂范献子，范献子接受贿赂，于是对晋君说："季氏没有罪行。"结果没有护送鲁君回国。

十二年，晋之宗家祁傒孙，叔向子，相恶于君。六卿欲弱公室，乃遂以法尽灭其族，而分其邑为十县，各令其子为大夫。晋益弱，六卿皆大。

十二年，晋国宗族祁傒的孙子、叔向的儿子在晋君面前相互诽谤。六卿想削弱晋室，于是就用刑法灭尽了他们的家族，把他们的封邑分成十县，各让自己的儿子去做大夫。晋国公室更加衰弱，六卿都强大。

十四年，顷公卒，子定公午立。

十四年，顷公死去，儿子定公午即位。

定公十一年，鲁阳虎奔晋，赵鞅简子舍之。十二年，孔子相鲁。

定公十一年，鲁国阳虎投奔到晋国，赵鞅简子收留了他。十二年，孔子摄理鲁国的丞相。

十五年，赵鞅使邯郸大夫午，不信，欲杀午。午与中行寅、范吉射亲，攻赵鞅，鞅走保晋阳。定公围晋阳。荀栎、韩不信、魏侈与范、中行为仇，乃移兵伐范、中行。范、中行反，晋君击之，败范、中行。范、中行走朝歌，保之。韩、魏为赵鞅谢晋君，乃赦赵鞅，复位。二十二年，晋败范、中行氏，二子奔齐。

十五年，赵鞅让邯郸大夫午把卫国进贡的五百户还给他以后迁到晋阳去，大夫午答应了又背信，赵鞅想杀午，午和中行寅、范吉射是亲戚，就联合进攻赵鞅，赵鞅退保晋阳。晋定公围攻晋阳。荀栎、韩不信、魏侈和范吉射、中行寅有仇，就调兵征讨吉射、中行寅。范吉射、中行寅反叛，晋君进攻他们，打败了范吉射、中行寅。范吉射、中行寅退到朝歌，据城坚守，韩不信、魏侈替赵鞅向晋君谢罪，于是晋君赦免赵鞅，恢复了他的职位。二十二年，晋国打败范吉射、中行寅，他们二人逃到了齐国。

三十年，定公与吴王夫差会黄池，争长，赵鞅时从，卒长吴。

三十年，定公和吴王夫差在黄池相会，争当盟主，当时赵鞅随从，终于使吴国当了盟主。

三十一年，齐田常弑其君简公，而立简公弟骜为平公。三十三年，孔子卒。

三十一年，齐国田常杀死他的国君简公，拥立简公的弟弟骜为平公。三十三年，孔子去世。

三十七年，定公卒，子出公凿立。

三十七年，定公去世，儿子出公凿即位。

出公十七年，知伯与赵、韩、魏共分范、中行地以为邑。出公怒，告齐、鲁，欲以伐四卿。四卿恐，遂反攻出公。出公奔齐，道死。故知伯乃立昭公曾孙骄为晋君，是为哀公。

出公十七年，知伯和赵、韩、魏三家瓜分范吉射、中行寅的土地作为自己的私邑。出公发怒，告诉齐国、鲁国，想靠他们讨伐四卿。四卿恐惧，于是反而攻打出公。出公奔逃去齐国，死在路上，所以知伯就拥立昭公的曾孙骄为晋君，这就是哀公。

哀公大父雍，晋昭公少子也，号为戴子。戴子生忌。忌善知伯，蚤死，故知伯欲尽并晋，未敢，乃立忌子骄为君。当是时，晋国政皆决知伯，晋哀公不得有所制。知伯遂有范、中行地，最强。

哀公的祖父雍，是晋昭公的小儿子，号称戴子。戴子生了忌。忌和知伯友善，死得早，所以知伯想完全吞并晋国，但还不敢，就拥立忌的儿子骄为国君。正当这时，晋国的政治措施完全由知伯决定，晋哀公对他不能有任何限制。知伯就占有了范吉射、中行寅的土地，最强大。

哀公四年，赵襄子、韩康子、魏桓子共杀知伯，尽并其地。

哀公四年，赵襄子、韩康子、魏桓子共同杀死知伯，完全并吞了他的土地。

十八年，哀公卒，子幽公柳立。

十八年，哀公去世，儿子幽公柳即位。

幽公之时，晋畏，反朝韩、赵、魏之君。独有绛、曲沃，余皆入三晋。

幽公的时候，晋君由于害怕，反而朝拜韩、赵、魏的君王。晋室只有绛和曲沃，其余的国土都归韩、赵、魏三晋所有。

十五年，魏文侯初立。十八年，幽公淫妇人，夜窃出邑中，盗杀幽公。魏文侯以兵诛晋乱，立幽公子止，是为烈公。

十五年，魏文侯刚即位。十八年，幽公奸妇女，夜间私自走出城中，盗贼杀死了幽公。魏文侯率军平定晋国的动乱，拥立幽公的儿子止，这就是烈公。

烈公十九年，周威烈王赐赵、韩、魏皆命为诸侯。

烈公十九年，周威烈王赐封赵国、韩国、魏国，都成为诸侯。

二十七年，烈公卒，子孝公颀立。孝公九年，魏武侯初立，袭邯郸，不胜而去。十七年，孝公卒，子静公俱酒立。是岁，齐威王元年也。

二十七年，烈公死去，儿子孝公颀即位。孝公九年，魏武侯刚即位，偷袭赵国的邯郸，没有获胜就撤兵离开。十七年,孝公去世,儿子静公俱酒即位。这一年,是齐威王元年。

静公二年,魏武侯、韩哀侯、赵敬侯灭晋后而三分其地。静公迁为家人,晋绝不祀。

静公二年,魏武侯、韩哀侯、赵敬侯灭亡晋国以后把它的土地分成三块。静公被贬为平民,晋国的祭祀从此断绝。

太史公曰:晋文公,古所谓明君也,亡居外十九年,至困约,及即位而行赏,尚忘介子推,况骄主乎?灵公既弑,其后成、景致严,至厉大刻,大夫惧诛,祸作。悼公以后日衰,六卿专权。故君道之御其臣下,固不易哉!

太史公说:晋文公,是古代所说的贤明君主,流亡居住在国外十九年,极度坎坷困苦,等到即位后论功行赏,尚且遗忘了介子推,何况骄奢淫逸的君主呢?灵公既被杀害,这以后成公、景公达到了严格程度,到厉公时,更加苛刻,大夫们害怕被诛杀,祸乱频起。悼公以后,一天天衰弱,六卿专有政权。所以国君驾驭他的臣下,本来就不容易呀!

史记第四十卷

楚世家第十

楚之先祖出自帝颛顼高阳。高阳者,黄帝之孙,昌意之子也。高阳生称,称生卷章,卷章生重黎。重黎为帝喾高辛居火正,甚有功,能光融天下,帝喾命曰祝融。共工氏作乱,帝喾使重黎诛之而不尽。帝乃以庚寅日诛重黎,而以其弟吴回为重黎后,复居火正,为祝融。

楚国的祖先出自高阳氏颛顼帝。高阳,是黄帝的孙子,昌意的儿子。高阳生了儿子称,称生了儿子卷章,卷章生了儿子重黎。重黎做高辛氏喾帝的火正,很有功绩,能使天下光明融洽,喾帝赐给他一个称号叫祝融。共工氏叛乱,喾帝派重黎去平定叛乱,但没有彻底消灭叛乱者。喾帝就在庚寅日杀死重黎,让他的弟弟吴回做重黎的继承人,再做火正,仍然称祝融。

吴回生陆终。陆终生子六人,坼剖而产焉。其长一曰昆吾;二曰参胡;三曰彭祖;四曰会人;五曰曹姓;六曰季连,芈姓,楚其后也。昆吾氏,夏之时尝为侯伯,桀之时汤灭之。彭祖氏,殷之时尝为侯伯,殷之末世灭彭祖氏。季连生附沮,附沮生穴熊,其后中微,或在中国,或在蛮夷,弗能纪其世。

吴回生了儿子陆终。陆终有六个儿子,都是剖腹产的。长子名叫昆吾;次子名叫参胡;三子名叫彭祖;四子名叫会人;五子名叫曹姓;六子名叫季连,季连姓芈,楚国就是他的后代。昆吾氏,在夏朝时候曾是侯伯,到桀的时期被商汤灭亡。彭祖氏,殷朝时候曾是侯伯,殷朝末年彭祖氏被灭。季连生了儿子附沮,附沮生了儿子穴熊。这以后中途衰微了,有的居住在中原地区,有的居住在蛮夷地区,无法记载他们的世系。

周文王之时,季连之苗裔曰鬻熊。鬻熊子事文王,蚤卒。其子曰熊丽。熊丽生熊狂,熊狂生熊绎。

周文王的时候,季连的后代子孙有个叫鬻熊的。鬻熊如同儿子一样侍奉文王,死得早。他的儿子叫熊丽。熊丽生了儿子熊狂,熊狂生了儿子熊绎。

熊绎当周成王之时,举文、武勤劳之后嗣,而封熊绎于楚蛮,封以子男之田,姓芈氏,居丹阳。楚子熊绎与鲁公伯禽、卫康叔子牟、晋侯燮、齐太公子吕伋俱事成王。

熊绎正当周成王在位的时候,成王封赏文王、武王功臣的后代,把熊绎封在楚蛮地区,给他子男爵位的田地,姓芈,居住在丹阳。楚子熊绎和鲁公伯禽、卫国康叔的儿子牟、晋侯燮、齐国太公的儿子吕伋一起侍奉周成王。

熊绎生熊艾,熊艾生熊䵣,熊䵣生熊胜。熊胜以弟熊杨为后。熊杨生熊渠。

熊绎生了儿子熊艾、熊艾生了儿子熊䵣,熊䵣生了儿子熊胜。熊胜让弟弟熊杨做继承人。熊杨生了儿子熊渠。

熊渠生子三人。当周夷王之时,王室微,诸侯或不朝,相伐。熊渠甚得江汉间民和,乃兴兵伐庸、杨粤,至于鄂。熊渠曰:"我蛮夷也,不与中国之号谥。"乃立其长子康为句亶王,中子红为鄂王,少子执疵为越章王,皆在江上楚蛮之地。及周厉王之时,暴虐,熊渠畏其伐楚,亦去其王。

熊渠生有三个儿子。正当周夷王的时候,王室衰微,诸侯有的不朝见周王,互相攻打。熊渠深得长江、汉水一带百姓的拥戴,于是兴兵讨伐庸国、杨粤,一直打到鄂地。熊渠说:"我们是蛮夷,不必用中原各国的名称谥号。"于是封他的长子康做句亶王,中子红做鄂王,少子执疵做越章王,都在长江沿岸的楚蛮地区。等到周厉王的时候,由于厉王暴虐无道,熊渠害怕厉王征讨楚国,也就撤去了王号。

后为熊毋康,毋康蚤死。熊渠卒,子熊挚红立。挚红卒,其弟弑而代立,曰熊延。熊延生熊勇。

熊渠的继承人是熊毋康,熊毋康死得早。熊渠去世后,儿子熊挚红即位。熊挚红去世,他弟弟杀死他的继承人夺取君位,名叫熊延。熊延生了儿子熊勇。

熊勇六年,而周人作乱,攻厉王,厉王出奔彘。熊勇十年,卒,弟熊严为后。

熊勇六年,周京师的人作乱,攻打厉王,厉王出逃奔往彘地。熊勇在位十年,去世,弟弟熊严是继承人。

熊严十年,卒。有子四人,长子伯霜,中子仲雪,次子叔堪,少子季徇。熊严卒,长子伯霜代立,是为熊霜。

熊严在位十年,去世。熊严有四个儿子,长子名叫伯霜,次子名叫仲雪,三子名叫叔堪,少子名叫季徇。熊严去世,长子伯霜即位,这就是熊霜。

熊霜元年,周宣王初立。熊霜六年,卒,三弟争立。仲雪死;叔堪亡,避难于濮;而少弟季徇立,是为熊徇。熊徇十六年,郑桓公初封于郑。二十二年,熊徇卒,子熊咢立。熊咢九年,卒,子熊仪立,是为若敖。

熊霜元年,周宣王刚即位。熊霜在位六年,去世,三个弟弟争位。结果仲雪死去;叔堪逃亡,到濮地避祸;而小弟季徇即位,这就是熊徇。熊徇十六年,郑桓公刚被封在郑。二十二年,熊徇去世,儿子熊咢即位。熊咢在位九年,去世,儿子熊仪即位,这就是若敖。

若敖二十年,周幽王为犬戎所弑,周东徙,而秦襄公始列为诸侯。

若敖二十年,周幽王被犬戎杀害,周室向东迁都,秦襄公开始被封为诸侯。

二十七年,若敖卒,子熊坎立,是为霄敖。霄敖六年,卒,子熊眴立,是为蚡冒。蚡冒十三年,晋始乱,以曲沃之故。蚡冒十七年,卒。蚡冒弟熊通弑蚡冒子而代立,是为楚武王。

二十七年,若敖去世,儿子熊坎即位,这就是霄敖。霄敖在位六年,去世,儿子熊眴即位,这就是蚡冒。蚡冒十三年,晋国开始内乱,因为曲沃的缘故。蚡冒在位十七年,去世。蚡冒的弟弟熊通杀死蚡冒的儿子夺取君位,这就是楚武王。

楚祖熊绎像

武王十七年，晋之曲沃庄伯弑主国晋孝侯。十九年，郑伯弟段作乱。二十一年，郑侵天子之田。二十三年，卫弑其君桓公。二十九年，鲁弑其君隐公。三十一年，宋太宰华督弑其君殇公。

武王十七年，晋国的曲沃庄伯杀害国家主君晋孝侯。十九年，郑伯的弟弟段作乱。二十一年，郑国侵犯周天子的土地。二十三年，卫国杀害他的国君桓公。二十九年，鲁国杀害他的国君隐公。三十一年，宋国太宰华督杀害他的国君殇公。

三十五年，楚伐随。随曰："我无罪。"楚曰："我蛮夷也。今诸侯皆为叛相侵，或相杀。我有敝甲，欲以观中国之政，请王室尊吾号。"随人为之周，请尊楚，王室不听，还报楚。三十七年，楚熊通怒曰："吾先鬻熊，文王之师也，蚤终。成王举我先公，乃以子男田令居楚，蛮夷皆率服，而王不加位，我自尊耳。"乃自立，为武王，与随人盟而去。于是始开濮地而有之。

三十五年，楚国讨伐随国。随君说："我没有罪过。"楚王说："我是蛮夷国家。如今中原诸侯都背叛了天子，互相攻伐杀戮。我拥有军队，想参与中原地区的政事，请求周王室提高我的尊号。"随国人为此到周室，请求赐给楚国尊号，周王室不答应，回来告诉楚国。三十七年，楚国熊通大怒说："我们的祖先鬻熊，是文王的老师，死得早。成王推举我们的先公，就给了子男爵位的土地，让他居住在楚地，蛮夷都降服，王室仍旧不提高楚国的爵位，我就自己提高尊号了！"于是自立为武王，和随国结盟后离去。这时，楚国开始开拓濮地据为己有。

五十一年，周召随侯，数以立楚为王。楚怒，以随背己，伐随。武王卒师中而兵罢。子文王熊赀立，始都郢。

五十一年，周王召见随侯，谴责他拥戴楚君为王。楚王发怒，认为是随侯背叛了自己，讨伐随国。楚武王病死在军中，才罢兵。儿子文王熊赀即位，开始迁都郢城。

文王二年，伐申过邓，邓人曰"楚王易取"，邓侯不许也。六年，伐蔡，虏蔡哀侯以归，已而释之。楚强，陵江汉间小国，小国皆畏之。十一年，齐桓公始霸，楚亦始大。

文王二年，讨伐申国，经过邓国，邓国人说："楚王容易捉住。"邓侯不答应。六年，讨伐蔡国。俘虏蔡哀侯后回归，不久，又释放了他。楚国强大，欺凌长江、汉水流域的小国，小国都害怕它。十一年，齐桓公开始称霸，楚国也开始强大。

十二年，伐邓，灭之。十三年，卒，子熊艱立，是为庄敖。庄敖五年，欲杀其弟熊恽，恽奔随，与随袭弑庄敖代立，是为成王。

十二年，讨伐邓国，灭了它。十三年，文王去世，儿子熊艱即位，这就是庄敖。庄敖五年，想杀他弟弟熊恽，熊恽逃到随国，和随国袭杀庄敖夺取君位，这就是成王。

成王恽元年，初即位，布德施惠，结旧好于诸侯。使人献天子，天子赐胙，曰："镇尔南方夷越之乱，无侵中国。"于是楚地千里。

成王恽元年，刚刚即王位，对百姓广施恩德，和诸侯恢复旧的友好关系。派人向周天子进贡，周天子赐给他祭肉，说："好好镇守你的南方，平定夷越叛乱，不要侵犯中原。"于是楚国的土地扩展到纵横各有千里。

十六年，齐桓公以兵侵楚，至陉山。楚成王使将军屈完以兵御之，与桓公盟。桓公数以周之赋不入王室，楚许之，乃去。

十六年，齐桓公率兵侵犯楚国，到达陉山。楚成王派将军屈完带领军队抵抗，和齐桓公签订盟约。齐桓公责备楚国没有按规定向周王交纳赋税，楚成王答应交纳，齐桓公离去。

十八年，成王以兵北伐许，许君肉袒谢，乃释之。二十二年，伐黄。二十六年，灭英。

十八年，成王率军北上讨伐许国，许君赤露上身谢罪，就释放了他。二十二年，征讨黄国。二十六年，灭了英国。

三十三年，宋襄公欲为盟会，召楚。楚王怒曰："召我，我将好往袭辱之。"遂行，至盂，遂执辱宋公，已而归之。三十四年，郑文公南朝楚。楚成王北伐宋，败之泓，射伤宋襄公，襄公遂病创死。

三十三年，宋襄公想会合诸侯充当盟主，召见楚王。楚王发怒说："召见我，我正好去袭击羞辱他。"于是出发，行至盂地，逮住宋襄公侮辱了一番，不久，放他回国。三十四年，郑文公南去朝见楚王。楚成王北上讨伐宋国，在泓水旁打败宋军，射伤宋襄公，宋襄公就由于箭伤病死了。

三十五年，晋公子重耳过楚，成王以诸侯客礼飨，而厚送之于秦。

三十五年，晋公子重耳经过楚国，楚成王用对待诸侯的礼节款待他，并赐给丰厚的礼物，送他到秦国去。

三十九年，鲁僖公来请兵以伐齐，楚使申侯将兵伐齐，取穀，置齐桓公子雍焉。齐桓公七子皆奔楚，楚尽以为上大夫。灭夔，夔不祀祝融、鬻熊故也。

三十九年，鲁僖公来请求出兵攻打齐国，楚王派申侯率军讨伐齐国，夺取了穀城，安置齐桓公的儿子雍在这里。齐桓公的七个儿子都奔逃来到楚国，楚王把他们都任命为上大夫。攻灭夔国，由于夔国不祭祝融、鬻熊的原因。

夏，伐宋，宋告急于晋，晋救宋，成王罢归。将军子玉请战，成王曰："重耳亡居外久，卒得反国，天之所开，不可当。"子玉固请，乃与之少师而去。晋果败子玉于城濮。成王怒，诛子玉。

夏天，讨伐宋国，宋国向晋国告急，晋国出兵援救宋国，楚成王罢兵离去。楚国的将军子玉请求与晋国交战，成王说："重耳流亡居住在外的时间很久，最终回到晋国，是上天开导他，不可抵挡。"子玉坚决请战，就给了他少量的军队带去。晋国果然在城濮打败子玉。成王发怒，杀了子玉。

四十六年，初，成王将以商臣为太子，语令尹子上。子上曰："君之齿未也，而又多内宠，绌乃乱也。楚国之举常在少者。且商臣蜂目而豺声，忍人也，不可立也。"王不听，立之。后又欲立子职而绌太子商臣。商臣闻而未审也，告其傅潘崇曰："何以得其实？"崇曰："飨王之宠姬江芈而勿敬也。"商臣从之。江芈怒曰："宜乎王之欲杀若而立职也。"商臣告潘崇曰："信矣。"崇曰："能事之乎？"曰："不能。""能亡去乎？"曰："不能。""能行大事乎？"曰："能。"冬十月，商臣以宫卫兵围成王。成王请食熊蹯而死，不听。丁未，成王自绞杀。商臣代立，是为穆王。

四十六年。起初，成王将要立商臣为太子，告诉令尹子上。子上说："君王的年龄还少，而且又有很多宠妾，一旦改立就会出乱子。楚国立太子常常是年少的。再说商臣的两眼像毒蜂，声音似豺狼，是个残忍的人，不可以立他做太子。"成王不听，立了商臣。以后又想立公子职而废掉太子商臣。商臣听了这个消息，但还没有证实，就告诉他的辅相潘崇说："怎样才能探听到确切的情况呢？"潘崇说："宴请成王的宠姬江芈，但要显出不恭敬的样子。"商臣遵照潘崇的话宴请江芈。江芈发怒说："君王想杀你立职为太子，真是应该啊！"商臣告诉潘崇说："是真的了。"潘崇说："你能侍奉他吗？"商臣说："不能。"潘崇说："你能离开楚国吗？"商臣说："不能。"潘崇说："你能干大事吗？"商臣说："能。"冬天十月，商臣用宫廷的卫兵围攻成王。成王请求吃了熊掌再死，商臣不答应。丁未日，成王自杀而死。商臣代替即位，这就是穆王。

穆王立，以其太子宫予潘崇，使为太师，掌国事。穆王三年，灭江。四年，灭六、蓼。六、蓼，皋陶之后。八年，伐陈。十二年，卒。子庄王侣立。

穆王即位后，把他做太子时的宫室赏赐给潘崇。任命他做太师，执掌国家大事。穆王三年，灭了江国。四年，灭了六国、蓼国。六国、蓼国，是皋陶的后代。八年，征讨陈国。十二年，穆王去世，儿子庄王侣即位。

庄王即位三年，不出号令，日夜为乐，令国中曰："有敢谏者死无赦！"伍举入谏。庄王左抱郑姬，右抱越女，坐钟鼓之间。伍举曰："愿有进隐。"曰："有鸟在于阜，三年不蜚不鸣，是何鸟也？"庄王曰："三年不蜚，蜚将冲天；三年不鸣，鸣将惊人。举退矣，吾知之矣。"居数月，淫益甚。大夫苏从乃入谏。王曰："若不闻令乎？"对曰："杀身以明君。臣之愿也。"于是乃罢淫乐，听政，所诛者数百人，所进者数百人，任伍举、苏从以政，国人大说。是岁灭庸。六年，伐宋，获五百乘。

庄王即位三年，不发号施令，日夜享乐，下令国中说："有敢进谏的，诛杀不赦！"伍举入宫进谏。庄王左手抱着郑姬，右手抱着越女，坐在钟鼓乐队中间。伍举说："我希望进说一句隐语。"接着说："有只鸟待在土山上，三年不飞不鸣，这是什么鸟呀？"庄王说："三年不飞，一飞就会冲天；三年不鸣，一鸣就可惊人。伍举你下去吧，我知道你的意思了。"过了几个月后，庄王荒淫益甚。大夫苏从入宫进谏，庄王说："你没有听到禁令吗？"苏从回答说："牺牲自身能使国君清明，是我的愿望。"于是庄王才停止淫乐，开始治理朝政，杀掉不称职的几百人，提拔贤才几百人，任命伍举、苏从处理政事，国都内的人大为高兴。这一年，灭了庸国。六年，征讨宋国，虏获战车五百乘。

八年，伐陆浑戎，遂至洛，观兵于周郊，周定王使王孙满劳楚王。楚王问鼎小大轻重，对曰："在德不在鼎。"庄王曰："子无阻九鼎！楚国折钩之喙，足以为九鼎。"王孙满曰："呜呼！君王其忘之乎？昔虞夏之盛，远方皆至，贡金九牧，铸鼎象物，百物而为之备，使民知神奸。桀有乱德，鼎迁于殷，载祀六百。殷纣暴虐，鼎迁于周。德之休明，虽小必重；其奸回昏乱，虽大必轻。昔成王定鼎于郏鄏，卜世三十，卜年七百，天所命也。周德虽衰，天命未改。鼎之轻重，未可问也。"楚王乃归。

八年，讨伐陆浑戎族，就到达洛阳，在周京郊外阅兵示威。周定王派王孙满犒劳楚王。楚王询问九鼎的大小轻重。王孙满回答说："在于德行不在于宝鼎。"庄王说："你不要倚仗九鼎，楚国只要折断兵器的钩尖，就足够铸九鼎了。"王孙满说："唉！君王你难道忘了吗？从前虞夏盛世，远方的国家都来朝贡，九州的长官贡献金属，铸成九鼎，绘上物象，百物全部具备，使百姓认识神鬼为害的情况。夏桀昏乱无德，九鼎才转移到殷朝，享国六百年。殷纣王暴虐无道，九鼎又转移到周朝。如果君王德行清明，鼎虽小一定重得移不动；如果君王邪恶昏乱，鼎虽大一定轻得可移动。从前成王在郏鄏安置九鼎时，占卜说可以传国三十代，经历七百年，这是上天之意。如今周室的道德虽然衰微，但天命并未改变。鼎的轻重，还不能问啊！"楚王这才率兵回去。

九年，相若敖氏，人或谗之王，恐诛，反攻王，王击灭若敖氏之族。十三年，灭舒。

九年，任命若敖氏为丞相。有人在庄王面前诽谤他，若敖怕被杀，反而进攻庄王，庄王反击，诛杀了若敖氏家族。十三年，灭了舒国。

十六年，伐陈，杀夏徵舒。徵舒弑其君，故诛之也。已破陈，即县之。群臣皆贺，申叔时使齐来，不贺。王问，对曰："鄙语曰，牵牛径人田，田主取其牛。径者则不直矣，取之牛不亦甚乎？且王以陈之乱而率诸侯伐之，以义伐之而贪其县，亦何以复令于天下！"庄王乃复国陈后。

十六年，讨伐陈国，杀死夏徵舒。因为夏徵舒杀害他的国君，所以杀了他。攻破陈国后，即划为县。群臣都祝贺，申叔时从齐国出使回来，独不祝贺。庄王问其原因，申叔时回答说："俗话说：牵牛走捷径践踏了人家的农作物，田主便把他的牛抢走。牵牛糟蹋农作物固然不对，可抢走牛，不是也太过分吗？再说君王因为陈国内乱，才率领诸侯征伐它，打着道义的旗号讨伐它，却又贪它的领土，今后怎么再管理天下呢？"庄王因此又恢复了陈国后代的君位。

十七年春，楚庄王围郑，三月克之。入自皇门，郑伯肉袒牵羊以逆，曰："孤不天，不能事君，君用怀怒，以及敝邑，孤之罪也。敢不唯命是听！宾之南海，若以臣妾赐诸侯，亦唯命是听，若君不忘厉、宣、桓、武，不绝其社稷，使改事君，孤之愿也，非所敢望也。敢布腹心。"楚群臣曰："王勿许。"庄王曰："其君能下人，必能信用其民，庸可绝乎！"庄王自手旗，左右麾军，引兵去三十里而舍，遂许之平。潘尪入盟，子良出质。夏六月，晋救郑，与楚战，大败晋师河上，遂至衡雍而归。

十七年春天，楚庄王围攻郑国，三个月，攻克了它。庄王从皇门进入郑都，郑伯赤露上身牵着羊迎接他，说："我不为上天所保佑，不能侍奉您，您所以心怀不满，来到我国，这是我的罪过。我怎敢不听从您的命令！把我流放到南海，或者把我当作奴隶赏赐给诸侯，我也听从您的命令。如果您不忘周厉王、宣王和我国开始受封的桓公、武公，不灭绝郑国的社稷祭祀，让我改而侍奉您，这正是我的心愿。但我不敢有这样的奢望，只是大胆向您诉说肺腑之言罢了。"楚国的群臣说："君王不要答应他。"庄王说："郑君能够这样卑下谦恭，一定能够信用他的百姓，这样的国君怎么可以灭绝呀！"庄王亲手举起军旗，指挥左右军队，率军后退三十里驻扎，于是答应与郑国讲和。楚国的大夫潘尪到郑国签订盟约，郑君派他弟弟子良到楚国做人质。夏天六月，晋国前去救郑国，和楚军交战，在黄河边大败晋军，一直打到衡雍才撤退。

二十年，围宋，以杀楚使也。围宋五月，城中食尽，易子而食，析骨而炊。宋华元出告以情。庄王曰："君子哉！"遂罢兵去。

二十年，围攻宋国，因为它杀了楚国的使臣。包围宋国五个月，城里的粮食吃完了，人们交换孩子杀着吃，劈骨头当柴烧。宋国华元出城把实情告诉楚军，楚庄王说："君子啊！"于是罢兵离去。

二十三年，庄王卒，子共王审立。

二十三年，庄王去世，儿子共王审即位。

共王十六年，晋伐郑。郑告急，共王救郑。与晋兵战鄢陵，晋败楚，射中共王目。共王召将军子

《东周列国志》版画之华元登床劫子反图，讲述宋楚交战，宋国人华元乘夜混入楚营，劫持楚军主帅子侧请和之事。

反。子反嗜酒，从者竖阳穀进酒，醉。王怒，射杀子反，遂罢兵归。

共王十六年，晋国讨伐郑国。郑国向楚国告急，共王率军援救郑国。和晋军在鄢陵交战，晋军打败楚军，射伤共王的眼睛。共王召唤将军子反。子反贪杯，随从竖阳穀进酒，子反喝得酩酊大醉。共王发怒，射杀子反，于是罢兵回国。

三十一年，共王卒，子康王招立。康王立十五年卒，子员立，是为郏敖。

三十一年，共王去世，儿子康王招即位。康王在位十五年去世，儿子员即位，这就是郏敖。

康王宠弟公子围、子比、子晳、弃疾。郏敖三年，以其季父康王弟公子围为令尹，主兵事。四年，围使郑，道闻王疾而还。十二月己酉，围入问王疾，绞而弑之，遂杀其子莫及平夏。使使赴于郑。伍举问曰："谁为后？"对曰："寡大夫围。"伍举更曰："共王之子围为长。"子比奔晋，而围立，是为灵王。

康王宠爱的弟弟有公子围、公子比、公子晳、公子弃疾。郏敖三年，任命他的叔父康王的弟弟公子围为令尹，主持军务。四年，公子围出使郑国，路上听说国王得病返回楚国。十二月己酉日，公子围进宫询问国王的病情，借机勒死国王，并杀死国王的儿子莫以及平夏。派遣使臣赴郑国报丧。伍举问使臣，假如郑君问."谁作继承人？"使臣回答说."寡大夫围。"伍举更正的话说："共王的儿子围是老大。"公子比逃到晋国，公子围即位，这就是灵王。

灵王三年六月，楚使使告晋，欲会诸侯。诸侯皆会楚于申。伍举曰："昔夏启有钧台之飨，商汤有景亳之命，周武王有盟津之誓，成王有岐阳之蒐，康王有丰宫之朝，穆王有涂山之会，齐桓有召陵之师，晋文有践土之盟，君其何用？"灵王曰："用桓公。"时郑子产在焉。于是晋、宋、鲁、卫不往。灵王已盟，有骄色。伍举曰："桀为有仍之会，有缗叛之。纣为黎山之会，东夷叛之。幽王为太室之盟，戎、翟叛之。君其慎终！"

灵王三年六月，楚国派遣使臣告诉晋国，想和诸侯会合。诸侯都到申地和楚王会盟。伍举说："以前夏启有钧台的欢宴，商汤有景亳的诰命，周武王有盟津的誓帅，成王有岐阳的狩猎，康王有丰宫的朝见，穆王有涂山的会合，齐桓公有召陵的出师，晋文公有践土的盟誓，你打算用哪种礼仪？"灵王说："用齐桓公的礼仪。"当时郑国的子产参加。于是晋国、宋国、鲁国、卫国没有参加。灵王和诸侯签订盟约后，显露出骄傲的神色。伍举说："夏桀举行有仍会盟，有缗反叛他。商纣举行黎山会盟，东夷反叛他。周幽王举行太室会盟，戎、翟反叛他。你要慎始慎终！"

七月，楚以诸侯兵伐吴，围朱方。八月，克之，囚庆封，灭其族。以封徇，曰："无效齐庆封弑其君而弱其孤，以盟诸大夫！"封反曰："莫如楚共王庶子围弑其君兄之子员而代之立！"于是灵王使疾杀之。

七月，楚国率领诸侯的军队征讨吴国，围攻朱方。八月，攻克朱方。囚禁庆封，灭了他的家族。而后以庆封示众，说："不要效法齐国的庆封杀害他的国君，欺负他的幼主，挟制大夫和他结盟。"庆封反唇相讥说："不要像楚共王的庶子围那样，杀死他的国君哥哥的儿子员夺取王位。"于是灵王派弃疾杀了庆封。

七年，就章华台，下令内亡人实之。

七年，建成章华台，下令收纳逃亡的人充实其中的仆役。

八年，使公子弃疾将兵灭陈。十年，召蔡侯，醉而杀之。使弃疾定蔡，因为陈蔡公。

八年，派公子弃疾率兵灭了陈国。十年，召见蔡侯，灌醉后把他杀死，派弃疾平定蔡国，因而任命弃疾为陈蔡公。

十一年，伐徐以恐吴。灵王次于乾谿以待之。王曰："齐、晋、鲁、卫，其封皆受宝器，我独不。今吾使使周求鼎以为分，其予我乎？"析父对曰："其予君王哉！昔我先王熊绎辟在荆山，荜露蓝蒌，以处草莽，跋涉山林，以事天子，唯是桃弧棘矢以共王事。齐，王舅也；晋及鲁、卫，王母弟也：楚是以无分而彼皆有。周今与四国服事君王，将唯命是从，岂敢爱鼎？"灵王曰："昔我皇祖伯父昆吾旧许是宅，今郑人贪其田，不我予，今我求之，其予我乎？"对曰："周不爱鼎，郑安敢爱田？"灵王曰："昔诸侯远我而畏晋，今吾大城陈、蔡、不羹，赋皆千乘，诸侯畏我乎？"对曰："畏哉！"灵王喜曰："析父善言古事焉。"

十一年，讨伐徐国以恐吓吴国。灵王率军驻扎在乾谿，等待吴国的反应。灵王说："齐、晋、鲁、卫四国，他们受封时都得到了宝器，唯独我们没有。现在我派人请求周王把宝鼎作为分封的器物，他会给我吗？"析父回答说："他会给君王的！从前我们先王熊绎远在荆山，乘坐简陋的柴车，身穿破旧的衣服，居住在草莽荒野，跋山涉水侍奉天子，用桃木弓、棘枝箭供应王室。齐国，是周王舅舅的国家，晋国、鲁国、卫国，是周王同母弟弟的国家。楚国没有分到宝器，而他们都有宝器。现在周天子和齐、晋、鲁、卫四国都侍奉君王，必将听从你的命令，怎么敢吝啬宝鼎呢？"灵王说："从前我的祖先伯父昆吾曾居住在原来的许国，如今郑国抢占那片土地，不肯还给我，现在我向郑国索取，它会给我吗？"析父回答说："周天子不敢吝惜宝鼎，郑国怎敢吝惜许田呢？"灵王说："从前诸侯疏远我国而畏惧晋国，现在我国大力修建陈、蔡、不羹的城池，这些地方都具备千乘的兵力，诸侯们害怕我吗？"析父回答说："害怕呀！"灵王高兴地说："析父真善于说古代的事啊。"

十二年春，楚灵王乐乾谿，不能去也。国人苦役。初，灵王会兵于申，僇越大夫常寿过，杀蔡大夫观起。起子从亡在吴，乃劝吴王伐楚，为间越大夫常寿过而作乱，为吴间。使矫公子弃疾命召公子比于晋，至蔡，与吴、越兵欲袭蔡。令公子比见弃疾，与盟于邓。遂入杀灵王太子禄，立子比为王，公子子皙为令尹，弃疾为司马。先除王宫，观从从师于乾谿，令楚众曰："国有王矣。先归，复爵邑田室。后者迁之。"楚众皆溃，去灵王而归。

十二年春天，楚灵王在乾谿享乐，舍不得离去。徭役使国人痛苦不堪。起初，灵王在申地和诸侯会师，曾侮辱越国大夫常寿过，杀死蔡国大夫观起。观起的儿子观从逃到吴国，就劝吴王讨伐楚国，挑拨越国大夫常寿过叛乱，让他充当吴国的间谍。派人假传公子弃疾的命令，从晋国召回公子比，到蔡国，观从想和吴国、越国的军队袭击蔡国。命令公子比会见弃疾，在邓邑订立盟约。进入郢都杀死灵王的太子禄，拥立公子比为楚王，任命公子皙为令尹，公子弃疾为司马。先清除王宫，观从随军到乾谿，向楚国官兵宣布说："国家已经有新王了。先回归的人，保留爵位、封邑、田地、房屋；后回归的人，一律流放到他乡。"楚国的军队都溃散，离开灵王回去了。

灵王闻太子禄之死也，自投车下，而曰："人之爱子亦如是乎？"侍者曰："甚是。"王曰："余杀人之子多矣，能无及此乎？"右尹曰："请待于郊以听国人。"王曰："众怒不可犯。"曰："且入大县而乞师于诸侯。"王曰："皆叛矣。"又曰："且奔诸侯以听大国之虑。"王曰："大福不再，只取辱耳。"于是王乘舟将欲入鄢。右尹度王不用其计，惧俱死，亦去王亡。

灵王听说太子禄被杀害，自己摔到车下，说："人家疼爱儿子也像我这样吗？"侍从说："比这还厉害。"灵王说："我杀人家的儿子太多了，能没有这样的报应吗？"右尹说："请君王先在郢郊等待，听从国人的处置吧。"灵王说："众怒不可以触犯。"右尹说："暂且占据大县，而后向诸侯求救。"灵王说："人们都背叛了我。"右尹说："暂县投奔诸侯，听从大国的调解安排。"灵王说："大福不会再来，只能自取耻辱罢了。"于是灵王乘船想进据鄢邑。右尹估计灵王不会采纳他的计策，害怕一块送死，也离开灵王逃走了。

灵王于是独傍偟山中，野人莫敢入王。王行遇其故铜人，谓曰："为我求食，我已不食三日矣。"铜人曰："新王下法，有敢饷王从王者，罪及三族，且又无所得食。"王因枕其股而卧。铜人又以土自代，逃去。王觉而弗见，遂饥弗能起。芋尹申无宇之子申亥曰："吾父再犯王命，王弗诛，恩孰大焉！"乃求王，遇王饥于釐泽，奉之以归。夏五月癸丑，王死申亥家，申亥以二女从死，并葬之。

灵王于是独自在山里徘徊，山野的百姓没人敢收留灵王。灵王正举步不定，遇到从前的铜人，对他说："你替我寻求些吃的，我已三天没吃饭了。"铜人说："新王下了命令，谁敢供给你或随从人员食物，罪刑会诛及三族。况且也没有地方能找到食物。"灵王就枕在铜人腿上睡着了。铜人用土块代替腿，脱身逃走。灵王醒来不见铜人，当时饿得站不起来了。芋邑长官申无宇的儿子申亥说："我父亲两次违犯国王的命令，国王不杀，恩情没有比这更大的了！"于是他四处寻找灵王，在釐泽见到饿昏的灵王，便侍奉他回到家里。夏天五月癸丑日，灵王死在申亥的家里，申亥让两个女儿陪葬，并埋葬了他们。

是时楚国虽已立比为王，畏灵王复来，又不闻灵王死，故观从谓初王比曰："不杀弃疾，虽得国犹受祸。"王曰："余不忍。"从曰："人将忍王。"王不听，乃去。弃疾归。国人每夜惊，曰："灵王入矣！"乙卯夜，弃疾使船人从江上走呼曰："灵王至矣！"国人愈惊。又使曼成然告初王比及令尹子晳曰："王至矣！国人将杀君，司马将至矣！君蚤自图，无取辱焉。众怒如水火，不可救也。"初王及子晳遂自杀。丙辰，弃疾即位为王，改名熊居，是为平王。

这时候楚国虽然已拥立公子比为国王，但很害怕灵王再回来，又没有听到灵王死的消息，所以观从对新王公子比说："不杀死公子弃疾，虽然得到了国家，还免不了遭受灾难。"新王说："我不忍心。"观从说："人家将忍心杀你。"新王不听，于是观从离去。弃疾回到京城后，国都里的人们夜夜惊恐，说："灵王回城了！"乙卯日晚上，弃疾派人乘船在江里高喊说："灵王到了！"国都里的人更加惊恐。又派曼成然告诉新王比和令尹子晳说："灵王到了！国都里的人将杀死你们，司马将要到了！你们早作打算，不要自取其辱。众怒犹如水火，无法解救啊。"新王比和令尹子晳就自杀了。丙辰日，弃疾即位为楚王，改名叫熊居，这就是平王。

平王以诈弑两王而自立，恐国人及诸侯叛之，乃施惠百姓。复陈蔡之地而立其后如故，归郑之侵地。存恤国中，修政教。吴以楚乱故，获五率以归。平王谓观从："恣尔所欲。"欲为卜尹，王许之。

平王用欺诈手段杀了两个国王夺取王位，害怕国都里的人和诸侯背叛他，就对百姓布施恩惠。恢复陈、蔡两国的土地，立他们的后代为国君，和从前一样，归还侵占的郑国土地。安慰抚恤国内百姓，修整政令教化。吴国因为楚国混乱的缘故，俘获了楚国五位将领回国。平王对观从说："想任什么官职随你自己挑选。"观从想当卜尹，平王答应了他。

初，共王有宠子五人，无適立，乃望祭群神，请神决之，使主社稷，而阴与巴姬埋璧于室内，召五公子斋而入。康王跨之，灵王肘加之，子比、子晳皆远之。平王幼，抱其上而拜，压纽。故康王以长立，至其子失之；围为灵王，乃身而弑；子比为王十余日，子晳不得立，又俱诛。四子皆绝无后。唯独弃疾后立，为平王，竟续楚祀，如其神符。

当初，共王有宠爱的儿子五人，没有嫡子可以即位，就遥祭群神，请求神灵决断，让谁主管国家。暗中却和巴姬在祖庙内埋藏一块璧玉，召五位公子斋戒后进入祖庙。康王跨璧而过，灵王把手肘放在上边，公子比、公子晳都离璧很远。平王年少，被抱进去，一拜再拜都压在璧纽上。康王因为年长即位，到他的儿子便失掉王位；公子围就是灵王，身遭杀害；公子比做了十几天国王，公子晳不曾即位，又被杀害。这四位儿子都断了后代。只有公子弃疾最后即位，就是平王，终于续了楚国的祭祀，如神符显示的那样。

初，子比自晋归，韩宣子问叔向曰："子比其济乎？"对曰："不就。"宣子曰："同恶相求，如市贾焉，何为不就？"对曰："无与同好，谁与同恶？取国有五难：有宠无人，一也；有人无主，二也；有主无谋，三也；有谋而无民，四也；有民而无德，五也。子比在晋十三年矣，晋、楚之从不闻通者，可谓无人矣；族尽亲叛，可谓无主矣；无衅而动，可谓无谋矣；为羁终世，可谓无民矣；亡无爱征，可谓无德矣。王虐而不忌，子比涉五难以弑君，谁能济之！有楚国者，其弃疾乎？君陈、蔡，方城外属焉。苛慝不作，盗贼伏隐，私欲不违，民无怨心。先神命之，国民信之。芈姓有乱，必季实立，楚之常也。子比之

官，则右尹也；数其贵宠，则庶子也；以神所命，则又远之；民无怀焉，将何以立？”宣子曰：“齐桓、晋文不亦是乎？”对曰：“齐桓，卫姬之子也，有宠于釐公。有鲍叔牙、宾须无、隰朋以为辅，有莒、卫以为外主，有高、国以为内主。从善如流，施惠不倦，有国，不亦宜乎？昔我文公，狐季姬之子也，有宠于献公。好学不倦。生十七年，有士五人，有先大夫子余、子犯以为腹心，有魏犨、贾佗以为股肱，有齐、宋、秦、楚以为外主，有栾、郤、狐、先以为内主。亡十九年，守志弥笃。惠、怀弃民，民从而与之。故文公有国，不亦宜乎？子比无施于民，无援于外，去晋，晋不送；归楚，楚不迎。何以有国！”子比果不终焉，卒立者弃疾，如叔向言也。

当初，公子比从晋国回来，韩宣子问叔向说：“公子比他会成功吗？”叔向回答说：“不会成功。”宣子说：“楚国人和公子比都厌恶楚王，要求立新君，好比商人牟利一样，为什么不能成功呢？”叔向回答说：“没有人和他相好，谁和他共仇呢？夺取国家有五个难处：有宠贵的地位而没有贤人辅佐，是一难；有贤人辅佐而没有重要的力量支持，是二难；有重要的力量支持而没有通盘规划，是三难；有通盘谋划而没有百姓拥护，是四难；有百姓拥护而自己没有德行，是五难。公子比在晋国已经十三年了，晋国、楚国跟随他的不曾有通才学者，可以说没有人才了；亲族死的死，叛的叛，可以说没有支持的力量了；没有可乘之机而轻举妄动，可以说没有通盘规划了；一生窃居国外，可以说他没有百姓拥护了；流亡在外楚人没有爱戴他的迹象，可以说他没有德行了。楚王暴虐无所顾忌，公子比面临五大难处来谋杀国王，谁能帮他成功！得到楚国的，可能是公子弃疾吧？公子弃疾治理陈国、蔡国，方城以外都归属于他。苛刻邪恶的事他不做，盗贼销声匿迹，不为了私欲违背民心，百姓对他毫无怨言。祖先神灵命令他当国君，国内百姓信赖他。芈姓出乱事，一定是年纪最小的即位，这是楚国的常例。公子比的官职，不过是右尹；说他的宠贵，不过是庶子；依据神符的旨意，则又距离很远，百姓不怀念他，他怎能即位呢？”宣子说：“齐桓公、晋文公不也是这样吗？”叔向回答说：“齐桓公，是卫姬的儿子，得到釐公的宠爱。又有鲍叔牙、宾须无、隰朋的辅佐，有莒国、卫国做外援，有高氏、国氏做内应，他本人从善如流，施惠从不厌倦。得到齐国，不也是应该的吧？从前我们文公，是狐季姬的儿子，得到献公的宠爱，他好学不倦。十七岁时，就有贤臣五人，有先大夫子余、子犯做心腹，有魏犨、贾佗为左膀右臂，有齐、宋、秦、楚四国做外援，有栾、郤、狐、先四氏做内应。流亡在外十九年，愤发图强的意志始终不变。因为惠公、怀公背离百姓，百姓相继归附文公。所以文公得到晋国，不也是应该的吗？公子比对百姓不施恩惠，又没有外国援助，离开晋国，晋国没人送行；回到楚国，楚国没人迎接。怎么能得到楚国呢？”公子比果然不能善终，最终即位的是公子弃疾，正如叔向所料的那样。

《东周列国志》版画之楚平王娶媳逐世子图，讲述楚平王听信佞臣费无极之言，为太子建聘定秦国之女为媳，见秦女美而自纳之，并逐太子之事。

平王二年，使费无忌如秦为太子建取妇。妇好，来，未至，无忌先归，说平王曰：“秦女好，可自娶，为太子更求。”平王听之，卒自娶秦女，生熊珍。更为太子娶。是时伍奢为太子太傅，无忌为少傅。无忌无宠于太子，常谗恶太子建。建时年十五矣，其母蔡

女也，无宠于王，王稍益疏外建也。

平王二年，派费无忌到秦国替太子建娶妻。这位秦女长得很美，进入楚国，还没有到达都城，费无忌先回去，怂恿平王说："秦女长得很美，你可以自己娶了，另给太子找一个。"平王听了他的话，自己娶了秦女，生了儿子取名叫熊珍。另给太子娶了妻。当时，伍奢做太子的太傅，费无忌做太子的少傅。费无忌不被太子宠信，经常向平王进谗言诽谤太子建。太子建当时十五岁了，他的母亲是蔡国女子，不被平王宠爱，平王渐渐更加疏远太子建了。

六年，使太子建居城父，守边。无忌又日夜谗太子建于王曰："自无忌入秦女，太子怨，亦不能无望于王，王少自备焉。且太子居城父，擅兵，外交诸侯，且欲入矣。"平王召其傅伍奢责之。伍奢知无忌谗，乃曰："王奈何以小臣疏骨肉？"无忌曰："今不制，后悔也。"于是王遂囚伍奢。乃令司马奋扬召太子建，欲诛之。太子闻之，亡奔宋。

六年，派太子建居住在城父，戍守边疆。费无忌又日夜在平王跟前诋毁太子建说："自从无忌把秦女献给君王，太子怨恨无忌，对你也肯定有怨恨，君王应加防备。况且太子居住在城父，手握兵权，外结诸侯，而且时时想打进都城。"平王召回太子建的太傅伍奢责备他。伍奢知是费无忌陷害太子，就说："君王怎么可以听信小臣的谗言而疏远骨肉呢？"费无忌说："现今不加制裁，以后就晚了。"于是平王就囚禁了伍奢，命令司马奋扬召太子建，想杀死他。太子建得知这个消息，逃到宋国。

无忌曰："伍奢有二子，不杀者为楚国患。盍以免其父召之，必至。"于是王使使谓奢："能致二子则生，不能将死。"奢曰："尚至，胥不至。"王曰："何也？"奢曰："尚之为人，廉，死节，慈孝而仁，闻召而免父，必至，不顾其死。胥之为人，智而好谋，勇而矜功，知来必死，必不来。然为楚国忧者必此子。"于是王使人召之，曰："来，吾免尔父。"伍尚谓伍胥曰："闻父免而莫奔，不孝也；父戮莫报，无谋也；度能任事，知也。子其行矣，我其归死。"伍尚遂归。伍胥弯弓属矢，出见使者，曰："父有罪，何以召其子为？"将射，使者还走，遂出奔吴。伍奢闻之，曰："胥亡，楚国危哉。"楚人遂杀伍奢及尚。

费无忌说："伍奢有两个儿子，不杀死，日后必定是楚国的祸患。何不以赦免他们的父亲为条件召他们回来，这样他们一定会来。"于是平王派使臣对伍奢说："如你能招回两个儿子，就可以活命，否则定死无疑。"伍奢说："伍尚会来，伍胥不来。"平王说："为什么？"伍奢说："伍尚的为人，正直清廉，敢为节义而死，慈孝而仁爱，听说回来可以赦免父亲，一定来，不会顾及自己的死活。伍胥的为人，机智而好谋略，勇敢而好显示功劳，知道回来必死无疑，一定不来。然而将成为楚国忧患的必定是这个孩子。"于是平王派人召唤他们说："你们回来，我赦免你们父亲的死罪。"伍尚对伍胥说："听说可以赦免父亲而不回去，那是不孝；父亲被杀害而没有人报仇，那是无谋；估计能力承担责任，那才是明智。你逃走吧，我回去送死。"伍尚就回到都城。伍胥弯弓搭箭，出来见使臣，说："父亲有罪，为什么召他的儿子们回去呢？"举弓要射，使臣转身逃走。于是伍胥逃到吴国。伍奢听到这个消息，说："伍胥逃走，楚国危险了！"楚国就杀了伍奢和伍尚。

十年，楚太子建母在居巢，开吴。吴使公子光伐楚，遂败陈、蔡，取太子建母而去。楚恐，城郢。初，吴之边邑卑梁与楚边邑钟离小童争桑，两家交怒相攻，灭卑梁人。卑梁大夫怒，发邑兵攻钟离。楚王闻之怒，发国兵灭卑梁。吴王闻之大怒，亦发兵，使公子光因建母家攻楚，遂灭钟离、居巢。楚乃恐而城郢。

十年，楚国太子建的母亲住在居巢，暗通吴国。吴国派公子光讨伐楚国，打败陈国、蔡国的军队，和太子建的母亲一块离去。楚国恐慌，加固郢城。当初，吴国边邑卑梁和楚国边邑钟离两个小孩争夺桑叶，导致两家愤怒殴打，钟离人杀了卑梁一家人。卑梁的大夫大怒，调动邑兵攻打钟离。楚王听说这个消息，发怒，派遣国家的军队攻占卑梁。吴王得知这个消息，也大怒，也发兵，派遣公子光借太子建的母亲家在楚国为理由攻打楚国，于是攻占了钟离、居巢两地。楚国恐慌，又加固郢城。

十三年，平王卒。将军子常曰："太子珍少，且其母乃前太子建所当娶也。"欲立令尹子西，子西，平王之庶弟也，有义。子西曰："国有常法，更立则乱，言之则致诛。"乃立太子珍，是为昭王。

十三年，平王去世。将军子常说："太子珍年少，而且他母亲是前太子建应该娶的。"想拥立令尹子西。子西，是平王的庶弟，有仁义表现。子西说："国家有常规法度，改立君王就会出乱子，谈论改立就会招致诛杀。”于是拥立太子珍，这就是昭王。

昭王元年，楚众不说费无忌，以其谗亡太子建，杀伍奢子父与郤宛。宛之宗姓伯氏子嚭及子胥皆奔吴，吴兵数侵楚，楚人怨无忌甚。楚令尹子常诛无忌以说众，众乃喜。

昭王元年，楚国的百姓都讨厌费无忌，因为他进谗言使太子建逃亡，并杀死伍奢父子和郤宛。郤宛宗族伯氏的儿子嚭和伍子胥都逃到吴国，吴国的军队多次侵扰楚国，楚国的百姓非常怨恨费无忌。楚国的令尹子常杀了费无忌取悦国人，百姓才高兴。

四年，吴三公子奔楚，楚封之以扞吴。五年，吴伐取楚之六、灊。七年，楚使子常伐吴，吴大败楚于豫章。

四年，吴国的三位公子投奔楚国，楚王封给他们土地用以抵抗吴国。五年，吴国攻占楚国的六邑和灊邑。七年，楚国派令尹子常讨伐吴国，吴军在豫章把楚军打得大败。

十年冬，吴王阖闾、伍子胥、伯嚭与唐、蔡俱伐楚，楚大败，吴兵遂入郢，辱平王之墓，以伍子胥故也。吴兵之来，楚使子常以兵迎之，夹汉水阵。吴伐败子常，子常亡奔郑。楚兵走，吴乘胜逐之，五战及郢。己卯，昭王出奔。庚辰，吴人入郢。

十年冬天，吴王阖闾、伍子胥、伯嚭与唐国、蔡国一起讨伐楚国，楚军大败，于是吴军进入郢城，挖开平王的墓鞭尸，是因为伍子胥要报仇的缘故。吴军来攻，楚王派子常率军迎击，双方夹汉水对阵。吴军打败子常，子常逃到郑国。楚军奔逃，吴军乘胜追杀，五次交战就打到郢城。己卯日，昭王弃城逃走。庚辰日，吴军攻占郢城。

昭王亡也至云梦。云梦不知其王也，射伤王。王走郧。郧公之弟怀曰：“平王杀吾父，今我杀其子，不亦可乎？”郧公止之，然恐其弑昭王，乃与王出奔随。吴王闻昭王往，即进击随，谓随人曰：“周之子孙封于江汉之间者，楚尽灭之。”欲杀昭王。王从臣子綦乃深匿王，自以为王，谓随人曰：“以我予吴。”随人卜予吴，不吉，乃谢吴王曰：“昭王亡，不在随。”吴请入自索之，随不听，吴亦罢去。

昭王逃走，到云梦，云梦的百姓不知道他是国王，射伤了他。昭王又逃到郧国，郧公的弟弟怀说：“平王杀了我们的父亲，现在我们杀死他的儿子，不也很好吗？”郧公阻止他，但还是怕他杀害昭王，就和昭王一起逃奔随国。吴王听说昭王逃到随国，立即发兵攻打随国，对随国的百姓说：“周朝的子孙封在长江、汉水一带的，都被楚国灭了。”想要杀死昭王。昭王的随从子綦把昭王悄悄地隐藏起来，自己装扮成昭王，对随国的百姓说：“把我送给吴军吧。”随国人占卜把昭王送给吴军这件事，不吉利。于是向吴王道谢说：“昭王逃走了，不在随国。”吴王请求进入随国搜索，随国不答应，吴王也就率兵离去了。

昭王之出郢也，使申鲍胥请救于秦。秦以车五百乘救楚，楚亦收余散兵，与秦击吴。十一年六月，败吴于稷。会吴王弟夫槩见吴王兵伤败，乃亡归，自立为王。阖闾闻之，引兵去楚，归击夫槩。夫槩败，奔楚，楚封之堂谿，号为堂谿氏。

昭王逃出郢城时，派申包胥到秦国求援。秦国派战车五百乘救援楚国，楚国也收集散兵，和秦军一起反击吴军。十一年六月，在稷地打败吴军。恰巧吴王的弟弟夫槩见吴王的军队伤败，就逃回去，自立为吴王。阖闾听说这个消息，带领军队离开楚国，回去攻打夫槩。夫槩战败，逃奔到楚国，楚王把他封在堂谿，号称堂谿氏。

楚昭王灭唐。九月，归入郢。十二年，吴复伐楚，取番 。楚恐，去郢，北徙都鄀。

楚昭王灭了唐国。九月，昭王回到郢城。十二年，吴国再次讨伐楚国，攻占番邑。楚国恐慌，离开郢城向北迁徙，迁都到鄀城。

十六年，孔子相鲁。二十年，楚灭顿，灭胡。二十一年，吴王阖闾伐越。越王句践射伤吴王，遂死。吴由此怨越而不西伐楚。

十六年，孔子担任鲁国的丞相。二十年，楚国灭亡顿国，灭掉胡国。二十一年，吴王阖闾讨伐越国。越王句践射伤吴王，吴王就死了。吴国从此就因为怨恨越国而不再向西讨伐楚国。

二十七年春，吴伐陈，楚昭王救之，军城父。十月，昭王病于军中。有赤云如鸟，夹日而蜚。昭王问周太史，太史曰：“是害于楚王，然可移于将相。”将相闻是言，乃请自以身祷于神。昭王曰：“将相，孤之股肱也，今移祸，庸去是身乎！”弗听。卜而河为祟，大夫请祷河。昭王曰：“自吾先王受封，

《东周列国志》版画之楚昭王弃郢西奔图，讲述吴国打败楚国，楚昭王从国都郢出逃之事。

望不过江、汉，而河非所获罪也。”止不许。孔子在陈，闻是言，曰：“楚昭王通大道矣。其不失国，宜哉！”

二十七年春天，吴国讨伐陈国，楚昭王救援陈国，驻扎在城父。十月，昭王在军中生病，天空有一片红云像鸟一样，夹着太阳飞。昭王询问周太史，太史说：“这预示楚王有灾难，然可以转移到将相身上。”将相们听到这话，就向昭王请求祈求神灵，用自身来代替昭王受难。昭王说：“将相，就像我的胳膊和大腿，现在把灾祸转移到胳膊和大腿上，难道灾祸就离开我了吗？”不听将相的请求。占卜病的起因，得知是河神作祟，大夫请求向河神祈祷。昭王说：“自从我们先王受封以来，望祭不过长江、汉水，黄河神我们未曾得罪过。”阻止大夫们，不准向黄河祈祷。孔子在陈国，听到这些话，说：“楚昭王通晓大义，他没有失掉国家，应该啊！”

昭王病甚，乃召诸公子大夫曰：“孤不佞，再辱楚国之师，今乃得以天寿终，孤之幸也。”让其弟公子申为王，不可。又让次弟公子结，亦不可。乃又让次弟公子闾，五让，乃后许为王。将战，庚寅，昭王卒于军中。子闾曰：“王病甚，舍其子让群臣，臣所以许王，以广王意也。今君王卒，臣岂敢忘君王之意乎！”乃与子西、子綦谋，伏师闭涂，迎越女之子章立之，是为惠王。然后罢兵归，葬昭王。

昭王的病重，于是召集诸位公子和大夫说：“我没有才能，一再使楚国的军队受辱，现在能够享尽天年，寿终正寝，是我的幸运。”让位给他的弟弟公子申，公子申不肯接受。又让位给二弟公子结，公子结也不接受。于是让位给三弟公子闾，公子闾推让多次，最终才答应。楚军将和吴军交战，庚寅日，昭王病死在军中。公子闾说：“昭王病得厉害时，舍弃他的儿子让位给臣子，我之所以答应昭王，是为了宽昭王的心意。现在昭王去世，我怎敢忘记君王推让的心意呢！”于是和子西、子綦共同谋划，埋伏军队，堵塞道路，暗地里迎接越国女子生的儿子章，拥立为王，这就是惠王。然后撤军回都城，安葬昭王。

惠王二年，子西召故平王太子建之子胜于吴，以为巢大夫，号曰白公。白公好兵而下士，欲报仇。六年，白公请兵令尹子西伐郑。初，白公父建亡在郑，郑杀之，白公亡走吴，子西复召之，故以此怨郑，欲伐之。子西许而未为发兵。八年，晋伐郑，郑告急楚，楚使子西救郑，受赂而去。白公胜怒，乃遂与勇力死士石乞等袭杀令尹子西、子綦于朝，因劫惠王，置之高府，欲弑之。惠王从者屈固负王亡走昭王夫人宫。白公自立为王。月余，会叶公来救楚，楚惠王之徒与共攻白公，杀之。惠王乃复位。是岁也，灭陈而县之。

惠王二年，子西从吴国召回已故平王太子建的儿子胜，任命他为巢邑大夫，号称白公。白公喜好动兵，而且能礼贤下士，想替父亲报仇。六年，白公向令尹子西请兵讨伐郑国。起初，白公的父亲建逃亡到郑国，郑国杀死他，白公逃亡到了吴国，子西又把他召回楚国，所以他怨恨郑国，想征伐郑国。子西答应了，但没有发兵。八年，晋国讨伐郑国，郑国向楚国告急，楚王派子西去救郑国，救郑以后接受贿赂离去了。白公胜发怒，于是就和敢死的勇士石乞等在朝廷刺杀令尹、子綦，趁机劫持惠王，拘禁在高府，想杀掉他。惠王的随从屈固背着惠王逃到昭王夫人居处的寝宫。白公立自己为王。一个多月后，正巧叶公来救楚王，楚惠王的党徒和叶公一起攻白公，杀了他。惠王才复位。这一年，灭了陈国，设置为县。

十三年，吴王夫差强，陵齐、晋，来伐楚。十六年，越灭吴。四十二年，楚灭蔡。四十四年，楚灭杞。与秦平。是时越已灭吴而不能正江、淮北；楚东侵，广地至泗上。

十三年，吴王夫差强大，欺凌齐国、晋国，派兵攻打楚国。十六年，越国灭了吴国。四十二年，楚国灭了蔡国。四十四年，楚国灭了杞国，与秦国讲和。这时越国已经灭了吴国，但不能治理江、淮以北地区，楚国向东侵犯，把版图扩展到泗水一带。

五十七年，惠王卒，子简王中立。

五十七年，惠王去世，儿子简王中即位。

简王元年，北伐灭莒。八年，魏文侯、韩武子、赵桓子始列为诸侯。

简王元年，向北攻灭莒国。八年，魏文侯、韩武子、赵桓子开始被封为诸侯。

二十四年，简王卒，子声王当立。声王六年，盗杀声王，子悼王熊疑立。悼王二年，三晋来伐楚，至乘丘而还。四年，楚伐周。郑杀子阳。九年，伐韩，取负黍。十一年，三晋伐楚，败我大梁、榆关。楚厚赂秦，与之平。二十一年，悼王卒，子肃王臧立。

二十四年，简王去世，儿子声王当即位。声王六年，盗贼杀死声王，儿子悼王熊疑即位。

悼王二年，韩、赵、魏三晋来讨伐楚国，行至乘丘就回去了。四年，楚国讨伐周。郑国杀死子阳。九年，讨伐韩国，夺取负黍。十一年，韩、赵、魏三晋讨伐楚国，在大梁、榆关打败楚军。楚国用重金贿赂秦国，与它讲和。二十一年，悼王去世，儿子肃王臧即位。

肃王四年，蜀伐楚，取兹方。于是楚为扞关以距之。十年，魏取我鲁阳。十一年，肃王卒，无子，立其弟熊良夫，是为宣王。

肃王四年，蜀国讨伐楚国，攻占兹方。于是楚国兴建扞关防御蜀军。十年，魏国攻取楚国的鲁阳。十一年，肃王去世，他没有儿子，立弟弟熊良夫，这就是宣王。

宣王六年，周天子贺秦献公。秦始复强，而三晋益大，魏惠王、齐威王尤强。三十年，秦封卫鞅于商，南侵楚。是年，宣王卒，子威王熊商立。

宣王六年，周天子向秦献公致贺。秦国开始重新强盛，而韩、赵、魏三晋日益强大，魏惠王、齐威王非常强大。三十年，秦国把卫鞅封在商地，向南侵犯楚国。这一年，宣王去世，儿子威王熊商即位。

威王六年，周显王致文武胙于秦惠王。

威王六年，周显王把祭祀文王、武王的祭肉送给秦惠王。

七年，齐孟尝君父田婴欺楚，楚威王伐齐，败之于徐州，而令齐必逐田婴，田婴恐，张丑伪谓楚王曰："王所以战胜于徐州者，田盼子不用也。盼子者，有功于国，而百姓为之用。婴子弗善而用申纪。申纪者，大臣不附，百姓不为用，故王胜之也。今王逐婴子，婴子逐，盼子必用矣。复搏其士卒以与王遇，必不便于王矣。"楚王因弗逐也。

七年，齐国孟尝君的父亲田婴欺骗楚国，楚威王攻打齐国，在徐州打败齐军，要挟齐国必须驱逐田婴。田婴恐惧，张丑假装站在楚王一边说："君王能在徐州打败齐国，是由于田盼子未被重用。盼子，对齐国有功劳，百姓愿意为他效劳。田婴不喜欢他而用申纪。申纪，大臣不肯归附他，百姓不肯为他效力，所以君王才能战胜齐国。现在君王驱逐田婴，田婴被驱赶，盼子一定会被重用。他重新整顿齐国的军队和君王交战，一定对君王不利啊！"楚王因而不再坚持驱逐田婴。

十一年，威王卒，子怀王熊槐立。魏闻楚丧，伐楚，取我陉山。

十一年，威王去世，儿子怀王熊槐即位。魏国听说楚国有丧事，发兵讨伐楚国，夺取陉山。

怀王元年，张仪始相秦惠王。四年，秦惠王初称王。

怀王元年，张仪开始任秦惠王丞相。四年，秦惠王开始称王。

六年，楚使柱国昭阳将兵而攻魏，破之于襄陵，得八邑。又移兵而攻齐，齐王患之。陈轸适为秦

使齐，齐王曰：“为之奈何？”陈轸曰：“王勿忧，请令罢之。”即往见昭阳军中，曰：“愿闻楚国之法，破军杀将者何以贵之？”昭阳曰：“其官为上柱国，封上爵执珪。”陈轸曰：“其有贵于此者乎？”昭阳曰：“令尹。”陈轸曰：“今君已为令尹矣，此国冠之上。臣请得譬之。人有遗其舍人一卮酒者，舍人相谓曰：‘数人饮此，不足以遍，请遂画地为蛇，蛇先成者独饮之。’一人曰：‘吾蛇先成。’举酒而起，曰：‘吾能为之足。’及其为之足，而后成人夺之酒而饮之，曰：‘蛇固无足，今为之足，是非蛇也。’今君相楚而攻魏，破军杀将，功莫大焉，冠之上不可以加矣。今又移兵而攻齐，攻齐胜之，官爵不加于此；攻之不胜，身死爵夺，有毁于楚：此为蛇为足之说也。不若引兵而去以德齐，此持满之术也。”昭阳曰：“善。”引兵而去。

六年，楚国派柱国昭阳率军攻打魏国，在襄陵打败魏军，夺取八座城邑。又移兵打齐国，齐王对楚军很忧虑。正赶上陈轸替秦国出使齐国，齐王问：“怎么办？”陈轸说：“君王不必忧虑，请允许我让楚国休兵。”立即前往楚军会见昭阳，说：“我愿意听听楚国的军功法，对于打败敌军杀死敌将的人，用什么使他尊贵呢？”昭阳说：“官做到上柱国，并封高爵执珪。”陈轸说：“还有比这更高贵的吗？”昭阳说：“令尹。”陈轸说：“如今你已经是令尹了，这是国家最高的官职。我请打个比方。有个人送给他的门客一杯酒，门客们商议说：‘几个人饮这一杯酒，不能都喝到，请大家在地上画一条蛇，先画成者独饮这杯酒。’有一个人说：‘我先画成蛇。’他端着酒杯站起来，说：‘我能给蛇添上足。’等到他画完蛇足，而后画成蛇的人夺过酒杯一饮而尽，说：“蛇本来没有足，如今给它添足，就不是蛇了。’现在你担任楚国的丞相攻打魏国，打败魏军，杀死魏将，功劳没有比这更大了，就像帽子上不能再加什么了。现在又移兵攻打齐国，打败了齐国，官爵也不能比现在更高；如果攻齐不胜，丧失生命，丢掉官爵，给楚国带来损失：这跟画蛇添足一个样。不如把兵撤回，施德于齐国，这是保持功业的好办法。”昭阳说：“好。”就领兵回去了。

燕、韩君初称王。秦使张仪与楚、齐、魏相会，盟啮桑。

燕国、韩国开始称王。秦国派张仪和楚、齐、魏三国相会，在啮桑结盟。

十一年，苏秦约从山东六国共攻秦，楚怀王为从长。至函谷关，秦出兵击六国，六国兵皆引而归，齐独后。十二年，齐湣王伐败赵、魏军，秦亦伐败韩，与齐争长。

十一年，苏秦合纵山东六国共同攻打秦国，楚怀王担任纵长。行至函谷关，秦国出兵迎击六国的军队，六国的军队都撤退回国了，齐国的军队单独撤在最后。十二年，齐湣王打败赵国、魏国的军队，秦国也进攻打败韩国的军队，和齐国争夺霸主。

十六年，秦欲伐齐，而楚与齐从亲，秦惠王患之，乃宣言张仪免相，使张仪南见楚王，谓楚王曰：“敝邑之王所甚说者无先大王，虽仪之所甚愿为门阑之厮者亦无先大王。敝邑之王所甚憎者无先齐王，虽仪之所甚憎者亦无先齐王。而大王和之，是以敝邑之王不得事王，而令仪亦不得为门阑之厮也。王为仪闭关而绝齐，今使使者从仪西取故秦所分楚商於之地方六百里，如是则齐弱矣。是北弱齐，西德于秦，私商於以为富，此一计而三利俱至也。”怀王大悦，乃置相玺于张仪，日与置酒，宣言“吾复得吾商於之地”。群臣皆贺，而陈轸独吊。怀王曰：“何故？”陈轸对曰：“秦之所为重王者，以王之有齐也。今地未可得而齐交先绝，是楚孤也。夫秦又何重孤国哉，必轻楚矣。且先出地而后绝齐，则秦计不为。先绝齐而后责地，则必见欺于张仪。见欺于张仪，则王必怨之。怨之，是西起秦患，北绝齐交。西起秦患，北绝齐交，则两国之兵必至。臣故吊。”楚王弗听，因使一将军西受封地。

十六年，秦国想攻打齐国，楚国和齐国合纵亲善，秦惠王以此忧心忡忡，于是就宣布免去张仪的丞相职务，派他南去会见楚王，对楚王说：“我们秦王最喜欢的人莫过于大王，而我张仪最愿意做他的守门贱职的那个主人，也莫过于大王。我们秦王最憎恨的人莫过于齐王，而我张仪最憎恨的人，也莫过于齐王。但大王你和他亲善，所以我们秦王不能侍奉大王，使我张仪也不能做你守门的贱职。大王如果为我关闭关卡和齐国绝交，现在就可派使臣随我西去，收回以前秦国夺去的纵横六百里的商於地区，这样齐国就削弱了。这是在北削弱齐国，在西和秦国亲善，并有利得到商於来增加财富。这是一计而得到三利的妙策啊！”怀王大喜，就把相印交给张仪，天天设酒宴与他欢饮，宣扬说：“我又得到我的商於地区了。”群臣前来祝贺，只有陈轸来告慰。怀王说：“为什么？”陈轸回答说：“秦国重视君王的原因，是因为君王和齐国有同盟关系。现在商於地区没有得到，先和齐国绝交，这样楚国就孤立了。秦国又怎么会重视孤立无援的国家啊，一定会轻视楚国。如果先让秦国交出土地，而后我们和齐国绝交，那样秦国的诡计就不会实现。我们先和齐国绝交，而后再向秦国索取土地，这样一定会被张仪欺骗。被张仪欺骗了，那么君王一定恨他。恨他，等于是西边挑起秦国的祸患，北边断绝和齐国的邦交。西边挑起秦国的祸患，北边断绝和齐国的邦交，那样韩、魏两国的军队一定会趁机来攻打楚国。所以我来吊慰。”楚王不听，就派一位将军西去秦国接受土地。

张仪至秦，详醉坠车，称病不出三月，地不可得。楚王曰：“仪以吾绝齐为尚薄邪？”乃使勇士宋遗北辱齐王。齐王大怒，折楚符而合于秦。秦齐交合，张仪乃起朝，谓楚将军曰：“子何不受地？从某至某，广袤六里。”楚将军曰：“臣之所以见命者六百里，不闻六里。”即以归报怀王。怀王大怒，兴师将伐秦。陈轸又曰：“伐秦非计也。不如因赂之一名都，与之伐齐，是我亡于秦，取偿于齐也，吾国尚可全。今王已绝于齐而责欺于秦，是吾合秦齐之交而来天下之兵也，国必大伤矣。”楚王不听，遂绝和于秦，发兵西攻秦。秦亦发兵击之。

张仪回到秦国，装作喝醉酒从车上摔下来，声称有病，三个月不出门，商於的土地无法得到。楚王说：“莫非张仪认为我和齐国断交得不彻底吗？”于是派遣勇士宋遗北去辱骂齐王。齐王大怒，折断楚国的符节而和秦国联合。秦、齐两国交好后，张仪出来上朝，对楚国的将军说：“你怎么不接受土地呢？从某地到某地，长宽六里。”楚国将军说：“我奉命接受的是六百里，没听说六里。”立即回国把情况报告给怀王。怀王大怒，将要兴兵攻打秦国。陈轸又说：“攻打秦国不是上策，不如用一个坐城贿赂秦国，和它共同攻打齐国，我们丢失给秦国的土地，从齐国得到补偿，这样我们还可以保全。现在君王已经和齐国断交，而又责问秦国的欺骗，这等于是我们撮合秦、齐两国交往，而引来天下的众兵，国家一定会受到伤害啊！”楚王不听，于是和秦国绝交，发兵西攻秦国。秦国也发兵迎击楚军。

十七年春，与秦战丹阳，秦大败我军，斩甲士八万，虏我大将军屈匄、裨将军逢侯丑等七十余人，遂取汉中之郡。楚怀王大怒，乃悉国兵复袭秦，战于蓝田，大败楚军。韩、魏闻楚之困，乃南袭楚，至于邓。楚闻，乃引兵归。

十七年春天，和秦军在丹阳会战，秦军大败楚军，斩杀披甲士兵八万，俘虏我国大将军屈匄、副将军逢侯丑等七十余人，于是夺取了汉中郡。楚怀王大怒，就调动全国的兵力再次袭击秦军，在蓝田交战，楚军大败。韩、魏两国听说楚军遭受严重挫折，就南下进攻楚国，一直打到邓地。楚怀王听说后，才率军回来。

十八年，秦使使约复与楚亲，分汉中之半以和楚。楚王曰：“愿得张仪，不愿得地。”张仪闻之，请之楚。秦王曰：“楚且甘心于子，奈何？”张仪曰：“臣善其左右靳尚，靳尚又能得事于楚王幸姬郑袖，袖所言无不从者。且仪以前使负楚以商於之约，今秦楚大战，有恶，臣非面自谢楚不解。且大王在，楚不宜敢取仪。诚杀仪以便国，臣之愿也。”仪遂使楚。

十八年，秦国派使臣又要与楚国和好，答应把汉中的一半退给楚国。楚王说：“希望得到张仪，不想得到土地。”张仪听说这话，请求前往楚国。秦王说：“楚王不抓住你哪里能甘心，怎么办？”张仪说：“我和楚王的亲信靳尚关系好，靳尚又能侍奉楚王的宠姬郑袖，郑袖所说的话楚王没有不听的。而且我上次出使，背弃了给楚国商於土地的诺言，现在秦、楚两国大战，结下怨仇，我不亲自向楚王谢罪，怨仇没法消解。而且有大王你在，楚王应该不会冒然逮捕我。即使楚王把我杀了，只要对秦国有利，也是我的愿望。”张仪就出使楚国。

至，怀王不见，因而囚张仪，欲杀之。仪私于靳尚，靳尚为请怀王曰：“拘张仪，秦王必怒。天下见楚无秦，必轻王矣。”又谓夫人郑袖曰：“秦王甚爱张仪，而王欲杀之，今将以上庸之地六县赂楚，以美人聘楚王，以宫中善歌者为之媵。楚王重地，秦女必贵，而夫人必斥矣。夫人不若言而出之。”郑袖卒言张仪于王而出之。仪出，怀王因善遇仪，仪因说楚王以叛从约而与秦合亲，约婚姻。张仪已去，屈原使从齐来，谏王曰：“何不诛张仪？”怀王悔，使人追仪，弗及。是岁，秦惠王卒。

到了楚国，楚怀王不接见，并把他囚禁起来，想杀他，张仪暗中和靳尚联系，靳尚替他请求怀王说：“囚禁张仪，秦王一定会发怒。天下诸侯看到楚国没与秦国做朋友，一定会轻视君王。”又对夫人郑袖说：“秦王非常宠信张仪，而怀王想杀他，现在秦国将用上庸六县的土地贿赂楚国，把美女嫁给怀王，并用秦宫能歌善舞的人做侍女。怀王重视土地，秦女一定会受到宠爱，而夫人一定会被排斥。夫人不如进言释放张仪。”郑袖终于替张仪进言，楚王释放了他。张仪被释放后，怀王款待张仪，张仪趁机劝说怀王背弃合纵盟约，而和秦国亲善，相约通婚。张仪离开楚国后，屈原从齐国回来，进谏怀王说：“为什么不杀掉张仪?”怀王后悔，派人去追张仪，已经来不及了。这一年，秦惠王去世。

二十年，齐滑王欲为从长，恶楚之与秦合，乃使使遗楚王书曰：“寡人患楚之不察于尊名也。今秦惠王死，武王立，张仪走魏，樗里疾、公孙衍用，而楚事秦。夫樗里疾善乎韩，而公孙衍善乎魏；楚必事秦，韩、魏恐，必因二人求合于秦，则燕、赵亦宜事秦。四国争事秦，则楚为郡县矣。王何不与寡人并力收韩、魏、燕、赵，与为从而尊周室，以案兵息民，令于天下？莫敢不乐听，则王名成矣。王率诸侯并伐，破秦必矣。王取武关、蜀、汉之地，私吴、越之富而擅江海之利，韩、魏割上党，西薄函谷，则楚之强百万也。且王欺于张仪，亡地汉中，兵锉蓝田，天下莫不代王怀怒。今乃欲先事秦！愿大王孰计之。”

二十年，齐滑王想当纵长，厌恶楚国和秦国联合，于是派使臣送信给楚王，说：“我担忧楚王不重视名号的尊贵。如今秦惠王去世，武王即位，张仪逃到魏国，樗里疾、公孙衍被武王重用，而楚国侍奉秦国。樗里疾和韩国友好，公孙衍和魏国亲善；楚国一定要侍奉秦国，韩、魏两国害怕，一定会通过樗里疾、公孙衍二人和秦国联合，这样，燕、赵两国也会侍奉秦国。四国争着侍奉秦国，楚国就会变成秦国的郡县了。大王为什么不与我并力联合韩、魏、燕、赵四国，同他们合纵尊崇周室，求得息兵安民，号令天下？天下人没有敢不乐于从命的，大王的名声就远扬了。大王率领诸侯一起讨伐秦国，定会打败秦国。大王夺取武关、巴蜀、汉中的土地，拥有吴、越的财富，独占长江、东海的利益，韩、魏两国割让上党的土地，西边接近函谷关，那样楚国的国力会比现在强大百万倍。况且大王被张仪欺骗，丧失汉中，大军在蓝田受挫，天下没有人不替大王心怀愤怒的。现在你却要率先侍奉秦王！希望大王考虑应该怎么做。”

楚王业已欲和于秦，见齐王书，犹豫不决，下其议群臣。群臣或言和秦，或曰听齐。昭睢曰：“王虽东取地于越，不足以刷耻；必且取地于秦，而后足以刷耻于诸侯。王不如深善齐、韩以重樗里疾，如是则王得韩、齐之重以求地矣。秦破韩宜阳，而韩犹复事秦者，以先王墓在平阳，而秦之武遂去之七十里，以故尤畏秦。不然，秦攻三川，赵攻上党，楚攻河外，韩必亡。楚之救韩，不能使韩不亡，然存韩者楚也。韩已得武遂于秦，以河山为塞，所报德莫如楚厚，臣以为其事王必疾。齐之所信于韩者，以韩公子眛为齐相也。韩已得武遂于秦，王甚善之，使之以齐、韩重樗里疾，疾得齐、韩之重，其主弗敢弃疾也。今又益之以楚之重，樗里子必言秦，复与楚之侵地矣。”于是怀王许之，竟不合秦，而合齐以善韩。

楚王已经准备与秦国讲和，看到齐王的信，犹豫不定，交给群臣讨论，大臣有的主张与秦国讲和，有的主张听取齐王的意见。昭睢说：“大王即使东边得到越国的土地，也不足以洗刷耻辱；一定要夺回被秦国占领的土地，然后才可以在诸侯面前洗刷耻辱。大王不如和齐、韩两国建交，以提高樗里疾的声望，这样，大王就可以得到韩、齐两国的支持，要回被秦国侵占的土地。秦国曾在宜阳打败韩国，而韩国仍然侍奉秦国，是由于韩国祖先的坟墓在平阳，秦国的武遂距离平阳只有七十里，因此韩国特别害怕秦国。否则，秦国攻打三川，赵国攻打上党，楚国攻打河外，韩国肯定会灭亡。楚国即使援救韩国，也不能保证韩国不灭亡，然而能够保存韩国的却是楚国。韩国已经得到秦国的武遂，以黄河、崤山做要塞，韩国要报答恩德，没有谁比楚国更厚了，我认为韩国一定很快侍奉大王。齐国相信韩国，是由于韩国的公子眛做齐国丞相的缘故。韩国已从秦国得到武遂，大王再亲善它，使它借助齐、韩两国的力量提高樗里疾的声望，樗里疾得到齐、韩两国的敬重，秦王就不敢废弃樗里疾。现在又加上楚国敬重他，樗里疾必定向秦王进言，再次退还侵占的楚国土地。”于是怀王听从了昭睢的意见，最终没有和秦国联合，而和齐国联合，亲善韩国。

二十四年，倍齐而合秦，秦昭王初立，乃厚赂于楚。楚往迎妇。二十五年，怀王入与秦昭王盟，约于黄棘。秦复与楚上庸。二十六年，齐、韩、魏为楚负其从亲而合于秦，三国共伐楚。楚使太子入质于秦而请救。秦乃遣客卿通将兵救楚，三国引兵去。

二十四年，背叛齐国和秦国联合。秦昭王刚即位，就用很多财物贿赂楚王。楚王派人到秦国迎娶新妇。二十五年，怀王到秦国和昭王会盟，在黄棘签订盟约。秦国重新归还楚国的上庸。二十六年，齐、韩、魏三国因为楚国背叛合纵盟约而与秦国联合，三国一起讨伐楚国。楚王派太子到秦国做人质请求援助。秦国就派客卿通率军援救楚国，三国领兵退去。

二十七年，秦大夫有私与楚太子斗，楚太子杀之而亡归。二十八年，秦乃与齐、韩、魏共攻楚，杀楚将唐眛，取我重丘而去。二十九年，秦复攻楚，大破楚，楚军死者二万，杀我将军景缺。怀王恐，乃使太子为质于齐以求平。三十年，秦复伐楚，取八城。秦昭王遗楚王书曰："始寡人与王约为弟兄，盟于黄棘，太子为质，至欢也。太子陵杀寡人之重臣，不谢而亡去，寡人诚不胜怒，使兵侵君王之边。今闻君王乃令太子质于齐以求平。寡人与楚接境壤界，故为婚姻，所从相亲久矣。而今秦楚不欢，则无以令诸侯。寡人愿与君王会武关，面相约，结盟而去，寡人之愿也。敢以闻下执事。"楚怀王见秦王书，患之。欲往，恐见欺；无往，恐秦怒。昭睢曰："王毋行，而发兵自守耳。秦虎狼，不可信，有并诸侯之心。"怀王子子兰劝王行，曰："奈何绝秦之欢心！"于是往会秦昭王。昭王诈令一将军伏兵武关，号为秦王。楚王至，则闭武关，遂与西至咸阳，朝章台，如蕃臣，不与亢礼。楚怀王大怒，悔不用昭子言。秦因留楚王，要以割巫、黔中之郡。楚王欲盟，秦欲先得地。楚王怒曰："秦诈我而又强要我以地！"不复许秦，秦因留之。

二十七年，秦国有个大夫私下和楚国太子争斗，楚国太子杀掉他，逃回国。二十八年，秦国就和齐、韩、魏三国一块讨伐楚国，杀死楚将唐眛，攻占楚国的重丘后离去。二十九年，秦国再次讨伐楚国，大败楚军，杀死楚军士卒两万人，并杀死我楚国将领景缺。楚怀王害怕，就派太子到齐国做人质，请求与齐国讲和。三十年，秦国再次攻打楚国，攻占楚国的八座城邑。秦昭王送信给楚怀王说："开始我和君王结为兄弟，在黄棘会盟，君王送太子做人质，双方关系很好。太子欺负并杀死我的大臣，不认错就逃走了，我实在压抑不住愤怒，才派兵侵犯君王的边镜。现在听说君王竟然让太子到齐国做人质，寻求与齐国讲和。我与楚国边境接壤，所以有婚姻关系，这种亲戚关系有久远的历史。而今秦、楚两国交恶，就没法号令诸侯了。我希望和你在武关相会，当面签订条约，结盟而后离去，这是我的愿望。冒昧地把这个想法告诉您手下办事的。"楚怀王接到秦王的书信，很担心这件事，想去，怕上当受骗；不去，怕引起秦王动怒。昭睢说："大王不要去；派军队防守边境就是了。秦国如虎狼一般，不可信任，它有吞并诸侯的野心。"怀王的儿子子兰劝怀王去，说："为什么拒绝秦国的好意呢？"于是怀王去会见秦昭王。昭王诈骗怀王，让一位将军在武关设伏兵，打着秦王的旗号。怀王一到，秦兵立即关闭武关，于是挟持他向西到了咸阳，在章台朝见秦王，如同蕃臣一样，昭王不用平等的礼节接待他。楚怀王大怒，后悔不听昭睢的话。秦王因此扣留楚怀王，胁迫他割让巫和黔中的郡县。楚怀王想和秦国签订盟约，秦国却要求先得到土地。楚怀王愤怒地说："秦王骗我，又迫我割让土地！"不再应许秦王。秦王因此扣留楚怀王。

楚大臣患之，乃相与谋曰："吾王在秦不得还，要以割地，而太子为质于齐，齐、秦合谋，则楚无国矣。"乃欲立怀王子在国者。昭睢曰："王与太子俱困于诸侯，而今又倍王命而立其庶子，不宜。"乃诈赴于齐，齐湣王谓其相曰："不若留太子以求楚之淮北。"相曰："不可。郢中立王，是吾抱空质而行不义于天下也。"或曰："不然，郢中立王，因与其新王市曰'予我下东国，吾为王杀太子，不然，将与三国共立之'，然则东国必可得矣。"齐王卒用其相计而归楚太子。太子横至，立为王，是为顷襄王。乃告于秦曰："赖社稷神灵，国有王矣。"

楚国的大臣非常担心这件事，于是相互商议说："我们的君王在秦国不能回来，秦国要挟他割地，太子在齐国做人质，如果齐、秦两国合谋，那我们就亡国了。"于是想拥立怀王在国内的儿子。昭睢说："国王和太子都被诸侯扣留，而今又违背王的命令拥立庶子，不妥。"于是派人到齐国谎称报丧，齐湣王对他的丞相说："不如扣留太子，以索取楚国的淮北地区。"丞相说："不行，如果郢都另立新王，我们就会抱着无用的人质，行不义于天下了。"有人说："不是这样。郢都如果立了新王，借机和新王交易说'给我下东国，我替新王杀死太子；否则，将要和三国共同拥立太子'。这样，下东国的土地一定可以得到。"齐王最终采取了丞相的计谋，放回楚国太子。太子横回到楚国，立为国王，这就是顷襄王。于是告诉秦国说："依赖社稷神灵保佑，我国有新王了。"

顷襄王横元年，秦要怀王不可得地，楚立王以应秦。秦昭王怒，发兵出武关攻楚，大败楚军，斩

首五万，取析十五城而去。二年，楚怀王亡逃归，秦觉之，遮楚道，怀王恐，乃从间道走赵以求归。赵主父在代，其子惠王初立，行王事，恐，不敢入楚王。楚王欲走魏，秦追至，遂与秦使复之秦。怀王遂发病。顷襄王三年，怀王卒于秦，秦归其丧于楚。楚人皆怜之，如悲亲戚。诸侯由是不直秦。秦楚绝。

顷襄王横元年，秦国要挟怀王不可能得到土地，楚国用拥立新王对待秦国，秦昭王发怒，派兵出武关攻打楚国，大败楚军，斩首五万，攻占析等十五座城邑离去。二年，楚怀王逃跑回国，秦国发现，派兵阻挡通向楚国的道路，怀王害怕，就从小道跑到赵国，请求赵国送他回国。赵国的主父在代地，他儿子惠王刚即位，代行赵王的职权，害怕秦国，不敢接纳怀王。怀王想逃到魏国，秦军已经追到，就和秦使又回到秦国。怀王从此就病倒了。顷襄王三年，怀王病死在秦国，秦国把他的尸体送还给楚国。楚国人都哀怜他，像自己的亲人死了一样悲哀。诸侯国从此不再相信秦国。秦、楚两国绝交。

六年，秦使白起伐韩于伊阙，大胜，斩首二十四万。秦乃遗楚王书曰：“楚倍秦，秦且率诸侯伐楚，争一旦之命。愿王饬士卒，得一乐战。”楚顷襄王患之，乃谋复与秦平。七年，楚迎妇于秦，秦楚复平。

六年，秦国派白起到伊阙讨伐韩国，取得大胜，歼灭韩军二十四万。秦王于是写信给楚王说：“楚国背叛秦国，秦国将率领诸侯攻打楚国，决一胜负。希望你整顿军队，痛痛快快地打一仗。”楚顷襄王看到秦王的信，非常忧虑，于是商议重新与秦国议和。七年，楚王派人到秦国迎接新妇，秦、楚两国再次和好。

《东周列国志》版画之楚怀王陷秦图，讲述秦昭王约楚怀王赴武关会盟，楚怀王到武关后被秦国扣留，以此要胁楚国割地之事。

十一年，齐秦各自称为帝；月余，复归帝为王。

十一年，齐王、秦王各自称帝；一个多月后，又取消帝号，仍称王。

十四年，楚顷襄王与秦昭王好会于宛，结和亲。十五年，楚王与秦、三晋、燕共伐齐，取淮北。十六年，与秦昭王好会于鄢。其秋，复与秦王会穰。

十四年，楚顷襄王和秦昭王在宛地友好相会，结为亲善关系。十五年，楚王和秦、韩、赵、魏、燕共同讨伐齐国，攻占了淮北地区。十六年，和秦王在鄢地友好会面。这年秋到，又和秦王在穰相会。

十八年，楚人有好以弱弓微缴加归雁之上者，顷襄王闻，召而问之。对曰：“小臣之好射鶀雁，罗鸗，小矢之发也，何足为大王道也。且称楚之大，因大王之贤，所弋非直此也。昔者三王以弋道德，五霸以弋战国。故秦、魏、燕、赵者，鶀雁也；齐、鲁、韩、卫者，青首也；驺、费、郯、邳者，罗鸗也。外其余则不足射者。见鸟六双，以王何取？王何不以圣人为弓，以勇士为缴，时张而射之？此六双者，可得而囊载也。其乐非特朝昔之乐也，其获非特凫雁之实也。王朝张弓而射魏之大梁之南，加其右臂而径属之于韩，则中国之路绝而上蔡之郡坏矣。还射圉之东，解魏左肘而外击定陶，则魏之东外弃而大宋、方

与二郡者举矣。且魏断二臂，颠越矣；膺击郯国，大梁可得而有也。王绮缴兰台，饮马西河，定魏大梁，此一发之乐也。若王之于弋诚好而不厌，则出宝弓，碆新缴，射噣鸟于东海，还盖长城以为防，朝射东莒，夕发浿丘，夜加即墨，顾据午道，则长城之东收而太山之北举矣。西结境于赵，而北达于燕，三国布翄，则从不待约而可成也。北游目于燕之辽东而南登望于越之会稽，此再发之乐也。若夫泗上十二诸侯，左萦而右拂之，可一旦而尽也。今秦破韩以为长忧，得列城而不敢守也；伐魏而无功，击赵而顾病，则秦魏之勇力屈矣，楚之故地汉中、析、郦可得而复有也。王出宝弓，碆新缴，涉鄳塞，而待秦之倦也，山东、河内可得而一也。劳民休众，南面称王矣。故曰秦为大鸟，负海内而处，东面而立，左臂据赵之西南，右臂傅楚鄢郢，膺击韩、魏，垂头中国，处既形便，势有地利，奋翼鼓翄，方三千里，则秦未可得独招而夜射也。"欲以激怒襄王，故对以此言。襄王因召与语，遂言曰："夫先王为秦所欺而客死于外，怨莫大焉。今以匹夫有怨，尚有报万乘，白公、子胥是也。今楚之地方五千里，带甲百万，犹足以踊跃中野也，而坐受困，臣窃为大王弗取也。"于是顷襄王遣使于诸侯，复为从，欲以伐秦。秦闻之，发兵来伐楚。

十八年，楚国有个善于用小弓细绳射中北归大雁的人，顷襄王知道后，召来询问他。他回答说："小臣喜欢射小雁、小鸟，这是小矢发挥的作用，哪里值得向大王陈述。而且以楚国的强大，凭借大王的贤能，所获得的东西绝非这一点点。从前三王获得道德的称号，五霸获得诸侯的拥护。所以说秦、魏、燕、赵等国，好像是小雁；齐、鲁、韩、卫等国，好象是小野鸭；邹、费、郯、邳等国，好象是小鸟。此外余下的小国就不值得一射了。看见这六双小鸟，依大王的意见怎么猎取呢？大王为什么不用圣人之道做弓，用勇士做箭绳，抓住时机张弓射取它们呢？这六双小鸟，可以射下来用袋子装回来。这种快乐绝不是一朝一夕的快乐，这种收获也不是一只小鸟一只小雁的收获。大王早上张弓射魏国大梁的南部，射伤它的右臂就直接牵动韩国，这样中原的道路就断绝，上蔡郡县就不攻自破了。回身射圉的东部，砍断魏国的左肘，再向东攻打定陶，那么，魏国的东部将被迫放弃，大宋、方与两郡就可以到手了。况且魏国断了左右两臂，形势就会动荡；再出兵攻打郯国，大梁就唾手可得了。大王在兰台收拢箭绳，到黄河西岸饮马，平定魏都大梁，这是第一发箭的快乐。如大王对射箭真有兴趣而不厌倦，那就拿出宝弓，换上新绳，到东海射击有钩喙的大鸟，回身修整长城作为防线，然后早上射取东莒，晚上射取浿丘，夜间射取即墨，回头占据午道，这样，长城以东、太山以北就到手了。西边和赵国接壤，北边直达燕国，齐、赵、燕三国就像鸟张开翅膀，合纵局面就不须等待盟约而形成了。大王北可以遨游燕国的辽东，南可以登高眺望越国的会稽，这是第二发箭的快乐。至于泗水流域的十二诸侯，左手一指，右手一挥，可以在一个早上全部收取。如今秦国打败韩国反而成了长久的忧患，占领了一些城邑不敢据守；讨伐魏国而没有功绩，攻击赵国反而受害，那么秦、魏两国的勇气、实力已经耗尽了，楚国失去的汉中、析、郦就可以再归自己所有了。大王拿出宝弓，换上新绳，射中鄳塞，等到秦国疲倦的时候，山东、河内地区就可以统一了。然后就可以安抚百姓，南面称王了。因此说：秦国是大鸟，背靠大陆居住，面向东方站立，左臂控制着赵国的西南，右臂挟制楚国的鄢郢，胸前对着韩国、魏国，俯瞰中原各国，它所处的位置既方便，地势又有利，展翅飞翔，纵横三千里，故秦国不可能单独缚住而一夜射杀了。"他想激怒顷襄王，所以用这番话回答。顷襄王因而又召见他详谈，于是他接着说："先王被秦国欺骗，死在秦国，仇恨没有比这更大的了。现在一个普通百姓有仇恨，尚且能报复万乘大国的君王，白公、伍子胥就是例子。现今楚国的土地纵横五千里，拥有百万士卒，有足够的力量在战场上扬威，而竟然坐受困厄，我自以为大王不该这样啊。"于是顷襄王派使臣到诸侯国，重新合纵，想联合征讨秦国。秦国听到这个消息，发兵来攻打楚国。

楚欲与齐韩连和伐秦，因欲图周。周王赧使武公谓楚相昭子曰："三国以兵割周郊地以便输，而南器以尊楚，臣以为不然。夫弑共主，臣世君，大国不亲；以众胁寡，小国不附。大国不亲，小国不附，不可以致名实。名实不得，不足以伤民。夫有图周之声，非所以为号也。"昭子曰："乃图周则无之。虽然，周何故不可图也？"对曰："军不五不攻，城不十不围。夫一周为二十晋，公之所知也。韩尝以二十万之众辱于晋之城下，锐士死，中士伤，而晋不拔。公之无百韩以图周，此天下之所知也。夫怨结于两周以塞驺鲁之心，交绝于齐，声失天下，其为事危矣。夫危两周以厚三川，方城之外必为韩弱矣。何以知其然也？西周之地，绝长补短，不过百里。名为天下共主，裂其地不足以肥国，得其

众不足以劲兵。虽无攻之，名为弑君。然而好事之君，喜攻之臣，发号用兵，未尝不以周为终始。是何也？见祭器在焉，欲器之至而忘弑君之乱。今韩以器之在楚，臣恐天下以器雠楚也。臣请譬之。夫虎肉臊，其兵利身，人犹攻之也。若使泽中之麋蒙虎之皮，人之攻之必万于虎矣。裂楚之地，足以肥国；诎楚之名，足以尊主。今子将以欲诛残天下之共主，居三代之传器，吞三翮六翼，以高世主，非贪而何？《周书》曰‘欲起无先’，故器南则兵至矣。”于是楚计辍不行。

楚王想和齐、韩两国联合讨伐秦国，趁机谋取周室。周王赧派武公对楚国丞相昭子说：“三国想用武力割取周郊区的土地，以方便运输，并把周室的宝器运到南方尊崇楚王，我认为这不妥当。杀害天下的共主，奴役代代统治天下的周王，大国不会亲近它；依靠人多势众，欺负弱小的国家，小国也不会归附它。大国不亲近，小国不归附，就不会获得威名和实惠。威名和实惠都得不到，就不值得为此损伤百姓。如果有图谋周室的名声，就无法对天下发号施令了。”昭子说：“就说图谋周室确是无中生有。即便如此，周室为什么不可以图谋呢？”武公回答说：“兵力不超过敌人的五倍不发动进攻，兵力不超过敌人的十倍不围城。周朝因为是共主，相当于二十个晋国，这是你知道的。韩国曾经以二十万众，在晋国城下遭受耻辱，精锐的士卒战死，一般的士卒受伤，晋国的城邑一直没有攻下来。你拿不出一百个韩国的兵力图谋周室，这是天下人都知道的。再说和东西二周结下怨仇，堵塞邹、鲁礼仪之邦向往楚国的心意，和齐国断绝邦交，坏名声传遍天下，这样处事太危险啊。再说危害东西二周以加强韩国，你们方城以外一定会受到韩国的侵扰。怎么知道会这样呢？西周的土地，截长补短，不超过百里。名义上是天下的共主，瓜分它的土地不能使国家富庶，俘获它的百姓不能使军队强大。虽然没去攻打它，却已有弑君的恶名。然而好事的君王，喜欢战争的权臣，发号施令，调兵遣将，未曾不始终以周室为攻击目标。这是为什么呢？他们看见祭器在周，想得到祭器，就忘记了杀君的祸乱。现今韩国要把祭器搬到楚国，我担心天下人会因为祭器仇视楚国。我想打个比喻：老虎的肉腥臊，它又有尖牙利爪防身，但人们还是要捕杀它。如果让草泽中的麋鹿披上虎皮，人们猎取它一定比猎取老虎的多一万倍。瓜分楚国的土地，足以使国家富强；污辱楚国的名声，足以使君王尊荣。如今你想以私欲诛杀天下的共主，窃取三代的传国宝器，侵吞九鼎，自以为高出诸侯，不是贪婪又是什么呢？《周书》说‘要想有所作为，切莫首先倡乱’。所以周室的宝器南迁楚国，讨伐的大军就会接踵而至。”于是楚国放弃了图谋周室的计划。

十九年，秦伐楚，楚军败，割上庸、汉北地予秦。二十年，秦将白起拔我西陵。二十一年，秦将白起遂拔我郢，烧先王墓夷陵。楚襄王兵散，遂不复战，东北保于陈城。二十二年，秦复拔我巫、黔中郡。

十九年，秦国讨伐楚国，楚军战败，把上庸、汉北割让给秦国。二十年，秦将白起攻占楚国的西陵。二十一年，秦将白起攻占楚国的郢都，烧毁了先王的坟墓夷陵。楚襄王的军队全线崩溃，不能再战，退往楚国东部的陈城自保。二十二年，秦军再次攻占楚国的巫郡和黔中郡。

二十三年，襄王乃收东地兵，得十余万，复西取秦所拔我江旁十五邑以为郡，距秦。二十七年，使三万人助三晋伐燕。复与秦平，而入太子为质于秦。楚使左徒侍太子于秦。

二十三年，襄王收集东部地区的散兵，共得十余万人，又西进收复被秦军攻占的长江沿岸的十五座城池，设置郡县，抵挡秦军。二十七年，派遣三万士卒帮助三晋讨伐燕国。又与秦国讲和，派太子到秦国做人质。楚王派左徒到秦国侍奉太子。

三十六年，顷襄王病，太子亡归。秋，顷襄王卒，太子熊元代立，是为考烈王。考烈王以左徒为令尹，封以吴，号春申君。

三十六年，顷襄王患病，太子逃回楚国。秋天，顷襄王病死，太子熊元即位，这就是考烈王。考烈王任命左徒为令尹，把吴地封给他，号为春申君。

考烈王元年，纳州于秦以平。是时楚益弱。

考烈王元年，把州县献给秦国讲和。这时楚国更弱了。

六年，秦围邯郸，赵告急楚，楚遣将军景阳救赵。七年，至新中。秦兵去。十二年，秦昭王卒，楚王使春申君吊祠于秦。十六年，秦庄襄王卒，秦王赵政立。二十二年，与诸侯共伐秦，不利而去。楚东徙都寿春，命曰郢。

六年，秦军围攻邯郸，赵国向楚国告急，楚王派将军景阳率军救赵国。七年，景阳率军到达新中，秦军解围离去。十二年，秦昭王去世，楚王派春申君到秦国吊祭。十六年，秦庄襄王去世，秦王赵政即位。二十二年，楚国和诸侯共同讨伐秦国，战败撤退。楚国向东迁都到寿春，命名为郢。

二十五年，考烈王卒，子幽王悍立。李园杀春申君。幽王三年，秦、魏伐楚。秦相吕不韦卒。九年，秦灭韩。十年，幽王卒，同母弟犹代立，是为哀王。哀王立二月余，哀王庶兄负刍之徒袭杀哀王而立负刍为王。是岁，秦虏赵王迁。

二十五年，考烈王去世，儿子幽王悍即位。李园杀死春申君。幽王三年，秦、魏两国讨伐楚国。秦国丞相吕不韦去世。九年，秦国灭了韩国。十年，幽王去世，同母弟犹即位，这就是哀王。哀王即位两个多月，哀王的庶兄负刍的党徒袭杀哀王，拥立负刍为王。这一年，秦军俘虏赵王迁。

王负刍元年，燕太子丹使荆轲刺秦王。二年，秦使将军伐楚，大破楚军，亡十余城。三年，秦灭魏。四年，秦将王翦破我军于蕲，而杀将军项燕。

王负刍元年，燕国太子丹派荆轲行刺秦王。二年，秦国派将军讨伐楚国，大败楚军，攻占十余座城邑。三年，秦军灭了魏国。四年，秦将王翦在蕲打败楚军，杀死楚将项燕。

五年，秦将王翦、蒙武遂破楚国，虏楚王负刍，灭楚名为郡云。

五年，秦将王翦、蒙武终于攻破楚都，俘获楚王负刍，灭掉楚国，改为郡县。

太史公曰：楚灵王方会诸侯于申，诛齐庆封，作章华台，求周九鼎之时，志小天下；及饿死于申亥之家，为天下笑。操行之不得，悲夫！势之于人也，可不慎与？弃疾以乱立，嬖淫秦女；甚乎哉，几再亡国！

太史公说：当楚灵王在申地会合诸侯，诛杀齐国庆封，建造章华台，索取周室九鼎的时候，志向远大，小觑天下；等到后来饿死在申亥的家里，被天下人耻笑。节操、品行不修，多么可悲啊！人们对于权势，能不小心谨慎吗？弃疾靠乱登上王位，宠爱秦国女子，荒淫太过分了，几乎再次使国家灭亡！

史记第四十一卷

越王句践世家第十一

越王句践，其先禹之苗裔，而夏后帝少康之庶子也。封于会稽，以奉守禹之祀。文身断发，披草莱而邑焉。后二十余世，至于允常。允常之时，与吴王阖庐战而相怨伐。允常卒，子句践立，是为越王。

越王句践，他的祖先是夏禹的子孙，夏后帝少康的庶子。少康把他的庶子封在会稽，以供奉夏禹的祭祀。他们在身躯刺上花纹，剪短头发，开辟荒野，清除草莽，建立城邑。经过二十多代后，传到允常。允常在位的时候，和吴王阖庐发生战争，结下怨仇相互攻伐。允常去世，儿子句践即位，这就是越王。

元年，吴王阖庐闻允常死，乃兴师伐越。越王句践使死士挑战，三行，至吴陈，呼而自刭。吴师观之，越因袭击吴师，吴师败于槜李，射伤吴王阖庐。阖庐且死，告其子夫差曰："必毋忘越。"

元年，吴王阖庐听说允常去世，就发兵讨伐越国。越王句践派敢死之士挑战，队伍排成三行，冲到吴军阵前，大喊着一起刎颈自杀。吴军注目凝视，越军趁机袭击吴军，在槜李打败了吴军，并射伤吴王阖庐。阖庐在弥留之际，告诉他儿子夫差说："一定不要忘记越国。"

三年，句践闻吴王夫差日夜勒兵，且以报越，越欲先吴未发往伐之。范蠡谏曰："不可。臣闻兵者凶器也，战者逆德也，争者事之末也。阴谋逆德，好用凶器，试身于所末，上帝禁之，行者不利。"越

《东周列国志》版画之栖会稽文种通宰嚭图，讲述春秋时期吴越争霸，开始时越王句践被夫差打败，越国几乎灭亡，越王使大夫文种厚赂吴国太宰伯嚭，使吴王没有灭掉越国之事。

王曰："吾已决之矣。"遂兴师。吴王闻之，悉发精兵击越，败之夫椒。越王乃以余兵五千人保栖于会稽。吴王追而围之。

三年，句践听说吴王夫差日夜操练兵马，将要报复越国，越王想先发制人，在吴国未出兵前去征它。范蠡谏争说："不行。我听说兵器就是凶器，发动战争是违背道义的，争夺是处事最下等的。暗中策划违背道义的事，喜欢用凶器，亲自试着去干最下等的事，上帝禁止这样做，一意孤行绝对不利。"越王说："我已经决定了。"于是出动军队。吴王听说越兵来伐，立即调动全部精兵迎击越军，在夫椒打败越军。越王句践就以剩余的五千残兵，退守在会稽山上。吴军乘胜追击，包围了他们。

越王谓范蠡曰："以不听子故至于此，为之奈何？"蠡对曰："持满者与天，定倾者与人，节事者以地。卑辞厚礼以遗之，不许，而身与之市。"句践曰："诺。"乃令大夫种行成于吴，膝行顿首曰："君王亡臣句践使陪臣种敢告下执事：句践请为臣，妻为妾。"吴王将许之。子胥言于吴王曰："天以越赐吴，勿许也。"种还，以报句践。句践欲杀妻子，燔宝器，触战以死。种止句践曰："夫吴太宰嚭贪，可诱以利，请间行言之。"于是句践乃以美女宝器令种间献吴太宰嚭。嚭受，乃见大夫种于吴王。种顿首言曰："愿大王赦句践之罪，尽入其宝器。不幸不赦，句践将尽杀其妻子，燔其宝器，悉五千人触战，必有当也。"嚭因说吴王曰："越以服为臣，若将赦之，此国之利也。"吴王将许之。子胥进谏曰："今不灭越，后必悔之。句践贤君，种、蠡良臣，若反国，将为乱。"吴王弗听，卒赦越，罢兵而归。

越王句践对范蠡说："由于没有听你的话，所以落到这个地步，该怎么解脱呢？"范蠡回答说："能够持满不贪的人，定会得到上天的保佑；能够挽救倾危的人，定会得到百姓的拥护；能够节省俭朴的人，一定会得到地利。现在只有低声下气以厚礼相送，如果他不答应讲和，就只好把自身作为抵押，去侍奉吴王。"句践说："是。"于是派大夫文种到吴国去求和。文种见吴王时跪地前行，磕头说："君王的亡国臣子句践派陪臣文种，大胆地告诉您的属员：句践请求作您的臣仆，妻子甘愿作您的侍妾。"吴王准备答应他。伍子胥对吴王说："上天把越国赐给吴国，不要答应他。"文种回国后，把结果告知句践。句践准备杀死妻子，焚毁宝器，决一死战。文种制止句践说："吴国太宰伯嚭贪婪，可以用利引诱他，请派人暗中向他表明。"于是句践就准备美女、宝器，派文种秘密献给太宰伯嚭。伯嚭接受后，就带领文种去见吴王。文种磕头说："希望大王赦免句践的罪过，句践会把他全部宝器献给吴国。如果不幸不赦免他，句践就会杀尽他的妻妾子女，焚毁全部宝器，率领剩下的五千人马和吴军死战，吴军必定付出相当大的代价。"伯嚭趁机劝吴王说："越王已经降服为臣子，如果能赦免他，这对国家是有好处的。"吴王将要答应他。伍子胥又进谏说："现在不消灭越国，以后必定后悔莫及。句践是贤君，文种、范蠡是良臣，如果让他们返回越国，将会作乱。"吴王不听，终于赦免了越王，罢兵回国。

句践之困会稽也，喟然叹曰："吾终于此乎？"种曰："汤系夏台，文王囚羑里，晋重耳奔翟，齐小

白奔莒，其卒王霸。由是观之，何遽不为福乎？”

句践被困在会稽时，伤感地叹息说：“我将在此终结一生吗？”文种说：“商汤被拘系在夏台，周文王被囚禁在羑里，晋文公重耳逃奔到翟国，齐桓公小白逃奔到莒国，他们最终或称王或称霸。由此看来，何必怕祸不转成福呢？”

吴既赦越，越王句践反国，乃苦身焦思，置胆于坐，坐卧即仰胆，饮食亦尝胆也。曰：“女忘会稽之耻耶？”身自耕作，夫人自织，食不加肉，衣不重彩，折节下贤人，厚遇宾客，振贫吊死，与百姓同其劳。欲使范蠡治国政，蠡对曰：“兵甲之事，种不如蠡；填抚国家，亲附百姓，蠡不如种。”于是举国政属大夫种，而使范蠡与大夫柘稽行成，为质于吴。二岁而吴归蠡。

吴王既已赦免了越王，越王句践返回越国，就勤劳吃苦，深思熟虑，把苦胆悬挂在座位旁边，坐着或躺着，时时凝视着苦胆，吃饭时尝尝胆汁，并提醒自己说：“你忘了在会稽受的耻辱吗？”他亲自耕种劳作，夫人亲自纺织，饮食不吃肉，穿衣不穿有色彩的华丽衣服，谦虚恭敬地对待贤人，厚礼接待宾客，救济贫穷的百姓，安慰死者，与百姓同劳苦。句践想让范蠡主持国家的政治，范蠡回答说：“用兵打仗的事，文种不如我；安抚国家，让百姓亲附，我不如文种。”于是句践把整个国家的政事委托给文种，派范蠡与大夫柘稽去吴国议和，留在吴国做人质。两年后吴王放范蠡回国。

句践自会稽归七年，拊循其士民，欲用以报吴。大夫逢同谏曰：“国新流亡，今乃复殷给，缮饰备利，吴必惧，惧则难必至。且鸷鸟之击也，必匿其形。今夫吴兵加齐、晋，怨深于楚、越，名高天下，实害周室，德少而功多，必淫自矜。为越计，莫若结齐，亲楚，附晋，以厚吴。吴之志广，必轻战。是我连其权，三国伐之，越承其弊，可克也。”句践曰：“善。”

句践从会稽回国后的七年，一直在安抚他的士卒和百姓，想用来报复吴国。大夫逢同进谏说：“国家刚刚遭遇流亡的事，现在才重新殷实富裕，如果我们修整军备，吴王一定害怕，害怕，灾难就会降临。况且凶猛的鸟袭击目标时，一定故意隐藏它的凶相。现在吴国的军队讨伐齐国、晋国，又和楚国、越国结下了深仇大恨，它的名声虽然高于天下各国，实则损害了周室的威望，道德少而战功多，一定会骄横狂妄。为越国打算，不如交好齐国，亲近楚国，依附晋国，并厚待吴国。吴国的欲望很大，一定会轻易地发动战争。我们联络这些势力，齐、晋、楚三国出兵讨伐吴国，越国趁它疲惫，就可以打败它。”句践说：“好。”

居二年，吴王将伐齐。子胥谏曰：“未可。臣闻句践食不重味，与百姓同苦乐。此人不死，必为国患。吴有越，腹心之疾，齐与吴，疥癣也。愿王释齐先越。”吴王弗听，遂伐齐，败之艾陵，虏齐高、国以归。让子胥。子胥曰：“王毋喜！”王怒，子胥欲自杀，王闻而止之。越大夫种曰：“臣观吴王政骄矣，请试尝之贷粟，以卜其事。”请贷，吴王欲与，子胥谏勿与，王遂与之，越乃私喜。子胥言曰：“王不听谏，后三年吴其墟乎！”太宰嚭闻之，乃数与子胥争越议，因谗子胥曰：“伍员貌忠而实忍人，其父兄不顾，安能顾王？王前欲伐齐，员强谏，已而有功，用是反怨王。王不备伍员，员必为乱。”与逢同共谋，谗之王。王始不从，乃使子胥于齐，闻其托子于鲍氏，王乃大怒，曰：“伍员果欺寡人！”役反，使人赐子胥属镂剑以自杀。子胥大笑曰：“我令而父霸，我又立若，若初欲分吴国半予我，我不受，已，今若反以谗诛我。嗟乎，嗟乎，一人固不能独立！”报使者曰：“必取吾眼置吴东门，以观越兵入也！”于是吴任嚭政。

过了两年，吴王将去讨伐齐国。伍子胥进谏说：“不行。我听说越王句践吃饭不加两道好菜，与百姓同甘共苦。这个人不死，一定会成为我国的祸患。吴国有越国，是心腹大患；齐国对于吴国，只不过是像疥癣似的小病。希望大王放弃攻打齐国的计划，先去攻打越国。”吴王不听，于是出兵攻打齐国，在艾陵打败齐军，俘虏了齐国的高子、国子回国。吴王责备伍子胥。伍子胥说：“大王不高兴！”吴王发怒，伍子胥要自杀，吴王听说后阻止了。越国的大夫文种说：“我看吴王当政太骄傲，请试着向他借贷粮食，以试探他对越国的态度。”文种去吴国请求借粮，吴王想借给，伍子胥劝吴王不要借给，吴王还是把粮借给了越国，越王私下高兴。伍子胥对吴王说：“大王不听劝告，三年后，吴国将变成一片废墟！”太宰伯嚭听到这些话，就多次和伍子胥争论对待越国的政策，借机进谗言陷害伍子胥说：“伍员表面上忠厚，其实是个残忍的人，连他的父亲和哥哥都不顾，怎么能关心大王呢？大王以前想讨伐齐国，伍员极力劝阻，不久有战功，他反而因此怨恨大王。大王不防备伍员，伍员一定会作乱。”伯嚭又和越国的大夫逢同共同谋划，在吴王面前诋毁伍子胥。吴王开始不相信谗言，就派伍子胥出使齐国。听说伍子胥把他儿子托付给齐国的鲍氏，吴王因此大怒，说：“伍员果然欺骗我！”等到伍子胥完成任务回国，吴王派人赐给伍子胥一把属镂剑，让他自杀。伍子胥大笑说：“我辅佐你父亲称霸，我又立你为王，当初你要把吴国的一半分给我，我没有接受，没过多久，现在你反而因为谗言杀我。唉，唉，你一个人必不能独自立国！”并告诉使者说：“一定要取出我的眼睛，放置在吴国都城的东门，用来观看越国的军队进城！”于是吴王用伯嚭主持国政。

居三年，句践召范蠡曰：“吴已杀子胥，导谀者众，可乎？”对曰：“未可。”

过了三年，句践召范蠡说：“吴王已经杀了伍子胥，阿谀奉承者众多，可以进攻吴国了吗？”范蠡回答说：“还不可以。”

至明年春，吴王北会诸侯于黄池，吴国精兵从王，惟独老弱与太子留守。句践复问范蠡，蠡曰：“可矣。”乃发习流二千人，教士四万人，君子六千人，诸御千人，伐吴。吴师败，遂杀吴太子。吴告急于王，王方会诸侯于黄池，惧天下闻之，乃秘之。吴王已盟黄池，乃使人厚礼以请成越。越自度亦未能灭吴，乃与吴平。

到了第二年春天，吴王北上在黄池和诸侯会盟，吴国的精兵都随吴王北上，剩下的只是老弱残兵和太子留守都城。句践又问范蠡，范蠡说：“可以了。”于是句践派遣善战的水兵二千人，训练有素的部队四万人，君王的卫兵六千人，在职军官一千人，讨伐吴国。吴国的军队被打败，于是杀死吴国的太子。吴国派人向吴王告急，吴王正在黄池和诸侯会盟，怕天下诸侯知道吴国战败的消息，就严守秘密。吴王在黄池会盟完毕，就派人持厚礼与越国讲和。越王估计自己也不能吞并吴国，就与吴国讲和了。

句践三战灭吴图

其后四年，越复伐吴。吴士民罢弊，轻锐尽死于齐、晋。而越大破吴，因而留围之三年，吴师败，越遂复栖吴王于姑苏之山。吴王使公孙雄肉袒膝行而前，请成越王曰：“孤臣夫差敢布腹心，异日尝得罪于会稽，夫差不敢逆命，得与君王成以归。今君王举玉趾而诛孤臣，孤臣惟命是听，意者亦欲如会稽之赦孤臣之罪乎？”句践不忍，欲许之。范蠡曰：“会稽之事，天以越赐吴，吴不取。今天以吴赐越，越其可逆天乎？且夫君王蚤朝晏罢，非为吴邪？谋之二十二年，一旦而弃之，可乎？且夫天与弗取，反受其咎。‘伐柯者其则不远’，君忘会稽之厄乎？”句践曰：“吾欲听子言，吾不忍其使者。”范蠡乃鼓进兵，曰：“王已属政于执事，使者去，不者且得罪。”吴使者泣而去。句践怜之，乃使人谓吴王曰：“吾置王甬东，君百家。”吴王谢曰：“吾老矣，不能事君王！”遂自杀。乃蔽其面，曰：“吾无面以见子胥也！”越王乃葬吴王而诛太宰嚭。

这以后四年，越国再次攻打吴国，吴军和百姓疲惫不堪，精锐部队都死在与齐国、晋国的战争中。越军大破吴军，因而留下来包围吴军三年，吴军彻底战败，越军就又把吴王围困在姑苏山上。吴王派公孙雄裸露上身，跪地前行，向越王求和说：“孤独无援的臣子夫差冒昧地倾吐心里话，从前曾在会稽得罪过您，如今我不敢违背您的命令，如能与君王讲和，就回归国都。如今君王高举贵足，诛杀孤臣，孤臣唯命是听，我的心意是也希望您会像当年会稽山一样，免孤臣的罪过吧？”句践不忍心，想答应夫差。范蠡说：“会稽的事，上天把越国赐给吴国，吴国不取。如今上天把吴国赐给越国，越国难道可以违背天意吗？况且君王早起上朝，很晚才休息，不就是为了吴国吗？谋划伐吴国二十二年，一旦放弃它，可以吗？何况上天赐予不接受，必然反而受到上天的惩罚。‘砍伐树木做斧柄，斧柄的样子就在身边。’君王忘了会稽山上的厄运吗？”句践说：“我想听从你的话，只是我不忍心这样对待他的臣子。”范蠡于是击鼓进兵，说：“越王已经把政事委托给办事人员了，吴国的使臣赶快离去，不然将要得罪你了。”吴国的使臣哭泣着离去。句践怜悯夫差，就派人对夫差说：“我把你安置到甬东，做个一百户人家的君王。”吴王夫差辞谢说：“我已经老了，不能侍奉君王！”就自杀了。他自杀时遮蔽脸面说：“我没有脸去见伍子胥呀！”越王安葬了吴王，杀死太宰伯嚭。

句践已平吴，乃以兵北渡淮，与齐、晋诸侯会于徐州，致贡于周。周元王使人赐句践胙，命为伯。句践已去，渡淮南，以淮上地与楚，归吴所侵宋地与宋，与鲁泗东方百里。当是时，越兵横行于江、淮东，诸侯毕贺，号称霸王。

句践灭了吴国后，就率军北渡淮河，和齐国、晋国的诸侯在徐州会盟，向周王进献贡品。周元王派人赐给句践祭肉，命令他为伯。句践离开徐州，渡过淮河南下，把淮河流域的土地给了楚国，把吴国侵占的宋国土地归还宋国，送给鲁国泗水以东的土地纵横一百里。正在这时，越军横行于长江、淮河以东，诸侯都来祝贺，句践号称霸王。

范蠡遂去，自齐遗大夫种书曰：“蜚鸟尽，良弓藏；狡兔死，走狗烹。越王为人长颈鸟喙，可与共患难，不可与共乐。子何不去？”种见书，称病不朝。人或谗种且作乱，越王乃赐种剑曰：“子教寡人伐吴七术，寡人用其三而败吴，其四在子，子为我从先王试之。”种遂自杀。

范蠡于是离开越国，从齐国给大夫文种写信说：“飞鸟尽，良弓藏；狡兔死，走狗烹。越王的脖子很长，嘴尖得像鸟嘴一样，这种人只能和他共患难，不可以和他共享安乐，你为什么不离去呢？”文种见到信，装病不再上朝。有人进谗言，说文种将要谋反，越王赐给文种剑，说：“你教给我讨伐吴国的七种计策，我只用了其中的三种就打败了吴国，还有四种在你那里，你为我到死去的先王那里，试试那些计策吧。”文种就自杀了。

句践卒，子王鼫与立。王鼫与卒，子王不寿立。王不寿卒，子王翁立。王翁卒，子王翳立。王翳卒，子王之侯立。王之侯卒，子王无彊立。

句践去世，儿子王鼫与即位。王鼫与去世，儿子王不寿即位。王不寿去世，儿子王翁即位。王翁去世，儿子王翳即位。王翳去世，儿子王之侯即位。王之侯去世，儿子王无彊即位。

王无彊时，越兴师北伐齐，西伐楚，与中国争强。当楚威王之时，越北伐齐，齐威王使人说越王曰：“越不伐楚，大不王，小不伯。图越之所为不伐楚者，为不得晋也。韩、魏固不攻楚。韩之攻楚，覆其军，杀其将，则叶、阳翟危；魏亦覆其军，杀其将，则陈、上蔡不安。故二晋之事越也，不至于覆军杀将，马汗之力不效。所重于得晋者何也？”越王曰：“所求于晋者，不至顿刃接兵，而况于攻城围邑乎？愿魏以聚大梁之下，愿齐之试兵南阳、莒地，以聚常、郯之境，则方城之外不南，淮、泗之间不东；商、于、析、郦、宗胡之地，夏路以左，不足以备秦，江南、泗上不足以待越矣。则齐、秦、韩、魏得志于楚也，是二晋不战而分地，不耕而获之。不此之为，而顿刃于河山之间以为齐、秦用，所待者如此其失计，奈何其以此王也！”齐使者曰，“幸也越之不亡也！吾不贵其用智之如目，见毫毛而不见其睫也。今王知晋之失计，而不自知越之过，是目论也。王所待于晋者，非有马汗之力也，又非可与合军连和也，将待之以分楚众也。今楚众已分，何待于晋？”越王曰：“奈何？”曰：“楚三大夫张九军，北围曲沃、于中，以至无假之关者三千七百里，景翠之军北聚鲁、齐、南阳，分有大此者乎？且王之所求者，斗晋楚也；晋楚不斗，越兵不起，是知二五而不知十也。此时不攻楚，臣以是知越大不王，小不伯。复雠、庞、长沙，楚之粟也；竟泽陵，楚之材也。越窥兵通无假之关，此四邑者不上贡事于郢矣。臣闻之，图王不王，其敝可以伯。然而不伯者，王道失也。故愿大王之转攻楚也。”

越王无彊的时候，越国兴师向北攻打齐国，向西攻打楚国，与中原诸侯争雄。在楚威王的时候，越国向北讨伐齐国，齐威王派人对越王说："越国不征讨楚国，大则不能称王，小则不能称霸。估计越国所以不去讨伐楚国，是因为得不到晋国的帮助。韩、魏两国本来就不会攻打楚国。如果韩国攻打楚国，它的军队会覆灭，大将会被杀，那样叶和阳翟就危险了。如若魏国攻打楚国，它的军队会覆灭，将军会被杀，那样陈和上蔡就不安全了。所以韩、魏二晋追随越国，就不至于军队覆灭、将军被杀，汗马之劳也不会出现。你为什么重视得到韩、魏两国的帮助呢？"越王说："我们要求韩、魏两国的，不是让他们整兵与楚国互相攻杀，更何况攻城围邑呢？我们希望魏军聚集在大梁城下，希望齐军在南阳、莒地练兵，聚集在常、郯一带，这样，方城以北的楚军就不敢南下，淮河、泗水之间的楚军就不敢东进，商、于、析、郦、宗胡等中原通道以西的楚军，不足以防御秦军，江南地区和泗水流域的楚军不足以对付越军。若能这样，齐、秦、韩、魏四国就会在楚国实现自己的愿望，这样，韩、魏两国不战就能够得到土地，不耕种就能够收获。现在不这样做，韩、魏两国却在黄河、华山之间练兵陈军，被齐、秦两国所利用，所期待的韩、魏两国如此失算的部署，怎能靠它们称王呢！"齐国的使臣说："侥幸越国还没有亡！我不敬佩他们使用智谋，他们就像眼睛一样，可以看清楚毫毛，却看不见自己的睫毛。现在大王知道韩、魏两国失策，却不知道越国的过错，这就是刚才说的毫毛与睫毛的'目论'了。大王期待于韩、魏两国的，并不是让它们建立汗马功劳，也不是和它们联结，只希望它们分散楚国的兵力。现在楚国的兵力已经分散了，何必等待韩、魏两国帮助呢？"越王说："怎么办？"齐国的使臣回答："楚国的三位大夫已经摆开他们的军队，向北围攻曲沃、于中，直到无假关，战线长达三千七百里，景翠的军队集结在北部的鲁国、齐国及南阳一带，楚国兵力的分散，还有比这更大的吗？况且大王所要求的，是使晋、楚相斗，如果晋、楚不斗，越国就不出兵，这就是知道两个五而不知道十了。这时不进攻楚国，因此我知道越王从大处说不足以称王，从小处说不足以称霸。再说，雠邑、庞邑、长沙，是楚国的产粮区；竟泽陵，是楚国的木材产区。越国出兵打通无假关，这四个城邑就不能再向楚国进献粮食和木材了。我听说，想称王尽管没有成功，但还可以称霸。然而不能称霸的，是因为失去了王道。因此希望大王转而进攻楚国。"

于是越遂释齐而伐楚。楚威王兴兵而伐之，大败越，杀王无彊，尽取故吴地至浙江，北破齐于徐州。而越以此散，诸族子争立，或为王，或为君，滨于江南海上，服朝于楚。

于是越国就放弃攻齐转而攻打楚国。楚威王出兵迎击越军，大败越军，杀死越王无彊，夺得原吴国的全部土地，一直到浙江岸边，向北在徐州打败齐军。越国因此分崩离析，各族子争立，有的称王，有的称君，分散在江南沿海一带，臣服朝拜于楚国。

后七世，至闽君摇，佐诸侯平秦。汉高帝复以摇为越王，以奉越后。东越，闽君，皆其后也。

这以后第七世，到闽君摇，帮助诸侯推翻秦朝。汉高帝刘邦又封摇为越王，让他供奉越国的祭祀。东越，闽君，都是越国的后代。

范蠡事越王句践，既苦身戮力，与句践深谋二十余年，竟灭吴，报会稽之耻，北渡兵于淮以临齐、晋，号令中国，以尊周室，句践以霸，而范蠡称上将军。还反国，范蠡以为大名之下，难以久居，且句践为人，可与同患，难于处安，为书辞句践曰："臣闻主忧臣劳，主辱臣死。昔者君王辱于会稽，所以不死，为此事也。今既以雪耻，臣请从会稽之诛。"句践曰："孤将与子分国而有之。不然，将加诛于子。"范蠡曰："君行令，臣行意。"乃装其轻宝珠玉，自与其私徒属乘舟浮海以行，终不反。于是句践表会稽山以为范蠡奉邑。

范蠡侍奉越王句践，完全是劳苦自身，同心协力，辅助句践深谋远虑二十多年，终于灭掉吴国，洗雪了会稽的耻辱，越军向北渡过淮河，逼近齐、晋两国，向中原各国发号施令，尊崇周室，句践称霸，范蠡号称上将军。返回越国后，范蠡认为威名之下，很难长期安居，而且句践的为人，可以与他同患难，很难与他同安乐，写信辞别句践说："我听说君主有忧，臣子就该劳苦分忧，君主受辱，臣子就该死难。从前君王在会稽受辱，我所以不死，是为了报仇雪耻。现在已经雪耻，请惩罚我在会稽使君王受辱，叛我死罪。"句践说："我将与你分享越国。不然的话，就要惩罚你。"范蠡说："君王下达你的命令，臣子实现自己的意志。"就装上他的珍宝珠玉，私自和他的随从乘船飘海离去，再没有返回越国。于是句践为了表彰范蠡，把会稽山作为他的封邑。

范蠡浮海出齐，变姓名，自谓鸱夷子皮，耕于海畔，苦身戮力，父子治产。居无几何，致产数十

万。齐人闻其贤，以为相。范蠡喟然叹曰："居家则致千金，居官则至卿相，此布衣之极也。久受尊名，不祥。"乃归相印，尽散其财，以分与知友乡党，而怀其重宝，间行以去，止于陶，以为此天下之中，交易有无之路通，为生可以致富矣。于是自谓陶朱公。复约要父子耕畜，废居，候时转物，逐什一之利。居无何，则致赀累巨万。天下称陶朱公。

范蠡飘海到达齐国，改名换姓，自称鸱夷子皮。在海边耕作，吃苦耐劳，努力生产，父子治理产业。住了没有多久，积聚的财产达到几千万。齐国人听说他贤能，请他做丞相。范蠡叹息说："当百姓积聚千金，当官做到丞相，这是普通百姓能达到的顶点了。长久享受尊名，不吉利。"于是交还相印，散发全部家产，分给朋友和乡亲，带着贵重的珍宝，秘密离去，到陶地定居。他认为陶地是天下的中心，交易的道路畅通，做生意可以致富。于是自称陶朱公。又约定父子耕种、畜牧，贱买贵卖，等待时机转卖货物，以求获取十分之一的利润。没有多久，就积聚财产累计达到万万。天下的人都称道陶朱公。

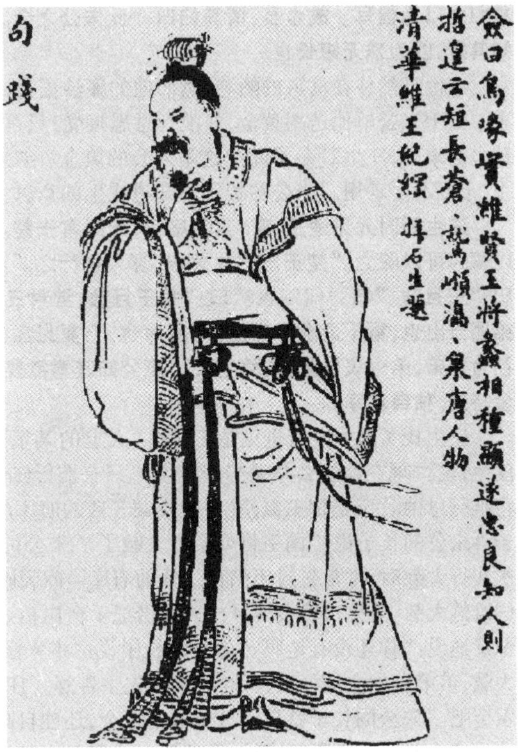

越王句践像

朱公居陶，生少子。少子及壮，而朱公中男杀人，囚于楚。朱公曰："杀人而死，职也。然吾闻千金之子不死于市。"告其少子往视之。乃装黄金千溢，置褐器中，载以一牛车。且遣其少子，朱公长男固请欲行，朱公不听。长男曰："家有长子曰家督，今弟有罪，大人不遣，乃遣少弟，是吾不肖。"欲自杀。其母为言曰："今遣少子，未必能生中子也，而先空亡长男，奈何？"朱公不得已而遣长子，为一封书遗故所善庄生。曰："至则进千金于庄生所，听其所为，慎无与争事。"长男既行，亦自私赍数百金。

朱公定居在陶地，生下小儿子。小儿子成年时，朱公的二儿子因为杀人，被楚国囚禁。朱公说："杀人者偿命，是本分。然而我听说，家有千金的子弟，不应该被处死在闹市上。"就告诉他的小儿子前往楚国探视。于是装了黄金一千镒，藏在褐色的器皿中，用一辆牛车载运。将派小儿子起程，朱公的长子坚决请求让他去，朱公不答应。长子说："家里有长子叫做'家督'，现在弟弟犯罪，父亲不派我去，却派小弟去，这说明我无能。"长子想自杀。他母亲帮他说："现在派小儿子去，未必能救活二儿子，而先使长子白白丧命，那怎么行呢？"朱公不得已就改派长子去，替他写了一封信给从前的老朋友庄生，并交代说："到了楚国，把千金送到庄生住所，一切听他办理，千万不要和他争论。"长子走时，也私自带了数百镒黄金。

至楚，庄生家负郭，披藜藋到门，居甚贫。然长男发书进千金，如其父言。庄生曰："可疾去矣，慎毋留！即弟出，勿问所以然。"长男既去，不过庄生而私留，以其私赍献遗楚国贵人用事者。

到达楚国，看见庄生的房子背靠外城墙，拨开满地的杂草才到他的家门，居住条件十分贫困。然而朱公的长子还是送上书信和千金，按他父亲吩咐的办理。庄生说："你可以赶快离开了，千万不要停留！即使你弟弟被放出来，也不要问为什么。"长子离开庄生家，不再拜访庄生，而私自留在楚国，把他自己携带的黄金送给了楚国当权的贵族。

庄生虽居穷阎，然以廉直闻于国，自楚王以下皆师尊之。及朱公进金，非有意受也，欲以成事后

复归之以为信耳。故金至，谓其妇曰："此朱公之金。有如病不宿诫，后复归，勿动。"而朱公长男不知其意，以为殊无短长也。

庄生虽然住在贫穷的陋巷，然而他的廉洁正直，却全国闻名，从楚王以下都把他当老师一样尊重。至于朱公给他送的黄金，并没有意思接受，只是想等事情办成后再物归原主，以示信用。所以黄金送来后，庄生对妻子说："这是朱公的黄金。如果我突然病死，来不及交代你，记住以后归还原主，千万不要动用。"朱公的长子不知道庄生的意思，以为黄金送给他不会起作用。

庄生间时入见楚王，言"某星宿某，此则害于楚。"楚王素信庄生，曰："今为奈何？"庄生曰："独以德为可以除之。"楚王曰："生休矣，寡人将行之。"王乃使使者封三钱之府。楚贵人惊告朱公长男曰："王且赦。"曰："何以也？"曰："每王且赦，常封三钱之府。昨暮王使使封之。"朱公长男以为赦，弟固当出也，重千金虚弃庄生，无所为也，乃复见庄生。庄生惊曰："若不去邪？"长男曰："固未也。初为事弟，弟今议自赦，故辞生去。"庄公知其意欲复得其金，曰："若自入室取金。"长男即自入室取金持去，独自欢幸。

庄生找了适当时机进见楚王，说："天上的某星移动到某位置，这对楚国有害。"楚王向来信任庄生，说："现在该怎么办呢？"庄生说："只有推行仁德，才可以消除灾害。"楚王说："先生别说了，我将推行恩德。"于是楚王派使臣，把收藏三钱的府库严严实实地封闭起来。楚国受贿的贵族惊喜地告诉朱公的长子说："国王将要实行大赦了。"朱公的长子问："何以见得呢？"贵族回答说："国王每次实行大赦时，常常先封闭储存三钱的府库。昨天晚上国王派人封闭了府库。"朱公的长子认为楚国既然大赦，弟弟自然会被释放。可惜把千金白白送给了庄生，毫无用处，于是又去见庄生。庄生惊疑地说："你还没有走吗？"朱公的长子说："本来没有走。当初是为弟弟的事而来，现在听说商议大赦，弟弟自然会被释放，所以特来向先生告辞。"庄生知道他是想收回黄金，就说："你自己进屋取黄金吧。"朱公的长子就自己进屋取走黄金，还独自高兴庆幸。

庄生羞为儿子所卖，乃入见楚王曰："臣前言某星事，王言欲以修德报之。今臣出，道路皆言陶之富人朱公之子杀人囚楚，其家多持金钱赂王左右，故王非能恤楚国而赦，乃以朱公子故也。"楚王大怒曰："寡人虽不德耳，奈何以朱公之子故而施惠乎！"令论杀朱公子，明日遂下赦令。朱公长男竟持其弟丧归。

庄生被小儿辈出卖戏耍深感羞耻，于是又进宫见楚王说："我上次说的某星宿的事，大王说想修德报答它。如今我在外边，听路人纷纷议论说陶地富人朱公的儿子杀人，被囚禁在楚国，他家拿出很多钱贿赂大王周围的人，所以大王并不是体恤楚国的百姓而实行大赦，而是因为朱公儿子的缘故。"楚王大怒说："我虽然没有什么德行，怎么会因为朱公儿子的原因大赦施惠呢？"就命令先杀掉朱公的儿子。第二天，才下达大赦的命令。朱公的长子终于带着弟弟的尸体回去了。

至，其母及邑人尽哀之，唯朱公独笑，曰："吾固知必杀其弟也！彼非不爱其弟，顾有所不能忍者也。是少与我俱，见苦，为生难，故重弃财。至如少弟者，生而见我富，乘坚驱良逐狡兔，岂知财所从来，故轻弃之，非所吝惜。前日吾所为欲遣少子，固为其能弃财故也。而长者不能，故卒以杀其弟。事之理也，无足悲者。吾日夜固以望其丧之来也。"

回到家后，他母亲和陶邑的人都很悲伤，只有朱公独自发笑，说："我本来知道他一定会置弟弟于死地！他不是不爱自己的弟弟，只是他舍不得花钱。他小时和我在一起，经历过困苦，知道谋生艰难，所以过于重视财物。至于他小弟弟，生下来看到的是我富有，乘坚车，驱良马，追逐狡兔，怎么知道钱财是如何来的，所以挥金如土，毫不吝惜。前些天我所以派小儿子去，本来是因为他舍得花钱的缘故。而大儿子却做不到，所以终于害了他弟弟，这是事情的常理，没有什么好悲伤的。我本来就日日夜夜等待着他把二儿子的尸首运回来。"

故范蠡三徙，成名于天下，非苟去而已，所止必成名。卒老死于陶，故世传曰陶朱公。

所以范蠡三次迁移，驰名天下，他到哪里不是随便去的，每定居一地，一定功成名就。最后老死在陶地，所以世代相传叫他陶朱公。

太史公曰：禹之功大矣，渐九川，定九州，至于今诸夏艾安。及苗裔句践，苦身焦思，终灭强吴，北观兵中国，以尊周室，号称霸王。句践可不谓贤哉！盖有禹之遗烈焉。范蠡三迁，皆有荣名，名垂

后世。臣主若此,欲毋显得乎!

太史公说:夏禹的功绩很大了,疏导九川,平定九州,一直到今天,中原地区仍然安居乐业。到他的后代子孙句践,勤劳辛苦,深思熟虑,终于灭了强大的吴国,向北对中原各国耀武扬威,率领诸侯尊崇周室,号称霸王。难道可以说句践不贤能吗!大概他还有夏禹的遗风吧。范蠡三次迁徙都享有美名,荣名流传后世。臣子和君主做到这样,想不显赫,怎么可能呢?

史记第四十二卷

郑世家第十二

郑桓公友者,周厉王少子而宣王庶弟也。宣王立二十二年,友初封于郑。封三十三岁,百姓皆便爱之。幽王以为司徒。和集周民,周民皆说,河雒之间,人便思之。为司徒一岁,幽王以褒后故,王室治多邪,诸侯或畔之。于是桓公问太史伯曰:"王室多故,予安逃死乎?"太史伯对曰:"独雒之东土,河济之南可居。"公曰:"何以?"对曰:"地近虢、郐,虢、郐之君贪而好利,百姓不附。今公为司徒,民皆爱公,公诚请居之,虢、郐之君见公方用事,轻分公地。公诚居之,虢、郐之民皆公之民也。"公曰:"吾欲南之江上,何如?"对曰:"昔祝融为高辛氏火正,其功大矣,而其于周未有兴者,楚其后也。周衰,楚必兴。兴,非郑之利也。"公曰:"吾欲居西方,何如?"对曰:"其民贪而好利,难久居。"公曰:"周衰,何国兴者?"对曰:"齐、秦、晋、楚乎?夫齐,姜姓,伯夷之后也,伯夷佐尧典礼。秦,嬴姓,伯翳之后也,伯翳佐舜怀柔百物。及楚之先,皆尝有功于天下。而周武王克纣后,成王封叔虞于唐,其地阻险,以此有德与周衰并,亦必兴矣。"桓公曰:"善。"于是卒言王,东徙其民雒东,而虢、郐果献十邑,竟国之。

郑桓公友,是周厉王的小儿子,周宣王的庶弟。宣王即位二十二年,友才被封到郑地。受封三十三年,百姓都喜欢他。周幽王任命他做司徒,他安抚周室的百姓,百姓都很欢欣。黄河、洛河之间,人人都怀念他。友当司徒一年,周幽王由于宠爱褒姒的缘故,王室的政事大多背离正道,诸侯有的背叛了幽王。于是桓公询问太史伯说:"王室多变故,我怎么才能逃脱死亡呢?"太史伯回答说:"只有洛河以东的地方,黄河、济水的南边,可以安居乐业。"桓公说:"为什么呢?"太史伯回答说:"那里地邻虢国、郐国,虢、郐的国君贪财好利,百姓不拥护他们。现在你是司徒,百姓都爱戴你,你如果请求移居到那里,虢、郐的国君见你正在当权,会轻易地分给你土地。你如果居住在那里,虢、郐的百姓都会变成你的百姓。"桓公说:"我想到南边长江一带,怎么样?"太史伯说:"从前祝融做高辛氏的火正,他的功劳很大呀,他的子孙在周朝没有兴盛,楚国就是他的后代。周朝衰落了,楚国必定兴起。楚国如果兴起,不符合郑国的利益。"桓公说:"我想住在西方,怎么样?"太史伯回答说:"那里的百姓很贪财,很难长久居住。"桓公说:"周朝衰微了,哪个国家兴盛呢?"太史伯回答说:"大概是齐国、秦国、晋国、楚国吧?齐国,姓姜,是伯夷的后代,伯夷帮助尧掌管礼仪。秦国,姓嬴,是伯翳的后代,伯翳帮助舜驯服百物。以及楚国的先人,都曾有功于天下。周武王灭掉商纣王以后,成王把叔虞封在唐,唐地山川险阻,凭借有德的子孙,和衰落的周室并存,晋国也一定会兴盛起来。"桓公说:"好。"于是急速向幽王请求,把他封地的百姓迁徙到洛河以东,虢、郐两国果然献出十邑,他终于在那里建立了郑国。

二岁,犬戎杀幽王于骊山下,并杀桓公。郑人共立其子掘突,是为武公。

两年以后,犬戎在骊山下杀死周幽王,并且杀了周朝的司徒郑桓公。郑国人共同拥立他的儿子掘突,这就是武公。

武公十年,娶申侯女为夫人,曰武姜。生太子寤生,生之难,及生,夫人弗爱。后生少子叔段,段

生易，夫人爱之。二十七年，武公疾。夫人请公，欲立段为太子，公弗听。是岁，武公卒，寤生立，是为庄公。

武公十年，娶申侯的女儿为夫人，叫武姜。武姜生太子寤生，因为难产，等到生下后，她不喜欢寤生。后来又生小儿子叔段，叔段降生时很顺利，武姜喜爱他。二十七年，武公生病。武姜请求武公，想立叔段为太子，武公不答应。这一年，武公去世，寤生即位，这就是庄公。

庄公元年，封弟段于京，号太叔。祭仲曰："京大于国，非所以封庶也。"庄公曰："武姜欲之，我弗敢夺也。"段至京，缮治甲兵，与其母武姜谋袭郑。二十二年，段果袭郑，武姜为内应。庄公发兵伐段，段走。伐京，京人畔段，段出走鄢。鄢溃，段出奔共。于是庄公迁其母武姜于城颍，誓言曰："不至黄泉，毋相见也。"居岁余，已悔思母。颍谷之考叔有献于公，公赐食。考叔曰："臣有母，请君食赐臣母。"庄公曰："我甚思母，恶负盟，奈何？"考叔曰："穿地至黄泉，则相见矣。"于是遂从之，见母。

庄公元年，把他弟弟叔段封到京邑，号称太叔。祭仲说："京邑比郑国的都城还大，不应该封给弟弟。"庄公说："武姜想这样封，我不敢违背啊。"叔段到京邑后，修整武器，操练兵马，和他母亲武姜密谋袭击郑都。二十二年，叔段果然发兵袭击郑都，武姜在城内策应。庄公发兵讨伐叔段，叔段败走。庄公移兵攻打京邑，京邑的百姓都背叛了叔段，叔段逃奔鄢邑。鄢邑的士卒溃败，叔段逃到共国。于是庄公把他母亲武姜迁移到城颍，发誓说："不到黄泉，不再相见。"过了一年多，庄公已经后悔，很思念母亲。颍谷的考叔向庄公进献，庄公赏赐他吃饭。考叔说："我有母亲，请你把这些食物赏赐给我母亲吧。"庄公说："我很想念母亲，但不愿违背誓言，怎么办呢？"考叔说："挖地到有泉水处，就可以相见了。"于是庄公依照考叔的办法，见到了母亲。

二十四年，宋缪公卒，公子冯奔郑。郑侵周地，取禾。二十五年，卫州吁弑其君桓公自立，与宋伐郑，以冯故也。二十七年，始朝周桓王。桓王怒其取禾，弗礼也。二十九年，庄公怒周弗礼，与鲁易祊、许田。三十三年，宋杀孔父。三十七年，庄公不朝周，周桓王率陈、蔡、虢、卫伐郑。庄公与祭仲、高渠弥发兵自救，王师大败。祝瞻射中王臂。祝瞻请从之，郑伯止之，曰："犯长且难之，况敢陵天子乎？"乃止。夜令祭仲问王疾。

二十四年，宋穆公去世，公子冯逃亡到郑国。郑国侵犯周室的辖地，收割那里的庄稼。二十五年，卫国的州吁杀死他的国君桓公自立为君，和宋国共同攻打郑国，因为公子冯逃到郑国的缘故。二十七年，庄公才去朝见周桓王。周桓王对他抢割庄稼一事怒气未消，不以礼相待。二十九年，庄公怨恨周桓王不以礼相待，就用祊邑，换取鲁国靠近许国的田。三十三年，宋国杀死孔父。三十七年，庄公不朝见周桓王，周桓王率领陈、蔡、虢、卫四国讨伐郑国。庄公和祭仲、高渠弥率军抵抗自救，周王的联军大败。祝瞻射中周桓王的臂膀。祝瞻请求继续追击，郑庄公制止，说："冒犯长辈尚且要受指责，何况敢玩弄天子呢？"于是停止追击。当晚庄公派祭仲前去慰问周桓王，探伤。

三十八年，北戎伐齐，齐使求救，郑遣太子忽将兵救齐。齐釐公欲妻之，忽谢曰："我小国，非齐敌也。"时祭仲与俱，劝使取之，曰："君多内宠，太子无大援将不立，三公子皆君也。"所谓三公子者，太子忽，其弟突，次弟子亹也。

三十八年，北戎攻打齐国，齐国派使臣请求郑国援助，郑国派太子忽率军救援齐国。齐釐公想把女儿嫁给忽，忽谢绝说："我们是小国，跟齐国不匹配。"当时，祭仲与太子忽在一起，劝他娶齐国的公主，说："国君有很多宠妾，太子得不到大国的援助将不能即位，三位公子都可能是未来的国君。"所谓三公子，是指太子忽，忽的弟弟突，次弟子亹。

四十三年，郑庄公卒。初，祭仲甚有宠于庄公，庄公使为卿；公使娶邓女，生太子忽，故祭仲立之，是为昭公。

四十三年，郑庄公去世。当初，祭仲很受庄公宠信，庄公让他做上卿；庄公派他去迎娶邓国的美女，邓女生太子忽，所以祭仲拥立太子忽即位，这就是昭公。

庄公又娶宋雍氏女，生厉公突。雍氏有宠于宋。宋庄公闻祭仲之立忽，乃使人诱召祭仲而执之，曰："不立突，将死。"亦执突以求赂焉。祭仲许宋，与宋盟。以突归，立之。昭公忽闻祭仲以宋要立其弟突，九月丁亥，忽出奔卫。己亥，突至郑，立，是为厉公。

庄公后来又迎娶宋国雍氏的女儿，生了厉公突。雍氏女很受宋君宠信。宋庄公听说祭仲拥立太子忽,就派人以诱骗的办法召来并逮捕了祭仲,说:“如果不立公子突,将杀了你。”同时也逮捕了公子突,索取财物。祭仲答应了宋国的要求,和宋国订盟。他带公子突回到郑国,立为郑君。昭公忽听说祭仲受宋国的要挟立他弟弟突,九月丁亥日,忽逃亡到卫国。己亥日,公子突回到郑国,立为郑君,这就是厉公。

厉公四年,祭仲专国政。厉公患之,阴使其婿雍纠欲杀祭仲。纠妻,祭仲女也,知之,谓其母曰:“父与夫孰亲?”母曰:“父一而已,人尽夫也。”女乃告祭仲,祭仲反杀雍纠,戮之于市。厉公无奈祭仲何,怒纠曰:“谋及妇人,死固宜哉!”夏,厉公出居边邑栎。祭仲迎昭公忽,六月乙亥,复入郑,即位。

厉公四年,祭仲专擅大权。厉公担心这件事,暗中派祭仲的女婿雍纠谋杀祭仲。雍纠的妻子是祭仲的女儿,她得知这件事后,问她母亲说:“父亲和丈夫哪个亲?”母亲回答说:“父亲只有一个,所有的男人都可以成为丈夫。”女儿就把想谋杀祭仲的事告诉给祭仲,祭仲反而杀死雍纠,并在市上暴尸示众。厉公对祭仲无可奈何,怒骂雍纠说:“把密谋告诉给妇人,死本来就是应该的!”夏天,厉公被赶出国都,居住在边城栎邑。祭仲迎接昭公忽,六月乙亥日,忽又回到郑国,重新即位。

秋,郑厉公突因栎人杀其大夫单伯,遂居之。诸侯闻厉公出奔,伐郑,弗克而去。宋颇予厉公兵,自守于栎,郑以故亦不伐栎。

秋天,郑厉公突因为栎邑人杀了栎邑的大夫单伯,就定居在那里。诸侯听说厉公出逃,讨伐郑国,没有胜利就撤离了。宋国给厉公派去很多援兵,守卫栎邑,郑昭公因为这个缘故也不再进攻栎邑。

昭公二年,自昭公为太子时,父庄公欲以高渠弥为卿,太子忽恶之,庄公弗听,卒用渠弥为卿。及昭公即位,惧其杀己,冬十月辛卯,渠弥与昭公出猎,射杀昭公于野。祭仲与渠弥不敢入厉公,乃更立昭公弟子亹为君,是为子亹也,无谥号。

昭公二年。从昭公还是太子时,父亲庄公就想让高渠弥任上卿,太子忽讨厌他,庄公不听劝阻,终于委任高渠弥做了上卿。等到昭公即位,高渠弥惧怕昭公杀他,冬天十月辛卯日,高渠弥和昭公外出打猎,在野外射死昭公。祭仲和高渠弥不敢迎接厉公复位,于是改立昭公的次弟公子亹为郑君,这就是子亹。他没有谥号。

《东周列国志》版画之擒専瑕厉公复国图,讲郑国权臣祭仲死后,当初被祭仲放逐的郑厉公在専瑕的帮助下归国复位之事。

子亹元年七月,齐襄公会诸侯于首止,郑子亹往会,高渠弥相,从,祭仲称疾不行。所以然者,子亹自齐襄公为公子之时,尝会斗,相仇,及会诸侯,祭仲请子亹无行。子亹曰:“齐强,而厉公居栎,即不往,是率诸侯伐我,内厉公。我不如往,往何遽必辱,且又何至是!”卒行。于是祭仲恐齐并杀之,故称疾。子亹至,不谢齐侯,齐侯怒,遂伏甲而杀子亹。高渠弥亡归,归与祭仲谋,召子亹弟公子婴于陈而立之,是为郑子。是岁,齐襄公使彭生醉拉杀鲁桓公。

子亹元年七月,齐襄公在首止会合诸侯,子亹去赴会,高渠弥为丞相,随行,祭仲称病不去。祭仲这样做是因为子亹在襄公还是公子时，曾经和襄公斗殴，二人有仇，等到襄公会合诸侯时，祭仲请求子亹不要去。子亹说："齐国强大，而且厉公占据栎邑，如若不去，齐国就会率领诸侯攻打我们，送厉公复位。我不如前去，去了何必担心一定会受羞辱，并且又何至于像你说的那样严重！"子亹终于去了。祭仲忧虑齐襄公把他一并杀了，所以称病不去。子亹到首止，没有向齐襄公请罪，齐襄公发怒，就埋伏军队杀了子亹。高渠弥逃归，回来和祭仲合谋，从陈国召回子亹的弟弟公子婴立为郑君，这就是郑子。这一年，齐襄公派彭生趁鲁桓公酒醉折断他的肋骨致死。

郑子八年，齐人管至父等作乱，弑其君襄公。十二年，宋人长万弑其君湣公。郑祭仲死。

郑子八年，齐国管至父等叛乱，杀死他们的国君襄公。十二年，宋国长万杀死他的国君湣公。郑国祭仲死亡。

十四年，故郑亡厉公突在栎者使人诱劫郑大夫甫假，要以求入。假曰："舍我，我为君杀郑子而入君。"厉公与盟，乃舍之。六月甲子，假杀郑子及其二子而迎厉公突，突自栎复入即位。初，内蛇与外蛇斗于郑南门中，内蛇死。居六年，厉公果复入。入而让其伯父原曰："我亡国外居，伯父无意入我，亦甚矣。"原曰："事君无二心，人臣之职也。原知罪矣。"遂自杀。厉公于是谓甫假曰："子之事君有二心矣。"遂诛之。假曰："重德不报，诚然哉！"

十四年，以前随厉公突逃亡在栎邑的人，派人诱劫郑国的大夫甫瑕，要挟甫瑕帮助厉公复位。甫瑕说："放了我，我替你杀死郑子，迎你复位。"厉公和甫瑕盟誓后，就放了他。六月甲子日，甫瑕杀死郑子及他的两个儿子，迎厉公突，突从栎邑回朝复位。当初，在郑都南门城内的蛇和城外的蛇相斗，城内的蛇败死。过了六年，厉公果真复位。厉公复位后责备他伯父原说："我丢失君位居住在都城外，伯父无意迎我回来，也太过分了。"原回答说："侍奉君主不存二心，是做臣子的职分。我知道自己的罪过。"就自杀了。厉公于是对甫瑕说："你侍奉国君有二心。"就杀了他。甫瑕死前说："厚德没有报答，的确应该如此！"

厉公突后元年，齐桓公始霸。五年，燕、卫与周惠王弟颓伐王，王出奔温，立弟颓为王。六年，惠王告急郑，厉公发兵击周王子颓，弗胜，于是与周惠王归，王居于栎。七年春，郑厉公与虢叔袭杀王子颓而入惠王于周。

厉公突后元年，齐桓公开始称霸。五年，燕国、卫国和周惠王的弟弟颓攻打周惠王，惠王逃奔温邑，拥立惠王的弟弟颓为周王。六年，周惠王向郑国告急，厉公发兵讨伐周王子颓，没有打胜，于是厉公带周惠王回到郑国，住居在栎邑。七年春天，郑厉公和虢叔杀周王子颓，护送惠王回国复位。

秋，厉公卒，子文公踺立。厉公初立四岁，亡居栎，居栎十七岁，复入，立七岁，与亡凡二十八年。

秋天，厉公去世，儿子文公踺即位。厉公初次在位四年，流亡到栎邑，在栎邑十七年，又回朝复位，复位七年，和流亡的时间合计二十八年。

文公十七年，齐桓公以兵破蔡，遂伐楚，至召陵。

文公十七年，齐桓公率领诸侯打败蔡国，于是征讨楚国，一直打到召陵。

二十四年，文公之贱妾曰燕姞，梦天与之兰，曰："余为伯儵。余，尔祖也。以是为而子，兰有国香。"以梦告文公，文公幸之，而予之草兰为符。遂生子，名曰兰。

二十四年，文公叫燕姞的贱妾，梦见天帝送给她一株兰草，说："我是伯儵，我是你的祖先。以这株兰草作为你的儿子，兰草有浓郁的香气。"燕姞把梦告诉文公，文公就和她同床了，并且赐给她兰草作为凭证。于是燕姞生了儿子，取名叫兰。

三十六年，晋公子重耳过，文公弗礼。文公弟叔詹曰："重耳贤，且又同姓，穷而过君，不可无礼。"文公曰："诸侯亡公子过者多矣，安能尽礼之！"詹曰："君如弗礼，遂杀之；弗杀，使即反国，为郑忧矣。"文公弗听。

三十六年，晋公子重耳经过郑国，文公不以礼相待。文公的弟弟叔詹说："重耳贤能，而且又和我们是同姓，穷困流亡而过访君王，对他不可无礼。"文公说："诸侯流亡的公子路过这里的人很多，哪能都以礼相待呢！"叔詹说："你如果不以礼相待，就杀了他，不杀，使他回到晋国，将是郑国的忧患啊！"文公不听。

三十七年春，晋公子重耳反国，立，是为文公。秋，郑入滑，滑听命，已而反与卫，于是郑伐滑。

周襄王使伯犕请滑。郑文公怨惠王之亡在栎，而文公父厉公入之，而惠王不赐厉公爵禄，又怨襄王之与卫滑，故不听襄王请而囚伯犕。王怒，与翟人伐郑，弗克。冬，翟攻伐襄王，襄王出奔郑，郑文公居王于汜。三十八年，晋文公入襄王成周。

三十七年春天，晋公子重耳返回晋国，即君位，这就是晋文公。秋天，郑国入侵滑国，滑国降服，不久，滑国反抗郑国，归附卫国，于是郑国讨伐滑国。周襄王派使臣伯犕替滑国求情。郑文公怨恨周惠王，因为当初惠王流亡在栎邑，是文公的父亲厉公送他回国复位的，而惠王复位后没有赐厉公爵位和俸禄，又怨恨周襄王帮卫国和滑国，所以不理睬周襄王的请求，反而囚禁了他的使臣伯犕。周襄王发怒，联合翟人攻打郑国，没有打胜。冬天，翟人又进攻周襄王，周襄王逃到郑国，郑文公把周襄王安置在汜邑居住。三十八年，晋文公把周襄王迎回成周。

四十一年，助楚击晋。自晋文公之过无礼，故背晋助楚。四十三年，晋文公与秦缪公共围郑，讨其助楚攻晋者，及文公过时之无礼也。初，郑文公有三夫人，宠子五人，皆以罪蚤死。公怒，溉逐群公子。子兰奔晋，从晋文公围郑。时兰事晋文公甚谨，爱幸之，乃私于晋，以求入郑为太子。晋于是欲得叔詹为僇。郑文公恐，不敢谓叔詹言。詹闻，言于郑君曰："臣谓君，君不听臣，晋卒为患。然晋所以围郑，以詹，詹死而赦郑国，詹之愿也。"乃自杀。郑人以詹尸与晋。晋文公曰："必欲一见郑君，辱之而去。"郑人患之，乃使人私于秦曰："破郑益晋，非秦之利也。"秦兵罢。晋文公欲入兰为太子，以告郑。郑大夫石癸曰："吾闻姞姓乃后稷之元妃，其后当有兴者。子兰母，其后也。且夫人子尽已死，余庶子无如兰贤。今围急，晋以为请，利孰大焉！"遂许晋，与盟，而卒立子兰为太子，晋兵乃罢去。

四十一年，郑国帮着楚国攻打晋国。然而晋文公路过郑国，郑文公不以礼相待，所以郑国背叛晋国帮助楚国。四十三年，晋文公和秦缪公联合围攻郑国，讨伐郑国帮助楚国攻打晋国，以及晋文公路过时不以礼相待的罪过。当初，郑文公有三位夫人，五个宠爱的公子，都因为有罪早死。文公动怒，就把所有的公子都赶跑了。公子兰逃到晋国，随从晋文公围攻郑国。当时公子兰侍奉晋文公十分谨慎，晋文公很喜欢他，于是公子兰在晋国暗中活动，寻求回郑国当太子。晋国想抓住叔詹杀了。郑文公很害怕，但不敢对叔詹说。叔詹听说后，对郑文公说："我以前劝你，你不听我的话，晋国终于成了祸害。然而晋国所以围攻郑国，是因为我。我死了能赦免郑国，是我的心愿啊。"于是叔詹自杀了。郑国人把叔詹的尸体送给晋国。晋文公说："一定要见郑君一面，羞辱他一番才撤军。"郑国人对此忧心忡忡，就派人暗中对秦国说："打夺郑国，增强晋国的力量，不符合秦国的利益。"秦国的军队就撤走。晋文公想送公子兰回国立为太子，把想法告诉郑国。郑国的大夫石癸说："我听说姞姓女子是后稷的元妃，她的后代应当有兴起的人。公子兰的母亲，就是姞姓的后代。况且夫人的儿子已经死尽，剩下的庶子都不如公子兰贤能。现在郑都被晋军团团包围，晋国提出请公子兰回国当太子，还有比这更宽容的条件吗？"于是答应了晋国的要求，和晋国订盟，终于立公子兰为太子，晋军就撤离了。

四十五年，文公卒，子兰立，是为缪公。

四十五年，郑文公去世，子兰即位，这就是郑穆公。

缪公元年春，秦缪公使三将将兵欲袭郑，至滑，逢郑贾人弦高诈以十二牛劳军，故秦兵不至而还，晋败之于崤。初，往年郑文公之卒也，郑司城缯贺以郑情卖之，秦兵故来。三年，郑发兵从晋伐秦，败秦兵于汪。

郑穆公元年春天，秦缪公派遣三位将军率军想袭击郑国，行至滑，遇见郑国的商人弦高，弦高诈称奉郑君的命令，献十二头牛犒劳秦军，所以秦军没有到郑国便回转，晋军在崤山打败秦军。当初，即去年郑文公去世时，郑国的司城缯贺把郑国的情况告诉了秦国，所以秦军来攻打郑国。三年，郑国派兵随同晋国讨伐秦国，在汪邑打败秦军。

往年楚太子商臣弑其父成王代立。二十一年，与宋华元伐郑。华元杀羊食士，不与其御羊斟，怒以驰郑，郑囚华元。宋赎华元，元亦亡去。晋使赵穿以兵伐郑。

去年，楚国太子商臣杀死他父亲成王夺取王位。二十一年，郑公子归生接受楚国的命令讨伐宋国，宋国华元抵抗郑军。华元杀羊犒劳士兵，没有给替他赶车的羊斟，羊斟发怒，赶车直奔郑营，郑军俘获了华元。宋国赎买华元，赎金还没有交完华元也逃回来了。晋国派赵穿率军征讨郑国。

二十二年，郑缪公卒，子夷立，是为灵公。

二十二年，郑穆公去世，儿子夷即位，这就是灵公。

灵公元年春，楚献鼋于灵公。子家、子公将朝灵公，子公之食指动，谓子家曰："佗日指动，必食异物。"及入，见灵公进鼋羹，子公笑曰："果然！"灵公问其笑故，具告灵公。灵公召之，独弗予羹。子公怒，染其指，尝之而出。公怒，欲杀子公。子公与子家谋先。夏，弑灵公。郑人欲立灵公弟去疾，去疾让曰："必以贤，则去疾不肖；必以顺，则公子坚长。"坚者，灵公庶弟，去疾之兄也。于是乃立子坚，是为襄公。

郑灵公元年春天，楚国送鼋鱼给灵公。子家、子公将朝见灵公，子公的食指突然抖动一下，对子家说："往日食指一颤动，必定有异味品尝。"等到进入宫殿，看见灵公正吃鼋羹，子公笑着说："果然如此！"灵公问他为什么发笑，子公原原本本地告诉了灵公。灵公召子公过来，却唯独不给他鼋羹。子公生气，用手指沾了一下鼋羹，尝了尝就退出宫。灵公很生气，想杀子公。子公和子家密谋先下手。夏天，他们杀了灵公。郑国人想拥立灵公的弟弟去疾，去疾推辞说："必须拥立贤仁的人即位，而我不够贤明；必须按长幼顺序即位，那么公子坚比我年龄大。"公子坚，是灵公的庶弟，去疾的哥哥。于是拥立公子坚即位，这就是襄公。

襄公立，将尽去缪氏。缪氏者，杀灵公子公之族家也。去疾曰："必去缪氏，我将去之。"乃止。皆以为大夫。

襄公即位后，准备把缪氏全都驱逐。缪氏，就是杀害灵公的子公的家族。去疾说："一定要驱逐缪氏家族，我将离开郑国了。"襄公这才停止，把他们都任命为大夫。

襄公元年，楚怒郑受宋赂纵华元，伐郑。郑背楚，与晋亲。五年，楚复伐郑，晋来救之。六年，子家卒，国人复逐其族，以其弑灵公也。

襄公元年，楚国怨恨郑国接受宋国的贿赂释放华元，出兵讨伐郑国。郑国背离楚国，和晋国亲善。五年，楚国再次进攻郑国，晋国出兵援救郑国。六年，子家去世，郑国人又驱逐了他的家族，因为他杀死灵公。

七年，郑与晋盟鄢陵。八年，楚庄王以郑与晋盟，来伐，围郑三月，郑以城降楚。楚王入自皇门，郑襄公肉袒掔羊以迎，曰："孤能事边邑，使君王怀怒以及弊邑，孤之罪也。敢不惟命是听。君王迁之江南，及以赐诸侯，亦惟命是听。若君王不忘厉、宣王，桓、武公，哀不忍绝其社稷，锡不毛之地，使复得改事君王，孤之愿也，然非所敢望也。敢布腹心，惟命是听。"庄王为却三十里而后舍。楚群臣曰："自郢至此，士大夫亦久劳矣。今得国舍之，何如？"庄王曰："所为伐，伐不服也。今已服，尚何求乎？"卒去。晋闻楚之伐郑，发兵救郑。其来持两端，故迟，比至河，楚兵已去。晋将率或欲渡，或欲还，卒渡河。庄王闻，还击晋。郑反助楚，大破晋军于河上。十年，晋来伐郑，以其反晋而亲楚也。

七年，郑国和晋国在鄢陵结盟。八年，楚庄王因为郑国和晋国联盟，发兵讨伐郑国，包围郑国的都城长达三个月，郑国献出都城向楚国投降。楚庄王从皇门入城，郑襄公赤露上身，牵着羊迎接楚庄王，说："我不能在边境的城邑迎候侍奉您，使得君王怀着恼怒来到我的国都，这是我的罪。我怎敢不唯命是听呢！君王把我流放到江南，以及把郑国赏赐给诸侯，我也唯命是听。如果君王不忘记周厉王、宣王，郑桓公、武公，怜悯我们，不忍心灭绝他们的国家，赐给我一些贫瘠的土地，使我有机会改而侍奉君王，这是我的心愿，但这不是我所敢奢望的事。我斗胆地向君王披露诚心，唯命是听。"楚庄王于是命令楚军后撤三十里，扎营安寨。楚国的群臣说："从郢都到这里，士大夫们也疲劳很久了。现在打下郑国又舍弃它，这是为什么呀？"楚庄王说："所以出兵讨伐，是讨伐它不服从我们。现在它已经服从，还有什么可求呢？"楚庄王终于撤兵南返。晋国听说楚国攻打郑国，发兵救援。但由于晋国犹豫不决，所以军队来迟了，等晋军到达黄河岸边时，楚军已经离去。晋国的将军有的想渡河追击，有的想班师回朝，但最终渡过了黄河。楚庄王得悉消息，返身还击晋军。郑国反而帮助楚国，在黄河上大败晋军。十年，晋国来讨伐郑国，因为郑国背叛晋国亲近楚国的缘故。

十一年，楚庄王伐宋，宋告急于晋。晋景公欲发兵救宋，伯宗谏晋君曰："天方开楚，未可伐也。"乃求壮士，得霍人解扬，字子虎，诓楚，令宋毋降。过郑，郑与楚亲，乃执解扬而献楚。楚王厚赐

与约，使反其言，令宋趣降，三要乃许。于是楚登解扬楼车，令呼宋。遂负楚约而致其晋君命曰："晋方悉国兵以救宋，宋虽急，慎毋降楚，晋兵今至矣！"楚庄王大怒，将杀之。解扬曰："君能制命为义，臣能承命为信。受吾君命以出，有死无陨。"庄王曰："若之许我，已而背之，其信安在？"解扬曰："所以许王，欲以成吾君命也。"将死，顾谓楚军曰："为人臣无忘尽忠得死者！"楚王诸弟皆谏王赦之，于是赦解扬使归。晋爵之为上卿。

十一年，楚庄王讨伐宋国，宋国向晋国告急。晋景公想发兵援救宋国，伯宗劝谏晋君说："上天正在帮助楚国扩张，不可以征讨它。"于是晋国寻找壮士，找到霍人解扬，字子虎，让他去欺骗楚国，并让宋国不要投降。解扬经过郑国，郑国和楚国亲善，就捉住解扬押送给楚军。楚庄王重赏解扬，并和他签订盟约，让他反过来说，即叫宋国赶快投降。楚王再三要挟他，解扬才勉强应许。于是楚军让解扬登上楼车，要他向宋军喊话。解扬却违背和楚庄王的盟约，反而传达了晋景公的命令，喊话说："晋国正在调动全国所有的兵力来援救宋国，宋国虽然危急，但千万不要向楚军投降，晋国的军队今天就要赶到了！"楚庄王大怒，要杀他。解扬说："君王能制定命令就是义，臣子能执行命令就是信。我接受国君的命令出国办事，宁死也不能抛弃君命。"楚庄王说："你应许我了，转眼背叛承诺，你的信在哪里呢？"解扬说："我之所以答应你，就是想用来完成我国君王的命令。"将被处死时，解扬回头对楚国的军队说："做人臣子的，不能忘掉为尽忠而死的信条。"楚庄王的兄弟都劝庄王赦免他，于是赦免了解扬，释放他回国。晋君拜他为上卿。

十八年，襄公卒，子悼公濆立。

十八年，襄公去世，儿子悼公濆即位。

悼公元年，鄦公恶郑于楚，悼公使弟睔于楚自讼。讼不直，楚囚睔。于是郑悼公来与晋平，遂亲。睔私于楚子反，子反言归睔于郑。

悼公元年，鄦公在楚王面前谗毁郑悼公，悼公派他弟弟睔到楚国申辩。申辩不仅毫无结果，睔反而被楚王囚禁。于是郑悼公去晋国讲和，就和晋国亲善。睔和楚国子反有私交，子反为睔说情，楚王释放睔回国。

二年，楚伐郑，晋兵来救。是岁，悼公卒，立其弟睔，是为成公。

二年，楚国讨伐郑国，晋国派兵来救。这一年，悼公去世，弟弟睔即位，这就是成公。

成公三年，楚共王曰"郑成公孤有德焉"，使人来与盟。成公私与盟。秋，成公朝晋，晋曰"郑私平于楚"，执之。使栾书伐郑。四年春，郑患晋围，公子如乃立成公庶兄繻为君。其四月，晋闻郑立君，乃归成公。郑人闻成公归，亦杀君繻，迎成公。晋兵去。

成公三年，楚共王说"我对郑成公有恩德"，便派人来和郑国结盟。成公暗中和楚国结盟。秋天，成公朝拜晋君，晋君说"郑国暗中与楚国讲和"，便逮捕了成公，派栾书讨伐郑国。四年春天，郑国害怕晋国围攻都城，公子如就拥立成公的庶兄繻为君。这年四月，晋国听说郑国拥立新君，就释放成公回国。郑国人听说成公回来，也杀掉君繻，接成公复位。晋军撤走。

十年，背晋盟，盟于楚。晋厉公怒，发兵伐郑。楚共王救郑。晋楚战鄢陵，楚兵败，晋射伤楚共王目，俱罢而去。十三年，晋悼公伐郑，兵于洧上。郑城守，晋亦去。

十年，郑国背弃和晋国签订的盟约，与楚国结盟。晋厉公发怒，兴兵讨伐郑国。楚共王发兵援救郑国。晋军和楚军在鄢陵交战，楚兵战败，晋军射伤楚共王的眼睛，双方罢兵离去。十三年，晋悼公讨伐郑国，军队驻扎在洧上。郑国据城坚守，晋军也撤走。

十四年，成公卒，子恽立。是为釐公。

十四年，成公去世，儿子恽即位，这就是釐公。

釐公五年，郑相子驷朝釐公，釐公不礼。子驷怒，使厨人药杀釐公，赴诸侯曰"釐公暴病卒"。立釐公子嘉，嘉时年五岁，是为简公。

釐公五年，郑国的丞相子驷朝见釐公，釐公不以礼相待。子驷怒，使厨师用药毒死釐公，遣使到诸侯国送讣告说："釐公得暴病去世。"拥立釐公的儿子嘉，嘉当时只有五岁，这就是简公。

简公元年，诸公子谋欲诛相子驷，子驷觉之，反尽诛诸公子。二年，晋伐郑，郑与盟，晋去。冬，又与楚盟。子驷畏诛，故两亲晋、楚。三年，相子驷欲自立为君，公子子孔使尉止杀相子驷而代之。

子产像，春秋时期郑国政治家。出自清·顾沅辑《古圣贤像传略》。

子孔又欲自立。子产曰："子驷为不可，诛之，今又效之，是乱无时息也。"于是子孔从之而相郑简公。

简公元年，众公子密谋想诛杀丞相子驷，子驷发觉，反而把众公子全部杀死。二年，晋国讨伐郑国，郑国和晋国签订盟约，晋军撤走。冬天，郑国又和楚国结盟。子驷害怕被诛杀，所以和晋国、楚国都接近。三年，丞相子驷想自立为郑君，公子子孔派尉止杀丞相子驷取代丞相职位。子孔又想自立为国君，子产说："子驷这样做行不通，你杀了他，现在你又效法他，这样，动乱将无止无休。"于是子孔听从子产的话，仍做简公的丞相。

四年，晋怒郑与楚盟，伐郑，郑与盟。楚共王救郑，败晋兵。简公欲与晋平，楚又囚郑使者。

四年，晋君怨恨郑国和楚国结盟，出兵讨伐郑国，郑国又和晋国结盟。楚共王发兵援救郑国，打败晋军。简公想与晋国讲和，楚国又囚禁了郑国的使臣。

十二年，简公怒相子孔专国权，诛之，而以子产为卿。十九年，简公如晋请卫君还，而封子产以六邑。子产让，受其三邑。二十二年，吴使延陵季子于郑，见子产如旧交，谓子产曰："郑之执政者侈，难将至，政将及子。子为政，必以礼；不然，郑将败。"子产厚遇季子。二十三年，诸公子争宠相杀，又欲杀子产。公子或谏曰："子产仁人，郑所以存者子产也，勿杀！"乃止。

十二年，简公恨丞相子孔专国家大权，把他杀了，任命子产为卿。十九年，简公赴晋国替卫君说情让他回国。把六邑封给子产，子产推让，只接受了三个邑。二十二年，吴国派延陵季子出使郑国，见到子产像老朋友相会，对子产说："郑国的执政者奢侈放纵，大难将临头，执政的重任将落到你身上。你若执掌政权，一定要按礼法行事，否则，郑国将会灭亡。"子产隆重地接待季子。二十三年，众公子争宠致互相残杀，又想诛杀子产。有的公子进谏说："子产是志士仁人，郑国所以还能存在全靠子产，不要杀他！"才罢休。

二十五年，郑使子产于晋，问平公疾。平公曰："卜而曰实沈、台骀为祟，史官莫知，敢问？"对曰："高辛氏有二子，长曰阏伯，季曰实沈，居旷林，不相能也，日操干戈以相征伐。后帝弗臧，迁阏伯于商丘，主辰，商人是因，故辰为商星。迁实沈于大夏，主参，唐人是因，服事夏、商，其季世曰唐叔虞。当武王邑姜方娠大叔，梦帝谓己：'余命而子曰虞，乃与之唐，属之参而蕃育其子孙。'及生有文在其掌曰'虞'，遂以命之。及成王灭唐，而国大叔焉。故参为晋星。由是观之，则实沈，参神也。昔金天氏有裔子曰昧，为玄冥师，生允格、台骀。台骀能业其官，宣汾、洮，障大泽，以处太原。帝用嘉之，国之汾川。沈、姒、蓐、黄实守其祀。今晋主汾川而灭之。由是观之，则台骀，汾、洮神也。然是二者不害君身。山川之神，则水旱之灾禜之；日月星辰之神，则雪霜风雨不时禜之；若君疾，饮食哀乐女色所生也。"平公及叔向曰："善，博物君子也！"厚为之礼于子产。

二十五年，郑国派子产出使晋国，慰问晋平公的病情。平公说："占卜说实沈、台骀作祟，史官不知道他们的底细，请问他们是什么神？"子产回答说："高辛氏有两个儿子，长子叫阏伯，少子叫实沈，居住在大森林里，他们互不相让，每天都以干戈相见，征战不休。帝尧认为他们都不好，把阏伯迁到商丘，主持祭祀辰星，商族人继承这个职务，所以辰星称为商星。把实沈迁到大夏，主持祭祀参星，唐国人继承这个职务，服事夏朝、商朝，唐的末世君主叫唐叔虞。当周武王的夫人邑姜怀孕太叔时，梦见天帝对自己说：'我给你儿子起名叫虞，就把唐国给他，委托他祭祀参星，在那里繁衍他的子孙。'等到太叔生下来，掌心里有个'虞'字，就起名叫虞。等到周成王灭掉唐国，把唐国封给太叔。因此参星称为晋星。由此看来，那么实沈就是参星神。从前金天氏有个后代叫昧，做水官的长官，生允格、台骀二子。台骀能继承他父亲的官职，疏导汾水、洮水，围堵大泽，居住在太原。颛顼帝嘉奖台骀治水的功劳，让他在汾水流域建国，沈、姒、蓐、黄四个小国，掌管着对他的祭祀。现在晋国统治汾水流域，灭了这些小国。由此可见，台骀是汾水、洮水的神。然而这两位神灵都不会危害你的身体。对于山川神，遇到水旱灾害祭祀祈求免灾。对于日月星辰神，遇有雪霜风雨不合时令，祭祀祈求调整。至于你的疾病，是由于饮食、哀乐、女色不当造成的。"晋平公和叔向都说："好极啦，真是博学多闻的君子！"晋平公用丰厚的礼物报答子产。

二十七年夏，郑简公朝晋。冬，畏楚灵王之强，又朝楚，子产从。二十八年，郑君病，使子产会诸侯，与楚灵王盟于申，诛齐庆封。

二十七年夏天，郑简公朝见晋君。冬天，简公害怕楚国强大，又朝见楚君，子产从行。二十八年，郑简公生病，派子产和诸侯相会，和楚灵王在申地签订盟约。楚灵王杀了齐国的大夫庆封。

三十六年，简公卒，子定公宁立。秋，定公朝晋昭公。

三十六年，简公去世，儿子定公宁即位。秋天，定公朝见晋昭公。

定公元年，楚公子弃疾弑其君灵王而自立，为平王。欲行德诸侯，归灵王所侵郑地于郑。四年，晋昭公卒，其六卿强，公室卑。子产谓韩宣子曰："为政必以德，毋忘所以立。"

定公元年，楚国公子弃疾杀死他的国君灵王夺取王位，这就是平王。平王想对诸侯实行德政，把灵王侵占的郑国土地归还给郑国。四年，晋昭公去世，晋国六卿的势力强大，公室的势力微弱。子产对韩宣子说："执掌政权一定要靠仁德，不要忘记政权稳定的原因。"

六年，郑火，公欲禳之。子产曰："不如修德。"

六年，郑国发生火灾，定公想举行祭祀消灾。子产说："不如修行德政。"

八年，楚太子建来奔。十年，太子建与晋谋袭郑。郑杀建，建子胜奔吴。

八年，楚国太子建来投奔郑国。十年，太子建和晋国合谋进攻郑国。郑国杀死太子建，建的儿子胜逃到吴国。

十一年，定公如晋。晋与郑谋，诛周乱臣，入敬王于周。

十一年，定公到晋国。晋君和定公合谋，杀死周朝作乱的臣子，把周敬王送回成周。

十三年，定公卒，子献公虿立。献公十三年卒，子声公胜立。当是时，晋六卿强，侵夺郑，郑遂弱。

十三年，定公去世，儿子献公虿即位。献公在位十三年去世，儿子声公胜即位。在这个时候，晋国的六卿强大，侵夺郑国的领土，郑国就衰弱了。

声公五年，郑相子产卒，郑人皆哭泣，悲之如亡亲戚。子产者，郑成公少子也。为人仁爱人，事君忠厚。孔子尝过郑，与子产如兄弟云。及闻子产死，孔子为泣曰："古之遗爱也！"

声公五年，郑国的丞相子产去世，郑国人都哭泣，悲痛得像死了亲人一样。子产，是郑成公的小儿子。他为人仁慈爱人，侍奉君王忠诚老实。孔子曾经过郑国，与子产亲如兄弟。等到听说子产去世，孔子为他悲泣说："古代遗留的仁爱的人啊！"

八年，晋范、中行氏反晋，告急于郑，郑救之。晋伐郑，败郑军于铁。十四年，宋景公灭曹。二十年，齐田常弑其君简公，而常相于齐。二十二年，楚惠王灭陈。孔子卒。

八年，晋国的范氏、中行氏反叛晋君，范、中行氏向郑国告急，郑国出兵援救晋君。晋国征讨郑国，在铁地打败郑军。十四年，宋景公灭掉曹国。二十年，齐国田常杀死他的国君简公，田常做了齐国的丞相。二十二年，楚惠王灭掉陈国。孔子去世。

三十六年，晋知伯伐郑，取九邑。

三十六年，晋国知伯讨伐郑国，攻占九座城邑。

三十七年，声公卒，子哀公易立。哀公八年，郑人弑哀公而立声公弟丑，是为共公。共公三年，三晋灭知伯。三十一年，共公卒，子幽公已立。幽公元年，韩武子伐郑，杀幽公。郑人立幽公弟骀，是为繻公。

三十七年，声公去世，儿子哀公易即位。哀公八年，郑国人杀哀公，拥立声公的弟弟丑，这就是共公。共公三年，韩、赵、魏三晋灭掉知伯。三十一年，共公去世，儿子幽公已即位。幽公元年，韩武子攻打郑国，杀死幽公。郑国人拥立幽公的弟弟骀，这就是繻公。

繻公十五年，韩景侯伐郑，取雍丘。郑城京。

繻公十五年，韩景侯攻打郑国，夺取雍丘。郑国修筑加固都城。

十六年，郑伐韩，败韩兵于负黍。二十年，韩、赵、魏列为诸侯。二十三年，郑围韩之阳翟。

十六年，郑国讨伐韩，在负黍打败韩军。二十年，韩、赵、魏三家被封为诸侯。二十三年，郑国围攻韩国的阳翟。

二十五年，郑君杀其相子阳。二十七年，子阳之党共弑繻公骀而立幽公弟乙为君，是为郑君。

二十五年，郑繻公杀死他的丞相子阳。二十七年，子阳的党徒一起杀死繻公骀，拥立幽公的弟弟乙为君，这就是郑君。

郑君乙立二年，郑负黍反，复归韩。十一年，韩伐郑，取阳城。二十一年，韩哀侯灭郑，并其国。

郑君乙即位两年，郑国的负黍反叛，又归附韩国。十一年，韩国攻打郑国，夺取了阳城。二十一年，韩哀侯灭亡郑国，吞并了郑国的领土。

太史公曰：语有之，"以权利合者，权利尽而交疏"，甫瑕是也。甫瑕虽以劫杀郑子内厉公，厉公终背而杀之，此与晋之里克何异？守节如荀息，身死而不能存奚齐。变所从来，亦多故矣！

太史公说：有这样一句话，"靠权势、利益结合的，权势、利益没有了，关系就疏远了"，甫瑕就是这样的。甫瑕虽然劫持杀死了郑子迎接厉公复位，厉公最终背盟杀了他，这和晋国的里克有什么不同呢？像晋国的荀息那样坚守节操，自己牺牲了仍没能保住奚齐。历来变乱的发生，也有多种原因啊！

史记第四十三卷

赵世家第十三

赵氏之先，与秦共祖。至中衍，为帝大戊御。其后世蜚廉有子二人，而命其一子曰恶来，事纣，为周所杀，其后为秦。恶来弟曰季胜，其后为赵。

赵国的祖先，和秦国的祖先同为一人。传到中衍，他替商朝的大戊帝赶车。中衍的后代蜚廉有两个儿子，给一个儿子起名叫恶来，恶来侍奉殷纣王，被周人杀死，他的后代就是嬴秦。恶来的弟弟名叫季胜，季胜的后代就是赵人。

季胜生孟增。孟增幸于周成王，是为宅皋狼。皋狼生衡父，衡父生造父。造父幸于周缪王。造父取骥之乘匹，与桃林盗骊、骅骝、绿耳，献之缪王。缪王使造父御，西巡狩，见西王母，乐之忘归。而徐偃王反，缪王日驰千里马，攻徐偃王，大破之。乃赐造父以赵城，由此为赵氏。

季胜生了孟增。孟增深受周成王的宠信，这就是宅皋狼。皋狼生了衡父，衡父生了造父。造父深受周穆王的宠信。造父挑选了骏马八匹，和在桃林的盗骊、骅骝、绿耳等良马，一起献给穆王。穆王让造父赶车，到西方巡行诸侯国，见到了西王母，高兴得忘记回朝。徐偃王趁机发动战乱，穆王靠良马一日奔驰千里，突然攻打徐偃王，把他彻底打败。于是把赵城赐给造父，从此以赵为姓。

自造父已下六世至奄父，曰公仲，周宣王时伐戎，为御。及千亩战，奄父脱宣王。奄父生叔带。叔带之时，周幽王无道，去周如晋，事晋文侯，始建赵氏于晋国。

从造父往下传六代到奄父，奄父字公仲，周宣王讨伐戎族，他给宣王赶车。等到千亩战斗时，奄父使宣王脱离危险。奄父生了叔带。叔带的时候，周幽王荒淫无道，于是他就离开周幽王到了晋国，侍奉晋文侯，开始在晋国建立赵氏的基业。

自叔带以下，赵宗益兴，五世而至赵夙。

从叔带以下，赵氏宗族日益兴盛，传五代到赵夙。

赵夙，晋献公之十六年伐霍、魏、耿，而赵夙为将伐霍。霍公求奔齐。晋大旱，卜之，曰"霍太山为祟"。使赵夙召霍君于齐，复之，以奉霍太山之祀，晋复穰。晋献公赐赵夙耿。

赵夙，在晋献公十六年讨伐霍、魏、耿三国时，他是将军，奉命率军讨伐霍国，霍公请求逃到齐国。当年晋国大旱，献公让人占卜原因，卜辞说："霍太山的神灵作怪。"献公就派赵夙到齐国召回霍君，叫他恢复国家，主持霍太山的祭祀，晋国才获得丰收。晋献公把原来的耿国土地赏赐给赵夙。

夙生共孟，当鲁闵公之元年也。共孟生赵衰，字子余。

赵夙生了共孟，正是鲁闵公的元年。共孟生了赵衰，赵衰字子余。

赵衰卜事晋献公及诸公子，莫吉；卜事公子重耳，吉，即事重耳。重耳以骊姬之乱亡奔翟，赵衰从。翟伐廧咎如，得二女，翟以其少女妻重耳，长女妻赵衰而生盾。初，重耳在晋时，赵衰妻亦生赵同、赵括、赵婴齐。赵衰从重耳出亡，凡十九年，得反国。重耳为晋文公，赵衰为原大夫，居原，任国政。文公所以反国及霸，多赵衰计策，语在晋事中。

赵衰占卜侍奉晋献公及诸位公子，都不吉利；又占卜侍奉公子重耳，吉利，就去侍奉重耳。重耳由于骊姬的变乱，逃亡到翟国，赵衰跟随。翟国讨伐廧咎如时，俘虏两位女子，翟君把年少的女子嫁给重耳为妻，把年长的女子嫁给赵衰为妻，生了儿子赵盾。当初，重耳还在晋国的时候，赵衰的妻子也已经生了儿子赵同、赵括、赵婴齐。赵衰跟随重耳出国流亡，共十九年，才返回晋国。重耳做了晋文公，赵衰做原大夫，居住在原地，执掌国家大权。晋文公所以能回国且称霸，大多是赵衰的谋划，详情记载在《晋世家》中。

赵衰既反晋，晋之妻固要迎翟妻，而以其子盾为適嗣，晋妻三子皆下事之。晋襄公之六年，而赵衰卒，谥为成季。

赵衰回到晋国后，在晋国的元配夫人坚决要他迎回在翟国的妻子，而且让翟妻的儿子赵盾为继承人，自己生的三个儿子都居下位侍奉他。晋襄公六年，赵衰去世，谥号为成季。

赵盾代成季任国政二年而晋襄公卒，太子夷皋年少。盾为国多难，欲立襄公弟雍。雍时在秦，使使迎之。太子母日夜啼泣，顿首谓赵盾曰："先君何罪？释其適子而更求君？"赵盾患之，恐其宗与大夫袭诛之，乃遂立太子，是为灵公，发兵距所迎襄公弟于秦者。灵公既立，赵盾益专国政。

赵盾代替成季掌管国政刚两年，晋襄公

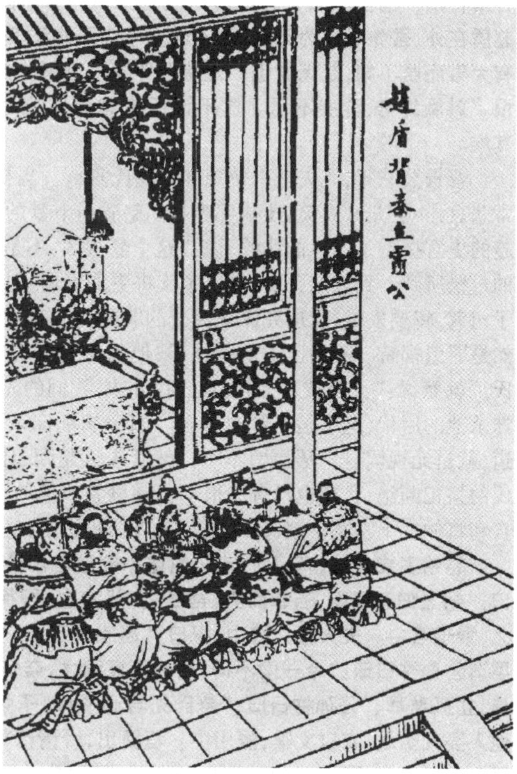

《东周列国志》版画之赵盾背秦立灵公图，讲述晋国大臣赵盾立晋灵公之事。

去世，太子夷皋年幼。赵盾因为国家多事，想立襄公的弟弟雍。雍当时在秦国，派使臣去迎接他。太子的母亲日夜哭诉，叩头对赵盾说："先君有什么罪过，为什么抛弃他的嫡子而另去寻求国君呢？"赵盾为这件事担心，害怕太子母亲的家族和宗室大臣刺杀他，于是就让太子即位，这就是灵公。并发兵截击到秦国迎接襄公弟弟的人。灵公已经即位，赵盾更加独揽大权。

灵公立十四年，益骄。赵盾骤谏，灵公弗听。及食熊蹯，胹不熟，杀宰人，持其尸出，赵盾见之。灵公由此惧，欲杀盾。盾素仁爱人，尝所食桑下饿人反杆救盾，盾以得亡。未出境，而赵穿弑灵公而立襄公弟黑臀，是为成公。赵盾复反，任国政。君子讥盾"为正卿，亡不出境，反不讨贼"，故太史书曰："赵盾弑其君"。晋景公时而赵盾卒，谥为宣孟，子朔嗣。

灵公即位十四年，日益骄横放纵。赵盾多次劝谏，灵公不听，等到吃熊掌时，由于熊掌不熟，就杀死厨师，让人把尸体抬出宫外，正巧被赵盾发现。灵公因此害怕，想杀死赵盾。赵盾一向仁慈爱人，曾经在桑树下接受他所送饭食的一个饿汉，回身掩护，救助赵盾，赵盾因此才得脱逃。赵盾还没有逃出国境，赵穿就杀了灵公，拥立襄公的弟弟黑臀，这就是成公。赵盾又回来，执掌国家大政。君子讥讽赵盾"身为正卿，逃亡没有走出国境，返回来又不讨伐逆贼"，所以太史写道："赵盾杀了他的国君"。晋景公的时候赵盾去世，谥号为宣孟。他儿子赵朔继承爵位。

赵朔，晋景公之三年，朔为晋将下军救郑，与楚庄王战河上。朔娶晋成公姊为夫人。

赵朔，在晋景公的三年，为晋国率下军援救郑国，和楚庄王在黄河边交战。赵朔娶晋成公的姐姐为妻。

晋景公之三年，大夫屠岸贾欲诛赵氏。初，赵盾在时，梦见叔带持要而哭，甚悲；已而笑，拊手且歌。盾卜之，兆绝而后好。赵史援占之，曰："此梦甚恶，非君之身，乃君之子，然亦君之咎。至孙，赵将世益衰。"屠岸贾者，始有宠于灵公，及至于景公而贾为司寇，将作难，乃治灵公之贼以致赵盾，遍告诸将曰："盾虽不知，犹为贼首。以臣弑君，子孙在朝，何以惩罪？请诛之。"韩厥曰："灵公遇贼，赵盾在外，吾先君以为无罪，故不诛。今诸君将诛其后，是非先君之意而今妄诛。妄诛谓之乱。臣有大事而君不闻，是无君也。"屠岸贾不听。韩厥告赵朔趣亡。朔不肯，曰："子必不绝赵祀，朔死不恨。"韩厥许诺，称疾不出。贾不请而擅与诸将攻赵氏于下宫，杀赵朔、赵同、赵括、赵婴齐，皆灭其族。

晋景公三年，大夫屠岸贾想诛杀赵氏家族。当初，赵盾在世的时候，曾梦见叔带扶着腰痛哭，非常悲哀，一会儿又大笑，还拍手唱歌。赵盾占卜梦的吉凶，龟甲上呈现出先断绝而后又完好的征兆。赵的史官援看了占卜的兆纹，说："这个梦很凶，不是应验在你身上，是在你儿子身上，但也是因为你的过错所致。到你的孙子，赵氏家族将更加衰弱。"屠岸贾，原先受到灵公的宠信，等到景公时他当了司寇，将要发难，就追究诛杀灵公的罪犯，株连到赵盾。他一一告诉将领说："赵盾虽然不知情，仍然是罪魁祸首。身为臣子杀了国君，他的子孙却在朝当官，这还怎么惩治罪犯呢？请大家诛杀赵氏。"韩厥说："灵公被杀害时，赵盾在外边，我们的先君认为他没有罪，所以不诛杀他。如今诸位要诛杀他的后代，这不是先君的意思。如今胡乱诛杀，胡乱诛杀就叫作乱。臣子做大事不告国君知道，就是无视国君。"屠岸贾不听。韩厥告诉赵朔，让他赶快逃走，赵朔不肯，说："你一定能不让赵氏的祭祀断绝，我死也没有遗恨了。"韩厥答应他的请求，假称有病不出门。屠岸贾不请示国君就擅自和将领在下宫袭击赵氏，杀死赵朔、赵同、赵括、赵婴齐，并诛灭了他们的家族。

赵朔妻成公姊，有遗腹，走公宫匿。赵朔客曰公孙杵臼，杵臼谓朔友人程婴曰："胡不死？"程婴曰："朔之妇有遗腹，若幸而男，吾奉之；即女也，吾徐死耳。"居无何，而朔妇免身，生男。屠岸贾闻之，索于宫中。夫人置儿绔中，祝曰："赵宗灭乎，若号；即不灭，若无声。"及索，儿竟无声。已脱，程婴谓公孙杵臼曰："今一索不得，后必且复索之，奈何？"公孙杵臼曰："立孤与死孰难？"程婴曰："死易，立孤难耳。"公孙杵臼曰："赵氏先君遇子厚，子强为其难者，吾为其易者，请先死。"乃二人谋取他人婴儿负之，衣以文葆，匿山中。程婴出，谬谓诸将军曰："婴不肖，不能立赵孤。谁能与我千金，吾告赵氏孤处。"诸将皆喜，许之，发师随程婴攻公孙杵臼。杵臼谬曰："小人哉程婴！昔下宫之难不能死，与我谋匿赵氏孤儿，今又卖我。纵不能立，而忍卖之乎！"抱儿呼曰："天乎天乎！赵氏孤儿何罪？请活之，独杀杵臼可也。"诸将不许，遂杀杵臼与孤儿。诸将以为赵氏孤儿良已死，皆喜。然

赵氏真孤乃反在，程婴卒与俱匿山中。

赵朔的妻子是成公的姐姐，怀有遗腹子，逃到景公的宫里躲藏起来。赵朔有个门客叫公孙杵臼，公孙杵臼对赵朔的朋友程婴说："你为什么不去死？"程婴说："赵朔的妻子有遗腹子，如果侥幸生个男孩，我侍奉他；如果是女孩，我慢慢死吧。"没过多久，赵朔的妻子分娩，生了个男孩。屠岸贾听到消息后，就到宫里搜索。赵朔的夫人把婴儿藏在裤子里，祷告说："赵氏宗族该绝的话，你就号哭；如果不该灭，你就别出声。"等到搜索时，婴儿竟然没有出声。已经脱险，程婴对公孙杵臼说："现在一次没有搜索到，以后定会再来搜索他，怎么办呢？"公孙杵臼说："扶立孤儿继承祖业与死哪个难办？"程婴说："死容易，扶立孤儿难啊。"公孙杵臼说："赵氏先君对你很优厚，你就勉强承担难的吧，我做容易的，请让我先死。"于是二人想法找来别人的婴儿背着，披上华丽的襁褓，藏在山里。程婴出来，故意假装对将军说："我程婴没有出息，不能扶立赵氏孤儿。谁能给我千金，我就告诉他赵氏孤儿在什么地方。"将军们都很高兴，答应了他，派兵跟随程婴攻打公孙杵臼。公孙杵臼假意说："小人呀程婴！从前在下宫遇变，你不能殉死，和我共谋藏匿赵氏孤儿，现在又出卖我。即使不能和我扶立赵氏孤儿，怎么忍心出卖他呢？"抱着婴儿大呼道："天哪！天哪！赵氏孤儿有什么罪？请让他活下来，只杀我杵臼好了。"将军们不答应，就杀了杵臼和孤儿。将军们认为赵氏孤儿确已死，都很高兴。然而真正的赵氏孤儿反而还活着，程婴终于和他一块藏匿在山里。

《东周列国志》版画之赵宣子桃国强谏图，讲述晋灵公荒淫无道，大臣赵盾屡次劝谏，结果招致权臣屠岸贾与晋灵公对赵家的迫害之事。

居十五年，晋景公疾，卜之，大业之后不遂者为祟。景公问韩厥，厥知赵孤在，乃曰："大业之后在晋绝祀者，其赵氏乎？夫自中衍者皆嬴姓也。中衍人面鸟噣，降佐殷帝大戊，及周天子，皆有明德。下及幽厉无道，而叔带去周适晋，事先君文侯，至于成公，世有立功，未尝绝祀。今吾君独灭赵宗，国人哀之，故见龟策。唯君图之。"景公问："赵尚有后子孙乎？"韩厥具以实告。于是景公乃与韩厥谋立赵孤儿，召而匿之宫中。诸将入问疾，景公因韩厥之众以胁诸将而见赵孤。赵孤名曰武。诸将不得已，乃曰："昔下宫之难，屠岸贾为之，矫以君命，并命群臣。非然，孰敢作难！微君之疾，群臣固且请立赵后。今君有命，群臣之愿也。"于是召赵武、程婴遍拜诸将，遂反与程婴、赵武攻屠岸贾，灭其族。复与赵武田邑如故。

过了十五年，晋景公生病，请人占卜，占卜人说大业的后代由于绝祀而作祟。景公问韩厥，韩厥知道赵氏孤儿仍然活着，就说："大业的后代在晋国断绝祭祀的，它是赵氏吧？从中衍以来子孙都姓嬴。中衍人面鸟嘴，降世辅佐殷代大戊帝，他的子孙辅佐周天子，都有盛德。直到周幽王、周厉王荒淫无耻，叔带才离开周王到晋国来，侍奉先君文侯，一直到成公，他们代代建立功勋，从未断绝祭祀。如今我君唯独灭绝赵氏宗族，国中百姓都哀怜他，所以显现在龟策上。希望国君考虑这事。"景公问道："赵氏现在还有后代子孙吗？"韩厥就把真实情况和盘托出。于是景公就和韩厥商议扶立赵氏孤儿，先把他召来藏在宫里。将军们入宫问候病情，景公利用韩厥的兵众逼迫将军们会见赵氏孤儿。赵氏孤儿名叫赵武。将军们迫不得已，就说："以前下宫事变，是屠岸贾干的，他冒称国君的命令，并命令群臣随从。不然，谁敢发难！要不是国君有病，我们本来就想请求扶立赵氏的后代。现在国君有命令，正合我们的心愿啊。”于是景公召赵武、程婴一一拜谢各位将军，将军们反过来和程婴、赵武攻打屠岸贾，灭了他的宗族。景公重新把原来赵氏的封地赐给赵武。

及赵武冠，为成人，程婴乃辞诸大夫，谓赵武曰：“昔下宫之难，皆能死。我非不能死，我思立赵氏之后。今赵武既立，为成人，复故位，我将下报赵宣孟与公孙杵臼。”赵武啼泣顿首固请，曰：“武愿苦筋骨以报子至死，而子忍去我死乎！”程婴曰：“不可。彼以我为能成事，故先我死；今我不报，是以我事为不成。”遂自杀。赵武服齐衰三年，为之祭邑，春秋祠之，世世勿绝。

等到赵武二十岁加冠，已是成年人，程婴就辞别各位大夫，对赵武说：“以前下宫事变，大家都能殉难。我并非贪生怕死，我是想扶立赵氏的后代。如今赵武已经继承赵氏，长大成人，恢复了过去的爵位，我将到九泉之下去报告给赵宣孟和公孙杵臼。”赵武哭泣叩头，坚决请求，说：“我情意使自己的筋骨受苦报答您一直至死，难道您忍心丢下我去死吗？”程婴说：“不行。公孙杵臼认为我能够办成大事，所以比我先死；现在我不去回报，他会认为我的事还没有办成。”就自杀了。赵武为他守丧三年，并为他设供祭祀用的封地，春秋两季祭祀，世世代代不绝。

赵氏复位十一年，而晋厉公杀其大夫三郤。栾书畏及，乃遂弑其君厉公，更立襄公曾孙周，是为悼公。晋由此大夫稍强。

赵氏复位十一年，晋厉公杀掉他的三个郤氏大夫。栾书怕牵连到自己，就杀死他的国君厉公，另立襄公的曾孙周，这就是悼公。晋国从此大夫的势力日益强盛。

赵武续赵宗二十七年，晋平公立。平公十二年，而赵武为正卿。十三年，吴延陵季子使于晋，曰：“晋国之政卒归于赵武子、韩宣子、魏献子之后矣。”赵武死，谥为文子。

赵武接续赵宗二十七年，晋平公即位。平公十二年，赵武升任正卿。十三年，吴国的延陵季子出使晋国，说：“晋国的政权最终将会归于赵武子、韩宣子、魏献子的后代了。”赵武去世，谥号为文子。

文子生景叔。景叔之时，齐景公使晏婴于晋，晏婴与晋叔向语。婴曰：“齐之政后卒归田氏。”叔向亦曰：“晋国之政将归六卿。六卿侈矣，而吾君不能恤也。”

文子生了景叔。景叔的时候，齐景公派晏婴出使晋国，晏婴和晋国的叔向交谈。晏婴说：“齐国的政权以后终将归于田氏。”叔向也说：“晋国的政权将归属于六卿。六卿仗势放肆，我们的国君却不知道忧虑。”

赵景叔卒，生赵鞅，是为简子。

赵景叔去世，景叔生了赵鞅，这就是简子。

赵简子在位，晋顷公之九年，简子将合诸侯戍于周。其明年，入周敬王于周，辟弟子朝之故也。

赵简子在位期间，晋顷公的九年，简子率领晋军会合诸侯戍守周境。第二年，护送周敬王回到成周，他由于躲避弟弟子朝的缘故流亡在外。

晋顷公之十二年，六卿以法诛公族祁氏、羊舌氏，分其邑为十县，六卿各令其族为之大夫。晋公室由此益弱。

晋顷公的十二年，六卿借助法律诛杀晋室的亲族祁氏、羊舌氏，把他们的封邑分为十县，六卿各自任命他们的族人做这些县的大夫。晋国的公室从此更加衰弱。

后十三年，鲁贼臣阳虎来奔，赵简子受赂，厚遇之。

这以后十三年，鲁国的贼臣阳虎来投靠，赵简子接受他的贿赂，厚待他。

赵简子疾，五日不知人，大夫皆惧。医扁鹊视之，出，董安于问。扁鹊曰：“血脉治也，而何怪！在昔秦缪公尝如此，七日而寤。寤之日，告公孙支与子舆曰：‘我之帝所甚乐。吾所以久者，适有学也。帝告我：晋国将大乱，五世不安；其后将霸，未老而死；霸者之子且令，而国男女无别。’公孙支书而藏之，秦谶于是出矣。献公之乱，文公之霸，而襄公败秦师于殽而归纵淫，此子之所闻。今主君之疾与之同，不出三日疾必间，间必有言也。”

赵简子生病，五天不省人事，大夫们都很忧伤。医师扁鹊给他诊断，走出来，董安于询问病情，扁鹊说：“血脉没有问题，不必大惊小怪！在从前秦缪公也曾经这样，过了七天才苏醒，苏醒的那天，告诉公孙支和子舆说：'我到天帝那里很快乐。我所以逗留那么久，刚好碰到受教的事。天帝告诉我：晋国将会发生大乱，五代不会安宁；他的后代将称霸诸侯，但霸主没有老就死了；霸主的儿子将号令诸侯，老百姓将男女无别。'公孙支把这些话记录收录起来，秦国的谶言从这时就传开了。献公时的变乱，文公的称霸，以及襄公在殽山打败秦军而回去后放纵欲望，这些都是你听说过的。现在国君的疾病和秦缪公的疾病一样，不出三天疾病一定会痊愈，痊愈了一定有话要说。"

居二日半，简子寤。语大夫曰："我之帝所甚乐，与百神游于钧天，广乐九奏万舞，不类三代之乐，其声动人心。有一熊欲来援我，帝命我射之，中熊，熊死。又有一罴来，我又射之，中罴，罴死。帝甚喜，赐我二笥，皆有副。吾见儿在帝侧，帝属我一翟犬，曰：'及而子之壮也，以赐之。'帝告我：'晋国且世衰，七世而亡，嬴姓将大败周人于范魁之西，而亦不能有也。今余思虞舜之勋，适余将以其胄女孟姚配而七世之孙。'"董安于受言而书藏之。以扁鹊言告简子，简子赐扁鹊田四万亩。

过了两天半，简子苏醒。他对大夫说："我到天帝那里玩得非常快乐，和百神一起在天的中央游览，各种乐器反复演奏，众神翩翩起舞，姿态万千，乐器和夏、商、周三代的不一样，那乐声激动人心。有一只熊要来抓我，天帝叫我射它，射中熊，熊死了。又有一只罴扑过来，我又射它，射中罴，罴又死了。天帝十分高兴，赏赐给我两个竹箱子，都有备用的。我见一个小孩在天帝身边，天帝托付给我一只翟犬，说：'等你的儿子长大了，把这只翟犬赐给他。'天帝告诉我：'晋国将一代比一代衰微，再传七代灭亡，嬴姓将在范魁以西大败周人，但也不能占有它。现在我怀念虞舜的功勋，到时我将他的嫡女孟姚嫁给你的七世孙子。'"董安于把听的这些话记录收录起来。他把扁鹊说的话告诉简子，简子赏赐给扁鹊四万亩田地。

他日，简子出，有人当道，辟之不去，从者怒，将刃之。当道者曰："吾欲有谒于主君。"从者以闻。简子召之，曰："嘻，吾有所见子晰也。"当道者曰："屏左右，愿有谒。"简子屏人。当道者曰："主君之疾，臣在帝侧。"简子曰："然，有之。子之见我，我何为？"当道者曰："帝令主君射熊与罴，皆死。"简子曰："是，且何也？"当道者曰："晋国且有大难，主君首之。帝令主君灭二卿，夫熊与罴皆其祖也。"简子曰："帝赐我二笥，皆有副，何也？"当道者曰："主君之子将克二国于翟，皆子姓也。"简子曰："吾见儿在帝侧，帝属我一翟犬，曰：'及而子之长以赐之。'夫儿何谓以赐翟犬？"当道者曰："儿，主君之子也。翟犬者，代之先也。主君之子且必有代。及主君之后嗣，且有革政而胡服，并二国于翟。"简子问其姓而延之以官。当道者曰："臣野人，致帝命耳。"遂不见。简子书藏之府。

有一天，简子外出，有一人挡道，驱赶他也不走，随从发怒，要杀他。拦道人说："我有事要拜见国君。"随从告诉简子。简子召见他，说："嘻！我见过你，很面熟。"拦道人说："让随从们离开，我有话对你说。"简子让随从离开。拦道人说："你害病时，我正在天帝身边。"简子说："是，有这回事。你看见我时，我在干什么？"挡道人说："天帝叫你射熊和罴，都射死了。"简子说："是，这将意味着什么呢？"挡道人说："晋国将有大难，你首当其冲。天帝叫你灭掉二卿，熊和罴是他们的祖先。"简子说："天帝赐给我两个竹箱子，都有备用的，这是什么意思呢？"挡道人说："你的儿子将在翟战胜两个国家，它们都是子姓。"简子说："我见到一个小孩在天帝身边，天帝托付给我一只翟犬，说：'等你儿子长大成人，把翟犬赐给他。'为什么把翟犬赐给小孩呢？"挡道人说："那个小孩，是你的儿子。翟犬，是代国的祖先。你的儿子将来定会占有代地。到你的后代，将会改革政治，提倡穿胡人的服装，在翟吞并两个国家。"简子询问他的姓名，并请他做官，挡道人说："我是粗野的人，来传达天帝的旨意罢了。"就不见了。简子把这些话记录下来，收藏在秘府里。

异日，姑布子卿见简子，简子遍召诸子相之。子卿曰："无为将军者。"简子曰："赵氏其灭乎？"子卿曰："吾尝见一子于路，殆君之子也。"简子召子毋恤。毋恤至，则子卿起曰："此真将军矣！"简子曰："此其母贱，翟婢也，奚道贵哉？"子卿曰："天所授，虽贱必贵。"自是之后，简子尽召诸子与语，毋恤最贤。简子乃告诸子曰："吾藏宝符于常山上，先得者赏。"诸子驰之常山上，求，无所得。毋恤还，曰："已得符矣。"简子曰："奏之。"毋恤曰："从常山上临代，代可取也。"简子于是知毋恤果贤，乃废太子伯鲁，而以毋恤为太子。

另一天，姑布子卿拜见简子，简子把他的儿子都召来让子卿相面。子卿说："没有能当将军的人。"简子说："赵氏将要灭亡吗？"子卿说："我曾在路上看见一个孩子，大概是你的儿子吧。"简子召儿子毋恤来。毋恤一到，子卿就站起来说："这才是真正的将军啊！"简子说："这个孩子的母亲低贱，是翟人的婢女，怎么说他尊贵呢？"子卿说："上天赐给的，虽然低贱也定会尊贵。"从此以后，简子召见所有的儿子谈话，发现毋恤最贤能。简子告诉诸位儿子说："我把宝符藏在常山上，谁先找到有奖赏。"儿子们急快奔驰到常山上，到处寻找，一无所获。毋恤回来说："我已经找到了宝符。"简子说："递上来。"毋恤说："从常山上逼临代国，代国可以夺取。"简子因此知道毋恤果然贤能，就废了太子伯鲁，改立毋恤为太子。

后二年，晋定公之十四年，范、中行作乱。明年春，简子谓邯郸大夫午曰："归我卫士五百家，吾将置之晋阳。"午许诺，归而其父兄不听，倍言。赵鞅捕午，囚之晋阳。乃告邯郸人曰："我私有诛午也，诸君欲谁立？"遂杀午。赵稷、涉宾以邯郸反。晋君使籍秦围邯郸。荀寅、范吉射与午善，不肯助秦而谋作乱，董安于知之。十月，范、中行氏伐赵鞅，鞅奔晋阳，晋人围之。范吉射、荀寅仇人魏襄等谋逐荀寅，以梁婴父代之；逐吉射，以范皋绎代之。荀栎言于晋侯曰："君命大臣，始乱者死。今三臣始乱而独逐鞅，用刑不均，请皆逐之。"十一月，荀栎、韩不佞、魏哆奉公命以伐范、中行氏，不克。范、中行氏反伐公，公击之，范、中行败走。丁未，二子奔朝歌。韩、魏以赵氏为请。十二月辛未，赵鞅入绛，盟于公宫。其明年，知伯文子谓赵鞅曰："范、中行虽信为乱，安于发之，是安于与谋也。晋国有法，始乱者死。夫二子已伏罪而安于独在。"赵鞅患之。安于曰："臣死，赵氏定，晋国宁，吾死晚矣。"遂自杀。赵氏以告知伯，然后赵氏宁。

过了两年，晋定公的十四年，范氏、中行氏作乱。下一年的春天，简子对邯郸大夫赵午说："还给我卫国贡来的五百户士民，我将把他们安置在晋阳。"赵午答应了。回去后赵午的父兄不同意，背弃了诺言。赵鞅逮捕赵午，把他囚禁在晋阳，就告诉邯郸人说："我私自决定杀了赵午，各位想立谁即位？"因此杀了赵午。赵午的儿子赵稷和家臣涉宾借助邯郸的力量叛乱。晋定公派籍秦率军围攻邯郸。荀寅、范吉射和赵午是亲戚，不帮助籍秦反而暗中谋划叛乱，董安于知道这件事。十月，范吉射、中行寅征讨赵鞅，赵鞅逃奔晋阳，晋国人包围了晋阳。范吉射、荀寅的仇人魏襄等谋划驱逐荀寅，用梁婴父代替他，驱逐范吉射，用范皋绎代替他。荀栎对晋定公说："国君命令大臣们，最先叛乱的人处死。如今范吉射、荀寅、赵鞅三位大臣最先叛乱，而仅驱逐赵鞅，用刑罚不公平。希望把他们都驱逐。"十一月，荀栎、韩不佞、魏哆奉定公的命令率军讨伐范氏、中行氏，没有取胜。范氏、中行氏反过来征讨定公，定公还击他们，范氏、中行氏败走。丁未日，两个人逃到朝歌。韩氏、魏氏替赵鞅向定公求情。十二月辛未日，赵鞅进入绛城，在定公宫中签订盟约。第二年，知伯文子对赵鞅说："范氏、中行氏虽然确实犯上作乱，但这是董安于挑起的，说明董安于参与了谋划。晋国有法，最先叛乱的人处死。范氏、中行氏两人已经治罪，唯独董安于还在。"赵鞅为这件事忧虑。董安于说："我死了，赵氏可以安定，晋国可以安宁，我死得太晚了。"于是自杀。赵鞅把这件事告诉知伯，然后赵氏才得到安宁。

孔子闻赵简子不请晋君而执邯郸午，保晋阳，故书《春秋》曰："赵鞅以晋阳畔。"

孔子听说赵简子没有向晋君请示，就捕杀了邯郸大夫赵午，退保晋阳，所以在《春秋》中写道："赵鞅凭晋阳叛乱。"

赵简子有臣曰周舍，好直谏。周舍死，简子每听朝，常不悦，大夫请罪。简子曰："大夫无罪。吾闻千羊之皮不如一狐之腋。诸大夫朝，徒闻唯唯，不闻周舍之鄂鄂，是以忧也。"简子由此能附赵邑而怀晋人。

赵简子有个臣子叫周舍，喜欢直言劝谏。周舍死后，简子每当上朝听政时，常常不愉快，大夫们请罪，简子说："大夫们没有罪。我听说一千张羊皮不如一块狐腋皮。诸位大夫上朝来，我只听到唯唯诺诺的恭维声，听不到周舍的鄂鄂争辩声，为此事忧虑。"赵简子从此能够使赵邑的人归顺，安抚晋国的人。

晋定公十八年，赵简子围范、中行于朝歌，中行文子奔邯郸。明年，卫灵公卒。简子与阳虎送卫太子蒯聩于卫，卫不内，居戚。

晋定公十八年，赵简子围攻在朝歌的范氏、中行氏，中行文子逃奔到邯郸。第二年，卫灵公去世。赵简子和阳虎护送卫太子蒯聩回卫国，卫国人不接纳，蒯聩就居住在戚邑。

晋定公二十一年，简子拔邯郸，中行文子奔柏人。简子又围柏人，中行文子、范昭子遂奔齐。赵竟有邯郸、柏人。范、中行余邑入于晋。赵名晋卿，实专晋权，奉邑侔于诸侯。

晋定公二十一年，赵简子攻占邯郸，中行文子逃奔柏人。赵简子又围攻柏人，中行文子、范昭子于是逃奔齐国。赵氏终于占有邯郸、柏人。范氏、中行氏的其他城邑归入晋国公室。赵简子名义上是晋国的卿，实际上独揽晋国的政权，他的封地和诸侯的封地相等。

晋定公三十年，定公与吴王夫差争长于黄池，赵简子从晋定公，卒长吴。定公三十七年卒，而简子除三年之丧，期而已。是岁，越王句践灭吴。

晋定公三十年，定公和吴王夫差在黄池争当盟主，赵简子随从晋定公，终于让吴国当了盟主。定公三十七年去世，赵简子废除三年的丧期，只守丧一年而已。这一年，越王句践灭了吴国。

晋出公十一年，知伯伐郑。赵简子疾，使太子毋恤将而围郑。知伯醉，以酒灌击毋恤。毋恤群臣请死之。毋恤曰："君所以置毋恤，为能忍讵。"然亦愠知伯。知伯归，因谓简子，使废毋恤，简子不听。毋恤由此怨知伯。

晋出公十一年，知伯讨伐郑国。赵简子生病，派太子毋恤率军围攻郑国。知伯喝醉了，用酒灌毋恤，并击打他。毋恤的群臣要求杀了知伯。毋恤说："主君所以立我为继承人，因为我能忍辱负重。"但他也恨知伯。知伯回国，就把这件事告诉简子，要求他废黜毋恤，简子不听。毋恤从此更恨知伯。

晋出公十七年，简子卒，太子毋恤代立，是为襄子。

晋出公十七年，赵简子去世，太子毋恤即位，这就是襄子。

赵襄子元年，越围吴。襄子降丧食，使楚隆问吴王。

赵襄子元年，越国围攻吴国。襄子降低了守丧期间的饮食标准，并派楚隆去慰问吴王。

襄子姊前为代王夫人。简子既葬，未除服，北登夏屋，请代王。使厨人操铜枓以食代王及从者，行斟，阴令宰人各以枓击杀代王及从官，遂兴兵平代地。其姊闻之，泣而呼天，摩笄自杀。代人怜之，所死地名之为摩笄之山。遂以代封伯鲁子周为代成君。伯鲁者，襄子兄，故太子。太子蚤死，故封其子。

襄子的姐姐原是代王的夫人。简子已经安葬，襄子还没有除去丧服，就北登夏屋山，邀请代王。叫厨师用铜枓盛食物给代王和他的随从，斟酒时，暗中让武士用铜枓击杀代王和他的随从，于是发兵平定代地。他姐姐听到这件事，哭泣着呼唤苍天，磨尖簪子自尽了。代国人怜悯她，把她死的地方取名叫磨笄山。襄子就把代地封给伯鲁的儿子周为代成君。伯鲁，是襄子的哥哥，原来的太子。太子死得早，所以封他的儿子。

襄子立四年，知伯与赵、韩、魏尽分其范、中行故地。晋出公怒，告齐、鲁，欲以伐四卿。四卿恐，遂共攻出公。出公奔齐，道死。知伯乃立昭公曾孙骄，是为晋懿公。知伯益骄。请地韩、魏，韩、魏与之。请地赵，赵不与，以其围郑之辱。知伯怒，遂率韩、魏攻赵。赵襄子惧，乃奔保晋阳。

襄子即位四年，知伯和赵、韩、魏三家把范氏、中行氏原来的封地全部瓜分了。晋出公发怒，告诉齐国、鲁国，想依靠齐、鲁讨伐四卿。四卿害怕，就联合攻打出公。出公逃到齐国，死在路上。知伯就拥立昭公的曾孙骄，这就是晋懿公。知伯更加骄狂，向韩、魏要求割地，韩、魏都给了他。向赵要求割地，赵不给，因为襄子围攻郑国时曾受过知伯的侮辱。知伯生气，就率领韩、魏攻打赵。赵襄子恐惧，于是逃往晋阳坚守。

原过从，后，至于王泽，见三人，自带以上可见，自带以下不可见。与原过竹二节，莫通。曰："为我以是遗赵毋恤。"原过既至，以告襄子。襄子齐三日，亲自剖竹，有朱书曰："赵毋恤，余霍泰山山阳侯天使也。三月丙戌，余将使女反灭知氏。女亦立我百邑，余将赐女林胡之地。至于后世，且有伉王，赤黑，龙面而鸟噣，鬓麋髭頯，大膺大胸，修下而冯，左衽界乘，奄有河宗，至于休溷诸貉，南伐晋别，北灭黑姑。"襄子再拜，受三神之令。

原过跟着襄子，落在后边，到达王泽，看见三个人，从腰带以上可以看见，腰带以下却看不见。他们给了原过两节竹子，中间不通，说："替我们把它交给赵毋恤。"原过到达晋阳，把这件事告诉襄子。襄子斋戒三天，亲自剖开竹子，只见红字写着："赵毋恤，我们是霍泰山山阳侯的天使。三月丙戍日，我们将使你反过来灭亡知氏。你也要在百邑建庙祭祀我们，我们将把林胡的土地赐给你。到你的后代子孙，将出现强大的王，他面色赤黑，龙脸鸟嘴，鬓发眉髯密密麻麻，胸宽体阔，下体修长而上体高大，衣襟向左开，披甲乘马，占有河宗一带，直到休溷诸貉的地界，南伐晋国的其他城邑，北灭黑姑。”襄子一再拜谢，接受了三神的命令。

三国攻晋阳，岁余，引汾水灌其城，城不浸者三版。城中悬釜而炊，易子而食。群臣皆有外心，礼益慢，唯高共不敢失礼。襄子惧，乃夜使相张孟同私于韩、魏。韩、魏与合谋，以三月丙戍，三国反灭知氏，共分其地。于是襄子行赏，高共为上。张孟同曰：“晋阳之难，唯共无功。”襄子曰：“方晋阳急，群臣皆懈，唯共不敢失人臣礼，是以先之。”于是赵北有代，南并知氏，强于韩、魏。遂祠三神于百邑，使原过主霍泰山祠祀。

三国围攻晋阳，一年多没有攻取，就引汾水灌城，城没有被水浸的只剩下三版宽了。城里把锅悬挂起来做饭，互相交换子女杀着吃。群臣都怀有异心，礼节日益怠慢，只有高共不敢对襄子失礼。襄子害怕，就派丞相张孟同夜间私下联合韩、魏，韩魏和赵合谋，有三月丙戍日，三国反过来灭掉知氏，共同瓜分了他的土地。于是襄子论功行赏，高共居头等。张孟同说：“晋阳的患难，只有高共没有立功。”襄子说：“当晋阳处境最危险的时候，群臣都懈怠不礼，只有高共不敢失去做人臣的礼节，因此他受上赏。”这时赵北占有代地，南边兼并了知氏，比韩、魏强大。于是在一百个城邑给三神建庙，让原过主持霍泰山的祭祀。

其后娶空同氏，生五子。襄子为伯鲁之不立也，不肯立子，且必欲传位与伯鲁子代成君。成君先死，乃取代成君子浣立为太子。襄子立三十三年卒，浣立，是为献侯。

以后襄子迎娶空同氏为妻，生了五个儿子。襄子因为伯鲁没能即位，不肯立自己的儿子，而且一定要传位给伯鲁的儿子代成君。代成君先死了，就把代成君的儿子浣立为太子。襄子在位三十三年去世，浣即位，这就是献侯。

献侯少即位，治中牟。襄子弟桓子逐献侯，自立于代，一年卒。国人曰桓子立非襄子意，乃共杀其子而复迎立献侯。

献侯少年即位，治所设在中牟。襄子的弟弟桓子驱逐献侯，自己在代地即位，一年去世。赵国人认为桓子即位不是襄子的意思，就共同杀死桓子的儿子，又迎立献侯。

十年，中山武公初立。十三年，城平邑。十五年，献侯卒，子烈侯籍立。

献侯十年，中山武公刚即位。十三年，修建平城邑。十五年，献侯去世，儿子烈侯籍即位。

烈侯元年，魏文侯伐中山，使太子击守之。六年，魏、韩、赵皆相立为诸侯，追尊献子为献侯。

烈侯元年，魏文侯征讨中山，派太子击驻守。六年，魏、韩、赵三家都交互立为诸侯。追尊献子为献侯。

烈侯好音，谓相国公仲连曰：“寡人有爱，可以贵之乎？”公仲曰：“富之可，贵之则否。”烈侯曰：“然。夫郑歌者枪、石二人，吾赐之田，人万亩。”公仲曰：“诺。”不与。居一月，烈侯从代来，问歌者田。公仲曰：“求，未有可者。”有顷，烈侯复问。公仲终不与，乃称疾不朝。番吾君自代来，谓公仲曰：“君实好善，而未知所持。今公仲相赵，于今四年，亦有进士乎？”公仲曰：“未也。”番吾君曰：“牛畜、荀欣、徐越皆可。”公仲乃进三人。及朝，烈侯复问：“歌者田何如？”公仲曰：“方使择其善者。”牛畜侍烈侯以仁义，约以王道，烈侯逌然。明日，荀欣侍，以选练举贤，任官使能。明日，徐越侍，以节财俭用，察度功德。所与无不充，君说。烈侯使使谓相国曰：“歌者之田且止。”官牛畜为师，荀欣为中尉，徐越为内史，赐相国衣二袭。

烈侯喜爱音乐，对相国公仲连说：“我有喜爱的人，可以使他尊贵吗？”公仲说：“使他富裕可以，尊贵不行。”烈侯说：“是。郑国来的歌手枪、石二人，我赐给他们田地，每人一万亩。”公仲说：“好。”实际上并没有给。过了一个月，烈侯从代地回来，询问给歌手田地的事。公仲说：“正在寻找，还没有合适的。”不久，烈侯又问。公仲始终不给，就装病不上朝。番吾君从代地回来，对公仲说：“你确实喜欢推行善政，但却不知道如何做。现在你做赵的相国，至今已经四年，推举过贤才吗？”公仲说：“没有。”番吾君说：“牛畜、荀欣、徐越都能推荐。”公仲就推荐了这三个人。等到上朝时，烈侯又问：“给歌手的田地怎么样了？”公仲说：“正派人挑选好的田地。”牛畜侍奉烈侯，建议他推行仁义，用王道约束自己，烈侯欣然同意。第二天，荀欣侍奉烈侯，建议他选拔贤才，任用官吏起用能人。第三天，徐越侍奉烈侯，建议他节材俭用，考察评估臣下的功德。他们所讲的道理都很充足，国君很高兴。烈侯派人告相国说："给歌手的田地暂时停止。"任命牛畜为师，荀欣为中尉，徐越为内史，赏赐给相国公仲两套衣服。

九年，烈侯卒，弟武公立。武公十三年卒，赵复立烈侯太子章，是为敬侯。是岁，魏文侯卒。敬侯元年，武公子朝作乱，不克，出奔魏。赵始都邯郸。

九年，烈侯去世，弟弟武公即位。武公在位十三年去世，赵国又立烈侯的太子章，这就是敬侯。这一年，魏文侯去世。敬侯元年，武公的儿子朝作乱，没有成功，逃奔魏国。赵国开始定都邯郸。

二年，败齐于灵丘。三年，救魏于廪丘，大败齐人。四年，魏败我兔台。筑刚平以侵卫。五年，齐、魏为卫攻赵，取我刚平。六年，借兵于楚伐魏，取棘蒲。八年，拔魏黄城。九年，伐齐。齐伐燕，赵救燕。十年，与中山战于房子。

二年，在灵丘打败齐军。三年，在廪丘援救魏国，大败齐军。四年，魏军在兔台打败我军。赵国修建刚平城用作进攻卫国的据点。五年，齐、魏替卫国攻打赵国，攻占了我国的刚平城。六年，向楚国借兵，征讨魏国，攻占了棘蒲。八年，攻占魏国的黄城。九年，讨伐齐国。齐国讨伐燕国，赵国援救燕国。十年，和中山国在房子交战。

十一年，魏、韩、赵共灭晋，分其地。伐中山，又战于中人。十二年，敬侯卒，子成侯种立。

十一年，魏、韩、赵三家共同灭晋，瓜分了晋地。赵国讨伐中山，又在中人地区作战。十二年，敬侯去世，儿子成侯种即位。

成侯元年，公子胜与成侯争立，为乱。二年六月，雨雪。三年，太戊午为相。伐卫，取乡邑七十三。魏败我蔺。四年，与秦战高安，败之。五年，伐齐于鄄。魏败我怀。攻郑，败之，以与韩，韩与我长子。六年，中山筑长城。伐魏，败涿泽，围魏惠王。七年，侵齐，至长城。与韩攻周。八年，与韩分周以为两。九年，与齐战阿下。十年，攻卫，取甄。十一年，秦攻魏，赵救之石阿。十二年，秦攻魏少梁，赵救之。十三年，秦献公使庶长国伐魏少梁，虏其太子、痤。魏败我浍，取皮牢。成侯与韩昭侯遇上党。十四年，与韩攻秦。十五年，助魏攻齐。

成侯元年，公子胜和成侯争夺君位，发动叛乱。二年六月，下雪。三年，太戊午任相国。讨伐卫国，夺取七十三个乡邑。魏国在蔺打败我军。四年，和秦军在高安作战，打败秦军。五年，在鄄地打败齐军。魏军在怀地打败我军。赵国进攻郑国，打败了它，把占领的土地送给了韩国，韩国把长子县送给我国。六年，中山国修筑长城。赵国征讨魏国，在涿泽打败魏军，围困了魏惠王。七年，讨伐齐国，打到齐国的长城。和韩国联合攻打周。八年，和韩国把周分割成两部分。九年，和齐军在阿下交战。十年，攻打卫国，夺取甄城。十一年，秦军进攻魏国，赵军在石阿援救它。十二年，秦军攻打魏国的少梁，赵军援救它。十三年，秦献公派庶长

古代城池的重门大楼，一般城池的重门上必有大楼，一来显得威武，二来可以便于防守时瞭望敌情。

国讨伐魏国的少梁,俘虏了魏国的太子和将军公孙痤。魏军在浍打败我军,攻占皮牢。成侯和韩昭侯在上党会盟。十四年,和韩国联合攻打秦国。十五年,帮助魏国攻打齐国。

十六年,与韩、魏分晋,封晋君以端氏。

十六年,和韩、魏瓜分晋国,把端氏县封给晋君。

十七年,成侯与魏惠王遇葛孽。十九年,与齐、宋会平陆,与燕会阿。二十年,魏献荣椽,因以为檀台。二十一年,魏围我邯郸。二十二年,魏惠王拔我邯郸,齐亦败魏于桂陵。二十四年,魏归我邯郸,与魏盟漳水上。秦攻我蔺。二十五年,成侯卒。公子绁与太子肃侯争立,绁败,亡奔韩。

十七年,成侯和魏惠王在葛孽会盟。十九年,和齐、宋的国君在平陆会盟,和燕君在阿会盟。二十年,魏国进献建筑的良材荣椽,用它建成一座檀台。二十一年,魏国围攻我国的都城邯郸。二十二年,魏惠王攻占我国邯郸,齐军也在桂陵打败魏军。二十四年,魏国把邯郸归还我国,和魏王在漳水旁会盟。秦军攻打我国的蔺城。二十五年,成侯去世。公子绁和太子肃侯争位,绁失败,逃到韩国。

肃侯元年,夺晋君端氏,徙处屯留。二年,与魏惠王遇于阴晋。三年,公子范袭邯郸,不胜而死。四年,朝天子。六年,攻齐,拔高唐。七年,公子刻攻魏首垣。十一年,秦孝公使商君伐魏,虏其将公子卬。赵伐魏。十二年,秦孝公卒,商君死。十五年,起寿陵,魏惠王卒。

肃侯元年,夺取晋君的端氏县,把他迁徙到屯留。二年,和魏惠王在阴普会盟。三年,公子范偷袭邯郸,战败而死。四年,朝见周天子。六年,攻打齐国,夺取了高唐。七年,公子刻攻打魏国的首垣。十一年,秦孝公派商鞅攻打魏国,俘获魏将公子卬。赵国讨伐魏国。十二年,秦孝公去世。商鞅被杀。十五年,营造寿陵。魏惠王去世。

十六年,肃侯游大陵,出于鹿门,大戊午扣马曰:"耕事方急,一日不作,百日不食。"肃侯下车谢。

十六年,肃侯游览大陵,从鹿门出,相国大戊午牵住马说:"农耕的事正紧急,一天不耕作,一百天没饭吃。"肃侯下车向相国道谢。

十七年,围魏黄,不克。筑长城。

十七年,围攻魏国的黄城,没有攻占。修筑长城。

十八年,齐、魏伐我,我决河水灌之,兵去。二十二年,张仪相秦。赵疵与秦战,败,秦杀疵河西,取我蔺、离石。二十三年,韩举与齐、魏战,死于桑丘。

十八年,齐、魏联合讨伐我国,我国挖开黄河淹灌它们,齐、魏的军队撤走。二十二年,张仪当了秦国的丞相。赵疵和秦军作战,战败,秦军在河西杀死赵疵,夺取我国的蔺、离石。二十三年,韩举和齐、魏的军队作战,死在桑丘。

二十四年,肃侯卒。秦、楚、燕、齐、魏出锐师各万人来会葬。子武灵王立。

二十四年,肃侯去世。秦、楚、燕、齐、魏各派精锐部队一万人来参加葬礼。儿子武灵王即位。

武灵王元年,阳文君赵豹相。梁襄王与太子嗣,韩宣王与太子仓来朝信宫。武灵王少,未能听政,博闻师三人,左右司过三人。及听政,先问先王贵臣肥义,加其秩;国三老年八十,月致其礼。

武灵王元年,阳文君赵豹担任相国。梁襄王和太子嗣、韩宣王和太子仓来信宫朝见。武灵王年少,不能处理朝政,由见闻广博的老师三人,左右司过三人辅佐。等到他亲自处理朝政时,首先向先王肃侯的贵臣肥义请教,提高他的俸禄;国内的三老年满八十岁的,每月都赠送礼物。

三年,城鄗。四年,与韩会于区鼠。五年,娶韩女为夫人。

三年,修建鄗城。四年,和韩王在区鼠会盟。五年,娶韩国的女子为夫人。

八年,韩击秦,不胜而去。五国相王,赵独否,曰:"无其实,敢处其名乎!"令国人谓己曰"君"。

八年,韩国攻打秦国,没有取胜就撤兵了。五国相互称王,只赵武灵王不这样做,他说:"没有王的实质,怎敢空居王的虚名呢?"下令国人称他为君。

九年,与韩、魏共击秦,秦败我,斩首八万级。齐败我观泽。十年,秦取我中都及西阳。齐破燕。燕相子之为君,君反为臣。十一年,王召公子职于韩,立以为燕王,使乐池送之。十三年,秦拔我蔺,虏将军赵庄。楚、魏王来,过邯郸。十四年,赵何攻魏。

九年，和韩、魏联合攻打秦国。秦军打败了我们的联军，斩首八万级。齐军在观泽打败我军。十年，秦国夺取我国的中都及西阳。齐军打败燕军。燕国的丞相子之当了国君，燕君成了臣子。十一年，武灵王从韩国召来燕太子职，立为燕王，派乐池护送他回燕国。十三年，秦军攻占我国的蔺地，俘虏将军赵庄。楚、魏国王来赵国，访问邯郸。十四年，赵何进攻魏国。

十六年，秦惠王卒。王游大陵。他日，王梦见处女鼓琴而歌诗曰："美人荧荧兮，颜若苕之荣。命乎命乎，曾无我赢！"异日，王饮酒乐，数言所梦，想见其状。吴广闻之，因夫人而内其女娃嬴。孟姚也。孟姚甚有宠于王，是为惠后。

十六年，秦惠王去世。武灵王游览大陵。有一天，武灵王梦见处女弹琴唱诗歌说："美人光彩荧荧啊，容颜像苕花鲜艳，命呀！命呀！竟然无人知道我嬴女的芳名。"另一天，武灵王饮酒高兴，多次谈到所做的梦，想见到梦中女子的容貌。吴广听说后，通过夫人的关系把他的女儿娃嬴送进宫中，这就是孟姚。孟姚很受武灵王的宠爱，她就是惠后。

十七年，王出九门，为野台，以望齐、中山之境。

十七年，武灵王走出九门，修建野台，用来瞭望齐和中山的边境。

十八年，秦武王与孟说举龙文赤鼎，绝膑而死。赵王使代相赵固迎公子稷于燕，送归，立为秦王，是为昭王。

十八年，秦武王和孟说举龙纹赤鼎，摔断了膝盖而死亡。赵武灵王派代相赵固到燕国迎秦公子稷，送回秦国，立为秦王，这就是昭王。

十九年春正月，大朝信宫。召肥义与议天下，五日而毕。王北略中山之地，至于房子，遂之代，北至无穷，西至河，登黄华之上。召楼缓谋曰："我先王因世之变，以长南藩之地，属阻漳、滏之险，立长城，又取蔺、郭狼，败林人于荏，而功未遂。今中山在我腹心，北有燕，东有胡，西有林胡、楼烦、秦、韩之边，而无强兵之救，是亡社稷，奈何？夫有高世之名，必有遗俗之累。吾欲胡服。"楼缓曰："善。"群臣皆不欲。

十九年春天正月，武灵王在信宫举行盛大朝会。召见肥义和他议论天下大事，五天才谈完。武灵王向北略取中山的土地，直到房子县，就前往代地，向北到达无穷，西到达黄河岸边，登上黄华山顶。召见楼缓谋划说："先王趁着世事的演变，做了南边属地的君长，联缀漳河、滏水险阻要塞，修筑长城，又夺取蔺、郭狼，在荏地打败林胡，但大功还未完成。现在中山国插在我的腹心部位，北边有燕国，东边有东胡，西边有林胡、楼烦、秦、韩的边界，却没有强大的兵力自救，这样会亡国的，怎么办呢？要成就高于世人的功名，一定会有抛弃陋俗的连累。我想改穿胡人的服装。"楼缓说："好。"可是群臣都不愿意。

于是肥义侍，王曰："简、襄主之烈，计胡、翟之利。为人臣者，宠有孝弟长幼顺明之节，通有补民益主之业，此两者臣之分也。今吾欲继襄主之迹，开于胡、翟之乡，而卒世不见也。为敌弱，用力少而功多，可以毋尽百姓之劳，而序往古之勋。夫有高世之功者，负遗俗之累；有独智之虑者，任骜民之怨。今吾将胡服骑射以教百姓，而世必议寡人，奈何？"肥义曰："臣闻疑事无功，疑行无名。王既定负遗俗之虑，殆无顾天下之议矣。夫论至德者不和于俗，成大功者不谋于众。昔者舜舞有苗，禹袒裸国，非以养欲而乐志也，务以论德而约功也。愚者暗成事，智者睹未形，则王何疑焉。"王曰："吾不疑胡服也，吾恐天下笑我也。狂夫之乐，智者哀焉；愚者所笑，贤者察焉。世有顺我者，胡服之功未可知也。虽驱世以笑我，胡地中山吾必有之。"于是遂胡服矣。

这时肥义侍坐在旁。武灵王说："简、襄二主的功业，就在于考虑到从胡人、翟人那里得到利益。做臣子的人，受宠时应该有孝、悌、长、幼、顺、明的德行，顺达时应该有利于百姓增益君主的业绩，这两点是臣子的职分。如今我想继承襄主的业迹，开拓胡人、翟人居住的土地，只怕我毕生找不到这种利民益主的贤臣。我穿胡服是为了削弱敌人，事半功倍，可以不耗用百姓的劳力，而继续简、襄的功业。大凡有高于世人功勋的人，就要承担抛弃陋俗的连累；有独特智慧谋略的人，往往遭受傲慢百姓的怨恨。如今我想教百姓穿胡服，练习骑射，但世俗的人一定会议论我，怎么办呢？"肥义说："我听说遇事犹豫就不会成功，行动犹豫就不会成名。君王既然决定承担抛弃陋俗的谴责，那就不必顾及天下众人的议论了。追求最高道德的人，不会附和世俗的见解，成就宏大功业的人，不会谋求与凡夫商讨。从前虞舜在苗人中跳舞，夏禹赤膊进入裸国，他们不是为了满足欲望和快乐，是致力于讲论道德而便于成功。愚蠢的人在事成以后还不明白真谛，聪明的人在事成以前就已明察秋毫，那么君王何必犹豫呢？"武灵王说："我不犹豫改穿胡服，我恐怕天下人讥笑我。狂人的快乐，正是聪明人的悲伤；愚人的讥笑，正是贤能人的明察。世上有顺从我的人，穿胡服的功效是不可估量的。纵然是驱使世上的人都来讥笑我，胡地和中山国我必定占有它。"于是就改穿胡服了。

使王绁告公子成曰："寡人胡服，将以朝也，亦欲叔服之。家听于亲而国听于君，古今之公行也。子不反亲，臣不逆君，兄弟之通义也。今寡人作教易服而叔不服，吾恐天下议之也。制国有常，利民为本；从政有经，令行为上。明德先论于贱，而行政先信于贵。今胡服之意，非以养欲而乐志也；事有所止而功有所出，事成功立，然后善也。今寡人恐叔之逆从政之经，以辅叔之议。且寡人闻之，事利国者行无邪，因贵戚者名不累，故愿慕公叔之义，以成胡服之功。使绁谒之叔，请服焉。"公子成再拜稽首曰："臣固闻王之胡服也。臣不佞，寝疾，未能趋走以滋进也。王命之，臣敢对，因竭其愚忠。曰：臣闻中国者，盖聪明徇智之所居也，万物财用之所聚也，贤圣之所教也，仁义之所施也，《诗》、《书》礼乐之所用也，异敏技能之所试也，远方之所观赴也，蛮夷之所义行也。今王舍此而袭远方之服，变古之教，易古之道，逆人之心，而怫学者，离中国，故臣愿王图之也。"使者以报。王曰："吾固闻叔之疾也，我将自往请之"。

武灵王派王绁告诉公子成说："我已穿上胡服，将这样朝会群臣，也希望叔父穿上它。在家听从父母，做官听从国君，是古今公认的行为准则。儿女不准反对父母，臣子不准背叛君王，是上古通用的道理。如今我发布命令改变服装而叔父不穿，我怕天下人议论这件事。治理国家有常规，以有利于百姓为根本；从事政治有原则，以命令能推行为至上。修明德政先要晓谕平民百姓，而推行政令就要先取信于贵族。现在改穿胡服的目的，并不是为了纵情享乐。办事有奋斗目标才能建立功业，事成功立，然后才知道这样做是好的。如今我怕叔父违背从政的原则，因此提出来助叔父考虑。而且我听说，推行有利于国家的事，行为不会邪恶，施政依靠贵戚的人，名望不受损害，因此希望借助您叔父的威望，用来成就穿胡服的功绩，派王绁去拜见叔父，请你改穿胡服。"公子成拜了拜叩头说："我本来听说君王已经穿上胡服。我没有才能，卧病在床，不能趋走君王面前进说一言。君王命令这样做，臣斗胆回答，是为了竭尽自己的愚忠。我听说，中国是聪明睿智的人居住的地方，万物财货聚集的地方，贤人圣人推行教化的地方，仁义实行的地方，《诗》《书》礼乐应用的地方，奇巧技能试验的地方，远方观光奔赴的地方，蛮夷倾心学善的地方。现在君王舍弃这些而穿远方的服装，改变古时的教化，更换古时的常道，违背百姓的心愿，伤害学者，背离中国传统，所以希望君王慎重考虑这件事。"使者王绁把这些话告诉给武灵王。武灵王说："我本来就听说叔父有病，我要亲自前去请求他。"

王遂往之公子成家，因自请之，曰："夫服者，所以便用也；礼者，所以便事也。圣人观乡而顺宜，因事而制礼，所以利其民而厚其国也。夫剪发文身，错臂左衽，瓯越之民也。黑齿雕题，却冠秫绌，大吴之国也。故礼服莫同，其便一也。乡异而用变，事异而礼易。是以圣人果可以利其国，不一其用；果可以便其事，不同其礼。儒者一师而俗异，中国同礼而教离，况于山谷之便乎？故去就之变，智者不能一；远近之服，贤圣不能同。穷乡多异，曲学多辩。不知而不疑，异于己而不非者，公焉而众求尽善也。今叔之所言者俗也，吾所言者所以制俗也。吾国东有河、薄洛之水，与齐、中山同之，无舟楫之用。自常山以至代、上党，东有燕、东胡之境，而西有楼烦、秦、韩之边，今无骑射之备。故寡人无舟楫之用，夹水居之民，将何以守河、薄洛之水；变服骑射，以备燕、三胡、秦、韩之边。且昔者简主不塞晋阳以及上党，而襄主并戎取代以攘诸胡，此愚智所明也。先时中山负齐之强兵，侵暴吾地，系累吾民，引水围鄗，微社稷之神灵，则鄗几于不守也。先王丑之，而怨未能报也。今骑射之备，近可以便上党之形，而远可以报中山之怨。而叔顺中国之俗以逆简、襄之意，恶变服之名以忘鄗事之丑，非寡人之所望也。"公子成再拜稽首曰："臣愚，不达于王之义，敢道世俗之闻，臣之罪也。今王将继简、襄之意以顺先王之志，臣敢不听命乎！"再拜稽首。乃赐胡服。明日，服而朝。于是始出胡服令也。

武灵王于是前往公子成家里，因而亲自请求他，说："服装，是为便于穿用，礼法，是为便于行事。

圣人观察时势趋向而顺应适宜，依据现实制定礼法，这样做是用来便利百姓而利于国家。剪短头发，身上锥刺花纹，臂膀上绘画，衣襟向左开，这是瓯越的民俗。染黑牙齿，额头上刺字，戴鱼皮帽子，穿粗劣的衣服，这是吴国的习俗。因此礼制服装不同，取其方便是一致的，时尚不同，而使用自然要变化，事情不同，而礼法当然要改变。因此圣人认为如果有利于国家，方法不必一致；假如便于行事，礼法不必相同。儒生的师承同一，而礼俗互相殊异，中国的礼制相同，而教化千差万别，更何况是为了山谷地区的方便呢？所以事物的取舍变化，即使聪明人也不能使它一样；穿着的远近服装，即使是贤圣也不能使它相同。越是穷乡僻壤风俗越显奇特，越是学识浅陋言辞越多诡辩。不懂的事不要妄加怀疑，与自己不同的意见不要妄加非议，应该公诸于众，博采众长以求完善。如今叔父所讲的是旧俗，我所讲的是改变旧俗。我国东边有黄河、薄洛之水，和齐国、中山国共有，却没有船只使用。从常山到代地、上党，东边有燕国、东胡的边疆，西边有楼烦、秦国、韩国的边疆，如今没有善于骑射的军队守卫。因此我觉得没有船只使用，夹水住居的百姓，将怎么守卫黄河、薄洛之水呢？改穿胡服练习骑射，是为了防备靠近燕国、三胡、秦国、韩国的边疆。况且从前简主不堵塞晋阳及上党的通道，襄主兼并戎地，夺取代地，以排斥胡人各个部族，这是愚人和聪明人都明白的道理。过去中山国倚仗齐国的强大兵力，侵占糟蹋我国的土地，掳掠我国的百姓，引水围灌鄗城，若不是国家的神灵保佑，鄗城几乎就失守了。先王把这件事当作耻辱，怨仇还没能报。现在设置骑射防守，近可以观察上党的形势，远可以报复中山的仇恨。叔父却顺从中国的旧俗而违背了简、襄二主的遗志，讨厌改服的名声却忘记了鄗城被灌的耻辱，这不是我所希望的。"公子成两拜叩头，说："我愚蠢，不理解君主的深意，竟敢称道世俗的见解，这是我的罪过。现在君主要继承简、襄二主的遗志，顺从先王的心愿，我怎敢不听从命令呢！"公子成再次两拜叩头。武灵王于是赐给他胡服。第二天，他穿上胡服上朝。于是开始公布改穿胡服的命令。

赵文、赵造、周袑、赵俊皆谏止王毋胡服，如故法便。王曰："先王不同俗，何古之法？帝王不相袭，何礼之循？虑戏、神农教而不诛，黄帝、尧、舜诛而不怒。及至三王，随时制法，因事制礼。法度制令各顺其宜，衣服器械各便其用。故礼也不必一道，而便国不必古。圣人之兴也不相袭而王，夏、殷之衰也不易礼而灭。然则反古未可非，而循礼未足多也。且服奇者志淫，则是邹、鲁无奇行也；俗辟者民易，则是吴、越无秀士也。且圣人利身谓之服，便事谓之礼。夫进退之节，衣服之制者，所以齐常民也，非所以论贤者也。故齐民与俗流，贤者与变俱。故谚曰'以书御者不尽马之情，以古制今者不达事之变'。循法之功，不足以高世；法古之学，不足以制今。子不及也。"遂胡服招骑射。

赵文、赵造、周袑、赵俊都劝阻武灵王不要穿胡服，认为依照旧办法方便。武灵王说："先王们习俗不同，哪种古法可以效法呢？帝王们互不沿袭，哪种礼仪可以遵循呢？伏羲、神农注重教化而不用刑杀，黄帝、尧、舜使用刑杀但不为残暴。到了夏、商、周三王，随着时代变迁制定法规，根据实际情况确定礼制。法制、诏令都顺应时代的需要，衣服、器械都方便百姓使用。因此礼制也不必一样，只要便利国家就不必仿效古法。圣人的兴起并没有互相沿袭却称了王，夏、殷的衰微，并没有改变礼制却被灭亡。那么违背古制未必就可非议，遵循旧礼未必值得称道。而且如果服装奇特心志就淫荡，那么邹、鲁一带就不会有离奇古怪的行为了；要是风俗怪异百姓就轻率，那么吴、越一带就不会有出类拔萃的人物了。更何况圣人以为有利于身体才叫做衣服，便利于行事才叫做礼制。进退的礼节，衣服的制度，是用来齐一平民百姓的，并不是用来评论贤人的。所以百姓总是与旧俗同流，贤人却要和旧俗巨变。因此谚语说'用书本知识赶车的人不会摸透马匹的性情，用古代礼制治理今世的人不能懂得事物的变革'。遵循旧法的功绩，不可能超出世俗；仿效古人的学说，不可能治理今世。你们不懂这些道理啊。"于是穿胡服并招募士卒训练骑射。

二十年，王略中山地，至宁葭；西略胡地，至榆中。林胡王献马。归，使楼缓之秦，仇液之韩，王贲之楚，富丁之魏，赵爵之齐。代相赵固主胡，致其兵。

二十年，武灵王略取中山国的土地，到达宁葭；向西攻取胡人的土地，到达榆中。林胡王献贡马匹。回国后，派楼缓出使秦国，仇液出使韩国，王贲出使楚国，富丁出使魏国，赵爵出使齐国。任命代相赵固主管胡地，调胡人的兵马。

二十一年，攻中山。赵袑为右军，许钧为左军，公子章为中军，王并将之。牛翦将车骑，赵希并

将胡、代。赵与之陉，合军曲阳，攻取丹丘、华阳、鸱之塞。王军取鄗、石邑、封龙、东垣。中山献四邑和，王许之，罢兵。二十三年，攻中山。二十五年，惠后卒。使周袑胡服傅王子何。二十六年，复攻中山，攘地北至燕、代，西至云中、九原。

二十一年，攻打中山国。赵袑为右路军将领，许钧为左路军将领，公子章为中路军将领，武灵王为总指挥。牛翦率领车骑，赵希率领胡地和代地的兵马。赵王让他们经过山隘，在曲阳会师，攻取丹丘、华阳、鸱上的关塞。武灵王的军队夺取鄗城、石邑、封龙、东垣。中山国献出四座城求和，武灵王答应，停止攻打。二十三年，又攻打中山国。二十五年，惠后去世。派周袑穿胡服辅佐教导王子何。二十六年，又进攻中山国。扩地北至燕、代地区，西到云中、九原。

二十七年五月戊申，大朝于东宫，传国，立王子何以为王。王庙见礼毕，出临朝。大夫悉为臣，肥义为相国，并傅王。是为惠文王。惠文王，惠后吴娃子也。武灵王自号为主父。

二十七年五月戊申日，在东宫大会群臣，传王位，立王子何为王。新王拜祭祖先的礼完毕，上朝处理政事。大夫们都称臣，肥义任相国，并且兼任新王的老师。这就是惠文王。惠文王，是惠后吴娃的儿子。武灵王自称主父。

主父欲令子主治国，而身胡服将士大夫西北略胡地，而欲从云中、九原直南袭秦，于是诈自为使者入秦。秦昭王不知，已而怪其状甚伟，非人臣之度，使人逐之，而主父驰已脱关矣。审问之，乃主父也。秦人大惊。主父所以入秦者，欲自略地形，因观秦王之为人也。

主父想让儿子治理国家，自己身穿胡服率领士大夫到西北攻取胡地，想从云中、九原直接南下袭击秦国，于是他诈称使臣进入秦国。秦昭王不知道，过后惊讶他的长相尊伟，不像当人臣的气度，立即派人追赶，而主父已经飞驰离开秦国的关卡。经过周密的询问，才知道是主父。秦国人非常害怕。主父所以闯入秦国，是想亲自察看地形，就便观察秦王的为人。

惠文王二年，主父行新地，遂出代，西遇楼烦王于西河而致其兵。

惠文王二年，主父视察新开拓的土地，于是走出代地，向西与楼烦王在西河相会，并征调他的军队。

三年，灭中山，迁其王于肤施。起灵寿，北地方从，代道大通。还归，行赏，大赦，置酒酺五日，封长子章为代安阳君。章素侈，心不服其弟所立。主父又使田不礼相章也。

三年，灭了中山国，把中山王迁到肤施。兴建灵寿，这时北方刚刚顺服，去代地的道路大为畅通。回国后，论功行赏，实行大赦，大摆酒宴聚饮五天，封长子章为代地安阳君。章向来邪侈放纵，内心对弟弟即位不服。主父又派田不礼辅佐。

李兑谓肥义曰："公子章强壮而志骄，党众而欲大，殆有私乎？田不礼之为人也，忍杀而骄。二人相得，必有谋阴贼起，一出身徼倖。夫小人有欲，轻虑浅谋，徒见其利而不顾其害，同类相推，俱入祸门。以吾观之，必不久矣。子任重而势大，乱之所始，祸之所集也，子必先患。仁者爱万物而智者备祸于未形，不仁不智，何以为国？子奚不称疾毋出，传政于公子成？毋为怨府，毋为祸梯。"肥义曰："不可。昔者主父以王属义也，曰：'毋变而度，毋异而虑，坚守一心，以殁而世。'义再拜受命而籍之。今畏不礼之难而忘吾籍，变孰大焉。进受严命，退而不全，负孰甚焉。变负之臣，不容于刑。谚曰'死者复生，生者不愧'。吾言已在前矣，吾欲全吾言，安得全吾身！且夫贞臣也难至而节见，忠臣也累至而行明。子则有赐而忠我矣，虽然，吾有语在前者也，终不敢失。"李兑曰："诺，子勉之矣！吾见子已今年耳。"涕泣而出。李兑数见公子成，以备田不礼之事。

李兑对肥义说："公子章强壮而且志高骄横，党徒众多而且野心很大，恐怕有私下预谋吧？田不礼的为人，残忍好武而且骄横。这两个人结合，必有阴谋叛乱的事发生，一旦希图侥幸成功就会挺而走险。小人有野心，往往考虑轻率谋划浮浅，只看到利益而不顾生命，同类的人互相怂恿，都闯入祸害之门。根据我的观察，这一定不会很久了。你担负重任而且权势大，是变乱者开始攻击的目标，是祸害汇集的地方，你一定首先遭受祸害。仁人博爱万物，聪明的人防患于未然，不仁不智，怎么治理国家呢？你为什么不称病在家不出门，把政事交给公子成呢？不要做众怒的汇集点，不要做祸害的阶梯。"肥义说："不行。以前主父把王托付给我，说：'不要更改你的法度，不要变异你的思虑，一心固守，直到你去世。'我两拜受命而且记录在案。现在假如害怕田不礼作乱而忘记重托，变心还有比这更大的吗？进宫殿接受严肃的命令，出宫殿不能圆满完成，负义还有比这更大的吗？变心负义的臣子，为刑罚所不允许。谚语说‘如果死人复生，活人面对他应该丝毫不感到惭愧。’我已经有言在先了，我要完全实现自己的诺言，哪能顾得保全我的身体！而且有贞节的臣子在灾难临头时节操才显现出来，忠臣也是在大祸牵累时德行才彰明。你已给我赐教，并且提出忠告，尽管如此，我已有言在先，终究不敢食言。”李兑说：“是，你尽力而为吧！我只能在今年见到你了。”哭泣着离去。李兑多次去会见公子成，都是为了防备田不礼的事。

异日肥义谓信期曰：“公子与田不礼甚可忧也。其于义也声善而实恶，此为人也不子不臣。吾闻之也，奸臣在朝，国之残也；谗臣在中，主之蠹也。此人贪而欲大，内得主而外为暴。矫令为慢，以擅一旦之命，不难为也，祸且逮国。今吾忧之，夜而忘寐，饥而忘食。盗贼出入不可不备。自今以来，若有召王者必见吾面，我将先以身当之，无故而王乃入。”信期曰：“善哉，吾得闻此也！”

又一天，肥义对信期说：“公子章和田不礼非常令人担忧。他们表面上言辞和善，实际上阴险恶毒，这种人不孝不忠。我听说，奸臣在朝，是国家的害虫；谗臣在宫中，是君王的蛀虫。这种人贪婪而雄心大，在朝廷投合君主骗取信任，在外边残暴害人。假传圣旨，行为傲慢，一旦擅自发号施令，不难做到啊，灾祸将要降临国家。现在我为此担心，夜里忘记睡觉，饥饿时忘记吃饭。对盗贼的出入不可不防备。从今以后，假如有召请君王的一定先见我的面，我将先用自身拦挡他，无变故王才能进来。”信期说：“好啊，我听到了这些话！”

四年，朝群臣，安阳君亦来朝。主父令王听朝，而自从旁观窥群臣宗室之礼。见其长子章傫然也，反北面为臣，诎于其弟，心怜之，于是乃欲分赵而王章于代，计未决而辍。

四年，在朝廷召见群臣，公子章安阳君也来朝见。主父让惠文王处理政事，自己从旁窥视群臣和宗室贵族的礼仪。看到长子章垂头丧气，反而北面称臣，屈服于他弟弟，心里可怜他，于是就想分割赵国，把章封为代地王，这个计划没定下来就中止了。

主父及王游沙丘，异宫，公子章即以其徒与田不礼作乱，诈以主父令召王。肥义先入，杀之。高信即与王战。公子成与李兑自国至，乃起四邑之兵入距难，杀公子章及田不礼，灭其党贼而定王室。公子成为相，号安平君，李兑为司寇。公子章之败，往走主父，主父开之，成、兑因围主父宫。公子章死，公子成、李兑谋曰：“以章故围主父，即解兵，吾属夷矣。”乃遂围主父。令宫中人“后出者夷”，宫中人悉出。主父欲出不得，又不得食，探爵鷇而食之，三月余而饿死沙丘宫。主父定死，乃发丧赴诸侯。

主父和惠文王游览沙丘，居住在不同的宫室，公子章就率领他的党徒和田不礼作乱，假冒主父的诏令召见惠文王。肥义先进去，被杀害。高信立即和惠文王一起跟公子章战斗。公子成和李兑从国都赶来，就调发四邑的兵众来沙丘镇压叛乱，杀死公子章和田不礼，清除了他们的党徒，安定了王室。惠文王拜公子成为相国，号称安平君，李兑做司寇。公子章被打败时，逃到主父处，主父开门收容他，公子成、李兑因此包围了主父的宫室。公子章死后，公子成、李兑商议说：“因为公子章的缘故包围了主父，若解除包围，我们这些人就要灭族了。”于是就继续包围主父。命令宫中的人“后出来的人灭族”，宫里的人都出来。主父想出来不允许，又得不到食物，饿得只好掏幼雀充饥，三个多月以后饿死在沙丘宫里。主父死已经确凿无疑，这才向诸侯国发讣告。

是时王少，成、兑专政，畏诛，故围主父。主父初以长子章为太子，后得吴娃，爱之，为不出者数岁，生子何，乃废太子章而立何为王。吴娃死，爱弛，怜故太子，欲两王之，犹豫未决，故乱起，以至父子俱死，为天下笑，岂不痛乎！

当时惠文王年少，公子成、李兑专政，他们害怕被杀，所以包围主父。主父当初立公子章为太子，后来得到吴娃，宠爱她，为了她好几年不外出，生了儿子何，就废黜太子章而立何为王。吴娃去世，对何的爱日渐冷淡，怜悯原太子章，想让何、章都当王，犹豫不决，所以祸乱发生，以至父子都死，被天下人嘲笑，难道不令人痛惜吗！

五年，与燕鄚、易。八年，城南行唐。九年，赵梁将，与齐合军攻韩，至鲁关下。及十年，秦自置为西帝。十一年，董叔与魏氏伐宋，得河阳于魏。秦取梗阳。十二年，赵梁将攻齐。十三年，韩徐为将，攻齐。公主死。十四年，相国乐毅将赵、秦、韩、魏、燕攻齐，取灵丘。与秦会中阳。十五年，燕昭

王来见。赵与韩、魏、秦共击齐,齐王败走,燕独深入,取临淄。

五年,把鄚、易两邑送给燕国。八年,修建南行唐城。九年,以赵梁为将,和齐国联合攻打韩国,到达鲁关下。到了十年,秦王自立为西帝。十一年,董叔率领赵军和魏军讨伐宋国,从魏国得到河阳。秦军夺取了赵国的梗阳。十二年,以赵梁为将,攻打齐国。十三年,以韩徐为将,攻打齐国。公主去世。十四年,相国乐毅率领赵、秦、韩、魏、燕联军攻打齐国,夺取灵丘。赵王和秦王在中阳相会。十五年,燕昭王来朝见惠文王。赵国和韩、魏、秦三国联合攻打齐国,齐王败走,燕军单独深入齐境,夺取临淄。

十六年,秦复与赵数击齐,齐人患之。苏厉为齐遗赵王书曰:臣闻古之贤君,其德行非布于海内也,教顺非洽于民人也,祭祀时享非数常于鬼神也。甘露降,时雨至,年谷丰孰,民不疾疫,众人善之,然而贤主图之。

十六年,秦国又和赵国多次进攻齐国,齐国人很害怕。苏厉替齐王写信给赵王说:我听说古代贤明的君王,他的德行并不遍布于天下,教化并不和睦百姓,祭祀鬼神并不每次都献祭品。可是甘露照常降落,下雨及时,五谷丰收,百姓不发生疾病。众人赞美满足,然而贤主却谋求更好的境况。

今足下之贤行功力,非数加于秦也;怨毒积怒,非素深于齐也。秦、赵与国,以强征兵于韩,秦诚爱赵乎?其实憎齐乎?物之甚者,贤主察之。秦非爱赵而憎齐也,欲亡韩而吞二周,故以齐饺天下。恐事之不合,故出兵以劫魏、赵。恐天下畏己也,故出质以为信。恐天下亟反也,故征兵于韩以威之。声以德与国,实而伐空韩,臣以秦计为必出于此。夫物固有势异而患同者,楚久伐而中山亡,今齐久伐而韩必亡。破齐,王与六国分其利也。亡韩,秦独擅之。收二周,西取祭器,秦独私之。赋田计功,王之获利孰与秦多?

现在你的德行功绩,并不经常施加给秦国。怨毒和积怒,并不向来对齐国很深。秦、赵两国结盟,凭借强大向韩国征兵,秦国真的爱赵国吗?它真的痛恨齐国吗?事情如果过分,贤主应该认真考虑。秦国不是爱赵国憎恨齐国,是想灭掉韩国而且吞并东西二周,所以用齐国作诱饵引诱天下。恐怕事情办不成,所以出兵胁迫魏国、赵国。恐怕天下害怕它,所以派遣人质争取信任。害怕天下诸侯很快反对它,所以向韩国征兵威胁它们。表面上对盟国施恩德,其实是想征讨兵力空虚的韩国,我认为秦国的计谋一定出于这一点。事情本来就有形势不同而祸患却相同的,楚国久被攻讨而中山国却灭了,如今齐国久被攻伐韩国一定灭亡。攻克齐国,君王和六国分享它的利益。灭亡韩国,秦国单独占有它。占领东西二周,西取祭器,秦国单独占有它。授给百姓田地尚且计算功效,君王为何不计算攻打齐国的收获与秦国谁多呢?

说士之计曰:"韩亡三川,魏亡晋国,市朝未变而祸已及矣。"燕尽齐之北地,去沙丘、臣鹿敛三百里,韩之上党去邯郸百里,燕、秦谋王之河山,间三百里而通矣。秦之上郡近挺关,至于榆中者千五百里,秦以三郡攻王之上党,羊肠之西,句注之南,非王有已。逾句注,斩常山而守之,三百里而通于燕,代马胡犬不东下,昆山之玉不出,此三宝者亦非王有已。王久伐齐,从强秦攻韩,其祸必至于此。愿王孰虑之。

游说的人分析说:"如果韩国丢失三川一带,魏国丢失原晋国的安邑一带,不用多久,大祸就将降临赵国。"如果燕国占领齐国的北部,距离沙兵、臣鹿不到三百里,韩国的上党距离邯郸一百里,燕、秦两国如果图谋君主的江山,它们之间只有三百里就沟通了。秦国的上郡接近挺关,到榆中有一千五百里,秦国如果用三郡的兵力进攻君王的上党,那么,羊肠以西,句注以南,就不归君王所有了。如果秦国越过句注,攻占常山而据有它,只有三百里便到达燕国,代地的马,胡地的犬,从此不再东下,昆山的玉不再出来,这三种宝物也不归君王所有了。如果君王久攻齐国,跟随强秦进攻韩国,灾祸一定会到这种地步。希望君王认真考虑这件事。

且齐之所以伐者,以事王也;天下属行,以谋王也。燕秦之约成而兵出有日矣。五国三分王之地,齐倍五国之约而殉王之患,西兵以禁强秦,秦废帝请服,反高平、根柔于魏,反巠分、先俞于赵。齐之事王,宜为上佼,而今乃抵罪,臣恐天下后事王者之不敢自必也。愿王孰计之也。

况且齐国所以被秦国征伐,是因为齐国侍奉君王;天下诸侯联合行动,就是为了图谋大王。燕国和秦国的盟约一订,出兵的日子就不远了。齐、秦、韩、魏、燕五国想把君王的土地一分为三,齐国背叛五国的盟约，牺牲自己解除君王的祸患，向西进兵扼制强秦，使秦王废除称帝，请求屈服，把高平、根柔还给魏国，把圣分、先俞还给赵国。齐国侍奉君王，应该说最好了，而今反而怪罪它，我担心天下诸侯以后侍奉君王再不敢自信了。希望君王认真谋划这件事。

今王毋与天下攻齐，天下必以王为义。齐抱社稷而厚事王，天下必尽重王义。王以天下善秦，秦暴，王以天下禁之，是一世之名宠制于王也。

如今君王不和诸侯攻打齐国，天下必定认为君王主持正义。齐王会拿江山社稷忠实地侍奉君王，天下各国一定会敬重君王的正义举动。君王率领天下诸侯亲善秦国，如果秦国暴虐，君王就率领天下诸侯制止它，这样，一代的名誉尊宠就被君王掌握了。

于是赵乃辍，谢秦不击齐。

于是赵国停止征伐，谢绝秦国，不再进攻齐国。

王与燕王遇。廉颇将，攻齐昔阳，取之。

赵王和燕王相会。以廉颇为将，进攻齐国的昔阳，占领了它。

十七年，乐毅将赵师攻魏伯阳。而秦怨赵不与己击齐，伐赵，拔我两城。十八年，秦拔我石城，王再之卫东阳，决河水，伐魏氏。大潦，漳水出。魏冉来相赵。十九年，秦取我二城。赵与魏伯阳。赵奢将，攻齐麦丘，取之。

十七年，乐毅率领赵军进攻魏国的伯阳。秦国怨恨赵国不和它联合攻齐，讨伐赵国，攻占我国的两座城邑。十八年，秦军攻占我国的石城。赵王再次到原卫国的东阳，决开黄河堤坝，讨伐魏国。大水成灾，漳河又泛滥。魏冉来赵国当相国。十九年，秦国攻取我国的两座城邑。赵国归还魏国的伯阳。以赵奢为将，进攻齐国的麦丘，占领了它。

二十年，廉颇将，攻齐。王与秦昭王遇西河外。

二十年，以廉颇为将，进攻齐国。赵王和秦昭王在西河外相会。

二十一年，赵徙漳水武平西。二十二年，大疫。置公子丹为太子。

二十一年，赵国把漳水改道在武平西边。二十二年，瘟疫大流行，立公子丹为太子。

二十三年，楼昌将，攻魏几，不能取。十二月，廉颇将，攻几，取之。二十四年，廉颇将，攻魏房子，拔之，因城而还。又攻安阳，取之。二十五年，燕周将，攻昌城、高唐，取之。与魏共击秦。秦将白起破我华阳，得一将军。二十六年，取东胡欧代地。

二十三年，以楼昌为将，进攻魏国的幾城，没有攻占。十二月，以廉颇为将，进攻幾城，占领了它。二十四年，以廉颇为将，进攻魏国的房子，占领了它，顺便筑城后才回来。又进攻安阳，占领了它。二十五年，以燕周为将，进攻昌城、高唐，占领了它。和魏国联合进攻秦国。秦将白起在华阳打败我军，俘虏了一位将军。二十六年，夺回被东胡侵占的欧代地。

二十七年，徙漳水武平南。封赵豹为平阳君。河水出，大潦。

二十七年，把漳水改道在武平南边。封赵豹为平阳君。黄河水泛滥，大水成灾。

二十八年，蔺相如伐齐，至平邑。罢城北九门大城。燕将成安君公孙操弑其王。二十九年，秦、韩相攻，而围阏与。赵使赵奢将，击秦，大破秦军阏与下，赐号为马服君。

二十八年，蔺相如讨伐齐国，打到平邑。停止修筑北面九门县的大城。燕将成安君公孙操杀死他的国王。二十九年，秦、韩两国联合进攻赵国，包围阏与。赵国派赵奢为将，反击秦军，在阏与下大败秦军，赵惠文王赐赵奢为马服君。

三十三年，惠文王卒，太子丹立，是为孝成王。

三十三年，惠文王去世，太子丹即位，这就是孝成王。

孝成王元年，秦伐我，拔三城。赵王新立，太后用事，秦急攻之。赵氏求救于齐，齐曰："必以长安君为质，兵乃出。"太后不肯，大臣强谏。太后明谓左右曰："复言长安君为质者，老妇必唾其面。"左师触龙言愿见太后，太后盛气而胥之。入，徐趋而坐，自谢曰："老臣病足，曾不能疾走，不得见久矣。窃自恕，而恐太后体之有所苦也，故愿望见太后。"太后曰："老妇恃辇而行耳。"曰："食得毋衰乎？"曰："恃粥耳。"曰："老臣间者殊不欲食，乃强步，日三四里，少益嗜食，和于身也。"太后曰："老妇不能。"太后不和之色少解。左师公曰："老臣贱息舒祺最少，不肖，而臣衰，窃怜爱之，愿得补黑

衣之缺以卫王宫，昧死以闻。”太后曰：“敬诺。年几何矣？”对曰：“十五岁矣。虽少，愿及未填沟壑而托之。”太后曰：“丈夫亦爱怜少子乎？”对曰：“甚于妇人。”太后笑曰：“妇人异甚。”对曰：“老臣窃以为媪之爱燕后贤于长安君。”太后曰：“君过矣，不若长安君之甚。”左师公曰：“父母爱子，则为之计深远。媪之送燕后也，持其踵，为之泣，念其远也，亦哀之矣。已行，非不思也，祭祀则祝之曰‘必勿使反’，岂非计长久，为子孙相继为王也哉？”太后曰：“然。”左师公曰：“今三世以前，至于赵主之子孙为侯者，其继有在者乎？”曰：“无有。”曰：“微独赵，诸侯有在者乎？”曰：“老妇不闻也。”曰：“此其近者祸及其身，远者及其子孙。岂人主之子侯则不善哉？位尊而无功，奉厚而无劳，而挟重器多也。今媪尊长安君之位，而封之以膏腴之地，多与之重器，而不及今令有功于国，一旦山陵崩，长安君何以自托于赵？老臣以媪为长安君之计短也，故以为爱之大若燕后。”太后曰：“诺，恣君之所使之。”于是为长安君约车百乘，质于齐，齐兵乃出。

孝成王元年，秦军进攻我国，攻占三座城。赵王刚刚即位，太后专权，秦军急速攻打赵国。赵国向齐国求救，齐王说：“必须让长安君当人质，才出救兵。”太后不答应，大臣们极力劝谏。太后明确地对左右侍臣说：“谁再说让长安君当人质，老妇我一定把唾沫啐到他脸上。”左师触龙说希望会见太后，太后怒气冲冲地等待他。触龙进入宫中，慢慢地小步走过去坐下，自己谢罪说：“老臣的脚有病，简直不能快走，很久没能拜见了。我私下宽恕自己，又恐怕太后的身体有所不适，因此希望拜见太后。”太后说：“老妇我靠辇车行走。”触龙说：“饮食没有减少吧？”太后说：“靠喝稀粥罢了。”触龙说：“老臣近来非常厌食，就勉强散散步，每天走上三四里，稍微增加了点食欲，身体也感觉舒服些了。”太后说：“老妇办不到。”太后不高兴的脸色稍有缓解。左师公说：“老臣的儿子舒祺年龄最小，没有出息，而我已衰老，心里很疼爱他，希望让他补卫士的缺额来保卫王室。冒着死罪把想法告诉太后。”太后说：“好吧。年纪多大了？”左师公说：“十五岁了。虽然年龄还小，但希望在我未死之前把他托付给太后。”太后说：“男人也疼爱少子吗？”左师公说：“超过妇人。”太后笑着说：“妇人爱得特别厉害。”左师公说：“老臣私下觉得你爱燕后超过长安君。”太后说：“你错了，远不如爱长安君厉害。”左师公说：“父母疼爱儿子，就应当替他们从长远考虑。你当年送燕后出嫁，抚摸着她的脚后跟，为她哭泣，想到她要远去，也很可怜她了。走了以后，并不是不想念她，可是祭祀的时候反而祈祷说‘一定不要使她返回’。难道不是为她长远打算，希望她的子孙世世代代做王吗？”太后说：“是。”左师公说：“从现在看三世以前，上推赵王的子孙封侯的，他们的继承人还有存在的吗？”太后说：“没有。”左师公说：“不单是赵国，其他诸侯国有存在的吗？”太后说：“老妇没有听说过。”左师公说：“这是近的殃及自身，远的落在子孙身上。难道是国君的儿子被封侯后都变坏了吗？是由于地位尊贵却没有功勋，俸禄优厚却没有功劳，又拥有许多贵重的宝物。现在你使长安君有尊贵的地位，封给他肥沃的土地，又给他许多贵重的宝物，而不趁现在让他为国家立功，一旦你离开人世，长安君靠什么在赵国安身呢？老臣认为你为长安君计划得短浅，所以认为你爱他不如燕后。”太后说：“好，任凭你派遣他吧。”于是为长安君准备了一百辆车，送到齐国做人质，齐国的救兵才派出来。

子义闻之，曰：“人主之子，骨肉之亲也，犹不能持无功之尊，无劳之奉，而守金玉之重也，而况于予乎？”

子义听到这件事，说：“国君的儿子，骨肉亲情，尚且不能靠无功的尊贵、无劳的俸禄而守住金玉之类的宝物，何况我这样的人呢？”

齐安平君田单将赵师而攻燕中阳，拔之。又攻韩注人，拔之。二年，惠文后卒。田单为相。

齐国的安平君田单率领赵军进攻燕国的中阳，占领了它。又进攻韩国的注人，占领了它。二年，惠文后去世。田单任赵的相国。

四年，王梦衣偏裻之衣，乘飞龙上天，不至而坠，见金玉之积如山。明日，王召筮史敢占之，曰：“梦衣偏裻之衣者，残也。乘飞龙上天不至而坠者，有气而无实也。见金玉之积如山者，忧也。”

四年，孝成王梦见身穿左右异色的衣服，骑飞龙上天，没有到达天庭就掉下来了，看见金玉宝物堆积。第二天，孝成王召见筮史敢占卜梦，敢说：“梦见穿左右异色的衣服，表明残缺不全。骑飞龙没有到达天庭就掉下来，表明有气势但没有实力。看见金玉堆积，表明有忧患。”

后三日，韩氏上党守冯亭使者至，曰：“韩不能守上党，入之于秦。其吏民皆安为赵，不欲为秦。

有城市邑十七，愿再拜入之赵，财王所以赐吏民。”王大喜，召平阳君豹告之曰：“冯亭入城市邑十七，受之何如？”对曰：“圣人甚祸无故之利。”王曰：“人怀吾德，何谓无故乎？”对曰：“夫秦蚕食韩氏地，中绝不令相通，固自以为坐而受上党之地也。韩氏所以不入于秦者，欲嫁其祸于赵也。秦服其劳而赵受其利，虽强大不能得之于小弱，小弱顾能得之于强大乎？岂可谓非无故之利哉！且夫秦以牛田之水通粮蚕食，上乘倍战者，裂上国之地，其政行，不可与为难，必勿受也。”王曰：“今发百万之军而攻，逾年历岁未得一城也。今以城市邑十七币吾国，此大利也。”

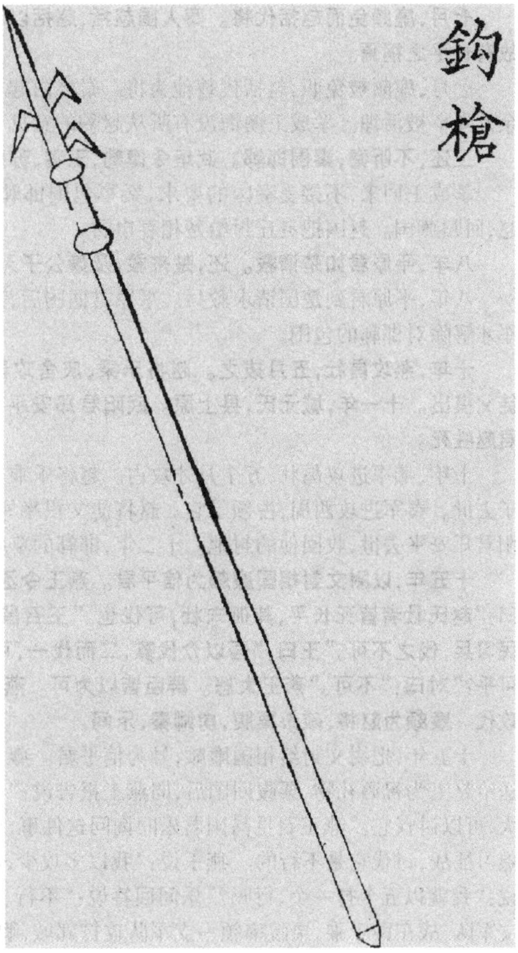

钩枪，古代兵器。

三天后，韩国上党郡守冯亭派使臣来，说：“韩国无力防守上党，要划给秦国。那里的吏民都愿意归附赵国，不愿意归附秦国。上党有城邑十七座，愿意再拜纳入赵国，请赵王掂量，满足吏民的愿望。”孝成王十分高兴，召见平阳君赵豹，告诉他说：“冯亭进献城邑十七座，接受它怎么样？”赵豹回答说：“圣人把无故得到的利益视为大祸。”孝成王说：“那里的百姓都怀念我的恩德，怎么能说无故呢？”赵豹回答说：“秦国蚕食韩国的土地，从中间截断上党的道路，不让和韩国相通，本来认为可以坐收上党的土地。韩国所以不纳入秦国，是想嫁祸于赵国。秦国付出了辛劳而赵国坐享其利，即使是强大的国家也不能轻易从小国弱国那里得到，小国弱国难道能从强国大国那里得到吗？这怎么说不是无故的利益呢！而且秦国利用牛田的水路运粮，用战斗力最强的军队蚕食韩国，分割韩国的土地，它的这一政策已经实行，不可跟它作对，一定不要接受。”孝成王说：“如今出动百万大军攻城略地，越年经岁，得不到一座城。今天冯亭把十七座城赠送给我国，这是个大便宜啊。”

赵豹出，王召平原君与赵禹而告之。对曰：“发百万之军而攻，逾岁未得一城，今坐受城市邑十七，此大利，不可失也。”王曰：“善。”乃令赵胜受地，告冯亭曰：“敝国使者臣胜，敝国君使胜致命，以万户都三封太守，千户都三封县令，皆世世为侯，吏民皆益爵三级，吏民能相安，皆赐之六金。”冯亭垂涕不见使者，曰：“吾不处三不义也：为主守地，不能死固，不义一矣；入之秦，不听主令，不义二矣；卖主地而食之，不义三矣。”赵遂发兵取上党。廉颇将军军长平。

赵豹出去后，孝成王召见平原君和赵禹，告诉他们这件事。他们回答说：“派遣一百万军队出战，超过一年没能得一城，现在坐着得到十七座城，这是大便宜啊，不能丢失。”孝成王说：“好。”于是让赵胜去接受土地，赵胜告诉冯亭说：“敝国的使臣赵胜，敝国的君主派遣赵胜传达命令，封给太守三个万户的城邑，封给各县令三个千户的城邑，都世代相袭为列侯，官吏百姓一概加爵三级，官吏百姓能平安相处，都赏黄金六斤。”冯亭流着眼泪不肯见使臣，说：“我不愿处在三不义的境地：为国君守卫土地，不能拼死固守，这是一不义；已经把上党划归秦国，不听君命，这是二不义；出卖国君的土地而换取食邑，这是三不义。”赵国于是派军队占领上党。廉颇率领军队驻扎在长平。

七月，廉颇免而赵括代将。秦人围赵括，赵括以军降，卒四十余万皆坑之。王悔不听赵豹之计，故有长平之祸焉。

七月，廉颇被免职，赵括代替他为将。秦将白起率领军队包围赵括，赵括战死，赵军投降，四十余万降卒被活埋。孝成王懊悔没有听从赵豹的意见，所以有长平的灾祸。

王还，不听秦，秦围邯郸。武垣令傅豹、王容、苏射率燕众反燕地。赵以灵丘封楚相春申君。

孝成王回来，不接受秦国的要求，秦军包围邯郸。武垣令傅豹、王容、苏射率领燕国的百姓反赵，回归燕国。赵国把灵丘封给楚相春申君。

八年，平原君如楚请救。还，楚来救，及魏公子无忌亦来救，秦围邯郸乃解。

八年，平原君到楚国请求救兵。平原君回国后，楚军来援，以及魏公子信陵君无忌也来救援，秦军才解除对邯郸的包围。

十年，燕攻昌壮，五月拔之。赵将乐乘、庆舍攻秦信梁军，破之。太子死。而秦攻西周，拔之。徒父祺出。十一年，城元氏，县上原。武阳君郑安平死，收其地。十二年，邯郸廥烧。十四年，平原君赵胜死。

十年，燕军进攻昌壮，五个月才攻占。赵将乐乘、庆舍进攻秦国信梁的军队，打败了秦军。赵太子去世。秦军进攻西周，占领了它。赵将徒父祺率军出境。十一年，兴建元氏城，在上原设县。武阳君郑安平去世，收回他的封地。十二年，邯郸的草料场发生火灾。十四年，平原君赵胜去世。

十五年，以尉文封相国廉颇为信平君。燕王令丞相栗腹约欢，以五百金为赵王酒，还归，报燕王曰："赵氏壮者皆死长平，其孤未壮，可伐也。"王召昌国君乐间而问之。对曰："赵，四战之国也，其民习兵，伐之不可。"王曰："吾以众伐寡，二而伐一，可乎？"对曰："不可。"王曰："吾即以五而伐一，可乎？"对曰："不可。"燕王大怒。群臣皆以为可。燕卒起二军，车二千乘，栗腹将而攻鄗，卿秦将而攻代。廉颇为赵将，破杀栗腹，虏卿秦、乐间。

十五年，把尉文封给相国廉颇，号为信平君。燕王派丞相栗腹赴赵国缔结盟约，以五百斤黄金送给赵王为祝酒礼物，栗腹回国后，向燕王报告说："赵国的壮丁都死在长平，他们的孤儿还没有长大，可以讨伐它。"燕王召见昌国君乐间询问这件事，乐间回答说："赵是四面作战的国家，它的百姓熟习征战，讨伐它是不行的。"燕王说："我以多攻少，两个打一个，行吗？"乐间回答说："不行。"燕王说："我就以五个打一个，行吗？"乐间回答说："不行。"燕王大怒。群臣都认为行。燕国终于派出两支军队，战车两千乘，栗腹率领一支军队攻打鄗城，卿秦率领一支军队攻打代地。廉颇为赵将，打败燕军，杀死栗腹，俘虏卿秦、乐间。

十六年，廉颇围燕。以乐乘为武襄君。十七年，假相大将武襄君攻燕，围其国。十八年，延陵钧率师从相国信平君助魏攻燕。秦拔我榆次三十七城。十九年，赵与燕易土：以龙兑、汾门、临乐与燕；燕以葛、武阳、平舒与赵。

十六年，廉颇包围燕都。赵王封乐乘为武襄君。十七年，代理相国大将军武襄君乐乘打败燕国，包围了它的都城。十八年，延陵钧率领军队跟随信平君廉颇帮助魏国打败燕国。秦国攻占了我国的榆次等三十七座城。十九年，赵国和燕国交换土地：赵国把龙兑、汾门、临乐给燕国；燕国把葛、武阳、平舒给赵国。

二十年，秦王政初立。秦拔我晋阳。

二十年，秦王嬴政刚即位。秦军攻占我国的晋阳。

二十一年，孝成王卒。廉颇将，攻繁阳，取之。使乐乘代之，廉颇攻乐乘，乐乘走，廉颇亡入魏。子偃立，是为悼襄王。

二十一年，孝成王去世。以廉颇为将，攻打魏国的繁阳，占领了它。赵王让乐乘代替廉颇为将，廉颇攻打乐乘，乐乘逃走，廉颇逃到魏国。孝成王的儿子偃即位，这就是悼襄王。

悼襄王元年，大备魏。欲通平邑、中牟之道，不成。

悼襄王元年，举行隆重的礼仪和魏国修好。想打通平邑、中牟的道路，没有成功。

二年，李牧将，攻燕，拔武遂、方城。秦召春平君，因而留之。泄钧为之谓文信侯曰："春平君者，赵王甚爱之而郎中妒之，故相与谋曰：'春平君入秦，秦必留之。'故相与谋而内之秦也。今君留之，

是绝赵而郎中之计中也。君不如遣春平君而留平都。春平君者言行信于王，王必厚割赵而赎平都。”文信侯曰：“善。”因遣之。城韩皋。

二年，以李牧为将，攻打燕国，占领武遂、方城。秦国召见赵国的春平君，借故扣留他。泄钧替他对秦相文信侯吕不韦说：“春平君这个人，赵王非常喜欢他而郎中却妒忌他，因此郎中们谋划说：‘春平君到秦国，秦国一定扣留他。’因此他们才谋划把春平君送到秦国。现在秦国扣留春平君，是断绝和赵国的关系，正中了郎中的奸计。你不如放回春平君，扣留平都。春平君说话办事深受赵王的信任，赵王定会割赵国的很多土地赎回平都。”文信侯说：“好。”因而送春平君回赵国。赵国修建韩皋城。

三年，庞煖将，攻燕，禽其将剧辛。四年，庞煖将赵、楚、魏、燕之锐师，攻秦蕞，不拔；移攻齐，取饶安。五年，傅抵将，居平邑；庆舍将东阳河外师，守河梁。六年，封长安君以饶。魏与赵邺。

三年，以庞煖为将，攻打燕国，俘虏燕将剧辛。四年，庞煖率领赵、楚、魏、燕四国的精锐部队，攻打秦国的蕞地，没有攻占；移兵攻打齐国，夺取饶安。五年，以傅抵为将，屯居在平邑；庆舍率领东阳河外的军队，守卫黄河的桥梁。六年，把饶地封给长安君。魏国把邺送给赵国。

九年，赵攻燕，取貍、阳城。兵未罢，秦攻邺，拔之。悼襄王卒，子幽缪王迁立。

九年，赵军攻打燕国，夺取貍、阳城。兵未罢归，秦军来攻邺，占领了它。悼襄王去世，儿子幽穆王迁即位。

幽缪王迁元年，城柏人。二年，秦攻武城，扈辄率师救之，军败，死焉。

幽穆王迁元年，修建柏人城。二年，秦军攻打武城，扈辄率军救援，兵败，扈辄战死。

三年，秦攻赤丽、宜安，李牧率师与战肥下，却之。封牧为武安君。四年，秦攻番吾，李牧与之战，却之。

三年，秦军攻打赤丽、宜安，李牧率军和秦军在肥城下交战，打败秦军。赵王封李牧为武安君。四年，秦军攻打番吾，李牧和秦军作战，打退了它。

五年，代地大动，自乐徐以西，北至平阴，台屋墙垣太半坏，地坼东西百三十步。六年，大饥，民讹言曰：“赵为号，秦为笑。以为不信，视地之生毛。”

五年，代地发生大地震，从乐徐以西，北到平阴，楼台、房屋、墙壁大半毁坏，地面裂开东西宽一百三十步的大缝。六年，发生大饥荒，民间谣传说：“赵人在哭叫，秦人在大笑。如若不相信，请看田里长的都是草。”

七年，秦人攻赵，赵大将李牧、将军司马尚将，击之。李牧诛，司马尚免，赵忽及齐将颜聚代之。赵忽军破，颜聚亡去。以王迁降。

七年，秦军攻打赵国，赵国的大将李牧、将军司马尚为统帅，抗击秦军。李牧遭陷害被杀，司马尚免职，由赵忽和齐将颜聚代替他们。赵忽的军队被秦军击溃，颜聚逃亡，赵王迁因而投降。

八年十月，邯郸为秦。

八年十月，邯郸归属秦国。

太史公曰：吾闻冯王孙曰：“赵王迁，其

李牧雁门纵牧图。李牧，战国末期赵国良将。

母倡也，嬖于悼襄王。悼襄王废適子嘉而立迁。迁素无行，信谗，故诛其良将李牧，用郭开。”岂不缪哉！秦既虏迁，赵之亡大夫共立嘉为王，王代六岁，秦进兵破嘉，遂灭赵以为郡。

太史公说：我听冯王孙说：“赵王迁，他母亲是歌舞艺人，受到悼襄王的宠爱。悼襄王废黜嫡子嘉而立迁为太子。迁一向品行恶劣，听信谗言，所以杀良将李牧，重用内奸郭开。”难道不是很荒谬吗！秦国俘虏赵王迁后，赵国的逃亡大夫共同拥立嘉为王，在代地称王六年。秦国进军大破赵嘉，终于灭了赵国，设为郡县。

史记第四十四卷

魏世家第十四

魏之先，毕公高之后也。毕公高与周同姓。武王之伐纣，而高封于毕，于是为毕姓。其后绝封，为庶人，或在中国，或在夷狄。其苗裔曰毕万，事晋献公。

魏国的祖先，是毕公高的后代。毕公高和周同姓。周武王灭商以后，高被封在毕，于是就以毕为姓。他的后代断绝了封爵，变成平民，有的居住在中原，有的流落到夷狄地区。他的后代子孙有个叫毕万的，侍奉晋献公。

献公之十六年，赵夙为御，毕万为右，以伐霍、耿、魏，灭之。以耿封赵夙，以魏封毕万，为大夫。卜偃曰：“毕万之后必大矣。万，满数也；魏，大名也。以是始赏，天开之矣。天子曰兆民，诸侯曰万民。今命之大，以从满数，其必有众。”初，毕万卜事晋，遇《屯》之《比》。辛廖占之，曰：“吉。屯固比入，吉孰大焉，其必蕃昌。”

晋献公十六年，赵夙赶车，毕万为护卫，攻打霍、耿、魏，灭了它们。献公把耿封给赵夙，把魏封给毕万，二人都升为大夫。晋国掌管占卜的大夫郭偃说：“毕万的后代一定会昌盛。万，是满数；魏，是巍巍名号。用这样的名号开始封赏，是天意要他开拓帝业。天子统治亿万人民，诸侯统治万民。现在赐给他魏这样的大号，名字又是满数，他一定会拥有众多的百姓。”起初，毕万占卜到晋国做官的吉凶，得到“屯卦”变为“比卦”。辛廖推断说：“吉利。‘屯卦’象征坚固，‘比卦’象征进入，吉利还有比这更大的吗？他的后代一定会繁荣昌盛。”

毕万封十一年，晋献公卒，四子争更立，晋乱。而毕万之世弥大，从其国名为魏氏。生武子。魏武子以魏诸子事晋公子重耳。晋献公之二十一年，武子从重耳出亡。十九年反，重耳立为晋文公，而令魏武子袭魏氏之后封，列为大夫，治于魏。生悼子。

毕万受封后十一年，晋献公去世，他的四个儿子争位，晋国内乱。而毕万的子孙繁衍增多，依照他的封邑改称魏氏。毕万生了魏武子。魏武子以魏氏诸子的身份侍奉晋公子重耳。晋献公二十一年，魏武子随从公子重耳出国逃亡。十九年后返回晋国，重耳即位为晋文公，让魏武子作为魏氏的后代袭封，列为大夫，治所在魏邑。魏武子生了魏悼子。

魏悼子徙治霍，生魏绛。

魏悼子把治所迁移到霍邑。魏悼子生了魏绛。

魏绛事晋悼公。悼公三年，会诸侯。悼公弟杨干乱行，魏绛僇辱杨干。悼公怒曰：“合诸侯以为荣，今辱吾弟！”将诛魏绛。或说悼公，悼公止。卒任魏绛政，使和戎、翟，戎、翟亲附。悼公之十一年，曰：“自吾用魏绛，八年之中，九合诸侯，戎、翟和，子之力也。”赐之乐，三让，然后受之。徙治安邑。魏绛卒，谥为昭子。生魏嬴。嬴生魏献子。

魏绛侍奉晋悼公。悼公三年，晋和诸侯会盟。悼公的弟弟杨干指挥的队伍阵容不整饬，魏绛杀了杨干的仆人，以示惩罚他。悼公愤怒地说：“会合诸侯是为了显示荣耀，现在却侮辱我的弟弟！”

悼公要诛杀魏绛。有人劝谏悼公,悼公才罢休。后来最终任用魏绛主持政事,派他联络戎、翟,戎、翟从此亲附晋国。悼公十一年,悼公说:"从我任用魏绛,八年当中,九次会合诸侯,戎、翟亲附,全靠你的努力呀。"赏赐给他乐器,魏绛三次推让,然后接受。魏绛把治所迁移到安邑。魏绛去世,谥号为昭子。魏绛生了魏嬴。魏嬴生了魏献子。

献子事晋昭公。昭公卒而六卿强,公室卑。

魏献子侍奉晋昭公。昭公去世后,晋国的六卿强盛,公室卑微。

晋顷公之十二年,韩宣子老,魏献子为国政。晋宗室祁氏、羊舌氏相恶,六卿诛之,尽取其邑为十县,六卿各令其子为之大夫。献子与赵简子、中行文子、范献子并为晋卿。

晋顷公十二年,韩宣子告老,魏献子主持晋国的政治。晋宗室的祁氏、羊舌氏互相攻击,六卿乘机诛杀祁氏、羊舌氏,把他们的封邑划为十县,六卿各派自己的子孙做县的大夫。魏献子和赵简子、中行文子、范献子同为晋卿。

其后十四岁而孔子相鲁。后四岁,赵简子以晋阳之乱也,而与韩、魏共攻范、中行氏。魏献子生魏侈。魏侈与赵鞅共攻范、中行氏。

这以后十四年,孔子做鲁国的代理相国。四年后,赵简子由于晋相的变故,和韩、魏共同攻打范氏、中行氏。魏献子生了魏侈。魏侈和赵鞅共同攻打范氏、中行氏。

魏侈之孙曰魏桓子,与韩康子、赵襄子共伐灭知伯,分其地。

魏侈的孙子叫魏桓子,他和韩康子、赵襄子共同攻灭知伯,瓜分了他的封地。

桓子之孙曰文侯都。魏文侯元年,秦灵公之元年也。与韩武子、赵桓子、周威王同时。

魏桓子的孙子叫文侯斯(原作"都",据《六国年表》及《集解》、《索隐》改)。魏文侯元年,正是秦灵公的元年。他和韩武子、赵桓子、周威烈王同时代。

六年,城少梁。十三年,使子击围繁、庞,出其民。十六年,伐秦,筑临晋、元里。

六年,修筑少梁城。十三年,派子击去包围秦国的繁、庞,迁走那里的百姓。十六年,讨伐秦国,修筑临晋城、元里城。

十七年,伐中山,使子击守之,赵仓唐傅之。子击逢文侯之师田子方于朝歌,引车避,下谒。田子方不为礼。子击因问曰:"富贵者骄人乎?且贫贱者骄人乎?"子方曰:"亦贫贱者骄人耳。夫诸侯而骄人则失其国,大夫而骄人则失其家。贫贱者,行不合,言不用,则去之楚、越,若脱蹝然,奈何其同之哉!"子击不怿而去。西攻秦,至郑而还,筑雒阴、合阳。

十七年,攻灭中山国,派子击驻守中山,让赵仓唐辅佐他。子击在朝歌遇见文侯的老师田子方,子击引车让路,并下车拜见。田子方却不还礼。子击就问他说:"是富贵的人待人傲慢呢,还是贫贱的人待人傲慢呢?"田子方说:"只有贫贱的人待人傲慢罢了。诸侯待人傲慢就会失掉他的国家,大夫待人傲慢就会失掉他的封邑。贫贱的人,行事不符国君的心意,言谈不被国君采纳,就离开他到楚、越蛮乡去,好像脱掉草鞋一样,怎么能和富贵的人等同呢!"子击不高兴地离去。他向西攻打秦国,到达郑邑而回,建筑洛阴城、合阳城。

二十二年,魏、赵、韩列为诸侯。

二十二年,魏、赵、韩三国被封为诸侯。

二十四年,秦伐我,至阳狐。

二十四年,秦国进攻我国,一直打到阳狐。

二十五年,子击生了子罃。

二十五年,子击生子子罃。

文侯受子夏经艺,客段干木,过其闾,未尝不轼也。秦尝欲伐魏,或曰:"魏君贤人是礼,国人称仁,上下和合,未可图也。"文侯由此得誉于诸侯。

文侯向子夏学习经书,待段干木以客礼,经过他的乡里,每次都倚在车前横木上表示敬意。秦国曾想进攻魏国,有人说:"魏君以厚礼对待贤人,国人称颂他的仁德,上下和睦同心,不可对他有图谋。"文侯因此获得诸侯的赞誉。

任西门豹守邺,而河内称治。

西门豹像。西门豹，战国时魏国人，任邺守期间，曾开水渠十二条，发展农业生产。图出自清·顾沅辑《古圣贤像传略》。

文侯任命西门豹防守邺，因而河内地区号称清平安定。

魏文侯谓李克曰："先生尝教寡人曰'家贫则思良妻，国乱则思良相'。今所置非成则璜，二子何如？"李克对曰："臣闻之，卑不谋尊，疏不谋戚。臣在阙门之外，不敢当命。"文侯曰："先生临事勿让。"李克曰："君不察故也。居视其所亲，富视其所与，达视其所举，穷视其所不为，贫视其所不取，五者足以定之矣，何待克哉！"文侯曰："先生就舍，寡人之相定矣。"李克趋而出，过翟璜之家。翟璜曰："今者闻君召先生而卜相，果谁为之？"李克曰："魏成子为相矣。"翟璜忿然作色曰："以耳目之所睹记，臣何负于魏成子？西河之守，臣之所进也。君内以邺为忧，臣进西门豹。君谋欲伐中山，臣进乐羊。中山以拔，无使守之，臣进先生。君之子无傅，臣进屈侯鲋。臣何以负于魏成子！"李克曰："且子之言克于子之君者，岂将比周以求大官哉？君问而置相'非成则璜，二子何如'？克对曰：'君不察故也。居视其所亲，富视其所与，达视其所举，穷视其所不为，贫视其所不取，五者足以定之矣，何待克哉！'是以知魏成子之为相也。且子安得与魏成子比乎，魏成子以食禄千钟，什九在外，什一在内，是以东得卜子夏、田子方、段干木。此三人者，君皆师之。子之所进五人者，君皆臣之。子恶得与魏成子比也？"翟璜逡巡再拜曰："璜，鄙人也，失对，愿卒为弟子。"

魏文侯对李克说："先生曾赐教我说'家中穷困就想娶贤妻，国内混乱就想得良相'。现在选择相国，不是魏成子就是翟璜，这两个人怎么样呢？"李克回答说："我听说，卑贱的人不议尊贵人的事，关系疏远的人不议亲近人的事。我的职务在宫门以外，不敢担当这一使命。"文侯说："先生遇事就不要推让了。"李克说："是君王不注意考察的缘故。平时看他亲近哪些人，富裕时看他结交哪些人，显贵时看他举荐哪些人，贫穷时看他不做哪些事，贫贱时看他不要哪些东西，这五点就足够决定人选了，何必等待我说呢！"文侯说："先生回家去吧，我的丞相已经选好了。"李克快步而出，过访翟璜的家。翟璜说："刚刚听说君王召见先生询问丞相的人选，究竟谁当丞相呢？"李克说："魏成子当丞相。"翟璜愤怒地变脸说："凭耳目所见所闻，我哪一点比不上魏成子？西河的守将吴起，是我推举的。君王在境内最担忧邺，我推荐西门豹治理。君王计划要讨伐中山，我推荐乐羊。中山被攻占后，找不到合适的人镇守，我推荐先生你。国君的儿子没有师傅，我推荐屈侯鲋。我什么地方比不上魏成子？"李克说："你把我举荐给你的国君，难道是为了结党营私谋求做大官吗？国君询问置丞相'不是魏成子就是翟璜，二人怎么样'？我回答说：'是君王没有注意考察的缘故。平常看他亲近哪些人，富裕时看他结交哪些人，显贵时看他推荐哪些人，穷困时看他不做哪些事，贫贱时看他不要哪些东西，这五点就足够决定人选了，何必等待我说呢！'由此知道魏成子当丞相。再说你怎么能与魏成子相比呢？魏成子的俸禄千钟，十分之九用在他人身上，十分之一用在家里，所以从东方招来卜子夏、田子方、段干木。这三个人，都被国君尊为老师。你所推荐的五个人，国君都任用为臣子。你怎么能与魏成子相比呢?”翟璜逡巡不前,拜了两拜,说:“我翟璜,是鄙陋的人,说话很不得当,愿意终身做你的学生。”

二十六年,虢山崩,壅河。

二十六年,虢山崩塌,堵塞了黄河。

三十二年,伐郑。城酸枣。败秦于注。三十五年,齐伐取我襄陵。三十六年,秦侵我阴晋。

三十二年,讨伐郑国。修筑酸枣城。在注城打败秦军。三十五年,齐国攻占我国的襄陵。三十六年,秦军侵占我国的阴晋。

三十八年,伐秦,败我武下,得其将识。是岁,文侯卒,子击立,是为武侯。

三十八年,讨伐秦国,在武下我军被打败,但却俘虏了秦将识。这一年,魏文侯去世,子击即位,这就是武侯。

魏武侯元年,赵敬侯初立,公子朔为乱,不胜,奔魏,与魏袭邯郸,魏败而去。

魏武侯元年,赵敬侯刚即位,公子朔(据《六国年表·赵世家》作朝)作乱,没有成功,逃奔到魏国,和魏军共同袭击邯郸,魏军战败而去。

二年,城安邑、王垣。七年,伐齐,至桑丘。九年,翟败我于浍。使吴起伐齐,至灵丘。齐威王初立。

二年,修筑安邑城、王垣城。七年,讨代齐国,一直打到桑丘。九年,翟军在浍水打败我军。派吴起讨伐齐国,一直打到灵丘。齐威王刚即位。

十一年,与韩、赵三分晋地,灭其后。

十一年,和韩、赵三分晋地,灭绝了晋国的后嗣。

十三年,秦献公县栎阳。十五年,败赵北蔺。

十三年,秦献公迁都于栎阳。十五年,在北蔺打败赵军。

十六年,伐楚,取鲁阳。武侯卒,子罃立,是为惠王。

十六年,讨伐楚国,夺取了鲁阳。武侯去世,儿子萤即位,这就是惠王。

惠王元年,初,武侯卒也,子罃与公中缓争为太子。公孙颀自宋入赵,自赵入韩,谓韩懿侯曰:“魏罃与公中缓争为太子,君亦闻之乎?今魏罃得王错,挟上党,固半国也。因而除之,破魏必矣,不可失也。”懿侯说,乃与赵成侯合军并兵以伐魏,战于浊泽,魏氏大败,魏君围。赵谓韩曰:“除魏君,立公中缓,割地而退,我且利。”韩曰:“不可。杀魏君,人必曰暴;割地而退,人必曰贪。不如两分之。魏分为两,不强于宋、卫,则我终无魏之患矣。”赵不听。韩不说,以其少卒夜去。惠王之所以身不死,国不分者,二家谋不和也。若从一家之谋,则魏必分矣。故曰“君终无適子,其国可破也”。

惠王元年。当初,武侯逝世,子罃和公中缓争当太子。公孙颀从宋国到赵国,又从赵国到韩国,对韩懿侯说:“魏罃和公中缓争当太子,君王也听说了吧?现在魏罃得到王错的辅佐,挟持上党,本来等于半个魏国。趁机除掉魏罃,必能打败魏国,机不可失。”懿侯很高兴,就和赵成侯联合攻打魏国,在浊泽交战,魏军大败,魏惠王被包围。赵成侯对韩懿侯说:“除掉魏君,立公中缓,割地而后撤军,对我们都有利。”韩懿侯说:“不行。杀了魏君,人们一定骂我们残暴;割地后撤军,人们定会骂我们贪婪。最好把魏国分成两个部分。魏国一分为二,不会强于宋国、卫国,这样,我们就永远不会有魏国的患害了。”赵成侯不听。韩懿侯不高兴,率领部分军队夜间撤离。魏惠王所以没有死,国家没有被分割,原因是韩、赵两国的意见不一致。如果顺从一国的意见,那么魏国一定被分割。所以说“国君去世,没有嫡子即位,他的国家就能被攻破”。

二年,魏败韩于马陵,败赵于怀。三年,齐败我观。五年,与韩会宅阳。城武堵。为秦所败。六年,伐取宋仪台。九年,伐败韩于浍。与秦战少梁,虏我将公孙痤,取庞。秦献公卒,子孝公立。

二年,魏军在马陵打败韩军,在怀地打败赵军。三年,齐军在观地打败我军。五年,和韩侯在宅阳相会。修筑武堵城。魏军被秦军打败。六年,讨伐宋国,夺取了仪台。九年,在浍水打败韩国。和秦军在少梁交战,秦军俘虏我军将领公孙痤,攻占。秦献公去世,儿子孝公即位。

十年,伐取赵皮牢。彗星见。十二年,星昼坠,有声。

十年,讨伐赵国的皮牢,占领了它。彗星出现。十二年,白天陨星坠落,发出鸣声。

十四年，与赵会鄗。十五年，鲁、卫、宋、郑君来朝。十六年，与秦孝公会杜平。侵宋黄池，宋复取之。

十四年，和赵侯在鄗相会。十五年，鲁、卫、宋、郑的国君来朝见惠王。十六年，和秦孝公在杜平相会。攻占宋国的黄池，又被宋军夺去。

十七年，与秦战元里，秦取我少梁。围赵邯郸。十八年，拔邯郸。赵请救于齐，齐使田忌、孙膑救赵，败魏桂陵。

十七年，和秦军在元里交战，秦军夺取我国的少梁。魏军包围赵国的邯郸。十八年，攻占邯郸。赵国向齐国请求救兵，齐国派田忌、孙膑率军救赵，在桂陵打败魏军。

十九年，诸侯围我襄陵。筑长城，塞固阳。

十九年，诸侯联军包围我国的襄陵。修筑长城，在固阳建筑关塞。

二十年，归赵邯郸，与盟漳水上。二十一年，与秦会彤。赵成侯卒。二十八年，齐威王卒。中山君相魏。

二十年，归还赵国的邯郸，和赵在漳水上签订盟约。二十一年，和秦王在彤地会面。赵成侯去世。二十八年，齐威王去世。中山君当了魏国的丞相。

三十年，魏伐赵，赵告急齐。齐宣王用孙子计，救赵击魏。魏遂大兴师，使庞涓将，而令太子申为上将军。过外黄，外黄徐子谓太子曰："臣有百战百胜之术。"太子曰："可得闻乎？"客曰："固愿效之。"曰："太子自将攻齐，大胜并莒，则富不过有魏，贵不益为王。若战不胜齐，则万世无魏矣。此臣之百战百胜之术也。"太子曰："诺，请必从公之言而还矣。"客曰："太子虽欲还，不得矣。彼劝太子战攻，欲啜汁者众。太子虽欲还，恐不得矣。"太子因欲还，其御曰："将出而还，与北同。"太子果与齐人战，败于马陵。齐虏魏太子申，杀将军涓，军遂大破。

马陵伏弩图，选自清·马骀《百将传图》，讲述孙膑设伏于马陵道，射死魏将庞涓之事。

三十年，魏军征讨赵国，赵国向齐国请求援助。齐宣王采用孙膑的计策，攻魏国而救赵国。魏国就大量发兵，派庞涓为将，让太子申为上将军。军队路经外黄，外黄的徐子对太子申说："我有百战百胜的妙术。"太子说："可以听听吗？"徐子说："本来就想敬献给你。"他接着说："太子亲自率兵攻打齐国，即使大胜齐军吞并莒地，那么富有也不如拥有魏国，尊贵也超不过做魏王。如果打不赢齐国，那么子孙后代就不能拥有魏国了。这就是我的百战百胜妙术。"太子说："是，我一定听从你的话领军回国。"徐子说："你虽然想回去，已经不可能了。那些鼓动你打仗，想从中得利的人太多了。你虽然想回去，恐怕办不到了。"太子因而想班师回国，他的赶车人说："将军刚出师就回去，和打败仗一样。"太子申果然和齐军交战，在马陵战败。齐军俘虏魏太子申，杀死将军庞涓，魏军于是大败。

三十一年，秦、赵、齐共伐我，秦将商君诈我将军公子卬而袭夺其军，破之。秦用商君，东地至河，而齐、赵数破我，安邑近秦，于是徙治大梁。以公子赫为太子。

三十一年，秦、赵、齐三国联合攻打我

国，秦将商君用欺骗手段俘虏了我国的将军公子卬，然后袭取他的军队，大败魏军。秦国任用商鞅，东边拓地到达黄河，而齐、赵两国又多次打败我军，安邑靠近秦国，于是迁都到大梁。立公子赫为太子。

三十三年，秦孝公卒，商君亡秦归魏，魏怒，不入。三十五年，与齐宣王会平阿南。

三十三年，秦孝公去世，商鞅逃出秦国，投奔魏国，魏人恼怒他曾经欺骗公子卬，不接收他。三十五年，和齐宣王在平阿南相会。

惠王数被于军旅，卑礼厚币以招贤者。邹衍、淳于髡、孟轲皆至梁。梁惠王曰："寡人不佞，兵三折于外，太子虏，上将死，国以空虚，以羞先君宗庙社稷，寡人甚丑之。叟不远千里，辱幸至敝邑之廷，将何以利吾国？"孟轲曰："君不可以言利若是。夫君欲利则大夫欲利，大夫欲利则庶人欲利，上下争利，国则危矣。为人君，仁义而已矣，何以利为！"

惠王屡次在战争中败北，就用卑下谦恭的礼节和优厚的物质待遇招揽贤人。邹衍、淳于髡、孟轲都来到魏国。惠王说："我没有才能，军队三次在国外遭受挫折，太子被俘，上将战死，国家因此空虚，玷辱了祖先的宗庙社稷，我感到特别羞耻。老先生不顾千里之遥，屈尊光临我国朝廷，将提供什么计策使我国获利呢？"孟轲说："君王不可以这样谈利。君王贪利就会影响大夫贪利，大夫贪利就会影响百姓贪利，上上下下都争权夺利，国家就危险了。作为人君，实行仁义就够了，何必追逐利呢！"

三十六年，复与齐王会甄。是岁，惠王卒，子襄王立。

三十六年，又和齐王在甄地相会。这一年，惠王去世，儿子襄王即位。

襄王元年，与诸侯会徐州，相王也。追尊父惠王为王。

襄王元年，和诸侯在徐州相会，互相尊称为王。追尊父亲惠王为王。

五年，秦败我龙贾军四万五千于雕阴，围我焦、曲沃。予秦河西之地。

五年，秦军在雕阴打败我国将领龙贾的军队四万五千人，包围我国的焦、曲沃。魏国把河西之地割给秦国。

六年，与秦会应。秦取我汾阴、皮氏、焦。魏伐楚，败之陉山。七年，魏尽入上郡于秦。秦降我蒲阳。八年，秦归我焦、曲沃。

六年，和秦王在应地相会。秦军攻占我国的汾阴、皮氏、焦。魏军征讨楚国，在陉山打败它。七年，魏国把上郡全部割给秦国。秦军攻占我国的蒲阳。八年，秦国归还我国的焦、曲沃。

十二年，楚败我襄陵。诸侯执政与秦相张仪会啮桑。十三年，张仪相魏。魏有女子化为丈夫。秦取我曲沃、平周。

十二年，楚军在襄陵打败我军。诸侯的执政大臣和秦相张仪在啮桑相会。十三年，张仪任魏相。魏国有个女人变成了男人。秦军攻占我国的曲沃、平周。

十六年，襄王卒，子哀王立。张仪复归秦。

十六年，襄王去世，儿子哀王即位。张仪又回到秦国。

哀王元年，五国共攻秦，不胜而去。

哀王元年，五国共同讨伐秦国，没有胜利就退兵了。

二年，齐败我观津。五年，秦使樗里子伐取我曲沃，走犀首岸门。六年，秦来立公子政为太子。与秦会临晋。七年，攻齐。与秦伐燕。

二年，齐军在观津打败我军。五年，秦国派樗里子攻占我国的曲沃，在岸门赶走犀首。六年，秦国派人来立公子政为太子。魏王和秦王在临晋相见。七年，进攻齐国。又和秦国联合讨伐燕国。

八年，伐卫，拔列城二。卫君患之。如耳见卫君曰："请罢魏兵，免成陵君可乎？"卫君曰："先生果能，孤请世世以卫事先生。"如耳见成陵君曰："昔者魏伐赵，断羊肠，拔阏与，约斩赵，赵分而为二，所以不亡者，魏为从主也。今卫已迫亡，将西请事于秦。与其以秦醳卫，不如以魏醳卫，卫之德魏必终无穷。"成陵君曰："诺。"如耳见魏王曰："臣有谒于卫。卫故周室之别也，其称小国，多宝器。今国迫于难而宝器不出者，其心以为攻卫醳卫不以王为主，故宝器虽出必不入于王也。臣窃料之，先言醳卫者必受卫者也。"如耳出，成陵君入，以其言见魏王。魏王听其说，罢其兵，免成陵君，终身

不见。

八年，讨伐卫国，攻占相邻的两座城邑。卫君非常忧虑。如耳会见卫君说："请让我去使魏国撤军，并罢免成陵君，可以吗？"卫君说："先生如果真能这样，我愿意世世代代以卫国侍奉先生。"如耳会见成陵君说："从前魏国讨伐赵国，切断羊肠坂道，攻占阏与，约定割裂赵国，把赵国分成两个，赵国没有灭亡是因为魏国是盟主。现在卫国濒临灭亡，它将向西请求臣属于秦国。与其由秦国宽释卫国，不如由魏国宽释卫国，这样，卫国一定会永远感激魏国。"成陵君说："好。"如耳又去会见魏王说："我曾去见过卫君。卫君原是周室的分支，它虽然号称小国，但宝器甚多。如今卫国迫于危急，而仍不肯献出宝器，因为他心里认为进攻卫国或宽释卫国，都不由君王主宰，因此，宝器纵然献出来，一定不会落到君王手里。我私下考虑，先建议宽释卫君的人，必定是接受了卫国贿赂的人。"如耳出去，成陵君进来，照如耳的话游说魏王。魏王听完他的话，便停止了对卫国的进攻；同时罢免了成陵君的职务，终身不再见他。

九年，与秦王会临晋。张仪、魏章皆归于魏。魏相田需死，楚害张仪、犀首、薛公。楚相昭鱼谓苏代曰："田需死，吾恐张仪、犀首、薛公有一人相魏者也。"代曰："然相者欲谁而君便之？"昭鱼曰："吾欲太子之自相也。"代曰："请为君北，必相之。"昭鱼曰："奈何？"对曰："君其为梁王，代请说君。"昭鱼曰："奈何？"对曰："代也从楚来，昭鱼甚忧，曰：'田需死，吾恐张仪、犀首、薛公有一人相魏者也。'代曰：'梁王，长主也，必不相张仪。张仪相，必右秦而左魏。犀首相，必右韩而左魏。薛公相，必右齐而左魏。梁王，长主也，必不便也。'王曰：'然则寡人孰相？'代曰：'莫若太子之自相。太子之自相，是三人者皆以太子为非常相也，皆将务以其国事魏，欲得丞相玺也。以魏之强，而三万乘之国辅之，魏必安矣。故曰莫若太子之自相也'。"遂北见梁王，以此告之。太子果相魏。

九年，和秦王在临晋相会。张仪、魏章都来依附魏国。魏相田需去世，楚国唯恐张仪、犀首、薛公做魏相。楚相昭鱼对苏代说："田需死了，我怕张仪、犀首、薛公中有一人继任魏相。"苏代说："那么让谁做魏相对你有利呢？"昭鱼说："我想让魏太子做魏相。"苏代说："我愿替你北上游说，一定让魏太子当魏相。"昭鱼说："怎么办呢？"苏代说："你扮演魏王，我来游说你。"昭鱼说："怎么说呢？"苏代说："我从楚国来，昭鱼很忧虑，他说：'田需死了，我怕张仪、犀首、薛公会有一人当魏相。'我对他说：'魏王，是贤明的国君，绝不会让张仪当相国。张仪若当相国，定会偏向秦国损害魏国。犀首若当相国，定会偏向韩国损害魏国。薛公若当相国，定会偏向齐国损害魏国。魏王，是贤明的国君，绝不会随便任命他们。'魏王会说：'那么我让谁当相国呢？'我就说：'不如让太子自己当相国。太子自己当相国，这三个人都认为太子不会长久任相国，都会尽力让他们的故国侍奉魏国，为的是将来接替太子当魏相。凭借魏国的强大，又有三个拥有万乘兵力的大国辅佐，魏国一定会安宁。所以说不如让太子自己当相国。"于是北上会见魏王，把这些话告诉他。太子果真当了魏的相国。

十年，张仪死。十一年，与秦武王会应。十二年，太子朝于秦。秦来伐我皮氏，未拔而解。十四年，秦来归武王后。十六年，秦拔我蒲阪、阳晋、封陵。十七年，与秦会临晋。秦予我蒲阪。十八年，与秦伐楚。二十一年，与齐、韩共败秦军函谷。

十年，张仪去世。十一年，和秦武王在应地相会。十二年，太子到秦国朝拜。秦国攻打我国的皮氏，没有攻克就解围。十四年，秦国把秦武王的王后送回魏国。十六年，秦军攻占魏国的蒲阪、阳晋、封陵。十七年，和秦王在临晋会面。秦国归还我国的蒲阪。十八年，和秦军联合进攻楚国。二十一年，和齐、韩两国一起在函谷关打败秦军。

二十三年，秦复予我河外及封陵为和。哀王卒，子昭王立。

二十三年，秦国又归还我国的河外及封陵以便讲和。哀王去世，儿子昭王即位。

昭王元年，秦拔我襄城。二年，与秦战，我不利。三年，佐韩攻秦，秦将白起败我军伊阙二十四万。六年，予秦河东地方四百里。芒卯以诈重。七年，秦拔我城大小六十一。八年，秦昭王为西帝，齐湣王为东帝，月余，皆复称王归帝。九年，秦拔我新垣、曲阳之城。

昭王元年，秦军攻占我国的襄城。二年，和秦军交战，我军失利。三年，帮助韩国攻打秦国，秦将白起在伊阙打败我军二十四万人。六年，把河东地方纵横四百里割给秦国。芒卯因为有智谋受到魏国的重用。七年，秦军攻占我国的大小六十一座城。八年，秦昭王称西帝，齐湣王称东帝。一个多月后，都重新称王取消帝号。九年，秦军攻占我国的新垣、曲阳城。

十年，齐灭宋，宋王死我温。十二年，与秦、赵、韩、燕共伐齐，败之济西，湣王出亡。燕独入临淄。与秦王会西周。

十年，齐国灭了宋国，宋王死在我国的温地。十二年，和秦、赵、韩、燕四国共同讨伐齐国，在济西打败它，齐湣王出国逃亡。燕军单独深入到临淄。和秦王在西周相会。

十三年，秦拔我安城。兵到大梁，去。十八年，秦拔郢，楚王徙陈。

十三年，秦军攻占我国的安城。秦军抵达大梁下，又撤离。十八年，秦军攻占楚国的郢都，楚王迁都到陈。

十九年，昭王卒，子安釐王立。

十九年，昭王去世，儿子安釐王即位。

张仪像

安釐王元年，秦拔我两城。二年，又拔我二城，军大梁下，韩来救，予秦温以和。三年，秦拔我四城，斩首四万。四年，秦破我及韩、赵，杀十五万人，走我将芒卯。魏将段干子请予秦南阳以和。苏代谓魏王曰："欲玺者段干子也，欲地者秦也。今王使欲地者制玺，使欲玺者制地，魏氏地不尽则不知已。且夫以地事秦，譬犹抱薪救火，薪不尽，火不灭。"王曰："是则然也。虽然，事始已行，不可更矣。"对曰："王独不见夫博之所以贵枭者，便则食，不便则止矣。今王曰'事始已行，不可更'，是何王之用智不如用枭也？"

安釐王元年，秦军攻占我国的两座城。二年，秦军又攻取我国的两座城，兵到大梁城下，韩国派兵来救，把温割给秦国讲和。三年，秦军攻占我国的四座城，斩杀四万人。四年，秦军打败我军、韩军、赵军，歼灭十五万人，赶走魏将芒卯。魏将段干子请求把南阳割给秦国讲和。苏代对魏王说："想升官的是段干子，想得到土地的是秦国。现在君王让想得到土地的人掌握授官权，让想升官的人控制魏国的土地。这样，魏国的土地不失净尽就不会完结。再说靠土地侍奉秦国，就好比抱柴救火，柴烧不尽，火不会熄灭。"魏王说："是这么个道理。尽管如此，事情已经开始实行，不能更改了。"苏代回答说："君王难道不懂得博戏看重枭子的道理，便利就吃掉对方的棋子，不便利就停止。现在君王说'事已经实行，不能改变了'，为什么君王用智谋还不如下棋用枭子呢？"

九年，秦拔我怀。十年，秦太子外质于魏死。十一年，秦拔我郪丘。

九年，秦军攻占我国的怀地。十年，秦国太子在魏国做人质，死去。十一年，秦军攻占我国的郪丘。

秦昭王谓左右曰："今时韩、魏与始孰强？"对曰："不如始强。"王曰："今时如耳、魏齐与孟尝、芒卯孰贤？"对曰："不如。"王曰："以孟尝、芒卯之贤，率强韩、魏以攻秦，犹无奈寡人何也。今以无能之如耳、魏齐而率弱韩、魏以伐秦，其无奈寡人何亦明矣。"左右皆曰："甚然。"中旗冯琴而对曰："王之料天下过矣。当晋六卿之时，知氏最强，灭范、中行，又率韩、魏之兵以围赵襄子于晋阳，决晋水以灌晋阳之城，不湛者三版。知伯行水，魏桓子御，韩康子为参乘。知伯曰：'吾始不知水之可以亡人之国也，今乃知之。'汾水可以灌安邑，绛水可以灌平阳。魏桓子肘韩康子，韩康子履魏桓子，肘足接于车上，而知氏地分，身死国亡，为天下笑。今秦兵虽强，不能过知氏；韩、魏虽弱，尚贤其在晋阳之下也。此方其用肘足之时也，愿王之勿易也！"于是秦王恐。

秦昭王对身边大臣说："现在韩国、魏国与原来相比，哪个时候强盛？"群臣回答说："不如原来强盛。”昭王说：“现在的如耳、魏齐与原来的孟尝君、芒卯相比谁贤能？”群臣回答说：“如耳、魏齐不如孟尝君、芒卯贤能。”昭王说：“凭孟尝君、芒卯的贤能，率领强盛时期的韩国、魏国攻打秦国，还不能把我怎么样。现在由无能的如耳、魏齐，率领弱小的韩国、魏国攻打秦国，他们会把我怎么样也就明显了。”群臣都说：“很对。”大夫中旗倚着琴回答说：“君王对天下的形势估计错了。当初晋国六卿并立时，智氏最强大，它灭了范氏、中行氏，又率领韩、魏的军队把赵襄子围困在晋阳，决开晋水淹灌晋阳城，晋阳城只剩下三版宽的地方没有被水淹。智伯巡视水势，魏桓子替他赶车，韩康子陪乘。智伯说：‘我当初不知道水能灭亡别人的国家，现在才知道，汾水可以淹安邑，绛水可以淹平阳。’于是魏桓子用胳膊肘碰韩康子，韩康子用脚踩魏桓子，二人在车上通过肘和脚达成默契，而智氏的封地被瓜分，身死国亡，被天下人嘲笑。现在秦国虽然兵强马壮，但不会超过当年的智氏；韩国、魏国虽然弱小，还胜过他们在晋阳城下时的力量。现在正是他们用肘和脚达成默契的时候，希望君王一定不要轻视他们。”于是秦昭王感到害怕。

齐、楚相约而攻魏，魏使人求救于秦，冠盖相望也，而秦救不至。魏人有唐雎者，年九十余矣，谓魏王曰：“老臣请西说秦王，令兵先臣出。”魏王再拜，遂约车而遣之。唐雎到，入见秦王。秦王曰：“丈人芒然乃远至此，甚苦矣！夫魏之来求救数矣，寡人知魏之急已。”唐雎对曰：“大王已知魏之急而救不发者，臣窃以为用策之臣无任矣。夫魏，一万乘之国也，然所以西面而事秦，称东藩，受冠带，祠春秋者，以秦之强足以为与也。今齐、楚之兵已合于魏郊矣，而秦救不发，亦将赖其未急也。使之大急，彼且割地而约从，王尚何救焉？必待其急而救之，是失一东藩之魏而强二敌之齐、楚，则王何利焉？”于是秦昭王遽为发兵救魏。魏氏复定。

齐国、楚国联合征讨魏国，魏王派人向秦国求救，使臣络绎不绝，而秦国仍不派救兵。魏国有个名叫唐雎的人，已经九十多岁了，他对魏王说：“老臣请求西去游说秦王，让秦国的救兵比老臣先出来。”魏王两次拜谢后，就准备车辆送唐雎出发。唐雎到达秦国，拜见秦王。秦王说：“你老人家疲惫不堪地远道而来，太辛苦啦！魏国几次派人求救，我已经知道魏国危急了。”唐雎回答说：“君王既然知道魏国危急，却不派救兵，我认为是为你出谋划策的大臣无能。魏国，是拥有万乘兵力的大国，然而所以向西依附秦国，称为东方的藩属，接受秦国赐给的冠带，春秋两季按时向秦国进贡祭品，是因为强大的秦国是可以信赖的盟国。现在齐国、楚国的联军已经在魏国都城的郊外会合，而秦国的救兵不发，也就是视魏国不太急迫罢了。如果坐等魏国大急，它将被迫割地而加入合纵的行列，那时君王还救什么呢？一定等到危急才发兵救它，这样，将失掉一个东方的藩属魏国，而使齐、楚两个敌国强大，那样对君王有什么好处呢？”于是秦昭王马上就发兵救援魏国。魏国又转危为安。

赵使人谓魏王曰：“为我杀范痤，吾请献七十里之地。”魏王曰：“诺。”使吏捕之，围而未杀。痤因上屋骑危，谓使者曰：“与其以死痤市，不如以生痤市。有如痤死，赵不予王地，则王将奈何？故不若与先定割地，然后杀痤。”魏王曰：“善。”痤因上书信陵君曰：“痤，故魏之免相也，赵以地杀痤而魏王听之，有如强秦亦将袭赵之欲，则君且奈何？”信陵君言于王而出之。

赵王派人对魏王说：“替我杀死范痤，我愿意献给魏国纵横七十里土地。”魏王说：“好。”就派官吏去逮捕范痤，包围了他的家，还没有捕杀。范痤借机爬上屋顶，骑在屋梁上，对抓他的官吏说：“与其拿死的范痤交易，不如拿活的范痤交易。如果我死了，赵王不给魏王土地，那么魏王将怎么办呢？所以不如与赵王先划定割地，然后再杀我。”魏王说：“好。”范痤趁机给信陵君写信说：“范痤我，本是魏国的去职相国，赵王用割地为条件要杀我，而魏王竟然听他，有一天如果强秦也沿袭赵王的办法要求杀你，那么你将怎么办呢？”信陵君向魏王进谏，就把范痤释放了。

魏王以秦救之故，欲亲秦而伐韩，以求故地。无忌谓魏王曰：秦与戎翟同俗，有虎狼之心，贪戾好利无信，不识礼义德行。苟有利焉，不顾亲戚兄弟，若禽兽耳，此天下之所识也，非有所施厚积德也。故太后母也，而以忧死；穰侯舅也，功莫大焉，而竟逐之；两弟无罪，而再夺之国。此于亲戚若此，而况于仇雠之国乎！今王与秦共伐韩而益近秦患，臣甚惑之。而王不识则不明，群臣莫以闻则不忠。

魏王因为秦国援救的缘故，想亲近秦国，攻打韩国，讨回以前的失地。信陵君无忌对魏王说：秦人和戎翟习俗相同，有虎狼一样的心肠，贪婪暴戾，追逐利益，不讲信义，不懂礼义德行。要是有利可图，连亲戚兄弟也不顾，如同禽兽一样，这是天下人都知道的，它从未施厚恩积大德。宣太后是秦王的母亲，却忧伤而死；穰侯是秦王的舅舅，功劳没有人比他大，竟然把他驱逐了；泾阳君、高陵君两个弟弟没有罪过，而一再剥夺他们的封邑。秦国对待亲戚如此，又何况对于仇敌的国家呢？现在君王和秦国联合攻打韩国，就会更接近秦国的祸患，我甚感疑惑不解。君王不懂得这个道理就是不明智，群臣不向君王讲清这个道理就是不忠。

今韩氏以一女子奉一弱主，内有大乱，外交强秦、魏之兵，王以为不亡乎？韩亡，秦有郑地，与大梁邻，王以为安乎？王欲得故地，今负强秦之亲，王以为利乎？

现在韩国是靠母后辅佐幼弱的国君，国内混乱，外与强大的秦、魏两国军队交战，君王认为韩国还能不灭亡吗？韩国灭亡，秦国将占有郑地，和大梁相邻，君王认为能安全吗？君王想得到原来的土地，如今就倚仗与强秦亲近，君王认为这样有利吗？

秦非无事之国也，韩亡之后必将更事，更事必就易与利，就易与利必不伐楚与赵矣。是何也？夫越山逾河，绝韩上党而攻强赵，是复阏与之事，秦必不为也。若道河内，倍邺、朝歌，绝漳、滏水，与赵兵决于邯郸之郊，是智伯之祸也，秦又不敢。伐楚，道涉谷，行三千里，而攻冥厄之塞，所行甚远，所攻甚难，秦又不为也。若道河外，倍大梁，右上蔡、召陵，与楚兵决于陈郊，秦又不敢。故曰秦必不伐楚与赵矣，又不攻卫与齐矣。

秦国不是安分的国家，韩国灭亡后必将再挑事端，再挑事端必定找容易的和有利可图的目标，找容易的和有利可图的目标一定不找楚国和赵国。为什么呢？越大山跨黄河，穿越韩国的上党而进攻强大的赵国，是重蹈阏与战败的覆辙，秦国一定不肯这样做。如果取道河内，背向邺、朝歌，横渡漳水、滏水，与赵军在邯郸郊外决战，是重演智伯遇到的灾祸，秦国又不敢。讨伐楚国，路经涉谷，跋涉三千里，进攻冥厄要塞，所走的道路太远，所攻打的目标太困难，秦国不肯这样做。如果路经河外，背向大梁，右面向着上蔡、召陵，和楚军在陈郊决战，秦国不敢。所以说秦国绝不会进攻楚国和赵国，更不会进攻卫国和齐国。

夫韩亡之后，兵出之日，非魏无攻已。秦固有怀、茅、邢丘，城垝津以临河内，河内共、汲必危；有郑地，得垣雍，决荧泽水灌大梁，大梁必亡。王之使者出过而恶安陵氏于秦，秦之欲诛之久矣。秦叶阳、昆阳与舞阳邻，听使者之恶之，随安陵氏而亡之，绕舞阳之北，以东临许，南国必危，国无害乎？

韩国灭亡之后，秦军兵出之日，其目标除去魏国，没有其他。秦本来就占有怀、茅、邢丘等战略要地。现又修筑垝津城以威胁河内。河内的共和汲必定危急。灭韩以后，秦占有郑故地，必定夺取垣雍，溃决荧泽，引水淹灌大梁，大梁必亡。大王使者以过分的言行在秦王面前中伤安陵氏。秦早就打主意诛灭安陵氏。秦叶阳、昆阳与舞阳毗邻，听信使者的中伤，毁灭安陵而亡其国，秦就可以绕过舞阳之北，东向威逼许邑，南部城邑危急，魏国能太平吗？

夫憎韩不爱安陵氏可也，夫不患秦之不爱南国非也。异日者，秦在河西晋，国去梁千里，有河山以阑之，有周、韩以间之。从林乡军以至于今，秦七攻魏，五入囿中，边城尽拔，文台堕，垂都焚，林木伐，麋鹿尽，而国继以围。又长驱梁北，东至陶、卫之郊，北至平监，所亡于秦者，山南山北，河外河内，大县数十，名都数百。秦乃在河西晋，去梁千里，而祸若是矣。又况于使秦无韩，有郑地，无河山而阑之，无周、韩而间之，去大梁百里，祸必由此矣。

憎恨韩国，不喜欢安陵氏是可以的，不担心秦国，不爱南部地区那就错了。以前，秦国在河西晋国故地，国境离大梁千里，中间既有黄河大山阻隔，又有周、韩作缓冲地带。自从林乡战役到现在，秦军七次打败魏军，五次进入囿中，边境的城邑尽被占领，文台被摧毁，垂都被焚烧，林木被砍伐，麋鹿都死尽，国都大梁被围。秦军又长驱到大梁北，东边到达陶邑、卫邑的郊外，北边到达平监。所丧失给秦国的土地，包括山南山北，河外河内，大县数十个，名城数百座。秦国仅在河西晋国旧地，距大梁千里，而祸患就已经如此了。又何况让秦国灭亡韩国，占有郑国的旧地，中间既无河山隔离，又无周、韩作缓冲地带，距离大梁只有百里，大祸一定由此而来。

异日者，从之不成也，楚、魏疑而韩不可得也。今韩受兵三年，秦桡之以讲，识亡不听，投质于赵，请为天下雁行顿刃，楚、赵必集兵，皆识秦之欲无穷也，非尽亡天下之国而臣海内，必不休矣。是故臣愿以从事王，王速受楚、赵之约，而挟韩之质以存韩，而求故地，韩必效之。此士民不劳而故地

得，其功多于与秦共伐韩，而又与强秦邻之祸也。

以前，合纵没有成功，是因为楚国、魏国互相猜疑，韩国不肯参加。现在韩国遭受战祸已经三年，秦国迫使它屈从媾和，韩国知道将要灭亡，但不肯屈从，反而送人质到赵国，请求为诸侯打先锋，和秦军战至兵刃断毁。在这种情况下楚国、赵国一定愿意集兵合作，由于它们都知道秦国的欲望无穷，不全部消灭诸侯使天下臣服，绝不会罢休。所以我愿意用合纵的主张侍奉君王，希望君王赶快接受楚国、赵国的盟约，挟持韩国的质子保护韩国，而后索取旧地，韩国一定会交还。如此士民不辛苦就得到旧地，这样做功利胜过和秦国共同攻打韩国，又避免了与强秦为邻的灾难。

夫存韩安魏而利天下，此亦王之天时已。通韩上党于共、宁，使道安成，出入赋之，是魏重质韩以其上党也。今有其赋，足以富国。韩必德魏爱魏重魏畏魏，韩必不敢反魏，是韩则魏之县也。魏得韩以为县，卫、大梁、河外必安矣。今不存韩，二周、安陵必危。楚、赵大破，卫、齐甚畏，天下西乡而驰秦入朝而为臣不久矣。

保存韩国从而安定魏国，而有利于天下，这是君王遇到的天时。开通韩国上党与共、宁的道路，使道路经过安成，对过路的商贾征收过境税，这等于魏国又把韩国的上党作了抵押。如今有了这些税收，足能使国家富裕。韩国定会感激魏国、亲近魏国、尊重魏国、害怕魏国，韩国必定不敢反叛魏国，这样，韩国就等于是魏国的郡县了。魏国获得韩国为郡县，大梁、河外一定能安宁。现在不保存韩国，东西二周、安陵一定危险，秦军大败楚、赵联军以后，卫国、齐国将很害怕，那样天下诸侯西向奔赴秦国，朝拜称臣为时就不远了。

二十年，秦围邯郸，信陵君无忌矫夺将军晋鄙兵以救赵，赵得全。无忌因留赵。二十六年，秦昭王卒。

二十年，秦军围攻邯郸，信陵君无忌假称王命，夺取将军晋鄙的军队去援救赵国，赵国得救。无忌因此留居赵国。二十六年，秦昭王去世。

三十年，无忌归魏，率五国兵攻秦，败之河外，走蒙骜。魏太子增质于秦，秦怒，欲囚魏太子增。或为增谓秦王曰："公孙喜固谓魏相曰'请以魏疾击秦，秦王怒，必囚增。魏王又怒，击秦，秦必伤'。今王囚增，是喜之计中也。故不若贵增而合魏，以疑之于齐、韩。"秦乃止增。

三十年，无忌回归魏国，率领五国联军攻打秦国，在河外击败秦军，赶走秦将蒙骜。魏国太子增正在秦国做人质，秦王愤怒，想囚禁魏太子增。有人替增对秦王说："公孙喜本来对魏相说：'请派魏军急速攻打秦国，秦王恼怒，必定囚禁太子增。魏王又因此大怒，再攻打秦国，秦国一定会伤害太子增'。现在君王囚禁太子增，正中了公孙喜的计。所以不如尊重太子增，与魏国和好，使魏国被齐国、韩国猜疑。"秦王才释放了太子增。

三十一年，秦王政初立。

三十一年，秦王嬴政刚即位。

三十四年，安釐王卒，太子增立，是为景湣王。信陵君无忌卒。

三十四年，安釐王去世，太子增即位，这就是景湣王。信陵君无忌去世。

景湣王元年，秦拔我二十城，以为秦东郡。二年，秦拔我朝歌。卫徙野王。三年，秦拔我汲。五年，秦拔我垣、蒲阳、衍。十五年，景湣王卒，子王假立。

景湣王元年，秦军攻占我国的二十座城，设为秦国的东郡。二年，秦军攻占我国的朝歌。卫国迁到野王。三年，秦军攻占我国的汲地。五年，秦军攻占我国的垣、蒲阳、衍。十五年，景湣王去世，儿子王假即位。

王假元年，燕太子丹使荆轲刺秦王，秦王觉之。

王假元年，燕太子丹派荆轲行刺秦王，秦王发觉了。

三年，秦灌大梁，虏王假，遂灭魏以为郡县。

三年，秦军引水淹灌大梁，俘虏魏王假，于是灭了魏国，设为郡县。

太史公曰：吾适故大梁之墟，墟中人曰："秦之破梁，引河沟而灌大梁，三月城坏，王请降，遂灭魏。"说者皆曰魏以不用信陵君故，国削弱至于亡，余以为不然。天方令秦平海内，其业未成，魏虽得阿衡之佐，曷益乎？

太史公说：我曾经到过大梁的故城，故城中的人说："秦军攻破大梁的时候，引河沟的水灌大梁城，三个月后城墙被水浸泡坏，王假请求投降，于是灭了魏国。"说话的人一致认为，魏王因为不重用信陵君的缘故，国家才削弱以至于灭亡。我认为不是这样。天意正要秦国平定天下，它的大业尚未完成，魏国即使得到阿衡一类的贤人辅佐，又有什么用呢？

史记第四十五卷

韩世家第十五

韩之先与周同姓，姓姬氏。其后苗裔事晋，得封于韩原，曰韩武子。武子后三世有韩厥，从封姓为韩氏。

韩国的祖先和周同姓，姓姬。以后他的子孙侍奉晋君，被封到韩原，此人名叫韩武子。韩武子以后的第三代有个韩厥，他依封邑的名称改姓韩。

韩厥，晋景公之三年，晋司寇屠岸贾将作乱，诛灵公之贼赵盾。赵盾已死矣，欲诛其子赵朔。韩厥止贾，贾不听。厥告赵朔令亡。朔曰："子必能不绝赵祀，死不恨矣。"韩厥许之。及贾诛赵氏，厥称疾不出。程婴、公孙杵臼之藏赵孤赵武也，厥知之。

韩厥，在晋景公的三年，晋国的司寇屠岸贾准备作乱，说诛杀晋灵公的贼臣是赵盾。赵盾已经死了很久，就要杀赵盾的儿子赵朔，韩厥阻止屠岸贾，屠岸贾不听。韩厥告诉赵朔，让他逃离。赵朔说："你一定会不让赵氏的祭祀断绝，我死也就无什么遗恨了。"韩厥答应了他。等到屠岸贾诛杀赵氏家族时，韩厥托称有病，不肯出来。但程婴、公孙杵臼把赵氏的孤儿赵武藏了起来，韩厥是知道的。

景公十一年，厥与郤克将兵八百乘伐齐，败齐顷公于鞍，获逢丑父。于是晋作六卿，而韩厥在一卿之位，号为献子。

景公十一年，韩厥和郤克率领战车八百乘讨代齐国，在鞍地打败齐顷公，俘虏了逢丑父。于是晋国设置六卿，韩厥位居六卿之一，号为献子。

晋景公十七年，病，卜大业之不遂者为祟。韩厥称赵成季之功，今后无祀，以感景公。景公问曰："尚有世乎？"厥于是言赵武，而复与故赵氏田邑，续赵氏祀。

晋景公十七年，景公生病，占卜认为，是大业的后代子孙不顺心的人作祟。韩厥就称颂赵成季对晋国的贡献，并说没有后人祭他，想用这些话感动景公。景公问道："他还有后代吗？"韩厥于是说出了赵武的家世。景公因而把赵氏原有的封邑给了赵武，让他接续赵氏的祭祀。

晋悼公之七年，韩献子老。献子卒，子宣子代。宣子徙居州。

晋悼公七年，韩献子告老。献子去世，儿子宣子接替他的职位。宣子迁居到州地。

晋平公十四年，吴季札使晋，曰："晋国之政卒归于韩、魏、赵矣。"晋顷公十二年，韩宣子与赵、魏共分祁氏、羊舌氏十县。晋定公十五年，宣子与赵简子侵伐范、中行氏。宣子卒，子贞子代立。贞子徙居平阳。

晋平公十四年，吴国的季札出使晋国，说："晋国的政治终究会归于韩、魏、赵三家。"晋顷公十二年，韩宣子和赵、魏共同瓜分祁氏、羊舌氏的封地分为十县。晋定公十五年，韩宣子和赵简子攻打范氏、中行氏。韩宣子去世，儿子贞子即位。贞子迁居到平阳。

贞子卒，子简子代。简子卒，子庄子代。庄子卒，子康子代。康子与赵襄子、魏桓子共败知伯，分其地，地益大，大于诸侯。

贞子去世，儿子简子即位。简子去世，儿子庄子即位。庄子去世，儿子康子即位。康子和赵襄子、魏桓子共同打败智伯，瓜分了他的封邑，韩的领地更大了，超过了一般诸侯的封地。

康子卒，子武子代。武子二年，伐郑，杀其君幽公。十六年，武子卒，子景侯立。

康子去世，儿子武子即位。武子二年，征讨郑国，杀死郑君幽公。十六年，武子去世，儿子景侯即位。

景侯虔元年，伐郑，取雍丘。二年，郑败我负黍。

景侯虔元年，征讨郑国，夺取雍丘。二年，郑国在负黍打败我国。

六年，与赵、魏俱得列为诸侯。

六年，和赵、魏一起被封为诸侯。

九年，郑围我阳翟。景侯卒，子列侯取立。

九年，郑军围攻我国的阳翟。景侯去世，儿子列侯取即位。

列侯三年，聂政杀韩相侠累。九年，秦伐我宜阳，取六邑。十三年，列侯卒，子文侯立。是岁魏文侯卒。

列侯三年，聂政杀死韩相侠累。九年，秦军攻打我国的宜阳，占领了六座城。十三年，列侯去世，儿子文侯即位。这一年魏文侯去世。

文侯二年，伐郑，取阳城。伐宋，到彭城，执宋君。七年，伐齐，至桑丘。郑反晋。九年，伐齐，至灵丘。十年，文侯卒，子哀侯立。

文侯二年，讨伐郑国，夺取阳城。又讨伐宋国，到达彭城，俘虏了宋君。七年，讨伐齐国，到达桑丘。郑国反叛晋国。九年，讨伐齐国，到达灵丘。十年，文侯去世，儿子哀侯即位。

哀侯元年，与赵、魏分晋国。二年，灭郑，因徙都郑。

哀侯元年，和赵、魏共同瓜分了晋国。二年，灭了郑国，因而把韩都迁到新郑。

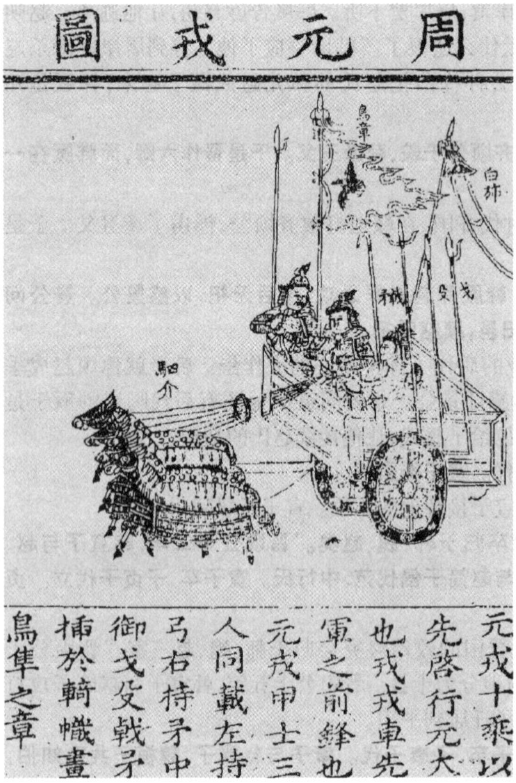

周元戎图。周代将四匹雄马驾车、三名甲士驾驭的战车称为“元戎”。

六年，韩严弑其君哀侯，而子懿侯立。

六年，韩严杀死他的国君哀侯，而儿子懿侯即位。

懿侯二年，魏败我马陵。五年，与魏惠王会宅阳。九年，魏败我浍。十二年，懿侯卒，子昭侯立。

懿侯二年，魏军在马陵打败我军。五年，和魏惠王在宅阳相会。九年，魏军在浍水打败我军。十二年，懿侯去世，儿子昭侯即位。

昭侯元年，秦败我西山。二年，宋取我黄池。魏取朱。六年，伐东周，取陵观、邢丘。

昭侯元年，秦军在西山打败我军。二年，宋军攻占我国的黄池。魏军夺取韩国的朱邑。六年，讨伐东周，夺取陵观、邢丘。

八年，申不害相韩，修术行道，国内以治，诸侯不来侵伐。

八年，申不害任韩相，他研究君主驾驭臣下的权术，推行法家的主张，国内稳定，诸侯不敢来侵犯。

十年，韩姬弑其君悼公。十一年，昭侯如秦。二十二年，申不害死。二十四年，秦来拔我宜阳。

十年，韩姬杀了他的国君悼公。十一年，昭侯到秦国朝拜。二十二年，申不害去世。二十四年，秦军攻占我国的宜阳。

二十五年，旱，作高门。屈宜臼曰："昭侯不出此门。何也？不时。吾所谓时者，非时日也，人固有利不利时。昭侯尝利矣，不作高门。往年秦拔宜阳，今年旱，昭侯不以此时恤民之急，而顾益奢，此谓'时绌举赢'。"二十六年，高门成，昭侯卒，果不出此门。子宣惠王立。

二十五年，发生大旱灾，建造了一座高门。屈宜臼说："昭侯不会从这座门出去，为什么呢？因为不合时宜。我所说的时宜，不指具体的时日，人本来就有顺利和不顺利的时候。昭侯曾经有过顺利的时候，那时他不修建高门。去年秦军攻占韩国的宜阳，今年韩国大旱，昭侯不在这时安抚百姓的急困，反而更加奢侈，这叫做'时绌举赢'（衰败的时候去办兴盛时候的事）。"二十六年，高门建成，昭侯去世，果然没从这座高门出去。儿子宣惠王即位。

宣惠王五年，张仪相秦。八年，魏败我将韩举。十一年，君号为王。与赵会区鼠。十四年，秦伐败我鄢。

宣惠王五年，张仪任秦相。八年，魏军打败我国将领韩举。十一年，韩侯易称号为王。和赵国在区鼠相会。十四年，秦军在鄢打败我军。

十六年，秦败我修鱼，虏得韩将鲠、申差于浊泽。韩氏急，公仲谓韩王曰："与国非可恃也。今秦之欲伐楚久矣，王不如因张仪为和于秦，赂以一名都，具甲，与之南伐楚，此以一易二之计也。"韩王曰："善。"乃警公仲之行，将西购于秦。楚王闻之大恐，召陈轸告之。陈轸曰："秦之欲伐楚久矣，今又得韩之名都一而具甲，秦韩并兵而伐楚，此秦所祷祀而求也。今已得之矣，楚国必伐矣。王听臣为之警四境之内，起师言救韩，命战车满道路，发信臣，多其车，重其币，使信王之救己也。纵韩不能听我，韩必德王也，必不为雁行以来，是秦韩不和也，兵虽至，楚不大病也。为能听我绝和于秦，秦必大怒，以厚怨韩。韩之南交楚，必轻秦；轻秦，其应秦必不敬：是因秦、韩之兵而免楚国之患也。"楚王曰："善。"乃警四境之内，兴师言救韩。命战车满道路，发信臣，多其车，重其币。谓韩王曰："不穀国虽小，已悉发之矣。愿大国遂肆志于秦，不穀将以楚殉韩。"韩王闻之大说，乃止公仲之行。公仲曰："不可。夫以实伐我者秦也，以虚名救我者楚也。王恃楚之虚名，而轻绝强秦之敌，王必为天下大笑。且楚韩非兄弟之国也，又非素约而谋伐秦也。已有伐形，因发兵言救韩，此必陈轸之谋也。且王已使人报于秦矣，今不行，是欺秦也。夫轻欺强秦而信楚之谋臣，恐王必悔之。"韩王不听，遂绝于秦。秦因大怒，益甲伐韩，大战，楚救不至韩。十九年，大破我岸门。太子仓质于秦以和。

十六年，秦军在修鱼打败我军，在浊泽俘虏韩国的将领鲠、申差。韩王着急，韩相公仲侈对韩王说："盟国又靠不住，现在秦国想攻打楚国很久了，君王不如通过张仪与秦国讲和，用一座名城贿赂秦国，制造器械装备军队，和秦军南伐楚国，这是丢一得二的计策。"韩王说："好。"于是让公仲侈悄悄启程，准备与西边的秦国讲和。楚王听到这个消息非常恐惧，召见陈轸把情况告诉他。陈轸说："秦国想攻打楚国已经很久了，现在又得到韩国的一座名城及经过装备的韩国军队的帮助，秦国和韩国联合攻打楚国，这正是秦国祈祷祭祀梦寐以求的事。现在它已经得到了机会，楚国一定会遭受进攻。君王听我的意见，警戒国境的四周，发兵扬言援救韩国，让战车布满道路，派遣使臣，多备随行的车辆，满载重宝财物，让韩王相信楚王真要发兵救他。纵然韩国不肯完全听楚国，韩王一定感激楚王的恩德，必定不会跟秦国像兄弟一样来攻打楚国，这样秦国和韩国就不和了，他们的联军虽然来攻打，对楚国也不会构成大患。如果能使韩国听从楚国和秦国断绝关系，秦王一定愤怒，对韩国深恶痛绝。这样韩国向南结交楚国，必定轻视秦国，轻视秦国，它应酬秦国必定不会恭恭敬敬。这就是借助秦、韩两国军队的矛盾，消除楚国的祸患。"楚王说："好。"于是在国境加强警戒，发兵声言援救韩国。命令战车布满道路，并派遣使臣，发了很多随行的车辆，满载重宝财物到韩国。使臣对韩王说："我们楚国虽小，但已把军队全部派出来了。希望贵大国在和秦军战斗中随心所欲，我们楚王让楚军为韩国作出牺牲。"韩王听后十分高兴，就取消了公仲侈去秦国议和的行动。公仲侈说："不行。真正要攻打我们的是秦国，以虚名援助我们的是楚国。君王倚仗楚国的虚名，而轻易与强秦为敌，君王定会被天下的人大大讥笑。而且楚国和韩国不是兄弟国家，又不是事先相约攻打秦国。在已经有了秦、韩联合进攻楚国的迹象时，楚国因而声言发兵救韩国，这一定是陈轸的诡计。而且君王已经派人把想法告诉秦王，如今又决定不去，这是欺骗秦国。轻易欺骗强大的秦国，而听信楚国谋臣的话，恐怕君王肯定会后悔的。”韩王不听，于是和秦国断交。秦王大怒，增加兵力讨伐韩国。双方大战，而楚国的救兵没有到韩国来。十九年，秦军在岸门大败我军。韩国送太子仓到秦国做人质，秦国才与韩国讲和。

二十一年，与秦共攻楚，败楚将屈丐，斩首八万于丹阳。是岁，宣惠王卒，太子仓立，是为襄王。

二十一年，和秦军共同讨代楚国，打败楚将屈丐，在丹阳斩杀楚军八万人。这一年，宣惠王去世，太子仓即位，这就是襄王。

襄王四年，与秦武王会临晋。其秋，秦使甘茂攻我宜阳。五年，秦拔我宜阳，斩首六万。秦武王卒。六年，秦复与我武遂。九年，秦复取我武遂。十年，太子婴朝秦而归。十一年，秦伐我，取穰。与秦伐楚，败楚将唐眜。

襄王四年，和秦武王在临晋相会。这年秋天，秦国派甘茂率军进攻我国的宜阳。五年，秦军攻占我国的宜阳，斩首六万级。秦武王去世。六年，秦国又把武遂还给我国。九年，秦军再次攻占我国的武遂。十年，太子婴朝拜秦王回国。十一年，秦军进攻我国，攻占穰邑。和秦军共同讨伐楚国，打败了楚将唐眜。

十二年，太子婴死。公子咎、公子虮虱争为太子。时虮虱质于楚。苏代谓韩咎曰：“虮虱亡在楚，楚王欲内之甚。今楚兵十余万在方城之外，公何不令楚王筑万室之都雍氏之旁，韩必起兵以救之，公必将矣。公因以韩楚之兵奉虮虱而内之，其听公必矣，必以楚韩封公也。”韩咎从其计。

十二年，太子婴去世。公子咎与公子虮虱争当太子。当时虮虱在楚国做人质。苏代对公子咎说：“公子虮虱流亡在楚国，楚王很想送他回国。现在楚国大兵十多万驻扎在方城以北，你为何不让楚王在雍氏近旁修建万户的都邑。这样，韩国定会发兵救援雍氏，你必定是领兵的统帅。你利用韩、楚两国的兵力，接纳虮虱回国，他定会听从你的话，定会把楚、韩边境地区封给你。”公子咎接受了他的计策。

楚围雍氏，韩求救于秦。秦未为发，使公孙昧入韩。公仲曰：“子以秦为且救韩乎？”对曰：“秦王之言曰‘请道南郑、蓝田，出兵于楚以待公’，殆不合矣。”公仲曰：“子以为果乎？”对曰：“秦王必祖张仪之故智。楚威王攻梁也，张仪谓秦王曰：‘与楚攻魏，魏折而入于楚，韩固其与国也，是秦孤也。不如出兵以到之，魏楚大战，秦取西河之外以归。’今其状阳言与韩，其实阴善楚。公待秦而到，必轻与楚战。楚阴得秦之不用也，必易与公相支也。公战而胜楚，遂与公乘楚，施三川而归。公战不胜楚，楚塞三川守之，公不能救也。窃为公患之。司马庚三反于郢，甘茂与昭鱼遇于商於，其言收玺，实类有约也。”公仲恐，曰：“然则奈何？”曰：“公必先韩而后秦，先身而后张仪。公不如亟以国合于齐楚，齐楚必委国于公。公之所恶者张仪也，其实犹不无秦也。”于是楚解雍氏围。

楚军围攻雍氏，韩国向秦国求救。秦国没有派救兵，派遣使臣公孙昧来韩国。公仲侈说：“你以为秦军将援救韩国吗？”公孙昧回答说：“秦王这样说‘我将取道南郑、蓝田，出兵到楚国等待你’，由此看来，恐怕秦军不会和韩军会合啊。”公仲侈说：“你认为果真会这样吗？”公孙昧说：“秦王必定效法张仪的老计策。当初楚威王进攻魏国时，张仪对秦王说：‘和楚国共同攻打魏国，魏国战败会投入楚国的怀抱，韩国本来是它的盟国，这样秦国就孤立了。秦国不如出兵迷惑他们，让魏国和楚国大战，秦国坐收西河以外的土地而归。’现在看秦国的样子，表面上说支持韩国，其实暗中与楚国友好。你依靠秦军来增援，必定会轻易地和楚军交战。楚军暗中知道秦军不会为韩国卖命，必定轻易地和你抗争。你如果能战胜楚军，秦军就会和你一起乘楚军的疲惫，到三川地区宣威，而后回国。如果你打不胜楚军，楚军就会扼守三川，你无法援救。我私下为你担心。秦国司马庚三次到郢都密谋，甘茂和楚相昭鱼在商於相会，表面上说是收回印章，实际像是交换密约。”公仲侈惊慌地说：“那怎么办呢？”公孙昧说：“你一定要先考虑倚靠韩国自己的力量，而后再考虑秦国的援助，先考虑自救的办法，而后再考虑对付张仪的伎俩。你最好赶快和齐国、楚国联合，齐国、楚国一定会把国事托付给你。你所厌恶的是张仪的诡计，其实还不能无视秦国。”于是楚国解除了对雍氏的包围。

苏代又谓秦太后弟芈戎曰：“公叔伯婴恐秦楚之内虮虱也，公何不为韩求质子于楚？楚王听入质子于韩，则公叔伯婴知秦楚之不以虮虱为事，必以韩合于秦楚。秦楚挟韩以窘魏，魏氏不敢合于齐，是齐孤也。公又为秦求质子于楚，楚不听，怨结于韩。韩挟齐魏以围楚，楚必重公。公挟秦楚之

重以积德于韩，公叔伯婴必以国待公。”于是虮虱竟不得归韩。韩立咎为太子。齐、魏王来。

苏代又对秦太后的弟弟芈戎说：“公叔伯婴害怕秦国、楚国支持公子虮虱回国，你为何不替韩国求楚国放回质子虮虱呢？如果楚王不肯放质子虮虱回韩国，那么公叔伯婴就知道秦国、楚国并不把虮虱当回事，定会让韩国跟秦国、楚国联合。秦国、楚国挟持韩国，逼迫魏国，魏国就不敢跟齐国联合，这样齐国就孤立了。你又替秦国向楚国求质子虮虱，楚国如果不听，必然和韩国结怨。那时韩国便会依靠齐国、魏国攻打楚国，这样楚国一定重视你。你倚仗秦国、楚国的重视，又对韩国积有恩德，公叔伯婴必定让韩国亲近你。”公子虮虱终于没能返回韩国。韩国立公子咎为太子。齐王、魏王来到韩国。

十四年，与齐、魏王共击秦，至函谷而军焉。十六年，秦与我河外及武遂。襄王卒，太子咎立，是为釐王。

十四年，和齐王、魏王联合攻打秦国，到达函谷关扎营。十六年，秦国把河外及武遂归还给我国。襄王去世，太子咎即位，这就是釐王。

釐王三年，使公孙喜率周、魏攻秦。秦败我二十四万，虏喜伊阙。五年，秦拔我宛。六年，与秦武遂地二百里。十年，秦败我师于夏山。十二年，与秦昭王会西周而佐秦攻齐。齐败，湣王出亡。十四年，与秦会两周间。二十一年，使暴鸢救魏，为秦所败，鸢走开封。

釐王三年，派公孙喜率领周、魏军，攻打秦国。秦军打败韩、魏联军二十四万人，在伊阙俘获了公孙喜。五年，秦军攻占我国的宛城。六年，把武遂地区二百里割给秦国。十年，秦军在夏山打败我军。十二年，和秦昭王在西周相见，帮助秦军攻打齐国。齐军战败，齐湣王王外出逃亡。十四年，和秦王在两周交界处相会。二十一年，派暴鸢援救魏国，被秦军打败，暴鸢逃到开封。

二十三年，赵、魏攻我华阳。韩告急于秦，秦不救。韩相国谓陈筮曰：“事急，愿公虽病，为一宿之行。”陈筮见穰侯。穰侯曰：“事急乎？故使公来。”陈筮曰：“未急也。”穰侯怒曰：“是可以为公之主使乎？夫冠盖相望，告敝邑甚急，公来言未急，何也？”陈筮曰：“彼韩急则将变而佗从，以未急，故复来耳。”穰侯曰：“公无见王，请今发兵救韩。”八日而至，败赵、魏于华阳之下。是岁，釐王卒，子桓惠王立。

二十三年，赵、魏两国联合攻打我国的华阳。韩国向秦国求援，秦国不救。韩相国对陈筮说：“事情非常危急，你虽然有病，希望你连夜赶到秦国求救。”陈筮到秦国会见穰侯。穰侯说：“事情危急吧？所以派你来。”陈筮说：“并不危急。”穰侯发怒说：“你这样可以作为国君的特使吗？韩国的使臣络绎不绝，都告诉我们情况很紧急，你来却说还不急，这是为什么呢？”陈筮说：“韩国如果危急，那么将改变政策归附他国，正因为不急，所以又派我来啦。”穰侯说：“你不必去见秦王了，我们立刻发兵救韩国。”八天后秦国的援军赶到韩国，在华阳山下打败赵、魏联军。这一年，釐王去世，儿子桓惠王即位。

桓惠王元年，伐燕。九年，秦拔我陉，城汾旁。十年，秦击我于太行，我上党郡守以上党郡降赵。十四年，秦拔赵上党，杀马服子卒四十余万于长平。十七年，秦拔我阳城、负黍。二十二年，秦昭王卒。二十四年，秦拔我城皋、荥阳。二十六年，秦悉拔我上党。二十九年，秦拔我十三城。

桓惠王元年，讨伐燕国。九年，秦军攻占我国的陉城，在汾水旁建城驻守。十年，秦军在太行山攻打我国，我国上党的郡守以上党归附赵国。十四年，秦军攻占赵国的上党，在长平坑杀马服子的士卒四十多万人。十七年，秦军攻占我国的阳城、负黍。二十二年，秦昭王去世。二十四年，秦军攻占我国的城皋、荥阳。二十六年，秦军攻占了我国上党郡的全部。二十九年，秦军攻占我国的十三座城。

三十四年，桓惠王卒，子王安立。

三十四年，桓惠王去世，儿子王安即位。

王安五年，秦攻韩，韩急，使韩非使秦，秦留非，因杀之。

王安五年，秦军攻打韩国，韩国危急，派韩非出使秦国，秦国扣留韩非，趁机把他杀了。

九年，秦虏王安，尽入其地，为颍川郡。韩遂亡。

九年，秦军俘虏了韩王安，韩国的土地全部归属秦国，划为颍川郡。韩国就灭亡了。

太史公曰:“韩厥之感晋景公,绍赵孤之子武,以成程婴、公孙杵臼之义,此天下之阴德也。韩氏之功,于晋未睹其大者也。然与赵、魏终为诸侯十余世,宜乎哉!

太史公说:韩厥感动晋景公,让赵氏的孤儿赵武继承赵的封邑,因而成全了程婴、公孙杵臼的义举,这是天下少有的阴德。论韩氏的功劳,对晋国看不出有多大的贡献。然而终于能和赵、魏一样成为诸侯,传国十余代,这是应该的呀!

史记第四十六卷

田敬仲完世家第十六

陈完者,陈厉公佗之子也。完生,周太史过陈,陈厉公使卜完,卦得《观》之《否》:“是为观国之光,利用宾于王。此其代陈有国乎?不在此而在异国乎?非此其身也,在其子孙。若在异国,必姜姓。姜姓,田岳之后。物莫能两大,陈衰,此其昌乎?”

陈完,是陈厉公佗的儿子。陈完出生时,恰巧周太史路过陈国,陈厉公请他为陈完占卜,得到的是《观卦》变为《否卦》,卜辞的意思是:“观看国家的风俗习惯,利于做君王的上宾。这预示他将取代陈君拥有国家吧?也许不在陈国而在别的国家掌权吧?或许不在他本身,而在他的子孙身上应验。如果在异国,一定是姜姓国。姜姓,是帝尧时田岳的后代。事物不能两个同时强大,陈国衰亡以后,陈完的子孙才会兴盛吧。”

厉公者,陈文公少子也,其母蔡女。文公卒,厉公兄鲍立,是为桓公。桓公与佗异母、及桓公病,蔡人为佗杀桓公鲍及太子免而立他,为厉公。厉公既立,娶蔡女。蔡女淫于蔡人,数归,厉公亦数如蔡。桓公之少子林怨厉公杀其父与兄,乃令蔡人诱厉公而杀之。林自立,是为庄公。故陈完不得立,为陈大夫。厉公之杀,以淫出国,故《春秋》曰“蔡人杀陈佗”,罪之也。

厉公,是陈文公的儿子,他的母亲是蔡国人。文公去世,厉公的哥哥鲍即位,这就是桓公。桓公和弟弟陈佗不是同一个母亲亲生的。等到桓公病时,蔡国人替陈佗杀了桓公鲍及太子陈免,而拥立陈佗为君,这就是厉公。厉公即位后,娶蔡国的女子为妻。这位蔡国的女子与蔡国人通奸,经常回蔡国去,厉公也经常去蔡国淫乱。桓公的小儿子陈林恨厉公杀他的父兄,就让蔡国人诱骗厉公把他杀了。陈林自立为君,这就是庄公。所以陈完没有能即位,只当了陈国的大夫。厉公被杀,是由于淫乱而出国,所以《春秋》说“蔡人杀陈佗”,直呼其名谴责佗有罪过。

庄公卒,立弟杵臼,是为宣公。宣公二十一年,杀其太子御寇。御寇与完相爱,恐祸及己,完故奔齐。齐桓公欲使为卿,辞曰:“羁旅之臣幸得免负檐,君之惠也,不敢当高位。”桓公使为工正。齐懿仲欲妻完,卜之,占曰:“是谓凤皇于蜚,和鸣锵锵。有妫之后,将育于姜。五世其昌,并于正卿。八世之后,莫之与京。”卒妻完。完之奔齐,齐桓公立十四年矣。

庄公去世,弟弟杵臼即位,这就是宣公。宣公二十一年,杀了他的太子御寇。陈完与御寇的关系密切,害怕株连自身,所以陈完逃到齐国。齐桓公想拜他为卿,陈完推辞说:“在外做客的小臣,有幸免除各种负担,已经是君王给我的恩情了。不敢承担这么高的职位。”桓公让他担任了管理百工的工正。齐懿仲想把女儿嫁给陈完,占卜吉凶,卦辞说:“两人像凤凰飞翔,发出和谐悦耳的鸣声。有妫氏的后代,将在姜氏的国家里成长。五代以后昌盛,地位并列于正卿。八代以后,地位之高没有人可比。”终于把女儿嫁给陈完。陈完投奔齐国的时候,齐桓公已经即位十四年了。

完卒,谥为敬仲。仲生稚孟夷。敬仲之如齐,以陈字为田氏。

陈完去世,谥号为敬仲。敬仲生了儿子稚孟夷。敬仲逃到齐国后,把姓陈改成姓田。

田稚孟夷生湣孟庄,田湣孟庄生文子须无。田文子事齐庄公。

晋之大夫栾逞作乱于晋，来奔齐，齐庄公厚客之。晏婴与田文子谏，庄公弗听。

田稚孟夷生了湣孟庄，田湣孟庄生了文子须无。田文子侍奉齐庄公。晋国的大夫栾逞在晋国作乱，投奔齐国，齐庄公以优厚的礼遇招待他。晏婴和田文子劝谏，庄公不听。

文子卒，生桓子无宇。田桓子无宇有力，事齐庄公，甚有宠。

文子去世，他生了桓子无宇。田桓子无宇有力气，侍奉齐庄公，很受宠爱。

无宇卒，生武子开与釐子乞。田釐子乞事齐景公为大夫，其收赋税于民以小斗受之，其禀予民以大斗，行阴德于民，而景公弗禁。由此田氏得齐众心，宗族益强，民思田氏。晏子数谏景公，景公弗听。已而使于晋，与叔向私语曰："齐国之政其卒归于田氏矣。"

陈完像。公元前672年，陈厉公之子敬仲因陈国内乱而出奔齐国，后被齐桓公任命为工正。因封邑在田，故又被称为田完。

无宇去世，他生了武子开和釐子乞。田釐子乞侍奉齐景公，是大夫，他向百姓征收赋税时用小斗进，借给百姓粮食时却用大斗出，暗中向百姓施恩德，而景公不加禁止。由此田氏深得齐国的民心，田氏的宗族日益强盛，百姓心向田氏。晏子多次劝谏景公，景公不听。不久，晏子出使晋国，和叔向悄悄说："齐国的政权最终要归于田氏啊。"

晏婴卒后，范、中行氏反晋。晋攻之急，范、中行请粟于齐。田乞欲为乱，树党于诸侯，乃说景公曰："范、中行数有德于齐，齐不可不救。"齐使田乞救之而输之粟。

晏婴去世后，范氏、中行氏在晋国叛乱。晋国急忙镇压他们，范氏、中行氏向齐国请求借粮。田乞想作乱，想在诸侯中结党，就劝景公说："范氏、中行氏多次对齐国有恩，齐国应当救他们。"齐君派田乞去救援，并给他们运去粮食。

景公太子死，后有宠姬曰芮子，生子荼。景公病，命其相国惠子与高昭子以子荼为太子。景公卒，两相高、国立荼，是为晏孺子。而田乞不说，欲立景公他子阳生。阳生素与乞欢。晏孺子之立也，阳生奔鲁。田乞伪事高昭子、国惠子者，每朝代参乘，言曰："始诸大夫不欲立孺子。孺子既立，君相之，大夫皆自危，谋作乱。"又绐大夫曰："高昭子可畏也，及未发先之。"诸大夫从之。田乞、鲍牧与大夫以兵入公室，攻高昭子。昭子闻之，与国惠子救公。公师败。田乞之众追国惠子，惠子奔莒，遂返杀高昭子。晏圉奔鲁。

景公的太子死了，景公后来娶有宠姬名叫芮子，生了儿子叫荼。景公病时，让他的丞相国惠子和高昭子把儿子荼立为太子。景公去世后，高、国两位丞相立荼为君，这就是晏孺子。田乞不高兴，想立景公的另一个儿子阳生。阳生平素和田乞的关系很好。晏孺子即位后，阳生逃到鲁国。田乞伪装侍奉高昭子、国惠子，每次上朝都陪同乘车，并且说："当初各位大夫都不想立孺子。孺子立为国君后，你们二位当丞相，大夫们个个自危，图谋作乱。"他又欺骗大夫们说："高昭子很可怕，趁他还没有动手我们先干掉他吧。"各位大夫都听从他。田乞、鲍牧和大夫们率兵进入宫中，攻打高昭子。高昭子闻讯，与国惠子去救孺子。孺子的军队战败。田乞的部下追击国惠子，国惠子逃到莒，于是又返回来杀了高昭子。晏圉逃到鲁国。

田乞使人之鲁，迎阳生。阳生至齐，匿田乞家。请诸大夫曰："常之母有鱼菽之祭，幸而来会饮。"会饮田氏。田乞盛阳生橐中，置坐中央。发橐，出阳生，曰："此乃齐君矣。"大夫皆伏谒。将盟

立之，田乞诬曰："吾与鲍牧谋共立阳生也。"鲍牧怒曰："大夫忘景公之命乎？"诸大夫欲悔，阳生乃顿首曰："可则立之，不可则已。"鲍牧恐祸及己，乃复曰："皆景公之子，何为不可！"遂立阳生于田乞之家，是为悼公。乃使人迁晏孺子于骀，而杀孺子荼。悼公既立，田乞为相，专齐政。

田乞派人到鲁国，迎接阳生。阳生回到齐国，隐藏在田乞家里。田乞邀请各位大夫说："田常的母亲备有祭祀用的微肴薄酒，请各位赏光前来会饮。"大夫们到田乞家里会饮。田乞把阳生装在口袋里，放在中央坐位上。打开口袋，放出阳生，说："这才是齐国的君王啊。"大夫们都俯身拜见。将要盟誓拥立阳生，田乞谎称说："我是和鲍牧共同谋划拥立阳生的。"鲍牧动怒说："大夫们忘了景公的遗命吗？"各位大夫想反悔，阳生就叩头说："看我行就立我为君，不行就算了。"鲍牧害怕大祸临头，就又说："都是景公的儿子，怎么不行呢！"于是在田乞家里拥立阳生为君，这就是悼公。就派人把晏孺子迁到骀，并且杀了晏孺子荼。悼公即位后，田乞为相国，独揽齐国的政权。

四年，田乞卒，子常代立，是为田成子。

四年，田乞去世，儿子田常继承相位，这就是田成子。

鲍牧与齐悼公有郄，弑悼公。齐人共立其子壬，是为简公。田常成子与监止俱为左右相，相简公。田常心害监止，监止幸于简公，权弗能去。于是田常复修釐子之政，以大斗出贷，以小斗收。齐人歌之曰："妪乎采芑，归乎田成子！"齐大夫朝，御鞅谏简公曰："田、监不可并也，君其择焉。"君弗听。

鲍牧和齐悼公不和，杀了悼公。齐国人一起拥立悼公的儿子壬为君，这就是简公。田常成子和监止一起任左右相，辅佐简公。田常忌恨监止，因为监止深受简公宠信，他的权力没法剥夺。于是田常重新恢复他父亲釐子的措施，用大斗把粮食借贷给百姓，用小斗收回。齐国的人唱歌说："老太太采的芑菜，都送给田成子！"齐国的大夫上朝，御鞅劝简公说："田成子和监止不能并立，君王选择吧！"简公不听。

子我者，监止之宗人也，常与田氏有郤。田氏疏族田豹事子我有宠。子我曰："吾欲尽灭田氏適，以豹代田氏宗。"豹曰："臣于田氏疏矣。"不听。已而豹谓田氏曰："子我将诛田氏，田氏弗先，祸及矣。"子我舍公宫，田常兄弟四人乘如公宫，欲杀子我。子我闭门。简公与妇人饮檀台，将欲击田常。太史子余曰："田常非敢为乱，将除害。"简公乃止。田常出，闻简公怒，恐诛，将出亡。田子行曰："需，事之贼也。"田常于是击子我。子我率其徒攻田氏，不胜，出亡。田氏之徒追杀子我及监止。

子我，是监止的同族人，经常和田氏发生摩擦。田氏的远房族人田豹侍奉子我受到宠信。子我说："我想杀光田氏的嫡系子孙，让你田豹接续田氏的宗族。"田豹拒绝说："我是田氏的远房族人。"子我不听。不久，田豹对田氏说："子我将要杀光田氏，田氏不先动手，大祸就要临头了。"子我住在简公的宫里，田常兄弟四人乘车到宫里，想杀子我。子我紧闭大门。简公正和宫妃在檀台饮酒，想攻打田常。太史子余说："田常不敢作乱，是要为国除害。"简公才停止了。田常出宫，听说简公发怒，害怕被杀，想出外逃亡。田子行说："迟疑不决，是成事的大敌。"田常于是攻击子我。子我率领他的部下进攻田氏，不能取胜，只好逃亡。田氏的部下追杀了子我和监止。

简公出奔，田氏之徒追执简公于徐州。简公曰："蚤从御鞅之言，不及此难。"田氏之徒恐简公复立而诛己，遂杀简公。简公立四年而杀。于是田常立简公弟骜，是为平公。平公即位，田常为相。

简公出逃，田氏的部下追至徐州抓住简公。简公说："早点听从御鞅的话，不会招来这种灾祸。"田氏的部下害怕简公复位而杀害他们，就杀掉简公。简公即位四年被杀害。于是田常拥立简公的弟弟骜，这就是平公。平公即位后，任命田常为丞相。

田常既杀简公，惧诸侯共诛己，乃尽归鲁、卫侵地，西约晋、韩、魏、赵氏，南通吴、越之使，修功行赏，亲于百姓，以故齐复定。

田常杀害简公后，怕诸侯联合讨伐他，就把侵占的鲁国、卫国的土地全部退还，向西与晋国、韩氏、魏氏、赵氏约和，向南派使者和吴国、越国通好，修功德，行赏赐，亲近百姓，因此齐国再次安定。

田常言于齐平公曰："德施人之所欲，君其行之；刑罚人之所恶，臣请行之。"行之五年，齐国之政皆归田常。田常于是尽诛鲍、晏、监止及公族之彊者，而割齐自安平以东至琅邪，自为封邑。封邑

大于平公之所食。

田常对齐平公说："施行恩德是人们所希望的，请大王亲自施行；刑罚是人们所憎恶的，由我去执行。"这样搞了五年，齐国的政权都被田氏操纵了。于是田常把鲍氏、晏氏、监止及公族中力量较强的人全部杀死了，并划出齐国自安平以东至琅邪的大片领土，为自己的封邑。封邑大于齐平公管辖的地区。

田常乃选齐国中女子长七尺以上为后宫，后宫以百数，而使宾客舍人出入后宫者不禁。及田常卒，有七十余男。

田常于是选择齐国身高七尺以上的美女充当后宫的妃妾，后宫的妃妾有几百人，并让宾客、侍从随便出入后宫，不予禁止。等到田常去世时，妃妾生了七十多个儿子。

田常卒，子襄子盘代立，相齐。常谥为成子。

田常去世，儿子襄子盘即位，担任齐国丞相。田常谥号成子。

田襄子既相齐宣公，三晋杀知伯，分其地。襄子使其兄弟宗人尽为齐都邑大夫，与三晋通使，且以有齐国。

田襄子担任齐宣公的丞相后，晋国的韩、赵、魏三家杀死智伯，瓜分了他的封地。襄子让他的兄弟及族人都去担任齐国都邑的大夫，和三晋互通使臣，几乎拥有了整个齐国。

襄子卒，子庄子白立。田庄子相齐宣公。宣公四十三年，伐晋，毁黄城，围阳狐。明年，伐鲁、葛及安陵。明年，取鲁之一城。

襄子去世，儿子庄子白即位。田庄子任齐宣公的丞相。宣公四十三年，攻打晋国，摧毁黄城，围攻阳狐。第二年，进攻鲁城、葛邑及安陵。次年，攻占鲁国的一座城。

庄子卒，子太公和立。田太公相齐宣公。宣公四十八年，取鲁之郕。明年，宣公与郑人会西城。伐卫，取毌丘。宣公五十一年卒，田会自廪丘反。

庄子去世，儿子太公和即位。田太公当齐宣公的丞相。宣公四十八年，夺取鲁国的郕城。第二年，宣公和郑国人在西城相会。讨伐卫国，攻占毌丘。宣公在位五十一年去世，田会在廪丘叛乱。

宣公卒，子康公贷立。贷立十四年，淫于酒、妇人，不听政。太公乃迁康公于海上，食一城，以奉其先祀。明年，鲁败齐平陆。

宣公去世，儿子康公贷即位。贷即位十四年，耽于酒色，不治理国政。太公就把他迁到海滨，给他一城的食邑，以供奉祖先的祭祀。次年，鲁军在平陆打败齐军。

三年，太公与魏文侯会浊泽，求为诸侯。魏文侯乃使使言周天子及诸侯，请立齐相田和为诸侯。周天子许之。康公之十九年，田和立为齐侯，列于周室，纪元九年。

三年后，太公和魏文侯在浊泽相会，请求升为诸侯。魏文侯派使臣告诉周王和诸侯，请求立齐相田和为诸侯。周王批准了这一请求。康公十九年，田和立为诸侯，列名于周室，田氏开始用元年记事。

齐侯太公和立二年，和卒，子桓公午立。桓公午五年，秦、魏攻韩，韩求救于齐。齐桓公召大臣而谋曰："蚤救之孰与晚救之？"驺忌曰："不若勿救。"段干朋曰："不救，则韩且折而入于魏，不若救之。"田臣思曰："过矣君之谋也！秦、魏攻韩，楚、赵必救之，是天以燕予齐也。"桓公曰："善。"乃阴告韩使者而遣之。韩自以为得齐之救，因与秦、魏战。楚、赵闻之，果起兵而救之。齐因起兵袭燕国，取桑丘。

齐侯太公田和二年，田和去世，儿子桓公午即位。桓公五年，秦国、魏国联合攻打韩国，韩国向齐国求救。齐桓公召集大臣商量说："早救好，还是晚救好？"驺忌说："不救的好。"段干朋说："不救，韩国战败就将归属于魏国，不如救它。"田臣思说："君王的计谋错了！秦国、魏国进攻韩国，楚国、赵国必定去救它，这是上天把燕国赐给齐国。"桓公说："好。"于是暗中答应韩国使臣派救兵，并送他回去。韩国自以为会得到齐国的救援，因而和秦国、魏国交战。楚国、赵国得到消息，果然发兵救援韩国。齐国趁机发兵袭击燕国，占领了桑丘。

六年，救卫。桓公卒，子威王因齐立。是岁，故齐康公卒，绝无后，奉邑皆入田氏。

六年，发兵救援卫国。桓公去世，儿子威王因齐即位。同年，原来的齐康公去世，绝而无后，奉邑都归于田氏。

齐威王元年，三晋因齐丧来伐我灵丘。三年，三晋灭晋后而分其地。六年，鲁伐我，入阳关。晋伐我，至博陵。七年，卫伐我，取薛陵。九年，赵伐我，取甄。

齐威王元年，韩、赵、魏趁齐国办理丧事，进攻我齐国的灵丘。三年，韩、赵、魏灭亡晋国以后瓜分了它的土地。六年，鲁国讨伐我国，进入阳关。晋国进攻我国，到达博陵。七年，卫国讨伐我国，攻占薛陵。九年，赵国征讨我国，攻占甄城。

威王初即位以来，不治，委政卿大夫，九年之间，诸侯并伐，国人不治。于是威王召即墨大夫而语之曰："自子之居即墨也，毁言日至。然吾使人视即墨，田野辟，民人给，官无留事，东方以宁。是子不事吾左右以求誉也。"封之万家。召阿大夫语曰："自子之守阿，誉言日闻，然使使视阿，田野不辟，民贫苦。昔日赵攻甄，子弗能救。卫取薛陵，子弗知。是子以币厚吾左右以求誉也。"是日，烹阿大夫，及左右尝誉者皆并烹之。遂起兵西击赵、卫，败魏于浊泽而围惠王。惠王请献观以和解，赵人归我长城。于是齐国震惧，人人不敢饰非，务尽其诚。齐国大治。诸侯闻之，莫敢致兵于齐二十余年。

威王开始即位以来，不治理国事，委托卿大夫办理政事，九年期间，诸侯国都来讨伐，齐国人民不得安宁。因而威王召见即墨的大夫对他说："自从你治理即墨以来，诽谤你的言论天天都有。但是，我派人视察即墨，田野得到开发，百姓丰衣足食，官府没有积压的公事，东方因而安宁。遭诽谤是因为你不会逢迎我的左右求得赞扬的缘故。"因而封给他万户食邑。又召见阿大夫对他说："自从你治理阿地以来，赞誉你的话天天都有。然而，我派人视察阿地，田野荒芜，百姓贫苦。从前赵军攻占甄城，你不能救援。卫军攻占薛陵，你竟然不知道。享誉是由于你用重金贿赂我的左右求得赞扬的缘故。"当日，就烹杀了阿大夫，并把左右曾经捧过他的人一起烹杀了。于是发兵向西讨伐赵、卫两国，在浊泽打败魏军而包围了魏惠王。魏惠王请求割让观城来讲和，赵国归还了我国的长城。于是齐国全国震惊，人人不敢文过饰非，努力竭尽忠诚，齐国得到很好的治理。诸侯听到以后，不敢对齐国用兵长达二十余年。

驺忌子以鼓琴见威王，威王说而舍之右室。须臾，王鼓琴，驺忌子推户入曰："善哉鼓琴！"王勃然不说，去琴按剑曰："夫子见容未察，何以知其善也？"驺忌子曰："夫大弦浊以春温者，君也；小弦廉折以清者，相也；攫之深，醳之愉者，政令也；钧谐以鸣，大小相益，回邪而不相害者，四时也：吾是以知其善也。"王曰："善语音。"驺忌子曰："何独语音，夫治国家而弭人民皆在其中。"王又勃然不说曰："若夫语五音之纪，信未有如夫子者也。若夫治国家而弭人民，又何为乎丝桐之间？"驺忌子曰："夫大弦浊以春温者，君也；小弦廉折以清者，相也；攫之深而舍之愉者，政令也；钧谐以鸣，大小相益，回邪而不相害者，四时也。夫复而不乱者，所以治昌也；连而径者，所以存亡也。故曰琴音调而天下治。夫治国家而弭人民者，无若乎五音者。"王曰："善。"

驺忌子凭善于弹琴而进见威王，威王很高兴，让他住在宫中的右室。不久，威王正在弹琴，驺忌子推门进来就说："琴弹得真好啊！"威王突然不高兴，推开琴按宝剑说："先生只看到表面动作，还没有仔细品味，怎么知道弹得好呢？"驺忌子说："大弦的音调低沉浑厚而温和，象征国君；小弦的音调高亢清脆，象征丞相；弦摁得深而放得舒展，象征政令；发出的声音和谐而响亮，大小声音配合得美妙，曲折不正的声音不相干扰，象征四时；我是凭这些知道你弹得好。"威王说："你很善于谈论音乐。"驺忌子说："岂止是谈论音乐，治理国家和安抚人民都在其中。"威王又突然不高兴说："如果说五音的调理，我相信没有人能比得上先生。如果说治理国家和安抚人民，又怎么在弹琴之中呢？"驺忌子说："大弦的音调低沉浑厚而温和，象征国君；小弦的音调高亢清脆，象征丞相；弦摁得深而放得舒展，象征政令，发出的声音和谐而响亮，大小声音配合得美妙，曲折不正的声音不相干扰，象征四时。往复而不乱的原因，是由于国家的政治昌明；节奏紧凑利落，是由于图存救亡。因此说琴音协调而国家治理。治理国家和安抚人民，再没有比五音的道理更相像的了。"威王说："好。"

驺忌子见三月而受相印。淳于髡见之曰："善说哉！髡有愚志，愿陈诸前。"驺忌子曰："谨受教。"淳于髡曰："得全全昌，失全全亡。"驺忌子曰："谨受令，请谨毋离前。"淳于髡曰："狶膏棘轴，所以为滑也，然而不能运方穿。"驺忌子曰："谨受令，请谨事左右。"淳于髡曰："弓胶昔干，所以为合

也，然而不能傅合疏罅。”驺忌子曰：“谨受令，请谨自附于万民。”淳于髡曰：“狐裘虽敝，不可补以黄狗之皮。”驺忌子曰：“谨受令，请谨择君子，毋杂小人其间。”淳于髡曰：“大车不较，不能载其常任；琴瑟不较，不能成其五音。”驺忌子曰：“谨受令，请谨修法律而督奸吏。”淳于髡说毕，趋出，至门，而面其仆曰：“是人者，吾语之微言五，其应我若响之应声，是人必封不久矣。”居期年，封以下邳，号曰成侯。

驺忌子见到威王三个月就被授予相印。淳于髡见到他说：“你真会说话呀！我有些不成熟的想法，愿意向先生说明。”驺忌子说：“恭敬地聆听教诲。”淳于髡说：“侍奉国君周到无误，身名两全，假如不周到或失误，身名俱亡。”驺忌子说：“恭受指教，我要永远铭记心间。”淳于髡说：“猪油涂在棘木车轴上，是为了使它润滑，可是，润滑不能使方轴孔运转。”驺忌子说：“恭受指教，我要谨慎地在国君左右侍奉。”淳于髡说：“用胶粘旧弓干，是为了把它粘在一起，然而，胶不能把裂缝完全合起来。”驺忌子说：“恭受指教，愿恭顺地使自己依附于万民。”淳于髡说：“狐皮大衣虽然破了，也不能用黄狗皮来缝补。”驺忌子说：“恭受指教，一定谨慎地选择君子，绝不让小人混杂在其中。”淳于髡说：“大车不较正，就不能正常运载；琴瑟不调整，就不能构成和谐的五音。”驺忌子说：“恭受指教，要谨慎细致地修订法律并监督奸猾的官吏。”淳于髡说完后，快步而出，到门外，对他的仆人说：“这个人，我对他说了五条隐语，他回答我就像回声反响一样准确，这个人不久定会受到封赏啊。”仅过了一年，威王便把下邳封给了驺忌子，封号叫成侯。

威王二十三年，与赵王会平陆。二十四年，与魏王会田于郊。魏王问曰：“王亦有宝乎？”威王曰：“无有。”梁王曰：“若寡人国小也，尚有径寸之珠照车前后各十二乘者十枚，奈何以万乘之国而无宝乎？”威王曰：“寡人之所以为宝与王异。吾臣有檀子者，使守城南，则楚人不敢为寇东取，泗上十二诸侯皆来朝。吾臣有肦子者，使守高唐，则赵人不敢东渔于河。吾吏有黔夫者，使守徐州，则燕人祭北门，赵人祭西门，徙而从者七千余家。吾臣有种首者，使备盗贼，则道不拾遗。将以照千里，岂特十二乘哉！”梁惠王惭，不怿而去。

威王二十三年，和赵王在平陆相会。二十四年，与魏王在郊外一起打猎。魏王问道：“大王也有宝物吗？”威王说：“没有。”魏王说：“像寡人这样的小国，还有直径一寸的夜明珠照着车前车后，有这样的车十二辆，每辆车上十枚，怎么拥有万乘兵力的贵国，反倒没有宝物呢？”威王说：“在寡人眼里，宝物的标准和大王不同。我有个叫檀子的大臣，派他镇守南城，楚国人就不敢向东方进犯掠夺，泗水一带的十二诸侯都来朝拜。我有个名叫肦子的大臣，派他镇守高唐，赵国人就不敢到东边的河里捕鱼。我有个名叫黔夫的官吏，派他镇守徐州，燕国人就出北门祭祀求平安，赵国人就出西门祭祀求平安，追随他迁移的达七千多家。我有个名叫种首的大臣，派他防守盗贼，结果道不拾遗。这些人都将光照千里，何止十二辆车上的宝珠呀！”魏惠王心中羞愧，败兴而去。

二十六年，魏惠王围邯郸，赵求救于齐。齐威王召大臣而谋曰：“救赵孰与勿救？”驺忌子曰：“不如勿救。”段干朋曰：“不救则不义，且不利。”威王曰：“何也？”对曰：“夫魏氏并邯郸，其于齐何利哉？且夫救赵而军其郊，是赵不伐而魏全也。故不如南攻襄陵以弊魏，邯郸拔而乘魏之弊。”威王从其计。

二十六年，魏惠王包围邯郸，赵王向齐国求救。齐威王召集大臣商议说：“救赵和不救赵哪个有利？”驺忌子说：“不如不救。”段干朋说：“不救是不讲道义，而且对我们不利。”威王说：“为什么呢？”段干朋回答说：“魏国吞并邯郸，这对齐国有什么好处呢？如果救赵并且把军队开到邯郸郊外，这样赵国不被攻伐而魏军得到保全。所以，不如向南进攻襄陵使魏军疲惫，魏军即使攻占邯郸，我们也可以利用魏军的疲惫挫败它。”威王用了他的计策。

其后成侯驺忌与田忌不善，公孙阅谓成侯忌曰：“公何不谋伐魏，田忌必将。战胜有功，则公之谋中也；战不胜，非前死则后北，而命在公矣。”于是成侯言威王，使田忌南攻襄陵。十月，邯郸拔，齐因起兵击魏，大败之桂陵。于是齐最强于诸侯，自称为王，以令天下。

后来，成侯驺忌和田忌不和，公孙阅对成侯驺忌说：“你为什么不谋划进攻魏国，那样，田忌一定为将。如果战胜有功，那是你的谋划正确；战而不胜，田忌不是死在前线就向后溃败，那他的命就握在你手心里了。”于是成侯建议威王出兵，派田忌南攻襄陵。十月，邯郸陷落，齐国趁机攻打魏国，在桂陵大败魏军。于是齐国成了诸侯中最强的国家，自称为王，对天下发号施令。

三十三年，杀其大夫牟辛。

三十三年，威王杀了他的大夫牟辛。

三十五年，公孙阅又谓成侯忌曰：“公何不令人操十金卜于市，曰‘我田忌之人也。吾三战而三胜，声威天下，欲为大事，亦吉乎不吉乎’？”卜者出，因令人捕为之卜者，验其辞于王之所。田忌闻之，因率其徒袭攻临淄，求成侯，不胜而奔。

三十五年，公孙阅又对成侯驺忌说：“你为什么不派人拿十斤黄金到市上去占卜，说‘我是田忌的人。我们三战三胜，声威震天下。想要举大事，是吉利还是不吉利’？”占卜的人走后，就派人逮捕为他占卜的人，在威王面前验证占卜人说的话。田忌听到这一消息，就率领他的部下袭击临淄，捕捉成侯，没有战胜就逃跑了。

三十六年，威王卒，子宣王辟彊立。

三十六年，威王去世，儿子宣王辟彊即位。

宣王元年，秦用商鞅。周致伯于秦孝公。

宣王元年，秦国用商鞅。周王把霸主的称号送给秦孝公。

二年，魏伐赵。赵与韩亲，共击魏。赵不利，战于南梁。宣王召田忌复故位。韩氏请救于齐。宣王召大臣而谋曰：“蚤救孰与晚救？”驺忌子曰：“不如勿救。”田忌曰：“弗救，则韩且折而入于魏，不如蚤救之。”孙子曰：“夫韩、魏之兵未弊而救之，是吾代韩受魏之兵，顾反听命于韩也。且魏有破国之志，韩见亡，必东面而愬于齐矣。吾因深结韩之亲而晚承魏之弊，则可重利而得尊名也。”宣王曰：“善。”乃阴告韩之使者而遣之。韩因恃齐，五战不胜，而东委国于齐。齐因起兵，使田忌、田婴将，孙子为师，救韩、赵以击魏，大败之马陵，杀其将庞涓，虏魏太子申。其后三晋之王皆因田婴朝齐王于博望，盟而去。

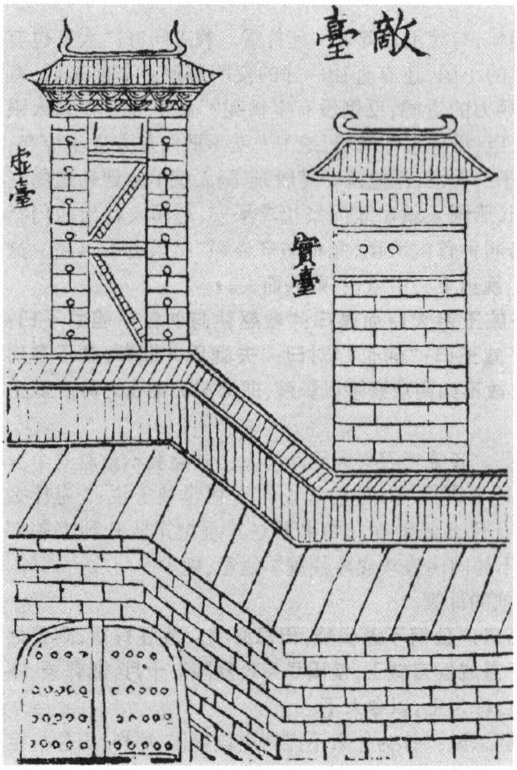

古代城墙上的敌台，用来瞭望敌情。

二年，魏国讨伐赵国。赵国和韩国和好，联合攻打魏军。赵军不利，在南梁战败。宣王召回田忌官复他原来的职位。韩国向齐国求救，宣王召集大臣商议说：“是早救好还是晚救好呢？”驺忌子说：“不救的好。”田忌说：“不救，韩国受挫将归属于魏国，不如早去救它。”孙膑说：“韩、魏的军队尚未疲惫就去救它，等于我们代替韩军承受魏军的打击，到头来反而要听从韩国的指挥，况且魏军有攻破韩、赵的意愿，韩国看到亡国的危机，必定到东边再次向齐国求救。我们趁机与韩国结成亲密的关系，又可以晚承受魏军的打击而避免疲劳，这样，齐国就可以获得厚利并得到受人尊敬的名声。”宣王说：“好。”就暗中告诉韩国的使者并把他送回国。韩国因为倚仗齐国就和魏军交战，结果五次战斗都未胜利，因而向东投靠齐国。齐国趁机发兵，派田忌、田婴为将军，孙膑为军师，援救韩、赵而攻击魏国，在马陵大败魏军，杀死魏将庞涓，俘获魏太子申。这以后，三晋的君王都通过田婴引见，在博望拜见齐王，结盟后离去。

七年，与魏王会平阿南。明年，复会甄。魏惠王卒。明年，与魏襄王会徐州，诸侯相

王也。十年，楚围我徐州。十一年，与魏伐赵，赵决河水灌齐、魏，兵罢。十八年，秦惠王称王。

七年，和魏王在平阿南相会。第二年，又在甄城相会。魏惠王去世。次年，和魏襄王在徐州相会，诸侯互相称王。十年，楚军围攻我国的徐州。十一年，和魏军联合进攻赵国，赵军决开黄河水灌齐、魏联军，齐、魏退兵。十八年，秦惠王称王。

宣王喜文学游说之士，自如驺衍、淳于髡、田骈、接予、慎到、環渊之徒七十六人，皆赐列第，为上大夫，不治而议论。是以齐稷下学士复盛，且数百千人。

宣王喜爱文学和善辩的游士，从像驺衍、淳于髡、田骈、接予、慎到、環渊一类人算起就有七十六人，都赏赐给他们宅第，封为大夫，他们不承担政务而专门谈论学问。因此齐国稷下的学者又多起来了，将近好几百甚至上千人。

十九年，宣王卒，子湣王地立。

十九年，宣王去世，儿子湣王地即位。

湣王元年，秦使张仪与诸侯执政会于啮桑。三年，封田婴于薛。四年，迎妇于秦。七年，与宋攻魏，败之观泽。

湣王元年，秦国派张仪和诸侯的执政大臣在啮桑相会。三年，将薛地封给田婴。四年，从秦国迎娶夫人。七年，同宋军联合攻打魏国，在观泽打败了它。

十二年，攻魏。楚围雍氏，秦败屈丐。苏代谓田轸曰："臣愿有谒于公，其为事甚完，使楚利公，成为福，不成亦为福。今者臣立于门，客有言曰魏王谓韩冯、张仪曰：'煮枣将拔，齐兵又进，子来救寡人则可矣；不救寡人，寡人弗能拔。'此特转辞也。秦、韩之兵毋东，旬余，则魏氏转韩从秦，秦逐张仪，交臂而事齐、楚，此公之事成也。"田轸曰："奈何使无东？"对曰："韩冯之救魏之辞，必不谓韩王曰'冯以为魏'，必曰'冯将以秦韩之兵东却齐宋，冯因抟三国之兵，乘屈丐之弊，南割于楚，故地必尽得之矣'。张仪救魏之辞，必不谓秦王曰'仪以为魏'，必曰'仪且以秦韩之兵东距齐宋，仪将抟三国之兵，乘屈丐之弊，南割于楚，名存亡国，实伐三川而归，此王业也'。公令楚王与韩氏地，使秦制和，谓秦王曰'请与韩地，而王以施三川，韩氏之兵不用而得地于楚'。韩冯之东兵之辞且谓秦何？曰'秦兵不用而得三川，伐楚、韩以窘魏，魏氏不敢东，是孤齐也'。张仪之东兵之辞且谓何？曰'秦、韩欲地而兵有案，声威发于魏，魏氏之欲不失齐、楚者有资矣'。魏氏转秦、韩争事齐、楚，楚王欲而无与地，公令秦、韩之兵不用而得地，有一大德也。秦、韩之王劫于韩冯、张仪而东兵以徇服魏，公常执左券以责于秦、韩，此其善于公而恶张子多资矣。"

十二年，进攻魏国。楚军围攻韩国的雍氏，秦军打败楚将屈丐。苏代对田轸说："我有事想拜见先生，这件事非常好，能使楚国对先生你有利，办成是福，办不成也是福。今天我站在门口，有人谈到魏王对韩冯、张仪说：'煮枣即将失陷，齐兵又来进攻，先生来救寡人，城就能够保住，不救寡人，寡人无力阻止被攻占。'这只不过是婉转的言辞。秦、韩两国不派军队东向救魏，十几天以后，魏国就会转向韩国服从秦国，秦国驱逐张仪，拱手侍奉齐、楚两国，这样，你的事就成了。"田轸说："怎么使秦、韩两国不向东派兵呢？"苏代回答说："韩冯救魏的言辞，必定不对韩王说'冯是为了救魏国'，一定说'冯将利用秦、韩的兵力向东打败齐、宋两国，冯聚合三国的军队，利用楚将屈丐的失败，向南要楚国割地，因此失地一定能全部收回来'。张仪救魏的言辞，必定不对秦王说'仪是为了救魏国'。一定说'仪将利用秦、韩的兵力向东抵抗齐、宋两国，仪将聚合三国的兵力，利用楚将屈丐的失败，向南要求楚国割地，名义上是保存危亡的国家，实际上是攻占三川而后返回，这是王者的大业'。先生让楚王给韩国土地，让秦国调解两国议和，对秦王说'让楚国给韩国土地，而秦王在三川一带陈兵施威，韩国就可以不用兵而从楚国得到土地'。韩冯向东进兵的言辞对秦王怎么说呢？就说'秦国不用兵就得到了三川，进攻楚、韩两国使魏国处于困境，魏不敢向东靠拢齐国，这样就孤立了齐国'。张仪向东进兵的言辞怎么说呢？就说'秦、韩两国想得到土地而按兵不动，声威震动了魏国，魏国不想失去和齐、楚的关系是为了有靠山'。魏国转向秦、韩两国，却又讨好齐、楚两国，楚王想让魏王侍奉他而又不给韩国土地，先生让秦、韩两国不派兵就得到土地，这是对两国的大恩德。秦、韩两国的国王受韩冯、张仪的欺骗，向东派兵迫使魏国归服，先生能够稳操胜券任事于秦、韩两国，这就是秦、韩两国喜欢先生而憎恶张仪花费金钱太多的原因。"

十三年，秦惠王卒。二十三年，与秦击败楚于重丘。二十四年，秦使泾阳君质于齐。二十五年，归泾阳君于秦。孟尝君薛文入秦，即相秦。文亡去。二十六年，齐与韩、魏共攻秦，至函谷军焉。二十八年，秦与韩河外以和，兵罢。二十九年，赵杀其主父。齐佐赵灭中山。

十三年，秦惠王去世。二十三年，和秦军联合在重丘打败楚军。二十四年，秦国派泾阳君到齐国做人质。二十五年，把泾阳君送回秦国。孟尝君薛文到秦国，立即被秦国任为丞相。薛文又逃出秦国。二十六年，齐国和韩、魏两国联合进攻秦国，到达函谷关，驻军。二十八年，秦国把河外地区割给韩国讲和，三国撤军。二十九年，赵国杀死主父。齐国帮助赵国灭了中山国。

三十六年，王为东帝，秦昭王为西帝。苏代自燕来，入齐，见于章华东门。齐王曰："嘻，善，子来！秦使魏冉致帝，子以为何如？"对曰："王之问臣也卒，而患之所从来微，愿王受之而勿备称也。秦称之，天下安之，王乃称之，无后也。且让争帝名，无伤也。秦称之，天下恶之，王因勿称，以收天下，此大资也。且天下立两帝，王以天下为尊齐乎？尊秦乎？"王曰："尊秦。"曰："释帝，天下爱齐乎？爱秦乎？"王曰："爱齐而憎秦。"曰："两帝立约伐赵，孰与伐桀宋之利？"王曰："伐桀宋利。"对曰："夫约钧，然与秦为帝而天下独尊秦而轻齐，释帝则天下爱齐而憎秦，伐赵不如伐桀宋之利，故愿王明释帝以收天下，倍约宾秦，无争重，而王以其间举宋。夫有宋，卫之阳地危；有济西，赵之阿东国危；有淮北，楚之东国危；有陶、平陆，梁门不开。释帝而贷之以伐桀宋之事，国重而名尊，燕、楚所以形服，天下莫敢不听，此汤武之举也。敬秦以为名，而后使天下憎之，此所谓以卑为尊者也。愿王孰虑之。"于是齐去帝复为王，秦亦去帝位。

三十六年，齐湣王称东帝，秦昭王称西帝。苏代从燕国来到齐国，在章华东门拜见齐王。齐王说："嘿，好啊，先生来了！秦国派魏冉送来帝号，先生认为怎么样？"苏代回答说："大王对我的提问太仓促了，而灾难的到来总是不明显的。希望大王接受下来，但不要马上称帝。秦国称帝以后，如果天下容忍，那时大王才称帝，也不算晚。而且辞让称帝名，也没有什么损失。秦国称帝后，如果天下都憎恨它，大王就不要称帝，以收拢天下民心，这是很大的资本。况且天下两帝并立，大王以为天下尊重齐国呢，还是尊重秦国呢？"齐王说："尊重秦国。"苏代说："如果放弃帝号，天下喜欢齐国呢，还是喜欢秦国呢？"齐王说："喜欢齐国而憎恨秦国。"苏代说："东西两帝订约进攻赵国有利，还是进攻宋国的暴君有利呢？"齐王说："讨伐宋国的暴君有利。"苏代说："称帝的盟约是均等的，然而，和秦国一起称帝，天下只尊重秦国而轻视齐国，放弃帝号天下就喜欢齐国而憎恨秦国，讨伐赵国不如讨伐宋国的暴君有利，所以，希望大王声明放弃帝号以收拢天下民心，背弃盟约抛开秦国，不和它争高低，大王利用这个时机攻占宋国。占有宋国，卫国的阳地就危险了；占有济西，赵国的东阿就危险了；占领淮北，楚国的东部就危险了；占有陶地、平陆，魏国大梁的城门就不敢开了。放弃帝号而用讨伐宋国暴君的事代替，这样，国家受人重视而大王受人尊崇，燕国、楚国会被迫归服，天下各国没有敢不听齐国的，这是像商汤、周武王那样的义举。名义上敬重秦国称帝，然后让天下人憎恶它，这就是所说的由卑弱变为尊贵的办法。希望大王认真考虑这件事。"于是齐王放弃帝号，重新称王。秦国也取消了帝位。

三十八年，伐宋。秦昭王怒曰："吾爱宋与爱新城、阳晋同。韩聂与吾友也，而攻吾所爱，何也？"苏代为齐谓秦王曰："韩聂之攻宋，所以为王也。齐强，辅之以宋，楚、魏必恐，恐必西事秦，是王不烦一兵，不伤一士，无事而割安邑也，此韩聂之所祷于王也。"秦王曰："吾患齐之难知。一从一衡，其说何也？"对曰："天下国令齐可知乎？齐以攻宋，其知事秦以万乘之国自辅，不西事秦则宋治不安。中国白头游敖之士皆积智欲离齐、秦之交，伏式结轶西驰者，未有一人言善齐者也，伏式结轶东驰者，未有一人言善秦者也。何则？皆不欲齐、秦之合也。何晋、楚之智而齐、秦之愚也！晋楚合必议齐、秦，齐秦合必图晋、楚，请以此决事。"秦王曰："诺。"于是齐遂伐宋，宋王出亡，死于温。齐南割楚之淮北，西侵三晋，欲以并周室，为天子。泗上诸侯邹、鲁之君皆称臣，诸侯恐惧。

三十八年，进攻宋国。秦昭王发怒说："我爱宋国和爱新城、阳晋一样。齐国的韩聂和我是朋友，却进攻我所爱的地方，这是为什么呢？"苏代替齐王对秦王说："韩聂进攻宋国，正是为了大王。齐国强大，再有宋国的辅助，楚、魏两国必定恐惧，恐惧必定向西侍奉秦国，这样，大王不费一兵，不伤一卒，不用费事就会割取魏国的安邑，这就是韩聂为大王所祈祷的啊。"秦王说："我担心齐国捉摸不透。一会儿合纵，一会儿连横，这怎么解释呢？”苏代回答说：“天下各国的事都能让齐国知晓吗？齐国进攻宋国，它知道侍奉秦国应该有万乘之国的兵力辅助自己，不向西侍奉秦国，宋地就不能安定。中原各国的白头游说之士都绞尽脑汁想离间齐、秦联盟，驾车蜂拥向西行驶的人，没有一个人说齐国的好话，驾车蜂拥向东行驶的人，没有一个人说秦国的好话。为什么呢？由于他们都不愿意齐、秦两国联合。为什么三晋和楚国这么聪明而齐、秦两国这么愚蠢呢？三晋和楚国联合必定商议进攻齐、秦两国，齐、秦两国联合肯定图谋三晋和楚国，请大王依这种原则决策行事。”秦王说：“好。”于是齐国就讨伐宋国，宋王出逃，死在温地。齐国向南攻占了楚国的淮北，向西入侵三晋，想吞并周室，自立为天子。泗水一带的诸侯邹、鲁等国君都向他称臣，各诸侯国都很害怕。

三十九年，秦来伐，拔我列城九。

三十九年，秦军讨伐我国，攻占我国九座城邑。

四十年，燕、秦、楚、三晋合谋，各出锐师以伐，败我济西。王解而却。燕将乐毅遂入临淄，尽取齐之宝藏器。湣王出亡，之卫。卫君辟宫舍之，称臣而共具。湣王不逊，卫人侵之。湣王去，走邹、鲁，有骄色，邹、鲁君弗内，遂走莒。楚使淖齿将兵救齐，因相齐湣王。淖齿遂杀湣王而与燕共分齐之侵地卤器。

四十年，燕、秦、楚、三晋合谋，各派精锐部队讨伐齐国，在济西打败我军。齐王的军队瓦解退却。燕将乐毅就进入临淄，把齐国的珍宝礼器掠夺一空，齐湣王出逃，到达卫国。卫君把王宫让给湣王居住，向他称臣并提供一切用具。湣王却傲慢无礼，卫国人就去袭扰他。湣王只好离开卫国，跑到邹、鲁，又表现出傲慢的神色，邹、鲁的国君不收他，于是跑到莒地。楚国派淖齿率军援助齐国，因而当了湣王的丞相。淖齿于是杀了湣王，并和燕国共同分享占领的齐国土地和掠夺的宝器。

湣王之遇杀，其子法章变名姓为莒太史敫家庸。太史敫女奇法章状貌，以为非恒人，怜而常窃衣食之，而与私通焉。淖齿既以去莒，莒中人及齐亡臣相聚求湣王子，欲立之。法章惧其诛己也，久之，乃敢自言‘我湣王子也’。于是莒人共立法章，是为襄王。以保莒城而布告齐国中：“王已立在莒矣。”

湣王被杀害后，他的儿子法章改名换姓到莒太史敫家当佣人。太史敫的女儿惊奇法章的相貌不凡，判定他不是平常的人，怜悯他因而常偷偷给他送衣食，并且和他私通。淖齿离开莒城后，莒城人和齐国的亡臣聚会寻找湣王的儿子，欲立他为齐王。法章害怕被他们杀害，过了很久，才敢自己承认“我是湣王的儿子”。于是莒人一起拥立法章，这就是襄王。他们以莒城为据点，向齐国各地发布公告：“齐王已在莒城即位。”

襄王既立，立太史氏女为王后，是为君王后，生子建。太史敫曰：“女不取媒因自嫁，非吾种也，污吾世。”终身不睹君王后。君王后贤，不以不睹故失人子之礼。

襄王即位后，立太史敫的女儿为王后，这就是君王后，生了儿子建。太史敫说：“女子不由媒人说合而暗自嫁人，不配做我的后代，她玷污了我这一代的家风。”就终身不见君王后。君王后贤惠，并不因为父亲不见她的原因就失去做子女的礼节。

襄王在莒五年，田单以即墨攻破燕军，迎襄王于莒，入临淄。齐故地尽复属齐。齐封田单为安平君。

襄王在莒城住了五年，田单依靠即墨军民打败了燕军，到莒地迎接襄王，回到临淄，齐国旧有的土地全部划归齐国所有。齐王封田单为安平君。

十四年，秦击我刚、寿。十九年，襄王卒，子建立。

十四年，秦军攻打我国的刚、寿。十九年，襄王去世，儿子建即位。

王建立六年，秦攻赵，齐、楚救之。秦计曰：“齐、楚救赵，亲则退兵，不亲遂攻之。”赵无食，请粟于齐，齐不听。周子曰：“不如听之以退秦兵，不听则秦兵不却，是秦之计中而齐、楚之计过也。且赵之于齐、楚，扞蔽也，犹齿之有唇也，唇亡则齿寒。今日亡赵，明日患及齐、楚。且救赵之务，宜若奉漏瓮沃焦釜也。夫救赵，高义也；却秦兵，显名也。义救亡国，威却强秦之兵，不务为此而务爱粟，为国计者过矣。”齐王弗听。秦破赵于长平四十余万，遂围邯郸。

齐王建即位六年，秦军攻打赵国，齐、楚两国发兵援救赵国。秦国谋划说：“齐、楚两国发兵救赵国,如果它们的关系好,我们就退兵;关系不好,我们就攻打它。”赵国缺乏粮食,请求齐国支援粟米,齐国不答应。周子说:“不如答应赵国以便使秦军撤离,不答应赵国秦军绝不会撤退,这样,秦国的计谋得逞,而齐、楚两国的计谋失败。况且赵国对于齐、楚两国来说,是屏障,好比牙齿和嘴唇的关系,唇亡齿寒。今天赵国灭亡,明天灾祸就轮到齐、楚两国了。而且救赵国的事,应该像手捧漏瓮去浇烧干的锅一样紧急。援救赵国,是高尚的义举;使秦军撤退,可以显扬名声。仗义救助将要灭亡的国家,扬威使秦国撤军,不尽力这样做而却斤斤计较吝啬粮食,这是为国家出谋划策人的错误。”齐王不采纳。秦军在长平打败赵国的四十多万军队,接着就包围了邯郸。

十六年,秦灭周。君王后卒。二十三年,秦置东郡。二十八年,王入朝秦,秦王政置酒咸阳。三十五年,秦灭韩。三十七年,秦灭赵。三十八年,燕使荆轲刺秦王,秦王觉,杀轲。明年,秦破燕,燕王亡走辽东。明年,秦灭魏,秦兵次于历下。四十二年,秦灭楚。明年,虏代王嘉,灭燕王喜。

十六年,秦国灭了周。君王后去世。二十三年,秦国设置东郡。二十八年,齐王到秦国朝拜,秦王政在咸阳设酒宴款待。三十五年,秦国灭亡韩国。三十七年,秦国灭亡赵国。三十八年,燕国派荆轲行刺秦王,秦王发现,杀了荆轲。第二年,秦军攻破燕都,燕王逃到辽东。次年,秦国灭亡魏国,秦军驻扎在历下。四十二年,秦国灭亡楚国。第二年,秦军俘虏了代王嘉。杀死燕王喜,灭亡燕国。

四十四年,秦兵击齐。齐王听相后胜计,不战,以兵降秦。秦虏王建,迁之共。遂灭齐为郡。天下壹并于秦,秦王政立号为皇帝。始,君王后贤,事秦谨,与诸侯信,齐亦东边海上,秦日夜攻三晋、燕、楚,五国各自救于秦,以故王建立四十余年不受兵。君王后死,后胜相齐,多受秦间金,多使宾客入秦,秦又多予金,客皆为反间,劝王去从朝秦,不修攻战之备,不助五国攻秦,秦以故得灭五国。五国已亡,秦兵卒入临淄,民莫敢格者。王建遂降,迁于共。故齐人怨王建不蚤与诸侯合从攻秦,听奸臣宾客以亡其国,歌之曰:“松耶柏耶?住建共者客耶?”疾建用客之不详也。

四十四年,秦军进攻齐国。齐王听信丞相后胜的计谋,不抵抗,率军向秦军投降。秦军俘虏王建,把他迁到共城。于是灭了齐国,划为郡县。天下统一于秦国,秦王政称号为皇帝。起初,君王后贤惠,侍奉秦国谨慎,与诸侯相交守信用,齐国又地处东部海滨,秦军日夜攻打三晋、燕、楚,五国面对秦军的进攻忙于自救,因此王建即位四十多年没有遭受战祸。君王后死后,后胜做了齐国的丞相,他接受了秦国间谍的许多贿赂,派很多宾客到秦国,秦国又给他们许多金钱,宾客们回国后都进行间谍活动,劝齐王不要合纵去朝拜秦王,不做攻战准备,不帮助五国抵抗秦国,秦国因此能灭亡五国。五国已经灭亡,秦军终于进入临淄,百姓都不敢格斗。王建于是投降,被迁到共城。因此齐国人怨恨王建不早和诸侯合纵进攻秦国,听奸臣和宾客的话而招致亡国,人们编歌谣说:“是松树还是柏树呢?让王建迁到共城不是宾客的责任吗?”怨恨齐王建使用宾客不注意审察呀。

太史公曰:盖孔子晚而喜《易》。《易》之为术,幽明远矣,非通人达才孰能注意焉!故周太史之卦田敬仲完,占至十世之后;及完奔齐,懿仲卜之亦云。田乞及常所以比犯二君,专齐国之政,非必事势之渐然也,盖若遵厌兆祥云。

太史公说:大概孔子晚年喜欢读《易经》。《易经》作为一门学问,道理很深奥,不是通晓古今明智达理的人,谁能专心注意它呢!所以周太史为田敬仲完占卦,能算到十代以后;等到田完逃到齐国,懿仲为他占卜也这样说。田乞和田常之所以接连杀害两位国君,独揽齐国的政权,不一定是形势发展逐渐造成的,大概像是遵循冥冥意志,完全符合占卜的预言吧。

史记第四十七卷

孔子世家第十七

孔子生鲁昌平乡陬邑。其先宋人也,曰孔防叔。防叔生伯夏,伯夏生叔梁纥。纥与颜氏女野合

而生孔子，祷于尼丘得孔子。鲁襄公二十二年而孔子生。生而首上圩顶，故因名曰丘云。字仲尼，姓孔氏。

孔子生在鲁国的昌平乡陬邑。他的祖先是宋国人，叫孔防叔。防叔生了伯夏，伯夏生了叔梁纥。叔梁纥年老时和颜氏少女野合而生下了孔子，是他们到尼丘山向神祈祷后才得的孔子。鲁襄公二十二年，孔子出生。他刚出生时头顶中间下凹四周高起，所以起名叫丘。字仲尼，姓孔。

丘生而叔梁纥死，葬于防山。防山在鲁东，由是孔子疑其父墓处，母讳之也。孔子为儿嬉戏，常陈俎豆，设礼容。孔子母死，乃殡五父之衢，盖其慎也。陬人輓父之母诲孔子父墓，然后往合葬于防焉。

孔丘出生不久叔梁纥就去世了，埋葬在防山。防山在鲁国的东部，所以孔子无法确知父亲的墓在何处，是母亲没有把父亲的墓地告诉他。孔子小的时候做游戏，常常设置俎豆等祭器，模仿祭祀的礼仪动作。孔子的母亲死后，就把灵柩暂时停放在曲阜五父衢的路边，出于慎重没有马上下葬。陬邑人輓父的母亲把孔子父亲的坟告诉了他，随后他才把母亲的灵柩迁到防山和父亲合葬。

孔子要绖，季氏飨士，孔子与往。阳虎绌曰："季氏飨士，非敢飨子也。"孔子由是退。

少陈俎豆图。讲述孔子五六岁时与儿童嬉戏，常陈俎豆(祭品)，习礼仪，众小儿群起效仿孔子，相互礼让，列国闻名之事。

孔子腰上还系着孝麻时，季氏举行宴会款待名士，孔子前往赴宴。阳虎阻拦说："季氏款待的是名士，不敢让你入席。"孔子因此退出。

孔子年十七，鲁大夫孟釐子病且死，诫其嗣懿子曰："孔丘，圣人之后，灭于宋。其祖弗父何始有宋而嗣让厉公。及正考父佐戴、武、宣公，三命兹益恭，故鼎铭云：'一命而偻，再命而伛，三命而俯，循墙而走，亦莫敢余侮。饘于是，粥于是，以糊余口。'其恭如是。吾闻圣人之后，虽不当世，必有达者。今孔丘年少好礼，其达者欤？吾即没，若必师之。"及釐子卒，懿子与鲁人南宫敬叔往学礼焉。是岁，季武子卒，平子代立。

孔子十七岁时，鲁大夫孟釐子病重，告诫嗣子懿子说："孔丘，是圣人的后代，先辈在宋国败落。他的祖先弗父何当时本是嗣子，让位给弟弟厉公。等到正考父时，先后辅佐戴公、武公、宣公，三次接受使命一次比一次恭敬，所以鼎的铭文说：'第一次受命时鞠躬而受，第二次受命时弯腰而受，第三次受命时俯身而受，走路时靠墙根而行，也没有人敢欺负我。我就用这个鼎煮些面糊、稀粥糊口度日。'他就是这样的恭谨节俭。我听说圣人的后代，虽然不一定能当国君，但必定会有才德显达的人出现。如今孔子年少而好礼仪，他不就是要显达的人吗？我危在旦夕，你必须要拜他为师。"等到釐子死后，懿子和鲁人南宫敬叔便到孔子那里学礼。这一年，季武子去世，季平子即位。

孔子贫且贱。及长，尝为季氏史，料量平；尝为司职吏而畜蕃息。由是为司空。已而去鲁，斥乎齐，逐乎宋、卫，困于陈、蔡之间，于是反鲁。孔子长九尺有六寸，人皆谓之"长人"而异之。鲁复善待，由是反鲁。

孔子家境穷苦而且社会地位低微。到成年后，曾在季氏门下做管理仓库的小吏，出纳钱粮计量公平准确；又曾担任管理牧场的小吏，牲畜繁息。因此，升为管理营建的司空。不久，他离开鲁国，在齐国受到排斥，到宋国、卫国被驱逐，在陈国、蔡国之间被围困，于是又返回鲁国。孔子身高九尺六寸，人们都称他为“长人”，而觉得他和一般的人不同。由于鲁国再次善待他，所以返回鲁国。

鲁南宫敬叔言鲁君曰：“请与孔子适周。”鲁君与之一乘车，两马，一竖子俱，适周问礼，盖见老子云。辞去，而老子送之曰：“吾闻富贵者送人以财，仁人者送人以言。吾不能富贵，窃仁人之号，送子以言。曰：‘聪明深察而近于死者，好议人者也。博辩广大危其身者，发人之恶者也。为人子者毋以有己，为人臣者毋以有己。’”孔子自周反于鲁，弟子稍益进焉。

鲁国人南宫敬叔对鲁君说：“请让我和孔子一块到周去。”鲁君给了他一辆车、两匹马、一名童仆，到周去学礼，在那里见到了老子。告别时，老子送行说：“我听说富贵的人送别时赠送财物，品德高尚的人送别时赠送言辞。我不是富贵的人，只好强充品德高尚的人，以言辞为你送别，这几句话是说：‘聪明深察的人常常受到死的威胁，因为他好议论别人的缘故；博学善辩见识广大的人常常遭受厄困危及自身，因为他好揭发别人罪恶的缘故。做人子女的要忘掉自己去一心想父母，做臣子的要忘掉自己去一心想君王。’”孔子从周返回鲁国，门生逐渐多起来。

是时也，晋平公淫，六卿擅权，东伐诸侯；楚灵王兵强，陵轹中国；齐大而近于鲁。鲁小弱，附于楚则晋怒；附于晋则楚来伐；不备于齐，齐师侵鲁。

这个时候，晋平公淫乱，六卿专擅朝政，不断出兵攻打东边的诸侯；楚灵王的军队强盛，经常进犯中原各国；齐是大国靠近鲁国。鲁国弱小，归附楚国就惹恼晋国；归附晋国就招致楚国讨伐；对齐国侍奉不周，齐军就进犯鲁国。

鲁昭公之二十年，而孔子盖年三十矣。齐景公与晏婴来适鲁，景公问孔子曰：“昔秦缪公国小处辟，其霸何也？”对曰：“秦，国虽小，其志大；处虽辟，行中正。身举五羖，爵之大夫，起累绁之中，与语三日，授之以政。以此取之，虽王可也，其霸小矣。”景公说。

鲁昭公二十年，孔子大约三十岁了。齐景公和晏婴来到鲁国，景公问孔子说：“从前秦缪公国家小，又处在偏僻的地方，他能称霸是靠什么呢？”孔子回答说：“秦国虽然小，但它的志向却很大；所处地区虽然偏僻，而施政却很得当。他亲自推举用五张羊皮赎回的百里奚，授予他大夫爵位，把他从囚禁中解救出来，和他深谈三天，然后让他执掌国政。用这种精神治理国家，就是称王于天下也能做得到，他称霸还小了点。”景公听后很高兴。

孔子年三十五，而季平子与郈昭伯以斗鸡故得罪鲁昭公，昭公率师击平子，平子与孟氏、叔孙氏三家共攻昭公，昭公师败，奔于齐，齐处昭公乾侯。其后顷之，鲁乱。孔子适齐，为高昭子家臣，欲以通乎景公。与齐太师语乐，闻《韶》音，学之，三月不知肉味，齐人称之。

孔子三十五岁时，季平子和郈昭伯因为斗鸡的缘故得罪了鲁昭公，昭公率领军队攻打季平子，季平子和孟孙氏、叔孙氏三家联合攻打昭公，昭公的军队败北，逃亡到齐国，齐国把昭公安置在乾侯。其后不久，鲁国发生变乱。孔子来到齐国，做了高昭子的家臣，想通过高昭子的关系接触景公。他和齐国的乐官谈论音乐，听到《韶》乐，就学起来，三个月竟然尝不出肉味来，齐国人称赞他这种专心致志的精神。

景公问政于孔子，孔子曰：“君君、臣臣、父父、子子。”景公曰：“善哉！信如君不君，臣不臣，父不父，子不子，虽有粟，吾岂得而食诸！”他日又复问政于孔子，孔子曰：“政在节财。”景公说，将欲以尼谿田封孔子。晏婴进曰：“夫儒者滑稽而不可轨法；倨傲自顺，不可以为下；崇丧遂哀，破产厚葬，不可以为俗；游说乞贷，不可以为国。自大贤之息，周室既衰，礼乐缺有间。今孔子盛容饰，繁登降之礼，趋详之节，累世不能殚其学，当年不能究其礼。君欲用之以移齐俗，非所以先细民也。”后景公敬见孔子，不问其礼。异日，景公止孔子曰：“奉子以季氏，吾不能。”以季、孟之间待之。齐大夫欲害孔子，孔子闻之。景公曰：“吾老矣，弗能用也。”孔子遂行，反乎鲁。

景公问孔子如何施政，孔子说：“国君要像国君，臣子要像臣子，父亲要像父亲，儿子要像儿子。”景公说：“好极了！假如国君不像国君，臣子不像臣子，父亲不像父亲，儿子不像儿子，即使有很多粮食，我怎么能吃得着呢？”另一天景公又问孔子施政的原则，孔子说：“施政最重要的是控制支出，节省财力。”景公听了很高兴，打算把尼谿的田地封给孔子。晏婴劝阻说：“儒者能说会道、圆滑，不能用法来约束他们；高傲自以为是，作为臣下很难驾驭；重视丧礼，竭尽哀情，追求厚葬不惜破产，不能让这种做法形成风气；四处游说求取官禄，不能让这种人治理国家。自从大贤圣相继谢世后，周室随着也衰微，礼崩乐坏已有很长的时间了。如今孔子过分讲究仪容服饰，详订烦琐的上朝下朝礼仪，刻意于快步行走的规矩，这些繁文缛节，几代人都研究不完，一年连礼仪都学不会。国君想用这一套改变齐国的风俗，我看这不是引导百姓的好办法。”后来，景公虽然很有礼貌地接见孔子，但不再向他问礼仪了。有一天，景公慰留孔子说：“给你季氏那样高的待遇，我做不到。”因而就给孔子以上卿季氏、下卿孟孙氏之间的待遇。齐国的大夫有人想谋杀孔子，孔子知道了。景公对孔子说：“我老啦，不能用你了。”孔子就辞行，返回鲁国。

孔子年四十二，鲁昭公卒于乾侯，定公立。定公立五年，夏，季平子卒，桓子嗣立。季桓子穿井得土缶，中若羊，问仲尼云“得狗”。仲尼曰：“以丘所闻，羊也。丘闻之，木石之怪夔、罔阆，水之怪龙、罔象，土之怪坟羊。”

孔子四十二岁时，鲁昭公在乾侯去世，定公即位。定公即位的第五年，夏天，季平子去世，桓子即位为上卿。季桓子挖井时得到个大肚小口的陶器，里面有一只像羊的东西，对孔子谎称“得到一只狗”。孔子说：“据我所知是羊。我听说，山林中的怪兽是单足的‘夔’和山精‘罔阆’；水中的怪物是‘龙’和水怪‘罔象’；土中的怪物是雌雄不分的‘坟羊’。”

吴伐越，堕会稽，得骨节专车。吴使使问仲尼：“骨何者最大？”仲尼曰：“禹致群神于会稽山，防风氏后至，禹杀而戮之，其节专车，此为大矣。”吴客曰：“谁为神？”仲尼曰：“山川之神足以纲纪天下，其守为神，社稷为公侯，皆属于王者。”客曰：“防风何守？”仲尼曰：“汪罔氏之君守封、禺之山，为釐姓。在虞、夏、商为汪罔，于周为长翟，今谓之大人。”客曰：“人长几何？”仲尼曰：“僬侥氏三尺，短之至也。长者不过十之，数之极也。”于是吴客曰：“善哉圣人！”

吴国讨伐越国，摧毁了越都会稽，得到一节骨头，长度和车相等。吴国派使臣问孔子：“什么骨头最大？”孔子说：“大禹召集群神到会稽聚会，防风氏迟到，大禹就把他杀了陈尸示众，他的骨头一节就有车那么长，这就是最大的骨头了。”吴使问：“那谁是神呢？”孔子说：“山川的神灵能兴云致雨足以造福天下，负责监守山川按时祭祀的就是神，守卫社稷的就是公侯，他们都归属于王者。”吴使问：“防风氏是监守什么的？”孔子说：“汪罔氏的君长负责监守封山和禺山的祭祀，是釐姓。在虞、夏、商三代叫汪罔，在周代叫长翟，现在叫作大人。”吴使问：“人的身高是多少？”孔子说：“僬侥氏身高三尺，是最矮的。高的不过三丈，数得上最高了。”于是吴使说：“了不起呀圣人！”

桓子嬖臣曰仲梁怀，与阳虎有隙。阳虎欲逐怀，公山不狃止之。其秋，怀益骄，阳虎执怀。桓子怒，阳虎因囚桓子，与盟而醳之。阳虎由此益轻季氏。季氏亦僭于公室，陪臣执国政，是以鲁自大夫以下皆僭离于正道。故孔子不仕，退而修《诗》、《书》、《礼》、《乐》，弟子弥众，至自远方，莫不受业焉。

孔子在齐闻韶图。讲述孔子在齐国听到韶音的优美，忘记了吃肉的滋味的事情。

季桓子有个名叫仲梁怀的宠臣，和阳虎有怨仇。阳虎想驱逐仲梁怀，公山不狃阻止了他。这年秋天，仲梁怀更加骄横。阳虎就把他拘捕了。季桓子很生气，阳虎就把他也关押起来，直到季桓子被迫和阳虎订立盟约才把他释放出来。阳虎从此更加轻视季氏。季氏本来也越凌驾于鲁君之上，他的家臣就执掌了国家政权，因此鲁国自大夫以下都不守本分，背离了正道。所以孔子不再做官，退出政界，专心研究整理《诗》、《书》、《礼》、《乐》典籍。他的学生很多，直到很远的地方，无不前来虚心受业。

定公八年，公山不狃不得意于季氏，因阳虎为乱，欲废三桓之適，更立其庶孽阳虎素所善者，遂执季桓子。桓子诈之，得脱。定公九年，阳虎不胜，奔于齐。是时孔子年五十。

鲁定公八年，公山不狃失宠于季氏，就利用阳虎作乱，打算废掉季氏、孟孙氏、叔孙氏"三桓"的嫡长子，改立平日为阳虎喜欢的庶子，于是捕了季桓子。桓子用计骗他，才逃脱出来。定公九年，阳虎作乱失败，逃奔齐国。这时，孔子五十岁。

公山不狃以费畔季氏，使人召孔子。孔子循道弥久，温温无所试，莫能己用，曰："盖周文、武起丰、镐而王，今费虽小，傥庶几乎！"欲往。子路不说，止孔子。孔子曰："夫召我者岂徒哉？如用我，其为东周乎！"然亦卒不行。

公山不狃凭借费城反叛季氏，派人召孔子去帮忙。孔子探索依循的治国之道已经很久了，却抑郁无处施展，没有人任用他，就说："当初周文王、武王兴起于丰、镐而建立王业，现在费城虽然小，或许差不多吧！"想应召前去。子路不高兴，阻止孔子。孔子说："他们召我去，难道能让我白跑一趟吗？如果重用我，我将在东方推行周朝的礼仪制度啊！"然而最终也没能去成。

其后定公以孔子为中都宰，一年，四方皆则之，由中都宰为司空，由司空为大司寇。

后来，定公任命孔子为中都的长官，到任一年，四方的官吏都效法他的治理办法。孔子便由中都长官升为司空，又由司空提升为大司寇。

定公十年春，及齐平。夏，齐大夫黎钼言于景公曰："鲁用孔丘，其势危齐。"乃使使告鲁为好会，会于夹谷。鲁定公且以乘车好往。孔子摄相事，曰："臣闻有文事者必有武备，有武事者必有文备。古者诸侯出疆，必具官以从。请具左右司马。"定公曰："诺。"具左右司马。会齐侯夹谷，为坛位，土阶三等，以会遇之礼相见，揖让而登。献酬之礼毕，齐有司趋而进曰："请奏四方之乐。"景公曰："诺。"于是旍旄羽袯矛戟剑拨鼓噪而至。孔子趋而进，历阶而登，不尽一等，举袂而言曰："吾两君为好会，夷狄之乐何为于此！请命有司！"有司却之，不去，则左右视晏子与景公。景公心怍，麾而去之。有顷，齐有司趋而进曰："请奏宫中之乐。"景公曰："诺。"优倡侏儒为戏而前。孔子趋而进，历阶而登，不尽一等，曰："匹夫而营惑诸侯者罪当诛！请命有司！"有司加法焉，手足异处。景公惧而动，知义不若，归而大恐，告其群臣曰："鲁以君子之道辅其君，而子独以夷狄之道教寡人，使得罪于鲁君，为之奈何？"有司进对曰："君子有过则谢以质，小人有过则谢以文。君若悼之，则谢以质。"于是齐侯乃归所侵鲁之郓、汶阳、龟阴之田以谢过。

定公十年春天，同齐国和解。夏天，齐国的大夫黎钼对景公说："鲁国重用孔丘，观察他的形势，必定会危及齐国。"于是派使臣告诉鲁定公举行友好会盟，约定在夹谷相会。鲁定公将毫无戒备地乘车前去会盟。孔子以大司寇的身份兼办理会盟事体，孔子说："我听说办理文事必须有武备，办理武事必须有文备。古代诸侯出自己的疆界，必须配备齐全文武官随从。请你带领左右司马一起去。"定公说："好。"就带了左右司马跟随。定公在夹谷和齐侯相会。在那里修建了会盟的土台，台上准备好席位，设有三级登台的台阶，两君以简略的礼节相见，拱手揖让登台。双方馈赠仪式过后，齐国的有司快步上前请求说："请演奏四方各族的舞乐。"景公说："好。"于是齐国的乐队以旌旗为先导，头戴羽冠，身披皮衣，手执矛、戟、剑、盾等兵器，喧闹着蜂拥而上。孔子快步上前，一步一个台阶，还差一个台阶时，抬起袖子一挥，说道："我们两国国君友好会面，为什么让夷狄的舞乐在此献丑，请命令有司让他们下去！"有司让乐队退下，他们不走，左右看看晏婴和景公的眼色。景公心里惭愧，挥手让乐队下去。不一会儿，齐国有司快步上前说："请演奏宫中的乐曲。"景公说："好。"于是齐国的戏谑艺人和矮小的侏儒边舞边唱走上台。孔子快步走上前，一步一个台阶，还没有上最后一个台阶，就说："百姓迷惑愚弄诸侯，论罪当斩！请命令有司去执行！"有司依法执行腰斩，这些人当即手足离散。齐景公大为惊恐，深受触动，知道自己在理义上不如鲁国，回国后非常害怕，告诉他的群臣说："鲁国的大臣用君子的道理辅佐他的国君，而你们却用夷狄的办法教我，使我得罪了鲁国的国君，这该怎么办呢？"有司上前回答说："君子有过错，就用实际行动向人家道歉认错；普通人有错，就用花言巧语谢罪。君子如果痛心，就用具体行动赔不是。"于是齐景公就把侵占的郓、汶阳、龟阴土地归还给鲁国，以此向鲁国道歉。

定公十三年夏，孔子言于定公曰："臣无藏甲，大夫毋百雉之城。"使仲由为季氏宰，将堕三都。于是叔孙氏先堕郈。季氏将堕费，公山不狃、叔孙辄率费人袭鲁。公与三子入于季氏之宫，登武子之台。费人攻之，弗克，入及公侧。孔子命申句须、乐颀下伐之，费人北。国人追之，败诸姑蔑。二子奔齐，遂堕费。将堕成，公敛处父谓孟孙曰："堕成，齐人必至于北门。且成，孟氏之保鄣，无成是无孟氏也。我将弗堕。"十二月，公围成，弗克。

定公十三年夏天，孔子对定公说："大臣不准收藏兵器，大夫的封邑不可营建高一丈长三百丈的城墙。"于是就派仲由去当季氏的管家，打算拆毁季孙、孟孙、叔孙三家封邑的城墙。这时，叔孙氏先把郈邑的城墙拆了。季孙氏将要拆掉费邑的城墙，公山不狃和叔孙辄率领费邑的人袭击鲁国。定公和季孙、孟孙、叔孙三人进入季氏的住宅，登上季孙武子的高台。费邑人进攻他们，没有打进去，但有人已逼近定公的台侧。孔子命令申句须、乐颀下台反击费人，费人败退。鲁国人乘胜追击，在姑蔑把他们打败。公山不狃和叔孙辄逃奔齐国，就把费邑的城墙拆了。接着准备拆毁成城，成城的长官公敛处父对孟孙说："拆毁了成邑的城墙，齐国人必将进逼我们的北大门。而且成城是孟氏的屏障，没有成城也就没有孟氏了。我不打算拆毁它。"十二月，定公率军围攻成城，没有攻下来。

定公十四年，孔子年五十六，由大司寇行摄相事，有喜色。门人曰："闻君子祸至不惧，福至不喜。"孔子曰："有是言也。不曰'乐其以贵下人'乎？"于是诛鲁大夫乱政者少正卯。与闻国政三月，粥羔豚者弗饰贾；男女行者别于涂，涂不拾遗；四方之客至乎邑者不求有司，皆予之以归。

定公十四年，孔子五十六岁，他由大司寇代理丞相职务，脸上流露出喜悦的神色。弟子说："听说君子大祸临头不恐惧，大福来到不喜形于色。"孔子说："有这个话。但不是还说'乐在身居高位而礼贤下士'吗？"于是就把扰乱政治的鲁国大夫少正卯杀了。孔子参与国政三个月，贩卖猪、羊的商人不敢哄抬物价；男女都分路行走；掉在路上的东西没有人捡拾；四方的旅客来到鲁国的城邑，不必向有司求情送礼，都给予接待和照顾，直到他们满意而归。

齐人闻而惧，曰："孔子为政必霸，霸则吾地近焉，我之为先并矣。盍致地焉？"黎鉏曰："请先尝沮之；沮之而不可则致地，庸迟乎！"于是选齐国中女子好者八十人，皆衣文衣而舞《康乐》，文马三十驷，遗鲁君。陈女乐文马于鲁城南高门外。季桓子微服往观再三，将受，乃语鲁君为周道游，往观终日，怠于政事。子路曰："夫子可以行矣。"孔子曰："鲁今且郊，如致膰乎大夫，则吾犹可以止。"桓子卒受齐女乐，三日不听政；郊，又不致膰俎于大夫。孔子遂行，宿乎屯。而师己送，曰："夫子则非罪。"孔子曰："吾歌可夫？"歌曰："彼妇之口，可以出走；彼妇之谒，可以死败。盖优哉游哉，维以卒岁！"师己反，桓子曰："孔子亦何言？"师己以实告。桓子喟然叹曰："夫子罪我以群婢故也夫！"

齐国听到这个消息感到害怕，有人说："孔子主持政治，鲁国一定会称霸，一旦称霸，我国离它最近，我们会先被吞并。何不先送给它一些土地呢？"黎鉏说："请先试着阻止它强大，如果阻止不成，再送给它土地，难道算迟吧？"于是从齐国挑选了八十名漂亮的少女，都穿上华丽的衣服，并会跳《康乐》舞，还有身带花纹的马三十驷，一并送给鲁君。齐国先把女乐和纹马彩车安置在鲁城南边的高门外。季桓子身穿便服再三去偷看，打算接受，就告诉鲁君外出巡游，以此为名，整天在城南观赏齐国的美女、纹马，连国家的政事都不想了。子路见此情形，说："先生，我们可以离开这里了。"孔子说："鲁国如今就要郊祭，假如能按礼法把祭肉分给大夫，那么我们还可以留下来。"季桓子终于接受了齐国送的美女，一连三天不问政务；郊祭结束，又没有把祭肉分给大夫们。孔子于是离开鲁国，在屯地住宿过夜。鲁国的师己赶来送行，说："先生是没有罪过的。"孔子说："我唱首歌行吗？"于是唱道："那些妇人的口，可以把大臣赶走；亲近那些妇人，可以使人国破身亡。悠闲啊悠闲啊，我只有这样安度岁月！"师己返回，桓子问："孔子说了些什么？"师己照实告诉。桓子长叹一声说："先生是怪罪我接受齐国那一群女乐队的缘故啊！"

孔子受乐遂行图。讲孔子在鲁为大司寇，齐人恐怕鲁国强大对其构成威胁，于是选女子八十人、文马三十驷送于鲁君。鲁君受之而怠于政事，祭祀时又不把祭肉分于诸大夫，孔子失望之下离开鲁国之事。

孔子遂适卫，主于子路妻兄颜浊邹家。卫灵公问孔子："居鲁得禄几何？"对曰："奉粟六万。"卫人亦致粟六万。居顷之，或谮孔子于卫灵公。灵公使公孙余假一出一入。孔子恐获罪焉，居十月，去卫。

孔子于是到了卫国，住在子路大舅子颜浊邹家里。卫灵公问孔子说："在鲁国的俸禄是多少？"孔子回答说："俸粟六万小斗。"卫国也给他俸粟六万小斗。居住不久，有人对卫灵公诽谤孔子。灵公就派公孙余假带兵仗监视孔子的出入。孔子害怕无端获罪，居住了十个月，便离开卫国。

将适陈，过匡，颜刻为仆，以其策指之曰："昔吾入此，由彼缺也。"匡人闻之，以为鲁之阳虎。阳虎尝暴匡人，匡人于是遂止孔子。孔子状类阳虎，拘焉五日。颜渊后，子曰："吾以汝为死矣。"颜渊曰："子在，回何敢死！"匡人拘孔子益急，弟子惧。孔子曰："文王既没，文不在兹乎？天之将丧斯文也，后死者不得与于斯文也。天之未丧斯文也，匡人其如予何！"孔子使从者为甯武子臣于卫，然后得去。

将要去陈国，路过匡城，弟子颜刻赶车，他用马鞭指着城墙的一处说："从前我来这个城，是从那个缺口进去的。"匡地人听说，误以为是鲁国的阳虎。阳虎曾经残害过匡地人，因而匡地人围困了孔子。孔子的长相颇似阳虎，所以被困了整整五天。颜渊后来赶到，孔子说："我以为你死了。"颜渊说："老师还健在，颜回怎么敢去死！"匡地人围困孔子越来越急，弟子们都很害怕。孔子说："周文王已经死了，周代的礼乐制度不是在我们这里吗？上天如果要消灭这种制度，就不应该让后死的人认识和承担维护它的责任。天意既然没有要清除这种制度，匡地人又能对我怎么样？"孔子派随从向卫国甯武子称臣，然后才得脱险。

去即过蒲。月余，反乎卫，主蘧伯玉家。灵公夫人有南子者，使人谓孔子曰："四方之君子不辱欲与寡君为兄弟者，必见寡小君。寡小君愿见。"孔子辞谢，不得已而见之。夫人在絺帷中。孔子入门，北面稽首。夫人自帷中再拜，环珮玉声璆然。孔子曰："吾乡为弗见，见之礼答焉。"子路不说。孔子矢之曰："予所不者，天厌之！天厌之！"居卫月余，灵公与夫人同车，宦者雍渠参乘，出，使孔子为次乘，招摇市过之。孔子曰："吾未见好德如好色者也。"于是丑之，去卫，过曹。是岁，鲁定公卒。

离开匡城，孔子来到蒲地，一个多月后，又返回卫国，住在蘧伯玉的家里。卫灵公有个叫南子的夫人，派人对孔子说："各国的君子凡是看得起我们国君，想和我们国君建立兄弟情义的，必定来会见我们夫人。夫人愿意会见你。"孔子开始推辞，最后不得已才去见她。南子夫人在细葛布帷帐中等待，孔子进门，面北跪拜行礼。夫人在帷帐中两次回拜答礼，她披戴的环佩玉器首饰撞击出清脆的丁当声。事后孔子说："我本来不愿意见她，既然见了，就要按礼节行事。"子路还是不高兴。孔子发誓说："假如我做得不对，上天一定厌弃我！上天一定厌弃我！"在卫国住了一个多月，灵公和夫人同坐一辆车，宦官雍渠陪侍在车右，出宫后，让孔子乘坐第二辆车跟随，大摇大摆地从市上走过。孔子说："我没有见过喜好德行能像喜好美色那样的人。"于是对灵公的作为感到讨厌，便离开卫国,到曹国去。这一年,鲁定公去世。

孔子去曹适宋,与弟子习礼大树下。宋司马桓魋欲杀孔子,拔其树。孔子去。弟子曰:“可以速矣。”孔子曰:“天生德于予,桓魋其如予何!”

孔子离开曹国到了宋国,和弟子在大树下演习礼仪。宋国的司马桓魋想杀孔子,就把大树砍了。孔子只好离去。弟子催促说:“可以快点走了。”孔子说:“上天既然赋予我传道的使命,桓魋能把我怎么样!”

孔子适郑,与弟子相失,孔子独立郭东门。郑人或谓子贡曰:“东门有人,其颡似尧,其项类皋陶,其肩类子产,然自要以下不及禹三寸,累累若丧家之狗。”子贡以实告孔子。孔子欣然笑曰:“形状,末也。而谓似丧家之狗,然哉!然哉!”

孔子到达郑国,与弟子走散了,孔子一个人站在外城的东门。郑国有人对子贡说:“东门有个人,他的额头像尧,他的脖子像皋陶,他的肩膀像子产,然而从腰部以下比禹短三寸,狼狈得像一只丧家犬。”子贡如实地告诉孔子。孔子高兴地说:“他形容我的相貌,这无关紧要。要说我像一只丧家犬,真是如此啊!真是如此啊!”

孔子遂至陈,主于司城贞子家。岁余,吴王夫差伐陈,取三邑而去。赵鞅伐朝歌。楚围蔡,蔡迁于吴。吴败越王句践会稽。

孔子到达陈国,住在司城贞子的家里。过了一年多,吴王夫差率军攻打陈国,夺取了三座城邑才撤军。赵鞅攻打朝歌。楚军围攻蔡国,蔡国迁都到靠近吴的地区。吴王在会稽打败了越王句践。

有隼集于陈廷而死,楛矢贯之,石砮,矢长尺有咫。陈湣公使使问仲尼。仲尼曰:“隼来远矣,此肃慎之矢也。昔武王克商,通道九夷百蛮,使各以其方贿来贡,使无忘职业。于是肃慎贡楛矢石砮,长尺有咫。先王欲昭其令德,以肃慎矢分大姬,配虞胡公而封诸陈。分同姓以珍玉,展亲;分异姓以远方职,使无忘服。故分陈以肃慎矢。”试求之故府,果得之。

一天,许多只隼落在陈国宫廷,死在那里,有楛木做的箭贯穿鸟身,箭头是石制的,箭长一尺八寸。陈湣公派使臣问孔子。孔子说:“隼是从遥远的地方飞来的,这箭是肃慎部族的箭。从前周武王灭商后,沟通了和九夷百蛮各少数民族的联系,让他们各自贡献地方特产,叫他们不要忘记自己的职责和义务。于是肃慎族贡献楛木杆石箭头的箭,长一尺八寸。周武王为了显示他臣服远方的功德,就把肃慎献的箭分给长女大姬,大姬嫁给了虞胡公,后来就把胡公分封在陈国。那时把珍宝玉器分赠给同姓诸侯,表示重视亲族;把远方的贡品赠给异姓诸侯,使他们不忘服从王命。所以把肃慎献的箭分给了陈国。”陈湣公派人试着到收藏贡物的仓库查寻,果然找到了这种箭。

孔子居陈三岁,会晋、楚争强,更伐陈,及吴侵陈,陈常被寇。孔子曰:“归与归与!吾党之小子狂简,进取不忘其初。”于是孔子去陈。

孔子在陈国住了三年,正巧遇上晋、楚争霸,两国轮番征伐陈国,至于吴国也侵犯陈国,陈国时常遭受侵袭。孔子说:“回去吧!回去吧!我家乡的弟子志向远大,只是行事疏阔一些,他们有进取心,没有忘记自己的初衷。”于是孔子离开陈国。

过蒲,会公叔氏以蒲畔,蒲人止孔子。弟子有公良孺者,以私车五乘从孔子。其为人长贤,有勇力,谓曰:“吾昔从夫子遇难于匡,今又遇难于此,命也已。吾与夫子再罹难,宁斗而死。”斗甚疾。蒲人惧,谓孔子曰:“苟毋适卫,吾出子。”与之盟,出孔子东门。孔子遂适卫。子贡曰:“盟可负邪?”孔子曰:“要盟也,神不听。”

经过蒲地时,刚好遇上公叔氏凭据蒲地反叛,蒲人就扣留了孔子。弟子中有个叫公良孺的,自己带着五辆车随孔子周游各地。他身材高大,有才德,有勇力,对孔子说:“我从前随先生在匡地遇到危难,现在又在这里遇到危难,这是注定的吧?我和先生一再遭受灾难,宁愿搏斗而死。”拼搏十分激烈。蒲地人害怕,对孔子说:“如果你们不去卫国,我就放你们走。”孔子和蒲地人订立了盟约,他们放孔子从东门出去。孔子于是到了卫国。子贡说:“盟约可以背吗?”孔子说:“受胁迫签订的盟约,神灵不会认可的。”

卫灵公闻孔子来,喜,郊迎。问曰:“蒲可伐乎?”对曰:“可。”灵公曰:“吾大夫以为不可。今蒲,卫之所以待晋、楚也,以卫伐之,无乃不可乎?”孔子曰:“其男子有死之志,妇人有保西河之志。吾

所伐者不过四、五人。”灵公曰：“善。”然不伐蒲。

卫灵公听说孔子来，非常高兴，亲自到郊外迎接。灵公问道：“蒲能讨伐吗？”孔子回答说：“行。”灵公说：“我的大夫们认为不行。因为现在的蒲地，是防御晋、楚的屏障，用卫国的兵讨伐它，恐怕不行吧。”孔子说：“蒲地的男子有誓死效忠卫国的决心，妇女有保卫这块西河土地的盼望。我所说要讨伐的，只不过是四五个叛乱的头目。”灵公说：“好。”然而却没有派兵征讨蒲地的叛乱。

灵公老，怠于政，不用孔子。孔子喟然叹曰：“苟有用我者，期月而已，三年有成。”孔子行。

灵公年老，自己懒得处理政务，也不用孔子。孔子感叹说：“如果有人用我主持国政，一年就可以变样，三年就会大见成效。”孔子只好离去。

佛肸为中牟宰。赵简子攻范、中行，伐中牟。佛肸畔，使人召孔子。孔子欲往。子路曰：“由闻诸夫子，‘其身亲为不善者，君子不入也。’今佛肸亲以中牟畔，子欲往，如之何？”孔子曰：“有是言也。不曰坚乎，磨而不磷；不曰白乎，涅而不淄。我岂匏瓜也哉，焉能系而不食？”

佛肸做中牟邑的长官。赵简子进攻范氏、中行氏，讨伐中牟。佛肸反叛赵简子，派人召请孔子。孔子想前往。子路说：“我听先生说过，‘亲身做坏事的人那里，君子是不去的’。现在佛肸自己占据中牟反叛，先生想前去，这是为什么呢？”孔子说：“是有这样的话。但我不是也说过坚硬的东西，是磨不薄的；不是也说过洁白的东西，是染不黑的。我难道是中看不中吃的瓠瓜吗？怎么只能挂着不给人吃呢？”

孔子击磬。有荷蒉而过门者，曰：“有心哉，击磬乎！硁硁乎，莫己知也夫而已矣！”

孔子敲击磬，有一个身背草筐的人从门前经过，说：“有心思啊，这个敲磬人！磬敲得丁丁当当直响，既然没人赏识自己，那就算了吧！”

孔子学鼓琴师襄子，十日不进。师襄子曰：“可以益矣。”孔子曰：“丘已习其曲矣，未得其数也。”有间，曰：“已习其数，可以益矣。”孔子曰：“丘未得其志也。”有间，曰：“已习其志，可以益矣。”孔子曰：“丘未得其为人也。”有间，有所穆然深思焉，有所怡然高望而远志焉。曰：“丘得其为人，黯然而黑，几然而长，眼如望羊，如王四国，非文王其谁能为此也！”师襄子辟席再拜，曰：“师盖云《文王操》也。”

孔子向师襄子学弹琴，一连十天没学新曲子。师襄子说：“可以学习新曲了。”孔子说：“我已经熟习曲子了，但还没有掌握弹奏的要领。”过了些时候，师襄子说：“你已经掌握了弹奏的要领，可以换新曲子了。”孔子说：“我还没有领会到乐曲蕴藏的内涵。”过了些时候，师襄子说：“你已经掌握了乐曲的内涵，可以换新曲子了。”孔子说：“我还没有体察出曲作者是什么样的人。”过了些时候，孔子肃穆深思，随后又心旷神怡，显出视野宽广、志向高远的神态，说：“我体察出曲作者是什么样的人了，他的皮肤黝黑，身材高大，目光明亮而高瞻远瞩，好像统治四方诸侯的王，除了周文王谁能够这样呢！”师襄子离开座位向孔子拜了两拜，说：“我老师原先说过，这首曲子叫《文王

灵公郊迎孔子图。讲孔子到卫国，卫灵公喜而郊迎，礼待有加，于是孔子仕卫之事。

操》。”

孔子既不得用于卫，将西见赵简子。至于河而闻窦鸣犊、舜华之死也，临河而叹曰：“美哉水，洋洋乎！丘之不济此，命也夫！”子贡趋而进曰：“敢问何谓也？”孔子曰：“窦鸣犊、舜华，晋国之贤大夫也。赵简子未得志之时，须此两人而后从政；及其已得志，杀之乃从政。丘闻之也，刳胎杀夭则麒麟不至郊，竭泽涸渔则蛟龙不合阴阳，覆巢毁卵则凤皇不翔。何则？君子讳伤其类也。夫鸟兽之于不义也尚知辟之，而况乎丘哉！”乃还息乎陬乡，作为《陬操》以哀之。而反乎卫，入主蘧伯玉家。

孔子既然不被卫君重用，打算西去会见赵简子。到达黄河边，听说了窦鸣犊、舜华被杀的消息，面临黄河叹气说：“壮丽的黄河水，浩浩荡荡盛大宏伟！我所以不能渡过黄河，也是命运吧！”子贡快步上前问：“冒昧地请问，这话是什么意思？”孔子说：“窦鸣犊、舜华，是晋国有才德的大夫。在赵简子还未得志时，需要依靠这两个人然后才能掌握政权；等到他得志之后，竟然杀了他们才执掌政权。我听说过，剖腹取胎、杀害幼兽，麒麟就不会到郊外来；排干池水捉鱼，蛟龙就不肯调和阴阳、兴云致雨；倾覆鸟巢毁坏鸟卵，凤凰就不愿来这里飞翔。为什么呢？君子忌杀害他的同类。鸟兽对于不义的行为还知道躲避，更何况我孔丘呢！”于是便回到老家陬乡休养，创作了《陬操》琴曲以悼窦鸣犊、舜华两位贤大夫。而后又返回卫国，住在蘧伯玉家里。

他日，灵公问兵陈。孔子曰：“俎豆之事则尝闻之，军旅之事未之学也。”明日，与孔子语，见蜚雁，仰视之，色不在孔子。孔子遂行，复如陈。

有一天，卫灵公询问打仗列阵的事，孔子说：“祭祀的事曾经听说过，排兵布阵的事未曾听说过。”第二天，灵公和孔子谈话时，看见雁群飞翔，就抬头仰望雁群，神色不在孔子身上。孔子于是离开卫国，又到陈国。

夏，卫灵公卒，立孙辄，是为卫出公。六月，赵鞅内太子蒯聩于戚。阳虎使太子绕，八人衰绖，伪自卫迎者，哭而入，遂居焉。冬，蔡迁于州来。是岁鲁哀公三年，而孔子年六十矣。齐助卫围戚，以卫太子蒯聩在故也。

这年夏天，卫灵公去世，他的孙子辄即位，这就是卫出公。六月，赵鞅把流亡在外的卫灵公的太子蒯聩送到戚邑。赵鞅指使阳虎让太子蒯聩身穿孝服，又让八个人披麻带孝，伪装成从卫国来迎太子回去奔丧的样子，哭着进入戚邑，因为没有成功就住在了戚邑。冬天，蔡国迁都到州来。这一年是鲁哀公三年，孔子已经六十岁了。齐国帮助卫国攻打戚邑，因为太子蒯聩在这里的缘故。

夏，鲁桓、釐庙燔。南宫敬叔救火。孔子在陈，闻之，曰：“灾必于桓、釐庙乎？”已而果然。

同年夏天，鲁桓公、釐公的庙失火，南宫敬叔去救火。孔子在陈国，听到鲁庙失火的消息，说：“火灾一定在桓公、釐公的庙吧？”不久得到证实，果然如他所说的一样。

秋，季桓子病，辇而见鲁城，喟然叹曰：“昔此国几兴矣，以吾获罪于孔子，故不兴也。”顾谓其嗣康子曰：“我即死，若必相鲁；相鲁，必召仲尼。”后数日，桓子卒，康子代立。已葬，欲召仲尼。公之鱼曰：“昔吾先君用之不终，终为诸侯笑。今又用之，不能终，是再为诸侯笑。”康子曰：“则谁召而可？”曰：“必召冉求。”于是使使召冉求。冉求将行，孔子曰：“鲁人召求，非小用之，将大用之也。”是日，孔子曰：“归乎归乎！吾党之小子狂简，斐然成章，吾不知所以裁之。”子赣知孔子思归，送冉求，因诫曰：“即用，以孔子为招”云。

到了秋天，季桓子病重，乘辇车望见鲁城，长叹一声说：“从前这个国家将要强盛起来，由于得罪了孔子，最终没有强盛起来。”回头对他的继承人季康子说：“我要是死了，你必然会当鲁国的丞相。当丞相后，一定召回仲尼。”几天后，季桓子去世，季康子继承了他的职位。办完丧事，季康子想召仲尼回来。公之鱼说：“从前我们先帝用他没有善终，最后导致诸侯耻笑。如今又任用他，如果仍然半途而废，是会再次被诸侯耻笑的。”康子说：“那么召谁合适呢？”公之鱼说：“一定召冉求。”于是派人去召冉求。冉求准备前往。孔子说：“鲁国派人召回冉求，不会小用，将会重用他。”就在这一天，孔子说：“回去吧！回去吧！我家乡的这些弟子志向高远而行事疏阔，他们富于文采，我真不知道从何处下手教育他们。”子贡知道孔子思归，送冉求时，叮嘱过“你若被重用了，设法把孔子招回去”的话。

冉求既去，明年，孔子自陈迁于蔡。蔡昭公将如吴，吴召之也。前昭公欺其臣迁州来，后将往，

大夫惧复迁，公孙翩射杀昭公。楚侵蔡。秋，齐景公卒。

冉求离去以后，第二年，孔子从陈国移居到蔡国。蔡昭公打算去吴国，是吴国召他去的。以前昭公欺骗大臣迁到州来，这次前往，大夫们害怕再次迁都，公孙翩就在路上把昭公射死了。楚国进犯蔡国。秋天，齐景公去世。

明年，孔子自蔡如叶。叶公问政，孔子曰："政在来远附迩。"他日，叶公问孔子于子路，子路不对。孔子闻之，曰："由，尔何不对曰'其为人也，学道不倦，诲人不厌，发愤忘食，乐以忘忧，不知老之将至'云尔。"

第二年，孔子从蔡国到叶邑。叶公向孔子问政治，孔子说："为政在于招纳远方的贤人，使近处的人归服。"有一天，叶公向子路问孔子的情况，子路拒绝回答。孔子知道这件事后，说："仲由，你为什么不回答说'他这个人对学习道理，不知道疲倦，教导别人从来不知道厌倦，发奋学习时忘了吃饭，快乐时忘记忧愁，以致不知道衰老将要到来罢了'。"

去叶，反于蔡。长沮、桀溺耦而耕，孔子以为隐者，使子路问津焉。长沮曰："彼执舆者为谁？"子路曰："为孔丘。"曰："是鲁孔丘与？"曰："然。"曰："是知津矣。"桀溺谓子路曰："子为谁？"曰："为仲由。"曰："子，孔丘之徒与？"曰："然。"桀溺曰："悠悠者天下皆是也，而谁以易之？且与其从辟人之士，岂若从辟世之士哉！"耰而不辍。子路以告孔子，孔子怃然曰："鸟兽不可与同群，天下有道，丘不与易也。"

离开叶邑，返回蔡国。路上遇见长沮、桀溺并肩耕作，孔子认为他们是隐士，就让子路前去打听渡口在何处。长沮说："车上那位拉着缰绳的人是谁？"子路说："是孔丘。"长沮说："是鲁国的孔丘吗？"子路说："是啊。"长沮说："他该知道渡口在哪里了。"桀溺问子路说："你是谁？"子路说："我是仲由。"桀溺说："那你是孔丘的学生吗？"子路说："是啊。"桀溺说："天下到处都动荡不安，谁能转变这种局势呢？况且你跟随为躲避暴君乱臣的人到处奔波，还不如跟我们为躲避乱世而隐居呢！"说完继续干起活来。子路如实告诉孔子，孔子失望地说："我们不能居住在山林里和鸟兽同群，要是天下太平，我孔丘也就不用为改变这种局面四处奔走了。"

他日，子路行，遇荷蓧丈人，曰："子见夫子乎？"丈人曰："四体不勤，五谷不分，孰为夫子！"植其杖而芸。子路以告，孔子曰："隐者也。"复往，则亡。

另一天，子路一人行走，遇见肩扛除草工具的老农，说："你见到我的老师吗？"老农说："你们这些人四肢不劳动，五谷辨认不清，谁是老师我怎么知道！"拄着拐杖拔起草来。子路把事情的经过告诉孔子，孔子说："他是位隐士。"等子路回去找时，老农已经走了。

孔子迁于蔡三岁，吴伐陈。楚救陈，军于城父。闻孔子在陈、蔡之间，楚使人聘孔子。孔子将往拜礼，陈、蔡大夫谋曰："孔子贤者，所刺讥皆中诸侯之疾。今者久留陈、蔡之间，诸大夫所设行皆非仲尼之意。今楚，大国也，来聘孔子。孔子用于楚，则陈、蔡用事大夫危矣。"于是，乃相与发徒役围孔子于野。不得行，绝粮。从者病，莫能兴。孔子讲诵弦歌不衰。子路愠见曰："君子亦有穷乎？"孔子曰："君子固穷，小人穷斯滥矣。"

孔子迁居到蔡国的第三年，吴国讨伐陈国。楚国发兵救陈国，军队驻扎在城父。听说孔子住在陈、蔡边界上，楚国就派专人去请孔子。孔子准备应聘前往答礼，陈、蔡的大夫暗中商议说："孔子是有才德的贤人，他所讽刺的无不切中诸侯的弊端。如今他久居陈、蔡之间，大夫们的施政方针，都不合仲尼的意思。如今的楚国，是个大国，却来聘请孔子。假如孔子被楚国重用，那么陈、蔡掌权的大夫就危险了。"于是两国派遣服劳役的人把孔子围困在野外。孔子无法行动，粮食已经绝，随从的弟子饿病了，都无精打采。但孔子却依旧不停地给弟子讲学、诵诗、唱歌、弹琴。子路面带怒容地见孔子说："君子也有困窘的时候吗？"孔子说："君子面对困窘仍能坚守节操不动摇，小人遇到困窘那就什么事都可能干得出来。"

子贡色作。孔子曰："赐，尔以予为多学而识之者与？"曰："然。非与？"孔子曰："非也。予一以贯之。"

子贡气得脸色都变了。孔子说："赐啊，你认为我是博学强记的人吗？"子贡说："是啊。难道不是吗？"孔子说："不是的。我是用一种基本原则把全部知识贯穿起来的。"

孔子知弟子有愠心，乃召子路而问曰："《诗》云：'匪兕匪虎，率彼旷野'。吾道非邪？吾何为于此？"子路曰："意者吾未仁邪？人之不我信也。意者吾未知邪？人之不我行也。"孔子曰："有是乎！由，譬使仁者而必信，安有伯夷、叔齐？使知者而必行，安有王子比干？"

孔子知道弟子们心怀愤怒，于是叫子路问道："《诗》说'不是犀牛也不是虎，它却徘徊在旷野上'。难道我们的学说不对吗？我们为什么会落到这种田地呢？"子路说："想必是我们的仁义还不够吧？所以人家不信任我们；想必是我们的智谋还不够吧？所以人家不放我们走。"孔子说："有这样的道理吗！仲由，假如有仁德的人必定受人信任，哪会有伯夷、叔齐饿死在首阳山呢？假如有智谋的人就能够畅通无阻，哪会有王子比干被剖心呢？"

子路出，子贡入见。孔子曰："赐，《诗》云：'匪兕匪虎，率彼旷野'。吾道非邪？吾何为于此？"子贡曰："夫子之道至大也，故天下莫能容夫子。夫子盖少贬焉？"孔子曰："赐，良农能稼而不能为穑，良工能巧而不能为顺。君子能修其道，纲而纪之，统而理之，而不能为容。今尔不修尔道而求为容。赐，而志不远矣！"

子路出去，子贡进来相见。孔子说："赐啊，《诗》说'不是犀牛也不是虎，它却徘徊在旷野上'。难道我们的学说不对吗？我们为什么会落到这种田地呢？"子贡说："先生的学说博大到极点了，所以天下没有哪个国家能容纳先生。先生何不稍微降低点要求呢？"孔子说："赐，有经验的农民虽然会种庄稼，但却不能保证准有收获；好的工匠虽然手艺精巧，但他制造的器具未必能令人人称心如意。君子能够研修自己的学说，就像结网先有纲一样，然后依序梳理结扎，但不一定为社会所容。现在你不去研修自己的学说，反而想降低标准求人容纳。赐，你缺乏远大的志向啊！"

子贡出，颜回入见。孔子曰："回，《诗》云：'匪兕匪虎，率彼旷野'。吾道非邪？吾何为于此？"颜回曰："夫子之道至大，故天下莫能容。虽然，夫子推而行之；不容何病，不容然后见君子！夫道之不修也，是吾丑也。夫道既已大修而不用，是有国者之丑也。不容何病，不容然后见君子！"孔子欣然而笑曰："有是哉颜氏之子！使尔多财，吾为尔宰。"

子贡出去，颜回进来相见。孔子说："回，《诗》说'不是犀牛也不是虎，它却徘徊在旷野上'。难道我们的学说不好吗？我们为何落到这种田地呢？"颜回说："先生的学说博大到极点了，所以天下没有哪个国家能够容下先生。尽管这样，先生还要推行自己的学说，不被天下容纳又有何妨。不被容纳，然后才显现出君子的本色！学说得不到研修提高，那才是自己的耻辱。至于研修成的学说不被运用，那是国家当权者的耻辱。不被采取有什么关系呢？不被采纳，然后才显现出君子的本色！"孔子欣慰地笑着说："是这样啊，颜家的子弟！如果你成了大富翁，我愿意做你的管家。"

于是使子贡至楚。楚昭王兴师迎孔子，然后得免。

于是派子贡到楚国。楚昭王派军队迎接孔子，这才从困境中解脱出来。

昭王将以书社地七百里封孔子。楚令尹子西曰："王之使使诸侯有如子贡者乎？"曰"无有"。"王之辅相有如颜回者乎？"曰"无有"。"王之将率有如子路者乎？"曰"无有"。"王之官尹有如宰予者乎？"曰"无有"。且楚之祖封于周，号为子男五十里。今孔丘述三五之法，明周、召之业，王若用之，则楚安得世世堂堂方数千里乎？夫文王在丰，武王在镐，百里之君卒王天下。今孔丘得据土壤，贤弟子为佐，非楚之福也。"昭王乃止。其秋，楚昭王卒于城父。

楚昭王想把有户籍登记的七百里地封给孔子。楚国的令尹子西说："大王派往诸侯国的使臣，有像子贡这样的吗？"昭王说："没有。"子西说："大王的辅佐丞相，有像颜回这样的吗？"昭王说："没有。"子西问："大王的将帅，有像子路这样的吗？"昭王说："没有。"子西问："大王的各主事官员，有像宰予这样的吗？"昭王说："没有。"子西接着说："而且楚国的始祖从周天子受封时，封号才是子男爵，土地只有五十里。现在孔子讲述三皇五帝的治国方法，申明周公、召公辅佐周天子的事业，大王如果任用他，那么楚国还能保住世世代代统治方圆数千里的土地吗？当初周文王在丰，周武王在镐，从统治百里的君王，最终称王天下。现在孔丘如果拥有七百里土地，又有众多的贤能弟子辅佐，这不是楚国的福音。"昭王于是取消了原来的想法。这年秋天，楚昭王死在城父。

楚狂接舆歌而过孔子曰："凤兮凤兮，何德之衰！往者不可谏兮，来者犹可追也！已而已而，今之从政者殆而！"孔子下，欲与之言。趋而去，弗得与之言。

颜回像

楚国装狂的接舆，一天唱着歌经过孔子的车旁边，说："凤凰啊，凤凰啊，你的学说和道德为什么如此不受重视！过去的已经不能挽回，未来的还可以追求。算了吧，算了吧！现在从政的人都很危险啊！"孔子赶快下车，想和他谈谈，但他却快步走了，没能和他交谈。

于是孔子自楚反乎卫。是岁也，孔子年六十三，而鲁哀公六年也。

于是孔子从楚国返回卫国。这一年，孔子六十三岁，是鲁哀公六年。

其明年，吴与鲁会缯，征百牢。太宰嚭召季康子。康子使子贡往，然后得已。

第二年，吴国和鲁国在缯会盟，吴国要求鲁国提供百牢祭品。吴太宰嚭召见季康子。季康子派子贡前去交涉，然后吴国才放弃违礼的要求。

孔子曰："鲁、卫之政，兄弟也。"是时，卫君辄父不得立，在外，诸侯数以为让。而孔子弟子多仕于卫，卫君欲得孔子为政。子路曰："卫君待子而为政，子将奚先？"孔子曰："必也正名乎！"子路曰："有是哉，子之迂也！何其正也？"孔子曰："野哉由也！夫名不正则言不顺，言不顺则事不成，事不成则礼乐不兴，礼乐不兴则刑罚不中，刑罚不中则民无所错手足矣。夫君子为之必可名，言之必可行。君子于其言，无所苟而已矣。"

孔子说："鲁国、卫国的政治，同兄弟一样相似。"这时，卫出公辄的父亲蒯聩没能即位，流亡在外，诸侯对此事屡加指责。而孔子的弟子很多人在卫国做官，卫君辄想让孔子来执掌政事。子路说："卫君等待先生前去执政，先生打算先抓什么呢？"孔子说："一定要先正名分！"子路说："有这样的事吗，先生太迂阔了，为什么要正名呢？"孔子说："鲁莽啊，仲由！名分不正说话就不顺耳，说话不顺耳就办不成事，办不成事礼乐就不能兴盛，礼乐不兴盛刑罚就不会准确适度，刑罚不准确适度百姓就会手足无措。君子办事必须符合名分，说话必须切实可行。君子对于自己说的话，应该毫不苟且不马虎才行啊。"

其明年，冉有为季氏将师，与齐战于郎，克之。季康子曰："子之于军旅，学之乎？性之乎？"冉有曰："学之于孔子。"季康子曰："孔子何如人哉？"对曰："用之有名；播之百姓，质诸鬼神而无憾。求之至于此道，虽累千社，夫子不利也。"康子曰："我欲召之，可乎？"对曰："欲召之，则毋以小人固之，则可矣。"而卫孔文子将攻太叔，问策于仲尼。仲尼辞不知，退而命载而行，曰："鸟能择木，木岂能择鸟乎！"文子固止。会季康子逐公华、公宾、公林，以币迎孔子，孔子归鲁。

第二年，冉有为季氏统率军队，和齐国在郎地作战，打了胜仗。季康子说："先生的军事才能，是学来的还是天生的？"冉有说："从孔子那里学来的。"季康子说："孔子是什么样的人呢？"冉有回答说："用他必须有恰当的名分，让他把德政传播给百姓，这样做即使对质于鬼神也没有遗憾。如果让孔子像冉求我一样去打仗，即使封给他千社，先生也不会干的。"季康子说："我想召他回来，行吗？"冉有回答说："如果你想召他回来，只要不让小人从中阻碍他，就行了。"这时卫国孔文子想攻打太叔，向仲尼问计策。仲尼推辞不懂军事，回去他当即命令备车离开卫国，说："鸟能选择树木栖息，树木怎么能选择鸟呢?"孔文子坚决挽留他。正巧季康子使公华、公宾、公林,携带厚礼迎接孔子,孔子就回鲁国去了。

孔子之去鲁凡十四岁而反乎鲁。

孔子离开鲁国共经历十四年才返回鲁国。

鲁哀公问政,对曰:"政在选臣。"季康子问政,曰:"举直错诸枉,则枉者直。"康子患盗,孔子曰:"苟子之不欲,虽赏之不窃。"然鲁终不能用孔子,孔子亦不求仕。

鲁哀公向孔子问政事,孔子回答说:"为政最重要的是选择大臣。"季康子向孔子问政,孔子说:"推举正直的人,抛弃心术不正的人,这样心术不正的人也会慢慢变为正直的人。"季康子忧虑盗窃,孔子说:"如果你自己没有贪欲,就是给予奖赏,也不会去偷盗。"然而鲁国最终没能重用孔子,孔子也不追求官位。

孔子之时,周室微而礼乐废,《诗》、《书》缺。追迹三代之礼,序《书传》,上纪唐、虞之际,下至秦缪公,编次其事。曰:"夏礼吾能言之,杞不足征也。殷礼吾能言之,宋不足征也。足,则吾能征之矣。"观殷、夏所损益,曰:"后虽百世可知也,以一文一质。周监二代,郁郁乎文哉。吾从周。"故《书传》、《礼记》自孔氏。

孔子的时代,周室衰微,礼崩乐坏,《诗》、《书》残缺不全。于是孔子追溯夏、商、周三代的礼仪制度,删释《书传》,上起唐尧、虞舜之际,下至秦缪公,依照顺序整理编排。他说:"夏代的礼仪制度我还能讲述,只是夏代的后继杞国没有足够的文献证实这些制度。殷代的礼仪制度我还能讲,只是殷代的后继宋国没有足够的文献证实这些制度。如果杞国、宋国的文献充足,我就能以充分的依据证实这些制度了。"孔子考察了殷代对夏代礼乐制度的增减后,说:"虽然往后一百代,增减的情形也可以预知,因为一是重视文采,一是重视质朴。周代的礼仪制度是借鉴夏、殷两代的礼仪制度制定的,多么丰富多彩呀!我遵从周代的礼仪制度。"所以,《书传》、《礼记》是孔子编订的。

孔子语鲁大师:"乐其可知也。始作翕如,纵之纯如,皦如,绎如也,以成。""吾自卫反鲁,然后乐正,《雅》、《颂》各得其所。"

孔子对鲁国的乐官太师说:"音乐的演奏规律是可以通晓的。开始演奏时,五音要协调一致,接下去节奏要和谐,声音要清脆,连续不断地演奏,这样,直到整首曲子完成。"又说:"我从卫国返回鲁国,然后开始考订残缺的诗乐,使《雅》、《颂》都能配上原有的曲调。"

古者《诗》三千余篇,及至孔子,去其重,取可施于礼义,上采契、后稷,中述殷、周之盛,至幽、厉之缺。始于衽席,故曰:"《关雎》之乱以为《风》始,《鹿鸣》为《小雅》始,《文王》为《大雅》始,《清庙》为《颂》始。"三百五篇孔子皆弦歌之,以求合《韶》、《武》、《雅》、《颂》之音。礼乐自此可得而述,以备王道,成六艺。

古代流传下来的《诗》有三千多篇,等到孔子整理的时候,删去其中重复的,选取可以在礼节仪式中使用的,往上采集歌颂商人始祖契、周人始祖后稷的诗篇,中间搜罗叙述殷朝、周朝盛世的诗篇,往下包括记录周幽王、周厉王时礼乐残缺情景的诗篇。《诗经》全书从描写男女关系的诗篇开始,所以说:"《关雎》为《国风》的第一篇,《鹿鸣》为《小雅》的第一篇,《文王》为《大雅》的第一篇,《清庙》为《颂》的第一篇。"三百零五篇诗,孔子都用琴瑟伴奏而一一歌唱过,以求符合《韶》、《武》、《雅》、《颂》的音律。礼仪、音乐从此又可得到而称述记录,以此具备了王道的礼乐制度,编成了《礼》、《乐》、《书》、《诗》、《易》、《春秋》六经。

孔子晚而喜《易》,序《彖》、《系》、《象》、《说卦》、《文言》。读《易》,韦编三绝。曰:"假我数年,若是,我于《易》则彬彬矣。"

孔子晚年喜欢钻研《易》,并详细解释《彖》、《系》、《象》、《说卦》、《文言》等篇。他读《易》卷不释手,以致把穿连竹简的皮绳磨断了三次。他说:"再让我多活几年,要是这样,我对《易》的文辞和义理就能充分掌握了。"

孔子以《诗》、《书》、《礼》、《乐》教,弟子盖三千焉,身通六艺者七十有二人。如颜浊邹之徒,颇受业者甚众。

孔子用《诗》、《书》、《礼》、《乐》作教材,就读的弟子大约有三千人,其中精通六艺的达七十二人。至于像颜浊邹那样的人,多方面受到孔子的教诲而不在七十二人之列的弟子非常多。

孔子以四教:文、行、忠、信。绝四:毋意,毋必,毋固,毋我,所慎:齐、战、疾。子罕言利与命与仁。不愤不启,举一隅不以三隅反,则弗复也。

孔子教育弟子注重抓四个方面:学问、言行、忠恕、信义。他要弟子严格执行四禁:不揣测、不武断、不固执、不自以为是。他认为应该谨慎处理的是:斋戒、战争、疾病。孔子很少谈利,如果谈利,就和命运、仁德联系起来。孔子授课,不到弟子难得发急时,不启发开导他;不能举一反三、触类旁通,就不再讲授新课。

其于乡党,恂恂似不能言者。其于宗庙朝廷,辩辩言,唯谨尔。朝,与上大夫言,訚訚如也;与下大夫言,侃侃如也。

孔子在自己的家乡,谦恭得像个不善言谈的人。他在宗庙祭祀和朝廷议政时,却言辞明晰通达,滔滔不绝,但很恭谨小心。上朝时,和上大夫交谈,态度和气,中正自然;和下大夫交谈,理直气壮,和乐轻松。

入公门,鞠躬如也;趋进,翼如也。君召使傧,色勃如也。君命召,不俟驾行矣。

进入国君的宫门,就保持低头弯腰的恭敬姿势;快到国君跟前时小步快行,两臂后伸,恭敬有礼。国君命他迎接宾客,表情十分庄重认真。国君召见,不等车驾备好,就先出发了。

鱼馁,肉败,割不正,不食。席不正,不坐。食于有丧者之侧,未尝饱也。

鱼不新鲜,肉已变味,或不按规矩切割,孔子都不吃。席位不正,就不坐。在有丧事的人旁边吃饭,从来不吃饱。

是日哭,则不歌。见齐衰、瞽者,虽童子必变。

在一天里哭泣时,就不唱歌。看见穿丧服的人和盲人,即便是小孩,必定改变面容以示悲泣同情。

"三人行,必得我师。""德之不修,学之不讲,闻义不能徙,不善不能改,是吾忧也。"使人歌,善,则使复之,然后和之。

孔子说:"三个人同行,其中必有可以做我老师的。"又说:"道德的不修明,学业的不索求,听到正义的事情不能前往学习,对于缺点错误不能马上改正,这些都使我忧虑。"请人唱歌,如果唱得好,就请人再唱一遍,然后自己也跟着一块唱。

子不语:怪,力,乱,神。

孔子不谈论:怪异、暴力、淫乱、鬼神。

子贡曰:"夫子之文章,可得闻也。夫子言天道与性命,弗可得闻也已。"颜渊喟然叹曰:"仰之弥高,钻之弥坚。瞻之在前,忽焉在后。夫子循循然善诱人,博我以文,约我以礼,欲罢不能。既竭我才,如有所立,卓尔。虽欲从之,蔑由也已。"达巷党人曰:"大哉孔子,博学而无所成名。"子闻之曰:"我何执?执御乎?执射乎?我执御矣。"牢曰:"子云'不试,故艺'。"

子贡说:"先生在文献方面成就卓著,我们是知道的。先生讲的天道与人生命运的深奥见解,我们就不知晓了。"颜渊感慨地说:"对老师的学问越敬慕,越觉得它无比崇高。钻究越深,越觉得它坚实博大。看见它在前面,突然间又在后面了。先生善于循序渐进地诱导人,用典籍文章丰富我的知识,用礼仪道德规范我的言行,使我想停止学业都不可能。已经竭尽了我的才能,好像有所收获,而老师的学问却依然高立而不可及。虽然我想追赶上去,却不可能追得上。"达巷这个地方的党人对我说:"伟大啊孔子,他博学多才却不专一名家。"孔子听了这些话后说:"我要专于什么呢?是专赶车?还是专于射箭呢?我还是专于赶车吧。"子牢说:"老师曾说'因为没被世主所用,所以才有闲工夫学了许多技艺'。"

鲁哀公十四年春,狩大野,叔孙氏车子钼商获兽,以为不祥。仲尼视之,曰:"麟也。"取之。曰:"河不出图,雒不出书,吾已矣夫!"颜渊死,孔子曰:"天丧予!"及西狩见麟,曰:"吾道穷矣!"喟然叹曰:"莫知我夫!"子贡曰:"何为莫知子?"子曰:"不怨天,不尤人,下学而上达,知我者其天乎!"

鲁哀公十四年春天,在大野地方打猎。给叔孙氏赶车的钼商猎获了一头怪兽,他们认为这是不祥的征兆。孔子看见它,说:"这是麒麟。"于是将它取走了。孔子说:"黄河上再不会看见神龙背着图出现，洛水再不会看见神龟背着洛书出现，我的命就快完啦！”颜渊死后，孔子说：“这是老天爷要我死啊！”等到去西边狩猎见到麒麟，说：“我的主张到头了！”感慨地说：“没有人能了解我了！”子贡说：“为什么没有人知道老师呢？”孔子说：“我不抱怨天，也不怪罪人。下学人事，上通天理，知道我的只有上天了！”

“不降其志，不辱其身，伯夷、叔齐乎！”谓“柳下惠、少连降志辱身矣。”谓“虞仲、夷逸隐居放言，行中清，废中权。”“我则异于是，无可无不可。”

孔子说：“不降低自己的志向，不使自己的人格受侮辱，只有伯夷、叔齐两个人吧！”又说：“柳下惠、少连降低了志向，使自己的人格受到侮辱。”又说：“虞仲、夷逸隐居，不言世事，行为合于清高纯洁，自我废弃合于权变。”“我和他们就不同了，既没有绝对的可以，也没有绝对的不可以。”

子曰：“弗乎弗乎，君子病没世而名不称焉。吾道不行矣，吾何以自见于后世哉？”乃因史记作《春秋》，上至隐公，下讫哀公十四年，十二公。据鲁，亲周，故殷，运之三代。约其文辞而指博。故吴、楚之君自称王，而《春秋》贬之曰“子”；践土之会实召周天子，而《春秋》讳之曰“天王狩于河阳”：推此类以绳当世。贬损之义，后有王者举而开之。《春秋》之义行，则天下乱臣贼子惧焉。

孔子说：“不是吗！不是吗！君子最怕的是死后不能流芳百世。我的主张不能实行，我靠什么贡献给后人留下好名声呢？”于是根据鲁国的史记作了《春秋》一书，上起鲁隐公，下至鲁哀公十四年，记载了鲁国的十二公。以鲁国为中心记述，遵奉周王为正统，借鉴殷代的旧制度，上推继承三代的法统。文辞简约而旨意广博。所以吴、楚国君自称为王，《春秋》贬称他们为子爵；践土会盟，实际是晋君召周王去的，而《春秋》却避讳说：“周王巡狩来到河阳。”依此类推，《春秋》以此为准绳，褒贬当时的人和事。后代有的国君加以倡导推广，使《春秋》的义法通行，那样天下的乱臣奸贼就会感到恐惧了。

孔子在位听讼，文辞有可与人共者，弗独有也。至于为《春秋》，笔则笔，削则削，子夏之徒不能赞一辞。弟子受《春秋》，孔子曰：“后世知丘者以《春秋》，而罪丘者亦以《春秋》。”

孔子任职期间审理诉讼案件，文辞上如有可和别人商议之处，绝不独自决断。至于写《春秋》，该写就写，该删就删，就连子夏这些长于文字的弟子，一个字都不能增删。弟子们学习《春秋》，孔子说：“后世人知道我孔丘的因为《春秋》，怪罪我孔丘的也因为《春秋》。”

明岁，子路死于卫。孔子病，子贡请见。孔子方负杖逍遥于门，曰：“赐，汝来何其晚也？”孔子因叹，歌曰：“太山坏乎！梁柱摧乎！哲人萎乎！”因以涕下。谓子贡曰：“天下无道久矣，莫能宗予。夏人殡于东阶，周人于西阶，殷人两柱间。昨暮予梦坐奠两柱之间，予始殷人也。”后七日卒。

第二年，子路死在卫国。孔子病了，子贡请求看望他。孔子正拄着拐杖在门口悠闲地散步，说：“赐，你为什么来这么晚啊？”孔子因而叹息，随即唱道：“泰山要倒塌了！梁柱要断了！哲人要凋谢了！”因而落下了眼泪。对子贡说：“天下失去常道已经很久了，没有人能遵循我的主张。夏人死了棺木停放在东台阶，周人死了棺木停放在西台阶，殷人死了棺木停放在厅堂的两柱中间。昨晚我梦见自己坐在两柱中间受人祭，我原本就是殷人啊。”过了七天，孔子就死了。

孔子年七十三，以鲁哀公十六年四月己丑卒。

孔子享年七十三岁，在鲁哀公十六年四月己丑日逝世。

哀公诔之曰：“旻天不吊，不慭遗一老，俾屏余一人以在位，茕茕余在疚。呜呼哀哉！尼父，毋自律！”子贡曰：“君其不没于鲁乎！夫子之言曰：‘礼失则昏，名失则愆。失志为昏，失所为愆。’生不能用，死而诔之，非礼也。称‘余一人’，非名也。”

鲁哀公为他致的悼辞说：“老天爷不仁慈，不肯留下这位老人，使他丢下我一个人在位，我既孤独又伤痛。啊！多么悲哀！尼父，我顾不得用礼法约束了！”子贡说：“鲁君莫非不能终老于鲁国吗？先生的话说：‘礼法丧失就会昏乱，名分丧失就会出现过失。丧失意志就会昏乱，失去所宜就会出现过失。’生前不能重用，死后写祭文哀悼他，这是不合礼法的。以诸侯自称‘余一人’，是不合名分的。”

孔子葬鲁城北泗上，弟子皆服三年。三年心丧毕，相诀而去，则哭，各复尽哀；或复留。唯子赣庐于冢上，凡六年，然后去。弟子及鲁人往从冢而家者百有余室，因命曰孔里。鲁世世相传以岁时奉祠孔子冢，而诸儒亦讲礼乡饮大射于孔子冢。孔子冢大一顷。故所居堂、弟子内，后世因庙藏孔

子衣冠琴车书，至于汉二百余年不绝。高皇帝过鲁，以太牢祠焉。诸侯卿相至，常先谒然后从政。

孔子埋葬在鲁城北的泗水岸边，弟子们都服丧三年。三年心丧完毕，相互告辞而去，大家相对哭泣，各又尽哀；有的又留了下来。只有子贡在墓旁搭了一间小屋，守墓共六年，然后才离去。弟子们与鲁国的其他人，前往墓地居住的有一百多家，因而把这里命名叫“孔里”。鲁国世世代代相传，每年按时到孔子墓地祭拜，而儒生们也在孔子墓地讲习礼仪，举行乡饮、射箭等活动。孔子的墓地有一顷大。孔子故居的堂屋及弟子们居住的内室，以后就改成庙，收藏孔子用过的衣冠、琴、车、书籍等物，直至汉代二百余年没有废弃。高皇帝刘邦经过鲁地，用太牢礼祭祀孔子。诸侯卿相一到任，总是先去拜谒孔子墓，然后才去处理政务。

孔子生鲤，字伯鱼。伯鱼年五十，先孔子死。

孔子生了鲤，字伯鱼。伯鱼享年五十岁，比孔子死得早。

伯鱼生伋，字子思，年六十二。尝困于宋。子思作《中庸》。

伯鱼生了伋，字子思，享年六十二岁。曾受困于宋国。子思作了《中庸》。

子思生白，字子上，年四十七。子上生求，字子家，年四十五。子家生箕，字子京，年四十六。子京生穿，字子高，年五十一。子高生子慎，年五十七，尝为魏相。

子思生了白，字子上，享年四十七岁。子上生了求，字子家，享年四十五岁。子家生了箕，字子京，享年四十六岁。子京生了穿，字子高，享年五十一岁。子高生了子慎，享年五十七岁，曾做过魏国的丞相。

子慎生鲋，年五十七，为陈王涉博士，死于陈下。

子慎生了鲋，享年五十七岁，做过陈胜王的博士，死在陈县。

鲋弟子襄，年五十七。尝为孝惠皇帝博士，迁为长沙太守。长九尺六寸。

鲋的弟弟子襄，享年五十七岁。曾做过汉孝惠帝的博士，后提升为长沙太守。他身高九尺六寸。

子襄生忠，年五十七。忠生武，武生延年及安国。安国为今皇帝博士，至临淮太守，蚤卒。安国生卬，卬生欢。

子襄生了忠，享年五十七岁。忠生了武，武生了延年和安国。安国为当今孝武皇帝的博士，官至临淮太守，短寿早死。安国生了卬，卬生了欢。

太史公曰：《诗》有之：“高山仰止，景行行止。”虽不能至，然心向往之。余读孔氏书，想见其为人。适鲁，观仲尼庙堂、车服、礼器，诸生以时习礼其家，余祗回留之不能去云。天下君王至于贤人众矣，当时则荣，没则已焉。孔子布衣，传十余世，学者宗之。自天子王侯，中国言《六艺》者折中于夫子，可谓至圣矣！

太史公说：《诗》里有这样的话：“像高山一样令人瞻仰，像大道一样使人遵循。”虽然我不能达到这种境界，然而心里却向往这种境界。我读了孔子的书，可以想见他的为人。到鲁地，参观仲尼的庙堂、车服、礼器，眼见了儒生们按时在孔子旧宅演习礼仪的情景，我怀着敬仰的心情留恋不愿离去。天下的君王直至贤人很多，当他们活着时荣耀显赫，一旦去世就烟消云散了。孔子是布衣平民，他的名声和学说流传十几代，学者仍然尊他为宗师。从天子到侯王，全国谈六艺的人，都把孔子的理论看作是判断衡量的最高标准，可以说孔子是至高无上的圣人了。

史记第四十八卷

陈涉世家第十八

陈胜者，阳城人也，字涉。吴广者，阳夏人也，字叔。陈涉少时，尝与人佣耕，辍耕之垄上，怅恨

久之,曰:"苟富贵,无相忘。"庸者笑而应曰:"若为庸耕,何富贵也?"陈涉太息曰:"嗟乎,燕雀安知鸿鹄之志哉!"

陈胜,阳城人,字涉。吴广,阳夏人,字叔。陈涉年轻时,曾经和别人一起被雇佣耕作。一次他停止耕作走到田埂上,感慨恼恨了很久,说:"如果将来富贵了,彼此不要相互忘记。"一块受雇佣的伙伴们笑着应声说:"你是受雇替人耕作的农夫,怎么会富贵呢?"陈涉叹息说:"唉!燕子、麻雀怎么会知道大雁、天鹅的志向啊!"

二世元年七月,发闾左適戍渔阳,九百人屯大泽乡。陈胜、吴广皆次当行,为屯长。会天大雨,道不通,度已失期。失期,法皆斩。陈胜、吴广乃谋曰:"今亡亦死,举大计亦死,等死,死国可乎?"陈胜曰:"天下苦秦久矣。吾闻二世少子也,不当立,当立者乃公子扶苏。扶苏以数谏故,上使外将兵。今或闻无罪,二世杀之。百姓多闻其贤,未知其死也。项燕为楚将,数有功,爱士卒,楚人怜之。或以为死,或以为亡。今诚以吾众诈自称公子扶苏、项燕,为天下唱,宜多应者。"吴广以为然。乃行卜。卜者知其指意,曰:"足下事皆成,有功。然足下卜之鬼乎!"陈胜、吴广喜,念鬼,曰:"此教我先威众耳。"乃丹书帛曰"陈胜王",置人所罾鱼腹中。卒买鱼烹食,得鱼腹中书,固以怪之矣。又间令吴广之次所旁丛祠中,夜篝火,狐鸣呼曰"大楚兴,陈胜王"。卒皆夜惊恐。旦日,卒中往往语,皆指目陈胜。

秦二世元年七月,调遣居住在里巷左边的贫民到渔阳戍边,九百人驻扎在大泽乡。陈胜、吴广都在这次征发的行列中担任屯长。遇上天下大雨,道路不通,预计已经误了到达的期限。过了规定的期限,根据法律都该杀头。陈胜、吴广商议说:"现在逃跑也是死,举行起义也是死,同样是死,为国事而死行吗?"陈胜说:"天下遭受秦朝暴政统治的苦难已经很久了。我听说二世皇帝是始皇的小儿子,不应该即位,应该即位的是公子扶苏。扶苏由于多次劝谏的缘故,始皇派他到外地领兵。如今有人听说他并没有罪过,二世却把他杀死了。百姓大多都听说他贤能,不知道他已经死了。项燕是楚国的将军,多次立功,爱护士兵,楚国人都拥戴他。有的人以为他已经死了,有的人以为他躲藏起来了。如今要是我们假冒公子扶苏和项燕的名义,倡导天下的人起义,应该会有很多人响应。"吴广认为很对,于是就去占卜。占卜的人知道他们的意图,说:"你们的事都能成,能建立功业。然而你们向鬼神请教过吉凶吗?"陈胜、吴广很高兴,揣摩透了占卜人说的向鬼神请教吉凶的意思,说:"这是教我们借鬼神先在众人中取得威望。"随后就用朱砂在帛上写了"陈胜王"三个字,悄悄塞进他人用网捕捞的鱼肚里,戍卒买来鱼煮了吃,发现鱼肚里的帛书,本来就感到奇怪了,陈胜又让吴广暗中到驻地树丛的庙里,夜间点燃篝火,模仿狐狸的声音呼叫道:"大楚兴,陈胜王。"戍卒们夜里都惊恐不安。第二天早晨,戍卒中到处议论这件事,指指点点,把目光都投向陈胜。

吴广素爱人,士卒多为用者。将尉醉,广故数言欲亡,忿恚尉,令辱之,以激怒其众。尉果笞广。尉剑挺,广起,夺而杀尉。陈胜佐之,并杀两尉。召令徒属曰:"公等遇雨,皆已失期,失期当斩。藉弟令毋斩,而戍死者固十六七。且壮士不死即已,死即举大名耳,王侯将相宁有种乎!"徒属皆曰:"敬受命。"乃诈称公子扶苏、项燕,从民欲也。袒右,称大楚。为坛而盟,祭以尉首。陈胜自立为将军,吴广为都尉。攻大泽乡,收而攻蕲。蕲下,乃令符离人葛婴将兵徇蕲以东。攻铚、酂、苦、柘、谯皆下之。行收兵。比至陈,车六七百乘,骑千余,卒数万人。攻陈,陈守令皆不在,独守丞与战谯门中。弗胜,守丞死,乃入据陈。数日,号令召三老、豪杰与皆来会计事。三老、豪杰皆曰:"将军身被坚执锐,伐无道,诛暴秦,复立楚国之社稷,功宜为王。"陈涉乃立为王,号为张楚。

吴广一向爱护人,戍卒中多数人愿意为他效力。押送戍卒的将尉喝醉了,吴广故意多次扬言要逃跑,来激怒将尉,招惹他侮辱自己,借以激怒众人。将尉果然抽打吴广。在将尉拔剑的霎时间,吴广奋起,夺剑杀死了将尉。陈胜帮助他,合力杀死了两个将尉。随即召集下属号召说:"各位遇雨,都已经延误了期限,误期依法律规定应当杀头。即使不杀头,戍边死亡的本来就占十分之六七。况且壮士不死便罢,死就要扬名天下,王侯将相难道是天生的贵种吗!"下属都异口同声地说:"坚决地听从命令。"于是就假冒公子扶苏和项燕的名义举行起义,以顺应百姓的愿望。大家都裸露右臂为标志,号称大楚。他们修筑高台盟誓,用将尉的头作祭品。陈胜自立为将军,吴广为都尉。首先攻占大泽乡，收兵进攻蕲县。攻下蕲县后，就派符离人葛婴率军攻取蕲县以东地区。攻打铚、酂、苦、柘、谯，都攻下了。一边行进一边扩充兵员，等到达陈县时，已经拥有兵车六七百辆，骑兵千余人，步卒数万人。攻打陈县时，那里的郡守、县令都不在，只有守丞在谯门抵抗，抵挡不住起义军的攻势，守丞战死，于是起义军攻占陈县。几天后，陈胜下令召集三老和豪杰都来开会议事。三老和豪杰们都说："将军身披坚甲，手执锐器，讨伐无道，诛灭暴秦，重新建立了楚国的政权，论功应该称王。"陈胜于是就自立为王，国号为张楚。

当此时，诸郡县苦秦吏者，皆刑其长吏，杀之以应陈涉。乃以吴叔为假王，监诸将以西击荥阳。令陈人武臣、张耳、陈馀徇赵地，令汝阴人邓宗徇九江郡。当此时，楚兵数千人为聚者，不可胜数。

这个时候，各郡县被秦朝官吏欺压的百姓，都惩处他们的官吏，杀了官吏以响应陈涉。于是任命吴广为假王，督率各将领向西攻打荥阳。任命陈县人武臣、张耳、陈馀攻取赵地，任命汝阴人邓宗攻取九江郡。这个时候，楚地几千人规模的起义军多得数也数不清。

葛婴至东城，立襄彊为楚王。婴后闻陈王已立，因杀襄彊，还报。至陈，陈王诛杀葛婴。陈王令魏人周市北徇魏地。吴广围荥阳，李由为三川守，守荥阳。吴叔弗能下。陈王征国之豪杰与计，以上蔡人房君蔡赐为上柱国。

葛婴到达东城，拥立襄彊为王。葛婴后来听说陈胜已立为王，就杀了襄彊，返回来报告。一到陈县，陈王便杀了他。陈王命令魏人周市向北攻取魏地。吴广包围了荥阳。李由任三川郡守，驻守荥阳，吴广久攻不下，陈王征召国内的豪杰商议对策，任命上蔡人房君蔡赐为上柱国。

周文，陈之贤人也，尝为项燕军视日，事春申君，自言习兵，陈王与之将军印，西击秦。行收兵至关，车千乘，卒数十万，至戏，军焉。秦令少府章邯免郦山徒、人奴产子生，悉发以击楚大军，尽败之。周文败，走出关，止次曹阳二三月。章邯追败之，复走次渑池十余日。章邯击，大破之。周文自刭，军遂不战。

周文，是陈县的贤人，曾任项燕军中的占卜望日官，也曾经侍奉过楚国丞相春申君，自称熟习用兵之道，陈王就授给他将军印，命令他率领军队向西攻秦。他一路上招兵买马，到了函谷关的时候，已经有战车千乘，步兵几十万人，到了戏亭，驻扎下来。秦二世命令少府章邯赦免在骊山服役的刑徒、奴婢的儿子，全部组织起来攻击周文率领的楚大军，把楚军全部打败了。周文兵败，退出函谷关，驻扎在曹阳两三个月。章邯追来再次打败他们，周文又退守渑池十多天，章邯追击，把他们打败。周文自杀，军队就不能作战了。

武臣到邯郸，自立为赵王，陈馀为大将军，张耳、召骚为左右丞相。陈王怒，捕系武臣等家室，欲诛之。柱国曰："秦未亡而诛赵王将相家属，此生一秦也。不如因而立之。"陈王乃遣使者贺赵，而徙系武臣等家属宫中，而封耳子张敖为成都君，趣赵兵亟入关。赵王将相相与谋曰："王王赵，非楚意也。楚已诛秦，必加兵于赵。计莫如毋西兵，使使北徇燕地以自广也。赵南据大河，北有燕、代，楚虽胜秦，不敢制赵。若楚不胜秦，必重赵。赵乘秦之弊，可以得志于天下。"赵王以为然，因不西兵，而遣故上谷卒史韩广将兵北徇燕地。

武臣打到邯郸，自立为赵王，陈馀做大将军，张耳、召骚做左右丞相。陈王发怒，逮捕关押了武臣等人的家属，打算杀了他们。柱国蔡赐劝谏说："秦朝还没有灭亡而杀了赵王将相的家属，这等于又生出一个秦朝。不如因而封立他。"陈王于是派使臣到赵国祝贺，同时把武臣等人的家属迁移到宫中软禁起来，封张耳的儿子张敖为成都君。催促赵兵疾速进军函谷关。赵王的将相相互商议说："大王在赵称王，不符合楚国的本意。等到楚国灭秦以后，定会把军队调来进攻赵国。最好的计策莫过于不向西进军，派使臣向北攻打燕地来扩充自己的地盘。赵国南边据黄河天险，北有燕、代广大地区，楚国虽然战胜秦朝，也不敢压制赵国。假如楚国不能战胜秦朝，一定重视赵国。赵国趁秦朝的疲惫，就可以得志于天下。"赵王认为很对，因而不向西进军，而派原上谷郡的卒吏韩广率军北上攻打燕地。

燕故贵人豪杰谓韩广曰："楚已立王，赵又已立王。燕虽小，亦万乘之国也，愿将军立为燕王。"韩广曰："广母在赵，不可。"燕人曰："赵方西忧秦，南忧楚，其力不能禁我。且以楚之强，不敢害赵

王将相之家，赵独安敢害将军之家！”韩广以为然，乃自立为燕王。居数月，赵奉燕王母及家属归之燕。

燕国原来的贵族豪杰劝韩广说：“楚国已经立了王，赵国也立了王。燕国虽然小，也是拥有万乘兵车的国家，希望将军自立为燕王。”韩广说：“我的母亲留在赵国，不行啊。”燕人说：“赵国现在西边担忧秦，南边担忧楚，它的力量不能阻止我们。而且以楚国的强大，不敢加害赵王将相的家属，赵王怎么唯独敢于加害将军的家属！”韩广认为说得有理，因而自立为燕王。过了几个月，赵国就把燕王的母亲及家属送到燕国。

当此之时，诸将之徇地者，不可胜数。周市北徇地至狄，狄人田儋杀狄令，自立为齐王，以齐反，击周市。市军散，还至魏地，欲立魏后故宁陵君咎为魏王。时咎在陈王所，不得之魏。魏地已定，欲相与立周市为魏王，周市不肯。使者五反，陈王乃立宁陵君咎为魏王，遣之国。周市卒为相。

在这个时候，派往各地攻城略地的将领，不计其数。周市向北攻城略地到达狄县，狄人田儋杀了狄县县令，自立为齐王，以齐为基地反击周市。周市的军队溃败，退回到魏地，打算拥立原魏王的后代宁陵君咎为魏王。这时咎在陈王那里，不能回到魏地。魏地平定以后，人们想一起拥立周市为魏王，周市不肯接受。使臣五次往返于陈王和周市之间，陈王才答应立宁陵君咎为魏王，护送他回国。周市最后做了魏的丞相。

将军田臧等相与谋曰：“周章军已破矣，秦兵旦暮至，我围荥阳城弗能下，秦军至，必大败。不如少遗兵，足以守荥阳，悉精兵迎秦军。今假王骄，不知兵权，不可与计，非诛之，事恐败。”因相与矫王令以诛吴叔。献其首于陈王。陈王使使赐田臧楚令尹印，使为上将。田臧乃使诸将李归等守荥阳城，自以精兵西迎秦军于敖仓。与战，田臧死，军破。章邯进兵击李归等荥阳下，破之，李归等死。

将军田臧等在一起谋划说：“周章的军队已经溃败了，秦军早晚就要赶到，我们包围荥阳城久攻不下，秦军一到，肯定会被打得大败。不如留下少量的部队，足以守住荥阳，调动全部精兵迎击秦军。现在假王吴广骄横，不懂用兵的权谋，无法和他商量事情，不杀死他，大事可能会败坏。”因而他们一块假冒陈王的命令杀了吴叔，把他的头献给陈王。陈王派使臣赐给田臧楚国令尹的大印，任命他当上将军。田臧派遣将领李归等驻守荥阳城外，自己率领精兵西进敖仓迎击秦军。和秦军交战，田臧战死，军队逃散。章邯在荥阳城下进攻李归等，把他们击败，李归等战死。

阳城人邓说将兵居郯，章邯别将击破之，邓说军散走陈。铚人伍徐将兵居许，章邯击破之，伍徐军皆散走陈。陈王诛邓说。

阳城人邓说率军驻扎在郯（当为郏）县，被章邯的另一支部队打败了，邓说率领败军逃到陈县。铚人伍徐率领军队驻扎在许县，也被章邯打败，伍徐率残兵逃到陈县。陈王杀了邓说。

陈王初立时，陵人秦嘉，铚人董緤，符离人朱鸡石、取虑人郑布、徐人丁疾等皆特起，将兵围东海守庆于郯。陈王闻，乃使武平君畔为将军，监郯下军。秦嘉不受命，嘉自立为大司马，恶属武平君。告军吏曰：“武平君年少，不知兵事，勿听！”因矫以王命杀武平君畔。

陈王初立的时候，陵县人秦嘉、铚县人董緤、符离人朱鸡石、取虑人郑布、徐县人丁疾等都单独起兵反秦，他们领军把东海郡守庆围困在郯城。陈王听说后，就派武平君畔为将军，督率郯城下的各路起义军。秦嘉拒绝接受命令，自立为大司马，厌恶归属于武平君畔。他告诉军吏说：“武平君年少，不懂军事，不要听他的。”因而谎称陈王的命令杀死了武平君畔。

章邯已破伍徐，击陈，柱国房君死。章邯又进兵击陈西张贺军。陈王出监战，军破，张贺死。

章邯已经打败伍徐，进攻陈县，上柱国房君蔡赐战死。章邯又进攻陈县西边的张贺军。陈王亲自出城督战，军队被击败，张贺战死。

腊月，陈王之汝阴，还至下城父，其御庄贾杀以降秦。陈胜葬砀，谥曰隐王。

十二月，陈王退到汝阴，在到达下城父时，他的车夫庄贾杀了他向秦军投降。陈胜葬在砀县，谥号叫隐王。

陈王故涓人将军吕臣为苍头军，起新阳，攻陈下之，杀庄贾，复以陈为楚。

陈王过去的侍臣吕臣将军，组建了一支青巾包头的苍头军，从新阳起兵，攻打陈县，攻克后，杀死庄贾，又以陈县为楚都。

初，陈王至陈，令铚人宋留将兵定南阳，入武关。留已徇南阳，闻陈王死，南阳复为秦。宋留不能入武关，乃东至新蔡，遇秦军，宋留以军降秦。秦传留至咸阳，车裂留以徇。

当初，陈王到陈县时，派遣铚县人宋留率军平定南阳，进军武关。宋留攻占南阳后，听说陈王被杀，南阳又被秦军夺回去。宋留不能攻入武关，就向东退到新蔡，不料遇上秦军，宋留率领部队投降秦军。秦军把宋留押解到咸阳，车裂示众。

秦嘉等闻陈王军破出走，乃立景驹为楚王，引兵之方与，欲击秦军定陶下。使公孙庆使齐王，欲与并力俱进。齐王曰："闻陈王战败，不知其死生，楚安得不请而立王！"公孙庆曰："齐不请楚而立王，楚何故请齐而立王！且楚首事，当令于天下。"田儋诛杀公孙庆。

秦嘉等听说陈王战败逃走，就立景驹为楚王，率军到方与，准备在定陶下袭击秦军。派公孙庆去齐会见齐王，想联合共同进军。齐王说："听说陈王战败了，不知道他还活着没有，楚国怎么不请示就自己立王呢？"公孙庆说："齐国不请示楚国而自己立王，楚国为什么要请示齐国才能立王呢？况且楚国首先起事，理应号令天下。"田儋杀了公孙庆。

秦左右校复攻陈，下之。吕将军走，收兵复聚。鄱盗当阳君黥布之兵相收，复击秦左右校，破之青波，复以陈为楚。会项梁立怀王孙心为楚王。

秦军左右校尉率军进攻陈县，攻克了它。吕臣将军败走，重新招集兵马，和在鄱阳为盗的当阳君黥布联合，又攻击秦军的左右校尉，在青波打败他们，重新以陈县为楚都。正好这时项梁拥立楚怀王的孙子心为楚王。

陈胜王凡六月。已为王，王陈。其故人尝与庸耕者闻之，之陈，扣宫门曰："吾欲见涉。"宫门令欲缚之。自辩数，乃置，不肯为通。陈王出，遮道而呼涉。陈王闻之，乃召见，载与俱归。入宫，见殿屋帷帐，客曰："夥颐！涉之为王沈沈者！"楚人谓多为夥，故天下传之，夥涉为王，由陈涉始。客出入愈益发舒，言陈王故情。或说陈王曰："客愚无知，颛妄言，轻威。"陈王斩之。诸陈王故人皆自引去，由是无亲陈王者。陈王以朱房为中正，胡武为司过，主司群臣。诸将徇地，至，令之不是者，系而罪之，以苛察为忠。其所不善者，弗下吏，辄自治之。陈王信用之。诸将以其故不亲附。此其所以败也。

陈胜称王共六个月。称王后，以陈县为张楚的都城。曾经与他一块佣耕的旧友听说他当了楚王，来到陈县，敲打宫门说："我要见陈涉。"宫门令要把他捆绑起来。经他再三申辩，才放了他，但仍不肯为他通报。等到陈王出宫时，他拦路呼叫陈涉的名字。陈王听到了，才停车召见他，上车一同回宫，进入王宫，看见殿堂房屋、帷幕帐帘后，客人说："夥颐！陈涉王的宫殿高大深邃啊！"楚人称多为"夥"，所以天下流传开，"夥涉为王"这句话，就是从陈涉开始的。这位客人进进出出越来越随便，常跟人谈论陈胜的旧事。有人对陈王说："这位客人愚昧无知，专门胡说八道，有损于你的威望。"陈王就把这位客人杀了。陈王的故友知交都自动离去，从此就无人亲近陈王了。陈王任命朱房为中正官，任命胡武为司过官，专门督察群臣的过失。将领们攻城略地，回陈县复命时，稍有不合他们的命令，就抓起来论罪，以苛刻作为对陈王的忠诚。凡是跟他们关系不好的人，有错不交有关部门审理，就擅自惩处。陈王不信任他们，将领们因为这个缘故不亲附陈王，这就是陈王失败的原因。

陈胜虽已死，其所置遣侯王将相竟亡秦，由涉首事也。高祖时，为陈涉置守冢三十家砀，至今血食。

陈胜虽然已经死了，但他所封立、派遣的王侯将相终于推翻了秦朝，是由于陈涉首先起义反秦的结果。汉高祖时在砀县为陈涉安置三十户守墓，至今仍按时杀牲祭祀他。

褚先生曰："地形险阻，所以为固也；兵革刑法，所以为治也。犹未足恃也。夫先王以仁义为本，而以固塞文法为枝叶，岂不然哉！"吾闻贾生之称曰：

褚先生说："地形险要阻塞，是用来固守的；军队装备和法规制度，是用来统治百姓的。但这些未必保险可靠。先王以仁义为治国的根本，而把坚固边塞和制定法规制度视为枝叶，难道不是这样吗？"我听贾谊的评论说：

"秦孝公据殽函之固，拥雍州之地，君臣固守，以窥周室。有席卷天下，包举宇内，囊括四海之意，并吞八荒之心。当是时也，商君佐之，内立法度，务耕织，修守战之备，外连衡而斗诸侯。于是秦

人拱手而取西河之外。

秦孝公占据殽山、函谷关的坚固天险，拥有雍州地区，君臣牢固把守，以窥视周朝的政权。大有席卷天下，包举宇内，囊括全国的意志，并吞八方边远地区的决心。在这个时候，商鞅辅佐他，对内建立法律制度，致力于耕织生产，修整攻守的装备；对外推行连横而挑唆诸侯国互相争斗。于是秦国轻易地就取得了黄河以西的大片土地。

"孝公既没，惠文王、武王、昭王蒙故业，因遗策，南取汉中，西举巴蜀，东割膏腴之地，收要害之郡。诸侯恐惧，会盟而谋弱秦。不爱珍器重宝肥饶之地，以致天下之士。合从缔交，相与为一。当此之时，齐有孟尝，赵有平原，楚有春申，魏有信陵：此四君者，皆明知而忠信，宽厚而爱人，尊贤而重士。约从连衡，兼韩、魏、燕、赵、宋、卫、中山之众。于是六国之士有宁越、徐尚、苏秦、杜赫之属为之谋，齐明、周冣、陈轸、邵滑、楼缓、翟景、苏厉、乐毅之徒通其意，吴起、孙膑、带他、兒良、王廖、田忌、廉颇、赵奢之伦制其兵。尝以什倍之地，百万之师，仰关而攻秦。秦人开关而延敌，九国之师，遁逃而不敢进。秦无亡矢遗镞之费，而天下固已困矣。于是从散约败，争割地而赂秦。秦有余力而制其弊，追亡逐北，伏尸百万，流血漂橹，因利乘便，宰割天下，分裂山河，强国请服，弱国入朝。"

孝公死后，惠文王、武王、昭王继承旧业，遵循先人的遗志，向南夺取汉中，向西占领巴蜀，向东割取肥沃的土地，获取地势险要的郡县。诸侯们惊恐不安，相聚结盟而谋划削弱秦国。他们不惜以珍器重宝和肥沃的土地，用来招揽天下的贤人。缔结合纵盟约，互相援助，一致对秦。在这个时候，齐国有孟尝君，赵国有平原君，楚国有春申君，魏国有信陵君，这四位公子，都很明智而忠信，宽厚而爱人，尊敬贤人而重用人才。他们相约以合纵对抗秦国的连横，联合韩、魏、燕、赵、宋、卫、中山等国的军队。于是六国的人才有宁越、徐尚、苏秦、杜赫为他们出谋划策；有齐明、周冣、陈轸、邵滑、楼缓、翟景、苏厉、乐毅沟通他们的意见；有吴起、孙膑、带他、倪良、王廖、田忌、廉颇、赵奢统率他们的军队。曾以十倍于秦的土地，百万大军，仰望函谷关而进攻秦国。秦国打开关门诱敌深入，九国的联军却退逃而不敢前进。秦国未耗费一根箭镞，而天下的诸侯就已经疲惫不堪了。于是合纵瓦解，条约破坏，各国争相割地贿赂秦国。秦国有足够的力量来制服疲惫的诸侯国，追击逃亡败退的诸侯兵，杀得他们伏尸百万，流的血把大盾牌都漂浮起来了。秦军趁有利的形势，方便的时机，宰割天下，分裂各国的领土，于是强国请求臣服，弱国前来朝拜称臣。

"施及孝文王、庄襄王，享国之日浅，国家无事。

延续到孝文王、庄襄王，他们在位的时间很短，国家没有什么事。

"及至始皇，奋六世之余烈，振长策而御宇内，吞二周而亡诸侯，履至尊而制六合，执敲朴以鞭笞天下，威振四海。南取百越之地，以为桂林、象郡，百越之君俯首系颈，委命下吏。乃使蒙恬北筑长城而守藩篱，却匈奴七百余里，胡人不敢南下而牧马，士亦不敢贯弓而报怨。于是废先王之道，燔百家之言，以愚黔首。堕名城，杀豪俊，收天下之兵聚之咸阳，销锋镝，铸以为金人十二，以弱天下之民。然后践华为城，因河为池，据亿丈之城，临不测之谿以为固。良将劲弩，守要害之处，信臣精卒，陈利兵而谁何。天下已定，始皇之心，自以为关中之固，金城千里，子孙帝王万世之业也。

等到秦始皇的时候，他发扬六世的余威，舞动长鞭而驾驭天下，吞并东西二周，灭亡各诸侯国，登上皇帝宝座控制全国，手执刑杖以鞭打天下的百姓，声威震慑四海。向南夺取百越地区，设为桂林和象郡，百越的君长低着头，用绳子闩住脖子，听命秦朝下级官吏的处置。于是派蒙恬在北边修筑长城作为防守的屏障，驱退匈奴达七百余里，致使胡人不敢南下牧马，士兵也不敢举弓报怨。而且废弃了先王的治国道术，焚烧了诸子百家的著作，以使百姓愚昧无知。拆除六国的名城大都，诛杀豪杰英俊，收缴天下的兵器集中到咸阳，熔化刀枪剑等兵器，浇铸成十二个铜人，以削弱天下百姓的反抗能力。然后依凭华山作为城墙，凭借黄河作为护城河，依据亿丈高的城墙，下临无底深的河道作为坚固的屏障。良将强弩，把守住险要的地方，忠实的臣子和精锐的士卒，装备着锋利的兵器，盘问过往的行人是谁。天下已经平定，在始皇的心里自以为关中的坚固，金城千里，是子子孙孙万世当皇帝的基业。

"始皇既没，馀威振于殊俗。然而陈涉瓮牖绳枢之子，甿隶之人，而迁徙之徒也，材能不及中人，非有仲尼、墨翟之贤，陶朱、猗顿之富也。蹑足行伍之间，俯仰仟佰之中，率罢散之卒，将数百之众，

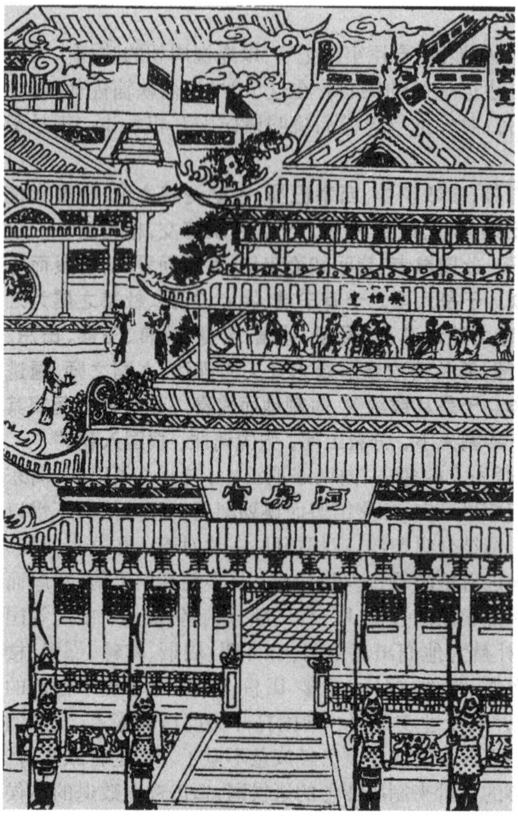

大营宫室图。选自明·张居正《帝鉴图说》，讲述秦始皇修阿房宫之事。

转而攻秦。斩木为兵，揭竿为旗，天下云会响应，赢粮而景从，山东豪俊遂并起而亡秦族矣。

始皇死后，他的余威仍然震慑着边远地区。然而陈涉一个以破瓮做窗户，用绳子闩门轴的穷家子弟，受人奴役的人，征发守边的戍卒，才能不及中等人，既无仲尼、墨翟的贤明，也无陶朱、猗顿的富有。置身于戍卒行列当中，低头抬头行进在阡陌中间，率领疲惫散乱的戍卒，只统率几百名戍卒，掉转矛头攻打秦朝。砍削木棍做武器，高举竹竿做旗帜，天下的百姓就像风起云聚般的响应，挑着粮食如影随身一样跟他走，殽山以东的英雄豪杰就一同起兵，推翻了秦朝。

“且天下非小弱也，雍州之地，殽函之固自若也。陈涉之位，非尊于齐、楚、燕、赵、韩、魏、宋、卫、中山之君也；鉏櫌棘矜，非铦于句戟长铩也；適戍之众，非俦于九国之师也；深谋远虑，行军用兵之道，非及乡时之士也。然而成败异变，功业相反也。尝试使山东之国与陈涉度长絜大，比权量力，则不可同年而语矣。然而秦以区区之地，致万乘之权，抑八州而朝同列，百有馀年矣。然后以六合为家，殽函为宫。一夫作难而七庙堕，身死人手，为天下笑者，何也？仁义不施，而攻守之势异也。”

况且秦朝的天下并没有缩小变弱，雍州的土地，殽山、函谷关的险要坚固和以前一样。陈涉的地位，不比齐、楚、燕、赵、韩、魏、宋、卫、中山的国君尊贵；锄头戟柄，不比钩戟长矛锋利；征发戍边的数百人，不比九国的军队强大；深谋远虑，行军和打仗的本领，比不上从前六国的谋士和将帅。然而成功失败完全不同，功业完全相反。试拿殽山以东的诸侯国，和陈涉比量长短大小，比较权势衡量实力，简直不可同年而语。然而秦国当年凭借区区之地，发展成为有万乘战车的强国，控制了其他八州而诸侯都来朝拜，已经有一百多年了。然后以天地四方为家，以殽山、函谷关为宫墙。陈涉一人首先发难，秦朝的七庙被摧毁，它的统治者死在别人手里，被天下人所讥笑，这是什么原因呢？由于不施仁政，而攻取和防守的形势不同了。

史记第四十九卷

外戚世家第十九

自古受命帝王及继体守文之君，非独内德茂也，盖亦有外戚之助焉。夏之兴也以涂山，而桀之

放也以末喜。殷之兴也以有娀，纣之杀也嬖妲己。周之兴也以姜原及大任，而幽王之禽也淫于褒姒。故《易》基《乾》、《坤》，《诗》始《关雎》，《书》美厘降，《春秋》讥不亲迎。夫妇之际，人道之大伦也。礼之用，唯婚姻为兢兢。夫乐调而四时和，阴阳之变，万物之统也。可不慎与！人能弘道，无如命何。甚哉，妃匹之爱，君不能得之于臣，父不能得之于子，况卑下乎！既欢合矣，或不能成子姓；能成子姓矣，或不能要其终：岂非命也哉？孔子罕称命，盖难言之也。非通幽明之变，恶能识乎性命哉？

自古以来，受天命开国的帝王和继承正统遵守成法的君王，不光是个人的品德高尚，大约也因为有外戚的帮助。夏代的兴起因为有涂山氏，而夏桀被放逐也因为有末喜。殷代的兴起因为有娀氏，纣王被杀也因为宠幸妲己。周代的兴起因为有姜原及大任，而幽王被擒也因为与褒姒淫乱。所以《易经》以《乾》、《坤》两卦为基础，《诗经》始于《关雎》，《书经》赞美尧把女儿嫁给舜，《春秋》讥讽娶妻不亲自迎接。夫妇之间的关系，是人们道德中最大的伦常关系。礼的应用，唯独在婚姻上，最为谨慎。音乐协调四时就会和顺，阴阳的变化，是万物生长衰竭的统领，难道能不慎重吗？人可以弘扬人伦大道，但对天命却无可奈何。很重要啊，夫妇之爱，国君不能从臣子那里得到，父亲不能从儿子那里得到，何况地位卑下的人呢！即使男女欢合了，也许不能生育子孙；能生育子孙了，也许不能有好的归宿。这难道不是天命吗？孔子很少谈论天命，可能是很难说清楚的缘故吧。不通晓阴阳的变换，怎么能明白人性和天命的道理呢？

太史公曰：秦以前尚略矣，其详靡得而记焉。汉兴，吕娥姁为高祖正后，男为太子。及晚节色衰爱弛，而戚夫人有宠，其子如意几代太子者数矣。及高祖崩，吕后夷戚氏，诛赵王，而高祖后宫唯独无宠疏远者得无恙。

太史公说：秦以前的情况还很简略啊，那时的详细情况没能记载下来。汉代兴起，吕娥姁成为汉高祖的正宫娘娘，她的儿子成了太子。等到她晚年姿色衰老爱幸弛却，戚夫人得宠，她的儿子如意好几次几乎要取代太子了。等到高祖去世后，吕后灭戚氏，杀死了赵王如意，而高祖后宫的妃子只有无宠被疏远的人才平安无事。

吕后长女为宣平侯张敖妻，敖女为孝惠皇后。吕太后以重亲故，欲其生子万方，终无子，诈取后宫人子为子。及孝惠帝崩，天下初定未久，继嗣不明。于是贵外家，王诸吕以为辅，而以吕禄女为少帝后，欲连固根本牢甚，然无益也。

吕后的长女是宣平侯张敖的妻子，张敖的女儿是孝惠帝的皇后。吕太后由于亲上加亲的缘故，千方百计想让她生儿子，最后也没能生儿子，就偷取后宫宫女的儿子谎称是她生的。等到孝惠帝去世，天下刚安定不久，继承皇位的人还未确定。于是重用外戚，封吕氏子弟为王作为辅佐，而以吕禄的女儿为少帝的皇后，想把根基联结得更加牢固，然而毫无益处。

高后崩，合葬长陵。禄、产等惧诛，谋作乱。大臣征之，天诱其统，卒灭吕氏。唯独置孝惠皇后居北宫。迎立代王，是为孝文帝，奉汉宗庙。此岂非天邪？非天命孰能当之？

高后逝世，和高祖合葬在长陵。吕禄、吕产等人害怕被杀，阴谋叛乱。大臣征讨他们，上天诱导着汉家的皇统不绝，终于消灭了吕氏。唯独孝惠皇后被安置住在北宫。大臣迎立代王即位，这就是孝文皇帝，供奉汉家的宗庙。这难道不是天命吗？不是天命谁能担当此任呢？

薄太后，父吴人，姓薄氏，秦时与故魏王宗家女魏媪通，生薄姬，而薄父死山阴，因葬焉。

薄太后，父亲是吴地人，姓薄，秦朝时同原魏王宗室的女儿魏媪私通，生下薄姬，薄姬的父亲死在山阴，因而葬在那里。

及诸侯畔秦，魏豹立为魏王，而魏媪内其女于魏宫。媪之许负所相，相薄姬，云当生天子。是时项羽方与汉王相距荥阳，天下未有所定。豹初与汉击楚，及闻许负言，心独喜，因背汉而畔，中立，更与楚连和。汉使曹参等击虏魏王豹，以其国为郡，而薄姬输织室。豹已死，汉王入织室，见薄姬有色，诏内后宫，岁余不得幸。始姬少时，与管夫人、赵子儿相爱，约曰："先贵无相忘。"已而管夫人、赵子儿先幸汉王。汉王坐河南宫成皋台，此两美人相与笑薄姬初时约。汉王闻之，问其故，两人具以实告汉王。汉王心惨然，怜薄姬，是日召而幸之。薄姬曰："昨暮夜妾梦苍龙据吾腹。"高帝曰："此贵征也，吾为女遂成之。"一幸生男，是为代王。其后薄姬希见高祖。

等到诸侯起兵反抗秦朝时，魏豹自立为魏王，魏媪把她女儿送入魏宫。魏媪到许负那里相面，让他给薄姬看相，许负说她定会生天子。当时项羽正与刘邦在荥阳对峙，天下归谁还没有定局。魏豹起初和汉王共同抗击楚王，等到听了许负的话，心里暗自欢喜，因而背叛汉王，先是中立，后来发展到和楚王联合。汉王派曹参等讨伐并俘虏了魏王豹，把他的国土划为郡县，薄姬被送进汉宫织室。魏豹死后，有一次汉王进入织室，见薄姬姿容秀美，下诏将她纳入后宫，一年多也未受到宠幸。当初薄姬年少时，和管夫人、赵子儿关系亲近，三人相约说："谁先富贵彼此不要忘记。"不久管夫人、赵子儿先得到汉王宠幸。一次汉王坐在河南宫成皋台上，两位美人谈起当初和薄姬的约言互相戏谑。汉王听到后，问她们原因，两人原原本本地把实情告诉了汉王。汉王心里感到悲惨，怜悯薄姬，当天就召见薄姬和她同床。薄姬说："昨天夜里妾梦见苍龙盘据在我腹中。"高帝说："这是显贵的征兆，我就为你成全了吧。"一次同床就生了男孩，这就是代王。以后薄姬很少见到高祖。

高祖崩，诸御幸姬戚夫人之属，吕太后怒，皆幽之，不得出宫。而薄姬以希见故，得出，从子之代，为代王太后。太后弟薄昭从如代。

高祖逝世以后，对那些侍宿高祖而受到宠幸的妃子和戚夫人等，吕太后非常恨毒，就把她们全部关押起来，不准出宫。而薄姬由于很少见到高祖的缘故，得以出宫，随从儿子到达代国，成为代王的太后。太后的弟弟薄昭也跟到代国。

代王立十七年，高后崩。大臣议立后，疾外家吕氏强，皆称薄氏仁善，故迎代王，立为孝文皇帝，而太后改号曰皇太后，弟薄昭封为轵侯。

代王被立为王以后十七年，高后逝世。大臣们商议立皇帝，痛恨外戚吕氏强盛，都称赞薄氏仁慈善良，所以迎接代王，立为孝文皇帝，薄太后改号为皇太后，太后的弟弟薄昭被封为轵侯。

薄太后母亦前死，葬栎阳北。于是乃追尊薄父为灵文侯，会稽郡置园邑三百家，长丞已下吏奉守冢，寝庙上食祠如法。而栎阳北亦置灵文侯夫人园，如灵文侯园仪。薄太后以为母家魏王后，早失父母，其奉薄太后诸魏有力者，于是召复魏氏，赏赐各以亲疏受之。薄氏侯者凡一人。

薄太后的母亲也在以前去世，葬在栎阳北。于是就追尊薄太后的父亲为灵文侯，在会稽郡划出三百户设置园邑，长丞以下的官吏被派去侍奉看守陵墓，寝庙上供的祭品按礼法执行。在栎阳北也设置灵文侯夫人园，一切礼仪和灵文侯园相同。薄太后认为母家是魏王的后代，父母死得早，魏氏家族扶持薄太后很尽力，于是下令免除魏氏的徭役赋税，并按亲疏给予不同的赏赐。薄氏家族中封侯的一人。

薄太后后文帝二年，以孝景帝前二年崩，葬南陵。以吕后会葬长陵，故特自起陵，近孝文帝霸陵。

薄太后比文帝晚二年，在孝景帝前元二年去世，葬在南陵。因为吕后和高祖合葬在长陵，所以她专为自己单独建造陵墓，靠近孝文帝的霸陵。

窦太后，赵之清河观津人也。吕太后时，窦姬以良家子入宫侍太后。太后出宫人以赐诸王，各五人，窦姬与在行中。窦姬家在清河，欲如赵近家，请其主遣宦者吏："必置我籍赵之伍中。"宦者忘之，误置其籍代伍中。籍奏，诏可，当行。窦姬涕泣，怨其宦者，不欲往，相强，乃肯行。至代，代王独幸窦姬，生女嫖，后生两男。而代王王后生四男。先代王未入立为帝而王后卒。及代王立为帝，而王后所生四男更病死。孝文帝立数月，公卿请立太子，而窦姬长男最长，立为太子。立窦姬为皇后，女嫖为长公主。其明年，立少子武为代王，已而又徙梁，是为梁孝王。

窦太后，赵国清河观津人。吕太后时，窦姬从良家女选入宫中服侍太后。太后遣出宫女赏赐给诸侯王，每个王五人，窦姬就在这次出宫的行列中。窦姬家在清河，想到去赵国会距家近些，就请求主管遣送的宦官说："一定把我的名册放到去赵国的行列中。"宦官把这件事忘记了，误把她的名册放到去代国的行列里。名册上奏，太后下诏批准，应当启程了。窦姬痛哭流涕，埋怨那个宦官，不想去，强令她启程，才肯走。到了代国，代王只宠幸窦姬，生了女儿名叫嫖，后来又生了两个男孩。代王的王后生了四个男孩。在代王还没有即帝位时王后已经去世。后来代王即帝位，王后生的四个男孩先后病死。孝文帝即位几个月后，公卿大臣请求立太子，窦姬的长子年龄最大，被立为太子。立窦姬为皇后，女儿嫖为长公主。第二年，立少子武为代王，不久又徙为梁王，这就是梁孝王。

窦皇后亲蚤卒，葬观津。于是薄太后乃诏有司，追尊窦后父为安成侯，母曰安成夫人。令清河置园邑二百家，长丞奉守，比灵文园法。

窦太后的双亲早已去世，葬在观津。于是薄太后就下诏给主管官府，追尊窦后的父亲为安成侯，母亲为安成夫人。下令清河设置园邑二百家，由长丞守护，一切礼仪供品和灵文园相同。

窦皇后兄窦长君，弟曰窦广国，字少君。少君年四五岁时，家贫，为人所略卖，其家不知其处。传十余家，至宜阳，为其主入山作炭，暮卧岸下百余人，岸崩，尽压杀卧者，少君独得脱，不死。自卜数日当为侯，从其家之长安。闻窦皇后新立，家在观津，姓窦氏。广国去时虽小，识其县名及姓，又常与其姊采桑堕，用为符信，上书自陈。窦皇后言之于文帝，召见，问之，具言其故，果是。又复问他何以为验？对曰："姊去我西时，与我决于传舍中，丐沐沐我，请食饭我，乃去。"于是窦后持之而泣，泣涕交横下。侍御左右皆伏地泣，助皇后悲哀。乃厚赐田宅金钱，封公昆弟，家于长安。

窦皇后的哥哥窦长君，弟弟叫窦广国，字少君。少君四五岁时，家境贫寒，被人抱去卖掉，他家里不知晓被卖到什么地方。转卖十几家，到了宜阳，少君为买主进山烧炭，晚上百余人睡在崖下，山崖崩塌，把睡在岸下的人都压死，只有少君得以幸免，没有被压死。他自己占卜断定几天之内当被封侯，就从主人家去了长安。听说窦皇后是新立的，家在观津，姓窦。广国被掠卖时虽然很小，但还记得县名和姓，又曾经与他姐姐一起采桑叶从树上摔下来，他以此为证，上书陈述自己的身世。窦皇后把这件事告诉文帝，广国被召见，询问他，他详细说明自己的情况，果然没错。又再问他以什么为凭证，他回答说："姐姐离开我西去时，和我在驿站客舍告别，姐姐要来洗澡的用具给我洗澡，又要来饭给我吃，然后才离去。"于是窦皇后拉住弟弟泣不成声，涕泪交横下流。左右侍从也都伏在地下哭泣，增强皇后姐弟相认的悲哀气氛。于是赏赐他很多田地、房屋、金钱，又分封皇后同族的其他兄弟，定居在长安。

绛侯、灌将军等曰："吾属不死，命乃且县此两人。两人所出微，不可不为择师傅宾客，又复效吕氏大事也。"于是乃选长者士之有节行者与居。窦长君、少君由此为退让君子，不敢以尊贵骄人。

绛侯、灌将军等人说："我们这些人不死，命就掌握在这两个人手里。他俩出身微贱，不能不为他们挑选师傅和宾客，不然又会效法吕氏闹出大事来。"因而就挑选年龄大德行好的读书人和他们俩在一起。窦长君、少君从此成为谦逊恭让的君子，不敢因为地位尊贵对别人骄横傲慢。

窦皇后病，失明。文帝幸邯郸慎夫人、尹姬，皆毋子。孝文帝崩，孝景帝立，乃封广国为章武侯。长君前死，封其子彭祖为南皮侯。吴楚反时，窦太后从昆弟子窦婴，任侠自喜，将兵，以军功为魏其侯。窦氏凡三人为侯。

窦皇后生病，双目失明。文帝宠幸邯郸慎夫人、尹姬，她们都没有生子女。孝文帝去世，孝景帝即位，就封广国为章武侯。长君已经先死，封他的儿子彭祖为南皮侯。吴楚七国叛乱的时候，窦太后堂兄弟的儿子窦婴，喜欢仗义行侠，由他率兵平乱，因为军功被封为魏其侯。窦氏共有三人被封为侯。

窦太后好黄帝、老子言，帝及太子诸窦不得不读《黄帝》、《老子》，尊其术。

窦太后喜好黄老学说，皇帝、太子以及窦氏各方面的人都必须读《黄帝》、《老子》，遵奉黄老的学说。

窦太后后孝景帝六岁崩。合葬霸陵。遗诏尽以东宫金钱财物赐长公主嫖。

窦太后比孝景帝晚六年在建元六年去世，与文帝合葬在霸陵。遗诏把东宫所有的金钱财物赐给长公主嫖。

王太后，槐里人，母曰臧儿。臧儿者，故燕王臧荼孙也。臧儿嫁为槐里王仲妻，生男曰信，与两女。而仲死，臧儿更嫁长陵田氏，生男蚡、胜。臧儿长女嫁为金王孙妇，生一女矣，而臧儿卜筮之，曰两女皆当贵。因欲奇两女，乃夺金氏。金氏怒，不肯予决，乃内之太子宫。太子幸爱之，生三女一男。男方在身时，王美人梦日入其怀。以告太子，太子曰："此贵征也"。未生而孝文帝崩，孝景帝即位，王夫人生男。

王太后，槐里人，母亲名叫臧儿。臧儿，是原来燕王臧荼的孙女。臧儿嫁给槐里王仲为妻，生了男孩叫信，还生了两个女儿。王仲死后，臧儿改嫁给长陵田氏，生了儿子田蚡、田胜。臧儿的长女嫁给金王孙为妻，生了个女孩，臧儿为子女占卜，说两个女儿都应当成为贵人。由于她想倚仗两个女儿，就从金家强行夺回女儿，金氏愤怒，不肯和妻子分离，臧儿就把女儿送入太子宫。太子很宠爱她，生了三女一男。当男孩还在腹中时，王美人梦见太阳落入她的怀中，以实告诉太子，太子说："这是大贵的征兆。"尚未降生，文帝就去世了，孝景帝即位，王夫人才生下这个男孩。

先是臧儿又入其少女兒姁，兒姁生四男。

先前臧儿又把小女儿儿姁送入太子宫，儿姁生了四个男孩。

景帝为太子时，薄太后以薄氏女为妃。及景帝立，立妃曰薄皇后。皇后毋子，毋宠。薄太后崩，废薄皇后。

景帝做太子时，薄太后选薄氏女做他的妃子。等到景帝即位，立这个妃子为薄皇后。薄皇后没有生孩子，不受宠爱。薄太后去世，景帝废了薄皇后。

景帝长男荣，其母栗姬。栗姬，齐人也。立荣为太子。长公主嫖有女，欲予为妃。栗姬妒，而景帝诸美人皆因长公主见景帝，得贵幸，皆过栗姬，栗姬日怨怒，谢长公主，不许。长公主欲予王夫人，王夫人许之。长公主怒，而日谗栗姬短于景帝曰："栗姬与诸贵夫人幸姬会，常使侍者祝唾其背，挟邪媚道。"景帝以故望之。

景帝的长子名叫荣，他的母亲是栗姬。栗姬是齐人。荣被立为太子。长公主嫖有个女儿，想给太子做妃子。栗姬好嫉妒，景帝的各位美人都是靠长公主见到景帝的，她们得到的尊贵和宠幸，都超过了栗姬，栗姬日益憎恨，就谢绝了长公主，不答应亲事。长公主想把女儿给王夫人的儿子做妃子，王夫人答应了。长公主为嫁女生气，因而常常在景帝面前谗害栗姬说："栗姬和各位贵夫人幸姬聚会，常常让侍从在她们背后诅咒唾骂，搞歪门邪道。"景帝因为这个缘故恼恨栗姬。

景帝尝体不安，心不乐，属诸子为王者于栗姬，曰："百岁后，善视之。"栗姬怒，不肯应，言不逊。景帝恚，心嗛之而未发也。

景帝曾经身体不好，心情不愉快，就把被封为王的儿子都托付给栗姬，说："我死了以后，你要好好照顾他们。"栗姬生气，不肯答应，而且出言不逊。景帝很气愤，怀恨在心而没有发作。

长公主日誉王夫人男之美，景帝亦贤之，又有曩者所梦日符，计未有所定。王夫人知帝望栗姬，因怒未解，阴使人趣大臣立栗姬为皇后。大行奏事毕，曰："'子以母贵，母以子贵'，今太子母无号，宜立为皇后。"景帝怒曰："是而所宜言邪！"遂案诛大行，而废太子为临江王。栗姬愈恚恨，不得见，以忧死。卒立王夫人为皇后，其男为太子，封皇后兄信为盖侯。

长公主天天称赞王夫人的儿子有美德，景帝也认为他很贤能，又有从前他母亲梦日入怀的符兆，然而易太子的主意还没有定下来。王夫人知道景帝怨恨栗姬，趁他怒气未消，暗中催促大臣奏请立栗姬为皇后。一次大行奏事完毕，说："'子以母贵，母以子贵，'如今太子的母亲没有封号，应当立为皇后。"景帝发怒说："这是你应该说的话吗！"就论罪杀了大行，而迁太子为临江王。栗姬更加怨恨，不能见到景帝，因此忧郁而死。终于立王夫人为皇后，她的儿子被立为太子，封皇后的哥哥信为盖侯。

景帝崩，太子袭号为皇帝。尊皇太后母臧儿为平原君。封田蚡为武安侯，胜为周阳侯。

景帝逝世，太子即位为皇帝。尊皇太后的母亲臧儿为平原君。封田蚡为武安侯，胜为周阳侯。

景帝十三男，一男为帝，十二男皆为王。而兒姁早卒，其四子皆为王。王太后长女号曰平阳公主，次为南宫公主，次为林虑公主。

景帝共有十三个儿子，一个儿子即位为皇帝，十二个儿子都封为王。兒姁早去世，她的四个儿子都封为王。王太后的长女封号为平阳公主，次女为南宫公主，三女为林虑公主。

盖侯信好酒。田蚡、胜贪，巧于文辞。王仲蚤死，葬槐里，追尊为共侯，置园邑二百家。及平原君卒，从田氏葬长陵，置园比共侯园。而王太后后孝景帝十六岁，以元朔四年崩，合葬阳陵。王太后家凡三人为侯。

盖侯信好饮酒。田蚡、田胜贪婪，善于用文辞巧辩。王仲死得早，葬在槐里，追尊为共侯，设置二百户的园邑。等到平原君去世，跟田氏合葬在长陵，设置园邑和共侯的园邑规格相同。王太后比孝景帝晚十六年，在元朔四年逝世，和孝景帝合葬在阳陵。王太后家共有三人被封为侯。

卫皇后字子夫，生微矣。盖其家号曰卫氏，出平阳侯邑。子夫为平阳主讴者。武帝初即位，数

岁无子。平阳主求诸良家子女十余人，饰置家。武帝祓霸上还，因过平阳主。主见所侍美人，上弗说。既饮，讴者进，上望见，独说卫子夫。是日，武帝起更衣，子夫侍尚衣轩中，得幸。上还坐，欢甚，赐平阳主金千斤。主因奏子夫奉送入宫。子夫上车，平阳主拊其背曰："行矣，强饭，勉之！即贵，无相忘。"入宫岁余，竟不复幸。武帝择宫人不中用者，斥出归之。卫子夫得见，涕泣请出。上怜之，复幸，遂有身，尊宠日隆。召其兄卫长君、弟青为侍中。而子夫后大幸，有宠，凡生三女一男。男名据。

卫皇后字子夫，出身低贱。她家号称卫氏，出生在平阳侯的封邑。子夫是平阳公主的歌女。武帝刚即位，几年没有儿子。平阳公主挑选了良家女子十几人，化装打扮待在家里。武帝在霸上祭祀返回时，顺便看望平阳公主。公主让所有侍奉的美人亮相，武帝都不喜爱。饮酒过后，歌女进来，武帝看见后，唯独喜欢卫子夫。这天，武帝起身更衣，卫子夫侍奉武帝穿衣，在更衣车里得到宠幸。武帝回到座位，十分高兴，赏赐给平阳公主黄金千斤。公主趁机奏请把卫子夫奉送入宫。子夫上车时，平阳公主抚摩着她的背说："走吧，勉强多吃点饭，勉励吧！如果尊贵了，别忘记我。"子夫入宫一年多，竟然再没有见到武帝。武帝挑选不中用的宫女，让她们出宫回家。子夫趁机见到武帝，哭泣着请求出宫。武帝怜惜她，再次亲幸，于是有了身孕，尊贵宠爱日甚一日。武帝召见她的哥哥卫长君、弟弟卫青为侍中。子夫后来大得亲幸，备受宠爱，共生了三女一男。儿子名叫据。

初，上为太子时，娶长公主女为妃。立为帝，妃立为皇后，姓陈氏，无子。上之得为嗣，大长公主有力焉，以故陈皇后骄贵。闻卫子夫大幸，恚，几死者数矣。上愈怒。陈皇后挟妇人媚道，其事颇觉，于是废陈皇后，而立卫子夫为皇后。

当初，武帝做太子时，娶长公主的女儿为妃子。他即位为皇帝，妃子立为皇后，姓陈，没有生子女。武帝之所以能成为皇位的继承人，大长公主出力不少，因此之故陈皇后骄横高傲。她听说卫子夫大受亲幸，非常气愤，好几次几乎要寻死。武帝更加生气。陈皇后用妇人的邪术诅咒，这件事明显地被发觉，于是废了陈皇后，立卫子夫为皇后。

陈皇后母大长公主，景帝姊也，数让武帝姊平阳公主曰："帝非我不得立，已而弃捐吾女，壹何不自喜而倍本乎！"平阳公主曰："用无子故废耳。"陈皇后求子，与医钱凡九千万，然竟无子。

陈皇后的母亲大长公主，是景帝的姐姐，多次责备武帝的姐姐平阳公主说："武帝依靠我才能即位，即位不久就抛弃了我的女儿，为什么这样不知自爱而忘本呢！"平阳公主说："是因为没有儿子的缘故才废的。"陈皇后求子心切，花的医药费达九千万，然而终究没有生子。

卫子夫已立为皇后，先是卫长君死，乃以卫青为将军，击胡有功，封为长平侯。青三子在襁褓中，皆封为列侯。及卫皇后所谓姊卫少儿，少儿生子霍去病，以军功封冠军侯，号骠骑将军。青號大将军。立卫皇后子据为太子。卫氏枝属以军功起家，五人为侯。

卫子夫已经被立为皇后，在这之前卫长君死了，就以卫青为将军，由于抗击匈奴有

陈皇后像，选自《百美新咏》。陈后，即汉武帝的姑母长公主之女阿娇，后来成为汉武帝的皇后。

功，被封为长平侯。卫青的三个儿子还在襁褓之中，都被封为列侯。及卫皇后所说的姐姐卫少儿，少儿生的儿子霍去病，由于军功被封为冠军侯，另称骠骑将军。卫青号称大将军。立卫皇后的儿子据为太子。卫氏亲族因为军功起家，有五人被封为侯。

及卫后色衰，赵之王夫人幸，有子，为齐王。

等到卫皇后姿色衰老，赵国的王夫人受宠幸，她生有儿子，儿子被封为齐王。

王夫人蚤卒。而中山李夫人有宠，有男一人，为昌邑王。

王夫人去世早。中山李夫人受宠幸，生了一个儿子，被封为昌邑王。

李夫人蚤卒，其兄李延年以音幸，号协律。协律者，故倡也。兄弟皆坐奸，族。是时其长兄广利为贰师将军，伐大宛，不及诛，还，而上既夷李氏，后怜其家，乃封为海西侯。

李夫人去世早，她哥哥李延年由于精通音律而得宠，号为协律。协律，就是以前的歌舞艺人。他们兄弟都由于淫乱后宫罪，被灭族。当时他的长兄李广利是贰师将军，率军征讨大宛，未受株连，还师长安，武帝既已诛灭李氏，后来又可怜他的一家，就封他海西侯。

他姬子二人为燕王、广陵王。其母无宠，以忧死。

别的妃子所生的两个儿子，封为燕王、广陵王。他们的母亲不受宠幸，由于忧郁而死。

及李夫人卒，则有尹婕妤之属，更有宠。然皆以倡见，非王侯有土之士女，不可以配人主也。

等到李夫人去世，则有尹婕妤之辈，交替受到宠幸。然而她们都是以歌舞艺人的身份见到武帝，不是封邑的王侯家的女子，不可以匹配皇帝。

褚先生曰：臣为郎时，问习汉家故事者钟离生。曰：王太后在民间时所生一女者，父为金王孙。王孙已死，景帝崩后，武帝已立，王太后独在。而韩王孙名嫣素得幸武帝，承间白言太后有女在长陵也。武帝曰："何不蚤言！"乃使使往先视之，在其家。武帝乃自往迎取之。跸道，先驱旄骑出横城门，乘舆驰至长陵。当小市西入里，里门闭，暴开门，乘舆直入此里，通至金氏门外止，使武骑围其宅，为其亡走，身自往取不得也。即使左右群臣入呼求之。家人惊恐，女亡匿内中床下。扶持出门，令拜谒。武帝下车泣曰："嚄！大姊，何藏之深也！"诏副车载之，回车驰还，而直入长乐宫。行诏门著引籍，通到谒太后。太后曰："帝倦矣，何从来？"帝曰："今者至长陵得臣姊，与俱来。"顾曰："谒太后！"太后曰："女某邪？"曰："是也。"太后为下泣，女亦伏地泣。武帝奉酒前为寿，奉钱千万，奴婢三百人，公田百顷，甲第，以赐姊。太后谢曰："为帝费焉。"于是召平阳主、南宫主、林虑主三人俱来谒见姊，因号曰修成君。有子男一人，女一人。男号为修成子仲，女为诸侯王王后。此二子非刘氏，以故太后怜之。修成子仲骄恣，陵折吏民，皆患苦之。

褚先生说：我做郎官时，问过熟习汉家世事的钟离生。他说：王太后在民间时所生的一个女儿，父亲是金王孙。王孙已死，景帝逝世后，武帝已即位，只有王太后还活着。韩王孙名叫嫣的平时得到武帝的宠幸，他趁机说太后有个女儿在长陵。武帝说："为何不早说！"于是先派人前往调查，果然在家里。武帝就亲自去迎接她。路上清道戒严，先驱骑兵打着旗子出横城门，武帝的车驾飞驰至长陵。从小市西街进入里巷，里门关着，用力砸开门，武帝的车驾一直进入里巷，直到金氏的门外才停下来，派武装骑兵包围了金氏的住宅，是害怕她逃走，亲自前来也接不到人。随即派左右群臣进院呼求她，金家人人惊恐，金女躲藏在室内床下。找到后扶她出门，让她拜见武帝。武帝下车哭泣着说："唉呀！大姐，为何躲藏呢！"下令副车载上她，掉转车驾飞驰而还，直入长乐宫。在行进途中武帝就诏令通名状于宫门的官吏，车到马上拜见太后。太后说："皇帝累了，从哪里来呀？"武帝说："今天去长陵找到我的姐姐，跟她一块回来的。"回头对姐姐说："拜见太后。"太后说："你是我那个女儿吗？"回答说："是啊。"太后不禁哭泣流泪，女儿也伏在地上哭泣。武帝捧着酒上前为母女祝寿，拿出一千万钱，三百奴婢，公田一顷，甲等的宅第，赏赐给姐姐。太后感谢说："让皇帝破费了。"于是召平阳公主、南宫公主、林虑公主三人都来拜见姐姐，给她封号叫修成君。她有一个儿子，一个女儿。儿子号为修成子仲，女儿做了诸侯王的王后。这两个孩子不是刘氏，因此太后怜爱他们。修成子仲骄横放纵，欺凌官吏和百姓，人们都以他为祸害而苦恼。

卫子夫立为皇后，后弟卫青字仲卿，以大将军封为长平侯。四子，长子伉为侯世子，侯世子常侍中，贵幸。其三弟皆封为侯，各千三百户，一曰阴安侯，一曰发干侯，三曰宜春侯，贵震天下。天下歌

之曰:“生男无喜,生女无怒,独不见卫子夫霸天下!”

卫子夫被立为皇后,她的弟弟卫青字仲卿,以大将军的身份被封为长平侯。他有四个儿子,长子伉是准备继承侯位的世子,伉曾经担任侍中,尊贵宠信。伉的三个弟弟都被封为侯。各食邑一千三百户,一叫阴安侯,二叫发干侯,三叫宜春侯,富贵震撼天下。天下流行的歌谣说:“生男不必欢喜,生女不必发怒,独不见卫子夫霸天下!”

是时平阳主寡居,当用列侯尚主。主与左右议长安中列侯可为夫者,皆言大将军可。主笑曰:“此出吾家,常使令骑从我出入耳,奈何用为夫乎?”左右侍御者曰:“今大将军姊为皇后,三子为侯,富贵振动天下,主何以易之乎?”于是主乃许之。言之皇后,令白之武帝,乃诏卫将军尚平阳公主焉。

当时平阳公主由于丈夫曹寿有病就国而守寡,应当再找个列侯与她匹配。公主和左右议论长安城里哪个列侯可以做她的丈夫,都说大将军可以。公主笑着说:“这个人是从我家里出去的,我经常让他作为护卫骑马随从我出入,怎么能让他做我的丈夫呢?”左右的侍从都说:“现在大将军的姐姐是皇后,他的三个儿子都是侯,富贵震天下,公主怎么能小瞧他呢?”于是公主才答应了和大将军成亲。把这件事通禀皇后,让她告诉武帝,武帝就下诏让大将军做平阳公主的丈夫。

褚先生曰:丈夫龙变。传曰:“蛇化为龙,不变其文;家化为国,不变其姓。”丈夫当时富贵,百恶灭除,光耀荣华,贫贱之时何足累之哉!

褚先生说:丈夫像龙一样变化。书传说:“蛇变化成龙,不会改变它的花纹;家变成国,不会改变他的姓。”丈夫在富贵的时候,所有的污点都被掩盖消除,只显得光耀荣华,贫贱时的事情何足以牵累他呢!

武帝时,幸夫人尹婕妤。邢夫人号娙娥,众人谓之“娙何”。娙何秩比中二千石,容华秩比二千石,婕妤秩比列侯。常从婕妤迁为皇后。

武帝时,曾经宠幸过夫人尹婕妤。邢夫人号称娙娥,众人都称呼她为“娙何”。娙何的品级相当于中二千石,容华的品级相当于二千石,婕妤的品级相当于列侯。曾经有人从婕妤升为皇后。

尹夫人与邢夫人同时并幸,有诏不得相见。尹夫人自请武帝,愿望见邢夫人,帝许之。即令他夫人饰,从御者数十人,为邢夫人来前。尹夫人前见之,曰:“此非邢夫人身也。”帝曰:“何以言之?”对曰:“视其身貌形状,不足以当人主矣。”于是帝乃诏使邢夫人衣故衣,独身来前。尹夫人望见之,曰:“此真是也。”于是乃低头俯而泣,自痛其不如也。谚曰:“美女入室,恶女之仇。”

尹夫人和邢夫人同时被宠幸,武帝有诏令不准她俩相见。尹夫人亲自请求武帝,希望能见到邢夫人,武帝答应了。立即让另一个夫人打扮好,随从侍者数十人,假冒邢夫人前来。尹夫人上前见她,说:“这不是邢夫人本人。”武帝说:“根据什么这样说呢?”尹夫人回答说:“看她的体形相貌姿色,不足以匹配皇帝。”于是武帝就下诏让邢夫人穿上旧衣服,独自前来。尹夫人望见她,说:“这才是真的。”于是就低头俯身而哭泣,自我伤感长相不如人。谚语说:“美女进入家室,就是丑女的仇人。”

褚先生曰:浴不必江海,要之去垢;马不必骐骥,要之善走;士不必贤世,要之知道;女不必贵种,要之贞好。传曰:“女无美恶,入室见妒;士无贤不肖,入朝见嫉。”美女者,恶女之仇。岂不然哉!

褚先生说:洗澡不必非到大江大海去,关键是能洗去污垢;骑马不必选骏马,关键是它善于奔跑;士人不必是贤人的后代,关键是他懂得道理;女子不必出身于贵族,关键是她贞洁美好。书传说:“女子不论美丑,一进家室就会被人嫉妒;士人无论贤与不贤,一入朝就会被人嫉妒。”美女,是丑女的仇人,难道不是这样吗!

钩弋夫人姓赵氏,河间人也。得幸武帝,生子一人,昭帝是也。武帝年七十,乃生昭帝。昭帝立时,年五岁耳。

钩弋夫人,姓赵,河间人。受到武帝宠幸,生了一个儿子,就是昭帝。武帝七十岁时,才生昭帝。昭帝即位时,才刚五岁。

卫太子废后,未复立太子。而燕王旦上书,愿归国入宿卫。武帝怒,立斩其使者于北阙。

卫太子被废免后,没有再立太子。而燕王旦上书,表示愿意回都城进宫担任保卫。武帝大怒,立即把燕王的使臣斩在北阙。

钩弋夫人像，选自《百美新咏》。钩弋夫人是汉武帝宠妃，汉昭帝之母。

上居甘泉宫，召画工图画周公负成王也。于是左右群臣知武帝意欲立少子也。后数日，帝谴责钩弋夫人。夫人脱簪珥叩头。帝曰："引持去，送掖庭狱！"夫人还顾，帝曰："趣行，女不得活！"夫人死云阳宫。时暴风扬尘，百姓感伤。使者夜持棺往葬之，封识其处。

武帝住在甘泉宫，召画工画了幅周公背负成王的图，因而左右群臣知道武帝想立少子为太子。过了几日，武帝谴责钩弋夫人。夫人摘掉发簪耳环叩头求饶。武帝说："拉出去，送到掖庭狱。"夫人回头看，武帝说："快走，你得死！"夫人死在云阳宫。死时暴风刮得尘土飞扬，百姓为她感伤。使者夜里抬着棺材去埋葬她，在埋葬处做了标志。

其后帝闲居，问左右曰："人言云何？"左右对曰："人言且立其子，何去其母乎？"帝曰："然。是非儿曹愚人所知也。往古国家所以乱也，由主少母壮也。女主独居骄蹇，淫乱自恣，莫能禁也。女不闻吕后邪？"故诸为武帝生子者，无男女，其母无不谴死，岂可谓非贤圣哉！昭然远见，为后世计虑，固非浅闻愚儒之所及也。谥为"武"，岂虚哉！

事后武帝闲居时，问身边的侍臣说："人们说了些什么？"左右回答说："人们说将要立她的儿子，为何要除掉他的母亲呢？"武帝说："对啊。这不是小孩和愚人所能明白的。自古以来国家所以出乱子，就是由于皇帝幼小母亲年壮。女主独居，骄横淫乱，没有人能阻挡。你们没有听说过吕后吗？"所以凡是为武帝生过孩子的人，无论生男生女，他们的母亲都应被谴责处死的，这难道可以说不是圣贤吗？这样明显的远见卓识，为后世深思远虑，本来不是那些见识浅薄的愚儒所能达到的。谥号为"武"，难道是虚名吗！

史记第五十卷

楚元王世家第二十

楚元王刘交者，高祖之同母少弟也，字游。

楚元王刘交，是高祖的同母小弟，字游。

高祖兄弟四人，长兄伯，伯蚤卒。始高祖微时，尝辟事，时时与宾客过巨嫂食。嫂厌叔，叔与客来，嫂详为羹尽，栎釜，宾客以故去。已而视釜中尚有羹，高祖由此怨其嫂。及高祖为帝，封昆弟，而

伯子独不得封。太上皇以为言，高祖曰：“某非忘封之也，为其母不长者耳。”于是乃封其子信为羹颉侯。而王次兄仲于代。

高祖兄弟四人，大哥名伯，伯早就死了。当初高祖微贱的时候，曾经为了躲避难事，常常和宾客路过大嫂家去吃饭。大嫂讨厌小叔，小叔和宾客来家时，大嫂假装羹汤已吃完，用勺子刮锅，宾客因此离去。过后看锅里还有羹汤，高祖从此怨恨大嫂。等到高祖当了皇帝，分封兄弟，唯独不封大哥的儿子。太上皇为孙子说情，高祖说：“我不是忘记封他，因为他的母亲太不像长辈了。”于是才封她的儿子信为羹颉侯。封二哥仲为代王。

高祖六年，已禽楚王韩信于陈，乃以弟交为楚王，都彭城。即位二十三年卒，子夷王郢立。夷王四年卒，子王戊立。

高祖六年，在陈县逮捕楚王韩信以后，就封小弟交为楚王，定都彭城。交在位二十三年去世，儿子夷王郢即位。夷王在位四年去世，儿子王戊即位。

王戊立二十年，冬，坐为薄太后服私奸，削东海郡。春，戊与吴王合谋反，其相张尚、太傅赵夷吾谏，不听。戊则杀尚、夷吾，起兵与吴西攻梁，破棘壁。至昌邑南，与汉将周亚夫战。汉绝吴、楚粮道，士卒饥，吴王走，楚王戊自杀，军遂降汉。

王戊即位二十年，冬天，因在为薄太后服丧期间犯了私奸罪，削去乐海郡封地。第二年春天，戊和吴王合谋反叛，他的相国张尚、太傅赵夷吾谏阻，不听从。戊杀了张尚、赵夷吾，起兵和吴王向西攻打梁国，攻占了棘壁。行至昌邑南边，和汉将周亚夫接战。汉军截断了吴、楚军的粮道，士兵饥饿，吴王败走，楚王戊自杀，吴、楚军就投降了汉军。

汉已平吴、楚，孝景帝欲以德侯子续吴，以元王子礼续楚。窦太后曰：“吴王，老人也，宜为宗室顺善。今乃首率七国，纷乱天下，奈何续其后！”不许吴，许立楚后。是时礼为汉宗正。乃拜礼为楚王，奉元王宗庙，是为楚文王。

汉军已经平定吴、楚叛乱，孝景帝想让德侯广的儿子继承吴国的王位，让元王的儿子礼继承楚国的王位。窦太后说：“吴王，是老一辈人，理应为宗室效忠从善。如今却带头率领七国叛乱，扰乱天下，为什么还要接续他的后代！”不允许立吴王的后代，只准许立楚王的后代。当时礼是汉朝的宗正，于是封礼为楚王，供奉元王的宗庙，这就是楚文王。

文王立三年卒，子安王道立。安王二十二年卒，子襄王注立。襄王立十四年卒，子王纯代立。王纯立，地节二年，中人上书告楚王谋反，王自杀，国除，入汉为彭城郡。

文王即位三年去世，儿子安王道即位。安王在位二十二年去世，儿子襄王注即位。襄王在位十四年去世，儿子王纯即位。王纯即位后，地节二年，宦官上书告楚王谋反，楚王自杀，国号被废除，封地收归汉朝改为彭城郡。

赵王刘遂者，其父高祖中子，名友。谥曰“幽”。幽王以忧死，故为“幽”。高后王吕禄于赵，一岁而高后崩。大臣诛诸吕吕禄等，乃立幽王子遂为赵王。

赵王刘遂，他父亲在高祖的儿子中排行居中，名友，谥号为“幽”。幽王因为忧伤而死，所以谥号为“幽”。高后把吕禄封在赵

刘交像，选自《浦城刘氏五修族谱》。刘交即楚元王，汉高祖刘邦的同父异母弟。

地为王，一年而高后去世。大臣诛杀吕禄等吕氏家族，于是立幽王的儿子遂为赵王。

孝文帝即位二年，立遂弟辟彊，取赵之河间郡为河间王，是为文王。立十三年卒，子哀王福立。一年卒，无子，绝后，国除，入于汉。

教文帝即位二年，立遂的弟弟辟彊，割去赵国的河间郡为河间王，这就是文王。在位十三年去世，儿子哀王福即位。福一年去世，无子，绝后，国号被废除，封地收归汉朝。

遂既王赵二十六年，孝景帝时坐晁错以適削赵王常山之郡。吴、楚反，赵王遂与合谋起兵。其相建德、内史王悍谏，不听。遂烧杀建德、王悍，发兵屯其西界，欲待吴与俱西。北使匈奴，与连和攻汉。汉使曲周侯郦寄击之。赵王遂还，城守邯郸，相距七月。吴楚败于梁，不能西。匈奴闻之，亦止，不肯入汉边。栾布自破齐还，乃并兵引水灌赵城。赵城坏，赵王自杀，邯郸遂降。赵幽王绝后。

遂已经为赵王二十六年，孝景帝的时候，因为犯有过失被晁错削去他的常山郡。吴、楚叛乱，赵王就和他们合谋起兵。他的相国建德、内史王悍谏阻，不听从。就烧死建德、王悍，发兵驻屯在赵国的西部边界，想等待吴军一起西进。并派人到北边的匈奴，想联合匈奴进攻汉朝。汉朝派曲周侯郦寄攻击赵国。赵王遂退回来，据守邯郸，对峙七个月，吴、楚军在梁国被打败，不能西进。匈奴听到这个消息，也停止发兵，不肯进入汉朝边界。栾布从打败齐国的前线返回来，就和郦寄合兵引水灌赵国的都城。赵的都城被水泡坏，赵王自杀，邯郸于是投降。赵幽王断绝了后代。

太史公曰：国之将兴，必有祯祥，君子用而小人退。国之将亡，贤人隐，乱臣贵。使楚王戊毋刑申公，遵其言，赵任防与先生，岂有篡杀之谋，为天下强哉？贤人乎，贤人乎！非质有其内，恶能用之哉？甚矣，"安危在出令，存亡在所任"，诚哉是言也！

太史公说：国家将要兴起的时候，一定有吉祥的预兆，君子被重用，小人被斥退。国家将要灭亡的时候，贤人隐退，乱臣显贵。如果楚王戊不刑罚申公，听了他的话，赵王任用防与先生，哪会有篡杀的阴谋，遭天下人杀戮呢？贤人啊！贤人啊！不是本质贤能的君王，怎能任用你们呢？太重要啦！"国家的安危在于发出的政令，国家的存亡在于任用的大臣，"这话实在太对了。

史记第五十一卷

荆燕世家第二十一

荆王刘贾者，诸刘，不知其何属、初起时。汉王元年，还定三秦，刘贾为将军，定塞地，从东击项籍。

荆王刘贾，出于刘氏宗族，但不知道他属于哪一支，最初兴起是在什么时候。

汉王元年，回师平定三秦，任命刘贾为将军，平定塞地后，跟随汉王东击项羽。

汉四年，汉王之败成皋，北渡河，得张耳、韩信军，军修武，深沟高垒，使刘贾将二万人，骑数百，渡白马津入楚地，烧其积聚，以破其业，无以给项王军食。已而楚兵击刘贾，贾辄壁不肯与战，而与彭越相保。

汉四年，汉王在成皋战败，北渡黄河，夺得张耳、韩信的军队，驻扎在修武，深挖沟壕，高筑堡垒，派刘贾率领步兵两万人，骑兵数百，渡过白马津深入楚地，烧毁当地屯积的粮草，来破坏项羽的战争大业，使他们无力供给项羽军粮。不久楚军反击刘贾，刘贾总是采取坚壁不战的策略，而和彭越形成互保的态势。

汉五年，汉王追项籍至固陵，使刘贾南渡淮围寿春。还至，使人间招楚大司马周殷。周殷反楚，佐刘贾举九江，迎武王黥布兵，皆会垓下，共击项籍。汉王因使刘贾将九江兵，与太尉卢绾西南击临江王共尉。共尉已死，以临江为南郡。

汉五年，汉王追击项羽到固陵，派刘贾南渡淮河围攻寿春。刘贾到达，派人招降楚大司马周殷。周殷背叛楚王，援助刘贾攻占九江，迎接武王黥布的军队，一起到垓下会战，一起围攻项羽。汉王于是派刘贾率领九江的军队，和太尉卢绾一起向西南攻击临江王共尉。共尉死后，把临江改为南郡。

汉六年春，会诸侯于陈，废楚王信，囚之，分其地为二国。当是时也，高祖子幼，昆弟少，又不贤，欲王同姓以镇天下，乃诏曰："将军刘贾有功，及择子弟可以为王者。"群臣皆曰："立刘贾为荆王，王淮东五十二城；高祖弟交为楚王，王淮西三十六城。"因立子肥为齐王。始王昆弟刘氏也。

汉六年春天，在陈县会见诸侯王，废黜楚王韩信，拘禁了他，把他的封地分成两个国家。在这时，高祖的儿子年幼，兄弟不多，又不贤能，想封同姓为王镇抚天下，就下诏说："将军刘贾有战功，应及早挑选刘氏子弟可以做封王的人。"群臣都说："立刘贾为荆王，封他淮东五十二城；高祖的弟弟交为楚王，封他淮西三十六城。"因而高祖封儿子肥为齐王。从此开始封刘氏兄弟为王。

西汉名将韩信像，出自清·顾沅辑《古圣贤像传略》。韩信被楚王贬为淮阴侯后，楚地分为两个诸侯国。

高祖十一年秋，淮南王黥布反，东击荆。荆王贾与战，不胜，走富陵，为布军所杀。高祖自击破布。十二年，立沛侯刘濞为吴王，王故荆地。

高祖十一年秋天，淮南王黥布反叛，向东进攻荆王。荆王刘贾和他交战，不能取胜，败退到富陵，被黥布军杀死。高祖亲自率军打败了黥布。十二年，立沛侯刘濞为吴王，统领原来属于荆王的封地。

燕王刘泽者，诸刘远属也。高帝三年，泽为郎中。高帝十一年，泽以将军击陈豨，得王黄，为营陵侯。

燕王刘泽，是刘氏宗族的远房子孙。高帝三年，刘泽为郎中。高帝十一年，刘泽以将军身份攻打陈豨，俘虏了王黄，被封为营陵侯。

高后时，齐人田生游乏资，以画干营陵侯泽，泽大说之，用金二百斤为田生寿。田生已得金，即归齐。二年，泽使人谓田生曰："弗与矣。"田生如长安，不见泽，而假大宅，令其子求事吕后所幸大谒者张子卿。居数月，田生子请张卿临，亲修具。张卿许往。田生盛帷帐共具，譬如列侯。张卿惊。酒酣，乃屏人说张卿曰："臣观诸侯王邸弟百余，皆高祖一切功臣。今吕氏雅故本推毂高帝就天下，功至大，又亲戚太后之重。太后春秋长，诸吕弱，太后欲立吕产为王，王代。太后又重发之，恐大臣不听。今卿最幸，大臣所敬，何不风大臣以闻太后，太后必喜。诸吕已王，万户侯亦卿之有。太后心欲之，而卿为内臣，不急发，恐祸及身矣。"张卿大然之，乃风大臣语太后。太后朝，因问大臣。大臣请立吕产为吕王。太后赐张卿千斤金，张卿以其半与田生。田生弗受，因说之曰："吕产王也，诸大臣未大服。今营陵侯泽，诸刘，为大将军，独此尚觖望。今卿言太后，列十余县王之，彼得王，喜去，诸吕王益固矣。"张卿入言，太后然之。乃以营陵侯刘泽为琅邪王。琅邪王乃与田生之国。田生劝泽急行，毋留。出关，太后果使人追止之，已出，即还。

高后当政的时候，齐人田生出游在外缺少路费，便用奇谋换取营陵侯刘泽的资助。刘泽很高兴,用黄金二百斤为田生祝寿。田生得到金钱后,立即返回齐国。第二年,刘泽派人对田生说:“不要再与我来往了。”田生来到长安,不去见刘泽,而租借了一座大宅院,让他的儿子求见侍奉吕后被宠幸的宦官张子卿。过了几个月,田生的儿子请张卿光临,说他父亲亲自准备酒宴。张卿答应前往。田生挂起豪华的帷帐,陈设精美的用具,像诸侯一样阔气。张卿大吃一惊。在酒兴正浓时,田生让左右退下,对张卿说:“我观察了诸侯王的宅第一百多座,都是高祖时的功臣。现在吕氏向来忠心耿耿辅佐高帝得天下,功劳最大,在亲戚中太后的地位最重要。太后年事已高,吕氏的势力薄弱,太后想立吕产为王,做代地的国王。太后又考虑郑重提出此事,又怕大臣们不同意。现今你最受太后宠幸,为大臣们所敬畏,为何不讽劝大臣向太后进言立诸吕为王,这样太后一定高兴。诸吕若当了封王,万户侯也就为你所有了。太后心里想这样做,而你身为内臣,不快去做,恐怕大祸就要临头了。”张卿很赞成这个意见,于是讽劝大臣向吕后进言封诸吕。太后上朝时,因而询问大臣,大臣们请求立吕产为王。太后赐给张卿一千斤黄金,张卿把一半送给田生。田生不接受,趁机劝他说:“吕产被封为王,大臣们没有完全心服。如今营陵侯刘泽,是刘氏宗族,身为大将军,只有他还很怨恨。现在你劝说太后,划出十几县封他为王,他获得王位,欢喜而去,诸吕的王位就更加巩固了。”张卿入宫禀报,太后认为很对。因而封营陵侯刘泽为琅邪王。琅邪王就和田生前往封国。田生劝刘泽赶快启程,不要迟疑。刚出函谷关,太后果真派人追赶阻止他们,但刘泽已经出关,追赶的人只好回去。

及太后崩,琅邪王泽乃曰:“帝少,诸吕用事,刘氏孤弱。”乃引兵与齐王合谋西,欲诛诸吕。至梁,闻汉遣灌将军屯荥阳,泽还兵备西界,遂跳驱至长安。代王亦从代至。诸将相与琅邪王共立代王为天子。天子乃徙泽为燕王,乃复以琅邪予齐,复故地。

等到太后逝世,琅邪王刘泽就说:“皇帝年少,诸吕当权,刘氏孤弱。”于是率军和齐王合谋向西进发,想诛杀诸吕。行进到梁地,听说汉朝派灌婴将军屯兵荥阳,刘泽命令回师驻守本国西部边界,就独自疾驰到长安。代王也从代地赶到长安。各将相和琅邪王共同拥立代王为天子。天子于是改封刘泽为燕王,就重新把琅邪归还给齐国,恢复了齐国原有的封地。

泽王燕二年,薨,谥为敬王。传子嘉,为康王。

刘泽做燕王的第二年去世,谥号为敬王。王位传给儿子嘉,这就是康王。

至孙定国,与父康王姬奸,生子男一人。夺弟妻为姬。与子女三人奸。定国有所欲诛杀臣肥如令郢人,郢人等告定国,定国使谒者以他法劾捕格杀郢人以灭口。至元朔元年,郢人昆弟复上书具言定国阴事,以此发觉。诏下公卿,皆议曰:“定国禽兽行,乱人伦,逆天,当诛。”上许之。定国自杀,国除为郡。

到孙子定国,他和父亲康王的姬妾通奸,生下一个男孩。又强夺弟弟的妻为姬妾。并跟三个女儿通奸。定国打算杀他的臣子肥如县令郢人,郢人等上告定国,定国派谒者假借其他法律检举逮捕并杀了郢人以灭口。到元朔元年,郢人的兄弟再次上书揭发定国的全部丑事,定国的罪因此暴露。武帝诏令公卿讨论,都议论说:“定国的禽兽行为,败坏人伦,违背天理,应该处死。”武帝批准公卿的建议。定国自杀,封国废除,成为汉的郡。

太史公曰:荆王王也,由汉初定,天下未集,故刘贾虽属疏,然以策为王,填江淮之间。刘泽之王,权激吕氏,然刘泽卒南面称孤者三世。事发相重,岂不为伟乎!

太史公说:荆王被封为王,是由于汉朝刚刚建立,天下尚未安定,所以刘贾虽然属于刘氏的疏族,仍然以功策封为王,镇抚江淮之间。刘泽之所以被封为王,是用权谋激发吕氏取得的,然而刘泽终于南面称孤传国三代。事情始于互相推重,这难道不是奇伟吗?

史记第五十二卷

齐悼惠王世家第二十二

齐悼惠王刘肥者，高祖长庶男也。其母外妇也，曰曹氏。高祖六年，立肥为齐王，食七十城，诸民能齐言者皆予齐王。

齐悼惠王刘肥，是高祖的长庶子。他母亲是高祖的情妇，姓曹。高祖六年，立刘肥为齐王，封地七十座城，百姓凡是能说齐语的都划归齐王。

齐王，孝惠帝兄也。孝惠帝二年，齐王入朝。惠帝与齐王燕饮，亢礼如家人。吕太后怒，且诛齐王。齐王惧不得脱，乃用其内史勋计，献城阳郡，以为鲁元公主汤沐邑。吕太后喜，乃得辞就国。

齐王，是孝惠帝的哥哥。孝惠帝二年，齐王到京城朝见。惠帝和齐王宴饮，彼此以平等的礼节像家人一样和谐。吕太后发怒，将要诛杀齐王。齐王害怕不能脱身，就采用他内史勋的计策，献出城阳郡，以城阳郡作为鲁元公主的封邑。吕太后欢喜，齐王才得告辞归国。

悼惠王即位十三年，以惠帝六年卒。子襄立，是为哀王。

悼惠王在位十三年，在惠帝六年去世。儿子襄即位，这就是哀王。

哀王元年，孝惠帝崩，吕太后称制，天下事皆决于高后。二年，高后立其兄子郦侯吕台为吕王，割齐之济南郡为吕王奉邑。

哀王元年，孝惠帝逝世，吕太后执掌朝政，国家大事都由高后决定。二年，高后立她哥哥的儿子郦侯吕台为吕王，割出齐国的济南郡为吕王的封地。

哀王三年，其弟章入宿卫于汉，吕太后封为朱虚侯，以吕禄女妻之。后四年，封章弟兴居为东牟侯，皆宿卫长安中。

哀王三年，他的弟弟章进入汉朝宫廷值宿护卫，吕太后封他为朱虚侯，并把吕禄的女儿嫁给他。四年后，封章的弟弟兴居为东牟侯，都在长安宫廷值宿护卫。

哀王八年，高后割齐琅邪郡立营陵侯刘泽为琅邪王。

哀王八年，高后割出齐国的琅邪郡，立营陵侯刘泽为琅邪王。

其明年，赵王友入朝，幽死于邸。三赵王皆废。高后立诸吕为三王，擅权用事。

第二年，赵王友到京师朝见，被幽死在府第。三个赵王都被废黜。高后立吕氏子弟为燕王、赵王、梁王，专权当政。

朱虚侯年二十，有气力，忿刘氏不得职。尝入侍高后燕饮，高后令朱虚侯刘章为酒吏。章自请曰："臣，将种也，请得以军法行酒。"高后曰："可。"酒酣，章进饮歌舞。已而曰："请为太后言耕田歌。"高后儿子畜之，笑曰："顾而父知田耳。若生而为王子，安知田乎?"章曰："臣知之。"太后曰："试为我言田。"章曰："深耕穊种，立苗欲疏，非其种者，鉏而去之。"吕后默然。顷之，诸吕有一人醉，亡酒，章追，拔剑斩之而还，报曰："有亡酒一人，臣谨行法斩之。"太后左右皆大惊。业已许其军法，无以罪也。因罢。自是之后，诸吕惮朱虚侯，虽大臣皆依朱虚侯，刘氏为益强。

朱虚侯二十岁，有力气，由于刘氏得不到职权而愤怒。曾入席侍奉高后宴饮，高后让朱虚侯刘章为酒吏。刘章自请说："臣，是将门的儿子，请允许按军法行酒令。"高后说："可以。"酒兴正浓时，刘章进献饮酒的歌舞。过了一会儿又说："请让我为太后唱耕田歌。"高后把他当孩子看待，笑着说："倒是你的父亲知道种田的事。你生下来就是王子，怎么晓得种田的事呢?"刘章说："臣知晓。"太后说："试着给我说唱种田歌。"刘章说："深耕密植，留苗要稀疏，不是同种的杂草，铲除而勿留。"吕后默然不语。过了一会儿，吕氏家族有一人喝醉，逃离酒席，刘章追上去，拔剑杀了他，而后回来报告说："有一个人逃离酒席，臣谨执行军法把他杀了。"太后和左右的人都大为吃惊。既然已经准许他按军法行事，没有加罪于他的理由。酒宴因而结束。自此之后，吕氏家族的人都害怕朱虚侯，即使是大臣也都依从朱虚侯，刘氏为此日渐强盛。

其明年，高后崩。赵王吕禄为上将军，吕王产为相国，皆居长安中，聚兵以威大臣，欲为乱。朱虚侯章以吕禄女为妇，知其谋，乃使人阴出告其兄齐王，欲令发兵西，朱虚侯、东牟侯为内应；以诛诸吕，因立齐王为帝。

第二年，高后逝世。赵王吕禄为上将军，吕王吕产为相国，二人都住在长安城里，聚集兵力以威胁大臣，想发动叛乱。朱虚侯刘章的妻是吕禄的女儿，知道他们的阴谋，于是派人暗出长安去告诉他哥哥齐王，想让他发兵西进，朱虚侯、东牟侯做内应，以便诛灭吕氏集团，借以拥立齐王为帝。

齐王既闻此计，乃与其舅父驷钧、郎中令祝午、中尉魏勃阴谋发兵。齐相召平闻之，乃发卒卫王宫。魏勃绐召平曰："王欲发兵，非有汉虎符验也。而相君围王，固善。勃请为君将兵卫卫王。"召平信之，乃使魏勃将兵围王宫。勃既将兵，使围相府。召平曰："嗟乎！道家之言'当断不断，反受其乱'，乃是也。"遂自杀。于是齐王以驷钧为相，魏勃为将军，祝午为内史，悉发国中兵。使祝午东诈琅邪王曰："吕氏作乱，齐王发兵欲西诛之。齐王自以儿子，年少，不习兵革之事，愿举国委大王。大王自高帝将也，习战事。齐王不敢离兵，使臣请大王幸之临淄见齐王计事，并将齐兵以西平关中之乱。"琅邪王信之，以为然，乃驰见齐王。齐王与魏勃等因留琅邪王，而使祝午尽发琅邪国而并将其兵。

齐王听到这个计划后，就和他舅舅驷钧、郎中令祝午、中尉魏勃暗中谋划发兵。齐相召平听说齐王准备发兵，就发兵包围王宫。魏勃欺骗召平说："君王想发兵，没有汉朝的虎符验证。而相君包围王宫，本来就是好事。我请求替你领兵护卫王宫。"召平相信了他，于是派魏勃领兵包围王宫。魏勃兵权到手，却派兵包围了相府。召平说："唉！道家的话'当断不断，反受其乱'，就是这样啊。"就自杀了。于是齐王任命驷钧为相国，魏勃为将军，祝午为内史，把国内的兵力全部征发。派祝午东去诈骗琅邪王说："吕氏作乱，齐王发兵打算西进攻击他们。齐王自以为是晚辈，年轻，不熟悉军事，愿意把全国委托给大王。大王自高祖时就是将军，熟悉战事。齐王不敢离开军队，派臣请大王到临淄见齐王面议大事，并率领齐军向西进平定关中之乱。"琅邪王相信了，认为说得对，就飞驰去见齐王。齐王与魏勃等趁机扣留琅邪王，而派祝午把琅邪国的军队全部征发，并且统率这些军队。

琅邪王刘泽既见欺，不得反国，乃说齐王曰："齐悼惠王高皇帝长子，推本言之，而大王高皇帝適长孙也，当立。今诸大臣狐疑未有所定，而泽于刘氏最为长年，大臣固待泽决计。今大王留臣无为也，不如使我入关计事。"齐王以为然，乃益具车送琅邪王。

琅邪王刘泽既然被欺骗，不能返国，于是劝齐王说："齐悼惠王，是高皇帝的长子，推本求源来说，而大王你是高皇帝的嫡长孙，应该继承皇位。现在大臣还在犹豫，尚未有确定立谁，刘泽我在刘氏中最为年长，大臣本来等待我决定大计。如今大王扣留我，毫无用处，不如放我入关计议迎立大事。"齐王觉得很对，就准备了很多车辆送走琅邪王。

琅邪王既行，齐遂举兵西攻吕国之济南。于是齐哀王遗诸侯王书曰："高帝平定天下，王诸子弟，悼惠王于齐。悼惠王薨，惠帝使留侯张良立臣为齐王。惠帝崩，高后用事，春秋高，听诸吕擅废高帝所立，又杀三赵王，灭梁、燕、赵以王诸吕，分齐国为四。忠臣进谏，上惑乱不听。今高后崩，皇帝春秋富，未能治天下，固恃大臣诸侯。今诸吕又擅自尊官，聚兵严威，劫列侯忠臣，矫制以令天下，宗庙所以危。今寡人率兵入诛不当为王者。"

琅邪王出发后，齐国就发兵向西攻打吕国的济南。于是齐哀王致诸侯王书信说："高皇帝平定天下，分封子弟们为王，悼惠王封在齐国。悼惠王去世，惠帝派留侯张良立臣为齐王。惠帝逝世，高后当权，她年纪大了，听任诸吕擅自废黜高帝所立封王，又杀死了三位赵王，灭了梁国、燕国、赵国以分封诸吕为王，并把齐国分成四国。忠臣进言劝谏，主上昏乱不听。如今高后逝世，皇帝年幼，不能统治天下，自然要依赖大臣和诸侯。现在诸吕又擅自尊为高官，聚集军队耀武扬威，劫持列侯和忠臣，假传圣旨以号令天下，刘氏政权因此危险。如今寡人率领军队入关诛杀不应当为王的人。"

汉闻齐发兵而西，相国吕产乃遣大将军灌婴东击之。灌婴至荥阳，乃谋曰："诸吕将兵居关中，欲危刘氏而自立。我今破齐还报，是益吕氏资也。"乃留兵屯荥阳，使使喻齐王及诸侯，与连和，以待

吕氏之变而共诛之。齐王闻之，乃西取其故济南郡，亦屯兵于齐西界以待约。

汉朝听说齐国发兵西进，相国吕产就派大将军灌婴东去截击齐军。灌婴到达荥阳，就分析说："诸吕领兵盘踞关中，想危害刘氏而自己当皇帝。我现在打败齐军回朝报捷，等于是增加了吕氏的资本。"于是停止进军，驻军荥阳，派使臣通告齐王和诸侯，愿意和他们联合，以等待吕氏叛乱而共同诛灭他们。齐王听说后，就向西进军夺回齐国的故地济南郡，也驻兵在齐国的西界等待依约进军。

吕禄、吕产欲作乱关中，朱虚侯与太尉勃、丞相平等诛之。朱虚侯首先斩吕产，于是太尉勃等乃得尽诛诸吕。而琅邪王亦从齐至长安。

吕禄、吕产想在关中作乱，朱虚侯与太尉周勃、丞相陈平等杀了他们。朱虚侯首先杀了吕产，于是太尉周勃等才得尽杀吕氏家族。而琅邪王也从齐国赶到长安。

大臣议欲立齐王，而琅邪王及大臣曰："齐王母家驷钧，恶戾，虎而冠者也。方以吕氏故几乱天下，今又立齐王，是欲复为吕氏也。代王母家薄氏，君子长者；且代王又亲高帝子，于今见在，且最为长。以子则顺，以善人则大臣安。"于是大臣乃谋迎立代王，而遣朱虚侯以诛吕氏事告齐王，令罢兵。

大臣们商议拥立齐王，而琅邪王和一些大臣说："齐王母亲家驷钧，凶恶残暴，像老虎一样只不过戴着帽子。刚由于吕氏的缘故几乎造成天下大乱，现在又立齐王，是想再让他成为吕氏啊。代王母家薄氏，是忠厚正直的君子，而且代王又是高帝的亲儿子，现在幸存，而且年龄最长。以儿子即位名正言顺，用善良人则大臣们安心。"于是大臣们就商议迎立代王，而派朱虚侯把诛杀吕氏的事告诉齐王，让他罢兵。

灌婴在荥阳，闻魏勃本教齐王反，既诛吕氏，罢齐兵，使使召责问魏勃。勃曰："失火之家，岂暇先言大人而后救火乎！"因退立，股战而栗，恐不能言者，终无他语。灌将军熟视笑曰："人谓魏勃勇，妄庸人耳，何能为乎！"乃罢魏勃。魏勃父以善鼓琴见秦皇帝。及魏勃少时，欲求见齐相曹参，家贫无以自通，乃常独早夜埽齐相舍人门外，相舍人怪之，以为物，而伺之，得勃。勃曰："愿见相君，无因，故为子埽，欲以求见。"于是舍人见勃曹参，因以为舍人。一为参御，言事，参以为贤，言之齐悼惠王。悼惠王召见，则拜为内史。始，悼惠王得自置二千石。及悼惠王卒而哀王立，勃用事，重于齐相。

灌婴在荥阳，听说魏勃原本教唆齐王反叛，诛灭吕氏后，罢去齐兵，派人召来魏勃责问。魏勃说："失火的人家，哪有时间先告诉家长而后才去救火呢？"因而后退站立，两腿发软，恐惧得不能说话，最终也没有说其他的话。灌将军看了好久笑着说："人们说魏勃勇敢，实际上不过是狂妄平庸的人，怎能有作为呢！"因而罢了魏勃的官职。魏勃的父亲由于善于弹琴见过秦朝的皇帝。等到魏勃少年时期，想求见齐相曹参，因为家贫没有财力打通关系，就经常一人半夜到齐相舍人的门外打扫。齐相的舍人感到奇怪，以为有怪物，而暗中察看，发现魏勃。魏勃说："想拜见曹相君，没有门路，所以为你打扫，想借此求得会见的机会。"于是舍人带领魏勃去见曹参，他也被收为舍人。一次他为曹参赶车，谈论事情，曹参认为他贤能，向齐悼惠王推荐他。悼惠王召见他，任命为内史。起初，悼惠王有权自己任命二千石的官吏。等到悼惠王去世，哀王即位，魏勃当权，权势比齐相还大。

王既罢兵归，而代王来立，是为孝文帝。

齐王罢兵归国后，代王来到长安嗣立为帝，他就是孝文帝。

孝文帝元年，尽以高后时所割齐之城阳、琅邪、济南郡复与齐，而徙琅邪王王燕，益封朱虚侯、东牟侯各二千户。

孝文帝元年，把高后时期从齐国割出的城阳、琅邪、济南郡又全部归还给齐国，徙琅邪王为燕王，加封朱虚侯、东牟侯领地各二千户。

是岁，齐哀王卒，太子则立，是为文王。

这一年，齐哀王去世，太子则即位，这就是文王。

齐文王元年，汉以齐之城阳郡立朱虚侯为城阳王，以齐济北郡立东牟侯为济北王。

齐文王元年，汉朝划出齐国的城阳郡立朱虚侯为城阳王；划出齐国的济北郡立东牟侯为济北王。

二年，济北王反，汉诛杀之，地入于汉。

二年，济北王反叛，汉朝派兵把他诛杀，封地收归汉室。

后二年，孝文帝尽封齐悼惠王子罢军等七人皆为列侯。

过了两年，孝文帝把齐悼惠王的儿子罢军等七人都封成列侯。

齐文王立十四年卒，无子，国除，地入于汉。

齐文王在位十四年去世，他没有儿子，国号废除，封地收归汉室。

后一岁，孝文帝以所封悼惠王子分齐为王，齐孝王将闾以悼惠王子杨虚侯为齐王。故齐别郡尽以王悼惠王子：子志为济北王，子辟光为济南王，子贤为淄川王，子卬为胶西王，子雄渠为胶东王，与城阳、齐凡七王。

一年后，孝文帝以所封悼惠王的儿子瓜分了齐国的封地，各自晋升为王，齐孝王将闾以悼惠王的儿子杨虚侯的身份晋升为齐王。原来齐国别的郡县全部分给悼惠王的儿子：儿子志为济北王；儿子辟光为济南王；儿子贤为淄川王；儿子卬为胶西王；儿子雄渠为胶东王；和城阳王、齐王共七王。

齐孝王十一年，吴王濞、楚王戊反，兴兵西，告诸侯曰："将诛汉贼臣晁错以安宗庙。"胶西、胶东、淄川、济南皆擅发兵应吴、楚。欲与齐，齐孝王狐疑，城守不听，三国兵共围齐。齐王使路中大夫告于天子。天子复令路中大夫还告齐王："善坚守，吾兵今破吴楚矣。"路中大夫至，三国兵围临淄数重，无从入。三国将劫与路中大夫盟，曰："若反言汉已破矣，齐趣下三国，不且见屠。"路中大夫既许之，至城下，望见齐王，曰："汉已发兵百万，使太尉周亚夫击破吴楚，方引兵救齐，齐必坚守无下！"三国将诛路中大夫。

齐孝王十一年，吴王濞、楚王戊反叛，起兵西进，告诉诸侯说："将要诛杀汉朝的贼臣晁错以安定国家。"胶西、胶东、淄川、济南王都擅自发兵响应吴、楚叛乱。想拉齐国参与，齐孝王犹豫不定，坚守城池，没有听从他们，胶西、淄川、济南三国派兵包围了齐国。齐王派路中大夫向天子告急。天子又让路中大夫返回告诉齐王："好好坚守，我的军队现今已经打败吴、楚了。"路中大夫回来时，三国的军队已把临淄团团包围，没办法进城。三国的将领劫持路中大夫盟誓，说："你反过来说汉军已经被打败，齐国快向三国投降，不然，将被屠城。"路中大夫已经应许他们，来到城下，看见齐王，说："汉朝已经发兵百万，派太尉周亚夫打败了吴、楚叛军，正领兵来援救齐国，齐王一定要坚守，不要投降！"三国的将领杀了路中大夫。

齐初围急，阴与三国通谋，约未定，会闻路中大夫从汉来，喜，及其大臣乃复劝王毋下三国。居无何，汉将栾布、平阳侯等兵至齐，击破三国兵，解齐围。已而复闻齐初与三国有谋，将欲移兵伐齐。齐孝王惧，乃饮药自杀。景帝闻之，以为齐首善，以迫劫有谋，非其罪也，乃立孝王太子寿为齐王，是为懿王，续齐后。而胶西、胶东、济南、淄川王咸诛灭，地入于汉。徙济北王王淄川。齐懿王立二十二年卒，子次景立，是为厉王。

齐国当初被围攻急迫时，曾暗中和三国谈判，条约尚未签订，正好听说路中大夫从汉朝回来，齐王很高兴，以及他的大臣就再一次劝齐王不要向三国投降。没过多久，汉将栾布、平阳侯曹奇等率军到达齐国，打败三国的军队，解除了对齐国的包围。不久，又听说齐王当初和三国有共谋，准备移兵讨伐齐国。齐孝王惧怕，就喝毒药自杀了。景帝听说后，认为齐王开始是好的，因为受到逼迫劫持才跟三国有共谋，这不是他的罪，于是立孝王的太子寿为齐王，这就是懿王，延续齐王的后代。而胶西、胶东、济南、淄川王全部被诛灭，封地收归汉室，迁徙济北王为淄川王。齐懿王在位二十二年去世，儿子次景即位，这就是厉王。

齐厉王，其母曰纪太后。太后取其弟纪氏女为厉王后。王不爱纪氏女。太后欲其家重宠，令其长女纪翁主入王宫，正其后宫，毋令得近王，欲令爱纪氏女。王因与其姊翁主奸。

齐厉王，他母亲是纪太后。太后把她弟弟纪氏的女儿嫁给厉王为后，厉王不爱纪氏的女儿。太后想让纪家世代贵宠，就让她的长女纪翁主进入王宫，看管后宫的宫女，不允许她们接近厉王，想让厉王喜爱纪氏的女儿。厉王却借此和他姐姐翁主通奸。

齐有宦者徐甲，入事汉皇太后。皇太后有爱女曰修成君，修成君非刘氏，太后怜之。修成君有女名娥，太后欲嫁之于诸侯，宦者甲乃请使齐，必令王上书请娥。皇太后喜，使甲之齐。是时齐人主父偃知甲之使齐以取后事，亦因谓甲："即事成，幸言偃女愿得充王后宫。"甲既至齐，风以此事。纪太后大怒，曰："王有后，后宫具备。且甲，齐贫人，急乃为宦者，入事汉，无补益，乃欲乱吾王家！且

主父偃何为者？乃欲以女充后宫！”徐甲大穷，还报皇太后曰：“王已愿尚娥，然有一害，恐如燕王。”燕王者，与其子昆弟奸，新坐以死，亡国，故以燕感太后。太后曰：“无复言嫁女齐事。”事浸浔闻于天子。主父偃由此亦与齐有郤。

齐国有个名叫徐甲的宦官，进入京师侍奉汉皇太后。皇太后有一爱女名叫修成君，修成君不是刘氏女，太后怜爱她。修成君有个女儿叫娥，太后想把她嫁给诸侯，宦官徐甲就请求出使齐国，一定要让齐王上书请求娶娥为王后。皇太后非常高兴，派徐甲到齐国。这时齐国人主父偃得知徐甲出使齐国是为了齐王娶王后的事，也趁机对徐甲说：“假如事能办成，拜托你就说我的女儿愿意充当齐王的后宫。”徐甲到齐国后，用委婉的语言表明来意。纪太后大怒，说：“王有王后，后宫的嫔妃也齐备。况且徐甲是齐国的穷人，穷困得没有办法才当了宦官，入京师侍奉汉宫，没有得到任何好处，才想扰乱我王家！再说主父偃是干什么的？想让他的女儿充当后宫！”徐甲很尴尬，回朝报告太后说：“王已经愿意娶娥为王后，但有一种后患，恐怕像燕王一样！”燕王，跟他的女儿及姐妹通奸，最近因为犯法而死，封国被废除，所以徐甲用燕王的事触动太后。太后说：“不准再说嫁女给齐王的事。”事情逐渐传到了天子的耳朵里。主父偃从此也和齐王有了隔阂。

主父偃方幸于天子，用事，因言：“齐临淄十万户，市租千金，人众殷富，巨于长安，此非天子亲弟爱子不得王此。今齐王于亲属益疏。”乃从容言：“吕太后时齐欲反，吴楚时孝王几为乱。今闻齐王与其姊乱。”于是天子乃拜主父偃为齐相，且正其事。主父偃既至齐，乃急治王后宫宦者为王通于姊翁主所者，令其辞证皆引王。王年少，惧大罪为吏所执诛，乃饮药自杀。绝无后。

主父偃正得宠于天子，参与政事，趁机说：“齐国临淄十万户，商业税收每日达千金，人口多而富庶，超过长安，这种地方不是天子的亲兄弟和爱子不应当在这里为王。如今齐王和皇室亲属关系日益疏远。”于是怂恿说：“吕太后时齐国想谋反，吴、楚七国叛乱时齐孝王几乎参加。如今听说齐王和他姐姐通奸。”于是天子就拜主父偃为齐国的丞相，并且审理这件事。主父偃到齐国后，就紧急审问齐王后宫的宦官帮助齐王到他姐姐翁主住所的人，让他们提供证词写明都曾为齐王引路。齐王年少，害怕罪大被官吏逮捕诛杀，就饮毒药自杀了。没有后代，祭祀断绝。

是时赵王惧主父偃一出废齐，恐其渐疏骨肉，乃上书言偃受金及轻重之短。天子亦既囚偃。公孙弘言：“齐王以忧死毋后，国入汉，非诛偃无以塞天下之望。”遂诛偃。

这时赵王对主父偃一出京师就废黜了齐王，很害怕，忧虑他会逐渐疏离刘氏骨肉，就上书告主父偃接受贿赂及因私怨处事不公道的短处。天子也已经囚禁了主父偃。公孙弘说：“齐王因为忧惧而死，没有后代，国土已经归于汉室，不杀主父偃无法平息天下人的怨恨。”于是杀了主父偃。

齐厉王立五年死，毋后，国入于汉。

齐厉王在位五年去世，没有后代，国土归于汉室。

齐悼惠王后尚有二国，城阳及淄川。淄川地比齐。天子怜齐，为悼惠王冢园在郡，割临淄东环悼惠王冢园邑尽以予淄川，以奉悼惠王祭祀。

齐悼惠王的后代还有两个国家：城阳和淄川。淄川地界和齐国相邻。天子怜惜齐国，因为悼惠王的墓园在郡中，就把临淄以东环绕悼惠王墓园的城邑全部划归淄川国，以供奉悼惠王的祭祀。

城阳景王章，齐悼惠王子，以朱虚侯与大臣共诛诸吕，而章身首先斩相国吕王产于未央宫。孝文帝既立，益封章二千户，赐金千斤。孝文二年，以齐之城阳郡立章为城阳王。立二年卒，子喜立，是为共王。

城阳景王章，是悼惠王的儿子，以朱虚侯的身份与大臣共同诛杀诸吕，章本人首先在未央宫杀了相国吕王产。孝文帝即位后，加封章二千户，赐给黄金千斤。孝文帝二年，以齐国的城阳郡立章为城阳王。在位二年去世，儿子喜即位，这就是共王。

共王八年，徙王淮南。四年，复还王城阳。凡三十三年卒，子延立，是为顷王。

共王八年，改封为淮南王。四年以后，又回来当城阳王。共在位三十三年去世，儿子延即位，这就是顷王。

顷王二十六年卒，子义立，是为敬王。敬王九年卒，子武立，是为惠王。惠王十一年卒，子顺立，是为荒王。荒王四十六年卒，子恢立，是为戴王。戴王八年卒，子景立，至建始三年，十五岁，卒。

顷王在位二十六年去世，儿子义即位，这就是敬王。敬王在位九年去世，儿子武即位，这就是惠王。惠王在位十一年去世，儿子顺即位，这就是荒王。荒王在位四十六年去世，儿子恢即位，这就是戴王。戴王在位八年去世，儿子景即位，到建始三年，十五岁去世。

济北王兴居，齐悼惠王子，以东牟侯助大臣诛诸吕，功少。及文帝从代来，兴居曰："请与太仆婴入清宫。"废少帝，共与大臣尊立孝文帝。

济北王兴居，是齐悼惠王的儿子，以东牟侯的身份辅助大臣诛杀诸吕，功劳不大。等到文帝从代地来长安，兴居说："请让我和太仆夏侯婴入宫清除余患。"废少帝后，和大臣一起尊立孝文帝。

孝文帝二年，以齐之济北郡立兴居为济北王，与城阳王俱立。立二年，反。始大臣诛吕氏时，朱虚侯功尤大，许尽以赵地王朱虚侯，尽以梁地王东牟侯。及孝文帝立，闻朱虚、东牟之初欲立齐王，故绌其功。及二年，王诸子，乃割齐二郡以王章、兴居。章、兴居自以失职夺功。章死，而兴居闻匈奴大入汉，汉多发兵，使丞相灌婴击之，文帝亲幸太原，以为天子自击胡，遂发兵反于济北。天子闻之，罢丞相及行兵，皆归长安。使棘蒲侯柴将军击破虏济北王，王自杀，地入于汉，为郡。

孝文帝二年，以齐国的济北郡立兴居为济北王，与城阳王一块受封。受封二年，谋反。起初，大臣们诛杀吕氏时，朱虚侯的功劳最大，曾经答应把赵地全部封给朱虚侯，把梁地全部封给东牟侯。等到文帝即位，听说朱虚侯、东牟侯当初想拥立齐王，所以贬黜他们的功劳。到文帝二年，封诸子为王，才割出齐国的两个郡以封章和兴居为王。章和兴居自以为失去职位剥夺了他们的功劳。章死后，兴居听说匈奴大举入侵汉境，汉朝大量发兵，派丞相灌婴反击匈奴，文帝亲自到太原，兴居以为天子亲自率军抗击胡兵，就发兵在济北反叛。天子听说后，阻止丞相所率军队及已经发出的兵，让他们全部返回长安。派棘蒲侯柴将军击败并俘虏了济北王，济北王自杀，封地归于汉室，改为郡。

后十三年，文帝十六年，复以齐悼惠王子安都侯志为济北王。十一年，吴、楚反时，志坚守，不与诸侯合谋。吴、楚已平，徙志王淄川。

十三年后，文帝十六年，又封齐悼惠王的儿子安都侯志为济北王。十一年后，吴、楚七国叛乱时，志坚守城池，不与诸侯合谋。吴、楚叛乱被平后，改封志为淄川王。

济南王辟光，齐悼惠王子，以勒侯孝文十六年为济南王。十一年，与吴、楚反。汉击破，杀辟光，以济南为郡，地入于汉。

济南王辟光，是齐悼惠王的儿子，孝文帝十六年，以勒侯的身份晋封为济南王。十一年后，和吴、楚一起反叛。汉军打败叛军，杀了辟光，把济南改为郡，封地归于汉室。

淄川王贤，齐悼惠王子，以武城侯文帝十六年为淄川王。十一年，与吴、楚反，汉击破，杀贤。

淄川王贤，是齐悼惠王的儿子，文帝十六年，以武城侯的身份晋封为淄川王。十一年后，和吴、楚一起叛变，汉军打败叛军，杀死了贤。

天子因徙济北王志王淄川。志亦齐悼惠王子，以安都侯王济北。淄川王反，毋后，乃徙济北王王淄川。凡立三十五年卒，谥为懿王。子建代立，是为靖王，二十年卒。子遗代立，是为顷王，三十六年卒。子终古立，是为思王。二十八年卒，子尚立，是为孝王，五年卒。子横立，至建始三年，十一岁，卒。

天子因而改封济北王志为淄川王。志也是齐悼惠王的儿子，由安都侯晋封为济北王。淄川王贤反叛，没有后代，就改封济北王为淄川王。共在位三十五年去世，谥号为懿王。儿子建即位，这就是靖王。靖王在位二十年去世，儿子遗即位，这就是顷王。顷王在位三十六年去世，儿子终古即位，这就是思王。思王在位二十八年去世，儿子尚即位，这就是孝王。孝王在位五年去世，儿子横即位，到建始三年，在位十一年去世。

胶西王卬，齐悼惠王子，以昌平侯文帝十六年为胶西王。十一年，与吴楚反。汉击破，杀卬，地入于汉，为胶西郡。

胶西王卬，是齐悼惠王的儿子，文帝十六年，以昌平侯的身份晋封为胶西王。十一年后，和吴、楚一起叛乱。汉军打败叛军，杀了卬，封地归于汉室，改为胶西郡。

胶东王雄渠，齐悼惠王子，以白石侯文帝十六年为胶东王。十一年，与吴、楚反，汉击破，杀雄渠，地入于汉，为胶东郡。

胶东王雄渠，是齐悼惠王的儿子，文帝十六年，以白石侯的身份晋封为胶东王。十一年后，和吴、楚一起叛乱。汉军打败叛军，杀了雄渠，封地归于汉室，改为胶东郡。

太史公曰：诸侯大国无过齐悼惠王。以海内初定，子弟少，激秦之无尺土封，故大封同姓，以填万民之心。及后分裂，固其理也。

太史公说：诸侯大国没有超过齐悼惠王的。由于海内刚平定，刘氏子弟少，高祖有感于秦朝没有用尺寸土地分封宗室，所以大封同姓，用来镇抚万民之心。等到后来被分裂，本来是理所当然的。

史记第五十三卷

萧相国世家第二十三

萧相国何者，沛丰人也。以文无害为沛主吏掾。

相国萧何，沛县丰邑人。通晓法律无人能比，任沛县功曹掾。

高祖为布衣时，何数以吏事护高祖。高祖为亭长，常左右之。高祖以吏繇咸阳，吏皆送奉钱三，何独以五。

高祖还是平民的时候，萧何多次以吏职护他。高祖当亭长后，萧何也经常帮助他。高祖以官吏的身份到咸阳服差役，县吏都资助路费三百钱，只有萧何资助五百钱。

秦御史监郡者与从事，常辨之。何乃给泗水卒史事，第一。秦御史欲入言征何，何固请，得毋行。

秦朝的御史到郡里检查工作时，让萧何帮助工作，萧何经常把事办得很有条理。于是萧何被提拔为泗水郡的卒史，政绩考核名列榜首。秦朝的御史想回朝进言征调萧何，萧何坚决请求留下，才未被调走。

及高祖起为沛公，何常为丞督事。沛公至咸阳，诸将皆争走金帛财物之府分之，何独先入收秦丞相御史律令图书藏之。沛公为汉王，以何为丞相。项王与诸侯屠烧咸阳而去。汉王所以具知天下厄塞，户口多少，强弱之处，民所疾苦者，以何具得秦图书也。何进言韩信，汉王以信为大将军。语在《淮阴侯》事中。

等到高祖起兵被推为沛公，萧何以县丞督办公务。沛公打到咸阳，将领们都争先恐后地奔向府库，分取金帛财宝，只有萧何先进入秦宫收取丞相和御史掌管的律令图书保存起来。沛公被封为汉王，拜萧何为丞相。项王和诸侯洗劫焚烧咸阳而去。汉王之所以能全面了解各地的军事要塞，户口多少，地方强弱，民众疾苦，就是由于萧何得到了秦朝全部的图书资料的缘故。萧何推荐韩信，汉王拜韩信为大将军。话语详细记在《淮阴侯列传》中。

汉王引兵东定三秦，何以丞相留收巴蜀，填抚谕告，使给军食。汉二年，汉王与诸侯击楚，何守关中，侍太子，治栎阳。为法令约束，立宗庙社稷宫室县邑，辄奏上，可，许以从事；即不及奏上，辄以便宜施行，上来以闻。关中事计户口转漕给军，汉王数失军遁去，何常兴关中卒，辄补缺。上以此专属任何关中事。

汉王率兵东进平定三秦，萧何以丞相的身份留守巴蜀，征收赋税，安抚百姓，发布命令，使他们供给军队粮草。汉二年，汉王率领诸侯军攻打楚军，萧何留守关中，侍奉太子，治所在栎阳。制定法令、制度，建立宗庙、社稷、宫室、县邑，萧何总是向汉王报告，得到汉王的同意，准许他施行；如果来不及报告，总是酌情处理，等到汉王回来再报告。至于关中的日常事务：萧何按户口征收粮草、兵丁，由水路输送到前方。汉王多次弃军逃亡，萧何常常征发关中的士卒，总是补足军队的缺额。汉王因此专门委任萧何处理关中的事务。

汉三年，汉王与项羽相距京、索之间，上数使使劳苦丞相。鲍生谓丞相曰："王暴衣露盖，数使使劳苦君者，有疑君心也。为君计，莫若遣君子孙昆弟能胜兵者悉诣军所，上必益信君。"于是何从其

计，汉王大说。

汉三年，汉王和项羽在京、索间对峙时，汉王多次派使臣慰劳丞相。鲍生对丞相说："汉王风餐露宿，却多次派使臣慰劳你，这是对你有疑心。为你着想，不如派遣你的子孙兄弟能打仗的人全部到军中效力，这样汉王必定更加信任你。"于是萧何采纳了他的建议，汉王大为高兴。

汉五年，既杀项羽，定天下，论功行封。群臣争功，岁余功不决。高祖以萧何功最盛，封为酂侯，所食邑多。功臣皆曰："臣等身被坚执锐，多者百余战，少者数十合，功城略地，大小各有差。今萧何未尝有汗马之劳，徒持文墨议论，不战，顾反居臣等上，何也？"高帝曰："诸君知猎乎？"曰："知之。""知猎狗乎？"曰："知之。"高帝曰："夫猎，追杀兽兔者狗也，而发踪指示兽处者人也。今诸君徒能得走兽耳，功狗也。至如萧何，发踪指示，功人也。且诸君独以身随我，多者两三人。今萧何举宗数十人皆随我，功不可忘也。"群臣皆莫敢言。

汉五年，已经杀灭项羽，平定了天下，论功行赏。由于群臣争功，一年多功劳大小没能定下来。高祖认为萧何的功劳最大，封他为酂侯，给予的食邑最多。功臣们都说："臣等身披铠甲，手执锐器，多的身经百余战，少的交锋数十回合，攻城略地，功劳大小各自不等。如今萧何未曾有汗马功劳，只是舞文弄墨，发表议论，不参加战斗，封赏反而在我们之上，这是为什么呢？"高帝说："诸位知道打猎吗？"群臣说："知道。"高帝又问："知道猎狗吗？"群臣说："知道。"高帝说："打猎，追捕野兽兔子的是狗，而发现野兽的踪迹，指出野兽所在地方的是人。如今诸位仅能捕捉到野兽而已，功劳如同猎狗。至于萧何，发现野兽的踪迹，指示猎取的目标，功劳如同猎人。况且诸位只是一人追随我，最多不过两三个人。而今萧何全宗族几十人随我打天下，功劳是不可忘记的。"群臣都不敢再争辩了。

列侯毕已受封，及奏位次，皆曰："平阳侯曹参身被七十创，攻城略地，功最多，宜第一。"上已桡功臣，多封萧何，至位次未有以复难之，然心欲何第一。关内侯鄂君进曰："群臣议皆误。夫曹参虽有野战略地之功，此特一时之事。夫上与楚相距五岁，常失军亡众，逃身遁者数矣。然萧何常从关中遣军补其处，非上所诏令召，而数万众会上之乏绝者数矣。夫汉与楚相守荥阳数年，军无见粮，萧何转漕关中，给粮不乏。陛下虽数亡山东，萧何常全关中以待陛下，此万世之功也。今虽亡曹参等百数，何缺于汉？汉得之不必待以全。奈何欲以一旦之功而加万世之功哉！萧何第一，曹参次之。"高祖曰："善。"于是乃令萧何第一，赐带剑履上殿，入朝不趋。

西汉开国功臣萧何像，出自清·顾沅辑《古圣贤像传略》。

列侯全都受到封赏，等到奏请排位次时，群臣都说："平阳侯曹参身受创伤七十多处，攻城略地，功劳特别大，应该排在第一位。"高祖已经说服功臣，多封了萧何土地，至于位次没有理由再反驳功臣，然而心里想一定把萧何排在第一位。关内侯鄂君进言说："群臣的议论都不对。曹参虽然有野战夺地的功劳，这只是一时的事情。高帝和楚军相持五年，常常失军亡众，只身逃亡就有好多次。然而萧何常从关中派军队充实前线，这些都不是高帝命令他做的，而几万名士卒开赴前线正值高帝最危险的时刻，这种情况有好多次。汉和楚在荥阳对垒数年，军中没有现粮，萧何从关中水路运粮，军粮供应从未断过。陛下虽然多次丢失殽山以东的地区，而萧何一直保全关中以待陛下，这是万世不朽的功绩。现在虽然没有上百个曹参这样的人，对汉室有什么缺损呢？汉室得到了他也未必就等着靠他来保全，怎么能让一时的功劳凌驾于万世功劳之上呢！理应萧何第一，曹参居次。”高祖说：“好。”于是就确定萧何第一，恩赐他可以带剑穿鞋上殿，上朝时不必按常礼小步快走。

上曰：“吾闻进贤受上赏。萧何功虽高，得鄂君乃益明。”于是因鄂君故所食关内侯邑封为安平侯。是日，悉封何父子兄弟十余人，皆有食邑。乃益封何二千户，以帝尝繇咸阳时何送我独赢奉钱二也。

高祖说：“我听说推荐贤人要受上赏。萧何的功劳虽然很高，但经过鄂君的申辩就更加明显了。”于是根据鄂君原来受封的关内侯食邑，晋封为安平侯。当天，萧何父子兄弟十余人，都得到食邑封赏。于是另外加封萧何二千户，以报答高帝曾到咸阳服差役时，萧何比别人多送高帝二百钱的恩情。

汉十一年，陈豨反，高祖自将，至邯郸。未罢，淮阴侯谋反关中，吕后用萧何计，诛淮阴侯，语在《淮阴》事中。上已闻淮阴侯诛，使使拜丞相何为相国，益封五千户，令卒五百人一都尉为相国卫。诸君皆贺，召平独吊。召平者，故秦东陵侯。秦破，为布衣，贫，种瓜于长安城东，瓜美，故世俗谓之“东陵瓜”，从召平以为名也。召平谓相国曰：“祸自此始矣。上暴露于外而君守于中，非被矢石之事而益君封置卫者，以今者淮阴侯新反于中，疑君心矣。夫置卫卫君，非以宠君也。愿君让封勿受，悉以家私财佐军，则上心说。”相国从其计，高帝乃大喜。

汉十一年，陈豨反叛，高祖亲自率军平叛，到达邯郸。平叛还没有结束，淮阴侯韩信在关中谋反，吕后采用萧何的计策，诛杀淮阴侯韩信，话在《淮阴侯列传》中。皇上已经听到淮阴侯韩信被杀的消息，派使臣拜丞相萧何为相国，加封五千户，并令五百名士卒，一名都尉做相国的卫队。众人都来祝贺，唯独召平来哀吊。召平，是原秦朝的东陵侯。秦朝灭亡，沦落为平民，家境贫穷，在长安城东种瓜，他种出的瓜味道鲜美，所以世俗称它为“东陵瓜”，这是以召平的封号得名的。召平对相国说：“祸患从此开始了。皇上风吹日晒征战在外，而你留守关中，未蒙矢石的危险，反而增加你的封邑并配备卫队，这是由于今天淮阴侯刚谋反于京城，怀疑你的心产生了。设置卫队保护你，并不是因为宠爱你。希望你辞封勿受，把全部家产捐做军费，这样皇上心里就会高兴。”相国采纳他的计策，于是高帝大为欢喜。

汉十二年秋，黥布反上自将击之，数使使问相国何为。相国为上在军，乃拊循勉力百姓，悉以所有佐军，如陈豨时。客有说相国曰：“君灭族不久矣。夫君位为相国，功第一，可复加哉？然君初入关中，得百姓心，十余年矣，皆附君，常复孳孳得民和。上所为数问君者，畏君倾动关中。今君胡不多买田地，贱贳贷以自污？上心乃安。”于是相国从其计，上乃大说。

汉十二年秋天，黥布反叛，皇帝亲自率军征讨他，多次派人询问相国在干什么。相国因为高帝统军在外，就安抚勉励百姓，把自己全部的家财捐做军费，和讨伐陈豨叛乱时一样。有一个门客劝告相国说：“你离灭族不远了。你位居相国，功劳第一，还能再提高地位和功劳吗？然而你刚进入关中，就深得民心，至今十多年了，百姓都归附于你，你还在孜孜不倦地做事，博得百姓更大的爱戴。皇帝所以多次派人询问你的作为，是害怕你震撼关中。现在你为什么不多买田地，用低价赊借败坏自己的名声？这样皇上才会安心。”于是相国采纳他的计策，皇上才大为高兴。

上罢布军归，民道遮行上书，言相国贱强买民田宅数千万。上至，相国谒。上笑曰：“夫相国乃利民！”民所上书皆以与相国，曰：“君自谢民。”相国因为民请曰：“长安地狭，上林中多空地，弃，愿令民得入田，毋收稿为禽兽食。”上大怒曰：“相国多受贾人财物，乃为请吾苑！”乃下相国廷尉，械系之。数日，王卫尉侍，前问曰：“相国何大罪，陛下系之暴也？”上曰：“吾闻李斯相秦皇帝，有善归主，有恶自与。今相国多受贾竖金而为民请吾苑，以自媚于民，故系治之。”王卫尉曰：“夫职事苟有便于民而请之，真宰相事，陛下奈何乃疑相国受贾人钱乎！且陛下距楚数岁，陈豨、黥布反，陛下自将而往，当是时，相国守关中，摇足则关以西非陛下有也。相国不以此时为利，今乃利贾人之金乎？且秦以不闻其过亡天下，李斯之分过，又何足法哉！陛下何疑宰相之浅也。”高帝不怿。是日，使使持节赦出相国。相国年老，素恭谨，入，徒跣谢。高帝曰：“相国休矣！相国为民请苑，吾不许，我不过为桀纣主，而相国为贤相。吾故系相国，欲令百姓闻吾过也。”

皇上撤回征讨黥布的军队，班师回朝，百姓拦路上书，告相国贱价强买民众的田地、房宅价值达几千万。皇上回到京城，相国拜见。皇上笑着说：“相国才利民！”把民众的上书甩给相国，说：“你自己向百姓谢罪吧。”相国趁机为民众请求说：“长安的土地狭窄，上林苑中有许多空地，废弃荒芜，希望让百姓进入耕种收粮，留下禾秆供禽兽食用。”皇上大怒说：“相国接受了商人的很多财物，就为他们请求我的上林苑。”于是把相国交给廷尉，用刑具拘禁他。过了几天，姓王的卫尉侍奉高帝，上前问说：“相国犯了什么大罪，陛下用刑具拘禁得这样严酷？”皇上说：“我听说李斯以丞相身份辅佐秦朝的皇帝，有成绩归主上，有差错自己承担。现在相国大量收受奸商的贿赂，而为民众请求我的苑林，以此向百姓讨好，所以给他戴上刑具治罪。”王卫尉说：“职责在身如果有利于百姓则为他们请求，这是宰相应该做的事，陛下怎么就怀疑相国接受商人的钱财呢？况且陛下和楚对抗好几年，陈豨、黥布反叛时，陛下亲自率军征讨，正当那个时候，相国留守关中，他一动脚则函谷关以西就不归陛下所有了。相国不在那时谋利，今天才贪图商人的钱财吗？而且秦始皇因为听不到自己的过错而亡国，李斯分担过错，又有什么值得效法呢？陛下为什么怀疑宰相到如此浅薄的地步！”高帝听了很不高兴。当天，派使臣持节赦免释放了相国。相国年纪老了，一向谦恭谨慎，入见高帝时，光着脚步行谢罪。高帝说：“相国不要说了！相国为民众请求苑林，我不应许，我不是桀、纣那样的君主，而相国则是贤相。我所以给相国戴上刑具，是想让百姓知道我的过错。”

何素不与曹参相能，及何病，孝惠自临视相国病，因问曰：“君即百岁后，谁可代君者？”对曰：“知臣莫如主。”孝惠曰：“曹参何如？”何顿首曰：“帝得之矣！臣死不恨矣！”

萧何和曹参向来彼此看不起。等到萧何病重时，孝惠帝亲自前去探望相国的病情，因而问他说：“你若百年以后，谁可以接替你呢？”萧何回答说：“了解臣子莫过于君主。”孝惠帝说：“曹参怎么样？”萧何叩头说：“皇帝得到合格的人选了！我死无遗憾了！”

何置田宅必居穷处，为家不治垣屋。曰：“后世贤，师吾俭；不贤，毋为势家所夺。”

萧何购置田地、房屋，必定在穷乡僻壤，建造家园不修建围墙，他说：“子孙后代如果贤能，就学习我的俭朴，不贤能，不要被有权势的人家夺去。”

孝惠二年，相国何卒，谥为文终侯。

孝惠帝二年，相国萧何去世，谥号为文终侯。

后嗣以罪失侯者四世，绝，天子辄复求何后，封续酂侯，功臣莫得比焉。

萧何的子孙因为犯罪失掉侯爵封号的有四代，每次断绝了继承人，天子总是再寻找萧何的后代，续封为酂侯，功臣都不能跟他相比。

太史公曰：萧相国何于秦时为刀笔吏，录录未有奇节。及汉兴，依日月之末光，何谨守管籥，因民之疾秦法，顺流与之更始。淮阴、黥布等皆以诛灭，而何之勋烂焉。位冠群臣，声施后世，与闳夭、散宜生等争烈矣。

太史公说：萧何相国在秦朝时不过是文职小吏，平平凡凡没有奇功异节。等到汉兴，倚仗皇帝的余光，萧何谨守相国的职责，根据百姓痛恨秦朝苛法的状况，顺应民心和他们除旧布新。淮阴侯、黥布等都已诛灭，而萧何的功勋更显得灿烂。他的地位冠于群臣，名声流传于后世，可以和闳夭、散宜生等人比高低了。

史记第五十四卷

曹相国世家第二十四

平阳侯曹参者，沛人也。秦时为沛狱掾，而萧何为主吏，居县为豪吏矣。

平阳侯曹参，沛县人。秦朝时做沛县的狱掾，而萧何做主吏，他们在县里都是很有权势的官吏。

高祖为沛公而初起也，参以中涓从。将击胡陵、方与，攻秦监公军，大破之。东下薛，击泗水守军薛郭西。复攻胡陵，取之。徙守方与。方与反为魏，击之。丰反为魏，攻之。赐爵七大夫。击秦司马尼军砀东，破之，取砀、狐父、祁善置。又攻下邑以西，至虞，击章邯车骑。攻爰戚及亢父，先登。迁为五大夫。北救阿，击章邯军，陷陈，追至濮阳。攻定陶，取临济。南救雍丘，击李由军，破之，杀李由，虏秦候一人。秦将章邯破杀项梁也，沛公与项羽引而东。楚怀王以沛公为砀郡长，将砀郡兵。于是乃封参为执帛，号曰建成君。迁为戚公，属砀郡。

高祖做沛公刚起兵时，曹参以中涓的身份随从高祖。曹参率军攻打胡陵、方与，进攻秦朝郡监公的军队，大败敌军。向东攻占薛县，在薛县外城西边攻击泗水郡守的军队。再次攻打胡陵，攻占了它。转守方与，方与反叛投降了魏，曹参攻打方与。丰邑反叛投降了魏，曹参又攻打丰邑。沛公赐曹参为七大夫爵。曹参在砀县东攻击秦朝司马尼的军队，打败了他，夺取砀县、狐父和祁县的善置。又攻打下邑以西的地方，一直打到虞县，进攻章邯的车骑部队。攻打爰戚和亢父，曹参率先登城，被升为五大夫。向北援救东阿，进攻章邯的军队，攻陷陈县，一直追到濮阳。攻打定陶，夺取了临济。向南援救雍丘，进攻李由的军队，打败了他，杀死李由，俘虏秦朝的军候一人。秦将章邯打败项梁的军队，杀了项梁，沛公和项羽率军东归。楚怀王任命沛公为砀郡长，统率砀郡的军队。于是沛公就封曹参为执帛，号称建成君。又升为戚县县令，属于砀郡。

其后从攻东郡尉军，破之成武南。击王离军成阳南，复攻之杠里，大破之。追北，西至开封，击赵贲军，破之，围赵贲开封城中。西击秦将杨熊军于曲遇，破之，虏秦司马及御史各一人。迁为执珪。从攻阳武，下轘辕、缑氏，绝河津，还击赵贲军尸北，破之。从南攻犨，与南阳守齮战阳城郭东，陷陈，取宛，虏齮，尽定南阳郡。从西攻武关、峣关，取之。前攻秦军蓝田南，又夜击其北，秦军大破，遂至咸阳，灭秦。

从此以后，曹参跟随沛公攻打东郡尉的军队，在成武南打败敌军。在成阳南进攻王离的军队，又在杠里打败他们，大破王离的军队。追击败军，西到开封，进击赵贲的军队，打败了他，将赵贲围困在开封城中。向西在曲遇攻击秦将杨熊的军队，打败了他，俘虏秦朝的司马及御史各一人。曹参升迁为执珪。随从沛公进攻阳武，攻占轘辕、缑氏，封锁了黄河的渡口，回师在尸北进攻赵贲的军队，打败了他。随从沛公向南进攻犨县，和秦朝南阳郡守齮在阳城外城东交战，攻陷敌阵，占领宛县，俘虏齮，平定了南阳全郡。跟随沛公向西进攻武关、峣关，夺取了它们。向前推进，在蓝田南攻打秦军，又趁夜在蓝田北攻击秦军，秦军大败，于是到达咸阳，灭了秦朝。

项羽至，以沛公为汉王。汉王封参为建成侯。从至汉中，迁为将军。从还定三秦，初攻下辩、故道、雍、斄。击章平军于好畤南，破之，围好畤，取壤乡。击三秦军壤东及高栎，破之。复围章平，章平出好畤走。因击赵贲、内史保军，破之。东取咸阳，更名曰新城。参将兵守景陵二十日，三秦使章平等攻参；参出击，大破之。赐食邑于宁秦。参以将军引兵围章邯于废丘。以中尉从汉王出临晋关。至河内，下修武，渡围津，东击龙且、项他定陶，破之。东取砀、萧、彭城。击项籍军，汉军大败走。参以中尉围取雍丘。王武反于外黄，程处反于燕，往击，尽破之。柱天侯反于衍氏，又进破取衍氏。击羽婴于昆阳，追至叶。还攻武强，因至荥阳。参自汉中为将军中尉，从击诸侯及项羽，败，还至荥阳，凡二岁。

项羽到达关中，封沛公为汉王。汉王封曹参为建成侯。曹参随从汉王到达汉中，升为将军。跟随汉王还定三秦，起初攻打下辩、故道、雍县、斄县。在好畤南攻打章平的军队，打败了他，围攻好畤，夺取了壤乡。在壤东及高栎攻打三秦的军队，打败了他们。又包围了章平，章平从好畤突围逃走。因而攻击赵贲、内史保的军队，打败了他们。向东夺取咸阳，改名为新城。曹参率军镇守景陵二十天，三秦派章平等进攻曹参，曹参出击，大败敌军。汉王把宁秦赐给曹参为封邑。曹参以将军的身份把章邯围在废丘。以中尉的身份跟随汉王出临晋关。到达河内，攻克修武，从围津渡过黄河，向东在定陶攻打龙且和项他，打败了他们。向东攻占砀县、萧县、彭城，进攻项籍的军队，汉军大败逃走。曹参以中尉的身份围攻并夺取了雍丘。汉将王武在外黄反叛，程处在燕县反叛，曹参率军前往平叛，把他们都打败了。柱天侯在衍氏反叛，曹参又击败叛军，收复了衍氏。在昆阳攻打羽婴，追到叶县，回师进攻武强，乘势打到荥阳。曹参从汉中做将军中尉以后，随从汉王进攻诸侯和项羽，直到兵败，回到荥阳，总共两年。

高祖二年，拜为假左丞相，入屯兵关中。月余，魏王豹反，以假左丞相别与韩信东攻魏将军孙遬军东张，大破之。因攻安邑，得魏将王襄。击魏王于曲阳，追至武垣，生得魏王豹。取平阳，得魏王母妻子，尽定魏地，凡五十二城。赐食邑平阳。因从韩信击赵相国夏说军于邬东，大破之，斩夏说。韩信与故常山王张耳引兵下井陉，击成安君，而令参还围赵别将戚将军于邬城中。戚将军出走，追斩之。乃引兵诣敖仓汉王之所。韩信已破赵，为相国，东击齐。参以右丞相属韩信，攻破齐历下军，遂取临淄。还定济北郡，攻著、漯阴、平原、鬲、卢。已而从韩信击龙且军于上假密，大破之，斩龙且，虏其将军周兰。定齐，凡得七十余县。得故齐王田广相田光，其守相许章，及故齐胶东将军田既。韩信为齐王，引兵诣陈，与汉王共破项羽，而参留平齐未服者。

高祖二年，拜曹参为代理左丞相，率军进驻关中。一个多月后，魏王豹反叛，曹参以代理左丞相的身份另外和韩信率军东征，在东张进攻魏的将军孙遬，大破孙遬的军队。趁势进攻安邑，俘虏魏将王襄。在曲阳进攻魏王，追到武垣，活捉了魏王豹。攻占平阳城，俘虏了魏王的母亲、妻妾、儿女，全部占领了魏地，共得五十二座城。汉王把平阳赐给曹参为食邑。因此又随从韩信在邬东进攻赵相国夏说的军队，大破夏说的军队，杀了夏说。韩信和原常山王张耳率军进至井陉，攻打成安君，命令曹参回师把赵国的另一将军戚将军围在邬城。戚将军突围逃跑，曹参追杀了他。于是曹参率军抵达敖仓汉王的营所。韩信已经打败赵国，当了相国，向东攻打齐国。曹参以右丞相的身份从属于韩信，打败齐国历下的驻军，于是夺取了临淄。回师平定济北郡，进攻著县、漯阴县、平原县、鬲县、卢县。不久，跟随韩信在上假密攻打龙且的军队，大破敌军，杀了龙且，俘虏他的部将周兰。平定了齐国，共得七十余县。俘虏了原齐王田广、丞相田光、代理留守丞相许章，及原齐胶东将军田既。韩信当了齐王，领兵抵达陈县，和汉王联合打败了项羽，而曹参留下来平定齐国尚未降服的地区。

项籍已死，天下定，汉王为皇帝，韩信徙为楚王，齐为郡。参归汉相印。高帝以长子肥为齐王，而以参为齐相国。以高祖六年赐爵列侯，与诸侯剖符，世世勿绝。食邑平阳万六百三十户，号曰平阳侯，除前所食邑。

项籍已经死去，天下平定，汉王当了皇帝，韩信被封为楚王，齐国划为郡。曹参归还了汉的丞相印。高帝封长子肥为齐王，而任命曹参为齐的相国。在高帝六年赏赐列侯爵位时，与诸侯剖符为凭，让受封者世世代代相传而不绝。曹参食邑平阳一万零六百三十户，封号叫平阳侯，取消以前所封的食邑。

以齐相国击陈豨将张春军，破之。黥布反，参以齐相国从悼惠王将兵车骑十二万人，与高祖会击黥布军，大破之。南至蕲，还定竹邑、相、萧、留。

曹参以齐相国的身份率军攻打陈豨的部将张春的军队，打败了他。黥布反叛，曹参以齐相国的身份随从齐悼惠王率领步兵和车骑十二万人，和高帝会合攻打黥布的军队，大破敌军。向南打到蕲县，回军平定竹邑、相县、萧县、留县。

参功：凡下二国，县一百二十二；得王二人，相三人，将军六人，大莫敖、郡守、司马、候、御史各一人。

曹参的功绩：总共打下两个侯国，一百二十二县，俘虏诸侯王二人，诸侯丞相三人，将军六人，大莫敖、郡守、司马、军候、御史各一人。

孝惠帝元年，除诸侯相国法，更以参为齐丞相。参之相齐，齐七十城。天下初定，悼惠王富于春秋，参尽召长老诸生，问所以安集百姓，如齐故诸儒以百数，言人人殊，参未知所定。闻胶西有盖公，善治黄老言，使人厚币请之。既见盖公，盖公为言治道贵清静而民自定，推此类具言之。参于是避正堂，舍盖公焉。其治要用黄老术，故相齐九年，齐国安集，大称贤相。

孝惠帝元年，废除诸侯国设置相国的法令，改命曹参为齐国的丞相。曹参当齐国的丞相时，齐国统辖七十座城。天下刚平定，悼惠王年轻，曹参把长老、书生都召来，询问安定天下的办法，到会的原先齐国的儒生好几百人，一人说一套，曹参无所适从。听说胶西有位盖公，精通黄老学说，派人携带厚礼去请他。见到盖公后，盖公对曹参说，治理国家的原则是崇尚清静无为，让百姓自行安定，并推举出这方面的同类事情，一一陈述道理。曹参于是让出正堂，让盖公住到里面。曹参治理国家的要领是采用黄老学说，因而他做齐相九年，齐国安定，人们大力称赞他是贤明的丞相。

惠帝二年，萧何卒。参闻之，告舍人趣治行："吾将入相。"居无何，使者果召参。参去，属其后相曰："以齐狱市为寄，慎勿扰也。"后相曰："治无大于此者乎？"参曰："不然。夫狱市者，所以并容也，今君扰之，奸人安所容也？吾是以先之。"

惠帝二年，萧何去世。曹参听到这个消息，告诉门客赶快准备行装，说："我将要入朝当相国。"过了不久，朝廷的使臣果然来召曹参。曹参离开时，嘱咐齐国的后任丞相说："要把齐国的狱市作为威慑手段寄以希望，要慎重，即使坏人不多也不要撤销。"后任丞相说："治理国家没有比这更重要的事吗？"曹参说："不能这么说。狱市的职能是惩恶劝善，所以善恶并容，如果你干扰撤销它，恶人到哪里容身呢？我因此把它摆在头等位置。"

参始微时，与萧何善；及为将相，有郤。至何且死，所推贤唯参。参代何为汉相国，举事无所变更，一遵萧何约束。

曹参原先微贱时，和萧何的关系很好，等到他们官至将军、相国，产生了隔阂。等到萧何临终时，向惠帝推荐的贤臣只有曹参一人。曹参接替萧何做了汉朝的相国，办事没有任何变化，一切遵循萧何制定的法度。

择郡国吏木诎于文辞，重厚长者，即召除为丞相史。吏之言文刻深，欲务声名者，辄斥去之。日夜饮醇酒。卿大夫已下吏及宾客见参不事事，来者皆欲有言。至者，参辄饮以醇酒，间之，欲有所言，复饮之，醉而后去，终莫得开说，以为常。

曹参从郡国官吏中寻找不善于言辞，稳重厚道的长者，找到后立即召来任命为丞相史。官吏凡是语言文字刻求细微末节，想致力于名声的人，总是把他们斥退赶走。曹参日夜痛饮醇厚的美酒。卿大夫以下的官吏及宾客见曹参无所事事，上门来的人都想进言劝告。客人一到，曹参总是拿出醇厚的美酒堵住他们的嘴，过一会儿，来客想进言，曹参又递酒让他们喝，直到喝醉离去，始终不给来客开口劝说的机会，如此习以为常。

相舍后园近吏舍，吏舍日饮歌呼。从吏恶之，无如之何，乃请参游园中，闻吏醉歌呼，从吏幸相国召按之。乃反取酒张坐饮，亦歌呼与相应和。

相国住宅的后园靠近官吏的宿舍，官吏宿舍整天饮酒高歌、喧嚷欢呼。曹参的随从官吏很厌恶这种状况，但又无可奈何，于是他们请曹参到后园游玩，听官吏醉酒高歌、狂呼喧闹，随从的官吏本希望相国把他们召来加以治罪。曹参反而让随从的官吏取酒摆设座位痛饮起来，也高歌欢呼，与官吏们相应和。

参见人之有细过，专掩匿覆盖之，府中无事。

曹参看到别人有小过失，专意隐瞒掩盖，所以相府里总是平安无事。

参子窋为中大夫。惠帝怪相国不治事，以为"岂少朕与"？乃谓窋曰："若归，试私从容问而父曰：'高帝新弃群臣，帝富于春秋，君为相，日饮，无所请事，何以忧天下乎？'然无言吾告若也。"窋既洗沐归，闲侍，自从其所谏参。参怒，而笞窋二百，曰："趣入侍，天下事非若所当言也。"至朝时，惠帝让参曰："与窋胡治乎？乃者我使谏君也。"参免冠谢曰："陛下自察圣武孰与高帝？"上曰："朕乃安敢望先帝乎！"曰："陛下观臣能孰与萧何贤？"上曰："君似不及也。"参曰："陛下言之是也。且高帝与萧何定天下，法令既明，今陛下垂拱，参等守职，遵而勿失，不亦可乎？"惠帝曰："善。君休矣！"

曹参的儿子窋做中大夫。惠帝怪罪相国不理政事，以为这"岂不是轻视我吗？"于是对窋说："你回去，私下慢慢地试着问你父亲说：'高帝刚永别了群臣，皇帝还年轻，你身为相国，整天饮酒，不向皇帝请示汇报，依据什么考虑国家的大事呢？'然而不要说是我告诉你的。"窋假日回家，空闲时陪侍父亲，把惠帝的话变成自己的话规劝曹参。曹参大怒，鞭打了窋二百大板，说："赶快进宫侍奉皇上。天下的事不是你应当说的。"到上朝时，惠帝责备曹参说："为什么惩治窋呢？是我叫他劝你的。"曹参脱帽谢罪说："请陛下自己仔细想想，圣明英武你和高帝相比谁强？"皇上说："我怎么敢跟先帝相比呢！"曹参说："陛下看我的才能和萧何相比谁行呢？"皇上说："你似乎比不上萧何。"曹参说："陛下说得很对。况且高帝和萧何平定了天下，法令已经明确，如今陛下垂衣拱手，参等谨守职责，遵循已有的法度不变，不也就行了吗？"惠帝说："好。你不要再说啦。"

汉初名臣曹参像，出自清·顾沅辑《古圣贤像传略》。

参为汉相国，出入三年，卒。谥懿侯。子窋代侯。百姓歌之曰："萧何为法，觏若画一；曹参代之，守而勿失。载其清净，民以宁一。"

曹参做汉朝的相国，前后三年。去世后，谥为懿侯。儿子曹窋继承侯位。百姓歌颂曹参说："萧何制定法规，明白画一；曹参接替他，遵循而不改变。执行他的清静无为政策，百姓因而安定统一。"

平阳侯窋，高后时为御史大夫。孝文帝立，免为侯。立二十九年卒，谥为静侯。子奇代侯，立七年卒，谥为简侯。子时代侯。时尚平阳公主，生子襄。时病疠，归国。立二十三年卒，谥夷侯。子襄代侯。襄尚卫长公主，生子宗。立十六年卒，谥为共侯。子宗代侯。征和二年中，宗坐太子死，国除。

平阳侯曹窋，高后的时候做御史大夫。孝文帝即位，免官为侯。为侯二十九年去世，谥为静侯。儿子奇继承侯位，为侯七年去世，谥为简侯。儿子时继承侯位，时娶了平阳公主，生子襄。时患了麻风病，回到封国。为侯二十三年去世，谥为夷侯。儿子襄继承侯位。襄娶了卫长公主，生子宗。为侯十六年去世，谥为共侯。儿子宗继承侯位。征和二年时，宗因为受太子事牵连被处死，封国被废除。

太史公曰：曹相国参攻城野战之功所以能多若此者，以与淮阴侯俱。及信已灭，而列侯成功，唯独参擅其名。参为汉相国，清静极言合道。然百姓离秦之酷后，参与休息无为，故天下俱称其美矣。

太史公说：相国曹参攻城野战的功劳所以能如此众多，是因为他和淮阴侯韩信并肩战斗。等到韩信被杀，而列侯成就的战功，唯独曹参据有美名。曹参做汉朝的相国，推行清静无为，完全合乎道家的学说。对于刚脱离秦朝残酷统治的百姓，曹参给了他们休养生息的机会，无为而治，因此天下百姓都称颂他的美德。

史记第五十五卷

留侯世家第二十五

留侯张良者，其先韩人也。大父开地，相韩昭侯、宣惠王、襄哀王。父平，相釐王、悼惠王。悼惠王二十三年，平卒。卒二十岁，秦灭韩。良年少，未宦事韩。韩破，良家僮三百人，弟死不葬，悉以家财求客刺秦王，为韩报仇，以大父、父五世相韩故。

留侯张良，他的祖先是韩国人。祖父开地，做过韩昭侯、宣惠王、襄哀王的丞相。父亲平，做过釐王、悼惠王的丞相。悼惠王二十三年，平去世。平去世二十年后，秦国灭亡韩国。张良年轻，没有在韩国做过官。韩国灭亡时，张良家里有奴仆三百人，弟弟死了不用厚礼埋葬，变卖全部家产寻求刺客谋刺秦王，为韩国报仇，因为他的祖父、父亲做过五代韩王丞相的原因。

良尝学礼淮阳，东见仓海君。得力士，为铁椎重百二十斤。秦皇帝东游，良与客狙击秦皇帝博浪沙中，误中副车。秦皇帝大怒，大索天下，求贼甚急，为张良故也。良乃更名姓，亡匿下邳。

张良曾经在淮阳学习礼法，到东方拜访仓海君，找到一个大力士，为他制作了一百二十斤重的铁锤。秦始皇到东方巡游，张良和大力士在博浪沙中攻击秦始皇，偏差击中副车。秦始皇大怒，在全国大肆抓捕，缉拿刺客非常急迫，由于张良的缘故。张良于是改名换姓，逃到下邳隐藏起来。

良尝闲从容步游下邳圯上，有一老父，衣褐，至良所，直堕其履圯下，顾谓良曰："孺子，下取履！"良鄂然，欲殴之。为其老，强忍，下取履。父曰："履我！"良业为取履，因长跪履之。父以足受，笑而去。良殊大惊，随目之。父去里所，复还，曰："孺子可教矣。后五日平明，与我会此。"良因怪之，跪曰："诺。"五日平明，良往。父已先在，怒曰："与老人期，后，何也？"去，曰："后五日早会。"五日鸡鸣，良往。父又先在，复怒曰："后，何也？"去，曰："后五日复早来。"五日，良夜未半往。有顷，父亦来，喜曰："当如是。"出一编书，曰："读此则为王者师矣。后十年兴。十三年孺子见我济北，谷城山下黄石即我矣。"遂去，无他言，不复见。旦日视其书，乃《太公兵法》也。良因异之，常习诵读之。

张良闲暇时，曾经到下邳桥上从容步行漫游，有一位老父，身穿粗布短衣，走到张良跟前，故意把鞋甩到桥下，看着张良说："小子，下去把鞋捡上来！"张良很惊讶，想打他，由于他年老，强忍怒火，下去把鞋捡了上来。老父说："把鞋给我穿上！"张良既然已经为他捡了鞋，便跪下给他穿鞋。老父伸出脚等把鞋穿上，笑着离去。张良大为惊奇，随着老人的身影凝望。老父走了大约一里，又返回来，说："你这小子可以教导。五天以后早上，和我在这里相会。"张良因为觉得这件事奇怪，跪下说："是。"五天以后天刚亮，张良按时前往。老父已经先在那里，他发怒说："和老人约会，反而后到，为什么呢？"老父离去，说："五天以后早点来。"五天以后鸡刚叫，张良就去了。老父又先在那里，又动怒说："晚到，为什么？"老父离去，说："五天以后再早点来。"五天以后，张良不到半夜就去了。过了一会，老父也来了，高兴地说："应当这样。"他拿出一部书，说："读了这部书就可以做帝王的老师了。十年以后会兴起。十三年以后小子你到济北见我，谷城山下的黄石就是我呀。"于是离去，没有说别的话，从此再没有见过这位老父。天亮后看老父送的书，原来是《太公兵法》。张良觉得这部书不同寻常，经常学习诵读它。

居下邳，为任侠。项伯常杀人，从良匿。

张良藏匿在下邳，仗义行侠。项伯曾经杀过人，跟随张良隐藏起来。

后十年，陈涉等起兵，良亦聚少年百余人。景驹自立为楚假王，在留。良欲往从之，道遇沛公。沛公将数千人，略地下邳西，遂属焉。沛公拜良为厩将。良数以《太公兵法》说沛公，沛公善之，常用其策。良为他人言，皆不省。良曰："沛公殆天授。"故遂从之，不去见景驹。

十年以后，陈涉等起兵反秦，张良也聚集青年一百多人。景驹自立为代楚王，驻在留县。张良想去投靠他，路上遇见沛公。沛公率领几千人，攻夺下邳以西的地方，张良就归附了他。沛公任命张良为厩将。张良屡次以《太公兵法》向沛公献策，沛公很赏识他，常常采纳他的计策。张良对其他人说这些，都不能领悟。张良说："沛公大概是天授之才。"所以就随了沛公，放弃去见景驹。

及沛公之薛，见项梁。项梁立楚怀王。良乃说项梁曰："君已立楚后，而韩诸公子横阳君成贤，可立为王，益树党。"项梁使良求韩成，立以为韩王。以良为韩申徒，与韩王将千余人西略韩地，得数城，秦辄复取之，往来为游兵颍川。

等到沛公到薛地，见了项梁。项梁拥立楚怀王。张良于是劝项梁说："你已经拥立了楚王的后代，而韩国诸公子中横阳君韩成最贤能，可以立他为王，增建党羽。"项梁派张良找到韩成，立他为韩王。任命张良为韩国的司徒，和韩王率军一千多人向西攻取韩国的原有土地，夺得几座城邑，秦军总是立即又夺了回去，韩军便在颍川一带往来游击作战。

沛公之从雒阳南出轘辕，良引兵从沛公，下韩十余城，击破杨熊军。沛公乃令韩王成留守阳翟，与良俱南，攻下宛，西入武关。沛公欲以兵二万人击秦峣下军，良说曰：“秦兵尚强，未可轻。臣闻其将屠者子，贾竖易动以利。愿沛公且留壁，使人先行，为五万人具食，益为张旗帜诸山上，为疑兵，令郦食其持重宝啖秦将。”秦将果畔，欲连和俱西袭咸阳，沛公欲听之。良曰：“此独其将欲叛耳，恐士卒不从。不从必危，不如因其解击之。”沛公乃引兵击秦军，大破之。逐北至蓝田，再战，秦兵竟败。遂至咸阳，秦王子婴降沛公。

沛公从洛阳向南穿过轘辕山的时候，张良率军跟随沛公，攻取韩国的十余座城邑，打败杨熊的军队。沛公于是让韩王成留守阳翟，自己和张良一同南下，攻取宛城，向西进入武关。沛公想用两万兵力进攻秦朝峣关下的守军，张良劝告说：“秦军还很强大，不可以轻进。我听说峣关的守将是屠户的儿子，市侩容易用好处引诱，希望沛公暂且留守军营，派人先去，给五万人准备食粮，在各山头上多悬挂旗帜，作为疑兵，派郦食其携带贵重宝物去收买秦将。”秦将果然背弃秦朝，想跟沛公联合一起向西攻打咸阳。沛公想接受秦将的投降。张良说：“这只是峣关的守将想反叛罢了，恐怕士兵不一定听从。士兵不听从必定危险，不如趁敌人懈怠攻击他们。”沛公因而率军攻击秦军，大败秦军，追击败军到蓝田，再次交战，秦军终于彻底溃败了。沛公于是到达咸阳，秦王子婴向沛公投降。

沛公入秦宫，宫室、帷帐、狗马、重宝、妇女以千数，意欲留居之。樊哙谏沛公出舍，沛公不听。良曰：“夫秦为无道，故沛公得至此。夫为天下除残贼，宜缟素为资。今始入秦，即安其乐，此所谓‘助桀为虐’。且‘忠言逆耳利于行，毒药苦口利于病’，愿沛公听樊哙言。”沛公乃还军霸上。

沛公进入秦宫，见宫室、帷帐、狗马、贵重宝物、美女数以千计，心意想留住在宫里。樊哙劝谏沛公出去居住，沛公不听。张良说：“秦朝因为暴虐无道，所以沛公才能到这里。替天下铲除凶残的暴秦，应该以朴素为本。如今刚进入秦都，就安享其乐，这正是人们所说的‘助桀为虐’。况且‘忠言逆耳利于行，良药苦口利于病’。希望沛公听从樊哙的话。”沛公这才率军回来驻军在霸上。

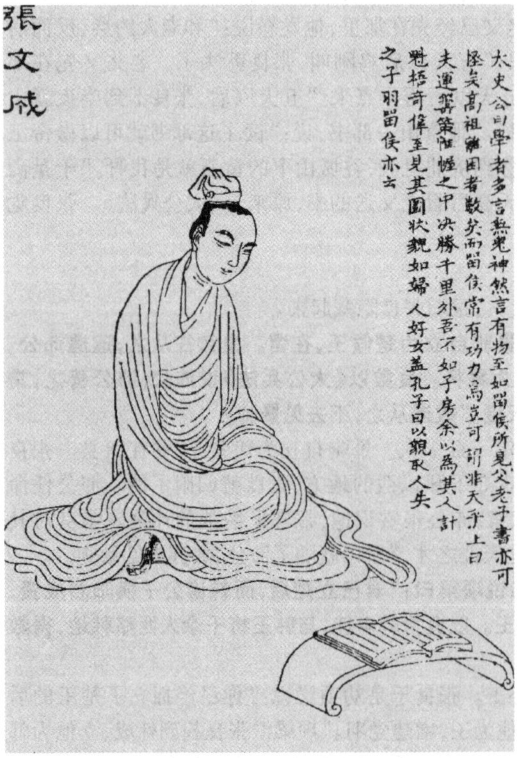

留侯张良像，出自清·上官周绘《晚笑堂画传》。

项羽至鸿门下，欲击沛公，项伯乃夜驰入沛公军，私见张良，欲与俱去。良曰：“臣为韩王送沛公，今事有急，亡去不义。”乃具以语沛公。沛公大惊，曰：“为将奈何？”良曰：“沛公诚欲倍项羽邪？”沛公曰：“鲰生教我距关无内诸侯，秦地可尽王，故听之。”良曰：“沛公自度能却项羽乎？”沛公默然良久，曰：“固不能也。今为奈何？”良乃固要项伯。项伯见沛公。沛公与饮为寿，结宾婚。令项伯具言沛公不敢倍项羽，所以距关者，备他盗也。及见项羽后解，语在《项羽》事中。

项羽率军到达鸿门下，想攻打沛公，项伯就连夜疾驰到沛公军营，私下会见张良，想和张良一起离开。张良说：“我替韩王送沛公，现在事情紧急，逃走是不合道义的。”于是把情况全部告诉沛公。沛公大吃一惊，说：“应当怎么办呢？”张良说：“沛公果真想背叛项羽吗？”沛公说：“是小人教我把守函谷关不让诸侯进来，说这样就可以占据全部秦地称王，所以采用了他的建议。”张良说：“沛公自己揣度能够击退项羽吗？”沛公沉默了好久，说：“本来就不能够。现在怎么办呢？”因而张良坚决邀请项伯会见沛公。

项伯会见了沛公。沛公和项伯共饮，为他祝酒，并结为亲家。请项伯向项羽详细说明沛公不敢背叛他，所以派兵把守函谷关，是为了防备其他强盗。等到沛公会见项羽后，两人和解。详细话语记在《项羽本纪》中。

汉元年正月，沛公为汉王，王巴蜀。汉王赐良金百溢，珠二斗，良具以献项伯。汉王亦因令良厚遗项伯，使请汉中地。项王乃许之，遂得汉中地。汉王之国，良送至褒中，遣良归韩。良因说汉王曰："王何不烧绝所过栈道，示天下无还心，以固项王意。"乃使良还。行，烧绝栈道。

汉元年正月，沛公被封为汉王，统辖巴蜀地区。汉王赐给张良黄金百镒，珍珠二斗，张良把它全都给了项伯。汉王也因此让张良厚赠项伯，让项伯替他请求得到汉中地区。项王就答应了，于是汉王得到汉中地区。汉王到封国去，张良送至褒中，汉王让张良返回韩国。张良顺便劝告汉王说："汉王为什么不烧毁所经过的栈道，向天下表明永不返回的决心，以稳定项王的心。"于是让张良返回。汉王边行进，边烧毁经过的栈道。

良至韩，韩王成以良从汉王故，项王不遣成之国，从与俱东。良说项王曰："汉王烧绝栈道，无还心矣。"乃以齐王田荣反，书告项王。项王以此无西忧汉心，而发兵北击齐。

张良返回韩国，韩王成因为让张良随从汉王的缘故，项王不让韩成去封国，带他一块东归。张良劝告项王说："汉王烧毁栈道，表明已经没有返还的心意了。"张良就把齐王田荣反叛的事，以书面形式告诉项王。项王由此不再担心西边的汉王，因而发兵北去进攻齐国。

项王竟不肯遣韩王，乃以为侯，又杀之彭城。良亡，间行归汉王，汉王亦已还定三秦矣。复以良为成信侯，从东击楚。至彭城，汉败而还。至下邑，汉王下马踞鞍而问曰："吾欲捐关以东等弃之，谁可与共功者？"良进曰："九江王黥布，楚枭将，与项王有郄；彭越与齐王田荣反梁地：此两人可急使。而汉王之将独韩信可属大事，当一面。即欲捐之，捐之此三人，则楚可破也。"汉王乃遣随何说九江王布，而使人连彭越。及魏王豹反，使韩信将兵击之，因举燕、代、齐、赵。然卒破楚者，此三人力也。

项王终究不肯让韩王成到封国去，于是贬为侯，又把他杀死在彭城。张良逃跑，走小道投奔汉王，这时汉王也已回师平定三秦了。汉王又封张良为成信侯，让他随军东进攻打楚军。打到彭城，汉军大败而还。行至下邑，汉王下马靠着马鞍问道："我想舍弃函谷关以东等地作为封赏，谁可以和我共同建功立业呢？"张良进言说："九江王黥布，是楚国的猛将，与项王有隔阂；彭越和齐王田荣在梁地反楚。这两个人可以马上利用。而汉王的将领唯独韩信可以托付大事，独当一面。如果要捐弃这些地方，送给这三个人，那样楚国就可以打败了。"汉王于是遣随何去游说九江王黥布，又派人联络彭越。等到魏王豹反汉，汉王派韩信率军讨伐他，乘机攻克了燕、代、齐、赵等国。然而最终打败楚国，是靠这三个人的力量。

张良多病，未尝特将也，常为画策臣，时时从汉王。

张良多病，未曾单独挂帅征战，一直作为出谋划策的臣子，时时跟随汉王。

汉三年，项羽急围汉王荥阳，汉王恐忧，与郦食其谋桡楚权。食其曰："昔汤伐桀，封其后于杞。武王伐纣，封其后于宋。今秦失德弃义，侵伐诸侯社稷，灭六国之后，使无立锥之地。陛下诚能复立六国后世，毕已受印，此其君臣百姓必皆戴陛下之德，莫不乡风慕义，愿为臣妾。德义已行，陛下南乡称霸，楚必敛衽而朝。"汉王曰："善。趣刻印，先生因行佩之矣。"

汉三年，项羽急速把汉王围困在荥阳，汉王恐惧忧愁，与郦食其谋划削弱楚国的势力。郦食其说："从前商汤讨伐夏桀，把夏朝的后代封在杞国。周武王征讨商纣王，把商朝的后代封在宋国。现在秦朝丧失德政，抛弃道义，侵伐诸侯国家，灭了六国的后代，使他们没有立锥的地盘。陛下如真的能重立六国的后代，使他们接受陛下的印绶，这样六国的君臣百姓必定都感戴陛下的恩德，无不向往钦慕陛下的德义，甘愿做陛下的臣民。随着德义的推行，陛下就可以面南称霸，楚王必定会整齐衣冠毕恭毕敬地前来朝拜。"汉王说："好。快去刻好印，先生就可以带着它出发了。"

食其未行，张良从外来谒。汉王方食，曰："子房前！客有为我计桡楚权者。"具以郦生语告，曰："于子房何如？"良曰："谁为陛下画此计者？陛下事去矣。"汉王曰："何哉？"张良对曰："臣请借前箸为大王筹之。"曰："昔者汤伐桀而封其后于杞者，度能制桀之死命也。今陛下能制项籍之死命乎？"曰："未能也。""其不可一也。武王伐纣封其后于宋者，度能得纣之头也。今陛下能得项籍之

头乎?"曰:"未能也。""其不可二也。武王入殷,表商容之闾,释箕子之拘,封比干之墓。今陛下能封圣人之墓,表贤者之闾,式智者之门乎?"曰:"未能也。""其不可三也。发巨桥之粟,散鹿台之钱,以赐贫穷。今陛下能散府库以赐贫穷乎?"曰:"未能也。""其不可四矣。殷事已毕,偃革为轩,倒置干戈,覆以虎皮,以示天下不复用兵。今陛下能偃武行文,不复用兵乎?"曰:"未能也。""其不可五矣。休马华山之阳,示以无所为。今陛下能休马无所用乎?"曰:"未能也。""其不可六矣。放牛桃林之阴,以示不复输积。今陛下能放牛不复输积乎?"曰:"未能也。""其不可七矣。且天下游士离其亲戚,弃坟墓,去故旧,从陛下游者,徒欲日夜望咫尺之地。今复六国,立韩、魏、燕、赵、齐、楚之后,天下游士各归事其主,从其亲戚,反其故旧坟墓,陛下与谁取天下乎?其不可八矣。且夫楚唯无强,六国立者复桡而从之,陛下焉得而臣之?诚用客之谋,陛下事去矣。"汉王辍食吐哺,骂曰:"竖儒,几败而公事!"令趣销印。

郦食其还没有启程,张良从外面回来拜见汉王。汉王正在吃饭,说:"子房来以前,有个客人为我策划削弱楚国势力的办法。"接着原原本本地把郦食其的话告诉张良,问道:"你看怎么样?"张良说:"是谁替陛下筹划的这种计策?陛下的大事要完了。"汉王说:"为什么呢?"张良回答说:"臣请求借用你面前的筷子为大王筹划一下形势。"接着说:"从前商汤征讨夏桀,把夏朝的后代封在杞国,那是估计能制夏桀于死命。现在陛下能制项籍于死命吗?"汉王说:"不能。"张良说:"这是不能那样做的第一个原因。周武王讨伐商纣王,把商朝的后代封在宋国,那是估计能够得到纣王的头颅。现在陛下能得到项籍的头颅吗?"汉王说:"不能。"张良说:"这是不可以那样做的第二个原因。周武王攻入殷朝的都城,在商容的里门表彰他的德行,释放被囚禁的箕子,修整比干的坟墓。当今陛下能修整圣人的坟墓,在贤人的里门表彰他们的德行,在智者的门前向他们致敬吗?"汉王说:"不能。"张良说:"这是不能那样做的第三个原因。周武王曾发放巨桥的积粟,散发鹿台的存钱,以赏赐贫苦的百姓。当今陛下能散发府库的粮食钱财,以赏赐贫苦的百姓吗?"汉王说:"不能。"张良说:"这是不能那样做的第四个原因。殷朝灭亡以后,周武王废弃兵车,改做乘用车,把武器倒置放着,盖上虎皮,向天下表示不再动用兵器。当今陛下能停止征战,推行文治,不再用兵打仗吗?"汉王说:"不能。"张良说:"这是不能够那样做的第五个原因。周武王把战马放牧在华山的南边,以表示没有用处了。当今陛下能让战马休息不再使用吗?"汉王说:"不能。"张良说:"这是不能那样做的第六个原因。周武王把牛放牧在桃林的北边,以表示不再运送辎重。如今陛下能放牧牛群不再运送辎重吗?"汉王说:"不能。"张良说:"这是不能那样做的第七个原因。况且天下的游士离开他们的亲人,舍弃他们的祖坟,告别他们的老朋友,随从陛下四处奔走,只是日夜盼望得到一小块封地。如今恢复六国,立韩、魏、燕、赵、齐、楚的后代,天下的游士各自回去侍奉他们的君主,伴随他们的亲人,返回他们的旧友与坟墓所在地,陛下和谁一起打天下呢?这是不能那样做的第八个原因。而且目前只有使楚国不再强大,否则封立六国的后代,他们重新屈服于楚国,陛下怎么能使他们臣服呢?假如采用客人的计谋,陛下的大事就完了。"汉王吃不下饭了,吐出嘴里的食物,骂道:"这个笨儒生,几乎把你老子的大事败坏了。"立即下令赶快销毁那些印绶。

汉四年,韩信破齐而欲自立为齐王,汉王怒。张良说汉王,汉王使良授齐王信印,语在《淮阴》事中。

汉四年,韩信攻占齐国后想自立为王,汉王大怒。张良劝说汉王,汉王派张良授予韩信齐王印绶,此话详细记载在《淮阴侯列传》中。

其秋,汉王追楚至阳夏南,战不利而壁固陵,诸侯期不至。良说汉王,汉王用其计,诸侯皆至。语在《项籍》事中。

这年秋天,汉王追楚王到阳夏南边,战斗失利而坚守固陵,诸侯负约逾期不到。张良向汉王进计,汉王采纳他的计策,诸侯都来了。话语详细记载在《项羽本纪》中。

汉六年正月,封功臣。良未尝有战斗功,高帝曰:"运筹策帷帐中,决胜千里外,子房功也。自择齐三万户。"良曰:"始臣起下邳,与上会留,此天以臣授陛下。陛下用臣计,幸而时中,臣愿封留足矣,不敢当三万户。"乃封张良为留侯,与萧何等俱封。

汉六年正月,封赏功臣。张良未曾有战斗功劳,高帝说:"运筹定策在营帐之中,决定胜负在千里以外，是子房的功劳。让他自己选齐国的三万户为封邑。”张良说：“开始我起于下邳，和皇上相会在留县，这是天把我授给陛下。陛下采用我的计策，侥幸而常常奏效，我希望封在留县就足够了，不敢承三万户。”于是封张良为留侯，和萧何等人一起受封。

张良像，出自明·天然撰《历代古人像赞》。

上已封大功臣二十余人，其余日夜争功不决，未得行封。上在雒阳南宫，从复道望见诸将往往相与坐沙中语。上曰：“此何语？”留侯曰：“陛下不知乎？此谋反耳。”上曰：“天下属安定，何故反乎？”留侯曰：“陛下起布衣，以此属取天下，今陛下为天子，而所封皆萧、曹故人所亲爱，而所诛者皆生平所仇怨。今军吏计功，以天下不足遍封，此属畏陛下不能尽封，恐又见疑平生过失及诛，故即相聚谋反耳。”上乃忧曰：“为之奈何？”留侯曰：“上平生所憎，群臣所共知，谁最甚者？”上曰：“雍齿与我故，数尝窘辱我。我欲杀之，为其功多，故不忍。”留侯曰：“今急先封雍齿以示群臣，群臣见雍齿封，则人人自坚矣。”于是上乃置酒，封雍齿为什方侯，而急趣丞相、御史定功行封。群臣罢酒，皆喜曰：“雍齿尚为侯，我属无患矣。”

皇帝已经封赏大功臣二十余人，其余的人日夜争功，功劳大小不能决定，未能及时封赏。高帝在洛阳南宫，从空中阁道望见诸位将领常常坐在沙地上议论。高帝说：“他们在说什么？”留侯说：“陛下不知道吗？他们在商量谋反。”皇上说：“天下已安定，是什么缘故要谋反呢？”留侯说：“陛下以平民身份起兵，靠这些人夺得天下；现在陛下做了天子，所封赏的都是陛下亲近的萧何、曹参等老朋友，所诛杀的都是陛下平生怨恨的人。如今军吏计算功劳，认为天下的土地不够封赏的，这些人担心陛下不能全部封赏，又害怕被怀疑平生的过失而遭诛杀，所以相聚在一起图谋造反了。”皇帝于是忧虑地说：“怎么办呢？”留侯说：“皇上平生憎恨，而群臣都知道的，谁最突出？”皇上说：“雍齿与我有夙怨，曾经多次使我窘迫受辱。我想杀了他，由于他的功劳多，所以不忍心。”留侯说：“如今赶快先封雍齿给群臣看，群臣见雍齿受到封赏，那么人人对自己受封就会坚信不疑了。”于是皇上就摆设酒宴，封雍齿为什方侯，而急速催促丞相、御史评定功劳，进行封赏。群臣在酒宴结束后，都高兴地说：“雍齿尚且被封为侯，我们这些人就没必要担心了。”

刘敬说高帝曰：“都关中。”上疑之。左右大臣皆山东人，多劝上都雒阳：“雒阳东有成皋，西有崤黾，倍河，向伊雒，其固亦足恃。”留侯曰：“雒阳虽有此固，其中小，不过数百里，田地薄，四面受敌，此非用武之国也。夫关中左崤函，右陇蜀，沃野千里，南有巴蜀之饶，北有胡苑之利，阻三面而守，独以一面东制诸侯。诸侯安定，河渭漕挽天下，西给京师；诸侯有变，顺流而下，足以委输。此所谓金城千里，天府之国也，刘敬说是也。”于是高帝即日驾，西都关中。

刘敬劝谏高帝说：“要定都关中。”高帝心有疑虑。左右大臣都是山东地区的人，多数人劝高帝定都洛阳。他们说：“洛阳东有成皋，西有崤山、渑池，背靠黄河，面向伊水、洛水，它的坚固也足可以倚仗。”留侯说：“洛阳虽然有这些险固，但它的中心地区狭小，方圆不过几百里，土地贫瘠，四面受敌，这里不是用武之地。关中左有崤山、函谷关，右有陇山、蜀的岷山，沃野千里，南有巴蜀的富饶资源，北有利于放牧的草原，依靠三面的险阻而固守，只用东方一面控制诸侯。如果诸侯安定，用黄河、渭水转运天下的粮食，西上供给京都；如果诸侯叛乱，可以顺流而下，足以运送军队粮草。这就是所说的‘金城千里，天府之国’，刘敬的建议是对的。”于是高帝当天就起驾，向西定都关中。

留侯从入关。留侯性多病，即道引不食谷，杜门不出岁余。

留侯随从高帝进入关中。留侯身体多病，就静居深呼吸，不吃五谷，闭门不出达一年多。

上欲废太子，立戚夫人子赵王如意。大臣多谏争，未能得坚决者也。吕后恐，不知所为。人或谓吕后曰："留侯善画计策，上信用之。"吕后乃使建成侯吕泽劫留侯，曰："君常为上谋臣，今上欲易太子，君安得高枕而卧乎？"留侯曰："始上数在困急之中，幸用臣策。今天下安定，以爱欲易太子，骨肉之间，虽臣等百余人何益。"吕泽强要曰："为我画计。"留侯曰："此难以口舌争也。顾上有不能致者，天下有四人。四人者年老矣，皆以为上慢侮人，故逃匿山中，义不为汉臣。然上高此四人。今公诚能无爱金玉璧帛，令太子为书，卑辞安车，因使辩士固请，宜来。来，以为客，时时从入朝，令上见之，则必异而问之。问之，上知此四人贤，则一助也。"于是吕后令吕泽使人奉太子书，卑辞厚礼，迎此四人。四人至，客建成侯所。

皇上欲废掉太子，立戚夫人的儿子赵王刘如意。很多大臣谏争劝阻，都不能改变高帝的态度。吕后很害怕，不知道该怎么办。有人对吕后说："留侯善于筹划计策，高帝信任他。"吕后就派建成侯吕泽（应为吕释之）胁迫留侯，说："你一直是高帝的谋臣，现在高帝想更换太子，你怎么能高枕无忧呢？"留侯说："当初高帝多次身陷危难之中，侥幸采纳我的计策。如今天下安定，只因偏爱的缘故想更换太子，是亲骨肉之间的事，纵然我等一百多人进谏又有何用处。"吕泽强硬地要求说："一定要为我想出妙计。"留侯说："这件事难以用口舌争辩。考虑到高帝不能招来的，天下有四个人。这四个人上年纪了，都认为高帝傲慢、侮辱人，所以逃到山里躲藏，他们重视道义不肯做汉朝的臣子。然而皇上很敬重这四个人。如今你如果能不惜金玉璧帛，让太子写封信，言辞要谦恭，准备安稳舒适的车辆，派说客去恳请，他们肯定会来。来了以后，把他们当作贵宾，让他们常常随从太子上朝，高帝看到他们，那么高帝必定会惊异而询问他们。问他们，高帝知道这四个人贤能，那么这对太子将是一大帮助。"于是吕后让吕泽派人携带太子的书信，用谦恭的言辞和丰厚的礼物，迎请这四个人。四人到来，以贵宾的身份安顿在建成侯家里。

汉十一年，黥布反，上病，欲使太子将，往击之。四人相谓曰："凡来者，将以存太子。太子将兵，事危矣。"乃说建成侯曰："太子将兵，有功则位不益太子；无功还，则从此受祸矣。且太子所与俱诸将，皆尝与上定天下枭将也，今使太子将之，此无异使羊将狼也，皆不肯为尽力，其无功必矣。臣闻'母爱者子抱'，今戚夫人日夜侍御，赵王如意常抱居前，上曰'终不使不肖子居爱子之上'，明乎其代太子位必矣。君何不急请吕后承间为上泣言：'黥布，天下猛将也，善用兵。今诸将皆陛下故等夷，乃令太子将此属，无异使羊将狼，莫肯为用。且使布闻之，则鼓行而西耳。上虽病，强载辎车，卧而护之，诸将不敢不尽力。上虽苦，为妻子自强。'"于是吕泽立夜见吕后，吕后承间为上泣涕而言，如四人意。上曰："吾惟竖子固不足遣，而公自行耳。"于是上自将兵而东，群臣居守，皆送至灞上。留侯病，自强起，至曲邮，见上曰："臣宜从，病甚。楚人剽疾，愿上无与楚人争锋。"因说上曰："令太子为将军，监关中兵。"上曰："子房虽病，强卧而傅太子。"是时叔孙通为太傅，留侯行少傅事。

汉十一年，黥布反叛，皇上生病，想任命太子为主将，前往征讨叛军。这四个人相互商议说："我们来，是为了保全太子。太子如果率军平叛，大事就危险了。"于是劝告建成侯说："太子率军出征，若立了战功，那么权位不会增益于太子；若无功而还，那么从此就要遭受祸患了。况且和太子一起出征的将领，都是曾经和皇上一起平定天下的猛将，如今让太子统率他们，这无疑于让羊统率狼，他们都不肯为太子卖力，太子不能建立战功是必然的了。我们听说'母亲被宠爱，必定抱她的儿子'，如今戚夫人日夜侍奉高帝，赵王如意经常被抱在高帝面前，皇上说'终归不能让不成器的儿子位居爱子之上'，很显然，赵王如意一定会取代太子的职位了。你为什么不马上请吕后找机会向皇帝哭诉说：'黥布，是天下的猛将，善于用兵，如今各位将领都是陛下过去的同辈人，让太子统率这些人，相当于让羊统率狼，无人肯听太子指挥。而且让黥布听到这一部署，就会大张旗鼓地向西推进。皇帝虽然患病，勉强乘坐辎车，躺着使人护理你，这样众将就不敢不尽力。皇帝虽然吃些苦，为了妻儿还是要自强不息。'"于是吕泽连夜去见吕后，吕后找机会向皇帝哭诉，倾吐了四个人授意的话。皇上说："我就想这小子本来不够派遣的条件，你老公我自己去吧。"于是皇帝亲自率军东征，群臣留守，都送至灞上。留侯有病，自己勉强起来，送到曲邮，谒见皇上说："我本来应该随驾出征，但病情实在太重。楚人勇猛敏捷，希望皇上不要跟楚人争一时的高低。”趁机劝谏皇上说：“让太子做将军，监守关中的军队吧。”皇帝说：“子房虽然病重，要振作精神卧床而辅佐太子。”这时叔孙通做太傅，留侯行使少傅的职责。

汉十二年，上从击破布军归，疾益甚，愈欲易太子。留侯谏，不听，因疾不视事。叔孙太傅称说引古今，以死争太子。上详许之，犹欲易之。及燕，置酒，太子侍。四人从太子，年皆八十有余，须眉皓白，衣冠甚伟。上怪之，问曰：“彼何为者？”四人前对，各言名姓，曰东园公，角里先生，绮里季，夏黄公。上乃大惊，曰：“吾求公数岁，公辟逃我，今公何自从吾儿游乎？”四人皆曰：“陛下轻士善骂，臣等义不受辱，故恐而亡匿。窃闻太子为人仁孝，恭敬爱士，天下莫不延颈欲为太子死者，故臣等来耳。”上曰：“烦公幸卒调护太子。”

汉十二年，高帝从镇压黥布军前线归来，病情更加严重，愈加想更换太子。留侯谏争，高帝不听，留侯因病不再理事。叔孙通太傅引用古今事例进行劝告，以死争保太子。高帝假装答应他，但仍想更换太子。等到宴会，摆设酒席时，太子在旁侍奉。那四个人跟随太子，他们的年龄都已八十多岁，须眉雪白，衣冠很奇特。皇上感到奇怪，问道：“他们是干什么的？”四个人向前回答，各自说出姓名，名叫东园公，角里先生，绮里季，夏黄公。皇上于是大惊，说：“我访求你们多年了，你们总是逃避我，如今你们为什么自动随从我儿交游呢？”四人都说：“陛下轻视士人，张口就骂，我们重视道义不愿受侮辱，所以惶恐地逃亡躲藏起来。我们听说太子为人仁义孝顺，恭敬有礼，爱慕士人，天下的人没有不伸长脖子想为太子拼命效力的，所以我们来了。”皇上说：“烦劳你们始终如一地调教保护太子。”

四人为寿已毕，趋去。上目送之，召戚夫人指示四人者曰：“我欲易之，彼四人辅之，羽翼已成，难动矣。吕后真而主矣。”戚夫人泣，上曰：“为我楚舞，吾为若楚歌。”歌曰：“鸿鹄高飞，一举千里。羽翮已就，横绝四海。横绝四海，当可奈何！虽有矰缴，尚安所施！”歌数阕，戚夫人嘘唏流涕，上起去，罢酒。竟不易太子者，留侯本招此四人之力也。

四个人祝福完毕，快步离去。高帝目送他们，召唤戚夫人指着四个人说：“我想更换太子，那四个人辅佐他，太子的羽翼已经形成，难更换了。吕后真是你的主人了。”戚夫人哭泣，皇上说：“你为我跳楚舞，我为你唱楚歌。”歌唱道：“天鹅高飞，展翅千里。羽翼已成，横越四海。横越四海，当可奈何！虽有短箭，尚有何用！”高帝连唱几遍，戚夫人叹息流泪，皇上起身离去，酒宴不欢而散。最终没有更换太子，原本是留侯招来这四个人发挥的力量。

留侯从上击代，出奇计马邑下，及立萧何相国，所与上从容言天下事甚众，非天下所以存亡，故不著。留侯乃称曰：“家世相韩，及韩灭，不爱万金之资，为韩报仇强秦，天下振动。今以三寸舌为帝者师，封万户，位列侯，此布衣之极，于良足矣。愿弃人间事，欲从赤松子游耳。”乃学辟谷，道引轻身。会高帝崩，吕后德留侯，乃强食之，曰：“人生一世间，如白驹过隙，何至自苦如此乎！”留侯不得已，强听而食。

留侯随从高帝进攻代地，在马邑城下献奇计，以及建议拜萧何为相国，他和高帝宏阔从容地谈论天下的事情很多，都和天下的存亡没有什么重大关系，所以没有记载。留侯于是宣称说：“我家世代为韩相，等到韩国灭亡，不吝惜万金资产，为韩国向强秦报仇，天下受到震动。如今凭借三寸之舌成为帝王的军师，封得食邑万户，处在列侯地位，这是平民所能达到的最高点，这对于我张良来说已经很满足了。我愿意抛弃人间的事情，想随从赤松子去遨游。”于是去学辟谷的方法，行导引以便让自己轻身。恰逢高帝逝世，吕后感激留侯的恩德，就强迫他吃饭，说：“人生在这个人世上，就像白驹穿过缝隙那样短暂，何必自讨苦吃到这种地步啊！”留侯不得已，勉强听从就进用食物。

后八年卒，谥为文成侯。子不疑代侯。

八年以后留侯去世，谥号叫做文成侯。儿子不疑袭封侯位。

子房始所见下邳圯上老父与《太公书》者，后十三年从高帝过济北，果见谷城山下黄石，取而葆祠之。留侯死，并葬黄石。每上冢伏腊，祠黄石。

子房当初在下邳桥上遇见的那个给他《太公兵法》的老父，十三年以后他随从高帝路过济北，果然在谷城山下见到了黄石，便取回来当作最贵重的宝物祭祀它。留侯去世，就一块把黄石安葬在他的冢墓里。后人每逢扫墓，及伏日、腊日祭祀留侯时，也一块祭祀黄石。

留侯不疑，孝文帝五年坐不敬，国除。

留侯不疑，在孝文帝五年因为犯了不敬的罪过，封国被废除。

太史公曰：学者多言无鬼神，然言有物。至如留侯所见老父予书，亦可怪矣。高祖离困者数矣，而留侯常有功力焉，岂可谓非天乎！上曰："夫运筹策帷帐之中，决胜千里外，吾不如子房。"余以为其人计魁梧奇伟，至见其图，状貌如妇人好女。盖孔子曰："以貌取人，失之子羽。"留侯亦云。

太史公说：学者们很多人说没有鬼神，也可能奇怪。至于像留侯所见到的老父赠书的事，也够奇怪了。高祖多次遭遇到危难，而留侯常常在关键时刻有建功效力的表现，难道可以说不是天意相助吗？高帝说："在帷帐当中运筹定策，决定千里以外的胜负，我比不上子房。"我原来认为他这个人大概会是很高大而且形象特别魁伟，等到见着他的画像，相貌却像一个妇人美女般的纤弱。大概就像孔子说的："根据相貌评判人，在子羽身上就有失误。"对于留侯也可以这样说。

史记第五十六卷

陈丞相世家第二十六

陈丞相平者，阳武户牖乡人也。少时家贫，好读书，有田三十亩，独与兄伯居。伯常耕田，纵平使游学。平为人长大美色。人或谓陈平曰："贫何食而肥若是？"其嫂嫉平之不视家生产，曰："亦食糠核耳。有叔如此，不如无有。"伯闻之，逐其妇而弃之。

丞相陈平，是阳武县户牖乡人。年纪小的时候家里贫穷，喜欢读书，有三十亩田地，单独和哥哥陈伯一起居住。陈伯平时耕种田地，听任陈平让他在外出游求学。陈平的身躯长得又高又大，而且相貌堂堂。有人对陈平说："你家里那么穷，吃了什么东西而肥胖成这个样子？"他的嫂子忌恨陈平不顾家庭，不从事生产，说："也不过吃糠里的粗屑罢了。有这样的小叔子，还不如没有。"陈伯听到这些话，把他的妻子赶走而抛弃了。

及平长，可娶妻，富人莫肯与者，贫者平亦耻之。久之，户牖富人有张负，张负女孙五嫁而夫辄死，人莫敢娶。平欲得之。邑中有丧，平贫，侍丧，以先往后罢为助。张负既见之丧所，独视伟平，平亦以故后去。负随平至其家，家乃负郭穷巷，以弊席为门；然门外多有长者车辙。张负归，谓其子仲曰："吾欲以女孙予陈平。"张仲曰："平贫不事事，一县中尽笑其所为，独奈何予女乎？"负曰："人固有好美如陈平而长贫贱者乎？"卒与女。为平贫，乃假贷币以聘，予酒肉之资以内妇。负诫其孙曰："毋以贫故，事人不谨。事兄伯如事父，事嫂如母。"平既娶张氏女，赍用益饶，游道日广。

等到陈平长成大人，应该娶妻的时候，富家女儿没有人肯嫁给他的，娶穷家的女儿陈平也感到羞耻。过了很久，户牖有个叫张负的富人，张负的孙女五次嫁人丈夫总是早死，没有人再敢娶她。陈平却想娶她。乡邑中有丧事，陈平因为家里贫穷，帮助料理丧事，以早去晚归多出力为助。张负在丧家见到他，唯独凝视身躯魁梧的陈平，陈平也因为这个缘故很晚才离开。张负跟随到陈平家里，他家就在靠外城墙的偏僻小巷里，用破席当门，然而门外却有很多贵人留下的车轨印迹。张负回去，对他儿子张仲说："我想把孙女嫁给陈平。"张仲说："陈平家里很穷，又不从事生产劳动，全县都嘲笑他的所作所为，为什么偏偏把女儿嫁给他呢？"张负说："哪有相貌堂堂像陈平这样的人会长久贫贱呢？"终于把孙女嫁给了陈平。因为陈平家里穷，张负就借给他钱行聘礼，又给他购买酒肉的钱娶妻进门。张负告诫孙女说："不要因为陈家贫穷的缘故，侍奉人家不恭谨。侍奉哥哥陈伯要像侍奉父亲一样，侍奉嫂子要像侍奉母亲一样。"陈平娶了张家的女儿以后，资用日益宽裕，交游的范围越来越广。

里中社，平为宰，分肉食甚均。父老曰：“善，陈孺子之为宰！”平曰：“嗟乎，使平得宰天下，亦如是肉矣！”

乡里祭祀社神，陈平做主刀分肉的人，他把祭肉分得非常均匀。父老们说：“好，陈家小子主刀分祭肉公平！”陈平说：“唉，如果让我陈平治理天下，也会像分割这块肉一样公平呢！”

陈涉起而王陈，使周市略定魏地，立魏咎为魏王，与秦军相攻于临济。陈平固已前谢其兄伯，从少年往事魏王咎于临济。魏王以为太仆。说魏王不听，人或谗之，陈平亡去。

陈涉起义以后在陈县称王，派周市平定魏地，扶立魏咎作为魏王，和秦军在临济交战。陈平本来在这以前已经辞别哥哥陈伯，随从一些少年前往临济侍奉魏王咎。魏王任命他为太仆。陈平向魏王献计，魏王不听；又有人谗害他，陈平只好逃走。

久之，项羽略地至河上，陈平往归之，从入破秦，赐平爵卿。项羽之东王彭城也，汉王还定三秦而东，殷王反楚。项羽乃以平为信武君，将魏王咎客在楚者以往，击降殷王而还。项王使项悍拜平为都尉，赐金二十溢。居无何，汉王攻下殷。项王怒，将诛定殷者将吏。陈平惧诛，乃封其金与印，使使归项王，而平身间行杖剑亡。渡河，船人见其美丈夫独行，疑其亡将，要中当有金玉宝器，目之，欲杀平。平恐，乃解衣裸而佐刺船。船人知其无有，乃止。

过了很久，项羽攻城略地到达黄河边，陈平前去投靠他，随他入关打败秦军，项羽赐给陈平卿级爵位。项羽东归，在彭城称楚霸王，汉王回军平定三秦，挥师东进，殷王背叛楚国。项羽于是封陈平为武信君，让他率领魏王咎留在楚国的部队前去镇压，陈平出击降服殷王以后就回军了。项王派项悍拜陈平为都尉，赐给黄金二十镒。没过多久，汉王攻占殷地。项羽大怒，准备杀掉平定殷地的将军官吏。陈平害怕被杀，就封存好项羽赐给的黄金和印绶，派人送还给项王，而陈平只身带剑抄小道逃走。渡黄河时，船夫看他是魁伟的美男子，只身独行，怀疑他是逃亡的将领，腰中应当有金玉珍宝，眼睛盯住他不放，想杀掉他。陈平害怕，于是解开衣服赤身露体帮助船夫撑船。船夫知道他一无所有，就打消了杀他的念头。

平遂至修武降汉，因魏无知求见汉王，汉王召入。是时万石君奋为汉王中涓，受平谒，入见平。平等七人俱进，赐食。王曰：“罢，就舍矣。”平曰：“臣为事来，所言不可以过今日。”于是汉王与语而说之，问曰：“子之居楚何官？”曰：“为都尉。”是日乃拜平为都尉，使为参乘，典护军。诸将尽讙，曰：“大王一日得楚之亡卒，未知其高下，而即与同载，反使监护军长者！”汉王闻之，愈益幸平。遂与东伐项王。至彭城，为楚所败。引而还，收散兵至荥阳，以平为亚将，属于韩王信，军广武。

陈平于是到修武投降汉军，通过魏无知请求会见汉王，汉王召他进帐相见。当时万石君石奋是汉王的中涓，接受陈平进谒，他引导陈平拜见汉王。陈平等七个人同时进去见汉王，汉王赏赐他们酒食。汉王说：“吃完了，到宾馆休息去吧。”陈平说：“我是为重要的事而来，所要说的话不能过了今天。”于是汉王和陈平进行交谈而且喜欢他，问道：“你在楚军担任什么职务？”陈平说：“当都尉。”汉王当天就任命陈平为都尉，让他做自己坐车时的陪乘人，主管监护军队。众将领一片喧哗，说：“大王当天得到楚国的一个逃兵，还不知道他的本领高低，就跟他同乘一辆车，反而让他监督军中的老将！”汉王听到这些议论，更加宠信陈平。于是与陈平向东去攻打项王。到达彭城，被楚军打败。汉王率军退回，沿途收集散兵到达荥阳，任命陈平为亚将，隶属于韩王信，驻扎在广武。

绛侯、灌婴等咸谗陈平曰：“平虽美丈夫，如冠玉耳，其中未必有也。臣闻平居家时，盗其嫂；事魏不容，亡归楚；归楚不中，又亡归汉。今日大王尊官之，令护军。臣闻平受诸将金，金多者得善处，金少者得恶处。平，反复乱臣也，愿王察之。”汉王疑之，召让魏无知。无知曰：“臣所言者，能也；陛下所问者，行也。今有尾生、孝己之行而无益处于胜负之数，陛下何暇用之乎？楚汉相距，臣进奇谋之士，顾其计诚足以利国家不耳。且盗嫂受金又何足疑乎？”汉王召让平曰：“先生事魏不中，遂事楚而去，今又从吾游，信者固多心乎？”平曰：“臣事魏王，魏王不能用臣说，故去事项王。项王不能信人，其所任爱，非诸项即妻之昆弟，虽有奇士不能用，平乃去楚。闻汉王之能用人，故归大王。臣裸身来，不受金无以为资。诚臣计画有可采者，愿大王用之；使无可用者，金具在，请封输官，得请骸骨。”汉王乃谢，厚赐，拜为护军中尉，尽护诸将。诸将乃不敢复言。

绛侯、灌婴等都谗害陈平说：“陈平虽然是个魁梧美貌的男子，也不过像点缀帽子的美玉罢了，他腹内未必有奇才大略。我们听说陈平在家的时候，与他嫂子私通；侍奉魏王不能容身，逃亡归附楚王；归顺楚王不相合，又逃亡归附汉王。现在大王器重他，授予高官，让他监护军队。我们听说陈平接受将领们的钱财，给钱多就得到好的职位，给钱少就得到不好的职位。陈平，是个反复无常的奸臣，希望大王明察。"汉王对陈平产生了怀疑，召见魏无知进行责问。魏无知说："我所说的是才能，陛下所问的是品行。如今有尾生、孝己那样高尚的品行，而对于战争的胜负没有任何好处，陛下哪里还有闲暇使用他们呢？楚汉相互对抗，我推荐善于出奇谋的人士，只考虑他的计谋是否真的有利于国家罢了。至于与嫂子私通和接受钱财，又有什么值得怀疑呢？"汉王召来陈平责备说："先生侍奉魏王不相合，于是投奔楚王，归楚不相合，现在又跟随我，讲信义的人原本能这样三心二意吗？"陈平说："我侍奉魏王，魏王不能采纳我的计谋，所以离开他去侍奉项王。项王不能够信任人，他所信任、宠爱的，不是项氏宗族就是妻家兄弟，虽然有奇才也不能任用，我于是离开楚王。听说汉王能够任用人才，所以归顺大王。我空身前来，不接受钱财就没有办事的费用。如果我的计谋有值得采纳的，希望大王采用；如果没有值得采纳的，钱财都还在，请允许我封存好输送给官府，请求离去能保全我的尸骨。"汉王向陈平道歉，并给予丰厚的赏赐，任命他做护军中尉，监督所有的将领。众将这才不敢再说什么。

其后，楚急攻，绝汉甬道，围汉王于荥阳城。久之，汉王患之，请割荥阳以西以和。项王不听。汉王谓陈平曰："天下纷纷，何时定乎？"陈平曰："项王为人，恭敬爱人，士之廉节好礼者多归之。至于行功爵邑，重之，士亦以此不附。今大王慢而少礼，士廉节者不来；然大王能饶人以爵邑，士之顽钝嗜利无耻者亦多归汉。诚各去其两短，袭其两长，天下指麾则定矣。然大王恣侮人，不能得廉节之士。顾楚有可乱者，彼项王骨鲠之臣亚父、钟离昧、龙且、周殷之属，不过数人耳。大王诚能出捐数万斤金，行反间，间其君臣，以疑其心，项王为人意忌信谗，必内相诛。汉因举兵而攻之，破楚必矣。"汉王以为然，乃出黄金四万斤，与陈平，恣所为，不问其出入。

这以后，楚军紧急进攻，切断了汉军的运粮通道，把汉王围困在荥阳城。围了很长时间，汉王深感忧虑，请求割让荥阳以西的地区与楚军讲和，项王不答应。汉王对陈平说："天下乱哄哄的，什么时候才能安定呢？"陈平说："项王这个人，恭敬而爱人，清廉忠节好礼的士人大多投归了他。等到论功行赏，授封爵邑的时候，却很吝啬，士人也因而并不真心归附他。现在大王傲慢而不注意礼仪，清廉忠节的士人不来效力，然而大王舍得给人以官爵、食邑，那些不顾廉节、好利无耻的士人大多也来归附汉王。如果你们各自能去掉双方的短处，吸收双方的长处，那么只要招一招手天下就可以安定了。但大王喜欢任意侮辱人，不能得到廉节的士人。但楚军有可扰乱的地方，项王身边刚直的臣子亚父范增、钟离昧、龙且、周殷之辈，不过几人罢了。大王如果能拿出几万斤黄金，推行反间计策，离间楚国的君臣关系，使他们互相产生疑心。项王这个人猜忌多疑，听信谗言，这样楚国内部必定互相残杀。汉王趁机发兵进攻他们，打败楚军就肯定无疑了。"汉王认为说得对，于是拿出四万斤黄金，任凭陈平开销，不过问他的开支情况。

陈平既多以金纵反间于楚军，宣言诸将钟离昧等为项王将，功多矣，然而终不得裂地而王，欲与汉为一，以灭项氏而分王其地。项羽果意不信钟离昧等。项王既疑之，使使至汉。汉王为太牢具，举进。见楚使，即详惊曰："吾以为亚父使，乃项王使！"复持去，更以恶草具进楚使。楚使归，具以报项王。项王果大疑亚父。亚父欲急攻下荥阳城，项王不信，不肯听。亚父闻项王疑之，乃怒曰："天下事大定矣，君王自为之！愿请骸骨归！"归未至彭城，疽发背而死。陈平乃夜出女子二千人荥阳城东门，楚因击之，陈平乃与汉王从城西门夜出去。遂入关，收散兵复东。

陈平运用大量的黄金在楚军中进行离间活动以后，宣扬众将领钟离昧等人为项王领兵出征，功劳很多，但是终究不能割地封王，他们想跟汉王联合，消灭项氏，瓜分楚国的土地，各自称王。项羽真的产生了疑心，不再信任钟离昧等。项王既然已经怀疑钟离昧等，便派使臣到汉王那里探听。汉王用太牢的礼节欢迎项王的使臣，让人端来丰盛的菜肴。见到项王的使臣，汉王假装吃惊地说："我以为是亚父的使臣，原来是项王的使臣！"又让人把菜肴端走，换些粗劣的饭菜给项王的使臣吃。项王的使臣返回，一一告诉项王。项王果然很怀疑亚父。亚父想紧急攻下荥阳城，由于项王不信任他，不肯听从。亚父听说项王怀疑他，于是动怒说："天下的大事基本上定局了，君王你自己干吧！

希望恩准我活着回乡。”亚父回归，还没有到达彭城，因为背上的毒疮发作就死去了。陈平于是在夜里派两千名妇女出荥阳城东门，楚军便去追击她们，陈平就和汉王从荥阳城西门连夜逃走。于是汉王进入关中，收集散兵再次向东进军。

其明年，淮阴侯破齐，自立为齐王，使使言之汉王。汉王大怒而骂，陈平蹑汉王。汉王亦悟，乃厚遇齐使，使张子房卒立信为齐王。封平以户牖乡。用其奇计策，卒灭楚。常以护军中尉从定燕王臧荼。

第二年，淮阴侯韩信攻破齐国，自立为齐王，派使臣向汉王报告。汉王大怒，责骂韩信，陈平暗地里踩汉王的脚。汉王也恍然大悟，于是以优厚的待遇款待齐国的使臣，并派张子房立韩信为齐王。汉王把户牖乡封给了陈平。汉王用陈平的奇谋计策，终于灭了楚国。陈平曾经以护军中尉的身份随从汉王平定了燕王臧荼的叛乱。

汉六年，人有上书告楚王韩信反。高帝问诸将，诸将曰：“亟发兵坑竖子耳。”高帝默然。问陈平，平固辞谢，曰：“诸将云何？”上具告之。陈平曰：“人之上书言信反，有知之者乎？”曰：“未有。”曰：“信知之乎？”曰：“不知。”陈平曰：“陛下精兵孰与楚？”上曰：“不能过。”平曰：“陛下将用兵有能过韩信者乎？”上曰：“莫及也。”平曰：“今兵不如楚精，而将不能及，而举兵攻之，是趣之战也。窃为陛下危之。”上曰：“为之奈何？”平曰：“古者天子巡狩，会诸侯。南方有云梦，陛下弟出伪游云梦，会诸侯于陈。陈，楚之西界，信闻天子以好出游，其势必无事而郊迎谒。谒，而陛下因禽之，此特一力士之事耳。”高帝以为然，乃发使告诸侯会陈：“吾将南游云梦。”上因随以行。行未至陈，楚王信果郊迎道中。高帝豫具武士，见信至，即执缚之，载后车。信呼曰：“天下已定，我固当烹！”高帝顾谓信曰：“若毋声！而反，明矣！”武士反接之。遂会诸侯于陈，尽定楚地。还至雒阳，赦信以为淮阴侯，而与功臣剖符定封。

汉六年，有人上奏告发楚王韩信谋反。高帝询问众将领，将领们说：“赶快发兵活埋这小子算了。”高帝沉默不语。问陈平，陈平一再推辞，反问说：“将领们说了些什么？”高帝把将领们的话一一告诉他。陈平问：“那个人呈上奏书告发韩信谋反这件事，有其他人知道吗？”高帝说：“没有。”陈平问：“韩信自己知道吗？”高帝说：“不知道。”陈平问：“陛下的精锐部队和楚兵相比谁强？”高帝说：“不如他们。”陈平问：“陛下的将领用兵有人能超过韩信吗？”高帝说：“没有人能赶上他。”陈平说：“现在陛下的兵不如楚兵精，而将领赶不上韩信，发兵攻打他，这是促使他起兵反叛，我觉得陛下这样做很危险。”高帝说：“那该怎么办呢？”陈平说：“古代天子到各地视察，会见诸侯。南方有云梦泽，陛下出去但要假装游云梦，在陈县会见诸侯。陈县在楚国的西界，韩信听说天子以善意出游，他势必认为无事，到郊外迎拜陛下，拜见时，陛下乘机逮捕他，这只是一个力士就能办到的事。”高帝认为这个办法不错，因而派使臣通告诸侯到陈县相会，说：“我将往南到云梦去巡游。”高帝便随即启程。还没有到达陈县，楚王韩信果然到郊外的路上迎接。高帝预先准备的力士，见韩信到，立即把他逮住捆绑起来，装载在后面的车里。韩信呼喊说：“天下已经平定，我本来就应当被诛杀！”高帝回头对韩信说：“你不要喊叫，你谋反，已经很清楚了！”武士把韩信的两手反绑起来。因而高帝在陈县会见诸侯，完全平定了楚地。高帝回到洛阳，赦免了韩信，降为淮阴侯，而和功臣们剖符确定封地。

于是与平剖符，世世勿绝，为户牖侯。平辞曰：“此非臣之功也。”上曰：“吾用先生谋计，战胜克敌，非功而何？”平曰：“非魏无知臣安得进？”上曰：“若子可谓不背本矣。”乃复赏魏无知。其明年，以护军中尉从攻反者韩王信于代。卒至平城，为匈奴所围，七日不得食。高帝用陈平奇计，使单于阏氏，围以得开。高帝既出，其计秘，世莫得闻。

于是和陈平剖分符信，要世世代代相传不绝，封为户牖侯。陈平推辞说：“这不是我的功劳。”高帝说：“我采用先生的计谋，克敌制胜，不是功劳是什么呢？”陈平说：“不是魏无知引见，我怎么能入朝为官呢？”高帝说：“像先生你这样，可以说不忘本了。”于是又赏赐了魏无知。第二年，陈平以护军中尉的身份随从高帝在代地攻打反叛的韩王信。仓促到达平城，被匈奴包围，七天没吃上饭。高帝采用陈平的计谋，派使臣和单于阏氏取得联系，包围才得以解除。高帝脱身出来以后，陈平的计策一直被保守秘密，世间没有人知道平城突围的内幕。

高帝南过曲逆，上其城，望见其屋室甚大，曰："壮哉县！吾行天下，独见洛阳与是耳。"顾问御史曰："曲逆户口几何？"对曰："始秦时三万余户，间者兵数起，多亡匿，今见五千户。"于是乃诏御史，更以陈平为曲逆侯，尽食之，除前所食户牖。

高帝南归路过曲逆，登上城楼，望见县城房屋非常宽大，说："好壮观的县！我走遍天下，只见过洛阳和这个县是这样。"回头问御史说："曲逆县的户口有多少？"御史回答："当初秦朝的时候三万多户，秦汉间战乱屡起，很多人逃亡藏匿，如今现存五千户。"于是就诏令御史，改封陈平为曲逆侯，全县都给他作食邑，取消以前封的户牖乡。

其后常以护军中尉从攻陈豨及黥布。凡六出奇计，辄益邑，凡六益封。奇计或颇秘，世莫能闻也。

这以后陈平曾以护军中尉的身份随从高帝征讨陈豨和黥布。他总共出过六次奇计，每次都增加封邑，一共增封了六次。奇计有的非常秘密，世间没有人能知道。

高帝从破布军还，病创，徐行至长安。燕王卢绾反，上使樊哙以相国将兵攻之。既行，人有短恶哙者。高帝怒曰："哙见吾病，乃冀我死也。"用陈平谋而召绛侯周勃受诏床下，曰："陈平亟驰传载勃代哙将，平至军中即斩哙头！"二人既受诏，驰传未至军，行计之曰："樊哙，帝之故人也，功多，且又乃吕后弟吕媭之夫，有亲且贵，帝以忿怒故，欲斩之，则恐后悔。宁囚而致上，上自诛之。"未至军，为坛，以节召樊哙。哙受诏，即反接载槛车，传诣长安，而令绛侯勃代将，将兵定燕反县。

高帝从讨伐黥布的前线回来，由于受伤病重，缓慢地回到长安。燕王卢绾反叛，高帝派遣樊哙以相国的身份率军征讨他。已经启程，有人谗害樊哙。高帝动怒说："樊哙见我患病，就盼望我死。"高帝采用陈平的计谋，召来绛侯周勃到床前受诏命，说："陈平速乘传车载着周勃代替樊哙领兵，陈平到达军中立即斩了樊哙的头！"两个人接受诏命后，乘坐传车急行，还没有到军营，边走边商议说："樊哙，是高帝的老朋友，功劳很多，而且又是吕后妹妹吕媭的丈夫，和高帝有亲戚关系并且显贵，高帝因为一时发怒的缘故，想杀他，恐怕将来会后悔。我们宁肯把他囚禁起来交给高帝，由高帝自己诛杀他。"没有到达军中，他们便建造土坛，用高帝的符节召见樊哙。樊哙接受诏令，立即被反绑双手载上囚车，传送长安，而让绛侯周勃代替他为将领，率领军队平定燕国反叛的各县。

平行闻高帝崩，平恐吕太后及吕媭谗怒，乃驰传先去。逢使者诏平与灌婴屯于荥阳，平受诏，立复驰至宫，哭甚哀，因奏事丧前。吕太后哀之，曰："君劳，出休矣。"平畏谗之就，因固请得宿卫中。太后乃以为郎中令，曰："傅教孝惠。"是后吕媭谗乃不得行。樊哙至，则赦复爵邑。

陈平在路上听说高帝逝世，他害怕吕媭进谗言，吕太后发怒，于是急乘传车先行。路上遇见朝廷的使臣诏令陈平和灌婴驻守荥阳。陈平接受诏命后，立即又驱车赶到宫里，他哭得非常哀痛，乘机在高帝灵前向吕太后上奏受诏出使的经过。吕太后哀怜他，说："你辛苦了，出去休息吧。"陈平害怕谗言加身，因而坚决请求留在宫里宿卫。吕太后就任命他为郎中令，说："好好辅佐教导孝惠帝。"这以后吕媭的谗言才行不通。樊哙被押回长安，就被赦免并恢复了他的爵邑。

孝惠帝六年，相国曹参卒，以安国侯王陵为右丞相，陈平为左丞相。

孝惠帝六年，相国曹参去世，任命安国侯王陵为右丞相，陈平为左丞相。

王陵者，故沛人，始为县豪，高祖微时，兄事陵。陵少文，任气，好直言。及高祖起沛，入至咸阳，陵亦自聚党数千人，居南阳，不肯从沛公。及汉王之还攻项籍，陵乃以兵属汉。项羽取陵母置军中，陵使至，则东乡坐陵母，欲以招陵。陵母既私送使者，泣曰："为老妾语陵，谨事汉王。汉王，长者也，无以老妾故，持二心。妾以死送使者。"遂伏剑而死。项王怒，烹陵母。陵卒从汉王定天下。以善雍齿，雍齿，高帝之仇，而陵本无意从高帝，以故晚封，为安国侯。

王陵，原是沛县人，当初是县里的豪强。高祖微贱的时候，用对待兄长的礼节侍奉王陵。王陵文化素养不高，爱感情用事，喜欢直言。等到高祖在沛县起兵，入关到达咸阳时，王陵也聚集党徒几千人，驻扎在南阳，不肯跟随沛公。等到汉王回师攻打项籍时，王陵才率领军队归属汉王。项羽逮捕王陵的母亲安置在军营，王陵的使臣来看她时，项羽就让王陵的母亲面朝东坐，想用这个办法招降王陵。王陵的母亲既已私自送别使臣，哭着说："替老妇我告诉王陵，要小心侍奉汉王。汉王，是宽厚的长者，不要因为老妇我的缘故，怀有三心二意。我以一死送别使臣。"于是拔剑自刎而死。项王发怒，烹煮了王陵母亲的尸体。王陵终于跟随汉王平定了天下。王陵和雍齿的关系很好，雍齿，是高帝的仇人，加以王陵本来无意随从高帝，因为这些缘故受封较晚，封号为安国侯。

安国侯既为右丞相，二岁，孝惠帝崩。高后欲立诸吕为王，问王陵，王陵曰："不可。"问陈平，陈平曰："可。"吕太后怒，乃详迁陵为帝太傅，实不用陵。陵怒，谢疾免，杜门竟不朝请，七年而卒。

安国侯做右丞相以后，过了两年，孝惠帝逝世。高后想封吕氏子弟为王，询问王陵，王陵说："不可以。"问陈平，陈平说："可以。"吕太后发怒，于是假意提升王陵为皇帝的太傅，实际上是不重用他。王陵发怒，称病辞职，闭门不出，以至最终也不上朝拜见皇帝，经过七年就去世了。

陵之免丞相，吕太后乃徙平为右丞相，以辟阳侯审食其为左丞相。左丞相不治，常给事于中。

王陵免去丞相职务后，吕太后就调陈平为右丞相，任命辟阳侯审食其为左丞相。左丞相不设办事场所，常在宫中处理政务。

食其亦沛人，汉王之败彭城西，楚取太上皇、吕后为质，食其以舍人侍吕后。其后从破项籍为侯，幸于吕太后。及为相，居中，百官皆因决事。

审食其也是沛县人。汉王在彭城战败，向西退逃时，楚军俘虏了太上皇和吕后当作人质，审食其以家臣的身份侍奉吕后。后来审食其随从高帝打败项籍，被封为侯，受到吕后的宠爱。等到他当了左丞相，住在宫中，百官都得通过他决断大事。

吕媭常以前陈平为高帝谋执樊哙，数谗曰："陈平为相非治事，日饮醇酒，戏妇女。"陈平闻，日益甚。吕太后闻之，私独喜。面质吕媭于陈平曰："鄙语曰'儿妇人口不可用'，顾君与我何如耳。无畏吕媭之谗也。"

吕媭常常因为陈平以前为高帝出谋逮捕樊哙，多次进谗言说："陈平做丞相不治理政事，整天饮醇酒，玩弄妇女。"陈平听到后，饮酒玩乐日甚一日。吕太后听说后，暗自高兴。她当着吕媭的面对陈平说："俗话说'小孩和妇女的话不可信'，只看你对我怎么样了。不要怕吕媭说坏话。"

吕太后立诸吕为王，陈平伪听之。及吕太后崩，平与太尉勃合谋，卒诛诸吕，立孝文皇帝，陈平本谋也。审食其免相。

吕太后立各个吕氏子弟为王，陈平假装听从。等到吕太后逝世，陈平和太尉周勃合谋，终于杀了吕氏宗族，拥立孝文帝即位，这件事陈平是主谋。审食其被罢免掉左丞相的职务。

孝文帝立，以为太尉勃亲以兵诛吕氏，功多；陈平欲让勃尊位，乃谢病。孝文帝初立，怪平病，问之。平曰："高祖时，勃功不如臣平。及诛诸吕，臣功亦不如勃。愿以右丞相让勃。"于是孝文帝乃以绛侯勃为右丞相，位次第一；平徙为左丞相，位次第二。赐平金千斤，益封三千户。

孝文帝即位，认为太尉周勃亲自率军诛杀吕氏宗族，功劳多；陈平想把右丞相的尊位让给周勃，于是称病引退。文帝刚即位，感觉陈平病得奇怪，探问原因。陈平说："高祖的时候，周勃的功劳不如我陈平。等到诛杀吕氏宗族，我的功劳也就不如周勃了。愿意把右丞相的职位让给周勃。"于是孝文帝就任周勃为右丞相，位次列第一；陈平调为左丞相，位次列第二。赏赐陈平黄金千斤，增封食邑三千户。

居顷之，孝文皇帝既益明习国家事，朝而问右丞相勃曰："天下一岁决狱几何？"勃谢曰："不知。"问："天下一岁钱谷出入几何？"勃又谢不知，汗出沾背，愧不能对。于是上亦问左丞相平。平曰："有主者。"上曰："主者谓谁？"平曰："陛下即问决狱，责廷尉；问钱谷，责治粟内史。"上曰："苟各有主者，而君所主者何事也？"平谢曰："主臣！陛下不知其驽下，使待罪宰相。宰相者，上佐天子理阴阳，顺四时，下育万物之宜，外镇抚四夷诸侯，内亲附百姓，使卿大夫各得任其职焉。"孝文帝乃称善。右丞相大惭，出而让陈平曰："君独不素教我对！"陈平笑曰："君居其位，不知其任邪？且陛下即问长安中盗贼数，君欲强对邪？"于是绛侯自知其能不如陈平远矣。居顷之，绛侯谢病请免相，陈平专为一丞相。

没过多久，孝文帝已经熟悉国家的大事了，上朝时问右丞相周勃说："全国一年判决的诉讼案件有多少？"周勃谢罪说："不知道。"孝文帝又问："全国一年钱粮的收支有多少？"周勃又谢罪说不知道，急得他汗流浃背，惭愧不能回答。于是孝文帝也问左丞相陈平。陈平说："有主管人。"孝文帝说："主管人是谁？"陈平说："陛下若想问决狱的事，可以询问廷尉；问钱粮的事，可以询问治粟内史。”孝文帝说：“如果各有主管人，而你所主管的是些什么事呢？”陈平谢罪说：“臣诚惶诚恐！陛下不知道我的才智低下，使我勉强位于宰相职位。宰相的职责，对上辅佐天子调理阴阳，顺应四时，对下抚育万物适时生长，对外镇抚四夷和诸侯，对内亲附百姓，使公卿大夫各自都能胜任他们的职责。”孝文帝于是称赞说得好。右丞相周勃很惭愧，退朝后埋怨陈平说：“你在平时怎么不教我回答！”陈平笑着说：“你身居丞相职位，不知道丞相的职责吗？陛下如果询问长安盗贼的数目，你也想勉强回答吗？”于是周勃自知才能比陈平差得太远了。没过多久，绛侯周勃托病，请求免右丞相的职务，陈平成为左右二职合于一身的丞相。

孝文帝二年，丞相陈平卒，谥为献侯。子共侯买代侯。二年卒，子简侯恢代侯。二十三年卒，子何代侯。二十三年，何坐略人妻，弃市，国除。

孝文帝二年，丞相陈平去世，谥号为献侯。儿子共侯买继承侯位。买在位二年去世，儿子简侯恢继承侯位。恢在位二十三年去世，儿子何继承侯位。何在位二十三年，犯了霸占他人妻的罪过，判处死刑，封国被废。

始陈平曰：“我多阴谋，是道家之所禁。吾世即废，亦已矣，终不能复起，以吾多阴祸也。”然其后曾孙陈掌以卫氏亲贵戚，愿得续封陈氏，然终不得。

当初陈平曾说：“我多次使用阴谋诡计，这是道家所禁忌的。我的后代如果被废黜，也就完了，终究不会再兴起，因为我多用阴谋诡计积祸太多了。”虽然以后他的曾孙陈掌靠着和卫氏的亲戚关系而显贵，希望续封陈氏原来的封号，然而终究不能实现。

太史公曰：陈丞相平少时，本好黄帝、老子之术。方其割肉俎上之时，其意固已远矣。倾侧扰攘楚、魏之间，卒归高帝。常出奇计，救纷纠之难，振国家之患。及吕后时，事多故矣，然平竟自脱，定宗庙，以荣名终，称贤相，岂不善始善终哉！非知谋孰能当此者乎？

太史公说：丞相陈平年少时，本来就喜爱黄帝、老子的学说。当他在砧板上分割祭肉的时候，他的志向本来已经很远大了。后来徘徊于楚、魏之间，最后归附高帝。他常出奇计，解救纷繁的危难，消除国家的祸患。等到吕后时期，事态多有变故，然而陈平竟能自免于祸患，安定汉室，保持荣名至于终身，号称贤相，难道不是善始善终吗！不是足智多谋，谁能达到这个地步呢？

史记第五十七卷

绛侯周勃世家第二十七

绛侯周勃者，沛人也。其先卷人，徙沛。勃以织薄曲为生，常为人吹箫给丧事，材官引强。

绛侯周勃，沛县人。他的祖先是卷县人，后来迁到沛县。周勃依靠编织蚕箔维持生活，他经常为办丧事的人家吹箫奏挽歌，又是拉强弓的勇士。

高祖之为沛公初起，勃以中涓从攻胡陵，下方与。方与反，与战，却適。攻丰，击秦军砀东。还军留及萧。复攻砀，破之。下下邑，先登，赐爵五大夫。攻蒙、虞，取之。击章邯车骑，殿。定魏地。攻爰戚、东缗，以往至栗，取之。攻啮桑，先登。击秦军阿下，破之。追至濮阳，下甄城。攻都关、定陶，袭取宛朐，得单父令。夜袭取临济，攻张，以前至卷，破之。击李由军雍丘下。攻开封，先至城下为多。后章邯破杀项梁，沛公与项羽引兵东如砀。自初起沛还至砀，一岁二月。楚怀王封沛公号安武侯，为砀郡长；沛公拜勃为虎贲令，以令从沛公定魏地。攻东郡尉于城武，破之。击王离军，破之。攻长社，先登。攻颍阳、缑氏，绝河津，击赵贲军尸北。南攻南阳守齮，破武关、峣关，破秦军于蓝田，至咸阳，灭秦。

高祖做了沛公刚刚起义之时候，周勃就以中涓的身份随高祖进攻胡陵，打下方与。方与反叛，周勃同叛军交战，打败了叛军。进攻丰邑。在砀郡东部进攻秦军。率领军队回到留县、萧县。又进攻砀郡，攻破了它。攻克下邑时，周勃最先登上城墙，高祖赏给他五大夫爵位。进攻蒙县、虞县，都占领了。高祖进攻章邯的车骑部队，周勃率军殿后。平定魏地。进攻爰戚、东缗，一直打到栗县，都夺取了。进攻啮桑时，周勃最先登上城墙。在东阿城下进攻秦军，打败秦军，追到濮阳，拿下甄城。进攻都关、定陶，袭击并夺取宛朐，俘虏单父的县令。趁夜袭击并夺取临济，进攻张县，接着往前打到卷县，攻下城池。在雍丘城下攻打李由的军队。进攻开封时，周勃的部队先赶到城下的最多。后来章邯打败项梁的军队，杀了项梁，沛公和项羽率军向东回到砀郡。从开始在沛县起义到回师砀郡，共一年零两个月。楚怀王封沛公为安武侯，担任砀郡的长官。沛公任命周勃为虎贲令，周勃以虎贲令的身份随从沛公平定魏地。在城武进攻东郡尉的军队，打败了他。攻打王离的军队，打败了他。进攻长社时，周勃最先登城。进攻颍阳、缑氏，切断黄河的渡口平阴津，在尸乡北攻击赵贲的军队。南下进攻南阳郡守齮，攻破武关、峣关。在蓝田大败秦军，打到咸阳，灭了秦朝。

项羽至，以沛公为汉王。汉王赐勃爵为威武侯，从入汉中，拜为将军。还定三秦。至秦，赐食邑怀德。攻槐里、好畤，最。击赵贲、内史保于咸阳，最。北攻漆，击章平、姚卬军。西定汧，还下郿、频阳。围章邯废丘。破西丞，击盗巴军，破之。攻上邽。东守峣关。转击项籍，攻曲逆，最。还守敖仓，追项籍。籍已死，因东定楚地泗水、东海郡，凡得二十二县。还守雒阳、栎阳。赐与颍阴侯共食钟离。以将军从高帝击反者燕王臧荼，破之易下。所将卒当驰道为多。赐爵列侯，剖符世世勿绝，食绛八千一百八十户，号绛侯。

项羽到达关中，封沛公为汉王。汉王赐给周勃威武侯的爵位。周勃随从汉王进入汉中，被任命为将军。回师平定三秦，到达秦地后，汉王把怀德县赐给周勃为食邑。进攻槐里、好畤，周勃立上等功。在咸阳进攻赵贲、内史保，周勃又立上等功。北上攻打漆县，进攻章平、姚卬的军队。向西平定汧县，还师攻占郿县、频阳。把章邯包围在废丘。打败西县县丞的军队。攻击盗巴的军队，打败了他。进攻上邽。向东镇守峣关，转而攻打项籍，进攻曲逆，周勃再立上等功。还师镇守敖仓，追击项籍，项籍败死，趁机向东平定楚地泗水和东海郡，共得二十二县。还师镇守洛阳、栎阳，高祖把钟离县赐给他和颍阴侯灌婴作为二人的食邑。周勃以将军的身份随从高祖进攻反叛的燕王臧荼，在易县城下，打败叛军。他所率领的士兵在驰道上阻击叛军，功劳最大。高祖赐给周勃列侯爵位，剖分符信保证爵位世代相传不绝。赐给他绛县八千一百八十户作为食邑，号称绛侯。

汉初名臣周勃像，出自清·顾沅辑《古圣贤像传略》。

以将军从高帝击反韩王信于代。降下霍人。以前至武泉，击胡骑，破之武泉北。转攻韩信军铜鞮，破之。还，降太原六城。击韩信、胡骑晋阳下，破之，下晋阳。后击韩信军于硰石，破之，追北八十里。还攻楼烦三城，因击胡骑平城下，所将卒当驰道为多。勃迁为太尉。

周勃以将军的身份随从高祖在代地进攻反叛的韩王信，降服了霍人县。向前到达武泉，攻击匈奴的骑兵，在武泉北面打败匈奴兵。转而在铜鞮攻击韩王信的军队，打败了他。还师，降服太原的六座城。在晋阳城下攻击韩王信和匈奴的骑兵，打败他们，拿下了晋阳城。然后在硰石攻击韩王信的军队，打败了他，追击败军达八十里。回师攻打楼烦的三座城，趁势在平城下攻击匈奴的骑兵，他所率领的士兵在驰道上阻击敌军，功劳最多。周勃被晋升为太尉。

击陈豨，屠马邑。所将卒斩豨将军乘马絺。击韩信、陈豨、赵利军于楼烦，破之，得豨将宋最、雁门守圂。因转攻，得云中守遬、丞相箕肆、将勋，定雁门郡十七县、云中郡十二县。因复击豨灵丘，破之，斩豨，得豨丞相程纵、将军陈武、都尉高肆，定代郡九县。

周勃讨伐叛将陈豨，毁灭了马邑城。他所率领的士兵斩杀了陈豨的将领乘马絺。周勃在楼烦攻打韩王信、陈豨、赵利的军队，击败他们，俘虏了陈豨的将领宋最和雁门郡守圂。趁机转战云中郡，俘虏郡守遬、丞相箕肆、将军勋，平定雁门郡的十七县，云中郡的二十县。趁机又在灵丘攻打陈豨、俘虏陈豨的丞相程纵、将军陈武、都尉高肆，平定代郡的九县。

燕王卢绾反，勃以相国代樊哙将。击下蓟，得绾大将抵、丞相偃、守陉、太尉弱、御史大夫施。屠浑都，破绾军上兰，复击破绾军沮阳。追至长城，定上谷十二县，右北平十六县，辽西、辽东二十九县，渔阳二十二县。最从高帝得相国一人，丞相二人，将军、二千石各三人；别破军二，下城三，定郡五，县七十九，得丞相、大将各一人。

燕王卢绾反叛，周勃以相国的身份接替樊哙为将，攻克蓟县，俘获卢绾的大将抵、丞相偃、郡守陉、太尉弱、御史大夫施，毁灭了浑都城。在上兰击败卢绾的军队，又在沮阳打败卢绾的军队。一直打到长城，平定了上谷郡的十二县，右北平郡的十六县，辽西、辽东两郡的二十九县，渔阳郡的二十二县。总计：随从高祖俘虏相国一人，丞相二人，将军、二千石各三人；单独打垮敌军两支，攻占城池三座，平定五郡，七十九县，俘虏丞相、将军各一人。

勃为人木强敦厚，高帝以为可属大事。勃不好文学，每召诸生说士，东乡坐而责之："趣为我语。"其椎少文如此。

周勃为人质朴刚强，憨厚老实，高祖认为他可以嘱托大事。周勃不喜欢文辞学问，每次召见儒生和说客，他面向东坐着要求他们说："快对我说吧！"他质朴少文就是这个样子。

勃既定燕而归，高祖已崩矣。以列侯事孝惠帝。孝惠帝六年，置太尉官，以勃为太尉。十岁，高后崩。吕禄以赵王为汉上将军，吕产以吕王为汉相国，秉汉权，欲危刘氏。勃为太尉，不得入军门；陈平为丞相，不得任事。于是勃与平谋，卒诛诸吕而立孝文皇帝。其语在《吕后》、《孝文》事中。

周勃既已平定燕地回朝，高祖已经逝世了，他以列侯的身份侍奉孝惠帝。孝惠帝六年，设置太尉官，任命周勃为太尉。十年以后，高后逝世。吕禄以赵王的身份为汉朝的上将军，吕产以吕王的身份为汉朝的相国，他们操纵汉朝的军政大权，想颠覆刘氏的天下。周勃身为太尉，不能步入军营的大门；陈平身为丞相，不能过问政事。于是周勃和陈平共谋，终于诛杀了吕氏宗族，拥立孝文皇帝。这些事详细记载在《吕太后本纪》和《孝文本纪》中。

文帝既立，以勃为右丞相，赐金五千斤，食邑万户。居月余，人或说勃曰："君既诛诸吕，立代王，威震天下。而君受厚赏，处尊位，以宠，久之即祸及身矣。"勃惧，亦自危。乃谢，请归相印，上许之。岁余，丞相平卒，上复以勃为丞相。十余月，上曰："前日吾诏列侯就国，或未能行。丞相吾所重，其率先之。"乃免相就国。

文帝即位后，任命周勃为右丞相，赏赐黄金五千斤，食邑一万户。过了一个多月，有人对周勃说："你已经诛杀吕氏宗族，拥立代王做皇帝，威震天下。你受到丰厚的赏赐，处在尊贵的地位，深得皇帝的宠信，时间久了，恐怕灾祸就要降临到你身上了。"周勃害怕，也感到自己的处境危险，于是辞职，请求归还相印。文帝允许了他的请求。一年多以后，丞相陈平去世，文帝又任命周勃为丞相。十多个月以后，文帝说："前些天我下诏令列侯到自己的封国去，有些人还没有走，丞相是我器重的人，你带头先到封国去吧。"于是免去丞相职务，下到封国。

岁余，每河东守尉行县至绛，绛侯勃自畏恐诛，常被甲，令家人持兵以见之。其后人有上书告勃欲反，下廷尉，廷尉下其事长安。逮捕勃治之。勃恐，不知置辞，吏稍侵辱之。勃以千金与狱吏，狱吏乃书牍背示之，曰："以公主为证。"公主者，孝文帝女也，勃太子胜之尚之。故狱吏教引为证。勃

之益封受赐，尽以予薄昭。及系急，薄昭为言薄太后。太后亦以为无反事。文帝朝，太后以冒絮提文帝，曰：“绛侯绾皇帝玺，将兵于北军，不以此时反。今居一小县，顾欲反邪？”文帝既见绛侯狱辞，乃谢曰：“吏方验而出之。”于是使使持节赦绛侯，复爵邑。绛侯既出，曰：“吾尝将百万军，然安知狱吏之贵乎？”

到封国一年多，每逢河东郡守、郡尉巡视各县到达绛县的时候，绛侯周勃害怕自己被杀害，经常身披铠甲，命令家里人手持武器和郡守、郡尉会见。以后有人上书诬告周勃想要谋反，文帝把这件事交给廷尉处理。廷尉又交给长安负责办理，逮捕周勃，进行审问。周勃害怕，不知道怎么答辩。狱吏逐渐对他欺辱。周勃用一千斤黄金贿赂狱吏，狱吏才在公文背面写字提示说“让公主为你作证。”公主，是孝文帝的女儿，嫁给周勃的长子周胜之为妻，因此狱吏教周勃让她出面作证。周勃平日把得到的加封和赏赐，都送给了薄昭。等到案子临近紧要关头，薄昭为周勃向薄太后说情，太后也认为周勃没有背叛的事。文帝朝见太后，太后顺手抓起头巾掷向文帝，说：“绛侯当年身披皇帝的印玺，在北军统率部队，他不在那时谋反，现在身居小小的绛县，倒要叛乱吗？”文帝既已看到绛侯在狱中的供词，就向太后谢罪说：“狱吏刚查证清楚，就要释放他了。”于是派使臣带着节符赦免绛侯，恢复他的爵位和封邑。绛侯出狱后，说：“我曾经统率百万大军，怎么会知道狱吏的尊贵呢！”

屈尊劳将图，选自明·张居正《帝鉴图说》。讲述汉文帝巡视周亚夫的细柳营，被亚夫以军法约束之事。

绛侯复就国。孝文帝十一年卒，谥为武侯。子胜之代侯。六岁，尚公主，不相中，坐杀人，国除。绝一岁，文帝乃择绛侯勃子贤者河内守亚夫，封为条侯，续绛侯后。

绛侯重新回到封国。在孝文帝十一年去世，谥号为武侯。儿子周胜之继承侯位。过了六年，他和所娶公主感情不合，又犯了杀人罪，封国被除。绛侯的爵位绝封一年，文帝从绛侯周勃的儿子中选择贤能的河内郡守周亚夫，封为条侯，接续绛侯的爵位。

条侯亚夫自未侯为河内守时，许负相之，曰：“君后三岁而侯；侯八岁为将相，持国秉，贵重矣，于人臣无两；其后九岁而君饿死。”亚夫笑曰：“臣之兄已代父侯矣。有如卒，子当代，亚夫何说侯乎？然既已贵如负言，又何说饿死？指示我。”许负指其口曰：“有从理入口，此饿死法也。”居三岁，其兄绛侯胜之有罪，孝文帝择绛侯子贤者，皆推亚夫，乃封亚夫为条侯，续绛侯后。

条侯周亚夫还没有封侯做河内郡守的时候，许负为他相面，说：“你三年以后被封为侯，封侯八年以后做将军和丞相，执掌国家大权，地位尊贵，责任重大，在群臣中独一无二。这以后再过九年，你会饿死。”周亚夫笑着说：“我的哥哥已经继承父亲的侯位了，即使他死了，他的儿子应当即位，周亚夫我怎么谈得上封侯呢？可是既然我已像你说的那样富贵了，怎么又说会饿死呢？请你指教我。”许负指着他的嘴说：“你的嘴边有竖纹入口，这是饿死的相貌。”过了三年，他哥哥绛侯周胜之有罪，孝文帝从绛侯周勃的儿子中选择贤能的人，众臣都推举周亚夫，于是文帝封周亚夫为条侯，接续绛侯的爵位。

文帝之后六年，匈奴大入边。乃以宗正刘礼为将军，军霸上；祝兹侯徐厉为将军，军棘门；以河内守亚夫为将军，军细柳，以备胡。上自劳军，至霸上及棘门军，直驰入，将以下骑送迎。已而之细柳军，军士吏被甲，锐兵刃，彀弓弩，持满。天子先驱至，不得入。先驱曰："天子且至！"军门都尉曰："将军令曰：'军中闻将军令，不闻天子之诏。'"居无何，上至，又不得入。于是上乃使使持节诏将军："吾欲入劳军。"亚夫乃传言开壁门。壁门士吏谓从属车骑曰："将军约，军中不得驱驰。"于是天子乃按辔徐行。至营，将军亚夫持兵揖曰："介胄之士不拜，请以军礼见。"天子为动，改容式车，使人称谢："皇帝敬劳将军。"成礼而出。既出军门，群臣皆惊。文帝曰："嗟乎，此真将军矣！曩者霸上、棘门军，若儿戏耳！其将固可袭而虏也。至于亚夫，可得而犯邪？"称善者久之。月余，三军皆罢。乃拜亚夫为中尉。

文帝后元六年，匈奴大举侵略边境。文帝于是任命宗正刘礼为将军，驻军霸上；任命祝兹侯徐厉为将军，驻军棘门；任命河内郡守周亚夫为将军，驻军细柳：以防御匈奴。文帝亲自去慰问驻军，到霸上和棘门军营，直接奔驰闯入，从将军到下属军官都骑马迎进送出。一会儿文帝到达细柳军营，军中的将士都披挂铠甲，手拿锐利的兵器，张开弓弩，拉满弓弦。天子的先导跑到军营，不能进入。先导说："天子就快要到了！"把守军门的都尉说："将军命令说'军中只听将军的命令，不听天子的诏令'。"过了不久，文帝到达，也不能进入。于是文帝就派使臣持符节诏令将军说："我要进营慰劳军队。"周亚夫这才传令打开军营大门。守卫营门的军官对文帝的随从车骑人员说："将军有规定，军营中不准车马奔跑。"于是天子就拉紧缰绳缓慢行进。到了军营中心，将军周亚夫手拿武器拱手说："穿铠甲、戴头盔的将士不能跪拜，请允许我用军礼参见皇上。"天子深受感动，面容变得严肃，靠在车前横木上向官兵致敬。派人向周亚夫致谢说："皇帝敬重地慰劳将军。"慰劳礼仪结束后离去。出了军门，群臣都很吃惊。文帝说："啊，这才是真正的将军呀！以前在霸上、棘门军营看到的，简直像儿戏，他们的将军本来可能遭受袭击而被俘虏；至于周亚夫，怎么可能冒犯呢！"称赞了很久。一个多月后，三支驻军都撤防。于是文帝任命周亚夫为中尉。

孝文且崩时，诫太子曰："即有缓急，周亚夫真可任将兵。"文帝崩，拜亚夫为车骑将军。

文帝将要逝世的时候，告诫太子说："国家如果发生急变，周亚夫是真正可以担当领兵重任的人。"文帝逝世以后，景帝任命周亚夫为车骑将军。

孝景三年，吴、楚反。亚夫以中尉为太尉，东击吴、楚。因自请上曰："楚兵剽轻，难与争锋。愿以梁委之，绝其粮道，乃可制。"上许之。太尉既会兵荥阳，吴方攻梁，梁急，请救。太尉引兵东北走昌邑，深壁而守。梁日使使请太尉，太尉守便宜，不肯往。梁上书言景帝，景帝使使诏救梁。太尉不奉诏，坚壁不出；而使轻骑兵弓高侯等绝吴、楚兵后食道。吴兵乏粮，饥，数欲挑战，终不出。夜，军中惊，内相攻击扰乱，至于太尉帐下；太尉终卧不起。顷之，复定。后吴奔壁东南陬；太尉使备西北。已而其精兵果奔西北，不得入。吴兵既饿，乃引而去。太尉出精兵追击，大破之。吴王濞弃其军，而与壮士数千人亡走，保于江南丹徒。汉兵因乘胜，遂尽虏之，降其兵。购吴王千金。月余，越人斩吴王头以告。凡相攻守三月，而吴、楚破平。于是诸将乃以太尉计谋为是。由此梁孝王与太尉有郤。

孝景帝三年，吴、楚等七国叛乱。周亚夫以中尉代行太尉的职务，率军东进镇压吴、楚叛军。他趁机亲自向景帝请示说："楚兵勇猛轻捷，难和他们正面交战。希望暂时放弃梁国，派兵截断他们的运粮道路，这样才能制伏他们。"景帝允许了这一作战方针。太尉周亚夫调集大军到达荥阳后，吴国的军队正攻击梁国，梁国危急，请求救兵。太尉周亚夫却领兵向东北走到昌邑，深沟高垒坚守不战。梁国天天派使臣向太尉请求救援，太尉认为固守有利，不肯前去救援。梁王上书告诉景帝，景帝派使臣传诏援救梁国。太尉不执行景帝的诏令，仍然固守营垒不出兵，而派弓高侯等率领轻骑兵截断吴、楚叛军后方的运粮道路。吴国叛军缺乏粮食，饥饿，屡次挑战，周亚夫始终不应战。夜里，周亚夫军营惊动，是汉军互相攻击扰乱，一直打到太尉的营帐下，太尉却始终安卧不起。不久，又恢复了安定。后来吴军向汉营东南角奔来，太尉却让将士防备西北。不久吴国的精兵果然奔袭西北，但不能进入。吴兵既已饥饿，于是率军撤退。太尉派精兵追击，大败吴军。吴王濞抛弃他的大部队，率领几千精壮亲兵逃亡，到江南丹徒自保。汉军乘胜追击，俘获了全部叛军，使他们都降服，又用千金悬赏捉拿吴王。一个多月后，越人斩了吴王的头来报告。从防守到进攻总共三个月，吴、楚叛军被打垮，局势平定。于是将领们才认识到太尉的计谋是完全正确的，但因为这次平叛，梁王却和太尉结下了怨仇。

归，复置太尉官。五岁，迁为丞相，景帝甚重之。景帝废栗太子，丞相固争之，不得。景帝由此疏之。而梁孝王每朝，常与太后言条侯之短。

周亚夫率军回朝，朝廷重新设置太尉官。五年以后，周亚夫升任丞相，景帝非常看重他。景帝废栗太子，丞相周亚夫极力争辩，未能阻止。景帝从此疏远了周亚夫。而梁王每次朝见，常常向太后讲周亚夫的缺点。

窦太后曰："皇后兄王信可侯也。"景帝让曰："始南皮、章武侯先帝不侯，及臣即位乃侯之。信未得封也。"窦太后曰："人主各以时行耳。自窦长君在时，竟不得侯，死后乃其子彭祖顾得侯，吾甚恨之。帝趣侯信也！"景帝曰："请得与丞相议之。"丞相议之，亚夫曰："高皇帝约：'非刘氏不得王，非有功不得侯。不如约，天下共击之。'今信虽皇后兄，无功，侯之，非约也。"景帝默然而止。

窦太后说："皇后的哥哥王信可以封侯了。"景帝推辞说："当初南皮侯窦彭祖、章武侯窦广国先帝都不封他们为侯，等到我即位后才封他们为侯。王信还不能封侯。"窦太后说："君主各自按当时的情况行事。我哥哥窦长君在世的时候，竟然不能被封侯，死后才封他的儿子窦彭祖为侯，我很悔恨这件事。皇帝赶快封王信为侯吧！"景帝说："请让我和丞相商讨一下。"景帝和丞相商议，周亚夫说："高皇帝规定'不是刘氏子弟不得封王，无有功的人不得封侯。谁不遵守规定，天下的人共同讨伐他'。现在王信虽然是皇后的哥哥，但没有功劳，给他封侯，违背规定。"景帝默默不语，只好作罢。

其后匈奴王唯徐卢等五人降，景帝欲侯之以劝后。丞相亚夫曰："彼背其主降陛下，陛下侯之，则何以责人臣不守节者乎？"景帝曰："丞相议不可用。"乃悉封唯徐卢等为列侯。亚夫因谢病。景帝中三年，以病免相。

后来匈奴王唯徐卢等五人归降汉朝，景帝想封他们为侯以劝后人效法。丞相周亚夫说："他们背叛自己的君主投降陛下，陛下封他们为侯，那还怎么责备不守节操的臣子呢？"景帝说："丞相的意见不可采用。"于是把唯徐卢等都封为侯。周亚夫因此谢罪称病。景帝中元三年，周亚夫因病免去丞相职务。

顷之，景帝居禁中，召条侯，赐食。独置大胾，无切肉，又不置櫡。条侯心不平，顾谓尚席取櫡。景帝视而笑曰："此不足君所乎？"条侯免冠谢。上起，条侯因趋出。景帝以目送之，曰："此怏怏者非少主臣也！"

不久，景帝在宫中召见条侯周亚夫，赏赐食物。宴席只放大块的肉，没有切碎的肉，又不放筷子。条侯心里不高兴，回头喊管宴席的官员拿筷子来。景帝看着发笑说："这些不能满足你的需要吗？"条侯脱帽谢罪。景帝起身，条侯趁机快步走出。景帝睁大眼睛看着他出去，说："这个爱发牢骚的人，不能担任少主的大臣啊！"

居无何，条侯子为父买工官尚方甲楯五百被可以葬者。取庸苦之，不予钱。庸知其盗买县官器，怒而上变告子。事连污条侯。书既闻上，上下吏。吏簿责条侯，条侯不对。景帝骂之曰："吾不用也。"召诣廷尉。廷尉责曰："君侯欲反邪？"亚夫曰："臣所买器，乃葬器也。何谓反邪？"吏曰："君侯纵不反地上，即欲反地下耳。"吏侵之益急。初，吏捕条侯，条侯欲自杀，夫人止之，以故不得死，遂入廷尉。因不食五日，呕血而死。国除。

没过不久，条侯的儿子从制造尚方器物的工官那里，为条侯购买了五百件供殉葬用的盔甲盾牌。搬运甲盾的雇工很辛苦，但没有给工钱。雇工知道他是偷买皇家专用的器物，气愤的雇工上告周亚夫的儿子要谋反，事情牵连到条侯。景帝看到雇工的上书，景帝交给官吏查办。官吏按上书的罪状责问条侯，条侯拒绝回答。景帝责骂他说："我不用你回答了。"下令把周亚夫交给廷尉治罪。廷尉责问说："你想造反吗？"周亚夫说："我所买的器物都是殉葬品，怎么说是要造反呢？"审判官说："你纵然不在活着的时候造反，也想死后造反吧！"审判官逼供越来越急。起初，官吏逮捕条侯的时候，条侯想自杀，夫人劝阻他，因此没有死，就进了廷尉的监狱。周亚夫因而绝食五天，吐血而死。封国被废除。

绝一岁，景帝乃更封绛侯勃他子坚为平曲侯，续绛侯后。十九年卒，谥为共侯。子建德代侯，十三年，为太子太傅。坐酎金不善，元鼎五年，有罪，国除。

封爵断绝一年后，景帝才改封绛侯周勃的另一个儿子周坚为平曲侯，接续绛侯的爵位。十九年以后平曲侯去世，谥号为共侯。儿子建德继承侯位，十三年后，建德担任了太子太傅的职务。由于献的酎金成色不好，元鼎五年，被宣布有罪，封国被废除。

条侯果饿死。死后，景帝乃封王信为盖侯。

条侯周亚夫饿死了。条侯死后，景帝于是封王信为盖侯。

太史公曰：绛侯周勃始为布衣时，鄙朴人也，才能不过凡庸。及从高祖定天下，在将相位；诸吕欲作乱，勃匡国家难，复之乎正。虽伊尹、周公，何以加哉？亚夫之用兵，持威重，执坚刃，穰苴曷有加焉！足己而不学，守节不逊，终以穷困。悲夫！

太史公说：绛侯周勃原先为布衣平民的时候，是个粗陋朴实的人，才能不超过一般的百姓。等到随从高祖平定天下，身居将相要职，吕氏家族图谋篡位，周勃解救国家的危难，恢复朝廷的正常运转。即使是伊尹、周公，怎么能超过他呢！周亚夫用兵，保持威严庄重，坚韧不拔，即使是司马穰苴怎么能超过他呢！可惜自满而不虚心，虽然能遵守节操但不够恭顺，最后以穷困告终。真让人悲伤啊！

史记

卷三

［西汉］司马迁 著
萧枫 主编

吉林出版集团有限责任公司

史记第五十八卷

梁孝王世家第二十八

梁孝王武者，孝文皇帝子也，而与孝景帝同母。母，窦太后也。孝文帝凡四男：长子曰太子，是为孝景帝；次子武；次子参；次子胜。孝文帝即位二年，以武为代王，以参为太原王，以胜为梁王。二岁，徙代王为淮阳王。以代尽与太原王，号曰代王。参立十七年，孝文后二年卒，谥为孝王。子登嗣立，是为代共王。立二十九年，元光二年卒。子义立，是为代王。十九年，汉广关，以常山为限，而徙代王王清河。清河王徙以元鼎三年也。

梁孝王武，是孝文皇帝的儿子，与孝景皇帝一母所生，他们的母亲是窦太后。孝文帝总共有四个儿子：长子即太子，就是孝景帝；次子名武；三子名参；四子名胜。孝文帝即位的第二年，封刘武为代王，封刘参为太原王，封刘胜为梁王。两年以后，迁代王为淮阳王。把代国全部划归太原王，号称代王。参在位十七年，于孝文帝后元二年去世，谥号为孝王。儿子登即位，这就是代共王。代共王在位二十九年，于元光二年去世。儿子义即位，这就是代王。代王即位十九年，汉朝扩充关塞，以常山为界限，迁代王为清河王。代王迁为清河王在元鼎三年。

初，武为淮阳王十年，而梁王胜卒，谥为梁怀王。怀王最少子，爱幸异于他子。其明年，徙淮阳王武为梁王。梁王之初王梁，孝文帝之十二年也。梁王自初王通历已十一年矣。

当初，刘武改封为淮阳王的第十年，梁王刘胜去世，谥号为梁怀王。怀王是孝文帝最小的儿子，对他的宠爱超过别的儿子。第二年，迁淮阳王刘武为梁王。刘武被初封为梁王，是孝文帝十二年。梁王从最初受封为代王到改封为梁王，前后已经十一年了。

梁王十四年，入朝。十七年，十八年，比年入朝，留，其明年，乃之国。二十一年，入朝。二十二年，孝文帝崩。二十四年，入朝。二十五年，复入朝。是时上未置太子也。上与梁王燕饮，尝从容言曰："千秋万岁后传于王。"王辞谢。虽知非至言，然心内喜。太后亦然。

梁孝王十四年，入朝。十七年、十八年，连续两年入朝，留在京师，第二年才返回封国。二十一年，入朝。二十二年，孝文帝去世。二十四年，入朝。二十五年，又入朝。当时景帝还没有确立太子。景帝和梁王在一起宴饮，曾经不加考虑地随便说："我过世后，传位给你。"梁王推辞。他虽然知道这不是真心话，然而心里暗喜。窦太后也一

周亚夫像，出自清·顾沅辑《古圣贤像传略》。

样高兴。

其春，吴、楚、齐、赵七国反。吴、楚先击梁棘壁，杀数万人。梁孝王城守睢阳，而使韩安国、张羽等为大将军，以距吴、楚。吴、楚以梁为限，不敢过而西，与太尉亚夫等相距三月。吴、楚破，而梁所破杀虏略与汉中分。明年，汉立太子。其后梁最亲，有功，又为大国，居天下膏腴地。地北界泰山，西至高阳，四十余城，皆多大县。

这年春天，吴、楚、齐、赵等七国叛乱。吴、楚联军首先攻击梁国的棘壁，杀死好几万人。梁孝王据守睢阳城，派韩安国、张羽等为大将军，抵抗吴、楚叛军。吴、楚联军因为受到梁军阻击，不敢超越梁国向西进军，和太尉周亚夫等相持三个月。吴、楚联军战败，而梁军所斩杀俘虏的吴、楚叛军数目和汉军一样多。第二年，汉朝确立了太子。后来梁国因为和朝廷关系最亲近，有战功，又是大国，占据天下肥沃富饶的地区。地界北边到泰山，西边到高阳，有四十多座城，大多数是大县。

孝王，窦太后少子也，爱之，赏赐不可胜道。于是孝王筑东苑，方三百余里。广睢阳城七十里。大治宫室，为复道，自宫连属于平台三十余里。得赐天子旌旗，出从千乘万骑。东西驰猎，拟于天子。出言跸，入言警。招延四方豪桀，自山以东游说之士，莫不毕至，齐人羊胜、公孙诡、邹阳之属。公孙诡多奇邪计，初见王，赐千金，官至中尉，梁号之曰公孙将军。梁多作兵器弩弓矛数十万，而府库金钱且百巨万，珠玉宝器多于京师。

梁孝王，是窦太后的小儿子，深受宠爱，赏赐给他的财宝不计其数。于是梁孝王建造东苑，纵横三百多里。扩展睢阳城达到七十里。大兴土木，建造宫殿，修筑架空通道，从宫殿连接到平台长达三十多里。有朝廷赏赐给的天子旌旗，外出随从千乘万马。东奔西驰射猎，气势类似天子。出宫要清道断绝行人，入宫要严加警戒。招揽四方的豪杰，自殽山以东的游士，没有不到梁国来的，像齐国的羊胜、公孙诡、邹阳等一班人。公孙诡善于出奇谋邪计，初次拜见梁孝王，梁孝王赐给他一千斤黄金，官职做到中尉，梁国号称他为公孙将军。梁国制造了大量的兵器，弩弓、戈矛达几十万件，而且府库的金钱将近一百万万，珠玉、宝器比京师还多。

二十九年十月，梁孝王入朝。景帝使使持节乘舆驷马，迎梁王于关下。既朝，上疏因留，以太后亲故。王入则侍景帝同辇，出则同车游猎，射禽兽上林中。梁之侍中、郎、谒者著籍引出入天子殿门，与汉宦官无异。

二十九年十月，梁孝王入京朝见景帝。景帝派使臣拿着符节乘坐驷马大车，到关前迎接梁王。朝见完毕，上疏请求留在京师，因为是太后至亲的缘故。梁孝王入宫就陪侍景帝同坐辇车，出宫就同车游猎，到上林苑中射猎鸟兽。梁国的侍中、郎官、谒者只需登记名册，从天子的宫殿出入，和汉朝的官吏没有区别。

十一月，上废栗太子，窦太后心欲以孝王为后嗣。大臣及袁盎等有所关说于景帝，窦太后义格，亦遂不复言以梁王为嗣事由此。以事秘，世莫知。乃辞归国。

十一月，景帝废了栗太子，窦太后心里想立梁孝王为继承人。大臣及袁盎等人用有关立太子的法规劝阻景帝，窦太后的建议受阻，从此也就不再提让梁孝王当继承人的事了。因为这件事非常秘密，世人不知道。梁孝王于是告辞回国。

其夏四月，上立胶东王为太子。梁王怨袁盎及议臣，乃与羊胜、公孙诡之属阴使人刺杀袁盎及他议臣十余人。逐其贼，未得也。于是天子意梁王，逐贼，果梁使之。乃遣使冠盖相望于道，覆按梁，捕公孙诡、羊胜。公孙诡、羊胜匿王后宫。使者责二千石急，梁相轩丘豹及内史韩安国进谏王，王乃令胜、诡皆自杀，出之。上由此怨望于梁王。梁王恐，乃使韩安国因长公主谢罪太后，然后得释。

这年夏天四月，景帝立胶东王为太子。梁孝王怨恨袁盎和参与议论继承人的大臣，于是和羊胜、公孙诡等人谋划，暗中派人刺杀袁盎和其他参与议论继承人的十多位大臣。朝廷缉捕杀人凶手，没有抓获。于是景帝怀疑梁王，捕捉到凶手，果然是梁王指使的。于是景帝不断派使臣，路上的使臣络绎不绝，到梁国反复核查，逮捕公孙诡、羊胜。公孙诡、羊胜藏匿在梁孝王的后宫里。汉朝的使臣责备梁国二千石官吏急迫，梁相轩丘豹和内史韩安国劝谏梁孝王，梁孝王才命令羊胜、公孙诡自杀，把他们交出来。景帝从此怨恨梁孝王。梁孝王害怕，于是派韩安国通过长公主向太后认罪，然后才得到饶恕。

上怒稍解，因上书请朝。既至关，茅兰说王，使乘布车，从两骑入，匿于长公主园。汉使使迎王，王已入关，车骑尽居外，不知王处。太后泣曰："帝杀吾子！"景帝忧恐。于是梁王伏斧质于阙下，谢罪，然后太后、景帝大喜，相泣，复如故。悉召王从官入关。然景帝益疏王，不同车辇矣。

景帝的怨气逐渐消解，梁孝王因而上书请求朝见。到达函谷关后，茅兰劝梁孝王，让他乘坐布车，只带两名随从入关，藏匿在长公主的园中。汉朝派使臣迎接梁孝王，梁孝王已经入关，随从车骑都停在关外，不知梁孝王在什么地方。太后哭泣说："皇上杀了我的儿子！"景帝为此忧虑恐惧。于是梁孝王背着刑具俯伏在宫门前谢罪，太后、景帝非常高兴，相对哭泣，情分又和从前一样了。把梁孝王的全部随从官员召入关中。然而景帝渐渐疏远了梁孝王，不和他同乘辇车了。

三十五年冬，复朝。上疏欲留，上弗许。归国，意忽忽不乐。北猎良山，有献牛，足出背上，孝王恶之。六月中，病热，六日卒，谥曰孝王。

三十五年冬天，梁孝王再次入京朝见，上疏想留在京师，景帝不准许。梁孝王回国，心情闷闷不乐。到北边的良山打猎，有人献了一头牛，足长在背上，梁孝王厌恶它。六月中旬，得了热病，六天就去世了，谥号为孝王。

孝王慈孝，每闻太后病，口不能食，居不安寝，常欲留长安侍太后。太后亦爱之。及闻梁王薨，窦太后哭极哀，不食，曰："帝果杀吾子！"景帝哀惧，不知所为。与长公主计之，乃分梁为五国，尽立孝王男五人为王，女五人皆食汤沐邑。于是奏之太后，太后乃说，为帝加壹餐。

梁孝王孝敬母亲，每次听说太后患病，口不能进食，居不能安寝，常想留在长安侍奉太后。太后也宠爱他。等到听说梁孝王病故，窦太后哭得很悲哀，不吃饭，说："皇上果然杀了我的儿子！"景帝既悲哀又害怕，不知所措。和长公主商讨这件事，于是分梁为五国，把梁孝王的五个儿子全部封为王，五个女儿全部赐给汤沐邑。就把这些措施上报太后，太后才高兴，特为景帝的这种处置加了一餐。

梁孝王长子买为梁王，是为共王；子明为济川王；子彭离为济东王；子定为山阳王；子不识为济阴王。

梁孝王的长子刘买即位为梁王，这就是共王；次子刘明封为济川王；三子刘彭离封为济东王；四子刘定封为山阳王；五子刘不识封为济阴王。

孝王未死时，财以巨万计，不可胜数。及死，藏府余黄金尚四十余万斤，他财物称是。

梁孝王还没有去世的时候，财产多得以亿万计算，数也数不清。等到死后，府库剩余的黄金尚有四十多万斤，其他的财物也都相当于这个数。

梁共王三年，景帝崩。共王立七年卒，子襄立，是为平王。

梁共王三年，景帝逝世。共王在位七年去世，儿子刘襄即位，这就是平王。

梁平王襄十四年，母曰陈太后。共王母曰李太后；李太后，亲平王之大母也；而平王之后姓任，曰任王后。任王后甚有宠于平王襄。初，孝王在时，有罍樽，直千金。孝王诫后世，善保罍樽，无得以与人。任王后闻而欲得罍樽。平王大母李太后曰："先王有命，无得以罍樽与人。他物虽百巨万，犹自恣也。"任王后绝欲得之。平王襄直使人开府取罍樽，赐任王后。李太后大怒，汉使者来，欲自言，平王襄及任王后遮止，闭门，李太后与争门，措指，遂不得见汉使者。李太后亦私与食官长及郎中尹霸等士通乱，而王与任王后以此使人风止李太后，李太后内有淫行，亦已。后病薨。病时，任后未尝请病；薨，又不持丧。

梁平王襄十四年。平王的母亲是陈太后。共王的母亲是李太后。李太后是平王的亲祖母，平王的王后姓任，叫任王后。任王后深受平王襄的宠爱。当初，梁孝王在世的时候，有一只罍樽，价值千金。梁孝王告诫后人，要很好地保存罍樽，不得送人。任王后听说后想得到罍樽。平王的祖母李太后说："先王有遗命，不准把罍樽送给人。其他的宝物虽然价值亿万，还可以任意挑选。"任王后非常想得到它。平王襄径直派人打开府库取走罍樽，赐给任王后。李太后大怒，汉朝的使臣来梁国，太后想亲自把这件事告诉汉使，平王襄和任王后拦阻她，把门关上，李太后争着要开门，手指被门缝夹住，就没有能见到汉朝的使臣。李太后也曾私下和食官长及郎中尹霸等人通奸，平王和任王后派人暗示劝阻李太后，李太后因为内有淫乱行为，也就作罢了。后来李太后病故。李太后生病的时候，任王后未能请安探病，病故后，又不居丧守孝。

元朔中，睢阳人类犴反者，人有辱其父，而与淮阳太守客出同车。太守客出下车，类犴反杀其仇于车上而去。淮阳太守怒，以让梁二千石。二千石以下求反甚急，执反亲戚。反知国阴事，乃上变事，具告知王与大母争樽状。时丞相以下见知之，欲以伤梁长吏，其书闻天子。天子下吏验问，有之。公卿请废襄为庶人。天子曰："李太后有淫行，而梁王襄无良师傅，故陷不义。"乃削梁八城，枭任王后首于市。梁余尚有十城。襄立三十九年卒，谥为平王。子无伤立为梁王也。

元朔年间，睢阳有个名叫类犴反的人，有人侮辱他的父亲，而这个人和淮阳太守的客人同车外出。太守的客人下车离去，类犴反把仇人杀在车上逃走。淮阳太守发怒，拿此事责备梁国二千石官吏。二千石以下的官吏搜捕类犴反非常紧急，逮捕了类犴反的亲属。类犴反知道梁国王宫的隐秘事，就向朝廷上书报告，详细陈说平王和祖母争夺罍樽的情况。当时朝廷丞相以下的官吏知道了这件事，想借这件事打击梁国的高级官吏，便把上书呈报天子。天子交给官吏查问，果然有这样的事。公卿大臣请求废黜平王襄为平民。天子说："李太后有淫乱行为，梁平王襄没有良好的太师太傅，所以陷入不义的境地。"于是削减梁国的八城封地，把任王后斩首示众。梁国还剩下十座城。刘襄在位三十九年去世，谥号为平王。儿子无伤即位为梁王。

济川王明者，梁孝王子，以桓邑侯孝景中六年为济川王。七岁，坐射杀其中尉，汉有司请诛，天子弗忍诛，废明为庶人，迁房陵，地入于汉为郡。

济川王刘明，是梁孝王的儿子，孝景帝中元六年从桓邑侯晋封为济川王。七年后，因为射杀他的中尉有罪，汉朝主管官员请求诛杀济川王，天子不忍诛杀，废黜刘明为平民，迁移到房陵，封地收归汉朝，成为郡。

济东王彭离者，梁孝王子，以孝景中六年为济东王。二十九年，彭离骄悍，无人君礼，昏暮私与其奴、亡命少年数十人行剽杀人，取财物以为好。所杀发觉者百余人，国皆知之，莫敢夜行。所杀者子上书言。汉有司请诛，上不忍，废以为庶人，迁上庸，地入于汉，为大河郡。

济东王刘彭离，是梁孝王的儿子，孝景帝中元六年封为济东王。二十九年，彭离骄横凶悍，没有当人君的礼仪，夜里私自和他的奴仆、亡命少年几十人打劫杀人，把夺取财物当作喜好。被他杀害已经发觉的就有一百多人，全国都知道，导致没有人敢夜里外出。被杀人的儿子上书告状，汉朝主管官员请求诛杀彭离，皇帝不忍心，废黜他为平民，迁移到上庸，封地收归汉朝，设置为大河郡。

山阳哀王定者，梁孝王子，以孝景中六年为山阳王。九年卒，无子，国除，地入于汉，为山阳郡。

山阳哀王刘定，是梁孝王的儿子，孝景帝中元六年封为山阳王。在位九年去世，没有儿子，封国废除，封地收归汉朝，设置为山阳郡。

济阴哀王不识者，梁孝王子，以孝景中六年为济阴王。一岁卒，无子，国除，地入于汉，为济阴郡。

济阴哀王刘不识，是梁孝王的儿子，孝景帝中元六年封为济阴王。在位一年去世，没有儿子，封国废除，封地收归汉朝，设置为济阴郡。

太史公曰：梁孝王虽以亲爱之故，王膏腴之地，然会汉家隆盛，百姓殷富，故能植其财货，广宫室，车服拟于天子。然亦僭矣。

太史公说：梁孝王虽然因为是景帝的弟弟、窦太后的爱子的缘故，被封在肥沃富饶的地区为王，然而正赶上汉朝兴盛，百姓富足，所以他能积贮财富，扩建宫室，车马服饰像天子。然而这也属于僭越行为了。

褚先生曰：臣为郎时，闻之于宫殿中老郎吏好事者称道之也。窃以为令梁孝王怨望，欲为不善者，事从中生。今太后，女主也，以爱少子故，欲令梁王为太子。大臣不时正言其不可状，阿意治小，私说意以受赏赐，非忠臣也。齐如魏其侯窦婴之正言也，何以有后祸？景帝与王燕见，侍太后饮，景帝曰："千秋万岁之后传王。"太后喜说。窦婴在前，据地言曰："汉法之约，传子适孙，今帝何以得传弟，擅乱高帝约乎！"于是景帝默默无声。太后意不说。

褚先生说：我当郎官的时候，从宫殿中好说长道短的老郎吏那里听他们说起梁孝王的事。我心里觉得使梁孝王怨恨不满，想图谋皇帝的位置，事情是从朝廷惹出来的。现今窦太后，是女主，由于爱小儿子的缘故，想让梁孝王当太子。大臣们不及时指出这样做不可以的情由，一味阿谀奉承，尽说些鸡毛蒜皮的小事，竭力讨好太后以求得到赏赐，这不是忠臣。假如都像魏其侯窦婴那样直言，怎么会有后来的灾患呢？景帝空闲时和梁孝王会见，侍奉太后饮酒，景帝说："我谢世以后把帝位传给你。"太后很高兴。窦婴在宴席前，站在地上谏道："汉朝的法制规定，传子传嫡孙，如今皇帝怎么可以传给弟弟，擅自破坏高帝的法规呢！"于是景帝默然不语。太后心里很不高兴。

故成王与小弱弟立树下，取一桐叶以与之，曰："吾用封汝。"周公闻之，进见曰："天王封弟，甚善。"成王曰："吾直与戏耳。"周公曰："人主无过举，不当有戏言，言之必行之。"于是乃封小弟以应县。是后成王没齿不敢有戏言，言必行之。《孝经》曰："非法不言，非道不行。"此圣人之法言也。今主上不宜出好言于梁王。梁王上有太后之重，骄蹇日久，数闻景帝好言，千秋万世之后传王，而实不行。

从前周成王和幼小的弟弟站在树下，拿一片桐叶给他，说："我用它封你。"周公听到了，进见成王说："天子分封弟弟，这非常好。"成王说："我只是跟他开玩笑罢了。"周公说："人主没有不得当的举动，不应该有开玩笑的话，说了就一定要做到。"于是就把应县封给了小弟。从此以后，周成王终生不敢有戏言，说了就必须做到。《孝经》说："不合法度的话不说，不合道理的事不做。"这是圣人的明训。现今皇上不应该用好听的话对梁孝王许愿。梁孝王上有窦太后的重视，骄横傲慢已经很久了，多次听到景帝许愿说，他谢世以后传位给梁孝王，而实际上并未实行。

又诸侯王朝见天子，汉法凡当四见耳。始到，入小见；到正月朔旦，奉皮荐璧玉贺正月，法见；后三日，为王置酒，赐金钱财物；后二日，复入小见，辞去。凡留长安不过二十日。小见者，燕见于禁门内，饮于省中，非士人所得入也。今梁王西朝，因留，且半岁。入与人主同辇，出与同车。示风以大言而实不与，令出怨言，谋畔逆，乃随而忧之，不亦远乎！非大贤人，不知退让。今汉之仪法，朝见贺正月者，常一王与四侯俱朝见，十余岁一至。今梁王常比年入朝见，久留。鄙语曰"骄子不孝"，非恶言也。故诸侯王当为置良师傅，相忠言之士，如汲黯、韩长孺等，敢直言极谏，安得有患害！

另外，诸侯王朝见天子，按照汉法应当总共朝见四次。刚到京城，入朝小见；到正月初一早晨，捧着皮垫璧玉向皇帝祝贺正月，按礼仪正式朝见；三天以后，皇上为王侯设酒宴，赏赐金钱财物；再过两天，又进宫小见，辞别离去。总共居留长安城没有二十天。所谓小见，是天子空闲时在宫门内召见，在王宫禁地饮酒，不是普通士民所能进去的。现在梁孝王西去朝见皇帝，趁机留在宫中，将近半年。入宫和皇帝同坐辇车，外出和皇帝同乘马车，许诺他一些大话而实际上并不兑现，导致梁孝王口出怨言，图谋反叛，于是跟着为他忧虑，这不是太违背事理了吗？不是大贤大德的人，不知道谦虚退让。当今汉朝的仪法，朝见皇帝祝贺正月，通常是一王四侯同时朝见，十多年才有一次进京的机会。现今梁孝王常常连年进京朝见，并留居很久。俗话说"骄子不孝"，这话说得不错。所以应当为诸侯王设置好的太师太傅，任命忠正敢直言的人为相，像汲黯、韩长孺等人那样，敢直言极谏，怎么会有灾难发生呢！

盖闻梁王西入朝，谒窦太后，燕见，与景帝俱侍坐于太后前，语言私说。太后谓帝曰："吾闻殷道亲亲，周道尊尊，其义一也。安车大驾，用梁孝王为寄。"景帝跪席举身曰："诺。"罢酒出，帝召袁盎诸大臣通经术者曰："太后言如是，何谓也？"皆对曰："太后意欲立梁王为帝太子。"帝问其状，袁盎等曰："殷道亲亲者，立弟。周道尊尊者，立子。殷道质，质者法天，亲其所亲，故立弟。周道文，文者法地，尊者敬也，敬其本始，故立长子。周道，太子死，立適孙。殷道，太子死，立其弟。"帝曰："于公何如？"皆对曰："方今汉家法周，周道不得立弟，当立子。故《春秋》所以非宋宣公。宋宣公死，不立子而与弟。弟受国死，复反之与兄之子。弟之子争之，以为我当代父后，即刺杀兄子。以故国乱，祸不绝。故《春秋》曰'君子大居正，宋之祸宣公为之。'臣请见太后白之。"袁盎等入见太后："太后言欲立梁王，梁王即终，欲谁立？"太后曰："吾复立帝子。"袁盎等以宋宣公不立正，生祸，祸乱后五世不绝，小不忍害大义状报太后。太子乃解说，即使梁王归就国。而梁王闻其义出于袁盎诸大臣所，怨望，使人来杀袁盎。袁盎顾之曰："我所谓袁将军者也，公得毋误乎？"刺者曰："是矣！"刺之，置其剑，剑著身。视其剑，新治。问长安中削厉工。工曰："梁郎某子来治此剑。"以此知而发觉之，发使

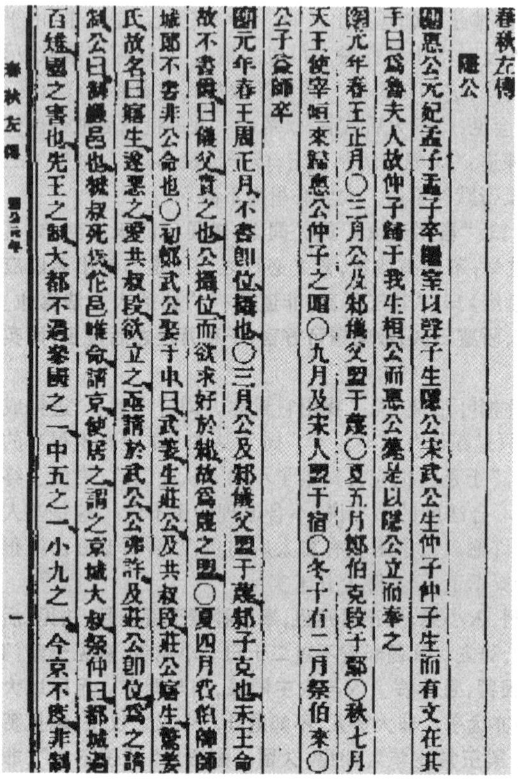
春秋左傳

隱公

經惠公元妃孟子孟子卒繼室以聲子生隱公宋武公生仲子仲子生而有文在其手曰爲魯夫人故仲子歸于我生桓公而惠公薨是以隱公立而奉之

經元年春王正月○三月公及邾儀父盟于蔑○夏五月鄭伯克段于鄢○秋七月天王使宰咺來歸惠公仲子之賵○九月及宋人盟于宿○冬十有二月祭伯來○公子益師卒

傳元年春王周正月不書卽位攝也○三月公及邾儀父盟于蔑邾子克也未王命故不書爵曰儀父貴之也公攝位而欲求好於邾故爲蔑之盟○夏四月費伯帥師城郎不書非公命也○初鄭武公娶于申曰武姜生莊公及共叔段莊公寤生驚姜氏故名曰寤生遂惡之愛共叔段欲立之亟請於武公公弗許及莊公卽位爲之請制公曰制巖邑也虢叔死焉佗邑唯命請京使居之謂之京城大叔祭仲曰都城過百雉國之害也先王之制大都不過參國之一中五之一小九之一今京不度非制

春秋左傳 隱公元年 一

《春秋左传》书影

者捕逐之。独梁王所欲杀大臣十余人，文吏穷本之，谋反端颇见。太后不食，日夜泣不止。景帝甚忧之，问公卿大臣，大臣以为遣经术吏往治之，乃可解。于是遣田叔、吕季主往治之。此二人皆通经术，知大礼。来还，至霸昌厩，取火悉烧梁之反辞，但空手来对景帝。景帝曰："何如？"对曰："言梁王不知也。造为之者，独其幸臣羊胜、公孙诡之属为之耳。谨以伏诛死，梁王无恙也。"景帝喜悦，曰："急趋谒太后。"太后闻之，立起坐餐，气平复。故曰，不通经术知古今之大礼，不可以为三公及左右近臣。少见之人，如从管中窥天也。

听说梁孝王西入京师朝见，进见窦太后，闲下会见时，与景帝都陪坐在窦太后面前，高兴地谈论家私。窦太后对景帝说："我听说殷朝的制度是亲爱兄弟，周朝的制度是尊重祖先，它们的道理是一样的。我过世以后，把梁孝王托付给你。"景帝跪在坐席上挺直身子说："是。"宴罢出去，景帝召集袁盎等精通经术的大臣问道："太后说这样的话，是何意思呢？"大臣们齐声回答说："太后的意思是要立梁孝王为皇上的太子。"景帝追问其中的道理，袁盎等人说："殷朝的制度是亲爱兄弟，是传位给弟弟，周朝的制度是尊重祖先，是传位给儿子。殷朝的传统崇尚质朴，质朴就是效法上天，亲近他们所亲近的人，所以立弟。周朝的传统崇尚文饰，文饰就是效法大地，尊是敬的意思，敬重他的本源，所以立长子。周朝的制度，太子死了，立嫡长孙。殷朝的制度，太子死了，立他的弟弟。"景帝问道："你们的看法怎么样？"大臣们回答说："现在汉朝效法周朝的制度，周朝的制度不是立弟弟，应当立儿子。因此《春秋》根据这一点指责宋宣公。宋宣公辞世后，不立儿子而立他的弟弟。弟弟即位为国君，死后，又把君位归还给他哥哥的儿子。弟弟的儿子争夺君位，认为自己应当接替父亲的君位，就刺杀了宣公的儿子。由于这个缘故国家大乱，祸患不断。所以《春秋》说：'君子遵守崇尚常道，宋国的祸乱是宣公造成的。'我们请求进见太后说明这个道理。"袁盎等人进见窦太后说："太后想立梁孝王，那么梁孝王谢世后，想立谁？"窦太后说："我再立皇帝的儿子。"袁盎等人以宋宣公不立嫡长子，发生祸乱，灾难延续五代而不断绝，小处不忍因而伤害大义的情况告诉太后。太后这才理解了传子的道理，因而感到高兴。随即让梁孝王回到封国。梁孝王听说这种意见出自袁盎等大臣，憎恨他们，派人来刺杀袁盎。袁盎回头望着刺客说："我就是所说的袁将军，你不会认错人吧？"刺客说："就是你！"一剑刺去，丢弃他的剑，剑留在袁盎的身上。查看刺客的剑，是新制造的。询问长安城中制作刀剑的工匠，工匠说："这把剑是梁国的郎官某人定做的。"于是得知线索并发觉了刺客，派使臣抓捕刺客。光是梁孝王要杀的大臣就有十多人，审案的官吏穷本究源，梁孝王谋反的端倪十分明显。窦太后不吃饭，日夜哭泣不止。景帝很忧虑，向公卿大臣询问对策，大臣们认为派遣懂经术的官吏前去处理，才能解除太后的担心。于是派遣田叔、吕季主前去办理这个案件。这两个人都精通经术，懂得大礼。结案回来，到达霸昌厩，一把火将梁孝王谋反的供词统统烧掉，只空手来向景帝汇报。景帝说："怎么样？"二人回答说："梁孝王不知情。参与这件事的，只是他的幸臣羊胜、公孙诡之流罢了。我们谨按法律诛杀了他们，梁孝王平安。"景帝很高兴，说："赶快去进见太后。"窦太后听说，马上坐起来吃饭，心情恢复了平静。所以说，不精通经术，不懂得古今大礼，不可以担任三公及左右近臣。孤陋寡闻的人，如同从管中看天一样。

史记第五十九卷

五宗世家第二十九

孝景皇帝子凡十三人为王，而母五人，同母者为宗亲。栗姬子曰荣、德、阏于。程姬子曰馀、非、端。贾夫人子曰彭祖、胜。唐姬子曰发。王夫人儿姁子曰越、寄、乘、舜。

孝景帝的儿子共有十三人被封为王，他们出自五个母亲，同母生的称为宗亲。栗姬的儿子叫荣、德、阏于。程姬的儿子名叫馀、非、端。贾夫人的儿子叫彭祖、胜。唐姬的儿子叫发。王夫人儿姁的儿子叫越、寄、乘、舜。

河间献王德，以孝景帝前二年用皇子为河间王。好儒学，被服造次必于儒者。山东诸儒多从之游。

河间献王刘德，在孝景帝前元二年以皇子的身份被封为河间王。德喜好儒学，从披挂服饰到言行举止必定仿效儒生。山东的儒生大多都归附他，和他交往。

二十六年卒，子共王不害立。四年卒，子刚王基代立。十二年卒，子顷王授代立。

献王在位二十六年去世，儿子共王不害即位。共王在位四年去世，儿子刚王刘基即位。刚王在位十二年去世，儿子顷王刘授即位。

临江哀王阏于，以孝景帝前二年用皇子为临江王。三年卒，无后，国除为郡。

临江哀王刘阏于，在孝景帝前元二年以皇子的身份被封为临江王。哀王在位三年去世，没有后代，封国废除，改为郡。

临江闵王荣，以孝景前四年为皇太子，四岁废，用故太子为临江王。四年，坐侵庙壖垣为宫，上征荣。荣行，祖于江陵北门。既已上车，轴折车废。江陵父老流涕窃言曰："吾王不反矣！"荣至，诣中尉府簿。中尉郅都责讯王，王恐，自杀。葬蓝田，燕数万衔土置冢上，百姓怜之。

临江闵王刘荣，在孝景帝前元四年被立为皇太子，四年后被废黜，以原太子的身份被封为临江王。四年以后，由于侵占宗庙外空地扩建宫室犯罪，皇帝召荣。荣启程的时候，在江陵北门祭祀路神。既已上车，轴断车废。江陵的父老乡亲流着泪私下说："我们的国王回不来了！"荣到达京师，到中尉府接受审讯。中尉郅都责问他，他害怕，自杀身亡，埋在蓝田。好几万只燕子衔土放在他的坟上，百姓都怜悯他。

荣最长，死无后，国除，地入于汉，为南郡。

荣是景帝年龄最大的儿子，死后没有后代，封国被废，封地收归汉朝，成为南郡。

右三国本王皆栗姬之子也。

上述三个封国的第一代国王都是栗姬的儿子。

鲁共王馀，以孝景前二年用皇子为淮阳王。二年，吴、楚反破后，以孝景前三年徙为鲁王。好治宫室、苑囿、狗马。季年好音。不喜辞辩，为人吃。

鲁共王刘馀，在孝景帝前元二年以皇子的身份被封为淮阳王。第二年，吴、楚等七国叛乱被平以后，在孝景帝前元三年改封为鲁王。鲁王喜爱修建宫室、苑囿、养狗马。晚年爱好音乐，不喜欢辩说，说话口吃。

二十六年卒，子光代为王。初好音舆马；晚节啬，惟恐不足于财。

在位二十六年去世，儿子刘光即位为王。光起初喜爱音乐、车马；晚年变得吝啬，唯恐钱财不够用。

江都易王非，以孝景前二年用皇子为汝南王。吴楚反时，非年十五，有材力，上书愿击吴。景帝赐非将军印，击吴。吴已破，二岁，徙为江都王，治吴故国，以军功赐天子旌旗。元光五年，匈奴大入汉为贼，非上书愿击匈奴，上不许。非好气力，治宫观，招四方豪桀，骄奢甚。

江都易王刘非，在孝景帝前元二年以皇子的身份被封为汝南王。吴、楚等七国叛乱时，非刚十五岁，有才干有力气，上书表示愿意率军攻打吴国。景帝赐给他将军印，率军攻打吴国。吴国被打败后，第二年，改封他为江都王，治理原吴国的封地，因为军功赏赐给他天子旌旗。元光五年，匈奴大规模入侵汉朝边境形成叛乱，非上书表示愿意率军攻打匈奴，皇帝不准许。非喜欢卖弄力气，修建宫殿，招揽四方的英雄豪杰，非常骄奢。

立二十六年卒。子建立为王，七年自杀。淮南、衡山谋反时，建颇闻其谋，自以为国近淮南，恐一日发，为所并，即阴作兵器，而时佩其父所赐将军印，载天子旗以出。易王死未葬，建有所说易王宠美人淖姬，夜使人迎，与奸服舍中。及淮南事发，治党与，颇及江都王建。建恐，因使人多持金钱，事绝其狱。而又信巫祝，使人祷祠妄言。建又尽与其姊弟奸。事既闻，汉公卿请捕治建。天子不忍，使大臣即讯王。王服所犯，遂自杀。国除，地入于汉，为广陵郡。

非在位二十六年去世，儿子刘建即位为王。建在位七年自杀。淮南王、衡山王谋反时，建很清楚他们的图谋。他因为自己的封国接近淮南，唯恐一旦事发，被淮南吞并，就暗中制造兵器，而且经常佩带天子赐给他父亲的将军印，车上载着天子的旌旗外出。易王死了还没有埋葬，建就看上了易王宠爱的美人淖姬，夜里派人把淖姬接到守丧的屋里通奸。等到淮南王谋反的事败露，朝廷惩治淮南王的同党，在很大程度上牵连到江都王建。建害怕，因而派人带很多金钱活动，平息这件讼案。建又相信巫祝，派人祭祀祈祷，编造荒诞的言语。建又和他所有的姊妹通奸。这些事被朝廷知道后，汉朝的公卿大臣请求逮捕建治罪。天子不忍心，派大臣就地审讯他。建承认所犯的罪行后，就自杀了。封国被废，封地收归汉朝，设置为广陵郡。

胶西于王端，以孝景前三年吴楚七国反破后，端用皇子为胶西王。端为人贼戾。又阴痿，一近妇人，病之数月。而有爱幸少年为郎。为郎者顷之与后宫乱，端禽灭之，及杀其子母。数犯上法，汉公卿数请诛端，天子为兄弟之故不忍，而端所为滋甚。有司再请削其国，去太半。端心愠，遂为无訾省。府库坏漏尽，腐财物以巨万计，终不得收徙。令吏毋得收租赋。端皆去卫，封其宫门，从一门出游。数变名姓，为布衣，之他郡国。

胶西于王刘端，在孝景帝前元三年吴、楚等七国叛乱被平定后，端以皇子的身份被封为胶西王。端残暴凶狠，又患阳痿病，一接触女人，就病几个月。他有一个宠幸的少年担任郎官。这个少年不久便和后宫的妃妾通奸，端捕杀了他，并杀了他的儿子和母亲。端屡次触犯朝廷的法令，汉朝的公卿大臣多次请求诛灭端，天子因为兄弟的缘故，不忍心杀他，因此端越发肆无忌惮。主管官员再次请求削减他的封地，于是封地被削减了一大半。端心里怀恨，于是对封国的钱财不再管理。府库损坏漏雨，财物全部腐烂，损失要数以亿计，始终不闻不问。又命令官吏不准征收租赋。端把警卫人员全部撤掉，封闭宫门，只留下一个门供出外游玩。他多次改名换姓，装扮成百姓，到其他郡国去。

相二千石往者，奉汉法以治，端辄求其罪告之，无罪者诈药杀之。所以设诈究变，强足以距谏，智足以饰非。相二千石从王治，则汉绳以法。故胶西小国，而所杀伤二千石甚众。

派往胶西任职的相和二千石官吏，如果按照汉朝的法令治理，端总是寻找他们的过错向朝廷报告，如果找不到罪过，就用欺骗的办法把他们毒死。所以他设骗局的办法穷极多变，强横足以拒绝别人的劝谏，智谋足以掩饰自己的过错。相和二千石的官吏如果按端的命令治理，就会被朝廷绳之以法。因此胶西虽然是小封国，而被杀死和受伤害的二千石官吏却很多。

立四十七年，卒，竟无男代后，国除，地入于汉，为胶西郡。

端在位四十七年去世，最终因为没有儿子继承王位，封国被废除，封地收归汉朝，设置为胶西郡。

右三国本王皆程姬之子也。

上述三个封国的第一代国王都是程姬的儿子。

赵王彭祖，以孝景前二年用皇子为广川王。赵王遂反破后，彭祖王广川，四年，徙为赵王。十五

年，孝景帝崩。彭祖为人巧佞卑谄，足恭而心刻深。好法律，持诡辩以中人。彭祖多内宠姬及子孙。相二千石欲奉汉法以治，则害于王家。是以每相二千石至，彭祖衣皂布衣，自行迎，除二千石舍，多设疑事以作动之，得二千石失言，中忌讳，辄书之。二千石欲治者，则以此迫劫；不听，乃上书告，及污以奸利事。彭祖立五十余年，相二千石无能满二岁，辄以罪去，大者死，小者刑，以故二千石莫敢治，而赵王擅权。使使即县为贾人榷会，入多于国经租税。以是赵王家多金钱，然所赐姬诸子亦尽之矣。彭祖取故江都易王宠姬王建所盗与奸淖姬者为姬，甚爱之。

赵王刘彭祖，在孝景帝前元二年以皇子的身份被封为广川王。赵王遂叛乱败死后，彭祖仍然为广川王。被封为王的第四年，改封为赵王。十五年，孝景帝去世。彭祖为人巧诈奸佞，奉承谄媚，表面上特别谦卑恭敬，内心却刻薄阴毒。彭祖喜好玩弄法律，用诡辩中伤人。彭祖有许多宠爱的姬妾和子孙。相和二千石的官吏想按照汉朝的法律治理，就会伤及赵王家。因而每逢朝廷派的相和二千石官吏到达，彭祖便穿上黑衣扮作奴仆，亲自出迎，清扫二千石官吏的住所，多设惑乱的事引诱他们发表看法，得到二千石官吏的失言，触犯朝廷的禁忌，总是记载下来。二千石的官吏想按照汉朝的法律治理王国，他就以此相威胁；若不听从，他就上书报告，并用奸邪贪财诬陷官吏。彭祖在位五十多年间，相和二千石的官吏没有一人能任满两年的，总是以罪免职，严重的被处死，轻的被判刑，所以二千石的官吏没有人敢按汉朝的法律治事。赵王彭祖专擅大权，派使臣到各县作专利买卖，这种收入比赵国的正常租税收入还多。因此，赵王家里金钱很多，然而赏赐众姬妾的儿子，也都耗光了。彭祖娶了已故江都易王的宠妾，就是被江都王建夺走而通奸的那位淖姬，非常宠爱她。

彭祖不好治宫室、禨祥，好为吏事。上书愿督国中盗贼。常夜从走卒行徼邯郸中。诸使过客以彭祖险陂，莫敢留邯郸。

彭祖不喜欢修建宫室和迷信鬼神，喜爱干官吏做的事。上书朝廷希望亲自督讨国内的盗贼。经常夜里带领走卒在邯郸城里巡逻。各位过往使臣因为彭祖奸诈险恶，不敢在邯郸停留。

其太子丹与其女及同产姊奸。与其客江充有郤。充告丹，丹以故废。赵更立太子。

他的太子丹和自己的女儿及同胞姐姐通奸。丹和他的门客江充有嫌隙，江充告发丹，丹因此被废。赵国改立太子。

中山靖王胜，以孝景前三年用皇子为中山王。十四年，孝景帝崩。胜为人乐酒好内，有子枝属百二十余人。常与兄赵王相非，曰："兄为王，专代吏治事。王者当日听音乐声色。"赵王亦非之，曰："中山王徒日淫，不佐天子拊循百姓，何以称为藩臣！"

中山靖王刘胜，在孝景帝前元三年以皇子的身份被封为中山王。十四年，孝景帝逝世。胜为人喜爱饮酒，好女色，有支属子孙一百二十多人。胜经常与哥哥赵王互相指责，说："哥哥做国王，专门代替官吏治理政事。当国王的人应当天天听音乐，欣赏女色。"赵王也指责他，说："中山王只顾每天淫乐，不帮助天子安抚百姓，怎么可以称为藩臣！"

立四十二年卒，子哀王昌立。一年卒，子昆侈代为中山王。

胜在位四十二年去世，儿子哀王刘昌即位。昌在位一年去世，儿子刘昆侈即位为中山王。

右二国本王皆贾夫人之子也。

上述两个封国的第一代国王都是贾夫人的儿子。

长沙定王发。发之母唐姬，故程姬侍者。景帝召程姬，程姬有所辟，不愿进，而饰侍者唐儿使夜进。上醉不知，以为程姬而幸之，遂有身。已乃觉非程姬也。及生子，因命曰发。以孝景前二年用皇子为长沙王。以其母微，无宠，故王卑湿贫国。

长沙定王刘发。发的母亲唐姬，原来是程姬的侍女。景帝夜间召幸程姬，程姬正在月经期，不愿进侍，便让侍女唐儿化装打扮，夜间去侍奉景帝。景帝酒醉辨认不清，以为是程姬就跟她同床，于是怀了孕。事后发觉不是程姬。等到生下儿子，因而起名叫发。发在孝景帝前元二年以皇子的身份被封为长沙王。因为他的母亲地位低，不受宠幸，所以被封在低湿贫困的地方为王。

立二十七年卒。子康王庸立，二十八年卒。子鲋鮈立为长沙王。

发在位二十七年去世，儿子康王刘庸即位。庸在位二十八年去世，儿子刘鲋鮈即位为长沙王。

右一国本王唐姬之子也。

上述一个封国的第一代国王是唐姬的儿子。

广川惠王越，以孝景中二年用皇子为广川王。

广川惠王刘越，在孝景帝中元二年以皇子的身份被封为广川王。

十二年卒，子齐立为王。齐有幸臣桑距，已而有罪。欲诛距，距亡，王因禽其宗族。距怨王，乃上书告王齐与同产奸。自是之后，王齐数上书告言汉公卿及幸臣所忠等。

越在位十二年去世，儿子刘齐即位为王。齐有个幸臣叫桑距。不久桑距犯罪，齐想诛杀桑距，桑距逃跑，齐因而逮捕了他的家族。桑距恨齐，于是上书告齐和同胞姐妹通奸。从此以后，齐多次上书控告汉朝的公卿及宠臣所忠等人的罪行。

胶东康王寄，以孝景中二年用皇子为胶东王。二十八年卒。淮南王谋反时，寄微闻其事，私作楼车镞矢，战守备，候淮南之起。及吏治淮南之事，辞出之。寄于上最亲，意伤之，发病而死，不敢置后，于是上闻。寄有长子者名贤，母无宠；少子名庆，母爱幸，寄常欲立之，为不次，因有过，遂无言。上怜之，乃以贤为胶东王，奉康王嗣；而封庆于故衡山地，为六安王。

胶东康王刘寄，在孝景帝中元二年以皇子的身份被封为胶东王。寄在位二十八年去世。淮南王谋反时，寄略微听到这件事，就暗中制造楼车、镞矢，做攻守准备，等待淮南王发难。等到后来朝廷官吏审讯淮南王叛乱的事，供词中涉及到寄。寄和皇帝的关系很亲密，内心对此深感内疚痛苦，患病而死，不敢安排继承人，于是皇上知道这个情况。寄有长子名叫贤，他母亲不受宠幸；少子名叫庆，他母亲受宠幸，寄曾经想立庆为继承人，因为不合即位的次序，又由于自己有罪过，就没敢提出来。皇帝可怜他，于是封贤为胶东王，作为康王的继承人，把庆封在原衡山王的封地，称六安王。

胶东王贤立十四年卒，谥为哀王。子庆为王。

胶东王刘贤在位十四年去世，谥号为哀王。儿子刘建即位为王。

六安王庆，以元狩二年用胶东康王子为六安王。

六安王刘庆，在元狩二年以胶东康王儿子的身份被封为六安王。

清河哀王乘，以孝景中三年用皇子为清河王。十二年卒，无后，国除，地入于汉，为清河郡。

清河哀王刘乘，在孝景帝中元三年以皇子的身份被封为清河王。乘在位十二年去世，没有后代，封国被废除，封地收归汉朝，设置为清河郡。

常山宪王舜，以孝景中五年用皇子为常山王。舜最亲，景帝少子，骄怠多淫，数犯禁，上常宽释之。立三十二年卒，太子勃代立为王。

常山宪王刘舜，在孝景帝中元五年以皇子的身份被封为常山王。舜和皇帝的关系最亲近，是景帝的小儿子，骄横懒怠而且多有淫乱行为，多次违犯禁令，皇帝常常宽恕赦免他。在位三十二年去世，太子刘勃即位为王。

初，宪王舜有所不爱姬生长男棁。棁以母无宠故，亦不得幸于王。王后脩生太子勃。王内多，所幸姬生子平、子商。王后希得幸。及宪王病甚，诸幸姬常侍病，故王后亦以妒媢不常侍病，辄归舍。医进药，太子勃不自尝药，又不宿留侍病。及王薨，王后、太子乃至。宪王雅不以长子棁为人数，及薨，又不分与财物。郎或说太子、王后，令诸子与长子棁共分财物，太子、王后不听。太子代立，又不收恤棁。棁怨王后、太子。汉使者视宪王丧，棁自言宪王病时，王后、太子不侍，及薨，六日出舍，太子勃私奸，饮酒，博戏，击筑，与女子载驰，环城过市，入牢视囚。天子遣大行骞验王后及问王勃，请逮勃所与奸诸证左，王又匿之。吏求捕，勃大急，使人致击笞掠，擅出汉所疑囚者。有司请诛宪王后脩及王勃。上以脩素无行，使棁陷之罪，勃无良师傅，不忍诛。有司请废王后脩，徙王勃以家属处房陵，上许之。

当初，宪王舜有个不受宠爱的妃子生下长子棁。棁由于母亲不受宠爱的缘故，也得不到宪王的喜欢。王后脩生了太子勃。宪王的妃妾很多，他宠爱的妃子生了儿子平、儿子商，王后很少与宪王同房。等到宪王病重时，那些被宠幸的爱妾常在身边侍奉，所以王后也由于嫉妒不常去问病侍奉，总是待在自己的屋里。医生进药，太子勃不亲自尝药，又不留宿侍奉。等到宪王去世，王后与太子才赶到。宪王向来不把棁当儿子看待，等到宪王去世，又不分给他财物。郎官中有人劝太子和王后，让各个儿子和长子棁共同分享财物，太子与王后不听。太子勃即位后，又不收纳抚恤棁。棁怨恨王后和太子。汉朝的使臣来视察宪王的丧事，棁亲自告发宪王病重的时候，王后和太子不侍奉，等到宪王过世，刚六天就离开了守丧的房舍，太子勃私下奸淫，饮酒欢庆，赌博戏耍，击筑奏乐，和女人乘车兜风，绕城墙穿闹市，进入牢房探视囚犯。天子派大行张骞验证王后的作为，并审问常山王勃，请求逮捕所有和勃奸淫的人作证，勃又把她们藏匿起来。官吏搜捕，勃很着急，派人拷打有关人员，并擅自放走朝廷关押的可疑的囚犯。主管官员请求诛杀王后脩和常山王勃。皇帝认为王后脩向来品行不好，使棁告发她犯罪，勃没有好的太师太傅辅佐，所以不忍心诛杀他们。主管官员请求废掉王后脩，把勃和家属迁到房陵，皇帝答应了这一请求。

勃王数月，迁于房陵，国绝。月余，天子为最亲，乃诏有司曰："常山宪王蚤夭，后妾不和，適孽诬争，陷于不义以灭国，朕甚闵焉。其封宪王子平三万户，为真定王；封子商三万户，为泗水王。"

勃当王只有几个月，被贬到房陵，封国取消。一个多月后，天子因为宪王最亲近，于是下诏主管官员说："常山宪王死得早，王后和妃妾不和，嫡子和庶子互相诬告争执，陷于不义，因而使封国灭绝，我很怜悯他。封宪王的儿子平三万户，为真定王；封宪王的儿子商三万户，为泗水王。"

真定王平，元鼎四年用常山宪王子为真定王。

真定王刘平，在元鼎四年以常山宪王儿子的身份被封为真定王。

泗水思王商，以元鼎四年用常山宪王子为泗水王，十一年卒。子哀王安世立，十一年卒，无子。于是上怜泗水王绝，乃立安世弟贺为泗水王。

泗水思王刘商，在元鼎四年以常山宪王儿子的身份被封为泗水王。商在位十一年去世，儿子哀王刘安世即位。安世在位十一年去世，没有儿子。当时天子怜悯泗水王绝后，就立安世的弟弟贺为泗水王。

右四国本王皆王夫人儿姁子也。其后，汉益封其支子为六安王、泗水王二国。凡儿姁子孙，于今为六王。

上述四个封国的第一代国王都是王夫人儿姁的儿子。后来汉朝增封她的支属子孙为六安、泗水两国国王。总计儿姁的子孙，到现在有六个封王。

太史公曰：高祖时诸侯皆赋，得自除内史以下，汉独为置丞相，黄金印。诸侯自除御史、廷尉正、博士，拟于天子。自吴、楚反后，五宗王世，汉为置二千石，去"丞相"曰"相"，银印。诸侯独得食租税，夺之权。其后诸侯贫者或乘牛车也。

太史公说：高祖分封的时候，封国的一切赋税都归王侯所有，还可以任命内史以下的官吏，汉朝只为封国派遣丞相，丞相佩带黄金印绶。诸侯王自己任命御史、廷尉正、博士，跟天子相差无几。自从吴、楚等七国叛乱以后，在五宗封王的时代，汉朝为封国派遣二千石以上的官吏，撤除"丞相"改称为"相"，佩带银印绶。诸侯王只能享受租税，剥夺了他们的大权。后来诸侯王中的穷者有的只能乘坐牛车。

史记第六十卷

三王世家第三十

"大司马臣去病昧死再拜上疏皇帝陛下：陛下过听，使臣去病待罪行间。宜专边塞之思虑，暴骸中野无以报，乃敢惟他议以干用事者，诚见陛下忧劳天下，哀怜百姓以自忘，亏膳贬乐，损郎员。皇子赖天，能胜衣趋拜，至今无号位师傅官。陛下恭让不恤，群臣私望，不敢越职而言。臣窃不胜犬马心，昧死愿陛下诏有司，因盛夏吉时定皇子位。唯陛下幸察。臣去病昧死再拜以闻皇帝陛下。"三月乙亥，御史臣光守尚书令奏未央宫。制曰："下御史。"

"大司马臣霍去病冒死再拜上疏皇帝陛下：承蒙陛下错爱，让我霍去病在军中供职。本应专心考虑边防军务，即使战死疆场暴尸荒野也无法报答陛下的恩德，竟然敢越职考虑其他的事来干预执掌政事的人，实在是由于看到陛下为天下的事忧虑操劳，可怜百姓而忘了自己，减少饮食，排斥音乐，裁减郎官。皇子依赖上天保佑，长大成人，已能行趋拜礼节，但至今没有定封号爵位，没有配备师傅官员。陛下谦恭礼让，不体恤骨肉，群臣私下希望早日确定封号，只不敢越职进言。臣私觉得不胜犬马之心，冒死进言，希望陛下下诏主管官员，趁着盛夏吉日早定皇子的封号爵位。希望陛下明察。臣霍去病冒死再拜进奏给皇帝陛下。"三月乙亥日，御史兼尚书令臣霍光上奏未央宫。皇帝下制书说："交给御史办理。"

六年三月戊申朔，乙亥，御史臣光守尚书令丞非，下御史书到，言："丞相臣青翟、御史大夫臣汤、太常臣充、大行令臣息、太子少傅臣安行宗正事昧死上言：大司马去病上疏曰：'陛下过听，使臣去病待罪行间。宜专边塞之思虑，暴骸中野无以报，乃敢惟他议以干用事者，诚见陛下忧劳天下，哀怜百姓以自忘，亏膳贬乐，损郎员。皇子赖天，能胜衣趋拜，至今无号位师傅官。陛下恭让不恤，群臣私望，不敢越职而言。臣窃不胜犬马心，昧死愿陛下诏有司，因盛夏吉时定皇子位。唯愿陛下幸察。'制曰'下御史'。臣谨与中二千石、二千石臣贺等议：古者裂地立国，并建诸侯以承天子，所以尊宗庙重社稷也。今臣去病上疏，不忘其职，因以宣恩，乃道天子卑让自贬以劳天下，虑皇子未有号位。臣青翟、臣汤等宜奉义遵职，愚憧而不逮事。方今盛夏吉时，臣青翟、臣汤等昧死请立皇子臣闳、臣旦、臣胥为诸侯王。昧死请所立国名。"

元狩六年三月戊申朔日，到乙亥日，御史兼尚书令臣霍光、尚书丞非，下批给御史的文书到达，说："丞相臣庄青翟、御史大夫臣张汤、太常臣赵充、大行令臣李息、太子少傅兼宗正职务臣任安冒死上言：大司马霍去病上疏说：'承蒙陛下错爱，使我霍去病在军中任职。本应专心考虑边防军务，即使战死在疆场暴尸荒野也无法报答陛下的恩德，竟敢越职考虑其他的事来干扰执掌政事的官员，只是因为看到陛下为天下的事忧虑操劳，可怜百姓而忘了自己，减少饮食，贬斥音乐，裁减郎官。皇子依赖上天保佑，长大成人，已能行趋拜礼节，但至现在没有封号爵位，没有配备师傅官员。陛下谦恭礼让，不体恤骨肉，群臣私下希望尽快确定封号，但不敢越职进言。臣不胜犬马之心，冒死进言，希望陛下下诏主管官员，趁着盛夏吉日早授皇子的封号爵位。希望陛下明察。'皇帝下达制书说：'交给御史办理。'臣子恭谨地和中二千石、二千石臣公孙贺等讨论：古时分地建国，普遍建立诸侯国以遵奉天子，这是为了尊崇宗庙和社稷。现在臣霍去病上疏，不忘他的职责，用以宣扬陛下的恩德，就称道天子谦让自贬，为天下的事操劳，考虑到皇子未确定封号爵位。臣庄青翟、臣张汤等应奉行道义遵从职责，却愚昧痴呆而没有想起这件事。现在正是盛夏吉日，臣庄青翟、臣张汤等冒死请求立皇子臣闳、臣旦、臣胥为诸侯王。冒死请求他们所封的国名。"

制曰："盖闻周封八百，姬姓并列，或子、男、附庸。《礼》'支子不祭'。云并建诸侯所以重社稷，朕无闻焉。且天非为君生民也。朕之不德，海内未洽，乃以未教成者强君连城，即股肱何劝？其更议以列侯家之。"

皇帝下达制书说："听说周朝分封八百诸侯，姬姓在其中并列，有子爵、男爵、附庸。《礼记》说'庶子不得奉祭宗庙'。说同时封立各个诸侯是为了尊重国家，我没有听过。况且上天并不是为君主而生人民。我没有好的德行，海内还没有安定和睦，就勉强让未完成学业的皇子成为诸侯王，来做地方行政官员的君主，到时左右大臣如何劝导他们呢？重新讨论，以列侯的爵位封赐他们。"

三月丙子，奏未央宫。"丞相臣青翟、御史大夫臣汤昧死言：臣谨与列侯臣婴齐、中二千石二千石臣贺、谏大夫博士臣安等议曰：伏闻周封八百，姬姓并列，奉承天子。康叔以祖考显，而伯禽以周公立，咸为建国诸侯，以相傅为辅。百官奉宪，各遵其职，而国统备矣。窃以为并建诸侯所以重社稷者，四海诸侯各以其职奉贡祭。支子不得奉祭宗祖，礼也。封建使守藩国，帝王所以扶德施化。陛下奉承天统，明开圣绪，尊贤显功，兴灭继绝。续萧文终之后于酂，褒厉群臣平津侯等。昭六亲之序，明天施之属，使诸侯王封君得推私恩分子弟户邑，锡号尊建百有余国。而家皇子为列侯，则尊卑相逾，列位失序，不可以垂统于万世。臣请立臣闳、臣旦、臣胥为诸侯王。"三月丙子，奏未央宫。

三月丙子日，上奏未央宫。"丞相臣庄青翟、御史大夫臣张汤冒死进言：臣等恭谨地和列侯臣婴齐、中二千石、二千石臣公孙贺、谏议大夫博士臣安等商议说：我们听说周朝分封八百诸侯，姬姓在并列，侍奉天子。康叔凭借祖父和父亲显贵，伯禽凭借周公受封，他们均是建国的诸侯，以傅相为辅佐。百官奉行法令，各自承担他们的职责，国家的统绪就完备了。我们认为同时封立各个诸侯之所以是尊重社稷，是由于天下的诸侯各按他们的职责，向天子进献贡物和祭品。庶子不得奉祭宗庙，是礼制所规定的。分封土地建立诸侯，让他们各自守卫藩国，正是帝王用来扶植道统，推行教化的措施。陛下奉承天意统治天下，光大先圣未竟的事业，使贤者尊贵，有功者显赫，使灭亡的封国复兴，使断绝后代的封国得以延续。把萧文终侯的后代续封在酂县，褒美奖励平津侯等群臣。昭示六亲的尊卑次序，说明上天施恩的范围，使得诸侯王封君能够推广私恩分户邑给所有的子弟，赐给尊号建立一百多个封国。而却以皇子作为列侯，使尊卑互相逾越，名位失去次序，不能为子孙后代留下万世遵守的法则。臣子们请求立臣闳、臣旦、臣胥为诸侯王。”三月丙子日，奏书上呈给未央宫。

制曰：“康叔亲属有十而独尊者，褒有德也。周公祭天命郊，故鲁有白牡、骍刚之牲，群公不毛，贤不肖差也。‘高山仰之，景行向之’，朕甚慕焉。所以抑未成，家以列侯可。”

皇帝下达制书说：“康叔兄弟十人而只有他尊贵，是褒奖有德者的缘故。周公被特许在郊外祭祀天神，所以鲁国有白毛公畜、赤毛牛的祭牲。其他的公侯用毛色不纯的祭牲，这是贤者和不肖者的差别。‘高尚的道德令人仰慕，正大光明的行为令人向往’，我非常敬仰他们。所以压制学业未成的皇子，封他们为列侯就可以了。”

四月戊寅，奏未央宫。“丞相臣青翟、御史大夫臣汤昧死言：臣青翟等与列侯、吏二千石、谏大夫、博士臣庆等议：昧死奏请立皇子为诸侯王。制曰：‘康叔亲属有十而独尊者，褒有德也。周公祭天命郊，故鲁有白牡、骍刚之牲。群公不毛，贤不肖差也。“高山仰之，景行向之”，朕甚慕焉。所以抑未成，家以列侯可。’臣青翟、臣汤、博士臣将行等伏闻康叔亲属有十，武王继体，周公辅成王，其八人皆以祖考之尊建为大国。康叔之年幼，周公在三公之位，而伯禽据国于鲁，盖爵命之时，未至成人。康叔后扞禄父之难，伯禽殄淮夷之乱。昔五帝异制，周爵五等，春秋三等，皆因时而序尊卑。高皇帝拨乱世反诸正，昭至德，定海内，封建诸侯，爵位二等。皇子或在襁褓而立为诸侯王，奉承天子，为万世法则，不可易。陛下躬亲仁义，体行圣德，表里文武。显慈孝之行，广贤能之路。内褒有德，外讨强暴。极临北海，西溱月氏，匈奴、西域，举国奉师。舆械之费，不赋于民。虚御府之藏以赏元戎，开禁仓以振贫穷，减戍卒之半。百蛮之君，靡不乡风，承流称意。远方殊俗，重译而朝，泽及方外。故珍兽至，嘉谷兴，天应甚彰。今诸侯支子封至诸侯王，而家皇子为列侯，臣青翟、臣汤等窃伏孰计之，皆以为尊卑失序，使天下失望，不可。臣请立臣闳、臣旦、臣胥为诸侯王。”四月癸未，奏未央宫，留中不下。

汉武帝宠姬李夫人像。李夫人生皇子刘旦、齐胥，二人分别被封为燕王和广陵王。

四月戊寅日，奏书呈上给未央宫。“丞

相臣庄青翟、御史大夫臣张汤冒死进言：臣庄青翟等和列侯、二千石的官吏、谏议大夫、博士臣庆等商议：冒死上奏请立皇子为诸侯王。皇帝下制书说：‘康叔兄弟十人而只有他尊贵，是褒奖有德者的原因。周公被特许在郊外祭祀天神，所以鲁国有白毛公畜、赤毛牛的祭牲。其他的公侯用毛色不纯的祭牲，这是贤者和不肖者的差别。高尚的道德令人仰慕，正大光明的行为令人向往，我非常敬仰他们。所以为压制学业未成的皇子，封他们为列侯就可以了。’臣庄青翟、臣张汤、博士臣将行等听说康叔兄弟十人，武王继承王位，周公辅佐成王，其他八人都由于祖父和父亲的尊贵建为大国。康叔年幼，周公身居三公的职位，而伯禽封在鲁国，大概授予爵位的时候，还没有成年。后来康叔都能抵御禄父的灾难，伯禽能消灭淮夷的叛乱。以前五帝的制度不同，周朝的爵位五等，春秋时代三等，都是根据时代不同而安排尊卑高低的。高皇帝拨乱反正，昭示最高的德行，平定海内，分封诸侯，爵位分为二等。皇子有的还在襁褓中而封为诸侯王，供奉拥戴天子，作为万世的法则，不可改变。陛下躬行仁义，亲自传播圣德，文治武功互相配合。表彰慈爱孝敬的行为，广开荐进贤能的道路。对内褒奖有德的人，对外讨伐强暴的人。北边临到北海，西边迫近月氏，匈奴、西域，都举国供奉效法。车舆武器的费用，不向百姓征收。尽皇家府库所藏奖励将士，打开宫禁的仓库赈济百姓，裁减一半戍卒。百蛮的君长，无不羡慕汉朝的风俗文化，接受汉朝的教化而符合朝廷旨意。远方风俗特殊的民族，不辞辗转翻译前来朝拜，皇上的恩泽施及域外。所以珍禽异兽送来，嘉禾生长，五谷丰收，上天的感应十分明显。如今诸侯王的庶子封至诸侯王，而皇子却封为列侯。臣庄青翟、臣张汤等私下反复商议，都认为尊卑失序，使天下的百姓失望，不能这样。臣请求立臣闳、臣旦、臣胥为诸侯王。”四月癸未日，奏书呈上未央宫。奏章留在宫中没有批示下达。

“丞相臣青翟、太仆臣贺、行御史大夫事太常臣充、太子少傅臣安行宗正事昧死言：臣青翟等前奏大司马臣去病上疏言，皇子未有号位，臣谨与御史大夫臣汤、中二千石、二千石、谏大夫、博士臣庆等昧死请立皇子臣闳等为诸侯王。陛下让文武，躬自切，及皇子未教。群臣之议，儒者称其术，或悖其心。陛下固辞弗许，家皇子为列侯。臣青翟等窃与列侯臣寿成等二十七人议，皆曰以为尊卑失序。高皇帝建天下，为汉太祖，王子孙，广支辅。先帝法则弗改，所以宣至尊也。臣请令史官择吉日，具礼仪上，御史奏舆地图，他皆如前故事。”制曰：“可。”

“丞相臣庄青翟、太仆臣公孙贺、代行御史大夫事太常臣赵充、太子少傅兼宗正事臣任安冒死进言：臣庄青翟等以前呈奏大司马霍去病的上疏说，皇子未封号爵位，臣等恭谨地和御史大夫臣张汤、中二千石、二千石、谏议大夫、博士臣庆等冒死请求立皇子臣闳等为诸侯王。陛下谦让自己的文治武功，责己很恳切，谈到皇子学业未成。群臣的建议，儒者表面上称赞他们的学说，有的却和内心相违背。陛下坚决推辞，不允许，只准封皇子为列侯。臣庄青翟等私下和列侯臣萧寿成等二十七人商议，都觉得这样尊卑失序。高皇帝创建汉朝，为汉太祖，封子孙为王，扩大皇族的影响。先帝的法则不加改变，是要用来显扬先帝至尊。臣请求让史官选择吉日，开列礼仪奏上，让御史呈上地图，其他都照过去的惯例。”皇帝下达制书说：“可以”。

四月丙申，奏未央宫。“太仆臣贺行御史大夫事昧死言：太常臣充言卜入四月二十八日乙巳，可立诸侯王。臣昧死奏舆地图，请所立国名。礼仪别奏。臣昧死请。”

四月丙申日，上奏未央宫。“太仆代理御史大夫职务臣公孙贺冒死进言：太常臣赵充说通过占卜认为四月二十八日乙巳，可以立诸侯王。臣冒死进呈地图，请为所立的封国命名。礼仪另行上奏。臣冒死请求。”

制曰：“立皇子闳为齐王，旦为燕王，胥为广陵王。”

皇帝下达制书说：“立皇子闳为齐王，旦为燕王，胥为广陵王。”

四月丁酉，奏未央宫。六年四月戊寅朔，癸卯，御史大夫汤下丞相，丞相下中二千石，二千石下郡太守、诸侯相，丞书从事下当用者。如律令。

四月丁酉日，上奏未央宫。元狩六年四月戊寅日，到癸卯日，御史大夫张汤将批示下达丞相，丞相下达中二千石，二千石下达郡太守、诸侯相，丞书从事下达有关办事人员。按照法令行事。

“维六年四月乙巳，皇帝使御史大夫汤庙立子闳为齐王。曰：于戏，小子闳，受兹青社！朕承祖考，维稽古建尔国家，封于东土，世为汉藩辅。于戏念哉！恭朕之诏，惟命不于常。人之好德，克明

显光;义之不图,俾君子怠。悉尔心,允执其中,天禄永终。厥有愆不臧,乃凶于而国,害于尔躬。于戏,保国艾民,可不敬与!王其戒之。”

“元狩六年四月乙巳日,皇帝让御史大夫张汤在太庙立皇子刘闳为齐王。圣旨说:‘呜呼!儿子闳,接受这包青色的社土!我继承祖先的基业,根据古代的制度封给你国家,封在东方,世世代代成为汉朝的藩臣辅佐。呜呼,你要念念不忘啊!恭敬地接受我的诏命,要想到天命不是固定不变的。人能爱好善德,才能显扬光明,若不追求德义,就会使辅臣懈怠离心。竭尽你的心力,不偏不倚地把握中正的道路,就会永保天禄。如果有罪过,不行善,就会危害你的国家,伤害你自身。呜呼,保卫国家养护百姓,能不恭敬谨慎吗!齐王你要警惕。”

右齐王策。

以上是封齐王的策文。

“维六年四月乙巳,皇帝使御史大夫汤庙立子旦为燕王。曰:于戏,小子旦,受兹玄社!朕承祖考,维稽古建尔国家,封于北土,世为汉藩辅。于戏!荤粥氏虐老兽心,侵犯寇盗,加以奸巧边萌。于戏!朕命将率徂征厥罪,万夫长,千夫长,三十有二君皆来,降期奔师。荤粥徙域,北州以绥。悉尔心,毋作怨,毋俷德,毋乃废备。非教士不得从征。于戏,保国艾民,可不敬与!王其戒之。”

“元狩六年四月乙巳日,皇帝让御史大夫张汤在太庙立皇子刘旦为燕王。圣旨说:‘呜呼!儿子旦,接受这包黑色的社土!我继承祖先的帝业,根据古代的制度封给你国家,封在北方,世世代代成为汉朝的藩臣辅佐!呜呼!匈奴虐待老人,心如禽兽,侵犯掠夺,加以奸诈用巧计欺骗边民。呜呼!我命令将军讨伐它的罪行,统率万人的万夫长,统率千人的千夫长,三十二位君长都来归降,偃旗息鼓,军队逃跑。匈奴迁徙到了沙漠以北,北方州郡因此安定。竭尽你的心力,不要制造怨仇,不要做败坏道德的事,不要荒废战备。不习礼仪的人不得召在身边使用。呜呼,保卫国家养护百姓,能不恭敬谨慎吗!燕王你要警惕。’”

右燕王策。

以上是封燕王的策文。

“维六年四月乙巳,皇帝使御史大夫汤庙立子胥为广陵王。曰:于戏,小子胥,受兹赤社!朕承祖考,维稽古建尔国家,封于南土,世为汉藩辅。古人有言曰:‘大江之南,五湖之间,其人轻心。杨州保疆,三代要服,不及以政。’于戏!悉尔心,战战兢兢,乃惠乃顺,毋侗好轶,毋迩宵人,维法维则。《书》云‘臣不作威,不作福’,靡有后羞。于戏,保国艾民,可不敬与!王其戒之。”

“元狩六年四月乙巳日,皇上让御史大夫张汤在太庙立皇子胥为广陵王。圣旨说:‘呜呼!儿子胥,接受这包赤色的社土!我继承祖先的帝业,根据古代的制度封给你国家,封在南方,世世代代成为汉朝的藩臣辅佐。古人有话说:大江以南,五湖一带,那里的人民轻浮。杨州是保卫中原的边疆,三代的时候距离京师很远,政教不能到达。呜呼!竭尽你的能力,要小心谨慎,对百姓施恩惠,百姓才会顺从,不要童蒙无知,不要放荡贪图安逸,不要接近小人,一切按照法令行事。《尚书》说:‘臣子对百姓不作威,不作福’,这样就不会有后辱。呜呼,保卫国家养护百姓,能不恭敬谨慎吗!广陵王你要警惕。”

右广陵王策。

以上是封广陵王的策文。

太史公曰:古人有言曰“爱之欲其富,亲之欲其贵”。故王者壃土建国,封立子弟,所以褒亲亲,序骨肉,尊先祖,贵支体,广同姓于天下也。是以形势强而王室安。自古至今,所由来久矣。非有异也,故弗论箸也。燕齐之事,无足采者。然封立三王,天子恭让,群臣守义,文辞烂然,甚可观也,是以附之世家。

太史公说:古人有话说“爱他就想使他富有,亲他就想使他尊贵”。所以帝王分土建国,封立子弟,用来褒扬亲族,次序骨肉,尊崇祖先,显贵皇族,使同姓的人散布于天下。因而形成强势,而王室安宁。从古到今,由来很久了。没有什么特殊的地方,所以没必要论述记载。燕王、齐王的事迹,不值得采录。然而封立三王,天子谦恭礼让,群臣坚守道义,文辞粲然华美,很值得观赏,所以附在世家里。

褚先生曰:臣幸得以文学为侍郎,好览观太史公之列传。传中称《三王世家》文辞可观,求其世家终不能得。窃从长老好故事者取其封策书,编列其事而传之,令后世得观贤主之指意。

褚先生说:我很幸运能够凭借文学成为郎官,喜爱阅读太史公的列传。传中说《三王世家》文辞可观,但寻觅这篇世家始终没有得到。私下从喜欢旧事的长老那里得到他们保存的封策书,把这些事迹编写出来传下去,让后人能够看到贤主的旨意。

盖闻孝武帝之时,同日而俱拜三子为王:封一子于齐,一子于广陵,一子于燕。各因子才力智能,及土地之刚柔,人民之轻重,为作策以申戒之。谓王:"世为汉藩辅,保国治民,可不敬与!王其戒之。"夫贤主所作,固非浅闻者所能知,非博闻强记君子者所不能究竟其意。至其次序分绝,文字之上下,简之参差长短,皆有意,人莫之能知。谨论次其真草诏书,编于左方,令览者自通其意而解说之。

听说孝武帝的时候,同一天把三个皇子都封为王:封一个皇子为齐王,一个皇子为广陵王,一个皇子为燕王。根据皇子各自的才力智能,以及土地的贫瘠和肥沃,百姓的轻浮和庄重,为他们作策文来告诫。对被封的三王说:"世世代代成为汉朝的藩臣辅佐,保卫国家养护百姓,能不恭敬谨慎吗!诸王你们要警惕。"贤主写的策文,本来不是孤陋寡闻的人所能理解的,不是知识渊博的君子根本不能理解它的深邃含义。至于策文的次序分段,文字的斟酌,书简的参差长短,都有寓意,人们都不能知道。谨论定有关的真草诏书,编次在下边,让读者自己钻研它的意思从而加以解释。

王夫人者,赵人也,与卫夫人并幸武帝,而生子闳。闳且立为王时,其母病,武帝自临问之。曰:"子当为王,欲安所置之?"王夫人曰:"陛下在,妾又何等可言者。"帝曰:"虽然,意所欲,欲于何所王之?"王夫人曰:"愿置之雒阳。"武帝曰:"雒阳有武库敖仓,天下冲厄,汉国之大都也。先帝以来,无子王于雒阳者。去雒阳,余尽可。"王夫人不应。武帝曰:"关东之国无大于齐者。齐东负海而城郭大,古时独临淄中十万户,天下膏腴地莫盛于齐者矣。"王夫人以手击头,谢曰:"幸甚。"王夫人死而帝痛之,使使者拜之曰:"皇帝谨使使太中大夫明奉璧一,赐夫人为齐王太后。"子闳王齐,年少,无有子,立,不幸早死,国绝,为郡。天下称齐不宜王云。

王夫人,是赵国人,和卫夫人都受武帝的宠爱,而生了儿子闳。闳将立为王的时候,他母亲患病,武帝亲自前去问她,说:"儿子应当封王,你想把他封在哪里?"王夫人说:"有陛下在,我又有什么话可说。"武帝说:"尽管如此,就你的意思来说,想把他封在什么地方做王?"王夫人说:"希望把他封在洛阳。"武帝说:"洛阳有武库、敖仓,是天下的要冲地区,是汉朝的大都城。先帝以来,没有皇子封在洛阳为王的。除去洛阳,其他地区都可以。"王夫人不答应。武帝说:"关东的封国没有比齐国更大的。齐国东边靠海,而且城市大,古时只有临淄城拥有十万户,天下肥沃的土地再没有比齐国多的了。"王夫人用手击头,感谢说:"好极了。"王夫人病逝,武帝非常哀痛,派使臣祭拜她说:"皇帝谨派使臣太中大夫明捧璧玉一块,赐夫人为齐王太后。"皇子闳封为齐王,年纪小,没有儿子,立为齐王以后,不幸早死,封国废除,改设为郡。天下的人都说齐地不宜封王。

所谓"受此土"者,诸侯王始封者必受土于天子之社,归立之以为国社,以岁时祠之。《春秋大传》曰:"天子之国有泰社。东方青,南方赤,西方白,北方黑,上方黄。"故将封于东方者取青土,封于南方者取赤土,封于西方者取白土,封于北方者取黑土,封于上方者取黄土。各取其色物,裹以白茅,封以为社。此始受封于天子者也。此之为主土。主土者,立社而奉之也。"朕承祖考",祖者先也,考者父也。"维稽古",维者度也,念也,稽者当也,当顺古之道也。

所谓"受此土"的意思,诸侯王开始受封时,一定要受土于天子的泰社,拿到封国建立自己的国社,每年按时祭祀它。《春秋大传》说:"天子的国家有泰社。东方为青色,南方为赤色,西方为白色,北方为黑色,中央为黄色。"所以将封于东方的诸侯王取青土,封于南方的诸侯王取赤土,封于西方的诸侯王取白土,封于北方的诸侯王取黑土,封于中央的诸侯王取黄土。各自取自己的色土,用白茅草包裹起来,封好堆土建成国社。这就是开始受封于天子的诸侯王。这叫做主土。主土,要建立社坛祭祀它。"朕承祖考"的意思,"祖"是指祖先,"考"是先父。"维稽古"的意思,"维"是忖度,是考虑,"稽"是应当,即应当顺从古人之道的意思。

齐地多变诈,不习于礼义,故戒之曰"恭朕之诏,唯命不可为常。人之好德,能明显光。不图于

义，使君子怠慢。悉若心，信执其中，天禄长终。有过不善，乃凶于而国，而害于若身”。齐王之国，左右维持以礼义，不幸中年早夭。然全身无过，如其策意。

齐国人多变狡诈，不讲礼仪，所以告诫齐王说“恭敬地遵循我的诏令，要想到天命不是固定不变的。人能爱好善德，才能显扬光明。若不追求德义，就会使辅臣懈怠离心。竭尽你的心力，不偏不倚地把握中正的道路，就会永保天禄。若有罪过，不行善，就会危害你的国家，伤害你自身。”齐王到达封国，左右大臣能用礼义维持朝政，不幸齐王中年早逝。然而他一生没有过错，正如策书所要求的那样。

传曰“青采出于蓝，而质青于蓝”者，教使然也。远哉贤主，昭然独见：诫齐王以慎内；诫燕王以无作怨，无俷德；诫广陵王以慎外，无作威与福。

古书说“青色是从靛蓝提取出来的，而颜色比靛蓝更青”，指的是教化使它这样。有远见啊，贤明的君主，只有他看得这样透彻：告诫齐王对内要谨慎；告诫燕王不要制造仇恨，不要做败坏道德的事；告诫广陵王对外要谨慎，不要作威作福。

夫广陵在吴越之地，其民精而轻，故诫之曰“江湖之间，其人轻心。杨州葆疆，三代之时，迫要使从中国俗服，不大及以政教，以意御之而已。无侗好佚，无迩宵人，维法是则。无长好佚乐驰骋弋猎淫康而近小人。常念法度，则无羞辱矣”。三江、五湖有鱼盐之利，铜山之富，天下所仰。故诫之曰“臣不作福”者，勿使行财币，厚赏赐，以立声誉，为四方所归也。又曰“臣不作威”者，勿使因轻以倍义也。

广陵王在吴、越的故地，那里的百姓精明而轻浮，所以告诫广陵王说：“江湖一带，当地人轻浮。杨州是保卫中原的边疆，三代的时候，迫使他们接受中原的风俗服饰，政教不大能施行，只能用心意驾驭罢了。不要愚昧无知，不要放荡贪图安逸，不要接近小人，一切要按照法规行事。不要好逸乐、驰骋射猎、荒淫无度而接近小人。经常想想法度，就不会有羞辱的事发生了。”三江、五湖有鱼盐的收益，铜山的财富，是天下人羡慕的地方。所以告诫广陵王说“臣不作福”，意思是不要滥用钱财、过多赏赐，以此树立声誉，使四方的人来归附。又说“臣不作威”，意思是不要由于当地人的轻浮而背弃礼义。

会孝武帝崩，孝昭帝初立，先朝广陵王胥，厚赏赐金钱财币，直三千余万，益地百里，邑万户。

恰逢孝武帝逝世，孝昭帝刚即位，首先让广陵王刘胥入朝，赏赐给他很多金钱财物，价值三千多万，并增封土地一百里，食邑一万户。

会昭帝崩，宣帝初立，缘恩行义，以本始元年中，裂汉地，尽以封广陵王胥四子：一子为朝阳侯；一子为平曲侯；一子为南利侯；最爱少子弘，立以为高密王。

适逢昭帝去世，宣帝刚即位，由于骨肉亲情，施行道义，在本始元年中，割出汉朝的辖地，用来封广陵王的四个儿子：一个儿子为朝阳侯；一个儿子为平曲侯；一个儿子为南利侯；最小的儿子弘，立为高密王。

其后胥果作威福，通楚王使者。楚王宣言曰：“我先元王，高帝少弟也，封三十二城。今地邑益少，我欲与广陵王共发兵云，立广陵王为上，我复王楚三十二城，如元王时。”事发觉，公卿有司请行罚诛。天子以骨肉之故，不忍致法于胥，下诏书无治广陵王，独诛首恶楚王。传曰“蓬生麻中，不扶自直；白沙在泥中，与之皆黑”者，土地教化使之然也。其后胥复祝诅谋反，自杀，国除。

以后刘胥果然作威作福，派使臣勾结楚王。楚王宣扬说：“我的祖先元王，是高帝的小弟弟，封地三十二城。现在的封地城邑越来越少，我要和广陵王一起发兵，拥立广陵王为皇上，我恢复楚国的三十二城，像楚元王时那样。”事被发觉，公卿主管官员请求诛杀。天子因为骨肉之亲的缘故，不忍心对胥执法，下诏书不要处治广陵王，只诛杀首恶楚王。古书说“蓬草生长在麻中，不用扶而自然直；白沙处在污泥中，和污泥一样都黑”。指的是水土教化使它这样的。以后胥又祈祷鬼神降灾祸策划叛乱，事发而自杀，封国被废。

燕土墝埆，北迫匈奴，其人民勇而少虑，故诫之曰“荤粥氏无有孝行而禽兽心，以窃盗侵犯边民。朕诏将军往征其罪，万夫长，千夫长，三十有二君皆来，降旗奔师。荤粥徙域远处，北州以安矣”。“悉若心，无作怨”者，勿使从俗以怨望也。“无俷德”者，勿使王背德也。“无废备”者，无乏武备，常

汉宣帝刘询像，选自明万历刻本《三才会图》。

备匈奴也。"非教士不得从征"者，言非习礼义不得在于侧也。

燕国的土地贫瘠，北边接近匈奴，它的人民勇敢而少谋略，因此告诫燕王说"匈奴没有孝行是禽兽心肠，以盗窃侵掠边民为常事。我命令将军征讨它的罪行，统率万人的万夫长，统率千人的千夫长，三十二位君长都来归降，偃旗息鼓，军队溃逃。匈奴迁移到漠北，北方州郡因而安定。""悉若心，无作怨"，是告诫燕王不要随当地的风俗和人结怨仇。"无俷德"，是告诫燕王不要做缺德的事。"无废备"，是告诫燕王不要荒废战备，经常防备匈奴来犯。"非教士不得从征"，是说不讲礼义的人，不许召在身边使用。

会武帝年老长，而太子不幸薨，未有所立，而旦使来上书，请身入宿卫于长安。孝武见其书，击地，怒曰："生子当置之齐鲁礼义之乡，乃置之燕赵，果有争心，不让之端见矣。"于是使使即斩其使者于阙下。

正赶上武帝年老，太子不幸早逝，还没有再立太子，燕王旦派使臣前来上书，请求到长安担任皇宫的宿卫。孝武帝看到他的书信，甩到地上，动怒说："生了儿子应当放在齐鲁礼义之乡，竟将他放在燕赵地区，果然有争夺的野心，不谦让的端倪表现出来了。"于是派人立即把燕王的使臣处死在宫阙下。

会武帝崩，昭帝初立，旦果作怨而望大臣。自以长子当立，与齐王子刘泽等谋为叛逆，出言曰："我安得弟在者！今立者乃大将军子也。"欲发兵。事发觉，当诛。昭帝缘恩宽忍，抑案不扬。公卿使大臣请，遣宗正与太中大夫公户满意、御史二人，偕往使燕，风喻之。到燕，各异日，更见责王。宗正者，主宗室诸刘属籍，先见王，为列陈道昭帝实武帝子状。侍御史乃复见王，责之以正法，问："王欲发兵罪名明白，当坐之。汉家有正法，王犯纤介小罪过，即行法直断耳，安能宽王。"惊动以文法。王意益下，心恐。公户满意习于经术，最后见王，称引古今通义，国家大礼，文章尔雅。谓王曰："古者天子必内有异姓大夫，所以正骨肉也；外有同姓大夫，所以正异族也。周公辅成王，诛其两弟，故治。武帝在时，尚能宽王。今昭弟始立，年幼，富于春秋，未临政，委任大臣。古者诛罚不阿亲戚，故天下治。方今大臣辅政，奉法直行，无敢所阿，恐不能宽王。王可自谨，无自令身死国灭，为天下笑。"于是燕王旦乃恐惧服罪，叩头谢过。大臣欲和合骨肉，难伤之以法。

恰逢武帝逝世，昭帝刚即位，旦果然生气而责备大臣。旦自以为年长应当即位，和齐王的儿子泽等谋划叛乱，扬言说："我哪里有弟弟存在！现今即位的是大将军的儿子。"想要发兵。谋反被发觉，应当处死。昭帝本于骨肉亲情予以宽恕，把案子压下不许张扬，公卿派大臣请求处理，朝廷派宗正和太中大夫公户满意、两位御史，一起前往燕国，规劝燕王。汉使到达燕国，各在不同的时间，依次会见燕王责问他。宗正，是主管刘氏宗室户籍的，他首先会见燕王，为他列举事实，陈述昭帝是武帝儿子的确凿证据。接着侍御史就又去见燕王，用国法责备他，问道："大王想发兵造反，罪状明显，应该治罪。汉朝有明确的大法，封王只要犯了微小的过错，就得依法判处，怎么能宽恕大王！"侍御史用法律条文使他恐惧震动。燕王的情绪逐渐低落，心里害怕。公户满意熟悉儒经的义理，最后会见燕王，他引述古今通义，国家大礼，言辞文雅深刻，对燕王说："古代天子朝内一定有异姓大夫，用来匡正皇族子弟；朝外一定有同姓大夫，用来匡正异姓诸侯。周公辅佐成王，诛杀他的两个弟弟，所以国家太平。武帝在世的时候，还能饶恕大王。现今昭帝刚即位，年纪尚幼，春秋正富，还没有亲自执政，委任大臣治理国家。古代诛杀惩罚不袒护亲戚，所以天下太平。现在大臣辅政，遵照法律率直行事，不敢袒护任何人，恐怕不能饶恕大王。大王可要自己谨慎，不要使自己身死国灭，被天下人耻笑。”于是燕王旦才恐惧认罪，叩头谢过。大臣想使他们骨肉和好，不忍心用法律伤害他。

其后旦复与左将军上官桀等谋反，宣言曰“我次太子，太子不在，我当立，大臣共抑我”云云。大将军光辅政，与公卿大臣议曰：“燕王旦不改过悔正，行恶不变。”于是修法直断，行罚诛。旦自杀，国除，如其策指。有司请诛旦妻子。孝昭以骨肉之亲，不忍致法，宽赦旦妻子，免为庶人。传曰“兰根与白芷，渐之滫中，君子不近，庶人不服”者，所以渐然也。

以后旦又和左将军上官桀等谋反，扬言说：“我的年龄次于太子，太子不在了，我应当即位，大臣们共同压抑我”等等。大将军霍光辅政，和公卿大臣商量说：“燕王旦不悔过自新，仍然作恶不改。”于是按法律直断，执行惩罚诛杀。旦自杀，封国被废，像策文所指出的那样。主管官员请求处死旦的妻子儿女。孝昭帝由于骨肉之亲，不忍心杀他们，宽恕赦免了旦的妻子儿女，把她们贬为平民。古书说“兰根和白芷，把它们浸泡在臭水里，君子就不再接近它们，平民就不再佩带它们”。是浸渍使它们逐渐这样的。

宣帝初立，推恩宣德，以本始元年中尽复封燕王旦两子：一子为安定侯；立燕故太子建为广阳王，以奉燕王祭祀。

宣帝刚即位，广施恩德，在本始元年中又尽封燕王旦的两个儿子：一个儿子封为安定侯；把燕王旦的原太子建封为广阳王，让他供奉燕王的祭祀。

史记第六十一卷

伯夷列传第一

夫学者载籍极博，犹考信于《六艺》。《诗》、《书》虽缺，然虞、夏之文可知也。尧将逊位，让于虞舜。舜、禹之间，岳牧咸荐，乃试之于位，典职数十年，功用既兴，然后授政。示天下重器，王者大统，传天下若斯之难也。而说者曰：尧让天下于许由，许由不受，耻之，逃隐。及夏之时，有卞随、务光者。此何以称焉？太史公曰：余登箕山，其上盖有许由冢云。孔子序列古之仁圣贤人，如吴太伯、伯夷之伦详矣。余以所闻由、光义至高，其文辞不少概见，何哉？

学者们所读的书虽然很多，可还要从《六经》中寻求依据。《诗经》、《尚书》虽然残缺，但是从虞、夏两代的文献中可以得到了解。唐尧将要退位的时候，把帝位让给虞舜，虞舜又让位给夏禹，在这期间，四岳和十二牧也都来推荐，才把他们放在一定的职位上试用，任职几十年，功绩已经建立，然后才授给政权。这表明天下是最贵重的宝器，帝王是最尊贵的地位，传授天下就像这样的艰难啊！但传说唐尧把天下让给许由，许由不肯接受，认为那是一种耻辱，因而隐居起来。到了夏朝的时候，又有卞随、务光这样的隐士。这将从何说明呢？太史公说：我曾经登上箕山，据说山上有许由墓。孔子依次论述古代的仁人、圣人、贤人，像吴太伯、伯夷这些人都很详细了。就我所听到的许由、务光的义气非常高尚，但那文字记载却一点也没见到，为什么呢？

孔子曰：“伯夷、叔齐，不念旧恶，怨是用希。”“求仁得仁，又何怨乎？”余悲伯夷之意，睹轶诗可异焉。其传曰：伯夷、叔齐，孤竹君之二子也。父欲立叔齐，及父卒，叔齐让伯夷。伯夷曰：“父命也。”遂逃去。叔齐亦不肯立而逃之。国人立其中子。于是伯夷、叔齐闻西伯昌善养老，盍往归焉。及至，西伯卒；武王载木主，号为文王，东伐纣。伯夷、叔齐叩马而谏曰：“父死不葬，爰及干戈，可谓孝乎？以臣弑君，可谓仁乎？”左右欲兵之。太公曰：“此义人也。”扶而去之。武王已平殷乱，天下

宗周，而伯夷、叔齐耻之，义不食周粟，隐于首阳山，采薇而食之。及饿且死，作歌。其辞曰：“登彼西山兮，采其薇矣。以暴易暴兮，不知其非矣。神农、虞、夏忽焉没兮，我安适归矣？于嗟徂兮，命之衰矣！”遂饿死于首阳山。由此观之，怨邪非邪？

孔子说：“伯夷、叔齐，不会记挂过去的仇恨，所以怨恨很少。”又说：“祈求仁德便得到仁德，还怨恨什么呢？”我曾深思伯夷的用心，当看到那逸诗之文却感到诧异。他的传记上说：伯夷、叔齐是孤竹君的两个儿子。父亲想立叔齐为国君，到父亲去世以后，叔齐把皇位让给伯夷。伯夷说：“由您继承君位，这是父亲的命令。”于是伯夷逃离了。叔齐也不肯继承君位而逃避了。国都的人只好让孤竹君中间的那个儿子继承君位。正好在这时，伯夷、叔齐听说西伯昌善于尊养老人，心想何不前往归附他呢？当他们到达的时候，西伯已经去世了。周武王载着父亲的神主牌，追尊谥号为周文王，向东去讨伐商纣。伯夷、叔齐挡住武王的马进谏说：“父亲死了不安葬，却要发动战争，可以说是孝顺吗？作为臣子而去杀害君王，可以说是仁义吗？”周武王的下属要杀掉他们。太公望说：“这是有义气的人。”于是扶起来让他们离开。周武王平定了商纣的暴政以后，天下都归顺周朝，但伯夷、叔齐却认为那是可耻的，并坚持气节不吃周朝的粮食，隐居在首阳山，采摘野菜来充饥。直到饿得快死的时候，作了一首歌，那歌词说：“登上那西山啊，采食那里的野菜。用暴臣取代暴君啊，却不知道那是错误的。神农、虞舜、夏禹的时代迅速地消失了，我将终归到哪里呢？唉，死了算啦，命运如此衰薄呀！”终于饿死在首阳山上。由此看来，是怨恨呢，还是不怨恨呢？

或曰：“天道无亲，常与善人。”若伯夷、叔齐，可谓善人者，非邪？积仁絜行如此而饿死！且七十子之徒，仲尼独荐颜渊为好学。然回也屡空，糟糠不厌，而卒蚤夭。天之报施善人，其何如哉？盗跖日杀不辜，肝人之肉，暴戾恣睢，聚党数千人横行天下，竟以寿终，是遵何德哉？此其尤大彰明较著者也。若至近世，操行不轨，专犯忌讳，而终身逸乐，富厚累世不绝。或择地而蹈之，时然后出言，行不由径，非公正不发愤，而遇祸灾者，不可胜数也。余甚惑焉，傥所谓天道，是邪非邪？

有人说：“天道大公无私，经常帮助好人。”像伯夷、叔齐，可以说是好人或者又不是呢？他们这样地积聚仁德、端正行为，但是终于饿死。再说七十位门徒当中，孔夫子只举荐颜渊是好学的人。但颜渊常常困穷，连最粗劣的食物都吃不饱，而终于早死。老天报应好人，到底是怎样的呢？盗跖天天杀害无辜者，吃人的肉，残暴放纵，聚集同伙几千人，横行乡里，反而享尽天年。这遵循的是什么德行呢？这些是特别重大显明的例子。如果说到近代，那些行为不正，专门违法犯禁的人，却终身安逸快乐，富贵丰厚，历代不断。有的人选择地方来行走，适当的时候才说话，不走邪门歪道，不是公正的事情不发奋去做，反而遭遇灾祸的，简直数也数不完。我非常困惑，如果这就叫做天道，那么是对呢，还是错呢？

子曰：“道不同，不相为谋。”亦各从其志也。故曰：“富贵如可求，虽执鞭之士，吾亦为之。如不可求，从吾所好。”“岁寒，然后知松柏之后凋。”举世混浊，清士乃见。岂以其重若彼，其轻若此哉？

孔子说“思想主张不同，不能一起谋事”，也只好各自依从自己的志向。因此说“富贵如果能寻求的话，即使赶车的角色，我也愿意充当。如果不能寻求，只好顺从我的爱好”；“天时寒冷，才知道松柏是最后凋谢的”。全社会混浊，清高的人才显现出来。难道因为那重视富贵的是那样，那轻视富贵的是这样吗？

“君子疾没世而名不称焉。”贾子曰：“贪夫徇财，烈士徇名，夸者死权，众庶冯生。”“同明相照，同类相求。”“云从龙，风从虎，圣人作而万物睹。”伯夷、叔齐虽贤，得夫子而名益彰；颜渊虽笃学，附骥尾而行益显。岩穴之士，趣舍有时；若此类名堙灭而不称，悲夫！闾巷之人，欲砥行立名者，非附青云之士，恶能施于后世哉？

“君子遗恨的是死后名声不能流传。”贾谊说：“贪心人为财而死，有志功业的人为名献身，热中权势的人为权势而卖命，平民百姓只管生存。”“同样明亮的事物互相照映，同类性质的事物相互影响。”“云随着龙吟而飞，风随着虎啸而吼，圣人出现以后一切事物更加显著。”伯夷、叔齐尽管贤明，也靠孔夫子的赞扬而名声更加昭彰。颜渊尽管好学，也只有跟随孔子而行为更加显赫。隐居山野的人，或进取或隐退，都是有时机的，如果这些人的声名埋没而不称扬，那就可悲啊！居住乡里的人，想要砥砺德行、树立名声的，如果不附腾达的人，又怎能流传声名于后世呢？

史记第六十二卷

管晏列传第二

管仲夷吾者，颍上人也。少时常与鲍叔牙游，鲍叔知其贤。管仲贫困，常欺鲍叔，鲍叔终善遇之，不以为言。已而鲍叔事齐公子小白，管仲事公子纠。及小白立为桓公，公子纠死，管仲囚焉。鲍叔遂进管仲。管仲既用，任政于齐，齐桓公以霸，九合诸侯，一匡天下，管仲之谋也。

管仲名夷吾，是颍上人。年轻时经常同鲍叔牙交游，鲍叔牙知道管仲贤能。管仲因为贫困，曾经欺骗鲍叔牙，鲍叔牙一直友好地对待他，从不提起过去的事。后来鲍叔牙侍奉齐公子小白，管仲侍奉公子纠。到了小白即位成为齐桓公，公子纠死了，管仲被囚禁，鲍叔牙就推荐管仲。管仲被任用后，在齐国掌管政务，齐桓公因此而称霸，多次会合诸侯，一度匡正天下，靠的是管仲的计策。

管仲曰："吾始困时，尝与鲍叔贾，分财利多自与，鲍叔不以我为贪，知我贫也。吾尝为鲍叔谋事而更穷困，鲍叔不以我为愚，知时有利不利也。吾尝三仕三见逐于君，鲍叔不以我为不肖，知我不遭时也。吾尝三战三走，鲍叔不以我为怯，知我有老母也。公子纠败，召忽死之，吾幽囚受辱，鲍叔不以我为无耻，知我不羞小节而耻功名不显于天下也。生我者父母，知我者鲍子也。"

管仲说："当初我贫困时，曾经和鲍叔牙一起做生意，分配钱财时自己多得，鲍叔牙不认为我贪财，因为他知道我贫困。我曾替鲍叔牙谋事，反而使他更加艰难，鲍叔牙不认为我蠢，因为他知道时机有利也有不利的时候。我曾经几次做官几次都被君王罢免，鲍叔牙不认为我没有才能，因为他知道我没有碰上恰当的时机。我曾经几次打仗几次败退，鲍叔牙不认为我胆怯，因为他知道我有个老母亲。公子纠失败以后，召忽为此自杀，我被囚遭辱，鲍叔牙不认为我无耻，因为他知道我不会因为小节而感到羞辱，而是以功名不能发扬于天下为可耻。生育我的是父母，了解我的是鲍叔。"

鲍叔既进管仲，以身下之。子孙世禄于齐，有封邑者十余世，常为名大夫。天下不多管仲之贤而多鲍叔能知人也。

鲍叔牙推荐管仲以后，使自身屈身处在管仲之下听从指挥。他子孙世世代代在齐国享受俸禄，有封邑的经过了十几代，常常有人成为有名的大夫。天下人不称道管仲的贤能，而称道鲍叔牙能知人善任。

管仲像，春秋时期政治家，出自清·顾沅辑《古圣贤像传略》。

管仲既任政相齐，以区区之齐在海滨，通货积财，富国强兵，与俗同好恶。故其称曰："仓廪实而知礼节，衣食足而知荣辱，上

服度则六亲固。四维不张，国乃灭亡。下令如流水之原，令顺民心。”故论卑而易行。俗之所欲，因而予之；俗之所否，因而去之。

管仲做了齐相掌管政务以后，利用小小的齐国处在东海之滨的条件，通过流通货物、积累资财，使国家富裕、军队强大，符合人民的爱恨愿望。因此他说：“仓库充实，人民就懂得礼节；衣食丰足，人民就懂得荣辱；在上位的人遵守法度，上下左右就团结一致；如果礼义廉耻得不到张扬，国家就会灭亡；发布命令如同流水自有源头，要让它能顺应心。”所以政令切合下情就容易实行。百姓需要的，就顺其发展给予满足；百姓不需要的，就顺从愿望加以废除。

其为政也，善因祸而为福，转败而为功。贵轻重，慎权衡。桓公实怒少姬，南袭蔡，管仲因而伐楚，责包茅不入贡于周室。桓公实北征山戎，而管仲因而令燕修召公之政。于柯之会，桓公欲背曹沫之约，管仲因而信之，诸侯由是归齐。故曰：“知与之为取，政之宝也。”

管仲处理政务，善于化灾难为福利，变失败为成功。能够重视事物的轻重缓急，并谨慎地权衡事物的利弊得失。齐桓公本来是因为少姬而发怒，南下进攻蔡国，管仲趁机征伐楚国，谴责楚国不向周朝进贡包茅。齐桓公本来是北上征伐山戎，而管仲趁机劝说燕国实行召公的政教。在柯地会盟时，齐桓公想背弃跟曹沫的盟约，管仲顺应时势让齐桓公守约，各诸侯国因此都归服齐国。所以说：“懂得给予正是为了取得，是从政的法宝。”

管仲富拟于公室，有三归、反坫，齐人不以为侈。管仲卒，齐国遵其政，常强于诸侯。后百余年而有晏子焉。

管仲的财富可以和国君相比，拥有三归台和诸侯们举行宴会时用来放置酒杯名叫反坫的土台，但齐国人不以他奢侈。管仲死后，齐国仍然遵照他的政令，因此常常比别国强盛。一百多年以后，齐国又出了个晏子。

晏平仲婴者，莱之夷维人也。事齐灵公、庄公、景公，以节俭力行重于齐。既相齐，食不重肉，妾不衣帛。其在朝，君语及之，即危言；语不及之，即危行。国有道，即顺命；无道，即衡命。以此三世显名于诸侯。

晏平仲名婴，是莱地夷维人。服事过齐灵公、齐庄公、齐景公，因为节约俭朴又能努力办事而受齐国人敬重。做了齐相以后，吃饭不用两样肉食，侍妾不穿丝织品。他在朝廷上，国君对他说到的事，他就正言以对；没对他说到的事，他就直道而行。国家有道的时候，他就服从王命；无道的时候，他就三思而行。因此他连续三朝名声都传闻于各国诸侯。

越石父贤，在缧绁中。晏子出，遭之涂，解左骖赎之，载归。弗谢，入闺。久之，越石父请绝。晏子戄然，摄衣冠谢曰：“婴虽不仁，免子于厄，何子求绝之速也？”石父曰：“不然。吾闻君子诎于不知己而信于知己者。方吾在缧绁中，彼不知我也。夫子既已感寤而赎我，是知己；知己而无礼，固不如在缧绁之中。”晏子于是延入为上客。

越石父有才能，但正在囚禁当中。晏子外出时，在路上遇到了他，便解下车子左边的马把他赎出来，用车子载他回家。晏子不告辞，就独自进入内室。过了些时候，越石父请求离去。晏子感到惊奇，整理好衣帽道歉说：“我晏婴虽然不仁，但是也把您从困厄中救出来，为什么您这么快就请求离去呢？”越石父说：“不是这样的。我听说君子只因有不了解自己的人而受到委屈，只因有了解自己的人就得到了伸展。当我正被囚禁的时候，别人是不了解我的。先生既然已经被感悟而赎买我，这是了解我；了解我却不以礼相待，我还不如仍被囚禁。”晏子即时请他进入，奉为贵宾。

晏子为齐相，出，其御之妻从门间而窥其夫。其夫为相御，拥大盖，策驷马，意气扬扬，甚自得也。既而归，其妻请去。夫问其故。妻曰：“晏子长不满六尺，身相齐国，名显诸侯。今者妾观其出，志念深矣，常有以自下者。今子长八尺，乃为人仆御，然子之意自以为足，妾是以求去也。”其后夫自抑损。晏子怪而问之，御以实对。晏子荐以为大夫。

晏子做了齐相以后，有一次外出时，他车夫的妻子从门缝里偷看她的丈夫。她的丈夫替齐相驾车，顶着大车盖，鞭打着驾车的马，得意扬扬，非常得意自在。不久回到家里，他的妻子要求离开他。丈夫问她的原因，妻子说：“晏子身高不到六尺，做了齐相，声名传闻在诸侯当中。今天我见他外出时，思虑深沉，总是显出谦卑的样子。而今您身高八尺，却给人做仆役驾车，然而您的神情显得很满足，我因此要离开。”从此以后丈夫自制收敛。晏子奇怪地问他原因，车夫把实情告诉了晏子。晏子便推荐他做了大夫。

太史公曰：吾读管氏《牧民》、《山高》、《乘马》、《轻重》、《九府》，及《晏子春秋》，详哉其言之也。既见其著书，欲观其行事，故次其传。至其书，世多有之，是以不论，论其轶事。

太史公说：我读管仲的《牧民》、《山高》、《乘马》、《轻重》、《九府》，以及《晏子春秋》，书里所说得很详细啊！已经看到他们的书，又想观察他们的行事，因此编纂了这篇传记。至于他们的书，社会上已有很多，因此不再论述，只叙述他的逸事。

管仲，世所谓贤臣，然孔子小之。岂以为周道衰微，桓公既贤，而不勉之至王，乃称霸哉？语曰：“将顺其美，匡救其恶，故上下能相亲也。”岂管仲之谓乎？

管仲是世人所称道的贤臣，但孔子小看他。岂是因为周朝政治衰败，齐桓公既然贤明，管仲不勉励他成就王业，而只称霸主吗？古语说：“因为尊从君王的美德，纠正挽救君王的过失，所以君上臣下能够亲密相处。”难道说的是管仲吗？

晏子像，出自清·顾沅辑《古圣贤像传略》。

方晏子伏庄公尸哭之，成礼然后去，岂所谓“见义不为无勇”者邪？至其谏说，犯君之颜，此所谓“进思尽忠，退思补过”者哉！假令晏子而在，余虽为之执鞭，所忻慕焉。

当初，晏子伏在齐庄公的尸体上哭他，尽到臣礼以后才离开，难道是所说“见到正义的事不去做、没有勇气”的人吗？至于晏子进谏说服君王，冒犯君王的威严，这就是所说“在朝想要竭尽忠义，在野想要弥补过失”的人吧！假如晏子尚活着，我即使给他赶车，也是心甘情愿的啊！

史记第六十三卷

老子韩非列传第三

老子者，楚苦县厉乡曲仁里人也，姓李氏，名耳，字聃，周守藏室之史也。

老子是楚国苦县厉乡曲仁里人，姓李，名耳，字聃，是周朝掌管藏书室的史官。

孔子适周，将问礼于老子。老子曰：“子所言者，其人与骨皆已朽矣，独其言在耳。且君子得其时则驾，不得其时则蓬累而行。吾闻之，良贾深藏若虚，君子盛德，容貌若愚。去子之骄气与多欲，态色与淫志，是皆无益于子之身。吾所以告子，若是而已。”孔子去，谓弟子曰：“鸟，吾知其能飞；鱼，吾知其能游；兽，吾知其能走。走者可以为罔，游者可以为纶，飞者可以为矰。至于龙吾不能知，

其乘风云而上天。吾今日见老子,其犹龙邪!”

孔子到周都,正要向老子请教礼。老子说:“您所说的人,他尸骨都腐朽了,只有他的言论还在罢。况且君子遇到合适的时机就乘车做官,遇不到合适的时机就随遇而安。我听说,会做生意的商人把货物严密收藏,似乎什么也没有;君子有高尚的德行,而表面上好像很愚钝。抛弃您的骄气和过高的欲望、姿态之色和淫荡之志吧,这些对您的身体没有好处。我所要告诉您的,就是这些罢了。”孔子离开周都后,对学生们说“鸟,我知道它能飞;鱼,我知道它能游;兽,我知道它能跑。能跑的兽可以用网去捉它;能游的鱼可以用线去钓它;能飞的鸟可以用箭射它。至于龙,我就不能够知道它是怎样乘着风云而升天的。我今天看到老子,他大概像是龙啊!”

老子修道德,其学以自隐无名为务。居周久之,见周之衰,乃遂去。至关,关令尹喜曰:“子将隐矣,强为我著书。”于是老子乃著书上下篇,言道德之意五千余言而去,莫知其所终。

老子研究道德,他的学说以自我隐秘和不求名分为宗旨。他在周都住了很久,见到周朝的衰落,于是就离开了。到了散关,关令尹喜说:“您就要隐居了,请勉为其难地为我写点书吧。”就在这个时候,老子就写了一本书,分上、下篇,阐述有关道德的内容五千多字,然后就离开,没有谁知道他的最后归宿。

或曰:老莱子亦楚人也,著书十五篇,言道家之用,与孔子同时云。盖老子百有六十余岁,或言二百余岁,以其修道而养寿也。

有人说:老莱子也是楚国人,写书十五篇,论述道家的作用,据说他和孔子是同代人。

老子大概有一百六十多岁,有人说是两百多岁,因为他研究道德,所以有利于健康长寿。

自孔子死之后百二十九年,而史记周太史儋见秦献公曰:“始秦与周合,合五百岁而离,离七十岁而霸王者出焉。”或曰儋即老子,或曰非也,世莫知其然否。老子,隐君子也。

自从孔子去世以后一百二十九年,史书上记载,周朝的太史名叫儋的会见秦献公说:“原先秦国和周朝是合在一起的,合了五百年就分离,分离七十年以后霸王就出现了。”有人说儋就是老子,有人说不是,世人没有谁知道其是非。老子是个隐居的君子。

老子之子名宗,宗为魏将,封于段干。宗子注,注子宫,宫玄孙假,假仕于汉孝文帝。而假之子解为胶西王卬太傅,因家于齐焉。

老子的儿子名叫宗,李宗是魏国的将领,封地在段干。李宗的儿子名叫注,注的儿子名叫宫,宫的玄孙名叫假,假在汉孝文帝时做过官。而假的儿子解担任过胶西王刘卬的太傅,因而家住在齐地。

世之学老子者则绌儒学,儒学亦绌老子。“道不同不相为谋”,岂谓是邪?李耳无为自化,清静自正。

世上研究老子学说的人就排斥儒家学说,而儒家学说也排斥老子学说。“思想观点不同的人不能共同谋事”,难道指的就是这种情形吗?李耳主张无为而治,使民自化;主张清静,使民自归于正。

庄子者,蒙人也,名周。周尝为蒙漆园吏,与梁惠王、齐宣王同时。其学无所不窥,然其要本归于老子之言。故其著书十余万言,大抵率寓言也。作《渔父》、《盗跖》、《胠箧》,以诋訿孔子之徒,以明老子之术。《畏累虚》、《亢桑子》之属,皆空语无事实。然善属书离辞,指事类情,用剽剥儒、墨,虽当

老子像,出自明·天然撰《历代古人像赞》。

世宿学不能自解免也。其言洸洋自恣以适己，故自王公大人不能器之。

庄子是蒙地人，名叫周。庄周曾经担任过蒙地漆园的官吏，和梁惠王、齐宣王是同代人。他的学问广博，没有哪方面不曾探索，然而他的指导思想来自老子的学说。因此他著书十多万字，大体上都是属寓言。他写了《渔父》、《盗跖》、《胠箧》，用来诋毁孔子学派的人，也用来阐明老子的学术。《畏累虚》、《亢桑子》之类，都是空言而没有事实依据。然而庄子善于编织文字、分析辞句，善于描摹事物、抒发情感，来攻击儒家、墨家，即使是当代有名学者，也无法摆脱他的攻击。他的言辞潇洒自如、随心所欲，所以上自王公大人起，不能器重他。

楚威王闻庄周贤，使使厚币迎之，许以为相。庄周笑谓楚使者曰："千金，重利；卿相，尊位也。子独不见郊祭之牺牛乎？养食之数岁，衣以文绣，以入大庙。当是之时，虽欲为孤豚，岂可得乎？子亟去，无污我。我宁游戏污渎之中自快，无为有国者所羁，终身不仕，以快吾志焉。"

楚威王听说庄周贤能，派遣使者用厚礼去请他，许诺用他做国相。庄周笑着对楚国的使者说："千金是厚重的利禄，卿相是尊贵的职位。您难道没见过郊祭时所用的牛吗？饲养它几年，让它穿上有花纹的衣服，为的是把它送进太庙作祭品。在这个时候，即使它想做一只孤独的小猪，难道可以做到吗？您赶快离开，不要玷污了我！我宁可在污水沟里游戏，自己快乐，不愿被统治者所束缚；我宁可终身不做官，来使我的心情愉快。"

申不害者，京人也，故郑之贱臣。学术以干韩昭侯，昭侯用为相。内修政教，外应诸侯，十五年。终申子之身，国治兵强，无侵韩者。

申不害是京邑人，以前做过郑国的小官吏。后来凭学问向韩昭侯取得官职，韩昭侯任用他做国相。他对内修治政教，对外应对诸侯，历时十五年。申子去世以前的时间里，国家安宁，军队强盛，诸侯国没有敢侵犯韩国的。

申子之学本于黄老而主刑名。著书二篇，号曰《申子》。

申子的学说来源于黄、老道家，但主张刑名之学。他著书两篇，名为《申子》。

韩非者，韩之诸公子也。喜刑名法术之学，而其归本于黄老。非为人口吃，不能道说，而善著书。与李斯俱事荀卿，斯自以为不如非。

韩非是韩国的贵族子弟。他喜欢刑名法术的学说，但他的根本是来自黄、老之学。韩非先天口吃，不善于言谈，然而善于著书立说。他和李斯一起学师荀卿，李斯自认比不上韩非。

非见韩之削弱，数以书谏韩王，韩王不能用。于是韩非疾治国不务修明其法制，执势以御其臣下，富国强兵而以求人任贤，反举浮淫之蠹而加之于功实之上。以为儒者用文乱法，而侠者以武犯禁。宽则宠名誉之人，急则用介胄之士。今者所养非所用，所用非所养。悲廉直不容于邪枉之臣，观往者得失之变，故作《孤愤》、《五蠹》、《内外储》、《说林》、《说难》十余万言。

韩非看到韩国的削弱，多次上书进谏韩王，但韩王不能采用他的意见。当时韩非恨韩王治国却不致力于修明国家的法制，又不借权势来驾驭他的臣下，更不能为使国家富裕军队强大而去寻求人才和任用贤能，反而举荐浮夸淫侈的害人虫，并把他们安插在真正有功务实的人的上面。韩非认为儒家用文词扰乱国家的法度，而侠客靠武力触犯国家的禁令。和平时就宠爱有名望的人，危难时就使用披甲戴盔的武士。现在所供养的不是所要用的，所使用的又不是所供养的。他悲叹廉洁正直的人得不到奸邪不正之臣的宽容，考察历史上得失的变化，所以写了《孤愤》《五蠹》、《内外储》、《说林》、《说难》十多万字。

然韩非知说之难，为《说难》书甚具，终死于秦，不能自脱。

然而韩非知道游说的难处，写了《说难》一文非常详尽，最后死在秦国，不能自我逃脱灾祸。

《说难》曰：凡说之难，非吾知之有以说之难也；又非吾辩之难能明吾意之难也；又非吾敢横失能尽之难也。凡说之难，在知所说之心，可以吾说当之。

《说难》说：大凡游说的难处，不是难在我是否了解情况有理由说服对方；又不是难在我的口才难以阐明我的思想；又不是难在我是否敢纵横驰骋、畅所欲言。大凡游说的困难，在于了解游说对象的心理，能用我的话打中他。

所说出于为名高者也，而说之以厚利，则见下节而遇卑贱，必弃远矣。所说出于厚利者也，而说

伊尹像，选自《有商志传》。伊尹是商汤的丞相，曾为厨师。

之以名高，则见无心而远事情，必不收矣。所说实为厚利而显为名高者也，而说之以名高，则阳收其身而实疏之；若说之以厚利，则阴用其言而显弃其身。此之不可不知也。

游说的对象出自追求名望高尚的，而游说者用重利去说服他，就会表现出气节低下而且遭遇卑贱，必定会被抛弃和疏远。游说的对象出自追求重利的，而游说者用名望高尚去说服他，那么就会表现出无诚意而且脱离实际，肯定不被接受了。游说的对象实际上是追求重利，但表面上假装追求名望高尚的，而游说者用名望高尚去说服他，那么他就会表面上接受了你，实际上却疏远了你；如果游说者用重利去说服他，那么他就会暗中采纳你的意见，而表面上抛弃你。这些都是不能不知道的。

夫事以密成，语以泄败。未必其身泄之也，而语及其所匿之事，如是者身危。贵人有过端，而说者明言善议以推其恶者，则身危。周泽未渥也而语极知，说行而有功则德亡，说不行而有败则见疑，如是者身危。夫贵人得计而欲自以为功，说者与知焉，则身危。彼显有所出事，乃自以为也故，说者与知焉，则身危。强之以其所必不为，止之以其所不能已者，身危。故曰：与之论大人，则以为间己；与之论细人，则以为粥权。论其所爱，则以为借资；论其所憎，则以为尝己。径省其辞，则不知而屈之；泛滥博文，则多而久之。顺事陈意，则曰怯懦而不尽；虑事广肆，则曰草野而倨侮。此说之难，不可不知也。

事情由于保密而成功，由于讲话泄密而失败。不一定是你故意泄露它，但讲话中无意涉及那保密的事情，这样的话你就危险了。权贵者有过失，如果游说者直言高论来追查他的错误，那么自身就会有危险。权贵者对游说者的恩泽尚不周遍和深厚，而游说者的言论过分真诚：如果说法可行并且有功效，那权贵者会忘掉游说者的功劳；如果说法不可行并且有过失，那么就会被怀疑，这样的话你就危险了。权贵者得到计谋并且想把它作为自己的功劳，如果游说者预先知道了这计谋，那么自身就会有危险。权贵者显然要做一件不便说出的事，却诡称要做另一件事，如果游说者知道他所作所为的真相，那么自身就会有危险。勉强权贵者去做他坚决不做的事，阻止权贵者做他不能停止的事，游说者自身有危险。因此说：和权贵者议论大人物，他就会认为你在挑拨自己；和权贵者议论小人物，他就会认为你是在卖弄权势。和权贵者议论他所喜爱的人，那么他就会认为你是在借用他的权势；和权贵者议论他所憎恨的人，那么他就会以为你是在试探他的态度。如果游说者说话直截了当，简明扼要，那么权贵者就会以为你不智而辱你；如果夸夸其谈、引经据典，那么他就会认为你说话太多、时间太长。如果就事论事，那么他就会认为你胆怯懦弱而不敢尽言；如果考虑事情面面俱到，那么他就会认为你陋俗而且傲慢。这些都是游说的难处，不可不知道。

凡说之务，在知饰所说之所敬，而灭其所丑。彼自知其计，则毋以其失穷之；自勇其断，则毋以其敌怒之；自多其力，则毋以其难概之。规异事与同计，誉异人与同行者，则以饰之无伤也。有与同失者，则明饰其无失也。大忠无所拂悟，辞言无所击排，乃后申其辩知焉。此所以亲近不疑，知尽之

难也。得旷日弥久，而周泽既渥，深计而不疑，交争而不罪，乃明计利害以致其功，直指是非以饰其身，以此相持，此说之成也。

大凡游说的要点，在于懂得粉饰游说对象所推崇的事物，而掩盖他所憎恶的事物。他自己知道他的计谋，就不要用他的失误追究他；他自以为他的决断是勇敢的，就不要用他的敌人来激怒他；他自以为他的力量强大，就不要用他的难处来阻止他。规劝或称誉和他同一计谋同一做法的别的人或别的事，就要用言辞文饰那人那事，不要中伤了他。有和他有相同过失的，就要明确地掩饰他没有过失。当至诚之心不被违逆，至忠之言不被反驳，然后才施展你的口才和智慧。这是亲近而不被怀疑的方法，也是尽知事上之道的难处。等到历时已久，并且恩泽已经周到、深厚了，深远的计谋不被怀疑，相互争论也不会被论罪，就可以明白地计议利害关系来成就他的功业，直截了当地指明是非来美化他的形象，这样地扶助他，这就是游说成功了。

伊尹为庖，百里奚为虏，皆所由干其上也。故此二子者，皆圣人也，犹不能无役身而涉世如此其污也，则非能仕之所设也。

伊尹作厨师，百里奚当奴隶，他们都是用这样的办法求用于他们的君上的。因此，这两个人虽然都是圣人，但是起初仍不得不劳动其身，并且处世这样的卑污。那么就不是智能之士引以为耻的了。

宋有富人，天雨墙坏。其子曰："不筑且有盗"，其邻人之父亦云，暮而果大亡其财，其家甚知其子而疑邻人之父。昔者郑武公欲伐胡，乃以其子妻之。因问群臣曰："吾欲用兵，谁可伐者？"关其思曰："胡可伐。"乃戮关其思，曰："胡，兄弟之国也，子言伐之，何也？"胡君闻之，以郑为亲己而不备郑。郑人袭胡，取之。此二说者，其知皆当矣，然而甚者为戮，薄者见疑。非知之难也，处知则难矣。

宋国有个富人，天下雨毁坏了他的墙壁。他的儿子说"不修筑墙壁，将有盗贼"，他的邻居的父亲也这样说。夜里果然丢失很多财物，他全家都以为他的儿子很聪明，却怀疑邻居的父亲。从前郑武公想征伐胡国，却把他的女儿嫁给胡国的君主做妻。然后询问群臣说："我想要用兵，哪一个可以讨伐呢？"关其思说："胡国可以讨伐。"郑武公就杀害了关其思，说："胡国是兄弟国家，而你说征伐它，为什么呢？"胡国的君主听到这回事，认为郑国亲近自己就不防备它。郑国人乘机袭击胡国，占领了它。这两个说客，他们所了解的情况都是符合实际的，然而严重的被杀，轻微的遭怀疑。这并不是知道情理的难处，处理所知道的情理可就难了。

昔者弥子瑕见爱于卫君。卫国之法，窃驾君车者罪至刖。既而弥子之母病，人闻，往夜告之，弥子矫驾君车而出。君闻之而贤之曰："孝哉，为母之故而犯刖罪！"与君游果园，弥子食桃而甘，不尽而奉君。君曰："爱我哉，忘其口而念我！"及弥子色衰而爱弛，得罪于君。君曰："是尝矫驾吾车，又尝食我以其余桃。"故弥子之行未变于初也，前见贤而后获罪者，爱憎之至变也。故有爱于主，则知当而加亲；见憎于主，则罪当而加疏。故谏说之士不可不察爱憎之主而后说之矣。

以前弥子瑕受到卫国国君灵公的宠爱。依照卫国的法律，偷驾国君车子的人罪过可至于断足。不久，弥子瑕的母亲患病，有人听说了，连夜去告诉他，弥子瑕便假托国君的命令驾着国君的车子出去看望母亲。君王听说这件事却认为他贤孝，说："孝顺啊，由于母亲的缘故却犯了断足的罪行！"陪同国君游赏果园，弥子瑕吃到一个桃子觉得很甜，没吃完就把它奉献给国君。国君说："爱我啊，忘记了自己而想到我！"等到弥子瑕姿色衰老因而宠爱减少时，便得罪于国君。君王说："这个人曾经假托我的命令驾我的车，又曾经把他吃剩的桃子给我吃。"本来弥子瑕的行为和当初并没有不同，从前被认为贤孝而后来被治罪的原因，就在于国君的爱憎完全改变了。所以被国君宠爱时，就认为他聪明恰当而更加亲近他；被国君憎恨时，就认为他罪有应得而更疏远他。因此进谏游说之士不能不考虑君主的爱憎态度然后再游说他。

夫龙之为虫也，可扰狎而骑也。然其喉下有逆鳞径尺，人有婴之，则必杀人。人主亦有逆鳞，说之者能无婴人主之逆鳞，则几矣。

龙作为一种动物，可以驯养、玩弄并且可以乘骑。然而它的喉头下端有倒生的鳞片满尺长，人们如果触动它，就一定会伤害人。人君也有倒生的鳞片，游说之士能够不触动人君倒生的鳞片，那就差不多了。

人或传其书至秦。秦王见《孤愤》、《五蠹》之书，曰："嗟乎，寡人得见此人与之游，死不恨矣！"

李斯曰："此韩非之所著书也。"秦因急攻韩。韩王始不用非，及急，乃遣非使秦。秦王悦之，未信用。李斯、姚贾害之，毁之曰："韩非，韩之诸公子也。今王欲并诸侯，非终为韩不为秦，此人之情也。今王不用，久留而归之，此自遗患也，不如以过法诛之。"秦王以为然，下吏治非。李斯使人遗非药，使自杀。韩非欲自陈，不得见。秦王后悔之，使人赦之，非已死矣。

有人把韩非的书传到秦国。秦王嬴政见到《孤愤》、《五蠹》这些篇章，说："唉呀！我如果能够见到这个人，跟他交往，就是死去也不缺憾了。"李斯说："这是韩非所著的书。"秦国因此急忙进攻韩国。韩王韩安开始没有任用韩非，等到危急的时候，才派韩非出使秦国。秦王非常喜欢韩非，但还没有信任重用他。李斯、姚贾想陷害韩非，就在秦王面前诽谤他说："韩非是韩国的贵族子弟。如今大王想吞并诸侯国，韩非始终会帮助韩国不帮秦国，这是人之常情。如今大王不任用他，长久地留着他然后才让他回去，这是自己留下后患，不如假借罪名依法杀掉他。"秦王认为是这样，便下令官吏惩罚韩非。李斯派人送毒药给韩非，让他自杀。韩非想亲自讲述情由，但不能够见到秦王。秦王后来悔悟了，派人赦免他，但韩非已经死了。

申子、韩子皆著书，传于后世，学者多有。余独悲韩子为《说难》而不能自脱耳。

申不害、韩非都著书立说，流传于后世，学者大都有他们的书。我只悲叹韩非写《说难》却不能自我摆脱游说的祸害而已。

太史公曰：老子所贵道，虚无，因应变化于无为，故著书辞称微妙难识。庄子散道德，放论，要亦归之自然。申子卑卑，施之于名实。韩子引绳墨，切事情，明是非，其极惨礉少恩。皆原于道德之意，而老子深远矣。

太史公说：老子所推崇之道是虚无，便能够在无所作为之中来顺应自然的变化，因此他所写的书语言微妙难懂。庄子解析道德，畅所欲言，但他的基本思想也是归根于自然。申不害愤发自勉，致力于循名责实。韩非援引法度，切合实际，明辨是非，但它发展到极端是用法刻薄，缺少恩德。他们的思想都来源于道德，但老子的思想是最为深远的了。

史记第六十四卷

司马穰苴列传第四

司马穰苴者，田完之苗裔也。齐景公时，晋伐阿、甄，而燕侵河上，齐师败绩。景公患之。晏婴乃荐田穰苴曰："穰苴虽田氏庶孽，然其人文能附众，武能威敌，愿君试之。"景公召穰苴，与语兵事，大说之，以为将军，将兵扞燕晋之师。

司马穰苴是田完的后裔。齐景公的时候，晋国讨伐齐国的东阿和甄城，而燕国也侵略河上，齐国军队大败。齐景公为此而担忧。晏婴就向齐景公推荐田穰苴说："穰苴虽然是田氏的偏房所生，但是他的文才能归服众人，武力能威逼敌人，希望君王试用他。"齐景公召见了穰苴，跟他谈论军事，感到非常满意，任用他作将军，率领军队去抵抗燕、晋两国的军队。

穰苴曰："臣素卑贱，君擢之闾伍之中，加之大夫之上，士卒未附，百姓不信，人微权轻。愿得君之宠臣，国之所尊，以监军，乃可。"于是景公许之，使庄贾往。

"我向来卑贱，君王把我从平民之中提拔上来，安排在大夫的上面，士兵还没有亲附，百姓不会信任，因为我出身卑微权势轻，希望得到君王的宠臣、国人所敬重的人来监督军队才行。"于是齐景公答应了他，就派庄贾前往监督军队。

穰苴既辞，与庄贾约曰："旦日日中会于军门。"穰苴先驰至军，立表下漏，待贾。贾素骄贵，以为将己之军而己为监，不甚急。亲戚、左右送之，留饮。日中而贾不至。穰苴则仆表决漏，入，行军

勒兵，申明约束。约束既定，夕时，庄贾乃至。穰苴曰：“何后期为？”贾谢曰：“不佞大夫亲戚送之，故留。”穰苴曰：“将，受命之日，则忘其家；临军约束，则忘其亲；援桴鼓之急，则忘其身。今敌国深侵，邦内骚动，士卒暴露于境，君寝不安席，食不甘味，百姓之命皆悬于君，何谓相送乎？”召军正问曰：“军法期而后至者云何？”对曰：“当斩。”庄贾惧，使人驰报景公，请救。既往，未及反，于是遂斩庄贾以徇三军。三军之士皆振栗。

穰苴辞别了齐景公以后，就和庄贾约定说：“明天正午在军营门前会合。”穰苴先奔驰到军营，立木表、下漏水计时等待庄贾。庄贾一向骄横，认为带领自己的军队并且自己作为监军，不必太紧急。父亲僚属为他送行，留他饮酒。已经正午了，但庄贾仍没有到来。穰苴就仆倒木表，放掉漏壶的水，进入军营，巡视军队，整治士兵，宣布守则。守则宣布完毕，已经傍晚时，庄贾才来到。穰苴说：“为何迟到呢？”庄贾歉疚地说：“不才大夫父亲为我送行，因此耽搁了。”穰苴说：“将帅接受命令的日子，就要忘记自己的家庭；身在军队，受纪律约束，就要忘记自己的亲属；击鼓进军的危急时刻，就要忘掉自己的生命。如今敌国入侵我国，国内骚乱不安，士兵们在边境上日晒夜露，国君睡不安席，食不甘味，百姓的生命都系在你身上，还说什么为你送行呢？”穰苴召令军法官问道：“依照军队法令，约定时间却迟到了的人该怎么办？”军法官回答说：“应当斩首。”庄贾害怕，派人飞马报告齐景公，请求救命。派去的人已经出发，还没等他回来，这时穰苴就将庄贾斩首来向全军示从。全军士兵都震惊。

久之，景公遣使者持节赦贾，驰入军中。穰苴曰：“将在军，君令有所不受。”问军正曰：“驰三军法何？”正曰：“当斩。”使者大惧。穰苴曰：“君之使不可杀之。”乃斩其仆、车之左驸、马之左骖，以徇三军。遣使者还报，然后行。

过了很久，齐景公派使者带着符节来赦免庄贾，使者飞马进入军营。穰苴说：“将帅在军队里，国君的命令有时可以不接受。”穰苴询问军法官说：“飞马闯入军营，依法该怎么办？”军法官说：“应当斩首。”使者非常害怕。穰苴说：“国君的使者不能杀他。”便杀了使者的随从，砍了车子左边的车杆，杀了左边驾车的马，来向全军行示。穰苴打发使者回去报告国君，然后军队就出发了。

士卒次舍、井灶饮食、问疾医药，身自拊循之。悉取将军之资粮享士卒，身与士卒平分粮食，最比其羸弱者。三日而后勒兵。病者皆求行，争奋出为之赴战。

穰苴对于士兵的宿舍、水井、炉灶、饮食、诊病、医药，都亲自安排。并把将军自己的物资粮食全部拿来款待士兵，自己和士兵均分粮食，特别照顾那些瘦弱的人。三天以后整编军队。生病的都要求出征，争先奋勇出发为他去战斗。

晋师闻之，为罢去；燕师闻之，度水而解。于是追击之，遂取所亡封内故境而引兵归。

晋国的军队听到这种情况，就撤军离开。燕国的军队听到这种情况，渡过黄河向

穰苴斩监立威图，选自清·马骀《百将传图》。司马穰苴，春秋时期著名军事家，著有《司马穰苴兵法》。

北撤兵。就在这时候，齐军趁胜追击他们，终于收复了所沦陷的原有国土后领兵回来。

未至国，释兵旅，解约束，誓盟而后入邑。景公与诸大夫郊迎，劳师成礼，然后反归寝。既见穰苴，尊为大司马。田氏日以益尊于齐。

军队还没到国都，就解除武装，放松管制，宣誓条约以后才进入都城。齐景公和各大夫到郊外迎接，慰劳军队礼毕，然后才回寝宫。齐景公接见穰苴以后，尊他做大司马。田氏在齐国一天天地尊贵起来。

已而大夫鲍氏、高、国之属害之，谮于景公。景公退穰苴，苴发疾而死。田乞、田豹之徒由此怨高、国等。其后及田常杀简公，尽灭高子、国子之族。至常曾孙和，因自立，为齐威王，用兵行威，大放穰苴之法，而诸侯朝齐。

不久，大夫鲍牧、高昭子、国惠子这班人要陷害穰苴，就在齐景公面前诽谤他。齐景公辞退了穰苴，穰苴生病死了。田乞、田豹这些人从此憎恨高昭子、国惠子等人。这之后等到田常谋杀了齐简公，全部消灭了高昭子、国惠子家族。到了田常的曾孙田和，就自立为齐侯，田和的孙子田因齐称齐威王。田因齐带兵打仗、行使威势，完全仿照穰苴的做法，因此各诸侯国都朝服齐国。

齐威王使大夫追论古者《司马兵法》，而附穰苴于其中，因号曰《司马穰苴兵法》。

齐威王命大臣整理古代的《司马兵法》，并把穰苴的兵法附在里面，因而命名为《司马穰苴兵法》。

太史公曰：余读《司马兵法》，闳廓深远，虽三代征伐，未能竟其义，如其文也，亦少褒矣。若夫穰苴，区区为小国行师，何暇及《司马兵法》之揖让乎？世既多《司马兵法》，以故不论，著穰苴之列传焉。

太史公说：我读了《司马兵法》，觉得它博大深远，即使是夏、商、周三代的大战，也未能充分地说明它的意义，依那文辞，也略为有些褒扬了。至于穰苴，仅仅是替小小诸侯国带兵打仗，哪里说得上和《司马兵法》相论列呢？世人既然推崇《司马兵法》，所以不再评论它，就写了这篇《司马穰苴列传》。

史记第六十五卷

孙子吴起列传第五

孙子武者，齐人也。以兵法见于吴王阖庐。阖庐曰："子之十三篇，吾尽观之矣，可以小试勒兵乎？"对曰："可。"阖庐曰："可试以妇人乎？"曰："可。"于是许之。出宫中美女，得百八十人。孙子分为二队，以王之宠姬二人各为队长，皆令持戟。令之曰："汝知而心与左右手、背乎？"妇人曰："知之。"孙子曰："前，则视心；左，视左手；右，视右手；后，即视背。"妇人曰："诺。"约束既布，乃设铁钺，即三令五申之。于是鼓之右，妇人大笑。孙子曰："约束不明，申令不熟，将之罪也。"复三令五申而鼓之左，妇人复大笑。孙子曰："约束不明，申令不熟，将之罪也；既已明而不如法者，吏士之罪也。"乃欲斩左、右队长。吴王从台上观，见且斩爱姬，大骇。趣使使下令曰："寡人已知将军能用兵矣。寡人非此二姬，食不甘味，愿勿斩也！"孙子曰："臣既已受命为将，将在军，君命有所不受。"遂斩队长二人以徇。用其次为队长，于是复鼓之。妇人左右、前后、跪起皆中规矩绳墨，无敢出声。于是孙子使使报王曰："兵既整齐，王可试下观之，唯王所欲用之，虽赴水火犹可也。"吴王曰："将军罢休就舍，寡人不愿下观。"孙子曰："王徒好其言，不能用其实。"于是阖庐知孙子能用兵，卒以为将。西破强楚，入郢；北威齐、晋，显名诸侯；孙子与有力焉。

孙子名武，是齐国人。凭懂兵法受到吴王阖庐的接见。阖庐说："您的十三篇兵法，我都读过了，能用来试一试练兵吗？”孙武回答说：“行。”阖庐说：“能用妇女来试一试吗？”孙武说：“行。”阖庐即时答应了他，让宫里的美女都出来，共有一百八十人。孙武把她们分成两队，用吴王的两个宠爱的侍妾分别做队长，叫她们都拿着戟。孙武对她们下令说：“你们知道你们的心、左右手和后背吗？”妇女们说：“明白了。”孙武说：“向前看，就是朝心胸所对的方向看；向左转，就是朝左手方向转动；向右转，就是朝右手方向转动；向后转，就是朝后背方向转动。”妇女们说：“是。”规则已经宣布，就摆设了斧钺，又三令五申有关规则。于是击鼓命令她们向右转，妇女们哈哈大笑。孙武说：“规则不明，号令不熟，这是将领的过错。”再三令五申，然后击鼓命令她们向左转，妇女们又大笑起来。孙武就要杀左右两队长。吴王从台上观看，见到将要杀自己宠爱的侍妾，大吃一惊。急忙派使者传达命令说：“我已经明白将军善于用兵了。我如若没有这两个侍妾，就会吃不甘味，希望不要杀她们。”孙武说：“我既然已经奉命做了将，那么将领在军队里，君主的命令有时可以不接受。”于是杀了两个队长来示众。用另外的人做队长，这时又击鼓为号。妇女们左转、右转、前进、后退、下跪、起立，都符合规则要求，再没有人敢吭声。这时，孙武派使者报告吴王说：“队伍已经训练整齐，大王不妨下去看一看，任凭大王的意思使用她们，即使赴汤蹈火也是可以的。”吴王说：“请将军停止训练，回馆舍去吧，我不想下去观看。”孙武说：“大王只是爱好我的理论，却不能利用我的实践。”从此阖庐知道孙武善于用兵，终于任命他做将军。吴国向西攻破强大的楚国，进驻郢都；向北威震齐国、晋国，在诸侯中扬名。孙武参与其中并且是很得力的。

孙子吴宫教战图，选自清·马骀《百将传图》。

孙武既死，后百余岁有孙膑。膑生阿、鄄之间，膑亦孙武之后世子孙也。孙膑尝与庞涓俱学兵法。庞涓既事魏，得为惠王将军，而自以为能不及孙膑，乃阴使召孙膑。膑至，庞涓恐其贤于己，疾之，则以法刑断其两足而黥之，欲隐勿见。齐使者如梁，孙膑以刑徒阴见，说齐使。齐使以为奇，窃载与之齐。齐将田忌善而客待之。

孙武已经死去，一百多年以后有个孙膑。孙膑出生在阿城和鄄城一带，孙膑也是孙武的后代子孙。孙膑曾经同庞涓一起学习兵法。庞涓服事魏国以后，被命为魏惠王的将军，但他自己认为才能比不上孙膑，便暗中派人召见孙膑。孙膑来到以后，庞涓害怕他超过自己，因而妒忌他，却盗用法令施行刑罚，砍断他的两只脚，并且在他脸上刺字，想让他隐起来不出现。齐国的使者到了梁国（魏国也称梁国），孙膑以罪犯的身份暗地里会见齐国的使者，并说服了他。齐国的使者认为孙膑很奇特，便暗中和他乘车来到齐国。齐国的将领田忌友好地以客人的礼遇来接待他。

忌数与齐诸公子驰逐重射。孙子见其马足不甚相远，马有上、中、下辈。于是孙子谓田忌曰：“君弟重射，臣能令君胜。”田忌信然之，与王及诸公子逐射千金。及临质，孙子曰：“今以君之下驷与彼上驷，取君上驷与彼中驷，取君中驷与彼下驷。”既驰三辈毕，而田忌一不胜而再胜，卒得王千金。于是忌进孙子于威王。威王问兵法，遂以为师。

田忌屡次同齐国的贵族子弟赛马打赌。孙膑见到那些马的脚力相差不很远，但马有上、中、下三等。这时孙膑对田忌说："您尽管下大赌注，我能让您获胜。"田忌听信了他的话，跟齐王和其他贵族子弟赛马押下千金赌注。等到比赛开始，孙武说："现在用您的下等马对付他们的上等马，拿您的上等马对付他们的中等马，拿您的中等马对付他们的下等马。"三个等级的马轮流比赛以后，结果田忌一次没有获胜，两次获胜，终于获取齐王的千金。就在这时，田忌向齐威王推荐孙膑。齐威王向他请教兵法，就把他当作老师。

其后魏伐赵，赵急，请救于齐。齐威王欲将孙膑，膑辞谢曰："刑余之人不可。"于是乃以田忌为将，而孙子为师，居辎车中，坐为计谋。田忌欲引兵之赵，孙子曰："夫解杂乱纷纠者不控卷，救斗者不搏撠。批亢捣虚，形格势禁，则自为解耳。今梁、赵相攻，轻兵锐卒必竭于外，老弱罢于内；君不若引兵疾走大梁，据其街路，冲其方虚，彼必释赵而自救。是我一举解赵之围而收弊于魏也。"田忌从之。魏果去邯郸，与齐战于桂陵，大破梁军。

后来魏国征伐赵国，赵国危急，向齐国求救。齐威王想让孙膑做将帅，孙膑推辞说："我是受过刑罚幸而活命的人，不宜做将帅。"因而就用田忌做将帅，而孙膑做军师，坐在斗篷车里，专门替他出谋划策。田忌想带领军队前往赵国，孙膑说："凡解开杂乱纠缠的东西不能握紧拳头使劲；劝解斗殴的人，不能插手搏斗、击刺。如能避实击虚，形势发展受到阻止，就会自我松解了。现在梁国攻打赵国，轻锐的士兵必定在国外竭尽其力，老弱的人必定在国内疲劳不堪；您不如领军队急奔大梁，占据它的交通要道，冲击它正空虚的地方，它必定会舍弃赵国而救自己。这样，我们一举两得，既解除了赵国的围困，又使魏国遭受挫折。"田忌听从了他，魏国军队果然离开了邯郸，跟齐国军队在桂陵交战，齐军大败魏军。

后十三岁，魏与赵攻韩，韩告急于齐。齐使田忌将而往，直走大梁。魏将庞涓闻之，去韩而归，齐军既已过而西矣。孙子谓田忌曰："彼三晋之兵，素悍勇而轻齐，齐号为怯；善战者因其势而利导之。兵法：百里而趣利者蹶上将，五十里而趣利者军半至。使齐军入魏地为十万灶，明日为五万灶，又明日为三万灶。"庞涓行三日，大喜，曰："我固知齐军怯，入吾地三日，士卒亡者过半矣。"乃弃其步军，与其轻锐倍日并行逐之。孙子度其行，暮当至马陵。马陵道狭，而旁多阻隘，可伏兵，乃斫大树白而书之曰："庞涓死于此树之下！"于是令齐军善射者万弩，夹道而伏，期曰"暮见火举而俱发"。庞涓果夜至斫木下，见白书，乃钻火烛之。读其书未毕，齐军万弩俱发，魏军大乱相失。庞涓自知智穷兵败，乃自刭，曰："遂成竖子之名！"齐因乘胜尽破其军，虏魏太子申以归。孙膑以此名显天下，世传其兵法。

十三年后，魏国和赵国进攻韩国，韩国向齐国告急。齐国派田忌带兵前往救援，直奔大梁。魏国将领庞涓得悉了消息，便离开韩国回国，齐国军队已经越过边境并向西挺进了。孙膑对田忌说："那魏国的士兵，素来强悍勇敢、轻视齐国士兵，齐国士兵因此被称为胆小鬼。善于作战的人应利用这种形势使它向有利于自己的方面转化。兵法说：行军百里去争利的，会使主帅一蹶不振，行军五十里去争利的，全军只有一半人能到达目的地。命令齐国军队进入魏国境内建筑十万人食用的炉灶，第二天建筑五万人食用的炉灶，第三天建筑三万人食用的炉灶。"庞涓行军的第三天，十分高兴，说："我早就知道齐国军队胆小，进入我们国境才三天，士兵逃跑得已经超过半数了。"庞涓就放弃他的步兵，和他的轻锐部队昼夜兼程追逐齐军。孙膑算计庞涓的行程，晚上应当到达马陵。马陵的道路狭窄，而且两旁地势险要，可以埋伏军队，就把大树的树皮削白写上字说："庞涓必死在这棵大树底下。"同时派齐军中善于射箭的一万人，在道路两旁埋伏着，约定说："夜晚一见到火光亮起来，就一齐射箭。"庞涓果真夜晚来到被削白树皮的大树下，见到白色的地方写着字，就取火照看它。还没读完那上面所写的字，齐国军队万箭齐发，魏国军队一片混乱，失却联系。庞涓自己知道智谋穷尽，兵败定局，就割颈自杀，说："终究成全这小子的声名！"齐军因此乘胜彻底打垮魏国的军队，俘虏了魏国惠王的太子申回国。孙膑由于这次胜利而名扬天下，世上流传他的兵法著作。

吴起者，卫人也，好用兵。尝学于曾子，事鲁君。齐人攻鲁，鲁欲将吴起，吴起取齐女为妻，而鲁疑之。吴起于是欲就名，遂杀其妻，以明不与齐也。鲁卒以为将。将而攻齐，大破之。鲁人或恶吴起曰："起之为人，猜忍人也。其少时，家累千金，游仕不遂，遂破其家。乡党笑之，吴起杀其谤己者

三十余人，而东出卫郭门。与其母诀，啮臂而盟曰：'起不为卿相，不复入卫。'遂事曾子。居顷之，其母死，起终不归。曾子薄之，而与起绝。起乃之鲁，学兵法以事鲁君。鲁君疑之，起杀妻以求将。夫鲁小国，而有战胜之名，则诸侯图鲁矣。且鲁、卫，兄弟之国也，而君用起，则是弃卫。"鲁君疑之，谢吴起。

吴起是卫国人，爱好用兵之道，曾经向曾子（名参）学习。吴起侍奉鲁国国君。齐国人进攻鲁国时，鲁国打算让吴起做将帅，但吴起娶了齐人的女儿作妻子，因而鲁国怀疑他。吴起当时想成就声名，就杀死他的妻子，来说明他不依附齐国。鲁国终于用他做将帅，他带兵进攻齐国，大败齐军。鲁国有人厌恶吴起说："吴起的为人，是个猜疑残忍的人。他年轻时，家里累积千金资财，由于游历求官不成，终于使他的家庭破落。乡里人嘲笑他，吴起便杀了那些诋毁自己的人三十多名，然后朝东走出卫国城廓大门。跟他的母亲诀别时，咬着臂膀发誓说：'假如我吴起做不了卿相，就不再回卫国了。'于是他服事曾参。过了没多久，他的母亲死了，吴起始终没有回家。曾参因此轻视他，终于跟吴起绝交。吴起就到鲁国去，学习兵法来服事鲁国国君。鲁国国君怀疑他，吴起就杀死妻子来谋求将帅的职位。鲁国是个小国，但有打胜战的名声，那么诸侯国就得考虑鲁国了。而且鲁国和卫国是兄弟关系的国家，然而您任用吴起，就是抛弃卫国。"鲁国国君怀疑吴起，辞退了他。

吴起于是闻魏文侯贤，欲事之。文侯问李克曰："吴起何如人哉？"李克曰："起贪而好色，然用兵司马穰苴不能过也。"于是魏文侯以为将，击秦，拔五城。

吴起当时听说魏文侯贤明，想服事他。魏文侯问李克说："吴起是个怎么样的人呢？"李克说："吴起贪财好色，然而带兵打仗，司马穰苴不能超过他。"于是魏文侯用他做将军，进击秦国，拔取五个城邑。

起之为将，与士卒最下者同衣食。卧不设席，行不骑乘，亲裹赢粮，与士卒分劳苦。卒有病疽者，起为吮之。卒母闻而哭之。人曰："子，卒也，而将军自吮其疽，何哭为？"母曰："非然也。往年吴公吮其父，其父战不旋踵，遂死于敌。吴公今又吮其子，妾不知其死所矣。是以哭之。"

吴起身为将帅，却与最下等的士兵同穿同吃。他睡觉不铺席子，行军不骑马乘车，亲自包装背负粮食，为士兵分担劳苦。士兵中有个生了毒疮的，吴起为他吸脓汁。士兵的母亲听到以后哭了起来。有人说："你儿子是士兵，将军却亲自吮吸他的毒疮，你还哭什么呢？"母亲说："不是这样。往年吴公替他父亲吸毒疮，他的父亲在战斗中勇往直前，决不后退，终于死在敌人手里。吴公如今又给我的儿子吮吸毒疮，我不知道儿子将会死在哪里。因此替他哭泣。"

文侯以吴起善用兵，廉平，尽能得士心，乃以为西河守，以拒秦、韩。

魏文侯因为吴起善于带兵打仗，廉洁公平，能够完全获得士兵的爱心，就任用他做西河守，来抵挡秦国和韩国。

魏文侯既卒，起事其子武侯。武侯浮西河而下，中流，顾而谓吴起曰："美哉乎，山

吴起吮卒图，选自清·马骀《百将传图》。吴起是春秋时期著名军事家，爱卒如子，图讲的是吴起曾为士兵吸吮伤口中的脓血的事情。

河之固！此魏国之宝也！”起对曰：“在德不在险。昔三苗氏左洞庭，右彭蠡，德义不修，禹灭之。夏桀之居，左河、济，右泰、华，伊阙在其南，羊肠在其北，修政不仁，汤放之。殷纣之国，左孟门，右太行，常山在其北，大河经其南，修政不德，武王杀之。由此观之，在德不在险。若君不修德，舟中之人尽为敌国也。”武侯曰：“善。”

魏文侯死后，吴起服事文侯的儿子魏武侯。魏武侯游黄河顺流而下，到了河流中间，回头对吴起说：“壮丽啊，山河如此险固！这是魏国的宝啊！”吴起回答说：“国家的珍宝在于国君的恩德，而不在于山河的险固。从前三苗氏左有洞庭湖、右有彭蠡湖，但它不讲求德行信义，夏禹消灭了它。夏桀的居处，左有黄河、济水，右有泰山、华山，伊阙山在它的南面，羊肠坂在它的北面，但他不施行仁政，商汤流放了他。殷纣的国都，左有孟门山，右有太行山，常山在它的北面，黄河流经它的南面，但他不行仁政，周武王杀了他。由此看来，国家的宝在于国君的恩德，而不在于山河的险固。假如国君不施恩德，船里的人都是仇敌。”魏武侯说：“好。”

吴起为西河守，甚有声名。魏置相，相田文。吴起不悦，谓田文曰：“请与子论功，可乎？”田文曰：“可。”起曰：“将三军，使士卒乐死，敌国不敢谋，子孰与起？”文曰：“不如子。”起曰：“治百官，亲万民，实府库，子孰与起？”文曰：“不如子。”起曰：“守西河而秦兵不敢东乡，韩、赵宾从，子孰与起？”文曰：“不如子。”起曰：“此三者，子皆出吾下，而位加吾上，何也？”文曰：“主少国疑，大臣未附，百姓不信，方是之时，属之于子乎？属之于我乎？”起默然良久，曰：“属之子矣。”文曰：“此乃吾所以居子之上也。”吴起乃自知弗如田文。

吴起做西河守，很有名声。魏国设置相国，由田文做相国。吴起不高兴，对田文说：“请让我跟您评功劳，可以吗？”田文说：“行。”吴起说：“统率三军，使士兵们乐于死战，敌国不敢暗算我国，您和我相比谁强？”田文说：“不如您。”吴起说：“管理百官，亲服万民，充实仓库，您和我相比谁强？”田文说：“不如您。”吴起说：“镇守西河而秦国军队不敢向东方侵袭，韩国和赵国宾服听从我国，您和我相比谁强？”田文说：“不如您。”吴起说：“这三条，您都在我下面，职位却排在我上面，因为什么呢？”田文说：“君王年少，国内疑惑，大臣没有亲附，百姓不加信任，正当这个时候，把国家附托给您呢，还是附托给我呢？”吴起沉默了很久，说：“附托给您好了。”田文说：“这就是我职位排在您上面的缘故。”这时吴起才知道自己不如田文。

田文既死，公叔为相，尚魏公主而害吴起。公叔之仆曰：“起易去也。”公叔曰：“奈何？”其仆曰：“吴起为人节廉而自喜名也。君因先与武侯言曰：‘夫吴起，贤人也，而侯之国小，又与强秦壤界，臣窃恐起之无留心也。’武侯即曰：‘奈何？’君因谓武侯曰：‘试延以公主，起有留心则必受之，无留心则必辞矣。以此卜之。’君因召吴起而与归，即令公主怒而轻君。吴起见公主之贱君也，则必辞。”于是吴起见公主之贱魏相，果辞魏武侯。武侯疑之而弗信也。吴起惧得罪，遂去，即之楚。

田文死后，公叔痤做相国，娶魏公主为妻，却害怕吴起。公叔的仆人说：“吴起容易使他走。”公叔说：“怎么办？”他的仆人说：“吴起为人风节清高而自己喜欢名誉。您可趁机先向魏武侯进言说：‘吴起是个贤明的人，但君侯的国家小，又同强大的秦国接壤交界，我私下担心吴起没有久留魏国的心意。’魏武侯如果说：‘怎么办？’您就趁机对魏武侯说：‘试把魏公主许配给他，吴起有久留的心意，就一定接受她，如果没有久留的心意，就一定推辞了。用这个办法试探他。’您借机会邀请吴起跟您一起回家，就让公主生气而轻视您。吴起见到公主蔑视您，就必定推辞。”当时吴起见到公主蔑视魏国的相国，果然谢绝了魏武侯。魏武侯怀疑，不信任他了。吴起害怕获罪，就离开魏国，立即前往楚国。

楚悼王素闻起贤，至则相楚。明法审令，捐不急之官，废公族疏远者，以抚养战斗之士。要在强兵，破驰说之言从横者。于是南平百越；北并陈、蔡，却三晋；西伐秦。诸侯患楚之强。

楚悼王一向听说吴起贤能，吴起一到楚国就让他当上楚国的相邦。吴起申明法令，裁撤多余的官吏，废除楚公族中的疏远子孙，把节省下来的经费用于养兵，目的在于使军队强大，打击纵横之说游说的人，因此南平百越，北并陈、蔡，迫使三晋退却，西伐秦，诸侯都忧虑楚国的强大。

故楚之贵戚尽欲害吴起。及悼王死，宗室大臣作乱而攻吴起，吴起走之王尸而伏之。击起之徒因射刺吴起，并中悼王。悼王既葬，太子立，乃使令尹尽诛射吴起而并中王尸者。坐射起而夷宗死者七十余家。

原先楚国的贵族都想谋害吴起。等到楚悼王死了，宗室大臣发生内乱而攻击吴起。吴起跑到楚悼王尸体旁边伏在上面。攻击吴起的那些人趁势射杀吴起，同时射中了楚悼王的尸体。楚悼王安葬以后，太子登位，就叫令尹把射杀吴起同时射中禁悼王尸体的人全部处死。由于射杀吴起而被灭族处死的有七十多家。

太史公曰：世俗所称师旅，皆道《孙子》十三篇，吴起《兵法》世多有，故弗论，论其行事所施设者。语曰："能行之者未必能言，能言之者未必能行。"孙子筹策庞涓，明矣；然不能蚤救患于被刑。吴起说武侯以形势不如德，然行之于楚，以刻暴少恩亡其躯。悲夫！

太史公说：社会上所称的用兵之法，都说是《孙子》十三篇和吴起的《兵法》，这两部书社会上多有之，因此不论述它们，只论述他们生平中的所作所为。俗语说："能做的未必能说，能说的未必能做。"孙膑对庞涓运筹策划可谓神明了，但不能在自己受刑以前及早逃难。吴起用形势不如恩德说服魏武侯，但在楚国施行他的主张时，却因苛刻残暴、缺少恩德而送了自己的性命。可悲啊！

史记第六十六卷

伍子胥列传第六

伍子胥者，楚人也，名员。员父曰伍奢，员兄曰伍尚。其先曰伍举，以直谏事楚庄王，有显，故其后世有名于楚。

伍子胥是楚国人，名叫员。伍员的父亲叫伍奢，伍员的哥哥叫伍尚。他的祖先叫伍举，因为直言进谏而侍奉楚庄王，很有声望，所以他的后代在楚国有名气。

楚平王有太子名曰建，使伍奢为太傅，费无忌为少傅。无忌不忠于太子建。平王使无忌为太子取妇于秦，秦女好，无忌驰归，报平王曰："秦女绝美，王可自取，而更为太子取妇。"平王遂自取秦女而绝爱幸之，生子轸。更为太子取妇。

楚平王有个太子名叫建，楚平王派伍奢做太子太傅，派费无忌做太子少傅。费无忌对太子建不忠。楚平王派费无忌到秦国给太子娶亲。秦国有个女子很漂亮，费无忌飞驰回国，报告楚平王说："秦国的女子十分漂亮，大王可以自己娶了她，另外给太子娶个妻。"楚平王就自己娶了秦国的女子，而且十分宠爱她，生个儿子叫轸。另外给太子娶了媳妇。

无忌既以秦女自媚于平王，因去太子而事平王。恐一旦平王卒而太子立，杀己，乃因谗太子建。建母，蔡女也，无宠于平王。平王稍益疏建，使建守城父，备边兵。

费无忌已经凭这个秦国美女讨好了楚平王，因而离开太子建而奉事楚平王。但害怕一朝楚平王死了而太子即位，会杀害自己，就趁机诋毁太子建。太子建的母亲是蔡国女子，不受楚平王宠爱。楚平王越来越疏远太子建，派太子建守城父，以防备边境兵乱。

顷之，无忌又日夜言太子短于王曰："太子以秦女之故，不能无怨望，愿王少自备也。自太子居城父，将兵，外交诸侯，且欲入为乱矣！"平王乃召其太傅伍奢考问之。伍奢知无忌谗太子于平王，因曰："王独奈何以谗贼小臣疏骨肉之亲乎？"无忌曰："王今不制，其事成矣。王且见禽。"于是平王怒，囚伍奢，而使城父司马奋扬往杀太子。行未至，奋扬使人先告太子："太子急去！不然将诛！"太子建亡奔宋。

不久，费无忌又日夜在楚平王面前说太子建的坏话，他说："太子由于那个秦国美女的缘故，不可能没有怨恨，希望大王自己多加防备。自从太子驻守城父以来，带领军队，对外交结诸侯，将要进来作乱了！"楚平王就召来太子建的太傅伍奢来考察审问。伍奢知道费无忌在楚平王身边诋毁太子，趁势说："大王难道能凭专讲坏话害人的小人疏远骨肉的关系吗？"费无忌说："大王如果不制

伍子胥像

止，他的阴谋就要得逞了，大王将会被捕。”这时楚平王大怒，囚禁伍奢，并派城父司马奋扬去杀太子。还没到达，司马奋扬派人先告知太子：“太子赶快离开！否则就会被杀害！”太子建逃到宋国。

无忌言于平王曰：“伍奢有二子，皆贤，不诛，且为楚忧。可以其父质而召之。不然，且为楚患！”王使使谓伍奢曰：“能致汝二子，则生；不能，则死。”伍奢曰：“尚为人仁，呼必来。员为人刚戾忍询，能成大事，彼见来之并禽，其势必不来。”王不听，使人召二子曰：“来，吾生汝父；不来，今杀奢也。”伍尚欲往，员曰：“楚之召我兄弟，非欲以生我父也，恐有脱者，后生患，故以父为质，诈召二子。二子到，则父子俱死。何益父之死？往而令仇不得报耳！不如奔他国，借力以雪父之耻；俱灭，无为也。”伍尚曰：“我知往终不能全父命。然恨父召我以求生而不往，后不能雪耻，终为天下笑耳。”谓员：“可去矣！汝能报杀父之仇，我将归死。”尚既就执，使者捕伍胥。伍胥贯弓执矢向使者，使者不敢进，伍胥遂亡。闻太子建之在宋，往从之。奢闻子胥之亡也，曰：“楚国君臣且苦兵矣！”伍尚至楚，楚并杀奢与尚也。

费无忌对楚平王说：“伍奢有两个儿子，都很贤能，如果不杀了他们，将会成为楚国的祸害。可以用他们的父亲做人质，然后把他们叫来。如果不这样，将会成为楚国的后患！”楚平王派人对伍奢说：“你如能把你的两个儿子招来，你就能活命，不能招来，就死路一条。”伍奢说：“伍尚为人仁慈，我叫他，一定来。伍员为人刚毅不阿，忍辱负重，能成就大事，他想到来了会一并被捕，那一定不来。”楚平王不肯听从，派人召见伍奢的两个儿子说：“你们来了，我让你们的父亲活命；如果不来，今天就杀死伍奢。”伍尚打算前往，伍员说：“楚王召见我们兄弟，并不是为了救我们的父亲，而是担心有人逃脱，以后会产生祸害，因此用父亲作为人质，诈骗召见他的两个儿子。两个儿子一到，就会父子一起处死。这对于父亲的死有什么好处？我们去了，就使父仇不能报而已！倒不如逃到别的国家，借助外力来洗雪父亲的耻辱。白白地一起送死，是无谓的。”伍尚说：“我也知道去了终究不能保全父亲的性命。但遗憾父亲叫我们去来求得活命，我们却不去，以后又不能洗雪耻辱，始终被天下人耻笑而已。”他对伍员说：“你可以离开！如果你能够报杀父之仇，我去就死。”伍尚已经接受拘捕，使者又要拘捕伍子胥。伍子胥拉弓搭箭对着使者，使者不敢上前，伍子胥就逃跑了。伍子胥听说太子建在宋国，就前去随从他。伍奢听到伍子胥逃跑时，说：“楚国君臣将要苦于战争了！”伍尚到了楚都，楚王把伍奢和伍尚一起杀了。

伍胥既至宋，宋有华氏之乱，乃与太子建俱奔于郑。郑人甚善之。太子建又适晋。晋顷公曰：“太子既善郑，郑信太子。太子能为我内应，而我攻其外，灭郑必矣。灭郑而封太子。”太子乃还郑。事未会，会自私欲杀其从者，从者知其谋，乃告之于郑。郑定公与子产诛杀太子建。建有子名胜。伍胥惧，乃与胜俱奔吴。到昭关，昭关欲执之。伍胥遂与胜独身步走，几不得脱。追者在后。至江，江上有一渔父乘船，知伍胥之急，乃渡伍胥。伍胥既渡，解其剑曰：“此剑直百金，以与父。”父曰：“楚国之法，得伍胥者赐粟五万石，爵执珪，岂徒百金剑邪！”不受。伍胥未至吴而疾，止中道，乞食。至于吴，吴王僚方用事，公子光为将。伍胥乃因公子光以求见吴王。

伍子胥到了宋国之后，正碰上宋国发生华氏的变乱，就跟太子建一起逃到郑国。郑国人非常友好地对待他们。太子建又到晋国去。晋顷公说：“太子已经受到郑国人的友好待遇，说明郑国人信任太子。假如太子能够作我的内应，而我从外面进攻它，一定能灭掉郑国。灭掉郑国之后就把它封给太子。”太子于是返回郑国。事情还没准备妥当，正赶上太子建因私事要杀死他的随从，随从知道他的阴谋，就向郑国告密。郑定公和子产杀死了太子建。太子建有个儿子名叫胜。伍子胥害怕，就跟胜一起逃向吴国。走到昭关时，昭关的官兵要抓他们。伍子胥就跟胜只身徒步逃跑，几乎不能脱身。追捕的人紧跟在他们后面。来到江边，江上有一个渔翁驾着船，知道伍子胥的危急情况，就引渡伍子胥过江。伍子胥渡江以后，解下他身上的剑说：“这把剑价值百金，把它送给您老人家。”渔翁说：“按照楚国的法令，捉到伍子胥的，奖赏五万石谷子，封给执珪的官爵，难道只值百金的剑吗？”渔翁不肯接受。伍子胥还未到达吴国就生病，停留在半路上，讨饭吃。到了吴国，吴王僚刚刚掌管政权，公子光做将军。伍子胥就通过公子光来求见吴王。

久之，楚平王以其边邑钟离与吴边邑卑梁氏俱蚕，两女子争桑相攻，乃大怒，至于两国举兵相伐。吴使公子光伐楚，拔其钟离、居巢而归。伍子胥说吴王僚曰：“楚可破也。愿复遣公子光。”公子光谓吴王曰：“彼伍胥父兄为戮于楚，而劝王伐楚者，欲以自报其仇耳。伐楚未可破也。”伍胥知公子光有内志，欲杀王而自立，未可说以外事，乃进专诸于公子光，退而与太子建之子胜耕于野。

过了很久，楚平王因为楚国的边城钟离和吴国的边城卑梁氏都养蚕，两地女子为争夺桑叶而互相斗殴，就非常愤怒，以致两国出兵交战。吴国派公子光攻打楚国，占领了楚国的钟离和居巢就回来。伍子胥劝吴王僚说：“楚国是可以破灭的。希望再派公子光去。”公子光对吴王说：“那伍子胥的父兄被杀了，所以大王攻打楚国，是想借此来报私仇罢了。即使攻打楚国也未必能打败它。”伍子胥知道公子光对内有野心，想谋杀吴王僚，然后自立为王，所以不能用对外的战事来劝说他，就向公子光推荐专诸。自己隐退以后，跟太子建的儿子胜一起到郊野耕田。

五年而楚平王卒。初，平王所夺太子建秦女生子轸，及平王卒，轸竟立为后，是为昭王。吴王僚因楚丧，使二公子将兵往袭楚。楚发兵绝吴兵之后，不得归。吴国内空，而公子光乃令专诸袭刺吴王僚而自立，是为吴王阖庐。阖庐既立，得志，乃召伍员以为行人，而与谋国事。

过了五年，楚平王死了。起初，被楚平王夺取的太子建所要娶的那个秦国美女生了个儿子名叫轸，等到楚平王死了，轸竟然即位为王，这就是楚昭王。吴王僚趁楚国办丧事的机会，派两个公子（吴王僚的同母弟盖馀和烛庸）带领军队去进攻楚国。楚国出兵断绝吴国军队的后路，使它不能后退。吴国内部空虚，公子光就命令专诸刺杀吴王僚而自立为王，这就是吴王阖庐。阖庐即位以后，实现了愿望，就召见伍员来做掌管朝觐、外交诸事的行人，并同他商议国家大事。

楚诛其大臣郤宛、伯州犁。伯州犁之孙伯嚭亡奔吴，吴亦以嚭为大夫。前王僚所遣二公子将兵伐楚者，道绝不得归。后闻阖庐弑王僚自立，遂以其兵降楚；楚封之于舒。阖庐立三年，乃兴师与伍胥、伯嚭伐楚，拔舒，遂禽故吴反二将军。因欲至郢。将军孙武曰：“民劳，未可，且待之。”乃归。

楚国杀了他的大臣郤宛和伯州犁。伯州犁的孙子伯嚭逃奔到吴国，吴国也用伯嚭做大夫。从前吴王僚所派遣的带兵攻打楚国的两个公子，由于后路被断不能回来。后来听说阖庐杀了吴王僚自立为王，就率领他们的军队投降了楚国；楚国把他们封在舒地。阖庐登位三年，就出兵和伍子胥、伯嚭进攻楚国，占领了舒地，终于擒获了原来吴国的两个反叛将军。阖庐想趁势攻到郢都。将军孙武说：“百姓疲劳，不行。暂且等待。”于是回国。

四年，吴伐楚，取六与灊。五年，伐越，败之。六年，楚昭王使公子囊瓦将兵伐吴。吴使伍员迎击，大破楚军于豫章，取楚之居巢。

四年，吴国攻打楚国，夺取了六和灊两地。五年，攻打越国，打败了它。六年，楚昭王派公子囊瓦率领军队进攻吴国。吴国派伍员迎战，在豫章大败楚国军队，占领了楚国的居巢。

九年，吴王阖庐谓子胥、孙武曰：“始，子言郢未可入，今果何如？”二子对曰：“楚将囊瓦贪，而唐、蔡皆怨之。王必欲大伐之，必先得唐、蔡乃可。”阖庐听之，悉兴师与唐、蔡伐楚，与楚夹汉水而陈。吴王之弟夫槩将兵请从，王不听，遂以其属五千人击楚将子常。子常败走，奔郑。于是吴乘胜而前，五战，遂至郢。己卯，楚昭王出奔；庚辰，吴王入郢。昭王出亡，入云梦，盗击王，王走郧。郧公

弟怀曰:“平王杀我父,我杀其子,不亦可乎?”郧公恐其弟杀王,与王奔随。吴兵围随,谓随人曰:“周之子孙在汉川者,楚尽灭之。”随人欲杀王,王子綦匿王,己自为王以当之。随人卜,与王于吴,不吉;乃谢吴,不与王。

九年,吴王阖庐对伍子胥、孙武说:“当初,您说郢都不可能攻得进,如今究竟怎么样?”两个人回答说:“楚国将领囊瓦贪财,所以唐、蔡两国都恨他。大王一定要大举攻打楚国的话,必须先取得唐国和蔡国的配合才行。”阖庐听从了他们,出动全军和唐国、蔡国一起攻打楚国,跟楚军在汉水两岸摆开阵势。吴王的弟弟夫槩带着部队要求跟随出征,吴王不允许,夫概就用他的部属五千人攻击楚国将领子常(即囊瓦)。子常兵败,逃奔郑国。于是吴军乘胜前进,经过五次战役,就打到郢都。己卯日,楚昭王外逃;庚辰日,吴王进入郢都。楚昭王外逃,进入云梦,强盗袭击楚昭王,楚昭王逃到郧国。郧公(斗辛)的弟弟斗怀说:“楚平王杀死我父亲,我杀他的儿子,不也行吗?”郧公怕他弟弟杀楚昭王,跟楚昭王逃到随地。吴国军队围攻随,对随人说:“周王在汉川的子孙,楚国全部消灭了他们。”随人想杀死楚昭王,王子綦(楚昭王的哥哥公子结)把楚昭王藏匿起来,自己假冒楚昭王来对付他们。随人经过占卜,认为把楚王送给吴国,不吉利,就谢绝吴国,没有交出楚昭王。

始,伍员与申包胥为交。员之亡也,谓包胥曰:“我必覆楚。”包胥曰:“我必存之。”及吴兵入郢,伍子胥求昭王。既不得,乃掘楚平王墓,出其尸,鞭之三百,然后已。申包胥亡于山中,使人谓子胥曰:“子之报仇,其以甚乎!吾闻之:‘人众者胜天,天定亦能破人。’今子故平王之臣,亲北面而事之,今至于僇死人,此岂其无天道之极乎?”伍子胥曰:“为我谢申包胥曰:‘吾日莫途远,吾故倒行而逆施之。’”于是申包胥走秦告急,求救于秦。秦不许。包胥立于秦廷,昼夜哭,七日七夜不绝其声。秦哀公怜之,曰:“楚虽无道,有臣若是,可无存乎?”乃遣车五百乘救楚击吴。六月,败吴兵于稷。会吴王久留楚求昭王,而阖庐弟夫槩乃亡归,自立为王。阖庐闻之,乃释楚而归,击其弟夫槩。夫槩败走,遂奔楚。楚昭王见吴有内乱,乃复入郢。封夫槩于堂谿,为堂谿氏。楚复与吴战,败吴,吴王乃归。

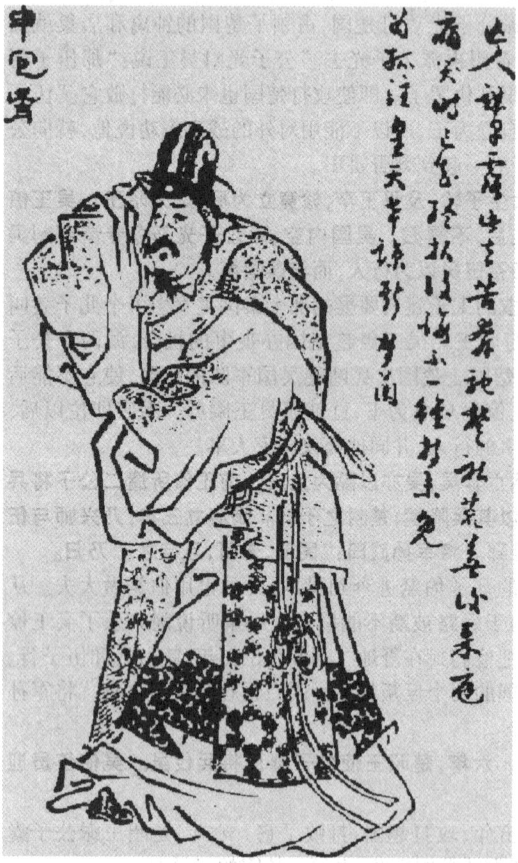

楚国大臣申包胥像。吴国占领楚国国都,楚国即将灭亡,申包胥请求秦国出兵相救,秦王不允,申包胥靠在庭院的墙上日夜哭泣,滴水未进达七天之久,秦国乃出师救楚。

当初,伍员跟申包胥是知交。伍员逃跑时,对申包胥说:“我定要颠覆楚国!”申包胥说:“我一定要保存它!”等到吴国军队进入郢都,伍子胥寻找楚昭王,可是找不到了,就挖掘楚平王的坟墓,弄出他的尸体,鞭打它三百下,然后才了结。申包胥逃到山中,派人对伍子胥说:“您的报仇,可能已经过分了吧!我听说:‘人多就能胜天,天一定也能破灭人。’您原来是楚平王的侄子,亲自称臣而奉事过他,现在到了侮辱死人的地步,这难道不是没有天理到了极点吗?”伍子胥说:“代我向申包胥表示歉意:‘我已到了日暮途穷的地步,所以我只能倒行逆施。’”于是申包胥跑到秦国报告紧急情况,向秦国求救,秦国不答应。申包胥站立在秦国的朝廷上，日夜哭泣，一连七天七夜没有停止他的哭声。秦哀公怜惜他，说："楚国虽然无道，可是有这样的臣子，岂能不保存它呢！"就派遣五百辆战车救援楚国，攻击吴国。六月，在稷地打败了吴国军队。正好碰上吴王久留在楚国寻找楚昭王，因此吴王阖庐的弟弟夫槩就逃回国内，自立为吴王。阖庐听到这个消息，就放弃楚国而回国，攻打他的弟弟夫槩。夫槩失败逃跑，就投奔楚国。楚昭王看到吴国发生内乱，就再逃回郢都。楚王把堂谿封给夫槩，称为堂谿氏。楚国又跟吴国开战，打败了吴军，吴王就回国了。

后二岁，阖庐使太子夫差将兵伐楚，取番。楚惧吴复大来，乃去郢，徙于鄀。当是时，吴以伍子胥、孙武之谋，西破强楚，北威齐、晋，南服越人。

以后两年，阖庐派遣太子夫差带兵攻打楚国，占领了番地。楚国害怕吴国再次大举进攻，就离开了郢都，迁都到鄀邑。正当这个时候，吴国用伍子胥、孙武的计谋，西边打败了强大的楚国，北边威迫着齐国、晋国，南边降服了越国人。

其后四年，孔子相鲁。

这以后四年，孔子在鲁国做相国。

后五年，伐越。越王句践迎击，败吴于姑苏，伤阖庐指，军却。阖庐病创将死，谓太子夫差曰："尔忘句践杀尔父乎？"夫差对曰："不敢忘。"是夕，阖庐死。夫差既立为王，以伯嚭为太宰，习战射。二年后伐越，败越于夫湫。越王句践乃以余兵五千人栖于会稽之上，使大夫种厚币遗吴太宰嚭以请和，求委国为臣妾。吴王将许之。伍子胥谏曰："越王为人能辛苦。今王不灭，后必悔之。"吴王不听，用太宰嚭计，与越平。

以后五年，吴国攻打越国。越王句践迎战，在姑苏大败吴军，刺伤阖庐的脚的大趾，吴军退却。阖庐因创伤病倒了，临死的时候，对太子夫差说："你会忘记句践杀死你父亲吗？"夫差说："不敢忘记。"这天晚上，阖庐死了。夫差即位为王以后，任用伯嚭做太宰，训练作战骑射本领。两年以后攻打越国，在夫湫打败了越军。越王句践就把残兵五千人栖息在会稽山上，派大夫文种用厚礼送吴国太宰嚭来请求议和，示意越国愿以臣妾身份归属于吴国。吴王准备答应他。伍子胥劝谏说："越王为人能够含辛茹苦。现在大王不消灭他，将来定会后悔。"吴王不听劝谏，采纳了太宰嚭的计谋，跟越国议和。

其后五年，而吴王闻齐景公死而大臣争宠，新君弱，乃兴师北伐齐。伍子胥谏曰："句践食不重味，吊死问疾，且欲有所用之也。此人不死，必为吴患。今吴之有越，犹人之有腹心疾也。而王不先越而乃务齐，不亦谬乎！"吴王不听，伐齐，大败齐师于艾陵，遂威邹、鲁之君以归。益疏子胥之谋。

这以后五年，吴王听说齐景公死后大臣们争权夺利，新上任的齐君年幼，就出动部队北上进攻齐国。伍子胥劝谏说："句践吃饭不用两味荤菜，悼念死者，慰问病者，将打算有所作为呢。这个人不死，必会成为吴国的后患。现在吴国有越国，好像人有心腹的疾病一样。但大王不首先对付越国却对付齐国，不也谬误吗？"吴王不听他，照样攻打齐国，在艾陵大败齐军，于是慑服邹、鲁两国国君而回国。吴王更加不听取伍子胥的计策了。

其后四年，吴王将北伐齐，越王句践用子贡之谋，乃率其众以助吴，而重宝以献遗太宰嚭。太宰嚭既数受越赂，其爱信越殊甚，日夜为言于吴王。吴王信用嚭之计。伍子胥谏曰："夫越，腹心之病，今信其浮辞诈伪而贪齐。破齐，譬犹石田，无所用之。且《盘庚之诰》曰：'有颠越不恭，劓殄灭之，俾无遗育，无使易种于兹邑。'此商之所以兴。愿王释齐而先越；若不然，后将悔之无及。"而吴王不听，使子胥于齐。子胥临行，谓其子曰："吾数谏王，王不用，吾今见吴之亡矣。汝与吴俱亡，无益也。"乃属其子于齐鲍牧，而还报吴。

这以后四年，吴王准备北上攻打齐国，越王句践采用了子贡的计谋，就率领他的部下来帮助吴王，并用重宝献给太宰嚭。太宰嚭已经多次接受越王的贿赂，他特别偏爱和信任越王，日夜为越王在吴王面前说好话。吴王相信并采用了伯嚭的计策。伍子胥劝谏说："越国是吴国心腹的疾病，如果听信太宰嚭的花言巧语以及欺骗手段而贪图齐国，即使攻破齐国，也好像得到一片石田，没有用它的时候。况且《盘庚之诰》说：'有颠倒僭越礼法、不恭敬上命的，就要杀戮、灭绝他们，不要使他们遗传、生育，不要使他们在这个城邑繁衍后代。'这就是商朝之所以兴盛的缘故。希望大王放弃齐国而先攻打越国;假如不是这样,往后就悔恨莫及了。”但是吴王不听他的,却派遣伍子胥到齐国去。伍子胥临走的时候,对他的儿子说:“我多次劝谏大王,但大王不采用我的意见,我今天看到吴国的灭亡了。你跟吴国一道灭亡,是没有什么好处的。”因而把他的儿子托付给齐国的鲍牧,然后回国报告吴王。

吴太宰嚭既与子胥有隙,因谗曰:“子胥为人刚暴,少恩,猜贼,其怨望恐为深祸也。前日王欲伐齐,子胥以为不可,王卒伐之而有大功。子胥耻其计谋不用,乃反怨望。而今王又复伐齐,子胥专愎强谏,沮毁用事,徒幸吴之败以自胜其计谋耳。今王自行,悉国中武力以伐齐,而子胥谏不用,因辍谢,详病不行。王不可不备,此起祸不难。且嚭使人微伺之,其使于齐也,乃属其子于齐之鲍氏。夫为人臣,内不得意,外倚诸侯,自以为先王之谋臣,今不见用,常鞅鞅怨望。愿王早图之!”吴王曰:“微子之言,吾亦疑之。”乃使使赐伍子胥属镂之剑,曰:“子以此死。”伍子胥仰天叹曰:“嗟乎!谗臣嚭为乱矣,王乃反诛我!我令若父霸。自若未立时,诸公子争立,我以死争之于先王,几不得立。若既得立,欲分吴国予我,我顾不敢望也。然今若听谀臣言以杀长者。”乃告其舍人曰:“必树吾墓上以梓,令可以为器;而抉吾眼县吴东门之上,以观越寇之入灭吴也。”乃自刭死。吴王闻之大怒,乃取子胥尸盛以鸱夷革,浮之江中。吴人怜之,为立祠于江上,因命曰胥山。

吴国的太宰伯嚭跟伍子胥有嫌隙,就趁机在吴王面前诋毁伍子胥说:“伍子胥为人刚强暴烈,缺少恩德,猜疑狠毒,他的怨恨恐怕会酿成大祸呀。前些日子大王想要攻打齐国,伍子胥认为不行,大王结果攻打了它却大为成功。伍子胥因为他的计谋不被采用而感到羞耻,就反而产生怨恨。而现在大王又要再攻打齐国,伍子胥专横刚愎,固执地劝谏,挫伤、诽谤军事行动,只希望吴国失败来自夸他的计谋罢了。如今大王亲自行动,用尽全国兵力来攻打齐国,但伍子胥的劝谏不被采用,他因此推辞,装病不出征。大王不能不防备他,这样的事要引起祸害并不困难。况且我派人暗中侦察他,他出使齐国的时候,竟把他的儿子托付给齐国的鲍氏。作为人臣,在国内不得志,往国外倚靠诸侯,自己认为是已故国君的谋臣,如今不被任用,常常郁闷怨恨。希望大王趁早计划这件事。”吴王说:“就是不用您说,我也怀疑他了。”于是派人把属镂剑赐给伍子胥,说:“您用这把剑自杀。”伍子胥仰天长叹道:“唉呀!搬弄是非的小人伯嚭作乱了,大王竟反而杀我。我使你父亲称霸,在你还没确立王位时,各位公子争夺王位,我冒死在先王面前力争,你差一点得不到王位。你继承王位以后,要把吴国分一部分给我,我不敢奢望。可现在你却听信小臣的话来杀害长辈!”于是告诉他的门客说:“一定要在我的坟墓上种上梓树,使它长大可以用来做棺材;并挖掉我的眼睛悬挂在吴都的东门上,来观看越寇入侵、消灭吴国。”说完就自刎而死。吴王听说以后,非常愤怒,就把伍子胥的尸体装进皮革袋子里,让它在江里漂浮。吴国人怜悯他,为他在长江边建造祠堂,因而把这个地方命名叫胥山。

吴王既诛伍子胥,遂伐齐。齐鲍氏杀其君悼公而立阳生。吴王欲讨其贼,不胜而去。其后二年,吴王召鲁、卫之君会之橐皋。其明年,因北大会诸侯于黄池,以令周室。越王句践袭杀吴太子,破吴兵。吴王闻之,乃归,使使厚币与越平。后九年,越王句践遂灭吴,杀王夫差;而诛太宰嚭,以不忠于其君,而外受重赂,与己比周也。

吴王杀了伍子胥以后,就攻打齐国。齐国的鲍氏杀掉齐国国君齐悼公而拥立阳生。吴王欲讨伐齐国的叛逆,尚未获胜就离开齐国了。这以后两年,吴王召集鲁、卫两国的国君在橐皋相会。第二年,趁势北上在黄池大会诸侯,来胁逼周王朝。越王句践进攻、杀死了吴国的太子,打败吴国军队。吴王听说这个消息,就回国了,派人用重礼跟越国议和。以后九年,越王句践就灭亡了吴国,杀了吴王夫差;并杀死太宰嚭,由于他对吴国的国君不忠,在国外接受重礼的贿赂,暗中亲近越国。

伍子胥初所与俱亡故楚太子建之子胜者,在于吴。吴王夫差之时,楚惠王欲召胜归楚。叶公谏曰:“胜好勇而阴求死士,殆有私乎!”惠王不听。遂召胜,使居楚之边邑鄢,号为白公。白公归楚三年而吴诛子胥。

当初跟伍子胥一道逃跑的原来的楚国太子建的儿子胜,处在吴国。吴王夫差的时候,楚惠王想要叫胜回楚国。叶公劝谏说:“胜喜好勇武,又暗中寻找敢死的人,恐怕有个人野心吧!”楚惠王不听他。就召回胜,让他住在楚国的边城鄢邑,称号叫白公。白公回到楚国三年而吴国诛杀了伍子胥。

白公胜既归楚，怨郑之杀其父，乃阴养死士求报郑。归楚五年，请伐郑，楚令尹子西许之。兵未发而晋伐郑，郑请救于楚。楚使子西往救，与盟而还。白公胜怒曰："非郑之仇，乃子西也。"胜自砺剑，人问曰："何以为？"胜曰："欲以杀子西。"子西闻之，笑曰："胜如卵耳，何能为也！"

白公胜回到楚国以后，恨郑国杀了他的父亲，就暗地里收养敢死的人来向郑国报仇。他回楚国五年，就请求进攻郑国，楚国的令尹子西答应了他。楚军还没有出发晋国却来攻打郑国，郑国向楚国求救。楚国派遣令尹子西前往救援，他与郑国订立了盟约就回国。白公胜愤怒地说："我仇视的不是郑国，而是子西。"白公胜亲自磨剑，有人问他说："用它来干什么？"白公胜说："想要用它杀死子西。"子西听说这件事，笑着说："白公胜像禽蛋一样而已，能够干什么呢？"

《东周列国志》版画之夫差杀伍子胥图，讲述吴王夫差不听伍子胥忠谏，赐其属镂剑自尽之事。

其后四岁，白公胜与石乞袭杀楚令尹子西、司马子綦于朝。石乞曰："不杀王，不可。"乃劫王如高府。石乞从者屈固负楚惠王亡走昭夫人之宫。叶公闻白公为乱，率其国人攻白公。白公之徒败，亡走山中，自杀。而虏石乞，而问白公尸处，不言将亨。石乞曰："事成为卿，不成而亨，固其职也。"终不肯告其尸处。遂亨石乞，而求惠王复立之。

这以后四年，白公胜跟石乞在朝廷上突然袭击，杀死了楚国的令尹子西和司马子綦。石乞说："不杀掉楚王，不行。"就劫持楚王到高府去。石乞的仆从屈固背着楚惠王逃跑到昭夫人的宫室。叶公听说白公胜作乱，率领自己封地的人攻打白公胜。白公胜的党徒失败了，他逃到山里自杀。叶公俘虏了石乞，就审问白公胜的尸体在什么地方，如果不说就要烹煮他。石乞说："事情成功了就来做卿，不成功就被烹煮，这本来就是我的职责。"他始终不告诉白公胜尸体所藏的地方。叶公就烹杀了石乞，并找到楚惠王再立他为王。

太史公曰：怨毒之于人甚矣哉！王者尚不能行之于臣下，况同列乎！向令伍子胥从奢俱死，何异蝼蚁。弃小义，雪大耻，名垂于后世，悲夫！方子胥窘于江上，道乞食，志岂尝须臾忘郢都？故隐忍就功名，非烈丈夫孰能致此哉？白公如不自立为君者，其功谋亦不可胜道者哉！

太史公说：仇恨对于人来说是非常厉害的啊！当王的尚且不能跟臣下结仇，何况是同等地位的人呢？假如伍子胥跟随伍奢一道死去，那同蝼蛄和蚂蚁有什么差异？但他抛弃了细小的道义，洗雪了重大的耻辱，声名永垂于后世。可叹啊！正当伍子胥受围于江边，沿路讨饭的时候，他的内心志向难道有片刻忘记了郢都吗？因此他暗中忍受来成就功业声名，如果不是刚毅的男子汉，谁能够达到这个地步呢？白公假如不自立为王的话，他的功绩谋略也是说不完的啊！

史记第六十七卷

仲尼弟子列传第七

孔子曰“受业身通者七十有七人”，皆异能之士也。德行：颜渊，闵子骞，冉伯牛，仲弓。政事：冉有，季路。言语：宰我，子贡。文学：子游，子夏。师也辟，参也鲁，柴也愚，由也喭，回也屡空。赐不受命而货殖焉，亿则屡中。

孔子说他的学生“接受学业后通晓六艺的有七十七人”，他们都是有奇异才能的人。“德行”方面有颜渊、闵子骞、冉伯牛、仲弓。“政事”方面有冉有、季路。“言语”方面有宰我、子贡。“文学”方面有子游、子夏。而颛孙偏激，曾参鲁钝，高柴愚直，仲由粗野，颜回常常困窘。端木赐不安分天命却去经商，预测行情竟然常猜中了。

孔子之所严事：于周则老子；于卫，蘧伯玉；于齐，晏平仲；于楚，老莱子；于郑，子产；于鲁，孟公绰。数称臧文仲、柳下惠、铜鞮伯华、介山子然，孔子皆后之，不并世。

孔子所推崇的人：在周朝是老子；在卫国是蘧伯玉；在齐国是晏平仲；在楚国是老莱子；在郑国是子产；在鲁国是孟公绰。他多次称赞臧文仲、柳下惠、铜鞮伯华、介山子然，孔子出生比他们都晚，没有并存在同一时代。

颜回者，鲁人也，字子渊。少孔子三十岁。

颜回是鲁国人，字子渊，比孔子小三十岁。

颜渊问仁。孔子曰：“克己复礼，天下归仁焉。”

颜渊问什么是“仁”，孔子说：“克制自己，使言论行动都合于礼的要求，那么天下人都会称道你有仁德了。”

孔子曰：“贤哉，回也！一箪食，一瓢饮，在陋巷，人不堪其忧，回也不改其乐。”“回也如愚；退而省其私，亦足以发，回也不愚。”“用之则行，舍之则藏，唯我与尔有是夫！”

孔子说：“颜回有贤德啊！一竹筐饭，一瓜瓢水，住在简陋的巷子里，别人不能忍受那种困苦，颜回却不改变自己的追求和志趣。”“颜回听课时像个愚蠢的人。课后观察他的独立思考能力，也足以启发了，颜回不愚蠢。”“用我就进，不用我就退，只有我跟你才能这样啊！”

回年二十九，发尽白，蚤死。孔子哭之恸，曰：“自吾有回，门人益亲。”鲁哀公问：“弟子孰为好学？”孔子对曰：“有颜回者好学，不迁怒，不贰过。不幸短命死矣，今也则亡。”

颜回二十九岁，头发全都白了，过早地死去。孔子为他哭得很伤心，说：“自我有了颜回，学生更加亲近我了。”鲁哀公问：“学生中哪一个是好学的？”孔子回答说：“有一个叫颜回的好学，不把怒气发泄给别人，也不重犯错误。可是不幸短命死了，现在却没有这样的人。”

闵损，字子骞。少孔子十五岁。

闵损，字子骞。比孔子小十五岁。

孔子曰：“孝哉，闵子骞！人不间于其父母昆弟之言。”不仕大夫，不食污君之禄。“如有复我者，必在汶上矣。”

孔子说：“闵子骞真孝顺啊！教人们在他父母兄弟面前都不能说离间的话。”他不做大夫的官，不吃昏君的俸禄。他曾经说：“如果有人再来叫我，我一定到汶水的北面去了。”

冉耕，字伯牛。孔子以为有德行。

冉耕，字伯牛。孔子认为他有德行。

伯牛有恶疾，孔子往问之，自牖执其手，曰：“命也夫！斯人也而有斯疾，命也夫！”

伯牛患顽症，孔子前往探望他，从窗户里握着他的手，说：“是命运啊！这样的人却患这样的病，是命运啊！”

冉雍，字仲弓。

冉雍，字仲弓。

仲弓问政。孔子曰：“出门如见大宾，使民如承大祭。在邦无怨，在家无怨。”

仲弓询问政事。孔子说：“出门时好像去接见贵宾，使用百姓似乎去承办隆重的祭祀。在国内没有怨恨，在家里没有怨恨。”

孔子以仲弓为有德行，曰：“雍也可使南面。”

孔子认为仲弓有德行，说：“冉雍呀，可以让他治理诸侯国家。”

仲弓父，贱人。孔子曰：“犁牛之子骍且角，虽欲勿用，山川其舍诸？”

仲弓的父亲，是个下贱的人。孔子说：“杂色牛所生的小牛长着纯红色的毛，两角端正，即使想不用它来祭祀，山川之神难道会舍弃它吗？”

冉求，字子有。少孔子二十九岁。为季氏宰。

冉求，字子有。比孔子小二十九岁，做过季氏的家臣。

季康子问孔子曰：“冉求仁乎？”曰：“千室之邑，百乘之家，求也可使治其赋。仁则吾不知也。”复问：“子路仁乎？”孔子对曰：“如求。”

季康子问孔子说：“冉求有仁德吗？”孔子说：“千户的城，百车的家，可让冉求治理那里的兵赋。至于他有没有仁德，那我就不知道了。”季康子又问：“子路有仁德吗？”孔子回答说：“像冉求一样。”

求问曰：“闻斯行诸？”子曰：“行之。”子路问：“闻斯行诸？”子曰：“有父兄在，如之何其闻斯行之？”子华怪之，“敢问问同而答异？”孔子曰：“求也退，故进之；由也兼人，故退之。”

冉求问道：“一听到该做的事就去做它吗？”孔子说：“做它。”子路问：“一听到该做的事就去做它吗？”孔子说：“有父兄在，怎么能一听到该做的事就去做它？”子华感到奇怪，说：“冒昧地问一问，为什么问题相同，答案却不一样？”孔子说：“冉求遇事退缩，因此要勉励他；仲由有超人的胆量，所以抑制他。”

仲由，字子路，卞人也。少孔子九岁。

仲由，字子路，是卞地人。比孔子小九岁。

子路性鄙，好勇力，志伉直，冠雄鸡，佩豭豚，陵暴孔子。孔子设礼，稍诱子路，子路后儒服委质，因门人请为弟子。

子路生性鄙俗，喜欢逞勇斗力，志气刚强直率，戴着公鸡的羽毛，佩带公猪的牙齿，曾经侮辱过孔子。孔子就设置礼乐，慢慢引导子路。子路后来穿着儒生服装，带着拜师礼物，通过孔子的门人请求作孔子的学生。

子路问政。孔子曰：“先之，劳之。”请益。曰：“无倦。”

子路向孔子询问政事。孔子说：“自己带头工作，使百姓也能勤劳工作。”子路请求进一步细说。孔子说：“不疲倦地持之以恒。”

子路问：“君子尚勇乎？”孔子曰：“义之为上。君子好勇而无义，则乱；小人好勇而无义，则盗。”

子路问：“君子崇尚勇武吗？”孔子说：“义是最高尚的。君子好勇而不尚义，就会作乱；小人尚勇而不尚义，就会行盗。”

子路有闻，未之能行，唯恐有闻。

子路听到该做的事，还未能去做它，只怕又听到有该做的事。

孔子曰：“片言可以折狱者，其由也与！”“由也好勇过我，无所取材。”“若由也，不得其死然。”“衣敝缊袍与衣狐貉者立而不耻者，其由也与！”“由也升堂矣，未入于室也。”

孔子说：“只听到片面之辞就可以判断案件的，大概只有仲由吧！”“仲由好勇的精神超过了我，没有什么可取。”“像仲由，会得不到好死的。”“空着破绵袍的人跟穿着皮大衣的人站在一起，而不以为耻，大概只有仲由吧！”“仲由的学问么，好像登上了正厅，但还没有进入内室。”

季康子问：“仲由仁乎？”孔子曰：“千乘之国可使治其赋，不知其仁。”

季康子问："仲由有仁德吗？"孔子说："有一千辆兵车的国家，可让他管理那里的兵赋，不知道他有没有仁德。"

子路喜从游，遇长沮、桀溺、荷蓧丈人。

子路喜欢随从孔子出游，曾经遇见长沮、桀溺和扛着除草竹器的老人家。

子路为季氏宰，季孙问曰："子路可谓大臣与？"孔子曰："可谓具臣矣。"

子路做季孙氏的家臣时，季孙问孔子道："子路可以说是大臣吗？"孔子说："可以说是侯补的臣子了。"

子路为蒲大夫，辞孔子。孔子曰："蒲多壮士，又难治。然吾语汝：恭以敬，可以执勇；宽以正，可以比众；恭正以静，可以报上。"

子路出任蒲邑的大夫时，辞别孔子。孔子说："蒲邑壮士多，又难以治理。然而我告诉你：恭谨和谦敬，可以制服勇猛；宽大和公正，可以使百姓亲近；恭谨、公正和冷静，可以报效上司。"

初，卫灵公有宠姬曰南子。灵公太子蒉聩得过南子，惧诛出奔。及灵公卒而夫人欲立公子郢。郢不肯，曰："亡人太子之子辄在。"于是卫立辄为君，是为出公。出公立十二年，其父蒉聩居外，不得入。子路为卫大夫孔悝之邑宰。蒉聩乃与孔悝作乱，谋入孔悝家，遂与其徒袭攻出公。出公奔鲁，而蒉聩入立，是为庄公。方孔悝作乱，子路在外，闻之而驰往。遇子羔出卫城门，谓子路曰："出公去矣，而门已闭，子可还矣，毋空受其祸。"子路曰："食其食者不避其难。"子羔卒去。有使者入城，城门开，子路随而入。造蒉聩，蒉聩与孔悝登台。子路曰："君焉用孔悝？请得而杀之。"蒉聩弗听。于是子路欲燔台，蒉聩惧，乃下石乞、壶黡攻子路，击断子路之缨。子路曰："君子死而冠不免。"遂结缨而死。

长沮、桀溺，古代隐士。选自清·任熊绘《高士传图》。

当初，卫灵公有个宠爱的姬叫南子。卫灵公的太子蒉聩得罪过南子，害怕被杀就逃出国外。等到卫灵公死了，而夫人欲立公子郢即位。公子郢不肯从命，说："逃亡太子的儿子辄还在国内。"于是卫国立辄做国君，这就是卫出公。卫出公即位十二年，他的父亲蒉聩居住在国外，不能回来。子路担任卫国大夫孔悝采邑的长官。蒉聩却和孔悝作乱，设计进入孔悝家里，就跟他的党徒袭击卫出公。卫出公逃奔鲁国，蒉聩于是回国为君，这就是卫庄公。当孔悝作乱时，子路在外面，听到这个消息后马上赶回来。碰上子羔从卫国的城门出来，对子路说："卫出公出走了，而城门已经关闭，您可以回去了，不要白白地遭受那灾难。"子路说："吃了人家的饭，就不能回避人家的灾祸。"子羔终于离开了。正好有个使者进城，城门打开了，子路就跟着进城。他来到蒉聩处，正好蒉聩和孔悝都在台上。子路说："大王怎能任用孔悝？请让我杀死他。"蒉聩不听。

这时子路要放火烧台，蒉聩害怕，就让石乞和壶黡下来攻打子路，砍断了子路的帽带。子路说："君子死了帽子也不能脱掉。"于是系好帽带就死了。

孔子闻卫乱，曰："嗟乎，由死矣！"已而果死。故孔子曰："自吾得由，恶言不闻于耳。"是时子贡为鲁使于齐。

孔子听说卫国作乱，说："唉呀，仲由死了！"不久，仲由果然死了。因此孔子说："自从我有了仲由，耳朵没有听到坏话了。"这时候子贡为鲁国出使到齐国。

宰予，字子我，利口辩辞。既受业，问："三年之丧不已久乎？君子三年不为礼，礼必坏；三年不为乐，乐必崩。旧谷既没，新谷既升，钻燧改火，期可已矣。"子曰："于汝安乎？"曰："安。""汝安则为之。君子居丧，食旨不甘，闻乐不乐，故弗为也。"宰我出。子曰："予之不仁也！子生三年，然后免于父母之怀。夫三年之丧，天下之通义也。"

宰予字子我，口齿伶俐，善于言辞。宰予结束学业之后，说："三年的丧礼不是太久吗？君子三年不习礼仪，礼仪一定会败坏；三年不演奏音乐，音乐一定会荒废。陈谷已经吃完，新谷已经登场，取火用的木头已经换过，服丧一年也就够了。"孔子说："对你来说心安吗？"宰予说："心安。"孔子说："你心安就照办吧。君子服丧期间，吃了美味也不觉得甘甜，听到音乐也不觉得愉快，因此不这样做。"宰我出去后，孔子说："宰予这样的不仁呀！儿女生下来三年，然后才能脱离父母的怀抱。三年的丧礼，是天下通用的礼仪呀！"

宰予昼寝。子曰："朽木不可雕也，粪土之墙不可圬也。"

宰我白天睡觉，孔子说："腐朽的木头是不能雕刻的，粪土一样的墙壁是不能粉刷的。"

宰我问五帝之德。子曰："予非其人也！"

宰我询问五帝的德行。孔子说："宰予是不配问五帝之德的人。"

宰我为临淄大夫，与田常作乱，以夷其族，孔子耻之。

宰我在临淄做官，跟田常一起叛乱，因而被灭族，孔子对此感到耻辱。

端沐赐，卫人，字子贡。少孔子三十一岁。

端沐赐，卫国人，字子贡，比孔子小三十一岁。

子贡利口巧辞，孔子常黜其辩。问曰："汝与回也孰愈？"对曰："赐也何敢望回！回也闻一以知十，赐也闻一以知二。"

子贡口齿伶俐，巧于辞令。孔子经常打断他的狡辩。孔子问："你和颜回哪一个好？"子贡回答说："我哪里敢和颜回相比！颜回听到一个道理就能推知十个，我听到一个道理只能推知两个。

子贡既已受业，问曰："赐何人也？"孔子曰："汝器也。"曰："何器也？"曰："瑚琏也。"

子贡结束学业以后，问孔子说："我是怎样的一个人呢？"孔子说："你好比是一个器皿。"子贡说："什么器皿呢？"孔子说："是瑚琏。"

陈子禽问子贡曰："仲尼焉学？"子贡曰："文武之道未坠于地，在人。贤者识其大者，不贤者识其小者。莫不有文武之道。夫子焉不学？而亦何常师之有！"又问曰："孔子适是国必闻其政。求之与？抑与之与？"子贡曰："夫子温良恭俭让以得之。夫子之求之也，其诸异乎人之求之也。"

陈子禽问子贡说："仲尼学习什么？"子贡说："周文王、周武王的思想没有失去，还在人间流传。贤能的人着眼它的主干，不贤能的人着眼它的末节。无处不有周文王、周武王的思想。先生没有什么不学习的，但又哪里有固定的老师！"陈子禽又问："孔子到了这个国家，一定要过问它的政治。是自己争取来的呢，还是别人给他的呢？"子贡说："先生依靠温和、善良、恭谨、俭朴、谦让的态度得来的。先生这种求取方法，也许不同于别人的求取方法吧。"

子贡问曰："富而无骄，贫而无谄，何如？"孔子曰："可也；不如贫而乐道，富而好礼。"

子贡问道："富裕但不骄傲，贫穷但不奉承，这种人怎么样？"孔子说："行是行，但不如贫穷却乐道，富裕却好礼。"

田常欲作乱于齐，惮高、国、鲍、晏，故移其兵，欲以伐鲁。孔子闻之，谓门弟子曰："夫鲁，坟墓所处，父母之国，国危如此，二三子何为莫出？"子路请出，孔子止之。子张、子石请行，孔子弗许。子贡请行，孔子许之。

宰我像

田常想在齐国叛乱，但害怕高氏、国氏、鲍氏和晏氏的势力，因此调动他的部队，打算用来攻打鲁国。孔子听了这个消息，对他门下的学生说：“鲁国是祖宗坟墓所在地，是父母之国。国家危险到这个地步，你们几个人为什么不挺身而出？”子路挺身而出，孔子阻止他。子张和子石请求出行，孔子不答应。子贡请求出行，孔子答应了他。

遂行，至齐，说田常曰：“君之伐鲁过矣。夫鲁，难伐之国，其城薄以卑，其地狭以泄，其君愚而不仁，大臣伪而无用，其士民又恶甲兵之事，此不可与战。君不如伐吴。夫吴，城高以厚，地广以深，甲坚以新，士选以饱，重器精兵尽在其中，又使明大夫守之，此易伐也。”田常忿然作色曰：“子之所难，人之所易；子之所易，人之所难。而以教常，何也？”子贡曰：“臣闻之，忧在内者攻强，忧在外者攻弱。今君忧在内。吾闻君三封而三不成者，大臣有不听者也。今君破鲁以广齐，战胜以骄主，破国以尊臣，而君之功不与焉，则交日疏于主。是君上骄主心，下恣群臣，求以成大事，难矣。夫上骄则恣，臣骄则争，是君上与主有郤，下与大臣交争也。如此，则君之立于齐危矣。故曰不如伐吴。伐吴不胜，民人外死，大臣内空，是君上无强臣之敌，下无民人之过，孤主制齐者唯君也。”田常曰：“善。虽然，吾兵业已加鲁矣，去而之吴，大臣疑我，奈何？”子贡曰：“君按兵无伐，臣请往使吴王，令之救鲁而伐齐，君因以兵迎之。”田常许之，使子贡南见吴王。

子贡就出发了，到了齐国，劝告田常说：“您攻打鲁国就错了。鲁国是很难攻打的国家，它的城墙又薄又低，它的护城河又窄又浅，它的国君愚昧不仁，大臣虚伪无能，它的士兵和百姓又厌恶战争，这样的国家不能跟它交战。您不如去攻打吴国。吴国的城墙又高又厚，护城河又宽又深，甲胄又坚又新，战士既精干又充足，宝器和精兵都在其中，又派贤明的大夫镇守着它，这样的国家是容易攻打的。”田常愤怒得变了脸色说：“您认为困难的，是别人认为容易的；您认为容易的，是别人认为困难的。您却用这些指教我，为什么呢？”子贡说：“我听说，忧虑来自国内的就攻打强国，忧虑来自国外的就攻打弱国。如今您的忧虑来自国内。我听说您三次被封爵但三次都封不成，是因为大臣有不听命的。现今您要攻取鲁国来扩大齐国领土，战胜鲁国来骄妄齐君，攻取鲁国来尊重齐臣，然而您的功劳却不算在里头，那么您和国君的关系就会日益疏远。这是您上使国君骄纵，下使群臣放肆，想以此成就大事，难呀。国君骄纵就会无所顾忌，群臣骄狂就会争权夺利，这是您上和国君有嫌隙，下和大臣相争夺。这样，您处在齐国就危险了。因此说不如进攻吴国。攻打吴国如不能取胜，人民战死在国外，大臣削弱于朝内，这样您上无强臣对抗，下无人民怪罪，能够孤立国君、控制齐国的就只有您了。”田常说：“好。虽然这样，但是我军已经开赴鲁国了，如果撤离鲁国而进军吴国，大臣怀疑我，怎么办？”子贡说：“您按兵不动，不要进攻鲁国，我请求出使吴国，让它救鲁国而攻打齐国，您趁势用部队迎击它。”田常同意了，派子贡南下拜见吴王。

说曰：“臣闻之，王者不绝世，霸者无强敌，千钧之重加铢两而移。今以万乘之齐而私千乘之鲁，与吴争强，窃为王危之。且夫救鲁，显名也；伐齐，大利也。以抚泗上诸侯，诛暴齐以服强晋，利莫大

焉。名存亡鲁，实困强齐，智者不疑也。”吴王曰：“善。虽然，吾尝与越战，栖之会稽。越王苦身养士，有报我心。子待我伐越而听子。”子贡曰：“越之劲不过鲁，吴之强不过齐，王置齐而伐越，则齐已平鲁矣。且王方以存亡继绝为名，夫伐小越而畏强齐，非勇也。夫勇者不避难，仁者不穷约，智者不失时，王者不绝世，以立其义。今存越示诸侯以仁，救鲁伐齐，威加晋国，诸侯必相率而朝吴，霸业成矣。且王必恶越，臣请东见越王，令出兵以从，此实空越，名从诸侯以伐也。”吴王大说，乃使子贡之越。

子贡劝说吴王道：“我听说，为王者不能让国家在世上灭亡，称霸者不能另有强大的敌人，千钧的重量加上一铢一两，就会移位。现在以拥有万辆兵车的齐国来企图占有千乘的鲁国，跟吴国争强，我私下为大王感到危险。况且救援鲁国，可以显扬声名；攻打齐国，可以获得大利。以此来安抚泗水以北的诸侯，惩罚强暴的齐国来制服强大的晋国，利益没有比这更大的了。名义上保存即将灭亡的鲁国，实际上使强大的齐国面临困境，聪明的人是不会犹豫不决的。”吴王说：“好。尽管这样，可是我曾经跟越国交战，使越王栖息于会稽山上。越王自己吃苦耐劳，而优待战士，有报复我的企图。您等到我攻打了越国然后才听您的。”子贡说：“越国的实力比不上鲁国，吴国的强大比不上齐国，大王放弃齐国去攻打越国，那么齐国已经平定鲁国了。而且大王正以保存和延续即将灭亡的国家为名义，那么攻打弱小的越国却害怕强大的齐国，这不是勇敢的表现。勇敢的人不回避困难，仁爱的人不使受约束的人走投无路，聪明的人不错过战机，称王的人不会使国家在世上灭亡，以此来树立他们的道义。如果保存越国，向诸侯显示仁德，救援鲁国、攻打齐国，威力压倒晋国，诸侯国一定相继来朝见吴国，那么称霸的大业就成功了。大王如果畏恶越国，我请求东去会见越王，叫他出兵跟随大王，这实际上是使越国空虚，名义上是跟从诸侯征伐齐国。”吴王很高兴，就派子贡前往越国。

越王除道郊迎，身御至舍而问曰：“此蛮夷之国，大夫何以俨然辱而临之？”子贡曰：“今者吾说吴王以救鲁伐齐，其志欲之而畏越，曰‘待我伐越乃可’。如此，破越必矣。且夫无报人之志而令人疑之，拙也；有报人之志，使人知之，殆也；事未发而先闻，危也。三者，举事之大患。”句践顿首再拜曰：“孤尝不料力，乃与吴战，困于会稽，痛入于骨髓，日夜焦唇干舌，徒欲与吴王接踵而死，孤之愿也。”遂问子贡。子贡曰：“吴王为人猛暴，群臣不堪；国家敝以数战，士卒弗忍；百姓怨上，大臣内变；子胥以谏死，太宰嚭用事，顺君之过以安其私：是残国之治也。今王诚发士卒佐之以徼其志，重宝以说其心，卑辞以尊其礼，其伐齐必也。彼战不胜，王之福矣。战胜，必以兵临晋，臣请北见晋君，令共攻之，弱吴必矣。其锐兵尽于齐，重甲困于晋，而王制其敝，此灭吴必矣。”越王大说，许诺。送子贡金百镒，剑一，良矛二。子贡不受，遂行。

越王清扫道路，到郊外迎接子贡，亲自驾车到馆舍询问道：“这里是蛮夷小国，大夫怎么郑重其事屈驾来到这儿？”子贡说：“近来我劝说吴王救援鲁国攻打齐国，他心里想这样，但害怕越国，说‘等我攻打越国之后才行’。这样，攻克越国是一定的了。何况没有报复人的意图却使人猜疑他，是笨拙的；有报复人的意图却让人发觉了，是糊涂的；事情还没有做却叫人先听到了，是危险的。这三种情况是办事的大忌。”句践叩头拜了两拜，说：“我曾经不自量力，竟和吴国交战，被困在会稽山上，恨入骨髓，日夜唇焦舌干，只想跟吴王同归于尽，就是我的愿望。”于是问子贡怎么办。子贡说：“吴王为人凶狠残暴，大臣们忍受不了；国家由于多次战争而疲敝，士兵不能忍受；百姓怨恨君上，大臣发生内讧；伍子胥由于直谏而死，太宰嚭执政，迎合国君的过失，却怀有他的个人目的，这是危国之政。现在大王如果出动部队辅佐他，来激发他的志气，用贵重的珍宝使他心里欢悦，用谦卑的辞令来尊重他的礼仪，那么他攻打齐国是必定的。若他战而不胜，就是大王的福气了。若战胜了，必定率领部队进逼晋国，我就请求北上朝见晋国国君，使他共同攻打吴军，一定能削弱吴国了。它的精锐部队全消耗在齐国，重要装备被牵制在晋国，大王就趁他疲惫交困的时候去攻打他，这样定能使吴国灭亡。”越王很高兴，答应了。送给子贡百镒金，一把剑，两支好矛。子贡没有接受，就走了。

报吴王曰：“臣敬以大王之言告越王，越王大恐，曰：‘孤不幸，少失先人，内不自量，抵罪于吴，军败身辱，栖于会稽，国为虚莽，赖大王之赐，使得奉俎豆而修祭祀，死不敢忘，何谋之敢虑！’”后五

日，越使大夫种顿首言于吴王曰：“东海役臣孤句践使者臣种，敢修下吏问于左右。今窃闻大王将兴大义，诛强救弱，困暴齐而抚周室，请悉起境内士卒三千人，孤请自被坚执锐，以先受矢石。因越贱臣种奉先人藏器，甲二十领，鈇、屈卢之矛，步光之剑，以贺军吏。”吴王大说，以告子贡曰：“越王欲身从寡人伐齐，可乎？”子贡曰：“不可。夫空人之国，悉人之众，又从其君，不义。君受其币，许其师，而辞其君。”吴王许诺，乃谢越王。于是吴王乃遂发九郡兵伐齐。

子贡回报吴王说：“我恭敬地把大王的话告知越王。越王非常害怕，说：‘我不幸，小时候就失去了父亲，又不自量力，竟得罪了吴国，以致军队被打败，自身受耻辱，栖息在会稽山上，国家变成废墟荒地，幸得大王的恩赐，使我得以捧着祭品、举行祭礼，这恩德我死也不敢忘记，还敢图谋什么！’”五天后，越国派遣大夫文种对吴王叩头说：“东海差役之臣我句践使者臣子文种，冒昧上言大王下属向大王左右问安。刚刚听说大王将派遣大义之师，诛伐强敌，救援弱国，围困强暴的齐国而安定周王朝，请允许把我越国境内三千士兵全部出动，我请求亲自披坚甲、执锐器，来率先冲锋陷阵。所以越国下臣文种奉献祖先珍藏的宝器，二十件铠甲，斧钺、屈卢矛、步光剑，用来庆贺贵军官兵。”吴王非常高兴，转告子贡说：“越王想亲自跟我征伐齐国，行吗？”子贡说：“不行。使人家的国内空虚，尽用人家的士兵，又要让人家的国君跟从您，这样是不道德的。大王可以接受它的礼物，吸收它的部队，但要辞去它的国君随行。”吴王听从，就辞谢越王。于是吴王就出动九个郡的部队攻打齐国。

子贡因去之晋，谓晋君曰：“臣闻之，虑不先定不可以应卒，兵不先辨不可以胜敌。今夫齐与吴将战，彼战而不胜，越乱之必矣；与齐战而胜，必以其兵临晋。”晋君大恐，曰：“为之奈何？”子贡曰：“修兵休卒以待之。”晋君许诺。

子贡便离开吴国前往晋国，对晋国国君说：“我听说，计谋不先确定就不能够应付仓促的变故，军队不事先训练就不能够战胜敌人。现在齐国跟吴国将要交战，吴国如果打败了，越国一定乘机扰乱它；如果战胜了齐国，一定会率领它的部队逼近晋国边境。”晋君大为恐慌，说：“对这该怎么办？”子贡说：“修造兵器，休养士卒，来等待它。”晋君答应了。

《东周列国志》版画之言语科子贡说列国图，讲述子贡游说列国之事。

子贡去而之鲁。吴王果与齐人战于艾陵，大破齐师，获七将军之兵而不归，果以兵临晋，与晋人相遇黄池之上。吴、晋争强。晋人击之，大败吴师。越王闻之，涉江袭吴，去城七里而军。吴王闻之，去晋而归，与越战于五湖。三战不胜，城门不守，越遂围王宫，杀夫差而戮其相。破吴三年，东向而霸。

子贡离开晋国前往鲁国。吴王果真跟齐国人在艾陵作战，沉重地打击了齐国军队，俘虏了七个将军的兵马，却不回师，果然率领部队进逼晋国边境，同晋国人在黄池相遇。吴国和晋国争强斗胜。晋国人攻击吴国，大败吴军。越王听到这一消息，渡江袭击吴国，在距离吴国都城七里远的地方驻军。吴王得知这个消息，离开晋国回去了，同越军在五湖一带作战。三次战斗吴军都失败了，城门失守，越军就包围了王宫，杀了吴王夫差和他的相国。灭吴后三年，越国称霸东方。

故子贡一出，存鲁，乱齐，破吴，强晋而霸越。子贡一使，使势相破，十年之中，五国各有变。

所以子贡一次出使，使鲁国存在，齐国动乱，吴国破灭，晋国强盛而越国称霸。子贡一次出使，使各国局势打乱了，十年期间，五个国家的局势各有变化。

子贡好废举，与时转货赀。喜扬人之美，不能匿人之过。常相鲁、卫，家累千金，卒终于齐。

子贡爱好从事贱买贵卖的生意，随时转换货物资财。他喜欢称赞人家的优点，但不能隐瞒别人的过失。他曾经担任鲁国、卫国的相国，家财累积千金，最后死在齐国。

言偃，吴人，字子游。少孔子四十五岁。

言偃是吴国人，字子游，比孔子小四十五岁。

子游既已受业，为武城宰。孔子过，闻弦歌之声。孔子莞尔而笑曰："割鸡焉用牛刀？"子游曰："昔者偃闻诸夫子曰：'君子学道则爱人，小人学道则易使。'"孔子曰："二三子，偃之言是也。前言戏之耳。"孔子以为子游习于文学。

子贡像

子游结束学业以后，做了武城官吏。孔子经过武城时，听到管弦歌曲的声音。孔子微笑着说："杀鸡何必用宰牛的刀？"子游说："从前我听老师说过：君子学习了礼乐之道，就会爱护别人；小人学习了礼乐之道，就易于听役使。"孔子说："学生们，言偃的话是对的。我刚才说的话是开个玩笑而已。"孔子认为子游熟悉古代文献。

卜商，字子夏。少孔子四十四岁。

卜商，字子夏，比孔子小四十四岁。

子夏问："'巧笑倩兮，美目盼兮，素以为绚兮。'何谓也？"子曰："绘事后素。"曰："礼后乎？"孔子曰："商始可与言《诗》已矣。"

子夏问："'美人微妙的笑容多好看呀，美丽的眼睛真明亮呀，仿佛洁白的生绢染上了绚丽的色彩！'这三句诗说的是什么？"孔子说："绘画这事情是最后涂上白色。"子夏说："礼仪也是最后的事吗？"孔子说："卜商，现在可以同你谈论《诗》了啊。"

子贡问："师与商孰贤？"子曰："师也过，商也不及。""然则师愈与？"曰："过犹不及。"

子贡问："颛孙师跟卜商哪一个贤能？"孔子说："颛孙师有些过分，卜商有些不足。"子贡说："这样就是颛孙师强一些吧？"孔子说："过分又好比不足。"

子谓子夏曰："汝为君子儒，无为小人儒。"

孔子对子夏说："你要做一个君子的儒生，不要做一个小人的儒生。"

孔子既没，子夏居西河教授，为魏文侯师。其子死，哭之失明。

孔子死后，子夏住在西河教授收徒，是魏文侯的老师。他的儿子死了，为此哭得双目失明。

颛孙师，陈人，字子张。少孔子四十八岁。

颛孙师是陈国人，字子张，比孔子小四十八岁。

子张问干禄。孔子曰:“多闻阙疑,慎言其余,则寡尤;多见阙殆,慎行其余,则寡悔。言寡尤,行寡悔,禄在其中矣。”

子张询问怎样求取俸禄,孔子说:“多听,保留有疑问的问题,谨慎地谈论其没有疑问的问题,就能少犯错误;多看,搁下有危险的事情,谨慎地施行其他没有危险的事情,就能少生悔恨。言谈少犯错误,行为少生悔恨,俸禄就在里面了。”

他日从在陈、蔡间,困,问行。孔子曰:“言忠信,行笃敬,虽蛮貊之国,行也。言不忠信,行不笃敬,虽州里,行乎哉?立则见其参于前也,在舆则见其倚于衡,夫然后行。”子张书诸绅。

另一天,子张随从孔子到陈、蔡两国之间,被围困,子张问怎样才能行得通。孔子说:“说话忠诚老实,行为忠厚恭敬,即使在蛮貊异族地区,也行得通。说话不忠诚老实,行为不忠厚恭敬,即使在本乡本土,能够行得通吗?站着的时候,就像看见‘忠信笃敬’几个字摆在面前;坐车的时候,就像看见这几个字挂在车前横木上。这样才能行通。”子张就把这几个字写在自己的衣带上。

子张问:“士何如斯可谓之达矣?”孔子曰:“何哉,尔所谓达者?”子张对曰:“在国必闻,在家必闻。”孔子曰:“是闻也,非达也。夫达者,质直而好义,察言而观色,虑以下人,在国及家必达。夫闻也者,色取仁而行违,居之不疑,在国及家必闻。”

子张问:“读书人怎样才算是通达呢?”孔子说:“你听说的通达是什么意思呢?”子张回答说:“在诸侯国中一定有声誉,在大夫家中一定有声誉。”孔子说:“这是声誉,不是通达。所谓通达,应该是质朴、正直,又爱好礼义,善于分析别人的言论,观察别人的表情,总想到对人谦让。这种人在诸侯国和大夫家一定能通达。而所谓声誉,表面上好像追求仁德,行动上却相违背,处之心安理得,这种人在国在家一定徒有虚名。”

曾参,南武城人,字子舆。少孔子四十六岁。

曾参是南武城人,字子舆,比孔子小四十六岁。

孔子以为能通孝道,故授之业。作《孝经》。死于鲁。

孔子认为曾参能够懂得孝顺的道理,因此传授给他学业,并为他写了《孝经》。曾参死在鲁国。

澹台灭明,武城人,字子羽。少孔子三十九岁。

澹台灭明是武城人,字子羽,比孔子小三十九岁。

状貌甚恶。欲事孔子,孔子以为材薄。既已受业,退而修行,行不由径,非公事不见卿大夫。

他的相貌很丑陋,要侍奉孔子,孔子认为他资质浅薄。学业结束以后,他回去修养德行,从不走邪门歪道,如果不是由于公事,就不去见官员。

南游至江,从弟子三百人,设取、予、去、就,名施乎诸侯。孔子闻之,曰:“吾以言取人,失之宰予;以貌取人,失之子羽。”

他南下游历了长江,跟从他的学生有三百人。他确立取舍的原则,名声在诸侯国中传扬。孔子听到这件事以后,说:“我依言辞用人,错在宰予身上;依相貌用人,错在子羽身上。”

宓不齐,字子贱。少孔子三十岁。

宓不齐,字子贱,比孔子小三十岁。

孔子谓子贱:“君子哉!鲁无君子,斯焉取斯?”

孔子说:“子贱真是君子啊!假如鲁国没有君子,这个人从哪里取得君子这种品德呢?”

子贱为单父宰,反命于孔子,曰:“此国有贤不齐者五人,教不齐所以治者。”孔子曰:“惜哉!不齐所治者小,所治者大则庶几矣!”

子贱做单父的县官后,向孔子报告,说:“这个国家有比我贤明的五个人,他们教我治理的方法。”孔子说:“可惜啊!你治理的地方太小,假如治理的地方大些,那就差不多了。”

原宪,字子思。

原宪,字子思。

子思问耻。孔子曰:“国有道,谷。国无道,谷,耻也。”

子思询问什么叫耻辱,孔子说:“国政清明,当食禄;国政黑暗也食禄,这就是耻辱。”

子思曰:“克、伐、怨、欲不行焉,可以为仁乎?”孔子曰:“可以为难矣,仁则吾弗知也。”

子思说："好胜、矜夸、怨恨、贪欲都不存在，可以说是仁了吗？"孔子说："可以说是难得了，至于是不是仁，那我就不知道了。"

孔子卒，原宪遂亡在草泽中。子贡相卫，而结驷连骑，排藜藿入穷阎，过谢原宪。宪摄敝衣冠见子贡。子贡耻之，曰："夫子岂病乎？"原宪曰："吾闻之，无财者谓之贫，学道而不能行者谓之病。若宪，贫也，非病也。"子贡惭，不怿而去，终身耻其言之过也。

孔子死后，原宪就在荒野中隐居。子贡做了卫国的相国，因此出门时车马成群结队。他曾经推开草门，来到陋室，探望原宪。原宪穿戴破旧的衣帽会见子贡。子贡替他感到羞耻，说："您难道是病了吗？"原宪说："我听说，没有财产的叫做贫，学了道理却不能实行的叫做病。像我原宪，是贫，不是病。"子贡感到羞惭，不高兴地离开了，一生都为自己说错了话而感到羞耻。

公冶长，齐人，字子长。

公冶长，齐国人，字子长。

孔子曰："长可妻也。虽在累绁之中，非其罪也。"以其子妻之。

孔子说："公冶长是值得我把女儿嫁给他的。他虽然曾身在监狱，但并不是他的罪过。"孔子终于把自己的女儿嫁给了他。

南宫括，字子容。

南宫括，字子容。

问孔子曰："羿善射，奡荡舟，俱不得其死然；禹、稷躬稼而有天下？"孔子弗答。容出。孔子曰："君子哉若人！上德哉若人！""国有道，不废；国无道，免于刑戮。"三复"白珪之玷"，以其兄之子妻之。

南宫括问孔子道："羿擅长射箭，奡很会行船，但好像都不得好死。但为什么禹和稷亲自耕种却得到天下？"孔子不回答他。子容出去以后，孔子说："这个人是位君子！这个人有高尚的德行啊！"孔子又说："国政清明，他不会被废弃而不用；国政黑暗，他可以不受刑罚、杀戮。"子容经常诵读"白圭之玷"的诗句，于是孔子把他哥哥的女儿嫁给他。

公皙哀，字季次。

公皙哀，字季次。

孔子曰："天下无行，多为家臣，仕于都；唯季次未尝仕。"

孔子说："天下失道，一般读书人成了大夫们的家臣，在都城里做官；只有季次没有做官。"

曾蒧，字皙。

曾蒧，字皙。

侍孔子，孔子曰："言尔志。"蒧曰："春服既成，冠者五六人，童子六七人，浴乎沂，风乎舞雩，咏而归。"孔子喟尔叹曰："吾与蒧也！"

曾蒧侍奉孔子，孔子说："谈谈你的志向。"曾蒧说："当能穿着春天时装的时候，我和五六个青年人，六七个小孩，在沂水里洗澡，在舞雩台上吹风，然后唱着歌回家。"孔子长叹一声说："我赞成曾蒧的志向呀！"

颜回像，选自明·吕维祺编《圣贤像赞》。

颜无繇，字路。路者，颜回父。父子尝

各异时事孔子。

颜无繇,字路。颜路是颜回的父亲,父子曾经各自在不同的时间里师承孔子。

颜回死,颜路贫,请孔子车以葬。孔子曰:“材不材,亦各言其子也。鲤也死,有棺而无椁,吾不徒行以为之椁,以吾从大夫之后,不可以徒行。”

颜回死的时候,颜路因为贫穷,请求孔子卖掉车子来安葬颜回。孔子说:“不管有无才能,但对我们来说,都是自己的孩子。鲤儿死的时候,只有内棺而没有外椁,我不能为了他买外椁而步行。由于我身为大夫,不能步行。”

商瞿,鲁人,字子木。少孔子二十九岁。

商瞿,鲁国人,字子木,比孔子小二十九岁。

孔子传《易》于瞿,瞿传楚人馯臂子弘,弘传江东人矫子庸疵,疵传燕人周子家竖,竖传淳于人光子乘羽,羽传齐人田子庄何,何传东武人王子中同,同传淄川人杨何。何元朔中以治《易》为汉中大夫。

孔子把《周易》传授给商瞿,商瞿传给楚国人馯臂子弘,子弘传给江东人矫子庸疵,矫疵传给燕国人周子家竖,周竖传给淳于人光子乘羽,光羽给齐国人田子庄何,田何传给东武人王子中同,王同传给淄川人杨何。杨何在元朔年间由于研究《周易》做了汉朝的中大夫。

高柴,字子羔。少孔子三十岁。子羔长不盈五尺,受业孔子,孔子以为愚。

高柴,字子羔,比孔子小三十岁。子羔身高不满五尺,受业于孔子门下,孔子认为他愚笨。

子路使子羔为费郈宰。孔子曰:“贼夫人之子!”子路曰:“有民人焉,有社稷焉,何必读书,然后为学?”孔子曰:“是故恶夫佞者。”

子路要子羔做费邑的县官。孔子说:“这是个害人的人!”子路说:“哪里有人民,哪里有国家,为什么一定要读书后才叫做学习?”孔子说:“因此我讨厌那些花言巧语的人。”

漆雕开,字子开。

漆雕开,字子开。

孔子使开仕。对曰:“吾斯之未能信。”孔子说。

孔子叫子开做官,漆雕开回答说:“我对这样的事不能胜任。”孔子听后很高兴。

公伯缭,字子周。

公伯缭,字子周。

周愬子路于季孙。子服景伯以告孔子,曰:“夫子固有惑志,缭也,吾力犹能肆诸市朝。”孔子曰:“道之将行,命也;道之将废,命也。公伯缭其如命何!”

子周在季孙氏面前诉说子路的坏话,子服景伯把这件事告诉孔子,说:“季孙氏他老人家对子路虽然有了疑心,但对于公伯缭,我的力量还能够让他陈尸街头示众。”孔子说:“我的主张将能实行,这是命运;我的主张将被废弃,也是命运。公伯缭对命运有什么办法?”

司马耕,字子牛。

司马耕,字子牛。

牛多言而躁。问仁于孔子。孔子曰:“仁者,其言也讱。”曰:“其言也讱,斯可谓之仁乎?”子曰:“为之难,言之得无讱乎?”

子牛言语多而又急躁。他向孔子询问什么是仁德,孔子说:“有仁德的人,他的言论是谨慎的。”子牛说:“他的言谈谨慎,这就可以称有仁德吗?”孔子说:“做起来难,说起来能够不谨慎吗?”

问君子。子曰:“君子不忧不惧。”曰:“不忧不惧,斯可谓之君子乎?”子曰:“内省不疚,夫何忧何惧!”

子牛询问君子是怎么样的,孔子说:“君子不忧愁,不畏惧。”子牛说:“不忧愁,不畏惧,这就可以称为君子吗?”孔子说:“问心无愧,那有什么担忧,有什么畏惧!”

樊须,字子迟。少孔子三十六岁。

樊须,字子迟,比孔子小三十六岁。

樊迟请学稼。孔子曰:“吾不如老农。”请学圃。曰:“吾不如老圃。”樊迟出。孔子曰:“小人哉,

樊须也！上好礼，则民莫敢不敬；上好义，则民莫敢不服；上好信，则民莫敢不用情。夫如是，则四方之民襁负其子而至矣，焉用稼！”

樊迟请求学种庄稼，孔子说：“我不如老农。”又请求学种菜，孔子说：“我不如菜农。”樊迟退出以后，孔子说：“樊须真是个小人啊！君上爱好礼仪，那么人民没有谁敢不尊敬他；君王爱好道义，那么老百姓没有谁敢不服从他；君王爱好诚信，那么人民没有谁敢不用真诚对待他。照这样做，那么四方的百姓就会用襁褓背着他们的儿子来归顺了，哪里用得上自己去种庄稼！”

樊迟问仁。子曰：“爱人。”问智。曰：“知人。”

樊迟询问什么是仁德，孔子说：“爱护别人。”又问什么是智慧，孔子说：“了解别人。”

有若少孔子四十三岁。有若曰：“礼之用，和为贵。先王之道，斯为美。小大由之，有所不行；知和而和，不以礼节之，亦不可行也。”“信近于义，言可复也。恭近于礼，远耻辱也。因不失其亲，亦可宗也。”

有若比孔子小四十三岁。有若说：“礼的应用，以和谐为贵。已故君王治国的道理，这是最妙的一条。但凡事大小都照这样办理，又有行不通的地方；只知道和谐而和谐，不用礼去节制它，也是行不通的。”他又说：“诚信符合道义，说出的话才能经得起检验；恭敬符合礼仪，才能避免耻辱；亲近值得亲近的人，也就可以效法他们了。”

公西华像，孔子的弟子。

孔子既没，弟子思慕。有若状似孔子，弟子相与共立为师，师之如夫子时也。他日，弟子进问曰：“昔夫子当行，使弟子持雨具，已而果雨。弟子问曰：‘夫子何以知之？’夫子曰：‘《诗》不云乎：‘月离于毕，俾滂沱矣’。昨暮月不宿毕乎？’他日，月宿毕，竟不雨。商瞿年长无子，其母为取室。孔子使之齐，瞿母请之。孔子曰：‘无忧，瞿年四十后当有五丈夫子。’已而果然。敢问夫子何以知此？”有若默然无以应。弟子起曰：“有子避之，此非子之座也！”

孔子死后，学生们思念仰慕他。有若的相貌像孔子，学生们一致认他作老师，就像孔子在世时一样向他学习。有一天，学生们提出疑问说：“从前孔夫子出行时，叫学生们带雨具，后来果真下雨。学生们问道：‘先生依据什么知道会下雨？’先生说：‘《诗经》上不是说过吗：月亮靠近毕宿，跟着就会下大雨了。昨天晚上月亮不是停留在毕宿区域吗？’另一天，月亮停留在毕宿区域，却不下雨。商瞿年纪大了没有儿子，他的母亲要替他另娶妻室。孔子叫他到齐国去，商瞿的母亲向孔子说情。孔子说：‘不用担心，商瞿四十岁后会有五个男孩子。’后来果然是这样。请问先生凭什么知道是这样？”有若沉默着，无话可答。学生们起来说：“有子躲开吧，这不是您的座位。”

公西赤，字子华。少孔子四十二岁。

公西赤，字子华，比孔子小四十二岁。

子华使于齐，冉有为其母请粟。孔子曰：“与之釜。”请益。曰：“与之庾。”冉子与之粟五秉。孔

子曰:“赤之适齐也,乘肥马,衣轻裘。吾闻君子周急不继富。”

子华出使齐国,冉有为他的母亲向孔子申请粮食。孔子说:“给她一釜(六斗四升)。”冉有请求增加,孔子说:“给他一庾(十六斗)。”冉子给她五秉(八十斛)稻谷。孔子说:“公西赤到齐国去的时候,乘坐肥马,穿着轻暖的皮衣。我听说君子救济有急困的人,而不增加人家的财富。”

巫马施,字子旗。少孔子三十岁。

巫马施,字子旗,比孔子小三十岁。

陈司败问孔子曰:“鲁昭公知礼乎?”孔子曰:“知礼。”退而揖巫马旗曰:“吾闻君子不党,君子亦党乎?鲁君娶吴女为夫人,命之为孟子。孟子姓姬,讳称同姓,故谓之孟子。鲁君而知礼,孰不知礼!”施以告孔子。孔子曰:“丘也幸,苟有过,人必知之。臣不可言君亲之恶,为讳者,礼也。”

陈司败询问孔子道:“鲁昭公懂礼吗?”孔子说:“懂礼。”孔子出去以后,陈司败对巫马旗作揖说:“我听说君子不偏傥别人,君子也会偏傥别人吗?鲁国国君娶了吴国的女子做夫人,把她命名作孟子。孟子姓姬,避讳以同姓相称,因此叫她作孟子。鲁君假如懂礼,谁不懂礼!”巫马施把陈司败的话告诉孔子,孔子说:“我孔丘呀真幸运,如果有过错,别人必定会知道给指出来。臣下不能够说君上和父亲的过错,为他们避忌,是礼的需要。”

梁鳣,字叔鱼。少孔子二十九岁。

梁鳣,字叔鱼,比孔子小二十九岁。

颜幸,字子柳。少孔子四十六岁。

颜幸,字子柳,比孔子小四十六岁。

冉孺,字子鲁。少孔子五十岁。

冉孺,字子鲁,比孔子小五十岁。

曹恤,字子循。少孔子五十岁。

曹恤,字子循,比孔子小五十岁。

伯虔,字子析。少孔子五十岁。

伯虔,字子析,比孔子小五十岁。

公孙龙,字子石。少孔子五十三岁。

公孙龙,字子石,比孔子小五十三岁。

自子石已右三十五人,显有年名及受业闻见于书传。其四十有二人,无年及不见书传者纪于左:

从子石以上三十五人,显然有年龄、姓名以及受业情况流传在文献上。其余四十二人,没有年龄以及不见于文献的,记载在下面。

冉季,字子产。

冉季,字子产。

公祖句兹,字子之。

公祖句兹,字子之。

秦祖,字子南。

秦祖,字子南。

漆雕哆,字子敛。

漆雕哆,字子敛。

颜高,字子骄。

颜高,字子骄。

漆雕徒父。

漆雕徒父。

壤驷赤,字子徒。

壤驷赤,字子徒。

商泽。

商泽。
石作蜀,字子明。
石作蜀,字子明。
任不齐,字选。
任不齐,字选。
公良孺,字子正。
公良孺,字子正。
后处,字子里。
后处,字子里。
秦冉,字开。
秦冉,字开。
公夏首,字乘。
公夏首,字乘。
奚容箴,字子晳。
奚容箴,字子晳。
公肩定,字子中。
公肩定,字子中。
颜祖,字襄。
颜祖,字襄。
鄡单,字子家。
鄡单,字子家。
句井疆。
句井疆。
罕父黑,字子索。
罕父黑,字子索。
秦商,字子丕。
秦商,字子不。
申党,字周。
申党,字周。
颜之仆,字叔。
颜之仆,字叔。
荣旂,字子祈。
荣旂,字子祈。
县成,字子祺。
县成,字子祺。
左人郢,字行。
左人郢,字行。
燕伋,字思。
燕伋,字思。
郑国,字子徒。
郑国,字子徒。
秦非,字子之。
秦非,字子之。
施之常,字子恒。
施之常,字子恒。

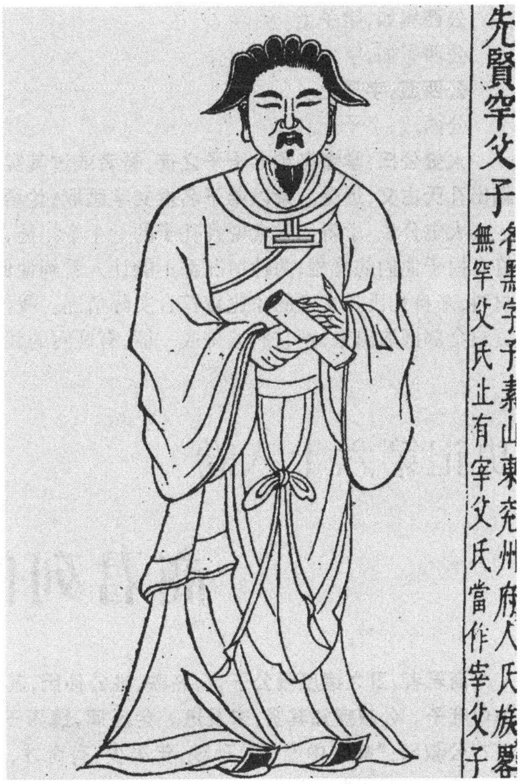

罕父黑,孔子的弟子。图出自明·天然撰《历代古人像赞》。

颜哙，字子声。

颜哙，字子声。

步叔乘，字子车。

步叔乘，字子车。

原亢籍。

原亢籍。

乐欬，字子声。

乐欬，字子声。

廉絜，字庸。

廉絜，字庸。

叔仲会，字子期。

叔仲会，字子期。

颜何，字冉。

颜何，字冉。

狄黑，字皙。

狄黑，字皙。

邦巽，字子敛。

邦巽，字子敛。

孔忠。

孔忠。

公西舆如，字子上。

公西舆如，字子上。

公西葴，字子上。

公西葴，字子上。

太史公曰：学者多称七十子之徒，誉者或过其实，毁者或损其真，钧之未睹厥容貌。则论言弟子籍出孔氏古文，近是。余以弟子名姓文字悉取《论语》弟子问，并次为篇，疑者阙焉。

太史公说：学者们常常说到孔子的七十个门徒，称誉的人也许超过了他们的实际，毁谤的人也许有损于他们的真相，两种情况都不能让人看到他们的真实面貌，那么议论和说明孔子门徒事迹的材料，来自孔氏古文中的才比较符合实际情况。我把《论语》中门徒问答时有关门徒的姓名等文字资料全部摘取出来，把它们编排成一篇，有疑问的就缺少。

史记第六十八卷

商君列传第八

商君者，卫之诸庶孽公子也，名鞅，姓公孙氏，其祖本姬姓也。鞅少好刑名之学，事魏相公叔痤为中庶子。公叔痤知其贤，未及进。会痤病，魏惠王亲往问病，曰："公叔病有如不可讳，将奈社稷何？"公叔曰："痤之中庶子公孙鞅，年虽少，有奇才，愿王举国而听之！"王嘿然。王且去，痤屏人言曰："王即不听用鞅，必杀之，无令出境。"王许诺而去。公叔痤召鞅谢曰："今者王问可以为相者，我言若，王色不许我。我方先君后臣，因谓王即弗用鞅，当杀之。王许我。汝可疾去矣，且见禽。"鞅曰："彼王不能用君之言任臣，又安能用君之言杀臣乎？"卒不去。惠王既去，而谓左右曰："公叔病

甚，悲乎，欲令寡人以国听公孙鞅也，岂不悖哉！"

商君是卫国国君姬妾所生的公子，名叫鞅，姓公孙，他的祖先本来姓姬。公孙鞅年轻时喜欢刑名这种学问，侍奉魏国相国公叔痤做了中庶子。公叔痤知道他贤能，还没来得及举荐他。恰好公叔痤病了，魏惠王亲自前来探病，说："公叔的病如果有意外，国家将怎么办？"公叔痤说："我的中庶子公孙鞅，年纪虽轻，但有奇特的才能，希望大王把国家大事委托给他。"魏惠王沉默不语。魏惠王将要离开时，公叔痤隔离旁人说："大王如果不任用公孙鞅，就一定要杀他，不要让他走出国境。"魏惠王答应了就离开。公叔痤召见公孙鞅，抱歉地说："刚才大王询问我能够担任相国的人，我说到你，但是看大王的脸色不会同意我，我才以君为先、以臣为后，就对大王说，如果不用公孙鞅，就应当杀掉他。大王答应了我。你得赶快离开了，不然将被抓获。"公孙鞅说："大王他不能用您的话任用我，又怎能用您的话杀死我呢？"公孙鞅没有离开。魏惠王离开之后，就对左右说："公叔痤的病很严重，可怜啊，他要让我把国事委托给公孙鞅，难道不荒谬吗？"

公叔既死，公孙鞅闻秦孝公下令国中求贤者，将修缪公之业，东复侵地，乃遂西入秦，因孝公宠臣景监以求见孝公。孝公既见卫鞅，语事良久，孝公时时睡，弗听。罢而孝公怒景监曰："子之客妄人耳，安足用邪！"景监以让卫鞅。卫鞅曰："吾说公以帝道，其志不开悟矣。"后五日，复求见鞅。鞅复见孝公，益愈，然而未中旨。罢而孝公复让景监，景监亦让鞅。鞅曰："吾说公以王道而未入也。请复见鞅。"鞅复见孝公，孝公善之而未用也。罢而去。孝公谓景监曰："汝客善，可与语矣。"鞅曰："吾说公以霸道，其意欲用之矣。诚复见我，我知之矣。"卫鞅复见孝公。公与语，不自知膝之前于席也。语数日不厌。景监曰："子何以中吾君？吾君之欢甚也。"鞅曰："吾说君以帝王之道比三代，而君曰：'久远，吾不能待。且贤君者，各及其身显名天下，安能邑邑待数十百年以成帝王乎？'故吾以强国之术说君，君大说之耳。然亦难以比德于殷、周矣。"

公叔痤死后，公孙鞅听说秦孝公下令全国选拔贤人，准备重振秦缪公的霸业，向东收复被侵占的国土，就向西进入秦国，通过秦孝公的宠臣景监去求见秦孝公。秦孝公接见卫鞅以后，交谈很久，秦孝公却时时打瞌睡，不听他的。交谈完以后，秦孝公对景监发怒说："您的客人是个狂妄的人罢了，哪里值得任用呢？"景监于是责备卫鞅，卫鞅说："我用五帝之道劝说秦孝公，但他的思想是不能启发、醒悟的。"五天后，景监又请求秦孝公召见卫鞅。卫鞅又进见秦孝公，谈得更多，可是还不能符合秦孝公的心愿。交谈结束以后，秦孝公又责备景监，景监也责备卫鞅。卫鞅说："我用三王之道劝说秦孝公，但未被采纳。请他再召见我。"卫鞅又进见秦孝公，秦孝公觉得他说得好，却没有接受。交谈结束以后，秦孝公对景监说："你的客人还不错，可以与他交谈了。"卫鞅说："我用五霸之道劝说秦孝公，看他的意思是想采纳了。如果再召见我，我知道该说什么了。"卫鞅又进见秦孝公。秦孝公跟他交谈，不知不觉地把膝盖挪到座席前头了。交谈了几天却不觉厌倦。景监说："您靠什么迎合了我们国君的心意？我们国君特别高兴啊！"卫鞅说："我用五帝、三王之道说服他，劝他跟三代相比，但国君说：'太久远了，我不能等待。况且贤明的君主，每个人都想趁自己在位的时候就扬名天下，怎么能够默默无闻地等待几十乃至百年之后才成就帝王大业呢？'所以我用使国家富强的办法说服国君，国君对此非常高兴罢了。但也难以跟殷、周比较德行了。"

孝公既用卫鞅，鞅欲变法，恐天下议己。卫鞅曰："疑行无名，疑事无功。且夫有高人之行者，固见非于世；有独知之虑者，必见敖于民。愚者暗于成事，知者见于未萌。民不可与虑始而可与乐成。论至德者不和于俗，成大功者不谋于众。是以圣人苟可以强国，不法其故；苟可以利民，不循其礼。"孝公曰："善。"甘龙曰："不然。圣人不易民而教，知者不变法而治。因民而教，不劳而成功；缘法而治者，吏习而民安之。"卫鞅曰："龙之所言，世俗之言也。常人安于故俗，学者溺于所闻。以此两者居官守法可也，非所与论于法之外也。三代不同礼而王，五伯不同法而霸。智者作法，愚者制焉；贤者更礼，不肖者拘焉。"杜挚曰："利不百，不变法；功不十，不易器。法古无过，循礼无邪。"卫鞅曰："治世不一道，便国不法古。故汤、武不循古而王，夏、殷不易礼而亡。反古者不可非，而循礼者不足多。"孝公曰："善。"以卫鞅为左庶长，卒定变法之令。

秦孝公已经任用卫鞅，卫鞅想要变革制度，但秦孝公担心天下人议论自己。卫鞅说："行动犹豫不决，就不会成名；事业迟疑不决，就不会成功。何况有比人高明的行为的，本来就受世人的非难；

《东周列国志》版画之说秦君卫鞅变法图。卫鞅即商鞅,也称公孙鞅。

具有独到见解的人,必定会使人厌恶。愚蠢的人对既成的事实还不明白,聪明的人在事先就能看到苗头。老百姓不能在事前跟他们讨论,只能在事情成功之后跟他们享乐。讲究高尚德行的人不迎合习俗,成就大功业的人不与众人商量。因此圣人只要能够使国家富强,就不必仿效旧的法规;只要能够有利于老百姓,就不必遵循旧的礼制。”秦孝公说:“好。”甘龙说:“不是这样。圣人不改易民俗来教化人民,聪明的人不变更法规来治理国家。因循民俗而教化,不费力却能成功;沿袭成法来治理国家的,官吏习惯,百姓相安。”卫鞅说:“甘龙所说的,是世俗的话。一般人习惯旧风俗,学者们沉溺于自己的见闻。所以这两种人做官守法是可以的,但是不能跟他们谈论常法以外的事情的。三代不同礼制却都能成就王业,五霸不同法度却都能成就霸业。聪明的人制定法度,愚蠢的人被法度制约;贤能的人更改礼制,平庸的人被礼制束缚。”杜挚说:“没有百倍的利益,不变革法度;没有十倍的功用,不改换器物。效法古制,可以没有过错;遵循旧礼,可以避免偏差。”卫鞅说:“治理天下并不是只有一种办法,为了便利于国家,就不能效法古制。因此商汤、周武王不效法古制却都能成就王业,夏桀、殷纣不变化礼制却灭亡了。反对古制的人无可非议,而遵循旧礼的人不值得称赞。”秦孝公说:“好。”于是任用卫鞅做左庶长,终于确定了变革法度的命令。

令民为什伍,而相牧司连坐。不告奸者腰斩,告奸者与斩敌首同赏,匿奸者与降敌同罚。民有二男以上不分异者,倍其赋。有军功者,各以率受上爵;为私斗者,各以轻重被刑大小。僇力本业,耕织致粟帛多者复其身。事末利及怠而贫者,举以为收孥。宗室非有军功论,不得为属籍。明尊卑爵秩等级,各以差次名田宅,臣妾衣服以家次。有功者显荣,无功者虽富无所芬华。

命令百姓十家为“什”,五家为“伍”,一家有罪,九家检举,否则十家连坐。不告发坏人的处以斩腰的刑罚,告发坏人的同斩了敌人的首级一样受赏,窝藏坏人的同投降敌人一样被罚。百姓一家有两个以上的男丁却不分居的,要加倍收他们的赋税。在军队立功的,各按功劳大小受封爵禄;由于私事斗殴的,各按情节轻动处以大小不同的刑罚。努力从事农业生产,在耕田织布中获得粮食布帛丰产的,免除本人的徭役或赋税。从事工商业以及懒惰而贫困的,都把他们投入官府做奴婢。宗室没有军功可论赏的,不能列入贵族名册。明确尊卑者爵位食禄的等级,各按等级占有土地、房屋,家臣、侍妾的衣服按各家分等级。有军功的,显赫荣耀;没有军功的,尽管富有也不光彩。

令既具,未布,恐民之不信,已乃立三丈之木于国都市南门,募民有能徙置北门者予十金。民怪之,莫敢徙。复曰“能徙者予五十金”。有一人徙之,辄予五十金,以明不欺。卒下令。

新法已经制定,还没有公布,怕老百姓不相信,于是就在国都市场的南门树立一根三丈长的木头,招募百姓中能够把它移放到北门的,赏他十金。百姓对此事感到很奇怪,没有人敢动它。又宣布说:“能够移动它的,赏他五十金。”有一个人移动了它,就赏他五十金,用这种办法表明不欺骗百姓。终于公布新法。

令行于民期年，秦民之国都言初令之不便者以千数。于是太子犯法。卫鞅曰："法之不行，自上犯之。"将法太子。太子，君嗣也，不可施刑，刑其傅公子虔，黥其师公孙贾。明日，秦人皆趋令。行之十年，秦民大说，道不拾遗，山无盗贼，家给人足。民勇于公战，怯于私斗，乡邑大治。秦民初言令不便者有来言令便者。卫鞅曰："此皆乱化之民也。"尽迁之于边城。其后民莫敢议令。

新法在民间实行一周年，秦国百姓到国都来诉说新法不当的人数以千计。正当这时太子触犯新法。卫鞅说："新法不能推行，是由于上面的人触犯了它。"要依法惩办太子。太子是君主的继承人，不能施行刑罚，就对他的太傅公子虔处以刑罚，他的太师公孙贾也被处以黥刑。次日，秦国人都能遵守新法。新法实施十年，秦国民众非常高兴，路上不拾遗物，山里没有盗贼，家家富裕，人人丰衣足食。百姓敢于为国家而战，不敢为个人而争斗，所以乡村城镇都非常安定。秦国人当初诉说新法不当的有人又来说新法的好处。卫鞅说："这些都是扰乱教化的人。"于是他们都被迁到边远城邑。从此之后，百姓没有人敢议论新法。

于是以鞅为大良造。将兵围魏安邑，降之。居三年，作为筑冀阙宫庭于咸阳，秦自雍徙都之。而令民父子兄弟同室内息者为禁。而集小乡邑聚为县，置令、丞，凡三十一县。为田开阡陌封疆，而赋税平。平斗桶权衡丈尺。行之四年，公子虔复犯约，劓之。居五年，秦人富强，天子致胙于孝公，诸侯毕贺。

于是让卫鞅担任大良造，带领军队围攻魏国的安邑，降服了它。过了三年，秦国在咸阳建筑了冀阙作为宫庭，把国都从雍地迁到咸阳。并且下令禁止老百姓父子兄弟在同一居室里生活。又把小乡小邑和村落合并为县，设置县令、县丞，共三十一县。开挖田地疆界作为耕地，而使赋税平均。统一度量衡制度。新法实行了四年，公子虔又犯了法，被处以割鼻子的刑罚。过了五年，秦国富强，天子把祭神的肉赐给秦孝公，诸侯都来庆贺。

其明年，齐败魏兵于马陵，虏其太子申，杀将军庞涓。其明年，卫鞅说孝公曰："秦之与魏，譬若人之有腹心疾，非魏并秦，秦即并魏。何者？魏居领厄之西，都安邑，与秦界河而独擅山东之利。利则西侵秦，病则东收地。今以君之贤圣，国赖以盛。而魏往年大破于齐，诸侯畔之，可因此时伐魏。魏不支秦，必东徙。东徙，秦据河山之固，东乡以制诸侯，此帝王之业也。"孝公以为然，使卫鞅将而伐魏。魏使公子卬将而击之。军既相距，卫鞅遗魏将公子卬书曰："吾始与公子欢，今俱为两国将，不忍相攻，可与公子面相见，盟，乐饮而罢兵，以安秦、魏。"魏公子卬以为然。会盟已，饮，而卫鞅伏甲士而袭虏魏公子卬，因攻其军，尽破之以归秦。魏惠王兵数破于齐、秦，国内空，日以削，恐，乃使使割河西之地献于秦以和。而魏遂去安邑，徙都大梁。梁惠王曰："寡人恨不用公叔痤之言也。"卫鞅既破魏还，秦封之於、商十五邑，号为商君。

下一年，齐国在马陵打败魏军，俘虏了魏国的太子申，杀死将军庞涓。又过了一年，卫鞅劝说秦孝公道："秦国和魏国，譬如人患有心腹疾病，不是魏国吞并秦国，就是秦国吞并魏国。为什么呢？魏国处在山岭险要的西部，建都安邑，跟秦国以黄河为界，独占了崤山以东的地利。在有利条件下，可以向西侵犯秦国；在不利条件下，可以向东扩大土地。如今凭大王的贤明圣哲，国家足以强盛。而魏国往年被秦国打得大败，诸侯反叛它，可乘此机会攻打魏国。魏国不能抵挡秦军，必定向东迁移。魏国一东迁，秦国就占有黄河和崤山的险要地区，向东控制各国诸侯，这是帝王的伟大事业。"秦孝公认为有理，就派遣卫鞅带兵进攻魏国。魏国派遣公子卬带兵迎击秦兵。两军对峙以后，卫鞅送信给魏国将领公子卬说："我当初跟公子友好，现在都是两国的将领，不忍心互相攻打，当亲自和公子相见，缔结盟约，痛饮一番而后撤兵，以安定秦国和魏国。"魏公子卬认为是这样。会盟之后，正在喝酒，而卫鞅的伏兵突然袭击，俘虏了魏公子卬，趁机进攻他的军队，彻底地打垮了魏军，使魏国归服秦国。魏惠王的军队屡次被齐军和秦军击破，国内空虚，实力一天天地削弱，恐慌起来，就派遣使者割让黄河以西的土地献给秦国来求和。结果魏国就离开了安邑，把国都迁移到大梁。梁惠王说："我悔恨没有听公叔痤的话呀。"卫鞅打败了魏军以后就回国，秦国把於、商等十五个城邑封给他，称他作商君。

商君相秦十年，宗室贵戚多怨望者。赵良见商君。商君曰："鞅之得见也，从孟兰皋，今鞅请得交，可乎？"赵良曰："仆弗敢愿也。孔丘有言曰：'推贤而戴者进，聚不肖而王者退。'仆不肖，故不敢受命。仆闻之曰：'非其位而居之曰贪位，非其名而有之曰贪名。'仆听君之义，则恐仆贪位贪名也。

故不敢闻命。”商君曰：“子不说吾治秦与？”赵良曰：“反听之谓聪，内视之谓明，自胜之谓强。虞舜有言曰：‘自卑也尚矣。’君不若道虞舜之道，无为问仆矣。”商君曰：“始秦，戎、翟之教，父子无别，同室而居。今我更制其教，而为其男女之别，大筑冀阙，营如鲁、卫矣。子观我治秦也，孰与五羖大夫贤？”赵良曰：“千羊之皮，不如一狐之掖；千人之诺诺，不如一士之谔谔。武王谔谔以昌，殷纣墨墨以亡。君若不非武王乎，则仆请终日正言而无诛，可乎？”商君曰：“语有之矣，貌言华也，至言实也，苦言药也，甘言疾也。夫子果肯终日正言，鞅之药也。鞅将事子，子又何辞焉！”赵良曰：“夫五羖大夫，荆之鄙人也。闻秦缪公之贤而愿望见，行而无资，自粥于秦客，被褐食牛。期年，缪公知之，举之牛口之下，而加之百姓之上，秦国莫敢望焉。相秦六七年，而东伐郑，三置晋国之君，一救荆国之祸。发教封内，而巴人致贡；施德诸侯，而八戎来服。由余闻之，款关请见。五羖大夫之相秦也，劳不坐乘，暑不张盖，行于国中，不从车乘，不操干戈，功名藏于府库，德行施于后世。五羖大夫死，秦国男女流涕，童子不歌谣，舂者不相杵。此五羖大夫之德也。今君之见秦王也，因嬖人景监以为主，非所以为名也。相秦不以百姓为事，而大筑冀阙，非所以为功也。刑黥太子之师傅，残伤民以骏刑，是积怨畜祸也。教之化民也深于命，民之效上也捷于令。今君又左建外易，非所以为教也。君又南面而称寡人，日绳秦之贵公子。《诗》曰：‘相鼠有体，人而无礼；人而无礼，何不遄死。’以《诗》观之，非所以为寿也。公子虔杜门不出已八年矣，君又杀祝懽而黥公孙贾。《诗》曰：‘得人者兴，失人者崩。’此数事者，非所以得人也。君之出也，后车十数，从车载甲，多力而骈胁者为骖乘，持矛而操阘戟者旁车而趋。此一物不具，君固不出。《书》曰：‘恃德者昌，恃力者亡。’君之危若朝露，尚将欲延年益寿乎？则何不归十五都，灌园于鄙，劝秦王显岩穴之士，养老存孤，敬父兄，序有功，尊有德，可以少安。君尚将贪商、於之富，宠秦国之教，畜百姓之怨，秦王一旦捐宾客而不立朝，秦国之所以收君者，岂其微哉？亡可翘足而待！”商君弗从。

商君做秦相十年，皇亲国戚许多人憎恨他。赵良会见商君，商君说：“我商鞅得以会见您，是来自孟兰皋，现在我希望能够与您交朋友，可以吗？”赵良说：“我不敢希望。孔丘说过这样的话：‘推举贤人，会使在上位的上进；聚集庸才，会使当王的后退。’我是不成器的庸才，因此不从命。我又听说：‘不是他的地位却占有它，叫贪位；不是他的荣誉却享有它，叫贪名。’如果我听从您的厚意，那么我恐怕是既贪位又贪名吧。所以我不敢从命。”商君说：“您不高兴我治理秦国吗？”赵良说：“外能听取别人叫做聪，内能省视本身叫做明，克制自己欲望叫做强。虞舜有句话说：‘自我谦让最可贵啊！’您不如履行虞舜之道，不必问我了。”商君说：“起初秦国也是戎、狄一样的习俗，父子没有分别，同一个房子一起居住。现在我改变了这种习俗，使男女有区别，又大筑冀阙，治理得像鲁国和卫国一样了。您看我治理秦国，跟五羖大夫相比，谁强？”赵良说：“一千头羊的皮毛，比不上一只狐狸的腋毛；一千个随声附和的人，比不上一个正色直言的人。周武王由于臣下敢正色直言而昌盛，殷纣王由于为群臣默不作声而灭亡。您如果不否定周武王，那么请允许我整天正色直言而不受罚，行吗？”商君说：“古语有这样的话：表面话是

百里奚像。百里奚，春秋时期秦国贤相。

花朵，内心话是果实；苦口良言是药石，甜言蜜语是病根。先生果真肯整天正色直言，就是我商鞅治病的药石啊。我将奉事您，您又何必辞让呢！”赵良说：“五羖大夫是楚国的乡下人，听说秦缪公是个贤君，就想拜见他，要去但没有路费，就把自己卖给秦国人，穿着粗布短衣给人喂牛。一年后，秦缪公知道了这件事，把他从牛口之下提拔起来，而位于百官之上，秦国没有人敢恨他。他做秦相六七年，东面征伐郑国，三次拥立晋国的国君，一次挽救楚国的祸患。在国内开展政教，因此巴郡前来纳贡；在诸侯中施行恩德，因此四面八方的戎族前来归服。由余听到这种情况，叩关求见秦王。五羖大夫做秦相，劳累了也不坐车，暑天不张伞，在国都里步行，不让车马随从，也不操持兵器，因此他的功名记入史册，藏在府库中，德行流传给后代。五羖大夫死的时候，秦国男女都流泪，小孩子不唱歌，连舂米的也不吆喝着用杵了。这就是五羖大夫的德行。现在您能见到秦王，是靠宠幸的小臣景监来替您做主，这就不是成名的办法。您做秦相不以百姓的事为要务，却大筑冀阙，这就不是立功的办法。您对太子的师傅施行黥刑，用严刑峻法残害人民，这是积怨、藏祸。您的教令对人民的影响比国君的命令还要深刻，人民响应您的号召比响应国君的命令还要快捷。现在您又靠旁门左道建立权威，在外朝私自改变君命，这是不能用来作为教化的办法的。您又自居君位自称寡人，天天用新法衡量秦国的贵族。《诗经》说：‘看那老鼠尚且有肢体，人却没有礼仪；人如果没有礼仪，何不赶快地死。’从《诗经》看来，这不是长寿者的做法。公子虔闭门不出已经八年了，您又杀死祝懽，对公孙贾处以黥刑。《诗经》说：‘得人心的就兴盛，失人心的就溃败。’您所做的几件事，是无法得人心的。您外出的时候，身后随从的车辆数以十计，随车载着披甲的武士，力壮身强的人坐在车右，拿着矛和持着交戟的卫士跟在车的两旁亦步亦趋。这几样一不齐全，您就不出行。《尚书》说：‘凭借德行的就昌盛，凭借武力的就灭亡。’您的生命好像早晨的露水，瞬息就会有消失的危险，还想要延年益寿吗？那么为什么不归还秦王所赐的商、於等十五个城邑，然后到郊野灌溉田园。您要劝说秦王起用隐居山林的人士，赡养老人，抚恤孤儿，敬重父兄，序列有功劳的人，尊重有德行的人，这样您就可以稍为安全。您如果还要贪图商、於的财富，爱秦国的政教，集结百姓的怨恨，那么秦王一旦死去不在其位，秦国要逮捕您的人，难道还少吗？您的死亡，一举足的工夫就会到来。”商君不听他的。

后五月而秦孝公卒，太子立。公子虔之徒告商君欲反，发吏捕商君。商君亡，至关下，欲舍客舍。客人不知其是商君也，曰：“商君之法，舍人无验者坐之。”商君喟然叹曰：“嗟乎，为法之敝一至此哉！”去之魏。魏人怨其欺公子卬而破魏师，弗受。商君欲之他国。魏人曰：“商君，秦之贼。秦强而贼入魏，弗归，不可。”遂内秦。商君既复入秦，走商邑，与其徒属发邑兵北出击郑。秦发兵攻商君，杀之于郑黾池。秦惠王车裂商君以徇，曰：“莫如商鞅反者！”遂灭商君之家。

五个月之后，秦孝公死了，太子登位。公子虔的党徒告发商君想反叛，派差吏逮捕商君。商君逃跑到关口，想住旅店，店主不知道他就是商君，说：“商君的法令规定，留宿没有证件的人，店主要犯罪的。”商君长叹一声说：“咳呀，作法的敝端竟到了这个地步啊！”商君就逃离秦国到魏国去。魏国人恨他欺骗公子卬而使魏军吃败仗，不肯收留他。商君打算到别的国家去。魏国人说：“商君是秦国的犯人。秦国强大，犯人逃到魏国，不把他送回是不行的。”魏人就把商君送入秦国。商君又回到秦国以后，跑到商邑，跟他的党徒发动邑中的士兵，向北出兵攻击郑国。秦国出动部队攻打商君，在郑国的黾池杀死了他。秦惠王用五马分尸处治商君来示众，说：“不要像商君一样反叛！”于是杀掉商君一家。

太史公曰：商君，其天资刻薄人也。迹其欲干孝公以帝王术，挟持浮说，非其质矣。且所因由嬖臣，及得用，刑公子虔，欺魏将卬，不师赵良之言，亦足发明商君之少恩矣。余尝读商君《开塞》、《耕战》书，与其人行事相类。卒受恶名于秦，有以也夫！

太史公说：商君是个天生刻薄的人。回顾他当初用五帝三王之道说服秦孝公任用他，话中掺杂着虚假浮夸的言论，并不是他的真实之言。况且他所依靠的是宠幸的小臣，等到被任用，就刑罚公子虔，欺骗魏将公子卬，不听赵良的话，也足够证明商君的刻薄少恩了。我曾经读过商君《开塞》、《耕战》等篇章，所说的跟他本人的所作所为相类似。商君最后在秦国得了叛逆的恶名，是有缘由的啊！

史记第六十九卷

苏秦列传第九

苏秦者，东周雒阳人也。东事师于齐，而习之于鬼谷先生。

苏秦是东周洛阳人，曾经往东去到齐国从师，向鬼谷先生学习。

出游数岁，大困而归。兄弟嫂妹妻妾窃皆笑之，曰："周人之俗，治产业，力工商，逐什二以为务。今子释本而事口舌，困，不亦宜乎！"苏秦闻之而惭，自伤，乃闭室不出，出其书遍观之。曰："夫士业已屈首受书，而不能以取尊荣，虽多亦奚以为！"于是得《周书阴符》，伏而读之。期年，以出揣摩，曰："此可以说当世之君矣。"求说周显王。显王左右素习知苏秦，皆少之，弗信。

苏秦到外地游说了几年，由于大为困迫而回家。兄弟、嫂子、姐妹、妻妾都暗地里嘲笑他，说："周人的习俗是：治理产业，致力于工商，把谋取十分之二的赢利作为要务。现在您放弃了最基本的事情却去拨弄口舌，受到困迫，不也是理所应当的吗？"苏秦听到这些话以后非常惭愧，暗自伤心，就关起门来不外出，拿出自己的书读遍它，说："士人已经埋头读书，但不能靠它获取荣华富贵，尽管书读得多，又有什么用呢？"于是他找到了《周书阴符》，伏案研读它。一年后，从中有了切合君意的心得，说："这样就可以游说当代的国君了。"他要游说周显王。周显王左右的人向来了解苏秦，都小看他，不信他那一套。

乃西至秦。秦孝公卒。说惠王曰："秦四塞之国，被山带渭，东有关河，西有汉中，南有巴蜀，北有代马，此天府也。以秦士民之众，兵法之教，可以吞天下，称帝而治。"秦王曰："毛羽未成，不可以高蜚；文理未明，不可以并兼。"方诛商鞅，疾辩士，弗用。

于是，苏秦向西到了秦国。这时秦孝公已死，他便游说秦惠王说："秦国是个四面都有险塞的国家，群山环抱，渭水萦绕，东面有函谷、蒲津等关与黄河、西面有汉中，南面有巴、蜀之地，北面有代地和马邑，这真是天然的府库啊！凭着秦国百姓的众多，军事上的严格训练，足可以吞并各国，称帝而号令天下。"秦惠王说："鸟的羽毛还没有长成时，绝不可以高飞；我们国家的大政方针还未明确，还不可以兼并别的国家。"这时，秦国刚杀了商鞅，讨厌那些游说之士，不愿任用这些人。

乃东之赵。赵肃侯令其弟成为相，号奉阳君。奉阳君弗说之。

苏秦就往东到赵国去。正当赵肃侯任用他的弟弟公子成做相国，号称奉阳君。奉阳君讨厌苏秦，苏秦只好离开赵国。

去游燕，岁余而后得见。说燕文侯曰："燕东有朝鲜、辽东，北有林胡、楼烦，西有云中、九原，南有滹沱、易水，地方二千余里，带甲数十万，车六百乘，骑六千匹，粟支数年。南有碣石、雁门之饶，北有枣栗之利，民虽不佃作而足于枣栗矣。此所谓天府者也。夫安乐无事，不见覆军杀将，无过燕者。大王知其所以然乎？夫燕之所以不犯寇被甲兵者，以赵之为蔽其南也。秦、赵五战，秦再胜而赵三胜。秦赵相毙，而王以全燕制其后，此燕之所以不犯寇也。且夫秦之攻燕也，逾云中、九原，过代、上谷，弥地数千里，虽得燕城，秦计固不能守也。秦之不能害燕亦明矣，今赵之攻燕也，发号出令，不至十日，而数十万之军军于东垣矣。渡滹沱，涉易水，不至四五日而距国都矣。故曰秦之攻燕也，战于千里之外；赵之攻燕也，战于百里之内。夫不忧百里之患，而重千里之外，计无过于此者。是故愿大王与赵从亲，天下为一，则燕国必无患矣。"

苏秦又周游了燕国，一年多以后才见到燕文侯。他劝说燕文侯道："燕国东面有朝鲜、辽东，北面有林胡、楼烦，西面有云中、九原，南有滹沱、易水，土地面积纵横有两千多里，武装士兵几十万，战车六百辆，战马六千匹，粮食足够维持几年。南面有碣石山、雁门山的富饶物产，北面有枣子和栗子的收益，百姓即使不耕种田地，而枣子和栗子方面的收入也足够了。这就是人们所说的天然府库。

现在百姓安乐，国家太平，看不到军队被覆灭，将领被斩杀，没有哪一个国家能比得上燕国。大王知道为什么会这样吗？燕国之所以不受侵略、没有战争，是因为赵国作为它南面的屏障。秦国和赵国五次战争，秦国两次获胜，赵国三次获胜，秦赵双方都受到损失，而大王凭借完整无缺的赵国，从背后控制了它们，这就是燕国不受侵略的缘故。何况秦国进攻燕国的时候，要越过云中、九原，经过代郡和上谷，历程几千里，即使得到燕都，秦国也会估算到根本无法镇守。秦国不能加害燕国也够明白了。假如赵国要攻打燕国的时候，号令一发出，不到十天，就会有几十万军队进驻在东垣了。进而渡过滹沱河，经过易水，不到四五天，就可抵达燕国的首都了。因此说秦国攻打燕国，要在千里之外作战；赵国攻打燕国，只在百里之内作战。不忧虑百里之内的忧患，却重视千里之外的忧患，计策的失误，没有比这更严重的了。因此希望大王跟赵国合纵亲善，天下为一统，那么燕国一定没有忧虑了。"

苏秦像，选自《鬼谷四友志》。

文侯曰："子言则可，然吾国小，西迫强赵，南近齐。齐、赵，强国也。子必欲合从以安燕，寡人请以国从。"

燕文侯说："您说的好倒是好，不过我们国家弱小，西面靠近强大的赵国，南面接近齐国，齐、赵都是强国。您如果一定要合纵来使燕国安全，就请让我以国相从。"

于是资苏秦车马金帛以至赵。而奉阳君已死，即因说赵肃侯曰："天下卿相人臣及布衣之士，皆高贤君之行义，皆愿奉教陈忠于前之日久矣。虽然，奉阳君妒而君不任事，是以宾客游士莫敢自尽于前者，今奉阳君捐馆舍，君乃今复与士民相亲也，臣故敢进其愚虑。

于是燕文侯资助苏秦车马和金银布帛，让他到赵国。当时奉阳君已经死了，苏秦就趁机劝说赵肃侯道：天下的卿相大臣和一般士人，都仰望贤君能施行道义，都希望领受您的教诲，并在您面前陈述忠言，为时已经很久了。尽管这样，但奉阳君忌妒您，而您又不理事，因此宾客和游说之士没有人敢亲自在您的面前尽忠。如今奉阳君去世了，您才能又跟士人百姓接近，我因此冒昧地进言我的浅见。

"窃为君计者，莫若安民无事，且无庸有事于民也。安民之本，在于择交，择交而得则民安，择交而不得则民终身不安。请言外患：齐、秦为两敌而民不得安，倚秦攻齐而民不得安，倚齐攻秦而民不得安。故夫谋人之主，伐人之国，常苦出辞断绝人之交也。愿君慎勿出于口，请别白黑，所以异阴阳而已矣。君诚能听臣，燕必致旃裘狗马之地，齐必致鱼盐之海，楚必致橘柚之园，韩、魏、中山皆可使致汤沐之奉，而贵戚父兄皆可以受封侯。夫割地包利，五伯之所以覆军禽将而求也；封侯贵戚，汤武之所以放弑而争也。今君高拱而两有之，此臣之所以为君愿也。

我私下替您考虑，不如使人民安定、国家无事，并且不要让人民生事。安定人民最根本的，在于选择邦交。邦交选择得当，人民就安定；邦交选择不得当，百姓就终生不安定。请允许我说一说赵国的外患：齐、秦两国都成为赵国的敌国，那么赵国百姓不能安定；倚仗秦国去攻打齐国，那么赵国人民不能安定；倚仗齐国去攻打秦国，那么赵国人民不能安定。因此谋害别人的君主，攻打别人的国家，常常苦于声言断绝交往。希望您慎重，不要声张。我说赵国的利害，有如黑白分明，阴阳殊异一样。您如果能听从我，燕国一定会奉献盛产旃裘狗马的领土，齐国一定会奉献盛产鱼盐的领海，楚国一定会奉献种植橘柚的果园，韩、魏、中山等国都可使它们奉献部分税赋，供您和后妃沐浴之需，而令亲父兄都可以得到封侯。夺取土地，垄断权利，这是五霸依靠覆灭别国军队和擒获别国将领所要追求的；受封侯爵，显贵亲戚，这是商汤和周武王采用流放甚至杀死国君的办法所要争取的。现在您只要举手之劳，两者都可兼而有之，这就是我替您所期望的。

“今大王与秦，则秦必弱韩、魏；与齐，则齐必弱楚、魏。魏弱则割河外，韩弱则效宜阳，宜阳效则上郡绝，河外割则道不通，楚弱则无援。此三策者，不可不孰计也。

如果大王支持秦国，那么秦国一定会削弱韩国和魏国；如果支持齐国，那么齐国一定会削弱楚国和魏国。魏国一削弱，就会割让黄河以南的土地，韩国被削弱，就会奉献宜阳。宜阳被献出，上郡就会被切断；河外被割让，那么道路就不通；楚国被削弱，那么赵国就没有外援了。这三条策略，大王不能不深思的。

“夫秦下轵道，则南阳危；劫韩包周，则赵氏自操兵，据卫取卷，则齐必入朝秦。秦欲已得乎山东，则必举兵而向赵矣。秦甲渡河逾漳，据番吾，则兵必战于邯郸之下矣。此臣之所为君患也。

假如秦军攻取轵道，那么南阳就危险；假如秦军劫夺韩国，包围周都，那么赵国就会拿起武器自卫；假如秦军占据卫国，夺取卷城，那么齐国一定向秦国称臣。秦国的欲望已经从关东各国得到满足，那么一定会发兵对准赵国了。秦军渡过黄河，越过漳水，占据番吾，那么秦赵两军就一定要在邯郸城下交战了。这是我替您所担忧的。

“当今之时，山东之建国莫强于赵。赵地方二千余里，带甲数十万，车千乘，骑万匹，粟支数年。西有常山，南有河漳，东有清河，北有燕国。燕固弱国，不足畏也。秦之所害于天下者莫如赵，然而秦不敢举兵伐赵者，何也？畏韩、魏之议其后也。然则韩、魏，赵之南蔽也。秦之攻韩、魏也，无有名山大川之限，稍蚕食之，傅国都而止。韩、魏不能支秦，必入臣于秦。秦无韩、魏之规，则祸必中于赵矣。此臣之所为君患也。

当前，关东一带所建立的国家没有比赵国更强大的了。赵国领土纵横两千多里，武装军队几十万人，战车千辆，战马万匹，粮食可维持好几年。西面有常山，南面有黄河和漳水，东面有清河，北面有燕国。燕国本来是弱小国家，不值得害怕。天下最使秦国害怕的没有哪一个比得上赵国，但是秦国不敢出兵攻打赵国的原因是什么呢？是因为害怕韩国和魏国在后面暗算它。这样，那么韩、魏两国就是赵国南方的屏障。秦国进攻韩国和魏国的时候，没有高山大河的阻隔，可以逐渐吞食它们，直到逼近它们的国都为止。韩国和魏国如果抵挡不了秦国的入侵，一定会向秦国屈服称臣。秦国没有韩魏两国的窥伺，那么战争的灾难必然要转到赵国身上了。这是我替您所忧虑的。

“臣闻尧无三夫之分，舜无咫尺之地，以有天下；禹无百人之聚，以王诸侯；汤武之士不过三千，车不过三百乘，卒不过三万，立为天子：诚得其道也。是故明主外料其敌之强弱，内度其士卒贤不肖，不待两军相当而胜败存亡之机固已形于胸中矣，岂掩于众人之言而以冥冥决事哉！

我听说尧帝没有三百亩的分土，舜帝没有尺寸的土地，但都拥有了天下；夏禹没有百人的村落，却能够在诸侯中称王；商汤、周武王的士兵不超过三千人，战车不超过三百乘，步兵不超过三万人，却登位做了天子：实在是由于他们掌握了规律。所以贤明的君主对外能预料他的敌人的强弱，对内能衡量自己的士兵能力的高低，不用等待两军交战，而决定胜败、存亡的关键早已成竹在胸了，难道会被别人的言论所蒙蔽，而糊里糊涂地决定大事吗？

“臣窃以天下之地图案之，诸侯之地五倍于秦，料度诸侯之卒十倍于秦，六国为一，并力西乡而攻秦，秦必破矣。今西面而事之，见臣于秦。夫破人之与破于人也，臣人之与臣于人也，岂可同日而论哉！

我私下用天下的地图来估算，诸侯国的土地是秦国的五倍，估计诸侯国的士兵是秦国的十倍。六国团结一致，合力向西进攻秦国，秦国一定会破灭的了。可如今您却向西服事秦国，对秦国称臣。打败人和被人打败，向人称臣和让人向自己称臣，难道能够同日而语吗！

“夫衡人者，皆欲割诸侯之地以予秦。秦成，则高台榭，美宫室，听竽瑟之音，前有楼阙轩辕，后有长姣美人，国被秦患而不与其忧。是故夫衡人日夜务以秦权恐愒诸侯以求割地，故愿大王孰计之也。

为秦国游说连横的人，都想割让诸侯国的土地给秦国。如果秦国成就了霸业，就会高筑楼台亭阁，美化宫殿屋宇，倾听竽瑟这样的乐声，前面有楼台、宫阙、车辆，后面有苗条漂亮的美女。诸侯国即使已经遭受秦国的祸患，但游说连横的人也不用分担它们的忧虑。这样，那些主张连横的人，日夜依靠秦国的权势恐吓各国，来达到割地的目的，所以我希望大王考虑这个问题。

“臣闻明主绝疑去谗，屏流言之迹，塞朋党之门，故尊主广地强兵之计臣得陈忠于前矣。故窃为大王计，莫如一韩、魏、齐、楚、燕、赵以从亲，以畔秦。今天下之将相会于洹水之上，通质，刳白马而盟。要约曰：‘秦攻楚，齐、魏各出锐师以佐之，韩绝其粮道，赵涉河漳，燕守常山之北。秦攻韩、魏，则楚绝其后，齐出锐师而佐之，赵涉河漳，燕守云中。秦攻齐，则楚绝其后，韩守城皋，魏塞其道，赵涉河漳、博关，燕出锐师以佐之。秦攻燕，则赵守常山，楚军武关，齐涉勃海，韩、魏皆出锐师以佐之。秦攻赵，则韩军宜阳，楚军武关，魏军河外，齐涉清河，燕出锐师以佐之。诸侯有不如约者，以五国之兵共伐之。’六国从亲以宾秦，则秦甲必不敢出于函谷以害山东矣。如此，则霸王之业成矣。”

我听说贤明的君主善于决断疑难，摒弃谗言，堵塞流言的渠道，杜绝朋党的门路。所以我才能在您面前，把尊崇国君、扩大领土、加强军队的策略，竭尽忠诚地陈述出来。我私下替大王考虑，不如统一韩、魏、齐、楚、燕、赵六国来合纵亲善、反对秦国。号召天下的将相在洹水边会盟，交换人质，宰杀白马来盟誓，订立盟约说：‘秦国如果攻打楚国，齐国和魏国就分别派遣精锐部队援助楚国；韩军就断绝秦国的粮路，赵军便渡过黄河、漳水，燕军便守卫常山的北边。秦国如果攻打韩国、魏国，那么楚军就会断绝秦军的后路，齐国就派出精锐部队来援助韩、魏两国，赵军便渡过黄河、漳水，燕军就守卫云中。秦国如果攻打齐国，那么楚军就断绝秦军的后路，韩军便守卫城皋，魏军就堵塞秦军的通道，赵军便渡过黄河、漳水和博关，燕国就派出精锐的部队来援助齐国。秦国如果进攻燕国，那么赵军就守卫常山，楚国就驻军武关，齐军便渡过渤海，韩、魏两国都派出精锐部队来援助燕国。秦国假如攻打赵国，那么韩国驻军宜阳，楚国驻军武关，魏国驻军河外，齐军便渡过清河，燕国就派出精锐军队来援助赵国。诸侯国中有不遵守盟约的，便用五国的军队共同征伐它。’六国合纵亲善来对抗秦国，那么秦军一定不敢越过函谷关来危及关东各国了。这样，那么霸主的事业就成功了。

赵王曰：“寡人年少，立国日浅，未尝得闻社稷之长计也。今上客有意存天下，安诸侯，寡人敬以国从。”乃饰车百乘，黄金千溢，白璧百双，锦绣千纯，以约诸侯。

赵肃侯说：“我年纪轻，登位日子很短，还没有听到国家的长远之计，现在贵客有心保全天下，安定诸侯，我恭敬地以国相从。”于是赵肃侯用有花纹装饰的车子一百辆，黄金一千镒，白璧一百双，锦绣一千匹，让苏秦去游说诸侯各国。

是时周天子致文武之胙于秦惠王。惠王使犀首攻魏，禽将龙贾，取魏之雕阴，且欲东兵。苏秦恐秦兵之至赵也，乃激怒张仪，入之于秦。

这时，周天子把祭祀周文王和周武王的祭肉赐给秦惠王。秦惠王派犀首（公孙衍）去攻打魏国，擒获了魏国的将领龙贾，攻占了魏国的雕阴，并且打算向东进军。苏秦担心秦军打到赵国来，就用计谋激怒张仪，使他到秦国去。

于是说韩宣王曰：“韩北有巩、成皋之固，西有宜阳、商阪之塞，东有宛、穰、洧水，南有陉山，地方九百余里，带甲数十万，天下之强弓劲弩皆从韩出。谿子、少府时力、距来者，皆射六百步之外。韩卒超足而射，百发不暇止，远者括蔽洞胸，近者镝弇心。韩卒之剑戟皆出于冥山、棠谿、墨阳、合赙、邓师、宛冯、龙渊、太阿，皆陆断牛马，水截鹄雁，当敌则斩坚甲铁幕，革抉㕷芮，无不毕具。以韩卒之勇，被坚甲，跖劲弩，带利剑，一人当百，不足言也。夫以韩之劲与大王之贤，乃西面事秦，交臂而服，羞社稷而为天下笑，无大于此者矣。是故愿大王孰计之。

于是苏秦游说韩宣王道：韩国北面有巩邑、成皋这样的天险，西面有宜阳、商阪这样的要塞，东面有宛邑、穰邑、洧水，南面有陉山，土地纵横九百多里，武装部队有几十万人，天下的强劲有力的弓箭都产自于韩国。溪子弩和少府所造的时力、距来等弓箭，都能射到六百步以外。韩国士兵蹬双足来发射弓箭，能连续发射百来次，而不用歇息，远的能洞穿胸部，近的能击中心房。韩国士兵的剑戟都是从冥山、棠溪、墨阳、合赙、邓师、宛冯、龙渊、太阿等地出产，这些有名的剑戟都能在陆地上断杀牛马，在水上截击天鹅和大雁，用来阻挡敌人时能斩断坚固的甲盾和铁制的战衣。此外，皮革制的护臂和系在盾牌上的绶带，样样齐全。凭着韩国士兵的勇敢，身披坚固的铠甲，脚蹬强劲的弓箭，腰佩锋利的刀剑，用一个人抵挡一百人，是不在话下的。凭借韩国兵力的强劲和大王的贤明，却要向西侍奉秦国，拱手屈服，使国家蒙受耻辱以至被天下人讥笑，没有什么比这个更严重的。所以希望大王深思这些。

“大王事秦，秦必求宜阳、成皋。今兹效之，明年又复求割地。与则无地以给之，不与则弃前功

而受后祸。且大王之地有尽而秦之求无已，以有尽之地而逆无已之求，此所谓市怨结祸者也，不战而地已削矣。臣闻鄙谚曰：'宁为鸡口，无为牛后。'今西面交臂而臣事秦，何异于牛后乎？夫以大王之贤，挟强韩之兵，而有牛后之名，臣窃为大王羞之。"

大王如果侍奉秦国，秦国必定要索取宜阳和成皋。今年奉献给它，明年又再来要求割让土地。给吧，就没有那么多地方给它，不给吧，就会前功尽弃而遭受后患。况且大王的土地有限，而秦国的索取无限，用有限的土地去迎合不停的索取，这就是所谓买来怨恨，结下祸根，不用交战而土地已经被侵削了。我听到俗话说："宁可做鸡的嘴巴，不要做牛的尾巴。"如果您面向西方，拱手向秦国称臣，这跟做牛的尾巴有什么不同呢？凭大王的贤明，又拥有韩国的强大的军队，却得到做牛的尾巴的名声，我真私下替大王感到羞耻。

于是韩王勃然作色，攘臂瞋目，按剑仰天太息曰："寡人虽不肖，必不能事秦。今主君诏以赵王之教，敬奉社稷以从。"

这时，韩王生气地改变了脸色，挥动手臂，瞪着眼睛，握着宝剑，仰天长叹说："我尽管不成器，也一定不会侍奉秦国。今天您用赵王的教导来昭示我，我愿意尊敬地以国相从。"

又说魏襄王曰："大王之地，南有鸿沟、陈、汝南、许、郾、昆阳、召陵、舞阳、新都、新郪，东有淮、颍、煮枣、无胥，西有长城之界，北有河外、卷、衍、酸枣，地方千里，地名虽小，然而田舍庐庑之数，曾无所刍牧。人民之众，车马之多，日夜行不绝，輷輷殷殷，若有三军之众。臣窃量大王之国不下楚。然衡人怵王交强虎狼之秦以侵天下，卒有秦患，不顾其祸。夫挟强秦之势以内劫其主，罪无过此者。魏，天下之强国也。王，天下之贤王也。今乃有意西面而事秦，称东藩，筑帝宫，受冠带，祠春秋，臣窃为大王耻之。

苏秦又游说魏襄王道：大王的国土，南面有鸿沟、陈地、汝南、许地、郾地、昆阳、召陵、舞阳、新都（《战国策·魏策》无此二字）、新郪；东面有淮河、颍河、煮枣、无胥；西面有长城为界；北面有河外、卷地、衍地、酸枣；土地纵横有一千里。地方名义上虽然小，但是农家房屋却密集得连放牧的地方也没有了。人口和车马众多，日夜络绎不绝，轰轰隆隆，声势有如三军兵马之多。我私下估量大王的国家实力不会在楚国之下。然而那些主张连衡的人想引诱您伙同像虎狼一样的秦国来并吞天下，最终却遭受秦国的灾难，而他们并不管您的灾难。倚仗强大秦国的势力，从内部胁迫自己的国君，罪过没有比这更严重的了。魏国是天下的强国，大王是天下的明君。如今您竟有意向西去侍奉秦国，自称是秦国东方的属国，为它建筑帝宫，接受它的服饰制度，春秋贡奉来为秦国助祭，我私下替大王感到羞耻。

"臣闻越王句践战敝卒三千人，禽夫差于干遂，武王卒三千人，革车三百乘，制纣于牧野：岂其士卒众哉，诚能奋其威也。今窃闻大王之卒，武士二十万，苍头二十万，奋击二十万，厮徒十万，车六百乘，骑五千匹。此其过越王句践、武王远矣，今乃听于群臣之说而欲臣事秦。夫事秦必割地以效实，故兵未用而国已亏矣。凡群臣之言事秦者，皆奸人，非忠臣也。夫为人臣，割其主之地以求外交，偷取一时之功而不顾其后，破公家而成私门，外挟强秦之势以内劫其主，以求割地，愿大王孰察之。

我听说越王句践用三千名疲惫的士兵作战，在干遂擒获了夫差。周武王士兵三千人，皮革之车三百辆，在牧野征服了商纣；难道他们靠的是士兵众多吗？其实是由于他们能够充分发挥自己的实力。我私下听说大王的兵马，有精锐部队二十万人，苍头军二十万人，前锋部队二十万人，后勤部队十万人，战车六百辆，战马五千匹。这样大王的兵马就远远地超过越王句践和周武王了，如今您却听信群臣的话，打算向秦国称臣。如果服事秦国必然要割让土地来表示实际行动。因此用不着使用武力，国家却已经损害了。群臣当中凡是建议服事秦国的，都是奸猾的人，并不是忠实的臣子。他们作为人君的臣子，却割让自己国君的土地来求取外交友好，苟且取得一时的成功，却不顾它的后果，破坏公家来成全私门，对外借助强大秦国的势力，从内部来胁逼自己的国君，为的是达到割让土地的目的。希望大王能仔细审察这一点。

"《周书》曰：'绵绵不绝，蔓蔓奈何？豪氂不伐，将用斧柯。'前虑不定，后有大患，将奈之何？大王诚能听臣，六国从亲，专心并力壹意，则必无强秦之患。故敝邑赵王使臣效愚计，奉明约，在大王之诏诏之。"

《周书》说："当草木还像纤细的丝线时，不及早斩断它，蔓延开了怎么力？毫厘大小的时候，不及早砍伐它，到了非用大刀阔斧不可的时候就难了。"事前的考虑不成熟，以后将有大祸患，对此打算怎么办？大王如果能够听从我，使六国合纵相亲，一心一意，通力合作，那么一定没有强秦的祸患。因此我国赵王派我来奉献我们的策略，敬受您贤明的公约，关键在于用大王的诏令号召大家。

魏王曰："寡人不肖，未尝得闻明教。今主君以赵王之诏诏之，敬以国从。"

魏王说："我不成大器，未曾有机会听到您高明的指教。如今您用赵王的诏令来号召我们，我虔诚地以国相从。"

因东说齐宣王曰："齐，南有泰山，东有琅邪，西有清河，北有勃海，此所谓四塞之国也。齐地方二千余里，带甲数十万，粟如丘山。三军之良，五家之兵，进如锋矢，战如雷霆，解如风雨。即有军役，未尝倍泰山，绝清河，涉勃海也，临淄之中七万户，臣窃度之，不下户三男子，三七二十一万，不待发于远县，而临淄之卒固已二十一万矣。临淄甚富而实，其民无不吹竽鼓瑟，弹琴击筑，斗鸡走狗，六博蹋鞠者。临淄之涂，车毂击，人肩摩，连衽成帷，举袂成幕，挥汗成雨，家殷人足，志高气扬。夫以大王之贤与齐之强，天下莫能当。今乃西面而事秦，臣窃为大王羞之。

苏秦趁机东去游说齐宣王道：齐国南面有泰山，东面有琅邪山，西边有清河，北边有渤海。这就是所谓四面都有天险的国家。齐国国土纵横有两千多里，武装部队几十万人，粮食堆积得像山丘一样。三军的精良，相当于五国的军队，进攻时像弓箭一样迅速，战斗时像雷霆一样猛烈，撤退时象风雨一样消散。即使有军事行动，也未曾背离泰山，越过清河，渡过渤海。临淄有七万户人家，我私下估计，每户不少于三个男子，三七二十一万人，不需等待从边远的县城征兵，仅仅临淄的士兵就已经有二十一万人了。临淄十分富饶和充实，当地人民没有谁不喜欢吹竽、鼓瑟、弹琴、击筑、斗鸡、走狗、下棋、踢球的。临淄的街道上，车轮相击，人肩相摩，衣襟可连成帷帐，举起衣袖能连成布幕，人挥手抹汗，就像下雨一样。家家殷实，人人富足，众志高远，士气昂扬。凭大王的贤明和齐国的强大，天下没有谁能够阻挡。现在竟要向西侍奉秦国，我私下替大王感到羞耻。

"且夫韩、魏之所以重畏秦者，为与秦接境壤界也。兵出而相当，不出十日而战胜存亡之机决矣。韩、魏战而胜秦，则兵半折，四境不守；战而不胜，则国已危亡随其后。是故韩、魏之所以重与秦战，而轻为之臣也。今秦之攻齐则不然。倍韩、魏之地，过卫阳晋之道，径乎亢父之险，车不得方轨，骑不得比行，百人守险，千人不敢过也。秦虽欲深入，则狼顾，恐韩、魏之议其后也。是故恫疑虚猲，骄矜而不敢进，则秦之不能害齐亦明矣。

况且韩国和魏国之所以极端畏惧秦国，是因为它们和秦国边境相接，国界相连。一旦出兵交战，不用超过十天，胜败存亡的关键就可以决定了。如果韩魏两国战胜秦国，那么自己的兵力也要损失一半，四边的国境不能防守；如果打了败仗，那么国家的危亡就会随后到来。这就是韩魏两国之所以重视跟秦国作战，轻视向秦国称臣的原因。如果秦国攻打齐国，那就不是这样了。秦军背靠韩魏的国土，要穿过卫国阳晋的通道，经过亢父险要之地，车不能并驾，马不能齐驱，只用一百人守卫要塞，一千敌人也不敢通过。秦军虽然想深入齐地，却要像狼一样回头看，恐怕韩魏两国从背后暗算它。因此恐惧疑虑、虚张声势、骄横矜持，却不敢前进，那么秦国不能危害齐国也就明白了。

"夫不深料秦之无奈齐何，而欲西面而事之，是群臣之计过也。今无臣事秦之名而有强国之实，臣是故愿大王少留意计之。"

"不深思秦国对齐国没有办法，却想向西侍奉秦国，这是群臣计谋的失误。现在齐国还没有向秦国称臣的名声，却有强大国家的实力，我因此希望大王稍微留心考虑我的意见。"

齐王曰："寡人不敏，僻远守海，穷道东境之国也，未尝得闻余教。今足下以赵王诏诏之，敬以国从。"

齐王说："我是个不聪明的人，我国位于偏僻遥远之地，面临大海，是个交通不便的东方国家，未曾有机会听到点滴教导。如今您用赵王的诏令来号召我们，我愿意虔诚地以国相从。"

乃西南说楚威王曰："楚，天下之强国也；王，天下之贤王也。西有黔中、巫郡，东有夏州、海阳，南有洞庭、苍梧，北有陉塞、郇阳，地方五千余里，带甲百万，车千乘，骑万匹，粟支十年。此霸王之资也。夫以楚之强与王之贤，天下莫能当也。今乃欲西面而事秦，则诸侯莫不西面而朝于章台之

下矣。

苏秦接着就往西南游说楚威王道:楚国是天下的强国,大王是天下的明君。楚国西面有黔中、巫郡,东面有夏州、海阳;南面有洞庭湖、苍梧山;北面有陉塞山、郇阳。国土纵横有五千多里,军队百万人,战车千辆,战马万匹,粮食够维持十年。这是称霸为王的资本。凭楚国的强大和大王的贤明,天下是没有谁能够抵挡的。如今竟想向西服事秦国,那么诸侯国中没有谁不西去在章台下面朝拜秦王的了。

"秦之所害莫如楚,楚强则秦弱,秦强则楚弱,其势不两立。故为大王计,莫如从亲以孤秦。大王不从亲,秦必起两军,一军出武关,一军下黔中,则鄢郢动矣。

秦国所害怕的国家没有比得上楚国的。楚国强大,秦国就弱小;秦国强大,楚国就弱小:这种局势是两不相立的。因此我替大王着想,不如合纵相亲来孤立秦国。如果大王不合纵相亲,秦国就必然要出动两支军队,一支从武关出动,一支直下黔中,那么鄢郢一带就骚动了。

"臣闻治之其未乱也,为之其未有也。患至而后忧之,则无及已。故愿大王蚤孰计之。

我听说,治理于还没有混乱的时候,准备于还没有形成的时候。祸患来临以后才担心它,就来不及了。希望大王及早仔细地考虑这个问题。

"大王诚能听臣,臣请令山东之国奉四时之献,以承大王之明诏,委社稷,奉宗庙,练士厉兵,在大王之所用之。大王诚能用臣之愚计,则韩、魏、齐、燕、赵、卫之妙音美人必充后宫,燕、代橐驼良马必实外厩。故从合则楚王,衡成则秦帝。今释霸王之业,而有事人之名,臣窃为大王不取也。

大王如果能够听从我,就请让我号召关东各国奉献四时的礼物,来接受大王的英明诏令,把国家委托给您,把政权奉交给您,训练士兵,修造武器,随大王的意思安排。大王如果能够采用我的不成熟的计策,那么韩、魏、齐、燕、赵、卫各国动听的音乐和漂亮的女人,一定会充满您的后宫,燕国和代地的骆驼、良马,一定会充实您的马棚。因此,如果合纵成功,楚国就能称王;连横得逞,秦国就能称帝。如果放弃霸王的大业,蒙受侍奉他人的恶名,我私下认为是大王不可取的。

"夫秦,虎狼之国也,有吞天下之心。秦,天下之仇雠也。衡人皆欲割诸侯之地以事秦,此所谓养仇而奉雠者也。夫为人臣,割其主之地以外交强虎狼之秦,以侵天下,卒有秦患,不顾其祸。夫外挟强秦之威以内劫其主,以求割地,大逆不忠,无过此者。故从亲则诸侯割地以事楚,衡合则楚割地以事秦,此两策者相去远矣,二者大王何居焉?故敝邑赵王使臣效愚计,奉明约,在大王诏之。"

秦国是像虎狼一样的国家,怀有吞并天下的野心。秦国也是天下的仇敌。主张连横的人都想割让各国的土地来侍奉秦国,这就叫做供奉仇敌。为人君的臣子,割让自己君王的土地来对外交结像虎狼一样的强秦,来侵略天下,一旦遭受秦国的祸患,他们却不管那个祸患了。从外部借助强秦的威势来对内逼迫自己的国君,来求取割让土地,严重叛国、不忠于国君的罪行,没有比这更严重的了。所以,合纵相亲就能使各国割地来服事楚国;连横成功就会使楚国割地去服事秦国。这两种策略的得失相差很远,两种当中,大王选择哪一种呢?所以我国赵王派我来奉献我们的策略,敬受大王贤明的公约,关键在于大王号召大家。

楚王曰:"寡人之国西与秦接境,秦有举巴、蜀并汉中之心。秦,虎狼之国,不可亲也。而韩、魏迫于秦患,不可与深谋,与深谋恐反人以入于秦,故谋未发而国已危矣。寡人自料以楚当秦,不见胜也;内与群臣谋,不足恃也。寡人卧不安席,食不甘味,心摇摇然如县旌而无所终薄。今主君欲一天下,收诸侯,存危国,寡人谨奉社稷以从。"

楚王说:"我国西面和秦国交界,秦国怀有夺取巴、蜀和吞并汉中的野心。秦国是像虎狼一样的国家,是不可亲近的。而韩、魏两国因为遭受秦国的威胁,不能跟它们计划大事。如果跟他们谋划大事,恐怕它们背叛别人归顺秦国。这样,策略还没有实施,而国家早已危险了。我自己估计,拿楚国抵挡秦国,是不见得能胜利的;在朝内跟群臣策划,也是不可靠的。我因此睡得不安稳,吃得没味道,心神像悬挂着的旌旗那样飘摇不定,没有地方着落。现在您要统一天下,合并诸侯,保存危亡的国家,我虔诚地以国相从。"

于是六国从合而并力焉。苏秦为从约长,并相六国。

于是,六国合纵成功,同心合力。苏秦做了合纵联盟的盟长,同时担任六国的相国。

北报赵王，乃行过雒阳，车骑辎重，诸侯各发使送之甚众，疑于王者。周显王闻之恐惧，除道，使人效劳。苏秦之昆弟妻嫂侧目不敢仰视，俯伏侍取食。苏秦笑谓其嫂曰："何前倨而后恭也？"嫂委蛇蒲服，以面掩地而谢曰："见季子位高金多也。"苏秦喟然叹曰："此一人之身，富贵则亲戚畏惧之，贫贱则轻易之，况众人乎！且使我有雒阳负郭田二顷，吾岂能佩六国相印乎！"于是散千金以赐宗族朋友。初，苏秦之燕，贷人百钱为资，及得富贵，以百金偿之。遍报诸所尝见德者。其从者有一人独未得报，乃前自言。苏秦曰："我非忘子。子之与我至燕，再三欲去我易水之上，方是时，我困，故望子深，是以后子。子今亦得矣。"

苏秦北上报告赵王，于是途经洛阳，沿途诸侯国分别派使者为他护送车马和后勤物资的人很多，几乎可以和国王相比拟。周显王听到这情况大为惊恐，便清扫道路，派人到郊外慰劳他。苏秦的兄弟、妻子和嫂子，斜着眼不敢抬头看他，都俯伏在地上，侍候他用饭，苏秦笑着对他的嫂子说："为什么你先前那么傲慢，而现在却这么谦恭呢？"嫂子弯腰匍匐而前，把脸贴着地面谢罪说："由于我现在看到小叔子地位高贵，财物许多。"苏秦长叹一声说："同样是一个人的身份，富贵的时候亲戚就敬畏我；贫贱的时候就下贱我，况且是一般人呢？再说，如果我当初在洛阳近郊有良田两顷，我难道能够佩上六国的相印吗？"就在这个时候，他分发千金，来赐给自家宗族的人以及朋友。当初，苏秦到燕国去，借过别人一百钱作路费，等到取得富贵，就用一百金去偿还他。苏秦一一报答曾经对他有恩德的人。他的随从的人中唯独有一个人没有得到报答，就自己上前进言。苏秦说："我不是忘了您。您跟我到燕国的时候，在易水边，您接二连三地要离开我。当时，我正危险，因此很埋怨您。所以我把您放在最后。您现在也可以得到赏赐了。"

苏秦既约六国从亲，归赵，赵肃侯封为武安君，乃投从约书于秦。秦兵不敢窥函谷关十五年。

苏秦约定六国合纵相亲以后，回到赵国，赵肃侯封他作武安君。苏秦于是把合纵盟约送到秦国。秦军十五年不敢窥视函谷关。

其后秦使犀首欺齐、魏，与共伐赵，欲败从约。齐、魏伐赵，赵王让苏秦。苏秦恐，请使燕，必报齐。苏秦去赵而从约皆解。

这以后，秦国派犀首欺骗齐国和魏国，跟它们一起攻打赵国，想要破坏合纵盟约。齐、魏两国攻打赵国以后，赵王责备苏秦。苏秦恐惧，请求出使燕国，说一定要报复齐国。苏秦离开赵国以后，合纵盟约都瓦解了。

秦惠王以其女为燕太子妇。是岁，文侯卒，太子立，是为燕易王。易王初立，齐宣王因燕丧伐燕，取十城。易王谓苏秦曰："往日先生至燕，而先王资先生见赵，遂约六国从。今齐先伐赵，次至燕，以先生之故为天下笑，先生能为燕得侵地乎？"苏秦大惭，曰："请为王取之。"

秦惠王把他的女儿嫁给燕太子做妻子。这一年，燕文侯死了，太子登位，这就是燕易王。燕易王刚刚即位，齐宣王便趁燕王的国丧攻打燕国，夺取了十个城邑。燕易王对苏秦说："从前先生到燕国的时候，先王资助先生会见赵王，于是约定六国合纵。现在齐国首先攻打赵国，接着攻到燕国，因为先生的缘故才使两国被天下人耻笑。先生能够替燕国收复被夺走的土地吗？"苏秦听了非常惭愧，说："请让我替大王把失地收回来。"

苏秦见齐王，再拜，俯而庆，仰而吊。齐王曰："是何庆吊相随之速也？"苏秦曰："臣闻饥人所以饥而不食乌喙者，为其愈充腹而与饿死同患也。今燕虽弱小，即秦王之少婿也。大王利其十城而长与强秦为仇。今使弱燕为雁行而强秦敝其后，以招天下之精兵，是食乌喙之类也。"齐王愀然变色曰："然则奈何？"苏秦曰："臣闻古之善制事者，转祸为福，因败为功。大王诚能听臣计，即归燕之十城。燕无故而得十城，必喜；秦王知以己之故而归燕之十城，亦必喜；此所谓弃仇雠而得石交者也。夫燕、秦俱事齐，则大王号令天下，莫敢不听。是王以虚辞附秦，以十城取天下。此霸王之业也。"王曰："善。"于是乃归燕之十城。

苏秦会见齐王，拜了两拜，俯首表示庆贺，抬头表示哀悼。齐王说："为什么庆贺和哀悼相继来得这么快呢？"苏秦说："我听说饥饿的人之所以不吃乌喙这种毒物，是由于它暂时能充饥，但是结果跟饿死一样有害。现在燕国虽然弱小，但燕王是秦王的小女婿。大王贪图十个城邑的利益，却长期跟强大的秦国结成仇敌。如果让弱小的燕国作为领头雁冲锋在前，而强大的秦国在它的后面作掩护，来招惹天下的精锐部队，这跟吃乌喙充饥是同一回事呀。”齐王神色严肃地说：“这样那该怎么办?”苏秦说：“我听说古时候善于办事的人，能够变灾为福，化失败为成功。大王如果能够听从我的计谋，就归还燕国的十个城邑。燕国无缘无故地收复十个城邑，一定很高兴；秦王知道您是为了他的缘故而归还燕国十个城邑，也一定很高兴。这就叫做抛弃仇敌，却得到磐石一样牢固的朋友。燕国和秦国都服事齐国，那么大王对天下发号施令，没有谁敢不听从的。这样大王用虚假的言辞表示归附秦国，用十个城邑换取天下，这就是称霸为王的大业。”齐王说：“好。”所以就归还燕国的十个城邑。

人有毁苏秦者曰：“左右卖国反覆之臣也，将作乱。”苏秦恐得罪，归，而燕王不复官也。苏秦见燕王曰：“臣，东周之鄙人也，无有分寸之功，而王亲拜之于庙而礼之于廷。今臣为王却齐之兵而得十城，宜以益亲。今来而王不官臣者，人必有以不信伤臣于王者。臣之不信，王之福也。臣闻忠信者，所以自为也；进取者，所以为人也。且臣之说齐王，曾非欺之也。臣弃老母于东周，固去自为而行进取也。今有孝如曾参，廉如伯夷，信如尾生。得此三人者以事大王，何若?”王曰：“足矣。”苏秦曰：“孝如曾参，义不离其亲一宿于外，王又安能使之步行千里而事弱燕之危王哉？廉如伯夷，义不为孤竹君之嗣，不肯为武王臣，不受封侯而饿死首阳山下。有廉如此，王又安能使之步行千里而行进取于齐哉？信如尾生，与女子期于梁下，女子不来，水至不去，抱柱而死。有信于此，王又安能使之步行千里却齐之强兵哉？臣所谓以忠信得罪于上者也。”燕王曰：“若不忠信耳，岂有以忠信而得罪者乎?”苏秦曰：“不然。臣闻客有远为吏而其妻私于人者，其夫将来，其私者忧之，妻曰：‘勿忧，吾已作药酒待之矣。’居三日，其夫果至，妻使妾举药酒进之。妾欲言酒之有药，则恐其逐主母也；欲勿言乎，则恐其杀主父也。于是乎详僵而弃酒。主父大怒，笞之五十。故妾一僵而覆酒，上存主父，下存主母，然而不免于笞，恶在乎忠信之无罪也夫？臣之过，不幸而类是乎！”燕王曰：“先生复就故官。”益厚遇之。

有人诋毁苏秦说：“他是个左右摇摆、叛卖国家、反复无常的人，将会作乱。”苏秦害怕得罪燕王就回到燕国，但燕王不官复他的官职。苏秦拜见燕王说：“我本是东周鄙俗的人，没有丝毫功劳，而大王亲自在宗庙里授予我官职，并在朝廷上以礼相待。现在我替大王退却了齐军，并且收复了十个城邑，理当更加亲密。现在我回到燕国，而大王不再让我当官，一定是有人用不老实的罪名在大王面前诋毁我。我的不诚实，正是大王的福气。我听说忠诚老实的人，正是为了自己；上进求索的人，正是为了别人。何况我游说齐王的时候，不曾欺骗他。我把老母亲弃置在东周，本来就是抛弃个人打算，却为别人的上进求索而活动。如果有一个孝顺像曾参，一个廉洁像伯夷，一个诚实像尾生的人，找到这三个人来服事大王，怎么样?”燕王说：“那就足够了。”苏秦说：“孝顺像曾参的人，坚持孝道，不肯离开他的父母在外面住一晚，大王又怎能够让他步行千里，来服事弱小危难的燕王呢？廉洁像伯夷的人，坚持义气，不愿做孤竹君的继承人，不愿做周武王的臣子，不接受封侯的赏赐，结果饿死在首阳山下。有这样廉洁的人，大王又怎能让他步行千里到齐国为别人的进取而活动呢？诚实像尾生一样的人，跟一个女子约好在桥下相会，但女子没照约来到，尾生一直等到大水来了也不离开，抱着桥柱被水淹死了。有这样诚实的人，大王又怎能让他步行千里，去退却齐国的强大的军队呢？这就是我由于忠实得罪了大王的原因。”燕王说：“你自己不忠诚老实罢了，难道有因为忠诚老实却得罪了君王的人吗?”苏秦说：“不是这样。我听说有个在外地做官的人，他的妻子跟别人私通，她的丈夫快要回来的时候，那跟她私通的人担心了，妻子说：‘不必忧虑，我已经准备好毒酒等待他了。’过了三天，她的丈夫果然回来了，妻子让婢妾捧着毒酒给丈夫。婢妾想说酒里有毒，但害怕主人要驱逐女主人；想不说吧，却又担心女主人毒死了主人。这时她假装昏倒，把酒洒在地上。主人很生气，鞭打她五十竹板。所以婢妾一装昏倒而把酒倒在地上，对上保全了男主人，对下保全了女主人，但是免不了被鞭打，从何见得忠诚老实就没有罪过呢？我的过失，不幸地类似这个故事啊！”燕王说：“先生再担任原来的官职吧。”燕王更加厚待苏秦。

易王母，文侯夫人也，与苏秦私通。燕王知之，而事之加厚。苏秦恐诛，乃说燕王曰：“臣居燕不能使燕重，而在齐则燕必重。”燕王曰：“唯先生之所为。”于是苏秦详为得罪于燕而亡走齐，齐宣王以为客卿。

燕易王的母亲是燕文侯的夫人，跟苏秦私通。燕王知道这件事，却更加优厚地对待苏秦。苏秦害怕被杀，就游说燕王道："我留在燕国不能使燕国威势加重，如果在齐国，那么燕国的威势就一定会加重。"燕王说："听凭先生干吧。"这时候，苏秦假装得罪了燕王而逃跑到齐国，齐宣王用他做客卿。

齐宣王卒，湣王即位，说湣王厚葬以明孝，高宫室大苑囿以明得意，欲破敝齐而为燕。燕易王卒，燕哙立为王。其后齐大夫多与苏秦争宠者，而使人刺苏秦，不死，殊而走。齐王使人求贼，不得。苏秦且死，乃谓齐王曰："臣即死，车裂臣以徇于市，曰：'苏秦为燕作乱于齐。'如此则臣之贼必得矣。"于是如其言，而杀苏秦者果自出，齐王因而诛之。燕闻之曰："甚矣，齐之为苏生报仇也！"

齐宣王死后，齐湣王即位。苏秦游说齐湣王隆重地安葬齐宣王来表示孝顺，同时高筑宫室、扩大花园来表示得志。他的目的是想使齐国破落、凋敝，从而有利于燕国。燕易王死后，燕哙即位做了国王。此后，齐国的大夫中有许多人跟苏秦争宠，因而派人刺杀苏秦，但没刺死，苏秦带着致命伤而逃。齐王派人搜捕凶手，没有找到。苏秦快要死的时候，就对齐王说："我如果死了，请在街市上把我五马分尸来示众，宣称'苏秦为了燕国的利益在齐国作乱'，这样谋杀我的凶手就一定能够抓到了。"当时齐王就按照苏秦的话办，谋杀苏秦的人果然自己暴露，齐王趁此把他杀了。燕国听到这个消息，说："齐国替苏氏报仇，太过分了。"

苏秦既死，其事大泄。齐后闻之，乃恨怒燕。燕甚恐。苏秦之弟曰代，代弟苏厉，见兄遂，亦皆学。及苏秦死，代乃求见燕王，欲袭故事。曰："臣，东周之鄙人也。窃闻大王义甚高，鄙人不敏，释锄耨而干大王。至于邯郸，所见者绌于所闻于东周，臣窃负其志。及至燕廷，观王之群臣下吏，王，天下之明王也。"燕王曰："子所谓明王者何如也？"对曰："臣闻明王务闻其过，不欲闻其善，臣请谒王之过。夫齐、赵者，燕之仇雠也；楚、魏者，燕之援国也。今王奉仇雠以伐援国，非所以利燕也。王自虑之，此则计过，无以闻者，非忠臣也。"王曰："夫齐者固寡人之雠，所欲伐也，直患国敝力不足也。子能以燕伐齐，则寡人举国委子。"对曰："凡天下战国七，燕处弱焉。独战则不能，有所附则无不重。南附楚，楚重；西附秦，秦重；中附韩、魏，韩、魏重。且苟所附之国重，此必使王重矣。今夫齐，长主而自用也。南攻楚五年，畜聚竭；西困秦三年，士卒罢敝；北与燕人战，覆三军，得二将。然而以其余兵南面举五千乘之大宋，而包十二诸侯。此其君欲得，其民力竭，恶足取乎！且臣闻之，数战则民劳，久师则兵敝矣。"燕王曰："吾闻齐有清济、浊河可以为固，长城、钜防足以为塞，诚有之乎？"对曰："天时不与，虽有清济、浊河，恶足以为固！民力罢敝，虽有长城、钜防，恶足以为塞！且异日济西不师，所以备赵也；河北不师，所以备燕也。今济西河北尽已役矣，封内敝矣。夫骄君必好利，而亡国之臣必贪于财。王诚能无羞从子母弟以为质，宝珠玉帛以事左右，彼将有德燕而轻亡宋，则齐可亡已。"燕王曰："吾终以子受命于天矣。"燕乃使一子质于齐。而苏厉因燕质子而求见齐王。齐王怨苏秦，欲囚苏厉。燕质子为谢，已遂委质为齐臣。

苏秦去世后，他的事迹大量披露。齐国后来听到了，就恼怒燕国。燕国很惧怕。苏秦的弟弟叫苏代，苏代的弟弟叫苏厉，他俩看到哥哥学有所成，也都向苏秦学习。等到苏秦死了，苏代就请求进见燕王，想继承苏秦的旧业，他说："我本是东周一个鄙俗的人。私下听说大王的道义很高尚，尽管我不聪明，但也放下农活来拜见大王。我来到邯郸后，所看到的情况和在东周所听到的有所不同，我私下认为辜负了我的希望。等到来到燕国的朝廷，看到大王的群臣和下属官吏时才明白：大王是天下贤明的君王。"燕王说："您所说的贤明君王怎么样呢？"苏代回答说："我听说贤明的君王务必听到自己的过失，不想只听到自己的好处。我请求让我指出您的过失。齐国和赵国，是燕国的仇敌；楚国和魏国，是燕国的盟国。现在大王拥护仇敌去攻打策略上的失误，不把这种失误上报给您的人，就不是忠臣。"燕王说："齐国本来就是我的仇敌，是我想讨伐的国家。只不过担心我国疲惫，力量不够。您如果能够带领燕国讨伐齐国，那么我愿将国家委托给您。"苏代回答说："天下互相征战的国家共七个，燕国处于弱小的地位。单独作战就不行；如果有所依附，那么被依靠的国家没有不因此加重国势的。往南依附楚国，楚国加重；往西依靠秦国，秦国加重；中部依靠韩国和魏国，韩国和魏国就会加重。而且如果所依附的国家势力加重了，这样必然使大王的权势也加重。现在齐国的君主年事已高，而且很自负。他向南攻打楚国长达五年之久，蓄积的财富消耗殆尽；向西困扰秦国长达三年之久，士兵疲惫不堪；向北跟燕国人交战，全军覆没，仅仅俘虏了敌军的两名将领。然而用他剩余的兵力向南攻克了拥有五千辆战车的强大的宋国,并慑服了十二个诸侯国。这可见国君想要攻占别国,他的百姓的物力就会耗尽,有什么地方值得吸取的呢?况且我听说,连续作战,人民就劳累;长期用兵,士兵就疲惫了。”燕王说:“我听说,齐国有清济和浊河便于固守;长城和钜防足够作为要塞。果真有这种情况吗?”苏代回答说:“不等待有利的天时,虽然有清济、浊河,哪里足够固守?百姓精力疲惫不堪,虽然有长城和钜防,哪里足够作为要塞?况且往日济西一带不征兵,是为了防备赵国;河北一带不征兵,是为了防备燕国。现在济西和河北都已经征兵了,国内疲惫不堪了。骄横的国君必然好利,亡国的臣子一定贪财。大王如果不因为用爱子的胞弟去做人质而感到耻辱,并用珠宝、玉帛去讨好齐王左右的臣子,齐王将会感激燕国,并轻而易举灭亡宋国,那么齐国就可以灭掉了。”燕王说:“我终于靠您得以承受上天的旨意了。”燕王便派遣一个公子到齐国做人质。而苏厉通过燕国派遣去做人质的公子的关系求见了齐王。齐王怨苏秦,想囚禁苏厉。燕国那位做人质的公子替他向齐王谢罪,后来,苏厉就委身作为齐国的臣子。

燕相子之与苏代婚,而欲得燕权,乃使苏代侍质子于齐。齐使代报燕,燕王哙问曰:“齐王其霸乎?”曰:“不能。”曰:“何也?”曰:“不信其臣。”于是燕王专任子之,已而让位,燕大乱。齐伐燕,杀王哙、子之。燕立昭王,而苏代、苏厉遂不敢入燕,皆终归齐,齐善待之。

燕国的相国子之跟苏代结为姻亲,因欲夺取燕国的政权,就派遣苏代到齐国去服侍那位做人质的公子。齐国让苏代回复燕王,燕王哙问道:“齐王大概要称霸了吧?”苏代说:“不可能。”燕王说:“为什么呢?”苏代说:“齐王不信任他的臣子。”从此燕王完全信任子之,不久便让位给他,燕国大乱。齐国攻打燕国,杀了燕王哙和子之。燕国拥立昭王,苏代和苏厉从此不敢回燕国,最后都投到齐国,齐国友好地接待了他们。

苏代过魏,魏为燕执代。齐使人谓魏王曰:“齐请以宋地封泾阳君,秦必不受。秦非不利有齐而得宋地也,不信齐王与苏子也。今齐、魏不和如此其甚,则齐不欺秦。秦信齐,齐秦合,泾阳君有宋地,非魏之利也。故王不如东苏子,秦必疑齐而不信苏子矣。齐、秦不合,天下无变,伐齐之形成矣。”于是出苏代。代之宋,宋善待之。

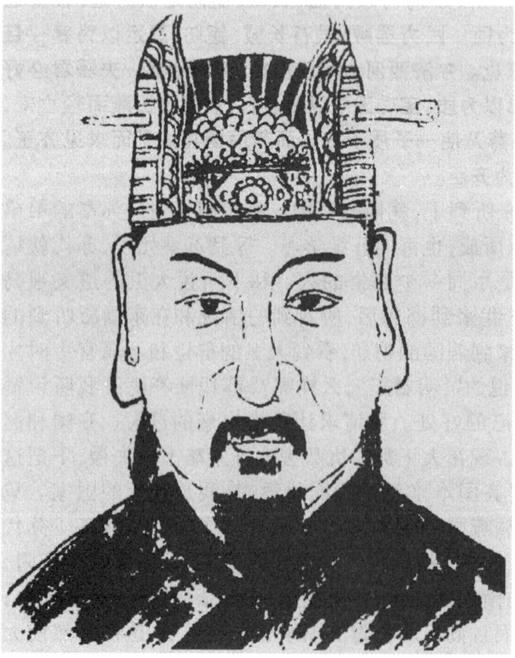

苏秦像

苏代路过魏国时,魏国替燕国拘留了苏代。齐国派人对魏王说:“齐国愿把宋国的土地封给泾阳君,秦国必定不肯接受。秦国并不是因为有了齐国而得到宋地没有好处,而是因为不相信齐王和苏先生。现在齐国和魏国不和到这样严重的地步,那么齐国就不会欺骗秦国了。秦国相信齐国,齐国和秦国联合起来,泾阳君得到宋国的土地,不是有利于魏国的事。所以大王不如让苏先生东归齐国,这样,秦国一定怀疑齐国而不相信苏先生了。齐国和秦国不合作,天下局势没有变化,征讨齐国的形势也就形成了。”魏国释放了苏代。苏代前往宋国,宋国友好地接待了他。

齐伐宋,宋急,苏代乃遗燕昭王书曰:夫列在万乘而寄质于齐,名卑而权轻;奉万乘助齐伐宋,民劳而实费;夫破宋,残楚淮北,肥大齐,仇强而国害:此三者皆国之大败也。然且王行之者,将以取信于齐也。齐加不信于王,而忌燕愈甚,是王之计过矣。夫以宋加之淮北,强万乘之国也,而齐并之,是益一

齐也。北夷方七百里，加之以鲁、卫，强万乘之国也，而齐并之，是益二齐也。夫一齐之强，燕犹狼顾而不能支，今以三齐临燕，其祸必大矣。

齐国攻打宋国，宋国危急，苏代就送信给燕昭王说：燕国名列万乘大国，却委派人质给齐国，因此名声低下而权力轻微；用万乘大国协助齐国进攻宋国，因而使人民劳累，财力耗费；攻克宋国，残害楚国的淮北，有利于强大的齐国，敌国因此强盛，而本国受害。这三种情况，对于自己国家来说，都是大失败的事情。然而大王这样做，是准备用它来取得齐国的信任。齐国对大王越不信任，而对燕国的怨恨就越严重，这是大王计策上的过失了。把宋国和楚国的淮北合在一起，就够得上是一个万乘的强国。如果齐国并吞了它，这是增加了一个齐国，北夷纵横有七百里，加上鲁国和卫国，也算得上一个万乘强国。如果齐国吞并了它，就是增加了两个齐国。面对一个强大的齐国，燕国尚且像狼一样有后顾之忧，不能对付，现在用三个齐国压迫燕国，那灾害一定很大了。

虽然，智者举事，因祸为福，转败为功。齐紫，败素也，而贾十倍；越王句践栖于会稽，复残强吴而霸天下：此皆因祸为福，转败为功者也。

虽然这样，但明智的人办事，善于化灾难为幸福，转失败为成功。齐国的紫色丝织品，本来是用劣等的白绢染成的，但它的价格却是其他丝织品的十倍。越王句践曾在会稽山上栖身，反而打败了强大的吴国而称霸天下：这都是化灾祸为福，转失败为成功的例子。

今王若欲因祸为福，转败为功，则莫若挑霸齐而尊之，使使盟于周室，焚秦符，曰“其大上计，破秦；其次，必长宾之。”秦挟宾以待破，秦王必患之。秦五世伐诸侯，今为齐下，秦王之志苟得穷齐，不惮以国为功。然则王何不使辩士以此言说秦王曰：“燕、赵破宋肥齐，尊之为之下者，燕、赵非利之也。燕、赵不利而势为之者，以不信秦王也。然则王何不使可信者接收燕、赵，令泾阳君、高陵君先于燕、赵？秦有变，因以为质，则燕、赵信秦。秦为西帝，燕为北帝，赵为中帝，立三帝以令于天下。韩、魏不听则秦伐之，齐不听则燕、赵伐之，天下孰敢不听？天下服听，因驱韩、魏以伐齐，曰‘必反宋地，归楚淮北’。反宋地，归楚淮北，燕、赵之所利也；并立三帝，燕、赵之所愿也。夫实得所利，尊得所愿，燕，赵弃齐如脱蹝矣。今不收燕、赵，齐霸必成。诸侯赞齐而王不从，是国伐也；诸侯赞齐而王从之，是名卑也。今收燕、赵，国安而名尊；不收燕、赵，国危而名卑。夫去尊安而取危卑，智者不为也。”秦王闻若说，必若刺心然。则王何不使辩士以此若言说秦？秦必取，齐必伐矣。

现在大王如果想化灾害为幸福，转失败为成功，就不如抓住齐国而推崇它，各派使者到周室缔结盟约，烧掉秦国的符信，声言“最好的计策是打败秦国，其次是长期排斥它”。秦国遭受排斥，并且面临被打败的危险，秦王必定担忧。秦国五代连续攻伐诸侯各国，如今屈居齐国之下，秦王心想如果能使齐国屈服，就不怕全力以赴来求得成功。这样那么大王何不派遣说客用这些话去游说秦王道：“燕国和赵国打败宋国，益了齐国，推崇它，作为它的下属，燕国和赵国并不是以为这样有利。燕国和赵国既然不利，但势必要这样做的原因，是因为不信秦王。这样，那么大王何不派遣可以信赖的人来联络燕国和赵国，让泾阳君和高陵君首先到燕国和赵国来？秦国如果变心了，就用他们做人质。这样，燕国和赵国就会相信秦国了。秦国称西帝，燕国称北帝，赵国称中帝，树立三帝来号令天下。韩、魏两国不听从，秦国就征讨它们；齐国不听从，燕、赵两国就讨伐它。天下哪一个敢不听从？天下服从了，就乘机驱使韩国和魏国去攻打齐国，警告它说：‘一定要交出宋国的土地，归还楚国的淮北。’交出宋国的土地，归还楚国的淮北，这是对燕国和赵国有利的事；并立三帝，也是燕国和赵国的共同愿望。切实得到自己的利益，如愿地得到尊重，这样，燕国和赵国要抛弃齐国，就会像脱鞋一样容易了。假如您不接收燕国和赵国，齐国的霸业一定会成功。各诸侯国拥护齐国而大王不服从，这样国家会被攻伐；各诸侯国拥护齐国而大王服从它们，这样大王的名声也就低下了。如果接收燕国和赵国，就能使您的国家安定，使您的名誉崇高；如果不接收燕国和赵国，就会使您的国家危险，使您声誉低下。舍弃声誉的崇高、国家的安定，却选择国家的危险、声誉的低下，聪明的人是不干的。”秦王听到这些话，一定会像刺痛了心脏一样。那么大王为什么不派遣说客用这些话去游说秦王呢？秦国一定可以争取的，齐国一定要被征讨的。

夫取秦，厚交也；伐齐，正利也。尊厚交，务正利，圣王之事也。

争取秦国，这是重要的外交；讨伐齐国，这是正当的利益。重视重要的外交，力争正当的利益，这是圣贤之王的大业。

燕昭王善其书，曰："先人尝有德苏氏，子之之乱而苏氏去燕。燕欲报仇于齐，非苏氏莫可。"乃召苏代，复善待之，与谋伐齐。竟破齐，湣王出走。

燕昭王认为他的信很好，说道："祖先曾经对苏氏有恩，子之叛乱的时候，苏氏兄弟离开了燕国。燕国想向齐国报仇，如果没有苏氏兄弟是不行的。"燕昭王就召见苏代，又一次友好地接待他，跟他商议进攻齐国的事。齐国终于被打败了，齐湣王出逃。

久之，秦召燕王，燕王欲往，苏代约燕王曰："楚得枳而国亡，齐得宋而国亡，齐、楚不得以有枳、宋而事秦者，何也？则有功者，秦之深雠也。秦取天下，非行义也，暴也。秦之行暴，正告天下。

很久以后，秦国邀请燕王到秦国去。燕王打算前往，苏代劝阻燕王道：楚国取得了枳邑因而国家危亡，齐国取得了宋地因而国家危亡，齐国和楚国不能由于占有枳邑和宋地就去臣服秦国，为什么呢？就是因为有战功的国家是秦国的大敌。秦国夺取天下，不是靠推行正义，而是靠使用武力。秦使用武力的时候，是向天下公开宣称的。

"告楚曰：'蜀地之甲，乘船浮于汶，乘夏水而下江，五日而至郢。汉中之甲，乘船出于巴，乘夏水而下汉，四日而至五渚。寡人积甲宛东下随，智者不及谋，勇士不及怒，寡人如射隼矣。王乃欲待天下之攻函谷，不亦远乎！'楚王为是故，十七年事秦。

它警告楚国说："蜀地的军队，坐着船行驶在汶江上，趁着夏季的水势直下长江，五天就能到达郢都。汉中的军队，坐着船从巴江出发，趁着夏季的水势直下汉江，四天就能到达五渚湖。我在宛东屯兵，然后直下随邑。这样，聪明的人来不及谋划；勇敢的人来不及发怒；而我可以像射老鹰一样神速地进击您。您却想等待天下来进攻函谷关，不是想得太远了吗？"楚王因为这个缘故，用十七年的时间侍奉秦国。

"秦正告韩曰：'我起乎少曲，一日而断大行。我起乎宜阳而触平阳，二日而莫不尽繇。我离两周而触郑，五日而国举。'韩氏以为然，故事秦。

秦国警告韩国说："我军从少曲出发，一天就可以切断太行山的通道。我军从宜阳出发，然后到达平阳，两天之内，韩国各地无不都动摇起来。我军经过东周和西周，到达新郑，五天之内，韩国的国都就会被拔取。"韩国认为是这样，所以侍奉秦国。

"秦正告魏曰：'我举安邑，塞女戟，韩氏太原卷。我下轵道、南阳，封冀，包两周。乘夏水，浮轻舟，强弩在前，铦戈在后，决荥口，魏无大梁；决白马之口，魏无外黄、济阳；决宿胥之口，魏无虚、顿丘。陆攻则击河内，水攻则灭大梁。'魏氏以为然，故事秦。

秦国严正警告魏国说："我军攻下安邑，围困女戟，韩国的太原就会被夺取。我军直下轵邑，路过南阳，封锁冀邑，包抄东周和西周。借着夏天的水势，驾着轻便的战船，强劲的弓箭作前锋，锋利的戈矛作后卫，让荥泽口决堤，魏国的大梁就会淹没了；让白马河口决堤，魏国的外黄和济阳就会淹没了；让宿胥口决堤，魏国的无虚和顿丘就会淹没了。从陆路攻入，就可打击河内；从水路攻入，就可毁灭大梁。"魏国以为是这样，所以服事秦国。

"秦欲攻安邑，恐齐救之，则以宋委于齐。曰：'宋王无道，为木人以象寡人，射其面。寡人地绝兵远，不能攻也。王苟能破宋有之，寡人如自得之。'已得安邑，塞女戟，因以破宋为齐罪。

秦国想围攻安邑，恐怕齐国援助它，就把宋地托付给齐国，说："宋王不讲道义，做个木偶人来象征我，射它的脸。我国与宋国土地隔绝，军队远离，不能进攻它。大王如果能够进攻宋国并占有它，我会感到就像自己占有它一样。"后来，秦国攻下了安邑，围困了女戟，便反而把攻克宋国作为齐国的罪过。

"秦欲攻韩，恐天下救之，则以齐委于天下。曰：'齐王四与寡人约，四欺寡人，必率天下以攻寡人者三。有齐无秦，有秦无齐，必伐之，必亡之。'已得宜阳、少曲，致蔺、离石，因以破齐为天下罪。

秦国想攻打韩国，恐怕天下各国援救它，就把齐国托付给天下，说："齐王四次跟我订立盟约，四次骗我，又有三次坚决地率领天下的军队来攻打我。如果有齐国存在，就没有秦国；如果有秦国存在，就没有齐国。我一定要攻伐它，一定灭亡它。"后来，秦国夺取了宜阳、少曲，占领了蔺邑、离石，便反而把攻克齐国作为天下各国的罪状。

“秦欲攻魏重楚，则以南阳委于楚。曰：‘寡人固与韩且绝矣。残均陵，塞鄳厄，苟利于楚，寡人如自有之。’魏弃与国而合于秦，因以塞鄳厄为楚罪。

秦国想攻打魏国，先尊重楚国，就把南阳托付给楚国，说：“我本来就要跟韩国绝交了。摧毁均陵，围困鄳厄，如果对楚国有利，我就感到正如自己占有它一样。”后来，魏国背离盟国而跟秦国联合，便反而围困鄳厄成为楚国的罪状。

“兵困于林中，重燕、赵，以胶东委于燕，以济西委于赵。已得讲于魏，至公子延，因犀首属行而攻赵。

秦军在林中受到围困，为了尊重燕国和赵国，就把胶东托付给燕国，把济西托付给赵国。后来，秦国跟魏国讲和了，并把公子延作为人质，又利用魏将犀首组织军队攻击赵国。

“兵伤于谯石，而遇败于阳马，而重魏，则以叶、蔡委于魏。已得讲于赵，则劫魏，魏不为割。困则使太后弟穰侯为和，赢则兼欺舅与母。

秦军在谯石受到挫折，接着在阳马遭到失败，为了依附魏国，就把叶邑、上蔡托付给魏国。后来，秦国和赵国讲和了，就要胁迫魏国，魏国不肯割地。当秦军被困的时候，秦王就派太后的弟弟穰侯跟魏国讲和；当秦军打了胜仗的时候，就同时欺骗了穰侯和太后。

“适燕者曰‘以胶东’，适赵者曰‘以济西’，适魏者曰‘以叶、蔡’，适楚者曰‘以塞鄳厄’。适齐者曰‘以宋’，此必令言如循环，用兵如刺蜚，母不能制，舅不能约。

秦国指责燕国就以胶东为借口；指责赵国就用济西作借口；指责魏国就用叶邑、上蔡作借口；指责楚国就用围困鄳厄作借口；指责齐国就用宋国作借口。这样总使说话像转圈子一样不停地转动，发动战争像虫刺人一样轻而易举，太后不能约束，穰侯不能控制。

“龙贾之战，岸门之战，封陵之战，高商之战，赵庄之战，秦之所杀三晋之民数百万，今其生者皆死秦之孤也。西河之外，上雒之地，三川晋国之祸，三晋之半，秦祸如此其大也。而燕、赵之秦者，皆以争事秦说其主，此臣之所大患也。”

龙贾一战，岸门一战，封陵一战，高商一战，赵庄一战，秦军杀死三晋的百姓有几百万人，现在那些活着的人都是父母被秦军杀死的孤儿。晋国西河以外，上洛地方，三川、晋国一带所受的灾难，占三晋地区灾祸的一半，秦国制造的灾难竟是这样的严重啊。但燕国和赵国到秦国去的人，都用争取服事秦国来游说自己的国君，这是我最担心的事。

燕昭王不行。苏代复重于燕。

燕昭王没有到秦国去。苏代再一次在燕国被重用。

燕使约诸侯从亲如苏秦时，或从或不，而天下由此宗苏氏之从约。代、厉皆以寿死，名显诸侯。

燕国派苏代像苏秦在世时一样让诸侯国订立盟约、合纵相亲，有的国家遵守了，有的国家不遵守，但天下人从此推崇苏氏兄弟所倡导的合纵盟约。苏代和苏厉都能享尽天年，名扬诸侯。

太史公曰：苏秦兄弟三人，皆游说诸侯以显名，其术长于权变。而苏秦被反间以死，天下共笑之，讳学其术。然世言苏秦多异，异时事有类之者皆附之苏秦。夫苏秦起闾阎，连六国从亲，此其智有过人者。吾故列其行事，次其时序，毋令独蒙恶声焉。

太史公说：苏秦兄弟三人，都靠游说诸侯而扬名，他们的权术擅长于随机应变。但苏秦因为施行反间计而被杀，天下人都讥笑他，避免学习他的权术。然而世上传说苏秦的事迹有很多不同，不同时期的事情，有类似苏秦的，都附和到他身上。苏秦出身于平民百姓，但能撮合六国合纵相亲，这就是他的智谋有超出常人的地方。我因此按照时间顺序编列他的事迹，以免让他只蒙受坏的名声。

史记第七十卷

张仪列传第十

张仪者，魏人也。始尝与苏秦俱事鬼谷先生，学术，苏秦自以不及张仪。

张仪是魏国人，开始时曾经跟苏秦一起师从鬼谷先生，就学习游说之术来说，苏秦自认为比不上张仪。

张仪已学而游说诸侯。尝从楚相饮，已而楚相亡璧，门下意张仪，曰："仪贫无行，必此盗相君之璧。"共执张仪，掠笞数百，不服，醳之。其妻曰："嘻！子毋读书游说，安得此辱乎？"张仪谓其妻曰："视吾舌尚在不？"其妻笑曰："舌在也。"仪曰："足矣。"

张仪结束学业之后，就去游说诸侯。他曾经随从楚国的宰相喝酒，不久，楚国的宰相丢失了玉璧，门下的人怀疑是张仪偷去的，说："张仪贫穷，品行不好，一定是他偷了相君的玉璧。"大家一起逮捕了张仪，鞭打了他几百下，但张仪始终不服，只好释放了他。他的妻子说："唉！您如果不去读书游说，怎么会遭这个耻辱呢？"张仪对他的妻子说："您看我的舌头还在不在？"他的妻子笑着说："舌头还在。"张仪说："这就够了！"

苏秦已说赵王而得相约从亲，然恐秦之攻诸侯，败约后负，念莫可使用于秦者，乃使人微感张仪曰："子始与苏秦善，今秦已当路，子何不往游，以求通子之愿？"张仪于是之赵，上谒求见苏秦。苏秦乃诫门下人不为通，又使不得去者数日。已而见之，坐之堂下，赐仆妾之食。因而数让之曰："以子之材能，乃自令困辱至此。吾宁不能言而富贵子，子不足收也。"谢去之。张仪之来也，自以为故人，求益，反见辱，怒，念诸侯莫可事，独秦能苦赵，乃遂入秦。

苏秦已经说服了赵王，而使诸侯相互订立盟约，合纵相亲，但害怕秦国攻打诸侯，使盟约无法实施，最终失败。苏秦正发愁没有人可以派遣到秦国，就叫人暗中劝说张仪道："您原先跟苏秦友好，现在苏秦已经掌握政权，您为什么不前去巴结他，来争取实现您的愿望？"张仪就在这时候前往赵国，他呈上名片要求会见苏秦。苏秦告诉他门下的人不要替张仪引见，又让张仪几天不能离开。后来，苏秦接见了他，让他坐在堂下，赐给他跟奴仆侍妾一样的食物。苏秦还趁机多次责备他说："依仗您的才能，竟让自己困穷耻辱到这个地步。我难道不能说一说而使您富贵吗？只是您不值得收留。"苏秦推辞了张仪，把他打发走。张仪来的时候，自己认为是老朋友，可以得到好处，谁知反而被辱，十分生气，心想诸侯国没有哪一个可以侍奉的，只有秦国能够给赵国苦头吃，于是就到秦国去。

苏秦已而告其舍人曰："张仪，天下贤士，吾殆弗如也。今吾幸先用，而能用秦柄者，独张仪可耳。然贫，无因以进。吾恐其乐小利而不遂，故召辱之，以激其意。子为我阴奉之。"乃言赵王，发金币车马，使人微随张仪，与同宿舍，稍稍近就之，奉以车马金钱，所欲用，为取给，而弗告。张仪遂得以见秦惠王。惠王以为客卿，与谋伐诸侯。

苏秦过后告诉他的门下客说："张仪是天下有才能的人，我几乎比不上他。如今我有幸先被任用，但能够掌握秦国政权的人，只有张仪才行呀。然而张仪贫穷，没有机会去进见秦王。我怕他贪图小利而不能成就功业，因此叫他来受辱，为的是激发他的志气。您替我暗中关照他。"苏秦就报赵王，发给他金钱和车马，并派人暗地里跟随张仪，跟他同住一个宿舍，逐渐接近他，然后把车马和金钱奉送给他，他所需要的用物，为他提供，但不要告诉他是谁提供的。张仪于是能有机会见到秦惠王。秦惠王让他作客卿，跟他谋划攻打诸侯国的策略。

苏秦之舍人乃辞去。张仪曰："赖子得显，方且报德，何故去也？"舍人曰："臣非知君，知君乃苏君。苏君忧秦伐赵败从约，以为非君莫能得秦柄，故感怒君，使臣阴奉给君资，尽苏君之计谋。今君

已用，请归报。”张仪曰：“嗟乎，此在吾术中而不悟，吾不及苏君明矣！吾又新用，安能谋赵乎？为吾谢苏君，苏君之时，仪何敢言。且苏君在，仪宁渠能乎！”张仪既相秦，为文檄告楚相曰：“始吾从若饮，我不盗而璧，若笞我。若善守汝国，我顾且盗而城！”

苏秦的门下客于是告辞张仪，就要离开秦国。张仪说：“我依靠您才能显贵起来，正当要报答您的恩情的时候，您为什么要离开我呢？”苏秦的门下客说：“我并不了解您，了解您的乃是苏先生。苏先生担心秦国攻打赵国，破坏了合纵盟约。他认为除了您没有谁能掌握秦国的政权，所以有意激发您，又派我暗中提供财物给您，这些都是苏先生的计谋。现在您已经得到秦国的重用，请求让我回报苏先生。”张仪说：“唉呀！这些都在我的所学范围以内，但我却没领悟到，我比不上苏先生是很清楚了！我又刚被任用，怎能谋取赵国呢？请替我向苏先生表示歉意，苏先生当政的时期，我还敢说什么！况且苏先生在位，我还能做什么吗！”张仪做了秦国的相国以后，就写了声讨文书警告楚国的相国说：“当初我陪同你喝酒，我并没有偷你的玉璧，你却鞭打我。你要好好守卫你的国家，我将要偷你的城邑呢！”

《东周列国志》版画之张仪被激往秦邦图，讲苏秦激张仪入秦之事。

苴、蜀相攻击，各来告急于秦。秦惠王欲发兵以伐蜀，以为道险狭难至，而韩又来侵秦，秦惠王欲先伐韩，后伐蜀，恐不利，欲先伐蜀，恐韩袭秦之敝，犹豫未能决。司马错与张仪争论于惠王之前，司马错欲伐蜀，张仪曰：“不如伐韩。”王曰：“请闻其说。”

苴和蜀两国互相攻击，分别来向秦国告急。秦惠王打算出兵去攻打蜀国，因为道路险要狭窄难以到达，而韩国又来侵袭秦国。秦惠王想先进攻韩国，然后攻打蜀国，但恐怕不利；想先攻打蜀国，又恐怕韩国袭击秦国的薄弱环节，秦惠王因此犹豫不决。司马错跟张仪在秦惠王面前争论起来，司马错主张攻打蜀国，张仪说：“不如进攻韩国。”秦惠王说：“让我听听你的说法。”

仪曰：“亲魏善楚，下兵三川，塞什谷之口，当屯留之道，魏绝南阳，楚临南郑，秦攻新城、宜阳，以临二周之郊，诛周王之罪，侵楚、魏之地。周自知不能救，九鼎宝器必出。据九鼎，案图籍，挟天子以令于天下，天下莫敢不听，此王业也。今夫蜀，西僻之国而戎翟之伦也，敝兵劳众不足以成名，得其地不足以为利。臣闻争名者于朝，争利者于市。今三川、周室，天下之朝市也，而王不争焉，顾争于戎翟，去王业远矣。”

张仪说：“我们先亲善魏国和楚国，随后进兵三川，堵截什谷的路口，封锁屯留的道路。再请魏国断绝韩国南阳的交通，楚国兵临韩国的南郑。秦国亲自攻打新城和宜阳，以便逼近东周和西周的城郊，声讨周王的罪过，再去占领楚国和魏国的土地。周王自知不能挽救，必然要奉献出九鼎及宝贵器物。我们占据九鼎，掌握地图户籍，假天子来号令天下，天下没有哪个国家敢不听从，这是称霸的大业。再说蜀国，是西边偏僻的国家，又是戎狄一类的地区，就是兴师动众也不可能成就功名，夺取它们的土地也不能当作有利的事。我听说：争夺名位的人，应当在朝廷上；争夺利益的人，应当在市井上。如今的三川和周室，有如天下的朝廷和市井，但大王不去争取它，却反而去争夺戎狄，这就距离称王大业太远了。”

司马错曰：“不然。臣闻之，欲富国者务广其地，欲强兵者务富其民，欲王者务博其德，三资者备而王随之矣。今王地小民贫，故臣愿先从事于易。夫蜀，西僻之国也，而戎翟之长也，有桀纣之乱。以秦攻之，譬如使豺狼逐群羊。得其地足以广国，取其财足以富民缮兵，不伤众而彼已服焉。拔一国而天下不以为暴，利尽西海而天下不以为贪，是我一举而名实附也，而又有禁暴止乱之名。今攻韩，劫天子，恶名也，而未必利也，又有不义之名，而攻天下所不欲，危矣。臣请谒其故：周，天下之宗室也；齐，韩之与国也。周自知失九鼎，韩自知亡三川，将二国并力合谋，以因乎齐、赵而求解乎楚、魏，以鼎与楚，以地与魏，王弗能止也。此臣之所谓危也。不如伐蜀完。”

司马错说：“不是这样。我听说：想使国家富裕就务必使国家的土地扩大；想使军队强大就务必使自己的百姓富有；想称王务必使自己的恩德博大。这三方面的条件都具备了，称王的大业也就跟着实现了。如今大王的土地窄小，百姓贫穷，因此我希望您先做容易的事。蜀国是西边偏僻的国家，却又是戎狄的首领，国内有夏桀和商纣一样的危机存在。用秦国攻打它，好像驱使豺狼追赶羊群一样容易。夺取它的土地足够来扩大自己的国土，夺取它的财富足够来使百姓富有，使军备改善，我方不损伤一兵一卒，而对方已经屈服了。攻占一个国家，天下人不会认为是残暴的行为；利益都是来自西边羌戎，天下人不会认为我们贪心。这样我们动一动，名声实利都相随而来，同时又有禁止暴乱的好名。如果攻打韩国，劫持天子，这是坏名声，而且未必有利，又有不义的罪名。所以攻打天下人所不希望攻打的国家，那就危险了。请让我论述其中的原因：周是天下诸侯的宗室；齐国是韩国的盟国。周自己知道要丧失九鼎，韩国自己知道将沦亡三川，这两个国家将协力合谋，来借助齐国和赵国的力量，谋求和楚国、魏国调和。假如周把九鼎送给楚国，韩国把三川之地送给魏国，大王是不能够阻止的。这就是我所说的危险。攻打韩国不如攻打蜀国有利。”

惠王曰：“善，寡人请听子。”卒起兵伐蜀，十月，取之，遂定蜀，贬蜀王更号为侯，而使陈庄相蜀。蜀既属秦，秦以益强，富厚，轻诸侯。

秦惠王说：“您说得好，我愿意听从您的意见。”秦惠王终于出兵攻打蜀国。当年十月，攻占了蜀国，最后平定蜀国，贬斥蜀王，改封为侯，同时派陈庄到蜀国做宰相。蜀国归附秦国以后，秦国因而更加强大、富裕，所以轻视其他诸侯国。

秦惠王十年，使公子华与张仪围蒲阳，降之。仪因言秦复与魏，而使公子繇质于魏。仪因说魏王曰：“秦王之遇魏甚厚，魏不可以无礼。”魏因入上郡、少梁，谢秦惠王。惠王乃以张仪为相，更名少梁曰夏阳。

秦惠王十年，派遣公子华跟张仪围攻蒲阳，并将它降服了。张仪接着说服秦王把蒲阳归还魏国，并派遣公子繇到魏国做人质。张仪趁机游说魏王道：“秦王对待魏国很优厚，魏国不能够失礼。”魏国便把上郡和少梁给献秦国，来谢秦惠王。秦惠王就用张仪做宰相，并把少梁改名为夏阳。

仪相秦四岁，立惠王为王。居一岁，为秦将，取陕。筑上郡塞。

张仪担任秦相四年之久，扶持秦惠王为王。过了一年，他又做秦国的将领，夺取了陕州，并在上郡建筑要塞。

其后二年，使与齐、楚之相会啮桑。东还而免相，相魏以为秦，欲令魏先事秦而诸侯效之。魏王不肯听仪。秦王怒，伐取魏之曲沃、平周，复阴厚张仪益甚。张仪惭，无以归报。留魏四岁而魏襄王卒，哀王立。张仪复说哀王，哀王不听。于是张仪阴令秦伐魏。魏与秦战，败。

这以后两年，张仪被派去跟齐国、楚国的宰相在啮桑会谈。从东方回国之后，他被免去宰相的职位。他又转到魏国做宰相来替秦国着想，欲让魏国首先奉事秦国，然后其他诸侯国也效法它。但魏王不肯听从张仪。秦王很生气，派兵攻占魏国的曲沃和平周，暗中对张仪又更加优厚。张仪感到惭愧，由于他无法回报秦王。张仪留在魏国四年后魏襄王就去世了，魏哀王即位。张仪又游说魏哀王，魏哀王不听他。所以张仪暗中指使秦国攻打魏国。魏国跟秦国作战，魏国失败。

明年，齐又来败魏于观津。秦复欲攻魏，先败韩申差军，斩首八万，诸侯震恐。而张仪复说魏王曰：“魏地方不至千里，卒不过三十万。地四平，诸侯四通辐凑，无名山大川之限。从郑至梁二百余里，车驰人走，不待力而至。梁南与楚境，西与韩境，北与赵境，东与齐境，卒戍四方，守亭鄣者不下

十万。梁之地势，固战场也。梁南与楚而不与齐，则齐攻其东；东与齐而不与赵，则赵攻其北；不合于韩，则韩攻其西；不亲于楚，则楚攻其南；此所谓四分五裂之道也。

第二年，齐国又派兵来在观津把魏国打败。秦国又想攻打魏国，首先将韩申差的军队打败，斩杀首级八万，诸侯国都震惊惧怕。而张仪又游说魏王道：魏国土地纵横不到一千里，士兵不超过三十万人。地势四面平坦，诸侯四面辐辏而来，没有高山大河的阻挡。从郑国到魏国只有两百多里，车奔驰，人行走，不很费力就可以到达。魏国的南面跟楚国齐界，西面跟韩国交界，北面跟赵国交界，东面跟齐国交界，兵卒守卫四方，驻守边防堡垒的不少于十万人。魏国的地形，本来像个战场。假如魏国在南方跟楚国交好而不跟齐国交好，那么齐国就要进攻它的东面；东面跟齐国交好而不跟赵国交好，那么赵国就要进攻它的北面；不和韩国合作，那么韩国就要进攻它的西面；不和楚国亲善，那么楚国就要进攻它的南面：这就是人们所说的四分五裂的处境呀。

“且夫诸侯之为从者，将以安社稷尊主强兵显名也。今从者一天下，约为昆弟，刑白马以盟洹水之上，以相坚也。而亲昆弟同父母，尚有争钱财，而欲恃诈伪反覆苏秦之余谋，其不可成亦明矣。

再说诸侯各国的联盟，是为了安定国家，尊重君主，加强军队，显扬名声。现在，主张合纵的人统一天下，约为兄弟关系，便在洹水边上杀白马，歃血为盟，来表示彼此可靠。但是，同父母的亲兄弟，尚且有为钱财而互相争夺的情况，而想靠欺诈的手段来反复推行苏秦遗留下来的谋略，这种做法不可行也是很明白的了。

“大王不事秦，秦下兵攻河外，据卷、衍、燕、酸枣，劫卫取阳晋，则赵不南，赵不南而梁不北，梁不北则从道绝，从道绝则大王之国欲毋危不可得也。秦折韩而攻梁，韩怯于秦，秦、韩为一，梁之亡可立而须也。此臣之所为大王患也。

大王如果不侍奉秦国，秦国就会进兵攻打河外，占据卷邑、衍邑、燕邑、酸枣，并劫持卫国来夺取阳晋。这样一来，赵国就不能南下，赵国不能南下，魏国就不能北上；魏国不能北上，那么联合救援的道路就断绝了。联合救援的道路断绝了，那么大王的国家想没有危险，是不可能的。如果秦国折服了韩国，又攻打魏国，韩国害怕秦国，秦、韩两国联合成一个整体，那么魏国的灭亡就须臾可待了。这就是我替大王忧虑的事。

“为大王计，莫如事秦。事秦则楚、韩必不敢动；无楚、韩之患，则大王高枕而卧，国必无忧矣。

我替大王着想，不如侍奉秦国。假如侍奉秦国，楚国和韩国就一定不敢轻举妄动；假如没有楚国和韩国的灾祸，大王就可以垫高枕头睡觉，国家一定没有忧虑了。

“且夫秦之所欲弱者莫如楚，而能弱楚者莫如梁。楚虽有富大之名而实空虚；其卒虽多，然而轻走易北，不能坚战。悉梁之兵南面而伐楚，胜之必矣。割楚而益梁，亏楚而适秦，嫁祸安国，此善事也。大王不听臣，秦下甲士而东伐，虽欲事秦，不可得矣。

况且秦国想要削弱的国家，没有哪一个像楚国一样；而能够削弱楚国的国家，没有哪一个像魏国一样。楚国虽然有富裕强大的名声，但实际上是空虚的；它的士兵虽然多，但是容易失败，不能持久作战。如果出动魏国的全部士兵向南攻打楚国，那是一定能战胜它的。宰割楚国而有利于魏国，亏损楚国来归服秦国，转移祸害来使国家安定，这是好事。大王如果不听从我的意见，等到秦国出动军队从东面进攻魏国，那时尽管想侍奉秦国，也就不可能了。

“且夫从人多奋辞而少可信，说一诸侯而成封侯，是故天下之游谈士莫不日夜搤腕瞋目切齿以言从之便，以说人主。人主贤其辩而牵其说，岂得无眩哉。

何况主张合纵的人，多数只有奋激的言辞，却没有多少可以信赖的，他们游说一个诸侯就能达到封侯的目的，所以天下的说客没有谁不日夜搤着手腕，瞪着眼睛，咬牙切齿地游说合纵的好处，使君主高兴。君主赞赏他们的善辩并且用他们的言论，难道能够没有困惑吗？

“臣闻之，积羽沉舟，群轻折轴，众口铄金，积毁销骨，故愿大王审定计议，且赐骸骨辟魏。”

我听说，羽毛虽轻，但积聚在一起就能够使船沉没；再轻的东西，群集在一起也能够压折车轴；众人异口同声，可以销毁铁的事实；诽谤的话累积起来，就可以毁灭一个人的生命，因此希望大王审视地决定策略，并且请允许我引退，离开魏国。

哀王于是乃倍从约而因仪请成于秦。张仪归，复相秦。三岁而魏复倍秦为从。秦攻魏，取曲

沃。明年，魏复事秦。

魏哀王从此背弃合纵盟约，并且通过张仪向秦国请求和解。张仪回国以后，又一次做秦国的宰相。三年后，魏国又背叛秦国成为合纵盟国。秦国便攻打魏国，占领了曲沃。第二年，魏国又侍奉秦国。

秦欲伐齐，齐、楚从亲，于是张仪往相楚。楚怀王闻张仪来，虚上舍而自馆之。曰："此僻陋之国，子何以教之？"仪说楚王曰："大王诚能听臣，闭关绝约于齐，臣请献商於之地六百里，使秦女得为大王箕帚之妾，秦、楚娶妇嫁女，长为兄弟之国。此北弱齐而西益秦也，计无便于此者。"楚王大说而许之。群臣皆贺，陈轸独吊之。楚王怒曰："寡人不兴师发兵得六百里地，群臣皆贺，子独吊，何也？"陈轸对曰："不然，以臣观之，商於之地不可得而齐秦合，齐秦合则患必至矣。"楚王曰："有说乎？"陈轸对曰："夫秦之所以重楚者，以其有齐也。今闭关绝约于齐，则楚孤。秦奚贪夫孤国，而与之商於之地六百里？张仪至秦，必负王，是北绝齐交，西生患于秦也，而两国之兵必俱至。善为王计者，不若阴合而阳绝于齐，使人随张仪，苟与吾地，绝齐未晚也；不与吾地，阴合谋计也。"楚王曰："愿陈子闭口毋复言，以待寡人得地。"乃以相印授张仪，厚赂之。于是遂闭关绝约于齐，使一将军随张仪。

秦国欲攻打齐国，齐国便和楚国合纵相亲，于是张仪去辅佐楚国。楚怀王听说张仪到来，特地空出上等宾馆，并亲自安排他住宿。楚怀王说："这里是个偏僻落后的国家，您用什么指教我呢？"张仪游说楚怀王道："大王假如能够听从我，就应当和齐国断绝往来，废除盟约，我会请求秦王献出商、於一带六百里的土地，并派遣秦国女子做大王的侍妾。秦国和楚国嫁娶通婚，长久成为兄弟国家。这样，北面削弱齐国，西面加强秦国，计策没有比这更有利的了。"楚王非常高兴地答应了他。大臣们都表示祝贺，唯独陈轸表示不安。楚王发怒说："我用不着出动部队，就得到六百里的土地，大臣们都表示祝贺，唯独您表示不安，为什么呢？"陈轸回答说："不是这样。依我看来，商、於一带的土地不能得到，而齐、秦两国倒能联合起来。如果齐、秦两国联合起来，那么祸害必然到来。"楚王说："有理由吗？"陈轸回答说："秦国之所以重视楚国，是由于它有齐国的联盟。假如同齐国断绝往来、废弃盟约，那么楚国就会孤立。秦国何必贪图孤立无援的楚国，送给我们商、於六百里的土地呢？张仪回到秦国后，一定会辜负大王，这样，北面断绝了和齐国的交往，西面产生了来自秦国的祸患，因而两国的军队必然一起进攻楚国。我好好地替大王着想，不如暗中和齐国联合，而表面和齐国绝交，并派人跟随张仪到秦国去。假如秦国给我们土地，再跟齐国断交也不迟；如果秦国不给我们土地，那就暗合我们的策略了。"楚王说："希望陈先生闭起嘴巴，不要再说，就等待我来得到土地好了。"楚王便把将相的印授予张仪，并重重地赠送财物给他。于是就和齐国断绝交往，废除盟约，派遣一名将军跟随张仪到秦国去。

张仪至秦，详失绥堕车，不朝三月。楚王闻之，曰："仪以寡人绝齐未甚邪？"乃使勇士至宋，借宋之符，北骂齐王。齐王大怒，折节而下秦。秦、齐之交合，张仪乃朝，谓楚使者曰："臣有奉邑六里，愿以献大王左右。"楚使者曰："臣受令于王，以商於之地六百里，不闻六里。"还报楚王，楚王大怒，发兵而攻秦。陈轸曰："轸可发口言乎？攻之不如割地反以赂秦，与之并兵而攻齐，是我出地于秦，取偿于齐也，王国尚可存。"楚王不听，卒发兵而使将军屈匄击秦。秦、齐共攻楚，斩首八万，杀屈匄，遂取丹阳、汉中之地。楚又复益发兵而袭秦，至蓝田，大战，楚大败，于是楚割两城以与秦平。

张仪回到秦国，假装车绳失手，掉落车下，三个月没有上朝。楚王听说这件事以后，说："张仪认为我和齐国绝交还不够坚决吗？"于是他派遣勇士到宋国，借用宋国的符信，北上辱骂齐王。齐王很生气，情愿委屈自己来向秦国退让。秦国和齐国联合以后，张仪就去上朝，他对楚国的使者说："我有受封的城邑六里，愿意把它奉给大王。"楚国的使者说："我奉我们国王的使命，来接受商、于一带六百里的土地，没有听说是六里地。"使者回国报告楚王，楚王非常恼怒，要出动军队进攻秦国。陈轸说："我陈轸可以开口说话吗？进攻秦国，不如反过来割地贿赂秦国，跟它联合出兵攻打齐国，这样，等于我们让出土地给秦国，然后向齐国索取赔偿，这样大王的国家还可以保全。"楚王不听陈轸的见议，终于出动军队，并派遣将军屈匄进击秦国。秦国和齐国一起攻打楚国，八万楚兵被杀头，屈匄也被杀。秦、齐两国于是占领了丹阳和汉中的土地。楚国又再增派兵力袭击秦国，楚军到了蓝田，和秦军展开激烈的战斗。结果楚军大败，于是楚国割出两个城邑来跟秦国议和。

秦要楚欲得黔中地，欲以武关外易之。楚王曰：“不愿易地，愿得张仪而献黔中地。”秦王欲遣之，口弗忍言。张仪乃请行。惠王曰：“彼楚王怒子之负以商於之地，是且甘心于子。”张仪曰：“秦强楚弱，臣善靳尚，尚得事楚夫人郑袖，袖所言皆从。且臣奉王之节使楚，楚何敢加诛。假令诛臣而为秦得黔中之地，臣之上愿。”遂使楚。楚怀王至则囚张仪，将杀之。靳尚谓郑袖曰：“子亦知子之贱于王乎？”郑袖曰：“何也？”靳尚曰：“秦王甚爱张仪而不欲出之，今将以上庸之地六县赂楚，以美人聘楚，以宫中善歌讴者为媵。楚王重地尊秦，秦女必贵而夫人斥矣。不若为言而出之。”于是郑袖日夜言怀王曰：“人臣各为其主用。今地未入秦，秦使张仪来，至重王。王未有礼而杀张仪，秦必大怒攻楚。妾请子母俱迁江南，毋为秦所鱼肉也。”怀王后悔，赦张仪，厚礼之如故。

秦国威胁楚国，想得到黔中这个地方，并愿意用武关外的土地换取它。楚王说：“我不愿交换土地，而愿意得到张仪，然后奉献黔中这个地方。”秦王心想派张仪到楚国去，但口头不忍心说出来。张仪就自请到楚国去。秦惠王说：“那楚王恨您不履行议约献出商、於一带的土地，这样，他将把您置于死地而后快！”张仪说：“秦国强，楚国衰，我和楚国大夫靳尚很友好，靳尚侍奉楚夫人郑袖，郑袖说的话，楚王都听从。况且我奉大王的命令出使楚国，楚国哪里敢加害我。假使杀了我而替秦国得到黔中这个地方，这是我最大的愿望。”于是张仪出使楚国。楚怀王见张仪来到楚国，就要监禁他，并准备把他杀掉。靳尚对郑袖说：“您知道您也将被大王看不起吗？”郑袖说：“为什么呢？”靳尚说：“秦王非常喜欢张仪，而不愿意让他出使楚国受害，今后将用上庸一带六个县贿赂楚国，并用秦国的美女嫁给楚王，用宫庭里能歌善舞的女子作陪嫁。楚王一重视土地和尊重秦国，秦国的女子就必定得宠而夫人将被排斥了。您不如替张仪说情而让他出狱。”于是郑袖日夜劝说楚怀王道：“臣子各自替他的君主效劳。现在，土地还没有给秦国，秦国便派张仪来，可见特别重视大王。大王不但没有回礼，反而要杀掉张仪，这样，秦国必然愤恨，必定攻打楚国。我请求让我们母子都迁到江南去，以免被秦王当鱼肉宰割。”楚怀王终于后悔了，赦免张仪，如同以前一样客气地以礼相待。

《东周列国志》版画之伪献地张仪欺楚图，讲张仪计欺楚国之事。

张仪既出，未去，闻苏秦死，乃说楚王曰：“秦地半天下，兵敌四国，被险带河，四塞以为固。虎贲之士百余万，车千乘，骑万匹，积粟如丘山。法令既明，士卒安难乐死，主明以严，将智以武，虽无出甲，席卷常山之险，必折天下之脊，天下有后服者先亡。且夫为从者，无以异于驱群羊而攻猛虎，虎之与羊不格明矣。今王不与猛虎而与群羊，臣窃以为大王之计过也。

张仪释放以后，还没有离开楚国，便听说苏秦死了，就游说楚王道：秦国的领土占天下的一半，兵力可以抵挡四个国家，背靠天险，又有黄河环绕，四周都是要塞，牢不可破。秦国拥有勇猛的兵士一百多万人，兵车一千辆，战马一万匹，粮食堆积如山。法令既已严明，士兵安于苦难，乐于牺牲，国君贤明而且威严，将帅机智而且勇敢。秦国虽然没有出兵，但是一出兵就会席卷常山的天险，必然折断天下的脊梁，天下有迟臣服的一定先灭亡。况且主张合纵的，跟驱使羊群去攻击猛虎没有什么不同，牛羊斗不过老虎那是很显然的了。如今大王不跟猛虎交往，却跟群羊交往，我私下认为大王的谋略是错的。

“凡天下强国，非秦而楚，非楚而秦，两国交争，其势不两立。大王不与秦，秦下甲据宜阳，韩之上地不通。下河东，取成皋，韩必入臣，梁则从风而动。秦攻楚之西，韩、梁攻其北，社稷安得毋危？

大凡天下的强国，不是秦国就是楚国，不是楚国就是秦国，两国相争，其势不能两立。大王假如不跟秦国亲善，秦国就会出兵占据宜阳，这样一来韩国的上党郡一带地区就不能畅通。假如秦国出兵河东，夺取成皋，韩国就必定向秦国臣服，魏国也就随从韩国而动。秦国攻打楚国的西部，韩国和魏国攻打楚国的北部，国家哪能不危险？

“且夫从者聚群弱而攻至强，不料敌而轻战，国贫而数举兵，危亡之术也。臣闻之，兵不如者勿与挑战，粟不如者勿与持久。夫从人饰辩虚辞，高主之节，言其利不言其害，卒有秦祸，无及为已。是故愿大王之孰计之。

况且主张合纵者聚集一群弱小的国家去攻打最强大的国家，不估计敌人的实力却轻易地交战，国家贫穷却多次发动战争，这是使国家危亡的做法。我听说，兵力比不上敌方，就不要向敌方轻易挑战，粮食比不上敌方，就不要跟敌方持久打仗。主张合纵的人，花言巧语，专说假话，吹捧国君的气节，只说那有利的一面，却不说那不利的一面，最终如果有秦国的祸害，就来不及去应付了。希望大王仔细考虑它。

“秦西有巴、蜀，大船积粟，起于汶山，浮江已下，至楚三千余里。舫船载卒，一舫载五十人与三月之食，下水而浮，一日行三百余里，里数虽多，然而不费牛马之力，不至十日而距扞关。扞关惊，则从境以东尽城守矣，黔中、巫郡非王之有。秦举甲出武关，南面而伐，则北地绝。秦兵之攻楚也，危难在三月之内，而楚待诸侯之救，在半岁之外，此其势不相及也。夫恃弱国之救，忘强秦之祸，此臣所以为大王患也。

秦国西面拥有巴、蜀，大船堆积着粮食，从汶山出发，沿着长江而下，到楚国只有三千多里。两船相并装载士兵，每两船可以载五十人和三个月的粮食。船沿水漂浮而下，一天行驶三百多里，里程数目虽然多，但是不用花费牛马的力气，不到十天就到达扞关。扞关受到惊扰，那么从边境以东都要据城守御了。黔中和巫郡便不为大王拥有。秦国发动军队从武关出发，向南面攻打，那么楚国北面的土地就被断绝了。秦国军队攻打楚国的时候，三个月以内就可以使楚国危难，但楚国要等待诸侯的救援，却要在半年以后，这种情势必然来不及了。等待弱国的救援，而忘记了强秦的祸灾，这是我替大王担心的原因。

“大王尝与吴人战，五战而三胜，阵卒尽矣；偏守新城，存民苦矣。臣闻功大者易危，而民敝者怨上。夫守易危之功而逆强秦之心，臣窃为大王危之。

大王曾经跟吴国人打仗，五次战争三次胜利，但临阵士卒几乎牺牲殆尽了；偏师守战新城，留存的百姓也够苦了。我听说功绩太大就容易产生危险，而人民疲惫就容易憎恨君上。守着容易产生危险的功绩，而违背强秦的心意，我私下替大王感到危险。

“且夫秦之所以不出兵函谷十五年以攻齐、赵者，阴谋有合天下之心。楚尝与秦构难，战于汉中，楚人不胜，列侯执珪死者七十余人，遂亡汉中。楚王大怒，兴兵袭秦，战于蓝田。此所谓两虎相搏者也。夫秦、楚相敝而韩、魏以全制其后，计无危于此者矣。愿大王孰计之。

况且秦国十五年不出函谷关来攻打齐国和赵国的原因，是因为秦国有企图合并天下的野心。楚国曾经跟秦国结怨，在汉中交战，楚国未能取胜，有列侯和执珪爵位而战死的七十多人，终于丧失了汉中。楚王非常愤怒，又出兵袭击秦国，在蓝田交战。这就叫做两虎相斗。秦楚两国都疲惫不堪，而韩魏两国凭借自己的完固无损而从后面乘虚而入，计策没有比这更危险的了。希望大王仔细地考虑这些。

“秦下甲攻卫、阳晋，必大关天下之匈。大王悉起兵以攻宋，不至数月而宋可举，举宋而东指，则泗上十二诸侯尽王之有也。

如果秦国出兵攻打卫国的阳晋，就肯定会堵塞天下的胸膛。大王出动全部军队去攻打宋国，不到几个月宋国就可以攻下来，攻下宋国以后一直向东挺进，那么泗水边的众多诸侯国就都归大王所有了。

“凡天下而以信约从亲相坚者苏秦，封武安君，相燕，即阴与燕王谋伐破齐而分其地；乃详有罪出走入齐，齐王因受而相之；居二年而觉，齐王大怒，车裂苏秦于市。夫以一诈伪之苏秦，而欲经营天下，混一诸侯，其不可成亦明矣。

全天下能通过盟约使诸侯合纵相亲、团结一致的人是苏秦，他被封为武安君，做了燕国的相国以后，就暗中跟燕王策划攻破齐国，再瓜分它的土地。于是苏秦假装犯罪外逃到齐国，齐王便接纳了他，并让他做相国。过了两年以后被发觉，齐王非常愤怒，在市集上把苏秦五马分尸。靠一个欺诈虚伪的苏秦，却要治理天下，统一诸侯，那显然是不能成功的。

“今秦与楚接境壤界，固形亲之国也。大王诚能听臣，臣请使秦太子入质于楚，楚太子入质于秦，请以秦女为大王箕帚之妾，效万室之都以为汤沐之邑，长为昆弟之国，终身无相攻伐。臣以为计无便于此者。”

如今秦国和楚国边界相接壤，本来就是地形上亲近的国家。大王如果能听我，我将请求让秦国的太子到楚国做人质，让楚国的太子去秦国做人质，并请求用秦国的女子作大王的侍妾，奉献拥有万户的城邑作为汤沐所需的城邑，长久成为兄弟关系的国家，世代互不侵犯。我认为计谋没有比这好的了。

于是楚王已得张仪而重出黔中地与秦，欲许之。屈原曰：“前大王见欺于张仪，张仪至，臣以为大王烹之；今纵弗忍杀之，又听其邪说，不可。”怀王曰：“许仪而得黔中，美利也。后而倍之，不可。”故卒许张仪，与秦亲。

当时楚王虽然已经得到张仪，但是难以让出黔中的土地给秦国，就想答应张仪。屈原说：“以前大王被张仪欺骗了，张仪一来，我以为大王会烹杀他；现在舍弃而不忍杀他，但又听信他的胡言，不行。”楚怀王说：“我答应张仪就保住黔中，这是最大的好处。既然答应了又要背弃他，不行。”因此终于答应了张仪，跟秦国亲善。

张仪去楚，因遂之韩，说韩王曰：“韩地险恶山居，五谷所生，非菽而麦，民之食大抵菽饭藿羹。一岁不收，民不餍糟糠。地不过九百里，无二岁之食。料大王之卒，悉之不过三十万，而厮徒负养在其中矣。除守徼亭鄣塞，见卒不过二十万而已矣。秦带甲百余万，车千乘，骑万匹，虎贲之士跿跔科头贯颐奋戟者，至不可胜计。秦马之良，戎兵之众，探前趹后蹄间三寻腾者，不可胜数。山东之士被甲蒙胄以会战，秦人捐甲徒裼以趋敌，左挈人头，右挟生虏。夫秦卒与山东之卒，犹孟贲之与怯夫；以重力相压，犹乌获之与婴儿。夫战孟贲、乌获之士以攻不服之弱国，无异垂千钧之重于鸟卵之上，必无幸矣。

张仪离开楚国以后，接着就到韩国去，他游说韩王道：韩国领土险峻，并且地处山区，生产的粮食不是豆就是麦，人民吃的大都是豆子饭、豆叶汤。一年失收，人民连糟糠都吃不饱。土地超不过九百里，没有两年的粮食积蓄。估计大王的士兵，充其数不超过三十万，并且后勤人员都包括在内。除去守卫边疆的堡垒，现在士兵不过二十万人罢了。秦国有武装士兵一百多万，兵车一千辆，战马一万匹，勇猛的战士，冲锋陷阵、奋不顾身、轻装杀敌的，多到数也数不完。秦国精良的战马，前蹄一跃，后蹄一蹬，腾空而起，前后蹄相距两丈多的，数也数不尽。山东的战士披着铁甲、戴着头盔去会战；秦国人可以脱去甲衣，赤膊上阵去追逐敌人，他们左手提着敌人的头颅，右手活捉俘虏。秦国的士兵跟山东的士兵相比，有如孟贲这样的勇士和胆小鬼相比一样；用巨大的威力压下去，就像乌获这样的大力士对付婴儿一样。用孟贲、乌获这样的勇士参战去攻打不归顺的弱小国家，跟把千钧的重量压在鸟蛋上没有什么不同，一定没有幸存的了。

“夫群臣诸侯不料地之寡，而听从人之甘言好辞，比周以相饰也，皆奋曰‘听吾计可以强霸天下’。夫不顾社稷之长利而听须臾之说，诖误人主，无过此者。

大臣们和诸侯王不估测国土这样的少，却听从主张合纵的人的甜言蜜语，他们彼此勾结，互相掩饰，都振振有词地说：“听从我的计谋可以在天下称霸。”不考虑国家的长远利益而听信片刻间的言论，贻误国君，没有比这更厉害的了。

“大王不事秦，秦下甲据宜阳，断韩之上地，东取成皋、荥阳，则鸿台之宫、桑林之苑非王之有也。夫塞成皋，绝上地，则王之国分矣。先事秦则安，不事秦则危。夫造祸而求其福报，计浅而怨深，逆秦而顺楚，虽欲毋亡，不可得也。

大王如果不服事秦国，秦国将出兵占据宜阳，断绝韩国的上地，东进夺取成皋、荥阳，那么鸿台的宫殿和桑林的花园就不是大王的了。成皋被阻塞，上地被断绝，那么大王的国家就被分裂了。先服事秦国就安全，不服事秦国就危险。制造灾难却想得到福报，计策浅陋而结怨很深，违背秦国而归顺楚国，即使想不灭亡，也是办不到的。

“故为大王计，莫如为秦。秦之所欲莫如弱楚，而能弱楚者莫如韩。非以韩能强于楚也，其地势然也。今王西面而事秦以攻楚，秦王必喜。夫攻楚以利其地，转祸而说秦，计无便于此者。”

因此我替大王着想，不如帮助秦国。秦国所希望的无非是削弱楚国，而能削弱楚国的无非是韩国。这并不是因为韩国能够比楚国强大，而是它的地势是这样。如果大王向西侍奉秦国来攻打楚国，秦王一定很高兴。攻打楚国是为了利用它的土地，转嫁祸害而使秦国高兴，计谋没有比这更合适的了。

韩王听仪计。张仪归报，秦惠王封仪五邑，号曰武信君。使张仪东说齐湣王曰：“天下强国无过齐者，大臣父兄殷众富乐。然而为大王计者，皆为一时之说，不顾百世之利。从人说大王者，必曰‘齐西有强赵，南有韩与梁。齐，负海之国也，地广民众，兵强士勇，虽有百秦，将无奈齐何’。大王贤其说而不计其实。夫从人朋党比周，莫不以从为可。臣闻之，齐与鲁三战而鲁三胜，国以危亡随其后，虽有战胜之名，而有亡国之实。是何也？齐大而鲁小也。今秦之与齐也，犹齐之与鲁也。秦赵战于河漳之上，再战而赵再胜秦；战于番吾之下，再战又胜秦。四战之后，赵之亡卒数十万，邯郸仅存，虽有战胜之名而国已破矣。是何也？秦强而赵弱。

韩王听信了张仪的计策。张仪回国报告秦惠王，秦惠王赏赐他五个城邑，封号叫武信君。又派张仪往东去游说齐湣王道：天下的强国没有能超过齐国的，大臣是父兄关系，广大民众富足安乐。但是替大王谋划的，都是一时之说，没有考虑长远的利益。主张合纵的人游说大王的，一定说：“齐国西边有强大的赵国，南边有韩国和魏国。齐国是靠海的国家，土地广阔，人民众多，军队强大，士兵勇敢，即使有一百个秦国，对齐国也将无可奈何。”大王称赞这种说法，但没有考虑它的实际。主张合纵的人结党营私，彼此勾结，没有谁不认为合纵是可行的。我听说，齐国跟鲁国三次交战，鲁国三次取胜，国家却因此而危急，随后就灭亡了。虽然得到战胜的虚名，却得到亡国的现实。这是为什么呢？这是因为齐国强大而鲁国弱小。今天的秦国跟齐国，正像齐国跟鲁国一样。秦国和赵国在黄河、漳河边上作战，两次交战而赵国两次战胜秦国。四次战争以后，赵国死亡的士兵有几十万，邯郸才保存下来，虽然有战胜的名声，但是国家已经残破了。这是为什么呢？因为秦国强大而赵国弱小。

“今秦楚嫁女娶妇，为昆弟之国。韩献宜阳，梁效河外；赵入朝渑池，割河间以事秦。大王不事秦，秦驱韩、梁攻齐之南地，悉赵兵渡清河，指博关，临淄、即墨非王之有也。国一日见攻，虽欲事秦，不可得也，是故愿大王孰计之也。”

现在秦、楚两国通婚，结成兄弟国家。韩国奉献宜阳，魏国敬送河外；赵王到渑池朝见秦王，割让河间来奉事秦国。如果大王不服事秦国，秦国驱使韩国、魏国攻打齐国的南部，赵国军队全部出动，渡过清河，直指博关，那么临淄、即墨就不是大王所有的了。国家一旦被进攻，即使想侍奉秦国，也不可能了。所以希望大王仔细地考虑这个问题。

齐王曰：“齐僻陋，隐居东海之上，未尝闻社稷之长利也。”乃许张仪。

齐王说：“齐国偏僻落后，远在东海之滨，不曾听到国家长远利益的高见。”于是答应了张仪。

张仪去，西说赵王曰：“敝邑秦王使使臣效愚计于大王。大王收率天下以宾秦，秦兵不敢出函谷关十五年。大王之威行于山东，敝邑恐惧慑伏，缮甲厉兵，饰车骑，习驰射，力田积粟，守四封之内，愁居慑处，不敢动摇，唯大王有意督过之也。

张仪离开了齐国，往西去游说赵王道：敝国秦王派遣使者我向大王呈献不成熟的意见。大王召令天下来抵制秦国，秦军不敢出兵函谷关有十五年了。大王的声威流传到山东各国，我国恐惧畏服，修造武器装备，整治兵车战马，练习骑马射箭，勤力耕作，积蓄粮食，守卫四方疆域，举止诚惶诚恐，不敢轻举妄动，只怕大王存心监督我国的过失。

“今以大王之力，举巴蜀，并汉中，包两周，迁九鼎，守白马之津。秦虽僻远，然而心忿含怒之日久矣。今秦有敝甲凋兵，军于渑池，愿渡河逾漳，据番吾，会邯郸之下，愿以甲子合战，以正殷纣之事，敬使使臣先闻左右。

现在凭大王的威力，秦国攻占了巴蜀，兼并了汉中，夺取了西周和东周，迁移了九鼎，守卫着白马渡口。秦国虽然偏僻遥远，但是内心不满、积怨已经很久了。现在秦国有残兵败将驻在渑池，打算渡过黄河，跨过漳河，占据番吾，聚兵在邯郸城下，希望在甲子日会战，来仿效武王伐纣的故事。因此特地派遣使者我先告知大王左右。

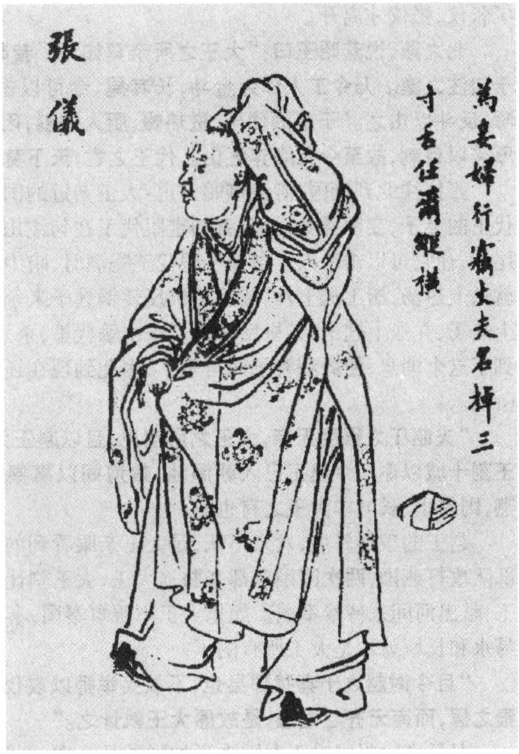

张仪像

“凡大王之所信为从者恃苏秦。苏秦荧惑诸侯，以是为非，以非为是，欲反齐国，而自令车裂于市。夫天下之不可一亦明矣。今楚与秦为昆弟之国，而韩、梁称为东藩之臣，齐献鱼盐之地，此断赵之右臂也。夫断右臂而与人斗，失其党而孤居，求欲毋危，岂可得乎？

大概大王之所以信赖合纵联盟的缘故是依靠苏秦。苏秦迷惑各国诸侯，把对的当作错的，把错的当作对的，想反对齐国，反而自己被车裂在集市上。天下不能统一也够明白的了。现在楚国和秦国成为兄弟国家，而韩国和魏国自称为秦国东方的臣属，齐国献出了盛产鱼盐的土地，这是斩断了赵国的右臂。右臂被斩断却要跟人家争斗，丧失了自己的朋党而独处，欲要国家不危险，怎么可能吗？

“今秦发三将军：其一军塞午道，告齐使兴师渡清河，军于邯郸之东；一军军成皋，驱韩、梁军于河外；一军军于渑池。约四国为一以攻赵，赵破，必四分其地。是故不敢匿意隐情，先以闻于左右。臣窃为大王计，莫如与秦王遇于渑池，面相见而口相结，请案兵无攻。愿大王之定计。”

现在秦派遣了三位将军：其中一支军队阻塞午道，告知齐国让它出动军队渡过清河，驻扎在邯郸的东面；一支军队驻扎在成皋，驱使韩、魏两军驻扎在河外；一支军队驻扎在渑池。约定四国团结一致来攻打赵国，赵国破灭以后，一定由四国瓜分它的土地。因此不敢隐瞒秦国的意图，预先把它告知大王左右。我私下替大王着想，不如跟秦王在渑池会晤，当面交谈，请求按兵不动，希望大王拿定主意。

赵王曰：“先王之时，奉阳君专权擅势，蔽欺先王，独擅绾事，寡人居属师傅，不与国谋计。先王弃群臣，寡人年幼，奉祀之日新，心固窃疑焉，以为一从不事秦，非国之长利也。乃且愿变心易虑，割地谢前过以事秦。方将约车趋行，适闻使者之明诏。”赵王许张仪，张仪乃去。

赵王说：“先王在世的时候，奉阳君专断政权，滥用威势，瞒骗先王，独断专行地处理政务。那时，我正跟随老师学习，不参与国家大事的策划。先王离开人世时，我年纪还小，继承君位的日子不长，心里本来就有困惑，认为统一合纵不奉事秦国，不是国家的长远利益。于是准备改变心意，割让土地，对以前的过失表示歉意，来奉事秦国。我正要套车出发，刚好听到您的高明意见。”赵王答应了张仪，张仪才离开。

北之燕，说燕昭王曰："大王之所亲莫如赵。昔赵襄子尝以其姊为代王妻，欲并代，约与代王遇于句注之塞。乃令工人作为金斗，长其尾，令可以击人。与代王饮，阴告厨人曰：'即酒酣乐，进热啜，反斗以击之。'于是酒酣乐，进热啜，厨人进斟，因反斗以击代王，杀之，王脑涂地。其姊闻之，因摩笄以自刺，故至今有摩笄之山。代王之亡，天下莫不闻。

张仪往北到燕国，游说燕昭王道：大王亲近的国家无非是赵国。从前赵襄子曾经用他的姐姐作代王的妻子，妄图吞并代国，就约定跟代王在句注山要塞会晤。他就叫工匠制作铜匙子，加长它的尾柄，让它可以击杀人。赵襄子跟代王喝酒时，暗中告诉厨工说："假如酒喝到酣畅欢乐的时候，你就送上热汤，厨工送上汁，然后趁机反转铜匙子来杀害他。"就在酒喝得正酣畅欢乐的时候，厨工送上热汤，并送上匙子，趁机反转匙子来击杀代王，杀死了他，代王的脑浆淌在地上。赵襄子的姐姐听到了这个消息，便磨利簪子而自杀了，因此到现在还有摩笄山的名称。代王的死，天下没有谁不曾听说。

"夫赵王之很戾无亲，大王之所明见，且以赵王为可亲乎？赵兴兵攻燕，再围燕都而劫大王，大王割十城以谢。今赵王已入朝渑池，效河间以事秦。今大王不事秦，秦下甲云中、九原，驱赵而攻燕，则易水、长城非大王之有也。

赵王的狠毒暴戾，六亲不认，是大王亲眼看到的，难道还认为赵王可以亲近吗？赵国曾经出动部队攻打燕国，两次围困燕都来胁逼大王，大王割让十个城邑去谢罪。现在赵王已经到渑池朝见秦王，献出河间来侍奉秦国。如果大王不服事秦国，秦国将出兵云中和九原，驱使赵国进攻燕国，那么易水和长城就不是大王所有的了。

"且今时赵之于秦犹郡县也，不敢妄举师以攻伐。今王事秦，秦王必喜，赵不敢妄动，是西有强秦之援，而南无齐赵之患，是故愿大王孰计之。"

况且现时赵国对于秦国来说如同郡县一样，不能随便出兵去攻打别国。假如大王奉事秦国，秦国一定高兴，赵国也不敢轻举妄动。这样，燕国西面就有强秦的援助，而南面没有齐、赵两国的祸灾，所以希望大王仔细地考虑这个问题。

燕王曰："寡人蛮夷僻处，虽大男子裁如婴儿，言不足以采正计。今上客幸教之，请西面而事秦，献恒山之尾五城"。燕王听仪。仪归报，未至咸阳而秦惠王卒，武王立。武王自为太子时不说张仪，及即位，群臣多谗张仪曰："无信，左右卖国以取容。秦必复用之，恐为天下笑。"诸侯闻张仪有郤武王，皆畔衡，复合从。

燕王说："我如同蛮夷一样身处偏僻之地，尽管是个男子汉，也才像婴儿一样，说话没有正确的意见可取。今天幸蒙贵客指教我，我愿意向西奉事秦国，并献上恒山脚下的五个城邑。"燕王听从了张仪。张仪回国报告秦王，还没到达咸阳，秦惠王便去世了，由武王继承君位。秦武王自从做太子的时候就不喜欢张仪，到登位后，大臣们常诽谤张仪说："张仪不诚实，到处卖国来牟取私利。秦国如果再任用他，恐怕被天下人耻笑。"各诸侯国听说张仪跟秦武王有嫌隙，都背叛连横路线，又实行合纵外交。

秦武王元年，群臣日夜恶张仪未已，而齐让又至。张仪惧诛，乃因谓秦武王曰："仪有愚计，愿效之。"王曰："奈何？"对曰："为秦社稷计者，东方有大变，然后王可以多割得地也。今闻齐王甚憎仪，仪之所在，必兴师伐之。故仪愿乞其不肖之身之梁，齐必兴师而伐梁。梁齐之兵连于城下而不能相去，王以其间伐韩，入三川，出兵函谷而毋伐，以临周，祭器必出。挟天子，按图籍，此王业也。"秦王以为然，乃具革车三十乘，入仪之梁。齐果兴师伐之。梁哀王恐。张仪曰："王勿患也，请令罢齐兵。"乃使其舍人冯喜之楚，借使之齐，谓齐王曰："王甚憎张仪；虽然，亦厚矣王之托仪于秦也！"齐王曰："寡人憎仪，仪之所在，必兴师伐之，何以托仪？"对曰："是乃王之托仪也。夫仪之出也，固与秦王约曰：'为王计者，东方有大变，然后王可以多割得地。今齐王甚憎仪，仪之所在，必兴师伐之。故仪愿乞其不肖之身之梁，齐必兴师伐之。齐梁之兵连于城下而不能相去，王以其间伐韩，入三川，出兵函谷而无伐，以临周，祭器必出。挟天子，案图籍，此王业也。'秦王以为然，故具革车三十乘而入之梁也。今仪入梁，王果伐之，是王内罢国而外伐与国，广邻敌以内自临，而信仪于秦王也。此臣

之所谓‘托仪’也。”齐王曰：“善。”乃使解兵。

秦武王元年，大臣们日夜不停地诋毁张仪，同时齐国的责备也跟着而来。张仪害怕被杀，就趁机对秦武王说：“我有个不成熟的计策，希望奉献它。”秦武王说：“怎么样？”张仪回答说：“替秦国国家着想的话，东方各国有大乱，然后大王才能多割得土地。现在听说齐王非常怨恨我张仪，我张仪所在的国家，他一定会出兵攻打它。所以我张仪希望让我这个不成器的人到魏国去，齐国必定会出兵进攻魏国。魏国和齐国的军队在城下交战，彼此都不能离开，大王就趁机袭击韩国，进入三川，出兵函谷而不进攻，以进逼周京，周朝的祭器一定会交出来。大王就能挟持天子，掌握地图和户籍，这是帝王的大业啊！”秦王认为是这样，所以准备三十辆兵车，把张仪送到魏国。齐国果然出兵攻打魏国。魏哀王恐惧。张仪说：“大王不要忧虑，请让我退却齐军。”张仪就派遣他的家臣冯喜到楚国去，作为楚国的使者前往齐国，对齐王说：“大王非常怨恨张仪，虽然这样，但大王让张仪寄身在秦国也做得够周到了。”齐王说：“我怨恨张仪，张仪所在的国家，我一定出兵攻打它，还有什么地方让张仪寄身呢？”冯喜回答说：“这就是大王让张仪有安身之处呢。张仪从秦国出来时，本来就跟秦王约定说：‘替大王着想的话，东方有大乱，然后大王才能够多割得土地。现在齐王非常恼怒我张仪，我张仪所在的国家，他一定出兵攻打它。因此我张仪希望让我这个不成器的人到魏国去，齐国一定出兵进攻它。当齐国和魏国的军队在城下交战，彼此都不能离开的时候，大王趁机进攻韩国，进入三川，出兵函谷而不要进攻，以进逼周京，周朝的祭器一定会交出来。大王就能够挟持天子，掌握地图和户籍，这是帝王的大业啊。’秦王认为是这样，因此准备三十辆兵车，把张仪送到魏国。现在张仪到了魏国，大王果然攻打它，这是大王对内使国家疲惫，对外进攻友邦，扩充邻近敌人给自己内部造成威胁，而使张仪得到秦王的信任。这就是我所说的‘让张仪得以安身’。”齐王说：“好。”就派人撤退军队。

张仪相魏一岁，卒于魏也。

张仪担任魏国宰相一年，死在魏国。

陈轸者，游说之士。与张仪俱事秦惠王，皆贵重，争宠。张仪恶陈轸于秦王曰：“轸重币轻使秦、楚之间，将为国交也。今楚不加善于秦而善轸者，轸自为厚而为王薄也。且轸欲去秦而之楚，王胡不听乎？”王谓陈轸曰：“吾闻子欲去秦之楚，有之乎？”轸曰：“然。”王曰：“仪之言果信矣。”轸曰：“非独仪知之也，行道之士尽知之矣。昔子胥忠于其君而天下争以为臣，曾参孝于其亲而天下愿以为子。故卖仆妾不出闾巷而售者，良仆妾也；出妇嫁于乡曲者，良妇也。今轸不忠其君，楚亦何以轸为忠乎？忠且见弃，轸不之楚何归乎？”王以其言为然，遂善待之。

陈轸，是个游说的辩士。跟张仪一起侍奉秦惠王，都受到敬重，因而互争宠幸。张仪在秦王面前诋毁陈轸说：“陈轸用丰厚的礼物屡次来往于秦国和楚国之间，本该为国家的外交事务出力。现在楚国对秦国不友好而对陈轸很好的原因，就在于陈轸为自己打算多而替大王着想少。况且陈轸想要离开秦国到楚国去，大王为什么不随他的便呢？”秦惠王对陈轸说：“我听说您想离开秦

陈轸像。陈轸，战国时期纵横家。

国到楚国去,有这回事吗?”陈轸说:“有。”秦惠王说:“张仪的话果然可信了!”陈轸说:“不仅张仪知道这回事,而且路过的人都知道这回事。从前伍子胥忠于他的国君,天下的君主便都争着要他做臣子;曾参孝敬他的父母,天下的父母便都希望要他做儿子。所以被贩卖的奴仆、侍妾,不出里巷就卖掉了的,是好奴仆、好侍妾;被遗弃的妇女能嫁在本乡本土的,是好妇女。如果陈轸不忠于他的君主,楚国又凭什么认为陈轸是忠臣呢?忠于国君还要被摒弃,我陈轸不到楚国去到哪里去呢?”秦惠王认为陈轸的话是对的,就友好地对待他。

居秦期年,秦惠王终相张仪,而陈轸奔楚。楚未之重也,而使陈轸使于秦。过梁,欲见犀首。犀首谢弗见。轸曰:“吾为事来,公不见轸,轸将行,不得待异日。”犀首见之。陈轸曰:“公何好饮也?”犀首曰:“无事也。”曰:“吾请令公厌事可乎?”曰:“奈何?”曰:“田需约诸侯从亲,楚王疑之,未信也。公谓于王曰:‘臣与燕、赵之王有故,数使人来,曰“无事何不相见”,愿谒行于王。’王虽许公,公请毋多车,以车三十乘,可陈之于庭,明言之燕、赵。”燕、赵客闻之,驰车告其王,使人迎犀首。楚王闻之大怒,曰:“田需与寡人约,而犀首之燕、赵,是欺我也。”怒而不听其事。齐闻犀首之北,使人以事委焉。犀首遂行,三国相事皆断于犀首。轸遂至秦。

陈轸在秦国逗留了一年,秦惠王终于让张仪做宰相,而陈轸就投到楚国。楚国没有重用他,却派遣陈轸出使秦国。陈轸经过魏国,想要会见犀首,犀首谢绝不见。陈轸说:“我有事而来,您不愿见我,我就要走了,不能等到另一日。”犀首只好见了他。陈轸说:“您为什么喜欢喝酒呢?”犀首说:“没有事情。”陈轸说:“我请您多做事可以吗?”犀首说:“怎么办?”陈轸说:“田需(魏相)约定诸侯合纵相亲,楚王疑心他,不相信。您对魏王说:‘我跟燕、赵两国的国王有交情,他们多次派人来说:“您没有事为什么咱们不彼此见见面?”希望拜见大王以后能让我成行。’魏王即使允许您前去,也请您不要多用车辆,只用三十辆车,可以摆在庭院里,公开说要到燕国和赵国。”燕国和赵国的宾客听到了消息,驱车回国告诉他们的国君,派人迎接犀首。楚王听到这件事以后非常愤怒,说:“田需跟我约定,而犀首前往燕国和赵国,这是骗我。”楚王发怒,不听信田需合纵的事。齐国听说犀首到北方去,便派人把国家大事委托给他。犀首终于成行,齐、燕、赵三国宰相职任的事务都由犀首决断。陈轸这才到秦国去。

韩、魏相攻,期年不解。秦惠王欲救之,问于左右。左右或曰救之便,或曰勿救便,惠王未能为之决。陈轸适至秦,惠王曰:“子去寡人之楚,亦思寡人不?”陈轸对曰:“王闻夫越人庄舄乎?”王曰:“不闻。”曰:“越人庄舄仕楚执珪,有顷而病。楚王曰:‘舄故越之鄙细人也,今仕楚执珪,贵富矣,亦思越不?’中谢对曰:‘凡人之思故,在其病也。彼思越则越声,不思越则楚声’。使人往听之,犹尚越声也。今臣虽弃逐之楚,岂能无秦声哉!”惠王曰:“善。今韩、魏相攻,期年不解,或谓寡人救之便,或曰勿救便,寡人不能决,愿子为子主计之余,为寡人计之。”陈轸对曰:“亦尝有以夫卞庄子刺虎闻于王者乎?庄子欲刺虎,馆竖子止之,曰:‘两虎方且食牛,食甘必争,争则必斗,斗则大者伤,小者死,从伤而刺之,一举必有双虎之名。’卞庄子以为然,立须之。有顷,两虎果斗,大者伤,小者死。庄子从伤者而刺之,一举果有双虎之功。今韩魏相攻,期年不解,是必大国伤,小国亡,从伤而伐之,一举必有两实。此犹庄子刺虎之类也。臣主与王何异也。”惠王曰:“善。”卒弗救。大国果伤,小国亡,秦兴兵而伐,大克之。此陈轸之计也。

韩、魏两国交战,整整一年不能和解。秦惠王想制止它,询问左右大臣的意见。左右大臣有人说制止它为好,有人说不制止为好,秦惠王未能决断它。陈轸刚好到秦国来,秦惠王说:“您离开我到楚国去,也想念我不?”陈轸回答说:“大王听说过越国人庄舄吗?”秦惠王说:“没有听说过。”陈轸说:“越国人庄舄在楚国当执珪,不久病了。楚王说:‘庄舄原是越国乡下的小人物,如今在楚国担任执珪,富贵了,也还思念越国不?’侍从回答说:‘大凡人们思念故乡,都是在他生病的时候。他想念越国,就会操越国的口音;不想越国,就会操楚国的口音。’楚王派人去听,庄舄还是操越国口音。如今我虽然被弃逐到了楚国,难道能不操秦国口音吗?”秦惠王说:“好。现在韩、魏两国交战,整整一年不能和解,有人说我制止它为好,有人说不救为好,我不能决定,希望您在替楚国出谋划策之余,也替我考虑考虑。”陈轸回答说:“也许曾经有人把那卞庄子刺虎的故事告诉大王了吧。卞庄子想去杀老虎,旅馆的小伙计制止他,说:‘两只老虎正在吃牛,吃到甘美有味的时候,一定会相争,一相争就一定要斗，争斗的结果就会大的伤，小的死。趁大虎受伤的时候去刺死它，一举两得一定有杀二虎的名声。’卞庄子认为有道理，便站着等待。过了一会，两只老虎果然争斗起来，大的受伤，小的死亡。卞庄子趁势把那只受伤的老虎刺杀了，果然一举而有杀两虎的功劳。如今，韩、魏两国互相攻战，经历了一整年还不能平息，这样必然是大国受伤，小国灭亡，大王趁机攻打那受伤的大国，必然有一举两得的实利。这好比卞庄子刺杀老虎一样。我的君主与大王都应当等待韩、魏两国的疲惫而进击它们，又有什么不同呢？”秦惠王说：“好。”终于决定不解救它们。大国果然受伤，小国果然灭亡，秦国出兵加以攻伐，彻底地战胜了它们。这是陈轸的计策。

犀首者，魏之阴晋人也，名衍，姓公孙氏。与张仪不善。

犀首是魏国的阴晋人，名叫衍，姓公孙氏。他跟张仪关系不好。

张仪为秦之魏，魏王相张仪。犀首弗利，故令人谓韩公叔曰：“张仪已合秦、魏矣，其言曰‘魏攻南阳，秦攻三川。’魏王所以贵张子者，欲得韩地也。且韩之南阳已举矣，子何不少委焉以为衍功，则秦、魏之交可错矣。然则魏必图秦而弃仪，收韩而相衍。”公叔以为便，因委之犀首以为功。果相魏。张仪去。

张仪为了秦国而去魏国，魏王任用张仪做宰相。犀首对此感到不利，因此叫人对韩公叔说：“张仪已经使秦、魏两国联合了。他提议说‘魏国攻打南阳，秦国攻打三川’。魏王之所以看中张仪的缘故，是想得到韩国的土地。何况韩国的南阳已经被占领了，您为什么不稍微让我有立功的机会，那么秦、魏两国的交往就可以停止了。这样那么魏国必定图秦国而且废弃张仪，收买韩国而让我做宰相。”公叔认为有理，就把政事委托给犀首来让他立功。犀首果然做了魏国的宰相，张仪就离开了魏国。

义渠君朝于魏。犀首闻张仪复相秦，害之。犀首乃谓义渠君曰：“道远不得复过，请谒事情。”曰：“中国无事，秦得烧掇焚杅君之国；有事，秦将轻使重币事君之国。”其后五国伐秦。会陈轸谓秦王曰：“义渠君者，蛮夷之贤君也，不如赂之以抚其志。”秦王曰：“善。”乃以文绣千纯，妇女百人遗义渠君。义渠君致群臣而谋曰：“此公孙衍所谓邪？”乃起兵袭秦，大败秦人李伯之下。

义渠君到魏国朝见。犀首听说张仪又做了秦国的宰相，嫉妒他。犀首就对义渠君说：“您远道而来，难以再相见。请允许我告诉您一件事。”他接着说：“中原各国不共同进攻秦国，秦国就会焚烧、侵略您的国家。如果各国一起共同进攻秦国，秦国将频繁地派遣使者，带着丰厚的礼物来亲善您的国家，想得到救助。”这以后，楚、魏、齐、韩、赵五国进攻秦国。正好陈轸对秦王说：“义渠君是蛮夷中贤明的君主，不如赠送他财物来安定他。”秦王说：“好。”就把一千匹锦绣和一百个美女送给义渠君。义渠君召集大臣们商讨说：“这是公孙衍所说的情况吗？”于是出动军队袭击秦国，在李伯城下把秦军彻底打败。

张仪已卒之后，犀首入相秦。尝佩五国之相印，为约长。

张仪去世以后，犀首到秦国任宰相。他曾佩带五国的相印，成为联盟的首领。

太史公曰：三晋多权变之士，夫言从衡强秦者大抵皆三晋之人也。夫张仪之行事甚于苏秦，然世恶苏秦者，以其先死，而仪振暴其短以扶其说，成其衡道。要之，此两人真倾危之士哉！

太史公说：三晋地方有很多善于权谋机变的策士，那些主张合纵连横促使秦国强大的，大概都是三晋的人。张仪的所作所为超过苏秦，然而世人之所以厌恶苏秦，是由于他先死，使张仪能够宣扬暴露苏秦合纵外交的短处，从而扶植自己的说法，促成自己连横的外交主张。总之，这两个人真是险诈的人啊！

史记第七十一卷

樗里子甘茂列传第十一

樗里子者，名疾，秦惠王之弟也，与惠王异母。母，韩女也。樗里子滑稽多智，秦人号曰“智囊”。

樗里子，名叫疾，是秦惠王的弟弟，跟秦惠王同父异母。他的母亲是韩国的女子。樗里子能言善辩，足智多谋，秦国人称他为“智囊。”

秦惠王八年，爵樗里子右更，使将而伐曲沃，尽出其人，取其城，地入秦。秦惠王二十五年，使樗里子为将伐赵，虏赵将军庄豹，拔蔺。明年，助魏章攻楚，败楚将屈丐，取汉中地。秦封樗里子，号为严君。

秦惠王八年，赐给樗里子右更的爵位，让他带兵攻打曲沃，把当地的人全部赶走，占领了曲沃的城池，把土地纳入秦国。秦惠王二十五年，派樗里子担任将领进攻赵国，俘虏了赵国将军庄豹，占领了蔺邑。第二年，他协助魏章攻打楚国，打败了楚国的将领屈丐，占领了汉中一带。秦国封爵樗里子，赐号为“严君”。

秦惠王卒，太子武王立，逐张仪、魏章，而以樗里子、甘茂为左右丞相。秦使甘茂攻韩，拔宜阳。使樗里子以车百乘入周。周以卒迎之，意甚敬。楚王怒，让周，以其重秦客。游腾为周说楚王曰：“知伯之伐仇犹，遗之广车，因随之以兵，仇犹遂亡。何则？无备故也。齐桓公伐蔡，号曰诛楚，其实袭蔡。今秦，虎狼之国，使樗里子以车百乘入周，周以仇犹、蔡观焉，故使长戟居前，强弩在后，名曰卫疾，而实囚之。且夫周岂能无忧其社稷哉？恐一旦亡国以忧大王。”楚王乃悦。

秦惠王逝世以后，太子武王即位，驱逐张仪和魏章，然后用樗里子和甘茂做左右丞相。秦国派遣甘茂攻打韩国，占领了宜阳。又派遣樗里子率领百辆战车进入周都，周王派了士兵迎接他，态度非常尊敬。楚王对此很生气，责备周王，认为他太重视秦国来客。游腾替周王游说楚王道：“智伯要攻伐仇犹的时候，先送给它大车，借机派兵跟随在后面，仇犹终于灭亡了。为什么呢？因为没有防备的缘故。齐桓公要攻打蔡国的时候，声称征讨楚国，其实是袭击蔡国。如今的秦国，是虎狼一样的国家，派遣樗里子率领百辆战车进入周都，周王用仇犹和蔡国作为借鉴，因此派遣长戟装备摆在前面，强弩装备压在后面，名义上是护卫樗里子，但实际上是囚禁他。再说周王难道能够不担心自己的国家吗？怕的是一旦亡了国便会使大王伤痛。”楚王于是高兴起来。

秦武王卒，昭王立，樗里子又益尊重。

秦武王去世以后，秦昭王即位，樗里子更加受到尊重。

昭王元年，樗里子将伐蒲。蒲守恐，请胡衍。胡衍为蒲谓樗里子曰：“公之攻蒲，为秦乎？为魏乎？为魏则善矣，为秦则不为赖矣。夫卫之所以为卫者，以蒲也。今伐蒲入于魏，卫必折而从之。魏亡西河之外而无以取者，兵弱也。今并卫于魏，魏必强。魏强之日，西河之外必危矣。且秦王将观公之事，害秦而利魏，王必罪公。”樗里子曰：“奈何？”胡衍曰：“公释蒲勿攻，臣试为公入言之，以德卫君。”樗里子曰：“善。”胡衍入蒲，谓其守曰：“樗里子知蒲之病矣，其言曰必拔蒲。衍能令释蒲勿攻。”蒲守恐，因再拜曰：“愿以请。”因效金三百斤，曰：“秦兵苟退，请必言子于卫君，使子为南面。”故胡衍受金于蒲以自贵于卫。于是遂解蒲而去。还击皮氏，皮氏未降，又去。

秦昭王元年，樗里子将要进攻蒲邑。蒲邑的长官惊恐，请教胡衍。胡衍替蒲邑对樗里子说：“您攻打蒲邑，是为了秦国呢，还是为了魏国呢？为了魏国那就好了，为了秦国那就不好了。卫国之所以成为卫国，是因为有蒲邑存在。如果您要攻打蒲邑使它归属于魏国，卫国也一定跟着归从魏国。

从前魏国丢失西河以外的土地而无法夺回的原因，在于兵力薄弱。如果把卫国并入魏国，魏国一定强大起来。魏国强大的时候，西河以外的地方一定危险了。何况秦王将会观察您的行动，如果危害秦国而有利于魏国，秦王一定会加罪于您。”樗里子说：“该怎么办？”胡衍说：“您放过蒲邑不要进攻它，我试一试替您进蒲城说说这件事，来感动卫君。”樗里子说：“好。”胡衍进入蒲城，对当地的长官说：“樗里子已经知道蒲城的弱点了，他说是一定要攻占蒲城。但我能够使他放过蒲城不来进攻。”蒲邑的长官惊恐起来，便两次向胡衍下拜，说：“我希望就这件事求教您。”便献出黄金三百斤，说：“秦军如果撤退，请允许我一定向卫君说到您的功劳，让您得到君位。”因此胡衍在蒲城接受了黄金之后，使自己在卫国贵宠起来。就这样，樗里子便放弃蒲城而离开了。他回师攻打皮氏城，皮氏城还没有降服，又撤走了。

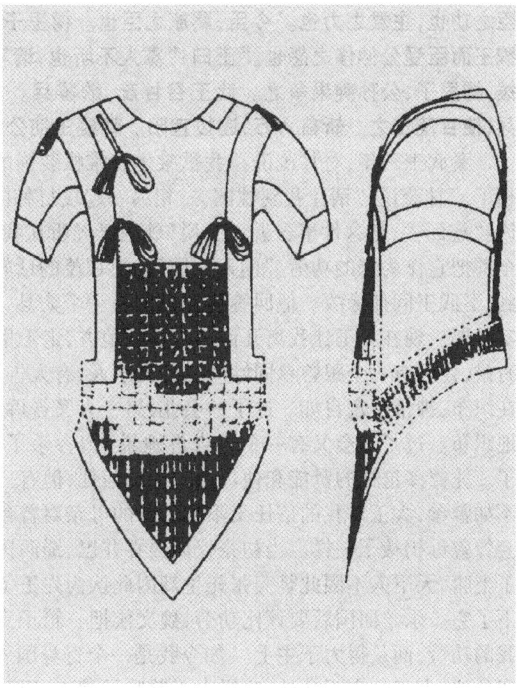

战国武士的铠甲

昭王七年，樗里子卒，葬于渭南章台之东。曰：“后百岁，是当有天子之宫夹我墓。”樗里子疾室在于昭王庙西渭南阴乡樗里，故俗谓之樗里子。至汉兴，长乐宫在其东，未央宫在其西，武库正直其墓。秦人谚曰：“力则任鄙，智则樗里。”

秦昭王七年，樗里子去世，安葬在渭南章台的东面。他生前曾说：“百年以后，这里会有天子的宫殿夹着我的坟墓。”樗里子疾的住宅在昭王庙西边渭南阴乡的樗里，因此世人称他为樗里子。到汉朝建立以后，长乐宫建在他墓地的东边，未央宫建在他墓地的西边，武库正对着他的坟墓。秦国人有句俗话说：“论力气是任鄙，论智谋是樗里。”

甘茂者，下蔡人也。事下蔡史举先生，学百家之术。因张仪、樗里子而求见秦惠王。王见而说之，使将，而佐魏章略定汉中地。

甘茂是下蔡人，曾经侍奉下蔡史举先生，学习百家的学说。他通过张仪和樗里子见秦惠王。秦惠王一接见就很喜欢他，让他做将领，协助魏章平定了汉中地区。

惠王卒，武王立。张仪、魏章去，东之魏。蜀侯烨、相壮反，秦使甘茂定蜀。还，而以甘茂为左丞相，以樗里子为右丞相。

秦惠王逝世以后，秦武王即位。张仪和魏章离开秦国，往东去到魏国。蜀侯嬴烨和宰相陈壮反叛，秦国派遣甘茂去平定蜀国。回师之后，秦国任用甘茂为左丞相，任用樗里子为右丞相。

秦武王三年，谓甘茂曰：“寡人欲容车通三川，以窥周室，而寡人死不朽矣。”甘茂曰：“请之魏，约以伐韩，而令向寿辅行。”甘茂至，谓向寿曰：“子归，言之于王曰：‘魏听臣矣，然愿王勿伐。’事成，尽以为子功。”向寿归，以告王，王迎甘茂于息壤。甘茂至，王问其故。对曰：“宜阳，大县也，上党、南阳积之久矣。名曰县，其实郡也。今王倍数险，行千里攻之，难。昔曾参之处费，鲁人有与曾参同姓名者杀人，人告其母曰‘曾参杀人’，其母织自若也。顷之，一人又告之曰：‘曾参杀人’，其母尚织自若也。顷又一人告之曰‘曾参杀人’，其母投杼下机，逾墙而走。夫以曾参之贤与其母信之也，三人疑之，其母惧焉。今臣之贤不若曾参，王之信臣又不如曾参之母信曾参也，疑臣者非特三人，臣恐大王之投杼也。始张仪西并巴蜀之地，北开西河之外，南取上庸，天下不以多张子而以贤先王。魏文侯令乐羊将而攻中山，三年而拔之。乐羊返而论功，文侯示之谤书一箧。乐羊再拜稽首曰：‘此非

臣之功也，主君之力也。'今臣，羁旅之臣也。樗里子、公孙奭二人者挟韩而议之，王必听之，是王欺魏王而臣受公仲侈之怨也。"王曰："寡人不听也，请与子盟。"卒使丞相甘茂将兵伐宜阳。五月而不拔，樗里子、公孙奭果争之。武王召甘茂，欲罢兵。甘茂曰："息壤在彼。"王曰："有之。"因大悉起兵，使甘茂击之。斩首六万，遂拔宜阳。韩襄王使公仲侈入谢，与秦平。

秦武王三年，对甘茂说："我欲乘坐有帷帐装饰的车子通往三川，去窥探周室，那么我就死而不朽了。"甘茂说："请让我到魏国去，相约一起攻打韩国，并让向寿陪我同行。"甘茂到了魏国，对向寿说："您回去，把这件事告诉大王说'魏国已经听从我了，但望大王不要进攻韩国'。事情成功以后，全都把它作为您的功劳。"向寿回国后，把甘茂的话转告秦武王。秦武王到息壤迎接甘茂。甘茂一到，秦武王问他缘故。他回答说："宜阳是一个大县，上党和南阳历史已经很悠久了。名义叫县，其实是郡。现在大王让我离开许多险要的地方，走千里路程去进攻它，困难啊！从前曾参住在费邑的时候，鲁国有一个跟曾参同姓同名的人杀人，有人告诉曾参的母亲说'曾参杀了人'，曾参的母亲正在织布，神情镇定自如。过了一会儿，另一人又告诉她说'曾参杀了人'，曾参的母亲还是若无其事地织布。过了一会又有一个人告诉她说'曾参杀了人'，他的母亲扔了梭子，走下织机，越墙逃跑了。凭曾参这样的贤能和他母亲对他的信任，但有三个人怀疑他，他母亲就害怕了。如今我的贤能不如曾参，大王对我的信任又不如曾参的母亲对曾参的信任，怀疑我的又不只三个人，我担忧大王会像曾母扔梭子一样。当初张仪向西吞并巴、蜀两国的土地，往北开拓西河以外的地方，朝南夺取了上庸，天下人不因此赞美张先生却因此认为先王圣明。魏文侯让乐羊带兵攻打中山，三年以后攻下了它。乐羊回国后要评比功劳，魏文侯把一箱子意见书给他看。乐羊两次拱手叩头说：'这不是我的功劳，而是得力于主上。'如今我是一个寄身国外的臣子。樗里子、公孙奭倚仗韩国的势力来和我争议，大王一定听从他，这样大王欺骗了魏王，而我却要受到公仲侈的憎恨。"秦武王说："我不会听他们的，请让我同您结盟吧。"终于让丞相甘茂带兵攻打宜阳。用了五个月还不能攻下来，樗里子和公孙奭果然争议这件事。秦武王召见甘茂，想撤兵。甘茂说："息壤达成的盟约还在那儿。"秦武王说："是的。"于是大规模地出动军队，让甘茂进击宜阳。斩杀首级六万，终于攻占宜阳。韩襄王让公仲侈到秦国请罪，跟秦国议和。

武王竟至周，而卒于周。其弟立，为昭王。王母宣太后，楚女也。楚怀王怨前秦败楚于丹阳而韩不救，乃以兵围韩雍氏，韩使公仲侈告急于秦。秦昭王新立，太后楚人，不肯救。公仲因甘茂，茂为韩言于秦昭王曰："公仲方有得秦救，故敢扞楚也。今雍氏围，秦师不下殽，公仲且昂首而不朝，公叔且以国南合于楚。楚、韩为一，魏氏不敢不听，然则伐秦之形成矣。不识坐而待伐孰与伐人之利？"秦王曰："善。"乃下师于殽以救韩。楚兵去。

秦武王最终到了周都，并死在周都。他的弟弟登位，就是秦昭王。秦昭王的母亲宣太后，是楚国的女子。楚怀王憎恨从前秦国在丹阳打败了楚国而韩国不去救援，就派军队包围韩国的雍氏。韩国派遣公仲侈向秦国告急。秦昭王刚刚登位，宣太后又是楚国人，不肯去救援。公仲侈托付甘茂，甘茂替韩国向秦昭王进谏道："公仲侈正因为有可能得到秦国的救援，因此才敢抵御楚国。现在雍氏被包围，秦国军队不肯下殽山去救援，公仲侈将会昂首而不来朝拜；公叔将会让韩国向南跟楚国联合。楚、韩两国结成一个整体，魏国不敢不听它们的意旨。这样，那么它们共同进攻秦国的局势就形成了。不知道是坐着等待被进攻有利，还是主动进攻别人有利？"秦王说："好。"便让军队从殽山出发去援救韩国。楚军才撤离了雍氏。

秦使向寿平宜阳，而使樗里子、甘茂伐魏皮氏。向寿者，宣太后外族也，而与昭王少相长，故任用。向寿如楚，楚闻秦之贵向寿，而厚事向寿。向寿为秦守宜阳，将以伐韩。韩公仲使苏代谓向寿曰："禽困覆车。公破韩，辱公仲，公仲收国复事秦，自以为必可以封。今公与楚解口地，封小令尹以杜阳。秦楚合，复攻韩，韩必亡。韩亡，公仲且躬率其私徒以阏于秦，愿公孰虑之也。"向寿曰："吾合秦楚非以当韩也，子为寿谒之公仲。曰秦韩之交可合也。"苏代对曰："愿有谒于公。人曰贵其所以贵者贵。王之爱习公也，不如公孙奭；其智能公也，不如甘茂。今二人者皆不得亲于秦事，而公独与王主断于国者何？彼有以失之也。公孙奭党于韩，而甘茂党于魏，故王不信也。今秦楚争强而公党于楚，是与公孙奭、甘茂同道也，公何以异之？人皆言楚之善变也，而公必亡之，是自为责也。公

不如与王谋其变也，善韩以备楚，如此则无患矣。韩氏必先以国从公孙奭而后委国于甘茂。韩，公之仇也。今公言善韩以备楚，是外举不僻仇也。”向寿曰：“然，吾甚欲韩合。”对曰：“甘茂许公仲以武遂，反宜阳之民，今公徒收之，甚难。”向寿曰：“然则奈何？武遂终不可得也？”对曰：“公奚不以秦为韩求颍川于楚？此韩之寄地也。公求而得之，是令行于楚而以其地德韩也。公求而不得，是韩楚之怨不解而交走秦也。秦楚争强，而公徐过楚以收韩，此利于秦。”向寿曰：“奈何？”对曰：“此善事也。甘茂欲以魏取齐，公孙奭欲以韩取齐。今公取宜阳以为功，收楚韩以安之，而诛齐魏之罪，是以公孙奭、甘茂无事也。”

秦国派遣向寿平定宜阳，派遣樗里子和甘茂攻打魏国的皮氏。向寿是宣太后娘家的亲戚，并且跟秦昭王从小一起长大，因此受到任用。向寿到楚国去，楚国听说秦国重视向寿，因而厚待向寿。向寿替秦国镇守宜阳，打算率军攻打韩国。韩国公仲侈让苏代对向寿说：“禽兽在被困的时候会抵触倾覆人的车辆。您打败了韩国，侮辱了公仲侈，自认为一定能够因此受到封赏。现在您把解口这个地方送给楚国，把杜阳封给小令尹。秦国和楚国联合，再次进攻韩国，韩国必定灭亡。韩国一灭亡，公仲侈将亲自率领他的部下来抗衡秦国。希望您仔细地考虑这个问题。”向寿说：“我联合秦国和楚国并不是为了抵挡韩国，您替我谒见并转告公仲侈，说秦国和韩国的外交是可以统一的。”苏代回答说：“希望让我告诉您。人们说：‘重视自己之所以受到重视的原因才不失去受重视。’秦王宠爱和亲近您，比不上宠爱和亲近公孙奭；他器重您的智慧和才能，比不上器重甘茂的智慧和才能。现在这两个人都不能够亲身参与秦国的大事，唯独您却能跟秦王一起主持和决断大事，为什么呢？这是他们有过失的原因。公孙奭偏袒韩国，而甘茂偏袒魏国，因此秦王不信任他们。如今秦国和楚国争强，而您却偏袒楚国，这跟公孙奭和甘茂走的是同一条路，您跟他们有什么不同呢？人们都说楚国是善于权变的国家，您一定没有好下场，这是自食其果。您不如跟秦王商讨楚国的权变，亲善韩国来防备楚国，这样就没有忧患了。韩王一定先把国家大事委托给公孙奭，然后才委托给甘茂。韩国是您的仇敌。如今您说亲善韩国来防楚国，这正是举用外人不避仇敌。”向寿说：“是这样，我很想跟韩国友好。”苏代回答说：“甘茂答应公仲侈把武遂归还韩国，使宜阳的百姓返回家园。如今您却要无条件地收回它，很难。”向寿说：“这样，那么该怎么办？武遂始终不能收回吗？”苏代回答说：“您为什么不通过秦国替韩国向楚国索取颍川？这是韩国的属地。您如果能索取并得到颍川，这是您的命令能在楚国通行并能用那个地方使韩国感恩。您如果讨不回颍川，这样韩国和楚国的怨恨不能消除，就会互相投奔秦国。秦、楚两国争强，您慢慢地责备楚国来笼络韩国，这对秦国有利。”向寿说：“怎么办？”苏代回答说：“这是好事。甘茂想通过魏国夺取齐国，公孙奭想通过韩国夺取齐国。现在您借夺取宜阳立功，又笼络了楚国和韩国，并安顿了他们，进而讨伐齐、魏两国的罪过，因此公孙奭和甘茂就无所事事了。”

甘茂竟言秦昭王，以武遂复归之韩。向寿、公孙奭争之，不能得。向寿、公孙奭由此怨，谗甘茂。茂惧，辍伐魏蒲阪，亡去。樗里子与魏讲，罢兵。

甘茂终于向秦昭王进言，把武遂再归还给韩国。向寿和公孙奭抗议这件事，但没有结果。向寿和公孙奭从此有怨恨，诋毁甘茂。甘茂害怕，停止进攻魏国的蒲阪，逃走了。樗里子跟魏国议和，退了兵。

甘茂之亡秦奔齐，逢苏代。代为齐使于秦。甘茂曰：“臣得罪于秦，惧而遁逃，无所容迹。臣闻贫人女与富人女会绩，贫人女曰：‘我无以买烛，而子之烛光幸有余，子可分我余光，无损子明而得一斯便焉。’今臣困而君方使秦而当路矣。茂之妻子在焉，愿君以余光振之。”苏代许诺。遂致使于秦。已，因说秦王曰：“甘茂，非常士也。其居于秦，累世重矣。自殽塞及至鬼谷，其地形险易皆明知之。彼以齐约韩魏反以图秦，非秦之利也。”秦王曰：“然则奈何？”苏代曰：“王不若重其贽，厚其禄以迎之，使彼来则置之鬼谷，终身勿出。”秦王曰：“善。”即赐之上卿，以相印迎之于齐。甘茂不往。苏代谓齐湣王曰：“夫甘茂，贤人也。今秦赐之上卿，以相印迎之。甘茂德王之赐，好为王臣，故辞而不往。今王何以礼之？”齐王曰：“善。”即位之上卿而处之，秦因复甘茂之家以市于齐。

甘茂逃离秦国的时候，投靠齐国，遇上了苏代。苏代替齐国出使到秦国。甘茂说：“我在秦国犯了罪，因惧怕而逃了出来，但没有地方藏身。我听说有个穷人的女儿跟一个富人的女儿一同绩麻，穷人的女儿说:‘我没法买蜡烛,而您的蜡烛的光亮幸好有多余,您可以分给我多余的光亮,在没有损害您照明的情况下我却得到这样的一种方便。’如今我受困,而您正要出使秦国去掌权了。我的妻儿子女还在那里,希望您用多余的光亮接济他们。”苏代答应了。于是苏代到秦国完成使命。完成使命以后,趁机游说秦王道:“甘茂不是一个普通的士人。他留在秦国的时候,连续几代受重用。从殽山要塞直到鬼谷,那里地形的险阻和平坦他都能清楚地了解。他通过齐国联合韩国和魏国,反而来图谋秦国,这对秦国是不利的。”秦王说:“这样那怎么办?”苏代说:“大王不如加重礼物,提高俸禄来迎回他,如果他来了就把他安置在鬼谷,终身不让他出来。”秦王说:“好。”便赐给甘茂上卿的官位,并用相印到齐国迎接他。甘茂不肯到秦国去。苏代对齐湣王说:“甘茂是一个贤能的人。如今秦国赐给他上卿官位,用相印迎接他。甘茂感激大王的赏赐,爱做大王的臣子,所以推辞着不肯去。现在大王用什么礼节对待他?”齐王说:“好。”便给他安排上卿的官位来留他。秦国便免除了甘茂家里的赋税和徭役,来同齐国竞争收买甘茂。

齐使甘茂于楚,楚怀王新与秦合婚而欢。而秦闻甘茂在楚,使人谓楚王曰:“愿送甘茂于秦。”楚王问于范蜎曰:“寡人欲置相于秦,孰可?”对曰:“臣不足以识之。”楚王曰:“寡人欲相甘茂,可乎?”对曰:“不可。夫史举,下蔡之监门也,大不为事君,小不为家室,以苟贱不廉闻于世,甘茂事之顺焉。故惠王之明,武王之察,张仪之辩,而甘茂事之,取十官而无罪。茂诚贤者也,然不可相于秦。夫秦之有贤相,非楚国之利也。且王前尝用召滑于越,而内行章义之难,越国乱,故楚南塞厉门而郡江东。计王之功所以能如此者,越国乱而楚治也。今王知用诸越而忘用诸秦,臣以王为巨过矣。然则王若欲置相于秦,则莫若向寿者可。夫向寿之于秦王,亲也,少与之同衣,长与之同车,以听事。王必相向寿于秦,则楚国之利也。”于是使使请秦相向寿于秦。秦卒相向寿。而甘茂竟不得复入秦,卒于魏。

齐国派遣甘茂到楚国的时候,楚怀王刚刚跟秦国联婚,正在高兴。秦国听说甘茂还在楚国,就派人对楚王说:“希望把甘茂遣送回秦国。”楚王向范蜎问道:“我想在秦国安置丞相,哪一个合适?”范蜎回答说:“我还无法识别哪一个合适。”楚王说:“我想让甘茂做丞相,可以吗?”范蜎回答说:“不行。史举是下蔡的看门人,从大的方面来说不是为了侍奉君王,从小的方面来说不是为了家庭,他以苟且、卑贱和不廉洁传闻于世上,甘茂却顺从地服事他。因此像秦惠王那样的贤明,秦武王那样的洞悉,张仪这样的雄辩,甘茂却奉事他们,谋取十个官职却没有过错。甘茂实在是一个贤能的人,然而不能让他在秦国做丞相。秦国有了贤能的丞相,对楚国是不利的。况且大王从前曾经让召滑在越国得到任用,但召滑暗地里施行章义的阴谋,越国动乱,因此楚国南面能够使厉门成为要塞,使江东成为郡县。我想大王的功绩之所以能够这样大,是因为越国混乱,而楚国安定。如果大王只知道把它用到越国,却忘记了把它运用到秦国,我以为大王大错了。这样,那么大王如果想在秦国安置丞相,就没有谁比得上向寿合适。向寿对于秦王来说是亲戚,小时候跟他共穿一件衣服,长大后跟他同坐一辆车子。大王如果要让他执政,就一定要让向寿在秦国做丞相,那么对楚国才有利。”就在这时候楚王派使者要求秦王让向寿在秦国担任丞相。秦王终于让向寿做了丞相。而甘茂却不能够返回秦国,就死在魏国了。

甘茂有孙曰甘罗。

甘茂有个孙子叫甘罗。

甘罗者,甘茂孙也。茂既死后,甘罗年十二,事秦相文信侯吕不韦。

甘罗是甘茂的孙子。甘茂死后,甘罗十二岁就侍奉秦国丞相文信侯吕不韦。

秦始皇帝使刚成君蔡泽于燕,三年而燕王喜使太子丹入质于秦。秦使张唐往相燕,欲与燕共伐赵以广河间之地。张唐谓文信侯曰:“臣尝为秦昭王伐赵,赵怨臣,曰:‘得唐者与百里之地。’今之燕必经赵,臣不可以行。”文信侯不快,未有以强也。甘罗曰:“君侯何不快之甚也?”文信侯曰:“吾令刚成君蔡泽事燕三年,燕太子丹已入质矣,吾自请张卿相燕而不肯行。”甘罗曰:“臣请行之。”文信侯叱曰:“去!我身自请之而不肯,女焉能行之?”甘罗曰:“大项橐生七岁为孔子师。今臣生十二岁于兹矣,君其试臣,何遽叱乎?”于是甘罗见张卿曰:“卿之功孰与武安君?”卿曰:“武安君南挫强楚,北威燕、赵,战胜攻取,破城堕邑,不知其数,臣之功不如也。”甘罗曰:“应侯之用于秦也,孰与文

信侯专?”张卿曰:“应侯不如文信侯专。”甘罗曰:“卿明知其不如文信侯专与?”曰:“知之。”甘罗曰:“应侯欲攻赵,武安君难之,去咸阳七里而立死于杜邮。今文信侯自请卿相燕而不肯行,臣不知卿所死处矣。”张唐曰:“请因孺子行。”令装治行。

秦始皇帝让刚成君蔡泽出使燕国,三年以后,燕王姬喜派太子丹到秦国做人质。秦国让张唐去扶助燕国,想跟燕国共同进攻赵国来扩大河间的土地。张唐对文信侯说:“我曾经替秦昭王攻打赵国,赵国记恨我,声言‘捕获张唐的人奖给他百里的土地’。如果我去燕国,一定要经过赵国,我不能够去。”文信侯不高兴,但无法勉强他。甘罗说:“君侯为什么不高兴到这种地步呢?”文信侯说:“我派遣刚成君蔡泽去侍奉燕国三年了,燕太子丹也已经来作人质了。现在我亲自要求张唐去扶助燕国,他却不愿意去。”甘罗说:“让我要他去。”文信侯斥责说:“走开!我亲自要求他去都不肯,你怎能使他去?”甘罗说:“项橐长到七岁的时候就当孔子的老师。我现在已经长到十二岁了,您就让我试试吧,为什么急于斥责我呢?”就在这时候甘罗去见张唐说:“先生的功劳跟武安君相比哪一个大?”张唐说:“武安君南面打败强大的楚国,北面威镇燕国和赵国,战则胜,攻则取,攻克城邑,不计其数,我的功劳比不上他。”甘罗说:“应侯范雎在秦国执政时,跟文信侯相比,哪一个专权?”张唐说:“应侯比不上文信侯专权。”甘罗说:“先生确知应侯比不上文信侯专权吗?”张唐说:“知道。”甘罗说:“应侯想进攻赵国,武安君对此感到为难,离开咸阳七里以后立刻死在杜邮,现在文信侯亲自要求先生扶助燕国而不肯去,我不知先生将死在什么地方了。”张唐说:“让我由于有这小家伙的劝说而成行吧。”就让准备行装出发。

行有日,甘罗谓文信侯曰:“借臣车五乘,请为张唐先报赵。”文信侯乃入言之于始皇曰:“昔甘茂之孙甘罗,年少耳,然名家之子孙,诸侯皆闻之。今者张唐欲称疾不肯行,甘罗说而行之。今愿先报赵,请许遣之。”始皇召见,使甘罗于赵。赵襄王郊迎甘罗。甘罗说赵王曰:“王闻燕太子丹入质秦欤?”曰:“闻之。”曰:“闻张唐相燕欤?”曰:“闻之。”“燕太子丹入秦者,燕不欺秦也。张唐相燕者,秦不欺燕也。燕、秦不相欺者,伐赵,危矣。燕、秦不相欺无异故,欲攻赵而广河间。王不如赍臣五城以广河间,请归燕太子,与强赵攻弱燕。”赵王立自割五城以广河间。秦归燕太子。赵攻燕,得上谷三十城,令秦有十一。

张唐出发几天以后,甘罗对文信侯说:“请借我五辆车子,让我替张唐先通报赵国。”文信侯就进去把这件事禀告秦始皇说:“从前甘茂的孙子甘罗,年纪轻轻的,但由于是名家的子孙,诸侯各国都知道他。时下张唐想借口生病不肯去燕国,甘罗说服了他让他出发了。现在甘罗希望先去通报赵国,请您同意派遣他去。”秦始皇召见了甘罗,让甘罗出使到赵国。赵襄王到郊外迎接甘罗。甘罗游说赵王道:“大王听说燕太子丹到秦国做人质了吗?”赵王说:“听说了。”甘罗说:“听说张唐扶助燕国吗?”赵王说:“听说了。”“燕太子丹到秦国去做人质,表明燕国不欺诈秦国。张唐扶助燕国,表明秦国不欺诈燕国。燕国和秦国不相欺骗的目的,是为了进攻赵国,太危险了。燕国和秦

秦始皇像,选自《剑锋春秋》。

国不相欺骗没有别的缘故，只想进攻赵国从而扩大河间的土地。大王不如给我五个城邑来扩大河间的土地，秦国就让燕太子回国，然后跟强大的赵国一起进攻弱小的燕国。”赵王立即亲自割让五个城邑来扩大河间的土地。秦国让燕太子回国。赵国进攻燕国，获得上谷三十个城邑，让秦国占有其中十一个。

甘罗还报秦，乃封甘罗以为上卿，复以始甘茂田宅赐之。

甘罗回来报告秦王，秦王就封赏甘罗作为上卿，又将当初甘茂的田地住宅赏赐给他。

太史公曰：“樗里子以骨肉重，固其理，而秦人称其智，故颇采焉。甘茂起下蔡闾阎，显名诸侯，重强齐楚。甘罗年少，然出一奇计，声称后世。虽非笃行之君子，然亦战国之策士也。方秦之强时，天下尤趋谋诈哉。

太史公说：樗里子由于亲属关系受到重用，那是理所当然的，但秦国人称赞他的智谋，因此很欢迎他。甘茂出身于下蔡民间，扬名于诸侯，受到强大的齐国和楚国的重视。甘罗虽然年轻，但是想出一条妙计，名扬后世。虽然不是敦厚有德的君子，但也是战国的谋士。正当秦国称强的时候，天下更加趋于阴谋诡计之道啊！

史记第七十二卷

穰侯列传第十二

穰侯魏冉者，秦昭王母宣太后弟也。其先楚人，姓芈氏。

穰侯魏冉是秦昭王的母亲宣太后的弟弟。他的祖先是楚国人，姓芈。

秦武王卒，无子，立其弟为昭王。昭王母故号为芈八子，及昭王即位，芈八子号为宣太后。宣太后非武王母。武王母号曰惠文后，先武王死。宣太后二弟：其异父长弟曰穰侯，姓魏氏，名冉；同父弟曰芈戎，为华阳君。而昭王同母弟曰高陵君、泾阳君。而魏冉最贤，自惠王、武王时任职用事。武王卒，诸弟争立，唯魏冉力为能立昭王。昭王即位，以冉为将军，卫咸阳。诛季君之乱，而逐武王后出之魏，昭王诸兄弟不善者皆灭之，威振秦国。昭王少，宣太后自治，任魏冉为政。

秦武王死的时候，没有儿子，因此就由他的弟弟即位作昭王。昭王的母亲原名叫芈八子，到了昭王就位的时候，芈八子号称宣太后。宣太后不是武王的母亲，武王的母亲名叫惠文后，比武王早死。宣太后有两个弟弟：她的同母异父的大弟弟叫穰侯，姓魏，名冉；同父异母的弟弟叫芈戎，就是华阳君。而昭王的同母异父弟弟一个叫高陵君，一个叫泾阳君。而魏冉最贤明，从惠王和武王时起就担任官职、处理政事。武王死后，几个弟弟争夺王位，只有魏冉得力肯干、能够拥立昭王。昭王就位后，任用魏冉作将军，守卫咸阳。昭王征讨了季君的动乱，并驱逐武王后出国到魏国去，昭王的各个不良的兄弟都被杀灭，威势震动了秦国。昭王年少，宣太后亲自理政，任用魏冉执掌政权。

昭王七年，樗里子死，而使泾阳君质于齐。赵人楼缓来相秦，赵不利，乃使仇液之秦，请以魏冉为秦相。仇液将行，其客宋公谓液曰：“秦不听公，楼缓必怨公。公不若谓楼缓曰‘请为公毋急秦’。秦王见赵请相魏冉之不急，且不听公。公言而事不成，以德楼子；事成，魏冉故德公矣。”于是仇液从之。而秦果免楼缓而魏冉相秦。

昭王七年，樗里子死了，就派遣泾阳君到齐国去做人质。赵国人楼缓来到秦国作丞相，赵国人感到不好，就派遣仇液到秦国去，请求用魏冉作秦国的丞相。仇液将要动身时，仇液的门客宋公对仇液说：“秦国即使不听从您的意见，楼缓也一定会怨恨您。您不如对楼缓说‘请准许我为您着想，不急于向秦国提出要求’。秦王见赵国不急于请求让魏冉作丞相，将不会听从您的意见。您说了但事情不成功，所以使楼先生感激；事情如果成功了，魏冉因此感激先生了。”当时仇液听了他的意见。

而秦国果然罢免楼缓,就让魏冉作秦国的丞相。

欲诛吕礼,礼出奔齐。昭王十四年,魏冉举白起,使代向寿将而攻韩、魏,败之伊阙,斩首二十四万,虏魏将公孙喜。明年,又取楚之宛、叶。魏冉谢病免相,以客卿寿烛为相。其明年,烛免,复相冉,乃封魏冉于穰,复益封陶,号曰穰侯。

秦国欲要杀害吕礼,吕礼就外逃到齐国去。昭王十四年,魏冉推荐白起,让他取代向寿带兵攻打韩国和魏国,在伊阙打败了它们,杀敌二十四万人,俘虏了魏国的将领公孙喜。第二年,又攻占了楚国的宛邑和叶邑。魏冉告病免去丞相职务,用客卿寿烛作丞相。第二年,寿烛被罢免,又让魏冉作丞相,便把穰邑封赏给魏冉,又加封陶邑,封号叫穰侯。

穰侯封四岁,为秦将攻魏。魏献河东方四百里。拔魏之河内,取城大小六十余。昭王十九年,秦称西帝,齐称东帝。月余,吕礼来,而齐、秦各复归帝为王。魏冉复相秦,六岁而免。免二岁,复相秦。四岁,而使白起拔楚之郢,秦置南郡。乃封白起为武安君。白起者,穰侯之所任举也,相善。于是穰侯之富,富于王室。

穰侯受封四年后,担任秦国的将领进攻魏国。魏国献出河东纵横四百里的土地。魏冉又攻占了魏国的河内,攻占了大小城邑六十多个。昭王十九年,秦王号称西帝,齐王号称东帝。一个多月以后,吕礼又来到秦国,而齐国和秦国又各自把帝号恢复为王。魏冉再作秦国的丞相,六年以后就被罢免。罢免两年,又作秦国的丞相。四年以后,派遣白起攻克楚国的郢都,秦国把它设为南郡。因此封白起作武安君。白起是穰侯任用提拔的,互相亲善。当时,穰侯的富有,比王室还富裕。

昭王三十二年,穰侯为相国,将兵攻魏,走芒卯,入北宅,遂围大梁。梁大夫须贾说穰侯曰:"臣闻魏之长吏谓魏王曰:'昔梁惠王伐赵,战胜三梁,拔邯郸;赵氏不割,而邯郸复归。齐人攻卫,拔故国,杀子良;卫人不割,而故地复反。卫、赵之所以国全兵劲而地不并于诸侯者,以其能忍难而重出地也。宋、中山数伐割地,而国随以亡。臣以为卫、赵可法,而宋、中山可为戒也。秦,贪戾之国也,而毋亲。蚕食魏氏,又尽晋国,战胜暴子,割八县,地未毕入,兵复出矣。夫秦何厌之有哉!今又走芒卯,入北宅,此非敢攻梁也,且劫王以求多割地。王必勿听也。今王背楚、赵而讲秦,楚、赵怒而去王,与王争事秦,秦必受之。秦挟楚、赵之兵以复攻梁,则国求无亡不可得也。愿王之必无讲也。王若欲讲,少割而有质;不然,必见欺。'此臣之所闻于魏也,愿君之以是虑事也。《周书》曰:'惟命不于常,'此言幸之不可数也。夫战胜暴子,割八县,此非兵力之精也,又非计之工也,天幸为多矣。今又走芒卯,入北宅,以攻大梁,是以天幸自为常也,智者不然。臣闻魏氏悉其百县胜甲以上戍大梁,臣以为不下三十万。以三十万之众守梁七仞之城,臣以为汤、武复生,不易攻也。夫轻背楚、赵之兵,陵七仞之城,战三十万之众,而志必举之,臣以为自天地始分以至于今,未尝有者也。攻而不拔,秦兵必罢,陶邑必亡,则前功必弃矣。今魏氏方疑,可以少割收也。愿君逮楚、赵之兵未至于梁,亟以少割收魏。魏方疑而得以少割为利,必欲之,则君得所欲矣。楚、赵怒于魏之先己也,必争事秦,从以此散,而君后择焉。且君之得地岂必以兵哉!割晋国,秦兵不攻,而魏必效绛、安邑。又为陶开两道,几尽故宋,卫必效单父。秦兵可全,而君制之,何索而不得,何为而不成!愿君熟虑之而无行危。"穰侯曰:"善。"乃罢梁围。

昭王三十二年,穰侯担任相国,率领军队攻打魏国,赶走芒卯,进入北宅,接着进攻魏国。魏国大夫须贾劝说穰侯道:"我听说魏国的大官对魏王说:'从前梁惠王进攻赵国,在三梁打了胜仗,占领了邯郸;赵国不肯割地,结果邯郸又收复了。齐国人进攻卫国,占领了故都,杀死了子良,卫国人不肯割地,结果原来的国土又收复了。卫国和赵国之所以能够保全国家,加强军队,因而国土不会被其他诸侯国兼并,是因为它能够忍受困难并重视出卖土地的问题。宋国和中山几次被进攻而割让土地,因而国家随着灭亡。我认为卫国和赵国值得效法,而宋国和中山可以引为借鉴。秦国是一个贪婪残暴的国家,因此不能亲近它。秦国蚕食魏国,又完全攻占了晋国旧土,当战胜韩国将领暴鸢的时候,割取了八个县,土地还没有来得及全部接受,军队又出动了。秦国哪有满足的呢!现在又赶走了芒卯,进入了北宅,这并不是敢于进攻魏都,而是将要胁迫大王来求得更多地割让土地。大王是必定不能听从的。假如大王违背楚国和赵国而跟秦国议和,那么楚国和赵国一气之下抛弃了大王,跟大王争相侍奉秦国,秦国一定会接受它们。如果秦国携带楚国和赵国的军队再来进攻魏

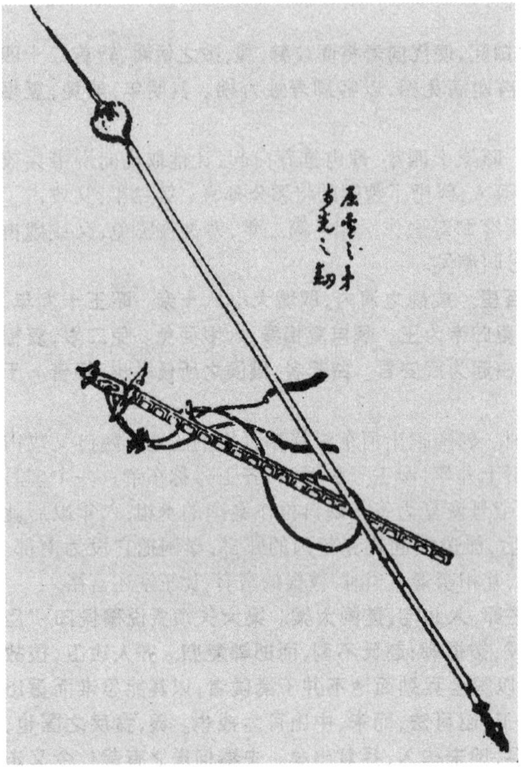

枪、剑，古代兵器，图选自《十二朝人物演义》。

国，那么魏国想不灭亡是不可能的。希望大王一定不要议和。大王如果想议和，就要少割让土地并且要有人质；不这样的话，一定会被欺骗。’这是我从魏国听到的，希望大王按照这一点考虑事情。《周书》说：‘天命不是一成不变的’，这说的是侥幸不是常有的事。战胜了暴鸢，割取了八个县，这并不是因为兵力精锐，也不是因为计谋的严密，自然机遇是主要的了。现在又赶走芒卯，进入北宅，来进攻魏国，这是把自然机遇作为常例，聪明人不这样。我听说魏国动用一百个县以上的所有精锐部队来守卫大梁，我认为不少于三十万人。用三十万的人守卫大梁五六丈高的城墙，我以为即使商汤和周武王还活着，也是不容易进攻的。轻易地背离楚国和赵国的军队，凌越五六丈高的城墙，跟三十万大军交战，并且心想一定能拿下它，我认为自从天地开始形成直到现在，还没有过这样的事。攻城却不能拔取，秦军必定撤退，陶邑必定丢失，那么前功一定尽弃了。现在魏国正在犹豫，可以用割取少数土地的条件收服它。希望您趁楚、赵两国的军队还没到达魏国的时候，赶快用割取少数土地的条件收服魏国。魏国正在犹豫的时候得到用少割土地作为有利条件，肯定想这样做，那么您就得到所希望的了。楚国和赵国对魏国在自己之前单独采取行动一恼怒，必定争先侍奉秦国，合纵联盟会因此解散，然后您从中选择有利条件。况且您要得到土地难道一定要使用武力吗？割取晋国旧地，秦国军队不用进攻，魏国就一定会献上绛、安两邑。又能为陶邑开辟两条通道，几乎完全占用宋国旧地，卫国一定会献上单父。秦国军队可以保全，而您控制它，有什么要求不能达到，有什么行为不能成功！希望您仔细考虑这件事情而不要冒险行事。”穰侯说：“好。”就停止对魏国的围攻。

明年，魏背秦，与齐从亲。秦使穰侯伐魏，斩首四万，走魏将暴鸢，得魏三县。穰侯益封。

第二年，魏国背弃秦国，跟齐国合纵相亲。秦国派穰侯进攻魏国，杀敌四万，赶跑魏国将领暴鸢，夺取魏国三个县。穰侯因此增加了封地。

明年，穰侯与白起、客卿胡阳复攻赵、韩、魏，破芒卯于华阳下，斩首十万，取魏之卷、蔡阳、长社，赵氏观津。且与赵观津，益赵以兵，伐齐。齐襄王惧。使苏代为齐阴遗穰侯书曰：“臣闻往来者言曰‘秦将益赵甲四万以伐齐’，臣窃必之敝邑之王曰‘秦王明而熟于计，穰侯智而习于事，必不益赵甲四万以伐齐’。是何也？夫三晋之相与也，秦之深仇也。百相背也，百相欺也，不为不信，不为无行。今破齐以肥赵。赵，秦之深仇，不利于秦。此一也。秦之谋者，必曰‘破齐，弊晋、楚，而后制晋、楚之胜’。夫齐，罢国也，以天下攻齐，如以千钧之弩决溃痈也，必死，安能弊晋、楚？此二也。秦少出兵，则晋、楚不信也；多出兵，则晋、楚为制于秦。齐恐，不走秦，必走晋、楚。此三也。秦割齐以啖晋、楚，晋、楚案之以兵，秦反受敌。此四也。是晋、楚以秦谋齐，以齐谋秦也，何晋、楚之智而秦、齐之愚？此五也。故得安邑以善事之，亦必无患矣。秦有安邑，韩氏必无上党矣。取天下之肠胃，与出兵而惧其不反也，孰利？臣故曰秦王明而熟于计，穰侯智而习于事，必不益赵甲四万以伐齐矣。”于是穰侯不行，引兵而归。

第二年，穰侯跟白起以及客卿胡阳又一次进攻赵国、韩国和魏国，在华阳城下打败了芒卯，斩杀敌人首级十万,攻占了魏国的卷邑、蔡阳、长社和赵国的观津。又把观津给了赵国,增派兵力给赵国,去攻打齐国。齐襄王害怕了,派苏代替齐国暗中送信给穰侯说:“我听来往的人说‘秦国准备增派四万兵给赵国来进攻齐国’,我私下一定要去对我国邑的君主齐王说‘秦王贤明而善于谋划,穰侯明智而善于办事,一定不会增派四万兵给赵国来攻打齐国’。这是为什么呢?赵、魏、韩三国的联合,这是秦国的大敌。秦国多次背弃它们,多次欺骗它们,不算不诚信,不算不道德。如今战胜齐国去加强赵国,赵国是秦国的大敌,对秦国不利。这是第一。秦国的谋士一定说‘打败齐国,使晋国和楚国疲惫,然后制服晋国和楚国的优势’。齐国是疲弱的国家,用天下各国攻打齐国,就像用千钧的弓箭去射穿溃烂了的毒疮一样,它一定灭亡,怎能使晋国和楚国疲惫?这是第二。如果秦国少派出兵力,那么晋国和楚国就不会信秦国;如果秦国多派出兵力,那么晋国和楚国就会被秦国制服。齐国害怕了,不投奔秦国,一定会投奔晋国和楚国。这是第三。秦国宰割齐国去引诱晋国和楚国,晋国和楚国就用军队控制它,秦国反而受到反对。这是第四。这样晋国和楚国利用秦国来暗算齐国,又利用齐国来暗算秦国,为什么晋国和楚国这样的聪明,而秦国和齐国这样的愚蠢?这是第五。因此夺取了安邑并好好地治理它,也就一定没有祸患了。秦国有了安邑,韩国一定不会有上党了。夺取天下的肠胃之地,跟出动军队又害怕它不能回来,哪个有利?我所以说秦王贤明而善于谋划,穰侯明智而善于办事,一定不会增派四万兵给赵国来攻打齐国。”这样,穰侯不再前进,率领军队回去了。

昭王三十六年,相国穰侯言客卿灶,欲伐齐取刚、寿,以广其陶邑。于是魏人范雎自谓张禄先生,讥穰侯之伐齐,乃越三晋以攻齐也,以此时奸说秦昭王。昭王于是用范雎。范雎言宣太后专制、穰侯擅权于诸侯,泾阳君、高陵君之属太侈,富于王室。于是秦昭王悟,乃免相国,令泾阳之属皆出关,就封邑。穰侯出关,辎车千乘有余。

秦昭王三十六年,相国穰侯对客卿名叫灶的说,想攻打齐国夺取刚县和寿张,来扩大他的陶邑。就在这时,魏国人范雎自称张禄先生,讥讽穰侯攻打齐国,就越过韩、魏、赵三国来攻打齐国,趁这个时候狡猾地游说秦昭王。秦昭王就在这时任用范雎。范雎说宣太后专制,穰侯对外独揽大权,泾阳君和高陵君那班人太奢侈,比王室还富有。于是秦昭王醒悟了,就罢免相国穰侯,令泾阳那班人都迁出关外,到封邑去。穰侯迁出关外,辎重车一千辆有多。

穰侯卒于陶,而因葬焉。秦复收陶为郡。

穰侯在陶邑去世,就葬在那里。秦王再收回陶邑,改设为郡。

太史公曰:穰侯,昭王亲舅也。而秦所以东益地,弱诸侯,尝称帝于天下,天下皆西乡稽首者,穰侯之功也。及其贵极富溢,一夫开说,身折势夺而以忧死,况于羁旅之臣乎!

太史公说:穰侯是秦昭王的亲舅父。秦国之所以能够向东面扩展领土,削弱诸侯,曾经在天下称帝,天下都来向秦国俯首听命,是由于穰侯的功劳。正当他极端显贵、充分富足的时候,由于范雎一人的游说,他竟然身受挫折,权势被剥夺,所以以至忧愤而死,何况那些寄居在秦国的客卿呢!

史记第七十三卷

白起王翦列传第十三

白起者,郿人也。善用兵,侍秦昭王。昭王十三年,而白起为左庶长,将而击韩之新城。是岁,穰侯相秦,举任鄙以为汉中守。其明年,白起为左更,攻韩、魏于伊阙,斩首二十四万,又虏其将公孙喜,拔五城。起迁为国尉。涉河取韩安邑以东,到乾河。明年,白起为大良造。攻魏,拔之,取城小大六十一。明年,起与客卿错攻垣城,拔之。后五年,白起攻赵,拔光狼城。后七年,白起攻楚,拔

鄢、邓五城。其明年，攻楚，拔郢，烧夷陵，遂东至竟陵。楚王亡去郢，东走徙陈。秦以郢为南郡。白起迁为武安君。武安君因取楚，定巫、黔中郡。昭王三十四年，白起攻魏，拔华阳，走芒卯，而虏三晋将，斩首十三万。与赵将贾偃战，沉其卒二万人于河中。昭王四十三年，白起攻韩陉城，拔五城，斩首五万。四十四年，白起攻南阳太行道，绝之。

白起是郿邑人，善于用兵，事奉秦昭王。昭王十三年，白起担任左庶长，带兵进击韩国的新城。这一年，穰侯做了秦国的丞相，推举任鄙作为汉中郡守。第二年，白起担任左更，在伊阙山进攻韩国和魏国，斩杀敌人首级二十四万，又俘虏了魏国的将领公孙喜，拔取了五个城邑。白起提升做国尉。白起又渡过黄河攻克了韩国的安邑以东，直到乾河。第二年，白起担任大良造。他攻打魏国，战胜了它，夺取大小城邑六十一个。第二年，白起跟客卿名叫错的一道进攻垣城，攻下了它。以后五年，白起攻打赵国，拔取了光狼城。以后七年，白起进攻楚国，拔取了鄢邑和邓邑等五个城邑，第二年，进攻楚国，攻占了郢都，烧毁了夷陵，就向东进到竟陵。楚王逃离郢都，向东逃跑迁移到陈邑。秦国把郢城改为南郡。白起提升做武安君。武安君趁势攻占楚国，平定了巫郡和黔中郡。昭王三十四年，白起进攻魏国，拔取了华阳，赶走了芒卯，并且俘虏了魏国三员将领，斩杀敌人首级十三万。白起跟赵国将领贾偃交战，溺死他的士兵二万人在黄河里。昭王四十三年，白起攻打韩国的陉城，拔取五个城邑，斩杀敌人首级五万。四十四年，白起攻打南阳太行道，断绝它。

四十五年，伐韩之野王。野王降秦，上党道绝。其守冯亭与民谋曰："郑道已绝，韩必不可得为民。秦兵日进，韩不能应，不如以上党归赵。赵若受我，秦怒，必攻赵。赵被兵，必亲韩。韩、赵为一，则可以当秦。"因使人报赵。赵孝成王与平阳君、平原君计之。平阳君曰："不如勿受。受之，祸大于所得。"平原君曰："无故得一郡，受之便。"赵受之，因封冯亭为华阳君。四十六年，秦攻韩缑氏、蔺，拔之。

坑弃万军图，选自清·马骀《百将传图》，讲述秦将白起于长平之战后坑杀赵国四十万降卒之事。

昭王四十五年，白起进攻韩国的野王县。野王县向秦国投降，韩国通往上党的通道阻断了。上党郡守冯亭跟百姓商议道："上党通往郑都的道路断绝了，韩国一定不可能把我们当作臣民了。秦军日益进逼，韩国不能接应我们，不如把上党归附赵国。赵国假如接受我们，秦国怒恼，一定攻打赵国。赵国遭受战祸，一定会亲近韩国。韩国和赵国团结一致，就可以用来抵挡秦国。"便派人通知赵国。赵孝成王跟平阳君、平原君商议这件事。平阳君说："不如不接受它。如果接受了它，祸害就会比得到的好处还大。"平原君说："无缘无故得到一个郡，还是接受它好。"赵国接受它，便封冯亭作华阳君。四十六年，秦国攻打韩国的缑氏和蔺邑，拔取了它们。

四十七年，秦使左庶长王龁攻韩，取上党。上党民走赵。赵军长平，以按据上党民。四月，龁因攻赵。赵使廉颇将。赵军士卒犯秦斥兵，秦斥兵斩赵裨将茄。六月，陷赵军，取二鄣四尉。七月，赵军筑垒壁而守之。秦又攻其垒，取二尉，败其阵，夺西垒壁。廉颇坚壁以待秦，秦数挑战，赵兵不出。赵王数以为让。而秦相应侯又使人行千金于赵为反间，曰："秦之所恶，独畏马服子赵

括将耳,廉颇易与,且降矣。"赵王既怒廉颇军多失亡,军数败,又反坚壁不敢战,而又闻秦反间之言,因使赵括代廉颇将以击秦。秦闻马服子将,乃阴使武安君白起为上将军,而王龁为尉裨将,令军中有敢泄武安君将者斩。赵括至,则出兵击秦军。秦军详败而走,张二奇兵以劫之。赵军逐胜,追造秦壁。壁坚拒不得入,而秦奇兵二万五千人绝赵军后,又一军五千骑绝赵壁间,赵军分而为二,粮道绝。而秦出轻兵击之。赵战不利,因筑壁坚守,以待救至。秦王闻赵食道绝,王自之河内,赐民爵各一级,发年十五以上悉诣长平,遮绝赵救及粮食。

秦昭王四十七年,秦国派左庶长王龁进攻韩国,夺取了上党。上党的人民逃到赵国。赵国驻军在长平,以便安抚上党的人民。四月间,王龁便进攻赵国。赵国派廉颇带兵。赵国军队的士兵碰上了秦军的侦察兵,秦军的侦察兵斩杀了赵军的副将名叫茄的。六月间,秦军攻破赵军,夺取了两座城堡,俘获了四个都尉。七月间,赵军修筑壁垒来防守秦军。秦军又进攻赵军的壁垒,俘虏了两个都尉,摧毁了赵军的阵地,夺取了西边的壁垒。廉颇固守壁垒来等待秦军的进攻,秦军屡次挑战,赵军不出来迎战。赵王多次借此责备廉颇。秦国的丞相应侯又派人携带千金到赵国施行反间计,扬言说:"秦国最厌恶的,只怕是马服君赵奢的儿子赵括来做将领了,廉颇容易对付,他将要投降了。"赵王已经气恼廉颇的军队多次损失,军队屡次吃败仗,但又固守壁垒不敢迎战,又听说了秦国反间的言论,便派赵括代替廉颇带兵去迎击秦军。秦国听到马服君的儿子当了将领,就暗中派武安君白起担任上将军,而王龁担任都尉副将,命令军中有敢于泄露武安君担任将军这个消息的就杀头。赵括一到军营,就出动军队迎击秦军。秦军假装战败而逃跑,又张罗两支奇兵来偷袭赵军。赵军乘胜追击,追到秦军的壁垒之下。秦军壁垒坚固,牢不可破,秦军奇兵二万五千人绝了赵军的后路,另一支部队五千骑兵横穿在赵军的壁垒之间,赵军被一分为二,粮路也被切断了。接着,秦军出动轻骑部队进击赵军。赵军迎战失利,便修筑壁垒固守,以便等待救兵的到来。秦王听说赵军的粮路被绝,他亲自到河内去,赏赐百姓爵位各一级,征调十五岁以上的壮丁都到长平,去拦截赵国的救兵和粮食。

至九月,赵卒不得食四十六日,皆内阴相杀食。来攻秦垒,欲出。为四队,四五复之,不能出。其将军赵括出锐卒自搏战,秦军射杀赵括。括军败,卒四十万人降武安君。武安君计曰:"前秦已拔上党,上党民不乐为秦而归赵。赵卒反覆,非尽杀之,恐为乱"。乃挟诈而尽坑杀之,遗其小者二百四十人归赵。前后斩首虏四十五万人。赵人大震。

到了九月间,赵军士兵已缺粮四十六天,军队内部都暗地里杀人来吃。赵军来进攻秦军的壁垒,企图逃脱。他们分成四队,反复四五次,都不能突围。赵军的将军赵括出动精锐的部队,亲自上阵搏斗,秦军射死了赵括。赵括的军队失败,士兵四十万人投降了武安君。武安君盘算着说:"以前秦军已经攻占了上党,上党的百姓不愿意做秦民却归顺了赵国。赵国的士兵反复无常,如果不把他们都杀掉,恐怕会作乱。"便采取欺骗手段把他们都活埋了,只留未成年的二百四十人归还赵国。赵军先后被斩杀和俘虏四十五万人。赵国人极为震惊。

四十八年十月,秦复定上党郡。秦分军为二:王龁攻皮牢,拔之;司马梗定太原。韩、赵恐,使苏代厚币说秦相应侯曰:"武安君禽马服子乎?"曰:"然。"又曰:"即围邯郸乎?"曰:"然。""赵亡则秦王王矣,武安君为三公。武安君所为秦战胜攻取者七十余城,南定鄢、郢、汉中,北禽赵括之军,虽周、召、吕望之功不益于此矣。今赵亡,秦王王,则武安君必为三公,君能为之下乎?虽无欲为之下,固不得已矣。秦尝攻韩,围邢丘,困上党,上党之民皆反为赵,天下不乐为秦民之日久矣。今亡赵,北地入燕,东地入齐,南地入韩、魏,则君之所得民亡几何人。故不如因而割之,无以为武安君功也。"于是应侯言于秦王曰:"秦兵劳,请许韩、赵之割地以和,且休士卒。"王听之,割韩垣雍、赵六城以和。正月,皆罢兵。武安君闻之,由是与应侯有隙。

昭王四十八年十月,秦国又一次平定上党郡。秦军把兵力分成两部分:王龁进攻皮牢,拔取了它;司马梗平定了太原。韩国和赵国恐惧,派苏代带重礼去游说秦国的丞相应侯说:"武安君擒获了马服君的儿子吗?"应侯说:"是的。"苏代又说:"秦军又要围攻邯郸吗?"应侯说:"是的。"苏代说:"如果赵国灭亡了,那么秦王就可以称霸天下了,武安君就位列三公。武安君替秦国攻占了七十多个城邑,南面平定了鄢邑、郢都和汉中,北面擒获了赵括的军队,即使是周公、召公和吕望的功绩也

《东周列国志》版画之武安君含冤死杜邮图，讲述武安君白起在杜邮被秦王赐死之事。

不会超过这些了。如今赵国一旦灭亡，秦王称霸天下，那么武安君一定位列三公，您能够在他的下位吗？即使不愿在他的下位，也当然办不到了。秦国曾经进攻韩国，包围邢丘，围困上党，上党的百姓都转而归附赵国，天下人不愿做秦国的百姓由来已久了。如今灭亡赵国，北方的土地归入燕国，东方的土地归入齐国，南方的土地归入韩国和魏国，那么您得到的百姓就没有多少人了。因此不如趁势割取韩、魏两国的土地，不要让它成为武安君的功劳了。”于是应侯向秦王进言说：“秦国的军队疲劳了，请您允许韩、赵两国割让土地来讲和，权且让士兵休息。”秦王听从应侯的话，割取韩国的垣雍和赵国六个城邑而媾和了。正月间，大家都收兵了。武安君听到这个消息，从此跟应侯有了嫌隙。

其九月，秦复发兵，使五大夫王陵攻赵邯郸。是时武安君病，不任行。四十九年正月，陵攻邯郸，少利，秦益发兵佐陵。陵兵亡五校。武安君病愈，秦王欲使武安君代陵将。武安君言曰：“邯郸实未易攻也。且诸侯救日至，彼诸侯怨秦之日久矣。今秦虽破长平军，而秦卒死者过半，国内空。远绝河山而争人国都，赵应其内，诸侯攻其外，破秦军必矣。不可。”秦王自命，不行；乃使应侯请之，武安君终辞不肯行，遂称病。

这年九月，秦国再次出兵，派五大夫王陵攻打赵国邯郸。这时候武安君生病，不能随行。秦昭王四十九年正月，王陵进攻邯郸，缺少优势，秦国加派军队支援王陵。王陵损失了五个校的兵马。武安君病好以后，秦王想派武安君代替王陵带兵。武安君说：“邯郸实在不容易攻取。况且各诸侯国的救兵一天天来到，那些诸侯王恨秦国由来已久了。现在秦国虽然打败了长平的赵军，但是秦国士兵死亡的也超过半数，国内空虚。远远地跋山涉水去争夺人家的国都，赵军在里面接应，各国军队从外面进攻，打败秦军是必然的了。不能这样做。”秦王自己下命令，不能实行，就派应侯去动员武安君，武安君始终推辞不愿出发，于是借口生病。

秦王使王龁代陵将，八九月围邯郸，不能拔。楚使春申君及魏公子将兵数十万攻秦军，秦军多失亡。武安君言曰：“秦不听臣计，今如何矣！”秦王闻之，怒，强起武安君，武安君遂称病笃。应侯请之，不起。于是免武安君为士伍，迁之阴密。武安君病，未能行。居三月，诸侯攻秦军急，秦军数却，使者日至。秦王乃使人遣白起，不得留咸阳中。武安君既行，出咸阳西门十里，至杜邮。秦昭王与应侯群臣议曰：“白起之迁，其意尚怏怏不服，有余言。”秦王乃使使者赐之剑，自裁。武安君引剑将自刭，曰：“我何罪于天而至此哉？”良久，曰：“我固当死。长平之战，赵卒降者数十万人，我诈而尽坑之，是足以死。”遂自杀。武安君之死也，以秦昭王五十年十一月。死而非其罪，秦人怜之，乡邑皆祭祀焉。

秦王派王龁代替王陵带兵，八九个月围攻邯郸，不能攻克它。楚国派春申君和魏公子带兵几十万攻打秦军，秦军许多人伤亡。武安君说道：“秦国不听从我的计谋，现在怎么样啦？”秦王听到这些话，生气起来，硬要武安君就任，武安君就借口病重。应侯去动员他，也不就任。于是免去武安君，降为士兵，要他移居阴密。武安君因病，未能成行。过了三个月，诸侯国的军队急剧地进攻秦军，秦军多次退却，使者天天到来。秦王就派人赶走白起，不能让他留在咸阳城里。武安君动身以后，走出咸阳城西门十里地，到了杜邮。秦昭王与应侯和大臣们商量说：“白起迁居的时候，他的心情还是郁郁不服气，有怨言。”秦王就派使者赐给他一把剑，让他自杀。武安君拔剑就要自杀，说：“我对苍天有什么罪过而到了这个地步呢？”过了很久，说：“我本来该死。长平这一战役，赵军士兵投降的几十万人，我用欺骗手段把他们全部活埋了，这就足够叫我死了。”他就自杀而死。武安君死于秦昭王五十年十一月。他的死并不是自己的罪，秦国人怜悯他，城乡都祭祀他。

王翦者，频阳东乡人也。少而好兵，事秦始皇。始皇十一年，翦将攻赵阏与，破之，拔九城。十八年，翦将攻赵。岁余，遂拔赵，赵王降，尽定赵地为郡。明年，燕使荆轲为贼于秦，秦王使王翦攻燕。燕王喜走辽东，翦遂定燕蓟而还。秦使翦子王贲击荆，荆兵败。还击魏，魏王降，遂定魏地。

王翦是频阳东乡人。年轻时就喜欢军事，服事过秦始皇。秦始皇十一年，王翦带兵攻打赵国的阏与，攻克了它以后，又拔取九个城邑。秦始皇十八年，王翦带兵攻打赵国。一年多之后，终于战胜赵国，赵王投降，全部平定了赵国的土地，改设为郡。第二年，燕国派荆轲到秦国刺杀秦王，秦始皇派王翦攻打燕国。燕王姬喜逃到辽东，王翦便平定了燕国蓟都而回来。秦国派王翦的儿子王贲进击楚国，楚军战败。王贲又回师进击魏国，魏王投降，终于平定了魏国的领土。

秦始皇既灭三晋，走燕王，而数破荆师。秦将李信者，年少壮勇，尝以兵数千逐燕太子丹至于衍水中，卒破得丹，始皇以为贤勇。于是始皇问李信：“吾欲攻取荆，于将军度用几何人而足？”李信曰：“不过用二十万人。”始皇问王翦，王翦曰：“非六十万人不可。”始皇曰：“王将军老矣，何怯也！李将军果势壮勇，其言是也。”遂使李信及蒙恬将二十万南伐荆。王翦言不用，因谢病，归老于频阳。李信攻平与，蒙恬攻寝，大破荆军。信又攻鄢郢，破之，于是引兵而西，与蒙恬会城父。荆人因随之，三日三夜不顿舍，大破李信军，入两壁，杀七都尉，秦军走。

秦始皇已经灭亡了韩、赵、魏三国，赶跑了燕王，还多次击破楚国的军队。秦国将领李信，年轻勇敢，曾经率领几千士兵把燕太子姬丹一直追赶到衍水边，终于胜利地活捉了姬丹。秦始皇认为他贤能勇敢。当时秦始皇问李信说：“我想攻克楚国，由将军你估计要用多少人才足够？”李信说：“不超过用二十万人。”秦始皇问王翦，王翦说：“非六十万人不可。”秦始皇说：“王将军老了，为什么这样胆怯！李将军果断勇敢，他的话是对的。”于是派李信和蒙恬率领二十万兵南下攻打楚国。王翦的话没有被采纳，便托言生病，告老回到频阳。李信攻打平与，蒙恬进攻寝邑，大败楚军。李信又攻打鄢邑和郢都，攻下了它们，这时便带着队伍向西进军，和蒙恬在城父会师。楚军趁势尾随秦军，三天三夜没有停息，大败李信的军队，攻入两个壁垒，杀死七个都尉，秦军逃跑了。

始皇闻之，大怒，自驰如频阳，见谢王翦曰：“寡人以不用将军计，李信果辱秦军。今闻荆兵日进而西，将军虽病，独忍弃寡人乎！”王翦谢曰：“老臣罢病悖乱，唯大王更择贤将。”始皇谢曰：“已矣，将军勿复言！”王翦曰：“大王必不得已用臣，非六十万人

王翦像，选自《剑锋春秋》。

不可。”始皇曰：“为听将军计耳。”于是王翦将兵六十万人，始皇自送至灞上。王翦行，请美田宅园池甚众。始皇曰：“将军行矣，何忧贫乎？”王翦曰：“为大王将，有功终不得封侯，故及大王之向臣，臣亦及时以请园池为子孙业耳。”始皇大笑。王翦既至关，使使还请善田者五辈。或曰：“将军之乞贷，亦已甚矣。”王翦曰：“不然。夫秦王怚而不信人。今空秦国甲士而专委于我，我不多请田宅为子孙业以自坚，顾令秦王坐而疑我邪？”

秦始皇听到这个消息，极为愤怒，亲自飞马前往频阳，当面向王翦道歉说：“我由于没有采纳将军你的计谋，李信果然使秦军受辱。现在听说楚军天天向西挺进，将军你虽然有病，但难道忍心不管我吗？”王翦推脱说：“老臣体弱多病，脑子糊涂，望大王另选良将。”秦始皇又劝止说：“好了，将军不要再推辞了！”王翦说：“大王如若一定不放过要任用我，那就非六十万人不可。”秦始皇说：“就听将军的计划罢了。”这时王翦率领军队六十万人出发，秦始皇亲自送到灞上。王翦临出发时，请求赐良田、住宅、园林、池塘很多。秦始皇说：“将军走吧，为何担心贫穷呢？”王翦说：“作为大王的将军，即使有功，终究也难得封侯，所以趁着大王相信我的时候，我也就及时请求园林、池塘来作为子孙的产业罢了。”秦始皇大笑。王翦到了关口以后，又五次派使者回朝廷请求赐良田。有人说：“将军请求赏赐，也太过分了吧。”王翦说：“不对。秦王粗暴而不相信人，现在倾尽秦国的武装部队单独委托给我，我不多请求田地住宅作为子孙的产业，来稳固自己，难道反要让秦王因此怀疑我吗？”

王翦果代李信击荆。荆闻王翦益军而来，乃悉国中兵以拒秦。王翦至，坚壁而守之，不肯战。荆兵数出挑战，终不出。王翦日休士洗沐，而善饮食抚循之，亲与士卒同食。久之，王翦使人问：“军中戏乎？”对曰：“方投石超距。”于是王翦曰：“士卒可用矣。”荆数挑战而秦不出，乃引而东。翦因举兵追之，令壮士击，大破荆军。至蕲南，杀其将军项燕，荆兵遂败走。秦因乘胜略定荆地城邑。岁余，虏荆王负刍，竟平荆地为郡县。因南征百越之君。而王翦子王贲，与李信破定燕、齐地。

王翦果然代替李信进击楚国。楚国听说王翦增派部队前来攻打，就倾尽国内兵力来抵抗秦军。王翦一到，就加固壁垒来防守，不肯出战。楚军多次出兵挑战，秦军始终不出兵交战。王翦每天让士兵休息洗澡，并改善伙食来抚慰他们，自己跟士兵一起吃饭。过了很久，王翦派人问：“军营中在玩游戏吗？”回报说：“正在扔石头和跳远。”这时王翦说：“士兵可以使用了。”

楚军多次挑战但秦军不出兵，便撤兵向东后退。王翦趁势出动部队攻击楚军，命令壮士击杀，大败楚军。追到蕲县以南，杀死楚军的将军项燕，楚军终于败逃。秦军乘胜夺取和平定了楚国境内的城邑。一年多以后，俘虏了楚王熊负刍，终于平定了楚国故土，改为郡县。接着向南征讨百越的君长。王翦的儿子王贲跟李信攻占和平定了燕国和齐国的领地。

秦始皇二十六年，尽并天下，王氏、蒙氏功为多，名施于后世。

秦始皇二十六年，完全兼并天下，王氏和蒙氏的功劳居多，他们的声名流传于后代。

秦二世之时，王翦及其子贲皆已死，而又灭蒙氏。陈胜之反秦，秦使王翦之孙王离击赵，围赵王及张耳钜鹿城。或曰：“王离，秦之名将也。今将强秦之兵，攻新造之赵，举之必矣。”客曰：“不然。夫为将三世者必败。必败者何也？必其所杀伐多矣，其后受其不祥。今王离已三世将矣。”居无何，项羽救赵，击秦军，果虏王离，王离军遂降诸侯。

秦二世的时候，王翦和他的儿子王贲都已经死了，而又诛灭了蒙氏。陈胜起义反抗秦朝时，秦国派王翦的孙子王离去进击赵国，把赵王和张耳围困在钜鹿城。有人说：“王离是秦国的名将。现在带领强大的秦国的军队，去攻打刚刚建立的赵国，拿下它是肯定的了。”有门客说：“不对。三代连任将军的一定要失败。一定要失败的原因是什么呢？一定是在于他们杀死的人太多了，他们的后代就遭受那不祥之灾。现在王离已经是第三代担任将军了。”过了不久，项羽救援赵国，进攻秦军，果然俘虏了王离，王离的军队终于投降诸侯的联军。

太史公曰：鄙语云：“尺有所短，寸有所长。”白起料敌合变，出奇无穷，声震天下，然不能救患于应侯。王翦为秦将，夷六国，当是时，翦为宿将，始皇师之，然不能辅秦建德，固其根本，偷合取容，以至圽身。及孙王离为项羽所虏，不亦宜乎！彼各有所短也。

太史公说：俗话说：“尺比它长的有所短，寸比它短的也有所长。”白起预料敌情完全符合不断变化的实际，奇计层出不穷，声威震动天下，但他却不能挽救来自应侯的灾难。王翦担任秦国的将军，扫平六国，正当这个时候，王翦身为老将，秦始皇师从他，但王翦不能辅佐秦国建立德政，巩固它的根基，却苟且迎合以求容身之地，直到老死。到了孙子王离，被项羽俘虏，不也是应该的吗？他们都各有自己的短处。

史记第七十四卷

孟子荀卿列传第十四

太史公曰：余读《孟子》书，至梁惠王问“何以利吾国”，未尝不废书而叹也。曰：嗟乎，利诚乱之始也！夫子罕言利者，常防其原也。故曰：“放于利而行，多怨。”自天子至于庶人，好利之弊何以异哉！

太史公说：我读《孟子》一书，读到梁惠王问“怎样有利于我的国家”，免不了放下书本来感叹一番。我想：唉呀，功利实在是祸乱的开始！孔夫子很少说到功利的原因，就在于要经常防止祸乱的根源。因此他说：“根据功利来行事，就会多惹怨恨。”从天子一直到众人，爱好功利的毛病有什么不同呢！

孟轲，驺人也。受业子思之门人。道既通，游事齐宣王，宣王不能用。适梁，梁惠王不果所言，则见以为迂远而阔于事情。当是之时，秦用商君，富国强兵；楚、魏用吴起，战胜弱敌；齐威王、宣王用孙子、田忌之徒，而诸侯东面朝齐。天下方务于合从连衡，以攻伐为贤，而孟轲乃述唐、虞、三代之德，是以所如者不合。退而与万章之徒序《诗》、《书》，述仲尼之意，作《孟子》七篇。其后有驺子之属。

孟轲是邹国人。师从于子思的学生。学业精通以后，曾游说并服事齐宣王，齐宣王没有任用他。他前往魏国，梁惠王没有听信他的言论，反倒认为他的言论迂回空泛而不切实际。正在这个时候，秦国任用商鞅，使国家富裕、军队强大；楚国和魏国任用吴起，打了胜仗削弱了敌人；齐威王和齐宣王任用孙膑、田忌这一班人，于是使诸侯各国都向东朝见齐王。天下正致力于合纵连横的活动，以战争为能事，而孟轲却称颂唐尧、虞舜和夏、商、周三代的德政，因此与他所到的国家的实际情况不相符。他回国以后便跟万章这班人叙论《诗经》和《书经》，阐述孔丘的思想，写作《孟子》七篇。孟轲之后有邹子一辈人。

齐有三驺子。其前驺忌，以鼓琴干威王，因及国政，封为成侯而受相印，先孟子。

齐国有三个邹子。其中在前面的是邹忌，借着弹琴的机会求见齐威王，因而能够参与国家政事，被封为成侯而接受了相印，他出生在孟子之前。

其次驺衍，后孟子。驺衍睹有国者益淫侈，不能尚德，若大雅整之于身，施及黎庶矣。乃深观阴阳消息而作怪迂之变，《终始》、《大圣》之篇十余万言。其语闳大不经，必先验小物，推而大之，至于无垠。先序今以上至黄帝，学者所共术，大并世盛衰，因载其机祥度制，推而远之，至天地未生，窈冥不可考而原也。先列中国名山大川，通谷禽兽，水土所殖，物类所珍，因而推之，及海外人之所不能睹。称引天地剖判以来，五德转移，治各有宜，而符应若兹。以为儒者所谓中国者，于天下乃八十一分居其一分耳。中国名曰赤县神州。赤县神州内自有九州，禹之序九州是也，不得为州数。中国外如赤县神州者九，乃所谓九州也。于是有裨海环之，人民禽兽莫能相通者，如一区中者，乃为一州。如此者九，乃有大瀛海环其外，天地之际焉。其术皆此类也。然要其归，必止乎仁义节俭，君臣上下六亲之施，始也滥耳。王公大人初见其术，惧然顾化，其后不能行之。

其次是邹衍，他出生在孟子之后。邹衍目睹统治者更加荒淫奢侈，不推行德政。他想，如果统治者能用高尚的德行衡量自身，就能影响老百姓了。因此他深入观察天地间的阴阳变化和万物的

亚圣孟子像，选自明·吕维祺编《圣贤像赞》。

消长生息而记述有关怪异迂曲的变化，写出如《终始》和《大圣》等篇十多万字。那些话全是漫无边际不合常理的，往往是先验证细小的事物，然后推而广之，以至于无所不包的事物。他首先从当代开始，然后追溯到黄帝为止，历叙学者们共同叙述的史实，以及历代兴亡盛衰的道理，因此记载了那些与凶吉有关的制度，推而广之，一直到天地尚未形成，混沌而不能考究和探原的时期。首先列举中国的高山大河，深谷的禽兽，水陆繁殖的生物，各种物类中的珍品，依此类推，论及海外异域人们所看不到的东西。又叙述自从天地分别以来，五行相生相克，因而政治各有相应的措施，天命和人事相应如此。他认为儒者所说的中国，在全天下只占八十一分之一罢了。中国名叫赤县神州。赤县神州内本身有九个州，就是夏禹所分的九个州，但这不能算作州。中国以外像赤县神州的有九个，这才叫作九州。至今有小海环绕着它，百姓以至禽兽都不能彼此交往，像处在一个自然区域里面，才算做一州。像这样的州有九个，却有大海环绕在它的外面，那才是天地的边缘。邹衍的学说都是这一类。但归纳它的要旨，必然归结到仁义节俭在君臣上下六亲之间的施行，只是一开始就显得泛滥而已。王公大人初听他的学术，肃然起敬，此后却不能实行它。

是以驺子重于齐。适梁，惠王郊迎，执宾主之礼。适赵，平原君侧行撇席。如燕，昭王拥彗先驱，请列弟子之座而受业，筑碣石宫，身亲往师之。作《主运》。其游诸侯见尊礼如此，岂与仲尼菜色陈、蔡，孟轲困于齐、梁同乎哉！故武王以仁义伐纣而王，伯夷饿不食周粟；卫灵公问陈，而孔子不答；梁惠王谋欲攻赵，孟轲称大王去邠。此岂有意阿世俗苟合而已哉！持方枘欲内圜凿，其能入乎？或曰，伊尹负鼎而勉汤以王，百里奚饭牛车下而缪公用霸，作先合，然后引之大道。驺衍其言虽不轨，傥亦有牛鼎之意乎！

因此邹衍在齐国受到重视，他到魏国去，梁惠王到郊外迎接，履行了宾主的礼节。他到赵国去，平原君侧着身子陪同行进，并亲自为他拂擦座席。到了燕国，燕昭王持着扫帚走在前面为他清道以示敬意，并自请就列在门弟子的座位上接受学业，修建了碣石宫让他居住，亲自前往师从他。他写了《主运篇》一书。他游说各国受到尊敬礼遇达到了这样的地步，难道跟孔丘在陈国和蔡国饿得面如菜色，以及孟轲被困于齐国和魏国的遭遇能相同吗？所以周武王靠施行仁义征伐商纣而称王，但伯夷宁可饿着肚子也不吃周朝的粮食；卫灵公询问作战的阵法，而孔子不作回答；梁惠王策略上想攻打赵国，孟轲就称颂周太王离开邠邑的故事。这些难道是有意阿谀世俗、苟且求同罢了吗？拿着方形的隼头想要放到圆孔里，难道能够放进去吗？有人说：伊尹背着鼎而游说商汤，商汤因此称王；百里奚当年在车下喂牛，秦缪公靠他成就了霸业。这些都是先取得认可，然后才把他们引导到大道上。邹衍他的言论虽然不合常理，恐怕也有伊尹负鼎、百里奚喂牛的用意吧。

自驺衍与齐之稷下先生，如淳于髡、慎到、环渊、接子、田骈、驺奭之徒，各著书言治乱之事，以干世主，岂可胜道哉！

自从邹衍跟齐国的稷下先生，像淳于髡、慎到、环渊、接子、田骈、邹奭这班人，各自著书立说讨论治乱的问题，来求用于当时的君王，难道能够说得完吗？

淳于髡，齐人也。博闻强记，学无所主。其谏说，慕晏婴之为人也，然而承意观色为务。客有见髡于梁惠王，惠王屏左右，独坐而再见之，终无言也。惠王怪之，以让客曰："子之称淳于先生，管、晏不及，及见寡人，寡人未有得也。岂寡人不足为言邪？何故哉？"客以谓髡。髡曰："固也。吾前见王，王志在驱逐；后复见王，王志在音声：吾是以默然。"客具以报王，王大骇，曰："嗟乎，淳于先生诚圣人也！前淳于先生之来，人有献善马者，寡人未及视，会先生至。后先生之来，有人献讴者，未及试，亦会先生来。寡人虽屏人，然私心在彼，有之。"后淳于髡见，壹语连三日三夜无倦。惠王欲以卿相位待之，髡因谢去。于是送以安车驾驷，束帛加璧，黄金百镒。终身不仕。

淳于髡是齐国人。他见闻广博，记性特别好，学术上不专攻一家。他的进谏游说之中，似乎是羡慕晏婴的为人，但是却以秉承旨意、察言观色为要点。有一个门客把淳于髡引见到梁惠王面前，梁惠王摒退身边的人，独自坐着两次接见他，但他始终没有言语。梁惠王对他感到很奇怪，因而责备那位门客说："你称誉淳于先生，说是管仲和晏婴都比不上他，可是当他见到我以后，我却没有什么收获。难道是我不配跟他说话吗？是什么道理呢？"门客把这些话告诉了淳于髡。淳于髡说："当然啦。我初次见到梁惠王，他一心想着驱车打猎；后来又见到梁惠王，他一心想着音乐娱乐：我所以默不作声。"门客把淳于髡的话原原本本地告诉梁惠王，梁惠王大吃一惊说："唉呀，淳于髡先生实在是圣人！前回淳于髡先生来时，正好有人送来一匹好马，我还来不及看看，正好淳于髡先生来了。后来淳于髡先生来时，正好有人进献歌伎，我还来不及欣赏，也正好淳于髡先生来了。我虽然摒退左右的人，但内心还在想着那两件事，确有其事。"后来淳于髡又见到梁惠王，一交谈起来连续三天三夜毫无倦意。梁惠王想用卿相的职位委任他，淳于髡推辞离开了。当时梁惠王送给他一辆四匹马驾的车，成捆的丝绸加上玉璧，黄金一百镒。淳于髡终身没有做官。

慎到，赵人。田骈、接子，齐人。环渊，楚人。皆学黄老道德之术，因发明序其指意。故慎到著十二论，环渊著上、下篇，而田骈、接子皆有所论焉。

慎到是赵国人，田骈和接了是齐国人。环渊是楚国人。他们都研究黄帝和老子有关道德方面的理论，因而阐述和归纳其旨意。所以慎到著书十二篇，环渊著书上下篇，田骈和接子都有所论述。

驺奭者，齐诸驺子，亦颇采驺衍之术以纪文。

邹奭是齐国邹子中的一个，也较多地采用邹衍的观点来写文章。

于是齐王嘉之，自如淳于髡以下，皆命曰列大夫，为开第康庄之衢，高门大屋，尊宠之。览天下诸侯宾客，言齐能致天下贤士也。

当时齐宣王赞赏他们，从像淳于髡以下的人，都任命为列大夫，在交通要道的地方给他们建筑住宅，门户高大，房屋宽敞，尊重和相信他们。招揽天下各国的宾客，说明齐国能够网罗天下的能人。

荀卿，赵人。年五十始来游学于齐。驺衍之术迂大而闳辩；奭也文具难施；淳于髡久与处，时有得善言。故齐人颂曰："谈天衍，雕龙奭，炙毂过髡。"田骈之属皆已死。齐襄王时，而荀卿最为老师。齐尚修列大夫之缺，而荀卿三为祭酒焉。齐人或谗荀卿，荀卿乃适楚，而春申君以为兰陵令。春申君死而荀卿废，因家兰陵。李斯尝为弟子，已而相秦。荀卿嫉浊世之政，亡国乱君相属，不遂大道而营于巫祝，信机祥，鄙儒小拘，如庄周等又猾稽乱俗，于是推儒、墨、道德之行事兴坏，序列著数万言而卒。因葬兰陵。

荀卿是赵国人，五十岁才到齐国游学。邹衍的学说迂回广博而善雄辩；邹奭的文章写得完善却难以实施；淳于髡如果跟他长期相处，经常能听到他有益的话。所以齐国人称颂说："善言天事的是邹衍，修饰文章如雕刻龙文的是邹奭，智慧无穷如炙车膏一样不尽的是淳于髡。"田骈这班人都已经死了。齐襄王时，荀卿是资历最深的师长。齐国还在补充列大夫的空缺的时候，荀卿已经三度处于列大夫最尊贵的位置上。齐国有人诋毁荀卿，荀卿就前往楚国，春申君任用他作兰陵县令。春申君死后荀卿被罢免，因而就安家在兰陵。李斯曾经是荀卿的学生，后来在秦国做了丞相。荀卿恨混乱时代的政治，使国家灭亡的昏君一个接着一个，他们不走光明大道，却去钻营巫祝扮神弄鬼的事，相信吉凶征兆。而鄙陋的儒生拘泥小节，像庄周等人又放诞不羁，败坏风俗。就在这时期荀卿推论儒家、墨家和道家的行为得失，编著成好几万字的书以后就去世。因而安葬在兰陵。

而赵亦有公孙龙为坚白同异之辩，剧子之言；魏有李悝尽地力之教；楚有尸子、长卢；阿之吁子焉。自如孟子至于吁子，世多有其书，故不论其传云。

赵国也有公孙龙进行“离坚白”与“合同异”的辩论，还有剧子的言论。魏国有李悝进行的尽其利的思想；楚国有尸佼和长卢；阿邑有吁婴。从孟轲直到吁婴，世上广泛流传他们的著作，所以不论述它们的内容。

盖墨翟，宋之大夫，善守御，为节用。或曰并孔子时，或曰在其后。

墨翟是宋国的大夫，善于守城御敌，提倡节约。有人说他跟孔子同时，有人说他在孔子以后。

史记第七十五卷

孟尝君列传第十五

孟尝君名文，姓田氏。文之父曰靖郭君田婴。田婴者，齐威王少子而齐宣王庶弟也。田婴自威王时任职用事，与成侯邹忌及田忌将而救韩伐魏。成侯与田忌争宠，成侯卖田忌。田忌惧，袭齐之边邑，不胜，亡走。会威王卒，宣王立，知成侯卖田忌，乃复召田忌以为将。宣王二年，田忌与孙膑、田婴俱伐魏，败之马陵，虏魏太子申而杀魏将庞涓。宣王七年，田婴使于韩、魏，韩、魏服于齐。婴与韩昭侯、魏惠王会齐宣王东阿南，盟而去。明年，复与梁惠王会甄。是岁，梁惠王卒。宣王九年，田婴相齐。齐宣王与魏襄王会徐州而相王也。楚威王闻之，怒田婴。明年，楚伐败齐师于徐州，而使人逐田婴。田婴使张丑说楚威王，威王乃止。田婴相齐十一年，宣王卒，湣王即位。即位三年，而封田婴于薛。

孟尝君名叫文，姓田。田文的父亲叫靖郭君田婴。田婴是齐威王的小儿子，是齐宣王的异母弟弟。田婴自从齐威王时担任职务，执掌政事，跟成侯邹忌以及田忌带兵去援救韩国，攻打魏国。成侯和田忌争宠，成侯诬陷田忌。田忌害怕，偷袭齐国的边疆城镇，失败，就逃跑了。正好齐威王去世，齐宣王即位，知道成侯陷害田忌，才再次召回田忌用他做将领。齐宣王二年，田忌跟孙膑、田婴一起攻打魏国，在马陵打败了魏军，俘获了魏国的太子魏申，杀死了魏国的将领庞涓。齐宣王七年，田婴出使到韩国和魏国，韩魏两国归服齐国。田婴跟韩昭侯、魏惠王在阿邑南面会见了齐宣王，订立了盟约就离开。第二年，齐宣王又跟魏惠王在甄邑会见。同年，魏惠王去世。齐宣王九年，田婴在齐国担任丞相。齐宣王跟魏襄王在徐州会见并相互承认王位。楚威王听到这件事以后，恼恨田婴。第二年，楚军在徐州打败了齐军，便派人追逐田婴。田婴派张丑去劝说楚威王，楚威王才罢休。田婴在齐国做丞相十一年，齐宣王去世后，齐湣王即位。齐湣王即位三年，就把薛邑封赐给田婴。

初，田婴有子四十余人，其贱妾有子名文，文以五月五日生。婴告其母曰：“勿举也。”其母窃举生之。及长，其母因兄弟而见其子文于田婴。田婴怒其母曰：“吾令若去此子，而敢生之，何也？”文顿首，因曰：“君所以不举五月子者，何故？”婴曰：“五月子者，长与户齐，将不利其父母。”文曰：“人生受命于天乎？将受命于户邪？”婴默然。文曰：“必受命于天，君何忧焉。必受命于户，则可高其户耳，谁能至者！”婴曰：“子休矣。”

当初，田婴有儿子四十多人，他的下贱的小妾有个儿子名叫田文，田文在五月五日出生。田婴告诉田文的母亲说：“不要养育他。”田文的母亲偷偷地养活了他。等到他长大了，田文的母亲通过兄弟向田婴引见自己的儿子田文。田婴责怪田文的母亲说：“我让你扔弃这个儿子，你却胆敢养活他，是什么原因？”田文叩头，接着说：“你之所以不愿养育五月五日出生的儿子的缘故是什么？”田婴说：“五月五日出生的儿子，会长得跟门户一样高，将对他的父母亲不利。”田文说：“人生是受命于上天呢，还是受命于门户呢？”田婴沉默不语。田文说：“如果是受命于上天，你忧虑什么呢？若是受命于门户，那么加高那个门户就是了，谁能达到那样的高度呢？”田婴说：“你住口。”

久之，文承间问其父婴曰：“子之子为何？”曰：“为孙。”“孙之孙为何？”曰：“为玄孙。”“玄孙之孙为何？”曰：“不能知也。”文曰：“君用事相齐，至今三王矣，齐不加广而君私家富累万金，门下不见一贤者。文闻将门必有将，相门必有相。今君后宫蹈绮縠而士不得裋褐，仆妾余粱肉而士不厌糟糠。今君又尚厚积余藏，欲以遗所不知何人，而忘公家之事日损，文窃怪之。”于是婴乃礼文，使主家待宾客。宾客日进，名声闻于诸侯。诸侯皆使人请薛公田婴以文为太子，婴许之。婴卒，谥为靖郭君。而文果代立于薛，是为孟尝君。

很久以后，田文趁便问他父亲田婴说：“儿子的儿子叫什么？”田婴说：“叫孙子。”田文接着问：“孙子的孙子叫什么？”田婴说：“叫玄孙。”田文又问：“玄孙的孙子叫什么？”田婴说：“我不知道。”田文说：“您在齐国做宰相掌权，到现在经历三代君王了，齐国没有扩大，而您自己家里财富积累成千上万金，门下却看不到一个贤能的人。我听说：‘将帅家门一定出将帅，宰相家门一定出宰相。’现在您的姬妾身着绸缎，而士人穿不上粗布衣服；您的奴仆侍妾有多余的粮肉，而士人连粗饭也吃不饱。现在您还广加积累收藏，想把财产遗留给您所不知道的什么人，却忘掉国家的事业一天一天地被消亡，我田文私下感到奇怪。”这时田婴才器重田文，让他主持家事，接待宾客。宾客一天一天地增多，田文的名声传扬各国。各国都派人请求薛公田婴把田文立为太子，田婴答应了他们。田婴去世后，谥号称为靖郭君。田文果然在薛邑继承君位，这就是孟尝君。

孟尝君在薛，招致诸侯宾客及亡人有罪者，皆归孟尝君。孟尝君舍业厚遇之，以故倾天下之士。食客数千人，无贵贱一与文等。孟尝君待客坐语，而屏风后常有侍史，主记君所与客语，问亲戚居处。客去，孟尝君已使使存问，献遗其亲戚。孟尝君曾待客夜食，有一人蔽火光。客怒，以饭不等，辍食辞去。孟尝君起，自持其饭比之。客惭，自刭。士以此多归孟尝君。孟尝君客无所择，皆善遇之。人人各自以为孟尝君亲己。

孟尝君在薛邑，招徕各国宾客和有罪逃跑的人，他们都来依附孟尝君。孟尝君为他们安家优待他们，因此揽尽天下的士人。食客有几千人，不论贵贱一律跟田文平等相待。孟尝君接待宾客座谈时，屏风后面经常有侍从秘书，负责记录孟尝君跟宾客的谈话，询问亲属的生活情况。宾客离开的时候，孟尝君已经派遣使者去慰问并赠送财物给他们的亲属。孟尝君曾经招待客人吃夜宵，有一人遮住了灯光。另一客人发怒，以为饭菜不一样，停止吃饭，告辞离开。孟尝君起身，自己端着自己的饭菜跟他比较。客人惭愧，自己割脖子死了。士人因此大多依附孟尝君。孟尝君对门客无所选择，都很好地对待他们。人人各自认为孟尝君亲近自己。

秦昭王闻其贤，乃先使泾阳君为质于齐，以求见孟尝君。孟尝君将入秦，宾客莫欲其行，谏，不听。苏代谓曰：“今旦代从外来，见木禺人与土禺人相与语。木禺人曰：‘天雨，子将败矣。’土禺人曰：‘我生于土，败则归土。今天雨，流子而行，未知所止息也。’今秦，虎狼之国也，而君欲往，如有不得还，君得无为土禺人所笑乎？”孟尝君乃止。

秦昭王听说孟尝君贤能，就先派泾阳君到齐国做人质，来要求见孟尝君。孟尝君将要去秦国，宾客没有谁让他走，劝阻他，他不听。苏代对他说：“今天早上我从外边来，见到木偶人跟土偶人一起交谈。木偶人说：‘天下雨的话，你将会毁坏了。’土偶人说：‘我从泥土里产生，毁坏了就回归泥土。如果天下雨，把你漂流走，不知停留在什么地方。’如今的秦国是如狼似虎的国家，而您却要前往，如果不能回来，您能不被土偶人所嘲笑吗？”孟尝君才作罢。

齐湣王二十五年，复卒使孟尝君入秦，昭王即以孟尝君为秦相。人或说秦昭王曰：“孟尝君贤，而又齐族也，今相秦，必先齐而后秦，秦其危矣。”于是秦昭王乃止。囚孟尝君，谋欲杀之。孟尝君使人抵昭王幸姬求解。幸姬曰：“妾愿得君狐白裘。”此时孟尝君有一狐白裘，直千金，天下无双，入秦献之昭王，更无他裘。孟尝君患之，遍问客，莫能对。最下坐有能为狗盗者，曰：“臣能得狐白裘。”乃夜为狗，以入秦宫臧中，取所献狐白裘至，以献秦王幸姬。幸姬为言昭王，昭王释孟尝君。孟尝君得出，即驰去，更封传，变名姓以出关。夜半至函谷关。秦昭王后悔出孟尝君，求之已去，即使人驰传逐之。孟尝君至关，关法鸡鸣而出客，孟尝君恐追至，客之居下坐者有能为鸡鸣，而鸡齐鸣，遂发

传出。出如食顷，秦追果至关，已后孟尝君出，乃还。始孟尝君列此二人于宾客，宾客尽羞之，及孟尝君有秦难，卒此二人拔之。自是之后，客皆服。

齐湣王二十五年，又终于派孟尝君去秦国，秦昭王就要用孟尝君作秦国的丞相。有人劝说秦昭王道："孟尝君有才能，而且又是齐国的王族，现在若做了秦国的丞相，一定是先考虑齐国然后才考虑秦国，秦国也就危险了。"这时候秦昭王才作罢，并囚禁孟尝君，要杀死他。孟尝君派人冒昧要求秦昭王的爱妾请求解脱。齐昭王的爱妾说："我希望得到您的白狐皮衣。"这时孟尝君有一件白狐皮衣，价值千金，天下无双，到了秦国后把它献给秦昭王，再没有另外一件白狐皮衣了。孟尝君因此而忧虑，问遍门客，没有谁能告诉。最后一位有个能像狗一样善于偷东西的人，他说："我能够得到白狐皮衣。"便在夜里装成一只狗，潜入秦国王宫的仓库里，窃取所献的白狐皮衣回来，把它献给秦昭王的爱妾。爱妾替他向秦昭王求情，秦昭王便释放孟尝君。孟尝君能够出来，立即飞马离开，更改通行证，为了出关而改变姓名。半夜到了函谷关。秦昭王后悔让孟尝君出来，寻他，已经离开了，立即派人乘坐快速车马追赶他。孟尝君到了关口，关口法令规定鸡叫时才能让旅客出入，孟尝君害怕追兵赶到，有个位居末座的门客能够模仿鸡叫，他一叫，许多鸡都啼叫起来，于是出示通行证出了关。出关的一顿饭的工夫，秦国追兵果然到了关口，但已经落后于孟尝君出关的时刻，只好回去。当初孟尝君安排这两个人在宾客中，宾客都感到羞耻，等到孟尝君遭难时，终于是这两个人拯救了他。从此以后，宾客都佩服他们。

孟尝君过赵，赵平原君客之。赵人闻孟尝君贤，出观之，皆笑曰："始以薛公为魁然也，今视之，乃眇小丈夫耳。"孟尝君闻之，怒。客与俱者下，斫击杀数百人，遂灭一县以去。

孟尝君经过赵国，赵国平原君用客礼待他。赵国人听说孟尝君贤能，出来观看他，都笑着说："原以为薛公是魁梧的样子，现在见到他，竟是一个矮小的汉子而已。"孟尝君听了，发怒。跟他同行的宾客跳下车来，连砍带打杀死了几百人，终于杀绝全县的人才离开。

齐湣王不自得，以其遣孟尝君。孟尝君至，则以为齐相，任政。

齐湣王内心不安，因为是他派孟尝君到秦国去的。孟尝君回国后，就用他做齐国的丞相，主持政务。

孟尝君怨秦，将以齐为韩、魏攻楚，因与韩、魏攻秦，而借兵食于西周。苏代为西周谓曰："君以齐为韩、魏攻楚九年，取宛、叶以北以强韩、魏，今复攻秦以益之。韩、魏南无楚忧，西无秦患，则齐危矣。韩、魏必轻齐畏秦，臣为君危之。君不如令敝邑深合于秦，而君无攻，又无借兵食。君临函谷而无攻，令敝邑以君之情谓秦昭王曰：'薛公必不破秦以强韩、魏。其攻秦也，欲王之令楚王割东国以与齐，而秦出楚怀王以为和。'君令敝邑以此惠秦，秦得无破而以东国自免也，秦必欲之。楚王得出，必德齐。齐得东国益强，而薛世世无患矣。秦不大弱，而处三晋之西，三晋必重齐。"薛公曰："善。"因令韩、魏贺秦，使三国无攻，而不借兵食于西周矣。是时，楚怀王入秦，秦留之，故欲必出之。秦不果出楚怀王。

孟尝君怨恨秦国，准备利用齐国为韩、魏两国攻打楚国，从而跟韩、魏两国联合进攻秦国，因而要向西周借用军粮。苏代替西周对孟尝君说："您通过齐国为韩、魏两国攻打楚国九年，夺取了宛邑、叶邑以北的土地去加强韩、魏两国，如今又要攻打秦国来使它们得到好处。韩、魏两国南面没有来自楚国的担忧，西面没有来自秦国的患难，那么齐国就危险了。韩、魏两国一定轻视齐国而害怕秦国，我替您感到危险。您不如让我国跟秦国深交，而您不要攻打它，又不用借军粮。您兵临函谷关而不进攻它，让我国把您的实情对秦昭王说：'薛公一定不会打败秦国去加强韩、魏两国。他攻打秦国，是想要大王让楚王割让楚国东部的土地来给齐国，并请秦国释放楚怀王，从而和解。'您让我国用这个办法方便秦国，秦国能够不受攻打，并且因割让楚国东部的土地自己可免受齐军的攻击，秦国一定愿意这样做。楚怀王得到释放，必定感激齐国。齐国得到楚国东部的土地而更加强大，而薛邑可以世世代代没有担忧了。秦国不会被削弱，并且位于韩、赵、魏的西边，韩、赵、魏必定借重齐国。"薛公说："好。"便让韩、魏两国向秦国道贺，让韩、赵、魏三国不攻打秦国，而齐国也不向西周借用军粮了。这时，楚怀王到达秦国，秦国拘留了他，因此孟尝君一定要秦国释放他。但秦国始终不肯释放楚怀王。

孟尝君相齐，其舍人魏子为孟尝君收邑入，三反而不致一入。孟尝君问之，对曰："有贤者，窃假与之，以故不致入。"孟尝君怒而退魏子。居数年，人或毁孟尝君于齐湣王曰："孟尝君将为乱。"及田甲劫湣王，湣王意疑孟尝君，孟尝君乃奔。魏子所与粟贤者闻之，乃上书言孟尝君不作乱，请以身为盟，遂自刭宫门以明孟尝君。湣王乃惊，而踪迹验问，孟尝君果无反谋，乃复召孟尝君。孟尝君因谢病，归老于薛。湣王许之。

孟尝君担任齐国的宰相，他的家臣魏子替孟尝君收缴封邑的租税，往返三次，却没有一次得到租税。孟尝君问他，他回答说："有个贤人，我私下把收的租税用您的名义给了他，因此没有得到租税。"孟尝君生气地斥退了魏子。过了几年，有人在齐湣王面前诽谤孟尝君说："孟尝君将要作乱。"等到田甲劫持齐湣王，齐湣王内心怀疑孟尝君，孟尝君便外逃。魏子送给粮食的那个贤人听说这件事，便上书申诉孟尝君不会作乱，请求用生命作保证，于是在王宫门前割脖子自杀来给孟尝君作证明。齐湣王才大吃一惊，就派人跟踪调查，孟尝君果然没有反叛阴谋，便又召回孟尝君。孟尝君趁此借口有病，告老回薛邑去。齐湣王答应了他。

其后，秦亡将吕礼相齐，欲困苏代。代乃谓孟尝君曰："周最于齐，至厚也，而齐王逐之，而听亲弗、相吕礼者，欲取秦也。齐、秦合，则亲弗与吕礼重矣。有用，齐、秦必轻君。君不如急北兵，趋赵以和秦、魏，收周最以厚行，且反齐王之信，又禁天下之变。齐无秦，则天下集齐，亲弗必走，则齐王孰与为其国也！"于是孟尝君从其计，而吕礼嫉害于孟尝君。

此后，秦国外逃的将领吕礼担任了齐国的宰相，他想要难为苏代。苏代就对孟尝君说："周最对于齐国，是非常忠厚的，但齐王驱逐了他，而听信亲弗、任用吕礼作宰相的原因，是想取信秦国。如果齐国和秦国联合，那么亲弗和吕礼就会被重用了。有了可重用的人，齐国和秦国必然轻视您。您不如赶快使军队北上进击赵国，而跟秦国和魏国和好，召回周最因此忠厚之道可行，并且能挽回齐王的信誉，又能防止时局的变化。齐国要不是因为秦国，那么天下就会归向齐国，亲弗势必被迫逃离，那么齐王还能跟谁来治理他的国家呢？"当时孟尝君听从苏代的计谋，因而吕礼嫉妒并想害孟尝君。

孟尝君惧，乃遗秦相穰侯魏冉书曰："吾闻秦欲以吕礼收齐，齐，天下之强国也，子必轻矣。齐、秦相取以临三晋，吕礼必并相矣，是子通齐以重吕礼也。若齐免于天下之兵，其仇子必深矣。子不如劝秦王伐齐。齐破，吾请以所得封子。齐破，秦畏晋之强，秦必重子以取晋。晋国敝于齐而畏秦，晋必重子以取秦。是子破齐以为功，挟晋以为重；是子破齐定封，秦、晋交重子。若齐不破，吕礼复用，子必大穷。"于是穰侯言于秦昭王伐齐，而吕礼亡。

孟尝君害怕起来，于是送给秦国宰相穰侯魏冉一封信说："我听说秦国想要由吕礼来结交齐国，但齐国是天下的强国，您一定会被轻视了。如果齐国和秦国互相联合去对付韩、赵、魏三国，那么吕礼肯定会兼任齐、秦两国的宰相了，这是您促使齐国提高了吕礼的地位。如果齐国避免了天下的进攻，吕礼对您的仇恨必然加深了。您不如劝说秦王攻打齐国。齐国失败了，我会请求把所得到的土地封赏给您。齐国失败了，秦国害怕魏国的强大，秦国必然重用您去结交魏国。魏国受到齐国的挫伤，又害怕秦国，魏国一定会重用您来结交秦国。这样，您靠打败齐国建立了功劳，又倚仗魏国而受到重用；这样，您打败了齐国必然受到封赏，秦、晋两国就都器重您。如果齐国不会失败，吕礼再受重用，您一定非常难受。"于是穰侯建议秦昭王进攻齐国，因此吕礼逃跑了。

后齐湣王灭宋，益骄，欲去孟尝君。孟尝君恐，乃如魏。魏昭王以为相，西合于秦、赵，与燕共伐破齐。齐湣王亡在莒，遂死焉。齐襄王立，而孟尝君中立于诸侯，无所属。齐襄王新立，畏孟尝君，与连和，复亲薛公。文卒，谥为孟尝君。诸子争立，而齐、魏共灭薛。孟尝绝嗣无后也。

后来齐湣王灭掉了宋国，更加骄傲，想除掉孟尝君。孟尝君害怕了，就前往魏国。魏昭王用他作宰相，西边跟秦、赵两国联合，又跟燕国一起打败齐国。齐湣王逃亡到莒邑，终于死在那里。齐襄王即位，而孟尝君在各国中持中立态度，不归属于谁。齐襄王刚刚即位的时候，害怕孟尝君，就跟他结交友好，重新亲近薛公。田文死后，谥号称为孟尝君。他的几个儿子争着即位，但齐国和魏国共同灭掉了薛邑。孟尝君断绝了继承者，没有后代。

初，冯驩闻孟尝君好客，蹑蹻而见之。孟尝君曰："先生远辱，何以教文也？"冯驩曰："闻君

好士，以贫身归于君。”孟尝君置传舍十日，孟尝君问传舍长曰：“客何所为？”答曰：“冯先生甚贫，犹有一剑耳，又蒯缑。弹其剑而歌曰：‘长铗归来乎，食无鱼。’”孟尝君迁之幸舍，食有鱼矣。五日，又问传舍长。答曰：“客复弹剑而歌曰：‘长铗归来乎，出无舆。’”孟尝君迁之代舍，出入乘舆车矣。五日，孟尝君复问传舍长。舍长答曰：“先生又尝弹剑而歌曰：‘长铗归来乎，无以为家。’”孟尝君不悦。

当初，冯驩听说孟尝君爱好宾客，穿着草鞋来见他。孟尝君说：“先生远道辱临，有什么指教我呢？”冯驩说：“我听说您爱好士人，而我由于贫困，所以托身给您。”孟尝君把他安顿在下等客所住的传舍十天后，孟尝君问传舍的舍长说：“客人做了些什么？”舍长回答说：“冯先生很贫穷，不过有把剑罢了，又用草绳缠着剑把。他弹着那剑吟唱道：‘长剑回去吧，吃饭没有鱼。’”于是孟尝君让他搬到中等客所住的幸舍，吃饭有鱼了。五天后，孟尝君又问舍长。舍长回答说：“客人又弹着剑唱道：‘长剑回去吧，进出没有车子。’”孟尝君让他搬到上等客所住的代舍，出入乘坐车子了。五天后，孟尝君又问舍长。舍长回答说：“先生又常常弹着剑唱道：‘长剑回去吧，无法养家。’”孟尝君不高兴。

居期年，冯驩无所言。孟尝君时相齐，封万户于薛。其食客三千人，邑入不足以奉客，使人出钱于薛。岁余不入，贷钱者多不能与其息，客奉将不给。孟尝君忧之，问左右：“何人可使收债于薛者？”传舍长曰：“代舍客冯公形容状貌甚辩，长者，无他伎能，宜可令收债。”孟尝君乃进冯驩而请之曰：“宾客不知文不肖，幸临文者三千余人，邑入不足以奉宾客，故出息钱于薛。薛岁不入，民颇不与其息。今客食恐不给，愿先生责之。”冯驩曰：“诺。”辞行，至薛，召取孟尝君钱者皆会，得息钱十万。乃多酿酒，买肥牛，召诸取钱者，能与息者皆来，不能与息者亦来，皆持取钱之券书合之。齐为会，日杀牛置酒。酒酣，乃持券如前合之，能与息者，与为期；贫不能与息者，取其券而烧之。曰：“孟尝君所以贷钱者，为民之无者以为本业也；所以求息者，为无以奉客也。今富给者以要期，贫穷者燔券书以捐之。诸君强饮食。有君如此，岂可负哉！”坐者皆起，再拜。

过了一整年，冯驩没有说什么。孟尝君这时候担任齐国的宰相，在薛邑受封一万户。他的食客有三千人，封邑的收入不够用来供养食客，便派人到薛邑放债。一年多了，却收不回债款，借债的大多不能还给他利息，食客的供养将不够了。孟尝君担心这件事，问左右的人：“什么人可以派遣到薛邑收回债款？”传舍的舍长说：“住在代舍的客人冯先生的形状相貌看来能说会道，年纪大，没有别的技能，可以让他去收债。”孟尝君就让冯驩进来并告诉他说：“宾客不知我田文不成器，但光临我田文门下的有三千多人，因为封邑的收入不够用来供养宾客，因此在薛邑放出有息债款。薛邑收成不好，百姓普遍不能还我利息。现在宾客的供养恐怕不足，希望先生去向他们索取利息。”冯驩说：“好吧。”冯驩辞别孟尝君出发了，他一到薛邑，就号召凡借了孟尝君钱的都来集会，收到利息钱十万。他就多酿些酒，买了肥牛，号召凡借钱的，能还利息的都来，不能还利息的也来，都带着借钱的契约来验证。大家一齐为此集会，当天宰牛买酒。酒正喝得酣畅的时候，他拿着契约到大家面前验证，能还利息的，跟他们约定期限；贫穷不能还利息的，把他们的契约拿来烧掉。冯驩说：“孟尝君之所以放债，是因为没有钱的百姓能借此从事他们的事情；之所以索取利息，是由于自己无法供养食客。现在富裕的给约定期限，贫穷的烧掉契约给废除债务。各位先生请尽情吃喝。有这样的主人，难道可以辜负他吗？”在座的人都起立，拜了两拜。

孟尝君闻冯驩烧券书，怒而使使召驩。驩至，孟尝君曰：“文食客三千人，故贷钱于薛。文奉邑少，而民尚多不以时与其息，客食恐不足，故请先生收责之。闻先生得钱，即以多具牛酒而烧券书，何？”冯驩曰：“然。不多具牛酒即不能毕会，无以知其有余不足。有余者，为要期。不足者，虽守而责之十年，息愈多，急，即以逃亡自捐之。若急，终无以偿，上则为君好利不爱士民，下则有离上抵负之名，非所以厉士民、彰君声也。焚无用虚债之券，捐不可得之虚计，令薛民亲君而彰君之善声也，君有何疑焉！”孟尝君乃拊手而谢之。

孟尝君听说冯驩烧掉契约，一气之下派遣使者去召回冯驩。冯驩一到，孟尝君说：“我田文有食客三千人，因而才在薛邑放债。我的食邑收入少，而且百姓还多数不能按时还我利息，食客的供养可能不够，所以才请先生去向他们收取。我听说先生得到利息钱之后，就用来准备了很多牛肉酒食，然后烧掉契约，为什么？”冯驩说：“是这样。要是不准备很多牛肉酒食，他们就不可能都来集会，我就无法知道他们哪些人有余哪些人不足。有余的，给他们约定期限。不足的，即使坐守着向他们追讨十年，也只能利息越欠越多，追讨得急，他们就会用逃跑来自我废除债务。假如追讨得急，他们最终无法偿还，上面就会认为您贪图财利不爱护士人和百姓，下面就会有背叛和抵抗人君的罪名，这不是勉励士人和百姓、发扬您的名声的办法。烧掉没用的图有虚名的债券，废除不可能得到的图有虚名的帐目，使薛邑的百姓亲近您，同时显扬您的好名声，您还有什么怀疑的呢？”孟尝君于是拍着手感谢他。

齐王惑于秦、楚之毁，以为孟尝君名高其主而擅齐国之权，遂废孟尝君。诸客见孟尝君废，皆去。冯驩曰：“借臣车一乘可以入秦者，必令君重于国而奉邑益广，可乎？”孟尝君乃约车币而遣之。冯驩乃西说秦王曰：“天下之游士冯轼结靷西入秦者，无不欲强秦而弱齐；冯轼结靷东入齐者，无不欲强齐而弱秦。此雄雌之国也，势不两立为雄，雄者得天下矣。”秦王跽而问之曰：“何以使秦无为雌而可？”冯驩曰：“王亦知齐之废孟尝君乎？”秦王曰：“闻之。”冯驩曰：“使齐重于天下者，孟尝君也。今齐王以毁废之，其心怨，必背齐；背齐入秦，则齐国之情，人事之诚，尽委之秦，齐地可得也，岂直为雄也！君急使使载币阴迎孟尝君，不可失时也。如有齐觉悟，复用孟尝君，则雌雄之所在未可知也。”秦王大悦，乃遣车十乘黄金百镒以迎孟尝君。冯驩辞以先行，至齐，说齐王曰：“天下之游士冯轼结靷东入齐者，无不欲强齐而弱秦者；冯轼结靷西入秦者，无不欲强秦而弱齐者。夫秦、齐雄雌之国，秦强则齐弱矣，此势不两雄。今臣窃闻秦遣使车十乘载黄金百镒以迎孟尝君。孟尝君不西则已，西入相秦则天下归之，秦为雄而齐为雌，雌则临淄、即墨危矣。王何不先秦使之未到，复孟尝君，而益与之邑以谢之？孟尝君必喜而受之。秦虽强国，岂可以请人相而迎之哉！折秦之谋，而绝其霸强之略。”齐王曰：“善。”乃使人至境候秦使。秦使车适入齐境，使还驰告之，王召孟尝君而复其相位，而与其故邑之地，又益以千户。秦之使者闻孟尝君复相齐，还车而去矣。

齐湣王由于秦、楚两国的诽谤而迷惑了，认为孟尝君的名声超过了他的君主并且独揽齐国的政权，于是罢免了孟尝君。众食客见到孟尝君被罢免，都离开了他。冯驩说：“借给我一辆可以进入秦国的车子，我一定使您在齐国受到重视，而且食邑扩大，行吗？”孟尝君就准备车子和礼物，派他出使秦国。冯驩就往西游说秦昭王道：“天下的说客驾着车马西行来到秦国的，没有谁不想加强秦国而削弱齐国；驾着车马东行往齐国的，没有谁不想加强齐国而削弱秦国。这是两个难分雌雄的国家，形势不可能并立为雄，称雄的就能得天下了。”秦昭王长跪着向他说：“用什么办法使秦国不败而可以称雄呢？”冯驩说：“大王也许知道齐国罢免孟尝君的事了吧？”秦昭王说：“听说了。”冯驩说：“使齐国受到天下重视的是孟尝君。现在齐湣王由于听信谗言而罢免了他，他内心怀恨，必定背叛齐国。如果他背叛齐国，来到秦国，那么他会把齐国的实情以及人际关系的内幕，全部端出来给秦国，那么齐国的领土就可以得到，难道只是称雄吗！您赶快派人带着礼物偷偷地迎接孟尝君，不要错过时机呀。如果齐国觉悟了，重新重用孟尝君，那么胜败属于谁是不能预料的。”秦昭王非常高兴，便派遣十辆车子载着百镒黄金去迎接孟尝君。冯驩辞别秦昭王先走了，到了齐国，劝说齐湣王道：“天下的说客驾着车马东行来到齐国的，没有谁不是想加强齐国而削弱秦国的；驾着车马西行往秦国的，没有谁不是想加强秦国而削弱齐国的。秦国和齐国是雌雄难分的国家，如果秦国加强了那么齐国就削弱了，这样势必不能并列称雄。现在我听到秦国派遣使者用十辆车载着百镒黄金迎接孟尝君。孟尝君不西行那也就罢了，如果他西行去担任秦国的宰相，那么天下就会归属秦国，秦国成为强者，而齐国就会成为弱者，齐国成为弱者那么临淄和即墨就危急了。大王为什么不在秦国使者还没到来以前，重新使用孟尝君，并多给他采邑来向他表示歉意？如果您能这样做，孟尝君一定会高兴地接受。秦国虽然是个强国，可是难道可以聘请人家的宰相并迎接他吗？只要挫败秦国的阴谋，就能断绝秦国称霸的策略。”齐湣王说：“好吧。”便派人到边境伺候秦国的使者。秦国使者的车马刚好进入齐国境内，齐湣王的使者掉头飞快报告齐湣王，齐湣王召回孟尝君并恢复他的宰相职位，然后给他原来封邑的土地，又增加一千户给他。秦国的使者听说孟尝君重新担任齐国的宰相，掉转车马就离开了。

自齐王毁废孟尝君，诸客皆去。后召而复之，冯驩迎之。未到，孟尝君太息叹曰：“文常好客，遇客无所敢失，食客三千有余人，先生所知也。客见文一日废，皆背文而去，莫顾文者。今赖先生得复

其位，客亦有何面目复见文乎？如复见文者，必唾其面而大辱之。”冯驩结辔下拜。孟尝君下车接之，曰：“先生为客谢乎？”冯驩曰：“非为客谢也，为君之言失。夫物有必至，事有固然，君知之乎？”孟尝君曰：“愚不知所谓也。”曰：“生者必有死，物之必至也；富贵多士，贫贱寡友，事之固然也。君独不见夫趣市朝者乎？明旦，侧肩争门而入；日暮之后，过市朝者掉臂而不顾。非好朝而恶暮，所期物忘其中。今君失位，宾客皆去，不足以怨士而徒绝宾客之路。愿君遇客如故。”孟尝君再拜曰：“敬从命矣。闻先生之言，敢不奉教焉。”

自从齐滑王因听信谗言而罢免孟尝君以后，众食客都离开了。后来齐滑王召回孟尝君恢复他的宰相职位，冯驩迎接他。还没到达国都，孟尝君长叹说：“我田文一直爱好宾客，对待宾客没有半点差错，食客有三千多人，是先生所知道的。宾客看见我田文一旦被罢免，都背弃我田文而离开了，没有谁回头看我田文的。如今依赖先生得以恢复我的职位，宾客又有什么面目再来见我田文呢？如有又来见我田文的，我一定往他脸上吐口水，重重地侮辱他。”冯驩驻马下车跪拜，孟尝君下车扶起他，说：“先生是替宾客道歉吗？”冯驩说：“不是替宾客道歉，是由于您的话错了。事物有必然的归宿，人情有固然的倾向，您知道其中的道理吗？”孟尝君说：“我不知道您说的是什么。”冯驩说：“有生命的东西必然有死亡的时候，这就是事物有必然的归宿；富贵的人有很多门客，贫贱的人很少有朋友，这就是人情有固然的倾向。您难道没有见到那些赶集的人吗？天一亮，侧身夺门而入；日暮以后，经过市井的人甩着胳膊，却不回头看一眼。他们不是爱好早上而厌恶傍晚，而是所希望的物品在那里已经没有了。现在您失去职位，宾客都离开了，不值得因此埋怨他们以至白白地断绝宾客的门路。希望您照往常一样对待他们。”孟尝君拜了两拜说：“我恭敬地遵从指教了。听到先生的这席话，岂敢不接受教益呢？”

太史公曰：吾尝过薛，其俗闾里率多暴桀子弟，与邹、鲁殊。问其故，曰：“孟尝君招致天下任侠，奸人入薛中盖六万余家矣。”世之传孟尝君好客自喜，名不虚矣。

太史公说：我曾经到过薛邑，那里的风俗民情大都有很多残暴枭雄的青少年，跟邹国和鲁国大不一样。我问了其中的原因，人们说：“孟尝君招徕天下的力士侠客，奸妄的人乘机来到薛邑中的大概有六万多家了。”世上传闻孟尝君以爱好宾客而沾沾自喜，名不虚传呀。

史记第七十六卷

平原君虞卿列传第十六

平原君赵胜者，赵之诸公子也。诸子中胜最贤，喜宾客，宾客盖至者数千人。平原君相赵惠文王及孝成王，三去相，三复位，封于东武城。

平原君赵胜是赵国的一位公子。在众公子中赵胜最贤能。他喜欢宾客，前来的宾客大概有几千人。平原君担任过赵惠文王和赵孝成王的宰相，曾三度离开相位，三度恢复相位，被封在东武城。

平原君家楼临民家。民家有躄者，盘散行汲。平原君美人居楼上，临见，大笑之。明日，躄者至平原君门，请曰：“臣闻君之喜士，士不远千里而至者，以君能贵士而贱妾也，臣不幸有罢癃之病，而君之后宫临而笑臣，臣愿得笑臣者头。”平原君笑应曰：“诺。”躄者去，平原君笑曰：“观此竖子，乃欲以一笑之故杀吾美人，不亦甚乎！”终不杀。居岁余，宾客门下舍人稍稍引去者过半。平原君怪之，曰：“胜所以待诸君未尝敢失礼，而去者何多也？”门下一人前对曰：“以君之不杀笑躄者，以君为爱色而贱士，士即去耳。”于是平原君乃斩笑躄者美人头，自造门进躄者，因谢焉。其后门下乃复稍稍来。是时齐有孟尝，魏有信陵，楚有春申，故争相倾以待士。

平原君家的楼房面临老百姓的家。一户老百姓家有个跛子，步履蹒跚地去打水。平原君的美女住在楼上，向下看见了，大声笑他。第二天，跛子来到平原君门前，请愿道：“我听说您喜欢士人，士人不怕千里的路途遥远而来到您门下，是因为您能以士人为贵而以侍妾为贱。我不幸患了驼背这样的残疾，而您的后宫有位美女往楼下看到就笑我，我希望得到笑我的人的脑袋。”平原君笑着说：“好吧。”跛子离开后，平原君笑着说：“看这小子，竟想因为一笑的原因而杀我的美女，不也太过分了吗！”终究没有杀她。过了一年多，宾客中的门下食客逐渐离开的超过一半。平原君对此感到奇怪，说：“我赵胜招待各位的时候，从来不敢失礼，但离开我的为什么这么多呢？”门下客有一人上前回答说：“由于您不杀讥笑跛子的原因，在于您爱好女色而轻视士人，士人就只好离开算了。”于是平原君才砍下讥笑跛子的那个美女的头，并亲自登门献给跛子，趁机向他道歉。从此以后门下才又陆续来客。这时候，齐国有孟尝君，魏国有信陵君，楚国有春申君，因此，互相竞争来延揽贤士。

秦之围邯郸，赵使平原君求救，合从于楚，约与食客门下有勇力文武备具者二十人偕。平原君曰：“使文能取胜，则善矣。文不能取胜，则歃血于华屋之下，必得定从而还。士不外索，取于食客门下足矣。”得十九人，余无可取者，无以满二十人。门下有毛遂者，前，自赞于平原君曰：“遂闻君将合从于楚，约与食客门下二十人偕，不外索。今少一人，愿君即以遂备员而行矣。”平原君曰：“先生处胜之门下几年于此矣？”毛遂曰：“三年于此矣。”平原君曰：“夫贤士之处世也，譬若锥之处囊中，其末立见。今先生处胜之门下三年于此矣，左右未有所称诵，胜未有所闻，是先生无所有也。先生不能，先生留。”毛遂曰：“臣乃今日请处囊中耳。使遂蚤得处囊中，乃颖脱而出，非特其末见而已。”平原君竟与毛遂偕。十九人相与目笑之而未废也。

秦军围攻邯郸的时候，赵国派平原君向楚国求救，跟楚国订立合纵盟约。平原君约定带着门下勇力双全、文武兼备的食客二十人一同前往。平原君说：“如果用和平方式能取得胜利，那就好了。和平方式不能取得胜利，那就只好在华丽的屋宇之下歃血为盟，一定要建立了合纵盟约以后才回来。贤士不必到外面寻找，在门下食客中物色就够了。”找到了十九人，其余没有可取的了，无法添够二十人。门下有位叫毛遂的，上前，向平原君自荐说：“我毛遂听说您准备跟楚国订立合纵盟约，约定带门下食客二十人一起前往，不到外面找人。现在缺少一人，希望您把我毛遂作为备用人员带着一起出发吧。”平原君说：“先生在我赵胜门下到现在几年了？”毛遂说：“到现在三年了。”平原君说：“贤士在世上，好像锥子在布袋里，它的锥尖立即显现。现在毛先生在我赵胜的门下到现在三年了，左右的人未曾有称誉您的，我赵胜未曾听到什么，这可见先生没有什么才能。先生不能去，先生留下。”毛遂说：“我是今天才放在布袋里罢了。假如我毛遂早就能放在布袋里，便脱颖而出，不仅仅锥尖显见而已。”平原君终于带毛遂一起出发。那十九个人相互眉来眼去地讥笑他，可没能排斥他。

毛遂比至楚，与十九人论议，十九人皆服。平原君与楚合从，言其利害，日出而言之，日中不决。十九人谓毛遂曰：“先生上。”毛遂按剑历阶而上，谓平原君曰：“从之利害，两言而决耳。今日出而言从，日中不决，何也？”楚王谓平原君曰：“客何为者也？”平原君曰：“是胜之舍人也。”楚王叱曰：“胡不下，吾乃与而君言，汝何为者也！”毛遂按剑而前曰：“王之所以叱遂者，以楚国之众也。今十步之内，王不得恃楚国之众也，王之命县于遂手。吾君在前，叱者何也？且遂闻汤以七十里之地王天下，文王以百里之壤而臣诸侯，岂其士卒众多哉，诚能据其势而奋其威。今楚地方五千里，持戟百万，此霸王之资也。以楚之强。天下弗能当。白起，小竖子耳，率数万之众，兴师以与楚战，一战而举鄢郢，再战而烧夷陵，三战而辱王之先人。此百世之怨而赵之所羞，而王弗知恶焉。合从者为楚，非为赵也。吾君在前，叱者何也？”楚王曰：“唯唯。诚若先生之言，谨奉社稷而以从。”毛遂曰：“从定乎？”楚王曰：“定矣。”毛遂谓楚王之左右曰：“取鸡狗马之血来。”毛遂奉铜盘而跪进之楚王曰：“王当歃血而定从，次者吾君，次者遂。”遂定从于殿上，毛遂左手持盘血而右手招十九人曰：“公相与歃此血于堂下。公等录录，所谓因人成事者也。”

毛遂等到了楚国，跟那十九个人议论，十九个人都佩服他。平原君跟楚国订立合纵盟约时，陈述合纵盟约的利害关系，从太阳出来时就讨论，一直到太阳正中了还没有决定下来。那十九个人对毛遂说：“先生上前吧。”毛遂握住剑把沿着台阶上前，对平原君说：“合纵的利害，三言两语就可以决定。今天从太阳出来就谈合纵，一直到太阳正中了还没有决定，为什么呢？”楚王对平原君说：

"这位客人是干什么的呢?"平原君说:"这位是我的家臣。"楚王吆喝着说:"为什么不退下去! 我是和你主人谈话,你是来干什么的!"毛遂握着剑把上前说:"大王之所以吆喝我,是由于楚国人多。现在我与大王相距不过十步,大王是不能倚仗楚国人多了,大王的生命操在我手中。我的主人就在面前,你吆喝什么呢? 况且我毛遂听说商汤凭着纵横七十里的土地称王于天下,周文王凭着方圆百里的土地而臣服诸侯,难道是因为他们的士兵众多吗? 其实是由于他们能够掌握对自己有利的形势而显示自己的威风。如今楚国的土地纵横五千里,持戟的兵士上百万,这是称霸称王的资本。凭着楚国这样的强大,天下不能抵挡。白起是个小青年罢了,率领几万部队,出兵来跟楚国交战,第一战就夺下了鄢邑和郢都,第二战就烧了夷陵,第三战就侮辱了大王的祖先。这是楚国百代的仇恨,也是赵国的羞耻,可是大王不感到可恶。订立合纵盟约是为了楚国,而不是为了赵国。我的主人就在面前,你吆喝什么呢?"楚王说:"喏喏,的确像先生所说的,我恭敬地奉献整个国家来订立合纵盟约。"毛遂说:"合纵盟约决定了吗?"楚王说:"决定了。"毛遂对楚王左右的人说:"拿鸡、狗、马的血来。"毛遂捧着铜盘,跪着把它进献给楚王说:"大王应当先歃血来订立合纵盟约,其次是我的主人,再次是毛遂。"于是在殿堂上签订合纵盟约。毛遂左手拿着铜盘,右手招呼那十九个人说:"各位相继在堂下歃血吧。你辈碌碌无为,正是依赖别人,坐享其成的人。"

平原君已定从而归,归至于赵,曰:"胜不敢复相士。胜相士多者千人,寡者百数,自以为不失天下之士,今乃于毛先生而失之也。毛先生一至楚,而使赵重于九鼎大吕。毛先生以三寸之舌,强于百万之师。胜不敢复相士。"遂以为上客。

平原君和楚国签订了合纵盟约以后就回去,回到了赵国,他说:"我赵胜不敢再考察士人了。我考察士人,多则一千人,少则几百人,自己认为不会遗漏天下的士人,但对于毛先生来说,我却错漏了他。毛先生一到楚国,就使赵国比九鼎和大吕还要贵重。毛先生凭三寸舌头,胜过百万军队。我赵胜不敢再考察士人了。"于是把毛遂尊为上客。

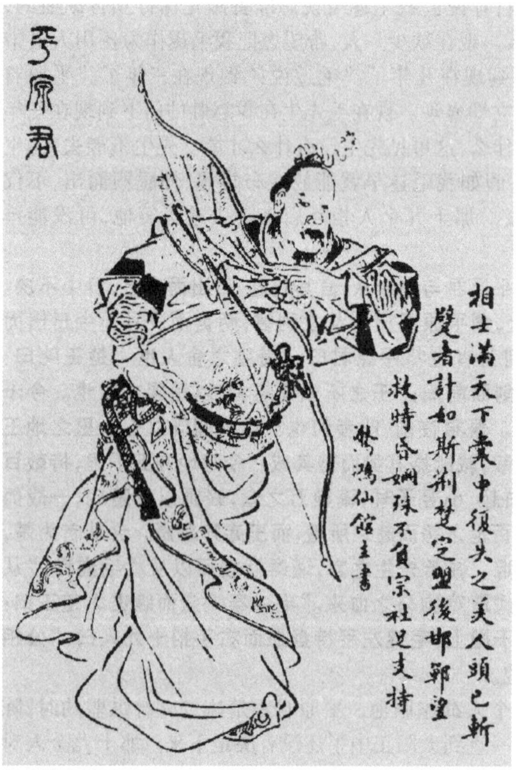

平原君像

平原君既返赵,楚使春申君将兵赴救赵,魏信陵君亦矫夺晋鄙军往救赵,皆未至。秦急围邯郸,邯郸急,且降,平原君甚患之。邯郸传舍吏子李同说平原君曰:"君不忧赵亡邪?"平原君曰:"赵亡则胜为虏,何为不忧乎?"李同曰:"邯郸之民,炊骨易子而食,可谓急矣,而君之后宫以百数,婢妾被绮縠,余粱肉,而民褐衣不完,糟糠不厌。民困兵尽,或剡木为矛矢,而君器物钟磬自若。使秦破赵,君安得有此? 使赵得全,君何患无有? 今君诚能令夫人以下编于士卒之间,分功而作,家之所有尽散以飨士,士方其危苦之时,易德耳。"于是平原君从之,得敢死之士三千人。李同遂与三千人赴秦军,秦军为之却三十里。亦会楚、魏救至,秦兵遂罢,邯郸复存。李同战死,封其父为李侯。

平原君回到赵国以后,楚国派春申君带领军队去救赵国,魏国信陵君也假托命令夺取晋鄙的军队,去救援赵国,都还没有到达。秦国加紧包围邯郸,邯郸危急,将要投降,平原君对此非常担心。邯郸传舍的小官的儿子李同劝平原君道:"您不担心赵国灭亡吗?"平原君说:"赵国一灭亡,那么我赵胜就成为俘虏，为什么不忧虑呢？”李同说：“邯郸的老百姓，用枯骨当柴烧，用子女交换着吃，这可以说是很危急了。可是您后宫的美女数以百计，奴婢侍妾身穿绫罗绸缎，有多余的粮食和鱼肉，老百姓却连完整的粗布衣服也穿不上，连酒糟米糠也吃不饱。百姓贫困，武器竭尽，有人便削尖树木权充矛矢，可您的用具、乐器和往常一样丰富。如果秦国攻下赵国，您哪能还有这些东西呢？如果赵国能够保全，您又何愁没有这些东西呢？现在您如果能使夫人以下人员编入士兵行列，分工做事，把家里所有的财物都分散来犒劳战士，战士们正当艰难困苦的时候，容易感恩的啊。”当时平原君听了他，得到敢死的战士三千人。李同就和这三千人冲向秦军，秦军因此后退三十里。正好碰上楚、魏两国的救兵到了，秦军就收兵了，邯郸又保存下来。李同战死了，他的父亲被封为李侯。

虞卿欲以信陵君之存邯郸为平原君请封。公孙龙闻之，夜驾见平原君曰：“龙闻虞卿欲以信陵君之存邯郸为君请封，有之乎？”平原君曰：“然。”龙曰：“此甚不可。且王举君而相赵者，非以君之智能为赵国无有也。割东武城而封君者，非以君为有功也，而以国人无勋，乃以君为亲戚故也。君受相印不辞无能，割地不言无功者，亦自以为亲戚故也。今信陵君存邯郸而请封，是亲戚受城而国人计功也。此甚不可。且虞卿操其两权，事成，操右券以责；事不成，以虚名德君。君必勿听也。”平原君遂不听虞卿。

虞卿想凭借信陵君保存邯郸的功劳替平原君请求封爵。公孙龙听到这件事，连夜驾车去会见平原君说：“我听说虞卿想凭借信陵君保存邯郸的功劳替您请求封爵，有这回事吗？”平原君说：“是这样。”公孙龙说：“这是很不合适的。大王选拔您担任赵国的宰相，不是因为您的智慧和才能是赵国所没有的。分割东武城封赏给您，并不是认为您有功劳，而认为百姓没有功劳，只不过因为您是王亲国戚的缘故。您接受相印不推辞自己没有能力，分割封地也不表明自己没有功劳，也是自己认为是王亲的缘故。现在信陵君保存了邯郸，有人替您请求封爵，这既是凭着王亲的关系来接受封邑，又是以国民身份来评功。这是很不合适的。况且虞卿掌握着这样两个秤砣来衡量得失：如果事情成功了，他会手操胜券来向您索酬；如果事情不成功，他也会凭虚名而博得您的恩德。您是一定不能听从他的。”平原君就不听从虞卿了。

平原君以赵孝成王十五年卒。子孙代，后竟与赵俱亡。

平原君于赵孝成王十五年去世。子孙世代继承封爵，一直到后来赵国灭亡了才终止。

平原君厚待公孙龙。公孙龙善为坚白之辩，及邹衍过赵言至道，乃绌公孙龙。

平原君厚待公孙龙。公孙龙善于展开“坚白石”命题的辩论，到了邹衍经过赵国谈论大道之后，平原君才疏远公孙龙。

虞卿者，游说之士也。蹑跻檐簦说赵孝成王。一见，赐黄金百镒，白璧一双；再见，为赵上卿，故号为虞卿。

虞卿是游说的士人。他穿着草鞋打着雨伞，去游说赵孝成王。第一次见面，赵孝成王赐他一百镒黄金，一双白璧；第二次见面，成了赵国的上卿，所以称为虞卿。

秦赵战于长平，赵不胜，亡一都尉。赵王召楼昌与虞卿曰：“军战不胜，尉复死，寡人使束甲而趋之，何如？”楼昌曰：“无益也，不如发重使为媾。”虞卿曰：“昌言媾者，以为不媾军必破也。而制媾者在秦。且王之论秦也，欲破赵之军乎，不邪？”王曰：“秦不遗余力矣，必且欲破赵军。”虞卿曰：“王听臣，发使出重宝以附楚、魏，楚、魏欲得王之重宝，必内吾使。赵使入楚、魏，秦必疑天下之合从，且必恐。如此，则媾乃可为也。”赵王不听，与平阳君为媾，发郑朱入秦。秦内之。赵王召虞卿曰：“寡人使平阳君为媾于秦，秦已内郑朱矣，卿以为奚如？”虞卿对曰：“王不得媾，军必破矣。天下贺战胜者皆在秦矣。郑朱，贵人也，入秦，秦王与应侯必显重以示天下。楚、魏以赵为媾，必不救王。秦知天下不救王，则媾不可得成也。”应侯果显郑朱以示天下贺战胜者，终不肯媾。长平大败，遂围邯郸，为天下笑。

秦国和赵国在长平交战，赵国战败，牺牲了一名都尉。赵孝成王召令楼昌和虞卿说：“我军战而不胜，又死了一名都尉，我想命令军队整装待发，急追敌军，怎么样？”楼昌说：“这是没有好处的，不如派遣重要的使臣去讲和。”虞卿说：“楼昌之所以说讲和，是认为不讲和军队一定吃败仗。但是掌握讲和的主动权在秦国一方。而且请大王分析秦国时，是想打败赵国的军队呢，还是不呢？”赵孝成王说："秦国不遗余力了，必将想打败赵军。"虞卿说："大王听从我的话，就派使者携带贵重的财宝去归附楚国和魏国，楚国和魏国想得到大王的贵重财宝，一定会接纳我国的使者。赵国的使者到楚国和魏国去，秦国肯定怀疑天下的合纵联盟，而且一定害怕。这样，那么讲和就可行了。"赵王不听从虞卿的，跟平原君商议讲和的事，并派郑朱到秦国去。秦国接纳了他。赵王召见虞卿说："我派平阳君到秦国讲和，秦国已经接纳郑朱了，您认为怎么样？"虞卿回答说："大王不能讲和，我军必定会被打败了。天下庆贺战争胜利的都在秦国了。郑朱是个重要人物，到了秦国，秦王和应侯一定张扬这件事来给天下人看。楚国和魏国因为赵国向秦国求和，一定不会来救大王。秦国知道天下不来救援大王，那么讲和是不可能成功的。"应侯果然张扬郑朱来给天下庆贺战争胜利的人看，始终不愿讲和。长平一战赵军大败，于是邯郸被秦军包围，被天下人所耻笑。

秦既解邯郸围，而赵王入朝，使赵郝约事于秦，割六县而媾。虞卿谓赵王曰："秦之攻王也，倦而归乎？王以其力尚能进，爱王而弗攻乎？"王曰："秦之攻我也，不遗余力矣，必以倦而归也。"虞卿曰："秦以其力攻其所不能取，倦而归，王又以其力之所不能取以送之，是助秦自攻也。来年秦复攻王，王无救矣。"王以虞卿之言告赵郝。赵郝曰："虞卿诚能尽秦力之所至乎？诚知秦力之所不能进，此弹丸之地弗予，令秦来年复攻王，王得无割其内而媾乎？"王曰："请听子割矣，子能必使来年秦之不复攻我乎？"赵郝对曰："此非臣之所敢任也。他日三晋之交于秦，相善也。今秦善韩、魏而攻王，王之所以事秦必不如韩、魏也。今臣为足下解负亲之攻，开关通币，齐交韩、魏，至来年而王独取攻于秦，此王之所以事秦必在韩、魏之后也。此非臣之所敢任也。"

秦国解除对邯郸的包围以后，赵王到秦国朝见秦王，并派赵郝去签约侍奉秦国，割给秦国六个县才媾和。虞卿对赵王说："秦军进攻大王的时候，是因为疲惫才撤军吗？大王认为秦军的力量还能够进攻，是因为爱护大王才不进攻吗？"赵王说："秦军进攻我们的时候，不遗余力了，一定是因为疲惫才撤军的。"虞卿说："秦军凭着自己的力量进攻自己所不能夺取的地方，疲惫而撤军，大王又把秦军的力量所不能夺取的土地送给他们，这是帮助秦国来攻打自己。明年秦军再来攻打大王，大王就没得救了。"赵王把虞卿的话告诉赵郝。赵郝说："虞卿真能完全了解秦军兵力所达到的地步吗？果真完全了解秦军的兵力不能进攻，但这弹丸之地不给它，如果秦军明年再来进攻大王，大王能够不割让自己的内地而讲和吗？"赵王说："请让我听从您割地吧，您能够肯定使秦国明年不再来进攻我们吗？"赵郝回答说："这不是我所敢承担的。往日韩、赵、魏三国和秦国联盟，彼此友好。现在秦国和韩、魏两国相好却攻打大王，是因为大王服事秦国一定比不上韩、魏两国。现在，我替您解除因背叛盟国而招来的进攻，开放边关，互相往来，像韩、魏两国一样和秦国交往，到明年如果唯独大王被秦国进攻，这是由于大王服事秦国的做法一定是落在韩国和魏国的后面。这不是我所敢承担的。"

王以告虞卿。虞卿对曰："郝言'不媾，来年秦复攻王，王得无割其内而媾乎'。今媾，郝又以不能必秦之不复攻也。今虽割六城，何益！来年复攻，又割其力之所不能取而媾。此自尽之术也，不如无媾。秦虽善攻，不能取六县；赵虽不能守，终不失六城。秦倦而归，兵必罢。我以六城收天下以攻罢秦，是我失之于天下而取偿于秦也。吾国尚利，孰与坐而割地，自弱以强秦哉？今郝曰'秦善韩、魏而攻赵者，必王之事秦不如韩、魏也'，是使王岁以六城事秦也，即坐而城尽。来年秦复求割地，王将与之乎？弗与，是弃前功而挑秦祸也；与之，则无地而给之。语曰'强者善攻，弱者不能守'。今坐而听秦，秦兵不弊而多得地，是强秦而弱赵也。以益强之秦而割愈弱之赵，其计故不止矣。且王之地有尽而秦之求无已，以有尽之地而给无已之求，其势必无赵矣。"

赵王把赵郝的话告诉虞卿。虞卿回答说："赵郝说'不讲和，明年秦国再来攻打大王，大王能不割让自己的内地而讲和吗？'现在讲和，赵郝又不能由此肯定秦国不再来进攻。现在尽管割让六个县城，又有什么好处！明年再来进攻，又割让秦军的兵力所不能夺取的土地而讲和，这是自取灭亡的办法，不如不讲和。秦国即使善于进攻，也不能夺取六个县城；赵国即使不能防守，也终究不致丢掉六个县城。秦军疲惫地撤军，兵力一定是不足。我们用六个县城笼络天下来进攻疲惫的秦国，这样我们虽然丢失六个县城给天下，但是能从秦国取得补偿。我国还有好处，拿它跟坐着等待割地，削弱自己来加强秦国相比，哪一样有利呢？现在赵郝说'秦国跟韩国和魏国友好而进攻赵国的原因,一定是大王服事秦国比不上韩国和魏国’,这样让大王每年用六个县城服事秦国,那么只能坐待城邑全部丢失。明年秦国再来要求割地,大王准备给它吗?不给它的话,这就是枉费前功而挑起秦国的祸端;给它的话,就没有土地可给它了。俗话说‘强者善于进攻,弱者不能防守’。如果坐听秦国,秦军不疲劳,却能多得土地,这是加强秦国而削弱赵国。用越来越强的秦国来宰割越来越弱的赵国,秦国的侵略野心当然不停止了。何况大王的土地有限,而秦国的要求没有停止的时候,用有限的土地去满足不停的要求,那趋势一定是使赵国灭亡了。”

赵王计未定,楼缓从秦来,赵王与楼缓计之,曰:“予秦地如毋予,孰吉?”缓辞让曰:“此非臣之所能知也。”王曰:“虽然,试言公之私。”楼缓对曰:“王亦闻乎公甫文伯母乎?公甫文伯仕于鲁,病死,女子为自杀于房中者二人。其母闻之,弗哭也。其相室曰:‘焉有子死而弗哭者乎?’其母曰:‘孔子,贤人也,逐于鲁,而是人不随也。今死而妇人为之自杀者二人,若是者必其于长者薄而于妇人厚也。’故从母言之,是为贤母;从妻言之,是必不免为妒妻。故其言一也,言者异则人心变矣。今臣新从秦来而言勿予,则非计也;言予之,恐王以臣为为秦也:故不敢对。使臣得为大王计,不如予之。”王曰:“诺。”

赵王的策略还没有决定,楼缓从秦国回来,赵王跟楼缓商议这件事,说:“给秦国土地跟不给它,怎么好?”楼缓推辞说:“这不是我所能明白的。”赵王说:“虽然这样,不妨说说您个人的看法。”楼缓回答说:“大王也许听说过那公甫文伯的母亲的事吧。文伯在鲁国当官,后来病死了,有两个女人为他在房里自杀了。他的母亲听到儿子病死的消息却没有哭。他家的保姆说:‘哪里有儿子死了而母亲不哭的呢?’他的母亲说:‘孔子是一位贤人,被鲁国驱逐,可是这个人不跟随孔子。现在病死了为他自杀的女人有两人,像这样的人,必定是对他的长辈感情淡薄,而对女子的感情深厚。’因此从他的母亲说来,这是一位贤良的母亲;从他的妻子说来,这肯定不免是一位嫉妒的母亲。所以她们说的话是相同的,说话的人身份不同,人们的想法就不一样了。现在我刚从秦国回来,如果说不给秦国土地,就不是办法;说给它吧,恐怕大王认为我是为了秦国:所以不敢回答。如果我能够替大王着想,不如给它。”赵王说:“好吧。”

虞卿闻之,入见王曰:“此饰说也,王慎勿予!”楼缓闻之,往见王。王又以虞卿之言告楼缓。楼缓对曰:“不然。虞卿得其一,不得其二。夫秦赵构难而天下皆说,何也?曰‘吾且因强而乘弱矣。今赵兵困于秦,天下之贺战胜者则必尽在于秦矣。故不如亟割地为和,以疑天下而慰秦之心。不然,天下将因秦之怒,乘赵之弊,瓜分之。赵且亡,何秦之图乎?故曰虞卿得其一,不得其二。愿王以此决之,勿复计也。”

虞卿听到楼缓的话,上朝见赵王说:“这是漂亮话,大王千万不要给土地!”楼缓听到这话,前往见赵王。赵王又把虞卿的话告诉楼缓。楼缓回答说:“不对。虞卿只知其一,不知其二。秦国和赵国造成战争灾难,天下都会高兴,为什么呢?他们说‘我要依靠强国来欺凌弱国了’。现在赵军被秦军围攻,天下庆贺战争胜利的就一定都在秦国一方了。所以不如赶快割地求和,以此来迷惑天下并且可以宽慰秦国的野心。不这样的话,天下将利用秦国的强大,趁着赵国的疲弱,瓜分赵国。赵国即将灭亡,哪能图谋秦国呢?所以说虞卿只知其一,不知其二。希望大王就这样决定下来,不要再考虑了。”

虞卿闻之,往见王曰:“危哉楼子之所以为秦者,是愈疑天下,而何慰秦之心哉?独不言其示天下弱乎?且臣言勿予者,非固勿予而已也。秦索六城于王,而王以六城赂齐。齐,秦之深仇也,得王之六城,并力西击秦,齐之听王,不待辞之毕也。则是王失之于齐而取偿于秦也。而齐、赵之深仇可以报矣,而示天下有能为也。王以此发声,兵未窥于境,臣见秦之重赂至赵而反媾于王也。从秦为媾,韩、魏闻之,必尽重王;重王,必出重宝以先于王。则是王一举而结三国之亲,而与秦易道也。”赵王曰:“善。”则使虞卿东见齐王,与之谋秦。虞卿未返,秦使者已在赵矣。楼缓闻之,亡去。赵于是封虞卿以一城。

虞卿听到楼缓的话,前往见赵王说:“危险啊,楼先生用这样的计谋来帮助秦国!这样只能更加迷惑天下,却怎能宽慰秦国的野心呢?为何不说他把赵国的弱点显示给天下呢?况且我说不割地给秦国,并不是仅仅不给就了事。秦国向大王索取六个县城,而大王把六个县城送给了齐国。齐国是秦国的大敌，得到大王的六个县城，将与大王合力向西进攻秦国，齐王听从大王的话，不等您说完就会答应的。这就是大王失去给齐国的六个县城，却能从秦国取得补偿了。而且齐、赵两国的深仇大恨可趁机报复了，还能向天下显示赵国是有作为的。大王把这件事声张出去，军队用不着窥视边境，我就会见到秦国的贵重礼物来到赵国，反而向大王求和了。大王顺从秦国讲和，韩国和魏国听说了，一定都会尊重大王；尊重大王，一定会拿出贵重财宝争先献给大王。这样，大王一举就和齐、韩、魏三国结盟相亲，从而跟秦国改变了地位。”赵王说：“好。”就派虞卿东去会见齐王，跟齐王商讨对付秦国的办法。虞卿还没有回国，秦国的使者已经在赵国了。楼缓听说后，逃离赵国。赵国这时把一个县城赐封给虞卿。

居顷之，而魏请为从。赵孝成王召虞卿谋。过平原君，平原君曰：“愿卿之论从也。”虞卿入见王。王曰：“魏请为从。”对曰：“魏过。”王曰：“寡人固未之许。”对曰：“王过。”王曰：“魏请从，卿曰魏过，寡人未之许，又曰寡人过，然则从终不可乎？”对曰：“臣闻小国之与大国从事也，有利则大国受其福，有败则小国受其祸。今魏以小国请其祸，而王以大国辞其福，臣故曰王过，魏亦过。窃以为从便。”王曰：“善。”乃合魏为从。

过了不久，魏国请求与赵国缔结合纵盟约。赵孝成王想叫虞卿来商议。虞卿去访问平原君，平原君说：“希望您论证合纵的利弊。”虞卿上朝去见赵王。赵王说：“魏国请求缔结合纵盟约。”虞卿回答说：“魏国错了。”赵王说：“我当然不会答应它。”虞卿回答说：“大王错了。”赵王说：“魏国请求合纵，您说魏国错了，我没有答应它，您又说我错。这样看来合纵盟约就不能签订吗？”虞卿回答说：“我听说小国跟大国合纵的事，如果胜利了就是大国得到它的好处，如果失败了就是小国承受它的灾难。现在魏国以小国愿意承受它的灾难，而大王以大国推辞它的好处，我因此说大王错，魏国也错。我私下认为合纵对于赵国是有利的。”赵王说：“好。”于是跟魏国缔结合纵盟约。

虞卿即以魏齐之故，不重万户侯卿相之印，与魏齐间行，卒去赵，困于梁。魏齐已死，不得意，乃著书，上采《春秋》，下观近世，曰《节义》、《称号》、《揣摩》、《政谋》，凡八篇。以刺讥国家得失，世传之曰《虞氏春秋》。

虞卿因为要救魏齐的缘故，不以万户侯卿相的官爵为重，跟魏齐抄小路外逃，终于离开了赵国，却受困于魏国。魏齐死后，虞卿不得意，就著书立说，上采《春秋》，下观近代，写成了《节义》、《称号》、《揣摩》、《政谋》等，共有八篇。用来批评和讥讽国家的得失，世上把它流传下来叫作《虞氏春秋》。

太史公曰：平原君，翩翩浊世之佳公子也，然未睹大体。鄙语曰“利令智昏”，平原君贪冯亭邪说，使赵陷长平兵四十余万众，邯郸几亡。虞卿料事揣情，为赵画策，何其工也！及不忍魏齐，卒困于大梁，庸夫且知其不可，况贤人乎？然虞卿非穷愁，亦不能著书以自见于后世云。

太史公说：平原君是混乱时代潇洒而又有才气的公子，可是不能着眼大局。俗话说“利令智昏”，平原君沉溺于冯亭的邪说，使赵国在长平被活埋的士兵达四十余万之多，邯郸差点失陷。虞卿预料事态，揣摩情势，为赵国策画，多么周密呀！后来因不忍魏齐之死，终于被困在魏国，凡人尚且知道虞卿的做法是不行的，何况是贤人呢？这样，虞卿就是不穷困愁苦，也不能著书使自己流传于后代。

史记第七十七卷

魏公子列传第十七

魏公子无忌者，魏昭王少子而魏安釐王异母弟也。昭王薨，安釐王即位，封公子为信陵君。是

时范雎亡魏相秦，以怨魏齐故，秦兵围大梁，破魏华阳下军，走芒卯。魏王及公子患之。

魏公子无忌，是魏昭王的小儿子，魏安釐王的同父异母弟弟。魏昭王逝世后，魏安釐王即位，赐封公子为信陵君。这时候，范雎逃离魏国，做了秦国的宰相。因为怨恨魏齐的缘故，秦军围攻魏国，打败了魏国在华阳城下的军队，赶走了魏将芒卯。魏昭王和公子无忌都为这件事忧虑。

公子为人仁而下士，士无贤不肖皆谦而礼交之，不敢以其富贵骄士。士以此方数千里争往归之，致食客三千人。当是时，诸侯以公子贤，多客，不敢加兵谋魏十余年。

魏公子无忌为人仁厚，而又能礼贤下士，凡是士人，不论才能高低，都能谦虚地对他们以礼相待，不敢因为自己富贵怠慢士人。因此，纵横几千里地方的士人，都争相前往归顺他。他招徕的食客有三千人。在这个时期，各诸侯国因为公子贤能，门客又多，十多年来不敢进军侵犯魏国。

公子与魏王博，而北境传举烽，言"赵寇至，且入界"。魏王释博，欲召大臣谋。公子止王曰："赵王田猎耳，非为寇也。"复博如故。王恐，心不在博。居顷，复从北方来传言曰："赵王猎耳，非为寇也。"魏王大惊，曰："公子何以知之？"公子曰："臣之客有能深得赵王阴事者，赵王所为，客辄以报臣，臣以此知之。"是后魏王畏公子之贤能，不敢任公子以国政。

有一次，魏公子跟魏王下棋时，从北方边境传来了烽火警报，说"赵国侵略军来了，快要进入边界"。魏王停止下棋，想要召集大臣来商议。魏公子劝止魏王说："赵王打猎而已，不是进行入侵。"两人仍然下棋。魏王害怕，心不在下棋上。过了一会儿，又从北方传来消息说："赵王打猎而已，不是进行侵掠。"魏王非常吃惊，说："公子为什么知道这回事呢？"魏公子说："我的门客有人能够打听到赵王的秘密行动，赵王的所作所为，门客总是把它报告我，我所以知道。"从此以后，魏王害怕公子的贤能，不敢把国家的政治大事委任给魏公子。

魏有隐士曰侯嬴，年七十，家贫，为大梁夷门监者。公子闻之，往请，欲厚遗之。不肯受，曰："臣修身絜行数十年，终不以监门困故而受公子财。"公子于是乃置酒大会宾客。坐定，公子从车骑，虚左，自迎夷门侯生。侯生摄敝衣冠，直上载公子上坐，不让，欲以观公子。公子执辔愈恭。侯生又谓公子曰："臣有客在市屠中，愿枉车骑过之。"公子引车入市，侯生下见其客朱亥，俾倪，故久立与其客语，微察公子。公子颜色愈和。当是时，魏将相宗室宾客满堂，待公子举酒。市人皆观公子执辔。从骑皆窃骂侯生。侯生视公子色终不变，乃谢客就车。至家，公子引侯生坐上坐，遍赞宾客，宾客皆惊。酒酣，公子起，为寿侯生前。侯生因谓公子曰："今日嬴之为公子亦足矣。嬴乃夷门抱关者也，而公子亲枉车骑，自迎嬴于众人广坐之中，不宜有所过，今公子故过之。然嬴欲就公子之名，故久立公子车骑市中，过客以观公子，公子愈恭。市人皆以嬴为小人，而以公子为长者能下士也。"于是罢酒，侯生遂为上客。

魏国有个隐士名叫侯嬴，七十岁了，家里贫困，担任大梁夷门的看门人。魏公子听说有这样一个人，前往访问，要丰厚地送他财物。侯嬴不肯接受，说："我修身养性几十年，总不能因为看门贫困的原因而接受公子的财物。"公子当时就摆设酒席，大请宾客。客人坐定之后，魏公子让车马随从，并空着车子左边的座位，亲自到夷门迎接侯先生。侯先生整理了破旧的衣帽，一直登上公子乘坐的车的上位，毫不谦让，想以此来观察公子。魏公子握着马缰绳，显得更加恭敬。侯先生又对魏公子说："我有个客人在市场的屠宰坊中，希望委屈您的车马，让我去访问他。"魏公子驾车到市场里，侯先生下车去会见他的客人朱亥，眼睛瞟看魏公子，故意久久地站着跟他的客人说话，暗中观察公子。公子脸色更加温和。正当这时候，魏国的将相、王族、宾客，济济一堂，等待公子举杯祝酒。市场里的人都看着公子拿着马缰绳，随从人员都暗地里咒骂侯先生。侯先生看到魏公子的脸色始终不变，才辞别客人，登上车子。回到家里，魏公子领着侯先生就坐上位，并一一地介绍宾客，宾客都吃惊。正当酒喝得酣畅的时候，公子起立，来到侯先生面前敬酒祝福。侯先生便对魏公子说："今天我侯嬴难为公子的也够多了。我只是夷门的看门人，公子却亲自委屈驾着车马，亲自在大庭广众之中迎接我，我本不该去访问客人，却故意委屈公子的车马去访问他。然而我侯嬴想成全公子的名声，故意让公子的车马久久地站立在市场里，去访问客人，以此观察公子，公子更加恭敬。市民都以为我侯嬴是小人，而把公子看作是能礼贤下士的长者。"酒席至此结束，侯先生于是成为公子的上宾。

侯生谓公子曰："臣所过屠者朱亥，此子贤者，世莫能知，故隐屠间耳。"公子往数请之，朱亥故

《东周列国志》版画之信陵君窃符救赵图

不复谢，公子怪之。

侯先生对魏公子说："我所访问的屠夫朱亥，这个人是个有才能的人，世人没有谁能了解他，所以隐在屠宰坊里罢了。"魏公子多次前往访问他，朱亥故意不回访致谢，魏公子对此感到奇怪。

魏安釐王二十年，秦昭王已破赵长平军，又进兵围邯郸。公子姊为赵惠文王弟平原君夫人，数遗魏王及公子书，请救于魏。魏王使将军晋鄙将十万众救赵。秦王使使者告魏王曰："吾攻赵旦暮且下，而诸侯敢救者，已拔赵，必移兵先击之。"魏王恐，使人止晋鄙，留军壁邺，名为救赵，实持两端以观望。平原君使者冠盖相属于魏，让魏公子曰："胜所以自附为婚姻者，以公子之高义，为能急人之困。今邯郸旦暮降秦而魏救不至，安在公子能急人之困也！且公子纵轻胜，弃之降秦，独不怜公子姊邪？"公子患之，数请魏王，及宾客辩士说王万端。魏王畏秦，终不听公子。公子自度终不能得之于王，计不独生而令赵亡，乃请宾客，约车骑百余乘，欲以客往赴秦军，与赵俱死。

魏安釐王二十年，秦昭王已经打破赵国在长平的驻军，又进军围攻邯郸。魏公子的姐姐是赵惠文王弟弟平原君的夫人，她数次送信给魏王和魏公子，向魏国求援。魏王派将军晋鄙带领十万军队去援救赵国。秦王派使者警告魏王说："我进攻赵国，早晚就要拿下来，假如各诸侯国有敢援救赵国的，在我攻下赵国以后，一定要转移军队先进攻它。"魏王害怕起来，派人让晋鄙停止前进，把军队停留驻防在邺县，名义上是救援赵国，其实上是抱着犹豫不决而观望的态度。平原君的使者，冠盖相望，接踵而来魏国，责备魏公子说："我赵胜之所以要高攀您，缔结婚姻关系，是由于您重义气，又能以别人的困难为急。现在赵国早晚就要投降秦国，而魏国的救兵不来，您能以别人的困难为急的义气在哪里呢？况且您即使轻视我赵胜，抛弃我，让我去投降秦国，难道也不爱惜您的姐姐吗？"魏公子为此而忧愁多次请求魏王，并请自己的宾客、辩士千方百计游说魏王。魏王害怕秦国，始终不肯听从魏公子。魏公子自己预计终究不能得到魏王的帮助，又想不能只让自己生存而使赵国灭亡，就请宾客套一百多辆车马，想带领宾客去冲入秦军阵地，跟赵国共生死。

行过夷门，见侯生，具告所以欲死秦军状。辞决而行，侯生曰："公子勉之矣，老臣不能从。"公子行数里，心不快，曰："吾所以待侯生者备矣，天下莫不闻，今吾且死而侯生曾无一言半辞送我，我岂有所失哉？"复引车还，问侯生。侯生笑曰："臣固知公子之还也。"曰："公子喜士，名闻天下。今有难，无他端而欲赴秦军，譬若以肉投馁虎，何功之有哉？尚安事客？然公子遇臣厚，公子往而臣不送，以是知公子恨之复返也。"公子再拜，因问。侯生乃屏人间语，曰："嬴闻晋鄙之兵符常在王卧内，而如姬最幸，出入王卧内，力能窃之。嬴闻如姬父为人所杀，如姬资之三年，自王以下欲求报其父仇，莫能得。如姬为公子泣，公子使客斩其仇头，敬进如姬。如姬之欲为公子死，无所辞，顾未有路耳。公子诚一开口请如姬，如姬必许诺，则得虎符夺晋鄙军，北救赵而西却秦，此五霸之伐也。"公子从其计，请如姬。如姬果盗晋鄙兵符与公子。

魏公子的队伍经过夷门，见到了侯先生，就把要同秦军决死的情况都告诉了他。告别以后队伍就出发了。侯先生说："公子努力吧，老臣我不能跟随了。"魏公子走了几里路，心里不愉快，心想："我对待侯先生够周到的了，天下没有谁不曾听说。现在我将要死命，而侯先生竟没有一言半语送给我，我难道有过失的地方吗？"魏公子又把车马调转回头，追问侯先生。侯先生笑着说："我本来就知道您会回来的。"他又说："您喜爱士人，名声传闻天下。现在有了急难，没有别的办法而想冲入秦军阵地，这好比把肉投给饿虎，有什么功效呢？又何必供养门客？然而您待我情深，您要往秦国而我不送行，因此知道您恨我而又回返。"魏公子拜了两拜，趁势请教侯先生。侯先生就摒退旁人秘密交谈，他说："我侯嬴听说晋鄙的兵符经常放在魏王的卧室里，而如姬最受宠幸，在魏王的卧室里进进出出，有办法可以偷到兵符。我侯嬴还听说如姬的父亲被人谋杀，如姬怀恨三年，从魏王以下，都想寻找机会替她报杀父之仇，没有人能找到。如姬对魏公子哭诉，魏公子派人斩了她仇人的头，恭敬地献给如姬。如姬要替您效死而不会有推辞的时候，只因还没有找到机会罢了。您如果一开口请求如姬帮忙，如姬一定会答应，那么您就能得到虎符夺取晋鄙的军队，然后往北救援赵国，向西击退秦军，这是五霸一样的功业啊！"魏公子听从侯嬴的计谋，请求如姬帮忙。如姬果真偷了晋鄙的兵符给魏公子。

公子行，侯生曰："将在外，主令有所不受，以便国家。公子即合符，而晋鄙不授公子兵而复请之，事必危矣。臣客屠者朱亥可与俱，此人力士。晋鄙听，大善；不听，可使击之。"于是公子泣。侯生曰："公子畏死邪？何泣也？"公子曰："晋鄙嚄唶宿将，往恐不听，必当杀之，是以泣耳，岂畏死哉？"于是公子请朱亥。朱亥笑曰："臣乃市井鼓刀屠者，而公子亲数存之，所以不报谢者，以为小礼无所用。今公子有急，此乃臣效命之秋也。"遂与公子俱。公子过谢侯生。侯生曰："臣宜从，老不能。请数公子行日，以至晋鄙军之日，北乡自刭，以送公子。"公子遂行。

魏公子出发时，侯先生说："将军在外，君命有时可以不接受，为的是有利于国家。公子如果合了兵符，但晋鄙把军队交给您，而您还要请示魏王，事情一定危险了。我的客人屠夫朱亥可跟您一起去，这人是个大力士。晋鄙如能听从，就太好了；如不能听从，就可以让朱亥击杀他。"这时候魏公子哭了。侯先生说："公子怕死吗？为什么哭呢？"魏公子说："晋鄙是一位叱咤风云的老将，我去恐怕他不肯听从，必定要杀他。我因而哭泣罢了，难道是害怕死吗？"这时魏公子请求朱亥同行，朱亥笑着说："我只是市场里操刀的屠夫，公子却多次亲自问候。我之所以不回访致谢，是由于我认为那是小礼节，没有地方用得着。如今您有急难，这是我为您效命的时机啊！"朱亥就跟魏公子一起出发了。魏公子去向侯先生告别，侯先生说："我本当随从您，可是我年老不行了。请让我计算您的行程，当您到了晋鄙军营的那一天，我面向北方割脖子自杀，来报答公子。"魏公子于是出发了。

至邺，矫魏王令代晋鄙。晋鄙合符，疑之，举手视公子曰："今吾拥十万之众，屯于境上，国之重任，今单车来代之，何如哉？"欲无听。朱亥袖四十斤铁椎，椎杀晋鄙，公子遂将晋鄙军。勒兵，下令军中曰："父子俱在军中，父归；兄弟俱在军中，兄归；独子无兄弟，归养。"得选兵八万人，进兵击秦军。秦军解去，遂救邯郸，存赵。赵王及平原君自迎公子于界，平原君负韊矢为公子先引。赵王再拜曰："自古贤人未有及公子者也。"当此之时，平原君不敢自比于人。公子与侯生决，至军，侯生果北乡自刭。

魏公子到了邺县，假托魏王的命令取代晋鄙。晋鄙合了兵符，怀疑这件事，举起手来看了看魏公子，说："现在我拥有十万大军，驻扎在国境上，这是国家的重任，现在您独自驾车来接替我，这是怎么一回事呢？"晋鄙正想不服从，朱亥衣袖里藏着四十斤重的铁椎，用铁椎杀死了晋鄙。魏公子于是统率晋鄙的军队。他又整编队伍，向全军发布命令说："父子都在军营里的，父亲回家；兄弟都在军营里的，为兄的回家；独生儿子没有兄弟的，回家养亲。"魏公子得到精兵八万人，进军击杀秦军。秦军解除包围撤离了，魏公子于是救了邯郸，保留了赵国。赵王和平原君亲自到边界迎接魏公子，平原君背着箭袋在前面给魏公子引路。赵王拜了两拜说："自古以来，贤人没有赶得上公子的。"在这个时候，平原君不敢把自己和别人相比。魏公子和侯先生分别以后，到达军营时，侯先生果然面向北方引颈自杀了。

魏王怒公子之盗其兵符，矫杀晋鄙，公子亦自知也。已却秦存赵，使将将其军归魏，而公子独与客留赵。赵孝成王德公子之矫夺晋鄙兵而存赵，乃与平原君计，以五城封公子。公子闻之，意骄矜

而有自功之色。客有说公子曰:“物有不可忘,或有不可不忘。夫人有德于公子,公子不可忘也;公子有德于人,愿公子忘之也。且矫魏王令,夺晋鄙兵以救赵,于赵则有功矣,于魏则未为忠臣也。公子乃自骄而功之,窃为公子不取也。”于是公子立自责,似若无所容者。赵王埽除自迎,执主人之礼,引公子就西阶。公子侧行辞让,从东阶上。自言罪过,以负于魏,无功于赵。赵王侍酒至暮,口不忍献五城,以公子退让也。公子竟留赵。赵王以鄗为公子汤沐邑,魏亦复以信陵奉公子。公子留赵。

魏王怨恨公子偷他的兵符并假托命令杀死晋鄙,公子自己也知道。在击退秦军保存赵国以后,派了一个将领统率他们的军队回到魏国。而魏公子独自和宾客留在赵国。赵孝成王感激魏公子假托命令、夺取晋鄙的军队而保存了赵国,就跟平原君商议,要把五个县城赐封给魏公子。魏公子听说这件事后,内心骄傲矜持,并流露出自以为有功劳的神色。宾客有人劝说公子道:“事物有的不可以忘记,有的不可以不忘记。别人对公子有恩德,公子不可以忘记;公子对别人有恩德,希望公子忘记它。况且公子假托魏王的命令夺取晋鄙的军队去救援赵国,对赵国来说就是有功劳了,但对于魏国来说公子就不是忠臣了。公子却骄傲地把它当作自己的功劳,我私下认为公子不应采取这样的态度。”这时公子立即责备自己,似乎无地自容似的。赵王打扫台阶,亲自迎接,执行主人的礼节,指引公子走上西边的台阶。公子谦让地侧着身走,从东边的台阶上去。自己陈述罪过,认为辜负了魏国,对赵国也没有功劳。赵王陪酒一直到傍晚,口中避而不谈献出五个县城的事,由于公子太谦让了。公子终于留在赵国。赵王把鄗邑作为公子洗浴所需的封邑,魏国也再把信陵献给公子。公子留在赵国。

公子闻赵有处士毛公藏于博徒,薛公藏于卖浆家,公子欲见两人,两人自匿不肯见公子。公子闻所在,乃间步往从此两人游,甚欢。平原君闻之,谓其夫人曰:“始吾闻夫人弟公子天下无双,今吾闻之,乃妄从博徒卖浆者游,公子妄人耳。”夫人以告公子。公子乃谢夫人去,曰:“始吾闻平原君贤,故负魏王而救赵,以称平原君。平原君之游,徒豪举耳,不求士也。无忌自在大梁时,常闻此两人贤,至赵,恐不得见。以无忌从之游,尚恐其不我欲也,今平原君乃以为羞,其不足从游,”乃装为去。夫人具以语平原君。平原君乃免冠谢,固留公子。平原君门下闻之,半去平原君归公子,天下士复往归公子,公子倾平原君客。

魏公子听说赵国有隐士毛公隐居在赌徒群中,又有薛公隐居在卖酒浆人家里,魏公子想要会见这两个人,两人自己躲起来,不肯会见公子。魏公子听说了他们所在的地方,就秘密地步行前往跟这两个人交往,彼此非常融洽。平原君听说这件事,对他的夫人说:“当初我听说夫人的弟弟公子是天下独一无二的,现在我听说他竟然随便跟赌徒和卖酒浆的人交往。公子是个糊涂人罢了。”平原君夫人把这些告诉了魏公子。魏公子就告别平原君夫人要离开,说:“当初我听说平原君贤能,所以辜负了魏王而救援赵国,来满足平原君的心意。但平原君和人们的交游,只是一种装饰门面的壮举罢了,并不是为了访求贤士。我无忌在大梁的时候,时常听说这两个人贤能,到了赵国以后,就怕不能见到他们。像我无忌这样的人跟他们交往,还恐怕他们不要我呢。如今平原君竟然把跟他们交往当作是羞耻的事情,实在是不值得跟他交往。”于是整理行装准备离开赵国。平原君夫人把这些话告诉平原君,平原君就脱掉帽子谢罪,硬是挽留魏公子。平原君的门下客听说这件事,半数人离开平原君来依附魏公子。天下的士人又前往归附魏公子,魏公子使平原君的门客极为倾心。

公子留赵十年不归。秦闻公子在赵,日夜出兵东伐魏。魏王患之,使使往请公子。公子恐其怒之,乃诫门下:“有敢为魏王使通者,死。”宾客皆背魏之赵,莫敢劝公子归。毛公、薛公两人往见公子曰:“公子所以重于赵,名闻诸侯者,徒以有魏也。今秦攻魏,魏急而公子不恤,使秦破大梁而夷先王之宗庙,公子当何面目立天下乎?”语未及卒,公子立变色,告车趣驾归救魏。

魏公子留居赵国十年不回国。秦国听说魏公子在赵国,日以继夜地派兵东去进攻魏国。魏王担心这件事,派遣使者去请魏公子回国。魏公子害怕魏王怨恨他,就告诫门下客:“有谁敢替魏王的使者通报的,处死。”宾客都是背弃魏国来到赵国的,没有谁敢劝告公子回国。毛公和薛公两人去见公子说:“公子之所以在赵国受到重视,声名传闻到各国,只因为有魏国。现在秦国进攻魏国,魏国危急而公子不同情,假使秦军攻破大梁,毁坏先王的宗庙,公子将有什么面目站立在世上呢?”话还没有说完,公子立刻变了脸色,吩咐准备车马立即起程回去解救魏国。

魏王见公子，相与泣，而以上将军印授公子，公子遂将。魏安釐王三十年，公子使使遍告诸侯。诸侯闻公子将，各遣将将兵救魏。公子率五国之兵破秦军于河外，走蒙骜。遂乘胜逐秦军至函谷关，抑秦兵，秦兵不敢出。当是时，公子威振天下，诸侯之客进兵法，公子皆名之，故世俗称《魏公子兵法》。

魏王见到公子，相对哭泣，然后把上将军的印信授予公子，公子于是担任上将军。魏安釐王三十年，公子派使者通告各诸侯国。各国听说公子担任上将军，分别派遣将领统率军队来救援魏国。公子统率五国的军队，在河外打败了秦军，赶走了蒙骜。于是乘胜把秦军驱逐到函谷关，堵住秦军，秦军不敢出关。正当这个时候，公子的威名震动天下，各国的宾客进献兵法，公子都给它们题名，所以世俗称为《魏公子兵法》。

秦王患之，乃行金万斤于魏，求晋鄙客，令毁公子于魏王曰："公子亡在外十年矣，今为魏将，诸侯将皆属，诸侯徒闻魏公子，不闻魏王。公子亦欲因此时定南面而王，诸侯畏公子之威，方欲共立之。"秦数使反间，伪贺公子得立为魏王未也。魏王日闻其毁，不能不信，后果使人代公子将。公子自知再以毁废，乃谢病不朝，与宾客为长夜饮，饮醇酒，多近妇女。日夜为乐饮者四岁，竟病酒而卒。其岁，魏安釐王亦薨。

秦王害怕魏公子，就运送一万斤黄金到魏国去，寻找晋鄙的门客，让他们在魏王面前诽谤公子说："公子流亡在国外十年了，现在担任魏国的上将军，各国的将领都隶属于他，各国只听说魏公子，没听说魏王。公子也想趁这个时候决定南面称王，各国害怕公子的声威，正想共同拥立他。"秦国多次派人行反间计，假装祝贺公子，看魏公子能否立为魏王。魏王每天都听到这些诽谤的话，不得不相信，后来果然派人取代公子上将军的职位。公子自己知道又因为诽谤而被废弃不用，就借口有病不上朝，跟宾客通宵达旦地宴饮，饮纯净的酒，经常接近女色。日夜进行狂饮达四年之久，终于因酒而病死了。这一年，魏安釐王也去世了。

秦闻公子死，使蒙骜攻魏，拔二十城，初置东郡。其后秦稍蚕食魏，十八岁而虏魏王，屠大梁。

秦国听说公子死了，就派蒙骜攻打魏国，占领了二十个城邑，开始设置东郡。这以后秦国逐渐蚕食魏国，十八年后俘虏了魏王，夷灭大梁。

高祖始微少时，数闻公子贤。及即天子位，每过大梁，常祠公子。高祖十二年，从击黥布还，为公子置守冢五家，世世岁以四时奉祠公子。

汉高祖刘邦当初寒微的时候，屡次听说公子贤能。等到就任天子以后，每次经过大梁，常常祭祀公子。高祖十二年，从打败黥布的地方回来，给公子配备五户人家看守坟墓，世世代代每年按四季祭祀公子。

太史公曰：吾过大梁之墟，求问其所谓夷门。夷门者，城之东门也。天下诸公子亦有喜士者矣，然信陵君之接岩穴隐者，不耻下交，有以也。名冠诸侯，不虚耳。高祖每过之而令民奉祠不绝也。

太史公说：我经过大梁故城，是访了那个所谓夷门。原来夷门就是城的东门。天下的几位公子，也有喜欢士人的，但像信陵君这样接待民间的隐士，不以与卑下的人交往为耻，是有道理的。他的声名在各国中排在首位，一点也不假啊！汉高祖每逢经过这里，都要人民不断地祭祀他。

史记第七十八卷

春申君列传第十八

春申君者，楚人也，名歇，姓黄氏。游学博闻，事楚顷襄王。顷襄王以歇为辩，使于秦。秦昭王使白起攻韩、魏，败之于华阳，禽魏将芒卯，韩、魏服而事秦。秦昭王方令白起与韩、魏共伐楚，未行，

而楚使黄歇适至于秦，闻秦之计。当是之时，秦已前使白起攻楚，取巫、黔中之郡，拔鄢郢，东至竟陵，楚顷襄王东徙治于陈县。黄歇见楚怀王之为秦所诱而入朝，遂见欺，留死于秦。顷襄王，其子也，秦轻之，恐壹举兵而灭楚。歇乃上书说秦昭王曰：

春申君是楚国人，姓黄，名歇。他曾游学各地，见闻广博，侍奉过楚顷襄王。楚顷襄王因为黄歇能说会道，让他出使秦国。秦昭王派白起攻打韩国和魏国，在华阳把它们打败了，擒获了魏国将领芒卯，韩国和魏国侍奉秦国。秦昭王正命令白起跟韩、魏两国一起攻打楚国，还没有出发，而楚国的使臣黄歇正好到了秦国，听到了秦国的计谋。在这个时候，秦国已经先派白起攻打楚国，夺取了巫郡和黔中郡，占领了鄢邑和郢都，向东一直打到竟陵，楚顷襄王把国都向东迁移到陈县。黄歇看到楚怀王被秦国引诱后入秦朝见，于是被欺骗，拘留而死在秦国。楚顷襄王是楚怀王的儿子，秦国轻视他。恐怕秦国一出兵就把楚国灭了，黄歇就上书劝说秦昭王道：

天下莫强于秦、楚。今闻大王欲伐楚，此犹两虎相与斗。两虎相与斗而驽犬受其弊，不如善楚。臣请言其说：臣闻物至则反，冬夏是也；致至则危，累棋是也。今大国之地，遍天下有其二垂，此从生民已来，万乘之地未尝有也。先帝文王、庄王之身，三世不妄接地于齐，以绝从亲之要。今王使盛桥守事于韩，盛桥以其地入秦，是王不用甲，不信威，而得百里之地。王可谓能矣。王又举甲而攻魏，杜大梁之门，举河内，拔燕、酸枣、虚、桃，入邢，魏之兵云翔而不敢救。王之功亦多矣。王休甲息众，二年而后复之；又并蒲、衍、首、垣，以临仁、平丘，黄、济阳婴城而魏氏服；王又割濮磨之北，注齐秦之要，绝楚赵之脊，天下五合六聚而不敢救。王之威亦单矣。

天下没有比秦、楚两国更强大的国家了。现在听说大王想要攻打楚国，这好像两虎相互争斗。两虎相互争斗的结果，劣马和狗也会利用它们的弊端，因此，不如善待楚国。请允许我陈述其中的道理。我听说物极必反，冬夏换季就是这样的；达到了极点就危险，堆积棋子就是这样。如今贵国的土地，遍及天下的有那西北两大边陲，这是自从有人类以来，万乘大国的土地未曾有过的。先帝周文王、周武王和大王本身，三代没有忘记使国土跟齐国相接，来断绝合纵联盟的中枢地带。现在大王派盛桥辅佐韩国，盛桥把韩国的土地纳入秦国，这样大王不动用兵力，不伸张威势，却得到百里土地。大王可说是能干了。大王又出兵攻打魏国，堵塞大梁的门户，占领河内，拔取燕地、酸枣、虚地、桃地，进入邢地，魏国的军队避而如游云，不敢临敌救国。大王的功劳也够多了。大王停止用兵，让军民休养生息，两年之后才恢复用兵；又兼并蒲地、衍地、首地、垣地，用兵进逼仁县和平丘县时，黄县和济阳闭城自守，魏国就降服了；大王又割取濮地和磨地以北的地方给燕国，贯通了齐、秦之间的要道，截断了楚、赵之间的交通中枢，各诸侯国数次会合却不敢救援。大王的威势充分发挥了。

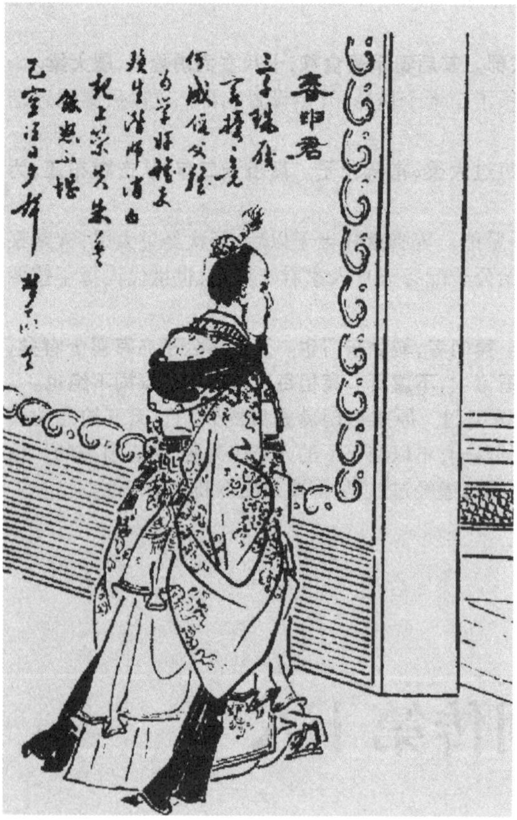

春申君像

王若能持功守威，绌攻取之心而肥仁义之地，使无后患，三王不足四，五伯不足六也。王若负人徒之众，伏兵革之强，乘毁魏之威，而欲以力臣天下之主，臣恐其有后患也。《诗》曰“靡不有初，鲜克有终”。《易》

曰“狐涉水，濡其尾”。此言始之易，终之难也。何以知其然也？昔智氏见伐赵之利而不知榆次之祸，吴见伐齐之便而不知干隧之败。此二国者，非无大功也，没利于前而易患于后也。吴之信越也，从而伐齐，既胜齐人于艾陵，还为越王禽三渚之浦。智氏之信韩、魏也，从而伐赵，攻晋阳城，胜有日矣，韩、魏叛之，杀智伯瑶于凿台之下。今王妒楚之不毁也，而忘毁楚之强韩、魏也，臣为王虑而不取也。

大王如果能保持功绩，守护威势，收敛攻取别国的野心，使仁义之地丰厚，以免后患，三王以后没有第四位，五霸以后没有第六位。大王如果凭借人口众多，倚仗军队强大，乘着摧毁魏国的威势，而想用武力臣服天下诸侯，我恐怕这会有后患。《诗经》说：“事情无不有个好开头，但很少能够有个好结果。”《易经》说：“狐狸一渡水，就会沾湿它的尾巴。”这是说开头容易，结局困难。为什么知道是这样呢？从前智氏看到了进攻赵国的好处，可是不知道榆次的灾祸；吴国看到了进攻齐国的好处，可是不知道干隧的失败。这两个国家，不是没有大的功绩，而是得利在前，就换来了后面的祸患。吴国由于相信越国，从而攻打齐国，在艾陵战胜齐军以后，收兵时却在三渚水边被越王擒获。智氏由于相信韩、魏两国，从而攻打赵国，围攻晋阳城，胜利指日可待了，可是韩国和魏国背叛了他，把智伯瑶杀死在凿台之下。现在大王怨恨楚国不毁灭，但忘记了毁灭楚国就会加强韩国和魏国，我替大王考虑，是不可取的。

《诗》曰“大武远宅而不涉”。从此观之，楚国，援也；邻国，敌也。《诗》云“趯趯毚兔，遇犬获之。他人有心，余忖度之”。今王中道而信韩、魏之善王也，此正吴之信越也。臣闻之，敌不可假，时不可失。臣恐韩、魏卑辞除患而实欲欺大国也。何则？王无重世之德于韩、魏，而有累世之怨焉。夫韩、魏父子兄弟接踵而死于秦者将十世矣。本国残，社稷坏，宗庙毁。刳腹绝肠，折颈摺颐，首身份离，暴骸骨于草泽，头颅僵仆，相望于境，父子老弱系脰束手为群虏者相及于路。鬼神孤伤，无所血食。人民不聊生，族类离散，流亡为仆妾者，盈满海内矣。故韩、魏之不亡，秦社稷之忧也，今王资之与攻楚，不亦过乎！

《诗经》说：“大军不远跋涉而征伐。”从这看来，楚国是秦国的朋友，邻国是秦国的敌人。《诗经》说：“那蹦跳着的狡兔，一旦碰到狗，就会被捉住。别人有心思，我要揣测他。”如今大王中途相信韩国和魏国会友善地对待大王，这正像吴国相信越国一样。我听说，敌人不可以宽恕，时机不可以错过。我恐怕韩国和魏国用谦卑的辞令来消除自己的祸害，其实是想骗大国。为什么呢？大王对于韩国和魏国没有历代的恩德，却有历代的怨仇。韩国和魏国父子兄弟相继死在秦国手下的将近十代了。国家受摧残，社稷被破坏，宗庙遭毁灭。人民剖腹断肠，折颈毁容，身首分离，尸骨暴露在草泽间，头颅僵仆在地上。境内到处能够看到，父子老弱被绑着脖子捆着手成为大批俘虏，在路上前后相随。鬼神孤苦悲伤，没有人祭祀。人民没办法维持生活，以致同家族的人分离散失，流浪逃亡成为奴仆婢妾的，充满天下了。所以韩国和魏国不灭亡，就是秦国的忧患，如果大王借助韩国和魏国去攻打楚国，不也错了吗？

且王攻楚将恶出兵？王将借路于仇雠之韩、魏乎？兵出之日而王忧其不返也，是王以兵资于仇雠之韩、魏也。王若不借路于仇雠之韩、魏，必攻随水右壤。随水右壤，此皆广川大水，山林谿谷，不食之地也，王虽有之，不为得地。是王有毁楚之名而无得地之实也。

况且大王攻打楚国将从哪里出兵？大王将向仇敌韩国和魏国借路吗？如果这样，恐怕从军队出发的那日起，大王就要担心它不能回来了，这就是大王把军队资助给仇敌的韩国和魏国吧。大王如果不向仇敌韩国和魏国借路，就必定要攻打随水右边的地带。随水右边的地带，这一带都是广大的河水，山林溪谷，不能生长庄稼的地方。大王即便占有它，也不能算是得到了土地。这样大王有打败楚国的虚名，却没有得到土地的实利。

且王攻楚之日，四国必悉起兵以应王。秦、楚之兵构而不离，魏氏将出而攻留、方与、铚、湖陵、砀、萧、相，故宋必尽。齐人南面攻楚，泗上必举。此皆平原四达，膏腴之地，而使独攻。王破楚以肥韩、魏于中国而劲齐。韩、魏之强，足以校于秦。齐南以泗水为境，东负海，北倚河，而无后患，天下之国莫强于齐、魏，齐、魏得地葆利而详事下吏，一年之后，为帝未能，其于禁王之为帝有余矣。

何况大王进攻楚国的时日，齐、赵、韩、魏四国一定都要出兵来响应大王。秦、楚两国的军队忙

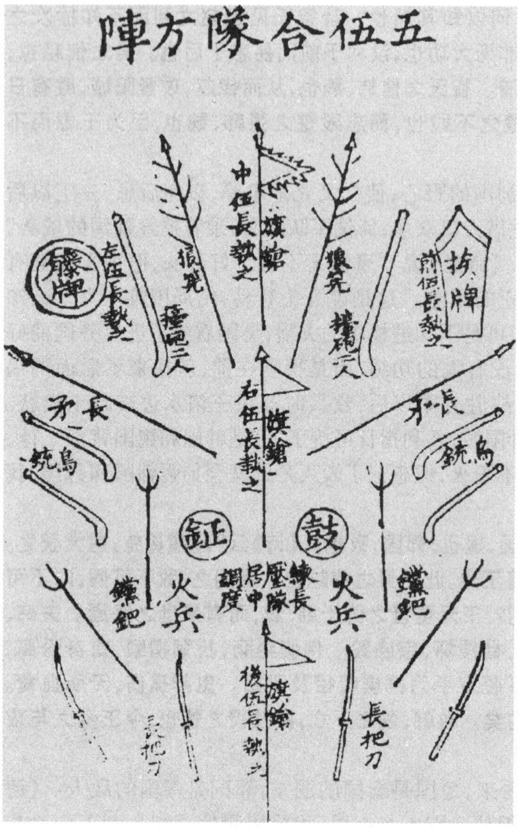

五伍合队方阵图，古代军队的操列阵式。

于交战而无法脱离，魏国将出兵来攻打留地、方与、铚地、湖陵、砀地、萧地、相地，原来宋国的土地必定全部归魏国所有。齐军向南进攻楚国，泗水流域一定被攻占。这些都是平原，交通方便，又是肥沃富饶的土地，却使魏、齐各自攻占。大王战胜楚国使韩国和魏国在中原的势力雄厚起来，同时加强了齐国。韩、魏两国的强大，足够来同秦国较量。齐国南面以泗水为界，东面靠渤海，北面靠黄河，没有后患。天下的国家没有比齐国和魏国更强大的了。齐国和魏国得到土地，保持有利条件，审慎地对待下属，一年以后，即使未能称帝，也有余力阻止大王称帝了。

夫以王壤土之博，人徒之众，兵革之强，壹举事而树怨于楚，迟令韩、魏归帝重于齐，是王失计也。臣为王虑，莫若善楚。秦、楚合而为一以临韩，韩必敛手。王施以东山之险，带以曲河之利，韩必为关内之侯。若是而王以十万戍郑，梁氏寒心，许、鄢陵婴城，而上蔡、召陵不往来也，如此而魏亦关内侯矣。王壹善楚，而关内两万乘之主注地于齐，齐右壤可拱手而取也。王之地一经两海，要约天下，是燕、赵无齐、楚，齐、楚无燕、赵也。然后危动燕、赵，直摇齐、楚，此四国者不待痛而服矣。

凭着大王广博的土地，众多的人口，强大的武装，一旦发兵攻楚而招来楚国的仇恨，这就会使韩、魏两国的将帝王的重号归送给齐国，这是大王的失策啊！我为大王考虑，您不如与楚国亲善友好。如果秦、楚两国联合起来结成一体，对付韩国，韩国一定缩手而不敢妄动。大王设置东山的险阻关隘，利用黄河曲折环绕的有利地形，这样韩国就必定成为您的巨属。如果造成了这样的形势，那么大王再派十万军队去镇守郑地，魏国就会恐惧，许地、鄢陵将闭门固守，而上蔡、召陵则不敢互相往来，这样一来，魏国也就会成为您的臣属了。大王一经与楚国亲善友好，那么关内的两个大国——韩与魏就会去向齐国索取土地，齐国右边的大片土地便可轻而易举地得到了。大王的土地横贯东西两海，约束天下诸侯，这样就能使燕国、赵国不能依靠齐国、楚国，齐国、楚国也不能借助燕国、赵国为依傍。然后您以生死存亡去震慑燕国、赵国，就会直接动摇齐国和楚国，如此，这四个国家不须痛击便可制服了。

昭王曰："善。"于是乃止白起而谢韩、魏。发使赂楚，约为与国。

秦昭王说："好。"于是就制止白起出兵，并且辞退韩国和魏国。还派遣使臣贿赂楚国，相约成为盟国。

黄歇受约归楚，楚使歇与太子完入质于秦，秦留之数年。楚顷襄王病，太子不得归。而楚太子与秦相应侯善，于是黄歇乃说应侯曰："相国诚善楚太子乎？"应侯曰："然。"歇曰："今楚王恐不起疾，秦不如归其太子。太子得立，其事秦必重而德相国无穷，是亲与国而得储万乘也。若不归，则咸阳一布衣耳；楚更立太子，必不事秦。夫失与国而绝万乘之和，非计也。愿相国孰虑之。"应侯以闻秦王。秦王曰："令楚太子之傅先往问楚王之疾，返而后图之。"黄歇为楚太子计曰："秦之留太子也，欲以求利也。今太子力未能有以利秦也，歇忧之甚。而阳文君子二人在中，王若卒大命，太子不在，阳文君子必立为后，太子不得奉宗庙矣。不如亡秦，与使者俱出；臣请止，以死当之。"楚太子因

变衣服为楚使者御以出关，而黄歇守舍，常为谢病。度太子已远，秦不能追，歇乃自言秦昭王曰："楚太子已归，出远矣。歇当死，愿赐死。"昭王大怒，欲听其自杀也。应侯曰："歇为人臣，出身以徇其主，太子立，必用歇，故不如无罪而归之，以亲楚。"秦因遣黄歇。

黄歇接受条约后回到楚国，楚国派遣黄歇和太子完到秦国做人质，秦国把他们扣留了几年。楚顷襄王病了，太子完也不能回国。楚国太子完跟秦国宰相应侯友好，这时黄歇就劝说应侯道："相国果真与楚太子相好吗？"应侯说："对。"黄歇说："如今楚王恐怕是一病不起了，秦国应让楚太子回国。太子如果能够承袭王位，他一定厚待秦国，并永远感激相国，这就既亲善盟国，又辅佐了万乘之主。假如不让太子回国，那么他就是咸阳一个平民罢了；楚国另立太子，一定不会服从秦国。失去盟国，又断绝了万乘之主的友谊，不是办法。希望相国仔细地考虑这件事。"应侯把这些话传达给秦王，秦王说："让楚太子的师傅先去探问楚王的病情，等他回来之后再考虑这件事。"黄歇替楚太子着想说："秦国扣留太子，想借此求得好处。如今太子的能力还不能够有办法使秦国得到好处，我对此十分担心。而阳文君的两个儿子在国内，大王如果寿终，太子不在国内，阳文君的儿子一定会被确定为继承人，太子就不能奉祀宗庙了。不如逃离秦国，跟使臣一道出去。我请求留下，用死命抵罪。"楚太子便换了衣服，扮作楚国使臣的车夫而出了关口，黄歇留守馆舍，常常替太子托言生病。估计太子已经远离，秦国不能追上，黄歇就亲自对秦昭王说："楚太子已经回国，出关很远了。我该死，希望赐我一死。"秦昭王大怒，想让他自杀。应侯说："黄歇作为人臣，献身来孝忠他的主子。如果太子即位，一定任用黄歇，所以不如无罪让他回国，借此亲善楚国。"秦国便遣送黄歇回国。

歇至楚三月，楚顷襄王卒，太子完立，是为考烈王。考烈王元年，以黄歇为相，封为春申君，赐淮北地十二县。后十五岁，黄歇言之楚王曰："淮北地边齐，其事急，请以为郡便。"因并献淮北十二县，请封于江东。考烈王许之。春申君因城故吴墟，以自为都邑。

黄歇回到楚国三个月，楚顷襄王就去世了，太子完即位，这就是考烈王。考烈王元年，用黄歇作宰相，封为春申君，赐给他淮北地区十二个县。十五年后，黄歇为楚王说："淮北地区邻近齐国，那里事态紧急，请求把它设为郡更为合适。"就一并献出淮北地区十二个县，请求封到江东。考烈王答应了他。春申君就在原吴墟筑城，用来作为自己的都邑。

春申君既相楚，是时齐有孟尝君，赵有平原君，魏有信陵君，方争下士，招致宾客，以相倾夺，辅国持权。

春申君已经在楚国做了宰相，这时齐国有孟尝君，赵国有平原君，魏国有信陵君，他们正在争相礼贤下士，招徕宾客，来互相倾覆抢夺，辅佐国家，把持政权。

春申君为楚相四年，秦破赵之长平军四十余万。五年，围邯郸。邯郸告急于楚，楚使春申君将兵往救之，秦兵亦去，春申君归。春申君相楚八年，为楚北伐灭鲁，以荀卿为兰陵令。当是时，楚复强。

春申君担任楚国宰相的第四年，秦国打败赵国在长平的驻军四十多万。第五年，秦军包围邯郸。邯郸向楚国告急。楚国派遣春申君带兵前往救援它。秦军也撤离了，春申君就回国。春申君作楚国宰相的第八年，替楚国向北讨伐，灭了鲁国，用荀卿担任兰陵县令。正当这个时候，楚国又强大起来了。

赵平原君使人于春申君，春申君舍之于上舍。赵使欲夸楚，为玳瑁簪，刀剑室以珠玉饰之，请命春申君客。春申君客三千余人，其上客皆蹑珠履以见赵使，赵使大惭。

赵平原君派人见春申君，春申君把来人安置在上等宾馆。赵国的使臣想向楚国夸耀自己，头上插着玳瑁簪子，刀剑套子用珠玉装饰着，请求会见春申君的门客。春申君的门客三千多人，其中的上等宾客都穿着缀有珍珠的鞋子来会见赵国的使臣，赵国的使臣大为惭愧。

春申君相十四年，秦庄襄王立，以吕不韦为相，封为文信侯。取东周。

春申君作宰相的第十四年，秦庄襄王登位，用吕不韦作宰相，封为文信侯。占领了东周。

春申君相二十二年，诸侯患秦攻伐无已时，乃相与合从，西伐秦，而楚王为从长，春申君用事。至函谷关，秦出兵攻，诸侯兵皆败走。楚考烈王以咎春申君，春申君以此益疏。

春申君作宰相的第二十二年，各诸侯国担心秦国不停地进攻，就相约联合起来，向西攻打秦国，楚王成为合纵盟国的首领，春申君执政。到了函谷关，秦国出兵反击，各诸侯国的军队都败退逃跑。楚考烈王因此追究春申君，春申君从此逐渐被疏远了。

客有观津人朱英，谓春申君曰："人皆以楚为强而君用之弱，其于英不然。先君时善秦二十年而不攻楚，何也？秦逾黾隘之塞而攻楚，不便；假道于两周，背韩、魏而攻楚，不可。今则不然，魏旦暮亡，不能爱许、鄢陵，其许魏割以与秦。秦兵去陈百六十里，臣之所观者，见秦、楚之日斗也。"楚于是去陈徙寿春；而秦徙卫野王，作置东郡。春申君由此就封于吴，行相事。

门客中有个观津人朱英，对春申君说："人们都认为楚国本来是强大的，可是您使它变弱了，在我看来不是这样。先王时与秦国友好相处二十年，秦国不进攻楚国，为什么呢？秦国要跨越黾隘的关塞来攻打楚国，是不方便的；向东西两周借道，背对韩国和魏国来攻打楚国，也不行。现在就不是这样，魏国早晚就要灭亡，不能可惜许地和鄢陵，也许魏国会割让它们给秦国。秦军离陈地只有一百六十里，我看到的是，秦国和楚国日益争斗。"楚国这时离开陈地迁都到寿春；秦国就迁故卫都濮州到野王，设立东郡。春申君从此去到吴地的封国，兼理宰相职务。

楚考烈王无子，春申君患之，求妇人宜子者进之，甚众，卒无子。赵人李园持其女弟，欲进之楚王，闻其不宜子，恐久毋宠。李园求事春申君为舍人，已而谒归，故失期。还谒，春申君问之状，对曰："齐王使使求臣之女弟，与其使者饮，故失期。"春申君曰："娉入乎？"对曰："未也。"春申君曰："可得见乎？"曰："可。"于是李园乃进其女弟，即幸于春申君。知其有身，李园乃与其女弟谋。园女弟承间以说春申君曰："楚王之贵幸君，虽兄弟不如也。今君相楚二十余年，而王无子，即百岁后更立兄弟，则楚更立君后，亦各贵其故所亲，君又安得长有宠乎？非徒然也，君贵用事久，多失礼于王兄弟，兄弟诚立，祸且及身，何以保相印江东之封乎？今妾自知有身矣，而人莫知。妾幸君未久，诚以君之重而进妾于楚王。王必幸妾；妾赖天有子男，则是君之子为王也，楚国尽可得，孰与身临不测之罪乎？"春申君大然之，乃出李园女弟，谨舍而言之楚王。楚王召入幸之，遂生子男，立为太子，以李园女弟为王后。楚王贵李园，园用事。

《东周列国志》版画之李园计除春申君图

楚考烈王没有儿子，春申君忧虑这件事，已经寻找了很多个会生育的妇女进献给他，但最终都没有儿子。赵国人李园带着自己的妹妹，想把她献给楚王，听到他不会生小孩，担忧长久以后妹妹失宠。李园就要求作为家臣服事春申君，不久请假回家，故意延误期限。回来进见春申君，春申君问他的情况，他回答说："齐王派使者求聘我的妹妹，我陪同那个使者饮酒，因此贻误期限。"春申君说："彩礼来了吗？"李园回答说："没有。"春申君说："可以让我看看吗？"李园说："可以。"就在这个时候李园便献上他的妹妹，立即受到春申君的宠幸。李园知道妹妹怀有身孕后，就跟他的妹妹商量。李园的妹妹趁便劝说春申君道："楚王对您的尊重和宠信，即使是亲兄弟也比不上。现在您作楚国的宰相二十多年，但楚王没有儿子，如果去世之后将另立兄弟，那么楚国另立国君以后，也分别重用原来亲信的人，您又怎能长久地享有尊宠呢？不仅如此，而且您受重用和掌权的时间长，对楚王的兄弟常有失礼的地方，如果楚王兄弟即位，灾难将降到您身上，怎能保住宰相的印章和江东的封地呢？如今我自己知道有身孕了，但别人不知道。我受您宠幸不久，如果凭您的显贵把我进献给楚王，楚王一定宠幸我；我如果靠老天保佑能生个儿子，那么这就是您的儿子当王了，楚国全部可以得到，这与身临意想不到的灾祸比较，哪一样好呢？”春申君完全同意她的看法，便让李园的妹妹从看护谨严的馆舍里出来，然后禀报楚王。楚王召令进宫，宠幸她，于是生下一个男孩，立为太子，封李园的妹妹为王后。楚王重用李园，李园执掌政事。

李园既入其女弟，立为王后，子为太子，恐春申君语泄而益骄，阴养死士，欲杀春申君以灭口，而国人颇有知之者。

李园让他的妹妹进入王宫以后，妹妹被立为王后，儿子被立为太子。李园害怕春申君言语泄密而且越来越骄妄，就暗地里收养亡命之徒，想要杀死春申君来灭口，国中百姓颇有知道内情的。

春申君相二十五年，楚考烈王病。朱英谓春申君曰：“世有毋望之福，又有毋望之祸。今君处毋望之世，事毋望之主，安可以无毋望之人乎？”春申君曰：“何谓毋望之福？”曰：“君相楚二十余年矣，虽名相国，实楚王也。今楚王病，旦暮且卒，而君相少主，因而代立当国，如伊尹、周公，王长而反政，不即遂南面称孤而有楚国？此所谓毋望之福也。”春申君曰：“何谓毋望之祸？”曰：“李园不治国而君之仇也，不为兵而养死士之日久矣，楚王卒，李园必先入据权而杀君以灭口。此所谓毋望之祸也。”春申君曰：“何谓毋望之人？”对曰：“君置臣郎中，楚王卒，李园必先入，臣为君杀李园。此所谓毋望之人也。”春申君曰：“足下置之。李园，弱人也，仆又善之，且又何至此！”朱英知言不用，恐祸及身，乃亡去。

春申君担任宰相的第二十五年，楚考烈王病了。朱英对春申君说：“人世间有不期而来的幸福，又有不期而来的灾祸。现在您处在不期而来的时代，服事不期而来的国君，怎么可以没有不望而来的人呢？”春申君说：“什么叫不期而来的幸福？”朱英说：“您担任楚国宰相二十多年了，虽然名义上是宰相，其实是楚王。现在楚王病了，早晚将要去世，您就要辅佐幼主，因此代替他执掌国政，好像伊尹、周公一样，国王长大了就把政权还给他，这不就是等于南面称王而占有楚国吗？这就是不期而来的幸福。”春申君说：“什么叫不期而来的灾难？”朱英说：“李园不理国事又是您的仇人，不治兵却早就在收买亡命之徒了，楚王一去世，李园必定先入宫掌权并杀掉您来灭口，这就是所说的不期而来的灾祸。”春申君说：“什么是不望而来的人呢？”朱英回答说：“您安排我担任郎中，楚王一去世，李园必定先入宫，我替您杀掉李园。这就是所说的不望而来的人。”春申君说：“您放弃这种想法吧。李园是个软弱的人，我又和他很友好，将怎能做到这一步！”朱英知道自己的话不会被采纳，害怕灾祸危及自身，就逃走了。

后十七日，楚考烈王卒，李园果先入，伏死士于棘门之内。春申君入棘门，园死士侠刺春申君，斩其头，投之棘门外。于是遂使吏尽灭春申君之家。而李园女弟初幸春申君有身而入之王所生子者遂立，是为楚幽王。

十七天后，楚考烈王死了，李园果然先入宫廷，让亡命之徒埋伏在宫门以内。春申君一进宫门，李园的亡命之徒夹攻而刺杀春申君，斩了他的头，抛在宫门之外。这时就派遣官吏把春申君一家都杀掉。而李园的妹妹当初受春申君的宠幸而怀孕，后来献给楚王，所生的儿子就登位，这就是楚幽王。

是岁也，秦始皇帝立九年矣。嫪毐亦为乱于秦，觉，夷其三族，而吕不韦废。

这一年，秦始皇帝登位九年了。嫪毐也在秦国作乱，被发觉后，杀了他的三族，而吕不韦也被废弃。

太史公曰：吾适楚，观春申君故城，宫室盛矣哉！初，春申君之说秦昭王，及出身遣楚太子归，何其智之明也！后制于李园，旄矣。语曰：“当断不断，反受其乱。”春申君失朱英之谓邪？

太史公说：我到楚国，参观春申君原来的城都，宫室够华丽了啊！当初，春申君游说秦昭王，以及宁可牺牲自己而打发太子回国，智慧是多么高明啊！后来受到李园的控制，就糊涂了。俗话说：“应当决断的不决断，反而受到它的祸乱。”说的正是春申君不听朱英的话吧！

范雎蔡泽列传第十九

范雎者，魏人也，字叔。游说诸侯，欲事魏王，家贫无以自资，乃先事魏中大夫须贾。

范雎是魏国人，字叔。他曾经在各诸侯国中游说，想侍奉魏王，但因为家里贫穷，无法自助，就先侍奉魏国中大夫须贾。

须贾为魏昭王使于齐，范雎从。留数月，未得报。齐襄王闻雎辩口，乃使人赐雎金十斤及牛酒，雎辞谢不敢受。须贾知之，大怒，以为雎持魏国阴事告齐，故得此馈，令雎受其牛酒，还其金。既归，心怒雎，以告魏相。魏相，魏之诸公子，曰魏齐。魏齐大怒，使舍人笞击雎，折胁摺齿。雎详死，即卷以箦，置厕中。宾客饮者醉，更溺雎，故僇辱以惩后，令无妄言者。雎从箦中谓守者曰："公能出我，我必厚谢公。"守者乃请出弃箦中死人。魏齐醉，曰："可矣。"范雎得出。后魏齐悔，复召求之。魏人郑安平闻之，乃遂操范雎亡，伏匿，更名姓曰张禄。

须贾为魏昭王出使齐国，范雎也随从前往。住了好几个月后，也没有什么结果回复朝廷。齐襄王听说范雎能言善辩，就派人赏赐范雎十斤黄金还有牛肉、酒食，范雎辞让不敢接受。须贾知道了这件事，十分生气，以为范雎把魏国的秘密告诉了齐国，所以才能得到这些礼物，他让范雎接受齐王的牛肉、酒食，退还他的黄金。回国以后，须贾内心怨恨范雎，把这件事告诉了魏国的宰相。魏国的宰相是魏国的一位公子，叫魏齐。魏齐非常生气，让家臣鞭打范雎，打断了肋骨，打落了牙齿。范雎假装死了，魏齐就叫人用席子卷起来，抛弃在厕所里。宾客喝醉酒的人，轮流把人便撒在范雎身上，故意侮辱他来警告后人，使他们不敢乱说。范雎从席子中对看守的人说："您能让我出来，我一定重重地答谢您。"看守的人就请求放出弃置席子里的死人。魏齐喝醉了，说："行啦。"范雎得以脱身。后来魏齐反悔，又叫人寻找他。魏国人郑安平听说了这件事，就携持范雎逃跑，隐藏起来，范雎改名换姓叫做张禄。

当此时，秦昭王使谒者王稽于魏。郑安平诈为卒，侍王稽。王稽问："魏有贤人可与俱西游者乎？"郑安平曰："臣里中有张禄先生，欲见君，言天下事。其人有仇，不敢昼见。"王稽曰："夜与俱来。"郑安平夜与张禄见王稽。语未究，王稽知范雎贤，谓曰："先生待我于三亭之南。"与私约而去。

正当这个时候，秦昭王派遣谒者王稽出使到魏国。郑安平就装成兵卒，侍候王稽。王稽问："魏国有贤能的人可以跟我一起到西方游历的吗？"郑安平说："我同乡中有位张禄先生，想会见您，谈论天下大事。这个人有仇人，不敢白天来见您。"王稽说："夜里您跟他一道来。"郑安平夜里跟张禄去见王稽。话没有说完，王稽知道范雎贤能，对他说："请先生在三亭的南面等我。"范雎和王稽私下约定以后便离开了。

王稽辞魏去，过载范雎入秦。至湖，望见车骑从西来。范雎曰："彼来者为谁？"王稽曰："秦相穰侯东行县邑。"范雎曰："吾闻穰侯专秦权，恶内诸侯客，此恐辱我，我宁且匿车中。"有顷，穰侯果至，劳王稽，因立车而语曰："关东有何变？"曰："无有。"又谓王稽曰："谒君得无与诸侯客子俱来乎？无益，徒乱人国耳。"王稽曰："不敢。"即别去。范雎曰："吾闻穰侯智士也，其见事迟，乡者疑车中有人，忘索之。"于是范雎下车走，曰："此必悔之。"行十余里，果使骑还索车中，无客，乃已。王稽遂与范雎入咸阳。

王稽告别魏国而走了，经过约定的地点就用车子载着范雎回秦国。到了湖关的时候，远远看到有车马从西边来。范雎说："那边来的人是谁？"王稽说："是秦国宰相穰侯到东部巡视县邑。"范雎说："我听说穰侯独揽秦国的政权，厌恶接纳各国的说客，这个人恐怕要侮辱我，我宁可暂且匿在车子里。”过了一会，穰侯果然来到，他慰问王稽，便停下车来交谈说：“关东有什么变化？”王稽说：“没有。”穰侯又对王稽说：“谒君该不会和诸侯国的说客一起来吧？他们毫无作用，只会扰乱别人的国家罢了。”王稽说：“不敢。”两人很快就分别离开。范雎说：“我听说穰侯是个有智谋的人，只是对事反应慢，刚才他怀疑车子里有人，却忘记搜索了。”就在这时，范雎下车步行，说：“这样他一定后悔的。”范雎走了十几里，穰侯果然派骑兵回头搜查车子，见没人，才作罢。王稽就和范雎进入咸阳。

已报使，因言曰：“魏有张禄先生，天下辩士也。曰‘秦王之国危于累卵，得臣则安。然不可以书传也’。臣故载来。”秦王弗信，使舍食草具。待命岁余。

王稽向秦昭王报告出使情况以后，趁机说：“魏国有位张禄先生，是天下能言善辩的人。他说‘秦王的国家比重叠起来的鸡蛋还危险，能够任用我就安全，可是这不能用书面传达’。所以我用车子载他回来。”秦王不相信，但还是让他住下来，给吃粗劣的饭菜。范雎待命一年多。

《东周列国志》版画之范雎巧计逃秦国图。范雎在魏国因受小人诬陷而受刑，于是诈死，改名张禄出逃秦国，受到秦昭王重用。

当是时，昭王已立三十六年。南拔楚之鄢郢，楚怀王幽死于秦。秦东破齐。湣王尝称帝，后去之。数困三晋。厌天下辩士，无所信。

当这个时候，秦昭王已登位三十六年。秦国向南攻克了楚国的鄢城和郢都，楚怀王在秦国被幽禁身亡。秦国向东打败了齐国，齐湣王曾经称帝，后来去掉帝号。秦国多次困扰三晋。秦昭王厌恶天下的说客，不相信他们。

穰侯、华阳君，昭王母宣太后之弟也；而泾阳君、高陵君皆昭王同母弟也。穰侯相，三人者更将，有封邑，以太后故，私家富重于王室。及穰侯为秦将，且欲越韩、魏而伐齐纲、寿，欲以广其陶封。范雎乃上书曰：

穰侯和华阳君是秦昭王母亲宣太后的弟弟，而泾阳君和高陵君都是秦昭王的同母弟弟。穰侯当宰相，其余三人轮流当将领，都有封地，由于太后的缘故，私人的财产比王室还多。到了穰侯担任秦国将领的时候，将要越过韩国、魏国去攻打齐国的纲、寿，想用来扩大他在陶邑的封地。范雎就上书说：

臣闻明主立政，有功者不得不赏，有能者不得不官，劳大者其禄厚，功多者其爵尊，能治众者其官大。故无能者不敢当职焉，有能者亦不得蔽隐。使以臣之言为可，愿行而益利其道；以臣之言为不可，久留臣无为也。语曰：“庸主赏所爱而罚所恶；明主则不然，赏必加于有功，而刑必断于有罪。”今臣之胸不足以当椹质，而要不足以待斧钺，岂敢以疑事尝试于王哉！虽以臣为贱人而轻辱，独不重任臣者之无反复于王邪？

我听说英明的君主这样确立政治原则：有功劳的人不能不奖赏，有才能的人不能不当官；功劳大的人，他的俸禄多，功劳多的人，他的爵位高；能够治理众人的人，他当的官就大。所以没有才能的人不敢担任官职，有才能的人也不会埋没。如果认为我的话是对的，希望您实行它，以便更有利于您的政治措施；如果认为我的话是不对的，久留我也没有用。俗话说：“昏庸的君主奖赏他所喜爱的人，而惩罚他所厌恶的人；英明的君主却不是这样，奖赏一定落在有功的人身上，而刑罚一定判给有罪的人。”如今我的胸部无法抵挡砧板，而腰部无法对付斧钺，难道敢用没把握的事情来尝试大王吗？即使您认为我是卑贱的人而轻意地侮辱我，难道就不重视任用我的人对大王是义无反顾的吗？

且臣闻周有砥砨，宋有结绿，梁有县藜，楚有和朴，此四宝者，土之所生，良工之所失也，而为天下名器。然则圣王之所弃者，独不足以厚国家乎？

而且我听说周朝有砥砨，宋国有结绿，魏国有县藜，楚国有和朴，这四种宝玉都是地里所生长的，又是名匠所错过的，却成为天下有名的宝贝。这样，那么大王所遗弃的人，难道无法有利于国家吗？

臣闻善厚家者取之于国，善厚国者取之于诸侯。天下有明主则诸侯不得擅厚者，何也？为其割荣也。良医知病人之死生，而圣主明于成败之事，利则行之，害则舍之，疑则少尝之，虽舜禹复生，弗能改已。语之至者，臣不敢载之于书，其浅者又不足听也。意者臣愚而不概于王心耶？亡其言臣者贱而不可用乎？自非然者，臣愿得少赐游观之间，望见颜色。一语无效，请伏斧质。

我听说善于使个人富裕的是向国家索取，善于使国家富裕的是向诸侯索取。天下有英明的君主，那么诸侯就不能擅自富裕，为什么呢？因为他们篡夺了权势。高明的医生知道病人的死活，而圣明的君主明白事情的成败。有利的就实行它，有害的就抛弃它，没把握的就少试它，即使虞舜和夏禹复活，也不能改变了。深刻的话，我不敢写在书面上，那些浅薄的话，又不值得大王听取。我想，是因为我愚蠢而不符合大王的心意呢，还是因为大王轻视那推荐我的人地位卑贱而不能听我呢？如果不是这样的话，我希望得到大王稍微赏赐游览观光的空闲，让我能远远地见到大王一面。如果我说了一句没用的话，请让我伏在刀斧和砧板之间受刑。

于是秦昭王大说，乃谢王稽，使以传车召范睢。

当时秦昭王非常高兴，就向王稽致谢，派人用专车去召见范睢。

于是范睢乃得见于离宫，详为不知永巷而入其中。王来而宦者怒，逐之，曰："王至！"范睢缪为曰："秦安得王？秦独有太后、穰侯耳。"欲以感怒昭王。昭王至，闻其与宦者争言，遂延迎，谢曰："寡人宜以身受命久矣，会义渠之事急，寡人旦暮自请太后；今义渠之事已，寡人乃得受命。窃闵然不敏，敬执宾主之礼。"范睢辞让。是日观范睢之见者，群臣莫不洒然变色易容者。

就这样，范睢才能够在离宫和秦昭王见面。范睢假装不知道幽禁有罪宫女的长巷而进入里面。秦昭王来了，宦官非常生气，要驱逐他，说："秦王到！"范睢装糊涂地说："秦国哪来的王？秦国只有太后和穰侯罢了。"想以此激怒秦昭王。秦昭王一到，听到他和宦官争论，就邀请他进宫，并自我批评说："我早就应当亲自接受您的教导了，但碰上义渠的事情很急，我得早晚亲自请示太后；现在义渠的事情完了，我才能来接受教导。我自觉愚昧，所以让我恭敬地履行宾主的礼节。"范睢推辞着。这一天，看到范睢被接见的情形的，大臣们没有谁不肃然改变容颜的。

秦王屏左右，宫中虚无人。秦王跽而请曰："先生何以幸教寡人？"范睢曰："唯唯。"有间，秦王复跽而请曰："先生何以幸教寡人？"范睢曰："唯唯。"若是者三。秦王跽曰："先生卒不幸教寡人邪？"范睢曰："非敢然也。臣闻昔者吕尚之遇文王也，身为渔父而钓于渭滨耳。若是者，交疏也。已说而立为太师，载与俱归者，其言深也。故文王遂收功于吕尚而卒王天下。乡使文王疏吕尚而不与深言，是周无天子之德，而文、武无与成其王业也。今臣羁旅之臣也，交疏于王，而所愿陈者皆匡君之事，处人骨肉之间，愿效愚忠而未知王之心也。此所以王三问而不敢对者也。臣非有畏而不敢言也。臣知今日言之于前，而明日伏诛于后，然臣不敢避也。大王信行臣之言，死不足以为臣患，亡不足以为臣忧，漆身为厉，被发为狂，不足以为臣耻。且以五帝之圣焉而死，三王之仁焉而死，五伯之贤焉而死，乌获、任鄙之力焉而死，成荆、孟贲、王庆忌、夏育之勇焉而死。死者，人之所必不免也。处必然之势，可以少有补于秦，此臣之所大愿也，臣又何患哉！伍子胥橐载而出昭关，夜行昼伏，至于陵水，无以糊其口，膝行蒲伏，稽首肉袒，鼓腹吹篪，乞食于吴市，卒兴吴国，阖闾为伯。使臣得尽谋如伍子胥，加之以幽囚，终身不复见，是臣之说行也，臣又何忧？箕子、接舆漆身为厉，被发为狂，无益于主。假使臣得同行于箕子，可以有补于所贤之主，是臣之大荣也，臣有何耻？臣之所恐者，独恐臣死之后，天下见臣之尽忠而身死，因以是杜口裹足，莫肯乡秦耳。足下上畏太后之严，下惑于奸

臣之态，居深宫之中，不离阿保之手，终身迷惑，无与昭奸。大者宗庙灭覆，小者身以孤危，此臣之所恐耳。若夫穷辱之事，死亡之患，臣不敢畏也。臣死而秦治，是臣死贤于生。”秦王跽曰：“先生是何言也！夫秦国辟远，寡人愚不肖，先生乃幸辱至于此，是天以寡人慁先生而存先王之宗庙也。寡人得受命于先生，是天所以幸先王，而不弃其孤也。先生奈何而言若是！事无小大，上及太后，下至大臣，愿先生悉以教寡人，无疑寡人也。”范睢拜，秦王亦拜。

秦王屏退身边的臣子，宫里空无一人。秦王长跪着请问：“先生怎样指教我？”范睢说：“嗯嗯。”过了一会，秦王又长跪着请问：“先生怎样指教我？”范睢说：“嗯嗯。”一连三次都是这样子。秦王说：“先生始终不肯指教我吗？”范睢说：“不敢这样的。我听说从前吕尚遇到周文王的时候，以渔翁的身份在渭水边钓鱼罢了。之所以这样子，是因为关系疏远。当周文王说服他之后就任用他作太师，用车子载他一起回去，这是由于他的话说得深刻。所以周文王就得力于吕尚，终于称王于天下。如果周文王疏远吕尚而不跟他深刻地交谈，这样周朝就没有天子的美德，而周文王和周武王也就无法成就他们的王业。如今我是一个旅居外地的臣子，和大王关系疏远，而我所希望陈述的都是匡正国君的事，我处在别人骨肉关系的中间，希望竭尽忠诚，只是不知大王的心意。这就是为什么大王三次发问我却不敢回答的原因。我并不是有所畏惧而不敢说话。我知道今日说话在前，明日就会被杀在后，但我不敢回避。大王如果听取我的话，即使我被处死也不值得我发愁，即使我被流放也不值得我担心，用漆涂身，变成癞子，披头散发，变成疯子，不值得我羞耻。况且像五帝这样的圣明也得死；三王这样的仁义也得死；五霸这样的贤能也得死；乌获、任鄙这样的强力也得死；成荆、孟贲、王庆忌、夏育这样的勇猛也得死。死亡，是人们一定不能避免的。处在必然的形势之中，只要稍微对秦国有补益，这就是我最大的希望，我又担忧什么呢！伍子胥用袋子装着逃出了昭关，夜晚行进，白天藏匿，走到陵水的时候，没有什么可以糊口，只好用膝盖匍匐行走，袒露上身向上叩头，鼓起肚皮吹篪，在吴国的市井里讨饭，终于复兴吴国，使阖闾成为霸主。假如我能像伍子胥一样竭尽智谋，再把我囚禁起来，一辈子不再相见，然而我的主张实行了，我又担忧什么？箕子、接舆用漆涂身，变成癞子，披头散发，变成疯子，对他们的君主没有好处。如果我能够和箕子一样地行动，能够对自己所认为贤明的君主有帮助，这是我莫大的光荣，我有什么羞耻？我所害怕的是，只害怕我死了以后，天下人看到我竭尽忠诚却自取灭亡，便因此闭口裹足，没有谁愿意投向秦国罢了。您上畏惧太后的威严，下被奸臣所迷惑，居住在深宫之中，离不开保姆之手，终身受迷惑，无法辨别奸邪。大则国家被覆灭，小则自身因此孤立危险，这是我最恐惧的啊。至于困辱的事情，死亡的忧患，我不会畏惧的。我死了而秦国安定，这样我死了比活着还好。”秦王长跪着说：“先生这是哪里话呢？秦国偏僻遥远，我愚蠢没有才能，竟幸蒙先生屈辱来到这里，这是上天让我打扰先生来保存先王的宗庙。我能够向先生领教，这是由于上天宠爱先王，不抛弃他的遗孤。先生怎能说这样的话！事情不论大小，上至太后，下至大臣，希望先生都拿来教导我，不要怀疑我呀。”范睢跪拜，秦王也跪拜。

范睢曰：“大王之国，四塞以为固，北有甘泉、谷口，南带泾、渭，右陇、蜀，左关、阪，奋击百万，战车千乘，利则出攻，不利则入守，此王者之地也。民怯于私斗而勇于公战，此王者之民也。王并此二者而有之。夫以秦卒之勇，车骑之众，以治诸侯，譬若施韩卢而搏蹇兔也，霸王之业可致也，而群臣莫当其位。至今闭关十五年，不敢窥兵于山东者，是穰侯为秦谋不忠，而大王之计有所失也。”秦王跽曰：“寡人愿闻失计。”

范睢说：“大王的国家，以四周有要塞为牢固，北面有甘泉、谷口，南面有泾河和渭水环绕，右面有陇山、蜀山，左面有幽谷关、商阪，奋力击杀之士百万，战车千辆，有利时就出兵攻打，不利时就退兵防守，这是称王者的基地。人民对于私斗胆怯，但对于公战就勇敢，这是称王者的人民。大王同时兼有这两方面的条件。凭借秦国士兵的勇敢，车马的众多，去对付诸侯国，譬如驱使韩国的大狗去搏击跛脚的兔子一样。称霸当王的大业可以实现，但群臣没有谁能称其职。到现在闭关十五年了，不敢向山东各国秘密用兵的原因，这是因为穰侯为秦国谋事不太忠诚，并且大王的计谋也有失误的地方。”秦王长跪着说：“我希望听到我的计谋失误的地方。”

然左右多窃听者，范睢恐，未敢言内，先言外事，以观秦王之俯仰。因进曰：“夫穰侯越韩、魏而攻齐纲、寿，非计也。少出师则不足以伤齐，多出师则害于秦。臣意王之计，欲少出师而悉韩、魏之

兵也，则不义矣。今见与国之不亲也，越人之国而攻，可乎？其于计疏矣。且昔齐湣王南攻楚，破军杀将，再辟地千里，而齐尺寸之地无得焉者，岂不欲得地哉，形势不能有也。诸侯见齐之罢弊，君臣之不和也，兴兵而伐齐，大破之。士辱兵顿，皆咎其王，曰：'谁为此计者乎？'王曰：'文子为之。'大臣作乱，文子出走。故齐所以大破者，以其伐楚而肥韩、魏也。此所谓借贼兵而赍盗粮者也。王不如远交而近攻，得寸则王之寸也，得尺亦王之尺也。今释此而远攻，不亦缪乎！且昔者中山之国地方五百里，赵独吞之，功成名立而利附焉，天下莫之能害也。今夫韩、魏，中国之处而天下之枢也，王其欲霸，必亲中国以为天下枢，以威楚、赵。楚强则附赵，赵强则附楚，楚、赵皆附，齐必惧矣。齐惧，必卑辞重币以事秦。齐附而韩、魏因可虏也。"昭王曰："吾欲亲魏久矣，而魏多变之国也，寡人不能亲。请问亲魏奈何？"对曰："王卑词重币以事之；不可，则割地而赂之；不可，因举兵而伐之。"王曰："寡人敬闻命矣。"乃拜范雎为客卿，谋兵事。卒听范雎谋，使五大夫绾伐魏，拔怀。后二岁，拔邢丘。

但大王左右有很多偷听的人，范雎害怕，不敢说到国内的事情，首先说到国外的事情，以观察秦王的反应。他趁机上前说："穰侯越过韩国、魏国去攻打齐国的纲邑、寿邑，不是办法。出兵少就不能伤害齐国，出兵多就对秦国不利。我心想大王的计划是，希望少出兵却让韩国、魏国的士兵全部出动，那就不合理了。如今已经发现盟国并不亲密，却要越过他们的国境去攻打另一个国家，行吗？这在策略上太疏忽了。再说从前齐湣王向南攻打楚国，打败了楚军，杀死了楚将，又开辟千里之地，但是最终齐国连尺寸的地也得不到，难道齐国不想得到土地吗？是形势不能让它占有。各诸侯国看到齐国疲惫，君臣不和睦，就起兵攻打齐国，一举而打败了它。齐国士兵受到侮辱，军队受到挫折，就都责怪他们的国王说：'是谁出了这个主意的呢？'齐王说：'是文子出这个主意。'大臣作乱，文子出走。所以齐国之所以大败，是由于它攻打楚国反而有利于韩国、魏国。这就是所谓借兵器给盗贼，送粮食给盗贼。大王不如结交远邦而进攻近邻，得到寸土就是大王的寸土，得到尺地也是大王的尺地。如今放弃这近邻，却去进攻远方的国家，不也荒谬吗？再说从前中山国土地有纵横五百里，赵国单独吞占了它，功成名就以后，利益跟着而来，天下没有谁能损害它。现在韩国和魏国地处中原又是天下的枢纽，大王如果想称霸，一定要亲近中原地区的国家，成为天下的枢纽，以便威胁楚国、赵国。楚国强盛，就让赵国归附；赵国强盛，就让楚国归附。楚国、赵国都归附，齐国一定畏惧了。齐国畏惧，必然用谦卑的言辞、厚重的礼物来侍奉秦国。齐国归附了，韩国、魏国就趁机能收服了。"秦昭王说："我想亲近魏国很久了，但魏国是个多变的国家，我不能亲近它。请问亲近魏国该怎么办？"范雎回答说："大王用谦卑的言辞、厚重的礼物去侍奉它；不行的话，就割让土地去贿赂它；不行的话，就出兵去征伐它。"秦王说："我恭敬地听命了。"秦王就任命范雎作客卿，谋划军事。终于听取范雎的计谋，派遣五大夫绾征讨魏国，拔取了怀城。两年后，拔取了邢丘。

客卿范雎复说昭王曰："秦、韩之地形，相错如绣。秦之有韩也，譬如木之有蠹也，人之有心腹之病也。天下无变则已，天下有变，其为秦患者孰大于韩乎？王不如收韩。"昭王曰："吾固欲收韩，韩不听，为之奈何？"对曰："韩安得无听乎？王下兵而攻荥阳，则巩、成皋之道不通；北断太行之道，则上党之师不下。王一兴兵而攻荥阳，则其国断而为三。夫韩见必亡，安得不听乎？若韩听，而霸事因可虑矣。"王曰："善。"且欲发使于韩。

客卿范雎又游说秦昭王道："秦国、韩国的地形，互相交错着，好像刺绣一样。秦国因韩国的存在，好象树木有蛀虫，人体有心腹的疾病一样。天下没有变化也就罢了，天下若有变化，那成为秦国隐患的还有哪一个比韩国更大的呢？大王不如收服韩国。"秦昭王说："我本来就想收服韩国，但韩国不服从，对它该怎么办？"范雎回答说："韩国怎能不服从呢？大王出兵攻打荥阳，那么巩邑和成皋的道路就不通了；向北切断太行山的通道，那么上党的军队就不能南下。大王一起兵进攻荥阳，那么韩国就会一分为三。韩国眼看定会灭亡，怎能不服从呢？如果韩国服从了，那么称霸的大业就可以考虑了。"秦王说："好。"便要打发使者到韩国。

范雎日益亲，复说用数年矣，因请间说曰："臣居山东时，闻齐之有田文，不闻其有王也；闻秦之有太后、穰侯、华阳、高陵、泾阳，不闻其有王也。夫擅国之谓王，能利害之谓王，制杀生之威之谓王。今太后擅行不顾，穰侯出使不报，华阳、泾阳等击断无讳，高陵进退不请。四贵备而国不危者，未之

有也。为此四贵者下，乃所谓无王也。然则权安得不倾，令安得从王出乎？臣闻善治国者，乃内固其威而外重其权。穰侯使者操王之重，决制于诸侯，剖符于天下，政適伐国，莫敢不听。战胜攻取则利归于陶，国弊御于诸侯；战败则结怨于百姓，而祸归于社稷。诗曰‘木实繁者披其枝，披其枝者伤其心；大其都者危其国，尊其臣者卑其主’。崔杼、淖齿管齐，射王股，擢王筋，县之于庙梁，宿昔而死。李兑管赵，囚主父于沙丘，百日而饿死。今臣闻秦太后、穰侯用事，高陵、华阳、泾阳佐之，卒无秦王，此亦淖齿、李兑之类也。且夫三代所以亡国者，君专授政，纵酒驰骋弋猎，不听政事。其所授者，妒贤嫉能，御下蔽上，以成其私，不为主计，而主不觉悟，故失其国。今自有秩以上至诸大吏，下及王左右，无非相国之人者。见王独立于朝，臣窃为王恐，万世之后，有秦国者非王子孙也。”昭王闻之大惧，曰：“善。”于是废太后，逐穰侯、高陵、华阳、泾阳君于关外。秦王乃拜范睢为相。收穰侯之印，使归陶，因使县官给车牛以徙，千乘有余。到关，关阅其宝器，宝器珍怪多于王室。

范睢日益亲近秦王，又被宠幸和任用几年了，便寻机会游说秦王道：“我在山东时，只听说齐国有田文，没听说齐国有齐王；只听说秦国有太后、穰侯、华阳君、高陵君、泾阳君，没听说秦国有秦王。独揽国家大权才叫作王，能够兴利除害才叫作王，能控制死生的威势才叫作王。如今太后独断专行，不顾后果；穰侯出使国外，不报告大王；华阳君、泾阳君等人刑罚毫无顾忌；高陵君任免官吏不向大王请示。四种权贵具备，而国家不危亡的，是未曾有过的事。在这四种权贵之下，就是所谓没有国王。这样那么政权怎能不旁落，政令怎能由大王发出呢？我听说善于治理国家的，就是对内树立自己的威信，对外重视自己的权力。穰侯出使时挟持大王的威权，对各诸侯国发号施令，在天下缔结盟约，征伐敌国，没有谁敢不听从。战争胜利，攻有所得，那么利益就归于陶县，国家一垮台就归罪于各诸侯国；战争失败就与百姓结下怨仇，而灾难归于国家。有首诗说：‘果实太多就会压折树枝，压折树枝就会伤害果树的主干；扩大了都城就会危害它的国家，尊崇了它的臣子就会使它的君主卑微’。崔杼、淖齿掌管齐国的时候，崔杼射伤齐庄公的大腿，淖齿抽掉闵王的筋骨，把他悬挂在庙堂的横梁上，很快就死了。李兑掌管赵国的时候，把主父囚在沙丘，百天后就饿死了。现在我听说秦太后和穰侯当权，高陵君、华阳君和泾阳君辅佐他们，最终会取代秦王，这些人也是淖齿、李兑的同类。再说夏、商、周三代之所以灭亡的原因，就是由于君主把政权完全授予臣下，自己放任喝酒，骑马打猎，不理政事。他所授权的人，妒贤嫉能的人，凌驾下属，蒙蔽主上，以便达到他们的个人目的，他们不替君主着想，而君主又不能觉察、醒悟，所以丧失了他的国家。如今从一般官吏到各大官吏，下到大王左右的侍从，没有不是相国的人的。眼看大王在朝廷很孤立，我私下替大王害怕，千秋万代以后，占有秦国的怕不是大王的子孙了。”秦昭王听了这话很害怕，说：“好。”于是废弃了太后，把穰侯、高陵君、华阳君和泾阳君驱赶到关外。秦王就任命范睢作宰相，收回穰侯的相印，让他回到陶县去，于是让县官提供车子和牛马以便搬家。车辆有一千多。到了关口，关上的官吏检查他的宝物，宝物珍品比王室还多。

秦封范睢以应，号为应侯。当是时，秦昭王四十一年也。

秦昭王把应城封给范睢，号称应侯。当这个时候，是秦昭王四十一年。

范睢既相秦，秦号曰张禄，而魏不知，以为范睢已死久矣。魏闻秦且东伐韩、魏，魏使须贾于秦。范睢闻之，为微行，敝衣间步之邸，见须贾。须贾见之而惊曰：“范叔固无恙乎！”范睢曰：“然。”须贾笑曰：“范叔有说于秦邪？”曰：“不也。睢前日得过于魏相，故亡逃至此，安敢说乎！”须贾曰：“今叔何事？”范睢曰：“臣为人庸赁。”须贾意哀之，留与坐饮食，曰：“范叔一寒如此哉！”乃取其一绨袍以赐之。须贾因问曰：“秦相张君，公知之乎？吾闻幸于王，天下之事皆决于相君。今吾事之去留在张君。孺子岂有客习于相君者哉？”范睢曰：“主人翁习知之，唯睢亦得谒，睢请为见君于张君。”须贾曰：“吾马病，车轴折，非大车驷马，吾固不出。”范睢曰：“愿为君借大车驷马于主人翁。”

范睢已经担任秦国的宰相，秦国人称他为张禄，但魏国人不知道，以为范睢已经死去很久了。魏国听说秦国将向东征伐韩国、魏国，魏国就派须贾到秦国。范睢听了这回事，就秘密出发，穿着破衣，抄小路到宾馆，会见须贾。须贾一见到他就惊讶地说：“范叔原来平安无事啊！”范睢说：“是。”须贾笑着说：“范叔是来游说秦国的吗？”范睢说：“不是。我范睢前些时候得罪了魏国的宰相，因此逃亡到这里，怎敢来游说呢？”须贾说：“现在范叔做什么事？”范睢说：“我做人家的雇工。”须贾心里哀怜他，就留他跟自己吃喝，说道："范叔竟贫寒到这样啊！"就拿出自己的一件厚绸袍子来送给他。须贾趁机问道："秦国宰相张先生，您了解他吗？我听说他受秦王宠爱，天下的事情都由宰相先生决定。如今我的事情的取舍在于张先生。你小子可有朋友熟悉宰相先生的吗？"范雎说："我的主人熟悉他。就是我也能够拜见他，我范雎愿意替您引见张先生。"须贾说："我的马病了，车轴断了，假如没有四匹马拉的大车，我就决不出门。"范雎说："我愿意替您向我的主人借用四匹马拉的大车。"

范雎归取大车驷马，为须贾御之，入秦相府。府中望见，有识者皆避匿。须贾怪之。至相舍门，谓须贾曰："待我，我为君先入通于相君。"须贾待门下，持车良久，问门下曰："范叔不出，何也？"门下曰："无范叔。"须贾曰："乡者与我载而入者。"门下曰："乃吾相张君也。"须贾大惊，自知见卖，乃肉袒膝行，因门下人谢罪。于是范雎盛帷帐，侍者甚众，见之。须贾顿首言死罪，曰："贾不意君能自致于青云之上，贾不敢复读天下之书，不敢复与天下之事。贾有汤镬之罪，请自屏于胡貉之地，唯君死生之！"范雎曰："汝罪有几？"曰："擢贾之发以续贾之罪，尚未足。"范雎曰："汝罪有三耳。昔者楚昭王时而申包胥为楚却吴军，楚王封之以荆五千户，包胥辞不受，为丘墓之寄于荆也。今雎之先人丘墓亦在魏，公前以雎为有外心于齐而恶雎于魏齐，公之罪一也。当魏齐辱我于厕中，公不止，罪二也。更醉而溺我，公其何忍乎？罪三矣。然公之所以得无死者，以绨袍恋恋，有故人之意，故释公。"乃谢罢。入言之昭王，罢归须贾。

范雎回去带来四匹马拉的大车，自己给须贾驾车，进入秦国宰相府。相府里的人望见了，有认识他的都回避躲开。须贾觉得奇怪。到了宰相住所门口，范雎对须贾说："您等着我，我替您先进去向宰相先生通报。"须贾在门口等着，停车许久，问看门的人说："范叔还不出来，为什么呢？"看门的人说："这里没有范叔。"须贾说："就是刚才同我一道坐车进来的。"看门的人说："那是我们的宰相张先生。"须贾大吃一惊，自己知道受骗了，就袒露上身，用膝盖跪着走，通过看门的人认罪求情。这时范雎坐在华丽的帷幕中，随从的人很多，接见了须贾。须贾磕头，声称死罪，说："我须贾没想到您能自己达到青云之上，我不敢再读天下的书，不敢再参与天下的大事。我须贾犯了该烹煮的死罪，请求独自隔离到胡貉少数民族地区，是死是活，唯您之命是从。"范雎说："你的罪过有多少？"须贾说："拔下我的头发相连接，还没有我的罪过深长。"范雎说："你的罪状有三条罢了。从前楚庄王的时候，申包胥替楚国打退了吴军，楚王把荆地五千户封赏给他，申包胥辞谢不肯接受，因为他祖宗的坟墓寄托在荆地。现在我范雎的祖宗坟墓也在魏国，您从前以为我对外私通齐国，因而在魏齐面前说我的坏话，这是您的第一条罪状。当时魏齐使我在厕所里遭受侮辱，您不制止，这是第二条罪状。又在醉后往我身上撒尿，您是多么的忍心啊！罪状三条了。然而您之所以免死，是由于一件厚绸袍子还有恋恋不舍的老朋友的情意，所以我放过您。"须贾就谢恩告别。范雎进宫向秦昭王报告了这件事，然后让须贾回去。

须贾辞于范雎，范雎大供具，尽请诸侯使，与坐堂上，食饮甚设。而坐须贾于堂下，置莝豆其前，令两黥徒夹而马食之。数曰："为我告魏王，急持魏齐头来！不然者，我且屠大梁。"须贾归，以告魏齐。魏齐恐，亡走赵，匿平原君所。

须贾向范雎辞别，范雎大摆筵席，把各国使者都请来，跟他们一起坐在大堂上，酒菜非常丰盛。而让须贾坐在堂下，把一盆料豆放在他面前，让两个受过黥刑的囚徒夹着他，像喂马一样地喂他。范雎数落他说："替我告诉魏王，赶快拿魏齐的头来！否则，我将要屠杀大梁。"须贾回去，把这些话告诉了魏齐，魏齐恐惧，逃跑到赵国，躲藏在平原君家里。

范雎既相，王稽谓范雎曰："事有不可知者三，有不可奈何者亦三。宫车一日晏驾，是事之不可知者一也。君卒然捐馆舍，是事之不可知者二也。使臣卒然填沟壑，是事之不可知者三也。宫车一日晏驾，君虽恨于臣，无可奈何。君卒然捐馆舍，君虽恨于臣，亦无可奈何。使臣卒然填沟壑，君虽恨于臣，亦无可奈何。"范雎不怿，乃入言于王曰："非王稽之忠，莫能内臣于函谷关；非大王之贤圣，莫能贵臣。今臣官至于相，爵在列侯，王稽之官尚止于谒者，非其内臣之意也。"昭王召王稽，拜为河东守，三岁不上计。又任郑安平，昭王以为将军。范雎于是散家财物，尽以报所尝困厄者。一饭之德必偿，睚眦之怨必报。

范雎担任宰相以后，王稽对范雎说："事情有不能预料的三种，有无可奈何的也是三种。君王一旦去世，这是事情不能预料的第一种情况。您突然死去，这是事情不能预料的第二种情况。假使我突然死去，这是事情不能预料的第三种情况。君王一旦去世，您尽管对我感到遗憾，也无可奈何。您突然死去，您尽管对我感到遗憾，也没有办法。假使我突然死去，您尽管对我感到遗憾，也无可奈何。”范雎不高兴，就进宫对秦昭王陈言道：“如果不是王稽的忠心，没有谁能把我接纳到函谷关，如果不是大王这样贤明圣哲，没有谁能重视我。现在我的官职达到了宰相，爵位排在列侯，王稽的官职还停留在一名谒者之上，这不是他接纳我的本意。”秦昭王召见王稽，任命他作河东郡守，三年之内不用上报。又任命郑安平，秦昭王用他作将军。范雎这时散发家里的财物，都用来施舍给曾经困苦的人。对于一饭之恩的人一定报答，对于怒目相视的怨仇一定报复。

范雎相秦二年，秦昭王之四十二年，东伐韩少曲、高平，拔之。

范雎担任宰相两年。秦昭王四十二年，向东讨伐韩国的少曲、高平，拔取了它们。

秦昭王闻魏齐在平原君所，欲为范雎必报其仇，乃详为好书遗平原君曰：“寡人闻君之高义，愿与君为布衣之友，君幸过寡人，寡人愿与君为十日之饮。”平原君畏秦，且以为然，而入秦见昭王。昭王与平原君饮数日，昭王谓平原君曰：“昔周文王得吕尚以为太公，齐桓公得管夷吾以为仲父，今范君亦寡人之叔父也。范君之仇在君之家，愿使人归取其头来；不然，吾不出君于关。”平原君曰：“贵而为交者，为贱也；富而为交者，为贫也。夫魏齐者，胜之友也，在，固不出也，今又不在臣所。”昭王乃遗赵王书曰：“王之弟在秦，范君之仇魏齐在平原君之家。王使人疾持其头来；不然，吾举兵而伐赵，又不出王之弟于关。”赵孝成王乃发卒围平原君家，急，魏齐夜亡出，见赵相虞卿。虞卿度赵王终不可说，乃解其相印，与魏齐亡，间行，念诸侯莫可以急抵者，乃复走大梁，欲因信陵君以走楚。信陵君闻之，畏秦，犹豫未肯见，曰：“虞卿何如人也？”时侯嬴在旁，曰：“人固未易知，知人亦未易也。夫虞卿蹑屩檐簦，一见赵王，赐白璧一双，黄金百镒；再见，拜为上卿；三见，卒受相印，封万户侯。当此之时，天下争知之。夫魏齐穷困过虞卿，虞卿不敢重爵禄之尊，解相印，捐万户侯而间行。急士之穷而归公子，公子曰：‘何如人’。人固不易知，知人亦未易也！”信陵君大惭，驾如野迎之。魏齐闻信陵君之初难见之，怒而自刭。赵王闻之，卒取头予秦。秦昭王乃出平原君归赵。

范雎借宿图。描绘了范雎在魏国因受小人诬陷而受刑，于是诈死出逃，在外借宿巧遇故人的故事。

秦昭王听说魏齐在平原君家里，一定要替范雎报他的仇，就虚情假意地写了一封友好的信送给平原君说：“我听说您的崇高正义，希望同您结成平民般的朋友，如有幸得到您拜访我，我愿意同您作十天的长饮。”平原君害怕秦国，又认为信中所言为是，就进入秦国会见秦昭王。秦昭王同平原君喝了几天酒，秦昭王对平原君说：“从前周文王得到吕尚，把他当作太公，齐桓公得到管夷吾，把他当作仲父，现在范先生也是我的叔父。范先生的仇人在您的家，希望您派人回去拿他的头来；不然的话，我不让您出关。”平原君说：“显贵以后结交朋友，是为了不忘卑贱的时候；富裕以后结交朋友，是为了不忘贫穷的时候。魏齐是我赵胜的朋友，就是在我家里，我当然不会交出来，况且现在又不在我家里。”秦昭王就写信给赵王说：“大王的弟弟在秦国，范先生的仇人魏齐在平原君家里。大王派人马上拿魏齐的头来；不然的话，我就起兵进攻赵国，又不让大王的弟弟出关。”赵孝成王就出兵包围平原君的家，情况危急，魏齐连夜逃亡出去，见到赵国的宰相虞卿。虞卿估计赵王终究不能说服，就解下他的相印，同魏齐一道抄小路逃跑，考虑到各诸侯国没有一个能够马上抵达的，就又跑回大梁，想通过信陵君而逃到楚国。信陵君听说这件事，害怕秦国，犹豫不决，不肯接见，他说：“虞卿是怎样的人呢？”这时侯嬴在旁边，说：“人本来不容易了解，了解人也是不容易的。虞卿穿着草鞋，打着伞，第一次见赵王，赵王赏赐他一双白璧，一百镒黄金；第二次见面，赵王任命他作上卿；第三次见面，赵王终于授给他相印，封他为万户侯。就在这个时候，天下争相了解他。魏齐在穷困的时候拜访虞卿，虞卿不敢以爵位俸禄为重，解下相印，放弃万户侯而秘密外逃。他以士人的穷困为急来归附公子，公子说‘是怎样的人’。人本来不容易了解，了解人也是不容易的！”信陵君非常惭愧，驾车到郊外迎接他们。魏齐听说信陵君起初要见他感到为难，愤怒地割脖子自杀了。赵王听说这件事，终于割下魏齐的头送给秦国。秦昭王于是释放平原君回国。

昭王四十三年，秦攻韩汾陉，拔之，因城河上广武。

秦昭王四十三年，秦国进攻韩国的汾陉，攻占了它，趁机在黄河边的广武山上筑城。

后五年，昭王用应侯谋，纵反间卖赵，赵以其故，令马服子代廉颇将。秦大破赵于长平，遂围邯郸。已而与武安君白起有隙，言而杀之。任郑安平，使击赵。郑安平为赵所围，急，以兵二万人降赵。应侯席稿请罪。秦之法，任人而所任不善者，各以其罪罪之。于是应侯罪当收三族。秦昭王恐伤应侯之意，乃下令国中：“有敢言郑安平事者，以其罪罪之。”而加赐相国应侯食物日益厚，以顺适其意。后二岁，王稽为河东守，与诸侯通，坐法诛。而应侯日益以不怿。

五年以后，秦昭王采用应侯的计谋，用反间计欺骗赵国，赵国由于这个原因，命令马服君赵奢的儿子赵括代替廉颇担任将军。秦军在长平把赵军打得大败，接着包围了邯郸。不久，应侯同武安君白起有嫌隙，进谗言而杀了白起。应侯举荐郑安平，让他去进攻赵国。郑安平被赵军包围，情急之下，带着士兵两万人投降了赵军。应侯坐在草垫上请罪。依照秦国的法律，举拔了人而被举荐的人如果犯了罪，分别根据被举荐人的罪状给他们定罪。于是应侯罪当收捕三族。秦昭王害怕伤害了应侯的心，就下令全国：“有敢于谈论郑安平事件的，就按郑安平的罪给他定罪。”而且增加赏赐相国应侯的食物日益丰厚，以便顺应他的心意。两年后，王稽担任河东郡守，由于跟外国勾结，犯法被处死，因而应侯一天天地不悦。

昭王临朝叹息，应侯进曰：“臣闻‘主忧臣辱，主辱臣死’。今大王中朝而忧，臣敢请其罪。”昭王曰：“吾闻楚之铁剑利而倡优拙。夫铁剑利则士勇，倡优拙则思虑远。夫以远思虑而御勇士，吾恐楚之图秦也。夫物不素具，不可以应卒，今武安君既死，而郑安平等畔，内无良将而外多敌国，吾是以忧。”欲以激励应侯。应侯惧，不知所出。蔡泽闻之，往入秦也。

秦昭王坐朝时唉声叹气，应侯上前说：“我听说‘君主有忧愁，臣子感到耻辱；君主受耻辱，臣子应当身死’。今天大王在朝中发愁，我愿意请求给我定罪。”秦昭王说：“我听说楚国的铁剑锋利，但艺伎笨拙。艺伎笨拙那么谋略就深远。用深远的谋略统率勇敢的士兵，我怕楚国要图谋秦国。事情如果不在平常做好准备，就不能够应付突然的事变。现在武安君已经死去，而郑安平等人反叛，国内没有良将，而国外多敌国。我因此发愁。”秦昭王想以此激励应侯。应侯恐惧，想不出办法来。蔡泽听说这件事，就到秦国去了。

蔡泽者，燕人也。游学干诸侯小大甚众，不遇。而从唐举相，曰：“吾闻先生相李兑，曰‘百日之内持国秉’，有之乎？”曰：“有之。”曰：“若臣者何如？”唐举孰视而笑曰：“先生曷鼻，巨肩，魋颜，蹙齃，膝挛。吾闻圣人不相，殆先生乎？”蔡泽知唐举戏之，乃曰：“富贵吾所自有，吾所不知者寿也，愿闻之。”唐举曰：“先生之寿，从今以往者四十三岁。”蔡泽笑谢而去，谓其御者曰：“吾持粱刺齿肥，跃马疾驱，怀黄金之印，结紫绶于要，揖让人主之前，食肉富贵，四十三年足矣。”去之赵，见逐。之韩、魏，遇夺釜鬲于涂。闻应侯任郑安平、王稽皆负重罪于秦，应侯内惭，蔡泽乃西入秦。

蔡泽是燕国人。他通过游学向许多大大小小的诸侯国谋求官职，都不能得到赏识。就找唐举看相，说："我听说先生给李兑看相，说他'百日之内会掌握国家政权'，有这回事吗？"唐举说："有这回事。"蔡泽说："像我这样的人怎么样？"唐举仔细地看了他以后笑着说："先生的鼻子向上翘，肩膀耸起脖子短，大面孔，凹鼻梁，双膝蜷曲。我听说圣人是不以相貌为然的，大概是说的先生吧。"蔡泽知道唐举是讪笑他，就说："富贵是我本来就有的，我所不知道的是年寿，希望听到这一点。"唐举说："先生的年寿，从现在起而往后还有四十三年。"蔡泽笑着辞谢后离开了，对他的驾车人说："我端着精米饭，吃着肥肉，骑马奔驰，藏着黄金印，把紫色印绶结在腰上，在君王面前打躬作揖，吃肉富贵的日子，四十三年够了。"他离开后就到赵国去，但被赶走。又前往韩国、魏国，在路上碰到抢夺炊具。听说应侯举荐的郑安平、王稽在秦国都犯了大罪，应侯内心羞愧，蔡泽就向西进入秦国。

将见昭王，使人宣言以感怒应侯曰："燕客蔡泽，天下雄俊弘辩智士也。彼一见秦王，秦王必困君而夺君之位。"应侯闻，曰："五帝三代之事，百家之说，吾既知之，众口之辩，吾皆摧之，是恶能困我而夺我位乎？"使人召蔡泽。蔡泽入，则揖应侯。应侯固不快，及见之，又倨，应侯因让之曰："子尝宣言欲代我相秦，宁有之乎？"对曰："然。"应侯曰："请闻其说。"蔡泽曰："吁，君何见之晚也！夫四时之序，成功者去。夫人生百体坚强，手足便利，耳目聪明而心圣智，岂非士之愿与？"应侯曰："然。"蔡泽曰："质仁秉义，行道施德，得志于天下，天下怀乐敬爱而尊慕之，皆愿以为君王，岂不辩智之期与？"应侯曰："然。"蔡泽复曰："富贵显荣，成理万物，使各得其所；性命寿长，终其天年而不夭伤；天下继其统，守其业，传之无穷；名实纯粹，泽流千里，世世称之而无绝，与天地终始：岂道德之符而圣人所谓吉祥善事者与？"应侯曰："然。"

蔡泽准备会见秦昭王，就派人扬言来激怒应侯说："燕国游客蔡泽，是天下英俊、善辩、明智之士。他一见到秦王，秦王一定会难为您，然后夺取您的职位。"应侯听了说："五帝三代的事情，百家的学说，我已经知道了；众人的辩言，我都能驳斥它们。这个人怎能难为我并夺取我的职位呢？"应侯派人召见蔡泽。蔡泽进来了，便向应侯作揖。应侯本来就不高兴，待见到他，又很傲慢，应侯便指责他说："您曾经扬言要代替我当秦国的宰相，可有这回事吗？"蔡泽回答说："是这样。"应侯说："请让我听听您的说法。"蔡泽说："唉，您的见识多么落后啊！四季的交替，有了成效就过去了。人活着全身结实强壮，手脚利索，耳聪目明，心灵贤慧，难道不是士人的愿望吗？"应侯说："是。"蔡泽说："以仁为本，秉持正义，遵循公道，广施恩德，在天下实现自己的理想，天下人心里高兴、敬爱和拥戴他，都希望他做君王，难道不是雄辩明智者的希望吗？"应侯说："是。"蔡泽又说："富贵荣耀，治理一切事物，使它们各得其所；生命长寿，享尽自己的天年，而不夭折；天下继承他的传统，保守他的事业，使它永远流传；名声和实际一致，德泽流传千里，世世代代称赞他个不停，简直跟天地同终始：这也许是符合道德又是圣人所说的吉祥善事吧？"应侯说："是。"

蔡泽曰："若夫秦之商君，楚之吴起，越之大夫种，其卒然亦可愿与？"应侯知蔡泽之欲困己以说，复谬曰："何为不可？夫公孙鞅之事孝公也，极身无贰虑，尽公而不顾私；设刀锯以禁奸邪，信赏罚以致治；披腹心，示情素，蒙怨咎，欺旧友，夺魏公子卬，安秦社稷，利百姓，卒为秦禽将破敌，攘地千里。吴起之事悼王也，使私不得害公，谗不得蔽忠，言不取苟合，行不取苟容，不为危易行，行义不辟难，然为霸主强国，不辞祸凶。大夫种之事越王也，主虽困辱，悉忠而不解，主虽绝亡，尽能而弗离，成功而弗矜，贵富而不骄怠。若此三子者，固义之至也，忠之节也。是故君子以义死难，视死如归；生而辱不如死而荣。士固有杀身以成名，唯义之所在，虽死无所恨。何为不可哉？"

蔡泽说："至于像秦国的商君，楚国的吴起，越国的大夫文种，他们的结局也可以希望吗？"应侯知道蔡泽想使自己困窘来说服自己，又诡辩地说："为什么不可以？公孙鞅侍奉秦孝公时，终身没有二心，尽忠于公益而不顾私利；设置刀锯来禁止奸邪，落实赏罚来达到安定；披肝沥胆，显示情怀，蒙受怨恨，欺骗老友，活捉魏公子卬，安定秦国，有利于百姓，终于替秦国擒获敌将，大败敌军，拓地千里。吴起侍奉楚悼王时，使私利不能妨害公益，谗言不能蒙蔽忠心，说话不采取附和的态度，行为不采取苟且取容的态度，不由于危险而改变自己的行为，履行正义而不回避困难，这样为了使君王称霸，国家强大，不躲避祸害。大夫文种侍奉越王的时候，君王虽然遭受困厄凌辱，但是他竭尽忠诚而不懈怠，君王虽然绝代亡国，然而他竭尽所能而不离开，成功了不矜持，富贵了不傲慢。像这三个人，真是正义至极，又是忠诚的楷模。因而君子为了正义而殉难，视死如归；活着蒙受耻辱，不如死后光荣。士人本当杀身以成全名节，只要是正义之所在，即使是死了，也没有遗憾的地方。为什么不可以呢？”

蔡泽曰：“主圣臣贤，天下之盛福也；君明臣直，国之福也；父慈子孝，夫信妻贞，家之福也。故比干忠而不能存殷，子胥智而不能完吴，申生孝而晋国乱。是皆有忠臣孝子，而国家灭乱者，何也？无明君贤父以听之，故天下以其君父为僇辱而怜其臣子。今商君、吴起、大夫种之为人臣，是也；其君，非也。故世称三子致功而不见德，岂慕不遇世死乎？夫待死而后可以立忠成名，是微子不足仁，孔子不足圣，管仲不足大也。夫人之立功，岂不期于成全邪？身与名俱全者，上也。名可法而身死者，其次也。名在僇辱而身全者，下也。”于是应侯称善。

蔡泽说：“君王圣明，臣子贤良，是天下最大的幸运；君主英明，臣子正直，是国家的幸运；父亲慈祥，儿子孝顺，丈夫诚信，妻子贞节，是家庭的幸福。因而比干忠诚却不能保存殷朝；子胥明智却不能保全吴国；申生孝顺，可是晋国大乱。这些都是忠臣孝子，可是国亡家乱，是什么原因呢？由于没有英明的君主和贤良的父亲听从他们，因此天下认为他们的君主、父亲可耻，而怜惜这些臣子和儿子。商君、吴起、大夫种作为人臣，是对的；他们的君王，是错的。所以世人说这三个人成就功业却不得好报，难道羡慕他们生不逢时而死吗？等待死了以后才能够立忠成名，这样微子不配是仁人，孔子不配是圣人，管仲不够伟大。人们建立功业，难道不期望成全吗？性命和功名都能成全的，是上等。功名可以效法，但牺牲了性命的，是次一等。声名蒙受耻辱，但性命保全的，是下等。”这时，应侯称是。

蔡泽少得间，因曰：“夫商君、吴起、大夫种，其为人臣尽忠致功则可愿矣，闳夭事文王，周公辅成王也，岂不亦忠圣乎？以君臣论之，商君、吴起、大夫种其可愿孰与闳夭、周公哉？”应侯曰：“商君、吴起、大夫种弗若也。”蔡泽曰：“然则君之主慈仁任忠，惇厚旧故，其贤智与有道之士为胶漆，义不倍功臣，孰与秦孝公、楚悼王、越王乎？”应侯曰：“未知何如也。”蔡泽曰：“今主亲忠臣，不过秦孝公、楚悼王、越王，君之设智，能为主安危修政，治乱强兵，批患折难，广地殖谷，富国足家，强主，尊社稷，显宗庙，天下莫敢欺犯其主，主之威盖震海内，功彰万里之外，声名光辉传于千世，君孰与商君、吴起、大夫种？”应侯曰：“不若。”蔡泽曰：“今主之亲忠臣不忘旧故不若孝公、悼王、句践，而君之功绩爱信亲幸又不若商君、吴起、大夫种，然而君之禄位贵盛，私家之富过于三子，而身不退者，恐患之甚于三子，窃为君危之。语曰‘日中则移，月满则亏’。物盛则衰，天地之常数也。进退盈缩，与时变化，圣人之常道也。故‘国有道则仕，国无道则隐’。圣人曰‘飞龙在天，利见大人’。‘不义而富且贵，于我如浮云’。今君之怨已雠而德已报，意欲至矣，而无变计，窃为君不取也。且夫翠、鹄、犀、象，其处势非不远死也，而所以死者，惑于饵也。苏秦、智伯之智，非不足以辟辱远死也，而所以死者，惑于贪利不止也。是以圣人制礼节欲，取于民有度，使之以时，用之有止，故志不溢，行不骄，常与道俱而不失，故天下承而不绝。昔者齐桓公九合诸侯，一匡天下，至于葵丘之会，有骄矜之志，畔者九国。吴王夫差兵无敌于天下，勇强以轻诸侯，陵齐、晋，故遂以杀身亡国。夏育、太史噭叱呼骇三军，然而身死于庸夫。此皆乘至盛而不返道理，不居卑退处俭约之患也。夫商君为秦孝公明法令，禁奸本，尊爵必赏，有罪必罚，平权衡，正度量，调轻重，决裂阡陌，以静生民之业而一其俗，劝民耕农利土，一室无二事，力田稸积，习战陈之事，是以兵动而地广，兵休而国富，故秦无敌于天下，立威诸侯，成秦国之业。功已成矣，而遂以车裂。楚地方数千里，持戟百万，白起率数万之师以与楚战。一战举鄢郢以烧夷陵，再战南并蜀、汉。又越韩、魏而攻强赵，北坑马服，诛屠四十余万之众，尽之于长平之下，流血成川，沸声若雷，遂入围邯郸，使秦有帝业。楚、赵天下之强国而秦之仇敌也，自是之后，楚、赵皆慑伏不敢攻秦者，白起之势也。身所服者七十余城，功已成矣，而遂赐剑死于杜邮。吴起为楚悼王立法，卑减大臣之威重，罢无能，废无用，损不急之官，塞私门之请，一楚国之俗，禁游客之民，精耕战之士，南收杨越，北并陈、蔡，破横散从，使驰说之士无所开其口，禁朋党以励百姓，定楚国之政，兵震天下，威服诸侯。功已成矣，而卒枝解。大夫种为越王深谋远计，免会稽之危，以亡为存，因辱为荣，垦草入邑，辟地殖谷，率四方之士，专上下之力，辅句践之贤，报夫差之仇，卒擒劲吴，令越成霸。功已彰而信矣，句践终负而杀之。此四子者，功成不去，祸至如此。此所谓信而不能诎，往而不能返者也。范蠡知之，超然辟世，长为陶朱公。君独不观乎博者乎？或欲大投，或欲分功，此皆君之所明知也。今君相秦，计不下席，谋不出廊庙，坐制诸侯，利施三川，以实宜阳，决羊肠

之险，塞太行之道，又斩范、中行之涂，六国不得合从，栈道千里，通于蜀、汉，使天下皆畏秦，秦之欲得矣，君之功极矣，此亦秦之分功之时也。如是而不退，则商君、白公、吴起、大夫种是也。吾闻之，'鉴于水者见面之容，鉴于人者知吉与凶'。《书》曰'成功之下，不可久处'。四子之祸，君何居焉？君何不以此时归相印，让贤者而授之，退而岩居川观，必有伯夷之廉，长为应侯，世世称孤，而有许由、延陵季子之让，乔松之寿，孰与以祸终哉？即君何居焉？忍不能自离，疑不能自决，必有四子之祸矣。《易》曰'亢龙有悔'，此言上而不能下，信而不能诎，往而不能自返者也。愿君孰计之！"应侯曰："善。吾闻'欲而不知足，失其所以欲；有而不知止，失其所以有'。先生幸教，睢敬受命。"于是乃延入坐，为上客。

蔡泽略微得到机会，就趁机说："商君、吴起、大夫种，他们作为人臣，竭尽忠诚，成就功业，当然值得羡慕了，闳夭侍奉周文王，周公辅助周成王，难道不也忠诚圣明吗？就君臣关系而论，商君、吴起、大夫种同闳夭、周公哪一个值得羡慕呢？"应侯说："商君、吴起、大夫种比不上。"蔡泽说："这样，那么您的君王慈善仁爱，任用忠良，淳朴厚道地对待老朋友，他贤能明智，同有道德的人亲如胶漆，坚持正义，不背弃功臣，跟秦孝公、楚悼王、越王相比，怎么样呢？"应侯说："不知怎么样呢。"蔡泽说："如今您的君王亲近忠臣，不超过秦孝公、楚悼王、越王。您施展才智，能替君主转危为安、修明政治；拨乱反正，加强军队；排除忧患，解决困难；扩大耕地，种植稻谷；使国家强盛、家庭充足；加强君王，尊崇社稷，显扬宗庙，天下没有谁敢欺骗、冒犯您的君王。君王的声威可震撼四海之内，声名光辉流传千秋万代，您跟商君、吴起、大夫种相比怎么样呢？"应侯说："我不如他们。"蔡泽说："现在君王亲近忠臣、不忘老友比不上秦孝公、楚悼王、越王句践，而您的功劳和受到的宠爱、信任又比不上商君、吴起、大夫种，然而您的俸禄盛多，职位高贵，私人的财富超过他们三个人，若自身不退，可能后患会比他们三个更厉害，我私下替您感到危险。俗话说：'太阳正中以后就偏斜，月亮满圆以后就亏缺。'事物极盛以后就要衰落，这是天地间的自然规律。进退伸缩，随着时势变化，这是圣人通用的办法。因此'国家政治清明就做官，国家政治黑暗就隐居'。圣人说：'龙飞腾在天，利益就会出现在伟人面前。''不合道义而得来的富贵，对于我来说如同浮游的云彩一样。'现在您的怨仇已经报复，恩德已经报答，心愿已经实现，可是没有应变的计谋，我私下认为这是您不可取的地方。再说翡翠、鸿鹄、犀牛、大象，它们所处的形势并不是不远离死地，但之所以死亡，是因为被钓饵迷惑。苏秦、智伯的智慧，不是不足够来避免侮辱，远离死亡，但之所以死亡，是由于他们不断地被利所惑。因此圣人制定礼法，节制欲望，向人民索取而有限度，使用民力而根据时节，征用民财而有止境，所以心志不自满，行为不骄横，总是同道义相符而不失去道义，所以得天下而能传承不断。从前齐桓公多次会合诸侯，一举匡正天下，到了葵丘会盟的时候，因为有骄傲自满的心志，背叛他的国家有好几个。吴王夫差的军队无敌于天下，自恃勇敢强大而轻视各诸侯国，欺陵齐国和晋国，所以最终导致自己被杀，国家灭亡。夏育、太史噭一声叱咤呼唤，惊骇三军，然而自己死在一个平常人手下。这些都是由于他们处于极强盛的地位而不顾道义，不保持谦卑，不厉行节约的祸患。商君替秦孝公申明法令：禁止奸邪的根源，尊贵的爵位一定要用来奖赏，有罪的人一定要受到处罚；统一权衡、平正度量，调整轻重，废除田间小道，以便安定人民的事业，统一人民的习俗；勉励人民从事农耕，使地尽其利；一个家庭没有两种职业，大家都勤于种田，积蓄粮食，练习攻战兵阵的军事，因此军队一出动，土地就扩大，按兵不动，国家也能强盛。因此秦国无敌于天下，在各诸侯树立了威望，成就了秦国霸业。功业已经完成了，商鞅却终于受到五马分尸的刑罚。楚国土地纵横几千里，武装士兵上百万，白起率领几万军队来跟楚军交战，第一战役就攻下了鄢郢，并烧毁了夷陵，第二战役南下兼并了蜀国和汉中。又越过韩国和魏国去进攻强大的赵国，北上活埋了马服君的军队，屠杀了四十多万士兵，将他们全部歼灭在长平城下，血流成河，声沸如雷，接着入侵围攻邯郸，使秦国拥有帝业。楚国、赵国是天下的强国，也是秦国的仇敌，从此以后，楚国、赵国都畏惧服从秦国，不敢进攻秦国的原因，是由于白起的威势。白起亲身征服七十多个城邑，功业已经完成了，却受赐用剑自杀而死在杜邮。吴起替楚悼王制定法令，削弱大臣的权势，罢免无能的，废黜无用的，裁减无关紧要的官员，杜塞私家的请托，划一楚国的习俗，禁止游荡的人，奖励务农力战的士民，南下收服杨越，北上吞并陈国、蔡国，破坏离间合纵连横的主张，使游说的人无法开口，禁止朋党，勉励百姓，安定了楚国的政局，军队震撼天下，声威慑服各诸侯国。功业已经完成，吴起却终于被解肢。大夫种替越王深谋远虑，避免了会稽亡国的危险。化危亡为生存，变耻辱成光荣，开垦荒地，扩充城邑，开辟土地，种植五谷，率领四方的士民，团结上下的力量，辅佐贤能的句践，向夫差报了仇，最终征服了强大的吴国，使越国成为霸主。功勋已经显著确凿了，但句践终于负心杀了他。这四个人，功业完成之后不离去，祸害到了这个地步。这就是人们所说的能伸而不能屈能进而不能退。范蠡明白这一点，超脱地回避世俗，长期作陶朱公。您难道没见过那赌博的人吗？有时要下大赌注，有时要分次下注，这都是您所清楚明白的。现在您作秦国的宰相，出计谋不用离开座席，定策略不用走出朝堂，坐着就能控制各诸侯国，展拓三川地区，来充实宜阳，截断羊肠阪的险塞，阻塞太行山的要道，又斩断范氏、中行氏的通途，使六国不能合纵相亲，栈道千里之远，直通蜀国和汉中，使天下都畏惧秦国，秦国的欲望实现了，您的功劳到极点了，这也是秦国分次下注的时候了。若这个时候还不退，那么就是商君、白起、大夫种之类了。我听说，‘借水为镜的人只见到自己的面容，借人为镜的人知道自己的吉凶’。古书上说：‘成功下面，不能长久停留’。面临四人的灾祸，您怎样选择呢？您为何不在这个时候归还相印，让贤能的人来接受它，自己隐退以后，居住山岩，观赏流水，一定有伯夷一样的廉洁美名，长期做应侯，世世代代为王，又有许由、延陵季子一样辞让的美名，王子乔和赤松子一样的长寿。这跟以灾祸为终局相比怎么样呢？那么您怎样选择呢？如果忍受着自己不能离开，迟疑而自己不能决断，一定有四人一样的灾祸了。《易经》说“‘高飞的龙一定有后悔’，这是说能上却不能下，能伸却不能屈，能进却不能退的人。希望您仔细考虑！”应侯说：“好。我听说‘欲望假如不知道满足，就会失去构成欲望的条件，占有如果不知道休止，就会失去构成占有的条件’。幸蒙先生指教，我范雎恭敬地听命。”这时就请蔡泽入席，尊为上宾。

后数日，入朝，言于秦昭王曰：“客新有从山东来者曰蔡泽，其人辩士，明于三王之事，五伯之业，世俗之变，足以寄秦国之政。臣之见人甚众，莫及，臣不如也。臣敢以闻。”秦昭王召见，与语，大说之，拜为客卿。应侯因谢病请归相印。昭王强起应侯，应侯遂称病笃。范雎免相，昭王新说蔡泽计画，遂拜为秦相，东收周室。

几天后，范雎上朝，对秦昭王说：“有个刚从山东来的客人叫蔡泽，这个人是个能言善辩的人，明了三王的事情，五霸的业迹，世俗的变化，可以把秦国的政事委托给他。我见过的人很多，没有人比得上他，我也比不上他。我冒昧地向您报告。”秦昭王召见蔡泽，跟他交谈后，很喜欢他，任命他作客卿。应侯趁机借病请求归还相印。秦昭王硬是挽留应侯，应侯就借口病重。范雎免去了相位，秦昭王刚刚喜欢蔡泽的计划，就任命他作秦国的宰相，向东收服了周朝。

蔡泽相秦数月，人或恶之，惧诛，乃谢病归相印，号为纲成君。居秦十余年，事昭王、孝文王、庄襄王。卒事始皇帝，为秦使于燕，三年而燕使太子丹入质于秦。

蔡泽担任秦国的宰相几个月，有人厌恶他，他害怕被杀，就托病归还相印，被封为纲成君。在秦国居留十多年，侍奉过昭王、孝文王、庄襄王。最后奉事秦始皇帝，替秦国出使到燕国，三年后燕国让太子丹到秦国做人质。

太史公曰：韩子称“长袖善舞，多钱善贾”，信哉是言也！范雎、蔡泽世所谓一切辩士，然游说诸侯至白首无所遇者，非计策之拙，所为说力少也。及二人羁旅入秦，继踵取卿相，垂功于天下者，固强弱之势异也。然士亦有偶合，贤者多如此二子，不得尽意，岂可胜道哉！然二子不困厄，恶能激乎？

太史公说：韩非子说“衣袖长的人善于舞蹈，钱财多的人善于买卖”，这话说得实在啊！范雎、蔡泽等世人所说的一切能言善辩的人，然而他们游说诸侯直到头发白了也没有碰上机会的，并不是计谋策略的笨拙，和进行游说所作出的努力太少。等到两人旅居在秦国，就能相继取得卿相的职位，垂功名于天下的道理，本来就是由于强弱的形势不同。然而说客也有偶然碰到机会的，贤能的人有很多都像这两个人一样，却不能完全满足自己心意的，难道能说得完吗？但这两人如果不困苦，又怎能激发起成事的行为呢！

史记第八十卷

乐毅列传第二十

乐毅者，其先祖曰乐羊。乐羊为魏文侯将，伐取中山，魏文侯封乐羊以灵寿。乐羊死，葬于灵寿，其后子孙因家焉。中山复国，至赵武灵王时复灭中山，而乐氏后有乐毅。

乐毅的祖先叫乐羊。乐羊担任魏文侯的将军，进伐攻占了中山，魏文侯把灵寿封给乐羊。乐羊死后，安葬在灵寿，这以后子孙就安家在这里。中山重新建国，到赵武灵王的时候又灭亡了中山，而乐氏的后代有乐毅。

乐毅贤，好兵，赵人举之。及武灵王有沙丘之乱，乃去赵适魏。闻燕昭王以子之之乱而齐大败燕，燕昭王怨齐，未尝一日而忘报齐也。燕国小，辟远，力不能制，于是屈身下士，先礼郭隗以招贤者。乐毅于是为魏昭王使于燕，燕王以客礼待之。乐毅辞让，遂委质为臣，燕昭王以为亚卿，久之。

乐毅贤能，爱好军事，赵国人推荐他。到武灵王时发生沙丘之乱，他就离开赵国去到魏国。听说燕昭王因为子之的变乱，使得齐国大败燕国，燕昭王恨齐国，不曾有一天忘记要报复齐国。燕国狭小，偏僻荒远，力量不能制服齐国，从此燕昭王卑屈自身，礼贤下士，首先对郭隗以礼相待，以便招徕贤人。乐毅在这时替魏昭王出使到燕国，燕王用客礼接待他。乐毅推辞、谦让，然后委身成为臣子，燕昭王用他作亚卿，有很长时间。

当是时，齐湣王强，南败楚相唐昧于重丘，西摧三晋于观津，遂与三晋击秦，助赵灭中山，破宋，广地千余里。与秦昭王争重为帝，已而复归之。诸侯皆欲背秦而服于齐。湣王自矜，百姓弗堪。于是燕昭王问伐齐之事。乐毅对曰："齐，霸国之余业也，地大人众，未易独攻也。王必欲伐之，莫如与赵及楚、魏。"于是使乐毅约赵惠文王，别使连楚、魏，令赵嚪说秦以伐齐之利。诸侯害齐湣王之骄暴，皆争合从与燕伐齐。乐毅还报，燕昭王悉起兵，使乐毅为上将军，赵惠文王以相国印授乐毅。乐毅于是并护赵、楚、韩、魏、燕之兵以伐齐，破之济西。诸侯兵罢归，而燕军乐毅独追，至于临淄。齐湣王之败济西，亡走，保于莒。乐毅独留徇齐，齐皆城守。乐毅攻入临淄，尽取齐宝财物祭器输之燕。燕昭王大说，亲至济上劳军，行赏飨士，封乐毅于昌国，号为昌国君。于是燕昭王收齐卤获以归，而使乐毅复以兵平齐城之不下者。

正当这个时候，齐湣王强大，南下在重丘打败了楚国宰相唐昧，西向在观津挫伤了三晋，于是同三晋合击秦国，帮助赵国灭了中山，打败宋国，扩大土地一千多里。齐湣王同秦昭王争夺帝号以自重，不久又取消帝号重新称王。各诸侯国都想背弃秦国，归服齐国。齐湣王自满，百姓受不了。这时，燕昭王询问征伐齐国的事。乐毅回答说："齐国有霸国的余业，地大人多，是不容易单独进攻它的。大王一定要攻打它的话，不如联合赵国和楚国、魏国。"燕昭王于是派乐毅跟赵惠文王订立盟约，另外派使臣联合楚国、魏国，又让赵国用攻打齐国的好处游说秦国。各国苦于齐湣王的骄横残暴，都争着合纵，跟燕国一起攻打齐国。乐毅回国报告后，燕昭王出动全部军队，派乐毅担任上将军，赵惠文王把相国印授给乐毅。乐毅从此总领赵、楚、韩、魏、燕五国的军队去进攻齐国，在济西打败了齐军。各国撤兵回国，而燕军在乐毅率领下单独进攻，一直到达临淄。齐湣王在济西失败后，逃跑了，困守在莒邑。乐毅单独留在齐国攻取土地，齐军都据城防守。乐毅攻入临淄以后，把齐国的宝贵财产和祭祀用的礼器掠夺殆尽，运到燕国。燕昭王非常高兴，亲自到济水边慰劳军队，犒赏、宴请士兵，把昌国封赏给乐毅，称号是昌国君。这时燕昭王征收从齐国掳掠来的财物回去，派乐毅再率领军队去平定齐国没有投降的城邑。

乐毅留徇齐五岁，下齐七十余城，皆为郡县以属燕，唯独莒、即墨未服。会燕昭王死，子立为燕

惠王。惠王自为太子时尝不快于乐毅，及即位，齐之田单闻之，乃纵反间于燕，曰："齐城不下者两城耳。然所以不早拔者，闻乐毅与燕新王有隙，欲连兵且留齐，南面而王齐。齐之所患，唯恐他将之来。"于是燕惠王固已疑乐毅，得齐反间，乃使骑劫代将，而召乐毅。乐毅知燕惠王之不善代之，畏诛，遂西降赵。赵封乐毅于观津，号曰望诸君。尊宠乐毅以警动于燕、齐。

乐毅留在齐国攻取土地五年，攻下齐国七十多个城邑，都成为郡县隶属燕国，只有莒邑、即墨没有降服。正好燕昭王死了，儿子即位作燕惠王。燕惠王自从作太子时曾经对乐毅不满意，到登位后，齐国的田单听到这个消息，就在燕国施行反间计，说道："齐国城邑没有降服的只有两个罢了。然而之所以不早拔取的原因，听说是乐毅和燕国的新王有嫌隙，想把战争延续下去，并且让自己留在齐国，面向南而在齐国称王。齐国担心的，唯恐别的将军到来。"当时燕昭王本来已经怀疑乐毅，听到齐国挑拨离间的话，就派遣骑劫代替他统兵，召回乐毅。乐毅知道燕惠王不怀好意派人代替自己，害怕被杀，就向西投奔赵国。赵国把观津封给乐毅，封号叫望诸君。赵国尊重宠信乐毅而惊动了燕国和齐国。

齐田单后与骑劫战，果设诈诳燕军，遂破骑劫于即墨下，而转战逐燕，北至河上，尽复得齐城。而迎襄王于莒，入于临淄。

齐将田单后来跟骑劫交战，果然设置谋诈欺骗燕军，终于在即墨城下打败了骑劫，又转战追逐燕军，向北追到黄河边，完全收复了齐国的城邑，从莒邑迎回齐襄王，进入临淄。

燕惠王后悔使骑劫代乐毅，以故破军亡将失齐；又怨乐毅之降赵，恐赵用乐毅而乘之弊以伐燕。燕惠王乃使人让乐毅，且谢之曰："先王举国而委将军，将军为燕破齐，报先王之仇，天下莫不震动，寡人岂敢一日而忘将军之功哉！会先王弃群臣，寡人新即位，左右误寡人。寡人之使骑劫代将军，为将军久暴露于外，故召将军且休，计事。将军过听，以与寡人有隙，遂捐燕归赵。将军自为计则可矣，而亦何以报先王之所以遇将军之意乎？"乐毅报遗燕惠王书曰：

燕惠王后悔派遣骑劫代替乐毅，因此败军亡将，失去齐国；又怨恨乐毅投降赵国，恐怕赵国又用乐毅并乘燕国的疲惫而攻打燕国。燕惠王就派人责备乐毅，并且表示歉意说："先王把整个国家委托给将军，将军替燕国打败齐国，报了先王的仇恨，天下没有谁不震动，寡人哪敢有一天忘记将军的功绩呢！正好先王去世，寡人刚登位，左右的人耽误了寡人。寡人派遣骑劫代替将军，是因为将军长久日晒夜露在野外，因此调回将军暂且休息，谋划国事。将军误听别人的话，因而跟寡人有嫌隙，就放弃燕国归顺赵国。将军替自己打算那就行了，但又用什么报答先王是那样的对待将军的情意呢？"乐毅回复燕惠王的信说：

臣不佞，不能奉承王命，以顺左右之心，恐伤先王之明，有害足下之义。故遁逃走赵。今足下使人数之以罪，臣恐侍御者不察先王之所以畜幸臣之理，又不白臣之所以事先王之心，故敢以书对。

我不才，不能遵奉大王的命令，来顺从您的意愿，恐怕伤害先王的英明，有损您的道义，所以逃跑投奔赵国。现在您派人拿我的过错责备我，我恐怕您的侍从人员不能体察先王之所以蓄养、宠爱我的道理，又不明白我之所以奉事先王的心意，所以冒昧地用书信作答。

臣闻贤圣之君不以禄私亲，其功多者赏之，其能当者处之。故察能而授官者，成功之君也；论行而结交者，立名之士也。臣窃观先王之举也，见有高世主之心，故假节于魏，以身得察于燕。先王过举，厕之宾客之中，立之群臣之上，不谋父兄，以为亚卿。臣窃不自知，自以为奉令承教，可幸无罪，故受令而不辞。

我听说圣贤的君王不把俸禄私自给自己的亲信，那些功劳多的人就奖赏他们，那些才能相称的人就任用他们。所以考察才能以后授给官职的，是成功的君王；品评德行以后结交朋友的，是成就功名的士人。我私下观察先王的做法，表现出有高于当代君主的思想，所以借替魏国出使的机会，得以亲身到燕国受考察。承蒙先王错爱提拔了我，让我厕身于宾客之中，位于群臣之上，先王不和宗室长辈商议，就任命我做亚卿。我私下缺乏自知之明，自以为奉命接受教诲，可以侥幸无罪，所以接受命令而不辞让。

先王命之曰："我有积怨深怒于齐，不量轻弱，而欲以齐为事。"臣曰："夫齐，霸国之余业而最胜之遗事也。练于兵甲，习于战攻。王若欲伐之，必与天下图之。与天下图之，莫若结于赵。且又淮

北、宋地，楚魏之所欲也，赵若许而约四国攻之，齐可大破也。”先王以为然，具符节南使臣于赵。顾反命，起兵击齐。以天之道，先王之灵，河北之地随先王而举之济上。济上之军受命击齐，大败齐人。轻卒锐兵，长驱至国。齐王遁而走莒，仅以身免，珠玉财宝车甲珍器尽收入于燕。齐器设于宁台，大吕陈于元英，故鼎反乎磿室，蓟丘之植植于汶篁，自五伯已来，功未有及先王者也。先王以为慊于志，故裂地而封之，使得比小国诸侯。臣窃不自知，自以为奉命承教，可幸无罪，是以受命不辞。

先王命令我说："我对齐国有深仇大恨，不计较国力轻重强弱，却要以向齐国报仇为己任。"我说："那齐国，有霸国余留下来的基础，有取得过巨大胜利的遗存事业。兵器精练，战术娴熟。大王如果要进攻它，必须要跟天下其他国家共同对付它。与天下其他国家共同对付它，没有比联合赵国更为有利的了。而且淮北地区、宋国旧地，是楚国和魏国想要的地方，赵国如果答应联盟，并约定四国一起攻打它，齐国就可以彻底打败。"先王认为有道理，就准备好符节信物派我南下出使到赵国。我回国汇报后，就派兵攻打齐国。凭着上天的公道，先王的神灵，黄河以北土地上的兵士追随着先王都集中到济水岸上地区。济上的军队奉命追击齐军，把齐军打得大败。轻装精锐的士兵，长驱而入齐国的国都。齐王逃跑到莒城，只身幸免于难；而珠玉财宝、战车兵甲、珍贵礼器全部没收归入燕国。齐国的礼器陈设在宁台，大吕钟陈列在元英宫，原来属燕国的大鼎又回到了磿室，燕都蓟丘所种植的竹子是从齐国的汶水移植来的，自从五霸以来，功绩没有人能比得上先王的。先王心中感到满足，因此划分土地封赏我，使得我也能跟小国诸侯一样。我私下没有自知之明，自以为奉承命令接受教导，可以侥幸无罪，因此接受使命而不推辞。

臣闻贤圣之君，功立而不废，故著于《春秋》；蚤知之士，名成而不毁，故称于后世。若先王之报怨雪耻，夷万乘之强国，收八百岁之蓄积，及至弃群臣之日，余教未衰，执政任事之臣，修法令，慎庶孽，施及乎萌隶，皆可以教后世。

我听说贤能圣明的君王，功业建立以后不废弃，所以留名青史；有远见的士人，名声取得以后不败坏，所以传扬后代。像先王报仇雪恨，平定了拥有万辆战车的强国，没收了八百年的积蓄，到了他长辞群臣的时候，遗留的政教没有衰败，执掌政权、担任职事的臣子，修明法令，安抚王孙，恩泽推广到普通百姓，这种功勋，都可以教育后代。

臣闻之，善作者不必善成，善始者不必善终。昔伍子胥说听于阖闾，而吴王远迹至郢；夫差弗是也，赐之鸱夷而浮之江。吴王不寤先论之可以立功，故沉子胥而不悔；子胥不蚤见主之不同量，是以至于入江而不化。

我听说，善于开创的人不一定善于完成，有好的开始不一定有好的结局。从前伍子胥的进谏被吴王阖闾采纳，因而吴王远征到郢都；吴王夫差不以他的进谏为是，赐给他皮袋自杀，让他的尸体漂浮到江里。吴王夫差不醒悟他先前的意见可以建立功业，所以把伍子胥沉江而不后悔；伍子胥不能预见不同君主有不同器量，因此直到沉江之后阴魂还不散。

夫免身立功，以明先王之迹，臣之上计也。离毁辱之诽谤，堕先王之名，臣之所大恐也。临不测之罪，以幸为利，义之所不敢出也。

避免身死，建立功勋，来证明先王的功业，是我的上策。遭受侮辱的议论，败坏先王的名誉，是我最害怕的事。面临不可估量的罪过，还用侥幸的心理谋求利益，这是按理不敢去做的事。

臣闻古之君子，交绝不出恶声；忠臣去国，不絜其名。臣虽不佞，数奉教于君子矣。恐侍御者之亲左右之说，不察疏远之行，故敢献书以闻，唯君王之留意焉。

我听说古时候的君子，断交以后彼此不讲对方的坏话；忠臣离开本国以后，不为自己的名声辩白。我尽管不才，但也多次向君子领教过了。我担心侍从的人讨您亲近的说辞，不体察亲疏远近的行动，因此大胆呈上书信让您知道这件事，希望大王留意它。

于是燕王复以乐毅子乐间为昌国君；而乐毅往来复通燕，燕、赵以为客卿。乐毅卒于赵。

从此燕王又用乐毅的儿子乐间作昌国君；而乐毅来来往往重新和燕国交好，燕、赵两国都用乐毅作客卿。乐毅死在赵国。

乐间居燕三十余年，燕王喜用其相栗腹之计，欲攻赵，而问昌国君乐间。乐间曰："赵，四战之国也，其民习兵，伐之不可。"燕王不听，遂伐赵。赵使廉颇击之，大破栗腹之军于鄗，禽栗腹、乐乘。乐

乐毅济上劳军图，选自清·马骀《百将传图》。

乘者，乐间之宗也。于是乐间奔赵，赵遂围燕。燕重割地以与赵和，赵乃解而去。

乐间住在燕国三十多年，燕王姬喜采用他的相国栗腹的计策，想攻打赵国，就询问昌国君乐间。乐间说："赵国是四面迎战的国家，赵国的人民熟悉军事，进攻它是不可行的。"燕王不听，就进攻赵国。赵国派遣廉颇迎击燕军，在鄗地把栗腹的军队打得大败，擒获了栗腹、乐乘。乐乘是乐间的同宗。当时乐间投奔赵国，赵国就围攻燕国。燕国大量割让土地来跟赵国求和，赵军才解围离去。

燕王恨不用乐间，乐间既在赵，乃遗乐间书曰："纣之时，箕子不用，犯谏不怠，以冀其听；商容不达，身祇辱焉，以冀其变。及民志不入，狱囚自出，然后二子退隐。故纣负桀暴之累，二子不失忠圣之名。何者？其忧患之尽矣。今寡人虽愚，不若纣之暴也；燕民虽乱，不若殷民之甚也。室有语，不相尽以告邻里。二者，寡人不为君取也。"

燕王后悔没有采用乐间的意见，乐间已经在赵国，就送信给乐间说："商纣王的时候，箕子不受重用，他不懈地犯颜直谏，来希望纣王听从；商容不得志，身受大辱，来希望纣王能改变。等到民心涣散，监狱里的犯人自我逃出的时候，然后箕子、商容二位隐退。所以商纣王负凶狠、残暴的包袱，箕子、商容二位不失忠诚、贤圣的美名。为什么呢？他们已经竭尽了人臣的忧患了。如今我虽然愚钝，但不像纣王那样凶暴；燕国人民虽然混乱，但不像殷朝人民那样厉害。家庭内部有纷争，互相都不全部告诉邻居。这两方面，我认为您的做法是不对的。"

乐间、乐乘怨燕不听其计，二人卒留赵。赵封乐乘为武襄君。

乐间、乐乘埋怨燕国不听从他们的计谋，两人终于居留在赵国。赵国赐封乐乘为武襄君。

其明年，乐乘、廉颇为赵围燕，燕重礼以和，乃解。后五岁，赵孝成王卒。襄王使乐乘代廉颇。廉颇攻乐乘，乐乘走，廉颇亡入魏。其后十六年而秦灭赵。

第二年，乐乘、廉颇替赵国围攻燕国，燕国用厚重的礼物求和，赵军才解围。以后五年，赵孝成王逝世。悼襄王派乐乘代替廉颇。廉颇攻打乐乘，乐乘逃跑，廉颇逃跑到魏国。这以后十六年，秦国灭亡了赵国。

其后二十余年，高帝过赵，问："乐毅有后世乎？"对曰："有乐叔。"高帝封之乐卿，号曰华成君。华成君，乐毅之孙也。而乐氏之族有乐瑕公、乐臣公，赵且为秦所灭，亡之齐高密。乐臣公善修黄帝、老子之言，显闻于齐，称贤师。

这以后二十多年，汉高帝经过赵国，问道："乐毅有后代吗？"有人回答说："有个乐叔。"汉高帝把乐卿县赐封给乐叔，封号叫华成君。华成君是乐毅的孙子。乐氏的家族有乐瑕公、乐臣公，当赵国将要被秦国灭亡的时候，他们逃跑到齐国的高密县。乐臣公善于研究黄帝、老子的学说，名声传扬传闻于齐国，被称为贤师。

太史公曰：始齐之蒯通及主父偃读乐毅之报燕王书，未尝不废书而泣也。乐臣公学黄帝、老子，其本师号曰河上丈人，不知其所出。河上丈人教安期生，安期生教毛翕公，毛翕公教乐瑕公，乐瑕公教乐臣公，乐臣公教盖公。盖公教于齐高密、胶西，为曹相国师。

太史公说：当初，齐国的蒯通和主父偃读乐毅回复燕惠王的信时，没有不放下信来哭泣的。乐臣公学习黄帝、老子的学说，他的宗师号称河上丈人，不知河上丈人出生何处。河上丈人教安期生，安期生教毛翕公，毛翕公教乐瑕公，乐瑕公教乐臣公，乐臣公教盖公。盖公在齐国高密县、胶西一带授徒，是曹参相国的老师。

史记第八十一卷

廉颇蔺相如列传第二十一

廉颇者，赵之良将也。赵惠文王十六年，廉颇为赵将伐齐，大破之，取阳晋，拜为上卿，以勇气闻于诸侯。蔺相如者，赵人也，为赵宦者令缪贤舍人。

廉颇是赵国的杰出将领。赵惠文王十六年，廉颇担任赵国的将军去攻打齐国，大败齐国的军队，攻取了阳晋城，被任命为上卿，凭勇敢闻名于诸侯各国。蔺相如也是赵国人，做赵国宦官长缪贤的家臣。

赵惠文王时，得楚和氏璧。秦昭王闻之，使人遗赵王书，愿以十五城请易璧。赵王与大将军廉颇诸大臣谋：欲予秦，秦城恐不可得，徒见欺；欲勿予，即患秦兵之来。计未定，求人可使报秦者，未得。宦者令缪贤曰："臣舍人蔺相如可使。"王问："何以知之？"对曰："臣尝有罪，窃计欲亡走燕，臣舍人相如止臣，曰：'君何以知燕王？'臣语曰：'臣尝从大王与燕王会境上，燕王私握臣手，曰'愿结友'。以此知之，故欲往。'相如谓臣曰：'夫赵强而燕弱，而君幸于赵王，故燕王欲结于君。今君乃亡赵走燕，燕畏赵，其势必不敢留君，而束君归赵矣。君不如肉袒伏斧质请罪，则幸得脱矣。'臣从其计，大王亦幸赦臣。臣窃以为其人勇士，有智谋，宜可使。"于是王召见，问蔺相如曰："秦王以十五城请易寡人之璧，可予不？"相如曰："秦强而赵弱，不可不许。"王曰："取吾璧，不予我城，奈何？"相如曰："秦以城求璧而赵不许，曲在赵。赵予璧而秦不予赵城，曲在秦。均之二策，宁许以负秦曲。"王曰："谁可使者？"相如曰："王必无人，臣愿奉璧往使。城入赵而璧留秦；城不入，臣请完璧归赵。"赵王于是遂遣相如奉璧西入秦。

赵惠文王的时候，得到楚国的和氏玉璧。秦昭王听说了这事，派人送信给赵王，表示愿意用十五座城邑换取和氏璧。赵王与大将军廉颇等大臣们商议：想把和氏璧给秦国吧，秦国的城邑恐怕不可能得到，只有被欺骗；想不给吧，就怕秦军来攻打。对策没有确定，想寻找一个能够派去回答秦国的使者，没有找到。宦官长缪贤说："我的家臣蔺相如能够出使。"赵王问："你凭什么知道他呢？"缪贤回答说："我曾经犯罪，私下计划想逃跑到燕国去。我的家臣蔺相如劝止我，说：'你凭什么了解燕王的？'我告诉他说：'我曾经跟随大王和燕王在边境上会见，燕王私下握着我的手，说愿意结交做朋友。我因而了解他，所以想前去。'蔺相如对我说：'那时赵国强燕国弱，而您被赵王宠爱，因此燕王想与您结交。现在您是从赵国逃跑到燕国去，燕国害怕赵国，这种形势，燕王必定不敢收留您，而会把您捆绑起来送回赵国。您不如袒露上体，伏在刑具上，向君王请罪，也许侥幸可免死了。'我采纳了他的计策，大王也开恩赦免了我。我私下认为这个人是个勇士，有智有谋，应该可以出使。"于是赵王召见蔺相如，问他说："秦王用十五座城邑来请求换我的宝璧，能不能给他？"蔺相如说："秦国强，赵国弱，不能不答应。"赵王说："秦王拿去了我的宝璧，不给我城邑，怎么办？"蔺相如说："秦国用城邑要求换宝璧，而赵国不答应，理亏在赵国。赵国给了宝璧，而秦国不给赵国城邑，理亏在秦国。权衡这两个对策，宁愿答应它，让秦国担负理亏的责任。"赵王说："谁可以出使呢？"蔺相如说："大王果真没有人，我愿意捧着宝璧出使到秦国去。城邑归了赵国，宝璧就留在秦国；城邑不归赵国，我保证把和氏璧完完整整地带回赵国。"赵王在这种情况下，就派遣蔺相如捧着和氏璧向西到秦国去。

秦王坐章台见相如，相如奉璧奏秦王。秦王大喜，传以示美人及左右，左右皆呼万岁。相如视秦王无意偿赵城，及前曰："璧有瑕，请指示王。"王授璧，相如因持璧却立，倚柱，怒发上冲冠，谓秦王曰："大王欲得璧，使人发书至赵王，赵王悉召群臣议，皆曰'秦贪，负其强，以空言求璧，偿城恐不可得'。议不欲予秦璧。臣以为布衣之交尚不相欺，况大国乎！且以一璧之故逆强秦之欢，不可。于是赵王乃斋戒五日，使臣奉璧，拜送书于庭。何者？严大国之威以修敬也。今臣至，大王见臣列观，礼节甚倨；得璧，传之美人，以戏弄臣。臣观大王无意偿赵王城邑，故臣复取璧。大王必欲急臣，臣头今与璧俱碎于柱矣！"相如持其璧睨柱，欲以击柱。秦王恐其破璧，乃辞谢固请，召有司案图，指从此以往十五都予赵。相如度秦王特以诈详为予赵城，实不可得，乃谓秦王曰："和氏璧，天下所共传宝也，赵王恐，不敢不献。赵王送璧时，斋戒五日，今大王亦宜斋戒五日，设九宾于廷，臣乃敢上璧。"秦王度之，终不可强夺，遂许斋五日，舍相如广成传。相如度秦王虽斋，决负约不偿城，乃使其从者衣褐，怀其璧，从径道亡，归璧于赵。

秦王坐在章台接见蔺相如，蔺相如捧着和氏璧献给秦王。秦王非常高兴，把璧递给妃嫔和侍从人员欣赏，左右侍从都高呼万岁。蔺相如看出秦王没有诚意补偿城邑给赵国，就走上前说："璧上有瑕疵，请让我指给大王看。"秦王把璧交给他。蔺相如便拿着璧，后退几步站定，靠着殿柱，怒发冲冠地对秦王说："大王想得到这块宝璧，派人送信给赵王。赵王召集全体大臣商量，都说'秦国贪婪，仗自己的强盛，想用空话骗取和氏璧，补偿我们的城邑恐怕不可能得到'。大家商量不打算把璧给秦国。我认为平民百姓之间的交往，还不能相互欺骗，何况堂堂大国呢！而且因一块璧玉的缘故，惹得强大的秦国生气，这不应该。因此赵王就斋戒了五天，派我捧着璧玉，他在朝堂上拜呈国书。为什么这样做呢？是尊重大国的威望，表示敬意呢。今日我来到贵国，大王只在一般的宫殿里接见我，礼节非常简慢；拿到了璧玉，又传递给妃嫔，来戏弄我。我看大王没有诚意补偿城邑给赵王，所以我又收回了璧玉。大王一定要逼迫我，我的头今日就跟璧玉一起粉碎在殿柱下了！"蔺相如握着那璧玉，斜视殿柱，正想用它撞击殿柱。秦王怕他撞破璧玉，就连忙道歉，再三请求不要撞碎璧玉，召来管图籍的官员察看地图，指着从这里起到那里止的十五座城邑划给赵国。蔺相如估计秦王只不过是假装要给赵国城邑，其实不可能得到，就对秦王说："这块和氏璧，是天下公认的宝玉啊！赵王害怕，不敢不奉献。赵王送出璧玉的时候，曾经斋戒了五天，现在大王也应该斋戒五天，在朝堂上设九宾大典接见，我才敢献上璧玉。"秦王估量这件事，终究不能用强力夺取，就答应斋戒五日，安置蔺相如住在广成宾馆。蔺相如预料秦王虽然答应斋戒，但一定会违背诺言，不肯补偿城邑，便让他的随从穿着粗布衣，怀着璧玉，从小路逃走，把璧玉送回赵国。

廉颇像

秦王斋五日后，乃设九宾礼于廷，引赵使者蔺相如。相如至，谓秦王曰："秦自缪公以来二十余君，未尝有坚明约束者也。臣诚恐见欺于王而负赵，故令人持璧归，间至赵矣。且秦强而赵弱，大王遣一介之使至

赵，赵立奉璧来。今以秦之强而先割十五都予赵，赵岂敢留璧而得罪于大王乎？臣知欺大王之罪当诛，臣请就汤镬，唯大王与群臣孰计议之。”秦王与群臣相视而嘻。左右或欲引相如去，秦王因曰：“今杀相如，终不能得璧也，而绝秦赵之欢，不如因而厚遇之，使归赵，赵王岂以一璧之故欺秦邪！”卒廷见相如，毕礼而归之。

秦王斋戒五天后，就在朝堂上设九宾大礼，延请赵国使臣蔺相如。蔺相如来到，对秦王说：“秦国从穆公以来二十多个国君，不曾有真正信守盟约的。我实在怕被大王欺骗而辜负赵国，因此派人拿着璧玉回去，已经从小路到达赵国了。不过秦国强大，赵国弱小，大王派一个使臣到赵国，赵国立刻派我捧着璧玉来了。如果凭着秦国这样的强大，先割让十五座城邑给赵国，赵国难道敢留下璧玉而得罪大王吗？我知道欺骗大王的罪应当处死，我愿意下汤锅受烹煮之刑。只是希望大王与群臣仔细计议这件事。”秦王与大臣们面面相觑，发出惊呼的声音。有的侍从人员准备把蔺相如拉下去，秦王趁机说：“今日杀了蔺相如，终究不能得到璧玉，反而断了秦、赵两国的友好关系，不如照旧优厚地款待他，让他回赵国，赵王哪里会由于一块璧玉的缘故而欺骗秦国呢！”最后在朝廷上会见蔺相如，完成接见典礼后，让他回国去。

相如既归，赵王以为贤大夫使不辱于诸侯，拜相如为上大夫。秦亦不以城予赵，赵亦终不予秦璧。

蔺相如回国后，赵王认为他是个贤能的大夫，出使能不受辱于别国，任命相如担任上大夫。秦国没有把城邑给赵国，赵国也终究不给秦国和氏璧。

其后秦伐赵，拔石城。明年，复攻赵，杀二万人。

这以后秦国攻打赵国，攻占了石城。第二年，又进攻赵国，杀死了两万人。

秦王使使者告赵王，欲与王为好会于西河外渑池。赵王畏秦，欲毋行。廉颇、蔺相如计曰：“王不行，示赵弱且怯也。”赵王遂行，相如从。廉颇送至境，与王诀曰：“王行，度道里会遇之礼毕，还，不过三十日。三十日不还，则请立太子为王，以绝秦望。”王许之，遂与秦王会渑池。秦王饮酒酣，曰：“寡人窃闻赵王好音，请奏瑟。”赵王鼓瑟。秦御史前书曰“某年月日，秦王与赵王会饮，令赵王鼓瑟。”蔺相如前曰：“赵王窃闻秦王善为秦声，请奏盆缻秦王，以相娱乐。”秦王怒，不许。于是相如前进缻，因跪请秦王。秦王不肯击缻。相如曰：“五步之内，相如请得以颈血溅大王矣！”左右欲刃相如，相如张目叱之，左右皆靡。于是秦王不怿，为一击缻。相如顾召赵御史书曰“某年月日，秦王为赵王击缻”。秦之群臣曰：“请以赵十五城为秦王寿。”蔺相如亦曰：“请以秦之咸阳为赵王寿。”秦王竟酒，终不能加胜于赵。赵亦盛设兵以待秦，秦不敢动。

秦王派遣使臣告诉赵王，想与赵王在西河外渑池进行友好会见。赵王害怕秦国，打算不去。廉颇、蔺相如商议说：“大王不去，只表示赵国既薄弱又胆小呢。”赵王于是起程，蔺相如随行。廉颇送到边境上，跟赵王告别说：“大王这次前去，估计行程时间到会见礼节完毕，来回不会超过三十天。三十天不回来，就请允许拥立太子为王，来绝秦国的欲望。”赵王同意了他，就跟秦王在渑池会见。秦王喝酒喝到痛快的时候，说：“我听说赵王爱好音乐，请弹奏瑟吧！”赵王弹起了瑟。秦国御史走上前来写道：“某年某月某日，秦王跟赵王一起喝酒，令赵王弹瑟。”蔺相如走上前说：“赵王听说秦王擅长演奏秦地的乐曲，请允许我献上盆缻，请以此互相娱乐。”秦王发怒，不答应。这时蔺相如捧着缻走上前，并下跪请秦王。秦王不肯敲缻。蔺相如说：“就在这五步之内，蔺相如请求能用颈血溅在大王身上了！”秦王的左右侍从要杀蔺相如，蔺相如瞪着双眼严厉呵斥他们，侍从们都退走。当时秦王很生气，就为他敲了一下缻。蔺相如回头招呼赵国御史写道：“某年某月某日，秦王为赵王敲击缻。”秦国的大臣们说：“请用赵国的十五座城邑给秦王献礼。”蔺相如说：“请用秦国的咸阳城给赵王献礼。”秦王一直到酒宴结束，终究不能胜过赵国。赵国也大规模排兵布阵来防备秦国，秦国终于不敢动武。

既罢归国，以相如功大，拜为上卿，位在廉颇之右。廉颇曰：“我为赵将，有攻城野战之大功，而蔺相如徒以口舌为劳，而位居我上，且相如素贱人，吾羞，不忍为之下。”宣言曰：“我见相如，必辱之。”相如闻，不肯与会。相如每朝时，常称病，不欲与廉颇争列。已而相如出，望见廉颇，相如引车避匿。于是舍人相与谏曰：“臣所以去亲戚而事君者，徒慕君之高义也。今君与廉颇同列，廉君宣恶

廉颇肉袒负荆图，选自清·马骀《百将传图》。讲述了廉颇与蔺相如由失和到交好、同心为国之事。

言而君畏匿之，恐惧殊甚，且庸人尚羞之，况于将相乎！臣等不肖，请辞去。”蔺相如固止之，曰：“公之视廉将军孰与秦王？”曰：“不若也。”相如曰：“夫以秦王之威，而相如廷叱之，辱其群臣，相如虽驽，独畏廉将军哉？顾吾念之，强秦之所以不敢加兵于赵者，徒以吾两人在也。今两虎共斗，其势不俱生。吾所以为此者，以先国家之急而后私仇也。”廉颇闻之，肉袒负荆，因宾客至蔺相如门谢罪。曰：“鄙贱之人，不知将军宽之至此也。”卒相与欢，为刎颈之交。

会见结束，赵王回国后，因为蔺相如功劳大，任命他为上卿，官位在廉颇之上。廉颇说：“我身为赵国的将军，有攻城野战的大功，而蔺相如只不过凭着口舌立了点功劳，可是职位在我之上，而且蔺相如本是微贱的人，我感到羞耻，不堪忍受做他的下级。”扬言说：“我碰见蔺相如，一定要羞辱他。”蔺相如听到了，不肯跟廉颇会面。相如每逢朝会的时候，常常借口有病，不想跟廉颇争位次。过了不久，蔺相如外出，远远望见了廉颇，蔺相如连忙掉转车头躲避。这时，蔺相如的家臣们一齐进言说：“我们之所以离开亲人来投靠您，只因仰慕您崇高的节义啊。现在您和廉颇同朝为官，廉先生公开口出恶言，可您畏惧、躲避他，害怕得太过分了。连普通人尚且感到羞耻，何况身为将相的人呢！我等人没有才能，请准许告辞离开吧。”蔺相如一再劝阻他们，说：“你们看，廉将军和秦王相比哪一个强？”家臣们回答说：“不如秦王。”蔺相如说：“像秦王那样的威严，我相如竟敢在朝堂上大声呵斥他，羞辱他的大臣们，相如虽然愚笨无能，难道会害怕廉将军吗？然而我考虑到，强大的秦国之所以不敢进兵侵犯赵国，只是因为有我们两人在呢。如果两只老虎互相争斗，势必不能都生存。我这样做的缘故，是因为把国家的困难放在前面，而把私人的仇怨放在后面。”廉颇听说了这些话，就袒露着肩膊背上荆条，由宾客引领到蔺相如家里请罪。他说：“我这个浅薄卑贱的人，不了解将军胸怀宽阔到这种程度。”两人终于相互和好，结成了至死不渝的朋友。

是岁，廉颇东攻齐，破其一军。居二年，廉颇复伐齐几，拔之。后三年，廉颇攻魏之防陵、安阳，拔之。后四年，蔺相如将而攻齐，至平邑而罢。其明年，赵奢破秦军阏与下。

这一年，廉颇向东攻打齐国，粉碎了齐国的一支军队。过了两年，廉颇又攻打齐国的几邑，攻克了它。以后三年，廉颇攻打魏国的防陵、安阳，攻克了它们。以后四年，蔺相如率军攻打齐国，到达平邑就停止前进了。第二年，赵奢在阏与城下打垮了秦军。

赵奢者，赵之田部吏也。收租税而平原君家不肯出租，奢以法治之，杀平原君用事者九人。平原君怒，将杀奢。奢因说曰：“君于赵为贵公子，今纵君家而不奉公则法削，法削则国弱，国弱则诸侯加兵，诸侯加兵是无赵也，君安得有此富乎？以君之贵，奉公如法则上下平，上下平则国强，国强则赵固，而君为贵戚，岂轻于天下邪？”平原君以为贤，言之于王。王用之治国赋，国赋大平，民富而府库实。

赵奢是赵国的田部吏，负责征收租税。有一次平原君家不肯交租，赵奢依法办理这事，杀了平原君家九个主事的人。平原君发怒，要杀赵奢。赵奢趁机劝说道："您在赵国是贵公子，今天纵容您家不奉公守法，那么国法就会削弱，国法削弱那么国家就会衰弱；国家衰弱那么各诸侯国就会进兵来侵犯；各诸侯国进兵来侵犯，赵国就不能存在了，您怎么还能得到这样的富足呢？凭着您这样高贵的地位，能够奉公守法，那么全国上下就会公平；上下公平，国家就强盛；国家强盛，赵国的统治就稳固。而您作为国君的贵族，难道会被天下人小看吗？"平原君认为赵奢贤能，向赵王介绍了他。赵王任用他管理全国赋税，国家赋税特别公平，人民富裕，国库充足。

秦伐韩，军于阏与。王召廉颇而问曰："可救不？"对曰："道远险狭，难救。"又召乐乘而问焉，乐乘对如廉颇言。又召问赵奢，奢对曰："其道远险狭，譬之犹两鼠斗于穴中，将勇者胜。"王乃令赵奢将，救之。

秦国攻打韩国，军队驻扎在阏与。赵王召见廉颇来询问说："能不能援救？"廉颇回答道："路途遥远、险峻、狭窄，很难救援。"赵王又召见乐乘来询问这件事，乐乘的回答和廉颇说的一样。赵王又召见并询问赵奢。赵奢回答说："这条道路遥远、险峻、狭窄，应去援救，正好像两只老鼠在洞里争斗，将是勇敢的取得胜利。"赵王便命令赵奢为将，去援救阏与。

兵去邯郸三十里，而令军中曰："有以军事谏者死。"秦军军武安西，秦军鼓噪勒兵，武安屋瓦尽振。军中候有一人言急救武安，赵奢立斩之。坚壁，留二十八日不行，复益增垒。秦间来入，赵奢善食而遣之。间以报秦将，秦将大喜曰："夫去国三十里而军不行，乃增垒，阏与非赵地也。"赵奢既已遣秦间，乃卷甲而趋之，二日一夜至，令善射者去阏与五十里而军。军垒成，秦人闻之，悉甲而至。军士许历请以军事谏，赵奢曰："内之。"许历曰："秦人不意赵师至此，其来气盛，将军必厚集其阵以待之。不然，必败。"赵奢曰："请受令。"许历曰："请就铁质之诛。"赵奢曰："胥后令邯郸。"许历复请谏，曰："先据北山上者胜，后至者败。"赵奢许诺，即发万人趋之。秦兵后至，争山不得上，赵奢纵兵击之，大破秦军。秦军解而走，遂解阏与之围而归。

军队离开邯郸二十里，赵奢向全军下令说："有为军事进谏的，处死刑。"秦军驻扎在武安以西，擂鼓呐喊，整训军队，把武安的屋瓦都震动了。军中有一名侦察敌情的军侯建议急速援救武安，赵奢立即斩杀了他。赵奢坚守营垒，停留了二十八天不出动，而且又增筑堡垒。秦军的间谍潜入赵军的驻地，赵奢用很好的饭食款待后才遣送他离去。间谍把这些情况汇报秦军将领，秦将非常高兴，说："离开国都三十里军队就停下不前进，只忙于增筑堡垒，看来阏与不是赵国的土地了。"赵奢送走了秦军的间谍，就下令全军卷起铠甲武器，快步尾随着向阏与进发，两天一夜到达了目的地，命令优秀射手在离阏与五十里的地方驻扎下来。营垒筑成后，秦军听到了这个情报，全副武装倾巢出动。军士许历请求为军事进言，赵奢说："让他进来。"许历说："秦军料想不到赵军到达了这里，他们的来势很猛，将军一定要集中加重自己的兵阵来等待他们。不然的话，定会失败。"赵奢说："我愿意接受建议。"许历说："请按军令处死我。"赵奢说："等回到邯郸后再处理。"许历又请求进言，说："先占据北山的就能胜利，后到的失败。"赵奢答应了，立即发兵一万迅速占领北山。秦军到后，要争夺山头而无法上山，赵奢发兵进攻秦军，大败秦军。秦军撤围逃走，赵奢终于解了阏与之围，班师回国。

赵惠文王赐奢号为马服君，以许历为国尉。赵奢于是与廉颇、蔺相如同位。

赵惠文王赐封赵奢，封号为马服君，用许历担任国尉。赵奢从此跟廉颇、蔺相如官位相等。

后四年，赵惠文王卒，子孝成王立。七年，秦与赵兵相距长平，时赵奢已死，而蔺相如病笃，赵使廉颇将攻秦，秦数败赵军，赵军固壁不战。秦数挑战，廉颇不肯。赵王信秦之间。秦之间言曰："秦之所恶，独畏马服君赵奢之子赵括为将耳。"赵王因以括为将，代廉颇。蔺相如曰："王以名使括，若胶柱而鼓瑟耳。括徒能读其父书传，不知合变也。"赵王不听，遂将之。

四年以后，赵惠文王逝世，儿子孝成王即位。赵孝成王七年，秦军与赵军在长平相持，这时赵奢已经死了，蔺相如也病得很重。赵王派遣廉颇带兵攻打秦军，秦军多次打败赵军，赵军固守营垒不应战。秦军多次挑战，廉颇也不理睬。赵王听信了秦国间谍散布的谣言。秦国的间谍说："秦国害怕的，就只怕马服君赵奢的儿子赵括担任将军。"赵王因此用赵括为将，替代廉颇。蔺相如说："大王凭名声使用赵括，就好比是用胶粘住瑟上的弦柱来弹瑟一样啊。赵括只会读他父亲留下的兵书，不能随机应变呢。”赵王不听，就任命赵括为将领。

赵括自少时学兵法，言兵事，以天下莫能当。尝与其父奢言兵事，奢不能难，然不谓善。括母问奢其故，奢曰：“兵，死地也，而括易言之。使赵不将括即已，若必将之，破赵军者必括也。”及括将行，其母上书言于王曰：“括不可使将。”王曰：“何以？”对曰：“始妾事其父，时为将，身所奉饭饮而进食者以十数，所友者以百数，大王及宗室所赏赐者尽以予军吏士大夫，受命之日，不问家事。今括一旦为将，东向而朝，军吏无敢仰视之者，王所赐金帛，归藏于家，而日视便利田宅可买者买之。王以为何如其父？父子异心，愿王勿遣。”王曰：“母置之，吾已决矣。”括母因曰：“王终遣之，即有如不称，妾得无随坐乎？”王许诺。

赵括从小学习兵法，谈论起用兵来，认为天下没人能比得上他。赵括曾经跟他父亲谈论用兵，赵奢不能难倒他，但并不认为他行。赵括的母亲问赵奢其中的原因，赵奢说：“战争，是要死人的事，而括说得太轻松容易了。如果赵国不用括当将领倒也罢了，如果非要用他当将领，使赵国大败的必定是他呀。”等到赵括将要出发，他的母亲上书给赵王，说：“赵括不适宜派去当将领。”赵王说：“为什么？”回答说：“当初我服事他父亲，那时他父亲正当大将，亲自捧着食物饮食招待的客人数以十计，所结交的朋友数以百计，大王和王族所赏赐的东西，全部分给军官和僚属，从接受命令的那天起，就不过问家里的事。如今赵括刚一当上将军，就朝东坐着接见部下，军官没有敢抬头看他的。大王赏赐的金钱、丝织品等，拿回收藏在家里，而且天天留心便宜有利可图的田地房屋，能买的便买下它。大王认为这哪里像他父亲？父亲、儿子的志向不同，希望大王不要委任他。”赵王说：“老夫人放下这件事吧，我已经决定了。”赵括的母亲趁机说：“大王终究要委派他，如果有不称职的事，我该不会受株连吧？”赵王答应了。

赵括既代廉颇，悉更约束，易置军吏。秦将白起闻之，纵奇兵，详败走。而绝其粮道，分断其军为二，士卒离心。四十余日，军饿，赵括出锐卒自搏战，秦军射杀赵括。括军败，数十万之众遂降秦，秦悉坑之。赵前后所亡凡四十五万。明年，秦兵遂围邯郸，岁余，几不得脱。赖楚、魏诸侯来救，乃得解邯郸之围。赵王亦以括母先言，竟不诛也。

赵括代替廉颇以后，全部更改了号令和纪律，撤换了军官。秦国大将白起听到了这些，派遣出奇制胜的军队，佯装失败逃跑，来截断赵军的运粮路，把赵军分成两部分，赵军军心涣散了。四十多天里，全军缺粮挨饿，赵括派出精锐部队，亲自率领跟秦军搏斗。秦军射死了赵括，赵括的军队大败，几十万大军便投降了秦军，秦军把他们全部活埋了。赵军阵亡的官兵共有四十五万。第二年，秦军就包围了邯郸，持续一年多，赵国几乎摆脱不了亡国的危险。依靠楚、魏等国的救援，才解除了邯郸的围困。赵王也因为赵括母亲有言在先，终于没有诛杀她。

自邯郸解围五年，而燕用栗腹之谋，曰“赵壮者尽于长平，其孤未壮”，举兵击赵。赵使廉颇将，击，大破燕军于鄗，杀栗腹，遂围燕。燕割五城请和，乃听之。赵以尉文封廉颇为信平君，为假相国。

自从邯郸解围后五年，燕王采用栗腹的计谋，说“赵国的壮丁都死在长平之役，他们的孤儿没有长大”，便起兵进攻赵国。赵国派廉颇为将军，反击，在鄗地大败燕军，杀了栗腹，乘势包围燕国。燕国割让五座城邑求和，赵国才答应停战。赵王把尉文邑封给廉颇，封号为信平君，兼代理相国。

廉颇之免长平归也，失势之时，故客尽去。及复用为将，客又复至。廉颇曰：“客退矣！”客曰：“吁！君何见之晚也？夫天下以市道交，君有势，我则从君，君无势则去，此固其理也，有何怨乎？”居六年，赵使廉颇伐魏之繁阳，拔之。

廉颇从长平免职回来，失去权势的时候，原来的门客都离去了。等到再被任用当大将，门客又都来了。廉颇说：“宾客们退去吧！”门客说：“唉！您为何明白得这样迟啊？现在天下人是以市场上的买卖方式交朋友，您有权势，我们就跟从您；您没有权势，我们就离开。这本是很自然的道理呀，有什么可怨恨呢？”过了六年，赵王派廉颇率军攻打魏国的繁阳，占领了它。

赵孝成王卒，子悼襄王立，使乐乘代廉颇。廉颇怒，攻乐乘，乐乘走。廉颇遂奔魏之大梁。其明年，赵乃以李牧为将而攻燕，拔武遂、方城。

赵孝成王去世，儿子悼襄王即位，派乐乘代替廉颇。廉颇发怒，进攻乐乘，乐乘逃跑。廉颇便投奔到魏国的大梁。第二年，赵国就用李牧为将攻打燕国，攻克了武遂和方城。

廉颇居梁久之，魏不能信用。赵以数困于秦兵，赵王思复得廉颇，廉颇亦思复用于赵。赵王使使者视廉颇尚可用否。廉颇之仇郭开多与使者金，令毁之。赵使者既见廉颇，廉颇为之一饭斗米，肉十斤，被甲上马，以示尚可用。赵使还报王曰："廉将军虽老，尚善饭，然与臣坐，顷之三遗矢矣。"赵王以为老，遂不召。

廉颇在大梁住了很久，魏国并不信任重用他。赵国由于多次被秦军围困，赵王想得到廉颇，廉颇也想再被赵国起用。赵王派遣使者去探望廉颇还可不可以任用。廉颇的仇人郭开给使者很多金钱，让他诽谤廉颇，赵国使者见到廉颇后，廉颇特意在他面前一餐吃了一斗米的饭、十斤肉，还披甲上马，表示自己还可任用。赵国使者回来向赵王报告说："廉将军虽然老了，但饭量还很好，可是与我坐在一起，一会儿就拉了三次屎。"赵王以为廉颇老了，就不召他了。

楚闻廉颇在魏，阴使人迎之。廉颇一为楚将，无功，曰："我思用赵人。"廉颇卒死于寿春。

楚国听说廉颇在魏国，秘密派人去迎接他。廉颇一旦担任楚将，没有建立战功，说："我想指挥赵国的士兵。"廉颇最后死在寿春。

李牧者，赵之北边良将也。常居代、雁门，备匈奴。以便宜置吏，市租皆输入莫府，为士卒费。日击数牛飨士，习射骑，谨烽火，多间谍，厚遇战士。为约曰："匈奴即入盗，急入收保，有敢捕虏者斩。"匈奴每入，烽火谨，辄入收保，不敢战。如是数岁，亦不亡失。然匈奴以李牧为怯，虽赵边兵亦以为吾将怯。赵王让李牧，李牧如故。赵王怒，召之，使他人代将。

李牧是赵国镇守北部边境的优秀将领，常年驻扎在代地，雁门郡，防御匈奴。他有权任命官吏，城市的税赋都送进将军幕府中，用作士兵的费用。他每天杀几头牛犒劳士兵，教士兵射箭、骑马。谨慎地把守烽火台，多派侦察人员，优待战士。制定规章说："匈奴如果侵入边境来抢掠，应立即进入营垒固守，有胆敢擅自捕捉俘虏的处斩刑。"匈奴每次入侵，烽火台就严谨地举烽火报警，战士们随即进入营垒防守，不敢应战。这样过了好几年，也没有什么伤亡和损失。可是匈奴认为李牧是胆小怕事，就连赵国的边防兵也认为"我们的将军胆小怕事"。赵王责备李牧，李牧仍然像以前一样。赵王发怒，召他回京，派另外的人替代了他边将的职务。

岁余，匈奴每来，出战。出战，数不利，失亡多，边不得田畜。复请李牧。牧杜门不出，固称疾。赵王乃复强起使将兵。牧曰："王必用臣，臣如前，乃敢奉令。"王许之。

一年多以后，匈奴每次来侵犯，新将都领兵出战。每次出战，多是失利，伤亡损失很多，边境不能耕种、放牧。当时又请李牧出任边将，李牧闭门不出，硬说自己有病。赵王就又强迫他出任，派他去统率军队。李牧说："大王一定要任用我，要让我像以前那样做，我才敢接受命令。"赵王答应了他。

李牧至，如故约。匈奴数岁无所得。终以为怯。边士日得赏赐而不用，皆愿一战。于是乃具选车得千三百乘，选骑得万三千匹，百金之士五万人，彀者十万人，悉勒习

李牧雁门纵牧图，选自清·马骀《百将传图》。

战。大纵畜牧，人民满野。匈奴小入，详北不胜，以数千人委之。单于闻之，大率众来入。李牧多为奇陈，张左右翼击之，大破杀匈奴十余万骑。灭襜褴，破东胡，降林胡，单于奔走。其后十余岁，匈奴不敢近赵边城。

李牧到达边境，按照原来的法规、号令办事。匈奴好几年一无所得，但是人们始终认为李牧胆小。守边的士兵时常得到奖赏却不被使用，都希望与匈奴一战。这时李牧就准备了经过挑选的兵车一千三百辆，精选出战马一万三千匹。还有曾经获得百金奖赏的勇士五万人，能拉硬弓的优秀射手十万人，全都组织起来进行军事演习。又大力组织放牧，让人民布满原野。匈奴派出小股兵力入侵，李牧部队假装败逃，丢下几千人给匈奴。匈奴单于听到这个消息，率领大批军队入侵。李牧大量布下灵活奇特的战阵，从左右两边包抄反击匈奴，大败匈奴，歼灭匈奴十几万人马。接着消灭襜褴，打败东胡，迫使林胡投降，单于逃跑。这次战役以后的十多年，匈奴不再敢接近赵国边境上的城邑。

赵悼襄王元年，廉颇既亡入魏，赵使李牧攻燕，拔武遂、方城。居二年，庞煖破燕军，杀剧辛。后七年，秦破杀赵将扈辄于武遂，斩首十万。赵乃以李牧为大将军，击秦军于宜安，大破秦军，走秦将桓齮。封李牧为武安君。居三年，秦攻番吾，李牧击破秦军，南距韩、魏。

赵悼襄王元年，廉颇已经逃亡到了魏国，赵王派李牧进攻燕国，攻下了武遂、方城。过了两年，庞煖又打败了燕军，杀掉了燕将剧辛。七年以后，秦军在武遂打败赵军，杀掉了赵将扈辄，杀死士兵十万。赵国于是用李牧担任大将军，在宜安进攻秦军，把秦军打得大败，赶走了秦将桓齮。赵王赐封李牧为武安君。又过了三年，秦军攻打番吾，李牧打败了秦军，又向南抵御韩、魏两国的军队。

赵王迁七年，秦使王翦攻赵，赵使李牧、司马尚御之。秦多与赵王宠臣郭开金，为反间，言李牧、司马尚欲反。赵王乃使赵葱及齐将颜聚代李牧。李牧不受命，赵使人微捕得李牧，斩之。废司马尚。后三月，王翦因急击赵，大破杀赵葱，虏赵王迁及其将颜聚，遂灭赵。

赵王迁七年，秦国派遣王翦攻打赵国，赵王派李牧、司马尚抵抗秦军。秦国把大笔金钱给了赵王的宠臣郭开，施行反间计，说李牧、司马尚想要谋反。赵王便派赵葱和齐将颜聚代替李牧。李牧不接受命令，赵王派人秘密逮捕了李牧，把他杀死了。撤销了司马尚的职务。这以后三个月，王翦乘势急速攻打赵国，大败赵葱的军队，杀了赵葱，俘虏了赵王赵迁和赵军将领颜聚，终于灭亡了赵国。

太史公曰：知死必勇，非死者难也，处死者难。方蔺相如引璧睨柱，及叱秦王左右，势不过诛，然士或怯懦而不敢发。相如一奋其气，威信敌国，退而让颇，名重太山，其处智勇，可谓兼之矣！

太史公说：对死亡有明确认识的人，必定勇敢，这不是说去死很难，而是怎样对待死这件事很难。当蔺相如举起璧玉斜望着殿柱，又大声斥责秦王和左右近臣的时候，明知那势态不过被杀罢了，可是对一般士人来说，有的会因为胆小懦弱，而不敢这样做。蔺相如一旦振奋他的勇气，使威势在敌国伸张，回国以后，对廉颇谦卑退让，名声比泰山还重。他为人处世有智慧有勇气，可以称得上是智勇双全的人了！

史记第八十二卷

田单列传第二十二

田单者，齐诸田疏属也。湣王时，单为临淄市掾，不见知。及燕使乐毅伐破齐，齐湣王出奔，已而保莒城。燕师长驱平齐，而田单走安平，令其宗人尽断其车轴末而傅铁笼。已而燕军攻安平，城

坏，齐人走，争涂，以轊折车败，为燕所虏，唯田单宗人以铁笼故得脱，东保即墨。燕既尽降齐城，唯独莒、即墨不下。燕军闻齐王在莒，并兵攻之。淖齿既杀湣王于莒，因坚守，距燕军，数年不下。燕引兵东围即墨，即墨大夫出与战，败死。城中相与推田单，曰："安平之战，田单宗人与铁笼得全，习兵。"立以为将军，以即墨距燕。

田单，是齐国田氏王族的远房亲属。齐闵王时，田单担任首都临淄市佐理市政的掾吏，没有受到重视。后来燕国派乐毅打败齐军，齐闵王出逃，后来退守莒城。燕国的军队长驱直入，攻陷齐国的城邑，田单也逃往安平，让他的族人们把车轴两端突出的部分统统锯断而裹上铁皮。不久，燕军又围攻安平，城被攻陷了，城中人抢路逃难，许多人都因为车轴断裂，车子毁坏，而被燕军俘虏了。只有田单的族人，由于车轴有铁皮罩护着的缘故，得以逃脱，往东退守即墨。燕军已经全部降服了齐国的城邑，只有莒城和即墨两个城没有被攻陷了。燕军听说齐王在莒城，于是集合兵力猛攻莒城。淖齿在莒城中杀了闵王以后，就矢志坚守，抗拒燕军，坚持了好几年，城仍然没有攻下。燕军只好转移兵力，往东去围攻即墨，即墨大夫出城迎战，战败阵亡。城中人公推田单说："安平那一仗，田单的族人由于'铁笼'的关系得以保全，足见他懂得兵法。"就立他做将军，用即墨城的力量抵挡燕军。

顷之，燕昭王卒，惠王立，与乐毅有隙。田单闻之，乃纵反间于燕，宣言曰："齐王已死，城之不拔者二耳。乐毅畏诛而不敢归，以伐齐为名，实欲连兵南面而王齐。齐人未附，故且缓攻即墨以待其事。齐人所惧，唯恐他将之来，即墨残矣。"燕王以为然，使骑劫代乐毅。

过了不久，燕昭王去世，惠王即位，他和乐毅有隔阂。田单听说这个消息，就乘机在燕国展开离间工作，扬言说："齐王已经死了，齐城没有被攻下来的，只剩下两个而已。乐毅是怕国君要杀他，所以不敢回国，他是以攻打齐国为名，其实是想延长战争，在齐国称王。齐国的民心尚未归顺，才姑且缓攻即墨，以便等待时机在齐国称王。齐国人所害怕的，只是恐怕燕国调派其他将领来，那样，即墨城势必被破无疑了。"燕王听了，认为这说得对，就派遣骑劫接替乐毅的职位。

乐毅因归赵，燕人士卒忿。而田单乃令城中人食必祭其先祖于庭，飞鸟悉翔舞城中下食。燕人怪之。田单因宣言曰："神来下教我。"乃令城中人曰："当有神人为我师。"有一卒曰："臣可以为师乎？"因反走。田单乃起，引还，东乡坐，师事之。卒曰："臣欺君，诚无能也。"田单曰："子勿言也！"因师之。每出约束，必称神师。乃宣言曰："吾唯惧燕军之劓所得齐卒，置之前行，与我战，即墨败矣。"燕人闻之，如其言。城中人见齐诸降者尽劓，皆怒，坚守，唯恐见得。单又纵反间曰："吾惧燕人掘吾城外冢墓，僇先人，可为寒心。"燕军尽掘垄墓，烧死人。即墨人从城上望见，皆涕泣，俱欲出战，怒自十倍。

乐毅于是投奔赵国而去，燕国军民都愤愤不平。田单于是命令城中的居民，每餐吃饭之前，必须先在庭院中祭祀祖先，飞鸟都在城中的上空盘旋着，然后下来啄食祭品。燕国人对此觉得很奇怪。田单又乘机扬言说："神仙由天而降，来授给我天机。"并且告诉城中人说："还会有一个神人来当我的军师。"有个士兵说："我可以做军师吗？"说完掉头而去。田单就站起来，招他回来，请他坐在朝东的上座，拜他为师。那士兵说："我是骗您的，实际上是没什么本领。"田单说："您不要说了。"于是尊他为师，每次发布号令，一定称引神师。又扬言说："我们只是怕燕军把所俘虏的齐兵的鼻子割掉，把他们排列在队伍的前头，来和我们作战，那么即墨就要失败了。"燕国人听到这话，就照着所说的做了。城中人看到那些投降的齐国人，鼻子都被割掉了，军民都很愤怒，更加坚定防守，生怕被燕军俘获。田单再一次施展反间计，说："我们怕燕国人挖掘我们城外的那些坟墓，凌辱祖宗，这可使我们心寒。"燕国人把所有的坟墓全部挖开，焚烧尸骨。即墨人从城头上望见那情景，都痛哭流涕，一致要求出城决战，十分愤怒。

田单知士卒之可用，乃身操版插，与士卒分功，妻妾编于行伍之间，尽散饮食飨士。令甲卒皆伏，使老弱女子乘城，遣使约降于燕，燕军皆呼万岁。田单又收民金，得千溢，令即墨富豪遗燕将，曰："即墨即降，愿无掳掠吾族家妻妾，令安堵。"燕将大喜，许之。燕军由此益懈。

田单知道士兵可用了，于是亲自带着版筑、铁锹，和士兵们一起从事防御工事的修建，又把自己的妻妾家人也编在队伍中，拿出所有的食物犒劳将士。命令披甲的士兵都埋伏不出，单单派那些老弱残兵和妇女、儿童站在城头上防守。派遣使者到燕军的营地去接洽投降,燕军听说后都高呼万岁。田单又收集了民间的黄金,得到一千镒,由即墨城中有名望的富豪前去送给燕国的将军,说:"即墨就要投降了,希望大军进城以后,不要掳掠我们家族的妻妾,让他们得到安全。"燕将极为高兴,答应了他。燕军的戒备从此越发松懈了。

田单乃收城中得千余牛,为绛缯衣,画以五采龙文,束兵刃于其角,而灌脂束苇于尾,烧其端。凿城数十穴,夜纵牛,壮士五千人随其后。牛尾热,怒而奔燕军,燕军夜大惊。牛尾炬火光明炫耀,燕军视之皆龙文,所触尽死伤。五千人因衔枚击之,而城中鼓噪从之,老弱皆击铜器为声,声动天地。燕军大骇,败走。齐人遂夷杀其将骑劫。燕军扰乱奔走,齐人追亡逐北,所过城邑皆畔燕而归田单,兵日益多,乘胜,燕日败亡,卒至河上,而齐七十余城皆复为齐。乃迎襄王于莒,入临淄而听政。

田单又从城中收集了一千多头牛,给它们披上红绸子衣服,上面画满五彩龙形花纹,牛角上端绑上利刀,又把灌满油脂的芦苇束在牛尾上,点燃牛尾上的芦苇。在城墙上面凿了几十个洞,夜里放牛出去,五千名精壮的士兵尾随在牛的后面。牛的尾巴一被烧热灼痛就狂怒地直奔燕军营,燕军在酣睡中被吓醒了。牛尾巴上的火把光明耀眼,燕军看见那庞然大物都是龙纹,而且只要被碰上的,全部非死即伤。那五千名壮士,口衔着枚不声不响地攻来,即墨城里的人擂鼓呐喊紧随着他们,老弱妇孺都击铜器助威,杀声惊天动地。燕军大为惊恐,败溃逃奔。齐军终于杀死了燕国的将军骑劫。燕军在混乱中四处窜逃,齐国人紧追逃亡败北的敌兵,所经过的城邑都纷纷叛离燕国而归顺田单。田单的士兵一天天增多,乘胜追击。燕军一天天溃败逃亡,终于退到了黄河边上。而齐国所沦陷的七十几座城又被齐国收复了。于是他们到莒城迎接齐襄王,襄王返回都城临淄主持国政。

襄王封田单,号曰"安平君"。

襄王封赏田单,封号叫安平君。

太史公曰:兵以正合,以奇胜。善之者,出奇无穷。奇正还相生,如环之无端。夫始如处女,适人开户,后如脱兔,适不及距:其田单之谓邪!

太史公说:用兵作战,既以正面交锋,又以奇兵取胜。善于用兵的人,奇兵迭出而变化无穷。正面的交锋和奇兵取胜相互配合运用,就如同圆环没有开端一样。用兵初,要像少女一样柔静,诱使敌人大开门户;然后就像脱逃的兔子那样敏捷,使敌人来不及抵挡:这里说的正是田单吧!

初,淖齿之杀湣王也,莒人求湣王子法章,得之太史嬓之家,为人灌园。嬓女怜而善遇之。后法章私以情告女,女遂与通。及莒人共立法章为齐王,以莒距燕,而太史氏女遂为后,所谓"君王后"也。

当初,淖齿杀了齐闵王,莒城人寻找齐闵王的儿子田法章,结果在太史嬓的家中找到了他,他在帮人家灌溉园地。太史嬓的女儿同情并很好地对待他。后来法章私下把实情告诉了这个女孩,这女孩就和他私通。等到莒城人共同拥立法章当齐王,凭借莒城来抗拒燕军,太史嬓的女儿就成了王后,就是人们所称的"君王后"。

燕之初入齐,闻画邑人王蠋贤,令军中曰"环画邑三十里无入",以王蠋之故。已而使人谓蠋曰:"齐人多高子之义,吾以子为将,封子万家。"蠋固谢。燕人曰:"子不听,吾引三军而屠画邑。"王蠋曰:"忠臣不事二君,贞女不更二夫。齐王不听吾谏,故退而耕于野。国既破亡,吾不能存;今又劫之以兵为君将,是助桀为暴也。与其生而无义,固不如烹!"遂经其颈于树枝,自奋绝脰而死。齐亡大夫闻之,曰:"王蠋,布衣也,义不北面于燕,况在位食禄者乎!"乃相聚如莒,求诸子,立为襄王。

燕军最初攻入齐国的时候,听说画邑人王蠋贤能,就命令军中说:"环绕画邑方圆三十里的地区不准擅入。"这完全是由于王蠋的缘故。不久,燕将派人去对王蠋说:"齐国人都称颂您的品德,我委派您作将军,加封一万户的领土。"王蠋坚决谢绝。那个燕国人说:"您如果不听从,我可要率领大军来屠平画邑。"王蠋说:"忠义之臣不会侍奉两个君主,贞节之女不会改嫁给第二个丈夫。齐王不听我的谏,所以我才隐居起来而耕种于乡野。如今国家既然已破亡,我不能使它复存,而今又以武力劫持我做你们的将军,这是叫我助桀王为虐。与其活着而做不义的事,倒不如受烹刑而死!"于是就把自己的脖子挂在树枝上，自己奋力挣扎，吊颈而死。齐国那些流亡在外的大夫听说这事后，说："王蠋是一介平民，尚能为国守义而不肯向燕国称臣，何况我们这些有职位、吃俸禄的人呢！"于是相约聚集到莒城，觅求齐闵王的儿子，拥立他为齐襄王。

史记第八十三卷

鲁仲连邹阳列传第二十三

鲁仲连者，齐人也。好奇伟俶傥之画策，而不肯仕宦任职，好持高节。游于赵。

鲁仲连是齐国人。他喜欢出些奇特高妙的计谋，却不肯出官任职，又喜好保持高尚的节操。他游历到了赵国。

赵孝成王时，而秦王使白起破赵长平之军前后四十余万，秦兵遂东围邯郸。赵王恐，诸侯之救兵莫敢击秦军。魏安釐王使将军晋鄙救赵，畏秦，止于荡阴不进。魏王使客将军新垣衍间入邯郸，因平原君谓赵王曰："秦所为急围赵者，前与齐湣王争强为帝，已而复归帝；今齐已益弱，方今唯秦雄天下，此非必贪邯郸，其意欲复求为帝。赵诚发使尊秦昭王为帝，秦必喜，罢兵去。"平原君犹预未有所决。

赵孝成王的时候，秦昭王派遣白起领兵打败赵国长平的军队，先后共斩杀四十多万人，秦军乘势东进，包围了赵都邯郸。赵王害怕，各诸侯国的救兵没有谁敢去进攻秦军。魏安釐王派将军晋鄙领兵救援赵国，可是因为害怕秦国，大军屯驻在荡阴不敢前进。魏王派外籍将军新垣衍由小路混入邯郸城，通过平原君向赵王说："秦军所以要紧急包围赵都的缘故，是因为从前同齐湣王争强称帝，不久齐湣王取消了帝号，秦昭王也除去帝号；现在齐国的国势也更加衰弱了，现在只有秦国称雄于天下，这次围攻赵国，未必就是贪取邯郸城，它的本意是想再求得称帝。如果赵王真能派遣使臣拥戴秦昭王称帝，秦王一定高兴，下令撤兵离开。"平原君听了犹豫不定。

此时鲁仲连适游赵，会秦围赵，闻魏将欲令赵尊秦为帝，乃见平原君曰："事将奈何？"平原君曰："胜也何敢言事！前亡四十万之众于外，今又内围邯郸而不能去。魏王使客将军新垣衍令赵帝秦，今其人在是。胜也何敢言事！"鲁仲连曰："吾始以君为天下之贤公子也，吾乃今然后知君非天下之贤公子也。梁客新垣衍安在？吾请为君责而归之。"平原君曰："胜请为绍介而见之于先生。"平原君遂见新垣衍曰："东国有鲁仲连先生者，今其人在此，胜请为绍介，交之于将军。"新垣衍曰："吾闻鲁仲连先生，齐国之高士也。衍，人臣也，使事有职，吾不愿见鲁仲连先生。"平原君曰："胜既已泄之矣。"新许诺。

这时候，鲁仲连恰巧游历到赵国，正好赶上秦军包围赵都，听说魏国的将军想让赵王尊秦为帝，就去拜见平原君，说："事情打算怎么办？"平原君说："我赵胜哪敢谈论国事！不久前让四十万大军败亡在国外，现在国内又被秦军包围邯郸，又不能使他们撤离。魏王派外籍将军新垣衍要我劝赵王尊秦为帝，现在此人还在这里。我赵胜怎敢谈论国事！"鲁仲连说："我原先还认为您是天下贤能的公子呢，现在我才知道您并不是天下贤能的公子。大梁的客人新垣衍在哪儿？请让我替您责问他，让他回去。"平原君说："请让我赵胜替你作介绍，让他和先生相见。"平原君于是去见新垣衍，说："东国有位鲁仲连先生，现在此人在这儿，请让我来介绍，让他和将军交个朋友。"新垣衍说："我听说鲁仲连先生是齐国高尚的人，我新垣衍，是当人家使臣的，做差使的有职事在身，我不愿见鲁仲连先生。"平原君说："我赵胜已经泄露您们要相见的事了。"新垣衍只好答应了。

鲁连见新垣衍而无言。新垣衍曰："吾视居此围城之中者，皆有求于平原君者也。今吾观先生之玉貌，非有求于平原君者也，曷为久居此围城之中而不去？"鲁仲连曰："世以鲍焦为无从颂而死

鲁仲连像，出自清·顾沅辑《古圣贤像传略》。鲁仲连是战国时名士，善于出谋划策，常周游各国，为其排难解纷。

者，皆非也。众人不知，则为一身。彼秦者，弃礼义而上首功之国也，权使其士，虏使其民。彼即肆然而为帝，过而为政于天下，则连有蹈东海而死耳，吾不忍为之民也。所为见将军者，欲以助赵也。”

鲁仲连见到新垣衍后，并不开口说话。新垣衍说：“我看居留在这围城中的人，都是有求于平原君的；现在我看先生的相貌，不像是有求于平原君的人，为何久留在这座围城之中而不离开呢？”鲁仲连说：“世人认为鲍焦是因器度狭小才自杀的，这种看法完全不对。一般的人不知道鲍焦的本意，就以为他只知道为个人打算。像那秦国，是个抛弃礼义而崇尚战功的国家，用欺诈的手段来驱赶它的战士，像对待俘虏一样来奴役它的百姓。要是那秦王肆无忌惮地称起帝来，错误地在天下施政，那么，我鲁仲连宁可跳入东海死掉算了，我不忍心去做他的百姓。我之所以要来拜见将军，是想来帮助赵国啊！”

新垣衍曰：“先生助之将奈何？”鲁连曰：“吾将使梁及燕助之，齐、楚则固助之矣。”新垣衍曰：“燕，则吾请以从矣；若乃梁者，则吾乃梁人也，先生恶能使梁助之？”鲁连曰：“梁未睹秦称帝之害故耳。使梁睹秦称帝之害，则必助赵矣。”

新垣衍说：“先生将要怎样帮助它呢？”鲁仲连说：“我将让魏国和燕国都来帮助它，齐国和楚国则本来就帮助它了。”新垣衍说：“燕国，我可以听信你的说法，至于魏国，那我就是魏国人，先生怎么能让魏国去帮助它呢？”鲁仲连说：“这是因为魏国还没有看清秦国称帝的危险罢了，要是让魏国看清了秦国称帝的危害，就必然会帮助赵国了。”

新垣衍曰：“秦称帝之害何如？”鲁连曰：“昔者齐威王尝为仁义矣，率天下诸侯而朝周。周贫且微，诸侯莫朝，而齐独朝之。居岁余，周烈王崩，齐后往，周怒，赴于齐曰：‘天崩地坼，天子下席。东藩之臣因齐后至，则斮。’齐威王勃然怒曰：‘叱嗟，而母婢也！’卒为天下笑。故生则朝周，死则叱之，诚不忍其求也。彼天子固然，其无足怪。”

新垣衍说：“秦国称帝的危害怎么样？”鲁仲连说：“以前齐威王曾经倡导仁义，率领天下诸侯去朝拜周天子。那时周朝既贫且弱，诸侯没有谁肯去朝拜，唯独齐国去朝拜它。隔了一年多，周烈王去世，齐王奔丧迟到了，周朝恼怒，给齐国发讣告说：‘天子逝世，犹如天塌地裂的大事。即位的天子都卧席居庐在守丧，东方的藩臣田因齐奔丧却迟到了，当斩！’齐威王勃然大怒说：‘呸，你母亲只不过是个婢女！’齐威王终于被天下人讥笑。所以当周烈王活着的时候，就去朝拜，死了就骂他，是因为实在无法忍受周天子的苛求啊！那些做天子的本来就是这样，这也不足为奇。”

新垣衍曰：“先生独不见夫仆乎？十人而从一人者，宁力不胜而智不若邪？畏之也。”鲁仲连曰：“呜呼！梁之比于秦若仆邪？”新垣衍曰：“然。”鲁仲连曰：“吾将使秦王烹醢梁王。”新垣衍快然不悦，曰：“噫嘻，亦太甚矣先生之言也！先生又恶能使秦王烹醢梁王？”鲁仲连曰：“固也！吾将言之。昔者九侯、鄂侯、文王，纣之三公也。九侯有子而好，献之于纣，纣以为恶，醢九侯。鄂侯争之

强，辩之疾，故脯鄂侯。文王闻之，喟然而叹，故拘之牖里之库百日，欲令之死。曷为与人俱称王，卒就脯醢之地？齐湣王之鲁，夷维子为执策而从，谓鲁人曰：'子将何以待吾君？'鲁人曰：'吾将以十太牢待子之君。'夷维子曰：'子安取礼而来待吾君？彼吾君者，天子也。天子巡狩，诸侯辟舍，纳筦籥，摄衽抱机，视膳于堂下，天子已食，乃退而听朝也。'鲁人投其籥，不果纳。不得入于鲁，将之薛，假途于邹。当是时，邹君死，湣王欲入吊。夷维子谓邹之孤曰：'天子吊，主人必将倍殡棺，设北面于南方，然后天子南面吊也。'邹之群臣曰：'必若此，吾将伏剑而死。'固不敢入于邹。邹、鲁之臣，生则不得事养，死则不得赙襚，然且欲行天子之礼于邹、鲁，邹、鲁之臣不果纳。今秦万乘之国也，梁亦万乘之国也。俱据万乘之国，各有称王之名，睹其一战而胜，欲从而帝之，是使三晋之大臣不如邹、鲁之仆妾也。且秦无已而帝，则且变易诸侯之大臣。彼将夺其所不肖而与其所贤，夺其所憎而与其所爱。彼又将使其子女谗妾为诸侯妃姬，处梁之宫。梁王安得晏然而已乎？而将军又何以得故宠乎？"

新垣衍说："先生难道没见过那些仆役吗？十个仆人却跟随一个主人的原因，难道是仆人的力量胜不过主人或智力比不上主人吗？是害怕主人啊！"鲁仲连说："唉！魏王跟秦王相比，难道就像仆人跟主人一样吗？"新垣衍说："是的。"鲁仲连说："那么我将让秦王烹煮魏王，把他剁成肉酱。"新垣衍很生气地说："唉呀！先生的话也未免太过分了！先生又怎能使秦王烹煮魏王并把他剁成肉酱呢？"鲁仲连说："那当然，我将慢慢说给您听。从前，九侯、鄂侯和周文王，是纣王的三公。九侯有个女儿，长得很漂亮，九侯就把她进献给纣王，可是纣王却认为她不美，把九侯剁成了肉酱。鄂侯跟纣王急得很强硬，辩论得很激烈，所以把鄂侯也杀了晒成肉干。周文王听说了这件事，忍不住长叹一声，因此纣王就把他关在牖里的牢狱里一百天，想把他置于死地。为什么与别人一样都是称王，却终于落个肉干肉酱的下场呢？齐湣王到鲁国去，夷维子为他执鞭随行。夷维子问鲁国人说：'你们将用哪种礼节来接待我们的国君？'鲁国人说：'我们将用十副太牢的礼仪来款待你们的国君。'夷维子说："你这是根据什么礼节来接待我们的国君？我们的那国君，是天子啊！天子到诸侯国去巡行，诸侯就得让出主寝室，避居在外，交出库馆的锁匙，还要撩起衣襟，安排几席，在堂下侍候天子用餐，等天子吃完以后，才能退下去治理朝政。'鲁国的官员听后，闭关上锁，始终不肯接纳他们。齐湣王既然不能进入鲁国，便打算到薛地去，向邹国借路。正当这时，邹国的国君死了，齐湣王想进去吊丧。夷维子对邹国的嗣君说：'天子来吊丧，主人一定要调转灵柩的位置，把坐北向南改为坐南向北的方位，这样天子才好向南面吊丧。'邹国的群臣说：'如果非要这样，我们准备用剑自杀。'所以齐湣王不敢进入邹国。邹鲁两国的臣子，对国君活着的时候不能侍奉供养，死了之后又无力助葬，但齐湣王想要在邹、鲁两国行天子之礼时，邹、鲁两国的臣子尚且都坚决不接纳。如今秦国是拥有兵车万乘的大国，魏国也是拥有兵车万乘的大国。都是拥有兵车万乘的大国，各自都有称王的名号，为何看到秦国打了一次胜仗，就顺从地尊它为帝呢？这是使三晋的大臣比不上

《东周列国志》版画之鲁仲连不肯帝秦图

邹、鲁两国的奴仆婢妾了。再说，秦王不仅要称帝，一旦称帝就会变更各诸侯大臣。他将开除他认为不好的人，而换上他认为好的；铲除他所憎恨的人，而安插上他所喜爱的人。他还会差遣他的子女和善于进谗的婢妾，做各国诸侯的妃嫔姬妾，要她们住进魏国的宫殿里。到那时候，魏王还能安然无恙吗？而将军您又怎么能像往昔一样得到宠信呢！”

于是新垣衍起，再拜谢曰："始以先生为庸人，吾乃今日知先生为天下之士也。吾请出，不敢复言帝秦。"秦将闻之，为却军五十里。适会魏公子无忌夺晋鄙军以救赵，击秦军，秦军遂引而去。

这时候新垣衍站起身来，拜了两拜，向鲁仲连道歉说："起初，我以为先生是一位平凡的人，我现在才知道先生真是天下的贤士。我就此离开赵国，从今以后再也不敢鼓吹尊秦为帝的事了。"秦将听到了这个消息，为此退兵五十里。恰逢魏国的公子无忌也夺得了晋鄙的兵符，率军来援救赵国，进攻秦军，于是秦军就撤军离开了。

于是平原君欲封鲁连，鲁连辞让者三，终不肯受。平原君乃置酒，酒酣起前，以千金为鲁连寿。鲁连笑曰："所贵于天下之士者，为人排患释难解纷乱而无取也。即有取者，是商贾之事也，而连不忍为也。"遂辞平原君而去，终身不复见。

从此以后，平原君打算封赏鲁仲连，鲁仲连再三辞谢，始终不肯接受。平原君便设酒宴来款待他，当酒喝得很畅快的时候，平原君起身上前，送上千金给鲁仲连作为谢礼。鲁仲连笑着说："一个被天下人所看重的高士，在于他能为人排除患难，解除纷扰而不索取报酬。要是索取报酬的话，那是商人做买卖的事，我鲁仲连是不忍心干那种事的。"于是就辞别平原君而离开了，终身不再和平原君见面。

其后二十余年，燕将攻下聊城，聊城人或谗之燕，燕将惧诛，因保守聊城，不敢归。齐田单攻聊城岁余，士卒多死而聊城不下。鲁连乃为书，约之矢以射城中，遗燕将。书曰：

这事过后二十多年，有位燕将攻下齐国的聊城，聊城中有人跑到燕国去散播燕将的坏话，燕将害怕被杀，就保守聊城，不敢归国。齐国的田单用一年多的时间攻打聊城，士卒多半战死，可是聊城仍然攻不下来。鲁仲连就写了一封信，系在箭上，射进城中，送给燕将。信上写道：

吾闻之，智者不倍时而弃利，勇士不却死而灭名，忠臣不先身而后君。今公行一朝之忿，不顾燕王之无臣，非忠也；杀身亡聊城，而威不信于齐，非勇也；功败名灭，后世无称焉，非智也。三者世主不臣，说士不载，故智者不再计，勇士不怯死。今死生荣辱，贵贱尊卑，此时不再至，愿公详计而无与俗同。

我听说：明智的人，不会违背时势而放弃有利的机会；勇敢的人，不会贪生怕死而损坏名声；忠臣不会以自身为先，而以国君为后。现在您逞着一时的气愤，毫不顾及燕王失去臣子，这不能算是忠臣；自身被杀，使聊城失守，而威名不能伸张于齐国，这不能算是勇士；功业失败，名声损灭，不受后世的称道，这不能算是智者。这三种人当代的君王不会用他们作臣子，说客也不会称道他们。因此智者不会犹豫不定，勇士不会贪生怕死。目前正是生、死、荣、辱、贵、贱、尊、卑的关键，这种时机不会再次出现，希望您详细计议，而不要同俗人一般见识。

且楚攻齐之南阳，魏攻平陆，而齐无南面之心，以为亡南阳之害小，不如得济北之利大，故定计审处之。今秦人下兵，魏不敢东面；衡秦之势成，楚国之形危；齐弃南阳，断右壤，定济北，计犹且为之也。且夫齐之必决于聊城，公勿再计。今楚、魏交退于齐，而燕救不至。以全齐之兵，无天下之规，与聊城共据期年之敝，则臣见公之不能得也。且燕国大乱，君臣失计，上下迷惑，栗腹以十万之众五折于外，以万乘之国被围于赵，壤削主困，为天下僇笑。国敝而祸多，民无所归心。今公又以敝聊之民距全齐之兵，是墨翟之守也。食人炊骨，士无反外之心，是孙膑之兵也。能见于天下。虽然，为公计者，不如全车甲以报于燕。车甲全而归燕，燕王必喜；身全而归于国，士民如见父母，交游攘臂而议于世，功业可明。上辅孤主以制群臣，下养百姓以资说士，矫国更俗，功名可立也。亡意亦捐燕弃世，东游于齐乎？裂地定封，富比乎陶、卫，世世称孤，与齐久存，又一计也。此两计者，显名厚实也，愿公详计而审处一焉。

况且，楚国进攻齐国的南阳，魏国攻打齐国的平陆，可是齐国没有向南面反攻的打算，以为丢失南阳的害处小，不如收回济北的利益大，因此他们制订计划，慎重对付。如今秦国出兵东下，魏国已不敢东进；齐、秦连横的局面一形成，楚国的形势便危险。齐国丢弃南阳，割舍右边的土地，平定济北，这是经过权衡得失之后才这样做的。再说，齐国夺回聊城的决心已定，您不要再考虑了。现在，楚、魏两军都从齐国撤兵了，而燕国的救兵又不见到来。用齐国的全部兵力，置天下于不顾，死守这已经围困一年之久的聊城，那么我看您是不能占有聊城的。而且燕国大动乱，君臣没有办法，上下糊涂。栗腹率领十万大军，在外吃了五次败仗。一个拥有兵力万乘的大国，却被赵国围困，疆土被削夺，国君受窘困，被天下人所耻笑。国家疲惫，祸乱繁多，民心涣散不齐。而您凭借疲惫不堪的聊城百姓，抗拒整个齐国的兵力，这是像墨翟守宋城一样。粮草尽绝时，吃人肉，烧枯骨，而士兵没有叛离之心，这是像孙膑一样长于用兵了。您的才能已显扬于天下。尽管如此，但是为您设想，您还不如保全车马兵甲来归报燕王。保全车马兵甲回到燕国，燕王定会欢喜；看到你安全回国，百姓会像重见父母般高兴；朋友们振奋地四处推崇赞许，功业可以得到显扬。对上辅佐君主来驾驭群臣，对下养育百姓并资助说客，矫正国政，更化民俗，功名能够建立了。您如果无心回燕国，不是也可以离开燕国，抛开世俗的议论，东游到齐国来吗？齐王割地封爵给您，使您的富足，可跟魏冉和卫鞅相比，世代称王，跟齐国永久共存，这又是一个计策。这两个计策，都足以显扬名声，获得厚益，希望您仔细考虑之后，审慎地从中选择一计。

且吾闻之，规小节者不能成荣名，恶小耻者不能立大功。昔者管夷吾射桓公中其钩，篡也；遗公子纠不能死，怯也；束缚桎梏，辱也。若此三行者，世主不臣而乡里不通。乡使管子幽囚而不出，身死而不反于齐，则亦名不免为辱人贱行矣。臧获且羞与之同名矣，况世俗乎！故管子不耻身在缧绁之中而耻天下之不治，不耻不死公子纠而耻威之不信于诸侯，故兼三行之过而为五霸首，名高天下而光烛邻国。曹子为鲁将，三战三北，而亡地五百里。乡使曹子计不反顾，议不还踵，刎颈而死，则亦名不免为败军禽将矣。曹子弃三北之耻，而退与鲁君计。桓公朝天下，会诸侯，曹子以一剑之任，枝桓公之心于坛坫之上，颜色不变，辞气不悖，三战之所亡一朝而复之，天下震动，诸侯惊骇，威加吴、越。若此二士者，非不能成小廉而行小节也，以为杀身亡躯，绝世灭后，功名不立，非智也。故去感忿之怨，立终身之名；弃忿悁之节，定累世之功。是以业与三王争流，而名与天壤相弊也。愿公择一而行之。

而且我还听说过，据守小节操的人，不能成就光荣的名声；憎恶小耻辱的人，不能建立伟大的功业。从前管夷吾射中齐桓公的带钩，这是犯上的行为；他遗弃公子纠，不能为主效死，这是贪生怕死的表现；身受捆绑，被戴上手铐脚镣，这是极为耻辱的事。像这三种行为的人，当代君主不肯以他为臣子，即使乡里的亲友也都不愿同他交往。如果当初管仲宁可被囚禁而不出狱，或是身死而不回到齐国的话，那么免不了披上为人可耻、行为卑贱的恶名了。奴婢尚且会因跟他同罪而感到羞耻，更何况一般的人呢！所以管仲不以身在狱中为耻，而以天下不太平为耻，不以不为公子纠效死为耻，而以不能在诸侯间伸张威权为耻。因此他虽身兼三种过失，却最终辅佐齐桓公成为五霸之首，因此名望高过天下，而光辉照耀到邻国。曹沫当鲁国的大将，曾三战三败，丧失国土五百多里，如果曹沫不重新考虑，不转身计议，就割脖子自杀的话，那么他也不免要落个败军被擒之将的名声了。可是曹沫不顾三次战败的耻辱，而退回来与鲁君计议。齐桓公朝服天下，会见诸侯的时候，曹沫凭一把利剑的威力，在会盟坛上抵住齐桓公的胸口，脸不变色，义正词严，三次战败丧失的土地，只在一个早晨就收复回来了。天下为之震惊，诸侯为之惊骇，声威压倒了吴、越两国。像管仲、曹沫这两位志士，并不是不能顾全小廉耻和讲求小节操的人，只因认为杀身捐躯，绝灭后代，功名不能建立，就是不明智的。因此他们抛弃一时令人愤慨的怨恨，成就了终身的声名；抛弃一时令人愤怒的失节，奠定了历代不朽的功业。所以他们的功业，足以跟三代之王争相流芳；而声名也可以跟天地共存亡。希望您选择一个方案去实行它。

燕将见鲁连书，泣三日，犹豫不能自决。欲归燕，已有隙，恐诛；欲降齐，所杀虏于齐甚众，恐已降而后见辱。喟然叹曰："与人刃我，宁自刃。"乃自杀。聊城乱，田单遂屠聊城。归而言鲁连，欲爵之。鲁连逃隐于海上，曰："吾与富贵而诎于人，宁贫贱而轻世肆志焉。"

燕国将领看了鲁仲连的信后，哭了三天，还是犹豫不能做出决定。想回到燕国吧，已经产生了嫌疑，恐怕会被诛杀；想投降齐国吧，在齐国又杀伤和俘虏过许多战士，恐怕投降齐国后遭到侮辱。

他长声叹息着说:“与其让别人来杀我,还不如我自杀。”于是自杀了。聊城大乱,田单就进兵血洗聊城。田单还朝,报告了鲁仲连的事迹,准备封给他官爵。鲁仲连逃到海滨隐居起来。他说:“我与其富贵而向人屈服,不如贫贱反可轻视世俗,随心所欲。”

邹阳者,齐人也。游于梁,与故吴人庄忌夫子、淮阴枚生之徒交。上书而介于羊胜、公孙诡之间。胜等嫉邹阳,恶之梁孝王。孝王怒,下之吏,将欲杀之。邹阳客游,以谗见禽,恐死而负累,乃从狱中上书曰:

邹阳,是齐国人,游历到梁国时,和原吴国人庄忌夫子、淮阴人枚乘先生这班人交往。上书自荐,受梁孝王宠信的程度介于羊胜、公孙诡之间。羊胜等人嫉恨邹阳,便在梁孝王面前讲他的坏话。梁孝王一气之下,就将他交给狱吏,并准备杀他。邹阳客游到梁国,因谗言而被捕,恐怕死后还背个不清不白的罪名,于是便从狱中上书给梁孝王说:

臣闻忠无不报,信不见疑,臣常以为然,徒虚语耳。昔者荆轲慕燕丹之义,白虹贯日,太子畏之;卫先生为秦画长平之事,太白蚀昴,而昭王疑之。夫精变天地而信不喻两主,岂不哀哉!今臣尽忠竭诚,毕议愿知,左右不明,卒从吏讯,为世所疑,是使荆轲、卫先生复起,而燕、秦不悟也。愿大王孰察之。

我听说“忠实的人,不会不受赏识,诚信的人,不会遭到猜疑”。我对这两句话常信以为真,其实只是空话罢了。从前荆轲仰慕燕太子丹的情义去刺杀秦王,感应上天以至白虹贯日,燕太子丹害怕他反悔不敢前去;卫先生为秦国策划乘长平大捷一举灭赵的良策,精诚感天,太白金星为之侵蚀昴宿,可是秦昭王却怀疑他。他们的精诚感动了天地,可是却偏偏不能取得两位君主的信任,这难道不是可悲哀的吗!如今,我也是竭尽忠诚,献出全部计议,希望大王能采纳。大王左右的人不明白我的心意,竟将我交付狱吏审讯,使我被世人所怀疑。这样即使荆轲和卫先生复生,也无法让燕丹和秦昭王醒悟呀!希望大王仔细明察这些。

昔卞和献宝,楚王刖之;李斯竭忠,胡亥极刑。是以箕子详狂,接舆辟世,恐遭此患也。愿大王孰察卞和、李斯之意,而后楚王、胡亥之听,无使臣为箕子、接舆所笑。臣闻比干剖心,子胥鸱夷,臣始不信,乃今知之。愿大王孰察,少加怜焉。

从前卞和贡献宝玉,楚王却砍掉他的脚;李斯竭尽忠诚,却遭受胡亥的极刑。因此箕子要假装癫狂,接舆要隐居避世,由于他们害怕遭到这样的灾祸。希望大王能细心考察卞和和李斯的本意,而不要像楚王,胡亥那样轻信谗言,不要让我被箕子、接舆所耻笑。臣听说比干被剖取心脏,伍子胥的尸体被装入鸱鸟形的皮囊扔到了江里。我起初不相信,如今才知道有这样的事。希望大王明察,给我稍加一点怜惜。

谚曰:“有白头如新,倾盖如故。”何则?知与不知也。故昔樊于期逃秦之燕,藉荆轲首以奉丹之事;王奢去齐之魏,临城自刭以却齐而存魏。夫王奢、樊于期非新于齐、秦而故于燕、魏也,所以去二国死两君者,行合于志而慕义无穷也。是以苏秦不信于天下,而为燕尾生;白圭战亡六城,为魏取中山。何则?诚有以相知也。苏秦相燕,燕人恶之于王,王按剑而怒,食以駃騠;白圭显于中山,中山人恶之魏文侯,文侯投之以夜光之璧。何则?两主二臣,剖心坼胆相信,岂移于浮辞哉!

俗话说:“有的人结交到头发花白,交情还像是新认识时一样,有的人虽结交时间短暂,却好像多年的老朋友。”这是什么原因呢?就在于知心与不知心啊。所以从前樊于期逃离秦国到燕国不久,便把自己的首级借给荆轲去奉行燕太子丹刺杀秦王的使命;王奢逃离齐国到魏国,以登城自杀来退却齐军而保存魏国。王奢、樊于期并非跟齐、秦两国是新交,而跟燕、魏之君是旧交,他们之所以离开齐、秦而为燕、魏二君效死,是因为行为和情趣相合,而对节义无限仰慕啊!所以苏秦对各国诸侯不守信义,可是对燕国却像尾生一般守信;白圭战败失守六城,可是却为魏国攻取了中山。为什么呢?实在是因相知的原因。苏秦当燕国的宰相,有人在燕王面前说他的坏话,燕王按剑发怒,还宰杀心爱的骏马,赐肉给苏秦吃;白圭在中山出了名,中山有人在魏文侯面前讲他的坏话,魏文侯却拿夜光璧赠给白圭。为什么呢?两君二臣之间,剖心析肝,互信互赖,怎能被流言所动摇呢!

故女无美恶,入宫见妒;士无贤不肖,入朝见嫉。昔者司马喜膑脚于宋,卒相中山;范睢折胁折齿于魏,卒为应侯。此二人者,皆信必然之画,捐朋党之私,挟孤独之位,故不能自免于嫉妒之人也。是以申徒狄自沉于河,徐衍负石入海。不容于世,义不苟取,比周于朝,以移主上之心。故百里奚乞

食于路，缪公委之以政；宁戚饭牛车下，而桓公任之以国。此二人者，岂借宦于朝，假誉于左右，然后二主用之哉？感于心，合于行，亲于胶漆，昆弟不能离，岂惑于众口哉？故偏听生奸，独任成乱。昔者鲁听季孙之说而逐孔子，宋信子罕之计而囚墨翟。夫以孔、墨之辩，不能自免于谗谀，而二国以危。何则？众口铄金，积毁销骨也。是以秦用戎人由余而霸中国，齐用越人蒙而强威、宣。此二国，岂拘于俗，牵于世，系阿偏之辞哉？公听并观，垂名当世。故意合则胡越为昆弟，由余、越人蒙是矣；不合，则骨肉出逐不收，朱、象、管、蔡是矣。今人主诚能用齐、秦之义，后宋、鲁之听，则五伯不足称，三王易为也。

鲁仲连像

所以女子不论美、丑，只要一入宫门，便会受人嫉妒；士人不论贤或不肖，只要一进朝廷，就会遭人妒忌。从前司马喜在宋国被凿掉膝盖骨，后来却当了中山的宰相，范雎在魏国被折断肋骨打掉牙齿，后来在秦国却被封为应侯。这两个人都相信必然的谋划，抛弃朋党的私利，处身于孤独的境地，所以自己免不了受到嫉妒的人的谗害。所以申徒狄抱瓮投河自沉，徐衍背负石头自沉入海。他们不受世人的宽容，坚持正义而不苟且取舍，不在朝内拉帮结派，来改变国君的主意。所以百里奚在道路上讨吃，秦缪公却把国政委托给他；宁戚在车下喂牛，齐桓公却将国家交给他治理。这两个人，难道是借助在朝为官的机会，凭靠左右佞臣的吹嘘，然后那两位君主才去重用他们的吗？心灵相感召，行为相契合，亲如胶漆，又像兄弟一般不能分离，难道被众人的谗言所迷惑吗？所以偏听一面之辞，就会滋生奸邪，单独任用个别人，便容易造成祸乱。从前，鲁定公听了季桓子的话而驱逐孔子，宋王相信子罕的计谋而囚禁墨翟。像孔子和墨翟这样的辩才，尚且不能自免于谗言的诽谤，而鲁、宋二国也由此出现危机。为什么呢？因为众人的谗言，可以烧熔金属；积久的诽谤，可以销毁骨肉啊！所以，秦国用了戎人由余，就在中国称霸；齐国重用赵人蒙，从而加强威王、宣王二朝。这两个国家，难道受流俗的约束，受世风的牵累，受阿谀偏激的谗言的羁绊吗？他们能公正地去听取意见，多方面去观察事情，所以能在当代流传名声。所以，志趣相投，那么北胡、南越也可以结为兄弟，由余、越人蒙就是这样了；意气不相投，纵使是骨肉至亲，也会加以驱逐而不收容，丹朱、象、管叔、蔡叔就是这样了。当今做人国君的，若是能用齐、秦之君的主义，抛弃宋、鲁之君那样偏听的做法，那么五霸的事业不足称道，三王的功业也是容易做到的。

是以圣王觉寤，捐子之之心，而能不说于田常之贤；封比干之后，修孕妇之墓，故功业复就于天下。何则？欲善无厌也。夫晋文公亲其仇，强霸诸侯；齐桓公用其仇，而一匡天下。何则？慈仁殷勤，诚加于心，不可以虚辞借也。

所以贤明的君王头脑清醒，能摒弃子之那种伪善心肠，能不赏识田常那种假贤明，效法周武王封忠臣比干的后代，整修无辜孕妇的坟墓，那么他必定可成就治理天下的功业。为什么呢？因为圣王想为善的心，是不会满足的！晋文公亲近他的仇人，结果，在诸侯中称强称霸；齐桓公任用原来的仇人管仲，结果，一度匡正天下。为何？因为晋文公、齐桓公心地仁慈，情意诚恳，以真情打动人心，这是不可用虚情空话能换取得到的。

至夫秦用商鞅之法，东弱韩、魏，兵强天下，而卒车裂之；越用大夫种之谋，禽劲吴，霸中国，而卒诛其身。是以孙叔敖三去相而不悔，于陵子仲辞三公为人灌园。今人主诚能去骄傲之心，怀可报之意，披心腹，见情素，堕肝胆，施德厚，终与之穷达，无爱于士，则桀之狗可使吠尧，而跖之客可使刺由，况因万乘之权，假圣王之资乎？然则荆轲之湛七族，要离之烧妻子，岂足道哉！

至于秦用商鞅的变法，东向消弱了韩、魏的势力，以军事实力称霸于天下后，而最终用五马分尸的酷刑处死了商鞅；越国用大夫文种的计谋，攻灭了强劲的吴国，称霸于中国后，而终于将文种赐死。因此孙叔敖三次被罢免相位而不悔恨，陵仲子辞谢三公的高位而去替人灌种园地。现在做人君主的，假如能抛弃骄傲的情绪，怀有让人可报效的心意，敞开胸怀，袒露真情，披肝沥胆，厚施恩德，始终跟士人同浮沉，对士人毫不吝惜。那么夏桀的狗，可以使它去吠帝尧；而盗跖的门客，也可以使他去刺杀许由；何况是握有万乘权柄，拥有圣王资本的人呢？这样说来，那么荆轲不惜冒灭绝七族的危险，要去刺秦王，要离忍心让妻儿被烧死，而为阖庐杀庆忌的事，哪里还值得称道呢！

臣闻明月之珠，夜光之璧，以暗投人于道路，人无不按剑相眄者。何则？无因而至前也。蟠木根柢，轮囷离诡，而为万乘器者。何则？以左右先为之容也。故无因至前，虽出随侯之珠，夜光之璧，犹结怨而不见德。故有人先谈，则以枯木朽株树功而不忘。今夫天下布衣穷居之士，身在贫贱，虽蒙尧、舜之术，挟伊、管之辩，怀龙逢、比干之意，欲尽忠当世之君，而素无根柢之容，虽竭精思，欲开忠信，辅人主之治，则人主必有按剑相眄之迹，是使布衣不得为枯木朽株之资也。

我听人说：夜明珠和夜光璧虽是珍宝，假如在黑暗中掷向过路人的身上，行人没有不按剑怒目斜视的。为什么呢？是由于无缘无故地到了人的跟前。迂回曲折，盘根错节的树木，却能变成万乘之君玩赏的珍物。又是为何呢？是因为君主左右的人，先为它雕饰美化过啊！所以，无缘无故地来到跟前的东西，即使出现的是随侯的明珠，或是夜光的宝璧，还是招怨而不能博得感激。因此若是有人先美言一番，那么纵使是枯木朽株也可以立功，而不被人遗忘。现在天下穿着粗布衣，穷居陋巷的士人，处在贫贱的环境中，即使接受尧、舜的政道，具备伊尹、管仲的辩才，怀有龙逢、比干的忠心，想要尽忠报效当代的君主，可是平时没有人加以推荐美言，尽管他竭尽思虑，想奉献忠信，来辅佐国君治理天下，那么，君主必然会有按剑怒目斜视的表现，这便是使得布衣贤士无法获得枯木朽株那样的价值啊！

是以圣王制世御俗，独化于陶钧之上，而不牵于卑乱之语，不夺于众多之口。故秦皇帝任中庶子蒙嘉之言，以信荆轲之说，而匕首窃发；周文王猎泾、渭，载吕尚而归，以王天下。故秦信左右而杀，周用乌集而王。何则？以其能越挛拘之语，驰域外之议，独观于昭旷之道也。

因此圣王统治天下，驾御风俗，独自宣化像陶人的范钧运转一样，自有法度，而不受下流的言语所牵制，也不为众人的口舌所改变。因此秦始皇相信中庶子蒙嘉的话，从而相信荆轲的鼓说，结果匕首从暗中突发；周文王在泾水、渭河一带打猎，载了吕尚一道归来，因而称王于天下。因此秦王偏信左右的话却险遭谋杀，周文王任用偶然遇合的人，却称王于天下。这是为何呢？因为周文王能超越左右牵制的言论，摆脱世俗拘束的议论，独自留心观察着光明宽广的世道啊。

今人主沉于谄谀之辞，牵于帷裳之制，使不羁之士与牛骥同皂，此鲍焦所以忿于世而不留富贵之乐也。

如今做国君的，一般都沉溺在谄媚阿谀的言辞中，受到周围侍妾的牵制，使旷达不羁的贤士，无从显露才能，就像良马和笨牛同在一个槽中一样。这就是鲍焦所以深愤世道，宁可抱木独立而死，而毫不留恋世俗富贵之乐的原因啊。

臣闻盛饰入朝者不以利污义，砥厉名号者不以欲伤行，故县名胜母而曾子不入，邑号朝歌而墨子回车。今欲使天下寥廓之士，摄于威重之权，主于位势之贵，故回面污行以事谄谀之人而求亲近于左右，则士伏死堀穴岩薮之中耳，安肯有尽忠信而趋阙下者哉！

我听说：堂堂正正的人，决不肯以私利来污损道义；着重名义的人，绝不会以私欲来伤害品行。所以，有个县名叫“胜母”而曾子不肯进入；有个城名叫“朝歌”而墨子转身离去。现在想使天下恢弘豁达的贤士，被威严的权力所慑服，被尊贵的势位所约束，故意丑化面目，污染操行，去奉承那些谗谀的小人，以求亲近于君主左右，那么真正有志节的士人，就只有老死在深山穷谷之间了，哪里还会有尽忠竭诚，追随到大王阙下去效命的人呢！

书奏梁孝王，孝王使人出之，卒为上客。

这封信上奏到梁孝王以后，孝王便派人释放邹阳，邹阳后来成了梁孝王的上宾。

太史公曰：鲁连其指意虽不合大义，然余多其在布衣之位，荡然肆志，不诎于诸侯，谈说于当世，折卿相之权。邹阳辞虽不逊，然其比物连类，有足悲者，亦可谓抗直不桡矣，吾是以附之列传焉。

太史公说：鲁仲连他的志趣虽然不合大道理，可是我却很赞赏他身处平民的地位，豪迈坦荡地追求自己的心志，不屈身受制于诸侯，畅谈当世大事，压倒公卿将相的权势。邹阳狱中上书，言辞虽然不很谦虚，可是他广泛运用同类事物作比喻，来表明自己的心志，有足以感人之处，也可称得上耿直不屈的了，所以我把它附在这篇列传里。

史记第八十四卷

屈原贾生列传第二十四

屈原者，名平，楚之同姓也。为楚怀王左徒。博闻强志，明于治乱，娴于辞令。入则与王图议国事，以出号令；出则接遇宾客，应对诸侯。王甚任之。

屈原，名平，和楚国王族同姓。担任楚怀王的左徒。屈原见闻广博，记忆力强，深明国家安定与动乱的道理，擅长辞令。屈原在朝内就和楚怀王商议国家大事，以便颁发号召命令；在朝外就接待宾客，应付诸侯。楚怀王十分信任他。

上官大夫与之同列，争宠而心害其能。怀王使屈原造为宪令，屈平属草稿未定。上官大夫见而欲夺之，屈平不与，因谗之曰："王使屈平为令，众莫不知，每一令出，平伐其功，以为'非我莫能为'也。"王怒而疏屈平。

上官大夫和屈原职位相等，为了争夺宠信，因而内心嫉妒屈原的才能。有一次，楚怀王指派屈原制定法令，屈原刚起草，还没有定稿，上官大夫看见了，想夺取这份草稿，屈原不给。上官大夫因此毁谤他说："大王委派屈原制定法令，众人没有谁不知道的。每颁布一项法令，屈原就夸耀自己的功劳，认为'除了我，没有人能做得出来的'。"怀王因此恼怒地疏远了屈原。

屈平疾王听之不聪也，谗谄之蔽明也，邪曲之害公也，方正之不容也，故忧愁幽思而作《离骚》。离骚者，犹离忧也。夫天者，人之始也；父母者，人之本也。人穷则反本，故劳苦倦极，未尝不呼天也；疾痛惨怛，未尝不呼父母也。屈平正道直行，竭忠尽智以事其君，谗人间之，可谓穷矣。信而见疑，忠而被谤，能无怨乎？屈平之作《离骚》，盖自怨生也。《国风》好色而不淫，《小雅》怨诽而不乱，若《离骚》者，可谓兼之矣。上称帝喾，下道齐桓，中述汤武，以刺世事。明道德之广崇，治乱之条贯，靡不毕见。其文约，其辞微，其志絜，其行廉，其称文小而其指极大，举类迩而见义远。其志絜，故其称物芳。其行廉，故死而不容自疏。濯淖污泥之中，蝉蜕于浊秽，以浮游尘埃之外，不获世之滋垢，皭然泥而不滓者也。推此志也，虽与日月争光可也。

屈原痛惜怀王听闻这样闭塞，让谗言谄媚蒙蔽了明辨，奸邪歪曲伤害了公道，使端方正直的人不为世俗所容，所以忧愁深思而写成了《离骚》。所谓离骚，就是遭遇忧患的意思。上天，是人类的始祖；父母，是人类的根本。人在走投无路的时候，就会反思本原。因此，劳苦疲倦到极点的时候，未尝不呼唤上天的；极度伤痛惨怛的时候，未尝不呼叫父母的。屈原品行正直，竭尽忠心和智能来侍奉他的国君，而谗邪小人却从中挑拨离间，这处境可说是困窘到极点了。诚信却受猜疑，忠直却遭诽谤，怎么能没有怨愤呢？屈原写作《离骚》，可能是因为怨愤而产生的。《国风》中的诗虽然流露出爱慕美色的情调，但不至于淫秽；《小雅》里的诗虽然抒发了幽怨讥讽的感情，但不至于暴乱；

像《离骚》这首诗，可说兼有《国风》、《小雅》的长处了。在《离骚》中，从上古称述帝喾的事迹，到近代称道齐桓公的霸业，对中古表述汤、武的事功，用历史来讥讽时政。阐明道德的广博高深，治乱的同条共贯，无不详尽体现。他的文字简约，他的言辞含蓄，他的心志高洁，他的品行端正。他运用文词拟写的虽是细小平凡的事物，而旨意却极其博大，列举的虽是眼前事例，而体现的思想内涵却非常深远。他的心志高洁，所以称道的都是芳香的事物；他的行为廉正，所以死也不为世俗所容。他远离污浊的世俗，在污泥浊水之中自我洗涤，像蝉脱壳那样摆脱污秽，而游离于尘埃之外，不沾染世俗的污垢，清白高洁如莲花出污泥而不染。推论这种崇高的心志，就是跟日月争辉，也是可以的。

屈平既绌，其后秦欲伐齐，齐与楚从亲，惠王患之，乃令张仪详去秦，厚币委质事楚，曰："秦甚憎齐，齐与楚从亲，楚诚能绝齐，秦愿献商、於之地六百里。"楚怀王贪而信张仪，遂绝齐，使使如秦受地。张仪诈之曰："仪与王约六里，不闻六百里。"楚使怒去，归告怀王。怀王怒，大兴师伐秦。秦发兵击之，大败楚师于丹、淅，斩首八万，虏楚将屈匄，遂取楚之汉中地。怀王乃悉发国中兵以深入击秦，战于蓝田。魏闻之，袭楚至邓。楚兵惧，自秦归，而齐竟怒不救楚，楚大困。

屈原已经被贬，以后秦国打算攻打齐国，齐国跟楚国合纵相亲，秦惠王忧虑这件事，就派遣张仪假装离开秦国，带了丰厚的礼物去投靠侍奉楚国，说道："秦国很憎恨齐国，齐国跟楚国合纵相亲，楚国如果能跟齐国断交，秦国愿意献出商、於一带六百里土地。"楚怀王贪心地听信了张仪的话，就跟齐国断交，并派遣使者到秦国去接受土地。张仪诈骗楚国的使者说："我张仪跟楚怀王约定的是六里，没有听说过六百里。"楚国使者愤怒地离开秦国，回国报告楚怀王。楚怀王恼怒，大肆兴兵进攻秦国。秦国出兵迎击楚军，在丹水、淅水一带把楚军打得大败，斩杀八万楚兵，俘虏了楚军将领屈匄，乘势夺取了楚国汉中一带地区。楚怀王就出动全国兵力，来深入攻击秦国，在蓝田交战。魏国听到这个讯息，发兵攻打楚国，一直深入到邓邑。楚国军队恐惧，就从秦国撤军回国。而齐国终因恼怒而不肯援救楚国，楚国大为困苦。

明年，秦割汉中地与楚以和。楚王曰："不愿得地，愿得张仪而甘心焉。"张仪闻，乃曰："以一仪而当汉中地，臣请往如楚。"如楚，又因厚币用事者臣靳尚，而设诡辩于怀王之宠姬郑袖。怀王竟听郑袖，复释去张仪。是时屈平既疏，不复在位，使于齐，顾反，谏怀王曰："何不杀张仪？"怀王悔，追张仪不及。

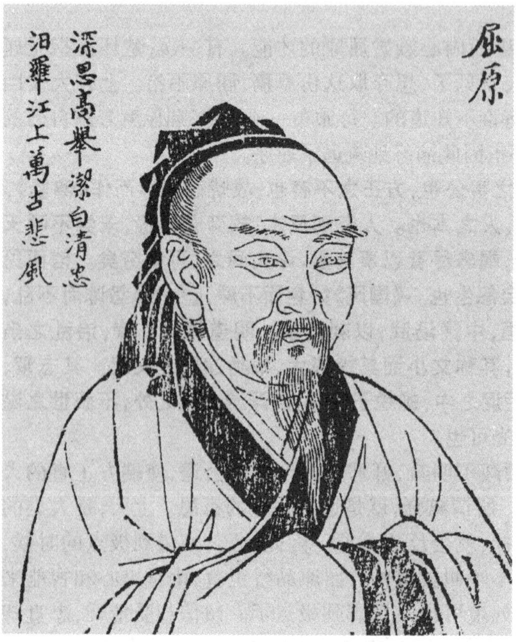

屈原像，出自明·天然撰《历代古人像赞》。

第二年，秦国要割让汉中地区跟楚国议和。楚怀王说："我不希望得到土地，而欲得到张仪才称心。"张仪听后，就说："用我一个张仪却抵得上汉中之地，我请求到楚国去。"张仪到达楚国，又用丰厚的礼物贿赂楚国的当权大臣靳尚，还在楚怀王的宠姬郑袖面前编造花言巧语。楚怀王竟然听信郑袖的话，又释放了张仪。这时，屈原已被疏远，不再在职，他出使齐国，等到回国后，就向楚怀王进谏说："为什么不杀张仪？"楚怀王后悔了，派人追捕张仪，可是没能追上。

其后诸侯共击楚，大破之，杀其将唐眛。

这以后，各诸侯国共同攻打楚国，大败楚军，斩杀楚将唐眛。

时秦昭王与楚婚，欲与怀王会。怀王欲行，屈平曰："秦虎狼之国，不可信，不如毋行。"怀王稚子子兰劝王行："奈何绝秦欢！"怀王卒行。入武关，秦伏兵绝其后，因留怀王，以求割地。怀王怒，不听。亡走赵，赵不内。复之秦，竟死于秦而归葬。

当时，秦昭王跟楚国结为姻亲，欲要和楚怀王会晤。楚怀王打算前往，屈原说："秦国是虎狼一样的国家，不可相信，不如不去。"楚怀王的小儿子子兰劝楚怀王前往："为何要断绝秦王的友好！"楚怀王终于出发了。一进入武关，秦国的伏兵就断绝了楚怀王的退路，就地扣留楚怀王，要求割让土地。楚怀王气恼，不肯听从，逃到赵国，赵国不接纳他。他又回到秦国，终于死在秦国，然后归葬楚国。

长子顷襄王立，以其弟子兰为令尹。楚人既咎子兰以劝怀王入秦而不反也。

楚怀王的长子楚顷襄王即位，用他的弟弟子兰担任令尹。楚国人都责怪子兰劝楚怀王到秦国去而不得生还。

屈平既嫉之，虽放流，眷顾楚国，系心怀王，不忘欲反，冀幸君之一悟，俗之一改也。其存君兴国而欲反覆之，一篇之中三致志焉。然终无可奈何，故不可以反，卒以此见怀王之终不悟也。人君无愚智贤不肖，莫不欲求忠以自为，举贤以自佐，然亡国破家相随属，而圣君治国累世而不见者，其所谓忠者不忠，而所谓贤者不贤也。怀王以不知忠臣之分，故内惑于郑袖，外欺于张仪，疏屈平而信上官大夫、令尹子兰。兵挫地削，亡其六郡，身客死于秦，为天下笑。此不知人之祸也。《易》曰："井泄不食，为我心恻，可以汲。王明，并受其福。"王之不明，岂足福哉！

屈原早已痛恨子兰，他虽然被放逐，但是仍然眷念楚国，内心牵挂楚怀王，总是忘不了想回到朝廷中，期望国君能够醒悟，风俗也能够改变。他为了维护国君，振兴国家，扭转楚国局势，在一篇作品中再三表达这种心志。然而终究无可奈何，所以不可能重返朝中，终于由此看出楚怀王始终不觉悟。君主无论愚蠢的、明智的、贤能的、无能的，没有谁不想寻求忠臣来维护自己，选拔贤士来辅佐自己，然而国亡家破的事却接连发生，而圣明的君王和太平的国家历代都不曾出现的原因，就在于国君所认为的忠臣并不忠，所认为的贤才并不贤啊！楚怀王由于不明了忠臣的职分，因此在内被郑袖所迷惑，在外受到张仪的欺骗，疏远屈原，而信任上官大夫、令尹子兰。最终军队受挫败、国土被掠夺，丧失了楚国六个郡的土地，自己也客死在秦国，被天下人耻笑。这是不能识别人才的祸害啊！《易》中说："水井疏浚后没有人饮用，使我很难过，这是可以汲用的哟。君王如果圣明，上下都享受他的幸福。"君王不贤明，哪能得到幸福呢！

令尹子兰闻之大怒，卒使上官大夫短屈原于顷襄王，顷襄王怒而迁之。

令尹子兰听到消息后，大为恼怒，终于指使上官大夫在顷襄王面前说屈原的坏话，顷襄王发怒，把屈原放逐得更远了。

屈原至于江滨，被发行吟泽畔。颜色憔悴，形容枯槁。渔父见而问之曰："子非三闾大夫欤？何故而至此？"屈原曰："举世混浊而我独清，众人皆醉而我独醒，是以见放。"渔父曰："夫圣人者，不凝滞于物而能与世推移。举世混浊，何不随其流而扬其波？众人皆醉，何不餔其糟而啜其醨？何故怀瑾握瑜而自令见放为？"屈原曰："吾闻之，新沐者必弹冠，新浴者必振衣，人又谁能以身之察察，受物之汶汶者乎！宁赴常流而葬乎江鱼腹中耳，又安能以皓皓之白而蒙世俗之温蠖乎！"

屈原来到江边，披头散发慢步低吟水边。容貌憔悴，形体干瘦。一位渔翁看见了就问他说："您不就是三闾大夫吗？为什么来到这里？"屈原说："世道都混浊，唯独我清白；众人都昏醉，唯独我清醒。因此我被放逐了。"渔翁说："有圣德的人，不拘泥于事物，而能随着世道转移。世道都混浊了，为什么不随世俗的大流而推波助浪？众人都昏醉了，为什么不也跟着吃酒糟喝薄酒呢？为什么要怀抱白玉般的德操而自己弄得被放逐呢？"屈原说："我听说过，刚洗了头的人必定要弹一弹帽子，刚洗过澡的人必定会抖一抖衣服，人们又有谁愿意让自己清洁的身体，去接触污秽的东西呢？我宁愿投身长流的江水，而葬身江鱼的腹中算了，又怎么能让高洁的品格去蒙受世俗的污垢呢！"

乃作《怀沙》之赋。其辞曰：

于是写作了一篇《怀沙》赋。赋辞说：

陶陶孟夏兮，草木莽莽。伤怀永哀兮，汩徂南土。眴兮窈窈，孔静幽墨。冤结纡轸兮，离愍之长鞠；抚情效志兮，俛诎以自抑。

暖洋洋的初夏啊，草木茂盛绿苍苍。受伤心灵长悲哀啊，我匆匆奔向南方。眼前是一片渺茫啊，四周寂静无声响。委屈痛苦结心头啊，犯愁受困日子长。扪心自问察失志啊，蒙冤受屈忍心房。

刓方以为圜兮，常度未替；易初本由兮，君子所鄙。章画职墨兮，前度未改；内直质重兮，大人所盛。巧匠不斲兮，孰察其揆正？玄文幽处兮，矇谓之不章；离娄微睇兮，瞽以为无明。变白而为黑兮，倒上以为下。凤皇在笯兮，鸡雉翔舞。同糅玉石兮，一概而相量。夫党人之鄙妒兮，羌不知吾所臧。

刻削方木成圆器啊，正常法度不更替。改易当初的正道啊，将为君子所鄙弃。明于规矩记绳墨啊，前人法度不改易。心性耿直而稳重啊，则为君子所赞美。能工巧匠不动斧啊，哪能知道曲和直？黑色花纹投暗处啊，瞎子说它不显见。离娄一瞥能明了啊，盲人以为瞎睁眼。把白色当成黑色啊，颠倒上方成下方。凤凰关进竹笼里啊，只有野鸡乱飞翔。美玉顽石混一起啊，一个标准来衡量。党人鄙陋且顽固啊，我的善意岂知详？

任重载盛兮，陷滞而不济；怀瑾握瑜兮，穷不得余所示。邑犬群吠兮，吠所怪也；诽骏疑桀兮，固庸态也。文质疏内兮，众不知吾之异采；材朴委积兮，莫知余之所有。重仁袭义兮，谨厚以为丰；重华不可牾兮，孰知余之从容！古固有不并兮，岂知其故也？汤禹久远兮，邈不可慕也。惩违改忿兮，抑心而自强；离湣而不迁兮，愿志之有象。进路北次兮，日昧昧其将暮；含忧虞哀兮，限之以大故。

担负的任务繁重啊，停滞不前难成事。怀揣珍宝握美玉啊，身处困境怎展示？城里狂犬成群叫啊，新鲜事物疑异怪。非议才俊疑豪杰啊，本是庸人丑心态。外貌平凡内质朴啊，众人不知我英才。像木料堆在一旁啊，不知功用何所在。重视仁德传礼仪啊，恭谨忠厚以为丰。虞舜不能再逢遇啊，有谁知道我所从！自古圣贤难同时啊，哪知其中何缘故？商汤、夏禹已久远啊，遥远渺茫难追慕。平息怨恨和愤怒啊，压在内心自图强。遭遇忧患不移志啊，愿给后人留榜样。前进道路通北方啊，暗淡夕阳将下山。忧愁为喜悲为乐啊，生命里程到终点。

乱曰：浩浩沅、湘兮，分流汩兮。修路幽拂兮，道远忽兮。曾吟恒悲兮，永叹慨兮。世既莫吾知兮，人心不可谓兮。怀情抱质兮，独无匹兮。伯乐既殁兮，骥将焉程兮？人生禀命兮，各有所错兮。定心广志，余何畏惧兮？曾伤爰哀，永叹喟兮。世溷不吾知，心不可谓兮。知死不可让兮，愿勿爱兮。明以告君子兮，吾将以为类兮。

尾声：浩荡沅水和湘水啊，各自潺潺泛波浪。漫长道路黑且险啊，前途遥远又渺茫。不断悲吟和哀歌啊，深深慨叹叹不完。世人皆已不知我啊，谁人能与诉衷肠？我怀真情抱实质啊，独立无以匹成双。伯乐已经逝世了啊，骏马有谁能鉴赏？人生禀受的命运啊，各有不同的归向。信心坚定胸怀广啊，我有什么可惊慌？无穷忧伤和悲哀，不尽叹息和感慨啊！世道混浊不知我，衷肠能对谁诉说啊！明知死亡不可避啊，生命何必太怜惜啊！光明磊落的君子啊，我将以你为榜样啊！

于是怀石遂自沉汨罗以死。

当时屈原怀抱石头，就自己沉入汨罗江而死了。

屈原既死之后，楚有宋玉、唐勒、景差之徒者，皆好辞而以赋见称；然皆祖屈原之从容辞令，终莫敢直谏。其后楚日以削，数十年竟为秦所灭。

屈原已经死去以后，楚国有宋玉、唐勒、景差这一班人，都爱好文学并以擅长辞赋著称。可是，他们都只是效法屈原言辞的委婉含蓄，毕竟没有谁敢直言进谏。从此以后，楚国一天比一天削弱，几十年以后，终被秦国所灭亡。

自屈原沉汨罗后百有余年，汉有贾生，为长沙王太傅，过湘水，投书以吊屈原。

自从屈原自沉汨罗江以后的一百多年，汉朝有个贾生，做长沙王的太傅，经过湘江时，写了一篇文章投到江水中来悼念屈原。

贾生名谊，雒阳人也。年十八，以能诵诗属书闻于郡中。吴廷尉为河南守，闻其秀才，召置门下，甚幸爱。孝文皇帝初立，闻河南守吴公治平为天下第一，故与李斯同邑而常学事焉，乃征为廷尉。廷尉乃言贾生年少，颇通诸子百家之书。文帝召以为博士。

贾生名谊，是洛阳人。十八岁时，就凭能诵诗作文广闻于当地。吴廷尉担任河南郡守时，听说贾谊才学优秀，就召见并安排他到自己门下，非常器重他。孝文皇帝刚登位不久，听说河南郡守吴公政绩为全国第一，还因为他跟李斯是同乡，曾经向李斯学习过，就征召吴公担任廷尉。吴廷尉就向孝文皇帝推荐说贾生年轻有才，很精通诸子百家的书。孝文皇帝就征召贾生，授任他为博士。

是时贾生年二十余，最为少。每诏令议下，诸老先生不能言，贾生尽为之对，人人各如其意所欲出。诸生于是乃以为能，不及也。孝文帝说之，超迁，一岁中至太中大夫。

这时，贾生二十多岁，在同僚中年纪最小。每当皇帝下达诏令让臣子们商讨问题，各位老先生都不能回话，贾生都替他们应对，人人都感到说出了他们所想说的话。各位老先生从此都认为自己才能比不上他。孝文皇帝也很喜欢他，越级提拔，一年之内就提升到太中大夫。

贾生以为汉兴至孝文二十余年，天下和洽，而固当改正朔，易服色，法制度，定官名，兴礼乐。乃悉草具其事仪法，色尚黄，数用五，为官名，悉更秦之法。孝文帝初即位，谦让未遑也。诸律令所更定，及列侯悉就国，其说皆自贾生发之。于是天子议以为贾生任公卿之位。绛、灌、东阳侯、冯敬之属尽害之，乃短贾生曰："雒阳之人，年少初学，专欲擅权，纷乱诸事。"于是天子后亦疏之，不用其议，乃以贾生为长沙王太傅。

屈原像，选自清·顾沅辑《古圣贤像传略》。

贾生认为，汉朝从建国到孝文皇帝时二十多年了，国家安定团结，就应当改订历法，改变服饰色彩，订立法令制度，确立官职名称，振兴礼乐。于是起草上述各种仪式法度，崇尚黄色，采用五行之说，取定官职名称，全部改变了秦代的旧法。这时孝文皇帝登位不久，谦虚而无暇变法改制。以后各项法令的修改审定，以及列侯全都赴任封国等，这些主张都是出自贾生的提议。于是汉文帝建议用贾生担任公卿的职位。这时，绛侯周勃、灌婴、东阳侯张相如、冯敬这一班大臣都妒忌他，诽谤贾生，说："这个洛阳人，年轻学浅，专心想独揽大权，使各种事情造成混乱。"于是天子以后也疏远他，不采纳他的建议，就派贾生去作长沙王的太傅。

贾生既辞往行，闻长沙卑湿，自以寿不得长，又以適去，意不自得。及渡湘水，为赋以吊屈原。其辞曰：

贾谊告辞后就起程去长沙，他听说长沙地方低洼潮湿，自认为寿命不会长久，又由于是受到贬斥而去，内心很不自在。当他渡过湘水时，写了一篇辞赋来吊祭屈原。这篇辞赋说：

共承嘉惠兮，俟罪长沙。侧闻屈原兮，自沉汨罗。造托湘流兮，敬吊先生。遭时罔极兮，乃陨厥身。呜呼哀哉，逢时不祥。鸾凤伏窜兮，鸱枭翱翔。阘茸尊显兮，谗谀得志；贤圣逆曳兮，方正倒植。世谓伯夷贪兮，谓盗跖廉；莫邪为顿兮，铅刀为铦。于嗟嚜嚜兮，生之无故！斡弃周鼎兮宝康瓠，腾驾罢牛兮骖蹇驴，骥垂两耳兮服盐车。章甫荐屦兮，渐不可久；嗟苦先生兮，独离此咎！

敬受皇帝的恩惠啊，我将到长沙待罪。我从旁听说屈原啊，他在汨罗江自沉。我前来寄托湘水啊，尊敬地吊唁先生。他遭逢乱世无道啊，就只好自我牺牲。哎呀哎呀多悲痛啊，恰逢不幸此时光！鸾鸟凤凰都潜逃啊，只有恶鸟任飞翔。平庸之辈享高禄啊，谄媚的人愿已偿。圣贤不能同路走啊，耿正刚直居下方。世人都说伯夷贪啊，盗跖反被称清廉。莫邪宝剑变钝铁啊，普通铅刀成利剑。哎呀您默默无闻啊，却无故招来灾难！抛弃周朝的宝鼎啊，却珍视那大瓦壶！乘驾疲病的老牛啊，代马拉车跛脚驴！骏马垂着两耳朵啊，拉着盐车多辛苦！华贵礼帽当鞋垫啊，浸渍易坏不耐用！哀叹先生真悲苦啊，独自遭受这祸殃！

讯曰：已矣，国其莫我知，独堙郁兮其谁语？凤漂漂其高逝兮，夫固自缩而远去。袭九渊之神龙兮，沕深潜以自珍。弥融爚以隐处兮，夫岂从蚁与蛭螾？所贵圣人之神德兮，远浊世而自藏。使骐骥可得系羁兮，岂云异夫犬羊？般纷纷其离此尤兮，亦夫子之辜也！瞝九州而相君兮，何必怀此都也？凤皇翔于千仞之上兮，览德辉而下之；见细德之险征兮，摇增翮逝而去之。彼寻常之污渎兮，岂能容吞舟之鱼！横江湖之鳣鲟兮，固将制于蚁蝼。

尾声：算了吧！算了吧！国人没谁了解我啊！独自抑郁谁可叙？凤凰飘飘高飞离啊，本能退缩而远去。仿效渊里的神龙啊，潜藏深水来自御。韬光晦迹而隐居啊，岂跟蚁与蛭蚓聚？圣人品德诚可贵啊，远离浊世自珍藏。倘若良马可系羁啊，怎说它不同犬羊？乱纷纷地遭祸殃啊，您自己也有错处。经九州择君而事啊，何必眷恋这故都？凤凰飞翔高千仞啊，见德君才肯归附。见奸细阴谋征兆啊，展翅奋飞而远渡。那平常的污水沟啊，怎容得吞舟巨鲸！搁浅江湖的鲟鱼啊，必将受制于蚁群。

贾生为长沙王太傅三年，有鸮飞入贾生舍，止于坐隅。楚人命鸮曰“服”。贾生既以適居长沙，长沙卑湿，自以为寿不得长，伤悼之，乃为赋以自广。其辞曰：

贾生担任长沙太傅的第三年，有一天有一只鸮鸟飞进贾生的屋内，停在座位旁边。楚地人把鸮鸟称作“服”。贾生已经受贬谪移居长沙，长沙低洼潮湿，自认为寿命不会长久，为此而伤心哀痛，就写了一篇赋来自我宽慰。那赋辞说：

单阏之岁兮，四月孟夏。庚子日施兮，服集予舍，止于坐隅，貌甚闲暇。异物来集兮，私怪其故。发书占之兮，策言其度。曰：“野鸟入处兮，主人将去”。请问于服兮：“予去何之？吉乎告我，凶言其灾。淹数之度兮，语予其期。”服乃叹息，举首奋翼，口不能言，请对以意。

贾谊像，选自清·顾沅辑《古圣贤像传略》。

在丁卯这一年啊，四月初夏的时候。庚子这天日斜时啊，服鸟飞进我房屋。停在座位角落处，样子很闲适自若。怪鸟突然来栖息啊，心疑其中有原因。打开卦书来占卜啊，策辞说出那定数。说是“野鸟飞入屋啊，主人要把家搬出”。于是我请问服鸟啊：“搬出以后去何处？是吉就要告诉我，是凶也把灾祸数。灾祸迟速竟何如啊，可把这期限指出。”服鸟听罢就叹息，抬起头来展开翅。它的嘴巴不会说，请用动作把意示。

万物变化兮，固无休息。斡流而迁兮，或推而还。形气转续兮，变化而嬗。沕穆无穷兮，胡可胜言！祸兮福所倚，福兮祸所伏；忧喜聚门兮，吉凶同域。彼吴强大兮，夫差以败；越栖会稽兮，句践霸世。斯游遂成兮，卒被五刑；傅说胥靡兮，乃相武丁。夫祸之与福兮，何异纠缠。命不可说兮，孰知其极？水激则旱兮，矢激则远。万物回薄兮，振荡相转。云蒸雨降兮，错缪相纷。大专槃物兮，坱轧无垠。天下可与虑兮，道不可与谋。迟数有命兮，恶识其时？

万物变化无穷尽啊，本来就没有曾静止。斡旋流转而变迁啊，推移回返而不已。

形体精神相转续啊，有如蝉虫自蜕皮。这道理深远无穷啊，哪能用言语尽说！灾祸啊傍依着福，幸福啊隐藏着祸。忧愁喜悦聚一门啊，吉祥凶恶同区域。那吴国虽然强大啊，夫差失败被俘虏。越国被困在会稽啊，句践终于成霸主。李斯游秦得成功啊，最终被五刑罚处。傅说原是受刑徒啊，武丁宰相他担负。祸患福祉相因伏啊，就像绳索相附。天命何如难解说啊，谁知终极在何处？水流湍急气势猛啊，弓箭迅速射程远。万物反复相撞击啊，相互振荡而运转。去上升而雨下降啊，错综复杂相纷乱。自然造化育万物啊，范围广阔无边际。天太高远难思议啊，道太深奥难谋计。长寿短命由天定啊，怎能预知那死期？

且夫天地为炉兮，造化为工；阴阳为炭兮，万物为铜。合散消息兮，安有常则；千变万化兮，未始有极。忽然为人兮，何足控抟；化为异物兮，又何足患！小知自私兮，贱彼贵我；通人大观兮，物无不可。贪夫徇财兮，烈士徇名；夸者死权兮，品庶冯生。怵迫之徒兮，或趋西东；大人不曲兮，亿变齐同。拘士系俗兮，攌如囚拘；至人遗物兮，独与道俱。众人或或兮，好恶积意；真人淡漠兮，独与道息。释知遗形兮，超然自丧；寥廓忽荒兮，与道翱翔。乘流则逝兮，得坻则止；纵躯委命兮，不私与己。其生若浮兮，其死若休；澹乎若深渊之静，泛乎若不系之舟。不以生故自宝兮，养空而浮。德人无累兮，知命不忧。细故蒂蓟兮，何足以疑！

天地是个大熔炉啊，自然造化如铸工。阴阳二气是焦炭啊，万物如被铸的铜。事物的聚散生灭啊，哪有一定的行踪？总是千变和万化啊，未曾有相同始终。偶然间形成了人啊，有什么值得珍重？死后化作了他物啊，有什么值得哀痛！浅薄的人太自私啊，轻视别人而自重。通达的人心胸广啊，万物一概能包容。贪财的人为财死啊，节烈之士殉名声。矜夸的人死于权啊，一般的人却贪生。人困于名利贫贱啊，难免终日奔西东。清高的人很超脱啊，万物变化视等同。愚人被世俗牵绊啊，窘境和囚犯相同。至德者遗弃物累啊，独与大道相依附。庸人惑乱而自扰啊，内心积满甘和苦。真德的人很淡泊啊，独与大道共相处。舍智虑而弃形骸啊，超然物外不自顾。神游空泛的境界啊，与大道一起飞舞。顺着流水向前行啊，遇到沙洲就停住。任凭身躯托命运啊，别把身躯当己物。活着如浮寄尘世啊，死去是长久闭目。淡泊像宁静深渊，浮游像不系之舟。不因活着而自贵啊，培养灵性如浮游。有德者胸无牵挂啊，顺从天命不忧愁。小事一桩如芥蒂啊，怎值疑惑在心头！

后岁余，贾生征见。孝文帝方受釐，坐宣室。上因感鬼神事，而问鬼神之本。贾生因具道所以然之状。至夜半，文旁前席。既罢，曰："吾久不见贾生，自以为过之，今不及也。"居顷之，拜贾生为梁怀王太傅。梁怀王，文帝之少子，爱，而好书，故令贾生傅之。

一年多以后，贾生被召回朝廷进见皇帝。孝文帝正在虔诚地承受神灵降福。坐在宣室里接见贾生。孝文帝有感于鬼神之事，就向贾生询问鬼神的原本。贾生便详细说明鬼神形成的情状。谈到半夜，孝文帝移动座席向前靠拢。听完之后，文帝说："我很久没见贾生了，自认为超过了他，现在看来还是比不上他啊。"过了不久，任命贾生为梁怀王的太傅。梁怀王是孝文帝的小儿子，很受宠爱，又爱好读书，因此叫贾生作他的老师。

文帝复封淮南厉王子四人皆为列侯。贾生谏，以为患之兴自此起矣。贾生数上疏，言诸侯或连数郡，非古之制，可稍削之。文帝不听。

孝文帝又封淮南厉王的四个儿子都为列侯。贾生劝阻，认为这样做，国家的祸患就由此开始了。贾生几次上奏疏，陈述诸侯的封地有的连接几个郡，不符合古代的制度，应该逐渐削弱它。孝文帝不听规劝。

居数年，怀王骑，堕马而死，无后。贾生自伤为傅无状，哭泣岁余，亦死。贾生之死时年三十三矣。及孝文崩，孝武皇帝立，举贾生之孙二人至郡守，而贾嘉最好学，世其家，与余通书。至孝昭时，列为九卿。

过了几年，梁怀王骑马，从马背上掉下来摔死了，没有后代。贾生感伤自己作太傅不像样，哭泣了一年多，也死去了。贾生死的时候三十三岁了。到孝文帝去世，孝武帝登位时，提拔贾生的两个孙子做到了郡守，其中贾嘉最好学，继承了贾谊的家业，和我有书信往来。到孝昭皇帝时，贾嘉官至九卿。

太史公曰：余读《离骚》、《天问》、《招魂》、《哀郢》，悲其志。适长沙，观屈原所自沉渊，未尝不

垂涕，想见其为人。及见贾生吊之，又怪屈原以彼其材，游诸侯，何国不容，而自令若是。读《服鸟赋》，同死生，轻去就，又爽然自失矣。

太史公说：我读了《离骚》、《天问》、《招魂》、《哀郢》之后，很怜惜屈原的心志。来到长沙，游览了屈原投江自沉的地方，不禁流下眼泪，想念他的为人。等到读了贾生吊念屈原的赋，又私下怪屈原凭着他那样的才能，如果去游说诸侯，哪个国家不会容纳他呢？而竟然使自己落到这样的境地！读了《服鸟赋》之后，领悟到死生可等同视之，身世的浮沉也不足重视，我不禁茫然若失了。

史记第八十五卷

吕不韦列传第二十五

吕不韦者，阳翟大贾人也。往来贩贱卖贵，家累千金。

吕不韦是阳翟的大商人。他往来各地，廉价买进，高价卖出，家产累积了上千金。

秦昭王四十年，太子死。其四十二年，以其次子安国君为太子。安国君有子二十余人。安国君有所甚爱姬，立以为正夫人，号曰华阳夫人。华阳夫人无子。安国君中男名子楚，子楚母曰夏姬，毋爱。子楚为秦质子于赵。秦数攻赵，赵不甚礼子楚。

秦昭王四十年，太子死了。到昭王四十二年，昭王把他的第二个儿子安国君立为太子。安国君有儿子二十多人。安国君有一位非常喜爱的姬妾，立她为正夫人，号称华阳夫人。华阳夫人没有儿子。安国君有个排行在中间的儿子名叫子楚，子楚的母亲叫夏姬，不受宠爱。子楚作为秦子被派到赵国去做人质。秦国多次攻打赵国，赵国也不很礼待子楚。

子楚，秦诸庶孽孙，质于诸侯，车乘进用不饶，居处困，不得意。吕不韦贾邯郸，见而怜之，曰："此奇货可居。"乃往见子楚，说曰："吾能大子之门。"子楚笑曰："且自大君之门，而乃大吾门！"吕不韦曰："子不知也，吾门待子门而大。"子楚心知所谓，乃引与坐，深语，吕不韦曰："秦王老矣，安国君得为太子，窃闻安国君爱幸华阳夫人，华阳夫人无子，能立適嗣者，独华阳夫人耳。今子兄弟二十余人，子又居中，不甚见幸，久质诸侯。即大王薨，安国君立为王，则子毋几得与长子及诸子旦暮在前者争为太子矣。"子楚曰："然。为之奈何？"吕不韦曰："子贫，客于此，非有以奉献于亲及结宾客也。不韦虽贫，请以千金为子西游，事安国君及华阳夫人，立子为適嗣。"子楚乃顿首曰："必如君策，请得分秦国与君共之。"

子楚是秦宫姬妾所生的卑贱孙子，在诸侯国做人质时，乘用的车辆、日常的费用并不宽裕，生活困窘，很不得意。吕不韦在赵都邯郸经商，看到了子楚而怜爱他，说"子楚如稀奇的货物可以囤积起来"。于是就去见子楚，向他游说："我能光大你的门第。"子楚笑着说："你暂且先光大自己的门第，随后再来光大我的门第！"吕不韦说："您不知道吧，我的门第要等您的门第光大之后才能光大起来。"子楚明白吕不韦所指的意思，就引见吕不韦与他一起坐下，深入交谈起来。吕不韦说："秦王年老了，安国君被立为太子。我私下听说安国君宠爱华阳夫人，华阳夫人没有儿子，能够选立嫡系继承人的，只有华阳夫人而已。现在你们兄弟有二十多人，您又排在中间，并不很受宠幸，长久地在诸侯国做人质。如果大王死后，安国君立为王，那么您也没有机会和长子或其他早晚在大王跟前的兄弟竞争当太子啊！"子楚说："是这样，那对它该如何办呢？"吕不韦说："您很穷，在这里作客，没有什么可以献给亲戚和结交宾客。我吕不韦虽然贫穷，但愿意拿出千金替您到西边去游说，去侍奉安国君和华阳夫人，让他们立您为嫡系继承人。"子楚于是叩头说："如若按照您的计策成功了，愿意分封秦国的土地跟您共同享有它。"

吕不韦乃以五百金与子楚，为进用，结宾客；而复以五百金买奇物玩好，自奉而西游秦，求见华

阳夫人姊，而皆以其物献华阳夫人。因言子楚贤智，结诸侯宾客遍天下，常曰："楚也以夫人为天。日夜泣思太子及夫人。"夫人大喜。不韦因使其姊说夫人曰："吾闻之，以色事人者，色衰而爱驰。今夫人事太子，甚爱而无子，不以此时蚤自结于诸子中贤孝者，举立以为適而子之，夫在则重尊，夫百岁之后，所子者为王，终不失势，此所谓一言而万世之利也。不以繁华时树本，即色衰爱驰后，虽欲开一语，尚可得乎？今子楚贤，而自知中男也，次不得为適，其母又不得幸，自附夫人，夫人诚以此时拔以为適，夫人则竟世有宠于秦矣。"华阳夫人以为然，承太子间，从容言子楚质于赵者绝贤，来往者皆称誉之。乃因涕泣曰："妾幸得充后宫，不幸无子，愿得子楚立以为適嗣，以托妾身。"安国君许之，乃与夫人刻玉符，约以为適嗣。安国君及夫人因厚馈遗子楚，而请吕不韦傅之，子楚以此名誉益盛于诸侯。

吕不韦就拿五百金送给子楚，作为日常的费用，以及结交宾客所需；而又拿出五百金去购买珍奇和玩赏的物品，自己带上这些东西往西游历秦国，先去求见华阳夫人的姐姐，而把所有带来的东西全部献给华阳夫人。借机谈到子楚贤能聪明，结交的诸侯宾客遍布天下，常常说"我子楚是把夫人看成如天一样，日夜流泪思念太子和夫人。"华阳夫人大为高兴。吕不韦就借机让华阳夫人的姐姐游说华阳夫人说："我听说过，凭美色来侍奉人的人，一旦容颜衰老，宠爱也就会松弛。现在夫人您侍奉太子，很受宠信，但自己却没有儿子，不在这个时候趁早在众多儿子中结交有才能又孝顺的人，推荐他立为嫡子，认作亲儿子。这样，丈夫在的时候就更受到尊重，即使丈夫去世以后，所认的亲儿子即位当王，终究不会失去权势，这就是所谓一句话就能得到万代的利益。不在繁华时树立根本，那么美色衰退，宠爱松弛之后，即使想再进一言，还有可能吗？现在子楚贤能，而且自己知道是排行在中间的男孙，依次不得立为嫡系继承人，他的母亲又得不到宠幸，自己依附于夫人。夫人如果能在这个时候举拔他作为嫡系继承人，那么夫人终生都能在秦国得到恩宠了。"华阳夫人以为这样，就在奉承太子的时候，委婉地谈到在赵国做人质的子楚非常贤能，来往的人都称赞他。接着又流着泪说："妾有幸得以充列后宫，不幸没有儿子，希望能让子楚即位来作为嫡系继承人，使我有个托身的人。"安国君答应了她，就跟华阳夫人刻写玉符作为凭信，约定立子楚为嫡系继承人。安国君和夫人因此送了很多东西给子楚，并且请吕不韦来辅导他。因此，子楚的名声在诸侯间更加盛传了。

吕不韦取邯郸诸姬绝好善舞者与居，知有身。子楚从不韦饮，见而说之，因起为寿，请之。吕不韦怒，念业已破家为子楚，欲以钓奇，乃遂献其姬。姬自匿有身，至大期时，生子政。子楚遂立姬为夫人。

吕不韦娶了邯郸女子中最漂亮而又会歌舞的人，与她同居，知道她有了身孕。子楚跟吕不韦饮酒，看到那个女子后很喜欢她，因此站起来向吕不韦敬酒，请求得到她。吕不韦很生气，但一想到已经为子楚破费了很多家财，想要用这种手段钓到奇货，于是就献出了他的姬妾。赵姬自己隐瞒已经怀有身孕的事，到了产期时，生了个儿子名叫政。子楚于是立赵姬为夫人。

秦昭王五十年，使王齮围邯郸，争，赵欲杀子楚。子楚与吕不韦谋，行金六百斤予守者吏，得脱，亡赴秦军，遂以得归。赵欲杀子楚妻子，子楚夫人赵豪家女也，得匿，以故母子竟得活。秦昭王五十六年，薨，太子安国君立为王，华阳夫人为王后，子楚为太子。赵亦奉子楚夫人及子政归秦。

秦昭王五十年，派王齮围攻邯郸，情况危急的时候，赵国想要杀子楚。子楚跟吕不韦谋划，送了六百斤黄金给守城的官吏，得以逃脱，逃到秦军的营地，于是才顺利回到了秦国。赵国想要杀死子楚的妻子和儿子，因子楚的妻子是赵国富豪家的女儿，能藏身，因此母子毕竟得以活命。秦昭王于五十六岁去世，太子安国君立为秦王，华阳夫人当了王后，子楚成为太子。赵国也护送子楚的妻子和儿子政回到了秦国。

秦王立一年，薨，谥为孝文王。太子子楚代立，是为庄襄王。庄襄王所母华阳后为华阳太后，真母夏姬尊以为夏太后。庄襄王元年，以吕不韦为丞相，封为文信侯，食河南雒阳十万户。

秦王即位一年，去世了，谥号为孝文王。太子子楚即位，这就是庄襄王。庄襄王所认的母亲华阳后就成为华阳太后，生母夏姬被尊为夏太后。庄襄王元年，用吕不韦作丞相，封为文信侯，将河南洛阳十万户作他的食邑。

吕不韦像

庄襄王即位三年，薨，太子政立为王，尊吕不韦为相国，号称“仲父”。秦王年少，太后时时窃私通吕不韦。不韦家僮万人。

庄襄王即位三年就死了，太子政即位作秦王，遵奉吕不韦作相国，号称他为“仲父”。秦王年纪很小，太后经常与吕不韦私通。吕不韦的家僮多达万人。

当是时，魏有信陵君，楚有春申君，赵有平原君，齐有孟尝君，皆下士喜宾客以相倾。吕不韦以秦之强，羞不如，亦招致士，厚遇之，至食客三千人。是时诸侯多辩士，如荀卿之徒，著书布天下。吕不韦乃使其客人人著所闻，集论以为八览、六论、十二纪，二十余万言。以为备天地万物古今之事，号曰《吕氏春秋》。布咸阳市门，悬千金其上，延诸侯游士宾客有能增损一字者予千金。

正当这个时候，魏国有信陵君，楚国有春申君，赵国有平原君，齐国有孟尝君，他们都礼贤下士，喜欢结交宾客，借此互相倾轧。吕不韦认为秦国这样强大，却不如他们而感到羞愧，也招来了文人学士，优厚地对待他们，招来的食客有三千人。这时候，诸侯中有很多辩才之士，例如荀卿一班人，著书立说，遍布天下。吕不韦就要他的门下食客人人都记下所见所闻，汇集编排成八览、六论、十二纪，一共有二十多万字，认为这些包括了天地万物和古今的事情，书名叫《吕氏春秋》。把它刊布在咸阳都市的城门上，并在上面悬挂千金，特邀各诸侯国的游士宾客，如若有能增减书上一个字的人，就奖给他千金。

始皇帝益壮，太后淫不止。吕不韦恐觉祸及己，乃私求大阴人嫪毐以为舍人，时纵倡乐，使毐以其阴关桐轮而行，令太后闻之，以啖太后。太后闻，果欲私得之。吕不韦乃进嫪毐，诈令人以腐罪告之。不韦又阴谓太后曰：“可事诈腐，则得给事中。”太后乃阴厚赐主腐者吏，诈论之，拔其须眉为宦者，遂得侍太后。太后私与通，绝爱之。有身，太后恐人知之，诈卜当避时，徙宫居雍。嫪毐常从，赏赐甚厚，事皆决于嫪毐。嫪毐家僮数千人，诸客求宦为嫪毐舍人者千余人。

秦始皇帝逐渐长大了，但太后仍然淫乱不止。吕不韦害怕事情被发觉，灾祸会降临到自己身上，就暗地找到阴茎粗大的人嫪毐，作为门客，时常放纵淫乐，要嫪毐用他的阴茎贯穿着桐木所做的小车轮行走，让太后知道这件事，来引诱太后。太后听说后，果然想要暗中得到他。吕不韦就进献嫪毐，用欺骗的手法让人以当受宫刑的罪名告发嫪毐。吕不韦秘密地对太后说：“何以让嫪毐假装受了腐刑，就可以得到他在宫中供职。”太后就暗中送了很多东西给主持腐刑的官吏，假装来治嫪毐的罪，拔去他的胡须变成宦人的模样，于是得以进宫侍奉太后。太后就偷偷与嫪毐通奸，非常喜爱他。有了身孕，太后担心别人知道了，就假称卜卦的结果，需要回避一段时间，于是就搬家到雍宫。嫪毐经常跟随她，所受的赏赐非常丰厚，凡事都由嫪毐决断。嫪毐的家僮有数千人，那些为求官职而成为嫪毐门客的多达一千余人。

始皇七年，庄襄王母夏太后薨。孝文王后曰华阳大后，与孝文王会葬寿陵。夏太后子庄襄王葬芷阳，故夏太后独别葬杜东，曰“东望吾子，西望吾夫。后百年，旁当有万家邑”。

秦始皇七年，庄襄王的母亲夏太后去世。孝文王后叫华阳太后，跟孝文王合葬在寿陵。夏太后的儿子庄襄王埋葬在芷阳，因此夏太后单独另葬在杜地的东边，她生前曾说："向东可望见我的儿子，向西可望见的丈夫。百年之后，这一带会成为有上万户人家的城邑。"

始皇九年，有告嫪毐实非宦者，常与太后私乱，生子二人，皆匿之。与太后谋曰"王即薨，以子为后。"于是秦王下吏治，具得情实，事连相国吕不韦。九月，夷嫪毐三族，杀太后所生两子，而遂迁太后于雍。诸嫪毐舍人皆没其家而迁之蜀。王欲诛相国，为其奉先王功大，及宾客辩士为游说者众，王不忍致法。

秦始皇九年，有人告发嫪毐根本不是宦人，常常与太后私通生下两个儿子，都把他们藏匿起来了。嫪毐跟太后密谋说："王若是死了，就用我们的儿子即位。"因此秦王就下令让有关官吏查办，全部得知了事情的真相，这件事牵连到相国吕不韦。九月，诛杀了嫪毐的三族，又处死了太后所生的两个儿子，并把太后迁移到雍宫去。嫪毐家的所有门客都被抄没家产，并迁徙到了蜀地。秦王想要杀相国，只因他侍奉先王的功劳大，以及宾客辩士为他说情的人很多，所以秦王不忍心法办他。

秦王十年十月，免相国吕不韦。及齐人茅焦说秦王，秦王乃迎太后于雍，归复咸阳，而出文信侯就国河南。

秦始皇十年十月，罢去吕不韦相国的职务。等到齐人茅焦来游说秦王，秦王就到雍宫迎接太后，太后又回到咸阳，而遣发文信侯到他河南的封地去。

岁余，诸侯宾客使者相望于道，请文信侯。秦王恐其为变，乃赐文信侯书曰："君何功于秦？秦封君河南，食十万户。君何亲于秦？号称仲父。其与家属徙处蜀！"吕不韦自度稍侵，恐诛，乃饮鸩而死。秦王所加怒吕不韦、嫪毐皆已死，乃皆复归嫪毐舍人迁蜀者。

一年多之后，各国诸侯宾客使者在道路上络绎不绝，来访问文信侯。秦王害怕文信侯进行叛乱，就给文信侯写信说："你对秦国有什么功劳？秦国封你在河南，食邑有十万户！你跟秦国有什么亲缘关系？竟号称仲父！你与你的家属迁徙到蜀地去居住！"吕不韦自己意识到逐渐受到逼迫，害怕被诛杀，就喝鸩酒自杀了。秦王所恼怒的对象吕不韦、嫪毐都已死，才让迁徙到蜀地的嫪毐的门客全部迁回京都。

始皇十九年，太后薨，谥为帝太后，与庄襄王会葬茝阳。

秦始皇十九年，太后去世，谥号叫帝太后，跟庄襄王合葬在茝阳。

太史公曰："不韦及嫪毐贵，封号文信侯。人之告嫪毐，毐闻之。秦王验左右，未发。上之雍郊，毐恐祸起，乃与党谋，矫太后玺发卒以反蕲年宫。发吏攻毐，毐败亡走，追斩之好畤，遂灭其宗。而吕不韦由此绌矣。孔子之所谓'闻'者，其吕子乎？"

太史公说：吕不韦连带嫪毐显贵的时候，封号文信侯。有人告发嫪毐，嫪毐也听到这件事。秦王向左右验证此事，但没有公开披露。秦王到雍地去祭天，嫪毐害怕灾祸发生，就跟他的党羽谋划，盗用太后的玉玺调动兵卒在蕲年宫造反。秦王发动官兵攻打嫪毐，嫪毐战败逃跑，被追赶到好畤而被杀，于是诛杀了他的宗族。而吕不韦从此也就被废黜了。孔子所说的"表里不一，欺世盗名"的人，大概是指吕不韦这种人吧？

史记第八十六卷

刺客列传第二十六

曹沫者，鲁人也，以勇力事鲁庄公。庄公好力。曹沫为鲁将，与齐战，三败北。鲁庄公惧，乃献遂邑之地以和。犹复以为将。

曹沫是鲁国人，凭勇敢和力气，侍奉鲁庄公。庄公爱好有勇力的人。曹沫担任鲁国的大将，和齐国交战，三次都失败了。鲁庄公害怕了，就献上遂邑的土地，来跟齐国求和。但仍然用曹沫作大将。

齐桓公许与鲁会于柯而盟。桓公与庄公既盟于坛上，曹沫执匕首劫齐桓公，桓公左右莫敢动，而问曰："子将何欲？"曹沫曰："齐强鲁弱，而大国侵鲁亦甚矣。今鲁城坏即压齐境，君其图之。"桓公乃许尽归鲁之侵地。既已言，曹沫投其匕首，下坛，北面就群臣之位，颜色不变，辞令如故。桓公怒，欲倍其约。管仲曰："不可。夫贪小利以自快，弃信于诸侯，失天下之援，不如与之。"于是桓公乃遂割鲁侵地，曹沫三战所亡地尽复予鲁。

齐桓公答应跟鲁国在柯地会见并订立盟约。桓公与庄公在盟坛上订立盟约后，曹沫突然拿出匕首来挟迫齐桓公。桓公左右的人没有谁敢抗拒，却问曹沫说："您将要干什么？"曹沫说："齐国强大而鲁国弱小，以大国侵略我鲁国，也太过分了！现在鲁国的城墙一被毁坏，就会压在齐国的境内，君主你该考虑过这情况吧！"桓公于是答应全部归还鲁国被侵占的土地。话说出后，曹沫便扔掉匕首，走下盟坛，回到面向北边的群臣们的位置，脸色不变，言谈像平时一样。桓公很气愤，想要违背齐鲁的盟约。管仲说："不可以。只贪些小利而图自己快乐，自己在诸侯面前丧失信用，便会失去天下的援助，不如把土地还给鲁国。"于是桓公就照约定分割出在鲁国所侵占的地方。曹沫三次战败所失去的土地，全部还给了鲁国。

其后百六十有七年而吴有专诸之事。

从此以后一百六十七年，吴国有专诸的事迹。

专诸者，吴堂邑人也。伍子胥之亡楚而如吴也，知专诸之能。伍子胥既见吴王僚，说以伐楚之利。吴公子光曰："彼伍员父兄皆死于楚而员言伐楚，欲自为报私仇也，非能为吴。"吴王乃止。伍子胥知公子光之欲杀吴王僚，乃曰："彼光将有内志，未可说以外事。"乃进专诸于公子光。

专诸是吴国堂邑人。伍子胥从楚国逃亡到吴国的时候，他知道专诸的才能。伍子胥见到吴王僚以后，用讨伐楚国的种种益处来游说吴王，吴公子光说："那伍员的父兄，都死在楚国。而伍员劝大王攻打楚国，只是想为自己报私仇罢了，并不是真正为吴国着想的。"吴王于是停止攻伐楚国。伍子胥知道公子光正想谋杀吴王僚，便说："那公子光呀，将有内乱野心，还不能用对外用兵的大事去劝说他。"便荐专诸给公子光。

光之父曰吴王诸樊。诸樊弟三人：次曰余祭，次曰夷眜，次曰季子札。诸樊知季子札贤而不立太子，以次传三弟，欲卒致国于季子札。诸樊既死，传余祭。余祭死，传夷眜。夷眜死，当传季子札；季子札逃不肯立，吴人乃立夷眜之子僚为王。公子光曰："使以兄弟次邪，季子当立；必以子乎，则光真適嗣，当立。"故尝阴养谋臣以求立。

公子光的父亲是吴王诸樊。诸樊有三个弟弟：大弟叫余祭，二弟叫夷眜，三弟叫季子札。诸樊知道季子札贤能，就不扶立自己的儿子作太子，依次传位给他的三个弟弟，想在最终让国给季子札。诸樊死了以后，传王位给余祭；余祭死后，传王位给夷眜；夷眜死后，应当传王位给季子札，季子札却逃走不肯继承王位，吴国人就拥护夷眜的儿子僚为吴王。公子光说："如果是以兄弟为顺序呢，季子应当即位，必定要以儿子嗣位吧，那么公子光才是真正的嫡系后代，应当即位。"所以曾暗中招养谋臣，以求立为吴王。

光既得专诸，善客待之。九年而楚平王死。春，吴王僚欲因楚丧，使其二弟公子盖余、属庸将兵围楚之灊；使延陵季子于晋，以观诸侯之变。楚发兵绝吴将盖余、属庸路，吴兵不得还。于是公子光谓专诸曰："此时不可失，不求何获！且光真王嗣，当立，季子虽来，不吾废也。"专诸曰："王僚可杀也。母老子弱，而两弟将兵伐楚，楚绝其后。方今吴外困于楚，而内空无骨鲠之臣，是无如我何。"公子光顿首曰："光之身，子之身也。"

公子光得到专诸以后，很好地用对待客人的态度待他。吴王僚九年，楚平王死了。那年春天，吴王僚想乘楚国有丧事，派他的两个弟弟公子盖余和公子属庸，领兵围攻楚国的灊地；又派延陵季子到晋国去，来观察诸侯国的变化。楚国发兵断绝吴将盖余、属庸的退路，吴国的兵马不能回国。这时候，公子光对专诸说："这个时机万不可失，现在不争取，哪里会有成就呢！况且光是真正的王位继承人，应当即位。季子即使以后回来，也不会废掉我的。"专诸说："吴王僚自然可以杀死。他母亲年老孩子幼小，两个弟弟又率兵攻伐楚国，被楚军断了退路。现在吴国正是外面被楚国困扰，而朝廷内又没有忠直的大臣，这样就没有办法对付我们了。”公子光叩头说：“我公子光的生命就是您的生命。”

四月丙子，光伏甲士于窟室中，而具酒请王僚。王僚使兵陈自宫至光之家，门户阶陛左右，皆王僚之亲戚也。夹立侍，皆持长铍。酒既酣，公子光详为足疾，入窟室中，使专诸置匕首鱼炙之腹中而进之。既至王前，专诸劈鱼，因以匕首刺王僚，王僚立死。左右亦杀专诸，王人扰乱。公子光出其伏甲以攻王僚之徒，尽灭之，遂自立为王，是为阖闾。阖闾乃封专诸之子以为上卿。

四月丙子这一天，公子光预先埋伏全副武装的兵士在地下室中，并准备好酒筵请吴王僚赴宴。吴王僚派他的兵士排成队伍，从宫廷一直到光的家中，所有门户台阶左右各处，都是吴王僚自己的亲戚。他们夹道侍立，手里都拿着两刃小刀。酒喝到尽兴以后，公子光假借脚痛，走到地下室里，叫专诸把匕首放在烤熟的鱼腹中，把它端进去。已经到了吴王僚面前，专诸劈开鱼腹，就拿那把匕首去刺杀吴王僚，吴王僚立刻被刺死。左右武士也杀死了专诸。一时，王族的人纷扰混乱。公子光出动他预先埋伏的兵士，来攻击跟吴王僚的人士，全部消灭了他们。于是公子光自立为王，这就是吴王阖闾。阖闾于是封专诸的儿子为上卿。

其后七十余年而晋有豫让之事。

从这以后七十多年，晋国有豫让的事迹。

豫让者，晋人也，故尝事范氏及中行氏，而无所知名。去而事智伯，智伯甚尊宠之。及智伯伐赵襄子，赵襄子与韩、魏合谋灭智伯，灭智伯之后而三分其地。赵襄子最怨智伯，漆其头以为饮器。豫让遁逃山中，曰：“嗟乎！士为知己者死，女为说己者容。今智伯知我，我必为报仇而死，以报智伯，则吾魂魄不愧矣！”乃变名姓为刑人，入宫涂厕，中挟匕首，欲以刺襄子。襄子如厕，心动，执问涂厕之刑人，则豫让，内持刀兵，曰：“欲为智伯报仇！”左右欲诛之。襄子曰：“彼义人也，吾谨避之耳。且智伯亡无后，而其臣欲为报仇，此天下之贤人也。”卒醳去之。

豫让是晋国人，从前曾经侍奉范氏和中行氏，但没有什么名声。他离开后去服事智伯，智伯很尊重宠幸他。等到智伯讨伐赵襄子，赵襄子和韩、魏合谋消灭了智伯。灭了智伯以后，他们就按三份瓜分了智伯的土地。赵襄子最怨恨智伯，所以把智伯的头颅涂上油漆，作为饮酒器皿。豫让逃到山中，自叹说：“唉！士人应当为知己的人献出生命，女士应当为喜爱自己的人修饰容貌。现在智伯了解我，我必定为他报仇而死，来报答智伯，那么我的灵魂就无愧了。”于是豫让改换姓名，扮做一个犯罪受刑的人，潜入赵襄子的宫中粉刷厕所。身上带着匕首，想乘机刺杀襄子。赵襄子上厕所，心中一惊，就命左右捉住并审问那粉刷厕所的人，才知就是豫让。他身内藏着短剑，说：“要为智伯报仇！”赵襄子左右的人都要杀死豫让。襄子却说：“他是个有义气的人，我以后小心回避他就是了。况且智伯死了，没有后代，他的家臣想为他报仇，这是天下的好人呀！”结果释放了他，让他离开。

居顷之，豫让又漆身为厉，吞炭为哑，使形状不可知，行乞于市。其妻不识也。行见其友，其友识之，曰：“汝非豫让邪？”曰：“我是也。”其友为泣曰：“以子之才，委质而臣事襄子，襄子必近幸子。近幸子，乃为所欲，顾不易邪？何乃残身苦形，欲以求报襄子，不亦难乎！”豫让曰：“既已委质臣事人，而求杀之，是怀二心以事其君也。且吾所为者极难耳！然所以为此者，将以愧天下后世之为人臣怀二心以事其君者也。”

过了不久，豫让又全身涂漆，使身体长满漆疮，吞炭使声音变得沙哑，使自己的形状不能被人辨认出来。他在街上讨饭，连他的妻子也不认识他了。他走去见他的朋友，他的朋友辨认出是他，说：“你不是豫让吗？”豫让说：“我就是。”他的朋友为他流泪说：“凭您的才能，委身去侍奉赵襄子，赵襄子必定会亲近宠信您的。等他亲近宠信您了，您便可为所欲为，这样不是更容易吗？何苦要摧残自己的身体，丑化形状，像这样想去报复赵襄子，不也困难吗？”豫让说：“既然已经服事别人，又还想杀他，这便是怀了不忠之心来侍奉他的国君。我这样做虽然很艰难，但是所以要这样做的原因，就是要使天下后代作为臣子们的怀有二心去侍奉他们国君的人感到羞愧。”

既去，顷之，襄子当出，豫让伏于所当过之桥下。襄子至桥，马惊，襄子曰：“此必是豫让也。”使人问之，果豫让也。于是襄子乃数豫让曰：“子不尝事范、中行氏乎？智伯尽灭之，而子不为报仇，而反委质臣于智伯。智伯亦已死矣，而子独何以为之报仇之深也？”豫让曰：“臣事范、中行氏，范、中

行氏皆众人遇我，我固众人报之。至于智伯，国士遇我，我故国士报之。”襄子喟然叹息而泣曰：“嗟乎豫子！子之为智伯，名既成矣，而寡人赦子，亦已足矣。子其自为计，寡人不复释子！”使兵围之。豫让曰：“臣闻明主不掩人之美，而忠臣有死名之义。前君已宽赦臣，天下莫不称君之贤。今日之事，臣固伏诛，然愿请君之衣而击之，焉以致报仇之意，则虽死不恨。非所敢望也，敢布腹心！”于是襄子大义之，乃使使持衣与豫让。豫让拔剑三跃而击之，曰：“吾可以下报智伯矣！”遂伏剑自杀。死之日，赵国志士闻之，皆为涕泣。

豫让离开以后，没有多久，赵襄子要外出，豫让便藏伏在他所必当路过的桥下。襄子到了桥上，马受惊了。赵襄子说：“这必定是豫让所为。”派人一查问，果然是豫让。这时襄子就责备豫让说：“您不是曾经侍奉过范氏和中行氏吗？智伯都把他们消灭了，但您并不为他们报仇，反而委身作智伯的臣子。现在智伯也已经死了，您为什么偏偏要这样卖力地替他报仇呢？”豫让说：“我侍奉范氏和中行氏，范氏和中行氏都像对待普通人一样对待我，我因此像对待普通人那样报答他们。至于智伯，他像对待国内名士一样对待我，我所以像对待国内名士一样报答他。”襄子感慨叹息，并且流着眼泪说：“唉！豫先生，您为智伯的事尽忠，已经成名了；而我对您的宽赦，也已经足够了。您还是自己想个办法吧，我不能再放过您了！”便命令卫士围住豫让。豫让说：“我听说贤明的君主，不掩盖别人的美德；而忠臣自有为名节牺牲的道义。从前您已赦了我，天下没有人不称颂您的贤德。今天的事情，我应当伏法受诛，但我希望求得您的衣服来击打它，这样来表达我替智伯报仇的意愿，那么，即使死了也无遗憾了。这不是我所敢企望的，但敢于披露我的心里话。”当时襄子十分赞赏豫让的义气，便派使者拿衣服给豫让，豫让拔剑三次跳来击刺它，说：“我可以报答地下的智伯了！”于是伏剑自杀了。豫让死的那天，赵国的志士听到这个消息，都为他流泪哭泣。

其后四十余年而轵有聂政之事。

从这以后又过了四十多年，而轵有聂政的事迹。

聂政者，轵深井里人也。杀人避仇，与母、姊如齐，以屠为事。

聂政是轵县深井里人，因为杀了人躲避仇家，跟母亲、姐妹到齐国去，以屠宰为职业。

久之，濮阳严仲子事韩哀侯，与韩相侠累有郤。严仲子恐诛，亡去，游求人可以报侠累者。至齐，齐人或言聂政勇敢士也，避仇隐于屠者之间。严仲子至门请，数反，然后具酒自畅聂政母前。酒酣，严仲子奉黄金百溢，前为聂政母寿。聂政惊怪其厚，固谢严仲子。严仲子固进，而聂政谢曰：“臣幸有老母，家贫，客游以为狗屠，可以旦夕得甘毳以养亲。亲供养备，不敢当仲子之赐。”严仲子辟人，因为聂政言曰：“臣有仇，而行游诸侯众矣；然至齐，窃闻足下义甚高，故进百金者，将用为大人粗粝之费，得以交足下之欢，岂敢以有求望邪！”聂政曰：“臣所以降志辱身居市井屠者，徒幸以养老母；老母在，政身未敢以许人也。”严仲子固让，聂政竟不肯受也。然严仲子卒备宾主之礼而去。

过了很久，濮阳人严仲子侍奉韩哀侯，因为跟韩国宰相侠累之间有了嫌隙，严仲子怕侠累杀他，便逃离了，游历各国，物色能够替他报复侠累的人。到了齐国，齐国有人告诉他，说聂政是个勇士，为了逃避仇人，隐藏在屠夫之列。严仲子到聂家来求见，往返好几次，随后他备了酒食，亲自送到聂政的母亲面前。喝到尽兴时，严仲子又捧出黄金一百镒，上前为聂政的母亲献礼。聂政惊奇他送这份厚礼，便再三向严仲子辞谢。严仲子执意要送，聂政辞谢说：“我庆幸有老母健在，家境虽然贫寒，然而客居在这里，以屠狗为职业，也可以早晚得些美食，来奉养老母。如今我已足够供养母亲，不敢接受仲子的赐予。”严仲子让旁人避开，便对聂政说道：“我因为有仇待报，所以游历过的诸侯国可多了。然而来到齐国，私下听说您义气很高，因此进献百金，将用来作为您母亲买粗粮的费用，并用来得到跟您交朋友的欢心，难道还敢有别的请求希望吗？”聂政说：“我所以降低志向，屈辱自己，在市井里做个屠夫的缘故，只是希望借此奉养老母。老母在世，我聂政是不敢用生命来答应为人献身的。”严仲子再三谦让，聂政终究不肯接受。不过严仲子最后还是尽了宾主的礼仪才离去。

久之，聂政母死。既已葬，除服，聂政曰：“嗟乎！政乃市井之人，鼓刀以屠；而严仲子乃诸侯之卿相也，不远千里，枉车骑而交臣。臣之所以待之，至浅鲜矣，未有大功可以称者，而严仲子奉百金为亲寿，我虽不受，然是者徒深知政也。夫贤者以感忿睚眦之意而亲信穷僻之人，而政独安得嘿然而已乎！且前日要政，政徒以老母；老母今以天年终，政将为知己者用。”乃遂西至濮阳，见严仲子

曰:“前日所以不许仲子者,徒以亲在;今不幸而母以天年终。仲子所欲报仇者为谁?请得从事焉!”严仲子具告曰:“臣之仇韩相侠累,侠累又韩君之季父也,宗族盛多,居处兵卫甚设,臣欲使人刺之,终莫能就。今足下幸而不弃,请益其车骑壮士可为足下辅翼者。”聂政曰:“韩之与卫,相去中间不甚远,今杀人之相,相又国君之亲,此其势不可以多人,多人不能无生得失,生得失则语泄,语泄是韩举国而与仲子为仇,岂不殆哉!”遂谢车骑人徒,聂政乃辞独行。

过了很久,聂政的母亲死了。已经安葬完毕,除去丧服,聂政说:“唉!我不过是个市井的小民,操着刀来屠宰牲畜而已。而严仲子却是诸侯国的卿相,不以千里为远,屈驾来结交我。我用来对待他的,实在浅显了,我没有大功可以值得称道,但严仲子却捧百金给我母亲作为献礼;我虽然不肯接受,但这样足以说明他非常了解我聂政。像他这样一个贤人,为了泄愤,而来亲近信赖一个家贫地僻的人,我怎能默默地就算了呢!况且他从前邀请我聂政,我聂政只因为有老母在才辞谢;现在老母已经寿终了,我聂政应当为知己的人去效力了。”聂政于是西去到了濮阳,进见严仲子说:“从前我没有答应仲子的缘故,只因有母亲在,现在不幸老母已经寿终了,仲子想要报仇的对象是谁?就请让我处理这个事吧。”严仲子于是详细告诉说:“我的仇人是韩国宰相侠累,侠累又是韩国国王的叔父,他的宗族势盛人多,居处防卫十分严密。我想要派人刺杀他,始终没有成功。如今幸蒙您不嫌弃,我愿意增派些车马壮士作为您的助手。”聂政说:“韩国和卫国,相距不很远。现在要杀别人的国相,这位国相又是国君的亲族,在这种情形下,不能多派人的。由于人多了,不可能不出岔子;出了岔子,就会泄露消息,消息一旦泄露,那么韩国全国的人都要跟仲子为敌,这岂不是很危险么!”聂政于是谢绝车马人众,辞别严仲子就单独出发了。

杖剑至韩,韩相侠累方坐府上,持兵戟而卫侍者甚众。聂政直入,上阶刺杀侠累,左右大乱。聂政大呼,所击杀者数十人,因自皮面决眼,自屠出肠,遂以死。

聂政拿着宝剑到了韩国,韩相侠累正坐在堂上,手持兵器而侍卫的人很多。聂政直冲而入,跃上台阶刺杀了侠累。左右的人大乱,聂政大声叱喝,所击杀的有数十人,然后自己毁容,挖出眼睛,又自己剖腹,肠子流出来了,随后死亡。

韩取聂政尸暴于市,购问莫知谁子。于是韩县购之,有能言杀相侠累者予千金。久之莫知也。

韩国人将聂政的尸首陈列在街市上,悬赏查询,但没有人知道是谁家的子弟。于是韩国就悬赏征求,有能够说出刺杀国相侠累的人,给他千金。但过了很久,还是没有人知道。

政姊荣闻人有刺杀韩相者,贼不得,国不知其名姓,暴其尸而悬之千金,乃于邑曰:“其是吾弟与?嗟乎,严仲子知吾弟!”立起,如韩,之市,而死者果政也,伏尸哭极哀,曰:“是轵深井里所谓聂政者也。”市行者诸众人皆曰:“此人暴虐吾国相,王县购其名姓千金,夫人不闻与?何敢来识之也?”荣应之曰:“闻之。然政所以蒙污辱自弃于市贩之间者,为老母幸无恙,妾未嫁也。亲既以天年下世,妾已嫁夫,严仲子乃察举吾弟困污之中而交之,泽厚矣,可奈何!士固为知己者死,今乃以妾尚在之故,重自刑以绝从,妾其奈何畏殁身之诛,终灭贤弟之名!”大惊韩市人。乃大呼天者三,卒于邑悲哀而死政之旁。

聂政的姐姐聂荣,听说有人刺杀了韩国的宰相,凶手不知是谁,韩国人不知道他的姓名,因此暴露他的尸首并悬赏千金缉拿。她便呜咽着说:“这恐怕是我的弟弟吧!唉呀,严仲子了解我弟弟!”她立即动身,到韩国去,直往市上认尸,死者果然是聂政,她伏在尸上,哭得极为悲哀,说:“这是轵县深井里叫做聂政的人!”市上路过的许多人都说:“这个人害死我国的宰相,君王正悬赏千金访查他的名姓,夫人难道没有听说吗?为什么敢来认尸呢?”聂荣回答说:“我听说了。但我的弟弟聂政,当初所以蒙受污辱,自己置身于市井商贩之中,是因为老母健在,而我还没有出嫁。如今母亲已经以其天年寿终正寝了,我也已经嫁了丈夫。严仲子竟能在困辱之中发现我弟弟,跟他交往,恩泽深厚了,可有什么办法呢?义士本应为他的知己而牺牲的,现在我弟弟因为我还活着的缘故,又自我摧残来断绝牵累别人的线索。我怎能怕遭杀身之祸,终于泯灭贤弟的姓名呢?”这话使韩国市民大受震惊。她便大呼三声“天呀!”终于因为呜咽悲哀之至而死在聂政的尸体旁边。

晋、楚、齐、卫闻之,皆曰:“非独政能也,乃其姊亦烈女也。乡使政诚知其姊无濡忍之志,不重暴骸之难,必绝险千里以列其名,姊弟俱僇于韩市者,亦未必敢以身许严仲子也。严仲子亦可谓知人

能得士矣!”

晋、楚、齐、卫等国的人听了,都说:“不仅聂政是能人,连他的姐姐也是烈性女子。假使聂政确实知道他姐姐没有忍耐的性格,不顾惜暴露尸骨的祸难,必定要越过千里险阻来宣布他的姓名,使姐弟同死于韩国街市的话,也未必就敢把生命许托给严仲子。严仲子也可以说是能够识别人才赢得贤才啊!”

其后二百二十余年秦有荆轲之事。

此后二百二十多年,秦国有荆轲的事迹。

荆轲者,卫人也。其先乃齐人,徙于卫,卫人谓之庆卿。而之燕,燕人谓之荆卿。

荆轲是卫国人。他的祖先本是齐国人,后来迁移到卫国,卫国人称他为庆卿。后来他到了燕国,燕国人称他荆卿。

荆卿好读书击剑,以术说卫元君,卫元君不用。其后秦伐魏,置东郡,徙卫元君之支属于野王。

荆卿喜好读书和击剑,曾经用剑术游说卫元君,卫元君没有任用他。后来,秦国攻打魏国,设置了东郡,把卫元君的旁支亲属迁徙到了野王。

荆轲尝游过榆次,与盖聂论剑,盖聂怒而目之。荆轲出,人或言复召荆卿。盖聂曰:“曩者吾与论剑有不称者,吾目之;试往,是宜去,不敢留。”使使往之主人,荆卿则已驾而去榆次矣。使者还报,盖聂曰:“固去也,吾曩者目摄之。”

荆轲曾经游历过榆次,跟盖聂谈论剑术,盖聂恼怒地瞪着他,荆轲便出去了。有人劝盖聂再把荆轲叫回来。盖聂说:“刚才我跟他讨论剑术,他的见解有不足称道的地方,我瞪了他一眼;试着去看看吧,不过在这种情况下,他是该离开,不敢再逗留的。”派人到荆轲的房东那里寻找,荆轲已经驾车离开榆次了。使者回来报告,盖聂说:“他本应该离开的,我刚才用目光威吓了他。”

荆轲游于邯郸,鲁句践与荆轲博,争道,鲁句践怒而叱之,荆轲嘿而逃去,遂不复会。

荆轲游历到邯郸,鲁句践跟荆轲下棋,由于争执棋路,鲁句践发怒了,呵叱他,荆轲默默地溜走了,于是不再跟句践见面。

荆轲既至燕,爱燕之狗屠及善击筑者高渐离。荆轲嗜酒,日与狗屠及高渐离饮于燕市,酒酣以往,高渐离击筑,荆轲和而歌于市中,相乐也,已而相泣,旁若无人者。荆轲虽游于酒人乎,然其为人沉深好书;其所游诸侯,尽与其贤豪长者相结。其之燕,燕之处士田光先生亦善待之,知其非庸人也。

荆轲到达燕国以后,喜欢燕国一个杀狗的屠夫和一个擅长于击筑的高渐离。荆轲嗜好饮酒,每天同屠夫和高渐离在燕国的街市上喝酒,喝到半醉以后,高渐离击着筑,荆轲就在街市上和着拍节唱歌,彼此都很快乐;可是过了一会儿就又相对哭泣起来,好像旁边没有别人似的。荆轲虽然同酒徒们交往,但是他的为人却稳重深沉,喜好读书,他游历各国,都是跟当地一些德高望重的名士相交往。他到达燕国后,燕国的隐士田光先生也很友好地对待他,知道他并不是一个一般的人。

荆轲与高渐离饮于燕市图

居顷之,会燕太子丹质秦亡归燕。燕太子丹者,故尝质于赵,而秦王政生于赵,其少时与丹欢。及政立为秦王,而丹质于秦。秦

王之遇燕太子丹不善，故丹怨而亡归。归而求为报秦王者，国小，力不能。其后秦日出兵山东以伐齐、楚、三晋，稍蚕食诸侯，且至于燕，燕君臣皆恐祸之至。太子丹患之，问其傅鞠武。武对曰："秦地遍天下，威胁韩、魏、赵氏，北有甘泉、谷口之固，南有泾、渭之沃，擅巴、汉之饶，右陇、蜀之山，左关、殽之险，民众而士厉，兵革有余。意有所出，则长城之南，易水以北，未有所定也。奈何以见陵之怨，欲批其逆鳞哉！"丹曰："然则何由？"对曰："请入图之。"

过了不久，恰好碰上在秦国做人质的燕太子丹从秦国逃回燕国。燕太子丹，以前曾经在赵国做人质。而秦王嬴政出生在赵国，他少年时与燕太子丹很要好。等到秦王嬴政登位当了秦王，而太子丹又在秦国做人质。秦王对待燕太子丹不好，所以太子丹就怀着怨恨逃回了燕国。回国后，寻找报复秦王的办法，可是燕国弱小，力量不够。此后，秦国天天出兵崤山以东地区来攻打齐国、楚国和三晋，渐渐像蚕吃桑叶一般吞并着诸侯国的土地，很快就要轮到燕国了。燕国的君臣都惧怕战祸的到来。太子丹忧虑这件事，询问他的老师鞠武。鞠武回答说："秦国的土地遍天下，威胁着韩国、魏国、赵国。北面有甘泉、谷口那样坚固险要的关塞，南面有泾河、渭河流域这样肥沃的原野；占据着巴郡、汉中郡这样富饶的地区；右边有陇、蜀这样的高山峻岭，左边有函谷关、崤山这样的天然险障；人民众多，兵士振奋，武器充足。如果企图向外扩张，那么长城以南、易水以北都无法保全了。您怎能因为受了侮辱的怨恨，就想要去触击秦王的逆鳞呢！"太子丹说："即然这样，那么我们该如何办呢？"鞠武回答说："请让我深入考虑这件事。"

居有间，秦将樊于期得罪于秦王，亡之燕，太子受而舍之。鞠武谏曰："不可。夫以秦王之暴而积怒于燕，足为寒心，又况闻樊将军之所在乎？是谓'委肉当饿虎之蹊'也，祸必不振矣！虽有管、晏，不能为之谋也。愿太子疾遣樊将军入匈奴以灭口。请西约三晋，南连齐、楚，北购于单于，其后乃可图也。"太子曰："太傅之计，旷日弥久，心惛然，恐不能须臾。且非独于此也，夫樊将军穷困于天下，归身于丹，丹终不以迫于强秦而弃所哀怜之交，置之匈奴，是固丹命卒之时也。愿太傅更虑之。"鞠武曰："夫行危欲求安，造祸而求福，计浅而怨深，连结一人之后交，不顾国家之大害，此所谓'资怨而助祸'矣。夫以鸿毛燎于炉炭之上，必无事矣！且以雕鸷之秦，行怨暴之怒，岂足道哉！燕有田光先生，其为人智深而勇沉，可与谋。"太子曰："愿因太傅而得交于田先生，可乎？"鞠武曰："敬诺。"出见田先生，道"太子愿图国事于先生也"。田光曰："敬奉教。"乃造焉。

又过了不久，秦将樊于期得罪了秦王，逃亡到燕国，太子丹接纳了他并且让他住下来。鞠武规谏太子说："不行，像秦王那样的暴虐，对燕国又有积怨，够令人心寒了，更何况听说樊将军被收留在这里呢？这叫做'把肉扔在饿虎经过的路口上'，祸难一定是没有办法解救的了。即使有管仲、晏婴，也不能替您想办法。希望太子急速送樊将军到匈奴去，来消除秦国的借口。建议西面结交三晋，南面联合齐国、楚国，北面和匈奴单于通好，然后才可以想办法对付秦国。"太子说："太傅的计划，花费时间太久了，我心烦意乱，恐怕连片刻也不能等待了。不仅如此，那樊将军在天下各处难以容身的时候投身到我这里来，我到底不能由于屈服于强秦的胁迫，就抛弃我所同情、怜惜的朋友，遣送他到匈奴去。这本是我需要用人的时刻呀，希望太傅替我另作考虑。"鞠武说："行动危险却想求平安，制造祸患却想求幸福，计谋浅而结怨很深，为了结交一个新朋友而不顾国家的大灾祸，这就叫作'资助怨恨和灾祸'了。把鸿毛放在燃烧着的炉炭上，当然很快就烧完了。至于像雕鸷一样凶猛的秦国，一旦要对燕国发泄仇恨凶暴的威怒，那还用得着说吗！燕国有一位田光先生，他为人智谋深远、勇敢沉着，可以跟他策划。"太子说："希望通过太傅介绍而能够结识田光先生，可以吗？"鞠武说："敬遵命。"鞠武便出去会见田先生。对田光说："太子希望跟先生商谈国家大事。"田光说："恭敬地领教。"于是就去拜访太子。

太子逢迎，却行为导，跪而蔽席。田光坐定，左右无人，太子避席而请曰："燕秦不两立，愿先生留意也。"田光曰："臣闻骐骥盛壮之时，一日而驰千里；至其衰老，驽马先之。今太子闻光盛壮之时，不知臣精已消亡矣。虽然，光不敢以图国事，所善荆卿可使也。"太子曰："愿因先生得结交于荆卿，可乎？"田光曰："敬诺。"即起，趋出。太子送至门，戒曰："丹所报，先生所言者，国之大事也，愿先生勿泄也！"田光俯而笑曰："诺。"偻行见荆卿，曰："光与子相善，燕国莫不知。今太子闻光壮盛之时，不知吾形已不逮也，幸而教之曰：'燕秦不两立，愿先生留意也'。光窃不自外，言足下于太子

也，愿足下过太子于宫。”荆轲曰：“谨奉教。”田光曰：“吾闻之，长者为行，不使人疑之。今太子告光曰‘所言者，国之大事也，愿先生勿泄’，是太子疑光也。夫为行而使人疑之，非节侠也。”欲自杀以激荆卿，曰：“愿足下急过太子，言光已死，明不言也。”因遂自刎而死。

太子丹上前迎接田光，慢慢后退着走，为田光引路，又跪下来拂拭座席。田光坐定以后，左右没有人，太子离开座席，向田光请求说：“燕国和秦国，势不两立，希望先生多留意。”田光说：“我听说骏马在强壮的时候，一天能驰骋千里；待到它衰老的时候，劣马也能够跑到它的前面。现在太子听到我田光强壮时的情况，但不知道我的精力已经耗尽了。尽管这样，我也不敢图谋国家大事，幸好我的好朋友荆轲可以派遣。”太子说：“希望通过先生的介绍，能够跟荆轲结交，可以吗？”田光说：“敬遵命。”于是立即起身，小步跑出去。太子送到门口，告诫田光说：“我所说的，先生所说的，都是国家的大事，希望先生不要泄露呵！”田光俯身笑着说：“是。”田光弯腰驼背地走去见荆轲，说：“我田光和您相好，燕国没有人不知道。现在太子听说我壮年时的情况，却不知道我身体已经不如以前了。承蒙他教导我说：‘燕国和秦国势不两立，希望先生留意！’我私下不敢把自己当外人，已经向太子说到您了，希望您到宫中去拜访太子。”荆轲说：“遵命。”田光说：“我听说，长者做事，不让别人怀疑他。今天太子告诫我田光说：‘我们所说的，都是国家的大事，希望先生不要泄露。’这是太子怀疑我呢。办事引起别人怀疑他，就不是有节操的侠客。”他想用自杀来激励荆轲，说：“希望您立即去拜访太子，就说田光已经死了，说明是不会泄露秘密的。”于是就割脖子自杀死了。

荆轲遂见太子，言田光已死，致光之言。太子再拜而跪，膝行流涕，有顷而后言曰：“丹所以诫田先生毋言者，欲以成大事之谋也。今田先生以死明不言，岂丹之心哉！”荆轲坐定，太子避席顿首曰：“田先生不知丹之不肖，使得至前，敢有所道，此天之所以哀燕而不弃其孤也。今秦有贪利之心，而欲不可足也。非尽天下之地，臣海内之王者，其意不厌。今秦已虏韩王，尽纳其地。又举兵南伐楚，北临赵；王翦将数十万之众距漳、邺，而李信出太原、云中。赵不能支秦，必入臣，入臣则祸至燕。燕小弱，数困于兵，今计举国不足以当秦。诸侯服秦，莫敢合从。丹之私计愚，以为诚得天下之勇士使于秦，窥以重利；秦王贪，其势必得所愿矣。诚得劫秦王，使悉反诸侯侵地，若曹沫之与齐桓公，则大善矣。则不可，因而刺杀之。彼秦大将擅兵于外而内有乱，则君臣相疑，以其间诸侯得合从，其破秦必矣。此丹之上愿，而不知所委命，唯荆卿留意焉。”久之，荆轲曰：“此国之大事也，臣驽下，恐不足任使。”太子前顿首，固请毋让，然后许诺。于是尊荆卿为上卿，舍上舍。太子日造门下，供太牢具，异物间进，车骑美女恣荆轲所欲，以顺适其意。

荆轲就去会见太子，说田光已经死了，并且转述了田光的话。太子拜了两拜就跪下来，用双膝走路，流着泪，一会儿以后说：“我之所以告诫田先生不要泄密，是想要完成大事的谋略。现在田先生用死来表明不泄密，怎么是我的本意吗？”荆轲坐定以后，太子离开座席叩头说：“田先生不知道我无能，使我能够来到您面前，大胆地有所陈说，这是上天怜惜燕国，不忍心抛弃它的后人吧！如今秦王有贪利的欲望，并且这欲望是不能满足的。后果不完全吞并天下的土地，不使各国的君王都成为他的臣子，他的野心是不会满足的。现在秦早已经俘虏了韩王，全部占领了韩国的土地。又发兵向南攻打楚国，向北进逼赵国。秦将王翦带领几十万大军，已经到达漳河、邺城，李信的军队又从太原、云中两郡出兵。赵国如果抵挡不住秦军，必定向秦国称臣；称臣以后，那么祸患就会降临到燕国。燕国弱小，多次被战祸困扰，现在估计就是动员全国的兵力，也不足用来抵挡秦军。各国都服从秦国，不敢合纵抗秦。我个人愚昧的看法，认为如果能够得到天下的勇士出使到秦国去，用重利诱惑秦王，秦王贪利，这样势必能够达到我们的目的了。如果能够劫持秦王，使他全部归还各诸侯国被侵占的土地，像曹沫胁迫齐桓公那样，那就太好了。如若不行，就乘机刺杀他。他们秦国的大将都领兵在外，而国内又有动乱，那么君臣就会互相猜疑。乘这个机会，诸侯各国就能够联合起来。这样，要打败秦国就必定能够成功了。这是我最大的希望，但是不知道这个重担委托给谁才好，望荆卿留心。”好一会，荆轲说：“这是国家的大事，我才能低下，恐怕不值得任用。”太子又上前叩头，坚决请求荆轲不要推辞，随后荆轲才答应了。当时太子尊荆轲为上卿，让他住上等的公馆。太子每天来到宾馆门前，供给牛、羊、猪三牲，准备珍贵物品不时进献，还有车马、美女，让荆轲随心所欲，来投合他的心意。

久之，荆轲未有行意。秦将王翦破赵，虏赵王，尽收入其地，进兵北略地至燕南界。太子丹恐

惧，乃请荆轲曰："秦兵旦暮渡易水，则虽欲长侍足下，岂可得哉！"荆轲曰："微太子言，臣愿谒之。今行而毋信，则秦未可亲也。夫樊将军，秦王购之金千斤，邑万家。诚得樊将军首与燕督亢之地图，奉献秦王，秦王必说见臣，臣乃得有以报。"太子曰："樊将军穷困来归丹，丹不忍以己之私而伤长者之意，愿足下更虑之！"

过了很久，荆轲还没有动身的意思。秦将王翦攻破了赵国国都，俘虏了赵王，完全占领了赵国的土地，又向北进兵侵占地盘，直达燕国的南部边界。太子丹害怕，便请求荆轲说："秦军早晚就要渡过易水了，那么我虽然想长久奉陪您，难道能办得到吗？"荆轲说："没有太子这番话，我也要去拜见您了。现在去秦国，而没有使秦王相信的东西，那么秦王是不能接近的。樊将军，秦王悬赏千金、万户封邑来征求他的头。如果能得到樊将军的脑袋和燕地督亢的地图，贡献给秦王，秦王必定高兴地接见我，这样我才能有办法来效命。"太子说："樊将军在遭遇穷困时来投靠我，我不忍心因自己的私事而伤害这位长者的心，希望您重新考虑吧！"

荆轲知太子不忍，乃遂私见樊於期曰："秦之遇将军可谓深矣，父母宗族皆为戮没。今闻购将军首金千斤，邑万家，将奈何？"於期仰天太息流涕曰："於期每念之，常痛于骨髓，顾计不知所出耳！"荆轲曰："今有一言可以解燕国之患，报将军之仇者，何如？"於期乃前曰："为之奈何？"荆轲曰："愿得将军之首以献秦王，秦王必喜而见臣，臣左手把其袖，右手揕其匈，然则将军之仇报而燕见陵之愧除矣。将军岂有意乎？"樊於期偏袒搤腕而进曰："此臣之日夜切齿腐心也，乃今得闻教！"遂自刭。太子闻之，驰往，伏尸而哭，极哀。既已不可奈何，乃遂盛樊於期首函封之。

荆轲知道太子不忍心，就自己去见樊於期说："秦国对待将军，可以说是太狠毒了！您的父母和族人，都被杀害或被收为奴婢。现在又听说要用千斤黄金和万户封邑来征求将军的头，您打算如何办呢？"樊於期抬头向天叹息，流着泪说："我樊於期每当想到这些，常常痛入骨髓，只是想不出报仇的办法罢了！"荆轲说："今天我有一句话可以解除燕国的祸患，为将军报仇雪恨，怎么样？"樊於期上前说："对此该怎么办？"荆轲说："希望得到将军的头去献给秦王，秦王必定高兴而接见我。我用左手抓住秦王的衣袖，右手拿匕首击刺他的胸膛，这样，将军的仇恨洗雪了，燕国被欺凌的耻辱也消除了！将军还有什么想法吗？"樊於期袒露出一边肩膀，用一只手紧紧地握住另一只手腕，走近荆轲说："这是我日夜咬牙切齿痛心疾首的事情，今天才能听到您的指教！"樊於期便自杀死了。太子听到这个消息，驰车前往，伏在樊将军尸体上痛哭，非常悲哀。已经没有办法了，就把樊於期的头装入匣子中密封起来。

于是太子豫求天下之利匕首，得赵人徐夫人匕首，取之百金，使工以药焠之，以试人，血濡缕，人无不立死者。乃装为遣荆卿。燕国有勇士秦舞阳，年十三，杀人，人不敢忤视。乃令秦舞阳为副。荆轲有所待，欲与俱；其人居远未来，而为治行。顷之，未发，太子迟之，疑其改悔，乃复请曰："日已尽矣，荆卿岂有意哉？丹请得先遣秦舞阳。"荆轲怒，叱太子曰："何太子之遣？往而不返者，竖子也！且提一匕首入不测之强秦，仆所以留者，待吾客与俱。今太子迟之，请辞决矣！"遂发。

当时，太子预先寻求天下最锋利的匕首，得到了赵国徐夫人的匕首，花了百镒黄金买取它，让工匠用毒药浸染在匕首上，用来试着杀人，只要流出一丝儿血，受试的人没有不立刻死亡的。于是准备行装，安排荆轲起程。燕国有个勇士名叫秦舞阳，十三岁时就曾杀人，人们都不敢反目相视他。太子便派秦舞阳当荆轲的助手。荆轲要等待另一个人，同他一道去。那个人住得远，还没有来，荆轲就替那个人准备好了行装。过了一会，荆轲还没有出发，太子认为他太迟缓了，疑他反悔，便再次邀请荆轲说："时间已经到了，荆卿还有什么想法吗？请允许我先派遣秦舞阳起程。"荆轲发怒了，斥责太子说："太子这样派遣人是什么意思？一去而不回的人，是无能的小子！况且携带一把匕首，进入居心叵测的强秦，我逗留下来的原因，是要等待我的朋友一道去。现在太子认为我太迟缓了，就请辞别吧！"于是出发了。

太子及宾客知其事者，皆白衣冠以送之。至易水之上，既祖，取道，高渐离击筑，荆轲和而歌，为变徵之声，士皆垂泪涕泣。又前而为歌曰："风萧萧兮易水寒，壮士一去兮不复还！"复为羽声忼慨，士皆瞋目，发尽上指冠。于是荆轲就车而去，终已不顾。

太子和知道这件事的人们，都穿戴着白色的衣帽去为荆轲送行。送到易水边，祭了路神以后，就要上路了，高渐离击着筑，荆轲和着筑声唱歌，唱出凄凉的“变徵”音调，送行的人们都流泪哭泣。荆轲又一边前进一边唱道：“风声萧萧啊易水凄寒，壮士一去啊不再归还！”接着又唱出悲壮慷慨的“羽声”音调，送行的人们都瞪着眼，怒发冲冠。就在这时，荆轲登车离开了，始终没有回头。

遂至秦，持千金之资币物，厚遗秦王宠臣中庶子蒙嘉。嘉为先言于秦王曰：“燕王诚振怖大王之威，不敢举兵以逆军吏，愿举国为内臣，比诸侯之列，给贡职如郡县，而得奉守先王之宗庙。恐惧不敢自陈，谨斩樊於期之头，及献燕督亢之地图，函封，燕王拜送于庭，使使以闻大王，唯大王命之。”秦王闻之，大喜，乃朝服，设九宾，见燕使者咸阳宫，荆轲奉樊於期头函，而秦舞阳奉地图柙，以次进。至陛，秦舞阳色变振恐，群臣怪之。荆轲顾笑舞阳，前谢曰：“北蕃蛮夷之鄙人，未尝见天子，故振慑。愿大王少假借之，使得毕使于前。”秦王谓轲曰：“取舞阳所持地图。”轲既取图奏之，秦王发图，图穷而匕首见。因左手把秦王之袖，而右手持匕首揕之。未至身，秦王惊，自引而起，袖绝。拔剑，剑长，操其室。时惶急，剑坚，故不可立拔。荆轲逐秦王，秦王环柱而走。群臣皆愕，卒起不意，尽失其度。而秦法，群臣侍殿上者不得持尺寸之兵，诸郎中执兵皆陈殿下，非有诏召不得上。方急时，不及召下兵，以故荆轲乃逐秦王。而卒惶急，无以击轲，而以手共搏之。是时侍医夏无且以其所奉药囊提荆轲也。秦王方环柱走，卒惶急，不知所为，左右乃曰：“王负剑！”负剑，遂拔以击荆轲，断其左股。荆轲废，乃引其匕首以擿秦王，不中，中桐柱。秦王复击轲，轲被八创。轲自知事不就，倚柱而笑，箕踞以骂曰：“事所以不成者，以欲生劫之，必得约契以报太子也。”于是左右既前杀轲，秦王不怡者良久。已而论功，赏群臣及当坐者各有差，而赐夏无且黄金二百溢，曰：“无且爱我，乃以药囊提荆轲也。”

一到秦国，荆轲就拿着价值千金的礼物，敬送秦王的宠臣中庶子蒙嘉。蒙嘉先为他向秦王报告说：“燕王确实畏惧大王的声威，不敢出兵抗拒大王派遣的军队，希望全国上下成为秦国的臣子，按照诸侯的行列，交纳贡物和赋税，就像郡县一样，只要求得保住先王的宗庙。由于内心恐惧，不敢亲自来陈述，特地砍下了樊於期的头，并献上燕地督亢的地图，用匣子封存好，燕王在朝廷上举行仪式，派使者把情况禀告大王，唯大王之命是听。”秦王听了，非常高兴，便穿了上朝的礼服，安排了有九位礼宾司仪的隆重仪式，在咸阳宫接见燕国使者。荆轲手捧盛着樊於期头的匣子，秦舞阳手捧装着地图的匣子，按次序前进。走到宫殿前的台阶下时，秦舞阳脸色变了，恐慌起来，大臣们觉得奇怪。荆轲回过头来对秦舞阳笑笑，然后上前谢罪说：“北方蛮夷地区这样边远的人，没有见过天子，所以震惊惧怕。望大王稍微宽容他，让他能在大王面前完成他的使命。”秦王对荆轲说：“拿秦舞阳所带的地图来。”荆轲取了地图呈献以后，秦王打开地图，地图完全打开，匕首露出来了。荆轲左手趁势抓住秦王的衣袖，右手拿起匕首直刺秦王，没有刺到身上，秦王受惊，自己抽身跳了起来，衣袖被扯断了。秦王抽剑，剑太长，便一手抓住了剑鞘。当时惊惶紧急，剑又套得太紧，所以不能立即抽出来。荆轲追逐秦王，秦王绕着柱子跑。大臣们都惊愕突然发生意外，大家都失去了常态。按照秦国的法令，在宫殿里侍从的大臣们不准携带任何武器；那些担任侍卫的官员们拿着武器都排列在殿下，没有皇上的命令不准上殿。正当紧急的时候，来不及召唤殿下的侍卫，因此荆轲才能追逐秦王。仓皇紧急之时，没有什么可用来打荆轲，大家只好徒手打他。这时候，侍从医官夏无且用他所捧的药袋子来投击荆轲。秦王正绕着柱子跑，仓皇惊急，不知道怎么办。左右的人就说：“大王，背剑！”秦王就把剑推到背上，于是拔出剑来击杀荆轲，击断了他的左腿。荆轲倒地了，便举起匕首投向秦王，没有投中秦王，投中了铜柱子。秦王再击杀荆轲，荆轲身上有八处受伤。荆轲自己知道事情不能成功了，便靠着铜柱子笑，像畚箕的样子坐着大骂道：“事情之所以不能成功，是因为想活捉你，一定要得到你的诺言去回报太子。”这时，秦王左右的人已经上前杀死了荆轲。秦王很久不高兴。后来评论功过，赏赐群臣和惩办应当判罪的官员都各有差别，并赐给夏无且二百镒黄金，秦王说：“无且护我，才拿药袋子投击荆轲呀！”

于是秦王大怒，益发兵诣赵，诏王翦军以伐燕。十月而拔蓟城。燕王喜、太子丹等尽率其精兵东保于辽东。秦将李信追击燕王急，代王嘉乃遗燕王喜书曰：“秦所以尤追燕急者，以太子丹故也。今王诚杀丹献之秦王，秦王必解，而社稷幸得血食。”其后李信追丹，丹匿衍水中，燕王乃使使斩太子丹，欲献之秦。秦复进兵攻之。后五年，秦卒灭燕，虏燕王喜。

于是秦王大怒，增派军队到赵国去，并命令王翦的部队去攻打燕国。十个月就攻破了燕都蓟城。燕王姬喜、太子姬丹等一起率领他们的精锐部队，向东退守辽东郡。秦将李信紧紧追击燕王，代王赵嘉便写信给燕王姬喜说："秦军之所以特别紧追燕王，是因为太子丹的原因。现在大王如果能够杀死太子丹，把他献给秦王，秦王必定撤兵，燕国的社稷之神才能继续享受祭祀。"后来，李信追赶太子丹，太子丹隐藏在衍水中。燕王便派人杀死了太子丹，准备把他献给秦王。可是，秦国还是派兵攻击燕王。五年以后，秦国终于灭亡了燕国，俘虏了燕王喜。

其明年，秦并天下，立号为皇帝。于是秦逐太子丹、荆轲之客，皆亡。高渐离变名姓为人庸保，匿作于宋子。久之，作苦，闻其家堂上客击筑，傍偟不能去。每出言曰："彼有善有不善。"从者以告其主，曰："彼庸乃知音，窃言是非。"家丈人召使前击筑，一坐称善，赐酒。而高渐离念久隐畏约无穷时，乃退，出其装匣中筑与其善衣，更容貌而前。举坐客皆惊，下与抗礼，以为上客。使击筑而歌，客无不流涕而去者。宋子传客之，闻于秦始皇。秦始皇召见，人有识者，乃曰："高渐离也。"秦皇帝惜其善击筑，重赦之，乃矐其目，使击筑，未尝不称善。稍益近之，高渐离乃以铅置筑中，复进得近，举筑朴秦皇帝，不中。于是遂诛高渐离，终身不复近诸侯之人。

第二年，秦国统一了天下，建立帝号，称为皇帝。于是，秦始皇下令通缉太子丹和荆轲的门客，他们都逃亡了。高渐离改名换姓，给人家当酒保，隐藏在宋子这地方做工。时间久了，他觉得做工太辛苦，一听见主人家堂上有客人击筑，他便徘徊着不肯离开，常常脱口而出说："那个人击筑，有好的地方，也有不好的地方。"手下的人把高渐离的话告诉他的主人说："那个佣工竟然懂得音乐，他私下里评论击筑的得失。"酒店主人便召唤高渐离到堂上击筑，满堂的宾客都称赞他击得好，赏酒给他喝。高渐离心想，长期隐居在惊怕的困境中，没有个完的时候，便退下去，拿出行李箱子中的筑和那好衣服，更新容貌再上堂。满座的宾客都很惊讶，走下座位和他平等地以礼相待，把他当作上宾。请他击筑唱歌，客人们听了没有谁不流着眼泪离开的。宋子城里的人相续请他做客，让秦始皇听到了，秦始皇就召见他。有人认识他，就是："是高渐离。"秦始皇喜欢他善于击筑，特地赦免了他的死罪，便弄瞎了他的眼睛，让他击筑，没有一次不称赞他击得好。秦始皇逐渐接近他，高渐离便将铅块暗藏在筑里，当再进宫能靠近秦始皇的时候，他就举起筑来扑击秦始皇，没有击中。秦始皇所以就杀死了高渐离，终身不再接近诸侯国的人。

鲁句践已闻荆轲之刺秦王，私曰："嗟乎，惜哉其不讲于刺剑之术也！甚矣吾不知人也！曩者吾叱之，彼乃以我为非人也！"

鲁句践听说了荆轲刺秦工的事，私下说："唉！可惜他不精于刺剑之术呢！我过去也太不了解他了。当初我呵叱过他，他便认为我不是他的同道人了！"

太史公曰：世言荆轲，其称太子丹之命，"天雨粟，马生角"也，太过。又言荆轲伤秦王，皆非也。始公孙季功、董生与夏无且游，具知其事，为余道之如是。自曹沫至荆轲五人，此其义或成或不成，然其立意较然，不欺其志，名垂后世，岂妄也哉！

太史公说：世上传说荆轲的故事，其中说到太子丹的命运时，有"天上落下粟，马头长出角"的话，也未免太过分了。又说荆轲刺伤了秦王，都不是事实。当初，公孙季功、董先生跟夏无且有交往，详细地了解这件事，他们对我说的就是这样。从曹沫到荆轲这五个人，他们的侠义行为，有的成功有的不成功，但是他们立志明确，没有违背自己的志向，声名流传到后代，难道是虚的吗！

史记第八十七卷

李斯列传第二十七

李斯者，楚上蔡人也。年少时，为郡小吏，见吏舍厕中鼠食不絜，近人犬，数惊恐之。斯入仓，观

荀况像。荀况是战国时期思想家,被时人尊称为荀卿,曾是李斯的老师。

仓中鼠,食积粟,居大庑之下,不见人犬之忧。于是李斯乃叹曰:"人之贤不肖譬如鼠矣,在所自处耳!"

李斯是楚国上蔡人。年轻的时候,担任乡郡的小官吏,他看见办公处厕所中的老鼠吃着脏东西,每当有人或狗走近的时候,总是受惊害怕。李斯进入粮仓,观看仓里的老鼠吃着储存的粮食,住在大屋子里,却不会受到人或狗的惊扰。因此李斯就叹息着说:"一个人的贤能或不成才,好像老鼠一样啊,就在于自己处在什么样的环境罢了!"

乃从荀卿学帝王之术。学已成,度楚王不足事,而六国皆弱,无可为建功者,欲西入秦。辞于荀卿曰:"斯闻得时无怠,今万乘方争时,游者主事。今秦王欲吞天下,称帝而治,此布衣驰骛之时而游说者之秋也。处卑贱之位而计不为者,此禽鹿视肉,人面而能彊行者耳。故诟莫大于卑贱,而悲莫甚于穷困。久处卑贱之位,困苦之地,非世而恶利,自托于无为,此非士之情也。故斯将西说秦王矣。"

于是李斯跟荀卿学习帝王之道。学业完成以后,李斯心想楚王不值得去效力,而六国都很危弱,没有可以为它们建功立业的了,就想要向西到秦国去。李斯向荀卿辞别,说:"我听说遇到时机,就不要懈怠。现在正当大国争雄的时候,游说之士可以立功掌权。如今秦王想要并吞各国,称帝统治天下,这正是平民奔忙的时候,也是说客的好时机呀。处于卑贱的地位而不想办法改变的人,这就像禽兽只知道看到肉就吃一样,只是光有一副人的面孔而能勉强走路罢了。所以耻辱没有什么比地位卑贱更大的了,悲哀没有什么比处境穷困更大的了。长久处在卑贱的地位、困苦的境遇中,却还愤世嫉俗,厌恶名利,自称与世无争,这就不是士人的实情了。所以我李斯就要往西游说秦王去了。"

至秦,会庄襄王卒,李斯乃求为秦相文信侯吕不韦舍人;不韦贤之,任以为郎。李斯因以得说,说秦王曰:"胥人者,去其几也。成大功者,在因瑕衅而遂忍之。昔者秦缪公之霸,终不东并六国者,何也?诸侯尚众,周德未衰,故五伯迭兴,更尊周室。自秦孝公以来,周室卑微,诸侯相兼,关东为六国,秦之乘胜役诸侯,盖六世矣。今诸侯服秦,譬若郡县。夫以秦之强,大王之贤,由灶上骚除,足以灭诸侯,成帝业,为天下一统,此万世之一时也。今怠而不急就,诸侯复强,相聚约从,虽有黄帝之贤,不能并也。"秦王乃拜斯为长史,听其计,阴遣谋士赍持金玉以游说诸侯。诸侯名士可下以财者,厚遗结之;不肯者,利剑刺之。离其君臣之计,秦王乃使其良将随其后。秦王拜斯为客卿。

李斯到达秦国的时候,恰巧秦庄襄王逝世,李斯就请求担当秦国丞相文信侯吕不韦的家臣,吕不韦认为他贤能,任用他作侍卫官。李斯因此得到游说的机会。他游说秦王道:"平庸的人经常会失去良机。一个能成就大功业的人,就在于能趁有机可乘的时候,就忍心消灭对手。从前秦缪公称霸的时候,却终究没向东兼并六国,为何呢?因为当时诸侯还很多,周朝的德望还没有完全衰落,所以齐桓公、晋文公、秦缪公、宋襄公、楚庄王这五个霸王一个接一个的兴起,相继推尊东周王室。自从秦孝公以来,东周王室卑贱微弱,诸侯各国互相兼并,函谷关以东的地区形成了六国,秦国趁着胜利的形势逐渐征服六国,至今已有六个世代了。现在诸侯归服秦国,就好像郡县服从朝廷一样。凭秦国的强大,大王的圣明,就像扫除灶上的尘垢一样,完全可以消灭诸侯,成就帝王的大业,实现天下的统一,这是万世难逢的唯一时机呀!现在如果懈怠而不赶快着手,等到诸侯实力再度强盛起来，彼此互相联合订立合纵的盟约，那时即使有黄帝一样的贤能，也不能吞并它们了。”秦王政就任命李斯作长史，听从他的计谋，暗中派遣有谋略的游说之士，带着金玉去游说各国诸侯。各诸侯国的知名人士，凡可以用钱财使他屈服的，就馈赠丰厚的礼物来拉拢他们；不肯接受的，就用锋利的剑刺死他们。秦王政先用李斯所献的离间诸侯君臣的计策，随后就派遣得力的将领前去进攻。秦王任命李斯作客卿。

会韩人郑国来间秦，以作注溉渠，已而觉。秦宗室大臣皆言秦王曰："诸侯人来事秦者，大抵为其主游间于秦耳，请一切逐客。"李斯议亦在逐中。斯乃上书曰：

这时候，正好有个韩国人郑国以开凿河渠灌溉田地为名，来秦国当间谍，不久被发现了。秦国的宗室大臣们都对秦王说："诸侯各国来侍奉秦国的人，大都不过是为他们的国君到秦国来游说，挑拨离间罢了！恳请大王把诸侯各国来的宾客们一律驱逐出境。"李斯也列入被驱逐之中。李斯就上书说：

臣闻吏议逐客，窃以为过矣。昔缪公求士，西取由余于戎，东得百里奚于宛，迎蹇叔于宋，来丕豹、公孙支于晋。此五子者，不产于秦，而缪公用之，并国二十，遂霸西戎。孝公用商鞅之法，移风易俗，民以殷盛，国以富强，百姓乐用，诸侯亲服，获楚、魏之师，举地千里，至今治强。惠王用张仪之计，拔三川之地，西并巴蜀，北收上郡，南取汉中，包九夷，制鄢郢，东据成皋之险，割膏腴之壤，遂散六国之从，使之西面事秦，功施到今。昭王得范雎，废穰侯，逐华阳，强公室，杜私门，蚕食诸侯，使秦成帝业。此四君者，皆以客之功。由此观之，客何负于秦哉！向使四君却客而不内，疏士而不用，是使国无富利之实，而秦无强大之名也。

我听说官吏们建议驱逐客卿，我私下以为这就错了。从前穆公寻求人才，西面从戎地求得由余，东部从宛地得到百里奚，从宋国迎来蹇叔，从晋国招来丕豹、公孙支。这五位先生，并不生在秦国，可是穆公任用他们，并吞了二十个国家，于是称霸西戎。孝公采用商鞅的新法，移风易俗，人民因此殷实兴盛，国家由此强大，老百姓乐于为国效力，诸侯也亲近归服。先后打败了楚国、魏国的军队，征服千里的土地，直到今天，国家仍然太平兴盛。惠王采取了张仪的计谋，攻下三川地区，西部并吞巴、蜀两地，北部收服上郡，南部攻取汉中，包围东夷各部，控制鄢、郢一带，向东占据成皋险关，取得了肥沃的土地，结果瓦解了六国的合纵联盟，使它们争着向西侍奉秦国，功德一直影响到今天。昭王得到范雎为丞相，罢免了穰侯魏冉，驱逐了华阳君芈戎，加强了王室的权力，杜塞了权贵的私门，好像蚕吃桑叶一样逐渐并吞诸侯，最终使秦国成就了帝业。这四位君王，都是依靠客卿的功劳。因此看来，客卿有什么对不起秦国呢！假使这四位君王拒绝客卿而不加接纳，疏远贤人而不加任用，那么国家就没有富裕的实况，而秦国也没有强大的名声了。

今陛下致昆山之玉，有随、和之宝，垂明月之珠，服太阿之剑，乘纤离之马，建翠凤之旗，树灵鼍之鼓。此数宝者，秦不生一焉，而陛下说之，何也？必秦国之所生然后可，则是夜光之璧不饰朝廷，犀象之器不为玩好，郑、卫之女不充后宫，而骏良駃騠不实外厩，江南金锡不为用，西蜀丹青不为采。所以饰后宫、充下陈、娱心意、说耳目者，必出于秦然后可，则是宛珠之簪，傅玑之珥，阿缟之衣，锦绣之饰不进于前；而随俗雅化、佳冶窈窕赵女不立于侧也。夫击瓮叩缶、弹筝搏髀，而歌呼呜呜快耳者，真秦之声也；《郑》、《卫》、《桑间》、《昭》、《虞》、《武》、《象》者，异国之乐也。今弃击瓮叩缶而就《郑》、《卫》，退弹筝而取《昭》、《虞》，若是者何也？快意当前，适观而已矣。今取人则不然。不问可否，不论曲直，非秦者去，为客者逐。然则是所重者在乎色乐珠玉，而所轻者在乎人民也。此非所以跨海内制诸侯之术也。

现在陛下得到了昆山的美玉，拥有随侯的明珠、卞和的宝玉，垂挂着明月珠，佩带着太阿剑，骑着纤离马，竖着翠凤旗，立着灵鼍鼓。这几件宝物，秦国一件也不出产，而陛下却喜欢它们，为何呢？假如一定要秦国生产的才可以，那么夜光珠璧就不能用来装饰朝廷，犀角象牙的器物就不能拿来欣赏玩乐，郑国、卫国的美女就不能住在后宫，駃騠等骏马也不该养在马棚里，江南出产的黄金白锡就不该使用，西蜀出产的丹青颜料也不能用了。假如用来装饰后宫、充作姬妾、使人赏心悦目的都一定要出产在秦国才行，那么，宛珠装饰的簪子、嵌着玑珠的耳坠、绸绢制成的衣服、锦绣制成的饰物，就不会进献到面前，随时俗而美化、娇艳漂亮的赵国女子也就不会侍立在两侧了。再说敲击着瓦瓮坛，叩打着土酒樽，弹着竹筝，拍着大腿，呜呜地歌唱，来快活耳目的，才是地道的秦国音乐；而《郑声》、《卫声》、《桑间》、《韶乐》、《虞乐》、《武舞》、《象舞》等古乐曲，却是外国的音乐。现在舍弃了敲击瓦瓮坛叩打土酒樽而亲近《郑声》、《卫声》，撤销弹竹筝而采用《韶乐》、《虞乐》，像这样做是为何呢？使眼前称心，适合观赏罢了！现在用人却不是这样，不问是非，不论曲直，不是秦国人就让他离开，是客卿的就驱逐他。这样做就是所看重的在于女色、音乐、珍珠、宝玉，而所轻视的在于百姓。这不是用来统一天下、控制诸侯的办法啊！

臣闻地广者粟多，国大者人众，兵强则士勇。是以太山不让土壤，故能成其大；河海不择细流，故能就其深；王者不却众庶，故能明其德。是以地无四方，民无异国，四时充美，鬼神降福，此五帝三王之所以无敌也。今乃弃黔首以资敌国，却宾客以业诸侯，使天下之士退而不敢西向，裹足不入秦，此所谓“借寇兵而赍盗粮”者也。

我听说土地广阔粮食就富足，国家广大人口就众多，军队强大士兵就勇敢。因此泰山不排斥土壤，所以能成就它的高大；河海不剔除细小的水流，所以能成就它的深广；帝王不抛弃民众，所以能显扬他的盛德。因此土地不论四方，人民不分内外，一年四季充实美满，鬼神就会降临幸福，这就是五帝三王无敌于天下的原因啊！现在大王却要抛弃百姓，去资助敌国，排斥宾客而让他们去服事诸侯，使得天下人才退缩而不敢面向西方，止步不再踏入秦国，这就是叫做“借兵器给敌人，送粮食给盗贼”啊！

夫物不产于秦，可宝者多；士不产于秦，而愿忠者众。今逐客以资敌国，损民以益仇，内自虚而外树怨于诸侯，求国无危，不可得也。

物品不是秦国出产的，但值得珍贵的很多；士人不是在秦国生长的，但愿意效忠秦国的也众多。如今却要驱逐宾客去帮助敌国，损害人民去加强仇敌，使得国内空虚而外部又与诸侯结怨，这样要求国家没有危险，是不可能的。

秦王乃除逐客之令，复李斯官，卒用其计谋。官至廷尉。二十余年，竟并天下，尊主为皇帝，以斯为丞相。夷郡县城，销其兵刃，示不复用。使秦无尺土之封，不立子弟为王、功臣为诸侯者，使后无战攻之患。

秦王于是废除驱逐客卿的命令，恢复了李斯的官职，终于采用了他的计谋。李斯的官位提升到廷尉。经过二十多年，秦终于吞并天下，推尊秦王政为皇帝，任用李斯做丞相。又拆毁各郡县的城墙，销熔各地兵器，表示不再使用了。使秦朝的土地一尺也不分封，不立宗室子弟为王、不封功臣为诸侯，使以后没有战争的祸患。

始皇三十四年，置酒咸阳宫，博士仆射周青臣等颂称始皇威德。齐人淳于越进谏曰：“臣闻之，殷周之王千余岁，封子弟功臣自为支辅。今陛下有海内，而子弟为匹夫，卒有田常、六卿之患，臣无辅弼，何以相救哉？事不师古而能长久者，非所闻也。今青臣等又面谀以重陛下过，非忠臣也。”始皇下其议丞相。丞相谬其说，绌其辞，乃上书曰：“古者天下散乱，莫能相一，是以诸侯并作，语皆道古以害今，饰虚言以乱实，人善其所私学，以非上所建立。今陛下并有天下，别白黑而定一尊；而私学乃相与非法教之制，闻令下，即各以其私学议之。入则心非，出则巷议，非主以为名，异趣以为高，率群下以造谤。如此不禁，则主势降乎上，党与成乎下。禁之便。臣请诸有文学、《诗》、《书》、百家语者，蠲除去之。令到满三十日弗去，黥为城旦。所不去者，医药、卜筮、种树之书。若有欲学者，以吏为师。”始皇可其议，收去《诗》、《书》、百家之语以愚百姓，使天下无以古非今。明法度，定律令，皆以始皇起。同文书。治离宫别馆，周遍天下。明年，又巡狩，外攘四夷，斯皆有力焉。

秦始皇三十四年，在咸阳宫摆设酒宴，博士仆射周青臣等人在宴会上颂扬始皇的武威盛德。齐国人淳于越进谏说：“我听说殷代、周代的王位继承了一千多年，他们都分封宗室子弟和功臣，作为自己的辅翼力量。现在陛下虽拥有天下，而宗族子弟却只是平民。一旦出了像篡乱齐国的田常、瓜分晋国的六卿这类祸患，将靠什么来拯救危亡呢？办事不借鉴古代的经验，而能维持长久的，我没有听说过。现在周青臣等人居然还当面阿谀奉承，使陛下又有过失，他们并不是忠臣。”秦始皇把这个奏议交给了丞相李斯处理。李斯认为他的说法很荒谬，废弃他的言辞而不用，就上书说：古代天下离散混乱，没有谁能统一，因此诸侯同时兴起，人们说话都是借古讽今，矫饰虚言来混乱事实。人人都以为自己一派学说最好，并用来否定朝廷建立的法令制度。现在陛下已经一统天下，辨别了是非黑白，而天下共同拥立皇帝一人之尊；可是各家学说却在一起非议朝廷的法令制度，听说朝廷的法令一颁布，就各自根据自己的一套学说来议论它。在官府里就口是心非，在官府外就道听途说。以非议君主来扬名，以异常志趣为高明，带领群众来诽谤朝廷。这种情况如果不禁止，那么君主的威势就会从上下降，而私人的党羽就会在下面形成。禁止这种情况才利于朝廷。我请求：凡是有收藏文学典籍、《诗》、《书》、诸子百家著作的，都要清除、销毁。从命令下达起满三十天还没销毁的，受黥刑，并充当筑城劳役的城旦。不用销毁的是医药、占卜和种植这样的书籍。假如有想学习法令的人，用官吏为师，不得私相授受。始皇认可了李斯的奏议。没收烧毁了《诗》、《书》和诸子百家的著作，来使百姓变得愚昧无知，使天下无法再借古讽今。修明法制，制定律令，都是从秦始皇开始的。统一文字，修建离宫别馆遍及全国。第二年，始皇又巡察天下，对外平定了四方异族。李斯都从中付出了心力。

斯长男由为三川守，诸男皆尚秦公主，女悉嫁秦诸公子。三川守李由告归咸阳，李斯置酒于家，百官长皆前为寿，门廷车骑以千数。李斯喟然而叹曰："嗟乎！吾闻之荀卿曰'物禁大盛'。夫斯乃上蔡布衣，闾巷之黔首，上不知其驽下，遂擢至此。当今人臣之位无居臣上者，可谓富贵极矣。物极则衰，吾未知所税驾也！"

李斯的大儿子李由担任三川郡的郡守，几个儿子都娶了秦公主，女儿们也都嫁给秦皇族的子弟。有一次，三川郡守李由请假回咸阳，李斯在家里大摆酒宴，文武百官都前往祝贺，他家门前的车马数以千计。李斯不禁长叹说："唉！我曾听荀卿说过'事物禁忌太过分'。我李斯原是上蔡的一个平民，街道里的普通百姓，皇帝不知我才能浅薄，竟把我提拔到这个地位。当今作为臣子，地位没有谁处在我之上的，我可以说是富贵达到极点了。事物发展到了极点，就必然衰微下来，我不知道将来的归宿在哪里呢！"

始皇三十七年十月，行出游会稽，并海上，北抵琅邪。丞相斯、中车府令赵高兼行符玺令事，皆从。始皇有二十余子，长子扶苏以数直谏上，上使监兵上郡，蒙恬为将。少子胡亥爱，请从，上许之。余子莫从。

秦始皇三十七年十月，始皇出游到会稽山，沿海而上，往北到达琅邪山。丞相李斯、中车府令赵高兼着掌管符玺令的事务，也都随从皇帝出巡。始皇有二十多个儿子，长子扶苏由于屡次直言劝谏皇上，始皇就派他去上郡监督军队，蒙恬担任将军。始皇的小儿子胡亥最得始皇的宠爱，请求跟随出巡，始皇答应了他。其余的儿子都没能随从。

其年七月，始皇帝至沙丘，病甚，令赵高为书赐公子扶苏曰："以兵属蒙恬，与丧会咸阳而葬。"书已封，未授使者，始皇崩。书及玺皆在赵高所，独子胡亥、丞相李斯、赵高及幸宦者五六人知始皇崩，余群臣皆莫知也。李斯以为上在外崩，无真太子，故秘之。置始皇居辒辌车中，百官奏事上食如故，宦者辄从辒辌车中可诸奏事。

这年七月，始皇到达沙丘，病得很重，便让赵高写信给公子扶苏说："把兵权交给蒙恬，到咸阳参加丧礼以便安葬。"信已封好，还没有交给使者，始皇就去世了。书信和玺印都在赵高那儿，只有皇子胡亥、丞相李斯、赵高以及始皇所宠幸的五六个人知道始皇去世了，其余群臣都不知道。李斯以为皇帝在外面去世，朝廷又没有正式确定太子，所以封锁消息。把始皇的尸体安放在既通风又隐蔽的"辒辌车"中，百官报告政事和进献食物都像平常一样，宦官们就假托始皇的命令，从辒辌车里批准百官所上奏的政务。

赵高因留所赐扶苏玺书，而谓公子胡亥曰："上崩，无诏封王诸子而独赐长子书。长子至，即立为皇帝，而子无尺寸之地，为之奈何？"胡亥曰："固也。吾闻之，明君知臣，明父知子。父捐命，不封诸子，何可言者！"赵高曰："不然。方今天下之权，存亡在子与高及丞相耳，愿子图之。且夫臣人与见臣于人，制人与见制于人，岂可同日道哉！"胡亥曰："废兄而立弟，是不义也；不奉父诏而畏死，是不孝也；能薄而材谫，强因人之功，是不能也。三者逆德，天下不服，身殆倾危，社稷不血食。"高曰："臣闻汤、武杀其主，天下称义焉，不为不忠。卫君杀其父，而卫国载其德，孔子著之，不为不孝。夫大行不小谨，盛德不辞让，乡曲各有宜而百官不同功。故顾小而忘大，后必有害；狐疑犹豫，后必有

悔。断而敢行，鬼神避之，后有成功。愿子遂之！”胡亥喟然叹曰：“今大行未发，丧礼未终，岂宜以此事干丞相哉！”赵高曰：“时乎时乎，间不及谋！赢粮跃马，唯恐后时！”

赵高便扣留了始皇给扶苏的玺印和书信，并对胡亥说：“皇上去世，没有诏令封立诸公子为王，而只给了长子扶苏一封信。等长子到来，就会立为皇帝，而您却连一寸封地也没有，对此该怎么办？”胡亥说：“本来是这样嘛！我听说，贤明的君王最了解他的臣子，贤明的父亲最了解他的儿子。父皇临终，不封赐儿子们，有什么好说的呢！”赵高说：“不是这样！当今天下大权，生死存亡都在于您、我和丞相李斯罢了，希望您能慎重考虑。何况让别人向自己称臣和自己向别人称臣，控制别人和被别人控制，难道可以相提并论吗？”胡亥说：“废弃长兄而拥立弟弟，这是不义的；不遵从父亲的遗命而怕死，这是不孝的；才能浅薄，强夺别人君位，这是无能的。这三种行为都是违背道德的，天下人心不服，自身危险，国家也会灭亡。”赵高说：“我听说商汤、周武王杀死了他们的国君，天下人都认为合理，不能算是不忠。卫君杀死了他的父亲，而卫国人歌颂他的功德，孔子还记载了这件事，不算是不孝。做大事的人不可拘泥小节，行大德不必推让。乡里风俗各有习惯，而百官的工作也各不相同。因此凡事只顾细节而遗忘大体，日后必定有祸害；犹豫不决将来必定后悔。果断勇敢地放手去做，连鬼神也会逃避，后来必定成功。希望您就这样去做。”胡亥深深地叹了口气，说：“现在皇上刚去世，还没有发丧，丧礼还未结束，怎好拿这件事去要求丞相呢？”赵高说：“时间啊时间，短暂得来不及谋划。就像背着干粮骑着快马赶路一样，唯恐延误了时机！”

胡亥既然高之言，高曰：“不与丞相谋，恐事不能成，臣请为子与丞相谋之。”高乃谓丞相斯曰：“上崩，赐长子书，与丧会咸阳而立为嗣。书未行，今上崩，未有知者也。所赐长子书及符玺皆在胡亥所，定太子在君侯与高之口耳。事将何如？”斯曰：“安得亡国之言！此非人臣所当议论也！”高曰：“君侯自料能孰与蒙恬？功高孰与蒙恬？谋远不失孰与蒙恬？无怨于天下孰与蒙恬？长子旧而信之孰与蒙恬？”斯曰：“此五者皆不及蒙恬，而君责之何深也？”高曰：“高固内官之厮役也，幸得以刀笔之文进入秦宫，管事二十余年，未尝见秦罢免丞相功臣有封及二世者也，卒皆以诛亡。皇帝二十余子，皆君之所知。长子刚毅而武勇，信人而奋士，即位必用蒙恬为丞相，君侯终不怀通侯之印归于乡里，明矣。高受诏教习胡亥，使学以法事数年矣，未尝见过失。仁慈笃厚，轻财重士，辩于心而诎于口，尽礼敬士，秦之诸子未有及此者，可以为嗣。君计而定之。”斯曰：“君其反位！斯奉主之诏，听天之命，何虑之可定也？”高曰：“安可危也，危可安也。安危不定，何以贵圣？”斯曰：“斯，上蔡闾巷布衣也，上幸擢为丞相，封为通侯，子孙皆至尊位重禄者，故将以存亡安危属臣也。岂可负哉！夫忠臣不避死而庶几，孝子不勤劳而见危，人臣各守其职而已矣。君其勿复言，将令斯得罪。”高曰：“盖闻圣人迁徙无常，就变而从时，见末而知本，观指而睹归。物固有之，安得常法哉！方今天下之权命悬于胡亥，高能得志焉。且夫从外制中谓之惑，从下制上谓之贼。故秋霜降者草花落，水摇动者万物作，此必然之效也。君何见之晚？”斯曰：“吾闻晋易太子，三世不安；齐桓兄弟争位，身死为戮；纣杀亲戚，不听谏者，国为丘墟，遂危社稷：三者逆天，宗庙不血食。斯其犹人哉，安足为谋！”高曰：“上下合同，可以长久；中外若一，事无表里。君听臣之计，即长有封侯，世世称孤，必有乔、松之寿，孔、墨之智。今释此而不从，祸及子孙，足以为寒心。善者因祸为福，君何处焉？”斯乃仰天而叹，垂泪太息曰：“嗟呼！独遭乱世，既以不能死，安托命哉！”于是斯乃听高。高乃报胡亥曰：“臣请奉太子之明命以报丞相，丞相斯敢不奉令！”

胡亥已经同意了赵高的见议，赵高就说：“假如不跟丞相谋划，担心事情不会成功，臣请求为您去与丞相一起谋划这件事！”赵高就去对丞相李斯说：“皇上临终的时候，给长子一封信，叫他到咸阳参加丧礼，并立他为皇位的继承人。可是信还没有发出，如今皇上已经去世了，这事还没有别人知道。给长子的信和玺印都在胡亥那儿，确定太子的事，就在您和我赵高之口所说罢了。事情将怎么办？”李斯说：“怎么能说出这种亡国的话呢！这种事不是我们做人臣的所应该议论的！”赵高说：“您自己估量一下，您的才能比蒙恬怎么样？您与蒙恬相比谁的功劳高？深谋远虑而不失误比蒙恬怎么样？不被天下人怨恨比蒙恬怎么样？跟长子扶苏有故交又深得信任与蒙恬相比怎么样？”李斯说：“这五点我都比不上蒙恬，而你对我的责备是多么深刻啊！”赵高说：“我本来只是宦官这样的仆役，侥幸由于娴熟狱法文书而进入秦朝宫廷，理事二十多年来，还没见到被秦王罢免的丞相或功臣，有把封爵传到第二代的，最终都是被诛杀而死。皇帝的二十几个儿子，都是您所了解的。长子扶苏刚强又勇敢，对人信任，又善于鼓励士兵，他就位的话，肯定任用蒙恬当丞相，您就终于不可能带着通侯的印绶告老回乡，这是很明显的了。我赵高接受皇上的命令教育胡亥，让他学习法令已好几年了，没见过他有什么过错。胡亥仁慈忠厚，轻视钱财，重视士人，内心很明辨但不善于言辞，竭尽礼仪敬重贤士，秦国的公子们没有能比得上他的，可用他作皇位继承人。希望您考虑以后决定这件事。”李斯说：“您还是回到您的座位去吧！我李斯遵照皇帝的遗诏，听从上天安排的命运，还有什么可考虑决定的呢？”赵高说：“安全可以转为危险，危险可以转为安全，安全和危险都没有明确，怎么能尊贵？”李斯说：“我李斯原是上蔡街道里的平民，皇上之所以提拔我为丞相，封我为通侯，让我的子孙都得到尊贵的地位和丰厚的俸禄，是因为将要把国家存亡安危的重担交托给我。我难道能辜负皇上吗！忠臣不避死就差不多了，孝子不过于勤劳而危及自身，做人臣的只是恪守本分的职责罢了。您还是不要再说了，再说的话将会使我李斯蒙受罪过！”赵高说：“我听说圣人处世迁徙无常，能够顺应变化而依从时势，看到事物的苗头，就能知道事物的本质，看到事物的趋向，就能知道事物的归宿。事物本来就是这样的，哪能有永恒的法则呢！当今天下的权力和命运都掌握在胡亥手中，我赵高能揣摩出胡亥的意向。况且由外部来制服内部就是作乱，从下面控制上面就是叛贼。因此秋霜一降，花草就凋落，春暖冰化水流动，万物就生长，这是必然结果。您为什么迟迟不能理解这种道理呢？”李斯说：“我听说晋献公废太子申生改立奚齐，结果三代政局不安；齐桓公小白和公子纠兄弟争夺王位，后来公子纠被杀死；殷纣王杀死叔父比干，不听劝谏，因此都城变成废墟，终于使国家危亡。这三件事都是违背天理的，弄得国破家亡，宗庙没有人祭祀。我李斯还是人哪！怎么能参与篡位的阴谋！”赵高说：“上下同心协力，大事就可以长久；内外一致，事情就不会有差错。您要是听从我的计策，就可以得到封侯，世世代代称王称侯。而且您也必定有像王子乔、赤松子两位仙人那样的长寿，像孔子、墨子两位圣贤那样的聪慧。如果您放弃这个好机会而不肯去干，就连您的子孙都会遭受祸殃。我实在替您心寒。聪明人是能因祸而得福的，您打算如何处置呢？”李斯于是仰天长叹，流着眼泪叹息说：“唉呀！我偏偏遭遇这样的乱世，既然不能以死效忠，又向哪里去寄托我的命运呢！”这时李斯才听了赵高的计谋。赵高就回复胡亥说：“我请求奉太子您的明确命令去通知丞相李斯，丞相怎敢不遵命！”

于是乃相与谋，诈为受始皇诏丞相，立子胡亥为太子。更为书赐长子扶苏曰：“朕巡天下，祷祠名山诸神以延寿命。今扶苏与将军蒙恬将师数十万以屯边，十有余年矣，不能进而前，士卒多耗，无尺寸之功，乃反数上书直言诽谤我所为，以不得罢归为太子，日夜怨望。扶苏为人子不孝，其赐剑以自裁！将军恬与扶苏居外，不匡正，宜知其谋。为人臣不忠，其赐死，以兵属裨将王离。”封其书以皇帝玺，遣胡亥客奉书赐扶苏于上郡。

于是李斯就参与谋划，假称受了始皇给丞相的遗诏，立胡亥为太子。另外伪造了一封始皇给长子扶苏的信说：“我巡视天下，向各处名山的神灵祈求延长寿命。现在扶苏和蒙恬带领着几十万大军驻守边疆，已有十多年了，不能向前扩展国土，士兵伤亡消耗却很多，没有一点功劳，反而多次上书直言诽谤我的所作所为。仅因不能解除监兵职务回朝来做太子，就日夜怨恨。扶苏做儿子不孝顺，现在赐剑让你自杀！将军蒙恬跟随扶苏在外，不能纠正扶苏的错误，理当知道他的诡计。蒙恬做人臣不忠，现也命你自杀，把军队交给副将军王离。”封好书信并加盖上皇帝的玺印，派遣胡亥手下的亲信送到上郡交给扶苏。

使者至，发书，扶苏泣，入内舍，欲自杀。蒙恬止扶苏曰：“陛下居外，未立太子，使臣将三十万众守边，公子为监，此天下重任也。今一使者来，即自杀，安知其非诈？请复请，复请而后死，未暮也。”使者数趣之。扶苏为人仁，谓蒙恬曰：“父而赐子死，尚安复请！”即自杀。蒙恬不肯死，使者即以属吏，系于阳周。

使者到达上郡，扶苏拆开信一看，就哭泣起来，他走进内室要自杀。蒙恬劝止扶苏说：“陛下在外巡视，没有确立太子，派我率领三十万大军驻守边疆，叫公子任监军，这是天下的重任。如今只由于一个使臣到来，就要自杀，您怎么知道这不是诡计呢？请您再请示一下，再请示之后自杀也不迟！”使者一再催促他。扶苏为人忠厚，对蒙恬说：“父亲既令儿子自杀，那还要请示什么呢！”说完就自杀了。蒙恬不肯自杀,使者就把他交给狱官,囚在阳周。

使者还报,胡亥、斯、高大喜。至咸阳,发丧,太子立为二世皇帝。以赵高为郎中令,常侍中用事。

使者回来报告,胡亥、李斯、赵高都很高兴。回到咸阳,就给始皇发丧,太子胡亥即位成为二世皇帝。胡亥任命赵高作郎中令。赵高经常在宫中侍奉皇帝,掌握了大权。

二世燕居,乃召高与谋事,谓曰:"夫人生居世间也,譬犹骋六骥过决隙也。吾既已临天下矣,欲悉耳目之所好,穷心志之所乐,以安宗庙而乐万姓,长有天下,终吾年寿,其道可乎?"高曰:"此贤主之所能行也,而昏乱主之所禁也。臣请言之,不敢避斧钺之诛,愿陛下少留意焉。夫沙丘之谋,诸公子及大臣皆疑焉,而诸公子尽帝兄,大臣又先帝之所置也。今陛下初立,此其属意怏怏皆不服,恐为变。且蒙恬已死,蒙毅将兵居外,臣战战栗栗,唯恐不终。且陛下安得为此乐乎?"二世曰:"为之奈何?"赵高曰:"严法而刻刑,令有罪者相坐诛,至收族。灭大臣而远骨肉;贫者富之,贱者贵之。尽除去先帝之故臣,更置陛下之所亲信者近之。此则阴德归陛下,害除而奸谋塞,群臣莫不被润泽,蒙厚德,陛下则高枕肆志宠乐矣。计莫出于此。"二世然高之言,乃更为法律。于是群臣诸公子有罪,辄下高,令鞠治之。杀大臣蒙毅等,公子十二人僇死咸阳市,十公主矺死于杜,财物入于县官,相连坐者不可胜数。

二世皇帝闲居无事,就叫赵高来议论事情,对他说:"人生在世间就像从缝隙里观看六马所驾的车子飞奔而过一样短暂。我既然已经君临天下了,欲要充分满足耳目爱好的声色,完全满足心里所喜爱的乐趣,而又使宗庙安定,百姓快乐,永久享有天下,直到我寿命终止。我的想法行得通吗?"赵高说:"这是贤明的君主所能做到的,但昏乱的君主却是行不通的。请让我说吧,我不敢逃避刀斧的杀戮,但希望陛下稍加留意。那沙丘的密谋,诸位公子和朝中的大臣都有所怀疑,但公子们都是陛下的哥哥,大臣又是先帝所委任的。现在陛下刚刚登位,他们这班人心里都在愤愤不平,可能会发生变乱。何况蒙恬虽然死了,而蒙毅还在外带兵,我总是心惊胆战,唯恐不得好下场。陛下将怎能享受这种快乐呢?"二世皇帝说:"对此该怎么办呢?"赵高说:"用严峻的法令,苛刻的刑罚,让有罪的人互相牵连受罚,甚至收捕整个家族。诛灭大臣,疏远皇族骨肉之亲;使贫穷的人富有起来,使卑贱的人高贵起来。把先帝所委任的原有的臣子全部开除,另外任用陛下您所亲信的人,同他们接近。这样他们就会从内心感激并归顺陛下。祸害消除了,奸计杜绝了,群臣中没有谁不承受您的恩泽,蒙受您的厚德,这样陛下就可高枕无忧,随心所欲,纵情享乐了。计谋没有比这更好的了!"二世皇帝认为赵高的意见是对的,就重新制定了法律。从此凡群臣和公子们有罪,二世皇帝就把他们交给赵高,命令赵高审讯查办他们。结果诛杀了大臣蒙毅等人,十二个公子也在咸阳市被杀死,十个公主在杜县被分尸而死,他们的财产全部收归国家。受牵连被治罪的人多得数不清。

公子高欲奔,恐收族,乃上书曰:"先帝无恙时,臣入则赐食,出则乘舆。御府之衣,臣得赐之;中厩之宝马,臣得赐之。臣当从死而不能,为人子不孝,为人臣不忠。不忠者无名以立于世,臣请从死,愿葬郦山之足。唯上幸哀怜之。"书上,胡亥大说,召赵高而示之,曰:"此可谓急乎?"赵高曰:"人臣当忧死而不暇,何变之得谋!"胡亥可其书,赐钱十万以葬。

公子高想逃亡,又害怕连累家族,就上书说:"先帝健在的时候,我进入宫廷先帝就赐给我食物,出宫的时候就赐给我乘车。先帝内府里的衣服,我得到过赏赐;先帝马房里的宝马,我也得到赏赐。我本该陪同先帝死去,却没有做到。这是我做儿子的不孝,做臣子的不忠。不忠不孝的人,没有脸面活在世上,我请求陪同先帝死去,想能安葬在骊山脚下。请求皇上哀怜我。"报告呈交之后,胡亥非常高兴,召见赵高,出示公子高的报告,说:"这可以说是情急无奈吧?"赵高说:"做人臣的连担心死亡都来不及,哪里还能图谋叛乱呢!"胡亥认可了公子高的上书,赏赐十万钱作为安葬的费用。

法令诛罚日益刻深,群臣人人自危,欲畔者众。又作阿房之宫,治直道、驰道,赋敛愈重,戍徭无已。于是楚戍卒陈胜、吴广等乃作乱,起于山东,杰俊相立,自置为侯王,叛秦,兵至鸿门而却。李斯数欲请间谏,二世不许。而二世责问李斯曰:"吾有私议而有所闻于韩子也,曰'尧之有天下也,堂高三尺,采椽不斲,茅茨不翦,虽逆旅之宿不勤于此矣。冬日鹿裘,夏日葛衣,粢粝之食,藜藿之羹,饭土匦,啜土铏,虽监门之养不觳于此矣。禹凿龙门,通大夏,疏九河,曲九防,决渟水致之海,而股

无胈，胫无毛，手足胼胝，面目黎黑，遂以死于外，葬于会稽，臣虏之劳不烈于此矣。'然则夫所贵于有天下者，岂欲苦形劳神，身处逆旅之宿，口食监门之养，手持臣虏之作哉？此不肖人之所勉也，非贤者之所务也。彼贤人之有天下也，专用天下适己而已矣，此所以贵于有天下也。夫所谓贤人者，必能安天下而治万民，今身且不能利，将恶能治天下哉！故吾愿赐志广欲，长享天下而无害，为之奈何？"李斯子由为三川守，群盗吴广等西略地，过去弗能禁。章邯以破逐广等兵，使者覆案三川相属，诮让斯居三公位，如何令盗如此。李斯恐惧，重爵禄，不知所出，乃阿二世意，欲求容，以书对曰：

法令刑罚一天比一天严厉苛刻，群臣们人人感到自身危险，想要反叛的人很多。二世皇帝又建造了阿房宫，修筑直道、驰道，租税越来越重，兵役和劳役没完没了。所以来自楚地守边的士兵陈胜、吴广等人就起来造反了，起义从山东地区爆发，英雄豪杰群起响应，各自立为侯王，反叛秦朝，起义军一直打到鸿门才撤退。李斯多次请求给机会进谏，二世皇帝都没有允许。秦二世反而责问李斯说："我有个想法，是从韩非子那里听来的，他说：'唐尧有了天下的时候，殿堂不过三尺高，用来做屋椽的木条，都不加雕刻；用茅草盖的屋顶不加修剪，即使是住旅舍，也没有像尧这样艰苦呀！冬天穿鹿皮袄，夏天穿麻布衣；吃的是粗米饭，蔬菜做羹汤；用陶簋吃饭，用土钵喝水；即使是看门人的生活，也不完全像尧这样艰苦的呀！夏禹开凿龙门山，开通大夏水道，又疏通了很多河流，弯弯曲曲地筑起许多堤防，把积水引导入海。夏禹劳累得大腿上掉了肉，小腿上汗毛都掉光了，手掌足心长满了厚茧，面容黝黑，终于累死在外，安葬在会稽山上。即使是奴隶的劳苦也不会比这更厉害了！'既然这样，那么那些贵有天下的人，难道就是要劳苦自己的身心，身住旅店那样的宿舍，口吃守门人那样的食物，手干奴隶那样的活儿吗？这只是没有出息的人应当尽力去做的事，不是贤能人的任务。那些贤人享有天下的时候，只求全天下都顺从他一个人罢了，这就是之所以贵在有天下呀。称得上贤明的人，必定能够安定天下，治理人民，如果连自身都不能有利，将怎能治理天下呢？所以我希望能够随心所欲，永久享有天下而又不发生祸患，对此该怎么办呢？"李斯的儿子李由担任三川郡守，群盗吴广等人向西攻占土地，过往之所无法禁止。章邯击败吴广等人的军队以后，使者相继去查办，并责备李斯身居三公的地位，为什么竟让叛乱的盗寇如此猖狂？李斯恐惧，又看重爵位俸禄，不知道该怎么办才好。就曲意迎合二世的心意，想求得宽容，上书回答说：

夫贤主者，必且能全道而行督责之术者也，督责之，则臣不敢不竭能以徇其主矣。此臣主之分定，上下之义明，则天下贤不肖莫敢不尽力竭任以徇其君矣。是故主独制于天下而无所制也，能穷乐之极矣。贤明之主也，可不察焉！

贤明的君主，必定是能够全面实行督察责罚统治术的人。一实行督察责罚，那么臣下就不敢不竭尽才能来为君主效命了。这样一来，君主和臣下的名分确定了，上下的职责分明了，没有谁敢不竭力尽责来为他们的君主效命了。所以君主能独自对天下实施专制而不受任何制约，就能享尽人间最大的乐趣了。贤明的君主呀，难道可以不审察这一点吗？

故申子曰"有天下而不恣睢，命之曰以天下为桎梏"者，无他焉，不能督责，而顾以其身劳于天下之民，若尧、禹然，故谓之"桎梏"也。夫不能修申、韩之明术，行督责之道，专以天下自适也，而徒务苦形劳神，以身徇百姓，则是黔首之役，非畜天下者也，何足贵哉！夫以人徇己，则己贵而人贱；以己徇人，则己贱而人贵。故徇人者贱，而人所徇者贵，自古及今，未有不然者也。凡古之所为尊贤者，为其贵也；而所为恶不肖者，为其贱也。而尧、禹以身徇天下者也，因随而尊之，则亦失所为尊贤之心矣！夫可谓大缪矣。谓之为"桎梏"，不亦宜乎？不能督责之过也。

所以申不害曾说过："拥有天下的人而不能为所欲为，这就叫做把天下当作自身的枷锁。"没有别的缘故，由于他不能对臣下督察责罚，反而让自己为天下人民操劳，就像尧和禹那样，因此才说他是拿天下当作"枷锁"。不能讲求申不害、韩非的高明法术，采取督察责罚的措施，专让天下人来顺从自己，却偏要劳苦身心，为百姓牺牲自己，这就是百姓的奴仆，不是统治天下的人，又有什么可贵呢？让别人为自己效命，那么自己尊贵而别人低贱；让自己为别人效命，那么别人尊贵而自己低贱。所以替别人效命的人低贱，让别人一同为自己效命的人就尊贵，从古到今，没有不是这样的！自古以来之所以尊重贤能的人，是因为他们尊贵；而所以蔑视无能的人，是由于他们卑贱。而尧和禹，是让自己效命于天下的人，如果随着世俗去尊重他们，那就失去之所以尊重贤才的用意了啊！可以说是荒谬到极点了。说他们把天下当作“枷锁”,不也很恰当吗?这就是他们不能监督责罚的过失啊!

故韩子曰“慈母有败子而严家无格虏”者,何也?则能罚之加焉必也。故商君之法,刑弃灰于道者。夫弃灰,薄罪也,而被刑,重罚也。彼唯明主为能深督轻罪。夫罪轻且督深,而况有重罪乎?故民不敢犯也。是故韩子曰“布帛寻常,庸人不释,铄金百溢,盗跖不搏”者,非庸人之心重,寻常之利深,而盗跖之欲浅也;又不以盗跖之行,为轻百镒之重也,搏必随手刑,则盗跖不搏百镒;而罚不必行也,则庸人不释寻常。是故城高五丈,而楼季不轻犯也;泰山之高百仞,而跛牂牧其上。夫楼季也而难五丈之限,岂跛牂也而易百仞之高哉?峭堑之势异也。明主圣王之所以能久处尊位,长持重势而独擅天下之利者,非有异道也,能独断而审督责,必深罚,故天下不敢犯也。今不务所以不犯,而事慈母之所以败子也,则亦不察于圣人之论矣。夫不能行圣人之术,则舍为天下役何事哉?可不哀邪!

所以韩非子说:“慈祥的母亲会有败家子,而严厉的主家却没有强悍的奴隶。”为什么呢?是能严加惩罚的必然结果。所以商鞅订立这样的法令,处罚把灰烬倒在道路上的人。丢弃灰烬,是小罪,却要受刑,是重罚。只有贤明的君主才能严厉地督察轻微的罪过。罪轻尚且要重罚,况且有了重罪呢?因此人民是不敢犯法的。所以韩非子说过“几尺长的绸布,一般人见了就不会放弃它,可是百镒黄金在地,连盗跖也不敢夺取”的话。这并不是一般的人心贪,几尺绸布的利益大,而盗跖的欲望淡薄;也不是因为盗跖那样的行为,是轻视百镒黄金的重利。因为只要一夺取,随手就会受刑,所以盗跖也不敢夺取上百镒的黄金。刑罚如果不坚决执行,那么一般人就不会放弃捞取几尺绸布的小利。因此五丈高的城墙,楼季却不敢轻易攀越;泰山高几百丈,可是跛脚的母羊也能放牧到泰山顶上。楼季视五丈高度为难,难道跛脚的母羊却以几百丈的高度为易吗?因为城墙陡峭而泰山平缓,形势不同。明主圣王之所以能够长久处在尊贵的地位上,长期掌握大权,而且独自垄断天下利益的缘由,并不是有别的特殊办法,只因能专断独行,精于督责,务必重罚,所以天下人就不敢犯法。如果不实行使天下人不犯法的措施,却仿效慈母败子的办法,就是没有理解圣人的理论了。既然不能实行圣人治理天下的办法,那么除了为天下人所役外还能干什么呢?岂不悲哀吗!

且夫俭节仁义之人立于朝,则荒肆之乐辍矣;谏说论理之臣间于侧,则流漫之志诎矣;烈士死节之行显于世,则淫康之虞废矣。故明主能外此三者,而独操主术以制听从之臣,而修其明法,故身尊而势重也。凡贤主者,必将能拂世磨俗,而废其所恶,立其所欲,故生则有尊重之势,死则有贤明之谥也。是以明君独断,故权不在臣也。然后能灭仁义之涂,掩驰说之口,困烈士之行,塞聪掩明,内独视听,故外不可倾以仁义烈士之行,而内不可夺以谏说忿争之辩。故能荦然独行恣睢之心而莫之敢逆。若此然后可谓能明申、韩之术,而修商君之法。法修术明而天下乱者,未之闻也。故曰“王道约而易操”也。唯明主为能行之。若此,则谓督责之诚,则臣无邪,臣无邪则天下安,天下安则主严尊,主严尊则督责必,督责必则所求得,所求得则国家富,国家富则君乐丰。故督责之术设,则所欲无不得矣。群臣百姓救过不给,何变之敢图?若此则帝道备,而可谓能明君臣之术矣。虽申、韩复生,不能加也。

再说节俭仁义的人在朝廷任职,荒诞放肆的音乐就要中止了;敢于劝说论理的臣子在身边参议,那么散漫的思想就得到限制;烈士死节的行为在社会上显扬,那么淫逸的娱乐就要废弃了。因此贤明君主能排斥这三种人,而独揽统治大权来制约从属的臣子,建立那严明的法制,所以他身份尊贵,权势极大。凡是贤明的君主,必将能够背叛世情,改变习俗,使它们顺从自己。废弃他所厌恶的,扶植他所喜爱的,因此他活着就能拥有尊贵的权势,死后就能获得贤明的谥号。因此贤明的君主能够独断专行,权力就不旁落到臣下手里。然后他就能够杜绝仁义的途径,掩盖游说的嘴巴,困扰烈士死节的行为,闭塞和蒙蔽耳聪目明的人,一切凭个人见闻行事。因此,行动上不能用仁义烈士的行为动摇他,思想上不能用谏说激争的言语说服他。所以他能公开独行恣意放纵的心志,而没有人敢违背他。如此然后才可以说是明白了申不害、韩非的权术,并学会了商鞅的法制。法制精通,权术明了,而天下混乱的,是没有听说过的事!所以说“三王之道,简约而容易把握”,只有贤明的君主,才能够这样去做。如此就可以说认真实行督察责罚了,那么臣下就没有异心;臣下没有二心，天下就自然安定；天下安定，那么君主就有尊严；君主尊严，那么监督责罚必然确实；督察责罚确实，那么事事便能如愿以偿；事事如愿以偿，那么国家就富强；国家富强了，那么君主就会丰足快乐。所以只要采取督察责罚的措施，那么所想到的就没有办不到的了。群臣百姓想要补救自己的过失都来不及，哪里还敢图谋反叛呢？如此就是全面掌握了帝王的统治术，并可以说是能明确君臣之间的权术了。即使申不害、韩非再生，也是不能超过的。

书奏，二世悦。于是行督责益严，税民深者为明吏。二世曰："若此则可谓能督责矣。"刑者相半于道，而死人日成积于市。杀人众者为忠臣。二世曰："若此则可谓能督责矣。"

上书禀奏后，二世皇帝很是高兴。从此施行督察责罚更严厉了。向人民抽税最重的，才算是贤明的官吏。二世皇帝说："如此才可以说是能实施督察责罚了！"路上行人，有半数是受刑的，死尸每天堆积在街市上。杀人多的就是忠臣。二世皇帝说："如此才真可以说是能实行监督责罚了！"

初，赵高为郎中令，所杀及报私怨众多，恐大臣入朝奏事毁恶之，乃说二世曰："天子所以贵者，但以闻声，群臣莫得见其面，故号曰'朕'。且陛下富于春秋，未必尽通诸事，今坐朝廷，谴举有不当者，则见短于大臣，非所以示神明于天下也。且陛下深拱禁中，与臣及侍中习法者待事，事来有以揆之。如此则大臣不敢奏疑事，天下称圣主矣。"二世用其计，乃不坐朝廷见大臣，居禁中。赵高常侍中用事，事皆决于赵高。

当初，赵高担任郎中令，杀害的人和报私仇的事很多，恐怕大臣们在入朝奏事时揭露自己，就劝谏二世皇帝说："天子之所以尊贵，仅是由于群臣只能听到他的声音，不能见到他的容貌，所以称为'朕'。而且陛下年纪还轻，未必什么事情都懂，现在坐在朝廷上，如果对惩罚或奖赏有处理不妥的地方，就会在大臣们面前暴露短处，那就不能向天下人显出您的神圣、明智了。陛下姑且拱手深居宫中，跟我以及宫中侍奉陛下的几个熟悉法令的人在一起，等待大臣们把公事呈奏上来，然后再研究办理。这样一来，大臣们就不敢再上奏那些混淆是非的事情，天下的人就都会称颂陛下是神圣的君主了。"二世皇帝采纳了赵高的意见，就不坐在朝廷上接见大臣，而深居宫中。赵高常常侍候左右执政，政事都由赵高决定。

高闻李斯以为言，乃见丞相曰："关东群盗多，今上急益发繇治阿房宫，聚狗马无用之物。臣欲谏，为位贱。此真君侯之事，君何不谏？"李斯曰："固也，吾欲言之久矣。今时上不坐朝廷，上居深宫，吾有所言者，不可传也，欲见无间。"赵高谓曰："君诚能谏，请为君侯上间语君。"于是赵高待二世方燕乐，妇女居前，使人告丞相："上方间，可奏事。"丞相至宫门上谒，如此者三。二世怒曰："吾常多闲日，丞相不来。吾方燕私，丞相辄来请事。丞相岂少我哉？且固我哉？"赵高因曰："如此殆矣！夫沙丘之谋，丞相与焉。今陛下已立为帝，而丞相贵不益，此其意亦望裂地而王矣。且陛下不问臣，臣不敢言。丞相长男为三川守，楚盗陈胜等皆丞相傍县之子，以故楚盗公行，过三川，城守不肯击。高闻其文书相往来，未得其审，故未敢以闻。且丞相居外，权重于陛下。"二世以为然。欲案丞相，恐其不审，乃使人案验三川守与盗通状。李斯闻之。

赵高听说李斯想要进奏言论，就去见丞相说："函谷关以东地区盗贼纷起，现今皇上却加紧增派劳役修建阿房宫，搜集名狗骏马这类没有用处的玩物。臣想要劝谏，只不过地位卑贱。这其实是您丞相的事，您为什么不进谏呢？"李斯说："本来呀，我早就想说了。可是现在皇上不坐在朝廷上，皇上住在深宫里，我有要说的话，无法传达。想要进见，又没机会。"赵高说："您如果真要进谏的话，请允许我趁皇帝有空的时候告诉您。"于是赵高就趁二世皇帝正在欢宴娱乐，宫中美女正在侍候的时候，派人告诉丞相说："皇上正有空闲，您可以来禀奏事情。"李斯于是来宫门求见，这样一连三次。二世皇帝发怒说："我平常有空闲的日子，丞相不来。我正在私宴娱乐的时候，丞相就来请示事情。丞相难道是瞧不起我吗，还是故意刁难我呢？"赵高趁机说："这样就危险了！沙丘的阴谋，丞相参与了。现在陛下已经立为皇帝，可是丞相并没有更加尊贵，这样他内心也希望割地封王了！而且陛下不问我，我也不敢说。丞相的儿子李由担任三川郡守，楚地盗贼陈胜等人都是丞相邻县的居民，所以楚地盗贼公开横行，经过三川郡的时候，李由只是守城，却不肯出击。我赵高听说他们之间互相有文件往来，因为还没有得到那确切情况，因此不敢来告知陛下。况且丞相处在宫外，权势比陛下还重。"二世皇帝认为赵高所说是对的。他想要查办丞相，又恐怕赵高所说的不够确切，于是就派人去调查三川郡守李由和盗贼勾结的情况。李斯听到了这个消息。

是时，二世在甘泉，方作觳抵优俳之观，李斯不得见，因上书言赵高之短曰："臣闻之，臣疑其君，无不危国，妾疑其夫，无不危家。今有大臣于陛下擅利擅害，与陛下无异，此甚不便。昔者司城子罕相宋，身行刑罚，以威行之，期年遂劫其君。田常为简公臣，爵列无敌于国，私家之富与公家均，布惠施德，下得百姓，上得群臣，阴取齐国，杀宰予于庭，即弑简公于朝，遂有齐国。此天下所明知也。今高有邪佚之志，危反之行，如子罕相宋也；私家之富，若田氏之于齐也。兼行田常、子罕之逆道而劫陛下之威信，其志若韩玘为韩安相也。陛下不图，臣恐其为变也。"二世曰："何哉？夫高，故宦人也，然不为安肆志，不以危易心，絜行修善，自使至此。以忠得进，以信守位，朕实贤之，而君疑之，何也？且朕少失先人，无所识知，不习治民，而君又老，恐与天下绝矣。朕非属赵君，当谁任哉？且赵君为人精廉强力，下知人情，上能适朕，君其勿疑。"李斯曰："不然，夫高，故贱人也，无识于理，贪欲无厌，求利不止，列势次主，求欲无穷，臣故曰殆。"二世已前信赵高，恐李斯杀之，乃私告赵高。高曰："丞相所患者独高，高已死，丞相即欲为田常所为。"于是二世曰："其以李斯属郎中令。"

这时，二世皇帝在甘泉宫，正在观赏摔跤和杂戏的表演。李斯不能见到二世，就上书陈述赵高的短处说："我听说，臣子如果同君主平等，没有不危害国家的；妻妾同丈夫平等，没有不危害家庭的。现在有的大臣在皇上身旁独揽赏罚大权，权势与陛下没有两样，这就非常不利。从前司城子罕当宋国的丞相，亲自执行刑罚，用威逼手段处理事务，一年之后就篡夺了王位。田常当齐简公的臣子，爵位在国内没有谁能和他匹敌，私人财富和公家相等。他行惠施恩，下得人民，上得群臣，暗中窃取了齐国的政权，在庭院里杀死了宰予，又在朝廷上杀害了齐简公，终于取得了齐国。这是天下都清楚知道的事情。现在赵高有邪淫的心肠，有反叛的行为，就像子罕当宋国的丞相一般。赵高私人的财富，也像田常在齐国那样。赵高一并使用田常和子罕的叛逆手段，而窃夺了陛下的威信。他的野心就像韩玘当韩王安的宰相一样。陛下如果不筹谋提防，我恐怕他是会叛乱的呀！"二世皇帝说："为何呢？赵高原本是宦官，却不由于安逸就随心所欲，也不因为危难就改变忠心。他廉洁向善，自从到这里受用以来，由于忠诚而得到提拔，因为信实持有禄位。我确实认为他贤良，而你却怀疑他，为什么呢？而且我年轻就失去了父亲，没有什么见识，不懂得治理百姓，而你又老了，恐怕就要断送天下了。我不把国家托付给赵高，又该给谁呢？而且赵高为人清廉勤力，下能了解民情，上能合我心意，你可不要怀疑。"李斯说："不是这样。赵高本只是个卑贱的人，不懂得道理，贪心无厌，图利不休，地位权势，仅次于皇上，欲望无穷，我所以说太危险。"二世皇帝已信任赵高，恐怕李斯杀死他，就私下把这些话告诉了赵高。赵高说："丞相所忧虑的只有我赵高，我死后，丞相就要干田常所干的事了。"这时二世皇帝说："就把李斯交给郎中令吧！"

赵高案治李斯。李斯拘执束缚，居囹圄中，仰天而叹曰："嗟乎，悲夫！不道之君，何可为计哉！昔者桀杀关龙逢，纣杀王子比干，吴王夫差杀伍子胥。此三臣者，岂不忠哉！然而不免于死，身死而所忠者非也。今吾智不及三子，而二世之无道过于桀、纣、夫差，吾以忠死，宜矣。且二世之治岂不乱哉！日者夷其兄弟而自立也，杀忠臣而贵贱人，作为阿房之宫，赋敛天下。吾非不谏也，而不吾听也。凡古圣王，饮食有节，车器有数，宫室有度，出令造事，加费而无益于民利者禁，故能长治久安。今行逆于昆弟，不顾其咎；侵杀忠臣，不思其殃；大为宫室，厚赋天下，不爱其费。三者已行，天下不听。今反者已有天下之半矣，而心尚未寤也，而以赵高为佐，吾必见寇至咸阳，麋鹿游于朝也。"

赵高审讯李斯。李斯被拘捕捆绑，关在监狱里，仰天而叹息着说："唉！可悲啊！无道的国君，怎么能为他出谋献策呢！以前夏桀杀死关龙逢，商纣杀死王子比干，吴王夫差杀死伍子胥。这三个臣子，难道不忠吗？可是都不免一死，为尽忠而献身，可是所忠的非其人。如今我的智慧比不上他们三人，而二世皇帝的昏庸无道又超过了夏桀、商纣和夫差，我由于尽忠而被杀死，活该了。况且二世治理天下，难道不是乱来吗？不久以前屠杀兄弟而自立为皇帝，又杀害忠臣，宠低贱的人，并且修建阿房宫，向天下横征暴敛。我并不是没有劝谏，可是他不肯听从我。大凡古代圣明的君王，饮食有节制，车马器用有数量，宫殿屋室有限度，下令举办的事情，增加费用却不能改善人民利益的，一律禁止，所以能长治久安。现在二世的行为叛逆兄弟，不考虑后果；杀忠臣，不顾后患；大规模地建造宫室，向天下加重赋税，不爱惜钱财。这三件事已经做出来了，天下人都不会服从。现在起义叛秦的人，已经占据天下的一半了，可是二世心里还不觉悟，还要用赵高为辅佐。我必定会看到盗贼攻进咸阳城，麋鹿将在朝廷闲游了。”

于是二世乃使高案丞相狱，治罪，责斯与子由谋反状，皆收捕宗族宾客。赵高治斯，榜掠千余，不胜痛，自诬服。斯所以不死者，自负其辩，有功，实无反心，幸得上书自陈，幸二世之寤而赦之。李斯乃从狱中上书曰：“臣为丞相治民，三十余年矣。逮秦地之狭隘。先王之时秦地不过千里，兵数十万。臣尽薄材，谨奉法令，阴行谋臣，资之金玉，使游说诸侯，阴修甲兵，饰政教，官斗士，尊功臣，盛其爵禄，故终以胁韩弱魏，破燕、赵，夷齐、楚，卒兼六国，虏其王，立秦为天子。罪一矣。地非不广，又北逐胡、貉，南定百越，以见秦之强。罪二矣。尊大臣，盛其爵位，以固其亲。罪三矣。立社稷，修宗庙，以明主之贤。罪四矣。更克画，平斗斛度量文章，布之天下，以树秦之名。罪五矣。治驰道，兴游观，以见主之得意。罪六矣。缓刑罚，薄赋敛，以遂主得众之心，万民载主，死而不忘。罪七矣。若斯之为臣者，罪足以死固久矣。上幸尽其能力，乃得至今，愿陛下察之！”书上，赵高使吏弃去不奏，曰：“囚安得上书！”

当时二世皇帝就派赵高审理丞相李斯的案件，定罪名，责问李斯和他的儿子李由反叛的情况，全部逮捕了李斯宗族和宾客。赵高审讯李斯，大板拷打了他一千多下，李斯忍受不了痛苦，只好冤屈地自招了。李斯之所以不自杀，是由于自负能言善辩，有功劳，确实没有反叛的动机，希望能够有机会上书自我辩解，希望二世皇帝醒悟而赦免他。李斯就从狱中上书说：“我担任丞相，治理国家三十多年了。我初到秦国时，国土还很狭小。先王的时候，秦国领土不过千里，士兵几十万。我竭尽自己微薄的才能，小心谨慎地执行法令，暗中派遣谋臣，资助他们金银珠宝，让他们去游说诸侯；又暗中整备武装，整顿政治、教化，任用英勇善战的人做官吏；尊重功臣，提高他们的爵位、俸禄，终于逼迫韩国，削弱魏国，打败燕国、赵国，消灭齐国、楚国，最终吞并了六国，俘虏了他们的君主，拥立秦王为天子。这是我的第一条罪状了。秦国的土地并非不广大，可是还要北上驱逐匈奴、貉族，南下平定北越，来显示秦国的强大。这是我第二项罪状了。尊重大臣，提高他们的爵禄，来密切他们的关系。这是我的第三项罪状了。设置社稷之神，修建宗庙，来彰明君王的贤明。这是我第四项罪状了。改革书写符号，统一度、量、衡和文字，颁布于天下，用来树立秦朝的威名。这是我的第五项罪状了。修筑天子专用的马路，兴建游览区，来显示君王的得意。这是我的第六项罪状了。减轻刑罚，减少租税，来实现君主获得民心的愿望，让万民拥戴君王，至死不能忘怀。这是我的第七项罪状了。像我李斯这样作为臣子的人，罪过早就该处死了。幸得皇上让我在朝廷竭尽能力，才能活到今天，希望陛下仔细明察！”奏书呈交以后，赵高叫狱官弃置不上奏。赵高说：“囚犯怎能上书！”

赵高使其客十余辈诈为御史、谒者、侍中，更往覆讯斯。斯更以其实对，辄使人复榜之。后二世使人验斯，斯以为如前，终不敢更言，辞服。奏当上，二世喜曰：“微赵君，几为丞相所卖。”及二世所使案三川之守至，则项梁已击杀之。使者来，会丞相下吏，赵高皆妄为反辞。

赵高指使他的私党十几批，伪装成御史、谒者、侍中等官员，轮流去审讯李斯。李斯改口，把自己的实情对答，赵高总是派人再拷打他。后来二世皇帝派人向李斯验证口供，李斯以为又同前几次一样，终于不敢改变口供，承认了状辞。赵高把判决呈递上去，二世皇帝高兴地说：“要不是赵君，我几乎被丞相出卖了！”等到二世皇帝派去调查三川郡守的人到达三川时，原来项梁已经杀死了李由。使者回来时，又正好李斯已被交给狱官看管，赵高就随便伪造了李由反叛的罪状。

二世二年七月，具斯五刑，论腰斩咸阳市。斯出狱，与其中子俱执，顾谓其中子曰：“吾欲与若复牵黄犬俱出上蔡东门逐狡兔，岂可得乎！”遂父子相哭，而夷三族。

秦二世二年七月，定李斯受五刑，决定在咸阳市上腰斩。李斯走出监狱的时候，跟他的次子一同被押解，回头对他的次子说：“我还想和你再牵着黄狗，一同出上蔡东门去追逐狡兔，还能办得到吗？”父子两人就相对痛哭，被夷灭三族。

李斯已死，二世拜赵高为中丞相，事无大小辄决于高。高自知权重，乃献鹿，谓之马。二世问左右：“此乃鹿也？”左右皆曰：“马也。”二世惊，自以为惑，乃召太卜，令卦之。太卜曰：“陛下春秋郊祀，奉宗庙鬼神，斋戒不明，故至于此。可依盛德而明斋戒。”于是乃入上林斋戒。日游弋猎，有行人入上林中，二世自射杀之。赵高教其女婿咸阳令阎乐劾不知何人贼杀人移上林，高乃谏二世曰：“天

子无故贼杀不辜人，此上帝之禁也，鬼神不享，天且降殃，当远避宫以禳之。”二世乃出居望夷之宫。

李斯死后，二世皇帝任命赵高为中丞相，事情不论大小，总是由赵高判定。赵高自知权势重大，就进献了一匹鹿，故意说它是马。二世皇帝问左右的人说：“这是鹿吧？”左右都说：“是马。”二世皇帝很惊讶，认为自己糊涂，召来太卜，叫他占卜。太卜说：“陛下春秋两季祭祀上天，供奉宗庙鬼神，斋戒不够虔诚，所以到了这个地步。陛下可依大德而明白施行斋戒。”于是二世皇帝就住进上林苑举行斋戒，天天在苑里游玩射猎。有个行人进入上林苑中，二世皇帝亲自射死了他。赵高指使他的女婿咸阳县令阎乐检举，说不知道谁杀死了人，把尸首移到上林苑中。赵高就规劝二世皇帝说：“天子无故杀害了无罪的人，这是上天所不允许的，鬼神也不容忍，上天将会降下灾祸，陛下应该远行避开皇宫去祈福消灾。”二世皇帝就外出住到望夷宫去。

留三日，赵高诈诏卫士，令士皆素服持兵内乡，入告二世曰：“山东群盗兵大至！”二世上观而见之，恐惧，高即因劫令自杀，引玺而佩之，左右百官莫从，上殿，殿欲坏者三。高自知天弗与，群臣弗许，乃召始皇弟，授之玺。

二世皇帝在望夷宫里住了三天，赵高假传二世的旨意，把卫士召来，叫他们穿着白色的衣服，拿着兵器，指向里面，赵高入宫告诉二世说：“山东群盗叛军大批拥到了！”二世登上台观就望见他们，大为惧怕，赵高便趁机胁迫二世自杀了。赵高拿过皇帝的玉玺就佩带起来，左右百官都不听从他，赵高上殿去，殿堂好几次要坍毁似的。赵高自知上天不许，群臣也不答应，就把始皇的一个孙（原文是“弟”字，依《秦本纪》改）儿子婴叫来，将玉玺交给他。

子婴即位，患之，乃称疾不听事，与宦者韩谈及其子谋杀高。高上谒，请病，因召入，令韩谈刺杀之，夷其三族。

子婴登位后，惧怕赵高，就假托生病，不理政务，跟宦官韩谈和自己的儿子密谋杀死赵高。赵高请求进见，探问病情，子婴趁机叫他进来，叫韩谈刺杀了他，夷灭了他的三族。

子婴立三月，沛公兵从武关入，至咸阳，群臣百官皆畔，不适。子婴与妻子自系其颈以组，降轵道旁。沛公因以属吏，项王至而斩之，遂以亡天下。

子婴登位三个月，沛公刘邦的军队从武关打进来，到了咸阳，群臣百官都背叛秦朝，不抵抗沛公。子婴和妻子儿女用丝带自己系在脖子上，到轵道旁边去投降，沛公便把他们交给了主管刑狱的官吏。项王到达咸阳后杀死了子婴。秦朝就这样丢失了天下。

太史公曰：李斯以闾阎历诸侯，入事秦，因以瑕衅，以辅始皇，卒成帝业，斯为三公，可谓尊用矣。斯知六艺之归，不务明政以补主上之缺，持爵禄之重，阿顺苟合，严威酷刑，听高邪说，废適立庶。诸侯已畔，斯乃欲谏争，不亦末乎！人皆以斯极忠而被五刑死，察其本，乃与俗议之异。不然，斯之功且与周、召列矣。

太史公说：李斯以一个街道平民的身份，游历诸侯各国，进关服事秦国后，利用种种时机，来辅佐始皇，终于成就了统一大业。李斯位居三公，可算受到重用了。李斯懂得六艺的要旨，却不力求修明政治，来弥补皇帝的过错，却把爵位、俸禄看得太重，对上阿谀苟合，对下严威酷刑，听从赵高的邪说，废嫡子而立庶子。等到诸侯已经反叛，李斯才想直言进谏，这不是太晚了吗！人们都认为李斯为秦竭尽忠心，反受五刑而死，但考察他的原本，却跟世俗的议论不同。不然的话，李斯的功绩倒可以跟周公、召公并列了。

史记第八十八卷

蒙恬列传第二十八

蒙恬者，其先齐人也。恬大父蒙骜，自齐事秦昭王，官至上卿。秦庄襄王元年，蒙骜为秦将，伐

韩，取成皋、荥阳，作置三川郡。二年，蒙骜攻赵，取三十七城。始皇三年，蒙骜攻韩，取十三城。五年，蒙骜攻魏，取二十城，作置东郡。始皇七年，蒙骜卒。骜子曰武，武子曰恬。恬尝书狱典文学。始皇二十三年，蒙武为秦裨将军，与王翦攻楚，大破之，杀项燕。二十四年，蒙武攻楚，虏楚王。蒙恬弟毅。

蒙恬，他的祖先是齐国人。蒙恬的祖父蒙骜，从齐国来到秦国侍奉秦昭王，官做到上卿。秦庄襄王元年，蒙骜担任秦国的将领，领兵攻打韩国，夺取了成皋、荥阳等地，设置了三川郡。庄襄王二年，蒙骜率兵进攻赵国，夺取了三十七个城邑。秦始皇五年，蒙骜率军攻打韩国，夺取了十三个城邑。秦始皇三年，蒙骜率军攻打魏 ，攻占了二十个城邑，设置了东郡。秦始皇七年，蒙骜去世。蒙骜的儿子名叫蒙武，蒙武的儿子名叫蒙恬。蒙恬曾经学习过刑法，担任狱官，掌管狱讼的文书工作。秦始皇二十三年，蒙武担任秦国的副将，跟王翦一同去进攻楚国，大败楚军，杀死了楚将项燕。秦始皇二十四年，蒙武又率军攻打楚国，俘虏了楚王。蒙恬的弟弟名叫蒙毅。

始皇二十六年，蒙恬因家世得为秦将，攻齐，大破之，拜为内史。秦已并天下，乃使蒙恬将三十万众北逐戎狄，收河南。筑长城，因地形，用制险塞，起临洮，至辽东，延袤万余里。于是渡河，据阳山，逶蛇而北。暴师于外十余年，居上郡。是时蒙恬威振匈奴。始皇甚尊宠蒙氏，信任贤之。而亲近蒙毅，位至上卿，出则参乘，入则御前。恬任外事而毅常为内谋，名为忠信，故虽诸将相莫敢与之争焉。

秦始皇二十六年，蒙恬由于出身将门的关系，得以担任秦军的将领，领兵攻打齐国，大败齐军，被任命为内史。当时秦已经兼并天下，便派遣蒙恬率领三十万大军，北上驱逐戎族和狄族，收复黄河以南的土地。修筑长城，利用地势，用来控制险要的关塞，西起临洮，东到辽东，绵延长达一万多里。此后渡过黄河，占据阳山，逶迤向北延伸。率兵宿营在野外十多年，驻守上郡。这时蒙恬的声威震慑匈奴。秦始皇非常敬重宠信蒙氏兄弟，信任他们，赏识他们。因而亲近蒙毅，使他官位达到上卿，外出时陪着皇帝同乘一辆车，在朝时侍奉在皇帝面前。蒙恬管理外务时，蒙毅常替他在朝内谋划，称为忠信大臣。因此，就是其他将相，也没有谁敢和他们抗争。

赵高者，诸赵疏远属也。赵高昆弟数人，皆生隐宫，其母被刑僇，世世卑贱。秦王闻高强力，通于狱法，举以为中车府令。高即私事公子胡亥，喻之决狱。高有大罪，秦王令蒙毅法治之。毅不敢阿法，当高罪死，除其宦籍。帝以高之敦于事也，赦之，复其官爵。

赵高是赵国王族中疏远的亲属。赵高兄弟几个人，都是生长在宦官家庭，他的母亲受过刑罚，世世代代地位卑贱。秦始皇听说赵高有能力，精通刑狱法律，便选拔他担任中车府令。赵高就私下侍奉公子胡亥，教他学习审判案件。赵高曾犯大罪，秦始皇命令蒙毅依法惩处他。蒙毅不敢违背法律，依法判处赵高死刑，开除他的宦官籍。秦始皇认为赵高平时办事认真，就赦免了他，恢复了他的官职、爵位。

始皇欲游天下，道九原，直抵甘泉，乃使蒙恬通道，自九原抵甘泉，堑山堙谷，千八百里。道未就。

秦始皇想游历天下，取道九原郡，直达甘泉宫，便派遣蒙恬开路，从九原郡到甘泉宫，辟山填谷，长达一千八百里。道路未能完成。

始皇三十七年冬，行出游会稽，并海上，北走琅邪。道病，使蒙毅还祷山川，未反。

秦始皇三十七年冬天，启程游会稽，沿海而上，北向琅邪。途中始皇生病了，便派蒙毅回头向山川神灵祈祷，蒙毅还没有回返。

始皇至沙丘崩，秘之，群臣莫知。是时丞相李斯、公子胡亥、中车府令赵高常从，高雅得幸于胡亥，欲立之，又怨蒙毅法治之而不为己也，因有贼心，乃与丞相李斯、公子胡亥阴谋，立胡亥为太子。太子已立，遣使者以罪赐公子扶苏、蒙恬死。扶苏已死，蒙恬疑而复请之。使者以蒙恬属吏，更置。胡亥以李斯舍人为护军。使者还报，胡亥已闻扶苏死，即欲释蒙恬。赵高恐蒙氏复贵而用事，怨之。

秦始皇到达沙丘就病死了，但不公开消息，大臣们都不知道。这时，丞相李斯、公子胡亥、中车府令赵高经常陪侍在始皇身边。赵高一向很得胡亥的宠幸，想要拥立胡亥继承皇位，又怨恨蒙毅依法惩办他而没有救助他，因而有坏心眼，就跟丞相李斯、公子胡亥暗中谋划，拥立胡亥作太子。太子确立以后，就派遣使者用罪名让公子扶苏和蒙恬自杀。扶苏死后，蒙恬有所猜疑，就请求申诉。使者把蒙恬交给狱吏，派人接替了蒙恬的职务。胡亥用李斯的家臣担任护军。使者回来汇报，胡亥已经听说扶苏死了，就想要释放蒙恬。赵高唯恐蒙氏兄弟再次显贵而掌权，仍然记恨他们。

毅还至，赵高因为胡亥忠计，欲以灭蒙氏，乃言曰："臣闻先帝欲举贤立太子久矣，而毅谏曰'不可'。若知贤而俞弗立，则是不忠而惑主也。以臣愚意，不若诛之。"胡亥听而系蒙毅于代。前已囚蒙恬于阳周。丧至咸阳，已葬，太子立为二世皇帝，而赵高亲近，日夜毁恶蒙氏，求其罪过，举劾之。

蒙毅回来了，赵高利用替胡亥竭忠的谋划，想趁机消灭蒙氏兄弟，就对胡亥说："我听说先帝想选用贤才确立太子很久了，蒙毅却劝谏说'不可以'，明知道您贤能而拖延不让立为太子，就是对您不忠而且欺骗先帝。按照我愚昧的想法，不如杀死他。"胡亥听了赵高的话，就把蒙毅囚禁在代地。以前已经把蒙恬囚禁在阳周。秦始皇的灵柩运到咸阳，安葬完毕，太子胡亥登位为二世皇帝，赵高最得亲信，日夜中伤毁谤蒙氏兄弟，搜罗他们的罪过，检举弹劾他们。

子婴进谏曰："臣闻故赵王迁杀其良臣李牧而用颜聚，燕王喜阴用荆轲之谋倍秦之约，齐王建杀其故世忠臣而用后胜之议。此三君者，皆各以变古者失其国而殃及其身，今蒙氏，秦之大臣谋士也，而主欲一旦弃去之，臣窃以为不可。臣闻轻虑者不可以治国，独智者不可以存君。诛杀忠臣而立无节行之人，是内使群臣不相信而外使斗士之意离也，臣窃以为不可。"

子婴进言规劝说："我听说以前赵王迁杀害他的贤臣李牧以后，任用颜聚；燕王喜暗中用荆轲的计谋，而违背燕、秦盟约；齐王建杀死他前代的忠臣，而用后胜的意见：这三位君主，都是由于各自改变本国的旧规，导致国家灭亡，而且祸殃连及自身。如今蒙氏兄弟，是秦朝的大臣、谋士，而君王想一朝抛弃他们，我私下认为不行。我听说轻意的人不能治理国家，不集思广益的人不能保全君位。诛杀忠臣而任用没有德行节操的人，这样对内使群臣互不信任，对外使战士的斗志涣散。我私下以为不行。"

胡亥不听。而遣御史曲宫乘传之代，令蒙毅曰："先主欲立太子而卿难之。今丞相以卿为不忠，罪及其宗。朕不忍，乃赐卿死，亦甚幸矣。卿其图之！"毅对曰："以臣不能得先主之意，则臣少宦，顺幸没世，可谓知意矣。以臣不知太子之能，则太子独从，周旋天下，去诸公子绝远，臣无所疑矣。夫先主之举用太子，数年之积也，臣乃何言之敢谏，何虑之敢谋！非敢饰辞以避死也，为羞累先主之名，愿大夫为虑焉，使臣得死情实。且夫顺成全者，道之所贵也；刑杀者，道之所卒也。昔者秦缪公杀三良而死，罪百里奚而非其罪也，故立号曰'缪'。昭襄王杀武安君白起。楚平王杀伍奢。吴王夫差杀伍子胥。此四君者，皆为大失，而天下非之，以其君为不明，以是籍于诸侯。故曰'用道治者不杀无罪，而罚不加于无辜。'唯大夫留心！"使者知胡亥之意，不听蒙毅之言，遂杀之。

蒙恬像

胡亥不听从劝谏，却派遣御史曲宫乘坐驿车前往代地，命令蒙毅说："先主想要立太子，而您却难为他。如今认为您不忠诚，罪过牵连到您的家族。我不忍心，只赐您一死，也算是很幸运了。您自己考虑这件事吧！"蒙毅回答说："假如说我不能得到先帝的欢心，那么我从年轻时开始做官，顺从先帝的意旨而得到宠幸，直到先帝去世，可称得上能了解先帝的心意吧！假如说我不知道太子的才能，那么太子独自跟从先帝，周游天下，宠幸远远超过各位公子，我没有什么怀疑的地方啊！先帝选立太子，是考虑多年的结果，我还有什么话敢进谏，还有什么计策敢谋划！我不敢用粉饰言辞来逃避死罪，只是由于牵累到先帝的名誉感到羞耻，希望大夫加以考虑，使我能死于罪有应得。况且顺理成全，是道义所推重的；严刑诛杀，是道义所唾弃的。从前秦缪公用三位贤臣殉葬，判处百里奚以不恰当的罪名，所以谥号命为缪；秦昭襄王杀死武安君白起；楚平王杀死伍奢；吴王夫差杀死伍子胥：这四位君主，都是大错特错，所以天下人都非议他们，认为这几位君王是不贤明的，所以他们在诸侯国中声名狼藉。所以说，用道义治国的人不杀害无罪的臣民，而刑罚也不加在无罪者的身上。希望大夫留意！”使者知道胡亥的意图，不听蒙毅的话，就杀死了他。

二世又遣使者之阳周，令蒙恬曰：“君之过多矣，而卿弟毅有大罪，法及内史。”恬曰：“自吾先人，及至子孙，积功信于秦三世矣。今臣将兵三十余万，身虽囚系，其势足以倍畔，然自知必死而守义者，不敢辱先人之教，以不忘先主也。昔周成王初立，未离襁褓，周公旦负王以朝，卒定天下。及成王有病甚殆，公旦自揃其爪以沉于河，曰：‘王未有识，是旦执事。有罪殃，旦受其不祥。’乃书而藏之记府，可谓信矣。及王能治国，有贼臣言：‘周公旦欲为乱久矣，王若不备，必有大事。’王乃大怒，周公旦走而奔于楚，成王观于记府，得周公旦沉书，乃流涕曰：‘孰谓周公旦欲为乱乎！’杀言之者而反周公旦。故《周公》曰：‘必参而伍之’。今恬之宗，世无二心，而事卒如此，是必孽臣逆乱，内陵之道也。夫成王失而复振则卒昌；桀杀关龙逢，纣杀王子比干而不悔，身死则国亡。臣故曰过可振而谏可觉也，察于参伍，上圣之法也，凡臣之言，非以求免于咎也，将以谏而死，愿陛下为万民思从道也。”使者曰：“臣受诏行法于将军，不敢以将军言闻于上也。”蒙恬喟然太息曰：“我何罪于天，无过而死乎？”良久，徐曰：“恬罪固当死矣。起临洮属之辽东，城堑万余里，此其中不能无绝地脉哉！此乃恬之罪也。”乃吞药自杀。

二世皇帝又派遣使者到阳周，命令蒙恬说：“您的过失够多了，而您的弟弟蒙毅有大罪，依法牵连到内史。”蒙恬说：“从我的祖先，直到子孙，在秦国建立功业和名誉已经三代了。如今我率领三十万大军，虽然身遭囚禁，但我的势力足够反叛。然而我之所以自知死定了还遵守节义，是因为不敢玷辱祖先的教诲，而且不忘怀先帝。从前周成王刚登位的时候，还是襁褓中的一个幼儿，周公姬旦身背着他朝见，终于平定了天下。等到成王有病很危险的时候，周公姬旦自己剪下指甲来投入黄河，说：‘君王年幼无知，是我姬旦管事。如若有罪过，由我姬旦承受那祸殃。’于是把话记录下来，收藏在档案馆里。这可以说是竭尽忠信了。到了周成王能够治理国家时，有奸臣说：‘周公旦想要作乱已经很久了。君王如果不加防备，必定会有大变故。’成王就非常恼怒，周公姬旦逃奔到楚国。成王到档案馆察看，得到了周公姬旦投指甲入黄河时的祷辞记录，就流着眼泪说：‘谁说周公旦想要作乱呢？’他杀掉了进谗言的人，而让周公姬旦回来。所以《周书》上说：‘一定要三番五次地复议。’如今我蒙氏家族，世代尽忠朝廷，没有异心，而事情结果竟然这样，这一定是因为乱臣倒行逆施，凌驾王室之上的结果。周成王虽然有过失但能补救，终于使周朝昌盛；夏桀杀死关龙逢，商纣杀死王子比干而不后悔，最终身死国亡。所以我认为犯了过失可以补救，听从劝谏可以觉醒。三番五次地审察，是先贤的方法。我所说的话，并不是用来求得免于追究罪责，而是将要为忠言直谏而死。希望陛下能为千万百姓考虑遵从的道路。”使者说：“我受命来对将军执行刑法，不敢把将军的话转达给皇上。”蒙恬深深地叹息说：“我对上天有什么罪，无罪却得死吗？”很久，他又慢慢地说：“我蒙恬的罪过，本来就该死了！从临洮连接到辽东，筑城墙，挖沟，长达一万多里，这中间不能没有切断地脉啊！这就是我的罪过。”于是吞毒药自杀了。

太史公曰：吾适北边，自直道归，行观蒙恬所为秦筑长城亭障，堑山堙谷，通直道，固轻百姓力矣。夫秦之初灭诸侯，天下之心未定，痍伤者未瘳，而恬为名将，不以此时强谏，振百姓之急，养老存孤，务修众庶之和，而阿意兴功，此其兄弟遇诛，不亦宜乎！何乃罪地脉哉？

太史公说：我到北部边境，从开辟的直道回来，沿途看到蒙恬为秦朝构筑的长城、堡垒，劈山填谷，连通直道，这本来就太轻视人民的财力了。当秦国刚刚兼并诸侯的时候，天下人心还没有安定，战争的创伤还没有痊愈，而蒙恬身为名将，不在这时候极力进谏，拯救人民的危难，奉养老人，抚育孤儿，致力维护百姓的安定，反而曲意逢迎，大兴土木。这样，他们兄弟被杀，不也应该吗？怎么竟归罪于地脉呢！

史记第八十九卷

张耳陈馀列传第二十九

张耳者，大梁人也。其少时，及魏公子毋忌为客。张耳尝亡命游外黄。外黄富人女甚美，嫁庸奴，亡其夫，去抵父客。父客素知张耳，乃谓女曰："必欲求贤夫，从张耳。"女听，乃卒为请决，嫁之张耳。张耳是时脱身游，女家厚奉给张耳，张耳以故致千里客。乃宦魏为外黄令。名由此益贤。陈馀者。亦大梁人也，好儒术，数游赵苦陉。富人公乘氏以其女妻之，亦知陈馀非庸人也。余年少，父事张耳，两人相与为刎颈交。

张耳是魏国大梁人。他年轻的时候，在魏公子无忌门下作宾客。张耳曾经匿名流窜到外黄。外黄有一个富人的女儿很漂亮，却嫁了一个平庸的丈夫。她所以逃离丈夫，投奔到父亲的老朋友家中。她父亲的朋友向来了解张耳，就对这女子说："假如你一定要找个好丈夫，就跟从张耳吧。"那女子听从了，最后就请他作主，与原来的丈夫决裂，改嫁张耳。张耳这时脱身交游，女家重资供应张耳，张耳因此可以招来千里之外的宾客。于是在魏国做了官担任外黄县令，名望更高。陈馀也是大梁人，爱好儒家学说，屡次游历赵国的苦陉。有一富人公乘氏把女儿嫁给了他，因为知道陈馀也不是一般的人。陈馀年轻，就像奉事父亲一样奉事张耳，两人结成了生死无悔的情谊。

秦之灭大梁也，张耳家外黄。高祖为布衣时，尝数从张耳游，客数月。秦灭魏数岁，已闻此两人魏之名士也，购求有得张耳千金，陈馀五百金。张耳、陈馀乃变名姓，俱之陈，为里监门以自食。两人相对。里吏尝有过笞陈馀，陈馀欲起，张耳蹑之，使受笞。吏去，张耳乃引陈馀之桑下而数之曰："始吾与公言何如？今见小辱而欲死一吏乎？"陈馀然之。秦诏书购求两人，两人亦反用门者以令里中。

秦国灭亡大梁的时候，张耳家住外黄。汉高祖还是平民的时候，曾经多次跟张耳交游，为客几个月之久。秦国灭亡魏国几年以后，已经听说这两个人是魏国的名士，就悬赏征求：有人捉拿到张耳赏千金，捉拿到陈馀赏五百金。张耳、陈馀就改名换姓一起逃到陈县，充当里门看守来谋生。两人相对站立，里中官吏曾经由于陈馀有过失而鞭打他，陈馀想要起来反抗，张耳暗中踩陈馀的脚，让他挨打。那官吏离开后，张耳就拉陈馀到桑树下而责备他说："当初我是怎么对你说的？如今你蒙受了一点屈辱，就想杀死一个小吏吗？"陈馀认为他的话是对的。秦朝诏令悬赏征求他俩，他俩反而也利用守卫的名义命令里中居民。

陈涉起蕲，至入陈，兵数万。张耳、陈馀上谒陈涉。涉及左右生平数闻张耳、陈馀贤，未尝见，见即大喜。

陈涉在蕲县起义，到攻入陈县时，有好几万兵。张耳、陈馀求见陈涉。陈涉跟他身边的人平时多次听说张耳、陈馀贤能，但未曾见过面，见面后就非常欢喜。

陈中豪杰父老乃说陈涉曰："将军身被坚执锐，率士卒以诛暴秦，复立楚社稷，存亡继绝，功德宜为王。且夫监临天下诸将，不为王不可，愿将军立为楚王也。"陈涉问此两人，两人对曰："夫秦为无道，破人国家，灭人社稷，绝人后世，罢百姓之力，尽百姓之财。将军瞋目张胆，出万死不顾一生之计，为天下除残也。今始至陈而王之，示天下私。愿将军毋王，急引兵而西，遣人立六国后，自为树党，为秦益敌也。敌多则力分，与众则兵强。如此野无交兵，县无守城，诛暴秦，据咸阳以令诸侯。诸侯亡而得立，以德服之，如此则帝业成矣。今独王陈，恐天下解也。"陈涉不听，遂立为王。

陈县的豪杰、父老便说服陈涉道："将军身披坚甲，手执利器，率领士兵去讨伐暴秦，重建楚国江山，存亡国，继绝世，按功德理当称王。况且要统御天下各部将领，不称王也不行，希望将军立为楚王。”陈涉就这件事问张耳和陈馀，他俩回答说：“秦朝无道，灭亡别人的国家，毁坏别人的社稷，断绝别人的后代，使百姓精疲力竭，使百姓财产消耗将尽。将军明目张胆，不顾万死一生，为天下人除残去暴。现在刚刚到陈县就称王，在天下人面前显示自私。希望将军不要称王，赶紧率军队向西推进，派人确立六国诸侯的后代，为自己树立党羽，给秦国增加敌人。敌人多力量就分散，党羽多兵力就强大。这样，野外不用交战，县里没有抗拒的，讨伐暴秦，占据咸阳来号令诸侯。诸侯亡国之后又得复立，加以恩德使他们归服，这样，帝王的大业可以成功了。如果只在陈县称王，恐怕天下的人会离散不相从。”陈涉不听，就自立为王。

陈馀乃复说陈王曰：“大王举梁、楚而西，务在入关，未及收河北也。臣尝游赵，知其豪桀及地形，愿请奇兵北略赵地。”于是陈王以故所善陈人武臣为将军，邵骚为护军，以张耳、陈馀为左右校尉，予卒三千人，北略赵地。

陈馀就再劝告陈王说：“大王从梁地、楚地举兵西进，目的在于攻入关中，来不及收复河北地区。我曾经游历赵国，了解那里的豪杰和地势，我自愿请求让我出奇兵向北进攻赵地。”于是陈王任命从前的好朋友陈国人武臣为将军，邵骚为护军，用张耳、陈馀担任左右校尉，给士兵三千人，向北进攻赵地。

武臣等从白马渡河，至诸县，说其豪桀曰：“秦为乱政虐刑以残贼天下，数十年矣。北有长城之役，南有五岭之戍，外内骚动，百姓罢敝，头会箕敛，以供军费，财匮力尽，民不聊生。重之以苛法峻刑，使天下父子不相安。陈王奋臂为天下倡始，王楚之地，方二千里，莫不响应，家自为怒，人自为斗，各报其怨而攻其仇，县杀其令丞，郡杀其守尉。今已张大楚，王陈，使吴广、周文将卒百万西击秦。于此时而不成封侯之业者，非人豪也。诸君试相与计之！夫天下同心而苦秦久矣。因天下之力而攻无道之君，报父兄之怨而成割地有土之业，此士之一时也”。豪桀皆然其言。乃行收兵，得数万人，号武臣为武信君。下赵十城，余皆城守，莫肯下。

武臣等人从白马津渡过黄河，到了黄河以北各县，说服当地的豪杰道：“秦朝施行乱政酷刑来残害天下，已经几十年了。北方有修筑长城的劳役，南方有戍守五岭的兵役，内外骚动，百姓疲敝。横征暴敛，来供应军队的费用，财穷力尽，民不聊生。加上严酷的法律、严峻的刑罚，使天下父子不能相安。陈王振臂为天下倡导，首先在楚地称王，方圆二千里，没有谁不响应，家家满怀愤怒，人人为之战斗，各自报自己的怨恨，各自杀自己的仇人，各县杀死县里的县令县丞，各郡杀死郡里的郡守郡尉。现在已经开张大楚，在陈县称王，派遣吴广、周文带领百万大军向西进攻秦朝，在这个时候还不能成就封侯的功业，那就不是人中的豪杰了。请诸位互相计议吧！天下人心同感受，苦于秦朝的暴政已经很久了。凭借天下人的力量来进攻无道的君王，报父兄的仇恨而完成分割地盘占有封土的功业，这是有识之士的大好时机。”豪杰们都认为这些话很对。于是一边行军，一边招兵，得到好几万人，号称武臣作武信君。占领了赵地十个城邑，其他的都据城坚守，不肯投降。

乃引兵东北击范阳。范阳人蒯通说范阳令曰：“窃闻公之将死，故吊。虽然，贺公得通而生。”范阳令曰：“何以吊之？”对曰：“秦法重，足下为范阳令十年矣，杀人之父，孤人之子，断人之足，黥人之首，不可胜数。然而慈父孝子莫敢倳刃公之腹中者，畏秦法耳。今天下大乱，秦法不施，然则慈父孝子且倳刃公之腹中以成其名，此臣之所以吊公也。今诸侯畔秦矣，武信君兵且至，而君坚守范阳，少年皆争杀君，下武信君。君急遣臣见武信君，可转祸为福，在今矣。”

于是引兵向东北进攻范阳。范阳人蒯通劝范阳县令说：“我私下听说您快要去世了，所以来慰问。虽然这样，但我庆贺您因为得到我蒯通而有生路。”范阳县令说：“为何来问候我？”蒯通回答说：“秦的法律很严酷，您做范阳令十年了，杀死人家的父亲，使人家的儿子成为孤儿，砍断人家的脚，在人家的额上刺字，数也数不完。然而，慈父孝子们之所以不敢用刀子插入您的腹部，只是因为畏惧秦朝的法律罢了。现在天下大乱，秦朝的法律不能施行，既这样，那么慈父孝子们将会拿刀子插进您的腹部来成全他们的名声。这就是我之所以来慰问您的原因。当今诸侯反叛暴秦了，武信君的大兵将要到来，而您却要固守范阳城，年轻人都争着要杀您，迎接武信君。如果您马上派遣我去见武信君，可以转祸为福，就在今天了。”

范阳令乃使蒯通见武信君曰：“足下必将战胜然后略地，攻得然后下城，臣窃以为过矣。诚听臣

章邯像，选自《剑锋春秋》。

之计，可不攻而降城，不战而略地，传檄而千里定，可乎？”武信君曰：“何谓也？”蒯通曰：“今范阳令宜整顿其士卒以守战者也，怯而畏死，贪而重富贵，故欲先天下降，畏君以为秦所置吏，诛杀如前十城也。然今范阳少年亦方杀其令，自以城距君。君何不赍臣侯印，拜范阳令，范阳令则以城下君，少年亦不敢杀其令。令范阳令乘朱轮华毂，使驱驰燕、赵郊。燕、赵郊见之，皆曰此范阳令，先下者也，即喜矣，燕、赵城可毋战而降也。此臣之所谓传檄而千里定者也。”武信君从其计，因使蒯通赐范阳令侯印。赵地闻之，不战以城下者三十余城。

范阳令就派蒯通去见武信君说：“您一定要先打了胜仗，然后才能获及土地，先攻破守敌，随后才能占领城邑，我私下认为这样做是错误的。如果您能听我的计策，就可以不用进攻而占领城邑，不用交战就能夺得土地。一声令下，就能平定千里之地，可以吗？”武信君说：“指的是什么呢？”蒯通说：“现今范阳的县令本来是应该整顿士兵来守战的，但是他胆怯而怕死，贪心而看重富贵，因此要率先来降服，但又怕您认为他是秦朝所任用的官吏，像前面被攻下的十个城邑的官吏那样被诛杀。而现在范阳城里的年轻人也正想杀死他们的县令，自己守城来抗拒您。您为何不让我带着侯印，去委任范阳县令，范阳县令就会把县城献给您，那些年轻人也就不敢杀他们的县令了。再让范阳县令乘坐着红色华丽的车子，奔驰在燕、赵之间的郊野。燕、赵两地的人在郊野看见了他，都会说这是范阳县令，是首先投降的人，就高兴了，燕、赵两地区的城邑就可以不战而归降了。这就是我所说的一声令下就可以平定千里之地的计策。”武信君听从了他的计策，便派遣蒯通赐给范阳县令侯印。赵地听到这个消息后，没有经过交战就投降的有三十多个城邑。

至邯郸，张耳、陈馀闻周章军入关，至戏却；又闻诸将为陈王徇地，多以谗毁得罪诛，怨陈王不用其策不以为将而以为校尉。乃说武臣曰：“陈王起蕲，至陈而王，非必立六国后。将军今以三千人下赵数十城，独介居河北，不王无以填之。且陈王听谗，还报，恐不脱于祸。又不如立其兄弟；不，即立赵后。将军毋失时，时间不容息。”武臣乃听之，遂立为赵王。以陈馀为大将军，张耳为右丞相，邵骚为左丞相。

到达邯郸，张耳、陈馀听说周章的军队进入关中，到戏水败退下来了；又听说各路将领替陈王攻城夺地，但多数由于被谗言毁谤，得罪被杀害，又怨恨陈王不采纳他们的计策，不用他们作将军而用他们作校尉，就劝武臣说：“陈王从蕲县起义，到了陈县就称王，不一定会确立六国诸侯的后代。将军现在用三千兵攻占了赵地的几十个城邑，独自驻守在河北，如果不称王，就没法镇守这地方。再说陈王听信谗言，回去报告，恐怕不能摆脱灾祸。还不如拥立自己的兄弟，要不然，就拥立赵王的后代。将军不要失去时机，时间不容间歇。”武臣便听从了他们，因此自立为赵王。用陈馀作大将军，张耳做右丞相，邵骚作左丞相。

使人报陈王，陈王大怒，欲尽族武臣等家，而发兵击赵。陈王相国房君谏曰：“秦未亡而诛武臣等家，此又生一秦也。不如因而贺之，使急引兵西击秦。”陈王然之，从其计，徙系武臣等家宫中，封张耳子敖为成都君。

派人通报陈王，陈王非常震怒，想要全部诛灭武臣等人的家属，并出兵进击赵国。陈王的相国房君劝谏说："秦朝还没有灭亡，就杀死武臣等人的家属，这等于又增生了一个秦朝。不如就此而向他祝贺，并让他们急速带兵向西进攻秦朝。"陈王同意这个建议，听从了他的计策，把武臣等人的家属迁移到宫里软禁，封张耳的儿子张敖为成都君。

陈王使使者贺赵，令趣发兵西入关。张耳、陈馀说武臣曰："王王赵，非楚意，特以计贺王。楚已灭秦，必加兵于赵。愿王毋西兵，北徇燕、代，南收河内以自广。赵南据大河，北有燕、代，楚虽胜秦，必不敢制赵。"赵王以为然，因不西兵，而使韩广略燕，李良略常山，张黡略上党。

陈王派使者祝贺赵王，让他赶快出兵向西进入关中。张耳、陈馀劝武臣说："大王在赵地称王，这不是楚国的本意，仅用权宜之计来祝贺大王。楚国灭亡秦朝之后，必定会对赵国用兵。望大王不要向西用兵，而向北面攻取燕、代两地，向南面收服河内来扩充土地。赵国若能南面占据黄河，北面拥有燕、代，即使楚国能战胜秦朝，也不敢压制赵国。"赵王认为这是对的，因而不向西出兵，却派韩广攻取燕地，李良攻占常山，张黡攻取上党。

韩广至燕，燕人因立为燕王。赵王乃与张耳、陈馀北略地燕界。赵王间出，为燕军所得。燕将囚之，欲与分赵地半，乃归王。使者往，燕辄杀之以求地。张耳、陈馀患之。有厮养卒谢其舍中曰："吾为公说燕，与赵王载归。"舍中皆笑曰："使者往十余辈，辄死，若何以能得王？"乃走燕壁，燕将见之，问燕将曰："知臣何欲？"燕将曰："若欲得赵王耳。"曰："君知张耳、陈馀何如人也？"燕将曰："贤人也。"曰："知其志何欲？"曰："欲得其王耳。"赵养卒乃笑曰："君未知此两人所欲也。夫武臣、张耳、陈馀杖马箠下赵数十城，此亦各欲南面而王，岂欲为卿相终己邪？夫臣与主岂可同日而道哉，顾其势初定，未敢参分而王，且以少长先立武臣为王，以持赵心。今赵地已服，此两人亦欲分赵而王，时未可耳。今君乃囚赵王。此两人名为求赵王，实欲燕杀之，此两人分赵自立。夫以一赵尚易燕，况以两贤王左提右挈，而责杀王之罪，灭燕易矣。"燕将以为然，乃归赵王，养卒为御而归。

韩广到了燕地，燕地人就拥立韩广为燕王。赵王就跟张耳、陈馀向北进攻燕国的边境。赵王曾在空闲的时候外出，却被燕军捉拿了。燕军的将军把他监禁起来，要求跟他分得赵国一半的土地，才释放赵王。赵国使者前往交涉，燕军就杀死他们来要求割地。张耳、陈馀担忧这件事。赵军中有一名仆从对他宿舍中的伙伴告别说："我替赵国去燕国游说，跟赵王同车回来。"宿舍中的人都笑他说："使者去了十多批，一去就给杀死了，你凭什么能够救赵王？"他就跑到燕国军营。燕军的将领接见他，他就问燕将说："您知道我要干什么？"燕将说："你想救赵王罢了。"他又问："您知道张耳、陈馀是怎样的人吗？"燕将说："是贤人。"他接着问："您知道他们的内心想怎样？"燕将说："想救他们的赵王罢了。"赵国的仆从却笑着说："您还是不知道这两个人的想法。武臣、张耳、陈馀他们只扬着马鞭子就攻占了赵地几十个城邑，他们也都想南面称王。难道只是想终身做卿相吗？臣子和君王的地位难道能相提并论吗？考虑到当时大势刚定，不敢三分天下，各立为王，权且按年龄大小，先立武臣为王，来维系赵地的民心。现在赵地的百姓已经归服了，这两人也想分裂赵地而称王，只是时机还不许可而已。现在您却囚禁着赵王。这两人名义上要救赵王，实际上想让燕国杀掉他，这样两人就可以分裂赵地而自立为王了。用一个赵国还能轻易攻打燕国，何况用两位贤王互相提携，声讨杀死赵王的罪行，燕国被灭就更容易了。"燕将认为是这样，就释放了赵王，那仆从亲自驾车跟赵王一起回国。

李良已定常山，还报，赵王复使良略太原。至石邑，秦兵塞井陉，未能前。秦将诈称二世使人遗李良书，不封，曰："良尝事我得显幸。良诚能反赵为秦，赦良罪，贵良。"良得书，疑不信。乃还之邯郸，益请兵。未至，道逢赵王姊出饮，从百余骑。李良望见，以为王，伏谒道旁。王姊醉，不知其将，使骑谢李良。李良素贵，起，惭其从官。从官有一人曰："天下畔秦，能者先立。且赵王素出将军下，今女儿乃不为将军下车，请追杀之。"李良已得秦书，固欲反赵，未决，因此怒，遣人追杀王姊道中，乃遂将其兵袭邯郸。邯郸不知，竟杀武臣、邵骚。赵人多为张耳、陈馀耳目者，以故得脱出。收其兵，得数万人。客有说张耳曰："两君羁旅，而欲附赵，难；独立赵后，扶以义，可就功。"乃求得赵歇，立为赵王。居信都。李良进兵击陈馀，陈馀败李良，李良走归章邯。

李良已经平定常山，回来报告，赵王又派遣李良去攻击太原。李良到达石邑，秦军封锁了井陉关，无法前进。秦军的将领假称秦二世派人送给李良一封信，没有封口，信中说："李良曾经服事我而得到显贵和宠幸。李良如果能够反赵而归秦，就赦免李良的罪过，让李良显贵。"李良得到这封信，怀疑而不相信，就回到邯郸去，请求增派军队。还没到达邯郸，路上遇见赵王的姐姐外出饮宴，后面跟随着一百多人马。李良望见了，以为是赵王，就跪在路边拜见。赵王的姐姐喝醉了，不知道他是将官，便派了一名骑士请李良起来。李良一向高贵，起身后，在部属面前感到很羞惭。侍从官员中有一人说："天下人背叛秦朝，有能力的人就先立为王。况且赵王的地位一向在将军之下，现在一个女孩儿家竟不给将军下车，请让我追杀她。"李良已经收到伪造的书信，本来就打算反赵，犹豫不决，因此发怒，派人追上去，把赵王的姐姐杀死在路上，然后就带领军队袭击邯郸。邯郸人不知道，李良就杀死武臣、邵骚。赵国人有很多作为张耳、陈馀耳目的，所以他们得以逃脱出来。他们收编自己的军队，还有几万人。门客中有人劝张耳说："二位君王都是过客，要想赵人归附，难；只有拥立六国时候赵王的后代，凭正义去扶助他，才能成就大业。"于是找到赵歇，立他为赵王，住在信都。李良进兵攻打陈馀，陈馀打败李良，李良投奔归附秦将章邯。

章邯引兵至邯郸，皆徙其民河内，夷其城郭。张耳与赵王歇走入钜鹿城，王离围之。陈馀北收常山兵，得数万人，军钜鹿北。章邯军钜鹿南棘原，筑甬道属河，饷王离。王离兵食多，急攻钜鹿。钜鹿城中食尽兵少，张耳数使人召前陈馀，陈馀自度兵少，不敌秦，不敢前。数月，张耳大怒，怨陈馀，使张黡、陈泽往让陈馀曰："始吾与公为刎颈交，今王与耳旦暮且死，而公拥兵数万，不肯相救，安在其相为死！苟必信，胡不赴秦军俱死？且有十一二相全。"陈馀曰："吾度前终不能救赵，徒尽亡军。且余所以不俱死，欲为赵王、张君报秦。今必俱死，如以肉委饿虎，何益？"张黡、陈泽曰："事已急，要以俱死立信，安知后虑！陈馀曰："吾死顾以为无益，必如公言。"乃使五千人令张黡、陈泽先尝秦军，至皆没。

章邯带兵到达邯郸，把那里的百姓都迁到河内，毁平了邯郸的城廓。张耳跟赵王歇逃进钜鹿城，秦将王离围攻他。陈馀在北面收编了常山的兵力，得到几万人，驻军在钜鹿北边。章邯驻军在钜鹿南面的棘原，修筑甬道跟黄河相连接，给王离军供应军粮。王离兵多粮足，猛烈进攻钜鹿。钜鹿城内粮尽兵少，张耳几次派人去叫陈馀的军队前来救援，陈馀估计自己的兵力单薄，可能抵挡不住秦军，不敢前往。过了几个月，张耳非常恼怒，埋怨陈馀，派张黡、陈泽去责备陈馀说："当初，我和您结下生死与共的情谊。现在赵王和我快要死去，而您拥有几万兵力，不肯援助我们，那同生死的情谊在哪里呢！如果您能守信的话，为什么不赶赴秦军跟我们同生死呢？或许有十分之一二的希望保全生命。"陈馀说："我考虑出兵终究不能救赵，只有使军队丧失殆尽。况且我之所以不同归于尽，是想以后为赵王、张君报复秦朝。如果一定要我同归于尽，就好像把肉去送给饿虎一样，有什么好处？"张黡、陈泽说："事情已经紧急，要用同归于尽取得信用，哪里还能考虑到以后的事呢！"陈馀说："我死也罢，但想到没有什么益处。我一定照您的话去做。"就派遣了五千人，由张黡、陈泽先去试攻秦军，一去全军覆没。

当是时，燕、齐、楚闻赵急，皆来救。张敖亦北收代兵，得万余人，来，皆壁余旁，未敢击秦。项羽兵数绝章邯甬道，王离军乏食，项羽悉引兵渡河，遂破章邯。章邯引兵解，诸侯军乃敢击围钜鹿秦军，遂虏王离。涉间自杀。卒存钜鹿者，楚力也。

当这个时候，燕、齐、楚三国听说赵国告急，都派兵来援助。张敖也到北面收编代地的兵员，得到一万多人，一来，都在陈馀军队的旁边建立营垒，不敢进攻秦军。项羽的军队几次切断章邯的甬道，王离的军队缺乏粮食，项羽带兵渡过黄河，终于击败章邯。章邯只好领兵撤退，各国诸侯的军队才敢进攻包围钜鹿的秦军，终于俘虏了王离。秦将涉间自杀。最终能保全钜鹿，靠的是楚军的力量。

于是赵王歇、张耳乃得出钜鹿，谢诸侯。张耳与陈馀相见，责让陈馀以不肯救赵，及问张黡、陈泽所在。陈馀怒曰："张黡、陈泽以必死责臣，臣使将五千人先尝秦军，皆没不出。"张耳不信，以为杀之，数问陈馀。陈馀怒曰："不意君之望臣深也！岂以臣为重去将哉？"乃脱解印绶，推予张耳。张耳亦愕不受。陈馀起如厕。客有说张耳曰："臣闻'天与不取，反受其咎'。今陈将军与君印，君不受，反天不祥。急取之！"张耳乃佩其印，收其麾下。而陈馀还，亦望张耳不让，遂趋出。张耳遂收

其兵。陈馀独与麾下所善数百人之河上泽中渔猎。由此陈馀、张耳遂有郤。

这时赵王歇、张耳才能出钜鹿城,拜谢各国诸侯。张耳跟陈馀见了面,就拿不肯救赵谴责陈馀,又问张黡和陈泽的下落。陈馀生气地说:“张黡、陈泽要求我跟你们同归于尽,我就派他们带领五千人先去跟秦军比试,结果全军覆没,不能逃脱。”张耳不相信,认为陈馀杀掉了他们,多次追问陈馀。陈馀发怒说:“没想到您对我的记恨多深呀！难道您认为我是舍不得抛弃将军的职务吗?”便解脱印绶,推给张耳。张耳也愕然不肯接受。陈馀起身上厕所。宾客中有人劝张耳说:“我听说‘上天的赐予不接受,反而会遭受祸灾’。现在陈将军要把印交给您,您不接受,违背天意,不吉祥。赶快收下它!”张耳就佩上陈馀的印信,接受了他的部下。陈馀从厕所回来,也埋怨张耳不辞让,就快步退出了。张耳就收编了陈馀的军队。陈馀只和部下友好几百人一同到黄河沿岸的湖泽中从事捕鱼打猎。从此,陈馀跟张耳就有了嫌隙。

赵王歇复居信都。张耳从项羽诸侯入关。汉元年二月,项羽立诸侯王,张耳雅游,人多为之言,项羽亦素数闻张耳贤,乃分赵立张耳为常山王,治信都。信都更名襄国。陈馀客多说项羽曰:“陈馀、张耳一体有功于赵。”项羽以陈馀不从入关,闻其在南皮,即以南皮旁三县以封之,而徙赵王歇王代。

赵王歇依旧住在信都。张耳跟随项羽和诸侯进入关中。汉元年二月,项羽分封诸侯王,张耳向来交游广,很多人都替他说好话,项羽也曾多次听闻张耳贤能,就从赵地分出一部分土地,封张耳为常山王,建都信都,信都改名为襄国。陈馀的宾客多人劝项羽说:“陈馀和张耳一样对赵国有功。”项羽认为陈馀没有跟随他进入关中,听说陈馀在南皮,就把南皮附近三个县封给他,而把赵王歇改封为代王。

张耳之国,陈馀愈益怒,曰:“张耳与余功等也,今张耳王,余独侯,此项羽不平。”及齐王田荣畔楚,陈馀乃使夏说说田荣曰:“项羽为天下宰不平,尽王诸将善地,徙故王王恶地,今赵王乃居代！愿王假臣兵,请以南皮为扞蔽。”田荣欲树党于赵以反楚,乃遣兵从陈馀。陈馀因悉三县兵袭常山王张耳。张耳败走,念诸侯无可归者,曰:“汉王与我有旧故,而项羽又强,立我,我欲之楚。”甘公曰:“汉王之入关,五星聚东井。东井者,秦分也。先至必霸。楚虽强,后必属汉。”故耳走汉。汉王亦还定三秦,方围章邯废丘。张耳谒汉王,汉王厚遇之。

张耳回到自己的封国,陈馀更加气愤,说:“张耳和我陈馀功劳一样,现在张耳封王,而我只封侯,这是项羽不公平。”到了齐王田荣反叛楚国,陈馀就派夏说去游说田荣说:“项羽作天下的主宰不公平,把各将领都封在好的地方,把原来的国王改封到不好的地方,现在赵王竟然住到代郡去了!希望大王借给我兵力,请把南皮作为屏障。”田荣也想在赵地树立党羽,来反对楚国,就派兵跟从陈馀。陈馀就全面动员三县的兵员,攻击常山王张耳。张耳败逃,想到诸侯王之中没有一个可以归服的人,便说:“汉王和我有老交情,而项羽的势力又强大,立我为王,我想去楚国。”甘公说:“汉王进入关中的时候,五星聚集在东井天区,东井天区分地属于秦,先到秦地的一定成就霸业。楚国即使强大,最后也一定归属于汉。”所以张耳决定投奔汉。汉王也回兵平定三秦,正在废丘围攻章邯。张耳去拜见汉王,汉王很隆重地接待了他。

陈馀已败张耳,皆复收赵地,迎赵王于代,复为赵王。赵王德陈馀,立以为代王。陈馀为赵王弱,国初定,不之国,留傅赵王,而使夏说以相国守代。

陈馀打败张耳以后,全部收复了赵地,把赵王从代县迎回来,仍然作赵国的国王。赵王感激陈馀的恩德,把陈馀立为代王。陈馀认定赵王势弱,国初定,因此不回封国,留下来辅佐赵王,而派夏说以相国的身份镇守代国。

汉二年,东击楚,使使告赵,欲与俱。陈馀曰:“汉杀张耳乃从。”于是汉王求人类张耳者斩之,持其头遗陈馀。陈馀乃遣兵助汉。汉之败于彭城西,陈馀亦复觉张耳不死,即背汉。汉三年,韩信已定魏地,遣张耳与韩信击破赵井陉,斩陈馀泜水上,追杀赵王歇襄国。汉立张耳为赵王。汉五年,张耳薨,谥为景王。子敖嗣立为赵王。高祖长女鲁元公主为赵王敖后。

汉二年,汉王向东进攻楚,派遣使者告知赵国,希望跟赵国一齐发兵攻楚。陈馀说:“汉若杀了张耳,我们就从命。”因此汉王找到一个和张耳长得很像的人,杀了他,拿了他的头送给陈馀,陈馀便派兵助汉。汉军在彭城以西打了败仗,陈馀也觉察到张耳还没有死,就背叛汉王。

汉三年,韩信已经平定魏地,就派张耳与韩信率兵攻破了赵国井陉,在泜水边斩杀陈馀,并追到襄国杀赵王歇。汉王就封张耳为赵王。汉五年,张耳逝世,谥号为景王,他的儿子张敖即位作了赵王。汉高祖的大女儿鲁元公主是赵王张敖的王后。

汉七年,高祖从平城过赵,赵王朝夕袒韝蔽,自上食,礼甚卑,有子婿礼。高祖箕踞詈,甚慢易之。赵相贯高、赵午等年六十余,故张耳客也。生平为气,乃怒曰:"吾王孱王也!"说王曰:"夫天下豪桀并起,能者先立。今王事高祖甚恭,而高祖无礼,请为王杀之!"张敖啮其指出血,曰:"君何言之误!且先人亡国,赖高祖得复国,德流子孙,秋毫皆高祖力也。愿君无复出口。"贯高、赵午等十余人皆相谓曰:"乃吾等非也。吾王长者,不倍德。且吾等义不辱,今怨高祖辱我王,故欲杀之,何乃污王为乎?令事成归王,事败独身坐耳!"

汉七年,汉高祖从平城经过赵国,赵王早晚脱下外衣,戴上袖套,亲自给汉高祖进献食物,态度很谦虚,颇有女婿的礼貌。汉高祖却张开两脚像畚箕一样坐着大骂赵王,非常傲慢地轻视他。赵相贯高、赵午等人年纪都六十多了,是张耳从前的门客。他们生性豪气,就气愤地说:"我王真是懦弱之王!"就劝赵王说:"天下豪杰并起,有才能的先称王。如今您对高祖非常敬重,而高祖傲慢无礼,请让我们替您杀了他吧!"张敖把自己的手指咬出血来,说:"你们的话多么错误!况且我先父亡国之后,全靠高祖得以复国,德泽流传给子孙,一点一滴都是高祖的功劳。希望你们不要再说了。"贯高、赵午等人都相互议论说:"实在是我们的不对。我王是忠厚人,不肯背信恩德。再说我们的原则是不受别人的侮辱,如今怨恨高祖侮辱我们的王,所以想要把他杀掉,又何必玷污我们的王呢?如果事情成功了,归功于王;如果事情失败了,我们独自受罪罢了。"

汉八年,上从东垣还,过赵,贯高等乃壁人柏人,要之置厕。上过欲宿,心动,问曰:"县名为何?"曰:"柏人。""柏人者,迫于人也!"不宿而去。

汉八年,高祖从东垣回来,经过赵国,贯高等人就在柏人县馆舍的夹壁中隐藏武士,准备刺杀高祖。高祖到了柏人,想要留宿,忽然间觉得心跳,便问:"县名是什么?"有人告诉他说:"柏人。"高祖说:"柏人,就是迫于人!"没有留宿便离去了。

汉九年,贯高怨家知其谋,乃上变告之。于是上皆并逮捕赵王、贯高等。十余人皆争自刭,贯高独怒骂曰:"谁令公为之?今王实无谋,而并捕王;公等皆死,谁白王不反者!"乃槛车胶致,与王诣长安。治张敖之罪。上乃诏赵群臣宾客有敢从王皆族。贯高与客孟舒等十余人,皆自髡钳,为王家奴,从来。贯高至,对狱,曰:"独吾属为之,王实不知。"吏治榜笞数千,刺剟,身无可击者,终不复言。吕后数言张王以鲁元公主故,不宜有此。上怒曰:"使张敖据天下,岂少而女乎!"不听。廷尉以贯高事辞闻,上曰:"壮士!谁知者,以私问之。"中大夫泄公曰:"臣子邑子,素知之。此固赵国立名义不侵为然诺者也。"上使泄公持节问之箯舆前。仰视曰:"泄公邪?"泄公劳苦如生平欢,与语,问张王果有计谋不。高曰:"人情宁不各爱其父母妻子乎?今吾三族皆以论死,岂以王易吾亲哉!顾为王实不反,独吾等为之。"具道本指所以为者王不知状。于是泄公入,具以报,上乃赦赵王。

汉九年,贯高的仇家得知他的阴谋,就向朝廷告发他。当时高祖便一起逮捕了赵王、贯高等。十多人争着要自杀,只有贯高怒骂道:"谁叫你们干的?现在赵王的确没有参与策划,却一起逮捕了赵王。你们都死了,谁来证明赵王没有谋反呢!"于是贯高乘坐密闭的囚车,与赵王一起被送往长安。朝廷审判张敖的罪行。高祖下令:赵王的臣子与宾客有敢随从赵王上京的,要杀死他。贯高跟宾客孟舒等十多人,都自己把头发剃光,用铁圈锁住脖子,装作赵王的家奴跟随赵王来京。贯高到了京城,在出庭受审时说:"只是我们这班人干的,赵王实在不知道。"法官处罚他几千大板,又用烧红的铁条去刺他,贯高全身受伤,再没有可以用刑的地方了,但他始终不再说话。吕后多次对高祖说到,赵王因为鲁元公主的关系,不应该有这种事。高祖发怒说:"假使张敖据有天下,难道还少了你的女儿么!"他不听吕后劝解。廷尉把贯高案件的供辞报告高祖,高祖说:"真是壮士!谁了解他,私下去问问他吧。"中大夫泄公说:"他是我的同乡,我向来了解他。他本是赵国讲究信誉、不违背诺言的人。"高祖便叫泄公手执符节到竹床前问他。贯高抬头看着泄公说:"你是泄公吗?"泄公殷勤慰问,像平时一样欢喜,跟他交谈,问到张敖果真参与了计划没有。贯高说:"人之常情,难道各自不爱自己的父母和妻儿子女吗？现在我家三族将被判处死刑，难道我会为了张王而牺牲自己的亲人吗？实在是因为张王没有反叛，只是我们这班人干的。”他详细说出了他们的本意和所作所为等赵王所不知道的情况。于是泄公上朝，详细地把实情报告高祖，高祖就赦免了赵王。

上贤贯高为人能立然诺，使泄公具告之，曰：“张王已出。”因赦贯高。贯高喜曰：“吾王审出乎？”泄公曰：“然。”泄公曰：“上多足下，故赦足下。”贯高曰：“所以不死一身无余者，白张王不反也。今王已出，吾责已塞，死不恨矣。且人臣有篡杀之名，何面目复事上哉！纵上不杀我，我不愧于心乎？”乃仰绝肮，遂死。当此之时，名闻天下。

高祖非常欣赏贯高为人能守信誉，就叫泄公把赦免赵王的情况都告诉他，说张敖已经被放了，同时也赦免贯高。贯高高兴地问道：“我王真的释放了吗？”泄公说：“是的。”泄公又说：“高祖推重您，所以赦免了您。”贯高说：“我之所以体无完肤而不死，只是为了辩白张王的确没有反叛。现在张王已经释放，我的责任已尽到了，死也没有什么遗憾了。况且人臣有谋杀君王的罪名，还有什么面目再侍奉君主呢？即使君主不杀我，我的内心不会惭愧吗？”于是自己仰着头割断了喉咙，就死去了。正是这时候，贯高的名声传遍天下。

张敖已出，以尚鲁元公主故，封为宣平侯。于是上贤张王诸客，以钳奴从张王入关，无不为诸侯相、郡守者。及孝惠、高后、文帝、孝景时，张王客子孙皆得为二千石。

张敖释放以后，因为他娶了鲁元公主的关系，被封为宣平侯。当时高祖非常欣赏张王的各位宾客，凡是作为家奴而跟随张王入关的，没有谁不做诸侯的相国或郡守的。直至惠帝、高后、文帝、景帝时代，张王宾客的子孙都得到二千石的官爵。

张敖，高后六年薨。子偃为鲁元王。以母吕后女故，吕后封为鲁元王。元王弱，兄弟少，乃封张敖他姬子二人：寿为乐昌侯，侈为信都侯。高后崩，诸吕无道，大臣诛之，而废鲁元王及乐昌侯、信都侯。孝文帝即位，复封故鲁元王偃为南宫侯，续张氏。

张敖于高后六年去世。他的儿子张偃封为鲁元王。因为张偃的母亲是吕后女儿的缘故，吕后封偃为鲁元王。因为元王孤弱，兄弟少，便封张敖姬妾所生的儿子两人：张寿担任乐昌侯，张侈担任信都侯。高后去世以后，吕后族人作乱，大臣设计把他们诛杀了，并且废了鲁元王和乐昌侯、信都侯。汉文帝即位以后，再封原来的鲁元王张偃为南宫侯，继承张氏。

太史公曰：张耳、陈馀，世传所称贤者；其宾客厮役，莫非天下俊桀，所居国无不取卿相者。然张耳、陈馀始居约时，相然信以死，岂顾问哉。及据国争权，卒相灭亡，何乡者相慕用之诚，后相倍之戾也！岂非以势利交哉？名誉虽高，宾客虽盛，所由殆与太伯、延陵季子异矣。

太史公说：张耳、陈馀是世人传颂的贤明的人，他们的宾客和仆役，没有谁不是天下的英雄豪杰，各人所在的国家，没有不能获及卿相的。但是张耳和陈馀在早年贫贱的时候，相互信任，重义气不顾生死，难道会有顾虑吗？等到各自拥有了地盘，争夺权势的时候，终于相攻相灭。为何以前互相倾慕信任是那样的真诚，而后来相互背叛又是那样的凶狠呢？难道不是凭势利相交的原因吗？名誉虽然很高，宾客虽然很多，而他们的所作所为跟吴太伯和延陵季子比起来，那就大不相同了。

史记第九十卷

魏豹彭越列传第三十

魏豹者，故魏诸公子也。其兄魏咎，故魏时封为宁陵君。秦灭魏，迁咎为家人。陈胜之起王也，咎往从之。陈王使魏人周市徇魏地，魏地已下，欲相与立周市为魏王。周市曰：“天下昏乱，忠臣乃见。今天下共畔秦，其义必立魏王后乃可。”齐、赵使车各五十乘，立周市为魏王。市辞不受，迎魏咎

于陈。五反，陈王乃遣立咎为魏王。

魏豹是原魏国王族的公子。他的哥哥魏咎，以往在魏国时曾被封为宁陵君。秦国灭亡魏国以后，魏咎被迁徙到外地当平民。陈胜起义称王时，魏咎前往跟随他。陈王派遣魏国人周市去平定魏地，魏地攻下了，大家想拥立周市作魏王。周市说："天下昏乱的时候，忠臣才显现。当今天下共同反叛暴秦，照道理必须拥立魏王的后裔才行。"齐国、赵国各派车五十辆帮助，希望立周市作魏王。周市辞谢不肯接受，派人到陈县迎接魏咎。来回五次，陈王才派遣魏咎去作魏王。

章邯已破陈王，乃进兵击魏王于临济。魏王乃使周市出请救于齐、楚。齐、楚遣项它、田巴将兵随市救魏。章邯遂击破杀周市等军，围临济。咎为其民约降。约定，咎自烧杀。

章邯已经击败陈王，便进兵临济，进攻魏王。魏王就派周市出使齐国、楚国请求援救。齐、楚派遣将军项它、田巴率兵同周市一起去救援魏国。章邯接着击败了周市等人的军队，杀死了周市，包围临济。魏咎为了城中的民众，请求投降。条约达成之后，魏咎自焚而死。

魏豹亡走楚。楚怀王予魏豹数千人，复徇魏地。项羽已破秦，降章邯。豹下魏二十余城，立豹为魏王。豹引精兵从项羽入关。汉元年，项羽封诸侯，欲有梁地，乃徙魏王豹于河东，都平阳，为西魏王。

魏豹逃亡到楚地，楚怀王拨给魏豹几千人，再去攻击魏地。项羽已经打败秦军，降服章邯。魏豹攻下了魏地二十多个城邑。项羽就立魏豹为魏王。魏豹带领精兵跟随项羽进入关中。汉元年，项羽分封诸侯，想兼据有梁地，就迁移魏王豹到河东，建都平阳，称为西魏王。

汉王还定三秦，渡临晋，魏王豹以国属焉，遂从击楚于彭城。汉败，还至荥阳，豹请归视亲病，至国，即绝河津畔汉。汉王闻魏豹反，方东忧楚，未及击，谓郦生曰："缓颊往说魏豹，能下之，吾以万户封若。"郦生说豹。豹谢曰："人生一世间，如白驹过隙耳。今汉王慢而侮人，骂詈诸侯群臣如骂奴耳，非有上下礼节也。吾不忍复见也。"于是汉王遣韩信击虏豹于河东，传诣荥阳，以豹国为郡。汉王令豹守荥阳。楚围之急，周苛遂杀魏豹。

汉王回军平定三秦，从临晋关渡过黄河，魏豹把魏国归属于汉，便随汉王一起去彭城攻打楚军。汉王失败了，退回到荥阳。魏豹向汉王请假，回去探望母亲的病情。回到本地后，便封锁黄河渡口，背叛汉王。汉王得到魏豹反叛的消息，当时正在忧虑东面的楚国，来不及反击魏国，便对郦生说："你去替我婉转劝说魏豹，能说服他，我用万户封赏你。"郦生去劝说魏豹。魏豹拒绝说："人生一世，短暂得好像日影穿过墙壁的缝隙一样。如今汉王傲慢地侮辱别人，叱骂诸侯、群臣就像骂奴仆一样罢了，没有上下礼节，我真是不忍心再见他。"因此汉王派遣韩信到河东掳掠魏豹，用驿站的车把魏豹押到荥阳，把魏豹的国土改为郡。汉王命令魏豹驻守荥阳。当楚国围攻紧急的时候，周苛就杀了魏豹。

彭越者，昌邑人也，字仲。常渔巨野泽中，为群盗。陈胜、项梁之起，少年或谓越曰："诸豪桀相立畔秦，仲可以来，亦效之。"彭越曰："两龙方斗，且待之。"

彭越是昌邑人，字仲。他常在巨野泽中捕鱼，结群行盗。陈胜、项羽起义的时候，青年人中有人对彭越说："许多豪杰都相继起来反叛暴秦，仲可以出来，我们也学习他们。"彭越说："正当两龙相斗的时候，姑且等待吧！"

居岁余，泽间少年相聚百余人，往从彭越，曰："请仲为长。"越谢曰："臣不愿与诸君。"少年强请，乃许。与期旦日日出会，后期者斩。旦日日出，十余人后，后者至日中。于是越谢曰："臣老，请君强以为长。今期而多后，不可尽诛，诛最后者一人。"令校长斩之。皆笑曰："何至是？请后不敢。"于是越乃引一人斩之，设坛祭，乃令徒属。徒属皆大惊，畏越，莫敢仰视。乃行略地，收诸侯散卒，得千余人。

过了一年多，泽中的青年聚集了一百多人，前往追从彭越，他们说："请仲作首领。"彭越谢绝说："我不想和诸位在一起。"青年们再三恳求，彭越才答应了他们，和他们约好第二天早晨日出时集合，迟到的就要杀头。第二天早晨日出的时候，有十几个人迟到，最后一个人直到正午才来。于是彭越抱歉地说："我老了，可是你们一定要我做首领，今天到了约好的时间，却有多人迟到，又不能都杀头，只有杀最后到的一人了。"即命令队长杀死他。大家都笑着说："何必到这个地步？请允许我们以后不敢。”这时彭越就拉出那个人，杀了他，设立祭坛祭祀，并向所属部众发布军令。部属都大惊，害怕彭越，不敢抬头看他。于是就出发攻取土地，收编诸侯军中逃散的士兵，得到一千多人。

沛公之从砀北击昌邑，彭越助之。昌邑未下，沛公引兵西。彭越亦将其众居巨野中，收魏散卒。项籍入关，王诸侯，还归，彭越众万余人毋所属。汉元年秋，齐王田荣畔项王，乃使人赐彭越将军印，使下济阴以击楚。楚命萧公角将兵击越。越大破楚军。汉王二年春，与魏王豹及诸侯东击楚。彭越将其兵三万余人归汉于外黄。汉王曰：“彭将军收魏地得十余城，欲急立魏后。今西魏王豹亦魏王咎从弟也，真魏后。”乃拜彭越为魏相国，擅将其兵，略定梁地。

沛公从砀地向北进击昌邑的时候，彭越帮助了他。昌邑没有攻下来，沛公便带兵西进。彭越也带领他的军队驻扎在巨野泽中，并收编魏军散失的兵士。项籍进入关中，分封诸侯为王以后，就回去了。彭越的部众一万多人，无所归属。汉元年秋天，齐王田荣反叛项王，便派人赐给彭越将军印信，叫他从济阴南下攻打楚国。楚国派萧公角率兵进攻彭越，彭越大败楚军。汉二年春天，汉王跟魏王豹以及诸侯东向进攻楚国，彭越带领他的军队三万多人到外黄去归附汉王。汉王说：“彭将军收复魏地，得到十几个城邑，想要赶快拥立魏国的后代。现今西魏王魏豹，也是魏王魏咎的堂弟，是真正的魏国后代。”于是任命彭越为魏国相国，独揽魏国的兵权，攻占梁地。

汉王之败彭城解而西也，彭越皆复亡其所下城，独将其兵北居河上。汉王三年，彭越常往来为汉游兵，击楚，绝其后粮于梁地，汉四年冬。项王与汉王相距荥阳，彭越攻下睢阳、外黄十七城。项王闻之，乃使曹咎守成皋，自东收彭越所下城邑，皆复为楚。越将其兵北走谷城。汉五年秋，项王之南走阳夏，彭越复下昌邑旁二十余城，得谷十余万斛，以给汉王食。

汉王在彭城失败以后向西面败退的时候，彭越又完全失去了他所攻下来的城邑，只好独自带领他的军队北向驻扎在黄河沿岸。汉王三年，彭越常率领军队往来出没，作为汉军的游击队，袭击楚军，在梁地断绝楚军的后援粮草。汉四年冬天，项王跟汉王两军相持在荥阳，彭越攻占睢阳、外黄等十七个城邑。项王听到这个消息，就派曹咎驻守成皋，自己带领军队向东收复被彭越所攻占的城邑，使它们重新归属楚国。彭越带着他的军队北下退到谷城。汉五年秋天，项王的军队向南撤退到阳夏，彭越又攻克了昌邑附近二十多个城邑，得到谷物十几万斛，用来补充汉王的军粮。

汉王败，使使召彭越并力击楚。越曰：“魏地初定，尚畏楚，未可去。”汉王追楚，为项籍所败固陵。乃谓留侯曰：“诸侯兵不从，为之奈何？”留侯曰：“齐王信之立，非君王之意，信亦不自坚。彭越本定梁地，功多，始君王以魏豹故，拜彭越为魏相国。今豹死毋后，且越亦欲王，而君王不蚤定。与此两国约：即胜楚，睢阳以北至谷城，皆以王彭相国；从陈以东傅海，与齐王信。齐王信家在楚，此其意欲复得故邑。君王能出捐此地许二人，二人今可致；即不能，事未可知也。”于是汉王乃发使使彭越，如留侯策。使者至，彭越乃悉引兵会垓下，遂破楚。项籍已死。春，立彭越为梁王，都定陶。

汉王打了败仗，便派人叫彭越合力攻打楚军。彭越说：“魏地刚刚平定，还担忧楚军的袭击，不能离开。”汉王追击楚军，在固陵被项籍打败了。便对留侯张良说：“诸侯的军队不来，对此该怎么办？”留侯说：“齐王韩信登位，并不是大王的本意，韩信自己也没有决心。彭越本来平定了梁地，功劳很大，当时大王因为魏豹的原因，任命彭越为魏国的相国。现在魏豹已经死了，又没有后代，而且彭越也想称王，可是您却没有早作决定。您私下跟两国约定，如果战胜了楚国，从睢阳以北到谷城一带，都让彭相国称王；从陈县以东一直到海边这一片地方，划给齐王韩信。齐王韩信的老家在楚，这样他的意思总是要想得到他的家乡。君主能够分割出这些地方，许给他们二人，二人很快就能招来，如果不能招来，事情的结果就很难预料。”汉王就派使臣到彭越那里去，照留侯的计策行事。使臣到达，彭越就率领所有的军队前往垓下与汉军会合，终于大败楚军。项籍已经死了。那年春天，立彭越为梁王，以定陶作为都城。

六年，朝陈。九年，十年，皆来朝长安。

汉六年，彭越到陈县朝见汉帝。九年，十年，都来长安朝见。

十年秋，陈豨反代地，高帝自往击，至邯郸，征兵梁王。梁王称病，使将将兵诣邯郸。高帝怒，使人让梁王。梁王恐，欲自往谢。其将扈辄曰：“王始不往，见让而往，往则为禽矣。不如遂发兵反。”梁王不听，称病。梁王怒其太仆，欲斩之。太仆亡走汉，告梁王与扈辄谋反。于是上使使掩梁王，梁

王不觉，捕梁王，囚之雒阳。有司治反形已具，请论如法。上赦以为庶人，传处蜀青衣，西至郑，逢吕后从长安来，欲之雒阳，道见彭王。彭王为吕后泣涕，自言无罪，愿处故昌邑。吕后许诺，与俱东至雒阳。吕后白上曰："彭王壮士，今徙之蜀，此自遗患，不如遂诛之。妾谨与俱来。"于是吕后乃令其舍人告彭越复谋反。廷尉王恬开奏请族之。上乃可，遂夷越宗族，国除。

十年秋天，陈豨在代地造反，汉高帝亲自前往征讨，到达邯郸时，向梁王征调兵马。梁王推说有病，派遣部将率领军队到邯郸。汉高祖生气，便派人去责备梁王。梁王害怕了，想亲自去谢罪。他的部将扈辄说："大王开始不去，受了责备才去，去了就会被捉拿。不如就此举兵造反。"梁王不听，借口生病。梁王对他的太仆很恼怒，想要杀死他。那太仆逃跑到汉王那里，密告梁王跟扈辄谋反。于是汉王立刻派遣使者，突然攻击梁王。梁王没有发觉，使者就逮捕了梁王，把他监禁在洛阳。经主管官吏审理后，认为他已经构成反叛的罪行，请依照法律判刑。汉高祖赦免了他的死罪，降为平民，流放到蜀地的青衣县。彭越向西被押送到郑县时，恰好吕后从长安来，要到雒阳去，在路上遇见了彭王。彭王向吕后哭泣，力辩自己无罪，希望回到故乡昌邑定居。吕后答应了，和他一同向东，来到洛阳。吕后对高祖说："彭王是壮士，现在如果把他迁徙到蜀地，这是给自己留下后患，不如就把他杀了！我让他一起到洛阳来了。"于是吕后就授意彭越的家臣密告彭越再次谋反，廷尉王恬开上奏请诛杀彭越三族。皇上就同意了，于是族灭彭越和他的宗族，废除他的封国。

太史公曰：魏豹、彭越虽故贱，然已席卷千里，南面称孤，喋血乘胜日有闻矣。怀畔逆之意，及败，不死而虏囚，身被刑戮，何哉？中材已上且羞其行，况王者乎？彼无异故，智略绝人，独患无身耳。得摄尺寸之柄，其云蒸龙变，欲有所会其度，以故幽囚而不辞云。

太史公说：魏豹、彭越虽然原来出身微贱，但是他们已经席卷了千里土地，开国称王，踏着血迹乘胜前进，日有所闻。他们怀着反叛的意图，到了失败时，不杀身成名，而被捕成为囚徒，自身遭受杀害，为何呢？中等才智以上的人，尚且以这种品质为耻，何况是称王的人呢！他们没有别的原因，只是智慧谋略超越别人，唯恐不能保全性命罢了。当能掌握一点权柄时，他们就风云变幻，想要施展自己的抱负。所以，被俘虏、囚禁也在所不辞了。

史记第九十一卷

黥布列传第三十一

黥布者，六人也，姓英氏。秦时为布衣。少年，有客相之曰："当刑而王。"及壮，坐法黥。布欣然笑曰："人相我当刑而王，几是乎？"人有闻者，共俳笑之。布已论输丽山，丽山之徒数十万人，布皆与其徒长、豪桀交通，乃率其曹偶，亡之江中为群盗。

黥布是六县人，姓英。秦朝时是个平民。年幼时期，有位客人给他看相说："将受刑以后封王。"到了壮年时期，由于犯法，而受黥刑。黥布高兴地笑着说："有人察看我的相貌说，受刑以后封王，可能就是这样吧！"听到他说这话的人，都滑稽地嘲笑他。黥布定罪后被送到骊山，骊山的刑徒有几十万人，黥布跟其中的头目、豪杰都有来往，终于带领那一班人逃到长江一带，成了一群盗贼。

陈胜之起也，布乃见番君，与其众叛秦，聚兵数千人。番君以其女妻之。章邯之灭陈胜，破吕臣军，布乃引兵北击秦左、右校，破之清波，引兵而东。闻项梁定江东会稽，涉江而西。陈婴以项氏世为楚将，乃以兵属项梁，渡淮南，英布、蒲将军亦以兵属项梁。

陈胜起义的时候，黥布就去见番县令吴芮，跟他的部下一起谋反秦朝，积集了数千人。番县令还把女儿嫁给了他。章邯消灭了陈胜，打败了吕臣的军队以后，黥布就领兵向北进攻秦军的左、右校尉，在清波打败了他们，再引兵东进。黥布听说项梁已平定江东会稽郡，渡过长江西进。陈婴因为项家世代做楚国的将帅，就带领自己的军队归附项梁，渡过淮河。英布和蒲将军也把自己的部队归属项梁。

项梁涉淮而西，击景驹、秦嘉等，布常冠军。项梁至薛，闻陈王定死，乃立楚怀王。项梁号为武信君，英布为当阳君。项梁败死定陶，怀王徙都彭城，诸将英布亦皆保聚彭城。当是时，秦急围赵，赵数使人请救。怀王使宋义为上将，范曾为末将，项籍为次将，英布、蒲将军皆为将军，悉属宋义，北救赵。及项籍杀宋义于河上，怀王因立籍为上将军，诸将皆属项籍。项籍使布先渡河击秦，布数有利，籍乃悉引兵涉河从之，遂破秦军，降章邯等。楚兵常胜，功冠诸侯。诸侯兵皆以服属楚者，以布数以少败众也。

项梁渡过淮河向西进攻景驹、秦嘉等人，英布的部队总是最勇敢。项梁到了薛地，听说陈王的确已经死了，便拥立楚怀王。项梁号称武信君，英布称当阳君。后来项梁在定陶兵败战死，楚怀王便迁都到彭城，英布和将领们也都积聚在彭城坚守。正当这时，秦军加紧围攻赵国，赵国屡次派人来请求援助。楚怀王便派宋义担任上将，范增担任末将，项籍担任次将，英布、蒲将军都担任将军，全由宋义统率，向北援救赵国。等到项籍在黄河岸边杀了宋义，怀王便改立项籍为上将军，将领们都隶属项籍。项籍命令英布先渡河进攻秦军，英布多次占优势，项籍就率领全军渡河和英布会合，因此大破秦军，降服章邯等人。楚军经常打胜仗，在诸侯中功劳最大。而诸侯军队都能因此归于楚的原因，靠的是英布能多次以少胜多。

项籍之引兵西至新安，又使布等夜击坑章邯秦卒二十余万人。至关，不得入，又使布等先从间道破关下军，遂得入，至咸阳。布常为军锋。项王封诸将，立布为九江王，都六。

项籍带兵向西到达新安，又派遣英布等人乘夜袭击并活埋章邯部属二十多万人。到达函谷关外，进不去，又派英布等人先抄小道攻破关下的守军，才能入关到达咸阳城。英布经常担任先锋。项王赐封将领们，封英布为九江王，建都六县。

汉元年四月；诸侯皆罢戏下，各就国。项氏立怀王为义帝，徙都长沙，乃阴令九江王布等行击之。其八月，布使将击义帝，追杀之郴县。

汉元年四月，诸侯都离开戏下，各自回到自己的封国。项籍拥立怀王为义帝，迁都长沙，却私下命令九江王英布等前往袭击他。这年八月，英布派遣将领袭击义帝，追到郴县，把他杀死。

汉二年，齐王田荣畔楚，项王往击齐，征兵九江。九江王布称病不往，遣将将数千人行。汉之败楚彭城，布又称病不佐楚。项王由此怨布，数使使者诮让，召布。布愈恐，不敢往。项王方北忧齐、赵，西患汉，所与者独九江王，又多布材，欲亲用之，以故未击。

汉二年，齐王田荣反叛楚王，项籍前去攻打齐国，并向九江王征兵，九江王英布假借生病不去，只派将领带着几千人前往。汉军在彭城击败楚军的时候，英布也托病不肯救助楚军。项王从此记恨英布，多次派遣使者去责备英布，并召他前来。英布更加害怕了，不敢前去。正当项王北面忧虑齐国、赵国，西面忧虑汉王的时候，所能亲附的只有九江王，汉王又特别重视英布的才能，想依靠任用他，所以没有派兵攻打他。

英布见汉王刘邦图

汉三年，汉王击楚，大战彭城，不利，出

梁地，至虞，谓左右曰：“如彼等者，无足与计天下事。”谒者随何进曰：“不审陛下所谓。”汉王曰：“孰能为我使淮南，令之发兵倍楚，留项王于齐数月，我之取天下可以百全。”随何曰：“臣请使之。”乃与二十人俱，使淮南。至，因太宰主之，三日不得见。随何因说太宰曰：“王之不见何，必以楚为强，以汉为弱，此臣之所以为使。使何得见，言之而是邪，是大王所欲闻也；言之而非邪，使何等二十人伏斧质淮南市，以明王倍汉而与楚也。”太宰乃言之王，王见之。随何曰：“汉王使臣敬进书大王御者，窃怪大王与楚何亲也。”淮南王曰：“寡人北乡而臣事之。”随何曰：“大王与项王俱列为诸侯，北乡而臣事之，必以楚为强，可以托国也。项王伐齐，身负板筑，以为士卒先，大王宜悉淮南之众，身自将之，为楚军前锋，今乃发四千人以助楚。夫北面而臣事人者，固若是乎？夫汉王战于彭城，项王未出齐也，大王宜骚淮南之兵渡淮，日夜会战彭城下，大王抚万人之众，无一人渡淮者，垂拱而观其孰胜。夫托国于人者，固若是乎？大王提空名以乡楚，而欲厚自托，臣窃为大王不取也。然而大王不背楚者，以汉为弱也。夫楚兵虽强，天下负之以不义之名，以其背盟约而杀义帝也。然而楚王恃战胜自强，汉王收诸侯，还守成皋、荥阳，下蜀、汉之粟，深沟壁垒，分卒守徼乘塞，楚人还兵，间以梁地，深入敌国八九百里，欲战则不得，攻城则力不能，老弱转粮千里之外；楚兵至荥阳、成皋，汉坚守而不动，进则不得攻，退则不得解。故曰楚兵不足恃也。使楚胜汉，则诸侯自危惧而相救。夫楚之强，适足以致天下之兵耳。故楚不如汉，其势易见也。今大王不与万全之汉而自托于危亡之楚，臣窃为大王惑之。臣非以淮南之兵足以亡楚也。夫大王发兵而倍楚，项王必留；留数月，汉之取天下可以万全。臣请与大王提剑而归汉，汉王必裂地而封大王，又况淮南，淮南必大王有也。故汉王敬使使臣进愚计，愿大王之留意也。”淮南王曰：“请奉命。”阴许畔楚与汉，未敢泄也。

汉三年，汉王攻击楚国，在彭城大战，汉军失利，逃到梁地，到达虞城。汉王对手下的人说：“像你们这班人，实在不值得一起谋划天下大事。”谒者随何上前说：“我不明白陛下的意思。”汉王说：“有谁能替我出使淮南国，使他出兵谋反楚国，把项王扣留在齐国几个月，我夺取天下就有百分之百的把握了。”随和说：“我请求出使淮南国。”汉王便派了二十人跟他一道去淮南。到达以后，通过淮南太宰介绍，三天未能见到淮南王。随何乘机游说太宰道：“大王所以不肯接见我，必定是认为楚国强大，认为汉国弱小的缘故，这正是我出使的原因。如果我随何能见到淮南王，说的话是对的，这正是大王所想听的；说的话不对，就将我随何等二十人在淮南市施行斧质之刑，来表明大王背弃汉室而同楚国友好。”太宰就把这番话转告淮南王，淮南王便接见了随何。随何说：“汉王派我敬重地呈献书信给您，我暗下奇怪大王跟楚国为什么那么亲近呀？”淮南王说：“我向北以臣礼服事他。”随和说：“大王和项王，都是列为诸侯，您却北向以臣礼服事他，一定是您认为楚国强大，可以把国家托付给他。项王攻打齐国，亲自掮着筑墙的工具，身为士卒先，大王就应该倾尽淮南的军队，亲自带领他们做楚军的先锋，如今却只调拨四千人去援助楚军。北向以臣礼服事别人的人，本该如此吗？汉王在彭城作战，项王还没有离开齐国，大王本该发动淮南所有部队，渡过淮河，跟汉王日夜并肩作战于彭城下。大王拥有上万的兵马，却没有一人渡过淮河的原因，袖手旁观，观谁胜谁负。把国家托附给人家的人，本该如此吗？大王带着空名来归向楚国，而实际上是想依靠自己，我私下认为这是大王不可取的。然而，大王不背叛楚国的缘由，是认为汉室弱小罢了。楚国兵力虽然强大，天下人却都以不义之名责备他，因为他违背盟约并杀害义帝。但是楚王依靠战争的胜利，自以为强大。汉王收编诸军队回师驻守成皋、荥阳，从蜀郡、汉中运来粮食，挖深战壕，营建壁垒，分兵把守要塞边境，楚军撤兵时，必须经过敌国梁地八九百里，想战却不能取胜，攻城又不够力量，那些老弱残兵要从千里之外转运粮食；当楚兵到达荥阳、成皋时，汉军只要坚守不出，楚军进兵时攻不下城来，退兵时又不能脱身。因此说楚军是靠不住的。如果楚国战胜了汉国，诸侯必定会人人自危而互相救援。所以楚国的强大，正好完全用来招来天下兵力的对抗罢了。所以楚不如汉，这种形势是显而易见的。如今大王不归附万无一失的汉国，却要托身于岌岌可危的楚国，我私下替大王感到疑惑。我并不以为淮南的兵力足够灭亡楚国。如果大王能够发兵反叛楚国，项王必定滞留在齐国；他在齐国滞留几个月以后，汉王攻取天下就可万无一失了。我请求跟大王一同提剑归附汉王，汉王必定会分地来赐封给大王的。又何况淮南之地呢？淮南必然归大王所有的。所以汉王特地派我来献上愚计，希望大王考虑考虑吧。”淮南王说：“敬从命。”暗中答应背叛楚国归附汉王，但不敢泄露。

楚使者在，方急责英布发兵，舍传舍。随何直入，坐楚使者上坐，曰："九江王已归汉，楚何以得发兵？"布愕然。楚使者起。何因说布曰："事已搆，可遂杀楚使者，无使归，而疾走汉并力。"布曰："如使者教，因起兵而击之耳。"于是杀使者，因起兵而攻楚。楚使项声、龙且攻淮南，项王留而攻下邑。数月，龙且击淮南，破布军。布欲引兵走汉，恐楚王杀之，故间行与何俱归汉。

楚使者还在淮南，正在急于催促英布发兵，住在客舍里。随何径直闯入客舍，坐到楚国使者的上位，说："九江王已经归附汉王，楚国凭何叫他发兵？"英布大吃一惊。楚国使者站起来。随何便劝英布说："事情已经成功了，可以立即杀死楚国使者，不要让他回去，同时尽快倾向汉国，合力作战。"英布说："按照使者指示，趁机起兵攻打楚国便是。"于是除死楚国使者，就起兵攻打楚国。楚国派项声、龙且攻打淮南，项王留下来进攻下邑。几个月后，龙且攻击淮南，击败英布的军队。英布想带兵投奔汉国，怕楚王来截杀他，便从小路与随何一道归附汉国。

淮南王至，上方踞床洗，召布入见，布大怒，悔来，欲自杀。出就舍，帐御饮食从官如汉王居，布又大喜过望。于是乃使人入九江。楚已使项伯收九江兵，尽杀布妻子。布使者颇得故人幸臣，将众数千人归汉。汉益分布兵而与俱北，收兵至成皋。四年七月，立布为淮南王，与击项籍。

淮南王到时，汉王正坐在床上洗脚，叫英布进去见面。英布大怒，后悔来到汉国，想要自杀。出来后到客舍里，见帐幔、器用、饮食、从官都跟汉王的住所一样，英布又意外地非常高兴。于是就派人到九江去。楚王已经派项伯去收编九江的散兵，并杀尽了英布的妻子儿女。英布的使者找到英布的不少老朋友和亲近臣属，带领了几千人投奔汉王。汉王加派军队给英布，跟他一道北上，一路收兵到成皋。汉四年七月，汉王封英布为淮南王，跟他一起攻打项籍。

汉五年，布使人入九江，得数县。六年，布与刘贾入九江，诱大司马周殷，周殷反楚，遂举九江兵与汉击楚，破之垓下。

汉五年，英布派人到九江去，攻占了好几个县城。汉六年，英布跟刘贾进入九江，诱降大司马周殷，周殷背叛楚国，就调动九江部队跟汉军一起攻打楚军，在垓下大败楚军。

项籍死，天下定，上置酒。上折随何之功，谓何为腐儒，为天下安用腐儒。随何跪曰："夫陛下引兵攻彭城，楚王未去齐也，陛下发步卒五万人，骑五千，能以取淮南乎？"上曰："不能。"随何曰："陛下使何与二十人使淮南，至，如陛下之意，是何之功贤于步卒五万人骑五千也。然而陛下谓何腐儒，为天下安用腐儒，何也？"上曰："吾方图子之功。"乃以随何为护军中尉。布遂剖符为淮南王，都六，九江、庐江、衡山、豫章郡皆属布。

项籍死后，天下安定，汉王设酒宴时，竟贬低随何的功劳，说随何是迂腐的书呆子，治理天下，如何能用迂腐的书呆子？随何跪着说："当陛下带兵进攻彭城时，楚王还没有离开齐国。陛下出动五万步兵、五千骑兵，就能攻下淮南国吗？"汉王说："不能。"随何说："陛下派我跟二十个人出使淮南，一到，使陛下如愿以偿。这就表示我的功劳高过五万步兵、五千骑兵。然而陛下说我是迂腐的书呆子，治天下哪里用得着迂腐的书呆子，为什么呢？"汉王说："我正在估算您的功劳。"就任命随何为护军中尉。英布就剖符定封为淮南王，建都六县，九江、庐江、衡山、豫章郡都归属英布。

七年，朝陈。八年，朝雒阳。九年，朝长安。

汉七年，英布到陈县朝见汉高祖。汉八年，到洛阳朝见。汉九年，到长安朝见。

十一年，高后诛淮阴侯，布因心恐。夏，汉诛梁王彭越，醢之，盛其醢遍赐诸侯。至淮南，淮南王方猎，见醢，因大恐，阴令人部聚兵，候伺旁郡警急。

汉十一年，高后杀死淮阴侯韩信，英布因此心里恐惧。同年夏天，汉王杀了梁王彭越，把他剁成肉酱分别赐给各诸侯。送到淮南国时，英布恰在打猎，见到肉酱，就非常惊慌，暗中派人部署聚集军队，侦察邻郡的战备。

布所幸姬疾，请就医。医家与中大夫贲赫对门，姬数如医家，贲赫自以为侍中，乃厚馈遗，从姬饮医家。姬侍王，从容语次，誉赫长者也。王怒曰："汝安从知之？"具说状。王疑其与乱。赫恐，称病。王愈怒，欲捕赫。赫言变事，乘传诣长安。布使人追，不及。赫至，上变，言布谋反有端，可先未发诛也。上读其书，语萧相国。相国曰："布不宜有此，恐仇怨妄诬之。请系赫，使人微验淮南王。"淮南王布见赫以罪亡，上变，固已疑其言国阴事；汉使又来，颇有所验，遂族赫家，发兵反。反书闻，

上乃赦贲赫,以为将军。

英布有个爱妾生病了,送去看病。医师家跟中大夫贲赫家对门。这位爱妾常到医师家,贲赫认为自己是侍中,赠送了很多礼物,跟她爱妾在医师家饮酒。爱妾侍奉淮南王时,闲聊中,称赞贲赫是忠厚老成的人。淮南王恼怒地说:“你从哪里知道他的?”宠妾便如实说明了情况。淮南王怀疑她跟贲赫淫乱。贲赫很害怕,假托生病不出门。淮南王更加生气,想拘捕贲赫。贲赫要告英布反叛,乘坐驿车前往长安。英布派人追赶,没有赶上。贲赫到达长安,上书告变,说英布有谋反迹象,可以在他未发生变乱之前杀死他。汉王看了贲赫的报告,同萧相国商量。相国说:“英布不应该有这种事,恐怕是仇家诬告他的。请先拘捕贲赫,再派人暗中侦察淮南王。”淮南王英布看到贲赫畏罪逃亡,上书告变,本来已经怀疑他会说出淮南国的秘密事情;汉王又派来了使者,有了相当的验证,英布就杀了贲赫全家,发兵叛乱。得知反叛的报告,汉王便释放了贲赫,任用他作将军。

上召诸将问曰:“布反,为之奈何?”皆曰:“发兵击之,坑竖子耳,何能为乎!”汝阴侯滕公召故楚令尹问之。令尹曰:“是故当反。”滕公曰:“上裂地而王之,疏爵而贵之,南面而立万乘之主,其反何也?”令尹曰:“往年杀彭越,前年杀韩信,此三人者,同功一体之人也。自疑祸及身,故反耳。”滕公言之上曰:“臣客故楚令尹薛公者,其人有筹策之计,可问。”上乃召见问薛公。薛公对曰:“布反不足怪也。使布出于上计,山东非汉之有也;出于中计,胜败之数未可知也;出于下计,陛下安枕而卧矣。”上曰:“何谓上计?”令尹对曰:“东取吴,西取楚,并齐取鲁,传檄燕、赵,固守其所,山东非汉之有也。”“何谓中计?”“东取吴,西取楚,并韩取魏,据敖庾之粟,塞成皋之口,胜败之数未可知也。”“何谓下计?”“东取吴,西取下蔡,归重于越,身归长沙,陛下安枕而卧,汉无事矣。”上曰:“是计将安出?”令尹对曰:“出下计。”上曰:“何谓废上中计而出下计?”令尹曰:“布故丽山之徒也,自致万乘之主,此皆为身,不顾后为百姓万世虑者也,故曰出下计。”上曰:“善。”封薛公千户。乃立皇子长为淮南王。上遂发兵自将东击布。

汉王召集将领们问道:“英布叛乱,对他该怎么办?”将领们都说:“出兵围攻他,活埋这个小子算了,还能如何呢!”汝阴侯滕公叫前楚国令尹来问这件事。令尹说:“这本就该造反。”滕公说:“皇上割地让他作王,分赐爵位让他显贵,使他南向而成为万乘大国之主,他反叛是为什么呢?”令尹说:“去年杀了彭越,前年杀了韩信,这三个人是同等功劳,同一类型的人物。英布怀疑杀身之祸会降到自己身上,所以就反叛算了。”滕公对皇上说:“我有位宾客,是前楚国令尹薛公,这个人有筹策计谋,可以问问他。”皇上就召见并询问薛公。薛公回答说:“英布反叛是不值得奇怪的。假使英布使出上策,那么山东一带就不是汉朝所有了;他使出中策,谁胜谁败还不可知道;他使出下策,陛下可以高枕而卧了。”皇上说:“什么是上策?”令尹回答说:“向东攻占吴地,向西攻占楚地,又并吞齐地,夺取鲁地,再向燕、赵两地发布文告,要他们固守自己的地方,山东地区就不是汉朝所有了。”皇上说:“什么是中策?”令尹说:“英布向东攻取吴地,向西占领楚地,并吞韩地,攻取魏地,占有敖庾的粮食,封锁成皋的关口,谁胜谁败不可知道。”皇上说:“什么是下策呢?”令尹说:“英布向东攻取吴,向西攻取下蔡,把重点放在南越,自己回到长沙,陛下就可以高枕无忧地睡觉,汉朝也平安无事了。”皇上说:“这样他将采取哪一个计谋?”令尹回答说:“使出下策。”皇上说:“为什么说不用上策、中策,却要出下策呢?”令尹说:“英布原来是骊山的奴隶,他自己做到了万乘大国之王,这都只是为了自己,不懂得替百姓世世代代考虑,所以说出下策。”皇上说:“好。”赐封薛公千户侯。于是封皇子刘长为淮南王。皇上就出兵并亲自率领向东进攻英布。

布之初反,谓其将曰:“上老矣,厌兵,必不能来。使诸将,诸将独患淮阴、彭越,今皆已死,余不足畏也。”故遂反。果如薛公筹之,东击荆,荆王刘贾走死富陵。尽劫其兵,渡淮击楚。楚发兵与战徐、僮间,为三军,欲以相救为奇。或说楚将曰:“布善用兵,民素畏之。且兵法,诸侯战其地为散地。今别为三,彼败吾一军,余皆走,安能相救!”不听。布果破其一军,其二军散走。

英布开始反叛时,对手下的将领说:“皇上老了,厌倦战争,一定不会亲自前来。假如派遣其他将领,各将领中我只担心淮阴侯和彭越,但这两个人都已经死了,其余的将领是不值得害怕的。”因此就造反。果然像薛公谋划的那样:向东进攻荆国,荆王刘贾逃跑而死在富陵。英布完全劫持他的部众,渡过淮河攻击楚国。楚国分兵三处,想以互相救援出奇制胜。有人游说楚将道:“英布擅长用兵，百姓一向就怕他。况且按兵法，诸侯在自己的土地上作战，士兵容易败散。现在把军队分成三支，他打败我们一支，其余的都会逃跑，哪里能够互相援救！”楚将不听。英布果然先打败其中一军，其余二军都溃败逃跑。

遂西，与上兵遇蕲西会甀。布兵精甚，上乃壁庸城，望布军置陈如项籍军，上恶之。与布相望见，遥谓布曰：“何苦而反？”布曰：“欲为帝耳。”上怒骂之，遂大战。布军败走，渡淮，数止战，不利，与百余人走江南。布故与番君婚，以故长沙哀王使人绐布，伪与亡，诱走越，故信而随之番阳。番阳人杀布兹乡民田舍，遂灭黥布。

英布向西推进，跟汉王的部队在蕲县西面的会甀乡相遇。英布的部队很精锐，汉王坚壁固守庸城，望见英布的军队像项籍一样摆布战阵，皇上讨厌他。皇上跟英布彼此望见，远远地对英布说：“你何苦要造反呢？”英布说：“想当皇帝罢了！”皇上怒骂他，于是大战起来。英布兵败逃跑，渡过淮水，多次停下来交战，失利，只好跟一百多人逃往江南。英布原跟番县令的女儿结婚，因此长沙哀王派人去诱英布，伪装要同他一道逃亡，引诱他逃向南越。所以英布相信了他，并且跟随他到了番阳。番阳人在兹乡民家将英布杀死，终于灭掉了黥布。

立皇子长为淮南王，封贲赫为期思侯，诸将率多以功封者。

汉王封皇子刘长为淮南王，封贲赫为期思侯，将领们也有很多凭战功而受封的。

太史公曰：英布者，其先岂《春秋》所见楚灭英、六，皋陶之后哉？身被刑法，何其拔兴之暴也！项氏之所坑杀人以千万数，而布常为首虐。功冠诸侯，用此得王，亦不免于身为世大僇。祸之兴自爱姬殖，妒媢生患，竟以灭国！

太史公说：英布，他的祖先大概就是《春秋》所记载，被楚国灭亡的英国、六国皋陶的后代吧？英布曾经受过黥刑，为什么竟发迹得那么快速呢！项羽活埋的人要以千万计算，英布常常是罪魁祸首。他的功劳在诸侯中最大，所以被封为王，然而他自己也不免遭到世间的最大耻辱。灾祸是由爱妾滋生出来的，因妒忌而造成灾难，竟致使国灭身亡！

史记第九十二卷

淮阴侯列传第三十二

淮阴侯韩信者，淮阴人也。始为布衣时，贫，无行，不得推择为吏，又不能治生商贾，常从人寄食饮，人多厌之者。常数从其下乡南昌亭长寄食，数月，亭长妻患之，乃晨炊蓐食。食时信往，不为具食。信亦知其意，怒，竟绝去。

淮阴侯韩信，是淮阴人。当初他还是平民的时候，贫穷而又没有好的德行，不能被推选去做官；又不会做买卖谋生，经常投靠人家饮食，人们大都讨厌他。他曾经多次投靠那下乡南昌亭亭长家食宿，几个月以后，亭长的妻子嫌弃他，于是清早做好饭，就在床蓐上把饭吃掉。到了开饭的时候，韩信去了，没有给他准备饭食。韩信也知道他们的用意，一气之下，竟然跟他们断绝关系，离开了。

信钓于城下，诸母漂，有一母见信饥，饭信，竟漂数十日。信喜，谓漂母曰：“吾必有以重报母。”母怒曰：“大丈夫不能自食，吾哀王孙而进食，岂望报乎！”

韩信在城下钓鱼，有很多妇女在漂洗丝絮。有位老大娘看见韩信饿了，就把饭给韩信吃，一直到漂洗完毕，几十天都是这样。韩信高兴，对那老大娘说：“我将来一定要很好地报答您老人家。”老大娘生气地说：“大丈夫不能养活自己，我是可怜公子才给你饭吃，难道是希望报答吗！”

淮阴屠中少年有侮信者，曰：“若虽长大，好带刀剑，中情怯耳。”众辱之曰：“信能死，刺我；不能死，出我袴下。”于是信孰视之，俛出袴下，蒲伏。一市人皆笑信，以为怯。

韩信登坛拜将图，选自清·马骀《百将传图》。

淮阴屠户中有个侮辱韩信的年轻人，说："你虽然个子高大，喜好佩带刀剑，内心却是胆小的。"当众侮辱他说："韩信如果不怕死，就刺我；怕死，就从我裤裆下爬过去。"当时韩信仔细地打量他以后，就俯身从他裤裆下伏地爬过去。满街的人都嘲笑韩信，认为他胆小怕事。

及项梁渡淮，信杖剑从之，居戏下，无所知名。项梁败，又属项羽，羽以为郎中。数以策干项羽，羽不用。汉王之入蜀，信亡楚归汉，未得知名，为连敖。坐法当斩，其辈十三人皆已斩，次至信，信乃仰视，适见滕公，曰："上不欲就天下乎？何为斩壮士！"滕公奇其言，壮其貌，释而不斩。与语，大说之。言于上，上拜以为治粟都尉，上未之奇也。

待项梁渡过淮水的时候，韩信带着宝剑去投奔他，在项梁的部下，默默无闻。项梁失败后，韩信又隶属项羽，项羽让他做了郎中。他屡次献策以求项羽重用，项羽没有采纳。汉王入蜀时，韩信逃离楚军而归附汉王，依然默默无闻。担任接待宾客的小官时，犯了法，判处斩刑，同案的十三个人都已经被斩，轮到韩信，韩信就抬头仰视，恰好看见滕公，说："汉王不想成就统一天下的大业吗？为何要斩杀壮士！"滕公惊奇他的话，又见他相貌威武，就放了他不斩。和韩信交谈，非常喜欢他。报告汉王以后，汉王就任命韩信作治粟都尉，但汉王还没有看出他是奇才。

信数与萧何语，何奇之。至南郑，诸将行道亡者数十人，信度何等已数言上，上不我用，即亡。何闻信亡，不及以闻，自追之。人有言上曰："丞相何亡。"上大怒，如失左右手。居一二日，何来谒上，上且怒且喜，骂何曰："若亡，何也？"何曰："臣不敢亡也，臣追亡者。"上曰："若所追者谁？"何曰："韩信也。"上复骂曰："诸将亡者以十数，公无所追；追信，诈也。"何曰："诸将易得耳。至如信者，国士无双。王必欲长王汉中，无所事信；必欲争天下，非信无所与计事者。顾王策安所决耳。"王曰："吾亦欲东耳，安能郁郁久居此乎？"何曰："王计必欲东，能用信，信即留；不能用，信终亡耳。"王曰："吾为公以为将。"何曰："虽为将，信必不留。"王曰："以为大将。"何曰："幸甚！"于是王欲召信拜之。何曰："王素慢无礼，今拜大将如呼小儿耳，此乃信所以去也。王必欲拜之，择良日，斋戒，设坛场，具礼，乃可耳。"王许之。诸将皆喜，人人各自以为得大将。至拜大将，乃韩信也，一军皆惊。

韩信多次跟萧何交谈，萧何感到惊奇。到达南郑，将领们半路逃跑的有好几十人，韩信估计萧何等人已屡次向汉王推荐过，汉王不重用自己，就逃走了。萧何听说韩信跑了，来不及将情况报告汉王，就亲自去追赶他。有人向汉王报告说："丞相萧何逃跑了。"汉王非常恼怒，由于失去了萧何就如同失去了左右手。过了一两天，萧何来拜见汉王，汉王又生气又喜欢，骂萧何说："你逃跑，是什么缘故？"萧何说："我是不敢逃跑的，我是去追逃跑的人。"汉王说："你去追的人是谁？"萧何说："是韩信。"汉王又骂道："将领们逃跑的数以十计，您不去追任何人；追韩信，是假的。"萧何说："其他将领容易得到啊，至于像韩信这样的人，天下人士没有第二个。大王假如想长期只在汉中称王，就没有地方用得着韩信；假如想要争夺天下，除了韩信，就再没有和您商量大事的人了。就看大王怎样决策罢了。"汉王说："我当然也想向东方发展啊，怎么能够郁郁不乐地长期留在这里呢？"萧何说："大王如果想向东推进，能够任用韩信，韩信就留下来；不能任用，韩信最终要跑的。"汉王说："我看在您的情面上，用他做将领吧。”萧何说：“即使让他作将领，韩信也一定不会留下来的。”汉王说：“用他做大将。”萧何说：“很好！”当时汉王就要召见韩信来任命他。萧何说：“大王向来傲慢，不讲礼节，如今任命大将就像唤小孩子似的，这就是韩信之所以要离去的原因。大王如果想任命他，就选择吉日良辰，进行斋戒，在广场上设置高坛，举行完备的仪式，那样才行啊。”汉王同意了。将领们都很欢喜，人人都以为自己能做大将了。等到任命大将时，居然是韩信，全军都惊奇。

信拜礼毕，上坐。王曰：“丞相数言将军，将军何以教寡人计策？”信谢，因问王曰：“今东乡争权天下，岂非项王邪？”汉王曰：“然。”曰：“大王自料勇悍仁强孰与项王？”汉王默然良久，曰：“不如也。”信再拜贺曰：“惟信亦为大王不如也。然臣尝事之，请言项王之为人也。项王喑噁叱咤，千人皆废，然不能任属贤将，此特匹夫之勇耳。项王见人恭敬慈爱，言语呕呕，人有疾病，涕泣分食饮，至使人有功当封爵者，印刓敝，忍不能予，此所谓妇人之仁也。项王虽霸天下而臣诸侯，不居关中而都彭城。有背义帝之约，而以亲爱王，诸侯不平。诸侯之见项王迁逐义帝置江南，亦皆归逐其主而自王善地。项王所过无不残灭者，天下多怨，百姓不亲附，特劫于威强耳。名虽为霸，实失天下心。故曰其强易弱。今大王诚能反其道：任天下武勇，何所不诛！以天下城邑封功臣，何所不服！以义兵从思东归之士，何所不散！且三秦王为秦将，将秦子弟数岁矣，所杀亡不可胜计，又欺其众降诸侯，至新安，项王诈坑秦降卒二十余万，唯独邯、欣、翳得脱，秦父兄怨此三人，痛入骨髓。今楚强以威王此三人，秦民莫爱也。大王之入武关，秋豪无所害，除秦苛法，与秦民约，法三章耳，秦民无不欲得大王王秦者。于诸侯之约，大王当王关中，关中民咸知之。大王失职入汉中，秦民无不恨者。今大王举而东，三秦可传檄而定也。”于是汉王大喜，自以为得信晚。遂听信计，部署诸将所击。

韩信授任仪式结束，汉王就座。汉王说：“丞相多次谈起将军，将军用何谋划策略来指教我？”韩信谦让之后，趁势问汉王说：“如今向东去争夺天下，难道不就是项王吗？”汉王说：“是的。”韩信说：“大王自己估计在勇敢、悍厉、仁慈和强力各方面，跟项王相比怎么样？”汉王沉默了好久，说：“我是不如项王的。”韩信拜了两拜，赞同地说：“我韩信也以为大王是不如他的。不过，我曾经侍奉过他，请让我谈谈项王的为人吧。项王立声怒喝时，很多人都吓倒了，但不能任用有才能的将领，这只不过是个人的勇气罢了。项王待人仁慈有礼，言语温和，部下有人生了病，流着泪把自己的饮食分给病员；当受用的人有了功劳应当加封爵位时，却把刻好了的印章拿在手里，玩弄得磨去了棱角，舍不得给人家，这就是所谓妇人的仁慈啊。项王虽然称霸天下，使诸侯臣服，但不占据关中却定都彭城。又违背义帝的约言，而让自己亲信喜爱的人称王，诸侯不服。诸侯看到项王迁徙、驱逐义帝，把他安置在江南，也都回去驱逐原来的国君，然后自己在好的地方称王。项王的军队所路过的地方，没有不遭受摧残毁灭的，天下的人都怨恨他，老百姓不愿亲附，只不过是被威势和强大所胁逼罢了。名义上虽然是霸主，实际上却丢失了天下人的心。因此说他的强大容易变为弱小。现在大王如果能够采取和他相反的做法：任用天下英勇的人，有什么敌人不能诛灭，把天下的城邑封赏给有功的臣子，有什么人会不心服！用正义的战争，顺从想东归的战士，有什么敌人不能打败！况且三秦之王原是秦将，率领秦地的子弟兵作战好几年了，被杀死和逃跑的多得无法计算，又欺骗他们的部下向诸侯投降。到达新安以后，项王用欺诈的手段活埋了秦军已经投降的士兵二十多万，唯独章邯、司马欣和董翳得以脱身。秦地的父老乡亲怨这三个人，恨之入骨。如今项羽硬借威势让这三个人称王，秦地的百姓没有谁拥护他的。大王进入武关之后，没有丝毫的侵犯行为，废除了秦朝的苛刻法令，与秦地的百姓立约，法令只有三条罢了。秦地的百姓，没有谁不希望大王能够在秦地当王的。按照诸侯的约定，大王应该在关中做王，关中的百姓都知道这件事。大王失掉应得的封爵进入汉中，秦地的百姓没有谁不遗憾的。现今大王起兵东进，三秦之地可以发布檄文平定它。”这时汉王十分高兴，自认为得到韩信太迟了。就听从了韩信的计谋，部署各将领的攻击目标。

八月，汉王举兵东出陈仓，定三秦。汉二年，出关，收魏、河南，韩、殷王皆降。合齐、赵共击楚。四月，至彭城，汉兵败散而还。信复收兵与汉王会荥阳，复击破楚京、索之间。以故，楚兵卒不能西。

八月，汉王起兵东进经过陈仓，平定了三秦。汉二年，路过函谷关，收服了魏地和河南一带，韩王、殷王都投降了。于是联合齐国、赵国共同攻打楚军。四月，到达彭城，汉兵战败逃散而回。韩信又收编士兵跟汉王在荥阳会师，又在京县、索亭之间打败了楚军。因此楚军始终不能向西进攻。

汉之败却彭城，塞王欣、翟王翳亡汉降楚，齐、赵亦反汉与楚和。六月，魏王豹谒归视亲疾，至国，即绝河关反汉，与楚约和。汉王使郦生说豹，不下。其八月，以信为左丞相，击魏。魏王盛兵蒲坂，塞临晋，信乃益为疑兵，陈船欲度临晋，而伏兵从夏阳以木罂瓴渡军，袭安邑。魏王豹惊，引兵迎信，信遂虏豹，定魏为河东郡。汉王遣张耳与信俱，引兵东，北击赵、代。后九月，破代兵，禽夏说阏与。信之下魏破代，汉辄使人收其精兵，诣荥阳以距楚。

汉军在彭城击退以后，塞王司马欣、翟王董翳从汉军中逃跑出来，投降了楚军，齐国和赵国也背叛汉王跟楚国讲和。六月，魏王豹请假回去探望母亲的病，一到封国，立即封锁了黄河西岸临晋关的交通，反对汉王，跟楚国订约讲和。汉王派郦食其游说魏豹，没有成功。这年八月，用韩信作左丞相，攻打魏国。魏王在蒲坂驻重兵，封锁临晋关的通路。韩信就增设疑兵，陈列船只，好像欲在临晋渡河，却埋伏军队从夏阳用木盆使军队渡河，袭击安邑。魏王魏豹惊慌失措，带兵迎击韩信，韩信就俘虏了魏豹，平定了魏国，改置河东郡。汉王派遣张耳和韩信一起，带兵东进，向北进攻赵国和代国。这年闰九月，打败了代军，在阏与擒获了代相夏说。当韩信占领魏国，打败代国的时候，汉王就派人来调走他的精锐部队，开赴荥阳抵抗楚兵。

信与张耳以兵数万，欲东下井陉击赵。赵王、成安君陈馀闻汉且袭之也，聚兵井陉口，号称二十万。广武君李左车说成安君曰："闻汉将韩信涉西河，虏魏王，禽夏说，新喋血阏与，今乃辅以张耳，议欲下赵，此乘胜而去国远斗，其锋不可当。臣闻'千里馈粮，士有饥色；樵苏后爨，师不宿饱'。今井陉之道，车不得方轨，骑不得成列，行数百里，其势粮食必在其后。愿足下假臣奇兵三万人，从间道绝其辎重；足下深沟高垒，坚营勿与战。彼前不得斗，退不得还，吾奇兵绝其后，使野无所掠，不至十日，而两将之头可致于戏下。愿君留意臣之计。否，必为二子所禽矣。"成安君，儒者也，常称义兵不用诈谋奇计，曰："吾闻兵法'十则围之，倍则战'。今韩信兵号数万，其实不过数千。能千里而袭我，亦已罢极。今如此避而不击，后有大者，何以加之！则诸侯谓吾怯，而轻来伐我。"不听广武君策。广武君策不用。

韩信像，出自清·上官周绘《晚笑堂画传》。

韩信和张耳带着几万军队，想要向东占领井陉关，攻打赵国。赵王歇和成安君陈馀，听说汉军将要袭击他，就把很多兵力聚集在井陉口，号称二十万。广武君李左车就劝成安君说："听说汉将韩信渡过西河，俘虏了魏王，擒获了夏说，新近又血洗阏与；现今又用张耳辅佐，商议如何攻下赵国，这样乘胜离国远征，它的锋芒不可抵挡。我曾听说'从千里之外运送军粮，士兵就会面有饥色；临时取柴草然后做饭，军队就不可能经常吃饱'。如今井陉口的道路，非常狭隘，战车不能并列行进，战马不能排成行。行军几百里，这样军粮势必落在队伍的后面。希望您暂且给我精兵三万人，从小路去拦截他们的军需物资。您就深挖战壕，高筑营垒，坚守阵地，不跟他们交战。他们向前无法战斗，后退无法撤兵，我用奇兵断绝他们的后路，使他们在野外没有什么可以掠夺的，不到十天，韩信和张耳两位将领的头颅，就可以送到将军的军帐前了。万望您考虑我的计谋。否则，我们一定被他俩擒获了。"成安君是一个迂腐的书生，常常声称正义的军队，不用阴谋诡计，他说："我听说兵书上这样讲:十倍于敌人的兵力,就包围它;加倍于敌人的兵力,就和它交战。如今韩信的兵力号称有几万,其实不过几千。他们居然跋涉千里来攻击我们,也已经精疲力竭了!现在像这样的情况我还退避而不迎击他们,以后有大敌来临,怎能战胜他们?那么诸侯会认为我们胆怯,就轻易地来攻打我们。"成安君不听从广武君李左车的计策。广武君的计策没有被采用。

韩信使人间视,知其不用,还报,则大喜,乃敢引兵遂下。未至井陉口三十里,止舍。夜半传发,选轻骑二千人,人持一赤帜,从间道萆山而望赵军,诫曰:"赵见我走,必空壁逐我,若疾入赵壁,拔赵帜,立汉赤帜。"令其裨将传飧,曰:"今日破赵会食!"诸将皆莫信,详应曰:"诺。"谓军吏曰:"赵已先据便地为壁,且彼未见吾大将旗鼓,未肯击前行,恐吾至阻险而还。"信乃使万人先行,出,背水陈。赵军望见而大笑。平旦,信建大将之旗鼓,鼓行出井陉口,赵开壁击之,大战良久。于是信、张耳详弃鼓旗,走水上军。水上军开入之,复疾战。赵果空壁争汉鼓旗,逐韩信、张耳。韩信、张耳已入水上军,军皆殊死战,不可败。信所出奇兵二千骑,共候赵空壁逐利,则驰入赵壁,皆拔赵旗,立汉赤帜二千。赵军已不胜,不能得信等,欲还归壁,壁皆汉赤帜,而大惊,以为汉皆已得赵王将矣,兵遂乱,遁走,赵将虽斩之,不能禁也。于是汉兵夹击,大破虏赵军,斩成安君泜水上,禽赵王歇。

韩信派人暗地里侦察,知道广武君的计策没有被采用,侦探回来报告韩信,韩信就十分高兴,才敢带领军队勇往直前。在距离井陉口不到三十里的地方,停下来宿营。半夜里传令出发,挑选两千人,每人拿着一面红旗,抄小路上山隐蔽起来观察赵军,并约定说:"赵军看见我们逃跑,必定全营出动来追逐我们,你们就快速冲入赵军营中,拔去赵军的旗帜,插上汉军的旗子。"又下令副将们分头传令小食,说:"今天攻破赵军以后会餐!"将领们都不相信,假心假意地回答说:"好吧。"韩信对军官说:"赵军已经先占了有利的地形安营扎寨,而且他们没有看到我军主将的旗鼓,就不会出来攻打我们的先头部队,怕我们到了险要的地方就回头。"韩信就派遣一万人先走,经过井陉口,背向着河水排开阵势。赵军远远看到了就大笑起来。天亮时,韩信树立主将的旗鼓,敲着鼓经过井陉口。赵军敞开营垒,迎击汉军,两军对战了很久。这时韩信、张耳假装丢弃了旗鼓,逃到河边的军阵之中。河边的部队,敞开营门,让他们进入阵地,又进行激战。赵军果然倾巢出动,争夺汉军的旗鼓,追逐韩信、张耳。韩信和张耳已经进入水边的军阵,全军都拼死作战,不可打败。韩信先派出的两千轻骑兵,都等候赵军倾巢而出追逐利益的时候,就冲入赵军营垒,把赵军的旗帜全都拔去,竖起了两千面汉军的红旗。赵军已经不能取胜,也无法捕获韩信、张耳等人,想收兵回营,但营垒上全是汉军的红旗,因而大为惊恐,认为汉军都已经擒获赵王的将领了,士兵就一个个逃跑,赵将尽管斩杀他们,也不能禁止。这时候汉军前后夹攻,彻底战胜赵军,在泜水边斩杀成安君,擒获赵王赵歇。

信乃令军中毋杀广武君,有能生得者购千金。于是有缚广武君而致戏下者,信乃解其缚,东乡坐,西乡对,师事之。

韩信于是传令军中不要杀死广武君,有能活捉他的奖赏一千金。这时,有人捆绑上广武君送到韩信的军帐前,韩信就解开他身上的绳子,请他向东坐下,自己向西对坐着,像对待老师一样服事他。

诸将效首虏,毕贺,因问信曰:"兵法'右、倍山陵,前、左水泽'。今者将军令臣等反背水陈,曰'破赵会食',臣等不服。然竟以胜,此何术也?"信曰:"此在兵法,顾诸君不察耳。兵法不曰'陷之死地而后生,置之亡地而后存'?且信非得素拊循士大夫也,此所谓'驱市人而战之',其势非置之死地,使人人自为战;今予之生地,皆走,宁尚可得而用之乎?"诸将皆服,曰:"善。非臣所及也。"

将领们呈献首级和俘虏之后都向韩信称贺,顺便问韩信说:"按照兵法,应当右边和背后靠山陵,前方和左边靠水泽。这一次将军反而让我们背水列阵,又说'打败赵军再会餐',我们都不理解。然而终于打了胜仗,这是什么战术呢?"韩信说:"这些都在兵法上,只是诸位没有留意罢了!兵法上不是说过吗?'困于死地而后生,处于亡地而后存',况且我韩信并没有得到训练有素的将士,这就是所说的'驱赶市民去作战'!在这种形势之下,如果不把军队安排在死地,使人人都各自作战;如果让他们处在可以逃生的地方,大家都逃跑了,岂能够得到并使用他们吗?"将领们都佩服地说道:"好,将军的计谋,不是我们所能比得上的。"

于是信问广武君曰："仆欲北攻燕，东伐齐，何若而有功？"广武君辞谢曰："臣闻'败军之将不可以言勇，亡国之大夫不可以图存'。今臣败亡之虏，何足以权大事乎！"信曰："仆闻之，百里奚居虞而虞亡，在秦而秦霸，非愚于虞而智于秦也，用与不用，听与不听也。诚令成安君听足下计，若信者亦已为禽矣。以不用足下，故信得侍耳。"因固问曰："仆委心归计，愿足下勿辞。"广武君曰："臣闻'智者千虑，必有一失；愚者千虑，必有一得'。故曰'狂夫之言，圣人择焉'。顾恐臣计未必足用，愿效愚忠。夫成安君有百战百胜之计，一旦而失之，军败鄗下，身死泜上。今将军涉西河，虏魏王，禽夏说阏与，一举而下井陉，不终朝破赵二十万众，诛成安君。名闻海内，威震天下。农夫莫不辍耕释耒，褕衣甘食，倾耳以待命者。若此，将军之所长也。然而众劳卒罢，其实难用。今将军欲举倦弊之兵，顿之燕坚城之下，欲战恐久力不能拔，情见势屈，旷日粮竭，而弱燕不服，齐必距境以自强也。燕、齐相持而不下，则刘、项之权未有所分也。若此者，将军所短也。臣愚，窃以为亦过矣。故善用兵者不以短击长，而以长击短。"韩信曰："然则何由？"广武君对曰："方今为将军计，莫如案甲休兵，镇赵抚其孤，百里之内，牛酒日至，以飨士大夫醳兵，北首燕路，而后遣辩士奉咫尺之书，暴其所长于燕，燕必不敢不听从。燕已从，使喧言者东告齐，齐必从风而服，虽有智者，亦不知为齐计矣。如是，则天下事皆可图也。兵固有先声而后实者，此之谓也。"韩信曰："善。"从其策，发使使燕，燕从风而靡。乃遣使报汉，因请立张耳为赵王，以镇抚其国。汉王许之，乃立张耳为赵王。

这时韩信问广武君说："我欲向北进攻燕国，向东攻打齐国，怎样才能成功？"广武君谦让地说："我听说：'败军的将领，不能跟他谈论勇敢；亡国的大夫，不能跟他谋划国家的存亡。'如今我是个败军亡国的俘虏，怎敢配得上商量国家大事呢！"韩信说："我听说，百里奚在虞国而虞国灭亡了；在秦国而秦国称霸，并不是他在虞国就愚笨了，而在秦就聪明起来，在于国君用不用他，采纳不采纳他的意见。假如成安君听从您的计策，像我韩信这样的人也早被擒获了。由于他不听从您，因此我韩信才能侍奉您。"韩信多次试问道："我是推心置腹听从您的计谋，希望您不要推辞。"广武君说："我听说，聪明的人多次考虑问题，难免有一次失误；愚蠢的人多次考虑问题，也会有一次正确。因此说，狂人的话，圣人也可以从中选择。但是恐怕我的计谋，不一定值得采纳，不过我希望献上我的愚蠢而忠诚的见解。至于成安君有百战百胜的计谋，一旦失算，军队在鄗地附近失败了，自己也死在泜水边。现在将军渡过西河，俘虏了魏王，在阏与擒获了夏说，一举攻占了井陉，不到一个上午就打败了二十万赵军，杀死了赵相成安君。声名传闻海内，威望震撼天下，农民没有谁不放下农具停止耕作，只图穿得好，吃得好，侧耳倾听，等待命令。如此，都是将军的长处。然而百姓劳苦，士兵疲惫，其实难以使用。如今将军想要发动疲倦的军队，驻扎到燕国坚固的城池下，想要作战，恐怕时间长了，力不能敌，真实地暴露了劣势；旷日以久，粮草竭尽，而弱小的燕国不肯降服，齐国必然拒守边境，使自己强大起来。燕国和齐国都坚持不肯降服，那么刘邦和项羽的抗衡就不见分晓。如此，是将军的短处。我愚笨，但私下认为您攻燕伐齐的打算是错误的。所以善于用兵的人，不拿自己的短处攻击别人的长处。"韩信说："既然这样，那该怎么办呢？"广武君回答说："现在替将军着想，不如按甲息兵，镇守赵国，安抚赵国的遗孤。使百里之内，每天都可以送牛肉和美酒，宴请军官，慰劳士兵。北向移军燕国，然后派说客送信到燕国，向燕国显示您的长处，燕国一定不敢不听从。燕国顺从以后，再派说客东去劝告齐国，齐国一定见风使舵地臣服。即使是聪明的人，也不知道怎样替齐国打算了。这样，那么天下的大事就都好办了。用兵之道，本来就有先虚张声势，然后付诸实际行动的，指的正是这种情况。"韩信说："好！"听从广武君的计策，派使者去出使燕国，燕国人一听，像草一样随风而倒。于是派人去报告汉王，并且请求立张耳做赵王，来镇守赵国。汉王答应了，就封张耳为赵王。

楚数使奇兵渡河击赵，赵王耳、韩信往来救赵，因行定赵城邑，发兵诣汉。楚方急围汉王于荥阳，汉王南出，之宛、叶间，得黥布，走入成皋，楚又复急围之。六月，汉王出成皋，东渡河，独与滕公俱，从张耳军修武。至，宿传舍。晨自称汉使，驰入赵壁。张耳、韩信未起，即其卧内，上夺其印符，以麾召诸将，易置之。信、耳起，乃知汉王来，大惊。汉王夺两人军，即令张耳备守赵地，拜韩信为相国，收赵兵未发者击齐。

楚国多次派奇兵渡过黄河去攻打赵国，赵王张耳和韩信来回救援赵国，趁行军时平定了赵国的城邑，再出兵去援助汉王。楚军正在荥阳紧紧地围困汉王，汉王从南面突围，前往宛县和叶县一带，得到黥布以后，逃到成皋，楚军又加紧围攻他。六月，汉王逃出成皋，向东渡过黄河，单独跟滕公一起，投奔到张耳的驻地修武。到达修武，就住在客馆中。第二天早晨，自称是汉王的使臣，奔驰直进赵军的营垒。张耳和韩信还没起床，汉王就在他们的卧室里夺取了他们的印信和兵符，用来指挥和召令将领们，重新安排他们的职务。韩信和张耳起床以后，才知道汉王来了，大吃一惊。汉王夺取了两人的军队，就命令张耳防守赵地，任命韩信为赵国相，收编还没有出发的赵国士兵去攻打齐国。

信引兵东，未渡平原，闻汉王使郦食其已说下齐，韩信欲止。范阳辩士蒯通说信曰："将军受诏击齐，而汉独发间使下齐，宁有诏止将军乎？何以得毋行也！且郦生一士，伏轼掉三寸之舌，下齐七十余城，将军将数万众，岁余乃下赵五十余城，为将数岁，反不如一竖儒之功乎？"于是信然之，从其计，遂渡河。齐已听郦生，即留纵酒，罢备汉守御。信因袭齐历下军，遂至临淄。齐王田广以郦生卖己，乃亨之，而走高密，使使之楚请救。

韩信率领军队向东出发，还没有渡过平原津，听说汉王的使臣郦食其已说服了齐国，韩信就想按兵不动。范阳籍的说客蒯通就劝韩信说："将军奉命攻打齐国，而汉王只不过派密使说服了齐王，难道有诏令要将军停止前进吗？凭什么能不行进呢！何况郦食其是一介之士，乘车到处摇动三寸不烂之舌，降服了齐国七十多个城邑；而将军率领着几万大军，一年多才攻下赵国的五十多个城邑，反而比不上一个小书生的功劳吗？"这时韩信认为蒯通说得对，听从了他的计策，于是领兵渡过了黄河。齐国已经接受了郦食其的劝说，就留郦食其纵情饮酒，撤了对付汉军的防御。韩信乘机袭击了齐国历下的驻军，于是直达临淄。齐王田广以为郦食其出卖了自己，就烹杀了他，然后逃往高密，派使者到楚国请求援救。

韩信已定临淄，遂东追广至高密西。楚亦使龙且将，号称二十万，救齐。齐王广、龙且并军与信战，未合。人或说龙且曰："汉兵远斗穷战，其锋不可当。齐、楚自居其地战，兵易败散。不如深壁，令齐王使其信臣招所亡城，亡城闻其王在，楚来救，必反汉。汉兵二千里客居，齐城皆反之，其势无所得食，可无战而降也。"龙且曰："吾平生知韩信为人，易与耳。且夫救齐，不战而降之，吾何功？今战而胜之，齐之半可得，何为止！"遂战，与信夹潍水陈。韩信乃夜令人为万余囊，满盛沙，壅水上流，引军半渡，击龙且。详不胜，还走。龙且果喜曰："固知信怯也。"遂追信渡水。信使人决壅囊，水大至。龙且军大半不得渡，即急击，杀龙且。龙且水东军散走，齐王广亡去。信遂追北至城阳，皆虏楚卒。

韩信平定临淄以后，就向东追赶田广，一直追到高密县的西部。楚王也派龙且带领兵马，号称二十万，来救援齐国。齐王田广和楚将龙且会师跟韩信作战，尚未交锋。有人劝龙且说："汉军远离本土，拼死作战，其势不可挡。齐、楚两军，在自己的土地上作战，士兵容易失散。不如高筑防御工事，叫齐王派他的亲信大臣去招那些已经沦陷的城邑。沦陷城邑里的人听说自己的国王还在，又有楚兵来救援，一定会反叛汉军的。汉军客居在两千里以外，齐国的城邑都背叛他们，这样势必没有办法得到粮食，可以不用作战就使他们投降。"龙且说："我向来了解韩信的为人，容易对付他。何况我来救齐国，不交战就使他投降，那我有何功劳？如果交战后胜了他，齐国的一半土地能归我所有，为何不交战？"于是出战，跟韩信隔着潍水摆开阵势。韩信就连夜派人做了一万多个袋子，装满沙子，堵住潍水的上游，带领一半军队渡河，袭击龙且，假装战败往回逃。龙且果然高兴地说："我早就知道韩信胆怯！"于是渡过潍水追击韩信。韩信派人挖开堵水的沙袋，河水倾泻而来。龙且的军队大半不能渡过，韩信立即猛烈截击，杀死了龙且。龙且在潍水东岸的军队溃散逃跑。齐王田广也逃跑了。韩信就追赶败兵，一直追到城阳，把楚军的士兵全部俘虏了。

汉四年，遂皆降，平齐。使人言汉王曰："齐伪诈多变，反覆之国也，南边楚，不为假王以镇之，其势不定。愿为假王便。"当是时，楚方急围汉王于荥阳，韩信使者至，发书，汉王大怒，骂曰："吾困于此，旦暮望若来佐我，乃欲自立为王！"张良、陈平蹑汉王足，因附耳语曰："汉方不利，宁能禁信之王乎？不如因而立，善遇之，使自为守；不然，变生。"汉王亦悟，因复骂曰："大丈夫定诸侯，即为真王耳，何以假为！"乃遣张良往，立信为齐王，征其兵击楚。

汉王四年，韩信就降服和平定了整个齐国。他派人对汉王说："齐国是个虚伪狡诈、变化多端、反复无常的国家，南面邻近楚国，假如不设置一个代理国王来镇守它，齐国的局势就不稳定。我希望当代理国王，有利于局势。”当这个时候，楚军正在荥阳紧紧围困汉王。韩信的使者到达汉营，打开他送来的信一看，汉王勃然大怒，骂道：“我被围困在这里，日夜盼望你来帮助我，你倒要自立为王！”张良、陈平暗中踩了一下汉王的脚，便贴近他的耳边小声说：“汉军正当不利的时候，难道能阻止韩信称王吗？不如乘机立他为王，好好地待他，让他自己设法镇守齐国。不这样，恐怕就要发生变乱。”汉王也明白了，接着又骂道：“大丈夫既然平定了诸侯，就要做真王才行，为什么做代理的呢！”于是派遣张良前去立韩信为齐王，并征调他的部队攻打楚军。

楚已亡龙且，项王恐，使盱眙人武涉往说齐王信曰：“天下共苦秦久矣，相与戮力击秦。秦已破，计功割地，分土而王之，以休士卒。今汉王复兴兵而东，侵人之分，夺人之地；已破三秦，引兵出关，收诸侯之兵以东击楚，其意非尽吞天下者不休，其不知厌足如是甚也！且汉王不可必，身居项王掌握中数矣，项王怜而活之；然得脱，辄倍约，复击项王，其不可亲信如此。今足下虽自以与汉王为厚交，为之尽力用兵，终为之所禽矣。足下所以得须臾至今者，以项王尚存也。当今二王之事，权在足下：足下右投则汉王胜，左投则项王胜。项王今日亡，则次取足下。足下与项王有故，何不反汉与楚连和，参分天下王之？今释此时，而自必于汉以击楚，且为智者固若此乎！”韩信谢曰：“臣事项王，官不过郎中，位不过执戟，言不听，画不用，故倍楚而归汉。汉王授我上将军印，予我数万众，解衣衣我，推食食我，言听计用，故吾得以至于此。夫人深亲信我，我倍之不祥，虽死不易。幸为信谢项王！”

楚国已经失掉了大将龙且，项王恐慌，就派盱眙人武涉去游说齐王韩信道：“天下人都苦于秦的暴政很久了，因而同心协心攻打秦国。秦国已经被打败了，大家按功劳大小分割土地，各自在封地上称王，来使士兵得到休息。现在汉王又兴兵东进，侵犯别人的主权，抢夺别人的封地，已经打败了三秦，又带兵出函谷关，收编诸侯的士兵来向东进攻楚国，汉王的意图如不吞并天下就不罢休。他这样不知满足，也太过分了。何况汉王不可靠，他落在项王手里好几次了，项王同情他而让他活下来。但他一脱身，就违背盟约，又来攻打项王，他的不可亲近不可信赖就这样。现在您虽然以为跟汉王是深交，替他尽力打仗，但最终会被他擒拿的。您之所以能苟延性命到今天，是因为项王还活着。当前汉王和楚王的成败，关键就在您了。你投靠西边，就是汉王胜利；投靠东边，就是项王胜利。如果项王今天被消灭，就会接着来收拾您了。您和项王有交情，为什么不反叛汉国而跟楚国联合，三分天下而称王呢？如果您放弃了这个机会，自己一定要投靠汉王，去攻打楚王，那么作为一个聪明人，原来就是这样吧！”韩信推辞说：“我侍奉项王，官阶不过是个郎中，职位不过是卫士，言不听，计不从，所以才背叛楚王而投靠汉王。汉王授给我上将军的印章，交给我几万人马；脱衣服给我穿，分食物给我吃，言听计从，因此我才能有今天这个样子。人家这样依靠和信任我，我背叛他是不好的，就是死了我也不会改变主意。希望您替我向项王道歉。”

武涉已去，齐人蒯通知天下权在韩信，欲为奇策而感动之，以相人说韩信曰：“仆尝受相人之术。”韩信曰：“先生相人何如？”对曰：“贵贱在于骨法，忧喜在于容色，成败在于决断，以此参之，万不失一。”韩信曰：“善。先生相寡人何如？”对曰：“愿少间。”信曰：“左右去矣。”通曰：“相君之面，不过封侯，又危不安；相君之背，贵乃不可言。”韩信曰：“何谓也？”蒯通曰：“天下初发难也，俊雄豪桀建号壹呼，天下之士云合雾集，鱼鳞杂遝，熛至风起。当此之时，忧在亡秦而已。今楚、汉纷争，使天下无罪之人肝胆涂地，父子暴骸骨于中野，不可胜数。楚人起彭城，转斗逐北，至于荥阳，乘利席卷，威震天下。然兵困于京、索之间，迫西山而不能进者，三年于此矣。汉王将数十万之众，距巩、雒，阻山河之险，一日数战，无尺寸之功，折北不救，败荥阳，伤成皋，遂走宛、叶之间，此所谓智、勇俱困者也。夫锐气挫于险塞，而粮食竭于内府，百姓罢极怨望，容容无所倚。以臣料之，其势非天下之贤圣固不能息天下之祸。当今两主之命县于足下：足下为汉则汉胜，与楚则楚胜。臣愿披腹心，输肝胆，效愚计，恐足下不能用也。诚能听臣之计，莫若两利而俱存之，参分天下，鼎足而居，其势莫敢先动。夫以足下之贤圣，有甲兵之众，据强齐，从燕、赵，出空虚之地而制其后，因民之欲，西乡为百姓请命，则天下风走而响应矣，孰敢不听！割大弱强，以立诸侯；诸侯已立，天下服听而归德于齐。案齐之故，有胶、泗之地，怀诸侯以德，深拱揖让，则天下之君王相率而朝于齐矣。盖闻‘天与弗取，

反受其咎;时至不行,反受其殃’。愿足下孰虑之!”韩信曰:“汉王遇我甚厚,载我以其车,衣我以其衣,食我以其食。吾闻之,乘人之车者载人之患,衣人之衣者怀人之忧,食人之食者死人之事;吾岂可以乡利倍义乎!”蒯生曰:“足下自以为善汉王,欲建万世之业,臣窃以为误矣。始常山王、成安君为布衣时,相与为刎颈之交,后争张黡、陈泽之事,二人相怨。常山王背项王,奉项婴头而窜,逃归于汉王。汉王借兵而东下,杀成安君泜水之南,头足异处,卒为天下笑。此二人相与,天下至欢也。然而卒相禽者,何也?患生于多欲而人心难测也。今足下欲行忠信以交于汉王,必不能固于二君之相与也,而事多大于张黡、陈泽。故臣以为足下必汉王之不危己,亦误矣。大夫种、范蠡存亡越,霸句践,立功成名而身死亡。野兽已尽而猎狗亨。夫以交友言之,则不如张耳之与成安君者也;以忠信言之,则不过大夫种、范蠡之于句践也。此二人者,足以观矣。愿足下深虑之!且臣闻勇略震主者身危,而功盖天下者不赏。臣请言大王功略:足下涉西河,虏魏王,禽夏说,引兵下井陉,诛成安君,徇赵,胁燕,定齐,南摧楚人之兵二十万,东杀龙且,西乡以报,此所谓功无二于天下,而略不世出者也。今足下戴震主之威,挟不赏之功,归楚,楚人不信;归汉,汉人震恐。足下欲持是安归乎?夫势在人臣之位而有震主之威,名高天下,窃为足下危之!”韩信谢曰:“先生且休矣,吾将念之。”

武涉离开以后,齐国人蒯通知道天下局势的关键在于韩信,想用奇妙的计谋来打动他,就用看相人的身份游说韩信道:“我曾经学过给人看相的技艺。”韩信说:“先生给人看相是怎么样的?”蒯通回答说:“一个人的高贵和卑贱在于骨相,忧愁和喜悦在于脸色,成功和失败在于判断。用这三条来参验相人,万无一失。”韩信说:“好!先生看我如何?”蒯通回答说:“希望稍微隔离手下的人。”韩信说:“手下的人离开吧。”蒯通说:“看您的‘面’不过封侯,又危险不安全。看您的‘背’,真是贵不可言。”韩信说:“指的是什么呢?”蒯通说:“天下刚发难的时候,英雄豪杰建号称王,一呼百应,天下有志之士,像云雾那样聚集,像鱼鳞那样排列,像火花那样迸发,像狂风那样骤起。当这个时候,担心的在于消灭暴秦罢了!现在楚王跟汉王双方在争夺天下,使得天下无辜的百姓肝胆涂地,父子老少的尸骨暴露在荒野中,数也数不完。楚国人从彭城出发,辗转战斗追袭败兵,直到荥阳,乘胜前进,易如卷席,威震天下。然而军队被困在京、索二地之间,被阻在成皋西部山区而不能前进,到现在有三年了!汉王率领几十万的人马,在巩县和洛阳一带抗拒楚军,仗着山河的天险,一天交战数次,可是没有一点功绩;折兵败北,不能自救,在荥阳战败,在成皋受伤,于是逃到宛城和叶县之间,这就叫做智、勇都困了啊!锐气在险要的边塞受到挫伤,而国库里的粮食消耗殆尽,老百姓因疲惫而记恨,人心浮动,无所归宿。照我的估量,这种情势下,不是天下的圣贤,肯定不能平息天下的祸乱。当今刘、项两王的命运,就悬挂在您的手上,您替汉王出力,就是汉王胜利;替项王出力,就是项王胜利。我希望推心置腹、披肝沥胆,奉献我的计策,唯恐您不能采纳。假如能够听取我的计谋,不如双方两利地让他们一起存在下去,跟他们三分天下,鼎足而立,这种形势谁都不敢先动手。凭着您的聪明才智,拥有众多的人马和装备,占据着强大的齐国,牵制着燕国和赵国,出兵到刘、项双方兵力薄弱的地方,来牵制他们的后方,顺应百姓的愿望,向西阻止楚、汉纷争,为百姓请命,那么天下百姓就会闻风而动地响应您了,谁敢不听从!分割大国削弱强国,用来分封诸侯。诸侯割地复国以后,天下就会信服听从您,并归功于齐国,您稳守齐国的故土,拥有胶河、泗水一带的土地,用恩德安抚诸侯,谦让恭谨,那么天下的君王,就会相继来朝拜齐国了!因为听说‘上天赐给的不接受,反而受到它的惩罚;时机来了不行动,反而遭受它的灾难’。希望您仔细地考虑这件事!”韩信说:“汉王待我很优厚,把他的车给我坐,把他的衣服给我穿,把他的食物给我吃。我听说:‘乘人家车子的,要分担人家的祸患;穿人家衣服的,要想到人家的忧虑;吃人家食物的,要死在人家的事业上’。我难道能够唯利是图、背信弃义吗?”蒯通说:“您自以为跟汉王刘邦友好,欲建立千秋万代的功业,我私下认为错了。当初常山王张耳和成安君陈馀还是平民的时候,彼此结成至死不忘的朋友,后来因为张黡、陈泽事件而争执,两人相互记恨。常山王背叛项王,捧着项王使者项婴的头逃跑,归顺了汉王。汉王借兵给他向东进军,在泜水南边杀死了成安君,头脚分尸两地,终于被天下人所耻笑。这两个人的交情,是天下最深厚的了。然而终于相互残杀,为何呢?祸根就产生在太贪,而且人心难以预料。现在您要用忠诚和信义来和汉王交往,肯定不可能比陈馀、张耳二君的交情更可靠,而你们之间的事情有很多比张黡、陈泽的事情重大得多。所以我认为您肯定汉王一定不会危害您，也错了。大夫文种和范蠡使濒临灭亡的越国保存下来，使句践称霸，但句践功成名就以后，文种身死，范蠡逃亡。野兽已经打尽了，因而猎狗被烹杀。就交往而论，您跟汉王是比不上张耳和陈馀的；就忠诚而论，是不会超过大夫文种和范蠡对于句践的。这两种人足够您借鉴了。希望您深入地考虑这个问题。而且我听说，勇敢和谋略震动君主的人，自身危险；功业是天下第一的人，无法赏赐。请让我来说说大王的功绩和谋略吧：您渡过西河，俘虏了魏王，擒获了夏说，带兵攻占井陉口，杀死成安君，攻取赵国，制服燕国，平定齐国，南下摧毁了楚国二十万大军，东去杀死楚将龙且，西向而报捷，可以说功绩之大在天下是没有第二个人的，而谋略也是世人不能够超出的。如今您具有震动君主的威势，拥有无法赏赐的功绩。您归附楚国，楚国人不会相信；您归顺汉国，汉国人恐惧：您持这样的威势和功绩，将归顺哪一边呢？您处在臣子的地位，却有震动君主的威势，声名比天下人都高，我私下为您感到危险。"韩信辞谢说："先生暂且别说了，我将考虑这件事！"

后数日，蒯通复说曰："夫听者事之候也，计者事之机也；听过计失而能久安者，鲜矣！听不失一二者，不可乱以言；计不失本末者，不可纷以辞。夫随厮养之役者，失万乘之权；守儋石之禄者，阙卿相之位。故知者决之断也，疑者事之害也。审豪氂之小计，遗天下之大数，智诚知之，决弗敢行者，百事之祸也。故曰'猛虎之犹豫，不若蜂虿之致螫；骐骥之跼躅，不如驽马之安步；孟贲之狐疑，不如庸夫之必至也；虽有舜、禹之智，吟而不言，不如喑聋之指麾也'。此言贵能行之。夫功者，难成而易败；时者，难得而易失也。时乎时，不再来。愿足下详察之！"韩信犹豫，不忍倍汉，又自以为功多，汉终不夺我齐，遂谢蒯通。蒯通说不听，已详狂为巫。

几天以后，蒯通又劝韩信说："善于听取意见，是事情成功的征兆；善于计划，是事情成功的关键。不善于听取建议，不善于计谋划策，而能够长治久安的人，可就少了。在听取意见中，没有一两次失误的人，旁人无法用言论迷惑他；在计谋划策中不至于本末倒置的人，旁人也无法用语辞干扰他。安于伙夫这种杂役的人，就会失去掌握万乘大国君权的机会；保证斗石俸禄的人，就会失却公卿宰相的地位。所以聪明的人就会当机立断；犹豫不决，是成事的灾祸。明察毫厘的小计，却遗忘天下的大计，理智上明知如何做，决策时却不敢实行，这是一切事情的祸根。因此说：'猛虎的犹豫，不如黄蜂、蝎子的敢于用刺；骏马的踌躇，不如劣马的稳步；勇士的狐疑，不如庸夫的必达。虽然有舜、禹的智慧，但闭口不说，就不如聋哑人的比手画脚。'这说明可贵的是在于能实行。功业难以成功却容易失败，时机难以得到却容易失去。时机啊时机，不会再次到来。希望您仔细考虑这件事。"韩信犹豫不决，不忍心背叛汉王，又自以为功劳很多，汉王终究不会夺走自己的齐国，于是谢绝了蒯通。蒯通的劝说不被采纳，后来就装疯做了巫师。

汉王之困固陵，用张良计召齐王信，遂将兵会垓下。项羽已破，高祖袭夺齐王军。汉五年正月，徙齐王信为楚王，都下邳。

汉王被围困在固陵的时候，采用张良的计策，征召齐王韩信。韩信就带兵到垓下会师。项羽被打败以后，汉高祖突然袭击，夺去了齐王韩信的兵权。汉王五年正月，改封齐王韩信为楚王，定都于下邳。

信至国，召所从食漂母，赐千金。及下乡南昌亭长，赐百钱，曰："公，小人也，为德不卒。"召辱己之少年令出胯下者以为楚中尉。告诸将相曰："此壮士也。方辱我时，我宁不能杀之邪？杀之无名，故忍而就于此。"

韩信到了自己的封地，召见了曾经给饭吃的漂洗丝絮的老大娘，送给她一千金。还召见下乡县南昌亭长，给他一百钱，说："您是个小人，做好事有始无终。"又召见曾经侮辱过自己、叫从他裤裆下爬过去的那个年轻人，任他做楚国的中尉。韩信告诉各位将相说："这位是壮士。当初侮辱我的时候，我难道不能杀死他吗？但杀他没有理由，因此忍到了现在。"

项王亡将钟离眛家在伊庐，素与信善。项王死后，亡归信。汉王怨眛，闻其在楚，诏楚捕眛。信初之国，行县邑，陈兵出入。汉六年，人有上书告楚王信反。高帝以陈平计，天子巡狩会诸侯，南方有云梦，发使告诸侯会陈："吾将游云梦。"实欲袭信，信弗知。高祖且至楚，信欲发兵反，自度无罪；欲谒上，恐见禽。人或说信曰："斩眛谒上，上必喜，无患。"信见眛计事。眛曰："汉所以不击取楚，

以昧在公所。若欲捕我以自媚于汉，吾今日死，公亦随手亡矣。”乃骂信曰：“公非长者！”卒自刭。信持其首，谒高祖于陈。上令武士缚信，载后车。信曰：“果若人言：‘狡兔死，良狗亨；高鸟尽，良弓藏；敌国破，谋臣亡。’天下已定，我固当亨！”上曰：“人告公反。”遂械系信。至雒阳，赦信罪，以为淮阳侯。

项王的一员逃亡将领钟离昧，家住伊庐县，一向跟韩信友好。项王死后，他就投奔了韩信。汉王记恨钟离昧，听说钟离昧在楚国，就下令叫楚国逮捕他。韩信刚到楚国时，巡视各县邑，都列兵进出。汉王六年，有人上书揭发楚王韩信谋反。汉高祖采用陈平的计策，天子外出巡视会见诸侯，南方有个云梦泽，派使臣通告各诸侯到陈县集会，说：“我将要巡视云梦泽。”其实是要袭击韩信，韩信不知。汉高祖将要到达楚国时，韩信想出兵反叛，自己心里想没有罪过，要朝见皇上，又怕被擒获。有人劝韩信说：“您杀了钟离昧去见皇上，皇上一定高兴，无后患。”韩信召见钟离昧来商量这件事。钟离昧说：“汉王之所以不来围攻楚国，是由于有我钟离昧在您这儿。假如要逮捕我去私自讨好汉王，我今天死了，您也会紧跟着灭亡了。”于是破口大骂韩信说：“你不是一个厚道的人！”终于自杀了。韩信拿着钟离昧的头，到陈县朝拜汉高祖。皇上命令武士捆绑韩信，放在后面的副车上。韩信说道：“果真像人家所说：‘狡猾的兔子死了，好的猎狗遭烹杀；高飞的鸟完了，好的弓箭被收藏；敌国破灭，谋臣死亡！’天下已经安定，我当然该烹杀！”皇上说：“有人告发您谋反！”于是给韩信戴上刑具。到达洛阳时，赦免了韩信的罪，用他做淮阴侯。

信知汉王畏恶其能，常称病不朝从。信由此日夜怨望，居常鞅鞅，羞与绛、灌等列。信尝过樊将军哙，哙跪拜送迎，言称臣，曰：“大王乃肯临臣！”信出门，笑曰：“生乃与哙等为伍！”上常从容与信言诸将能不，各有差。上问曰：“如我，能将几何？”信曰：“陛下不过能将十万。”上曰：“于君何如？”曰：“臣多多而益善耳。”上笑曰：“多多益善，何为为我禽？”信曰：“陛下不能将兵，而善将将，此乃信之所以为陛下禽也。且陛下所谓天授，非人力也。”

韩信知道汉王害怕和妒忌自己的才能，常常假装生病不朝见，也不随从。韩信从此日夜怨恨，常常闷闷不乐，耻于跟周勃、灌婴一辈人处在同等地位。韩信曾经拜访樊哙将军，樊哙用跪拜的礼节迎来送往，口口声声自称臣子，说：“大王竟肯光临臣下！”韩信出门时，笑着说：“我这一生，竟然和樊哙等人处在一个行列！”皇上曾经跟韩信闲谈各位将领有无才能，认为他们各有长短。皇上问：“像我能带多少兵？”韩信说：“陛下不过能带十万兵！”皇上问：“对你来说怎么样？”韩信说：“我是越多越好。”皇上笑着说：“越多越好，为什么被我擒获？”韩信说：“陛下不善于带兵，却善于驾驭将领，这就是我韩信之所以被陛下擒获的缘故。况且陛下的地位是上天赐予的，不是人力所做到的。”

陈豨拜为钜鹿守，辞于淮阴侯。淮阴侯挈其手，辟左右与之步于庭，仰天叹曰：“子可与言乎？欲与子有言也。”豨曰：“唯将军令之！”淮阴侯曰：“公之所居，天下精兵处也；而公，陛下之信幸臣也。人言公之畔，陛下必不信；再至，陛下乃疑矣；三至，必怒而自将。吾为公从中起，天下可图也。”陈豨素知其能也，信之，曰：“谨奉教！”汉十年，陈豨果反。上自将而往，信病不从。阴使人至豨所，曰：“弟举兵，吾从此助公。”信乃谋与家臣夜诈诏赦诸官徒奴，欲发以袭吕后、太子。部署已定，待豨报。其舍人得罪于信，信囚，欲杀之。舍人弟上变，告信欲反状于吕后。吕后欲召，恐其党不就，乃与萧相国谋，诈令人从上所来，言豨已得死，列侯群臣皆贺。相国绐信曰：“虽疾，强入贺。”信入，吕后使武士缚信，斩之长乐钟室。信方斩，曰：“吾悔不用蒯通之计，乃为儿女子所诈，岂非天哉！”遂夷信三族。

陈豨被任命为钜鹿郡守，向淮阴侯辞行时，淮阴侯拉着他的手，让左右的人回避，同他在院子里散步，抬头对着天叹息说：“可以和您说话吗？我有话想跟您说。”陈豨说道：“一切听从将军的吩咐！”淮阴侯说：“您的所在地，是天下精兵所积聚之处；而您又是陛下亲信宠爱的臣子。如果有人说您反叛，陛下必定不相信；再有人来告您造反，陛下就会猜疑了；第三次有人告您造反，陛下必定会大怒而自己带兵讨伐。我替您从中起兵呼应，天下是可以图谋的。”陈豨一向了解韩信的才干，相信他，说：“恭敬领教！”汉王十年，陈豨果真反叛。皇上亲自领兵前往平乱。韩信有病，没有随从出征。暗中派人到陈豨的住所说：“只管发兵，我会从这里帮助您！”韩信就跟家臣们谋划，乘黑夜里假传诏令，赦免各官府里的囚徒和奴隶，欲领着这批人去袭击吕后和太子刘盈。部署妥当以后，等待陈豨回报。韩信的家臣得罪了韩信，韩信把他囚禁起来，想杀死他。家臣的弟弟就上告，向吕后揭发韩信准备谋反的情况。吕后想召见韩信，怕韩信的党羽不肯就范，就跟萧相国商议，派人装作是从皇上处来，声称陈豨已经被捉住杀了，列侯、群臣都要去朝贺。萧相国欺骗韩信说：“您尽管有病，也得勉强进宫朝贺。”韩信一进宫，吕后就命令武士绑架韩信，在长乐宫的悬钟室中，把他杀了。韩信正要被斩首的时候说：“我后悔没有采纳蒯通的计谋，竟被妇人小子所欺诈，难道不是天意吗！”于是杀了韩信一家三族。

高祖已从豨军来，至，见信死，且喜且怜之，问：“信死亦何言？”吕后曰：“信言恨不用蒯通计。”高祖曰：“是齐辩士也。”乃诏齐捕蒯通。蒯通至，上曰：“若教淮阴侯反乎？”对曰：“然，臣固教之。竖子不用臣之策，故令自夷于此。如彼竖子用臣之计，陛下安得而夷之乎！”上怒曰：“亨之！”通曰：“嗟乎，冤哉亨也！”上曰：“若教韩信反，何冤？”对曰：“秦之纲绝而维弛，山东大扰，异姓并起，英俊乌集。秦失其鹿，天下共逐之，于是高材疾足者先得焉。跖之狗吠尧，尧非不仁，狗因吠非其主。当是时，臣唯独知韩信，非知陛下也。且天下锐精持锋欲为陛下所为者甚众，顾力不能耳。又可尽亨之邪？”高帝曰：“置之。”乃释通之罪。

汉高祖从征讨陈豨的部队中回来后，到了京城，一见韩信已死，又高兴又怜惜，问道：“韩信死时说了何话？”吕后说：“韩信说后悔没有采用蒯通的计策。”汉高祖说：“这人是齐国的说客。”于是下令齐国逮捕蒯通。蒯通捉来了，皇上说：“你教唆淮阴侯谋反是吗？”蒯通回答说：“是的，我本来教他。小子不采纳我的计谋，所以如今自取灭亡。假那小子采纳我的计策，陛下怎能够杀害他呢？”皇上恼怒地说：“烹杀他！”蒯通说道：“哎呀，冤枉呀！烹杀我！”皇上说道：“你教唆韩信谋反，有什么冤枉？”蒯通回答说：“秦王朝纲维松弛，山东大乱，异姓诸侯纷纷自立，英雄俊杰像群鸦一样聚集。秦王失去了帝位，天下共同追逐它，因此高才捷足的人先得到它。盗跖所养的狗，对着唐尧狂叫，并不是唐尧不仁，狗叫是由于他不是它的主人。正当这个时候，我只知道有韩信，不知道有陛下。况且天下精英，手持利刀，想做陛下所做事业的人很多，只不过能力不行罢了！您又能够全部烹杀他们吗？”高祖说：“放了他！”于是赦免了蒯通的罪过。

太史公曰：吾如淮阴，淮阴人为余言，韩信虽为布衣时，其志与众异。其母死，贫无以葬，然乃行营高敞地，令其旁可置万家。余视其母冢，良然。假令韩信学道谦让，不伐己功，不矜其能，则庶几哉，于汉家勋可以比周、召、太公之徒，后世血食矣。不务出此，而天下已集，乃谋畔逆，夷灭宗族，不亦宜乎！

太史公说：我到淮阴去，淮阴人对我说：韩信即使是平民的时候，他的志向也和众人不同。他母亲死的时候，穷得无法安葬，但却又经营宽敞的坟地，让坟地旁边能安置一万户人家。我看了他母亲的坟墓，确实是这样子。假如韩信能够谦让地学习圣贤的道理，不炫耀自己的功劳，不矜夸自己的才能，那就差不多了。他对汉朝的功勋，可以跟周公、召公、姜太公这些人相比，享用后世的祭祀了。可是他不从事这个，而在天下大局已经安定的时候，反而图谋反叛，杀灭他的宗族，不也是应该的吗！

史记第九十三卷

韩信卢绾列传第三十三

韩王信者，故韩襄王孽孙也，长八尺五寸。及项梁之立楚后怀王也，燕、齐、赵、魏皆已前王，唯韩无有后，故立韩诸公子横阳君成为韩王，欲以抚定韩故地。项梁败死定陶，成奔怀王。沛公引兵击阳城，使张良以韩司徒降下韩故地，得信，以为韩将，将其兵从沛公入武关。

韩王韩信，是原韩襄王的庶孙，身高八尺五寸。到项梁拥立楚王的后裔怀王的时候，燕、齐、赵、魏等国都已经先封王，唯独韩国后继无人，因此便确立韩国的庶公子横阳君韩成为韩王，希望靠他来安抚韩国原有的领土。项梁在定陶战败而死，韩王成就去投奔楚怀王。沛公领兵进攻阳城，命令张良以韩国司徒的身份攻占韩国故土，得到韩王信，任用他做韩国将军，率领着韩军跟随沛公进入武关。

沛公立为汉王，韩信从入汉中，乃说汉王曰："项王王诸将近地，而王独远居此，此左迁也。士卒皆山东人，跂而望归，及其锋东乡，可以争天下。"汉王还定三秦，乃许信为韩王，先拜信为韩太尉，将兵略韩地。

沛公被封为汉王，韩信随着他进入汉中，就劝汉王说："项王把附近的土地分封给各位将领，只有大王却处在这遥远的地方，这等于降职。士兵都是山东人，都踮着脚尖盼望返回家乡，乘着他们锐气正盛，向东进军，就可以争夺天下。"汉王回师平定三秦，就答应让韩信做韩王，先任命韩信为韩国的太尉，带领着军队去攻取韩国的国土。

项籍之封诸王皆就国，韩王成以不从无功，不遣就国，更以为列侯。及闻汉遣韩信略韩地，乃令故项籍游吴时吴令郑昌为韩王以距汉。汉二年，韩信略定韩十余城。汉王至河南，韩信急击韩王昌阳城。昌降，汉王乃立韩信为韩王，常将韩兵从。三年，汉王出荥阳，韩王信、周苛等守荥阳。及楚败荥阳，信降楚，已而得亡，复归汉，汉复立以为韩王，竟从击破项籍，天下定。五年春，遂与剖符为韩王，王颍川。

项籍所封的各诸侯王，都到达自己的封地，韩王韩成由于没有跟随作战，没有战功，所以不让他到自己的封地就位，改封为列侯。到了听说汉王派遣韩信攻取韩地，就命令项籍从前巡视吴县时吴县的县令郑昌作韩王，去抗拒汉军。汉二年，韩信攻占了韩国十多个城邑。汉王到河南时，韩信就进攻韩王郑昌的驻地阳城。郑昌降服后，汉王就立韩信为韩王，经常带领韩军随从他。汉三年，汉王撤出荥阳，韩王韩信、周苛等人留守荥阳。等到楚军攻下荥阳，韩信投降楚军，不久得以逃亡，又归附汉王。汉王仍然立他为韩王，终于随从汉王打败了项籍，平定了天下。五年春，韩信就接受符节做了韩王，定都颍川。

明年春，上以韩信材武，所王北近巩、洛，南迫宛、叶，东有淮阳，皆天下劲兵处，乃诏徙韩王信王太原以北，备御胡，都晋阳。信上书曰："国被边，匈奴数入，晋阳去塞远，请治马邑。"上许之，信乃徙治马邑。秋，匈奴冒顿大围信，信数使使胡求和解。汉发兵救之，疑信数间使，有二心，使人责让信。信恐诛，因与匈奴约共攻汉，反，以马邑降胡，击太原。

第二年春天，皇上以为韩信有武才，所辖地北边邻近巩县和洛阳，南边逼近宛县和叶县，东边有淮阳，都是天下重兵之地，就诏令调韩王信管辖太原以北地区，以抵抗胡人，定都晋阳。韩信上书说："韩国毗邻边界，匈奴多次入侵，晋阳距离边塞遥远，请求移都马邑。"皇上答应了他，韩信就把王都迁到马邑。秋天，匈奴冒顿单于重兵围攻韩信，韩信多次派遣使臣到匈奴谋求和解。汉王出兵救韩信，但怀疑韩信多次私派使者，有异心，派人责备韩信。韩信恐怕被杀，就跟匈奴约定共同攻打汉军，反叛之后，韩信用马邑投降匈奴，进攻太原。

七年冬，上自往击，破信军铜鞮，斩其将王喜。信亡走匈奴。其将白土人曼丘臣、王黄等立赵苗裔赵利为王，复收信败散兵，而与信及冒顿谋攻汉。匈奴使左右贤王将万余骑与王黄等屯广武以南，至晋阳，与汉兵战，汉大破之，追至于离石，复破之。匈奴复聚兵楼烦西北，汉令车骑击破匈奴。匈奴常败走，汉乘胜追北，闻冒顿居代谷，高皇帝居晋阳，使人视冒顿，还报曰"可击"。上遂至平城。上出白登，匈奴骑围上，上乃使人厚遗阏氏。阏氏乃说冒顿曰："今得汉地，犹不能居；且两主不相厄。"居七日，胡骑稍引去。时天大雾，汉使人往来，胡不觉。护军中尉陈平言上曰："胡者全兵，请令强弩傅两矢外向，徐行出围。"入平城，汉救兵亦到，胡骑遂解去。汉亦罢兵归。韩信为匈奴将兵往来击边。

七年冬，皇上亲自出征攻击韩信，在铜鞮打败韩信的军队，杀了韩信的将领王喜。韩信逃亡到匈奴。韩信的将领白土县人曼丘臣、王黄等，拥立赵国的后代赵利为王，又收编韩信的散兵，跟韩信以及冒顿谋划攻打汉军。匈奴派左、右贤王带领一万多骑兵，会合王黄等人，屯兵在广武以南，到达

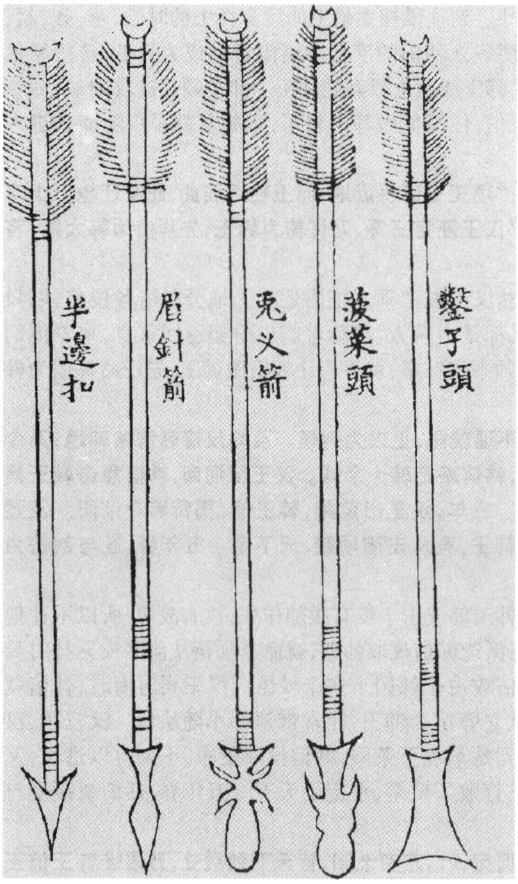

箭，古代的兵器。

晋阳时，跟汉军交战，汉军大败了他们，乘胜追击到离石，又打败了他们。匈奴又在楼烦西北积聚兵马，汉王命令用车马打败匈奴军。匈奴军总是败逃，汉军乘胜追击败兵。听说冒顿住在代谷，高皇帝住在晋阳，派人去侦探冒顿的情况，回来报告说："可以进攻！"皇上于是到了平城。皇上外出登上白登山，匈奴骑兵包围了皇上。皇上就派人重礼贿赂匈奴的王后"阏氏"，阏氏就劝冒顿说："即使夺取汉地，也不能久居。何况两君之间，不能相互危害。"过了七天，匈奴骑兵逐渐撤离。当时大雾弥天，汉军派人在白登山和平城间往来，匈奴人没有察觉。护军中尉陈平对皇上说："匈奴人要保全兵力，请皇上下令各个士兵在每一强弩上面向外装上两支利箭，从容地撤出重围。"进入平城时，汉朝的救兵也到了，胡人的骑兵于是解围离开了。汉军也撤兵回朝。韩信替匈奴领兵来回侵扰汉朝边境。

汉十年，信令王黄等说误陈豨。十一年春，故韩王信复与胡骑入居参合，距汉。汉使柴将军击之，遗信书曰："陛下宽仁，诸侯虽有畔亡，而复归，辄复故位号，不诛也。大王所知。今王以败亡走胡，非有大罪，急自归！"韩王信报曰："陛下擢仆起闾巷，南面称孤，此仆之幸也。荥阳之事，仆不能死，囚于项籍，此一罪也。及寇攻马邑，仆不能坚守，以城降之，此二罪也。今反为寇将兵，与将军争一旦之命，此三罪也。夫种、蠡无一罪，身死亡；今仆有三罪于陛下，而欲求活于世，此伍子胥所以偾于吴也。今仆亡匿山谷间，旦暮乞贷蛮夷，仆之思归，如痿人不忘起，盲者不忘视也，势不可耳。"遂战。柴将军屠参合，斩韩王信。

汉十年，韩信命令王黄等人游说害陈豨。十一年春，原韩王韩信又跟匈奴人的骑兵屯驻参合，抗拒汉军。汉朝派遣柴将军去攻打他们。柴将军写信给韩信说："陛下宽厚仁慈，诸侯即使有反叛逃亡的，只要他们再次归附，就恢复他们原来的职位和称号，不诛杀。这是大王所了解的。如今大王由于战败逃亡到匈奴，不是有大罪，请赶快自动地来归顺！"韩王信回信说："皇上把我从闾巷的平民百姓中提拔起来，南向称王，这是我的荣幸。荥阳战役，我不能献身，被项籍俘虏，这是我的第一项罪。等到敌寇围攻马邑，我不能固守，弃城投敌，这是我的第二项罪。如今反而替敌寇带兵，跟将军争战，决生死于一朝，这是我的第三项罪。从前文种和范蠡没有任何一条罪过，终不免一死一逃；现在我对皇上犯有三项罪，却想在世上求得活命，这就是伍子胥终于死在吴国的原因。如今我逃避在荒山野谷间，日夜向蛮夷乞讨过活，我思归的心情，就像瘫痪病人，念念不忘起身，瞎子念念不忘复明一样，形势不允许罢了。"于是双方交战。柴将军屠杀参合城的胡兵，杀了韩王韩信。

信之入匈奴，与太子俱；及至颓当城，生子，因名曰颓当。韩太子亦生子，命曰婴。至孝文十四年，颓当及婴率其众降汉。汉封颓当为弓高侯，婴为襄城侯。吴楚军时，弓高侯功冠诸将。传子至孙，孙无子，失侯。婴孙以不敬失侯。颓当孽孙韩嫣，贵幸，名富显于当世。其弟说，再封，数称将军，卒为案道侯。子代，岁余坐法死。后岁余，说孙曾拜为龙额侯，续说后。

韩信进入匈奴的时候，跟太子一同去。后来到达颓当城，又生了一个儿子，因而取名为颓当。

韩太子也生了一个儿子,名叫婴。到了汉文帝十四年,韩穨当跟韩婴率他们的部属投降了汉朝。汉文帝封韩穨当为弓高侯,封韩婴为襄城侯。平定吴楚反叛时,弓高侯战功高于所有的将领,他的侯位传给儿子直到孙子。孙子没有儿子,就失去了爵位。韩婴的孙子因为犯了不敬罪,失去了侯爵。韩穨当的庶孙韩嫣,得尊受宠,声名和财富显扬于当代。他的弟弟韩说,两次受封,数次获得将军称号,死的时候是案道侯。儿子接替侯位,一年多后,由于犯了法被处死。一年多以后,韩说的孙子韩曾封为龙頟侯,延续了韩说的后代。

卢绾者,丰人也,与高祖同里。卢绾亲与高祖太上皇相爱,及生男,高祖、卢绾同日生,里中持羊酒贺两家。及高祖、卢绾壮,俱学书,又相爱也。里中嘉两家亲相爱,生子同日,壮又相爱,复贺两家羊酒。高祖为布衣时,有吏事辟匿,卢绾常随出入上下。及高祖初起沛,卢绾以客从,入汉中为将军,常侍中。从东击项籍,以太尉常从,出入卧内,衣被饮食赏赐,群臣莫敢望。虽萧、曹等,特以事见礼,至其亲幸,莫及卢绾。绾封为长安侯。长安,故咸阳也。

卢绾是丰邑人,和高祖是同乡。卢绾的父亲与高祖的父亲太上皇相好,到生孩子的时候,高祖和卢绾是在同一天出生,乡里人带着羊和酒祝贺两家。到高祖和卢绾长大时,两人一起读书,又相好。乡里人称赞两家父亲相好,生儿子在同一天,孩子长大又相好,又一次用羊和酒去祝贺两家。高祖还是个平民的时候,因官司而躲藏,卢绾经常跟随高祖进进出出。到高祖当初在沛地起兵时,卢绾以宾客身份随从高祖,进入汉中后,卢绾担任将军,经常在内廷陪伴高祖。跟随东征攻打项籍时,卢绾以太尉的身份经常随高祖,出入高祖的卧室,衣服被褥和饮食等赏赐,群臣没有谁敢企望,就是萧何和曹参等人,只因事业为重受到礼遇,至于那亲近宠幸,比不上卢绾。卢绾被封为长安侯。长安就是从前的咸阳。

汉五年冬,以破项籍,乃使卢绾别将,与刘贾击临江王共尉,破之。七月还,从击燕王臧荼,臧荼降。高祖已定天下,诸侯非刘氏而王者七人。欲王卢绾,为群臣觖望。及虏臧荼,乃下诏诸将相列侯,择群臣有功者以为燕王。群臣知上欲王卢绾,皆言曰:"太尉长安侯卢绾常从平定天下,功最多,可王燕。"诏许之。汉五年八月,乃立卢绾为燕王。诸侯王得幸莫如燕王。

汉五年冬,已经打败项籍,就派卢绾另带一支军队,跟刘贾一起攻打临江王共尉,打败了他。七月回朝,跟随高祖攻打燕王臧荼,臧荼投降。高祖平定天下后,诸侯中间不姓刘而封王的共有七人。高祖本想封卢绾为王,因群臣不满而作罢。等到俘虏了臧荼,便下令所有将相列侯,在群臣中选择有功的人来做燕王。群臣知道高祖想让卢绾为王,都进言说:"太尉长安侯卢绾,长年跟随皇上平定天下,功劳最多,可以封为燕王。"高祖行文批准了。汉五年八月,就封卢绾为燕王。诸侯王受到的宠幸没有谁比得上燕王。

汉十一年秋,陈豨反代地,高祖如邯郸击豨兵,燕王绾亦击其东北。当是时,陈豨使王黄求救匈奴。燕王绾亦使其臣张胜于匈奴,言豨等军破。张胜至胡,故燕王臧荼子衍出亡在胡,见张胜曰:"公所以重于燕者,以习胡事也。燕所以久存者,以诸侯数反,兵连不决也。今公为燕欲急灭豨等,豨等已尽,次亦至燕,公等亦且为虏矣。公何不令燕且缓陈豨而与胡和?事宽,得长王燕;即有汉急,可以安国。"张胜以为然,乃私令匈奴助豨等击燕。燕王绾疑张胜与胡反,上书请族张胜。胜还,具道所以为者。燕王寤,乃诈论它人,脱胜家属,使得为匈奴间,而阴使范齐之陈豨所,欲令久亡,连兵勿决。

汉十一年秋天,陈豨在代地反叛。高祖带兵到邯郸去攻打陈豨的军队,燕王卢绾也进攻陈豨的东北部。正当这个时候,陈豨派王黄去向匈奴求救。燕王卢绾也派了他的部下张胜到匈奴,扬言陈豨等人的军队已经打败。张胜到达匈奴时,原燕王臧荼的儿子臧衍也逃亡到匈奴,他见张胜时说:"您之所以受燕国重用,是由于熟悉匈奴情况。燕国之所以能长久存在,是由于诸侯屡次反叛,战事连年不能定局。现今您为了燕国,想迅速消灭陈豨等人,当陈豨等人完全消灭以后,接下来便要轮到燕国了,到那时候,您等人也将被俘虏了。您为什么不叫燕国暂缓消灭陈豨,而跟匈奴联合?事情留有余地,就能够长久地统治燕国;如果有来自汉朝的紧急情况,就能借此安定国家。"张胜认为是这样,就私自要求匈奴帮助陈豨等攻打燕国。燕王卢绾怀疑张胜跟匈奴谋反,就上书请求族灭张胜。张胜回国后,详细说明了他这样做的原因。燕王卢绾醒悟了,就假装查处其他人,解脱张胜和他的家属，使他们能够做匈奴的间谍。又暗中派遣范齐到陈豨的驻地，想让陈豨长期流亡，连年战事不能定局。

汉十二年，东击黥布，豨常将兵居代，汉使樊哙击斩豨。其裨将降，言燕王绾使范齐通计谋于豨所。高祖使使召卢绾，绾称病。上又使辟阳侯审食其、御史大夫赵尧往迎燕王，因验问左右。绾愈恐，闭匿，谓其幸臣曰："非刘氏而王，独我与长沙耳。往年春，汉族淮阴，夏，诛彭越，皆吕后计。今上病，属任吕后。吕后妇人，专欲以事诛异姓王者及大功臣。"乃遂称病不行。其左右皆亡匿。语颇泄，辟阳侯闻之，归具报上，上益怒。又得匈奴降者，降者言张胜亡在匈奴，为燕使。于是上曰："卢绾果反矣！"使樊哙击燕。燕王绾悉将其宫人家属骑数千居长城下，候伺，幸上病愈，自入谢。四月，高祖崩，卢绾遂将其众亡入匈奴，匈奴以为东胡卢王。绾为蛮夷所侵夺，常思复归。居岁余，死胡中。

汉十二年，高祖往东攻打黥布，陈豨时常带兵屯驻在代地，汉王派遣樊哙击杀陈豨。陈豨的副将投降后，说燕王卢绾曾派范齐到陈豨那儿交换计谋。高祖派遣使臣召见卢绾，卢绾借口生病。皇上又派遣辟阳侯审食其、御史大夫赵尧去迎接燕王，趁机验证询问燕王左右的人。卢绾更加害怕了，闭门藏匿对他宠幸的臣子说："不是刘氏而封王的，只有我和长沙王吴芮罢了。去年春天，汉王族灭了淮阴侯；夏天，又诛杀梁王彭越。这都是吕后的计谋。现在皇上病了，委托重任给吕后。吕后是个妇道人家，专想借故诛杀异姓王和大功臣。"卢绾仍然借口生病不去。卢绾左右的人都逃避了。卢绾的话有所泄露，辟阳侯听到了，回朝后仔细地报告皇上，皇上更加愤恨。又得到一名投降的匈奴人，投降的人说张胜逃到匈奴，做了燕国的使者。这时皇上说："卢绾果真反了！"就派樊哙去攻打燕国。燕王卢绾带着他的全部宫人、家属和几千骑兵，驻在长城下，等候机会，希望皇上病愈，亲自入宫谢罪。四月，高祖去世，卢绾便带领他的部下逃进匈奴，匈奴封他做东胡卢王。卢绾遭到蛮夷欺凌掠夺，时常思念再回汉朝。过了一年多，死在匈奴。

高后时，卢绾妻子亡降汉，会高后病，不能见，舍燕邸，为欲置酒见之。高后竟崩，不得见。卢绾妻亦病死。

高后的时候，卢绾的妻子和儿女逃出匈奴投奔汉朝，正好高后生病，不能接见，安排他们住在燕王的官邸，因为想设酒宴接见他们。高后竟然逝世了，不能见面。卢绾的妻子也病死了。

孝景中六年，卢绾孙他之，以东胡王降，封为亚谷侯。

汉景帝中元六年，卢绾的孙子卢他之，以东胡王的身份来投降，被封为亚谷侯。

陈豨者，宛朐人也，不知始所以得从。及高祖七年冬，韩王信反，入匈奴，上至平城还，乃封豨为列侯，以赵相国将监赵、代边兵，边兵皆属焉。

陈豨是宛朐人，不知当初能随从高祖的原因。到高祖七年冬天，韩王韩信反叛，逃入了匈奴，皇上从平城回来，就封陈豨为列侯，以赵国相国的身份统率监督赵、代两地的边防军，边防军都归属他了。

豨常告归过赵，赵相周昌见豨宾客随之者千余乘，邯郸官舍皆满。豨所以待宾客布衣交，皆出客下。豨还之代，周昌乃求入见。见上，具言豨宾客盛甚，擅兵于外数岁，恐有变。上乃令人覆案豨客居代者财物诸不法事，多连引豨。豨恐，阴令客通使王黄、曼丘臣所。及高祖十年七月，太上皇崩，使人召豨，豨称病甚。九月，遂与王黄等反，自立为代王，劫略赵、代。

陈豨曾经告假回家，经过赵国时，赵国的相国周昌看见陈豨随从的宾客有一千多辆车子，邯郸的官府宾馆都住满了。陈豨用来对待宾客的是平民的礼节，总是委屈自己以礼遇他们。陈豨回到代地以后，周昌就请求晋见。见了皇上，便详细陈述陈豨宾客众多，独揽兵权驻在外边几年了，恐怕有变故。皇上就派人核实陈豨住代地的宾客在财物方面各种犯法的事情，大多牵连到陈豨。陈豨害怕，私下派宾客到王黄、曼丘臣驻地。到高祖十年七月，太上皇去世，皇上就派人召见陈豨，陈豨借口病重。九月，就跟王黄等人反叛，自立为代王，夺了赵地、代地。

上闻，乃赦赵、代吏人为豨所诖误劫略者，皆赦之。上自往，至邯郸，喜曰："豨不南据漳水，北守邯郸，知其无能为也。"赵相奏斩常山守、尉，曰："常山二十五城，豨反，亡其二十城。"上问曰："守、尉反乎？"对曰："不反。"上曰："是力不足也。"赦之，复以为常山守、尉。上问周昌曰："赵亦有壮士

可令将者乎?”对曰:“有四人。”四人谒,上谩骂曰:“竖子能为将乎?”四人惭伏。上封之各千户,以为将。左右谏曰:“从入蜀、汉,伐楚,功未遍行,今此何功而封?”上曰:“非若所知!陈豨反,邯郸以北皆豨有,吾以羽檄征天下兵,未有至者,今唯独邯郸中兵耳。吾胡爱四千户封四人,不以慰赵子弟!”皆曰:“善。”于是上曰:“陈豨将谁?”曰:“王黄、曼丘臣,皆故贾人。”上曰:“吾知之矣。”乃各以千金购黄、臣等。

皇上听说了,就特赦赵、代两地被陈豨所贻误进行掠夺的官吏,都宽恕他们。皇上亲自前往,到了邯郸,高兴地说:“陈豨不南下控制邯郸的漳水,却北上守住邯郸,可知他是无所作为的。”赵国的相国奏请斩杀常山的郡守和郡尉,说:“常山有二十五座城,陈豨反叛后,丢掉了其中二十座城。”皇上问:“郡守、郡尉反叛了吗?”赵国的相国回答说:“没有反叛。”皇上说:“这是兵力不足。”就赦免了他们,用他们做常山的郡守和郡尉。皇上问周昌说:“赵地也有壮士能让他们做将领的吗?”周昌回答说:“有四个人。”这四个人来求见时,皇上辱骂道:“小子能当将领吗?”四个人都惭愧地跪伏在地上。皇上封给他们各一千户,用他们做将领。手下的人劝谏说:“随从皇上进入蜀郡、汉中,征伐楚国,有功的人还没有全部行赏,现在这几个人凭什么功劳得到封赏?”皇上说:“不是你们知道的!陈豨反叛,邯郸以北都是陈豨所有,我用紧急文告征集天下的军队,没有人到来,如今只有邯郸城中的军队罢了,我为什么要吝惜这四千户封给四个人,而不用来抚慰赵国的子弟!”大家都说:“好。”这时皇上说:“陈豨让谁做将领?”左右的人说:“王黄和曼丘臣,从前都是商人。”皇上说:“我知道了。”就各用千金来征求缉拿王黄和曼丘臣等人。

十一年冬,汉兵击斩陈豨将侯敞、王黄于曲逆下,破豨将张春于聊城,斩首万余。太尉勃入定太原、代地。十二月,上自击东垣,东垣不下,卒骂上;东垣降,卒骂者斩之,不骂者黥之。更命东垣为真定。王黄、曼丘臣其麾下受购赏之,皆生得,以故陈豨军遂败。

十一年冬天,汉军在曲逆城下击杀了陈豨的部将侯敞和王黄,在聊城击败了陈豨的部将张春,被杀头的有一万多人。太尉周勃进军平定太原和代郡。十二月,皇上亲自攻打东垣,东垣没有攻下来,守城的士兵辱骂皇上。东垣投降后,辱骂皇上的士兵被杀头,没有辱骂的士兵就被刺字在额上。又下令东垣改名为真定。王黄和曼丘臣他们的部下所有悬赏征求的,都被生擒,所以陈豨的军队终于溃败。

上还至洛阳。上曰:“代居常山北,赵乃从山南有之,远。”乃立子恒为代王,都中都。代、雁门皆属代。

皇上回到洛阳。皇上说:“代地处于常山北面,赵国却从山南去统治它,太远了。”就封儿子刘恒为代王,定都在中都。代地、雁门都归属代国。

高祖十二年冬,樊哙军卒追斩豨于灵丘。

汉高祖十二年冬天,樊哙的军队终于在灵丘追杀了陈豨。

太史公曰:韩信、卢绾非素积德累善之世,徼一时权变,以诈力成功,遭汉初定,故得列地,南面称孤。内见疑强大,外依蛮貊以为援,是以日疏自危,事穷智困,卒赴匈奴,岂不哀哉!陈豨,梁人,其少时数称慕魏公子;及将军守边,招致宾客而下士,名声过实。周昌疑之,疵瑕颇起,惧祸及身,邪人进说,遂陷无道。于戏悲夫!夫计之生孰成败于人也深矣!

太史公说:韩王信和卢绾,不是历来积累美德善行的人,只是侥幸于一时的权宜应变,凭计谋勇力立了功,遇上汉朝刚刚安定,所以能够得地受封、南向称王。国内由于势力强大而被猜疑,国外倚靠蛮夷来作为援助,因此日益被疏远而感到危急,行事不通用智无计,终于投奔匈奴,难道不可悲吗!陈豨是梁地人,他年轻时经常称赞、羡慕魏公子;到带领军队防守边疆时,收罗宾客,礼贤下士,名声超过了实际。周昌怀疑他,过失逐渐产生,害怕灾难降临到身上,再加上奸邪小人的进一步游说,终于犯下了大逆不道的罪过。唉呀,可悲啊!谋略的成熟和不成熟、成功和失败,对人的影响太深刻了!

史记第九十四卷

田儋列传第三十四

田儋者，狄人也，故齐王田氏族也。儋从弟田荣，荣弟田横，皆豪，宗强，能得人。

田儋，狄城人，是原齐王田氏的族人。田儋的堂弟田荣，田荣的弟弟田横，都是英雄人物，宗族强大，能得人心。

陈涉之初起王楚也，使周市略定魏地，北至狄，狄城守。田儋详为缚其奴，从少年之廷，欲谒杀奴。见狄令，因击杀令，而召豪吏、子弟曰："诸侯皆反秦自立，齐，古之建国；儋，田氏，当王。"遂自立为齐王，发兵以击周市。周市军还去，田儋因率兵东，略定齐地。

陈涉开始起兵称楚王的时候，派周市攻取平定魏地，北上直到狄城，狄城固守。田儋假装捆绑他的奴仆，让一些年轻人跟着到县府，想借杀奴仆让县令来接见他。见到狄县县令时，就乘机击杀县令，并召集富豪官吏和青年人说："各地诸侯都反秦而自立为王，齐是古代建立的国家，我田儋是齐王田氏的族人，应该称齐王。"于是自立为齐王，出兵去攻打周市。周市的军队撤离以后，田儋趁机带领军队东去夺取、平定齐国的土地。

秦将章邯围魏王咎于临济，急。魏王请救于齐，齐王田儋将兵救魏。章邯夜衔枚击，大破齐、魏军，杀田儋于临济下。儋弟田荣收儋余兵东走东阿。

秦国将领章邯在临济围攻魏王咎，情况紧急。魏王向齐国请求救援，齐王田儋带领军队援救魏国。章邯连夜兵马口中衔枚出击，大败齐、魏的军队，在临济城下杀死田儋。田儋的弟弟田荣收容田儋的残兵向东撤退到东阿。

齐人闻王田儋死，乃立故齐王建之弟田假为齐王，田角为相，田间为将，以距诸侯。

齐国人听说田儋战死了，就拥立原齐王田建的弟弟田假为齐王，以田角为相国，田间为将帅，来抗衡诸侯。

田荣之走东阿，章邯追围之。项梁闻田荣之急，乃引兵击破章邯军东阿下。章邯走而西，项梁因追之。而田荣怒齐之立假，乃引兵归，击逐齐王假。假亡走楚，齐相角亡走赵，角弟田间前求救赵，因留不敢归。田荣乃立田儋子市为齐王，荣相之，田横为将，平齐地。

田荣败逃到东阿的时候，章邯紧追而包围了他。项梁听说田荣危急，就带兵到东阿城下击败了章邯的军队。章邯向西逃走，项梁乘胜追击。而田荣恼怒齐人立田假为王，就带兵回去，攻打、驱逐齐王田假。田假逃跑到楚国。齐相国田角逃跑到赵国。田角的弟弟田间在此以前就到赵国请求救兵，趁机留在赵国不敢回国。田荣就立田儋的儿子田市作齐王，田荣辅佐他，田横担任将军，平定齐地。

项梁既追章邯，章邯兵益盛，项梁使使告赵、齐，发兵共击章邯。田荣曰："使楚杀田假，赵杀田角、田间，乃肯出兵。"楚怀王曰："田假与国之王，穷而归我，杀之不义。"赵亦不杀田角、田间以市于齐。齐曰："蝮螫手则斩手，螫足则斩足。何者？为害于身也。今田假、田角、田间于楚、赵，非直手足戚也，何故不杀？且秦复得志于天下，则齮龁用事者坟墓矣。"楚、赵不听，齐亦怒，终不肯出兵。章邯果败杀项梁，破楚兵。楚兵东走，而章邯渡河围赵于钜鹿。项羽往救赵，由此怨田荣。

项梁追击章邯以后，章邯的军队反而日益强大。项梁派使者通告赵、齐两国，要求出兵共同攻击章邯。田荣说："如果楚国杀死田假，赵国杀死田角、田间，我才肯出兵。"楚怀王说："田假是我盟国的君王，在走投无路的时候才来归顺我们，杀了他是很不合道义的。"赵国也不杀田角、田间去讨好齐国。齐国使者说："蝮蛇咬了手，就要砍去手；咬了脚，就要砍去脚。为什么呢？由于有害全身。

如今田假、田角、田间对楚国、赵国来说，不只是手足之忧吧，为什么不肯杀他们？何况如果又让秦国在天下阴谋得逞，发愤抗秦的首领死后就要被挖坟墓了。”楚国和赵国不听从，齐国也因此怨恨，始终不肯出兵。章邯果然打败并且杀死了项梁，打败了楚军。楚军向东逃跑，而章邯渡过黄河，在钜鹿围攻赵军。项羽前往援救赵军，也由此怨恨田荣。

项羽既存赵，降章邯等，西屠咸阳，灭秦而立侯王也，乃徙齐王田市更王胶东，治即墨。齐将田都从共救赵，因入关，故立都为齐王，治临淄。故齐王建孙田安，项羽方渡河救赵，田安下济北数城，引兵降项羽，项羽立田安为济北王，治博阳。田荣以负项梁不肯出兵助楚、赵攻秦，故不得王；赵将陈馀亦失职，不得王：二人俱怨项王。

项羽保全赵国，降服章邯等人以后，就西去血洗咸阳。灭亡秦国而分封王的时候，就调动齐王田市改封为胶东王，定都即墨。齐将田都跟着一起救助赵国，随即进入关中，所以封田都为齐王，定都临淄。原齐王田建的孙子田安，在项羽刚渡过黄河援救赵国的时候，田安攻取济北好几个城邑，带兵投降于项羽，项羽就封田安为济北王，定都博阳。田荣由于背叛项梁，不肯出兵帮助楚国、赵国合攻秦军，所以没有被封为王；而赵将陈馀也由于失职没能封王：二人都怨恨项王。

项王既归，诸侯各就国，田荣使人将兵助陈馀，令反赵地。而荣亦发兵以距击田都，田都亡走楚。田荣留齐王市，无令之胶东。市之左右曰：“项王强暴，而王当之胶东；不就国，必危。”市惧，乃亡就国。田荣怒，追击杀齐王市于即墨。还，攻杀济北王安。于是田荣乃自立为齐王，尽并三齐之地。

项王回到楚国以后，各诸侯王也分别到达自己的封地。田荣派人带兵去帮助陈馀，让他在赵地反叛项羽。而田荣也出兵抗拒打击田都，田都逃跑到楚国。田荣扣留齐王田市，不让他到胶东去。田市左右的人说：“项王强悍暴躁，而大王本该往胶东，不到封地，必然危险。”田市害怕，就跑到封地。田荣恼怒，追击田市，在即墨杀死了他，回头又攻打杀死了济北王田安。这时田荣就自封为齐王，把三齐地区全部合并在一起。

项王闻之，大怒，乃北伐齐。齐王田荣兵败，走平原，平原人杀荣。项王遂烧夷齐城郭，所过者尽屠之。齐人相聚畔之。荣弟横，收齐散兵，得数万人，反击项羽于城阳。而汉王率诸侯败楚，入彭城。项羽闻之，乃醳齐而归，击汉于彭城。因连与汉战，相距荥阳。以故田横复得收齐城邑，立田荣子广为齐王，而横相之，专国政，政无巨细皆断于相。

项王听说了这件事，大为气愤，就北上讨伐齐国。齐王田荣的军队失败，逃到平原，平原人杀死了田荣。项王就烧平齐都的城廓，经过的地方都被血洗。齐人都聚集起来反叛他。田荣的弟弟田横，收编齐国的残兵，得到好几万人，在城阳反击项羽。汉王率领诸侯打败了楚军，进入彭城。项羽听说了，就舍弃齐军而回去，在彭城袭击汉军，接着连续跟汉军作战，在荥阳对峙。因此田横又能够收复了齐国的城邑，封田荣的儿子田广为齐王，而田横自任相国辅助他，独揽国政，政事不论大小都由相国决断。

图为汉将韩信攻齐国田儋，项羽派大将龙且救齐，结果龙且大败于韩信，韩信攻占齐地，被封为齐王。

横定齐三年，汉王使郦生往说下齐王广及其相国横。横以为然，解其历下军。汉将韩信引兵且东击齐。齐初使华无伤、田解军于历下以距汉。汉使至，乃罢守战备，纵酒，且遣使与汉平。汉将韩信已平赵、燕，用蒯通计，度平原，袭破齐历下军，因入临淄。齐王广、相横怒，以郦生卖己而亨郦生。齐王广东走高密，相横走博阳，守相田光走城阳，将军田既军于胶东。楚使龙且救齐，齐王与合军高密。汉将韩信与曹参破杀龙且，虏齐王广。汉将灌婴追得齐守相田光。至博阳，而横闻齐王死，自立为齐王，还击婴。婴败横之军于嬴下。田横亡走梁，归彭越。彭越是时居梁地，中立，且为汉，且为楚。韩信已杀龙且，因令曹参进兵，破杀田既于胶东，使灌婴破杀齐将田吸于千乘。韩信遂平齐，乞自立为齐假王，汉因而立之。

田横平定齐国三年，汉王派郦生前去说服齐王田广和相国田横。田横认为对，撤除他们在历下的驻军。汉将韩信领兵向东攻打齐国，齐国起初派华无伤和田解在历下驻军来抗拒汉兵。汉王使者郦食其来了，就解除战备，放任士兵饮酒，准备派使者同汉军讲和。汉将韩信已经平定赵国、燕国，就采用蒯通的计谋，渡过平原津，击破齐国在历下的军队，并乘胜进入临淄。齐王田广和相国田横大为恼怒，认为郦生出卖了自己，就烹杀了郦生。齐王田广向东逃到高密，相国田横逃到博阳，代理相国田光逃到城阳，将军田既在胶东驻军。楚军派龙且来援救齐军，齐王和龙且在高密会师。汉将韩信和曹参打败并杀死龙且，俘虏了齐王田广。汉将灌婴追击并俘虏了齐国代理相国田光。到达博阳时，田横听说齐王已经死了，就自立为齐王，反击灌婴，灌婴在嬴城下击败了田横的军队。田横逃到梁地，归附彭越。彭越这时驻守梁地，持中立态度，既想帮汉，又想帮楚。韩信杀了龙且之后，就派曹参进军胶东，打败并杀死田既，又派灌婴在千乘击败并除掉齐将田吸。韩信终于平定了齐国，请求立为齐国的代理国王，汉王顺势立他为齐王。

后岁余，汉灭项籍，汉王立为皇帝，以彭越为梁王。田横惧诛，而与其徒属五百余人入海，居岛中。高帝闻之，以为田横兄弟本定齐，齐人贤者多附焉，今在海中不收，后恐为乱，乃使使赦田横罪而召之。田横因谢曰："臣亨陛下之使郦生，今闻其弟郦商为汉将而贤，臣恐惧，不敢奉诏，请为庶人，守海岛中。"使还报，高皇帝乃诏卫尉郦商曰："齐王田横即至，人马从者敢动摇者致族夷！"乃复使使持节具告以诏商状，曰："田横来，大者王，小者乃侯耳；不来，且举兵加诛焉。"田横乃与其客二人乘传诣雒阳。

一年多以后，汉军灭了项籍，汉王立为皇帝，用彭越做梁王。田横怕被杀，就和他的部属五百多人逃进东海，驻在岛上。汉高祖听说了，认为田横兄弟本来平定了齐国，齐国的贤人大多归附他，如今让他在海岛中不招抚，怕以后产生变乱，就派使者免去田横的罪过并召见他。田横就推辞说："我曾烹杀陛下的使者郦生，现在听说他的弟弟郦商是汉朝的将领，而且很贤能，我害怕，不敢奉诏命。请让我做一个老百姓，留守海岛中。"使者回来报告，高皇帝就诏令卫尉郦商说："齐王田横即将到来，谁敢动他的随从人马，就要受到族灭！"因此又派使者拿着符节把皇上诏令郦商的情况详细地告诉他，说："田横来了，大则封王，小则为侯罢了。不来，将派兵加以杀戮。"田横于是跟他的两位门客乘驿车前往洛阳。

未至三十里，至尸乡厩置，横谢使者曰："人臣见天子当洗沐。"止留。谓其客曰："横始与汉王俱南面称孤，今汉王为天子，而横乃为亡虏而北面事之，其耻固已甚矣。且吾亨人之兄，与其弟并肩而事其主，纵彼畏天子之诏不敢动我，我独不愧于心乎？且陛下所以欲见我者，不过欲一见吾面貌耳。今陛下在雒阳，今斩吾头，驰三十里间，形容尚未能败，犹可观也。"遂自刭，令客奉其头，从使者驰，奏之高帝。高帝曰："嗟乎，有以也夫！起自布衣，兄弟三人更王，岂不贤乎哉！"为之流涕，而拜其二客为都尉，发卒二千人，以王者礼葬田横。

离洛阳不到三十里，到达尸乡的驿站，田横就婉言对使者说："人臣见天子，应当洗身洗头。"于是停留下来。对他的门客说："我田横开始时和汉王都是南面称王的人，如今汉王做了天子，而我田横却成为亡国的俘虏，北面称臣侍奉他，这种耻辱本来已经很大的了。况且我烹杀了人家的兄长，同他的弟弟并肩侍候他的主子。即使他畏惧天子的诏令，不敢动我，我难道内心不惭愧吗？况且陛下之所以想见我，只不过是想看一看我的面貌罢了。如今陛下在洛阳，如果砍下我的头，奔驰三十里地，容貌还不会改变，还可以观看的。"于是割脖子自杀，让门客捧着他的头，随从使者飞车回奏高帝。高帝说:“唉呀,有道理啊! 以平民起家,兄弟三人相继称王,难道不是贤能的人吗!”为他流下了眼泪,任命他的两个门客做都尉,派两千名士兵,按侯王的礼节安葬田横。

既葬,二客穿其冢旁孔,皆自刭,下从之。高帝闻之,乃大惊,以田横之客皆贤。吾闻其余尚五百人在海中,使使召之,至,则闻田横死,亦皆自杀。于是乃知田横兄弟能得士也。

安葬田横之后,两个门客在田横的墓旁挖了坑,都割脖子自杀,倒进坑里陪葬田横。高帝听说这事,就非常吃惊,认为田横的门客都是贤人。“我听说其他门客,还有五百人留在海岛上,派使者去召见他们。使者一到,门客听说田横死了,也都自杀了。因此就知道田横兄弟能得贤士。”

太史公曰:甚矣,蒯通之谋,乱齐骄淮阴,其卒亡此两人! 蒯通者,善为长短说,论战国之权变,为八十一首。通善齐人安期生,安期生尝干项羽,项羽不能用其策。已而项羽欲封此两人,两人终不肯受,亡去。田横之高节,宾客慕义而从横死,岂非至贤! 余因而列焉。不无善画者,莫能图,何哉?

太史公说:蒯通的谋略太厉害了,扰乱了齐国,又使淮阴侯骄妄,其结果害死了这两个人。蒯通善于进行长短之说,议论战国的权宜机变,写有八十一篇文章。蒯通跟齐国人安期生友好,安期生曾经有求于项羽,但项羽没采纳他的计谋。后来,项羽想封赏这两个人,两人始终不肯接受,就逃离了。田横的高风亮节,使宾客仰慕高义随从田横而死节,难道不是极为贤能的人吗! 我因此列举他的事迹。天下不是没有善于绘画的人,但竟然没有人去画田横和他的门徒慕义死节的事,这是什么缘故呢?

史记第九十五卷

樊郦滕灌列传第三十五

舞阳侯樊哙者,沛人也。以屠狗为事,与高祖俱隐。

舞阳侯樊哙,是沛县人。他以宰狗为职业,曾经与汉高祖一起隐居芒山、砀山一带。

初从高祖起丰,攻下沛。高祖为沛公,以哙为舍人。从攻胡陵、方与,还守丰,击泗水监丰下,破之。复东定沛,破泗水守薛西。与司马𫵩战砀东,却敌,斩首十五级,赐爵国大夫。常从,沛公击章邯军濮阳,攻城先登,斩首二十三级,赐爵列大夫。复常从,从攻城阳,先登。下户牖,破李由军,斩首十六级,赐上间爵。从攻围东郡守、尉于成武,却敌,斩首十四级,捕虏十一人,赐爵五大夫。从击秦军,出亳南。河间守军于杠里,破之。击破赵贲军开封北,以却敌先登,斩候一人,首六十八级,捕虏二十七人,赐爵卿。从攻破杨熊军于曲遇。攻宛陵,先登,斩首八级,捕虏四十四人,赐爵封号贤成君。从攻长社、轘辕,绝河津,东攻秦军于尸,南攻秦军于犨。破南阳守齮于阳城。东攻宛城,先登。西至郦,以却敌,斩首二十四级,捕虏四十人,赐重封。攻武关,至霸上,斩都尉一人,首十级,捕虏百四十六人,降卒二千九百人。

起初,樊哙随从高祖在丰邑起兵,攻下沛县。高祖做沛公的时候,用樊哙做舍人。跟随沛公进攻胡陵、方与,又回军镇守丰邑,在丰邑一带攻打泗水郡监的军队,击败了他们。又向东平定了沛县,在薛县的西边击败泗水郡守的军队。在砀县东面与司马𫵩交战,打退了敌人,斩了十五个人的首级,沛公赐给他国大夫的爵位。沛公在濮阳攻打章邯的军队,攻城的时候,樊哙率先登城,斩秦兵二十三人的首级,沛公又赐给他公大夫的爵位。此后又常随从沛公,跟攻城阳时,他率先登城,还攻占户牖,击败李由的军队,斩了十六人的首级,又封赐上间爵位。随从沛公在成武围攻东郡郡守郡尉时,击退了敌人,斩了十四人的首级,俘虏十一人,封赐为五大夫的爵位。跟随沛公袭击秦军,经过亳邑以南。河间郡守的军队在杠里,樊哙打败了他们。又在开封的北面击败赵贲的军队,樊哙由于击退敌军,领先登城,斩杀军候一人,斩六十八人的首级,俘虏二十七人,沛公赐给他卿的爵位。

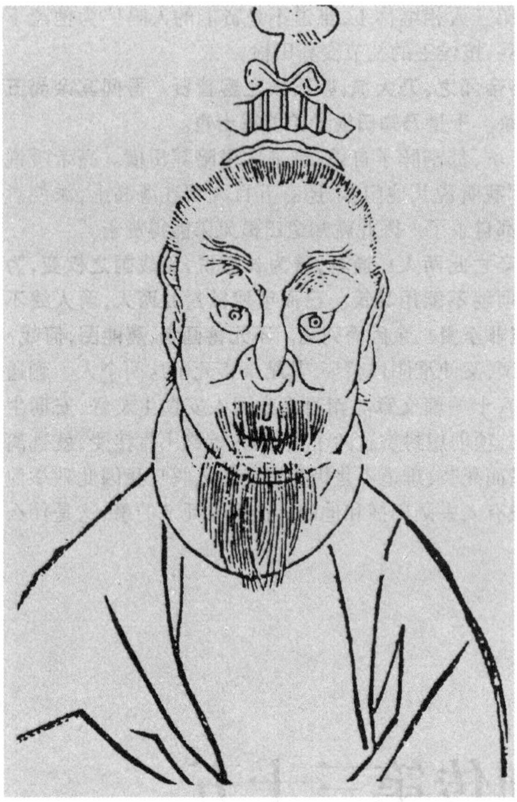

樊哙像，出自《维扬樊氏重修族谱》。樊哙为西汉名将，随刘邦起兵反秦、灭楚。

随从沛公在曲遇击败杨熊的军队。攻打宛陵时，樊哙又率先登城，斩了八个人的首级，俘获四十四人，沛公赐给他贤成君的封号。随从沛公去攻长社和轘辕，封锁黄河渡口，向东在尸乡攻打秦军，又向南在犨邑攻打秦军。在阳城打败南阳郡守吕齮。向东进攻宛城时，樊哙又率先登城。西到郦县，樊哙因为击退了敌人，斩了敌人二十四人的首级，俘虏四十人，沛公赏赐增加爵禄。进攻武关，到达霸上时，斩杀都尉一人，斩了十人的首级，俘虏一百四十六人，降服敌兵二千九百人。

项羽在戏下，欲攻沛公。沛公从百余骑因项伯面见项羽，谢无有闭关事。项羽既飨军士，中酒，亚父谋欲杀沛公，令项庄拔剑舞坐中，欲击沛公，项伯常屏蔽之。时独沛公与张良得入坐，樊哙在营外，闻事急，乃持铁盾入到营。营卫止哙，哙直撞入，立帐下。项羽目之，问为谁。张良曰："沛公参乘樊哙。"项羽曰："壮士。"赐之卮酒彘肩。哙既饮酒，拔剑切肉食，尽之。项羽曰："能复饮乎？"哙曰："臣死且不辞，岂特卮酒乎！且沛公先入定咸阳，暴师霸上，以待大王。大王今日至，听小人之言，与沛公有隙，臣恐天下解，心疑大王也。"项羽默然。沛公如厕，麾樊哙去。既出，沛公留车骑，独骑一马，与樊哙等四人步从，从间道山下归走霸上军，而使张良谢项羽。项羽亦因遂已，无诛沛公之心矣。是日微樊哙奔入营谯让项羽，沛公事几殆。

项羽驻军在戏下，预备攻打沛公。沛公让一百多骑兵随从，通过项伯面见项羽，申述没有封锁关口的事。项羽就摆宴款待军中将士，在酒酣的时候，亚父想谋杀沛公，派项庄拔剑在席前献舞，要趁机刺杀沛公，项伯却一再掩护沛公。当时只有沛公和张良能进入营帐就座，樊哙留在营外，听说沛公的情况危急，就拿着铁盾进入营内。军营卫士阻止樊哙，樊哙却径直撞了进去，站在营帐下。项羽用眼睛看着他，问他是何人。张良说："是沛公的陪乘樊哙。"项羽说："壮士！"就赐给一卮酒和一只猪腿。樊哙喝完酒，拔剑切肉，把它吃光了。项羽问："能再喝酒吗？"樊哙说："我死尚且不推辞，况且是喝光一卮酒呢！再说沛公首先入关平定咸阳，露营在霸上，来等待大王。大王今天一到，就听信小人的谗言，跟沛公有嫌隙，我担心天下分裂，百姓怀疑大王。"项羽沉默不语。沛公上厕所，召樊哙出去。出来后，沛公留下车马，只骑了一匹马，跟樊哙等徒步随从的四个人抄小路下山逃回霸上的军营，而让张良向项羽辞谢。项羽也由于已经顺心遂意，也就没有杀沛公的念头了。这一天，假如没有樊哙闯入营内，谴责项羽，沛公的情况可就危险了。

明日，项羽入屠咸阳，立沛公为汉王。汉王赐哙爵为列侯，号临武侯。迁为郎中，从入汉中。

第二天，项羽入城血洗咸阳，封沛公为汉王，汉王就封樊哙为列侯，称为临武侯。后来提升为郎中，随从汉王进入汉中。

还定三秦，别击西丞白水北，雍轻车骑于雍南，破之。从攻雍、漦城，先登。击章平军好畤，攻城，先登陷阵，斩县令、丞各一人，首十一级，虏二十人，迁郎中骑将。从击秦车骑壤东，却敌，迁为将军。攻赵贲，下郿、槐里、柳中、咸阳；灌废丘，最。至栎阳，赐食邑杜之樊乡。从攻项籍，屠煮枣。击

破王武、程处军于外黄。攻邹、鲁、瑕丘、薛。项羽败汉王于彭城，尽复取鲁、梁地。哙还至荥阳，益食平阴二千户，以将军守广武。一岁，项羽引而东。从高祖击项籍，下阳夏，虏楚周将军卒四千人。围项籍于陈，大破之。屠胡陵。

汉王回军平定三秦，樊哙另外带兵在白水北面围攻西县县丞的军队，在雍县南面攻打雍王的轻快车骑部队，打败了他们。随从汉王攻打雍、斄二城，又首先登城。在好畤攻打章平的军队，攻城时，率先登城冲进敌阵，斩杀了县令、县丞各一人，杀了十一人的首级，俘虏二十人，被提升为郎中骑将。随从汉王在壤乡东面进攻秦军车骑部队，击败敌军，被提升为将军。攻打赵贲，占领郿县、槐里、柳中、咸阳等地；引水灌废丘，他功劳最大。到了栎阳，汉王赐封杜陵的樊乡作樊哙的食邑。随从汉王攻打项籍，血洗煮枣。在外黄战胜王武、程处的军队。攻占邹县、鲁县、瑕丘、薛县。项羽在彭城打败汉王，全部又夺回鲁、梁的土地。樊哙回到荥阳，汉王增加平阴二千户作他的食邑，让他以将军的身份镇守广武。一年后，项羽领兵东进，樊哙又跟随高祖进攻项籍，占领阳夏，俘虏楚将周将军的士卒四千人，在陈县包围项籍，把他打得大败。血洗胡陵。

项籍既死，汉王为帝，以哙坚守战有功，益食八百户。从高帝攻反燕王臧荼，虏荼，定燕地。楚王韩信反，哙从至陈，取信，定楚。更赐爵列侯，与诸侯剖符，世世勿绝，食舞阳，号为舞阳侯，除前所食。以将军从高祖攻反韩王信于代。自霍人以往至云中，与绛侯等共定之，益食千五百户。因击陈豨与曼丘臣军，战襄国，破柏人，先登，降定清河、常山凡二十七县，残东垣，迁为左丞相。破得綦毋卬、尹潘军于无终、广昌。破豨别将胡人王黄军于代南，因击韩信军于参合。军所将卒斩韩信，破豨胡骑横谷，斩将军赵既，虏代丞相冯梁、守孙奋、大将王黄、将军、太仆解福等十人。与诸将共定代乡邑七十三。其后燕王卢绾反，哙以相国击卢绾，破其丞相抵蓟南，定燕地，凡县十八，乡邑五十一。益食邑千三百户，定食舞阳五千四百户。从，斩首百七十六级，虏二百八十八人。别，破军七，下城五，定郡六，县五十二，得丞相一人，将军十二人，二千石已下至三百石十一人。

项籍去世后，汉王做了皇帝，由于樊哙固守作战有功，加封食邑八百户。樊哙随从高帝攻打反叛的燕王臧荼，俘虏了臧荼，平定了燕地。楚王韩信谋反时，樊哙随从高帝到陈县，捉到韩信，平定了楚地。高帝给樊哙改赐列侯爵位，跟诸侯剖符定封，世代相传不断，以舞阳作为食邑，称为舞阳侯，免除以前所封的食邑。随后，樊哙又以将军的身份随从高祖出征到代地征讨反叛的韩王韩信。从霍人一直打到云中，和绛侯等人共同平定了代地，又增加食邑一千五百户。又因为进攻陈豨和曼丘臣的军队，战于襄国，攻破柏人，率先登城，降服、平定了清河和常山两部共二十七县，摧毁了东垣，被提升为左丞相。在无终和广昌一带，击败綦毋卬和尹潘的军队。在代地南部打败了陈豨部将匈奴人王黄的军队，趁势到参合进攻韩王信的军队。樊哙的部下杀了韩信，在横谷打败了陈豨的匈奴骑兵，斩杀了将军赵既，俘虏了代国丞相冯梁、郡守孙奋、大将王黄、将军及太仆解福等十人。与其他将领们共同平定了代地七十三个乡邑。此后燕王卢绾反叛，樊哙以相国身份进攻卢绾，在蓟县以南打败燕丞相抵，平定了燕地十八县、五十一个乡邑。于是又增加食邑一千三百户，把舞阳的五千四百户确定为樊哙的食邑。他随从高帝出征时，斩了一百七十六个人的首级，俘虏二百八十八人。另外，他还打败过七支军队，占领五座城邑，平定六郡、五十二县，虏获丞相一人，将军十二人，二千石以下至三百石的将官十一人。

哙以吕后女弟吕须为妇，生子伉，故其比诸将最亲。

樊哙娶了吕后的妹妹吕须做妻子，生了儿子樊伉，所以他跟其他将领相比，跟皇室的关系最亲密。

先黥布反时，高祖尝病甚，恶见人，卧禁中，诏户者无得入群臣。群臣绛、灌等莫敢入。十余日，哙乃排闼直入，大臣随之。上独枕一宦者卧。哙等见上流涕曰："始陛下与臣等起丰、沛，定天下，何其壮也！今天下已定，又何惫也！且陛下病甚，大臣震恐，不见臣等计事，顾独与一宦者绝乎？且陛下独不见赵高之事乎？"高帝笑而起。

起先黥布反叛时，高祖曾病得很重，憎恶跟人相见，睡在内宫，命令门卫不准让群臣进入。群臣绛侯周勃、灌婴等没有谁敢进去。十几天后，樊哙竟推开宫中小门径直闯进去，大臣们也跟随着他。皇上独自枕着一个宦官躺着。樊哙等人见到皇上就流着泪说："当初陛下和微臣等人，起兵于丰、沛，平定天下，多么壮烈啊！如今天下已经平定，又是如此疲惫啊！况且陛下病重，大臣恐惧。陛下不肯接见我们商议国事，却单独和一个宦官决断吗？何况陛下难道没有听到赵高的事吗？"高帝笑着起身。

其后卢绾反，高帝使哙以相国击燕。是时高帝病甚，人有恶哙党于吕氏，即上一日宫车晏驾，则哙欲以兵尽诛灭戚氏、赵王如意之属。高帝闻之大怒，乃使陈平载绛侯代将，而即军中斩哙。陈平畏吕后，执哙诣长安。至则高祖已崩，吕后释哙，使复爵邑。

此后卢绾谋反，高帝派樊哙以相国的身份攻打燕国。当时高帝病得很重，有人诋毁樊哙勾结吕氏，假如皇上一旦去世，樊哙就要领兵杀尽戚夫人和赵王如意这班人。高帝听了，非常气怒，就派陈平用车载着绛侯去取代樊哙的将位，并到军营中杀樊哙。陈平害怕吕后，逮捕樊哙到长安去。到达长安时，原来高祖已经逝世，吕后释放了樊哙，让他恢复了爵位和封邑。

孝惠六年，樊哙卒，谥为武侯。子伉代侯，而伉母吕须亦为临光侯。高后时用事专权，大臣尽畏之。伉代侯九岁，高后崩。大臣诛诸吕、吕须媭属，因诛伉。舞阳侯中绝数月。孝文帝既立，乃复封哙他庶子市人为舞阳侯，复故爵邑。市人立二十九岁卒，谥为荒侯。子他广代侯。六岁，侯家舍人得罪他广，怨之，乃上书曰："荒侯市人病不能为人，令其夫人与其弟乱而生他广，他广实非荒侯子，不当代后。"诏下吏。孝景中六年，他广夺侯为庶人，国除。

孝惠六年，樊哙去世，谥号为武侯。儿子樊伉接替侯位。樊伉的母亲吕须也被封为临光侯。高后执政时独揽大权，大臣们都害怕她。樊伉继承侯位九年后，高后去世。大臣们诛杀了吕氏的家族和吕须的亲属之后，随后杀了樊伉。舞阳侯的爵位中断了几个月。汉文帝登位后，就再封樊哙另一位庶子樊市人为舞阳侯，恢复原来的爵位和食邑。樊市人即位二十九年就去世，谥号为荒侯。儿子樊他广继承侯位。六年后，舞阳侯家里的用人得罪了樊他广，记恨他，就上书说："荒侯樊市人有病不能做爱，让他的夫人和他的弟弟淫乱，生下了樊他广，樊他广其实不是荒侯的儿子，不应该继承爵位。"皇上就下令交给法官审理，孝景帝中元六年，樊他广的侯爵被剥夺，成为平民，封国被废除。

曲周侯郦商者，高阳人。陈胜起时，商聚少年东西略人，得数千。沛公略地至陈留，六月余，商以将卒四千人属沛公于岐。从攻长社，先登，赐爵封信成君。从沛公攻缑氏，绝河津，破秦军洛阳东。从攻下宛、穰，定十七县。别将攻旬关，定汉中。

曲周侯郦商，是高阳人。陈胜起义时，郦商聚集青年人，到处掠人，抢夺到几千人。沛公夺取土地到达陈留，六个多月后，郦商带领着四千人到岐地归属沛公。他随从沛公攻打长社，率先登城，沛公赐给他爵位，封他为信成君。他随从沛公进攻缑氏，封锁黄河渡口，在洛阳的东面，打败了秦军。又随从沛公攻占宛县、穰县等地，平定了十七县。另外领兵进攻旬关，平定了汉中。

项羽灭秦，立沛公为汉王。汉王赐商爵信成君，以将军为陇西都尉。别将定北地、上郡。破雍将军焉氏，周类军栒邑，苏驵军于泥阳。赐食邑武成六千户。以陇西都尉从击项籍军五月，出巨野，与钟离昧战，疾斗，受梁相国印，益食邑四千户。以梁相国将从击项羽二岁三月，攻胡陵。

项羽灭秦后，封沛公为汉王。汉王赐郦商爵号为信成君，让他以将军的身份担任陇西都尉。单独率兵平定北地和上郡。在焉氏击破章邯部将的军队，在栒邑打败周类的军队，在泥阳打败苏驵的军队。汉王赐给他武成六千户作食邑。郦商又以陇西都尉的身份随从汉王进攻项籍的军队达五个月，出兵巨野时，和钟离昧交战，战斗激烈，有功，汉王授给郦商梁国相印，增加食邑四千户。郦商以梁相国的身份，随从汉王进攻项羽，达两年零三个月，攻占胡陵。

项羽既已死，汉王为帝。其秋，燕王臧荼反，商以将军从击荼，战龙脱，先登陷阵，破荼军易下，却敌，迁为右丞相，赐爵列侯，与诸侯剖符，世世勿绝，食邑涿五千户，号曰涿侯。以右丞相别定上谷，因攻代，受赵相国印。以右丞相赵相国别与绛侯等定代、雁门，得代丞相程纵、守相郭同、将军已下至六百石十九人。还，以将军为太上皇卫一岁七月。以右丞相击陈豨，残东垣。又以右丞相从高帝击黥布，攻其前拒，陷两陈，得以破布军，更食曲周五千一百户，除前所食。凡别破军三，降定郡六，县七十三，得丞相、守相、大将各一人，小将二人，二千石已下至六百石十九人。

项羽去世后，汉王称帝。当年秋天，燕王臧荼谋反，郦商以将军的身份，随从高帝进攻臧荼，在龙脱交战，他率先登城，攻陷敌阵，在易县一带打败臧荼的军队，使敌军退却，因而被提升为右丞相，赐爵位为列侯，与诸侯剖符定封，世代相传不断，得到涿县的五千户为食邑，称为涿侯。他以右丞相的身份，单独率兵平定上谷，并借机攻占代地，接受了赵国的相国印。他以右丞相赵国相国身份率兵另外跟绛侯等平定代国和雁门，俘虏代国丞相程纵、代理丞相郭同、将军以下至六百石的官吏十九人。回京后，他以将军身份担任太上皇的警卫一年零七个月。以右丞相身份进攻陈豨，摧毁东垣。又以右丞相身份随从高帝攻打黥布的军队，进攻黥布的前沿阵地，攻陷两个阵地，因而打败了黥布的军队，改封曲周的五千一百户作为食邑，免除以前的食邑。郦商单独击败敌军共三次，降服平定六郡、七十三县，俘获丞相、代理丞相、大将各一人，小将二人，二千石以下至六百石以上官员十九人。

商事孝惠、高后时，商病，不治。其子寄，字况，与吕禄善。及高后崩，大臣欲诛诸吕。吕禄为将军，军于北军。太尉勃不得入北军，于是乃使人劫郦商，令其子况绐吕禄。吕禄信之，故与出游，而太尉勃乃得入据北军，遂诛诸吕。是岁商卒，谥为景侯。子寄代侯。天下称郦况卖交也。

郦商侍奉孝惠帝和高后的时候，他生病了，不能理事。他的儿子郦寄，字况，跟吕禄友好。到高后去世的时候，大臣们想诛杀吕氏家族。吕禄担任将军，统率北军，太尉周勃无法进入北军军营，因此就派人劫持郦商，让他的儿子郦况去诱骗吕禄。吕禄听信了郦况的话，所以同他外出游玩。因而太尉周勃就乘机进入北军军营，控制了北军，终于诛杀了吕氏家族。这一年郦商死了，谥号为景侯。儿子郦寄继承侯位，天下人都说郦况出卖朋友。

孝景前三年，吴、楚、齐、赵反，上以寄为将军，围赵城，十月不能下。得俞侯栾布自平齐来，乃下赵城，灭赵，王自杀，除国。孝景中二年，寄欲取平原君为夫人，景帝怒，下寄吏，有罪，夺侯。景帝乃以商他子坚封为缪侯，续郦氏后。缪靖侯卒，子康侯遂成立。遂成卒，子怀侯世宗立。世宗卒，子侯终根立，为太常，坐法，国除。

孝景帝前元三年，吴国、楚国、齐国、赵国反叛，皇上任命郦寄做将军，围攻赵国的都城，十个月没能攻下。待俞侯栾布平定齐地回来，才攻克赵国的都城，灭了赵国，赵王自杀，封国被废除。孝景帝中元二年，郦寄欲娶平原君为夫人，景帝很气愤，把郦寄交给狱吏处理，判处有罪，剥夺侯爵。景帝就把郦商的另一个儿子郦坚封为缪侯，以承续郦氏的后代。缪靖侯死后，儿子康侯郦遂成即位。郦遂成死后，儿子怀侯郦世宗即位。郦世宗死后，儿子侯郦终根即位，担任太常，由于犯罪，封国被废除。

汝阴侯夏侯婴，沛人也。为沛厩司御。每送使客还，过沛泗上亭，与高祖语，未尝不移日也。婴已而试补县吏，与高祖相爱。高祖戏而伤婴，人有告高祖。高祖时为亭长，重坐伤人，告故不伤婴，婴证之。后狱覆，婴坐高祖系岁余，掠笞数百，终以是脱高祖。

汝阴侯夏侯婴，是沛县人。当沛县马房的司御，经常送使者或客人回去，经过沛县泗水亭，跟高祖交谈，无不谈到日移天暮的。后来夏侯婴试用作后补县吏，跟高祖相好。高祖曾开玩笑伤了夏侯婴，有人告发了高祖。高祖当时是亭长，为官伤人，要加重治罪。高祖申诉自己没有伤害夏侯婴，夏侯婴也为他作证。后来翻案复审，夏侯婴由于高祖的牵连被拘禁一年多，挨打几百板，终于为高祖开脱了罪责。

高祖之初与徒属欲攻沛也，婴时以县令史为高祖使。上降沛一日，高祖为沛公，赐婴爵七大夫，以为太仆。从攻胡陵，婴与萧何降泗水监平，平以胡陵降，赐婴爵五大夫。从击秦军砀东，攻济阳，下户牖，破李由军雍丘下，以兵车趣攻战疾，赐爵执帛。常以太仆奉车从击章邯军东阿、濮阳下，以兵车趣攻战疾，破之，赐爵执珪。复常奉车从击赵贲军开封，杨熊军曲遇。婴从捕虏六十八人，降卒八百五十人，得印一匮。因复常奉车从击秦军雒阳东，以兵车趣攻战疾，赐爵封转为滕公。因复奉车从攻南阳，战于蓝田、芷阳，以兵车趣攻战疾，至霸上。项羽至，灭秦，立沛公为汉王。汉王赐婴爵列侯，号昭平侯，复为太仆，从入蜀、汉。

高祖当初和众人想进攻沛县的时候，夏侯婴以县令史的身份替高祖出使。高祖降服沛县的那一天，做了沛公，赐给夏侯婴七大夫的爵位，任用他做太仆。随从高祖攻打胡陵，夏侯婴跟萧何降服了泗水郡监平，平献出胡陵投降。高祖赐给夏侯婴五大夫的爵位。随从高祖在砀县东袭击，进攻济阳，攻取户牖，在雍丘一带打败李由的军队，因为驾兵车急攻猛战有功，高祖赐给他执帛爵位。又曾经以太仆的身份驾车随从高祖在东阿、濮阳一带攻打章邯的军队，也因为驾兵车急攻猛战而打败了敌军，高祖赐给他执圭的爵位。曾经因为驾车随从高祖在开封攻打赵贲的军队，在曲遇进攻杨熊的军队。夏侯婴随从高祖俘虏了六十八人，降服士兵八百五十人，得到一匣子官印。又因曾驾车随从高祖在洛阳以东攻打秦军，因为驾兵车急攻猛战，得到爵位改封为滕公。又曾经因为驾车随从高祖攻打南阳，转战蓝田、芷阳，因为驾兵车急攻猛战，直达霸上。项羽一到，灭了秦朝，封沛公为汉王。汉王赐给夏侯婴列侯的爵位，称昭平侯，又作太仆，随从汉王进入蜀、汉地区。

还定三秦，从击项籍。至彭城，项羽大破汉军。汉王败，不利，驰去。见孝惠、鲁元，载之。汉王急，马罢，虏在后，常蹶两儿欲弃之。婴常收，竟载之，徐行面雍树乃驰。汉王怒，行欲斩婴者十余，卒得脱，而致孝惠、鲁元于丰。

汉王回军平定三秦的时候，夏侯婴随从高祖攻打项籍。到了彭城，项羽击退汉军。汉王失败了，形势不利，就驾车急忙逃离。遇见孝惠帝和鲁元公主，用车子载了他们。汉王因为马疲惫、敌人紧追在后面而焦急，几次要摔掉两个孩子，想抛弃他们。夏侯婴每次下车收搂起来，一直载着他们，先慢慢走让搂紧自己，才快速奔驰。汉王很气愤，途中有多次要斩杀夏侯婴，但终于能够幸免，因而把孝惠帝和鲁元公主送到丰邑。

汉王既至荥阳，收散兵，复振，赐婴食祈阳。复常奉车从击项籍，追至陈，卒定楚，至鲁，益食兹氏。

汉王到达荥阳以后，收编散兵，重振军威，赐祈阳给夏侯婴作食邑。夏侯婴又经常驾车随从汉王攻项籍，追到陈县，终于平定楚地。到了鲁地，增加兹氏作食邑。

汉王立为帝。其秋，燕王臧荼反，婴以太仆从击荼。明年，从至陈，取楚王信。更食汝阴，剖符世世勿绝。以太仆从击代，至武泉、云中，益食千户。因从击韩信军胡骑晋阳旁，大破之。追北至平城，为胡所围，七日不得通。高帝使使厚遗阏氏，冒顿开围一角。高帝出欲驰，婴固徐行，弩皆持满外向，卒得脱。益食婴细阳千户。复以太仆从击胡骑句注北，大破之。以太仆击胡骑平城南，三陷陈，功为多，赐所夺邑五百户。以太仆击陈豨、黥布军，陷陈却敌，益食千户，定食汝阴六千九百户，除前所食。

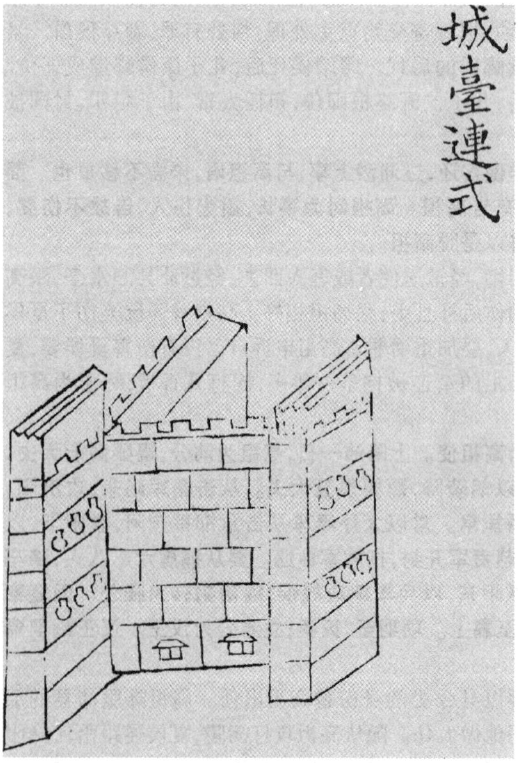

城台连式，古代城池的一种御敌工事。

汉王登位作了皇帝。这年的秋天，燕王臧荼反叛，夏侯婴以太仆的身份随从高帝进攻臧荼。第二年，随从高帝到陈县，逮捕了楚王韩信。高帝改封汝阴给夏侯婴作食邑，并剖符定封，世代不断。又以太仆的身份随从高祖攻打代地，到达武泉、云中，增加食邑一千户。随后随从高祖到晋阳城旁攻打隶属于韩王信的匈奴骑兵，把他们打得大败。追击败兵到达平城时，被匈奴军队包围，七天不能突围。高帝派使者用厚礼赠送单于的嫡妻阏氏，冒顿就解除一面的包围。高帝出城时想驱马奔驰，夏侯婴坚持慢慢行走，弓箭都拉满向外，最终得以逃脱。高帝又增加细阳一千户给夏侯婴作食邑。夏侯婴又以太仆的身份在句注以北攻打匈奴骑兵，把他们打得大败。又以太仆身份在平城南面攻打匈奴骑兵，屡次冲入敌阵，功劳最大，高帝把剥夺别人的封邑五百户赐给夏侯婴。夏侯婴又以太仆的身份，攻打陈豨和黥布的军队，冲入敌阵打退敌军，加封食邑一千户，确定以汝阴六千九百户作为食邑，免除以前的食邑。

婴自上初起沛，常为太仆，竟高祖崩。以太仆事孝惠。孝惠帝及高后德婴之脱孝惠、鲁元于下邑之间也，乃赐婴县北第第一，曰"近我"，以尊异之。孝惠帝崩，以太仆事高后。高后崩，代王之来，婴以太仆与东牟侯入清宫，废少帝，以天子法驾迎代王代邸，与大臣共立为孝文皇帝，复为太仆。八岁卒，谥为文侯。子夷侯灶立，七年卒。子共侯赐立，三十一年卒。子侯颇尚平阳公主。立十九岁，元鼎二年，坐与父御婢奸罪，自杀，国除。

夏侯婴自从皇上在沛县起义时，长期任职太仆，一直到高祖逝世。后来以太仆的身份侍奉孝惠皇帝。孝惠皇帝和高后感激他在下邑路上救了孝惠帝和鲁元公主，就把宫殿北面第一等的公馆赐给夏侯婴。称为"近我"，以表示非常尊重他。孝惠帝去世时，夏侯婴仍以太仆的身份侍奉高后。高后去世，代王来到时，夏侯婴以太仆身份跟东牟侯进入清理宫室，废除少帝，用天子的车驾到代王府邸迎接代王，和大臣们共同拥立代王为孝文皇帝，又担任太仆。八年后去世，谥号为文侯。儿子夷侯夏侯灶即位，七年后死去。儿子共侯夏侯赐即位，三十一年后去世。儿子夏侯颇娶了平阳公主，即位十九年。元鼎二年，因为跟他父亲的御婢通奸有罪，自杀，封国被废除。

颍阴侯灌婴者，睢阳贩缯者也。高祖之为沛公，略地至雍丘下，章邯败杀项梁，而沛公还军于砀，婴初以中涓从击破东郡尉于成武及秦军于杠里，疾斗，赐爵七大夫。从攻秦军亳南、开封、曲遇，战疾力，赐爵执帛，号宣陵君。从攻阳武以西至雒阳，破秦军尸北，北绝河津，南破南阳守齮阳城东，遂定南阳郡。西入武关，战于蓝田，疾力，至霸上，赐爵执珪，号昌文君。

颍阴侯灌婴，是睢阳贩卖丝绢的商人。高祖做了沛公时，抢夺土地一直到达雍丘一带。章邯击败并杀害了项梁，沛公回师到砀县。灌婴起初以内侍中涓官的身份随从沛公，在成武打败了东郡尉的军队，在杠里击败了秦军，战斗激烈，沛公赐给灌婴七大夫的爵位。随从沛公在亳邑南、开封、曲遇进攻秦军，因他力战有功，沛公赐给灌婴执帛的爵位，称为宣陵君。随从沛公进攻阳武以西直到洛阳，在尸乡北面打败秦军，北上封锁黄河的渡口，南下在阳城东面打败南阳的郡守吕齮，最终平定南阳郡。向西进入武关，在蓝田作战，急攻力战，到达霸上，沛公赐给他执圭的爵位，称为昌文君。

沛公立为汉王，拜婴为郎中，从入汉中，十月，拜为中谒者。从还定三秦，下栎阳，降塞王。还围章邯于废丘，未拔。从东出临晋关，击降殷王，定其地。击项羽将龙且、魏相项他军定陶南，疾战，破之。赐婴爵列侯，号昌文侯，食杜平乡。

沛公立为汉王时，任命灌婴作郎中，灌婴随从汉王到汉中。十月，被任命为中谒者。随从汉王回军平定三秦，攻占栎阳，降服了塞王。回军在废丘包围章邯，未能拔取。又随从汉王向东经过临晋关，打击并降服了殷王，平定了他的领土。在定陶南部进攻项羽的部将龙且，以及魏国丞相项他的军队，经过激战，打败了他们。汉王赐给灌婴列侯的爵位，称为昌文侯，把杜县的平乡赐给他作食邑。

复以中谒者从降下砀，以至彭城。项羽击，大破汉王。汉王遁而西，婴从还，军于雍丘。王武、魏公申徒反，从击破之。攻下黄，西收兵，军于荥阳。楚骑来众，汉王乃择军中可为骑将者，皆推故秦骑士重泉人李必、骆甲习骑兵，今为校尉，可为骑将。汉王欲拜之，必、甲曰："臣故秦民，恐军不信臣，臣愿得大王左右善骑者傅之。"灌婴虽少，然数力战，乃拜灌婴为中大夫，令李必、骆甲为左右校尉，将郎中骑兵击楚骑于荥阳东，大破之。受诏别击楚军后，绝其饷道，起阳武至襄邑。击项羽之将项冠于鲁下，破之，所将卒斩右司马、骑将各一人。击破柘公王武，军于燕西，所将卒斩楼烦将五人，连尹一人。击王武别将桓婴白马下，破之，所将卒斩都尉一人。以骑渡河南，送汉王到雒阳，使北迎相国韩信军于邯郸。还至敖仓，婴迁为御史大夫。

灌婴又以中谒者的身份随从汉王收复了砀县，到达彭城。项羽迎击，把汉王打得大败。汉王向西逃亡，灌婴随从汉王调回头，在雍丘驻军。王武、魏公申徒反叛，灌婴随从汉王去打败了他们，攻下外黄，向西收编散兵，驻军在荥阳。楚军骑兵来得多，汉王就在军中选择可以充当骑兵将领的人才，大家都推举原来秦军的骑士重泉人李必和骆甲熟悉骑兵，现是校尉，可以担任骑兵将领。汉王准备任命他们，李必和骆甲说："我们原是秦民，恐怕士兵不信任我们，我们希望得到大王左右善于

夏侯婴像,选自《桂林夏氏宗谱》。夏侯婴为西汉开国功臣,封汝阳侯。

骑马的人辅佐我们。”灌婴虽然年轻,但数次勇猛作战,所以任灌婴为中大夫,由李必、骆甲担任左右校尉,率领郎中骑兵在荥阳以东进攻楚军骑兵,把他们打得大败。接着奉命单独率军袭击楚军的后路,截断楚兵从阳武到襄邑的运粮道路。在鲁县一带,进攻项羽的将军项冠,击败了他。所统率的将士斩杀敌人右司马和骑将各一人。又在燕地西部击败柘公王武的军队,驻军在燕地的西边,所统率的将士斩杀楼烦将领五人、连尹一人。又在白马一带攻打王武的别将桓婴,打败了他,所率领将士斩杀敌人都尉一人。带领骑兵南渡黄河,护送汉王到洛阳,奉命北上到邯郸迎接相国韩信的军队。回到敖仓,灌婴被提升为御史大夫。

三年,以列侯食邑杜平乡。以御史大夫受诏将郎中骑兵东属相国韩信,击破齐军于历下,所将卒虏车骑将军华毋伤及将吏四十六人。降下临淄,得齐守相田光。追齐相田横至嬴、博,破其骑,所将卒斩骑将一人,生得骑将四人。攻下嬴、博,破齐将军田吸于千乘,所将卒斩吸。东从韩信攻龙且、留公旋于高密,卒斩龙且,生得右司马、连尹各一人,楼烦将十人,身生得亚将周兰。

汉王三年,灌婴以列侯爵位得到杜平乡作为食邑,又以御史大夫的身份奉命率领郎中骑兵东去归属相国韩信,在历下击败齐兵,他所统率的士兵俘虏齐国车骑将军华毋伤和将吏四十六人。降服临淄,俘虏齐国代理丞相田光。追击齐国丞相田横,到达嬴县、博邑,打败了齐国骑兵。所统率的士兵斩杀齐国骑将一人,活捉骑兵将领四人。攻下嬴县、博邑,在千乘击败齐将军田吸的军队,统率士兵斩杀了田吸。跟随韩信向东在高密攻打龙且和留公旋的军队,终于斩杀了龙且,活捉右司马和连尹各一人,楼烦骑兵将领十人,亲自活捉了副将周兰。

齐地已定,韩信自立为齐王,使婴别将击楚将公杲于鲁北,破之。转南,破薛郡长,身虏骑将一人。攻傅阳,前至下相以东南僮、取虑、徐。度淮,尽降其城邑,至广陵。项羽使项声、薛公、郯公复定淮北。婴度淮北,击破项声、郯公下邳,斩薛公、下下邳,击破楚骑于平阳,遂降彭城,虏柱国项佗,降留、薛、沛、酂、萧、相。攻苦、谯,复得亚将周兰。与汉王会颐乡。从击项籍军于陈下,破之,所将卒斩楼烦将二人,虏骑将八人。赐益食邑二千五百户。

齐国平定以后,韩信自立为齐王,派灌婴单独领兵到鲁北攻打楚将公杲,击败了他。转战南方,打败了薛郡郡守,自己亲自活捉骑兵将领一人。进攻傅阳,前进到下相东南的僮县、取虑、徐县等地。渡过淮河,全部降服了那个地区的城邑。到达广陵时,项羽派遣项声、薛公、郯公重新平定淮北地区。灌婴北渡淮河,在下邳打败项声和郯公的军队,斩杀了薛公,攻克了下邳,在平阳击败了楚军的骑兵,于是降服了彭城,俘虏了柱国项佗,降服了留、薛、沛、酇、萧、相等地。进攻苦县、谯县,再次俘虏副将周兰。灌婴跟汉王在颐乡会师,随从汉王在陈县一带进攻项籍的军队,打败了他们,所统率的士兵斩杀了楼烦骑兵将领两人,俘虏骑兵将领八人。汉王增加二千五百户给灌婴作食邑。

项籍败垓下去也,婴以御史大夫受诏将车骑别追项籍至东城,破之。所将卒五人共斩项籍,皆赐爵列侯。降左右司马各一人,卒万二千人,尽得其军将吏。下东城、历阳。渡江,破吴郡长吴下,得吴守,遂定吴、豫章、会稽郡。还定淮北,凡五十二县。

项籍在垓下兵败突围时,灌婴以御史大夫的身份带领车骑部另路追赶项籍到东城,打败了他们。他所率领的士兵五人共同斩杀了项籍，全都得到列侯的爵位。降服左右司马各一人，士兵一万二千人，俘获了军中的全部将吏。攻占东城、历阳，渡过长江，在吴县一带打败吴郡郡守的军队，俘获了吴郡郡守，于是平定吴、豫章、会稽三郡。回师时平定了淮河以北，共五十二县。

汉王立为皇帝，赐益婴邑三千户。其秋，以车骑将军从击破燕王臧荼。明年，从至陈，取楚王信。还，剖符，世世勿绝，食颍阴二千五百户，号曰颍阴侯。

汉王登位做了皇帝，给灌婴加封食邑三千户。这年秋天，灌婴以车骑将军的身份随从高帝击败燕王臧荼。第二年，随从汉王到陈县，捉拿楚王韩信。回朝后，高帝给灌婴剖符定封，世代不断，以颍阴二千五百户作为食邑，号称颍阴侯。

以车骑将军从击反韩王信于代，至马邑，受诏别降楼烦以北六县，斩代左相，破胡骑于武泉北。复从击韩信胡骑晋阳下，所将卒斩胡白题将一人。受诏并将燕、赵、齐、梁、楚车骑，出破胡骑于硰石。至平城，为胡所围，从还军东垣。

灌婴以车骑将军的身份随从高帝到代地征讨谋反的韩王韩信，到达马邑后，奉命单独率兵降服楼烦以北的六县，斩杀了代国的左丞相，在武泉以北击败匈奴骑兵。又随从高帝在晋阳一带进攻韩王信的匈奴骑兵，所统率的士兵斩杀了匈奴白题的将领一人。奉命统率燕、赵、齐、梁、楚等国的所有车骑部队，在硰石打败匈奴骑兵。到达平城时，被匈奴军队所包围，就随从高祖回军到东垣。

从击陈豨，受诏别攻豨丞相侯敞军曲逆下，破之，卒斩敞及特将五人。降曲逆、卢奴、上曲阳、安国、安平。攻下东垣。

又随从高帝攻打陈豨，奉命单独率兵在曲逆一带进攻陈豨的丞相侯敞，打败了他们，士兵斩杀了侯敞和特将五人。降服了曲逆、卢奴、上曲阳、安国、安平等县邑，攻下了东垣。

黥布反，以车骑将军先出，攻布别将于相，破之，斩亚将、楼烦将三人。又进击破布上柱国军及大司马军。又进破布别将肥诛。婴身生得左司马一人，所将卒斩其小将十人，追北至淮上。益食二千五百户。布已破，高帝归，定令婴食颍阴五千户，除前所食邑。凡从得二千石二人，别破军十六，降城四十六，定国一，郡二，县五十二，得将军二人，柱国、相国各一人，二千石十人。

黥布谋反时，灌婴以车骑将军的身份首先出发，在相地攻击黥布的别将，打败了他们，斩杀副将和楼烦骑将三人。又进军打败了黥布的上柱国军和大司马军。又进兵击败黥布的别将肥诛的军队。灌婴亲自活捉敌人左司马一人，所带的士兵斩杀了敌人的小将十人，追击败军直到淮河沿岸。高帝给灌婴增加食邑二千五百户。黥布被打败之后，高帝回朝，确定颁令灌婴以颍阴五千户作食邑，免除以前的食邑。灌婴随从高祖以来，共俘虏二千石官吏二人，单独领兵打败敌军十六次，降服四十六个城邑，平定一个诸侯国、两个郡、五十二个县，活捉将军两人，柱国、相国各一人，二千石官吏十人。

婴自破布归，高帝崩，婴以列侯事孝惠帝及吕太后。太后崩，吕禄等以赵王自置为将军，军长安，为乱。齐哀王闻之，举兵西，且入诛不当为王者。上将军吕禄等闻之，乃遣婴为大将，将军往击之。婴行至荥阳，乃与绛侯等谋，因屯兵荥阳，风齐王以诛吕氏事，齐兵止不前。绛侯等既诛诸吕，齐王罢兵归，婴亦罢兵自荥阳归，与绛侯、陈平共立代王为孝文皇帝。孝文皇帝于是益封婴三千户，赐黄金千斤，拜为太尉。

灌婴从前线打败黥布回朝时，高帝逝世了，灌婴以列侯的身份侍奉孝惠帝和吕太后。太后逝世后，吕禄这帮人以赵王的身份自命为将军，在长安驻军，作乱。刘哀王听到这个消息，就举兵西进，要进京诛杀不当称王的人。上将军吕禄等人听到这个消息，就派灌婴担任大将，率兵去迎击他。灌婴行军到荥阳，就跟绛侯等人密谋，顺势屯兵荥阳，并向齐哀王示意诛杀吕氏之事，齐军也停下来不进兵。绛侯等人已经杀死了吕氏家族，齐哀王就领兵回去了，灌婴也从荥阳撤兵回朝，和绛侯、陈平等共同拥立代王为孝文皇帝。孝文帝所以加封灌婴三千户的食邑，赏赐黄金一千斤，任命他为太尉。

三岁，绛侯勃免相就国，婴为丞相，罢太尉官。是岁，匈奴大入北地、上郡，令丞相婴将骑八万五千往击匈奴。匈奴去，济北王反，诏乃罢婴之兵。后岁余，婴以丞相卒，谥曰懿侯。子平侯阿代侯。二十八年卒，子彊代侯。十三年，彊有罪，绝二岁。元光三年，天子封灌婴孙贤为临汝侯，续灌氏后。

八岁，坐行赇有罪，国除。

三年以后，绛侯周勃免除丞相职务，回到封国。灌婴担任丞相，罢免太尉的官职。这一年，匈奴大举入侵北地、上郡，孝文帝命令丞相灌婴率领八万五千骑兵去讨伐匈奴。匈奴撤离时，济北王反叛，孝文帝就下令撤去灌婴的兵权。一年多后，灌婴死在丞相任上，谥号为懿侯。儿子平侯灌阿即位为侯。二十八年后灌阿去世，儿子灌彊即位为侯。十三年后，因灌彊有罪，侯位中断了两年。元光三年，天子封灌婴的孙子灌贤为临汝侯，承袭灌氏的后代。八年后，灌贤因为犯贿赂罪，封国被废除。

太史公曰："吾适丰、沛，问其遗老，观故萧、曹、樊哙、滕公之家，及其素，异哉所闻！方其鼓刀屠狗卖缯之时，岂自知附骥之尾，垂名汉廷，德流子孙哉？余与他广通，为言高祖功臣之兴时若此云。

太史公说：我到丰邑和沛县时，问候那里的遗老，查访原先萧何、曹参、樊哙、滕公的故居，以及他们的生平，听到的很惊异啊！正当他们操刀宰狗或贩卖丝绢的时候，难道自己知道能附人骥尾，留名汉室，德泽流传子孙后代吗？我和樊他广有交往，他对我谈起高祖功臣兴起时的情况，就是如此。

史记第九十六卷

张丞相列传第三十六

张丞相苍者，阳武人也。好书律历。秦时为御史，主柱下方书。有罪，亡归。及沛公略地过阳武，苍以客从，攻南阳。苍坐法当斩，解衣伏质，身长大，肥白如瓠。时王陵见而怪其美士，乃言沛公，赦勿斩。遂从西入武关，至咸阳。沛公立为汉王，入汉中，还定三秦。陈馀击走常山王张耳，耳归汉，汉乃以张苍为常山守。从淮阴侯击赵，苍得陈馀。赵地已平，汉王以苍为代相，备边寇。已而徙为赵相，相赵王耳。耳卒，相赵王敖。复徙相代王。燕王臧荼反，高祖往击之，苍以代相从攻臧荼有功，以六年中封为北平侯，食邑千二百户。

张苍丞相是阳武人。他喜好诗书、音律、历算。秦朝时候担任御史，管理宫内的各地文书。后来因为犯了罪，便逃回家乡。到沛公掠夺土地经过阳武时，张苍以宾客身份随从沛公进攻南阳。张苍因犯法被判处斩刑，他脱掉衣服伏在砧板上的时候，身体高大，又肥又白像葫芦瓜一样，当时王陵看到了，惊叹他是个美男子，就告诉沛公，赦免了他，不斩。于是他随从沛公西征进入武关，到了咸阳。沛公立为汉王以后，进入汉中，再回师平定三秦。陈馀打跑常山王张耳，张耳归顺汉王，汉王任用张苍做常山郡守。随从淮阴侯攻打赵军时，张苍俘虏了陈馀。赵地平定以后，汉王用张苍担任代国的相国，防御边境的敌寇。不久，调任赵国相国，辅佐赵王张耳。张耳死后，辅佐赵王张敖。随后又改为辅佐代王。燕王臧荼反叛时，高祖前往进攻他，张苍以代国相国的身份随从高祖攻打臧荼有功，在高祖六年被封为北平侯，享有食邑一千二百户。

迁为计相，一月，更以列侯为主计四岁。是时萧何为相国，而张苍乃自秦时为柱下史，明习天下图书计籍；苍又善用算律历，故令苍以列侯居相府，领主郡国上计者。黥布反亡，汉立皇子长为淮南王，而张苍相之。十四年，迁为御史大夫。

后来，升任计相。一个月后，改为以列侯的身份担任主计四年。这时候，萧何担任相国，而张苍则在秦时就担任柱下史，熟悉天下图书、账簿。张苍又善于运用音律、历法，所以就让他以列侯的身份留在相府里，负责管理郡县及侯国上报来的统计材料。黥布因反叛被杀，汉高祖立皇子刘长为淮南王，张苍为相辅佐他。十四年以后，升为御史大夫。

周昌者，沛人也。其从兄曰周苛，秦时皆为泗水卒史。及高祖起沛，击破泗水守、监，于是周昌、

周苛自卒史从沛公。沛公以周昌为职志，周苛为客。从入关，破秦。沛公立为汉王，以周苛为御史大夫，周昌为中尉。

周昌是沛县人，他的堂兄叫做周苛，秦时都是泗水郡的卒史。到高祖在沛县起义时，打败了泗水的郡守和郡监，这时周昌和周苛便以卒史的小官随从沛公，沛公就用周昌做职志，周苛做幕僚。两人跟随沛公进入关中，推翻秦朝。沛公立为汉王，用周苛担任御史大夫，周昌做中尉。

汉王四年，楚围汉王荥阳急，汉王遁出，去，而使周苛守荥阳城。楚破荥阳城，欲令周苛将。苛骂曰："若趣降汉王！不然，今为虏矣！"项羽怒，亨周苛。于是乃拜周昌为御史大夫，常从，击破项籍。以六年中与萧、曹等俱封：封周昌为汾阴侯；周苛子周成以父死事，封为高景侯。

汉王四年，楚军在荥阳城攻打汉王，形势紧急，汉王逃出重围离开了，让周苛留下来守荥阳城。楚军攻破荥阳城，想让周苛做将领。周苛骂道："你赶快投降汉王！不然的话，就要被俘虏了！"项羽发怒，烹杀了周苛。这时汉王就任命周昌为御史大夫。周昌曾随从汉王打败项籍，在汉王六年中，周昌和萧何、曹参等人一起受封：周昌被封为汾阴侯；周苛的儿子周成，因为父亲为国事牺牲，被封为高景侯。

昌为人强力，敢直言，自萧、曹等皆卑下之。昌尝燕时入奏事，高帝方拥戚姬，昌还走，高帝逐得，骑周昌项，问曰："我何如主也？"昌仰曰："陛下即桀、纣之主也。"于是上笑之，然尤惮周昌。及帝欲废太子，而立戚姬子如意为太子，大臣固争之，莫能得。上以留侯策即止。而周昌廷争之强，上问其说，昌为人吃，又盛怒，曰："臣口不能言，然臣期期知其不可，陛下虽欲废太子，臣期期不奉诏。"上欣然而笑。既罢，吕后侧耳于东箱听，见周昌，为跪谢曰："微君，太子几废。"

周昌为人刚强坚毅，敢说直话，像萧何、曹参等人都尊敬惧怕他。周昌曾经在高祖休息的时候，入宫奏事，高皇帝正搂着戚姬，周昌转身就跑。高帝追上抓住周昌，骑在周昌的脖子上，问道："我是怎样的君主呢？"周昌抬头说："陛下是夏桀、商纣一样的君主。"这时皇上笑了，然而特别敬畏周昌。等到高帝想要废除太子，而立戚姬的儿子如意为太子时，大臣们极力谏争，但没有结果；后来高帝因为留侯张良的计策，才取消了这个主意。而周昌在朝上劝谏时，态度强硬。皇上问他的理由，周昌先天口吃，又正是大怒的时候，说："我口头不能说，但我心里期期知道这不行。陛下虽然想要废弃太子，但我期期不能奉命。"皇上高兴得笑起来。散朝以后，吕后侧着耳朵在东厢房偷听，看到了周昌，就对他欠身道谢说："假如没有您，太子几乎就要被废了。"

是后戚姬子如意为赵王，年十岁，高祖忧即万岁之后不全也。赵尧年少，为符玺御史。赵人方与公谓御史大夫周昌曰："君之史赵尧，年虽少，然奇才也。君必异之，是且代君之位。"周昌笑曰："尧年少，刀笔吏耳，何能至是乎！"居顷之，赵尧侍高祖。高祖独心不乐，悲歌，群臣不知上之所以然。赵尧进请问曰："陛下所为不乐，非为赵王年少而戚夫人与吕后有郤邪？备万岁之后而赵王不能自全乎？"高祖曰："然。吾私忧之，不知所出。"尧曰："陛下独宜为赵王置贵强相，及吕后、太子、群臣素所敬惮乃可。"高祖曰："然。吾念之欲如是，而群臣谁可者？"尧曰："御史大夫周昌，其人坚忍质直，且自吕后、太子及大臣皆素敬惮之。独昌可。"高祖曰："善。"于是乃召周昌，谓曰："吾欲固烦公，公强为我相赵王。"周昌泣曰："臣初起从陛下，陛下独奈何中道而弃之于诸侯乎？"高祖曰："吾极知其左迁，然吾私忧赵王，念非公无可者。公不得已强行。"于是徙御史大夫周昌为赵相。

这以后，戚姬的儿子如意便被封为赵王，年纪仅十岁，高祖担心自己死后他不能保全。赵尧年纪轻，担任符玺御史。赵国人方与公对御史大夫周昌说："您的御史赵尧，年纪虽轻，然而是个奇才，您一定重视他，这个将会接替您的职位。"周昌笑着说："赵尧年纪轻，只不过是缮写员罢了，如何达到如此地步呢！"过不久，赵尧侍奉高祖。高祖曾经独自闷闷不乐，悲伤地唱起歌来，群臣不知道皇上为何会这样。赵尧上前请安问道："陛下所以不高兴，莫不是由于赵王年小，而戚夫人跟吕后又有嫌隙吗？担心陛下万岁以后，赵王不能保全自己吗？"高祖说："是的。我私下里担心这件事，不知该怎么办。"赵尧说："陛下应该特地为赵王安排一个尊贵而又刚强的相国，又要是吕后、太子和大臣们平时所敬畏的人才行。"高祖说："是的，我的想法也是这样，但群臣中间有谁行呢？"赵尧说："御史丈夫周昌，这个人坚毅不拔、质朴正直，而且从吕后、太子直到大臣，大家历来都敬畏他。只有周昌行。"高祖说："好。"当时就召见周昌，对他说："我想一定要烦劳您，请您勉为其难为我辅佐赵王。”周昌流着眼泪说：“我从刚一开始就随陛下，陛下为什么偏偏要在中途把我舍弃给诸侯王呢？”高祖说：“我深知这是降职，然而我私下里担忧赵王，想来想去除了您就没有合适的人。您就不得已勉为其难走一趟吧！”所以调御史大夫周昌担任赵国的相国。

既行久之，高祖持御史大夫印弄之，曰：“谁可以为御史大夫者？”孰视赵尧，曰：“无以易尧。”遂拜赵尧为御史大夫。尧亦前有军功食邑，及以御史大夫从击陈豨有功，封为江邑侯。

周昌走了很久了，高祖拿起御史大夫的官印玩弄着说：“谁适合做御史大夫呢？”仔细看了看赵尧说：“没人可以替换赵尧。”最终还是任命赵尧做御史大夫。赵尧先前也有军功，享有食邑，等到以御史大夫的身份随军攻打陈豨有功，被封为江邑侯。

高祖崩，吕太后使使召赵王，其相周昌令王称疾不行。使者三反，周昌固为不遣赵王。于是高后患之，乃使使召周昌。周昌至，谒高后，高后怒而骂周昌曰：“尔不知我之怨戚氏乎？而不遣赵王，何？”昌既征，高后使使召赵王，赵王果来，至长安月余，饮药而死。周昌因谢病不朝见，三岁而死。

高祖去世后，吕太后派遣使臣去召见赵王，赵王的相国周昌让赵王假托生病不走。使臣数次往返，周昌坚决不送赵王回京。这时高后忧虑起来，就派人召见周昌。周昌回到京城，谒见高后，高后恼怒地骂周昌说：“你难道不知道我对戚氏的怨恨吗？而竟不送赵王回京，为什么呢？”周昌被召回京后，高后又派人去召见赵王，赵王果然来了。他回到长安一个多月后，就喝毒药死了。周昌因此托病，不见高后。三年以后就死了。

后五岁，高后闻御史大夫江邑侯赵尧高祖时定赵王如意之画，乃抵尧罪，以广阿侯任敖为御史大夫。

五年后，高后听说御史大夫江邑侯赵尧在高祖生前就制订了保全赵王如意的计划，就治赵尧的罪，用广阿侯任敖接任御史大夫。

任敖者，故沛狱吏。高祖尝辟吏，吏系吕后，遇之不谨。任敖素善高祖，怒，击伤主吕后吏。及高祖初起，敖以客从，为御史，守丰二岁。高祖立为汉王，东击项籍，敖迁为上党守。陈豨反时，敖坚守，封为广阿侯，食千八百户。高后时为御史大夫，三岁免，以平阳侯曹窋为御史大夫。高后崩，不与大臣共诛吕禄等。免，以淮南相张苍为御史大夫。

任敖原是沛县的狱吏。高祖曾经躲官司，狱吏拘捕了吕后，对她不严肃。任敖向来跟高祖要好，发怒了，打伤了那看管吕后的官吏。到高祖刚起兵的时候，任敖以宾客身份随从高祖，担任御史，守卫丰邑二年。高祖立为汉王，向东攻打项籍，任敖就升为上党的郡守。陈豨反叛时，任敖固守上党城廓，受封为广阿侯，享有一千八百户食邑。高后主政时，任敖升任御史大夫。三年以后免职，用平阳侯曹窋接任御史大夫。高后去世，曹窋不和其他大臣共同诛杀吕禄等外戚，被免职，又用淮南王的相国张苍担任御史大夫。

苍与绛侯等尊立代王为孝文皇帝。四年，丞相灌婴卒，张苍为丞相。

张苍跟绛侯周勃等人拥立代王刘恒为汉文皇帝。文帝四年，丞相灌婴去世，张苍继任丞相。

自汉兴至孝文二十余年，会天下初定，将相公卿皆军吏。张苍为计相时，绪正律历，以高祖十月始至霸上，因故秦时本以十月为岁首，弗革；推五德之运，以为汉当水德之时，尚黑如故；吹律调乐，入之音声，及以比定律令，若百工天下作程品。至于为丞相，卒就之。故汉家言律历者，本之张苍。苍本好书，无所不观，无所不通，而尤善律历。

从汉朝建立到汉文帝，二十多年，恰是天下刚刚安定，将相公卿都是军官出身。张苍担任计相的时候，订正音律、历法等；根据高祖在十月开始到达霸上，加之原来秦朝用十月作岁首，不改历了。他又推求金、木、水、火、土五德运转的规律，认为汉朝正当水德的时代，因此仍然崇尚黑色。他吹奏律管、调整音阶，谱写乐章，以及用它们作类比来确定时令、节气，以及制定出天下百工制作的规程模式。等到当了丞相，终于完成了这些工作。因此汉代谈论音律、历法的学者，都以张苍的研究为依据。张苍本来就爱好读书，没有什么书不阅读，没有什么学问不通晓，而且非常精通音律、历法。

张苍德王陵。王陵者，安国侯也。及苍贵，常父事王陵。陵死后，苍为丞相，洗沐，常先朝陵夫人上食，然后敢归家。

张苍感激王陵的恩德。王陵就是安国侯。等到张苍显贵后，还经常像对待父亲一样的去侍奉王陵。王陵死后，张苍当了丞相，每逢休假，往往要先去拜访王陵的夫人，献上美食，然后才敢回家。

苍为丞相十余年，鲁人公孙臣上书言汉土德时，其符有黄龙当见。诏下其议张苍，张苍以为非是，罢之。其后黄龙见成纪，于是文帝召公孙臣以为博士，草土德之历制度，更元年。张丞相由此自绌，谢病称老。苍任人为中候，大为奸利，上以让苍，苍遂病免。苍为丞相十五岁而免。孝景前五年，苍卒，谥为文侯。子康侯代，八年卒。子类代为侯，八年，坐临诸侯丧后就位不敬，国除。

张苍当丞相十多年。鲁国有个人叫公孙臣的，上书说汉朝是属于土德的时代，其验证是将有黄龙出现。孝文皇帝下令把这个奏议交给张苍审定，张苍认为不对，置之不理。此后黄龙出现在成纪县，所以汉文帝召见公孙臣，用他作博士，起草顺应土德的历法和制度，更改元年。张丞相因此自动引退，借病告老。张苍所保举的人做中候，此人大干贪赃枉法的事，皇上拿这件事来谴责张苍，张苍就告病离职。张苍担任丞相十五年之后免职。汉景帝前元五年，张苍去世，谥号叫文侯。儿子康侯继承侯爵，八年后去世。康侯的儿子张类继承了侯位，在位八年，因为参加诸侯丧礼就位时犯了不敬罪，侯国被废除。

初，张苍父长不满五尺，及生苍，苍长八尺余，为侯、丞相。苍子复长。及孙类，长六尺余，坐法失侯。苍之免相后，老，口中无齿，食乳，女子为乳母。妻妾以百数，尝孕者不复幸。苍年百有余岁而卒。

当初，张苍的父亲身高不满五尺，到生了张苍，张苍的身高八尺多，封侯，做丞相。张苍的儿子也很高。到了孙子张类，身高六尺多，犯法失去了侯爵。张苍在免除了丞相职务以后，年纪老了，口里没有牙齿，吸食乳汁，用青年妇女作奶妈。妻妾数以百计，曾经怀孕的就不再宠爱她。张苍一百多岁才去世。

申屠丞相嘉者，梁人，以材官蹶张从高帝击项籍，迁为队率。从击黥布军，为都尉。孝惠时，为淮阳守。孝文帝元年，举故吏士二千石从高皇帝者，悉以为关内侯，食邑二十四人，而申屠嘉食邑五百户。张苍已为丞相，嘉迁为御史大夫。张苍免相，孝文帝欲用皇后弟窦广国为丞相，曰："恐天下以吾私广国。"广国贤有行，故欲相之，念久之，不可。而高帝时大臣又皆多死，馀见无可者，乃以御史大夫嘉为丞相，因故邑封为故安侯。

申屠嘉丞相是梁地人。他以力能张强弩的材官的身份随从高祖攻打项籍，提升做队长。随从高祖攻打黥布的军队，担任都尉。汉惠帝时，担任淮阳郡守。汉文帝元年，提拔从前随从高皇帝、秩级为二千石的官员，全部封为关内侯，获得食邑的有二十四人，而申屠嘉获得食邑五百户。张苍担任丞相之后，申屠嘉升任御史大夫。张苍免去了相位之后，汉文帝想用皇后的弟弟窦广国担任丞相，说："我唯恐天下的人都会说我偏爱广国吧。"窦广国贤能有德行，因此想用他做丞相。思虑了很久，还是不行。而高帝时代的大臣又大多已经死了，剩下来的看

遣幸谢相图。选自明·张居正《帝鉴图说》，讲申徒嘉见汉文帝，文帝宠臣邓通在侧，有怠慢之相。申徒嘉欲以法责邓通，汉文帝遣邓通到相府谢罪之事。

来没有能胜任的人，就用御史大夫申屠嘉担任丞相。就用原来的食邑，封他为故安侯。

嘉为人廉直，门不受私谒。是时太中大夫邓通方隆爱幸，赏赐累巨万。文帝尝燕饮通家，其宠如是。是时丞相入朝，而通居上傍，有怠慢之礼。丞相奏事毕，因言曰："陛下爱幸臣，则富贵之；至于朝廷之礼，不可以不肃！"上曰："君勿言，吾私之。"罢朝坐府中，嘉为檄召邓通诣丞相府，不来，且斩通。通恐，入言文帝。文帝曰："汝第往，吾今使人召若。"通至丞相府，免冠，徒跣，顿首谢。嘉坐自如，故不为礼，责曰："夫朝廷者，高皇帝之朝廷也。通小臣，戏殿上，大不敬，当斩。吏！今行斩之！"通顿首，首尽出血，不解。文帝度丞相已困通，使使者持节召通，而谢丞相曰："此吾弄臣，君释之。"邓通既至，为文帝泣曰："丞相几杀臣。"

申屠嘉为人廉洁正直，家里不接受为私事而来的拜见。这时，太中大夫邓通正是最受宠信的时候，赏赐的财物累计达万万。文帝曾经到邓通的家里宴饮，邓通的受宠到了这种程度。当时，丞相申屠嘉上朝，邓通正在皇帝的身边，礼节有所怠慢。丞相报告事情完毕，顺便说："陛下宠信臣子，就让他富贵；至于朝廷的礼节，却不能不严肃！"皇上说："你不要说了，我私下里就是喜欢他！"退朝后坐在相府里，申屠嘉写了一道手令要邓通到丞相府来，邓通不来，将要斩杀邓通，邓通惊恐，进宫报告文帝。文帝说："你只管去，我立刻派人召你。"邓通到了丞相府，脱下帽子，光着双脚，叩头请罪。申屠嘉照常坐着，故意不施礼，斥责他说："朝廷是高皇帝的朝廷。邓通你这小臣，敢在殿上嬉戏，大为不敬，当处斩刑。吏员们来人立即斩了他！"邓通叩头，头部流满血，也不放过他。文帝估计丞相已经难为了邓通，便派使者拿着符节去召见邓通，并对丞相表示歉意说："这是我戏弄之臣，您放了他吧！"邓通回到宫廷后，对文帝哭着说："丞相几乎杀了我。"

嘉为丞相五岁，孝文帝崩，孝景帝即位。二年，晁错为内史，贵幸用事，诸法令多所请变更，议以谪罚侵削诸侯。而丞相嘉自绌所言不用，疾错。错为内史，门东出，不便，更穿一门南出。南出者，太上皇庙堧垣。嘉闻之，欲因此以法错擅穿宗庙垣为门，奏请诛错。错客有语错，错恐，夜入宫上谒，自归景帝。至朝，丞相奏请诛内史错。景帝曰："错所穿非真庙垣，乃外堧垣，故他官居其中，且又我使为之，错无罪。"罢朝，嘉谓长史曰："吾悔不先斩错，乃先请之，为错所卖。"至舍，因欧血而死。谥为节侯。子共侯蔑代，三年卒。子侯去病代，三十一年卒。子侯臾代，六岁，坐为九江太守受故官送有罪，国除。

申屠嘉当丞相五年，汉文帝就去世了，汉景帝就位。景帝二年，晁错担任内史，受到宠幸，把持朝政，各种法令有很多被经过请求更改，又建议用贬责和处罚的办法来减弱诸侯。而丞相申屠嘉惭愧自己的意见不被采用，就记恨晁错。晁错担任内史时，内史府的门朝东开着，不方便，改开一道门从南边出入。而朝南开的门就凿在太上皇庙的外墙上。申屠嘉听说了，便想借此依法治晁错擅自开宗庙的外墙为门之罪，奏请杀晁错。晁错的门客有人告诉晁错，晁错恐惧，连夜进宫拜见皇上，向景帝投案自首。到上朝的时候，丞相申屠嘉奏请诛杀内史晁错。景帝说："晁错凿穿的不是真正的庙墙，而是宗庙的外墙，所以有其他的官员住在里面，况且又是我叫他做的，晁错没有罪。"退朝以后，申屠嘉对长史说："我后悔没有先斩了晁错，却先请示了皇上，结果反被晁错卖了。"回到家，终于呕血死了。谥号称节侯。儿子共侯申屠蔑继承了爵位，三年后去世。共侯的儿子申屠去病继承侯位，三十一年后去世。申屠去病的儿子申屠臾继承侯位，六年后，因任九江太守时接受过去属官的贿赂而犯罪，侯国被废除。

自申屠嘉死之后，景帝时开封侯陶青、桃侯刘舍为丞相。及今上时，柏至侯许昌、平棘侯薛泽、武彊侯庄青翟、高陵侯赵周等为丞相。皆以列侯继嗣，娖娖廉谨，为丞相备员而已，无所能发明功名有著于当世者。

自从申屠嘉死后，景帝时开封侯陶青、桃侯刘舍担任过丞相。到当今皇上时，柏至侯许昌，平棘侯薛泽、武彊侯庄青翟、高陵侯赵周等人担任过丞相。他们都是凭列侯继承人的身份，谨小慎微，做丞相只是徒充官员罢了，没有能够取得什么创造性的成就，有功名可以在当代著称于世的。

太史公曰：张苍文学律历，为汉名相，而绌贾生、公孙臣等言正朔服色事而不遵，明用秦之《颛顼历》，何哉？周昌，木强人也；任敖以旧德用；申屠嘉可谓刚毅守节矣，然无术学，殆与萧、曹、陈平异矣。

太史公说：张苍熟知经书、音律和历法，是汉代著名的丞相，然罢斥贾谊、公孙臣等人所提出的改变历法、服色等制度的意见，不予采纳，公然采用秦朝的《颛顼历》，为什么呢？周昌是个木讷倔强的人。任敖靠对吕后有旧恩受重用。申屠嘉可以说是刚毅守节的人了，然而都没有方略和学识，只怕跟萧何、曹参和陈平是完全不同了。

孝武时丞相多甚，不记，莫录其行起居状略，且纪征和以来。

汉武帝时丞相多得很，无记载，也未收录他们的言行事迹，暂且记述征和以来的丞相。

有车丞相，长陵人也。卒而有韦丞相代。韦丞相贤者，鲁人也。以读书术为吏，至大鸿胪。有相工相之，当至丞相。有男四人，使相工相之，至第二子，其名玄成。相工曰："此子贵，当封。"韦丞相言曰："我即为丞相，有长子，是安从得之？"后竟为丞相，病死，而长子有罪论，不得嗣，而立玄成。玄成时佯狂，不肯立，竟立之，有让国之名。后坐骑至庙，不敬，有诏夺爵一级，为关内侯，失列侯，得食其故国邑。韦丞相卒，由魏丞相代。

丙吉像，出自清·顾沅辑《古圣贤像传略》。

有位车丞相，是长陵人。死后由韦丞相替补。韦贤丞相，是鲁国人。靠读书的道路当了官，官职达到大鸿胪。有看相的人替他相面，说他将会做到丞相。他有四个儿子，叫看相的人给他们看相，看到第二个儿子，他的名字叫玄成。看相的人说："这个孩子有贵相，将封侯。"韦丞相说道："我假如做了丞相，有长子，这孩子从哪里得到爵位？"后来，韦贤真的当了丞相，病死后，因长子有罪论处，不能即位，因而让韦玄成即位。韦玄成当时装疯，不肯即位，最后还是让他即位，享有让国的名声。后来因骑马到皇帝祖庙，犯了不敬罪，皇上诏令降爵一级，当关内侯，失去了列侯的爵位，只能享有原来封地的食邑。韦丞相去世后，由魏丞相接替相位。

魏丞相相者，济阴人也，以文吏至丞相。其人好武，皆令诸吏带剑，带剑前奏事。或有不带剑者，当入奏事，至乃借剑而敢入奏事。其时京兆尹赵君，丞相奏以免罪，使人执魏丞相，欲求脱罪而不听。复使人胁恐魏丞相，以夫人贼杀侍婢事而私独奏请验之，发吏卒至丞相舍，捕奴婢笞击问之，实不以兵刃杀也。而丞相司直繁君奏京兆尹赵君迫胁丞相，诬以夫人贼杀婢，发吏卒围捕丞相舍，不道；又得擅屏骑士事，赵京兆坐要斩。又有使掾陈平等劾中尚书，疑以独擅劫事而坐之，大不敬，长史以下皆坐死，或下蚕室。而魏丞相竟以丞相病死。子嗣。后坐骑至庙，不敬，有诏夺爵一级，为关内侯，失列侯，得食其故国邑。魏丞相卒，以御史大夫邴吉代。

魏相丞相是济阴人。他从文书小官做到丞相。此人喜好武术，要求各官吏都佩剑，佩着剑才能上前奏事。若有不佩剑的应当入府奏事，竟要借剑然后才敢进去奏事。当时的京兆尹赵广汉犯罪，魏丞相奏请以免职抵罪。赵广汉派人要挟魏丞相，想求得开脱罪责，可是魏丞相不听他的。又派人来威胁恐吓魏丞相，把魏夫人涉嫌残杀奴婢的事情私自奏请皇上核对，并调动官兵到魏丞相的住所，逮捕奴婢鞭打拷问，其实不是用兵器杀死奴婢的。丞相的司直繁延寿报告皇上说，京兆尹赵广汉威胁丞相，诬陷魏夫人残杀奴婢，并派遣官兵围捕丞相府，犯了不道罪。又查获他曾擅自排斥骑士的事，赵京兆因而被判处腰斩。又有丞相府属员陈平等人弹劾中尚书，怀疑中尚书是胁迫丞相事件的主谋，要株连他，以致长史以下的官员都被判死刑，有的被判宫刑。魏丞相竟在丞相任内病逝。儿子继承了爵位，后来因为骑马到宗庙，犯了不敬罪，皇上诏令削爵一级，做关内侯，失去了列侯的爵位，只能享有原来的食邑。魏丞相死后，用御史大夫邴吉接替了相位。

邴丞相吉者，鲁国人也。以读书好法令至御史大夫。孝宣帝时，以有旧故，封为列侯，而因为丞相。明于事，有大智，后世称之。以丞相病死。子显嗣。后坐骑至庙，不敬，有诏夺爵一级，失列侯，得食故国邑。显为吏至太仆，坐官秏乱，身及子男有奸赃，免为庶人。

邴吉丞相是鲁国人。靠读书、喜好研究法令，官至御史大夫。汉宣帝时，因为有着故旧的情谊，被封为列侯，并因而担任了丞相。他明于事理，有大智大谋，后人称赞他。在丞相任内病死。儿子邴显继承了爵位。后来由于乘马到皇帝祖庙，犯了不敬罪，皇帝诏令降爵一级，失去列侯爵位，只能享有原来的食邑。邴显做官到太仆时，由于在任上挥霍浪费，自身和儿子都犯有贪赃枉法的罪行，被免除官职降为平民。

邴丞相卒，黄丞相代。长安中有善相工田文者，与韦丞相、魏丞相、邴丞相微贱时会于客家，田文言曰："今此三君者，皆丞相也。"其后三人竟更相代为丞相，何见之明也。

邴丞相死后，由黄丞相接替了相位。长安城里有个善于看相的人叫田文的，曾经跟韦丞相、魏丞相、邴丞相在地位低贱的时候相遇在客人家里，田文说道："眼前的这三位先生都是丞相。"后来三人终于相继担当了丞相，多有先见之明啊！

黄丞相霸者，淮阳人也。以读书为吏，至颍川太守。治颍川，以礼义条教喻告化之。犯法者，风晓令自杀。化大行，名声闻。孝宣帝下制曰："颍川太守霸，以宣布诏令治民，道不拾遗，男女异路，狱中无重囚。赐爵关内侯，黄金百斤。"征为京兆尹而至丞相。复以礼义为治，以丞相病死。子嗣，后为列侯。黄丞相卒，以御史大夫于定国代。于丞相已有《廷尉传》，在《张廷尉》语中。于丞相去，御史大夫韦玄成代。

黄霸像，出自《新安黄氏横槎重修大宗谱》。黄霸，西汉大臣，官至宰相。

黄霸丞相是淮阳人。他靠读书做了官，官至颍川太守。治理颍川时，用礼义教育开导感化百姓。犯了死罪的人，晓之以理让他自杀。教化畅行各地，名声传闻当世。汉宣帝行文说："颍川太守黄霸，用宣传法令治理百姓，因此路上不拾遗物，男女各行其道，监狱中没有重大的囚犯。赐给关内侯的爵位，黄金一百斤。"调任京兆尹，又升至丞相，还是用礼义治国。黄霸病死于丞相任上。儿子继承爵位，后来被封为列侯。黄丞相过世后，用御史大夫于定国接替相位。于丞相已有《廷尉传》，附在《张廷尉传》中。于丞相离职后，御史大夫韦玄成接任。

韦丞相玄成者，即前韦丞相子也。代父，后失列侯。其人少时好读书，明于《诗》、《论语》。为吏至卫尉，徙为太子太傅。御史大夫薛君免，为御史大夫。于丞相乞骸骨免，而为丞相，因封故邑为扶阳侯。数年，病死，孝元帝亲临丧，赐赏甚厚。子嗣后。其治容容随世俗浮沉，而见谓谄巧。而相工本谓之当为侯代父，而后失之；复自游宦而起，至丞相。父子俱为丞相，世间美之，

岂不命哉！相工其先知之。韦丞相卒，御史大夫匡衡代。

韦玄成丞相，就是前韦贤丞相的儿子。他继承父爵，后来又失去了列侯爵位。这个人小时候就喜爱读书，精通《诗经》、《论语》。从一般吏员升到卫尉，调任太子太傅。御史大夫薛广德被免职后，他当了御史大夫。于丞相请求退休免去相位后，他当了丞相，就原来的食邑封为扶阳侯。几年以后，因病去世。汉元帝亲自参加丧礼，赏赐特别丰厚。儿子继承了爵位。韦玄成执政敷衍塞责，随世俗浮沉，因此被称为谄媚乖巧。看相的人就说他当继承父爵做列侯，可是后来失去了爵位，从一般官员做起，升到丞相。父子都做丞相，世人赞美他们，难道不是命运吗？看相的人就预先知道。韦丞相去世后，御史大夫匡衡接任。

丞相匡衡者，东海人也。好读书，从博士受《诗》。家贫，衡佣作以给食饮。才下，数射策不中，至九，乃中丙科。其经以不中科故明习。补平原文学卒史。数年，郡不尊敬。御史征之，以补百石属荐为郎，而补博士，拜为太子少傅，而事孝元帝。孝元好《诗》，而迁为光禄勋，居殿中为师，授教左右，而县官坐其旁听，甚善之，日以尊贵。御史大夫郑弘坐事免，而匡君为御史大夫。岁余，韦丞相死，匡君代为丞相，封乐安侯。以十年之间不出长安城门而至丞相，岂非遇时而命也哉！

匡衡丞相是东海人。他爱好读书，曾跟从博士学习《诗经》。家里贫穷，匡衡靠帮人做工来供给自己的吃喝。他的才智低下，多次考试都没考中，直到第九次才中了丙科。匡衡的经书由于没有达到标准，因此再精心研读。担任平原郡候补文学卒史。几年来，郡里的人不尊敬他。御史大夫征调他，以候补百石级这样的身份被推荐为郎官，担任候补博士，被任命为太子少傅，侍奉汉元帝。汉元帝爱《诗经》，提升匡衡为光禄勋，在宫殿中当教师，教授皇帝左右的人，皇帝也坐在他旁边听讲，非常称赞他，因此一天天地尊贵起来。御史大夫郑弘犯罪免职，匡衡就担任了御史大夫。一年多后，韦丞相去世，匡衡接替做丞相，封为乐安侯。在十年之中，匡衡不出长安城门而升到丞相，难道不是遇到了好时机和命运吗！

太史公曰：深惟士之游宦所以至封侯者，微甚。然多至御史大夫即去者。诸为大夫而丞相次也，其心冀幸丞相物故也。或乃阴私相毁害，欲代之。然守之日久不得，或为之日少而得之，至于封侯，真命也夫！御史大夫郑君守之数年不得，匡君居之未满岁，而韦丞相死，即代之矣，岂可以智巧得哉！多有贤圣之才，困厄不得者众甚也。

太史公说：深思读书人从做一般官吏有办法达到封侯的，少得很。可是大多做到御史大夫就离职了。那些做了御史大夫而处在丞相候补位置的，他们心里是希望丞相死的。有的甚至暗地里加以毁谤伤害，想取代他。然而有的候补多年不能得到相位，而有的候补时间不长却能得到相位，直到封侯，真是命运啊！御史大夫郑弘留守候补多年不能得到相位，匡衡在位不到一年，韦丞相死了，就接替丞相的职位了，难道是能凭智谋巧计去得到的吗？常有圣明贤能的人才，而处境困窘不得志者多的是。

史记

卷四

[西汉] 司马迁 著
萧枫 主编

吉林出版集团有限责任公司

史记第九十七卷

郦生陆贾列传第三十七

郦生食其者，陈留高阳人也。好读书，家贫落魄，无以为衣食业，为里监门吏。然县中贤豪不敢役，县中皆谓之狂生。

郦生食其，是陈留县高阳乡人。他爱读书，家境贫穷落泊，没有什么可用来作为提供衣食的产业，只好做个看管里门的小吏。但是县中有名望有权势的人都不敢差使他，县中人都称他叫狂生。

及陈胜、项梁等起，诸将徇地过高阳者数十人，郦生闻其将皆握龊好苛礼自用，不能听大度之言，郦生乃深自藏匿。后闻沛公将兵略地陈留郊，沛公麾下骑士适郦生里中子也，沛公时时问邑中贤士豪俊。骑士归，郦生见谓之曰："吾闻沛公慢而易人，多大略，此真吾所愿从游，莫为我先。若见沛公，谓曰'臣里中有郦生，年六十余，长八尺，人皆谓之狂生，生自谓我非狂生'。"骑士曰："沛公不好儒，诸客冠儒冠来者，沛公辄解其冠，溲溺其中。与人言，常大骂。未可以儒生说也。"郦生曰："弟言之。"骑士从容言如郦生所诫者。

等到陈胜、项梁等人起兵，各部将领攻城夺地经过高阳的有几十人，郦生听说这些将领都度量狭小，喜欢苛细的礼节，自以为是，不能听从豁达大度的言论。郦生便远远地躲藏起来。后来听说沛公带兵夺地到达了陈留郊外，沛公部下的一个骑兵正好是郦生同乡人，沛公时常向他问起县中的贤士豪杰。骑士回乡来时，郦生见到后对他说："我听说沛公傲慢，看不起人，但富有远大的计谋，这真是我所希望结交的人，可是没有人先替我介绍。你见了沛公，就对他说'我家乡有个叫郦生的，六十多岁了，身高八尺，人们都称他为狂生，但郦生自己说他不是狂生'。"骑士说："沛公不喜欢儒学，宾客们戴着儒生帽子来的，沛公总是取下他的帽子，撒尿在里面。他跟人谈话时，经常破口大骂。你不可以用儒生的身份去游说。"郦生说："只管把这些话告诉他。"骑士很从容地把郦生所吩咐的话告诉了沛公。

沛公至高阳传舍，使人召郦生。郦生至，入谒，沛公方倨床使两女子洗足，而见郦生。郦生入，则长揖不拜，曰："足下欲助秦攻诸侯乎？且欲率诸侯破秦也？"沛公骂曰："竖儒！夫天下同苦秦久矣，故诸侯相率而攻秦，何谓助秦攻诸侯乎？"郦生曰："必聚徒合义兵诛无道秦，不宜倨见长者。"于是沛公辍洗，起摄衣，延郦生上坐，谢之。郦生因言六国从横时。沛公喜，赐郦生食，问曰："计将安出？"郦生曰："足下起纠合之众，收散乱之兵，不满万人，欲以径入强秦，此所谓探虎口者也。夫陈留，天下之冲，四通五达之郊也，今其城又多积粟。臣善其令，请得使之，令下足下。即不听，足下举兵攻之，臣为内应。"于是遣郦生行，沛公引兵随之，遂下陈留。号郦食其为广野君。

沛公住在高阳旅舍，派人召见郦生。郦生来到，进去拜见，沛公正叉开腿坐在床上，让两个女子替他洗脚，同时召见郦生。郦生进来，只行了一个大拱手礼，不跪拜，说："您是要帮助秦朝攻打诸侯呢，还是要率领诸侯灭掉秦朝呢？"沛公骂道："书生小子！天下人遭受秦朝的痛苦已经很久了，因此诸侯们相继起兵来攻打秦朝，怎么说帮助秦朝攻打诸侯呢？"郦生说："如果想聚集群众组成正义的军队去攻打无道的秦朝，那就不应该用这种傲慢无礼的态度来接见长辈。"于是沛公就停止了洗脚，起身整理衣服，请郦生坐上位，向他道歉。郦生便谈起六国合纵连横的形势。沛公高兴，招待郦生吃饭，问道："计策将要如何制定？"郦生说："您起用乌合之众，收编散乱之兵，不满一万人，想靠他们直接进攻强秦，这就是人们说的去摸虎口啊！陈留县，是天下的交通要道，四通八达的地区，现在陈留县又储藏着很多粮食。我跟陈留县的县令有交情，请求您能派我出使陈留，让他向您投降。若他不听从，您举兵攻打他，我作内应。"于是派遣郦生出发，沛公带兵跟着他，终于降服了陈留。封郦食其做广野君。

郦生言其弟郦商，使将数千人从沛公西南略地。郦生常为说客，驰使诸侯。

郦生劝说他的弟弟郦商，叫他带领几千人随从沛公向西南掠夺土地。郦生常作为说客，乘坐车马出使各诸侯国。

汉三年秋，项羽击汉，拔荥阳，汉兵遁保巩、洛。楚人闻淮阴侯破赵，彭越数反梁地，则分兵救之。淮阴方东击齐，汉王数困荥阳、成皋，计欲捐成皋以东，屯巩、洛以拒楚。郦生因曰："臣闻知天之天者，王事可成；不知天之天者，王事不可成。王者以民人为天，而民人以食为天。夫敖仓，天下转输久矣，臣闻其下乃有藏粟甚多。楚人拔荥阳，不坚守敖仓，乃引而东，令适卒分守成皋，此乃天所以资汉也。方今楚易取而汉反却，自夺其便，臣窃以为过矣。且两雄不俱立，楚汉久相持不决，百姓骚动，海内摇荡，农夫释耒，工女下机，天下之心未有所定也。愿足下急复进兵，收取荥阳，据敖仓之粟，塞成皋之险，杜大行之道，距蜚狐之口，守白马之津，以示诸侯效实形制之势，则天下知所归矣。方今燕、赵已定，唯齐未下。今田广据千里之齐，田间将二十万之众，军于历城，诸田宗强，负海阻河济，南近楚，人多变诈，足下虽遣数十万师，未可以岁月破也。臣请得奉明诏说齐王，使为汉而称东藩。"上曰："善。"

汉王三年秋天，项羽率军攻打汉军，攻下了荥阳，汉军退守巩县、洛阳一带。楚军听说淮阴侯攻败了赵国，彭越多次在梁地反叛，便派兵援救赵国。淮阴侯正向东攻打齐国，汉王多次被围困在荥阳、成皋，计划放弃成皋以东地区，屯兵驻守巩县、洛阳来抵抗楚军。郦生便说："我听说知道天之所以能够成为天的人，帝王大业可以成功；不知道天之所以成为天的人，帝王大业就不可能成功。统治天下的国君把民众看作天，而民众把粮食看作天。敖仓作为全国粮食的运输地已经很久了，我听说那里就储藏有很多粮食。楚军攻占了荥阳，不固守敖仓，却引兵东进，让被谪罚的士兵分守成皋，这便是上天用来资助汉军啊！现在楚军容易攻取，然汉军反而退却，自己放弃有利的时机，我私下认为这就错了。况且两个敌手不能并立，楚、汉两军长久相持不下，百姓骚动不安，全国动荡不安，农夫放下农具，织女走下布机，天下民心没有归向。希望您急速再进军，收复荥阳，占据敖仓的粮食，阻塞成皋的险要，断绝太行的通道，控制蜚狐隘口，固守白马渡口，向诸侯显示利用地形制服敌人的阵势，那么天下人民就知道自己的归向了。如今燕国和赵国已经平定，只有齐国没有攻克。现在田广占据着幅员千里的齐国，田间率领二十万军队，驻在历城，各支田氏宗族势力强大，靠着大海，隔着黄河、济水，南面靠近楚国，人们大多狡诈善变，您即使派遣数十万军队，也不可能在一年半载中打败它。我请求能奉您的诏令去游说齐王，使他归汉而称为东方属国。"皇上说："好。"

乃从其画，复守敖仓，而使郦生说齐王曰："王知天下之所归乎？"王曰："不知也。"曰："王知天下之所归，则齐国可得而有也；若不知天下之所归，即齐国未可得保也。"齐王曰："天下何所归？"曰："归汉。"曰："先生何以言之？"曰："汉王与项王戮力西面击秦，约先入咸阳者王之。汉王先入咸阳，项王负约不与而王之汉中。项王迁杀义帝，汉王闻之，起蜀汉之兵击三秦，出关而责义帝之处，收天下之兵，立诸侯之后。降城即以侯其将，得赂即以分其士，与天下同其利，豪英贤才皆乐为之用。诸侯之兵四面而至，蜀汉之粟方船而下。项王有倍约之名，杀义帝之负；于人之功无所记，于人之罪无所忘；战胜而不得其赏，拔城而不得其封；非项氏莫得用事；为人刻印，刓而不能授；攻城得赂，积而不能赏。天下畔之，贤才怨之，而莫为之用。故天下之士归于汉王，可坐而策也。夫汉王发蜀汉，定三秦；涉西河之外，援上党之兵；下井陉，诛成安君；破北魏，举三十二城：此蚩尤之兵也，非人之力也，天之福也。今已据敖仓之粟，塞成皋之险，守白马之津，杜大行之阪，距蜚狐之口，天下后服者先亡矣。王疾先下汉王，齐国社稷可得而保也；不下汉王，危亡可立而待也。"田广以为然，乃听郦生，罢历下兵守战备，与郦生日纵酒。

汉王听从郦生的计谋，再据守敖仓，并派郦生去游说齐王道："大王知道天下人心的归向吗？"齐王说："不知道。"郦生说："大王知道天下人心的归向，那么齐国还可能保得住；假如不知道天下人心的归向，那么齐国便不可能保全了。"齐王说："天下人心归向何处？"郦生说："归向汉王。"齐王说："先生凭什么这样说呢？"郦生说："汉王跟项王合力西向攻打秦朝，约定先进入咸阳的就在那里称王。汉王先攻入咸阳，项王违背盟约不给他咸阳地区，却要让他去汉中称王。项羽迁徙并杀死义帝,汉王听到这个消息,便发动蜀汉的军队进攻三秦,出函谷关,追问义帝的所在,收集天下的军队,扶植诸侯的后代。攻占了城邑就用来封那个将领为侯,得到了财物就用来分给那些士兵,与天下人同享福利,英雄豪杰贤士才人都乐意替他效劳。诸侯的军队从四面到来,蜀汉的粮食并船顺流而下。项王有违背盟约的名声,有杀死义帝的罪责;对于别人的功劳记不住,对别人的罪过不忘记;打了胜仗得不到他的奖赏,攻占了城邑得不到他的封地;不是项氏宗族就没有谁能够执政;给人刻印,抚摸玩弄得陈旧了仍不能授予;攻城取得财物,堆积起来也不愿赏赐。天下人背叛他,贤人才士怨恨他,没有人为他效劳。所以天下人心归向汉王,汉王可以轻易地驱使他们。汉王从蜀汉出发,平定了三秦;渡过西河,统率上党的军队,攻下井陉,诛杀成安君;攻破北魏,夺取三十二座城邑:这简直像战神蚩尤的军队,不是人的力量,而是天降的洪福啊。如今已经占据了敖仓的粮食,阻塞了成皋的险要,固守着白马渡口,断了太行的通道,控制了蜚狐隘口,天下诸侯后归服的就会先被消灭了。大王假如迅速归顺汉王,齐国的江山就可以保住;不归顺汉王,危亡就会立刻到来。”田广认为对,便听从郦生的计谋,撤除了历城的驻军和战备,跟郦生终日纵情饮酒。

淮阴侯闻郦生伏轼下齐七十余城,乃夜度兵平原袭齐。齐王田广闻汉兵至,以为郦生卖己,乃曰:“汝能止汉军,我活汝;不然,我将亨汝!”郦生曰:“举大事不细谨,盛德不辞让。而公不为若更言!”齐王遂亨郦生,引兵东走。

淮阴侯听说郦生以说客的身份降服齐国七十多座城,便在夜里将士兵从平原渡口输送过黄河去袭击齐国。齐王田广听说汉军到来,以为郦生出卖了自己,便说:“你能制止汉军攻齐,我让你活;不然的话,我将烹杀你!”郦生说:“成就大事的人不拘小节,道德高尚的人,不顾别人的责难。你老子不会替你再说什么!”齐王就烹杀了郦生,带兵向东逃跑。

汉十二年,曲周侯郦商以丞相将兵击黥布有功。高祖举列侯功臣,思郦食其。郦食其子疥数将兵,功未当侯,上以其父故,封疥为高梁侯。后更食武遂,嗣三世。元狩元年中,武遂侯平坐诈诏衡山王取百斤金,当弃市,病死,国除也。

汉十二年,曲周侯郦商以丞相的身份带兵攻打黥布有功。汉高祖提拔列侯功臣时,想起郦食其。郦食其的儿子郦疥曾多次带兵,但战功还没有达到封侯,皇上因为他父亲的缘故,封郦疥为高梁侯。后来改封武遂作为他的食邑,继承了三代。元狩元年中,武遂侯郦平由于假托诏令骗取了衡山王一百斤黄金,应该判处死刑,弃尸市井,未行刑就病死了,废除封国。

陆贾者,楚人也。以客从高祖定天下,名为有口辩士,居左右,常使诸侯。

陆贾是楚国人。他以门客的身份随从高祖平定天下,被称为有口才的辩士,在高祖身边,时常出使诸侯。

及高祖时,中国初定,尉他平南越,因王之。高祖使陆贾赐尉他印为南越王。陆生至,尉他魋结箕倨见陆生。陆生因进说他曰:“足下中国人,亲戚昆弟坟墓在真定。今足下反天性,弃冠带,欲以区区之越与天子抗衡为敌国,祸且及身矣。且夫秦失其政,诸侯豪桀并起,唯汉王先入关,据咸阳。项羽倍约,自立为西楚霸王,诸侯皆属,可谓至强。然汉王起巴、蜀,鞭笞天下,劫略诸侯,遂诛项羽灭之。五年之间,海内平定,此非人力,天之所建也。天子闻君王王南越,不助天下诛暴逆,将相欲移兵而诛王,天子怜百姓新劳苦,故且休之,遣臣授君王印,剖符通使。君王宜郊迎,北面称臣,乃欲以新造未集之越,屈强于此。汉诚闻之,掘烧王先人冢,夷灭宗族,使一偏将将十万众临越,则越杀王降汉,如反覆手耳。”

等到高祖做皇帝时,中国刚刚平定,尉他平定了南越,便在那里称王。高祖派遣陆贾赐给尉他印章,封他为南越王。陆贾到南越时,尉他梳着椎形发髻,叉开两腿像畚箕的样子坐着接见陆生。陆生便上前劝说:“您是中原人,父母、兄弟的坟墓在真定。现在您违反天性,抛弃戴帽子、系带子的风俗,想凭小小的越地和天子对抗,形成敌国,灾祸就要临头了。何况秦朝政治混乱,诸侯豪杰纷纷起事,唯独汉王首先进入关中,占据咸阳。项羽违背盟约,自立为西楚霸王,诸侯都归附他,可以说是最为强大了。然而汉王从巴、蜀起兵,鞭策天下民众,征服诸侯,于是征讨项羽,并消灭了他。五年之间,全国安定,这不是人力所能办到,而是上天所建树的。天子听到大王在南越称王,不帮助天下人讨伐暴逆,将相们准备出兵征讨大王,天子可怜老百姓刚刚经历征战的劳苦,所以暂且作罢,派遣我来授给您王印，剖分符信作为凭证，互通使节。大王应该到郊外迎接，北面称臣，却想凭借刚刚建立尚未安定的越国，在这里负隅反抗。汉朝假如听到这些情况，挖掘烧毁大王祖宗的坟墓，诛灭您的宗族，派遣一名副将率领十万军队来到南越，那样的话越人就会杀死大王而投降汉朝，这是易如反掌的事情而已。”

于是尉他乃蹶然起坐，谢陆生曰：“居蛮夷中久，殊失礼义。”因问陆生曰：“我孰与萧何、曹参、韩信贤？”陆生曰：“王似贤。”复曰：“我孰与皇帝贤？”陆生曰：“皇帝起丰沛，讨暴秦，诛强楚，为天下兴利除害，继五帝三王之业，统理中国。中国之人以亿计，地方万里，居天下之膏腴，人众车舆，万物殷富，政由一家，自天地剖泮未始有也。今王众不过数十万，皆蛮夷，崎岖山海间，譬若汉一郡，王何乃比于汉！”尉他大笑曰：“吾不起中国，故王此。使我居中国，何渠不若汉？”乃大说陆生，留与饮数月。曰：“越中无足与语，至生来，令我日闻所不闻。”赐陆生橐中装直千金，他送亦千金。陆生卒拜尉他为南越王，令称臣奉汉约。归报，高祖大悦，拜贾为太中大夫。

陆贾像，选自清·顾沅辑《古圣贤像传略》。

这时尉他突然惊起坐正，向陆生谢罪说：“我在蛮夷之地已久，太失礼义。”便问陆生说：“我跟萧何、曹参、韩信相比，哪一个贤能？”陆生说：“大王更为贤能。”又问：“我与皇帝相比，哪一个贤能？”陆生说：“皇帝从沛县丰邑起兵，讨伐暴秦，诛灭强楚，替天下兴利除弊，继承了五帝、三王的功业，统治中国。中国的人口数以亿计，土地方圆万里，处于天下的肥沃地区，人口稠密，车辆众多，万物丰富，政令统一，这是开天辟地以来所没有过的。如今大王的人口不过几十万，都是蛮夷，居住在崎岖的山边海角，似乎汉朝的一个郡，大王怎么竟跟汉朝相比！”尉他大笑说：“我不是在中原兴起，所以在这里称王。假如我处在中原，难道就比不上汉帝？”尉他于是很喜欢陆生，留下陆生跟他一起饮酒作乐好几个月。尉他说：“越地没有人值得和我交谈，直到先生来，使我每天听到过去听不到的事情。”尉他赏赐给陆生装入袋中的宝物价值千金，其他赠送的礼物也值千金。陆生最后便赐封尉他为南越王，让他对汉称臣，遵守汉朝廷的约束。陆生回朝汇报，高祖非常高兴，任命陆贾为太中大夫。

陆生时时前说称《诗》、《书》。高帝骂之曰：“乃公居马上而得之，安事《诗》、《书》！”陆生曰：“居马上得之，宁可以马上治之乎？且汤、武逆取而以顺守之，文武并用，长久之术也。昔者吴王夫差、智伯极武而亡；秦任刑法不变，卒灭赵氏。乡使秦已并天下，行仁义，法先圣，陛下安得而有之？”高帝不怿而有惭色，乃谓陆生曰：“试为我著秦所以失天下，吾所以得之者何，及古成败之国。”陆生乃粗述存亡之征，凡著十二篇。每奏一篇，高帝未尝不称善，左右呼万岁，号其书曰《新语》。

陆生时常在高祖面前称引《诗》、《书》。高祖骂他道：“你老子是在马上取得天下的，哪里用得着《诗》、《书》！”陆生说：“在马上取得天下，难道能在马上治理天下吗？何况商汤、周武王以武力夺取天下，便顺应形势以文治固守天下，文武并用，才是长治久安的办法。以前吴王夫差和智伯穷兵黩武以至败亡；秦朝使天下用严刑苛法不加改变，终于毁灭了秦姓的赵氏王朝。假如秦朝统一天下以后，施行仁义，效法先圣，陛下又怎么能够取得天下？”高祖心中不高兴，脸有愧色，就对陆生说：

"你试着替我著书论述秦朝失天下,我取天下的原因是什么,以及叙说古代成败各国的事。"陆生就粗略地论述国家存亡的道理,共著述了十二篇。每奏上一篇,高祖没有不叫好的。皇帝左右的人欢呼"万岁",把陆生的书称为《新语》。

孝惠帝时,吕太后用事,欲王诸吕,畏大臣有口者,陆生自度不能争之,乃病免家居。以好畤田地善,可以家焉。有五男,乃出所使越得橐中装卖千金,分其子,子二百金,令为生产。陆生常安车驷马,从歌舞鼓琴瑟侍者十人,宝剑直百金,谓其子曰:"与汝约:过汝,汝给吾人马酒食,极欲、十日而更。所死家,得宝剑车骑侍从者。一岁中往来过他客,率不过再三过,数见不鲜,无久慁公为也。"

惠帝时期,吕太后执政,想封吕氏族人为王,但害怕大臣议论。陆生自己猜想不能争辩,就称病辞职回家。他认为好畤的田地肥沃,可以在那里安家。他有五个儿子,就拿出他出使南越时所得到的装在袋中的宝贝,卖得了一千斤黄金,分给他的儿子们,每个儿子二百斤黄金,让他们从事生产。陆生常常乘坐套着四匹马的车,让能歌善舞、弹琴击瑟的随从人员十人跟着,他佩带着价值百斤黄金的宝剑,对他的儿子们说:"我与你们约定:到了你们家里,你们要供给我的人马酒食,尽量满足我们的欲望,十天之后另换一家。我死在谁家,谁就取得宝剑、车马和随从人员。一年中也要到其他地方来往作客,一般不超过轮流两三遍,经常见面就会不新鲜,你们用不着因时间长了而讨厌我。"

吕太后时,王诸吕,诸吕擅权,欲劫少主,危刘氏。右丞相陈平患之,力不能争,恐祸及己,常燕居深念。陆生往请,直入坐,而陈丞相方深念,不时见陆生。陆生曰:"何念之深也?"陈平曰:"生揣我何念?"陆生曰:"足下位为上相,食三万户侯,可谓极富贵无欲矣。然有忧念,不过患诸吕、少主耳。"陈平曰:"然。为之奈何?"陆生曰:"天下安,注意相;天下危,注意将。将相和调,则士务附;士务附,天下虽有变,即权不分。为社稷计,在两君掌握耳。臣常欲谓太尉绛侯,绛侯与我戏,易吾言。君何不交欢太尉,深相结?"为陈平画吕氏数事。陈平用其计,乃以五百金为绛侯寿,厚具乐饮;太尉亦报如之。此两人深相结,则吕氏谋益衰。陈平乃以奴婢百人,车马五十乘,钱五百万,遗陆生为饮食费。陆生以此游汉廷公卿间,名声藉甚。

吕太后时期,分封吕氏族人为王,吕氏家族独揽人权,想要架空少主,危害刘家天下。右丞相陈平担心这件事,但势力不足以抗争,恐怕祸患连累自己,经常闲居深思。陆生去看望他,径直入内就座,而陈丞相正在深思,没有及时看见陆生。陆生说:"想什么这样入神呢?"陈平说:"您猜想我在想什么?"陆生说:"您位居上相,享受三万户食邑的侯位,可以说极端富贵,再不会有什么欲望了。然而有忧愁,不外乎忧虑诸吕、少主罢了。"陈平说:"是的。对此该怎么办?"陆生说:"天下安定,注意丞相;天下危急,注意武将。将相和睦协调,那么士大夫就会亲近;士大夫亲近,天下即使有变乱,大权也不会分散。为国家着想,安危掌握在您和太尉两位的手中罢了。我常想对太尉绛侯谈谈这件事,但绛侯和我开玩笑,轻视我的话。您为什么不和太尉相好,加强团结?"陆贾还替陈平策划了对付吕氏的几桩事。陈平采用了他的计谋,就用五百斤黄金作为礼物献给绛侯,隆重地备办了乐舞和酒宴款待他。太尉也回报同样的礼仪。这样两人加强了团结,因而吕氏的阴谋逐渐削弱。陈平便把一百名奴婢、五十辆车马、五百万钱,送给陆生作为饮食费用。陆生凭借这些财物在汉朝公卿大臣中间交往,名声大盛。

及诛诸吕,立孝文帝,陆生颇有力焉。孝文帝即位,欲使人之南越。陈丞相等乃言陆生为太中大夫,往使尉他,令尉他去黄屋称制,令比诸侯,皆如意旨。语在《南越》语中。陆生竟以寿终。

等到诛杀吕氏家族,孝文帝即位,陆生就颇为得力了。孝文帝就位后,想派人去南越。陈丞相等人便提议陆生担任太中大夫,出使南越见尉他,叫尉他除去居住黄屋以及行文称制的越级行为,让他等同诸侯,结果都符合文帝的意旨。这些话记载在《南越列传》中。陆生终于以高寿辞世。

平原君朱建者,楚人也。故尝为淮南王黥布相,有罪去,后复事黥布。布欲反时,问平原君,平原君非之,布不听而听梁父侯,遂反。汉已诛布,闻平原君谏不与谋,得不诛。语在《黥布》语中。

平原君朱建是楚国人。他早先曾做过淮南王黥布的丞相,因犯罪而被罢官,后来又服事黥布。黥布想要反叛时,询问平原君,平原君反对他,黥布不听从平原君而信从梁父侯,终于反叛。汉朝已经诛杀黥布,听说平原君曾劝阻黥布,未参与谋反,因此得以免除被杀。这些事记载在《黥布列传》中。

平原君为人辩有口，刻廉刚直，家于长安。行不苟合，义不取容。辟阳侯行不正，得幸吕太后。时辟阳侯欲知平原君，平原君不肯见。及平原君母死，陆生素与平原君善，过之。平原君家贫，未有以发丧，方假贷服具，陆生令平原君发丧。陆生往见辟阳侯，贺曰："平原君母死。"辟阳侯曰："平原君母死，何乃贺我乎？"陆贾曰："前日君侯欲知平原君，平原君义不知君，以其母故。今其母死，君诚厚送丧，则彼为君死矣。"辟阳侯乃奉百金往税。列侯贵人以辟阳侯故，往税凡五百金。

平原君为人善辩，有口才，刻苦清廉，刚毅正直，家住长安。行为不苟合求同，义气不阿谀讨好。辟阳侯行为不端，却得幸于吕太后。当时辟阳侯想结交平原君，但平原君不肯接见他。等到平原君的母亲死了，陆生向来跟平原君友好，前往吊唁。平原君家里贫穷，还没有办法出葬，正在借贷丧服、用具，陆生就叫平原君出葬。陆生前往会见辟阳侯，祝贺说："平原君的母亲死了。"辟阳侯说："平原君的母亲死了，为什么竟向我祝贺呢？"陆贾说："前些时候您想结交平原君，平原君守义不跟您结交，是因为他母亲的缘故。现在他的母亲死了，您如果丰厚地送给丧礼，那么他就会为您效劳了。"辟阳侯就带着一百斤黄金前往送丧。列侯贵人因为辟阳侯的缘故，前往送丧礼共计黄金五百斤。

辟阳侯幸吕太后，人或毁辟阳侯于孝惠帝，孝惠帝大怒，下吏，欲诛之。吕太后惭，不可以言。大臣多害辟阳侯行，欲遂诛之。辟阳侯急，因使人欲见平原君。平原君辞曰："狱急，不敢见君。"乃求见孝惠幸臣闳籍孺，说之曰："君所以得幸帝，天下莫不闻。今辟阳侯幸太后而下吏，道路皆言君谗，欲杀之。今日辟阳侯诛，旦日太后含怒，亦诛君。何不肉袒为辟阳侯言于帝？帝听君出辟阳侯，太后大欢。两主共幸君，君贵富益倍矣。"于是闳籍孺大恐，从其计，言帝，果出辟阳侯。辟阳侯之囚，欲见平原君，平原君不见辟阳侯，辟阳侯以为倍己，大怒。及其成功出之，乃大惊。

辟阳侯得到吕太后的宠幸，有人在孝惠帝面前说辟阳侯的坏话，孝惠帝大怒，把辟阳侯交给法官，想要杀他。吕太后惭愧，不便说情。大臣们多痛恨辟阳侯的行为，希望最终能杀了他。辟阳侯着急，便派人说想会见平原君。平原君推辞说："官司紧急，不敢会见您。"平原君便求见孝惠帝的宠臣闳籍孺，说服他道："您受到皇帝宠爱的情况，天下无人不知道。如今辟阳侯受到太后的宠幸而被交给了法官，路人都说您进了谗言，想杀死他。今天如果辟阳侯被杀，明天太后心怀恼怒，也会杀死您。您何不裸露上身替辟阳侯向皇帝说说情？皇帝如果听从您的意见释放辟阳侯，太后必定很高兴。两位主上都宠幸您，您的富贵就会加倍了。"因此闳籍孺非常惊慌，听从他的计谋，向皇帝进言，果然释放了辟阳侯。当辟阳侯被囚禁时，曾经想要会见平原君，平原君却不会见辟阳侯，辟阳侯以为他背弃了自己，很愤怒。等到他成功地救出了自己，才大为吃惊。

吕太后崩，大臣诛诸吕，辟阳侯于诸吕至深，而卒不诛。计画所以全者，皆陆生、平原君之力也。

吕太后去世，大臣们诛杀吕氏家族，辟阳侯跟吕氏关系十分密切，而最终没有被杀。出谋划策使他得以保存的，都是陆生和平原君的力量。

孝文帝时，淮南厉王杀辟阳侯，以诸吕故，文帝闻其客平原君为计策，使吏捕欲治。闻吏至门，平原君欲自杀。诸子及吏皆曰："事未可知，何早自杀为？"平原君曰："我死祸绝，不及而身矣。"遂自刭。孝文帝闻而惜之，曰："吾无意杀之。"乃召其子，拜为中大夫。使匈奴，单于无礼；乃骂单于，遂死匈奴中。

孝文帝时，淮南厉王杀死了辟阳侯，因为吕氏家族的缘故。文帝听说辟阳侯的门客平原君曾替他出谋划策，派狱吏去逮捕平原君，准备治罪。听说狱吏来到门前，平原君便要自杀。儿子们和属吏都说："事情还不清楚，为什么早早自杀呢？"平原君说："我一死，灾祸就断了，不会连累到你们身上了。"终于割脖子自杀了。汉文帝听说后怜惜他，说："我没无意杀他。"便召见他的儿子，任命为中大夫。中大夫出使匈奴，单于无礼，便骂单于，终于死在匈奴中。

初，沛公引兵过陈留，郦生踵军门上谒曰："高阳贱民郦食其，窃闻沛公暴露，将兵助楚讨不义，敬劳从者，愿得望见，口画天下便事。"使者入通，沛公方洗，问使者曰："何如人也？"使者对曰："状貌类大儒，衣儒衣，冠侧注。"沛公曰："为我谢之，言我方以天下为事，未暇见儒人也。"使者出谢曰："沛公敬谢先生，方以天下为事，未暇见儒人也。"郦生瞋目案剑叱使者曰："走！复入言沛公，吾高阳酒徒也，非儒人也。"使者惧而失谒，跪拾谒，还走，复入报曰："客，天下壮士也，叱臣，臣恐，至失

谒。曰‘走！复入言，而公高阳酒徒也’。”沛公遽雪足杖矛曰：“延客入！”

起初，沛公带兵经过陈留时，郦生到军营门前求见说：“高阳乡卑贱百姓郦食其，私下听说沛公日晒夜露在野外，带兵帮助楚王讨伐不义之师，敬请劳驾随从人员，但愿能见到沛公，跟他交谈天下应办的事。”使者进去通报，沛公正在洗脚，问使者说：“是什么样的人？”使者回答说：“形貌像个大儒生，穿着儒生的衣服，戴着侧注冠。”沛公说：“替我谢绝他，说我正将治天下作为大事，没有空闲会见读书人。”使者出来辞谢说：“沛公特地向先生表示歉意，他正以治天下作为大事，没有空闲会见读书人。”郦生瞪着眼睛按着剑呵叱使者说：“走！再进去告诉沛公，我是高阳乡的酒徒，不是读书人。”使者吓得掉了名片，跪着拾起名片，往回跑，再入内报告说：“客人是天下的壮士，呵叱我，我怕，竟掉了名片。他说：‘走！再进去讲，你老子是高阳酒徒！’”沛公赶快洗了脚，持着矛说：“请客人进来！”

郦生入，揖沛公曰：“足下甚苦，暴衣露冠，将兵助楚讨不义，足下何不自喜也？臣愿以事见，而曰‘吾方以天下为事，未暇见儒人也’。夫足下欲兴天下之大事而成天下之大功，而以目皮相，恐失天下之能士。且吾度足下之智不如吾，勇又不如吾。若欲就天下而不相见，窃为足下失之。”沛公谢曰：“乡者闻先生之容，今见先生之意矣。”乃延而坐之，问所以取天下者。郦生曰：“夫足下欲成大功，不如止陈留。陈留者，天下之据冲也，兵之会地也，积粟数千万石，城守甚坚。臣素善其令，愿为足下说之。不听臣，臣请为足下杀之，而下陈留。足下将陈留之众，据陈留之城，而食其积粟，招天下之从兵；从兵已成，足下横行天下，莫能有害足下者矣。”沛公曰：“敬闻命矣。”

郦生进去，对沛公作揖说：“您很辛苦，日晒雨淋，带兵帮助楚王讨伐不义之师，您为什么不自爱自重呢？我希望以大事相见，您却说‘我正把治天下作为大事，没有闲暇会见读书人。’您想要兴办天下的大事，成就天下的大功，却只凭外表看人，恐怕会失去天下的能人。况且我估计您的智慧不如我，勇气也不如我。如果想要成就天下的大事却不跟我相见，我私下以为您失算了。”沛公道歉说：“刚才听说先生的容貌，现在看到先生的心意了。”于是请他就座，问他夺取天下的办法。郦生说：“您想要成就大业，不如驻军陈留。陈留是天下的交通要道，兵家必争之地，蓄积粮食有几千万石，据城而守非常稳固。我一向跟陈留县令友好，希望让我替您去说服他。如果他不听我的话，我就请求替您杀了他，夺取陈留。您统领陈留的军队，占据陈留县城，食用那里蓄积的粮食，招募天下的志愿兵；志愿兵形成以后，您横行天下，就没有人能危及您了。”沛公说：“敬听命了。”

于是郦生乃夜见陈留令，说之曰：“夫秦为无道而天下畔之，今足下与天下从则可以成大功。今独为亡秦婴城而坚守，臣窃为足下危之。”陈留令曰：“秦法至重也，不可以妄言，妄言者无类，吾不可以应。先生所以教臣者，非臣之意也，愿勿复道。”郦生留宿卧，夜半时斩陈留令首，踰城而下报沛公。沛公引兵攻城，县令首于长竿以示城上人，曰：“趣下，而令头已断矣！今后下者必先斩之！”于是陈留人见令已死，遂相率而下沛公。沛公舍陈留南城门上，因其库兵，食积粟，留出入三月，从兵以万数，遂入破秦。

因此郦生便连夜会见陈留县令，说服他道：“秦王朝施行无道的统治，因而天下人都背叛它，如果您跟天下人相从就可以成就大功。现在却偏偏替即将灭亡的秦朝环城固守，我私下替您感到危险。”陈留县令说：“秦朝法令极其严苛，不可以胡说，胡说的人要灭族的，我不能答应您。先生用来指教我的话，不是我的心意，希望不要再说了。”郦生留下来住宿，半夜时斩了陈留县令的头，越过城墙下来报告沛公。沛公带兵攻城，把县令的头悬挂在高高的竹竿上让城里的人看，并说：“赶快投降，你们县令的头已经被斩了！如果迟投降的，肯定要先斩首！”这时陈留人看到县令已经死了，就相继投降沛公。沛公驻军在陈留县南城门上，利用它库存的兵器，吃它储藏的粮食，来来往往逗留三个月，招徕士兵数以万计，终于进入关中攻灭秦朝。

太史公曰：世之传郦生书，多曰汉王已拔三秦，东击项籍而引军于巩、洛之间，郦生被儒衣往说汉王。乃非也。自沛公未入关，与项羽别而至高阳，得郦生兄弟。余读陆生《新语书》十二篇，固当世之辩士。至平原君子与余善，是以得具论之。

太史公说：世上流传着有关郦生的记载，大多说汉王已经攻取三秦，向东攻打项籍，引兵退守在巩县、洛阳之间，郦生穿着儒生的衣服前往游说汉王。然而不是这样。在沛公还没有入关，跟项羽分别后到达高阳时,就得到了郦生兄弟。我读陆生的《新语》书十二篇,认为他确实是当时的雄辩之士。至于平原君,他的儿子跟我友好,因此我能够完备地记述这些。

史记第九十八卷

傅靳蒯成列传第三十八

阳陵侯傅宽,以魏五大夫骑将从,为舍人,起横阳。从攻安阳、杠里,击赵贲军于开封,及击杨熊曲遇、阳武,斩首十二级,赐爵卿。从至霸上,沛公立为汉王,汉王赐宽封号共德君。从入汉中,迁为右骑将。从定三秦,赐食邑雕阴。从击项籍,待怀,赐爵通德侯。从击项冠、周兰、龙且,所将卒斩骑将一人敖下,益食邑。

阳陵侯傅宽,以魏国五大夫骑将的身份随从沛公,当了舍人,起兵于横阳。随从沛公进攻安阳、杠里,在开封攻打赵贲的军队,在曲遇、阳武一带攻打杨熊的军队,斩了十二个人的首级,受赐卿的爵位,随从沛公到霸上。沛公被立为汉王,赐给傅宽的封号为共德君。傅宽随汉王进入汉中,提升为右骑将。随从汉王平定三秦,汉王赐雕阴县给他作为食邑。随从汉王进攻项籍,奉命在怀县等待汉王,汉王赐给他通德侯的爵位。随从汉王进击项冠、周兰、龙且,所统率的士兵在敖仓地方斩杀敌方骑将一人,他因而增加了食邑。

属淮阴,击破齐历下军,击田解。属相国参,残博,益食邑。因定齐地,剖符世世勿绝,封为阳陵侯,二千六百户,除前所食。为齐右丞相,备齐。五岁,为齐相国。

傅宽隶属于淮阴侯韩信的时候,曾打败齐国在历下的驻军,打击了田解。在他隶属曹参相国的时候,摧毁了齐国博县,又增加了食邑。因为他平定齐地有功,汉王为他剖符定封,世代相传不绝,封为阳陵侯,食邑二千六百户,撤销了以前的食邑。他担任齐国的右丞相,防备齐国田横。五年后,担任了齐国的相国。

四月,击陈豨,属太尉勃,以相国代丞相哙击豨。一月,徙为代相国,将屯。二岁,为代丞相,将屯。

汉高祖十一年四月,进击陈豨时,傅宽隶属于太尉周勃,以相国的身份代替丞相樊哙攻打陈豨。第二年一月,他调任代国相国,率军屯守边疆。两年后,担任代国丞相,也率军屯守边疆。

孝惠帝五年卒,谥为景侯。子顷侯精立,二十四年卒。子共侯则立,十二年卒。子侯偃立,三十一年,坐与淮南王谋反,死,国除。

汉惠帝五年,傅宽去世,谥号为景侯。儿子顷侯傅精即位,二十四年后去世。儿子共侯傅则即位,十二年后去世。傅则的儿子傅偃即位,三十一年后,由于参与淮南王谋反,被处死,废除侯国。

信武侯靳歙,以中涓从,起宛朐。攻济阳,破李由军。击秦军亳南、开封东北,斩骑千人将一人,首五十七级,捕虏七十三人,赐爵封号临平君。又战蓝田北,斩车司马二人,骑长一人,首二十八级,捕虏五十七人。至霸上。沛公立为汉王,赐歙爵建武侯,迁为骑都尉。

信武侯靳歙,以中涓的身份随从沛公,在宛朐起兵。攻打济阳,打败了李由的军队。在亳县南边和开封东北进攻秦军,斩杀统率一千骑兵的将领一人,斩杀五十七人的首级,俘虏七十三人,得赐爵位,封号为临平君。又在蓝田北面作战,斩杀敌方车司马两人、骑长一人,斩杀二十八人的首级,俘虏五十七人。率军到达霸上。沛公立为汉王,赐给靳歙建武侯的爵位,提升他担任骑都尉。

从定三秦。别西击章平军于陇西,破之,定陇西六县,所将卒斩车司马、候各四人,骑长十二人。从东击楚,至彭城。汉军败还,保雍丘,去击反者王武等。略梁地,别将击邢说军菑南,破之,身得说都尉二人,司马、候十二人,降吏卒四千一百八十人。破楚军荥阳东。三年,赐食邑四千二百户。

靳歙随从汉王平定三秦，另外独自往西在陇西攻打章平的军队，打败了它，平定了陇西六县，所率领的士兵斩杀了敌方车司马、军候各四人，骑长十二人。随从汉王往东进攻楚国，到达彭城。汉军失败撤退，守卫雍丘，迎击叛将王武等人。攻占梁地时，靳歙另外带兵到菑县南面攻打邢说的军队，打败了它，靳歙亲自虏获邢说属下的都尉两人，司马、军候十二人，降服官兵四千一百八十人。在荥阳以东打败了楚军。汉高祖三年，赐给他食邑四千二百户。

别之河内，击赵将贲郝军朝歌，破之，所将卒得骑将二人，车马二百五十匹。从攻安阳以东，至棘蒲，下七县。别攻破赵军，得其将司马二人，候四人，降吏卒二千四百人。从攻下邯郸。别下平阳，身斩守相，所将卒斩兵守、郡守各一人，降邺。从攻朝歌、邯郸，及别击破赵军，降邯郸郡六县。还军敖仓，破项籍军成皋南，击绝楚饷道，起荥阳至襄邑。破项冠军鲁下。略地东至缯、郯、下邳，南至蕲、竹邑。击项悍济阳下。还击项籍陈下，破之。别定江陵，降江陵柱国、大司马以下八人，身得江陵王，生致之雒阳，因定南郡。从至陈，取楚王信，剖符世世勿绝，定食四千六百户，号信武侯。

靳歙单独带兵往河内，在朝歌攻打赵将贲郝的军队，打败了它，所率领的士兵俘虏骑兵将领两人，缴获车马二百五十匹。随从汉王进击安阳以东，直达棘蒲县，占领了七个县。独立打败赵军，俘虏赵将司马两人、军候四人，降服官兵二千四百人。随从汉王攻取占领邯郸城。独立占领平阳城，亲自斩杀代理相国，所统率的士兵斩杀郡尉、郡守各一人，降服了邺城。随从汉王进攻朝歌、邯郸，又独立击败赵军，降服了邯郸郡的六个县。回军敖仓，在成皋南部打败项籍的军队，袭击并断绝了楚军的粮道，起自荥阳至于襄邑。在鲁县城下，打败了项冠的军队。掠夺土地，东到缯县、郯县、下邳县，南到蕲县、竹邑。在济阳城下进攻项悍，回军在陈县城下进攻项籍，打败了他。独立平定江陵，降服江陵柱国、大司马以下官吏八人，亲自俘虏了江陵王，把他押送到洛阳，因此平定了南郡。随从汉王到达陈县，逮捕了楚王韩信，汉王为他剖符定封，世代相传不绝，确定食邑四千六百户，封号信武侯。

以骑都尉从击代，攻韩信平城下，还军东垣。有功，迁为车骑将军，并将梁、赵、齐、燕、楚车骑，别击陈豨丞相敞，破之，因降曲逆。从击黥布有功，益封定食五千三百户。凡斩首九十级，虏百三十二人；别破军十四，降城五十九，定郡、国各一，县二十三；得王、柱国各一人，二千石以下至五百石三十九人。

靳歙以骑都尉的身份随从汉王进击代地，在平城城下攻打韩信，然后回军东垣。由于有功，提升为车骑将军，统率梁、赵、齐、燕、楚五国的车骑部队，分军进攻陈豨的丞相侯敞，打败了他，趁机降服了曲逆城。随从汉王进攻黥布有功，加封确定食邑为五千三百户。靳歙共斩杀九十个人的首级，俘虏一百三十二人；独自打败敌军十四次，降服城邑五十九座，平定郡、国各一个，县城二十三座；俘虏诸侯王、柱国各一人，二千石以下至五百石级的官员共三十九人。

高后五年，歙卒，谥为肃侯。子亭代侯。二十一年，坐事国人过律，孝文后三年，夺侯，国除。

吕后五年，靳歙去世，谥号为肃侯。儿子靳亭继承侯位。二十一年后，靳亭由于役使侯国居民超过了法律规定，在孝文帝后元三年，被剥夺侯爵，封国被废除。

蒯成侯緤者，沛人也，姓周氏。常为高祖参乘，以舍人从起沛。至霸上，西入蜀、汉，还定三秦，食邑池阳。东绝甬道，从出度平阴，遇淮阴侯兵襄国，军乍利乍不利，终无离上心。以緤为信武侯，食邑三千三百户。高祖十二年，以緤为蒯成侯，除前所食邑。

蒯成侯名緤，是沛县人，姓周。他曾经充任汉高祖的陪乘，以家臣的身份随着沛公在沛县起兵，到达霸上。往西进入蜀郡、汉中，回军平定三秦，高祖赐池阳城给他作食邑。向东阴截了楚军运粮的甬道，随着汉高祖出兵从平阴渡过黄河，在襄国跟淮阴侯的军队会遇，军事行动有时顺利，有时不顺利，但他始终没有背弃高祖的心意。高祖封周緤为信武侯，赐给食邑三千三百户。高祖十二年，封周緤为蒯成侯，撤销以前所封的食邑。

上欲自击陈豨，蒯成侯泣曰："始秦攻破天下，未尝自行。今上常自行，是为无人可使者乎?"上以为"爱我"，赐入殿门不趋，杀人不死。

皇上想要亲自带兵进攻陈豨，蒯成侯流着泪说："当初秦始皇战败天下以后，不曾亲自出征。现在皇上经常亲自出征，这难道是因为没有人可供驱使了吗?"皇上认为周緤保护他，特别恩赐他进入殿门不用快步走，杀人不偿命。

至孝文五年，緤以寿终，谥为贞侯。子昌代侯，有罪，国除。至孝景中二年，封緤子居代侯。至元鼎三年，居为太常，有罪，国除。

汉文帝五年，周緤寿终正寝，谥号为贞侯。儿子周昌继承了侯位，犯了罪，封国被废除。到汉景帝中元二年，又封周緤的儿子周居继承侯位。到汉武帝元鼎三年，周居担任太常，犯了罪，封国被废除。

太史公曰：阳陵侯傅宽，信武侯靳歙皆高爵，从高祖起山东，攻项籍，诛杀名将，破军降城以十数，未尝困辱，此亦天授也。蒯成侯周緤心坚正，身不见疑，上欲有所之，未尝不垂涕，此有伤心者然，可谓笃厚君子矣。

太史公说：阳陵侯傅宽、信武侯靳歙都享受高贵的爵位，他们随从汉高祖在山东起兵，攻打项籍，杀戮名将，歼灭敌军，降服城邑数以十计，未曾受到困辱，这也是上天授予的机遇。蒯成侯周緤心志坚定，自身不被怀疑，皇上想要出征，他未曾不流泪，这就像有伤心事的人一样，可以说是诚实忠厚的君子了。

史记第九十九卷

刘敬叔孙通列传第三十九

刘敬者，齐人也。汉五年，戍陇西，过洛阳，高帝在焉。娄敬脱挽辂，衣其羊裘，见齐人虞将军曰："臣愿见上言便事。"虞将军欲与之鲜衣，娄敬曰："臣衣帛，衣帛见；衣褐，衣褐见：终不敢易衣。"于是虞将军入言上。上召入见，赐食。

刘敬是齐国人。汉高帝五年，他去防守陇西，路过洛阳时，汉高帝正在那里。娄敬脱离牵拉的车前横木，穿上他的羊皮袄，拜见齐国人虞将军说："我希望进见皇上，报告要事。"虞将军想给他华美的服装，娄敬说："我穿的是丝绸衣，就穿着丝绸衣进见，穿的是粗布衣，就穿着粗布衣进见：终究不敢换衣服。"这时，虞将军进宫报告皇上。皇上召见，并赏赐食物。

已而问娄敬，娄敬说曰："陛下都洛阳，岂欲与周室比隆哉？"上曰："然。"娄敬曰："陛下取天下与周室异。周之先自后稷，尧封之邰，积德累善十有余世。公刘避桀居豳。太王以狄伐故，去豳，杖马箠居岐，国人争随之。及文王为西伯，断虞、芮之讼，始受命，吕望、伯夷自海滨来归之。武王伐纣，不期而会孟津之上八百诸侯，皆曰纣可伐矣，遂灭殷。成王即位，周公之属傅相焉，乃营成周洛邑，以此为天下之中也，诸侯四方纳贡职，道里均矣，有德则易以王，无德则易以亡。凡居此者，欲令周务以德致人，不欲依阻险，令后世骄奢以虐民也。及周之盛时，天下和洽，四夷乡风，慕义怀德，附离而并事天子，不屯一卒，不战一士，八夷大国之民莫不宾服，效其贡职。及周之衰也，分而为两，天下莫朝，周不能制也。非其德薄也，而形势弱也。今陛下起丰沛，收卒三千人，以之径往而卷蜀、汉，定三秦，与项羽战荥阳，争成皋之口，大战七十，小战四十，使天下之民肝脑涂地，父子暴骨中野，不可胜数，哭泣之声未绝，伤痍者未起，而欲比隆于成康之时，臣窃以为不侔也。且夫秦地被山带河，四塞以为固，卒然有急，百万之众可具也。因秦之故，资甚美膏腴之地，此所谓天府者也。陛下入关而都之，山东虽乱，秦之故地可全而有也。夫与人斗，不搤其亢，拊其背，未能全其胜也。今陛下入关而都，案秦之故地，此亦搤天下之亢而拊其背也。"

过了一会儿，皇上询问娄敬，娄敬说道："陛下建都洛阳，难道想和周朝相比兴旺吗？"皇上说："是的。"娄敬说："陛下取得天下和周朝不同。周朝的祖先从后稷开始，唐尧封给他邰地，积德累善十几代。公刘躲避夏桀迁居到豳地，周太王古公亶父由于受狄人侵扰，离开了豳地，驱赶着牲口住到岐地，人民纷纷追随他。等到周文王当了西伯，解决了虞、芮两国的争端，才承受天命，吕望、伯夷从海滨前来归顺他。周武王攻伐商纣时，不约而同到孟津会师的有八百诸侯，都说商纣是该讨伐了，于是灭亡了殷商。周成王就位的时候，周公这批人辅助他，就营建成周城洛邑，将这里作为天下的中心，各地诸侯前来交纳贡物，路程就均等了，君王有德行就容易治天下，没有德行就容易因此灭亡。凡是定都在此的，都想要让周王务必靠德政来取得民心，而不想倚仗地形的险阻，使后代骄纵奢侈地去虐使人民。当周朝强盛的时候，天下和平，四方外族向往它的风范，仰慕它的道义，怀念它的德行，团结一致，共同侍奉周天子。不用一兵一卒驻防，不用一兵一卒作战，八方外族大国的人民无不宾从归顺，进献他们的贡物。当周朝衰微的时候，都城一分为二，天下没有谁来朝拜，周朝失去控制了。这并不是因为它的德行单薄，而是因为形势衰弱。如今陛下从沛县丰邑起兵，收编士兵三千人，用他们勇往直前，从而席卷蜀郡、汉中郡，平定三秦，跟项羽在荥阳交战，争夺成皋的关口，哭泣的声音还没断绝，伤残人员还没康复，却想跟西周成康时代相比强盛，我私下认为不适宜。况且秦地倚靠华山、濒临黄河，又有四方的天险作为屏障，如果突然有了危急情况，百万大军可以应付一切啊！凭借秦国原有的基础，利用非常富饶肥沃的土地，这就是人们所说的天然府库。陛下能够进入函谷关，并且在那里建都。即使山东地区混乱了，秦国的旧土仍旧可以完全占有。跟别人争斗，不卡住他的咽喉，捶击他的背部，是不能够完全取胜的。如今陛下进入函谷关建都，据有秦国旧有的疆土，这就是卡住天下的咽喉，并攻击它的背脊啊。”

高帝问群臣，群臣皆山东人，争言周王数百年，秦二世即亡，不如都周。上疑未能决。及留侯明言入关便，即日车驾西都关中。

汉高祖询问群臣的时候，群臣都是山东人，都争着说，周朝统治了几百年，秦朝经历两代就灭亡了，不如定都周朝京城。皇帝犹豫不定。等到留侯张良直接说进入函谷关建都有利时，当天，皇帝驾车西行前往关中建都。

于是上曰：“本言都秦地者娄敬，‘娄’者乃‘刘’也。”赐姓刘氏，拜为郎中，号为奉春君。

这时皇上说：“本来建议在秦地咸阳建都的人是娄敬，‘娄’就是‘刘’。”于是赐娄敬姓刘，任命他做郎中。号称奉春君。

汉七年，韩王信反，高帝自往击之。至晋阳，闻信与匈奴欲共击汉，上大怒，使人使匈奴。匈奴匿其壮士肥牛马，但见老弱及羸畜。使者十辈来，皆言匈奴可击。上使刘敬复往使匈奴，还报曰：“两相击，此宜夸矜见所长。今臣往，徒见羸瘠老弱，此必欲见短，伏奇兵以争利。愚以为匈奴不可击也。”是时汉兵已逾句注，二十余万兵已业行。上怒，骂刘敬曰：“齐虏！以口舌得官，今乃妄言沮吾军。”械系敬广武。遂往，至平城，匈奴果出奇兵围高帝白登，七日然后得解。高帝至广武，赦敬，曰：“吾不用公言，以困平城。吾皆已斩前使十辈言可击者矣。”乃封敬二千户，为关内侯，号为建信侯。

汉高祖七年，韩王韩信造反，汉高祖亲

留侯张良像，出自清·顾沅辑《古圣贤像传略》。

自前往攻打他。到达晋阳时，听说韩王信私通匈奴，想共同进攻汉军，皇上大为恼怒，派人出使匈奴。匈奴隐藏那强壮的士兵和肥大的牛马，只让年老体弱的士兵和瘦小的牲畜出现。使者十批人来往，都说匈奴可以攻打。皇上派遣刘敬又出使匈奴，他回来报告说："两国互相攻击的时候，应该夸耀显示自己的长处。这次我到匈奴去，只看见一些瘦小的牲畜和老弱的士兵，这必定是故意显露短处，却埋伏奇兵来取胜。我认为匈奴不能进攻。"这时，汉军已经越过句注山，二十多万军队都已经出发了。皇上发怒，骂刘敬说："齐国的奴才！你凭口舌取得了官职，现在竟敢胡言乱语来阻止我出兵。"就下令用刑具把刘敬囚在广武。汉军继续前进，到达平城时，匈奴果然出动奇兵，把汉高祖围困在白登山，七天以后，才得以解围。汉高祖回到广武，赦免了刘敬，对他说："我不采纳你的意见，因此被困在平城。我已经把十批说匈奴可以攻打的人都斩首了。"于是封赏刘敬二千户食邑，爵位是关内侯，号称建信侯。

高帝罢平城归，韩王信亡入胡。当是时，冒顿为单于，兵强，控弦三十万，数苦北边。上患之，问刘敬。刘敬曰："天下初定，士卒罢于兵，未可以武服也。冒顿杀父代立，妻群母，以力为威，未可以仁义说也。独可以计久远子孙为臣耳，然恐陛下不能为。"上曰："诚可，何为不能！顾为奈何？"刘敬对曰："陛下诚能以適长公主妻之，厚奉遗之，彼知汉適女送厚，蛮夷必慕以为阏氏，生子必为太子，代单于。何者？贪汉重币。陛下以岁时汉所余彼所鲜数问遗，因使辩士风谕以礼节。冒顿在，固为子婿；死，则外孙为单于。岂尝闻外孙敢与大父抗礼者哉？兵可无战以渐臣也。若陛下不能遣长公主，而令宗室及后宫诈称公主，彼亦知，不肯贵近，无益也。"高帝曰："善。"欲遣长公主。吕后日夜泣，曰："妾唯太子、一女，奈何弃之匈奴！"上竟不能遣长公主，而取家人子名为长公主，妻单于。使刘敬往结和亲约。

汉高祖从平城撤回以后，韩王信逃跑到了胡地。正当这个时候，冒顿做匈奴单于，兵力强大，拥有射手三十万，多次侵犯北部边境。皇上担心这件事，询问刘敬。刘敬说："天下刚刚平定，士兵疲于战乱，不能用武力去征服。冒顿杀死父亲，自封为单于，娶庶母为妻，仗恃武力逞威风，是不可以用仁义说服的。只能用长远之计使他的子孙成为汉朝的臣子罢了，但是恐怕陛下不能做到。"皇帝说："如果行，为什么不能做！究竟怎么办？"刘敬回答道："陛下假如能把皇后的亲生大公主嫁给他，再用丰厚的礼物赠送他，他知道汉朝嫁公主，送厚礼，蛮夷必定羡慕用汉家女子做阏氏，所生的孩子一定是太子，接替单于。为什么呢？他们贪图汉朝的厚礼。陛下如果每年按时能利用汉朝所剩余的，而他们所缺乏的东西，多次去慰问、馈赠，并顺便派能言善辩的人，用礼节去劝告、说服冒顿。这样，冒顿在世的时候，本是汉家的女婿；死了，那么外孙就做了单于。哪曾听说外孙敢跟外公分庭抗礼的事呢？军队可以不必出战而逐渐使他们臣服。如果陛下不能派遣大公主去，而让皇族女子或后宫女子冒充公主，他也会知道，到时不肯宠幸她，是没有好处的。"汉高祖说："好。"准备派遣大公主去。吕后日夜哭泣，说："我只有太子和一个女儿，为什么要把她抛弃给匈奴！"皇上终于不能派遣公主，就选取一个宫女，冒充大公主，嫁给匈奴单于，派遣刘敬前往缔结和亲盟约。

刘敬从匈奴来，因言："匈奴河南白羊、楼烦王，去长安近者七百里，轻骑一日一夜可以至秦中。秦中新破，少民，地肥饶，可益实。夫诸侯初起时，非齐诸田，楚昭、屈、景莫能兴。今陛下虽都关中，实少人，北近胡寇，东有六国之族，宗强，一日有变，陛下亦未得高枕而卧也。臣愿陛下徙齐诸田，楚昭、屈、景、燕、赵、韩、魏后，及豪桀名家居关中。无事，可以备胡；诸侯有变，亦足率以东伐。此强本弱末之术也。"上曰："善。"乃使刘敬徙所言关中十余万口。

刘敬从匈奴回来，便向皇帝报告说："匈奴河南地区的白羊、楼烦二王统辖的匈奴部族，距离长安近的七百里，轻骑兵一天一夜就可以到达秦中。秦中刚刚经过战争还很破败，人民稀少，土地肥沃，可以移民逐渐充实。那些诸侯刚起兵的时候，如果不是齐国的田氏家族和楚国的昭、屈、景三姓，无人能够发动。如今陛下虽然定都关中，但实际缺少人力。北边靠近匈奴，东边有六国诸侯的王族，宗族强大，一天发生事变，陛下也是不能高枕无忧地睡觉的。我希望陛下能把齐国的田氏家族，楚国的昭、屈、景三姓，燕、赵、韩、魏各国诸侯的后代，以及天下的豪杰名家都迁到关中。太平无事时，能借他们防备匈奴；诸侯各国发生变乱，也足以率领他们去东征。这是加强主干削弱枝节的办法。"皇帝说："好！"就派遣刘敬去把他所提到的十多万人迁居到关中。

叔孙通者，薛人也。秦时以文学征，待诏博士。数岁，陈胜起山东，使者以闻，二世召博士诸儒生问曰："楚戍卒攻蕲入陈，于公如何？"博士诸生三十余人前曰："人臣无将，将即反，罪死无赦。愿陛下急发兵击之。"二世怒，作色。叔孙通前曰："诸生言皆非也。夫天下合为一家，毁郡县城，铄其兵，示天下不复用。且明主在其上，法令具于下，使人人奉职，四方辐辏，安敢有反者！此特群盗鼠窃狗盗耳，何足置之齿牙间。郡守尉今捕论，何足忧。"二世喜曰："善。"尽问诸生，诸生或言反，或言盗。于是二世令御史案诸生言反者下吏，非所宜言。诸言盗者皆罢之。乃赐叔孙通帛二十匹，衣一袭，拜为博士。叔孙通已出宫，反舍，诸生曰："先生何言之谀也？"1 通曰："公不知也，我几不脱于虎口！"乃亡去，之薛，薛已降楚矣。及项梁之薛，叔孙通从之。败于定陶，从怀王。怀王为义帝，徙长沙，叔孙通留事项王。汉二年，汉王从五诸侯入彭城，叔孙通降汉王。汉王败而西，因竟从汉。

叔孙通是薛县人。秦朝时靠文学才能被征为待诏博士。几年后，陈胜在山东地区揭竿而起，使者将这件事报告朝廷，秦二世便召集博士儒生们问道："从楚地征调的守边士兵攻打蕲县进入陈地，这件事，各位看怎么样？"博士儒生三十多人上前说："为人臣子，不能逆乱，逆乱就是反叛，要判死罪而不可赦免。希望陛下马上出兵攻打他们。"秦二世发怒，变了脸色。叔孙通上前说："各位儒生说的都错了。现在天下成为一体，毁掉郡县的城堡，销熔各地的兵器，向天下人表示不再使用它。况且上有英明的君王，下有完备的法令，使人人奉公守职，四面八方都来归附，哪里有敢反叛的人！陈胜这批人只不过是偷鸡摸狗的盗贼罢了，何足挂齿？郡守、郡尉正在捉拿归案，哪里值得忧虑！"秦二世高兴地说："好。"又遍问儒生们，儒生们有的说是反叛，有的说是盗贼。这时秦二世命令御史追究，把那些说是反叛的儒生们交狱吏治罪，由于不是他们该说的。凡说是盗贼的都不予追究。于是赐给叔孙通丝绸二十匹、衣服一套，任命他为博士。叔孙通离开宫殿以后，回到馆舍，儒生们说："先生为什么说话这样阿谀奉承呀？"叔孙通说："诸位不知，我几乎不能逃脱虎口！"叔孙通于是逃离了，前往薛郡，薛郡已经投降楚军了。等到项梁到达薛郡，叔孙通就随从了他。项梁在定陶军败身死，叔孙通就随从了楚怀王。楚怀王成为义帝，移居长沙，叔孙通留下来侍奉项王。汉高帝二年，汉王让五个诸侯的军队随从他攻入彭城，叔孙通投降了汉王。汉王兵败向西撤退，所以叔孙通终于随从汉军。

叔孙通儒服，汉王憎之，乃变其服，服短衣，楚制，汉王喜。

叔孙通穿着儒生服装，汉王厌恶他；于是改变了他的服装，穿上了短衣，随楚人的习惯，汉王高兴了。

叔孙通之降汉，从儒生弟子百余人，然通无所言进，专言诸故群盗壮士进之。弟子皆窃骂曰："事先生数岁，幸得从降汉，今不能进臣等，专言大猾，何也？"叔孙通闻之，乃谓曰："汉王方蒙矢石争天下，诸生宁能斗乎？故先言斩将搴旗之士。诸生且待我，我不忘矣。"汉王拜叔孙通为博士，号稷嗣君。

当叔孙通投降汉王的时候，随从他的儒生弟子一百多人，但叔孙通一直没有推荐谁，只提出从前群盗中的壮士推荐他。弟子们私下都骂他说："我们服事先生几年，有幸能跟他投奔了汉王，如今他不能推荐我们，唯独提出巨猾之徒，为什么呢？"叔孙通听说了，便对他们说："汉王现在正冒着弓箭石头争夺天下，各位儒生难道能够战斗吗？所以我先推荐能斩将拔旗的人。各位暂且等我，我决不会忘记你们的。"汉王任命叔孙通为博士，号称稷嗣君。

汉五年，已并天下，诸侯共尊汉王为皇帝于定陶，叔孙通就其仪号。高帝悉去秦苛仪法，为简易。群臣饮酒争功，醉或妄呼，拔剑击柱，高帝患之。叔孙通知上益厌之也，说上曰："夫儒者难与进取，可与守成。臣愿征鲁诸生，与臣弟子共起朝仪。"高帝曰："得无难乎？"叔孙通曰："五帝异乐，三王不同礼。礼者，因时世人情为之节文者也。故夏、殷、周之礼所因损益可知者，谓不相复也。臣愿颇采古礼与秦仪杂就之。"上曰："可试为之，令易知，度吾所能行为之。"

汉高帝五年，已经吞并天下，诸侯在定陶共同遵奉汉王为皇帝，叔孙通制定了朝廷的礼仪和官职。汉高祖完全废除秦朝苛细的礼仪和法规，力求简易。群臣喝酒时竞争功劳，有人喝醉了酒，就胡乱叫喊，拔剑击刺屋柱，高祖为此而担忧。叔孙通知道皇上越来越厌恶他们，便向皇上说："那些读书人，很难与他们进取事功，只能与他们保守成业。我希望征召鲁国的儒生，和我的弟子们，共同起草朝廷的礼仪。”汉高祖说：“该不会烦难吧？”叔孙通说：“五帝有不同的乐制，三王有不同的礼制。礼制，是适应时代人情所制定的行为规范。所以夏、商、周三代的礼仪，都是依循前朝的礼仪加以减损、增补，而可让人分辨它们的异同，使得不相重复。我希望稍微采用古代礼制和秦朝的礼仪相结合来制定朝仪。”皇上说：“可以试着办，要做到容易了解，估计我能够实行的就去制定它。”

于是叔孙通使征鲁诸生三十余人。鲁有两生不肯行，曰：“公所事者且十主，皆面谀以得亲贵。今天下初定，死者未葬，伤者未起，又欲起礼乐。礼乐所由起，积德百年而后可兴也。吾不忍为公所为。公所为不合古，吾不行。公往矣，无污我！”叔孙通笑曰：“若真鄙儒也，不知时变。”

当时叔孙通奉命到鲁国征召儒生三十多人。鲁国有两位儒生不肯走，说：“您服事的君主将近十位了，都是靠当面阿谀奉承而得到亲近和富贵。现在天下刚刚平定，死人还没有埋葬，伤员还没有康复，又想要制定礼乐。礼乐的产生，积德百年然后才能兴起。我们不忍做您所做的事。您所做的事不合古道，我们不去。您去吧，不要玷污了我们！”叔孙通笑着说：“你们真是鄙陋的读书人，不知道时势的变化。”

遂与所征三十人西，及上左右为学者与其弟子百余人为绵蕞野外。习之月余，叔孙通曰：“上可试观。”上既观，使行礼，曰：“吾能为此。”乃令群臣习肄，会十月。

他便和所征召的三十人一同西行，加上皇帝左右治学的人，和叔孙通的弟子一百多人，在野外拉起绳索，树立茅草，进行演习。演习达一个多月，叔孙通说：“皇帝可以前来视察一下了。”皇帝观察以后，叫他们举行仪式，说：“我能够做到这些。”就命令群臣去学习，准备在十月举行朝会。

汉七年，长乐宫成，诸侯、群臣皆朝十月。仪：先平明，谒者治礼，引以次入殿门，廷中陈车、骑，步卒、卫宫，设兵，张旗志。传言“趋”。殿下郎中侠陛，陛数百人。功臣列侯、诸将军、军吏以次陈西方，东乡；文官丞相以下陈东方，西乡。大行设九宾，胪传。于是皇帝辇出房，百官执职传警，引诸侯王以下至吏六百石以次奉贺。自诸侯王以下莫不振恐肃敬。至礼毕，复置法酒。诸侍坐殿上皆伏抑首，以尊卑次起上寿。觞九行，谒者言“罢酒”。御史执法举不如仪者辄引去。竟朝置酒，无敢讙哗失礼者。于是高帝曰：“吾乃今日知为皇帝之贵也。”乃拜叔孙通为太常，赐金五百斤。

汉高帝七年，长乐宫落成，诸侯、群臣都来参加十月的朝会。仪式是：天刚亮的时候，谒者司仪，引导大家依次进入殿门，宫廷里排列了许多车马、步兵和侍卫官员，摆设兵器，张挂旗帜。传命进宫的人快步走，殿下的郎中在台阶上两旁并排站立着，台阶上有几百人。功臣、列侯、众将军、军官，按次序站列在西边，面向东边；文官从丞相以下，站列在东边，面向西边。大行官设置九个傧相，从上向下传令。这时，皇帝乘坐挽车从寝宫出来，众官员擎着旗帜传呼警戒，引导诸侯王以下直到六百石级的官员，按次序朝拜皇帝。从诸侯王以下，没有谁不害怕肃敬的。等到典礼完毕，再举行正式宴会。陪侍皇上坐在殿上的各位官员，都俯伏低头，按官位高低的次序起立给皇上祝酒。行酒九巡，谒者宣布“酒会结束”。御史执行纪律，发现有不依照仪式的就请他退场。整个朝会和宴会上，没有敢喧哗无礼的。当时汉高祖说：“我今天才知道做皇上的尊贵。”便任命叔孙通做太常，赏赐他黄金五百斤。

叔孙通因进曰：“诸弟子儒生随臣久矣，与臣共为仪，愿陛下官之。”高帝悉以为郎。叔孙通出，皆以五百斤金赐诸生。诸生乃皆喜曰：“叔孙生诚圣人也，知当世之要务。”

叔孙通乘机进言说：“众弟子儒生，跟随我很久了，同我一起制定朝仪，希望陛下也能让他们做官。”汉高祖全部任命他们为郎。叔孙通出宫后，把五百斤黄金都赏赐给儒生们。儒生们都高兴地说：“叔孙先生真是圣人，懂得当代的要务！”

汉九年，高帝徙叔孙通为太子太傅。汉十二年，高祖欲以赵王如意易太子，叔孙通谏上曰：“昔者晋献公以骊姬之故废太子，立奚齐，晋国乱者数十年，为天下笑。秦以不蚤定扶苏，令赵高得以诈立胡亥，自使灭祀，此陛下所亲见。今太子仁孝，天下皆闻之；吕后与陛下攻苦食啖，其可背哉！陛下必欲废適而立少，臣愿先伏诛，以颈血污地。”高帝曰：“公罢矣，吾直戏耳。”叔孙通曰：“太子天下本，本一摇天下振动，奈何以天下为戏！”高帝曰：“吾听公言。”及上置酒，见留侯所招客从太子入见，上乃遂无易太子志矣。

汉高帝九年，高帝调叔孙通做太子太傅。汉高帝十二年，高祖想要用赵王刘如意去替太子，叔孙通劝谏皇上说:“从前晋献公由于宠爱骊姬的缘故,废掉太子申生,改立奚齐,晋国因此乱了几十年,遭到天下人耻笑。秦朝因为不早日确定扶苏为太子,让赵高能用冒充圣旨立胡亥为帝,自己造成灭绝后代,这是陛下亲眼看到的。现在太子仁慈孝顺,天下人都听到了;吕后跟陛下同甘共苦,难道可以背弃她吗?陛下如果要废弃太子而改立小儿子,我希望先受死刑,用我脖子上的血来污染地面。”高皇帝说:“先生算了吧!我只是开个玩笑罢了。”叔孙通说:“太子是天下的根本,根本一动摇,天下就会震动,怎能拿天下大事来开玩笑!”高帝说:“我听您的意见。”等到皇上设置酒宴,看见留侯张良所招来的宾客都随从太子进来朝见,皇上就没有改立太子的念头了。

高帝崩,孝惠即位,乃谓叔孙生曰:“先帝园陵寝庙,群臣莫习。”徙为太常,定宗庙仪法。及稍定汉诸仪法,皆叔孙生为太常所论箸也。

高皇帝逝世以后,孝惠帝就位,就对叔孙先生说:“先帝的陵园和祠庙,群臣不熟悉。”因此调他做太常,制定宗庙的礼仪制度。以后逐步制定汉朝的各种礼仪制度,都是叔孙先生担任太常时所论述著录的。

孝惠帝为东朝长乐宫,及间往,数跸烦人,乃作复道,方筑武库南。叔孙生奏事,因请间,曰:“陛下何自筑复道,高寝衣冠月出游高庙?高庙,汉太祖,奈何令后世子孙乘宗庙道上行哉?”孝惠帝大惧,曰:“急坏之。”叔孙生曰:“人主无过举。今已作,百姓皆知之,今坏此,则示有过举。愿陛下为原庙渭北,衣冠月出游之,益广多宗庙,大孝之本也。”上乃诏有司立原庙。原庙起,以复道故。

孝惠帝为了到城东长乐宫朝拜吕太后,以及间或来往时,每次都要禁止通行,惊扰人民,于是就修建了阁道,恰好建在未央宫武库的南边。叔孙先生奏请公事时,乘机请求跟皇上密谈,说:“陛下为何私自建筑阁道在高帝陵寝的衣冠每月出游到高帝庙去时的通道上?高帝庙,是汉朝始祖的宗庙,怎么能让后代子孙到凌驾于宗庙交通要道的上空行走呢?”孝惠帝大为恐惧,说:“急忙拆毁它!”叔孙先生说:“君王不能有过失行为。现在已经做错了,老百姓也都知道这件事,假如拆毁了它,就是显示出有过失行为。希望陛下在渭水北岸再建一个别庙,让高帝陵寝的衣冠每月出游那里,进一步扩大、增加宗庙,是大孝的根本。”皇上就下令主管官员建立别庙。别庙的兴起,是由于阁道的缘故。

孝惠帝曾春出游离宫,叔孙生曰:“古者有春尝果,方今樱桃孰,可献,愿陛下出,因取樱桃献宗庙。”上乃许之。诸果献由此兴。

孝惠帝曾经在春天到离宫出游,叔孙先生说:“古时候春天品尝鲜果,当今樱桃成熟了,可以进献樱桃,希望陛下出游时,顺便带樱桃来敬献宗庙。”皇上便答应了他。各类鲜果敬献宗庙的礼仪由此兴起。

太史公曰:语曰“千金之裘,非一狐之腋也;台榭之榱,非一木之枝也;三代之际,非一士之智也”。信哉!夫高祖起微细,定海内,谋计用兵,可谓尽之矣。然而刘敬脱挽辂一说,建万世之安,智岂可专邪!叔孙通希世度务制礼,进退与时变化,卒为汉家儒宗。“大直若诎,道固委蛇”,盖谓是乎!

太史公说:俗语说:“价值千金的皮衣,不是一只狐狸腋下的皮所能制成的;楼台亭榭的椽子,也不是一棵树的枝条所能筑成的;三代的兴盛,不是一个人的智慧所能成就的。”确实啊!汉高祖出身低微,而能平定海内,谋划大计指挥用兵,可以说都是竭尽心力了。但是刘敬脱离车前牵拉的横木所进的一言,就建立了世世代代安定的局面,才智难道能垄断吗!叔孙通依世随俗,度量事务,制定礼仪,注意增删,善于随着时势而变化,终于成为汉朝的儒家宗师。古书上说:“最直的好像是弯曲的,道理本来就是曲折发展的。”大概就是说的这种情况吧?

史记第一百卷

季布栾布列传第四十

季布者，楚人也。为气任侠，有名于楚。项籍使将兵，数窘汉王。及项羽灭，高祖购求布千金，敢有舍匿，罪及三族。季布匿濮阳周氏。周氏曰：“汉购将军急，迹且至臣家，将军能听臣，臣敢献计；即不能，愿先自刭。”季布许之。乃髡钳季布，衣褐衣，置广柳车中，并与其家僮数十人，之鲁朱家所卖之。朱家心知是季布，乃买而置之田，诫其子曰：“田事听此奴，必与同食。”朱家乃乘轺车之洛阳，见汝阴侯滕公。滕公留朱家饮数日。因谓滕公曰：“季布何大罪，而上求之急也？”滕公曰：“布数为项羽窘上，上怨之，故必欲得之。”朱家曰：“君视季布何如人也？”曰：“贤者也。”朱家曰：“臣各为其主用，季布为项籍用，职耳。项氏臣可尽诛邪？今上始得天下，独以己之私怨求一人，何示天下之不广也！且以季布之贤而汉求之急如此，此不北走胡即南走越耳。夫忌壮士以资敌国，此伍子胥所以鞭荆平王之墓也。君何不从容为上言邪？”汝阴侯滕公心知朱家大侠，意季布匿其所，乃许曰：“诺。”待间，果言如朱家指。上乃赦季布。当是时，诸公皆多季布能摧刚为柔。朱家亦以此名闻当世。季布召见，谢，上拜为郎中。

季布是楚国人。他为人好逞义气，颇有侠义心肠，在楚国很有名。项籍派他率领军队，曾多次使汉王窘困。等到项羽灭亡的时候，汉高祖悬赏千金，捉拿季布，并传令有敢窝藏季布的，就要株连三族。季布躲避在濮阳周氏家里。周氏说：“汉朝悬赏捉拿将军很紧急，将追踪到我家，将军肯听我的，我敢出个主意；如果不肯听我的，我情愿先自杀。”季布答应他。周氏便让季布剃光头，带上颈箍，穿上粗布衣服，安置在大货车里，并且和他的家僮几十人，一起送到鲁国朱家的住地卖掉他们。朱家心里知道是季布，也就买了下来，安排到田里劳动。朱家告诫他的儿子说：“田地里的事情，听从这个家奴，一定要和他吃同样的饭食。”朱家便乘坐马车到洛阳，拜见了汝阴侯滕公。滕公留朱家喝了几天酒，朱家趁机对滕公说：“季布犯了什么大罪，因而皇上追捕得这样紧？”滕公说：“季布多次替项羽窘困皇上，皇上痛恨他，所以一定要抓住他。”朱家说：“您看季布是怎样的人呢？”滕公说：“是个贤能的人。”朱家说：“人臣都替他的君王效劳，季布替项籍效劳，是他的职责罢了。项氏的臣子可以都杀掉吗？现在皇上刚得到天下，只为个人的恩怨去追捕一个人，岂不是向天下人显示他这样没有度量吗？况且凭着季布这样的贤能，而汉朝的追捕又这样紧，这样他不是向北逃奔匈奴，就只好往南投靠南越了！忌恨勇士而资助敌国，这就是伍子胥之所以要鞭打楚平王尸体的缘故。您为什么不空闲时对皇上说说呢？”汝阴侯滕公心里知道朱家是位大侠客，料想季布藏在他家，便答应道：“好！”等到有空了，滕公果然按照朱家的意思向皇上进言，皇上便赦免了季布。在这个时候，人们都称赞季布能克刚为柔，朱家也因此闻名当代。季布被皇上召见，谢罪以后，皇上任命他做郎中。

孝惠时，为中郎将。单于尝为书嫚吕后，不逊，吕后大怒，召诸将议之。上将军樊哙曰：“臣愿得十万众，横行匈奴中。”诸将皆阿吕后意，曰“然”。季布曰：“樊哙可斩也！夫高帝将兵四十余万众，困于平城，今哙奈何以十万众横行匈奴中，面欺！且秦以事于胡，陈胜等起。于今创痍未瘳，哙又面谀，欲摇动天下。”是时殿上皆恐，太后罢朝，遂不复议击匈奴事。

孝惠帝时，季布担任中郎将。匈奴单于曾写信来侮辱吕后，出言不逊，吕后大为恼怒，召集各位将领商议这件事。上将军樊哙说：“我希望领十万兵，横扫匈奴。”将领们都阿谀奉承吕后的意思，说：“对。”季布说：“樊哙该斩首！高帝曾领兵四十几万之多，尚且被困在平城，如今樊哙怎么能用十万士兵横扫匈奴，当面撒谎！况且秦朝因为对匈奴用兵，陈胜等人乘机起义。至今战争的创伤还没有治好，樊哙又当面阿谀奉承，想要动摇天下。”这时，宫殿上的人都惊恐，吕太后宣布退朝，终于不再提起攻打匈奴的事。

季布为河东守，孝文时，人有言其贤者，孝文召，欲以为御史大夫。复有言其勇，使酒难近。至，留邸一月，见罢。季布因进曰："臣无功窃宠，待罪河东。陛下无故召臣，此人必有以臣欺陛下者；今臣至无所受事，罢去，此人必有以毁臣者。夫陛下以一人之誉而召臣，一人之毁而去臣，臣恐天下有识闻之，有以窥陛下也。"上默然惭，良久曰："河东吾股肱郡，故特召君耳。"布辞之官。

季布出任河东郡守以后，孝文帝时，有人说季布贤能，孝文帝召见他，想用他做御史大夫。又有人说他勇敢，但酗酒任性，难以亲近。季布到达京城，在宾馆里居住一个月，被皇上召见后，就回原郡。季布于是进言说："我没有功劳，却受到皇上恩宠，能在河东任职。陛下无缘无故召见我，这样一定是有人拿我来欺骗陛下；如今我来到京城，没有接受任务，就回原郡，这样一定是有人在诽谤我。陛下由于一个人的称誉就召见我，由于一个人的诽谤就遣送我，我恐怕天下有见识的人听说这件事后，就有根据窥视陛下的深浅了。"皇上沉默而惭愧，好久才说："河东郡是我的股肱之郡，因此特地召见您啊！"季布就辞别了皇上，回到原任上。

汉高祖与匈奴作战，在平城被围，刘邦采纳陈平的计策，打发一个使者带着美女图与珠宝去见匈奴阏氏求和。

楚人曹丘生，辩士，数招权顾金钱。事贵人赵同等，与窦长君善。季布闻之，寄书谏窦长君曰："吾闻曹丘生非长者，勿与通。"及曹丘生归，欲得书请季布。窦长君曰："季将军不说足下，足下无往。"固请书，遂行。使人先发书，季布果大怒，待曹丘。曹丘至，即揖季布曰："楚人谚曰'得黄金百斤，不如得季布一诺'，足下何以得此声于梁、楚间哉？且仆楚人，足下亦楚人也。仆游扬足下之名于天下，顾不重邪？何足下距仆之深也！"季布乃大说，引入，留数月，为上客，厚送之。季布名所以益闻者，曹丘扬之也。

楚国人曹丘先生，是个善辩的人，多次借重权势获取钱财。曹丘曾经服事过权贵赵同等人，又与窦长君友好。季布听说了，寄信劝窦长君说："我听说曹丘先生并不是忠厚的人，您不要同他交往。"后来曹丘先生回故乡，想要窦长君写封信，介绍他去见季布。窦长君说："季将军讨厌您，您不要前往。"曹丘先生反复请求窦长君写信，终于得到了一封信，就走了。他派人先把信送给季布，季布果然动怒，等待着曹丘的到来。曹丘一到，向季布作揖说："楚国人有句俗话说：'得到黄金百斤，不如得到季布的一句诺言。'您是怎么能在梁、楚一带获得这种名声的呢？况且我是个楚国人，您也是楚国人。我在天下各地宣扬您的名声，难道不重要吗？您为何要这样坚决地拒绝我呢！"季布于是很高兴，领曹丘进入内室，留住了几个月，把他当作贵客，重重地送礼物给他。季布的名声可以日益传闻的原因，这是曹丘宣扬他的结果。

季布弟季心，气盖关中，遇人恭谨，为任侠，方数千里，士皆争为之死。尝杀人，亡之吴，从袁丝匿。长事袁丝，弟畜灌夫，籍福之属。尝为中司马，中尉郅都不敢不加礼。少年多时时窃籍其名以行。当是时，季心以勇，布以诺，著闻关中。

季布的弟弟季心，勇气在关中数第一，他待人谦恭谨慎，乐于仗义行侠，纵横几千里的士人，都争着替他卖命。季心曾经杀人，逃亡到吴地，隐藏在袁丝家中，季心像侍奉兄长一样对待袁丝，像养育弟弟一样对待灌夫、籍福这班人。季心曾经做过中尉下属的司马，中尉郅都对他也不敢不以礼相待。当地青年人大多经常借他的名义办事。当这个时候，季心的勇敢，季布的守信，名声都显扬关中。

季布母弟丁公，为楚将。丁公为项羽逐窘高祖彭城西，短兵接，高祖急，顾丁公曰："两贤岂相厄哉！"于是丁公引兵而还，汉王遂解去。及项王灭，丁公谒见高祖。高祖以丁公徇军中，曰："丁公为项王臣不忠，使项王失天下者，乃丁公也。"遂斩丁公，曰："使后世为人臣者无效丁公！"

季布的舅舅丁公，担任楚军将领。丁公曾经替项羽在彭城西面追逼汉高祖，短兵相接，高祖危急，回过头对丁公说："两个好汉，怎么能互相残害呢！"当时丁公领兵撤退，汉王就脱身逃走了。到项王灭亡后，丁公去拜见高祖。高祖拿丁公在军营中示众，说："丁公作为项王的臣子不忠，使项王丧失天下的，就是丁公。"接着斩杀了丁公，说："让后代作为人臣的，不敢仿照丁公！"

栾布者，梁人也。始梁王彭越为家人时，尝与布游。穷困，赁佣于齐，为酒人保。数岁，彭越去之巨野中为盗，而布为人所略卖，为奴于燕。为其家主报仇，燕将臧荼举以为都尉。臧荼后为燕王，以布为将。及臧荼反，汉击燕，虏布。梁王彭越闻之，乃言上，请赎布以为梁大夫。

栾布是梁国人。当初梁王彭越还是平民的时候，曾经跟栾布交往。栾布贫穷，在齐国被人雇用，做了酒店的佣工。几年后，彭越离开酒店到巨野一带当强盗，栾布被别人强行出卖，在燕国当奴仆。由于栾布替他的主人家报了仇，燕国将领臧荼推举他担任都尉。臧荼后来做了燕王，就任用栾布做将领。等到臧荼反叛的时候，汉朝进攻燕国，俘虏了栾布。梁王彭越听到这件事，就向皇上进言，请求赎回栾布，让他担任梁国大夫。

使于齐，未还，汉召彭越，责以谋反，夷三族。已而枭彭越头于雒阳下，诏曰："有敢收视者，辄捕之。"布从齐还，奏事彭越头下，祠而哭之。吏捕布以闻。上召布，骂曰："若与彭越反邪？吾禁人勿收，若独祠而哭之，与越反明矣。趣亨之。"方提趣汤，布顾曰："愿一言而死。"上曰："何言？"布曰："方上之困于彭城，败荥阳、成皋间，项王所以不能遂西，徒以彭王居梁地，与汉合从苦楚也。当是之时，彭王一顾，与楚则汉破，与汉而楚破。且垓下之会，微彭王，项氏不亡。天下已定，彭王剖符受封，亦欲传之万世。今陛下一征兵于梁，彭王病不行，而陛下疑以为反，反形未见，以苛小案诛灭之，臣恐功臣人人自危也。今彭王已死，臣生不如死，请就亨。"于是上乃释布罪，拜为都尉。

栾布出使齐国，还没有回来，汉朝征召彭越，以谋反罪责罚他，诛灭三族。随后把彭越的头悬挂在洛阳城门下示众，并且下令说："有敢来收尸的就逮捕他。"栾布从齐国回来，到彭越的脑袋下面汇报情况，一边祭祀一边痛哭。官吏逮捕了栾布，并报告皇上。皇上召见栾布，骂道："你跟彭越谋反吗？我下令任何人不能收尸，你偏偏要祭他哭他，与彭越谋反明摆着的了。快烹杀栾布！"正被提起走向汤镬的时候，栾布回头说："希望能让我说一句话再死！"皇上说："说什么话？"栾布说："当皇上在彭城被困，在荥阳、成皋一带打败仗的时候，项王之所以不能顺利西进，只因为有彭王据守在梁地，跟汉军联合而使楚军陷于困境。当时，只要彭王一侧重，跟楚联合，汉就失败；跟汉联合，楚就败亡。况且垓下的会战，假如没有彭王，项氏就不会灭亡。天下平定以后，朝廷剖符分封彭王，彭王也想把封爵传于万代。如今陛下一向梁国征兵，彭王因病不能前来，陛下就怀疑，认为他谋反。谋反的形迹还没表现，却苛刻地根据小节诛杀他，我担心有功之臣人人自危。现在彭王已经死了，我活着不如死去，请让我接受烹刑。"于是皇上就赦免了栾布的罪过，任命他做都尉。

孝文时，为燕相，至将军。布乃称曰："穷困不能辱身下志，非人也；富贵不能快意，非贤也。"于是尝有德者厚报之，有怨者必以法灭之。吴、楚反时，以军功封俞侯，复为燕相。燕齐之间皆为栾布立社，号曰栾公社。

孝文帝时，栾布当了燕国丞相，官做到将军。栾布就声称："穷困的时候，经不起身心的屈辱，不是好汉；富贵的时候，不能使心情愉快的，不是贤人。"这时候，栾布对曾经有恩于自己的人，就优厚地报答他，对有仇的人，就必定借法律消灭他。吴、楚七国反叛时，栾布因有军功被封为俞侯，再次担任燕国丞相。燕、齐两国之间都替栾布建造了祠庙，号称栾公社。

景帝中五年薨。子贲嗣，为太常，牺牲不如令，国除。

汉景帝中元五年，栾布去世。儿子栾贲继承侯位，担任太常。因为祭祀时所用的牲畜不合法令的规定，封国被废除。

太史公曰：以项羽之气，而季布以勇显于楚，身屦军搴旗者数矣，可谓壮士。然至被刑戮，为人奴而不死，何其下也！彼必自负其材，故受辱而不羞，欲有所用其未足也，故终为汉名将。贤者诚重其死。夫婢妾贱人感慨而自杀者，非能勇也，其计画无复之耳。栾布哭彭越，趣汤如归者，彼诚知所处，不自重其死。虽往古烈士，何以加哉！

太史公说：由于项羽推崇勇气，因此季布靠勇气显扬于楚国。他亲身覆灭敌军，拔取敌人军旗多次，可以说是勇士。然而到了遭受刑罚，替人家当奴仆而不肯死，又是多么卑下啊！他一定是相信自己的才能，所以虽然受到屈辱但并不感到羞耻，因为他想要发挥他还没有充分发挥的才能，所以最终成了汉朝的名将。贤能的人太重视自己的死。奴婢、侍妾这些下贱的人，因为感愤而自杀的，不能算是勇敢，她们的计划没有希望再实施罢了。栾布痛哭彭越，赴汤镬就刑，视死如归，他的确知道要死得其所，而不吝惜自己的死。就是古代舍身取义的烈士，又怎么能超过他呢！

史记第一百一卷

袁盎晁错列传第四十一

袁盎者，楚人也，字丝。父故为群盗，徙处安陵。高后时，盎尝为吕禄舍人。及孝文帝即位，盎兄哙任盎为中郎。

袁盎是楚国人，字丝。他的父亲原先是强盗团伙的成员，后来移居安陵。高后时期，袁盎做过吕禄的家臣。到汉文帝就位时，袁盎的哥哥袁哙就举袁盎做了中郎。

绛侯为丞相。朝罢趋出，意得甚。上礼之恭，常自送之。袁盎进曰："陛下以丞相何如人？"上曰："社稷臣。"盎曰："绛侯所谓功臣，非社稷臣。社稷臣主在与在，主亡与亡。方吕后时，诸吕用事，擅相王，刘氏不绝如带。是时绛侯为太尉，主兵柄，弗能正。吕后崩，大臣相与共畔诸吕，太尉主兵，适会其成功，所谓功臣，非社稷臣。丞相如有骄主色，陛下谦让，臣主失礼，窃为陛下不取也。"后朝，上益庄，丞相益畏。已而绛侯望袁盎曰："吾与而兄善，今儿廷毁我！"盎遂不谢。

绛侯担任丞相，朝会结束后快速退朝，很是得意。皇上恭谨地以礼相待，经常亲自送别他。袁盎进言说："陛下以为丞相是什么样的人？"皇上说："国家的重臣。"袁盎说："绛侯只能说是功臣，不是国家的重臣。国家的重臣是君主存就同他共存，国君亡就同他共亡。当吕后时，吕氏家族掌权，擅自封王，刘家命脉虽然没有断绝，但已经像带子一样勉强维系着。这时，绛侯担任太尉，掌握兵权，不能匡正汉室的倾危。吕后去世后，大臣们一起反叛吕氏家族，太尉掌握兵权，正好碰到那个成功的机遇，所以说他是功臣，不是国家的重臣。丞相好像对君主有骄矜的神色，而陛下却谦恭揖让，臣下和君主都有失礼节，我私下认为陛下不该采取这种态度。"后来的朝会，皇上渐渐庄严，丞相渐渐敬畏。不久，绛侯责备袁盎说："我跟你的哥哥友好，如今你这小子却在朝廷上诽谤我！"袁盎终竟不赔礼道歉。

及绛侯免相之国，国人上书告以为反，征系清室，宗室诸公莫敢为言，唯袁盎明绛侯无罪。绛侯得释，盎颇有力。绛侯乃大与盎结交。

等到绛侯被免除丞相职务回到封国，国中有人上书告他谋反。绛侯被征召囚禁在牢狱中，宗室各位公卿没有人敢替他说话，只有袁盎声明绛侯没有罪。绛侯能够释放，袁盎颇为出力。绛侯于是跟袁盎亲密交往。

淮南厉王朝，杀辟阳侯，居处骄甚。袁盎谏曰："诸侯大骄必生患，可適削地。"上弗用。淮南王益横。及棘蒲侯柴武太子谋反事觉，治，连淮南王，淮南王征，上因迁之蜀，辎车传送。袁盎时为中

郎将，乃谏曰：“陛下素骄淮南王，弗稍禁，以至此，今又暴摧折之。淮南王为人刚，如有遇雾露行道死，陛下竟为以天下之大弗能容，有杀弟之名，奈何？”上弗听，遂行之。

淮南厉王刘长进京朝见，杀了辟阳侯，举止骄傲得很。袁盎劝谏皇上说：“诸侯太骄横，必定会发生祸患，应当适当削减封地。”皇上不采纳他的意见。淮南王更加骄横。等到棘蒲侯柴武的太子谋反的事被发觉，治罪过程中，连累到淮南王，淮南王受到惩罚，皇上便将他放逐到蜀郡去，用囚车传送。袁盎当时担任中郎将，就进谏说：“陛下向来让淮南王骄横，不逐渐禁止，以致达到这个地步，如今又突然挫伤他。淮南王为人刚愎自用，如果碰上雾气露水遭受风寒而死在道路上，陛下最终会被认为是天下之大却容不得他，而有杀弟之名，怎么办？”皇上不听，终于照办了。

淮南王至雍，病死，闻，上辍食，哭甚哀。盎入，顿首请罪。上曰：“以不用公言至此。”盎曰：“上自宽，此往事，岂可悔哉！且陛下有高世之行者三，此不足以毁名。”上曰：“吾高世行三者何事？”盎曰：“陛下居代时，太后尝病，三年，陛下不交睫，不解衣，汤药非陛下口所尝弗进。夫曾参以布衣犹难之，今陛下亲以王者修之，过曾参孝远矣。夫诸吕用事，大臣专制，然陛下从代乘六乘传驰不测之渊，虽贲育之勇不及陛下。陛下至代邸，西向让天子位者再，南面让天子位者三。夫许由一让，而陛下五以天下让，过许由四矣。且陛下迁淮南王。欲以苦其志，使改过，有司卫不谨，故病死。”于是上乃解，曰：“将奈何？”盎曰：“淮南王有三子，唯在陛下耳。”于是文帝立其三子皆为王。盎由此名重朝廷。

淮南王到达雍地以后，病死了。一听到消息，皇上不吃不喝，哭得很伤心。袁盎一进门，叩头请罪。皇上说：“由于不采纳您的意见，以致这样。”袁盎说：“皇上自己宽心，这是过去的事了，难道能够追悔吗？何况陛下有高出世人的行为三种，这件事不足以败坏您的名声。”皇上说：“我高出世人的行为是哪三种呢？”袁盎说：“陛下住在代国的时候，太后曾经生病，三年的时间，陛下不曾合眼，不脱衣而睡，汤药不是陛下亲口尝过就不进奉给太后。曾参作为平民尚且难以做到这样，现今陛下亲自以君王的身份实践了它，超过曾参的孝顺很远了。吕氏家庭当权时，大臣专政，然而陛下从代国乘坐六辆慢车，奔赴祸福未知的京城，即使是孟贲、夏育的英勇，也比不上陛下。陛下到达代王的官邸，面向西方两次辞让天子位，面向南方三次辞让天子之位。许由只是让了一次，而陛下五次将天下辞让，超过许由四次了。何况陛下放逐淮南王，是想要让他的心志经受劳苦，使他改正错误。但因为有关人员监护不太谨慎，以致病死。”此时，皇上才宽心说：“将怎么办？”袁盎说：“淮南王有三个儿子，只有随陛下安排罢了。”因此文帝把淮南王的三个儿子都封为王。袁盎从此在朝廷名声大振。

纳谏赐金图。选自明·张居正《帝鉴图说》，讲述汉文帝纳袁盎之谏，并给予赏赐之事。

袁盎常引大体慷慨，宦者赵同以数幸，常害袁盎，袁盎患之。盎兄子种为常侍骑，持节夹乘，说盎曰：“君与斗，廷辱之，使其毁不用。”孝文帝出，赵同参乘，袁盎伏车前曰：“臣闻天子所与共六尺舆者，皆天下豪

英。今汉虽乏人，陛下独奈何与刀锯余人载！”于是上笑，下赵同。赵同泣下车。

袁盎时常称引大义，慷慨激昂。宦官赵同由于屡次受到文帝的宠幸，经常伤害袁盎，袁盎为此感到忧虑。袁盎的侄儿袁种担任常侍骑，手持符节护卫在皇帝的车驾左右，袁种劝袁盎说：“您跟他斗，在朝廷上侮辱他，使他的毁谤不起作用。”

汉文帝外出，赵同陪乘，袁盎俯伏在车前说：“我听说跟天子同坐六尺高大车的，都是天下的英豪。现今汉朝虽然缺少人才，陛下为什么竟然跟受过刀、锯刑罚的人同坐一辆车！”这时皇上笑了，让赵同下车。赵同流着泪下车。

文帝从霸陵上，欲西驰下峻阪。袁盎骑，并车揽辔。上曰：“将军怯邪？”盎曰：“臣闻千金之子坐不垂堂，百金之子不骑衡，圣主不乘危而徼幸。今陛下骋六騑，驰下峻山，如有马惊车败，陛下纵自轻，奈高庙、太后何？”上乃止。

汉文帝从霸陵上山，想要从西边纵马奔驰下山。袁盎骑着马，靠在车边挽住了马缰绳。皇上说：“将军害怕吗？”袁盎说：“我听说家有千金的人，坐的时候，不靠近屋檐边，家有百金的人，不倚靠在楼台边的栏杆上。贤明的君主，不在面临危险的时候而心存侥幸。如今陛下让六匹飞马，驰骋下高山，如果马受惊，车毁坏，陛下纵然自以为轻，但对高祖和太后怎么办？”皇上终于停止。

上幸上林，皇后、慎夫人从。其在禁中，常同席坐。及坐，郎署长布席，袁盎引却慎夫人坐。慎夫人怒，不肯坐。上亦怒，起，入禁中。盎因前说曰：“臣闻尊卑有序则上下和。今陛下既已立后，慎夫人乃妾，妾主岂可与同坐哉！适所以失尊卑矣。且陛下幸之，即厚赐之。陛下所以为慎夫人，适所以祸之。陛下独不见‘人彘’乎？”于是上乃说，召语慎夫人。慎夫人赐盎金五十斤。

皇上巡视上林苑的时候，皇后和慎夫人随从。她们在宫中，常常同一条席子坐着。待到就座的时候，郎署长布置座席，袁盎把慎夫人的座席往后拉。慎夫人生气，不肯坐。皇上也生气，起身，走进宫中。袁盎趁机上前劝说道：“我听说尊卑有次序，那么上下和睦。现今陛下既然已经立了皇后，慎夫人只是侍妾，侍妾和主上难道可以同席而坐吗？恰好由于这样，就失去尊卑的次序了。而且陛下宠爱她，就重赏她吧。陛下用来宠爱慎夫人的办法，恰好成为祸害她的缘由。陛下难道没见过‘人猪’吗？”这时候皇上才高兴，召见慎夫人，把袁盎的话告诉她。慎夫人赐给袁盎黄金五十斤。

然袁盎亦以数直谏，不得久居中，调为陇西都尉。仁爱士卒，士卒皆争为死。迁为齐相。徙为吴相，辞行，种谓盎曰：“吴王骄日久，国多奸。今苟欲劾治，彼不上书告君，即利剑刺君矣。南方卑湿，君能日饮，毋何，时说王曰毋反而已。如此幸得脱。”盎用种之计，吴王厚遇盎。

但是袁盎也由于数次直言劝谏，不能久留朝廷，被调任陇西都尉。袁盎仁慈、爱护士兵，士兵们都争相为他效力。袁盎升任齐国丞相，又改任吴国丞相。辞行的时候，袁种对袁盎说：“吴王骄横的日子长了，国内有许多奸邪的人。现今如果想要揭发惩治，他们不是上书控告您，就会用利剑来刺杀您了。南方土地低洼潮湿，您假如能够每天喝酒，没什么的，时常劝说吴王不要反叛罢了。这样，就可能侥幸摆脱祸难。”袁盎采用了袁种的计谋，吴王优待袁盎。

盎告归，道逢丞相申屠嘉，下车拜谒，丞相从车上谢袁盎。袁盎还，愧其吏，乃之丞相舍上谒，求见丞相。丞相良久而见之。盎因跪曰：“愿请间。”丞相曰：“使君所言公事，之曹与长史掾议，吾且奏之；即私邪，吾不受私语。”袁盎即跪说曰：“君为丞相，自度孰与陈平、绛侯？”丞相曰：“吾不如。”袁盎曰：“善，君即自谓不如。夫陈平、绛侯辅翼高帝，定天下，为将相，而诛诸吕，存刘氏；君乃材官蹶张，迁为队率，积功至淮阳守，非有奇计攻城野战之功。且陛下从代来，每朝，郎官上书疏，未尝不止辇受其言，言不可用置之，言可受采之，未尝不称善。何也？则欲以致天下贤士大夫。上日闻所不闻，明所不知，日益圣智；君今自闭钳天下之口而日益愚。夫以圣主责愚相，君受祸不久矣。”丞相乃拜再曰：“嘉鄙野人，乃不知，将军幸教。”引入与坐，为上客。

袁盎请假回家的时候，在路上遇到丞相申屠嘉，下车拜谒丞相，丞相在车上向袁盎表示谢意。袁盎回到家里，面对下属感到羞愧。于是前往丞相府送上名帖，请求拜见丞相。丞相很久才接见他。袁盎便跪着说：“希望能单独接见。”丞相说：“假如您所说的是公事，就到官署和长史属官商议，我将把您的意见上奏；假如是私事嘛，我不接受私下密谈。”袁盎就跪着劝说道：“您担任丞相，自己觉得跟陈平、绛侯相比怎么样？”丞相说：“我不如他们。”袁盎说：“好，连您自己都说不如他们。

陈平、绛侯辅佐高帝平定天下，当了将相，又诛伐吕氏家族，保全刘氏天下；您只是个脚踏强弓的武士，升任队长，积累功劳做到淮阳郡守，并没有出奇计、攻城野战的功劳。何况陛下从代国进京，每次朝会，郎官呈上奏章，他未曾不停下车来听取他们意见。意见不可采用就搁下来，意见可以接受就采用，未曾不称赞。为什么呢？就是想用这种办法招徕天下贤能的士大夫。皇上每天听到所不曾听到的，明白所不曾知道的，一天比一天贤明。您现今自己封闭钳制天下人的言路，就一天比一天愚昧。以贤明的君主来督责愚昧的丞相，您遭受祸患的日子不远了啊！”丞相就拜了两拜说：“我申屠嘉是个落后鲁莽的人，就是不明智，幸亏将军教诲。”申屠嘉领袁盎入内室同坐，当作贵客。

盎素不好晁错，晁错所居坐，盎去；盎坐，错亦去：两人未尝同堂语。及孝文帝崩，孝景帝即位，晁错为御史大夫，使吏案袁盎受吴王财物，抵罪，诏赦以为庶人。

袁盎向来不喜欢晁错。晁错在座的地方，袁盎就离去；袁盎在座，晁错也离去：两人未曾一起交谈过。待到汉文帝逝世，汉景帝就位，晁错担任御史大夫，就派官吏侦查袁盎收受吴王财物的事，量罪定刑。皇上诏令赦免袁盎的刑罚，把他贬为平民。

吴楚反，闻，晁错谓丞史曰：“夫袁盎多受吴王金钱，专为蔽匿，言不反。今果反，欲请治盎宜知计谋。”丞史曰：“事未发，治之有绝。今兵西乡，治之何益！且袁盎不宜有谋。”晁错犹与未决。人有告袁盎者，袁盎恐，夜见窦婴，为言吴所以反者，愿至上前口对状。窦婴入言上，上乃召袁盎入见。晁错在前，及盎请辟人赐间，错去，固恨甚。袁盎具言吴所以反状，以错故，独急斩错以谢吴，吴兵乃可罢。其语具在《吴事》中。使袁盎为太常，窦婴为大将军。两人素相与善。逮吴反，诸陵长者长安中贤大夫争附两人，车随者日数百乘。

吴、楚两国反叛的时候，一听到消息，晁错对丞史说：“袁盎接受了吴王很多金钱，专门替他掩饰，说他不会谋反。现今果然反叛了，想要惩治袁盎，他应该知道反叛的阴谋。”丞史说：“事情没有暴露，惩治他，就会中断反叛的阴谋。如今叛军西进，惩治袁盎有什么益处！况且袁盎该不会有阴谋。”晁错犹豫不决。有人把这事告诉了袁盎，袁盎恐惧，连夜见窦婴，向他说明吴王反叛的原因，希望能够到皇上面前亲口对质。窦婴进宫报告皇上，皇上就召令袁盎进宫会见。晁错在皇帝面前，等到袁盎请求皇上让旁人回避，晁错离去了，当然忌恨得很。袁盎原原本本地叙述吴王反叛的情况，是由于晁错的缘故，只有立即斩杀晁错来向吴王谢罪，吴军才撤兵。这些话都记载在《吴王濞列传》中。皇上派袁盎担任太常，窦婴担任大将军。袁、窦两人向来友好。等到吴王谋反，诸陵地方的长辈和长安城中贤能的大夫，都争相归附他俩，随从的车子每天有几百辆。

及晁错已诛，袁盎以太常使吴。吴王欲使将，不肯。欲杀之，使一都尉以五百人围守盎军中。袁盎自其为吴相时，有从史尝盗爱盎侍儿，盎知之，弗泄，遇之如故。人有告从史，言“君知尔与侍者通”，乃亡归。袁盎驱自追之，遂以侍者赐之，复为从史。及袁盎使吴见守，从史适为守盎校尉司马，乃悉以其装赍置二石醇醪，会天寒，士卒饥渴，饮酒醉，西南陬卒皆卧，司马夜引袁盎起，曰：“君可以去矣，吴王期旦日斩君。”盎弗信，曰：“公何为者？”司马曰：“臣故为从史盗君侍儿者。”盎乃惊谢曰：“公幸有亲，吾不足以累公。”司马曰：“君弟去，臣亦且亡，辟吾亲，君何患！”乃以刀决张，道从醉卒隧出。司马与分背，袁盎解节毛怀之，杖，步行七八里，明，见梁骑，骑驰去，遂归报。

等到晁错被杀死以后，袁盎以太常的身份出使吴国。吴王想让他担任将领，袁盎不肯。吴王想杀他，派了一个都尉，带领五百人把袁盎围困在军中。袁盎在他担任吴国丞相时，有个从史曾经偷偷地跟袁盎的婢女私通，袁盎知道了这件事，没有泄露，对待他仍然和以前一样。有人告诉从史，说：“丞相知道你跟他的婢女私通。”从史就逃回去了。袁盎驾车亲自追赶他，就把婢女赐给了他，依然让他当从史。等到袁盎出使吴国被困守，从史刚好担任困守袁盎的校尉司马，就将他自己的全部行装换买了二石浓酒，遇上天气寒冷，士兵们都又饿又渴，喝醉了酒，西南角的士兵都醉倒了。司马借夜晚拉袁盎起身，说：“您可以离开了，吴王预期明天杀您。”袁盎不相信，说：“你是干什么的？”司马说：“我是以前当从史和您的婢女私通的人。”袁盎才惊愕地辞谢说：“您幸运有父母，我不值牵连您。”司马说：“您只管离开，我也即将逃亡，藏匿我的父母，您担心什么！”于是用刀割开军营的帐幕，引导袁盎从醉卧的士兵们所把守的路上径直走出。司马跟袁盎分别背道而驰。袁盎解下节旄，藏在怀里，拄着杖步行七八里，天亮时，发现了梁国的骑兵，就骑马飞奔逃离，终于回到朝廷汇报。

吴楚已破，上更以元王子平陆侯礼为楚王，袁盎为楚相。尝上书有所言，不用。袁盎病免居家，与闾里浮沉，相随行，斗鸡走狗。雒阳剧孟尝过袁盎，盎善待之。安陵富人有谓盎曰：“吾闻剧孟博徒，将军何自通之？”盎曰：“剧孟虽博徒，然母死，客送葬车千余乘，此亦有过人者。且缓急人所有。夫一旦有急叩门，不以亲为解，不以存亡为辞，天下所望者，独季心、剧孟耳。今公常从数骑，一旦有缓急，宁足恃乎！”骂富人，弗与通。诸公闻之，皆多袁盎。

吴、楚叛军被打败以后，皇上改封楚元王的儿子平陆侯刘礼做楚王，袁盎担任楚国丞相。袁盎曾经上书进谏，没被采用。袁盎因病免职在家，跟乡里人厮混，互相来往，斗鸡赛狗。洛阳人剧孟曾经拜访袁盎，袁盎友好地对待他。安陵有个富人对袁盎说：“我听说剧孟是个赌徒，将军为何要跟他交往？”袁盎说：“剧孟虽然是个赌徒，然而他母亲去世时，客人送葬的车子就有千多辆，这也是他有超过众人的地方。何况急难的事人人都有的。一旦有急难的人来敲门求助，不以有父母在为借口而推脱，不用有事或离家外出而拒绝，天下人所仰望的，只有季心、剧孟罢了。现今您时常让几名骑士随从着，一旦有急难，难道足以倚靠吗？”袁盎谩骂富人，不跟他交往。王公贵人们听说这件事，都称赞袁盎。

袁盎虽家居，景帝时时使人问筹策。梁王欲求为嗣，袁盎进说，其后语塞。梁王以此怨盎，曾使人刺盎。刺者至关中，问袁盎，诸君誉之皆不容口。乃见袁盎曰：“臣受梁王金来刺君，君长者，不忍刺君。然后刺君者十余曹，备之！”袁盎心不乐，家又多怪，乃之棓生所问占。还，梁刺客后曹辈果遮刺杀盎安陵郭门外。

袁盎虽然在家闲居，但景帝时常派人向他询问计谋。梁王想争取成为皇位的继承人，袁盎进谏劝说，以后这种议论就中止了。梁王因此记恨袁盎，曾经派人刺杀袁盎。刺客到达关中，了解袁盎的为人，诸位名人都赞不绝口地夸他。刺客就会见袁盎说：“我接受了梁王的金钱来刺杀您，您是个宽厚的长辈，我不忍心刺杀您。但以后行刺您的还会有十多批，要提防他们！”袁盎内心不快乐，家里又多怪事，就到棓先生那里去占卜。回来的时候，随后而来的梁国刺客，在安陵城门外，拦截、刺杀了袁盎。

晁错者，颍川人也。学申商刑名于轵张恢先所，与雒阳宋孟及刘礼同师。以文学为太常掌故。

晁错是颍川人，在轵县张恢先生那里学过申不害、商鞅的刑名学说，跟洛阳的宋孟和刘礼同一个老师。他凭着文学才能担任了太常掌故。

错为人峭直刻深。孝文帝时，天下无治《尚书》者，独闻济南伏生故秦博士，治《尚书》，年九十余，老不可征，乃诏太常使人往受之。太常遣错受《尚书》伏生所。还，因上便宜事，以《书》称说。诏以为太子舍人、门大夫、家令。以其辩得幸太子，太子家号曰“智囊”。数上书孝文时，言削诸侯事，及法令可更定者。书数十上，孝文不听，然奇其材，迁为中大夫。当是时，太子善错计策，袁盎诸大功臣多不好错。

晁错为人正直严厉。汉文帝时，全国没有研究《尚书》的人，唯独听说济南的伏生，是从前秦朝的博士，研究过《尚书》，九十多岁了，年老不能应召，文帝就下令太常派人到他那里学习。太常派遣晁错到伏生处学习《尚书》。回来后，趁着上书陈说应当做的事情，根据《尚书》进行论述。文帝诏令他先后担任太子舍人、门大夫、太子家令。晁错凭着他的辩才，得到太子的宠幸。太子家里人称他为“智囊”。汉文帝时，晁错多次上书，陈述削弱诸侯的事情，以及应当修改的法令。几十次上书，文帝不听，但惊奇他的才能，提升他作中大夫。当这个时候，太子称赞晁错的计策，袁盎和各大功臣都讨厌晁错。

景帝即位，以错为内史。错常数请间言事，辄听，宠幸倾九卿，法令多所更定。丞相申屠嘉心弗便，力未有以伤。内史府居太上庙壖中，门东出，不便，错乃穿两门南出，凿庙壖垣。丞相嘉闻，大怒，欲因此过为奏请诛错。错闻之，即夜请间，具为上言之。丞相奏事，因言错擅凿庙垣为门，请下廷尉诛。上曰：“此非庙垣，乃壖中垣，不致于法。”丞相谢。罢朝，怒谓长史曰：“吾当先斩以闻，乃先请，为儿所卖，固误。”丞相遂发病死。错以此愈贵。

景帝就位后，用晁错作内史。晁错曾经数次请求密谈政事，景帝总是听从，恩宠超过九卿，法令多被他所修改。丞相申屠嘉虽然内心不服气，但又无力伤害他。内史府建在太上庙外的空地里，门朝东开，进出很不方便。晁错就朝南开了两扇门出入，凿开了太上庙外空地上的围墙。丞相申屠嘉听说后，大为气恼，想借这个过失写奏书请求杀死晁错。晁错听到这个消息，当夜请求单独进见皇上，原原本本地向皇上陈述了这件事。丞相上朝奏事，借机说了晁错擅自凿穿太上庙的围墙作门，请求皇上把他交给廷尉处死。皇上说："那不是庙墙，而是庙外空地上的围墙，不至于触犯法令。"丞相谢罪。退朝后，申屠嘉生气地对长史说道："我应该先斩了他再报告皇上，却先奏请，反被这小子卖弄了，实在是失误。"丞相终于生病死了。晁错由此更加显贵。

迁为御史大夫，请诸侯之罪过，削其地，收其枝郡。奏上，上令公卿列侯宗室集议，莫敢难，独窦婴争之，由此与错有郤。错所更令三十章，诸侯皆喧哗疾晁错。错父闻之，从颍川来，谓错曰："上初即位，公为政用事，侵削诸侯，别疏人骨肉，人口议多怨公者，何也？"晁错曰："固也。不如此，天子不尊，宗庙不安。"错父曰："刘氏安矣，而晁氏危矣，吾去公归矣！"遂饮药死，曰："吾不忍见祸及吾身。"死十余日，吴楚七国果反，以诛错为名。及窦婴、袁盎进说，上令晁错衣朝衣斩东市。

提升为御史大夫，陈述诸侯的罪过，请求减少他们的土地，没收他们的旁郡。奏章送上去，皇上命令公卿、列侯和皇室集会商议，没有谁敢非难，只有窦婴跟他争辩，从此和晁错有了隔阂。晁错修改的法令有三十章，诸侯都哗然嫉恨晁错。晁错的父亲听到这消息，从颍川赶来，对晁错说："皇上刚刚就位，你执政掌权，侵犯削弱诸侯，疏远人家的骨肉，人们都议论埋怨你，为何呢？"晁错说："本来嘛。不这样，天子不受尊崇，国家也不得安宁。"晁错的父亲说："刘家天下安宁了，而晁家就危险了，我离开你回去了！"就服毒药自杀，说："我不忍心看到灾祸连累到我身上。"死后十几天，吴、楚七国果然叛变，用诛杀晁错为名义。等到窦婴、袁盎进言，皇上就让他穿着上朝的礼服，在东市斩首了。

晁错已死，谒者仆射邓公为校尉，击吴楚军为将。还，上书言军事，谒见上。上问曰："道军所来，闻晁错死，吴楚罢不？"邓公曰："吴王为反数十年矣，发怒削地，以诛错为名，其意非在错也。且臣恐天下之士噤口，不敢复言也！"上曰："何哉？"邓公曰："夫晁错患诸侯强大不可制，故请削地以尊京师，万世之利也。计画始行，卒受大戮，内杜忠臣之口，外为诸侯报仇，臣窃为陛下不取也。"于是景帝默然良久，曰："公言善，吾亦恨之。"乃拜邓公为城阳中尉。

晁错死后，谒者仆射邓公担任校尉，攻打吴、楚两军时担任将领。回到京城，上书陈述军事情况，进见皇上。皇上问："你从军中来，有没有听说晁错死后，吴、楚退兵了？"邓公说："吴王谋反几十年了，由于削减封地而发怒，以诛杀晁错为名，但他的本意并不是在于晁错。而且我怕天下的士人都将闭口，不敢再进言了。"皇上说："为什么呢？"邓公说："晁错忧虑诸侯强大了不能控制他们，所以请求削减诸侯的封地来尊崇朝廷，这是万代的利益。计划刚施行，竟然遭到杀戮，对内杜塞了忠臣的言路，对外替诸侯报了仇，我暗地认为，陛下这样做是不是取的。"这时景帝沉默了好久，说："您说得好，我也后悔这件事。"就任命邓公担任城阳中尉。

邓公，成固人也，多奇计。建元中，上招贤良，公卿言邓公，时邓公免，起家为九卿。一年，复谢病免归。其子章以修黄老言显于诸公间。

邓公是成固人，有很多奇妙的计谋。建元年间，皇上招揽贤良的人才，公卿们推荐邓公。当时邓公被免了职，就从平民起用他做了九卿。过了一年，邓公又托病免官回家。他的儿子邓章因为研究黄帝、老子的学说，在王公大臣中间很有名气。

太史公曰：袁盎虽不好学，亦善傅会，仁心为质，引义慷慨。遭孝文初立，资适逢世。时以变易，及吴楚一说，说虽行哉，然复不遂。好声矜贤，竟以名败。晁错为家令时，数言事不用；后擅权，多所变更。诸侯发难，不急匡救，欲报私仇，反以亡躯。语曰"变古乱常，不死则亡。"，岂错等谓邪！

太史公说：袁盎虽然不好学，但也善于牵强附会，以仁爱之心为本，称引大义，激昂慷慨。遇到汉文帝刚登位，才智正好碰上了合适的时代。时局变化不定，等到吴、楚反叛时，提一次诛杀晁错的建议，建议虽然施行了，然而还是不能再在朝廷顺利成事。喜好名声，夸耀贤能，终于由于追求名声而败亡。晁错当太子家令的时候，数次进言国事而不被采用，后来专权，法令变更很多。七国作难，晁错不急于匡正挽救危机，却想报私仇，反而因此丧命。常言说："改变古制，扰乱常规，不是身死，就是逃亡。"难道是说的晁错等人吗？

史记第一百二卷

张释之冯唐列传第四十二

张廷尉释之者，堵阳人也，字季。有兄仲同居。以訾为骑郎，事孝文帝，十岁不得调，无所知名。释之曰："久宦减仲之产，不遂。"欲自免归。中郎将袁盎知其贤，惜其去，乃请徙释之补谒者。释之既朝毕，因前言便宜事，文帝曰："卑之，毋甚高论，令今可施行也。"于是释之言秦汉之间事，秦所以失而汉所以兴者久之。文帝称善，乃拜释之为谒者仆射。

廷尉张释之是堵阳县人，字季。他有个哥哥张仲和他一起生活。他由于有家财而当了骑郎，侍奉孝文帝，十年时间都没能升迁，没有什么人知道他。张释之说："长久做官会耗减张仲的家产，不安心。"欲自己请求免官回家。中郎将袁盎知道他贤能，舍不得他离去，就请求调张释之补任谒者缺职。张释之在朝见完毕后，顺便上前进言认为有利的事情。文帝说："切实一点，不要太高谈阔论，是要使得现在可以实行的。"于是张释之就谈论秦、汉之间的事，秦朝为何灭亡和汉朝为何兴起的原因，谈了很长时间。文帝称赞说好，于是任命张释之为谒者仆射。

释之从行，登虎圈。上问上林尉诸禽兽簿，十余问，尉左右视，尽不能对，虎圈啬夫从旁代尉对上所问禽兽簿甚悉，欲以观其能口对响应无穷者。文帝曰："吏不当若是邪？尉无赖！"乃诏释之拜啬夫为上林令。释之久之前曰："陛下以绛侯周勃何如人也？"上曰："长者也。"又复问："东阳侯张相如何如人也？"上复曰："长者。"释之曰："夫绛侯、东阳侯称为长者，此两人言事曾不能出口，岂斅此啬夫谍谍利口捷给哉！且秦以任刀笔之吏，吏争以亟疾苛察相高，然其敝徒文具耳，无恻隐之实。以故不闻其过，陵迟而至于二世，天下土崩。今陛下以啬夫口辩而超迁之，臣恐天下随风靡靡，争为口辩而无其实。且下之化上疾于景响，举错不可不审也。"文帝曰："善。"乃止不拜啬夫。

张释之随从皇上出行，登上虎圈。皇上问上林尉登记各种禽兽档案的情况，问了十多个问题，上林尉左顾右盼，全都答不出来。看管虎圈的啬夫从旁边代替上林尉很详尽地回答了皇上问的禽兽档案的情况，想借这来显示自己对答如流犹似回响应声一样没有穷尽。文帝说："官吏不应当象这样么？上林尉无能！"于是诏令张释之任命啬夫为上林苑令。张释之过了很久上前说："陛下认为绛侯周勃是怎样的人呢？"皇上说："是忠厚长者。"张释之又再问："东阳侯张相如是怎样的人呢？"皇上又说："是忠厚长者。"张释之说："绛侯、东阳侯被称为忠厚长者，这两个人议论事情竟然说不出话，难道让人们仿效这个啬夫喋喋不休的伶牙俐齿么！何况秦朝因为任用舞文弄墨的官吏，官吏们争着拿办事迅速和督察苛刻来相比高低，可是那弊端是只有表面的官样文书，没有出自内心的实情。所以皇上听不到自己的过错，逐渐衰败，直到二世，天下便土崩瓦解。如今陛下凭着啬夫能言善辩而破格提升他，我恐怕天下受这风气影响争着夸夸其谈而没有实质内容。况且下面仿效上面比影之随形、响之应声还要快，做什么和不做什么，不能不谨慎啊。"文帝说："好。"于是放弃，不任命啬夫了。

上就车，召释之参乘，徐行，问释之秦之敝。具以质言。至宫，上拜释之为公车令。

皇上登上车，召张释之来陪乘，缓缓地前行，皇上问张释之秦朝的弊端。张释之一一地如实回答。到了宫中，皇上任命张释之为公车令。

顷之，太子与梁王共车入朝，不下司马门，于是释之追止太子、梁王无得入殿门。遂劾不下公门不敬，奏之。薄太后闻之，文帝免冠谢曰："教儿子不谨"。薄太后乃使使承诏赦太子、梁王，然后得入。文帝由是奇释之，拜为中大夫。

不久，太子和梁王一同乘车入宫朝见，经过司马门没有下车，于是张释之追上来拦住太子、梁

不用俐口图。选自明·张居正《帝鉴图说》，讲述张释之与汉文帝同游上林苑，劝谏汉文帝不要只凭口舌之俐就拔擢人才之事。

王，不让他们进殿门。于是控告他们不在司马门下车是犯不敬罪，报告上去。薄太后听说了，文帝脱下帽子谢罪说："我教儿子不够谨严。"薄太后于是派使者秉承诏令赦免了太子、梁王，随后他俩才得以进入。文帝因为这事认为张释之与众不同，任命他为中大夫。

顷之，至中郎将。从行至霸陵，居北临厕。是时慎夫人从，上指示慎夫人新丰道，曰："此走邯郸道也。"使慎夫人鼓瑟，上自倚瑟而歌，意惨凄悲怀，顾谓群臣曰："嗟乎！以北山石为椁，用纻絮斮陈，蕠漆其間，豈可动哉！"左右皆曰："善。"释之前进曰："使其中有可欲者，虽锢南山犹有郄；使其中无可欲者，虽无石椁，又何戚焉！"文帝称善。其后拜释之为廷尉。

不久，张释之官至中郎将。他随从皇上出行到霸陵，坐在霸陵上面的北边远望。这时慎夫人跟随，皇上指着去新丰县的路给慎夫人看，说："这是向邯郸去的路。"皇上让慎夫人弹瑟，自己和着瑟的调子而唱歌，情意凄凉悲哀，回头对群臣说："唉！拿北山的石头做外椁，用大麻、棉絮剁细充塞在石椁的缝隙，再用漆粘合起来，难道可以打得开么！"身边的人都说："好。"张释之上前说："假如那里面有能够引起欲念的东西，即使禁闭起整个南山作棺椁，也还有缝隙；假使那里面没有能够引起欲念的东西，即使没有石椁，又何必忧戚呢！"文帝称赞说得好。那以后任命张释之为廷尉。

顷之，上行出中渭桥，有一人从桥下走出，乘舆马惊。于是使骑捕，属之廷尉。释之治问。曰："县人来，闻跸，匿桥下。久之，以为行已过，即出，见乘舆车骑，即走耳。"廷尉奏当，一人犯跸，当罚金。文帝怒曰："此人亲惊吾马，吾马赖柔和，令他马，固不败伤我乎？而廷尉乃当之罚金！"释之曰："法者天子所与天下公共也。今法如此而更重之，是法不信于民也。且方其时，上使立诛之则已。今既下廷尉，廷尉，天下之平也，一倾而天下用法皆为轻重，民安所措其手足？唯陛下察之。"良久，上曰："廷尉当是也。"

不久，皇上出行经过中渭桥，有一个人从桥下面跑出来，使皇上驾车的马受了惊吓。于是命令骑士捉住那人，交给廷尉治罪。张释之审问，那人说："我乡下人来到这里，听到清道戒严，就藏在桥下。过了很久，以为皇上已经过去，就出来，看到皇上的车马和仪仗队，马上就跑了。"廷尉上奏应判的罪刑，说一个人犯了清道戒严的禁令，应该处以罚金。文帝发怒说："这个人亲自惊了我的马，我的马好在脾性柔和，如果是其他的马，必定不是摔伤我了吗？可廷尉却只判处以罚金！"张释之说："法律是天子和天下人一同遵奉的。现今依法律是这样判定的，而要更改加重处罚，这样法律就不会取得人民的信任。何况在当时，皇上假如立刻诛杀了他也就罢了。现今既然交下给廷尉处理，廷尉是天下公平之所在，一旦有倾斜，天下使用法律时都任意取轻或取重，人民把自己的手脚放在哪里好呢？希望陛下明察。"过了很久，皇上说："廷尉就应当这样。"

其后有人盗高庙坐前玉环，捕得，文帝怒，下廷尉治。释之案律盗宗庙服御物者为奏，奏当弃

市。上大怒曰:“人之无道,乃盗先帝庙器,吾属廷尉者,欲致之族,而君以法奏之,非吾所以共承宗庙意也。”释之免冠顿首谢曰:“法如是足也。且罪等,然以逆顺为差。今盗宗庙器而族之,有如万分之一,假令愚民取长陵一抔土,陛下何以加其法乎?”久之,文帝与太后言之,乃许廷尉当。是时,中尉条侯周亚夫与梁相山都侯王恬开见释之持议平,乃结为亲友。张廷尉由此天下称之。

那以后,有人偷了高祖庙内神座前的玉环,被捉拿到,文帝发怒,交下给廷尉判处。张释之依照法律中偷盗宗庙服饰器物的条文向皇上禀奏,奏请应当判处死刑。皇上大怒说:“那人胡作非为,竟然偷盗先帝宗庙里的器物,我交给廷尉来处理的原因,是想使得他灭族,可是你依据法律奏请,这不是我用来恭敬承奉宗庙的本意。”张释之脱下帽子叩头谢罪说:“按照法律这样判决已经够重了。何况斩首与灭族同是死罪,但以犯罪轻重的程度而论有差别。现在偷盗宗庙中的器物就诛杀他全族,如果万一,假如愚蠢的百姓偷挖了长陵上的一抔土,陛下又怎样施加给他刑罚呢?”过了很久,文帝和太后谈论这事,才批准了廷尉的判决。这时,中尉条侯周亚夫和梁国相山都侯王恬开看到张释之掌握议论公正,因此和他结为亲密朋友。张廷尉从此受到天下人称誉。

后文帝崩,景帝立,释之恐,称病。欲免去,惧大诛至;欲见谢,则未知何如。用王生计,卒见谢,景帝不过也。

后来文帝驾崩,景帝即位,张释之害怕,便托称有病,想辞职离去,怕招来大的刑罚;又想进宫谢罪,却不知会如何。后来采用了王先生的意见,终于进见景帝当面谢罪,景帝没有怪罪他。

王生者,善为黄老言,处士也。尝召居廷中,三公九卿尽会立,王生老人,曰:“吾襪解”,顾谓张廷尉:“为我结襪!”释之跪而结之。既已,人或谓王生曰:“独奈何廷辱张廷尉,使跪结襪?”王生曰:“吾老且贱,自度终无益于张廷尉。张廷尉方今天下名臣,吾故聊辱廷尉,使跪结襪,欲以重之。”诸公闻之,贤王生而重张廷尉。

王先生擅长黄帝、老子学说,是隐士。曾经被召进宫廷中,当时三公九卿都聚在一起站立着,王先生是老年人,说:“我的袜子松了。”回头对张廷尉说:“给我系好袜子!”张释之跪下来给他系好袜子。过后,有人对王先生说:“怎么偏偏在朝廷上当众羞辱张廷尉,让他跪着系袜子呢?”王先生说:“我年老并且地位低贱,自料终究对张廷尉没有什么好处,张廷尉正是当今天下的名臣,我姑且委屈他一下,让他跪着系袜子,想借此来抬举他。”各位公卿听说了,都认为王先生贤能,而敬重张廷尉。

张廷尉侍景帝岁馀,为淮南王相,犹尚以前过也。久之,释之卒。其子曰张挚,字长公,官至大夫,免。以不能取容当世,故终身不仕。

张廷尉事奉景帝一年多,后来任淮南王相,也还是由于以前得罪过景帝的原因。过了很久,张释之去世。他儿子叫张挚,字长公,官至大夫,后被免职。因为他不会讨当权者欢心,所以直到死也再没有当官。

冯唐者,其大父赵人。父徙代。汉兴徙安陵,唐以孝著,为中郎署长,事文帝。文帝辇过,问唐曰:“父老何自为郎?家安在?”唐具以实对。文帝曰:“吾居代时,吾尚食监高祛数为我言赵将李齐之贤,战于钜鹿下。今吾每饭,意未尝不在钜鹿也。父知之乎?”唐对曰:“尚不如廉颇、李牧之为将也”上曰:“何以?”唐曰:“臣大父在赵时,为官率将,善李牧。臣父故为代相,善赵将李齐,知其为人也。”上既闻廉颇、李牧为人,良说,而搏髀曰:“嗟乎!吾独不得廉颇、李牧时为吾将,吾岂忧匈奴哉!”唐曰:“主臣!陛下虽得廉颇、李牧,弗能用也。”上怒,起入禁中。良久,召唐让曰:“公奈何众辱我,独无间处乎?”唐谢曰:“鄙人不知忌讳。”

冯唐,他的祖父是赵国人。他父亲迁移到代郡。汉朝建立后,又移居安陵。冯唐以孝行出名,任中郎署长,侍奉文帝。文帝乘车经过中郎官署时,问冯唐说:“老人家为何当了郎官呢?家在什么地方?”冯唐都一一如实回答。文帝说:“我居住在代郡时,我的尚食监高祛屡次对我称赞赵国将领李齐的贤能,在钜鹿城下战斗的故事。如今我每次吃饭,都会想到李齐鏖战钜鹿的故事。老人家知道李齐这个人吗?”冯唐回答说:“作为将领,他还比不上廉颇、李牧。”皇上说:“依据什么?”冯唐说:“我祖父在赵国时,任官帅将,和李牧友好。我父亲从前当过代王的丞相,和赵将李齐友好,了解他的为人。”皇上听了冯唐讲述廉颇、李牧的为人后,非常高兴,拍打着大腿说:“唉!我偏偏得不到廉颇、李牧现在做我的将领,不然,我难道担心匈奴么!”冯唐说:“主臣!陛下即使得到了廉颇、李牧,也不能任用。”皇上大怒，起身进入宫里。过了很久，召见冯唐责怪说：“您为什么当众侮辱我，难道没有僻静的地方么？”冯唐谢罪说：“我这个粗鄙人不知道忌讳。”

当是之时，匈奴新大入朝邢，杀北地都尉卬。上以胡寇为意，乃卒复问唐曰：“公何以知吾不能用廉颇、李牧也？”唐对曰：“臣闻上古王者之遣将也，跪而推毂，曰阃以内者，寡人制之；阃以外者，将军制之。军功爵赏皆决于外，归而奏之。此非虚言也。臣大父言，李牧为赵将据边，军市之租皆自用飨士，赏赐决于外，不从中扰也。委任而责成功，故李牧乃得尽其智能，遣选车千三百乘，彀骑万三千，百金之士十万，是以北逐单于，破东胡，灭澹林，西抑强秦，南支韩、魏。当是之时，赵几霸。其后会赵王迁立，其母倡也。王迁立，乃用郭开谗，卒诛李牧，令颜聚代之。是以兵破士北，为秦所禽灭。今臣窃闻魏尚为云中守，其军市租尽以飨士卒，出私养钱，五日一椎牛，飨宾客军吏舍人，是以匈奴远避，不近云中之塞。虏曾一入，尚率车骑击之，所杀甚众。夫士卒尽家人子，起田中从军，安知尺籍伍符。终日力战，斩首捕虏，上功莫府，一言不相应，文吏以法绳之。其赏不行而吏奉法必用。臣愚，以为陛下法太明，赏太轻，罚太重。且云中守魏尚坐上功首虏差六级，陛下下之吏，削其爵，罚作之。由此言之，陛下虽得廉颇、李牧，弗能用也。臣诚愚，触忌讳，死罪死罪！”文帝说。是日令冯唐持节赦魏尚，复以为云中守，而拜唐为车骑都尉，主中尉及郡国车士。

恰好这个时候，匈奴新近大举入侵朝邢，杀死了北地郡都尉孙卬。皇上正在为匈奴入侵担忧，于是终于又问冯唐说：“您如何知道我不能任用廉颇、李牧呢？”冯唐回答说：“我听说上古时代君王派遣将领时，跪着推车子，说国门以内的事，我来控制；国门以外的事，请将军来控制。军功、爵位和赏赐都由将军在外决定，回来再上奏朝廷。这不是空话啊。我的祖父说，李牧任赵将居守边疆，把从军中交易市场上征收的租税都用来犒赏将士，赏赐由将军在外决定，朝廷不从中干预。交给他任务而责令他成功，因此李牧才能尽他的智慧和才能，派遣挑选合格的战车士一千三百辆乘员，善射的骑兵一万三千，精锐的士卒十万，因此向北驱逐单于，击败东胡，灭掉澹林，向西抑制强大的秦国，向南面对抗韩国、魏国。当这个时候，赵国几乎成了霸主。那以后适逢赵王迁即位，他的母亲本是个卖唱的艺人。赵王迁即位，就听信郭开的谗言，终于杀死了李牧，让颜聚取代他。因此军败士兵逃跑，被秦国俘虏消灭。如今我私下听说魏尚任云中太守时，把军市交易的税收全部拿来犒赏将士，拿出私人的俸钱，每五天杀一次牛，宴请宾客、军吏和属官，所以匈奴远远地躲避，不敢靠近云中要塞。匈奴曾经有一次入侵，魏尚带领车兵、骑兵攻击他们，杀死很多敌人。那些士兵都是平民百姓的子弟，从田中来参军，哪里知道‘尺籍’‘伍符’之类的军法条令。整天奋力作战，斩杀敌首，捕获俘虏，可是向衙门报功时，一个字不相符，法官就依据法律来制裁他们。他们的赏赐没能兑现而司法官所奉行的法令一定要执行。我愚蠢，认为陛下法令太苛刻，赏赐太轻，刑罚太重。况且云中太守魏尚由于上报斩杀敌军的数目差了六个首级，陛下就交给司法官治罪，削夺他的爵位，判了他一年徒刑。由此说来，陛下即使得到廉颇、李牧，也不能任用。我确实愚蠢，触犯了忌讳，死罪死罪！”文帝听了高兴。当天派冯唐拿着节令去赦免魏尚，让他重新任云中郡守，而任命冯唐为车骑都尉，掌管中尉和各郡、国的车兵。

七年，景帝立，以唐为楚相，免。武帝立，求贤良，举冯唐。唐时年九十余，不能复为官，乃以唐子冯遂为郎。遂字王孙，亦奇士，与余善。

汉文帝后元七年，景帝即位，任命冯唐为楚国的国相，后被免职。武帝即位，诏求贤良人才，推举冯唐。冯唐当时九十多岁，不能再做官，就让冯唐儿子冯遂任郎官。冯遂字王孙，也是才能出众的人，和我友好。

太史公曰：张季之言长者，守法不阿意，冯公之论将率，有味哉！有味哉！语曰“不知其人，视其友”。二君之所称诵，可著廊庙。《书》曰“不偏不党，王道荡荡；不党不偏，王道便便”。张季、冯公近之矣。

太史公说：张季谈论“长者”的话，坚守法度不逢迎皇上意旨；冯公评论将帅的话，有道理啊，有道理啊！俗话说：“不了解那个人，就看看他的朋友”。他们二人所赞美的“长者”、将帅的话，可以记录在朝廷上。《尚书》上说：“不偏心不结党，圣王之道就坦坦荡荡；不结党不偏心，圣王之道就坦坦平平。”张季、冯公接近这样了。

史记第一百三卷

万石张叔列传第四十三

万石君名奋，其父赵人也，姓石氏。赵亡，徙居温。高祖东击项籍，过河内，时奋年十五，为小吏，侍高祖。高祖与语，爱其恭敬，问曰："若何有？"对曰："奋独有母，不幸失明。家贫。有姊，能鼓琴。"高祖曰："若能从我乎？"曰："愿尽力。"于是高祖召其姊为美人，以奋为中涓，受书谒，徙其家长安中戚里，以姊为美人故也。其官至孝文时，积功劳至大中大夫。无文学，恭谨无与比。

万石君名叫奋，他父亲是赵国人，姓石。赵国灭亡后，迁居到温县。高祖向东进攻项籍，经过河内，当时石奋十五岁，当小官吏，侍候高祖。高祖和他谈话，喜欢他的尊敬，问他说："你还有什么人？"他回答说："我只有母亲，不幸双目失明。家里贫穷。还有一个姐姐，擅长弹琴。"高祖说："你能跟随我吗？"他说："愿尽力效劳。"于是高祖召他姐姐来封为美人，让石奋任中涓，兼管传达，把他家迁到长安城里的戚里，这是因为姐姐做美人的缘故。石奋做官到孝文帝时，靠积累功劳当上了大中大夫。他没有文才学问，但恭敬谨严没人能比得上。

文帝时，东阳侯张相如为太子太傅，免。选可为傅者，皆推奋，奋为太子太傅。及孝景即位，以为九卿；迫近，惮之，徙奋为诸侯相。奋长子建，次子甲，次子乙，次子庆，皆以驯行孝谨，官皆至二千石。于是景帝曰："石君及四子皆二千石，人臣尊宠乃集其门。"号奋为万石君。

文帝的时候，东阳侯张相如任太子太傅，被免官。选拔可以任太子太傅的人，大家都推荐石奋，石奋当了太子太傅。到孝景帝即位，用他担任九卿；和皇上太过于亲近了，皇上怕他，就调石奋任诸侯国相。石奋的长子叫石建，二子甲某，三子乙某，四子石庆，都因为品行善良，孝敬父母，办事谨严，做官都到了二千石。于是景帝说："石君和四个儿子都是二千石官员，作为臣子的尊贵光宠竟然聚积在他一家。"称呼石奋为万石君。

孝景帝季年，万石君以上大夫禄归老于家，以岁时为朝臣。过宫门阙，万石君必下车趋，见路马必式焉。子孙为小吏，来归谒，万石君必朝服见之，不名。子孙有过失，不谯让，为便坐，对案不食。然后诸子相责，因长老肉袒固谢罪，改之，乃许。子孙胜冠者在侧，虽燕居必冠，申申如也。僮仆䜣䜣如也。唯谨。上时赐食于家，必稽首俯伏而食之，如在上前。其执丧，哀戚甚悼。子孙遵教，亦如之。万石君家以孝谨闻乎郡国，虽齐鲁诸儒质行，皆自以为不及也。

孝景帝晚年，万石君按上大夫俸禄回家养老，每年根据定期作为大臣参加朝会。经过皇宫的门楼，万石君一定下车快步走，看到皇上所乘路车的马，一定俯身按着车前横木表示敬意。他的子孙做小官，回家来进见他，万石君一定穿着朝服来接见，不称呼名字。子孙有错误，不谴责，就坐在旁边的座位上，对着饭桌不吃饭。然后儿子们相互责备，通过长辈的帮助说情，光着上身坚决地谢罪，改正错误，才答应。已成年的子孙在他身边，虽然平常在家也一定戴礼帽，非常整齐肃穆的样子。奴仆一派恭敬和悦的气氛，非常谨慎。皇上经常给他家赏赐食物，他一定跪下叩拜俯伏着吃，好像皇上就在眼前。他办理丧事，十分悲伤。子孙遵循他的教导，也和他一样。万石君一家凭着孝敬谨严而闻名于各郡各国。即使齐、鲁的那些儒生的诚信行为，都自以为比不上。

建元二年，郎中令王臧以文学获罪。皇太后以为儒者文多质少，今万石君家不言而躬行，乃以长子建为郎中令，少子庆为内史。

建元二年，郎中令王臧因为推行儒学而犯罪。皇太后认为儒生夸夸其谈而缺少实质内容，如今万石君一家不多说话而身体力行，就让他的长子石建任郎中令，小儿子石庆任内史。

建老白首，万石君尚无恙。建为郎中令，每五日洗沐归谒亲，入子舍，窃问侍者，取亲中裙厕牏，

身自浣涤，复与侍者，不敢令万石君知，以为常。建为郎中令，事有可言，屏人恣言，极切；至廷见，如不能言者。是以上乃亲尊礼之。

石建年老头发白了，万石君却还健康没病。石建任郎中令，每五天休假回来拜见父亲，进入小房内，私下问仆人，拿父亲的内裤溺器，亲自洗好，再交给仆人，不敢让万石君知道，他经常这样做。石建任郎中令，有可以述说的事情，就背着人尽情地说；到了朝廷上进见就好像不会说话一样。所以皇上便亲自尊敬地以礼对待他。

万石君徙居陵里。内史庆醉归，入外门不下车。万石君闻之，不食。庆恐，肉袒请罪，不许。举宗及兄建肉袒，万石君让曰："内史贵人，入闾里，里中长老皆走匿，而内史坐车中自如，固当！"乃谢罢庆。庆及诸子弟入里门，趋至家。

万石君迁居到陵里。内史石庆喝醉了回家，进入外门没有下车。万石君听说了，不吃饭。石庆害怕，光着上身去请罪，没有允许。全族人和哥哥石建都去衣露体请罪，万石君责备说："内史是显贵的人，进入乡里，乡里中的长辈都走开回避，而内史坐在车中自得其乐，本来应刻的！"于是吩咐停止追究石庆。石庆和众子弟进入里门，都快步走回到家。

万石君以元朔五年中卒。长子郎中令建哭泣哀思，扶杖乃能行。岁余，建亦死。诸子孙咸孝，然建最甚，甚于万石君。

万石君在元朔五年中去世。他的长子郎中令石建痛哭哀悼，扶着杖才能行走。一年多后，石建也去世了。众子孙都有孝心，可是石建最突出，超过万石君。

建为郎中令，书奏事，事下，建读之，曰："误书！'马'者与尾当五，今乃四，不足一。上谴死矣！"甚惶恐。其为谨慎，虽他皆如是。

石建任郎中令，上书禀奏事情，文件批下来，石建读它，说："写错了！'马'字下面脚连尾应该五笔，现在只有四笔，少一笔。皇上发现责怪下来就该死了！"十分惧怕。他做事的谨慎，即使是别的小事也都如此。

万石君少子庆为太仆，御出，上问车中几马，庆以策数马毕，举手曰："六马。"庆于诸子中最为简易矣，然犹如此。为齐相，举齐国皆慕其家行，不言而齐国大治，为立石相祠。

万石君的小儿子石庆任太仆，驾车外出，皇上问他驾车子的有几匹马，石庆用鞭子逐一数完马后，举起手说："六匹马。"石庆在各位儿子中是最随便的了，但还是这样认真。他任齐国相，全齐国的人都仰慕他们家的品行，不用命令而齐国太平，替他建立了石相祠。

元狩元年，上立太子，选群臣可为傅者，庆自沛守为太子太傅，七岁迁为御史大夫。

元狩元年，皇上设立太子，选拔群臣中可以做太子老师的人，石庆从沛郡太守调任太子太傅，七年后升为御史大夫。

元鼎五年秋，丞相有罪，罢。制诏御史："万石君先帝尊之，子孙孝，其以御史大夫庆为丞相，封为牧丘侯。"是时汉方南诛两越，东击朝鲜，北逐匈奴，西伐大宛，中国多事。天子巡狩海内，修上古神祠，封禅，兴礼乐。公家用少，桑弘羊等致利，王温舒之属峻法，兒宽等推文学至九卿，更进用事，事不关决于丞相，丞相醇谨而已。在位九岁，无能有所匡言。尝欲请治上近臣所忠、九卿咸宣罪，不能服，反受其过，赎罪。

元鼎五年秋天，丞相犯罪，被免官。皇上有制书诏告御史说："万石君先帝尊重他，他的子孙有孝行，应该让御史大夫石庆任丞相，封为牧丘侯。"这时朝廷正在南面征讨南越、东越，在东边进攻朝鲜，在北边驱逐匈奴，在西边征讨大宛，国内多事。天子视察全国，修复上古的神庙，到名山祭祀天地，兴起礼乐。国家财政短缺，桑弘羊等人开辟财源，王温舒之流推行严苛法律，兒宽等人崇尚文才学术做到了九卿之官，交替当权，事情不由丞相来决定，丞相忠厚谨慎罢了。石庆在职九年，没有能够发表什么匡正时弊的言论。他曾经想请求惩办皇上亲近的大臣所忠、九卿咸宣的罪行，没能让他们服罪，反而由此获罪，后来用钱赎了罪。

元封四年中，关东流民二百万口，无名数者四十万，公卿议欲请徙流民于边以適之。上以为丞相老谨，不能与其议，乃赐丞相告归，而案御史大夫以下议为请者。丞相惭不任职，乃上书曰："庆幸得待罪丞相，罢驽无以辅治，城郭仓库空虚，民多流亡，罪当伏斧质，上不忍致法。愿归丞相侯印，乞

骸骨归，避贤者路。”天子曰：“仓廪既空，民贫流亡，而君欲请徙之，摇荡不安，动危之，而辞位，君欲安归难乎？”以书让庆，庆甚惭，遂复视事。

元狩四年中，关东有二百万流民，没有户籍的人有四十万，公卿大臣议论想请求皇上迁移流民到边疆，来处罚他们。皇上认为丞相年老谨慎，不会参加这样的议论，就赐丞相休假回家，然后查究御史大夫以下议论奏请的人。丞相惭愧自己不能胜任职守，于是上书说：“我有幸得以任丞相，才能低下，没有办法来辅助治理国家，城郊仓库空虚，很多百姓流离失所，罪应被处死，皇上不忍心惩罚我。希望归还丞相、侯印，祈求让我这把尸骨回家，让开而给贤能的人让路。”天子说：“粮仓已经空了，贫苦的百姓流散，而你想请求迁移他们，使国家动荡不安，来震动、危害它，然后你辞去职位，你想要把危难推归给谁呢？”用诏书责备石庆，石庆十分惭愧，就重新处理政事。

庆文深审谨，然无他大略，为百姓言。后三岁余，太初二年中，丞相庆卒，谥为恬侯。庆中子德，庆爱用之，上以德为嗣，代侯。后为太常，坐法当死，赎免为庶人。庆方为丞相，诸子孙为吏更至二千石者十三人。及庆死后，稍以罪去，孝谨益衰矣。

石庆细究法令条文而办事谨慎，可是没有别的大谋略，替百姓说话。以后三年多，在太初二年中，丞相石庆去世，被赐谥号为恬侯。石庆的二子石德，石庆喜爱、信用他，皇上让石德做石庆的继承人，接替侯爵。后来他任太常，犯法应当处死，赎罪免死刑降为平民。石庆正任丞相时，众子孙做官陆续做到二千石的有十三人。到石庆死后，这些人逐渐因为有罪而免了官，孝敬、谨严的家风更加衰落了。

建陵侯卫绾者，代大陵人也。绾以戏车为郎，事文帝，功次迁为中郎将，醇谨无他。孝景为太子时，召上左右饮，而绾称病不行。文帝且崩时，属孝景曰：“绾长者，善遇之。”及文帝崩，景帝立，岁余不噍呵绾，绾日以谨力。

建陵侯卫绾是代郡大陵人。卫绾凭借车技而当了郎官，侍奉文帝，连续立功而升为中郎将，忠厚谨严，没有别的才能。孝景帝做太子的时候，召来皇上身边的人饮酒，而卫绾托称有病没有来。文帝快要驾崩时，嘱咐孝景帝说：“卫绾是忠厚的人，要好好待他。”到文帝驾崩，景帝即位，一年多都没有责怪卫绾，卫绾每天更加谨慎勤力。

景帝幸上林，诏中郎将参乘，还而问曰：“君知所以得参乘乎？”绾曰：“臣从车士幸得以功次迁为中郎将，不自知也。”上问曰：“吾为太子时召君，君不肯来，何也？”对曰：“死罪，实病！”上赐之剑。绾曰：“先帝赐臣剑凡六，剑不敢奉诏。”上曰：“剑，人之所施易，独至今乎？”绾曰：“具在。”上使取六剑，剑尚盛，未尝服也。郎官有谴，常蒙其罪，不与他将争；有功，常让他将。上以为廉，忠实无他肠，乃拜绾为河间王太傅。吴楚反，诏绾为将，将河间兵击吴楚有功，拜为中尉。三岁，以军功，孝景前六年中封绾为建陵侯。

景帝到上林苑，命令中郎将陪同乘车，回来时问道：“你知道为何能陪同乘车吗？”

剑，古代兵器。有时君主会以剑赐臣下，汉文帝即曾赐六剑于卫绾。

卫绾说:“我从车兵有幸能够凭着连续立功升任中郎将,不知道为何。”皇上问道:“我做太子时召你来,你不愿意来,为何?”卫绾回答说:“死罪,我确实生病!”皇上赐给他宝剑。卫绾说:“先帝赐给我宝剑共有六把,我不敢再承奉诏令接受了。”皇上说:“宝剑是人们所喜欢的,可以进行交换、买卖,难道留到现在么?”卫绾说:“都在。”皇上让他拿来那六把宝剑,宝剑还在鞘中,没有使用过。郎官有过错,他常常承担罪责,不和其他中郎将争辩;有功劳,他常常让给别的中郎将。皇上认为他廉洁,忠厚没有诡计,因此任命卫绾为河间王太傅。吴、楚造反时,皇上命卫绾任将军,率领河间的部队攻打吴、楚有功劳,被任命为中尉。三年后,因为立了军功,在孝景帝前元六年中封卫绾为建陵侯。

其明年,上废太子,诛栗卿之属。上以为绾长者,不忍,乃赐绾告归,而使郅都治捕栗氏。既已,上立胶东王为太子,召绾,拜为太子太傅。久之,迁为御史大夫。五岁,代桃侯舍为丞相,朝奏事如职所奏。然自初官以至丞相,终无可言。天子以为敦厚,可相少主,尊宠之,赏赐甚多。

第二年,皇上废弃太子刘荣,杀死栗卿等人。皇上认为卫绾忠厚,不忍心处罚他,就赐他休假回家,而派郅都逮捕惩办栗家。事情完后,皇上立胶东王做太子,征召卫绾,任命他为太子太傅。过了很久,卫绾升为御史大夫。五年后,他取代桃侯刘舍任丞相,在朝廷上奏请事情恪守职分照章办事。可是他从开始做官一直到做丞相,终究没有什么提议。天子以为他诚实宽厚,可以辅佐少主,尊重宠爱他,给他的赏赐非常多。

为丞相三岁,景帝崩,武帝立。建元年中,丞相以景帝疾时诸官囚多坐不辜者,而君不任职,免之。其后绾卒,子信代。坐酎金失侯。

卫绾任丞相三年,景帝驾崩,武帝登位。建元年间,丞相由于景帝患病时各官署的囚犯很多是无辜受罪的,而被认为不称职,被罢官。那以后卫绾去世,他儿子卫信继袭侯爵,由于助祭献金不合规定而丢掉了侯爵。

塞侯直不疑者,南阳人也。为郎,事文帝。其同舍有告归,误持同舍郎金去,已而金主觉,妄意不疑,不疑谢有之,买金偿。而告归者来而归金,而前郎亡金者大惭,以此称为长者。文帝称举,稍迁至太中大夫。朝廷见,人或毁曰:“不疑状貌甚美,然独无奈其善盗嫂何也!”不疑闻,曰:“我乃无兄。”然终不自明也。

塞侯直不疑是南阳人。任郎官,侍奉文帝,他同房有人请假回家,错拿了同房郎官的黄金走,不久丢失金的主人发现,胡乱猜测是直不疑所为,直不疑认错有这事,买黄金偿还他。请假回家的人返来而送还了黄金,先前丢失金的郎官十分羞愧,因此称赞他是忠厚的人。文帝选拔人才,他渐渐升官做到太中大夫。上朝,在廷堂相见,有人诽谤他说:“直不疑相貌很美,可是偏偏对他善于跟嫂子私通没有办法!”直不疑听说了,说:“我是没有哥哥的。”可是最终不为自己辩白。

吴楚反时,不疑以二千石将兵击之。景帝后元年,拜为御史大夫。天子修吴楚时功,乃封不疑为塞侯。武帝建元年中,与丞相绾俱以过免。

吴、楚等国谋反时,直不疑以二千石官员的身份带领军队攻打他们。景帝后元元年,命他为御史大夫。天子表彰平定吴、楚叛乱的有功人员,就封直不疑为塞侯。武帝建元年间,他和丞相卫绾都因为过失而被免官职。

不疑学《老子》言。其所临,为官如故,唯恐人知其为吏迹也。不好立名称,称为长者。不疑卒,子相如代。孙望,坐酎金失侯。

直不疑学习《老子》言论,他所到的地方,做官用老一套办法,只怕人们知道他做官的事迹。他不喜欢树立名声,被人称为有德行和厚道的人。直不疑死后,他儿子直相如承袭侯爵。他孙子直望,由于助祭献金不合规定失去侯爵。

郎中令周文者,名仁,其先故任城人也。以医见。景帝为太子时,拜为舍人,积功稍迁,孝文帝时至太中大夫。景帝初即位,拜仁为郎中令。

郎中令周文,名叫周仁,他的祖先以前是任城人。他凭借医术进见。在景帝做太子时,命他为舍人,后来积累功劳逐渐升迁,汉文帝时官至太中大夫。景帝刚登位,任命周仁为郎中令。

仁为人阴重不泄,常衣敝补衣溺裤,期为不洁清,以是得幸。景帝入卧内,于后宫秘戏,仁常在

旁。至景帝崩，仁尚为郎中令，终无所言。上时问人，仁曰："上自察之。"然亦无所毁。以此景帝再自幸其家。家徙阳陵。上所赐甚多，然常让，不敢受也。诸侯群臣赂遗，终无所受。

周仁为人谨慎持重不泄露别人的秘密，经常穿着有补丁的旧衣服和尿裤，经常故意使容服不洁净，使嫔妃不接近，因此受到皇帝宠信。景帝进入寝宫，在后宫暗地里嬉戏，周仁常在旁边。到景帝驾崩，周仁还任郎中令，始终无什么建设性的言论。皇上时常向他询问别人，周仁说："皇上自己考察他吧。"可是也没有对别人讲什么坏话。因为这样，景帝曾经两次亲自到他家。他家迁到了阳陵。皇上赏赐给他的钱物好多，可他经常推辞，不敢接受。诸侯百官赠送的东西，他终究什么也不接受。

武帝立，以为先帝臣，重之。仁乃病免，以二千石禄归老，子孙咸至大官矣。

武帝登位，认为他是先帝的大臣，尊重他。周仁因此有病罢职，以二千石的俸禄回家养老，他的子孙都做到了大官。

御史大夫张叔者，名欧，安丘侯说之庶子也。孝文时以治刑名言事太子。然欧虽治刑名家，其人长者。景帝时尊重，常为九卿。至武帝元朔四年，韩安国免，诏拜欧为御史大夫。自欧为吏，未尝言案人，专以诚长者处官。官属以为长者，亦不敢大欺。上具狱事，有可却，却之；不可者，不得已，为涕泣面对而封之。其爱人如此。

御史大夫张叔，名叫张欧，是安丘侯张说的小妻生的儿子。孝文帝时他凭研究刑名学说侍奉太子。可是张欧虽然研究刑法及名实学说，他为人却很忠厚。景帝时对他尊重，常任九卿。到武帝元朔四年，韩安国被罢职，诏令任命张欧为御史大夫。自从张欧做官起，从不说惩办人，一心用诚实忠厚态度做官。属下认为他是个忠厚的人，也不敢太欺负他。要往上呈送已经办好的案件，有可以退回重审的，把它退回；不可能退还的，不得已，就流着泪亲自看着把它封好。他爱护人到如此地步。

老病笃，请免。于是天子亦策罢，以上大夫禄归老于家。家于阳陵。子孙咸至大官矣。

张欧年老病重，请求免职。于是天子也特颁明令准予退休，依照上大夫的俸禄回家养老。家住在阳陵。他的子孙都做到了大官。

太史公曰：仲尼有言曰'君子欲讷于言而敏于行'，其万石、建陵、张叔之谓邪？是以其教不肃而成，不严而治。塞侯微巧，而周文处谄，君子讥之，为其近于佞也。然斯可谓笃行君子矣！

太史公说：孔子有句话说"君子言语要迟钝，行动要迅速"，说的大概是万石君、建陵侯和张叔吧？所以他们教化不峻急而成功，不苛刻而安定。塞侯精妙机巧，而周文陷于阿谀，君子讥笑他们，由于他们接近了奸巧谄媚。可是他们可说是行为敦厚的君子了！

史记第一百四卷

田叔列传第四十四

田叔者，赵陉城人也。其先，齐田氏苗裔也。叔喜剑，学黄老术于乐巨公所。叔为人刻廉自喜，喜游诸公。赵人举之赵相赵午，午言之赵王张敖所，赵王以为郎中。数岁，切直廉平，赵王贤之，未及迁。

田叔是赵国陉城人。他的祖先是齐国田家的后代。田叔喜欢剑术，在乐巨公的住所学习黄老思想。田叔为人严正、清廉、自重自爱，喜好和那些年长有德行的人交游。赵国人把他推举给赵国相赵午，赵午在赵王张敖那里称赞他，赵王让他任郎中。经过几年，踏实正直，清廉公正，赵王以为他贤良，还没来得及提拔他。

会陈豨反代，汉七年，高祖往诛之，过赵，赵王张敖自持案进食，礼恭甚，高祖箕踞骂之。是时赵相赵午等数十人皆怒。谓张王曰："王事上礼备矣，今遇王如是，臣等请为乱。"赵王啮指出血，曰：

“先人失国，微陛下，臣等当虫出。公等奈何言若是！毋复出口矣！”于是贯高等曰：“王长者不倍德。”卒私相与谋弑上。会事发觉，汉下诏捕赵王及群臣反者。于是赵午等皆自杀，唯贯高就系。是时汉下诏书：“赵有敢随王者罪三族。”唯孟舒、田叔等十余人赭衣自髡钳，称王家奴，随赵王敖至长安。贯高事明白，赵王敖得出，废为宣平侯，乃进言田叔等十余人。上尽召见，与语，汉廷臣毋能出其右者，上说，尽拜为郡守、诸侯相。叔为汉中守十余年，会高后崩，诸吕作乱，大臣诛之，立孝文帝。

适逢陈豨在代反叛，汉七年，高祖去征讨他，路过赵国，赵王张敖亲自捧着托盘给高祖送食物，礼仪十分恭敬，高祖箕踞傲慢地骂他。这时赵国相赵午等几十人都气愤，对赵王张敖说：“大王侍奉皇上礼节十分周到了，如今这样对待大王，我们请求造反。”赵王咬指头，出了血，说：“我父亲失去王国，假如没有陛下，我们该会尸体出蛆。你们怎么这样说呢！不要再这样讲了！”于是贯高等人说：“大王是忠厚有德行的人，不背叛恩德。”终于私下相互策划杀害皇上。碰巧事情被发觉，朝廷下诏书逮捕赵王和群臣中谋反的人。于是赵午等人都自杀，只有贯高投案受捕。这时朝廷颁下诏书说：“赵国有敢于跟随赵王的人，就罪至灭三族。”只有孟舒、田叔等十几人穿着赤褐色囚衣，自动剃光头发，带上枷锁，自称为赵王家的奴仆，跟随赵王张敖到长安。贯高谋反的事情弄清楚后，赵王张敖得以出狱，被废黜为宣平侯，于是赵王上奏称赞田叔等十几人。皇上全部召见了他们，和他们谈话，汉家朝廷大臣中没有人能比他们强的，皇上高兴，全部任命他们为郡守、诸侯王相。田叔担任汉中郡郡守十多年，恰逢高后崩逝，吕家诸王侯准备叛乱，大臣们诛杀了他们，立孝文帝为天子。

孝文帝既立，召田叔问之曰：“公知天下长者乎？”对曰：“臣何足以知之！”上曰：“公，长者也，宜知之。”叔顿首曰：“故云中守孟舒，长者也。”是时孟舒坐虏大入塞盗劫，云中尤甚，免。上曰：“先帝置孟舒云中十余年矣，虏曾一入，孟舒不能坚守，毋故士卒战死者数百人。长者固杀人乎？公何以言孟舒为长者也？”叔叩头对曰：“是乃孟舒所以为长者也。夫贯高等谋反，上下明诏，赵有敢随张王，罪三族。然孟舒自髡钳，随张王敖之所在，欲以身死之，岂自知为云中守哉！汉与楚相距，士卒罢敝。匈奴冒顿新服北夷，来为边害，孟舒知士卒罢敝，不忍出言，士争临城死敌，如子为父，弟为兄，以故死者数百人。孟舒岂故驱战之哉！是乃孟舒所以为长者也。”于是上曰：“贤哉孟舒！”复召孟舒以为云中守。

孝文帝登位后，召田叔来询问说：“您知道天下的忠厚有德行的人吗？”田叔回答说：“我凭何能知道呢！”皇上说：“您是忠厚长者，应该知道。”田叔叩头说：“原云中郡郡守孟舒是忠厚长者。”这时孟舒由于匈奴大规模入长城内抢劫，云中郡被劫尤其严重而坐罪，被免职。皇上说：“先帝让孟舒任云中郡守十多年了，匈奴曾经入侵一次，孟舒不能坚守，无缘无故让士兵战死有几百人。忠厚有德行的人本来要杀人吗？您为何说孟舒是忠厚长者呢？”田叔叩头回答说：“这正是孟舒为忠厚长者的缘故。贯高等人谋反，皇上颁下明白的诏书，赵国有敢于跟随赵王的人，罪至三族。可是孟舒自动剃光头发，带上枷锁，跟随赵王张敖到他去的地方，想拿自身来为他效死，难道自己知道会做云中郡守么！朝廷和楚国相对抗，士兵很疲乏了。匈奴冒顿单于刚刚征服北方的夷族，就来边境为害，孟舒了解士兵疲劳困苦，不忍心命令作战，士兵争着登临城池，和敌人拼命，就像儿子为了父亲，弟弟为了哥哥，因此战死的有几百人。孟舒难道是故意驱使他们作战吗！这正是孟舒为忠厚长者的原因。”于是皇上说：“好啊，孟舒！”重新召孟舒作为云中郡守。

后数岁，叔坐法失官。梁孝王使人杀故吴相袁盎，景帝召田叔案梁，具得其事，还报。景帝曰：“梁有之乎？”叔对曰：“死罪！有之。”上曰：“其事安在？”田叔曰：“上毋以梁事为也。”上曰：“何也？”曰：“今梁王不伏诛，是汉法不行也；如其伏法，而太后食不甘味，卧不安席，此忧在陛下也。”景帝大贤之，以为鲁相。

几年后，田叔因为犯法丢失官位。梁孝王派人杀害了前吴国国相袁盎，景帝召田叔来，派他去梁国查办，他全部查清这个案件，回来汇报。景帝说：“梁王有这事吗？”田叔回答说：“我该死！有这事。”皇上说：“那罪证在哪里？”田叔说：“皇上不要拿梁王的案件彻底追究。”景帝说：“为什么？”田叔说：“现今梁王不被判死刑，那朝廷法律就无法执行；假如判他死刑，而太后吃东西不知滋味，睡不好觉，这样，忧愁就在陛下这里了。”景帝特别认为他贤明，任命他为鲁国国相。

鲁相初到，民自言相，讼王取其财物百余人。田叔取其渠率二十人，各笞五十，余各搏二十，怒

之曰:"王非若主邪?何自敢言若主!"鲁王闻之大惭,发中府钱,使相偿之。相曰:"王自夺之,使相偿之,是王为恶而相为善也。相毋与偿之。"于是王乃尽偿之。

鲁国国相刚上任,百姓自动来对国相讲,状告鲁王夺取他们财物的有一百多人。田叔抓住他们的头头二十人,每人笞打五十大板,其余的打手心二十板,对他们发怒说:"鲁王不是你们的国君吗?怎么敢谈论你们的君主!"鲁王听说了,十分惭愧,打开内库,分发藏钱,让国相还给他们。国相说:"大王自己夺取的,让国相去还,这样是大王做坏事而国相做好事了。国相不能参与偿还的事。"于是鲁王就全都将财物还给了他们。

鲁王好猎,相常从入苑中,王辄休相就馆舍,相出,常暴坐待王苑外。王数使人请相休,终不休,曰:"我王暴露苑中,我独何为就舍!"鲁王以故不大出游。

鲁王爱好打猎,国相经常跟随他进入狩猎场中,鲁王总是让他到馆舍去休息,国相走出来,经常坐在外面晒太阳,在围场外等待鲁王。鲁王多次派人请他去休息,他始终不去,说:"我们大王在围场中被太阳晒着,我为何偏到馆舍中去呢!"鲁王因为这样才不过分出外游猎。

数年,叔以官卒,鲁以百金祠,少子仁不受也,曰:"不以百金伤先人名。"

经过几年,田叔在官任上死去,鲁王用一百斤黄金作祭礼,他的小儿子田仁不肯接受,说:"不要用一百斤黄金损害了先父的名声。"

仁以壮健为卫将军舍人,数从击匈奴。卫将军进言仁,仁为郎中。数岁,为二千石丞相长史,失官。其后使刺举三河。上东巡,仁奏事有辞,上说,拜为京辅都尉。月余,上迁拜为司直。数岁,坐太子事。时左丞相自将兵,令司直田仁主闭守城门,坐纵太子,下吏诛死。仁发兵,长陵令车千秋上变仁,仁族死。陉城今在中山国。

田仁因为身体强壮当了卫将军的家臣,数次跟随他去攻打匈奴。卫将军向皇上推荐田仁,田仁任郎中。几年后,他任二千石级丞相长史,后来丢了官。后来派他侦察检举河东、河南、河内三郡。皇上到东边视察,田仁报告案件总有口供,皇上高兴,任命他为京辅都尉。一个多月后,皇上提升他任司直。几年后,他因为戾太子事件犯了罪。当时左丞相亲自带领军队,命令司直田仁主管关闭守卫城门,由于放走太子而犯罪,交司法官审判处死。一说田仁带兵到长陵,长陵令车千秋上告田仁叛变,田仁被灭族处死。陉城如今属中山国。

太史公曰:孔子称曰"居是国必闻其政",田叔之谓乎!义不忘贤,明主之美以救过。仁与余善,余故并论之。

太史公说:孔子称赞说"住在那个国家一定与闻它的政事",说的是田叔吧!议论政事不忘记推荐贤能,公开赞美君主来补救过错。田仁和我友好,我因此一并论及他。

褚先生曰:臣为郎时,闻之曰:田仁故与任安相善。任安,荥阳人也。少孤贫困,为人将车之长安,留,求事为小吏,未有因缘也。因占著名数,家于武功。武功,扶风西界小邑也,谷口蜀刬道近山。安以为武功小邑,无豪,易高也。安留,代人为求盗亭父。后为亭长。邑中人民俱出猎,任安常为人分麋鹿雉兔,部署老小当壮剧易处,众人皆喜,曰:"无伤也,任少卿分别平,有智略。"明日复合会。会者数百人,任少卿曰:"某子甲何为不来乎?"诸人皆怪其见之疾也。其后除为三老,举为亲民,出为三百石长,治民。坐上行出游共帐不办,斥免。

褚先生说:我作侍郎时,听到说田仁以前和任安很要好。任安是荥阳人。他小时候成了孤儿,生活贫困,替别人推车子到长安,留在那里,欲找工作当了一个小吏,没有机会,趁着各自考虑著录户籍,把家安在武功县。武功是右扶风西边的小县,山谷入口有通往蜀郡的栈道靠近山边。任安认为武功小县,没有强豪,容易出人头地,就留在那儿,代替别人做求盗、亭父。后来他做了亭长。县中百姓都出外打猎,任安经常帮别人分配麋鹿、野鸡、兔子,把老人、小孩和壮丁安排到或难或易的地方,大家都高兴,说:"没有关系,任少卿公平分配,有智谋。"第二天又召集人聚会,聚集的有几百人。任少卿说:"某某的儿子甲为何不来呢?"众人都奇怪他眼光的迅疾。那以后他被任命为乡三老,被推荐为亲民的官吏,出去任三百石级的县长,管理百姓。由于皇上巡行出游陈设帷帐等用具没有办理,被斥责罢免。

乃为卫将军舍人,与田仁会,俱为舍人,居门下,同心相爱。此二人家贫,无钱用以事将军家监,

家监使养恶啮马。两人同床卧，仁窃言曰："不知人哉家监也！"任安曰："将军尚不知人，何乃家监也！"卫将军从此两人过平阳主，主家令两人与骑奴同席而食，此二子拔刀列断席别坐。主家皆怪而恶之，莫敢呵。

于是他做卫将军的家臣，和田仁相会，同做家臣，住在府里，同心相爱。这两个人家里贫穷，没有钱财来侍奉将军的管家，管家派他们喂养咬人的烈马。两人同床睡，田仁偷偷地说："不了解人啊，管家！"任安说："将军尚且不了解人，岂止管家呢！"卫青将军带着这两人去拜访平阳公主，公主的管家让他俩和骑奴们同席吃饭，这两人拔出刀来割断席子，和骑奴们分开来坐。公主的家人都奇怪而厌恶他俩，可没有人敢呵斥。

其后有诏募择卫将军舍人以为郎，将军取舍人中富给者，令具鞍马、绛衣、玉具剑，欲入奏之。会贤大夫少府赵禹来过卫将军，将军呼所举舍人以示赵禹。赵禹以次问之，十余人无一人习事有智略者。赵禹曰："吾闻之，将门之下必有将类。传曰：'不知其君，视其所使；不知其子，视其所友'。今有诏举将军舍人者；欲以观将军而能得贤者文武之士也。今徒取富人子上之，又无智略，如木偶人衣之绮绣耳，将柰之何？"于是赵禹悉召卫将军舍人百余人，以次问之，得田仁、任安，曰："独此两人可耳，余无可用者。"卫将军见此两人贫，意不平。赵禹去，谓两人曰："各自具鞍马新绛衣。"两人对曰："家贫无用具也。"将军怒曰："今两君家自为贫，何为出此言？鞅鞅如有移德于我者，何也？"将军不得已，上籍以闻。有诏召见卫将军舍人，此二人前见，诏问能略，相推第也。田仁对曰："提桴鼓立军门，使士大夫乐死战斗，仁不及任安。"任安对曰："夫决嫌疑，定是非，辩治官，使百姓无怨心，安不及仁也。"武帝大笑曰："善。"使任安护北军，使田仁护边田谷于河上。此两人立名天下。

那以后有诏书招募选拔卫将军的家臣来做郎官，卫将军选取家臣中富裕的人，让他们准备好鞍马、绛衣、玉具剑，要入宫上奏。恰逢贤能的太中大夫、少府赵禹来拜见卫将军，将军叫所推举的家臣来给赵禹看。赵禹按照顺序问他们，十多人中没有一人熟悉政事、有智谋的。赵禹说："我听说，将军的家门一定有可当将官的人。书传说：'不了解那个君王，就看他使用的人；不了解那人的儿子，就看他儿子交的朋友。'现今有诏书推荐将军家臣，是要借此考察将军能够得到和文武之士。如今仅仅选取富人家儿子送上，又没有智谋，就像给木偶人穿上锦绣衣服罢了，打算拿他们怎么办？"于是赵禹全部召集卫将军家臣一百多人，挨个来考问他们，发现了田仁、任安，说："只这两人可以，其余没有可用的人。"卫将军看到这两人贫困，心里不快乐。赵禹离去后，卫将军对两人说："你们各自去准备鞍马、新绛衣。"两人回答说："家里贫穷，无法准备这些东西。"将军生气说："现今你们两人家里自己因为贫困找工作，怎么说出这样的话？愤愤不平地似乎曾经给我施过恩德一样，为何呢？"将军没有别的办法，造好簿册报告皇上。有诏书下来召见卫将军家臣，这两人前去拜谒，诏书问两人的才能智谋，并互相品第高下。田仁回答说："手拿鼓槌，立于军门，使部属乐于拼死战斗，我比不上任安。"任安回答说："决断猜疑，评判是非，辨别、管理官吏，让老百姓没有怨气，任安我比不上田仁。"武帝大笑说："好。"派任安监护北军，派田仁到黄河边上监护边塞的屯田和谷物。这两人立即名扬天下。

其后用任安为益州刺史，以田仁为丞相长史。

那以后任用任安为益州刺史，任命田仁为丞相长史。

田仁上书言："天下郡太守多为奸利，三河尤甚，臣请先刺举三河。三河太守皆内倚中贵人，与三公有亲属，无所畏惮，宜先正三河以警天下奸吏。"是时河南、河内太守皆御史大夫杜父兄子弟也，河东太守石丞相子孙也，是时石氏九人为二千石，方盛贵。田仁数上书言之。杜大夫及石氏使人谢，谓田少卿曰："吾非敢有语言也，愿少卿无相诬污也。"仁已刺三河，三河太守皆下吏诛死。仁还奏事，武帝说，以仁为能，不畏强御，拜仁为丞相司直，威振天下。

田仁上奏书说："全国的郡太守中有很多人用犯法的手段牟取私利，三河地区特别严重，我请求首先侦察检举三河。三河的太守全都在京城内倚靠朝廷中的显贵，和三公有亲属关系，没有什么畏惧的，应该首先肃正三河来警告全国的犯法官吏。"这时河南、河内太守都是御史大夫杜周的亲属，河东太守是丞相石庆的子孙。这时石家有九人作二千石级的官员，正强盛、显贵。田仁多次上奏书说及这事。大夫杜周和石家派人向田仁道歉，对田少卿说："我们不敢有什么话要说，希望少卿您不要诬陷我们。”田仁已经刺举三河，三河太守全都交下司法官判处死刑。田仁回朝廷上奏这事，武帝高兴，认为田仁能干，不怕有权势的人，任命田仁为丞相司直，威风震动全国。

其后逢太子有兵事，丞相自将兵，使司直主城门。司直以为太子骨肉之亲，父子之间不甚欲近，去之诸陵过。是时武帝在甘泉，使御史大夫暴君下责丞相：“何为纵太子？”丞相对言：“使司直部守城门而开太子。”上书以闻，请捕系司直。司直下吏，诛死。

那以后恰逢太子有发兵的事情，丞相亲自带领军队，派司直主管城门。司直认为太子是皇上的骨肉至亲，父子之间的事情自己不太想卷进去，就离开城门到那些陵寝去。这时武帝在甘泉宫，派御史大夫暴胜之下去责问丞相“为何放太子走”，丞相回答说：“派司直统辖守卫城门，而放了太子。”奏书让皇上看了，请求拘捕司直。司直被交下给司法官治罪，被处死。

是时任安为北军使者护军，太子立车北军南门外，召任安，与节令发兵。安拜受节，入，闭门不出。武帝闻之，以为任安为详邪，不傅事，何也？任安笞辱北军钱官小吏，小吏上书言之，以为受太子节，言“幸与我其鲜好者”。书上闻，武帝曰：“是老吏也，见兵事起，欲坐观成败，见胜者欲合从之，有两心。安有当死之罪甚众，吾常活之，今怀诈，有不忠之心。”下安吏，诛死。

这时任安担任北军使者护军，太子把车停立于北军的南门外，召见任安，交给他符节，让他派军队。任安下拜接受符节，进入，关起门不出来。武帝听说了，认为任安是假装接受符节，不附会太子事件，为何呢？任安笞打辱骂北军的管钱的小官吏，小吏上书揭发他，以为他接受了太子的符节，并说“希望交给我那新鲜美好的符节。”上书被皇上看到，武帝说：“这是个圆滑的官吏，看到太子发兵的事件出现，想坐着看胜负，看到了胜利者就想和他联合，有异心。任安犯有很多该死的罪，我常常让他活下来，现在内怀欺诈，有不忠的心。”把任安交下司法官治罪，被处死。

夫月满则亏，物盛则衰，天地之常也。知进而不知退，久乘富贵，祸积为祟。故范蠡之去越，辞不受官位，名传后世，万岁不忘，岂可及哉！后进者慎戒之。

月亮圆了之后就会缺损，事物旺盛到极点就会衰败，这是宇宙的常规。知道进取而不知晓退却，长时间居于富贵，逐渐积累灾难就会成为祸祟。因此范蠡离开越国，推辞而不接受官位，美名传到后代，万年不忘，怎么可以比得上呢！后来求官进阶的人千万要警惕这一点。

史记第一百五卷

扁鹊仓公列传第四十五

扁鹊者，勃海郡郑人也，姓秦氏，名越人。少时为人舍长。舍客长桑君过，扁鹊独奇之，常谨遇之。长桑君亦知扁鹊非常人也。出入十馀年，乃呼扁鹊私坐，间与语曰：“我有禁方，年老，欲传与公，公毋泄。”扁鹊曰：“敬诺。”乃出其怀中药予扁鹊：“饮是以上池之水，三十日当知物矣。”乃悉取其禁方书尽与扁鹊。忽然不见，殆非人也。扁鹊以其言饮药三十日，视见垣一方人。以此视病，尽见五藏症结，特以诊脉为名耳。为医或在齐，或在赵。在赵者名扁鹊。

扁鹊是勃海郡郑地人，姓秦，名叫越人。他年轻时做人家客馆的掌管。有个叫长桑君的客人路过，扁鹊独自认为他是奇特的人，常常恭谨地对待他。长桑君也知道扁鹊不是普通人。来往了十多年，长桑君终于叫扁鹊独自来坐，悄悄地告诉他说：“我有秘方，我年老了，想传给您，您不要泄露出去。”扁鹊说：“恭敬照办。”于是拿出他怀中的药给扁鹊：“用没有落地的露水来喝下这药，三十天以后就能洞察一切事物了。”就把他的秘方都拿出来交给扁鹊。忽然之间，长桑君不见了，可能不是凡人吧。扁鹊照他的话服药三十日后，能看到隔着墙另一边的人。他依此来看病，完全看得见人的五脏疾病所在，只是用诊脉为名罢了。他行医有时在齐国，有时在赵国。在赵国的时候就称扁鹊。

当晋昭公时，诸大夫强而公族弱，赵简子为大夫，专国事。简子疾，五日不知人，大夫皆惧，于是召扁鹊。扁鹊入视病，出，董安于问扁鹊，扁鹊曰："血脉治也，而何怪！昔秦缪公尝如此，七日而寤。寤之日，告公孙支与子舆曰：'我之帝所甚乐。吾所以久者，适有所学也。帝告我："晋国且大乱，五世不安。其后将霸，未老而死。霸者之子且令而国男女无别"。'公孙支书而藏之，秦策于是出。夫献公之乱，文公之霸，而襄公败秦师于殽而归纵淫，此子之所闻。今主君之病与之同，不出三日必间，间必有言也。"

正当晋昭公的时候，众大夫的势力强盛而国君宗族的力量衰弱，赵简子是大夫，独揽国家大事。赵简子生病，五天不省人事，大夫们都害怕，因此召来扁鹊。扁鹊进来看病后，走出去，大夫董安于问扁鹊，扁鹊说："他的血脉正常，你们惊怪什么！以前秦缪公也曾这样，七天以后才苏醒。苏醒的那天，告诉公孙支和子舆说：'我到了天帝那里十分快乐。我待那么久的缘故，正碰上天帝要指教我。天帝告诉我："晋国将要大乱，五代都不得安宁。之后将有人成霸主，称霸不久就死去。霸主的儿子将使他们的国家男女淫乱。"'公孙支把这些话记载下来收藏好，秦国史书根据这记载了这事。晋献公的淫乱，晋文公的称霸，而晋襄公在殽山击败秦军后放纵淫乱，这些都是您听说过的。现今你们主君的病和他相同，不超过三天一定痊愈，痊愈后一定有一些话要说。"

居二日半，简子寤，语诸大夫曰："我之帝所甚乐，与百神游于钧天，广乐九奏万舞，不类三代之乐，其声动心。有一熊欲援我，帝命我射之，中熊，熊死。有罴来，我又射之，中罴，罴死。帝甚喜，赐我二笥，皆有副。吾见儿在帝侧，帝属我一翟犬，曰：'及而子之壮也以赐之。'帝告我：'晋国且世衰，七世而亡。嬴姓将大败周人于范魁之西，而亦不能有也。'"董安于受言，书而藏之。以扁鹊言告简子，简子赐扁鹊田四万亩。

过了二天半，赵简子醒了，告诉众大夫说："我到天帝那里十分快乐，和百神在天的中央游玩，听着各种乐器奏着许多乐曲，看着各种各样的舞蹈，不像上古三代时的乐舞，乐声动人心弦。有一只熊想抓我，天帝命令我射杀它，射中了熊，熊死了。有一只罴走过来，我又射它，射中了罴，罴也死了。天帝十分快乐，赐给我两个竹笥，里面装有首饰。我看见我的儿子在天帝的身边，天帝把一只翟犬交给我，说：'到你儿子长大后，把这个赐给他。'天帝告诉我：'晋国将要一代一代地衰败，过了七代就灭亡。秦国将在范魁的西边击败周人，但他们也不能占据那个地方。'"董安于听了这些话，记录下来收藏好。有人把扁鹊的话告诉赵简子，赵简子赐给扁鹊四万亩田地。

其后扁鹊过虢。虢太子死，扁鹊至虢宫门下，问中庶子喜方者曰："太子何病，国中治穰过于众事？"中庶子曰："太子病血气不时，交错而不得泄，暴发于外，则为中害。精神不能止邪气，邪气畜积而不得泄，是以阳缓而阴急，故暴蹶而死。"扁鹊曰："其死何如时？"曰："鸡鸣至今。"曰："收乎？"曰："未也，其死未能半日也。""言臣齐勃海秦越人也，家在于郑，未尝得望精光侍谒于前也。闻太子不幸而死，臣能生之。"中庶子曰："先生得无诞之乎？何以言太子可生也？臣闻上古之时，医有俞跗，治病不以汤液醴灑，镵石挢引，案扤毒熨，一拨见病之应，因五藏之输，乃割皮解肌，诀脉结筋，搦髓脑，揲荒爪幕，湔浣肠胃，漱涤五藏，练精易形。先生之方能若是，则太子可生也；不能若是而欲生之，曾不可以告咳婴之儿。"终日，扁鹊仰天叹曰："夫子之为方也，若以管窥天，以郄视文。越人之为方也，不待切脉、望色、听声、写形，言病之所在。闻病之阳，论得其阴；闻病之阴，论得其阳。病应见于大表，不出千里。决者至众，不可曲止也。子以吾言为不诚，试入诊太子，当闻其耳鸣而鼻张，循其两股以至于阴，当尚温也。"

后来扁鹊经过虢国。恰逢虢国太子病死，扁鹊到虢国宫门前，问喜好方术的中庶子说："太子患何病，怎么国中举行祝祷超过了一切事情？"中庶子说："太子患气血不和的病症，气血运行交错违逆而不能宣泄，突然发作于外，就造成内脏受伤害。正气不能抑制邪气，邪气聚集而不能发散，所以阳脉松弛而阴脉拘急，因此突然昏倒而死。"扁鹊说："他死了多少时候了？"中庶子说："从鸡叫时到现在。"扁鹊说："收殓了吗？"中庶子说："还没有，他死还不到半天。"扁鹊说："请告诉君主说我是齐国渤海秦越人，家在郑地，没有机会望见国君的神采而拜见侍奉在他的面前。听说太子不幸而死，我能让他活过来。"中庶子说："先生该不会是胡说吧？凭何说太子可活过来呢！我听说上古的时候，有位名医叫俞跗，治病不用汤药酒剂、石针导引、按摩药熨，一察看就能发现疾病的所在，顺着五脏的腧穴，就剖开肌肉，通导经脉，结扎筋腱，按髓脑，触膏肓，疏理膈膜，清洁肠胃，洗涤五脏，炼精气，换形体。先生的医术能这样，那么太子就可复活了；不能这样，而要让太子复活，那简直骗不了刚刚会笑的婴儿。”过了很久，扁鹊仰天长叹说：“先生说的那些医疗方法，就像从竹管里看天，从缝隙里看花纹。我秦越人的医疗方法，不需切脉理，看气色，听声音，察形态，就能讲出病症之所在。知晓疾病的外在表现就能推知内在的原因，知道疾病的内在原因就能推知外在表现。人体有病会从外表反映出来，依可以诊断一千里外的病人，我判断的方法很多，不能只停留在一个角度看问题。您认为我的话是不真实的，您试试进去诊察太子，会听到他耳有鸣响，看到他鼻翼翕动，沿着他的两腿直到阴部，会觉得还是温热的。”

中庶子闻扁鹊言，目眩然而不瞚，舌挢然而不下，乃以扁鹊言入报虢君。虢君闻之大惊，出见扁鹊于中阙，曰：“窃闻高义之日久矣，然未尝得拜谒于前也。先生过小国，幸而举之，偏国寡臣幸甚。有先生则活，无先生则弃捐填沟壑，长终而不得反。”言未卒，因嘘唏服臆，魂精泄横，流涕长潸，忽忽承睫，悲不能自止，容貌变更。扁鹊曰：“若太子病，所谓‘尸蹷’者也。夫以阳入阴中，动胃缠缘，中经维络，别下于三焦、膀胱，是以阳脉下遂，阴脉上争，会气闭而不通，阴上而阳内行，下内鼓而不起，上外绝而不为使，上有绝阳之络，下有破阴之纽，破阴绝阳，色废脉乱，故形静如死状。太子未死也。夫以阳入阴支兰藏者生，以阴入阳支兰藏者死。凡此数事，皆五藏蹷中之时暴作也。良工取之，拙者疑殆。”

中庶子听了扁鹊的话，眼睛昏花，一眨不眨，舌头翘着放不下，就把扁鹊的话进去告诉虢君。虢君听了后大惊，出来在宫廷门楼前召见扁鹊，说：“听到您崇高的品德已经很久了，可是没有机会拜谒您。先生经过我们小国，希望能帮助我们，偏僻小国的寡臣我真是十分荣幸，有了先生，太子就活了；没有先生，太子就只能抛尸野外而填塞溪谷，永远不能回来。”话没说完，就悲痛得气满郁结，精神恍惚，涕泪纵横，泪珠闪闪沾在睫毛上，悲痛得控制不住自己，连容貌神情都变了。扁鹊说：“像太子这样的病，就是所谓的‘尸蹷’。由于阳气进入阴脉，脉气缠绕冲动了胃，经脉受损伤脉络被阻塞，分别下注入三焦、膀胱，因此阳脉下坠，阴脉向上争扰，会气闭而不通，阴气上争而阳气内行，下气在内鼓动而不能运行，上气外绝而不为役使，上有隔绝了阳气的脉络，下有破坏了阴气的筋纽，这样阴气破坏、阳气隔绝，使人的面色衰败、血脉混乱，因此人会身体安静得像死去的样子。太子实质没有死。因为阳入袭阴而阻绝脏气的能治愈，阴入袭阳而阻绝脏气的必死。这些情况，都是五脏气机逆乱致病时突然发作的。精良的医生能治愈这些病，拙劣的医生因困惑而使病人危险。”

扁鹊乃使弟子子阳厉针砥石，以取外三阳五会。有间，太子苏。乃使子豹为五分之熨，以八减之齐和煮之，以更熨两胁下。太子起坐。更适阴阳，但服汤二旬而复故。故天下尽以扁鹊为能生死人。扁鹊曰：“越人非能生死人也，此自当生者，越人能使之起耳。”

扁鹊于是让他弟子子阳磨制针石，用来针刺三阳（太阳、少阳、阳明）、五会（百会、胸会、听会、气会、臑会）等经络的穴位。一会儿，太子苏醒了。就叫子豹用能入体五分的药熨，把八减方的药剂一起煎煮后交替在两胁下熨治。太子能够坐起来了。再进一步调和阴阳，只服用了二十天的汤药就恢复了。所以天下人都认为扁鹊能使死人复活。扁鹊说：“我秦越人并不是能够使死人复活呀，这是本来应当活的，我只是能使他起来罢了。”

扁鹊过齐，齐桓侯客之。入朝见，曰：“君有疾在腠理，不治将深。”桓侯曰：“寡人无疾”。扁鹊出，桓侯谓左右曰：“医之好利也，欲以不疾者为功。”后五日，扁鹊复见，曰：“君有疾在血脉，不治恐深。”桓侯曰：“寡人无疾。”扁鹊出，桓侯不悦。后五日，扁鹊复见，曰：“君有疾在肠胃间，不治将深。”桓侯不应。扁鹊出，桓侯不悦。后五日，扁鹊复见，望见桓侯而退走。桓侯使人问其故。扁鹊曰：“疾之在腠理也，汤熨之所及也；在血脉，针石之所及也；其在肠胃，酒醪之所及也；其在骨髓，虽司命无奈之何。今在骨髓，臣是以无请也。”后五日，桓侯体病，使人召扁鹊，扁鹊已逃去。桓侯遂死。

扁鹊经过齐国，齐桓侯把他当客人接待。他进入宫廷拜见桓侯，说：“您有小病在皮肤与肌肉的交接处，如果不治疗，病情将要加重。”齐桓侯说：“我没有病。”扁鹊出来，桓侯对身旁的人说：“医生喜欢功利，想拿医治没病的人来显示功劳。”过了五天，扁鹊又来拜见，说：“您的病在血脉里，不加

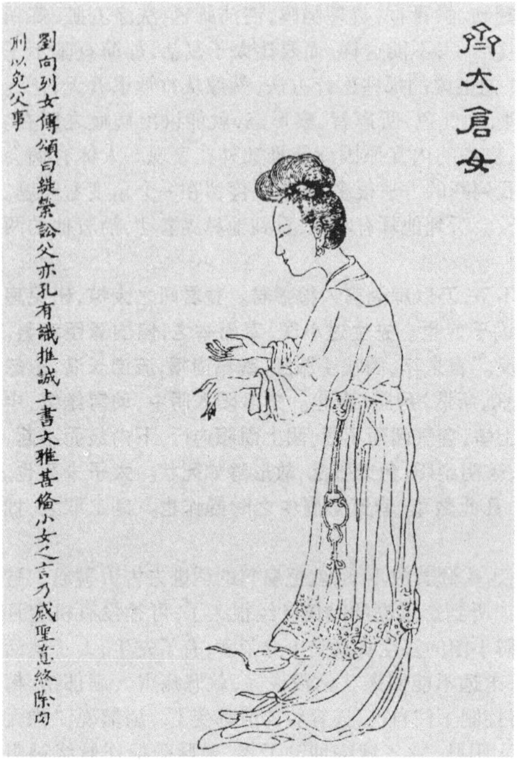

淳于缇萦像，选自清·上官周绘《晚笑堂画传》。汉太仓令淳于意之女。淳于意犯罪应该被施以肉刑，缇萦上书汉文帝，请求使自己成为女奴来为父亲赎罪。汉文帝既同情又感动，下诏废除肉刑。

医治将会加重了。”桓侯说：“我没有病。”扁鹊出来，桓侯不高兴。过了五天，扁鹊又来拜见，说：“您有病在肠胃之间，不治疗就会加重了。”桓侯不加回答。扁鹊出来，桓侯不高兴。过了五天，扁鹊又来拜见，望见桓侯就后退跑了。桓侯派人去问为什么这样。扁鹊说：“病在皮肉之间，汤剂、药熨的效力就能达到治病的目的；病在血脉中，靠针刺和砭石的效力就能达到治病的目的；病在肠胃中，药酒的效果就能达到治病的目的；病在骨髓，就是掌管生命的神也对它没有办法了。现在病在骨髓，所以我不敢请求为他治病了。”五天以后，桓侯身体得了重病，派人去召扁鹊，扁鹊已经逃走了。桓侯于是就病死了。

使圣人预知微，能使良医得蚤从事，则疾可已，身可活也。人之所病，病疾多；而医之所病，病道少。故病有六不治：骄恣不论于理，一不治也；轻身重财，二不治也；衣食不能适，三不治也；阴阳并，藏气不定，四不治也；形羸不能服药，五不治也；信巫不信医，六不治也。有此一者，则重难治也。

假使圣明的人能预先知道疾病的征兆，能够让好的医生及早治疗，那么病就可以治好，病人也能存活。人们所担忧的，是疾病多；而医生所担心的，是治病的方法少。所以有六种病不能医治：骄横放纵，不讲道理，是一不治；轻视身体而看重钱财，是二不治；衣着饮食不适当，是三不治；阴阳错乱，脏腑精气不调和，是四不治；身体羸弱，不能服药，是五不治；相信巫术而不信医术，是六不治。有这样的一种，就很难医治了。

扁鹊名闻天下。过邯郸，闻贵妇人，即为带下医；过雒阳，闻周人爱老人，即为耳目痹医；来入咸阳，闻秦人爱小儿，即为小儿医；随俗为变。秦太医令李醯自知伎不如扁鹊也，使人刺杀之。至今天下言脉者，由扁鹊也。

扁鹊名声传扬天下。他经过邯郸，听说当地尊重妇女，就做妇科医生；经过洛阳，听说洛阳人敬爱老人，他就做治疗耳、目、痹病的医生；他来到咸阳，听说秦国人爱护小孩，就做小儿科医生：随着各地的风俗需要而改变自己的医治范围。秦国的太医令李醯，自己知道医术不如扁鹊，派人刺杀了他。到现在天下讲论诊脉治法的人，都是遵循扁鹊的理论。

太仓公者，齐太仓长，临淄人也，姓淳于氏，名意。少而喜医方术。高后八年，更受师同郡元里公乘阳庆。庆年七十余，无子，使意尽去其故方，更悉以禁方予之，传黄帝、扁鹊之脉书，五色诊病，知人死生，决嫌疑，定可治，及药论，甚精。受之三年，为人治病，决死生多验。然左右行游诸侯，不以家为家，或不为人治病，病家多怨之者。

太仓公是齐国都城管理粮仓的长官，他是临淄人，姓淳于，名叫意。他年轻时喜爱医术。高后八年，他再次向同郡元里的公乘阳庆学习医术。阳庆七十多岁，没有儿子，让淳于意把他以前的医方全部扔掉，再把自己的秘方全部交给他。并传授给他黄帝、扁鹊的脉书，以及观察面部各种颜色来诊病的方法，以此了解病人的生死，判断疑难病症，决定能否医治，并有关于药物的理论，十分精辟。学了三年后，他给人家治病，判断生死，很多都应验。可是他往来于各诸侯国之间行医求学，不把家当家，有时不愿给人治病，因此很多病人都怨恨他。

文帝四年中，人上书言意，以刑罪当传西之长安。意有五女，随而泣。意怒，骂曰："生子不生男，缓急无可使者！"于是少女缇萦伤父之言，乃随父西。上书曰："妾父为吏，齐中称其廉平，今坐法当刑。妾切痛死者不可复生而刑者不可复续，虽欲改过自新，其道莫由，终不可得。妾愿入身为官婢，以赎父刑罪，使得改行自新也。"书闻，上悲其意，此岁中亦除肉刑法。

文帝四年中，有人上奏朝廷控告淳于意，根据罪行，应该用传车押解向西到长安。淳于意有五个女儿，都跟随着哭泣。淳于意发怒，骂道："生孩子不生男的，在紧急关头没有可靠的人！"小女儿缇萦对父亲的话很伤感，就跟随父亲西行到长安。她上书朝廷说："我父亲是官吏，齐国人民都赞美他的廉洁、公正，现在犯法被判刑。我十分痛心死的人不能再生，而受刑致残的人不能再康复，即使想改过自新，那也没路可行，终究不能。我愿自身没入官府做奴婢，来赎我父亲的罪过，使他能够改过自新。"上书被汉文帝看到，皇上怜悯她的心意，赦免了淳于意，这一年中也废除了肉刑。

意家居，诏召问所为治病死生验者几何人也，主名为谁。

淳于意住在家中，有诏书问他为人治病能判断生死应验的有多少人，他们名叫什么。

诏问故太仓长臣意："方伎所长，及所能治病者？有其书无有？皆安受学？受学几何岁？尝有所验，何县里人也？何病？医药已，其病之状皆何如？具悉而对。"臣意对曰：自意少时，喜医药，医药方试之多不验者。至高后八年，得见师临淄元里公乘阳庆。庆年七十余，意得见事之。谓意曰："尽去而方书，非是也。庆有古先道遗传黄帝、扁鹊之脉书，五色诊病，知人生死，决嫌疑，定可治，及药论书，甚精。我家给富，心爱公，欲尽以我禁方书悉教公。"臣意即曰："幸甚，非意之所敢望也。"臣意即避席再拜谒，受其脉书上下经、五色诊、奇咳术、揆度阴阳外变、药论、石神、接阴阳禁书，受读解验之，可一年所。明岁即验之，有验，然尚未精也。要事之三年所，即尝已为人治，诊病决死生，有验，精良。今庆已死十年所，臣意年尽三年，年三十九岁也。

诏书问前太仓长臣淳于意："医术有何专长，以及能治愈什么病？有没有医书？都在哪儿学的？学了几年？曾治好的，是什么地方人？什么病？医治用药后，病情都怎么样？全部详细回答。"臣淳于意回答说：我自年轻时起，喜欢医术，试着用医术方剂为人看病，有很多没有效验。到高后八年，得以向临淄元里的公乘阳庆学习。阳庆七十多岁，我得以拜见侍奉他。他对我说："全部扔掉你所学的医书，这些是不对的。我有古代先辈医家传下来的黄帝、扁鹊的脉书，以及观察面部颜色不同来诊病的方法，了解人的生与死，判断疑难病症，决定能否医治，还有药物理论的书，十分精辟。我家里富裕，心下喜欢您，想把我的秘方书全部教给您。"我马上说："太幸运了，不是我敢奢望的。"我立即离开座席拜了两次，我学习了他的《脉书》、《上经》、《下经》、《五色诊》、《奇咳术》、《揆度阴阳外变》、《药论》、《石神》、《接阴阳》等秘书和医术，学习理解并体验，大约花了一年时间。第二年，我就应用，虽有效，但还未精到。我一共向他学习了三年左右，我曾经治过的病人，诊治病情判断生死的，都有效验，已达到精通的地步。现在阳庆已死了十年左右，我曾向他学习三年，我现在已经三十九岁了。

齐侍御史成自言病头痛，臣意诊其脉，告曰："君之病恶，不可言也"。即出，独告成弟昌曰："此病疽也，内发于肠胃之间，后五日当臃肿，后八日呕脓死"。成之病得之饮酒且内。成即如期死。所以知成之病者，臣意切其脉，得肝气。肝气浊而静，此内关之病也。脉法曰："脉长而弦，不得代四时者，其病主在于肝。和即经主病也，代则络脉有过。"经主病和者，其病得之筋髓里。其代绝而脉贲者，病得之酒且内。所以知其后五日而臃肿，八日呕脓死者，切其脉时，少阳初代。代者经病，病去过人，人则去。络脉主病，当其时，少阳初关一分，故中热而脓未发也，及五分，则至少阳之界，及八日，则呕脓死，故上二分而脓发，至界而臃肿，尽泄而死。热上则熏阳明，烂流络，流络动则脉结发，脉结发则烂解，故络交。热气已上行，至头而动，故头痛。

齐国名叫成的侍御史自己说有头疼病，我给他号脉，告诉他说："你的病很重，无法说清楚。"就出来，独自告诉成的弟弟昌说："这是疽病，在肠胃里面发生，五天后就会发肿，过八天后就会吐脓血而死。"成的病是酒后行房事引起的。成果真如期而死。我知道成的病因，是我切他脉时，觉得他肝脏有病的脉气。肝气重浊而平静，这是内里严重而外表不明显的疾病。脉象理论说：“脉长而像弓弦一样挺直，不能随四季的变化而更替，这是病在肝脏。脉虽长而直硬却均匀的，是肝的经脉有病，出现了时疏时密躁动有力的代脉，就是肝的络脉有病。”肝的经脉有病，脉均匀的，他的病来自于筋髓里。脉象时疏时密忽停止忽有力，病来自于酒色过度。之所以知道五日后毒疮肿起，八日后吐脓血而死，是由于切他的脉时，少阳经络的脉位开始出现代脉。代脉的出现，说明少阳经脉得病后，进而发展到了少阳络脉。代脉是经脉生病，病势遍及全身，患者就会有生命危险。络脉出现病症，这时，在左手关部一分处出现代脉，这是热积郁体中而脓血未出，到了关上五分处，就到了少阳经脉的边界，到八天后会吐脓血而死，因此到了关上二分处会产生脓血，到了少阳经脉的边界就会肿胀，其后疮破脓泄而死。当初内热就熏灼着阳明经脉，并灼伤络脉的分支，络脉病变就会经脉郁结发肿，经脉郁结发肿其后就会糜烂离解，所以络脉之间交互阻塞。热邪上侵头部，头部受到侵扰，因此头疼。

齐王中子诸婴儿小子病，召臣意诊切其脉，告曰：“气鬲病。病使人烦懑，食不下，时呕沫。病得之心忧，数忔食饮。”臣意即为之作下气汤以饮之，一日气下，二日能食，三日即病愈。所以知小子之病者，诊其脉，心气也，浊躁而经也，此络阳病也。脉法曰“脉来数疾去难而不一者，病主在心”。周身热，脉盛者，为重阳。重阳者，逿心主。故烦懑食不下则络脉有过，络脉有过则血上出，血上出者死。此悲心所生也，病得之忧也。

齐王二儿子的男孩患病，召我去切脉诊治，我告诉他说：“这是气膈病。这病使人烦闷，不下饭吃，经常呕吐涎沫。这种病产生于心情抑郁，常常厌食。”我立即给他开了下气汤饮服，服药一天，膈气下消，二天后能吃东西，三天就病好了。之所以知道这男孩的病情，是由于我诊他的脉时，诊到心有病的脉气，脉象浊重急躁，这是阳络病。脉象理论说：“脉达于手指时壮盛迅速，离开指下时艰涩而前后不一，病在心脏。”周身发热，脉气壮盛，叫作重阳，阳热过重，就扰乱心神，所以心中烦闷，吃不下东西，就会络脉有病，络脉有病就会血从上出，血从上出的人就会死亡。这是内心伤悲所引起的，病来自于忧郁。

齐郎中令循病，众医皆以为蹷入中，而刺之。臣意诊之，曰：“涌疝也，令人不得前后溲”。循曰：“不得前后溲三日矣。”臣意饮以火齐汤，一饮得前后溲，再饮大溲，三饮而疾愈。病得之内。所以知循病者，切其脉时，右口气急，脉无五脏气，右口脉大而数。数者中下热而涌，左为下，右为上，皆无五脏应，故曰涌疝。中热，故溺赤也。

齐国名叫循的郎中令生病，许多医生都认为是逆气进入胸腹，而用针刺治疗。我诊治后，说：“这是涌疝，这病使人不能大小便。”循说：“不能大小便已经三天了。”我用火剂汤给他服用，服一剂就能大小便，服第二剂大小便就很畅通，服第三剂就病好了。他的病是由房事引起的。之所以知道循患的病，是我在切他脉时，他右手寸口的脉象急迫，脉象反映不出五脏患有疾病，右手寸口脉象壮盛而快。脉快是中焦、下焦热邪涌动，他的左手脉快是热邪往下流，右手脉快是热邪上涌，都没有五脏病气的反应，所以说是“涌疝”。中焦积热，所以尿是赤红色的。

齐中御府长信病，臣意入诊其脉，告曰：“热病气也。然暑汗，脉少衰，不死。”曰：“此病得之当浴流水而寒甚，已则热。”信曰：“唯，然！往冬时，为王使于楚，至莒县阳周水，而莒桥梁颇坏，信则擥车辕未欲渡也，马惊，即堕，信身入水中，几死，吏即来救信，出之水中，衣尽濡，有间而身寒，已热如火，至今不可以见寒。”臣意即为之液汤火齐逐热，一饮汗尽，再饮热去，三饮病已。即使服药，出入二十日，身无病者。所以知信之病者，切其脉时，并阴。脉法曰“热病阴阳交者死”。切之不交，并阴。并阴者，脉顺清而愈，其热虽未尽，犹活也。肾气有时间浊，在太阴脉口而希，是水气也。肾固主水，故以此知之。失治一时，即转为寒热。

齐国名叫信的中御府长生病，我入室为他切脉，告诉他说：“这是热病的脉气。可是暑热多汗，脉稍衰，不至于死亡。”又说：“这个病是得自于正在流水中洗浴时，感到非常寒冷，寒冷停止后就身体发热。”信说：“嗯，是的！去年冬天，我为齐王出使楚国，走到莒县阳周水边，看到莒桥坏得很严重，我就揽住车辕不想过河，马受惊，就坠到河里，我的身体也落入水中，差一点淹死，官吏马上来救我，从水中出来，衣服全湿，一会儿身上发冷，冷过之后全身发热如火，到现在不能受寒。”我立即为他开了液汤火剂退热，服一剂后就不再出汗了，服第二剂热退去了，服了三剂病就好了。让他服药，大约二十天，身体就像没病人一样。之所以知道信的病情，是因为我切脉时，发现他的脉象属于“并阴脉”。脉象理论说：“内热、外热错乱交杂的死。”我切他的脉时，没有发现错乱交杂的现象，但都是并阴脉。并阴脉，脉状顺的能用清法治愈，热邪虽没有完全消除，仍能治好保住性命。我诊知他的肾气有时重浊，我在太阴寸口依稀能切到这种情形，那是水气。肾本是主管水液运行的，所以由此知道他的病情。如果一时失治，就会转变成寒热病。

齐王太后病，召臣意入诊脉，曰：“风瘅客脬，难于大小溲，溺赤”。臣意饮以火齐汤，一饮即前后溲，再饮病已，溺如故。病得之流汗出滫，滫者，去衣而汗晞也。所以知齐王太后病者，臣意诊其脉，切其太阴之口，湿然风气也。脉法曰“沈之而大坚，浮之而大紧者，病主在肾”。肾切之相反也，脉大而躁。大者，膀胱气也；躁者，中有热而溺赤。

齐太后生病，召我入宫去诊脉，我说：“是风热侵袭膀胱，大小便困难，尿色赤红的病。”我用火剂汤给她服下，服一剂就能大小便，服两剂病就好了，尿色和以前一样。这种病得自于解小便时宽衣出滫。“滫”，是脱掉衣服而汗被吹干而着凉。之所以知道齐太后的病情，是因为我给她切脉时，发现太阴寸口湿润，这是受风的脉气。脉象理论说：“脉象用力切脉时大而坚实有力，轻轻切脉时大而紧张有力，是肾脏有病。”但我在肾的部位切脉，情况相反，脉象粗大躁动。粗大的脉象是表示膀胱有病；躁动的脉象表示中焦有热，而尿色赤红。

齐章武里曹山跗病，臣意诊其脉，曰：“肺消瘅也，加以寒热。”即告其人曰：“死，不治。适其共养，此不当医治。”法曰“后三日而当狂，妄起行，欲走；后五日死”。即如期死。山跗病得之盛怒而以接内。所以知山跗之病者，臣意切其脉，肺气热也。脉法曰“不平不鼓，形獘”。此五脏高之远数以经病也，故切之时不平而代。不平者，血不居其处；代者，时参击并至，乍躁乍大也。此两络脉绝，故死不治。所以加寒热者，言其人尸夺。尸夺者，形獘；形獘者，不当关灸镵石及饮毒药也。臣意未往诊时，齐太医先诊山跗病，灸其足少阳脉口，而饮之半夏丸，病者即泄注，腹中虚；又灸其少阴脉，是坏肝刚绝深，如是重损病者气，以故加寒热。所以后三日而当狂者，肝一络连属结绝乳下阳明，故络绝，开阳明脉，阳明脉伤，即当狂走。后五日死者，肝与心相去五分，故曰五日尽，尽即死矣。

齐国章武里的曹山跗生病，我给他诊脉，说：“这是肺消瘅，加上寒热症。”我立即告诉他说：“这种病必死，无法医治。适当地进行调养，这不应该再治了。”理论上说：“这种病三天后会发狂，乱走乱跑，五天后就死。”后果然如期死去。山跗的病得自于大怒后行房事。我所以知道山跗的病，是因为我切他的脉，从脉象发现他有肺气热。脉象理论说：“脉来不平稳不鼓动的，身形羸弱。”这是五脏从上到下多次患病的结果，所以我切脉时，脉状不平稳而且有代脉的现象。脉不平稳的，是血气不能归藏于肝；代脉，经常杂乱并起，有时浮躁，有时洪大。这是肺、肝两络脉断绝，所以说是死而不治的病。之所以加上有寒热症，是说他精神涣散躯体如尸。精神涣散躯体如尸的人，身体就羸弱；身体羸弱，不能用针灸的方法，也不能服药性猛烈的药。我还没去诊治的时候，齐国太医已先诊治他的病，在他的足少阳脉口施灸，而且让他服用半夏丸，病人马上下泄，腹中虚弱；又在他的少阴脉施灸，这样便重伤了他的肝筋阳气。像这样一再损伤病人的元气，因此说它是加上寒热症。之所以说他三天之后就会发狂，是由于肝的络脉横过乳下与阳明经相连接，所以络脉的横过使热邪侵入阳明经脉，阳明经脉受伤，人就会疯狂奔跑。过五天后就死，是由于肝心两脉相隔五分，肝脏的元气五天耗尽，元气耗尽人就死了。

齐中尉潘满如病少腹痛，臣意诊其脉，曰：“遗积瘕也。”臣意即谓齐太仆臣饶、内史臣繇曰：“中尉不复自止于内，则三十日死。”后二十余日，溲血死。病得之酒且内。所以知潘满如病者，臣意切其脉深小弱，其卒然合合也，是脾气也。右脉口气至紧小，见瘕气也。以次相乘，故三十日死。三阴俱抟者，如法；不俱抟者，决在急期；一抟一代者，近也。故其三阴抟，溲血如前止。

齐国的中尉潘满如患小腹疼痛的病，我给他诊脉，说：“这是腹中的气体遗留，积聚成了‘瘕症’。”我就对齐国名叫饶的太仆、名叫繇的内史说：“中尉如再不自己禁止行房事，就会三十天内死去。”过了二十多天，他就尿血而死。他的病得自于酗酒后行房事。我之所以知道他的病，是因我给他切脉，发现脉象深沉小弱，这三种情形合在一起，是脾有病的脉气。而且右手寸口脉脉来紧而小，显现了瘕病的现象。两气互相制约影响，所以三十天内会死。太阴、少阴、厥阴三阴脉一齐出现，符合三十天内死的规律；三阴脉不一齐出现，决断生死的时间会更短；交会的阴脉和代脉交替出现，死期还短。因此他的三阴脉同时出现，就像前面说的那样尿血而死。

阳虚侯相赵章病，召臣意。众医皆以为寒中，臣意诊其脉曰："迵风。"迵风者，饮食下嗌而辄出不留。法曰"五日死"，而后十日乃死。病得之酒。所以知赵章之病者，臣意切其脉，脉来滑，是内风气也。饮食下嗌而辄出不留者，法五日死，皆为前分界法。后十日乃死，所以过期者，其人嗜粥，故中藏实，中藏实故过期。师言曰"安谷者过期，不安谷者不及期"。

阳虚侯的丞相赵章生病，叫我去。医生们都认为是寒气进入体内，我给他诊脉，说："是'迵风病'。"得了迵风病，饮食咽下后，总是呕出或泻出来，不能被消化吸收。理论上说："五天就死。"后来十天才死。他的病是由于饮酒。之所以知道赵章的病，是由于我切他的脉，脉滑，这是内风病的脉。饮食下咽喉而总是呕出不留的，医理说五天就死，这是前面说的分界法。后来十天才死，之所以过期，是由于病人酷爱喝粥，所以胃中充实，胃中充实才能过期而死。我的老师说："能容纳水谷的，过期才死，不能容纳水谷的，死期不到就会死。"

济北王病，召臣意诊其脉，曰："风蹶胸满。即为药酒，尽三石，病已。得之汗出伏地。所以知济北王病者，臣意切其脉时，风气也，心脉浊。病法"过入其阳，阳气尽而阴气入"。阴气入张，则寒气上而热气下，故胸满。汗出伏地者，切其脉，气阴。阴气者，病必入中，出及瀺水也。

济北王生病，叫我去给他诊脉，我说："这是'风厥'，胸部烦闷。"就为他调制药酒，喝了三石，病好了。他的病得自于出汗的时候，躺在地上。之所以知道济北王的病，是因为我切他的脉时，候到风邪的脉，心脉重浊。依照病理"病邪进入人体肌表，体表的阳气就会耗散，而寒气侵入。"寒气内盛就往上逆，而阳气下流，因此胸闷。之所以知道是出汗时躺在地上而引起的病，是因为切他的脉时，脉气有阴邪。出现这种脉，肯定是病已入里，用药酒治疗时，寒湿之气会随着汗液外出。

齐北宫司空命妇出于病，众医皆以为风入中，病主在肺，刺其足少阳脉。臣意诊其脉，曰："病气疝，客于膀胱，难于前后溲，而溺赤。病见寒气则遗溺，使人腹肿。"出于病得之欲溺不得，因以接内。所以知出于病者，切其脉大而实，其来难，是蹶阴之动也。脉来难者，疝气之客于膀胱也。腹之所以肿者，言蹶阴之络结小腹也。蹶阴有过则脉结动，动则腹肿。臣意即灸其足蹶阴之脉，左右各一所，即不遗溺而溲清，小腹痛止。即更为火齐汤以饮之，三日而疝气散，即愈。

齐国北宫司空的名叫出于的夫人生病，许多医生都认为是风气入体内，主要是肺有病，就针刺足少阳经脉。我诊她的脉，说："这是疝气病，疝气影响膀胱，大小便困难，尿色赤红。这种病遇到寒气就会遗尿，使人小腹肿胀。"她的病得自于想解小便又不能解，接着行房事。我之所以知道出于的病，是因为给她切脉时，脉象大而有力，但脉来艰难，那是厥阴肝经有变动。脉来艰难，那是疝气影响膀胱。小腹所以肿胀，是因为厥阴络脉结聚在小腹，厥阴脉有病，和它相连的部位也会发生变化，这种变化就使得小腹肿胀。我就在他的足厥阴肝经施灸，左右各灸一穴，就不再遗尿而尿清，小腹也止住了疼痛。再用火剂汤给她服用，三天后，疝气消散，病就好了。

故济北王阿母自言足热而懑，臣意告曰："热蹶也。"则刺其足心各三所，案之无出血，病旋已。病得之饮酒大醉。

以前济北王的奶妈说自己的足心发热胸中郁闷，我告诉她："是热厥病。"在她足心各刺三穴，出针时，按住穴孔，不让血流出，病很快就好了。她的病得自于喝酒大醉。

济北王召臣意诊脉诸女子侍者，至女子竖，竖无病。臣意告永巷长曰："竖伤脾，不可劳，法当春呕血死。"臣意言王曰："才人女子竖何能？"王曰："是好为方，多伎能，为所是案法新，往年市之民所，四百七十万，曹偶四人"。王曰：得毋有病乎？"臣意对曰："竖病重，在死法中。"王召视之，其颜色不变，以为不然，不卖诸侯所。至春，竖奉剑从王之厕，王去，竖后，王令人召之，即仆于厕，呕血死。病得之流汗。流汗者，法病内重，毛发而色泽，脉不衰，此亦内关之病也。

济北王召我给他的侍女们诊病，诊到名叫竖的女子时，看上去没病。我告诉永巷长说："竖伤了脾脏，不能太劳累，从病理看，到了春天会吐血而死。"我问济北王："这个人有什么才能？"济北王说："她喜欢方技，有多种技能，能在旧方技中创出新意来，去年从民间买的，和她一样的四个人，共用四百七十万钱。"济北王说："她是不是有病？"我回答说："她病得很重，依病理会死去。"济北王召她来看，她的脸色没有变化，觉得我说得不对，没有把她卖给其他诸侯。到春天，她捧着剑跟济北王去厕所，济北王离去，她仍留在后边，济北王派人去叫她，她已脸向前倒在厕所里，吐血而死。她的病得自于流汗。流汗的病人，依病理说是病重在内里，毛发、面色都润泽，脉不衰减，这也是内关一类的病。

齐中大夫病龋齿，臣意灸其左大阳明脉，即为苦参汤，日嗽三升，出入五六日，病已。得之风，及卧开口，食而不嗽。

齐国的中大夫患龋齿病，我灸他的左手阳明经脉，立即为他开了苦参汤，每天含漱三升，前后五六天，病好了。病得自于感受风邪，以及睡卧时张开口，食后不漱口。

淄川王美人怀子而不乳，来召臣意。臣意往，饮以莨菪药一撮，以酒饮之，旋乳。臣意复诊其脉，而脉躁。躁者有余病，即饮以消石一齐，出血，血如豆比五六枚。

淄川王的嫔妃怀孕难产，来叫我，我去后，用莨菪药末一撮，以酒送服，很快就生下了。我再次诊她的脉，而脉躁动。脉躁动还有其他的病，就让她饮消石一剂，阴道出血，约有五六枚血块像豆子一样大小。

齐丞相舍人奴从朝入宫，臣意见之食闺门外，望其色有病气。臣意即告宦者平。平好为脉，学臣意所，臣意即示之舍人奴病，告之曰："此伤脾气也，当至春鬲塞不通，不能食饮，法至夏泄血死。"宦者平即往告相曰："君之舍人奴有病，病重，死期有日。"相君曰："卿何以知之？"曰："君朝时入宫，君之舍人奴尽食闺门外，平与仓公立，即示平曰，病如是者死。"相即召舍人而谓之曰："公奴有病不？"舍人曰："奴无病，身无痛者。"至春果病，至四月，泄血死。所以知奴病者，脾气周乘五藏，伤部而交，故伤脾之色也，望之杀然黄，察之如死青之兹。众医不知，以为大虫，不知伤脾。所以至春死病者，胃气黄，黄者土气也，土不胜木，故至春死。所以至夏死者，脉法曰"病重而脉顺清者曰内关"，内关之病，人不知其所痛，心急然无苦。若加以一病，死中春，一愈顺，及一时。其所以四月死者，诊其人时愈顺。愈顺者，人尚肥也。奴之病得之流汗数出，灸于火而以出见大风也。

齐国丞相门客的奴仆跟随主人上朝进入王宫，我看到他在宫门外吃东西，看见他的脸色有病气。我马上告诉了名叫平的宦官。平喜欢诊脉，在我这里学习，我就将这个奴仆的病指给他看，告诉他说："这里损伤脾脏的面色，到春天胸膈会阻塞不通，不能吃东西，依病理到夏天将泄血而死。"宦官平就告诉丞相说："您门客的奴仆有病，病很重，离死期不远。"丞相说："你怎么知道？"他说："您上朝入宫时，您门客的奴仆在宫门外吃个没完，我和太仓公站在那里，太仓公就指给我看说，患这种病是要死的。"丞相就把这个门客召请来问他："您的奴仆有病吗？"门客说："我的奴仆没有病，身体没有觉得疼痛。"到了春天果然病了，四月时，泄血而死。我之所以知道他的病，是因为知他的脾气普遍影响到五脏，脾受伤害就会在脸上某一部位显示相应的病色，伤脾之色，看上去脸色是黄的，仔细再看是青中透灰的死草色。很多医生不知这种情况，认为是体内有寄生虫，不知是伤害了脾。这个人所以到春天病重而死，是因为脾病脸色发黄，黄色在五行属土，脾土不能胜肝木，所以到了肝木强盛的春天就会死去。到夏天而死的原因，依照病理"病情严重，而脉象正常是内关病"。内关病，病人不会感到疼痛，好像没有一点儿痛苦，如果再添任何一种病，就会死在仲春二月；如果能精神愉快顺天养性，能够拖延一季度。他所以在四月死，我诊他的脉时，他精神愉快顺天养性。他能够做到这样，人还算养得丰满肥腴，也就能拖延一些时候了。他的病得之于流汗太多，受火烤后又在外面受了风邪。

淄川王病，召臣意诊脉，曰："蹷上为重，头痛身热，使人烦懑。"臣意即以寒水拊其头，刺足阳明脉，左右各三所，病旋已。病得之沐发未干而卧。诊如前，所以蹷，头热至肩。

淄川王生病，叫我去给他诊脉，我说："这是'厥'病，上部症状重，头痛身热，使人烦闷。"我就用冷水在他头上拍，针刺足阳明经脉，左、右各三次，病很快就好了。病得自于洗浴后，头发未干而睡眠。诊断如前所述，之所以称为厥，是因为郁热之气逆行于头至肩部。

齐王黄姬兄黄长卿家有酒召客，召臣意。诸客坐，未上食。臣意望见王后弟宋建，告曰："君有病，往四五日，君要胁痛不可俛仰，又不得小溲。不亟治，病即入濡肾。及其未舍五藏，急治之。病

方今客肾濡，此所谓‘肾痺’也”。宋建曰：“然，建故有要脊痛。往四五日，天雨，黄氏诸倩见建家京下方石，即弄之，建亦欲效之，效之不能起，即复置之。暮，要脊痛，不得溺，至今不愈。”建病得之好持重。所以知建病者，臣意见其色，太阳色干，肾部上及界要以下者枯四分所，故以往四五日知其发也。臣意即为柔汤使服之，十八日所而病愈。

齐王黄姬的哥哥黄长卿家设酒席待客，叫我去。客人们坐着，还没有上菜。我看见王后的弟弟宋建，告诉他说：“您有病，四五天前，您的腰、胁疼痛，不能俯仰，还解不出小便。不抓紧医治，病就会侵入肾脏。趁着还没有滞留五脏，赶快医治。现在病正侵入肾区，这就是所谓‘肾痺’。”宋建说：“正是这样。我过去有腰脊痛的毛病，四五天前，下雨，黄家的几个女婿看到我家建仓廪下基石，就去摆弄，我也想学他们，却举不起来，就又放下。黄昏时，腰脊疼痛，无法小便，到现在还没有好。”宋建的病得自于喜好持重物。我之所以知道宋建的病，是由于我视察他的颜色，颧骨部位的颜色发干，肾部及腰围以下有四分左右的部位枯干，所以知道四五日之前发病。我马上调制柔汤让他饮下，十八天左右病就好了。

济北王侍者韩女病要背痛，寒热，众医皆以为寒热也。臣意诊脉，曰：“内寒，月事不下也。”即窜以药，旋下，病已。病得之欲男子而不可得也。所以知韩女之病者，诊其脉时，切之，肾脉也，啬而不属。啬而不属者，其来难，坚，故曰月不下。肝脉弦，出左口，故曰欲男子不可得也。

济北王有位姓韩的侍女患有腰背疼痛病，恶寒、发热，许多医生都认为是寒热病。我给她诊脉，说：“这是内寒，月经不通。”就用药为她熏灸，很快月经就来了，病痊愈。这病得自于想男子而没得到。我之所以知道韩女的病，是因为给她诊脉时，切到肾的病脉，脉来艰涩而不连属。艰涩而不连属，所以月经来得艰难；脉形坚固，所以月经不通。肝脉浮而紧，按之不移，溢出于左手寸口，所以说是想男子而得不到。

临淄里女子薄吾病甚，众医皆以为寒热笃，当死，不治。臣意诊其脉，曰：“蛲瘕”。蛲瘕为病，腹大，上肤黄粗，循之戚戚然。臣意饮以芫华一撮，即出蛲可数升，病已，三十日如故。病蛲得之于寒湿，寒湿气宛笃不发，化为虫。臣意所以知薄吾病者，切其脉，循其尺，其尺索刺粗，而毛美奉发，是虫气也。其色泽者，中藏无邪气及重病。

临淄里名叫薄吾的女人病得很重，很多医生都认为是寒热病，很严重，会死，无法医治。我给她诊脉，说：“这是‘蛲瘕病’。”这种病使人肚子大，腹部皮肤黄而粗糙，用手触摸肚腹病人感到难受。我用芫花一撮用水送服，随即泄出约有几升的蛲虫，病也就好了。过了三十天，身体和病前一样。蛲瘕病得自寒湿气，寒湿气积蓄太多，不能发散，变化为虫。我之所以知道她的病，是由于我切脉时，循按尺部脉位，她尺部脉象紧而粗大，又毛发枯焦，这是有虫的症状。她的脸色有光泽，是内脏没有邪气，病不重的原因。

齐淳于司马病，臣意切其脉，告曰：“当病迥风。迥风之状，饮食下嗌辄后之。病得之饱食而疾走。”淳于司马曰：“我之王家食马肝，食饱甚，见酒来，即走去，驱疾至舍，即泄数十出。”臣意告曰：“为火齐米汁饮之，七八日而当愈。”时医秦信在旁，臣意去，信谓左右阁都尉曰：“意以淳于司马病为何？”曰：“以为迥风，可治”。信即笑曰：“是不知也。淳于司马病，法当后九日死。”即后九日不死，其家复召臣意。臣意往问之，尽如意诊。臣即为一火齐米汁，使服之，七八日病已。所以知之者，诊其脉时，切之，尽如法。其病顺，故不死。

齐国姓淳于的司马患病，我给他诊脉，告诉他说：“应该是‘迥风’病，迥风病的症状，是饮食咽下后就又吐出来。这病得自于饱餐后快跑。”淳于司马说：“我到皇上家吃马肝，吃得太饱，看到送上酒来，就跑开了，后来又骑着快马回家，到家就下泄几十次。”我告诉他说：“把火剂汤用米汁送服，过七八天就会好。”当时医生秦信在旁边，我离去后，他对身边姓阁的都尉说：“他以为司马得的什么病？”他说：“认为是迥风病，能够治疗。”秦信就笑着说：“这是不了解。淳于司马的病，依病理在九天后就死去。”经过九天没有死，司马家又召请我。我去询问他，全如我所诊断的。我就为他调制火剂米汤让他服用，七八天后病就好了。我之所以知道他的病，是因为诊他的脉时，他的脉象完全符合正常的法则。他的病情和脉象一致，所以不会死。

齐中郎破石病，臣意诊其脉，告曰：“肺伤，不治，当后十日丁亥溲血死。”即后十一日，溲血而

死。破石之病，得之堕马僵石上。所以知破石之病者，切其脉，得肺阴气，其来散，数道至而不一也。色又乘之。所以知其堕马者，切之得番阴脉。番阴脉入虚里，乘肺脉。肺脉散者，固色变也乘之。所以不中期死者，师言曰“病者安谷即过期，不安谷则不及期”。其人嗜黍，黍主肺，故过期。所以溲血者，诊脉法曰“病养喜阴处者顺死，养喜阳处者逆死”。其人喜自静，不躁，又久安坐，伏几而寐，故血下泄。

齐国名叫破石的中郎生病，我给他诊脉，告诉他说：“肺脏破伤，无法医治，会在十天后的丁亥日那天尿血而死。”就在十一天后，尿血而死。破石的病，得自于从马上摔下来。跌在石头上。我之所以知道破石的病，是因为切他的脉时，肺阴脉脉象来得浮散，好像从几条脉道而来，又不一致。同时他脸色赤红，这是心脉压肺脉的表现。我之所以知道他是从马背上摔下来的，是因为切到反阴脉，反阴脉进入虚里，然后乘肺脉，在肺的脉位出现了散脉，原来脸色白却变红，那是心脉侵袭肺脉的表现。他之所以与预料的死期不合，是由于老师说过：“病人能容纳水谷的，就能超过期限才死，不能容纳水谷的，不到期限就会死。”这个人很爱吃黄黍，黄黍补肺，因此过期。之所以尿血，是因为诊脉的理论说：“病人性格喜安静的，血从下出而死，性格喜活动的，血从上出而死。”这个人喜欢安静，不躁，又长久坐着不动，伏在小桌上睡熟，因此血从下部泄出。

齐王侍医遂病，自练五石服之。臣意往过之，遂谓意曰：“不肖有病，幸诊遂也。”臣意即诊之，告曰：“公病中热。论曰‘中热不溲者，不可服五石’。石之为药精悍，公服之不得数溲，亟勿服。色将发臃”。遂曰：“扁鹊曰‘阴石以治阴病，阳石以治阳病’。夫药石者有阴阳水火之齐，故中热，即为阴石柔齐治之；中寒，即为阳石刚齐治之。”臣意曰：“公所论远矣。扁鹊虽言若是，然必审诊，起度量，立规矩，称权衡，合色脉表里有余不足顺逆之法，参其人动静与息相应，乃可以论。论曰‘阳疾处内，阴形应外者，不加悍药及镵石’。夫悍药入中，则邪气辟矣，而宛气愈深。诊法曰‘二阴应外，一阳接内者，不可以刚药’。刚药入则动阳，阴病益衰，阳病益箸，邪气流行，为重困于俞，忿发为疽。”意告之后百余日，果为疽发乳上，入缺盆，死。此谓论之大体也，必有经纪。拙工有一不习，文理阴阳失矣。

齐王名叫遂的侍医生病，自己炼制五石散服用。我去拜访他，他对我说：“我有病，希望你为我诊治。”我立即给他诊治，告诉他说：“您得的是内脏有热邪的病。病理说‘内脏有热邪，不能小便的，不能服用五石散’。石药药力猛烈，您服后小便次数减少，赶紧不要服用。从你的脸色看来，要生疮肿。”他说：“从前扁鹊说过：‘阴石可以治阴虚有热的病，阳石可以治阳虚有寒的病。’药石的方剂都有阴阳寒热的分别，所以内脏有热的，就用阴石柔剂医治；内脏有寒的，就用阳石刚剂医治。”我说：“您的提法错了。扁鹊虽然说过这样的话，然而必须审慎诊断，确立标准，订立规矩，斟酌权衡，依据参照色脉表里、盛衰、顺逆的原则，参验病人的举动与呼吸是否谐调，才可以下结论。医药理论说：‘体内有阳热病，体表反应阴冷症状的，不能用猛烈的药和砭石的方法医治。’由于强猛的药进入体内，邪气就会更加恣肆，而郁热就会蓄积更深。诊病理论说：‘外寒多于内热的病，不能用猛烈的药。’因猛烈的药进入体内就会躁动阳气，阴虚病症就会更严重，阳气更加强盛，邪气到处流动行走，就会重重团聚在腧穴，最后激发为疽疮。”我告诉他一百多天后，果然疽疮生在乳上，蔓延到锁骨上窝后，就死了。这就是说理论只是大体情形，必须掌握其中的原则。平庸的医生有一处没学到，就会使得条理、阴阳出现差错。

齐王故为阳虚侯时，病甚，众医皆以为蹷。臣意诊脉，以为痹，根在右胁下，大如覆杯，令人喘，逆气不能食。臣意即以火齐粥且饮，六日气下；即令更服丸药，出入六日，病已。病得之内。诊之时不能识其经解，大识其病所在。

齐王以前当阳虚侯时，病得很严重，许多医生都认为是蹷病。我给他诊脉，认为是痹症，病根在右胁下，大如倒扣着的杯子，使人气喘，气上逆不能饮食。我就用火剂粥给他服用，六天后，逆气平降；就让他再服丸药，前后又六天，病好了。病得自于房事不节制。我为他诊治时，不懂得如何用经脉理论解释这种病，只是大体知道疾病的所在部位。

臣意尝诊安阳武都里成开方，开方自言以为不病，臣意谓之病苦沓风，三岁四支不能自用，使人喑，喑即死。今闻四支不能用，喑而未死也。病得之数饮酒以见大风气。所以知成开方病者，诊之，

其脉法奇咳言曰:“藏气相反者死。”切之,得肾反肺,法曰“三岁死”也。

我曾经为安阳武都里的成开方诊病,他自称没有病,我说他将被沓风病所苦,三年后四肢不能自己支配,喑哑不能言语,一旦喑就会死去。现在听说他四肢已经不能动,虽喑哑却还未死。他的病得自于多次喝酒之后受了剧烈的风邪。我之所以知道成开方的病,为他诊治,是由于他的脉象符合《奇咳术》的说法:“脏气相反的会死。”切他的脉,得到肾气反冲肺气的脉象,病理说:“三年会死。”

安陵阪里公乘项处病,臣意诊脉,曰:“牡疝。”牡疝在鬲下,上连肺。病得之内。臣意谓之:“慎毋为劳力事,为劳力事则必呕血死。”处后蹴踘,要蹷寒,汗出多,即呕血。臣意复诊之,曰:“当旦日日夕死。”即死。病得之内。所以知项处病者,切其脉得番阳。番阳入虚里,处旦日死。一番一络者,牡疝也。

安陵坂里名叫项处的公乘生病,我给他诊脉,说:“这是牡疝病。”牡疝是发生在胸隔下,上连肺脏的病。病得自于行房事不节制。我对他说:“千万不要干用力的事,做这样的事就一定会呕血而死。”项处后来去“蹴踘”,腰部寒冷,汗出很多,吐了血。我再次为他诊脉后说:“会在第二天黄昏时死去。”到时就死了。他的病是因房事而得。我之所以知道他的病,是因为切脉时得到反阳脉,反阳的脉气进入上虚,第二天就会死。一方面出现了反阳脉,一方面上连于肺,这就是牡疝。

臣意曰:他所诊期决死生及所治已病众多,久颇忘之,不能尽识,不敢以对。

臣淳于意说:其他能诊断出生死时间以及治好的病太多了,时间太长,忘记了,没有全部记住,因此不敢拿这些来回答。

问臣意:“所诊治病,病名多同而诊异,或死或不死,何也?”对曰:“病名多相类,不可知,故古圣人为之脉法,以起度量,立规矩,县权衡,案绳墨,调阴阳,别人之脉各名之,与天地相应,参合于人,故乃别百病以异之,有数者能异之,无数者同之。然脉法不可胜验,诊疾人以度异之,乃可别同名,命病主在所居。今臣意所诊者,皆有诊籍。所以别之者,臣意所受师方适成,师死,以故表籍所诊,期决死生,观所失所得者合脉法,以故至今知之。”

又问臣意:“你所诊治的病,很多病名相同,诊治的结果却不同,有的死了,有的没死,为什么呢?”回答说:“病名大多是相类似的,不能分辨,所以古代圣人创造了脉法,来确立诊断的标准,订立规矩,斟酌权衡,依照规则,测量人的阴阳情形,区别人的脉象,并分别给以命名,与自然界变化相应,参考人的情况,所以才可以区别各种疾病使它们病名各异,医术高明的人能区分它们,医术拙劣的人就会混淆它们。然而脉法不能全都应验,诊治病人要用分度脉的方法区别,才能区别相同名称的疾病,说出病因在什么地方。如今我诊治的病人,都有诊治记录。我之所以这样区别疾病,是由于跟随老师刚学成,老师就死了,因此记录诊治的情况,预期决断生死的时间,来验证失误、正确的情况是否符合脉法,因为这个原因到现在清楚各种疾病情况。”

问臣意曰:“所期病决死生,或不应期,何故?”对曰:“此皆饮食喜怒不节,或不当饮药,或不当针灸,以故不中期死也。”

又问臣意说:“你预期决断病人生死的时间,有的没有应验,什么缘故呢?”回答说:“这都是病人饮食喜怒不加节制,或者由于不恰当地服药,或者由于不恰当地进行针灸,因此没有如期而死。”

问臣意:“意方能知病死生,论药用所宜,诸侯王大臣有尝问意者不?及文王病时,不求意诊治,何故?”对曰:“赵王、胶西王、济南王、吴王皆使人来召臣意,臣意不敢往。文王病时,臣意家贫,欲为人治病,诚恐吏以除拘臣意也,故移名数左右,不修家生,出行游国中,问善为方数者事之久矣,见事数师,悉受其要事,尽其方书意,及解论之。身居阳虚侯国,因事侯。侯入朝,臣意从之长安,以故得诊安陵项处等病也。”

又问臣意说:“在你正能够了解病人的生死情况,论说药品的适应证时,诸侯王、大臣有曾经向你请教的吗?到齐文王生病时,不找你去诊治,什么原因呢?”回答说:“赵王、胶西王、济南王、吴王都派人来召我去,我不敢去。齐文王患病时,我家里贫困,想替人家治病,的确害怕官吏委任我为侍医而束缚住我,所以我把户籍迁到亲戚邻居等人名下,不治理家事,到处行医游学,长期寻访医术精妙的人向他求教,拜见侍奉过许多老师,全部学到了他们的主要本领,也全部领会了他们医术的内容，并且进行分析评定。我住在阳虚侯的封国中，于是侍奉他。阳虚侯入朝，我跟随他到长安，所以能给安陵的项处等人诊治病。”

问臣意：“知文王所以得病不起之状？”臣意对曰：“不见文王病，然窃闻文王病喘，头痛，目不明。臣意心论之，以为非病也。以为肥而蓄精，身体不得摇，骨肉不相任，故喘，不当医治。脉法曰‘年二十脉气当趋，年三十当疾步，年四十当安坐，年五十当安卧，年六十已上气当大董’。文王年未满二十，方脉气之趋也而徐之，不应天道四时。后闻医灸之即笃，此论病之过也。臣意论之，以为神气争而邪气入，非年少所能复之也，以故死。所谓气者，当调饮食，择晏日，车步广志，以适筋骨肉血脉，以泻气。故年二十，是谓‘易贸，’法不当砭灸，砭灸至气逐。”

又问臣意说：“你知道齐文王生病不起的原因吗？”臣意回答说：“没有看到齐文王的病情，可是私下听说齐文王患气喘、头痛、视力差的病。我心里想，认为这不是病。我认为是肥胖而蓄积了精气，身体得不到活动，骨头支撑不起，所以气喘，不应当医治。脉法理论说：‘二十岁血脉正旺，应当多跑动，三十岁应当多快步走，四十岁应当安静地坐着，五十岁应当安静地睡卧，六十岁以上应当使元气深藏。’齐文王年纪不满二十，正当脉气旺盛的时候，却懒于走动，不顺应自然规律。后来听说医生用灸法治疗，病情马上加重，这是分析论断病情上的错误。据我分析，这是正气外争而邪气内入，这就不是年轻人所能康复的了，因此死亡。对于这种形气俱实的情况，应当调和饮食，选择晴朗天气，或驾车，或步行，来开阔心胸，调和筋骨、肌肉、血脉，疏泻体内的郁积的旺气。所以，二十岁时，是人们说的‘易实’时期，按医理不应当用砭法灸法来治疗，使用这种方法会导致气血奔流。”

问臣意：“师庆安受之？闻于齐诸侯不？”对曰：“不知庆所师受。庆家富，善为医，不肯为人治病，当以此故不闻。庆又告臣意曰：‘慎勿令我子孙知若学我方也。’”

又问臣意说：“你老师阳庆从哪里学的医术？齐国的诸侯是否知道他？”回答说：“不知道阳庆从哪儿学的。阳庆家里富有，擅长医术，不愿意为人治病，应该是这个原因才不被人知道。阳庆还告诫我说：‘一定不要让我的子孙知道你学我的医术。’”

问臣意：“师庆何见于意而爱意，欲悉教意方？”对曰：“臣意不闻师庆为方善也。意所以知庆者，意少时好诸方事，臣意试其方，皆多验，精良。臣意闻淄川唐里公孙光善为古传方，臣意即往谒之。得见事之，受方化阴阳及传语法，臣意悉受书之。臣意欲尽受他精方，公孙光曰：‘吾方尽矣，不为爱公所。吾身已衰，无所复事之。是吾年少所受妙方也，悉与公，毋以教人。’臣意曰：‘得见事侍公前，悉得禁方，幸甚。意死不敢妄传人。居有间，公孙光间处，臣意深论方，见言百世为之精也。师光喜曰：‘公必为国工。吾有所善者皆疏，同产处临淄，善为方，吾不若，其方甚奇，非世之所闻也。吾年中时，尝欲受其方，杨中倩不肯，曰“若非其人也”。胥与公往见之，当知公喜方也。其人亦老矣，其家给富。’时者未往，会庆子男殷来献马，因师光奏马王所，意以故得与殷善。光又属意于殷曰：‘意好数，公必谨遇之，其人圣儒’。即为书以意属阳庆，以故知庆。臣意事庆谨，以故爱意也”。

又问臣意说：“你的老师阳庆是怎么看中并喜欢你的？怎么想把全部医术传给你？”回答说：“我本来没听说老师阳庆的医术精妙。我后来之所以知道阳庆，是因为我年轻时喜欢各家医术，我试用他的医方，大多有效，而且精妙。我听说淄川唐里的公孙光擅长使用古代流传的医方，就去拜见他。我得以拜见侍奉他，从他那里学到调理阴阳的医方以及口头流传的医理，我全部接受记录下来。我想要全部学到他精妙的医术，公孙光说：‘我的医方全部拿出来了，对你不会有所吝惜。我的身体已经衰老，不必再侍奉我了。这是我年轻时所受的妙方，都给你，不要教给别人。’我说：‘能够拜见侍奉在您跟前，得到了全部秘方，太幸运了。我到死也不敢胡乱传给别人。’过了些日子，公孙光闲着没事，我就深入分析论说医方，他觉得我对历代医方的论说是高明的。他高兴地说：‘你一定会成为国医。我所擅长的医技都生疏了，我的同胞兄弟住在临淄，擅长于医学，我不如他，他的医方很奇特，是世间没有听到过的。我中年时，曾经想接受他的医方，阳庆不肯，说“你不是那种可以接受医方的人”。必须我和你一起前往拜见他，他就会知道你喜欢医术了。他也老了，但家里富有。’当时还没去，恰逢阳庆的儿子阳殷来献马，通过老师公孙光进献给齐王，由于这个缘故和阳殷熟悉了。公孙光又把我托付给阳殷说：‘淳于意喜好医术，你一定要好好对待他，他是倾慕圣人之道的人。’于是就写信把我推荐给阳庆，因此也就认识了阳庆。我侍奉阳庆很恭谨，他因此喜爱我。”

问臣意曰："吏民尝有事学意方，及毕尽得意方不？何县里人？"对曰："临淄人宋邑。邑学，臣意教以五诊，岁余。济北王遣太医高期、王禹学，臣意教以经脉高下及奇络结，当论俞所居，及气当上下出入邪正逆顺，以宜镵石，定砭灸处，岁余。淄川王时遣太仓马长冯信正方，臣意教以案法逆顺，论药法，定五味及和齐汤法。高永侯家丞杜信，喜脉，来学，臣意教以上下经脉五诊，二岁余。临淄召里唐安来学，臣意教以五诊上下经脉，奇咳，四时应阴阳重，未成，除为齐王侍医。"

又问臣意说："官民曾经有人向你学习医术，并全部学到你的医术吗？是什么地方人？"回答说："临淄人宋邑。宋邑来学，我教他察看脸色诊病，学了一年多。济北王派太医高期、王禹来学，我教他们经脉上下分布的部位和异常络脉结系之处，常常论说腧穴所处的方位，以及经络之气运行时的邪正顺逆的情况，如何选定针对病症需要砭石针灸治疗的穴位，学了有一年多。淄川王时常派太仓署中管理马匹的长官冯信向我请教医术，我教给他按摩中的顺、逆两种手法，论述用药的方法，鉴定药的性味，以及组合配伍方剂，制汤药的方法。高永侯的管家杜信喜好诊脉，前来学习，我教他经脉上下分布的部位、《五色诊》，学了两年多。临淄召里的唐安前来学习，我教他《五色诊》、上下经脉分布的部位、《奇咳术》、四季气候随阴阳变化而变化的道理，没有学成，被任命为齐王的侍医。"

问臣意："诊病决死生，能全无失乎？"臣意对曰："意治病人，必先切其脉，乃治之。败逆者不可治，其顺者乃治之。心不精脉，所期死生视可治，时时失之，臣意不能全也"。

又问臣意说："你诊病决断生死，能够完全没有失误吗？"臣意回答说："我诊治病人，一定首先切他的脉，才进行治疗。脉象衰败与病情违背的不可以医治，脉象和病情相顺应的才可以医治。假如不精心切脉，所预期决断生死时间的病会看作可医治的病，往往会出现失误，我不可能完全没有失误。"

太史公曰：女无美恶，居宫见妒；士无贤不肖，入朝见疑。故扁鹊以其伎见殃，仓公乃匿迹自隐而当刑。缇萦通尺牍，父得以后宁。故老子曰"美好者不祥之器"，岂谓扁鹊等邪？若仓公者，可谓近之矣。

太史公说：女人无论美与丑，住在宫中就会被嫉妒，士人无论贤能与不贤能，进入朝廷就会遭人猜疑。所以扁鹊由于他的医术而遭殃，太仓公于是自愿隐藏形迹还被判处刑罚。缇萦写信给皇上，她的父亲得以后来平安。所以老子说："美好的东西都是不吉祥的器物。"难道是说扁鹊等人么？像太仓公这样的人，可以说是接近这句话的意思了。

史记第一百六卷

吴王濞列传第四十六

吴王濞者，高帝兄刘仲之子也。高帝已定天下七年，立刘仲为代王。而匈奴攻代，刘仲不能坚守，弃国亡，间行走雒阳，自归天子。天子为骨肉故，不忍致法，废以为郃阳侯。高帝十一年秋，淮南王英布反，东并荆地，劫其国兵，西度淮，击楚，高帝自将往诛之。刘仲子沛侯濞年二十，有气力，以骑将从破布军蕲西会甄，布走。荆王刘贾为布所杀，无后。上患吴、会稽轻悍，无壮王以填之，诸子少，乃立濞于沛，为吴王，王三郡五十三城。已拜受印，高帝召濞相之，谓曰："若状有反相。"心独悔，业已拜，因拊其背，告曰："汉后五十年东南有乱者，岂若邪？然天下同姓为一家也，慎无反？"濞顿首曰："不敢。"

吴王刘濞，是高帝哥哥刘仲的儿子。高帝平定天下七年后，立刘仲为代王。后来匈奴攻打代国，刘仲没能坚守，抛弃封国逃跑，抄小路跑到洛阳，向天子自首。天子因为是骨肉至亲的缘故，不忍心用法律制裁，就把他废黜为郃阳侯。高帝十一年秋天，淮南王英布反叛，向东吞并了荆地，夺取了那里侯国的军队，向西渡过了淮河，攻打楚国，高帝亲自率军队去征讨他。刘仲的儿子沛侯刘濞当时二十岁，健壮有力，以骑将的身份跟随高帝在蕲县西边的会甀打败了英布的军队，英布逃跑。荆王刘贾被英布杀害，没有后代。皇上恐怕吴地、会稽地方的人轻浮好斗，没有年富力强的王来镇抚他们，自己的儿子都还年小，就封刘濞在沛地做吴王，统治三个郡五十三个县。刘濞接受印信后，高帝召刘濞来，给他相面，对他说："你的状貌有反叛之相。"心里独自后悔起来，但已经任命了，于是拍着他的背，告诫他说："汉朝建立后五十年间东南方有叛乱的人，难道是你吗？可是天下同姓是一家人，千万不要反叛！"刘濞叩头说："不敢。"

会孝惠、高后时，天下初定，郡国诸侯各务自拊循其民。吴有豫章郡铜山，濞则招致天下亡命者益铸钱，煮海水为盐，以故无赋，国用富饶。

正值孝惠帝、高后时期，天下刚刚安定，郡国的诸侯各自一心安抚他们的百姓。吴国有豫章郡的铜矿山，刘濞就招募天下亡命之徒私下铸钱，煮海水制盐，由于这个缘故国家不征收赋税，而国家的开支很富足。

孝文时，吴太子入见，得侍皇太子饮博。吴太子师傅皆楚人，轻悍，又素骄，博，争道，不恭，皇太子引博局提吴太子，杀之。于是遣其丧归葬。至吴，吴王愠曰："天下同宗，死长安即葬长安，何必来葬为！"复遣丧之长安葬。吴王由此稍失藩臣之礼，称病不朝。京师知其以子故称病不朝，验问实不病，诸吴使来，辄系责治之。吴王恐，为谋滋甚。及后使人为秋请，上复责问吴使者，使者对曰："王实不病，汉系治使者数辈，以故遂称病。且夫'察见渊中鱼，不祥'。今王始诈病，及觉，见责急，愈益闭，恐上诛之，计乃无聊。唯上弃之而与更始。"于是天子乃赦吴使者归之，而赐吴王几杖，老，不朝。吴得释其罪，谋亦益解。然其居国以铜盐故，百姓无赋。卒践更，辄与平贾。岁时存问茂材，赏赐闾里。佗郡国吏欲来捕亡人者，讼，共禁弗予。如此者四十余年，以故能使其众。

孝文帝时期，吴王太子进京朝见，得以陪伴皇太子饮酒、玩博戏。吴太子的老师都是楚地人，轻浮强悍，又平素骄横，博戏的时候，吴太子和皇太子争夺博局上的通道，态度不恭敬，皇太子拿起博戏的台盘掷击吴太子，杀死了他。于是把他的尸体运回吴国埋葬。到了吴国，吴王愤怒地说："天下同姓都是一家，死在长安就葬在长安，何必回来埋葬呢！"又把尸体运到长安埋葬。吴王从此逐渐抛弃了作为封国王侯的礼仪，借称有病不进京朝拜。朝廷知道他因为儿子的原因托称有病不来朝见，查问清楚他确实没有生病，那些吴国使者来到，就拘禁责问而治罪。吴王害怕，策划谋反越发积极。后来吴王派人代行秋季朝见礼仪，皇上又责问吴王的使者，使者回答说："吴王确实没有病，朝廷拘禁惩办了几批使者，因此就托称有病。况且'看到深潭中的鱼，这是不吉利'。现在吴王刚假装有病，等到朝廷发觉，被追究得紧，就越想隐藏着自己，害怕皇上杀他，称

杖，选自清·《马骀画宝》。古代的几杖为养老用具，汉文帝赐吴王刘濞几杖即表示敬老。

病的计谋出于无可奈何。希望君主不追究他，而给他重新开始的机会。”于是天子就赦免吴王使者，让他们回去，并且赏赐给吴王几案和拐杖，年纪大，不用来朝见。吴王得以解除了他的罪过，阴谋也逐渐放弃了。然而他所在的封国由于产铜产盐的缘故，老百姓不用缴纳赋税。士兵去服役，总是发给代役金。每逢年节，就慰问有才能的人士，赏赐平民。别的郡国官吏想来捉拿逃亡的罪犯，吴王就收容罪犯不交给他们。就这样过了四十多年，吴王于是能利用他的人民。

晁错为太子家令，得幸太子，数从容言吴过可削。数上书说孝文帝，文帝宽，不忍罚，以此吴日益横。及孝景帝即位，错为御史大夫，说上曰：“昔高帝初定天下，昆弟少，诸子弱，大封同姓，故王孽子悼惠王王齐七十余城，庶弟元王王楚四十余城，兄子濞王吴五十余城：封三庶孽，分天下半。今吴王前有太子之郄，诈称病不朝，于古法当诛，文帝弗忍，因赐几杖。德至厚，当改过自新。乃益骄溢，即山铸钱，煮海水为盐，诱天下亡人，谋作乱。今削之亦反，不削之亦反。削之，其反亟，祸小；不削，反迟，祸大。”三年冬，楚王朝，晁错因言楚王戊往年为薄太后服，私奸服舍，请诛之。诏赦，罚削东海郡。因削吴之豫章郡、会稽郡。及前二年赵王有罪，削其河间郡。胶西王卬以卖爵有奸，削其六县。

晁错做太子家令，得到太子的宠幸，多次怂恿太子说吴王有罪，应该削减他的封地。他多次上书劝说孝文帝，文帝宽厚，不忍心处罚吴王，因此吴王日益骄横。到孝景帝登位，晁错任御史大夫，劝说皇上说：“以前高帝刚平定天下，兄弟不多，儿子们年幼，就广泛地分封同姓的人，所以赐封庶子悼惠王为齐王，统治齐国七十多县，异母弟楚元王统治楚国四十多县，哥哥的儿子刘濞统治吴国五十多县：分封三个旁支亲属，就分去了天下的一半。如今吴王以前有吴太子被打死的嫌隙，假托有病不朝见，按照古代法令应当诛杀，文帝不忍心，就赐给他几案和拐杖，恩德十分深厚，他应该改过自新。可是他越发骄横放肆，依据铜山铸造钱币，煮海水来造盐，诱天下逃亡的人，阴谋要造反。现在是削减他封地也造反，不削减他封地也造反。削减他的封地，他很快就造反，祸害小一些；不削他的封地，他造反得晚，祸害就大了。”景帝三年冬天，楚王来朝见，晁错趁机说楚王刘戊去年为薄太后服丧时，在服丧的房子里偷偷淫乱，请求诛杀他。皇上下诏赦免死罪，罚他削去东海郡。趁机就削减了吴的豫章郡、会稽郡。还有前两年赵王因为有罪，削去了他的河间郡。胶西王刘卬因为卖爵位时舞弊，削去了他的六个县。

汉廷臣方议削吴。吴王濞恐削地无已，因以此发谋，欲举事。念诸侯无足与计谋者，闻胶西王勇，好气，喜兵，诸齐皆惮畏，于是乃使中大夫应高诛胶西王。无文书，口报曰：“吴王不肖，有宿夕之忧，不敢自外，使喻其欢心。”王曰：“何以教之？”高曰：“今者主上兴于奸，饰于邪臣，好小善，听谗贼，擅变更律令，侵夺诸侯之地，征求滋多，诛罚良善，日以益甚。里语有之，‘舐糠及米’。吴与胶西，知名诸侯也，一时见察，恐不得安肆矣。吴王身有内病，不能朝请二十余年，常患见疑，无以自白，今胁肩累足，犹惧不见释。窃闻大王以爵事有適，所闻诸侯削地，罪不至此，此恐不得削地而已。”王曰：“然，有之。子将奈何？”高曰：“同恶相助，同好相留，同情相成，同欲相趋，同利相死。今吴王自以为与大王同忧，愿因时循理，弃躯以除患害于天下，亿亦可乎？”王瞿然骇曰：“寡人何敢如是！今主上虽急，固有死耳，安得不戴！”高曰：“御史大夫晁错，荧惑天子，侵夺诸侯，蔽忠塞贤，朝廷疾怨，诸侯皆有倍畔之意，人事极矣。彗星出，蝗虫数起，此万世一时，而愁劳圣人之所以起也。故吴王欲内以晁错为讨，外随大王后车，彷徉天下，所乡者降，所指者下，天下莫敢不服。大王诚幸而许之一言，则吴王率楚王略函谷关，守荥阳敖仓之粟，距汉兵，治次舍，须大王。大王有幸而临之，则天下可并，两主分割，不亦可乎？”王曰：“善。”高归报吴王，吴王犹恐其不与，乃身自为使，使于胶西，面结之。

汉朝廷的大臣正在讨论削减吴王的封地。吴王刘濞害怕无休止地削减封地，便想借机公开自己的图谋，要发兵起事。他考虑到诸侯中没有值得和他筹划的人，听说胶西王勇猛，好斗气，好用兵，齐地的诸侯都害怕他，于是就派中大夫应高去引诱胶西王。没有书信，口头报告说：“吴王不才，有早晚就要来临的忧患，不敢把自己当作外人，派我来表明他的好意。”胶西王说：“有什么赐教？”应高说：“现在皇上提拔奸臣，被奸邪之臣蒙蔽，看重眼前小利，听信搬弄是非的坏人，擅自改变法令，侵夺诸侯的封地，征求越来越多，诛杀惩罚善良的人们，一天比一天厉害。俗话说：‘吃完米糠就到吃米了。’吴国和胶西国，都是有名的诸侯，一旦被察觉，就不能安宁自由了。吴王身体有暗疾，不能按春秋两季去朝见已有二十多年了，曾经担忧被怀疑，无法表白自己，如今缩着肩膀小心走路，还害怕不被饶恕。私下听说大王由于出卖爵位的事情有罪责，听说诸侯被削减封地，罪过不应该到这样严重，这恐怕不只是削减封地就罢了。”胶西王说：“对，有这样的事。您打算怎么办？”应高说：“憎恶相同的互相帮助，爱好相同的互相体贴，情感相同的互相成全，欲望相同的互相追求，利益相同的互相去赴死。如今吴王自认为和大王有共同的忧患，愿意顺应时势、遵循事理，牺牲自身来为天下除掉祸害，料想也可以吧？”胶西王吃惊地说：“我怎么敢这样？现皇上虽然严厉，我本来就有死罪啊，怎么能不拥护他？”应高说：“御史大夫晁错，迷惑天子，侵夺诸侯封地，蒙蔽忠良，堵塞贤能，大臣们都怨恨，诸侯都有背叛之心，他的所作所为已到了极点了。彗星出现，蝗灾不断发生，这是万载难逢的一个机会，而且忧愁劳苦的时代，正是圣人产生的时候。所以吴王想对内以讨伐晁错为借口，在外跟随大王车后，纵横驰骋天下，所指向的军队都投降，所指向的城邑都攻克，天下没有敢不服从的。大王如果能有幸答应我一句话，那么吴王就率领楚王攻占函谷关，守住荥阳敖仓的粮食，抗拒朝廷的军队。整顿军队行营，等候大王到来。大王真的能幸临那里，那么天下可以并吞，两个君主分割天下，不也可以吗？”胶西王说：“好。”应高回去报告吴王，吴王还恐怕他不参与谋反，就亲自做使者出使到胶西，当面和他结盟。

胶西群臣或闻王谋，谏曰：“承一帝，至乐也。今大王与吴西乡，弟令事成，两主分争，患乃始结。诸侯之地不足为汉郡什二，而为畔逆以忧太后，非长策也。”王弗听。遂发使约齐、淄川、胶东、济南、济北，皆许诺，而曰“城阳景王有义，攻诸吕，勿与，事定分之耳”。

胶西国群臣中有人听说了胶西王的阴谋，规劝说：“拥戴一个皇帝，是最大的快乐。如今大王和吴王向西发兵，假使事情成功，两个君主又互相争权夺利，祸患就开始结成了。诸侯的土地不够朝廷各郡的十分之二，而背叛朝廷会让太后忧虑，这不是好的计谋。”胶西王不听从。于是派使者约邀齐王、淄川王、胶东王、济南王、济北王，都答应了，而且说：“城阳景王有义气，进攻那些吕氏家族，不参加发兵，事情成功后和他分享罢了。”

诸侯既新削罚，振恐，多怨晁错。及削吴会稽、豫章郡书至，则吴王先起兵，胶西正月丙午诛汉吏二千石以下，胶东、淄川、济南、楚、赵亦然，遂发兵西。齐王后悔，饮药自杀，畔约。济北王城坏未完，其郎中令劫守其王，不得发兵。胶西为渠率，胶东、淄川、济南共攻围临淄。赵王遂亦反，阴使匈奴与连兵。

诸侯都刚刚受到削减封地的处罚，震惊恐慌，大多都怨恨晁错。等到削减吴会稽郡、豫章郡的文书传到，吴王便首先起兵，胶西王在正月丙午这天杀死朝廷任命的二千石以下的官吏，胶东王、淄川王、济南王、楚王、赵王也这样，于是向西进军。齐王后来后悔，服毒自杀，违背了盟约。济北王的城墙毁坏没有修好，他的郎中令劫持看守他，不能发兵。胶西王为首领，和胶东王、淄川王、济南王一同围攻临淄。赵王刘遂也反叛，暗中派使者到匈奴和他们联合军队。

七国之发也，吴王悉其士卒，下令国中曰：“寡人年六十二，身自将。少子年十四，亦为士卒先。诸年上与寡人比，下与少子等者，皆发。”发二十余万人。南使闽越、东越，东越亦发兵从。

七国发动叛乱的时候，吴王全部征召他的士兵，下令全国说：“我六十二岁，亲自担任统帅。小儿子十四岁，也在士卒前列。那些年纪上和我一样，下和我小儿子一样的人，都要出征。”征召了二十多万人。向南出使闽越、东越，东越也派兵跟随吴王。

孝景帝三年正月甲子，初起兵于广陵。西涉淮，因并楚兵。发使遗诸侯书曰：“吴王刘濞敬问胶西王、胶东王、淄川王、济南王、赵王、楚王、淮南王、衡山王、庐江王、故长沙王子：幸教寡人！以汉有贼臣，无功天下，侵夺诸侯地，使吏劾系讯治，以僇辱之为故，不以诸侯人君礼遇刘氏骨肉，绝先帝功臣，进任奸宄，诖乱天下，欲危社稷。陛下多病志失，不能省察。欲举兵诛之，谨闻教。敝国虽狭，地方三千里；人虽少，精兵可具五十万。寡人素事南越三十余年，其王君皆不辞分其卒以随寡人，又可得三十余万。寡人虽不肖，愿以身从诸王。越直长沙者，因王子定长沙以北，西走蜀、汉中。告越、楚王、淮南三王，与寡人西面；齐诸王与赵王定河间、河内，或入临晋关，或与寡人会雒阳；燕王、赵王固与胡王有约，燕王北定代、云中，抟胡众入萧关，走长安，匡正天子，以安高庙。愿王勉之！楚元王子、淮南三王或不沐洗十余年，怨入骨髓，欲一有所出之久矣，寡人未得诸王之意，未敢听。今诸王

苟能存亡继绝，振弱伐暴，以安刘氏，社稷之所愿也。敝国虽贫，寡人节衣食之用，积金钱，修兵革，聚谷食，夜以继日，三十余年矣。凡为此，愿诸王勉用之。能斩捕大将者，赐金五千斤，封万户；列将，三千斤，封五千户；裨将，二千斤，封二千户；二千石，千斤，封千户；千石，五百斤，封五百户：皆为列侯。其以军若城邑降者，卒万人，邑万户，如得大将；人户五千，如得列将；人户三千，如得裨将；人户千，如得二千石；其小吏皆以差次受爵金。佗封赐皆倍军法。其有故爵邑者，更益勿因。愿诸王明以令士大夫，弗敢欺也。寡人金钱在天下者往往而有，非必取于吴，诸王日夜用之弗能尽。有当赐者告寡人，寡人且往遗之。敬以闻！"

孝景帝三年正月甲子日，吴王首先在广陵起兵。向西渡过淮水，于是合并楚国军队。派使者给诸侯送信说：吴王刘濞恭敬地问候胶西王、胶东王、淄川王、济南王、赵王、楚王、淮南王、衡山王、庐江王、原长沙王的儿子：请指教我！由于朝廷有奸臣，对天下没有功劳，略夺诸侯封地，派官吏弹劾拘捕审讯惩处诸侯，以侮辱诸侯为能事，不用诸侯王君主的礼仪对待刘姓骨肉至亲，抛弃先帝的功臣，提拔任用坏人，惑乱天下，想要危害国家。陛下多病，神志失常，不能察明情况。我想发兵消灭他，恭敬地听您指教。我国虽然狭小，土地纵横三千里；人口虽然少，精锐的士兵可以准备五十万。我一向侍奉南越有三十多年，他们的君主都不拒绝分派他的军队来随我，又可以得到三十多万人。我尽管没有才能，希望亲自跟随各位侯王。越正和长沙接界，他们可凭借长沙王的儿子平定长沙以北，然后向西进攻蜀、汉中。派人告诉东越王、楚王、淮南王三位，和我一同向西；齐地的各王和赵王平定河间、河内后，有的进入临晋关，有的和我在洛阳会合；燕王、赵王本来和匈奴有盟约，燕王向北平定代郡、云中郡，统率匈奴人进入萧关，直取长安，纠正天子的错误，来安定高祖庙。希望各位侯王努力。楚元王的儿子、淮南的三位国王有的念念不忘已十多年，怨恨深入骨髓，想要有所行动已很久了，我未能得到各位国王的心意，不敢听命。现在各位侯王如果能保存延续将要灭亡的国家，扶弱锄强，来安定刘氏宗室，这是国家的希望。我国虽然贫穷，我节省衣食的费用，积蓄金钱，修理兵器、甲胄，囤积粮食，夜以继日地工作，三十多年了。都是为了这个目的，希望各位侯王努力利用这些条件。能够杀死、俘获大将军的，赐给黄金五千斤，封邑一万户；杀死、俘获将军的，赐给黄金三千斤，封邑五千户；杀死、俘获副将的赐给黄金二千斤，封邑二千户；杀死、俘获二千石的官员，赐给黄金一千斤，封邑一千户；杀死、俘获一千石的官员，赐给黄金五百斤，封邑五百户：都可以被封为列侯。那些带着军队或城邑来投降的，士兵有一万人，城邑有一万户人口，好像获得大将；士兵、城邑人数达到五千，如同获得将军；士兵、城邑人数达到三千，好像获得副将；士兵、城邑人数达到一千，好像获得二千石的官员；那些投降的小官吏都根据职位不同授予封爵赏金。其他的封赏都比汉朝的军法规定多一倍。那些原来有封爵城邑的人，只会增加不会依旧。希望各位侯王明白地向士大夫宣布，我不敢欺骗他们。我的金钱在天下到处都有，不一定到吴国来取，各位侯王日夜使用也不能用光。有应该赏赐的，就告诉我，我将前去送给他。恭敬地把这些话奉告各位侯王。

七国反书闻天子，天子乃遣太尉条侯周亚夫将三十六将军，往击吴、楚；遣曲周侯郦寄击赵，将军栾布击齐，大将军窦婴屯荥阳，监齐、赵兵。

七国反叛的文书被天子获知后，天子就派太尉条侯周亚夫率领三十六位将军，前去攻打吴、楚；派曲周侯郦寄攻打赵；将军栾布攻打齐；大将军窦婴驻扎在荥阳，监视齐、赵的军队。

吴、楚反书闻，兵未发，窦婴未行，言故吴相袁盎。盎时家居，诏召入见。上方与晁错调兵笇军食，上问袁盎曰："君尝为吴相，知吴臣田禄伯为人乎？今吴、楚反，于公何如？"对曰："不足忧也，今破矣。"上曰："吴王即山铸钱，煮海水为盐，诱天下豪桀，白头举事。若此，其计不百全，岂发乎？何以言其无能为也？"袁盎对曰："吴有铜盐利则有之，安得豪桀而诱之！诚令吴得豪桀，亦且辅王为义，不反矣。吴所诱皆无赖子弟，亡命铸钱奸人，故相率以反。"晁错曰："袁盎策之善。"上问曰："计安出？"盎对曰："愿屏左右。"上屏人，独错在。盎曰："臣所言，人臣不得知也。"乃屏错。错趋避东厢，恨甚。上卒问盎，盎对曰："吴、楚相遗书，曰'高帝王子弟各有分地，今贼臣晁错擅適过诸侯，削夺之地'。故以反为名，西共诛晁错，复故地而罢。方今计独斩晁错，发使赦吴、楚七国，复其故削地，则兵可无血刃而俱罢。"于是上嘿然良久，曰："顾诚何如？吾不爱一人以谢天下。"盎曰："臣愚计无出此，愿上孰计之！"乃拜盎为太常，吴王弟子德侯为宗正。盎装治行。后十余日，上使中尉召

错，绐载行东市。错衣朝衣斩东市。则遣袁盎奉宗庙，宗正辅亲戚，使告吴如盎策。至吴，吴、楚兵已攻梁壁矣。宗正以亲故，先入见，谕吴王使拜受诏。吴王闻袁盎来，亦知其欲说己，笑而应曰："我已为东帝，尚何谁拜？"不肯见盎而留之军中，欲劫使将。盎不肯，使人围守，且杀之，盎得夜出，步亡去，走梁军，遂归报。

吴、楚反叛的文书已经上报，朝廷军队还没有出发，窦婴也没有出发，向皇上称颂原吴国的丞相袁盎。袁盎当时在家闲居，下诏征召他入宫进见。皇帝正和晁错筹划军队和军粮的事情，皇帝问袁盎说："你曾经任吴国丞相，了解吴国大臣田禄伯的为人吗？如今吴、楚反叛，您认为该怎么办？"回答说："没必要担心，现在能打败他们了。"皇帝说："吴王依靠铜矿来铸造钱币，煮海水来制盐，引诱天下的豪杰之士，在头发白了的时候起来反叛。像这样，他的计谋不是万无一失，难道会发动么？怎么说他没有什么作为呢？"袁盎回答说："吴国有铜、盐的便利是确实，哪里能有豪杰而且引诱他们呢！如果吴王真的得到豪杰，也将会辅佐吴王行正义，不会造反了。吴王所引诱的都是无赖子弟，逃亡、铸钱的坏人，所以互相勾结着而造反。"晁错说："袁盎分析得很对。"皇帝问道："怎么作出对策呢？"袁盎回答说："希望屏退旁边的人。"皇帝屏退了别人，只有晁错还在。袁盎说："我所说的，作为人臣不能知道。"于是屏退晁错。晁错急忙避开到东厢，十分怨恨。皇帝最后问袁盎，袁盎回答说："吴、楚互相来往书信，说：'高帝封刘姓子弟为王并且各有分封的土地，现在奸臣晁错擅自惩罚诸侯，削夺诸侯的封地。'所以用造反为名义，向西一同诛杀晁错，恢复原来的封地就罢兵。现在计策只有斩杀晁错，派使者赦免吴、楚七国的罪过，恢复他们以前被削的封地，那么军队不用交战就全部罢去了。"于是皇上沉默了很长时间，说："想来真该怎么办呢？我不会爱惜一个人而拒绝天下的。"袁盎说："我愚蠢的计谋没有再超过这个的，希望皇上仔细考虑。"因此任命袁盎为太常，吴王弟弟的儿子德侯做宗正。袁盎秘密准备行装。十多天后，皇上派中尉去召晁错，骗他乘车巡行东市。晁错身穿上朝的衣服被斩杀在东市。然后派袁盎以侍奉宗庙的身份，宗正以辅助亲戚的名义，按照袁盎的计策出使告知吴王。到了吴国，吴、楚的军队已进攻梁国营垒了。宗正因为亲戚的关系，先进去见吴王，告诉吴王让他下拜接受诏书。吴王听说袁盎到来，也知道他要劝说自己，笑着回答说："我已经做了东帝，还向谁下拜呢？"不肯接见袁盎，而把他扣留在军中，想强迫他做将军，袁盎不愿意，就派人包围守卫他，将要杀他，袁盎得以趁夜晚逃出，步行逃走，跑入梁国部队，便回朝廷报告。

周亚夫细柳式车图，选自清·马骀《百将传图》。周亚夫为西汉名将，以治军严整著称，汉景帝时率兵平定了七国之乱。

条侯将乘六乘传，会兵荥阳。至雒阳，见剧孟，喜曰："七国反，吾乘传至此，不自意全。又以为诸侯已得剧孟，剧孟今无动。吾据荥阳，以东无足忧者。"至淮阳，问父绛侯故客邓都尉曰："策安出？"客曰："吴兵锐甚，难与争锋。楚兵轻，不能久。方今为将军计，莫若引兵东北壁昌邑，以梁委吴，吴必尽锐攻之。将军深沟高垒，使轻兵绝淮泗口，塞吴饷道。彼吴梁相敝而粮食竭，乃以全强制其罢极，破吴必矣。"条侯曰："善。"从其策，遂坚壁昌邑南轻兵绝吴饷道。

条侯乘坐六辆传车，将要在荥阳会师。到了洛阳，见到剧孟，他高兴地说："七国反叛，我乘坐传车到这里，自己没想到能安全到达。还以为诸侯们已经得到了剧孟，剧孟如今没有举动。我据守荥阳，荥阳以东没有值得担心的了。”到了淮阳，他询问他父亲绛侯原来的门客邓都尉说：“计策从哪里来呢？”门客说：“吴国军队十分凶猛，难以同他们争胜。楚国军队轻浮，不能持久。现在为将军考虑，不如带领军队向东北在昌邑筑下营垒，把梁国放弃给吴国，吴国一定用全部精锐力量进攻它。将军深挖沟高筑垒，派轻装的军队断绝淮水、泗水交汇处，堵塞吴军的粮道。他们吴、梁互相削弱而粮食耗光，就用保全强大的军队制服疲敝已极的军队，击败吴国是必然的了。”条侯说：“好。”听取了他的计策，就坚守在昌邑南面，派轻装的军队断绝吴军粮道。

吴王之初发也，吴臣田禄伯为大将军。田禄伯曰：“兵屯聚而西，无佗奇道，难以就功。臣愿得五万人，别循江、淮而上，收淮南、长沙，入武关，与大王会，此亦一奇也。”吴王太子谏曰：“王以反为名，此兵难以借人，借人亦且反王，奈何？且擅兵而别，多佗利害，未可知也，徒自损耳。”吴王即不许田禄伯。

吴王刚发兵的时候，吴国臣子田禄伯任大将军。田禄伯说：“军队聚集而向西，没有别的奇妙道理，难以取得成功。我愿意带领五万人，另外沿着长江、淮水而上溯，收集淮南、长沙军队，进入武关，和大王会合，这也是一条奇妙的路线。”吴王太子规劝说：“父王以造反为名义，这种军队难以委托给别人，委托给别人也要反叛父王，怎么办？何况拥有军队而另外行动，会有很多其他的利害，无法知道，只是白白地损失自己罢了。”吴王就没答应田禄伯。

吴少将桓将军说王曰：“吴多步兵，步兵利险；汉多车骑，车骑利平地。愿大王所过城邑不下，直弃去，疾西据雒阳武库，食敖仓粟，阻山河之险以令诸侯，虽毋入关，天下固已定矣。即大王徐行，留下城邑，汉军车骑至，驰入梁、楚之郊，事败矣。”吴王问诸老将，老将曰：“此少年推锋之计可耳，安知大虑乎！”于是王不用桓将军计。

吴国一位青年将军桓将军劝说吴王说：“吴国有很多步兵，步兵适宜于险恶地形作战；汉军有很多战车骑兵，战车骑兵适宜于平地作战。希望大王所经过的城邑攻不下，就径直放弃而离开，迅速向西占据洛阳的兵器库，吃敖仓的粮食，依靠山河的险要来号令诸侯，即使不进入关内，天下其实已经平定了。如果大王行进迟缓，滞留攻克城邑，汉军的战车骑兵到来，冲进梁国、楚国的郊野，事情就失败了。”吴王询问老将军们，老将军说：“这年轻人推进冲锋的计策还可以，哪知远大的考虑呢！”于是吴王没有采用桓将军的计策。

吴王专，并将其兵；未度淮，诸宾客皆得为将、校尉、候、司马，独周丘不得用。周丘者，下邳人，亡命吴，酤酒无行，吴王濞薄之，弗任。周丘上谒，说王曰：“臣以无能，不得待罪行间。臣非敢求有所将，愿得王一汉节，必有以报王。”王乃予之。周丘得节，夜驰入下邳。下邳时闻吴反，皆城守。至传舍，召令。令入户，使从者以罪斩令。遂召昆弟所善豪吏告曰：“吴反兵且至，至，屠下邳不过食顷。今先下，家室必完，能者封侯矣。”出乃相告，下邳皆下。周丘一夜得三万人，使人报吴王，遂将其兵北略城邑。比至城阳，兵十余万，破城阳中尉军。闻吴王败走，自度无与共成功，即引兵归下邳。未至，疽发背死。

吴王专断地集中统率他的军队，还没渡过淮水，那些宾客都得以任将军、校尉、候、司马等职务，只有周丘没有被任用。周丘是下邳人，逃亡到吴国，卖酒，品行不好，吴王刘濞看不起他，不用他。周丘拜见吴王，劝吴王说：“我由于没有才能，没能在部队中任职。我不敢要求率领军队，希望得到大王一个汉朝的符节，一定会有所报效大王。”吴王就给了他符节。周丘得到符节，连夜驱车进入下邳。下邳当时听说吴王造反，都坚守城池。周丘到了客舍，召来县令。县令走进门口，就让随从依借罪名斩杀了县令。便召集他兄弟们交好的富豪官吏告诉他们说：“吴国反叛的军队快要来到，到达，屠杀尽下邳人不过吃一顿饭的工夫。现在先投降，家室一定能保全，有才能的人还可以封为侯。”这些人出去就互相转告，下邳人都投降了。周丘一个晚上得到三万人，派人报告吴王，于是统率他的军队向北攻取城邑。等到了城阳，军队已有十多万，打败城阳中尉的军队。他听到吴王战败逃跑，自估没有人一起成就功业，就带领军队回下邳。还没到达，他就因后背生毒疮而死了。

二月中，吴王兵既破，败走，于是天子制诏将军曰：“盖闻为善者，天报之以福；为非者，天报之以殃。高皇帝亲表功德，建立诸侯，幽王、悼惠王绝无后，孝文皇帝哀怜加惠，王幽王子遂、悼惠王子卬

等，令奉其先王宗庙，为汉藩国，德配天地，明并日月。吴王濞倍德反义，诱受天下亡命罪人，乱天下币，称病不朝二十余年，有司数请濞罪，孝文皇帝宽之，欲其改行为善。今乃与楚王戊、赵王遂、胶西王卬、济南王辟光、淄川王贤、胶东王雄渠约从反，为逆无道，起兵以危宗庙，贼杀大臣及汉使者，迫劫万民，夭杀无罪，烧残民家，掘其丘冢，甚为暴虐。今卬等又重逆无道，烧宗庙，卤御物，朕甚痛之。朕素服避正殿，将军其劝士大夫击反虏。击反虏者，深入多杀为功，斩首捕虏比三百石以上者皆杀之，无有所置。敢有议诏及不如诏者，皆要斩。”

二月中旬，吴王的军队已经被打败，他失败逃跑，于是天子颁下诏书给将军们说：“听说做好事的人，上天会用福祉来酬报他；做坏事的人，上天会用灾祸来报应他。高皇上亲自表彰功德，封立诸侯，幽王、悼惠王的封爵因为没有后嗣而断绝，孝文皇帝怜惜，给予恩惠，封立幽王的儿子刘遂、悼惠王的儿子刘卬等人为王，让他们奉祀他们先王的宗庙，作为朝廷的藩国，恩德和天地相配，光明和日月并列。吴王刘濞背叛恩德违背道义，引诱接纳天下逃亡的罪人，扰乱天下的钱币，托称有病不来朝见有二十多年了，主管官员多次请求对刘濞治罪，孝文皇帝宽释了他，想他能改过自新。现在却和楚王刘戊、赵王刘遂、胶西王刘卬、济南王刘辟光、淄川王刘贤、胶东王刘雄渠结盟一起造反，做下罪大恶极的事，发兵来危害朝廷，残杀大臣和朝廷使者，逼迫、挟持广大百姓，摧残、杀害无辜的人，烧毁百姓房屋，挖掘他们的坟墓，十分暴虐。现在刘卬等人又更加大逆无道，烧毁宗庙，掠夺祖庙的器物，我十分痛恨他们。我穿着白色衣服避开正殿，将军们要勉励士大夫们进攻反叛的敌人。攻打反叛敌人的，深入敌阵杀伤多人才有功劳，捉到了比三百石以上的反贼都杀掉，不要释放。胆敢有议论诏书和不依诏书的，都要腰斩处死。”

初，吴王之度淮，与楚王遂西败棘壁，乘胜前，锐甚。梁孝王恐，遣六将军击吴，又败梁两将，士卒皆还走梁。梁数使使报条侯求救，条侯不许。又使使恶条侯于上，上使人告条侯救梁，复守便宜不行。梁使韩安国及楚死事相弟张羽为将军，乃得颇败吴兵。吴兵欲西，梁城守坚，不敢西，即走条侯军，会下邑。欲战，条侯壁，不肯战。吴粮绝，卒饥，数挑战，遂夜奔条侯壁，惊东南。条侯使备西北，果从西北入。吴大败，士卒多饥死，乃畔散。于是吴王乃与其麾下壮士数千人夜亡去，度江走丹徒，保东越。东越兵可万余人，乃使人收聚亡卒。汉使人以利啖东越，东越即绐吴王，吴王出劳军，即使人鏦杀吴王，盛其头，驰传以闻。吴王子子华、子驹亡走闽越。吴王之弃其军亡也，军遂溃，往往稍降太尉、梁军。楚王戊军败，自杀。

起初，吴王渡过淮水，和楚王便向西打败棘壁汉军，乘胜前进，锋芒甚劲。梁孝王害怕，派六位将军攻打吴军，吴军又打败了梁国的两位将军，士兵都逃回梁。梁王屡次派使者向条侯报告，请求救兵，条侯不答应。又派使者到皇上面前攻击条侯，皇上派人告诉条侯让他救援梁国，条侯又坚持便宜行事的策略不去增援。梁王派韩安国和为国事牺牲的楚国丞相的弟弟张羽做将军，才能稍微打败吴国的军队。吴军想要向西，梁国坚守城池，使吴军不敢西进，就跑到条侯军队驻地，和条侯军队在下邑相遇。吴军想要交战，条侯坚守营垒，不肯出战。吴军粮食断绝，士兵饥饿，多次挑战，便趁夜晚奔袭条侯军营，骚扰东南阵角。条侯派人防备西北方，果然吴军从西北方侵入。吴军大败，士兵大多饿死，于是都叛逃或溃散了。吴王就和他部下壮士几千人连夜逃走，渡过长江跑到丹徒，得到东越保护。东越军队大约有一万多人，就派人收集吴国的逃兵。汉朝派人用金钱收买东越，东越就骗吴王，吴王出去慰劳军队，就派人用矛戟刺杀吴王，装着他的头，乘快车向皇帝报知。吴王的儿子刘子华、刘子驹逃到闽越。吴王丢下他的部队而逃走，他的部队就溃散了，纷纷陆续投降了太尉、梁王的军队。楚王刘戊军队失败，他自杀了。

三王之围齐临淄也，三月不能下。汉兵至，胶西、胶东、淄川王各引兵归。胶西王乃袒跣，席稿，饮水，谢太后。王太子德曰：“汉兵远，臣观之已罢，可袭，愿收大王余兵击之，击之不胜，乃逃入海，未晚也。”王曰：“吾士卒皆已坏，不可发用。”弗听。汉将弓高侯穨当遗王书曰：“奉诏诛不义，降者赦其罪，复故；不降者灭之。王何处？须以从事。”王肉袒叩头汉军壁，谒曰：“臣卬奉法不谨，惊骇百姓，乃苦将军远道至于穷国，敢请菹醢之罪。”弓高侯执金鼓见之，曰：“王苦军事，愿闻王发兵状。”王顿首膝行对曰：“今者，晁错天子用事臣，变更高皇帝法令，侵夺诸侯地。卬等以为不义，恐其败乱天下，七国发兵，且以诛错。今闻错已诛，卬等谨以罢兵归。”将军曰：“王苟以错不善，何不

以闻？乃未有诏虎符，擅发兵击义国。以此观之，意非欲诛错也。”乃出诏书为王读之。读之讫，曰：“王其自图。”王曰：“如卬等死有余罪。”遂自杀。太后、太子皆死。胶东、淄川、济南王皆死，国除，纳于汉。郦将军围赵十月而下之，赵王自杀。济北王以劫故，得不诛，徙王淄川。

三个国王围攻齐国的临淄，三个月都没能攻下。汉军来到，胶西王、胶东王、淄川王都率军回去。胶西王于是光着膀子光着脚，坐在草席上，喝着白水，向太后请罪。王太子刘德说：“汉军远道而来，我看他们已经疲敝，可以袭击，希望收集大王的剩余军队攻打他们，进攻不获胜利，就逃到海上去，也不算晚呀。”胶西王说：“我的士兵都已经败散，不可能发起使用了。”不听从。汉朝的将军弓高侯穨当送给胶西王信说：“奉诏书来诛杀不义的人，投降的人就赦免他的罪过，恢复原有的官爵；不投降的人就灭掉他们。大王要如何处置，我等待答复以采取行动。”胶西王到汉军营垒光着膀子叩头，请求说：“我刘卬奉行法律不谨慎，惊动了百姓，才使将军辛苦地远道而来到这穷国，请求惩办我碎尸万段的罪。”弓高侯手持金鼓来接见他，说：“大王被战事所苦，希望听到大王发兵的原因。”胶西王叩头跪着前行回答说：“当时，晁错是天子当权的大臣，改变高皇帝的法令，掠夺诸侯的封地。刘卬等人认为不合正义，害怕他败坏、扰乱天下，七国发兵，将要诛杀晁错。现在听说晁错已被诛杀，刘卬等人就罢兵回去。”将军说：“大王假如认为晁错不好为什么不报告皇上？却没有诏书、虎符，擅自派兵攻打合乎道义的王国。由此看来，意图不是想诛杀晁错。”因此拿出诏书给胶西王宣读。读完了，说：“大王自己考虑吧。”胶西王说：“像我刘卬等人死有余辜。”于是自杀。太后、王太子都死了。胶东王、淄川王、济南王都死了，封国被削除，收纳归朝廷。郦将军围攻赵国都城，经过十个月才攻克，赵王自杀。济北王由于被劫持的原因，得以不被处死，被调封为淄川王。

初，吴王首反，并将楚兵，连齐、赵。正月起兵，三月皆破，独赵后下。复置元王少子平陆侯礼为楚王，续元王后。徙汝南王非王吴故地，为江都王。

当初，吴王带头反叛，纠集率领楚军，联合齐、赵。正月间起兵，到三月份都被打败，只有赵最后被攻下。景帝又立楚元王的小儿子平陆侯刘礼为楚王，延续楚元王的后代。调汝南王刘非统辖吴国的旧地，做江都王。

太史公曰：吴王之王，由父省也。能薄赋敛，使其众，以擅山海利。逆乱之萌，自其子兴。争技发难，卒亡其本；亲越谋宗，竟以夷陨。晁错为国远虑，祸反近身。袁盎权说，初宠后辱。故古者诸侯地不过百里，山海不以封。“毋亲夷狄，以疏其属”，盖谓吴邪？“毋为权首，反受其咎”，岂盎、错邪？

太史公说：吴王被封为王，由于他父亲被降低爵位的缘故。吴王能够减轻赋税，指使他的人民，由于拥有铜矿海盐的便利。叛乱的渊源，是从他儿子被打死开始的。由技艺的争执而起兵发难，终于国亡身死；亲近越人来图谋宗室，最后自己灭亡。晁错为国家长远考虑，灾难反而降临自身。袁盎善于权变、游说，起初受宠，最后受辱。所以古代诸侯的封地不超过方圆百里，高山大海不用来分封。“不要亲近外族，来疏远自己的宗亲”，也许是说吴王吧？“不要作主出谋划策，反而会受到惩罚”，难道是说袁盎、晁错吗？

史记第一百七卷

魏其武安侯列传第四十七

魏其侯窦婴者，孝文后从兄子也。父世观津人。喜宾客。孝文时，婴为吴相，病免。孝景初即位，为詹事。

魏其侯窦婴，是孝文帝窦皇后堂兄的儿子。他父亲以前世世代代是观津人。窦婴喜欢结交宾客。孝文帝时，窦婴做吴王的国相，因为有病被免职。孝景帝刚登位时，窦婴任詹事。

梁孝王者，孝景弟也，其母窦太后爱之。梁孝王朝，因昆弟燕饮。是时上未立太子，酒酣，从容言曰："千秋之后传梁王。"太后欢。窦婴引卮酒进上，曰："天下者，高祖天下，父子相传，此汉之约也，上何以得擅传梁王！"太后由此憎窦婴。窦婴亦薄其官，因病免。太后除窦婴门籍，不得入朝请。

梁孝王是孝景帝的弟弟，他母亲窦太后喜欢他。梁孝王入京朝见，以亲兄弟的身份一起宴饮。这时皇上还没有立太子，喝酒喝得正高兴，随便说："我去世后把皇位传给梁王。"太后很高兴。窦婴拿起一杯酒献给皇上，说："天下是高祖的天下，父子相传，这是汉朝的规定，皇上怎么能擅自传位给梁王呢！"太后从此恨窦婴。窦婴也嫌官位低，就托病辞职。太后开除了窦婴出入宫殿门的名籍，不准他参加春秋两季的朝会。

孝景三年，吴、楚反，上察宗室、诸窦毋如窦婴贤，乃召婴。婴入见，固辞谢病不足任。太后亦惭。于是上曰："天下方有急，王孙宁可以让邪？"乃拜婴为大将军，赐金千斤。婴乃言袁盎、栾布诸名将贤士在家者进之。所赐金，陈之廊庑下，军吏过，辄令财取为用，金无入家者。窦婴守荥阳，监齐、赵兵。七国兵已尽破，封婴为魏其侯。诸游士宾客争归魏其侯。孝景时每朝议大事，条侯、魏其侯，诸列侯莫敢与亢礼。

孝景帝三年，吴、楚等七国反叛，皇帝考察宗室和外家窦氏子弟没有比得上窦婴贤能的，就召见窦婴。窦婴进宫拜见，坚决推辞，推托有病无法胜任。太后也感到惭愧。于是皇帝说："天下正有急难，你难道可以推托么？"就命窦婴为大将军，赐给他黄金一千斤。窦婴于是把袁盎、栾布等闲居在家的名将贤士推荐给景帝。把赏赐的黄金，摆放在廊檐下，小军官经过，就让他们酌量拿去用，他自己不拿一点黄金回家。窦婴驻守在荥阳，监督讨伐齐、赵的军队。七国军队已经全都被打败，景帝封窦婴为魏其侯。那些游士、食客都争着投奔魏其侯。孝景帝时，每逢朝廷上议论大事，对于条侯、魏其侯，那些列侯没有谁敢和他俩平起平坐。

孝景四年，立栗太子，使魏其侯为太子傅。孝景七年，栗太子废，魏其数争不能得。魏其谢病，屏居蓝田南山之下数月，诸宾客辩士说之，莫能来。梁人高遂乃说魏其曰："能富贵将军者，上也；能亲将军者，太后也。今将军傅太子，太子废而不能争；争不能得，又弗能死。自引谢病，拥赵女，屏闲处而不朝。相提而论，是自明扬主上之过。有如两宫螫将军，则妻子毋类矣。"魏其侯然之，乃遂起，朝请如故。

孝景帝四年，立了栗太子，让魏其侯任太子太傅。孝景帝七年，栗太子被废掉，魏其侯多次力争也无济于事。魏其侯借口有病，退隐居住在兰田县南山下面好几个月，许多宾客辩士去劝说他，没人能让他回来。梁地人高遂于是劝魏其侯说："能够使将军富贵的，是皇上，能够亲信将军的，是太后。如今将军作为太子的老师，太子被废掉却不能力争；力争没有效果，又不能以身殉职。自己称有病引退，搂着赵地美女，隐居闲处而不肯入朝。前后对比起来看，是自己明显地张扬皇上的过错。假如皇上和太后都要整治将军，那您的妻子、孩子也会一个不留了。"魏其侯认为他说得对，于是就出山回来，照旧参加朝见。

桃侯免相，窦太后数言魏其侯。孝景帝曰："太后岂以为臣有爱，不相魏其？魏其者，沾沾自喜耳。多易，难以为相持重。"遂不用，用建陵侯卫绾为丞相。

桃侯被免除丞相职位后，窦太后多次向皇上提到魏其侯。孝景帝说："太后难道认为我舍不得，而不让魏其侯任丞相么？魏其侯这个人骄傲自满，办事轻率，难以胜任丞相，担当重任。"终于没有任用，而任用建陵侯卫绾做丞相。

武安侯田蚡者，孝景后同母弟也，生长陵。魏其已为大将军后，方盛，蚡为诸郎，未贵，往来侍酒魏其，跪起如子姓。及孝景晚节，蚡益贵幸，为太中大夫。蚡辩有口，学《槃盂》诸书，王太后贤之。孝景崩，即日太子立，称制，所镇抚多有田蚡宾客计策。蚡弟田胜，皆以太后弟，孝景后三年封蚡为武安侯，胜为周阳侯。

武安侯田蚡是孝景帝皇后的同母异父的弟弟，出生在长陵。魏其侯当了大将军以后，正当显赫的时候，田蚡担任郎官，不显贵，经常往来于窦婴家，陪从宴饮，跪拜起立像儿孙一样。到孝景帝晚年，田蚡越来越显贵得宠，任太中大夫。田蚡口才很好，能言善辩，学过《盘盂》等书籍，王太后觉得他贤能。孝景帝逝世，当日太子登位，王太后摄政，所采取的镇压、安抚措施，有很多是由田蚡的宾客出谋划策的。田蚡和弟弟田胜，都由于是王太后的弟弟，在孝景帝后元三年封田蚡为武安侯，田胜为周阳侯。

武安侯新欲用事为相，卑下宾客，进名士家居者贵之，欲以倾魏其诸将相。建元元年，丞相绾病免，上议置丞相、太尉。籍福说武安侯曰："魏其贵久矣，天下士素归之。今将军初兴，未如魏其，即上以将军为丞相，必让魏其。魏其为丞相，将军必为太尉。太尉、丞相尊等耳，又有让贤名。"武安侯乃微言太后风上，于是乃以魏其侯为丞相，武安侯为太尉。籍福贺魏其侯，因吊曰："君侯资性喜善疾恶，方今善人誉君侯，故至丞相；然君侯且疾恶，恶人众，亦且毁君侯。君侯能兼容，则幸久；不能，今以毁去矣。"魏其不听。

武安侯田蚡新当权想要当上丞相，对宾客谦恭有礼，把那些闲居在家的知名人士举荐做官，要用这种办法来压倒魏其侯及别的将相大臣。建元元年，丞相卫绾因病被免职，皇上考虑要另外任命丞相、太尉。籍福劝田蚡说："魏其侯显贵已经很长时间了，天下人士平常都来归附他。现在将军您刚兴旺，比不上魏其侯，如果皇上任命您当丞相，您最好让给魏其侯。魏其侯任丞相，您一定会当太尉。太尉、丞相的尊贵是相等的，您还有让贤的好名声。"武安侯于是委婉地告诉王太后，让她暗示皇帝，所以皇帝就任命魏其侯为丞相，武安侯为太尉。籍福去向魏其侯祝贺，顺便劝谏他说："您的天性喜欢好人，憎恶坏人，现在好人颂扬您，所以当上了丞相；可是您又憎恨坏人，坏人那么多，也将会毁谤您。您能够同时客纳好人坏人，那么相位就会保持长久；如果不能，马上会遭到人家的毁谤而丢官了。"魏其侯不听从。

魏其、武安俱好儒术，推毂赵绾为御史大夫，王臧为郎中令。迎鲁申公，欲设明堂，令列侯就国，除关，以礼为服制，以兴太平。举適诸窦、宗室毋节行者，除其属籍。时诸外家为列侯，列侯多尚公主，皆不欲就国，以故毁日至窦太后。太后好黄老之言，而魏其、武安、赵绾、王臧等务隆推儒术，贬道家言，是以窦太后滋不说魏其等。及建元二年，御史大夫赵绾请无奏事东宫。窦太后大怒，乃罢逐赵绾、王臧等，而免丞相、太尉，以柏至侯许昌为丞相，武强侯庄青翟为御史大夫。魏其、武安由此以侯家居。

魏其侯、武安侯都喜欢儒家学说，举荐赵绾任御史大夫，王臧任郎中令。把鲁国的申公迎来，准备设置明堂，命令列侯们回到自己的封地去，废除关禁，按照古礼来制定各种服饰制度，来兴起太平的政治。检举谴责窦氏子弟和皇家宗室中品行恶劣的人，开除他们的族籍。当时窦太后和王太后娘家的一些子弟都被封为列侯，列侯们很多都娶公主为妻，都不想回自己的封国，所以毁谤魏其侯等人的话每天都传到窦太后耳中。窦太后喜好黄老学说，而魏其侯、武安侯、赵绾、王臧等人竭力推崇儒家学说，贬斥道家言论，因此窦太后更加不喜欢魏其侯等人。到了建元二年，御史大夫赵绾奏请不要把政事禀奏居住在东宫的窦太后。窦太后非常生气，就罢免并驱逐赵绾、王臧等人，而免除了丞相、太尉的职务，任命柏至侯许昌为丞相，武强侯庄青翟为御史大夫。魏其侯、武安侯从此以侯爵的身份在家闲居。

武安侯虽不任职，以王太后故，亲幸，数言事多效，天下吏士趋势利者，皆去魏其归武安。武安日益横。建元六年，窦太后崩，丞相昌、御史大夫青翟坐丧事不办，免。以武安侯蚡为丞相，以大司农韩安国为御史大夫。天下士、郡诸侯愈益附武安。

武安侯虽然不担任官职，但因为王太后的缘故，仍旧得到亲幸，屡次向皇上议论政事，大多都有效果，天下趋炎附势的官吏和士人，都离开魏其侯而归附武安侯。武安侯一天比一天骄横。建元六年，窦太后逝世，丞相许昌、御史大夫庄青翟由于没有办好丧事获罪，被免官。任命武安侯田蚡为丞相，任命大司农韩安国为御史大夫。天下的士人、郡守和诸侯都更加趋附武安侯。

武安者，貌侵，生贵甚。又以为诸侯王多长，上初即位，富于春秋，蚡以肺腑为京师相，非痛折节以礼诎之，天下不肃。当是时，丞相入奏事，坐语移日，所言皆听。荐人或起家至二千石，权移主上。上乃曰："君除吏已尽未？吾亦欲除吏。"尝请考工地益宅，上怒曰："君何不遂取武库！"是后乃退。尝召客饮，坐其兄盖侯南乡，自坐东乡，以为汉相尊，不可以兄故私桡。武安由此滋骄，治宅甲诸第。田园极膏腴，而市买郡县器物相属于道。前堂罗钟鼓，立曲旃；后房妇女以百数。诸侯奉金玉狗马

玩好，不可胜数。

武安侯身材矮小，其貌不扬，出生下来就很尊贵。他又认为各诸侯王大多年纪大，皇帝刚刚登位，年纪尚幼，自己靠皇亲国戚的关系当了朝廷的丞相，不狠狠地杀一下他们的威风，用礼法来使他们屈服，百姓就不会肃顺。在那时，丞相入朝向皇上奏事，坐在那里一谈往往是大半天，他所说的话皇帝都听从。他所推荐的人有的从闲居一下子提升到二千石级，把皇上的权力移到自己手上。皇帝就说："你任命官吏到头了没有？我也想委任官吏了。"他曾请求把考工官署的土地划给他扩建住宅，皇上不高兴地说："你为何不干脆把武器库也拿去！"他这以后才稍为收敛。有一次他请客人宴饮，让他的哥哥盖侯朝南坐，自己面朝东坐，认为汉朝的丞相尊贵，不能因为他是哥哥而私下降低了自己的身份。武安侯从此更加骄妄，修建的住宅好过一切贵族的府第。田地庄园都很肥沃，而派出到各郡县去采购器具物产的人员一路上络绎不绝。前厅摆设着钟鼓，竖着曲柄长旗；后房的美女数以百计。各地诸侯奉送的金玉、狗马和玩物，多得数不清。

魏其失窦太后，益疏不用，无势，诸客稍稍自引而怠傲，唯灌将军独不失故。魏其日默默不得志，而独厚遇灌将军。

魏其侯失去窦太后后，同皇上更加疏远而不被任用，没有权势，那些宾客渐渐自动离去，对他越来越轻慢，只有灌将军一人不改变原来的态度。魏其侯每天闷闷不乐，而只对待灌将军特别好。

灌将军夫者，颍阴人也。夫父张孟，尝为颍阴侯婴舍人，得幸，因进之至二千石，故蒙灌氏姓为灌孟。吴、楚反时，颍阴侯灌何为将军，属太尉，请灌孟为校尉。夫以千人与父俱。灌孟年老，颍阴侯强请之，郁郁不得意，故战常陷坚，遂死吴军中。军法：父子俱从军，有死事，得与丧归。灌夫不肯随丧归，奋曰："愿取吴王若将军头，以报父之仇。"于是灌夫被甲持戟，募军中壮士所善愿从者数十人。及出壁门，莫敢前。独二人及从奴十数骑驰入吴军，至吴将麾下，所杀伤数十人。不得前，复驰还，走入汉壁，皆亡其奴，独与一骑归。夫身中大创十余，适有万金良药，故得无死。夫创少瘳，又复请将军曰："吾益知吴壁中曲折，请复往。"将军壮义之，恐亡夫，乃言太尉，太尉乃固止之。吴已破，灌夫以此名闻天下。

灌夫将军是颍阴人。他父亲叫张孟，曾经做过颍阴侯灌婴的家臣，受到宠信，便举荐他当上了二千石级官员，因此就用了灌家的姓叫灌孟。吴、楚反叛时，颍阴侯灌何任将军，隶属于太尉周亚夫，他向太尉推荐灌孟做校尉。灌夫带着一千人和他父亲一同出征。灌孟年纪太大，颍阴侯硬要推荐他，他闷闷不乐，所以作战时常常故意冲击敌人的坚固阵地，终于战死在吴军中。依照军法，父子都参军的，有一人战死，另一人可以

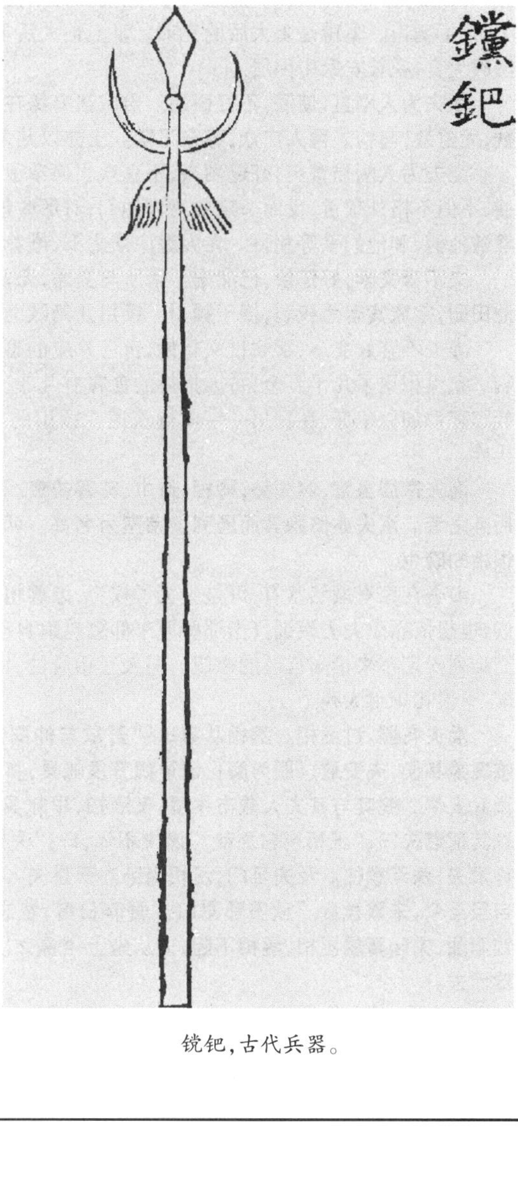

镋钯，古代兵器。

护送灵柩回去。灌夫不肯跟随灵柩回去,他激昂地说:“希望斩取吴王或吴国将军的头颅,为我父亲报仇。”于是灌夫身披铠甲,手持战戟,召集了军中平时同他要好并愿意跟随他的勇士几十人。等到走出营门,没有人敢前进。只有两人和发配在他部下服军役的十几名囚徒骑兵冲入吴军中,冲到吴军的将旗下,杀死杀伤几十人。不能再向前,又飞马跑回,跑进汉军营中,跟随他的囚徒都死了,只和一名骑兵回来。灌夫身上十几处受到重伤,恰好有名贵的好药,因此没有死去。灌夫的伤势稍好些,又向将军灌何请求说:“我更加了解吴军营地中的曲折路径,请求再一次前去。”灌何认为他勇敢有义气,怕灌夫战死,就向太尉报告,太尉于是坚决阻止他。吴军被打败后,灌夫因而天下闻名。

颍阴侯言之上,上以夫为中郎将。数月,坐法去。后家居长安,长安中诸公莫弗称之。孝景时,至代相。孝景崩,今上初即位,以为淮阳天下交,劲兵处,故徙夫为淮阳太守。建元元年,入为太仆。二年,夫与长乐卫尉窦甫饮,轻重不得,夫醉,搏甫。甫,窦太后昆弟也。上恐太后诛夫,徙为燕相。数岁,坐法去官,家居长安。

颍阴侯向皇上称赞灌夫的行为,皇上任命灌夫为中郎将。几个月后,因为犯法被免职。后来他住在长安,长安城中的贵族们没有不称道他的。孝景帝时,他做到了代国国相。孝景帝逝世,当今皇上刚登位,认为淮阳是天下的交通枢纽,必须有强大的军队驻扎,所以调灌夫任淮阳太守。建元元年,调灌夫入京任太仆。建元二年,灌夫和长乐宫的卫尉窦甫一起饮酒,饮酒饮得太多了,灌夫醉了,打了窦甫。窦甫是窦太后的兄弟。皇上怕太后要杀灌夫,就调他任燕国国相。几年后,由于犯法被免官,在长安家中闲居。

灌夫为人刚直,使酒,不好面谀。贵戚诸有势在己之右,不欲加礼,必陵之;诸士在己之左,愈贫贱,尤益敬,与钧。稠人广众,荐宠下辈。士亦以此多之。

灌夫为人刚强直爽,好逞酒兴,不喜欢当面奉承人家。对那些地位比自己高的有权势的皇亲国戚,不但不格外敬重,反而一定要凌辱他们;对那些地位比自己低的士人,越是贫困下贱的,就更加尊敬他们,和他们平等相待。在大庭广众之下,推荐夸奖年轻人。士人也因此称颂他。

夫不喜文学,好任侠,已然诺。诸所与交通,无非豪桀大猾。家累数千万,食客日数十百人。陂池田园,宗族宾客为权利,横于颍川。颍川儿乃歌之曰:“颍水清,灌氏宁;颍水浊,灌氏族。”

灌夫不喜好文学,喜欢仗义行侠,自己答应的事一定办到。他所结交往来的人,无非是豪强恶霸。家里积聚了几千万金,每天招待的食客有几十上百人。对于山林、水池、田地、园苑,灌夫的宗族宾客都加以争夺,在颍川一带横行霸道。颍川的儿童就唱谣歌说:“颍水清,灌氏宁;颍水浊,灌氏族。”

灌夫家居虽富,然失势,卿相、侍中、宾客益衰。及魏其侯失势,亦欲倚灌夫引绳批根生平慕之后弃之者。灌夫亦倚魏其而通列侯宗室为名高。两人相为引重,其游如父子然。相得欢甚,无厌,恨相知晚也。

灌夫在家里虽然富有,可是失去了权势,像卿相侍中那样的宾客越来越少,到魏其侯失势的时候,也想依靠灌夫去教训打击那些原来仰慕趋附自己后来又背弃的宾客。灌夫也要倚重魏其侯去交结列侯宗室来抬高自己的声望。两人互相倚仗,相处得像父子一样。彼此十分投机,没有一点隔阂,只恨相识得太晚了。

灌夫有服,过丞相。丞相从容曰:“吾欲与仲孺过魏其侯,会仲孺有服。”灌夫曰:“将军乃肯幸临况魏其侯,夫安敢以服为解!请语魏其侯帐具,将军旦日蚤临。”武安许诺。灌夫具语魏其侯如所谓武安侯。魏其与其夫人益市牛酒,夜洒扫,早帐具至旦。平明,令门下候伺。至日中,丞相不来。魏其谓灌夫曰:“丞相岂忘之哉?”灌夫不怿,曰:“夫以服请,宜往。”乃驾,自往迎丞相。丞相特前戏许灌夫,殊无意往。及夫至门,丞相尚卧。于是夫入见,曰:“将军昨日幸许过魏其,魏其夫妻治具,自旦至今,未敢尝食。”武安鄂谢曰:“吾昨日醉,忽忘与仲孺言。”乃驾往,又徐行,灌夫愈益怒。及饮酒酣,夫起舞属丞相,丞相不起,夫从坐上语侵之。魏其乃扶灌夫去,谢丞相。丞相卒饮至夜,极欢而去。

有一次,灌夫丧服在身,去访问丞相。丞相随口说:“我想和你去访问魏其侯,碰巧你有丧服在身。”灌夫说:“将军竟肯赏脸光顾魏其侯,我怎敢因为有丧服而推辞呢!请让我告诉魏其侯备好筵席，将军明日早点光临。”武安侯答应了。灌夫把对武安侯讲的话全都告诉了魏其侯。魏其侯和夫人就买了很多酒肉，连夜打扫干净，很早就安排陈设筵席一直忙到天明。天刚亮，就命令家人到大门口去等候接待。到了中午，丞相武安侯没来。魏其侯对灌夫说：“丞相难道忘记这事了吗？”灌夫不高兴，说：“我身穿丧服来邀请，应当再去看看。”就驾了车子，自己去迎接丞相。丞相只是上一天开玩笑答应了灌夫，一点也没有去的意思。等到灌夫到了丞相家门口，丞相还在睡觉。于是灌夫进去拜见，说：“将军昨天赏脸答应访问魏其侯，魏其侯夫妇准备东西，从一清早到现在，还不敢吃点东西。”武安侯吃惊地道歉说：“我昨天喝醉了，一下子忘了与你讲的话。”于是驾车前去，在路上又慢慢地走，灌夫越发生气。到了在宴席上饮酒正酣时，灌夫起身跳舞，邀请丞相也跳，丞相不肯起身，灌夫在座位上用话语讥刺他。魏其侯于是把灌夫扶出去，向丞相谢罪。丞相喝酒喝到夜晚，尽兴而离去。

丞相尝使籍福请魏其城南田。魏其大望曰：“老仆虽弃，将军虽贵，宁可以势夺乎！”不许。灌夫闻，怒，骂籍福。籍福恶两人有郄，乃谩自好谢丞相曰：“魏其老且死，易忍，且待之。”已而武安闻魏其、灌夫实怒不予田，亦怒曰：“魏其子尝杀人，蚡活之。蚡事魏其无所不可，何爱数顷田？且灌夫何与也？吾不敢复求田！”武安由此大怨灌夫、魏其。

丞相曾经派籍福向魏其侯请求要城南的一片田地。魏其侯十分怨恨说：“我老仆虽然被弃去不用，将军虽然尊贵，难道可以仗势侵夺吗！”没有答应。灌夫听说了，生气，大骂籍福。籍福怕窦婴和田蚡两人结下仇怨，于是用好话欺骗丞相说：“魏其侯老得快要死了，应该容易忍些时候，姑且等待着吧。”不久武安侯听说魏其侯、灌夫其实是愤怒而不把田给他，也发怒说：“魏其侯的儿子曾经杀了人，我救了他的命。我对待魏其侯什么事都肯干，他为何吝惜这几顷田呢？况且灌夫为什么参与进来呢？我不敢再求取田了。”武安侯因此十分怨恨灌夫、魏其侯。

元光四年春，丞相言灌夫家在颍川，横甚，民苦之。请案。上曰：“此丞相事，何请。”灌夫亦持丞相阴事，为奸利，受淮南王金与语言。宾客居间，遂止，俱解。

元光四年春天，丞相向皇上揭发灌夫家人在颍川，十分横行不法，百姓受其侵扰。请求查办。皇上说：“这是丞相的事，何必请示我。”灌夫也抓住丞相的秘密，非法牟取私利，接受淮南王的贿赂以及和他的谈话。他们的宾客从中调和，才结束了相互攻击，仇怨都得到和解。

夏，丞相取燕王女为夫人，有太后诏，召列侯、宗室皆往贺。魏其侯过灌夫，欲与俱。夫谢曰：“夫数以酒失得过丞相，丞相今者又与夫有郄。”魏其曰：“事已解。”强与俱。饮酒酣，武安起为寿，坐皆避席伏。已，魏其侯为寿，独故人避席耳，余半膝席。灌夫不悦。起行酒，至武安，武安膝席曰：“不能满觞。”夫怒，因嘻笑曰：“将军贵人也，属之！”时武安不肯。行酒次至临汝侯，临汝侯方与程不识耳语，又不避席。夫无所发怒，乃骂临汝侯曰：“生平毁程不识不直一钱，今日长者为寿，乃效女儿呫嗫耳语！”武安谓灌夫曰：“程、李俱东西宫卫尉，今众辱程将军，仲孺独不为李将军地乎！”灌夫曰：“今日斩头陷匈，何知程、李乎！”坐乃起更衣，稍稍去。魏其侯去，麾灌夫出。武安遂怒曰：“此吾骄灌夫罪。”乃令骑留灌夫。灌夫欲出不得。籍福起为谢，案灌夫项令谢。夫愈怒，不肯谢。武安乃麾骑缚夫置传舍，召长史曰：“今日召宗室，有诏。”劾灌夫骂坐不敬，系居室。遂按其前事，遣吏分曹逐捕诸灌氏支属，皆得弃市罪。魏其侯大愧，为资使宾客请，莫能解。武安吏皆为耳目，诸灌氏皆亡匿，夫系，遂不得告言武安阴事。

这年夏天，丞相娶燕王刘嘉的女儿作夫人，有王太后的诏令，叫列侯宗室都去祝贺。魏其侯去探访灌夫，想和他一起去。灌夫推辞说：“我数次由于酒醉得罪过丞相，丞相如今又和我有仇怨。”魏其侯说：“事情已经和解了。”强迫他一起去。大家饮酒饮得正高兴，武安侯起身敬酒，客人都离开席位伏在地上。过了一会儿魏其侯敬酒，只有一些老朋友离开席位罢了，其余一半的客人只是稍微欠身，跪在席上。灌夫生气。他起身敬酒，敬到武安侯时，武安侯欠身跪着说：“不能喝满杯。”灌夫动怒，因而嘲笑着说：“将军是贵人，请干了这一杯！”当时武安侯就是不肯。灌夫敬酒依次轮到临汝侯，临汝侯正和程不识说悄悄话，又不离开席位。灌夫一肚子火无处发泄，就骂临汝侯说：“你平日把程不识诋毁得一钱不值，今日长者来向你敬酒，竟然学女孩子咬着耳朵说悄悄话！”武安侯对灌夫说：“程、李两位都是东西宫的卫尉，今日当众羞辱程将军，你难道不给李将军留点面子么？”灌夫说：“今日我准备杀头穿胸，哪里知道什么程、李呢！”客人因此都借口起来上厕所，陆续走掉了。魏其侯要离去，用手指示灌夫也出去。武安侯就发怒说：“这都是我放任灌夫得罪人。”就下令骑兵扣留灌夫。灌夫想走而走不掉。籍福起来替灌夫谢罪，并且按住灌夫脖子让他谢罪。灌夫更加生气，不肯谢罪。武安侯于是指派骑兵把灌夫捆起来放在驿馆里，召来长史说：“今日召请宗室，是奉王太后的诏令。”弹劾灌夫在席上骂人，犯大不敬罪，把他关押进居室。于是追他以前的罪行，派人分头追捕灌氏的各支宗族，全都判处了死罪。魏其侯十分惭愧，出钱派宾客去求情，没能得到宽释。武安侯的属吏们都充当他的耳目，因而灌家的人都逃亡躲藏，而灌夫被拘禁，终于没能告发武安侯的秘密罪行。

魏其锐身为救灌夫。夫人谏魏其曰：“灌将军得罪丞相，与太后家忤，宁可救邪？”魏其侯曰：“侯自我得之，自我捐之，无所恨。且终不令灌仲孺独死，婴独生”。乃匿其家，窃出上书。立召入，具言灌夫醉饱事，不足诛。上然之，赐魏其食，曰：“东朝廷辩之。”

魏其侯为了救灌夫挺身而出。他的夫人劝他说：“灌将军得罪了丞相，冒犯了太后家，难道可以救么？”魏其侯说：“侯爵是由我挣得的，由我丢失它没有什么遗恨。况且我毕竟不能让灌夫一个人去死，而我独自生存。”于是就瞒着他的家人，偷偷出去上书给武帝。武帝立即召他进宫，他把灌夫喝醉了酒的事情全部告诉武帝，认为不够死罪。皇上以为很对，留他在宫中吃饭，说：“到东宫太后那里去辩白清楚这事。”

魏其之东朝，盛推灌夫之善，言其醉饱得过，乃丞相以他事诬罪之。武安又盛毁灌夫所为横恣，罪逆不道。魏其度不可奈何，因言丞相短。武安曰：“天下幸而安乐无事，蚡得为肺腑，所好音乐狗马田宅。蚡所爱倡优巧匠之属，不如魏其、灌夫日夜招聚天下豪桀壮士与论议，腹诽而心谤，不仰视天而俯画地，辟倪两宫间，幸天下有变，而欲有大功。臣乃不知魏其等所为！”于是上问朝臣：“两人孰是？”御史大夫韩安国曰：“魏其言灌夫父死事，身荷戟驰入不测之吴军，身被数十创，名冠三军，此天下壮士，非有大恶，争杯酒，不足引他过以诛也。魏其言是也。丞相亦言灌夫通奸猾，侵细民，家累巨万，横恣颍川；凌轹宗室，侵犯骨肉。此所谓‘枝大于本，胫大于股，不折必披’，丞相言亦是。唯明主裁之！”主爵都尉汲黯是魏其。内史郑当时是魏其，后不敢坚对。余皆莫敢对。上怒内史曰：“公平生数言魏其、武安长短，今日廷论，局趣效辕下驹，吾并斩若属矣！”即罢起入，上食太后。太后亦已使人候伺，具以告太后。太后怒，不食，曰：“今我在也，而人皆藉吾弟，令我百岁后，皆鱼肉之矣。且帝宁能为石人邪！此特帝在，即录录，设百岁后，是属宁有可信者乎？”上谢曰：“俱宗室外家，故廷辩之。不然，此一狱吏所决耳。”是时郎中令石建为上分别言两人事。

魏其侯到了东宫，极力赞美灌夫的优点，说他酒醉犯了错误，但是丞相却用别的事来诬陷他。武安侯也极力攻击灌夫所作所为骄横放肆，犯有大逆不道罪。魏其侯考虑这样做没有什么效果，就揭发丞相的过失，武安侯说：“幸好天下平安无事，我能够成为皇上的心腹，我所喜爱的是音乐狗马田地房舍。我喜爱的乐工演员能工巧匠之流，不像魏其侯、灌夫那样日夜招集天下豪杰壮士一起议论，对朝廷心怀不满，不是仰观天文，就是俯画地理，窥测于东、西两宫之间，希望天下发生变动，而想建立大功业。我真不明白魏其侯等人的所作所为。”于是皇上问大臣们说：“两人谁对？”御史大夫韩安国说：“魏其侯说灌夫的父亲为国而死，灌夫手持战戟冲进生死存亡难测的吴军中，身受几十处伤，名声在全军数第一，这是天下的壮士，假如没有大的罪过，只是由于喝醉了发生争执，是不值得援引别的过错来处死他。魏其侯说得对。丞相也说灌夫勾结豪强恶霸，欺压百姓，家里积敛有成千上万的财产，在颍川横行无忌，凌辱侵犯宗室亲族，这是所谓‘树枝比树干还大，小腿比大腿还粗，不折断就一定会裂开’。丞相说得也对。希望英明的主上裁断这事。”主爵都尉汲黯认为魏其侯对。内史郑当时认为魏其侯对，但是后来又不敢坚持意见回答皇上。其他的人都不敢回答。皇上怒斥内史说：“你平时多次谈论魏其侯、武安侯的好坏，今天在朝廷上议论，却吞吞吐吐像驾在车辕下的马驹，我要把你们这些人一并杀掉。”就罢朝起身，进入宫内，去侍候太后用膳。太后也已经派人在朝廷上打探消息，把情况全部告知了太后。太后生气，不吃饭，说：“如今我还活着，而有人都敢作践我的弟弟，如果我死后，都会像宰割鱼肉那样宰割他了。况且皇帝难道能像石头人一样不作主张么！现在幸亏皇帝还活着，大臣就唯唯诺诺，假令皇帝过世以后，这些人还有可以相信的么？”皇上谢罪说："都是宗室和外家亲戚，所以才让他俩在朝廷上辩论。不然的话，这只要一个法官就裁决了。"这时，郎中令石建把魏其侯、武安侯两人的事分别向武帝奏说。

武安已罢朝，出止车门，召韩御史大夫载，怒曰："与长孺共一老秃翁，何为首鼠两端？"韩御史良久谓丞相曰："君何不自喜？夫魏其毁君，君当免冠解印绶归，曰：'臣以肺腑幸得待罪，固非其任，魏其言皆是。'如此，上必多君有让，不废君。魏其必内愧，杜门龉舌自杀。今人毁君，君亦毁人，譬如贾竖女子争言，何其无大体也！"武安谢罪曰："争时急，不知出此。"

武安侯退朝后，走出止车门，召韩安国和他一同坐车，生气地说："和你共同对付一个老秃翁，为什么这样畏首畏尾呢？"韩安国过了好一会儿才对丞相说："您为何不爱重自己？魏其侯攻击您，您应当脱下官帽，解下印绶，回家去，说：'我以皇帝的心腹，有幸得当丞相，本来是不胜任的，魏其侯说的都不错。'像这样做，皇上一定赞赏您有谦让的美德，不会废免您。魏其侯一定会内心惭愧，关上门咬断舌头自杀。如今人家诋毁您，您也诋毁人家，就像商人、女人吵嘴一样，为什么那样不识大体呢！"武安侯谢罪说："争辩的时候太性急了，没想到应该这样做。"

于是上使御史簿责魏其所言灌夫，颇不雠，欺谩。劾系都司空。孝景时，魏其常受遗诏，曰："事有不便，以便宜论上。"及系，灌夫罪至族，事日急，诸公莫敢复明言于上。魏其乃使昆弟子上书言之，幸得复召见。书奏上，而案尚书大行无遗诏。诏书独藏魏其家，家丞封。乃劾魏其矫先帝诏，罪当弃市。五年十月，悉论灌夫及家属。魏其良久乃闻，闻即恚，病痱，不食欲死。或闻上无意杀魏其，魏其复食，治病，议定不死矣。乃有蜚语为恶言闻上，故以十二月晦，论弃市渭城。

于是皇上派御史依据文簿记载查究魏其侯所说灌夫的罪状，发现有很多不相符的地方，是欺骗皇上。被弹劾，拘禁在都司空的狱中。孝景帝时，魏其侯曾接受过景帝临死时的遗命，说："有什么你觉得不方便的事情，你能够获得权利直接向皇上发表议论。"等到自己被拘禁，灌夫的罪将要被灭族，事情一天比一天危急，大臣们没有人敢再向皇上说明这事。魏其侯于是让自己的侄子上书说明自己曾受过先帝的遗诏，希望能再被召见。奏书送上以后，可是查对尚书保管的档案没有先帝的这份遗诏。诏书只藏在魏其侯家里，是由他的管家盖印封存的。于是又弹劾魏其侯伪造先帝的遗诏，应当判处斩首示众。元光五年十月，灌夫和他的家属全都被处决。魏其侯过了很久才听说，听到就十分气愤，患了中风病，不吃饭，只想死。有人听说皇上没有杀魏其侯的意思，魏其侯又开始吃饭，开始治病，讨论决定不处他以死刑了。竟然有流言飞语制造许多诽谤魏其侯的话，让皇上听到了，因此在当年十二月的最后一天把魏其侯在渭城处死了。

其春，武安侯病，专呼服谢罪。使巫视鬼者视之，见魏其、灌夫共守，欲杀之。竟死。子恬嗣。元朔三年，武安侯坐衣襜褕入宫，不敬。

这年春天，武安侯患病，嘴里总是呼叫服罪的话。让能看见鬼的巫师去看他的病，巫师看见魏其侯、灌夫一同守着武安侯，要杀他。他终于死了。他的儿子田恬继承了爵位。元朔三年，武安侯田恬因穿短衣进宫，犯了不敬的罪，被废去了爵位。

淮南王安谋反觉，治。王前朝，武安侯为太尉，时迎王至霸上，谓王曰："上未有太子，大王最贤，高祖孙，即宫车晏驾，非大王立当谁哉！"淮南王大喜，厚遗金财物。上自魏其时不直武安，特为太后故耳。及闻淮南王金事，上曰："使武安侯在者，族矣。"

淮南王刘安谋反被发觉后，皇上要求追查这件事。查明淮南王前次来朝见，武安侯任太尉，当时到霸上去迎接淮南王，对淮南王说："皇上还没有太子，大王最贤明，是高祖的嫡孙，如果皇上驾崩，不是大王您即位还会是谁呢！"淮南王十分高兴，送给武安侯许多金银财物。皇上从魏其侯的事件发生时起就认为武安侯是不对的，只是碍着太后的缘故罢了。等到听说淮南王送给武安侯财物的事，皇上说："假如武安侯还活着，一定要将他灭族。"

太史公曰：魏其、武安皆以外戚重，灌夫用一时决策而名显。魏其之举以吴、楚，武安之贵在日月之际。然魏其诚不知时变，灌夫无术而不逊，两人相翼，乃成祸乱。武安负贵而好权，杯酒责望，陷彼两贤。呜呼哀哉！迁怒及人，命亦不延；众庶不载，竟被恶言。呜呼哀哉！祸所从来矣！

太史公说：魏其侯、武安侯都凭外戚关系被重用，灌夫因为一时下定决心冲杀进吴军而出了名。魏其侯被重用，是凭着讨伐吴、楚叛乱，武安侯的显贵，是靠着皇上刚登位，太后掌权的时机。可是魏其侯实在是不懂得时势的变化，灌夫没有谋略而不知谦逊，两人互相庇护，终于酿成了灾祸。武安侯倚仗显贵而喜欢玩弄权术，因为一杯酒的怨恨，陷害了那两位贤人。可悲啊！武安侯迁怒于别人，性命也不长久。百姓不拥护武安侯，终于落了坏名声。可悲啊！灾难的产生是有很深原因的！

史记第一百八卷

韩长孺列传第四十八

御史大夫韩安国者，梁成安人也，后徙睢阳。尝受《韩子》、杂家说于驺田生所。事梁孝王为中大夫。吴楚反时，孝王使安国及张羽为将，扞吴兵于东界。张羽力战，安国持重，以故吴不能过梁。吴楚已破，安国、张羽名由此显。

御史大夫韩安国，是梁国成安县人，后来迁到睢阳。他曾经在邹县田先生那里学习过《韩非子》、杂家学说。侍奉梁孝王，担任中大夫，吴、楚七国反叛的时候，梁孝王派韩安国和张羽任将军，在东部的边界上抵御吴军。张羽奋力作战，韩安国防守隐固，所以吴军没能通过梁国。吴、楚七国被打败后，韩安国、张羽的名声从此开始显扬。

梁孝王，景帝母弟，窦太后爱之，令得自请置相、二千石，出入游戏，僭于天子。天子闻之，心弗善也。太后知帝不善，乃怒梁使者，弗见，案责王所为。韩安国为梁使，见大长公主而泣曰："何梁王为人子之孝，为人臣之忠，而太后曾弗省也？夫前日吴、楚、齐、赵七国反时，自关以东皆合从西乡，惟梁最亲为艰难。梁王念太后、帝在中，而诸侯扰乱，一言泣数行下，跪送臣等六人，将兵击却吴楚，吴楚以故兵不敢西，而卒破亡，梁王之力也。今太后以小节苛礼责望梁王。梁王父兄皆帝王，所见者大，故出称跸，入言警，车旗皆帝所赐也，即欲以侘鄙县，驱驰国中，以夸诸侯，令天下尽知太后、帝爱之也。今梁使来，辄案责之。梁王恐，日夜涕泣思慕，不知所为。何梁王之为子孝，为臣忠，而太后弗恤也？"大长公主具以告太后，太后喜曰："为言之帝。"言之，帝心乃解，而免冠谢太后曰："兄弟不能相教，乃为太后遗忧。"悉见梁使，厚赐之。其后梁王益亲欢。太后、长公主更赐安国可直千余金。名由此显，结于汉。

梁孝王是景帝的同母弟弟，窦太后喜欢他，允许他自己请求设置国相和二千石官员，他进出、游戏的排场，可以与天子相比。天子听说了，心里生气。窦太后知道景帝生气，就迁怒于梁国的使者，不接见他们，查究责备梁王的所作所为。韩安国担任梁国使者，进见大长公主，哭着说："为何梁王作为人子的孝心，作为人臣的忠心，而太后却竟然不觉察到呢？前些时候吴、楚、齐、赵等七国反叛时，从函谷关以东的诸侯都联合起来向西进军，只有梁国最忠于朝廷，而成为叛军进攻的阻难。梁王想到太后、皇上在京师，而诸侯扰乱，一谈起这事就泪水一行行流下，跪着送我等六人带领军队击退吴、楚军队，吴、楚军队因而不敢向西进发，而终于失败灭亡，这是梁王的力量啊。现在太后由于苛细的礼节而责怪梁王。梁王的父亲、哥哥都是帝王，所见的场面很大，所以出行开路清道，进来时要警戒，车子、旗帜都是帝王赏赐的，他就是想用来在偏僻的小县炫耀，在国中让车马来回奔驰，来向诸侯显耀，让天下人都知道太后、皇上喜爱他。现在梁国使者来到，就查问责备他们。梁王害怕，日夜流泪思念，不知做什么好。为什么梁王作为人子的孝心，作为大臣的忠心，而太后不怜悯呢？"大长公主把这些话都告诉了太后。太后高兴地说："我要替他向皇上解释。"向皇上说了这些话，皇上心里的疙瘩才解开了，而且脱下帽子向太后谢罪说："兄弟间不能相互教导，竟给太后带来忧虑。"接见了梁国所有使者，赐给他们丰厚的礼物。从那以后梁孝王更受宠爱。太后、长公主再赏赐韩安国大约价值一千余金的财物。韩安国的名声从此开始显扬，和朝廷有了联系。

其后安国坐法抵罪，蒙狱吏田甲辱安国。安国曰："死灰独不复然乎？"田甲曰："然即溺之。"居

无何，梁内史缺，汉使使者拜安国为梁内史，起徒中为二千石。田甲亡走。安国曰："甲不就官，我灭而宗。"甲因肉袒谢。安国笑曰："可溺矣！公等足与治乎？"卒善遇之。

那以后，韩安国因为犯法被判罪，蒙县的狱官田甲羞辱韩安国。韩安国说："死灰难道不会再燃烧吗？"田甲说："再燃烧就撒泡尿烧灭它。"没过多久，梁国内史的职位空缺，朝廷派使者任命韩安国做梁国的内史，从囚徒中起任为二千石官员。田甲逃跑了。韩安国说："田甲不回来就任，我灭掉你的家族。"田甲于是光着上身来谢罪。韩安国笑着说："你可以撒尿了！你们这些人值得我处置吗？"最终友好地对待他。

梁内史之缺也，孝王新得齐人公孙诡，说之，欲请以为内史。窦太后闻，乃诏王以安国为内史。

梁国内史职位空缺的时候，梁孝王刚得到齐地人公孙诡，喜欢他，想请求任命他做内史。窦太后听说了，就诏令梁孝王任命韩安国做内史。

公孙诡、羊胜说孝王求为帝太子及益地事，恐汉大臣不听，乃阴使人刺汉用事谋臣。及杀故吴相袁盎，景帝遂闻诡、胜等计画，乃遣使捕诡、胜，必得。汉使十辈至梁，相以下举国大索，月余不得。内史安国闻诡、胜匿孝王所，安国入见王而泣曰："主辱臣死。大王无良臣，故事纷纷至此。今诡、胜不得，请辞赐死。"王曰："何至此？"安国泣数行下，曰："大王自度于皇帝，孰与太上皇之与高皇帝及皇帝之与临江王亲？孝王曰："弗如也。"安国曰："夫太上、临江亲父子之间，然而高帝曰'提三尺剑取天下者朕也'，故太上皇终不得制事，居于栎阳。临江王，适长太子也，以一言过，废王临江；用宫垣事，卒自杀中尉府。何者？治天下终不以私乱公。语曰：'虽有亲父，安知其不为虎？虽有亲兄，安知其不为狼？'今大王列在诸侯，悦一邪臣浮说，犯上禁，桡明法。天子以太后故，不忍致法于王。太后日夜涕泣，幸大王自改，而大王终不觉寤。有如太后宫车即晏驾，大王尚谁攀乎？"语未卒，孝王泣数行下，谢安国曰："吾今出诡、胜。"诡、胜自杀。汉使还报，梁事皆得释，安国之力也。于是景帝、太后益重安国。孝王卒，共王即位，安国坐法失官，居家。

公孙诡、羊胜劝梁孝王向景帝请求做皇位继承人和增加封地的事情，恐怕朝廷大臣不依从，就暗中派人刺杀朝廷中掌权的谋臣。等到刺杀了原吴国国相袁盎，景帝就听到了公孙诡、羊胜等人的计谋，于是派使者捉拿公孙诡、羊胜，一定要捉到。汉朝使者十几批来到梁国，从国相以下全国大搜捕，一个多月没有抓到。内史韩安国听说公孙诡、羊胜藏在梁王那里，韩安国进宫拜见梁王，哭着说："主上受辱，臣下该死。大王没有贤良的臣下，因此事情纷乱到这个地步。现在捉不到公孙诡、羊胜，我请求辞别，赐我自杀。"梁孝王说："怎么能到这地步？"韩安国泪水滚滚下落，说："大王自己考虑一下，对于皇帝，比太上皇和高帝以及皇帝和临江王，哪一个更亲密呢？"梁孝王说："我比不上他们。"韩安国说："太上皇和高帝、皇帝和临江王是父子的关系，可是高帝说：'拿着三尺宝剑夺得天下的是我啊'，所以太上皇始终不能决定政事，住在栎阳。临江王是嫡长太子，因为一句话的过错，被废黜降为临江王；又由于建宫室时侵占了祖庙墙内的空地，终于在中尉府中自杀了。为什么呢？治理天下终究不能凭借私情来扰乱公事。谚语说：'即使是亲生父亲，怎么知道他不会变为老虎？即使是亲哥哥，怎么知道他不会变为狼？'如今大王位列于诸侯，喜欢一个奸臣的虚妄言论，触犯了皇上的禁令，阻挠了圣明的法律。天子由于太后的缘故，不忍心惩办大王。太后日夜哭泣，希望大王自己改正，可是大王始终不觉悟。如果太后一旦逝世，大王还能攀附谁呢？"话没说完，梁孝王痛哭流涕，向韩安国感谢说："我现在就献出公孙诡、羊胜。"公孙诡、羊胜自杀了。汉朝使臣回去报告，梁国的事情得到了解决，是韩安国的努力。于是景帝、太后越发看重韩安国。梁孝王去世，梁共王登位，韩安国因为犯法被免官，在家闲居。

建元中，武安侯田蚡为汉太尉，亲贵用事，安国以五百金物遗蚡。蚡言安国太后，天子亦素闻其贤，即召以为北地都尉，迁为大司农。闽越、东越相攻，安国及大行王恢将。未至越，越杀其王降，汉兵亦罢。建元六年，武安侯为丞相，安国为御史大夫。

武帝建元年间，武安侯田蚡任朝廷太尉，十分尊贵而有权势，韩安国拿价值五百斤黄金的东西去送给田蚡。田蚡在太后面前称说韩安国，天子也一直听说他贤能，就召他任北地郡都尉，后提升做大司农。闽越、东越互相攻打，韩安国和大行令王恢领兵去讨伐。军队还没到越地，越人杀了他们的大王来投降，汉朝廷的军队也撤回。建元六年，武安侯田蚡任丞相，韩安国任御史大夫。

匈奴来请和亲，天子下议。大行王恢，燕人也，数为边吏，习知胡事。议曰："汉与匈奴和亲，率不过数岁即复倍约。不如勿许，兴兵击之。"安国曰："千里而战，兵不获利。今匈奴负戎马之足，怀禽兽之心，迁徙鸟举。难得而制也。得其地不足以为广，有其众不足以为强，自上古不属为人。汉数千里争利，则人马罢，虏以全制其敝。且强弩之极，矢不能穿鲁缟；冲风之末，力不能漂鸿毛。非初不劲，末力衰也。击之不便，不如和亲。"群臣议者多附安国，于是上许和亲。

匈奴派人来请求和亲，天子将这事下交大臣们讨论。大行令王恢，是燕地人，多次担任边疆官吏，熟悉了解匈奴的情况。他建议说："汉朝和匈奴和亲，一般不超过几年就又背弃盟约。不能答应他们，发动军队攻打它。"韩安国说："到千里以外去作战，军队不会得到好处。现在匈奴依恃兵马的充足，怀有禽兽般的心思，像鸟一样迁徙移动，很难制服他们。得到他们的土地不能算是广大，拥有他们的民众不能算是强大，从上古以来就不内属中国作百姓。汉朝军队经过几千里远去争取胜利，那么人困马乏，敌人就会以全盛攻击我们的弱点，何况强弩射出后到最末，连轻薄的鲁缟也穿不透；强风的末尾，力量连雁毛都冲飘不起。不是起初不够强劲，而是最后力量衰退了。攻打他们没有好处，应同他们和亲。"大臣们的建议大多同意韩安国，于是皇上答应和匈奴和亲。

其明年，则元光元年，雁门马邑豪聂翁壹因大行王恢言上曰："匈奴初和亲，亲信边，可诱以利，"阴使聂翁壹为间，亡入匈奴，谓单于曰："吾能斩马邑令丞吏，以城降，财物可尽得。"单于爱信之，以为然，许聂翁壹。聂翁壹乃还，诈斩死罪囚，县其头马邑城，示单于使者为信。曰："马邑长吏已死，可急来。"于是单于穿塞将十余万骑，入武州塞。

第二年，即元光元年，雁门郡马邑县的豪绅聂翁壹通过大行令王恢向皇上建议说："匈奴刚和亲，亲信边地的人民，最好用便宜来引诱他们。"就暗中派聂翁壹作为间谍，逃进匈奴中，对单于说："我能够斩杀马邑县的县令、县丞和其他官吏，拿城池来投降，可以得到所有的财物。"单于喜欢、相信他，认为不错，答应了聂翁壹。聂翁壹就回来，作伪杀了死囚的头，悬挂在马邑的城墙上，来向单于使者表明可信。他说："马邑的长官已经死了，可以迅速来了。"于是单于率领十多万骑兵通过关塞，进入武州塞。

当是时，汉伏兵车骑材官三十余万，匿马邑旁谷中。卫尉李广为骁骑将军，太仆公孙贺为轻车将军。大行王恢为将屯将军，太中大夫李息为材官将军。御史大夫韩安国为护军将军，诸将皆属护军，约单于入马邑而汉兵纵发。王恢、李息、李广别从代主击其辎重。于是单于入汉长城武州塞。未至马邑百余里，行掠卤，徒见畜牧于野，不见一人。单于怪之，攻烽燧，得武州尉史。欲刺问尉史。尉史曰："汉兵数十万伏马邑下。"单于顾谓左右曰："几为汉所卖！"乃引兵还。出塞，曰："吾得尉史，乃天也。"命尉史为"天王"。塞下传言单于已引去。汉兵追至塞，度弗及，即罢。王恢等兵三万，闻单于不与汉合，度往击辎重，必与单于精兵战，汉兵势必败，则以便宜罢兵，皆无功。

当时，汉朝埋伏的军队有战车、骑兵、步兵三十多万，藏匿在马邑城旁边的山谷中。卫尉李广任骁骑将军，太仆公孙贺任轻车将军，大行令王恢任将屯将军，太中大夫李息任材官将军，御史大夫韩安国任护军将军，各位将军都属于护军将军指挥。互相约定单于进入马邑城，而汉朝军队奔驰出击。王恢、李息、李广又从代郡主攻匈奴的军用物资。这时匈奴单于进入汉朝长城的武州塞。距离马邑城还有一百多里，将要抢夺劫掠，只有看见牲畜放养在野外，看不到一个人。单于觉得奇怪，就攻下烽火台，捉到武州尉史。想探问一下尉史。尉史说："汉朝军队有几十万埋伏在马邑城下。"单于回头对身边的人说："几乎被汉朝欺骗了。"于是带兵回去。单于出了关塞，说："我获得尉史，这是天意。"任命尉史为"天王"。塞下传说单于已经带兵离去。汉朝军队追赶到塞下，估计追不上，就作罢了。王恢等人的军队三万人，听说单于没有和汉军交锋，预计去攻打匈奴的军用物资，定会和单于的精兵交战，汉军的形势一定会失败，就依便宜行事撤回了军队，汉军都没有功劳而回。

天子怒王恢不出击单于辎重，擅引兵罢也。恢曰："始约虏入马邑城，兵与单于接，而臣击其辎重，可得利。今单于闻，不至而还，臣以三万人众不敌，禔取辱耳。臣固知还而斩，然得完陛下士三万人。"于是下恢廷尉。廷尉当恢逗桡，当斩。恢私行千金丞相蚡。蚡不敢言上，而言于太后曰："王恢首造马邑事，今不成而诛恢，是为匈奴报仇也。"上朝太后，太后以丞相言告上。上曰："首为马邑事者，恢也，故发天下兵数十万，从其言，为此。且纵单于不可得，恢所部击其辎重，犹颇可得，

以慰士大夫心。今不诛恢，无以谢天下。”于是恢闻之，乃自杀。

天子生气王恢不攻击单于的军用物资，而擅自带兵撤回。王恢说：“起初诱约匈奴进入马邑城，汉军和单于交锋，而我攻打他们的军用物资，可以获得利益。现在单于听说了消息，不来而回去，我率领三万人不能和他相匹敌，只是自取耻辱罢了。我本来就知道回来而被斩，但是能够保全陛下的士兵三万人。”于是把王恢交下给廷尉处理。廷尉判他曲行避敌、观望不前罪，应当处死。王恢暗地里送给丞相田蚡一千斤黄金。田蚡不敢对皇上说，而对太后说：“王恢最先倡议马邑诱敌之计，现在没成功而诛杀王恢，这是替匈奴报仇。”皇上朝见太后，太后把丞相的话告诉皇上。皇上说：“最先倡议马邑诱敌之计的人，是王恢，因此发动天下几十万军队，听他的话，这样做了。况且即使抓不到单于，王恢的军队攻打匈奴的军用物资，也还很可能有收获，来安慰将士们的心。现在不诛杀王恢，无法向天下人谢罪。”当时王恢听说这事，就自杀了。

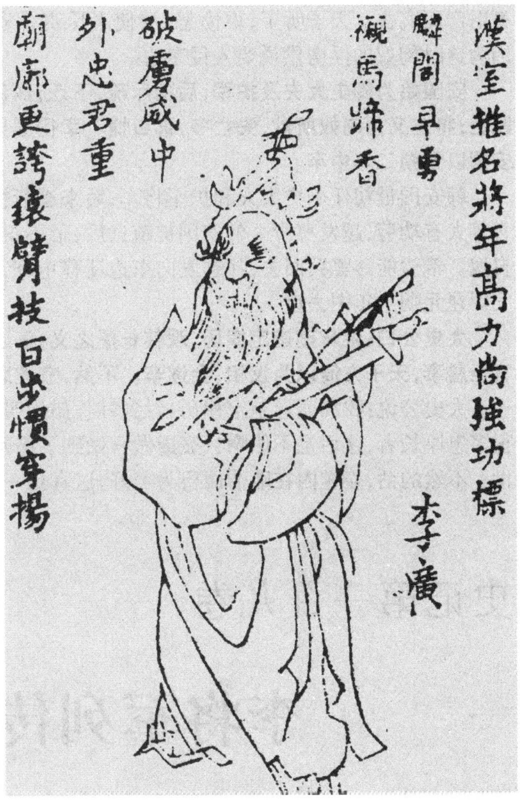

《昭君传》版画之李广像

安国为人多大略，智足以当世取合。而出于忠厚焉。贪嗜于财。所推举皆廉士，贤于己者也。于梁举壶遂、臧固、郅他，皆天下名士，士亦以此称慕之，唯天子以为国器。安国为御史大夫四岁余，丞相田蚡死，安国行丞相事，奉引堕车蹇。天子议置相，欲用安国，使使视之，蹇甚，乃更以平棘侯薛泽为丞相。安国病免数月，蹇愈，上复以安国为中尉。岁余，徙为卫尉。

韩安国为人有大谋略，智谋足够用来迎合世俗，可是他这样做都出于忠厚之心。他对财物很贪。他所推荐的都是廉洁的士人，比他自己贤能。在梁国举荐了壶遂、臧固、郅他，都是天下有名的士人，士人也因此称赞、仰慕他，就是天子也以为他有治国的大才。韩安国任御史大夫四年多，丞相田蚡去世，韩安国代理丞相的职务，他为天子做前导，跌下了车，跛了脚。天子商议任命丞相，想任用韩安国，派使者去探望他，发现他脚跛得厉害，就改任平棘侯薛泽做丞相。韩安国由于有病免官几个月后，脚伤好了，皇上又任命他为中尉。一年多后，调任做卫尉。

车骑将军卫青击匈奴，出上谷，破胡茏城。将军李广为匈奴所得，復失之，公孙敖大亡卒：皆当斩，赎为庶人。明年，匈奴大入边，杀辽西太守，及入雁门，所杀略数千人。车骑将军卫青击之，出雁门。卫尉安国为材官将军，屯于渔阳。安国捕生虏，言匈奴远去。即上书言方田作时，请且罢军屯。罢军屯月余，匈奴大入上谷、渔阳。安国壁乃有七百余人，出与战，不胜，复入壁。匈奴虏略千余人及畜产而去。天子闻之，怒，使使责让安国。徙安国益东，屯右北平。是时匈奴虏言当入东方。

车骑将军卫青攻打匈奴，从上谷出发，在茏城打败匈奴。将军李广被匈奴俘虏，后又逃脱了；公孙敖的士兵伤亡很大：他们俩都应当被处死，后来出钱赎罪成为平民。次年，匈奴大举侵犯边境，杀害辽西太守，等到进入雁门，杀死和掳走的有数千人。车骑将军卫青攻打匈奴，从雁门出塞。卫尉韩安国任材官将军，驻扎在渔阳。韩安国活捉到匈奴人，俘虏说匈奴已经远远离去。韩安国就上书说现在正是耕作时候，请求暂时停止军屯。停止军屯一个多月，匈奴大举入侵上谷、渔阳。韩安国的军营中只有七百多人，出去和匈奴交战，没有取胜，又进入营垒中。匈奴掳走了一千多人以及牲畜财产而离去。天子听了，很愤怒，派使者斥责韩安国。调韩安国更加向东移动，驻扎在右北平。因为这时匈奴的俘虏供说要入侵东边。

安国始为御史大夫及护军，后稍斥疏，下迁；而新幸壮将军卫青等有功，益贵。安国既疏远，默默也；将屯又为匈奴所欺，失亡多，甚自愧。幸得罢归，乃益东徙屯，意忽忽不乐。数月，病欧血死。安国以元朔二年中卒。

韩安国最初任御史大夫和护军将军，后来逐渐被排斥疏远，贬官降职；而新得宠的青年将军卫青等人有功劳，越发尊贵。韩安国被疏远后，很不得志；领兵驻守又被匈奴人侵凌，损失很大，十分自愧。希望能够罢兵回去，却越发向东边迁移屯守，心里郁郁不乐。几个月后，生病吐血而死。韩安国在元朔二年中去世。

太史公曰：余与壶遂定律历，观韩长孺之义，壶遂之深中隐厚。世之言梁多长者，不虚哉！壶遂官至詹事，天子方倚以为汉相，会遂卒。不然，壶遂之内廉行修，斯鞠躬君子也。

大史公说：我和壶遂制定律历，看到韩长孺深明大义，壶遂思想深沉、德行厚重。世人说梁国有很多忠厚长者，这话是不假啊！壶遂做官做到了詹事，天子正要靠他来做朝廷的丞相，适逢壶遂去世。不然的话，壶遂内在廉洁而行为美好，这真是一位廉恭谨慎的君子啊。

史记第一百九卷

李将军列传第四十九

李将军广者，陇西成纪人也。其先曰李信，秦时为将，逐得燕太子丹者也。故槐里，徙成纪。广家世世受射。孝文帝十四年，匈奴大入萧关，而广以良家子从军击胡，用善骑射，杀首虏多，为汉中郎。广从弟李蔡亦为郎，皆为武骑常侍，秩八百石。尝从行，有所冲陷折关及格猛兽，而文帝曰："惜乎，子不遇时！如令子当高帝时，万户侯岂足道哉！"

李广将军是陇西郡成纪县人。他的先祖叫李信，在秦朝的时候任将军，就是追击捉到燕国太子丹的那位将军。他家以前在槐里，后迁到成纪。李广家世代传习箭术。孝文帝十四年，匈奴大举入侵萧关，而李广以良家子弟的身份随军出击匈奴，由于善于骑马射箭，斩杀敌人首级很多，任汉朝中郎。李广的堂弟李蔡，也任郎官，又都任武骑常侍，年俸为八百石。李广曾跟随皇帝出行，碰上过冲锋陷阵、抵御敌人，以及搏杀猛兽的事，而文帝说："可惜啊，你生不逢时！假如你在高帝时候，封个万户侯那还在话下吗！"

及孝景初立，广为陇西都尉，徙为骑郎将。吴楚军时，广为骁骑都尉，从太尉亚夫击吴楚军，取旗，显功名昌邑下。以梁王授广将军印，还，赏不行。徙为上谷太守，匈奴日以合战。典属国公孙昆邪为上泣曰："李广才气，天下无双，自负其能，数与虏敌战，恐亡之。"于是乃徙为上郡太守。后广转为边郡太守，徙上郡。尝为陇西、北地、雁门、代郡、云中太守，皆以力战为名。

到孝景帝刚登位，李广任陇西都尉，后调任骑郎将。吴、楚起兵叛乱的时候，李广任骁骑都尉，跟随太尉周亚夫攻打吴、楚军队，在昌邑城下夺取敌旗，显扬功名。因为梁王私自授予李广将军印绶，回朝后就没有对他封赏。调任他做上谷太守，匈奴每天都来交战。典属国公孙昆邪对皇上哭着说："李广的才气，天下无双，他倚仗自己的才能，多次和匈奴硬拼，恐怕会损失了他。"于是就调他任上郡太守。后来李广转任边境各郡太守，又调任上郡太守。他曾经任陇西、北地、雁门、代郡、云中太守，都由于奋力作战而出名。

匈奴大入上郡，天子使中贵人从广勒习兵击匈奴。中贵人将骑数十纵，见匈奴三人，与战。三人还射，伤中贵人，杀其骑且尽。中贵人走广。广曰："是必射雕者也。"广乃遂从百骑往驰三人。

三人亡马步行，行数十里。广令其骑张左右翼，而广身自射彼三人者，杀其二人，生得一人，果匈奴射雕者也。已缚之上马，望匈奴有数千骑，见广，以为诱骑，皆惊，上山陈。广之百骑皆大恐，欲驰还走，广曰："吾去大军数十里，今如此以百骑走，匈奴追射我立尽。今我留，匈奴必以我为大军之诱，必不敢击我。"广令诸骑曰："前！"前未到匈奴陈二里所，止，令曰："皆下马解鞍！"其骑曰："虏多且近，即有急，奈何？"广曰："彼虏以我为走，今皆解鞍以示不走，用坚其意。"于是胡骑遂不敢击。有白马将出护其兵，李广上马与十余骑奔射杀胡白马将，而复还至其骑中，解鞍，令士皆纵马卧。是时会暮，胡兵终怪之，不敢击。夜半时，胡兵亦以为汉有伏军于旁欲夜取之，胡皆引兵而去。平旦，李广乃归其大军。大军不知广所之，故弗从。

匈奴大举侵犯上郡，天子派一名宦官跟从李广学习军事，抗击匈奴。那位宦官率领几十名骑兵纵马奔跑，发现三个匈奴人，和他们交战。三个匈奴人回身射箭，射伤了宦官，几乎杀光了他的骑兵。宦官跑回李广那里。李广说："这一定是匈奴射雕的人。"李广于是就带领一百名骑兵去追赶那三人。那三人没有马，徒步行走，走了几十里。李广命令他的骑兵左右分开包抄，而自己亲自射杀那三人，射死了两个，活捉了一个，果然是匈奴中射雕的人。把那人捆好上马后，望见有几千名匈奴骑兵，他们发现了李广，认为是诱敌的骑兵，都吃了一惊，跑上山去摆开阵势。李广的一百名骑兵都十分惊恐，想纵马往回跑。李广说："我们距离大部队几十里远，现在这样一百名骑兵逃跑，匈奴追击射杀我们一下子就杀光了。现在我们停留不走，匈奴一定以为我们是大军来诱敌的，一定不敢攻打我们。"李广命令骑兵们说："前进！"向前到了离匈奴阵地还有二里远的地方，停下来，下令说："都下马解下马鞍！"骑兵们说："敌人那么多，又离得近，如果有危急，怎么办？"李广说："那些敌人认为我们会逃跑，现在都解下马鞍来表明不逃跑，来坚定他们认为我们是诱敌的想法。"于是匈奴骑兵终于不敢进攻。有一位骑白马的匈奴将领出阵来监护他的士兵，李广上马和十多名骑兵驰马去射杀了那位将领，而后又回到他的骑兵中，解下马鞍，命令士兵们都放开马，躺下。这时适逢黄昏，匈奴军队始终觉得奇怪，不敢进攻。到了半夜，匈奴军队也以为汉朝有伏兵在旁边要趁夜偷袭他们，因而匈奴就带领军队离去。第二天早晨，李广才回到他的大军营中。大军不知道李广到哪里去了，所以无法去接应。

西汉名将李广像，出自清·顾沅辑《古圣贤像传略》。

居久之，孝景崩，武帝立，左右以为广名将也，于是广以上郡太守为未央卫尉，而程不识亦为长乐卫尉。程不识故与李广俱以边太守将军屯。及出击胡，而广行无部伍行陈，就善水草屯，舍止，人人自便，不击刀斗以自卫，莫府省约文书籍事，然亦远斥候，未尝遇害。程不识正部曲行伍营陈，击刀斗，士吏治军簿至明，军不得休息，然亦未尝遇害。不识曰："李广军极简易，然虏卒犯之，无以禁也；而其士卒亦佚乐，咸乐为之死。我军虽烦扰，然虏亦不得犯我。"是时汉边郡李广、程不识皆为名将，然匈奴畏李广之略，士卒亦多乐从李广而苦程不识。程不识孝景时以数直谏为太中大夫。为人廉，谨于文法。

过了很长时间，孝景帝去世，武帝即位，

左右近臣认为李广是有名的将领，因而李广由上郡太守调任做未央宫的卫尉，而程不识也做长乐宫的卫尉。程不识以前和李广都以边郡太守的身份统率军队屯守驻防。等到出兵攻打匈奴时，李广行军没有队列和阵势，靠近水草丰富的地方驻扎，筑营停宿，人人都感到便利，晚上也不用打更来自卫，军中幕府简化各种文书簿册，但他也远远地布置哨兵，因此从来没有遭到过危险。程不识对队伍的编制、行军队列、驻营阵势等要求很严格，夜晚打更，军吏整理文书簿册直忙到天亮，军队得不到休息，可是他也从未遇到过危险。程不识说："李广治军最简单，可是敌人突然侵犯他们，他就无法阻挡了；而他的士兵也安逸快乐，都乐于为他去死。我的军队虽然军务烦乱杂扰，可是敌人也无法入侵我。"当时汉朝边郡的李广、程不识都是名将，可是匈奴怕李广的谋略，士兵也大多喜欢跟随李广而以跟随程不识为苦。程不识在孝景帝时由于数次直言进谏而做了太中大夫，他为人廉洁，谨守法律条文。

后汉以马邑城诱单于，使大军伏马邑旁谷，而广为骁骑将军，领属护军将军。是时单于觉之，去，汉军皆无功。其后四岁，广以卫尉为将军，出雁门击匈奴。匈奴兵多，破败广军，生得广。单于素闻广贤，令曰："得李广必生致之。"胡骑得广，广时伤病，置广两马间，络而盛卧广。行十余里，广详死，睨其旁有一胡儿骑善马，广暂腾而上胡儿马，因推堕儿，取其弓，鞭马南驰数十里，复得其余军，因引而入塞。匈奴捕者骑数百追之，广行取胡儿弓，射杀追骑，以故得脱。于是至汉，汉下广吏。吏当广所失亡多，为虏所生得，当斩，赎为庶人。

后来，汉朝用马邑城引诱单于，派大军埋伏在马邑附近的山谷中，而李广任骁骑将军，由护军将军率领。当时单于发觉了这个计谋，离去了，汉军都没有功劳。那以后四年，李广由卫尉任为将军，从雁门出发攻打匈奴。匈奴军队人多，打败了李广的军队，活捉了李广。单于一直听说李广有才能，命令说："捉到李广必须活着送来。"匈奴骑兵捉到李广，李广当时有伤病，就把李广安置在两匹马中间，编好网兜，把李广装在里边躺着。走了十多里，李广假装死去，斜眼看到他旁边有一名匈奴少年骑着一匹好马，李广突然跃起而跳上那少年的马，趁机把少年推下去，夺了他的弓，策马向南奔跑了几十里，又遇到了他的剩余部队，于是带领他们进入关塞。匈奴出动几百名追捕的骑兵来追赶他，李广边走边拿那匈奴少年的弓，射杀追来的骑兵，于是得以逃脱。回到了汉朝京城，朝廷把李广交给法官处理。法官判决李广损失太大，又被敌人活捉，应被处死，后来出钱赎了死罪，成为平民。

顷之，家居数岁。广家与故颍阴侯孙屏野居蓝田南山中射猎。尝夜从一骑出，从人田间饮，还至霸陵亭，霸陵尉醉，呵止广。广骑曰："故李将军。"尉曰："今将军尚不得夜行，何乃故也！"止广宿亭下。居无何，匈奴入杀辽西太守，败韩将军，后韩将军徙右北平。于是天子乃召拜广为右北平太守。广即请霸陵尉与俱，至军而斩之。

时间很快，李广在家闲居了几年。李广家和已故颍阴侯灌婴的孙子灌强一起隐居在蓝田南山中，经常在那里打猎。李广曾经有一晚带着一名骑马的随从外出，和别人在田间饮酒。回来到了霸陵亭，霸陵尉喝醉了，喝令李广，不让他通过。李广的随从说："这是前任李将军。"亭尉说："现任将军尚且不能夜晚通行，更何况是前任呢！"阻拦李广，让他停宿在霸陵亭下。不久，匈奴入侵杀害了辽西太守，打败了韩安国将军，后来韩将军调到右北平。于是天子就征召任命李广为右北平太守。李广就请求派霸陵尉和他一起前去，到了军中就杀了他。

广居右北平，匈奴闻之，号曰："汉之飞将军"，避之数岁，不敢入右北平。广出猎，见草中石，以为虎而射之，中石没镞，视之石也。因复更射之，终不能复入石矣。广所居郡闻有虎，尝自射之。及居右北平射虎，虎腾伤广，广亦竟射杀之。

李广驻守右北平，匈奴听说了，称他为"汉朝的飞将军"，躲避他好几年，不敢入侵右北平。李广出去打猎，看见草丛中有块石头，认为是老虎，就向它射箭，射中了石头，箭头都射了进去，一看原来是石头。于是又再射，终究不能再射进石头了。李广所驻守的郡听说有老虎，曾经亲自去射杀。到了他驻守右北平时，又去射虎，老虎跳起伤了李广，李广也终于射死了老虎。

广廉，得赏赐辄分其麾下，饮食与士共之。终广之身，为二千石四十余年，家无余财，终不言家产事。广为人长，猿臂，其善射亦天性也，虽其子孙他人学者，莫能及广。广讷口少言，与人居则画地为军陈，射阔狭以饮。专以射为戏，竟死。广之将兵，乏绝之处，见水，士卒不尽饮，广不近水，士

卒不尽食，广不尝食。宽缓不苛，士以此爱乐为用。其射，见敌急，非在数十步之内，度不中不发，发即应弦而倒。用此，其将兵数困辱，其射猛兽亦为所伤云。

李广为人廉洁，得到了赏赐就分给他的部下，饮食和士兵们在一起。李广一生，做二千石俸禄的官做了四十多年，家里没有多余的财产，始终也不谈论家产方面的事情。李广身材很高，两臂如猿，他善于射箭也是天赋，即使是他的子孙或别人向他学习，也没有人能比得上他。李广口齿迟钝，很少说话，和别人聚在一起，就在地上指画排兵布阵，然后来射箭，根据射中密集或宽疏的行列来定罚谁饮酒。他专门以射箭作为游戏，一直到死。李广带兵，遇到缺粮断水的地方，发现有水，士兵没有饮遍，他就不靠近水边；士兵还没有都吃上饭，李广就一点也不吃。他对士兵宽厚和缓而不苛刻，士兵因此乐于为他效劳。他射箭，看见敌人逼近，不到几十步以内，估计射不中就不射，只要发射，敌人立即随弓弦的响声而倒下。所以，他带领军队多次被困受辱，他射杀猛兽也被它们所伤。

李广冥山射虎图，选自清·马骀《百将传图》。

居顷之，石建卒，于是上召广代建为郎中令。元朔六年，广复为后将军，从大将军军出定襄，击匈奴。诸将多中首虏率，以功为侯者，而广军无功。后二岁，广以郎中令将四千骑出右北平，博望侯张骞将万骑与广俱，异道。行可数百里，匈奴左贤王将四万骑围广，广军士皆恐，广乃使其子敢往驰之。敢独与数十骑驰，直贯胡骑，出其左右而还，告广曰："胡虏易与耳。"军士乃安。广为圜陈外向，胡急击之，矢下如雨。汉兵死者过半，汉矢且尽。广乃令士持满毋发，而广身自以大黄射其裨将，杀数人，胡虏益解。会日暮，吏士皆无人色，而广意气自如，益治军。军中自是服其勇也。明日，复力战，而博望侯军亦至，匈奴军乃解去。汉军罢，弗能追。是时广军几没，罢归。汉法，博望侯留迟后期，当死，赎为庶人。广军功自如，无赏。

不久，石建去世，皇上于是召见李广，让他代替石建任郎中令。元朔六年，李广又任后将军，跟随大将军卫青的军队从定襄出发，攻打匈奴。将领们大多都由于斩杀敌人首级符合规定数目，凭战功被封为侯，而李广军队没有功劳。过了两年，李广以郎中令的身份带领四千名骑兵从右北平出塞，博望侯张骞带领一万名骑兵和李广一同出征，分行两条路。走了大约几百里，匈奴左贤王率领四万名骑兵包围李广，李广的士兵都很惊慌，李广就派他的儿子李敢向匈奴军队冲击。李敢独自和几十名骑兵飞奔而去，直插匈奴的骑兵中，又从他们的左右两翼突击而回来，报告李广说："匈奴很容易对付了。"士兵们才放心。李广布下圆形阵势，面向外。匈奴猛攻，箭如雨下。汉朝士兵死了一半多，弓箭也快要用光了。李广就命令士兵拉满弓，不要发射，而李广亲自用大黄弩弓射匈奴的副将，射杀了好多个，匈奴军队才渐渐散开下去。适逢黄昏，军吏士兵都面无人色，可是李广却神态自若，更加整顿好军队。军中从此都佩服他的勇敢。第二天，又奋力作战，而博望侯张骞的军队也赶到，匈奴军队就解围离开了。汉军很疲劳，不能追击。当时李广的军队几乎全军覆没，就收兵回来。根据汉朝法律，博望侯张骞行军迟缓，延误期限，应当处死，后来出钱赎了死罪成为平民。李广功过相抵，没有奖赏。

初，广之从弟李蔡与广俱事孝文帝。景帝时，蔡积功劳至二千石。孝武帝时，至代相。以元朔五年为轻车将军，从大将军击右贤王，有功中率，封为乐安侯。元狩二年中，代公孙弘为丞相。蔡为人在下中，名声出广下甚远，然广不得爵邑，官不过九卿，而蔡为列侯，位至三公。诸广之军吏及士卒或取封侯。广尝与望气王朔燕语，曰："自汉击匈奴而广未尝不在其中，而诸部校尉以下，才能不及中人，然以击胡军功取侯者数十人，而广不为后人，然无尺寸之功以得封邑者，何也？岂吾相不当侯邪？且固命也？"朔曰："将军自念，岂尝有所恨乎？"广曰："吾尝为陇西守，羌尝反，吾诱而降，降者八百余人，吾诈而同日杀之。至今大恨独此耳。"朔曰："祸莫大于杀已降，此乃将军所以不得侯者也。"

起初，李广的堂弟李蔡和他一同侍奉孝文帝。景帝时，李蔡积累功劳达到了二千石级的官位。孝武帝时期，又做到代国的国相。李蔡在元朔五年任轻车将军，跟随大将军卫青攻打匈奴右贤王，取得达到斩杀敌人首级的规定的功劳，被封为乐安侯。元狩二年间，他取代公孙弘任丞相。李蔡为人的才干在下等的中间，名声和李广相差很远，可是李广得不到封爵和封地，做官也不超过九卿，而李蔡被封为列侯，官位达到三公。李广的军官和士兵中有人也获得了封侯。李广曾经和星象家王朔私下闲谈，说："自从汉朝攻打匈奴以来，我没有一次不参加，可是各部队校尉以下的军官，才能比不上中等人，却由于攻打匈奴有军功而被封侯的有几十人，而李广我不比别人差，但是没有一点功劳来获取封地，为什么呢？难道我命相中不该封侯么？还是本来就命该这样呢？"王朔说："将军自己想一下，难道曾经有遗恨的事吗？"李广说："我曾经做陇西太守，羌人有一次造反，我引诱他们来投降，投降的有八百多人，我欺骗了他们而在同一天把他们都杀了。直到今天我觉得最大的遗恨只有这件事罢了。"王朔说："灾难，没有比杀害已经投降的人更大的了，这是将军不能被封侯的原因。"

后二岁，大将军、骠骑将军大出击匈奴，广数自请行。天子以为老，弗许，良久乃许之，以为前将军。是岁，元狩四年也。

两年后，大将军卫青、骠骑将军霍去病大规模出兵攻打匈奴，李广数次自己请求随行。天子认为他年纪太老，没有答应；过了好久才答应他，让他任前将军。这一年，是元狩四年。

广既从大将军青击匈奴，既出塞，青捕虏知单于所居，乃自以精兵走之，而令广并于右将军军，出东道。东道少回远，而大军行水草少，其势不屯行。广自请曰："臣部为前将军，今大将军乃徙令臣出东道，且臣结发而与匈奴战，今乃一得当单于，臣愿居前，先死单于。"大将军青亦阴受上诫，以为李广老，数奇，毋令当单于，恐不得所欲。而是时公孙敖新失侯，为中将军从大将军，大将军亦欲使敖与俱当单于，故徙前将军广。广时知之，固自辞于大将军。大将军不听，令长史封书与广之莫府，曰："急诣部，如书。"广不谢大将军而起行，意甚愠怒而就部，引兵与右将军食其合军出东道。军亡导，或失道，后大将军。大将军与单于接战，单于遁走，弗能得而还。南绝幕，遇前将军、右将军。广已见大将军，还入军。大将军使长史持糒醪遗广，因问广、食其失道状，青欲上书报天子军曲折。广未对。大将军使长史急责广之幕府对簿。广曰："诸校尉无罪，乃我自失道。吾今自上簿。"

李广已经跟随大将军卫青攻打匈奴，出了边塞后，卫青捉到敌人获知单于居住的地方，因此自己率领精兵追击单于，而命令李广和右将军的部队合并，从东路出发。东路稍有些迂回绕远，而且大军在水草缺少的地方行进，这种形势无法驻扎部队。李广自己请求说："我的职务是前将军，如今大将军却改令我从东路出征，何况我从成年后一直和匈奴交战，到今天才有一次机会能够遇上单于，我希望做前锋，先和单于决一死战。"大将军卫青也私下里接受过皇上的告诫，以为李广年纪太大，命运不好，不要让他和单于对敌，担心不能实现自己的愿望。这时公孙敖刚失去侯爵，担任中将军，跟随大将军，大将军也想派公孙敖和自己一起与单于对敌，所以调开了前将军李广。李广当时知道这事，坚决要求不要调并右将军，向大将军辞免。大将军没有答应，命令长史写文书送到李广的幕府，说："赶快到右将军部队里，照文书办。"李广不向大将军告别就出发了，心里十分不悦地前往军部，带领士兵和右将军赵食其汇合从东路出征。军队没有向导，有时迷了路，落在大将军后面。大将军和单于交战，单于逃跑，没有捉到而回来。大将军向南横渡沙漠，遇上前将军、右将军。李广谒见大将军后，回到部队中。大将军派长史拿着干粮和酒送给李广，顺便询问李广、赵食其迷路的情况，卫青要上书向天子报告部队的详情。李广没有回答，大将军卫青派长史迅速责令李广幕府的人员去受审对质。李广说："校尉们没有罪，是我自己迷了路。我现在亲自去受审对质。"

至莫府，广谓其麾下曰："广结发与匈奴大小七十余战，今幸从大将军出接单于兵，而大将军又徙广部行回远，而又迷失道，岂非天哉！且广年六十余矣，终不能复对刀筆之吏"。遂引刀自刭。广军士大夫一军皆哭。百姓闻之，知与不知，无老壮皆为垂涕。而右将军独下吏，当死，赎为庶人。

到了大将军的幕府，李广对他的部下说："李广我长大后和匈奴作战大小有七十多次，如今有幸跟随大将军出发和单于交战，可是大将军又调我的部队去走迂回绕远的路，并且又迷了路，难道不是天意吗！何况我六十多岁了，终究不能再受那些刀笔吏的侮辱了。"于是拔刀自杀。李广部队的将士都痛哭。百姓们听说了，认识和不认识李广的，不论老少都为李广落泪。右将军赵食其单独被交下给法官处办，应当处死，后出钱赎罪成为平民。

广子三人，曰当户、椒、敢，为郎。天子与韩嫣戏，嫣少不逊，当户击嫣，嫣走。于是天子以为勇。当户早死，拜椒为代郡太守，皆先广死。当户有遗腹子名陵。广死军时，敢从骠骑将军。广死明年，李蔡以丞相坐侵孝景园壖地，当下吏治，蔡亦自杀，不对狱，国除。李敢以校尉从骠骑将军击胡左贤王，力战，夺左贤王鼓旗，斩首多，赐爵关内侯，食邑二百户，代广为郎中令。顷之，怨大将军青之恨其父，乃击伤大将军，大将军匿讳之。居无何，敢从上雍，至甘泉宫猎。骠骑将军去病与青有亲，射杀敢。去病时方贵幸，上讳云鹿触杀之。居岁余，去病死。而敢有女为太子中人，爱幸，敢男禹有宠于太子，然好利，李氏陵迟衰微矣。"

李广有三个儿子，叫当户、椒、敢，都做郎官。天子和韩嫣有一次玩游戏，韩嫣行为有点放肆，李当户去打韩嫣，韩嫣跑开了。于是天子以为李当户很勇敢。李当户早死，任命李椒做代郡太守，两人都比李广死得早。李当户有个遗腹子叫李陵。李广在部队中去世时，李敢正跟随骠骑将军霍去病。李广死后的第二年，李蔡以丞相身份因侵占孝景帝陵园前大道两旁的空地而获罪，应该交下给法官判处，李蔡也自杀了，不愿受审对质，封国被废除。李敢以校尉的身份跟随骠骑将军霍去病攻打匈奴左贤王，奋力作战，夺得左贤王的战鼓和军旗，杀掉敌人很多首级，被赐给关内侯的封爵，封给食邑二百户，接替李广担任郎中令。不久，李敢怨恨大将军卫青使他父亲含恨而死，就打伤了大将军，大将军把这事隐瞒了起来。不久，李敢跟随皇上去雍县，到甘泉宫打猎。骠骑将军霍去病和卫青有亲戚关系，就射死了李敢。霍去病当时正显贵受宠，皇上就隐瞒真相，说李敢被鹿触撞而死。一年多后，霍去病去世。李敢有个女儿是太子的侍妾，受到宠爱，李敢的儿子李禹也受到太子的宠爱，但他贪图财物，李家逐渐衰落了。

李陵既壮，选为建章监，监诸骑。善射，爱士卒。天子以为李氏世将，而使将八百骑。尝深入匈奴二千余里，过居延视地形，无所见虏而还。拜为骑都尉，将丹阳楚人五千人，教射酒泉、张掖以屯卫胡。

李陵到了壮年以后，被选任为建章营的监督官，监管那些骑兵。他善于射箭，爱护士兵，天子认为李家世代为将，就派他率领八百名骑兵。李陵曾经深入匈奴境内二千多里，穿过居延海，观察地形，没有看到匈奴敌军的影踪而回来。任命他做骑都尉，率领丹阳的楚兵五千人，在酒泉、张掖教授射箭，来驻守边关防御匈奴。

数岁，天汉二年秋，贰师将军李广利将三万骑击匈奴右贤王于祁连天山，，而使陵将其射士步兵五千人出居延北可千余里，欲以分匈奴兵，毋令专走贰师也。陵既至期还，而单于以兵八万围击陵军。陵军五千人，兵矢既尽，士死者过半，而所杀伤匈奴亦万余人。且引且战，连斗八日，还未到居延百余里，匈奴遮狭绝道，陵食乏而救兵不到，虏急击招降陵。陵曰："无面目报陛下。"遂降匈奴，其兵尽没，余亡散得归汉者四百余人。

几年后，天汉二年秋天，贰师将军李广利率领三万名骑兵在祁连天山攻打匈奴右贤王，而派李陵率领他的射手、步兵五千人，从居延海出塞向北到了大约一千多里的地方，想因此分散匈奴的兵力，不让他们专门追击贰师将军。李陵到了预定期限后要回兵，可是单于用八万大军围攻李陵的部队。李陵部队五千人，箭射光了，士兵死了一半多，但他们杀伤的匈奴人也有一万多。他们边退边战，连战了八天，往回走到距离居延海还有一百多里，匈奴兵拦堵住狭窄的山谷，截断通路，李陵军队缺少粮食，而救兵不来，敌人加紧攻打，并诱李陵投降。李陵说："我没有脸面回去报告陛下了。"于是投降了匈奴。他的军队全军覆没，其余逃散回到汉朝的有四百多人。

单于既得陵，素闻其家声，及战又壮，乃以其女妻陵而贵之。汉闻，族陵母妻子。自是之后，李氏名败，而陇西之士居门下者皆用为耻焉。

单于得到李陵后，一直听说过他们家的名声，打仗时又很勇猛，就把自己的女儿嫁给李陵，让他显贵。汉朝听说了，就杀了李陵母亲、妻子全家。从那以后，李家名声败落，陇西的人士曾做过李家宾客的，都以此为耻辱。

太史公曰：《传》曰"其身正，不令而行；其身不正，虽令不从。"其李将军之谓也？余睹李将军悛悛如鄙人，口不能道辞。及死之日，天下知与不知，皆为尽哀。彼其忠实心诚信于士大夫也？谚曰"桃李不言，下自成蹊"。此言虽小，可以喻大也。

太史公说：《论语》说："在上位的人本身行为端正，即便不下命令，人们也会遵守奉行；自身行为不正，即便下了命令，人们也不会遵守奉行。"大概说的是李将军吧？我看到李将军诚恳质朴像个乡下人，开口不善于言谈。到他死的那天，天下认识和不认识他的，都为他尽情哀痛。他那忠实的品格的确得到士大夫们的信赖么？谚语说："桃树李树不会说话，可是树下自然会被人踩成一条小路。"这话虽然说的是小事，却可以用来说明大道理呀。

史记第一百十卷

匈奴列传第五十

匈奴其先祖夏后氏之苗裔也，曰淳维。唐虞以上有山戎、猃狁、荤粥，居于北蛮，随畜牧而转移。其畜之所多则马、牛、羊，其奇畜则橐驼、驴、蠃、駃騠、騊駼、驒騱。逐水草迁徙，毋城郭常处耕田之业，然亦各有分地。毋文书，以言语为约束。儿能骑羊，引弓射鸟鼠；少长则射狐兔，用为食。士力能毌弓，尽为甲骑。其俗，宽则随畜，因射猎禽兽为生业，急则人习战攻以侵伐，其天性也。其长兵则弓矢，短兵则刀鋋。利则进，不利则退，不羞遁走。苟利所在，不知礼义。自君王以下，咸食畜肉，衣其皮革，被旃裘。壮者食肥美，老者食其余。贵壮健，贱老弱。父死，妻其后母；兄弟死，皆取其妻妻之。其俗有名不讳，而无姓字。

匈奴的祖先是夏后氏的后代，名叫淳维。唐尧、虞舜以前有山戎、猃狁、荤粥，居住在北边蛮荒的地方，跟随畜牧活动而转移。他们的牲畜多是马、牛、羊，他们的奇特牲畜则是骆驼、驴、骡、駃騠、騊駼、驒騱。追逐着水草而迁移，没有城镇常居处所地和农耕生产，但是也各自有分占的牧地。没有文字和书籍，用说话来相互约束。小孩能够骑羊，拉弓射鸟、鼠；稍大一点就能射狐狸、兔子；用来作食物。男子都有力量拉开弓，全都是披甲的骑兵。他们的习俗，平时随意游牧，以射猎禽兽作为职业；形势危急时，则人人演习作战来进行侵袭讨伐，这是他们的天性。他们的长兵器是弓和箭，短兵器是刀和铁柄小矛。形势有利就进攻，不利就退却，不以逃跑作为羞耻。如果有利可得，就不知道什么是礼义。从君王以下，都吃牲畜的肉，穿牲畜的皮革，披着带毛的皮袄。健壮的人吃肥美的食物，老年人吃剩下的。尊重健壮的人，看轻年老体弱的人。父亲去世，儿子就把后母作为妻子；兄弟去世，活着的兄弟就全娶已故兄弟的妻子为妻。他们的风俗有名却不避讳，没有姓和字。

夏道衰，而公刘失其稷官，变于西戎，邑于豳。其后三百有余岁，戎狄太王亶父，亶父亡走岐下，而豳人悉从亶父而邑焉，作周。其后百有余岁，周西伯昌伐畎夷氏。后十有余年，武王伐纣而营雒邑，复居于酆、镐，放逐戎夷泾、洛之北，以时入贡，命曰"荒服"。其后二百有余年，周道衰，而穆王伐犬戎，得四白狼、四白鹿以归。自是之后，荒服不至。于是周遂作《甫刑》之辟。穆王之后二百

有余年，周幽王用宠姬褒姒之故，与申侯有郤。申侯怒而与犬戎共攻杀周幽王于骊山之下，遂取周之焦获，而居于泾、渭之间，侵暴中国。秦襄公救周，于是周平王去酆、镐而东徙雒邑。当是之时，秦襄公伐戎至岐，始列为诸侯。是后六十有五年，而山戎越燕而伐齐，齐釐公与战于齐郊。其后四十四年，而山戎伐燕，燕告急于齐，齐桓公北伐山戎，山戎走。其后二十有余年，而戎狄至洛邑，伐周襄王，襄王奔于郑之氾邑。初，周襄王欲伐郑，故娶戎狄女为后，与戎狄兵共伐郑。已而黜狄后，狄后怨；而襄王后母曰惠后，有子子带，欲立之。于是惠后与狄后、子带为内应，开戎狄，戎狄以故得入，破逐周襄王，而立子带为天子。于是戎狄或居于陆浑，东至于卫，侵盗暴虐中国。中国疾之，故诗人歌之曰“戎狄是应”，“薄伐猃狁，至于太原”，“出舆彭彭，城彼朔方”。周襄王既居外四年，乃使使告急于晋。晋文公初立，欲修霸业，乃兴师伐逐戎翟，诛子带，迎内周襄王，居于雒邑。

夏朝国运衰败，公刘失去了他的稷官职务，在西戎实行改革，就在豳地建立都邑居住下来。那以后三百多年，戎狄族进攻周太王亶父，亶父逃跑到岐山下，而豳地人都跟随亶父在这里营造城邑，建立周国。那以后一百多年，周西伯姬昌讨伐畎夷氏。十多年后，周武王征讨商纣王，而营建洛邑，又回到酆京、镐京居住，把戎夷驱逐到泾水、洛水以北，让他们按时向周进贡，叫做“荒服”。那以后二百多年，周朝政治衰落，周穆王讨伐犬戎，得到四条白狼、四只白鹿而回来。从那以后，荒服的戎夷之人不再来进贡。于是周王朝就制定了《甫刑》的法规。周穆王以后二百多年，周幽王因为宠姬褒姒的原因，和申侯有了仇怨。申侯气愤，和犬戎一同攻打并把周幽王杀死在骊山脚下，犬戎就取得了周朝的焦获地方，居住在泾水、渭水一带，侵犯中原地区。秦襄公援救周王，于是周平王离开酆京、镐京，而向东迁徙到洛邑。当这个时候，秦襄公攻打犬戎一直打到岐山，开始被封为诸侯。这以后六十五年，山戎越过燕国而攻打齐国，齐釐公和山戎在齐国都城外作战。那以后四十四年，山戎攻打燕国。燕国向齐国告急，齐桓公向北进攻山戎，山戎逃跑。那以后二十多年，戎狄来到洛邑，攻打周襄王，周襄王逃奔到郑国的氾邑。起初，周襄王要攻打郑国，所以娶了戎狄的姑娘作为王后，和戎狄军队一同讨伐郑国。不久，废黜了狄王后，狄王后怨恨，周襄王的后母叫惠后，有个儿子叫子带，想立他为王，于是惠后和狄后、子带作为内应，为戎狄打开城门，戎狄因此能够入城，打败、赶走周襄王，而立子带作为天子。于是戎狄有些人居住在陆浑，东部到达了卫国，侵犯残害中原人民。中原人痛恨他们，所以诗人作诗说：“打击戎狄”，“诛伐猃狁，到达太原”，“出动军车，战马很多，在北方筑城”。周襄王在外居住了四年，就派使者向晋国告急。晋文公刚即位，想要建立霸业，就发动军队讨伐并赶走戎狄，杀死子带，迎回周襄王，居住在洛邑。

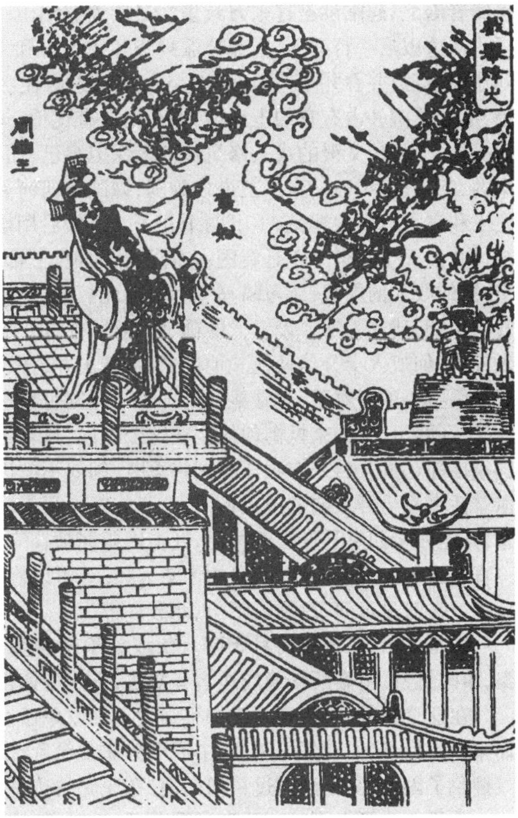

戏举烽火图。选自明·张居正《帝鉴图说》，讲述周幽王为博美女褒姒一笑，举烽火谎报军情，戏弄诸侯，后来犬戎进犯，周幽王再举烽火，而诸侯援兵不至，周幽王被杀于骊山之下。

当是之时，秦晋为强国。晋文公攘戎翟，居于河西圁、洛之间，号曰赤翟、白翟。秦缪公得由余，西戎八国服于秦，故自陇以西有绵诸、绲戎、翟、豲之戎，岐、梁山、泾、

漆之北有义渠、大荔、乌氏、朐衍之戎。而晋北有林胡、楼烦之戎。燕北有东胡、山戎。各分散居谿谷，自有君长。往往而聚者百有余戎，然莫能相一。

在那个时候，秦国、晋国是强国。晋文公赶跑了戎狄，戎狄居住在河西的圁水、洛水一带，称为赤狄、白狄。秦缪公得到由余的协助，西戎八个国家都向秦国臣服，所以从陇地往西有绵诸、绲戎、狄、獂等戎族，岐山、梁山、泾水、漆水以北有义渠、大荔、乌氏、朐衍等戎族。而晋国北边有林胡、楼烦等戎族，燕国北边有东胡、山戎。各自分散居住在溪谷里，各自都有君长，常常积聚在一起有一百多个戎族部落，可是没有互相统一。

自是之后百有余年，晋悼公使魏绛和戎翟，戎翟朝晋。后百有余年，赵襄子逾句注，而破并代以临胡貉。其后既与韩、魏共灭智伯，分晋地而有之，则赵有代、句注之北，魏有河西、上郡，以与戎界边。其后义渠之戎筑城郭以自守，而秦稍蚕食，至于惠王，遂拔义渠二十五城。惠王击魏，魏尽入西河及上郡于秦。秦昭王时，义渠戎王与宣太后乱，有二子。宣太后诈而杀义渠戎王于甘泉，遂起兵伐残义渠。于是秦有陇西、北地、上郡，筑长城以拒胡。而赵武灵王亦变俗胡服，习骑射，北破林胡、楼烦。筑长城，自代并阴山下，至高阙为塞。而置云中、雁门、代郡。其后燕有贤将秦开，为质于胡，胡甚信之。归而袭破走东胡，东胡却千余里。与荆轲刺秦王秦舞阳者，开之孙也。燕亦筑长城，自造阳至襄平。置上谷、渔阳、右北平、辽西、辽东郡以拒胡。当是之时，冠带战国七，而三国边于匈奴。其后赵将李牧时，匈奴不敢入赵边。后秦灭六国，而始皇帝使蒙恬将十万之众北击胡，悉收河南地。因河为塞，筑四十四县城临河，徙適戍以充之。而通直道，自九原至云阳。因边山险堑谿谷可缮者治之，起临洮至辽东万余里。又度河据阳山、北假中。

从这以后一百多年，晋悼公派魏绛和戎狄讲和，戎狄到晋国朝见。以后一百多年，赵襄子越过句注山，打败并吞并了代地，逼近胡人和貉人居住区。后来，赵襄子和韩康子、魏桓子一同消灭智伯，瓜分晋国并占有它的土地后，那么赵占有代地、句注山以北的地方，魏占有河西、上郡，因而和戎人接界。后来，义渠的戎人修筑城池来保卫自己，而秦国渐渐蚕食他们，到了秦惠王时，就攻取了义渠的二十五座城池。秦惠王进攻魏国，魏国把西河和上郡全部献给了秦国。秦昭王时期，义渠戎人之王和宣太后发生淫乱，生下两个儿子。宣太后用欺骗的手段在甘泉宫杀死了义渠戎王，于是派兵征讨并消灭了义渠。于是秦国占有陇西、北地、上郡，修筑长城来抵御匈奴。而赵武灵王也改变风俗，穿匈奴人的衣服，练习骑马、射箭，向北打败了林胡、楼烦。修筑长城，从代地沿着阴山修下去，直到高阙，建起关塞。设置云中郡、雁门郡、代郡。后来，燕国有位贤能的将领叫秦开，在匈奴那里做人质，匈奴人十分信任他。他回来后，袭击并打败、赶走了东胡，东胡后退了一千多里。和荆轲一起谋杀秦王的秦舞阳，就是秦开的孙子。燕国也修筑长城，从造阳一直到襄平。设置上谷、渔阳、右北平、辽西、辽东郡来抵御匈奴。在这个时候，具有文明礼俗又互相攻打的国家有七个，而其中三个国家接邻匈奴。后来李牧任赵国将军时，匈奴不敢进入赵国的边界。后来秦国灭亡了六国，秦始皇派蒙恬率领十万人向北进攻匈奴，全部收复了河南（今内蒙古河套一带）的土地。凭借黄河作为边塞，修建四十四座县城靠近黄河，迁徙因犯罪被罚守边疆的人到那里。又修造直通的大路，从九原一直到云阳。凭借山岭、险要的沟堑、溪谷等可以修缮的地方建造长城，从临洮起直到辽东，有一万多里。又渡过黄河，占领了阳山、北假一带。

当是之时，东胡强而月氏盛。匈奴单于曰头曼，头曼不胜秦，北徙。十余年而蒙恬死，诸侯畔秦，中国扰乱，诸秦所徙適戍边者皆复去，于是匈奴得宽，复稍度河南与中国界于故塞。

在这个时候，东胡和月氏都很强大。匈奴单于叫头曼，头曼打不过秦朝，向北迁移。十多年后而蒙恬去世，诸侯背叛了秦朝，中原形势非常纷乱，那些秦朝调派去谪守边境的人都又离去，于是匈奴摆脱了困境，又逐渐渡过黄河向南，在原先的边塞上和中原接壤。

单于有太子名冒顿。后有所爱阏氏，生少子，而单于欲废冒顿而立少子，乃使冒顿质于月氏。冒顿既质于月氏，而头曼急击月氏。月氏欲杀冒顿，冒顿盗其善马，骑之亡归。头曼以为壮，令将万骑。冒顿乃作为鸣镝，习勒其骑射，令曰："鸣镝所射而不悉射者，斩之。"行猎鸟兽，有不射鸣镝所射者，辄斩之。已而冒顿以鸣镝自射其善马，左右或不敢射者，冒顿立斩不射善马者。居顷之，复以鸣镝自射其爱妻，左右或颇恐，不敢射，冒顿又复斩之。居顷之，冒顿出猎，以鸣镝射单于善马，左右

皆射之。于是冒顿知其左右皆可用。从其父单于头曼猎，以鸣镝射头曼，其左右亦皆随鸣镝而射杀单于头曼，遂尽诛其后母与弟及大臣不听从者。冒顿自立为单于。

单于有个太子名叫冒顿。后来单于所喜欢的阏氏，生了个小儿子，单于就想废掉冒顿而立小儿子为太子，于是派冒顿到月氏做人质。冒顿到月氏做人质后，头曼单于就加紧进攻月氏。月氏人要杀死冒顿，冒顿偷了他们的良马，骑着逃回来了。头曼认为他勇猛，就命令他带领一万名骑兵。冒顿于是制造了响箭，训练部下骑马、射箭，发布命令说："响箭所射到的地方大家一齐射，有不跟着全力去射的人，就处死他。"出去打猎鸟兽，有人不向响箭所射的地方去射，马上斩杀了他。后来，冒顿用响箭亲自射向他的好马，手下的亲信有的不敢射，冒顿立即处死了不向好马射箭的人。不久，冒顿又用响箭亲自射向他喜欢的妻子，手下有人非常害怕，不敢发射，冒顿又再处死了他们。不久，冒顿出去打猎，用响箭射向单于的好马，手下的人都跟着射。于是冒顿知道他的部下都可以使用了。他跟父亲单于头曼去打猎，就用响箭射向头曼，他手下的人也都跟着响箭而射死了单于头曼。他就趁机全部杀死了他的后妈和弟弟，以及那些不服从的大臣。冒顿自己立为单于。

冒顿既立，是时东胡强盛，闻冒顿杀父自立，乃使使谓冒顿，欲得头曼时有千里马。冒顿问群臣，群臣皆曰："千里马，匈奴宝马也，勿与"。冒顿曰："奈何与人邻国而爱一马乎?"遂与之千里马。居顷之，东胡以为冒顿畏之，乃使使谓冒顿，欲得单于一阏氏。冒顿复问左右，左右皆怒曰："东胡无道，乃求阏氏！请击之。"冒顿曰："奈何与人邻国，爱一女子乎?"遂取所爱阏氏予东胡。东胡王愈益骄，西侵。与匈奴间，中有弃地，莫居，千余里，各居其边为瓯脱。东胡使使谓冒顿曰："匈奴所与我界瓯脱外弃地，匈奴非能至也，吾欲有之。"冒顿问群臣，群臣或曰："此弃地，予之亦可，勿予亦可。"于是冒顿大怒曰："地者，国之本也，奈何予之！"诸言予之者，皆斩之。冒顿上马，令国中有后者斩，遂东袭击东胡。东胡初轻冒顿，不为备。乃冒顿以兵至，击，大破灭东胡王，而虏其民人及畜产。既归，西击走月氏，南并楼烦、白羊河南王。悉复收秦所使蒙恬所夺匈奴地者，与汉关故河南塞，至朝那、肤施，遂侵燕、代。是时汉兵与项羽相距，中国罢于兵革，以故冒顿得自强，控弦之士三十余万。

冒顿做了单于后，这时东胡强大，听说冒顿杀死了父亲自己做单于，就派使者对冒顿说，想得到头曼时的千里马。冒顿征求大臣们的意见，大臣们都说："千里马是匈奴的宝马，不要给。"冒顿说："怎么可以和别人做邻国而吝惜一匹马呢?"于是把千里马送给了东胡。不久，东胡以为冒顿害怕自己，就派使者对冒顿说，想得到单于的一个阏氏。冒顿又征求身边的人的意见，身边的人都生气地说："东胡没有道义，竟然求娶阏氏！请求进攻他们。"冒顿说："怎么可以和别人做邻国而吝惜一个妇人呢?"就拿所喜欢的阏氏送给了东胡。东胡王越发放纵，向西侵犯。东胡和匈奴有间隔，中间有荒废的土地，没有人居住，有一千多里，双方都在这空地的两边修起哨所。东胡派使者对冒顿说："匈奴和我们交界的哨所外面的空地，匈奴无法到那里，我想占有它。"冒顿征求大臣们的意见，大臣们有的说："这是空地，给他们也可以，不给他们也可以。"于是冒顿大怒说："土地，是国家的根本，怎么可以给他们呢！"那些说给土地的人，都被杀死。冒顿跨上马，命令国中有退后的人就处死他，于是向东袭击东胡。东胡起初小觑冒顿，未加以防备。等到冒顿带领军队来到，开始进攻，就大败并且消灭了东胡王，抢走了他的百姓和牲畜财产。回来以后，匈奴又向西攻打并赶走了月氏，向南兼并了楼烦、白羊河南王。又全部收复了秦朝派蒙恬所夺走的匈奴的土地，同汉朝以原来的河南塞作为边界，直到朝那、肤施两地，于是侵犯燕地和代郡。这时汉军正和项羽相对垒，中原地区疲于交战，因此冒顿能够自己强大起来，能拉弓射箭的士兵有三十多万。

自淳维以至头曼千有余岁，时大时小，别散分离，尚矣，其世传不可得而次云。然至冒顿而匈奴最强大，尽服从北夷，而南与中国为敌国，其世传国官号乃可得而记云。

从淳维一直到头曼有一千多年，匈奴势力时大时小，离散分化，已经很长了，所以他们流传的世系无法按次序排列出来。可是到冒顿时，匈奴最强大，北方的许多部族都服从于他，与南方的国家为敌。此后，匈奴的世系、官号和传国的情况才有了记载。

置左右贤王、左右谷蠡王、左右大将、左右大都尉、左右大当户、左右骨都侯。匈奴谓贤曰"屠耆"，故常以太子为左屠耆王。自如左右贤王以下至当户，大者万骑，小者数千，凡二十四长，立号曰"万骑"。诸大臣皆世官。呼衍氏，兰氏，其后有须卜氏，此三姓其贵种也。诸左方王将居东方，直

上谷以往者，东接秽貉、朝鲜；右方王将居西方，直上郡以西，接月氏、氐、羌；而单于之庭直代、云中。各有分地，逐水草移徙。而左右贤王、左右谷蠡王最为大，左右骨都侯辅政。诸二十四长亦各自置千长、百长、什长、裨小王、相封、都尉、当户、且渠之属。

匈奴设置有左、右贤王，左、右谷蠡王，左、右大将，左、右大都尉，左、右大当户，左、右骨都侯。匈奴人把贤才称作为“屠耆”，所以常任命太子为左屠耆王。从像左、右贤王以下到当户，官职大的拥有一万名骑兵，小的拥有几千名骑兵，共有二十四位长官，立称号叫“万骑”。大臣们都是世袭的官员。呼衍氏、兰氏，后来还有须卜氏，这三姓是最显贵的家族。那些左方的王和将居住在东边，直到上谷郡以东，东边和秽貉、朝鲜接壤；右方的王和将居住在西边，直到上郡往西，和月氏、氐、羌接壤；而单于的王庭直到代郡、云中郡；各自都有分占的领地，追随着水草而迁移。左、右贤王和左、右谷蠡王是最大的官员，左、右骨都侯辅助单于处理政事。二十四长官也各自设置千长、百长、什长、裨小王、相封、都尉、当户、且渠等属官。

岁正月，诸长小会单于庭，祠。五月，大会茏城，祭其先、天地、鬼神。秋，马肥，大会蹛林，课校人畜计。其法，拔刃尺者死，坐盗者没入其家；有罪小者轧，大者死。狱久者不过十日，一国之囚不过数人。而单于朝出营，拜日之始生，夕拜月。其坐，长左而北乡。日上戊己。其送死，有棺椁金银衣裘，而无封树丧服；近幸臣妾从死者，多至数千百人。举事而候星月，月盛壮则攻战，月亏则退兵。其攻战，斩首虏赐一卮酒，而所得卤获因以予之，得人以为奴婢。故其战，人人自为趣利，善为诱兵以冒敌。故其见敌则逐利，如鸟之集；其困败，则瓦解云散矣。战而扶舆死者，尽得死者家财。

每年正月，各位官长在单于王庭进行小聚会，祭典。五月，在茏城进行大聚会，祭祀祖先、天地、鬼神。秋天，马匹肥壮，在蹛林有大的聚会，考核和计算人口和牲畜的数目。匈奴的法律，有意伤人并将刀剑拔离鞘一尺的人要被处死，犯盗窃罪的人没收其家属、财产；犯罪轻的判压碎关节的刑罚，大的判处死刑。坐牢时间最长的不超过十天，全国的囚犯不超过几个人。单于早上走出营地，祭拜太阳的初升，傍晚祭拜月亮。他们坐的规矩，年长的坐左边，而且面朝北方。对于日子，他们重视戊日、己日。他们安葬死者，有棺椁、金银、衣裘，没有坟墓和丧服制度；单于死后，他所亲近的大臣、侍妾跟随殉葬的，多达几千几百人。打仗的时候要观测星月，月亮满圆就发动进攻，月亮缺损就退兵。他们攻战，斩杀敌人或俘虏敌人，都要赐给一壶酒；谁得到的战利品，就把这些东西送给他，得到的人就用作奴婢。所以他们作战，人人都自动去寻求利益，善于埋伏军队来袭击敌人。所以他们看见敌人就去追逐利益，像鸟飞集在一起；他们遭到不测，就土崩瓦解了。战斗的时候，把死者运载回来的人，就能得到死者的全部家产。

后北服浑庾、屈射、丁零、鬲昆、薪犁之国。于是，匈奴贵人大臣皆服，以冒顿单于为贤。

后来，匈奴向北征服了浑庾、屈射、丁零、鬲昆、薪犁等国家。于是匈奴的贵族、大臣都敬服冒顿，认为冒顿单于有才能。

是时汉初定中国，徙韩王信于代，都马邑。匈奴大攻围马邑，韩王信降匈奴。匈奴得信，因引兵南逾句注，攻太原，至晋阳下。高帝自将兵往击之。会冬大寒雨雪，卒之堕指者十二三，于是冒顿详败走，诱汉兵。汉兵逐击冒顿，冒顿匿其精兵，见其羸弱，于是汉悉兵，多步兵，三十二万，北逐之。高帝先至平城，步兵未尽到，冒顿纵精兵四十万骑围高帝于白登，七日，汉兵中外不得相救饷。匈奴骑，其西方尽白马，东方尽青駹马，北方尽乌骊马，南方尽骍马。高帝乃使使间厚遗阏氏，阏氏乃谓冒顿曰：“两主不相困。今得汉地，而单于终非能居之也；且汉王亦有神。单于察之。”冒顿与韩王信之将王黄、赵利期，而黄、利兵又不来，疑其与汉有谋，亦取阏氏之言，乃解围之一角。于是高帝令士皆持满傅矢外乡，从解角直出，竟与大军合，而冒顿遂引兵而去。汉亦引兵而罢，使刘敬结和亲之约。

当时汉朝刚平定中国，调派韩王信到代地，在马邑建都。匈奴大举围攻马邑，韩王信投降了匈奴。匈奴得到了韩信，于是带兵向南越过句注山，进攻太原，来到晋阳城下。高帝亲自率领军队前去攻打匈奴。恰逢冬天十分寒冷，又降雨雪，士兵冻掉手指的有十分之二三，于是冒顿假装失败逃跑，招诱汉军。汉军追击冒顿，冒顿把他的精兵隐藏起来，只显示出自己的老弱残兵，于是汉军全部出动，大多是步兵，共有三十二万人，向北追击。高帝先到了平城，步兵还没有完全赶到，冒顿指挥他的精兵四十万名骑兵把高帝包围在白登山，七天之中，汉军内外无法相互以军粮救济。匈奴的骑兵，西方全是白马，东方全是青马，北方全是黑马，南方全是红马。高帝于是派使者暗地里送给匈奴阏氏很丰厚的礼物，阏氏就对冒顿说：“两个君主不应相互围困。如今即使得到汉朝的土地，而您最终也不能居住在这里。况且汉王也有神灵保佑，您考虑一下。”冒顿和韩王信的部将王黄、赵利约定时间会师，可是王黄、赵利的军队又没有来，怀疑他们和汉朝有计谋，同时也采纳了阏氏的主张，就解除了包围圈的一角。于是高帝命令士兵都拉满弓，箭头朝向外边，从解开的一角直冲出去，终于和大军会合，而冒顿就带兵离去了。汉朝也带兵回来，派刘敬去和匈奴缔结和亲的盟约。

《双凤奇缘》版画之匈奴单于像

是后韩王信为匈奴将，及赵利、王黄等数倍约，侵盗代、云中。居无几何，陈豨反，又与韩信合谋击代。汉使樊哙往击之，复拔代、雁门、云中郡县，不出塞。是时匈奴以汉将众往降，故冒顿常往来侵盗代地。于是汉患之，高帝乃使刘敬奉宗室女公主为单于阏氏，岁奉匈奴絮缯酒米食物各有数，约为昆弟以和亲，冒顿乃少止。后燕王卢绾反，率其党数千人降匈奴，往来苦上谷以东。

这以后，韩王信任匈奴将军，和赵利、王黄等人多次违背盟约，侵袭掠夺代郡、云中郡。过了不久，陈豨反叛，又和韩信同谋划进攻代郡。汉朝派樊哙前去攻打他们，重新攻取了代、雁门、云中等郡县，没有出边塞。这时匈奴因为汉朝很多将领去投降，所以冒顿经常来侵犯掠夺代地。于是汉朝担心这事，高帝就派刘敬进献皇族女儿给匈奴作单于阏氏，每年奉送给匈奴一定数量的粗丝棉、丝织品、酒、米、食物，约定为兄弟，实行和亲，冒顿才暂时停止侵扰。后来燕王卢绾反叛，带领他的同党几千人投降了匈奴，往来侵扰上谷以东一带。

高祖崩，孝惠、吕太后时，汉初定，故匈奴以骄。冒顿乃为书遗高后，妄言。高后欲击之，诸将曰：“以高帝贤武，然尚困于平城。”于是高后乃止，复与匈奴和亲。

高祖逝世，孝惠帝、吕太后时期，汉朝刚刚安定，所以匈奴显得骄横。冒顿竟然写信给高后，胡说八道。高后要攻打匈奴，将领们说：“凭着高帝的贤能、勇武，可是尚且被围困在平城。”于是高后才作罢，又和匈奴实行和亲。

至孝文帝初立，复修和亲之事。其三年五月，匈奴右贤王入居河南地，侵盗上郡葆塞蛮夷，杀略人民。于是孝文帝诏丞相灌婴发车骑八万五千，诣高奴，击右贤王。右贤王走出塞。文帝幸太原。是时济北王反，文帝归，罢丞相击胡之兵。

到孝文帝刚即位，重新实行和亲的事。孝文帝三年五月，匈奴右贤王进入河南地居住，侵袭掳掠上郡保护边塞的蛮夷，杀害掠夺人民。于是孝文帝下诏命令丞相灌婴派八万五千战车和骑兵，到高奴县，攻打右贤王。右贤王逃跑出了边塞。文帝驾临太原。当时济北王反叛，文帝回朝，撤回了丞相派去进攻匈奴的军队。

其明年，单于遗汉书曰：“天所立匈奴大单于敬问皇帝无恙。前时皇帝言和亲事，称书意，合欢。

汉边吏侵侮右贤王，右贤王不请，听后义卢侯难氏等计，与汉吏相距，绝二主之约，离兄弟之亲。皇帝让书再至，发使以书报，不来，汉使不至，汉以其故不和，邻国不附。今以小吏之败约故，罚右贤王，使之西求月氏击之。以天之福，吏卒良，马强力，以夷灭月氏，尽斩杀降下之。定楼兰、乌孙、呼揭及其旁二十六国，皆以为匈奴。诸引弓之民，并为一家。北州已定，愿寝兵休士卒养马，除前事，复故约，以安边民，以应始古，使少者得成其长，老者安其处，世世平乐。未得皇帝之志也，故使郎中系雩浅奉书请，献橐他一匹、骑马二匹、驾二驷。皇帝即不欲匈奴近塞，则且诏吏民远舍。使者至，即遣之。"以六月中来至薪望之地。书至，汉议击与和亲孰便。公卿皆曰："单于新破月氏，乘胜，不可击。且得匈奴地，泽卤，非可居也。和亲甚便。"汉许之。

第二年，单于送信给汉朝说："上天所立的匈奴大单于尊敬地问候皇帝平安无事。以前皇帝说到和亲的事，和所送来的书信意思相符，双方都欢喜。汉朝边境的官吏侵袭、侮辱右贤王，右贤王没有向单于请示，听信后义卢侯难氏等人的计谋，和汉朝官吏相对抗，断绝双方君主的盟约，离间兄弟们的亲近。皇帝责备的信两次送来，我们派出使者送信回复，使者没能回来，汉朝使者又不到，汉朝因为这个缘故不与我们和解，我们邻国也不归附。如今因为小官吏而破坏盟约的缘故，我们责罚右贤王，派他向西寻求月氏并打击他们。凭着上天的福佑，官吏、士兵优秀，马匹强壮，因此消灭了月氏，全部斩杀了反抗的人，降服了他们。平定了楼兰、乌孙、呼揭和附近二十六个国家，都作为匈奴的属国。所有弯弓射箭的人，都合并为一家。北方已经平定，希望停止战争，休养士兵，喂养马匹，消除以前的战争，恢复过去的盟约，来安定边疆的人民，来顺应自古以来的友好关系，使少年人能够成长起来，使年老人能平安地生活，世世代代和平快乐。还不知道皇帝的意见，因此派郎中系雩浅呈送书信向您请示，送上骆驼一匹，可骑乘的马两匹，可驾车的马八匹。皇帝如果不希望匈奴靠近边塞，那我就将诏令官吏百姓远离那里来居住。使者到达后，请马上送他回来。"匈奴使者在六月中旬来到薪望这个地方。书信送到，汉朝商议攻打与和亲哪种有利。公卿大臣都说："单于刚打败了月氏，正处于胜利的形势，不能够进攻他们。况且得到匈奴的土地，都是盐碱地，不能居住。和亲是最有利的。"汉朝就答应了匈奴的请求。

孝文皇帝前六年，汉遗匈奴书曰："皇帝敬问匈奴大单于无恙。使郎中系雩浅遗朕书曰：'右贤王不请，听后义卢侯难氏等计，绝二主之约，离兄弟之亲，汉以故不和，邻国不附。今以小吏败约故，罚右贤王使西击月氏，尽定之。愿寝兵休士卒养马，除前事，复故约，以安边民，使少者得成其长，老者安其处，世世平乐。'朕甚嘉之，此古圣主之意也。汉与匈奴约为兄弟，所以遗单于甚厚。倍约离兄弟之亲者，常在匈奴。然右贤王事已在赦前，单于勿深诛。单于若称书意，明告诸吏，使无负约，有信，敬如单于书。使者言单于自将伐国有功，甚苦兵事。服绣夹绮衣、绣夹长襦、锦夹袍各一，比余一，黄金饰具带一，黄金胥纰一，绣十匹，锦三十匹，赤绨、绿缯各四十匹，使中大夫意、谒者令肩遗单于。"

孝文帝前元六年，汉朝送信给匈奴说："皇帝恭敬地问候匈奴大单于平安无事。派郎中系雩浅送给我的信中说：'右贤王没有向单于请示，听信后义卢侯难氏等人的谋划，断绝双方君主的盟约，离间兄弟们的亲近，汉朝因为这个缘故不与我们和解，我们邻国也不归附。如今由于小官吏而毁坏盟约，所以责罚右贤王让他向西进攻月氏，全部平定了他们。希望停止战争，休养士兵，喂养马匹，消除以前的争斗，恢复过去的合约，来安定边境的人民，使少年人能够成长起来，使老年人能够平安地生活，世世代代和平快乐。'我十分赞同，这是古代圣明君主的意见。汉朝和匈奴结为兄弟，所以送给单于十分丰厚的礼物。违背盟约、离间兄弟亲情的人，常常是匈奴一方。可是右贤王的事已经在大赦以前，单于不要深责他。单于的行为如果符合书信的意思，就明确地告知各位官吏，使他们不要违背盟约，要守信用，我们将恭敬地依照单于信中的意思来做。使者说单于亲自带兵讨伐别国有功劳，却十分为战争而苦恼。现在有皇帝穿戴的绣袷绮衣、绣袷长襦、锦袷袍各一件，比余一个，黄金装饰的宽衣带一件，黄金带钩一件，绣花绸十匹，锦缎三十匹，赤绨和绿缯各四十匹，派中大夫意、谒者令肩去送给单于。"

后顷之，冒顿死，子稽粥立，号曰老上单于。

后来不久，冒顿去世，他的儿子稽粥当了单于，号称老上单于。

老上稽粥单于初立，孝文皇帝复遣宗室女公主为单于阏氏，使宦者燕人中行说傅公主。说不欲行，汉强使之。说曰："必我行也，为汉患者。"中行说既至，因降单于，单于甚亲幸之。

老上稽粥单于刚刚即位，孝文皇帝又送皇族的女儿给单于做阏氏，派宦官燕国人中行说去辅佐公主。中行说不想前去，汉朝强迫派遣他。中行说说："一定要我去，将会成为汉朝的祸害。"中行说到了匈奴后，就投降了单于，单于十分信任他。

初，匈奴好汉缯絮食物，中行说曰："匈奴人众不能当汉之一郡，然所以强者，以衣食异，无仰于汉也。今单于变俗好汉物，汉物不过什二，则匈奴尽归于汉矣。其得汉缯絮，以驰草棘中，衣袴皆裂敝，以示不如旃裘之完善也；得汉食物皆去之，以示不如湩酪之便美也。"于是说教单于左右疏记，以计课其人众畜物。

最初，匈奴喜欢汉朝的缯絮和食物，中行说说："匈奴人数比不上汉朝的一个郡，可是能强盛的原因，是衣食和汉人不同，不用依赖汉朝。如今单于改变习俗，喜欢汉朝的东西，汉朝给的东西不超过总数的十分之二，那么匈奴就会全部归属于汉朝了。得到了汉朝的缯絮做成衣服，穿上在草棘丛中骑马奔跑，衣裤都破裂损坏，以此表明汉朝衣裤比不上旃衣皮袄的坚固完善。得到了汉朝的食物都扔掉，用此表明汉朝食物比不上乳汁和乳制品的方便美味。"于是中行说教单于身边的人分条记录的方法，来计算、核查他们人口和牲畜的数量。

汉遗单于书，牍以尺一寸，辞曰："皇帝敬问匈奴大单于无恙"，所遗物及言语云云。中行说令单于遗汉书以尺二寸牍，及印封皆令广大长，倨傲其辞曰"天地所生日月所置匈奴大单于敬问汉皇帝无恙"，所以遗物言语亦云云。

汉朝送信给单于，写在一尺一寸的木片上，信的开头说"皇帝恭敬地问候匈奴大单于平安无事"，以及写有所送的物品和主要内容等。中行说让单于送给汉朝的信用一尺二寸的木片，并且印章和封泥的尺寸都加宽加大加长，把信的开头话写得傲慢些说："天地所生、日月所置的匈奴大单于恭敬地问候汉朝皇帝平安无事"，以及所送的物品、主要内容，等等。

汉使或言曰："匈奴俗贱老。"中行说穷汉使曰："而汉俗屯戍从军当发者，其老亲岂有不自脱温厚肥美以赍送饮食行戍乎？"汉使曰："然。"中行说曰："匈奴明以战攻为事，其老弱不能斗，故以其肥美饮食壮健者，盖以自为守卫，如此父子各得久相保，何以言匈奴轻老也？"汉使曰："匈奴父子乃同穹庐而卧。父死，妻其后母；兄弟死，尽取其妻妻之。无冠带之饰、阙庭之礼。"中行说曰："匈奴之俗，人食畜肉，饮其汁，衣其皮。畜食草饮水，随时转移。故其急则人习骑射，宽则人乐无事，其约束轻，易行也。君臣简易，一国之政犹一身也。父子兄弟死，取其妻妻之，恶种姓之失也，故匈奴虽乱，必立宗种。今中国虽详不取其父兄之妻，亲属益疏则相杀，至乃易姓，皆从此类。且礼义之敝，上下交怨望，而室屋之极，生力必屈。夫力耕桑以求衣食，筑城郭以自备，故其民急则不习战功，缓则罢于作业。嗟！土室之人，顾无多辞，令喋喋而占占，冠固何当？"

汉朝使者中有的说："匈奴的习俗轻视老年人。"中行说诘难汉朝使者说："你们汉朝习俗，凡是派去屯守边疆的人将要出发，他们年老的父母难道有不让出自己暖和的衣服和丰美的食物，来送给出行的人吃穿的吗？"汉朝使者说："是这样。"中行说说："匈奴人都明确地以战争为大事，那些年老体弱的人不能战斗，所以把丰美的食物供给健壮的人，大概这是用来保卫自己，像这样，父亲儿子才能长久地相互保护，怎么能说匈奴蔑视老年人呢？"汉朝使者说："匈奴的父亲儿子竟然同睡在一个毡帐中，父亲死了，儿子可以娶他后妈为妻；兄弟死了，活着的兄弟可以全部娶已故兄弟的妻子为妻。没有帽子、衣带的装饰，以及朝廷的礼仪。"中行说说："匈奴的风俗，人们吃牲畜的肉，饮它们的乳汁，穿它们的皮；牲畜吃草饮水，随季节而迁移地方。所以在危急的时候，人们就练习骑马、射箭，在和平的时候，人们就相安无事，他们受到的约束很少，容易执行。君臣的关系简单，一个国家的政治，就像一个人的身体一样。父亲，兄弟死了，活着的娶死者的妻子为妻，是不愿意宗族的绝灭。所以匈奴虽然伦理昏乱，但一定要立宗嗣。如今中国的伦理虽然详备，不娶他们父亲、兄弟的妻子为妻，但亲属关系越发疏远，而且相互杀害，甚至于改朝换姓，都是因为这一类缘故造成的。况且礼义的毛病，使君臣之间相互怨恨，为追求宫室的高大华美，必然耗尽民力。努力耕田种桑，来求取衣服食物，修筑城池来保卫自己，因此百姓在紧急时不去练习战斗，宽松时又劳累地耕作劳动。

唉！住在土石房子里的汉人，姑且不要多说了，喋喋不休，窃窃私语，戴上帽子又有什么好处呢？”

自是之后，汉使欲辩论者，中行说辄曰：“汉使无多言，顾汉所输匈奴缯絮米蘖，令其量中，必善美而已矣，何以为言乎？且所给备善则已；不备，苦恶，则候秋孰，以骑驰蹂而稼穑耳。”日夜教单于候利害处。

从这以后，汉朝使者想要辩论的，中行说总是说：“汉朝使者不要多讲了，想想汉朝送运给匈奴的缯絮米蘖，使其数量足够，并且一定要质量好就行了，何必要说话呢？况且供给匈奴的东西齐全美好就罢了；如果不齐全，又粗劣，那么等到秋天庄稼成熟，匈奴就骑马往来践踏你们的庄稼。”中行说日夜教导单于侦察要害地方。

汉孝文皇帝十四年，匈奴单于十四万骑入朝那、萧关，杀北地都尉卬，虏人民畜产甚多，遂至彭阳。使奇兵入烧回中宫，候骑至雍甘泉。于是文帝以中尉周舍、郎中令张武为将军，发车千乘，骑十万，军长安旁以备胡寇；而拜昌侯卢卿为上郡将军，宁侯魏遬为北地将军，隆虑侯周灶为陇西将军，东阳侯张相如为大将军，成侯董赤为前将军，大发车骑往击胡。单于留塞内月余乃去，汉逐出塞即还，不能有所杀。匈奴日已骄，岁入边，杀略人民畜产甚多，云中、辽东最甚，至代郡万余人。汉患之，乃使使遗匈奴书。单于亦使当户报谢，复言和亲事。

汉孝文帝十四年，匈奴单于带领十四万骑兵进入朝那、萧关，杀害了北地都尉孙卬，夺走了很多百姓和牲畜，就到达了彭阳。匈奴派突击队攻进并烧毁了回中宫，他们的侦察兵到达了雍地的甘泉宫。于是文帝任命中尉周舍、郎中令张武为将军，出动一千辆战车，十万名骑兵，驻扎在长安城附近，来防备匈奴侵犯。又任命昌侯卢卿做上郡将军，宁侯魏遬做北地将军，隆虑侯周灶做陇西将军，东阳侯张相如做大将军，成侯董赤做前将军，大规模发动战车、骑兵去攻打匈奴。单于留在塞内一个多月才离开，汉朝军队追击出了边塞就回来，没有斩杀什么敌军。匈奴一天比一天更加骄傲，每年都侵入边境，抢杀、掠夺很多百姓和牲畜，其中云中、辽东两郡受害最严重，连同代郡共有一万多人被杀害或掳掠。汉朝对这很忧虑，于是派使者送信给匈奴。单于也派当户送回信答谢，双方又议论和亲事情。

孝文帝后二年，使使遗匈奴书曰：“皇帝敬问匈奴大单于无恙。使当户且居雕渠难、郎中韩辽遗朕马二匹，已至，敬受。先帝制：长城以北，引弓之国，受命单于；长城以内，冠带之室，朕亦制之。使万民耕织射猎衣食，父子无离，臣主相安，俱无暴逆。今闻渫恶民贪降其进取之利，倍义绝约，忘万民之命，离两主之欢，然其事已在前矣。书曰：‘二国已和亲，两主欢说，寝兵休卒养马，世世昌乐，翕然更始。’朕甚嘉之。圣人者日新，改作更始，使老者得息，幼者得长，各保其首领而终其天年。朕与单于俱由此道，顺天恤民，世世相传，施之无穷，天下莫不咸便。汉与匈奴邻国之敌，匈奴处北地，寒，杀气早降，故诏吏遗单于秫蘖金帛丝絮佗物岁有数。今天下大安，万民熙熙，朕与单于为之父母。朕追念前事，薄物细故，谋臣计失，皆不足以离兄弟之欢。朕闻天不颇覆，地不偏载。朕与单于皆捐往细故，俱蹈大道，堕坏前恶，以图长久，使两国之民若一家子。元元万民，下及鱼鳖，上及飞鸟，跂行喙息蠕动之类，莫不就安利而辟危殆。故来者不止，天之道也。俱去前事：朕释逃虏民，单于无言章尼等。朕闻古之帝王，约分明而无食言。单于留志，天下大安，和亲之后，汉过不先。单于其察之。”

孝文帝后元二年，派使者送信给匈奴说：“皇帝恭敬地问候匈奴大单于平安无事。派当户且居雕渠难、郎中韩辽送给我的两匹马，已经送到，我恭敬地接收了。先帝的规定：长城以北的地方，是拉弓射箭的国家，服从单于统治；长城以内，是戴帽子束衣带的人家，我也控制它。要让百姓耕种、织布、射猎来获取衣食，父子不分离，大臣君主相安无事，都没有暴虐和反叛的事情。如今我听说邪恶的刁民贪图攻战掠夺的利益，背信弃义，违反盟约，忘却千万百姓的性命，离间两位君主的友谊，但这些都是以前的事情了。您的信说：‘两国已经结亲，两位君主欢乐，停止战争，休养士兵，喂养马匹，世世代代昌盛安乐，安定的日子重新开始。’我十分赞同。圣人天天在使自己的道德言行进步，改正不足，而重新作起，使老年人得到安养，使年幼的人得到成长，人人都能保全性命而安享天年。我和单于都遵守这个道理，顺应天意，体恤人民，世世代代相传，延续到永远，天下无不受到利益。汉朝和匈奴是势均力敌的邻国，匈奴地处北方，寒冷，肃杀之气来临得早，所以我命令官吏每年都送给单于一定数量的秫蘖、金帛、丝絮和其他物品。如今天下十分安定,百姓们和乐,我和单于作他们的父母。我回想到以前的事情,都是微末小事,是谋臣考虑失当,都不值得来离间兄弟间的情谊。我听说上天不会只覆盖一方,大地不会只承载一处。我和单于都遗弃以前的小误会,都遵循大道理,消除以前的不快,来图谋长远的利益,使两国的人民像一家人。善良的百姓们,下至于水中的鱼鳖,上至于空中的飞鸟,地上爬行、喘息、蠕动的各种动物,无不趋向安全有利的地方而躲避危险。所以前来归附的,都不阻止,这是天经地义的事。都抛开以前的恩怨:我释免逃往匈奴的汉人的罪责,单于也不要提到逃往汉朝的章尼等人。我听说古代的帝王,誓约分明而决不食言。单于记住盟约,天下就会特别安宁,和亲以后,汉朝不会先失约。望单于明察这件事。"

单于既约和亲,于是制诏御史曰:"匈奴大单于遗朕书,言和亲已定,亡人不足以益众广地,匈奴无入塞,汉无出塞,犯今约者杀之,可以久亲,后无咎,俱便。朕已许之。其布告天下,使明知之。"

单于已经约定和亲,于是汉文帝就下令御史说:"匈奴大单于送信给我,说已经确定和亲,逃亡的人不足以增加人众和扩大土地,匈奴不入侵塞内,汉朝不出塞外,违犯现在条约的就处死,可以长久地保持亲近友好,今后不再有祸患,双方都有利。我已经答应了。请向天下发布告示,使人们都明白地知道这件事。"

后四岁,老上稽粥单于死,子军臣立为单于。既立,孝文皇帝复与匈奴和亲。而中行说复事之。

汉文帝后元四年,老上稽粥单于去世,他儿子军臣即位做了单于。单于即位后,孝文皇帝又和匈奴结亲。而中行说仍旧侍奉军臣单于。

军臣单于立四岁,匈奴复绝和亲,大入上郡、云中各三万骑,所杀略甚众而去。于是汉使三将军军屯北地,代屯句注,赵屯飞狐口,缘边亦各坚守以备胡寇。又置三将军,军长安西细柳、渭北棘门、霸上以备胡。胡骑入代句注边,烽火通于甘泉、长安。数月,汉兵至边,匈奴亦去远塞,汉兵亦罢。后岁余,孝文帝崩,孝景帝立,而赵王遂乃阴使人于匈奴。吴、楚反,欲与赵合谋入边。汉围破赵,匈奴亦止。自是之后,孝景帝复与匈奴和亲,通关市,给遗匈奴,遣公主,如故约。终孝景时,时小入盗边,无大寇。

军臣单于即位四年以后,匈奴又断绝了结亲关系,大举入侵上郡、云中郡,分别派出了三万名骑兵,杀死、掠夺了许多汉人和财物而离开。于是汉朝派张武等三位将军带兵驻扎在北地,代国的军屯句注、赵国的军屯飞狐口,沿着边境,也各派兵坚守,来防备匈奴敌人。还安排周亚夫等三位将军,带兵驻扎在长安西边的细柳、渭河北岸的棘门和霸上,来防备匈奴。匈奴骑兵侵入代国句注的边界,报警的烽火一直通到甘泉和长安。几个月后,汉朝军队到了边境,匈奴也远远地离开边塞,汉军也撤兵了。一年多后,孝文帝驾崩,孝景帝即位,而赵王刘遂于是暗中派人到匈奴联系。吴、楚等七国叛乱,匈奴想和赵国一起商量入侵边界。汉朝军队围攻打败了赵国,匈奴也作罢了。从这以后,孝景帝又和匈奴和亲,开通边境的互市市场,送给匈奴礼物,送公主嫁给单于,如同以前的合约。直到孝景帝去世,匈奴时常有小的骚扰边界举动,没有大的入侵。

今帝即位,明和亲约束,厚遇,通关市,饶给之。匈奴自单于以下皆亲汉,往来长城下。

当今皇帝即位,申明有关和亲的规定,优待匈奴,开通边境互市市场,送给他们大量的财物。匈奴从单于以下都亲近汉朝,往来于长城脚下。

汉使马邑下人聂翁壹奸兰出物与匈奴交,佯为卖马邑城以诱单于。单于信之,而贪马邑财物,乃以十万骑入武州塞。汉伏兵三十余万马邑旁,御史大夫韩安国为护军,护四将军以伏单于。单于既入汉塞,未至马邑百余里,见畜布野而无人牧者,怪之,乃攻亭。是时雁门尉史行徼,见寇,葆此亭,知汉兵谋。单于得,欲杀之,尉史乃告单于汉兵所居。单于大惊曰:"吾固疑之。"乃引兵还。出曰:"吾得尉史,天也,天使若言。"以尉史为"天王"。汉兵约单于入马邑而纵,单于不至,以故汉兵无所得。汉将军王恢部出代击胡辎重,闻单于还,兵多,不敢出。汉以恢本造兵谋而不进,斩恢。自是之后,匈奴绝和亲,攻当路塞,往往入盗于汉边,不可胜数。然匈奴贪,尚乐关市,嗜汉财物,汉亦尚关市不绝以中之。

汉朝派马邑属下的聂翁壹故意违犯禁令,私运货物和匈奴交易,佯称出卖马邑城来诱惑单于。单于相信了他,而且贪恋马邑的财物,就率领十万名骑兵,进入武州塞。汉朝埋伏三十多万军队在马邑城附近，御史大夫韩安国任护军将军，监护着四位将军来伏击单于。单于进入汉朝关塞后，离马邑城还有一百多里，看到牲畜遍野而没有人放牧，觉得奇怪，就进攻汉朝的哨亭。当时雁门尉史正在视察，看到敌军，就保护这个哨亭，他知道汉军的计划，单于捉到了他，要杀害他，尉史就告诉单于汉朝军队埋伏的地点。单于大吃一惊说："我本来就怀疑这事。"于是带兵回去。出了边塞说："我得到尉史，这是天意，是上天让你向我报告。"就封尉史做"天王"。汉军约好单于进入马邑城，就放士兵攻杀，单于没有来，因此汉军一无所获。汉朝将军王恢的部队走出代郡去攻打匈奴的辎重，听说单于回兵了，匈奴士兵多，就不敢出击。汉朝认为王恢是最初策划这次行动的人，却不敢攻打，就处死了王恢。从这以后，匈奴断绝了和亲关系，攻击直通要道的关塞，常常入侵汉朝的边境，次数多得无法计算。可是匈奴贪婪，还是喜欢和汉朝互通关市，非常喜欢汉朝的财物，汉朝也仍旧不断与匈奴通关市，来投合他们的心意。

自马邑军后五年之秋，汉使四将军各万骑击胡关市下。将军卫青出上谷，至茏城，得胡首虏七百人。公孙贺出云中，无所得。公孙敖出代郡，为胡所败七千余人。李广出雁门，为胡所败，而匈奴生得广，广后得亡归。汉囚敖、广；敖、广赎为庶人。其冬，匈奴数入盗边，渔阳尤甚。汉使将军韩安国屯渔阳备胡。其明年秋，匈奴二万骑入汉，杀辽西太守，略二千余人。胡又入败渔阳太守军千余人，围汉将军安国，安国时千余骑亦且尽，会燕救至，匈奴乃去。匈奴又入雁门，杀略千余人。于是汉使将军卫青将三万骑出雁门，李息出代郡，击胡。得首虏数千人。其明年，卫青复出云中以西至陇西，击胡之楼烦、白羊王于河南，得胡首虏数千，牛羊百余万。于是汉遂取河南地，筑朔方，复缮故秦时蒙恬所为塞，因河为固。汉亦弃上谷之什辟县造阳地以予胡。是岁，汉之元朔二年也。

从马邑军事行动后的第五年秋天，汉朝派四位将军分别率领一万名骑兵在关市附近攻打匈奴。卫青将军从上谷出塞，直到茏城，获得敌人首级、俘虏七百人。公孙贺从云中出塞，一无所获。公孙敖从代郡出塞，被匈奴打败，损失七千多人。李广从雁门出塞，被匈奴打败，匈奴活捉了李广，后来李广逃跑回来。汉朝拘禁了公孙敖、李广，公孙敖、李广出钱赎罪，成为平民。那年冬天，匈奴多次入侵边境，渔阳受害最严重。汉朝派将军韩安国驻守渔阳来抵御匈奴。第二年秋天，匈奴二万名骑兵入侵汉朝，杀死了辽西太守，掳走了二千多人。匈奴又入侵打败了渔阳太守的军队一千多人，围困住汉朝将军韩安国，韩安国当时一千多名骑兵也快要死光了，适逢燕国的救兵赶到，匈奴人才离去。匈奴又入侵雁门，杀死、掳走了一千多人。于是汉朝派将军卫青率领三万名骑兵从雁门出塞，李息从代郡出塞，攻打匈奴。他们杀死、俘虏了匈奴几千人。第二年，卫青又出塞到云中以西，直到陇西，在河南进攻匈奴属下的楼烦、白羊王，杀死、俘虏了几千人，获得牛、羊一百多万头。于是汉朝就占有河南一带，修筑朔方城，又修复以前秦朝时蒙恬所建造的关塞，凭借黄河来固守。汉朝也放弃了上谷郡的和匈奴地区犬牙交错的偏僻县份如造阳一带给了匈奴。这年，是汉朝的元朔二年。

其后，冬，匈奴军臣单于死。军臣单于弟左谷蠡王伊稚斜自立为单于，攻破军臣单于太子于单。于单亡降汉，汉封于单为涉安侯，数月而死。

那以后一年的冬天，匈奴军臣单于去世。军臣单于的弟弟左谷蠡王伊稚斜自己即位做了单于，打败了军臣单于的太子于单。于单逃跑来投降汉朝，汉朝封于单做涉安侯，几个月后他去世。

伊稚斜单于既立，其夏，匈奴数万骑入杀代郡太守恭友，略千余人。其秋，匈奴又入雁门，杀略千余人。其明年，匈奴又复入代郡、定襄、上郡，各三万骑，杀略数千人。匈奴右贤王怨汉夺之河南地而筑朔方，数为寇盗边，及入河南，侵扰朔方，杀略吏民甚众。

伊稚斜单于即位后，那年夏天，匈奴几万名骑兵侵入并杀害了代郡太守恭友，掳走了一千多人。那年秋天，匈奴又入侵雁门，杀死、掳走了一千多人。第二年，匈奴又再入侵代郡、定襄、上郡，分别有三万名骑兵，杀死、掳走了几千人。匈奴左贤王怨恨汉朝夺走了河南土地而修筑朔方城，就多次侵扰，到边境侵掠，直至入侵到河南，侵犯朔方，杀死、虏获许多官员、百姓。

其明年春，汉以卫青为大将军，将六将军十余万人，出朔方、高阙击胡。右贤王以为汉兵不能至，饮酒醉，汉兵出塞六七百里，夜围右贤王。右贤王大惊，脱身逃走，诸精骑往往随后去。汉得右贤王众男女万五千人，裨小王十余人。其秋，匈奴万骑入杀代郡都尉朱英，略千余人。

第二年春天，汉朝任命卫青为大将军，率领六位将军，十多万军马，从朔方、高阙出塞攻打匈奴。

右贤王认为汉军不可能来到，就喝醉了酒，汉军出塞六七百里后，连夜包围了右贤王。右贤王十分惊恐，脱身逃跑，那些精锐骑兵也都跟着离去。汉朝俘获右贤王的部众男女一万五千人，裨小王十多人。那年秋天，匈奴一万名骑兵入侵并杀了代郡都尉朱英，掳走了一千多人。

其明年春，汉复遣大将军卫青将六将军，兵十余万骑，乃再出定襄数百里击匈奴，得首虏前后凡万九千余级，而汉亦亡两将军，军三千余骑。右将军建得以身脱，而前将军翕侯赵信兵不利，降匈奴。赵信者，故胡小王，降汉，汉封为翕侯，以前将军与右将军并军分行，独遇单于兵，故尽没。单于既得翕侯，以为自次王，用其姊妻之，与谋汉。信教单于益北绝幕，以诱罢汉兵，徼极而取之，无近塞。单于从其计。其明年，胡骑万人入上谷，杀数百人。

第二年春天，汉朝又派大将军卫青率领六位将军，十多万骑兵，再次从定襄出塞几百里去进攻匈奴，前后杀死、俘获了共一万九千多人，而汉朝也损失了两位将军、三千多名骑兵。右将军苏建得以只身逃离，而前将军翕侯赵信出师不利，投降了匈奴。赵信是原来匈奴的小王，投降了汉朝，汉朝封他做翕侯，因为前将军和右将军的军队合并而与大部队分开出发，独自遇上了单于的军队，所以全军覆没。单于得到翕侯后，把他封为地位仅次于单于自己的王，并把自己的姐姐嫁给他做妻子，和他商量对付汉朝。赵信教单于更加向北迁移，越过沙漠，来诱惑汉军，使他们疲惫，等他们疲劳至极时就攻取他们，不要靠近汉朝的边塞。单于听从了他的策略。第二年，匈奴骑兵一万人入侵上谷，杀死了几百人。

其明年春，汉使骠骑将军去病将万骑出陇西。过焉支山千余里，击匈奴，得胡首虏万八千余级，破得休屠王祭天金人。其夏，骠骑将军复与合骑侯数万骑出陇西、北地二千里，击匈奴。过居延，攻祁连山，得胡首虏三万余人、裨小王以下七十余人。是时匈奴亦来入代郡、雁门，杀略数百人。汉使博望侯及李将军广出右北平，击匈奴左贤王。左贤王围李将军，卒可四千人，且尽，杀虏亦过当。会博望侯军救至，李将军得脱。汉失亡数千人，合骑侯后骠骑将军期，及与博望侯皆当死，赎为庶人。

第二年春天，汉朝派骠骑将军霍去病率领一万名骑兵从陇西出塞，越过焉支山一千多里，攻击匈奴，杀死、俘虏匈奴一万八千多人，打败了休屠王，并获得了他的祭天金人。那年夏天，骠骑将军霍去病又联合合骑侯几万名骑兵从陇西、北地出塞二千里，进攻匈奴。越过居延，攻击祁连山，杀死、俘虏匈奴三万多人，其中裨小王以下官员七十多人。这时匈奴也来入侵代郡、雁门，杀死、掠夺几百人。汉朝派博望侯张骞和李广将军从右北平出塞，攻打匈奴左贤王。左贤王包围了李广将军，李广的军队大约四千人，快要死光，被杀匈奴敌人的数目也超过了自己军队的损失。适逢博望侯张骞的军队赶来救援，李将军得以解围。汉军损失了几千人，合骑侯延误了骠骑将军约定的日期，因而和博望侯张骞都被判为死刑，后来出钱赎罪，成为庶民。

西汉抗击匈奴名将卫青像，出自清·顾沅辑《古圣贤像传略》。

其秋，单于怒浑邪王、休屠王居西方为汉所杀虏数万人，欲召诛之。浑邪王与休屠

王恐，谋降汉，汉使骠骑将军往迎之。浑邪王杀休屠王，并将其众降汉，凡四万余人，号十万。于是汉已得浑邪王，则陇西、北地、河西益少胡寇，徙关东贫民处所夺匈奴河南新秦中以实之，而减北地以西戍卒半。其明年，匈奴入右北平、定襄各数万骑，杀略千余人而去。

那年秋天，单于对浑邪王、休屠王居住在西边而被汉朝杀死、俘虏了几万人的事感到气愤，要召他们来杀掉。浑邪王和休屠王害怕，商量投降汉朝，汉朝派骠骑将军前去迎接他们。浑邪王杀死了休屠王，合并了他的部众，率领部众投降了汉朝。总共有四万多人，号称十万。于是汉朝得到浑邪王投降后，那么陇西、北地、河西遭受匈奴侵扰越来越少了，把关东的贫苦人家，迁调到从匈奴那里夺得的河南、新秦中地区，来充实那里，并且将北地以西的戍卒减少了一半。第二年，匈奴分别有几万名骑兵侵略右北平、定襄，杀死、掳走了一千多人，然后离去。

其明年春，汉谋曰"翕侯信为单于计，居幕北，以为汉兵不能至"。乃粟马，发十万骑。私负从马凡十四万匹，粮重不与焉。令大将军青、骠骑将军去病中分军，大将军出定襄，骠骑将军出代，咸约绝幕击匈奴。单于闻之，远其辎重，以精兵待于幕北。与汉大将军接战一日，会暮，大风起，汉兵纵左右翼围单于。单于自度战不能如汉兵，单于遂独身与壮骑数百溃汉围西北遁走。汉兵夜追不得。行斩捕匈奴首虏万九千级，北至阗颜山赵信城而还。

第二年春天，汉朝大臣商讨说："翕侯赵信为单于出谋划策，居住到大沙漠以北，认为汉军不能到达。"于是用粟喂养马匹，发动十万名骑兵，加上自愿携带军需品参军的骑兵，共有十四万人，运输粮食的车马不在这数目内。命令大将军卫青、骠骑将军霍去病平分军队，大将军从定襄出塞，骠骑将军从代郡出塞，都约定越过沙漠进攻匈奴。单于听说了，把辎重运到远处，带领精兵在沙漠北边等候。匈奴同大将军卫青交战一天，适逢傍晚，刮起了大风，汉军撒开左右两翼包围单于。单于自己推测打不过汉朝军队，就独自和精壮的几百名骑兵击溃了汉军的包围圈，从西北方逃跑。汉军连夜追赶，没有捉到。但一边追赶，一边斩杀、活捉了匈奴一万九千人，到达北边的阗颜山赵信城而退回来。

单于之遁走，其兵往往与汉兵相乱而随单于。单于久不与其大众相得，其右谷蠡王以为单于死，乃自立为单于。真单于复得其众，而右谷蠡王乃去其单于号，复为右谷蠡王。

单于逃跑的时候，他的军队常常和汉军混战在一起，并设法跟随单于而逃。单于很久没有和他的大部队相会合了，他的右谷蠡王认为单于已死，就自己即位做单于。真单于又找到了他的部众，右谷蠡王就舍弃了自己的单于王号，又做了右谷蠡王。

汉骠骑将军之出代二千余里，与左贤王接战，汉兵得胡首虏凡七万余级，左贤王将皆遁走。骠骑封于狼居胥山，禅姑衍，临翰海而还。

汉朝骠骑将军从代郡出塞二千多里，和左贤王交战，汉军杀掉、俘虏匈奴共七万多人，左贤王和将领们都逃跑了。骠骑将军在狼居胥山祭天，在姑衍山祭地，直到翰海才回师。

是后，匈奴远遁，而幕南无王庭。汉度河自朔方以西至令居，往往通渠置田，官吏卒五六万人，稍蚕食，地接匈奴以北。

这以后，匈奴远远地逃离，沙漠以南没有了匈奴的王庭。汉朝军队渡过黄河，从朔方向西到了令居，常常在那里修通沟渠，开垦田地，官员和士兵有五六万人，逐渐蚕食，地界接近匈奴旧地以北。

初，汉两将军大出围单于，所杀虏八九万，而汉士卒物故亦数万，汉马死者十余万。匈奴虽病，远去，而汉亦马少，无以复往。匈奴用赵信之计，遣使于汉，好辞请和亲。天子下其议，或言和亲，或言遂臣之。丞相长史任敞曰："匈奴新破，困，宜可使为外臣，朝请于边。"汉使任敞于单于。单于闻敞计，大怒，留之不遣。先是汉亦有所降匈奴使者，单于亦辄留汉使相当。汉方复收士马，会骠骑将军去病死，于是汉久不北击胡。

当初，汉朝两位将军大举出动进攻单于，杀死、俘虏有八九万人，而汉朝士兵死去的也有几万人，汉朝马匹死掉了十多万。匈奴虽然疲惫不堪，远远地离去，而汉朝也因为马匹减少，无法再前去进攻。匈奴采纳赵信的计策，派使者到汉朝，好言好语请求和亲。天子把这事交下给大臣们商议，有的赞成和亲，有的主张趁机让匈奴臣服。丞相长史任敞说："匈奴刚被打败，处境窘困，应该让他们做外臣，每年春秋两季在边境朝拜皇上。"汉朝派任敞出使匈奴，去见单于。单于听说了任敞的计划，十分气愤，就扣留了任敞，不送他回去。在这之前，汉朝也招降过匈奴使者，匈奴单于也就扣留汉朝使者相抵偿。汉朝正在重新收集士兵、马匹，适逢骠骑将军霍去病去世，于是汉朝很长时间没有向北进攻匈奴。

数岁，伊稚斜单于立十三年死，子乌维立为单于。是岁，汉元鼎三年也。

几年后，伊稚斜单于即位十三年去世，他儿子乌维即位做单于。这一年，是汉元鼎三年。

乌维单于立，而汉天子始出巡郡县。其后，汉方南诛两越，不击匈奴，匈奴亦不侵入边。

乌维单于即位，汉天子开始出去巡视郡县。那以后汉朝正向南诛灭南越和东越，没有攻打匈奴，匈奴也不入侵边境。

乌维单于立三年，汉已灭南越，遣故太仆贺将万五千骑出九原二千余里，至浮苴井而还，不见匈奴一人。汉又遣故从骠侯赵破奴万余骑出令居数千里，至匈河水而还，亦不见匈奴一人。

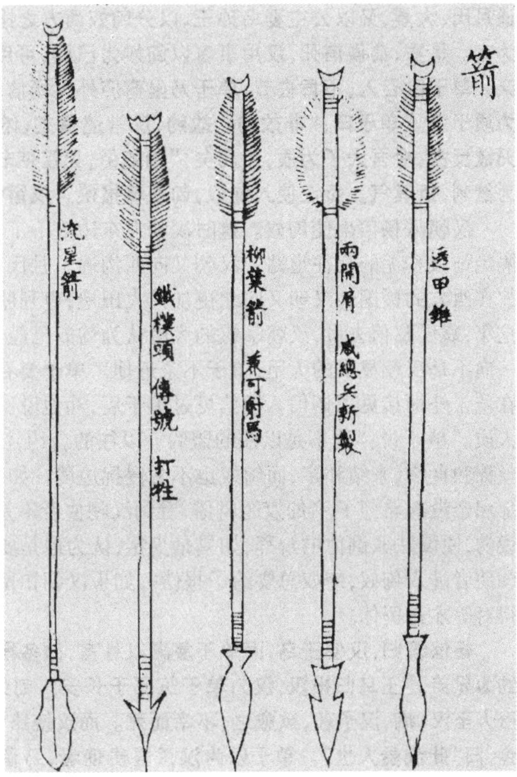

箭

乌维单于即位三年，汉朝已经消灭了南越，派前太仆公孙贺率领一万五千名骑兵从九原出塞二千多里，到浮苴井才回来，没有看到一个匈奴人。汉朝又派前从骠侯赵破奴带领一万多名骑兵从令居出塞几千里，到匈河水而回来，也没有看到一个匈奴人。

是时天子巡边，至朔方，勒兵十八万骑以见武节，而使郭吉风告单于。郭吉既至匈奴，匈奴主客问所使，郭吉礼卑言好，曰："吾见单于而口言。"单于见吉，吉曰："南越王头已悬于汉北阙。今单于即能前与汉战，天子自将兵待边；单于即不能，即南面而臣于汉。何徒远走，亡匿于幕北寒苦无水草之地，毋为也。"语卒而单于大怒，立斩主客见者，而留郭吉不归，迁之北海上。而单于终不肯为寇于汉边，休养息士马，习射猎，数使使于汉，好辞甘言求请和亲。

这时天子视察边境，到了朔方郡，带领十八万骑兵来显示军威，派郭吉委婉地告诉单于。郭吉到了匈奴后，匈奴主客询问他出使的任务，郭吉谦卑地行礼，说好话，说："我见到单于再亲口对他讲。"单于接见了郭吉，郭吉说："南越王的人头已经悬挂在汉朝京城未央宫的正门上。如今单于假如能够前去和汉朝交战，天子亲自率领兵马在边境等候；单于假如不能去，就应当面朝南方向汉朝称臣。何必只是远远逃跑，躲藏在大沙漠北边又冷又苦、缺少水草的地方，这样没有作为呢！"话刚说完，单于就大怒，立刻斩杀了引见郭吉的那位主客，又扣留郭吉，不让他回去，把他迁移到北海那里。单于始终不肯到汉朝边境侵扰，而是休养士兵和马匹，练习射箭打猎，多次派使者到汉朝，好言好语请求和好。

汉使王乌等窥匈奴。匈奴法：汉使非去节而以墨黥其面者不得入穹庐。王乌，北地人，习胡俗，去其节，黥面，得入穹庐。单于爱之，详许甘言，为遣其太子入汉为质，以求和亲。

汉朝派王乌等人去侦察匈奴。匈奴的法律规定，汉朝使者不放弃符节而用墨黥面，就不能够进入毡帐。王乌是北地人，熟悉匈奴的风俗，就放弃符节，用墨黥面，得已进入毡帐。单于喜欢他，假装用好话作出许诺，为派遣他的太子进入汉朝做人质，来请求和亲。

汉使杨信于匈奴。是时汉东拔秽貉、朝鲜以为郡，而西置酒泉郡以鬲绝胡与羌通之路。汉又西

通月氏、大夏，又以公主妻乌孙王，以分匈奴西方之援国。又北益广田至胘靁为塞，而匈奴终不敢以为言。是岁，翕侯信死，汉用事者以匈奴为已弱，可臣从也。杨信为人刚直屈强，素非贵臣，单于不亲。单于欲召入，不肯去节，单于乃坐穹庐外见杨信。杨信既见单于，说曰："即欲和亲，以单于太子为质于汉。"单于曰："非故约。故约，汉常遣翁主，给缯絮食物有品，以和亲，而匈奴亦不扰边。今乃欲反古，令吾太子为质，无几矣！"匈奴俗，见汉使非中贵人，其儒先，以为欲说，折其辩；其少年，以为欲刺，折其气。每汉使入匈奴，匈奴辄报偿。汉留匈奴使，匈奴亦留汉使，必得当乃肯止。

汉朝派杨信出使匈奴。这时汉朝在东边攻下了秽貉、朝鲜而设置了郡，在西边设置了酒泉郡来隔绝匈奴和羌的交往道路。汉朝又向西沟通了月氏、大夏，还把公主嫁给乌孙王做妻子，来离间匈奴在西方的援国。汉朝又向北更加扩大田地，直到胘靁，作为边塞，而匈奴始终不敢对此表示不满。这年，翕侯赵信去世，汉朝掌权的大臣认为匈奴已经衰弱，可以让他们臣服了。杨信为人刚直倔强，一向不是汉朝显贵的大臣，单于不亲近他。单于要召他进入毡帐里，但他不肯放弃符节，单于就坐在毡帐外面接见了杨信。杨信见过单于后，劝他说："假如想和汉朝和好，就将单于太子送到汉朝做人质。"单于说："这不是以往的盟约。以往的合约，汉朝常常派公主来匈奴，供给不同数量的绸布、丝棉和食物，来结和亲，而匈奴也不去侵扰边境。如今竟然要违反古时的盟约，让我的太子做人质，那和亲没有希望了。"匈奴的风俗，看到汉朝使者不是皇宫中受宠的宦官，而是儒生，认为是要来游说的，便设法驳倒他的辩辞；如果是少年，认为他是要来斥责匈奴，便想办法摧毁他的气势。每次汉朝使者进入匈奴，匈奴总要给予报偿。如果汉朝扣留了匈奴使者，匈奴也扣留汉朝使者，一定要求得对等才肯罢休。

杨信既归，汉使王乌，而单于复讇以甘言，欲多得汉财物，绐谓王乌曰："吾欲入汉见天子，面相约为兄弟。"王乌归报汉，汉为单于筑邸于长安。匈奴曰："非得汉贵人使，吾不与诚语。"匈奴使其贵人至汉，病，汉予药，欲愈之，不幸而死。而汉使路充国佩二千石印绶往使，因送其丧，厚葬直数千金，曰"此汉贵人也"。单于以为汉杀吾贵使者，乃留路充国不归。诸所言者，单于特空绐王乌，殊无意入汉及遣太子来质。于是匈奴数使奇兵侵犯边。汉乃拜郭昌为拔胡将军，及浞野侯屯朔方以东，备胡。路充国留匈奴三岁，单于死。

杨信回到汉朝后，汉朝派王乌出使匈奴，而单于又用好话谄媚他，想多得到汉朝的财物，便欺骗王乌说："我想进入汉朝朝见天子，当面缔约结为兄弟。"王乌回来报告汉朝，汉朝为单于在长安修筑了官邸。匈奴说："得不到汉朝尊贵的人出使，我不同他讲实话。"匈奴派他的尊贵的人到汉朝，患了病，汉朝送给他药，想治好他，可是他不幸而死了。汉朝使者路充国佩带二千石的印信出使匈奴，顺便护送他的灵柩，丰厚的葬礼花费了几千斤黄金，说："这是汉朝的贵人。"单于认为"汉朝杀害了我尊贵的使者"，就扣留路充国，不让他回去。单于所说的那些话，只是凭空骗王乌，根本没有进入汉朝和送太子来做人质的意思。于是匈奴多次派突击队进犯边境。汉朝就命郭昌为拔胡将军，和浞野侯驻守朔方以东，防御匈奴。路充国被匈奴扣留了三年，单于去世。

乌维单于立十岁而死，子乌师庐立为单于，年少，号为儿单于。是岁，元封六年也。自此之后，单于益西北，左方兵直云中，右方直酒泉、燉煌郡。

乌维单于即位十年后死去，他的儿子乌师庐即位做了单于。乌师庐年纪小，号称儿单于。这年是汉朝元封六年。从这以后，单于越发向西北迁移，左边的军队直到云中郡，右边的军队直到酒泉郡、敦煌郡。

儿单于立，汉使两使者，一吊单于，一吊右贤王，欲以乖其国。使者入匈奴，匈奴悉将致单于。单于怒而尽留汉使。汉使留匈奴者前后十余辈，而匈奴使来，汉亦辄留相当。

儿单于即位后，汉朝派来两位使者，一位吊唁单于，一位吊唁右贤王，想据此来离间他们的君臣关系，使国家混乱。使者进入匈奴，匈奴人把他们都送到单于那里。单于生气，把汉朝使者全都扣留了。汉朝使者被匈奴扣留的前后有十多批，而匈奴使者来，汉朝也总是扣留对等数量的匈奴使者。

是岁，汉使贰师将军广利西伐大宛，而令因杅将军敖筑受降城。其冬，匈奴大雨雪，畜多饥寒死。儿单于年少，好杀伐，国人多不安。左大都尉欲杀单于，使人间告汉曰："我欲杀单于降汉，汉

远，即兵来迎我，我即发。”初，汉闻此言，故筑受降城，犹以为远。

这年，汉朝派贰师将军李广利向西征讨大宛，而命令因杅将军公孙敖修筑受降城。这年冬天，匈奴下大雪，牲畜大多受饥寒而死。儿单于年纪小，爱好战争，国人大多感到不安。左大都尉想杀死单于，派人暗中报告汉朝说：“我想杀了单于而投降汉朝，汉朝离得远，如果派兵来迎接我，我就行动。”起初，汉朝听到了这话，所以修筑受降城，天子还认为城离匈奴较远。

其明年春，汉使浞野侯破奴将二万余骑出朔方西北二千余里，期至浚稽山而还。浞野侯既至期而还，左大都尉欲发而觉，单于诛之，发左方兵击浞野。浞野侯行捕首虏得数千人。还，未至受降城四百里，匈奴兵八万骑围之。浞野侯夜自出求水，匈奴间捕，生得浞野侯，因急击其军。军中郭纵为护，维王为渠，相与谋曰，及诸校尉畏亡将军而诛之，莫相劝归，军遂没于匈奴。匈奴儿单于大喜，遂遣奇兵攻受降城。不能下，乃寇入边而去。其明年，单于欲自攻受降城，未至，病死。

第二年春天，汉朝派浞野侯赵破奴带领二万多骑兵从朔方出塞向西北二千多里，约定到浚稽山才回师。浞野侯按时到达那里后才回来，左大都尉想行动而被发觉，单于诛杀了他，发动左边的军队攻打浞野侯。浞野侯边走边捕杀匈奴几千人。回来时，距离受降城还有四百里，匈奴军队八万骑兵包围了他。浞野侯夜晚自己出来寻找水，匈奴暗地里捉拿，活捉了浞野侯，趁机加紧攻击他的军队。汉军中的郭纵担任护军，维王担任匈奴降兵的头领，他们相互商量说：“趁诸位校尉害怕失掉了将军而会遭汉君诛杀，不要相互劝说回归汉朝。”汉军于是就覆没于匈奴。匈奴儿单于十分高兴，就派突击队攻击受降城。没有能够攻下，于是入侵边塞然后离开。第二年，单于要亲自攻打受降城，还没有到那里，就病死了。

儿单于立三岁而死。子年少，匈奴乃立其季父乌维单于弟右贤王呴犁湖为单于。是岁，太初三年也。

儿单于即位三年后死去。他的儿子年纪小，匈奴就立他叔父乌维单于的弟弟右贤王呴犁湖当单于。这年是汉朝太初三年。

呴犁湖单于立，汉使光禄徐自为出五原塞数百里，远者千余里，筑城鄣列亭至庐朐，而使游击将军韩说、长平侯卫伉屯其旁，使强弩都尉路博德筑居延泽上。

呴犁湖单于即位后，汉朝派光禄徐自为走出五原塞几百里，远的到一千多里，修筑小城堡、哨所，直到庐朐，又派游击将军韩说、长平侯卫伉驻守在这附近，派强弩都尉路博德在居延泽修筑城堡。

其秋，匈奴大入定襄、云中，杀略数千人，败数二千石而去，行破坏光禄所筑城列亭鄣。又使右贤王入酒泉、张掖，略数千人。会任文击救，尽复失所得而去。是岁，贰师将军破大宛，斩其王而还。匈奴欲遮之，不能至。其冬，欲攻受降城，会单于病死。

那年秋天，匈奴大举侵入定襄、云中，杀死、俘虏了几千人，打败了几位二千石的官员而离去，路上还破坏了光禄徐自为所修建的小城堡、哨所。又派右贤王入侵酒泉、张掖，掳走了几千人。适逢汉朝将军任文攻击救援，匈奴又全部失去了所获得的东西而离去。这年，贰师将军李广利大败大宛，斩杀了大宛王而回来。匈奴要阻截李广利，没有能赶到。这年冬天，匈奴要攻打受降城，适逢单于病死。

呴犁湖单于立一岁死。匈奴乃立其弟左大都尉且鞮侯为单于。

呴犁湖单于即位一年后死去。匈奴就立他的弟弟左大都尉且鞮侯做单于。

汉既诛大宛，威震外国。天子意欲遂困胡，乃下诏曰：“高皇帝遗朕平城之忧，高后时单于书绝悖逆。昔齐襄公复九世之雠，《春秋》大之。”是岁，太初四年也。

汉朝诛杀了大宛王后，威震国外。天子心想趁机围困匈奴，于是颁下诏命说：“高皇帝留给我平城被围的忧虑，高后时，单于的来信极为大逆不道。以前齐襄公报了九世以前的仇恨，《春秋》对他大加称赞。”这年是汉朝太初四年。

且鞮侯单于既立，尽归汉使之不降者，路充国等得归。单于初立，恐汉袭之，乃自谓：“我儿子，安敢望汉天子！汉天子，我丈人行也。”汉遣中郎将苏武厚币赂遗单于。单于益骄，礼甚倨，非汉所望也。其明年，浞野侯破奴得亡归汉。

且鞮侯单于即位后，全部送还了不肯投降的汉朝使者。路充国等人得以回到汉朝。单于刚即位，担心汉朝攻击，就自己称："我是小孩子，怎么敢和汉朝天子相比呢！汉朝天子，是我的长辈。"汉朝派中郎将苏武送给单于十分丰厚的礼物。单于更加自满，礼节非常傲慢，汉朝非常失望。第二年，浞野侯赵破奴逃回了汉朝。

其明年，汉使贰师将军广利以三万骑出酒泉，击右贤王于天山，得胡首虏万余级而还。匈奴大围贰师将军，几不脱。汉兵物故什六七。汉复使因杅将军敖出西河，与强弩都尉会涿涂山，毋所得。又使骑都尉李陵将步骑五千人，出居延北千余里，与单于会，合战，陵所杀伤万余人，兵及食尽，欲解归，匈奴围陵，陵降匈奴，其兵遂没，得还者四百人。单于乃贵陵，以其女妻之。

第二年，汉朝派贰师将军李广利率领三万骑兵从酒泉出塞，在天山攻打右贤王，杀死、掳走了匈奴一万多人而回师。匈奴大举包围贰师将军，几乎不能逃脱。汉军死亡了十分之六七。汉朝又派因杅将军公孙敖从西河出塞，和强弩都尉在涿涂山会合，没有什么收获。又派骑都尉李陵率领步兵、骑兵五千人，从居延出塞一千多里，和单于相会，双方交战，李陵的军队杀死杀伤一万多敌军，武器和粮食用尽，想摆脱困境而回师，匈奴包围了李陵的军队，李陵投降了匈奴，他的军队就全军覆没，得以回来的只四百人。单于于是重用李陵，将自己的女儿嫁给他做妻子。

后二岁，复使贰师将军将六万骑、步兵十万，出朔方；强弩都尉路博德将万余人，与贰师会；游击将军说将步骑三万人，出五原；因杅将军敖将万骑、步兵三万人，出雁门。匈奴闻，悉远其累重于余吾水北，而单于以十万骑待水南，与贰师将军接战。贰师乃解而引归，与单于连战十余日。贰师闻其家以巫蛊族灭，因并众降匈奴，得来还千人一两人耳。游击说无所得。因杅敖与左贤王战，不利，引归。是岁，汉兵之出击匈奴者不得言功多少，功不得御。有诏捕太医令随但，言贰师将军家室族灭，使广利得降匈奴。

苏武像，出自清·顾沅辑《古圣贤像传略》。苏武出使匈奴，结果被扣留十九年。

那以后第二年，汉朝又派贰师将军率领六万骑兵，十万步兵，从朔方出塞。强弩都尉路博德率领一万多人，和贰师将军会合。游击将军韩说带领步兵、骑兵三万人，从五原出塞。因杅将军公孙敖率领一万骑兵、三万步兵，从雁门出塞。匈奴听说了，把他们的贵重东西全部远远地运到余吾水以北，而单于率领十万骑兵等待在余吾水的南面，和贰师将军交战。贰师将军就解去接战而率军往回走，和单于接连交战了十多天。贰师将军听说他的家属由于巫蛊罪被灭族，就和军队一起投降了匈奴。他的军队能够回到汉朝的在一千人中只有一两人罢了。游击将军韩说一无所获。因杅将军公孙敖和左贤王交战，形势不利，就带兵回来。这年汉朝军队出塞攻打匈奴的，都不能谈论功劳的多少，因为他们的功劳抵不过损失。皇帝下令逮捕太医令随但，因为他说出贰师将军家人被诛灭，使贰师将军投降了匈奴。

太史公曰：孔氏著《春秋》，隐桓之间则章，至定哀之际则微，为其切当世之文而罔褒，忌讳之辞也。世俗之言匈奴者，患其徼

一时之权，而务谄纳其说，以便偏指，不参彼己；将率席中国广大，气奋。人主因以决策，是以建功不深。尧虽贤，兴事业不成，得禹而九州宁。且欲兴圣统，唯在择任将相哉！唯在择任将相哉！

太史公说：孔子著《春秋》，对于鲁隐公、鲁桓公时期的事情记载明显，到了鲁定公、鲁哀公时期就记述得隐晦，因为这是接近当代而加以虚美，是忌讳的文辞。世俗中谈论匈奴的人，错误就在于他们想侥幸获得一时的权势，而致力于谄媚地进献自己的主张，使其片面的观点有利，不考察敌我的实际情况；将帅们仗着中国土地的广大，士气的雄壮，天子据此来制定对策，所以建立不了深远牢固的功业。尧虽然贤能，但靠自己来建立功业是不能成功的，得到禹然后全国才安宁。想要发扬光大圣王的传统，只在于选择任用将相啊！只在于选择任用将相啊！

史记第一百一十一卷

卫将军骠骑列传第五十一

大将军卫青者，平阳人也。其父郑季，为吏，给事平阳侯家，与侯妾卫媪通，生青。青同母兄卫长子，而姊卫子夫自平阳公主家得幸天子，故冒姓为卫氏。字仲卿。长子更字长君。长君母号为卫媪。媪长女卫孺，次女少儿，次女即子夫。后子夫男弟步、广，皆冒卫氏。

大将军卫青是平阳县人。他父亲叫郑季，当小官吏，在平阳侯曹寿家中作事，和平阳侯的小妾卫媪私通，生下了卫青。卫青的同母哥哥叫卫长子，他姐姐卫子夫在平阳公主家中得到天子的宠爱，所以冒充姓卫。卫青字仲卿。卫长子改字长君。卫长君的母亲叫卫媪。卫媪的大女儿叫卫孺，中女儿叫少儿，小女儿就是子夫。后来卫子夫的弟弟步、广都冒充姓卫。

青为侯家人，少时归其父。其父使牧羊，先母之子皆奴畜之，不以为兄弟数。青尝从入至甘泉居室，有一钳徒相青曰："贵人也，官至封侯。"青笑曰："人奴之生，得毋笞骂即足矣，安得封侯事乎！"

卫青是平阳侯家的仆人，小时候回到他父亲那里，他父亲让他牧羊。父亲前妻的儿子都把他当作奴仆对待，不将他列入兄弟行列。卫青曾跟随别人进入到甘泉宫的居室，有一个脖子上套着铁圈的犯人给卫青相面说："你是贵人，做官到封侯。"卫青笑着说："我是人家的奴婢所生，能够不受打骂就满足了，怎么能有封侯的事呢！"

青壮，为侯家骑，从平阳主。建元二年春，青姊子夫得入宫幸上。皇后，堂邑大长公主女也，无子，妒。大长公主闻卫子夫幸，有身，妒之，乃使人捕青。青时给事建章，未知名。大长公主执囚青，欲杀之。其友骑郎公孙敖与壮士往篡取之，以故得不死。上闻，乃召青为建章监，侍中，及同母昆弟贵，赏赐数日间累千金。孺为太仆公孙贺妻。少儿故与陈掌通，上召贵掌。公孙敖由此益贵。子夫为夫人。青为大中大夫。

卫青长大后，做了平阳侯家的骑兵，跟随平阳公主。武帝建元二年春天，卫青姐姐卫子夫得以进入皇宫，受到皇上宠爱。皇后是堂邑大长公主刘嫖的女儿，没有儿子，有嫉妒心。大长公主听说卫子夫受皇上宠幸，有了身孕，嫉妒她，就派人去逮捕卫青。卫青当时在建章宫作事，还没出名。大长公主捉拿拘禁了卫青，要杀死他。他的朋友骑郎公孙敖和一些壮士去抢了出来，因此得以没死。皇上听说了，就召见卫青，任命他做建章监，加侍中官衔，连同他同母的兄弟们都显要，得到的赏赐，几天之间就积累有千金。卫孺做了太仆公孙贺的妻子。卫少儿以前和陈掌私通，皇上就召见陈掌，使他显贵。公孙敖因此也越发显贵。卫子夫做武帝的夫人。卫青任大中大夫。

元光五年，青为车骑将军，击匈奴，出上谷；太仆公孙贺为轻车将军，出云中；大中大夫公孙敖为骑将军，出代郡；卫尉李广为骁骑将军，出雁门：军各万骑。青至茏城，斩首虏数百。骑将军敖亡七

卫青钳徒论相图，选自清·马骀《百将传图》。卫青是汉武帝时的名将，其未发达时，遇见一善于相面的钳徒（古代有残疾者称“钳徒”），其对卫青说，“贵人也，官至封侯。”后卫青果然成为一代名将。

千骑；卫尉李广为虏所得，得脱归：皆当斩，赎为庶人。贺亦无功。

元光五年，卫青任车骑将军，攻打匈奴，从上谷出塞；大仆公孙贺任轻车将军，从云中出塞；大中大夫公孙敖任骑将军，从代郡出塞；卫尉李广任骁骑将军，从雁门出塞：各支军队各有一万骑兵，卫青到达茏城，斩杀了几百名敌人。骑将军公孙敖损失了七千骑兵；卫尉李广被匈奴捉住，后来逃跑回来：他们两人都应当处以死刑，后来出钱赎罪，成为平民。公孙贺也没有功劳。

元朔元年春，卫夫人有男，立为皇后。其秋，青为车骑将军，出雁门，三万骑击匈奴，斩首虏数千人。明年，匈奴入杀辽西太守，虏略渔阳二千余人，败韩将军军。汉令将军李息击之，出代；令车骑将军青出云中以西至高阙。遂略河南地，至于陇西，捕首虏数千，畜数十万，走白羊、楼烦王。遂以河南地为朔方郡。以三千八百户封青为长平侯。青校尉苏建有功，以千一百户封建为平陵侯。使建筑朔方城。青校尉张次公有功，封为岸头侯。天子曰：“匈奴逆天理，乱人伦，暴长虐老，以盗窃为务，行诈诸蛮夷，造谋藉兵，数为边害，故兴师遣将，以征厥罪。《诗》不云乎：‘薄伐猃狁，至于太原’，‘出车彭彭，……城彼朔方’。今车骑将军青度西河至高阙，获首虏二千三百级，车辎畜产毕收为卤，已封为列侯；遂西定河南地，按榆谿旧塞，绝梓领，梁北河，讨蒲泥，破符离，斩轻锐之卒、捕伏听者三千七十一级，执讯获丑，驱马牛羊百有余万，全甲兵而还。益封青三千户。”其明年，匈奴入杀代郡太守友，入略雁门千余人。其明年，匈奴大入代、定襄、上郡，杀略汉数千人。

元朔元年春天，卫夫人生了个男孩，被立为皇后。那年秋天，卫青任车骑将军，从雁门出塞，带领三万骑兵攻打匈奴，杀死几千名敌人。第二年，匈奴入侵杀死了辽西太守，掳走了渔阳郡二千多人，打败了韩安国将军的军队。汉朝命令将军李息进攻匈奴，从代郡出塞；命令车骑将军卫青从云中出塞，向西直到高阙。于是占领了河南一带，到达了陇西，捕获几千敌人，几十万头牲畜，赶跑了白羊王、楼烦王。汉朝就将河南一带设为朔方郡。以三千八百户的封邑封卫青为长平侯。卫青的校尉苏建有功劳，朝廷以一千一百户的封邑封苏建为平陵侯。派苏建修筑朔方城。卫青的校尉张次公有功劳，被封为岸头侯。天子说：“匈奴违背天理，悖乱人伦，摧残长辈，欺凌老人，专门进行盗窃，在各个蛮夷国之间行骗，策划阴谋，依恃武力，多次侵犯边境，所以朝廷发动军队，调遣将领，来征讨它的罪恶。《诗经》不是说吗：‘讨伐猃狁，直到太原’、‘出动众多的战车，去修筑朔方城’。如今车骑将军卫青渡过西边的黄河，直到高阙，斩杀敌军二千三百人，缴获他们全部的战车、辎重和牲畜财产，已被封为列侯，于是往西平定了河南一带，巡行榆谿的旧关塞，越过梓领，架设北河的桥梁，诛伐蒲泥，打败符离，斩杀敌人轻捷精锐的士兵，捕获敌人侦察兵三千零七十一人，捉到间谍，割下死敌的左耳来计功劳，赶回一百零几万只马、牛和羊，保全军队而返回，加封卫青三千户。”第二年，匈奴入侵杀死了代郡太守共友，又侵略并掳走了雁门郡一千多人。第二年，匈奴大举入侵代郡、定襄、上郡，杀死、掳走了几千汉人。

其明年，元朔之五年春，汉令车骑将军青将三万骑，出高阙；卫尉苏建为游击将军，左内史李沮为强弩将军，太仆公孙贺为骑将军，代相李蔡为轻车将军，皆领属车骑将军，俱出朔方；大行李息、岸头侯张次公为将军，出右北平；咸击匈奴。匈奴右贤王当卫青等兵，以为汉兵不能至此，饮醉。汉兵夜至，围右贤王，右贤王惊，夜逃，独与其爱妾一人、壮骑数百驰，溃围北去。汉轻骑校尉郭成等逐数百里，不及，得右贤裨王十余人、众男女万五千余人、畜数千百万，于是引兵而还。至塞，天子使使者持大将军印，即军中拜车骑将军青为大将军，诸将皆以兵属大将军，大将军立号而归。天子曰："大将军青躬率戎士，师大捷，获匈奴王十有余人，益封青六千户。"而封青子伉为宜春侯、青子不疑为阴安侯、青子登为发干侯。青固谢曰："臣幸得待罪行间，赖陛下神灵，军大捷，皆诸校尉力战之功也。陛下幸已益封臣青。臣青子在襁褓中，未有勤劳，上幸列地封为三侯，非臣待罪行间所以劝士力战之意也。伉等三人何敢受封！"天子曰："我非忘诸校尉功也，今固且图之。"乃诏御史曰："护军都尉公孙敖三从大将军击匈奴，常护军，傅校获王，以千五百户封敖为合骑侯。都尉韩说从大将军出窳浑，至匈奴右贤王庭，为麾下搏战获王，以千三百户封说为龙頟侯。骑将军公孙贺从大将军获王，以千三百户封贺为南窌侯。轻车将军李蔡再从大将军获王，以千六百户封蔡为乐安侯。校尉李朔、校尉赵不虞、校尉公孙戎奴各三从大将军获王，以千三百户封朔为涉轵侯，以千三百户封不虞为随成侯，以千三百户封戎奴为从平侯。将军李沮、李息及校尉豆如意有功，赐爵关内侯，食邑各三百户。"其秋，匈奴入代，杀都尉朱英。

第二年，即元朔五年春天，汉朝命令车骑将军卫青带领三万骑兵，从高阙出塞；命令卫尉苏建任游击将军，左内史李沮任强弩将军，太仆公孙贺任骑将军，代国国相李蔡任轻车将军，都归属于车骑将军统领，全部从朔方出塞；命令大行李息、岸头侯张次公任将军，从右北平出塞：全部攻打匈奴。匈奴右贤王抵御卫青等人的军队，他认为汉军到不了这里，便饮醉了酒。汉军晚上到达，包围了右贤王，右贤王惊慌，连夜逃跑，独自和他的一个宠爱小妾、几百名精壮骑兵冲锋，突破包围向北离去。汉朝轻骑校尉郭成等人追赶了几百里，没能赶上。汉军捉到右贤王的小王十多人，匈奴男女一万五千多人，牲畜几千百万头，于是带领军队回去。到了关塞，天子派使者拿着大将军的官印，就在军中任命车骑将军卫青为大将军，各位将军都带领自己的军队归属于大将军指挥，大将军确立名号而班师回朝。天子说："大将军卫青亲自率领战士作战，军队获得大胜，捉到匈奴小王十多人，加封卫青六千户。"又封卫青的儿子卫伉为宜春侯，封卫青的儿子卫不疑为阴安侯，封卫青的儿子卫登为发干侯。卫青坚决辞谢说："我有幸在军队中作事，仰仗陛下的神灵，军队取得胜利，全是各位将军、校尉奋力作战的功劳。陛下已经加封了我。我的儿子们年纪还很小，没有功劳，皇上要割地封他们三人为侯，这不是我在军队中供职，来勉励士兵奋力作战的本意。卫伉等三人怎么敢接受封赏！"天子说："我不是忘记了各位校尉的功劳，如今本来就要考虑他们。"于是下诏令给御史说："护军都尉公孙敖三次跟随大将军进攻匈奴，经常护卫各军，协助校尉捕获了匈奴小王，拿一千五百户的封邑封公孙敖为合骑侯。都尉韩说跟随大将军从窳浑出塞，直到匈奴右贤王的王庭，在大将军指挥下奋力搏杀，捉到匈奴小王，拿一千三百户的封邑封韩说为龙頟侯。骑将军公孙贺跟随大将军俘虏匈奴小王，拿一千三百户的封邑封公孙贺为南窌侯。轻车将军李蔡两次跟随大将军俘获匈奴小王，拿一千六百户的封邑封李蔡为乐安侯。校尉李朔、校尉赵不虞、校尉公孙戎奴，每人都三次跟随大将军俘获匈奴小王，拿一千三百户的封邑封李朔为涉轵侯，拿一千三百户的封邑封赵不虞为随成侯，拿一千三百户的封邑封公孙戎奴为从平侯。将军李沮、李息和校尉豆如意有功劳，赐给他们关内侯的爵位，每人食邑三百户。"那年秋天，匈奴侵略代地，杀死了都尉朱英。

其明年春，大将军青出定襄，合骑侯敖为中将军，太仆贺为左将军，翕侯赵信为前将军，卫尉苏建为右将军，郎中令李广为后将军，右内史李沮为强弩将军，咸属大将军，斩首数千级而还。月余，悉复出定襄击匈奴，斩首虏万余人。右将军建、前将军信并军三千余骑，独逢单于兵，与战一日余，汉兵且尽。前将军故胡人，降为翕侯，见急，匈奴诱之，遂将其余骑可八百，奔降单于。右将军苏建尽亡其军，独以身得亡去，自归大将军。大将军问其罪正闳、长史安、议郎周霸等："建当云何？"霸曰："自大将军出，未尝斩裨将。今建弃军，可斩以明将军之威。"闳、安曰："不然！《兵法》：'小敌之坚，大敌之禽也'。今建以数千当单于数万，力战一日余，士尽，不敢有二心，自归。自归而斩之，是

示后无反意也。不当斩。”大将军曰:“青幸得以肺腑待罪行间,不患无威,而霸说我以明威,甚失臣意。且使臣职虽当斩将,以臣之尊宠而不敢自擅专诛于境外,而具归天子,天子自裁之,于是以见为人臣不敢专权,不亦可乎?”军吏皆曰:“善!”遂囚建诣行在所。入塞罢兵。

第二年春天,大将军卫青从定襄出塞,合骑侯公孙敖任中将军,太仆公孙贺任左将军,翕侯赵信任前将军,卫尉苏建任右将军,郎中令李广任后将军,右内史李沮任强弩将军,全都归属于大将军,斩杀了几千敌人而回师。一个多月后,全军又从定襄出塞进攻匈奴,斩杀敌军一万多人。右将军苏建、前将军赵信的军队合并为三千多骑兵,单独遇上了单于的军队,交战一天多,汉军快要死光。前将军赵信以前是匈奴人,投降汉朝被封为翕侯,看到形势紧迫,匈奴又诱降他,于是率领剩余的大约八百名骑兵,跑去投降了单于。右将军苏建的军队全军覆没,他独自一人逃回,自己回到大将军那里。大将军卫青向军正闳、长史安和议郎周霸等人征询苏建的罪过:“苏建的罪过该怎么判决?”周霸说:“自从大将军出征,不曾杀过副将。如今苏建抛弃军队,可以杀他来显示将军的威严。”闳、安都说:“不对。兵法上说:‘小部队再拼死力战,也会被大部队的一方所击败。’如今苏建拿几千人抵挡单于的几万人,奋力作战一天多,士兵死光,不敢有叛逆的想法,自己回来。自己回来而斩杀他,这是表示今后士兵如果遭逢失败不要想着返回汉朝。不应当处死他。”大将军说:“我有幸凭借皇帝亲戚的身份在军队中供职,不担心没有威严,可周霸劝我要显示威严,十分不合人臣的本意。况且如果我的职权允许我斩杀有罪的将军,但是以位高受宠的大臣而不敢擅自在国境之外诛杀,而把详细的情况报告天子,由天子自己来裁定,据此来表明做臣子的不敢专权,不也是可以吗?”军官们都说:“好!”于是把苏建拘禁起来,送往皇帝巡行的所在处。卫青带兵进入关塞,停止出兵。

是岁也,大将军姊子霍去病年十八,幸,为天子侍中。善骑射,再从大将军,受诏与壮士,为剽姚校尉,与轻勇骑八百直弃大军数百里赴利,斩捕首虏过当。于是天子曰:“剽姚校尉去病斩首虏二千二十八级,及相国、当户,斩单于大父行籍若侯产,生捕季父罗姑比,再冠军,以千六百户封去病为冠军侯。上谷太守郝贤四从大将军,捕斩首虏二千余人,以千一百户封贤为众利侯。”是岁,失两将军军,亡翕侯,军功不多,故大将军不益封。右将军建至,天子不诛,赦其罪,赎为庶人。

这年,大将军卫青姐姐的儿子霍去病十八岁,受到宠爱,当了皇帝的侍中。霍去病善于骑马、射箭,两次跟随大将军出征,大将军奉皇上的诏命,拨给他一些壮士,让他当剽姚校尉。他和八百名轻捷勇猛的骑兵,径直抛开大部队几百里,去追求战功,斩杀和俘虏的敌人超过了他们损失的数量。于是天子说:“剽姚校尉霍去病斩杀敌人二千零二十八人,其中有相国、当户官员,杀死了单于祖父辈的籍若侯产,活捉了单于叔父罗姑比,他的功劳两次在全军中获第一,拿一千六百户的封邑封霍去病为冠军侯。上谷太守郝贤四次跟随大将军出征,活捉、斩杀了敌人二千多,拿一千一百户封邑封郝贤为众利侯。”这年,损失了两位将军的军队,翕侯逃跑了,军功不多,所以大将军没有得到加封。右将军苏建回来后,天子没有杀他,赦免了他的罪,他交了赎金,成为庶民。

大将军既还,赐千金。是时王夫人方幸于上,宁乘说大将军曰:“将军所以功未甚多,身食万户,三子皆为侯者,徒以皇后故也。今王夫人幸而宗族未富贵,愿将军奉所赐千金为王夫人亲寿。”大将军乃以五百金为寿。天子闻之,问大将军,大将军以实言,上乃拜宁乘为东海都尉。

大将军卫青回来后,皇上赏赐他千金。当时王夫人正受到皇上的宠信,宁乘就劝大将军说:“将军功劳还不很多,自己有万户食邑,三个儿子都做到侯的缘由,仅仅是由于卫皇后的缘故。如今王夫人得到宠幸,而她的同族还没有得到富贵,希望将军拿皇上所赐的千金给王夫人的双亲祝寿。”大将军卫青于是拿五百金去祝寿。天子听说了,就询问大将军,大将军就如实说了出来,皇上于是任命宁乘做东海都尉。

张骞从大将军,以尝使大夏,留匈奴中久,导军,知善水草处,军得以无饥渴,因前使绝国功,封骞博望侯。

张骞跟随大将军出征,因为他曾经出使大夏,被扣留在匈奴很长时间,他给大军引路,熟悉有水草的地方,军队因此不受饥渴困扰,加上他以前出使遥远国家的功劳,被封为博望侯。

冠军侯去病既侯三岁,元狩二年春,以冠军侯去病为骠骑将军,将万骑出陇西,有功。天子曰:“骠骑将军率戎士逾乌盭,讨遬濮,涉狐奴,历五王国,辎重人众慑慴者弗取,冀获单于子。转战六

日，过焉支山千有余里，合短兵，杀折兰王，斩卢胡王，诛全甲，执浑邪王子及相国、都尉，首虏八千余级，收休屠祭天金人，益封去病二千户。”

冠军侯霍去病被封为侯三年，在元狩二年春天，皇上任命冠军侯霍去病为骠骑将军，率领一万骑兵从陇西出塞，建立了功劳。天子说：“骠骑将军率领战士越过乌盭山，征讨遬濮，渡过狐奴河，经过匈奴五个王国，不掠夺那些震慑服从者的财物和民众，只希望捉到单于的儿子。转战了六天，越过焉支山有一千多里，和匈奴短兵相接，杀死了折兰王，砍死了卢胡王，诛杀了全副武装的敌人，活捉了浑邪王的儿子和匈奴相国、都尉，斩杀敌人八千多人，收缴了休屠王的祭天金人，加封霍去病二千户食邑。”

其夏，骠骑将军与合骑侯敖俱出北地，异道；博望侯张骞、郎中令李广俱出右北平，异道：皆击匈奴。郎中令将四千骑先至，博望侯将万骑在后至。匈奴左贤王将数万骑围郎中令，郎中令与战二日，死者过半，所杀亦过当。博望侯至，匈奴兵引去。博望侯坐行留，当斩，赎为庶人。而骠骑将军出北地，已遂深入，与合骑侯失道，不相得，骠骑将军逾居延至祁连山，捕首虏甚多。天子曰：“骠骑将军逾居延，遂过小月氏，攻祁连山，得酋涂王，以众降者二千五百人，斩首虏三万二百级，获五王，五王母，单于阏氏、王子五十九人，相国、将军、当户、都尉六十三人，师大率减什三。益封去病五千户。赐校尉从至小月氏爵左庶长。鹰击司马破奴再从骠骑将军斩遬濮王，捕稽沮王；千骑将得王、王母各一人，王子以下四十一人，捕虏三千三百三十人；前行捕虏千四百人。以千五百户封破奴为从骠侯。校尉句王高不识从骠骑将军捕呼于屠王王子以下十一人，捕虏千七百六十八人，以千一百户封不识为宜冠侯。校尉仆多有功，封为烊渠侯。”合骑侯敖坐行留不与骠骑会，当斩，赎为庶人。诸宿将所将士马兵亦不如骠骑，骠骑所将常选。然亦敢深入，常与壮骑先其大军，军亦有天幸，未尝困绝也。然而诸宿将常坐留落不遇。由此骠骑日以亲贵，比大将军。

那年夏天，骠骑将军霍去病和合骑侯公孙敖都从北地出塞，分路进发；博望侯张骞、郎中令李广都从右北平出塞，分路进发：全部去攻击匈奴。郎中令李广率领四千骑兵最先到达，博望侯张骞率领一万骑兵随后到达。匈奴左贤王带领几万骑兵包围了郎中令李广，李广和匈奴交战两天，损失了大半人马，杀死的敌人也超过了自己一方损失的数量。博望侯赶到，匈奴军队已撤去。博望侯张骞犯了行军滞留的罪，应被处死，他出钱赎罪，成为平民。而骠骑将军霍去病从北地出塞，已经深入到匈奴之中，和合骑侯公孙敖迷失了道路，没能会合，骠骑将军越过居延山到了祁连山，捕获了很多敌人。天子说：“骠骑将军越过居延山，于是经过小月氏，攻打祁连山，捉到酋涂王，率众投降的有二千五百人，斩杀敌军三万零二百人，俘获匈奴五个小王、五个小王的母亲、单于的妻子、王子五十九人，还有相国、将军、当户、都尉六十三人，汉朝军队大概损失十分之三，加封霍去病五千户，赏赐给跟随霍去病到达小月氏的校尉左庶长爵位。鹰击司马赵破奴两次跟随骠骑将军霍去病出征，斩杀遬濮王，虏获稽沮王，千骑将捉到匈奴小王、王母各一人，王子以下四十一人，俘虏敌军三千三百三十人，先头部队俘获敌军一千四百人，拿一千五百户封赵破奴为从骠侯。校尉句王高不识，跟骠骑将军俘虏呼于屠王和王子以下十一人，俘虏敌军一千七百六十八人，拿一千一百户封高不识为宜冠侯。校尉仆多有军功，封他为烊渠侯。”合骑侯公孙敖因犯有行军滞留、不和骠骑将军会合的罪，应当被处死，他出钱赎罪，成为平民。各位老将军所率领的士兵、马匹、武器也不如骠骑将军的，骠骑将军所率领的士兵是经常挑选的，可是也敢于深入敌人境内，常常和健壮的骑兵冲在大军的前面，军队也有好运气，没有遇到过大危险。可是各位老将却经常由于行军留滞落后，遇不到好的战机。从此以后，骠骑将军日益受到皇上亲近，更加显贵，和大将军卫青相仿佛。

其秋，单于怒浑邪王居西方数为汉所破，亡数万人，以骠骑之兵也。单于怒，欲召诛浑邪王。浑邪王与休屠王等谋欲降汉，使人先要边。是时大行李息将城河上，得浑邪王使，即驰传以闻。天子闻之，于是恐其以诈降而袭边，乃令骠骑将军将兵往迎之。骠骑既渡河，与浑邪王众相望。浑邪王裨将见汉军，而多欲不降者，颇遁去。骠骑乃驰入，与浑邪王相见，斩其欲亡者八千人，遂独遣浑邪王乘传先诣行在所，尽将其众渡河，降者数万，号称十万。既至长安，天子所以赏赐者数十巨万。封浑邪王万户，为漯阴侯。封其裨王呼毒尼为下摩侯，鹰庇为烊渠侯，禽梨为河綦侯，大当户铜离为常乐侯。于是天子嘉骠骑之功曰：“骠骑将军去病率师攻匈奴西域王浑邪，王及厥众萌咸相奔，率以军

粮接食，并将控弦万有余人，诛骁骍，获首虏八千余级，降异国之王三十二人，战士不离伤，十万之众咸怀集服，仍与之劳，爰及河塞，庶几无患，幸既永绥矣。以千七百户益封骠骑将军。”减陇西、北地、上郡戍卒之半，以宽天下之繇。

那年秋天，单于因为浑邪王居守在西方，屡次被汉朝打败，损失了几万人，而这全是因为骠骑将军的军队，觉得十分气愤。单于发怒，想召浑邪王来将他杀死。浑邪王和休屠王等人商量要投降汉朝，派人先到边境上等候，遮留汉人。当时大行李息率兵在黄河边上修筑城池，见到浑邪王的使者，就马上命令驾乘传车去报告。天子知道了，于是怕他们用诈降的办法来袭击边境，就命令骠骑将军率领军队前去迎接。骠骑将军渡过黄河后，和浑邪王的部众相互远远观望。浑邪王的副将们看到汉军，多数不想投降，有很多人逃跑了。骠骑将军于是奔入敌阵和浑邪王相见，斩杀了那些想要逃跑的八千人，于是派浑邪王一人乘着传车先到皇上巡行的地方，然后他带着全部投降的人渡过黄河，投降的有几万人，号称十万。回到长安后，天子拿来赏赐的钱有几十万。封给浑邪王一万户食邑，为漯阴侯。封他的小王呼毒尼为下摩侯。鹰庇为辉渠侯，禽梨为河綦侯，大当户铜离为常乐侯。于是天子称赞骠骑将军的功劳说：“骠骑将军霍去病率领军队攻打匈奴西方的浑邪王，浑邪王和他的部队民众都相互投奔汉朝，骠骑将军全都用军粮接济了他们，并且率领善射的士兵一万多人，杀掉了妄图逃亡的凶悍之人，斩杀了八千多人，使敌国之王三十二人投降，战士，没有人受伤，十万军民全部倾心归顺。骠骑将军接连出征，不辞辛劳，使黄河边塞地区，差不多消除了边患，有幸永久安定和平。拿一千七百户加封骠骑将军。”于是减少了陇西、北地、上郡驻守士兵的一半，来减轻天下百姓的徭役负担。

居顷之，乃分徙降者边五郡故塞外，而皆在河南，因其故俗，为属国。其明年，匈奴入右北平、定襄，杀略汉千余人。

霍去病渡河受款图，选自清·马骀《百将传图》。

过了不久，朝廷就调迁投降的匈奴人到边境五郡原来的关塞以外，但都在河南地区，承袭他们以前的习俗，作为汉朝的属国。第二年，匈奴入侵右北平、定襄，杀死、俘虏走了汉朝一千多人。

其明年，天子与诸将议曰：“翕侯赵信为单于画计，常以为汉兵不能度幕轻留，今大发士卒，其势必得所欲。”是岁，元狩四年也。

第二年，天子和诸位将军商议说：“翕侯赵信替单于出谋划策，常常认为汉军不能越过沙漠轻易久留，如今大举发动士兵，那势必实现我们的愿望。”这年是元狩四年。

元狩四年春，上令大将军青、骠骑将军去病将各五万骑，步兵转者踵军数十万，而敢力战深入之士皆属骠骑。骠骑始为出定襄，当单于。捕虏言单于东，乃更令骠骑出代郡，令大将军出定襄。郎中令为前将军，太仆为左将军，主爵赵食其为右将军，平阳侯襄为后将军，皆属大将军。兵即度幕，人马凡五万骑，与骠骑等咸击匈奴单于。赵信为单于谋曰：“汉兵既度幕，人马罢，匈奴可坐收虏耳。”乃悉远北其辎重，皆以精兵待幕北。而适值大将军军出塞千余里，见单于兵陈而待，于是大将军令武刚车自环为营，

而纵五千骑往当匈奴。匈奴亦纵可万骑。会日且入，大风起，沙砾击面，两军不相见，汉益纵左右翼绕单于。单于视汉兵多，而士马尚强，战而匈奴不利，薄莫，单于遂乘六骡，壮骑可数百，直冒汉围西北驰去。时已昏，汉、匈奴相纷拏，杀伤大当。汉军左校捕虏言单于未昏而去，汉军因发轻骑夜追之，大将军军因随其后。匈奴兵亦散走。迟明，行二百余里，不得单于，颇捕斩首虏万余级，遂至寘颜山赵信城，得匈奴积粟食军，军留一日而还，悉烧其城余粟以归。

元狩四年春天，皇上命令大将军卫青、骠骑将军霍去病分别率领五万骑兵，几十万步兵和转运物资的人跟随其后，而那些敢于奋力作战、深入敌阵的士兵都归属于骠骑将军。骠骑将军开始要从定襄出塞，迎击单于。俘虏的匈奴人说单于在东边，于是改令骠骑将军从代郡出塞，命令大将军从定襄出塞。郎中令李广任前将军，太仆公孙贺任左将军，主爵赵食其任右将军，平阳侯曹襄任后将军，他们都隶属于大将军。军队就越过沙漠，连人带马共五万骑兵，和骠骑将军一起进攻匈奴单于。赵信为单于出计说："汉军已经越过沙漠，人马都很疲惫，匈奴可以坐着收纳汉军俘虏了。"于是把辎重全部运到远远的北边，率领所有的精兵等候在沙漠的北边。适逢大将军的军队出塞一千多里，看到单于的军队列阵而等候，于是大将军命令让武刚车排成环形阵营，而命令五千骑兵纵马去抵挡匈奴。匈奴也有大约一万骑兵放马奔来。刚赶上太阳将要落山，刮起大风，沙石打在人脸上，两军都相互看不见，汉军又派左右两翼疾驰去围攻单于。单于看到汉军人多，而士兵、马匹还健壮，交战而匈奴会不利。在天快黑的时候，单于于是乘着六匹骡子拉的车子，同大约几百名精壮骑兵，径直冲开汉军的包围，向西北奔去。当时已经黄昏，汉朝军队和匈奴军队相互扭打，死伤人数大致相当。汉军左校尉捉到的俘虏说单于在天未黑时已离去，汉军于是派出轻骑兵连夜追赶，大将军的军队也跟随其后。匈奴军队也散开逃跑了。将近天亮的时候，汉军走了二百多里，没有捉到单于，却捕获、斩杀了敌兵一万多人，于是到了寘颜山赵信城，获得匈奴积存的粮食来供给军队。军队停了一天而回师，把剩余在赵信城的粮食全都烧光才回来。

大将军之与单于会也，而前将军广、右将军食其军别从东道，或失道，后击单于。大将军引还过幕南，乃得前将军、右将军。大将军欲使使归报，令长史簿责前将军广，广自杀。右将军至，下吏，赎为庶人。大将军军入塞，凡斩捕首虏万九千级。

大将军和单于会战的时候，前将军李广、右将军赵食其另外从东边的道路进军，有时迷了路，没有如期到来进攻单于。大将军卫青带兵回到大沙漠以南，才碰到前将军、右将军，大将军卫青要派使者回去禀报天子，命令长史按文书所列罪状审讯前将军李广，李广自杀了。右将军回到京城，被交给法官，他自己出钱赎罪，成为平民。大将军的军队进入边塞，这次总共斩获敌人一万九千多人。

是时，匈奴众失单于十余日，右谷蠡王闻之，自立为单于。单于后得其众，右王乃去单于之号。

当时匈奴民众失去单于十多天，右谷蠡王听到了，就自己当了单于。单于后来会合了他的部众，右谷蠡王就去掉自己的单于称号。

骠骑将军亦将五万骑，车重与大将军军等，而无裨将。悉以李敢等为大校，当裨将，出代、右北平千余里，直左方兵，所斩捕功已多大将军。军既还，天子曰："骠骑将军去病率师，躬将所获荤粥之士，约轻赍，绝大幕，涉获章渠，以诛比车耆，转击左大将，斩获旗鼓。历涉离侯，济弓闾，获屯头王、韩王等三人，将军、相国、当户、都尉八十三人。封狼居胥山，禅于姑衍，登临翰海。执卤获丑七万有四百四十三级，师率减什三，取食于敌，逴行殊远而粮不绝。以五千八百户益封骠骑将军。右北平太守路博德属骠骑将军，会与城，不失期，从至梼余山，斩首捕虏二千七百级，以千六百户封博德为符离侯。北地都尉邢山从骠骑将军获王，以千二百户封山为义阳侯。故归义因淳王复陆支、楼专王伊即靬皆从骠骑将军有功，以千三百户封复陆支为壮侯，以千八百户封伊即靬为众利侯。从骠侯破奴、昌武侯安稽从骠骑有功，益封各三百户。校尉敢得旗鼓，为关内侯，食邑二百户。校尉自为爵大庶长。"军吏卒为官、赏赐甚多。而大将军不得益封，军吏卒皆无封侯者。

骠骑将军也带领五万骑兵，所带辎重和大将军的军队相等，却没有副将。他就把李敢等人全部任命为大校，充当副将，从代郡、右北平出塞一千多里，遇上左贤王的军队，所斩获敌军的功劳已远远超过大将军。军队回来后，天子说："骠骑将军霍去病率领军队，又亲自率领所俘获的匈奴勇士，携带少量的物资，越过大沙漠，渡河捉到单于近臣章渠，杀死匈奴小王比车耆，转而攻打匈奴左大将，斩杀敌人缴获他们的军旗和战鼓。翻过离侯山，渡过弓闾河，捉到屯头王、韩王等三人，以及将军、相国、当户、都尉八十三人，在狼居胥山祭天，在姑衍山祭地，登上高山眺望翰海。共捕获俘虏和杀敌七万零四百四十三人，汉军可能损失了十分之三。他们从敌人那里取得粮食，能够远行到极远的地方而没有断绝军粮，拿五千八百户加封骠骑将军。”右北平太守路博德隶属于骠骑将军，和骠骑将军在与城会师，没有失掉约期，跟随骠骑将军到达梼余山，斩杀、虏获敌军二千七百人，拿一千六百户封路博德为符离侯。北地都尉邢山跟随骠骑将军出征俘获了匈奴小王，划定一千二百户封邢山为义阳侯。以前投降汉朝的匈奴因淳王复陆支、楼专王伊即靬都跟随骠骑将军出征有功劳，划定一千三百户封复陆支为壮侯，划定一千八百户封伊即靬为众利侯。从骠侯赵破奴、昌武侯安稽跟随骠骑将军出征有功劳，各人加封三百户。校尉李敢缴获敌军战旗、战鼓，被封为关内侯，食邑二百户。校尉徐自为被授予大庶长的爵位。军队中的小官士卒当官和受赏赐的人很多，而大将军卫青未得到加封，军中小吏士卒都没有人被封为侯。

两军之出塞，塞阅官及私马凡十四万匹，而复入塞者不满三万匹。乃益置大司马位，大将军、骠骑将军皆为大司马。定令，令骠骑将军秩禄与大将军等。自是之后，大将军青日退，而骠骑日益贵。举大将军故人门下多去事骠骑，辄得官爵，唯任安不肯。

当卫青和霍去病两支军队出塞时，边塞上的官吏查检到当时官府和私人马匹共十四万匹，可他们再入边塞时，所剩下的马匹不足三万匹。于是朝廷添设大司马官位，大将军、骠骑将军都当了大司马。定下法令，让骠骑将军的官阶和俸禄与大将军相等。从这以后，大将军卫青的权势日渐减退，而骠骑将军霍去病日益显贵。举凡大将军的老朋友、门客大多都离开他而去侍奉骠骑将军，这些人总能得到官爵，只有任安不肯这样做。

骠骑将军为人少言不泄，有气敢任。天子尝欲教之孙、吴兵法，对曰：“顾方略何如耳，不至学古兵法。”天子为治第，令骠骑视之，对曰：“匈奴未灭，无以家为也。”由此上益重爱之。然少而侍中，贵，不省士。其从军，天子为遣太官赍数十乘，既还，重车余弃粱肉，而士有饥者。其在塞外，卒乏粮，或不能自振，而骠骑尚穿域蹋鞠。事多类此。大将军为人仁善退让，以和柔自媚于上，然天下未有称也。

骠骑将军为人寡言少语，不露声色，有气魄，敢于任事。天子曾经想教给他孙子和吴起的兵法，他回答说：“战争只看策略怎样就行了，不必学古人的兵法。”天子为他修造府第，让骠骑将军去看，他回答说：“匈奴还没有消灭，不用考虑家里的事情。”因此，皇上更加重视、喜欢他。但是，霍去病从少年时起就任侍中，从而显贵，不会体恤士兵。他率军出征，天子派遣太官送给他几十辆车食物，他回来时，辎重车上抛弃了许多剩余的米和肉，而士兵中还有挨饿的人。他在塞外打仗时，士兵缺少粮食，有的饿得无法站起来，而骠骑将军还在画地为球场来玩踢球游戏。他做的事多是这样。大将军卫青为人仁慈善良，谦虚礼让，凭着宽和柔顺取悦于皇上，可是天下没有人称赞他。

骠骑将军自四年军后三年，元狩六年而卒。天子悼之，发属国玄甲军，陈自长安至茂陵，为冢象祁连山。谥之，并武与广地曰景桓侯。子嬗代侯。嬗少，字子侯，上爱之，幸其壮而将之。居六岁，元封元年，嬗卒，谥哀侯。无子，绝，国除。

骠骑将军从元狩四年领兵出征后三年，即元狩六年就去世了。天子对他的死很悲伤，调派边境五郡的铁甲军，从长安到茂陵排成阵，修的坟墓像祁连山一样。给他命名谥号，合并“武”和“广地”的意思称为景桓侯。他的儿子霍嬗代袭侯爵。霍嬗年纪小，表字子侯，皇上喜欢他，希望他长大而让他当将军。过了六年，即元封六年，霍嬗死了，被谥为哀侯。他没有儿子，断绝了后代，封国被废。

自骠骑将军死后，大将军长子宜春侯伉坐法失侯。后五岁，伉弟二人——阴安侯不疑及发干侯登皆坐酎金失侯。失侯后二岁，冠军侯国除。其后四年，大将军青卒，谥为烈侯。子伉代为长平侯。

自从骠骑将军霍去病死后，大将军卫青的长子宜春侯卫伉由于犯法失去了侯爵。五年后，卫伉的两个弟弟，阴安侯卫不疑和发干侯卫登都因为犯了助祭金斤两和成色不足的罪而丢掉侯爵。他们失去侯爵两年后，冠军侯的封国被废除。那以后四年，大将军卫青去世，被封谥号为烈侯。他的儿子卫伉接替爵位做长平侯。

自大将军围单于之后，十四年而卒。竟不复击匈奴者，以汉马少，而方南诛两越，东伐朝鲜，击羌、西南夷，以故久不伐胡。

自从大将军围攻单于以后，过了十四年而去世。这期间终于没有再攻打匈奴的原因，是因为汉朝马匹减少，又正在南方诛灭东越、南越，在东方讨伐朝鲜，攻击羌人、西南夷，所以长时间没有征伐匈奴。

大将军以其得尚平阳长公主故，长平侯伉代侯。六岁，坐法失侯。

因为大将军卫青娶了平阳长公主的缘故，长平侯卫伉才能接替侯爵。六年后，他由于犯法失去了侯爵。

左方两大将军及诸裨将名。

下面是两位大将军和诸位副将的名单：

最大将军青，凡七出击匈奴，斩捕首虏五万余级。一与单于战，收河南地，遂置朔方郡，再益封，凡万一千八百户。封三子为侯，侯千三百户。并之，万五千七百户。其校尉裨将以从大将军侯者九人。其裨将及校尉已为将者十四人。为裨将者曰李广，自有传。无传者曰：

总共大将军卫青出击匈奴共有七次，斩杀、俘虏敌军五万多人。他和单于交战一次，收复了河南地区，于是设置朔方郡，两次加封，共有一万一千八百户食邑。封他的三个儿子为侯，每人受封一千三百户。加起来，共有一万五千七百户。卫青的校尉副将由于跟随大将军出征而被封侯的有九人。他的副将和校尉已经任将军的有十四人。作为副将的有位叫李广，自有传记。没有传记的有：

将军公孙贺。贺，义渠人，其先胡种。贺父浑邪，景帝时为平曲侯，坐法失侯。贺，武帝为太子时舍人。武帝立八岁，以太仆为轻车将军，军马邑。后四岁，以轻车将军出云中。后五岁，以骑将军从大将军有功，封为南窌侯。后一岁，以左将军再从大将军出定襄，无功。后四岁，以坐酎金失侯。后八岁，以浮沮将军出五原二千余里，无功。后八岁，以太仆为丞相，封葛绎侯。贺七为将军，出击匈奴，无大功，而再侯，为丞相。坐子敬声与阳石公主奸，为巫蛊，族灭，无后。

将军公孙贺。公孙贺是义渠人，他的先辈是匈奴人。公孙贺的父亲浑邪，在景帝时期任平曲侯，因犯法失去了侯爵。公孙贺在武帝当太子时任舍人。武帝即位八年后，公孙贺以太仆的身份任轻车将军，驻军在马邑。四年后，公孙贺以轻车将军的身份从云中出塞。五年后，公孙贺以骑将军的身份随从大将军出征匈奴有功劳，被封为南窌侯。一年后，公孙贺以左将军的身份两次跟随大将军从定襄出塞，没有功劳。四年后，公孙贺由于犯了助祭金斤两和成色不足的罪而丢掉了侯爵。八年后，公孙贺以浮沮将军的身份从五原出塞二千多里，没有功劳。八年后，公孙贺以太仆的身份任丞相，被封为葛绎侯。公孙贺七次任将军，出击匈奴没有建立大功劳，而两次被封侯，任丞相。公孙贺由于儿子公孙敬声和阳石公主通奸，又搞巫蛊术，被灭族，没有后代。

将军李息，郁郅人。事景帝。至武帝立八岁，为材官将军，军马邑；后六岁，为将军，出代；后三岁，为将军，从大将军出朔方：皆无功。凡三为将军，其后常为大行。

将军李息，是郁郅人。他侍奉景帝。到武帝即位八年后，李息任材官将军，驻军在马邑；六年后，李息任将军，从代郡出塞；三年后，李息任将军，跟随大将军从朔方出塞：都无功。李息共三次任将军，后来他常常担任大行的官职。

将军公孙敖，义渠人。以郎事武帝。武帝立十二岁，为骑将军，出代，亡卒七千人，当斩，赎为庶人。后五岁，以校尉从大将军有功，封为合骑侯。后一岁，以中将军从大将军，再出定襄，无功。后二岁，以将军出北地，后骠骑期，当斩，赎为庶人。后二岁，以校尉从大将军，无功。后十四岁，以因杅将军筑受降城。七岁，复以因杅将军再出击匈奴，至余吾，亡士卒多，下吏，当斩，诈死，亡居民间五、六岁。后发觉，复系。坐妻为巫蛊，族。凡四为将军，出击匈奴，一侯。

将军公孙敖是义渠人。他以郎官的身份侍奉武帝。武帝即位十二年，他任骑将军，从代郡出塞，损失士兵七千人，被判死刑，后来出钱赎罪，成为平民。五年后，公孙敖以校尉身份尾随大将军出征匈奴有功劳，被封为合骑侯。一年后，公孙敖以中将军的身份跟随大将军，两次从定襄出塞，没有功劳。二年后，公孙敖以将军的身份从北地出塞，延误了和骠骑将军约定的时间，被判为死刑，后来出钱赎罪，成为平民。二年后，公孙敖以校尉的身份跟随大将军出征，没有功劳。十四年后，公孙敖以因杅将军的身份修筑受降城。七年后，公孙敖再以因杅将军的身份两次出击匈奴，到达余吾，士兵损失很多，被交给法官处置，判为死刑，他假装死亡，逃跑到民间居住了五六年。后来被发觉，又逮捕了他。由于他妻子搞巫蛊术，全家被杀死。公孙敖共四次任将军，出击匈奴，一次被封侯。

将军李沮，云中人。事景帝。武帝立十七岁，以左内史为强弩将军。后一岁，复为强弩将军。

将军李沮是云中人。他侍奉景帝。武帝即位十七年，李沮以左内史的身份任强弩将军。一年后，他再任强弩将军。

将军李蔡，成纪人也。事孝文帝、景帝、武帝。以轻车将军从大将军有功，封为乐安侯。已为丞相，坐法死。

将军李蔡是成纪人。他侍奉过孝文帝、景帝、武帝。他以轻车将军的身份跟随大将军出征有功劳，被封为乐安侯。他随后当了丞相，因犯法被处死。

将军张次公，河东人。以校尉从卫将军青有功，封为岸头侯。其后太后崩，为将军，军北军。后一岁，为将军，从大将军。再为将军，坐法失侯。次公父隆，轻车武射也。以善射，景帝幸近之也。

将军张次公是河东人。他以校尉的身份跟随卫青将军出征匈奴有功劳，被封为岸头侯。后来太后去世，张次公任将军，驻守北军总部。一年后，他任将军，跟随大将军出征匈奴。他两次担任将军，后来因犯法失去了侯爵。张次公的父亲叫张隆，是驾驶轻车的勇武射手。由于他善于射箭，景帝喜欢、亲近他。

将军苏建，杜陵人。以校尉从卫将军青，有功，为平陵侯，以将军筑朔方。后四岁，为游击将军，从大将军出朔方。后一岁。以右将军再从大将军出定襄，亡翕侯，失军，当斩，赎为庶人。其后为代郡太守。卒，冢在大犹乡。

将军苏建是杜陵人。他以校尉的身份跟随卫青将军出征，有功劳，被封为平陵侯，又以将军的身份筑朔方城。四年后，他任游击将军，跟随大将军从朔方出塞。一年后，他以右将军的身份两次跟随大将军从定襄出塞，结果翕侯逃亡，大军覆没，被判为死刑，后出钱赎罪，成为庶民。后来他任代郡太守。他死后，坟墓在大犹乡。

将军赵信，以匈奴相国降，为翕侯。武帝立十七岁，为前将军，与单于战，败，降匈奴。

将军赵信，以匈奴相国的身份投降汉朝，被封为翕侯。武帝即位十七年，赵信任前将军，和单于作战，失败，投降了匈奴。

将军张骞，以使通大夏，还，为校尉。从大将军有功，封为博望侯。后三岁，为将军，出右北平，失期，当斩，赎为庶人。其后使通乌孙，为大行而卒，冢在汉中。

将军张骞，以使者的身份与大夏沟通，回来后，任校尉。他跟随大将军出征匈奴有功劳，被封为博望侯。三年后，他任将军，从右北平出塞，耽误了约定的军期，被判死刑，出钱赎罪，成为平民。后来他作为使者沟通乌孙，担任大行，便死亡了，坟墓在汉中。

将军赵食其，祋祤人也。武帝立二十二岁，以主爵为右将军，从大将军出定襄，迷失道，当斩，赎为庶人。

将军赵食其是祋祤人。武帝即位二十二年，赵食其以主爵都尉的身份任右将军，跟随大将军从定襄出塞，因为迷路而延误了军期，被判死刑，后来出钱赎罪，成为平民。

将军曹襄，以平阳侯为后将军，从大将军出定襄。襄，曹参孙也。

将军曹襄，以平阳侯的身份任后将军，跟随大将军从定襄出塞。曹襄，是曹参的孙子。

将军韩说，弓高侯庶孙也。以校尉从大将军有功，为龙額侯。坐酎金失侯。元鼎六年，以待诏为横海将军，击东越有功，为按道侯。以太初三年为游击将军，屯于五原外列城。为光禄勋，掘蛊太子宫，卫太子杀之。

将军韩说是弓高侯韩穨当的庶出孙子。他以校尉的身份跟随大将军出征有功劳，被封为龙額侯，后来因犯了助祭金斤两或成色不足的罪而失去了侯爵。元鼎六年，韩说以待诏的身份任横海将军，攻打东越有功劳，被封为按道侯。他在太初三年任游击将军，驻扎在五原以外的一些城堡。后来他任光禄勋，由于到太子宫中挖掘巫蛊罪证，被卫太子杀害。

将军郭昌，云中人也。以校尉从大将军。元封四年，以太中大夫为拔胡将军，屯朔方。还击昆

明，毋功，夺印。

将军郭昌是云中人。他以校尉的身份跟随大将军出征。元封四年，他以太中大夫的身份任拔胡将军，驻守在朔方。回来以后去进攻昆明，没有功劳，被收回了官印罢官。

将军荀彘，太原广武人。以御见，侍中；为校尉，数从大将军。以元封三年为左将军击朝鲜，毋功。以捕楼船将军坐法死。

将军荀彘是太原郡广武人。他凭着善于驾车求见皇上，被任命为侍中，又当了校尉，多次跟随大将军出征。他在元封三年任左将军去攻打朝鲜，没有功劳。他由于捕获楼船将军犯了法，而被处死。

最骠骑将军去病，凡六出击匈奴，其四出以将军，斩捕首虏十一万余级。及浑邪王以众降数万，遂开河西酒泉之地，西方益少胡寇。四益封，凡万五千一百户。其校吏有功为侯者凡六人，而后为将军二人。

总计骠骑将军霍去病攻击匈奴共有六次，其中四次是以将军身份出击，斩杀、俘虏敌军十一万多人。等到浑邪王带领部众几万人投降后，于是开拓了河西、酒泉地区，西部匈奴的侵扰越发减少。霍去病被四次加封，共受封一万五千一百户。他的校尉因为有功劳而被封侯的共有六人，以后成为将军的有两人。

将军路博德，平州人。以右北平太守从骠骑将军有功，为符离侯。骠骑死后，博德以卫尉为伏波将军，伐破南越，益封。其后坐法失侯。为强弩都尉，屯居延，卒。

将军路博德是平州人。他以右北平大守的身份跟随骠骑将军出征有功劳，被封为符离侯。骠骑将军去世后，路博德以卫尉的身份任伏波将军，讨伐、打败了南越，被加封。后来他因为犯法而失去了侯爵。后来，他任强弩都尉，驻守在居延，直到去世。

将军赵破奴，故九原人。尝亡入匈奴，已而归汉，为骠骑将军司马，出北地时有功，封为从骠侯。坐酎金失侯。后一岁，为匈河将军，攻胡至匈河水，无功。后二岁，击虏楼兰王，复封为浞野侯。后六岁，为浚稽将军，将二万骑击匈奴左贤王，左贤王与战，兵八万骑围破奴，破奴生为虏所得，遂没其军。居匈奴中十岁，复与其太子安国亡入汉。后坐巫蛊，族。

将军赵破奴曾经是九原人。他曾经逃跑进入匈奴那里，不久又回到汉朝，担任骠骑将军的司马。他从北地出塞进攻匈奴，经常有功劳，被封为从骠侯。后来他因犯了助祭金斤两或成色不足的罪而失去了侯爵。一年后，他任匈河将军，攻打匈奴直到匈河水，没有功劳。二年后，他带兵进攻并俘获了楼兰王，又被封为浞野侯。六年后，他任浚稽将军，率领二万骑兵攻打匈奴左贤王，左贤王同他交战，用八万骑兵围攻赵破奴。赵破奴被匈奴活捉，于是全军覆没。赵破奴在匈奴居留了十年，又和他的长子赵安国逃回汉朝。后来，他由于犯了巫蛊罪，被灭族。

自卫氏兴，大将军青首封，其后枝属为五侯。凡二十四岁而五侯尽夺，卫氏无为侯者。

自从卫氏兴起，大将军卫青最早受封，后来他的子孙有五人被封为侯。总计二十四年而五个侯爵全被剥夺，卫家没有做列侯的人了。

太史公曰：苏建语余曰："吾尝责大将军至尊重而天下之贤大夫毋称焉，愿将军观古名将所招选择贤者，勉之哉。大将军谢曰：'自魏其、武安之厚宾客，天子常切齿。彼亲附士大夫，招贤绌不肖者，人主之柄也。人臣奉法遵职而已，何与招士！'"骠骑亦放此意。其为将如此。

太史公说：苏建告诉我说："我曾经批评大将军极为尊贵，而天下的贤士大夫都不称誉他，希望将军能够借鉴古代那些招选贤人的名将，来努力去做吧。大将军谢绝说：'自从魏其侯、武安侯优待宾客，天子常对此切齿痛恨。那亲近、笼络士大夫，招选贤能、废除无才的人的事，是国君的权柄。作为人臣只要遵守法度、安守职责罢了，何必参与招造人才呢！'"骠骑将军霍去病也效仿这种态度，他们做将军就是这样。

史记第一百一十二卷

平津侯主父列传第五十二

丞相公孙弘者，齐淄川国薛县人也，字季。少时为薛狱吏，有罪，免。家贫，牧豕海上。年四十余，乃学《春秋》杂说。养后母孝谨。

丞相公孙弘，是齐地淄川国薛县人，表字叫季。他年轻时做薛县的监狱官员，犯了罪被罢免。他家里贫穷，到海边去牧猪。他四十多岁时，才学习《春秋》和各家对《春秋》的解释。他奉养后母孝顺而恭谨。

建元元年，天子初即位，招贤良文学之士。是时弘年六十，征以贤良为博士。使匈奴，还报，不合上意，上怒，以为不能，弘乃病免归。

建元元年，天子刚登位，招选贤良文学之士。当时公孙弘六十岁，以贤良的身份被征召当了博士。他出使匈奴，回来汇报，不合皇上的心意，皇上发怒，认为他无能，公孙弘就借病免官回家。

元光五年，有诏征文学，淄川国复推上公孙弘。弘让谢国人曰："臣已尝西应命，以不能罢归，愿更推选。"国人固推弘，弘至太常。太常令所征儒士各对策，百余人，弘第居下。策奏，天子擢弘对为第一。召入见，状貌甚丽，拜为博士。是时通西南夷道，置郡，巴、蜀民苦之，诏使弘视之。还奏事，盛毁西南夷无所用，上不听。

元光五年，皇帝下诏书征召文学之士，淄川国再推举公孙弘。公孙弘向国人推让辞谢说："我曾经已到西边京城去应皇上的任命，因为没有才能而被罢免回来，希望改为推荐别人。"国人坚持推荐公孙弘，公孙弘就到了太常那里。太常让所征召的儒士分别对策，有一百多人，公孙弘排在最后。对策文章送到皇上那里，武帝将公孙弘的对策提拔为第一名。召他进宫来见面，武帝见他相貌非常英俊，任命他为博士。这时汉朝沟通了西南夷的道路，设置了郡，巴蜀民众对此感到困苦，皇上诏命公孙弘去视察。公孙弘回来向皇上汇报，极力诋毁西南夷没有什么用处，皇上没有听从。

弘为人恢奇多闻，常称以为人主病不广大，人臣病不俭节。弘为布被，食不重肉。后母死，服丧三年。每朝会议，开陈其端，令人主自择，不肯面折庭争。于是天子察其行敦厚，辩论有余，习文法吏事，而又缘饰以儒术，上大说之。二岁中，至左内史。弘奏事，有不可，不庭辩之。尝与主爵都尉汲黯请间，汲黯先发之，弘推其后，天子常说，所言皆听，以此日益亲贵。尝与公卿约议，至上前，皆倍其约以顺上旨。汲黯庭诘弘曰："齐人多诈而无情实，始与臣等建此议，今皆倍之，不忠。"上问弘，弘谢曰："夫知臣者以臣为忠，不知臣者以臣为不忠。"上然弘言。左右幸臣每毁弘，上益厚遇之。

公孙弘为人杰出、见多识广，常常声称人主的毛病在于心胸不广大，人臣的毛病在于不节俭。公孙弘盖布被，吃饭时不吃两种以上的肉菜。他后母去世，守了三年丧。他每次在朝廷上一起商讨事情，总是先开头陈述事端，让人主自己来抉择，不愿意当面反驳，当庭争辩。于是天子观察发现他品行忠厚，善于辩论，熟悉法律条文和官场上的事务，而且还能用儒学观点来加以文饰，皇上对他十分宠信。在两年之内，他官至左内史。公孙弘上奏事情，有时不被采纳，他就不在朝廷上争辩。他曾经和主爵都尉汲黯请求皇上在闲暇时间接见，汲黯先将事情提出，公孙弘随后加以阐述，天子常很高兴，他所说的话都予采纳，因此公孙弘一天比一天受到亲近，地位显贵。他曾经和公卿大臣事前约定某项建议，到了皇上面前，他却全部违背了约定，而顺从皇上的意旨。汲黯在朝廷上诘难公孙弘说："齐地人大多都奸诈而没有真情，你开始和我们提出这项建议，如今全都违背了，不忠诚。"皇上问公孙弘。公孙弘谢罪说："了解我的人认为我是忠诚，不了解我的人认为我是不忠诚。"皇上认为公孙弘的话对。皇上身边宠幸的大臣常常诽谤公孙弘，皇上越发优待公孙弘。

元朔三年，张欧免，以弘为御史大夫。是时通西南夷，东置沧海，北筑朔方之郡。弘数谏，以为罢敝中国以奉无用之地，愿罢之。于是天子乃使朱买臣等难弘置朔方之便。发十策，弘不得一。弘乃谢曰："山东鄙人，不知其便若是，愿罢西南夷、沧海而专奉朔方。"上乃许之。

元朔三年，张欧被免官，任命公孙弘做御史大夫。当时汉朝正开通西南夷，在东边设置沧海郡，在北方修筑朔方郡。公孙弘多次进谏，认为这样做是使中国疲惫不堪来经营无用的地方，希望停止这些事情。于是天子就派朱买臣等人用设置朔方郡的利处来责难公孙弘。提出了十个问题，公孙弘一个也回答不上。公孙弘于是谢罪说："我是山东卑陋的人，不了解筑朔方郡有这般好处，希望停止开通西南夷、设置沧海郡的事，而专心经营朔方郡。"皇上才答应了。

汲黯曰："弘位在三公，奉禄甚多，然为布被，此诈也。"上问弘。弘谢曰："有之。夫九卿与臣善者无过黯，然今日庭诘弘，诚中弘之病。夫以三公为布被，诚饰诈欲以钓名。且臣闻管仲相齐，有三归，侈拟于君，桓公以霸，亦上僭于君；晏婴相景公，食不重肉，妾不衣丝，齐国亦治，此下比于民。今臣弘位为御史大夫，而为布被，自九卿以下至于小吏，无差，诚如汲黯言。且无汲黯忠，陛下安得闻此言?"天子以为谦让，愈益厚之。卒以弘为丞相，封平津侯。

汲黯说："公孙弘位列三公，俸禄很多，但盖布被，这是欺骗。"皇上问公孙弘。公孙弘谢罪说："有这样的事。九卿中和我关系好的没有超过汲黯的了，可是他今天在朝廷诘难我，确实说中了我的毛病。以三公的身份而盖布被，确实是虚伪欺诈想要钓取美名。况且我听说管仲做齐国国相，有三处住宅，其奢侈可以和国君相比，齐桓公倚仗他而称霸，也是对国君的越礼行为。晏婴做齐景公的国相，吃饭不吃两种以上肉菜，姬妾不穿丝织衣服，齐国也治理得很好，这是晏婴向下和百姓看齐。如今我职位是御史大夫，而盖布被，这使得从九卿以下直到小官吏，没有贵贱的区别，确实像汲黯所说的那样。况且没有汲黯的忠诚，陛下怎么能听到这样的话呢！"天子以为公孙弘谦恭礼让，越发看重他。终于让公孙弘做了丞相，封他为平津侯。

弘为人意忌，外宽内深。诸尝与弘有郤者，虽详与善，阴报其祸。杀主父偃，徙董仲舒于胶西，皆弘之力也。食一肉脱粟之饭，故人、所善宾客，仰衣食，弘奉禄皆以给之，家无所余。士亦以此贤之。

公孙弘为人猜疑嫉妒，外表宽容而内心城府很深。那些曾经和公孙弘有仇怨的人，公孙弘虽然假装和他们相处很好，暗中却用灾祸来报复他们。杀害了主父偃，把董仲舒调迁到胶西，都是公孙弘的作用。他每顿吃一个肉菜和脱壳的粗饭，老朋友和他喜欢的门客，需要衣食，公孙弘的俸禄都用来供给他们，家里没有余财。士人也因此而认为他贤能。

淮南、衡山谋反，治党与方急。弘病甚，自以为无功而封，位至丞相，宜佐明主填抚国家，使人由臣子之道。今诸侯有畔逆之计，此皆宰相奉职不称，恐窃病死，无以塞责，乃上书曰："臣闻天下之通道五，所以行之者三。曰君臣、父子、兄弟、夫妇、长幼之序——此五者，天下之通道也；智、仁、勇——此三者，天下之通德，所以行之者也。故曰'力行近乎仁，好问近乎智，知耻近乎勇'。知此三者，则知所以自治；知所以自治，然后知所以治人。天下未有不能自治而能治人者也，此百世不易之道也。今陛下躬行大孝，鉴三王，建周道，兼文武，厉贤予禄，量能授官。今臣弘罢驽之质，无汗马之劳，陛下过意擢臣弘卒伍之中，封为列侯，致位三公。臣弘行能不足以称，素有负薪之病，恐先狗马填沟壑，终无以报德塞责。愿归侯印，乞骸骨，避贤者路。"天子报曰："古者赏有功，褒有德，守成尚文，遭遇右武，未有易此者也。朕宿昔庶几获承尊位，惧不能宁，惟所与共为治者，君宜知之。盖君子善善恶恶，君若谨行，常在朕躬。君不幸罹霜露之病，何恙不已，乃上书归侯，乞骸骨，是章朕之不德也。今事少闲，君其省思虑，一精神，辅以医药。"因赐告牛酒杂帛。居数月，病有瘳，视事。

淮南王、衡山王谋反，朝廷追究党羽正危急的时候，公孙弘病得很重，自己认为没有什么功劳而被封侯，官位升到丞相，应该辅助贤明的国君安抚国家，使人们都遵循作为臣子的道理。现在诸侯有反叛的阴谋，这都是宰相不称职，害怕这样默默地病死，无法来搪塞责任。于是他向皇上上书说："我听说天下的常道有五条，用来实行这五条常道的有三种美德。君臣、父子、兄弟、夫妇和长幼的次序。这五方面是天下的常道。智慧、仁爱和勇敢，这三方面是天下的常德，是用来实行常道的。

因此孔子说‘努力实践接近于仁，喜欢询问接近于智，知道羞耻接近于勇’。懂得这三种情况，那就知道如何自我约束，知道如何自我约束，然后知道如何约束别人。天下还没有不能自我约束而能约束别人的，这是百代不变的道理。如今陛下亲自实行大孝，借鉴三王，建立周朝的治国原则，兼有文王和武王的才德，激励贤人而给予俸禄，根据才能来授予官职。如今我的才质低下，没有汗马功劳，陛下特意把我从军队中提升起来，封为列侯，放置到三公的位上。我的品行才能无法和官位相称，平时又有病，担心先于狗马一类短命畜牲而死去，最终无法报答陛下的恩德和搪塞责任。希望交回侯印，辞官回乡，给贤能的人让开路。”天子答复他说：“古代奖赏有功的人，褒扬有德的人，保持前人的成业要崇尚文德，遭遇祸乱要重视武功，没有改变这个道理的。我以前勉强地得以继承皇位，担心不能安宁，只想和各位大臣共同治理，你应该知道这一点。君子都喜欢善良的人而憎恶丑恶的人，你如果谨慎行事，可以常在我身边做官。你不幸患了霜露风寒的病，何必担忧不痊愈，居然上书交回侯印，请求辞官回乡，这是显扬我的无德呀。如今事情稍微少了些，你应该减少思虑，集中精神，再用医药辅助治疗。”于是允许公孙弘继续休假，赐给他牛、酒和各种布帛。过了几个月，公孙弘病好了，就开始处理政事。

元狩二年，弘病，竟以丞相终。子度嗣为平津侯。度为山阳太守十余岁，坐法失侯。

元狩二年，公孙弘得病，终于以丞相的身份死去。他儿子公孙度继承平津侯的爵位。公孙度任山阳太守十多年，因违法而失去了侯爵。

主父偃者，齐临菑人也。学长短纵横之术，晚乃学《易》、《春秋》、百家言。游齐诸生间，莫能厚遇也。齐诸儒生相与排摈，不容于齐。家贫，假贷无所得，乃北游燕、赵、中山，皆莫能厚遇，为客甚困。孝武元光元年中，以为诸侯莫足游者，乃西入关见卫将军。卫将军数言上，上不召。资用乏，留久，诸公宾客多厌之，乃上书阙下。朝奏，暮召入见。所言九事，其八事为律令，一事谏伐匈奴。其辞曰：

主父偃是齐地临菑人。他学习纵横家的学说，晚年才学习《周易》、《春秋》、诸子百家的学说。他游学于齐地那些儒生中间，没有人肯厚待他。齐地那些儒生一起来排斥他，使他无法留在齐地。他家境贫困，向人家借贷也没法借到，于是游学到北方的燕、赵、中山等地，各地都没有谁能厚遇他，他做客很艰难。孝武帝元光元年间，他认为诸侯中没有值得去游学的，就向西进入函谷关，去拜见卫青将军。卫青将军多次向皇上推荐他，皇上不肯召见他。他的钱财很少，留在长安很长时间，许多达官贵人的宾客们都很讨厌他，于是他就向皇帝上书。早晨递上奏书，傍晚时皇帝就召他进去相见。他所说的九件事，其中八件是法律条令方面的事，一件是进谏攻打匈奴的事。其原文说：

臣闻明主不恶切谏以博观，忠臣不敢避重诛以直谏，是故事无遗策而功流万世。今臣不敢隐忠避死以效愚计，愿陛下幸赦而少察之。

我听说贤明的国君不厌恶深切的谏言而来广泛地观察，忠诚的大臣不敢逃避重重的处罚而直言劝谏，所以事情没有失策而功名流传万代。如今我不敢隐讳忠心，逃避死亡而来献出我愚昧的想法，希望陛下赦免我的过错，稍微考察一下我的想法。

《司马法》曰：“国虽大，好战必亡；天下虽平，忘战必危。”天下既平，天子大凯；春蒐秋狝，诸侯春振旅，秋治兵，所以不忘战也。且夫怒者逆德也，兵者凶器也，争者末节也。古之人君一怒必伏尸流血，故圣王重行之。夫务战胜穷武事者，未有不悔者也。昔秦皇帝任战胜之威，蚕食天下，并吞战国，海内为一，功齐三代。务胜不休，欲攻匈奴，李斯谏曰：“不可。夫匈奴无城郭之居，委积之守，迁徙鸟举，难得而制也。轻兵深入，粮食必绝；踵粮以行，重不及事。得其地不足以为利也，遇其民不可役而守也。胜必杀之，非民父母也。靡弊中国，快心匈奴，非长策也。”秦皇帝不听，遂使蒙恬将兵攻胡，辟地千里，以河为境。地固泽卤，不生五谷。然后发天下丁男以守北河。暴兵露师十有余年，死者不可胜数，终不能逾河而北。是岂人众不足、兵革不备哉？其势不可也。又使天下蜚刍挽粟，起于黄、腄、琅邪负海之郡，转输北河，率三十钟而致一石。男子疾耕不足于粮饷，女子纺绩不足于帷幕。百姓靡敝，孤寡老弱不能相养，道路死者相望，盖天下始畔秦也。

《司马法》上说：“国家虽然大，假如喜欢战争就一定会灭亡；天下虽然太平，假如忘记战争就一定有危险。”天下已经平定，天子高奏《大凯》的乐章，春秋两季分别举行狩猎活动，诸侯在春天整顿军队，在秋天操练军队，是为了不忘记战争。况且发怒是悖逆的行为，兵器是不祥的东西，争斗是最末的节操。古代君主一发怒就一定尸首伏地流血遍野，所以圣明的天子对发怒的事非常慎重。致力于战争取胜、穷兵黩武事情的人，没有不招致后悔的。从前秦始皇凭借战胜的兵威，蚕食天下，吞并了交战的国家，统一了天下，功业和夏、商、周三代开国君主相当。他追求胜利没有休止，又想攻打匈奴，李斯劝谏说："不可以攻打匈奴。匈奴没有城郭居住，也没有堆积的财物可守，流动迁移，像鸟飞一样，难以得到他们并加以控制。如果派轻便军队深入匈奴，粮食肯定断绝，假如携带军粮来进兵，粮重难运，解决不了问题。得到了他们的土地也无利可图，遇到他们百姓，也不能役使而加以守护。战胜了就一定要杀死他们，这不是作为百姓父母的君主所应做的事。使中国疲惫，而以攻打匈奴作为愉快的事，这不是好的计策。"秦始皇没有听从，于是派蒙恬率领军队攻打匈奴，开辟土地千里，以黄河为国界。那里土地本来就是盐碱地，不生长五谷。接着，秦始皇调发天下成年男人去守卫北河地区。军队在旷野驻守了十多年，死的人不计其数，始终没有能渡过黄河向北进军。这难道是人马不足，装备不齐备吗？这是形势不允许呀。秦始皇又使天下百姓快速转运粮草，从黄县、腄县和琅邪郡靠海的地方起，转运到北河，一般是发运三十钟粮食，到达时才得到一石。男人尽力耕田，满足不了粮食的需要，女人纺线绩麻，满足不了军队帷幕的需要。百姓疲惫不堪，老弱病残的人得不到供养，路上死的人一个挨着一个，就是因为这个原因，天下才开始反叛秦朝。

及至高皇帝定天下，略地于边，闻匈奴聚于代谷之外而欲击之。御史成进谏曰："不可。夫匈奴之性，兽聚而鸟散，从之如搏影。今以陛下盛德攻匈奴，臣窃危之。"高帝不听，遂北至于代谷，果有平城之围。高皇帝盖悔之甚，乃使刘敬往结和亲之约，然后天下忘干戈之事。故《兵法》曰："兴师十万，日费千金。"夫秦常积众暴兵数十万人，虽有覆军杀将、系虏单于之功，亦适足以结怨深雠，不足以偿天下之费。夫上虚府库，下敝百姓，甘心于外国，非完事也。夫匈奴难得而制，非一世也。行盗侵驱，所以为业也，天性固然。上及虞、夏、殷、周，固弗程督，禽兽畜之，不属为人。夫上不观虞、夏、殷、周之统，而下循近世之失，此臣之所大忧，百姓之所疾苦也。且夫兵久则变生，事苦则虑易。乃使边境之民弊靡愁苦而有离心，将吏相疑而外市，故尉佗、章邯得以成其私也。夫秦政之所以不行者，权分乎二子，此得失之效也。故《周书》曰："安危在出令，存亡在所用。"愿陛下详察之，少加意而熟虑焉。"

等到高皇帝平定了天下，占领了边境的土地，听到匈奴聚集在代郡的山谷以外，就想讨伐他们。御史成劝谏说："不可以进攻匈奴。匈奴的习性，像野兽聚集和鸟儿飞散一样，追赶他们就如捕捉影子一样。如今凭借陛下的盛德去攻打匈奴，我私下里认为是危险的。高帝没有听从，于是向北到达了代郡的山谷，果然发生了平城被围的危险。高皇帝大概十分后悔，于是派刘敬去缔结和亲的盟约，这以后，天下的百姓忘记了战争之事。所以《孙子兵法》上说："发兵十万，每天耗费千金。"秦朝经常聚积民众、驻扎军队几十万人，虽然有歼灭敌军斩杀敌将、俘虏单于的功劳，但也正好足以结下深仇大恨，不足以补偿天下耗费的财物。这样上使国库空虚，下使百姓疲惫，扬威于外国而称心快意，并不是美好的事情。匈奴难以得到而控制住，这并非一代的事。他们偷盗侵犯驱驰，以此作为职业，天性本来就是这样。上自虞舜、夏朝、商朝和周朝，本来就不向他们征课赋税，不对他们督察责罚，只把他们当作禽兽看待，而不视为人类。上不借鉴虞、夏、商、周的经验，下却遵循近世的错误做法，这是我最大的忧虑，是老百姓感到痛苦的事。况且战争时间长了，就会发生变乱；做事艰苦，思想就会起变化。就使得边境的百姓疲惫愁苦而产生离心，将军和官吏们互相猜疑而与外国勾结，所以尉佗和章邯才能成就他们的个人野心。秦朝政令所以不能推行的缘由，是因为国家大权被这两人瓜分，这就是政治得失的证明。所以《周书》上说："天下安危在于天子出什么样的号令，国家存亡在于天子用什么样的人物。"希望陛下仔细考察这个问题，稍微加以注意，深思熟虑。

是时赵人徐乐、齐人严安俱上书言世务，各一事。

这时，赵人徐乐、齐人严安都向皇帝上书谈论当代政务，每人讲了一件事。

徐乐曰：臣闻天下之患在于土崩，不在于瓦解，古今一也。何谓土崩？秦之末世是也。陈涉无千乘之尊，尺土之地，身非王公大人名族之后，无乡曲之誉，非有孔、墨、曾子之贤，陶朱、猗顿之富也，然起穷巷，奋棘矜，偏袒大呼而天下从风，此其故何也？由民困而主不恤，下怨而上不知，俗已乱

而政不脩，此三者陈涉之所以为资也。是之谓土崩。故曰天下之患在于土崩。何谓瓦解？吴、楚、齐、赵之兵是也。七国谋为大逆，号皆称万乘之君，带甲数十万，威足以严其境内，财足以劝其士民，然不能西攘尺寸之地而身为禽于中原者，此其故何也？非权轻于匹夫而兵弱于陈涉也，当是之时，先帝之德泽未衰而安土乐俗之民众，故诸侯无境外之助。此之谓瓦解。故曰天下之患不在瓦解。由是观之，天下诚有土崩之势，虽布衣穷处之士或首恶而危海内，陈涉是也，况三晋之君或存乎！天下虽未有大治也，诚能无土崩之势，虽有强国劲兵不得旋踵而身为禽矣，吴、楚、齐、赵是也，况群臣百姓能为乱乎哉！此二体者，安危之明要也，贤主所留意而深察也。

徐乐说：我听说国家的忧患在于土崩，而不在于瓦解，从古至今都是一样的。什么叫土崩呢？秦朝末年就是。陈涉没有诸侯的高贵，没有一尺的封地，自身也不是王公大人和有名望贵族的后代，没有乡里的称誉，没有孔子、墨子、曾子的贤才，陶朱、猗顿的富有，可是他从贫穷的乡间起兵，举起戟矛，袒露一臂而大喊，天下闻风响应，这是什么原因呢？因为人民贫困而国君不加以体恤，下面怨恨而上面的人不知道，世俗已经败坏而政治不修明，这三项是陈涉用来作为凭借的客观条件。这就叫作土崩。所以说国家的忧患在于土崩。什么叫瓦解呢？吴、楚、齐、赵的军事叛乱就是。吴、楚等七国阴谋叛乱，他们都自称万乘君主，有披甲的士兵几十万，威严足以整齐他们国家的境内，财力足以劝勉他们国家的百姓，可他们不能向西夺取尺寸的土地而自身却被朝廷擒获，这是什么原因呢？不是他们的权势比匹夫小，不是他们的兵力比陈涉弱，而是因为正当那时候，先帝的恩德遗泽尚未衰减，安于乡土、喜欢时俗的百姓很多，所以诸侯没有封国境外的援助。这就叫作瓦解。说国家的忧患不在于瓦解。从这看来，天下果真有土崩的形势，即使是穿粗布衣服、住穷巷茅屋的人也会首先发难而使国家遭到危害，陈涉就是这样。何况还有三晋国君一类的人物可能存在呢！天下虽然还没有大治，如果真能没有土崩的形势，就是有强国劲兵起来反叛，也会在转身之间遭到擒灭，吴、楚、齐、赵就是这样，何况群臣百姓能够起来造反呢！这两个主要方面，是关系国家安危的明显的根本所在，贤明的君主对此都要留心而深入考察的。

间者关东五谷不登，年岁未复，民多穷困，重之以边境之事，推数循理而观之，则民且有不安其处者矣。不安，故易动；易动者，土崩之势也。故贤主独观万化之原，明于安危之机，脩之庙堂之上，而销未形之患。其要，期使天下无土崩之势而已矣。故虽有强国劲兵，陛下逐走兽，射蜚鸟，弘游燕之囿，淫纵恣之观，极驰骋之乐，自若也。金石丝竹之声不绝于耳，帷帐之私、俳优侏儒之笑不乏于前，而天下无宿忧。名何必汤、武，俗何必成、康！虽然，臣窃以为陛下天然之圣，宽仁之资，而诚以天下为务，则汤、武之名不难侔，而成、康之俗可复兴也。此二体者立，然后处尊安之实，扬名广誉于当世，亲天下而服四夷，余恩遗德为数世隆，南面负扆摄袂而揖王公，此陛下之所服也。臣闻图王不成，其敝足以安。安则陛下何求而不得，何为而不成，何征而不服乎哉！”

最近来关东地区五谷歉收，年景还未恢复，百姓大多穷困，再加上边境的战事，按照规律和常理来看，那么人民将会有不安心本地的情况了。不安心就容易骚动。容易骚动，就是土崩的形势。所以，贤明的君王能独自看到万物变化的各种原因，知晓安危的关键，只在朝廷上治理政事，却能消除尚未形成的祸患。其中最关键的就是想办法使国家不出现土崩的形势罢。所以即使有强国强兵，陛下仍然可以追赶走兽，射击飞鸟，扩大游宴的场所，无克制地纵情观赏，极尽驱马打猎的快乐，安然自得。各种乐器的演奏声不绝于耳，帷帐中与美女的情爱和俳优侏儒的笑声总在面前出现，然而天下没有积久的忧患。名声何必要像汤王、武王那样高，民俗何必要像成王、康王时那样好！虽然这样，我觉得陛下是天生的圣人，有宽厚仁爱的资质，果真以治理天下作为自己的基本职责，那么汤王、武王的名声就不难赶上，而成王、康王时的世俗就可重新兴现。这两种情况确立了，然后可以处于尊贵安逸的实际境地，在当代传扬美名，扩大名誉，亲近天下人而降服四方蛮夷，你的余恩遗德将盛传几代，面朝南方，背影屏风，卷起袖子，向王公大臣拱手行礼，这就是陛下所要做的事了。我听说想实行王道，即使不成功，最差也可以使国家安宁。天下安宁，陛下哪会需要什么而得不到，要干什么而不成功，讨伐谁而不降服呢！

严安上书曰：臣闻周有天下，其治三百余岁，成、康其隆也，刑错四十余年而不用；及其衰也，亦三百余岁，故五伯更起。五伯者，常佐天子兴利除害，诛暴禁邪，匡正海内，以尊天子。五伯既没，贤

圣莫续，天子孤弱，号令不行。诸侯恣行，强陵弱，众暴寡，田常篡齐，六卿分晋，并为战国，此民之始苦也。于是强国务攻，弱国备守，合从连横，驰车击毂，介胄生虮虱，民无所告愬。

严安上书说：我听说周朝据有天下，它统治有三百多年，成王、康王时代是它的鼎盛时期，刑罚四十多年而搁置不用。待到周朝衰落，也经历了三百多年，所以春秋五霸相继兴起。五位霸主经常辅助天子兴利除害，诛伐暴虐，禁止奸邪，在海内匡扶正道，使天子得以尊贵。五霸都去世后，没有圣贤的人继起，天子孤立衰微，号令不能颁行。诸侯恣意行事，强大的欺陵弱小的，人多的损害人少的，田常篡夺了齐国的政权，六卿瓜分了晋国的土地，共同形成了战国，这是人民受苦的开始。于是，强国致力于战争，弱国备战防守，出现了合纵、连横，车马驱驰，来往相撞，战士的盔甲生满了虮虱，百姓无处诉苦。

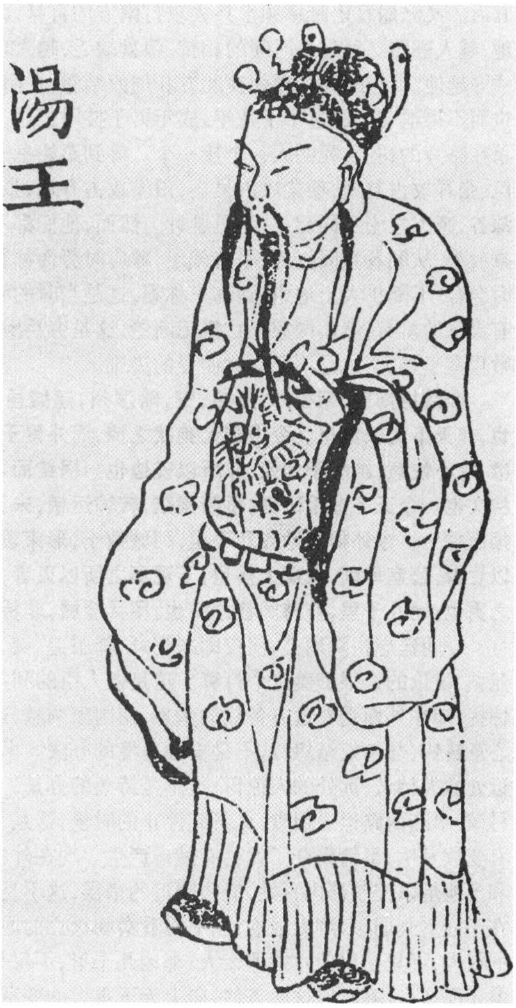

汤王像，选自《有商志传》。

及至秦王，蚕食天下，并吞战国，称号曰皇帝，主海内之政，坏诸侯之城，销其兵，铸以为钟虡，示不复用。元元黎民得免于战国，逢明天子，人人自以为更生。向使秦缓其刑罚，薄赋敛，省繇役，贵仁义，贱权利，上笃厚，下智巧，变风易俗，化于海内，则世世必安矣。秦不行是风而循其故俗，为智巧权利者进，笃厚忠信者退，法严政峻，谄谀者众，日闻其美，意广心轶。欲肆威海外，乃使蒙恬将兵以北攻胡，辟地进境，戍于北河，蜚刍挽粟以随其后。又使尉屠睢将楼船之士南攻百越，使监禄凿渠运粮，深入越，越人遁逃。旷日持久，粮食绝乏，越人击之，秦兵大败。秦乃使尉佗将卒以戍越。当是时，秦祸北构于胡，南挂于越，宿兵无用之地，进而不得退。行十余年，丁男被甲，丁女转输，苦不聊生，自经于道树，死者相望。及秦皇帝崩，天下大叛。陈胜、吴广举陈，武臣、张耳举赵，项梁举吴，田儋举齐，景驹举郢，周市举魏，韩广举燕，穷山通谷豪士并起，不可胜载也。然皆非公侯之后，非长官之吏也。无尺寸之势，起闾巷，杖棘矜，应时而皆动，不谋而俱起，不约而同会，壤长地进，至于霸王，时教使然也。秦贵为天子，富有天下，灭世绝祀者，穷兵之祸也。故周失之弱，秦失之强，不变之患也。

等到秦王嬴政，蚕食天下，吞灭了战国，号称为“皇帝”，掌管全国的政治，毁坏诸侯的都城，销毁他们的兵器，用来铸为钟虡，表示不再用兵。广大人民得以免于战争的灾害，遇上了贤明天子，人人都自认为得到了新生。假使秦朝宽缓它的刑罚，少征赋税，减轻徭役，贵重仁义，贱视权势利益，推崇忠厚，鄙视智巧，移风易俗，使全国百姓得到教化，那么世世代代一定太平了。但是秦朝不推行这种风气而因循以前的风俗，使那些长于智巧权力的人得以进用，忠厚诚信的人却被斥退；法律残酷，政治严峻，阿谀奉承的人很多，天天听到他们的赞扬声，于是就想入非非。想要肆行威权于海外，就派蒙恬率领军队向北攻打匈奴，扩张土地，推进国境，在北河驻守，使百姓快速转运粮食，跟随其后。又派尉官屠睢率领水兵去攻打南方的百越，派监御史名叫禄的凿通运河，运送粮食，深入越地，越人逃跑。经过长时间的相持，粮食缺乏，越人攻打秦兵，秦兵大败。秦朝于是派尉佗率领士兵戍守越地。正在那时，秦朝在北方和匈奴结怨，在南方和越人结仇，在无用的地方驻扎军队，只能前进而不得退守。经过了十几年，成年男子披甲当兵，成年女子转运粮食，痛苦得无法活下去，上吊自杀在路旁的树上，死的人一个接一个。等到秦始皇去世，天下发生大动乱。陈胜、吴广攻取陈县，武臣、张耳攻占赵地，项梁攻占吴县，田儋攻占齐地，景驹攻占郢，周市攻占魏地，韩广攻占燕地，穷山深谷，豪杰之士一同起兵，不可胜计。然而，他们都不是王侯的后代，不是大官的属吏。他们没有丝毫权势，从闾巷乡间兴起，手持戟矛，顺应时势而都行动起来，不用预谋而同时起兵，不用约定而同时会合，不断扩大土地，直到称王称霸，这是当时的教化造成了这个样子。秦朝皇帝有天子的高贵，有天下的富有，然而国家灭亡祭祀断绝，这是穷兵黩武的祸害。所以周朝的败亡在于衰弱，秦朝的败亡在于强大，这是不会顺时而变的灾难。

今欲招南夷，朝夜郎，降羌、僰，略涉州，建城邑，深入匈奴，燔其茏城，议者美之。此人臣之利也，非天下之长策也。今中国无狗吠之惊，而外累于远方之备，靡敝国家，非所以子民也。行无穷之欲，甘心快意，结怨于匈奴，非所以安边也。祸结而不解，兵休而复起，近者愁苦，远者惊骇，非所以持久也。今天下锻甲砥剑，桥箭累弦，转输运粮，未见休时，此天下之所共忧也。夫兵久而变起，事烦而虑生。今外郡之地或几千里，列城数十，形束壤制，旁胁诸侯，非公室之利也。上观齐、晋之所以亡者，公室卑削，六卿大盛也；下观秦之所以灭者，严法刻深，欲大无穷也。今郡守之权，非特六卿之重也；地几千里，非特闾巷之资也；甲兵器械，非特棘矜之用也：以遭万世之变，则不可称讳也。

今朝廷想招降南夷，使夜郎来朝拜，降服羌、僰，攻取涉州，建置城邑，又深入匈奴，烧掉他们的茏城，议论的人很赞美这个打算。这是做人臣的利益，不是天下的长远计策。如今中国没有狗吠的惊扰，却在外面受着远方备战的牵累，使国家凋敝，这不是养育人民的办法。去实现无穷的欲望，使心意畅快，与匈奴结怨，这不是安顿边境的办法。祸害结下而不能解除，战争停止而又重新兴起，使近处的人愁苦，远处的人惊讶，这不是持久的办法。如今天下锻造铠甲、磨制刀剑，矫正箭杆，积攒弓弦，水陆两路运送粮食，见不到停止的时候，这是天下百姓共同忧虑的事情。战争时间长了就会有变故发生，事情繁杂了就会有疑虑产生。现在外郡的土地有的几千里，列城几十座，山川的形势和土地足以控制郡内百姓，威胁附近的诸侯，这不是公室皇族的利益。往上看看齐、晋灭亡的原因，在于公室衰弱，六卿太强盛；往下看看秦朝灭亡的原因，在于严刑酷法，欲望大得无边际。如今郡守的权力，不只是以前六卿那么大；郡地几千里，不仅是闾巷那么一点凭借；铠甲兵器等装备，不仅是戟矛那么点用处；以这些条件，碰上天下重大的变乱，那么后果就不可讳言了。

书奏天子，天子召见三人，谓曰："公等皆安在？何相见之晚也！"于是上乃拜主父偃、徐乐、严安为郎中。偃数见，上疏言事，诏拜偃为谒者，迁为中大夫。一岁中四迁偃。

上书奏呈给天子，天子召见了三人，对他们说："你们都在哪里呢？怎么我们相见这么晚啊！"于是皇上就任命主父偃、徐乐、严安为郎中。主父偃多次进见，上疏述说事情，皇帝下诏任命主父偃为谒者，后提升为中大夫。一年之间，四次提升主父偃。

偃说上曰："古者诸侯不过百里，强弱之形易制。今诸侯或连城数十，地方千里，缓则骄奢易为淫乱，急则阻其强而合从以逆京师。今以法割削之，则逆节萌起，前日晁错是也。今诸侯子弟或十数，而适嗣代立，馀虽骨肉，无尺寸地封，则仁孝之道不宣。愿陛下令诸侯得推恩分子弟，以地侯之。彼人人喜得所愿，上以德施，实分其国，不削而稍弱矣。"于是上从其计。又说上曰："茂陵初立，天下豪桀并兼之家、乱众之民，皆可徙茂陵，内实京师，外销奸猾，此所谓不诛而害除。"上又从其计。

主父偃向皇上劝说道："古代诸侯的土地不超过一百里，强弱的形势容易控制。如今诸侯有的拥有相连的城市几十座，土地纵横千里，平常的时候，他们恣淫放纵，容易做出淫乱的事，危急的时候，他们就会倚仗自己的强大，联合起来反叛朝廷。现在用法令来分割减弱他们，那么他们反叛的行为就会产生，以前晁错就是这样。现在诸侯的子弟有的多达十几个，而只有嫡长子世代继袭，其余虽然也是诸侯亲骨肉，却没有一点土地受封，那么仁爱孝道就不能显示出来。盼望陛下命令诸侯可以推广恩德，把土地分给子弟，封他们为侯。那些子弟人人高兴地得到他们所希望的，皇上用这个办法施与恩德，实际上却割裂了诸侯的封国，不用削减封地而诸侯就会逐渐衰弱了。”于是皇上听从了他的计策。主父偃又劝皇上说：“茂陵刚设置县，可以将天下豪强兼并之家和作乱的人，都迁到茂陵去，内则充实京城，外则除去奸猾的人，这就是不用诛杀而消除祸害。”皇上又听从了他的主张。

尊立卫皇后，及发燕王定国阴事，盖偃有功焉。大臣皆畏其口，赂遗累千金。人或说偃曰：“太横矣！”主父曰：“臣结发游学四十余年，身不得遂，亲不以为子，昆弟不收，宾客弃我，我厄日久矣。且丈夫生不五鼎食，死即五鼎烹耳！吾日暮途远，故倒行暴施之。”

尊立卫子夫为皇后，以及揭发燕王刘定国的各种犯法阴事，主父偃都是有功的。大臣们都害怕主父偃的嘴，贿赂、赠送给他的钱累计有千金。有人劝主父偃说：“你太横行了。”主父偃说：“我从束发游学以来四十多年了，自己不得志，父母不把我当作儿子，兄弟不收留我，宾客抛弃我，我困难的日子很长久了。况且大丈夫生不能列五鼎而食，死就受五鼎烹煮的刑罚好了。我到了日暮途远的时候，所以要倒行逆施，横暴从事。”

偃盛言朔方地肥饶，外阻河，蒙恬城之以逐匈奴，内省转输戍漕，广中国，灭胡之本也。上览其说，下公卿议，皆言不便。公孙弘曰：“秦时常发三十万众筑北河，终不可就，已而弃之。”主父偃盛言其便，上竟用主父计，立朔方郡。

主父偃极力说朔方土地肥沃，外有黄河为凭借，蒙恬在那里筑城来驱赶匈奴，内省转运和戍守漕运的人力物力，这是扩大中国疆土，消灭匈奴的根本所在。皇上看了他的奏议，就交下给公卿们商讨，大家都说不利。公孙弘说：“秦朝时候曾征发三十万人在北河筑城，最终没有筑成，不久就放弃了。”主父偃极力讲述它的便利，皇上终于采纳了主父偃的主张，设立了朔方郡。

元朔二年，主父言齐王内淫佚行僻，上拜主父为齐相。至齐，遍召昆弟宾客，散五百金予之，数之曰：“始吾贫时，昆弟不我衣食，宾客不我内门；今吾相齐，诸君迎我或千里。吾与诸君绝矣，毋复入偃之门！”乃使人以王与姊奸事动王，王以为终不得脱罪，恐效燕王论死，乃自杀。有司以闻。

元朔二年，主父偃向皇上讲了齐王刘次景在王宫内淫乱、行为邪僻的事，皇上任命主父偃为齐相。主父偃到了齐国，把他的兄弟和宾客都召来，散发五百金给他们，数落他们说：“当初我贫困时，兄弟不给我吃穿，宾客不让我进门；如今我做齐相，你们有的人迎接我到了一千里以外。我和你们绝交了，不要再进入我的大门！”于是派人用齐王和他姐姐通奸的事来震慑齐王，齐王以为自己最终也不能摆脱罪责，害怕像燕王刘定国那样被判处死刑，就自杀了。有关部门的官吏把这事报告给皇上。

主父始为布衣时，尝游燕、赵，及其贵，发燕事。赵王恐其为国患，欲上书言其阴事，为偃居中，不敢发。及为齐相，出关，即使人上书，告言主父偃受诸侯金，以故诸侯子弟多以得封者。及齐王自杀，上闻大怒，以为主父劫其王令自杀，乃征下吏治。主父服受诸侯金，实不劫王令自杀。上欲勿诛，是时公孙弘为御史大夫，乃言曰：“齐王自杀无后，国除为郡，入汉。主父偃本首恶，陛下不诛主父偃，无以谢天下。”乃遂族主父偃。

主父偃当初为平民时，曾经游历燕、赵，等到他当了大官，就揭发燕王的隐私。赵王害怕他成为赵国的祸害，想要上书讲述他的隐私，因为主父偃在朝中，不敢揭发。到他当了齐相，走出了函谷关，赵王就派人上书，告发主父偃接受诸侯的金钱，因而诸侯子弟很多因此得以封侯。等到齐王自杀后，皇上听到十分生气，认为主父偃威胁齐王使他自杀，于是把主父偃召回交给法官治罪。主父偃承认接受诸侯的贿金，而他确实没有威胁齐王使他自杀。皇上想不诛杀他，当时公孙弘任御史大夫，就对皇上说：“齐王自杀，没有后代，齐国废除为郡，归入朝廷，主父偃本是这事的首恶，陛下不诛杀主父偃，无法向天下人交代。”于是就将主父偃灭族。

主父方贵幸时，宾客以千数。及其族死，无一人收者，唯独洨孔车收葬之。天子后闻之，以为孔车长者也。

主父偃正尊贵受宠的时候，他的宾客数以千计，待他被灭族而死时，没有一个人为他收尸，只有洨县人孔车为他收尸并埋葬了他。天子后来听说了，认为孔车是个忠厚长者。

太史公曰：公孙弘行义虽脩，然亦遇时。汉兴八十余年矣，上方乡文学，招俊乂，以广儒墨，弘为举首。主父偃当路，诸公皆誉之，及名败身诛，士争言其恶。悲夫！

太史公说：公孙弘的品行虽然好，但是也是遇上了好时机。汉朝建立八十多年了，皇上正崇尚儒家学说，招揽贤能的人，来发展儒家和墨家学说，公孙弘是第一个被选的人。主父偃当道，那些王公大臣都称赞他，到他身败名裂时，士人都争着讲他的坏处。真是可悲啊！

太皇太后诏大司徒、大司空："盖闻治国之道，富民为始；富民之要，在于节俭。《孝经》曰：'安上治民，莫善于礼。''礼，与奢也宁俭。'昔者管仲相齐桓，霸诸侯，有九合一匡之功，而仲尼谓之不知礼，以其奢泰侈拟于君故也。夏禹卑宫室，恶衣服，后圣不循。由此言之，治之盛也，德优矣，莫高于俭。俭化俗民，则尊卑之序得，而骨肉之恩亲，争讼之原息。斯乃家给人足、刑错之本也欤？可不务哉！夫三公者，百寮之率，万民之表也。未有树直表而得曲影者也。孔子不云乎：'子率而正，孰敢不正！''举善而教不能，则劝。'维汉兴以来，股肱宰臣身行俭约，轻财重义，较然著明，未有若故丞相平津侯公孙弘者也。位在丞相而为布被，脱粟之饭，不过一肉。故人、所善宾客皆分奉禄以给之，无有所余。诚内自克约而外从制。汲黯诘之，乃闻于朝，此可谓减于制度而可施行者也。德优则行，否则止，与内奢泰而外为诡服以钓虚誉者殊科。以病乞骸骨，孝武皇帝即制曰：'赏有功，褒有德，善善恶恶，君宜知之。其省思虑，存精神，辅以医药。'赐告治病，牛酒杂帛。居数月，有瘳，视事。至元狩二年，竟以善终于相位。夫知臣莫若君，此其效也。弘子度嗣爵，后为山阳太守，坐法失侯。夫表德章义，所以率俗厉化，圣王之制，不易之道也。其赐弘后子孙之次当为后者爵关内侯，食邑三百户，征诣公车，上名尚书，朕亲临拜焉。"

太皇太后给大司徒、大司空的诏书说："听说治理国家的道理，首先要使人民富裕；使人民富裕的关键，在于节俭。《孝经》说：'使皇上安宁，治理百姓，没有比用礼更好的了。''礼，与其奢侈，毋宁节俭'。以前管仲当齐桓公的相，使齐桓公称霸诸侯，曾多次会合诸侯一度匡正天下的大功，可孔仲尼说他不懂礼，因为他奢侈过度，和国君相比拟。夏禹住矮小的宫室，穿粗劣的衣服，后代的圣人不遵循他的做法。所以说，国家政治的鼎盛时期，君王的德行优良，没有能高过节俭的。用节俭来教化俗民，那么尊卑的次序就形成，骨肉恩情就加深，争讼的根源就消灭。这就是家给人足、不用刑罚这种大治局面的根本吧？怎能不尽力去做呢！那三公是百官的统帅，万民的表率。没有立起垂直标帜却产生弯曲影响的道理。孔子不是说过吗：'你带头走正道，谁敢不走正道'；'选用贤能的人，教育能力差的人，那么人们就会努力做事'。汉朝建立以来，宰辅大臣而能亲身实行节俭，轻财重义，表现特别突出的，没有像以前的丞相平津侯公孙弘那样的人。他位居丞相而盖布被，吃粗米饭，每餐不超过一个肉菜。对老朋友和他喜欢的宾客，他都分出俸禄来供给他们，没有剩余的钱财。这确实是在内自我克制而在外遵守制度。汲黯诘难他，这些事才被皇帝知道，他的做法可以说是低于制度规定的标准而可施行的呀！德行优良就去做，否则就不去做，这和那些背地里奢侈无度而表面上假装节俭以沽名钓誉的人是不同的。他以有病为由请求辞官回家，孝

兒宽像，选自清·顾沅辑《古圣贤像传略》。兒宽，西汉时曾任左内史，后任御史大夫。

武皇帝立即下令说:“奖赏有功的人,褒扬有德的人,喜欢好人、讨厌坏人,你应当知道这些。希望你减少思虑,保养精神,再用医药辅助治疗’。又赐给他续假治病,又赐牛酒和各种布帛。过了几个月,公孙弘病好了,开始办公。到元狩二年,他终于在相位上寿终正寝。了解大臣没有超过君王的了,这就是证明。公孙弘的儿子公孙度继承爵位,后来当了山阳太守,因犯法失去了侯爵。表彰道德大义,是为了引导风俗,激励风化,这是圣王的制度,不可改变的道理。要赐给公孙弘后代子孙中的嫡系者以关内侯的爵位,食邑三百户,用公车把他们征召到京城,把他们的名字上报到尚书那里,朕要亲自当面授予爵位。”

班固称曰:公孙弘、卜式、兒宽皆以鸿渐之翼困于燕雀,远迹羊豕之间,非遇其时,焉能致此位乎?是时汉兴六十余载,海内乂安,府库充实,而四夷未宾,制度多阙。上方欲用文武,求之如弗及。始以蒲轮迎枚生,见主父而叹息。群臣慕向,异人并出。卜式试于刍牧,弘羊擢于贾竖,卫青奋于奴仆,日磾出于降虏,斯亦曩时版筑饭牛之朋矣。汉之得人,于兹为盛:儒雅则公孙弘、董仲舒、儿宽;笃行则石建、石庆;质直则汲黯、卜式;推贤则韩安国、郑当时;定令则赵禹、张汤;文章则司马迁、相如;滑稽则东方朔、枚皋;应对则严助、朱买臣;历数则唐都、落下闳;协律则李延年;运筹则桑弘羊;奉使则张骞、苏武;将帅则卫青、霍去病;受遗则霍光、金日磾。其余不可胜纪。是以兴造功业,制度遗文,后世莫及。孝宣承统,纂脩洪业,亦讲论《六艺》,招选茂异,而萧望之、梁丘贺、夏侯胜、韦玄成、严彭祖、尹更始以儒术进;刘向、王褒以文章显;将相则张安世、赵充国、魏相、邴吉、于定国、杜延年;治民则黄霸、王成、龚遂、郑弘、邵信臣、韩延寿、尹翁归、赵广汉之属。皆有功迹见述于后,累其名臣,亦其次也。

班固称赞说:公孙弘、卜式、兒宽都以鸿雁奋飞之翼而受困于燕雀之中,远远地混迹在猪羊之间,不是遇到好的时机,怎么能得到公卿的高官位呢?这时,汉朝建立六十多年,海内安定,府库充实,而四方蛮夷还未臣服,制度有很多缺陷,皇上正打算选用文武人才,求索这样的人好像害怕追赶不上似的。开始曾用安车蒲轮迎接枚乘,后来召见主父偃而赞叹不已。因此,群臣羡慕向往,有奇异才能的人同时出现。卜式从割草牧羊人中被选中,桑弘羊从商人小子中提拔起来,卫青奋起于奴仆之间,金日磾从投降的人中选拔出来,这些亦即是从前那些曾经干过筑墙、喂牛等贱业而后来成为国家栋梁的那类人物啊!汉朝得到的人才,在这个期间为最多。学问精深,气度雍容的,有公孙弘、董仲舒、兒宽;忠厚、勤奋的,有石建、石庆;质朴正直的,有汲黯、卜式;推举贤能的,有韩安国、郑当时;制定法令的,有赵禹、张汤;擅长写文章的,有司马迁、司马相如;能言善辩、诙谐幽默的,有东方朔、枚皋;善于应对的,有严助、朱买臣;精通天文历算的,有唐都、落下闳;协调音律的,有李延年;精于筹划的,有桑弘羊;奉命出使的有张骞、苏武;著名将帅,有卫青、霍去病;接受遗命、辅佐新主的,有霍光、金日磾。其余的各种人才不可胜计。所以这个时期创立的功业和遗留下来的典章制度、文献,后世没有比得上的。汉宣帝继承大统,继续修治汉朝大业,也讲述宣扬儒家六经,招选优秀特异的人才,因此萧望之、梁丘贺、夏侯胜、韦玄成、严彭祖、尹更始由于精通儒家学说而被任用;刘向、王褒由于善于写文章而显名。著名的将相,有张安世、赵充国、魏相、邴吉、于定国、杜延年;治理人民成效卓著的,有黄霸、王成、龚遂、郑弘、邵信臣、韩延寿、尹翁归、赵广汉这些人。他们都有功勋事迹被后世所称颂、记述。参看这些名臣事迹,也可说是仅次于汉武帝时代。

史记第一百一十三卷

南越列传第五十三

南越王尉佗者,真定人也,姓赵氏。秦时已并天下,略定杨越,置桂林、南海、象郡,以谪徙民,与

越杂处十三岁。佗，秦时用为南海龙川令。至二世时，南海尉任嚣病且死，召龙川令赵佗语曰："闻陈胜等作乱，秦为无道，天下苦之，项羽、刘季、陈胜、吴广等，州郡各共兴军聚众，虎争天下，中国扰乱，未知所安，豪杰畔秦相立。南海僻远，吾恐盗兵侵地至此，吾欲兴兵绝新道，自备，待诸侯变，会病甚。且番禺负山险，阻南海，东西数千里，颇有中国人相辅，此亦一州之主也，可以立国。郡中长吏无足与言者，故召公告之。"即被佗书，行南海尉事。嚣死，佗即移檄告横浦、阳山、湟谿关曰："盗兵且至，急绝道聚兵自守！"因稍以法诛秦所置长吏，以其党为假守。秦已破灭，佗即击并桂林、象郡，自立为南越武王。

南越王尉佗是真定人，姓赵。秦国已经吞并了天下，攻取并且平定了杨越，设置了桂林、南海、象郡，将被判罪而加迁徙的百姓，和越人杂居了十三年。尉佗，秦朝任用他做南海郡龙川县令。到秦二世时，南海郡尉任嚣患病快死，召来龙川令赵佗，告诉他说："听说陈胜等人反叛，秦朝政治无道，天下人都受其苦，项羽、刘邦、陈胜、吴广等人都在州郡分别同时建立军队、聚集民众，像猛虎争夺食物一样争夺天下，中原动乱，不知道何时安宁，豪杰们背叛秦朝，互相对立。南海郡地处偏远，我害怕强盗的军队侵夺土地到这里，我想发动军队切断秦朝通往南海的新修道路，自己防备，等待诸侯的变化，碰巧我病得很重。况且番禺有背靠着险要山势的凭借，有南海作倚恃，东西几千里，有不少中原人辅助我们，这也能当一州之主，可以建立国家。郡中的长官没有谁值得我同他说话，所以召你来告诉你这些。"就颁给赵佗有关文书，代行南海郡尉的职务。任嚣死后，赵佗立即传递檄文布告横浦、阳山、湟溪关说："强盗的军队将要来，火速断绝道路，聚集军队来守卫自己！"趁机逐渐依法诛杀了秦朝所设置的官吏，而用他的党羽为代理长官。秦朝已经灭亡，赵佗就攻打吞并了桂林、象郡，立自己为南越武王。

高帝已定天下，为中国劳苦，故释佗弗诛。汉十一年，遣陆贾因立佗为南越王，与剖符通使，和集百越，毋为南边患害。与长沙接境。

高皇帝平定天下后，由于中原百姓劳顿困苦，所以宽释赵佗不加讨伐。汉高祖十一年，派陆贾因袭立赵佗为南越王，和他剖符定约，互相通使，协调安定百越，不要成为汉朝南边的祸害。南越边界和长沙交接。

高后时，有司请禁南越关市铁器。佗曰："高帝立我，通使物，今高后听谗臣，别异蛮夷，隔绝器物，此必长沙王计也，欲倚中国，击灭南越而并王之，自为功也。"于是佗乃自尊号为南越武帝，发兵攻长沙边邑，败数县而去焉。高后遣将军隆虑侯灶往击之，会暑湿，士卒大疫，兵不能逾岭。岁余，高后崩，即罢兵。佗因此以兵威边，财物赂遗闽越、西瓯、骆，役属焉，东西万余里。乃乘黄屋左纛，称制，与中国侔。

高后时期，有关部门的官吏请求禁止南越在关市上购买铁器。赵佗说："高帝立我做南越王，互通使者和货物，现在高后听信奸臣的意见，歧视蛮夷，断绝器具用物交易，这必定是长沙王的主张，他想倚仗中原，攻打消灭南越而一并统治它，为自己建立功业。"于是赵佗就自封尊号为南越武帝，派兵攻打长沙国边境城邑，打败几个县后就离去了。高后派将军隆虑侯周灶前去攻打赵佗。适逢酷暑阴雨天气，士兵很多都得了重病，军队无法越过阳山岭。一年多后，高后去世，汉军就撤兵了。赵佗所以凭借军队扬威于边境，用财物贿赂闽越、西瓯、骆越，奴役并使它们归属南越，东西有一万多里。赵佗竟然乘坐黄盖左纛之车，自称皇帝发号施令，和汉朝平起平坐。

及孝文帝元年，初镇抚天下，使告诸侯四夷从代来即位意，喻盛德焉。乃为佗亲冢在真定，置守邑，岁时奉祀。召其从昆弟，尊官厚赐宠之。诏丞相陈平等举可使南越者，平言好畤陆贾，先帝时习使南越。乃召贾以为太中大夫，往使，因让佗自立为帝，曾无一介之使报者。陆贾至南越，王甚恐，为书谢，称曰："蛮夷大长老夫臣佗：前日高后隔异南越，窃疑长沙王谗臣，又遥闻高后尽诛佗宗族，掘烧先人冢，以故自弃，犯长沙边境。且南方卑湿，蛮夷中间，其东闽越千人众，号称王；其西瓯骆裸国，亦称王。老臣妄窃帝号，聊以自娱，岂敢以闻天王哉！"乃顿首谢，愿长为藩臣，奉贡职。于是乃下令国中曰："吾闻两雄不俱立，两贤不并世。皇帝，贤天子也。自今以后，去帝制黄屋左纛。"陆贾还报，孝文帝大说。遂至孝景时，称臣，使人朝请。然南越其居国窃如故号名，其使天子，称王朝命如诸侯。至建元四年卒。

待到孝文帝元年,文帝刚刚统治天下,派遣使者告诉诸侯和四方蛮夷的君长,自己从代国来京即位的意图,让他们清楚皇帝的盛美德行。因此为赵佗在真定的父母的坟墓,设置守墓的民居,逢年过节,随时祭祀。召来他的堂兄弟,以尊贵的官职和丰厚的赏赐来表示对他们的宠爱。诏令丞相陈平等人推荐能够出使南越的人,陈平说好畤人陆贾,在先帝时就深知出使南越的事。于是文帝召陆贾来,任命他为太中大夫,前去当使者,趁机责备赵佗自立为皇帝,居然连一个来报告的使者都没有。陆贾到了南越,南越王赵佗十分害怕,写信谢罪,说:"蛮夷大长老夫臣佗,以前高后隔绝并歧视南越,我私下怀疑长沙王是位谗臣,又远远地听说高后全部诛杀了赵佗的宗族,挖掘烧毁祖先的坟墓,所以自暴自弃,入侵长沙国边境。何况南方低下潮湿,蛮夷当中,东边的闽越只有上千民众,却号称王;西边的西瓯和骆越这样的裸体之国,也称王。我妄自窃取帝王的尊号,聊以自我安慰,怎么敢把这事禀告天王呢!"于是磕头谢罪,情愿长久地做汉朝的藩属臣子,遵守进贡的职责。于是赵佗就下令全国说:"我听说两个英雄是不能一同存在的,两个贤人是不能生活在同一时代的。汉朝皇帝,是贤明的天子。从今以后,我去掉帝制,以及黄盖左纛的车子。"陆贾回来报告,孝文帝非常高兴。于是到了孝景帝时期,赵佗向汉朝称臣,派人朝见天子。然而在南越国内,赵佗仍旧偷用帝号,只是他派使者朝见天子,才称王,接受天子的命令如同诸侯一样。到了建元四年,赵佗去世。

止辇受言图。选自明·张居正《帝鉴图说》,讲述汉文帝每当出行,遇有上言者,总是停辇听受其言。正因汉文帝的励精图治,才使汉初出现百越来服的局面。

佗孙胡为南越王。此时闽越王郢兴兵击南越边邑,胡使人上书曰:"两越俱为藩臣,毋得擅兴兵相攻击。今闽越兴兵侵臣,臣不敢兴兵,唯天子诏之。"于是天子多南越义,守职约,为兴师,遣两将军往讨闽越。兵未逾岭,闽越王弟馀善杀郢以降,于是罢兵。

赵佗的孙子赵胡当了南越王。这时候闽越王郢发动军队攻打南越边境城镇,赵胡派人向汉朝天子上书说:"南越和闽越都是汉朝的藩国,不能擅自发兵互相攻打。如今闽越发兵侵犯我,我不敢发兵迎击,希望天子下诏指示。"于是天子赞赏南越王讲道义,遵守职责和盟约,为他们出兵,派遣两位将军前去讨伐闽越。军队还未翻过阳山岭,闽越王的弟弟馀善就杀死了郢,投降汉朝,于是汉朝停止进军。

天子使庄助往谕意南越王,胡顿首曰:"天子乃为臣兴兵讨闽越,死无以报德!"遣太子婴齐入宿卫。谓助曰:"国新被寇,使者行矣。胡方日夜装入见天子。"助去后,其大臣谏胡曰:"汉兴兵诛郢,亦行以惊动南越。且先王昔言,事天子期无失礼,要之不可以说好语入见。入见则不得复归,亡国之势也。"于是胡称病,竟不入见。后十余岁,胡实病甚,太子婴齐请归。胡薨,谥为文王。

天子派庄助前往向南越王解释朝廷的意图,赵胡叩头说:"天子竟然为我派兵讨伐闽越,我到死也无法报答这个恩德!"赵胡就派太子到朝廷去任宿卫。赵胡对庄助说:"国家刚刚遭受侵犯,请使者先走吧。我正在日夜整装准备入朝去拜见天子。”庄助离去后，他的大臣向赵胡劝谏说：“汉朝派兵诛杀郢，也用这个行动来威吓南越。况且先王过去说过，侍奉天子只要求不要失礼，总之不能由于喜欢好话而入朝拜见天子。去朝见就不能再回来，这是亡国的形势啊。”于是赵胡假称有病，终于不去朝见天子。十几年后，赵胡真的病得很严重，太子婴齐请求回国。赵胡死了，被封谥号为文王。

婴齐代立，即藏其先武帝玺。婴齐其入宿卫在长安时，取邯郸樛氏女，生子兴。及即位，上书请立樛氏女为后，兴为嗣。汉数使使者风谕婴齐，婴齐尚乐擅杀生自恣，惧入见，要用汉法，比内诸侯，固称病，遂不入见。遣子次公入宿卫。婴齐薨，谥为明王。

婴齐代立为南越王后，就把他祖先武帝的印玺藏起来。婴齐到长安在朝廷当宿卫的时候，娶了邯郸樛家的女儿做妻子，生了个儿子叫赵兴。到他即位时，他就向天子上书请求立樛家女子为王后，赵兴为太子。汉朝多次派使者委婉劝说婴齐去朝见天子，婴齐仍然喜欢随意杀人，害怕进京朝见天子，被强迫使用汉朝的法度，像内地诸侯一样，就坚持托称有病，终于没有进京朝见。他派儿子次公到朝廷去任宿卫。婴齐死了，被封谥号为明王。

太子兴代立，其母为太后。太后自未为婴齐姬时，尝与霸陵人安国少季通。及婴齐薨后，元鼎四年，汉使安国少季往谕王、王太后以入朝，比内诸侯；令辩士谏大夫终军等宣其辞，勇士魏臣等辅其缺，卫尉路博德将兵屯桂阳，待使者。王年少，太后中国人也，尝与安国少季通，其使复私焉。国人颇知之，多不附太后。太后恐乱起，亦欲倚汉威，数劝王及群臣求内属。即因使者上书，请比内诸侯，三岁一朝，除边关。于是天子许之，赐其丞相吕嘉银印，及内史、中尉、大傅印，余得自置；除其故黥劓刑，用汉法，比内诸侯。使者皆留填抚之。王、王太后饬治行装重赍，为入朝具。

太子赵兴代立为南越王，他的母亲为太后。太后在还未做婴齐的妾时，曾经和霸陵人安国少季通奸。等到婴齐死后，元鼎四年，汉朝派安国少季前去规劝南越王、王太后进京朝见天子，和内地诸侯一样；命令辩士谏大夫终军等人宣达有关的言辞，勇士魏臣等人辅助不足的地方，卫尉路博德率领军队驻扎在桂阳，等候使者。南越王年轻，太后是中原人，曾经和安国少季通奸，这次出使前来又私通了。南越国中很多人都知道这事，大多数人不依附太后。太后怕发生动乱，也想倚靠汉朝的威势，就多次劝说南越王和大臣们请求归属汉朝。于是通过使者向天子上书，请求比照内地诸侯，三年朝见天子一次，撤除边境的关塞。于是天子答应了他们的请求，把银印赐给南越丞相吕嘉，还赐给了内史、中尉、大傅等官印，其余的官职可以由南越王自己设置。废除他们以前的黥刑、劓刑，用汉朝法律，和内地诸侯一样。使者都留下来镇抚南越。南越王、王太后整治行装和贵重礼物，为进京朝见天子做准备。

其相吕嘉年长矣，相三王，宗族官仕为长吏者七十余人，男尽尚王女，女尽嫁王子兄弟宗室，及苍梧秦王有连。其居国中甚重，越人信之，多为耳目者，得众心愈于王。王之上书数谏止王，王弗听。有畔心，数称病不见汉使者。使者皆注意嘉，势未能诛。王、王太后亦恐嘉等先事发，乃置酒，介汉使者权，谋诛嘉等。使者皆东乡，太后南乡，王北乡，相嘉、大臣皆西乡，侍坐饮。嘉弟为将，将卒居宫外。酒行，太后谓嘉曰："南越内属，国之利也，而相君苦不便者，何也？"以激怒使者。使者狐疑相杖，遂莫敢发。嘉见耳目非是，即起而出。太后怒，欲鏦嘉以矛，王止太后。嘉遂出，分其弟兵就舍，称病，不肯见王及使者。乃阴与大臣作乱。王素无意诛嘉，嘉知之，以故数月不发。太后有淫行，国人不附，欲独诛嘉等，力又不能。

南越丞相吕嘉年纪很大了，做过三位国王的丞相，他的宗族中当官做长吏的有七十多人，男的都娶王女做妻子，女的都嫁给王子和其兄弟宗室的人，同苍梧郡的秦王有婚姻关系。他在国内很有权势，南越人都信任他，很多人都做了他的耳目，在得民心方面胜过南越王。南越王上书给汉皇帝，他多次劝阻南越王，南越王没有听。他产生了背叛想法，多次推说有病不会见汉朝的使者。使者都非常留意吕嘉，由于形势的关系，未能诛杀他。南越王、王太后也害怕吕嘉等人事先发难，就摆设酒宴，想借助汉朝使者的权势，企图诛杀吕嘉等人。使者都面朝东坐，太后面朝南坐，王面朝北坐，丞相吕嘉、大臣们都面朝西坐，陪坐饮酒。吕嘉的弟弟任将军，率领士兵守在宫外。正饮着酒，太后对吕嘉说："南越归属汉朝，这是国家的利益，而丞相您抱恨这不好，为什么呢？"用话来激怒使者。使者正在犹豫不决，终于没敢动手杀吕嘉。吕嘉看到周围人不是自己的亲信，就马上起身出去。太后发怒，想用矛戟冲刺吕嘉，王阻止了太后。吕嘉于是出去了，分取他弟弟的一部分士兵来护卫他回家，推说有病，不愿意见南越王和使者。吕嘉就暗中和大臣准备发动叛乱。南越王向来没想要诛杀吕嘉，吕嘉知道这一点，所以过了几个月都没有发动叛乱。王太后有淫乱行为，国中人不依附她，她想独自诛杀吕嘉等人，可是力量又不足。

天子闻嘉不听王，王、王太后弱孤不能制，使者怯无决。又以为王、王太后已附汉，独吕嘉为乱，不足以兴兵，欲使庄参以二千人往使。参曰："以好往，数人足矣；以武往，二千人无足以为也。"辞不可，天子罢参也。郏壮士故济北相韩千秋奋曰："以区区之越，又有王、太后应，独相吕嘉为害，愿得勇士二百人，必斩嘉以报！"于是天子遣千秋与王太后弟樛乐将二千人往，入越境。吕嘉等乃遂反，下令国中曰："王年少。太后，中国人也，又与使者乱，专欲内属，尽持先王宝器入献天子以自媚；多从人，行至长安，虏卖以为僮仆。取自脱一时之利，无顾赵氏社稷，为万世虑计之意。"乃与其弟将卒攻杀王、太后及汉使者。遣人告苍梧秦王及其诸郡县，立明王长男越妻子术阳侯建德为王。而韩千秋兵入，破数小邑。其后，越直开道给食，未至番禺四十里，越以兵击千秋等，遂灭之。使人函封汉使者节置塞上，好为谩辞谢罪，发兵守要害处。于是天子曰："韩千秋虽无成功，亦军锋之冠！"封其子延年为成安侯。樛乐，其姊为王太后，首愿属汉，封其子广德为龙亢侯。乃下赦曰："天子微，诸侯力政，讥臣不讨贼。今吕嘉、建德等反，自立晏如。令罪人及江淮以南楼船十万师往讨之。"

天子听说吕嘉不服从南越王，南越王、王太后又势力孤单，无法制服，使者又软弱不能决断。又认为王、王太后已经归附汉朝，只有吕嘉作乱，不值得派军队，想派庄参带二千人前去出使。庄参说："假如为了友好而前往，几个人就足够了；如果为打仗而前往，二千人干不了什么。"推辞不去，天子就不叫庄参前去。郏地壮士、原济北王的丞相韩千秋奋然说："凭这么一个小小的南越，又有南越王、太后做内应，独有吕嘉从中破坏，我愿意得到勇士二百人，一定斩杀吕嘉回来报告。"于是天子派韩千秋和王太后的弟弟樛乐带领二千人前往，进入南越境内。吕嘉等人就终于造反了，命令国内说："国王年轻。太后是中原人，又和使者淫乱，一心想归属汉朝，拿先王的珍宝重器全都献给天子，来谄媚汉天子，带走了很多随从，走到长安后，便把他们卖给汉人做僮仆。她只想取得自我逃脱一时的好处，不考虑赵氏国家利益，不为子孙万世着想。"于是和他的弟弟率领士兵攻打杀死了南越王、太后和汉朝使者。吕嘉派人告知苍梧郡秦王和各郡县官员，立明王的长子——与南越妻子生的儿子术阳侯赵建德为南越王 。这时韩千秋的军队进入南越，攻下了几座小城镇。以后，南越径直让开道路，供给饮食，让汉军走到离番禺四十里的地方，南越派兵攻击韩千秋等人，于是把他们消灭了。吕嘉派人用匣子封装使者的符节，放置在边塞之上，友好地讲了一通骗人的话向汉朝谢罪，派兵把守要害地方。于是天子说："韩千秋虽然没有成功，但也配得上作战先锋之冠了。"就封他的儿子韩延年为成安侯。樛乐，他的姐姐是王太后，她是最先愿意归属汉朝的，就封樛乐的儿子樛广德为龙亢侯。天子于是颁下赦令说："天子力量衰弱，诸侯就大力互相攻打，人们就讥讽大臣不征讨反叛之贼。现在吕嘉、赵建德等人造反，心安理得地自立为王，我命令罪人和长江、淮河以南的水兵共十万前去讨伐他们。"

元鼎五年秋，卫尉路博德为伏波将军，出桂阳，下汇水；主爵都尉杨仆为楼船将军，出豫章，下横浦；故归义越侯二人为戈船、下厉将军，出零陵，或下离水，或抵苍梧；使驰义侯因巴蜀罪人，发夜郎兵，下牂牁江：咸会番禺。

元鼎五年秋天，卫尉路博德任伏波将军，带兵经过桂阳，直下汇水；主爵都尉杨仆任楼船将军，领兵路过豫章，直下横浦；原来投降汉朝后受封为侯的两个南越人任戈船将军和下厉将军，带兵经过零陵，一部分直下离水，一部分直抵苍梧；派驰义侯凭借巴蜀的罪人，发动夜郎的军队，直下牂牁江：全都会师在番禺。

元鼎六年冬，楼船将军将精卒先陷寻陕，破石门，得越船粟，因推而前，挫越锋，以数万人待伏波。伏波将军将罪人，道远，会期后，与楼船会乃有千余人，遂俱进。楼船居前，至番禺。建德、嘉皆城守。楼船自择便处，居东南面；伏波居西北面。会暮，楼船攻败越人，纵火烧城。越素闻伏波名，日暮，不知其兵多少。伏波乃为营，遣使者招降者，赐印，复纵令相招。楼船力攻烧敌，反驱而入伏波营中。犁旦，城中皆降伏波。吕嘉、建德已夜与其属数百人亡入海，以船西去。伏波又因问所得

降者贵人，以知吕嘉所之，遣人追之。以其故校尉司马苏弘得建德，封为海常侯；越郎都稽得嘉，封为临蔡侯。

元鼎六年冬天，楼船将军带领精兵首先攻克了寻陕，又攻下了石门，缴获南越的战船和粮食，于是向前推进，打败南越的先头部队，率领几万人等候伏波将军。伏波将军率领被赦免的罪人，路途遥远，恰巧误了军期，和楼船将军相会合的才有一千多人，于是一起前进。楼船将军在前边，到达番禺。赵建德、吕嘉都据城防守。楼船将军自己选择了有利的地形，驻兵在番禺的东南方；伏波将军驻兵在西北方。正当天黑时，楼船将军攻击并打败了南越人，放火烧城。南越人平时就听说过伏波将军的大名，现在天黑，不知道他有多少军队。伏波将军于是扎下营寨，派使者去招来投降的人，赐给他们官印，又把他们放出，让他们去招降南越将士。楼船将军奋力攻打、焚烧敌军，反而驱赶敌军进入伏波将军营中来投降。黎明时，番禺城中的敌军都投降了伏波将军。吕嘉、赵建德已经在夜里和他们的属下几百人逃亡到了海上，乘船西去。伏波将军又趁机查问已投降的南越贵族，得以知道吕嘉逃跑的地方，派人追赶。因为原先为南越校尉而现为汉军司马的苏弘捉到赵建德，所以被封为海常侯；南越的郎官都稽捉到吕嘉，被封为临蔡侯。

苍梧王赵光者，越王同姓，闻汉兵至，及越揭阳令定自定属汉；越桂林监居翁谕瓯骆属汉：皆得为侯。戈船、下厉将军兵及驰义侯所发夜郎兵未下，南越已平矣。遂为九郡。伏波将军益封。楼船将军兵以陷坚为将梁侯。

苍梧王赵光，同南越王同姓，听说汉军来到，和南越揭阳县令定，自己决定归属了汉朝；南越桂林郡监居翁，告知瓯骆归属汉朝：他们都被封为侯。戈船将军、下厉将军的军队，以及驰义侯所调发的夜郎军队还没来到，南越已经被平了。于是汉朝在南越设置了九个郡。伏波将军受到加封。楼船将军的军队因为攻破敌人的坚固防守，被封为将梁侯。

自尉佗初王后，五世九十三岁而国亡焉。

从尉佗开始称南越王以后，经过五代共九十三年而南越国灭亡。

太史公曰：尉佗之王，本由任嚣。遭汉初定，列为诸侯。隆虑离湿疫，佗得以益骄。瓯骆相攻，南越动摇。汉兵临境，婴齐入朝。其后亡国，征自樛女；吕嘉小忠，令佗无后。楼船从欲，怠傲失惑；伏波困穷智虑愈殖，因祸为福。成败之转，譬若纠墨。

太史公说：尉佗称王，本来是由于任嚣。当时遇上汉朝刚刚平定天下，他被封为诸侯。隆虑侯率兵讨伐南越，碰上了酷暑潮湿的气候，赵佗因而越发骄傲。瓯越、骆越互相攻打，南越随之动摇。汉军来到境内，婴齐进京去当宿卫。后来南越亡国，征兆从樛女开始；吕嘉小小的忠心，使得赵佗王位没被继承。楼船将军恣淫放纵，怠慢骄傲，失于昏惑；伏波将军不得志，智谋越发增长，因祸而变为福。可见成败的转化，就像木工纠正墨线那样，主要就看是否能正确处理了。

史记第一百一十四卷

东越列传第五十四

闽越王无诸及越东海王摇者，其先皆越王句践之后也，姓驺氏。秦已并天下，皆废为君长，以其地为闽中郡。及诸侯畔秦，无诸、摇率越归鄱阳令吴芮，所谓“鄱君”者也，从诸侯灭秦。当是之时，项籍主命，弗王，以故不附楚。汉击项籍，无诸、摇率越人佐汉。汉五年，复立无诸为闽越王，王闽中故地，都东冶。孝惠三年，举高帝时越功，曰闽君摇功多，其民便附，乃立摇为东海王，都东瓯，世俗号为“东瓯王”。

闽越王无诸和越东海王摇，他们的先人都是越王句践的后代，姓驺。秦国已经统一天下后，他们都被废除了王号，成为君长，把他们的地方设置为闽中郡。待到诸侯反叛秦朝时，无诸、摇率领越人归附鄱阳县令吴芮，就是人们所说的鄱君，跟随诸侯消灭秦朝。当时，项籍掌握号令诸侯的大权，不封无诸、摇为王，所以他们不归附楚王。汉军进攻项籍，无诸、摇率领越人辅助汉王。汉王五年，重新立无诸为闽越王，管辖闽中这地方，建都在东冶。孝惠帝三年，列举高帝时越人的功劳，说是闽君摇的功劳最多，他的人民愿意归顺他，于是立摇为东海王，建都在东瓯，世上人称他为东瓯王。

后数世，至孝景三年，吴王濞反，欲从闽越，闽越未肯行，独东瓯从吴。及吴破，东瓯受汉购，杀吴王丹徒。以故皆得不诛，归国。

几代以后，到孝景帝三年，吴王刘濞造反，欲使闽越跟从自己，闽越不愿意随从，只有东瓯跟从吴王。待到吴王失败，东瓯接受了汉朝的重金收买，在丹徒杀死了吴王，所以都没有被惩罚，回到了自己的国内。

吴王子子驹亡走闽越，怨东瓯杀其父，常劝闽越击东瓯。至建元三年，闽越发兵围东瓯。东瓯食尽，困，且降，乃使人告急天子。天子问太尉田蚡，蚡对曰："越人相攻击，固其常，又数反覆，不足以烦中国往救也。自秦时弃弗属。"于是中大夫庄助诘蚡曰："特患力弗能救，德弗能覆；诚能，何故弃之？且秦举咸阳而弃之，何乃越也！今小国以穷困来告急天子，天子弗振，彼当安所告愬？又何以子万国乎？"上曰："太尉未足与计。吾初即位，不欲出虎符发兵郡国。"乃遣庄助以节发兵会稽。会稽太守欲距不为发兵，助乃斩一司马，谕意指，遂发兵浮海救东瓯。未至，闽越引兵而去。东瓯请举国徙中国，乃悉举众来，处江淮之间。

吴王刘濞的儿子子驹逃亡到闽越，他憎恨东瓯杀害了他的父亲，就常常劝闽越攻打东瓯。到了建元三年，闽越派军队围攻东瓯。东瓯粮食耗尽了，十分窘困，将要投降，于是派人向天子告急。天子向太尉田蚡征求意见，田蚡回答说："越人互相攻打，本来是常事，他们又多次叛服无常，不值得烦扰中原朝廷前去救助。从秦朝开始就扔弃他们，不作为从属国。"于是中大夫庄助质问田蚡说："只怕力小不能救助，德浅不能庇护；如果能够，为什么要抛弃他们呢？况且秦朝连咸阳在内全都丢弃了，怎么仅仅是丢弃越国呢！如今小国因为走投无路而来向天子告急，天子不加以援救，那它应当到哪里去诉苦告急呢？又凭什么来养育天下四方呢？"皇上说："太尉不值得在一起讨论。我刚登位，不想拿出虎符调发郡国军队。"于是派庄助拿着符节到会稽调发军队。会稽太守想抗命不给派军队，庄助就斩杀了一位军司马，使人们知道皇帝的意图，于是会稽太守才派兵从海上救援东瓯。还没有到达，闽越王就带兵离去了。东瓯请求把全国迁徙到中国来，于是就带领全部民众迁来，居住在江淮一带。

项羽像，选自明万历刻本《三才会图》。项羽灭秦，自立为西楚霸王，对于东越则未予封王，故东越不附项羽。

至建元六年，闽越击南越。南越守天子约，不敢擅发兵击而以闻。上遣大行王恢出豫章，大农韩安国出会稽，皆为将军。兵未逾岭，闽越王郢发兵距险。其弟馀善乃与相、宗族谋曰："王以擅发兵击南越，不请，故天子兵来诛。今汉兵众强，今即幸胜之，后来益多，终灭国而止。今杀王以谢天子。天子听，罢兵，固一国完；不听，乃力战；不胜，即亡入海。"皆曰"善"。即鏦杀王，使使奉其头致大行。大行曰："所为来者诛王。今王头至，谢罪，不战而耘，利莫大焉。"乃

以便宜案兵告大农军，而使使奉王头驰报天子。诏罢两将兵，曰："郢等首恶，独无诸孙繇君丑不与谋焉。"乃使郎中将立丑为越繇王，奉闽越先祭祀。

到了建元六年，闽越攻打南越。南越遵守天子的约束，不敢私自派兵还击，而把这事报告天子。皇上派大行王恢走出豫章，派大农韩安国走出会稽，他们都任将军。军队还没有越过阳山岭，闽越王郢派军队在险要地方抵抗。他的弟弟馀善于是和丞相、宗族人商议说："我们国王因为擅自派兵攻打南越，不向天子请示，所以天子的军队来征讨。如今汉军人多势大，现在就是侥幸战胜了，后面跟着要来的汉兵会更多，最终会消灭我们国家而停止。如今杀了国王来向天子谢罪，天子如果接受我们的请求，就会停止进兵，就一定会保全闽越一国；如果不接受，我们就奋力作战；若是不能取胜，就逃入大海。"大家都说："好。"于是就用矛戟刺杀了国王，派使者带着他的头送给大行王恢。大行王恢说："我们来这里是为了征伐东越王。如今东越王的头已经送到，还表示了谢罪，不用战斗而除掉了祸害，没有比这再大的好处了。"于是用灵活处理的方式停止了军事行动，并告知大农韩安国的军队，又派使者带着东越王的头疾驰长安报告天子。天子下诏令两位将军的军队停止进攻，说："东越王郢等首先作恶，只有无诸的孙子繇君丑不参与这个阴谋。"于是派郎中将去立繇君丑为越繇王，奉行对闽越先祖的祭祀。

馀善已杀郢，威行于国，国民多属，窃自立为王。繇王不能矫其众持正。天子闻之，为馀善不足复兴师，曰："馀善数与郢谋乱，而后首诛郢，师得不劳。"因立馀善为东越王，与繇王并处。

馀善已经杀了郢后，他的威势传布全国，国民大多顺服他，他就偷偷地自立为王。繇王不能纠正他部众的过失，使他们持正不邪。天子听说后，认为不值得为善再出动军队，说："馀善多次同郢阴谋作乱，而后来首先诛杀了郢，使得汉军不用劳苦。"于是立馀善为东越王，和繇王一同存在。

至元鼎五年，南越反，东越王馀善上书，请以卒八千人从楼船将军击吕嘉等。兵至揭扬，以海风波为解，不行，持两端，阴使南越。及汉破番禺，不至。是时楼船将军杨仆使使上书，愿便引兵击东越。上曰士卒劳倦，不许，罢兵，令诸校屯豫章梅领待命。

到了元鼎五年，南越反叛，东越王馀善向天子上书，请求带领八千名士兵跟从楼船将军攻打吕嘉等人。他的军队到了揭扬，以海上有风浪作为借口，不往前进，采取骑墙观望的态度，暗中派人到南越勾结。待到汉军攻克了番禺，东越的军队也没到来。这时楼船将军杨仆派使者向天子上书，愿意乘便带兵进攻东越。皇上说士兵劳顿疲倦，没有答应，停止进兵，命令各个军营驻扎在豫章的梅岭等候命令。

元鼎六年秋，馀善闻楼船请诛之，汉兵临境，且往，乃遂反，发兵距汉道。号将军驺力等为"吞汉将军"，入白沙、武林、梅岭，杀汉三校尉。是时汉使大农张成、故山州侯齿将屯，弗敢击，却就便处，皆坐畏懦诛。

元鼎六年秋天，馀善听说楼船将军请求朝廷征讨他，汉军已经逼临东越边境，即将攻过来，馀善于是就反叛了，派军队在汉兵将要路过的道路上抵御。他给将军驺力等人加封官号为"吞汉将军"，攻入白沙、武林、梅岭，杀了汉朝三位校尉。这时汉朝派大农张成、原山州侯刘齿率兵屯驻，不敢进攻东越军队，退向安全地带，他们都因犯怯懦畏敌罪而被处死。

馀善刻"武帝"玺自立，诈其民，为妄言。天子遣横海将军韩说出句章，浮海从东方往；楼船将军杨仆出武林；中尉王温舒出梅岭；越侯为戈船、下濑将军，出若邪、白沙。元封元年冬，咸入东越。东越素发兵距险，使徇北将军守武林，败楼船军数校尉，杀长吏。楼船将军率钱唐辕终古斩徇北将军，为御儿侯。自兵未往。

馀善刻了"武帝"印玺而自立为皇帝，欺骗他的百姓，散布荒谬的言论。汉朝天子派横海将军韩说走出句章，渡海从东边前往；派楼船将军杨仆走出武林；派中尉王温舒走出梅岭；派归降汉朝后受封为侯的两个南越人任戈船将军和下濑将军，走出若邪、白沙。元封元年冬天，这些军队全部进入东越境内。东越一直派兵在险要地方抵御，派徇北将军把守武林，击败了楼船将军军队中的几位校尉，杀死了长吏。楼船将军率领钱塘人辕终古斩杀了徇北将军，被封为御儿侯。他自己的军队没有前往武林。

故越衍侯吴阳前在汉，汉使归谕馀善，馀善弗听。及横海将军先至，越衍侯吴阳以其邑七百人

反，攻越军于汉阳，从建成侯敖与其率从繇王居股谋曰："馀善首恶，劫守吾属。今汉兵至，众强，计杀馀善，自归诸将，傥幸得脱。"乃遂俱杀馀善，以其众降横海将军。故封繇王居股为东成侯，万户；封建成侯敖为开陵侯；封越衍侯吴阳为北石侯；封横海将军说为案道侯；封横海校尉福为缭荌侯。福者，成阳共王子，故为海常侯，坐法失侯。旧从军无功，以宗室故侯。诸将皆无成功，莫封。东越将多军，汉兵至，弃其军降，封为无锡侯。

原东越衍侯吴阳在这之前留在汉朝，汉朝派他回去劝说馀善，馀善不听从。待到横海将军的军队首先到了东越，越衍侯吴阳率领他乡邑中七百人叛变东越，在汉阳进攻东越军队。他和建成侯敖及其部下，同繇王居股商议说："馀善首先作恶，胁迫我们。现在汉军到来，人多势强，如果杀了馀善，各自归顺汉朝的将军们，或许能侥幸得以脱身不死。"因此就一起杀害了馀善，带领他们的部众投降了横海将军，因此封繇王居股为东成侯，食邑一万户；封建成侯敖为开陵侯；封越衍侯吴阳为北石侯；封横海将军韩说为案道侯；封横海校尉刘福为缭荌侯。刘福是成阳共王刘喜的儿子，原来是海常侯，由于犯法失去了侯爵。从前参军没有功劳，因为是宗室子弟的缘故而被封侯。其他的将军们都没有战功，没有谁受封为侯。东越的将军多军，汉军到来的时候，他就抛弃军而投降，被封为无锡侯。

于是天子曰东越狭多阻，闽越悍，数反覆。诏军吏皆将其民徙处江淮间。东越地遂虚。

于是天子说东越地方狭隘多险要之处，闽越人强悍，多次叛服无常，下诏命令军官们率领所有这些地方的民众迁徙到江淮一带居住。东越这地方就空虚了。

太史公曰：越虽蛮夷，其先岂尝有大功德于民哉，何其久也！历数代常为君王，句践一称伯。然馀善至大逆，灭国迁众。其先苗裔繇王居股等犹尚封为万户侯，由此知越世世为公侯矣。盖禹之余烈也。

太史公说：越国虽然是蛮夷，它的祖先难道曾经对民众有很大的功德么，为什么它会相传这么久远呢！经历了几代都常常当君王，句践还一度称霸。可是馀善竟至于大逆不道，国家被消灭，百姓被迁徙。他们祖先的后代繇王居股等人还仍然做万户侯，从这些可以知道，越国首领世代当公侯了。这大概是禹遗留下来的功业吧。

史记第一百一十五卷

朝鲜列传第五十五

朝鲜王满者，故燕人也。自始全燕时，尝略属真番、朝鲜，为置吏，筑鄣塞。秦灭燕，属辽东外徼。汉兴，为其远难守，复修辽东故塞，至浿水为界，属燕。燕王卢绾反，入匈奴；满亡命，聚党千余人，魋结蛮夷服而东走出塞，渡浿水，居秦故空地上下鄣，稍役属真番、朝鲜蛮夷及故燕、齐亡命者王之，都王险。

朝鲜王卫满，原来是燕国人。当初在燕国全盛时，曾经攻占真番、朝鲜，使它们归服燕国，给它们设置官吏，修筑边境上的城堡、关塞。秦国除掉燕国后，朝鲜就属于辽东郡以外的边境国家。汉朝建立后，因为朝鲜离得远，难于守卫，就重新修复辽东郡以前的关塞，一直到浿水为界，属燕国管辖。燕王卢绾造反，跑到匈奴，卫满也逃跑，聚集同党一千多人，梳着椎形发髻，穿上蛮夷服装，向东跑出关塞，渡过浿水，居住在秦朝原来叫上下鄣的空旷地方，逐渐地役使真番、朝鲜以及原先燕国、齐国的逃亡者，并使他们归属自己，在他们当中称王，建都在王险。

会孝惠、高后时天下初定，辽东太守即约满为外臣，保塞外蛮夷，无使盗边；诸蛮夷君长欲入见天子，勿得禁止。以闻，上许之，以故满得兵威财物，侵降其旁小邑，真番、临屯皆来服属，方数千里。

适逢孝惠帝、高后时期，天下刚刚平定，辽东太守就约定卫满为藩属国的国君，保卫边塞外的蛮夷，不要让他们侵扰攻掠边境；各位蛮夷的首领欲到汉朝进见天子，不能够禁止。辽东太守把这些情况报告给皇上知道，皇上答应了。由于这个缘故，卫满能够凭借兵威和财物侵占、降服他附近的小国，真番、临屯都来降服归顺，他统治的地区纵横有几千里。

传子至孙右渠，所诱汉亡人滋多，又未尝入见；真番旁众国欲上书见天子，又拥阏不通。元封二年，汉使涉何谯谕右渠，终不肯奉诏。何去至界上，临浿水，使御刺杀送何者朝鲜裨王长，即渡，驰入塞，遂归报天子曰“杀朝鲜将”。上为其名美，即不诘，拜何为辽东东部都尉。朝鲜怨何，发兵袭攻杀何。

卫满传王位给他儿子，再传至他孙子右渠，这时期诱至的汉朝逃亡者越来越多，而右渠又从不进见天子；真番周围许多小国要上书进见天子，又受到堵塞而不通。元封二年，汉朝派涉何责备和晓谕右渠，可他始终不肯接受皇帝的命令。涉何离开，回到了边界上，面对浿水，派车夫刺杀了送涉何的朝鲜小王长，马上渡河，骑马飞奔进入塞内，于是回来报告天子说：“杀了朝鲜一位将军。”皇上因为涉何有杀死朝鲜将军的美名，就不追究他的过失，任命他为辽东东部都尉。朝鲜怨恨涉何，派兵袭击杀掉了涉何。

天子募罪人击朝鲜。其秋，遣楼船将军杨仆从齐浮渤海，兵五万人，左将军荀彘出辽东，讨右渠。右渠发兵距险。左将军卒正多率辽东兵先纵，败散，多还走，坐法斩。楼船将军将齐兵七千人先至王险。右渠城守，窥知楼船军少，即出城击楼船，楼船军败散走。将军杨仆失其众，遁山中十余日，稍求收散卒，复聚。左将军击朝鲜浿水西军，未能破自前。

天子募集犯罪的人，赦免其罪，让他们去进攻朝鲜。元封二年秋天，汉朝派楼船将军杨仆从齐地渡过渤海，军队有五万人，左将军荀彘从辽东出发，去征讨右渠。右渠派兵在险要地方抵御。左将军名字叫多的卒正率领辽东兵首先进击敌军，结果失败而走散，多往回跑，因触犯军法而被处死。楼船将军率领齐地兵七千人首先到了王险城。右渠据城防守，探知楼船将军的部队人少，就出城攻打楼船将军，楼船将军部队失败，四散逃跑。将军杨仆失散了部队，逃到山中藏了十多天，慢慢地寻找收拢失散的军兵，又重新聚集起来。左将军荀彘攻打朝鲜浿水西边的军队，未能从前方攻破朝鲜军。

天子为两将未有利，乃使卫山因兵威往谕右渠。右渠见使者，顿首谢：“愿降，恐两将诈杀臣。今见信节，请服降。”遣太子入谢，献马五千匹，及馈军粮。人众万余持兵，方渡浿水，使者及左将军疑其为变，谓太子已服降，宜命人毋持兵。太子亦疑使者、左将军诈杀之，遂不渡浿水，复引归。山还报天子，天子诛山。

天子由于两位将军没有取胜，于是派卫山依借军事威力前去告知右渠。右渠会见使者，磕头谢罪说：“我乐意投降，只害怕两位将军用欺诈手段杀害我；如今见到真实的符节，请允许我降服。”右渠派太子到朝廷上谢罪，献给汉朝五千匹马，还向在朝鲜的汉军赠送军粮。朝鲜民众一万多，手里拿着武器，正在渡过浿水，使者和左将军怀疑他们叛变，说太子已经降服，应该命令人们不要持武器。太子也怀疑使者和左将军要用欺诈手段杀害自己，就不渡浿水，又领着民众回去。卫山回去报告天子，天子处死了卫山。

左将军破浿水上军，乃前，至城下，围其西北。楼船亦往会，居城南。右渠遂坚守城，数月未能下。

左将军攻破了浿水岸上的朝鲜军队，这才向前推进，到了王险城下，包围了城的西北方。楼船将军也前往会师，驻在城南。右渠于是坚守城池，几个月也未能攻下。

左将军素侍中，幸；将燕代卒，悍，乘胜，军多骄。楼船将齐卒，入海，固已多败亡；其先与右渠战，困辱亡卒，卒皆恐，将心惭，其围右渠，常持和节。左将军急击之，朝鲜大臣乃阴间使人私约降楼船，往来言，尚未肯决。左将军数与楼船期战，楼船欲急就其约，不会；左将军亦使人求间郤降下朝鲜，朝鲜不肯，心附楼船：以故两将不相能。左将军心意楼船前有失军罪，今与朝鲜私善而又不降，疑其有反计，未敢发。

左将军一向在皇宫里侍奉天子，得到皇上宠信。他带领燕、代两地的士兵，很强悍，凭借胜利的形势，军中的战士大多都很骄横。楼船将军率领的是齐地的士兵，渡海而来，本来就已经有很多失败伤亡；他们先前和右渠交战，遭到困难和耻辱，损失了士兵，士兵都很惧怕，将领心中也觉得惭愧。他们包围右渠的时候，楼船将军经常手拿议和的符节。左将军迅急攻打，朝鲜大臣于是暗中派人私下里约定向楼船将军投降，使者往来传话，还没有决定下来。左将军多次和楼船将军约定一起向敌人开战，楼船将军想赶快实现他与朝鲜大臣的约定，不去和左将军会合；左将军也派人寻找机会降服朝鲜，朝鲜不愿意，而心想归附楼船将军：由于这个缘故，两位将军相互不和。左将军心想楼船将军以前有失败的罪过，如今和朝鲜私下友好，而朝鲜又不来投降，怀疑他有反叛的阴谋，只是还未敢发作。

天子曰将率不能，前乃使卫山谕降右渠，右渠遣太子，山使不能钊决，与左将军计相误，卒沮约。今两将围城，又乖异，以故久不决。使济南太守公孙遂往正之，有便宜得以从事。遂至，左将军曰："朝鲜当下久矣，不下者有状。"言楼船数期不会，具以素所意告遂，曰："今如此不取，恐为大害，非独楼船，又且与朝鲜共灭吾军。"遂亦以为然，而以节召楼船将军入左将军营"计事"，即命左将军麾下执捕楼船将军，并其军。以报天子，天子诛遂。

天子说将帅无能，以往才派卫山去晓谕右渠投降，右渠派太子入朝，卫山作为天子使者却不能果断处理事情，和左将军的计谋都出现错误，最终破坏了约定。如今两位将军包围王险城，又不能同心协力，因此这么长时间也无法解决问题。派济南太守公孙遂前去纠正他们的错误，有合适的办法可以自行处理。公孙遂到达后，左将军说："朝鲜早该攻下了，之所以没有攻下，是有原因的。"他说楼船将军几次约定都不来会合，而且把一向所怀疑的事全都告诉公孙遂，说："如今这种情况不拿问他，恐怕会成为大祸害，不单是楼船将军的问题，而且还会和朝鲜一同消灭我们军队。"公孙遂也认为不错，就用符节召楼船将军进入左将军军营中商议事情，马上命令左将军部下捉拿楼船将军，合并了他的军队，并且向天子报告。天子杀掉了公孙遂。

左将军已并两军，即急击朝鲜。朝鲜相路人、相韩阴、尼谿相参、将军王唊相与谋曰："始欲降楼船，楼船今执，独左将军并将，战益急，恐不能与战，王又不肯降。"阴、唊、路人皆亡降汉。路人道死。元封三年夏，尼谿相参乃使人杀朝鲜王右渠，来降。王险城未下，故右渠之大臣成巳又反，复攻吏。左将军使右渠子长降、相路人之子最告谕其民，诛成巳，以故遂定朝鲜，为四郡。封参为澅清侯，阴为荻苴侯，唊为平州侯，长降为几侯。最以父死颇有功，为温阳侯。

左将军合并了两方面军队后，就加紧进攻朝鲜。朝鲜相路人、相韩阴、尼溪相参、将军王唊等一起商议说："起初想投降楼船将军，楼船将军现在被逮捕，只有左将军统一率领，战争越发紧急，恐怕不能同他打下去，国王又不肯投降。"韩阴、王唊、路人都逃到汉军那里。路人死在路上。元封三年夏天，尼溪相参就派人杀死了朝鲜王右渠而来投降。王险城还没攻下来，原右渠的大臣成巳又造反，又进攻不同他造反的朝鲜官吏。左将军派右渠的儿子长降、相路人的儿子路最去晓谕朝鲜百姓，杀了成巳，因此汉朝就平定了朝鲜，在那里设置了四个郡。封参为澅清侯，韩阴为荻苴侯，王唊为平州侯，长降为几侯。路最因为父亲死在归降途中很有功劳，被封为温阳侯。

左将军征至，坐争功相嫉，乖计，弃市。楼船将军亦坐兵至洌口，当待左将军，擅先纵，失亡多，当诛，赎为庶人。

左将军被征召回京城，因为犯了争功而互相嫉妒、违背军事计划的罪，被公开处死。楼船将军也因为犯了军队到达洌口，应当等候左将军，却擅自抢先进攻敌人，使得伤亡很多的罪过，被判处死刑，后来出钱赎罪，成为平民。

太史公曰：右渠负固，国以绝祀。涉河诬功，为兵发首。楼船将狭，及难离咎；悔失番禺，乃反见疑。荀彘争劳，与遂皆诛。两军俱辱，将率莫侯矣！

太史公说：右渠倚恃险固，国家因此而灭亡。涉何骗取功劳，成为发兵攻打朝鲜的开端。楼船将军行事心胸狭窄，遇到危难就遭受祸咎。后悔当年攻打番禺时失去了单独立功机会，却反被人怀疑。荀彘争功，和公孙遂一起被处死。两支军队都遭受耻辱，将帅没有被封侯。

史记第一百一十六卷

西南夷列传第五十六

西南夷君长以什数，夜郎最大；其西靡莫之属以什数，滇最大；自滇以北君长以什数，邛都最大：此皆魋结，耕田，有邑聚。其外西自同师以东，北至楪榆，名为嶲、昆明，皆编发，随畜迁徙，毋常处，毋君长，地方可数千里。自嶲以东北，君长以什数，徙、筰都最大：自筰以东北，君长以什数，冉、駹最大。其俗或土箸，或移徙，在蜀之西，自冉、駹以东北，君长以什数，白马最大，皆氐类也。此皆巴、蜀西南外蛮夷也。

西南夷的君长多得数以十计，其中夜郎是势力最大的；它的西边靡莫之夷也多得数以十计，其中滇的势力最大；从滇往北，那里的君长也多得数以十计，其中邛都之夷的势力最大：这些地方的人全把头发梳成椎形的髻，耕种土地，有小城镇和村落。他们的外边，西面从同师往东，直到北边的楪榆，称为嶲和昆明，这地方的人全结发为辫，随着牲畜而迁移，没有固定的住处，没有君长，土地纵横大约有几千里。从嶲往东北，那里的君长也多得数以十计，其中徙和筰都的势力最大。从筰都往东北，那里的君长也多得数以十计，其中冉駹的势力最大。他们的习俗有的定居，有的迁移不定，都在蜀郡的西边。从冉駹往东北，那里的君长多得数以十计，其中白马的势力最大，都是氐族的同类。这些都是巴郡、蜀郡西南以外的蛮夷。

始楚威王时，使将军庄跻将兵循江上，略巴、黔中以西。庄跻者，故楚庄王苗裔也。跻至滇池，方三百里，旁平地，肥饶数千里，以兵威定属楚。欲归报，会秦击夺楚巴、黔中郡，道塞不通，因还，以其众王滇，变服，从其俗，以长之。秦时常頞略通五尺道，诸此国颇置吏焉。十余岁，秦灭。及汉兴，皆弃此国而开蜀故徼。巴、蜀民或窃出商贾，取其筰马、僰僮、髦牛，以此巴、蜀殷富。

起初楚威王的时候，派将军庄跻领兵沿长江而上，攻占了巴郡、黔中郡以西的地方。庄跻是以前的楚庄王的后代。庄跻到了滇池，那里纵横三百里，附近是平坦的土地，肥沃富饶的地方有几千里，庄跻凭借军队的威势平定了那里，使它隶属楚国。庄跻正想回来报告楚王，恰逢秦国攻取了楚国巴郡、黔中郡，道路阻塞，没有办法通行，于是庄跻返回滇池，凭借他的军队在滇称王，改变服饰，随从当地的风俗，而做了当地的长帅。秦朝时常頞大略开通了五尺道，这些国家稍微就设置一些官吏了。十几年后，秦朝灭亡。待到汉朝建立，把这些国家都抛弃了而把蜀郡原来的边界当作关塞。巴郡、蜀郡百姓中有的人暗中出塞做买卖，换取那里筰国的马、僰国的僮仆和牦牛，所以巴郡、蜀郡人口繁多，生活富裕。

建元六年，大行王恢击东越，东越杀王郢以报。恢因兵威使番阳令唐蒙风指晓南越。南越食蒙蜀枸酱，蒙问所从来，曰"道西北牂柯，牂柯江广数里，出番禺城下"。蒙归至长安，问蜀贾人，贾人曰："独蜀出枸酱，多持窃出市夜郎。夜郎者，临牂柯江，江广百余步，足以行船。南越以财物役属夜郎，西至同师，然亦不能臣使也。"蒙乃上书说上曰："南越王黄屋左纛，地东西万余里，名为外臣，实一州主也。今以长沙、豫章往，水道多绝，难行。窃闻夜郎所有精兵，可得十余万，浮船牂柯江，出其不意，此制越一奇也。诚以汉之彊，巴、蜀之饶，通夜郎道，为置吏，易甚。"上许之。乃拜蒙为郎中将，将千人，食重万余人，从巴蜀筰关入，遂见夜郎侯多同。蒙厚赐，喻以威德，约为置吏，使其子为令。夜郎旁小邑皆贪汉缯帛，以为汉道险，终不能有也，乃且听蒙约。还报，乃以为犍为郡。发巴、蜀卒治道，自僰道指牂柯江。蜀人司马相如亦言西夷邛、牂可置郡。使相如以郎中将往喻，皆如南夷，为置一都尉，十余县，属蜀。

建元六年，大行王恢攻打东越，东越人杀死了东越王郢而向汉朝报告。王恢乘着军事威势派番

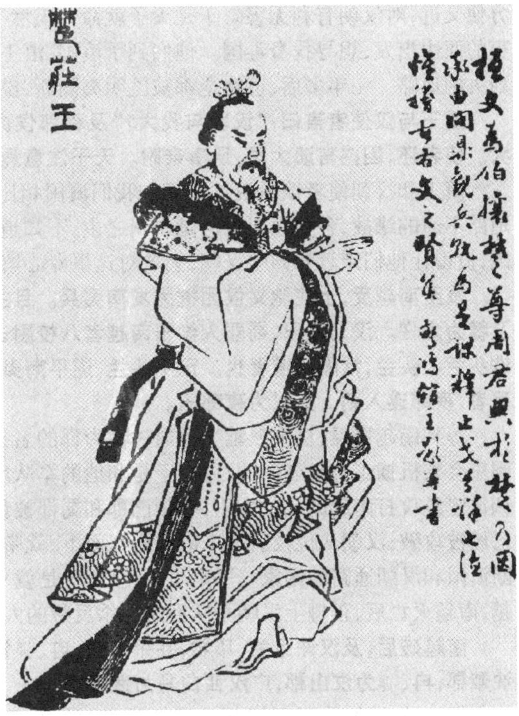

楚庄王像。汉代的西南夷是楚庄王苗裔。

阳令唐蒙委婉地告知南越汉朝出兵的意图。南越拿蜀地的枸酱给唐蒙吃，唐蒙问这是从哪里弄来的，南越人说："由西北边的牂柯江而来的，牂柯江宽有几里，流经番禺城下。"唐蒙回到长安，询问蜀地的商人，商人说："只有蜀郡出产枸酱，很多人悄悄拿着出去和夜郎做交易。夜郎靠近牂柯江，江宽有一百多步，足够来行船。南越用财物使夜郎归附自己，势力向西到达了同师，可是也没能像对待臣国那样差遣夜郎。"唐蒙于是上书劝皇上说："南越王乘坐着黄盖左纛的车子，土地东西有一万多里，名义上是外臣，其实是一州的君主。如今从长沙、豫章前去，水路多数隔断，难以前行。我私下听说夜郎所拥有的精兵，可能有十多万，乘船从牂柯江而下，乘它不注意，这是制服南越的一条奇计。如果凭着汉朝的强大，巴郡、蜀郡的富饶，开通前往夜郎的道路，给那里设置官吏，十分容易。"皇上答应了这个建议。于是任命唐蒙做郎中将，率领一千人，以及携带粮食辎重的一万多人，从巴蜀筰关进入夜郎，于是会见了夜郎侯多同。唐蒙给他很优厚的赏赐，用汉王朝的威势和恩德来晓谕他，约定给他们设置官吏，让他的儿子任县令。夜郎附近的小国都贪图汉朝的丝织品，认为通往汉朝的道路艰险，终究不能占为己有，就暂且接受了唐蒙的盟约。唐蒙回到汉朝报告，于是把夜郎设为犍为郡。调派巴郡、蜀郡的士兵修整道路，从僰直修路到牂柯江。蜀郡人司马相如也说西夷的邛、筰可以设置郡。皇上派司马相如以郎中将的身份前往那里晓谕，将他们都如同南夷一样对待，给他们设置了一个都尉、十几个县，归属于蜀郡。

当是时，巴、蜀四郡通西南夷道，戍转相饷。数岁，道不通，士罢饿离湿，死者甚众；西南夷又数反，发兵兴击，耗费无功。上患之，使公孙弘往视问焉。还对，言其不便。及弘为御史大夫，是时方筑朔方以据河逐胡，弘因数言西南夷害，可且罢，专力事匈奴。上罢西夷，独置南夷夜郎两县一都尉，稍令犍为自葆就。

正当这个时候，巴、蜀、汉中、广汉四个郡开通了西南夷的道路，辗转运送军粮。几年后，道路不通，士兵疲乏饥饿，遭受潮湿，死了很多人。西南夷又多次反叛，派兵发动攻击，消耗费用，却没有功效。皇上担心这件事，派公孙弘前去那里察看了解。公孙弘回来报告，说这件事对国家不利。待到公孙弘任御史大夫，这里正在修筑朔方城，来据守黄河驱逐匈奴，公孙弘借机多次述说开通西南夷的害处，可以暂时停止，集中精力对付匈奴。皇上停止了西南夷开通的事，只在南夷夜郎设置两个县和一个都尉，让犍为郡自己保全并逐渐完善它的郡县体制。

及元狩元年，博望侯张骞使大夏来，言居大夏时见蜀布、邛竹杖，使问所从来。曰："从东南身毒国，可数千里，得蜀贾人市。"或闻邛西可二千里有身毒国。骞因盛言大夏在汉西南，慕中国，患匈奴隔其道，诚通蜀，身毒国道便近，有利无害。于是天子乃令王然于、柏始昌、吕越人等，使间出西夷西，指求身毒国。至滇，滇王尝羌乃留，为求道西十余辈。岁余，皆闭昆明，莫能通身毒国。

到了元狩元年，博望侯张骞出使大夏归来，说他在大夏时看到蜀地出产的细布和邛莱山出产的竹杖，让人去问这些东西是从哪里来的，回答说："从东南方的身毒国来的，它离这里大约有几千里远，能够和蜀地的商人做买卖。"又听说邛莱山西边大约二千里有身毒国。张骞乘机大说大夏在汉朝的西南，羡慕中国，担心匈奴阻隔了他们和中国的通路，如果能够开通蜀地的道路，取道身毒国既方便又近，对汉朝有利无害。于是天子就命令王然于、柏始昌、吕越人等人，让他们打探捷径，从西夷的西边出发，想寻找身毒国。他们到了滇国，滇王尝羌就留下他们，派了十多批人为他们寻找向西去的道路。一年多后，道路全都被昆明夷隔断，没有人能通往身毒国。

滇王与汉使者言曰："汉孰与我大？"及夜郎侯亦然。以道不通故，各自以为一州主，不知汉广大。使者还，因盛言滇大国，足事亲附。天子注意焉。

滇王和汉朝使者谈话说："汉朝和我们滇国相比哪个大？"到了夜郎，夜郎侯也是这样问。因为道路不通的缘故，各自以为自己是一州之主，不知道汉朝的辽阔。使者回来后，于是大谈滇是个大国，值得让他们亲近和归顺汉朝，天子对这事专心留意。

及至南越反，上使驰义侯因犍为发南夷兵。且兰君恐远行，旁国虏其老弱，乃与其众反，杀使者及犍为太守。汉乃发巴、蜀罪人尝击南越者八校尉击破之。会越已破，汉八校尉不下，即引兵还，行诛头兰。头兰，常隔滇道者也。已平头兰，遂平南夷为牂柯郡。夜郎侯始倚南越，南越已灭，会还诛反者，夜郎遂入朝。上以为夜郎王。

等到南越造反，皇上派驰义侯通过犍为郡的名义调发南夷军队。且兰君害怕行军遥远，临近的国家会乘机掳走自己老弱的百姓，于是和他的军队反叛了，杀死了汉朝使者和犍为太守。汉朝于是调派曾经攻打南越的八位校尉，率领巴郡和蜀郡被免罪从军的犯人，去进攻打败了且兰。适逢南越已经被攻破，汉朝八位校尉还未沿牂柯江而下，就带兵撤回，在行军中征伐了头兰。头兰是经常阻断滇国和汉朝通路的国家。平定了头兰后，于是就平定了南夷，设置了牂柯郡。夜郎侯起初倚恃南越，南越灭亡后，正碰上汉朝军队回来诛杀反叛的人，夜郎于是入京朝见天子。皇子封他为夜郎王。

南越破后，及汉诛且兰、邛君，并杀筰侯，冉、駹皆振恐，请臣置吏。乃以邛都为越嶲郡，筰都为沈犁郡，冉、駹为汶山郡，广汉西白马为武都郡。

南越被攻破后，以及汉朝杀了且兰、邛君，并且杀了筰侯，冉、駹都震惊恐慌，便向汉朝请求称臣，为他们设置官吏。于是汉朝将邛都设为越嶲郡，駹都设为沈犁郡，冉、駹设为汶山郡，广汉西边的白马设为武都郡。

上使王然于以越破及诛南夷兵威风喻滇王入朝。滇王者，其众数万人，其旁东北有劳浸、靡莫，皆同姓相扶，未肯听。劳浸、靡莫数侵犯使者吏卒。元封二年，天子发巴、蜀兵击灭劳浸、靡莫，以兵临滇。滇王始首善，以故弗诛。滇王离难西南夷，举国降，请置吏入朝。于是以为益州郡，赐滇王王印，复长其民。

皇上派王然于利用南越破败以及诛杀南夷的兵威委婉地告知滇王入京朝见天子。滇王，他的军队有几万人，他附近东北边有劳浸、靡莫，都和滇王同姓，相互倚仗，不肯听从劝告。劳浸、靡莫屡次触犯汉朝使者和官兵。元封二年，天子调发巴郡、蜀郡的军队进攻并消灭了劳浸、靡莫，大军逼近滇国。滇王当初对汉朝本有善意，因此没有杀滇王。滇王离开西南夷，全国向汉朝投降，请求为他们设置官吏，并入京朝见天子。于是汉朝将滇国设为益州郡，赐给滇王王印，依旧统治他的人民。

西南夷君长以百数，独夜郎、滇受王印。滇小邑，最宠焉。

西南夷的君长数以百计，只有夜郎、滇的君长接受了王印。滇是个小国，最受汉朝宠爱。

太史公曰：楚之先岂有天禄哉？在周为文王师，封楚。及周之衰，地称五千里。秦灭诸侯，唯楚苗裔尚有滇王。汉诛西南夷，国多灭矣，唯滇复为宠王。然南夷之端，见枸酱番禺，大夏杖邛竹。西夷后揃，剽分二方，卒为七郡。

太史公说：楚国的祖先难道有上天赐予的禄位么？在周的时候做过文王的师傅，被封于楚。待到周朝衰落，楚国土地号称方圆五千里。秦国灭亡诸侯，只有楚国的后代还做了滇王。汉朝讨伐西南夷，那里的国家大多灭亡了，只有滇王依旧是汉朝宠爱的王。然而平定南夷的开端，是在番禺见到了枸酱，在大夏见到了邛竹杖。西夷后来被分割，分为西、南二方，终于被汉朝设为七个郡。

史记第一百一十七卷

司马相如列传第五十七

司马相如者，蜀郡成都人也，字长卿。少时好读书，学击剑，故其亲名之曰犬子。相如既学，慕蔺相如之为人，更名相如。以赀为郎，事孝景帝，为武骑常侍，非其好也。会景帝不好辞赋，是时梁孝王来朝，从游说之士齐人邹阳、淮阴枚乘、吴庄忌夫子之徒，相如见而说之，因病免，客游梁。梁孝王令与诸生同舍，相如得与诸生游士居数岁，乃著《子虚之赋》。

司马相如是蜀郡成都人，表字叫长卿。他少年时喜欢读书，学习剑术，所以他父母给他取名叫犬子。司马相如学业完成后，仰慕蔺相如的为人，就改名叫相如。他凭借资财而出任郎官，侍奉孝景帝，担任武骑常侍，这不是他所喜欢的。碰巧景帝不喜欢辞赋，这时候梁孝王来京城朝见，跟着梁孝王而来的善于游说的人，有齐郡人邹阳、淮阴人枚乘、吴县人庄忌先生等，司马相如见到这些人就喜欢上了，就借有病为由而辞了官职，旅居梁国。梁孝王让他和众儒生住在一起，司马相如有机会和儒生们、游说之士相处了好几年，于是写了《子虚赋》。

会梁孝王卒，相如归，而家贫，无以自业。素与临邛令王吉相善，吉曰："长卿久宦游不遂，而来过我。"于是相如往，舍都亭。临邛令缪为恭敬，日往朝相如。相如初尚见之，后称病，使从者谢吉，吉愈益谨肃。临邛中多富人，而卓王孙家僮八百人，程郑亦数百人，二人乃相谓曰："令有贵客，为具召之。"并召令。令既至，卓氏客以百数。至日中，谒司马长卿，长卿谢病不能往，临邛令不敢尝食，自往迎相如，相如不得已，强往，一坐尽倾。酒酣，临邛令前奏琴曰："窃闻长卿好之，愿以自娱。"相如辞谢，为鼓一再行。是时卓王孙有女文君新寡，好音，故相如缪与令相重，而以琴心挑之。相如之临邛，从车骑，雍容闲雅甚都；及饮卓氏，弄琴，文君窃从户窥之，心悦而好之，恐不得当也。既罢，相如乃使人重赐文君侍者通殷勤。文君夜亡奔相如，相如乃与驰归成都。家居徒四壁立。卓王孙大怒曰："女至不材，我不忍杀，不分一钱也。"人或谓王孙，王孙终不听。文君久之不乐，曰："长卿第俱如临邛，经昆弟假贷犹足为生，何至自苦如此！"相如与俱之临邛，尽卖其车骑，买一酒舍酤酒，而令文君当炉。相如身自著犊鼻裈，与保庸杂作，涤器于市中。卓王孙闻而耻之，为杜门不出。昆弟诸公更谓王孙曰："有一男两女，所不足者非财也。今文君已失身于司马长卿，长卿故倦游，虽贫，其人材足依也，且又令客，独柰何相辱如此！"卓王孙不得已，分予文君僮百人，钱百万，及其嫁时衣被财物。文君乃与相如归成都，买田宅，为富人。

正值梁孝王去世，司马相如返回家，可是家境贫寒，没有什么用来作为自己的职业。他平素和临邛县令王吉关系很好，王吉说："你长久在外行游求官，不称心，就来探望我。"于是司马相如前去，住在城内的都亭中。临邛县令假装恭敬的样子，每天去拜访司马相如。司马相如最初还以礼相见，后来就声称有病，派随从谢绝王吉的拜访，王吉更加谨慎恭敬。临邛县中有很多富人，卓王孙家就有奴仆八百人，程郑家也有几百人，他们两人就互相商量说："县令有贵客，我们准备酒食宴请他。"一并请了县令。县令到来后，卓家的客人已经上百了。到了中午，去请司马长卿，司马相如声称有病，不能前往，临邛县令就不敢尝一下酒食，亲自前去迎请司马相如。司马相如不得已，勉强前往，满座的人都钦慕他的风采。饮酒正畅快尽兴时，临邛县令向前送上琴说："我私下里听说长卿喜欢弹琴，希望用它来自助欢娱。"司马相如推谢，便弹奏了一两曲。当时卓王孙有位女儿叫文君，刚刚守寡，喜爱音乐，所以司马相如假装和县令相互敬重，而用琴声来挑逗她。司马相如到临邛时，有车马跟随，又仪表雍容娴雅，十分漂亮；待到在卓家中饮酒，弹奏琴曲，卓文君偷偷从门缝中看他，心里高兴并喜欢上了他，又担心不能和他相配。弹琴结束后，司马相如叫人送给卓文君的侍者很厚的礼物，让她传达自己恳切深厚的情意。卓文君连夜逃出家门，私奔司马相如。司马相如就和她急忙赶回成都。他家里穷得空无一物，只有四面墙壁竖立。卓王孙十分生气地说："女儿太不成才，我不忍心杀她，但也不分给她一个钱。"有的人劝说卓王孙，卓王孙始终不听。卓文君过了一段长时间，感到不愉快，说："长卿只要和我一起去临邛，向兄弟们借贷也还足够用来维持生活，何至于使自己苦到这个地步呢！"司马相如就和她一起到了临邛，卖掉了他们的全部车马，买了一间酒店来卖酒，而让卓文君主持垆前的酒铺买卖。司马相如自己身穿犊鼻裤，和雇工们一起工作，在街市中洗刷酒器。卓王孙听说了，感到羞辱，就闭门不出。兄弟们和临邛的长者交相劝卓王孙说："你有一个儿子两个女儿，你缺少的不是钱财。如今卓文君已经成了司马长卿的妻子，长卿本来厌倦宦游，虽然穷，他的才能足可以作依靠。况且他又是县令的客人，为什么偏这样看不起他呢！"卓王孙不得已，就分给卓文君家奴一百人，钱一百万，以及她出嫁时的衣服被褥和各种财物。卓文君就和司马相如回到成都，购买了田地房屋，变成了富人。

居久之，蜀人杨得意为狗监，侍上。上读《子虚赋》而善之，曰："朕独不得与此人同时哉！"得意曰："臣邑人司马相如自言为此赋。"上惊，乃召问相如。相如曰："有是。然此乃诸侯之事，未足观也。请为天子游猎赋，赋成奏之。"上许，令尚书给笔札。相如以"子虚"，虚言也，为楚称；"乌有先生"者，乌有此事也，为齐难；"无是公"者，无是人也，明天子之义。故空藉此三人为辞，以推天子诸侯之苑囿。其卒章归之于节俭，因以讽谏。奏之天子，天子大说。其辞曰：

过了好久，蜀郡人杨得意任狗监，服侍汉武帝。有一天，汉武帝读了《子虚赋》，认为写得好，说"为什么偏偏我不能够和这个人同时！"杨得意说："我的同乡司马相如自称他写了这篇赋。"皇上吃惊，于是召司马相如来询问。司马相如说："有这样的事。但这是写诸侯的事，不值得看。请让我写天子游猎赋，赋写成后就进献给您。"皇上答应了，命令尚书给他笔和木简。司马相如用"子虚"作为虚构的言辞，来称说楚国之美；"乌有先生"，就是哪有这事，来替齐国诘难楚国；"无是公"，就是没有这人，来阐明做天子的道理。所以借这三个人而写成文章，来推想天子和诸侯的苑囿。赋的最后归结到节俭上去，借以委婉地规劝皇上。把赋进献给天子，天子十分高兴。赋的文辞说：

卓文君夜奔相如图

楚使子虚使于齐，齐王悉发境内之士，备车骑之众，与使者出田。田罢，子虚过诧乌有先生，而无是公在焉。坐定，乌有先生问曰："今日田乐乎？"子虚曰："乐。""获多乎？"曰："少。""然则何乐？"曰："仆乐齐王之欲夸仆以车骑之众，而仆对以云梦之事也"。曰："可得闻乎？"

楚国派子虚出使到齐国，齐王调遣国内所有的士兵，准备了众多的车马，和使者一同出外打猎。打猎结束，子虚去拜访乌有先生，并向他夸耀这事，无是公当时也在场。他们坐定后，乌有先生向子虚问道："今天打猎愉快吗？"子虚说："快乐。""猎物很多吗？"子虚说："很少。""那这样有什么快乐？"子虚说："我高兴的是齐王本想向我夸耀他的车马众多，而我却用楚王在云梦打猎的盛况来回答他。”乌有先生说：“可以说给我听么？”

子虚曰：“可。王驾车千乘，选徒万骑，田于海滨。列卒满泽，罘罔弥山，揜兔辚鹿，射麋脚麟。骛于盐浦，割鲜染轮。射中获多，矜而自功。顾谓仆曰：‘楚亦有平原广泽游猎之地饶乐若此者乎？楚王之猎何与寡人？’仆下车对曰：‘臣，楚国之鄙人也，幸得宿卫十有余年，时从出游，游于后园，览于有无，然犹未能遍睹也，又恶足以言其外泽者乎！’齐王曰：‘虽然略以子之所闻见而言之。’

子虚说：“可以。齐王指挥着一千辆军车，选拔一万名骑兵，在海边打猎。排列开的士兵布满了草泽，捕兽的罗网遍布山中，罗网罩住野兔，车轮辗死大鹿，射中了麋鹿，抓住了麟的小腿。车马纵横奔驰在海边的盐滩，宰杀禽兽的鲜血染红了车轮。射中目标，捕得了很多猎物。齐王骄傲地向人夸耀自己的功劳。他回头对我说：‘楚国也有平原广泽供人游玩打猎的地方，使人像这样快乐的吗？楚王的游猎和我比起来，哪个更有乐趣呢？’我走下车子回答说：‘我是楚国低贱的人，有幸能够在楚国宫禁中值宿警卫十多年，时常跟随楚王出外游猎，在王宫的后苑游猎，随便匆匆浏览周围的景物，但还不能全都看遍，又怎么够得上谈论那内苑之外的大泽盛景呢！’齐王说：‘尽管这样，还是请你大概地根据你的所见所闻来说说吧。’

“仆对曰：‘唯唯。臣闻楚有七泽，尝见其一，未睹其余也。臣之所见，盖特其小小者耳，名曰云梦。云梦者，方九百里，其中有山焉。其山则盘纡岪郁，隆崇嵂崒；岑岩参差，日月蔽亏；交错纠纷，上干青云；罢池陂陁，下属江河。其土则丹青赭垩，雌黄白坿，锡碧金银，众色炫耀，照烂龙鳞。其石则赤玉玫瑰，琳瑉琨珸，瑊玏玄厉，瑌石武夫。其东则有蕙圃衡兰，芷若射干，穹穷昌蒲，江离麋芜，诸蔗猼且。其南则有平原广泽，登降陁靡，案衍坛曼，缘以大江，限以巫山。其高燥则生葴菥苞荔，薜莎青薠。其卑湿则生藏莨蒹葭，东蔷雕胡，莲藕菰芦，菴蔺轩芋，众物居之，不可胜图。其西则有涌泉清池，激水推移；外发芙蓉菱华，内隐巨石白沙。其中则有神龟蛟鼍，玳瑁鳖鼋。其北则有阴林巨树，楩楠豫章，桂椒木兰，蘗离朱杨，樝梸梬栗，桔柚芬芳。其上则有赤猿蠷蝚，鹓雏孔鸾，腾远射干。其下则有白虎玄豹，蟃蜒貙豻，兕象野犀，穷奇獌狿。

“我回答说：‘是。我听说楚国有七个大泽，曾经看到过其中一个，还没见过其余的。我所见到的，大概只是其中最小的一个罢了，名叫云梦。云梦纵横九百里，其中有山。山势盘桓，曲折阴幽，高耸险峻；山峰峭拔，高低不齐，日月或被全部蔽遮，或被遮掩一半；群山错落交杂，直冲云霄；山坡倾斜而下，连接江河。那土壤里有朱砂、石青、赤土、白垩；雌黄、石灰、锡矿、碧玉、黄金、白银，各种颜色光彩夺目，光耀如同灿烂的龙鳞。那里的石头有赤玉、玫瑰宝石、琳、瑉、琨珸、瑊玏、磨刀的黑石、瑌石、武夫石。东面有长着蕙草的园圃，其中有杜衡、兰草、白芷、杜若、射干、芎藭、菖蒲、江离、麋芜、甘蔗、芭蕉。南面有平原广泽，起伏不平，倾斜连绵，有的低洼，有的平坦，沿着长江，直到巫山为界。那高峻干燥的地方生长有马蓝、蔪草、苞草、荔草、艾蒿、莎草和青薠。那低湿的地方生长有狗尾巴草、芦苇、东蔷、菰米、莲花、荷藕、葫芦、蒿草、莸草，各种各样的东西生长在那里，不能全部描绘。西面有奔涌的泉水与清澈的水池，激荡的水波在推移；水面上开放着荷花、菱花，水面下隐藏着大石、白沙。水中有神龟、蛟蛇、鼍龙、玳瑁、鳖和鼋。北面有森林大树，生长着黄楩树、楠木、樟木、桂树、花椒树、木兰、黄蘗树、山梨树、赤茎柳、山楂树、黑枣树、橘树、柚子树发出芳香。这些树的上面有赤猿、猕猴、鹓雏、孔雀、鸾鸟，善跳的猴子和射干。树下有白虎、黑豹、蟃蜒、貙豻、雌犀牛、大象、野犀牛、穷奇、獌狿。

“于是乃使专诸之伦，手格此兽。楚王乃驾驯驳之驷，乘雕玉之舆，靡鱼须之桡旃，曳明月之珠旗，建干将之雄戟，左乌嗥之雕弓，右夏服之劲箭；阳子骖乘，纤阿为御；案节未舒；即陵狡兽，蹸邛邛，蹴距虚，轶野马而轊騊駼，乘遗风而射游骐；儵眒凄浰，雷动熛至，星流霆击，弓不虚发，中必决眦，洞胸达腋，绝乎心系，获若雨兽，揜草蔽地。于是楚王乃弭节裴回，翱翔容与，览乎阴林，观壮士之暴怒，与猛兽之恐惧，徼谻受诎，殚睹众物之变态。

“于是就派专诸这类勇士，徒手搏斗这些猛兽。楚王便驾着被驯服的杂毛驷马，乘坐着用雕刻的美玉装饰的车子，挥舞着用鱼须作的旒旌，摇挂着明月珍珠缀饰的旗帜，高举着干将铸造的利戟，左手拿着雕有花纹的乌嗥名弓，右手拿着夏羿箭囊中的强劲之箭。善于相马的阳子做陪乘，擅长驾车的纤阿当御者。车马徐徐而行，还未尽情驰骋时，就已踏倒了狡猾的野兽，碾压善跑的邛邛、距虚，用轴头突袭和撞击野马、騊駼，乘着千里马，射猎游荡之骐；动作敏捷，有如惊雷滚动，好像狂飙袭来，似流星飞坠，若雷霆撞击。放射的箭都不落空，都射裂禽兽的眼眶，穿透胸膛直达腋部，使连着心脏的血管断裂。猎获的禽兽，多得像下雨一般，覆盖了草野、大地。于是楚王就停鞭徘徊，逍遥自在，在森林中游览，观赏壮士的暴怒，和猛兽的恐惧，拦截、捕捉那些疲困而走投无路的野兽，尽情地欣赏各种事物的变化神态。

"于是郑女曼姬，被阿锡，揄纻缟，杂纤罗，垂雾縠；襞积褰绉，纡徐委曲，郁桡谿谷；衯衯裶裶，扬袘恤削，蜚纤垂髾；扶与猗靡，噏呷萃蔡，下靡兰蕙，上拂羽盖，错翡翠之威蕤，缪绕玉绥；缥乎忽忽，若神仙之仿佛。

"于是郑国的美女，肤色细嫩的姑娘，穿着细缯和细布做的衣裳，拖着麻布和白绢做的裙子，还装点着各种彩色的罗绮，身后垂挂着薄雾一般的轻纱；裙幅褶皱重叠，纹理细密，线条婉曲多姿，好像深幽的溪谷；长长的衣服，扬起的袖子，整齐美观，衣上的飘带、燕尾随风飘动；扶着车舆，婉顺地相随，衣裙相磨，发出噏呷萃嚓的响声，磨着下边的兰花蕙草，拂拭着上面的羽饰车盖，头发上杂饰着翡翠和羽毛，颌下缠绕着用玉装饰的帽缨。或隐或现，飘忽不定，好像神仙一样恍恍惚惚。

"于是乃相与獠于蕙圃，媻珊勃窣上金隄，揜翡翠，射鵕鸃，微矰出，纤缴施，弋白鹄，连驾鹅，双鸧下，玄鹤加。怠而后发，游于清池；浮文鹢，杨桂枻，张翠帷，建羽盖，罔玳瑁，钓紫贝；摐金鼓，吹鸣籁；榜人歌，声流喝，水虫骇，波鸿沸，涌泉起，奔扬会，礧石相击，硠硠礚礚，若雷霆之声，闻乎数百里之外。

"于是楚王就和众美女一起在蕙圃打猎，从容而缓慢地走上坚固的水堤，网住翡翠鸟，射中锦鸡，发射出带丝线的短小之箭，施放出系着细丝绳的箭，射中了白鹄，击中了野鹅，中箭的鸧鸹双双坠地，黑鹤中箭落下。打猎疲倦以后，在清池中泛舟，划着绘有鹢鸟的彩船，扬起桂木的船桨，张挂起翠幔，树起羽毛装饰的伞盖，网捞玳瑁，钓取紫贝；敲打金鼓，吹起排箫，船夫唱歌，歌声悲怨，水虫惊骇，洪波泛起，泉水涌出，浪涛汇聚，滚石互相撞击，发出硠硠礚礚的响声，好像雷霆鸣声，几百里以外都能听见。

"将息獠者，击灵鼓，起烽燧，车案行，骑就队，纚乎淫淫，班乎裔裔。于是楚王乃登阳云之台，泊乎无为，澹乎自持，勺药之和具而后御之。不若大王终日驰骋而不下舆，脟割轮淬，自以为娱。臣窃观之，齐殆不如。于是王默然无以应仆也。"

"将要停止打猎，敲起灵鼓，点亮火把，车驾依次而行，骑兵归队出发，连续不断，流动相连。于是楚王便登上阳云台，显示出安然无恙，恬静自若。调好五味食物后，就献给楚王品尝。不像大王终日奔驰，不下车子，用刀割肉，用轮碾压，而自以为乐。我私下看来，齐王可能不如楚王那样富有乐趣。于是齐王沉默不语，无话回答我。"

乌有先生曰："是何言之过也！足下不远千里，来况齐国，王悉发境内之士，而备车骑之众，以出田，乃欲勠力致获，以娱左右也，何名为夸哉！问楚地之有无者，愿闻大国之风烈，先生之馀论也。今足下不称楚王之德厚，而盛推云梦以为高，奢言淫乐而显侈靡，窃为足下不取也。必若所言，固非楚国之美也。有而言之，是章君之恶；无而言之，是害足下之信。章君之恶而伤私义，二者无一可，而先生行之，必且轻于齐而累于楚矣。且齐东陼巨海，南有琅邪，观乎成山，射乎之罘，浮勃澥，游孟诸，邪与肃慎为邻，右以汤谷为界，秋田乎青丘，傍偟乎海外，吞若云梦者八九，其于胸中曾不蒂芥。若乃俶傥瑰伟，异方殊类，珍怪鸟兽，万端鳞萃，充仞其中者，不可胜记，禹不能名，契不能计。然在诸侯之位，不敢言游戏之乐，苑囿之大；先生又见客，是以王辞而不复，何为无用应哉！"

乌有先生说："这话为什么说得这样过分呢！您不远千里而来访问齐国，齐王调遣国内所有的士兵，准备了众多的车马，与您同去出猎，是想同心协力猎获禽兽，来使您愉快，为什么称这样是夸耀呢！询问楚国有没有游猎的平原广泽，是希望听听贵国的教化和功业，以及先生的美言高论。现在您不称颂楚王丰厚的恩德，却尽力称说云梦泽作为高论，大谈淫乐而显露奢侈靡费，我私下里觉得您不应该这样。如果真像您所说的，那原本算不上是楚国的美事。有这样的事而说出来，是宣扬国君的丑恶；没有这样的事而说出来，是有损您的信誉。宣扬国君的丑恶和损害自己的信誉，两件事没有一件是适宜的，可先生却做了，这一定将会被齐国轻视，而楚国受到牵累。况且齐国东临大

司马相如像，选自《大汉三合明珠宝剑全传》。

海，南有琅邪山，在成山观赏，在之罘山射猎，在渤海泛舟，在孟诸泽中游猎，侧面和肃慎为邻，右边以汤谷为界限，秋天在青丘打猎，自由地漫步在海外，吞下像云梦这样的大泽八九个，那在胸中也丝毫没有梗塞的感觉。至于那些不同寻常的东西，各地特产，珍奇怪异的鸟兽，万物聚集，就像鱼鳞密布一样，充满其中，不可胜数，就是大禹也叫不上名字，契也算不清数目。可是齐王身处诸侯的地位，不敢谈论游猎和嬉戏的欢乐，以及园林的广大；先生又被当作客人，所以齐王辞让而不作答复，怎么是无言以对呢！”

无是公听然而笑曰：“楚则失矣，齐亦未为得也。夫使诸侯纳贡者，非为财币，所以述职也；封疆画界者，非为守御，所以禁淫也，今齐列为东藩，而外私肃慎，捐国踰限，越海而田，其于义故未可也。且二君之论，不务明君臣之义而正诸侯之礼，徒事争游猎之乐苑囿之大，欲以奢侈相胜，荒淫相越，此不可以扬名发誉，而适足以贬君自损也。且夫齐楚之事又焉足道邪！君未睹夫巨丽也，独不闻天子之上林乎？

无是公微笑着说：“楚国是错了，齐国也算不上对。天子所以让诸侯交纳贡物，不是为了财币礼物，而是为了让他们陈述他履行职务的情况；所以要划分疆界，不是为了守卫边境，而是为了杜绝诸侯的越轨行为。现在齐国列为东方的藩国，却和国外的肃慎私下往来，抛弃封国，超越边界，渡过海而打猎，这在礼义上是不应该的，况且你们两位的议论，不致力于明确君臣之间的道义，而端正诸侯的礼仪，只是一心去争论游猎的快乐，苑囿的广大，想借奢侈来争胜负，以荒淫赛高低，这样做不能用以显扬名望、宣传信誉，而正能用来贬低君王的声望、损坏自己的形象。况且齐国、楚国游猎的事情又哪里值得一说呢！你们还没看过那伟大壮丽的场面，难道没有听说过天子的上林苑吗？

“左苍梧，右西极，丹水更其南，紫渊径其北；终始霸、浐，出入泾、渭；酆、鄗、潦、潏，纡馀委蛇，经营乎其内，荡荡兮八川分流，相背而异态。东西南北，驰骛往来，出乎椒丘之阙，行乎洲淤之浦，径乎桂林之中，过乎泱莽之野。汩乎浑流，顺阿而下，赴隘陕之口。触穹石，激堆埼，沸乎暴怒，汹涌滂濞。滭浡滵汩，湢测泌瀄，横流逆折，转腾潎洌，澎濞沆瀣，穹隆云挠，蜿灗胶戾，踰波趋浥，莅莅下濑。批岩冲壅，奔扬滞沛。临坻注壑，瀺灂陨坠湛湛隐隐，砰磅訇磕。潏潏淈淈，湁潗鼎沸。驰波跳沫，汩急漂疾，悠远长怀，寂漻无声，肆乎永归。然后浩溔潢漾，安翔徐徊，翯乎滈滈，东注大湖，衍溢陂池。于是乎蛟、龙、赤螭，鲑鳙、蜥离，鰅、鳙、鰬、魠，禺禺、魼，鳎，揵鳍擢尾，振鳞奋翼，潜处于深岩；鱼、鳖讙声，万物众夥，明月、珠子，玓瓅江靡，蜀石、黄碝，水玉磊砢，磷磷烂烂，采色澔汗，丛积乎其中。鸿、鹄、鹔、鸨，驾鹅、鸀玛，䴔䴖、䴗目，烦鹜，䳜䴋，鸷鸟、䴔鸬，群浮乎其上。汎淫泛滥，随风澹淡，与波摇荡，掩薄草渚，唼喋菁、藻，咀嚼菱、藕。

“东边是苍梧，西边是西极，丹水流过它的南边，紫渊经过它的北边；霸水、浐水始终流在苑中，泾水、渭水流进来又流出去；酆水、鄗水、潏水、潦水，曲折宛转，在上林苑中周旋，浩浩荡荡的八条河川，流向相背，形态不同，东西南北，往来奔驰，从椒丘的山谷缺口中流出，流行于淤洲的水边，穿过桂树之林，流过茫茫无垠的原野。浩大的水流，沿着大江流下，奔赴到狭窄的山口。撞击着巨石，激荡着沙石形成的曲折河岸，水流涌起，暴怒异常，汹涌澎湃，水盛流急，相迫激荡，横流回旋，转折奔腾，疾速清澈。永势高起，卷曲如云，宛转盘旋，波浪相推趋向洼处，哗哗地越过河底的沙石，拍击着岩石，冲击着河岸，奔腾飞扬，不可抵挡。大水冲过小洲，流入山谷，水势渐缓，水声渐细，跌落于沟谷深潭之中。有时潭深水大，水流激荡，发生乒乓轰隆的巨响。有时水波翻涌飞扬，如同鼎中热水沸腾。水波疾驰，白沫泛起，水势急转，水流迅疾，放纵长流，寂寥无声，安静永归。然后水无边际，安然回旋，缓慢流去，白光闪闪，向东流入大湖，溢进江边的小水。于是，蛟龙、赤螭、鲔鱼、蜥螭、鳎、鳙、鲅、魠、禺禺、鱸、鲉，都扬起背鳍，摇动着鱼尾，振抖着鱼鳞，奋扬起鱼翅，潜处于深渊岩谷之中。鱼鳖惊跳，万物众多，明月珠和珍珠，闪耀江边，蜀石、黄色的碝石、水晶石，层层堆积，灿烂夺目，聚集在水中。天鹅、鹔鸟、鸫鸟、鸨鸟、鳰鹅、鸀鸡、䴔鶄、鹮目、烦鹜、鷫鸘、䴋䴔、鵁鸬，一群群地漂浮在水面上。或随风自在地游荡，凭河水漂流，或遮敝在长着水草的小洲之上，口衔着菁、藻，唼喋作响，口含着菱、藕，咀嚼不已。

“于是乎崇山巃嵸，崔巍嵯峨，深林钜木，崭岩参嵯，九嵏、嶻嶭，南山峨峨，岩陁甗锜，摧崣崛崎，振溪通谷，蹇产沟渎，谽呀豁閜，阜陵别岛，崴磈嵔瘣，丘虚崛垒，隐辚郁渎，登降施靡，陂池貏豸，沇溶淫鬻，散涣夷陆，亭皋千里，靡不被筑。掩以绿蕙，被以江离，糅以蘼芜，杂以流夷。尃结缕，欑戾莎，揭车、衡、兰，槁本、射干，茈姜、蘘荷，葴、橙、若、荪，鲜枝、黄砾，蒋、茅、青薠，布濩闳泽，延曼太原，丽靡广衍，应风披靡，吐芳扬烈，郁郁斐斐，众香发越，肸蠁布写，晻暧苾勃。

“于是，高山耸立，山势峻拔，林木高大，山峰险峻，交错不齐。九嵕山、嶻嶭山高耸，终南山巍峨。崖岸高低屈曲石倾山斜，崔巍而又陡峭。众溪流经山谷，曲折地流入沟渠，山谷空旷而广大，在空阔的山谷间断断续续地坐落着一些小山，山势高峻险绝，错落不平，重重叠叠，起伏绵延不绝。山形高低连延，溪流从山谷间缓慢地流着，到了宽广的平地，水旁低湿的平地广阔，无边无际。平地为绿色的蕙草和江蓠所覆盖，中间夹杂着芎䓖和芍药；还散布着结缕，丛生着莎草。揭车、杜蘅、兰草、槁本、射干、初生的嫩姜、蘘荷、寒浆草、金登草、杜若、荃、鲜枝、黄砾、蒋、茅、青薠，众草密布广泽，蔓延于广原之上；大广原上绵连不绝，随风摇荡倾倒，散发浓郁的香气，十分盛大，很多花草都茂茂盛盛，香气遍布而进入人心，十分浓郁。

“于是乎周览泛观，瞋盼轧沕，芒芒恍忽，视之无端，察之无崖。日出东沼，入于西陂，其南则隆冬生长，踊水跃波；兽则㺎、旄、獏、犛，沈牛、麈、麋，赤首、圜题，穷奇、象、犀。其北则盛夏含冻裂地，涉冰揭河；兽则麒麟、角端，騊駼、橐驼，蛩蛩、驒、騱，駃、騠、驴、骡。

“于是，环视四方，景物众多，无法分辨，眼花瞭乱。看不到开头，望不见边际。太阳早晨从苑东边的水池中升起，傍晚从苑西边的山坡上下落。它南部气候温暖，盛冬则草木生长不止，水波荡漾而不冻；那里的野兽有㺎牛、旄牛，獏、犛、水牛、四不象、麋鹿、赤首、麒麟、穷奇、象、犀牛。它北部气候寒冷，盛夏则滴水成冰，大地冻裂，涉冰而渡河；那里的野兽有麟麟、角端、騊駼、橐驼、蛩蛩、驒騱、駃騠、驴、骡。

“于是乎离宫别馆，弥山跨谷；高廊四注，重坐曲阁；华榱璧珰，辇道纚属；步櫩周流，长途中宿。夷嵕筑堂，累台增成，岩突洞房，俛杳眇而无见，仰攀橑而扪天，奔星更于闺闼，宛虹拖于楯轩。青虬蚴蟉于东箱，象舆婉婵于西清，灵圄燕于闲观，偓佺之伦暴于南荣，醴泉涌于清室，通川过乎中庭。磐石蒐崖，嵚岩倚倾，嵯峨磼嶫，刻削峥嵘，玫瑰、碧、琳，珊瑚丛生，瑉玉、旁唐，玢豳文鳞，赤瑕驳荦，杂臿其间，垂绥、琬琰，和氏出焉。

“于是乎离宫别馆，布满山坡，横跨溪谷。壮丽的回廊，四周相连，两层的楼房之间，阁道曲折连属，有雕绘花纹的椽子，璧玉装饰的瓦当。辇道连绵不绝，在长廊之中周游，路程遥远，须在中途住宿。把高山削平，构筑殿堂，修起层层台榭，山岩底部建筑有深邃的洞室。俯视山下，深远而看不见底，仰视天空，攀上层椽可以摸天。流星闪过宫门，弯曲的彩虹横挂在窗子与栏杆之间。青虬蜿蜒爬行在东厢，大象拉的车子曲折行走在清静的西厢。众神休息在清闲的楼台，偓佺之类的仙人在南檐下沐浴阳光。甘甜的泉水从清室中涌出，川流不息的河水流过院子。用巨石修整河岸，高峻险要，参差不齐。石岸巍峨高耸，峥嵘奇特，好像工匠雕刻而成。这里的玫瑰、碧、琳、珊瑚丛聚而生。瑉玉庞大，纹似鱼鳞。赤玉纹采交错，杂插其间。垂绥、琬琰、和氏璧等美玉，都在这里出产。

“于是乎卢桔、夏孰，黄甘、橙、榛，枇杷、橪、柿，楟，柰、厚朴，樗枣、杨梅，樱桃、蒲陶，隐夫、郁、棣，荅樑、荔枝，罗乎后宫，列乎北园。貤丘陵，下平原，扬翠叶，杌紫茎，发红华，秀朱荣，煌煌扈扈，照曜巨野。沙棠、栎、槠，华、氾、檘、栌，留落、胥余，仁频、并闾，欃檀、木兰，豫、章、女贞，长千仞，大连抱，夸条直畅，实叶葰茂，攒立丛倚，连卷累佹，崔错癹骫，阬衡閜砢，垂条扶于，落英幡纚，纷容萧蔘，旖旎从风，浏莅卉吸，盖象金石之声，管籥之音。柴池茈虒，旋环后宫，杂遝累辑，被山缘谷，循阪下隰，视之无端，究之无穷。

“于是，金橘在夏季成熟，还有柑、橙、榛、枇杷、橪、柿、山梨、海棠果、厚朴、樗枣、杨梅、樱桃、葡萄、隐夫、郁李、棣、榙樑、荔枝，许多种果树密密麻麻地生长在上林苑的离宫别馆之间，遍及丘陵和平原。果树的绿叶紫茎在微风中摆动，开放着红花，散发着光彩，果木花叶鲜明的光彩照耀着广阔的原野。沙棠、栎木、槠、桦树、枫树、平仲、黄栌木、刘树、椶树、椰子树、槟榔、棕榈、檀木、木兰、樟木、女贞，树木高大粗壮，花朵和枝条都挺拔、舒展，果实和叶子都硕大、茂盛。树木或聚立一处，或丛簇相倚，枝条蜷曲，既相依附又相背离；枝条交错盘曲，重叠倾斜，相互依赖扶持；树木枝柯向四方伸展，落花飞扬。枝条繁盛而修长，随风摇动飘荡，发出“浏莅”、“卉吸”的声音，似乎是钟磬之声，又像是箫管之音。树木高下参差不齐，环绕着后宫。它们重叠聚集，覆盖着山，沿着山谷，循斜坡生长直到低湿之地；这些树木，看不着开头，也望不到边际。

“于是玄猿、素雌，蜼、玃、飞鸓，蛭、蜩，蠼蝚，蜥胡、縠、蛫，栖息乎其间；长啸哀鸣，翩幡互经，夭蟜枝格，偃蹇杪颠。于是乎隃绝梁，腾殊榛，捷垂条，踔稀间，牢落陆离，烂曼远迁。

“于是，黑色的猿、白色的雌猿、长尾猴、玃、鼯鼠、蛭、蜩、猕猴、蜥胡、縠、蛫，在上林苑中栖息。它们在树林间鸣啸，往来蹦跳，在枝条中跃动自如，蹲卧在树梢上，猿猴超越无梁之水，跳到新枝之上；时而抓住悬垂的枝条，时而在林木稀疏无枝的空间腾跃；奔走跳跃，聚散无常，自由地往来不绝。

“若此辈者，数千百处。嬉游往来，宫宿馆舍，庖厨不徙，后宫不移，百官备具。

“像这样的地方苑中还有很多，天子可以往来嬉欢游玩，在离宫别馆止宿；离宫别馆中都有供奉天子的庖厨、宫女和臣僚，不必从朝廷搬来。

“于是乎背秋涉冬，天子校猎。乘镂象，六玉虬，拖蜺旌，靡云旗，前皮轩，后道游；孙叔奉辔，卫公骖乘，扈从横行，出乎四校之中。鼓严簿，纵獠者。江河为陆，泰山为橹，车骑雷起，隐天动地，先后陆离，离散别追，淫淫裔裔，缘陵流泽，云布雨施。

“于是，秋去冬来，天子到这里打猎。天子乘坐着六条虬龙驾的象车，牵引着霓虹旗，挥动着云旗，前面有虎皮装饰的车开路，后面有游车跟着，公孙贺驾车，卫青在车上陪乘；跟随出猎的百官侍从，率意横行围猎，在四周设有木栏的围场中往来。击鼓于森严的仪仗队之中，让打猎的士兵出发。以江河来堵截禽兽，以高山为望楼，来观望田猎的情景。车骑奔驰之声如雷，震天动地。车骑士卒陆续分散，分别追逐禽兽，猎手们漫山遍野，如云布天空，雨降地面。

“生貔、豹，搏豺、狼，手熊、罴，足野羊，蒙鹖苏，绔白虎，被豳文，跨野马。陵三嵏之危，下碛历之坻；径陵赴险，越壑厉水。推蜚廉，弄解豸，格瑕蛤，铤猛氏，罥腰褭，射封豕。箭不苟害，解脰陷脑；弓不虚发，应声而倒。于是乎乘舆弥节裴回，翱翔往来，睨部曲之进退，览将率之变态。然后浸潭促节，儵夐远去，流离轻禽，蹴履狡兽，轊白鹿，捷狡兔，轶赤电，遗光耀，追怪物，出宇宙，弯繁弱，满白羽，射游枭，栎蜚虡，择肉后发，先中命处，弦矢分，艺殪仆。

生擒到貔、豹，搏击豺、狼。用手击杀熊、罴，用足踏踢山羊。猎手们戴着用鹖尾为饰的帽子，穿着用虎豹皮做的衣服，骑着骏马。他们登上高峻的山顶，走下坎坷不平的山坡，经过高山，飞越深沟，渡过河水，不避艰险，追猎野兽。他们击杀龙雀、獬豸，刺死虾蛤、猛氏，用绳索绊捉神马，用箭射取大猪。箭不苟且随便射向野兽，必准确地中其头颈。弓也不轻易拉动，一定要让野兽应声而倒毙。于是，天子便乘着车子，按节徘徊，自由自在地往来遨游，观看士卒队伍的进退，游览将帅应变的神态。然后，车驾由缓行而逐渐加快，疾速远去。用网捕捉轻捷飞翔的禽鸟，用脚践踏狡捷狂奔的野兽。用车轴撞击白鹿，徒步追逐捕获狡兔。其速度之快超越赤色的闪电，而把电光留在后边。追逐怪兽，逸出宇宙。拉弯繁弱良弓，张满白羽之箭，射击游动的枭羊，搏击鹿头龙身的蜚虡。选好肉肥的野兽然后发箭，命中之处正是预想的地方。弓箭分离，一箭射中目标，猎物随之倒下。

“然后扬节而上浮，陵惊风，历骇飙，乘虚无，与神俱，辚玄鹤，乱昆鸡，遒孔鸾，促鵕䴊，拂翳鸟，捎凤皇，捷鸳雏，掩焦明。

“然后扬鞭腾游，超越和经过受惊的暴风，乘着虚无之气升上高空，与神在一起，践踏玄鹤，冲乱昆鸡的行伍，追近孔、鸾、鵕䴊，拂掠翳鸟、凤凰，赶上鸳雏，罩住鷦明。

“道尽涂殚，回车而还。招摇乎襄羊，降集乎北纮，率乎直指，闇乎反乡。蹶石关，历封峦，过䲷鹊，望露寒，下棠梨，息宜春，西驰宣曲，濯鹢牛首，登龙台，掩细柳，观士大夫之勤略，钧獠者之所得获。徒车之所辚轹，乘骑之所蹂若，人民之所蹈躤，与其穷极倦谻，惊惮慑伏，不被创刃而死者，佗佗籍籍，填阬满谷，揜平弥泽。

“道尽路竭，掉转车头返回。逍遥自在地往来行走，降落聚焦在天的北维，轻捷地驰去，忽然间南归。踏上石关观，经历封峦观，路过雉鹊观，望见露寒观，到棠梨宫停歇，在宜春宫休息，向西驰至宣曲宫，在牛首池乘坐鹢船，向北登上龙台观，在细柳观休息，观察军士将佐的勤功智略，评议猎者捕获动物的多少。步卒和车子所踩碾死的，随从坐骑所践踏死的，与那些疲惫至极、吓得动弹不了、未受刀剑而死的，纵横交错，杂乱众多，填满了坑谷，掩蔽了平原、川泽。

“于是乎游戏懈怠，置酒乎昊天之台，张乐乎轇輵之宇；撞千石之钟，立万石之钜；建翠华之旗，树灵鼍之鼓。奏陶唐氏之舞，听葛天氏之歌，千人唱，万人和，山陵为之震动，川谷为之荡波。《巴俞》、宋、蔡，淮南《于遮》，文成、颠歌，族举递奏，金鼓迭起，铿铃铛鼟，洞心骇耳。荆、吴、郑、卫之声，《韶》、《濩》、《武》、《象》之乐，阴淫案衍之音，鄢郢缤纷，《激楚》结风，俳优侏儒，狄鞮之倡，所以娱耳目而乐心意者，丽靡烂漫于前，靡曼美色于后。

“于是游乐嬉戏懈怠松弛，在上矗云霄的台榭置办酒席，在宽敞广大的屋宇陈设东器；敲击一千石重的钟，树立一万石重的钜，举起翠鸟羽作装饰的旗，立起鼍皮制作的鼓。表演陶唐氏的舞蹈，欣赏葛天氏的歌曲，千人唱歌，万人相和，山陵因之发生震动，川谷因之震起波涛。《巴俞》之舞，宋音、蔡歌，淮南于遮曲，以及文成、颠县的歌曲，聚居顺次演唱，钟鼓轮流敲起，钟声、鼓声，透心惊耳。荆、吴、郑、卫诸国的乱世之音，舜、汤、武王、周公的高雅之乐，放任无度的流湎之声，楚都鄢郢的歌舞缤纷，听《激楚》舞乐之遗风，优伶、侏儒与狄鞮的歌手，它所以使人耳目欢娱、心情愉快，是前有淫靡的乐曲，后有美好的女色。

“若夫青琴、宓妃之徒，绝殊离俗，姣冶娴都，靓庄刻饬，便嬛绰约，柔桡嫚嫚，妩媚姌嫋；抴独茧之褕袘，眇阎易以戌削，媥姺徶循，与世殊服；芬香沤郁，酷烈淑郁；皓齿粲烂，宜笑的皪；长眉连娟，微睇绵藐；色授魂与，心愉于侧。

“像那青琴、宓妃一类女神，极不寻常，世上无双，容貌艳丽举止文雅，涂脂抹粉，刻画鬓发，恣态姣好，轻盈柔美，纤细柔弱，可爱妩媚，拖着独茧作的衣袖，细细看去，长大的衣裳如同刻画过一样合体，婆娑飘舞，与众迥异。芳香浓郁，气味酷烈，牙齿洁白鲜明，笑容明亮合宜，眉毛弯曲纤细，微微流盼，便觉好看。神魂去和她的脸色相接，身在旁边，内心欢悦。

“于是酒中乐酣，天子芒然而思，似若有亡。曰：‘嗟乎，此泰奢侈！朕以览听余孃，无事弃日，顺天道以杀伐，时休息，于此，恐后世靡丽，遂往而不反，非所以为继嗣创业垂统也。’于是乃解酒罢猎，而命有司曰：‘地可以垦辟，悉为农郊，以赡萌隶；陨墙填堑，使山泽之民得至焉。实陂池而勿禁，虚宫观而勿仞。发仓廪以振贫穷，补不足，恤鳏寡，存孤独。出德号，省刑罚，改制度，易服色，更正朔，与天下为始。’

“于是饮酒至半奏乐畅快，天子茫然而思，若有所失。说：‘唉，这太奢侈！我因听政之余，闲暇无事，虚耗时日，顺从天道而来打猎，时常在这里休息，担心后代奢侈靡丽，遂离去而不再来，这不是用以继承王业传之子孙的方法。’于是停止酒宴和打猎，而命令官吏说：‘苑内的土地可以开垦，都做农田，用以供养百姓和小臣；推倒墙壁，填平壕沟，让山泽之民能到这里聚集。使池沼中聚满捕捞的人而不要去禁止，令离宫别馆空闲起来而不要聚满车舆和奴婢。打开粮仓救济贫穷的人，补助不够吃的，周济鳏夫寡妇，抚恤孤儿和无子的老人。发出富于德音的号召，减轻刑罚，改革制度，变换服色，更改正朔，与天下一道除旧布新。’

“于是历吉日以齐戒，袭朝衣，乘法驾，建华旗，鸣玉鸾，游乎《六艺》之囿，骛乎仁义之涂，览观

《春秋》之林，射《狸首》、兼《驺虞》，弋玄鹤，建干戚，载云罕，掩群《雅》，悲《伐檀》，乐《乐胥》，修容乎《礼》园，翱翔乎《书》圃，述《易》道，放怪兽，登明堂，坐清庙，恣群臣，奏得失，四海之内，靡不受获。于斯之时，天下大说，向风而听，随流而化，喟然兴道而迁义，刑错而不用，德隆乎三皇，功羡于五帝。若此，故猎乃可喜也。

"于是推算吉日，斋戒沐浴，穿上朝服，乘着天子的车驾，举起华丽的旗帜，响起鸾铃出行，优游于《六艺》的苑囿，趋赴仁义之途，观览《春秋》之林，射节《狸首》，兼射《驺虞》，射中玄鹤，舞动盾斧，车上载着旌旗，网罗群《雅》，悲叹《伐檀》所述，乐见《乐胥》所云，在《礼记》园内修饰仪表，在《尚书》圃里翩翩飞翔，述说《易经》的哲理，不再蓄养怪兽，登上明堂，坐于清庙，听任群臣陈奏政事得失，普天之下无不受到恩惠。在这个时候，天下之人大悦，向风顺从，随流归化，勃然复兴道德而徙就仁义，刑罚废弃不用，恩德盛于三皇，功绩超过五帝。若是这样，则打猎才是值得高兴的事。

"若夫终日暴露驰骋，劳神苦形，罢车马之用，抗士卒之精，费府库之财，而无德厚之恩，务在独乐，不顾众庶，忘国家之政，而贪雉兔之获，则仁者不由也。从此观之，齐楚之事，豈不哀哉！地方不过千里，而囿居九百，是草木不得垦辟，而民无所食也。夫以诸侯之细，而乐万乘之所侈，仆恐百姓之被其尤也。"

"假若终日触冒风雨奔驰，劳倦精神辛苦形体，疲惫使用的车马、消耗士卒的精力，浪费府库的资财，而没有德厚的恩惠，追求独自一人的快乐，不顾广大百姓，遗忘国家政事，而贪图野鸡、兔子的猎获，是仁者便不采用这种方法。由此看来，齐国与楚国以游猎相夸的事，岂不可悲么！土地方圆不超过一千里，而苑囿占了九百里，这是生长草木的地方得不到开垦耕种，而人民没有吃的东西的原因。以诸侯的微小，而以天子所行的奢侈之事为乐，我担心百姓会遭受他们的过失所带来的苦难。"

于是二子愀然改容，超若自失，逡巡避席曰："鄙人固陋，不知忌讳，乃今日见教，谨闻命矣。"

于是二位先生愀然改变神色，怅然若有所失，避席徘徊说："我们固塞鄙陋，不知道顾忌，今日才听到教诲，谨领教了。"

赋奏，天子以为郎。无是公言天子上林广大，山谷水泉万物，及子虚言楚云梦所有甚众，侈靡过其实，且非义理所尚，故删取其要，归正道而论之。

赋成奏上，天子以他为郎官。无是公说天子的上林苑辽阔广大，有山谷水泉和万物，连及子虚说楚国的云梦泽景物很多，夸奢靡丽，言过其实，况且不是礼义所崇尚的，因此节取它的要点，归入正道给予评论。

相如为郎数岁，会唐蒙使略通夜郎西僰中，发巴、蜀吏卒千人，郡又多为发转漕万余人，用兴法诛其渠帅，巴、蜀民大惊恐。上闻之，乃使相如责唐蒙，因喻告巴蜀民以非上意。檄曰：

相如作郎官几年，适逢唐蒙奉命掠取和开通夜郎及西面的僰中，征发巴郡、蜀郡的官吏士卒一千人，郡中又多派出几万人从陆路水道给转运粮食，拿军兴法处死违令的长帅，巴、蜀二郡的人民深感惊恐。皇上得知此事，便派遣司马相如责备唐蒙，趁此告知巴、蜀二郡的人民，说明唐蒙的这些做法并非天子的本意。檄文说：

告巴、蜀太守：蠻夷自擅，不讨之日久矣，时侵犯边境，劳士大夫。陛下即位，存抚天下，辑安中国。然后兴师出兵，北征匈奴，单于怖骇，交臂受事，诎膝请和。康居、西域，重译请朝，稽首来享。移师东指，闽越相诛。右吊番禺，太子入朝。南夷之君，西僰之长，常效贡职，不敢怠堕，延颈举踵，喁喁然皆争归义，欲为臣妾，道里辽远，山川阻深，不能自致。夫不顺者已诛，而为善者未赏，故遣中郎将往宾之，发巴、蜀士民各五百人，以奉币帛，卫使者不然，靡有兵革之事，战斗之患。今闻其乃发军兴制，惊惧子弟，忧患长老，郡又擅为转粟运输，皆非陛下之意也。当行者或亡逃自贼杀，亦非人臣之节也。

告知巴郡、蜀郡太守：蛮夷不服朝廷管辖，已有好长时间没有征讨了。他们时常侵犯边境，使军士将佐劳苦。当今皇上登位，存恤抚养天下，和睦安稳中国。然后兴师出兵，在北方讨伐匈奴，单于恐惧，拱手臣服，屈膝求和。康居等西域各国，来使重泽请求朝贺，恭敬地进献贡品。军队指向东方，闽越王被其弟和臣下诛戮。后安抚番禺，南粤王派遣太子入朝。南夷的君主，西僰的长帅，经常效劳，贡献赋税，不敢懈怠，个个伸长脖子，抬起脚跟，殷勤地向慕朝廷，盼望早日归汉，想欲为汉家效力，只因路程遥远，山河阻隔，不能亲自致意。那些不顺从的已经诛灭，而为善的未曾受到奖赏，因此派遣中郎将前往使其归服。征发巴郡、蜀郡的士卒各五百人，借以供奉礼品，警卫使者以防止发生意外，并没有发动战事，不存在打仗的忧患。如今听说中郎将竟兴起军兴法，使年轻人感到害怕，年高者心生忧患，郡中又擅自给转运输送粮食物资，这都不是当今皇上的本意。应征的人中有的自杀，有的逃跑，这也不是臣民所应有的节操。

夫边郡之士，闻烽举燧燔，皆摄弓而驰，荷兵而走，流汗相属，唯恐居后，触白刃，冒流矢，义不反顾，计不旋踵，人怀怒心，如报私雠。彼岂乐死恶生，非编列之民，而与巴、蜀异主哉？计深虑远，急国家之难，而乐尽人臣之道也。故有剖符之封，析珪而爵，位为通侯，居列东第，终则遗显号于后世，传土地于子孙，行事甚忠敬，位居甚安佚，名声施于无穷，功烈著而不灭。是以贤人君子，肝脑涂中原，膏液润野草而不辞也。今奉币役至南夷，即自贼杀，或亡逃抵诛，身死无名，谥为至愚，耻及父母，为天下笑。人之度量相越，岂不远哉！然此非独行者之罪也，父兄之教不先，子弟之率不谨也；寡廉鲜耻，而俗不长厚也。其被刑戮，不亦宜乎！

那边境郡县的士卒，听说烽火擎起，积薪燃烧，都拿上弓箭驰马进击，扛着武器奔向战场，累得汗水直流仍然紧紧相随唯恐落在人后。打起仗来触犯利刃，冒着飞箭，为了道义勇往直前，不向后看，在大计上意志坚定，脚跟不后转。人人怀着愤怒之心，简直如报私仇一样。他们难道喜死厌生，并非编入户籍的良民，而与巴郡、蜀郡不是同一个君主吆？那是思虑精深，打算长远，把国家的困难放在前面，乐意履行臣民的义务啊！过去有的人剖符拜官，分珪受爵，位至列侯，居住上等住宅，临死为后代留下尊贵的称号，给子孙传下封土和田地，他们生前作事极为忠敬，居官甚为安逸，死后名声延续至于久远，功业昭著永不灭绝。所以贤人君子，以肝脑涂抹原野，拿血肉滋润野草也在所不惜。如今充作给南夷供奉礼品的役夫，即自杀而死，或者逃跑，至于受戮，身死而无美好的名声，应当称为最蠢的人，耻辱及父母，被天下人所讥笑。人的器量和胸襟相差悬殊，难道还不远么！当然这也不仅仅是那些应征的人的罪过，还在于他们的父兄往日教导不严，没有给子弟作出表率；人们没有操守不知羞耻，而风俗也就不淳厚了。他们中的有些人遭受诛戮，不也是应该的么！

陛下患使者有司之若彼，悼不肖愚民之如此，故遣信使晓喻百姓以发卒之事，因数之以不忠死亡之罪，让三老孝弟以不教诲之过。方今田时，重烦百姓，已亲见近县，恐远所谿谷山泽之民不遍闻，檄到，亟下县道，使咸知陛下之意，唯毋忽也。

当今皇上担心使者和官员像那样，哀伤不贤的愚民是这样，于是派遣诚信的使者来把征发士卒的事明确地告知百姓，趁着拿对朝廷不忠的罪名斥责那些逃跑和自杀的蠢人，用不先教诲的过失责怪掌管教化的三老与孝弟。当前正值耕种时令，特别慎重考虑烦劳百姓，已经亲自面告郡旁近县之人，担心边远处所和溪谷山泽的人民不能到处都听得见，檄文到达之日，赶快下发到各个县、道，令普遍知悉皇上的心意，希望不要忽视。

相如还报。唐蒙已略通夜郎，因通西南夷道，发巴、蜀、广汉卒，作者数万人。治道二岁，道不成，士卒多物故，费以巨万计。蜀民及汉用事者多言其不便。是时邛、筰之君长闻南夷与汉通，得赏赐多，多欲愿为内臣妾，请吏，比南夷。天子问相如，相如曰："邛、筰、冉、駹者近蜀，道亦易通，秦时尝通为郡县，至汉兴而罢。今诚复通，为置郡县，愈于南夷。"天子以为然，乃拜相如为中郎将，建节往使。副使王然于、壶充国、吕越人驰四乘之传，因巴、蜀吏币物以赂西夷。至蜀，蜀太守以下郊迎，县令负弩矢先驱，蜀人以为宠，于是卓王孙、临邛诸公皆因门下献牛酒以交欢。卓王孙喟然而叹，自以得使女尚司马长卿晚，而厚分与其女财，与男等同。司马长卿便略定西夷，邛、筰、冉、駹、斯榆之君皆请为内臣。除边关，关益斥，西至沫、若水，南至牂柯为徼，通零关道，桥孙水以通邛都。还报天子，天子大说。

相如返回报告。唐蒙已经开通了夜郎，趁此开通去西南夷的道路，征发巴、蜀、广汉三郡的士卒，做工的几万人。筑道两年，道未修成。士卒多数死亡，耗费的钱拿亿来计算。蜀郡之民和汉朝当权者中的多数人说那对国家不利。这是邛夷和筰夷的长帅听说南夷与汉朝交往，得到的赏赐多，多数情愿成为汉朝的臣国，请求给他们设置官吏，使与南夷同等待遇。天子询问相如，相如说："邛、筰、冉、駹这些夷族靠近蜀郡，道路也容易开通，秦朝时曾经开通置为郡县，到汉朝建立后罢废。现在果然又开通它，给设置郡县，胜过南夷。”天子认为说得对，于是拜相如为中郎将，让持节出使西夷。相如与副使王然于、壶充国、吕越人驾着四封乘传，打算依靠巴、蜀二郡的官吏和财物来拉拢、收买西夷。到达蜀郡，蜀郡太守及所属官员都到郊界处迎接，县令亲自背负弓箭在前面引路，蜀郡的人以此为荣。于是卓王孙和临邛的长辈都凭借姻亲关系到相如门下，奉献牛和酒以讨取相如的欢心。卓王孙感叹不已，自认为让女儿匹配司马长卿晚了，便分给女儿丰厚的财物，使女儿和儿子分得的均等。司马长卿使人略取和平定西夷，邛筰、冉、駹和斯榆的君长都请求臣服于汉朝，于是折除旧的关隘，新关更加往外开展，西到沫水、若水，南达牂柯，以牂柯江为边界，开通零关道，在孙水上架桥，用以连通邛都。返回报告天子，天子大为高兴。

相如使时，蜀长老多言通西南夷不为用，唯大臣亦以为然。相如欲谏，业已建之，不敢，乃著书，籍以蜀父老为辞，而己诘难之，以风天子，且因宣其使指，令百姓知天子之意。其辞曰：

相如出使西夷时，蜀郡年高者多数说开通西南夷没有用处，虽是朝廷大臣，也有人认为是这样的。相如想劝谏皇上，又想到他本已建议在先，不敢背弃前言，便写文章，借与蜀郡父老谈话的形式，自己质问对方，用以讽谏天子，姑且靠其宣扬使者的意图，让百姓知道天子的心意。他的文章说：

汉兴七十有八载，德茂存乎六世，威武纷纭，湛恩汪涉，群生澍濡，洋溢乎方外。于是乃命使西征，随流而攘，风之所被，罔不披靡。因朝冉从駹，定筰存邛，略斯榆，举苞满，结轶还辕，东乡将报，至于蜀都。

汉朝兴起七十又八年，恩德美盛已有六代，威武雄壮，恩惠深广，泽及万物，充满中外。于是派遣使者西征，荒蛮顺流退让，王风覆盖之处，无不随风偃倒。于是冉夷朝见，駹夷服从，平定筰都，抚恤邛都，略取斯榆，占领苞满，车马络绎返回原处，将要东报朝廷，驱车到达成都。

耆老大夫荐绅先生之徒二十有七人，俨然造焉。辞毕，因进曰：“盖闻天子之于夷狄也，其义羁縻勿绝而已。今罢三郡之士，通夜郎之塗，三年于兹，而功不竟，士卒劳倦，万民不赡，今又接以西夷，百姓力屈，恐不能卒业，此亦使者之累也，窃为左右患之。且夫邛、筰、西僰之与中国并也，历年兹多，不可记已。仁者不以德来，彊者不以力并，意者其殆不可乎！今割齐民以附夷狄，弊所恃以事无用，鄙人固陋，不识所谓”。

地方上德望高的年长者和高级官员之类共二十又七人，庄严地去拜见使者。寒暄毕，就进言道：“听说天子对于夷狄，原则上是牵制它们不使绝交罢了。如今使三郡的士卒疲劳，开通去夜郎的道路，三年至今，其功未成，士卒劳苦疲倦，万民无暇赡顾，现在又接着开通西夷，百姓力尽，恐怕不能完成此业，这也是使者的累赘，私下为你担忧。况且邛都、筰都、西僰与中国并列，经历的年代已多，记也记不清了。自古帝王，虽有仁德不能招来，虽有强力不能并吞，想来恐怕是因其道路艰险遥远大概不可能吧！如今分割编户之民的财物而令夷狄之人富足，使帝王所依靠的平民疲困而奉事无用的夷狄，我们见识短浅，不知所说得对或是不对。”

使者曰：“乌谓此邪？必若所云，则是蜀不变服而巴不化俗也。余尚恶闻若说。然斯事体大，固非观者之所觏也。余之行急，其详不可得闻已，请为大夫粗陈其略。

使者说：“为什么说这话呢？如果像你们所说的，那就是巴、蜀之民不必要改变原来那些类似夷狄的服装习俗了。我常常不爱听这种话。然而这个事情重大，因此不是旁观者所能看得见的。我的行程紧急，没有机会给你们详细解释了，请允许我给先生们粗略地陈述一下其中的大概情形。

“盖世必有非常之人，然后有非常之事；有非常之事，然后有非常之功。非常者，固常人之所异也。故曰：非常之原，黎民惧焉；及臻厥成，天下晏如也。

“大凡世间有异乎寻常的人才，然后才有异乎寻常的事业；有异乎寻常的事业，然后才有异乎寻常的功勋。异乎寻常，原本是平常的人见到之后以为奇异的。所以说异乎寻常的东西开始出现时，众民感到恐惧；及至它获得成功，天下便清平安乐了。

“昔者鸿水浡出，泛滥衍溢，民人登降移徙，陭陁而不安，夏后氏戚之，乃堙鸿水，决江疏河，漉沉赡灾，东归之于海，而天下永宁。当斯之勤，岂唯民哉。心烦于虑而身亲其劳，躬胝无胈，肤不生毛。

故休烈显乎无穷，声称浃乎于兹。

“从前洪水翻腾，泛滥漫延，人民趋高避低到处迁移，地面崎岖不得安居。夏禹为此担忧，便填塞洪水疏通江河，分散深水赈济救灾，从此水流东方，归入大海，天下永宁。当此费力之时，难道辛苦的只有人民吗？夏禹心忧虑烦恼，亲身参与劳作，手脚上磨出了老茧，腿上看不到肌肉，皮肤上不出汗毛。所以美好的功业显于万世，名声和称颂流传至于今日。

“且夫贤君之践位也，岂特委琐握龊，拘文牵俗，循诵习传，当世取说云尔哉！必将崇论闳议，创业垂统，为万世规。故驰骛乎兼容并包，而勤思乎参天贰地。且《诗》不云乎：‘普天之下，莫非王土；率土之滨，莫非王臣。’是以六合之内，八方之外，浸浔衍溢，怀生之物有不浸润于泽者，贤君耻之。今封疆之内，冠带之伦，咸获嘉祉，靡有阙遗矣。而夷狄殊俗之国，辽绝异党之地，舟舆不通，人迹罕至，政教未加，流风犹微。内之则犯义侵礼于边境，外之则邪行横作，放弑其上，君臣易位，尊卑失序，父兄不辜，幼孤为奴，系累号泣，内向而怨，曰‘盖闻中国有至仁焉，德洋而恩普，物靡不得其所，今独曷为遗己’。举踵思慕，若枯旱之望雨。盭夫为之垂涕，况乎上圣，又恶能已？故北出师以讨强胡，南驰使以诮劲越。四面风德，二方之君，鳞集仰流，愿得受号者以亿计。故乃关沫若，徼牂柯，镂零山，梁孙原。创道德之涂，垂仁义之统。将博恩广施，远抚长驾，使疏逖不闭，阻深暗昧得耀乎光明，以偃甲兵于此，而息诛伐于彼。遐迩一体，中外提福，不亦康乎？夫拯民于沉溺，奉至尊之休德，反衰世之陵迟，继周氏之绝业，斯乃天子之急务也。百姓虽劳，又恶可以已哉！

“而且贤明的君主践履大位，难道仅仅猥琐局促，拘泥于文字，牵涉于流俗，沿着古代的传说和记载，讨好当世、人云亦云吗？必将有崇高伟大的议论，可以开创基业传给后代，为子孙万世制定法度。所以能奔走趋赴而包容众物，勤于思索而与天地并列。况且《诗经》中不是说过：‘普天之下，没有什么地方不是王的领土；四海之内，没有哪一个人不是王的臣民。’因此天地之内，八方之外，浸润有余，如若哪个有生命的东西没有受到滋润，那是贤明的国君认为耻辱的事。如今疆界之内，习礼教之民，都得到了幸福，没有缺遗。而夷狄乃习俗不同的国家，辽远隔绝，是其他族类的地域，那里车船不通，人迹罕至，政治和教化尚未施加，前代遗留的懿美风尚还不显露。接纳它则在边境上侵蚀和触犯礼义，拒纳它则邪行横作逐杀其君，使君臣变换位置，尊卑失去次序，父兄无罪而被杀戮，小孩、孤儿变为奴隶，捆绑拘禁者，哭号涕泣，内向中国而怨慕，说：‘听说中国有最美的仁政，德政多而恩惠广，没有哪个事物得不到它应有的处所，今日偏偏为何遗弃了我。’立起脚跟想念，犹如枯萎干旱的草木渴望下雨。即使凶狠暴烈的人也会为此垂泪，何况当今皇上圣明，又如何能停止开通夷狄？所以向北面派出军队讨伐强悍的匈奴，向南面派遣疾驰的使者责问强劲的南粤。派使者四面宣谕恩德，南夷和西夷二方的君长们像鱼集仰向承流，希望得到爵号的有几亿个。因此才以沫水、若水为关隘，拿牂柯江作边界，疏通去零山的道路，在孙水的源头架桥。开创道德的通路，流传仁义的大统。将要广泛地施行恩惠，安抚和驾驭远方，使疏远者不被关闭，昏暗处有光明照耀，用以平息这儿的战事，停止那儿的讨伐。远近一体，中外安康，不是也快乐么？救助人民于水深火热，遵奉皇帝的美德，翻转末世的衰颓，继承周代开国君主的事业，这就是天子的当务之急。百姓虽然劳苦，又怎么可以停止呢？

“且夫王事固未有不始于忧勤，而终于佚乐者也。然则受命之符，合在于此矣。方将增泰山之封，加梁父之事，鸣和鸾，扬乐颂，上咸五，下登三。观者未睹指，听者未闻音，犹鹪明已翔乎寥廓，而罗者犹视乎薮泽。悲夫！”

“况且帝王的事业无不是开始时勤劳，而终止时获致逸乐，如此说来，受命通西南夷就正是此意了。如今正当封泰山，祭梁父，鸣玉鸾，奏颂乐，上与五帝齐同，下胜三皇之际，而观者却未看到旨意，听者也未听到声音，这好比鹪明已飞到寥廓的天空，而执网罗捕猎的人却仍注视着湖泽，可悲啊！”

于是诸大夫芒然丧其所怀来而失厥所以进，喟然并称曰：“允哉汉德，此鄙人之所愿闻也。百姓虽怠，请以身先之。”敞罔靡徙，因迁延而辞避。

于是各位大夫茫然丧失了他们来时所抱的期望和进见的动机，感叹一道称颂说：“确实啊汉朝的恩德，这正是我们所希望听到的。百姓虽然劳倦，请让我们以身作则，走在百姓的前面。”精神怅惘而移足后退，于是拖延了一会而告辞退出。

其后人有上书言相如使时受金，失官。居岁余，复召为郎。

自那以后，有人上书告相如出使时接受别人给予的金钱，被免去了官职。过了一年多，又被召见任为郎官。

相如口吃而善著书。常有消渴疾。与卓氏婚，饶于财。其进仕宦，未尝肯与公卿国家之事，称病闲居，不慕官爵。常从上至长杨猎，是时天子方好自击熊彘，驰逐野兽，相如上疏谏之。其辞曰：臣闻物有同类而殊能者，故力称乌获，捷言庆忌，勇期贲、育。臣之愚，窃以为人诚有之，兽亦宜然。今陛下好陵阻险，射猛兽，卒然遇轶材之兽，骇不存之地，犯属车之清尘，舆不及还辕，人不暇施巧，虽有乌获，逢蒙之伎，力不得用，枯木朽株尽为害矣。是胡、越起于毂下，而羌、夷接轸也，岂不殆哉！虽万全无患，然本非天子之所宜近也。

卓文君像，选自《百美新咏》。

相如口吃却擅于写文章。经常患消渴病。与卓氏结亲，财产丰饶。因此他担任官职，不曾愿意参与公卿和国家之事，托言有病闲居家中，不羡慕官职爵位。曾经跟随皇上到长杨宫打猎，这时天子正喜欢亲自击杀熊、野猪，赶着马追逐野兽，相如上疏劝谏这事。他的疏写道：我听说有的东西类型相同而能力不同，因此论力气称乌获，讲敏捷言庆忌，谈勇猛数孟贲和夏育。我愚昧，私下认为人确实有这种情形，兽类也应该如此。如今陛下喜爱登上险要的地方，射击猛兽，突然遇上特别厉害的野兽，在意料不到的地方使马受惊，触犯您的副车，乘舆来不及旋转车辕，侍卫没机会施展技巧，纵然有乌获、逢蒙那样的技艺，才能得不到发挥，就连枯朽的树木都可以成为祸害了。这时胡人越人在京起事，而羌人、夷人随之兵车开来，难道不危险么？即使绝对安全无灾祸发生，然而这原本不是天子所应该接近的地方啊。

且夫清道而后行，中路而后驰，犹时有衔橛之变，而况涉乎蓬蒿，驰乎丘坟，前有利兽之乐，而内无存变之意，其为祸也不亦难矣！夫轻万乘之重不以为安，而乐出于万有一危之涂以为娱，臣窃为陛下不敢也。

况且警戒行人，随后前进，中断道路，驱车而行，也常常出现衔在马口中的铁勒和横木折断的事件，何况在繁茂的草丛中经过，到废墟的荒丘上奔驰，眼前有猎获野兽的快乐，内心没有应付意外事件的防备，恐怕灾祸也是不难发生的了。看轻帝王的尊位不以平安为乐事，而以行进在万一有危险的道路上为欢娱，我私下认为陛下不要这样做。

盖明者远见于未萌，而智者避危于无形，祸固多藏于隐微，而发于人之所忽者也，故鄙谚曰："家累千金，坐不垂堂。"此言虽小，可以喻大。臣愿陛下之留意幸察。

大概明察事物的人远远就可以发现尚未萌芽的事物，聪明的人在尚无形迹的情况下便能够避开灾祸，灾祸本来大多隐藏在不易察觉的地方，发生在人们疏忽大意的时候。所以俗谚说："家中积累千金，不在屋檐下坐"。这话虽然说的小事，却可以用来比喻大事。我希望陛下能留心和详审这些话。

上善之。还过宜春宫,相如奏赋以哀二世行失也。其辞曰:登陂陁之长阪兮,坌入曾宫之嵯峨。临曲江之隑州兮,望南山之参差。岩岩深山之谾谾兮,通谷𫗦兮谽谺。汩淢噏习以永逝兮,注平皋之广衍。观众树之塕薆兮,览竹林之榛榛、东驰土山兮,北揭石濑。弥节容与兮,历吊二世。持身不谨兮,亡国失埶。信谗不寤兮,宗庙灭绝。呜呼哀哉!操行之不得兮,坟墓芜秽而不修兮,魂无归而不食。夐邈绝而不齐兮。弥久远而愈佅。精罔阆而飞扬兮,拾九天而永逝。呜呼哀哉!

皇上认为写得好。返回时路过宜春宫,相如献赋,用以哀悯秦二世行为的失误。他的辞写道:登上倾斜不平的长坡啊,一起进入重重巍峨的宫殿。紧临曲江的堤岸和水洲啊,眺望参差不齐的南山。山势高峻而又幽深啊,深深的豁谷遍布山间。溪水时急时缓远远流逝啊,注入宽广低坦的沼泽平原。欣赏各种茂盛的树木啊,把草木丛杂的竹林观览。驱马奔上东边的土山啊,撩衣跨过石上的急流走向北边。暂时留步而迟缓不前啊,经过二世的陵墓将他悼念。他立身不谨慎啊,落得个亡国丧权。听信谗言而不觉悟啊,宗庙灭绝国统中断。唉呀可悲啊!他品行不端不得人心啊,坟墓荒废无人修整啊,魂魄无归宿而得不到祭祀。绝远而无定限啊,愈久愈显得昏暗。精灵神怪凌空飘扬啊,涉历九天一去不返。唉呀可悲啊!

相如拜为孝文园令。天子既美子虚之事,相如见上好仙道,因曰:"上林之事未足美也,尚有靡者。臣尝为《大人赋》,未就,请具而奏之。"相如以为列仙之传居山泽间,形容甚臞,此非帝王之仙意也,乃遂就《大人赋》。其辞曰:世有大人兮,在于中州。宅弥万里兮,曾不足以少留。悲世俗之迫隘兮,朅轻举而远游。垂绛幡之素蜺兮,载云气而上浮。建格泽之长竿兮,总光耀之采旄。垂旬始以为幓兮,抴彗星而为髾。掉指桥以偃蹇兮,又旖旎以招摇。揽欃、枪以为旌兮,靡屈虹而为绸。红杳渺以眩湣兮,猋风涌而云浮。驾应龙象舆之蠖略逶丽兮,骖赤螭青虬之蚴蟉蜿蜒。低卬夭蟜据以骄骜兮,诎折隆穷蠼以连卷。沛艾赳螑仡以佁儗兮,放散畔岸骧以孱颜。跮踱輵辖容以委丽兮,绸缪偃蹇怵臬以梁倚。纠蓼叫奡蹋以艐路兮,蔑蒙踊跃腾而狂趡。莅飒卉翕熛至电过兮,焕然雾除,霍然云消。

相如被授为孝文园令。天子既赞美子虚之事,相如见皇上喜爱仙道,于是说:"上林之事并不够美,还有华丽的。我曾经写作《大人赋》,尚未完成,请允许我写成献上。"相如认为传说的诸仙和术士居住在山泽之间,形体容貌甚瘦,这不像是帝王的仙意,于是便写成《大人赋》。他的赋写道:世有大人啊,住在中州,居遍万里啊,竟不能稍微停留。哀叹迫于世俗而处境狭窄啊,轻装急进离而远游。乘着红幡白霓啊,载着云气升浮。竖起格泽之气作为长竿啊,把光耀之气系在竿头当作采旄。垂挂旬始星以为旗边的装饰啊,拖来彗星作为悬垂的羽毛。旌旗随风指靡啊,又顺风飘扬不住地摇动。采摘欃、枪二星作旌旗啊,使断虹顺服地作为旗竿的套子。红而深远的众气幽奥迷乱啊,像暴风升起如云浮空中。乘上神龙、像车屈曲前进啊,驾着赤螭、青虬蜿蜒爬行。傲慢地屈曲而恣纵奔驰啊,像尺蠖一样地一弯一穹隆。马头时低时昂停滞不前啊,任性放纵而翘首不齐。忽进忽退,摇目吐舌像趋走的鸟儿舒翼飞翔、左右相随啊,掉转头来、屈曲婉转似惊兔一样地奔跑,如屋梁一样地互倚。缠绕喧嚣踏到了路上啊,踊跃而起飞腾似地狂奔。呼吸急速像闪电般经过啊,突然之间有如雾散云消。

邪绝少阳而登太阴兮,与真人乎相求。互折窈窕以右转兮,横厉飞泉以正东。悉征灵圉而选之兮,部乘众神于瑶光。使五帝先导兮,反太一而从陵阳。左玄冥而右含雷兮,前陆离而后潏湟。厮征伯侨而役羡门兮,属岐伯使尚方。祝融惊而跸御兮,清雰气而后行。屯余车其万乘兮,綷云盖而树华旗。使句芒其将行兮,吾欲往乎南嬉。

斜渡东极而登上北极啊,与神仙结合在一起。交互反折而转向深远的地方啊,横渡飞泉向正东奔去。招来所有的神仙进行挑选啊,在那摇光星上部署众神。指令五帝前面开路啊,遣返太乙而令陵阳仙人侍从。左面有玄冥而右面有含雷啊。前面有陆离而后面有潏湟。役使征伯侨和羡门高啊,让岐伯掌管医方。命祝融清道担任警戒啊,澄清恶气而后进行。聚集我的万乘车驾啊,举起五色云合成的车盖而竖起华丽的旗。令句芒带领随行啊,我打算到南方去游戏。

历唐尧于崇山兮,过虞舜于九疑。纷湛湛其差错兮,杂遝胶葛以方驰。骚扰冲苁其相纷挐兮,滂濞泱轧洒以林离。钻罗列聚丛以茏茸兮,衍曼流烂坛以陆离。径入雷室之砰磷郁律兮,洞出鬼谷

之崫礨嵬磈。遍览八纮而观四荒兮，朅渡九江而越五河。经营炎火而浮弱水兮，杭绝浮渚而涉流沙。奄息总极泛滥水嬉兮，使灵娲鼓瑟而舞冯夷。时若薆薆将混浊兮，召屏翳诛风伯而刑雨师。西望昆仑之轧沕洸忽兮，直径驰乎三危。排阊阖而入帝宫兮，载玉女而与之归。舒阆风而摇集兮，亢乌腾而一止。低回阴山、翔以纡曲兮，吾乃今目睹西王母皬然白首。载胜而穴处兮，亦幸有三足乌为之使。必长生若此而不死兮，虽济万世不足以喜。

路过崇山见到唐尧啊，经过九嶷山拜访了虞舜。前途纷繁而重重交错啊，众马杂沓正在驰骋。骚扰相撞一片混乱啊，澎湃淋离而不能前行。簇聚罗集在一起啊，四处散布而参差不齐。直入幽险峻的雷室啊，通向突兀不平的鬼谷。遍览八纮四荒的极远之地啊，渡过许多江而越过五色之河。往来炎火而泛舟弱水啊，涉过小洲而渡过流沙。突然歇息葱岭在水中沉浮嬉戏啊，让女娲弹瑟而令河伯跳舞。其时阴暗而不明啊，召来天使杀风伯而处罚雨师。西望昆仑看不分明啊，径直朝着三危山奔驰。推开天门而进入天帝宫啊，载着天女一道返回。登上阆风山而遥集啊，像鸟似地亢然高飞而后一齐停在那里。在阴山徘徊婉转飞翔啊，我今日才亲眼看到西王母的白发皤然。她戴着华胜住在洞穴啊，也幸亏有三足乌为她驱使。倘若能像她这样长生不老啊，纵然救助万世也不值得欢喜。

回车朅来兮，绝道不周，会食幽都。呼吸沆瀣兮餐朝霞，噍咀芝英兮叽琼华。嬐侵浔而高纵兮，纷鸿涌而上厉。贯列缺之倒景兮，涉丰隆之滂沛。驰游道而修降兮，骛遗雾而远逝。迫区中之隘陕兮，舒节出乎北垠。遗屯骑于玄阙兮，轶先驱于寒门。下峥嵘而无地兮，上寥廓而无天。视眩眠而无见兮，听惝恍而无闻。乘虚无而上假兮，超无友而独存。

掉转车子而往回走来啊，在不周山绝道，在幽都山会食。呼吸夜露啊而口食朝霞，咬嚼芝英啊而稍食琼华。抬头仰视而渐渐高耸啊，波涛汹涌而向上疾飞。穿过天门和极高之处啊，经历云神兴作滂沛大雨。驰骋游车、导车而长长下降啊，抛开遗雾远远而去。迫于世间的处境狭窄啊，舒缓缰绳从北崖而出。把屯骑遗在北极之山啊，将先驱遗在天北之门。下看深远而无地啊，上视广阔而无天。眼前昏花而看不见啊，耳间迷糊听不清。乘着虚无而上至远方啊，跳过无有而独自生存。

相如既奏《大人之颂》，天子大说，飘飘有凌云之气，似游天地之间意。

相如进献《大人赋》后，天子大为高兴，飘飘然有凌云的气概，好像有遨游于天地之间的意思。

相如既病免，家居茂陵。天子曰："司马相如病甚，可往从悉取其书；若不然，后失之矣。"使所忠往，而相如已死，家无书。问其妻，对曰："长卿固未尝有书也。时时著书，人又取去，即空居。长卿未死时，为一卷书，曰有使者来求书，奏之。无他书。"其遗札书言封禅事，奏所忠。忠奏其书，天子异之。其书曰：伊上古之初肇，自昊穹兮生民，历撰列辟，以迄于秦。率迩者踵武，逖听者风声，纷纶葳蕤，堙灭而不称者，不可胜数也。续《昭》、《夏》，崇号谥，略可道者七十有二君。罔若淑而不昌，畴逆失而能存？

相如业已因病免职，在茂陵家中居住。天子说："司马相如病得厉害，可派人去跟随着把他写的书都拿回来；如果不这样办，以后就遗失了。"派遣所忠前去时，相如已死，家中没有书。问他的妻子，回答说："长卿原本不曾有书。他时常写书，又时常被人拿去，遂使家中什么也没有。长卿没有死时，写了一卷书，说有使者来寻书时，就献给他。没有别的书。"他写在木片上遗留下来的书说的是封禅的事，他的妻子献给了所忠。所忠进献给天子，天子认为它奇异。他的书说：远古开始，天生众民。历数列君，以至于秦。循着近世遗留的踪迹，听察远古的遗风美名。多而纷乱，沉埋而不为世所称道的，不能尽数。继承虞舜、夏禹，崇尚尊号美谥，封禅于泰山者可说有七十二君。没有谁顺从善良而不兴盛，谁逆行失德而能生存？

轩辕之前，遐哉邈乎，其详不可得闻也。五三"六经"，载籍之传，维见可观也。《书》曰"元首明哉，股肱良哉"。因斯以谈，君莫盛于唐尧，臣莫贤于后稷。后稷创业于唐，公刘发迹于西戎，文王改制，爰周郅隆，大行越成，而后陵夷衰微，千载无声，岂不善始善终哉。然无异端，慎所由于前，谨遗教于后耳。故轨迹夷易，易遵也；湛恩濛涌，易丰也；宪度著明，易则也；垂统理顺，易继也。是以业隆于繦褓而崇冠于二后。揆厥所元，终都攸卒，未有殊尤绝迹可考于今者也。然犹躡梁父，登泰山，建显号，施尊名。大汉之德，逢涌原泉，沕潏漫衍，旁魄四塞，云尃雾散，上畅九垓，下泝八埏。怀生之类沾濡浸润，协气横流，武节飘逝，迩陕游原，迥阔泳沫，首恶湮没，暗昧昭晢，昆虫凯泽，回首面

内。然后囿驺虞之珍群，徼麋鹿之怪兽，䆃一茎六穗于庖，牺双觡共抵之兽，获周余珍收龟于岐，招翠黄乘龙于沼。鬼神接灵圉，宾于闲馆。奇物谲诡，俶傥穷变。钦哉，符瑞臻兹，犹以为薄，不敢道封禅。盖周跃鱼陨杭，休之以燎，微夫斯之为符也，以登介丘，不亦恧乎！进让之道，其何爽与？

轩辕之前，时间极远，事物邈茫。其间的详情已无法知道了。五帝、三王以来的君主，自“六经”典籍的记载和传说中，其遗风可知。《尚书》说：“君主英明啊，臣下得力啊。”据此而论，国君没有哪个能比唐尧美盛，臣下没有哪个比后稷贤明。后稷在唐尧时创立王业，公刘在西戎逐渐得志，文王改革制度，至周极为昌盛，太平之道大行、功业于是而成，以后虽衰败微弱，千载没有恶声，难道不是善始善终么！然而没有别的缘故，不过是在开始时谨慎地遵循规则，在终结时小心地秉承遗训罢了。所以规范平易，容易遵奉；恩德深广，容易富足；法度显明，容易仿效；传位理顺，容易继承。因此王业在成王时成就，业绩数文王、武王最高。度量其始，竟于所终，没有特别突出和异乎寻常的事迹可以和今天相比较。然而也还是登上泰山和梁父山，建立显贵的尊号，施加高尚的美名。大汉的恩德，像源泉一样涌流，泽及遍地，广被四方，像云雾一样散布，上通九天，下流八荒。凡属生物，皆被恩泽，和气横溢四方，武威飘然逝去，近狭之处溉及根本，远阔之处泽及末稍，罪魁祸首皆已湮灭，夷狄之人见到光明，各种动物欢乐喜悦，回过头来面向中土。然后蓄养珍贵的驺虞，拦截罕见的麟，从庖厨选嘉禾之米供给祭祀，拿生着双角的野兽作为祭品，在岐山之旁获得周代放养的遗龟，在沼泽招来黄帝登仙时乘坐的神马，至德与神明接通，仙人在闲馆旅居，奇物变化多端，卓异穷极事变。敬佩啊，符兆祥瑞至此，仍然以为德薄，不敢讲到封禅。周代时跳跃的鱼儿掉到船上，武王烘烤了拿他祭天，把这作为符兆，是多么微小啊，但还是因此登上泰山，不是显得羞愧吗？周朝不可以封禅而去封禅，汉朝可以封禅而不封禅，差异多么大啊！

于是大司马进曰：“陛下仁育群生，义征不憓，诸夏乐贡，百蛮执贽，德侔往初，功无与二，休烈浃洽，符瑞众变，期应绍至，不特创见。意者泰山、梁父设坛场望幸，盖号以况荣，上帝垂恩储祉，将以荐成，陛下谦让而弗发也。挈三神之欢，缺王道之仪，群臣恧焉。或谓且天为质暗，珍符固不可辞；若然辞之，是泰山靡记而梁父靡几也。亦各并时而荣，咸济世而屈，说者尚何称于后，而云七十二君乎？夫修德以锡符，奉符以行事，不为进越。故圣王弗替，而修礼地祇，谒款天神，勒功中岳，以彰至尊，舒盛德，发号荣，受厚福，以浸黎民也。皇皇哉斯事！天下之壮观，王者之丕业，不可贬也，愿陛下全之。而后因杂荐绅先生之略术，使获耀日月之末光绝炎，以展采错事，犹兼正列其义，校饬厥文，作《春秋》一艺，将袭旧六为七，摅之无穷，俾万世得激清流，扬微波，蜚英声，腾茂实。前圣之所以永保鸿名而常为称首者用此，宜命掌故悉奏其义而览焉。”

周文王像

于是大司马向皇上进谏说：“陛下仁爱抚育天下人民，仗道义征讨不顺，华夏乐意进献，蛮夷赍礼朝见，德同当初，功无与比，盛美的功业融和，符兆祥瑞多变，应期相续而至，不独初创而见。想来大概是泰山和梁父山的坛场盼望皇上临幸，欲加上尊号以和前代比荣耀，上天垂恩积福于下，将以祭奠而告成功，陛下谦虚礼让，不肯发动封禅呀。断绝三神的喜欢，使王道的礼义缺少，群臣惭愧哪！有人说，况且天意诚然已经暗示，珍稀的符兆本来不可辞让；假若辞让它，就是泰山将无立表记的机会而梁父山无享受祭祀的希望了。况自古帝王如果都是与时而荣，毕代而绝，述说者还有什么称述于后代，而能说有七十二位君主封禅过泰山呢？德行修明而赐给符瑞，遵奉符瑞而行封禅，不算是苟进越礼。所以圣明的君主不废封禅，而尊敬地礼奉土神，诚恳地谒告天神，在中岳刻石记功，以此彰明至上的地位，舒展隆盛的德行，显露荣耀的称号，承受丰厚的福禄，用以滋润众民。这种事美盛啊！天下的雄伟景象，帝王的伟大事业，不可减损呀。希望陛下成全它。然后汇集诸儒著述见解，使他们得到日月余光末焰的照耀以提拔他们的官职，施展他们的事业，因而兼天时正人事陈列封禅意义，校订润饰其文，作为《春秋》笔法新的一经，将沿袭原有的“六经”而增为“七经”，述之无穷，使万代得以激发忠义之士，光大隐微之波，飞传英华之声，腾驰茂盛之实。以前的圣君之所以能够永远保持他的美名而时常被赞颂，就在于这个缘故，应该让太师掌故把封禅的礼仪呈奏给您观览。”

于是天子沛然改容，曰：“愉乎，朕其试哉！”乃迁思回虑，总公卿之议，询封禅之事，诗大泽之博，广符瑞之富。乃作颂曰：

于是天子感动得改变了神色，说：“是啊，我来尝试一下吧！”便改变想法，掉转念头，总括公卿的议论，咨询封禅的大事，歌咏大泽的广博，广大符瑞的富饶。于是作颂说：

自我天覆，云之油油。甘露时雨，厥壤可游。滋液渗漉，何生不育；嘉谷六穗，我穑曷蓄。

自我苍天蔽地，云朵油油而行。甘露更兼时雨，其泽可以游泳。汁液润泽下流，生物无不长育；嘉禾一茎六穗、我获何不蓄积。

非唯雨之，又润泽之；非唯濡之，氾尃濩之。万物熙熙，怀而慕思。名山显位，望君之来。君乎君乎，侯不迈哉！

不只雨水洒降，且又将我滋润；不只既我一人，且又普遍散布。万物一片和乐，将其怀念思慕。大山自当封禅，盼望明君幸临。君主啊君主，为何不行封禅之事！

般般之兽，乐我君囿；白质黑章，其仪可喜；旼旼睦睦，君子之能。盖闻其声，今观其来。厥涂靡踪，天瑞之征。兹亦于舜，虞氏以兴。

驺虞色彩斑斑，嬉于我君苑囿，黑纹配上白底，外表美好可喜。容态和蔼恭敬，犹如世之君子。昔闻它的名声，今日见其降临。不知从何而来，当是天瑞验应。此兽舞于舜时，虞舜赖此而兴。

濯濯之麟，游彼灵畤。孟冬十月，君徂郊祀。驰我君舆，帝以享祉。三代之前，盖未尝有。

白麟自在嬉游，嬉游至那五畤。孟冬十月时分，君往郊外祭祀。奔至我君驾前，天帝享而赐福。此事之代以前，大概不曾有过。

宛宛黄龙，兴德而升；采色炫耀，熿炳辉煌。正阳显见，觉寤黎烝。于传载之，云受命所乘。

黄龙一屈一伸，幸遇至德而升；其色光彩夺目，看去耀煌光明。显见而为帝王，觉悟天下众民。《易经》上面载此，说是受命所乘。

厥之有章，不必谆谆。依类托寓，谕以封峦。

天命之瑞彰明，不必谆谆告知。依然事类寄托，以告封禅之君。

披艺观之，天人之际已交，上下相发允答。圣王之德，兢兢翼翼也，故曰“兴必虑衰，安必思危。”是以汤、武至尊严，不失肃祗；舜在假典，顾省厥遗：此之谓也。

翻开《六经》来看，天道和人道界限已经交接，上天和下民相互表达和谐。圣王的事业，兢兢业业，小心翼翼。因此说“兴盛的时候一定要考虑衰亡，平安的时候一定要想到危险。”因此商汤王和周武王居至尊之位，不忘记敬奉土神；虞舜观察星象，察看政事的得失：说的就是这回事。

司马相如既卒五岁，天子始祭后土。八年而遂先礼中岳，封于太山，至梁父禅肃然。

司马相如已死去五年，天子方才祭祀土神。八年，遂先敬中岳之神，再封泰山，到梁父山禅肃然山。

相如他所著，若《遗平陵侯书》、《与五公子相难》、《草木书》篇不采，采其尤著公卿者云。

相如的其他著作，如《遗平陵侯书》、《与王公子相难》、《草木书》等篇不收集，只收集他在公卿大臣中特别著名的。

太史公曰:《春秋》推见至隐,《易》本隐之以显,《大雅》言王公大人而德逮黎庶,《小雅》讥小己之得失,其流及上。所以言虽外殊,其合德一也。相如虽多虚辞滥说,然其要归引之节俭,此与《诗》之风谏何异。杨雄以为靡丽之赋,劝百风一犹驰骋郑、卫之声,曲终而奏雅,不已亏乎?余采其语可论者著于篇。

太史公说:《春秋》推究见解以至隐微,《易经》原本隐微而往明显。《大雅》言王公大人而德至百姓,《小雅》以己之得失非难政事,其流言至于王公大人。所以言辞的外表虽有不同,在符合道德标准上仍是一致的。相如虽然多有虚假言词和夸张说法,但是其要领归结到一处,还在于导引往节俭。这与《诗经》的讽谏有什么不同。杨雄以为他华丽的辞赋,鼓励奢靡的言辞为一百,进谏节俭的言辞不过百分之一,好像奔驰在淫靡的郑、卫声中,曲终时才奏点雅乐,这不是太亏损相如的本意了吗?我收集他言辞中合宜的议论写在本篇文章之中。

史记第一百一十八卷

淮南衡山列传第五十八

淮南厉王长者,高祖少子也,其母故赵王张敖美人。高祖八年,从东垣过赵,赵王献之美人。厉王母得幸焉,有身。赵王敖弗敢内宫,为筑外宫而舍之。及贯高等谋反柏人事发觉,并逮治王,尽收捕王母兄弟美人,系之河内。厉王母亦系,告吏曰:"得幸上,有身。"吏以闻上,上方怒赵王,未理厉王母。厉王母弟赵兼因辟阳侯后言吕后,吕后妒,弗肯白,辟阳侯不彊争。及厉王母已生厉王,恚,即自杀。吏奉厉王诣上,上悔,令吕后母之,而葬厉王母真定。真定,厉王母之家在焉,父世县也。

淮南厉王刘长,是高祖的小儿子。他母亲是原赵王张敖的妃嫔。高祖八年,高皇帝从东垣县路过赵国,赵王把他的妃子献给高皇帝。厉王的母亲得以和高祖同房,有了身孕。赵王张敖不敢接纳她入宫,给她修建了另外宫室来让她居住。到了贯高等人在柏人县谋杀高祖的事被发觉,赵王也一并被逮捕治罪,把他的母亲、兄弟、嫔妃全都抓起来,囚禁在河内,厉王的母亲也被囚禁,她告诉牢狱官吏说:"我受皇上宠幸,有了身孕。"官吏把这事告诉皇上,皇上正为赵王的事而生气,没有理会厉王的母亲。厉王母亲的弟弟赵兼通过辟阳侯审食其告诉吕后,吕后嫉妒,不肯报告皇上,辟阳侯也没有尽力争辩。待厉王母亲已经生下厉王,心中怨恨,就自杀了。官吏抱着厉王送到皇上面前,皇上悔恨,命令吕后抚养他,而把厉王母亲安葬在真定。真定是厉王母亲的家乡,她的祖辈世代居住在那里。

高祖十一年七月,淮南王黥布反,立子长为淮南王,王黥布故地,凡四郡。上自将兵击灭布,厉王遂即位。厉王蚤失母,常附吕后,孝惠、吕后时以故得幸无患害,而常心怨辟阳侯,弗敢发。及孝文帝初即位,淮南王自以为最亲,骄蹇,数不奉法,上以亲故,常宽赦之。三年,入朝。甚横。从上入苑囿猎,与上同车,常谓上"大兄"。厉王有材力,力能扛鼎,乃往请辟阳侯。辟阳侯出见之,即自袖铁椎椎辟阳侯,令从者魏敬刭之。厉王乃驰走阙下,肉袒谢曰:"臣母不当坐赵事,其时辟阳侯力能得之吕后,弗争,罪一也。赵王如意子母无罪,吕后杀之,辟阳侯弗争,罪二也。吕后王诸吕,欲以危刘氏,辟阳侯弗争,罪三也。臣谨为天下诛贼臣辟阳侯,报母之仇,谨伏阙下请罪。"孝文伤其志,为亲故,弗治,赦厉王。当是时,薄太后及太子诸大臣皆惮厉王,厉王以此归国益骄恣,不用汉法,出入称警跸,称制,自为法令,拟于天子。

高祖十一年七月,淮南王黥布反叛,高祖立他的儿子刘长为淮南王,掌管黥布原有的封地,一共有四个郡,皇上亲自率领军队攻打消灭了黥布,厉王于是登了王位。厉王早年失去了母亲,一直依靠吕后,孝惠帝和吕后时期,由于这样的原因,他得以免遭忧患和祸害,但他常常内心怨恨辟阳侯,不敢发作。到孝文帝刚登位时，淮南王自认为和皇上最亲，骄横，多次不遵守法令。皇上因为至亲的缘故，常常宽容赦免他的过错。文帝三年，他进京朝见。十分傲慢。他跟随皇上进入御苑打猎，和皇上同乘一辆车，常常称呼皇上为“大哥”。厉王有才能和勇力，力量能够举起大鼎，于是前往拜见辟阳侯。辟阳侯出来接见他，他就从袖中抽出铁锤捶击辟阳侯，让随从魏敬割下辟阳侯的头。厉王就骑着马跑到宫门前，裸露上身请罪说：“我母亲不应当因贯高谋反事被判罪，那时辟阳侯力争的话就能得到吕后的保护，他没有争劝，这是一项罪过。赵王如意母子没有罪，吕后杀了他们，辟阳侯没有争劝，这是第二条罪过。吕后封吕氏家族人为王，想以此危害刘家王室，辟阳侯没有劝谏，这是第三条罪。我替天下诛杀奸贼辟阳侯，为母亲报仇，特来宫门前请求治罪。”孝文帝哀怜他的心愿，因为至亲的缘故没有判罪，赦免了厉王。在这时候，薄太后和太子、众位大臣都害怕厉王，厉王因此回封国后越发骄横放纵，不依循汉朝法令，出入都要戒严，称“警跸”，把发布的命令称“制”，自己制定法令，模仿天子。

六年，令男子但等七十人与棘蒲侯柴武太子奇谋，以辇车四十乘反谷口，令人使闽越、匈奴。事觉，治之，使使召淮南王。淮南王至长安。

文帝六年，淮南王命令男子但等七十人和棘蒲侯柴武的太子柴奇商议，凭借四十辆大车在谷口县造反，派人出使闽越、匈奴。事情被发觉，追查这事，朝廷派使者召见淮南王。淮南王来到长安。

“丞相臣张仓、典客臣冯敬、行御史大夫事宗正臣逸、廷尉臣贺、备盗贼中尉臣福昧死言：淮南王长废先帝法，不听天子诏，居处无度，为黄屋盖乘舆，出入拟于天子，擅为法令，不用汉法。及所置吏，以其郎中春为丞相，聚收汉诸侯人及有罪亡者，匿与居，为治家室，赐其财物爵禄田宅，爵或至关内侯，奉以二千石，所不当得，欲以有为。大夫但、士五开章等七十人与棘蒲侯太子奇谋反，欲以危宗庙社稷。使开章阴告长，与谋使闽越及匈奴发其兵。开章之淮南见长，长数与坐语饮食，为家室娶妇，以二千石俸奉之。开章使人告但，已言之王。春使使报但等。吏觉知，使长安尉奇等往捕开章。长匿不予，与故中尉蕑忌谋，杀以闭口。为棺椁衣衾，葬之肥陵邑，谩吏曰：‘不知安在。’又详聚土，树表其上，曰‘开章死，埋此下’。及长身自贼杀无罪者一人；令吏论杀无罪者六人；为亡命弃市罪诈捕命者以除罪；擅罪人，罪人无告劾，系治城旦舂以上十四人；赦免罪人，死罪十八人，城旦舂以下五十八人；赐人爵关内侯以下九十四人。前日长病，陛下忧苦之，使使者赐书、枣脯。长不欲受赐，不肯见拜使者。南海民处庐江界中者反，淮南吏卒击之。陛下以淮南民贫苦，遣使者赐长帛五千匹，以赐吏卒劳苦者。长不欲受赐，谩言曰‘无劳苦者’。南海民王织上书献璧皇帝，忌擅燔其书，不以闻。吏请召治忌，长不遣，谩言曰‘忌病’。春又请长，愿入见，长怒曰‘女欲离我自附汉’。长当弃市，臣请论如法。”

丞相臣张仓，典客臣冯敬、行御史大夫事宗正臣逸、廷尉臣贺、备盗贼中尉臣福冒死上奏：淮南王刘长废弃先帝的法令，不听天子诏令，平常起居没有法度，制造用黄缎做车盖的车子，出入仿效天子，擅自制定法令，不采用汉朝法令，至于所设置官吏，任命他的郎中春做丞相，聚集收容各郡县和诸侯国的人以及因犯罪而逃跑的人，隐藏起来，让他们居住，为他们安顿家室，赐给他们金钱、物资、爵位、俸禄和田地、住宅，封爵甚至达到关内侯，享受二千石的俸禄，这是他们不应当得到的，但淮南王是想以此有所作为。大夫但、有罪失官的开章等七十人和棘蒲侯的太子柴奇阴谋造反，想要危害王室国家。他们派开章暗中告诉刘长，和他商量派人出使闽越和匈奴，让他们发兵响应。开章到淮南拜见刘长，刘长屡次和他坐在一起谈话、饮食，为他成家娶妻，拿二千石俸禄来供给他。开章派人告诉但，已经和淮南王商量过。春也派使者报告但等人。官吏发觉此事后，派长安县县尉奇等人前往逮捕开章。刘长隐藏起他，不肯交出，和原中尉蕑忌策划，杀开章来灭口。他们给开章置办棺椁衣被，把他埋在肥陵邑，欺骗官吏说：“不知道开章在哪里。”又伪造坟堆，树立标记在上面，说：“开章的尸体，埋在这下面。”还有刘长亲自杀过没有罪者一人，命令官吏判罪杀死无罪者六人；为了藏匿犯死罪逃亡的人而抓捕未逃亡的犯人来开脱罪责；擅自给人判罪，罪人没有地方上诉，被拘囚处以城旦舂（罚男子晨起修城、妇女舂米，刑罚四年）以上刑罚的十四人；赦免有罪的人，其中犯死罪的十八人，城旦舂以下的五十八人；赐人爵位，关内侯以下九十四人。前些日子刘长患重病，陛下为此担忧苦恼，派使者送去书信、枣干。刘长不想接受赏赐，不肯接见拜谢使者。住在庐江郡内的南海民造反，淮南郡的官兵奉旨讨伐。陛下体恤淮南人民贫苦，派使臣赐赠刘长布帛五千匹，令转发出征官兵中的辛劳穷苦的人。刘长不想接受，谎称“军中无劳苦者”。南海人王织上书向皇帝敬献玉璧，蕳忌烧了信，不予上奏。朝中官员请求传唤蕳忌论罪，刘长拒不下令，谎称“蕳忌有病”。国相春又请求刘长准许自己入朝进见，刘长大怒，说“你想背叛我去投靠汉廷”。刘长应当判处死示众。臣等请求陛下将刘长依法治罪。

制曰：“朕不忍致法于王，其与列侯二千石议。”

皇上发布命令说：“我不忍心用法律来对付淮南王，请你们和列侯、二千石官员商议。”

“臣仓、臣敬、臣逸、臣福、臣贺昧死言：臣谨与列侯吏二千石臣婴等四十三人议，皆曰‘长不奉法度，不听天子诏，乃阴聚徒党及谋反者，厚养亡命，欲以有为’。臣等议论如法。”

臣张仓、臣冯敬、臣逸、臣福、臣贺冒死进言：我们和列侯、二千石官员夏侯婴等四十三人商议，都说：“刘长不遵守法度，不服从天子诏令，竟然暗中聚集同党和谋反的人，优厚地豢养亡命之徒，想要借此有所作为。”我们讨论，依照法律定罪。

制曰：“朕不忍致法于王，其赦长死罪，废勿王。”

皇上发布命令说：“我不忍心用法律对付淮南王，赦免刘长的死罪，废掉他的王位吧。”

“臣仓等昧死言：长有大死罪，陛下不忍致法，幸赦，废勿王。臣请处蜀郡严道邛邮，遣其子母从居，县为筑盖家室，皆廪食给薪菜盐豉炊食器席蓐。臣等昧死请，请布告天下。”

臣张仓等人冒死进言：刘长犯有严重死罪，陛下不忍心用法律制裁他，施恩赦免，废掉王位。我们请求让他在蜀郡严道邛莱山邮舍居住，送他的姬妾中有孩子的跟随居住，县署为他们修建房屋，全部供给粮食、柴、菜、盐、豆豉和做饭、饮食的器具以及席子、草垫子。我们冒死请求，请求把这事广告天下。

制曰：“计食长给肉日五斤，酒二斗。令故美人才人得幸者十人从居。他可。”

皇上发布命令说：“考虑供给刘长每天肉五斤，酒二斗，让原来受过他宠幸的妃嫔十人随同他居住。其他都准奏。”

尽诛所与谋者。于是乃遣淮南王，载以辎车，令县以次传。是时袁盎谏上曰：“上素骄淮南王，弗为置严傅相，以故至此。且淮南王为人刚，今暴摧折之，臣恐卒逢雾露病死，陛下为有杀弟之名，奈何！”上曰：“吾特苦之耳，今复之。”县传淮南王者皆不敢发车封。淮南王乃谓侍者曰：“谁谓乃公勇者？吾安能勇！吾以骄故，不闻吾过至此。人生一世閒，安能邑邑如此！”乃不食死。至雍，雍令发封，以死闻。上哭甚悲，谓袁盎曰：“吾不听公言，卒亡淮南王。”盎曰：“不可奈何，愿陛下自宽。”上曰：“为之奈何？”盎曰：“独斩丞相、御史以谢天下乃可。”上即令丞相、御史逮考诸县传送淮南王不发封餽侍者，皆弃市。乃以列侯葬淮南王于雍，守冢三十户。

全部诛杀了参与谋反的人。于是就遣送淮南王，用披着黑衣的槛车来运载，命令沿途各县依次接送。这时袁盎劝谏皇上说：“皇上平时放纵淮南王，不给他配置严格的太傅和国相，因此到这地步，况且淮南王为人刚烈，现在突然摧残他，我害怕他仓促之间遇到风寒就会病死，陛下将有杀弟的名声，怎么办！”皇上说：“我只是让他受点苦罢了，现在就让他回来。”沿途各县传送淮南王，都不敢打开槛车的封门。淮南王于是对侍候他的人说：“谁说你老子我勇敢？我哪里能勇敢！我由于骄纵的缘故没听说自己犯了罪过而到这个地步。人生一世，怎么能像这样忧郁呢！”于是绝食而死。到了雍县，雍县县令打开封门，把淮南王的死讯告诉皇上。皇上哭得很伤心。对袁盎说：“我没听您的话，终害死了淮南王。”袁盎说：“这事无可奈何，希望陛下自己想开一点。”皇上说：“对这事如何办呢？”袁盎说：“只有斩杀丞相、御史大夫来向天下谢罪才可以。”皇上就下令让丞相、御史大夫逮捕追查沿途各县不肯打开封门和送给淮南王食物的人，一律处死示众。于是拿埋葬列侯的礼仪把淮南王葬在雍县，安排三十户人家守冢祭祀。

孝文八年，上怜淮南王，淮南王有子四人，皆七八岁，乃封子安为阜陵侯，子勃为安阳侯，子赐为阳周侯，子良为东成侯。

孝文帝八年，皇上怜惜淮南王，淮南王有四个儿子，都七八岁，于是封他儿子刘安为阜陵侯，儿子刘勃为安阳侯，儿子刘赐为阳周侯，儿子刘良为东成侯。

孝文十二年，民有作歌歌淮南厉王曰：“一尺布，尚可缝，一斗粟，尚可舂。兄弟二人不能相容。”上闻之，乃叹曰：“尧、舜放逐骨肉，周公杀管、蔡，天下称圣。何者？不以私害公。天下岂以我为贪淮南王地邪？”乃徙城阳王王淮南故地，而追尊谥淮南王为厉王，置园复如诸侯仪。

孝文帝十二年，有人编造歌谣歌唱淮南王说：“一尺麻布，还可以缝衣；一斗谷子，还可以舂米。兄弟两人，不能相容。”皇上听说了，就感叹说：“尧、舜放逐自己的家人，周公杀死管叔、蔡叔，天下人都称赞他们贤明。为什么呢？不因私情而损害公义。天下人难道以为我是贪图淮南王的封地吗？”于是调城阳王掌管淮南王原来的封地，而追加尊贵的谥号给淮南王，称厉王，设置陵园仍旧和诸侯王的礼仪一样。

孝文十六年，徙淮南王喜复故城阳。上怜淮南厉王废法不轨，自使失国蚤死，乃立其三子：阜陵侯安为淮南王，安阳侯勃为衡山王，阳周侯赐为庐江王，皆复得厉王时地，参分之。东城侯良前薨，无后也。

孝文帝十六年，调淮南王刘喜恢复为原城阳王。皇上怜惜淮南厉王废弃法令不遵循正道使自己失去封国而早死，于是立他三个儿子：阜陵侯刘安为淮南王，安阳侯刘勃为衡山王，阳周侯刘赐为庐江王，都又获得厉王时的封地，由三家共分享。东城侯刘良在这以前死了，没有后代。

孝景三年，吴楚七国反，吴使者至淮南，淮南王欲发兵应之。其相曰：“大王必欲发兵应吴，臣愿为将。”王乃属相兵。淮南相已将兵，因城守，不听王而为汉；汉亦使曲城侯将兵救淮南：淮南以故得完。吴使者至庐江，庐江王弗应，而往来使越。吴使者至衡山，衡山王坚守无二心。孝景四年，吴楚已破，衡山王朝，上以为贞信，乃劳苦之曰：“南方卑湿。”徙衡山王王济北，所以褒之。及薨，遂赐谥为贞王。庐江王边越，数使使相交，故徙为衡山王，王江北。淮南王如故。

孝景帝三年，吴、楚七国谋反，吴王派使者到淮南，淮南王想派兵响应他们。他的国相说：“大王一定要派兵响应吴王，我愿意任将领。”淮南王于是把军队委托给国相。淮南国相率领军队后，便守卫着城市，不听从淮南王而为朝廷效劳，朝廷也派曲城侯率领军队救助淮南：淮南国因此得以保全。吴王使者到了庐江，庐江王不答应，却派人和越国联系。吴王使者到了衡山，衡山王坚守城池，毫无二心。孝景四年，吴、楚已被打败，衡山王入京朝见，皇上认为他坚贞忠诚，就慰劳他说：“南方地势低下潮湿。”调衡山王任济北王，来表扬他。到他去世，就赐给他谥号为贞王。庐江王与越国紧邻，多次派使者往来，所以调他任衡山王，掌管江北。淮南王和以前一样。

淮南王安为人好读书鼓琴，不喜弋猎狗马驰骋，亦欲以行阴德拊循百姓，流誉天下。时时怨望厉王死，时欲畔逆，未有因也。及建元二年，淮南王入朝。素善武安侯，武安侯时为太尉，乃逆王霸上，与王语曰：“方今上无太子，大王亲高皇帝孙，行仁义，天下莫不闻。即宫车一日晏驾，非大王当谁立者！”淮南王大喜，厚遗武安侯金财物。阴结宾客，拊循百姓，为畔逆事。建元六年，彗星见，淮南王心怪之。或说王曰：“先吴军起时，彗星出长数尺，然尚流血千里。今彗星长竟天，天下兵当大起。”王心以为上无太子，天下有变，诸侯并争，愈益治器械攻战具，积金钱赂遗郡国诸侯游士奇材。诸辨士为方略者，妄作妖言，谄谀王，王喜，多赐金钱，而谋反滋甚。

淮南王刘安为人喜好读书弹琴，不喜欢射猎、走狗、跑马，也想用暗中做好事来抚慰百姓，传播美名于天下。他时常抱怨厉王的死，常想反叛朝廷，只是还没有机会。到汉武帝建元二年，淮南王入京朝见。他平素和武安侯友好，武安侯当时任太尉，于是在霸上迎接淮南王，对淮南王说：“当今皇上没有太子，大王是高皇帝的嫡孙，施行仁义，天下没有不听说的。如果皇上一旦去世，不是大王还该是谁即位呢！”淮南王非常快乐，送给武安侯很多金钱和物品。他暗中结交宾客，抚慰百姓，谋划反叛的事情。建元六年，彗星出现，淮南王内心生疑。有人劝淮南王说：“以前吴王军队起兵时，彗星出现长达几尺，可是还千里境内流血伤亡。如今彗星长达满天，天下军队应当大兴起。”淮南王心中认为皇上没有太子，天下一有事变，诸侯王一起争斗，便更加整修军械和攻战用具，积蓄金钱收买郡守、诸侯国和游士、有奇才的人。那些策划大计方略的能言善辩之士，胡乱制造迷惑的传言，阿谀奉承淮南王，淮南王高兴，赐给他们很多金钱，谋反之心更加严重。

淮南王有女陵，慧，有口辩。王爱陵，常多予金钱，为中诇长安，约结上左右。元朔三年，上赐淮南王几杖，不朝。淮南王王后荼，王爱幸之。王后生太子迁，迁取王皇太后外孙修成君女为妃。王

谋为反具，畏太子妃知而内泄事，乃与太子谋，令诈弗爱，三月不同席。王乃详为怒太子，闭太子使与妃同内三月，太子终不近妃。妃求去，王乃上书谢归去之。王后荼，太子迁及女陵得爱幸王，擅国权，侵夺民田宅，妄致系人。

淮南王有个女儿叫刘陵，聪明，有口才。淮南王喜爱刘陵，常常给她很多金钱，让她在长安刺探内情，结交皇上身边的人。元朔三年，皇上赐给淮南王几案、手杖，让他不用入京朝见。淮南王王后叫荼，淮南王很宠信他。王后生太子刘迁，刘迁娶了王皇太后外孙修成君的女儿为妃子。淮南王谋划制造反叛的器具，怕太子的妃子知道而向朝中泄露这事，于是和太子商议，让他假装不喜欢她，三个月时间不和妃子同床。淮南王于是假装对太子生气，把太子关闭起来，让他和妃子一同在一个房中三个月，太子始终不亲近妃子。妃子请求离去，淮南王于是上书道歉并派人送她回去。王后荼、太子刘迁和女儿刘陵得到淮南王的宠爱，独揽国家大权，侵夺百姓田地住宅，胡乱加罪拘捕人。

元朔五年，太子学用剑，自以为人莫及，闻郎中雷被巧，乃召与戏。被一再辞让，误中太子。太子怒，被恐。此时有欲从军者辄诣京师，被即愿奋击匈奴。太子迁数恶被于王，王使郎中令斥免，欲以禁后，被遂亡至长安，上书自明。诏下其事廷尉、河南。河南治，逮淮南太子，王、王后计欲无遣太子，遂发兵反，计犹豫，十余日未定。会有诏，即讯太子。当是时，淮南相怒寿春丞留太子逮不遣，劾不敬。王以请相，相弗听。王使人上书告相，事下廷尉治。踪迹连王，王使人候伺汉公卿，公卿请逮捕治王。王恐事发，太子迁谋曰："汉使即逮王，王令人衣卫士衣，持戟居庭中，王旁有非是，则刺杀之，臣亦使人刺杀淮南中尉，乃举兵，未晚。"是时上不许公卿请，而遣汉中尉宏即讯验王。王闻汉使来，即如太子谋计。汉中尉至，王视其颜色和，讯王以斥雷被事耳，王自度无何，不发。中尉还，以闻。公卿治者曰："淮南王安拥阏奋击匈奴者雷被等，废格明诏，当弃市。"诏弗许。公卿请废勿王，诏弗许。公卿请削五县，诏削二县。使中尉宏赦淮南王罪，罚以削地。中尉入淮南界，宣言赦王。王初闻汉公卿请诛之，未知得削地，闻汉使来，恐其捕之，乃与太子谋刺之如前计。及中尉至，即贺王，王以故不发。其后自伤曰："吾行仁义见削，甚耻之。"然淮南王削地之后，其为反谋益甚。诸使道从长安来，为妄妖言，言上无男，汉不治，即喜；即言汉廷治，有男，王怒，以为妄言，非也。

元朔五年，太子学习用剑，自以为没有人比得上，听说郎中雷被剑艺超群，于是召来与他比试。雷被一再退让，后来误伤了太子，太子发怒。雷被害怕。这时有想参军的人马上就送往京城，雷被就自愿参军去奋力攻打匈奴。太子刘迁多次在淮南王面前诋毁雷被，淮南王派郎中令罢免了雷被，想以此禁止以后类似的事，雷被于是逃跑到长安，向皇上上书来表白自己。皇上下诏让廷尉、河南郡处理此事。河南郡查办，逮捕淮南太子，淮南王、王后考虑不遣送太子，借机兴兵造反，可是考虑迟疑不决，十多天没定下来。适逢有诏书下来，让就地审讯太子。在这时，淮南国相怨恨寿春县县丞留住太子不加逮捕遣送，控告他不敬的罪名。淮南王以这事求国相，国相不肯听从。淮南王派人上书控告国相，事情交给廷尉来处理。案中有线索牵连到淮南王，淮南王派人暗中打探朝中公卿大臣的意见，公卿大臣请求逮捕淮南王判罪，淮南王怕事情被发现，太子刘迁献计说："如果朝廷使臣来逮捕父王，父王可叫人身穿卫士衣裳，持戟站立庭院之中，父王身边一有不测发生，就刺杀他，我也派人刺死淮南国中尉，就此举兵起事，还不算迟。"这时皇上不批准公卿大臣的奏请，而改派朝中中尉殷宏去就地向淮南王审讯查证案情。淮南王听说朝中使臣前来，立即按太子的计谋做了准备。朝廷中尉到达后，淮南王看他态度温和，只询问自己罢免雷被的原因，揣度不会定什么罪，就没有发作。中尉回朝，把查询的情况上奏，公卿大臣中负责办案的人说："淮南王刘安阻挠雷被参军奋力抗击匈奴等行为，破坏了执行天子明确下达的诏令，应该处死示众。"皇上下诏不允许。公卿大臣请求废掉他的王位，皇上下诏不同意。公卿大臣请求削夺他五县封地，皇上诏令削夺二县。朝廷派中尉殷宏去宣布赦免淮南王的罪过，用削地来示惩罚。中尉进入淮南国境，宣布赦免淮南王。淮南王起初听说朝中公卿大臣请求处死自己，并不知道获得宽赦削地，他听说朝廷使臣已动身前来，害怕自己被捕，就和太子按先前的计划准备杀死他。到中尉来后，立即祝贺淮南王获赦，淮南王因此没有此事。后来他哀伤自己说："我施行仁义却被削地，这太耻辱了。"可是淮南王削地之后，策划反叛的阴谋更为加剧。那些使者从长安来，制造荒诞骗人的邪说，谁声称皇上无儿，汉家天下不太平的，淮南王就高兴；如果说汉朝廷太平，皇上有儿，淮南王就生气，认为是胡说，不对。

王日夜与伍被、左吴等案舆地图，部署兵所从入。王曰：“上无太子，宫车即晏驾，廷臣必征胶东王，不即常山王，诸侯并争，吾可以无备乎！且吾高祖孙，亲行仁义，陛下遇我厚，吾能忍之；万世之后，吾宁能北面臣事竖子乎！”

淮南王日夜和伍被、左吴等人查看地图，部署军队进攻的方向。淮南王说：“皇上没有太子，皇上如果驾崩，朝廷大臣们一定征召胶东王，要不就是常山王，诸侯一起斗争，我能够不准备么！况且我是高祖的孙子，亲自施行仁义，陛下对我很优厚，我能够忍耐这种统治；陛下万世之后，我难道能面朝北来侍奉小儿么！”

汉高祖刘邦像，选自明万历刻本《三才会图》。

王坐东宫，召伍被与谋，曰：“将军上。”被怅然曰：“上宽赦大王，王复安得此亡国之语乎！臣闻子胥谏吴王，吴王不用，乃曰‘臣今见麋鹿游姑苏之台也’。今臣亦见宫中生荆棘，露沾衣也。”王怒，系伍被父母，囚之三月。复召曰：“将军许寡人乎？”被曰：“不，直来为大王画耳。臣闻聪者听于无声，明者见于未形，故圣人万举万全。昔文王一动而功显于千世，列为三代，此所谓因天心以动作者也，故海内不期而随。此千岁之可见者。夫百年之秦，近世之吴楚，亦足以喻国家之存亡矣。臣不敢避子胥之诛，愿大王毋为吴王之听。昔秦绝圣人之道，杀术士，燔《诗》《书》，弃礼义，尚诈力，任刑罚，转负海之粟致之西河。当是之时，男子疾耕不足于糟糠，女子纺绩不足于盖形。遣蒙恬筑长城，东西数千里，暴兵露师常数十万，死者不可胜数，僵尸千里，流血顷亩，百姓力竭，欲为乱者十家而五。又使徐福入海求神异物，还为伪辞曰：‘臣见海中大神，言曰：“汝西皇之使邪？”臣答曰：“然。”“汝何求？”曰：“愿请延年益寿药。”神曰：“汝秦王之礼薄，得观而不得取。”即从臣东南至蓬莱山，见芝成宫阙，有使者铜色而龙形，光上照天。于是臣再拜问曰：“宜何资以献？”海神曰：“以令名男子若振女与百工之事，即得之矣。”’秦皇帝大说，遣振男女三千人，资之五谷种种百工而行。徐福得平原广泽，止王不来。于是百姓悲痛相思，欲为乱者十家而六。又使尉佗逾五岭攻百越。尉佗知中国劳极，止王不来。使人上书，求女无夫家者三万人，以为士卒衣补。秦皇帝可其万五千人。于是百姓离心瓦解，欲为乱者十家而七。客谓高皇帝曰：‘时可矣。’高皇帝曰：‘待之，圣人当起东南间。’不一年，陈胜吴广发矣。高皇始于丰、沛，一倡天下不期而响应者不可胜数也。此所谓蹈瑕候间，因秦之亡而动者也。百姓愿之，若旱之望雨，故起于行陈之中而立为天子，功高三王，德传无穷。今大王见高皇帝得天下之易也，独不观近世之吴楚乎？夫吴王赐号为刘氏祭酒，复不朝，王四郡之众，地方数千里，内铸消铜以为钱，东煮海水以为盐，上取江陵木以为船，一船之载当中国数十两车，国富民众。行珠玉金帛赂诸侯宗室大臣，独窦氏不与。计定谋成，举兵而西。破于大梁，败于狐父，奔走而东，至于丹徒，越人禽之，身死绝祀，为天下笑。夫以吴越之众不能成功者何？诚逆天道而不知时也。方今大王之兵众不能十分吴楚之一，天下安宁有万倍于秦之时，愿大王从臣之计。大王不从臣之计，今见大王事必不成而语先泄也。臣闻微子过故国而悲，于是作《麦秀之歌》，是痛纣之不用王子比干也。故孟子曰：‘纣贵为天子，死曾不若匹夫’。是纣先自绝于天下久矣，非死之日而天下去之。今臣亦窃悲大王弃千乘之君，必且赐绝命之书，为群臣先，死于东宫也。”于是气怨结而不扬，涕满匡而横流，即起，历阶而去。

淮南王坐在东宫，召来伍被，和他商量，说：“将军上殿。”伍被生气地说：“皇上宽赦大王，大王又怎么能说这亡国的话呢！我听说伍子胥劝谏吴王，吴王不听从，就说‘我现在看到麋鹿游荡在姑苏台上了'。现在我也看到宫殿中生长荆棘,露水沾湿衣服了。"淮南王发怒,拘捕伍被的父母,囚禁了三个月。又召见伍被说:"将军答应我么?"伍被说:不,我只是来为大王策划罢了。我听说听力好的人能在无声中听出动静,是辨的人能在未成形前看出前兆,所以圣人万次行动万次成功。从前周文王一行动,功业显扬直到千年,列为"三代",这是所谓依照上天的意旨来行动的结果,所以四海之内的人不约而同地追随他,这是一千年前看得见的事实。百年前的秦朝,近代的吴、楚,也完全可以表明国家存亡的道理。我不敢逃避伍子胥那样的惩罚,希望大王不要像吴王那样不听规劝。以前秦朝断绝圣人之道,杀害儒生方士,焚烧《诗》、《书》,废弃礼义,崇尚欺诈、武力,提倡刑罚,转运海边的谷子到西河。在这个时候,男子奋力耕作不能吃饱糟糠,女人织布却衣不遮体。派蒙恬修筑长城,东西长达几千里,军队暴露在风霜中有几十万人,死的不计其数,僵尸倒伏千里,流血成顷成亩,百姓筋疲力尽,想造反的十家有五家。又派徐福到海中寻找神仙和奇异东西,徐福回来编造谎言说:"我看到海中大神,他说:'你是西土皇帝的使臣吗?'我回答说:'是。''你找什么?'我说:'希望找到延年益寿的药。'神仙说:'你们秦王礼太轻薄,只能看看益寿药,不能拿走。'就带我向东南到了蓬莱山,看到了用灵芝草筑成的宫殿,有个使者肤色像铜身形似龙,光彩上映天空,于是我拜了两拜问:'应该拿什么礼物来供献?'海神说:'拿良家男子及童女与各种工匠的制品来,就能得到它了。'"秦始皇十分高兴,送童男童女三千人,供应五谷种子和各种工匠前去。徐福找到辽阔的原野和辽阔的湖泽,就留在那里称王不回秦朝。于是百姓悲痛思念亲人,想造反的十家有六家。又派尉佗翻过五岭来进攻百越。尉佗知道中原疲敝已极,留在那里称王,不再回来,派人向皇上上书,要求朝廷给他三万没有婆家的妇女,来替士兵缝补衣裳。秦始皇批示给他一万五千人。于是百姓人心离散犹如土崩瓦解,想造反的十家有七家。宾客对高皇帝说:"时机到了。"高皇帝说:"等等,应该有圣人在东南方兴起。"不到一年,陈胜、吴广起事了。高皇帝在丰沛起事,一发倡议天下不约而同来响应的人不计其数。这是所谓踏到了缝隙窥候到时机,借助秦朝的危亡而行动。百姓盼望他,就像干旱盼雨水,因此他能出身于军伍而被拥立为天子,功业高过三王,恩德流传无穷。现在大王看到高皇帝得到天下容易,却偏偏看不到近代的吴国、楚国吗?吴王被赐号为刘氏祭酒,又恩准他不必依例入京朝见,掌管四个郡的人民,地域有几千里广大,在国内销熔铜矿来铸钱,东面蒸煮海水制作为盐,溯江而上能采江陵的木材建造大船,一只船的载重量相当于中原的几十辆车,国家富足,人民众多。拿珠玉金帛贿赂诸侯王、宗室贵族及朝廷大臣,唯独不给窦氏。反叛计谋商定,便发兵向西前进。在大梁被打垮,在狐父被击败,折回向东逃跑,到达丹徒,被东越擒获,自己身死又断了后代,被天下人所嘲笑。拿吴、楚那样的众多军队而没能成功,为什么呢?确实是违背天道而不懂得时运啊。当今您的军队和民众不够吴、楚的十分之一,天下的安宁和秦时相比好一万倍,希望大王听从我的意见。大王不听我的意见,今日见到大王事情一定不成功而言语先就泄露出来了。我听说微子经过殷朝故都时心情悲痛,于是作了《麦秀之歌》,这是哀痛纣王不采纳王子比干的劝谏。所以《孟子》说:"纣王作为天子是够尊贵的,但是死时竟不如一个普通百姓。"这是纣王早就自绝于天下人了,不是死的那天才被天下人所弃。如今我也暗伤大王抛弃拥有千辆战车规模的王国的王位,一定将会留下绝命书,在群臣之前,死在东宫了。于是伍被气愤、怨恨郁结胸中,神情不振,泪水盈眶而满面流淌,马上起身,一级级走下台阶而离去。

王有孽子不害,最长,王弗爱,王、王后、太子皆不以为子兄数。不害有子建,材高有气,常怨望太子不省其父;又怨时诸侯皆得分子弟为侯,而淮南独二子,一为太子,建父独不得为侯。建阴结交,欲告败太子,以其父代之。太子知之,数捕系而榜笞建。建具知太子之谋欲杀汉中尉,即使所善寿春庄芷以元朔六年上书于天子曰:"毒药苦于口利于病,忠言逆于耳利于行。今淮南王孙建,材能高,淮南王王后荼、荼子太子迁常疾害建。建父不害无罪,擅数捕系,欲杀之。今建在,可征问,具知淮南阴事。"书闻,上以其事下廷尉,廷尉下河南治。是时故辟阳侯孙审卿善丞相公孙弘,怨淮南厉王杀其大父,乃深购淮南事于弘,弘乃疑淮南有畔逆计谋,深穷治其狱。河南治建,辞引淮南太子及党与。淮南王患之,欲发,问伍被曰:"汉廷治乱?"伍被曰:"天下治。"王意不说,谓伍被曰:"公何以言天下治也?"被曰:"被窃观朝廷之政,君臣之义,父子之亲,夫妇之别,长幼之序,皆得其理,上之举错遵古之道,风俗纪纲未有所缺也。重装富贾,周流天下,道无不通,故交易之道行。南越宾服,

羌、僰入献，东瓯入降，广长榆，开朔方，匈奴折翅伤翼，失援不振。虽未及古太平之时，然犹为治也。”王怒，被谢死罪。王又谓被曰：“山东即有兵，汉必使大将军将而治山东，公以为大将军何如人也？”被曰：“被所善者黄义，从大将军击匈奴，还，告被曰：‘大将军遇士大夫有礼，于士卒有恩，众皆乐为之用。骑上下山若蜚，材干绝人。’被以为材能如此，数将习兵，未易当也。及谒者曹梁使长安来，言大将军号令明，当敌勇敢，常为士卒先。休舍，穿井未通，须士卒尽得水，乃敢饮。军罢，卒尽已度河，乃度。皇太后所赐金帛，尽以赐军吏。虽古名将弗过也。”王默然。

淮南王有个庶出的儿子叫刘不害，年纪最大，淮南王不喜欢他，淮南王、王后、太子都不把他当作儿子或兄长。刘不害有个儿子名叫刘建，才能出众而负气，经常怨恨太子不来问候他父亲；又抱怨当时诸侯王都可以分封子弟为列侯，而淮南王只有两个儿子，一个当了太子，刘建父亲单没能封为侯。刘建暗中结交人，想控告击败太子，让他父亲取代太子。太子知道后，屡次拘捕并拷打刘建。刘建全部知道太子企图杀害朝廷中尉，就派他很友好的寿春县人庄芷在元朔六年向天子上书说：“毒药苦口利于病，忠言逆耳利于行。现在淮南王的孙子刘建，才能出众，淮南王王后荼、荼的儿子太子刘迁常常嫉妒陷害刘建。刘建父亲刘不害没有罪，他们任意多次拘捕他，想杀死他。现在刘建在，可以诏来询问，他全部知道淮南王的隐秘。”奏书呈上后，皇上把这事交下给廷尉处理，廷尉交下给河南郡处理。这时原辟阳侯的孙子审卿和丞相公孙弘很友好，他怨恨淮南厉王杀死自己的祖父，于是极力向公孙弘告淮南王的罪状，公孙弘于是怀疑淮南王有反叛的阴谋，深入查究这个案件。河南郡府审问刘建，他供出了淮南王太子及其同党。淮南王很担心，想反叛，问伍被说：“汉朝天下太平不太平？”伍被说：“天下太平。”淮南王心里不高兴，对伍被说：“您为什么说天下太平呢？”伍被说：“我暗察朝廷政治，君臣间的礼义，父子间的亲情，夫妻间的区别，长幼间的秩序，都能合乎道理，皇上施政遵循古代的治国之道，风俗法度都没有缺失。满载货物的富商，遍布天下，没有什么地方道路不通，所以贸易之事盛行。南越归顺，羌、僰进贡，东瓯投降，拓大长榆塞，开辟朔方郡，匈奴翅断翼伤，失去援助而无法振作。这虽然还比不上古代的太平盛世，但还算是太平的。”淮南王发怒，伍被谢以死罪。淮南王又对伍被说：“崤山以东如果发生兵战，朝廷一定派大将军卫青带兵来控制，您认为大将军是怎样一个人呢？”伍被说：“我的好朋友黄义，曾跟着大将军攻打匈奴，回来后，告诉我说：‘大将军对待士大夫有礼貌，对士兵有恩德，众人都乐意为他效劳。大将军骑马上下山冈疾驶如飞，才能出众过人。’我认为他有这样的才干，多次带兵，熟习军事，不容易抵抗。还有谒者曹梁出使长安回来，说大将军号令严明，对敌作战勇敢，常身先士卒。安营扎寨休息，井还没凿通时，必须等士兵都喝上水，他才敢饮。军队出征归来，士兵都已渡过河，他才过河。皇太后赏给他的钱财丝帛，他都转赐手下的军官。即使是古代的名将，也比不过他。”淮南王沉默不语。

淮南王见建已征治，恐国阴事且觉，欲发，被又以为难，乃复问被曰：“公以为吴兴兵是邪非也？”被曰：“以为非也。吴王至富贵也，举事不当，身死丹徒，头足异处，子孙无遗类。臣闻吴王悔之甚。愿王孰虑之，无为吴王之所悔。”王曰：“男子之所死者一言耳。且吴何知反，汉将一日过成皋者四十余人。今我令楼缓先要成皋之口，周被下颍川兵塞轘辕、伊阙之道，陈定发南阳兵守武关。河南太守独有雒阳耳，何足忧。然此北尚有临晋关、河东、上党与河内、赵国。人言曰‘绝成皋之口，天下不通’。据三川之险，招山东之兵，举事如此，公以为何如？”被曰：“臣见其祸，未见其福也。”王曰：“左吴、赵贤、朱骄如皆以为有福，什事九成，公独以为有祸无福，何也？”被曰：“大王之群臣近幸素能使众者，皆前系诏狱，余无可用者。”王曰：“陈胜、吴广无立锥之地，千人之聚，起于大泽，奋臂大呼而天下响应，西至于戏而兵百二十万。今吾国虽小，然而胜兵者可得十余万，非直適戍之众，鐖凿棘矜也，公何以言有祸无福？”被曰：“往者秦为无道，残贼天下。兴万乘之驾，作阿房之宫，收太半之赋，发闾左之戍，父不宁子，兄不便弟，政苛刑峻，天下熬然若焦，民皆引领而望，倾耳而听，悲号仰天，叩心而怨上，故陈胜大呼，天下响应。当今陛下临制天下，一齐海内，泛爱蒸庶，布德施惠。口虽未言，声疾雷霆，令虽未出，化驰如神，心有所怀，威动万里，下之应上，犹影响也。而大将军材能不特章邯、杨熊也。大王以陈胜、吴广谕之，被以为过矣。”王曰：“苟如公言，不可徼幸邪？”被曰：“被有愚计。”王曰：“柰何？”被曰：“当今诸侯无异心，百姓无怨气。朔方之郡田地广，水草美，民徙者不足以实其地。臣之愚计，可伪为丞相御史请书，徙郡国豪杰任侠及有耐罪以上，赦令除其罪，产

五十万以上者，皆徙其家属朔方之郡，益发甲卒，急其会日。又伪为左右都司空上林中都官诏狱书，逮诸侯太子幸臣。如此则民怨，诸侯惧，即使辩武随而说之，傥可徼幸什得一乎?”王曰：“此可也。虽然，吾以为不至若此。”于是王乃令官奴入宫，作皇帝玺，丞相、御史、大将军、军吏、中二千石、都官令、丞印，及旁近郡太守、都尉印，汉使节法冠，欲如伍被计。使人伪得罪而西，事大将军、丞相；一日发兵，使人即刺杀大将军青，而说丞相下之，如发蒙耳。

淮南王看到刘建已经被召去审讯，害怕王国的秘密将要被发觉，想要起事，伍被又认为不容获胜，于是又问伍被说：“您认为吴王发兵叛乱是对还是不对?”伍被说：“我认为不对。吴王极富贵了，行动不适当，自己死在丹徒，头被砍掉，子孙都没有活下来。我听说吴王非常后悔。希望大王仔细考虑这件事，不要再犯吴王那样的错误。”淮南王说：“男子汉会为自己讲出的一句话去死。况且吴王哪里知道造反，朝廷将领一天中越过成皋的就有四十多人。现在我命令楼缓预先扼守成皋关口，周被攻下颍川，带兵堵塞轘辕、伊阙的道路，陈定率领南阳军队把守武关。河南太守只有洛阳罢了，有什么值得担心的呢。可是这北面还有临晋关、河东、上党和河内、赵国。人们说：‘断绝成皋的关口，天下就不畅通’。我们占据三川的险地，招集山东的军队，这样起事，您认为如何?”伍被说：“我看到它的灾祸，没看到它的福运。”淮南王说：“左吴、赵贤、朱骄如都认为有福运，十拿九稳，您偏偏认为有灾祸而没有福运，为什么呢?”伍被说：“大王的群臣中，亲近的、平时能号令众人的，都在以前的诏办罪案中被捕，其余的人没有能重用的。”淮南王说：“陈胜、吴广没有立锥之地，聚集了一千人，在大泽乡起事，举起手臂大喊而天下人响应，向西攻打到戏水而拥有一百二十万军队。现在我的王国虽然小，然而胜任作战的壮士能够得到十多万，不只是被迫戍边的乌合之众，所持的也不只是木弩和戟柄，您为什么说有灾没有福呢?”伍被说：“从前秦朝暴虐无道，残害天下人。征发万辆车子，修建阿房宫，收取百姓大半的收入作赋税，征调家居里巷大门左面的贫民去守卫边疆，父亲不能使儿子平安，哥哥不能让弟弟安逸，政治苛刻刑法严厉，天下人痛苦得很像火烤，人们都伸长脖子盼望，侧着耳朵倾听，悲伤地仰望着天大哭，捶打着胸膛怨恨皇上，所以陈胜大喊，天下人就响应。如今陛下临朝治理天下，统一、整齐四海之内，普遍地爱护众百姓，布施恩惠。他即使不说话，声音比雷电还快，即使命令还没颁下，教化的奔驰好像神明一样迅速，心中想着什么，威势就能振动一万里远，下面的人响应皇上，就好像影子和回声那样步调一致。而大将军的才能不只和章邯、杨熊相同呢。大王以陈胜、吴广来自喻，伍被我认为不对。”淮南王说：“假如像您所说的那样，不可以侥幸成功了吗?”伍被说：“我有愚蠢的计策。”淮南王说：“怎么样?”伍被说：“如今诸侯王们没有二心，百姓没有怨气。朔方郡田地广阔，水草丰美，迁徙到那儿的百姓还不足以充实开发那地方。我的愚蠢计划是，可以伪造丞相、御史写给皇上的奏章，请求调迁各郡国的豪强、游侠以及判刑两年以上的犯人充边，下诏赦免他们的罪，凡是家产在五十万钱以上的人，都迁徙他们家属到朔方郡，更多地调派士兵，促他们如期到达。再伪造宗正府左右都司空、上林苑和京师各官府下达的皇上亲发的办案文书，去逮捕诸侯王太子和宠幸的臣子。这样的话，那么百姓怨恨，诸侯害怕，马上派能言善辩的人士跟着去劝说，或者可以侥幸得到十分之一的希望吧?”淮南王说：“这样可以。即使这样，我认为不至于像您说的那样困难。”于是淮南王就命令官奴进入宫里，伪造皇帝印玺、丞相、御史、大将军、军吏、中二千石、京师各官府令、丞的官印，以及邻近郡国的太守、都尉的官印，朝廷使者和法官所戴的官帽，打算按照伍被的计策行事。派人假装犯罪后逃向京师去，侍奉大将军、丞相；一旦起事，所指使的人就刺杀大将军卫青，然后劝说丞相屈从，就好像揭去蒙在头上的手巾一样容易了。

王欲发国中兵，恐其相、二千石不听。王乃与伍被谋，先杀相、二千石；伪失火宫中，相、二千石救火，至即杀之。计未决，又欲令人衣求盗衣，持羽檄，从东方来，呼曰“南越兵入界”。欲因以发兵。乃使人至庐江、会稽为求盗，未发。王问伍被曰：“吾举兵西乡，诸侯必有应我者；即无应，奈何?”被曰：“南收衡山以击庐江，有寻阳之船，守下雉之城，结九江之浦，绝豫章之口，强弩临江而守，以禁南郡之下，东收江都、会稽，南通劲越，屈强江淮南间，犹可得延岁月之寿。”王曰：“善，无以易此。急则走越耳。”

淮南王想要发动王国中的军队，害怕他的国相、二千石官员不听从。淮南王就和伍被商议，预先杀掉国相、二千石官员；假装宫内失火，国相、二千石官员来救火，人一到就消灭他们。计策还未定，又想派人身穿抓捕盗贼的士兵服装，手拿紧急的文书，从南方奔来，大喊"南越兵入境了"，想借此来发兵进军。于是派人到庐江郡、会稽郡实施冒充追捕盗贼的计策，没有发兵。淮南王问伍被说："我率兵向西，诸侯王中一定有响应我的；假如没有响应，怎么办？"伍被说："向南收夺衡山国来攻打庐江国，占有寻阳的船只，把守下雉的城池，扼住九江的入口，阻绝豫章河水北入长江的彭蠡湖口，用强劲的弓箭临江守卫，来阻止南郡军队沿江而下，向东收取江都郡、会稽郡，和南方强劲的越国结交，在长江、淮河之间顽强坚守，还能够争取一些时日。"淮南王说："好，没有什么能代替这个计策。情势危急就奔往越国吧。"

于是廷尉以王孙建辞连淮南王太子迁闻。上遣廷尉监因拜淮南中尉，逮捕太子。至淮南，淮南王闻，与太子谋召相、二千石，欲杀而发兵。召相，相至；内史以出为解。中尉曰："臣受诏使，不得见王。"王念独杀相而内史、中尉不来，无益也，即罢相。王犹豫，计未决。太子念所坐者谋刺汉中尉，所与谋者已死，以为口绝，乃谓王曰："群臣可用者皆前系，今无足与举事者。王以非时发，恐无功，臣愿会逮。"王亦偷欲休，即许太子。太子即自刭，不殊。伍被自诣吏，因告与淮南王谋反，反踪迹具如此。

于是廷尉把淮南王的孙子刘建供词牵连到淮南王太子刘迁的事报告了皇上。皇上派廷尉监趁着前去拜见淮南国中尉的机会，逮捕太子。廷尉监到达淮南国，淮南王听说，和太子商议召见国相、二千石官员，想杀掉他们然后发兵起事。召见国相，国相来到；内史因为外出得以脱身。中尉说："我接受诏令出使，不能来见大王。"淮南王考虑到只杀掉国相而内史、中尉不前来，没有好处，就让国相回去。淮南王犹豫不决，计策还未定下来。太子考虑到自己所犯的是阴谋刺杀朝廷中尉的罪，参与谋划的人已经死了，以为活口断绝，于是对淮南王说："可以重用的大臣在先前都被捕了，如今没有能够一道举行大事的人。大王在不合适的时候发兵，恐怕不会成功，我情愿前去接受逮捕。"淮南王也暗中想停止，就答应了太子。太子就刎颈自杀，没有死去。伍被独自去见司法的官吏，就告发了参与淮南王谋反的事，将谋反的详情全都说了出来。

吏因捕太子、王后，围王宫，尽求捕王所与谋反宾客在国中者，索得反具以闻。上下公卿治，所连引与淮南王谋反列侯二千石豪杰数千人，皆以罪轻重受诛。衡山王赐，淮南王弟也，当坐收，有司请逮捕衡山王。天子曰："诸侯各以其国为本，不当相坐。与诸侯王列侯会肄丞相诸侯议。"赵王彭祖、列侯臣让等四十三人议，皆曰："淮南王安甚大逆无道，谋反明白，当伏诛。"胶西王臣端议曰："淮南王安废法行邪，怀诈伪心，以乱天下，荧惑百姓，倍畔宗庙，妄作妖言。《春秋》曰'臣无将，将而诛。'安罪重于将，谋反形已定。臣端所见其书节印图及他逆无道事验明白，甚大逆无道，当伏其法。而论国吏二百石以上及比者，宗室近幸臣不在法中者，不能相教，当皆免官削爵为士伍，毋得宦为吏。其非吏，他赎死金二斤八两。以章臣安之罪，使天下明知臣子之道，毋敢复有邪僻倍畔之意。"丞相弘、廷尉汤等以闻，天子使宗正以符节治王。未至，淮南王安自刭杀。王后荼、太子迁诸所与谋反者皆族。天子以伍被雅辞多引汉之美，欲勿诛。廷尉汤曰："被首为王画反谋，被罪无赦。"遂诛被。国除为九江郡。

法吏于是逮捕淮南太子、王后，包围王宫，全部寻找逮捕国中参与谋反的淮南王的宾客，找到谋反的器具，向皇帝报告。皇帝把这事交给公卿大臣审理，案件牵连到参与淮南王谋反有关的列侯、二千石官员、豪强有几千人，都依据罪刑轻重被处以死刑。衡山王刘赐，是淮南王的弟弟，应当被判罪收捕，负责办案的官员请求逮捕衡山王。天子说："诸侯王各自以自己的王国作为根本，不应该彼此牵连。你们和诸侯王、列侯会同丞相、诸位大臣一起商议吧。"赵王彭祖、列侯曹襄等四十三人商议，都说："淮南王刘安十分大逆无道，谋反的罪状清楚明白，应当被处死。"胶西王刘端建议说："淮南王刘安违反法纪，行事邪恶，内心欺诈，来扰乱天下，迷惑百姓，背叛祖宗，胡乱制造邪说。《春秋》上说：'臣子不要叛乱，叛乱就应诛杀。'刘安罪行比叛乱还严重，他谋反的形势已经形成。我所看到他伪造的文书、符节、印墨、地图以及其他大逆不道的事实都有明白的证据，太大逆无道，应当受到法律制裁。至于淮南国中官秩二百石以上和比二百石少的官吏，宗室的宠幸大臣中未触犯法律的人，他们不能尽责匡正阻止淮南王的谋反，也应当全部免官削夺爵位贬为士兵，不允许做官为吏。那些不是官吏的犯人，可用二斤八两黄金抵偿死罪。朝廷应该公开刘安的罪状，让天下人都清楚地知道做臣子的道理，不敢再有邪恶的背叛的意图。”丞相公孙弘、廷尉张汤等人把建议报告给皇上，天子派宗正拿着符节去审理淮南王。还未到，淮南王刘安自杀。王后荼、太子刘迁和那些参与谋反的人都被灭族。天子认为伍被劝阻淮南王造反时言辞正确，说了很多朝廷的好话，想不杀他。廷尉张汤说：“伍被最早替淮南王谋划叛乱，伍被的罪不能赦免。”因而诛杀了伍被，淮南国被废为九江郡。

衡山王赐，王后乘舒生子三人，长男爽为太子，次男孝，次女无采。又姬徐来生子男女四人，美人厥姬生子二人。衡山王、淮南王兄弟相责望礼节，閒不相能。衡山王闻淮南王作为畔逆反具，亦心结宾客以应之，恐为所并。

衡山王刘赐，王后乘舒生有三个孩子，长子刘爽是太子，次子叫刘孝，三女叫刘无采。还有姬妾徐来生了儿女四人，妃嫔厥姬生了两个孩子。衡山王、淮南王在礼节上兄弟间互相责怪埋怨，关系疏远，不和睦。衡山王听说淮南王制造用来反叛的器具，也心想结交宾客来对付他，害怕被他吞并。

元光六年，衡山王入朝，其谒者卫庆有方术，欲上书事天子。王怒，故劾庆死罪，彊榜服之。衡山内史以为非是，郤其狱。王使人上书告内史，内史治，言王不直。王又数侵夺人田，坏人冢以为田。有司请逮治衡山王。天子不许，为置吏二百石以上。衡山王以此恚，与奚慈、张广昌谋，求能为兵法候星气者，日夜从容王密谋反事。

元光六年，衡山王入京师朝见，他的谒者卫庆懂方术，要上书请求侍奉天子，衡山王发怒，故意揭发卫庆犯有死罪，用严刑拷打逼他承认。衡山国内史认为不对，不接受这件案子。衡山王派人上书皇上告发内史，内史被迫处理案件，但直言衡山王不合理。衡山王还屡次侵夺别人的田地，毁坏人家的坟墓来作田地。有关官员请求逮捕审判衡山王。天子不答应，改由天子为衡山国调派二百石以上的官员。衡山王由此愤恨，和奚慈、张广昌商议，寻找谙熟兵法和会观测星象以占卜吉凶的人，他们日夜怂恿衡山王密谋造反的事情。

剑印，古代兵权的象征。选自《十二朝人物演义》。

王后乘舒死，立徐来为王后。厥姬俱幸。两人相妒，厥姬乃恶王后徐来于太子曰：“徐来使婢蛊道杀太子母。”太子心怨徐来。徐来兄至衡山，太子与饮，以刃刺伤王后兄。王后怨怒，数毁恶太子于王。太子女弟无采，嫁弃归，与奴奸，又与客奸。太子数让无采，无采怒，不与太子通。王后闻之，即善遇无采。无采及中兄孝少失母，附王后，王后以计爱之，与共毁太子，王以故数击笞太子。元朔四年中，人有贼伤王后假母者，王疑太子使人伤之，笞太子。后王病，太子时称病不侍，孝、王后、无采恶太子：“太子实不病，自言病，有喜色。”王大怒，欲废太子，立其弟孝。王后知王决废太子，又欲并废孝。王后有侍者，善舞，王幸之，王后欲令侍者与孝乱以汙之，欲并废兄弟而立其子广代太子。太子爽知之，念后数恶己无已时，欲与乱以止其口。王后饮，太子前为寿，因据王后股，求与王后卧。王后怒，以告王。王乃召，欲缚而笞之。太子知王常欲废己立

其弟孝，乃谓王曰："孝与王御者奸，无采与奴奸，王强食，请上书。"即倍王去。王使人止之，莫能禁，乃自驾追捕太子。太子妄恶言，王械系太子宫中。孝日益亲幸。王奇孝材能，乃佩之王印，号曰将军，令居外宅，多给金钱，招致宾客。宾客来者，微知淮南、衡山有逆计，日夜从容劝之。王乃使孝客江都人救赫、陈喜作輣车镞矢，刻天子玺，将、相、军吏印。王日夜求壮士如周丘等，数称引吴楚反时计画，以约束。衡山王非敢效淮南王求即天子位，畏淮南起并其国，以为淮南已西，发兵定江淮之间而有之，望如是。

王后乘舒死后，立徐来为王后。厥姬也一起得到宠幸。两人互相嫉妒，厥姬于是向太子诬陷王后徐来，说："徐来让婢女用巫蛊术杀害了太子的母亲。"太子心里怨恨徐来。徐来哥哥来到衡山，太子和他饮酒，用刀刺伤了王后的哥哥。王后怨恨愤怒，屡次向衡山王诽谤太子。太子的妹妹刘无采，出嫁后被休归娘家，和奴仆通奸，还和宾客通奸。太子多次责备刘无采，刘无采发怒，不和太子交往。王后听说了，就友好地对待刘无采。刘无采和二哥刘孝年幼散失母亲，依靠王后，王后就用计亲近他们，让他们一起攻击太子，衡山王因此多次拷打太子。元朔四年中，有人杀伤王后的继母，衡山王怀疑是太子派人杀伤的，就用竹板打太子。后来衡山王患重病，太子经常自称有病不去侍候。刘孝、王后、刘无采说太子坏话："太子其实没有病，自己说有病，脸上有喜色。"衡山王十分愤怒，想废掉太子，立他弟弟刘孝为太子。王后知道衡山王决意废掉太子，又想一并废掉刘孝。王后有一个女仆，善于跳舞，衡山王宠爱她，王后想让女仆和刘孝私通来玷污他，想一并废掉他们兄弟而立自己的儿子刘广代为太子。太子刘爽知道这事，考虑到王后屡次诽谤自己没有休止的时候，想同她淫乱来堵住她的口。王后有一次饮酒，太子上前向她祝寿，趁机靠着王后的大腿，要求和王后同宿。王后发怒，把这事告诉衡山王。衡山王就召太子来，要把他捆绑起来拷打。太子知道衡山王常常想废掉自己而立王弟刘孝为太子，就对衡山王说："刘孝和您宠幸的女仆通奸，刘无采和奴仆通奸，您努力加餐吧，我请求上书皇上。"马上背离衡山王而走了。衡山王派人阻拦他，没能阻住，就亲自驾车追捕太子。太子乱说坏话，衡山王就用镣铐把太子囚禁在宫中。刘孝越来越受到宠爱。衡山王惊异刘孝的才能，就给他佩上王印，号称将军，让他住在宫外住宅，给他很多金钱，来招纳宾客。来投靠的宾客，暗中知道淮南王、衡山王有谋反的计划，就日夜鼓动、劝说衡山王。衡山王就派刘孝的宾客江都人救赫、陈喜制造战车和箭支，刻天子印玺、将相军吏的官印。衡山王日夜寻求像周丘等人那样的壮士，多次引述吴、楚反叛时的策略，来约束自己的谋反计划。衡山王不敢仿效淮南王那样渴求登天子位，怕淮南王起事后吞并了自己的王国，认为等淮南王西进后，自己发兵平定长江、淮河之间的地方便可占有它，他期望能这样。

元朔五年秋，衡山王当朝，过淮南，淮南王乃昆弟语，除前郤，约束反具。衡山王即上书谢病，上赐书不朝。

元朔五年秋天，衡山王应当入京朝见。经过淮南国，淮南王竟然说了兄弟间互相亲爱的话，消除了以前的嫌隙，相约共同制作反叛的器具。衡山王就上书推托有病，皇上写信允许他可以不入京朝见。

元朔六年中，衡山王使人上书请废太子爽，立孝为太子。爽闻，即使所善白嬴之长安上书，言孝作輣车镞矢，与王御者奸，欲以败孝。白嬴至长安，未及上书，吏捕嬴，以淮南事系。王闻爽使白嬴上书，恐言国阴事，即上书反告太子爽所为不道弃市罪事。事下沛郡治。元狩元年冬，有司公卿下沛郡求捕所与淮南谋反者未得，得陈喜于衡山王子孝家。吏劾孝首匿喜。孝以为陈喜雅数与王计谋反，恐其发之，闻律先自告除其罪，又疑太子使白嬴上书发其事，即先自告，告所与谋反者救赫、陈喜等。廷尉治验，公卿请逮捕衡山王治之。天子曰："勿捕。"遣中尉安、大行息即问王，王具以情实对。吏皆围王宫而守之。中尉、大行还，以闻，公卿请遣宗正、大行与沛郡杂治王。王闻，即自刭杀。孝先自告反，除其罪；坐与王御婢奸，弃市。王后徐来亦坐蛊杀前王后乘舒，及太子爽坐王告不孝，皆弃市。诸与衡山王谋反者皆族。国除为衡山郡。

元朔六年中，衡山王派人上书皇上请求废掉太子刘爽，立刘孝为太子。刘爽听说后，就派他友好的白嬴去长安上书，说刘孝制造战车和箭支，和衡山王的女仆通奸，想以此击败刘孝。白嬴来到长安，还没来得及上书，官吏逮捕了他，因他与淮南王谋反事有牵连被囚禁。衡山王听说刘爽派白嬴上书，害怕说出封国的秘密事情，就上书反而控告太子刘爽干了大逆不道、应该被判死刑的事。这事皇上交下给沛郡处理。元狩元年冬天，负责办案的公卿大臣下到沛郡查找逮捕参加淮南王谋反一事的人，没有抓到，在衡山王儿子刘孝家里抓到了陈喜。官吏控告刘孝带头藏匿陈喜。刘孝认为陈喜平时多次和衡山王策划造反，害怕他会泄露这事，听说律令规定事先自首的人可免除他的罪责，又怀疑太子指使白嬴上书将告发谋反之事，就先去自首，揭发参与谋反的有救赫、陈喜等人。廷尉审讯验证后，公卿大臣请求逮捕审判衡山王。天子说："不要逮捕。"派遣中尉司马安、大行令李息去衡山国就地审讯衡山王，衡山王都据实作了回答。官吏把王宫都包围起来看守。中尉、大行令回到朝廷，把这事报告皇上，公卿大臣请求派宗正、大行令和沛郡联合审理衡山王。衡山王听说了，就马上刎颈自杀。刘孝因先自首谋反之事，被免罪；但犯有和衡山王女侍通奸之罪，被处死示众。王后徐来也犯有用巫蛊术杀害前王后乘舒的罪行，连同太子刘爽犯了被衡山王控告的不孝罪行，都被处死示众。那些参与衡山王谋反一事的人都被灭族。衡山国被废为衡山郡。

太史公曰：《诗》之所谓"戎狄是膺，荆舒是惩"，信哉是言也。淮南、衡山亲为骨肉，疆土千里，列为诸侯，不务遵蕃臣职以承辅天子，而专挟邪僻之计，谋为畔逆，仍父子再亡国，各不终其身，为天下笑。此非独王过也，亦其俗薄，臣下渐靡使然也。夫荆楚僄勇轻悍，好作乱，乃自古记之矣。

太史公说：《诗经》上说的"抵抗戎、狄，惩罚荆、舒"，这话不假啊！淮南王、衡山王是骨肉至亲，拥有千里疆土，被封为诸侯王，不尽心于遵循藩臣的职责来辅佐天子，而一心怀有邪恶的念头，阴谋造反，使得父子先后两次亡国，都不能尽享天年，被天下人耻笑。这不只是做诸侯王的过错，也是那里风俗不厚道，臣子受影响的结果。楚地人轻捷勇猛凶悍，喜欢反叛，是从古代以来就有记载的了。

史记第一百一十九卷

循吏列传第五十九

太史公曰：法令所以导民也，刑罚所以禁奸也。文武不备，良民惧然身修者，官未曾乱也。奉职循理，亦可以为治。何必威严哉？

太史公说：法令是用来引导百姓的，刑罚是用来禁止奸邪的。法令刑罚不完备，善良的百姓能够谨慎地洁身自好，是因为各级官吏还不曾违反纲纪。奉公尽职，按原则办事，也可以治理政事，为什么一定要严刑峻法呢？

孙叔敖者，楚之处士也。虞丘相进之于楚庄王以自代也。三月为楚相，施教导民，上下和合，世俗盛美，政缓禁止，吏无奸邪，盗贼不起。秋冬则劝民山采，春夏以水。各得其所便，民皆乐其生。

孙叔敖是楚国的隐士。宰相虞丘向楚庄王推荐他，让他代替自己。孙叔敖作了三个月楚相，施行教化，引导人民，上下和睦同心，风俗十分美好，执政宽缓而有禁必止，官吏不做奸邪的事，盗贼也未出现。秋冬两季动员人民进山采伐林木，春夏两季趁河流涨水运往外地，人民能够得到自己谋生的门路，都生活得很快乐。

庄王以为币轻，更以小为大。百姓不便，皆去其业。市令言之相曰："市乱，民莫安其处，次行不定。"相曰："如此几何顷乎？"市令曰："三月顷。"相曰："罢！吾今令之复矣。"后五日，朝，相言之王曰："前日更币，以为轻。今市令来言曰'市乱，民莫安其处，次行之不定'。臣请遂令复如故。"王许之，下令三日而市复如故。

楚庄王认为楚国使用的钱币太轻，下令把小币改铸为大币，百姓感到不方便，都放弃自己的生业。管理市场的长官向宰相孙叔敖报告说："市场混乱，百姓不愿意住在那里，秩序很不安定。"宰相说："像这样有多久了呢？"市令说："三个月了。"宰相说："不用说了，我现在让市场恢复原状。"五天后，孙叔敖上朝，向楚庄王说："前些日子更改币制，认为旧币轻。如今市令来报告说'市场混乱，百姓不愿意住在那里，秩序很不安定。'我请求立即下令恢复以前的钱币。"庄王答应了，命令下达三天，而后市场恢复得像原来一样。

楚民俗好庳车。王以为庳车不便马，欲下令使高之。相曰："令数下，民不知所从，不可。王必欲高车，臣请教闾里使高其梱。乘车者皆君子，君子不能数下车。"王许之。居半岁，民悉自高其车。

楚国民风是喜欢坐乘矮车，庄王认为矮车不利于马，想下命令把车子改高。宰相说："政令多次下达，百姓无所适从，不好。大王一定要改高车子，我请求让乡里人家加高门槛。乘车的人都是有身份的君子，君子不能够频繁下车过门槛。"庄王答应了。过了半年，人们都自动加高了自己的车子。

此不教而民从其化，近者视而效之，远者四面望而法之。故三得相而不喜，知其材自得之也；三去相而不悔，知非己之罪也。

子产像，选自明万历刻本《三才会图》。子产春秋时期郑国的政治家。

这就是不用命令而人民就顺从他的教化，身边的人看到了就仿效他，远方的人，从四处观察人们的言行而效法他。所以孙叔敖三次得到相位而不沾沾自喜，他明白这是凭自己的才能得到的；他三次免去相位而并不悔恨，他知道那不是自己过错造成的。

子产者，郑之列大夫也。郑昭君之时，以所爱徐挚为相。国乱，上下不亲，父子不和。大宫子期言之君，以子产为相。为相一年，竖子不戏狎，斑白不提挈，僮子不犁畔。二年，市不豫贾。三年，门不夜关，道不拾遗。四年，田器不归。五年，士无尺籍，丧期不令而治。治郑二十六年而死，丁壮号哭，老人儿啼，曰："子产去我死乎！民将安归？"

子产是郑国的大夫。郑昭公的时候，用他所宠爱的徐挚任宰相，国家混乱，官民不和睦，父子不亲和。大宫子期把这情况报告昭公，任用子产为宰相。子产任宰相一年，浪荡的人不再轻浮嬉戏，老年人不必手提肩负，儿童不用犁田耕作。两年后，市场不用预定高价。三年以后，人们夜里不用关门，路上没有人捡拾失物。四年以后，收工时农具不用带回家中。五年以后，男子不用服兵役，守丧时不用命令就自觉执丧礼。子产治理郑国二十六年后死去，壮年人放声大哭，老年人像儿童一样哭泣，说："子产离开我们死去了！人们将来依靠谁？"

公仪休者，鲁博士也。以高弟为鲁相。奉法循理，无所变更，百官自正。使食禄者不得与下民争利，受大者不得取小。

公仪休是鲁国的博士。他凭着才学优异当上了鲁国宰相。他奉公守法，依理办事，没有实行什么变革，百官的行为端正。使得领取俸禄的人不能和老百姓争夺利益，做大官的不准占小便宜。

客有遗相鱼者，相不受。客曰："闻君嗜鱼，遗君鱼，何故不受也？"相曰："以嗜鱼，故不受也。今为相，能自给鱼；今受鱼而免，谁复给我鱼者？吾故不受也。"

有位客人送给公仪休宰相一些鱼，宰相不接受。客人说："听说您喜欢吃鱼，就送鱼给您，为什么不接受呢？"宰相说："因为我喜欢吃鱼，所以不接受。如今我做宰相，能够自己买得起鱼；现在接受鱼而被罢官，谁又送鱼给我呢？所以我不接受。"

食茹而美，拔其园葵而弃之。见其家织布好，而疾出其家妇，燔其机。云"欲令农士、工女安所雠其货乎？"

他吃了蔬菜觉得味道很好，就拔掉自己园子中种的葵菜，并且扔掉它们。他看见自己家里织的布质量很好，就马上把妻子打发走，烧掉自己的织布机，说："要让农民和织妇到哪里去卖掉他们的货物呢？"

石奢者，楚昭王相也。坚直廉正，无所阿避。行县，道有杀人者，相追之，乃其父也。纵其父而还自系焉。使人言之王曰："杀人者，臣之父也。夫以父立政，不孝也；废法纵罪，非忠也。臣罪当死。"王曰："追而不及，不当伏罪。子其治事矣。"石奢曰："不私其父，非孝子也；不奉主法，非忠臣也。王赦其罪，上惠也；伏诛而死，臣职也。"遂不受令，自刎而死。

石奢是楚昭王的宰相。他坚毅正直，廉洁公正，不阿谀奉承、回避权贵。一次出行视察各县，路上有凶手杀人，宰相追上他，原来是他父亲。他放走了父亲，回来把自己囚禁起来。他派人向昭王报告说："杀人的凶手，是我的父亲。如果惩治父亲来树立政绩，是不孝的行为；如果废弃法律纵容罪犯，是不忠的做法；我的罪过应当处死。"昭王说："追捕罪犯，没有追到，不应该判罪，你还是去治理政事吧。"石奢说："不袒护自己的父亲，不是孝子；不遵行君主的法律，不是忠臣。大王赦免我的罪，是主上的恩惠；服刑而死，是臣下的职分。"于是不接受赦免令，自杀而死了。

李离者，晋文公之理也。过听杀人，自拘当死。文公曰："官有贵贱，罚有轻重。下吏有过，非子之罪也。"李离曰："臣居官为长，不与吏让位；受禄为多，不与下分利。今过听杀人，傅其罪下吏，非所闻也。"辞不受令。文公曰："子则自以为有罪，寡人亦有罪邪？"李离曰："理有法：失刑则刑，失死则死。公以臣能听微决疑，故使为理。今过听杀人，罪当死。"遂不受令，伏剑而死。

李离是晋文公的法官。他听错了案情而杀了人，就自己拘禁起来判处自己死刑。文公说："官职有贵有贱，刑罚有轻有重。下属官吏有罪过，不是你的罪过。"李离说："我当的官职是长官，不曾把官位交给下属；我接受的俸禄多，不曾分给下属好处。现在听错了话杀了人，却把罪过推给下属，我没有听说过这样的事。"他辞谢文公，不接受赦免令。文公说："你如果自认为有罪过，那我也有罪过吗？"李离说："法官断案有规定，错判刑就要亲自受刑，错杀死人就要自己偿命。您认为我能明察秋毫，判决疑案，所以派我任法官。如今听错了案情而杀人，应当判处死刑。"于是不肯接受命令，用剑自杀而死。

太史公曰：孙叔敖出一言，郢市复。子产病死，郑民号哭。公仪子见好布而家妇逐。石奢纵父而死，楚昭名立。李离过杀而伏剑，晋文以正国法。

太史公说：孙叔敖说一句话，郢都的市场就恢复原状。子产病死，郑国百姓放声大哭。公仪先生看到好的布料就把妻子赶走。石奢放走父亲就自杀而死，楚昭王的名望得以树立。李离错杀了人而用剑自杀，晋文公因此整肃了国家法度。

史记第一百二十卷

汲郑列传第六十

汲黯字长孺，濮阳人也。其先有宠于古之卫君。至黯七世，世为卿大夫。黯以父任，孝景时为太子洗马，以庄见惮。孝景帝崩，太子即位，黯为谒者。东越相攻，上使黯往视之。不至，至吴而还，报曰："越人相攻，固其俗然，不足以辱天子之使。"河内失火，延烧千余家，上使黯往视之。还报曰："家人失火，屋比延烧，不足忧也。臣过河南，河南贫人伤水旱万余家，或父子相食，臣谨以便宜，持节发河南仓粟以振贫民。臣请归节，伏矫制之罪。"上贤而释之，迁为荥阳令。黯耻为令，病归田里。

上闻，乃召拜为中大夫。以数切谏，不得久留内，迁为东海太守。黯学黄老之言，治官理民，好清静，择丞史而任之。其治，责大指而已，不苛小。黯多病，卧闺阁内不出。岁余，东海大治。称之。上闻，召以为主爵都尉，列于九卿。治务在无为而已，弘大体，不拘文法。

汲黯字长孺，濮阳县人。他的先辈曾受过古代卫国国君的宠爱。到汲黯已是第七代，代代都任卿大夫的职务。汲黯依靠父亲的职任，在孝景帝时期任太子洗马，因为为人严肃而被人敬畏。孝景帝去世，太子登位，汲黯任谒者。东越人互相进攻，皇上派汲黯去视察。没有到达，他到吴县就回来，报告说："东越人互相攻打，本来是他们的习俗，不值得来烦劳天子的使者。"河内郡发生火灾，大火蔓延烧了一千多户人家，皇上派汲黯前去视察。他回来报告说："普通人家失火，由于房屋相连，以致大火延及燃烧，不值得担心。臣经过河南郡的时候，河南郡的贫苦百姓受水旱灾害之苦的有一万多家，有的父子相食，臣慎重地趁着方便，凭借所拿的符节发放河南郡官仓储积的粮食来赈济贫苦灾民。臣请求缴回符节，接受假托皇上命令的罪行。"皇帝认为他贤良而释免了他，提升他任荥阳县县令。汲黯认为当县令耻辱，托病回到乡下。皇帝听说，就召见任命他为中大夫。他因为屡次向皇帝直言进谏，不能长久留在朝廷内，就提升他任东海郡太守。汲黯学习黄帝、老子的思想，治理官吏和人民，喜欢清静无为，选择郡丞和书史，把事情委托他们来办。他处理政事，只是责求大的原则罢了，不苛求小节。汲黯多病，经常躺在卧室内不出来。一年多后，东海郡十分太平安定。人们称赞他。皇上听说了，召他来任主爵都尉，位列于九卿之中。他办事一心在于清静无为罢了，弘扬大的纲要，不拘泥于法令条文。

黯为人性倨，少礼，面折，不能容人之过。合己者善待之，不合己者不能忍见，士亦以此不附焉。然好学游侠，任气节，内行脩絜，好直谏，数犯主人颜色，常慕傅柏、袁盎之为人也。善灌夫、郑当时及宗正刘弃，亦以数直谏，不得久居位。

汲黯为人性格傲慢，很少礼貌，当面指责对方，不能容忍别人的过失。和自己相投的人就很好地对待他，和自己不相投的人就不耐烦接见，士人也因此不依附他。但是他喜欢学习，好仗义行侠，注重气节，平日家居品行美好，喜欢直言进谏，屡次触犯皇上的面子，常仰慕傅柏、袁盎的为人。他和灌夫、郑当时以及宗正刘弃友好，也因为屡次直言进谏，不能长时间居其官位。

当是时，太后弟武安侯蚡为丞相，中二千石来拜谒，蚡不为礼。然黯见蚡未尝拜，常揖之。天子方招文学儒者，上曰吾欲云云。黯对曰："陛下内多欲而外施仁义，奈何欲效唐虞之治乎！"上默然，怒，变色而罢朝。公卿皆为黯惧。上退，谓左右曰："甚矣，汲黯之戆也！"群臣或数黯，黯曰："天子置公卿辅弼之臣，宁令从谀承意，陷主于不义乎？且已在其位，纵爱身，奈辱朝廷何！"

当汲黯做京官这个时候，窦太后的弟弟武安侯田蚡做丞相，中二千石级的官员来谒见田蚡，都行跪拜礼，田蚡却不答礼。可是汲黯会见田蚡不曾行跪拜礼，经常只拱手作揖。天子正招选文学之士和儒生，皇上说我想要如何如何，汲黯回答说："陛下内心有很多欲望而表面上施行仁义，怎么能仿效唐尧、虞舜的治绩呢！"皇上沉默不语，发怒，脸色改变而后罢朝。公卿大臣都替汲黯害怕。皇上退朝后，对身边的人说："太厉害了，汲黯的愚直！"群臣中有人责备汲黯，汲黯说："天子设置公卿这些辅佐的大臣，难道让他们奉承阿谀、迎合意旨，使君主陷入不合正道的地步吗？况且我已在这个职位，虽然爱惜自身，怎么能损害朝廷呢！"

黯多病，病且满三月，上常赐告者数，终不愈。最后病，庄助为请告。上曰："汲黯何如人哉？"助曰："使黯任职居官，无以逾人。然至其辅少主，守城深坚，招之不来，麾之不去，虽自谓贲、育，亦不能夺之矣。"上曰："然。古有社稷之臣，至如黯，近之矣"。

汲黯身体多病，生病将要满三个月，皇上常常赐给他多次休假时期，最终也没能痊愈。最后一次生病，庄助替他请假。皇上说："汲黯是什么样的人呢？"庄助说："让汲黯当官，没有什么地方超过别人。但是至于他辅助年少的君主，能坚守自己的事业，招诱他不会来，驱赶他不会去，即使有人自以为有孟贲、夏育那样的勇力也不能夺去他的志节。"皇上说："对。古代有安邦定国的臣子，至于汲黯，近似他们了。"

大将军青侍中，上踞厕而视之。丞相弘燕见，上或时不冠。至如黯见，上不冠不见也。上尝坐武帐中，黯前奏事，上不冠，望见黯，避帐中，使人可其奏。其见敬礼如此。

大将军卫青入宫中侍候，皇上蹲在厕所里接见他。丞相公孙弘平日进见，皇上有时连帽子也不戴。至于汲黯进见，皇上不戴帽子就不接见。皇上曾经坐在武帐中，汲黯上前禀奏事情，皇上没戴帽子，望见汲黯，就躲进帐内，派人批准了他的奏议。汲黯被皇上尊敬礼遇到这种地步。

张汤方以更定律令为廷尉，黯数质责汤于上前，曰："公为正卿，上不能褒先帝之功业，下不能抑天下之邪心，安国富民，使囹圄空虚，二者无一焉。非苦就行，放析就功，何乃取高皇帝约束纷更之为？公以此无种矣。"黯时与汤论议，汤辩常在文深小苛，黯伉厉守高不能屈，忿发骂曰："天下谓刀笔吏不可以为公卿，果然。必汤也，令天下重足而立，侧目而视矣！"

张汤刚因为改定刑法条令被任命为廷尉，汲黯屡次在皇上面前质问指责张汤，说："你身为正卿，上面不能褒扬先帝们的功业，下面不能抑制天下的邪恶念头，使国家安定、人民富裕，使监狱空无犯人，两方面没有一样做到。陷人于罪、使人受苦来成就自己的事业，任意解释法令来建立功劳，为什么竟然拿高祖皇帝定下的规章制度乱改一气呢？你凭这断子绝孙了！"汲黯经常和张汤辩论，张汤辩论时常喜欢深究条文，苛求小节，汲黯则出言刚直严肃，志气高昂，不肯屈服，发怒骂张汤说："天下人说不能够让刀笔吏做公卿，果真这样。假如一定依据张汤讲的行事，将使天下人恐惧得双脚并拢站立，眼睛不敢正看了！"

是时，汉方征匈奴，招怀四夷。黯务少事，乘上间，常言与胡和亲，无起兵。上方向儒术，尊公孙弘，及事益多，吏民巧弄。上分别文法，汤等数奏决谳以幸。而黯常毁儒，面触弘等徒怀诈饰智以阿人主取容，而刀笔吏专深文巧诋，陷人于罪，使不得反其真，以胜为功。上愈益贵弘、汤，弘、汤深心疾黯，唯天子亦不说也，欲诛之以事。弘为丞相，乃言上曰："右内史界部中多贵人宗室，难治，非素重臣不能任，请徙黯为右内史。"为右内史数岁，官事不废。

这时，汉朝正征讨匈奴，招抚四方少数民族。汲黯力求省事，趁皇上有空闲，常进言说和匈奴和亲，不要派兵打仗。皇上正倾心儒学，尊重公孙弘。到了事情更多，官吏和百姓弄巧做坏事，皇上才分析法律条文，张汤等人趁机屡次上奏所定的案件，来博取宠幸。而汲黯经常攻击儒学，当面指责公孙弘等人内怀奸诈而外逞智巧，阿谀皇上来博取欢心，而刀笔吏专门深究法律条文，弄巧进行诋毁，构陷别人有罪，使事情无法恢复真相，以成功断案来作为功劳。皇上越发尊贵公孙弘、张汤，公孙弘、张汤心里面恨汲黯，即使天子也不喜欢他，想借故杀死他。公孙弘任丞相，于是向皇上进言说："右内史管辖的地方有很多大官和皇族，难于管理，不是平常有声威的大臣不能胜任，请求调汲黯任右内史。"汲黯任右内史几年时间，政事没有废弛荒疏。

汲黯像，出自清·顾沅辑《古圣贤像传略》。

大将军青既益尊，姊为皇后，然黯与亢礼。人或说黯曰："自天子欲群臣下大将军，大将军尊重益贵，君不可以不拜。"黯曰："夫以大将军有揖客，反不重邪？"大将军闻，愈贤黯，数请问国家朝廷所疑，遇黯过于平生。

大将军卫青已经越发尊贵，他姐姐做了皇后，可是汲黯仍然和他行平等礼节。有人劝汲黯说："自从天子想群臣向大将军屈尊自下，大将军受到越加尊贵的敬重，你不能够不行跪拜礼节。"汲黯说："作为大将军有拱手行礼的客人，反而不敬重吗?"大将军卫青听说了，更加认为汲黯贤良，多次向他请教有关国家朝廷的疑难之事，对待汲黯超过一生所结交的其他人。

淮南王谋反，惮黯，曰："好直谏，守节死义，难惑以非。至如说丞相弘，如发蒙振落耳。"

淮南王刘安阴谋造反，害怕汲黯，说："他喜欢直言进谏，坚守节操，为正义而死，很难用不对的道理来迷惑他。至于劝说丞相公孙弘，就像揭开盖着的蒙布和摇落枯叶一样容易罢了。"

天子既数征匈奴有功，黯之言益不用。

天子已经多次征伐匈奴有战功，汲黯的话更加不被采用。

始黯列为九卿，而公孙弘、张汤为小吏。及弘、汤稍益贵，与黯同位，黯又非毁弘、汤等。已而弘至丞相，封为侯；汤至御史大夫；故黯时丞相史皆与黯同列，或尊用过之。黯褊心，不能无少望，见上，前言曰："陛下用群臣如积薪耳，后来者居上。"上默然。有间黯罢，上曰："人果不可以无学，观黯之言也日益甚。"

当初汲黯的官位列于九卿，而公孙弘、张汤是小官吏。到公孙弘、张汤逐渐显贵，和汲黯官位同级时，汲黯又责难攻击公孙弘、张汤等人。不久公孙弘任丞相，被封为侯；张汤官至御史大夫；原来汲黯的丞相史都和汲黯官位同级，有的比他还受重用。汲黯心胸狭窄，不能没有一点怨气，拜见皇上，上前进言说："陛下任用群臣就像堆积柴垛一样，后来的在上面。"皇上默不作声。一会儿汲黯退出去，皇上说："一个人确实不能没有学识，听汲黯这番话，他的愚直一天天加深了。"

居无何，匈奴浑邪王率众来降，汉发车二万乘。县官无钱，从民贳马。民或匿马，马不具。上怒，欲斩长安令。黯曰："长安令无罪，独斩黯，民乃肯出马。且匈奴畔其主而降汉，汉徐以县次传之，何至令天下骚动，罢獘中国而以事夷狄之人乎！"上默然。及浑邪至，贾人与市者，坐当死者五百余人。黯请间，见高门，曰："夫匈奴攻当路塞，绝和亲，中国兴兵诛之，死伤者不可胜计，而费以巨万百数。臣愚以为陛下得胡人，皆以为奴婢以赐从军死事者家；所卤获，因予之，以谢天下之苦，塞百姓之心。今纵不能，浑邪率数万之众来降，虚府库赏赐，发良民侍养，譬若奉骄子，愚民安知市买长安中物而文吏绳以为阑出财物于边关乎？陛下纵不能得匈奴之资以谢天下，又以微文杀无知者五百余人，是所谓'庇其叶而伤其枝'者也，臣窃为陛下不取也。"上默然，不许，曰："吾久不闻汲黯之言，今又复妄发矣。"后数月，黯坐小法，会赦免官。于是黯隐于田园。

不久，匈奴浑邪王率领部众来投降，汉朝派二万辆车去接运。官府没有钱，向百姓借马。有的人把马藏起来，马数凑不够。皇上发怒，要斩杀长安县县令。汲黯说："长安县令没有罪，只斩杀我，百姓就愿意拿出马匹。况且匈奴人背叛他们的单于来投降汉朝，汉朝慢慢地由沿途各县依次运送他们，怎会使得天下骚扰不安，使国内民众疲乏来侍奉匈奴人呢！"皇上默不作声。到浑邪王来了，那些和匈奴人做买卖的商人，犯罪被判死刑的有五百多人。汲黯请求获得被召见的机会，在高门殿见到皇上，说："匈奴攻打我们设在往来要路上的关塞，断绝和好的关系，国内发动军队讨伐他们，战死、受伤的人不计其数，而且耗费了几百亿钱财。我愚蠢地认为陛下得到匈奴人，都拿他们作为奴婢赏赐给参军战死的人的家属；所缴获的财物，就便送给他们，来酬谢天下的辛苦，满足百姓的心愿。如今陛下没能这样，浑邪王率领几万人来投降，却亏空官府仓库来赏赐他们，发动善良的百姓来服侍他们，如同奉养宠儿一般。无知的人民怎能知道让他们购买长安城的货物，而舞文弄墨的法官就用禁运货物走私出边关的罪名来处分他们呢？陛下就是不能缴获匈奴的资财来酬谢天下，又要用隐约不明的法令来杀无知百姓五百多人，这是人们所说的'保护树叶而损伤树枝'的事，我私下里认为陛下不能这样做。"皇上沉默不语，不同意，而后说："我很长时间没听到汲黯的话，现在又乱说了。"几个月后，汲黯犯小罪，适逢大赦，被免官。于是汲黯隐居在自家的田园中。

居数年，会更五铢钱，民多盗铸钱，楚地尤甚。上以为淮阳，楚地之郊，乃召拜黯为淮阳太守。黯伏谢不受印，诏数强予，然后奉诏。诏召见黯，黯为上泣曰："臣自以为填沟壑，不复见陛下，不意陛下复收用之。臣常有狗马病，力不能任郡事，臣愿为中郎，出入禁闼，补过拾遗，臣之愿也。"上曰："君薄淮阳邪？吾今召君矣。顾淮阳吏民不相得，吾徒得君之重，卧而治之。"黯既辞行，过大行李息，曰："黯弃居郡，不得与朝廷议也。然御史大夫张汤智足以拒谏，诈足以饰非，务巧佞之语，辩数

之辞，非肯正为天下言，专阿主意。主意所不欲，因而毁之；主意所欲，因而誉之。好兴事，舞文法，内怀诈以御主心，外挟贼吏以为威重。公列九卿，不早言之，公与之俱受其僇矣。”息畏汤，终不敢言。黯居郡如故治，淮阳政清。后张汤果败，上闻黯与息言，抵息罪。令黯以诸侯相秩居淮阳。七岁而卒。

过了几年，遇上国家改铸五铢钱，百姓中很多人私下铸钱，楚地尤其严重。皇上认为淮阳是楚地的范围，于是召见并任命汲黯为淮阳太守。汲黯拜谢，不接受官印，诏书多次强迫给他，他才接受诏令。上诏召见汲黯，汲黯对皇上哭着说："我自己认为尸首会填山沟，不再见到陛下了，没想到陛下又收录使用我。我经常有狗病马病一类，精力不能胜任一郡的工作，我愿任中郎，出入宫禁之门，为您纠正过失，这是我的愿望。"皇上说："你看不上淮阳吗？我现在召见任命你了。考虑到淮阳地方官吏与百姓关系紧张，我只好借助你的威望，你可以躺着来治理。"汲黯向皇上告别后，探望大行令李息，说："我被抛到外郡，不能参与朝廷议政了。可是御史大夫张汤，他的智巧完全可以拒绝人家的批评，他的奸诈完全可以掩饰自己的过错，专用机巧谄媚的话，强辩挑剔的词语，不愿根据正道为天下人说话，专门迎合主上的心意。皇上心里不想要的，他就趁机攻击他；皇上心里想要的，他就趁机赞誉他。喜欢无事生非，舞弄法律条文，在朝廷中心怀奸诈来逢迎主上的心意，在朝廷外挟制为害社会的官吏来加强自己的威望。您位列九卿，不趁早向皇上进言，您和他都会被诛杀的。"李息害怕张汤，始终不敢进言。汲黯治理郡政和以前做法一样，淮阳郡政事清明。后来张汤果然失败，皇上听到汲黯对李息说的话，判处李息有罪。诏令汲黯享受诸侯相的俸禄在淮阳做官。七年后汲黯去世。

卒后，上以黯故，官其弟汲仁至九卿，子汲偃至诸侯相。黯姑姊子司马安亦少与黯为太子洗马。安文深巧善宦，官四至九卿，以河南太守卒。昆弟以安故，同时至二千石者十人。濮阳段宏始事盖侯信，信任宏，宏亦再至九卿。然卫人仕者皆严惮汲黯，出其下。郑当时者，字庄，陈人也。其先郑君尝为项籍将；籍死，已而属汉。高祖令诸故项籍臣名籍，郑君独不奉诏，诏尽拜名籍者为大夫，而逐郑君。郑君死孝文时。

汲黯死后，皇上因为汲黯的缘故，让他弟弟汲仁做官到九卿，他的儿子汲偃做官到诸侯国相。汲黯姑母的儿子司马安年轻时也和汲黯同任太子洗马，他擅长玩弄法律条文，善于做官，官位四次就升到九卿，在河南太守任上去世。由于他的兄弟们的缘故，同时官至二千石的有十人。濮阳人段宏起初侍奉盖侯王信，王信保举段宏，段宏也两次升官做到九卿。可是濮阳同乡做官的人都很敬畏汲黯，对他甘拜下风。郑当时，字庄，陈县人。他的先辈郑君曾经当过项籍的将领；项籍死后，不久归顺汉朝。高祖下令那些原项籍的部下直呼项籍的名字，郑君独自不接受诏令。诏书下令把直呼项籍名字的人全部任命为大夫，而赶走郑君。郑君在孝文帝时期死去。

郑庄以任侠自喜，脱张羽于厄，声闻梁、楚之间。孝景时，为太子舍人。每五日洗沐，常置驿马长安诸郊，存诸故人，请谢宾客，夜以继日，至其明旦，常恐不遍。庄好黄老之言，其慕长者如恐不见。年少官薄，然其游知交皆其大父行，天下有名之士也。武帝立，庄稍迁为鲁中尉、济南太守、江都相，至九卿为右内史。以武安侯、魏其时议，贬秩为詹事，迁为大农令。庄为太史，诫门下："客至，无贵贱无留门者。"执宾主之礼，以其贵下人。庄廉，又不治其产业，仰奉赐以给诸公。然其馈遗人，不过算器食。每朝，候上之间，说未尝不言天下之长者。其推毂士及官属丞史，诚有味其言之也，常引以为贤于己。未尝名吏，与官属言，若恐伤之。闻人之善言，进之上，唯恐后。山东士诸公以此翕然称郑庄。

郑庄以仗义行侠为自豪，解救了张羽的危急，名声传播在梁、楚一带。孝景帝时期，他任太子舍人。每逢五天一次的休假日，他常常在长安各郊区备置马匹，问候那些老朋友，邀请拜谢宾朋，夜以继日，通宵达旦，还常常担心有所疏漏。郑庄喜欢黄帝、老子的言论，他仰慕年高有德的人，尤如唯恐见不到人家一样。他年轻，官位卑微，但是他交游的知友都是祖父一辈的人，是天下有名的人士。武帝登位，郑庄逐渐升任鲁国的中尉、济南太守、江都国相，直到九卿中的右内史。由于评议武安侯田蚡和魏其侯窦婴的纷争时不甚恰当，被贬官任詹事，后来升为大农令。郑庄任太史时，告诫下属说："客人来，不论贵贱都不要让人在门口等候。"他执行主人敬待客人的礼节，拿自己的尊贵谦虚待人。郑庄廉洁，又不置办自己的财产，依靠俸禄和赏赐来供给那些年长的友人。可是他送别人的礼物，不过是用竹器盛着的食物。每次上朝，遇有向皇上进言的机会，他说的必定是称赞天下年高望重的人。他推荐士人和属下的丞、史，称道他们确实津津有味，时常称引他们比自己贤能。从来没有直呼过属吏的名讳，和所属的官吏谈话，好像怕伤害了他们。听到别人的高见，就向皇上推荐，唯恐迟误了。殽山以东士人和一些年长的人因此都众口一词称赞郑庄。

郑庄使视决河，自请治行五日。上曰："吾闻'郑庄行，千里不赍粮'，请治行者何也？"然郑庄在朝，常趋和承意，不敢甚引当否。及晚节，汉征匈奴，招四夷，天下费多，财用益匮。庄任人宾客为大农僦人，多逋负。司马安为淮阳太守，发其事。庄以此陷罪，赎为庶人。顷之，守长史。上以为老，以庄为汝南太守。数岁，以官卒。

郑庄被派去视察黄河决口，自己请求给五天时间整理行装。皇上说："我听说'郑庄出行，一千里也不带粮'，请求整理行装是为什么呢？"然而郑庄在朝廷上，经常附和逢迎皇上的意旨，不敢过于表态对或不对。到了晚年，汉朝征讨匈奴，招抚四方外族，天下花费很多钱财，财力物力越发匮乏。郑庄保举的人及其宾客，替大农令承办运输，亏欠款项很多。司马安任淮阳太守，揭发这件事，郑庄因此落下罪责，出钱赎罪后降为平民。不久，在丞相府暂时担任长史。皇上以为他年老，让他担任汝南太守。几年后，在官任上去世。

郑庄、汲黯始列为九卿，廉，内行脩絜。此两人中废，家贫，宾客益落。及居郡，卒后家无余赀财。庄兄弟子孙以庄故，至二千石六七人焉。

郑庄、汲黯当初位列九卿，为人廉洁，平日家居品行美好、纯洁。这两人中途被罢官，家里贫穷，门下宾客越发零落。到了做郡守，死后家里没有剩余的财物。郑庄的兄弟子孙因为郑庄的缘故，官至二千石的有六七人。

太史公曰：夫以汲、郑之贤，有势则宾客十倍，无势则否，况众人乎！下邽翟公有言，始翟公为廷尉，宾客阗门；及废，门外可设雀罗。翟公复为廷尉，宾客欲往，翟公乃大署其门曰："一死一生，乃知交情。一贫一富，乃知交态。一贵一贱，交情乃见。"汲郑亦云，悲夫！

太史公说：凭汲黯、郑庄的贤明，有权势时宾客比平时多十倍，没有权势时就相反，况且一般人呢！下邽县翟公有这样的话，当初翟公任廷尉，宾客盈门；到免官时，门外冷清得可以张罗捕雀。翟公又任廷尉，宾客想再去，翟公就在门上写上大字幅说："一个死了一个活着，才知交情的深浅。一个贫穷一个富裕，才知结交的实态。一个尊贵一个卑贱，交情才会显现。"汲黯、郑庄也如此，可悲啊！

史记第一百二十一卷

儒林列传第六十一

太史公曰：余读功令，至于广厉学官之路，未尝不废书而叹也。曰：嗟乎！夫周室衰而《关雎》作，幽、厉微而礼乐坏，诸侯恣行，政由强国。故孔子闵王路废而邪道兴，于是论次《诗》、《书》，修起礼乐。适齐闻《韶》，三月不知肉味。自卫返鲁，然后乐正，《雅》、《颂》各得其所。世以混浊莫能用，是以仲尼干七十余君无所遇，曰"苟有用我者，期月而已矣"。西狩获麟，曰"吾道穷矣"。故因史记作《春秋》，以当王法，其辞微而指博，后世学者多录焉。

太史公说：我读朝廷考核和选用学官的法规，读到广泛游历学官成长的道路时，总是禁不住放下书而叹惜。说：唉！周朝王室衰亡而《关雎》诗就出现了，周幽王、周厉王统治衰颓而礼崩乐坏，诸侯放纵骄横，政令由强大的国家发布。所以孔子忧伤王道废弛而邪道兴起，于是论定编次《诗》、

过鲁祀圣图。选自明·张居正《帝鉴图说》，讲述汉高祖刘邦经过山东曲阜时祭孔子之事。

《书》，修订兴起礼乐。他到齐国听《韶》乐，沉迷其中，三个月品尝不出肉的美味。他从卫国回到鲁国，然后端正音乐，使《雅》、《颂》乐歌各归其位，有条不紊。世道由于混乱污浊，没有人起用他，所以孔子向七十多个国君求官都没有得到知遇，他说："如果有任用我的，一年就足够了。"鲁国西郊有人猎获了麒麟，孔子说："我的思想不能实现了。"因而他借助鲁国的历史记录撰写《春秋》，来代表天子的王法。由于文辞精深而意义博大，后代学者很多人都学习传录它。

自孔子卒后，七十子之徒散游诸侯，大者为师傅卿相，小者友教士大夫，或隐而不见。故子路居卫，子张居陈，澹台子羽居楚，子夏居西河，子贡终于齐。如田子方、段干木、吴起、禽滑厘之属，皆受业于子夏之伦，为王者师。是时独魏文侯好学。后陵迟以至于始皇，天下并争于战国，儒术既绌焉，然齐、鲁之间，学者独不废也。于威、宣之际，孟子、荀卿之列，咸尊夫子之业而润色之，以学显于当世。

自从孔子去世后，他的七十多名弟子四散交游诸侯，成就大的当了国君的老师和卿相，成就小的交结和教育士大夫，有的则隐居不出现。所以子路在卫国，子张在陈国，澹台子羽在楚国，子夏在西河，子贡在齐国一直到死。像田子方、段干木、吴起、禽滑厘一辈人，都曾受教于子夏等人，成为诸侯国君的老师。这时只有魏文侯爱好儒学。后来儒学渐渐衰落一直到秦始皇时代。在战国时期天下人一起争战，儒学已经受到排挤了，但在齐、鲁一带，学习研究它的人却独自不弃。在齐威王、齐宣王时期，孟子、荀子等人，都继承孔子的事业并使之发扬光大，凭着学说在当代显扬名声。

及至秦之季世，焚《诗》《书》，坑术士，《六艺》从此缺焉。陈涉之王也，而鲁诸儒持孔氏之礼器往归陈王。于是孔甲为陈涉博士，卒与涉俱死。陈涉起匹夫，驱瓦合適戍，旬月以王楚，不满半岁竟灭亡，其事至微浅，然而缙绅先生之徒负孔子礼器往委质为臣者，何也？以秦焚其业，积怨而发愤于陈王也。

到了秦朝末年，焚毁《诗》、《书》，坑杀儒生，儒家典籍六艺从这时开始残缺。陈涉自立为王，鲁地的儒生携带着孔子家传的礼器去归顺陈王。于是孔甲当了陈涉的博士，最后和陈涉一同死了。陈涉兴起自平民，驱使一群乌合的戍守边境的士兵，一个月内就在楚地称了王，不足半年就竟又灭亡，他的事业十分微小浅薄，可是士大夫却背着孔子的礼器去委身归顺作他的臣下，为什么呢？因为秦朝焚毁他们的书籍，积下仇怨而借助于陈王来发泄愤懑。

及高皇帝诛项籍，举兵围鲁，鲁中诸儒尚讲诵习礼乐，弦歌之音不绝，岂非圣人之遗化，好礼乐之国哉？故孔子在陈，曰"归与归与！吾党之小子狂简，斐然成章，不知所以裁之"。夫齐、鲁之间于文学，自古以来，其天性也。故汉兴，然后诸儒始得修其经艺，讲习大射乡饮之礼。叔孙通作汉礼仪，因为太常，诸生弟子共定者，咸为选首，于是喟然叹兴于学。然尚有干戈，平定四海，亦未暇遑庠序之事也。孝惠、吕后时，公卿皆武力有功之臣。孝文时颇征用，然孝文帝本好刑名之言。及至孝

景，不任儒者，而窦太后又好黄老之术，故诸博士具官待问，未有进者。

到高祖皇帝杀死项籍，带领军队包围鲁国，鲁国中的儒生还在讲诵经书练习礼乐，歌声乐声不断，难道不是圣人遗留的风范，喜欢礼乐的国家吗？所以孔子出游在陈地，说："回去吧！回去吧！我们乡里的年轻人志向高远，文采斐然可观，不知道如何去教导他们。"齐鲁一带对于文化礼仪，从古以来就这样，这是他们的天性。所以汉朝建立，然后儒生们才能开始研究他们的经术，讲授演习起大射和乡饮的礼仪。叔孙通制定汉廷礼仪后，因而做了太常官，那些与他一起制定礼仪的儒生弟子们，都成了朝廷首先录用的对象，于是人们感慨地说儒学开始兴起了。但这时还有战争，还在平定全国，也无有时间顾及兴办学校的事。孝惠帝、吕后当政时，公卿大臣都是靠武力起家的功臣。孝文帝时，稍微征用了儒生，但是孝文帝本来就喜欢刑名学说。到了孝景帝时，不任用儒生，而且窦太后又喜欢道家黄、老思想，因此那些博士空有官位以备顾问，没有晋升的。

及今上即位，赵绾、王臧之属明儒学，而上亦乡之，于是招方正贤良文学之士。自是之后，言《诗》于鲁则申培公，于齐则辕固生，于燕则韩太傅。言《尚书》自济南伏生。言《礼》自鲁高堂生。言《易》自菑川田生。言《春秋》于齐鲁自胡毋生，于赵自董仲舒。及窦太后崩，武安侯田蚡为丞相，绌黄老、刑名百家之言，延文学儒者数百人，而公孙弘以《春秋》白衣为天子三公，封以平津侯。天下之学士靡然乡风矣。

到了当今皇上即位，赵绾、王臧等人懂得儒学，而皇上也偏向儒学，于是招方正贤良文学的士人。从这以后，讲《诗》的在鲁地有申培公，在齐的有辕固生，在燕的有韩太傅。宣讲《尚书》有济南人伏生，宣讲《礼》的有鲁地高堂生。宣讲《易》的有菑川的田生。宣讲《春秋》在齐地、鲁地出于胡毋生，在赵地出于董仲舒。到了窦太后去世，武安侯田蚡任丞相，罢黜黄、老、刑名等百家的学说，延请文学儒生几百人为官，而公孙弘由于精通《春秋》而从平民升为皇帝身边的三公，封为平津侯。天下的学者像风吹一边倒一样倾向儒学。

公孙弘为学官，悼道之郁滞，乃请曰："丞相、御史言：制曰'盖闻导民以礼，风之以乐。婚姻者，居室之大伦也。今礼废乐崩，朕甚愍焉。故详延天下方正博闻之士，咸登诸朝。其令礼官劝学，讲议洽闻兴礼，以为天下先。太常议，与博士弟子，崇乡里之化，以广贤材焉'。谨与太常臧、博士平等议曰：闻三代之道，乡里有教，夏曰校，殷曰序，周曰庠。其劝善也，显之朝廷；其惩恶也，加之刑罚。故教化之行也，建首善自京师始，由内及外。今陛下昭至德，开大明，配天地，本人伦，劝学修礼，崇化厉贤，以风四方，太平之原也。古者政教未洽，不备其礼，请因旧官而兴焉。为博士官置弟子五十人，复其身。太常择民年十八已上，仪状端正者，补博士弟子。郡国县道邑有好文学，敬长上，肃政教，顺乡里，出入不悖所闻者，令相长丞上属所二千石，二千石谨察可者，当与计偕，诣太常，得受业如弟子。一岁皆辄试，能通一艺以上，补文学掌故缺；其高弟可以为郎中者，太常籍奏。即有秀才异等，辄以名闻。其不事学若下材及不能通一艺，辄罢之，而请诸不称者罚。臣谨案诏书律令下者，明天人分际，通古今之义，文章尔雅，训辞深厚，恩施甚美。小吏浅闻，不能究宣，无以明布谕下。治礼次治掌故，以文学礼义为官迁留滞。请选择其秩比二百石以上，及吏百石通一艺以上，补左右内史、大行卒史；比百石已下，补郡太守卒史：皆各二人，边郡一人。先用诵多者，若不足，乃择掌故补中二千石属，文学掌故补郡属，备员。请著功令。佗如律令。"制曰："可。"自此以来，则公卿大夫士吏斌斌多文学之士矣。

公孙弘当了学官，担忧儒道滞结不畅通，于是奏请皇上说："丞相和御史大夫说：诏书说：'听说用礼来引导人民，用乐来教化人民。婚姻，是夫妇的伦理大道。现在礼乐废坏，朕很忧虑。因此普遍地延请天下品行端正、见识广博的人士，都到朝廷上来做官。应当命令礼官勤奋学习，宣讲议论见闻广博，崇尚礼仪，作为天下的表率。太常提议，给博士配备弟子，振兴民间的教育，来开拓培养贤才的道路。'我谨和太常孔臧、博士平等商议说：听说夏、商、周三代的制度，乡村有教育，夏代叫校，商代叫序，周代叫庠。劝勉人们为善，让他们在朝廷上显扬名声；惩戒作恶的人，给他们施加处罚。所以政教风化的推行，建立好的榜样从京师开始，从内到外。如今陛下昭明最高的德行，发出日、月的光辉，与天地相配，推本人伦关系，劝勉学习，研习礼仪，崇尚教化，奖励贤才，来风教四面八方的民众，作为太平盛世的本源。古代政治教化没能普遍，礼制不备，请求利用原有的学官来振兴。

替博士官配置第子五十人，免除他们的赋税徭役。太常选择十八岁以上、仪表端正的人，充当博士弟子。各郡、各国、各县、各道、各邑有爱好经学、尊敬长辈、上级，严守政教，友爱乡里，出入言行都不违反所学的人，县令、侯国相、县长、县丞上报所属郡太守和王国相，郡太守、王国相谨慎考察认为可以的人，应当和上计吏一同到太常那里，可以像弟子一样参加学习。一年后都要考试，能精通一门经书以上的，可以补充文学掌故的缺官；其中成绩名列前茅的可以担任郎中，太常造册上奏。假如有才能特别优秀的，就把名字上报。那些不认真学习或者才能低下以及不能通晓一种经书的，就开除他，而惩罚那些举荐他们的不称职的官吏。臣认真地推敲诏书法令下达的目的，在于明辨天道和人道的关系，贯通古今的道理，文辞雅正，教诲之辞含义深刻丰富，恩泽十分优厚。下级官吏见识浅薄，不能深究宣传，无法明白地晓谕天下。现在首先要选拔研究礼制的人才，其次是选拔研究历史典籍的人才，用懂文学礼义的人做官，提升被压抑的人才。请挑选那些俸禄比同二百石以上的人，和百石以上能通晓一种经学的小吏，升补左右内史、大行卒史；选拔比同百石以下的人补郡太守卒史：各郡定员二人，边郡定员一人。优先选用熟知经书能大量讲诵的人，如果人数不够，就选用掌故补中二千石的属吏，选用文学掌故补郡国的属吏，作为缺额充数。请把这些记入考选学官的法规。其他仍依据律令。”皇上批示：“可行。”从这以后，公卿大夫和一般士吏中就有了很多文质彬彬的经学儒生了。

申公者，鲁人也。高祖过鲁，申公以弟子从师入见高祖于鲁南宫。吕太后时，申公游学长安，与刘郢同师。已而郢为楚王，令申公傅其太子戊。戊不好学，疾申公。及王郢卒，戊立为楚王，胥靡申公。申公耻之，归鲁，退居家教，终身不出门，复谢绝宾客，独王命召之乃往。弟子自远方至受业者百余人。申公独以《诗经》为训以教，无传，疑者则阙不传。

申培公是鲁国人。高祖经过鲁国，申培公以弟子的身份跟随老师在鲁地的南宫拜见高祖。吕太后时期，申公到长安交游求学，和刘郢同拜一个老师。不久，刘郢立为楚王，让申公做他太子刘戊的老师。刘戊不好学习，恨申公。到楚王刘郢死后，刘戊立为楚王，把申公禁锢起来。申公觉得羞耻，回到鲁地，回到家中教书，终身不出家门，又谢绝宾客交往，只有鲁王传令召见才去。从远方来学习的学生有一百多人。申公只对《诗经》作解释来教学，没有阐发经义的著述，有疑义的地方就留下来不讲授。

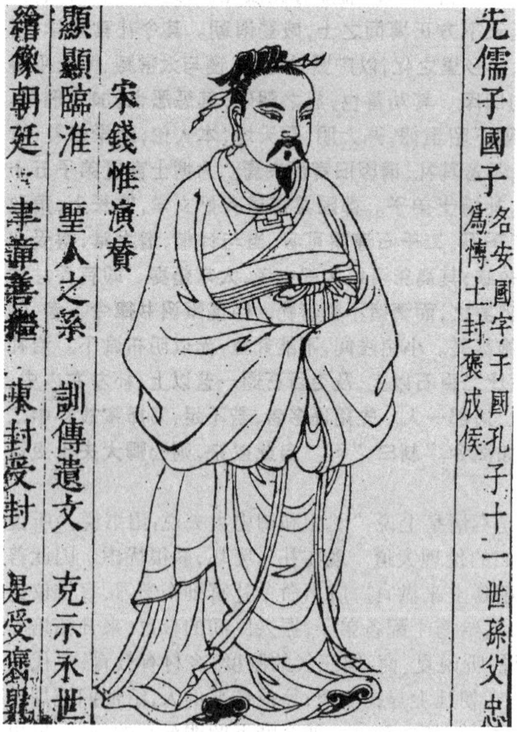

孔安国像，出自明·吕维祺《圣贤像赞》。孔安国为西汉时期著名经学家。

兰陵王臧既受《诗》，以事孝景帝为太子少傅，免去。今上初即位，臧乃上书宿卫上，累迁，一岁中为郎中令。及代赵绾亦尝受《诗》申公，绾为御史大夫。绾、臧请天子，欲立明堂以朝诸侯，不能就其事，乃言师申公。于是天子使使束帛加璧安车驷马迎申公，弟子二人乘轺传从。至，见天子。天子问治乱之事，申公时已八十余，老，对曰：“为治者不在多言，顾力行何如耳。”是时天子方好文词，见申公对，默然。然已招致，则以为太中大夫，舍鲁邸，议明堂事。太皇窦太后好老子言，不说儒术，得赵绾、王臧之过以让上，上因废明堂事，尽下赵绾、王臧吏，后皆自杀。申公亦疾免以归，数年卒。

兰陵人王臧向申公学习《诗经》后，来侍奉孝景帝，任太子少傅，后来免职离去。

现今皇上刚即位,王臧就上书请求为皇上当宫禁中值宿警卫,多次升迁,一年里就当了郎中令。而代国的赵绾也曾向申公学习《诗经》,赵绾任御史大夫。赵绾、王臧请求天子,欲修建明堂召集诸侯来朝会,未能办成这件事,就引荐老师申公。于是天子派使者带着束帛和玉璧,驾着四马所拉可以安坐的车,去迎接申公,学生二人乘着轻便车跟随申公。到了京师,拜见天子。天子问他国家安危的事,申公当时已八十多岁,年纪已高,回答说:"当政的人不在于多说话,只看尽力实干怎么样罢了。"这时天子正喜欢文辞,看到申公这样回答,沉默不语。但已经把他召来,就任命他为太中大夫,让他住在鲁王在京城的公馆里,商讨建立明堂的事。太皇窦太后喜欢老子的学说,不喜欢儒学,找到赵绾、王臧的过错,用它来责备皇上,皇上于是停止了修建明堂的事,把赵绾、王臧都交给司法官,后来他们都自杀。申公也因为生病免官回家,几年后去世。

弟子为博士者十余人:孔安国至临淮太守,周霸至胶西内史,夏宽至城阳内史,砀鲁赐至东海太守,兰陵缪生至长沙内史,徐偃为胶西中尉,邹人阙门庆忌为胶东内史。其治官民皆有廉节,称其好学。学官弟子行虽不备,而至于大夫、郎中、掌故以百数。言《诗》虽殊,多本于申公。

申公的学生当博士的有十多人:孔安国官至临淮太守,周霸官至胶西内史,夏宽官至城阳内史,砀县鲁赐官至东海太守,兰陵人缪生官至长沙内史,徐偃任胶西中尉,邹人阙门庆忌任胶东内史。他们治理官民都有廉洁的节操,人们称赞他们喜欢学习。其余学官弟子们,品行尽管不完美,但做官至大夫、郎中、掌故的要用百来计算。他们讲论《诗经》虽然有所不同,但大多都依循申公的见解。

清河王太傅辕固生者,齐人也。以治《诗》,孝景时为博士。与黄生争论景帝前。黄生曰:"汤、武非受命,乃弑也。"辕固生曰:"不然。夫桀、纣虐乱,天下之心皆归汤、武,汤、武与天下之心而诛桀、纣,桀、纣之民不为之使而归汤、武,汤、武不得已而立,非受命为何?"黄生曰:"冠虽敝,必加于首;履虽新,必关于足。何者,上下之分也。今桀、纣虽失道,然君上也;汤、武虽圣,臣下也。夫主有失行,臣下不能正言匡过以尊天子,反因过而诛之,代立践南面,非弑而何也?"辕固生曰:"必若所云,是高帝代秦即天子之位,非邪?"于是景帝曰:"食肉不食马肝,不为不知味;言学者无言汤、武受命,不为愚。"遂罢。是后学者莫敢明受命放杀者。

清河王的太傅辕固生,是齐国人。他因为研究《诗经》,在孝景帝时任博士。有一次,他和黄生在景帝面前争论。黄生说:"商汤、周武王不是秉承天命做天子,是弑君篡位。"辕固生说:"不对。夏桀、商纣暴虐淫乱,天下人心都归向于商汤、周武王,商汤、周武王顺应天下人心而诛杀夏桀、商纣,夏桀、商纣的百姓不为他们所用而归顺商汤、周武王,商汤、周武王不得已而立为天子,不是秉承天命是什么呢?"黄生说:"帽子虽然破,一定戴在头上;鞋子虽然新,一定穿在脚上。这是为什么呢?是上下的制度名分。如今夏桀、商纣虽然无道,但是君主;商汤、周武王虽然圣明,但是臣下。君主有错误行为,臣下不能够用正直的话匡正过失来遵奉天子,反而趁其过失而诛杀他们,取而代之,南面称王,不是弑君是什么呢?"辕固生说:"一定像你所说,那么高祖代替秦朝登上天子的位置,不对吗?"于是景帝说:"吃肉不吃马肝,不能算不知道味道;谈论学问的人不谈论商汤、周武王受命的事情,不能算是愚蠢。"就停止了争论。此后学者没人敢讲清是受命是弑君这个问题。

窦太后好《老子》书,召辕固生问《老子》书。固曰:"此是家人言耳。"太后怒曰:"安得司空城旦书乎!"乃使固入圈刺豕。景帝知太后怒而固直言无罪,乃假固利兵,下圈刺豕,正中其心,一刺,豕应手而倒。太后默然,无以复罪,罢之。居顷之,景帝以固为廉直,拜为清河王太傅。久之,病免。

窦太后喜欢《老子》一书,召来辕固生问《老子》一书的问题。辕固生说:"这是普通人的言论罢了。"太后生气地说:"怎么能比得上狱吏囚徒的书呢?"因此让辕固生进入猪圈刺杀猪。景帝知道太后生气而辕固生是直言无罪,于是给辕固生锋利的兵器,到猪圈里刺杀猪,正好刺中它的心脏,只一刺,猪应手倒地。太后默不作声,无法再加罪于他,就作罢了。过了不久,景帝认为辕固生廉洁清正,任命他为清河王的太傅。过了很长时间,他因病罢官。

今上初即位,复以贤良征固。诸谀儒多疾毁固,曰"固老",罢归之。时固已九十余矣。固之征也,薛人公孙弘亦征,侧目而视固。固曰:"公孙子,务正学以言,无曲学以阿世!"自是之后,齐言《诗》皆本辕固生也。诸齐人以《诗》显贵,皆固之弟子也。

当今皇上刚登位，又用征召贤良的名义征召辕固生。那些谄谀的儒生大多都嫉妒诋毁辕固生，说："辕固生老了。"于是被罢官回家。这时辕固生已经九十多岁了。辕固生被召时，薛邑人公孙弘也被征召，他斜着眼来看辕固生。辕固生说："公孙先生，务必以正直学问来论事，不要用邪曲之说来迎合时世！"从这以后，齐地谈论《诗经》都依循辕固生的见解。那些由研究《诗经》而显贵的齐人，都是辕固生的学生。

韩生者，燕人也。孝文帝时为博士，景帝时为常山王太傅。韩生推《诗》之意而为《内外传》数万言，其语颇与齐、鲁间殊，然其归一也。淮南贲生受之。自是之后，而燕、赵间言《诗》者由韩生。韩生孙商为今上博士。

韩生是燕国人。孝文帝时期任博士，景帝时期任常山王的太傅。韩生推究《诗经》的意旨而撰写《内传》、《外传》几万字，书中的用语和齐、鲁地区解释《诗经》的语言很不同，但是宗旨是一致的，淮南贲生向他学习。从这以后，燕、赵一带讲论《诗经》的人都出自韩生门下。韩生的孙子韩商是当今皇上的博士。

伏生者，济南人也。故为秦博士。孝文帝时，欲求能治《尚书》者，天下无有，乃闻伏生能治，欲召之。是时伏生年九十余，老，不能行，于是乃诏太常使掌故朝错往受之。秦时焚书，伏生壁藏之。其后兵大起，流亡，汉定，伏生求其书，亡数十篇，独得二十九篇，即以教于齐、鲁之间。学者由是颇能言《尚书》，诸山东大师无不涉《尚书》以教矣。

伏生是济南郡人。以前做过秦朝的博士。孝文帝时期，要寻求能够研究《尚书》的人，天下没有，就听说伏生能讲授，要征召他。这时伏生九十多岁，年纪太大，不能行走，于是就下诏令太常派掌故晁错去向他学习。秦朝焚烧儒书，伏生把《尚书》藏在墙壁里。后来战乱大起，人们四处逃亡，汉朝平定天下，伏生寻找他的书，丢失了几十篇，只找到二十九篇，就拿这些在齐、鲁一带进行讲授。学者们从此大多能讲解《尚书》，那些山东的经学大师无不涉猎《尚书》来教授。

伏生教济南张生及欧阳生，欧阳生教千乘兒宽。兒宽既通《尚书》，以文学应郡举，诣博士受业，受业孔安国。兒宽贫无资用，常为弟子都养，及时时间行佣赁，以给衣食。行常带经，止息则诵习之。以试第次，补廷尉史。是时张汤方乡学，以为奏谳掾，以古法议决疑大狱，而爱幸宽。宽为人温良，有廉智，自持，而善著书。书奏，敏于文，口不能发明也。汤以为长者，数称誉之。及汤为御史大夫，以兒宽为掾，荐之天子。天子见问，说之。张汤死后六年，兒宽位至御史大夫，九年而以官卒。宽在三公位，以和良承意从容得久，然无有所匡谏；于官，官属易之，不为尽力。张生亦为博士。而伏生孙以治《尚书》征，不能明也。

伏生教授济南人张生和欧阳生，欧阳生教授千乘人兒宽。兒宽通晓《尚书》后，凭借文学的资格接受郡里的推荐，到博士门下学习，从师于孔安国。兒宽家贫没有资财，时常当学生们的厨工，并且时时偷偷出外给人做工，来供给衣食。他外出经常带着经书，休息时就朗读温习它。依照考试成绩的名次，他补了廷尉史的缺官。这时张汤正爱好儒学，让兒宽做呈报案情的属官，根据古法论事判决疑难大案，因此爱宠兒宽。兒宽为人温和善良，清廉聪明，能坚持节操，而且擅长著书、起草奏章，文思敏捷，但是口头不会阐述。张汤认为他是忠厚人，屡次称赞他。到张汤任御史大夫，让兒宽当属官，向天子举荐他。天子召见并询问他，很喜欢他。张汤死后六年，兒宽官位升到御史大夫。在职九年后死去。兒宽位列三公，因为和顺温良、顺从皇上心意、办事从容，得以长时间任职，但他从没有匡正劝谏皇上的过失。居官期间，属下轻视他，不给他尽力办事。张生也担任博士。而伏生的孙子由于研究《尚书》被征召，但他对《尚书》不能阐述清楚。

自此之后，鲁周霸、孔安国，雒阳贾嘉，颇能言《尚书》事。孔氏有古文《尚书》，而安国以今文读之，因以起其家。逸《书》得十余篇，盖《尚书》滋多于是矣。

从这以后，鲁地的周霸、孔安国，洛阳的贾嘉，都很能讲解《尚书》的内容。孔家有古文《尚书》，而孔安国用隶书字体来改写它，因此兴起了他的学术流派。孔安国得到了十多篇失传的《尚书》，《尚书》大概从这时起逐渐增多篇目了。

诸学者多言《礼》，而鲁高堂生最本。《礼》固自孔子时而其经不具，及至秦焚书，书散亡益多，于今独有《士礼》，高堂生能言之。

那些学者很多讲论《礼经》，而鲁地人高堂生最接近原本。《礼经》本来从孔子时起经书就不完整，到了秦朝焚书，这经书散失的篇目更多，如今只有《士礼》，高堂生能够讲解它。

而鲁徐生善为容。孝文帝时，徐生以容为礼官大夫。传子至孙徐延、徐襄。襄，其天姿善为容，不能通《礼经》；延颇能，未善也。襄以容为汉礼官大夫，至广陵内史。延及徐氏弟子公户满意、桓生、单次，皆尝为汉礼官大夫。而瑕丘萧奋以《礼》为淮阳太守。是后能言《礼》为容者，由徐氏焉。

鲁地人徐生善于演习礼仪。孝文帝时期，徐生凭懂得礼仪任礼官大夫。他传习礼仪给儿子直到孙子徐延、徐襄。徐襄，他天性便善于演习礼仪，但不懂《礼经》；徐延稍微能懂《礼经》，但还不够精通。徐襄凭借懂礼仪任汉朝廷的礼官大夫，官至广陵内史。徐延和徐家弟子公户满意、桓生、单次，都曾经任汉朝廷礼官大夫。而瑕丘人萧奋因为通晓《礼经》而当了淮阳太守。这以后能够讲论《礼》来演习礼仪的人，都出自徐家门下。

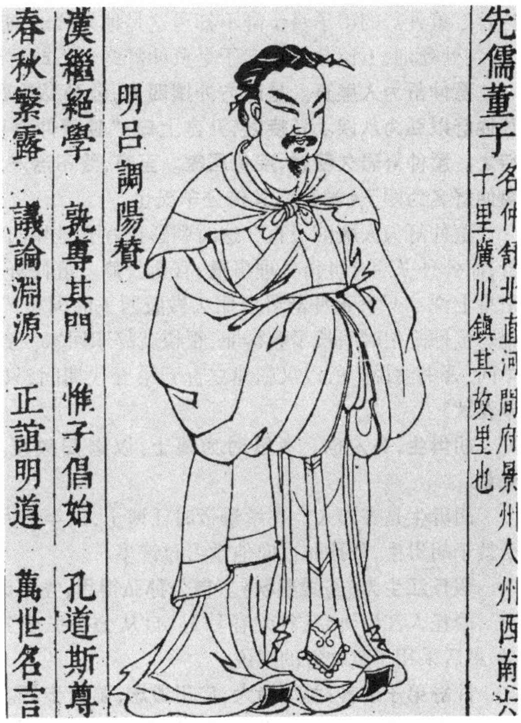

董仲舒像，出自明·吕维祺《圣贤像赞》。

自鲁商瞿受《易》孔子，孔子卒，商瞿传《易》，六世至齐人田何，字子庄，而汉兴。田何传东武人王同子仲，子仲传菑川人杨何。何以《易》，元光元年征，官至中大夫。齐人即墨成以《易》至城阳相。广川人孟但以《易》为太子门大夫。鲁人周霸，莒人衡胡，临淄人主父偃，皆以《易》至二千石。然要言《易》者本于杨何之家。

自从鲁国商瞿向孔子学习《易》，孔子去世后，商瞿就教授《易》，历经六代而传到齐地人田何，田何字子庄，而这时汉朝建立。田何传授给东武人王同——字子仲，王子仲传授给菑川人杨何。杨何因为精通《易》，元光元年被征召，官做到中大夫。齐地人即墨成因为精通《易》官至城阳国相。广川人孟但因为通晓《易》任太子门大夫。鲁地人周霸，莒地人衡胡，临淄人主父偃，都因为通晓《易》而官至二千石。但是精于解说《易》的，都源于杨何这一家。

董仲舒，广川人也。以治《春秋》，孝景时为博士。下帷讲诵，弟子传以久次相受业，或莫见其面，盖三年董仲舒不观于舍园，其精如此。进退容止，非礼不行，学士皆师尊之。今上即位，为江都相。以《春秋》灾异之变推阴阳所以错行，故求雨闭诸阳，纵诸阴，其止雨反是。行之一国，未尝不得所欲。中废为中大夫，居舍，著《灾异之记》。是时辽东高庙灾，主父偃疾之，取其书奏之天子。天子召诸生示其书，有刺讥。董仲舒弟子吕步舒不知其师书，以为下愚。于是下董仲舒吏，当死，诏赦之。于是董仲舒竟不敢复言灾异。

董仲舒是广川人。他由于研究《春秋》，在孝景帝时期任博士。他放下帷幕讲授《春秋》，弟子们根据入学时间的长短来依次辗转相传授，有的甚至没见过他的面。董仲舒三年不到后园游玩，他专心到这个地步。他出入时的仪容举止，不合礼仪的就不做，学者们都师法、尊敬他。当今皇上登位，董仲舒任江都国相。他依靠《春秋》中自然灾害和特异现象的变化来推究阴阳交替运行的缘故，因而求雨时就关闭各种阳气，放纵各种阴气，消雨时的方法与此相反。在江都全国推行，无不实现了预期的效果。他任职期间被贬为中大夫，住在家里，撰写《灾异之记》。这时辽东高帝庙发生火灾，主父偃妒忌他，窃取他的书上奏天子。天子召集众儒生把书展示给他们，书中有指责讥讽的内容。董仲舒的弟子吕步舒不知道这是他老师的书，认为十分愚蠢。于是把董仲舒交给司法官处办，判处死刑，下诏赦免了。于是董仲舒终于不敢再谈论灾异。

董仲舒为人廉直。是时方外攘四夷，公孙弘治《春秋》不如董仲舒，而弘希世用事，位至公卿。董仲舒以弘为从谀。弘疾之，乃言上曰："独董仲舒可使相胶西王。"胶西王素闻董仲舒有行，亦善待之。董仲舒恐久获罪，疾免居家。至卒，终不治产业，以修学著书为事。故汉兴至于五世之间，唯董仲舒名为明于《春秋》，其传公羊氏也。

董仲舒为人廉洁正直。这时朝廷正好要排除四方外族的侵犯，公孙弘研究《春秋》比不上董仲舒，而公孙弘迎合世俗处理事情，官至公卿。董仲舒认为公孙弘为人阿谀逢迎。公孙弘憎恨他，就对皇上说："只有董仲舒可以派去做胶西王的国相。"胶西王平时听说董仲舒有德行，也很好地对待他。董仲舒怕时间长了会得罪，很快就辞职回家。到去世为止，他始终不置办家产，专门从事研究学问、著书立说。所以汉朝建立直到第五代期间，只有董仲舒以精通《春秋》出名，他阐述的是《公羊春秋》。

胡毋生，齐人也。孝景时为博士，以老归教授。齐之言《春秋》者多受胡毋生，公孙弘亦颇受焉。

胡毋生是齐郡人。在孝景帝时任博士，因年纪大回家教授《春秋》。齐地讲论《春秋》的人大多受教于胡毋生，公孙弘也向他学习过许多。

瑕丘江生为《谷梁春秋》。自公孙弘得用，尝集比其义，卒用董仲舒。

瑕丘人江生研究《谷梁春秋》。自从公孙弘受到重用，他曾经收集比较谷梁学和公羊学的经义，最后采用了董仲舒的解说。

仲舒弟子遂者：兰陵褚大，广川殷忠，温吕步舒。褚大至梁相。步舒至长史，持节使决淮南狱，于诸侯擅专断，不报，以《春秋》之义正之，天子皆以为是。弟子通者，至于命大夫；为郎、谒者、掌故者以百数。而董仲舒子及孙皆以学至大官。

董仲舒的弟子中有成就的：兰陵人褚大，广川人殷忠，温人吕步舒。褚大官至梁王国相。吕步舒官至长史，手持符节出使去判决淮南王罪案，对诸侯王敢于自行裁决，而不加请示，根据《春秋》的义理来公正断案，天子都认为很对。弟子中官运亨通的，做到了皇帝任命的大夫；担任郎官、谒者、掌故的要用百来计算。而董仲舒的儿子和孙子都因为精通儒学而做到高官。

史记第一百二十二卷

酷吏列传第六十二

孔子曰："导之以政，齐之以刑，民免而无耻。导之以德，齐之以礼，有耻且格。"老氏称："上德不德，是以有德；下德不失德，是以无德。法令滋章，盗贼多有。"太史公曰：信哉是言也！法令者治之具，而非制治清浊之源也。昔天下之网尝密矣，然奸伪萌起，其极也，上下相遁，至于不振。当是之时，吏治若救火扬沸，非武健严酷，恶能胜其任而愉快乎！言道德者，溺其职矣。故曰"听讼，吾犹人也，必也使无讼乎"。"下士闻道大笑之"。非虚言也。汉兴，破觚而为圜，斫雕而为朴，网漏于吞舟之鱼，而吏治烝烝，不至于奸，黎民艾安。由是观之，在彼不在此。

孔子说："用政治法令来引导人民，用刑法来加以约束，那么人民就会免于犯罪，却没有羞耻之心。用道德来加以疏导，用礼来加以约束，那么人民就会有羞耻之心，并且会改过自新。"老子说："具有高尚品行的人，不表现为形式上的德，所以实际上是有德的；德性低下的人执守形式上的德，因此实际上是没有德。法令越严厉，盗贼就越多。"太史公曰：这些话的确不错！法令是政治的工具，却不是导致政治清明或污浊的根源。从前天下的法网曾经很严密了，可是奸邪狡诈不断发生，这种情况最严重的时候，官吏和百姓互相欺骗，使得国家无法振作。在这种时候，官吏的管理就像负薪救火、扬汤止沸一样无济于事，不用强有力而严酷的人，如何能胜其职守而愉快呢！宣扬道德的人，在这时一定会丧失其职责。所以孔子说："审判案件，我和别人差不多，一定要不发生案件才好。"老子说："愚蠢浅陋的人听到谈论道德，则会大笑。"这些不是空话。汉朝建立，把方正有棱角的酒器改为圆形的酒器，法制上作了重大改变，就如把器物上雕刻的花纹削去而回复它原来的形态，法律就像一张可以漏掉能吞下船的大鱼的网那样宽疏，可官吏的治绩淳厚美盛，不至于做出奸诈之事，百姓太平无事。从这来看，国家政治的好坏，在于宽仁，而不在于酷刑。

高后时，酷吏独有侯封，刻轹宗室，侵辱功臣。吕氏已败，遂夷侯封之家。孝景时，晁错以刻深颇用术辅其资，而七国之乱，发怒于错，错卒以被戮。其后有郅都、宁成之属。

汉高帝吕皇后时，酷吏只有侯封，苛刻欺凌皇族，侵犯侮辱有功的大臣。吕氏失败后，朝廷就铲除了侯封一家。孝景帝时，晁错由于苛刻严峻，多用法术来施展自己的才能，而七国叛乱，把愤怒发泄向晁错，晁错终于因此被杀。那以后酷吏还有郅都、宁成等。

郅都者，杨人也。以郎事孝文帝。孝景时，都为中郎将，敢直谏，面折大臣于朝。尝从入上林，贾姬如厕，野彘卒入厕。上目都，都不行。上欲自持兵救贾姬，都伏上前曰："亡一姬复一姬进，天下所少宁贾姬等乎？陛下纵自轻，奈宗庙太后何！"上还，彘亦去。太后闻之，赐都金百斤，由此重郅都。

郅都是杨县人。他以郎官的身份侍奉孝文帝。孝景帝时，郅都任中郎将，敢于当面劝谏，使大臣在朝廷上当面佩服。他曾经跟随皇上到上林苑，贾姬到厕所去，有野猪突然跑入厕所。皇上用眼示意郅都，郅都不肯去。皇上想自己拿兵器去救贾姬，郅都跪在皇上面前说："失掉一个姬子还有一个姬子进宫，天下少的难道是贾姬这样的人吗？陛下即使看轻自己，对朝廷和太后怎么办！"皇上转过身来，野猪也离去了。太后听说这事，赏赐给郅都一百斤金，从此重视郅都。

济南瞯氏宗人三百余家，豪猾，二千石莫能制，于是景帝乃拜都为济南太守。至则族灭瞯氏首恶，余皆股栗。居岁余，郡中不拾遗。旁十余郡守畏都如大府。

济南姓瞯的族人有三百多家，骄横奸猾，济南太守没法管制，于是景帝就任命郅都为济南太守。郅都一到任，就把姓瞯的为首作恶的人整个家族全部杀死，其余的人都吓得大腿打战。过了一年多，济南郡中路上没有人捡遗失的东西。附近十多个郡的太守像害怕高层官府一样害怕郅都。

都为人勇，有气力，公廉，不发私书，问遗无所受，请寄无所听。常自称曰："已倍亲而仕，身固当奉职死节官下，终不顾妻子矣。"

郅都为人勇敢，有力气，公正而廉洁，因私事而来的信件不拆开看，一点都不接受送礼，不听私人的请托。他常常自己说："已经背离父母来当官，自身就本来应该在职位上奉公尽职，为节操而死，终究不挂念妻子儿女了。"

郅都迁为中尉。丞相条侯至贵倨也，而都揖丞相。是时民朴，畏罪自重，而都独先严酷，致行法不避贵戚，列侯宗室见都侧目而视，号曰"苍鹰"。

郅都后来升任中尉。丞相条侯最尊贵而傲慢，而郅都只是对他作揖就算了。这时民风朴实，害怕犯罪而守法自重，可郅都却独自首先施行严酷的刑法，以致执法时不避讳帝王的内外亲戚，列侯和皇族看到郅都，都要侧目而视，称呼他为"苍鹰"。

临江王征诣中尉府对簿，临江王欲得刀笔为书谢上，而都禁吏不予。魏其侯使人以间与临江王。临江王既为书谢上，因自杀。窦太后闻之，怒，以危法中都，都免归家。孝景帝乃使使持节拜都为雁门太守，而便道之官，得以便宜从事。匈奴素闻郅都节，居边，为引兵去，竟郅都死不近雁门。匈奴至为偶人象郅都，令骑驰射莫能中，见惮如此。匈奴患之。窦太后乃竟中都以汉法。景帝曰："都忠臣。"欲释之。窦太后曰："临江王独非忠臣邪？"于是遂斩郅都。

临江王被召到中尉府来审问，他想要书写工具写信向皇上谢罪，可郅都告诉官吏不要给他。魏其侯派人在暗中把书写工具给了临江王。临江王写完信向皇上谢罪后，就自杀了。窦太后听说这件事，很生气，以严峻法令弹劾郅都，郅都被免官回了家。孝景帝就派使者拿着符节去任命郅都为雁门太守，并且让他从家直接取道赴任，能够自己机动处理事情，不必奏请。匈奴人平时听说过郅都的行事，知道他守卫边境，就带军队离去，一直到郅都去世都不逼近雁门。匈奴竟然做了一个像郅都的木偶人，让骑兵们奔跑射击，没有人能射中，害怕郅都到这种地步。匈奴很担心郅都。窦太后竟然用汉朝法律中伤郅都。景帝说：“郅都是忠臣。”想释放他。窦太后说：“临江王难道不是忠臣吗？”于是就处死了郅都。

宁成者，穰人也。以郎谒者事景帝。好气，为人小吏，必陵其长吏；为人上，操下如束湿薪。滑贼任威。稍迁至济南都尉，而郅都为守。始前数都尉皆步入府，因吏谒守如县令，其畏郅都如此。及成往，直陵都出其上。都素闻其声，于是善遇，与结欢。久之，郅都死，后长安左右宗室多暴犯法，于是上召宁成为中尉，其治效郅都，其廉弗如，然宗室豪桀皆人人惴恐。

宁成是穰县人。做郎官、谒者来侍奉景帝。好意气用事，做别人的小官，一定要欺凌他的长官；做人家的上级，控制下属就像捆绑湿柴一样使他们服帖。狡猾凶残、任性使威。他渐渐升到济南都尉，而这时郅都是济南太守。在这以前，几个都尉都是步行进入太守府，通过属吏们的传达来参见太守，就像县令见太守一样，他们害怕郅都到这种地步。到宁成去见太守，径直越过郅都走到他的上位。郅都平时听说过他的名声，于是友好地对待他，和他结成朋友。过了很久，郅都去世，后来长安附近皇族有很多人暴虐犯法，于是皇上召来宁成任中尉。他治理方法仿效郅都，但他廉洁方面不如郅都，可皇族豪强人人都很害怕。

武帝即位，徙为内史。外戚多毁成之短，抵罪髡钳。是时九卿罪死即死，少被刑，而成极刑，自以为不复收，于是解脱，诈刻传出关归家。称曰：“仕不至二千石，贾不至千万，安可比人乎！”乃贳贷买陂田千余顷，假贫民，役使数千家。数年，会赦。致产数千金，为任侠，持吏长短，出从数十骑。其使民威重于郡守。

武帝即位后，宁成调任内史。外戚们大都诽谤宁成的缺点，他被判处剃发和用铁箍套脖子的惩罚。这时九卿犯罪该死就处死，很少受一般刑罚，而宁成却遭受最重的刑罚，他自己认为朝廷不会再录用他，就解开刑具，伪刻了出关的证明，出了函谷关回到家。他说：“当官不当到二千石，做买卖不挣到一千万，怎么可以和别人比呢！”他于是借钱买了一千多顷可灌溉的田地，租给贫民耕种，奴役使用几千户人家。几年后，适逢赦免罪行。他得到财产几千金，专好打抱不平，掌握官吏们的阴私，出门时有几十个骑马的人跟随。他驱使百姓的威力比郡太守还大。

周阳由者，其父赵兼以淮南王舅父侯周阳，故因姓周阳氏。由以宗家任为郎，事孝文及景帝。景帝时，由为郡守。武帝即位，吏治尚循谨甚，然由居二千石中，最为暴酷骄恣。所爱者，挠法活之；所憎者，曲法诛灭之，所居郡，必夷其豪。为守，视都尉如令。为都尉，必陵太守，夺之治。与汲黯俱为忮，司马安之文恶，俱在二千石列，同车未尝敢均茵伏。

周阳由，他的父亲赵兼凭借淮南王舅父的身份当了周阳侯，因此就姓了周阳。周阳由以是外戚的身份当了郎官，侍奉孝文帝和孝景帝。景帝时，周阳由当郡太守。武帝即位，官吏处理政事，十分推崇遵循谨慎，可是周阳由在二千石的官员中，最暴虐残酷、骄横放纵。他喜欢的人，就枉法让他活下来；他厌恶的人，就歪曲法律诛杀他。他在哪个郡当官，就一定铲除哪个郡的豪强。他担任太守，把都尉视同县令。他担任都尉，就一定侵凌太守，侵夺太守的权力。他和汲黯都是强狠的人，还有司马安那种善于以法害人的人，同在二千石官员行列，但是他们和周阳由同车时，也从来不敢和他平起平坐。

由后为河东都尉，时与其守胜屠公争权，相告言罪。胜屠公当抵罪，义不受刑，自杀，而由弃市。

周阳由后来担任河东都尉，当时与河东太守申屠公争夺权力，互相告状。申屠公被判处有罪，但他坚持道义，不肯受刑，自杀而死，而周阳由被处死示众。

自宁成、周阳由之后，事益多，民巧法，大抵吏之治类多成、由等矣。

从宁成、周阳由以后，政事更加繁杂，百姓用奸诈手段对付法令，多数官吏治理政事像宁成、周阳由一样了。

赵禹者，斄人。以佐史补中都官，用廉为令史，事太尉亚夫。亚夫为丞相，禹为丞相史，府中皆称其廉平。然亚夫弗任，曰：“极知禹无害，然文深，不可以居大府。”今上时，禹以刀笔吏积劳，稍迁

为御史。上以为能，至太中大夫。与张汤论定诸律令，作见知，吏传得相监司。用法益刻，盖自此始。

赵禹是斄县人。他以佐史的身份补任京城官署的官员，由于廉洁公平而担任令史，侍奉太尉周亚夫。周亚夫任丞相，赵禹任丞相史，丞相府里的人都称赞赵禹的廉洁清正。可是周亚夫不重用他，说："我很清楚赵禹无人能比，但他执法森严苛酷，不可以在上层官府当官。"武帝时，赵禹因为任主办文案的官而积累功劳，逐渐升任御史。皇上认为他有才能，提升他任太中大夫。他和张汤斟酌编订各种法令，制定见知不告的惩办条例，让官吏互相监视，互相检举。汉朝法律越发严酷，大概从这时开始。

张汤者，杜人也。其父为长安丞，出，汤为儿守舍。还而鼠盗肉，其父怒，笞汤。汤掘窟得盗鼠及余肉，劾鼠掠治，传爰书，讯鞫论报，并取鼠与肉，具狱磔堂下。其父见之，视其文辞如老狱吏，大惊，遂使书狱。父死后，汤为长安吏，久之。

张汤是杜县人。他的父亲任长安县丞，有一次出门，张汤还是小孩，在家里看守。他父亲回来见到老鼠偷了肉，很生气，用鞭子打了张汤。张汤挖洞捉拿到偷肉的老鼠和剩下的肉，就举告老鼠的罪状，拷打审问，记录下供词，反复审问，追究罪行，把判决的罪罚报告上级，并且把老鼠和剩肉拿来，最后判案，把老鼠当堂分尸处死。他父亲看到这事，看到他那判决文书像老练的法官所写，十分吃惊，就让他学习刑狱文书。他父亲去世后，张汤任长安的官员，做了很长时间。

周阳侯始为诸卿时，尝系长安，汤倾身为之。及出为侯，大与汤交，遍见汤贵人。汤给事内史，为宁成掾，以汤为无害，言大府，调为茂陵尉，治方中。

周阳侯田胜开始做卿官的时候，曾经因罪被系于长安监狱，张汤竭尽全力加以解救。到田胜出狱封为侯后，和张汤交往很密切，把权贵人物全都给张汤引见。张汤在内史任职，担任宁成的属官，由于张汤才能无人可比，宁成将他向丞相府推荐，张汤调任茂陵尉，负责管理土建工程。

武安侯为丞相，征汤为史，时荐言之天子，补御史，使案事。治陈皇后蛊狱，深竟党与。于是上以为能，稍迁至太中大夫。与赵禹共定诸律令，务在深文，拘守职之吏。已而赵禹迁为中尉，徙为少府，而张汤为廷尉，两人交欢，而兄事禹。禹为人廉倨。为吏以来，舍毋食客。公卿相造请禹，禹终不报谢，务在绝知友宾客之请，孤立行一意而已。见文法辄取，亦不覆案，求官属阴罪，汤为人多诈，舞智以御人。始为小吏，干没，与长安富贾田甲、鱼翁叔之属交私。及列九卿，收接天下名士大夫，己心内虽不合，然阳浮慕之。

武安侯田蚡任丞相，召张汤做内史，时常向天子推荐他，又补任御史，让他查验办理狱事。他主持处理陈皇后巫蛊案时，深入地追查同党。于是皇上认为他能干，逐渐提升到太中大夫。张汤和赵禹一同制定各种法令，一味地严格法律条文，来束缚管制各在职的官员。不久赵禹升任中尉，又改任少府，而张汤任廷尉，两个人友好交往，而张汤以对待兄长的礼节对待赵禹。赵禹为人廉洁傲慢。他当官以来，家中没有食客。朝廷高级官员登门拜访他，赵禹始终不答谢，务求断绝与知心朋友和宾客的交往，独自一意孤行，处理自己的事情。看到法令条文就取来，也不再审案，以求追查从属官员的隐秘罪行。张汤为人很奸诈，耍弄聪明来控制别人。他开始任小官，就白白吞没别人的财物，和长安的富商田甲、鱼翁叔之流秘密交往。到他位列九卿时，便结交天下名士大夫，自己内心虽然同他们不合，但表面上却伪装仰慕他们。

是时上方乡文学，汤决大狱，欲傅古义，乃请博士弟子治《尚书》、《春秋》，补廷尉史，亭疑法。奏谳疑事，必豫先为上分别其原，上所是，受而著谳决法廷尉，絜令扬主之明。奏事即谴，汤应谢，乡上意所便，必引正、监、掾史贤者，曰："固为臣议，如上责臣，臣弗用，愚抵于此。"罪常释，间即奏事，上善之，曰："臣非知为此奏，乃正、监、掾史某为之。"其欲荐吏，扬人之善蔽人之过如此。所治即上意所欲罪，予监史深祸者；即上意所欲释，与监史轻平者。所治即豪，必舞文巧诋；即下户羸弱，时口言，虽文致法，上财察。于是往往释汤所言。汤至于大吏，内行修也。通宾客饮食。于故人子弟为吏及贫昆弟，调护之尤厚。其造请诸公，不避寒暑。是以汤虽文深意忌不专平，然得此声誉。而刻深吏多为爪牙用者，依于文学之士。丞相弘数称其美。及治淮南、衡山、江都反狱，皆穷根本。严助及伍被，上欲释之。汤争曰："伍被本画反谋，而助亲幸出入禁闼爪牙臣，乃交私诸侯如此，弗诛，后

不可治。”于是上可论之。其治狱所排大臣自为功，多此类。于是汤益尊任，迁为御史大夫。

这时皇上正向往儒家学说，张汤处理大案件，想附会儒家经书上的说法，于是请博士弟子们研究《尚书》、《春秋》，让他们担任廷尉史，遇到有疑问的法律条文，就用《尚书》、《春秋》的义理来调平它。遇到可疑的事，向皇帝进呈，请皇上平断，张汤就一定预先给皇上分析好事情的原委，皇上认为对的，就接受并记录下来，作为判案的法规，以廷尉的名义加以公布，颂扬皇上的圣明。上报的事情假如受到皇上的谴责，张汤就随机应变，认错谢罪，顺着皇上的心意，一定列举出正、左右监和贤能的属官，说：“他们本来向我建议过，就像皇上谴责我的一样，我没有采纳，愚蠢到这种地步。”因此他的罪常被皇上释免。他有时向皇上呈奏章，皇上认为很对的，他就说：“我不知道这个奏议，是正、左右监和属官们所写的。”他想推荐官吏，称扬别人的好处，掩饰别人的过错，做到了这种地步。他所审理的案子假如是皇上想严办的，就让执法严酷的监史处理；如果是皇上想要释放的，他就交给执法轻而平和的监史处理。他所处理的假如是豪强，就一定舞弄法令条文，巧妙地进行攻击；如果是平民百姓和羸弱的人，就常常用口向皇上陈述，即使按法律条文要判刑，但请皇上明察裁定。于是，皇上往往释免了张汤所说的人。张汤当了大官，由于他自身修养很好，与宾客交往，同他们饮酒吃饭。对于老朋友子弟当官的和贫穷的兄弟们，照顾得特别宽厚。他去拜问三公，不避寒暑。所以张汤虽然执法严酷，内心嫉妒，办事不完全公平，但得到了这样的好名声。而那些执法酷烈的官吏都被他用作属下，又都依从于儒学之士。丞相公孙弘屡次称赞张汤的美德。等到他处理淮南、衡山、江都王谋反的案件，都能穷追到底。严助和伍被，皇上想要释放他们。张汤争辩说：“伍被本来是策划谋反的人，而严助是皇上亲宠的、出入宫廷禁门的护卫之臣，竟然暗中勾结诸侯到这种地步，如果不诛杀，以后就不好管理了。”于是皇上同意了张汤对他的判决。他自己处理案件打击大臣，自己邀功的事，大多如此。于是，张汤更加受尊崇和信任，升任御史大夫。

会浑邪等降，汉大兴兵伐匈奴，山东水旱，贫民流徙，皆仰给县官，县官空虚。于是丞上指，请造白金及五铢钱，笼天下盐铁，排富商大贾，出告缗令，锄豪强并兼之家，舞文巧诋以辅法。汤每朝奏事，语国家用，日晏，天子忘食。丞相取充位，天下事皆决于汤。百姓不安其生，骚动，县官所兴，未获其利，奸吏并侵渔，于是痛绳以罪。则自公卿以下，至于庶人，咸指汤。汤尝病，天子至自视病，其隆贵如此。

恰逢匈奴浑邪王等人来投降，汉朝发动大军攻打匈奴，山东发生水灾和旱灾，贫苦百姓流离失所，都依靠政府供给，官府因而仓库空虚。于是张汤顺从皇上的旨意，请求铸造银钱和五铢钱，垄断天下的盐铁经营权，打击富商大贾，发布告缗令，铲除豪强兼并之家的势力，玩弄法律条文，巧妙地解释诬陷别人，来辅助法律的推行。张汤每次上朝奏事，谈论国家的财用，一直谈到傍晚，天子也忘了吃饭。丞相空占职位，天下事情都由张汤来决定。人民不安心生活，骚动不安，政府兴办的事情，未得到利益，而奸官污吏一同侵夺盗窃，于是就彻底地以法惩办。从公卿以下，一直到平民，都指责张汤。张汤曾经生病，天子亲自去看望他，他的高贵到这种地步。

匈奴来请和亲，群臣议上前。博士狄山曰：“和亲便。”上问其便，山曰：“兵者凶器，未易数动。高帝欲伐匈奴，大困平城，乃遂结和亲。孝惠、高后时，天下安乐。及孝文帝欲事匈奴，北边萧然苦兵矣。孝景时，吴、楚七国反，景帝往来两宫间，寒心者数月。吴、楚已破，竟景帝不言兵，天下富实。今自陛下举兵击匈奴，中国以空虚，边民大困贫。由此观之，不如和亲。”上问汤，汤曰：“此愚儒，无知。”狄山曰：“臣固愚忠，若御史大夫汤乃诈忠。若汤之治淮南、江都，以深文痛诋诸侯，别疏骨肉，使蕃臣不自安。臣固知汤之为诈忠。”于是上作色曰：“吾使生居一郡，能无使虏入盗乎？”曰：“不能。”曰：“居一县？”对曰：“不能。”复曰：“居一障间？”山自度辩穷且下吏，曰：“能。”于是上遣山乘鄣。至月余，匈奴斩山头而去。自是以后，群臣震慑。

匈奴来请求和亲，大臣们在皇上面前讨论。博士狄山说：“和亲有利。”皇上问他有利的道理，狄山说：“兵器是凶器，不要轻易多次动用。高帝要攻打匈奴，被围困在平城，于是就缔结和亲。孝惠帝、高后时期，天下安定和乐。到孝文帝想要对付匈奴，北方边境骚扰不宁，人民苦于战争了。孝景帝时，吴、楚等七国反叛，景帝在两宫之间往来商讨，几个月忧心忡忡。吴、楚已被打败，景帝到死都不再谈论战争，天下富裕充实。如今从陛下派兵攻打匈奴以来，国内所以空虚，边境百姓十分窘困贫苦。由此看来,不如和亲。”皇上问张汤,张汤说:“这是愚蠢的儒生,无知。”狄生说:“我的确是愚忠,像御史大夫张汤却是伪忠。像张汤处理淮南王、江都王的案件,用严酷的法律来放肆地诋毁诸侯王,离间疏远皇上的至亲,因而使各封国国王自感不安。我本来就知道张汤是伪忠。”于是皇上变了脸色说:“我派你驻守一个郡,能够不让胡虏进来掠夺吗?”狄山说:“不能。”皇上说:“驻守一个县呢?”回答说:“不能。”皇上又说:“驻守一个要塞城堡呢?”狄山自己估计辩词穷尽将要交给司法官治罪,就说:“能够。”于是皇上派狄山登上边塞的一个城堡。过了一个多月,匈奴人砍下狄山的头而离开。从这以后,大臣们震惊害怕。

汤之客田甲,虽贾人,有贤操。始汤为小吏时,与钱通,及汤为大吏,甲所以责汤行义过失,亦有烈士风。

张汤的宾客田甲,虽然是商人,但有贤良的节操。当初张汤做小官时,和他以钱财相交,等到张汤当大官,田甲责备张汤品行道义方面的过错,也有忠义慷慨之士的风度。

汤为御史大夫七岁,败。

张汤担任御史大夫七年,失败了。

河东人李文尝与汤有郤,已而为御史中丞,恚,数从中文书事有可以伤汤者,不能为地。汤有所爱史鲁谒居,知汤不平,使人上蜚变告文奸事,事下汤,汤治论杀文,而汤心知谒居为之。上问曰:“言变事纵迹安起?”汤详惊曰:“此殆文故人怨之。”谒居病卧闾里主人,汤自往视疾,为谒居摩足。赵国以冶铸为业,王数讼铁官事,汤常排赵王。赵王求汤阴事。谒居尝案赵王,赵王怨之,并上书告:“汤,大臣也,史谒居有病,汤至为摩足,疑与为大奸。”事下廷尉。谒居病死,事连其弟,弟系导官。汤亦治他囚导官,见谒居弟,欲阴为之,而详不省。谒居弟弗知,怨汤,使人上书告汤与谒居谋,共变告李文。事下减宣。宣尝与汤有郤,及得此事,穷竟其事,未奏也。会人有盗发孝文园瘗钱,丞相青翟朝,与汤约俱谢,至前,汤念独丞相以四时行园,当谢,汤无与也,不谢。丞相谢,上使御史案其事。汤欲致其文丞相见知,丞相患之,三长史皆害汤,欲陷之。

河东人李文曾经跟张汤有隔阂,后来担任了御史中丞,气愤而怨恨,多次从宫廷文书内容发现可以用来伤害张汤的问题,不留余地,加以利用。张汤有个喜欢的属吏叫鲁谒居,知道张汤对此愤愤不平,指使一个人呈上紧急奏章告发李文的坏事。这事下交张汤处理,张汤审理判决杀死了李文,而张汤内心知道是鲁谒居干的。皇上问:“上书告发紧急事件的线索是怎样发生的?”张汤假装惊奇地说:“这大概是李文的熟人记恨他。”后来鲁谒居患病躺在乡下主人家里,张汤亲自前往探望病情,替他按摩腿脚。赵国人以冶炼铸造为职业,赵王多次为政府设置铁官的事打官司,张汤常常打击赵王。赵王寻求张汤的阴私事。鲁谒居曾经检举赵王,赵王怨恨他,于是一并上书告发:“张汤是大臣,小吏鲁谒居有病,张汤至于给他按摩腿脚,怀疑他和鲁谒居一起干了大坏

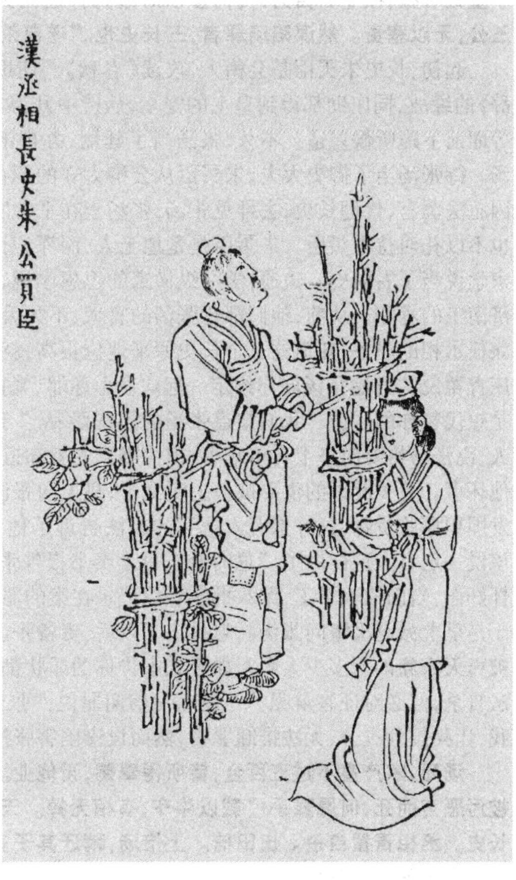

朱买臣像,选自《于越先贤像传赞》。

事。"这事下交廷尉处理。鲁谒居病死了,问题牵连到他的弟弟,他弟弟被押在导官署。张汤也到导官署处理别的囚犯,看见了鲁谒居的弟弟,想着暗地里帮他的忙,而假装不理睬他。鲁谒居的弟弟不知道,记恨张汤,派人呈上报告,告发张汤和鲁谒居的密谋,共同策划按紧急事变告发李文。这事下交减宣处理。减宣曾经和张汤有隔阂,等到他接受这件事,把这事追查得很深入,没有上奏。恰逢有人偷挖汉文帝陵墓埋的殉葬钱,丞相庄青翟上朝,跟张汤约定一起谢罪,到了皇上面前,张汤想到只有丞相按四季巡视陵园,应当谢罪,与我张汤没有关系,因而不谢罪。丞相谢罪后,皇上派御史查办这件事。张汤要按知情故纵的条文处置丞相,丞相担心这件事。丞相手下三个长史都恨张汤,想要陷害他。

始长史朱买臣,会稽人也。读《春秋》。庄助使人言买臣,买臣以《楚辞》与助俱幸,侍中,为太中大夫,用事;而汤乃为小吏,跪伏使买臣等前。已而汤为廷尉,治淮南狱,排挤庄助,买臣固心望。及汤为御史大夫,买臣以会稽守为主爵都尉,列于九卿。数年,坐法废,守长史,见汤,汤坐床上,丞史遇买臣弗为礼。买臣楚士,深怨,常欲死之。王朝,齐人也。以术至右内史。边通,学长短,刚暴强人也,官再至济南相。故皆居汤右,已而失官,守长史,诎体于汤。汤数行丞相事,知此三长史素贵,常凌折之。以故三长史合谋曰:"始汤约与君谢,已而卖君;今欲劾君以宗庙事,此欲代君耳。吾知汤阴事。"使吏捕案汤左田信等,曰汤且欲奏请,信辄先知之,居物致富,与汤分之,及他奸事。事辞颇闻。上问汤曰:"吾所为,贾人辄先知之,益居其物,是类有以吾谋告之者。"汤不谢。汤又详惊曰:"固宜有。"减宣亦奏谒居等事。天子果以汤怀诈面欺,使使八辈簿责汤。汤具自道无此,不服。于是上使赵禹责汤。禹至,让汤曰:"君何不知分也。君所治夷灭者几何人矣?今人言君皆有状,天子重致君狱,欲令君自为计,何多以对簿为?"汤乃为书谢曰:"汤无尺寸功,起刀笔吏,陛下幸致为三公,无以塞责。然谋陷汤罪者,三长史也。"遂自杀。

起初,长史朱买臣是会稽人,攻读《春秋》。庄助让人向皇帝推荐朱买臣,朱买臣因为熟悉《楚辞》的缘故,同庄助都得到皇上的宠幸,从侍中升为太中大夫,当权。这时张汤只是小官,在朱买臣等面前下跪听候差遣。不久,张汤当了廷尉,办理淮南王案件,排挤庄助,朱买臣心里本来怨恨张汤。待张汤当了御史大夫,朱买臣从会稽太守的职位上调任了主爵都尉,位列九卿之中。几年后,因犯法罢官,代理长史,去拜见张汤,张汤坐在平常所坐的椅子上接见朱买臣,他的丞史一类的属官也不以礼对待朱买臣。朱买臣是楚地士人,深深记恨张汤,常想把他整死。王朝是齐地人,凭着儒家学说当了右内史。边通,学习纵横家的思想学说,是个性格刚强暴烈的强悍之人。当官,两次做济南王的丞相。从前,他们都比张汤的官大,不久丢了官,代理长史,对张汤行跪拜之礼。张汤屡次兼任丞相的职务,知道这三个长史原来地位很高,就常常欺负压制他们。因此,三位长史合谋并对庄青翟说:"开始张汤同你约定一起向皇上谢罪,紧接着就出卖了你,现在又用宗庙之事控告你,这是想代替你的职位。我们知道张汤的不法隐私。"于是就派属吏逮捕并审理张汤的同案犯田信等人,说张汤将要向皇上奏请政事,田信则预先就知道,然后囤积物资,发财致富,同张汤分赃,还有其他坏事。有关此事的供辞被皇上听到了,皇上向张汤说:"我所要做的事,商人则预先了解此事,越发囤积那些货物,这好像有人把我的想法告诉了他们一样。"张汤不谢罪,却又假装惊讶地说:"应该说一定有人这样做了。"这时减宣也上奏书报告张汤和鲁谒居的犯法之事。天子果然以为张汤心怀奸诈,当面欺骗君王,派八批使者按记录在案的罪证审问张汤。张汤自己说没有这些罪过,不服。于是皇上派赵禹审问张汤。赵禹来了以后,责备张汤说:"皇上怎能不知道情况呢?你办理案件时,被夷灭家族的有多少人呢?如今人家告你的罪状都有证据,天子难以处理你的案子,想让你自己想法自杀,何必对证答辩呢?"张汤就写信谢罪说:"张汤没有尺寸之功,起初只当文书小吏,陛下宠幸我,让我位列三公,无法推卸罪责,然而设谋陷害张汤的罪人是三位长史。"张汤于是就自杀了。

汤死,家产直不过五百金,皆所得奉赐,无他业。昆弟诸子欲厚葬汤,汤母曰:"汤为天子大臣,被污恶言而死,何厚葬乎!"载以牛车,有棺无椁。天子闻之,曰:"非此母不能生此子。"乃尽案诛三长史。丞相青翟自杀。出田信。上惜汤,稍迁其子安世。

张汤死后,家里财产只不过有五百金,都是所得的俸禄和皇上赏赐的,没有别的产业。他的兄弟和孩子想隆重地安葬他,他的母亲说:"张汤作为天子的大臣,被恶言诬陷而死,怎么厚葬呢!"就用牛车拉着棺材,没有外椁。天子听说这事,说:“不是这样的母亲不能生出这样的儿子。”于是穷究此案,把三个长史都杀了。丞相庄青翟自杀。田信被释放出来。皇上怜惜张汤,逐渐提拔他的儿子张安世。

赵禹中废,已而为廷尉。始条侯以为禹贼深,弗任。及禹为少府,比九卿。禹酷急,至晚节,事益多,吏务为严峻,而禹治加缓,而名为平。王温舒等后起,治酷于禹。禹以老,徙为燕相。数岁,乱悖有罪,免归。后汤十余年,以寿卒于家。

赵禹中途被罢官,不久又任廷尉。起初,条侯周亚夫认为赵禹残酷狠毒,不重用。等到赵禹任少府,与九卿并列。赵禹做事严酷急躁,到了晚年,国家事情更多,官吏致力于施行严刑峻法,而赵禹却执法变得轻缓,被称为平和。王温舒等人后来兴起,执法比赵禹还严酷。赵禹因为年老,改任燕国丞相。几年后,犯有昏乱悖逆之罪,被罢官回家。在张汤死后十多年,赵禹老死在家里。

义纵者,河东人也。为少年时,尝与张次公俱攻剽为群盗。纵有姊姁,以医幸王太后。王太后问:“有子兄弟为官者乎?”姊曰:“有弟无行,不可。”太后乃告上,拜义姁弟纵为中郎,补上党郡中令。治敢行,少蕴藉,县无逋事,举为第一。迁为长陵及长安令。直法行治,不避贵戚。以捕案太后外孙修成君子仲,上以为能,迁为河内都尉。至则族灭其豪穰氏之属,河内道不拾遗。而张次公亦为郎,以勇悍从军,敢深入,有功,为岸头侯。

义纵是河东人。他在少年时,曾经和张次公一起抢劫,结伙为强盗。义纵有个姐姐叫姁,凭借医术得到王太后的宠幸。王太后问她说:“你有兄弟当官的吗?”他姐姐说:“有个弟弟没有品行,不可以当官。”王太后就告诉皇上,皇上任命义姁的弟弟义纵当中郎,后来补任上党郡中某县的县令。他处理政事严酷,很少有宽和包容,县里没有逃亡的事情,被推举为第一。随后升任长陵和长安县令,依法办理政事,不避权贵和皇亲。由于逮捕审讯太后外孙修成君的儿子仲,皇上认为他能干,提升他当河内都尉。他一到那里就把穰氏一类的豪强之人全族铲除,河内郡里人们在路上不拾别人遗失的东西。而张次公也当郎官,因为勇猛当了兵,敢于深入敌阵作战,有功劳,被封为岸头侯。

宁成家居,上欲以为郡守。御史大夫弘曰:“臣居山东为小吏时,宁成为济南都尉,其治如狼牧羊。成不可使治民。”上乃拜成为关都尉。岁余,关东吏隶郡国出入关者,号曰:“宁见乳虎,无值宁成之怒。”义纵自河内迁为南阳太守,闻宁成家居南阳,及纵至关,宁成侧行送迎,然纵气盛,弗为礼。至郡,遂案宁氏,尽破碎其家。成坐有罪,及孔、暴之属皆奔亡,南阳吏民重足一迹。而平氏朱强、杜衍、杜周为纵牙爪之吏,任用,迁为廷史。军数出定襄,定襄吏民乱败,于是徙纵为定襄太守。纵至,掩定襄狱中重罪轻系二百余人,及宾客昆弟私入相视亦二百余人。纵一捕鞠,曰“为死罪解脱”。是日皆报杀四百余人。其后郡中不寒而栗,猾民佐吏为治。

宁成在家里居住,皇上想让他当郡守。御史大夫公孙弘说:“我在山东当小官时,宁成任济南都尉,他处理政事就像狼放羊一样。宁成不能够任用来治理人民。”皇上就任命宁成为关都尉。一年多后,隶属于关东各郡国的官吏往来经过武关的,都扬言说:“宁可看到哺乳期间的母虎,也不想碰上宁成发怒。”义纵从河内升任南阳太守,听说宁成家住在南阳,等到义纵到武关,宁成侧着身子随行,恭敬地迎送他,可是义纵盛气凌人,不以礼相待。到了郡里,义纵就追查宁家的罪行,完全粉碎了他们一家。宁成被牵连有罪,至于孔姓、暴姓之流的豪门都逃走了,南阳的官员和百姓非常谨慎、恐惧。而平氏人朱强、杜衍、杜周作为义纵的助手,得到重用,升为廷史。朝廷军队多次从定襄出发攻打匈奴,定襄官员和百姓人心散乱,于是调义纵任定襄太守。义纵到任后,逮捕定襄狱中罪行严重和罪轻而被拘囚的犯人二百多人,以及他们的宾客兄弟私自入狱来探视的也二百多人。义纵一概拘捕治罪,定罪名说“为死罪解脱”。这天总共判处死刑有四百多人。从那以后郡中人都不寒而栗,狡猾的人辅佐官吏处理政事。

是时赵禹、张汤以深刻为九卿矣,然其治尚宽,辅法而行,而纵以鹰击毛挚为治。后会五铢钱白金起,民为奸,京师尤甚,乃以纵为右内史,王温舒为中尉。温舒至恶,其所为不先言纵,纵必以气凌之,败坏其功。其治,所诛杀甚多,然取为小治,奸益不胜,直指始出矣。吏之治以斩杀缚束为务,阎奉以恶用矣。纵廉,其治放郅都。上幸鼎湖,病久,已而卒起幸甘泉,道多不治。上怒曰:“纵以我为不复行此道乎?”嗛之。至冬,杨可方受告缗,纵以为此乱民,部吏捕其为可使者。天子闻,使杜式

治，以为废格沮事，弃纵市。后一岁，张汤亦死。

这时赵禹、张汤由于执法严峻刻薄而位列九卿了，可是他们的政治还算宽松，依法律来处理事情，而义纵却以严酷凶悍处理政事。后来恰逢五铢钱、银锡白金起用，奸民私自铸钱，京城中尤其厉害，于是任义纵为右内史，王温舒为中尉。王温舒最凶恶，他所做的事不预先告知义纵，义纵一定用义气欺凌他，破坏他的事情。他治理政事，杀的人很多，但是志向只在琐小事上，奸邪之事越发增多，皇帝直接特派的官员开始出现了。官吏治理政事以斩杀、束缚作为主要任务，阎奉因为凶狠而被任用。义纵廉洁，他处理政事学习郅都。皇上巡行鼎湖，病了很长时间，病好后突然驾幸甘泉宫，沿途道路大多没有修筑好。皇上发怒说："义纵认为我不会再走这条路吗？"抱恨义纵。到了冬天，杨可正受命处理"告缗"案件，义纵认为这样会扰乱百姓，部署官吏捉拿替杨可干事的人。天子听说了，派杜式去处理这事，以为义纵废弃了敬君礼仪，破坏了天子要办的事，将义纵处死示众。这一年后，张汤也死了。

王温舒者，阳陵人也。少时椎埋为奸。已而试补县亭长，数废。为吏，以治狱至廷史。事张汤，迁为御史。督盗贼，杀伤甚多，稍迁至广平都尉。择郡中豪敢任吏十余人，以为爪牙，皆把其阴重罪，而纵使督盗贼，快其意所欲得。此人虽有百罪，弗法；即有避，因其事夷之，亦灭宗。以其故齐、赵之郊盗贼不敢近广平，广平声为道不拾遗。上闻，迁为河内太守。

王温舒是阳陵县人。他年轻时做盗墓等坏事。不久被补任县里的亭长，多次遭罢免。他后来当官，因为处理案件有功而升到廷史。他事奉张汤，升为御史。他督捕盗贼，杀伤了好多人，逐渐升到广平都尉。他选拔郡中狂暴果敢的十多个人当属官，作为他的助手，掌握他们每个人隐秘的重大罪行，从而放手让他们去督捕盗贼。如果谁捕获到王温舒想抓的盗贼，这个人虽然有百种罪恶也不加惩治；如果有所回避，就依据他过去所犯的罪行杀死他，并且灭掉他的家族。由于这个原因，齐地和赵地的盗贼不敢走近广平，广平有了道不拾遗的好名声。皇上听说了，提升王温舒任河内太守。

素居广平时，皆知河内豪奸之家，及往，九月而至。令郡具私马五十匹，为驿自河内至长安，部吏如居广平时方略，捕郡中豪猾，郡中豪猾相连坐千余家。上书请，大者至族，小者乃死，家尽没入偿臧。奏行不过二三日，得可事。论报，至流血十余里。河内皆怪其奏，以为神速。尽十二月，郡中毋声，毋敢夜行，野无犬吠之盗。其颇不得，失之旁郡国，黎来会春，温舒顿足叹曰："嗟乎，令冬月益展一月，足吾事矣！"其好杀伐行威不爱人如此。天子闻之，以为能，迁为中尉。其治复放河内，徙诸名祸猾吏与从事，河内则杨皆、麻戊，关中杨赣、成信等。义纵为内史，惮未敢恣治。及纵死，张汤败后，徙为廷尉，而尹齐为中尉。

王温舒以前在广平时，完全了解河内豪强奸诈的人家，到他前往上任，九月份就到了。他下令郡府准备五十匹私马，从河内到长安设置了驿站，部署手下的官吏就像在广平时所用的办法一样，捕捉郡中豪强奸诈的人，郡中豪强奸诈相连坐犯罪的有一千多家。王温舒上书向皇上请示，罪大的灭族，罪小的处死，家里财产全都没收，偿还以前所得的赃物。奏书送走没过二三天，就得到皇上的批准。处决犯人，竟至于血流了十多里。河内人都奇怪王温舒奏书，认为是神速。到十二月尽头，郡中没有人敢说话，没人敢夜间走路，野外没有引起狗吠的偷盗现象。那些少数没有抓到的罪犯，逃到附近的郡国，追捕抓来，正好春天到了，王温舒跺脚叹惜说："唉，让冬天再延长一个月，就够我办完事了。"他喜好杀伐、施展威武以及不爱惜人民到这个地步。皇上听说了，认为他能干，提升他任中尉。他治理政事还是仿效在河内的做法，调来那些有名的祸害、奸猾的官吏和他共事，河内的有杨皆、麻戊，关中的有杨赣、成信等。义纵任内史，王温舒有所惧怕，不敢任意行事。到义纵死了，张汤失败后，王温舒调任廷尉，尹齐任中尉。

尹齐者，东郡茌平人。以刀笔稍迁至御史。事张汤，张汤数称以为廉武，使督盗贼，所斩伐不避贵戚。迁为关内都尉，声甚于宁成。上以为能，迁为中尉，吏民益凋敝。尹齐木强少文，豪恶吏伏匿而善吏不能为治，以故事多废，抵罪。上复徙温舒为中尉，而杨仆以严酷为主爵都尉。

尹齐是东郡茌平人。从文书渐渐升到御史。他侍奉张汤，张汤多次称赞他廉洁勇敢，让他督捕盗贼，他要斩杀的犯人不回避权贵和皇亲。尹齐升任关内都尉，名声超过了宁成。皇上认为他能干，提升他任中尉，而官吏和百姓更加困苦不堪。尹齐处事死板，不讲究礼仪，豪强凶恶的官员隐藏起来，而善良的官员又不能很好地处理政事，因而政事大多都废弛了，被判了罪。皇上又调王温舒任中尉，而杨仆因为执法严酷而当上了主爵都尉。

杨仆者，宜阳人也。以千夫为吏。河南守案举以为能，迁为御史，使督盗贼关东。治放尹齐，以为敢挚行。稍迁至主爵都尉，列九卿。天子以为能。南越反，拜为楼船将军，有功，封将梁侯。为荀彘所缚。居久之，病死。

杨仆是宜阳县人。他以千夫的身份当了小官。河南太守考察并推举他有才能，升任为御史，让他到关东督捕盗贼。他处理政事仿效尹齐，被认为行事凶猛而有胆量。他渐渐升到主爵都尉，位列九卿之中。天子认为他有才能。南越叛乱时，任命他为楼船将军，有功劳，被封为将梁侯。后来被荀彘所捆绑。过了很久，杨仆病死。

而温舒复为中尉。为人少文，居廷惛惛不辩，至于中尉则心开。督盗贼，素习关中俗，知豪恶吏，豪恶吏尽复为用，为方略。吏苛察盗贼恶少年，投缿购告言奸，置伯格长以牧司奸盗贼。温舒为人谄，善事有势者；即无势者，视之如奴。有势家，虽有奸如山，弗犯；无势者，贵戚必侵辱。舞文巧诋下户之猾，以焄大豪。其治中尉如此。奸猾穷治，大抵尽靡烂狱中，行论无出者。其爪牙吏虎而冠。于是中尉部中中猾以下皆伏，有势者为游声誉，称治。治数岁，其吏多以权富。

而王温舒又当了中尉。他为人缺少礼仪，在朝廷上昏聩糊涂，不善辩论，到了当上中尉才心情开朗。他督捕盗贼，平时熟悉关中的习俗，了解当地豪强和凶恶的官吏，豪强和凶恶的官吏全都又被他任用，为他出谋划策。官吏严苛查察，盗贼和凶恶少年就用投书和检举箱的办法，收买告发罪恶的情报，设置伯格长来督察奸邪的人和盗贼。王温舒为人谄媚，善于巴结有权势的人；如果没有权势，就把人家看作奴仆一样。有权势的人家，虽然奸邪的事堆积如山，他不去触犯；没有权势的人，就是高贵的皇亲，也一定要侵犯欺凌。他玩弄法律条文巧言诋毁狡猾的平民，来胁迫大的豪强。他当中尉时如此处理政事。奸邪狡猾的人，一定穷究其罪行，大多都烂死在狱中，判决有罪的，没有一个出狱的。他的属下官吏像戴着帽子的老虎。于是在中尉管辖范围内的中等以下的奸猾之人都隐伏起来，有权势的人都替他宣扬名声，称赞他的治绩。他治理了几年，他的属官大多都利用权力而富有。

温舒击东越还，议有不中意者，坐小法抵罪免。是时天子方欲作通天台而未有人，温舒请覆中尉脱卒，得数万人作。上说，拜为少府。徙为右内史，治如其故，奸邪少禁。坐法失官。复为右辅，行中尉事，如故操。

王温舒攻打东越回来后，有一次议事不合天子的旨意，犯了小法被判罪免官。这时天子正想建造通天台，没有找到人主持这事，王温舒请求核查中尉下面逃避服兵役的士兵，找到了几万人可以用来劳动。皇上高兴，命他为少府。调任右内史，处理政事和以前一样，奸邪之事稍稍被禁止。后来犯法丢掉了官职。后来又任右辅，代理中尉的职务，还和以前处理政事的做法一样。

岁余，会宛军发，诏征豪吏，温舒匿其吏华成，及人有变告温舒受员骑钱，他奸利事，罪至族，自杀。其时两弟及两婚家亦各自坐他罪而族。光禄徐自为曰："悲夫，夫古有三族，而王温舒罪至同时而五族乎！"

一年多后，恰逢讨伐大宛的军队出发，皇上下诏征召豪强官吏，王温舒把他的属吏华成隐藏起来，到有人告发王温舒接受在额骑兵的赃款和其他的坏事时，他犯的罪行严重到应当灭族，王温舒自杀了。他的两个弟弟以及两个姻亲之家，也各自由于犯了其他罪而被灭族。光禄徐自为说："可悲啊！古代有灭三族的事，而王温舒犯罪到同时诛灭五族！"

温舒死，家直累千金，后数岁，尹齐以淮阳都尉病死，家直不满五十金。所诛灭淮阳甚多，及死，仇家欲烧其尸，尸亡去归葬。

王温舒死时，家产累计有一千金。几年后，尹齐在任淮阳都尉期间病死，家产不足五十金。他在淮阳杀的人很多，到他死时，有仇的人家要烧他的尸体，家属偷偷把他的尸体运回去安葬。

自温舒等以恶为治，而郡守、都尉、诸侯二千石欲为治者，其治大抵尽放温舒，而吏民益轻犯法，盗贼滋起。南阳有梅免、白政，楚有殷中、杜少，齐有徐勃，燕、赵之间有坚卢、范生之属。大群至数千人，擅自号，攻城邑，取库兵，释死罪，缚辱郡太守、都尉，杀二千石，为檄告县趣具食；小群以百数，

掠卤乡里者，不可胜数也。于是天子始使御史中丞、丞相长史督之。犹弗能禁也，乃使光禄大夫范昆、诸辅都尉及故九卿张德等衣绣衣，持节，虎符发兵以兴击，斩首大部或至万余级，及以法诛通饮食，坐连诸郡，甚者数千人。数岁，乃颇得其渠率。散卒失亡，复聚党阻山川者，往往而群居，无可奈何。于是作“沉命法”，曰群盗起不发觉，发觉而捕弗满品者，二千石以下至小吏主者皆死。其后小吏畏诛，虽有盗不敢发，恐不能得，坐课累府，府亦使其不言。故盗贼浸多，上下相为匿，以文辞避法焉。

自从王温舒等人用严酷凶恶手段处理政事后，而郡守、都尉、诸侯和二千石的官员要处理政事，他们的行事大多都效法王温舒，而官吏和百姓更加轻率犯法，盗贼不断兴起。南阳有梅免、白政，楚地有殷中、杜少，齐地有徐勃，赵、燕一带有坚卢、范生一辈人。大的团伙到几千人，私自自立名号，攻打城镇，抢夺武器库中的兵器，放走死囚犯人，捆绑、侮辱郡太守、都尉，杀死二千石官员，发布檄文，让各县为他们准备粮食；小的团伙有几百人，抢劫乡村的事，不可胜数。于是天子开始派御史中丞、丞相长史主持消灭他们。但还是不能禁绝，就派光禄大夫范昆、各位辅都尉和原九卿张德等人穿着朝服，拿着符节和虎符，发动军队，以军兴法调兵进攻他们，对于大的团伙斩首竟到了一万多人，以及按法律杀死那些供给他们饮食的人，株连几郡，多的达到几千人。几年后，才略微捉到了几个大首领。但是走散的士卒逃跑了，又聚集成团伙，倚恃山川险阻抗击官兵，往往群居一处，对他们没有办法。于是朝廷颁行“沉命法”，说群盗产生而官吏没发现，或者发现而没有捕捉到规定数额的，二千石以下至小官员，凡主持这事的都被处死。那以后小官怕被杀，虽然有盗贼也不敢上报，害怕捉不到，犯法被判刑又连累上级官府，上级官府也让他们不要上报。因此盗贼更加多了，上下互相隐匿，玩弄法律条文，逃避法律制裁。

减宣者，杨人也。以佐史无害给事河东守府。卫将军青使买马河东，见宣无害，言上，征为大厩丞。官事辨，稍迁至御史及中丞。使治主父偃及治淮南反狱，所以微文深诋，杀者甚众，称为敢决疑。数废数起，为御史及中丞者几二十岁。王温舒免中尉，而宣为左内史。其治米盐，事大小皆关其手，自部署县名曹实物，官吏令丞不得擅摇，痛以重法绳之。居官数年，一切郡中为小治辨，然独宣以小致大，能因力行之，难以为经。中废。为右扶风，坐怨成信，信亡藏上林中，宣使郿令格杀信，吏卒格信时，射中上林苑门，宣下吏诋罪，以为大逆，当族，自杀。而杜周任用。

减宣是杨县人。他因为当佐史无比能干，被调到河东太守府任职。卫青将军派人到河东买马，看到减宣能干，报告皇上，被征召任大厩丞。他当官做事公平，逐渐升到御史和中丞。皇上派他去处理主父偃和淮南王造反的案件，他用隐微的条文深刻阴毒进行诬陷，杀死了很多人，被称赞为敢于判决疑难案件。他屡次被免官又屡次被起用，担任御史和中丞差不多有二十年。王温舒免去中尉，而减宣任左内史。他管理米和盐的事，事情无论大小都要亲自经手，自己安排县中各具体部门的财产器物，官吏中县令、县丞也不能擅自改动，甚至用重法来管制他们。当官几年，其他各郡都办好了一些小事而已，但唯独减宣能从小事办到大事，能凭借他的力量加以推行。当然他的办法难以当做常规。他中途被罢官。后来当了右扶风，由于怨恨成信，成信逃走藏在上林苑中，减宣派郿县县令击杀成信，官吏和士兵杀成信时，弓箭射中了上林苑的门，减宣被交给法官判罪，认为他犯大逆不道的罪，应该灭族，减宣就自杀了。而杜周得到任用。

杜周者，南阳杜衍人。义纵为南阳守，以为爪牙，举为廷尉史。事张汤，汤数言其无害，至御史。使案边失亡，所论杀甚众。奏事中上意，任用，与减宣相编，更为中丞十余岁。

杜周是南阳杜衍人。义纵任南阳太守时，把杜周当作助手，举荐他担任廷尉史。他事奉张汤，张汤屡次向皇上说他才能无比，升任到御史。派他调查边境士卒逃亡的事，被判死刑的很多。他上奏事情符合皇上的心意，被任用，和减宣互相接替，轮流任中丞十多年。

其治与宣相放，然重迟，外宽，内深次骨。宣为左内史，周为廷尉，其治大放张汤而善候伺。上所欲挤者，因而陷之；上所欲释者，久系待问而微见其冤状。客有让周曰：“君为天子决平，不循三尺法，专以人主意指为狱。狱者固如是乎？”周曰：“三尺安出哉？前主所是著为律，后主所是疏为令，当时为是，何古之法乎！”

他处理政事和减宣相仿佛，但处事慎重，决断迟缓，表面宽松，实际用法深刻到骨。减宣任左内史，杜周任廷尉，他处理政事很像张汤，但善于窥测皇上的意图。皇上想排挤的人，他就趁机陷害他；皇上想宽释的人，就长期囚禁待审，暗中显露他的冤情。门客中有人责备杜周说："你为皇上公平断案，不遵循三尺法律，专门以皇上的旨意来断案。法官本来应该像这样吗？"杜周说："三尺法律是怎样产生的呢？以前的国君认为对的就写成法律，后来的国君认为对的就记载为法令，适合当时的实际情况就对，何必要遵循古法呢！"

至周为廷尉，诏狱亦益多矣。二千石系者新故相因，不减百余人。郡吏大府举之廷尉，一岁至千余章。章大者连逮证案数百，小者数十人；远者数千，近者数百里。会狱，吏因责如章告劾，不服，以笞掠定之。于是闻有逮皆亡匿。狱久者至更数赦十有余岁而相告言，大抵尽诋以不道以上。廷尉及中都官诏狱逮至六七万人，吏所增加十万余人。

到杜周当了廷尉，皇上命令办的案子越发多了。二千石官员被拘捕的新旧相连，不少于一百多人。郡国官员和上级官府送给廷尉办的案子，一年中多达一千多个。每个奏章所举报的案子，大的要牵连逮捕有关证人几百人，小的也要几十人；远的要几千里，近的也有几百里。案犯被押到京师会审，官吏就要求犯人像奏章所说的那样来招供，如不服，就用刑具拷打定案。于是听到有逮捕人的消息，都逃跑隐藏。案件拖得久的，甚至经过几次赦免，十多年后还会被告发，大多数都以大逆不道以上的罪名加以诬陷。廷尉以及中尉官奉诏办案所逮捕的人多达六七万，属官所捕又增加十多万人。

周中废，后为执金吾，逐盗，捕治桑弘羊、卫皇后昆弟子刻深，天子以为尽力无私，迁为御史大夫。家两子，夹河为守。其治暴酷皆甚于王温舒等矣。杜周初征为廷史，有一马，且不全；及身久任事，至三公列，子孙尊官，家訾累数巨万矣。

杜周中途被免职，后来当了执金吾，追捕盗贼，逮捕查办桑弘羊、卫皇后兄弟的儿子，严苛酷烈，天子认为他尽职而无私，提升他任御史大夫。他家有两个儿子，分别当了河内和河南的太守。他处理政事残暴酷烈比王温舒等人都严重。杜周刚被征召任廷史时，只有一匹马，而且配备不齐全；到了他长久做官，位列三公，子孙都当了高官，家里的钱财累积有好几万。

太史公曰："自郅都、杜周十人者，此皆以酷烈为声。然郅都伉直，引是非，争天下大体。张汤以知阴阳人主，与俱上下，时数辩当否，国家赖其便。赵禹时据法守正。杜周从谀，以少言为重。自张汤死后，网密，多诋严，官事寖以耗废。九卿碌碌奉其官，救过不赡，何暇论绳墨之外乎！然此十人中，其廉者足以为仪表，其污者足以为戒，方略教导，禁奸止邪，一切亦皆彬彬质有其文武焉。虽惨酷，斯称其位矣。至若蜀守冯当暴挫，广汉李贞擅磔人，东郡弥仆锯项，天水骆璧推咸，河东褚广妄杀，京兆无忌、冯翊殷周蝮鸷，水衡阎奉朴击卖请，何足数哉！何足数哉！

太史公说：从郅都到杜周十人，这些人都以严酷暴烈而闻名。可是郅都刚直，辨清是非，关心国家大体的事情，能据理力争。张汤因为懂得看着皇上脸色行事，皇上和他上下配合，当时多次辩论国家大事的得失，国家靠他而获益。赵禹时常依据法律坚守正义。杜周怂恿谄谀，以少说话为重要原则。从张汤死后，法网严密，办案大多诋毁严酷，政事逐渐昏乱败坏。九卿平庸无能地履行自己的职守，他们防止发生过错尚且不及，哪有时间研究法律以外的事情呢！但这十人中，那廉洁的足可以作为人们的表率，那污浊的足可以做人们的鉴戒，出谋划策，教导人民，禁奸止邪，一切作为也都斯文有礼，恩威并施。执法虽然严酷，但这符合他们的官位。至于像蜀郡太守冯当凶暴摧残人，广汉郡李贞擅自肢解人，东郡弥仆锯断人的脖子，天水骆璧逼供定案，河东褚广胡乱杀人，京兆无忌、冯翊殷周的凶猛，水衡都尉阎奉逼迫拷打犯人出钱买得饶恕，哪值得去数说呢！哪值得去数说呢！

史记第一百二十三卷

大宛列传第六十三

大宛之迹，见自张骞。张骞，汉中人。建元中为郎。是时，天子问匈奴降者，皆言匈奴破月氏王，以其头为饮器，月氏遁逃而常怨仇匈奴，无与共击之。汉方欲事灭胡，闻此言，因欲通使。道必更匈奴中，乃募能使者。骞以郎应募，使月氏，与堂邑氏胡奴甘父俱出陇西。经匈奴，匈奴得之，传诣单于。单于留之，曰："月氏在吾北，汉何以得往使？吾欲使越，汉肯听我乎？"留骞十余岁，与妻，有子，然骞持汉节不失。

大宛的事迹，从张骞开始发现。张骞，汉中人。汉武帝建元年间任郎官。那时，武帝问投降的匈奴人，都说匈奴击破了月氏，用月氏王的头颅当作饮酒的器皿，月氏逃跑远去，经常在心中仇恨匈奴，但没有人和他们一道攻打匈奴。汉朝正打算灭掉匈奴，听到了这话，于是想派使者和月氏联系。但是，去月氏的途中一定要经过匈奴境内，朝廷就招募能够充当使者的人。张骞以郎官的身份去应招，被派去出使月氏，同堂邑氏的胡奴名甘父的一起从陇西出发。在经过匈奴境内的时候，被匈奴人抓住，送往单于那里。单于扣留了他们，说："月氏在我的北面，汉朝怎么能派使者去呢？我想派人出使越地，汉朝能听任我这样做么？"把张骞扣留了十多年，让他娶了妻子，生了儿子，但张骞仍然手持汉朝的使节，没有抛失过。

居匈奴中，益宽，骞因与其属亡乡月氏，西走数十日至大宛。大宛闻汉之饶财，欲通不得，见骞，喜，问曰："若欲何之？"骞曰："为汉使月氏，而为匈奴所闭道。今亡，唯王使人导送我。诚得至，反汉，汉之赂遗王财物不可胜言。"大宛以为然，遣骞，为发导绎，抵康居。康居传至大月氏。大月氏王已为胡所杀，立其太子为王。既臣大夏而居，地肥饶，少寇，志安乐，又自以远汉，殊无报胡之心。骞从月氏至大夏，竟不能得月氏要领。

在匈奴居留期间，匈奴对他戒备日渐放松，张骞趁机和他的随从逃往月氏。他们向西走了几十天来到大宛。大宛王早就听说汉朝物产富饶，想要交往，但没能够，见了张骞，心里高兴，问道："你要到哪里去？"张骞说："我为汉朝出使月氏，却被匈奴人截留。现在逃出来，望大王您派人引导送我去月氏。我如果能到那里，返回汉朝，汉朝一定会拿相当多的礼物送给您。"大宛王认为不错，就派人一路送他，到了康居。康居又辗转送他到大月氏。当时，大月氏王已被匈奴所杀，他的太子被立为王。征服大夏后，全部占据了他们的地方，土地肥沃，物产丰富，少有寇贼，所以大月氏王耽于安适、享乐，又自以为远离汉朝，一点都没有对匈奴复仇之意。张骞从月氏到大夏，居然得不到同月氏王结盟的允诺。

留岁余，还，并南山，欲从羌中归，复为匈奴所得。留岁余，单于死，左谷蠡王攻其太子自立，国内乱，骞与胡妻及堂邑父俱亡归汉。汉拜骞为太中大夫，堂邑父为奉使君。

张骞在月氏、大夏待了一年多，然后回国。他沿着昆仑山、阿尔金山的北麓东行，欲从羌人地区经过而回到长安，又被匈奴人抓住。居留了一年多，单于去世，左谷蠡王攻打单于的太子而自立为单于。匈奴内乱，张骞和他的匈奴妻子、堂邑父一同逃亡回到汉。汉任命张骞为太中大夫，堂邑父为奉使君。

骞为人强力，宽大信人，蛮夷爱之。堂邑父故胡人，善射，穷急射禽兽给食。初，骞行时百余人，去十三岁，唯二人得还。

张骞为人坚强有毅力，宽厚，以诚待人，外族人都喜欢他。堂邑父本是匈奴人，擅长射箭，窘困时就射猎禽兽来供给食物。起初，张骞出发的时候有一百多人，在外十三年，仅他和堂邑父两人得以回归。

骞身所至者:大宛、大月氏、大夏、康居;而传闻其旁大国五六,具为天子言之。曰:大宛在匈奴西南,在汉正西,去汉可万里。其俗土著,耕田,田稻麦。有蒲陶酒。多善马,马汗血,其先天马子也。有城郭屋室。其属邑大小七十余城,众可数十万。其兵弓矛骑射。其北则康居,西则大月氏,西南则大夏,东北则乌孙,东则扜罙、于窴。于窴之西,则水皆西流,注西海;其东水东流,注盐泽。盐泽潜行地下,其南则河源出焉。多玉石,河注中国。而楼兰、姑师邑有城郭,临盐泽。盐泽去长安可五千里。匈奴右方居盐泽以东,至陇西长城,南接羌,鬲汉道焉。

张骞亲身所到的地方有大宛、大月氏、大夏、康居,并且还从传说中了解它们附近的五六个大国的情况,他都把这些向天子报告了。张骞说:大宛在匈奴的西南方,在汉朝的正西方,离汉约有一万里远。那里的风俗安土重迁,从事农耕,种植稻和麦。生产葡萄酒。盛产良马,马出汗如血,它的祖先是天马的儿子。有城镇和房屋。有大大小小七十多座城附属于大宛,百姓约有几十万。那里的兵器是弓和矛,人们骑马射箭。大宛的北边是康居,西面是大月氏,西南边是大夏,东北边是乌孙,东面是扜罙、于阗。于阗的西边,水都向西流,注入西海;于阗东边的河水都向东流,注入盐泽。盐泽的水流于地下,它南边是黄河的发源地。那儿盛产玉石,黄河水流入中国。楼兰、姑师这些地方都有城郭,靠近盐泽。盐泽距离长安约有五千里。匈奴的右边正居住在盐泽以东,一直到陇西的长城,南边紧连着羌,隔离了通往汉朝的道路。

乌孙在大宛东北可二千里,行国,随畜,与匈奴同俗。控弦者数万,敢战。故服匈奴,及盛,取其羁属,不肯往朝会焉。

乌孙在大宛的东北约有二千里远,人民不定居,游牧,和匈奴的习俗相同。能拉弓射箭的士兵有几万人,作战勇敢。以前臣服匈奴,到强大后,就取回被束缚在匈奴的亲属人质,不愿去朝拜匈奴。

康居在大宛西北可二千里,行国,与月氏大同俗。控弦者八九万人。与大宛邻国。国小,南羁事月氏,东羁事匈奴。

康居在大宛的西北边大约二千里,人民不定居,和大月氏的习俗大多相同。能拉弓射箭的士兵有八九万人。和大宛国相邻。国家很小,南边臣服于月氏,东边臣服于匈奴。

奄蔡在康居西北可二千里,行国,与康居大同俗。控弦者十余万。临大泽,无崖,盖乃北海云。

奄蔡在康居西北边大约二千里,人民不定居,和康居的习俗大多相同。能拉弓射箭的士兵有十多万人。紧靠着大洼地,没有边际,大概是北海吧。

大月氏在大宛西可二三千里,居妫水北。其南则大夏,西则安息,北则康居。行国也,随畜移徙,与匈奴同俗。控弦者可一二十万。故时强,轻匈奴,及冒顿立,攻破月氏,至匈奴老上单于,杀月氏王,以其头为饮器。始月氏居敦煌、祁连间,及为匈奴所败,乃远去,过宛,西击大夏而臣之,遂都妫水北,为王庭。其余小众不能去者,保南山羌,号小月氏。

大月氏在大宛西边约二三千里,居住在妫水的北面。它的南边是大夏,西边是安息,北边是康居。百姓不定居,游牧迁徙,和匈奴风俗相同。能拉弓射箭的士兵约有一二十万人。以前强大时,轻视匈奴,到了冒顿立为单于,打败了月氏;到匈奴老上单于时,杀死了月氏王,用他的头颅作为饮酒器皿。开始时,月氏居住在敦煌、祁连一带,到了被匈奴打败后,就远远地离开,经过宛,向西攻打大夏并使它臣服了自己,于是建都在妫水的北面,设置了王庭。那些余留下的没能离去的一部分百姓,守卫着南山和羌人居住的地方,被称为小月氏。

安息在大月氏西可数千里。其俗土著,耕田,田稻麦,蒲陶酒。城邑如大宛。其属小大数百城,地方数千里,最为大国。临妫水,有市,民商贾用车及船,行旁国或数千里。以银为钱,钱如其王面,王死辄更钱,效王面焉。画革旁行以为书记。其西则条枝,北有奄蔡、黎轩。

安息在大月氏西边约几千里。那里民俗安土重迁,从事农耕,种植稻和麦,生产葡萄酒。它的城镇如同大宛一样。它附属有大大小小几百座城镇,国土方圆有几千里,是最大的国家。紧靠着妫水,有集市,人民做买卖依靠车和船只,运载货物到附近国家或几千里以外的地方。用银作为钱,钱币铸成像国王面貌,国王死了就更换钱币,是为了要模仿国王面貌。在皮革上横着作记号作为文字

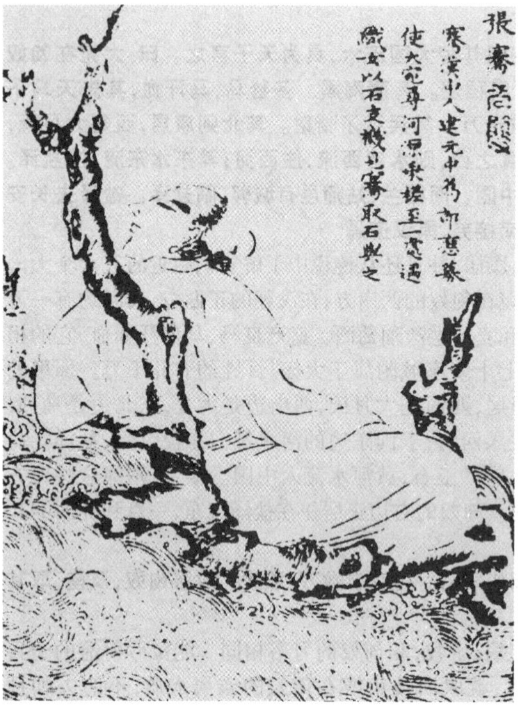

张骞像，选自清·金古良绘《无双谱》。

记载。它的西边是条枝，北边有奄蔡、黎轩。

条枝在安息西数千里，临西海。暑溼。耕田，田稻。有大鸟，卵如瓮。人众甚多，往往有小君长，而安息役属之，以为外国。国善眩。安息长老传闻条枝有弱水、西王母，而未尝见。

条枝在安息的西面有几千里，紧临着西海。天气炎热、潮湿。从事农耕，种植水稻。那里有大鸟，产的蛋像酒瓮一样大。人口很多，有的地方往往有小君长，而安息役使管辖他们，把它当作外围国家。国人精通幻术。安息的老年人听说条枝有弱水、西王母，可是从没有见过。

大夏在大宛西南二千余里妫水南。其俗土著，有城屋，与大宛同俗。无大君长，往往城邑置小长。其兵弱，畏战。善贾市。及大月氏西徙，攻败之，皆臣畜大夏。大夏民多，可百余万。其都曰蓝市城，有市贩贾诸物。其东南有身毒国。

大夏在大宛西南面二千余里妫水的南边。那儿百姓定居，有城郭房屋，和大宛的习俗相同。没有大君长，往往是每个城镇设置小君长。这个国家军队软弱，害怕打仗。人民善于做买卖。到大月氏西迁的时候，打败了它，统治了整个大夏。大夏百姓很多，大约有一百多万。它的国都叫蓝市城，有集市，贩卖各种货物。它的东南边有身毒国。

骞曰："臣在大夏时，见邛竹杖、蜀布。问曰：'安得此？'大夏国人曰：'吾贾人往市之身毒。身毒在大夏东南可数千里。其俗土著，大与大夏同，而卑湿暑热云。其人民乘象以战。其国临大水焉。'以骞度之，大夏去汉万二千里，居汉西南。今身毒国又居大夏东南数千里，有蜀物，此其去蜀不远矣。今使大夏，从羌中，险，羌人恶之；少北，则为匈奴所得；从蜀，宜径，又无寇。"天子既闻大宛及大夏、安息之属皆大国，多奇物，土著，颇与中国同业，而兵弱，贵汉财物；其北有大月氏、康居之属，兵强，可以赂遗设利朝也。且诚得而以义属之，则广地万里，重九译，致殊俗，威德遍于四海。天子欣然，以骞言为然，乃令骞因蜀犍为发间使，四道并出：出駹，出冉，出徙，出邛、僰，皆各行一二千里。其北方闭氐、筰，南方闭嶲、昆明。昆明之属无君长，善寇盗，辄杀略汉使，终莫得通。然闻其西可千余里，有乘象国，名曰滇越，而蜀贾奸出物者或至焉，于是汉以求大夏道始通滇国。初，汉欲通西南夷，费多，道不通，罢之。及张骞言可以通大夏，乃复事西南夷。

张骞说："臣在大夏的时候，看到邛地的竹杖、蜀地产的布料。我问他们说：'如何得到这些东西呢？'大夏国的人说：'我们的商人去身毒买的。身毒在大夏东南面约几千里。那儿百姓定居，和大夏习俗大多相同，而且地势低，天气潮湿、炎热。那儿的人民骑大象来作战。他们国家紧临大水。'根据我的推测，大夏距离汉一万二千里，位于汉的西南边。现在身毒国又位于大夏东南面几千里，那里有蜀地的物产，那它离蜀郡不远了。如今出使大夏，从羌人居住区经过，地势险要，羌人讨厌这样做；要是稍微向北走，就会被匈奴人俘获；从蜀郡走应该是直路，又没有强盗。"天子听说大宛和大夏、安息之类都是大国，有很多奇珍异宝，百姓定居，与汉朝人的生活很相似，而且兵力薄弱，看重汉朝的财物；北边有大月氏、康居之类国家，军队强大，可以用财物来疏通，给它们好处，使它们来朝拜。况且如果真能用道义来使它们归属，就能够扩大万里的土地，经过辗转翻译，招来不同风俗的人们，汉朝天子的声威和恩德就会遍及于四海。天子心中高兴，认为张骞的话很对，于是命令张骞从蜀郡的犍为派遣秘密行动的使者，分四路同时出发：一路从駹出发，一路从冉出发，一路由徙起程，一路由邛、僰起程，都各自行走一二千里。结果北方那一路被氐、筰阻拦，南方那一路被巂、昆明隔绝。昆明之类的国家没有君长，善于抢劫，常常杀害、掠夺汉朝的使者，汉朝使者终于没能通过。但是，听说昆明西边约一千多里有个人们都骑象的国家，名叫滇越，而蜀地的商人偷运出境的物品时，有的去过那里，于是汉朝为了寻找通住大夏的道路，开始和滇国往来。以前，汉朝想和西南夷沟通，由于花费太多，道路不畅通，因此作罢了。到了张骞说可以沟通大夏时，就又重新从事沟通西南夷的事情。

骞以校尉从大将军击匈奴，知水草处，军得以不乏，乃封骞为博望侯。是岁，元朔六年也。其明年，骞为卫尉，与李将军俱出右北平击匈奴。匈奴围李将军，军失亡多；而骞后期当斩，赎为庶人。是岁，汉遣骠骑破匈奴西域数万人，至祁连山。其明年，浑邪王率其民降汉，而金城、河西西并南山至盐泽，空无匈奴。匈奴时有候者到，而希矣。其后二年，汉击走单于于幕北。

张骞以校尉的身份跟随大将军卫青攻打匈奴，他知道有水草的地方，因而军队能够不受困乏，于是封张骞为博望侯。那一年是元朔六年。第二年，张骞任卫尉，和李广将军一同从右北平出发去攻打匈奴。匈奴军队包围住李广，李广的军队损失惨重；而张骞的军队耽误了时间，他被判为斩刑，花钱赎罪，贬为庶民。那一年汉朝派骠骑将军霍去病在西边打败了匈奴军队几万人，来到祁连山下。第二年，浑邪王率领属下百姓向汉朝投降，从此金城、河西的西边一直到盐泽一带，再也没有匈奴人了。匈奴有时派侦察兵来，可是这事也很少了。那以后两年，汉朝军队把匈奴单于击退至大沙漠以北。

是后，天子数问骞大夏之属。骞既失侯，因言曰：“臣居匈奴中，闻乌孙王号昆莫，昆莫之父，匈奴西边小国也。匈奴攻杀其父，而昆莫生，弃于野。乌嗛肉蜚其上，狼往乳之。单于怪以为神，而收长之。及壮，使将兵，数有功，单于复以其父之民予昆莫，令长守于西域。昆莫收养其民，攻旁小邑，控弦数万，习攻战。单于死，昆莫乃率其众远徙，中立，不肯朝会匈奴。匈奴遣奇兵击，不胜，以为神而远之，因羁属之，不大攻。今单于新困于汉，而故浑邪地空无人。蛮夷俗贪汉财物，今诚以此时而厚币赂乌孙，招以益东，居故浑邪之地，与汉结昆弟，其势宜听；听，则是断匈奴右臂也。既连乌孙，自其西，大夏之属皆可招来而为外臣。”天子以为然，拜骞为中郎将，将三百人，马各二匹，牛羊以万数，赍金币帛直数千巨万，多持节副使，道可使，使遗之他旁国。

这以后，天子多次问张骞大夏之类的事。张骞已经失去侯爵，于是说：“臣居留在匈奴时，听说乌孙王号昆莫，昆莫的父亲，是匈奴西边一个小国的国王。匈奴人攻打并杀死了他的父亲，而昆莫出生，被扔在野地上。乌叼着肉飞在他上面，狼去哺乳他。匈奴单于觉得奇怪，认为他是神，把他收养了，让他长大。到他成年后，让他领兵打仗，屡有战功，单于又将他父亲属下的百姓交付给昆莫，让他长久地守卫在西边。昆莫收养了他的百姓，攻打附近的小城镇，能拉弓射箭的士兵有几万人，熟习作战。匈奴单于死后，昆莫于是带领他的人民远远地迁移，独立，不愿去朝拜匈奴。匈奴派出奇制胜的军队去攻打，没有获胜，认为昆莫是神人而远离了他，对他采取约束牵制的办法，不经常进攻。如今匈奴单于刚被汉朝打得很疲惫，而以前浑邪王的领地又没人守卫。蛮夷的风俗是贪图汉朝的财物，现在如果趁这个时机用丰厚的礼物来赠送乌孙王，招引他再往东来，居住于原浑邪王的土地，和汉朝结为兄弟，根据情势来看，应该听从这样的，听从了就是把匈奴右边的一只臂膀斩断了。联合了乌孙以后，从它往西大夏等国都可以招引来而作为外臣属国。”天子觉得很对，任命张骞为中郎将，率领三百人，每人两匹马，牛羊几万只，携带钱财布帛，价值几千万；还配备了好多名持节杖的副使，如果道路可通，就派他们到附近的国家去。

骞既至乌孙，乌孙王昆莫见汉使如单于礼，骞大惭。知蛮夷贪，乃曰：“天子致赐，王不拜则还赐”。昆莫起拜赐，其他如故。骞谕使指曰：“乌孙能东居浑邪地，则汉遣翁主为昆莫夫人。”乌孙国分，王老，而远汉，未知其大小，素服属匈奴日久矣，且又近之，其大臣皆畏胡，不欲移徙，王不能专制。骞不得其要领。昆莫有十馀子，其中子曰大禄，强，善将众，将众别居万余骑。大禄兄为太子，太子有子曰岑娶。而太子蚤死。临死谓其父昆莫曰：“必以岑娶为太子，无令他人代之。”昆莫哀而许之，卒以岑娶为太子。大禄怒其不得代太子也，乃收其诸昆弟，将其众畔，谋攻岑娶及昆莫。昆莫

老，常恐大禄杀岑娶，予岑娶万余骑别居；而昆莫有万余骑自备。国众分为三，而其大总取羁属昆莫。昆莫亦以此不敢专约于骞。

张骞到了乌孙后，乌孙王昆莫用拜见匈奴单于的礼节来接见汉朝使者，张骞内心很羞愧，知道蛮夷禀性贪婪，于是说："天子赠送礼物，大王不拜谢，就把礼物退回来。"昆莫就起身拜谢赏赐，其余做法照旧。张骞把自己出使的意图告诉昆莫说："乌孙能够向东居住在浑邪王的土地上，那么汉朝就送一位诸侯的女儿给昆莫做夫人。"这时乌孙国已经分裂，国王年纪大，又远离汉朝太远，不知道它的大小，一直臣服于匈奴已经很长时间了，况且又接近匈奴，他们大臣都惧怕匈奴，不想迁走，国王不能独自作出决定。张骞因而没能得到昆莫的明确表态。昆莫有十多个儿子，中间有个儿子叫大禄，强悍，善于指挥军队，带领军队在别处居住，有一万多骑兵。大禄的哥哥是太子，太子有个儿子叫岑娶，而太子很早就去世了。他临死的时候对父亲昆莫说："一定要把岑娶立为太子，不要让别人替代他。"昆莫悲哀地答应了他，终于把岑娶立为太子。大禄为自己不能取代太子而发怒，于是纠集他的兄弟们，带领他的军队造反了，计划攻打岑娶和昆莫。昆莫年老，常常害怕大禄杀了岑娶，就给岑娶一万多骑兵，让他在别处居住，而昆莫有一万多骑兵作自卫，这样国家人民一分为三，而大体上仍是归属昆莫，昆莫也因此不敢对张骞独自做主定约。

骞因分遣副使使大宛、康居、大月氏、大夏、安息、身毒、于寘、扜罙及诸旁国。乌孙发导译送骞还。骞与乌孙遣使数十人，马数十匹，报谢，因令窥汉，知其广大。

张骞于是分派副使出使大宛、康居、大月氏、大夏、安息、身毒、于阗、扜罙和旁边的国家。乌孙国派出向导和翻译送张骞回国，张骞和乌孙派出的使者几十人，马几十匹，一同去汉，报答汉天子，顺便让他们探视汉朝，知道它的广大。

骞还到，拜为大行，列于九卿。岁余，卒。

张骞回到朝廷，被任命为大行，官位排列在九卿之中。一年多后，张骞去世。

乌孙使既见汉人众富厚，归报其国，其国乃益重汉。其后岁余，骞所遣使通大夏之属者，皆颇与其人俱来，于是西北国始通于汉矣。然张骞凿空，其后使往者皆称"博望侯"，以为质于外国，外国由此信之。

乌孙的使者看到汉朝人口众多，财物充足后，回去向他们国家报告，他们国家于是更重视汉朝。那以后一年多，张骞派出去沟通大夏等国的使者，大都和所去国家的人一同回来，于是西北各国开始和汉朝有了交往。然而这种交往是张骞开创的，那以后出使西域的人都号称为博望侯，据此来使外国信任，外国也因此而信任他们。

自博望侯骞死后，匈奴闻汉通乌孙，怒，欲击之。及汉使乌孙，若出其南，抵大宛、大月氏相属，乌孙乃恐，使使献马，愿得尚汉女翁主为昆弟。天子问群臣议计，皆曰："必先纳聘，然后乃遣女。"

自从博望侯张骞死后，匈奴听说汉朝和乌孙交往，很生气，想进攻乌孙。到汉朝出使乌孙，那些使者从它南边出使到大宛、大月氏，使者接连不断，乌孙就感到害怕，派使者向汉朝献马匹，希望能够娶汉朝诸侯的女儿做妻子，同汉朝结为兄弟。天子向大臣们征求意见，大臣都说："一定要先让他们送上聘礼，然后才把诸侯女儿嫁过去。"

初，天子发书《易》，云："神马当从西北来。"得乌孙马好，名曰"天马"。及得大宛汗血马，益壮，更名乌孙马曰"西极"，名大宛马曰"天马"云。而汉始筑令居以西，初置酒泉郡，以通西北国。因益发使抵安息、奄蔡、黎轩、条枝、身毒国。而天子好宛马，使者相望于道。诸使外国，一辈大者数百，少者百余人，人所赍操，大放博望侯时。其后益习而衰少焉。汉率一岁中使多者十余，少者五、六辈；远者八、九岁，近者数岁而反。

以前，天子打开《易》占卜，卜辞说："神马当从西北来。"得到乌孙的好马后，就命名叫"天马"。到得了大宛的汗血马，越发健壮，就把乌孙马改名为"西极"，把大宛马命名为"天马"。这时汉朝开始修筑令居以西的长城亭障，开始设置酒泉郡来和西北各国交往。于是加派使者到安息、奄蔡、黎轩、条枝、身毒各国。而皇上喜爱大宛马，出使大宛的使者更是来往不断。那些出使外国的使者一批大的有几百人，小的有一百多人，人们所携带的东西与博望侯时大致相同。那以后出使之事习以为常，人数渐渐减少。汉朝通常一年中要派出的使者，多的有十几次，少的有五六次。远的地方，使者八九年回来，近的地方几年就回来了。

是时汉既灭越，而蜀、西南夷皆震，请吏入朝。于是置益州、越巂、牂柯、沈黎、汶山郡，欲地接以前通大夏。乃遣使柏使昌、吕越人等岁十余辈，出此初郡抵大夏，皆复闭昆明，为所杀，夺币财，终莫能通至大夏焉。于是汉发三辅罪人，因巴蜀士数万人，遣两将军郭昌、卫广等往击昆明之遮汉使者，斩首虏数万人而去。其后遣使，昆明复为寇，竟莫能得通。而北道酒泉抵大夏，使者既多，而外国益厌汉币，不贵其物。

这时汉朝已经消灭了南越，蜀、西南夷都受到震惊，请求汉朝派遣官吏加以管辖和入朝拜见天子。汉朝因此设置益州、越巂、牂柯、沈黎、汶山郡，希望土地连成一片，向前通往大夏。于是汉朝一年内就派使者柏使昌、吕越人等十几批，从这几个刚设置的郡出发到大夏，但又都被昆明阻拦，使者被杀，钱物被抢，终究没能够通往到大夏。于是汉朝派遣三辅的犯人，再加上巴蜀士兵几万人，派郭昌、卫广两位将军前去进攻昆明阻拦汉朝使者的人，杀死和俘虏几万人后就离去。这以后派出使者，昆明又进行抢杀，终于未能通过。而北边经过酒泉到大夏，使者已经很多，外国对得到汉朝的布帛财物越来越感到不满足，不看重这些东西了。

自博望侯开外国道以尊贵，其后从吏卒皆争上书言外国奇怪利害，求使。天子为其绝远，非人所乐往，听其言，予节，募吏民毋问所从来，为具备人众遣之，以广其道。来还不能毋侵盗币物，及使失指，天子为其习之，辄覆按致重罪，以激怒令赎，复求使。使端无穷，而轻犯法。其吏卒亦辄复盛推外国所有，言大者予节，言小者为副，故妄言无行之徒皆争效之。其使皆贫人子，私县官赍物，欲贱市以私其利外国。外国亦厌汉使人人有言轻重，度汉兵远不能至，而禁其食物以苦汉使。汉使乏绝，积怨，至相攻击。而楼兰、姑师小国耳，当空道，攻劫汉使王恢等尤甚。而匈奴奇兵时时遮击使西国者。使者争遍言外国灾害，皆有城邑，兵弱易击。于是天子以故遣从骠侯破奴将属国骑及郡兵数万，至匈河水，欲以击胡，胡皆去。其明年，击姑师，破奴与轻骑七百余先至，虏楼兰王，遂破姑师。因举兵威以困乌孙、大宛之属。还，封破奴为浞野侯。王恢数使，为楼兰所苦，言天子，天子发兵令恢佐破奴击破之，封恢为浩侯。于是酒泉列亭鄣至玉门矣。

自从博望侯由于开通与外国的交往道路而获得尊贵，那以后跟随出使的官吏和士兵都争着上书，陈述外国奇珍之物、怪异之事和利害之情，请求当使者。皇上认为外国非常遥远，不是人人都乐于前往，就接受他们的要求，颁给他们使节，招募官吏和百姓而不问他们的出身，为他们配备好随行人员而送他们出发，来扩大沟通外国的道路。出使归来的人可能会出现侵吞布帛财物的情况，以及使者违背旨意的事情，天子以为他们熟悉西域情况，就常常深究他们的罪行，来激怒他们，让他们出钱赎罪，再次要求充任使者。这样求使的念头循环无尽，于是他们也就轻率犯法。那些官吏士卒也常常反复极力推荐外国有的东西，说大话的人被授予正使，说小话的人被授予副使，所以那些胡说八道、没有品行的人都争着来仿效。那些出使的人都是贫穷人家的孩子，把官府的赠送礼物占为己有，想用低价收购货物在外国获取私利。外国人也讨厌汉朝的使者每个人的言辞都轻重不实，考虑到汉朝军队离得远，不能来到，因而断绝他们的食物，使汉朝使者遭受苦难。汉朝使者生活困乏，断绝食物，因而对西域各国产生了怨恨，以至于相互攻击。楼兰、姑师是小国，处于交通要道，攻击劫持汉朝使者王恢等尤其厉害。而匈奴的骑兵经常拦击出使西域的人。使者争相详谈外国的危害，都有城镇，兵力薄弱容易进攻。于是天子因此派遣从骠侯赵破奴率领属国骑兵和各郡士兵几万人，来到匈河水，想要攻打匈奴，匈奴军队都离去了。第二年，攻打姑师，赵破奴和轻骑兵七百多人先到达，俘虏了楼兰王，于是攻陷了姑师。凭借胜利的军威围困了乌孙、大宛等国。回汉朝后，封赵破奴为浞野侯。王恢屡次出使，被楼兰搞得很苦，他跟皇上说起，皇上派军队让王恢辅佐赵破奴打败了楼兰，王恢被封为浩侯。于是，汉朝在酒泉修筑亭障，直修到玉门关。

乌孙以千匹马聘汉女，汉遣宗室女江都翁主往妻乌孙，乌孙王昆莫以为右夫人。匈奴亦遣女妻昆莫，昆莫以为左夫人。昆莫曰“我老”。乃令其孙岑娶妻翁主。乌孙多马，其富人至有四五千匹马。

乌孙用一千匹马来聘娶汉朝姑娘，汉朝派皇族江都王刘建的女儿嫁给乌孙王做妻子，乌孙王昆莫让她做右夫人。匈奴也派遣公主嫁给昆莫，昆莫让她做左夫人。昆莫说：“我年纪大了。”于是让他的孙子岑娶娶公主为妻。乌孙盛产马匹，那里富人家的马多至四五千匹。

初，汉使至安息，安息王令将二万骑迎于东界。东界去王都数千里。行比至，过数十城，人民相属甚多。汉使还，而后发使随汉使来观汉广大，以大鸟卵及黎轩善眩人献于汉。及宛西小国驩潜、大益，宛东姑师、扜罙、苏薤之属，皆随汉使，献见天子。天子大悦。

以前，汉朝使者到安息，安息王命令有关人员率领二万骑兵到东部边界上来迎接。东部边界距离国都有几千里远。从动身到走到国都，要经过几十座城镇，百姓相连，人口很多。汉朝使者回来，安息就接着派使者跟随汉使者来观察汉朝领土的广大，把大鸟蛋和黎轩善变魔术的人献给汉朝。至于大宛西边的小国驩潜、大益，大宛东边的姑师、扜罙、苏薤等国，都跟随汉使者来献贡品和拜见天子。天子很高兴。

而汉使穷河源，河源出于寘，其山多玉石，采来，天子案古图书，名河所出山曰昆仑云。

汉朝使者寻到了黄河源头，黄河的河源出于于阗，那里的山盛产玉石，使者们采运回来，天子考察古代的图书，命名黄河发源的山叫昆仑山。

是时上方数巡狩海上，乃悉从外国客，大都多人则过之，散财帛以赏赐，厚具以饶给之，以览示汉富厚焉。于是大觳抵，出奇戏诸怪物，多聚观者，行赏赐，酒池肉林，令外国客遍观各仓库府藏之积，见汉之广大，倾骇之。及加其眩者之工，而觳抵奇戏岁增变，甚盛益兴，自此始。

这时，天子正多次到海边地带视察，就每次都让外国客人跟随在他后面，人多的大城市就经过，并且散发财物布帛来赏赐他们，用丰厚的酒肴重重地款待他们，来展示汉朝的富有。于是大规模地搞角抵戏，展出奇怪的表演和那些怪物，围观的人很多，皇上便进行赏赐，聚酒成池，挂肉成林，让外国客人遍观各地仓库的储藏物资，表现汉朝的博大，使他们倾慕、吃惊。到了增加那些魔术的精巧技艺后，角抵和奇戏每年都有新变化，更加兴旺，就从这时开始。

西北外国使，更来更去。宛以西，皆自以远，尚骄恣晏然，未可诎以礼羁縻而使也。自乌孙以西至安息，以近匈奴，匈奴困月氏也，匈奴使持单于一信，则国国传送食，不敢留苦；及至汉使，非出币帛不得食，不市畜不得骑用。所以然者，远汉，而汉多财物，故必市乃得所欲，然以畏匈奴于汉使焉。宛左右以蒲陶为酒，富人藏酒至万余石，久者数十岁不败。俗嗜酒，马嗜苜蓿。汉使取其实来，于是天子始种苜蓿、蒲陶肥饶地。及天马多，外国使来众，则离宫别观旁尽种蒲陶、苜蓿极望。自大宛以西至安息，国虽颇异言，然大同俗，相知言。其人皆深眼，多须髯，善市贾，争分铢。俗贵女子，女子所言而丈夫乃决正。其地皆无丝漆，不知铸钱器。及汉使亡卒降，教铸作他兵器。得汉黄白金，辄以为器，不用为币。

西北地区的外国使者，换来换去，往来不断。大宛以西的国家，都自认为离汉朝远，还骄傲放纵，安逸自适，汉朝还不能用礼来使他们屈服，听任管束、指使。从乌孙以西到安息因为靠近匈奴，匈奴使月氏处于困扰之中，匈奴使者拿着单于的一封信，那么各国都供给他食物，不敢阻留而使其受苦。至于汉朝使者，不拿出钱物就无法得到食物，不买牲口就不能坐骑。之所以这样，因为他们离汉朝远，并且汉朝财物丰足，所以一定要买才能得到想要的东西，但也是因为他们怕匈奴使者甚于汉朝使者。大宛左右的国家都用葡萄造酒，富人家里储藏的酒多至一万多石，年代久的几十年都不坏。那里民众喜欢饮酒，马喜欢吃苜蓿。汉朝使者把它们的种子拿回来，于是天子开始在肥沃的土地上种植苜蓿、葡萄。至于得到的天马多了，外国使者来得多了，那离宫别苑旁边都种上了葡萄、苜蓿，一望无际。从大宛以西到安息，各国虽然语言大不相同，可是风俗大多相似，彼此可以相互了解。那里人都深眼窝，多胡须，善于做买卖，连一分一钱都要争执。当地风俗重女子，女子说的话，丈夫就绝对不能违背。那里都没有丝和漆，不懂得铸钱和器皿。到了汉朝使者逃亡士卒投降了他们后，教他们制作兵器和器皿。他们得到了汉朝的黄金、白银，常常用来作器皿，不用来作钱币。

而汉使者往既多，其少从率多进熟于天子，言曰："宛有善马在贰师城，匿不肯与汉使。"天子既好宛马，闻之甘心，使壮士车令等持千金及金马以请宛王贰师城善马。宛国饶汉物，相与谋曰："汉去我远，而盐水中数败，出其北有胡寇，出其南乏水草。又且往往而绝邑，乏食者多。汉使数百人为辈来，而常乏食，死者过半，是安能致大军乎？无奈我何。且贰师马，宛宝马也。"遂不肯予汉使。汉使怒，妄言，椎金马而去。宛贵人怒曰："汉使至轻我！"遣汉使去，令其东边郁成遮攻，杀汉使，取其

财物。于是天子大怒。诸尝使宛姚定汉等言宛兵弱，诚以汉兵不过三千人，强弩射之，即尽虏破宛矣。天子已尝使浞野侯攻楼兰，以七百骑先至，虏其王，以定汉等言为然，而欲侯宠姬李氏，拜李广利为贰师将军，发属国六千骑，及郡国恶少年数万人，以往伐宛。期至贰师城取善马，故号“贰师将军”。赵始成为军正，故浩侯王恢使导军，而李哆为校尉，制军事。是岁，太初元年也。而关东蝗大起，蜚西至敦煌。

汉朝使者出使西域的多了以后，那些自少年时就跟随出使国外的人，大多都向天子汇报熟悉的情况，说：“大宛有好马在贰师城，他们藏着不肯给汉使者。”天子喜欢上了大宛马，听了心里很高兴，就派壮士车令等人拿着千金和金马，来向大宛王求贰师城的好马。大宛国已经有很多汉朝的东西，大宛王和大臣商议说：“汉朝离我们很远，而经过盐泽来我国屡有死亡之事发生，倘若从北边来又会有匈奴侵扰，从南边来又缺少水草之地。而且往来没有城邑，饮食很缺乏。汉朝使者每批几百人来，而常常因为缺乏食物，死亡超过半数，这样怎么能有大军队前来呢？他们对我们无可奈何。况且贰师城的马，是大宛的宝马！”于是大宛王不肯把马给汉使者。汉使者生气，指责大宛王，用椎击打金马然后离去。大宛的贵族官员发怒说：“汉使者太轻视我们了！”送汉使者离去，命令大宛东边的郁成国拦击并杀死汉使者，夺取他的财物。于是天子很愤怒。几位曾经出使过大宛的人，如姚定汉等说大宛兵力薄弱，如果用汉朝军队，不超过三千人，用强弓劲弩射击他们，就能全部俘获大宛的军队。因为天子已经派浞野侯攻打楼兰，他率领七百名骑兵先到了楼兰，俘虏了楼兰王，所以天子认为姚定汉等的话不错，并且想封宠姬李夫人的家人为侯，就任命李广利为贰师将军，调动属国六千名骑兵，以及各郡国品行恶劣的少年几万人，率领前往进攻大宛。希望是到贰师城获取好马，所以号为“贰师将军”。赵始成任军正，原来的浩侯王恢当军队的向导，而李哆任校尉，掌管军中大事。这一年是太初元年。这时关东蝗虫为害严重，飞到西边的敦煌。

贰师将军既西过盐水，当道小国恐，各坚城守，不肯给食。攻之不能下。下者得食，不下者数日则去。比至郁成，士至者不过数千，皆饥罢。攻郁成，郁成大破之，所杀伤甚众。贰师将军与哆、始成等计：“至郁成尚不能举，况至其王都乎？”引兵而还。往来二岁。还至敦煌，士不过什一二，使使上书言：“道远，多乏食，且士卒不患战，患饥。人少，不足以拔宛。愿且罢兵，益发而复往。”天子闻之，大怒，使使遮玉门，曰军有敢入者辄斩之！贰师恐，因留敦煌。

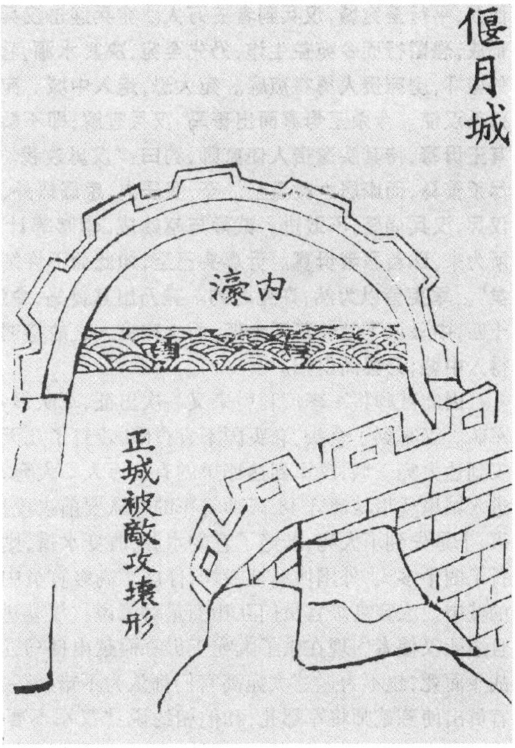

偃月城，古代城墙单薄处筑偃月城以加防城垣被敌人攻破。

贰师将军李广利的军队已经向西渡过了盐水，沿途的小国都很惊慌，各自坚守城池，不肯供给食物。汉军攻打它们，没能攻下。攻下城来就能得到食物，攻不下的，过几天就离去。等到到了郁成，到达那里的士兵不超过几千人，都饥饿疲惫。汉军攻打郁成，郁成军队大败汉军，汉军被杀伤的很多。贰师将军李广利和李哆、赵始成等人商量：“到郁成还没能够攻下，何况到他们的国都呢？”就带军队返回。一去一回花了两年。他们回到敦煌，士兵已经不超过十分之一二。李广利派使者向天子报告说：“道路遥远又常常缺少食物；况且士兵不担心战斗，只担心饥饿。人数少，不足以攻取大宛。希望暂且退兵，增加派遣军队再前去。”天子听后，非常生气，派使者到玉门关阻拦，说军队有敢进入玉门关的，就处死！贰师将军李广利害怕，于是就停留在敦煌。

其夏，汉亡浞野之兵二万余于匈奴。公卿及议者愿罢击宛军，专力攻胡。天子已业诛宛，宛小国而不能下，则大夏之属轻汉，而宛善马绝不来，乌孙、仑头易苦汉使矣，为外国笑。乃案言伐宛尤不便者邓光等，赦囚徒材官，益发恶少年及边骑，岁余而出敦煌者六万人，负私从者不与。牛十万，马三万余匹，驴骡橐它以万数。多赍粮，兵弩甚设，天下骚动，传相奉伐宛，凡五十余校尉。宛王城中无井，皆汲城外流水，于是乃遣水工徙其城下水空以空其城。益发戍甲卒十八万，酒泉、张掖北，置居延、休屠以卫酒泉，而发天下七科適，及载糒给贰师。转车人徒相连属至敦煌。而拜习马者二人为执驱校尉，备破宛择取其善马云。

那年夏天，汉朝在匈奴损失了浞野侯的军队两万多人。公卿和议事的大臣都希望中止攻打大宛，集中力量攻打匈奴。天子已经攻打宛国，大宛这样的小国不能攻克，那大夏等国就会轻视汉朝，而大宛的良马也绝不会弄来，乌孙、仑头就会轻易地让汉使者受困苦了，被外国耻笑。皇上于是审查惩罚了说攻打大宛很不利的邓光等人，赦免了囚犯和勇敢的犯了罪的士兵，增加调动品行恶劣的少年及边地骑兵，一年多内出发到敦煌的达六万人，这还不包括自带衣食随军的人。这些士兵携带牛十万头，马三万多匹，驴、骡、骆驼数以万计。他们还带了很多粮食，兵器、弓弩都很齐全。当时天下为之骚动，相继供事于攻打大宛，军队总共有五十多名校尉。大宛都城中没有水井，都要汲取城外的流水，汉军于是派遣水工改变了城边的水道，使城内无水可用。又增加调发了十八万甲兵，到酒泉、张掖北边，设置居延、休屠两个县来护卫酒泉。汉朝还调遣全国七种犯罪的人，载运干粮供给贰师将军的军队。转运物资的人沿途络绎不绝，直到敦煌。又任命两位熟习马匹的人做执驱校尉，准备攻克大宛后择取他们的良马。

于是贰师后复行，兵多，而所至小国莫不迎，出食给军。至仑头，仑头不下，攻数日，屠之。自此而西，平行至宛城，汉兵到者三万人。宛兵迎击汉兵，汉兵射败之，宛走入葆乘其城。贰师兵欲行攻郁成，恐留行而令宛益生诈，乃先至宛，决其水源，移之，则宛固已忧困。围其城，攻之四十余日，其外城坏，虏宛贵人勇将煎靡。宛大恐，走入中城。宛贵人相与谋曰：“汉所为攻宛，以王毋寡匿善马而杀汉使。今杀王毋寡而出善马，汉兵宜解；即不解，乃力战而死，未晚也。”宛贵人皆以为然，共杀其王毋寡，持其头遣贵人使贰师，约曰：“汉毋攻我。我尽出善马，恣所取，而给汉军食。即不听，我尽杀善马，而康居之救且至。至，我居内，康居居外，与汉军战。汉军熟计之，何从？”是时，康居候视汉兵，汉兵尚盛，不敢进。贰师与赵始成、李哆等计：“闻宛城中新得秦人，知穿井，而其内食尚多。所为来，诛首恶者毋寡。毋寡头已至，如此而不许解兵，则坚守，而康居候汉罢而来救宛，破汉军必矣”。军吏皆以为然，许宛之约。宛乃出其善马，令汉自择之，而多出食食给汉军。汉军取其善马数十匹，中马以下牡牝三千余匹，而立宛贵人之故待遇汉使善者名昧蔡以为宛王，与盟而罢兵。终不得入中城，乃罢而引归。

因此贰师将军李广利后来又一次出征，军队很多，所到的小国没有不迎接的，都拿出食物供给军队。汉军到了仑头，仑头国不肯投降，攻打了几天，血洗仑头。从这往西，汉军没有受到阻拦而平安到达大宛王城，汉军到达那里的有三万人。大宛军队迎击汉军，汉军射箭打败了他们，大宛军队进入城里凭借城墙守卫，贰师将军的军队要前去攻打郁成，恐怕滞留行军而让大宛更加做出诡诈之事，于是先到了大宛，断绝了它的水源，改变水道，则大宛已经深受困苦了。汉军包围了大宛城，攻打了四十多天，外围城墙被毁坏，俘虏了高级官员中的勇将煎靡。大宛人十分害怕，都逃入城里面的城中。大宛高级官员们互相商量对策说：“汉朝进攻大宛的原因，是由于大宛王毋寡藏匿良马而且杀死汉使者。现在杀了大宛王毋寡而献出良马，汉军的围攻应该会离去；如果不离去，就再奋力战斗而死，也不为迟。”大宛高官们都认为不错，就一同杀死了他们的国王毋寡，拿着他的头，派高级官员出使到贰师将军那儿，和他相约说：“汉军不要攻打我们。我们把良马全都献出，任由你们选取，并且供给汉军食物。如果不答应，我们就把良马全部杀掉，而康居的救兵快要到了。救兵来到，我们在里面，康居军队在外面，和汉军作战。希望汉军仔细考虑，打算如何？”这时康居的侦察兵看了汉军，以为汉军还强盛，不敢前进。贰师将军和赵始成、李哆等人商量说：“听说大宛城内刚找到了汉人，懂得挖井，并且他们城内粮食还很多。我们来这里的原因，是诛杀罪大恶极的毋寡。毋寡的头已送来了，像这样而还不允许解去军队，那么他们顽强守卫，而康居的军队等到汉军疲乏而来救援大宛，就一定会打败汉军。”汉军军官都认为很有道理，就答应了大宛的要求。大宛于是献出他们的良马，让汉人自己来挑选，并且拿出很多食物来供给汉军。汉军取走了几十匹良马，以及中等以下的公马和母马三千多匹，又立了大宛贵人中以前对待汉使者友好的人，名叫昧蔡，作为大宛王，和他订立盟约而撤兵。汉军最终没能进入大宛的内城，就撤军回到汉朝。

初，贰师起敦煌西，以为人多，道上国不能食，乃分为数军，从南北道。校尉王申生、故鸿胪壶充国等千余人，别到郁成。郁成城守，不肯给食其军。王申生去大军二百里，偩而轻之，责郁成，郁成食不肯出，窥知申生军日少，晨用三千人攻，戮杀申生等，军破，数人脱亡，走贰师。贰师令搜粟都尉上官桀往攻破郁成。郁成王亡走康居，桀追至康居。康居闻汉已破宛，乃出郁成王与桀，桀令四骑士缚守诣大将军。四人相谓曰：“郁成王汉国所毒，今生将去，卒失大事。”欲杀，莫敢先击。上邽骑士赵弟最少，拔剑击之，斩郁成王，赍头。弟、桀等逐及大将军。

以前，贰师将军从敦煌西边出发，认为人员太多，沿途的国家无法供给食物，就把军队分为几支，从南、北两路前进。校尉王申生、原鸿胪壶充国等率领一千多人，从另一条路到了郁成。郁成人坚守城池，不肯向汉军供给食物。王申生离开大部队二百里远，以为有所倚仗而轻视郁成，向郁成索取粮食。郁成人不肯献出粮食，探知王申生的军队每天减少，就在一天早晨用三千人进攻汉军，杀死了王申生等人，汉军被打败，几个人逃脱，跑到贰师将军那里。贰师将军命令搜粟都尉上官桀前去打败了郁成人。郁成王逃亡到康居，上官桀追击到康居。康居听说汉军已经攻克了大宛，就把郁成王献给上官桀，上官桀命令四名骑兵把郁成王捆好，押解到贰师将军那里。四名骑兵互相商议说：“郁成王是汉朝痛恨的人，如今活的送去，突然发生意外就耽误大事了。”想要杀了他，没人敢先下手。上邽人骑士赵弟年纪最小，拔出剑来砍去，杀了郁成王，带上他的人头。赵弟、上官桀等人追赶上了贰师将军的大部队。

初，贰师后行，天子使使告乌孙，大发兵并力击宛。乌孙发二千骑往，持两端，不肯前。贰师将军之东，诸所过小国闻宛破，皆使其子弟从军入献，见天子，因以为质焉。贰师之伐宛也，而军正赵始成力战，功最多，及上官桀敢深入，李哆为谋计，军入玉门者万余人，军马千余匹。贰师后行，军非乏食，战死不能多，而将吏贪，多不爱士卒，侵牟之，以此物故众。天子为万里而伐宛，不录过，封广利为海西侯。又封身斩郁成王者骑士赵弟为新畤侯。军正赵始成为光禄大夫，上官桀为少府，李哆为上党太守。军官吏为九卿者三人，诸侯相、郡守、二千石者百余人，千石以下千余人。奋行者官过其望，以適过行者皆绌其劳。士卒赐直四万金。伐宛再反，凡四岁而得罢焉。

以前，贰师将军的后一次出发，皇帝派使者告诉乌孙，要求他们多派兵和汉军联合进攻大宛。乌孙派了二千名骑兵前往，却采取观望的态度，不肯前进。贰师将军胜利东归，那些沿途的小国听说大宛被攻破，都派他们的子弟跟随汉军到汉朝进贡，拜见皇上，顺便留在汉朝做人质。贰师将军攻打大宛，军正赵始成奋力作战，功劳最大；至于上官桀勇敢地深入作战，李哆出谋划策，使军队进入回到玉门关的有一万多人，战马有一千多匹。贰师将军后一次出兵，军队并不缺乏粮食，战死的人也不算多，而他手下官吏贪婪，大多都不爱惜士兵，侵吞军饷，因此死人很多。天子因为他们是万里远征而进攻大宛，不记他们的过错，封李广利为海西侯。又封亲自斩杀郁成王的骑士赵弟为新畤侯。任命军正赵始成为光禄大夫，上官桀为少府，李哆为上党太守。军官中位列九卿的有三人，任诸侯相、郡守、二千石的有一百多人，任千石以下的有一千多人。自愿参军的人，所封的官位都超过他自己的愿望，因犯罪受惩罚去当兵的人赦免他的罪行，不计功劳。对士卒的赏赐价值四万金。两次攻打大宛，总共花了四年才最后结束。

汉已伐宛，立昧蔡为宛王而去。岁余，宛贵人以为昧蔡善谀，使我国遇屠，乃相与杀昧蔡，立毋寡昆弟曰蝉封为宛王，而遣其子入质于汉。汉因使使赂赐以镇抚之。

汉军讨伐大宛后，立昧蔡作大宛王后离去。一年多后，大宛高级官员认为昧蔡善于阿谀，使自己的国家遭受大屠杀，于是一起杀死了昧蔡，立毋寡的兄弟名叫蝉封的当大宛王，然后派他的儿子到汉朝做人质。汉朝于是派使者赠送礼物来安抚他们。

而汉发使十余辈至宛西诸外国，求奇物，因风览以伐宛之威德。而敦煌置酒泉都尉，西至盐水，往往有亭。而仑头有田卒数百人，因置使者护田积粟，以给使外国者。

汉朝派遣使者十几批到大宛以西的那些国家，搜求奇异之物，趁机晓谕和考察汉天子征伐大宛的威风和德行。在敦煌设置酒泉都尉，一直到西边的盐水，路上常常有亭障。而仑头有屯田士卒几百人，于是汉朝在那里设立使者，以保护田地，积蓄粮食，来供给出使外国的人。

太史公曰：《禹本纪》言："河出昆仑。昆仑其高二千五百余里，日月所相避隐为光明也。其上有醴泉、瑶池。"今自张骞使大夏之后也，穷河原，恶睹《本纪》所谓昆仑者乎？故言九州山川，《尚书》近之矣。至《禹本纪》、《山海经》所有怪物，余不敢言之也。

太史公说：《禹本纪》说："黄河源出自昆仑山。昆仑山高达二千五百多里，是太阳、月亮交相隐蔽，放出光明的地方。山上有醴泉、瑶池。"如今从张骞出使大夏之后，探寻到黄河的源头，从哪里能看见本纪上所说的昆仑山呢？所以谈论九州山川，《尚书》的说法接近事实了。至于《禹本纪》、《山海经》所记载的奇怪之物，我不敢去谈论它们。

史记第一百二十四卷

游侠列传第六十四

韩子曰："儒以文乱法，而侠以武犯禁。"二者皆讥，而学士多称于世云。至如以术取宰相卿大夫，辅翼其世主，功名俱著于春秋，固无可言者。及若季次、原宪，闾巷人也，读书怀独行君子之德，义不苟合当世，当世亦笑之。故季次、原宪终身空室蓬户，褐衣疏食不厌。死而已四百余年，而弟子志之不倦。今游侠，其行虽不轨于正义，然其言必信，其行必果，已诺必诚，不爱其躯，赴士之厄困，既已存亡死生矣，而不矜其能，羞伐其德，盖亦有足多者焉。

韩非子说："儒家援引古代的文献扰乱法治，而游侠凭借武力触犯禁令。"对两者都加以非难，但儒生却多被世人称赞，至于用权术来谋取宰相卿大夫的职位，辅助当世的君主，功名都被记载在史书中，本来没有什么可说的。至于季次、原宪，是平民百姓，用功读书，怀有特异君子的品德，自己的威仪举止不和当代同流合污，当代人也嘲笑他们。所以季次、原宪一生住在一贫如洗的草屋中，连粗布衣服、简陋的饭食都无法满足。他们死了四百多年，而他们的弟子却不知疲倦地怀念他们。如今的游侠，他们的行为虽然不依循于道德法律的准则，但他们说话守信用，做事坚决，答应的事一定诚实去做，不爱惜自己的身躯，去救助别人的困急，既已经历了出生入死的考验，却不夸耀自己的才能，羞于炫示自己的功德，大概也有很值得称赞的地方吧。

且缓急，人之所时有也。太史公曰：昔者虞舜窘于井廪，伊尹负于鼎俎，傅说匿于傅险，吕尚困于棘津，夷吾桎梏，百里饭牛，仲尼畏匡，菜色陈、蔡。此皆学士所谓有道仁人也，犹然遭此菑，况以中材而涉乱世之末流乎？其遇害何可胜道哉！

况且危急之事，是人们常会遇到的。太史公说："从前虞舜在淘井和修粮仓时遇到危急，伊尹背着鼎俎当厨师，傅说藏身在傅险当苦力，吕尚在棘津遭困厄，管仲戴过脚镣和手铐，百里奚喂过牛，孔子在匡地被围困，在陈、蔡两国饿得面黄肌瘦。这些都是儒生所说的有道德的仁人，还是遭到这样的灾难，何况依靠中等才能而经历乱世的普通人呢？他们遭遇的灾难怎么可以说得完呢！

鄙人有言曰："何知仁义，已飨其利者为有德。"故伯夷丑周，饿死首阳山，而文、武不以其故贬王，跖、蹻暴戾，其徒诵义无穷。由此观之，"窃钩者诛，窃国者侯，侯之门，仁义存"，非虚言也。

俗话说："什么叫懂得仁和义，已经享受利益的就是有道德。"所以伯夷以吃周粟为可耻，饿死在首阳山，可文王、武王不因为这个原因而损害王者的声誉；盗跖、庄蹻凶暴残忍，而他们的党徒却不断地称赞他们的义气。由此可见，“偷衣带钩的人要杀头，偷国家政权的人被封侯，受封侯的人家就有仁义存在了”，这不是假话。

今拘学或抱咫尺之义，久孤于世，岂若卑论侪俗，与世沉浮而取荣名哉！而布衣之徒，设取予然诺，千里诵义，为死不顾世，此亦有所长，非苟而已也。故士穷窘而得委命，此岂非人之所谓贤豪间者邪？诚使乡曲之侠，予季次、原宪比权量力，效功于当世，不同日而论矣。要以功见言信，侠客之义又曷可少哉！

现在，拘泥于片面道理或者抱着狭隘理论的人，长久地孤立于世俗以外，不如降低论调、迁就世俗，和世俗同流合污而取得荣耀名声的人啊！而平民百姓，看重取予皆合于道义、应允能实现的美德，到千里以外去伸张正义，为道义而死却不顾现实，这也是他们的长处，不是随便能做到的。因此读书人在穷困窘急的时候能够委心向学而正视命运，这难道不是人们所说的贤人和豪侠中间的人物吗？假如让民间的游侠，和季次、原宪比较权势的大小，较量才能的高下，比量对社会的贡献，就不能相提并论了。总而言之，从事功的表现，说话信得过方面来说，侠客的正义行为又怎么可以缺少呢！

季札像，选自《吴郡名贤图传赞》。季札是春秋时吴国的贵族，因封于延陵，故又称延陵季子。

古布衣之侠，靡得而闻已。近世延陵、孟尝、春申、平原、信陵之徒，皆因王者亲属，藉于有土卿相之富厚，招天下贤者，显名诸侯，不可谓不贤者矣。比如顺风而呼，声非加疾，其势激也。至于闾巷之侠，修行砥名，声施于天下，莫不称贤，是为难耳。然儒、墨皆排摈不载。自秦以前，匹夫之侠，湮灭不见，余甚恨之。以余所闻，汉兴有朱家、田仲、王公、剧孟、郭解之徒，虽时扞当世之文网，然其私义廉絜退让，有足称者。名不虚立，士不虚附。至于朋党宗强比周，设财役贫，豪暴侵凌孤弱，恣欲自快，游侠亦丑之。余悲世俗不察其意，而猥以朱家、郭解等令与暴豪之徒同类而共笑之也！

古代平民中的侠客，没有能听说过。近代延陵季子、孟尝君、春申君、平原君、信陵君这些人，都因为是君王的亲属，依靠着有封地和卿相之位的富有，招揽天下的贤人，在诸侯中显扬名声，不能说他们不是贤才。就比如顺风呼喊，声音没有加快，这是风势激荡所致。至于闾巷中的侠客，修养行为，砥砺名节，名声遍及天下，没有不称赞他们贤能的，这是难以做到的。可是儒家、墨家都对他们排斥摒弃不加记载。从秦代以前，平民侠客，被埋没无法见到，我十分遗憾。依据我所听到的，汉朝兴起以来有朱家、田仲、王公、剧孟、郭解这些人，虽然时常触犯当朝的法律，但他们个人的行为符合道义，廉洁而懂谦让，有值得称扬的地方。名声不会虚假地树立，读书人不会虚假地附和。至于结成帮派的豪强互相勾结，用钱财来役使贫苦人，借豪强暴力来欺凌孤单势弱的人，随心所欲，来满足自己，这也是游侠认为可耻的。我哀伤世俗之人不明白其中的真意，却错误地把朱家、郭解等人和强暴的人视为同类而一同加以耻笑。

鲁朱家者，与高祖同时。鲁人皆以儒教，而朱家用侠闻。所藏活豪士以百数，其余庸人不可胜言。然终不伐其能，歆其德，诸所尝施，唯恐见之。振人不赡，先从贫贱始。家无余财，衣不完采，食不重味，乘不过軥牛。专趋人之急，甚己之私。既阴脱季布将军之厄，及布尊贵，终身不见也。自关以东，莫不延颈愿交焉。

鲁国的朱家，和高祖是同时代的人。鲁人都以儒家思想进行教育，可朱家却因为任侠而闻名。他所隐藏和救活的知名人士数以百计，其他的普通人则不计其数。但他始终不夸耀自己的本领，不为自己的恩德沾沾自喜，对那些他曾给予过恩惠的人，他唯恐再见到他们。他救济不富足的人，先从贫贱人家开始。他家里没有剩余的钱财，衣服破旧得没有完整的颜色，就餐没有两样以上的荤菜，乘坐的不过用小牛驾的车子。专门去救助别人的危急，超过为自己办私事。他暗中使季布将军摆脱困境后，待到季布尊贵时，他终身不见季布。从函谷关以东地区，没有人不伸长脖子希望和他结交。

楚田仲以侠闻，喜剑，父事朱家，自以为行弗及。田仲已死，而雒阳有剧孟。周人以商贾为资，而剧孟以任侠显诸侯。吴、楚反时，条侯为太尉，乘传车，将至河南，得剧孟，喜曰："吴、楚举大事而不求孟，吾知其无能为已矣。"天下骚动，宰相得之若得一敌国云。剧孟行大类朱家，而好博，多少年之戏。然剧孟母死，自远方送丧盖千乘。及剧孟死，家无余十金之财。

楚国的田仲由于任侠而闻名，喜欢剑术，以对待父辈一样服侍朱家，自己认为行为比不上朱家。田仲死后，洛阳出了个剧孟。洛阳人以做买卖为生活的资本，而剧孟凭借任侠在诸侯中显扬。吴、楚七国反叛时，条侯任太尉，他乘坐着驿站的快车快到河南，找到了剧孟，高兴地说："吴、楚七国发动叛乱而不求助于剧孟，我知道他们没有什么作为了。"天下动乱，太尉得到他就像是得到一个相当的国家一样。剧孟的行为很像朱家，但喜欢玩六博，所做的多为少年人的游戏。可是剧孟的母亲去世时，从远方来送丧的，大概有上千辆车子。到剧孟去世时，家里没有十金多的剩钱。

而符离人王孟亦以侠称江、淮之间。

而符离人王孟这时也因为任侠，在长江、淮河一带受到称颂。

是时济南瞯氏、陈周庸亦以豪闻，景帝闻之，使使尽诛此属。其后代诸白、梁韩无辟、阳翟薛兄、陕韩孺纷纷复出焉。

这时济南姓瞯的人家、陈地的周庸也因为豪侠而闻名，景帝听说后，派使者把这些人全杀死了。那以后，代郡姓白的、梁地的韩无辟、阳翟的薛兄、陕地的韩孺，又纷纷出现了。

郭解，轵人也，字翁伯，善相人者许负外孙也。解父以任侠，孝文时诛死。解为人矮小精悍，不饮酒。少时阴贼，慨不快意，身所杀甚众。以躯借交报仇，藏命作奸剽攻，休乃铸钱掘冢，固不可胜数。适有天幸，窘急常得脱，若遇赦。及解年长，更折节为俭，以德报怨，厚施而薄望。然其自喜为侠益甚。既已振人之命，不矜其功，其阴贼著于心，卒发于睚眦如故云。而少年慕其行，亦辄为报仇，不使知也。解姊子负解之势，与人饮，使之嚼。非其任，强必灌之。人怒，拔刀刺杀解姊子，亡去。解姊怒曰："以翁伯之义，人杀吾子，贼不得。"弃其尸于道，弗葬，欲以辱解。解使人微知贼处。贼窘自归，具以实告解。解曰："公杀之固当，吾儿不直。"遂去其贼，罪其姊子，乃收而葬之。诸公闻之，皆多解之义，益附焉。

郭解是轵县人，字翁伯，是善于给人相面的许负的外孙。郭解的父亲由于任性，在孝文帝时被杀死。郭解这人短小精悍，不饮酒。他小时候阴险毒辣，心中愤怒不高兴时，亲手杀死很多人。他不惜自身来助朋友报仇，藏匿亡命的人去犯法抢劫，停下来就私自铸钱、盗掘坟墓，这种事原来就不可胜数。但却能遇到上天保佑，在危急中常常能摆脱出来，就像是犯法遇到了赦免。到郭解年纪大后，就改变操行，检点自己，用恩惠报答憎恨自己的人，多多施给别人，对别人怨恨很少。但他自己喜欢行侠的思想更加强烈。已经救了别人性命，不炫夸自己的功劳，但他的内心仍然阴险狠毒，突然由于小的怨恨而行凶之事还和以前一样。当时的少年仰慕他的行为，也常常为他报仇，不让他知道。郭解姐姐的儿子仗郭解的威势，和别人饮酒，让人家干杯。人家不胜酒量，他就强迫灌人家。别人生气，拔出刀来刺杀了郭解姐姐的儿子，就逃跑了。郭解姐姐生气地说："凭着翁伯的义气，人家杀了我的儿子，却捉不到凶手。"把尸体扔在路上，不加以埋葬，想借此来羞辱郭解。郭解派人暗中打听到凶手的去处。凶手害怕，自己回来，把实情全部告诉郭解。郭解说："你杀他本来应该，我的孩子没有道理。"于是放走那凶手，把罪责归于他姐姐的儿子，就收尸埋葬了他。人们听说了这事，都称赞郭解的道义，更加依附于他。

解出入，人皆避之。有一人独箕倨视之，解遣人问其名姓。客欲杀之。解曰："居邑屋至不见

敬，是吾德不修也，彼何罪！”乃阴属尉史曰：“是人，吾所急也，至践更时脱之。”每至践更，数过，吏弗求。怪之，问其故，乃解使脱之。箕倨者乃肉袒谢罪。少年闻之，愈益慕解之行。

郭解每次外出或归来，人们总躲避他。有一个人独自叉开双腿傲慢地坐着看郭解，郭解派人去问他的姓名。郭解的门客想杀死那人。郭解说：“在家乡居住，竟然不被人尊敬，这是我的德行不美好，他有什么罪过呢！”于是暗中嘱咐尉史说：“这个人，是我很关心的，轮到他服役时，请求免除他。”以后每到服役时，多次轮到这个人，县吏都没有要求他去。这个人觉得奇怪，问其原因，说是郭解让他解脱的。这个傲慢的人就袒衣露体向郭解谢罪。少年们听到这事，更加仰慕郭解的行为。

雒阳人有相仇者，邑中贤豪居间者以十数，终不听。客乃见郭解。解夜见仇家，仇家曲听解。解乃谓仇家曰：“吾闻雒阳诸公在此间，多不听者。今子幸而听解，解奈何乃从他县夺人邑中贤大夫权乎？”乃夜去，不使人知，曰：“且无用，待我去，令雒阳豪居其间，乃听之。”

洛阳有相互结仇的人，城中几十个贤人豪杰从中调解，他们始终不听。门客们就来拜见郭解，说明情况。郭解连夜去会见结仇的人家，仇家委曲心意听从了郭解的劝告。郭解于是对仇家说：“我听说洛阳很多尊者在这里从事调解，你们大都不肯听从。如今你们幸而听从了我的话，我怎么能从别的县跑来夺取人家地方贤豪大夫的权利呢！”郭解于是连夜离去，不让别人知道，说：“暂且不要用我的话，等我离去后，让洛阳的豪士从中调解，你们就听他们的。”

解执恭敬，不敢乘车入其县廷。之旁郡国，为人请求事，事可出，出之；不可者，各厌其意，然后乃敢尝酒食。诸公以故严重之，争为用。邑中少年及旁近县贤豪，夜半过门常十余车，请得解客舍养之。

郭解谨守恭敬，不敢坐车进入他们县衙门的办公地方。他到附近的郡和王国，替别人办事，事情可以解决的，就解决；不能解决的，使各方满意，然后才敢吃人家酒饭。大家因此十分尊敬他，争着供他使用。城中少年和附近县的贤人豪杰，半夜来拜访郭解的常常有十多辆车，请求把郭解的门客带到自己的房舍去供养。

及徙豪富茂陵也，解家贫，不中訾，吏恐，不敢不徙。卫将军为言：“郭解家贫不中徙。”上曰：“布衣权至使将军为言，此其家不贫。”解家遂徙。诸公送者出千余万。轵人杨季主子为县掾，举徙解。解兄子断杨掾头。由此杨氏与郭氏为仇。

到了迁徙各郡国的豪富人家到茂陵居住时，郭解家里贫穷，不够迁移的资财标准，但迁徙名单中有他，官吏害怕，不敢不将他迁徙。卫青将军向皇上说：“郭解家里贫困，不够迁徙标准。”皇上说：“平民有权力使得将军替他讲话，这说明他家不穷。”郭解家就被迁徙了。人们出资一千多万为郭解送行。轵县人杨季主的儿子任县掾，是他提名要迁徙郭解的。郭解哥哥的儿子砍掉了杨县掾的头。从此杨家和郭家结下仇。

解入关，关中贤豪知与不知，闻其声，争交欢解。解为人短小，不饮酒，出未尝有骑。已又杀杨季主，杨季主家上书，人又杀之阙下。上闻，乃下吏捕解。解亡，置其母家室夏阳，身至临晋。临晋籍少公素不知解，解冒，因求出关。籍少公已出解，解转入太原，所过辄告主人家。吏逐之，迹至籍少公。少公自杀，口绝。久之，乃得解。穷治所犯，为解所杀，皆在赦前。轵有儒生侍使者坐，客誉郭解，生曰：“郭解专以奸犯公法，何谓贤！”解客闻，杀此生，断其舌。吏以此责解，解实不知杀者。杀者亦竟绝，莫知为谁。吏奏解无罪。御史大夫公孙弘议曰：“解布衣为任侠行权，以睚眦杀人，解虽弗知，此罪甚于解杀之。当大逆无道。”遂族郭解翁伯。

郭解移迁进关中以后，关中的贤人豪杰认识和不认识郭解的，听到他的名声，都争着和郭解结好。郭解矮小精悍，不饮酒，出门从未骑过马。后来又杀死了杨季主。杨季主的家人上书告状，有人又把他杀死在宫门下。皇帝听说后，就下令官吏捉拿郭解。郭解逃走，把他母亲一家安置在夏阳，自己来到临晋。临晋人籍少公与郭解素不相识，郭解假冒姓名，趁机要求他帮助自己出关。籍少公把郭解送出关后，郭解辗转到了太原，他所到之处，常常把自己的情况告诉留他居住、食宿的人家。官吏追赶他，追寻踪迹到了籍少公家里。籍少公自杀，口供断绝了。过了很久，才抓到郭解。官府调查郭解所犯的罪行，发现被郭解所杀的人，都在被赦免之前。轵县有位儒生陪同来查办郭解案件的使者坐，郭解门客称赞郭解，那儒生说：“郭解专门用狡诈来触犯国法，怎么可以称贤人！”郭解门客听到了，杀了这个儒生，割断他的舌头。官吏拿这事责问郭解，郭解真的不知道杀人的是谁。行凶的人也始终未查出来，没有人知道是谁。官吏向皇帝上书说郭解没有罪。御史大夫公孙弘议论说："郭解以平民身份行侠，敢于触犯法令，由于小怨恨而杀人，郭解虽然不知道，这罪过比他自己杀人还严重。该判大逆无道罪。"于是就诛杀了郭解全家族。

自是之后，为侠者极众，敖而无足数者。然关中长安樊仲子，槐里赵王孙，长陵高公子，西河郭公仲，太原卤公孺，临淮儿长卿，东阳田君孺，虽为侠而逡逡有退让君子之风。至若北道姚氏，西道诸杜，南道仇景，东道赵他羽公子，南阳赵调之徒，此盗跖居民间者耳，曷足道哉！此乃乡者朱家之羞也。

从这以后，行侠的人特别多，但都傲慢而没有值得称引的。可是关中长安的樊仲子、槐里的赵王孙、长陵的高公子、西河的郭公仲、太原的卤公孺、临淮的儿长卿、东阳的田君孺，虽然行侠，却恭敬谨慎有谦让的君子风范。至于像北道的姚氏，西道的一些姓杜的，南道的仇景，东道的赵他羽公子，南阳的赵调这些人，都是处在民间的盗跖罢了，哪里值得一提呢！这是从前朱家那样的人感到羞耻的。

太史公曰：吾视郭解，状貌不及中人，言语不足采者。然天下无贤与不肖，知与不知，皆慕其声，言侠者皆引以为名。谚曰："人貌荣名，岂有既乎！"于戏，惜哉！

太史公说：我看郭解，相貌比不上中等人，语言也没有可取的地方。但天下不论是贤人和不贤的人，知道和不知道他的，都仰慕他的名声，自称为游侠的人都借郭解来提高自己的名声。谚语说："人们羡慕荣耀的名声，难道有穷尽吗！"唉，可惜呀！

史记第一百二十五卷

佞幸列传第六十五

谚曰："力田不如逢年，善仕不如遇合。"固无虚言。非独女以色媚，而士宦亦有之。

俗话说："努力种田，不如碰上好年景；善于做官，不如抓住机遇。"这本来就不是空话。不仅是女人靠姿色献媚得宠，而且在士人宦官中也有这种情况。

昔以色幸者多矣！至汉兴，高祖至暴抗也，然籍孺以佞幸；孝惠时有闳孺。此两人非有材能，徒以婉佞贵幸，与上卧起，公卿皆因关说。故孝惠时，郎侍中皆冠鵕鸃，贝带，傅脂粉，化闳、籍之属也。两人徙家安陵。

过去靠姿色得到宠幸的人多着啦。到了汉朝兴起，汉高祖最为暴烈刚直，但籍孺靠谄媚得到宠信；孝惠帝的时候还有个闳孺。这两个人不是有什么才能，只是靠着顺从谄媚才得以显贵宠幸，他们和皇上同卧同起，公卿大臣都要通过他们才能向上陈说。因此在孝惠帝时期，宫中的郎官、侍中都戴着用锦鸡羽毛装饰的帽子，束着用贝壳点缀的腰带，搽着胭脂香粉，仿效着闳孺、籍孺这类人。闳孺、籍孺两人把家迁到了安陵。

孝文时中宠臣，士人则邓通，宦者则赵同、北宫伯子。北宫伯子以爱人长者；而赵同以星气幸，常为文帝参乘；邓通无伎能。邓通，蜀郡南安人也，以濯船为黄头郎。孝文帝梦欲上天，不能，有一黄头郎从后推之上天，顾见其衣裻带后穿。觉而之渐台，以梦中阴目求推者郎，即见邓通，其衣后穿，梦中所见也。召问其姓名，姓邓氏，名通，文帝说焉，尊幸之日异。通亦愿谨，不好外交，虽赐洗沐，不欲出。于是文帝赏赐通巨万以十数，官至上大夫。文帝时时如邓通家游戏。然邓通无他能，不能有所荐士，独自谨其身以媚上而已。上使善相者相通，曰："当贫饿死。"文帝曰："能富通者在我也，何谓贫乎？"于是赐邓通蜀严道铜山，得自铸钱，"邓氏钱"布天下，其富如此。

孝文帝的时候，宫中的宠臣，士人就是邓通，宦官就是赵同、北宫伯子。北宫伯子由于仁慈爱人，是忠厚长者而受尊宠；赵同凭着占星望气的法术而被宠幸，经常充当文帝的陪乘人员；邓通没有技艺才能。邓通是蜀郡南安人，因为善于摇船划桨当上了黄头郎。孝文帝做梦想要上天，上不去，有一个黄头郎从身后推着他上了天，孝文帝回头看见那个人衣服的腰带向后打结。梦醒以后，孝文帝就到渐台上去，按照梦中的情景，暗地里用眼睛寻找推他上天的黄头郎，随即看见了邓通，他的衣带是向后打结的，正如梦中见到的样子。孝文帝召见了邓通，询问他的姓名，回答说是姓邓名通。文帝喜欢他，使他日益尊贵宠幸。邓通也老实谨慎，不爱好和外人交往，即使皇上赐他浴沐休假，他也不想外出。当时文帝上十次地赏赐邓通万贯钱财，官职高至上大夫。文帝经常到邓通家游玩嬉戏。然而邓通没有别的才能，不能对士人有所推荐，只是独自谨慎其身来谄媚皇上罢了。皇上派了一个善于相面的人给邓通看相，那人说："邓通会因贫穷饥饿而死。"文帝说："能够使邓通富裕的在于我，怎么说会贫穷呢？"当时就把蜀郡严道县的铜山赐给了邓通，允许他自行铸钱，"邓通钱"遍布天下。他的富足达到了这样的程度。

文帝尝病痈，邓通常为帝唶吮之。文帝不乐，从容问通曰："天下谁最爱我者乎？"通曰："宜莫如太子。"太子入问病，文帝使唶痈，唶痈而色难之。已而闻邓通常为帝唶吮之，心惭，由此怨通矣。及文帝崩，景帝立，邓通免，家居。居无何，人有告邓通盗出徼外铸钱。下吏验问，颇有之，遂竟案，尽没入邓通家，尚负责数巨万。长公主赐邓通，吏辄随没入之，一簪不得著身。于是长公主乃令假衣食。竟不得名一钱，寄死人家。

文帝曾经患了痈疽，邓通经常为他吸吮脓水。文帝闷闷不乐，从容地询问邓通说："天下谁是最爱我的人呢？"邓通回答："应该没有人比得上太子的了。"太子进宫探问病情，文帝叫他吸吮痈疽，太子吸吮脓水但面露难色。过后听说邓通经常为文帝吸吮痈疽，心中惭愧，由此就憎恨邓通了。等到文帝去世，景帝登基即位，邓通被免职，在家闲居。过了不久，有人告发邓通偷偷到境外铸钱，景帝把案子下交给司法官吏审问，真有这种情况，于是最终结案，邓通的家产全部没收入官，还负债数亿钱。景帝的姐姐长公主赐给邓通钱财，官吏总是随即把它没收入官，连一根簪子也不得留在身上。当时长公主就派人借给他粮食、衣服。邓通终究不得占有一文钱，寄食死在别人家里。

孝景帝时，中无宠臣，然独郎中令周文仁，仁宠最过庸，乃不甚笃。

孝景帝的时候，宫中没有宠臣，然而只有郎中令周文仁，他的受宠远远超过了一般的人，却不深厚。

今天子中宠臣，士人则韩王孙嫣，宦者则李延年。嫣者，弓高侯孽孙也。今上为胶东王时，嫣与上学书相爱。及上为天子，愈益亲嫣。嫣善骑射，善佞。上即位，欲事伐匈奴，而嫣先习胡兵，以故益尊贵，官至上大夫，赏赐拟于邓通。时嫣常与上卧起。江都王入朝，有诏得从入猎上林中。天子车驾跸道未行，而先使嫣乘副车，从数十百骑，骛驰视兽。江都王望见，以为天子，辟从者，伏谒道傍。嫣驱不见。既过，江都王怒，为皇太后泣曰："请得归国入宿卫，比韩嫣。"太后由此嗛嫣。嫣侍上，出入永巷不禁，以奸闻皇太后。皇太后怒，使使赐嫣死。上为谢，终不能得，嫣遂死。而案道侯韩说，其弟也，亦佞幸。

当今天子宫中的宠臣，士人就是韩王信的曾孙韩嫣，宦官则是李延年。韩嫣是弓高侯韩穨当的庶孙。当今皇上做胶东王的时候，韩嫣和皇上一起学习书法，友好相爱。等到皇上做了太子，就更加亲近韩嫣。韩嫣擅长骑马射箭，又善于谄媚。皇上登基即位以后，想发兵讨伐匈奴，而韩嫣事先学习了胡人的兵器和阵法，由于这个缘故更加受尊贵，官职高至上大夫，赏赐的钱财和邓通相类似。当时韩嫣经常和皇上同卧同起。江都王刘非进京朝见，有诏令让他跟随皇上到上林苑中打猎。天子的车驾因需等待开路清道、禁止通行而未起程，就先派韩嫣乘坐副车，率领几十上百个骑士，奔驰前去观察野兽的行踪。江都王远远望见，以为是天子，就让随从避开，在道旁伏地拜见。韩嫣直驱而过，视而不见。车队过去后，江都王大怒，对着皇太后哭泣，说："请允许我归还封国，进宫来值宿警卫，和韩嫣并列。"皇太后从此怨恨韩嫣。韩嫣侍奉皇上，进出永巷妃嫔的住地不受禁止。有人把奸情报告给皇太后，皇太后大怒，派使者赐韩嫣自杀。皇上替他谢罪求情，终于不能得到赦免，韩嫣于是自杀。案道侯韩说是他的弟弟，也是靠谄媚得到宠幸。

李延年，中山人也。父母及身兄弟及女，皆故倡也。延年坐法腐，给事狗中。而平阳公主言延年女弟善舞，上见，心说之，及入永巷，而召贵延年。延年善歌，为变新声，而上方兴天地祠，欲造乐诗歌弦之。延年善承意，弦次初诗。其女弟亦幸，有子男。延年佩二千石印，号协声律。与上卧起，甚贵幸，埒如韩嫣也。久之，浸与中人乱，出入骄恣。及其女弟李夫人卒后，爱弛，则禽诛延年昆弟也。

李延年是中山人。父母和他自己，以及兄弟姐妹原来都是歌舞艺人。延年犯法受了腐刑，在宫中狗圈任职。平阳公主向皇上说延年的妹妹擅长舞蹈，皇上召见了，心里喜爱她，等她纳入了后宫永巷，就召见了延年，并让他显贵。延年善于唱歌，制作了新的乐章，而皇上正在兴建天地祠庙，想创作配乐的诗歌演奏歌唱。延年善于顺从皇上的心意，演唱了新创作的乐章。他的妹妹也得到了宠幸，生了一个儿子。延年佩带着二千石级的官印，号称为“协声律”。他和皇上同卧同起，非常显贵宠幸，等同于韩嫣。过了好久，延年逐渐和宫女淫乱，进出皇宫，骄横放纵。等到他的妹妹李夫人去世后，宠爱日减，官府就擒拿延年和他的兄弟，并把他们都杀了。

自是之后，内宠嬖臣大底外戚之家，然不足数也。卫青、霍去病亦以外戚贵幸，然颇用材能自进。

从此以后，宫中受宠幸的臣子大都出自于皇上的外戚家族，但都不值得数说。卫青、霍去病也由于是外戚显贵宠幸，但是他们很能凭自己的才能建功立业。

太史公曰：甚哉爱憎之时！弥子瑕之行，足以观后人佞幸矣。虽百世可知也。

太史公说：爱憎的时机是多么厉害啊！从弥子瑕的行为，就足可以观察到后人靠谄媚得到宠幸的种种情景了，即使是下推百代，也是可以预见的。

史记第一百二十六卷

滑稽列传第六十六

孔子曰：“《六艺》于治一也。《礼》以节人，《乐》以发和，《书》以道事，《诗》以达意，《易》以神化，《春秋》以义。”太史公曰：天道恢恢，岂不大哉！谈言微中，亦可以解纷。

孔子说：“六经对于治理国家，作用是一样的。《礼》用来规范人的言行，《乐》用来启发人的和谐，《书》用来叙述古往的事迹，《诗》用来表达人的情意，《易》用来明辨天地万物的神奇变化，《春秋》用来阐明人世间的道义。”太史公说：天地之间的道义宽广无边，难道不伟大吗！言谈如能稍微切中事理，也能排解纠纷。

淳于髡者，齐之赘婿也。长不满七尺，滑稽多辩，数使诸侯，未尝屈辱。齐威王之时喜隐，好为淫乐长夜之饮，沉湎不治，委政卿大夫。百官荒乱，诸侯并侵，国且危亡，在于旦暮。左右莫敢谏。淳于髡说之以隐曰：“国中有大鸟，止王之庭，三年不蜚又不鸣，王知此鸟何也？”王曰：“此鸟不飞则已，一飞冲天；不鸣则已，一鸣惊人。”于是乃朝诸县令长七十二人，赏一人，诛一人，奋兵而出。诸侯振惊，皆还齐侵地。威行三十六年。语在《田完世家》中。

淳于髡是齐国的一个赘婿。身高不到七尺，为人滑稽，擅长辩论，多次出使诸侯各国，未尝受过屈辱。齐威王当政的时候，喜欢隐语，爱好进行荒淫无度的彻夜宴饮，沉溺在酒中，不治理国事，把国事委托给了公卿大夫。文武百官荒废紊乱，诸侯各国都来侵犯，国家危难，灭亡就在这旦夕之间，国王身边的大臣没有人敢于进谏。淳于髡用隐语劝齐威王说：“国都中有一只大鸟，栖息在大王的庭院里，它三年不飞又不叫，大王知道这只鸟是为什么吗？”威王说：“这只鸟不飞则罢，一飞就直冲天际；不叫则罢，一叫就使人吃惊。”当时就命令各县长官七十二人入朝觐见，奖赏了一人，诛杀了一人,又振奋军队,出兵迎敌。诸侯各国大为震惊,都把侵占的土地归还给齐国。齐威王的声威持续了三十六年。这些事迹记载在《田完世家》中。

威王八年,楚大发兵加齐。齐王使淳于髡之赵请救兵,赍金百斤,车马十驷。淳于髡仰天大笑,冠缨索绝。王曰:“先生少之乎?”髡曰:“何敢!”王曰:“笑岂有说乎?”髡曰:“今者臣从东方来,见道傍有禳田者,操一豚蹄,酒一盂,祝曰:‘瓯窭满篝,污邪满车,五谷蕃熟,穰穰满家。’臣见其所持者狭而所欲者奢,故笑之。”于是齐威王乃益赍黄金千溢,白璧十双,车马百驷。髡辞而行,至赵。赵王与之精兵十万,革车千乘。楚闻之,夜引兵而去。

齐威王八年,楚国大举发兵侵犯齐国。齐威王派淳于髡出使赵国请求救兵,让他带上礼品黄金百斤,驷马车十辆。淳于髡仰天大笑,把帽带子都笑断了。威王说:“先生嫌礼物太少了吗?”淳于髡说:“哪里敢!”威王又问:“您的大笑难道有什么说法吗?”淳于髡答道:“今天我从东方来,看到路旁有一个祭祀田神的人,他拿着一只猪蹄,端着一杯酒,祝祷着说:‘狭小高地的谷物盛满筐笼,低洼田地的庄稼装满车辆,五谷丰登,穰穰满家。’我看见他拿的祭品很少,想要的东西却太多,所以笑他。”于是齐威王就把礼品增加到黄金一千镒、白璧十对、驷马车一百辆。淳于髡告辞启程,到了赵国。赵王派给他精兵十万,战车一千辆。楚军听到了这个消息,连夜退兵离去。

威王大说,置酒后宫,召髡赐之酒,问曰:“先生能饮几何而醉?”对曰:“臣饮一斗亦醉,一石亦醉。”威王曰:“先生饮一斗而醉,恶能饮一石哉!其说可得闻乎?”髡曰:“赐酒大王之前,执法在傍,御史在后,髡恐惧俯伏而饮,不过一斗径醉矣。若亲有严客,髡帣韝鞠䐜,侍酒于前,时赐余沥,奉觞上寿,数起,饮不过二斗径醉矣。若朋友交游,久不相见,卒然相睹,欢然道故,私情相语,饮可五六斗径醉矣。若乃州闾之会,男女杂坐,行酒稽留,六博投壶,相引为曹,握手无罚,目眙不禁,前有堕珥,后有遗簪,髡窃乐此,饮可八斗而醉二参。日暮酒阑,合尊促坐,男女同席,履舄交错,杯盘狼藉,堂上烛灭,主人留髡而送客,罗襦襟解,微闻芗泽,当此之时,髡心最欢,能饮一石。故曰酒极则乱,乐极则悲;万事尽然,言不可极,极之而衰。”以讽谏焉。齐王曰:“善。”乃罢长夜之饮,以髡为诸侯主客。宗室置酒,髡尝在侧。

齐威王很愉快,在后宫摆下酒宴,召见淳于髡,赏赐给他酒。威王问道:“先生能喝多少才醉?”淳于髡回答:“我喝一斗也会醉,喝一石也会醉。”威王说:“先生喝一斗就会醉,怎么能喝一石呢!其中的道理可以说来听听吗?”淳于髡说:“在大王面前承蒙赐酒,执法官在旁边,御史在身后,我惊恐不安,俯地而饮,不过一斗就醉了。如果双亲有尊贵的客人,我卷起衣袖,曲身跪坐,在席前侍奉酒菜,客人不时赏给我残酒,我高举酒杯,敬酒祝寿,连连起身,喝不到两斗就醉了。如果朋友交游,久不相见,突然会面,愉快地追述着往事,相互倾谈着私人的情谊,可以喝上五六斗就醉了。至于乡里的聚会,男女杂坐,巡行酌酒劝饮,流连不去,玩六博,赛投壶,相互称兄道弟,男女之间握手不受惩罚,双目相视也没有禁忌,地面上前有坠落的耳环,后有遗失的发簪,我内心喜欢这些,可以喝上八斗酒,才有两三分醉意。日暮酒残,把剩下的酒合为一樽,大家促膝而坐,男女同席,鞋子木屐交错相混,杯盘狼藉,堂上的火烛熄灭了,主人留下了我,送走了其他客人,绫罗短衣的衣襟解开了,微微闻到阵阵香气,在这个时候,我心里最欢畅,能喝上一石。因此说酒喝到极点就会乱了,快乐到了极点就会悲哀,一切事物都是这样,就是说做事不能做到极点,做到极点就会走向衰败。”淳于髡用这些话委婉地劝谏齐威王。威王说:“好!”就停止了通宵达旦的宴饮,任命淳于髡为接待各国宾客的诸侯主客。皇家宗室举行酒宴,淳于髡常常在旁作陪。

其后百余年,楚有优孟。优孟,故楚之乐人也。长八尺,多辩,常以谈笑讽谏。楚庄王之时,有所爱马,衣以文绣,置之华屋之下,席以露床,啖以枣脯。马病肥死,使群臣丧之,欲以棺椁大夫礼葬之。左右争之,以为不可。王下令曰:“有敢以马谏者,罪至死。”优孟闻之,入殿门,仰天大哭。王惊而问其故。优孟曰:“马者王之所爱也,以楚国堂堂之大,何求不得,而以大夫礼葬之,薄,请以人君礼葬之。”王曰:“何如?”对曰:“臣请以雕玉为棺,文梓为椁,楩枫豫章为题凑,发甲卒为穿圹,老弱负土,齐、赵陪位于前,韩、魏翼卫其后,庙食太牢,奉以万户之邑。诸侯闻之,皆知大王贱人而贵马也。”王曰:“寡人之过一至此乎!为之奈何?”优孟曰:“请为大王六畜葬之。以垅灶为椁,铜历为棺,赍以姜枣,荐以木兰,祭以粮稻,衣以火光,葬之于人腹肠。”于是王乃使以马属太官,无令天下久

闻也。

从这以后一百多年，楚国有一个优孟。优孟原来是楚国的艺人，身高八尺，富有辩才，常常用谈笑的方法委婉地进行劝谏。楚庄王的时候，他有一匹喜爱的好马，给马穿上锦绣衣服，把它安置在华丽的房子里，用没有帷帐的露床给它作卧席，拿枣脯喂养它。马由于肥胖而得病死亡，楚庄王派大臣们为马治丧，准备用棺椁盛殓，按大夫的葬礼来安葬它。庄王身边的大臣争着为这件事进行劝谏，认为不能这样做。庄王下令说："如有胆敢为葬马的事来进谏的，罪当处死。"优孟听说了这件事，就走进宫殿大门，仰天大哭。庄王很是吃惊，问他哭的原因。优孟说："马是大王的心爱之物，凭着堂堂的大楚国，有什么要求办不到，大王却用大夫的葬礼来安葬它，太薄待它了，请按君王的礼仪来安葬它。"庄王问："那怎么办呢？"优孟回答说："我请求用雕花的美玉做棺材，用纹理秀丽的梓木做外椁，拿楩、枫、豫、樟等贵重木材做护棺的题凑，派遣士兵挖掘墓穴，老人和孩子背土筑坟，齐国和赵国的使节在前面陪祭，韩国和魏国的使节在后面护卫，为马建立祠庙，用猪、牛、羊各一头的太牢礼来祭祀它，并且拨一个万户的城邑进行供奉。诸侯各国听说了这种情况，都知道大王把人看得很低贱，却把马看得很贵重了。"庄王说："我的过失竟然到了这种地步吗！那该怎么办呢？"优孟说："请让我替大王用对待六畜的方法来埋葬它。用土灶做外椁，用铜锅作棺材，拿姜枣调味，再加进木兰，用稻米作祭品，火光作衣服，把它埋葬在人们的肠胃中。"于是庄王就派人把马交给主管膳食的太官，不要让天下人长久地传扬这件事。

楚相孙叔敖知其贤人也，善待之。病且死，属其子曰："我死，汝必贫困。若往见优孟，言我孙叔敖之子也。"居数年，其子穷困负薪，逢优孟，与言曰："我，孙叔敖子也。父且死时，属我贫困往见优孟。"优孟曰："若无远有所之。"即为孙叔敖衣冠，抵掌谈语。岁余，像孙叔敖，楚王及左右不能别也。庄王置酒，优孟前为寿。庄王大惊，以为孙叔敖复生也，欲以为相。优孟曰："请归与妇计之，三日而为相。"庄王许之。三日后，优孟复来。王曰："妇言谓何？"孟曰："妇言慎无为，楚相不足为也。如孙叔敖之为楚相，尽忠为廉以治楚，楚王得以霸。今死，其子无立锥之地贫困负薪以自饮食。必如孙叔敖，不如自杀。"因歌曰：山居耕田苦，难以得食。起而为吏，身贪鄙者余财，不顾耻辱。身死家室富，又恐受赇枉法，为奸触大罪，身死而家灭。贪吏安可为也！念为廉吏，奉法守职，竟死不敢为非。廉吏安可为也！楚相孙叔敖持廉至死，方今妻子穷困负薪而食，不足为也！"于是庄王谢优孟，乃召孙叔敖子，封之寝丘四百户，以奉其祀。后十世不绝。此知可以言时矣。

《东周列国志》版画之孟侏儒托优悟主图，讲述优孟于楚庄王前戏扮孙叔敖，使楚庄王善待昔日有功之臣的后人之事。

楚国的宰相孙叔敖了解优孟是个贤人，对他很好。孙叔敖病重快要去世的时候，嘱咐自己的儿子说："我死了以后，你一定会贫困。你就前去拜见优孟，说'我是孙叔敖的儿子'。"过了几年，孙叔敖的儿子穷困得靠背柴度日，遇见了优孟，对他说："我是孙叔敖的儿子。父亲将要去世的时候，嘱咐我贫困时就去拜见优孟。"优孟说："你不要到远处去。"随即就缝制了类似孙叔敖的衣服、帽子穿戴上，和他的儿子抵掌而谈，来模仿孙叔敖的言谈举止。一年多以后，优孟活像孙叔敖，楚王和他左右的大臣们都不能分别出来。庄王举行酒宴，优孟上前敬酒祝寿。庄王大吃一惊，认为孙叔敖复活了，要命他为宰相。优孟说："请允许我回去和妻子商量一下这件事，三天以后再来就任宰相。"庄王同意了他的请求。三天以后，优孟又来了。庄王说："你妻子说了些什么呢？"优孟说："我妻子说千万不要做，楚国的宰相不值得去做。像孙叔敖身为楚国的宰相，尽忠廉洁来治理楚国，楚王得以称霸。如今死了，他的儿子身无立锥之地，贫困得靠背柴来维持自己的生活。假如一定要像孙叔敖那样，不如自杀。"优孟接着又唱道："居住在山野，耕田受苦，难以生活。奋起做官，自身贪婪卑鄙的人积存了钱财，但不顾羞耻。自己死后家庭虽然富裕，又害怕受贿枉法，为非作歹，犯下大罪，自己被处死，家室遭诛灭。贪官怎么可以做呢！想做个清官，奉公守法，尽忠尽职，到死也不敢做违法的事情。可清官又怎么能做呢！楚国宰相孙叔敖保持廉洁直至去世，现在妻子儿子穷困得靠背柴为生，清官不值得做啊！"于是庄王便向优孟道歉，就召见了孙叔敖的儿子，把寝丘的四百户封给他，用来供奉孙叔敖的祭祀。后来传了十代都不曾断绝。优孟这种智慧，可以说是说话能抓住机会了。

其后二百余年，秦有优旃。优旃者，秦倡侏儒也。善为笑言，然合于大道。秦始皇时，置酒而天雨，陛楯者皆沾寒。优旃见而哀之。谓之曰："汝欲休乎？"陛楯者皆曰："幸甚。"优旃曰："我即呼汝，汝疾应曰诺。"居有顷，殿上上寿呼万岁。优旃临槛大呼曰："陛楯郎！"郎曰："诺。"优旃曰："汝虽长，何益，幸雨立。我虽短也，幸休居。"于是始皇使陛楯者得半相代。

从这以后两百多年，秦国有一个优旃。优旃是秦国的侏儒艺人。他善于说笑话，然而都符合大道理。秦始皇的时候，有一次举行酒宴而天下着雨，殿阶下的执盾卫士们都淋雨受寒。优旃看见了很可怜他们，对他们说："你们想休息吗？"殿阶下的执盾卫士们都说："非常希望。"优旃说："我如果喊你们，你们要赶快回答说'有'。"过了一会，宫殿上的人们向秦始皇敬酒祝寿，高呼万岁。优旃走到栏杆边，大声喊道："殿阶下执盾的儿郎们！"儿郎们答："有！"优旃说："你们虽然身材高大，但有什么好处，只能在雨中站立。我虽然矮小，反而有幸在屋里休息。"于是秦始皇就让殿下的执盾卫士们一半值班，一半休息，轮流替代。

始皇尝议欲大苑囿，东至函谷关，西至雍、陈仓。优旃曰："善。多纵禽兽于其中，寇从东方来，令麋鹿触之足矣。"始皇以故辍止。

秦始皇曾经计划要扩大畜养禽兽的苑囿，向东扩至函谷关，西边扩至雍县、陈仓。优旃说："好啊！多多在里面放养禽兽，敌寇从东方来，命令麋鹿用角去顶撞他们就足够的了。"秦始皇因而便停止了。

二世立，又欲漆其城。优旃曰："善。主上虽无言，臣固将请之。漆城虽于百姓愁费，然佳哉！漆城荡荡，寇来不能上。即欲就之，易为漆耳，顾难为荫室。"于是二世笑之，以其故止。居无何，二世杀死，优旃归汉，数年而卒。

秦二世即位，又想要油漆城墙。优旃说："好啊，主上即使不说，我原本就要请求您这样做了。油漆城墙虽然给百姓带来愁苦耗费，但很美啊！油了漆的城墙滑溜溜的，敌寇来了爬也爬不上。就是要做成这事，油漆倒也容易，不过建造一个给漆过的城墙遮蔽太阳的荫室就很难了。"当时二世笑了起来，因为这个原因就停止了。过了不久，二世被杀死，优旃归顺了汉朝，几年以后就死了。

太史公曰：淳于髡仰天大笑，齐威王横行。优孟摇头而歌，负薪者以封。优旃临槛疾呼，陛楯得以半更。岂不亦伟哉！

太史公说：淳于髡仰天大笑，齐威王从而横行天下。优孟摇头唱歌，背柴为生的人因此得到封地。优旃凭栏高呼，殿阶下执盾的卫士们得以减半轮值。这难道不也是非常伟大的吗！

褚先生曰：臣幸得以经术为郎，而好读外家传语。窃不逊让，复作故事滑稽之语六章，编之于左。可以览观扬意，以示后世好事者读之，以游心骇耳，以附益上方太史公之三章。

褚先生说：我幸运地因精通儒家经术而做了郎官，但爱好阅读六经以外的史传杂说。我不能谦恭退让，又写下六章有趣故事，把它们编排在下面。可以浏览一下，扩大见闻，把它们留给后世的好事之徒读了，用以愉悦心胸，刺激耳目。我把它们增附在以上太史公三章滑稽故事的后面。

武帝时，有所幸倡郭舍人者，发言陈辞虽不合大道，然令人主和说。武帝少时，东武侯母常养帝，帝壮时，号之曰“大乳母”。率一月再朝。朝奏入，有诏使幸臣马游卿以帛五十匹赐乳母，又奉饮糒糒养乳母。乳母上书曰：“某所有公田，愿意假倩之。”帝曰：“乳母欲得之乎?”以赐乳母。乳母所言，未尝不听。有诏得令乳母乘车行驰道中。当此之时，公卿大臣皆敬重乳母。乳母家子孙奴从者横暴长安中，当道掣顿人车马，夺人衣服。闻于中，不忍致之法。有司请徙乳母家室，处之于边。奏可。乳母当入至前，面见辞。乳母先见郭舍人，为下泣。舍人曰：“即入见辞去，疾步数还顾。”乳母如其言，谢去，疾步数还顾。郭舍人疾言骂之曰：“咄！老女子！何不疾行！陛下已壮矣，宁尚须汝乳而活邪？尚何还顾！”于是人主怜焉悲之，乃下诏止无徙乳母，罚谪谮之者。

汉武帝的时候，有一个被宠幸的艺人叫郭舍人，他说话陈辞虽然不符合大道理，但是能使国君和顺愉快。武帝小时候，东武侯的母亲曾经给武帝喂过奶。武帝长大后，称她为“大乳母”。大乳母大约每月上朝两次，上朝的奏章一送进宫，武帝就会有诏令派亲信侍臣马游卿拿五十匹丝帛赐给乳母，又送上酒菜食物奉养乳母。乳母呈上奏书说：“某处有公田，希望能把它借给我。”武帝说：“乳母想得到它吗？”便把公田赐给了乳母。乳母说的话，武帝没有不听从的。还下有诏令让乳母乘车在御道上行走奔驰。在这个时候，公卿大臣都敬重乳母。乳母家里的子孙奴仆侍从们在长安城中横行霸道，当街拦截别人的车马，抢夺人家的衣服。消息传到宫中，武帝不忍心用法律处罚他们。主管的官员请求把乳母的家室迁走，到边疆安置他们。奏章被批准了。乳母应当入宫到武帝跟前，当面辞行。乳母先拜见了郭舍人，对着他流泪哭泣。舍人说：“您立即进宫面见武帝，辞行后就离去，快步退出而多次转身回头看。”乳母按照他的话，向武帝辞行后离去，快步退出却多次转身回头看。郭舍人恶狠狠地骂她说：“呸！老太婆！为什么不快走！皇帝陛下已经长大了，难道还要靠你的乳汁来活命吗？还回头看什么！”于是武帝可怜乳母，为她悲伤，就下诏令制止，不准迁徙乳母，并处罚了说她坏话的人。

武帝时，齐人有东方生名朔，以好古传书，爱经术，多所博观外家之语。朔初入长安，至公车上书，凡用三千奏牍。公车令两人共持举其书，仅然能胜之。人主从上方读之，止，辄乙其处，读之二月乃尽。诏拜以为郎，常在侧侍中。数召至前谈语，人主未尝不说也。时诏赐之食于前。饭已，尽怀其余肉持去，衣尽污。数赐缣帛，檐揭而去。徒用所赐钱帛，取少妇于长安中好女。率取妇一岁所者即弃去，更取妇。所赐钱财尽索之于女子。人主左右诸郎半呼之“狂人”。人主闻之，曰：“令朔在事无为是行者，若等安能及之哉！”朔任其子为郎，又为侍谒者，常持节出使。朔行殿中，郎谓之曰：“人皆以先生为狂。”朔曰：“如朔者，所谓避世于朝廷间者也。古之人，乃避世于深山中。”时坐席中，酒酣，据地歌曰：“陆沉于俗，避世金马门。宫殿中可以避世全身，何必深山之中，蒿庐之下。”金马门者，宦者署门也，门傍有铜马，故谓之曰“金马门”。

汉武帝的时候，齐地有位东方先生名朔，因爱好古代的史传书籍，喜好儒家经术，大量地阅读了诸子百家的著作。东方朔初到长安时，到公车府呈上奏书，一共用了三千枚书写奏书的木简。公车府派了两个人一起去抬他的奏书，刚刚能抬得起。皇上到尚方府读东方朔的奏书，每次告一段落，就在那里作个记号，读了两个月才读完。武帝下诏任命东方朔为郎官，经常在皇上身边听候差遣。皇上多次召他至跟前谈话，没有不高兴的。时常下诏令赏赐东方朔在他面前吃饭。吃完饭，东方朔把剩下的肉全部揣在怀里拿回家，衣服全被油污了。武帝多次赐给他绸绢，他扛着、挑着搬回去。东方朔专门用那赏赐的钱财丝帛，聘娶长安城中年轻美貌的女子为妻，大多娶了一年左右就抛弃了，重新再娶妻。赏赐得来的钱财全部花在女人身上。皇上身边的郎官有一半叫东方朔为“狂人”。皇上听说了这件事，说：“如果东方朔为人做事没有这种行为的话，你们这班人哪能比得上他呢！”东方朔命自己的儿子为郎官，又升迁为侍中的谒者，经常手持符节出使各国。东方朔在殿上行走，有个郎官对他说：“人们都认为先生是狂人。”东方朔说：“像我这样的人，就是所谓在朝廷里避世隐居的人。古代的人，只是在深山里避世隐居。”他时常坐在酒席上，酒酣之后，趴在地上唱道：“隐居于尘俗中，避世在金马门。在宫殿中可以避世隐居，使自身得以保全，何必要到深山之中，茅庐之下。”金马门是宦官署的大门，大门旁边立有铜马，所以叫它“金马门”。

时会聚宫下博士诸先生与论议，共难之曰：“苏秦、张仪一当万乘之主，而都卿相之位，泽及后

世。今子大夫修先王之术，慕圣人之义，讽诵《诗》、《书》百家之言，不可胜数。著于竹帛，自以为海内无双，即可谓博闻辩智矣。然悉力尽忠以事圣帝，旷日持久，积数十年，官不过侍郎，位不过执戟，意者尚有遗行邪？其故何也？”东方生曰：“是固非子所能备也。彼一时也，此一时也，岂可同哉！夫张仪、苏秦之时，周室大坏，诸侯不朝，力政争权，相禽以兵，并为十二国，未有雌雄，得士者强，失士者亡。故说听行通，身处尊位，泽及后世，子孙长荣。今非然也。圣帝在上，德流天下，诸侯宾服，威振四夷，连四海之外以为席，安于覆盂，天下平均，合为一家，动发举事，犹如运之掌中。贤与不肖，何以异哉？方今以天下之大，士民之众，竭精驰说，并进辐凑者，不可胜数。悉力慕义，困于衣食，或失门户。使张仪、苏秦与仆并生于今之世，曾不能得掌故，安敢望常侍侍郎乎！传曰：‘天下无害灾，虽有圣人，无所施其才；上下和同，虽有贤者，无所立功。’故曰‘时异则事异’。虽然，安可以不务修身乎？《诗》曰：‘鼓钟于宫，声闻于外。’‘鹤鸣九皋，声闻于天。’苟能修身，何患不荣！太公躬行仁义七十二年，逢文王，得行其说，封于齐，七百岁而不绝。此士之所以日夜孜孜，修学行道，不敢止也。今世之处士，时虽不用，崛然独立，块然独处，上观许由，下察接舆，策同范蠡，忠合子胥，天下和平，与义相扶，寡偶少徒，固其常也。子何疑于余哉！”于是诸先生默然无以应也。

有一次朝廷会集了学宫的博士先生们参与商议国事，他们共同责难东方朔说：“苏秦、张仪一遇上拥有万辆战车的大国君主，就高居卿相的位置，恩泽施及后代。如今先生您学习了先王的法术，仰慕圣人的仁德，背诵着《诗经》、《尚书》等诸子百家的言论，多得不能一一列举。在竹简丝帛上撰著文章，自己以为自己是海内无双，又可以说是见闻广博，聪明善辩了。然而您竭力尽忠来侍奉圣明的皇帝，旷日持久，搞了几十年，官职不过侍郎，地位不过执戟，想来您还有什么不好的行为吧？其中的原因是什么呢？”东方先生说：“这本来就不是你们所能完全了解的。那是一个时代，这又是一个时代，如何可以相提并论呢！再说张仪、苏秦的时候，周王室十分衰败，诸侯们不去朝觐，凭借武力相互征伐，争夺权势，使用兵器相互擒拿，兼并为十二个诸侯国，还没有雌雄胜负之分，得到智士的国家就强大，失去智士的国家就败亡，所以智士的意见得以听从，计划能够实行，身居尊贵的地位，恩泽施及后代，子子孙孙长久地荣华。现在就不是这样了，圣明的皇帝在朝廷之上，恩德遍及天下，诸侯们朝贡臣服，威势震慑四方夷狄，把四海之外的疆土像席子般地连接起来，比覆置的盘盂还要安稳，天下统一平均，合为一家，凡是发动举事，就好像在手掌中运转似的。贤和不贤，凭什么来区别呢？现在由于天下广大，士民众多，那些竭尽精力，驰骋游说，像车辐同时凑集到车毂似地向朝廷进献谋略的人，多得数不清。虽然竭力仰慕道义，却被衣食所困，有的人失去了进身做官的门路。假如张仪、苏秦和我同时生活在当今的时代，他们连一个小小的掌故官都得不到，怎么还敢奢望当常侍侍郎呢！古书记载说：‘天下没有灾害，即使有圣人，也没有施展他的才能的地方；君臣上下和睦同心，即使有贤人，也没有立功的机会。’所以说时代不同了，事情就会起变化。虽然如此，怎么可以不努力修养自身呢？《诗经》说‘在宫中敲钟，钟声传到宫外。’‘白鹤在幽深的沼泽鸣叫，鸣声传到天外。’如果能够修养自身，还担忧什么不会显荣呢！姜太公身体力行仁义七十二年，遇上了周文王，得以施行自己的学说主张，受封在齐国，传国七百年而没有断绝。这就是士人所以日日夜夜，孜孜不倦，研究学问，推行道义而不敢停止的缘故。现在世上的隐士，当代虽然不被任用，但能孤高突起地自立，安然自得地独处，远观许由，近察接舆，谋略如同范蠡，忠诚符合子胥。天下和平，修身自持，缺少同道，本来就是很平常的事情。你们对我还有什么疑问呢！”于是那些先生们默不作声，无言以对。

建章宫后阁重栎中有物出焉，其状似麋。以闻，武帝往临视之。问左右群臣习事通经术者，莫能知。诏东方朔视之。朔曰：“臣知之，愿赐美酒粱饭大飧臣，臣乃言。”诏曰：“可。”已，又曰：“某所有公田鱼池蒲苇数顷，陛下以赐臣，臣朔乃言。”诏曰：“可。”于是朔乃肯言，曰：“所谓驺牙者也。远方当来归义，而驺牙先见。其齿前后若一，齐等无牙，故谓之驺牙。”其后一岁所，匈奴混邪王果将十万众来降汉。乃复赐东方生钱财甚多。

建章宫后阁的双重栏杆中，有一只动物从那里钻了出来，它的样子像麋鹿。把这个情况向皇帝报告了，汉武帝前往那里观看，询问身边群臣中熟习各种事物并且精通经术的人，但没有一个人能知道那是什么动物。武帝下令让东方朔去看它。东方朔说：“我知道这个动物，希望赏赐美酒好饭，让我大吃一顿，我才说。”武帝下诏说：“可以。”东方朔吃饱喝足了，又说：“某地有几顷公田、鱼池和蒲苇地，陛下把它们赏赐给我，我东方朔才说。”武帝又下诏说：“可以。”这时候东方朔才肯讲，说：“这就是人们通常说的驺牙。远方的人当来归顺仁义，驺牙就会事先出现。它的牙齿前后一样，大小整齐相等，没有臼齿，所以叫它驺牙。”大约一年以后，匈奴混邪王果然带领了十万民众来归降汉朝。武帝又再次赏赐东方朔很多钱财。

至老，朔且死时，谏曰：“《诗》云：‘营营青蝇，止于蕃。恺悌君子，无信谗言。谗言罔极，交乱四国。’愿陛下远巧佞，退谗言。”帝曰：“今顾东方朔多善言？”怪之。居无几何，朔果病死。传曰：“鸟之将死，其鸣也哀；人之将死，其言也善。”此之谓也。

到了老年，东方朔将要去世的时候，进谏武帝说：“《诗经》说：‘嗡嗡乱飞的苍蝇，落在篱笆上。和乐近人的君子，不要听信谗言。谗言没有法则，扰乱四方的国家。’希望陛下远离奸诈谄媚的小人，斥退他们的谗言。”武帝说：“东方朔现在反而多说好话了吗？”对此感到奇怪。过了不久，东方朔果然病死。古书记载：“鸟儿将要死了，它的鸣声很悲哀；人将要死了，他的言谈很善意。”说的就是这个情况。

武帝时，大将军卫青者，卫后兄也，封为长平侯。从军击匈奴，至余吾水上而还，斩首捕虏，有功来归，诏赐金千斤。将军出宫门，齐人东郭先生以方士待诏公车，当道遮卫将军车，拜谒曰：“愿白事。”将军止车，前东郭先生。旁车言曰：“王夫人新得幸于上，家贫。今将军得金千斤，诚以其半赐王夫人之亲，人主闻之必喜。此所谓奇策便计也。”卫将军谢之曰：“先生幸告之以便计，请奉教。”于是卫将军乃以五百金为王夫人之亲寿。王夫人以闻武帝。帝曰：“大将军不知为此。”问之安所受计策，对曰：“受之待诏者东郭先生。”诏召东郭先生，拜以为郡都尉。东郭先生久待诏公车，贫困饥寒，衣敝，履不完。行雪中，履有上无下，足尽践地。道中人笑之，东郭先生应之曰：“谁能履行雪中，令人视之，其上履也，其履下处乃似人足者乎？”及其拜为二千石，佩青绢出宫门，行谢主人。故所以同官待诏者，等比祖道于都门外。荣华道路，立名当世。此所谓衣褐怀宝者也。当其贫困时，人莫省视；至其贵也，乃争附之。谚曰：“相马失之瘦，相士失之贫。”其此之谓邪？

东方朔像，选自清·顾沅辑《古圣贤像传略》。

汉武帝的时候，大将军卫青是卫皇后的哥哥，被封为长平侯。卫青从军出击匈奴，打到余吾水边才折返，斩敌首，抓俘虏，有功归来，武帝下诏赏赐黄金千斤。卫将军走出宫门，齐地人东郭先生以方术之士的身份在公车府待诏候命，他当道挡住卫将军的车，拜见说：“希望能禀告一件事。”将军停下车，把东郭先生请到车前，东郭先生靠近车旁说：“王夫人最近得到皇上的宠爱，她家里贫穷。现在将军得到黄金千斤，如果把其中的一半赐给王夫人的父母，皇上听说了这件事必定喜欢。这就是人们所说的奇妙而便捷的计策。”卫将军感激地说：“幸亏先生把这便捷的计策告诉我，请允许我遵从您的指教。”于是卫将军就拿出五百斤黄金作为送给王夫人双亲的祝寿礼物。王夫人把这件事告诉了武帝。武帝说：“大将军不懂得做这种事情。”询问卫青从谁那里得来的计策，卫青回答说：“从待诏候命的东郭先生那里得来的。”武帝下诏召见东郭先生，任命他为某郡的都尉。东郭先生长在公车府中待诏候命，贫困饥寒，衣服破烂，鞋子不完整。在雪地中行走，鞋子有面无底，脚板完全踩在地上。路上的行人讥笑他，东郭先生回答他们说：“谁能够穿着鞋子在雪地中行走，让别人看上去，他的脚上面是鞋子，他的鞋子下面却像人脚的呢？”等到他受任为俸禄二千石的高官，佩带着银印青绶走出宫门，去房东那里辞行，过去在公车府跟他一块待诏候命的人，分批依次在都门外为他设宴送行。一路上荣华显耀，在当代立了大名。这就是通常所说的身穿粗布衣裳，怀里却揣着珍宝的人。当他贫穷的时候，人们没有谁去理睬他；等到他富裕了，就争着依附他。俗话说：“相马因外表消瘦而漏掉良马，相士因生活贫穷而丧失英才。”大概说的就是这种情况呢。

王夫人病甚，人主至自往问之曰：“子当为王，欲安所置之？”对曰：“愿居洛阳。”人主曰：“不可。洛阳有武库、敖仓，当关口，天下咽喉。自先帝以来，传不为置王。然关东国莫大于齐，可以为齐王。”王夫人以手击头，呼“幸甚”。王夫人死，号曰“齐王太后薨”。

王夫人病重，皇上亲自前往问候她说：“您的儿子应当封王，您想把他安置在哪里？”王夫人回答说：“希望安居在洛阳。”皇上说：“不可以。洛阳有武器仓库、储藏粮食的敖仓，又当关口，是天下的咽喉要道。自从先帝以来，相传不在洛阳安置王位。不过关东地区的封国没有哪一个比齐国更大的了，可以封为齐王。”王夫人用手拍击额头，呼喊道“非常幸运”。王夫人死了，号称为“齐王太后去世”。

昔者，齐王使淳于髡献鹄于楚。出邑门，道飞其鹄，徒揭空笼，造诈成辞，往见楚王曰：“齐王使臣来献鹄，过于水上，不忍鹄之渴，出而饮之，去我飞亡。吾欲刺腹绞颈而死，恐人之议吾王以鸟兽之故令士自伤杀也。鹄，毛物，多相类者，吾欲买而代之，是不信而欺吾王也。欲赴佗国奔亡，痛吾两主使不通。故来服过，叩头受罪大王。”楚王曰：“善，齐王有信士若此哉！”厚赐之，财倍鹄在也。

从前，齐王派淳于髡出使到楚国贡献天鹅。出了都邑城门，半道上那只天鹅飞走了，只好举着空笼子，编造了一套假话，前往拜见楚王说：“齐王派我来敬献天鹅，从河上经过，不忍心天鹅口渴，放它出来喝水，天鹅就离开我高飞逃跑了。我想要剖腹上吊自杀而死，又恐怕别人议论大王因为鸟兽的原因，使得士人自己杀伤。天鹅是个长羽毛的动物，有很多相类似的，我想买一个来代替它，但这是不诚实，而且骗了大王。我想逃亡到别的国家，又痛惜我们楚、齐两国国君的这次使命不能完成。所以我前来服罪，向大王叩头认罚。”楚王说：“好啊，齐王有像这样忠信的贤士！”就丰厚地赏赐了淳于髡，赏赐的钱财比有天鹅进献的还多一倍。

武帝时，征北海太守诣行在所。有文学卒史王先生者，自请与太守俱：“吾有益于君。”君许之。诸府掾功曹白云：“王先生嗜酒，多言少实，恐不可与俱。”太守曰：“先生意欲行，不可逆。”遂与俱。行至宫下，待诏宫府门。王先生徒怀钱沽酒，与卫卒仆射饮，日醉，不视其太守。太守入跪拜。王先生谓户郎曰：“幸为我呼吾君至门内遥语。”户郎为呼太守。太守来，望见王先生。王先生曰：“天子即问君何以治北海，令无盗贼，君对曰何哉？”对曰：“选择贤材，各任之以其能，赏异等，罚不肖。”王先生曰：“对如是，是自誉自伐功，不可也。愿君对言，非臣之力，尽陛下神灵威武所变化也。”太守曰：“诺。”召入，至于殿下，有诏问之曰：“何于治北海，令盗贼不起？”叩头对言：“非臣之力，尽陛下神灵威武之所变化也。”武帝大笑，曰：“于呼！安得长者之语而称之！安所受之？”对曰：“受之文学卒史。”帝曰：“今安在？”对曰：“在宫府门外。”有诏召拜王先生为水衡丞，以北海太守为水衡都尉。传曰：“美言可以市，尊行可以加人。君子相送以言，小人相送以财。”

汉武帝的时候，下令召北海郡的太守到皇帝行宫。有一位掌管文书的小吏王先生，自己请求跟太守同行：“我对您有好处。”太守答应了他。太守府中许多属吏功曹向太守报告说：“王先生嗜酒，吹牛多，实干少，恐怕不宜与他同行。”太守说：“先生很想同行，不可违逆。”终究和王先生同行。来到宫门外，在宫府门待诏候命。王先生只管怀里揣着钱去买酒，和卫队的长官一起喝，每天醉醺醺的，不去看他的太守。太守进宫跪拜。王先生对守门的郎官说：“请帮我叫我的太守到宫门内，我远远地跟他说话。”守门的郎官替他叫了太守，太守出来，望着王先生。王先生说：“天子假如问您用什么方法治理北海郡，使得那里没有盗贼，您回答些什么呢？”太守回答说：“选择有才能的人才，根据他们的才能分别任用他们，奖赏成绩优异的，惩罚不贤的。”王先生说：“如此回答，这是自我赞誉，自我夸功，不可以的。希望您回答说：不是我的力量，都是陛下神灵威武引起变化的结果。”太守说：“好吧。”太守受召入宫，来到殿阶下面，武帝有诏问他说：“用什么方法治理北海，使得盗贼不出现？”太守叩头回答说：“不是我的力量，都是陛下神灵威武引起变化的结果。”武帝大笑，说：“哈！你怎么得到忠厚长者的话从而把它称述出来，是从谁那里得到的？”太守回答说：“从掌管文书的小吏那里得到的。”武帝说：“他现在在哪里？”太守回答：“在宫府门外。”武帝下诏任命王先生为水衡丞，把北海太守任为水衡都尉。古书上说：“美好的言辞可以出卖，高尚的品行可以施加他人。君子用美言相赠，小人用钱财相送。”

魏文侯时，西门豹为邺令。豹往到邺，会长老，问之民所疾苦。长老曰：“苦为河伯娶妇，以故贫。”豹问其故，对曰：“邺三老、廷掾常岁赋敛百姓，收取其钱得数百万，用其二三十万为河伯娶妇，与祝巫共分其余钱持归。当其时，巫行视小家女好者，云是当为河伯妇，即娉取。洗沐之，为治新缯绮縠衣，闲居斋戒；为治斋宫河上，张缇绛帷，女居其中。为具牛酒饭食，十余日。共粉饰之，如嫁女床席，令女居其上，浮之河中。始浮，行数十里乃没。其人家有好女者，恐大巫祝为河伯取之，以故多持女远逃亡。以故城中益空无人，又困贫，所从来久远矣。民人俗语曰‘即不为河伯娶妇，水来漂没，溺其人民’云。”西门豹曰：“至为河伯娶妇时，愿三老、巫祝、父老送女河上，幸来告语之，吾亦往送女。”皆曰：“诺。”

魏文侯的时候，西门豹就任邺县令。西门豹来到邺县，会见长老，询问他们百姓感到疾苦的事情。长老说：“苦于给河神娶媳妇，由于这个缘故民众贫穷。”西门豹询问其中的原因，他们回答说：“邺县的三老、廷掾等官吏每年向百姓征收赋税，获取百姓的钱财达数百万，用其中的二三十万给河神娶媳妇，和巫婆共同瓜分那些剩余的钱财，把它拿回家去。当要给河神娶媳妇的时候，巫婆就巡行查看小户人家中女孩长得俊美的，就说这个女子应当做河神的媳妇，随即下聘带走。给她洗头洗澡，为她缝制新的丝绸彩衣，独居斋戒；替她在黄河岸边建造斋戒的房子，张挂起赤黄色和大红色的帷帐，女子居住在里面。给她准备了牛肉美酒的饭食。过了十几天，大家共同替她梳妆打扮，如同嫁女儿那样的床帐枕席，让那女子坐在床上，把床漂浮在河中，开始床还浮在水面上，漂流了几十里就沉没了。那些有漂亮女孩子的人家，恐怕大巫婆替河神娶了她，因这个原因大多带着女孩子远远地逃亡。因此城中渐渐地空虚无人，更加贫困了，这种情况从开始到现在已经很久远了。老百姓的俗话说‘假如不给河神娶媳妇，洪水来了漂流吞没一切，淹死那里的人民’等等。”西门豹说：“等到给河神娶媳妇的时候，希望三老、巫婆、父老们都去河边送那女子，还请来告诉我，我也要去送那女子。”大家都说：“好。”

至其时，西门豹往会之河上。三老、官属、豪长者、里父老皆会，以人民往观之者三二千人。其巫，老女子也，已年七十。从弟子女十人所，皆衣缯单衣，立大巫后。西门豹曰：“呼河伯妇来，视其好丑。”即将女出帷中，来至前。豹视之，顾谓三老、巫祝、父老曰：“是女子不好，烦大巫妪为入报河伯，得更求好女，后日送之。”即使吏卒共抱大巫妪投之河中。有顷，曰：“巫妪何久也？弟子趣之！”复以弟子一人投河中。有顷，曰：“弟子何久也？复使一人趣之！”复投一弟子河中。凡投三弟子。西门豹曰：“巫妪弟子是女子也，不能白事，烦三老为入白之。”复投三老河中。西门豹簪笔磬折，向河立待良久。长老、吏傍观者皆惊恐。西门豹顾曰：“巫妪、三老不来还，奈之何？”欲复使廷掾与豪长者一人入趣之。皆叩头，叩头且破，额血流地，色如死灰。西门豹曰：“诺，且留待之须臾。”须臾，豹曰：“廷掾起矣。状河伯留客之久，若皆罢去归矣。”邺吏民大惊恐，从是以后，不敢复言为河伯娶妇。

到了那天，西门豹到河边和大家会合。三老、官吏、豪绅、乡里的父老们都聚积在一起，前来观看这事的百姓有二三千人。那个巫婆是个老女子，已经有七十岁，跟从的女弟子有十来个人，都穿着丝绸的祭祀礼服，站在大巫婆的身后。西门豹说：“叫河神的媳妇出来，看看她长得漂亮还是丑陋。”巫婆就扶着女子从帷帐中出来，来到西门豹跟前。西门豹认真地看了那女子，回头对三老、巫婆、父老们说：“这个女子不漂亮，麻烦大巫婆替我入河宫报告河神，要重新寻求漂亮的女子，后天就送她去。”于是派官吏士卒一道抱起大巫婆，把她投进河中。过了一会，西门豹说：“巫婆怎么去了那么久？弟子去催催她！”又把一个弟子投进河中。过了一会，说道：“弟子怎么去了那么久？再派一个人去催催她们！”又投了一个弟子到河中。一共投了三个弟子。西门豹说：“巫婆和她的弟子都是女子，不会报告事情，麻烦三老替我进去禀告此事。”又把三老投进河中。西门豹把毛笔似的簪子插在头上，像石磬似的弯腰作揖，面对黄河站立等待了很久。长老、官吏和旁观的人们都很害怕。西门豹回过头说：“巫婆、三老还不回来，怎么办呢？”要再派廷椽和一个豪绅进去催催他们。廷椽和豪绅都叩头，把头都叩破了，额头上的血流到地上，脸色像死灰一样苍白。西门豹说：“好吧，姑且留下再等他们一会儿。”过了一会，西门豹说：“廷掾起来吧。看样子河神留客要很久的，你们把这仪式结束，都离开这里回家去吧。”邺县的官吏和百姓大为惊恐，从此以后，不敢再提给河神娶媳妇。

西门豹即发民凿十二渠，引河水灌民田，田皆溉。当其时，民治渠少烦苦，不欲也。豹曰：“民可以乐成，不可与虑始。今父老子弟虽患苦我，然百岁后期令父老子孙思我言。”至今皆得水利，民人以给足富。十二渠经绝驰道，到汉之立，而长吏以为十二渠桥绝驰道，相比近，不可。欲合渠水，且至驰道合三渠为一桥。邺民人父老不肯听长吏，以为西门君所为也，贤君之法式不可更也。长吏终听置之。故西门豹为邺令，名闻天下，泽流后世，无绝已时，几可谓非贤大夫哉！

西门豹随即征发百姓开挖十二条渠道，引黄河水灌溉百姓的农田，农田都得到了灌溉。在挖渠的时候，百姓对治理渠道稍感厌烦劳苦，不想干了。西门豹说：“百姓可以和他们享受成功的快乐，但不能和他们考虑事情的开始。现在父老兄弟虽然会憎恨厌恶我，然而百年以后，一定要让父老的子孙们想起我说的话。”直至现在，那里都得到水渠的利益，百姓因此丰足富裕。十二条水渠横穿御道，到了汉朝建立，县里的官吏们认为十二条渠上的桥梁阻绝了御道，彼此之间又靠得很近，不行。打算合并一些渠道，并且把靠近御道的三条渠道合并为一条，再架设一座桥梁。邺县的百姓父老不愿听从长官们的意见，认为那是西门先生所设计的，前贤明君的法式制度不可以更改。官吏们终于听从了百姓的意见，把合并渠道的计划搁置起来。所以西门豹担任邺县的县令，名声传遍天下，恩泽流传后代，没有断绝终止的时候，难道可以说他不是一位贤良的大夫吗！

传曰：“子产治郑，民不能欺；子贱治单父，民不忍欺；西门豹治邺，民不敢欺。”三子之才能谁最贤哉？辨治者当能别之。

古书上记载：“子产治理郑国，百姓不能欺骗他；子贱治理单父，百姓不忍心欺骗他；西门豹治理邺县，百姓不敢欺骗他。”三位先生的才能谁最贤明呢？治理国家的人当然能够分别他们。

史记第一百二十七卷

日者列传第六十七

自古受命而王，王者之兴何尝不以卜筮决于天命哉！其于周尤甚，及秦可见。代王之入，任于卜者。太卜之起，由汉兴而有。

自古以来，承受了天命才能成为帝王，帝王的兴起又何尝不是用卜筮的方法来取决于天命呢！这种习俗在周朝尤其兴盛，到了秦朝还可以见到。汉朝代王入京即位，听任于占卜的人。太卜官的兴起，从汉朝兴起就开始有了。

司马季主者，楚人也。卜于长安东市。

司马季主是楚地人。在长安城东市卖卜。

宋忠为中大夫，贾谊为博士，同日俱出洗沐，相从论议，诵易先王圣人之道术，究遍人情，相视而叹。贾谊曰：“吾闻古之圣人，不居朝廷，必在卜医之中。今吾已见三公九卿朝士大夫，皆可知矣。试之卜数中以观采。”二人即同舆而之市，游于卜肆中。天新雨，道少人，司马季主閒坐，弟子三四人

侍，方辩天地之道、日月之运、阴阳吉凶之本。二大夫再拜谒。司马季主视其状貌，如类有知者，即礼之，使弟子延之坐。坐定，司马季主复理前语，分别天地之终始，日月星辰之纪，差次仁义之际，列吉凶之符，语数千言，莫不顺理。

宋忠任中大夫，贾谊任博士，他们同一天一起出朝洗沐休假，一边走一边议论，相互讲述着先王圣人的治国道理，广泛地研究世道人情，两人相视而叹。贾谊说："我听说古代的圣人，不高居朝廷之上，就必定在卜筮或医师的行业中。现在我们已经见识了三公九卿以及朝中的士大夫，他们的才识都可以知道了。我们试着去卜筮行中观察一下风采。"两人随即一起乘车到了市区，在卜肆筮馆里游览。天刚刚下了场雨，路上很少行人。司马季主正坐着，三四个弟子在旁侍立，一起探讨天地间的道理，日月的运行，阴阳吉凶的本源。宋忠、贾谊两位大夫向司马季主拜揖两次求见。司马季主看他们的模样，好像是有知识的人，就向他们还礼，叫弟子迎接他们入坐。坐下后，司马季主重新解说前面所讲的内容，辨析天地的终止和起源，日月星辰的运行规律，顺序排列仁义的交合，列述吉凶的符兆，说了好几千字，没有哪一句是不顺理成章的。

宋忠、贾谊瞿然而悟，猎缨正襟危坐，曰："吾望先生之状，听先生之辞，小子窃观于世，未尝见也。今何居之卑，何行之污？"

宋忠、贾谊惊叹而有所领悟，整理好冠带，正襟危坐，说："我们看先生的样子，听先生的言辞，我们私下观察当世，还未尝见过。不过先生现在的地位为什么这样卑下，职业为什么这样污秽呢？"

司马季主捧腹大笑，曰："观大夫类有道术者，今何言之陋也，何辞之野也！今夫子所贤者何也？所高者谁也？今何以卑污长者？"

司马季主捧腹大笑，说："看两位大夫像是有道术的人，今天见识为何这样的浅陋，言辞为何这样的粗野呢！先生们认为现在贤能的是谁呢？认为高尚的是谁呢？凭什么认为我这位长者是卑下污秽的呢？"

二君曰："尊官厚禄，世之所高也，贤才处之。今年。处非其地，故谓之卑。言不信，行不验，取不当，故谓之污。夫卜筮者，世俗之所贱简也。世皆言曰：'夫卜者多言夸严以得人情，虚高人禄命以说人志，擅言祸灾以伤人心，矫言鬼神以尽人财，厚求拜谢以私于己。'此吾之所耻，故谓之卑污也。"

宋忠、贾谊两人说："尊贵的官职，丰厚的俸禄，是世人所尊重的，贤能的人人享有着它们。您现在所处的不是那种地位，所以称之为卑下。说话不真实，做事没有效果，索取又不正当，所以称之为污秽。卜筮是世俗贱视的行业。世人都说：'那些占卜的人夸夸其谈虚言荒诞来博得人情，虚假地抬高求卜人的禄命来取悦人们，随意地胡说灾祸来忧伤人心，假传鬼神来骗尽人财，贪求厚重的谢礼来为自己求利。'这些是我们以为耻辱的事情，所以说卜筮是卑下污秽的。"

司马季主曰："公且安坐。公见夫被发童子乎？日月照之则行，不照则止，问之日月疵瑕吉凶，则不能理。由是观之，能知别贤与不肖者寡矣！

司马季主说：先生们姑且安坐。你们见过那些披散着头发的男孩子吗？日月照着他们就走路，不照就止步，询问他们日月的瑕疵和吉凶，就不能说出道理来。由此看来，能懂得识别贤与不贤的人太少了。

"贤之行也，直道以正谏，三谏不听则退；其誉人也不望其报，恶人也不顾其怨，以便国家利众为务。故官非其任不处也；禄非其功不受也；见人不正，虽贵不敬也；见人有污，虽尊不下也；得不为喜，去不为恨；非其罪也，虽累辱而不愧也。

贤者行事，遵循直道，用正面的道理来劝谏主上，劝谏多次如不听从就引身退位。他赞誉人，不正望别人的回报；憎恶人，也不顾忌别人的怨恨，总是以便利国家和百姓为己任。所以官职不是自己能胜任的就不做，俸禄不是自己的功劳就不要；见人不正派，即使他显贵也不尊敬他；见人有污行，即使他地位高也不屈居其下；得到了不因而欢喜，失去了不因而遗憾；如果不是自己的罪过，即使遭受捆绑囚禁的侮辱也不感到羞愧。

"今公所谓贤者，皆可为羞矣。卑疵而前，孅趋而言；相引以势，相导以利；比周宾王，以求尊誉，以受公奉；事私利，枉主法，猎农民；以官为威，以法为机，求利逆暴：譬无异于操白刃劫人者也。初

试官时，倍力为巧诈，饰虚功、执空文以调主上，用居上为右；试官不让贤，陈功，见伪增实，以无为有，以少为多，以求便势尊位；食饮驱驰，从姬歌儿，不顾于亲，犯法害民，虚公家：此夫为盗不操矛弧者也，攻而不用弦刃者也，欺父母未有罪而弑君未伐者也。何以为高贤才乎？

刚才先生们所说的贤者，都是可以为他们感到羞耻的人。他们诚惶诚恐地趋奉，奴颜婢膝地说话；用权势相勾引，用私利相诱导；结党营私，摒弃正人君子，来求得尊宠名誉，来享受公家的俸禄；谋求自己的私利，歪曲君主的法令，剥削农民；依靠官位作威作福，把法令当作自己的工具，求取私利，逆行凶暴：这好像和手持利刃去抢劫他人的人没什么两样。刚当官的时候，竭力玩弄巧诈手法，修饰虚假的功劳，拿着空洞无物的文书来欺骗皇上，靠这些伎俩爬上显赫的地位；做官不肯让贤，反而自夸功劳，见到虚假的就把它变成真的，把无当作有，把少当作多，来求得权势高位；大吃大喝，驱车驰马出游，携带着美姬歌女，不顾及父母亲人，违犯法纪，残害人民，使公家的钱财虚耗：这些人是做强盗却不拿利矛木弓的人，是攻杀他人却不用刀箭的人，是欺凌父母却不被判罪和弑杀君主却不被讨伐的人。凭什么认为他们是高人贤才呢？

“盗贼发不能禁，夷貊不服不能摄，奸邪起不能塞，官秏乱不能治，四时不和不能调，岁谷不孰不能适。才贤不为，是不忠也；才不贤而托官位，利上奉，妨贤者处，是窃位也；有人者进，有财者礼，是伪也。子独不见鸱枭之与凤皇翔乎？兰芷芎䓖弃于广野，蒿萧成林，使君子退而不显众，公等是也。

盗贼出现了不能禁止，蛮夷不臣服不能威慑，奸邪兴起不能遏阻，官府亏损混乱不能治理，四季不和不能协调，五谷不登不能调济。有贤才却不去做，这是对上不忠；没有贤才却虚托官位，贪图皇上的俸禄，妨碍贤能的人做官，这是窃取官位；有后台的人才能进用，有钱财的人方受礼遇，这是虚伪。你们难道没有看见猫头鹰，鸺鹠和凤凰一起飞翔吗？兰草、白芷、芎䓖等香草被遗弃在旷野，青蒿、艾萧等野草茂密成林，使君子隐退而不能在大众中显露才华，你们这类人就是这样的啊。

“述而不作，君子义也。今夫卜者，必法天地，象四时，顺于仁义，分策定卦，旋式正棋，然后言天地之利害、事之成败。昔先王之定国家，必先龟策日月，而后乃敢代；正时日，乃后入；家产子必先占吉凶，后乃有之。自伏羲作八卦，周文王演三百八十四爻而天下治。越王句践放文王八卦以破敌国，霸天下。由是言之，卜筮有何负哉！

传述而不创作，是君子的道义。现在占卜的人，必定效法天地，取象四时的变化，顺乎仁义，分辨筮策，确定卦象，旋转栻盘，端正筮状，然后解说天地之间的利益和损害，人事的成功和失败。以往先王建国立家，必定要先用龟甲、蓍草占卜日月，然后才敢代天为政；选准吉日良辰，然后才敢入家；生孩子必定要先占卜吉凶，占得吉卦后才养育他。自从伏羲创作八卦，周文王演化为三百八十四爻象，从而天下大治。越王句践仿效文王的八卦行事，从而破灭了敌国，称霸天下。由此说来，卜筮有什么可负疚的呢！

“且夫卜筮者，埽除设坐，正其冠带，然后乃言事，此有礼也。言而鬼神或以飨，忠臣以事其上，孝子以养其亲，慈父以畜其子，此有德者也。而以义置数十百钱，病者或以愈，且死或以生，患或以免，事或以成，嫁子娶妇或以养生，此之为德，岂直数十百钱哉！此夫老子所谓‘上德不德，是以有德’。今夫卜筮者利大而谢少，老子之云岂异于是乎？

况且卜筮的人，洒扫庭除，设置座位，端正自己的帽子腰带，然后才讲解吉凶的事情，这是有礼的行为。他们讲解这些事情，鬼神因此得以享用祭品，忠臣因此得以侍奉自己的君主，孝子因此得以赡养自己的双亲，慈父因此得以抚养自己的孩子，这些是有道德的表现。求卜的人出于道义给占卜人几十上百个钱，生病的有的因此痊愈，快死的有的因此生还，祸患有的因此而避免，事情有的因此而成功，嫁女儿娶媳妇有的因此得以生养：这些作为功德，难道只值几十上百个小钱吗！这就是那个老子所说的，“有至上道德的人，却不以有德自居，因此他才有德”。现在那些卜筮的人给人的利益大而得到的酬谢少，老子的说法难道和这种情况有什么不同吗？

“庄子曰：‘君子内无饥寒之患，外无劫夺之忧，居上而敬，居下不为害，君子之道也。’今夫卜筮者之为业也，积之无委聚，藏之不用府库，徙之不用辎车，负装之不重，止而用之无尽索之时。持不尽索之物，游于无穷之世，虽庄氏之行未能增于是也。子何故而云不可卜哉？天不足西北，星辰西北移；地不足东南，以海为池；日中必移，月满必亏；先王之道，乍存乍亡。公责卜者言必信，不亦

庄子像，选自清·顾沅辑《古圣贤像传略》。

惑乎！

庄子说："君子内无挨饿受冻的灾祸，外无被抢劫掠夺的忧患，身居高位就恭敬谨慎，位居人下就不为祸害，这是君子的道义。"如今卜筮的人从事这个行业，积蓄钱财没有成堆，储藏物资不用仓库，迁徙远方不用辎车，行装不重，住下来使用它们却没有穷尽的时候。持取用不尽的东西，在没有穷尽的世界里遨游，即使是庄子的行为也不能比这更好的了，先生们为什么说不可从事卜筮呢？上天不足西北，星辰就移向西北；大地不满东南，就把大海作为水池，太阳升至中天就必定向西移落，月亮圆满之时就必定趋向亏损；先王的道术，忽存忽亡。而你们要求卜筮的人说话必须真实，不也是令人迷惑不解吗！

"公见夫谈士辩人乎？虑事定计，必是人也。然不能以一言说人主意，故言必称先王，语必道上古。虑事定计，饰先王之成功，语其败害，以恐喜人主之志，以求其欲。多言夸严，莫大于此矣。然欲强国成功，尽忠于上，非此不立。今夫卜者，导惑教愚也。夫愚惑之人，岂能以一言而知之哉！言不厌多。

先生们见过那些能言善辩的人吗？考虑事情，决定计划，必定是这些人。然而他们不能用一两句话使人主高兴，所以说话必称先王，谈论必道上古；思虑问题，制定策略，就要夸饰先王的成功，说明他们的失败和祸害，来使人主的意念志向有所恐惧，有所喜欢，以求达到自己的欲望。言多虚妄，没有什么比这更加厉害的了。然而要想使国家富强，事业成功，使自己能对皇上尽忠，非这样做不行。如今卜筮者，是解除迷惑、教化愚昧的人。那些愚昧迷惑的人，怎么能靠一两句话就使他们聪明起来呢？所以说话不要厌烦反复多说。

"故骐骥不能与罢驴为驷，而凤皇不与燕雀为群，而贤者亦不与不肖者同列。故君子处卑隐以辟众，自匿以辟伦，微见德顺以除群害，以明天性，助上养下，多其功利，不求尊誉。公之等喁喁者也，何知长者之道乎！"

所以骏马不能和疲驴同驾一车，凤凰不跟燕雀同在一群，贤人也不会与不贤的人同处一列。所以君子身处卑下隐晦之地来避开凡夫俗子，自我藏匿来避开世俗人伦，暗中察看天地人事万物之理来除去种种祸害，来表明上天的德性，帮助皇上养育下民，他们对世人的功绩日益增多，但不追求尊宠美誉。先生这类人不过是些只会唧唧喳喳的人，哪里知道长者的道义呢！

宋忠、贾谊忽而自失，芒乎无色，怅然噤口不能言。于是摄衣而起，再拜而辞。行洋洋也，出门仅能自上车，伏轼低头，卒不能出气。

宋忠、贾谊恍恍惚惚，若有所失，茫茫然，面无光彩，怅然失意，噤口不能再说什么。当时就整衣起身，拜揖了两次，辞别了司马季主。行走时似无所归，出门后仅能自己爬上车去，趴在车厢前的横轼上，低着头，始终不能喘过气来。

居三日，宋忠见贾谊于殿门外，乃相引屏语相谓自叹曰："道高益安，势高益危。居赫赫之势，失身且有日矣。夫卜而有不审，不见夺糈；为人主计而不审，身无所处。此相去远矣，犹天冠地屦也。此老子之所谓'无名者万物之始'也。天地旷旷，物之熙熙，或安或危，莫知居之。我与若，何足预

彼哉！彼久而愈安，虽曾氏之义未有以异也。”

三天以后，宋忠在殿门外见到了贾谊，便拉着他避开众人谈了起来，他们相互感叹道：“道行越高越安全，权势越高越危险。身居显赫的地位，丧身就将指日可待了。卜筮即便有不灵验的时候，也不会被夺去饭碗；替人主计谋如不周密，就无立身之地。这两者相差太远了，就好像是顶天的帽子和着地的鞋子相比似的。这就是老子所说的‘无名是万物的本源’啊。天地广阔无边，万物熙熙和乐，有的安全，有的危险，没有人知道自己该身居何处。我和你，哪里够资格评论他们呢！他们时间愈久就愈安乐，即使是曾子（当为庄子）的主张，和他们的也没有什么差别。”

久之，宋忠使匈奴，不至而还，抵罪；而贾谊为梁怀王傅，王堕马薨，谊不食，毒恨而死。此务华绝根者也。

过了很久，宋忠出使匈奴，没有到达目的地就返回了，被抵罪判刑；贾谊担任梁怀王的太傅，怀王从马上摔下来不幸去世，贾谊引咎绝食，含恨而死。这些都是追求浮华从而断绝了性命根本的人啊。

太史公曰：古者卜人所以不载者，多不见于篇。及至司马季主，余志而著之。

太史公说：古代的卜人之所以不被记载的原因，是他们的事迹大多不见于文献典籍。待到司马季主，我记述他的言行而撰写出来。

褚先生曰：臣为郎时，游观长安中，见卜筮之贤大夫，观其起居行步、坐起自动，誓正其衣冠而当乡人也，有君子之风。见性好解妇来卜，对之颜色严振，未尝见齿而笑也。从古以来，贤者避世，有居止舞泽者，有居民间闭口不言，有隐居卜筮间以全身者。夫司马季主者，楚贤大夫，游学长安，通《易经》，术黄帝、老子，博闻远见。观其对二大夫贵人之谈言，称引古明王圣人道，固非浅闻小数之能。及卜筮立名声千里者，各往往而在。

褚先生说：我就任郎官的时候，在长安城中游览观察，见到过从事卜筮的贤明大夫，我观察他们的生活起居、走路坐起都自然得体，端正好自己的衣服帽子，才去接待乡野之人，具有君子的风范。看到性情随和风流浪漫的妇人来占卜，面对着她们脸色严肃，未尝露齿而笑。自古以来，贤能的人逃避世俗，有居住在荒野大泽之中的，有生活在民间而闭口不谈世事的，有隐居在卜筮行当中来保全自身的。司马季主是楚国贤明的大夫，在长安城中游学，通晓《易经》，能阐述黄帝、老子的道义，博闻远见。观察他对宋忠、贾谊两位大夫贵人的言谈，称述引用古代明王圣人的道术，本来就不是浅薄的见闻或小小方术的才能。至于靠卜筮立身而且名扬千里的人，到处都存在。

传曰：“富为上，贵次之；既贵，各各学一伎能立其身。”黄直，大夫也；陈君夫，妇人也：以相马立名天下。齐张仲、曲成侯以善击刺学用剑，立名天下。留长孺以相彘立名。荥阳褚氏以相牛立名。能以伎能立名者甚多，皆有高世绝人之风，何可胜言。故曰：“非其地，树之不生；非其意，教之不成。”夫家之教子孙，当视其所以好，好含苟生活之道，因而成之。故曰：“制宅命子，足以观士；子有处所，可谓贤人。”

古书上说：“富足为上等，尊贵次之；即使显贵了，也要各自学会一技之长使自己能在社会上立身。”黄直是位大夫，陈君夫是位妇人，他们靠擅长相马立名天下；齐地的张仲、曲成侯因善于击刺学习用剑而立名天下；留长孺凭相猪立名；荥阳的褚氏凭相牛立名。能够靠技能立名的人很多，他们都有高于世俗、超越常人的风范，哪里能够说得完呢。所以说：“不是合适的土地，种什么也不会生长；不是他自己的意愿，教导他也不会成功。”家长教育子孙，应当观察他爱好的事物，孩子的好恶如果符合生活的道义，就要因势利导使他成功。所以说：“建造什么样的住宅，如何教育孩子，从中足以观察士人的为人；儿子有了安身处世的职业，父亲可以称为贤人。”

臣为郎时，与太卜待诏为郎者同署，言曰：“孝武帝时，聚会占家问之：某日可取妇乎？五行家曰可，堪舆家曰不可，建除家曰不吉，丛辰家曰大凶，历家曰小凶，天人家曰小吉，太一家曰大吉。辩讼不决，以状闻。制曰：‘避诸死忌，以五行为主。’”人取于五行者也。

我就任郎官的时候，和太卜官待诏为郎的人同在一个衙署，他们说：“孝武帝在位的时候，会集了占卜的各派专家来问事：某日可以娶媳妇吗？五行家说可以，堪舆家说不行，建除家说不吉利，丛辰家说大凶，历家说小凶，天人家说小吉，太一家说大吉。各家争辩不休，只好把这种情况向上报告。皇上命令说："凡事要避开各种死凶的忌讳，须以五行家为主。"于是人们就采用了五行家的意见。

史记第一百二十八卷

龟策列传第六十八

太史公曰：自古圣王将建国受命，兴动事业，何尝不宝卜筮以助善！唐虞以上，不可记已。自三代之兴，各据祯祥：涂山之兆从而夏启世，飞燕之卜顺故殷兴，百谷之筮吉故周王。王者决定诸疑，参以卜筮，断以蓍龟，不易之道也。

太史公说：自古以来，圣君明王将要建立国家，承受天命，兴办事业，何曾不重视卜筮来助成善事！唐尧、虞舜以前的事情，不可能有记述了。而自夏、商、周三代的兴起，各自都凭据着卜筮的祯祥。涂山的卜兆吉利，因而夏启世袭了王位；飞燕的卜兆吉顺，因此殷族兴国；百谷的筮兆吉祥，故而周室称王。君王在决定各种疑难时，用卜筮加以预测，用蓍草、龟甲进行推断，这是不能改变的方法。

蛮夷氐羌虽无君臣之序，亦有决疑之卜。或以金石，或以草木，国不同俗。然皆可以战伐攻击，推兵求胜，各信其神，以知来事。

蛮、夷、氐、羌各族虽然没有君臣上下的秩序，也有决断疑问的占卜。有的用金石，有的用草木，各国不同风俗。然而都可以根据占卜的结果来决定征伐攻击，进军求胜。他们各自相信自己信奉的神灵，来预知未来的事情。

略闻夏殷欲卜者，乃取蓍龟，已则弃去之，以为龟藏则不灵，蓍久则不神。至周室之卜官，常宝藏蓍龟。又其大小先后，各有所尚，要其归等耳。或以为圣王遭事无不定，决疑无不见，其设稽神求问之道者，以为后世衰微，愚不师智，人各自安，化分为百室，道散而无垠，故推归之至微，要絜于精神也。或以为昆虫之所长，圣人不能与争。其处吉凶、别然否，多中于人。

我略有所闻：夏、殷时代的人需要占卜，便取用蓍草龟甲，占卜完毕就丢弃它们，认为龟甲收藏起来就不灵，蓍草用久了就不神。到了周王室的卜官，常常珍藏着蓍草和龟甲。还有对使用蓍草、龟甲的大小先后，各自都有崇尚的方法，而概括他们的目的都是相同的。有的人认为圣王遭遇事情没有不能确定的，决断疑难没有不明白可见的，他们之所以设置求神问卜的方法，是认为后代衰败式微，愚蠢却不肯师从聪明的人，人们各自适性自安，分化相异为百家之别，大道散乱而无边际，所以把事理推演归纳到最为精微的地方，总括规范于"精神"。也有的人以为灵龟这类动物的特长之处，圣人也不能和它们相争。它们处理吉凶，辨别可否，大多比人还要准确。

至高祖时，因秦太卜官。天下始定，兵革未息。及孝惠享国日少，吕后女主，孝文、孝景因袭掌故，未遑讲试，虽父子畴官，世世相传，其精微深妙，多所遗失。至今上即位，博开艺能之路，悉延百端之学，通一伎之士咸得自效，绝伦超奇者为右，无所阿私，数年之间，太卜大集。会上欲击匈奴，西攘大宛，南收百越，卜筮至预见表象，先图其利。及猛将推锋执节，获胜于彼，而蓍龟时日亦有力于此。上尤加意，赏赐至或数千万。如丘子明之属，富溢贵宠，倾于朝廷。至以卜筮射蛊道、巫蛊时或颇中。素有眦睚不快，因公行诛；恣意所伤，以破族灭门者，不可胜数。百僚荡恐，皆曰龟策能言。后事觉奸穷，亦诛三族。

到了汉高祖时代，因袭秦制设立了太卜官。天下刚刚平定，战争尚未平息。待到孝惠帝即位，享国的日子很少，吕后又是女君主，孝文帝、孝景帝因袭旧制，来不及研究试行占卜的事情。尽管有的父子都是掌管天文历算卜筮的畴官，代代相传，可是其中的精微深妙之处，遗亡失散的很多。到了当今皇上即位，广开艺能的门路，悉迎百家的学问，精通一技的人都能发挥自己的特长，技艺绝伦、超群出奇的人位列尊右，没有什么偏私的。几年之间，太卜大为聚集。恰逢皇上计划攻击匈奴，西进扫除大宛，南下收服百越，卜筮精确地预见了各种情况，事先谋划好其对策。待到猛将冲锋向前，执节指挥，在各地大获全胜，而用蓍草龟甲占卜时辰日子也对此大有助力。皇上特别重视，赏赐卜人有的高达几千万钱。像丘子明这班人，富裕至极，尊贵宠幸，压倒了朝廷的公卿大臣。至于用卜筮来推测谁用邪术、巫术加害他人，有时也颇为准确。平时与卜官有小嫌隙的人，被他们假手公法而杀害。卜官随心所欲地伤害他人，由此被破族灭家的人，数不胜数。百官惶恐不安，都说龟甲、蓍草能够说话。后来卜官害人的事情被发觉，奸计穷尽，他们也被诛灭三族。

夫揲策定数，灼龟观兆，变化无穷，是以择贤而用占焉，可谓圣人重事者乎！周公卜三龟，而武王有瘳。纣为暴虐，而元龟不占。晋文将定襄王之位，卜得黄帝之兆，卒受彤弓之命。献公贪骊姬之色，卜而兆有口象，其祸竟流五世。楚灵将背周室，卜而龟逆，终被乾谿之败。兆应信诚于内，而时人明察见之于外，可不谓两合者哉！君子谓夫轻卜筮、无神明者，悖；背人道、信祯祥者，鬼神不得其正。故《书》建稽疑，五谋而卜筮居其二，五占从其多，明有而不专之道也。

排列蓍草来断定气数，灼烧龟甲来观察征兆，变化无穷，因此选择贤人来担任占卜工作，可以说是圣人必须慎重从事的事情吧！周公三次用龟甲占卜，因而周武王有病能愈。商纣王为政暴虐，因而大龟不出现吉兆。晋文公将要恢复周襄王的王位，占卜时得到“黄帝战于阪泉”的吉兆，终于接受了帝王赐予的有征伐之命的彤弓。晋献公贪恋骊姬的美色，占卜时征兆有“齿牙为祸”之象，其祸害竟然流传了献公、奚齐、悼子、惠公、怀公五代。楚灵王将要背叛周王室，占卜时得到不祥之兆，终于遭受了乾谿的败绩。征兆和应验诚实于内，而当时的人明察事理、见其结果于外，这能不说是两相吻合的吗！君子认为那些轻视卜筮，不相信神明的人是荒谬的；而背弃了人道，迷信祥瑞的人，鬼神也得不到公正的对待。所以《尚书·洪范》中有“稽疑”一节，提出了五个在解决疑难问题时可与之商量的对象，而卜、筮占了其中两个；五人占卜，应信从其中多数人的判断，这是表明虽设有卜官但不专断的道理。

余至江南，观其行事，问其长老，云龟千岁乃游莲叶之上，蓍百茎共一根。又其所生，兽无虎狼，草无毒螫。江傍家人常畜龟饮食之，以为能导引致气，有益于助衰养老，岂不信哉！

我到了江南，观察当地百姓的行事，询问那里的长老，他们说龟活到千岁才在莲叶上游戏，蓍草长满百条枝茎还是只有一条根。又说在它们生长的地方，野兽中没有虎狼，草丛中没有毒虫。长江边的居民，常常畜养龟，饮其血，食其肉，认为龟能疏通筋络，导致元气，对防衰养老有所助益，难道不真实可信吗！

伏羲氏画八卦图，伏羲氏是传说中的五帝之一。图选自《二十一史通俗演义》。

褚先生曰：臣以通经术，受业博士，治《春秋》，以高第为郎，幸得宿卫，出入宫殿中十有余年。窃好《太史公传》。太史公之《传》曰："三王不同龟，四夷各异卜，然各以决吉凶。略窥其要，故作《龟策列传》。"臣往来长安中，求《龟策列传》不能得，故之大卜官，问掌故文学长老习事者，写取龟策卜事，编于下方。

褚先生说：我由于通晓经术，跟随博士从师学习，研究《春秋》，由于成绩优秀被任命为郎官，有幸能够在宫中值宿警卫，进出宫殿已有十多年了。我私下喜好《太史公传》。太史公的《传》说："夏、商、周三代君王龟占的方法不同，四方蛮夷卜筮的习俗相异，然而各自用占卜来决断吉凶。我大致了解其中的要领，所以写下了《龟策列传》。"我往来于长安城中，寻求《龟策列传》而没能得到，因此我到了太卜官那里，又向熟悉龟策之事的文学长老们询问有关掌故，记下了龟策占卜的事情，编录在下面。

闻古五帝、三王发动举事，必先决蓍龟。传曰："下有伏灵，上有菟丝；上有捣蓍，下有神龟。"所谓伏灵者，在兔丝之下，状似飞鸟之形。新雨已，天清静无风，以夜捎兔丝去之，即以篝烛此地烛之，火灭，即记其处，以新布四丈环置之；明即掘取之，入四尺至七尺，得矣，过七尺不可得。伏灵者，千岁松根也，食之不死。闻蓍生满百茎者，其下必有神龟守之，其上常有青云覆之。传曰："天下和平，王道得，而蓍茎长丈，其丛生满百茎。"方今世取蓍者，不能中古法度，不能得满百茎、长丈者。取八十茎已上、蓍长八尺，即难得也。人民好用卦者，取满六十茎已上、长满六尺者，即可用矣。记曰："能得名龟者，财物归之，家必大富至千万。"一曰"北斗龟"，二曰"南辰龟"，三曰"五星龟"，四曰"八风龟"，五曰"二十八宿龟"，六曰"日月龟"，七曰"九州龟"，八曰"玉龟"：凡八名龟。龟图各有文在腹下，文云云者，此某之龟也。略记其大指，不写其图。取此龟不必满尺二寸，民人得长七八寸，可宝矣。今夫珠玉宝器，虽有所深藏，必见其光，必出其神明，其此之谓乎！故玉处于山而木润、渊生珠而岸不枯者，润泽之所加也。明月之珠出于江海，藏于蚌中，蚗龙伏之。王者得之，长有天下，四夷宾服。能得百茎蓍，并得其下龟以卜者，百言百当，足以决吉凶。

听说古代的五帝、三王要发动兴举大事，必定事先用蓍草龟甲做决断。古书说："下有伏苓，上有兔丝；上有丛蓍，下有神龟。"所谓伏苓这种东西，在兔丝的下方，形状好像飞鸟的样子。头场春雨过后，天气清静无风，在夜晚把菟丝割除，随即用灯笼照着此地，火灭了以后，立即记下它所在的位置，用四丈新布把这个地方环绕起来，天亮以后就把伏苓挖掘出来，入地四尺到七尺就可得到它了，超过七尺就不能得到。伏苓是千年古松的根，人们吃了它可以长生不死。听说蓍草生满一百条枝茎的，它的下方必定有神龟守护着，它的上方经常有青云笼罩着。古书说："天下和平，王道推行，那么蓍草的茎可长至一丈，它一丛会生满百茎。"当今时代取用蓍草的人，不能符合古代的法度，不能得到满百茎、长一丈的蓍草，能获取八十茎以上、长八尺的蓍草，就是很难得的了。喜好用卦的百姓，取得满六十茎以上、长满六尺的蓍草，就可以使用了。古书说："能够得到名龟的人，财物便归于他，家里必定大富，富至千万钱。"名龟第一种叫"北斗龟"，第二种叫"南辰龟"，第三种叫"五星龟"，第四种叫"八风龟"，第五种叫"二十八宿龟"，第六种叫"日月龟"，第七种叫"九州龟"，第八种叫"玉龟"：一共是八种名龟。古书中的龟图上各有文字写在龟腹下方，文字说的是，这是某某龟。我大略记述了它们的要旨，不摹画它们的图形。获取这些名龟不必身满一尺二寸，百姓得到身长七八寸的，就可以当作宝物了。如今那些珠玉宝器，即使加以深藏，也必然看见它们的光彩，必然显现它们的神明，大概说的就是这个意思吧！因此美玉在山而树木润泽，深渊生珠而岸不枯裂，那是因为珠玉滋润它们带来的结果。明月一般美丽的珍珠出自江海，藏在蛤蚌之中，蛟龙伏在它上面，君王得到它，就能长久地拥有天下，四方夷族称臣归服。如果能够得到长满百茎的蓍草，并且得到蓍草下面的神龟，用它们来占卜的，就会百言百中，足以决断吉凶。

神龟出于江水中，庐江郡常岁时生龟长尺二寸者二十枚输太卜官，太卜官因以吉日剔取其腹下甲。龟千岁乃满尺二寸。王者发军行将，必钻龟庙堂之上，以决吉凶。今高庙中有龟室，藏内以为神宝。

神龟出自长江水中，庐江郡经常每年按时把二十只身长一尺二寸的活龟缴纳给太卜官，太卜官便在吉日剔取龟的腹下甲。龟活千岁才满一尺二寸。君王调兵遣将，必定在庙堂之上钻凿龟甲占卜，来决断吉凶。现在高祖庙中有一间龟室，珍藏收纳龟甲，把它们当作神宝。

传曰：“取前足臑骨穿佩之，取龟置室西北隅悬之，以入深山大林中，不惑。”臣为郎时，见《万毕石朱方》，传曰：“有神龟在江南嘉林中。嘉林者，兽无虎狼，鸟无鸱枭，草无毒螫，野火不及，斧斤不至，是为嘉林。龟在其中，常巢于芳莲之上。左胁书文曰：‘甲子重光，得我者匹夫为人君，有土正，诸侯得我为帝王。’求之于白蛇蟠杅林中者，斋戒以待，譺然，状如有人来告之，因以醮酒佗发，求之三宿而得。”由是观之，岂不伟哉！故龟可不敬与？

古书说：“取龟的前足臂骨，把它穿起来佩戴在身上，取龟悬挂在室内的西北角，用这种方法走进深山老林中，就不会迷失方向。”我担任郎官时，看过《万毕石朱方》，书上说：“有神龟生活在江南的嘉林中。嘉林，就是林内的野兽中没有虎狼，鸟群里没有鸱枭，草丛间没有毒草恶虫，野火烧不到，斧头砍不着，这就是嘉林。龟在嘉林之中，常在芳莲上面筑巢。龟的左胁下写有文字，说：‘甲子之年，日冕重光之日，得到我的人，匹夫可为人君，成为有封地的官长；诸侯得到我可为帝王。’在白蛇蟠杅林中寻求神龟的人，斋戒以待，恭恭敬敬地，那样子就好像有人来告诉神龟的消息似的，而且用酒洒地祭神，披散着头发，这样祈求神龟三天三夜才得到它。”由此看来，难道不伟大吗！因此我们对龟可以不尊重吗？

南方老人用龟支床足，行二十余岁，老人死，移床，龟尚生不死。龟能行气导引。问者曰：“龟至神若此，然太卜官得生龟，何为辄杀取其甲乎？”近世江上人有得名龟，畜置之，家因大富，与人议，欲遣去。人教杀之勿遣，遣之破人家。龟见梦曰：“送我水中，无杀吾也。”其家终杀之。杀之后，身死，家不利。人民与君王者异道。人民得名龟，其状类不宜杀也。以往古故事言之，古明王圣主皆杀而用之。

南方有位老人用龟支垫床腿，过了二十多年，老人死了，别人移开床，龟还活着没死。龟能够行气导引。有人问：“龟如此神灵，但是太卜官得到活龟，为什么总是杀死它，剔取它的腹甲呢？”前些年长江边有人得到一只名龟，畜养起来，家中因而大富。他和别人商议，想把龟放生出去。有人教他把龟杀掉，不要放生，如果放了龟，就会使他家破人亡。龟托梦给他说：“送我回水中，不要杀我。”那家人最终还是杀了它。杀龟以后，主人身死，家中不吉祥。百姓和君主的道理不同，百姓得到名龟，看样子似乎不宜杀死。而以往昔的故事说来，古代的明王圣主都是把龟杀死从而利用它。

宋元王时得龟，亦杀而用之。谨连其事于左方，令好事者观择其中焉。

宋元王时得到过一只龟，也是把它杀死从而利用它。我谨把这件事联缀记述在下面，让好事的人从中欣赏选择吧。

宋元王二年，江使神龟使于河，至于泉阳，渔者豫且举网得而囚之，置之笼中。夜半，龟来见梦于宋元王曰：“我为江使于河，而幕网当吾路。泉阳豫且得我，我不能去。身在患中，莫可告语。王有德义，故来告诉。”元王惕然而悟。乃召博士卫平而问之曰：“今寡人梦见一丈夫，延颈而长头，衣玄绣之衣而乘辎车，来见梦于寡人曰：‘我为江使于河，而幕网当吾路。泉阳豫且得我，我不能去。身在患中，莫可告语。王有德义，故来告诉。’是何物也？”卫平乃援式而起，仰天而视月之光，观斗所指，定日处乡。规矩为辅，副以权衡。四维已定，八卦相望。视其吉凶，介虫先见。乃对元王曰：“今昔壬子，宿在牵牛。河水大会，鬼神相谋。汉正南北，江河固期，南风新至，江使先来。白云壅汉，万物尽留。斗柄指日，使者当囚。玄服而乘辎车，其名为龟。王急使人问而求之。”王曰：“善。”

宋元王二年，长江之神派遣神龟出使黄河，到了泉阳，渔夫豫且撒网得到神龟，并把它拘禁起来，放在笼子里。半夜里，龟托梦给宋元王说：“我为江神出使黄河，但是鱼网挡住我的去路。泉阳的豫且得到了我，我不能离开。身在患难之中，没有谁可以求告。君王有德义，所以特来告诉。”元王惊奇地醒了。于是就召见博士卫平，问他说：“今晚我梦见一位男人，伸着脖子，长长的头，穿着黑色绣衣，乘坐着辎车，来托梦给我说：‘我为江神出使黄河，但是鱼网挡住我的去路。泉阳的豫且得到了我，我不能离去。身在患难之中，没有谁可以求告。君王有德义，所以特来告诉。’这是什么人物？”卫平就拿过卜具站起来，仰望天空，看看月光，观察北斗星斗柄所指的方向，推断太阳在天空中所处的位置。用圆规、矩尺作辅佐工具，再加上秤锤、秤杆。东南、东北、西南、西北四隅已经确定，乾、坤、震、巽、坎、离、艮、兑八卦各按其位，彼此相望。观察其中的吉凶之象，甲介之虫首先显现。

卫平这才对元王说："昨夜壬日子时，太阳位于牵牛星宿。黄河大水相会，鬼神相谋。天河正当南北相贯，江神和河神原本有约，南风新至，江神的使者先来。白云壅塞了天河，万物全被滞留。北斗星的斗柄指向太阳，江神的使者当被囚禁。穿着黑色衣服并且乘坐辎车的，它的名字叫龟。君王赶快派人去打听寻求它。"元王说："好。"

于是，王乃使人驰而往问泉阳令曰："渔者几何家？名谁为豫且？豫且得龟，见梦于王，王故使我求之。"泉阳令乃使吏案籍视图：水上渔者五十五家，上流之庐，名为豫且。泉阳令曰："诺。"乃与使者驰而问豫且曰："今昔汝渔何得？"豫且曰："夜半时举网得龟。"使者曰："今龟安在？"曰："在笼中。"使者曰："王知子得龟，故使我求之。"豫且曰："诺。"即系龟而出之笼中，献使者。

当时元王就派人飞驰前往泉阳，问泉阳县令说："渔民有多少家？谁的名字叫豫且？豫且得到一只龟，龟托梦给君主，所以君主派我来寻求它。"泉阳令就派县吏查阅户籍簿，观看城邑地图，水上渔民有五十五家，在上游有间庐舍，主人的名字叫豫且。泉阳令说："好。"就和使者疾驰前往，询问豫且说："昨夜你捕鱼得到了什么？"豫且说："半夜时撒网捕得一只龟。"使者问："现在龟在哪里？"豫且答："在笼子里。"使者说："君主知道您得到这只龟，所以派我来求取它。"豫且说："行。"立即把龟拴起来，从笼中取出，献给使者。

使者载行，出于泉阳之门。正昼无见，风雨晦冥。云盖其上，五采青黄；雷雨并起，风将而行。入于端门，见于东箱。身如流水，润泽有光。望见元王，延颈而前，三步而止，缩颈而却，复其故处。元王见而怪之，问卫平曰："龟见寡人，延颈而前，以何望也？缩颈而复，是何当也？"卫平对曰："龟在患中，而终昔囚，王有德义，使人活之。今延颈而前，以当谢也；缩颈而却，欲亟去也。"元王曰："善哉！神至如此乎？不可久留。趣驾送龟，勿令失期。"

使者载龟而行，出了泉阳城门。突然大白天什么也看不见，狂风暴雨，天昏地暗。云彩覆盖在龟车的上方，呈现出青黄五彩之色；雷雨交加，风儿伴送而行。龟车进入王宫端门，在东偏殿进见元王。龟身如流水，润泽有光。龟望见元王，伸长脖子向前爬行，爬了三步然后停下，又缩回脖子向后倒退，回到它原来的位置。元王见了对此感到奇怪，问卫平说："龟见了我，伸长脖子向前爬行，为什么朝上望呢？又缩着脖子退回原处，这是表示什么呢？"卫平回答说："龟在患难之中，整夜被囚禁，君王有德义，派人救活了它。现在它伸长脖子向前爬行，来表示感谢，又缩着脖子向后退，是想赶快离开。"元王说："妙啊！龟的神灵竟然到了这种地步吗？不可久留它，赶快驾车送龟，不要使它耽误了期限。"

卫平对曰："龟者是天下之宝也，先得此龟者为天子，且十言十当，十战十胜。生于深渊，长于黄土，知天之道，明于上古。游三千岁，不出其域。安平静正，动不用力。寿蔽天地，莫知其极。与物变化，四时变色。居而自匿，伏而不食。春仓夏黄，秋白冬黑。明于阴阳，审于刑德。先知利害，察于祸福。以言而当，以战而胜，王能宝之，诸侯尽服。王勿遣也，以安社稷。"

卫平回答说："龟是天下的宝物，先得到这龟的人就能成为天子，而且十言十中，十战十胜。龟生在深渊，长在黄土，知道上天的大道，明白上古的人事。游历了三千年，不超出它居住的地域。龟安静平和，静气中正，行动不用气力。寿盖天地，无人知道它的极限。它和万物一起变化，随着四季改变颜色。它居而自我藏匿，伏而不吃食物。春天呈青色，夏天呈黄色，秋天呈白色，冬天呈黑色。龟明辨阴阳，审察刑德，预知利害，观察祸福。用它言事就必中，用它卜战就必胜。君王若能把它作为国宝，各诸侯都会来归服。您不要送走它，用它来安定国家社稷。"

元王曰："龟甚神灵，降于上天，陷于深渊。在患难中，以我为贤，德厚而忠信，故来告寡人。寡人若不遣也，是渔者也。渔者利其肉，寡人贪其力，下为不仁，上为无德。君臣无礼，何从有福？寡人不忍，奈何勿遣！"

元王说："这龟十分神灵，自天而降，身陷深渊。在患难之中，把我看作是贤德之人，认为我仁德敦厚而且忠诚信实，因此来求告我。我如果不送走它，这就像那个渔民了。渔民用它的肉体谋利，而我贪图它的神力，在下的为不仁，在上的为无德。君臣无礼，从哪里来福气呢？我不忍心，怎么能不送走它！"

卫平对曰："不然。臣闻盛德不报，重寄不归；天与不受，天夺之宝。今龟周流天下，还复其所，

上至苍天，下薄泥涂，还遍九州，未尝愧辱，无所稽留。今至泉阳，渔者辱而囚之。王虽遣之，江河必怒，务求报仇。自以为侵，因神与谋。淫雨不霁，水不可治；若为枯旱，风而扬埃，蝗虫暴生，百姓失时。王行仁义，其罚必来。此无佗故，其祟在龟。后虽悔之，岂有及哉！王勿遣也。"

卫平回答说："不是这样。我听说，深恩大德不须回报，贵重的寄存不必归还；天授予的如不接受，上天将夺回它的宝物。现在这龟周游天下，还归它的住所，上至苍天，下近泥涂。游遍了九州，未曾受到愧辱，没有什么地方被稽留。现在到了泉阳，渔民侮辱并囚禁了它。君王即使送走了它，江神和河神也一定恼怒，务必谋求报仇。龟由于自己受到侵犯，便会和神灵谋划。或是久雨不晴，洪水不可救治。或是干旱，乱风扬尘，蝗虫暴生，百姓错失农时。君王如施行仁义，其惩罚必然来临。这没有其他原因，那妖祟就在这龟身上。以后即使后悔，怎么能来得及呢！君王不要送走它。"

元王慨然而叹曰："夫逆人之使，绝人之谋，是不暴乎？取人之有，以自为宝，是不强乎？寡人闻之，暴得者必暴亡，强取者必后无功。桀纣暴强，身死国亡。今我听子，是无仁义之名，而有暴强之道。江河为汤武，我为桀纣。未见其利，恐离其咎。寡人狐疑，安事此宝，趣驾送龟，勿令久留。"

元王感慨而叹，说道："阻挠别人的使者，破坏别人的计谋，这不是暴戾吗？夺取别人的东西，把它作为自己的宝物，这不是强横吗？我听说过这样的话，突然得到的东西一定会突然丧失，强行夺取的东西最后必定没有功效。夏桀、商纣暴戾强横，因而身死国亡。如我听从了您，这就会没有了仁义的美名，而有了强暴的说法。江神、河神成了商汤、周武，我成了夏桀、商纣。没有见到神龟的利益，恐怕反遭到它降下的灾难。我满腹狐疑，怎能侍奉这个宝物，赶快驾车送龟，不要使它久留。"

卫平对曰："不然，王其无患。天地之间，累石为山，高而不坏，地得为安。故云物或危而顾安，或轻而不可迁；人或忠信而不如诞谩，或丑恶而宜大官，或美好佳丽而为众人患。非神圣人，莫能尽言。春秋冬夏，或暑或寒。寒暑不和，贼气相奸。同岁异节，其时使然。故令春生夏长，秋收冬藏。或为仁义，或为暴强。暴强有乡，仁义有时。万物尽然，不可胜治。大王听臣，臣请悉言之。天出五色，以辨白黑；地生五谷，以知善恶。人民莫知辨也，与禽兽相若。谷居而穴处，不知田作。天下祸乱，阴阳相错。匆匆疾疾，通而不相择。妖孽数见，传为单薄。圣人别其生，使无相获：禽兽有牝牡，置之山原；鸟有雌雄，布之林泽；有介之虫，置之谿谷。故牧人民，为之城郭，内经闾术，外为阡陌。夫妻男女，赋之田宅，列其室屋。为之图籍，别其名族。立官置吏，劝以爵禄。衣以桑麻，养以五谷。耕之耰之，鉏之耨之。口得所嗜，目得所美，身受其利。以是观之，非强不至。故曰田者不强，囷仓不盈；商贾不强，不得其赢；妇女不强，布帛不精；官御不强，其势不成；大将不强，卒不使令；侯王不强，没世无名。故云强者，事之始也，分之理也，物之纪也。所求于强，无不有也。王以为不然，王独不闻玉椟只雉，出于昆山；明月之珠，出于四海；镌石拌蚌，传卖于市。圣人得之，以为大宝。大宝所在，乃为天子。今王自以为暴，不如拌蚌于海也；自以为强，不过镌石于昆山也。取者无咎，宝者无患。今龟使来抵网，而遭渔者得之，见梦自言，是国之宝也，王何忧焉！"

卫平回答说："不是这样，请君王不要担忧。天地之间，堆积石头成为高山。山高但不倒塌，大地得以安然。所以说事物有的看似危险却反而安全，有的看似轻微却不可转移；有的人忠实诚信却不如欺诈放诞的，有的人丑恶却适宜作大官，有的人美貌佳丽却成为众人的祸患。如不是神圣之人，没有人能讲清其中的道理。春、秋、冬、夏，有的暑热，有的寒冷。寒暑不和，邪气相侵。一年之中，季节不同，是各自的时令使它这样。所以令春生夏长，秋收冬藏。有人仁义，有人强暴。强暴有发作的场合，仁义有施行的时候。万物都是这样，不可深究。大王如能听从我的意见，请让我详尽地说说这件事情。上天呈现五彩颜色，是用来辨别黑白。大地生长五种嘉谷，是用来知道善恶。远古人民没有人知道辨别，和禽兽相似。居住在山谷洞穴中，不懂得种田耕作。天下祸乱，阴阳相错，匆匆忙忙，男女通婚，彼此却不加选择。妖孽屡次出现，传宗接代身单力薄。圣人出来辨别各种的生物，使它们不要相互攻击。禽兽有牝牡，把它们安置到山林原野；飞鸟有雄雌，把它们分布到树林水泽；有甲介的虫类，把它们安置到河流溪谷。所以圣人治理人民，为他们建筑城郭，城内划分大街小巷，郊外修筑田间小道。夫妻男女，分给他们田地住宅，编列他们的房屋。为他们绘图造册，分别他们的姓名家族。设置官吏，用爵位俸禄勉励他们。使他们穿用桑麻，食用五谷，耕田翻土，锄地除草。人们嘴里吃到嗜好的食物，眼睛看到美好的东西，身受衣食之利。由此看来，不靠强力，是达不到目的的。所以说，农夫不强，谷仓不盈满；商人不强，不能得到赢利；妇女不强，布帛不精美；官吏不强，他们的权势就不能形成；大将不强，士卒不听从命令；王侯不强，终生没有名声。所以说强是成事的开始，是名分的根据，是万物的法则。从强力上去追求的，没有什么不能达到。大王却认为不是这样。您难道没有听说过吗？玉匣雉鸟，出自昆山；明月之珠，出自四海；凿镌玉石，剖取蚌珠，到市场贩卖。圣人得到它们，把它们当作贵重的宝物。拥有这宝物的人，就将成为天子。现在您自己把留龟看作是暴虐，其实还不如从大海里剖取蚌珠；您自己把这看作是强横，其实还比不上到昆山凿镌玉石。凿取宝物的人没有罪过，珍藏宝物的人没有祸患。现在神龟使者自投罗网，遇上渔民因而得到了它，神龟又托梦自我介绍，这是国家的宝物，君王还担心什么呢？”

元王曰："不然。寡人闻之：谏者福也，谀者贼也。人主听谀，是愚惑也。虽然，祸不妄至，福不徒来。天地合气，以生百财。阴阳有分，不离四时，十有二月，日至为期。圣人彻焉，身乃无灾。明王用之，人莫敢欺。故云福之至也，人自生之；祸之至也，人自成之。祸与福同，刑与德双。圣人察之，以知吉凶。桀纣之时，与天争功，拥遏鬼神，使不得通。是固已无道矣，谀臣有众。桀有谀臣，名曰赵梁，教为无道，劝以贪狼，系汤夏台，杀关龙逢。左右恐死，偷谀于傍。国危于累卵，皆曰无伤。称乐万岁，或曰未央。蔽其耳目，与之诈狂。汤卒伐桀，身死国亡。听其谀臣，身独受殃。《春秋》著之，至今不忘。纣有谀臣，名为左强。夸而目巧，教为象郎。将至于天，又有玉床。犀玉之器，象箸而羹。圣人剖其心，壮士斩其胻。箕子恐死，被发佯狂。杀周太子历，囚文王昌。投之石室，将以昔至明。阴兢活之，与之俱亡。入于周地，得太公望。兴卒聚兵，与纣相攻。文王病死，载尸以行。太子发代将，号为武王。战于牧野，破之华山之阳。纣不胜，败而还走，围之象郎。自杀宣室，身死不葬。头悬车轸，四马曳行。寡人念其如此，肠如涫汤。是人皆富有天下而贵至天子，然而大傲，欲无沴时，举事而喜高，贪很而骄。不用忠信，听其谀臣，而为天下笑。今寡人之邦，居诸侯之间，曾不如秋毫。举事不当，又安亡逃！"

元王说："不对。我听说话：谏诤的人是国家的幸福，谗谀的人是国家的祸害。人主听信谗谀之言，这是愚蠢糊涂的。尽管如此，灾祸也不随便降临，幸福也不白白来到。天地聚合元气，就产生了一切财富。阴阳有别，离不开一年四季，十二个月，日子到了便为一个周期。圣人明白这个道理，自身才无灾难。明君运用这个道理，没有谁敢欺骗他。因此说幸福的到来，是人们自己创造的；灾难的降临，也是人们自己造成的。灾难和幸福同在，刑罚和赏赐相成。圣人明察这个道理，因而知道吉凶。夏桀、商纣的时候，他们和上天争功，遏阻鬼神，使之不得交通。这本来已经是残暴无道了，而谗谀之臣又有很多。夏桀有位谗谀之臣，名字叫赵梁。他教唆桀王暴虐无道，鼓励他贪狠如狼，把商汤囚禁在夏台，杀害了关龙逢。左右的人恐怕被杀死，苟且在旁边阿谀奉承。国家已经危如累卵，但人人都说不要紧。欢乐地高呼万岁，迷惑说国运未尽。蒙蔽夏桀的耳目，和他一起欺诈癫狂。商汤终于讨伐了夏桀，夏桀身死国亡。夏桀听信了赵梁这个谗谀之臣，自身独受祸殃。《春秋》记载了这件事情，至今令人不忘。商纣有位谗谀之臣，名字叫左强，夸言巧目，教唆纣王建造象廊，象廊高入云天。又安置了玉床。采用犀牛角和美玉雕刻的器物，拿象牙筷子吃饭。圣人比干被挖掉心脏，壮士被砍掉小腿。箕子害怕被杀死，披散了头发，佯装癫狂。商纣杀死了周太子历，拘禁了周文王姬昌。把文王投进石室，准备从夜晚囚禁至天明。阴兢救活了文王，和他一起逃走。文王进入了周地，得到了太公望。他发动士卒，聚集兵器，和商纣交战。文王病死，部下载着他的尸体前行。太子姬发代替父王为将，庙号称为武王。武王和纣王在牧野开战，在华山的南面大败纣军。纣王不胜，兵败逃回，武王把他困在象廊。纣王自杀在宣室，身死却不得埋葬。头被悬挂在车子的横梁上，被四匹马拉着走。我一想到纣王如此的情景，愁肠就像滚沸的水一样翻腾。这些人都是富有天下而且贵至天子，但是太傲慢了。欲望没有满足的时候，办事喜欢好高骛远，贪戾而又骄纵。不任用忠诚信实的人，却听信那些阿谀奉承的臣子，终被天下人耻笑。现在我的疆域处在各诸侯国之间，连秋毫都不如。办事如不妥当，又怎能逃脱灾难！"

卫平对曰："不然。河虽神贤，不如昆仑之山；江之源理，不如四海。而人尚夺取其宝，诸侯争之，兵革为起。小国见亡，大国危殆，杀人父兄，虏人妻子，残国灭庙，以争此宝。战攻分争，是暴强也。故云取之以暴强而治以文理，无逆四时，必亲贤士；与阴阳化，鬼神为使；通于天地，与之为友。

诸侯宾服，民众殷喜。邦家安宁，与世更始。汤武行之，乃取天子。《春秋》著之，以为经纪。王不自称汤武，而自比桀纣。桀纣为暴强也，固以为常。桀为瓦室，纣为象郎。征丝灼之，务以费氓。赋敛无度，杀戮无方。杀人六畜，以韦为囊。囊盛其血，与人县而射之，与天帝争强。逆乱四时，先百鬼尝。谏者辄死，谀者在傍。圣人伏匿，百姓莫行。天数枯旱，国多妖祥。螟虫岁生，五谷不成。民不安其处，鬼神不享。飘风日起，正昼晦冥。日月并蚀，灭息无光。列星奔乱，皆绝纪纲。以是观之，安得久长！虽无汤武，时固当亡。故汤伐桀，武王克纣，其时使然。乃为天子，子孙续世；终身无咎，后世称之，至今不已。是皆当时而行，见事而强，乃能成其帝王。今龟，大宝也，为圣人使，传之贤王。不用手足，雷电将之，风雨送之，流水行之。侯王有德，乃得当之。今王有德而当此宝，恐不敢受；王若遣之，宋必有咎。后虽悔之，亦无及已。"

卫平回答说："不对。黄河虽然神灵贤明，但不如昆仑山；长江的水源通畅，但不如四海。然而人们尚且要夺取昆山四海的珍宝，各诸侯争夺它们，战争由此而起。小国被灭亡，大国危殆，杀害他人的父母兄弟，抢夺别人的妻儿子女，破人国土，毁人宗庙，来争夺这些宝物。攻打争夺，这就是强暴。因此说用强暴武力去夺取它，而用文明教化来治理它。不违背四时的秩序，必能使贤士亲近；随着阴阳一起变化，鬼神也能被役使；与天地交通，和它们也可作朋友。诸侯称臣归服，民众殷实欢喜。国家安宁，与社会一起除旧迎新。商汤、周武行使这种办法，就取得了天子的王位。《春秋》记载了这件事，把它作为规范准则。大王不自称商汤、周武，却把自己比作夏桀、商纣。夏桀、商纣施行暴戾强横，本来就把这些当作常事。夏桀建瓦室，商纣造象廊。征敛丝帛当柴烧，势必劳民伤财。征收赋税，没有限度，杀害百姓，没有法则。他们杀了百姓的六畜，拿熟皮做成袋子，用皮袋盛满了牲畜的血，悬挂起来，与别人一起来射杀它，跟天帝争强。违背了四时的秩序，抢先在祭祀众神鬼之前品尝四时鲜味。劝谏的人总是被杀死，谗谀的臣子却留在身旁。圣人隐藏，百姓没有人行动。上天频频干旱，国内常有妖孽。蝗灾年年发生，五谷不登。百姓不安其居，鬼神不享祭食。天天刮大风，白昼昏天黑地。日月并蚀，熄灭无光。群星不循轨而乱行，全都扰乱了纲纪秩序。由此看来，夏桀、商纣的统治怎能长久！即使没有商汤、周武，到时也本该灭亡。因此商汤伐桀，武王克纣，是那时的形势使它这样。商汤、周武王便成为天子，子孙世代相继为王；终身没有过错，后代称赞他们，直到现在也没有停止。这都是适应时势而行动，遇事能强，才能成为帝王。现在这只龟是贵重的宝物。为圣人出使，传给了贤王。神龟不用动手动脚，雷电伴随着它，风雨护送着它，流水飘行着它。侯王有仁德，才能承受它。现在君王有仁德，从而得到这个宝物，却因害怕而不敢接受；您如果送走它，宋国必有灾难。以后即使后悔，也来不及了。"

元王大悦而喜。于是，元王向日而谢，再拜而受。择日斋戒，甲乙最良。乃刑白雉，及与骊羊；以血灌龟，于坛中央。以刀剥之，身全不伤。脯酒礼之，横其腹肠。荆支卜之，必制其创。理达于理，文相错迎。使工占之，所言尽当。邦福重宝，闻于傍乡。杀牛取革，被郑之桐。草木毕分，化为甲兵。战胜攻取，莫如元王。元王之时，卫平相宋，宋国最强，龟之力也。

元王非常高兴。这时，元王面向太阳拜谢上天，两次礼拜之后才接受了神龟。选择了吉日进行斋戒，甲、乙两天最为吉祥。就杀了白雉以及黑羊，在祭坛的中央用它们的血浇灌神龟。又用刀割剥神龟，龟身一点也没受伤。献上干肉和美酒，以礼相待，然后打开龟的肚肠。燃起荆木枝，灼烧龟甲来占卜，直到形成裂痕。事理从龟甲的纹理中呈现出来，纹理交错。让卜官占卜，所说的都很相符。国家藏有重宝，名声传遍邻邦。杀牛剥取皮革，蒙在郑国所产的桐木上，制成战鼓。草木都分别变为甲胄兵器。战必胜，攻必克，没有人比得上元王。元王在位的时候，卫平任宋国的宰相，宋国最为强大，靠的是神龟的力量。

故云神至能见梦于元王，而不能自出于渔者之笼。身能十言尽当，不能通使于河，还报于江。贤能令人战胜攻取，不能自解于刀锋，免剥刺之患。圣能先知亟见，而不能令卫平无言。言事百全，至身而挛；当时不利，又焉事贤？贤者有恒常，士有适然。是故明有所不见，听有所不闻；人虽贤，不能左画方，右画圆；日月之明，而时蔽于浮云。羿名善射，不如雄渠、蠭门；禹名为辩智，而不能胜鬼神。地柱折，天故毋椽，又奈何责人于全？孔子闻之曰："神龟知吉凶，而骨直空枯。日为德而君于天下，辱于三足之乌。月为刑而相佐，见食于虾蟆。猬辱于鹊，螣蛇之神而殆于即且。竹外有节理，

中直空虚；松柏为百木长，而守门间。日辰不全，故有孤虚。黄金有疵，白玉有瑕。事有所疾，亦有所徐。物有所拘，亦有所据。罔有所数，亦有所疏。人有所贵，亦有所不如。何可而适乎？物安可全乎？天尚不全，故世为屋，不成三瓦而陈之，以应之天。天下有阶，物不全乃生也。”

所以说龟的神灵奇极，能够托梦给元王，但自己不能从渔民的牢笼中逃脱出来。自身能够十言十中，但不能通使河神，还报江神。它的贤德才能能够使人战必胜，攻必克，但自己不能从刀锋之下解脱出来，免除被剥割的灾难。它的圣哲智慧能够先知先觉，敏锐地预见，但不能让卫平不说话。预言事情百说百中，至于自身却被人捆缚挛屈。碰上的时机不利，又怎么侍奉贤者！贤者有常规的操守，士人有当然的言行。因此说，视力好也有看不见的地方，听力好也有听不到的事情；人尽管聪明，也不能同时左手画方，右手画圆；日月光明，但有时被浮云遮蔽。后羿因善射闻名，技巧却不如雄渠、蠭门；大禹因善辩智慧闻名，却不能战胜鬼神。地柱断折，天本来就没有椽子，又怎能对人求全责备呢？孔子听说了神龟这件事，说："神龟知道吉凶，但骨头中空干枯。太阳遍施仁德而君临天下，却被三脚乌鸦侮辱。月亮主施刑罚来辅佐太阳，却被虾蟆吞食。刺猬被喜鹊凌辱，螣蛇如此的神通却遭难于蜈蚣。竹子体外有竹节纹理，但腹中空虚；松柏位为百木之长，却被种在门侧守护着门间。日辰干支不全，所以有孤虚之法。黄金有疵，白玉有瑕。事情有疾速的时刻，也有缓慢的时候。万物有短处，也有长处。网眼有细密的，也有稀疏的。人有可贵之处，也有不如意的地方。怎么可以能恰好合适呢？万物怎么可以求全呢？上天尚且不全，因此世人建造房屋，要在脊檩下少放三块瓦片，用不全来对应上天。天下有高低台阶，万物不全才能得以生存。"

褚先生曰：渔者举网而得神龟，龟自见梦宋元王，元王召博士卫平告以梦龟状，平运式，定日月，分衡度，视吉凶，占龟与物色同，平谏王留神龟以为国重宝，美矣。古者筮必称龟者，以其令名，所从来久矣。余述而为传。

褚先生说：渔夫举网，捕得神龟，神龟自己托梦给宋元王，元王召见了博士卫平，把梦中龟的情状告诉他。卫平运转卜栻，推断日月的位置，分辨轻重长短，视察吉凶，占卜得知神龟和元王梦中之物的颜色相同。卫平劝谏元王留下神龟，把它作为国家的重宝，这事美妙极了。古代占卜必定称道龟的原因，是由于龟有好名声，这从古而来已经很久了。我把它叙述下来写成这篇传记。

三月	**二月**	**正月**	
十二月	**十一月**	**中关内高外下**	
四月	**首仰**	**足开**	
肣开	**首俛大**	**五月**	**横吉**
首俛大	**六月**	**七月**	
八月	**九月**	**十月**	

三月	二月	正月	
十二月	十一月	中关内高外下	
四月	首仰	足开	
肣开	首俛大	五月	横吉
首俛大	六月	七月	
八月	九月	十月	

卜禁曰：子、亥、戌不可以卜及杀龟；日中如食，已卜暮昏，龟之徼也，不可以卜。庚、辛可以杀，及以钻之。常以月旦祓龟，先以清水澡之，以卵祓之，乃持龟而遂之，若常以为祖。人若已卜不中，皆祓之以卵，东向立，灼以荆若刚木，土卵指之者三，持龟以卵周环之，祝曰："今日吉，谨以粱卵焍黄祓去玉灵之不祥。"玉灵必信以诚，知万事之情，辩兆皆可占。不信不诚，则烧玉灵，扬其灰，以征后龟。其卜必北向，龟甲必尺二寸。

占卜有禁忌说：在每天的子时、亥时、戌时不可以占卜和杀龟。白天若有日食要停止占卜。黄昏的时候，龟徼绕不明，不能占卜。庚日、辛日可以杀龟，还可以在龟甲上钻凿灼孔。人们经常在每月的初一祓除龟的不祥，先用清水给龟洗澡，再用鸡蛋摩擦它并为它祝祷，然后就持龟占卜，并且把这作为常法。人们占卜后若不应验，都用鸡蛋祓除龟的不祥，面向东方站立，用荆枝或硬木烧灼龟甲，又用土做成蛋形，向它指三次，再持龟用鸡蛋环绕着它，祝祷说："今日大吉大利，谨用粱米、鸡蛋、焍木、黄绢祓去玉灵神龟的不祥。"玉灵必须真心诚意，预知万物的情形，辨别兆纹都可以占卜。若不真心诚意，就烧掉玉灵，扬弃它的骨灰，来警告后来用于占卜的龟。占卜时必须面向北方，龟甲必须有一尺二寸长。

卜，先以造灼钻，钻中已，又灼龟首，各三；又复灼所钻中曰"正身"，灼首曰"正足"，各三。即以造三周龟，祝曰："假之玉灵夫子。夫子玉灵，荆灼而心，令而先知。而上行于天，下行于渊，诸灵数箣，莫如汝信。今日良日，行一良贞。某欲卜某，即得而喜，不得而悔。即得，发乡我身长大，首足收入皆上偶。不得，发乡我身挫折，中外不相应，首足灭去。"

占卜时，首先要在燃烧荆木的灶旁钻凿烧灼龟甲，在龟甲的中间钻凿以后，又灼烧龟的头部，钻、灼各三次；再灼烧钻凿的凹点，叫做"正身"，灼烧龟的头部，叫做"正足"，各做三次。随即持龟绕灶三周。祝祷说："借重您玉灵先生。先生玉灵，我们用荆木灼烧您的心，使您能先知先觉。您上行于苍天，下行于深渊，各种神灵筮策，没有谁像您如此灵验。今天是吉日良辰，我要作一次满意的占卜。某人想卜问某事，如果卜得吉兆就欢喜，不得吉兆就懊悔。如果得到吉兆，请对我显现出又长又大的兆身，首足收敛起来，都对称地向上。如果不能得到吉兆，请对我显现出曲折的兆身，里外不相对称，首足消失不见。"

灵龟卜祝曰："假之灵龟。五巫五灵不如神龟之灵，知人死，知人生。某身良贞，某欲求某物。即得也，头见足发，内外相应；即不得也，头仰足肣，内外自垂。"可得占。

用灵龟占卜的时候，祝祷说："借重灵龟。五巫五灵，不如神龟灵验，能预知人的生，预知人的死。某某亲身进行良好的占卜，某某欲求某物。如果能够得到，请出现兆头，露出兆脚，兆象内外对称；如果不能得到，请仰起兆头，收敛兆脚，兆象内外自然垂下。这样就可以得到占卜的结果了。"

卜占病者，祝曰："今某病困。死，首上开，内外交骇，身节折；不死，首仰足肣。"

为生病的人占卜，祝祷说："现在某某病困。如果会病死，请将兆首向上伸展，兆纹内外交错，兆身按节屈折；如果不会病死，请将兆首仰起，兆足收敛。"

卜病者祟，曰："今病有祟，无呈；无祟，有呈。兆有中祟，有内；外祟，有外。"

为生病的人卜问有无邪祟，祝祷说："现在病人如有邪祟，兆象就不呈现；如无邪祟，兆象就请呈现。如果家中有妖祟，兆象有内；如果妖祟在家外，兆象有外"。

卜系者出不出：不出，横吉安；若出，足开首仰有外。

卜问被囚禁的人能否出狱。假如不能出狱，兆象为横吉安；如果能够出狱，兆足分开，兆首仰起，有兆外。

卜求财物，其所当得：得，首仰足开，内外相应；即不得，呈兆首仰足肣。

卜问谋求财物，其所有是否当得。假如当得，兆象为首仰足开，内外相应；如果不得，兆象呈现出首仰足敛之状。

卜有卖若买臣妾马牛：得之，首仰足开，内外相应；不得，首仰足肣，呈兆若横吉安。

卜问买卖臣、妾、牛、马能否成功。如果买卖得成，兆象为首仰足开，内外相应；如果不成，兆象为首仰足敛，呈现出似横吉安之状。

卜击盗聚若干人在某所，今某将卒若干人往击之：当胜，首仰足开身正，内自桥外下；不胜，足肣首仰，身首内下外高。

卜问攻击强盗能否能胜。强盗聚集了若干人，在某处，现在某某率领士卒若干人，前往攻击他们。如果能够取胜，兆象为首仰足开身正，兆纹内自高起，外低下；如果不能取胜，兆象为足敛首仰，身不正，内下外高。

卜求当行不行：行，首足开；不行，足肣首仰，若横吉安，安不行。

卜求应不应该出行。如若能够出行，兆象为首仰足开；如果不宜出行，兆象为足敛首仰，如同横吉安之状，安则不宜出行。

卜往击盗，当见不见：见，首仰足肣有外；不见，足开首仰。

卜问前往攻击强盗，能否碰到。如果当见，兆象为首仰足敛有外；如果不当见，兆象为足开首仰。

卜往候盗，见不见：见，首仰足肣，肣胜有外；不见，足开首仰。

卜问前往侦察强盗，能否碰见。如果能碰见，兆象为首仰足敛有外；如果不能碰见，兆象为足开首仰。

卜闻盗来不来：来，外高内下，足肣首仰；不来，足开首仰；若横吉安，期之自次。

卜问风闻有强盗，究竟来不来。如果来，兆象为外高内低，足敛首仰；如果不来，兆象为足开首仰，如同横吉安之状，强盗将在预期时间以后到来。

卜迁徙、去官不去：去，足开有肣外首仰；不去，自去，即足肣，呈兆若横吉安。

卜问是否升迁、调动或是丢掉了官职。如果会丢官职，兆象为足开有敛外首仰；如果不会丢官职，或者自己辞去官职，兆象即为足敛，呈现的兆纹如同横吉安之状。

卜居官尚吉不：吉，呈兆身正，若横吉安；不吉，身节折，首仰足开。

卜问居官是否平安吉利。如果吉利，呈现的兆象为身正，如同横吉安之状；如果不吉利，兆象为兆身曲折，首仰足开。

卜居室家吉不吉：吉，呈兆身正，若横吉安；不吉，身节折，首仰足开。

卜问居家吉利不吉利。如果吉利，呈现的兆象为身正，如同横吉安之状；如果不吉利，兆象为身曲折，首仰足开。

卜岁中禾稼孰不孰：孰，首仰足开，内外自桥外自垂；不孰，足肣首仰有外。

卜问今年庄稼能否丰收。如果丰收，兆象为首仰足开，内自高起，外自下垂；如果不会丰收，兆象为足敛首仰有外。

卜岁中民疫不疫：疫，首仰足肣，身节有强外；不疫，身正首仰足开。

卜问今年百姓是否会遭受瘟疫。如会遭受瘟疫，兆象为首仰足敛，身节有强外；如不会遭受瘟疫，兆象为身正首仰足开。

卜岁中有兵无兵：无兵，呈兆若横吉安；有兵，首仰足开，身作外强情。

卜问今年有无战祸。如无战祸，呈现的兆象如同横吉安之状；如有战祸，征象为首仰足开，兆身作外强情状。

卜见贵人吉不吉：吉，足开首仰，身正，内自桥；不吉，首仰，身节折，足肣有外，若无渔。

卜问求见贵人吉利不吉利。如果吉利，兆象为足开首仰，身正，内自高；如果不吉利，兆象为首仰，身节折，足敛有外，如同空虚无物的样子。

卜请谒于人得不得：得，首仰足开，内自桥；不得，首仰足肣有外。

卜问求见他人是否有所获得。如果有所得，征象为首仰足开，内自高起；如无所得，兆象为首仰足敛有外。

卜追亡人当得不得：得，首仰足肣，内外相应；不得，首仰足开，若横吉安。

卜问追捕逃亡的人是否能得到。如果得到，兆象为首仰足敛，内外相应；如果得不到，兆象为首仰足开，如同横吉安之状。

卜渔猎得不得：得，首仰足开，内外相应；不得，足肣首仰，若横吉安。

卜问捕鱼打猎是否有所获得。如若有所得，征象为首仰足开，内外相应；如无所得，兆象为足敛首仰，如同横吉安之状。

卜行遇盗不遇：遇，首仰足开，身节折，外高内下；不遇，呈兆。

卜问出行是否会遇见强盗。如若会遇见，兆象为首仰足开，身节折，外高内低；如果不会遇见，兆象为呈兆。

卜天雨不雨：雨，首仰有外，外高内下；不雨，首仰足开，若横吉安。

卜问天是否会下雨。如果下雨，兆象为首仰有外，外高内低；如不下雨，征象为首仰足开，如同横吉安之状。

卜天雨霁不霁：霁，呈兆足开首仰；不霁，横吉。

卜问天下雨是否会放晴。如果会放晴，呈现的兆象为足开首仰；如不会放晴，兆象为横吉。

命曰横吉安。以占:病,病甚者一日不死;不甚者卜日瘳,不死。系者重罪不出,轻罪环出;过一日不出,久毋伤也。求财物、买臣妾马牛,一日环得;过一日不得。行者不行。来者环至;过食时不至,不来。击盗不行,行不遇。闻盗不来。徙官不徙。居官、家室皆吉。岁稼不孰。民疾疫无疾。岁中无兵。见人行,不行不喜。请谒人不行不得。追亡人、渔猎不得。行不遇盗。雨不雨。霁不霁。

命兆象名为"横吉安"。用这个兆象占问病情,可以判断:病情严重的人一日之内不会死亡,病情不重的人在占卜当天就会痊愈,不会死亡。被囚禁的人,重罪的不能获释,轻罪的立即出狱;假如过了一天还不能出来,即使时间长久也不会受伤害。卜求财物或买臣、妾、牛、马的,一天之内即可获得;如过了一天就会无所得。出行的人不适宜出行。要来的人很快会来到;如果过了吃饭的时间还没有来,就不会来了。攻打强盗的不适宜前去,如果前往,也不会和强盗相遇。听说强盗要来,但不会来到。卜问调任官职的不会得到调任。居官、在家都很吉利。今年的庄稼不会丰收。百姓不会发生瘟疫。年内没有战祸。求见他人的应当成行,不能成行就令人不喜。拜谒他人的,不去就无所得。追捕逃亡的人,或者捕鱼打猎都无所获得。出行不会遇到强盗。天会下雨吗?不会下雨。天会放晴吗?不会放晴。

命曰呈兆。病者不死。系者出。行者行。来者来。市买得。追亡人得,过一日不得。问行者不到。

命兆象名为"呈兆"。如卜得此兆象,可以推断:生病的人不会死亡。被监禁的人可以出狱。要出行的人可以成行。要来的人会来到。到市场上买东西可以买得到。追捕逃亡的人可以获得,如果过了一天就追不到了。卜问出行的人能否来到,则不会到。

命曰柱彻。卜:病不死。系者出。行者行。来者来。市买不得。忧者毋忧。追亡人不得。

命兆象名为"柱彻"。用这个兆象预测病情,病人不会死亡。被囚禁的人可以出狱。要外出的人可以成行。要来的人会来到。到市场上买东西会无所获得。忧愁的人不用忧愁。追捕逃亡的人不能有所获得。

命曰首仰足肣有内无外。占:病,病甚不死。系者解。求财物、买臣妾马牛不得。行者闻言不行。来者不来。闻盗不来。闻言不至。徙官闻言不徙。居官有忧。居家多灾。岁稼中孰。民疾疫多病。岁中有兵,闻言不开。见贵人吉。请谒不行,行不得善言。追亡人不得。渔猎不得。行不遇盗。雨不雨甚。霁不霁。故其莫字皆为首备。问之,曰:"备者仰也。"故定以为仰。此私记也。

命兆象名为"首仰足肣有内无外"。用这个兆象占卜病情,病情危重但不会死亡。被监禁的人得以解脱。卜求财物或者买臣、妾、牛、马不能有所获得。要出行的人听说了传言不会成行。要来的人不会来到。听说有强盗,但强盗不会来。听说有人要来,但这人不会来到。听说要调任官职,但不会调任。高居官位有担忧。闲居在家多灾难。今年的庄稼有中等收成。百姓有疾疫,多病。年内有战祸,听说了各种传言,但不会来到此地。求见贵人大吉大利。拜谒他人则不宜前往,如果前往也得不到好话。追捕逃亡的人不会追得到。捕鱼打猎无所获得。出行不会遇见强盗。天会下雨吗?不会下大雨。天会放晴吗?不会放晴。所以兆纹的字形都象"首备"的样子。询问太卜官,太卜官说:"备是仰的意思,所以把它定为仰字。"这几句话是我私下记录下来的。

命曰首仰足肣有内无外。占:病,病甚不死。系者不出。求财、买臣妾不得。行者不行。来者不来。击盗不见。闻盗来,内自惊,不来。徙官不徙。居官家室吉。岁稼不孰。民疾疫有病甚。岁中无兵。见贵人吉。请谒、追亡人不得。亡财物,财物不出,得。渔猎不得。行不遇盗。雨不雨。霁不霁。凶。

命兆象名为"首仰足肣有内无外"。用这个兆象占卜病情,病情严重但不会死亡。被囚禁的人不会出狱。卜求钱财、买臣、妾不会有所获得。要出行的人不宜出行。要来的人不会来。去攻击强盗,但不会遇见强盗。听说强盗要来,自己内部惊恐不安,但强盗不会来。想调迁官职的,不得调迁。居官或在家都大吉。今年的庄稼不会丰收。百姓有疾疫,而且病情严重。年内没有战祸。求见贵人大吉。拜谒他人或追捕逃亡的人均无所获得。丢失了财物,但财物没有被转移到外地,可以追获。捕鱼打猎不会有所得。出行不会遇上强盗。天会下雨吗?不会下雨。会天晴吗?不会天晴。凶。

命曰呈兆首仰足肣。以占:病不死。系者未出。求财物、买臣妾马牛不得。行不行。来不来。击盗不相见。闻盗来,不来。徙官不徙。居官,久多忧。居家室不吉。岁稼不孰。民病疫。岁中毋兵。见贵人不吉。请谒不得。渔猎得少。行不遇盗。雨不雨。霁不霁。不吉。

命兆象名为"呈兆首仰足肣"。用这个兆象预测病情,病人不会死亡。被囚禁的人未能出狱。卜求财物或买臣、妾、牛、马均不会有所获得。要出行的人不宜出行。要来的不会来到。去攻击强盗,但不会和强盗相遇。听说强盗要来,但强盗不会来。想调迁官职的,不会被调迁。做官时间久的,就会多有忧患。闲居在家不吉利。年内庄稼不会丰收。百姓有病疫。年内没有战祸。求见贵人不会吉利。拜谒他人不会有所得。捕鱼打猎,收获很少。出行不会遇见强盗。天会下雨吗?不会下雨。天会放晴吗?不会放晴。不吉。

命曰呈兆首仰足开。以占:病,病笃死。系囚出。求财物、买臣妾马牛不得。行者行。来者来。击盗不见盗。闻盗来,不来。徙官徙。居官不久。居家室不吉。岁稼不孰。民疾疫有而少。岁中毋兵。见贵人,不见吉。请谒、追亡人、渔猎不得。行遇盗。雨不雨。霁。小吉。

命兆象名为"呈兆首仰足开"。用这个征象占卜病情,病重的会死亡。被监禁的可以出狱。卜求财物或买臣、妾、牛、马均无所获得。要出行的人可以出行。要来的人会来到。去攻击强盗,但不会遇见强盗。听说强盗要来,但强盗不会来。想调迁官职的会得到调迁。做官不会很长久。闲居在家不吉利。年内庄稼不会丰收。百姓会有疾疫,但是很少。年内没有战祸。求见贵人而不得见面,但很吉利。拜谒他人、追捕逃亡的人或捕鱼打猎均无所获得。出行会遇见强盗。天会下雨吗?不会下雨。天会放晴,小吉。

命曰首仰足肣。以占:病不死。系者久毋伤也。求财物、买臣妾马牛不得。行者不行。击盗不行。来者来。闻盗,来。徙官,闻言,不徙。居家室不吉。岁稼不孰。民疾疫少。岁中毋兵。见贵人得见。请谒、追亡人、渔猎不得。行遇盗。雨不雨。霁不霁。吉。

命兆象名为"首仰足肣"。用这个征象占卜,生病但不会死亡。被监禁的人虽然时间长久,但不会受破害。卜求财物或买臣、妾、牛、马均无所获得。要出行的人不宜出行。攻击强盗的不宜前往。要来的人会来到。听说强盗要来,强盗就会来到。听说要调迁官职,但不会被调迁。闲居在家不吉利。年内庄稼不会丰收。百姓会发生疾疫,但很少。年内没有兵祸。求见贵人,可得会见。拜谒他人、追捕逃亡的人或捕鱼打猎均不会有所获得。出行会遇见强盗。天会下雨吗?不会下雨。天会放晴吗?不会放晴。吉。

命曰首仰足开有内。以占:病者死。系者出。求财物、买臣妾马牛不得。行者行。来者来。击盗行不见盗。闻盗来,不来。徙官徙。居官不久。居家室不吉。岁孰。民疾疫有而少。岁中毋兵。见贵人不吉。请谒、追亡人、渔猎不得。行不遇盗。雨霁。霁,小吉。不霁,吉。

命征象名为"首仰足开有内"。用这个兆象占卜,生病的会死亡,被囚禁的可出狱。卜求财物或买臣、妾、牛、马的均不会有所获得。要出行的人可以出行。要来的人会来到。去攻击强盗,但不会遇见强盗。听说强盗要来,但不会来。想调迁官职的,可得调迁。做官不会长久。闲居在家不吉利。年内庄稼丰收。百姓会发生疾疫,但很少。年内没有战祸。求见贵人不会吉利。拜见他人或追捕逃亡的人或捕鱼打猎均不会有所获得。出行不会遇见强盗。天会下雨吗?天会放晴吗?天如放晴为小吉,天如不晴为吉。

命曰横吉内外自桥。以占:病卜日毋瘳死。系者毋罪出。求财物、买臣妾马牛得。行者行。来者来。击盗合交等。闻盗来来。徙官徙。居家室吉。岁孰。民疫无疾。岁中无兵。见贵人、请谒、追亡人、渔猎得。行遇盗。雨霁,雨霁大吉。

命兆象名为"横吉内外自桥"。用这个兆象占卜病情,病人在占卜当天就会不愈而死。被囚禁的人无罪获释。卜求财物或买臣、妾、牛、马的均有所获得。要出行的人可以出行。要来的人会来。去进攻强盗,会与强盗交战,但力量相等而不分胜负。听说强盗要来,强盗就会来。想调迁官职的,可得调迁。闲居在家吉利。年成会好。百姓不会发生疾疫。年内没有战祸。求见贵人、拜谒他人、追捕逃亡的人、捕鱼打猎均会有所获得。出行会遇到强盗。天会下雨吗?会放晴吗?下雨、放晴均为大吉。

命曰横吉内外自吉。以占:病,病者死。系不出。求财物、买臣妾马牛、追亡人、渔猎不得。行者不来。击盗不相见。闻盗,不来。徙官徙。居官有忧。居家室、见贵人、请谒不吉。岁稼不孰。民疾疫。岁中无兵。行不遇盗。雨不雨。霁不霁。不吉。

命兆象名为"横吉内外自吉"。用这个兆象占问病情,病人会死亡。被囚禁的人不会出狱。卜求财物,买臣、妾、牛、马,追捕逃亡的人,捕鱼打猎的均无所获得。出行的人不会来到。去进攻强盗,但不会遇见。听说有强盗,但不会来。想调迁官职的,可得调迁。身居官位,有忧愁之事。闲居在家、求见贵人、拜谒他人均为不吉。年内庄稼不会丰收。百姓会有疾疫。年内没有战祸。出行不会遇见强盗。天会下雨吗?不会下雨。天会放晴吗?不会放晴。不吉。

甲骨文。龟甲和兽骨是中国古代用来占卜的工具。

命曰渔人。以占:病者,病者甚,不死。系者出。求财物、买臣妾马牛、击盗、请谒、追亡人、渔猎得。行者行。来。闻盗来,不来。徙官不徙。居家室吉。岁稼不孰。民疾疫。岁中毋兵。见贵人吉。行不遇盗。雨不雨。霁不霁。吉。

命兆象名为"渔人"。用这个兆象预测病情,病人病情严重,但不会死亡。被囚禁的人可以出狱。卜求财物,买臣、妾、牛、马,攻打强盗,拜见他人,追捕逃亡的人,捕鱼打猎的均有所获得。出行的人会出行来到。听说强盗要来,但不会来到。想调升官职的,不会被调迁。闲居在家吉利。年内庄稼不会丰收。百姓会发生疾疫。年内无战祸。拜谒贵人会吉利。出行不会遇到强盗。天会下雨吗?不会下雨。天会放晴吗?不会放晴。吉。

命曰首仰足肣内高外下。以占:病,病者甚,不死。系者不出。求财物、买臣妾马牛、追亡人、渔猎得。行不行。来者来。击盗胜。徙官不徙。居官有忧,无伤也。居家室多忧病。岁大孰。民疾疫。岁中有兵不至。见贵人、请谒不吉。行遇盗。雨不雨。霁不霁。吉。

命兆象名为"首仰足肣内高外下"。用这个兆象占卜病情,病人病情严重,但不会死亡。被囚禁的人不会出狱。卜求财物,买臣、妾、牛、马,追捕逃亡的人,捕鱼打猎均有所获得。要出行的不宜出行。要来的会来到。去攻击强盗,可以获胜。想调迁官职的,不会被调迁。高居官位,有忧愁的事情,却不会受伤害。闲居在家,多有忧患疾病。年成会大好。百姓会有疾疫。年内有战祸,但不会延至本地。求见贵人、拜谒他人均会不吉。出行会遇到强盗。天会下雨吗?不会下雨。天会放晴吗?不会放晴。吉。

命曰横吉上有仰下有柱。病久不死。系者不出。求财物、买臣妾马牛、追亡人、渔猎不得。行不行。来不来。击盗不行,行不见。闻盗来,不来。徙官不徙。居家室、见贵人吉。岁大孰。民疾疫。岁中毋兵。行不遇盗。雨不雨。霁不霁。大吉。

命兆象名为"横吉上有仰下有柱。"用这个征象预测,生病即使很久也不会死亡。被囚禁的人不会出狱。卜求财物,买臣、妾、牛、马,追捕逃亡的人,捕鱼打猎的均会无所获得。要出行的不宜出行。要来的不会来到。去攻击强盗的不宜前往,即使去了也不会见到强盗。听说强盗要来,但不会来到。想调迁官职的,不会被调迁。闲居在家、拜谒贵人均会吉利。年成会大好。百姓会有疾疫。年内没有战祸。出行不会遇见强盗。天会下雨吗?不会下雨。天会放晴吗?不会放晴。大吉。

命曰横吉榆仰。以占:病不死。系者不出。求财物、买臣妾马牛至不得。行不行。来不来。击盗不行,行不见。闻盗来不来。徙官不徙。居官、家室、见贵人吉。岁孰。岁中有疾疫,毋兵。请谒、追亡人不得。渔猎至不得。行不得。行不遇盗。雨霁不霁。小吉。

命兆象名为“横吉榆仰”。用这个兆象占卜病情,病人不会死亡。被囚禁的人不会出狱。卜求财物,买臣、妾、牛、马的,即使全力去办,但不会有所获得。要出行的不宜出行。要来的不会来到。要去攻击强盗的不宜成行,即使去了也不会见到强盗。听说强盗要来,但不会来。想调迁官职的,不会被调迁。闲居在家、求见贵人的均会吉利。年成会好。年内会有疾疫,但没有战祸。拜谒他人、追捕逃亡的人均会无所获得。捕鱼打猎,即使全力去做,也不会有所得。出行不会遇见强盗。天会下雨吗?天会放晴吗?不会放晴。小吉。

命曰横吉下有柱。以占:病,病甚不环有瘳,无死。系者出。求财物、买臣妾马牛、请谒、追亡人、渔猎不得。行来不来。击盗不合。闻盗来来。徙官、居官吉,不久。居家室不吉。岁不孰。民毋疾疫。岁中毋兵。见贵人吉。行不遇盗。雨不雨。霁。小吉。

命兆象名为“横吉下有柱”。用这个兆象占卜病情,病情严重不能很快痊愈,但不会死亡。被囚禁的人可以出狱。卜求财物,买臣、妾、牛、马,拜谒他人,追捕逃亡的人,捕鱼打猎的均会无所获得。要出行来到的人不会来到。去攻击强盗,但不会和强盗交战。听说强盗要来,强盗就会来到。调迁官职或在职做官的均可吉利,但不长久。闲居在家不吉利。年成不会好。百姓不会有疾疫。年内没有战祸。求见贵人吉利。出行不会遇见强盗。天会下雨吗?不会下雨。天会放晴。小吉。

命曰载所。以占:病环有瘳,无死。系者出。求财物、买臣妾马牛、请谒、追亡人、渔猎得。行者行。来者来。击盗相见不相合。闻盗来来。徙官徙。居家室忧。见贵人吉。岁孰。民毋疾疫。岁中毋兵。行不遇盗。雨不雨。霁霁,吉。

命兆象名为“载所”。用这个兆象预测,病人可以很快痊愈,不会死亡。被囚禁的人可以出狱。卜求财物,买臣、妾、牛、马,拜谒他人,追捕逃亡的人,捕鱼打猎的均会有所获得。要出行的人可以出行。要来的人会来到。去攻击强盗,可以遇见他们,但不会交战。听说强盗要来,强盗就会来到。想调迁官职的,可得调迁。闲居在家会有忧患。求见贵人吉利。年成会好。百姓不会有疾疫。年内没有战祸。出行不会遇见强盗。天会下雨吗?不会下雨。天会放晴吗?会放晴。吉。

命曰根格。以占:病者不死。系久毋伤。求财物、买臣妾马牛、请谒、追亡人、渔猎不得。行不行。来不来。击盗,盗行不合。闻盗不来。徙官不徙。居家室吉。岁稼中。民疾疫无死。见贵人不得见。行不遇盗。雨不雨。大吉。

命兆象名为“根格”。用这个兆象占卜,病人不会死亡。被囚禁得很久,但不会受伤害。卜求财物,买臣、妾、牛、马,拜谒他人,追捕逃亡的人,捕鱼打猎的均不会有所收获。要出行的不宜出行。要来的不会来到。去攻击强盗,强盗已经离去,不会交战。听说强盗要来,但不会来到。想调迁官职的,不会被调迁。闲居在家吉利。年内庄稼会有中等收成。百姓会有疾疫,但不会死。求见贵人,但不得相见。出行不会遇见强盗。天会下雨吗?不会下雨。大吉。

命曰首仰足肣外高内下。卜:有忧,无伤也。行者不来。病久死。求财物不得。见贵人者吉。

命兆象名为“首仰足肣外高内下”。用这个兆象占卜,有担忧,但不会受伤害。要出行的不会来到。病得太久的会去世。求取财物的不会有所获得。求见贵人吉利。

命曰外高内下。卜:病不死,有祟。市买不得。居官、家室不吉。行者不行。来者不来。系者久毋伤。吉。

命兆象名为“外高内下”。用这个兆象占卜病情,病人不会死亡,有妖祟作怪。到市场买东西会无所获得。做官、在家均不吉利。要出行的人不宜出行。要来的人不会来到。被囚禁的虽然时间长久,但不会受伤害。吉。

命曰头见足发有内外相应。以占:病者起。系者出。行者行。来者来。求财物得。吉。

命兆象名为“头见足发有内外相应”。用这个征象占卜,病人会痊愈而起。被囚禁的人可以出狱。要出行的人可以出行。要来的人会来到。卜求财物的有所获得。吉。

命曰呈兆首仰足开。以占:病,病甚死。系者出,有忧。求财物、买臣妾马牛、请谒、追亡人、渔

猎不得。行不行。来不来。击盗不合。闻盗来来。徙官、居官、家室不吉。岁恶。民疾疫无死。岁中毋兵。见贵人不吉。行不遇盗。雨不雨。霁。不吉。

命兆象名为"呈兆首仰足开"。用这个兆象占卜病情,病情严重的会死亡。被禁的人可以出狱,但有忧患。卜求财物,买臣、妾、牛、马,拜谒他人,追捕逃亡的人,捕鱼打猎的均无所获得。要出行的不宜出行。要来的不会来到。去攻击强盗,但不会和强盗交战。听说强盗要来,强盗就会来到。想调迁官职、高居官位、闲居在家的均不吉利。年成会很不好。百姓会有疾疫,但不会死亡。年内没有战祸。求见贵人不会吉利。出行不会遇见强盗。天会下雨吗?不会下雨。天会放晴。不吉。

命曰呈兆首仰足开外高内下。以占:病不死,有外祟。系者出,有忧。求财物、买臣妾马牛,相见不会。行行。来闻言不来。击盗胜。闻盗来不来。徙官、居官、家室、见贵人不吉。岁中。民疾疫。有兵。请谒、追亡人、渔猎不得。闻盗遇盗。雨不雨。霁。凶。

命兆象名为"呈兆首仰足开外高内下"。用这个兆象占卜,有病但不会死亡,有外来的妖祟作怪。被囚禁的人可以出狱,但有忧患。卜求财物,买臣、妾、牛、马的,得到机会,但不会成功。要出行的可以出行。听说要来的,但不会来到。去攻击强盗,会获得胜利。听说强盗要来,但不会来。想调迁官职、高居官位、闲居在家、拜见贵人均不吉利。有中等的年成。百姓有疾疫,而且有战祸。拜见他人、追捕逃亡的人、捕鱼打猎均会无所获得。听说有强盗,就会遇上强盗。天会下雨吗?不会下雨。天会放晴。凶。

命曰首仰足肣身折内外相应。以占:病,病甚不死。系者久不出。求财物、买臣妾马牛、渔猎不得。行不行。来不来。击盗有用胜。闻盗来来。徙官不徙。居官、家室不吉。岁不孰。民疾疫。岁中。有兵,不至。见贵人喜。请谒、追亡人不得。遇盗。凶。

命兆象名为"首仰足肣身折内外相应"。用这个征象占卜病情,病情严重但不会死亡。被囚禁的人很久不能出狱。卜求财物,买臣、妾、牛、马,捕鱼打猎的均无所收获。要出行的不宜出行。要来的不会来到。去攻击强盗,会有办法取胜。听说强盗要来,就会来到。想调迁官职的,不会被调迁。高居官位或闲居在家均不吉利。年成不会好。百姓有疾疫。年内有战祸,但不会延至本地。求见贵人大喜。拜谒他人、追捕逃亡的人均无所获。会遇上强盗,凶。

命曰内格外垂。行者不行。来者不来。病者死。系者不出。求财物不得。见人不见。大吉。

命兆象名为"内格外垂"。用这个兆象占卜,要出行的人不宜出行。要来的人不会来到。病人会去世。被囚禁的人不会出狱。卜求财物的无所收获。求见他人,不得相见。大吉。

命曰横吉内外相应自桥榆仰上柱足肣。以占:病,病甚不死。系久,不抵罪。求财物、买臣妾马牛、请谒、追亡人、渔猎不得。行不行。来不来。居官、家室、见贵人吉。徙官不徙。岁不大孰。民疾疫。有兵,有兵不会。行遇盗。闻言不见。雨不雨。霁霁。大吉。

命兆象名为"横吉内外相应自桥榆仰上柱足肣"。用这个征象占卜病情,病情严重,但不会死亡。被囚禁得很久,但不会抵罪受罚。卜求财物,买臣、妾、牛、马,拜谒他人,追捕逃亡的人,捕鱼打猎的均会无所获得。要出行的不宜出行,要来的不会来到。高居官位、闲居在家、拜见贵人均会吉利。想调迁官职的不会被调迁。年成不会很好。百姓会有疾疫,而且有战祸,但不会遇上。出行会遇上强盗。听说了某些传言,但不会实现。天会下雨吗?不会下雨。天会放晴吗?会放晴。大吉。

命曰头仰足肣内外自垂。卜:忧病者甚,不死。居官不得居。行者行。来者不来。求财物不得。求人不得。吉。

命兆象名为"头仰足肣内外自垂"。用这个兆象占卜,因忧愁患病的人病情危重但不会死亡。做官的会丢掉官职。要出行的人可以出行。要来的人不会来到。求取财物会无所获得。求人的会无所获得。吉。

命曰横吉下有柱。卜:来者来。卜日即不至,未来。卜病者过一日毋瘳死。行者不行。求财物不得。系者出。

命兆象名为"横吉下有柱"。用这个兆象占卜,要来的人会来到,如果在占卜当天没有到,就是尚未有来意。占卜病情,病人过了一天不痊愈就会死亡。要出行的人不宜出行。求取财物会无所获得。被囚禁的人可以出狱。

命曰横吉内外自举。以占:病者久不死。系者久不出。求财物得而少。行者不行。来者不来。见贵人见。吉。

命兆象名为“横吉内外自举”。用这个兆象占卜,病人病得很久但不会死亡。被囚禁的人很久不得出狱。卜求财物会有所获得,不过很少。要出行的人不宜出行。要来的人不来。求见贵人,可以得见。吉。

命曰内高外下疾轻足发。求财物不得。行者行。病者有瘳。系者不出。来者来。见贵人不见。吉。

命兆象名为“内高外下疾轻足发”。用这个征象占卜,求取财物会无所获得。要出行的人可以出行。病人可以痊愈。被囚禁的人不会出狱。要来的人会来到。求见贵人,不得相见。吉。

命曰外格。求财物不得。行者不行。来者不来。系者不出。不吉。病者死。求财物不得。见贵人见。吉。

命兆象名为“外格”。用这个兆象占卜,卜求财物的不会得到。要出行的人不宜出行。要来的人不会来到。被囚禁的人不会出狱。不吉。患病的人会死亡。卜求财物的不会得到。求见贵人,可以相见。吉。

命曰内自举外来正足发。行者行。来者来。求财物得。病者久不死。系者不出。见贵人见。吉。

命兆象名为“内自举外来正足发”。用这个兆象占卜,要出行的人可以出行。要来的人会来到。求财物的可以得到。病人即使病得很久,但不会死亡。被禁的人不会出狱。求见贵人,可以相见。吉。

此横吉上柱外内自举足肣。以卜:有求得。病不死。系者毋伤,未出。行不行。来不来。见人不见。百事尽吉。

这个征兆是“横吉上柱外内自举足肣”。用这个征兆占卜,有所求就会有所得。生病的不会死亡。被囚禁的人不会受伤害,但未能出狱。要出行的人不宜出行。要来的人不会来到。去拜见他人,但不得相见。百事都会吉利。

此横吉上柱外内自举柱足以作。以卜:有求得。病死环起。系留毋伤,环出。行不行。来不来。见人不见。百事吉。可以举兵。

这个兆象是“横吉上柱外内自举柱足以作”。用这个兆象占卜,有所求就会有所得。病重将死的很快就能痊愈。被囚禁拘留的不会受到伤害,马上可以获释。要出行的人不宜出行。要来的不能来到。去拜见他人,却不得相见。百事都会吉利。可以举事发兵。

此挺诈有外。以卜:有求不得。病不死,数起。系祸罪。闻言毋伤。行不行。来不来。

这个兆象是“挺诈有外”。用这个兆象占卜,有所求却不会有所得。生病了但不会死亡,多次有好转。被囚禁的以祸致罪。听说了某些传言,但不会受到伤害。要出行的不宜出行。要来的不能来到。

此挺诈有内。以卜:有求不得。病不死,数起。系留祸罪,无伤,出。行不行。来者不来。见人不见。

这个兆象是“挺诈有内”。用这个兆象占卜,有所求却不会有所得。生病了但不会死亡,多次有好转。被囚禁的因祸致罪,但不会受伤害,可以出狱。要出行的不宜出行。要来的人不能来到。求见他人,但不得相见。

此挺诈内外自举。以卜:有求得。病不死。系毋罪。行行。来来。田贾市、渔猎尽喜。

这个兆象是“挺诈内外自举”。用这个兆象占卜,有所求就会有所得。生病了不会死亡,被囚禁的没有罪。要出行的可以出行。要来的会来到。耕田、买卖、捕鱼打猎的都会高兴。

此狐狢。以卜:有求不得。病死难起。系留毋罪难出。可居宅。可娶妇嫁女。行不行。来不来。见人不见。有忧不忧。

这个兆象是“狐狢”,用这个兆象占卜,有所求却不会有所得。生病了会死亡,很难痊愈。被拘留的没有罪,却很难出狱。可以在家里居住。可以娶媳妇,嫁闺女。要出行的不宜出行。要来的不会来到。去拜见他人,却不得相见。有忧愁的事情,但不必担心。

此狐彻。以卜:有求不得。病者死。系留有抵罪。行不行。来不来。见人不见。言语定。百事尽不吉。

这个兆象叫“狐彻”。用这个兆象占卜,有所求却不会有所得。病人会死亡。被拘留的会抵罪判刑。要出行的不宜出行。要来的不会来到。去拜见他人,却不得相见。听到的传言会被证实。百事都不吉利。

此首俯足肣身节折。以卜:有求不得。病者死。系留有罪。望行者不来。行行。来不来。见人不见。

这个兆象叫“首俯足肣身节折”。用这个兆象占卜,有所求却不会有所得。病人将会死亡。被拘留的会有罪受罚。希望出行的人来,却他不会来到。要出行的人可以出行。要来的人不会来到。去拜见他人,却不得相见。

此挺内外自垂。以卜:有求不晦。病不死,难起。系留毋罪,难出。行不行。来不来。见人不见。不吉。

这个兆象是“挺内外自垂”。用这个兆象占卜,有所求却所得不多。生病了不会死亡,却很难痊愈。被囚禁拘留的没有罪,却很难出狱。要出行的不宜出行。要来的不会来。去拜见他人,却不得相见。不吉。

此横吉榆仰首俯。以卜:有求难得。病难起,不死。系难出,毋伤也。可居家室。以娶妇嫁女。

这个兆象是“横吉榆仰首俯”。用这个兆象占卜,有所求却很难有所得。生病了很难痊愈,却不会死亡。被囚了很难获释,却不会受伤害。可以在家里居住,可以娶媳妇,嫁闺女。

此横吉上柱载正身节折内外自举。以卜:病者卜日不死,其一日乃死。

这个兆象叫“横吉上柱载正身节折内外自举”。用这个兆象为病人占卜,病人在占卜当天不会死,过了一天便会死亡。

此横吉上柱足肣内自举外自垂。以卜:病者卜日不死,其一日乃死。

这个兆象是“横吉上柱足肣内自举外自垂”。用这个兆象为病人占卜,病人在占卜当天不会死,过了一天便会死亡。

首俯足诈有外无内。病者占龟未已,急死;卜轻失大,一日不死。

兆象为“首俯足诈有外无内”。用这个兆象占卜,病人在龟占尚未结束的时候就会急速死亡。若所占卜的轻而所失去的大,一天之内不会死亡。

首仰足肣。以卜:有求不得。以系有罪。人言语恐之毋伤。行不行。见人不见。

兆象为“首仰足肣”。用这个兆象占卜,有所求却不会有所得。被拘留的会被致罪判刑。人们用传言使他恐惧,但他不会受伤害。要出行的人不宜出行。去拜见他人,但不得相见。

大论曰:外者,人也;内者,自我也。外者,女也;内者,男也。首俛者,忧。大者,身也;小者,枝也。大法:病者,足肣者生,足开者死。行者,足开至,足肣者不至。行者,足肣不行,足开行。有求,足开得,足肣者不得。系者,足肣不出,开出。其卜病也,足开而死者,内高而外下也。

总的来说:兆辞中的“外”是指他人,“内”是指自我;“外”又指女人,“内”又指男人。兆辞中的“首俛”是忧患之兆。“大”是指兆身,“小”是指兆纹中的细枝部分。推断兆纹的一般方法是:若为病人占卜,兆象呈“足肣”的得救,呈“足开”的死亡。若为要来的人占卜,兆象呈“足开”的会来到,呈“足肣”的就不会来到。若为出行的人占卜,兆象呈“足肣”的不宜出行,呈“足开”的可以出行。若为有求某物而占卜,兆象呈“足开”的有所获,呈“足肣”的无所获得。若为被囚禁的人占卜,兆象呈“足肣”的不会出狱,呈“足开”的就会出狱。在为病情占卜的时候,若要得出“足开而死”的推判,必须同时出现“内高而外下”的兆象。

史记第一百二十九卷

货殖列传第六十九

老子曰："至治之极，邻国相望，鸡狗之声相闻，民各甘其食，美其服，安其俗，乐其业，至老死不相往来。"必用此为务，挽近世涂民耳目，则几无行矣。

老子说："天下大治达到极致的时候，邻近的国家遥遥相望，鸡狗的鸣吠声隐约相闻，人民各自认为自家的饮食最甘美，认为自家的服饰最漂亮，安于乡里的习俗，乐于自己的行业，直至年老死亡也不相互往来。"如果把这些作为追求的目标，在当代要堵住人民的耳目，那就几乎是无法实行的了。

太史公曰：夫神农以前，吾不知已。至若《诗》、《书》所述虞夏以来，耳目欲极声色之好，口欲穷刍豢之味，身安逸乐，而心夸矜势能之荣，使俗之渐民久矣。虽户说以眇论，终不能化。故善者因之，其次利道之，其次教诲之，其次整齐之，最下者与之争。

太史公说：神农氏以前的事情，我不知道了。至于像《诗》、《书》所记述的虞、夏以来的情况，则是耳目要极尽音乐、女色的美好，嘴巴要尝尽各种肉食美味，安身在放荡淫乐之中，心里夸耀着权势的荣华。用这种恶习去浸染百姓已经很久了。即使用老子美妙的理论挨家挨户地劝说开导，终究不能使他们感化。因此最好的办法是顺其自然，其次是因势利导，再其次是教诲他们，又其次是整顿他们的行为，最下等的方法是和他们相争。

夫山西饶材、竹、谷、纑、旄、玉石；山东多鱼、盐、漆、丝、声色；江南出楠、梓、姜、桂、金、锡、连、丹沙、犀、玳瑁、珠玑、齿革；龙门、碣石北多马、牛、羊、旃裘、筋角；铜、铁则千里往往山出棋置。此其大较也。皆中国人民所喜好，谣俗被服、饮食、奉生、送死之具也。故待农而食之，虞而出之，工而成之，商而通之。此宁有政教发征期会哉？人各任其能，竭其力，以得所欲。故物贱之征贵，贵之征贱，各劝其业，乐其事，若水之趋下，日夜无休时，不召而自来，不求而民出之。岂非道之所符，而自然之验邪？

崤山以西盛产木材、竹子、楮树、苎麻、旄牛、玉石；崤山以东多有鱼、盐、漆、蚕丝、音乐、美女；长江以南出产楠木、梓树、生姜、桂花、金、锡、铅、朱砂、犀牛、玳瑁、珠玑、兽牙、皮革；龙门直到碣石以北地区多有马、牛、羊、毛毡、皮裘、兽畜的筋和角；铜、铁则是在方圆千里之内，山中往往均有出产，矿点星罗棋布。这是各地物产的大致情况。这些物产都是中国人民喜好的东西，是民间习用的被服、饮食、养生、送死的物品。因此要依赖农民生产粮食，依赖掌管山林水泽开发的虞人输出物品，依赖工匠制成器物，依赖商人流通货物。这些难道有官府的政令教化来调发征召才约期相会的吗？人们各自发挥自己的才能，竭尽自己的力量，来求得自己所需要的东西。因此某物价格低贱时就到别处求得高价售出，价格昂贵时就到外地求得低价购进。人们各自努力从事自己的本业，把自己所做的事情当做快乐，就像水流趋向低处，日夜没有休止的时候，不用征召便会自动前来，不用强求民众就会把各种物品生产出来。这难道不是与"道"相符合，而且是"自然"的验证吗？

《周书》曰："农不出则乏其食，工不出则乏其事，商不出则三宝绝，虞不出则财匮少，财匮少而山泽不辟矣。"此四者，民所衣食之原也。原大则饶，原小则鲜，上则富国，下则富家。贫富之道，莫之夺予，而巧者有余，拙者不足。故太公望封于营丘，地潟卤，人民寡，于是太公劝其女功，极技巧，通鱼盐，则人物归之，繦至而辐凑。故齐冠带衣履天下，海、岱之间敛袂而往朝焉。其后，齐中衰，管子修之，设轻重九府，则桓公以霸，九合诸侯，一匡天下；而管氏亦有三归，位在陪臣，富于列国之君。是以齐富强至于威、宣也。

《周书》说："农民不生产就会使粮食短缺，工匠不生产就会使器物短缺，商人不贸易就会使粮食、器物、财富等三宝隔绝不通，虞人不生产就会使财物匮竭缺少。财物匮竭缺少那么山林水泽就不能进一步开发了。"这四个方面，是人民穿衣吃饭的本源。本源广大就富饶，本源狭小就贫困。本源广大对上就会使国家富强，对下就会使家庭富足。贫穷或者富足的方法，没有谁能夺取它或给予它，然而聪明的人富裕有余，笨拙的人贫穷不足。从前太公望受封在营丘，那里的土地盐碱，人民稀少，当时太公望鼓励营丘的妇女从事女红，使其技巧达到至极的高度，又流通了渔产品和海盐的贸易，因而百姓和财物归向了齐国，就像绳索相接，连续不断地前来，就像车辐集聚在车毂似的，从四方八面汇拢到那里。所以齐国能用帽子、束带、衣服、鞋履供应天下，东海与泰山之间的诸侯们都端正好衣服，恭恭敬敬地前往齐国朝拜。后来齐国中道衰落，管子重新修治了太公望的政策，设置了管理钱币的九个部门，齐桓公因此称霸，九次会合诸侯，一度匡正天下；而管子也修筑了三归台，地位虽在陪臣，但比各国的君主还要富有。正因为如此，齐国的富强延至到了威王、宣王的时代。

故曰："仓廪实而知礼节，衣食足而知荣辱。"礼生于有而废于无。故君子富，好行其德；小人富，以适其力。渊深而鱼生之，山深而兽往之，人富而仁义附焉。富者得势益彰，失势则客无所之，以而不乐。夷狄益甚。谚曰："千金之子，不死于市。"此非空言也。故曰："天下熙熙，皆为利来；天下壤壤，皆为利往。"夫千乘之王，万家之侯，百室之君，尚犹患贫，而况匹夫编户之民乎！

所以说："仓廪富实从而知道礼节，衣食丰足从而知晓荣辱。"礼仪从富有中产生，而在贫困时废弃。所以君子富有，就爱好施行自己的仁德；小人富足，就会乐于发挥自己的余力。水深了鱼就会生在其中，山高了野兽就会前往那里，人富了仁义就会附益于他。富人得势更加显赫，失势后门客就无所依附，因此而不高兴。这种情况在夷狄少数民族地区更加严重。民间谚语说："家有千金的子弟，不会在闹市受刑处死。"这并非是空话。所以说："天下熙熙，都是为利而来；天下壤壤，都是为利而往。"那些拥有千辆战车的君王，封有万户食邑的列侯，享有百家供奉的君子，尚且担忧自己会贫困，何况编入户籍的普通百姓呢！

昔者越王句践困于会稽之上，乃用范蠡、计然。计然曰："知斗则修备，时用则知物，二者形则万货之情可得而观已。故岁在金，穰；水，毁；木，饥；火，旱。旱则资舟，水则资车，物之理也。六岁穰，六岁旱，十二岁一大饥。夫粜，二十病农，九十病末。末病则财不出，农病则草不辟矣。上不过八十，下不减三十，则农末俱利。平粜齐物，关市不乏，治国之道也。积著之理，务完物，无息币。以物相贸易，腐败而食之货勿留，无敢居贵。论其有余不足，则知贵贱。贵上极则反贱，贱下极则反贵。贵出如粪土，贱取如珠玉。财币欲其行如流水。"修之十年，国富，厚赂战士，士赴矢石，如渴得饮，遂报强吴，观兵中国，称号"五霸"。

从前越王句践被围困在会稽山上，于是

《二十一史通俗演义》版画之神农氏教民稼穑图

重用了范蠡、计然。计然说："知道要争斗，就要做好准备；掌握了货物出产的时间和用途，就了解了货物。'时'与'用'二者的规律一旦形成，各种货物的情况就可以掌握而且看得非常清楚。所以岁星行至金位，五谷丰登；行至水位，歉收；行至木位，饥馑；行至火位，干旱。干旱时就要储备舟船，水涝时就要储备车辆，这就是事物发展变化的道理。每六年一次丰收，每六年一次干旱，每十二年一次大饥荒。出售粮食，假如粮价每斗二十钱就会使农民受损害，每斗九十钱就会使从事工商末业的商人受损失。商人受损失，钱财就不流通；农民受损害，土地就不再垦种。粮价每斗上不超过八十钱，下不少于三十钱，那么农民和商人都能获取利益。饥荒年间，官府将存粮平价出售，调整物价，关卡的税收和市场的供应均不短缺，这就是治理国家的道理。积贮货物的常理，一定要积贮完好无损的货物，不要有滞销的弊病。用货物相贸易，易腐易蚀的货物不要久留，不敢囤居以求高价。分析研究了各种货物的有余或不足，就知道物价贵贱的趋势。物价向上贵到极点就会返归于贱，向下贱到极点就会返归于贵。极贵之时，抛出货物须视如粪土；极贱之时，购取货物须视如珠玉。货物钱财，要使它们的周转行如流水。"句践照这个主张治国十年，国家富足，厚赏战士，战士们英勇无比，迎着箭矢飞石，就像口渴得饮似的，终于向强大的吴国报了仇，又在中原地区检阅军队以示军威，号称"五霸"之一。

范蠡既雪会稽之耻，乃喟然而叹曰："计然之策七，越用其五而得意。既已施于国，吾欲用之家。"乃乘扁舟浮于江湖，变名易姓，适齐为鸱夷子皮，之陶为朱公。朱公以为陶天下之中，诸侯四通，货物所交易也。乃治产积居，与时逐而不责于人。故善治生者，能择人而任时，十九年之中三致千金，再分散与贫交疏昆弟。此所谓富好行其德者也。后年衰老而听子孙，子孙修业而息之，遂至巨万。故言富者皆称陶朱公。

范蠡已经洗雪了会稽被困的耻辱，便喟然长叹道："计然的计策有七项，越国运用了其中的五项就实现了意愿。既然已经在治理国家中施行了这些方法，我想在治家方面也运用它们。"于是就乘一叶扁舟，漂浮在江湖之上，改名换姓，到了齐国叫做鸱夷子皮，到了陶邑又改称朱公。朱公认为陶邑是天下的中心，各地诸侯从四方八面通达于此，是货物交易的良好场所。于是他就治理产业，囤积居奇，与时逐利，而不责求于人力。所以擅长治理产业的人，能够放弃人力而把握时机。十九年之中，朱公三次赚到千金钱财，两次分散给贫贱的朋友和远房的本家兄弟。这就是人们所说的富有而又喜好施行仁德的君子。后来朱公年老体衰，从而听任子孙，子孙们治理着产业，并且使它生息发展，终于达到万万家产，所以人们谈论富翁时，都称誉陶朱公。

子赣既学于仲尼，退而仕于卫，废著鬻财于曹鲁之间。七十子之徒，赐最为饶益。原宪不厌糟糠，匿于穷巷。子贡结驷连骑，束帛之币以聘享诸侯，所至，国君无不分庭与之抗礼。夫使孔子名布扬于天下者，子贡先后之也。此所谓得势而益彰者乎？

子贡在仲尼那里学成后，离开孔子到卫国做官，又在曹国和鲁国之间买卖货物，经商发财。孔子的七十位高徒，端木赐（即子贡）最富有。原宪连糟糠都吃不饱，隐居在闭塞不通的小巷子里。子贡乘坐着四马并驾齐驱的车子，带着束帛重礼去聘问、进献诸侯，所到之处，君主没有哪个不和他分庭抗礼。得使孔子的名节传扬天下的原因，是子贡在人前人后帮助他。这就是通常所说的得势益彰吧。

白圭，周人也。当魏文侯时，李克务尽地力，而白圭乐观时变，故人弃我取，人取我与。夫岁孰取谷，予之丝漆；茧出取帛絮，予之食。太阴在卯，穰；明岁衰恶。至午，旱；明岁美。至酉，穰；明岁衰恶。至子，大旱；明岁美，有水。至卯，积著率岁倍。欲长钱，取下谷；长石斗，取上种。能薄饮食，忍嗜欲，节衣服，与用事僮仆同苦乐，趋时若猛兽挚鸟之发。故曰："吾治生产，犹伊尹、吕尚之谋，孙、吴用兵，商鞅行法是也。是故其智不足与权变，勇不足以决断，仁不能以取予，强不能有所守，虽欲学吾术，终不告之矣。"盖天下言治生祖白圭。白圭其有所试矣，能试有所长，非苟而已也。

白圭，是西周人。当魏文侯在位的时候，李克务求要竭尽地力，白圭却喜欢观察时机的变化，因此他采取了"人弃我取，人取我与"的策略。五谷丰收时，就购进粮食，售出蚕丝、生漆；蚕茧产出时，就购进丝帛、绵絮，售出粮食。太岁星处在太空中的卯宫，天下就大丰收；明年将会衰弱。太岁星行至午宫，天下大旱；明年将会很美好。太岁星行至酉宫，粮食丰收；明年将会衰恶。太岁星行至子宫，天下大旱；明年将会很美好，会有雨水。当太岁星行至卯宫时，白圭囤积的货物大概要比往年多一倍。想要使价格上涨，他就购进下等的粮食；想要使每斗每石粮食的重量增多，他就购进上等的粮种。白圭能够不讲究吃喝，抑制嗜欲，节俭衣服，和手下的人以及奴仆同甘共苦，趋赶赚钱的时机就像猛兽凶禽猎取食物那样突发敏捷。所以他说："我经营生产，就是像伊尹、吕尚策划谋略，像孙子、吴起运用兵法，像商鞅推行法制那样的。所以如果一个人的智慧不足以随机应变，勇气不足以果敢决断，仁德不能够正确取舍，强硬不能够有所坚守，虽然他想学习我的方法，我终究不会告诉他的。"因此天下的人说到经商之术都效法白圭。白圭大概是有所尝试吧，能够尝试而又有所成就，并不是随随便便就可以做到的。

范蠡像。范蠡，春秋时期越国人，助越王句践称霸后归隐经商，被后人称为陶朱公。

猗顿用盬盐起，而邯郸郭纵以铁冶成业，与王者埒富。

猗顿靠经营池盐起家，而邯郸的郭纵靠冶炼铁器成就了家业，他们和帝王同等富有。

乌氏倮畜牧，及众，斥卖，求奇、缯物，间献遗戎王。戎王什倍其偿，与之畜，畜至用谷量马牛。秦始皇帝令倮比封君，以时与列臣朝请。而巴寡妇清，其先得丹穴，而擅其利数世，家亦不訾。清，寡妇也，能守其业，用财自卫，不见侵犯。秦皇帝以为贞妇而客之，为筑女怀清台。夫倮鄙人牧长，清穷乡寡妇，礼抗万乘，名显天下，岂非以富邪？

乌氏县名倮的人经营畜牧业，等到牲畜众多，就将它们卖掉，用那些钱去求购珍奇之物和丝织品，暗中敬献给戎王。戎王用十倍于礼品价值的财物进行还赠，送给他牲畜，牲畜多得要用山谷为单位来计算牛马的数量。秦始皇帝命令倮的地位与封君并列，按规定时间和列臣一起入宫朝见。而巴地的寡妇清，她的祖先得到丹砂矿，独揽其利益已经好几代，家产也不可计量。清是一位寡妇，能够守住先人的家业，用钱财自卫，不被他人侵犯。秦始皇帝把她尊为贞妇，用宾客的礼节来接待她，为她修筑了女怀清台。倮是边鄙之人，畜牧之长，清是穷乡僻壤的寡妇，能够和拥有万辆兵车的君主分庭抗礼，在天下显扬名声，难道不是依靠他们的财富吗？

汉兴，海内为一，开关梁，弛山泽之禁，是以富商大贾周流天下，交易之物莫不通，得其所欲。而徙豪杰、诸侯、强族于京师。

汉朝兴起，海内统一，开放了关卡桥梁，松弛了开发山林水泽生产的禁令，因此富商大贾周行天下，交易的物品没有什么是不能畅通的，商人们大得其所欲，于是政府迁徙豪杰、诸侯、强宗望族到京都地区。

关中自汧、雍以东至河、华，膏壤沃野千里。自虞夏之贡以为上田，而公刘适邠，大王、王季在岐，文王作丰，武王治镐，故其民犹有先王之遗风，好稼穑，殖五谷，地重，重为邪。及秦文、德、缪居雍，隙陇蜀之货物而多贾。献公徙栎邑，栎邑北却戎翟，东通三晋，亦多大贾。孝、昭治咸阳，因以汉都，长安诸陵，四方辐凑并至而会，地小人众，故其民益玩巧而事末也。南则巴蜀。巴蜀亦沃野，地饶卮、姜、丹沙、石、铜、铁、竹、木之器。南御滇僰，僰僮。西近邛笮，笮马、旄牛。然四塞，栈道千里，

无所不通，唯褒斜绾毂其口，以所多易所鲜。天水、陇西、北地、上郡与关中同俗，然西有羌中之利，北有戎翟之畜，畜牧为天下饶。然地亦穷险，唯京师要其道。故关中之地，于天下三分之一，而人众不过什三；然量其富，什居其六。

关中地区自汧县、雍县以东到黄河、华山之间，膏壤沃野方圆千里，从有虞氏、夏后氏征收贡赋那时起，就把那里划为上等土地。后来公刘迁徙到邠，周太王、王季居住在岐邑，周文王建立了丰京，周武王修治了镐都，因此那里的人民还有先王的遗风，爱好稼穑，种植五谷，以土地为重，很难去干邪恶之事。到了秦文公、孝公、穆公居住在雍邑，地处陇、蜀货物交流的要道，因而有很多商人。秦献公徙都到栎邑，栎邑往北使戎狄却步，往东和三晋相通，也有很多大商人。秦孝公、秦昭襄王治都咸阳，凭借着咸阳从而又建立了汉朝的都城长安，以及长安附近的因供奉皇帝陵墓而设置的各陵县，四方八面的人和物辐辏并至，相聚在那里，地小人众，所以那里的民众日益玩弄智巧，从事工商之类的末业。关中地区以南就是巴郡、蜀郡。巴郡、蜀郡也有肥沃的原野，土地盛产栀子、生姜、朱砂、石材、铜、铁、竹木器物。巴蜀南抵滇、僰，僰地多出僮仆；西近邛、笮，笮地出产马、旄牛。然而巴蜀地区四面闭塞，靠栈道千里，与关中无所不通，唯有褒、斜两个山谷绾结集中了四方的道口，有如车毂之辏集，用多余的货物去交易短缺的货物。天水、陇西、北地、上郡和关中的习俗相同，然而向西有羌中的便利，往北有戎狄的畜牧。戎狄的畜牧业位居天下的首位，但是土地也很贫瘠，形势险恶，只有京师长安控制它的通道。所以关中的土地，占了天下的三分之一，而人口只有十分之三，然而估计其中拥有的财富，占据了天下的十分之六。

昔唐人都河东，殷人都河内，周人都河南。夫三河在天下之中，若鼎足，王者所更居也，建国各数百千岁，土地小狭，民人众，都国诸侯所聚会，故其俗纤俭习事。杨、平阳陈西贾秦、翟，北贾种、代。种、代，石北也，地边胡，数被寇。人民矜懻忮，好气，任侠为奸，不事农商。然迫近北夷，师旅亟往，中国委输时有奇羡。其民羯羠不均，自全晋之时固已患其僄悍，而武灵王益厉之，其谣俗犹有赵之风也。故杨、平阳陈掾其间，得所欲。温、轵西贾上党，北贾赵、中山。中山地薄人众，犹有沙丘纣淫地余民，民俗懁急，仰机利而食。丈夫相聚游戏，悲歌忼慨，起则相随椎剽，休则掘冢作巧奸冶，多美物，为倡优。女子则鼓鸣瑟，跕屣，游媚贵富，入后宫，遍诸侯。

以前唐尧在河东建都，殷人在河内殷墟建都，东周人在河南洛阳建都。这河东、河内、河南三河地区位于天下的中心，就像鼎的三只足，是帝王们更迭居住的地方，建国各有数百或上千年。那里土地狭小，人口众多，是都城封国诸侯积聚的地方，所以当地的民俗吝啬节俭，熟习世故。杨、平阳两郡的民众向西到秦和戎狄地区做买卖，向北到种和代两地做买卖。种、代在石邑的北面，其地邻近匈奴，屡次遭受寇掠。人民骄横强直，喜好斗气，任侠为奸，不从事农耕或商业。不过其地迫近北夷，军队经常来往，从中原地区运送来的物资时有剩余。当地人民强悍而不务耕耘，自三家尚未分晋的时候，本来就已经对其剽悍感到担忧，而到赵武灵王时就更加助长了这种风气，其风俗还有赵国的遗风。所以杨和平阳的百姓由于这个缘故在其间经商买卖，得其所欲。温、轵两县的百姓向西到上党经商，往北到赵、中山做生意。中山土地贫瘠，人口众多，在沙丘一带还有殷纣王当年淫乐的遗址和殷人的后裔，民俗狷急，靠投机牟利生活。男人们相聚游戏，慷慨悲歌。行动时就纠合着去杀人抢掠，停息时就去盗墓，制造伪巧、奸诈淫乱的勾当。多有美色的男子去做倡优。女人们则弹奏着琴瑟，拖拉着鞋子，在权贵富豪中游走献媚，有的被纳入后宫，遍及各地诸侯。

然邯郸亦漳、河之间一都会也。北通燕、涿，南有郑、卫。郑、卫俗与赵相类，然近梁、鲁，微重而矜节。濮上之邑徙野王，野王好气任侠，卫之风也。

然而邯郸也是漳水、黄河之间的一个都市。北通燕、涿，南有郑、卫。郑、卫两地的习俗和赵相类似，不过地近梁、鲁，百姓稍微庄重些，而且注重贞操。卫元君从濮上之邑帝丘迁徙到野王，野王地区的百姓喜好斗气，任侠为奸，有卫国的遗风。

夫燕亦勃、碣之间一都会也。南通齐、赵，东北边胡。上谷至辽东，地踔远，人民希，数被寇，大与赵、代俗相类，而民雕捍少虑，有鱼盐枣栗之饶。北邻乌桓、夫余，东绾秽貉、朝鲜、真番之利。

那个燕国故都蓟也是勃海、碣石之间的一个都市。它南通齐、赵，东北邻近匈奴。从上谷到辽东，土地辽阔，人民稀少，屡次遭受寇掠，民俗大致和赵、代两地的相类似，民众像雕那样强悍，缺少思虑。当地具有鱼、盐、枣、栗的富饶。北面邻近乌桓、夫余，东面处于控制秽貉、朝鲜、真番的有利地形。

洛阳东贾齐、鲁，南贾梁、楚。故泰山之阳则鲁，其阴则齐。

洛阳向东可以到齐、鲁经商，向南可以到梁、楚做买卖。所以泰山的南边就是鲁，它的北边就是齐。

齐带山海，膏壤千里，宜桑麻，人民多文彩布帛鱼盐。临菑亦海岱之间一都会也。其俗宽缓阔达，而足智，好议论，地重，难动摇，怯于众斗，勇于持刺，故多劫人者，大国之风也。其中具五民。

齐地山海环绕，膏腴之地方圆千里，适宜种值蚕桑、大麻，人民大多生产彩绸、麻布、丝帛、鱼、盐。临菑也是东海和泰山之间的一个都市。那里的民俗宽容豁达，而且足智多谋，爱好议论，以土地为重，难以动摇离散，怯于聚众斗殴，勇于持刀行刺，所以多有抢劫他人的事情，这是大国的风尚。当地士、农、工、商、贾五民俱全。

而邹、鲁滨洙、泗，犹有周公遗风，俗好儒，备于礼，故其民龊龊。颇有桑麻之业，无林泽之饶。地小人众，俭啬，畏罪远邪。及其衰，好贾趋利，甚于周人。

而邹、鲁两地濒临洙水、泗水，仍有周公的遗风，民俗喜好儒术，礼仪完备，因此那里的百姓小心谨慎，颇有蚕桑、大麻的产业，但没有山林水泽的富饶。土地狭小，人口众多，人们节俭吝啬，害怕犯罪，远离邪恶。待到他们衰落的时候，喜好经商趋利，比周地之人还要严重。

夫自鸿沟以东，芒、砀以北，属巨野，此梁、宋也。陶、睢阳亦一都会也。昔尧作于成阳，舜渔于雷泽，汤止于亳。其俗犹有先王遗风，重厚多君子，好稼穑，虽无山川之饶，能恶衣食，致其蓄藏。

从鸿沟往东，芒山、砀山以北，直到巨野，这是梁国和宋国的故地。陶、睢阳也是一个都市。从前，唐尧从成阳兴起，虞舜在雷泽捕鱼，商汤在亳都居住。那里的风俗仍有先王的遗风，庄重宽厚，多有君子，喜爱农耕稼穑，虽然没有山林大川的富饶，人们能节衣缩食，来得到财物的蓄藏。

越、楚则有三俗。夫自淮北沛、陈、汝南、南郡，此西楚也。其俗剽轻，易发怒，地薄，寡于积聚。江陵故郢都，西通巫、巴，东有云梦之饶。陈在楚夏之交，通鱼盐之货，其民多贾。徐、僮、取虑则清刻，矜己诺。

越、楚两地则有三种风俗。从淮北沛郡到陈郡、汝南、南郡，这是西楚地区。那里的民俗剽悍轻捷，容易发怒，土地瘠薄，少有财物的积聚。江陵是原楚国的郢都，西面通达巫郡、巴郡，东面又有云梦的富饶。陈郡位于楚、夏的交接之处，流通鱼、盐之类的货物，那里的民众多为商人。徐城、僮县、取虑等地的民俗则清白严刻，重视自己的诺言。

彭城以东，东海、吴、广陵，此东楚也。其俗类徐、僮。朐、缯以北，俗则齐。浙江南则越。夫吴自阖庐、春申、王濞三人招致天下之喜游子弟，东有海盐之饶，章山之铜，三江、五湖之利，亦江东一都会也。

彭城以东，乃至到东海、吴、广陵，是东楚地区。那里的民俗和徐城、僮县相似。朐县、缯县以北，民俗则和齐地的相似。浙江以南则和越地的相似。吴自从吴王阖庐、楚国春申君、西汉吴王刘濞三人招致天下的喜游子弟，东面有海盐的富饶，又有章山的铜矿，三江五湖的便利，成为江东的一个都市。

衡山、九江、江南、豫章、长沙，是南楚也。其俗大类西楚。郢之后徙寿春，亦一都会也。而合肥受南北潮，皮革、鲍、木输会也。与闽中、干越杂俗，故南楚好辞，巧说少信。江南卑湿，丈夫早夭。多竹木。豫章出黄金，长沙出连、锡。然堇堇物之所有，取之不足以更费。九疑、苍梧以南至儋耳者，与江南大同俗，而杨越多焉。番禺亦其一都会也，珠玑、犀、玳瑁、果、布之凑。

衡山、九江、江南、豫章、长沙，这是南楚地区。那里的习俗大致和西楚地区相类同。楚国郢都失守以后，迁都到寿春，寿春也是一个都市。而合肥感受着长江、淮河南北潮水的汇集，是皮革、鲍鱼、木材的集散地。由于和闽中、干越的习俗相混杂，所以南楚地区的百姓喜好言辞，花言巧言，少有信用。江南地势低，气候潮湿，男人短命早夭，盛产竹木。豫章出产黄金，长沙出产铅、锡，但是矿藏的储量很少，开采所得不足以抵偿所需的费用。九嶷山、苍梧以南，以至儋耳一带，民俗与江南大致相同，而且多与杨越的相似。番禺也是那里的一个都市，是珠玑、犀牛角、玳瑁、水果、葛布的集散地。

颍川、南阳,夏人之居也。夏人政尚忠朴,犹有先王之遗风。颍川敦愿。秦末世,迁不轨之民于南阳。南阳西通武关、郧关,东南受汉、江、淮。宛亦一都会也。俗杂好事,业多贾。其任侠,交通颍川。故至今谓之"夏人"。

颍川、南阳,是原夏朝人的居住地。夏人为政崇尚忠厚质朴,仍然有先王的遗风。颍川人敦厚老实。秦朝末年,曾迁徙不法之徒到南阳。南阳西面通达武关、郧关,东南面临汉水、长江、淮河、宛也是一个都市,风俗杂乱好事,多以经商为业。那里的百姓放任侠义,和颍川地区相交往,因此至今称他们为"夏人"。

夫天下物所鲜所多,人民谣俗:山东食海盐,山西食盐卤,岭南、沙北固往往出盐,大体如此矣。

天下各地的物产有少的,有多的,人民的习俗是,山东地区吃海盐,山西地区吃池盐,岭南、沙北地区本来就是处处产盐的,情况大体如此吧。

总之:楚越之地,地广人希,饭稻羹鱼,或火耕而水耨,果隋蠃蛤,不待贾而足,地势饶食,无饥馑之患,以故呰窳偷生,无积聚而多贫。是故江、淮以南,无冻饿之人,亦无千金之家。沂、泗水以北,宜五谷桑麻六畜,地小人众,数被水旱之害,民好畜藏,故秦、夏、梁、鲁好农而重民。三河、宛、陈亦然,加以商贾。齐、赵设智巧,仰机利,燕、代田畜而事蚕。

子贡像,出自明·吕维祺编《圣贤像赞》。子贡又称子赣,复姓端木,名赐,孔子的弟子。善商贾,为当时的富户。

总之,楚、越地区,土地广阔,人口稀少,以稻米为主食,用鱼类为菜羹,有的地方刀耕火种,水耨除草,瓜果螺蛤,不用靠买卖就很富足,土地肥沃,食物丰富,没有饥馑的忧患。由于这个原因,人们苟且偷生,没有财物的积聚,而且多有贫穷。因此长江、淮河以南地区,没有挨饿受冻的人们,也没有千金财富的家庭。沂水、泗水以北地区,适宜种植五谷、桑、麻,饲养家禽六畜,地小人众,多次遭受水旱的灾害,民众喜好积蓄储藏财物,所以秦、夏、梁、鲁等地爱好农耕,重视民众。三河、宛、陈等地也是这样,又加上经营商业。齐、赵地区的民众玩弄智巧,靠投机谋利为生。燕、代地区的百姓种田、畜牧,而且以养蚕为业。

由此观之,贤人深谋于廊庙,论议朝廷,守信死节、隐居岩穴之士设为名高者安归乎?归于富厚也。是以廉吏久,久更富;廉贾归富。富者,人之情性,所不学而俱欲者也。故壮士在军,攻城先登,陷阵却敌,斩将搴旗,前蒙矢石,不避汤火之难者,为重赏使也。其在闾巷少年,攻剽椎埋,劫人作奸,掘冢铸币,任侠并兼,借交报仇,篡逐幽隐,不避法禁,走死地如骛者,其实皆为财用耳。今夫赵女郑姬,设形容,揳鸣琴,揄长袂,蹑利屣,目挑心招,出不远千里,不择老少者,奔富厚也。游闲公子,饰冠剑,连车骑,亦为富贵容也。弋射渔猎,犯晨夜,冒霜雪,驰阬

谷，不避猛兽之害，为得味也。博戏驰逐，斗鸡走狗，作色相矜，必争胜者，重失负也。医方诸食技术之人，焦神极能，为重糈也。吏士舞文弄法，刻章伪书，不避刀锯之诛者，没于赂遗也。农、工、商贾畜长，固求富益货也。此有知尽能索耳，终不余力而让财矣。

由此看来，贤人在朝廷上深谋远虑，争议辩论，那些守信死节、隐居在深山岩穴中的名士，他们设法抬高自己名望的做法到底是要归向何处呢？是要归向富贵厚重。因此清廉的官吏任职长久，长久了就会更加富贵，清廉的商人终能发财致富。财富，是人的情性所在，是人们不用学而都想得到的东西。所以壮士在军队里，攻城时抢先登攀，冲锋陷阵，杀退敌人，斩将拔旗，冒着箭林石雨向前冲锋，不怕赴汤蹈火危险的，是为了重赏所驱使。那些在里巷的青少年，攻击剽掠，椎杀活埋，逼人作奸，盗掘坟墓，私铸钱币，任意妄为，兼并财物，借结交同伙以报私仇，在幽暗隐蔽的地方掠夺钱财，逐杀人命，不避法律禁令，跑在死路上却还像快马奔驰似的朝前赶的，其实都是为了财罢了。如今那些赵女郑姬，梳妆打扮，修饰容貌，她们弹奏着鸣琴，挥动着长袖，轻快地移动舞步，用眼色挑逗，用情意勾引，外出不远千里，投靠男人不择老少的，是要投奔富贵厚利呀。游手好闲的公子，在帽子和佩剑上多加装饰，把车子和坐骑连接成行，也是显示富贵的模样。捕鱼打猎的人，起早贪黑，冒雪披霜，奔波在深坑峡谷，不躲避猛兽的伤害，是为了得到野味。那些赌博游戏、赛马驰逐、斗鸡纵狗行猎之徒，他们勃然变色，争相夸耀，必定要争强好胜的，是把得失输赢看得很重。医生方士以及各种靠技术吃饭的人，他们焦思苦虑，极尽其能，是为了求得丰厚的报酬。官吏文士舞文弄法，私刻印章，伪造文书，不避刀锯诛杀的，是由于他们陷没在他人的贿赂馈赠之中。农、工、商贾、畜牧各行各业，本来就是为了追逐富贵，增益财富。这样只有智慧用尽，能力完结才算罢了，终究是不遗余力去索取财富。

谚曰："百里不贩樵，千里不贩籴。"居之一岁，种之以谷；十岁，树之以木；百岁，来之以德。德者，人物之谓也。今有无秩禄之奉、爵邑之入，而乐与之比者，命曰"素封"。封者食租税，岁率户二百。千户之君则二十万，朝觐聘享出其中。庶民农工商贾，率亦岁万息二千，百万之家则二十万，而更徭租赋出其中。衣食之欲，恣所好美矣。故曰陆地牧马二百蹄，牛蹄角千，千足羊，泽中千足彘，水居千石鱼陂，山居千章之材。安邑千树枣；燕、秦千树栗；蜀、汉、江陵千树桔；淮北、常山已南，河济之间千树萩；陈、夏千亩漆；齐、鲁千亩桑麻；渭川千亩竹；及名国万家之城，带郭千亩亩钟之田，若千亩卮、茜，千畦姜、韭：此其人皆与千户侯等。然是富给之资也，不窥市井，不行异邑，坐而待收，身有处士之义而取给焉。若至家贫亲老，妻子软弱，岁时无以祭祀进醵，饮食被服不足以自通，如此不惭耻，则无所比矣。是以无财作力，少有斗智，既饶争时，此其大经也。今治生不待危身取给，则贤人勉焉。是故本富为上，末富次之，奸富最下。无岩处奇士之行，而长贫贱，好语仁义，亦足羞也。

谚语说："百里之外，不贩卖樵薪；千里之外，不贩卖粮食。"在一个地方居住一年，就可种植谷物；居住十年，就可种植树木；居住一百年，就应招来道德。道德，说的就是有道德的人才。如今有的人并无官职俸禄的奉养，也无爵位封邑的收入，但生活快乐能与有俸禄封邑的人相比，人们称他们为"素封"。有封邑的人靠租税为食，按标准每户每年的租税是二百钱，有千户封邑的君主就可收入二十万，朝觐天子、聘问诸侯、祭祀供享的费用都从其中支出。庶民百姓，农工商贾，如家有万钱，按利率每年也有利息二千，拥有百万钱财的人家就可得二十万，而雇人服役、租税徭赋的费用都从其中开销。至于衣食方面的欲望，则可以任意地享受那些自己喜爱而又美好的一切。因此说在陆地牧马五十匹，养牛一百六七十头，养羊二百五十只，草泽中养猪二百五十口，水中占有年产鱼千石的鱼塘，山中拥有千棵成材的大树；安邑的千棵枣树；燕、秦的千棵栗子树；蜀、汉、汉陵的千棵橘树；淮北、常山以南，黄河与济江之间的千棵楸树；陈、夏的千亩漆树；齐、鲁的千亩蚕桑大麻；渭川的千亩竹林；以及名都大邑城郊亩产一钟的千亩良田，还有千亩的栀子、茜草，千畦生姜、韭菜；拥有以上某项产业的人，他的财富可与千户侯相当。然而这些是富有丰足的资本，不用去市场察看，不需到外地奔波，坐而待收，本身有处士的名义而又有丰厚的收入。假如到了家境贫穷，双亲衰老，妻子儿女瘦弱不堪，逢年过节时没钱祭祀祖宗鬼神，无法凑钱聚餐，吃、穿、铺盖不能得到满足，这样还不感到惭愧羞耻，那就没有什么值得一说的了。因此没有钱财就要出力谋生，稍有钱财就要斗智求富，已经富饶了便要追逐名利，这大概是一般的规律吧。如果不靠危及自身的手段去发财致富，那么贤人也会对他们进行勉励。所以靠农耕本业致富为上等,靠工商末业致富为次等,靠奸诈致富为最下等。没有隐居山野奇士的德行,而又长期贫穷低贱,却爱好空谈仁义,也够耻辱的了。

凡编户之民,富相什则卑下之,伯则畏惮之,千则役,万则仆,物之理也。夫用贫求富,农不如工,工不如商,刺绣文不如倚市门,此言末业,贫者之资也。通邑大都,酤一岁千酿,醯酱千瓨,浆千甔,屠牛羊彘千皮,贩谷粜千钟,薪稿千车,船长千丈,木千章,竹竿万个,其轺车百乘,牛车千两,木器髹者千枚,铜器千钧,素木铁器若卮茜千石,马蹄躈千,牛千足,羊、彘千双,僮手指千,筋角丹沙千斤,其帛絮、细布千钧,文采千匹,榻布、皮革千石,漆千斗,糵麴盐豉千荅,鲐鮆千斤,鲰千石,鲍千钧,枣栗千石者三之,狐貂裘千皮,羔羊裘千石,旃席千具,佗果菜千钟,子贷金钱千贯,节驵会,贪贾三之,廉贾五之:此亦比千乘之家,其大率也。佗杂业不中什二,则非吾财也。

凡是普通百姓,财富和别人相差十倍就会低下地屈服他,相差百倍就会惧怕他,相差千倍就会受他役使,相差万倍就会做他的奴仆,这是事情的常理。以贫求富,务农不如做工,做工不如经商,刺绣文彩不如倚门做买卖。这里说的工商末业,是穷人致富的手段。在交通便利的大都市里,一年之内,要卖出酒酿千瓮,醋酱千缸,饮浆千甔,屠剥牛、羊、猪皮千张,贩卖谷物千钟,柴草千车,拥有的船只连接起来长达千丈,木材千根,竹竿万枝,马车百乘,牛车千辆,上漆的木器千件,铜器千钧,未上漆的木器、铁器及栀子、茜草千石,马二百匹,牛二百五十头,羊、猪各二千只,僮仆一百人,筋角、丹砂千斤,素帛、丝絮、细麻布千钧,有花纹的彩色丝织品千匹,粗布、皮革千石,生漆千斗,酒曲、盐、豆豉千瓶,鲐鱼、鮆鱼千斤,小杂鱼千石,咸鱼千钧,枣、栗三千石,狐皮、貂皮衣服千件,羔羊皮裘千石,毡毯千条,其他水果蔬菜千钟,贷款的利息钱千贯。牙商或贪婪的商人获利十分之三,不贪婪的商人获利十分之五,这样的财富也比得上千乘之家了。这即是大概的情况。其他杂业的利润如果达不到十分之二,就不是我们追求的美财了。

请略道当世千里之中,贤人所以富者,令后世得以观择焉。

请允许我大略地说说当代方圆千里之中,贤人所以发财致富的原因,使后世的人得以观察选择。

蜀卓氏之先,赵人也,用铁冶富。秦破赵,迁卓氏。卓氏见虏略,独夫妻推辇,行诣迁处。诸迁虏少有余财,争与吏,求近处,处葭萌。唯卓氏曰:"此地狭薄。吾闻汶山之下,沃野,下有蹲鸱,至死不饥。民工于市,易贾。"乃求远迁。致之临邛,大喜,即铁山鼓铸,运筹策,倾滇蜀之民,富至僮千人,田池射猎之乐,拟于人君。

蜀郡卓氏的祖先是赵国人,靠冶炼铁器致富。秦国攻破赵国的时候,要迁徙卓氏。卓氏被掳掠,只有夫妻两人推着小车,走到迁徙地点。许多被迁徙掳掠的人稍有些余财,都争相送给官吏,乞求安排在近处,结果安排在葭萌。只有卓氏说:"这里地方狭小,土地贫乏。我听说汶山脚下有肥沃的田野,地里长着形如蹲鸱的大芋头,人们到死也不会挨饿。那里的百姓擅长做买卖,容易经商。"于是请求迁徙到远处。结果把卓氏迁徙到了临邛,卓氏大喜,就在有铁矿的山里鼓风铸造,并运筹谋划,财势压倒了滇蜀地区的百姓,卓氏豪富以至有僮仆千人,享受着田池射猎的快乐,可以和君主相比拟。

程郑,山东迁虏也,亦冶铸,贾椎髻之民,富埒卓氏,俱居临邛。

程郑是从山东迁徙来的降民,也是从事冶炼铸造业,他把铁器产品卖给发髻如椎的土著居民,其豪富和卓氏相同,都居住在临邛。

宛孔氏之先,梁人也,用铁冶为业。秦伐魏,迁孔氏南阳,大鼓铸,规陂池,连车骑,游诸侯,因通商贾之利,有游闲公子之赐与名。然其赢得过当,愈于纤啬,家致富数千金,故南阳行贾尽法孔氏之雍容。

宛县孔氏的祖先是梁国人,以炼铁为业。秦国攻打魏国的时候,孔氏被迁徙到南阳。他大规模地经营冶炼铸造业,规划整治陂地鱼塘,乘驾着成群结队的车骑,交际诸侯,借此交通商贾的便利,博得了游闲公子乐善好赐的美名。但是他的赢利所得,大大超过了赐予的那点钱,胜于那些吝啬小气的商人。孔氏家中的财富多达数千金,因此南阳人经商都效法孔氏的雍容大度。

鲁人俗俭啬,而曹邴氏尤甚,以铁冶起,富至巨万。然家自父兄子孙约:俯有拾,仰有取:贳贷行

贾遍郡国。邹、鲁以其故多去文学而趋利者，以曹邴氏也。

鲁人的风俗节俭吝啬，而曹地的邴氏尤其厉害。邴氏靠冶铁起家，财富多达万万钱，但是家中从父兄到子孙一致约定，俯有所拾，仰有所取。他家放债、经商遍及各郡国。因为这个缘故，邹、鲁两地多有放弃文学而去追逐财利的人，这是由于曹地邴氏的影响所致。

齐俗贱奴虏，而刀闲独爱贵之。桀黠奴，人之所患也，唯刀闲收取，使之逐渔盐商贾之利，或连车骑交守相，然愈益任之。终得其力，起富数千万。故曰"宁爵毋刀"，言其能使豪奴自饶而尽其力。

齐地的民俗是贱视奴仆，只有刀闲喜爱重视他们。凶暴狡猾的奴仆是人们所害怕的，只有刀闲收留他们，派他们去追逐渔盐商贾的厚利，或者让他们驾着成队的车骑，去结交郡守、丞相。而刀闲更加放任他们，终于得到他们的帮助，发家致富达数千万钱财。所以百姓传说"宁愿免除官爵，也不要放弃到刀家为奴仆"，说的是刀闲能使豪奴自富而又能让他们竭尽其力。

周人既纤，而师史尤甚，转毂以百数，贾郡国，无所不至。洛阳街居在齐、秦、楚、赵之中，贫人学事富家，相矜以久贾，数过邑不入门。设任此等，故师史能致七千万。

周人已经很吝啬了，而师史尤其厉害。他运载货物的车子数以百计，在各地郡国经商，无处不到。洛阳位居齐、秦、楚、赵的中心，穷人到富家奉事学习，都拿外出经商时间长、数次路过洛阳却不进家门来相互夸耀。能任用这样一些人，所以师史能赚到七千万钱。

宣曲任氏之先，为督道仓吏。秦之败也，豪杰皆争取金玉，而任氏独窖仓粟。楚汉相距荥阳也，民不得耕种，米石至万，而豪杰金玉尽归任氏，任氏以此起富。富人争奢侈，而任氏折节为俭，力田畜。田畜，人争取贱贾，任氏独取贵善。富者数世。然任公家约，非田畜所出弗衣食，公事不毕则身不得饮酒食肉。以此为闾里率，故富而主上重之。

宣曲任氏的祖先曾任督道仓吏。秦朝衰败的时候，豪杰们都争相夺取金银珠玉，只有任氏窖藏粮仓的米粟。后来楚、汉两军在荥阳相持抗拒，百姓不得耕种，每石米的售价高达万钱，豪杰们的金银珠玉尽归任氏，任氏靠此发家致富。富人争相奢侈，但任氏放下富人的架子，力求节俭，致力于农田畜牧。对于田地牲畜，人们争相购买价格便宜的，只有任氏专买价格贵而质量好的。任氏的富有，延续了数代。然而任公的家约规定，不是自家田畜出产的物品不穿不吃，官府的公事没有完成，就不得喝酒吃肉。任氏靠这个来做乡里的榜样，因此他富有而皇上很器重他。

塞之斥也，唯桥姚已致马千匹，牛倍之，羊万头，粟以万钟计。

国家开拓边塞地区的时候，只有桥姚得以有马千匹，牛是马的两倍，羊万只，粮食要以万钟计算。

吴楚七国兵起时，长安中列侯封君行从军旅，赍贷子钱，子钱家以为侯邑国在关东，关东成败未决，莫肯与。唯无盐氏出捐千金贷，其息什之。三月，吴楚平。一岁之中，则无盐氏之息什倍，用此富埒关中。

吴、楚七国战乱刚发生时，长安城中的列侯封君要随从军旅出征，需要借有息贷款，高利贷者认为列侯封君的食邑封国在关东地区，关东战事胜负未决，没有人肯借贷。只有无盐氏拿出千金借贷，其利息为本钱的十倍。三个月后，吴、楚平定。一年当中，无盐氏的利息就高达十倍，由于这个缘故，他一家的富有可匹敌关中。

关中富商大贾，大抵尽诸田，田啬、田兰。韦家栗氏，安陵、杜杜氏，亦巨万。

关中地区的富商大贾，大部分都为田姓，如田啬、田兰。韦家的栗氏，安陵、杜县的杜氏，家产也有万万钱。

此其章章尤异者也。皆非有爵邑奉禄、弄法犯奸而富，尽椎埋去就，与时俯仰，获其赢利，以末致财，用本守之，以武一切，用文持之，变化有概，故足术也。若至力农畜工虞商贾，为权利以成富，大者倾郡，中者倾县，下者倾乡里者，不可胜数。

以上这些都是显著突出的富豪。他们都不是有官爵封邑俸禄或者靠弄法犯奸致富的，而都是能推究事理，决定去就，抓住时机，俯仰应变，获其赢利。靠工商末业发财，用农耕本业守财，靠武力抢夺一切，用文明方法保持它们，变化多端而又有所节制，所以值得记述。至于那些致力农耕、畜牧、手工、山泽、商贾等行业，靠权变货利来发财致富，大的富倾一郡，中的富倾一县，小的富倾乡里的，不可胜数。

夫纤啬筋力，治生之正道也，而富者必用奇胜。田农，掘业，而秦扬以盖一州。掘冢，奸事也，而田叔以起。博戏，恶业也，而桓发用富。行贾，丈夫贱行也，而雍乐成以饶。贩脂，辱处也，而雍伯千金。卖浆，小业也，而张氏千万。洒削，薄技也，而郅氏鼎食。胃脯，简微耳，浊氏连骑。马医，浅方，张里击钟。此皆诚壹之所致。

节俭勤劳，是谋生的正道，不过富有的人必定是用奇制胜。种田务农是愚拙的行业，然而秦扬以此富甲一州。掘墓是犯法的事情，但田叔以此起家。赌博是恶业，但桓发以此致富。沿街叫卖，是男子汉大丈夫认为低贱的行业，但雍地的乐成以此富饶。贩卖脂粉，是耻辱的行当，但雍伯得致千金。卖浆水是小生意，但张氏赚钱千万。磨刀是浅薄的小技，但郅氏得以列鼎而食。胃脯是微不足道的小食品，但浊氏有成队的车骑。医治马病是浅薄的方术，张里以此鸣钟佐食。这些都是他们对自己的行业诚心专一所致。

由是观之，富无经业，则货无常主；能者辐凑，不肖者瓦解。千金之家比一都之君，巨万者乃与王者同乐。岂所谓“素封”者邪？非也？

由此看来，致富没有常业，财货也没有常主，有才能的人使财富聚集辐辏，不肖的子弟使财富土崩瓦解。千金之家可以与一都之君比富，亿万富翁便能与国王一样享乐。难道这就是通常所说的“素封”者吗？不是吗？

史记第一百三十卷

太史公自序第七十

昔在颛顼，命南正重以司天，北正黎以司地。唐虞之际，绍重、黎之后，使复典之，至于夏商，故重黎氏世序天地。其在周，程伯休甫其后也。当周宣王时，失其守而为司马氏。司马氏世典周史。惠襄之间，司马氏去周适晋。晋中军随会奔秦，而司马氏入少梁。

从前，在颛顼帝时代任命南正重掌管天文，北正黎掌管地理。在唐尧、虞舜的时代，又让重、黎的后代继续掌管天文、地理，直到夏、商时期。所以，重黎氏世代掌管天文、地理。在周代，程伯休甫便是重、黎的后裔。当周宣王时，重、黎的后代失去了世掌天文、地理的官守而成为司马氏。司马氏世代掌管周史。周惠王、周襄王在位期间，司马氏离开周朝到了晋国，晋国中军元帅随会逃到了秦国，不久司马氏一族迁入少梁。

自司马氏去周适晋，分散，或在卫，或在赵，或在秦。其在卫者，相中山。在赵者，以传剑论显，蒯聩其后也。在秦者名错，与张仪争论，于是惠王使错将伐蜀，遂拔，因而守之。错孙靳，事武安君白起。而少梁更名曰夏阳。靳与武安君阬赵长平军，还而与之俱赐死杜邮，葬于华池。靳孙昌，昌为秦主铁官，当始皇之时。蒯聩玄孙卬，为武信君将而徇朝歌。诸侯之相王，王卬于殷。汉之伐楚，卬归汉，以其地为河内郡。昌生无泽，无泽为汉市长。无泽生喜，喜为五大夫，卒皆葬高门。喜生谈，谈为太史公。

自从司马氏离开周朝到晋国以后，族人便分散了。有的在卫国，有的在赵国，也有些留在秦国。在卫国的一支，名司马喜的做过中山国的丞相。在赵国的一支，因传授有关剑术的理论名声显扬，蒯聩便是这一支的后代。在秦国的名叫司马错，曾经和张仪争论，秦惠王就派遣司马错率军攻打蜀国，终于攻下了蜀地，随后就镇守蜀地。司马错的孙子司马靳，奉事秦武安君白起。这时少梁已经改名叫夏阳。司马靳和武安君活埋了在长平战役中投降的赵军数十万，回到秦国，靳和白起都被秦王下令自杀在杜邮，安葬在华池。司马靳的孙子名叫司马昌，昌是秦朝主管冶铸铁器的官。在秦始皇的时期，蒯聩的玄孙司马卬，曾经担任武信君的部将，并带兵攻占朝歌。诸侯争相称王时，项羽封司马卬为殷王。汉王刘邦领兵攻打楚国，司马卬归降汉王，汉以司马卬原有的封地殷为河内郡。司马昌生司马无泽，司马无泽担任汉长安商业区市长之职。无泽生司马喜，司马喜封爵五大夫。他们死后，都安葬在高门。司马喜生司马谈，司马谈为太史公。

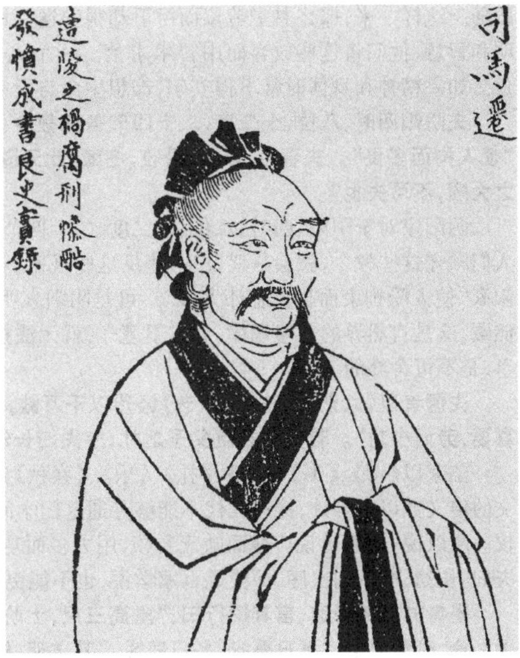

司马迁像，出自明·佚名绘《历代人物像赞》。

太史公学天官于唐都，受《易》于杨何，习道论于黄子。太史公仕于建元、元封之间。愍学者之不达其意而师悖，乃论六家之要指曰：

太史公师从唐都学习天文，从杨何学习《易》，又从黄先生学习道家理论。太史公曾在汉武帝建元至元封年间做过官。他忧虑当时学者不能通晓各家学说的要义，而所学又混乱、矛盾，于是专论阴阳、儒、墨、名、法和道德六家的要旨说：

《易·大传》："天下一致而百虑，同归而殊涂。"夫阴阳、儒、墨、名、法、道德，此务为治者也，直所从言之异路，有省不省耳。

《周易·系辞传》说："天下人目标一致，而谋虑却有多种；要达到的目标相同，而所通过的途径不一样。"阴阳家、儒家、墨家、名家、法家、道德家，都是想使天下太平的学派。只是所信从的理论有分歧，有考虑得周到与不周到罢了。

尝窃观阴阳之术，大祥而众忌讳，使人拘而多所畏；然其序四时之大顺，不可失也。儒者博而寡要，劳而少功，是以其事难尽从；然其序君臣父子之礼，列夫妇长幼之别，不可易也。墨者俭而难遵，是以其事不可遍循；然其强本节用，不可废也。法家严而少恩；然其正君臣上下之分，不可改矣。名家使人俭而善失真；然其正名实，不可不察也。道家使人精神专一，动合无形，赡足万物。其为术也，因阴阳之大顺，采儒墨之善，撮名法之要，与时迁移，应物变化，立俗施事，无所不宜，指约而易操，事少而功多。儒者则不然：以为人主天下之仪表也，主倡而臣和，主先而臣随。如此，则主劳而臣逸；至于大道之要，去健羡，绌聪明，释此而任术。夫神大用则竭，形大劳则敝。形神骚动，欲与天地长久，非所闻也。

我曾经私下分析阴阳家的法术，发现它注重吉祥和不吉祥的预兆，忌讳的事物太多，使人受到拘束而恐惧的事情很多；但它主张顺着四季的秩序去行事，却是不可丢失的。儒家的学说广博，但缺乏治理天下的纲要，用力多而功效少，因此儒家学派所提倡的事很难完全实行。但是儒家制定君、臣、父、子彼此相处的礼仪，区分夫妇、长幼之间的礼节，是不能改变的。墨家过于俭省，难以遵守。所以他们主张的事，不能完全实行；但是他们加强实业，厉行节约的主张，是不可以抛弃的。法家主张统治者施政要严酷而少给臣民恩惠，但是他们正定君臣上下的名分等级，是不能更改的。名家使人拘束于名而容易失去对事物真相的认识，但是他们辨证名、实关系的观点，却不能不认真考虑。道家使人精神专一，行动符合无形的"道"，让万物丰富充足。道家的学术，是依据阴阳家顺守四时秩序的学说，采纳儒家、墨家的长处，提取名家、法家的要点，随着时势的发展，顺应事物的变化，树立风俗，应用于人事，没有不适宜的。意旨简明，容易掌握，用力少而收到的功效多。儒家就不同了：他们认为君主应当是天下人的表率，君主提倡，臣下就附和；君主在前面走，臣下就该紧紧跟随。这样一来,那么君主劳累而臣下却很安逸。再说大道的要旨是:舍去雄健和贪欲,不玩弄聪明和智慧,他们将这些放弃而用智术求治。一个人的精神使用过度就会衰竭,身体太劳累就会疲惫。如果精神和身体时常不得安宁,却想生命与天地共长久,是不可能的。

夫阴阳四时、八位、十二度、二十四节各有教令,顺之者昌,逆之者不死则亡。未必然也。故曰“使人拘而多畏”。夫春生、夏长、秋收、冬藏,此天道之大经也,弗顺则无以为天下纲纪,故曰“四时之大顺,不可失也”。

阴阳家对于阴阳、四时、八位、十二度、二十四节气各有一套所谓“宜”、“忌”的规定,认为如果人们顺守这些教令,就会昌盛发达,违反这些规定,不是死就会衰亡。未必就是这样呢。所以说阴阳家“使人受拘束而畏惧忌讳太多”。可是阴阳家所说的春天万物盟生、夏天成长、秋天收获、冬天储藏,这是自然界的普遍规律,如果不遵守,就无法拟定天下的纲纪。所以说:“依据四时的顺序行事,是不可舍弃的。”

夫儒者以《六艺》为法。《六艺》经传以千万数,累世不能通其学,当年不能究其礼,故曰“博而寡要,劳而少功”。若夫列君臣父子之礼,序夫妇长幼之别,虽百家弗能易也。

儒家以《诗》、《书》、《易》、《礼》、《乐》、《春秋》这“六艺”作理论依据,“六艺”的经文和解释经文的传文数以千万计,接连几代不能够弄通这门学问,用尽一个人毕生的岁月也不能详尽其中的礼仪。所以说“儒家学说广博而缺乏要领,用力多而功效少”。至于分列君、臣、父、子间的礼仪,区分夫妇、长幼、尊卑的次序,即使是百家学说,也不能更改的。

墨者亦尚尧舜道,言其德行曰:“堂高三尺,土阶三等,茅茨不翦,采椽不刮,食土簋,啜土刑,粝粱之食,藜藿之羹。夏日葛衣,冬日鹿裘。”其送死,桐棺三寸,举音不尽其哀。教丧礼,必以此为万民之率。使天下法若此,则尊卑无别也。夫世异时移,事业不必同,故曰“俭而难遵”。要曰强本节用,则人给家足之道也。此墨子之所长,虽百家弗能废也。

墨家也崇尚唐尧、虞舜的道术,引述尧、舜的道德品行说:“殿堂只有三尺高,堂下的土阶不过三级,用茅草盖的屋顶不加修剪,用原木做的屋椽不经刮削,用陶簋盛饭吃,用土钵盛羹汤喝,用粗米做饭,野菜做羹汤。夏天穿葛布衣,冬天穿鹿皮裘。”墨家主张葬送死者用桐木做棺材,厚不过三寸,哭丧不要过于悲痛。他们传教丧礼,一定要用这来作为万民的标准。如果天下的人依照这个法则去办理,那么尊卑就难以区别了。时代不同,时势改变,事业就不一定相同,所以说“过于俭约就难以遵从”。墨家学说的要领是强本节用,真是人们兴家富足的途径哩。这是墨家学说的长处,即使是百家的学说,都不能废弃的。

法家不别亲疏,不殊贵贱,一断于法,则亲亲尊尊之恩绝矣。可以行一时之计,而不可长用也,故曰“严而少恩”。若尊主卑臣,明分职不得相逾越,虽百家弗能改也。

法家不区别亲近、疏远,不区分高贵、贫贱,一律依法来决断。这样,爱护亲属、尊重长上的恩谊伦理就不存在了。可以用它实行一时的计策,但不可长久运用的。所以说法家“严酷而少恩惠”。至于法家主张使君主尊贵,使臣子卑下,明确上下名分、职守,不得相互超越,即使是百家学说,都不能改变的。

名家苛察缴绕,使人不得反其意,专决于名而失人情,故曰“使人俭而善失真”。若夫控名责实,参伍不失,此不可不察也。

名家苛刻细察,纠缠不清,使人反省寻思,不得其旨意,专门以名称决断事物,而失去了人情。所以说“使人拘束于名而容易失掉对事物真相的认识”。至于掌握名称,考察实际,交错比较验证以免失误,这一点,是不能不认真考虑的。

道家无为,又曰无不为,其实易行,其辞难知。其术以虚无为本,以因循为用。无成势,无常形,故能究万物之情。不为物先,不为物后,故能为万物主。有法无法,因时为业;有度无度,因物与合。故曰“圣人不朽,时变是守。虚者道之常也,因者君之纲也”。群臣并至,使各自明也。其实中其声者谓之端,实不中其声者谓之窾。窾言不听,奸乃不生,贤不肖自分,白黑乃形。在所欲用耳,何事不成。乃合大道,混混冥冥。光耀天下,复反无名。凡人所生者神也,所托者形也。神大用则竭,形大劳则敝,形神离则死。死者不可复生,离者不可复反,故圣人重之。由是观之,神者生之本也,形

者生之具也。不先定其神形，而曰“我有以治天下”，何由哉？

道家主张“无为”，又说“无所不为”，他们的主张容易实行，但他们的文辞不好理解。道家的学术，以虚无为理论基础，以顺应自然为实践的原则，没有一成不变的态势，没有常存不变的形状，因此能够推究万物的情理。不被物推着向前，不被物抛置在后，因此能够成为万物的主宰。立法或不立法，顺应时势而决定，制度的用与不用，也要与事物相符合。所以说“圣人不重机巧，顺时、通变是原则。虚无是道的规律，顺应时势是君主的纲领”。大臣们一齐来到朝廷，君主应该让他们各人明确自己的职任。他的实际和他的名声相符合的叫做“端”，实际和他的名声不相应的叫做“窾”。“窾”是空的意思，空话不去听信，奸邪就不会产生，贤才与庸才自然分清，白与黑也就对照分明，这些要领就在于肯运用罢了，有什么事办不成呢！这样就符合“大道”，混混沌沌，光辉普照天下，重又回归于无名。凡是人生命的存在是依赖精神，精神是寄托在形体上的。精神过度使用会衰竭，身体过度劳累会疲惫，精神和形体分离人就会死亡。死去的人不能再活过来，形、神分离也不能重新结合，因此圣人重视这些问题。从这一点看来，精神，是生命的根本；形体，是生命的器具。不先安定自己的精神和形体，却说“我有能力治理天下”，可是你由什么途径治理天下呢！

太史公既掌天官，不治民。有子曰迁。迁生龙门，耕牧河山之阳。年十岁则诵古文。二十而南游江、淮，上会稽，探禹穴，窥九疑，浮于沅、湘；北涉汶、泗，讲业齐、鲁之都，观孔子之遗风，乡射邹、峄；厄困鄱、薛、彭城；过梁、楚以归。于是迁仕为郎中，奉使西征巴、蜀以南，南略邛、笮、昆明，还报命。

太史公掌管天文，不治理民事。太史公有个儿子名迁。司马迁出生在龙门，在黄河以北、龙门山以南，过着耕种牧畜的生活。年仅十岁就已经会诵读古文经书。二十岁开始，从北方南下游历长江、淮河一带，登上会稽山，探寻禹穴，窥察九嶷山，又在沅水、湘水上航行。再北渡汶水、泗水，到齐、鲁的大都市讲学，考察孔子遗留下来的风教，在邹县、峄山举行乡射大礼。在鄱县、薛县、彭城等地遇到一些困难，再经过梁地、楚地回到了家乡。这时司马迁出任做郎中，奉命出使西部征讨巴、蜀以南，往南经略邛、笮、昆明等地区，有功回到朝廷汇报。

是岁天子始建汉家之封，而太史公留滞周南，不得与从事，故发愤且卒。而子迁适使反，见父于河洛之间。太史公执迁手而泣曰：“余先周室之太史也。自上世尝显功名于虞夏，典天官事。后世中衰，绝于予乎？汝复为太史，则续吾祖矣。今天子接千岁之统，封泰山，而余不得从行，是命也夫，命也夫！余死，汝必为太史；为太史，无忘吾所欲论著矣。且夫孝始于事亲，中于事君，终于立身。扬名于后世，以显父母，此孝之大者。夫天下称诵周公，言其能论歌文武之德，宣周邵之风，达太王、王季之思虑，爰及公刘，以尊后稷也。幽厉之后，王道缺，礼乐衰，孔子脩旧起废，论《诗》、《书》，作《春秋》，则学者至今则之。自获麟以来四百有余岁，而诸侯相兼，史记放绝。今汉兴，海内一统，明主贤君忠臣死义之士，余为太史而弗论载，废天下之史文，余甚惧焉，汝其念哉！”迁俯首流涕曰：“小子不敏，请悉论先人所次旧闻，弗敢阙。”

这一年，皇上开始举行汉朝的封禅大典，可是太史公因事停留在洛阳，不能参与这次典礼，因此心中愤懑，发病将死。他的儿子司马迁恰巧在这时候结束西征的使命回来，在黄河、洛水间的地方拜见了父亲。太史公紧握迁的手哭着说：“我们的祖先，本是周朝的太史。远在上古唐尧、虞舜时，就做过南正、北正，功名显赫，主管天文各事。后代中途衰落，祖业将会断送在我的手中吗？你假如能再担任太史，那就可以上承我们祖先的事业了。现在皇上继承汉朝千年以来的大业，在泰山举行封典，我不能随行，这是命运啊！是命运啊！我死以后，你一定做太史，当了太史，不能忘记我生前想要完成的论著啊！再说孝道，从侍奉双亲开始，中间表现在侍奉君主，最终落实在立身成就功名。传扬名声于后世，用这来显耀父母，这是孝道中最重要的。天下人称颂赞扬周公，说他能够论述和歌颂文王、武王的德业，宣扬周公、召公的风尚，表达太王、王季的思想，再上推到公刘的功业，这样来推尊始祖后稷。周幽王、周厉王以后，平治天下的王道残缺，礼乐衰微，孔子编修旧有的典籍，振兴被废弃的礼乐，论述《诗》、《书》，创作《春秋》，学者们到现在都以这为依据。从鲁哀公十四年猎获麒麟以来四百多年，诸侯相互吞并，史书散失断绝。现在汉朝兴起，海内统一，这四百多年中间，明主贤君忠臣死于道义的人士，我作为太史而没有加以论述记载，废弃了天下的历史文献，我为这件事感到惶恐不安，你要记住呀！”司马迁低下头流着眼泪说：“儿子虽然不聪明，请让我详细论撰先人所编史料逸闻，不敢缺略。”

卒三岁而迁为太史令，细史记石室金匮之书。五年而当太初元年，十一月甲子朔旦冬至，天历始改，建于明堂，诸神受纪。

太史公司马谈死后三年，司马迁担任太史令，缀集史记以及国家藏在石室金匮的书籍。司马迁担任太史令五年时，正是武帝太初元年，十一月初一天明时分，节令冬至，汉朝改创历法，实行太初历，武帝在明堂祭祀上帝，宣布改历，遍告群神，受命著记。

太史公曰：“先人有言：‘自周公卒五百岁而有孔子。孔子卒后至于今五百岁，有能绍明世，正《易传》，继《春秋》，本《诗》、《书》、《礼》、《乐》之际？’意在斯乎！意在斯乎！小子何敢让焉。”

太史公司马迁说：“我的先父说过：‘从周公去世后，五百年而有孔子。孔子去世后到现在已经有五百年了，有人能够继承清明盛世，订正《易传》，上接《春秋》，推考《诗》、《书》、《礼》、《乐》精义然后有所述作吗？’他的用意就在这里吧！用意就在这里吧！小子怎敢辞让呢？”

上大夫壶遂曰：“昔孔子何为而作《春秋》哉？”太史公曰：“余闻董生曰：‘周道衰废，孔子为鲁司寇，诸侯害之，大夫壅之。孔子知言之不用，道之不行也，是非二百四十二年之中，以为天下仪表，贬天子，退诸侯，讨大夫，以达王事而已矣。’子曰：‘我欲载之空言，不如见之于行事之深切著明也。’夫《春秋》，上明三王之道，下辨人事之纪，别嫌疑，明是非，定犹豫，善善恶恶，贤贤贱不肖，存亡国，继绝世，补敝起废，王道之大者也。《易》著天地、阴阳、四时、五行，故长于变；《礼》经纪人伦，故长于行；《书》记先王之事，故长于政；《诗》记山川谿谷、禽兽草木、牝牡雌雄，故长于风；《乐》乐所以立，故长于和；《春秋》辩是非，故长于治人。是故《礼》以节人，《乐》以发和，《书》以道事，《诗》以达意，《易》以道化，《春秋》以道义。拨乱世反之正，莫近于《春秋》。《春秋》文成数万，其指数千；万物之散聚皆在《春秋》。《春秋》之中，弑君三十六，亡国五十二，诸侯奔走不得保其社稷者不可胜数。察其所以，皆失其本已。故《易》曰：‘失之豪厘，差以千里。’故曰：‘臣弑君，子弑父，非一旦一夕之故也，其渐久矣。’故有国者不可以不知《春秋》，前有谗而弗见，后有贼而不知。为人臣者不可以不知《春秋》，守经事而不知其宜，遭变事而不知其权。为人君父而不通于《春秋》之义者，必蒙首恶之名。为人臣子而不通于《春秋》之义者，必陷篡弑之诛，死罪之名。其实皆以为善，为之不知其义，被之空言而不敢辞。夫不通礼义之旨，至于君不君，臣不臣，父不父，子不子。夫君不君则犯，臣不臣则诛，父不父则无道，子不子则不孝。此四行者，天下之大过也。以天下之大过予之，则受而弗敢辞，故《春秋》者，礼义之大宗也。夫礼禁未然之前，法施已然之后；法之所为用者易见，而礼之所为禁者难知。”

上大夫壶遂问我说：“从前孔子为什么要作《春秋》呢？”太史公回答说：“我听董仲舒先生说过：‘周朝王道衰败废止，孔子担任鲁国司寇，诸侯嫉妒他，大夫阻碍他。孔子知道自己的主张不被采用，先王的政道无法实行，于是就把从鲁隐公元年到鲁哀公十四年这二百四十二年间的历史大事和人物，分别加以褒贬，寓于《春秋》一书中，作为天下准则。贬抑昏庸无道的天子，斥责胡作非为的诸侯，声讨害国乱政的大夫，想用这促使在上位的人，各尽力于国家大事而已。’孔子说：‘我与其另立空洞的说教，不如举出史实和人物来，而使道理更加深刻透彻。’《春秋》这部著作，往上阐明三王的治道，往下辨别人事的纪纲，辨别嫌疑，明断是非，论定犹豫不决的事，称赞好人好事，贬斥坏人坏事，尊重贤才，轻视庸人，保存灭亡了的国家，继续断绝了的世系，补救衰敝，振兴被废置的事业，这是王道最重大的纲领呵。《易》论著天地、阴阳、四时、五行，因此长于变化的道理；《礼》规范人伦，因此长于行事；《书》记述先王的政事，因此长于政论；《诗》记载山川溪谷、禽兽草木、牝牡雌雄，因此长于风土民谣；《乐》是论述音乐的经典，因此长于和谐；《春秋》辨别是非，因此长于处理人事。由此可见《礼》是用来节制人们行为的，《乐》是用来兴发和谐气息的，《书》是用来述说政事的，《诗》是用来表达情意的，《易》是用来讲论变化的，《春秋》是用来谈论大义的。平定乱世，使它回到太平盛世，没有什么著作能像《春秋》那样切实有效。《春秋》文字数万，其中旨意数千；二百四十年间，万物的离散聚合都在《春秋》之中有所表现。在《春秋》一书中，被斩杀的君主有三十六人，遭灭亡的国家有五十二个，诸侯出奔逃亡不能保有自己的政权的不可尽数。考察其变乱败亡的原因，都在于他们丢掉了根本啊。所以

《易》传说：‘失之毫厘，差以千里。’因此《易·坤卦·文言》说：‘臣下杀君，儿子杀父，绝不是一早一晚之间造成的，它的发展已经是很长久了。’所以，做国君的人不可以不知道《春秋》，要不然就会前有谗谀小人而不见，后有乱臣贼子而不知。做臣子的人不可以不知《春秋》，否则在位办事就会不知道采取适当的办法，遇到变故也不知道应变的权宜之策。做人君主、父亲的不通晓《春秋》大义，必定容易蒙受最恶的名声。做人臣、做儿子的不通晓《春秋》大义，必定容易身陷篡位弑君的法网而被杀，留下死罪的恶名。实际上他们都自以为是好事就去硬干，只因为不知其道义所在，结果蒙受史家口诛笔伐的不实之言却不敢推卸罪名。倘若不明白礼义的要旨，就会弄到君不像君，臣不像臣，父不像父，子不像子的地步。倘若君不像君，那么臣下就敢冒犯；臣不像臣，那么就容易遭致杀身大祸；父不像父，那么就会昏聩无道；子不像子，那么就会忤逆不孝。这四种行为，是天下的大过失，拿‘天下之大过’的罪名加在他头上，他只得接受而不敢推卸，所以《春秋》这部经典，确是礼义的大本啊。礼的作用是禁绝坏事在没有发生之前，法的作用是施行在坏事已经发生之后；法制惩治坏事的作用容易见到，而礼制禁绝坏事的作用则难以被人们认识。”

壶遂曰：“孔子之时，上无明君，下不得任用，故作《春秋》，垂空文以断礼义，当一王之法。今夫子上遇明天子，下得守职，万事既具，咸各序其宜，夫子所论，欲以何明？”

壶遂说：“孔子时代，上没有圣明的君主，下得不到任用，所以他撰写《春秋》，靠着空洞的史文来裁断礼义，当做帝王的法典。现在先生上遇圣明的天子，下得当官任职，万事已经具备，而且全都各得其所，井井有条，先生所论著的，想要阐明什么呢？”

太史公曰：“唯唯，否否，不然。余闻之先人曰：‘伏羲至纯厚，作《易》八卦。尧舜之盛，《尚书》载之，礼乐作焉。汤武之隆，诗人歌之。《春秋》采善贬恶，推三代之德，褒周室，非独刺讥而已也。’汉兴以来，至明天子，获符瑞，封禅，改正朔，易服色，受命于穆清，泽流罔极，海外殊俗，重译款塞，请来献见者，不可胜道。臣下百官力诵圣德，犹不能宣尽其意。且士贤能而不用，有国者之耻；主上明圣而德不布闻，有司之过也。且余尝掌其官，废明圣盛德不载，灭功臣世家贤大夫之业不述，堕先人所言，罪莫大焉。余所谓述故事，整齐其世传，非所谓作也，而君比之于《春秋》，谬矣。”

太史公说：“是的，不不，不完全是这样。我听先人说过：‘伏羲最为淳朴忠厚，作《易》的八卦。尧、舜的盛德，《尚书》有记载，礼乐创制在那时。商汤王、周武王功业的隆盛，诗人歌颂不绝。《春秋》扬善贬恶，推崇夏、商、周三代的盛德，赞扬周朝王室，并不仅仅讽刺讥斥而已。’汉朝建国以来，至当代英明的天了，得到祥瑞征兆，举行封禅大典，改订历法，更换服饰的颜色，来承受天命，恩泽流布无边，海外不同风俗的国家，辗转几重翻译到中国边关来，请求前来拜见天子、进献礼物者，多得说也说不尽。臣下百官尽力歌功颂德，仍然不能详尽表达自己的心意。再说贤能的人才不被进用，这是做国君的耻辱；国君圣明而他的德业不能传扬流布，这是有关官员的过失。况且我曾担任史官之职，如果放弃天子圣明的大德不予记载，埋没功臣、世家、贤能大夫们的功业不予传述，忘却先人的遗言，那罪过再没有比这更大的了。我的职责是所谓缀述旧事，整理出其中世代传承的内容，不是所谓创作呢。而您拿这来比作《春秋》，就大错了呀。”

于是论次其文。七年而太史公遭李陵之祸，幽于缧绁。乃喟然而叹曰：“是余之罪也夫！是余之罪也夫！身毁不用矣！”退而深惟曰：“夫《诗》、《书》隐约者，欲遂其志之思也。昔西伯拘羑里，演《周易》；孔子厄陈蔡，作《春秋》；屈原放逐，著《离骚》；左丘失明，厥有《国语》；孙子膑脚，而论兵法；不韦迁蜀，世传《吕览》；韩非囚秦，《说难》、《孤愤》；《诗》三百篇，大抵贤圣发愤之所为作也。此人皆意有所郁结，不得通其道也，故述往事，思来者。”于是卒述陶唐以来，至于麟止，自黄帝始。

于是，司马迁按次序论述和编写那些史文。太初元年着手撰写，第七年，太史公因替李陵申冤而招致大祸被关进监狱。于是慨然叹息说：“这是我的罪过啊！这是我的罪过啊！身体被毁伤了，没有用了啊！”退一步深思说：“《诗》、《书》之所以含意隐晦、文字简短，是由于作者想要表达他心中的思虑。从前周文王被商纣王拘囚在羑里，推演出《周易》；孔子被困厄在陈、蔡之间，作有《春秋》；屈原被放逐，著成《离骚》；左丘明失明，便撰有《国语》；孙子被处以膑刑，而论述《兵法》；吕不韦被流放到蜀地，留下传世之作《吕氏春秋》；韩非被囚禁在秦国，写有《说难》、《孤愤》；《诗》三百余篇，大都是圣人贤士抒发愤懑而创作出来的。这些人都是心中有某种郁闷积结，不能通畅地发表出来，所以才追述往事，考虑未来。”这样，终于编写了陶唐以来到汉武帝获得麒麟那一年止的历史。从黄帝开始。

维昔黄帝，法天则地，四圣遵序，各成法度；唐尧逊位，虞舜不台。厥美帝功，万世载之。作《五帝本纪》第一。

从前黄帝遵循天地的法则，颛顼、帝喾、尧、舜四位圣人遵循先代的治道，先后相继，各成法度；唐尧让出帝位，虞舜觉得自己德行不堪重任而心中不乐。这些帝王的美德丰功，万世流传。作《五帝本纪》第一。

维禹之功，九州攸同，光唐虞际，德流苗裔；夏桀淫骄，乃放鸣条。作《夏本纪》第二。

由于大禹治水的功业，九州得以同享安定，光耀在唐、虞时期，功德流传到后代的子孙。夏桀荒淫骄横，因此被流放到鸣条。作《夏本纪》第二。

维契作商，爰及成汤；太甲居桐，德盛阿衡；武丁得说，乃称高宗；帝辛湛湎，诸侯不享。作《殷本纪》第三。

契建立了商国，世代相传直到成汤；太甲被放逐迁居到桐地，因阿衡盛德的感召而悔过图强；武丁得到傅说辅佐，才被称为高宗；纣王辛沉湎酒色，诸侯不再朝拜进献，国统断绝。作《夏本纪》第三。

维弃作稷，德盛西伯；武王牧野，实抚天下；幽厉昏乱，既丧酆、镐；陵迟至赧，洛邑不祀。作《周本纪》第四。

司马迁像，出自清·顾沅辑《古圣贤像传略》。

弃发明种谷，传到西伯姬昌而功德隆盛；武王伐纣，在牧野一战亡殷，安抚天下；幽王、厉王昏暴乱行，丧失了丰、镐二京；王室衰弱，传到赧王，洛邑断绝了周室宗庙的祭祀。作《周本纪》第四。

维秦之先，伯翳佐禹；穆公思义，悼豪之旅；以人为殉，诗歌《黄鸟》；昭襄业帝。作《秦本纪》第五。

秦的祖先伯益，曾经辅佐大禹；穆公思义，悼念覆灭于崤山的师旅；可是以人殉葬，诗人作《黄鸟》之诗歌咏哀伤；传到秦昭襄王，才奠定了秦的帝业。作《秦本纪》第五。

始皇既立，并兼六国；销锋铸鐻，维偃干革；尊号称帝，矜武任力；二世受运，子婴降虏。作《始皇本纪》第六。

秦始皇即位，兼并了六国；销毁兵器，铸成钟鐻，想停息干戈兵革，上尊号称皇帝，耀武扬威，专靠暴力；秦二世承受国运，子婴投降做了俘虏。作《始皇本纪》第六。

秦失其道，豪桀并扰；项梁业之，子羽接之；杀庆救赵，诸侯立之；诛婴背怀，天下非之。作《项羽本纪》第七。

秦朝丧失王道，豪杰并起造反；项梁开创反秦大业，项羽接替这个事业；杀死庆子冠军，救了赵国，诸侯拥立他为统帅；诛灭子婴，背叛怀王，天下认为他做得不对。作《项羽本纪》第七。

子羽暴虐，汉行功德；愤发蜀汉，还定三

秦;诛籍业帝,天下惟宁,改制易俗。作《高祖本纪》第八。

项羽残酷暴虐,汉王建功行德;发愤于巴、蜀、汉中,率军北还,平定三秦,诛灭项籍,奠定帝业,天下得到安宁,又改革制度,移风易俗。作《高祖本纪》第八。

惠之早霣,诸吕不台;崇强禄、产,诸侯谋之;杀隐幽友,大臣洞疑,遂及宗祸。作《吕太后本纪》第九。

惠帝早年去逝,外戚诸吕当权,百姓不欢悦。吕后重用吕禄、吕产,诸侯图谋铲除他们;吕后杀害赵隐王刘如意、赵幽王刘友,朝中大臣恐惧,终于导致吕氏宗族覆灭之祸。作《吕太后本纪》第九。

汉既初兴,继嗣不明,迎王践祚,天下归心;蠲除肉刑,开通关梁,广恩博施,厥称太宗。作《孝文本纪》第十。

汉朝初建,惠帝死后帝位继承人没有明确,诸吕被灭,大臣们迎立代王即位,天下人心归向文帝;废除肉刑,开拓交通,对臣民广布恩惠,文帝死后庙号称为太宗。作《孝文本纪》第十。

诸侯骄恣,吴首为乱,京师行诛,七国伏辜,天下翕然,大安殷富。作《孝景本纪》第十一。

诸侯王骄横放肆,吴王刘濞首先叛乱,朝廷发兵征讨,七国叛乱分子先后伏罪,天下安定,太平富裕。作《孝景本纪》第十一。

汉兴五世,隆在建元,外攘夷狄,内修法度,封禅,改正朔,易服色。作《今上本纪》第十二。

汉朝兴建传国五代,隆盛局面出现在汉武帝建元年间,对外排斥夷狄,对内修正法度,举行封禅大典,修订历法,更换崇尚的服饰颜色。作《今上本纪》第十二。

维三代尚矣,年纪不可考,盖取之谱牒旧闻,本于兹,于是略推,作《三代世表》第一。

夏、商、周三代的历史久远了,具体的年代已不可推考,大体上是取材于传世的谱书和古代文献,以这些为依据,进而略加推算,作《三代世表》第一。

幽厉之后,周室衰微,诸侯专政,《春秋》有所不纪;而谱牒经略,五霸更盛衰,欲睹周世相先后之意,作《十二诸侯年表》第二。

周厉王、周幽王以后,周朝王室衰落,诸侯各自为政,《春秋》也有些记载不全;而谱书记载的经营方略,反映了春秋五霸更替强盛衰败的情况,为了考察周朝诸侯世系的先后关系,作《十二诸侯年表》第二。

春秋之后,陪臣秉政,强国相王,以至于秦,卒并诸夏,灭封地,擅其号。作《六国年表》第三。

春秋以后,诸侯国内大夫的家臣执政,较强的侯国更相称王;所以到了秦王嬴政时代,终于吞并各国,没收封地,独揽始皇帝的尊号。作《六国年表》第三。

秦既暴虐,楚人发难,项氏遂乱,汉乃扶义征伐。八年之间,天下三嬗,事繁变众,故详著《秦楚之际月表》第四。。

秦皇帝暴虐,楚人陈胜发难,项氏反秦而终于自乱,汉王便仗义征伐。八年之间,天下有三次帝位更替,事情繁杂,变故很多,所以详著《秦楚之际月表》第四。

汉兴已来,至于太初百年,诸侯废立分削,谱纪不明,有司靡踵,强弱之原云以世。作《汉兴已来诸侯年表》第五。

汉朝兴起以来,直到武帝太初这一百年间,诸侯或废或立,或被分割,或被削地,谱书记载不清楚,史官也难继续这事,但据诸侯国存在的世代长短,或许可推知其强弱的原因。作《汉兴以来诸侯年表》第五。

维高祖元功,辅臣股肱,剖符而爵,泽流苗裔,忘其昭穆,或杀身陨国。作《高祖功臣侯者年表》第六。

汉高祖创建帝业有许多开国元勋和股肱辅臣,朝廷对他们剖分符节封赐爵位,恩泽流传到他们的后代子孙,有的忘记祖宗功德和遗训,遭到了杀身亡国的下场。作《高祖功臣侯者年表》第六。

惠景之间,维申功臣宗属爵邑。作《惠景间侯者年表》第七。

汉惠帝至景帝年间,增封功臣宗属的爵位和食邑。作《惠景间侯者年表》第七。

北讨强胡,南诛劲越,征伐夷蛮,武功爰列。作《建元以来侯者年表》第八。

北面征讨强悍的匈奴，南面诛灭强劲的越人，连年征伐四方蛮夷，因武功封侯的便很多了。作《建元以来侯者年表》第八。

诸侯既强，七国为从；子弟众多，无爵封邑，推恩行义，其势销弱，德归京师。作《王子侯者年表》第九。

诸侯已经强大，吴、楚等七国联合叛乱；诸侯王子弟众多，除嫡长子得以即位外，其余的没有爵位和封邑，朝廷下令推恩行义，致使王国势力逐渐削弱，而得到爵位、封邑的诸侯王子弟却对朝廷感恩戴德。作《王子侯者年表》第九。

国有贤相良将，民之师表也。维见《汉兴以来将相名臣年表》，贤者记其治，不贤者彰其事。作《汉兴以来将相名臣年表》第十。

国有贤相良将，他们是民众的师表。看到原有的《汉兴以来将相名臣年表》，，其中对贤能的人就记载他们的政绩，不贤的人则披露他们的劣迹。据此，作《汉兴以来将相名臣年表》第十。

维三代之礼，所损益各殊务，然要以近性情、通王道，故礼因人质为之节文，略协古今之变。作《礼书》第一。

夏、商、周三代的礼制，对典章制度的增减各有不同的情况，但是要领都在于"切近世俗人情，通于王道"，所以礼制会因为人们的朴实而为之减少繁文缛节，大体顺应古今时势的变化。作《礼书》第一。

乐者，所以移风易俗也。自《雅》、《颂》声兴，则已好郑、卫之音，郑、卫之音所从来久矣。人情之所感，远俗则怀。比《乐书》以述来古，作《乐书》第二。

音乐，是用来移风易俗的。从《雅》、《颂》乐声兴起，人们就已经喜好郑国、卫国的音乐，郑、卫的音乐由来已经很久了。人们的感情受到了音乐的感召，那么远方异俗地域的人也会归附。参考《乐书》以论述自古以来的兴盛和衰微，作《乐书》第二。

非兵不强，非德不昌，黄帝、汤、武以兴，桀、纣、二世以崩，可不慎欤？《司马法》所从来尚矣，太公、孙、吴、王子能绍而明之，切近世，极人变。作《律书》第三。

没有军队国家就不会强大，没有德政国家就不会昌盛，黄帝、商汤王和周武王深明这个道理就功业兴盛，夏桀王、商纣王和秦二世不明白这个道理而败亡，怎么可以对此不慎重呢？《司马法》从产生以来就长久受到重视，太公、孙子、吴起和王子成甫能够继承《司马法》并对《司马法》有所发明，切合近世情况，极尽人事的变化。作《律书》第三。

律居阴而治阳，历居阳而治阴，律历更相治，间不容翲忽。五家之文怫异，维太初之元论。作《历书》第四。

乐律居于阴而可以牵制阳，历法居于阳而可以牵制阴，律、历交替相牵制，丝毫不容许疏忽。原有五家历书文辞互相矛盾，只有太初元年所论历法较为正确。作《历书》第四。

星气之书，多杂机祥，不经；推其文，考其应，不殊。比集论其行事，验于轨度以次，作《天官书》第五。

讲述星象气数的书，参杂着许多有关祈福、禳灾和预测吉、凶之类的内容，荒诞不经；推究这些书中的文辞，考察它的应验，却并没有什么特殊和灵异可言。等到集合专家讨论有关星气的事，又用日、星运行的轨度依次加以验证。作《天官书》第五。

受命而王，封禅之符罕用，用则万灵罔不禋祀。追本诸神名山大川礼，作《封禅书》第六。

承受天命而为帝王，顺应符瑞而封禅的事不轻易举行，如果举行封禅大典，那么一切神灵没有不受祭祀的。追溯祭祀名山大川诸神的典礼，作《封禅书》第六。

维禹浚川，九州攸宁；爰及宣防，决渎通沟。作《河渠书》第七。

大禹疏通河川，九州得以安宁；到了建筑宣防宫的时候，河道沟渠都加以疏通。作《河渠书》第七。

维币之行，以通农商；其极则玩巧，并兼兹殖，争于机利，去本趋末。作《平准书》以观事变，第八。

发行钱币，是为了畅通农、商交易；交易充分发展就出现了玩弄智巧的弊端，兼并的事越来越多，人们争相投机牟利，舍本逐末，弃农经商。作《平准书》以观察世事的变化，这是第八篇。

太伯避历，江蛮是适；文武攸兴，古公王迹。阖闾弑僚，宾服荆楚；夫差克齐，子胥鸱夷；信嚭亲越，吴国既灭。嘉伯之让，作《吴世家》第一。

太伯欲让位给幼弟季历，逃避到江南蛮族的集居地安身；文王、武王得以在西岐兴起，发展了古公亶父的王业。阖庐杀死吴王僚夺取王位，曾经降服楚国。夫差战胜齐国，逼杀伍子胥而以皮革袋盛尸；听信伯嚭的话去与越国亲善，结果使吴国被越攻灭。为了表扬太伯让国的美德，作《吴世家》第一。

申、吕肖矣，尚父侧微，卒归西伯，文、武是师；功冠群公，缪权于幽；番番黄发，爰飨营丘。不背柯盟，桓公以昌，九合诸侯，霸功显彰。田、阚争宠，姜姓解亡。嘉父之谋，作《齐太公世家》第二。

申、吕的后代衰弱，尚父起步时微贱，最终投归西伯，文王、武王尊他为国师；他的功勋超过群臣，在暗中周密谋划灭商大计；头发斑白，受封于齐国的营丘。齐桓公不背弃柯地的盟约，在诸侯中树立了威信，事业由此昌盛，多次会合诸侯，霸功显赫。田常、阚止争宠而杀死齐简公，田氏篡夺齐国，姜姓瓦解灭亡。赞美尚父的策略，作《齐太公世家》第二。

依之违之，周公绥之；愤发文德，天下和之；辅翼成王，诸侯宗周。隐、桓之际，是独何哉？三桓争强，鲁乃不昌。嘉旦《金縢》，作《周公世家》第三。

诸侯和部众对周成王有的依顺，有的违背，周公来安抚他们；他努力实行文教德化，天下都响应附和；辅佐和保护成王，诸侯都推崇周天子。鲁隐公、桓公之际，鲁国非礼悖德的事相继发生，这是为什么呢？孟孙、叔孙、季孙这“三桓”争权相互攻击，鲁国国运从此不再昌盛。赞美周公的《金縢》策文，作《周公世家》第三。

武王克纣，天下未协而崩。成王既幼，管、蔡疑之，淮夷叛之，于是召公率德，安集王室，以宁东土。燕哙之禅，乃成祸乱。嘉《甘棠》之诗，作《燕世家》第四。

武王灭纣以后，天下还没有太平，他便逝世了。成王年纪幼小，管叔、蔡叔怀疑周公要篡位，淮夷也乘机叛乱。当时召公以其德高望重率先作出榜样，使周王室团结安定，保证了周公东征的胜利，使东方一带得到安定。燕王哙让位给子之，导致了国家的祸乱。赞赏《甘棠》这首诗，作《燕世家》第四。

管蔡相武庚，将宁旧商；及旦摄政，二叔不飨；杀鲜放度，周公为盟；大任十子，周以宗强。嘉仲悔过，作《管蔡世家》第五。

管叔、蔡叔辅佐武庚，为的是安定商朝旧地；等到周公旦摄政，管、蔡二叔不服，伙同武庚叛乱；周公杀害管叔鲜，放逐蔡叔度，周公留下忠于成王的誓言。文王的妃子太姒生了十个儿子，周朝凭借宗族繁盛而强大。表彰蔡仲替父亲蔡叔忏悔过失，作《管蔡世家》第五。

王后不绝，舜、禹是说；维德休明，苗裔蒙烈。百世享祀，爰周陈、杞，楚实灭之。齐田既起，舜何人哉！作《陈杞世家》第六。

先王的后代延续不绝，舜、禹的功德受到后世的悦服怀念；他们的功德美好清明，后代得以蒙受祖先的荣光。百世享受祭祀，到周朝封有陈国、杞国，后来被楚国灭掉；齐国田氏又兴起，夺得了政权。舜是一位多么伟大的人啊！作《陈杞世家》第六。

收殷馀民，叔封始邑，申以商乱，《酒》、《材》是告；及朔之生，卫顷不宁；南子恶蒯聩，子父易名。周德卑微，战国既强，卫以小弱，角独后亡。嘉彼《康诰》，作《卫世家》第七。

周朝收罗殷的遗民，康叔开始封在卫邑，周公用商朝乱政亡国的教训来告诫他，写了《酒诰》、《梓材》等三篇文告。到了卫公子朔出生，卫国开始倾危不宁；卫灵公夫人南子厌恶太子蒯聩，造成庄公、出公父子名分颠倒。周朝的统治日益衰败，战国七雄日益强盛，卫国因为弱小的缘故，国君角独在他国之后而亡。赞美《康诰》，作《卫世家》第七。

嗟，箕子乎！嗟，箕子乎！正言不用，乃反为奴。武庚既死，周封微子。襄公伤于泓，君子孰称。景公谦德，荧惑退行。剔成暴虐，宋乃灭亡。嘉微子问太师，作《宋世家》第八。

可惜箕子啊！可惜箕子啊！正直的进言不被采纳，却反而装疯成为奴仆。武庚死后，周朝封微子在宋国。宋襄公在泓水之战中受伤，君子中有人称美他讲究仁义。景公有谦逊的美德，使得天星

毕公高像，选自《上海潘氏家谱》。毕公高为周文王庶子，周灭商后，受封于毕。其后代毕万是晋国魏氏的始祖。

退行免祸。剔成君暴虐无道，宋国才遭到灭亡。赞美微子请教太师然后出走，作《宋世家》第八。

武王既崩，叔虞邑唐。君子讥名，卒灭武公。骊姬之爱，乱者五世；重耳不得意，乃能成霸。六卿专权，晋国以秏。嘉文公锡珪鬯，作《晋世家》第九。

武王去世以后，叔虞受封于晋，在唐地建都邑。君子讥讽晋穆侯给儿子们取名不恰当，后来果真被曲沃武公所灭亡。献公宠爱骊姬，造成了五代的祸乱。公子重耳不得志，反而成就了霸业。六卿专权，晋国因此衰亡。赞美晋文公因功得到天子赐给圭玉和黑黍酿的香酒，作《晋世家》第九。

重黎业之，吴回接之；殷之季世，粥子牒之。周用熊绎，熊渠是续。庄王之贤，乃复国陈；既赦郑伯，班师华元。怀王客死，兰咎屈原；好谀信谗，楚并于秦。嘉庄王之义，作《楚世家》第十。

重黎创建功业，他弟弟吴回继承光大；殷朝末年，鬻熊成为楚国始祖以后，就有谱牒记述世系了。周朝任用熊绎，熊渠继承。楚庄王贤明，战胜陈国又恢复它的国号；已经赦免郑伯，又因华元说出宋人饥饿的实情而撤走围宋的军队。怀王客死在秦国，子兰谗害屈原；怀王喜欢阿谀奉承，听信谗言，楚国终于被秦国吞并。赞美庄王的品德，作《楚世家》第十。

少康之子，实宾南海，文身断发，鼋鳝与处，既守封禺，奉禹之祀。句践困彼，乃用种、蠡。嘉句践夷蛮能修其德，灭强吴以尊周室，作《越王句践世家》第十一。

少康的儿子无余，远远奔处南海，南越人剪去头发，身上涂着花纹，常与鼋鱼、鳄鱼等水族接近。世代守在封禺山，奉祀大禹。句践被吴军战败围守会稽，于是重用文种、范蠡。赞美身在蛮夷而能勤修德义，消灭强大的吴国又遵奉周室，作《越王句践世家》第十一。

桓公之东，太史是庸。及侵周禾，王人是议。祭仲要盟，郑久不昌。子产之仁，绍世称贤。三晋侵伐，郑纳于韩。嘉厉公纳惠王，作《郑世家》第十二。

郑桓公举国东迁，是采用了周太史伯的建议。庄公派兵侵犯周土，割取庄稼，周王和臣民都纷纷非议。祭仲被宋胁迫订盟拥立公子突为君，郑国长时间不能强盛。郑国子产推行仁政，后世称赞他为人圣明。三分晋国的韩、赵、魏不断侵犯，郑国被韩吞并。赞美郑厉公接纳周惠王，作《郑世家》第十二。

维骥騄耳，乃章造父。赵夙事献，衰续厥绪。佐文尊王，卒为晋辅。襄子困辱，乃禽智伯。主父生缚，饿死探爵。王迁辟淫，良将是斥。嘉鞅讨周乱，作《赵世家》第十三。

造父善长御马，只有像骥、騄耳等骏马，才能够表现出造父的技能。赵夙侍奉晋献公，赵衰继承先人的事业；辅佐晋文公，遵奉周天子，赵衰最终成为晋国的得力辅臣。赵襄子被智伯等围困在晋阳城蒙受屈辱，于是与韩、魏联兵反而灭了智氏。主父赵武灵王被臣子围困在沙丘宫，饥饿难忍，掏雀窝抓小鸟充饥，最后活活饿死。赵幽王迁邪僻淫乱，贬斥迫害良将。表彰赵鞅讨平周王室的内乱，作《赵世家》第十三。

毕万爵魏，卜人知之。及绛戮干，戎翟和之。文侯慕义，子夏师之。惠王自矜，齐秦攻之。既疑

信陵，诸侯罢之。卒亡大梁，王假厮之。嘉武佐晋文申霸道，作《魏世家》第十四。

毕万被封在魏地，卜官预测他的后代必定昌盛。到了魏绛，杀掉晋悼公弟弟杨干的御者以正军法，结果连戎翟都畏惧，他与戎翟议和成功。魏文侯倾慕仁义，拜孔门高足子夏为师。魏惠王骄傲自夸，遭到了齐国、秦国的攻伐。安釐王怀疑信陵君并削夺了他的兵权，诸侯由此不再帮助魏国。秦国终于夺得魏国京都大梁，魏王假被秦兵俘虏当了仆役。赞美魏武子辅佐晋文公创立霸业，作《魏世家》第十四。

韩厥阴德，赵武攸兴；绍绝立废，晋人宗之。昭侯显列，申子庸之。疑非不信，秦人袭之。嘉厥辅晋匡周天子之赋，作《韩世家》第十五。

韩厥暗地仗义相助，赵武得以复兴赵氏；使断绝了的后嗣得以继续，废置了的祭祀得以再兴，晋人尊崇韩厥。韩昭侯名显诸侯，是由于他重用了申不害。韩王安怀疑韩非而不能信用他，秦国攻袭韩国并灭掉了它。赞美韩厥辅佐晋君，匡正周天子的赋政，作《韩世家》第十五。

完子避难，适齐为援，阴施五世，齐人歌之。成子得政，田和为侯。王建动心，乃迁于共。嘉威、宣能拨浊世而独宗周，作《田敬仲完世家》第十六。

田完避难，出奔到齐国请求援助。后来，田氏暗中布施恩惠，五世相继，齐国人民歌颂田氏。田成子夺得了齐国政权，田和成为诸侯。齐王田建被后胜的奸言鼓动不战而降秦，于是被秦迁到了共邑。赞美齐威王和宣王能挽救乱世而独尊崇周朝，作《田敬仲完世家》第十六。

周室既衰，诸侯恣行。仲尼悼礼废乐崩，追修经术，以达王道，匡乱世反之于正，见其文辞，为天下制仪法，垂《六艺》之统纪于后世。作《孔子世家》第十七。

周室已经衰败，诸侯恣意行事，仲尼痛惜礼废乐崩，因而追修经术，以宣扬王道，匡正乱世，使它返归太平；于是著书立说，为天下制定礼仪法度，留下“六艺”的纲纪以传后世。作《孔子世家》第十七。

桀、纣失其道而汤、武作，周失其道而《春秋》作。秦失其政，而陈涉发迹，诸侯作难，风起云蒸，卒亡秦族。天下之端，自涉发难。作《陈涉世家》第十八。

夏桀王、商纣王丧失王道而商汤王、周武王兴起，周朝失去王道而孔子创作《春秋》。秦朝丧失为政的大道，而陈涉发动起义，诸侯跟着造反，风起云涌，最终灭亡了秦朝统治者。天下发动的亡秦事端，是从陈涉发难开始的。作《陈涉世家》第十八。

成皋之台，薄氏始基。诎意适代，厥崇诸窦，栗姬偩贵，王氏乃遂。陈后太骄，卒尊子夫。嘉夫德若斯，作《外戚世家》第十九。

河南宫成皋台，是薄氏兴起的基地。窦姬被误遣到了代地，因而使窦氏家族显贵。栗姬倚仗地位尊贵而骄横，王氏才乘机取了皇后的尊位。陈皇后太骄傲矜持，终于被武帝废弃而立卫子夫为皇后。赞美卫子夫那样的美好德行，作《外戚世家》第十九。

汉既谲谋，禽信于陈；越、荆剽轻，乃封弟交为楚王，爰都彭城，以强淮、泗，为汉宗藩。戊溺于邪，礼复绍之。嘉游辅祖，作《楚元王世家》第二十。

汉高祖施用欺骗的计谋，在陈县逮捕了楚王韩信；顾虑越地、楚国的民俗剽悍轻捷，不易驯服，高祖就封弟弟刘交做楚王，国都建在彭城，以加强对淮水、泗水地区的统治，作为汉朝宗室的屏藩。刘戊陷于邪念，因谋反事败而自杀；刘礼又被封为楚王，继承了祖先的家业。赞美元王刘交辅佐高祖有功，作《楚元王世家》第二十。

维祖师旅，刘贾是与；为布所袭，丧其荆、吴。营陵激吕，乃王琅邪；怵午信齐，往而不归，遂西入关，遭立孝文，获复王燕。天下未集，贾、泽以族，为汉藩辅。作《荆燕世家》第二十一。

汉高祖举兵反秦，刘贾参与了这件事；后来被英布攻击，失去了他的封国荆、吴之地。营陵侯刘泽通过田子春游说感动了吕后，便被封为琅邪王；后来被祝午欺骗而轻信齐王，前往齐国不得归还，就用计离开齐国西入关中，碰上迎立孝文帝立功，因而又被封为燕王。当天下没有安定时，刘贾、刘泽以高祖宗族兄弟的身份，成为汉朝廷的藩屏辅佐。作《荆燕世家》第二十一。

天下已平，亲属既寡；悼惠先壮，实镇东土。哀王擅兴，发怒诸吕，驷钧暴戾，京师弗许。厉之内淫，祸成主父。嘉肥股肱，作《齐悼惠王世家》第二十二。

天下已经平定，刘氏皇室亲属不多；悼惠王在王子中最先壮大，受封于齐，镇守东部疆土。齐哀王擅自兴兵，愤怒征讨吕氏族人，由于他的舅父驷钧粗暴乖张，朝廷大臣不许哀王当皇帝。齐厉王亲属内部淫乱，厉王自杀的大祸是主父偃胁逼促成。赞美悼惠王刘肥成为高祖开国的股肱辅佐，作《齐悼惠王世家》第二十二。

楚人围我荥阳，相守三年；萧何填抚山西，推计踵兵，给粮食不绝，使百姓爱汉，不乐为楚。作《萧相国世家》第二十三。

楚国的军队把我军围困在荥阳，楚、汉相持三年；萧何镇抚山西一带，登记户口，输送兵员，供给粮食不断，使百姓爱戴汉王，不乐意为楚王出力。作《萧相国世家》第二十三。

与信定魏，破赵拔齐，遂弱楚人。续何相国，不变不革，黎庶攸宁。嘉参不伐功矜能，作《曹相国世家》第二十四。

曹参与韩信联兵平定魏地，又打败赵军，攻取齐地，就削弱了楚霸王的势力。曹参接替萧何成为汉朝相国，朝政没有变更，百姓得以安宁。赞美曹参不夸功不逞能，作《曹相国世家》第二十四。

运筹帷幄之中，制胜于无形。子房计谋其事，无知名，无勇功，图难于易，为大于细。作《留侯世家》第二十五。

在营幕之中出谋策划，无形之中便能克敌制胜。子房谋划克敌制胜的大事，没有智巧的名声，没有勇敢的武功，从容易处着手解决难题，从细微处入手做成大事。作《留侯世家》第二十五。

六奇既用，诸侯宾从于汉。吕氏之事，平为本谋，终安宗庙，定社稷。作《陈丞相世家》第二十六。

陈平使用六个奇妙的计谋，使得诸侯归附汉朝廷。消灭诸吕的大事，陈平是主要谋划者，终于使国家安定。作《陈丞相世家》第二十六。

诸吕为从，谋弱京师，而勃反经合于权；吴楚之兵，亚夫驻于昌邑，以厄齐赵，而出委以梁。作《绛侯世家》第二十七。

诸吕互相勾通，图谋削弱皇室，而周勃违反常义，切合权变之道。吴、楚等七国起兵叛乱，周亚夫在昌邑驻兵，来扼制齐、赵的军队，故意不理梁王求救。作《绛侯世家》第二十七。

七国叛逆，蕃屏京师，唯梁为扞；偩爱矜功，几获于祸。嘉其能距吴楚，作《梁孝王世家》第二十八。

吴、楚等七国叛乱，藩屏京都的，只有梁孝王抗敌卫国；但他自恃窦太后的宠信，自夸功劳，几乎遭受杀身之祸。赞美他能抵抗吴、楚叛军，作《梁孝王世家》第二十八。

五宗既王，亲属洽和，诸侯大小为藩，爰得其宜，僭拟之事稍衰贬矣。作《五宗世家》第二十九。

五宗都被封为王，皇室亲属融洽和睦，诸侯或大或小都是王室的藩屏，各得其宜，僭位越轨比拟皇上的事逐渐减少了。作《五宗世家》第二十九。

三子之王，文辞可观。作《三王世家》第三十。

武帝的三位皇子被封为王，皇上的策告文辞典雅，值得观赏。作《三王世家》第三十。

末世争利，维彼奔义；让国饿死，天下称之。作《伯夷列传》第一。

后世争权夺利，而伯夷、叔齐兄弟却趋赴仁义；互相推让君主的权位，后来都饿死在首阳山，天下人都赞扬他们的美德。作《伯夷列传》第一。

晏子俭矣，夷吾则奢；齐桓以霸，景公以治。作《管晏列传》第二。

晏子很俭朴，管夷吾则很奢侈；齐桓公因任用管仲而称霸天下，齐景公因任用晏子而国家得享太平。作《管晏列传》第二。

李耳无为自化，清净自正；韩非揣事情，循势理。作《老子韩非列传》第三。

李耳主张无为而治，使百姓自化为善；清静寡欲，使国民自然走上正轨。韩非揣度事物的情理，主张遵循时势和条理治理国家。作《老子韩非列传》第三。

自古王者而有《司马法》，穰苴能申明之。作《司马穰苴列传》第四。

自古以来的帝王都重视《司马法》，田穰苴能对它加以阐明发挥。作《司马穰苴列传》第四。

非信、廉、仁、勇不能传兵论剑，与道同符，内可以治身，外可以应变，君子比德焉。作《孙子吴起

列传》第五。

假如不懂得信守、廉洁、仁慈、勇敢，就不能传授兵法，讲论剑术，兵法、剑术与道相符合，内可以修身，外可以应变，君子们认为这就是武德。作《孙子吴起列传》第五。

维建遇谗，爰及子奢，尚既匡父，伍员奔吴。作《伍子胥列传》第六。

楚太子建遭遇谗言毁谤，以致祸殃连累到伍奢，伍尚营救父亲，伍员逃往吴国。作《伍子胥列传》第六。

孔氏述文，弟子兴业，咸为师傅，崇仁厉义。作《仲尼弟子列传》第七。

孔子传述文献，弟子振兴他的大业，都成为师傅，教诲人们尊崇仁德，激励人们行义。作《仲尼弟子列传》第七。

鞅去卫适秦，能明其术，强霸孝公，后世遵其法。作《商君列传》第八。

商鞅离开卫国去到秦国，能阐明和施行他的治国之术，秦孝公时使秦国强盛，而称霸西戎；后世遵循他所立的法度。作《商君列传》第八。

天下患衡秦毋餍，而苏子能存诸侯，约从以抑贪强。作《苏秦列传》第九。

天下诸侯都担忧秦国的连横之策，因为秦贪得无厌，而苏秦能够保全诸侯，约会六国合纵来抑制秦国的贪婪强横。作《苏秦列传》第九。

六国既从亲，而张仪能明其说，复散解诸侯。作《张仪列传》第十。

六国已经合纵相亲近，而张仪能够阐明他的连横主张，使合纵诸侯的阵线又被瓦解。作《张仪列传》第十。

秦所以东攘雄诸侯，樗里、甘茂之策。作《樗里甘茂列传》第十一。

秦国所以能够向东侵夺，称雄诸侯，是由于樗里子和甘茂的策划。作《樗里甘茂列传》第十一。

苞河山，围大梁，使诸侯敛手而事秦者，魏冉之功。作《穰侯列传》第十二。

席卷河山，围攻大梁，使诸侯束手而臣服秦国的，是穰侯魏冉的功劳。作《穰侯列传》第十二。

南拔鄢郢，北摧长平，遂围邯郸，武安为率；破荆灭赵，王翦之计。作《白起王翦列传》第十三。

南面攻下楚国的都城鄢郢，北面摧毁赵国长平的守军，秦军继而包围了赵都邯郸，武安君白起曾是主帅；攻破楚国，灭亡赵国，是武成侯王翦的计谋。作《白起王翦列传》第十三。

猎儒墨之遗文，明礼义之统纪，绝惠王利端，列往世兴衰。作《孟子荀卿列传》第十四。

涉猎儒家、墨家的遗文，阐明礼义的系统纲要，制止梁惠王唯利是图的念头，讲述往世的兴盛衰亡。作《孟子荀卿列传》第十四。

好客喜士，士归于薛，为齐扞楚、魏。作《孟尝君列传》第十五。

喜欢接交宾客、士人，士人们归附薛公，替齐抵御楚、魏。作《孟尝君列传》第十五。

争冯亭以权，如楚以救邯郸之围，使其君复称于诸侯。作《平原君虞卿列传》第十六。

出于权变，争得冯亭所献上党之地；到楚国请救兵解除邯郸的围困，使赵国国君得以重新立名于诸侯。作《平原君虞卿列传》第十六。

能以富贵下贫贱，贤能诎于不肖，唯信陵君为能行之。作《魏公子列传》第十七。

自身富贵而能够尊重贫贱者，自己贤能而能屈就平庸者，这只有信陵君能够做到。作《魏公子列传》第十七。

以身徇君，遂脱强秦，使驰说之士南乡走楚者，黄歇之义。作《春申君列传》第十八。

冒死为君，终于让君主从强秦逃离，使游说的人士南向趋赴楚国的，是黄歇的忠义所感召。作《春申君列传》第十八。

能忍訽于魏齐，而信威于强秦；推贤让位，二子有之。作《范雎蔡泽列传》第十九。

能忍受魏齐的羞辱，却在强秦树立威信，取得高官，推荐贤能，辞让相位，范雎、蔡泽二人有这样的美德。作《范雎蔡泽列传》第十九。

率行其谋，连五国兵，为弱燕报强齐之雠，雪其先君之耻。作《乐毅列传》第二十。

担任主将，施展谋略，联合五国的军队，替弱小的燕国报复了强大齐国的仇恨，洗雪了燕国先君失国的耻辱。作《乐毅列传》第二十。

能信意强秦，而屈体廉子，用徇其君，俱重于诸侯。作《廉颇蔺相如列传》第二十一。

能够在专横的秦王那里陈述意见，又能委屈自己而对廉颇谦虚忍让，来尽忠于他的国君，使将、相二人都名重于诸侯。作《廉颇蔺相如列传》第二十一。

湣王既失临淄而奔莒，唯田单用即墨破走骑劫，遂存齐社稷。作《田单列传》第二十二。

齐湣王既已丢失临淄，逃到了莒邑，只赖田单以即墨为基地，打败并驱逐燕将骑劫，才保住了齐国江山。作《田单列传》第二十二。

能设诡说解患于围城，轻爵禄，乐肆志。作《鲁仲连邹阳列传》第二十三。

能够用巧言诡辩解除被围之城的患难，看轻爵位、利禄，而以尽其志趣为乐。作《鲁仲连邹阳列传》第二十三。

作辞以讽谏，连类以争义，《离骚》有之。作《屈原贾生列传》第二十四。

创作诗赋辞章来讽喻谏诤，用同类的事物作比喻来伸张正义，《离骚》有这样的特色。作《屈原贾生列传》第二十四。

结子楚亲，使诸侯之士斐然争入事秦。作《吕不韦列传》第二十五。

与子楚结交，使诸侯之士纷纷争相侍奉秦国。作《吕不韦列传》第二十五。

曹子匕首，鲁获其田，齐明其信；豫让义不为二心。作《刺客列传》第二十六。

曹沫用匕首胁迫齐桓公订盟，鲁国得以收回失地，同时也使齐君在诸侯中彰明诚信；豫让守义，为智伯报仇没有二心。作《刺客列传》第二十六。

能明其画，因时推秦，遂得意于海内，斯为谋首。作《李斯列传》第二十七。

能够施展自己的策略，顺应时势，推崇秦国，使秦得志于海内，李斯是定策的主谋，作《李斯列传》第二十七。

为秦开地益众，北靡匈奴，据河为塞，因山为固，建榆中。作《蒙恬列传》第二十八。

为秦国开拓疆土，增加民众，北面击败匈奴，依借黄河修筑要塞，依山傍岭加强防守巩固国防，建置榆中。作《蒙恬列传》第二十八。

填赵塞常山以广河内，弱楚权，明汉王之信于天下。作《张耳陈馀列传》第二十九。

镇守赵国，据保常山，拓广河内，消弱楚国的势力，彰明汉王的威信于天下。作《张耳陈馀列传》第二十九。

收西河、上党之兵，从至彭城；越之侵掠梁地以苦项羽。作《魏豹彭越列传》第三十。

魏豹收集西河、上党的兵力，跟随刘邦攻打项羽到达彭城；彭越侵袭梁地，以困扰项羽。作《魏豹彭越列传》第三十。

以淮南叛楚归汉，汉用得大司马殷，卒破子羽于垓下。作《黥布列传》第三十一。

黥布据淮南一带背叛楚国归向汉王，汉王利用他而得到楚国的大司马周殷，终于在垓下打败项羽。作《黥布列传》第三十一。

楚人迫我京索，而信拔魏赵，定燕齐，使汉三分天下有其二，以灭项籍。作《淮阴侯列传》第三十二。

楚军把我军围困在京、索之间，而韩信攻取魏、赵，平定燕、齐，使汉占有了天下的三分之二，得以消灭了项羽。作《淮阴侯列传》第三十二。

楚汉相距巩、洛，而韩信为填颍川，卢绾绝籍粮饷。作《韩信卢绾列传》第三十三。

楚、汉双方在巩、洛一带对峙，而韩王信为汉镇守颍川，卢绾截断项羽军队的粮饷军需。作《韩信卢绾列传》第三十三。

诸侯畔项王，唯齐连子羽城阳，汉得以间遂入彭城。作《田儋列传》第三十四。

诸侯叛离楚霸王项羽，齐王独能在城阳牵制项羽，汉王得以乘机攻入彭城。作《田儋列传》第三十四。

攻城野战，获功归报，哙、商有力焉，非独鞭策，又与之脱难。作《樊郦列传》第三十五。

攻取城镇，在原野作战，获得军功回来汇报，樊哙、郦商对汉朝立有大功，不只为汉高祖执鞭策马，驰驱疆场，而且又与汉王一道出生入死逃离危难。作《樊郦列传》第三十五。

汉既初定，文理未明，苍为主计，整齐度量，序律历。作《张丞相列传》第三十六。

汉朝初定天下，文治条理还不清楚，张苍担任主计官，统一度量衡，编订律历。作《张丞相列传》第三十六。

结言通使，约怀诸侯；诸侯咸亲，归汉为藩辅。作《郦生陆贾列传》第三十七。

通过说辞结交，与外国互通使节，笼络诸侯；诸侯都来亲附，归向汉朝，成为藩屏辅臣。作《郦生陆贾列传》第三十七。

欲详知秦楚之事，维周緤常从高祖，平定诸侯。作《傅靳蒯成列传》第三十八。

想要详细了解秦末和楚、汉战争时期的种种事情，周緤等是亲身经历的人，经常跟随高祖征战，平定诸侯。作《傅靳蒯成列传》第三十八。

徙强族，都关中，和约匈奴；明朝廷礼，次宗庙仪法。作《刘敬叔孙通列传》第三十九。

建议迁徙豪门强族，建都关中，与匈奴和亲；明订朝廷礼节，条列宗庙仪法。作《刘敬叔孙通列传》第三十九。

能摧刚作柔，卒为列臣；栾公不劫于埶而倍死。作《季布栾布列传》第四十。

季布能变刚戾而为温顺，终于成为汉朝大臣；栾公不因屈服于强势的威胁而背叛死者。作《季布栾布列传》第四十。

敢犯颜色以达主义，不顾其身，为国家树长画。作《袁盎朝错列传》第四十一。

敢于冒犯皇上直言强谏，使皇上的言行合于义，不顾自身安危，为国家建立长远的方略。作《袁盎朝错列传》第四十一。

守法不失大理，言古贤人，增主之明。作《张释之冯唐列传》第四十二。

遵守法律尊严而不违背根本事理，称述古代贤人，增长君主的明智。作《张释之冯唐列传》第四十二。

敦厚慈孝，讷于言，敏于行，务在鞠躬，君子长者。作《万石张叔列传》第四十三。

敦厚、慈爱、孝顺，不善辞令，办事敏捷，致力于恭敬谨慎，堪称君子长者。作《万石张叔列传》第四十三。

守节切直，义足以言廉，行足以厉贤，任重权不可以非理挠。作《田叔列传》第四十四。

坚守节操，诚恳刚直，义气足以称得上清廉，行为足以激励贤能，担任重要职位而不能以无理使之屈服。作《田叔列传》第四十四。

扁鹊言医，为方者宗，守数精明；后世循序，弗能易也，而仓公可谓近之矣。作《扁鹊仓公列传》第四十五。

论医术扁鹊是医家的宗师，他的医术非常精通明达；后世遵循他的医道方法，不能改变，而仓公可说是接近扁鹊的医术了。作《扁鹊仓公列传》第四十五。

维仲之省，厥濞王吴，遭汉初定，以填抚江淮之间。作《吴王濞列传》第四十六。

刘仲被削夺王爵，他的儿子刘濞又受封为吴王，恰逢汉朝初定天下，汉朝令吴王镇

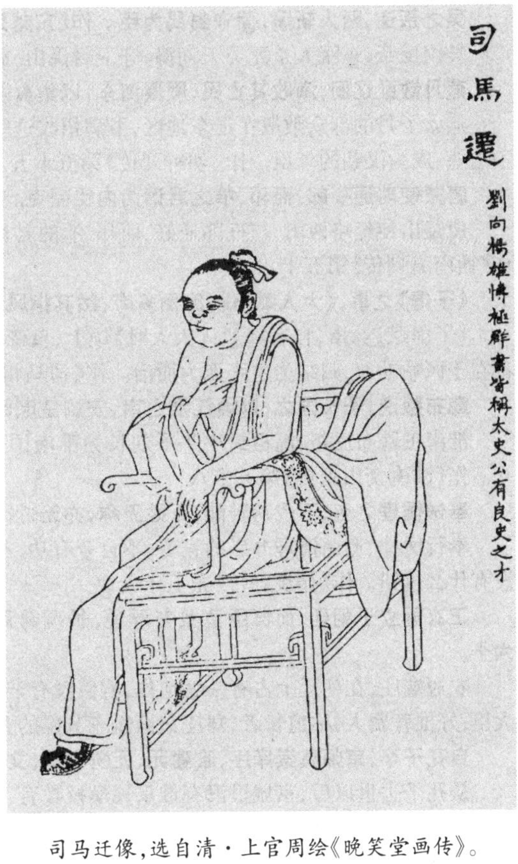

司马迁像，选自清·上官周绘《晚笑堂画传》。

抚江、淮一带。作《吴王濞列传》第四十六。

吴楚为乱，宗属唯婴贤而喜士，士乡之，率师抗山东荥阳。作《魏其武安列传》第四十七。

吴、楚等七国反叛，宗室亲属中只有窦婴贤能而喜好结交士人，士人归心于他，他率军在荥阳抗击七国叛军。作《魏其武安列传》第四十七。

智足以应近世之变，宽足用得人。作《韩长孺列传》第四十八。

智谋足以应付近世的事变，宽厚足以深得人心。作《韩长孺列传》第四十八。

勇于当敌，仁爱士卒，号令不烦，师徒乡之。作《李将军列传》第四十九。

勇于抗击敌人，仁爱士兵，号令简要不繁杂，部众衷心归向他。作《李将军列传》第四十九。

自三代以来，匈奴常为中国患害；欲知强弱之时，设备征讨。作《匈奴列传》第五十。

从夏、商、周三代以来，匈奴经常成为中原的祸害；要知道或强或弱的时势，设法戒备，相机征讨，作《匈奴列传》第五十。

直曲塞，广河南，破祁连，通西国，靡北胡。作《卫将军骠骑列传》第五十一。

拓直弯曲的边塞，开扩黄河以南的边地，攻破祁连山一带的匈奴兵，广开通往西域各国的道路，使北方匈奴披靡溃败。作《卫将军骠骑列传》第五十一。

大臣、宗室以侈靡相高，唯弘用节衣食为百吏先。作《平津侯列传》第五十二。

大臣和宗室以奢侈浪费互相炫耀攀比，只有公孙弘以节衣缩食为大小官吏表率。作《平津侯列传》第五十二。

汉既平中国，而佗能集杨越以保南藩，纳贡职。作《南越列传》第五十三。

汉朝平定中原以后，南越王赵佗能安定南越来保卫南方藩属，向汉朝纳贡尽职。作《南越列传》第五十三。

吴之叛逆，瓯人斩濞，葆守封禺为臣。作《东越列传》第五十四。

吴国反叛，东瓯人杀死吴王刘濞，守卫封禺山，成为汉朝的臣属。作《东越列传》第五十四。

燕丹散乱辽间，满收其亡民，厥聚海东，以集真藩，葆塞为外臣。作《朝鲜列传》第五十五。

燕太子丹的部众败散在辽东地区，卫满招收这些逃亡的人，便聚集在海东，来安抚真藩等部，保卫边塞，成为汉朝的外臣。作《朝鲜列传》第五十五。

唐蒙使略通夜郎，而邛、笮之君请为内臣受吏。作《西南夷列传》第五十六。

唐蒙出使经略西南，与夜郎通好，而邛、笮的君长请求做汉朝的内臣，并接受朝廷派来的官吏。作《西南夷列传》第五十六。

《子虚》之事，《大人赋》说，靡丽多夸，然其指风谏，归于无为。作《司马相如列传》第五十七。

《子虚赋》咏事，自有寓意；《大人赋》颂上，皇帝很喜欢。虽然文辞华丽，事多夸张，但赋的宗旨都在于讽喻劝谏，归结为主张无为而治。作《司马相如列传》第五十七。

黥布叛逆，子长国之，以填江淮之南，安剽楚庶民。作《淮南衡山列传》第五十八。

淮南王黥布反叛，高祖封小儿子刘长为淮南国王，以镇守江、淮以南一带，安抚楚地剽悍的民众。作《淮南衡山列传》第五十八。

奉法循理之吏，不伐功矜能，百姓无称，亦无过行。作《循吏列传》第五十九。

奉行法律、遵循情理办事的官吏，不自夸有功，不自称贤能，百姓对他们没有什么称誉，他们也没有什么过错。作《循吏列传》第五十九。

正衣冠立于朝廷，而群臣莫敢言浮说，长孺矜焉；好荐人，称长者，壮有溉。作《汲郑列传》第六十。

衣冠端庄，在朝廷上占有一席地位，群臣没有谁敢对他说虚浮不实的话，汲长孺是刚直庄重的大臣；好推荐贤人，称道长者，郑庄是慷慨有节操的君子。作《汲郑列传》第六十。

自孔子卒，京师莫崇庠序，唯建元、元狩之间，文辞粲如也。作《儒林列传》第六十一。

从孔子去世以后，京城里没有谁重视学校教育，只有武帝建元、元狩年间，文教事业灿烂辉煌。作《儒林列传》第六十一。

民倍本多巧，奸轨弄法，善人不能化，唯一切严削为能齐之。作《酷吏列传》第六十二。

人们背弃本业，巧诈的人多，作奸犯科的人，玩弄法令，善良的人不能感化这些人向善，只有一切依法严酷惩治才能使他们遵守法令。作《酷吏列传》第六十二。

汉既通使大夏，而西极远蛮，引领内乡，欲观中国。作《大宛列传》第六十三。

汉朝派使者与大厦建立交往以后，西方极远的蛮族，都伸长脖子向着内地，想瞻仰中国的文明。作《大宛列传》第六十三。

救人于厄，振人不赡，仁者有乎；不既信，不倍言，义者有取焉。作《游侠列传》第六十四。

解救别人的危难，救济别人的贫困，在仁的方面有可称道之处吧。不失信用，不背弃诺言，在义的方面是有可取之处呢。作《游侠列传》第六十四。

夫事人君能说主耳目，和主颜色，而获亲近，非独色爱，能亦各有所长。作《佞幸列传》第六十五。

侍奉君主而能使君主耳目愉快，脸色温和，从而得到君主的亲近，这不仅仅是由于他们的美色招人喜爱，论技能也是各有所长的。作《佞幸列传》第六十五。

不流世俗，不争势利，上下无所凝滞，人莫之害，以道之用。作《滑稽列传》第六十六。

不与世俗同流合污，不争权夺利，上下没有什么防碍，没有谁能伤害他们，这是由于这些人善于用"道"处事。作《滑稽列传》第六十六。

齐、楚、秦、赵为日者，各有俗所用。欲循观其大旨，作《日者列传》第六十七。

齐、楚、秦、赵等国占卜的人，各自占卜的方式都因地域不同，随风俗而各不相同。要统一考察占卜者们宗旨的大略，作《日者列传》第六十七。

三王不同龟，四夷各异卜，然各以决吉凶。略窥其要，作《龟策列传》第六十八。

夏、商、周三代君王占龟的方法不同，四方蛮夷卜筮的风俗有别，但都以占卜判断吉凶祸福。粗略考察了占卜的大概情况，作《龟策列传》第六十八。

布衣匹夫之人，不害于政，不妨百姓，取与以时而息财富，智者有采焉。作《货殖列传》第六十九。

一个普通的平民，不危害国家的政令，也不妨害百姓的生计，趋时贸易，增殖财富，在智慧方面有可取之处。作《货殖列传》第六十九。

维我汉继五帝末流，接三代绝业。周道废，秦拨去古文，焚灭《诗》、《书》，故明堂石室金匮玉版图籍散乱。于是汉兴，萧何次律令，韩信申军法，张苍为章程，叔孙通定礼仪，则文学彬彬稍进，《诗》、《书》往往间出矣。自曹参荐盖公言黄老，而贾生、晁错明申、商，公孙弘以儒显，百年之间，天下遗文古事靡不毕集太史公。太史公仍父子相续纂其职。曰："於戏！余维先人尝掌斯事，显于唐虞，至于周，复典之，故司马氏世主天官。至于余乎？钦念哉！钦念哉！"罔罗天下放失旧闻，王迹所兴，原始察终，见盛观衰，论考之行事，略推三代，录秦、汉，上记轩辕，下至于兹，著十二本纪，既科条之矣。并时异世，年差不明，作十表。礼乐损益，律历改易，兵权、山川、鬼神、天人之际，承敝通变，作八书。二十八宿环北辰，三十辐共一毂，运行无穷，辅拂股肱之臣配焉，忠信行道，以奉主上，作三十世家。扶义俶傥，不令己失时，立功名于天下，作七十列传。凡百三十篇，五十二万六千五百字，为《太史公书》。序略，以拾遗补艺，成一家之言，厥协《六经》异传，整齐百家杂语，藏之名山，副在京师，俟后世圣人君子。第七十。

我们汉朝继承五帝的遗风，上接被中断了的三代大业。周朝末年王道衰败，秦朝毁弃古文，烧毁《诗》、《书》，因此造成了明堂、石室、金匮、玉版等处所藏图书典籍的散失混乱。这时候汉朝兴起，萧何修订法令，韩信申明兵法，张苍创立规章制度，叔孙通制定礼仪，因而学术风气逐渐兴起，《诗》、《书》等古籍也在各地断断续续被发现了。自曹参推荐盖公讲论黄帝、老子的学问后，而贾生、晁错也发扬申不害、商鞅等法家的学问，公孙弘因懂得儒家学术而显贵，一百年之间，天下已发现的遗文古事无不汇集在太史公的府第。太史公又父子相继掌管这一要职。太史公说："哎呀！我的先人曾经掌管这一事务，扬名于唐、虞时代，直到周朝，又掌管这一职务，因此司马氏是世代相承掌管天文星历方面事务的。难道能在我这一辈中止吗？要敬记在心啊！要敬记在心啊！"我搜集天下散失的文献，对帝王兴起的事迹，追根究源，探究始终，考察盛衰，再依据事实进行论述考订，简略推考三代，详细记录秦、汉，上记轩辕，下至现在，著十二本纪，科分条例。或同时，或异世，年代相差不易明了，作了十表。礼乐增减，律历改易，兵法权谋，山川形势，鬼神祭祀，天人关系，承其敝，通其变，作八书。二十八宿列星环绕着北斗，三十根车辐环集在同一车毂，运行无穷，辅弼股肱大臣，就像星辰、辐辏相配称，他们忠实守信、坚守臣道，来侍奉皇上。作三十世家。他们仗义而行，倜傥不羁，不使自己失去时机，能立功名于天下。作七十列传。总计一百三十篇，五十二万六千五百字，叫做《太史公书》。序述大略，借以拾遗补充六艺，成为一家之言，协合六经传释，整理百家杂说，正本藏在名山，副本留在京师，留待后世圣人君子观览。第七十。

太史公曰：余述历黄帝以来至太初而讫，百三十篇。

太史公说：我撰写叙述从黄帝以来直到武帝太初年间而止的史实，一百三十篇。